diccionario de la lengua española

diccionario de la lengua española

Más de 35 000 entradas y 100 000 definiciones

Apéndices con información
gramatical y ortográfica

ESPASA

Obra editada en colaboración con Editorial Planeta – España

Diseño de portada: © Rudensindo de la Fuente
Adaptación de portada: Genoveva Saavedra García / aciditadiseño
Diseño de interiores: © Ángel Sanz Martín
Revisión de la terminología científica: Elvira González
Imagen de portada: © Squared Studios / Getty Images

© 2019, Editorial Planeta, S.A. – Barcelona, España

Derechos reservados

© 2025, Editorial Planeta Mexicana, S.A. de C.V.
Bajo el sello editorial ESPASA M.R.
Avenida Presidente Masarik núm. 111,
Piso 2, Polanco V Sección, Miguel Hidalgo
C.P. 11560, Ciudad de México
www.planetadelibros.us

Primera edición impresa en esta presentación: agosto de 2025
ISBN: 978-607-39-3228-8

Impreso en los talleres de Litográfica Ingramex, S.A. de C.V.
Centeno núm. 162-1, colonia Granjas Esmeralda, Ciudad de México
Impreso en México – *Printed in Mexico*

índice

advertencia

Criterios de ordenación de las entradas:

— Se sigue el orden alfabético normal. Las entradas formadas por más de una palabra *(ex cáthedra, ex profeso)* se ordenan como si constituyeran una sola: *ex cáthedra* irá delante de *excavación.*

— Siguiendo la decisión aprobada en abril de 1994 por el X Congreso de la Asociación de Academias de la Lengua Española, la *ch* y la *ll* han sido englobadas en la *c* y en la *l* respectivamente, según las normas de alfabetización universal. Así, *pachulí* irá delante de *paciencia;* y *ello* delante de *elocución.*

— Detrás de las acepciones generales van los términos compuestos, las frases hechas y las locuciones, por este orden. Cada uno con su orden alfabético interno.

— Las normas generales de alfabetización se hacen extensivas a la ordenación de las familias de palabras.

En las páginas finales del presente volumen se ha insertado un *Apéndice* con información detallada sobre fundamentos gramaticales y ortográficos de la lengua española, así como repertorios con los modelos de verbos irregulares.

Organización léxica de las entradas del diccionario

Observación gramatical (el rombo es gris si afecta a una sola acepción)

pacay m. *amer.* Árbol americano leguminoso que se planta junto al café, para darle sombra. || Fruto de este árbol. ◆ pl. *pacayes* o *pacaes*.

Remisión al verbo en el que se desarrolla el modelo de conjugación irregular

pacer intr. Comer el ganado la hierba del campo. ◆ **Irreg.** Se conj. como *agradecer*.

Lema

pelota f. Bola, generalmente de material flexible, hueca o maciza, que se utiliza en distintos juegos. || Juego que se realiza con ella. || Bola de materia blanda, como nieve, barro, etc., que se amasa fácilmente. || com. Persona aduladora: *es el pelota de la clase.* || f. pl. *vulg.* Testículos. || **pelota vasca** Juego en que los jugadores lanzan la pelota contra un frontón valiéndose de una pala, de una cesta o de las propias manos. || **en pelotas, en pelota picada** o **en pelota viva** loc. adv. *col.* Desnudo, sin ropa. || Sin nada. || **hacer la pelota** loc. Adular a alguien para conseguir algo. || FAM. pelotari, pelotazo, pelotear, pelotera, pelotero, pelotilla, pelotón.

Definiciones ordenadas según criterio de uso

Categorías gramaticales

Ejemplos de uso

Indicación de nivel de uso

Términos compuestos, frases hechas y locuciones

Familia de palabras: términos relacionados semánticamente con el lema

abreviaturas

a.	alemán	cond.	condicional
a. C.	antes de Cristo	conj.	conjución/conjuga
abr./abrev.	abreviatura	conj. ad.	conjunción adversativa
acep.	acepción	conj. comp.	conjunción comparativa
adj.	adjetivo	conf. conc.	conjunción concesiva
adv.	adverbio	conj. cond.	conjunción condicional
adv. a.	adverbio de afirmación	conj. cop.	conjunción copulativa
adv. c.	adverbio de cantidad	conj. dist.	conjunción distributiva
adv. correlat. cant.	adverbio correlativo de cantidad	conj. disy.	conjunción disyuntiva
		conj. il.	conjunción ilativa
adv. interrog. l.	adverbio interrogativo de lugar	cop./copul.	copulativo
		d. C.	después de Cristo
adv. l.	adverbio de lugar	defect.	defectivo
adv. lat.	adverbio latino	dem.	demostrativo
adv. m.	adverbio de modo	dep.	deporte
adv. negac.	adverbio de negación	der.	derecho
adv. ord.	adverbio de orden	desp.	despectivo
adv. relat. cant.	adverbio relativo de cantidad	det.	determinado
		dim.	diminutivo
adv. relat. l.	adverbio relativo de lugar	dist./distrib.	distributivo
adv. t.	adverbio de tiempo	disy./disyunt.	disyuntivo
adverb.	adverbial	E	este
advers.	adversativo	ej.	ejemplo
afirm.	afirmativo	etc.	etcétera
amb.	ambiguo	excl.	exclamación o exclamativo
amer.	americanismo		
apl.	aplica o aplicado	expr.	expresión
apóc.	apócope	expr. adv.	expresión adverbial
ár.	árabe	f.	sustantivo o género femenino
arquit.	arquitectura		
art.	artículo	f. pl.	femenino plural
aum.	aumentativo	FAM.	familia de palabras
aux.	auxiliar	fem.	femenino
°C	grados centígrados	fís.	física
cat.	catalán	fon.	fonética
col.	coloquial	fr.	frase
com.	género común	fut.	futuro
comp.	comparativo	gén.	género
conc.	concesivo	geom.	geometría

gram.	gramática	p. ant.	por antonomasia
i./ing.	inglés	p. ej.	por ejemplo
ilat.	ilativo	p. ext.	por extensión
imper./imperat.	imperativo	p. p.	participio pasado
imperf.	imperfecto	pág.	página
impers.	impersonal	part.	participio
impr.	imprenta	pers.	persona o personal
indef.	indefinido	pint.	pintura
indet.	indeterminado	pl.	plural
indic.	indicativo	poét.	poética
inf.	infinitivo	pref.	prefijo
inform.	informática	prep.	preposición
insep.	inseparable	prep. insep.	preposición inseparable
interj.	interjección	pres.	presente
interr.	interrogativo	pret.	pretérito
intr.	intransitivo	prnl.	pronominal
invar.	invariable	pron.	pronombre
irón.	irónico	pron. correlat. cant.	pronombre correlativo de cantidad
irreg.	irregular		
it.	italiano	pron. dem.	pronombre demostrativo
iterat.	iterativo	pron. exclam.	pronombre exclamativo
lat.	latín	pron. indef.	pronombre indefinido
ling.	lingüística	pron. interrog.	pronombre interrogativo
loc.	locución	pron. pers.	pronombre personal
loc. adj.	locución adjetiva	pron. pos.	pronombre posesivo
loc. adv.	locución adverbial	pron. relat.	pronombre relativo
loc. conj.	locución conjuntiva	pron. relat. cant.	pronombre relativo de cantidad
loc. interj.	locución interjectiva		
loc. prep.	locución prepositiva	psicol.	psicología
m	metro	quím.	química
m.	sustantivo o género masculino	r.	ruso
		rec.	recíproco
m. pl.	masculino plural	rel./relat.	relativo
m. y f.	sustantivo masculino y femenino	s.	siglo o sustantivo
		S	sur
mat.	matemáticas	SE	sudeste
mit.	mitología	sent.	sentido
mús.	música	sing.	singular
n.	neutro o nombre	SO	sudoeste
n. p.	nombre propio	subj.	subjuntivo
N	norte	suf.	sufijo
NE	nordeste	sup.	superlativo
neerl.	neerlandés	sust.	sustantivo
neg.	negación	t.	temporal o tiempo
NO	noroeste	terciop.	terciopersonal
núm.	número	tr.	transitivo
O	oeste	unip.	unipersonal
onomat.	onomatopeya	vulg.	vulgar
p.	participio		

a

a f. Primera letra del alfabeto español y primera más abierta de las vocales. ‖ prep. Denota el complemento de la acción del verbo: *respeta a los ancianos*. ‖ Indica dirección, término, situación, intervalo de lugar o de tiempo, etc. ◆ pl. *aes*.

abacería f. Establecimiento de venta al por menor de aceite, vinagre, legumbres secas, etc. ‖ FAM. abacero.

ábaco m. Tablero de madera con alambres y bolas para enseñar a contar. ‖ Parte superior del capitel.

abad, desa m. y f. Superior de un monasterio, colegiata o comunidad religiosa. ‖ FAM. abacial, abadengo, abadía.

abadejo m. Pez osteíctio gadiforme marino, muy parecido al bacalao.

abadía f. Iglesia, monasterio o territorio regido por un abad o una abadesa. ‖ Dignidad de abad o de abadesa.

abajeño, ña adj. y s. *amer.* De costas o tierras bajas. ‖ *amer.* Sureño.

abajo adv. l. Hacia lugar o parte inferior: *echar abajo*. ‖ En lugar posterior o inferior: *estar abajo*. ‖ interj. de desaprobación: *¡abajo la violencia!*

abalanzarse prnl. Lanzarse. ◆ Se construye con las preps. *a*, *hacia* y *sobre*: *abalanzarse a la comida, hacia la puerta, sobre el enemigo*.

abalear tr. *amer.* Balear. ‖ FAM. abaleo.

abalorio m. Cuentecillas de vidrio agujereadas. ‖ Cualquier adorno de poco valor.

abanderado, da m. y f. Persona que lleva la bandera. ‖ Portavoz o defensor de una causa, movimiento u organización.

abanderar tr. Matricular una embarcación bajo la bandera de un Estado. También prnl. ‖ Defender o ponerse al frente de una determinada causa, movimiento u organización. ‖ FAM. abanderado, abanderamiento.

abandonar tr. Dejar, desamparar. ‖ Desistir, renunciar. También intr.: *no abandones, tú puedes conseguirlo*. ‖ Dejar un lugar. ‖ prnl. Confiarse. ‖ Dejarse dominar. ‖ Descuidar los intereses, las obligaciones, el aseo personal o la compostura: *se ha abandonado desde que se quedó solo*. ‖ FAM. abandonado, abandonamiento, abandono.

abandono m. Desamparo, descuido. ‖ Renuncia.

abanicar tr. y prnl. Dar aire, especialmente con un abanico.

abanico m. Instrumento semicircular con un armazón de varillas que se pliegan y despliegan, utilizado para hacer aire. ‖ Conjunto de ideas, opciones, etc.: *abanico de posibilidades*. ‖ FAM. abanicar, abanicazo, abaniqueo.

abanto m. Buitre. ‖ adj. y s. Torpe, atontado.

abarajar tr. *amer.* Recibir o parar una cosa en el aire.

abaratar tr. y prnl. Bajar el precio de algo. ‖ FAM. abaratamiento.

abarca f. Calzado rústico de cuero que se sujeta con cuerdas.

abarcar tr. Ceñir, rodear. ‖ Comprender, contener: *abarca todo el saber*. ‖ FAM. abarcable, abarcador, abarcadura, abarcamiento.

abarquillar tr. y prnl. Combar un cuerpo delgado y ancho: *la mesa se ha abarquillado a causa del peso*. ‖ FAM. abarquillado, abarquillamiento.

abarrancar tr. Formar barrancos. ‖ Meter o caer en un barranco. También prnl. ‖ intr. Varar, encallar. También prnl. ‖ FAM. abarrancadero, abarrancamiento.

abarrotar tr. Llenar, atestar: *abarrotaron el local*. ‖ FAM. abarrotado.

abastecer tr. y prnl. Proveer, aprovisionar. ◆ **Irreg.** Se conj. como *agradecer*. ‖ FAM. abastecedor, abastecimiento, abasto.

abasto m. Provisión. También pl.: *mercado de abastos*. ‖ Abundancia. ‖ **dar abasto** loc. Bastar o ser suficiente.

abatir tr. Derribar, bajar, tumbar: *abatir una fortaleza*. ‖ Hacer que baje una cosa: *abatir la bandera*. ‖ Inclinar o colocar en posición horizontal: *abatir la hamaca para poder dormir*. ‖ Desarmar o descomponer algo: *abatir la tienda de campaña*. ‖ tr. y prnl. Humillar: *le abatieron sus insultos*. ‖ Perder o hacer perder el ánimo, la fuerza o la energía: *aquella desgracia lo abatió mucho*. ‖ intr. Desviarse el barco de su rumbo: *el velero abatió a la izquierda*. ‖ FAM. abatible, abatido, abatimiento.

abazón m. Cada uno de los dos sacos o bolsas que tienen muchos monos y algunos roedores dentro de la boca para depositar los alimentos antes de masticarlos.

abdicar tr. Renunciar a un cargo o dignidad. ◆ Se construye con la prep. *en: abdicó el reino en su hijo*. ‖ Ceder, abandonar. ◆ Se construye con la prep. *de: abdicó de sus creencias*. ◆ ‖ FAM. abdicación, abdicativo.

abdomen m. Cavidad del cuerpo de los vertebrados comprendida entre el tórax y la pelvis, que contiene la mayor parte de las vísceras del aparato digestivo y genitourinario. || Región posterior del cuerpo de los artrópodos. || Vientre. || FAM. abdominal.

abducción f. Movimiento por el que una extremidad del cuerpo se aleja de su plano medio. || FAM. abducir, abductor.

abductor adj. y m. Se apl. al músculo que produce abducción.

abecé m. Abecedario. || Rudimentos de una ciencia o actividad: conoce bien el abecé de la física.

abecedario m. Serie ordenada de las letras de un idioma.

abedul m. Árbol de la familia de las betuláceas que abunda en los bosques europeos; mide hasta 25 m de altura, de corteza lisa y fina, ramas flexibles y colgantes y hojas caducas pequeñas y puntiagudas, cuya madera es blanca y ligera. || Madera de este árbol.

abeja f. Insecto himenóptero de color pardo oscuro, con el cuerpo velloso, el aparato bucal alargado en forma de lengua, dos pares de alas membranosas y un aguijón. Produce la cera y la miel y se alimenta del polen y el néctar de las flores.

abejaruco m. Ave coraciforme de unos 30 cm de altura, con plumaje de brillantes colores y pico y cola largos, que se alimenta de insectos, sobre todo de abejas.

abejorro m. Insecto himenóptero velludo, con la trompa larga, que zumba mucho al volar.

abencerraje com. Individuo de una familia del reino musulmán granadino.

aberración f. Desviación de lo que se considera normal o lícito. || Desvío aparente de los astros. || Imperfección de un sistema óptico que produce una visión defectuosa. || FAM. aberrante, aberrar.

abertura f. Hendidura, grieta, agujero. || Diámetro útil de un sistema de lentes.

abeto m. Árbol de la familia de las abietáceas, propio de zonas de alta montaña, con el tronco recto y muy elevado, corteza blanquecina, ramas horizontales formando una copa cónica, hojas estrechas y perennes y fruto en forma de piña casi cilíndrica. Puede alcanzar hasta 50 m de altura. || Madera de este árbol. || FAM. abetal, abietáceo.

abicharse prnl. amer. Agusanarse la fruta o las heridas.

abierto, ta adj. No cerrado, no cercado: puerta abierta, solar abierto. || Sincero, franco, espontáneo. || Tolerante, comprensivo. || En fon., se apl. a los sonidos pronunciados con una mayor abertura de los órganos articulatorios. || adj. y m. Se dice de la competición para todas las categorías de participantes: abierto de tenis. || FAM. abiertamente.

abietáceo, a adj. y f. De las abietáceas o relativo a esta familia de plantas. || f. pl. Familia de plantas coníferas, muy ramificadas, de hojas perennes aciculares, flores unisexuales y semillas cubiertas por escamas muy apretadas.

abigarrado, da adj. De varios colores mal combinados. || Heterogéneo, sin orden ni conexión: se en-

contró ante una abigarrada multitud. || FAM. abigarradamente, abigarramiento, abigarrar.

abisal adj. De la región más profunda del mar o del océano, a partir de los 2 000 m, o relacionado con ella. || Se apl. a la fauna o flora que habita esta región, adaptada a sus especiales condiciones ambientales: peces abisales.

abisinio, nia adj. y s. De Abisinia, actual Etiopía, o relativo a este país africano.

abismal adj. Del abismo o relativo a él. || Muy profundo: hay una diferencia abismal entre ambos hermanos. || Incomprensible: ese texto es de una complejidad abismal.

abismo m. Profundidad grande y peligrosa. || Lo que es inmenso, insondable o incomprensible. || FAM. abismal, abismar, abismático.

abjurar tr. e intr. Retractarse: abjuró la promesa. ◆ Como intr., se construye con la prep. de: abjuró de la fe. || FAM. abjuración.

ablación f. Extirpación de una parte del cuerpo.

ablandar tr. y prnl. Poner blando o disminuir la dureza de algo. || Suavizar, conmover a alguien o mitigar su enfado: le ablandaron sus súplicas. || prnl. Acobardarse. || FAM. ablandador, ablandamiento, ablandativo.

ablande m. amer. Rodaje de un automóvil.

ablativo m. Caso gramatical que indica procedencia, causa, modo, tiempo, etc.

ablución f. Lavatorio. || Purificación ritual por medio del agua.

abnegación f. Sacrificio o renuncia voluntaria de una persona a pasiones, deseos o intereses en favor del prójimo. || FAM. abnegadamente, abnegado, abnegar.

abnegarse prnl. Sacrificarse voluntariamente una persona, renunciando a pasiones, deseos o intereses en favor del prójimo. ◆ Irreg. Se conj. como acertar.

abocado, da adj. Expuesto, amenazado: tu relación está abocada al fracaso. || adj. y m. Se apl. al vino que no es seco ni dulce.

abocar tr. Acercar, aproximar. También prnl.: abocarse las tropas. || Verter el contenido de un recipiente en otro uniendo las bocas. || intr. Desembocar, ir a parar. ◆ Se construye con la prep. a: abocar a un final feliz. || FAM. abocamiento.

abocetar tr. Ejecutar bocetos. || FAM. abocetado, abocetamiento.

abochornar tr. y prnl. Causar bochorno el calor excesivo. || Sonrojar, avergonzar: su comportamiento nos abochornó. || FAM. abochornado.

abocinar tr. Dar forma de bocina. || FAM. abocinado, abocinamiento.

abofetear tr. Dar o pegar bofetadas.

abogaderas f. pl. amer. Argumentos falsos o engañosos.

abogado, da m. y f. Persona legalmente autorizada para defender en juicio los derechos o intereses de los litigantes. || Persona que intercede entre dos partes contendientes. || FAM. abogacía, abogar.

abogar intr. Defender en juicio a una de las partes. || Interceder, hablar en favor de alguien.

abolengo m. Ascendencia de una persona, especialmente si es ilustre: *familia de rancio abolengo*. || Herencia procedente de los antepasados.

abolicionismo m. Doctrina que propugna la anulación de leyes, preceptos o costumbres que se consideren atentatorios a principios humanos o morales. || FAM. abolicionista.

abolir tr. Derogar o anular una ley, precepto o costumbre. || FAM. abolición, abolicionismo, abolicionista. ◆ **Irreg.** Defect. Conjugación modelo. Solo se usan las formas cuya desinencia empieza con la vocal *i*:

Indicativo
Pres.: abolimos, abolís.
Imperf.: abolía, abolías, *etc.*
Pret. perf. simple: abolí, aboliste, *etc.*
Fut. simple: aboliré, abolirás, *etc.*
Condicional simple: aboliría, abolirías, *etc.*
Subjuntivo
Imperf.: aboliera o aboliese, abolieras
o abolieses, *etc.*
Fut. simple: aboliere, abolieres, *etc.*
Participio: abolido.
Gerundio: aboliendo.

abollar tr. y prnl. Producir un hundimiento en una superficie a causa de un golpe o mediante presión. || FAM. abollado, abolladura, abollón.

abombado, da adj. Curvado, convexo. || *amer.* Achispado, mareado. || *amer.* Tonto. También s.

abombar tr. y prnl. Dar o tomar forma convexa. || Asordar, aturdir. || prnl. *amer.* Empezar a corromperse algo. || *amer.* Achisparse, marearse.

abominar tr. e intr. Condenar o aborrecer algo o a alguien: *abomina la mentira; desde que discutieron, lo abomina.* ◆ Se construye con la prep. *de: abomina de sus ideas.* || FAM. abominable, abominación.

abonanzar intr. Calmarse la tormenta o serenarse el tiempo.

abonar tr. Echar abono en la tierra. || Pagar una cantidad. || Inscribir a una persona, mediante pago, para que pueda asistir a algún lugar o recibir algún servicio. Más como prnl.: *se abonó a la ópera*. || Anotar una cantidad en el haber de una cuenta bancaria. || FAM. abonado, abonero, abono.

abonero, ra m. y f. *amer.* Comerciante ambulante que vende por abonos o pagos a plazos.

abono m. Sustancia con que se fertiliza la tierra. || Derecho del que se abona y documento en que consta. || Lote de entradas o billetes que se compran conjuntamente y que permiten el uso periódico o limitado de algún servicio: *un abono de temporada para la ópera*. || Anotación de una cantidad en el haber de una cuenta bancaria: *abono de haberes*. || *amer.* Pago a plazos o en varias veces.

abordaje m. Roce o choque de una embarcación con otra. || **al abordaje** loc. adv. Pasando de una nave a otra para embestir al enemigo. ◆ Se construye con los verbos *entrar, tomar, saltar*, etc.: *los piratas tomaron el buque al abordaje.*

abordar tr. Rozar o chocar una embarcación con otra. ◆ Se construye con la prep. *a: el yate ha abordado al pesquero*. También intr. ◆ Se construye con la prep. *con: el yate abordó con un pesquero*. || Asaltar una nave. || Acercarse a una persona para tratar con ella un asunto: *los periodistas abordaron a la modelo*. || Emprender o plantear un negocio que ofrezca dificultades. || intr. Atracar o tomar puerto una nave. || FAM. abordable, abordador, abordaje.

aborigen adj. Originario del lugar en que vive. || adj. y com. Se apl. al primitivo morador de un país. Más en pl.

aborlonado, da adj. *amer.* Se apl. al tejido que presenta irregularidades.

aborrecer tr. Tener o sentir aversión u odio hacia alguien o algo. ◆ Se puede construir con la prep. *de: aborrece de la hipocresía*. || Abandonar las aves el nido, los huevos o las crías. ◆ **Irreg.** Se conj. como *agradecer*. || FAM. aborrecedor, aborrecible, aborrecimiento.

aborrecimiento m. Aversión, odio. || Aburrimiento.

aborregarse prnl. Cubrirse el cielo de nubes blancas semejantes a vellones de lana. || Adocenarse, perder la personalidad. || FAM. aborregado.

abortar intr. Interrumpir el desarrollo de un feto durante el embarazo, de forma natural o provocada. || Fracasar, malograrse algo antes de su realización completa. También tr.: *la policía abortó la fuga*. || FAM. abortista, abortivo, aborto.

abortista adj. y com. Partidario de la despenalización del aborto voluntario.

aborto m. Interrupción del desarrollo de un feto durante el embarazo, de forma natural o provocada. || Fracaso, interrupción de algo antes de su realización completa. || Cosa o ser imperfecto, engendro.

abotargarse o **abotagarse** prnl. Hincharse, inflarse el cuerpo o alguna de sus partes, generalmente como consecuencia de una enfermedad. || Atontarse. || FAM. abotargamiento, abotagamiento.

abotonar tr. y prnl. Ajustar con botones. || FAM. abotonador, abotonadura.

abovedar tr. Cubrir con bóveda. || Dar figura de bóveda. || FAM. abovedado.

abra f. Bahía no muy extensa. || Valle o abertura ancha entre dos montañas. || *amer.* Claro del bosque. || *amer.* Camino abierto entre la maleza.

abracadabra m. Palabra cabalística que se escribía en once renglones, formando un triángulo, a la que se atribuían poderes curativos. || FAM. abracadabrante.

abrasar tr. Reducir a brasa, quemar. También prnl. || Agitar o consumir a alguien una pasión intensa. También prnl. ◆ Se construye con las preps. *de y en: se abrasa de amor por ella; se abrasa en odio por los que la maltrataron.* || intr. Quemar, estar muy caliente una cosa: *la sopa abrasa*. || prnl. Sentir demasiado calor o ardor. || FAM. abrasador, abrasamiento, abrasante.

abrasión f. Desgaste por fricción. || Acción irritante de los purgantes enérgicos. || FAM. abrasivo.

abrazadera f. Pieza para asegurar alguna cosa, ciñéndola.

abrazar tr. Estrechar algo o a alguien con los brazos. También prnl.: *se abrazaron con cariño*. ‖ Rodear, ceñir. ‖ Contener o incluir. ‖ Adoptar, seguir una idea, conducta o doctrina: *abrazó el budismo*. ‖ FAM. abrazadera, abrazador, abrazo.

abrazo m. Muestra o gesto de afecto que consiste en estrechar entre los brazos a una persona: *se dieron un fuerte abrazo al despedirse*.

abrecartas m. Utensilio cortante para abrir cartas. ◆ No varía en pl.

ábrego m. Viento húmedo del suroeste.

abrelatas m. Instrumento de metal para abrir latas de conserva. ◆ No varía en pl.

abrevadero m. Estanque, pilón o lugar apropiado para que beba el ganado.

abrevar tr. Dar de beber al ganado. ‖ intr. Beber el ganado. ‖ FAM. abrevadero.

abreviación f. Acortamiento o reducción del tiempo o del espacio.

abreviar tr. Acortar, reducir a menos tiempo o espacio. ‖ intr. Acelerar, apresurar: *abrevia, que es tarde*. También tr.: *abreviar el paso*. ‖ FAM. abreviación, abreviadamente, abreviado, abreviador, abreviaduría, abreviamiento, abreviatura, abreviaturía.

abreviatura f. Representación abreviada de una palabra en la lengua escrita: *«sra.» es la abreviatura de «señora»*. ‖ Compendio, resumen.

abriboca adj. y com. *amer.* Distraído, crédulo, fácil de engañar.

abridor m. Instrumento que sirve para abrir latas de conserva o para quitar la chapa metálica de las botellas.

abrigar tr. Defender, resguardar del frío. También prnl. ◆ Se construye con la prep. *de: abrigarse del viento.* ‖ Auxiliar, amparar, proteger. ‖ Tener o albergar ideas o afectos: *abriga buenas intenciones*. ‖ FAM. abrigadero, abrigado, abrigador, abrigaño, abrigo.

abrigo m. Prenda de vestir con mangas que se pone sobre las demás para protegerse del frío. ‖ Defensa contra el frío. ‖ Refugio. ‖ Auxilio, amparo, protección.

abril m. Cuarto mes del año, entre marzo y mayo, que tiene treinta días. ‖ pl. Años de la primera juventud: *cumple veinte abriles*. ‖ FAM. abrileño.

abrillantador m. Producto que se usa para abrillantar o dar brillo.

abrillantar tr. Dar brillo. ‖ Dar más valor o lucimiento a algo. ‖ FAM. abrillantador, abrillantamiento.

abrir tr. Descubrir lo que está cerrado u oculto. También prnl. ‖ Separar del marco la hoja o las hojas de una puerta o ventana. También intr. y prnl.: *esta puerta no abre; la puerta se ha abierto*. ‖ Romper o despegar una cosa por algún sitio para ver o sacar su contenido: *abrir una carta*. ‖ Desplegar, extender lo doblado: *abrir un periódico*. También prnl.: *abrirse un batallón*. ‖ Permitir el acceso, facilitar el tránsito: *abrir la mente, abrir paso*. ‖ Inaugurar, anunciar, comenzar el periodo de tiempo en que debe realizarse algo. También prnl. ◆ Se construye con la prep. *a: la exposición se abre al público mañana*. ‖ Ir a la cabeza o delante. ‖ intr. Empezar a clarear el tiempo. ◆ Se usa sobre todo en construcciones impersonales: *si no llueve y abre, saldremos a la calle*. También prnl. ‖ prnl. Sincerarse: *se abrió a su amigo*. ‖ *col.* Marcharse, separarse de otras personas: *ahí os quedáis, yo me abro*. ◆ p. p. irreg.: *abierto*. ‖ FAM. abridor.

abrochador m. *amer.* Grapadora.

abrochar tr. y prnl. Cerrar, ajustar con broches, corchetes, etc.

abrogar tr. Abolir o revocar una ley, código o norma jurídica en su totalidad: *abrogaron el decreto*. ‖ FAM. abrogación.

abrojo m. Planta herbácea perjudicial para los sembrados, perteneciente a la familia de las cigofiláceas, de tallos largos y rastreros, hojas compuestas, flores amarillas y fruto redondo y espinoso. ‖ pl. Penalidades. ‖ FAM. abrojal.

abroncar tr. Reprender ásperamente. ‖ Abuchear.

abrótano m. Planta herbácea olorosa de la familia de las compuestas, de aproximadamente 1 m de altura, hojas alternas, flores amarillas o blancas dispuestas en racimos o espigas y fruto en aquenio.

abrumar tr. Agobiar con algún peso o trabajo. ‖ Molestar, apurar a una persona por exceso de alabanzas, atenciones o burlas: *me abruma tanta amabilidad*. ‖ FAM. abrumador, abrumadoramente, abrumante.

abrupto, ta adj. Se apl. al terreno escarpado, con mucha pendiente o de difícil acceso. ‖ Áspero, violento.

absceso m. Acumulación de pus en los tejidos orgánicos.

abscisa f. Coordenada horizontal en un plano cartesiano rectangular.

absenta f. Bebida alcohólica elaborada con ajenjo y otras hierbas aromáticas.

absentismo m. Falta de asistencia al trabajo practicada habitualmente. ‖ FAM. absentista.

ábside amb. Parte abovedada y generalmente semicircular que sobresale de la fachada posterior de un templo, en donde se encuentra el altar mayor y el presbiterio. Más como m. ‖ FAM. absidal, absidiola, absidiolo.

absolución f. Declaración de un acusado como no culpable. ‖ En la confesión, perdón de los pecados que el sacerdote concede a un penitente.

absolutismo m. Sistema de gobierno en el que el rey ostenta todo el poder del Estado sin limitación: *el absolutismo es el régimen que predominó en Europa en los siglos XVII y XVIII*. ‖ Autoritarismo, totalitarismo. ‖ FAM. absolutista.

absoluto, ta adj. Que excluye toda relación o comparación: *valor absoluto*. ‖ Ilimitado, sin restricción: *el rey tenía poder absoluto*. ‖ Completo, total: *silencio era absoluto*. ‖ **en absoluto** loc. adv. De una manera general y terminante. ◆ Se usa sobre todo como negación enfática y equivale a 'de ningún modo': *tu opinión no me interesa en absoluto*. ‖ FAM. absolutamente, absolutismo.

absolver tr. Liberar de algún cargo u obligación. ‖ Declarar no culpable a un acusado. ‖ En la confesión, perdonar los pecados el sacerdote a un penitente. ◆ **Irreg.** Se conj. como *mover*, excepto su p. p., que es *absuelto*. Se construye con la prep. *de.* ‖ FAM. absolución, absolutorio, absolvedor, absolvente.

absorbente adj. Que atrae o retiene líquidos. ‖ Dominante, que trata de imponer su voluntad a los demás. ‖ Que ocupa por completo el tiempo o la mente de una persona. ‖ m. Sustancia que tiene un alto poder de absorción.

absorber tr. Retener una sustancia las moléculas de otra en estado líquido o gaseoso. ‖ Llamar la atención, ensimismar: *la película le absorbió por completo.* ‖ Incorporar una o varias empresas en otra ya existente o de nueva creación: *una multinacional absorbió mi empresa.* ‖ Consumir totalmente. ◆ Tiene doble p. p.: uno reg., *absorbido*, y otro irreg., *absorto.* ‖ FAM. absorbencia, absorbente, absorción, absorto.

absorto, ta adj. Admirado, pasmado, ensimismado.

abstemio, mia adj. y s. Que no toma bebidas alcohólicas.

abstención f. Renuncia voluntaria a hacer algo, especialmente a votar en unas elecciones.

abstencionismo m. Doctrina o práctica que propugna la abstención, especialmente en política. ‖ FAM. abstencionista.

abstenerse prnl. Privarse de alguna cosa. ‖ Dejar de hacer algo: *se abstuvo de votar.* ◆ **Irreg.** Se conj. como *tener.* Se construye con la prep. *de.* ‖ FAM. abstención, abstencionismo, abstinencia.

abstinencia f. Renuncia a alguna cosa, fundamentalmente por motivos religiosos o morales. ‖ Específicamente, privación de comer carne en determinados días por precepto de la Iglesia católica. ‖ Sintomatología que presenta un sujeto al cesar bruscamente de ingerir un determinado fármaco o tóxico al que era adicto.

abstracción f. Consideración aislada de las cualidades esenciales de un objeto, o del mismo objeto en su pura esencia o noción. ‖ Concentración del pensamiento, prescindiendo de la realidad exterior. ‖ Idea abstracta o construcción mental sin correspondencia exacta con la realidad.

abstracto, ta adj. No concreto, que no tiene realidad propia. ‖ De difícil comprensión. ‖ Se apl. al arte y al artista que no pretende representar cosas concretas, sino que atiende exclusivamente a elementos de forma, color, proporción, etc.

abstraer tr. Considerar aisladamente las cualidades esenciales de un objeto, o el mismo objeto en su pura esencia o noción. ‖ prnl. Prescindir alguien de la realidad exterior para concentrarse en su pensamiento. ◆ Se construye con la prep. *de: se abstrae fácilmente de la realidad.* ◆ Irreg. Se conj. como *traer.* Tiene doble p. p.: uno reg., *abstraído*, y otro irreg., *abstracto.* ‖ FAM. abstracción, abstracto, abstraído.

absurdo, da adj. Contrario y opuesto a la razón. ‖ m. Hecho o dicho irracional u opuesto a la razón.

abubilla f. Ave coraciforme de unos 30 cm de longitud, con plumaje pardo rojizo, alas y cola en franjas blancas y negras, pico largo, puntiagudo y algo curvo, y con un penacho de plumas eréctiles en la cabeza. Se alimenta de insectos.

abuchear tr. Manifestar públicamente desaprobación mediante ruidos o gritos. ‖ FAM. abucheo.

abucheo m. Manifestación pública de desaprobación mediante ruidos o gritos.

abuelo, la m. y f. Respecto de una persona, padre o madre de su padre o de su madre. ‖ *col.* Anciano. ‖ m. pl. Padres del padre o de la madre de una persona, o de ambos.

abuhardillado, da adj. Con buhardilla o en forma de buhardilla.

abulense adj. y com. De Ávila o relativo a esta ciudad española y a la provincia, del mismo nombre, de la que es capital y que se encuentra en la Comunidad de Castilla y León.

abulia f. Falta de voluntad o disminución notable de energía. ‖ FAM. abúlico.

abultar tr. Aumentar el bulto o volumen de algo. También prnl. ‖ Exagerar la importancia de algo: *el periodista abultó la noticia.* ‖ intr. Ocupar o hacer bulto: *el monedero apenas abulta en el bolsillo.* ‖ FAM. abultado, abultamiento.

abundancia f. Gran cantidad de algo.

abundante adj. Copioso, en gran cantidad. ◆ Se puede construir con la prep. *en: región abundante en recursos naturales.*

abundar intr. Existir algo en gran cantidad. ‖ Tener en abundancia: *el libro abunda en errores.* ‖ Hablando de una idea u opinión, apoyarla o persistir en ella: *abundando en lo que dijiste, deberíamos replantearnos nuestra decisión.* ◆ Se construye con la prep. *en.* ‖ FAM. abundamiento, abundancia, abundante, abundoso.

aburguesarse prnl. Adquirir características que se consideran propias de un burgués.

aburrido, da adj. Que aburre o cansa. ‖ Incapaz de divertir o divertirse. También s. ◆ Se construye con los verbos *ser* y *estar*: *este chico es muy aburrido; los niños están aburridos.*

aburrimiento m. Cansancio, decaimiento. ‖ Molestia, fastidio.

aburrir tr. Molestar, fastidiar: *tus quejas nos aburren.* ‖ prnl. Cansarse de alguna cosa o sentirse decaído. ◆ Se construye con las preps. *de* y *con: se ha aburrido de esperar; me aburro con la televisión.* ‖ **aburrirse como una ostra** loc. *col.* Aburrirse muchísimo. ‖ FAM. aburrido, aburrimiento.

abusado, da adj. *amer.* Alerta, atento, listo.

abusar intr. Usar o aprovecharse excesiva o indebidamente de algo o de alguien, en perjuicio propio o ajeno. ◆ Se construye con la prep. *de: abusar de la bebida.* ‖ Violar a alguien. ◆ Se construye con la prep. *de: le detuvieron por abusar de varias menores.* ‖ prnl. *amer.* Espabilarse, estar muy atento. ‖ FAM. abusador, abusivamente, abusivo, abuso, abusón.

abuso m. Uso o aprovechamiento excesivo o indebido de algo o de alguien, en perjuicio propio o ajeno.

abyección f. Bajeza, envilecimiento. ‖ Humillación.

abyecto, ta adj. Despreciable, vil.

acá adv. l. Indica el lugar en que está el que habla, pero de forma menos precisa que *aquí.* ‖ adv. t. Indica el momento presente, ahora. ‖ *amer.* Señala a la persona cercana al que habla, con valor semejante al del demostrativo *este: acá tiene razón.*

acabado, da adj. Perfecto, completo, consumado. || Fracasado, destruido: *este hombre está acabado.* || m. Perfeccionamiento final de una obra o labor: *ese mueble tiene acabado mate.*

acabar tr. Dar fin a una cosa. También intr. y prnl. || Apurar, consumir. También prnl. || Poner mucho esmero en la conclusión de una obra. || intr. Rematar, terminar de una determinada forma. ◆ Se construye con la prep. *en: el lápiz acaba en punta.* || Poner fin, extinguir, aniquilar. ◆ Se construye con la prep. *con: acabaron con las existencias de víveres.* || col. Concluir una relación con otra persona: *mi marido y yo hemos acabado.* || Llegar el momento de producirse algo. ◆ Se construye con la prep. *por* más infinitivo o con gerundio: *acabó por desanimarse; acabó rompiéndolo.* || **¡acabáramos!** interj. *col.* Expresión que se usa, tras una dilación, para indicar que por fin se ha salido de una duda o se ha llegado a una conclusión: *¡acabáramos!, ¿y para eso me has tenido tanto tiempo en ascuas?* || **de nunca acabar** loc. adj. Que se prolonga o puede prolongarse de forma indefinida: *esa disputa es un asunto de nunca acabar.* || **se acabó lo que se daba** loc. *col.* Indica la conclusión de alguna cuestión o situación: *no le han renovado contrato y se acabó lo que se daba.* || FAM. acabado.

acabose (ser algo el) loc. Ser el no va más, el colmo, etc.

acacia f. Árbol o arbusto de la familia de las leguminosas, con hojas caducas compuestas o divididas en hojuelas, ramas con espinas, flores olorosas en racimos colgantes y fruto en vaina. Alcanza entre 5 y 20 m de altura según las especies. || Madera de este árbol: *la acacia es bastante dura.* || **falsa acacia** Árbol caducifolio de la familia de las leguminosas que procede de América septentrional y se cultiva en Europa, con la corteza de color gris pálido, hojuelas aovadas y flores blancas llamadas *pan y quesillo.*

academia f. Sociedad científica, literaria o artística establecida con autoridad pública. || Edificio que la alberga. || Conjunto de personas que la componen. || Establecimiento docente: *academia de informática.* || FAM. academicismo, académico.

academicismo m. Observancia rigurosa de las normas clásicas. || FAM. academicista.

académico, ca adj. De una academia o relativo a ella. || De un centro oficial de enseñanza o relativo a él: *año académico, expediente académico.* || Acorde con las normas clásicas: *estilo académico.* || m. y f. Individuo de una academia.

acadio, dia adj. y s. De Akkad o relativo a este antiguo reino mesopotámico. || m. Lengua semítica del grupo oriental hablada por los acadios.

acaecer intr. Suceder, producirse un hecho. ◆ Irreg. Se conj. como *agradecer,* pero solo se emplean sus terceras personas y las formas no personales. || FAM. acaecimiento.

acahual m. *amer.* Especie de girasol que abunda en México. || *amer.* Denominación genérica de las hierbas altas que cubren las tierras en barbecho.

acalefo, a adj. y m. De los acalefos o relativo a estos animales. || m. pl. Antigua denominación de los escifozoos.

acallar tr. Hacer callar. || Aplacar, sosegar.

acalorar tr. Dar o causar calor. || Fatigar con demasiado trabajo o ejercicio. Más como prnl.: *se acalora mucho cuando hace deporte.* || Promover, avivar: *su intervención acaloró la disputa.* || prnl. Enardecerse en la conversación. ◆ Se puede construir con las preps. *en, con* y *por: acalorarse en/con/por la discusión.* || FAM. acaloradamente, acalorado, acaloramiento.

acampada f. Instalación temporal en un lugar al aire libre, generalmente en tiendas de campaña.

acampanado, da adj. Que tiene forma de campana.

acampar intr. Instalarse temporalmente en un lugar al aire libre, alojándose generalmente en tiendas de campaña. || FAM. acampada, acampado, acampante.

acanalar tr. Hacer canales o estrías en una superficie. || Dar forma de canal o teja. || FAM. acanalado, acanaladura.

acantáceo, a adj. y f. De las acantáceas o relativo a esta familia de plantas. || f. pl. Familia de plantas angiospermas dicotiledóneas, arbustivas o herbáceas, que tienen tallo y ramas nudosos, hojas opuestas, flores de cinco pétalos y un fruto en caja membranosa.

acantilado, da adj. Se apl. al fondo del mar que forma escalones. || adj. y m. Se dice de la costa rocosa cortada verticalmente. || FAM. acantilar.

acanto m. Planta herbácea perenne de la familia de las acantáceas, con hojas alargadas, rizadas y espinosas y flores blancas, rosadas o violáceas. || En arquit., motivo ornamental que imita las hojas de esta planta, característico de los capiteles corintio y compuesto.

acantonar tr. y prnl. Alojar las tropas militares en diversos lugares. || FAM. acantonamiento.

acaparador, ra adj. y s. Que acapara, disfruta o se apropia de todo o la mayor parte de una cosa.

acaparar tr. Disfrutar o apropiarse de todo o de la mayor parte de una cosa: *acapara todas las miradas.* || Adquirir y retener mercancías en cantidad superior a la normal para especular o prevenir la escasez. || FAM. acaparación, acaparador, acaparamiento.

acápite m. *amer.* Párrafo aparte, especialmente en textos legales. || **punto acápite** *amer.* Punto y aparte.

a capela loc. adj. Sin acompañamiento musical. También loc. adv.: *cantaron a capela.*

acaramelado, da adj. Muy cariñoso y dulce con alguien.

acaramelar tr. Bañar de azúcar a punto de caramelo. || prnl. Estar o ponerse muy cariñoso y dulce con alguien. || FAM. acaramelado.

acariciar tr. Hacer caricias. También prnl. || Rozar o tocar algo suavemente. || Pensar con esperanza en hacer o conseguir algo: *acaricia la idea de dejar de trabajar.* || FAM. acariciador.

ácaro adj. y m. De los ácaros o relativo a este orden de arácnidos: *la garrapata es un ácaro.* || m. pl. Orden de arácnidos de tamaño muy pequeño (de 0,1 a 2 mm), generalmente parásitos de animales y plantas, de respiración traqueal y con el cefalotórax unido al abdomen. || FAM. acaricida, acárido.

acarrear tr. Transportar en carro o de otra manera. ‖ Ocasionar o provocar algún daño: *este cargo solo me acarrea dificultades.* ‖ FAM. acarreo.

acartonarse prnl. Ponerse como cartón, especialmente referido a las personas que al envejecer se quedan delgadas y enjutas.

acaserarse prnl. *amer.* Hacerse cliente habitual de una tienda. ‖ *amer.* Encariñarse de un lugar o hacerse muy casero.

acaso m. Casualidad, suceso imprevisto. ‖ adv. m. Por casualidad. ◆ Va precedido de la conj. cond.: *si: llámame si acaso cambiaras de idea.* ‖ adv. de duda Quizá, tal vez. ‖ **por si acaso** loc. adv. o conj. Por si ocurre o llega a ocurrir algo; por precaución: *llévate un paraguas por si acaso llueve.* ‖ **si acaso** loc. conjunt. cond. En todo caso, a lo sumo. ◆ Se usa sobre todo en frases negativas o interrogativas: *no es mala persona, si acaso un poco distraída.*

acatar tr. Obedecer, aceptar voluntariamente una norma o autoridad. ‖ Reconocer y respetar la autoridad de algo o alguien: *acato el precepto, pero no lo cumplo.* ‖ tr. e intr. *amer.* Percatarse de algo, notar. ‖ FAM. acatamiento.

acatarrarse prnl. Coger un catarro, resfriarse.

acaudalado, da adj. Que tiene mucho caudal, hacienda o bienes. ‖ FAM. acaudalar.

acaudillar tr. Mandar algo o a alguien como jefe. ‖ Guiar, conducir.

acceder intr. Consentir en lo que otro quiere: *accedió a hablar en su nombre.* ‖ Ceder uno a la idea de otro. ‖ Tener entrada o paso a un lugar: *por esta puerta se accede al patio.* ‖ Tener acceso a una situación, o llegar a alcanzarla: *acceder a la plaza de profesor.* ◆ Se construye con la prep. *a.* ‖ FAM. accesibilidad, accesible, accésit, acceso.

accesible adj. Que tiene acceso o entrada. ‖ De trato fácil: *es una persona bastante accesible.* ‖ Inteligible, comprensible: *este planteamiento resulta accesible para todos.*

accésit m. Recompensa inmediatamente inferior al premio en un concurso artístico, literario o científico. ◆ pl. *accésits.*

acceso m. Llegada o acercamiento a algo. ‖ Entrada o paso. Más en pl. ◆ Se construye con la prep. *a:* están cortados los accesos a la carretera. ‖ Posibilidad de llegar a algo o a alguien: *tiene acceso directo al ministro.* ‖ Aparición súbita de un arrebato o de un ataque. ◆ Se construye con la prep. *de: acceso de fiebre.* ‖ FAM. accesorio.

accesorio, ria adj. Que depende de lo principal, secundario. ‖ m. Utensilio auxiliar para determinado trabajo. Más en pl.: *accesorios de automóvil.*

accidentado, da adj. Agitado, con muchos incidentes: *viaje accidentado.* ‖ Hablando de un terreno, que es escabroso o abrupto. ‖ adj. y s. Que ha sido víctima de un accidente.

accidental adj. No esencial. ‖ Casual, contingente. ‖ Se apl. al cargo que se desempeña con carácter provisional.

accidentar tr. Producir o provocar un accidente. ‖ prnl. Sufrir un accidente.

accidente m. Suceso eventual del que involuntariamente resulta un daño: *accidente de tráfico.* ‖ Suceso casual que altera el orden regular de las cosas. ‖ Calidad o estado no esencial de algo. ‖ Irregularidad del terreno. ‖ En mús., signo que se coloca sobre una determinada nota, alterando su tonalidad. ‖ **accidente gramatical** Modificación de forma que experimentan las palabras variables para expresar distintas categorías gramaticales: *accidente de género, número, tiempo, etc.* ‖ FAM. accidentado, accidental, accidentalmente, accidentar.

acción f. Ejercicio de la facultad de hacer o realizar alguna cosa que tiene un ser. ‖ Lo que se hace o se realiza. ‖ Influencia o impresión producida por la actividad de cualquier agente sobre algo: *el mando tiene un radio de acción de cinco metros.* ‖ Postura, ademán, gesto. ‖ Cada una de las partes en que está dividido el capital de una empresa, generalmente una sociedad anónima: *estas acciones se cotizan en Bolsa.* ‖ Título que acredita y representa el valor de cada una de esas partes del capital. ‖ Derecho que se tiene a pedir alguna cosa en juicio: *emprender una acción civil.* ‖ Sucesión de hechos en las obras narrativas, dramáticas y cinematográficas: *la acción de la película se desarrolla en el desierto.* ‖ En cine, voz con que se advierte que empieza una toma. ‖ FAM. accionable, accionamiento, accionar, accionariado, accionarial, accionario, accionista.

accionar tr. Poner en funcionamiento un mecanismo. ‖ intr. Gesticular o hacer movimientos y gestos para dar a entender alguna cosa o para acompañar a la palabra.

accionista com. Poseedor de una o varias acciones de una empresa.

acebo m. Árbol de la familia de las aquifoliáceas que mide entre 3 y 15 m de altura, de hojas perennes, brillantes y con bordes espinosos, flores pequeñas de color blanco sonrosado y fruto en baya de color rojo: *las ramas del acebo sirven como adorno navideño.* ‖ Madera de este árbol. ‖ FAM. acebal.

acebuche m. Olivo silvestre, de menor tamaño que el cultivado. ‖ Madera de este árbol. ‖ FAM. acebuchal, acebuchina.

acechanza f. Acecho.

acechar tr. Observar, aguardar cautelosamente. ‖ Amenazar. ‖ FAM. acechamiento, acechanza, acecho.

acecho m. Vigilancia o espera cautelosa. ‖ **al** o **en acecho** loc. adv. Observando a escondidas o con cautela.

acecinar tr. y prnl. Salar y ahumar la carne para su conservación.

acedera f. Planta herbácea perenne de la familia de las poligonáceas, con el tallo recto, hojas alternas y pequeñas flores verdes. Mide entre 30 cm y 1 m de altura y se usa como condimento por su sabor ácido. ‖ FAM. acederilla, acederón.

acedía f. Acidez de estómago.

acéfalo, la adj. Falto de cabeza.

aceitar tr. Untar o bañar con aceite. ‖ *amer.* Sobornar.

aceite m. Grasa líquida que se obtiene por presión de las aceitunas, de algunos otros frutos o semillas y de algunos animales. ‖ Líquido oleaginoso que se encuentra formado en la naturaleza o que se obtiene por destilación de ciertos minerales bituminosos. || FAM. aceitar, aceitera, aceitero, aceitoso, aceituna.

aceitero, ra adj. Del aceite o relativo a él. || m. y f. Persona que fabrica o vende aceite. || f. Recipiente pequeño para guardar o conservar el aceite. || f. pl. Vinagreras.

aceituna f. Fruto comestible del olivo, de forma ovalada y color verde o negro, del que se extrae aceite. || FAM. aceitunada, aceitunado, aceitunero, aceituno.

aceitunero, ra m. y f. Persona que recoge, acarrea o vende aceitunas. || m. Sitio para tener la aceituna.

aceleración f. Aumento de la velocidad o rapidez. || Variación de la velocidad de un móvil por unidad de tiempo.

acelerador, ra adj. Que acelera. || m. Mecanismo que permite aumentar las revoluciones del motor de explosión. || Pedal o dispositivo para accionarlo. || Cualquier mecanismo destinado a acelerar el funcionamiento de otro.

acelerar tr. Dar mayor rapidez a algo. También prnl. || tr. e intr. Aumentar la velocidad. || Accionar el mecanismo acelerador. || prnl. Ponerse nervioso o excitado. || FAM. aceleración, acelerado, acelerador, aceleramiento, aceleratriz, acelerón.

acelga f. Planta herbácea anual perenne, de la familia de las quenopodiáceas, de hojas grandes y comestibles con el nervio central muy desarrollado. Más en pl.

acémila f. Bestia de carga, preferentemente el mulo. || Persona ruda, sin educación. || FAM. acemilería, acemilero.

acendrar tr. Purificar los metales por acción del fuego. || Depurar, dejar sin mancha ni defecto, perfeccionar. También prnl. ◆ Se construye con las preps. con y en: la virtud se acendra con el sufrimiento. || FAM. acendrado, acendramiento.

acento m. Tilde, signo ortográfico que se coloca sobre una vocal, de acuerdo con unas normas establecidas, indicando la sílaba tónica o algún matiz especial de pronunciación. || Pronunciación destacada de una sílaba en el interior de una palabra, para distinguirla de las demás. || Particulares inflexiones de voz de una región: tiene acento sevillano. || Modulación de la voz: su acento era triste cuando nos contó la desgracia. || FAM. acentuar.

acentuación f. Colocación del acento ortográfico sobre una vocal. || Realce de una sílaba en el interior de una palabra, pronunciándola con una característica fónica que la distingue de las demás.

acentuar tr. Poner acento ortográfico a una palabra. También prnl. || Realzar una sílaba en el interior de una palabra, pronunciándola con una característica fónica que la distingue de las demás. || Realzar, abultar. || prnl. Cobrar importancia algo: este mes se ha acentuado la crisis. || FAM. acentuación, acentuado, acentual.

aceña f. Molino harinero situado dentro del cauce de un río, cuyo movimiento provoca la caída de agua en un desnivel.

acepción f. Cada uno de los significados que puede adquirir una palabra según el contexto.

acepillar tr. Alisar con cepillo una superficie de madera o metal.

aceptable adj. Que puede ser aceptado.

aceptación f. Recibimiento de forma voluntaria de una cosa. || Aprobación: la película tuvo una gran aceptación. || Admisión, conformidad. || Obligación por escrito de pagar una letra o libranza.

aceptar tr. Recibir voluntariamente una cosa: no quiso aceptar el regalo. || Aprobar o dar por bueno: la junta aceptó la subida. || Admitir, conformarse. || Obligarse por escrito a pagar una letra o libranza: el banco ha aceptado el talón. || FAM. aceptabilidad, aceptable, aceptablemente, aceptación.

acequia f. Zanja o canal por donde se conducen las aguas para regar y para otros fines. || FAM. acequiaje, acequiar, acequiero, acequión.

acequión m. amer. Arroyo, riachuelo.

acera f. Orilla de la calle o de otra vía pública, con pavimento adecuado para el paso de los peatones, que separa la calzada de la pared de las construcciones. || **ser** alguien **de la acera de enfrente** o **de la otra acera** loc. col. Sentirse atraído por una persona de su mismo sexo.

aceráceo, a adj. y f. De las aceráceas o relativo a esta familia de árboles. || f. pl. Familia de angiospermas dicotiledóneas, leñosas, de hojas opuestas, flores pequeñas, generalmente unisexuales, y fruto constituido por dos sámaras y semillas sin albumen: las aceráceas comprenden árboles como el arce.

acerado, da adj. De acero o con características propias de él. || Fuerte, de mucha resistencia. || Incisivo, mordaz: la carta fue escrita con lenguaje acerado.

acerar tr. Dar al hierro las propiedades del acero. || Dar un baño de acero. || Fortalecer, vigorizar. También prnl.: acerarse en la lucha.

acerbo, ba adj. Áspero al gusto. || Cruel, riguroso: le hizo un acerbo comentario. || FAM. acerbamente.

acerca de loc. prep. En cuanto a, respecto a, a propósito de, sobre.

acercamiento m. Aproximación, colocación en una posición más cercana.

acercar tr. y prnl. Poner a menor distancia de lugar o tiempo. || Llevar algo o a alguien a algún lugar. ◆ Se construye con la prep. a: acércame en coche al cine. || Aproximarse. || FAM. acercamiento.

acerí adj. y com. Azerí. ◆ pl. aceris o aceríes.

acerico o **acerillo** m. Almohadilla para clavar alfileres y agujas.

acero m. Aleación de hierro y carbono, en diferentes proporciones, que adquiere con el temple gran dureza y elasticidad. || Arma blanca, y en especial la espada. || FAM. aceración, acerado, acerar, acerería, acería, acerista.

acérrimo, ma adj. Muy firme y entusiasta: es su acérrimo defensor.

acertante adj. y com. Que acierta, especialmente en un juego de azar o en un concurso.

acertar tr. Dar en el punto a que se dirige algo. También intr. ◆ Se construye con la prep. en: acertar en la diana. || Encontrar, hallar. También intr. ◆ Se construye con la prep. con: has acertado con la dirección. || En algo dudoso, ignorado u oculto, dar con lo cierto: acertar el enigma. || intr. Hacer algo con tino. ◆ Se construye con la contracción al + infinitivo y con las preps. con y en: has acertado al elegir esta carrera/con la elección de tu carrera/en tu predicción. || Suceder por casualidad. ◆ Se construye con la prep. *a* + infinitivo: *acertó a pasar por allí un policía.* || FAM. acertadamente, acertado, acertante, acertijo, acierto. ◆ **Irreg.** Conjugación modelo:

Indicativo
Pres.: acierto, aciertas, acierta, acertamos, acertáis, aciertan.
Imperf.: acertaba, acertabas, acertaba, *etc.*
Pret. perf. simple: acerté, acertaste, acertó, acertamos, acertasteis, acertaron.
Fut. simple: acertaré, acertarás, acertará, *etc.*
Condicional simple: acertaría, acertarías, acertaría, *etc.*
Subjuntivo
Pres.: acierte, aciertes, acierte, acertemos, acertéis, acierten.
Imperf.: acertara o acertase, acertaras o acertases, *etc.*
Fut. simple: acertare, acertares, acertare, *etc.*
Imperativo: acierte, acertad.
Participio: acertado.
Gerundio: acertando.

acertijo m. Especie de enigma para entretenerse en adivinarlo.

acervo m. Conjunto de bienes morales, culturales o materiales de una colectividad de personas: *acervo espiritual de un pueblo.*

acetato m. Sal formada por el ácido acético con una base.

acético, ca adj. Del vinagre o de sus derivados, o relativo a ellos.

acetileno m. Hidrocarburo gaseoso que se obtiene de la acción del agua sobre el carburo de calcio y se emplea como combustible para dar luz.

acetona f. Líquido incoloro, inflamable y de olor penetrante empleado como disolvente orgánico, y que también se genera en el organismo humano, encontrándose en cantidad superior a la normal en la orina y la sangre de enfermos diabéticos: *la acetona se emplea domésticamente para disolver el esmalte de uñas.* || FAM. acetonemia, acetonuria.

achacar tr. Atribuir, imputar algo negativo a alguien. || FAM. achacable.

achacoso, sa adj. Que sufre con frecuencia pequeños achaques o molestias a causa de una enfermedad o por edad avanzada.

achantar tr. Intimidar, apabullar: *no conseguimos achantarle por mucho que le gritamos.* || prnl. Esconderse mientras dura un peligro. || Callarse por resignación o cobardía. || Abstenerse de intervenir en algún asunto por cautela o maliciosamente.

achaparrado, da adj. Bajo y ancho. || Se apl. a la persona rechoncha.

achaque m. Indisposición o enfermedad habitual, especialmente en la vejez. || Enfermedad leve. || FAM. achacosamente, achacoso.

achatar tr. y prnl. Aplastar, poner chata alguna cosa. || FAM. achatado, achatamiento.

achicar tr. Reducir el tamaño o la duración de algo. También prnl. || Sacar el agua de un lugar, especialmente de una embarcación. || tr. Humillar, acobardar. También prnl. || Hacer de menos, rebajar la estimación de una persona o cosa. || FAM. achicado, achicamiento, achique.

achicharrar tr. y prnl. Freír, cocer, asar o tostar demasiado. || *col.* Calentar demasiado. || prnl. Experimentar un calor excesivo. || FAM. achicharradero, achicharramiento, achicharrante.

achichincle o **achichinque** m. *amer.* Obrero encargado de trasladar a las piletas el agua que emana de manantiales subterráneos en las minas. || *amer.* Hombre al servicio de otra persona, a quien obedece ciegamente.

achicoria f. Planta herbácea de la familia de las compuestas, de hojas dentadas, ásperas y comestibles. Alcanza de 30 cm a 1,20 m de altura. || Bebida que se obtiene por la infusión de la raíz tostada de esta planta y que se utiliza como sucedáneo del café.

achiguar tr. *amer.* Combar algo. También prnl. || prnl. *amer.* Echar barriga una persona o animal.

achinado, da adj. Que tiene rasgos físicos parecidos a los de los chinos o características propias de ellos. || adj. y s. *amer.* Mestizo.

achiquitar tr. *amer.* Achicar, empequeñecer. También prnl. || prnl. *amer.* Acobardarse, amilanarse.

achirlar tr. y prnl. *amer.* Hacer más líquida una mezcla.

¡achís! onomat. con que se imita o se designa el estornudo.

achispar tr. y prnl. Poner una bebida ligeramente ebria a una persona.

achivarse prnl. *amer.* Arreglarse, vestirse elegante.

acholado, da adj. *amer.* Se apl. a la persona que tiene la piel del mismo color que la del cholo o mestizo. || *amer.* Avergonzado, confundido.

acholar tr. *amer.* Avergonzar, confundir a una persona. También prnl. || prnl. *amer.* Sufrir una insolación. || FAM. acholado, acholamiento, acholo.

achuchado, da adj. *col.* Difícil, complicado, peliagudo. || *col.* Escaso de dinero.

achuchar tr. Azuzar. || Aplastar, estrujar con fuerza. También prnl. con valor recíproco: *la pareja se achuchaba en el parque.* || Atosigar, meter prisa. || intr. y prnl. *amer.* Tiritar, estremecerse por frío o fiebre. || FAM. achuchado, achuchón.

achucharrar tr. *amer.* Achuchar, estrujar. || *amer.* Arrugar, encoger, amilanar. También prnl.

achuchón m. *col.* Empujón dado intencionadamente. || *col.* Abrazo cariñoso. || *col.* Arrechucho.

achucuyar tr. y prnl. *amer.* Abatir, acoquinar.

achunchar tr. y prnl. *amer.* Avergonzar, turbar.

achuntar tr. e intr. *amer. col.* Acertar, dar en el objetivo.

achura f. *amer.* Asadura del animal vacuno, lanar o cabrío. Más en pl. || FAM. achurador, achurar.

achurar tr. *amer.* Sacar las achuras de una res. || *amer.* Matar a tajos a una persona o animal.

achusemado, da adj. *amer.* Loco, extravagante.

aciago, ga adj. Infausto, infeliz, de mal agüero: *fue un día aciago, repleto de desgracias.*

aciano m. Planta de la familia de las compuestas, de tallo erguido y ramoso, con flores grandes de color rojo, blanco o azul claro, frecuente en los sembrados.

acíbar m. Áloe. || Amargura, disgusto. || FAM. acibarado, acibarar.

acicalar tr. Adornar, aderezar algo o a alguien. También prnl. con valor reflexivo: *se acicaló para la fiesta.* || Limpiar, bruñir, principalmente las armas blancas. || Dar a una pared el último pulimiento o retoque. || FAM. acicalado, acicaladura, acicalamiento.

acicate m. Espuela con una sola punta para montar a la jineta. || Incentivo, estímulo: *el dinero es un buen acicate para ella.* || FAM. acicatear.

acícula f. Hoja de las coníferas, alargada, fina, rígida y puntiaguda. || FAM. acicular.

acicular adj. En forma de aguja.

acidez f. Sabor ácido. || Cantidad de ácido libre contenida en los líquidos naturales. || Aspereza en el trato. || Propiedad que tiene una disolución de reaccionar como un ácido: *la acidez se mide mediante el pH.* || **acidez de estómago** Estado caracterizado por una sensación de quemazón o ardor en el estómago debido al exceso de ácidos.

ácido, da adj. Que tiene sabor agrio. || Áspero, desabrido: *carácter ácido.* || Con las características o propiedades de un ácido: *lluvia ácida.* || Mordaz, irónico: *humor ácido.* || m. Compuesto que en disolución acuosa aumenta la concentración de iones de hidrógeno y que es capaz de formar sales por reacción con algunos metales y con las bases: *ácido acético, nítrico, sulfúrico, etc.* || Droga de fuertes efectos alucinógenos. || **ácido acético** El producido por oxidación del alcohol del vino, al que debe su acidez el vinagre. || **ácido acetilsalicílico** Compuesto formado por un derivado del ácido salicílico combinado con ácido acético, dotado de notables propiedades analgésicas, antitérmicas y antirreumáticas: *el ácido acetilsalicílico se conoce comúnmente con el nombre comercial de «aspirina».* || **ácido ascórbico** Ácido que constituye la vitamina C. || **ácido carbónico** Solución de dióxido de carbono y agua. || Dióxido de carbono. || **ácido clorhídrico** Gas incoloro compuesto de cloro e hidrógeno, algo más pesado que el aire y muy corrosivo. Se extrae de la sal común y suele emplearse disuelto en agua, que lo absorbe en gran cantidad. || **ácido desoxirribonucleico** Biopolímero que constituye el material genético de las células; contiene la información para la síntesis de las proteínas: *las siglas del ácido desoxirribonucleico son ADN.* || **ácido nítrico** Líquido compuesto por nitrógeno, oxígeno e hidrógeno, muy corrosivo: *el ácido nítrico es incoloro y un poco más pesado que el agua.* || **ácido ribonucleico** Biopolímero que constituye el material genético de las células, en cuyo citoplasma se encuentra preferentemente: *las siglas del ácido ribonucleico son ARN.* || **ácido sulfúrico** Líquido cáustico compuesto de azufre, hidrógeno y oxígeno, de consistencia oleosa, incoloro e inodoro. || **ácido úrico** Sólido compuesto de carbono, nitrógeno, oxígeno e hidrógeno, y ligeramente soluble

en agua. || FAM. acidez, acidificar, acidosis, acidulante, acidular, acídulo.

acidosis f. Estado producido por exceso de ácidos en los tejidos y en la sangre. ◆ No varía en pl.

acierto m. Solución correcta entre varias posibilidades. || Habilidad o destreza en lo que se ejecuta. || Cordura, prudencia, tino: *actuó con acierto.* || Coincidencia, casualidad.

acilo m. Nombre genérico de los radicales derivados de los ácidos orgánicos: *grupo funcional acilo.*

ácimo adj. Sin levadura: *pan ácimo.*

acimut m. Ángulo que con el meridiano forma el círculo vertical que pasa por un punto de la esfera celeste o del globo terráqueo. ◆ pl. *acimuts.* || FAM. acimutal.

ación f. Correa de la que cuelga el estribo en las sillas de montar.

acionera f. *amer.* Pieza fija en la silla de montar, de la que cuelga la ación.

acipenseriforme adj. y m. De los acipenseriformes o relacionado con este orden de peces. || m. pl. Orden de peces esteíctios más primitivos que se caracterizan por presentar cartílago en su esqueleto y una serie de placas óseas en la piel, como el esturión.

acitrón m. Cidra confitada. || *amer.* Tallo descortezado y confitado de la biznaga mexicana.

aclamación f. Muestra de entusiasmo hacia alguien, por parte de una multitud, con voces y aplausos. || **por aclamación** loc. adv. Por unanimidad o acuerdo de todo un grupo: *se aceptó su candidatura por aclamación popular.*

aclamar tr. Dar voces la multitud en honor y aplauso de alguien. || Conferir, por unanimidad, algún cargo u honor: *fue aclamado presidente.* || FAM. aclamación.

aclaración f. Explicación o puesta en claro: *no necesito más aclaraciones, ya lo he comprendido.*

aclarado m. Eliminación con agua del jabón que tiene una cosa.

aclarar tr. Hacer más clara o transparente alguna cosa. También prnl. || Hacer menos denso o tupido: *aclara la salsa con agua.* También prnl. || Explicar o poner en claro: *aclárame la respuesta.* || Quitar el jabón a algo, volviéndolo a lavar solo con agua. || Hacer más perceptible la voz. || intr. Disiparse las nubes o la niebla: *el tiempo ha aclarado.* ◆ Siempre se usa como impersonal. || prnl. Poner uno en claro su mente: *a ver si te aclaras, que no hay quien te comprenda.* || FAM. aclaración, aclarado, aclarador, aclaratorio.

aclimatar tr. Hacer que un ser orgánico se adapte a un cambio climático o a nuevas condiciones de vida. Más como prnl., seguido de la prep. *a: aclimatarse a un nuevo país.* || FAM. aclimatable, aclimatación.

acné m. Enfermedad de la piel típica de la adolescencia, caracterizada por una inflamación crónica de las glándulas sebáceas con formación de espinillas y granos, especialmente en la cara y en la espalda.

acobardar tr. Amedrentar, asustar o hacer perder el valor o la energía. También prnl. e intr. ◆ Se construye con las preps. *ante, con, por* y con la loc. prep. *frente a* con nombres: *acobardarse ante las dificultades/con la* *noticia/por el suceso/frente al enemigo,* y con la prep. *de* con verbos: *se acobardó de verse encima del trampolín.* ‖ FAM. acobardado, acobardamiento.

acodar tr. Apoyar sobre un lugar uno o ambos brazos a la altura del codo. También prnl.: *me acodé en el poyete de la ventana.* ‖ Doblar algo en forma de codo: *acodó la cañería.* ‖ Enterrar parte de un vástago sin separarlo de la planta. ‖ FAM. acodado, acodo.

acogedor, ra adj. Hospitalario, agradable: *tienes una casa muy acogedora.*

acoger tr. Admitir a alguien en su casa o compañía. ‖ P. ext., proteger, amparar. ‖ Admitir con un sentimiento determinado un hecho o a una persona: *acogieron la noticia con recelo.* ‖ prnl. Invocar para sí los beneficios que concede una disposición legal, una norma o una costumbre: *se acogió a la Ley de Extranjería.* ‖ Valerse de algún pretexto para disfrazar o disimular algo. ‖ FAM. acogedor, acogida, acogido, acogimiento.

acogida f. Recibimiento u hospitalidad que ofrece una persona o un lugar. ‖ P. ext., protección, amparo. ‖ Admisión con un sentimiento determinado de un hecho o de una persona: *la novela tuvo una mala acogida.*

acogotar tr. Acoquinar, dominar. También prnl. ‖ Derribar a una persona sujetándola por el cogote. ‖ Matar con una herida o un golpe dado en el cogote. ‖ FAM. acogotado.

acojonar tr. y prnl. *vulg.* Acobardar, asustar. ‖ *vulg.* Asombrar, impresionar. ‖ FAM. acojonante, acojone, acojono.

acojone o **acojono** m. *vulg.* Miedo, temor. ‖ *vulg.* Asombro, impresión fuerte.

acolchar tr. Poner algodón, lana u otras materias blandas entre dos telas y coserlas después con pespunte. ‖ P. ext., recubrir una superficie con material mullido: *acolchar las paredes.* ‖ FAM. acolchado.

acólito m. En la Iglesia católica, persona que ayuda al sacerdote en el altar y recibe administrar la eucaristía. ‖ Monaguillo. ‖ *col.* Persona que depende de otra: *al jefe le gusta rodearse de sus acólitos.*

acollarar tr. *amer.* Unir dos o más animales, cosas o personas por el cuello. ‖ prnl. *vulg. amer.* Amancebarse. ‖ FAM. acollaramiento.

acomedido, da adj. *amer.* Servicial, complaciente. ‖ FAM. acomedirse.

acometer tr. Atacar de forma violenta, embestir con ímpetu. También intr. ❖ Se construye con la prep. *contra: el toro acometió contra el burladero.* ‖ Emprender, intentar: *acometió la obra de la galería.* ‖ Empezarle a alguien repentinamente determinado estado físico o moral: *le acometió la melancolía.* ‖ FAM. acometida, acometimiento, acometividad.

acometida f. Ataque violento. ‖ Lugar por donde la línea de conducción de un fluido enlaza con la principal: *acometida de agua, de gas.*

acomodación f. Acción y resultado de acomodar o acomodarse. ‖ Adaptación del ojo a diversas distancias mediante la variación del poder de refracción del cristalino, formando en la retina una imagen nítida.

acomodador, ra adj. Que acomoda. ‖ m. y f. En los cines y teatros, persona encargada de indicar el asiento de cada espectador.

acomodar tr. Ajustar o adaptar una cosa a otra. ‖ Disponer o arreglar de modo conveniente. ‖ Colocar en un lugar cómodo. ❖ Se construye con la prep. *en: acomodó a los pacientes en la sala de espera.* También prnl.: *se ha acomodado en el sillón.* ‖ Amoldar o ajustar a una norma. ❖ Se construye con la prep. *a: acomodar el nuevo impreso a la norma.* También intr. y prnl. ‖ Colocar en un estado o cargo. También prnl.: *acomodarse de niñera.* ‖ prnl. Avenirse, conformarse. ❖ Se construye con las preps. *a* y *con: me acomodo a lo que decida la mayoría/con este sueldo.* ‖ FAM. acomodable, acomodación, acomodadizo, acomodado, acomodador, acomodamiento, acomodaticio, acomodo.

acomodo m. Colocación, ocupación, empleo: *le han buscado acomodo en esa empresa.* ‖ Sitio donde se vive: *encontró acomodo en casa de su tío.*

acompañamiento m. Gente que va acompañando a alguien. ‖ Conjunto de personas que en las representaciones teatrales figuran y no hablan. ‖ Conjunto de acordes instrumentales o vocales que acompañan la melodía principal.

acompañar tr. Estar o ir en compañía de otro. También prnl. ❖ Se construye sobre todo con la prep. *de: suele acompañarse de buena gente.* ‖ Juntar, agregar una cosa a otra. ❖ Se construye con las preps. *con* y *de: acompaño el escrito con/de pruebas.* ‖ Coincidir o existir simultáneamente: *el buen tiempo acompañó nuestra excursión.* ‖ Participar en los sentimientos de otro. ❖ Se usa sobre todo en la fórmula de pésame: *te acompaño en el sentimiento.* ‖ Ejecutar el acompañamiento musical. También prnl. ❖ Se construye sobre todo con las preps. *a* y *con: acompañarse con el piano/a la guitarra.* ‖ FAM. acompañamiento, acompañante.

acompasado, da adj. Rítmico. ‖ Que habla, anda o se mueve con mucho reposo y lentitud. ‖ FAM. acompasadamente.

acompasar tr. Adaptar, proporcionar, ajustar una cosa a otra: *acompasar los movimientos a la música/los gastos a las ganancias.* ‖ FAM. acompasado.

acomplejar tr. Causar un complejo a una persona. ‖ prnl. Padecer un complejo. ‖ FAM. acomplejado.

acondicionador m. Aparato que sirve para obtener determinadas condiciones de humedad y temperatura en el aire dentro de un recinto. ‖ Producto cosmético que se aplica sobre el pelo, tras el lavado, para facilitar su peinado.

acondicionar tr. Disponer, preparar algo para un determinado fin: *han acondicionado el local para la fiesta.* ❖ Con los advs. *bien* y *mal,* disponerlo o no adecuadamente: *acondicionar bien los despachos.* ‖ Climatizar. ‖ FAM. acondicionado, acondicionador, acondicionamiento.

aconfesional adj. Que no pertenece a ninguna confesión religiosa.

acongojar tr. y prnl. Oprimir, afligir.

acónito m. Planta herbácea perenne, medicinal y de jardín, de la familia de las ranunculáceas, de hojas palmeadas, flores azules o amarillas y raíz fusiforme, cuyas variedades son todas venenosas cuando la semilla ha madurado. ‖ Droga tóxica obtenida de las raíces secas de esta planta.

aconsejar tr. Dar un consejo. || Indicar, sugerir algo a alguien. || prnl. Tomar consejo o pedirlo a otro. ◆ Se construye con las preps. *de* y *con*: *es conveniente que te aconsejes de/con un buen abogado.* || FAM. aconsejable, aconsejado.

acontecer intr. Suceder, producirse un hecho. ◆ **Irreg.** Se conj. como *agradecer*, pero solo se emplean sus terceras personas y las formas no personales. || FAM. acontecimiento.

acontecimiento m. Suceso de alguna importancia.

acopiar tr. Juntar, reunir en cantidad alguna cosa. || FAM. acopio.

acopio m. Reunión en cantidad de alguna cosa.

acoplado m. *amer.* Vehículo sin motor destinado a ser remolcado por otro.

acoplar tr. Unir o encajar entre sí dos piezas o cuerpos de manera que ajusten perfectamente. También prnl. con valor recíproco: *las piezas del mueble se acoplan muy bien.* || Adaptar algo o a alguien a un fin determinado distinto del original.: *ha acoplado a su coche un motor de competición.* También prnl. ◆ Se construye con la prep. *a*. || Colocar a una persona en un lugar o circunstancia determinados, o emplearla en algún trabajo. También prnl. || Agrupar aparatos, piezas o sistemas para que funcionen combinadamente. || *amer.* Agregar uno o varios vehículos a otro que los remolca. || prnl. Llevarse bien dos personas. ◆ Tiene valor recíproco: *este matrimonio se acopla perfectamente.* || Producirse interferencias en la recepción del sonido entre los sistemas acústicos próximos. || FAM. acoplado, acoplador, acopladura, acoplamiento, acople, acoplo.

acoquinar tr. y prnl. *col.* Acobardar, amedrentar a alguien. || FAM. acoquinado, acoquinamiento.

acorazado, da adj. Con coraza o blindaje. || Se apl. a la parte del Ejército que posee carros de combate: *división acorazada.* || m. Buque de guerra blindado y de grandes dimensiones.

acorazar tr. Revestir con planchas de hierro o acero, especialmente buques de guerra o fortificaciones. || prnl. Defenderse. ◆ Se construye sobre todo con la prep. *contra*: *acorazarse contra el enemigo.* || FAM. acorazado, acorazamiento.

acorazonado, da adj. Que tiene forma de corazón.

acorcharse prnl. Ponerse una cosa seca, correosa como el corcho: *esta manzana se ha acorchado.* || Insensibilizarse una parte del cuerpo. || FAM. acorchado, acorchamiento.

acordar tr. Decidir algo de común acuerdo o por mayoría de votos: *la junta acordó la subida de la cuota.* ◆ Se puede construir con la prep. *con*. || prnl. Recordar. ◆ Se construye con la prep. *de*: *no me acuerdo de su nombre.* ◆ **Irreg.** Se conj. como *contar.* || FAM. acorde, acuerdo.

acorde adj. Conforme o de la misma opinión. || m. Conjunto de sonidos combinados con armonía: *esta canción tiene unos acordes muy difíciles.*

acordeón m. Instrumento musical de viento, compuesto de lengüetas de metal, un pequeño teclado y un fuelle que se acciona con el brazo izquierdo. || FAM. acordeonista.

acordonar tr. Ceñir o sujetar con un cordón. || Incomunicar un lugar, rodeándolo con un cordón de gente: *los militares acordonaron el estadio.* || FAM. acordonado, acordonamiento.

acorralar tr. Perseguir a un animal o a una persona hasta algún sitio del que no pueda escapar: *le acorraló en el callejón.* || Poner a alguien en una situación de la que no pueda salir sino accediendo a lo que se le pide. || Dejar a uno confundido y sin respuesta. || Meter el ganado en el corral. || FAM. acorralado, acorralamiento.

acortar tr. Disminuir la longitud, duración o cantidad de alguna cosa. También intr. y prnl. || FAM. acortamiento.

acosar tr. Perseguir, sin tregua ni reposo, a un animal o a una persona. || Perseguir, fatigar a alguien: *el abogado nos acosó a preguntas.* || Hacer correr al caballo. || FAM. acosamiento, acose, acosijar, acoso.

acosijar tr. *amer.* Agobiar, atosigar.

acoso m. Persecución, sin tregua ni reposo, de un animal o de una persona. || Persecución con peticiones molestas e insistentes: *sufrir acoso sexual.* || Suerte que se practica a caballo en campo abierto o en plaza cerrada, persiguiendo al toro sin tregua.

acostar tr. Echar o tender a alguien para que duerma o descanse. También prnl. || Arrimar o aproximar el costado de una embarcación a otra, o a la costa. ◆ Se construye con la prep. *a*: *acostar la barca al muelle.* || intr. Llegar a la costa. || prnl. Mantener relación sexual una persona con otra. ◆ Se construye con la prep. *con*: *se acostó con su novio.* ◆ **Irreg.** Se conj. como *contar.*

acostumbrar tr. y prnl. Adquirir o hacer adquirir un hábito o costumbre. ◆ Se construye con la prep. *a*: *acostumbró a los niños a vestirse solos.* || intr. Tener costumbre de algo, soler hacer algo. ◆ Se construye con la prep. *a*: *acostumbran a sortear lo que no se vende,* pero en América se usa más sin prep.: *acostumbra merendar café con leche.* || FAM. acostumbrado.

acotación f. Anotación que se pone al margen de algún escrito. || Nota que en una obra teatral aclara lo relativo al escenario, acción o movimientos de los personajes. || Cota de un plano topográfico.

acotar[1] tr. Señalar los límites de un terreno para reservarlo a un uso concreto. || Delimitar cualquier otra cosa. || Poner notas al margen de un escrito. || FAM. acotación, acotada, acotamiento.

acotar[2] tr. Poner cotas en los planos.

acotar[3] tr. Cortar a un árbol todas las ramas por la cruz.

acotejar tr. *amer.* Arreglar, ordenar, acomodar. || prnl. *amer.* Acomodarse.

acotiledóneo, a adj. y f. De las acotiledóneas o relativo a este grupo de plantas. || f. pl. Grupo que, en cierta clasificación antigua, comprendía todas las plantas carentes de cotiledones.

acracia f. Doctrina que propugna la supresión de toda autoridad. || FAM. ácrata, acrático.

acre[1] m. Medida anglosajona de superficie equivalente a 40 áreas y 47 centiáreas.

acre[2] adj. Áspero y picante al gusto y al olfato. || Tratándose del carácter o las palabras, áspero y desabrido. ◆ sup. irreg. *acérrimo.*

13

activo

acrecentar tr. y prnl. Aumentar el tamaño, la cantidad o la importancia de algo: *acrecentar los beneficios, acrecentarse la pasión.* ◆ **Irreg.** Se conj. como *acertar.* ‖ FAM. acrecentador, acrecentamiento.

acrecer tr., intr. y prnl. Aumentar, hacer mayor. ◆ **Irreg.** Se conj. como *agradecer.*

acreditación f. Certificación, mediante un documento, de que una persona posee las facultades necesarias para desempeñar un cometido.

acreditar tr. Dar credibilidad a algo, demostrar su autenticidad. ‖ Afamar, dar crédito o reputación. También prnl.: *se ha acreditado como actor internacional.* ‖ Asegurar que algo o alguien es lo que parece. ◆ Se construye con la prep. *de: este comportamiento lo acredita de tonto.* ‖ Testimoniar con documento fehaciente que una persona posee las facultades necesarias para desempeñar un cometido: *acreditar a un embajador.* ‖ FAM. acreditación, acreditado, acreditativo.

acreedor, ra adj. Que merece obtener algo. ◆ Se construye seguido de la prep. *a: se hizo acreedor a nuestra gratitud.* ‖ adj. y s. Que tiene derecho a pedir el cumplimiento de alguna obligación o la satisfacción de una deuda.

acribillar tr. Abrir muchos agujeros en alguna cosa. ◆ Se construye con la prep. *a: acribillar a balazos.* ‖ Hacer muchas heridas o picaduras a una persona o a un animal. ‖ *col.* Molestar mucho y con frecuencia. ◆ Se construye con la prep. *a: acribillar a preguntas.*

acrílico, ca adj. Se apl. a la fibra y al material plástico que se obtiene por polimerización del ácido acrílico o de sus derivados.

acrimonia f. Acritud.

acriollarse prnl. Adquirir un extranjero las costumbres culturales del país hispanoamericano en el que vive. ‖ FAM. acriollado.

acrisolar tr. Depurar, purificar por medio del fuego en el crisol. ‖ Purificar, especialmente cualidades morales. ‖ Aclarar algo por medio de testimonios o pruebas. También prnl. ◆ Se construye con las preps. *con* y *en: la virtud se acrisola con/en el sufrimiento.* ‖ FAM. acrisolado.

acristalar tr. Poner cristales en una abertura para cerrarla. ‖ FAM. acristalado, acristalamiento.

acritud f. Aspereza en el gusto y en el olfato. ‖ Aspereza en el carácter.

acrobacia f. Cada uno de los ejercicios gimnásticos o de habilidad que realiza un acróbata. ‖ Cualquiera de las maniobras o ejercicios espectaculares que efectúa un aviador en el aire.

acróbata com. Persona que, con riesgo y gran habilidad, salta, baila o hace cualquier otro ejercicio sobre el trapecio, la cuerda floja, etc., en los espectáculos públicos. ‖ FAM. acrobacia, acrobático.

acrofobia f. Horror patológico a las alturas.

acromático, ca adj. Que no tiene color. ‖ FAM. acromatismo, acromatizar.

acrónimo m. Palabra formada por las iniciales, y a veces por más letras, de otras palabras: «RENFE» es el acrónimo de REd Nacional de Ferrocarriles Españoles. ‖ FAM. acronimia.

acrópolis f. Parte más alta y fortificada de las ciudades griegas. ◆ No varía en pl.

acróstico, ca adj. y m. Se apl. a la composición poética cuyas letras iniciales, medias o finales de los versos forman un vocablo o una frase. ‖ m. Palabra formada de esta manera.

acta f. Relación escrita de lo sucedido, tratado o acordado en una junta o en una reunión. Más en pl.: *actas de un congreso.* ‖ Certificación en que consta la elección de una persona para un cargo público o privado: *acta de senador.* ‖ Certificación oficial de un hecho: *firmar actas.* ◆ Va seguida generalmente de un complemento con la prep. *de: acta de matrimonio.* ‖ **levantar acta** loc. Extenderla o escribirla.

actinia f. Cnidario marino de la clase antozoos, con forma de tubo abierto por un extremo y provisto de numerosos tentáculos alrededor de la boca, lo que le da apariencia de flor. Se alimenta de peces pequeños.

actinidáceo, a adj. y f. De las actinidáceas o relativo a esta familia de plantas: *el kiwi es una planta actinidácea.* ‖ f. pl. Familia de árboles o arbustos angiospermos dicotiledóneos, de hojas esparcidas y fruto en baya o cápsula.

actínido adj. y m. De los actínidos o relativo a este grupo de elementos químicos. ‖ m. pl. Grupo formado por los elementos químicos que en la tabla periódica están comprendidos entre el actinio (núm. atómico, 89) y el laurencio (núm. atómico, 103).

actinio m. Elemento químico metálico de color plateado que se forma por la transformación radiactiva del uranio y el radio. Su símbolo es *Acb*, y su número atómico, 89.

actitud f. Postura del cuerpo humano o del animal: *posaba en actitud provocativa.* ‖ Manifiesta disposición del ánimo: *tiene una actitud insolidaria.*

activar tr. y prnl. Avivar, aumentar la intensidad, energía o rapidez de algo: *se ha activado la economía.* ‖ Poner en marcha un mecanismo: *activar una alarma.* ‖ FAM. activación, activista.

actividad f. Facultad de obrar: *se mantiene en actividad pese a su avanzada edad.* ‖ Diligencia, eficacia. ‖ Conjunto de operaciones o tareas propias de una persona o entidad. Más en pl.: *actividades agrarias.* ‖ Tarea, ocupación. Más en pl.: *¿has hecho ya tus actividades de Matemáticas?* ‖ FAM. activamente.

activismo m. Actividad promovida en favor de un partido, doctrina, etc.: *activismo sindical.* ‖ FAM. activista.

activo, va adj. Que obra o tiene facultad de obrar: *órgano activo.* ‖ Diligente y eficaz: *es un hombre muy activo.* ‖ Que obra sin dilación. ‖ Se apl. al funcionario mientras presta servicio: *todavía está en activo.* ‖ En quím., se dice del material que presenta radiactividad media o baja, y del lugar donde se manipulan estos materiales. ‖ Que indica o expresa que el sujeto es el que realiza la acción verbal: *voz activa, oración activa.* ‖ En gram., se apl. al verbo cuyo sujeto es el agente de una acción que se ejerce sobre un objeto distinto de sí mismo. ‖ m. Importe total del haber de una persona natural o jurídica: *activo de una empresa.* ‖ FAM. activación, activar, actividad, activismo.

acto m. Hecho o acción. ‖ Hecho público o solemne: *al acto acudieron los reyes.* ‖ División importante de una obra escénica: *drama en tres actos.* ‖ Disposición legal: *acto administrativo.* ‖ **en acto de servicio** loc. adv. Realizando su trabajo: *le hirieron en acto de servicio.* ‖ **en el acto** loc. adv. Enseguida. ‖ **hacer acto de presencia** loc. Presentarse en un lugar, asistir brevemente y por compromiso a una reunión o ceremonia. ‖ FAM. activo, actor, actuación, actuar.

actor, ra adj. y s. Se apl. a la persona que demanda en un juicio: *la parte actora.*

actor, triz m. y f. Persona que representa un papel en el teatro, cine, televisión o radio. ‖ Personaje de una acción o de una obra literaria o cinematográfica. ‖ FAM. actoral.

actuación f. Determinada manera de obrar o de comportarse. ‖ Realización de actos voluntarios o propios del cargo u oficio de una persona. ‖ Efecto que una cosa produce sobre algo o alguien. ‖ Interpretación de un papel o muestra del trabajo en un espectáculo público. ‖ pl. En der., autos o diligencias de un procedimiento judicial: *actuaciones judiciales.*

actual adj. Del presente, contemporáneo: *es una obra actual.* ‖ Que está de moda: *tiene un diseño muy actual.* ‖ FAM. actualidad, actualizar, actualmente.

actualidad f. Tiempo presente: *en la actualidad no se componen esas obras.* ‖ Cosa o suceso que en un momento dado atrae la atención de la gente: *esta revista contiene toda la actualidad del deporte.*

actualizar tr. Poner al día algo que se ha quedado atrasado: *actualizar una obra.* También prnl. ‖ Renovar, modernizar. También prnl.: *se ha actualizado mucho y viste a la moda.* ‖ FAM. actualización, actualizador.

actuar intr. Obrar, comportarse de una determinada manera: *actuaste correctamente.* ‖ Realizar una persona actos voluntarios o propios de su cargo u oficio. ◆ Se puede construir con la prep. *de: actúa de fiscal en el caso.* ‖ Producir una cosa efecto sobre algo o alguien: *el antídoto actuó con rapidez.* ‖ Interpretar un papel, especialmente en una obra teatral o cinematográfica. ‖ Trabajar en un espectáculo público. ‖ Formar autos, proceder judicialmente.

acuarela f. Técnica pictórica que emplea colores diluidos en agua. ‖ Obra realizada sobre papel o cartón con esta técnica. ‖ pl. Colores empleados en esta técnica: *caja de acuarelas.* ‖ FAM. acuarelista, acuarelístico.

acuario m. Recipiente con agua en que se tienen vivos animales o vegetales acuáticos. ‖ Edificio destinado a la exhibición de animales acuáticos vivos. ‖ Uno de los signos del Zodiaco, al que pertenecen las personas que han nacido entre el 21 de enero y el 18 de febrero. ◆ Se escribe con mayúscula. ‖ adj. y com. Se apl. a la persona que ha nacido bajo este signo del Zodiaco.

acuartelar tr. y prnl. Reunir o retener la tropa en el cuartel en previsión de algún disturbio o para realizar maniobras. ‖ FAM. acuartelamiento.

acuático, ca adj. Se apl. al animal o vegetal que vive en el agua, tanto dulce como marina. ‖ Del agua o relativo a esta sustancia líquida.

acuatizar intr. Amarar. ‖ FAM. acuatizaje.

acuchillar tr. Cortar, herir o matar con un cuchillo u otra arma blanca: *lo acuchillaron en la esquina.* ‖ Raspar y alisar una superficie de madera para luego barnizarla o encerarla: *hay que acuchillar el parqué.* ‖ FAM. acuchillado, acuchillador, acuchilladora, acuchillamiento.

acuciante adj. Que urge o exige rápidamente solución.

acuciar tr. Estimular, dar prisa: *no cesa de acuciarme para que termine el trabajo.* ‖ Ser una cosa urgente para alguien: *me acucia encontrar un empleo.* ‖ FAM. acuciado, acuciante, acucioso.

acuclillarse prnl. Ponerse en cuclillas o doblar el cuerpo de manera que las nalgas descansen en la parte posterior de las piernas y casi toquen los talones.

acude m. *amer.* Peón que trabaja en una hacienda durante algunos días al mes a cambio de ciertas ventajas en especie.

acudiente com. *amer.* Tutor de alumnos.

acudir intr. Ir alguien al sitio adonde le conviene o es llamado. ‖ Venir, sobrevenir algo: *aquellas escenas acudían a mi mente una y otra vez.* ‖ Ir en socorro de alguno: *acudió a remediar a los heridos.* ‖ Recurrir a alguien o algo: *acudieron al ministro; acudir a las armas.* ◆ Se construye con la prep. *a.*

acueducto m. Conducto artificial para conducir agua, especialmente para el abastecimiento de una población.

acuerdo m. Resolución tomada por una o por varias personas: *tras varias votaciones, por fin llegaron a un acuerdo.* ‖ Conformidad, armonía entre varias personas. ◆ Va seguido de un complemento con la prep. *entre: no hubo acuerdo entre los participantes.* ‖ *amer.* Reunión de una autoridad gubernativa con sus inmediatos colaboradores para tomar conjuntamente decisiones sobre asuntos determinados. ‖ *amer.* Consejo de ministros. ‖ *amer.* Confirmación de un nombramiento hecha por el Senado. ‖ **de acuerdo** loc. adv. De conformidad. ◆ Se construye sobre todo con los verbos *estar, quedar* o *ponerse: no estoy de acuerdo contigo.* Se usa también para expresar asentimiento: *—¿Vendrás a la cena? —De acuerdo, iré.* ‖ **de acuerdo con** loc. prepos. Conforme a, según: *debes actuar de acuerdo con tus principios.*

acuerpar tr. *amer.* Apoyar, favorecer.

acuífero, ra adj. y m. Se apl. a la capa o zona del terreno que contiene agua.

acullá adv. l. A la parte opuesta del que habla.

acullico m. *amer.* Pequeña bola hecha con hojas de coca que se masca para sacar el jugo.

acumulación f. Agrupación o amontonamiento de algo en cantidad.

acumulador, ra adj. y s. Que acumula, agrupa o amontona algo en cantidad. ‖ m. Pila eléctrica reversible que transforma y almacena como energía química la energía eléctrica que recibe, y que efectúa el proceso inverso durante la descarga.

acumular tr. Agrupar o amontonar algo en cantidad. También prnl.: *se me han acumulado las tareas.* ‖ FAM. acumulable, acumulación, acumulador, acumulativo.

acunar tr. Mecer a un niño en la cuna o en los brazos.

acuñar tr. Imprimir y sellar una pieza de metal por medio de cuño o troquel. || Fabricar, emitir y poner en circulación una moneda. || Crear, dar forma a expresiones o términos, especialmente cuando logran difusión o permanencia: *acuñar un lema*. || FAM. acuñación, acuñador.

acuoso, sa adj. De agua o parecido a ella. || Abundante en agua. || P. ext., de mucho jugo. || Se apl. a la disolución cuyo disolvente es el agua. || Se dice del líquido que circula en las cámaras anterior y posterior del ojo. || FAM. acuosidad.

acupuntura f. Técnica terapéutica de origen chino que consiste en clavar una o más agujas en puntos específicos del cuerpo humano, con fines curativos. || FAM. acupuntor.

acurrucarse prnl. Encogerse para resguardarse del frío o por otros motivos: *se acurrucó para que no lo vieran*.

acusación f. Imputación a alguien de un delito, una culpa o una falta. || Abogado o abogados encargados de demostrar en un pleito la culpabilidad del procesado.

acusado, da adj. Que destaca de lo normal: *respondió con acusada acritud*. || m. y f. Persona a quien se acusa.

acusar tr. Imputar a alguien un delito, una culpa o una falta. ◆ Se construye con la prep. *de: le acusaron del robo*. También prnl. || Denunciar, delatar: *lo acusó a todos*. También prnl. || Manifestar, revelar: *sus ojos acusan el cansancio*. || Notificar, avisar la recepción de cartas, oficios, etc. ◆ Se construye con un complemento seguido de la prep. *de: acusó recibo de la citación*. || FAM. acusable, acusación, acusado, acusatorio, acuse.

acusativo m. Uno de los casos de la declinación grecolatina, que en español indica el complemento directo del verbo.

acuse m. Notificación o aviso de la recepción de cartas, oficios, etc.

acusetas com. *amer.* Acusica. ◆ No varía en pl.

acusete adj. y com. *amer.* col. Acusica.

acusica adj. y com. *col.* Chivato, que tiene el vicio de acusar: *eres un acusica, no debiste chivarte a la profesora*.

acusón, ona adj. y s. *col.* Acusica.

acústico, ca adj. Del órgano del oído o relativo a él. || De la acústica o relativo a esta parte de la física. || f. Condiciones o características sonoras de un local. || Parte de la física que trata de la producción, transmisión y recepción de las ondas sonoras.

acutángulo adj. Se apl. al del triángulo que tiene los tres ángulos agudos.

adagio[1] m. Sentencia breve de inspiración culta o popular y de contenido moral o doctrinal.

adagio[2] (voz it.) m. En mús., composición o parte de ella que se ha de ejecutar con movimiento lento.

adalid m. Caudillo militar. || Guía y cabeza de algún partido, corporación o escuela.

adán m. *col.* y *desp.* Hombre desaliñado, sucio o haraposo: *¡menuda pinta tienes, estás hecho un adán!*

adaptación f. Acomodación o ajuste de una cosa a otra. || Transformación de un objeto o de un mecanismo para que desempeñe funciones distintas de aquellas para las que fue construido. || Modificación de una obra científica, literaria o musical.

adaptador, ra adj. Que adapta. || m. Cualquier dispositivo o aparato que sirve para acomodar elementos de distinto uso, diseño, tamaño, finalidad, etc.

adaptar tr. Acomodar, ajustar una cosa a otra. También prnl.: *este despacho no se adapta a mis necesidades.* ◆ Se construye con la prep. *a.* || Hacer que un objeto o mecanismo desempeñe funciones distintas de aquellas para las que fue construido. || Modificar una obra científica, literaria, musical, etc. ◆ Se construye con la prep. *a: han adaptado la novela al cine*. || prnl. Acomodarse una persona mental y físicamente a diversas circunstancias. ◆ Se construye con la prep. *a: se adaptó muy pronto a su nueva vida*. || FAM. adaptabilidad, adaptable, adaptación, adaptador.

adarga f. Escudo de cuero, ovalado o de figura de corazón.

adarme m. Unidad de peso que equivalía a 1,79 g. || Cantidad o porción mínima de una cosa.

adarve m. Parte superior de una muralla, generalmente cubierta, que posee vanos o ventanas al exterior.

addenda (voz lat.) amb. Adenda. Más como f.

adecentar tr. y prnl. Poner decente. || FAM. adecentamiento.

adecuar tr. y prnl. Acomodar una cosa a otra. ◆ Se construye con la prep. *a: adecuar los gastos a las ganancias*. || FAM. adecuación, adecuadamente, adecuado.

adefesio m. *col.* Persona, traje o adorno ridículo y extravagante: *estás hecho un adefesio con ese abrigo tan anticuado*.

adelantado, da adj. Precoz: *tu hijo está muy adelantado para su edad*. || Avanzado. || m. Antiguo cargo de gobernador militar y político de una región fronteriza. || **por adelantado** loc. adv. Anticipadamente: *pagar por adelantado*.

adelantamiento m. Movimiento hacia delante. || Maniobra en la que un vehículo supera a otro que va más despacio.

adelantar tr. Mover o llevar hacia delante. También prnl.: *se adelantó unos pasos*. || Acelerar, apresurar: *si te quedas un rato, adelantaremos el trabajo*. || Anticipar. También prnl.: *parece que las lluvias se han adelantado este año*. || Ganar la delantera a algo o alguien: *el coche adelantó al camión*. También prnl. || intr. Funcionar un reloj más deprisa de lo debido: *este reloj adelanta*. También prnl. || Progresar, mejorar: *ha adelantado gracias a las clases particulares*. || FAM. adelantamiento, adelante, adelanto.

adelante adv. l. Más allá. || adv. t. En tiempo futuro. || interj. que se usa para dar ánimo: *¡adelante, campeón!*

adelanto m. Progreso: *esta olla rápida es un gran adelanto*. || Anticipo, dinero que se adelanta: *me pidió un adelanto sobre su sueldo*.

adelfa f. Arbusto muy ramoso de la familia de las apocináceas, de hojas parecidas a las del laurel y de savia venenosa. Alcanza de 2 a 5 m de altura. || Flor de esta planta.

adelgazar tr. Disminuir el peso o el grosor: *el color negro adelgaza la figura.* ‖ intr. Enflaquecer: *ha adelgazado mucho tras su crisis.* ‖ FAM. adelgazado, adelgazador, adelgazamiento, adelgazante.

ademán m. Movimiento o actitud con que se manifiesta un estado de ánimo: *hizo ademán de sacar algo del bolsillo.* ‖ pl. Modales: *tiene unos ademanes un poco groseros.*

adenda amb. Apéndice o conjunto de notas añadidas después de terminada una obra escrita para aclarar, completar o rectificar su contenido. Más como f.

adenitis f. Trastorno inflamatorio de una glándula o un ganglio linfático. ◆ No varía en pl.

adenoma m. Tumor no maligno de tejido glandular.

adentrarse prnl. Penetrar en el interior de una cosa: *nos adentramos en la cueva.* ‖ Profundizar en algo: *se adentró en el mundo de la parapsicología.* ◆ Se construye con la prep. *en.*

adentro adv. l. A lo interior o en lo interior. ‖ Hacia la parte interior. ‖ m. pl. Lo interior del ánimo: *lo pensé para mis adentros.* ‖ FAM. adentrarse.

adepto, ta adj. y s. Afiliado a alguna secta o asociación. ‖ Partidario de alguna persona o idea: *ese político tiene muchos adeptos.*

aderezar tr. Condimentar los alimentos para darles sabor. ‖ Arreglar, componer, adornar. También prnl. con valor reflexivo: *aderezarse para una fiesta.* ‖ Disponer o preparar. ‖ Acompañar una acción con algo que le añade gracia o adorno: *aderezaron el espectáculo con unos cuantos chistes.* ‖ FAM. aderezo.

aderezo m. Condimento o conjunto de ingredientes que se usan para sazonar las comidas. ‖ Arreglo. ‖ Adorno o conjunto de adornos: *aderezos de un caballo de feria.*

adeudar tr. Deber, tener deudas: *con este último pago, ya no te adeudo nada.* ‖ Cargar, anotar una cantidad en el debe de una cuenta. ‖ prnl. Endeudarse. ‖ FAM. adeudo.

adeudo m. Deuda. ‖ Cantidad que se ha de pagar en las aduanas por una mercancía. ‖ Cargo en una cuenta bancaria.

adherencia f. Unión física que resulta de haberse pegado una cosa con otra. ‖ Capacidad para que se produzca esta unión.

adherente adj. Que adhiere o se adhiere. ‖ m. Adhesivo o sustancia que pega dos cuerpos.

adherir tr. Pegar una cosa a otra. ‖ intr. Pegarse una cosa con otra. También prnl.: *este polvillo se adhiere a todo.* ‖ Convenir en un dictamen o partido y abrazarlo. Más como prnl.: *se adhirieron a la causa.* ◆ Irreg. Se conj. como *sentir.* Se construye con la prep. *a.* ‖ FAM. adherencia, adherente, adhesión, adhesivo.

adhesión f. Unión a una idea o causa y defensa que se hace de ellas: *nos llegó un mensaje de adhesión a nuestro manifiesto.*

adhesivo, va adj. Capaz de adherirse o pegarse. ‖ m. Sustancia que pega dos cuerpos: *este pegamento es un adhesivo eficaz.* ‖ Objeto que se pega a otro: *le encantan los adhesivos en la ropa.*

ad hoc loc. adj. lat. Que es apropiado o está dispuesto especialmente para un fin: *buscaron una solución ad hoc para ese problema.*

adicción f. Dependencia del organismo de alguna sustancia o droga a la que se ha habituado: *tiene verdadera adicción a la aspirina.*

adición f. Añadidura o agregación de una cosa a otra. ‖ Añadidura que se hace en alguna obra o escrito. ‖ Operación de sumar. ‖ FAM. adicional, adicionar.

adicional adj. Que se añade o agrega como complemento de algo.

adictivo, va adj. Que crea adicción si se consume de forma habitual, especialmente referido a las drogas.

adicto, ta adj. y s. Se apl. a la persona que tiene adicción a alguna sustancia o droga. ‖ P. ext., muy aficionado, inclinado, apegado: *es un adicto a las telenovelas.* ‖ FAM. adicción, adictivo.

adiestramiento m. Enseñanza o preparación para alguna actividad o técnica. ‖ Amaestramiento, doma de un animal.

adiestrar tr. Enseñar, preparar, hacer diestro. También prnl. ◆ Se construye con la prep. *en: se ha adiestrado en el manejo de la espada.* ‖ Amaestrar, domar a un animal. ◆ Se construye con la prep. *para: adiestró a su perro para que atacara a los ladrones.*

adinerado, da adj. Que tiene mucho dinero.

adintelado, da adj. Se apl. al arco que viene a degenerar en línea recta.

adiós interj. que se emplea para despedirse. ‖ Denota que ya es irremediable un daño: *¡adiós, lo que se nos viene encima!* ‖ Se emplea para expresar sorpresa desagradable: *¡adiós, he olvidado las llaves!* ‖ m. Despedida: *este adiós es para siempre.*

adiposo, sa adj. Formado por grasa o que la contiene: *tejido adiposo.* ‖ FAM. adiposidad, adiposis.

aditamento m. Lo que se añade a algo. ‖ Complemento circunstancial de la gramática tradicional.

aditivo, va adj. Que puede o que debe añadirse. ‖ m. Sustancia que se añade a un producto para conservarlo o mejorarlo: *la bollería industrial suele tener muchos aditivos.* ‖ FAM. aditamento.

adivinación f. Predicción del futuro o descubrimiento de lo oculto o ignorado, haciendo uso de la magia o de poderes sobrenaturales.

adivinanza f. Acertijo.

adivinar tr. Predecir el futuro o descubrir las cosas ocultas o ignoradas, haciendo uso de la magia o de poderes sobrenaturales. ‖ Acertar el significado de un enigma. ‖ Vislumbrar, distinguir: *a lo lejos adivino su silueta.* También prnl. ◆ Se usa en construcciones pasivas reflejas: *a lo lejos se adivina un castillo.* ‖ FAM. adivinación, adivinador, adivinanza, adivinatorio, adivino.

adivino, na m. y f. Persona que predice el futuro o descubre las cosas ocultas o ignoradas, haciendo uso de la magia o de poderes sobrenaturales.

adjetivar tr. Aplicar adjetivos. ‖ Pasar a tener valor adjetivo una parte de la oración que no funcionaba como tal, y desempeñar una función propia de él. También prnl.

adjetivo, va adj. Del adjetivo, relacionado con él o que participa de su naturaleza: *oración adjetiva.* || m. Palabra que acompaña al sustantivo, concordando con él en género y número, para limitar o completar su significado. || FAM. adjetivación, adjetival, adjetivar.

adjudicar tr. Declarar que una cosa corresponde a una persona: *le han adjudicado la plaza de profesor.* || prnl. Apropiarse uno de alguna cosa: *se adjudicó el trozo mayor de tarta.* || En algunas competiciones, ganar o conseguir la victoria: *se adjudicó el triunfo en el partido.* || FAM. adjudicable, adjudicación, adjudicador, adjudicatario.

adjuntar tr. Enviar, juntamente con una carta u otro escrito, notas, facturas, etc.: *adjunto un curriculum a la solicitud de beca.* ◆ Se construye con la prep. *a.*

adjuntía f. Plaza de profesor, que normalmente estaba adscrita a una determinada cátedra o departamento.

adjunto, ta adj. Que va o está unido con otra cosa. ◆ En lenguaje comercial o administrativo, se emplea con valor de adv. de modo, con el significado de 'juntamente': *adjunto le remito el certificado correspondiente.* || adj. y s. Se apl. a la persona que acompaña a otra para algún asunto, o comparte con ella un cargo o función. ◆ Va seguido de la prep. *a: el adjunto a la dirección.* || m. y f. Persona que ocupaba una adjuntía. ◆ Va seguido de las preps. *a* y *de: adjunta a la cátedra, adjunta de historia.* || FAM. adjuntar, adjuntía.

adlátere com. *desp.* Persona subordinada a otra, de la que parece inseparable.

adminículo m. Cosa pequeña y simple que sirve de ayuda o complemento de algo, como un imperdible, un palillo de dientes, un broche, etc. || Objeto o utensilio que se tiene o se lleva para utilizarlo en caso de necesidad. Más en pl.: *adminículos de escritorio.*

administración f. Ordenación, organización, en especial de la hacienda o de bienes: *administración empresarial.* || Dosificación de algo. || Aplicación de un medicamento. || Suministro o distribución de algo. || Acción y resultado de conferir o dar un sacramento. || Oficina donde se administra un negocio o un organismo. || Gobierno de un territorio y su comunidad. ◆ Se escribe con mayúscula: *la Administración del Estado.* || **Administración central** Conjunto de órganos superiores o de competencia general dentro de la Administración Pública. || **administración de loterías** Lugar donde se vende y compra lotería y donde se cobran los premios. || **Administración Pública** Conjunto de órganos del Estado que ejecutan y aseguran el cumplimiento de las leyes y la conservación y fomento de los intereses públicos.

administrador, ra adj. y s. Que administra. || m. y f. Persona que administra y tiene a su cargo determinados bienes, negocios o intereses ajenos. || En una sociedad, persona que ejerce las funciones de gestión y representación de la misma.

administrar tr. Ordenar, organizar, en especial la hacienda o bienes. También prnl.: *a pesar de un sueldo bajo, se administra bien.* || Dosificar, racionar algo: *hay que administrar bien los recursos.* También prnl. || Aplicar, dar o hacer tomar una medicina: *administrar un jarabe.* También prnl. || Suministrar, proporcionar o distribuir alguna cosa: *administrar víveres.* || Conferir o dar un sacramento: *administrar el bautismo.* || Gobernar un territorio y su comunidad. || Desempeñar un cargo o dignidad. || FAM. administración, administrado, administrador, administrativamente, administrativista, administrativo.

administrativo, va adj. De la administración o relativo a ella. || adj. y s. Que trabaja en la Administración Pública o en una empresa privada en tareas de administración.

admirable adj. Que causa admiración o sorpresa. ◆ sup. **Irreg.** *admirabilísimo.*

admiración f. Consideración especial que se tiene hacia alguien o algo por sus cualidades. || Sorpresa, extrañeza. || Signo doble ortográfico (¡!) que acompaña a una exclamación.

admirador, ra adj. y s. Que admira a alguien o algo.

admirar tr. Ver o considerar con estima o agrado especiales a una persona o cosa juzgadas: *admiro sus cuadros.* || Causar sorpresa la vista o consideración de alguna cosa. También prnl. ◆ Se construye con la prep. *de: me admiro de tu valor.* || FAM. admirable, admiración, admirador, admirativo.

admitir tr. Recibir o dar entrada. ◆ Se puede construir con la prep. *en: lo admitieron en el Ejército.* || Aceptar, dar por bueno. ◆ Se puede construir con las preps. *en* y *por: admito en cuenta, admitir por válido.* || Permitir, tolerar: *no admito su desvergüenza.* || Reconocer con certeza alguna cosa: *admito que estaba equivocado.* || Tener capacidad: *este depósito admite 1000 litros.* || FAM. admisible, admisión.

admonición f. Amonestación, advertencia que se hace a alguien para que corrija su conducta: *recibió una severa admonición de sus jefes.* || FAM. admonitor, admonitorio.

ADN m. Ácido desoxirribonucleico.

adobar tr. Poner en adobo las carnes u otras cosas para sazonarlas y conservarlas. || Curtir las pieles. || FAM. adobado, adobo.

adobe m. Masa de barro moldeada en forma de ladrillo y secada al sol, que se emplea en la construcción de paredes y muros.

adobo m. Caldo o salsa con que se sazona un manjar: *pescado en adobo.* || Mezcla de varios ingredientes que se hace para curtir las pieles.

adocenado, da adj. Vulgar y de muy escaso mérito.

adocenar tr. Ordenar o dividir por docenas. || tr. y prnl. Vulgarizar algo o a alguien: *se ha adocenado mucho con la vida disipada que lleva.* || FAM. adocenado, adocenamiento.

adoctrinar tr. Enseñar o educar a alguien en una doctrina, inculcándole determinadas ideas o creencias. || Aleccionar a alguien sobre la manera de actuar o comportarse. || FAM. adoctrinador, adoctrinamiento.

adolecer intr. Caer enfermo o padecer alguna enfermedad habitual. || Tener alguien la cualidad negativa o el defecto que se expresa: *la obra adolece de falta de originalidad.* ◆ **Irreg.** Se conj. como *agradecer.* Se construye con la prep. *de.*

adolescencia f. Edad que sucede a la niñez y que transcurre desde la pubertad hasta el pleno desarrollo. ‖ FAM. adolescente.

adolescente adj. y com. Se apl. a la persona que está en la adolescencia.

adonde adv. relat. l. Al lugar o a la parte que: *la casa adonde vamos.* ◆ También se puede escribir en dos palabras: *van a donde les dijeron.*

adónde adv. interrog. l. A qué lugar. ◆ En forma directa: *¿adónde os trasladáis?* En forma indirecta: *decidnos adónde os trasladáis.* También se puede escribir en dos palabras: *¿a dónde os trasladáis?*

adondequiera adv. l. A cualquier parte. ◆ Suele ir seguido del relat. *que: adondequiera que vayas, te seguiré.* ‖ Dondequiera.

adonis m. Joven hermoso. ◆ No varía en pl.

adopción f. Acto formal, sometido a la aprobación judicial, por el que una persona recibe como hijo al que no lo es naturalmente. ‖ Aceptación o adquisición de algo. ‖ Toma de resoluciones o acuerdos con previo examen. ‖ **de adopción** loc. adj. Por elección propia: *aunque nació en Francia, es griego de adopción.*

adoptar tr. Recibir como hijo al que no lo es naturalmente. ◆ Se puede construir con la prep. *por: han adoptado por hija a una niña china.* ‖ Hacer propios los pareceres, métodos, ideologías, etc., creados por otros: *adoptó la moda francesa.* ‖ Tomar resoluciones o acuerdos con previo examen: *la junta adoptó medidas restrictivas.* ‖ Adquirir una configuración determinada: *al adquirir velocidad, el vehículo adoptó una forma aerodinámica.* ‖ Comportarse de un modo determinado: *adoptó una actitud muy arrogante.* ‖ FAM. adopción, adoptivo.

adoptivo, va adj. Se apl. a la persona que es adoptada, y también a la que adopta. ‖ Que es elegido por uno y se considera propio sin serlo: *nacionalidad adoptiva.*

adoquín m. Piedra labrada en forma rectangular para empedrados. ‖ *col.* Persona torpe intelectualmente. ‖ FAM. adoquinado, adoquinar.

adoquinado, da adj. Hecho de adoquines. ‖ m. Suelo empedrado con adoquines.

adoquinar tr. Empedrar con adoquines.

adorable adj. Que merece ser adorado: *es una persona encantadora y adorable.*

adoración f. Culto o reverencia a un ser u objeto que se considera divino. ‖ Reverencia y honra a Dios. ‖ Amor profundo o admiración extrema.

adorar tr. Reverenciar a un ser u objeto que se considera divino: *adoraban a la luna.* ‖ Reverenciar y honrar a Dios. ◆ Se puede construir con un complemento seguido de la prep. *en: adorar a Dios en sus criaturas.* ‖ Gustar o querer algo o a alguien extremadamente: *adoro a mi novia.* ‖ FAM. adorable, adoración, adorador, adoratriz.

adormecer tr. Dar o causar sueño: *la televisión me adormece.* ‖ Calmar, sosegar: *el calmante adormecerá el dolor.* ‖ prnl. Empezar a dormirse. ‖ Entorpecerse o dormirse una parte del cuerpo, disminuyendo su capacidad de movimiento o su sensibilidad. ◆ Irreg. Se conj. como *agradecer.* ‖ FAM. adormecedor, adormecimiento, adormidera.

adormidera f. Planta herbácea anual de la familia de las papaveráceas, originaria de Oriente y propia de climas templados, de hojas anchas, flores grandes y terminales y fruto en forma de cápsula. ‖ Fruto de esta planta.

adormilarse prnl. Dormirse a medias.

adornar tr. Engalanar con adornos. ◆ Se construye con las preps. *con* o *de: adornar las calles con/de luces de colores.* También prnl. ‖ Servir de adorno una cosa a otra. También intr.: *las flores adornan mucho.* ‖ Dotar a un ser de perfecciones. ◆ Se puede construir con la prep. *con: la naturaleza la adornó con una gran belleza.* ‖ FAM. adornista, adorno.

adorno m. Lo que se pone para embellecer a personas o cosas. ‖ **de adorno** loc. adj. Sin labor efectiva, sin una función útil.

adosado, da adj. Se apl. a un tipo de vivienda individual y contigua a otra por algún lateral o por la parte trasera. También m.: *se ha comprado un adosado en la sierra.*

adosar tr. Poner una cosa junto a otra que le sirve de respaldo o apoyo. ‖ FAM. adosado.

adquirir tr. Ganar, llegar a tener algo: *adquirió la experiencia que necesitaba.* ‖ Comprar: *adquirió un coche de segunda mano.* ‖ FAM. adquirible, adquiridor, adquiriente, adquisición, adquisidor, adquisitivo. ◆ **Irreg.** Conjugación modelo:

Indicativo

Pres.: adquiero, adquieres, adquiere, adquirimos, adquirís, adquieren.

Imperf.: adquiría, adquirías, adquiría, *etc.*

Pret. perf. simple: adquirí, adquiriste, adquirió, adquirimos, adquiristeis, adquirieron.

Fut. simple: adquiriré, adquirirás, adquirirá, *etc.*

Condicional simple: adquiriría, adquirirías, adquiriría, *etc.*

Subjuntivo

Pres.: adquiera, adquieras, adquiera, adquiramos, adquiráis, adquieran.

Imperf.: adquiriera o adquiriese, adquirieras o adquirieses, *etc.*

Fut. simple: adquiriere, adquirieres, adquiriere, *etc.*

Imperativo: adquiere, adquirid.

Participio: adquirido.

Gerundio: adquiriendo.

---

adquisición f. Compra de algo. ‖ La cosa adquirida. ‖ *col.* Persona cuyos servicios o ayuda se consideran valiosos: *este chico es una verdadera adquisición para la empresa.*

adquisitivo, va adj. Que sirve para adquirir: *poder adquisitivo.*

adrede adv. m. A propósito, con deliberada intención.

adrenalina f. Hormona segregada principalmente por la médula de las glándulas suprarrenales, que aumenta la presión sanguínea, el ritmo cardiaco y la cantidad de glucosa en sangre. ‖ Nerviosismo, exceso de tensión acumulada: *descargar adrenalina.*

adscribir tr. Inscribir, atribuir algo a alguien. || Agregar a una persona al servicio de un cuerpo o destino: *le adscribieron al Departamento de Reparto.* || Adherir a alguien a un grupo, ideología, etc. También prnl.: *se adscribió al socialismo.* ◆ p. p. irreg.: *adscrito.* Se construye con la prep. *a.* || FAM. adscripción.

adsorbente adj. Que adsorbe. || m. Sustancia con una gran capacidad de adsorción.

adsorber tr. y Atraer un cuerpo moléculas o iones de otro cuerpo en estado líquido o gaseoso y retenerlos en su superficie.

aduana f. Oficina pública, generalmente situada en las fronteras o puntos de contacto directo con el exterior, donde se registran las mercancías que se importan o exportan y donde se cobran los derechos que adeudan. || Derechos percibidos por esta oficina. || FAM. aduanero.

aduanero, ra adj. De la aduana o relativo a ella. || m. y f. Persona empleada en una aduana.

aducción f. Movimiento por el que una extremidad del cuerpo se acerca a su plano medio: *movimiento de aducción del brazo.*

aducir tr. Presentar o alegar pruebas, razones, etc., para demostrar o justificar algo: *no adujo una sola palabra en su defensa.* ◆ **Irreg.** Se conj. como *conducir.*

aductor adj. y m. Se apl. al músculo que produce la aducción o aproximación de una extremidad del cuerpo respecto a su plano medio.

adueñarse prnl. Hacerse uno dueño de una cosa. || Referido especialmente a un sentimiento o estado de ánimo, hacerse dominante en una o varias personas: *la ira se adueñó de ellos.* ◆ Se construye con la prep. *de.*

adulación f. Alabanza excesiva e interesada para conseguir el favor de una persona.

adular tr. Alabar excesivamente a alguien, generalmente con fines interesados. || FAM. adulación, adulador, adulatorio.

adulteración f. Alteración de la calidad o pureza de algo por la adición de una sustancia extraña. || Falsificación o manipulación de la verdad.

adulterar tr. Alterar la calidad o pureza de algo por la adición de una sustancia extraña: *han adulterado la leche.* || Falsificar o manipular la verdad. También prnl. || FAM. adulteración, adulterado, adulterador, adulterante.

adulterio m. Relación sexual de una persona casada con otra que no sea su cónyuge. || FAM. adulterar, adúltero, adulterino.

adúltero, ra adj. Del adulterio o de la persona que lo comete. || adj. y s. Que comete adulterio.

adulto, ta adj. Llegado a su mayor crecimiento o desarrollo, tanto físico como psicológico. También m. y f.: *ya se le puede considerar un adulto.* || Llegado a su grado mayor de perfección: *democracia adulta.* || FAM. adultez.

adusto, ta adj. Serio o severo en su aspecto o carácter. || Seco, árido: *prosa adusta.* || FAM. adustez.

advenedizo, za adj. y s. Que llega a una posición que no le corresponde o a un lugar en el que le consideran extraño.

advenimiento m. Venida o llegada de un tiempo determinado o de un acontecimiento importante: *adve-* nimiento de la monarquía. || Ascenso de un sumo pontífice o de un soberano al trono. || FAM. advenedizo, advenir, adventicio.

advenir intr. Venir o llegar un tiempo determinado o un acontecimiento importante. ◆ **Irreg.** Se conj. como *venir.*

adventicio, cia adj. Extraño o que sobreviene accidentalmente. || Se apl. al órgano o a la parte de los animales o vegetales que se desarrolla ocasionalmente en un sitio que no le corresponde.

adventismo m. Doctrina de un grupo de Iglesias protestantes de origen norteamericano que creen que un segundo advenimiento de Cristo está próximo. || FAM. adventista.

adverbial adj. Del adverbio o que participa de su naturaleza. || Que funciona como un adverbio: *locución adverbial.*

adverbio m. Parte invariable de la oración cuya función consiste en modificar la significación del verbo *(vive lejos),* de un adjetivo *(extraordinariamente activo)* o de otro adverbio *(muy poco agradable).* || FAM. adverbial, adverbialización, adverbializador, adverbializar.

adversario, ria m. y f. Persona contraria o enemiga: *es una buena persona que nunca ha tenido adversarios.* || m. Conjunto de personas contrarias o enemigas.

adversativo, va adj. En gram., que implica o denota oposición o contrariedad de concepto o sentido: *oración adversativa.*

adversidad f. Cualidad de lo que es adverso o no favorable: *el barco luchaba con la adversidad del viento.* || Desgracia, infortunio: *he sufrido bastantes adversidades en mi vida.*

adverso, sa adj. Contrario, enemigo, desfavorable: *viento adverso.* ◆ Puede ir seguido de la prep. *a: se mostró adverso a nuestro plan.* || FAM. adversario, adversativo, adversidad.

advertencia f. Aviso o información que se da a alguien. || Escrito breve en una obra que advierte algo al lector.

advertir tr. Fijar en algo la atención: *advertí que no llevaba sombrero.* || Llamar la atención de uno sobre algo. ◆ Se puede construir con la prep. *de: le advertí de su llegada.* || Aconsejar, amonestar, prevenir: *le advirtió que no llegara tarde.* ◆ **Irreg.** Se conj. como *sentir.* || FAM. advertencia, advertidamente, advertido.

adviento m. Tiempo del año litúrgico que comprende las cuatro semanas anteriores a la Navidad y es la preparación del nacimiento de Jesucristo.

advocación f. Título que se da a una iglesia, capilla o altar en virtud del santo o del acontecimiento sagrado al que están dedicados.

adyacente adj. Contiguo, situado en las inmediaciones o proximidades de otra cosa: *casas adyacentes.* || FAM. adyacencia.

aeda o **aedo** m. Poeta y cantor épico de la antigua Grecia, que solía acompañarse de un instrumento de cuerda.

aéreo, a adj. Del aire o relativo a él. || Que se realiza en el aire. || De la aviación o de los aviones, o relativo a ellos. || Sutil, fantástico, inmaterial. || Se apl. al animal o a la planta que vive en contacto directo con el aire atmosférico.

aero- pref. que significa 'aire': *aerodeslizador, aerofagia, aerofotografía, aeroterrestre.*

aeróbic o **aerobic** m. Técnica gimnástica acompañada de música y basada en el control del ritmo respiratorio. || FAM. aeróbico.

aerobio, bia adj. y m. Se apl. al microorganismo que necesita del aire u oxígeno molecular libre para subsistir: *bacteria aerobia.*

aerobús m. Avión comercial de fabricación europea para cortas y medias distancias, con capacidad para un gran número de pasajeros.

aeroclub m. Centro de formación y asociación de pilotos civiles: *en el aeroclub se reúnen personas interesadas por el deporte aéreo.* ◆ pl. *aeroclubs* o *aeroclubes.*

aerodeslizador m. Vehículo que se mueve a muy poca altura del agua o de la tierra, apoyándose sobre una capa de aire que él mismo lanza o produce.

aerodinámico, ca adj. De la aerodinámica o relativo a esta parte de la mecánica. || Se apl. al vehículo u otro objeto que tiene la forma adecuada para disminuir la resistencia del aire: *modelo de coche aerodinámico.* || f. Parte de la mecánica que estudia el movimiento de los gases y el movimiento relativo entre un cuerpo y un gas.

aeródromo m. Sitio destinado al despegue y aterrizaje de los aviones.

aeroespacial adj. Del aeroespacio, de la aeronáutica o de la astronáutica, o relativo a ellos: *industria aeroespacial.*

aerofagia f. Deglución espasmódica del aire.

aerofobia f. Temor patológico al aire. || FAM. aerófobo.

aerofotografía f. Fotografía tomada desde un vehículo aéreo. || FAM. aerofotográfico.

aerografía f. Ciencia que estudia la descripción científica del aire y de sus cualidades. || Dibujo obtenido mediante un aerógrafo.

aerógrafo m. Aparato que esparce tinta pulverizada mediante aire comprimido, muy utilizado para el retoque fotográfico, en trabajos de diseño gráfico y publicitario y en artes decorativas.

aerolínea f. Organización o compañía de transporte aéreo. Más en pl.: *Aerolíneas Argentinas.*

aerolito m. Meteorito que cae sobre la tierra, formado por material rocoso y originado por la fragmentación de un cuerpo celeste al atravesar la atmósfera.

aerología f. Ciencia que estudia las propiedades físicas del aire, referidas a las capas altas de la atmósfera o atmósfera libre, que escapan generalmente a la acción del relieve terrestre.

aerometría f. Ciencia que mide las propiedades físicas del aire o de otros gases. || FAM. aerómetro.

aerómetro m. Instrumento para medir las propiedades físicas del aire o de otros gases.

aeromodelismo m. Deporte y actividad que consiste en la construcción y prueba de pequeños modelos de aeronaves. || FAM. aeromodelista, aeromodelo.

aeromoza f. *amer.* Azafata.

aeronauta com. Piloto o tripulante de una aeronave.

aeronáutica f. Ciencia o arte de la navegación aérea. || Conjunto de medios destinados al transporte aéreo. || FAM. aeronáutico.

aeronave f. Vehículo capaz de navegar por el aire. || FAM. aeronauta, aeronáutica, aeronaval, aeronavegación.

aeroplano m. Avión.

aeropuerto m. Aeródromo para el tráfico regular de aviones.

aerosol m. Suspensión de partículas muy finas de un líquido o un sólido en un medio gaseoso. || Aparato utilizado para producir esta dispersión con cualquier líquido, *spray.*

aerostática f. Parte de la mecánica que estudia las leyes que rigen el equilibrio de los gases y de los cuerpos en el aire. || FAM. aerostación, aerostático, aeróstato.

aerostato o **aeróstato** m. Cualquier tipo de aeronave llena de algún gas más ligero que el aire, p. ej., un dirigible. || FAM. aerostación, aerostática, aerostático.

aerovía f. Ruta establecida para el vuelo de los aviones comerciales.

afable adj. Agradable en la conversación y el trato. ◆ sup. Irreg. *afabilísimo.* || FAM. afabilidad, afablemente.

afamado, da adj. Que es muy conocido o tiene fama.

afamar tr. y prnl. Hacer famoso, dar fama. || FAM. afamado.

afán m. Anhelo vehemente: *llegó con el afán de verla.* || Actitud de entregarse alguien a una actividad con todo su interés: *lo leyó con afán.* || FAM. afanar, afanosamente, afanoso.

afanador, ra m. y f. *amer.* Persona que, en los establecimientos públicos, se encarga de las tareas de limpieza.

afanar tr. *vulg.* Hurtar: *afanó el radiocasete de un coche.* || prnl. Entregarse a alguna actividad con solicitud y empeño. ◆ Se construye con las preps. *en y por: se afana en/por conseguir un ascenso.* || FAM. afanoso.

afasia f. Pérdida de la capacidad del habla como consecuencia de una lesión cerebral. || FAM. afásico.

afear tr. Hacer o poner feo. También prnl.: *se ha afeado mucho con la edad.* || Censurar, vituperar: *le afeó su comportamiento tan vil.* || FAM. afeador, afeamiento.

afección f. Enfermedad, dolencia: *afección cardiaca.* || Impresión que hace una cosa en otra: *afección del ánimo.* || Afición o inclinación: *afección paternal.*

afectación f. Falta de naturalidad en la manera de hablar o de actuar.

afectado, da adj. Que muestra afectación. || Aparente, fingido: *muestra una afectada sencillez.* || Aquejado, molestado, enfermo: *está muy afectado por la noticia.*

afectar tr. Atañer, concernir. || Producir algo un determinado efecto, generalmente negativo. || Hacer impresión una cosa en una persona, causando en ella alguna sensación. También prnl.: *se afectó mucho al saberlo.* || Hablar o actuar con demasiado estudio o cuidado, perdiendo la naturalidad. || Fingir: *afectó ignorancia, pero conocía bien el asunto.* || Perjudicar, producir daño: *las bebidas alcohólicas afectan al hígado.* || FAM. afección, afectable, afectación, afectado.

afectividad f. Capacidad de reacción de un sujeto ante los estímulos que provienen del medio externo o interno, cuyas principales manifestaciones son los sentimientos y las emociones: *adolescente de compleja afectividad*.

afectivo, va adj. Del afecto o relativo a este sentimiento: *relación afectiva*. || Que se emociona con facilidad. || Sensible, cariñoso.

afecto¹, ta adj. Inclinado a una persona o cosa. ◆ Se construye con la prep. *a*: *políticos afectos al antiguo régimen*.

afecto² m. Cariño, simpatía hacia una persona o cosa: *tengo un afecto especial a ese hombre*. || FAM. afectividad, afectivo, afectuoso.

afectuoso, sa adj. Amable y cariñoso en la forma de comportarse. || FAM. afectuosamente, afectuosidad.

afeitada f. *amer.* Afeitado, rasura del pelo.

afeitado m. Rasura del pelo, especialmente del que crece en la cara. || Corte antirreglamentario de la punta de los cuernos de un toro de lidia, a fin de disminuir la peligrosidad de su embestida.

afeitar tr. Rasurar el pelo, especialmente el que crece en la cara. También prnl. || Cortar de forma antirreglamentaria la punta de los cuernos de un toro de lidia, a fin de disminuir la peligrosidad de su embestida. || FAM. afeitada, afeitado, afeitadora, afeite.

afeite m. Aderezo, compostura. || Cosmético.

afelio m. Posición más alejada del Sol en la órbita elíptica de un planeta.

afelpar tr. Dar el aspecto de felpa o recubrir con felpa. || FAM. afelpado.

afeminado, da adj. Con características atribuidas tradicionalmente a las mujeres. También m. || Que parece de mujer: *traje afeminado*. || FAM. afeminadamente.

afeminar tr. y prnl. Perder o hacer perder las características que tradicionalmente se consideran propias de hombres, para adoptar las asociadas generalmente a las mujeres: *se ha afeminado viviendo entre tantas hermanas*. || FAM. afeminación, afeminado, afeminamiento.

aferente adj. Se apl. a la formación anatómica que transmite un líquido o un impulso desde una parte del organismo a otra: *conducto aferente*.

aféresis f. Supresión de uno o varios sonidos al principio de un vocablo, como en «norabuena» por «enhorabuena». ◆ No varía en pl.

aferrar tr. Agarrar fuertemente. También intr. y prnl. || prnl. Insistir con tenacidad en algún dictamen u opinión. ◆ Se construye con la prep. *a*: *se aferra a esa absurda idea*. || Acogerse a algo como única salida o esperanza. ◆ Se construye con la prep. *a*: *se aferró a su trabajo para estar ocupada y no pensar en él*. || FAM. aferrado, aferramiento.

affaire (voz fr.) m. Asunto o negocio ilícito u oscuro que tiene repercusiones sociales o políticas. || Aventura sentimental.

afgano, na adj. y s. De Afganistán o relativo a este país asiático. || adj. y m. Se apl. a una raza de perros originarios de Afganistán. || m. Lengua afgana.

afianzar tr. y prnl. Afirmar o asegurar algo para darle mayor sujeción. ◆ Se puede construir con las preps.

en y *sobre*: *afianzarse en/sobre los estribos*. || Asir, agarrar. ◆ Se construye con las preps. *en* y *a*: *afianzó los pies en el trampolín; se afianzó a una cuerda*. || Hacer firme o consolidar algo. ◆ Se puede construir con la prep. *en*: *el ejército se afianzó en sus posiciones*. || FAM. afianzado, afianzamiento.

afiche m. Cartel o aviso expuesto al público, realizado con alguna intención artística, mediante el que se anuncia un evento futuro.

afición f. Inclinación, amor a una persona, actividad o cosa. ◆ Va seguido de un complemento con las preps. *a* y *por*: *siente gran afición al cine; su afición por la química le viene desde niño*. || Actividad o cosa hacia la que se siente tal inclinación. || Conjunto de personas aficionadas a las corridas de toros u otros espectáculos. || FAM. aficionado, aficionar.

aficionado, da adj. y s. Que tiene afición a algo. ◆ Va seguido de un complemento con las preps. *a*: *es muy aficionado a la fotografía*. || Que cultiva algún arte, deporte, etc., sin tenerlo por oficio: *es un equipo formado por aficionados*.

aficionar tr. Inducir a alguien a que tenga afición por algo: *le aficionó a la música*. || prnl. Prendarse de una persona o cosa: *se aficionó a su compañía*. ◆ Se construye con la prep. *a*.

afiebrarse prnl. *amer.* Empezar a tener fiebre o calentura.

afijo, ja adj. y m. Se apl. a la partícula que se adjunta a una palabra o raíz, modificando su sentido o valor gramatical, para formar otras derivadas o compuestas. || Se dice del pronombre personal que va pospuesto y unido al verbo. || FAM. afijación.

afilado, da adj. Hiriente, irónico, mordaz: *lengua afilada*. || m. Acción y resultado de afilar o sacar filo.

afilador, ra adj. Que afila. || m. y f. Persona que se dedica profesionalmente a afilar instrumentos cortantes.

afilalápices m. Sacapuntas. ◆ No varía en pl.

afilar tr. Sacar filo a un objeto o afinar la punta del que ya la tiene: *afilar un cuchillo, afilar un lapicero*. || Aguzar el entendimiento o los sentidos. || *amer.* Flirtear, cortejar. También intr. || prnl. Adelgazarse, enflaquecerse, especialmente la cara, nariz o dedos. || FAM. afilado, afilador, afilalápices, afilamiento, afile.

afiliación f. Ingreso de una persona dentro de una corporación, como miembro de la misma.

afiliado, da adj. y s. Que es miembro de una corporación.

afiliar tr. y prnl. Asociar una persona a otras que forman corporación. ◆ Se construye con la prep. *a*: *se ha afiliado al partido*. || FAM. afiliación, afiliado.

afiligranar tr. Hacer filigrana. || Adornar, hermosear. || FAM. afiligranado.

afín adj. Próximo, contiguo: *dos campos afines*. || Que tiene afinidad con otra cosa. || com. Pariente por afinidad.

afinación f. Adecuación de los instrumentos musicales al tono justo.

afinador, ra adj. Que afina. || m. y f. Persona que se dedica profesionalmente a afinar instrumentos musicales. || m. Instrumento usado para afinar.

afinar tr. Poner algo más fino y suave. ‖ Perfeccionar, dar el último punto a una cosa. También prnl. ‖ Hacer fina o cortés a una persona. Más como prnl. ‖ Purificar los metales. ‖ Poner en tono los instrumentos musicales. ‖ intr. Cantar o tocar entonando con perfección los sonidos. ‖ Apurar o aquilatar hasta el extremo la calidad, condición o precio de una cosa: *¡cómo afinas!, te ha quedado bordado.* ‖ FAM. afinación, afinador.

afincar tr. Fijar o establecer la residencia en algún lugar. Más como prnl. ◆ Se construye con la prep. *en: se afincó en Estocolmo.*

afinidad f. Proximidad, analogía, semejanza de una cosa con otra. ‖ Adecuación de caracteres, gustos, etc., entre dos o más personas. ‖ Parentesco entre un cónyuge y los parientes del otro. ‖ Tendencia de los átomos, moléculas o grupos moleculares a combinarse entre sí.

afirmación f. Expresión que indica que una cosa es cierta. ‖ Expresión o gesto para decir que sí.

afirmar tr. Poner firme, dar firmeza: *debemos afirmar bien los tablones.* También prnl. ‖ Asegurar o dar por cierta alguna cosa: *afirma que no le conoce.* ‖ intr. Decir que sí mediante expresiones o gestos. ‖ prnl. Asegurarse en algo para estar firme. ◆ Se construye con la prep. *en: se afirmó en el asiento.* ‖ Ratificarse uno en su dicho. ◆ Se construye con la prep. *en: se afirmó en sus opiniones.* ‖ FAM. afirmación, afirmativo.

aflamencado, da adj. Parecido al flamenco o con características propias de él.

aflautado, da adj. De timbre parecido al de una flauta.

aflautar tr. y prnl. Hacer más agudos una voz o un sonido. ‖ FAM. aflautado.

aflicción f. Sufrimiento físico, pena, tristeza.

afligir tr. y prnl. Causar sufrimiento físico, tristeza o pena. ◆ Se puede construir con la prep. *por: no te aflijas por él, que él se recuperará.* ‖ FAM. aflicción, aflictivo, afligido.

aflojar tr. Disminuir la presión o la tirantez de algo. También prnl.: *se ha aflojado el cinturón.* ‖ col. Entregar uno dinero u otra cosa: *afloja la pasta.* ‖ intr. Perder fuerza una cosa: *aflojó el temporal.* ‖ Dejar uno de emplear el mismo vigor o aplicación que antes en alguna cosa. ◆ Se construye con la prep. *en: ha aflojado un poco en Matemáticas.* ‖ FAM. aflojamiento.

aflorar intr. Asomar a la superficie terrestre un filón, masa rocosa o capa mineral consolidados en el subsuelo. ‖ Surgir, aparecer lo que estaba oculto o en gestación: *al final afloraron sus nervios.* ‖ FAM. aflorado, afloramiento.

afluencia f. Concurrencia en gran número a un lugar o sitio. ‖ Abundancia o copia: *afluencia de capital.* ‖ Facilidad de palabra.

afluente m. Río secundario que desemboca en otro principal.

afluir intr. Acudir en abundancia o concurrir en gran número a un lugar o sitio: *la gente afluye a la plaza.* ‖ Verter un río sus aguas en las de otro, o en un lago o mar. ◆ Irreg. Se conj. como *huir.* Se construye con la prep. *a.* ‖ FAM. afluencia, afluente, aflujo.

aflujo m. Afluencia excesiva de líquidos a un tejido orgánico.

afonía f. Falta total o parcial de la voz.

afónico, ca adj. Que ha perdido total o parcialmente la voz. ‖ FAM. afonía.

aforar tr. Calcular la cantidad y el valor de los géneros o mercancías existentes en un depósito para el pago de derechos. ‖ Medir la cantidad de agua que lleva una corriente en una unidad de tiempo. ‖ Calcular la capacidad de algo: *han aforado el local.* ‖ Dar o tomar alguna heredad mediante el pago de un canon. ‖ Dar, otorgar fueros. ◆ Irreg. en esta última acepción, en la que se conj. como *contar.* ‖ FAM. aforado, aforo.

aforismo m. Sentencia breve y doctrinal que se propone como regla en una ciencia o arte. ‖ FAM. aforístico.

aforo m. Cálculo de la cantidad y del valor de los géneros o mercancías existentes en un depósito para el pago de derechos. ‖ Medida del caudal de una corriente de agua. ‖ Capacidad total de las localidades de un teatro u otro recinto de espectáculos públicos.

afortunado, da adj. Que tiene buena suerte. También m. y f.: *es uno de los afortunados en el sorteo.* ‖ Feliz, que produce felicidad o resulta de ella: *viven en un hogar afortunado.* ‖ Oportuno, acertado, inspirado: *sus palabras fueron afortunadas.* ‖ FAM. afortunadamente, afortunar.

afrancesado, da adj. y s. Que imita a los franceses. ‖ Partidario de los franceses, especialmente referido a los españoles que en la guerra de la Independencia siguieron el partido de Napoleón.

afrancesar tr. y prnl. Dar o adquirir características que se consideran propias de lo francés. ‖ prnl. Hacerse partidario de los franceses. ‖ FAM. afrancesado, afrancesamiento.

afrenta f. Vergüenza y deshonor que resulta de algún dicho, hecho o imposición de una pena: *no pudo soportar la afrenta de sus compañeros y dejó la oficina.* ‖ Dicho o hecho afrentoso. ‖ FAM. afrentar, afrentosamente, afrentoso.

afrentar tr. Causar afrenta, ofender o insultar. ‖ prnl. Avergonzarse, sonrojarse por algo.

africado, da adj. y s. En ling., se apl. al sonido consonántico de articulación consistente en una oclusión y una fricación producidas rápida y sucesivamente entre los mismos órganos, como el fonema «ch».

africanismo m. Influencia de las costumbres africanas en otros pueblos. ‖ Vocablo de origen africano introducido en una lengua no africana. ‖ Modismo propio de escritores latinos de origen africano.

africano, na adj. y s. De África o relativo a este continente. ‖ FAM. africanidad, africanismo, africanista, africanizar, afro.

afrikáans m. Variedad del neerlandés que es, junto con el inglés, la lengua oficial de la República Sudafricana. ◆ No varía en pl.

afrikáner adj. y com. Se apl. a la persona descendiente de los colonos holandeses de la República de Sudáfrica o a la que está integrada con ellos. ◆ pl. *afrikáneres* o *afrikáners.*

afro, fra adj. y s. Africano. ‖ adj. De los usos y costumbres africanas o relativo a ellos. ◆ Se usa solo la forma m.: *peinado afro, música afro.*

afro- pref. que significa 'africano' y, con especial frecuencia, 'negro': *afroamericano, afroasiático.*

afrodisiaco, ca o **afrodisíaco, ca** adj. y m. Se apl. al medicamento o a la sustancia que excita el apetito sexual.

afrodita adj. Se apl. a la planta que se reproduce de modo asexual.

afrontar tr. Hacer frente al enemigo, a un peligro, etc.: *no quiere afrontar su pérdida.* ‖ Poner una cosa enfrente de otra. ‖ afrontamiento.

afrutado, da adj. Con sabor u olor parecido al de la fruta.

afta f. Úlcera pequeña, blanquecina, que se forma en la mucosa bucal durante el curso de ciertas enfermedades. ‖ FAM. aftoso.

aftershave o **after shave** (voz i.) m. Loción, crema o gel con un ligero componente alcohólico que se aplica sobre el rostro después del afeitado.

aftersun (voz i.) m. Crema hidratante que se aplica sobre la piel después de tomar el sol. ◆ Es la extensión del nombre de una marca registrada.

afuera adv. l. Fuera del sitio en el que uno está. ‖ En la parte exterior: *la bicicleta se ha quedado afuera.* ‖ f. pl. Alrededores de una población: *vive en las afueras del pueblo.*

afuereño, ña adj. y s. *amer.* Forastero, que es o viene de afuera.

agachadiza f. Nombre común de diversas especies de aves caradriformes, de unos 30 cm de longitud, semejantes a la becada, con el pico largo, que vuelan muy bajo y se esconden en los lugares pantanosos.

agachado, da adj. y s. *amer.* Que baja fácilmente la cabeza ante el jefe.

agachar tr. Inclinar o bajar alguna parte del cuerpo. ‖ prnl. Encogerse, doblando el cuerpo hacia abajo.

agalla f. Cada una de las branquias que tienen los peces. Más en pl. ‖ Excrecencia redonda que se forma en algunos árboles por la acción parasitaria de ciertos insectos. ‖ Amígdala. Más en pl. ‖ *amer.* Codicia. ‖ pl. Valentía, audacia. ◆ Se usa en la expr. *tener agallas: no tienes agallas para decírselo a la cara.*

agallarse prnl. *amer.* Molestarse en extremo.

agallú, a adj. y s. *amer. col.* Se apl. a la persona de carácter beligerante, agresiva. ◆ pl. *agallús* o *agallúes.*

agalludo, da adj. *amer.* Animoso, resuelto, valiente. ‖ *amer.* Ambicioso, avaricioso.

agamí m. Ave gruiforme de las selvas tropicales de América del Sur, del tamaño de una gallina, con la cabeza pequeña, el pico corto, las patas largas y fuertes y el plumaje negro. ◆ pl. *agamís* o *agamíes.*

agamia f. Carencia de órganos sexuales. ‖ Reproducción asexual.

ágape m. Comida de confraternización que los primeros cristianos celebraban durante sus asambleas para profundizar sus lazos de concordia. ‖ P. ext., banquete.

agareno, na adj. y s. Descendiente de Agar, esclava egipcia de Abraham. ‖ Mahometano.

agarrada f. *col.* Altercado o riña.

agarradero, ra m. y f. Asa o mango. ‖ m. *col.* Recurso o pretexto para hacer o conseguir algo. ‖ f. pl.

col. Influencias con que uno cuenta para conseguir sus fines: *tiene unas buenas agarraderas en su trabajo.*

agarrado, da adj. *col.* Mezquino o miserable: *¡mira que eres agarrado, otra vez te has ido sin pagar tu parte!* También m. y f. ‖ *col.* Se apl. al baile que la pareja ejecuta enlazada. Más como m.

agarrar tr. Asir o coger fuertemente con la mano o de cualquier modo. ◆ Se puede construir con las preps. *de* y *por: me agarró del brazo; agarrar al toro por los cuernos.* También prnl. Se puede construir con la prep. *a: se agarró a la barandilla.* ‖ Coger o contraer una enfermedad, o empezar a padecer una sensación física o un estado de ánimo: *ha agarrado una pulmonía; agarró una rabieta.* También prnl. ‖ Sorprender a alguien: *le agarraron con las manos en la masa.* ◆ Se usa sobre todo en América. ‖ Conseguir lo que se intentaba o se pretendía. ‖ intr. Prender una planta: *el geranio agarró enseguida.* ‖ prnl. Hablando de guisos, quemarse: *las lentejas se han agarrado.* ‖ **agarrarse a un clavo ardiendo** loc. *col.* Valerse de cualquier medio, por difícil o arriesgado que sea, para conseguir algo. ‖ FAM. agarradero, agarrado, agarrador, agarre, agarrón.

agarrón m. Acción y resultado de agarrar y tirar con fuerza. ‖ *amer.* Agarrada.

agarrotar tr. Oprimir o apretar algo o a alguien fuertemente, tanto física como moralmente. ‖ Apretar los fardos con cuerdas retorciéndolos con un palo. ‖ Ejecutar mediante el procedimiento del garrote. ‖ prnl. Entumecerse un miembro: *se me ha agarrotado la mano.* ‖ Dejar de funcionar un mecanismo por falta de movilidad de sus piezas: *el motor se ha agarrotado.* ‖ FAM. agarrotado, agarrotamiento.

agasajar tr. Atender a alguien ofreciéndole regalos o grandes expresiones de cariño y afecto: *normalmente agasajan a sus invitados.* ‖ FAM. agasajado, agasajador, agasajo.

agasajo m. Regalo o muestra de cariño y afecto.

ágata f. Variedad de calcedonia con franjas de colores.

agateador m. Nombre común de diversas aves paseriformes de unos 12 cm de longitud, color pardo con manchas blancas y pico largo y curvado, que trepan en espiral por el tronco de los árboles con la cola tiesa apretada contra la corteza.

agauchar tr. *amer.* Hacer que una persona tome el aspecto, los modales y las costumbres propias del gaucho. Más como prnl. ‖ FAM. agauchado.

agaváceo, a adj. y f. De las agaváceas o relativo a esta familia de plantas. ‖ f. pl. Familia de plantas angiospermas monocotiledóneas, de hojas estrechas con el borde espinoso, las flores dispuestas en racimos y el fruto en cápsula o baya, como el drago.

agavillar tr. Hacer o formar gavillas. ‖ FAM. agavillador, agavilladora.

agazaparse prnl. Agacharse, encogiendo el cuerpo contra la tierra: *el zorro se agazapó detrás de un árbol.* ‖ P. ext., esconderse u ocultarse encogiendo el cuerpo.

agencia f. Empresa destinada a gestionar asuntos ajenos o a prestar determinados servicios: *agencia de viajes.* ‖ Sucursal de una empresa: *me han destinado a la* agencia de Valencia. || *amer.* Casa de empeño. || FAM. agenciar, agenciero, agente.

agenciar tr. Hacer las diligencias necesarias para lograr una cosa: *me he agenciado una secretaria para que me ayude.* || prnl. Conseguir algo con maña: *se ha agenciado un coche estupendo.* || **agenciárselas** loc. *col.* Actuar con habilidad para conseguir algo: *siempre se las agencia para salir airoso.*

agenciero, ra m. y f. *amer.* Agente de mudanzas. || *amer.* Persona que tiene una casa de empeño, prestamista. || *amer.* Lotero.

agenda f. Libro o cuaderno en que se apuntan, para no olvidarlas, las cosas que se han de hacer: *me regaló una agenda de piel.* || Programa de actividades o trabajos: *agenda editorial.* || Relación de los temas que han de tratarse en una reunión.

agente adj. Que obra o tiene virtud de obrar. || adj. y m. En gram., se apl. a la palabra o sintagma que designa la persona, animal o cosa que realiza la acción del verbo. || m. Persona o cosa que produce un efecto: *agentes atmosféricos.* || Persona que obra con poder de otro: *agente de Bolsa, agente de seguros.* || com. Persona que tiene a su cargo una agencia para gestionar asuntos ajenos o prestar determinados servicios: *agente inmobiliario.* || Funcionario encargado de velar por la seguridad pública o por el cumplimiento de las leyes u ordenanzas: *agente de policía.*

agigantar tr. y prnl. Dar o adquirir proporciones gigantescas. || FAM. agigantado.

ágil adj. Capaz de moverse con ligereza y facilidad: *tiene las piernas ágiles.* || De inteligencia rápida y aguda. || Referido al estilo o al lenguaje, vivo, fluido. || FAM. agilidad, agilización, agilizar.

agilidad f. Facilidad para ejecutar algo de forma rápida, física o mentalmente.

agilipollar tr. y prnl. *vulg. desp.* Volver o volverse tonto. || FAM. agilipollado.

agilización f. Aceleración de un proceso o procedimiento.

agilizar tr. Hacer ágil. || Facilitar y acelerar la ejecución de un proceso o procedimiento. También prnl.: *las negociaciones se han agilizado.*

agio m. Beneficio que se obtiene en negocios financieros por diferencia entre el valor nominal y el real, presente y futuro, en compra o en venta. || Agiotaje. || FAM. agiotador, agiotaje, agiotista.

agiotaje m. Especulación abusiva y sin riesgo para obtener un lucro inmoderado, con perjuicio de terceros.

agitación f. Movimiento violento y repetido. || Inquietud, preocupación, nerviosismo. || Provocación de movimientos de protesta de carácter social o político.

agitador, ra adj. Que agita. || m. y f. Persona que incita a otros a propugnar violentamente determinados cambios políticos o sociales. || m. Aparato o mecanismo utilizado para mezclar o revolver líquidos.

agitanar tr. y prnl. Dar o adquirir características que se consideran propias del gitano. || FAM. agitanado.

agitar tr. Mover violenta y repetidamente. También prnl.: *las cortinas se agitaban con el viento.* || Inquietar,

preocupar, poner nervioso: *agitar los ánimos.* También prnl. || Provocar la inquietud social o política: *su discurso agitó a la población.* || Revolver un líquido con cierta intensidad para disolverlo o para mezclar sus componentes. || FAM. agitable, agitación, agitado, agitador.

aglomeración f. Amontonamiento, reunión sin orden de cosas o personas.

aglomerado m. Material que consiste en planchas compuestas por trozos de madera prensados y endurecidos: *mueble de aglomerado.* || Prisma hecho en molde con carbón de piedra menudo y alquitrán, que se usa como combustible.

aglomerante adj. y m. Se apl. al material capaz de unir fragmentos de una o varias sustancias y dar cohesión al conjunto por métodos exclusivamente físicos.

aglomerar tr. Amontonar, juntar sin orden cosas o personas. También prnl.: *se aglomeraron a la salida.* || Unir fragmentos de una o varias sustancias con un aglomerante. || FAM. aglomeración, aglomerado, aglomerante.

aglutinante adj. y m. Que aglutina o sirve para aglutinar. || Se apl. a la lengua que yuxtapone varias palabras que expresan ideas simples, para formar otras que expresen ideas compuestas, como p. ej. el vasco y el finés. || Se dice de la sustancia líquida que solidifica pasado algún tiempo y en la que se diluyen los pigmentos.

aglutinar tr. y prnl. Unir, pegar una cosa con otra. || Reunir, aunar. || FAM. aglutinación, aglutinante, aglutinina.

agnato, ta adj. y m. De los agnatos o relativo a esta superclase de peces. || m. pl. Superclase de vertebrados acuáticos sin mandíbulas ni escamas, que en la actualidad están representados por la clase de los ciclóstomos, como la lamprea.

agnosia f. Pérdida de la facultad de reconocer el cerebro los estímulos que le llegan: *agnosia auditiva.*

agnosticismo m. Doctrina filosófica que niega al entendimiento humano la capacidad de llegar a comprender lo absoluto y sobrenatural. || FAM. agnóstico.

agnóstico, ca adj. Del agnosticismo o relativo a esta doctrina filosófica. || adj. y s. Que sigue o defiende el agnosticismo.

agobiante adj. Que agobia o causa gran molestia o fatiga.

agobiar tr. y prnl. Causar gran molestia o fatiga. ◆ Se construye con las preps. *con* y *por*: *no me agobies con tus preguntas; se agobia por todo.* || Imponer a alguien actividad o esfuerzo excesivos, preocupar gravemente, causar gran sufrimiento: *le agobian los años.* || FAM. agobiado, agobiante, agobio.

agobio m. Sensación de gran molestia o fatiga. || Sofocación, angustia.

agolpar tr. Juntar de golpe en un lugar gran número de personas, animales o cosas. Más como prnl. ◆ Se construye con las preps. *a* y *en*, o con la loc. prepos. *frente a*: *los trastos se agolpan en el desván.* || Venir juntas y de golpe ciertas cosas. ◆ Se construye con la prep. *en*: *los recuerdos se agolpaban en mi mente.* || FAM. agolpamiento.

agonía f. Estado previo a la muerte. || Pena o aflicción extremada: *vive en una profunda agonía.* || Agotamiento que indica el final de algo: *presenciamos la agonía de la empresa.* ‖ pl. usado c. sing. com. *col.* Persona apocada y pesimista: *¡hija, eres una agonías!* ‖ FAM. agónico, agonista, agonizante, agonizar.

agonizar intr. Estar en la agonía, luchar un enfermo entre la vida y la muerte. ‖ Extinguirse o terminarse una cosa: *su imperio agonizaba.* ‖ Sufrir angustiosamente: *el ciclista agonizaba en la subida del puerto.*

ágora f. Plaza pública en las ciudades griegas, que constituía el centro de la vida administrativa, religiosa y comercial. ‖ Asamblea que se llevaba a cabo en ella.

agorafobia f. Temor angustioso y patológico de hallarse solo en grandes espacios abiertos.

agorar tr. Predecir o anunciar males o desdichas con poco fundamento. ◆ **Irreg.** Se conj. como *contar.* ‖ FAM. agorero.

agorero, ra adj. y s. Que predice o anuncia con poco fundamento males o desdichas. ‖ Que adivina por agüeros.

agostar tr. Secar el excesivo calor las plantas. También prnl.: *los prados se han agostado.* ‖ Marchitar, hacer que se extinga algo: *el sufrimiento agostó su alegría innata.* ‖ Arar o cavar la tierra en el mes de agosto. ‖ intr. Pastar el ganado en rastrojeras o en dehesas durante el verano. ‖ FAM. agostado, agostamiento.

agostero, ra adj. Se apl. al ganado que pace en los rastrojos. ‖ m. y f. Persona que se contrata para las faenas del campo durante la recolección de cereales.

agosto m. Octavo mes del año, entre julio y septiembre, que tiene treinta y un días. ‖ **hacer** uno su **agosto** loc. *col.* Hacer un buen negocio: *los comerciantes hacen su agosto con los turistas.* ‖ FAM. agostar, agostero, agostizo.

agotador, ra adj. Que agota o cansa extremadamente.

agotamiento m. Gasto o consumo total de algo. ‖ Cansancio extremado.

agotar tr. y prnl. Extraer todo el líquido que hay en una capacidad cualquiera: *la fuente se agotó.* ‖ Gastar del todo, acabar con algo: *se han agotado las entradas para el espectáculo.* ‖ Cansar extremadamente: *se agota mucho con el calor.* ‖ FAM. agotado, agotador, agotamiento.

agracejo m. Uva que se queda muy pequeña y no llega a madurar. ‖ Arbusto espinoso de la familia de las berberidáceas, de hasta 3 m de altura, con flores amarillas y bayas rojas, agrias y comestibles, muy común en los montes y jardines de España. Su madera, de color amarillo, se usa en ebanistería.

agraciado, da adj. Que tiene gracia o es gracioso. ‖ Bien parecido. ‖ adj. y s. Afortunado en un sorteo: *los agraciados son los señores de Sanz.*

agraciar tr. Dar gracia o belleza a una persona o cosa. ‖ Hacer o conceder alguna gracia o premio. ◆ Se construye con la prep. *con* y se usa sobre todo en voz pasiva: *fueron agraciados con el primer premio.* ‖ FAM. agraciado.

agradable adj. Que agrada o produce agrado. ‖ Se apl. a la persona simpática y amable: *era una chica muy agradable.* ◆ sup. irreg. *agradabilísimo.* ‖ FAM. agradablemente.

agradar intr. Complacer, contentar, gustar: *me agrada leer un rato antes de dormir.* ‖ FAM. agradable, agrado.

agradecer tr. Sentir o mostrar gratitud por algo recibido: *agradezco tus palabras.* ‖ Corresponder una cosa al trabajo empleado en conservarla o mejorarla: *estos zapatos agradecerían unas suelas nuevas.* ‖ FAM. agradecido, agradecimiento. ‖ ◆ **Irreg.** Conjugación modelo:

Indicativo

Pres.: agradezco, agradeces, agradece,
    agradecemos, agradecéis, agradecen.

Imperf.: agradecía, agradecías, agradecía, *etc.*

Pret. perf. simple: agradecí, agradeciste, agradeció,
    agradecimos, agradecisteis,
    agradecieron.

Fut. simple: agradeceré, agradecerás,
    agradecerá, *etc.*

Condicional simple: agradecería, agradecerías,
    agradecería, *etc.*

Subjuntivo

Pres.: agradezca, agradezcas, agradezca,
    agradezcamos, agradezcáis, agradezcan.

Imperf.: agradeciera o agradeciese, agradecieras
    o agradecieses, *etc.*

Fut. simple: agradeciere, agradecieres,
    agradeciere, *etc.*

Imperativo: agradece, agradeced.

Participio: agradecido.

Gerundio: agradeciendo.

---

agradecido, da adj. Que muestra agradecimiento por lo que recibe. ‖ Que responde bien al trabajo o esfuerzo que se le dedica: *es una planta muy agradecida.*

agradecimiento m. Sentimiento o muestra de gratitud por algo recibido.

agrado m. Complacencia, gusto, placer: *lo escuchó con agrado.* ‖ Afabilidad en el trato: *nos atendió con agrado.* ‖ **tener el agrado** *amer.* Fórmula de cortesía, equivalente a *tener el placer* o *el gusto.*

agrafia f. Pérdida de la capacidad de escribir debida a una lesión cerebral: *agrafia afásica.* ‖ FAM. ágrafo.

agrandar tr. y prnl. Hacer más grande alguna cosa: *han agrandado la casa.* ‖ FAM. agrandamiento.

agrario, ria adj. Del campo o relativo a él: *ley agraria.*

agravamiento m. Aumento de la gravedad de una situación o de un enfermo.

agravante adj. y amb. Que agrava o aumenta la gravedad de algo. ‖ Se apl. a la circunstancia que constituye un motivo legal para recargar la pena correspondiente a un delito: *con la agravante de alevosía.* ◆ Como sustantivo, se usa más en f.

agravar tr. y prnl. Aumentar la gravedad de una situación o de un enfermo. ‖ FAM. agravamiento, agravante, agravatorio.

agraviar tr. Hacer agravio: *pretendía agraviarme con sus palabras.* ‖ prnl. Ofenderse, sentirse molesto. ◆ Se construye con la prep. *por: agraviarse por una broma.* ‖ FAM. agraviado, agraviante, agravio.

agravio m. Ofensa que se hace a uno en su honra o fama. || Hecho o dicho con que se hace esta ofensa. || Perjuicio que se hace a uno en sus derechos o intereses. || **agravio comparativo** El que se comete al dar un trato distinto a personas en la misma situación.

agraz m. Uva sin madurar y zumo que se obtiene de ella. || FAM. agrazada.

agredir tr. Cometer agresión. ◆ Se puede construir con las preps. *con* y *por: le agredió con un palo/por la espalda.* || FAM. agresión, agresividad, agresivo, agresor.

agregado, da adj. y s. Se apl. al empleado adscrito a un servicio del cual no es titular. || Se dice del profesor numerario con una categoría inmediatamente inferior a catedrático. || m. y f. Funcionario diplomático encargado de asuntos de su especialidad: *agregado cultural.* || m. Conjunto de cosas homogéneas que forman un cuerpo. || Añadidura.

agregaduría f. Cargo y oficina de un agregado diplomático. || Cargo de un profesor agregado.

agregar tr. Unir o añadir una parte a un todo. ◆ Se construye con la prep. *a: agregó un poco de sal al guiso.* También prnl.: *se agregó a la comitiva.* || Añadir algo a lo ya dicho o escrito. || Destinar a alguna persona a un cuerpo u oficina sin plaza efectiva. ◆ Se construye con la prep. *a: le han agregado a la secretaría del Departamento de Ventas.* || FAM. agregación, agregado, agregaduría.

agremiar tr. y prnl. Reunir en gremio.

agresión f. Ataque o acto violento que causa daño: *ha sido víctima de una agresión sexual.* || Acto contrario al derecho de otro; en particular, ataque armado de una nación contra otra: *firmaron un pacto de no agresión.*

agresividad f. Tendencia a atacar o actuar con provocación y violencia. || Fuerza, dinamismo o decisión para emprender algo y afrontar sus dificultades.

agresivo, va adj. Que actúa con agresividad. || Propenso a faltar al respeto o a provocar a los demás. || Que implica provocación y violencia: *la conducción en Madrid es muy agresiva.* || Activo, dinámico emprendedor: *ejecutivo agresivo.* || FAM. agresión.

agresor, ra adj. y s. Que comete agresión o provoca un ataque o acto violento.

agreste adj. Del campo o relativo a él. || Se apl. al terreno abrupto, sin cultivar o lleno de malezas. || Rudo, tosco, grosero: *modales agrestes.*

agriar tr. y prnl. Poner agria alguna cosa: *el vino se ha agriado.* || Exasperar los ánimos, hacer tenso o amargo: *sus relaciones se han agriado.*

agrícola adj. De la agricultura o del agricultor, o relativo a ellos.

agricultor, ra m. y f. Persona que cultiva la tierra.

agricultura f. Cultivo de la tierra. || Conjunto de técnicas utilizadas en dicho cultivo: *agricultura biológica.* || FAM. agrícola, agricultor.

agridulce adj. Que tiene mezcla de agrio y de dulce: *salsa agridulce.*

agrietar tr. y prnl. Abrir grietas: *el techo se está agrietando.* || FAM. agrietamiento.

agrimensor, ra m. y f. Persona especializada en medir la superficie de los terrenos y levantar los planos correspondientes. || FAM. agrimensura.

agringarse prnl. *amer.* Adoptar el aspecto o las costumbres propias del gringo, imitarle en algo o portarse como él. || FAM. agringado.

agrio, gria adj. Que produce sensación de acidez. || Que se ha agriado: *la leche está agria.* || Acre, áspero o desabrido: *tiene un genio muy agrio.* || m. pl. Conjunto de frutas de sabor agridulce, como el limón o la naranja y otras semejantes: *en esta zona se cultivan agrios.* ◆ sup. irreg. *agriísimo.* || FAM. agraz, agriado, agriar, agridulce, agrura.

agro m. Campo, tierra de labranza.

agronomía f. Conjunto de conocimientos prácticos y técnicas científicas aplicables al cultivo de la tierra. || FAM. agronómico, agrónomo.

agrónomo, ma adj. y s. Se apl. a la persona que profesa la agronomía: *ingeniero agrónomo.*

agropecuario, ria adj. Que tiene relación con la agricultura y la ganadería: *comercio agropecuario.*

agrupación f. Reunión en grupo de elementos con características comunes. || Conjunto de personas u organismos que se asocian con algún fin: *agrupación coral.* || Unidad formada por fuerzas de diversas armas con una misión concreta.

agrupar tr. y prnl. Reunir en grupo elementos con características comunes. || Constituir una agrupación. || FAM. agrupable, agrupación, agrupamiento.

agua f. Sustancia líquida, inodora, insípida e incolora en pequeña cantidad y verdosa o azulada en grandes masas, que está formada por la combinación de un volumen de oxígeno y dos de hidrógeno. || Licor extraído por infusión, disolución o emulsión de flores, plantas o frutos, y usado en medicina y perfumería: *agua de colonia.* || Vertiente de un tejado: *cubierta a dos aguas.* || pl. Visos u ondulaciones que tienen algunas telas, plumas, piedras, maderas, etc. || **agua bendita** La que bendice el sacerdote. || **agua corriente** La que es potable y sale de los grifos de las casas. || **agua de colonia** Agua perfumada que contiene alcohol y esencias aromáticas. || **agua dulce** La que tiene poco o ningún sabor, por contraposición a la del mar. || **agua fuerte** Ácido nítrico diluido en una pequeña cantidad de agua. ◆ pl. *aguas fuertes.* || **agua mineral** La de manantial que contiene sustancias minerales en disolución. || **agua oxigenada** Disolución acuosa de peróxido de hidrógeno, de concentración variable, que se usa para evitar infecciones. || **agua potable** La que se puede beber. || **agua salada** La del mar. || **agua termal** La que brota de manantial con una temperatura superior a la normal. || **agua tónica** Bebida refrescante con gas, a la que se añade quinina y ácido cítrico. || **aguas jurisdiccionales** Las que bañan las costas de un país y pertenecen a su jurisdicción hasta un límite determinado. || **ahogarse en un vaso de agua** loc. *col.* Apurarse por poca cosa. || **bailarle el agua** a alguien loc. *col.* Adularle para resultarle agradable. || **como agua de mayo** loc. adv. *col.* Con ansia, con mucho deseo. || **convertirse o quedarse** algo **en agua de borrajas** loc. *col.* Resultar cosa de poca o ninguna importancia. || **entre dos aguas** loc. adv. *col.* Confuso, sin saber qué decisión tomar. || **estar con el agua al cuello** loc. *col.* Estar en un gran aprieto o peligro. || **hacer agua** loc. Tener una embarcación alguna grieta o agujero por donde comienza a entrar el agua. || Amenazar ruina. || **hacérsele** a uno **la boca agua** loc. *col.* Disfrutar con el recuerdo, deseo o contemplación de un manjar exquisito. || **más claro que el agua** loc. adj. *col.* Patente, muy manifiesto. || **romper aguas** loc. *col.* Romperse la bolsa que envuelve el feto y derramarse por la vagina el líquido amniótico. || **ser** algo **agua pasada** loc. *col.* Haber perdido su importancia. || **tomar las aguas** loc. Estar en un balneario de aguas termales haciendo cura. || FAM. aguacero, aguachinar, aguachirle, aguada, aguadero, aguado, aguador, aguafuerte, aguamanil, aguamarina, aguanieve, aguar, aguardiente, aguarrás, agüilla.

aguacate m. Árbol originario de América Central, de la familia de las lauráceas, que puede alcanzar hasta 15 m de altura, de hojas verdes persistentes, flores pequeñas en espiga y fruto comestible, que se cultiva sobre todo en las zonas tropicales y subtropicales del mundo. || Fruto comestible de este árbol, con la corteza de color verde, la pulpa suave y mantecosa y una semilla de gran tamaño. || FAM. aguacatal.

aguacero m. Lluvia repentina, impetuosa y de poca duración. || Sucesos y cosas molestas que, en gran cantidad, caen sobre una persona.

aguachar tr. *amer.* Domesticar, amansar un animal. || prnl. *amer.* Amansarse.

aguachento, ta adj. *amer.* Impregnado, empapado o lleno de agua. || *amer.* Se apl. a la fruta u otro alimento que resulta insípido por exceso de agua.

aguachinar tr. Estropear una comida por exceso de agua. || Encharcar o llenar de agua las tierras. También prnl.

aguachirle f. Bebida o alimento líquido, como vino, caldo, miel, etc., sin fuerza ni sustancia, especialmente por estar muy aguado. || Hablando de obras o cualidades, sin importancia alguna. ◆ Está muy extendido su uso como m.

aguada f. Técnica pictórica similar a la acuarela, pero que emplea también el color blanco, cuyos colores son más espesos y opacos y se diluyen en agua o cola mezclada con miel. || Pintura realizada con esta técnica.

aguaderas f. pl. Armazón que se coloca sobre las caballerías para llevar cántaros u otras cosas.

aguadilla f. *col.* Ahogadilla.

aguado, da adj. Que está mezclado con agua: *vino aguado.*

aguador, ra m. y f. Persona que se dedica a llevar o vender agua.

aguafiestas com. *col.* Persona que turba una diversión. ◆ No varía en pl.

aguafuerte f. Agua fuerte. || m. Técnica de grabado en metal, normalmente sobre cobre, que se obtiene tratando las partes de la plancha no protegidas por un barniz previo con una solución de ácido nítrico en agua. || Estampa hecha de esta manera. También f. ◆ pl. *aguafuertes.* || FAM. aguafuertista.

aguaitar tr. *amer.* Acechar. || prnl. *amer.* Ponerse en cuclillas.

agualotoso, sa adj. *amer.* Que tiene exceso de agua.

aguamanil m. Palangana o pila destinada para lavarse las manos. || Jarro con la boca terminada en pico para echar agua en ella.

aguamarina f. Variedad de berilo, transparente, de color parecido al del agua del mar y muy apreciada en joyería.

aguamiel f. Agua mezclada con miel. || *amer.* Jugo extraído del maguey que, fermentado, produce el pulque. ◆ pl. *aguamieles.* || FAM. aguamelado, aguamielero.

aguanieve f. Agua que cae de las nubes mezclada con nieve.

aguantar tr. Sostener, no dejar caer. || Reprimir o contener: *no pudo aguantar el llanto.* || Resistir, soportar. También intr.: *¡cómo aguanta la presión este hombre!* || Tolerar a disgusto algo molesto. También prnl. || intr. Reprimirse, contenerse. También prnl.: *le hubiera llamado de todo, pero me aguanté.* || prnl. Conformarse con lo que pasa o con lo que se tiene: *si esto te parece mal, te aguantas.* || FAM. aguante.

aguante m. Sufrimiento, paciencia. || Fortaleza o vigor.

aguar tr. Mezclar vino u otro líquido con agua. También prnl.: *la salsa se ha aguado.* || Turbar, interrumpir. Más como prnl.: *se nos aguó la fiesta.* || prnl. Llenarse de agua.

aguardar tr. Esperar a que venga o llegue alguien o algo. También intr.: *no puedo aguardar más.* || intr. To ocurrirle algo a alguien: *te aguarda una buena regañina.*

aguardiente m. Bebida alcohólica que, por destilación, se saca del vino y otras sustancias. ◆ pl. *aguardientes.* || FAM. aguardentería, aguardentero, aguardentoso.

aguarrás m. Esencia volátil de trementina que se emplea como disolvente de pinturas y barnices. ◆ pl. *aguarrases.*

aguasarse prnl. *amer.* Adoptar los modales o las costumbres propias del guaso.

aguatero, ra m. y f. *amer.* Aguador.

aguatinta f. Variedad de la técnica del grabado calcográfico en la que se cubre la plancha con arena o resina, que se adhiere mediante calor, y se dibuja con pincel mojado en tinta especial el motivo que se desea reproducir, sometiendo finalmente la plancha a la acción del aguafuerte. || Estampa realizada con esta técnica. ◆ pl. *aguatintas.*

aguazal m. Sitio bajo donde se detiene el agua llovediza.

agudeza f. Delgadez en la punta o en el filo. || Grado de intensidad de un mal o de un dolor. || Rapidez mental, ingenio. || Perspicacia o rapidez del sentido de la vista, del oído o del olfato. || Expresión que muestra rapidez mental o dicho ingenioso.

agudizar tr. Hacer más agudo o intenso. || Agravar, aumentar la gravedad de una situación o una enfermedad. También prnl.: *la crisis económica y política se ha agudizado.*

agudo, da adj. Delgado, afilado: *punta aguda, cuchillo agudo.* || Se apl. a la sensación viva e intensa, especialmente el dolor, o a la enfermedad grave y de corta duración. || Ingenioso, rápido: *fue muy agudo en sus observaciones.* || Se dice del sentido de la vista, del oído o del olfato perspicaz y rápido. || En gram., se apl. a la palabra que lleva el acento prosódico en la última sílaba. También f. || Se apl. al acento gráfico representado por el signo ('). || Se dice del verso cuyo último acento rítmico recae en la sílaba final del mismo. || Se apl. al ángulo menor que el recto. También m. || adj. y s. Se dice del sonido de una frecuencia elevada. || FAM. agudeza, agudización, agudizar.

agüero m. Procedimiento de adivinación basado principalmente en la interpretación supersticiosa de determinadas señales, como el canto o el vuelo de las aves, los fenómenos meteorológicos, etc. || Presagio o señal supersticiosa de un acontecimiento futuro. ◆ Con los adj. *buen* o *mal* antepuestos, favorable o desfavorable: *buenos y malos agüeros.*

aguerrido, da adj. Ejercitado en la guerra. || Valeroso, audaz. || FAM. aguerrir.

aguijada o **aguijadera** f. Vara larga con una punta de hierro con la que los boyeros pican a la yunta. || Vara larga con un hierro en forma de áncora o de paleta en uno de sus extremos, con la que separan los labradores la tierra que se pega a la reja del arado. || FAM. aguijar, aguijón.

aguijar tr. Picar a los animales de carga con la aguijada para que anden más deprisa, o avivarlos con la voz o de cualquier otro modo. || Estimular, incitar: *aguijar las pasiones.*

aguijón m. Extremo puntiagudo de la aguijada. || Órgano abdominal punzante del escorpión y algunos insectos, con el cual pican e inyectan el veneno. || Espina de las plantas. || Estímulo, incitación. || FAM. aguijonazo, aguijonear.

aguijonear tr. Aguijar, picar con la aguijada. || Picar con el aguijón. || Incitar, atormentar: *me aguijoneaba el hambre.*

águila f. Nombre común de diversas aves rapaces falconiformes, de aproximadamente 2 m de envergadura, con vista muy aguda, fuerte musculatura, pico curvo y ganchudo, garras afiladas y vuelo rapidísimo. || Persona viva y perspicaz: *es un águila para los negocios.* || Insignia de la legión romana y de algunos Ejércitos modernos. || FAM. aguileño, aguilera, aguilucho.

aguileño, ña adj. Se apl. al rostro o a la nariz largo y delgado.

aguililla, llo adj. y s. *amer.* Se apl. al caballo muy veloz en el paso.

aguilucho m. Pollo o cría del águila. || Nombre común de varias aves falconiformes de aproximadamente 50 cm de altura, de cabeza mediana, ojos grandes, cola y alas alargadas y con el plumaje de color gris o pardo.

aguinaldo m. Regalo que se da por Navidad.

agüita f. *amer.* Infusión de hierbas u hojas medicinales.

agüitarse prnl. *amer.* Deprimirse, decepcionarse, afligirse. || FAM. agüitado, agüite.

aguja f. Barrita puntiaguda de metal u otra materia con un ojo para meter el hilo, que se utiliza para coser, bordar, tejer, etc. || Tubito metálico de pequeño diámetro con un extremo cortado en diagonal y el otro provisto de un casquillo que se enchufa en la jeringuilla para poner inyecciones. || Barrita de metal, hueso, marfil, etc., que sirve para hacer medias y otras labores de punto: *esta labor se hace con agujas del cuatro.* || Manecilla del reloj y de otros aparatos de precisión. || Pastel largo y estrecho relleno de carne picada, pescado o dulce. || Riel movible que sirve para que el tren cambie de vía. || Costillas del cuarto delantero de una res. || Conjunto de pequeñas burbujas de gas carbónico que se forman en ciertos vinos como consecuencia de la fermentación: *vino de aguja.* || En arquit., chapitel estrecho de gran altura, generalmente cónico o piramidal, que remata una torre o el techo de una iglesia. || **aguja de marear, de bitácora** o **magnética** Brújula. || FAM. agujero, agujeta.

agujerear o **agujerar** tr. y prnl. Hacer agujeros.

agujero m. Abertura más o menos redonda en una superficie. || Pérdida injustificada de dinero: *se ha descubierto un agujero de mil millones.* || **agujero negro** Cuerpo celeste no visible de gran masa que, según la teoría de la relatividad, absorbe por completo cualquier materia o energía situada en su campo gravitatorio. || **tapar agujeros** loc. *col.* Solucionar los problemas económicos más perentorios. || FAM. agujerear.

agujetas f. pl. Molestias dolorosas que pueden sentirse en los músculos después de realizar un esfuerzo intenso y no habitual.

¡agur! interj. *col.* Fórmula de despedida.

agusanarse prnl. Criar gusanos alguna cosa. || FAM. agusanamiento.

agustino, na adj. y s. Se apl. al religioso o religiosa de la Orden de San Agustín. || FAM. agustiniano.

agutí m. Mamífero roedor de América del Sur que mide aproximadamente 50 cm, de patas largas, cola corta y orejas pequeñas, que habita en bosques y zonas selváticas. ◆ pl. *agutís* o *agutíes.*

aguzanieves f. Nombre común de diversas aves paseriformes de unos 28 cm de longitud, de colores gris, blanco y negro y en algunas especies amarillo, que se alimentan de insectos y viven en sitios húmedos. ◆ No varía en pl.

aguzar tr. Hacer o sacar punta. || Aguijar, estimular: *aquel aroma aguzó su apetito.* || Avivar el entendimiento o los sentidos, para que perciban mejor y con más detalle. También prnl.: *el ingenio se aguza con el hambre.* || FAM. aguzado, aguzamiento.

¡ah! interj. que denota generalmente pena, admiración o sorpresa. || Se emplea frecuentemente para expresar el que habla que acaba de darse cuenta de algo: *¡ah, ya sé quién es!*

aherrojar tr. Encadenar a alguien con grilletes de hierro. || Oprimir o subyugar, con privación de la libertad personal. || FAM. aherrojamiento.

aherrumbrar tr. Dar a una cosa color o sabor de hierro. || prnl. Tomar una cosa, especialmente el agua, color o sabor de hierro. || Cubrirse de herrumbre u orín.

ahí adv. l. En ese lugar o a ese lugar. || En esto, o en eso. ◆ Precedido por las preps. *de* o *por,* equivale a *esto* o *eso: de ahí se deduce su mal humor; por ahí vienen los problemas.* || *amer.* Pronto, enseguida. || **¡ahí es nada!** loc. excl. ponderativa, generalmente admirativa, que se usa cuando se atribuye importancia a algo que otro ha dicho o que se dice a continuación: *¡ahí es nada!, ¡un premio de seiscientos mil euros!* || **de ahí que** loc. conjunt. Se usa para indicar una consecuencia de algo que se ha dicho antes. || **por ahí** loc. adv. Por un lugar indeterminado o no muy lejano. ◆ Repetido o precedido de la conj. *o*, aproximadamente, más o menos: *cuesta diez euros o por ahí.*

ahijado, da m. y f. Cualquier persona respecto de sus padrinos.

ahijar tr. Adoptar a un hijo ajeno. || Acoger un animal la cría de otro, o poner a cada cría con su propia madre o con otra para que lo críe. || intr. Echar una planta vástagos nuevos. || FAM. ahijado.

ahínco m. Empeño y eficacia con que se hace o solicita algo: *trabajar con ahínco.*

ahíto, ta adj. Harto por haber comido demasiado. || Cansado de algo o alguien. || FAM. ahitar.

ahogadilla f. Zambullida que se da a otro en broma.

ahogado, da adj. Se apl. a la respiración o al sonido emitido con dificultad: *contestó con voz ahogada por el llanto.* || m. y f. Persona que ha fallecido por falta de respiración, especialmente en el agua.

ahogar tr. y prnl. Matar a alguien impidiéndole respirar, o fallecer por falta de respiración. || Apagar o sofocar el fuego con materias que dificultan la combustión. || Inundar el carburador de un automóvil con exceso de combustible. || Extinguir, apagar: *ahogar las esperanzas.* || tr. Oprimir, fatigar: *me ahoga la pena.* También intr. y prnl. || Encharcar. || prnl. Sentir sofocación o ahogo: *ahogarse de calor.* || **ahogarse en un vaso de agua** loc. col. Apurarse por poca cosa. || FAM. ahogadero, ahogado, ahogamiento, ahogo.

ahogo m. Asfixia, dificultad en la respiración. || Aprieto, congoja. || Apuro, apremio.

ahondar tr. Hacer más hondo o profundo: *ahondar un hoyo.* || Introducir más profundamente una cosa en otra. También intr. y prnl.: *los cimientos ahondan varios metros.* || Investigar, profundizar en algo. También intr. ◆ Se construye con la prep. *en: ahondar en los fundamentos de una teoría.* || FAM. ahondamiento.

ahora adv. t. A esta hora, en este momento, en el tiempo actual o presente. || Inmediatamente antes del momento en que se habla; equivale a 'hace poco': *acabo de colgar ahora el teléfono.* || Inmediatamente después del momento en que se habla; equivale a 'dentro de poco': *ahora lo hago.* || conj. advers. Pero, sin embargo: *no lo quiero, ahora, si tú me lo regalas...* || **ahora bien** loc. conjunt. advers. Esto supuesto o sentado: *esta vez te perdono, ahora bien, no vuelvas a hacérmelo.* || **ahora mismo** loc. adv. En este mismo instante. || **ahora que** conj. Equivale a 'pero'. || **ahora sí que** loc. adv. Expresa seguridad de que algo va a ocurrir. || **hasta ahora** Expr. que se usa para despedirse. || **por ahora** loc. adv. Por el momento, provisionalmente: *por ahora no te necesito.* También, en el tiempo actual: *por ahora, su salud es fantástica.*

ahorcar tr. Quitar la vida a alguien echándole un lazo al cuello y colgándolo de él en una horca u otra parte hasta producirle asfixia. También prnl. ◆ Se construye con la prep. *en: ahorcarse en un árbol.* || FAM. ahorcable, ahorcado, ahorcamiento.

ahorita adv. t. Ahora mismo, muy recientemente.

ahormar tr. Ajustar una cosa a su horma o molde. También prnl. ◆ Se construye con la prep. *a: estos zapatos se ahorman bien a tu pie.*

ahorquillado, da adj. Que tiene forma de horquilla. || FAM. ahorquillar.

ahorrar tr. Reservar parte del dinero del que se dispone. También intr.: *estoy ahorrando para comprarme un piso.* || tr. y prnl. Economizar, no malgastar algo: *ahórrate los elogios.* || Librar a alguien de una molestia o trabajo: *nos ahorramos un buen disgusto.* || FAM. ahorrador, ahorrativo, ahorro.

ahorro m. Gasto menor de lo que es habitual. || Lo que se ahorra. Más en pl.: *se gastó en el bingo los ahorros de toda su vida.*

ahuecar tr. y prnl. Poner hueco o cóncavo. || Mullir, esponjar o hacer menos compacto lo que estaba apretado o aplastado: *ahuecar una almohada.* || tr. Dicho de la voz, hablar con afectación. || intr. col. Ausentarse de una reunión, marcharse: *ahueca y lárgate de aquí.* ◆ Se usa sobre todo en la loc. *ahuecar el ala.* || prnl. Engreírse. || FAM. ahuecado, ahuecamiento.

ahuehué o **ahuehuete** m. Árbol originario de América del Norte, de la familia de las cupresáceas, de madera semejante a la del ciprés y que se cultiva como planta de jardín: *el ahuehué fue árbol sagrado de los antiguos indígenas.* ◆ pl. de la primera forma: *ahuehués.*

ahuesado, da adj. Con el color blanco amarillento u otras propiedades del hueso, como la dureza: *papel ahuesado.*

ahuesarse prnl. *amer.* Quedarse inútil o sin prestigio una persona o cosa. || *amer.* Quedarse una mercancía sin vender por haberse estropeado o pasado de moda.

ahuevar tr. y prnl. Dar forma de huevo a algo: *el cazo se ha ahuevado.* || *amer.* Atontar, azorar, acobardar. || *amer.* Aburrir, fastidiar.

ahuizotada f. *amer.* Acción molesta.

ahumado, da adj. Se apl. al cuerpo transparente oscurecido: *gafas de cristal ahumado.* || adj. y m. Se dice del alimento sometido a la acción del humo para su conservación o para darle cierto sabor: *tabla de ahumados.* || m. Sometimiento de un alimento a la acción del humo para su conservación o para darle cierto sabor.

ahumar tr. Poner al humo o someter a la acción del humo, especialmente un alimento para su conservación o para darle cierto sabor. || Llenar de humo. También prnl. || intr. Despedir humo lo que se quema. || prnl. Tomar un alimento sabor a humo. || Ennegrecerse una cosa con el humo: *ahumarse las paredes.* || FAM. ahumado.

ahusado, da adj. Que tiene forma de huso. || FAM. ahusar.

ahuyama f. *amer.* Calabacera, planta. || *amer.* Calabaza, fruto.

ahuyentar tr. Hacer huir a una persona o a un animal. || Desechar o apartar algo que molesta, entristece o aflige: *ahuyentar el miedo.* || FAM. ahuyentador.

aikido m. Arte marcial de origen japonés en el que se utiliza la energía del atacante para vencerlo.

aimara adj. y com. De un pueblo indio que habita en la región del lago Titicaca, entre Perú y Bolivia, o relativo a él. || m. Lengua indígena de este pueblo.

airado, da adj. Irritado, alterado. || Desordenado, vicioso.

airar tr. y prnl. Irritar, enfurecer. ◆ Se puede construir con las preps. *con* y *por: se ha airado con sus compañeros/por lo que dijeron de él.*

airbag m. Dispositivo de seguridad colocado en el volante o en el salpicadero de los automóviles que consiste en una bolsa que se infla de aire en caso de colisión violenta.

airbus (voz fr. e i.) m. Aerobús.

aire m. Mezcla gaseosa que forma la atmósfera de la Tierra. || Atmósfera terrestre. También pl.: *saltar por los aires.* || Viento: *hace mucho aire.* || Parecido entre las personas: *Carlos y su hermano tienen un aire.* || Aspecto: *tiene un aire sereno.* || Vanidad, engreimiento. Más en pl.: *aires de grandeza.* || Modo personal de hacer una cosa: *me gusta trabajar a mi aire.* || Ambiente o conjunto de circunstancias que rodean un acontecimiento: *la incertidumbre está en el aire.* || *col.* Ataque de parálisis: *le ha dado un aire.* || Melodía, música de una canción: *aire popular.* || pl. Lo que viene de fuera alterando los usos establecidos: *la moda parisina ha introducido nuevos aires en las pasarelas mundiales.* || **¡aire!** interj. que se usa para indicar a alguien que se vaya o que se dé prisa en lo que hace. || **aire acondicionado** Sistema de ventilación que sirve para regular la temperatura y humedad de un lugar cerrado. || **aire comprimido** Aire a presión que proporciona energía cuando se expansiona: *escopeta de aire comprimido.* || **al aire** loc. adv. A la vista, al descubierto: *un vestido con la espalda al aire.* || **al aire libre** loc. adv. Fuera de un lugar cerrado, a la intemperie. || **a mi/tu/su aire** loc. Con estilo propio: *siempre viste a mi aire.* || **darse un aire** loc. *col.* Parecerse. || **cambiar de aires** loc. Cambiar de residencia o de ambiente, generalmente por motivos de trabajo o de salud. || **en el aire** loc. adv. *col.* En suspenso, inseguro, pendiente de solución: *su futuro está en el aire.* || **tomar el aire** loc. Pasear por un lugar descubierto. || **vivir del aire** loc. Mantenerse sin recursos conocidos y seguros. || FAM. aireación, aireado, aireamiento, airear.

airear tr. Poner al aire o ventilar. || Dar publicidad o actualidad a una cosa, hacerla pública o sacarla a la luz: *no debes airear la noticia.* || prnl. Ponerse o estar al aire para refrescarse.

airón m. Garza real. || Penacho de plumas que tienen en la cabeza algunas aves. || Adorno de plumas en cascos, sombreros, gorras, etc.

airoso, sa adj. Garboso o gallardo. || Que realiza algo con éxito: *salió airoso del concurso.*

aislado, da adj. Apartado, solo, suelto: *se han dado casos aislados de peste.* || Se apl. a la columna que no está arrimada a los muros ni a otra parte del edificio: *claustro de columnas aisladas.*

aislamiento m. Separación de una persona, una población o una cosa, dejándolas solas o incomunicadas. || Falta de comunicación, soledad. || Acción y resultado de evitar o disminuir la propagación de un fenómeno fí-

sico, como el calor, el sonido o la electricidad, por medio de un material aislante.

aislante adj. Que aísla. || adj. y m. Se apl. al cuerpo que impide la conducción de energía a través de él: *aislante térmico.*

aislar tr. Dejar una cosa sola y separada de otras. También prnl. || Incomunicar, apartar a una persona del trato con los demás. También prnl.: *aislarse de los amigos.* || Evitar o disminuir la propagación de un fenómeno físico, como el calor, el sonido o la electricidad, por medio del material aislante: *aislar una discoteca.* || Separar un elemento de un compuesto del que forma parte o separar un elemento o un compuesto de una mezcla. || FAM. aislacionismo, aislacionista, aislado, aislador, aislamiento, aislante.

aizoáceo, a adj. y f. De las aizoáceas o relativo a esta familia de plantas. || f. pl. Familia de plantas angiospermas dicotiledóneas, herbáceas o poco leñosas, de hojas alternas u opuestas y fruto en cápsula, como el algazul.

¡ajá! interj. que denota aprobación, satisfacción o sorpresa.

ajar tr. Envejecer algo o a alguien manoseándolo y arrugándolo. || prnl. Deslucirse una cosa o una persona: *la planta se ha ajado por el calor.* || FAM. ajamiento.

ajardinar tr. Convertir en jardín un terreno. || Llenar de jardines un terreno. || FAM. ajardinado, ajardinamiento.

ajedrea f. Planta herbácea de la familia de las labiadas, de hojas estrechas y vellosas y flores blancas o rosadas muy olorosas, que se usa como condimento.

ajedrez m. Juego entre dos personas, cada una de las cuales dispone de 16 piezas movibles que se colocan sobre un tablero dividido en 64 escaques. || Conjunto de piezas y tablero que se utilizan en este juego. || FAM. ajedrecista, ajedrecístico, ajedrezado.

ajedrezado, da adj. Que forma cuadros claros y oscuros, como los de un tablero de ajedrez. || m. Motivo decorativo que imita las casillas de un tablero de ajedrez.

ajenjo m. Planta herbácea perenne de la familia de las compuestas, medicinal, amarga y aromática. || Bebida alcohólica elaborada con esta planta y otras hierbas aromáticas.

ajeno, na adj. Que pertenece a otro. || Extraño a alguien: *se aisló tanto que su familia le resultaba ajena.* || Que no tiene conocimiento de algo: *era ajeno a los problemas que nos había ocasionado.* || Impropio, que no corresponde: *el malentendido fue ajeno a su voluntad.*

ajete m. Ajo tierno. || Puerro silvestre.

ajetreado, da adj. Que tiene mucha actividad o movimiento a causa de un trabajo u ocupación.

ajetrearse prnl. Fatigarse con un trabajo u ocupación, o yendo y viniendo de un lado a otro. || FAM. ajetreado, ajetreo.

ajetreo m. Gran actividad o movimiento constante de un lado a otro.

ají m. Pimiento, planta y fruto. || Ajiaco, salsa de ají. ◆ pl. *ajís* o *ajíes.*

ajiaco m. Salsa hecha con ají que se usa mucho en América. || Guiso típico de América, preparado con trozos pequeños de carne, legumbres, maíz tierno y plátano,

3

alado

que se aderezon con zumo de limón y ají. ‖ **estar** o **ponerse como ajiaco** loc. *amer. col.* Encolerizarse, ponerse de mal humor.

ajillo m. Salsa de guiso preparada con abundantes ajos fritos. ‖ **al ajillo** loc. adj. Con esta salsa.

ajimez m. Ventana arqueada, dividida en el centro por una columna.

ajo m. Planta herbácea anual de la familia de las liliáceas, de bulbo blanco y redondo, sabor picante y olor fuerte, muy usada como condimento. ‖ Cada una de las partes o dientes en que está dividido el bulbo de ajos. ‖ **andar** o **estar en el ajo** loc. *col.* Estar al corriente o al tanto de un asunto tratado reservadamente.

ajoarriero m. Salsa hecha con aceite, huevos, ajos fritos y pimentón, que se emplea sobre todo para el bacalao. ‖ **al ajoarriero** loc. adj. Con esta salsa.

ajochar tr. *amer.* Presionar, perseguir, asediar.

ajolote m. Larva de cierto anfibio urodelo de unos 20 cm de largo, típica de lagos de México y América del Norte, que puede reproducirse antes de tomar la forma adulta.

ajonjolí m. Planta herbácea anual de la familia de las pedaliáceas, con el tallo recto y flores de corola acampanada, blanca o rosada, cuyo fruto contiene muchas semillas amarillentas, aceitosas, muy menudas y comestibles. ‖ Simiente de esta planta. ◆ pl. *ajonjolís* o *ajonjolíes.*

ajorca f. Aro grueso de metal que se lleva como adorno en el brazo, la muñeca, la pierna o el tobillo.

ajuar m. Conjunto de muebles, enseres y ropas que la mujer aporta al matrimonio, o los de uso común en la casa.

ajuntar tr. y prnl. En el lenguaje infantil, ser amigo de otro.

ajustador, ra adj. y s. Que ajusta o sirve para ajustar. ‖ m. y f. Obrero que amolda las piezas metálicas ya acabadas al sitio en que han de quedar colocadas. ‖ m. Sujetador.

ajustar tr. Poner alguna cosa de modo que venga justa o encaje con otra. ◆ Se construye con las preps. *a, con* y *en: ajustar un módulo a/en/con otro.* También prnl. ‖ Adaptar, acomodar una cosa a otra, de manera que no haya discrepancia entre ellas. ◆ Se construye con la prep. *a.* También prnl.: *ajustarse al presupuesto.* ‖ Concertar, acordar: *ajustar un matrimonio.* ‖ Contratar a alguna persona para realizar algún servicio. También prnl. ◆ Se construye con la prep. *con: ajustarse con el jefe.* ‖ Liquidar una cuenta. ‖ Concertar el precio de alguna cosa. ◆ Se construye con la prep. *en: ajustaron el servicio en doscientos euros.* ‖ **ajustarle** a uno **las cuentas** loc. *col.* Reprenderle con amenazas. ‖ FAM. ajustado, ajustador, ajustamiento, ajuste.

ajuste m. Unión de varias piezas que encajan perfectamente entre sí. ‖ Adaptación o acomodación de una cosa a otra, de suerte que no haya discrepancia entre ellas. ‖ Concertación del precio de alguna cosa. ‖ Conjunto de medidas encaminadas a reducir los desequilibrios existentes en determinadas magnitudes. ‖ **ajuste de cuentas** Acto de vengarse o tomarse la justicia por su mano. ‖ **por ajuste** loc. adv. *amer.* A destajo.

ajusticiado, da m. y f. Persona a quien se le ha aplicado la pena de muerte.

ajusticiar tr. Aplicar la pena de muerte. ‖ FAM. ajusticiado, ajusticiamiento.

al contr. de la prep. *a* y del art. *el.*

ala f. Parte del cuerpo de algunos animales, de la que se sirven para volar. ‖ Parte de una cosa que por su situación o forma se parece a un ala: *ala de un sombrero.* ‖ Cada uno de los dos extremos de la parte externa del avión que sustentan el aparato en vuelo. ‖ Cada una de las partes que se extienden a los lados del cuerpo principal de un edificio u otra construcción: *el ala derecha de la plaza.* ‖ Alero del tejado. ‖ Cada una de las diversas tendencias de un partido, organización, etc., especialmente de posiciones extremas. ‖ En fútbol y otros deportes, extremo o lateral: *juega de ala izquierda.* ‖ **ala delta** Aparato sin motor, muy ligero, compuesto de una tela especial de forma triangular y una estructura metálica a la que se sujeta el piloto y que sirve para volar. ‖ **ahuecar el ala** loc. *col.* Irse, marcharse. ‖ **cortar** a uno **las alas** loc. *col.* Quitar el ánimo, poner dificultades. ‖ **dar alas** loc. *col.* Estimular, animar. ‖ Tolerar que uno obre según su gusto. ‖ **del ala** loc. adj. *col.* Detrás de una cantidad de dinero, pondera el valor o el gasto: *cuesta cien euros del ala.* ‖ **estar tocado del ala** loc. *col.* Estar chiflado, tener poco juicio. ‖ FAM. alado, aleta.

¡ala! interj. *amer.* Se usa para dirigirse cariñosamente a alguien o reclamar su atención.

alabanza f. Elogio. ‖ Expresión o conjunto de expresiones con que se alaba.

alabar tr. Elogiar, celebrar con palabras. También prnl. ‖ prnl. Jactarse o vanagloriarse. ◆ Se construye con la prep. *de: alabarse de valiente.* ‖ FAM. alabador, alabanza.

alabarda f. Arma formada por un asta de madera cuya punta está cruzada por una cuchilla transversal, aguda por un lado y en figura de media luna por el otro. ‖ FAM. alabardero.

alabardero m. Soldado armado de alabarda.

alabastro m. Variedad de caliza, translúcida, generalmente con visos de colores, que se emplea como piedra de ornamentación. ‖ Variedad translúcida y compacta del yeso, también conocida como *alabastrita.*

álabe m. Cada una de las paletas curvas de una rueda hidráulica o de una turbina: *los álabes reciben el impulso del agua.* ‖ Rama de árbol combada hacia la tierra: *el niño intentó trepar por el álabe.* ‖ FAM. alabear.

alabear tr. y prnl. Combar, curvar, especialmente una superficie de madera. ‖ FAM. alabeado, alabeo.

alacena f. Hueco hecho en la pared, con puertas y anaqueles, a modo de armario.

alacrán m. Escorpión.

aladar m. Mechón de cabello que cae sobre las sienes. Más en pl.

aladierna f. Arbusto de la familia de las ramnáceas que alcanza los 2 m de altura, de hojas grandes siempre verdes y flores blancas pequeñas sin pétalos. Su fruto es negro y jugoso cuando está maduro.

alado, da adj. Que tiene alas, o de figura de ala. ‖ Veloz, muy ligero: *caballo alado.*

alagar tr. y prnl. Llenar de lagos o charcos. || prnl. *amer.* Hacer agua una embarcación.

alagartarse prnl. *amer.* Convertirse en usurero o hacerse avaro. || *amer.* Ponerse una caballería con las cuatro patas muy apartadas. || FAM. alagartado.

alairito adv. *amer.* A la vista, a la mano.

alalia f. Pérdida del lenguaje producida por una afección local de los órganos fonadores o por lesiones nerviosas periféricas. || FAM. álalo.

alamar m. Presilla con botón que se cose a la orilla del vestido.

alambicado, da adj. Complicado, rebuscado. || Dado con escasez y muy poco a poco.

alambicar tr. Destilar, separar. || Examinar atentamente alguna cosa para desentrañar su significado o sus cualidades. || Sutilizar excesivamente, complicar mucho: *alambicar el lenguaje.* || FAM. alambicado, alambicamiento.

alambique m. Aparato para extraer al fuego, y por destilación, la esencia de cualquier sustancia líquida. || FAM. alambicar.

alambrada f. Red de alambre grueso, llena de pinchos, que se emplea para impedir o dificultar el avance de vehículos o tropas enemigas. || Alambrera.

alambrar tr. Cercar un sitio con alambre. || FAM. alambrada.

alambre m. Hilo de metal. || **alambre de espino** El que tiene pinchos del mismo material y se utiliza para hacer cercas. || FAM. alambrada, alambrado, alambrar, alambrera, alambrista.

alambrera f. Red de alambre que se coloca en ciertas partes como protección o cierre.

alambrista adj. y com. Se apl. al acróbata que realiza difíciles ejercicios de equilibrio sobre un alambre tenso y colocado a cierta altura del suelo.

alameda f. Terreno poblado de álamos. || Paseo con álamos u otros árboles.

álamo m. Nombre común de varios árboles de la familia de las salicáceas que crecen en zonas templadas, con tronco de hasta 40 m de altura, muchas ramas, hojas alternas ovaladas o acorazonadas y madera blanca y ligera, muy resistente al agua, que se utiliza para fabricar papel. || Madera de este árbol. || FAM. alameda.

alancear tr. Dar lanzadas, herir con la lanza.

alangiáceo, a adj. y f. De las alangiáceas o relativo a esta familia de árboles. || f. pl. Familia de plantas angiospermas dicotiledóneas, de hojas alternas y enteras, flores axilares y fruto en drupa aovada con semillas de albumen carnoso.

alano, na adj. y s. De un pueblo germánico que, en unión con vándalos y suevos, invadió España en el año 409, o relacionado con él. || adj. y m. Se apl. a la raza de perros cruzada de dogo y lebrel, corpulenta, fuerte, de cabeza grande, orejas caídas, hocico chato, cola larga y pelo corto y suave.

alarde m. Ostentación que se hace de alguna cosa. || FAM. alardear.

alardear intr. Hacer ostentación de alguna cosa o presumir públicamente de algo. ◆ Se construye con la prep. *de: alardea de sus riquezas.*

alargadera f. Pieza, instrumento o dispositivo que se acopla a algo para alargarlo, especialmente el cable que sirve para llevar la electricidad de una toma de corriente a un aparato eléctrico que está a cierta distancia.

alargador, ra adj. Que alarga. || m. Alargadera.

alargar tr. Dar más longitud a una cosa. También prnl. || Dar mayor extensión a una cosa, dilatarla, ensancharla: *alargar el paso.* || Prolongar una cosa, hacer que dure más tiempo. También prnl.: *la reunión se ha alargado más de lo previsto.* || Extender, estirar, desencoger. || Retardar, diferir, dilatar: *alargar el tiempo.* || prnl. Extenderse en lo que se habla o escribe. ◆ Se construye con la prep. *en: se ha alargado mucho en su discurso.* || FAM. alargadera, alargado, alargador, alargamiento.

alarido m. Grito fuerte y lastimero.

alarife m. Nombre dado a los arquitectos o maestros de obras y especialmente a los albañiles.

alarma f. Señal que avisa de un peligro inmediato. || Dispositivo que avisa de un peligro o de alguna particularidad: *alarma de coche, del despertador.* || Inquietud, susto o sobresalto. || FAM. alarmante, alarmar, alarmista.

alarmante adj. Que produce alarma.

alarmar tr. Dar la alarma o avisar de un peligro inmediato. || Inquietar, asustar, sobresaltar. También prnl.: *se alarmaron al enterarse del accidente.*

alarmista adj. y com. Que tiende a difundir noticias alarmantes, a propagar rumores sobre peligros imaginarios o a exagerar los peligros reales. || FAM. alarmismo.

alauí o **alauita** adj. De la dinastía reinante en Marruecos desde finales del siglo XVII o relativo a ella. ◆ pl. de la primera forma: *alauís* o *alauíes.*

alavés, esa adj. y s. De Álava o relativo a esta provincia española que se encuentra en el País Vasco.

alazán, ana adj. y s. Se apl. al caballo o a la yegua que tiene el pelo de color canela.

alba f. Amanecer: *salieron al alba.* || Primera luz del día antes de salir el sol. || Túnica blanca que los sacerdotes se ponen para celebrar los oficios divinos.

albacea com. Persona encargada por el testador o el juez de cumplir la última voluntad de un difunto y custodiar sus bienes hasta repartirlos entre los herederos.

albacetense adj. y com. Albaceteño.

albaceteño, ña adj. y s. De Albacete o relativo a esta capital española y a la provincia, del mismo nombre, de la que es capital y que se encuentra en la Comunidad Autónoma de Castilla-La Mancha.

albacora f. Pez osteíctio perciforme parecido al bonito, de carne apreciada, que vive en el Atlántico y en el Mediterráneo. También se conoce como *bonito del norte.*

albahaca f. Planta herbácea anual de unos 30 cm de altura, muy olorosa, de la familia de las labiadas, de hojas pequeñas muy verdes y flores blancas, algo purpúreas, que se utiliza como condimento.

albanés, esa o **albano, na** adj. y s. De Albania o relativo a este Estado de la península balcánica. || m. Lengua indoeuropea hablada en Albania y en las regiones colindantes con ella.

albañal o **albañar** m. Canal o conducto por el que van y salen las aguas sucias o residuales. || Lugar muy sucio o inmundo.

albañil, la m. y f. Maestro u oficial de albañilería. || FAM. albañilería.

albañilería f. Arte o técnica de construir edificios u obras en las que se emplean ladrillos, piedra, cal, arena, yeso, cemento u otros materiales semejantes. || Obra realizada según esta técnica.

albar adj. De color blanquecino: *tomillo, pino albar.* || m. Terreno de cultivo sin riego, situado en un alto o loma, especialmente de tierra blanquecina.

albarán m. Nota de entrega que firma la persona que recibe una mercancía como reconocimiento de que esta se halla en su poder.

albarca f. Abarca.

albarda f. Pieza principal del aparejo de las caballerías de carga, que se compone de dos almohadas rellenas de paja. || FAM. albardar, albardilla, albardón, enalbardar.

albaricoque m. Fruto del albaricoquero, dulce y carnoso, casi redondo, de color amarillento y algo encarnado, piel aterciopelada y con un hueso liso en el centro. || Albaricoquero. || FAM. albaricoquero.

albaricoquero m. Árbol de la familia de las rosáceas, de 4 a 6 m de altura, originario del oeste de Asia, de ramas sin espinas, hojas acorazonadas, flores blancas y fruto comestible, cuya madera se emplea en ebanistería.

albariño m. Vino blanco gallego, de poca graduación, ácido y muy ligero.

albarrana adj. y f. Se apl. a la obra de fortificación situada fuera de un recinto murado, que servía de defensa y de atalaya: *torre albarrana.*

albatros m. Nombre de diversas aves marinas del orden procelariformes que alcanzan más de 3 m de envergadura alar, lo que les confiere gran resistencia para el vuelo. Su plumaje es blanco y pardo, con el borde de las alas negro, y su pico es ganchudo. ◆ No varía en pl.

albayalde m. Carbonato básico de plomo, sólido y de color blanco.

albedrío m. Potestad de obrar por reflexión y elección: *libre albedrío.* || Antojo, capricho o voluntad de alguien. || **al albedrío** de alguien loc. adv. Según su gusto o voluntad.

alberca f. Depósito artificial de agua con muros de fábrica. || *amer.* Piscina deportiva.

albérchigo m. Fruto del alberchiguero, de carne dura y jugosa y de color amarillo muy intenso. || Alberchiguero. || En algunas partes, albaricoque. || FAM. alberchigal, alberchiguero.

alberchiguero m. Árbol, variedad del melocotonero, cuyo fruto es el albérchigo. || En algunas partes, albaricoquero.

albergar tr. Dar albergue u hospedaje. || Encerrar, contener: *el texto alberga un mensaje de paz.* || Tener una determinada idea o sentimiento sobre algo: *albergar esperanzas.* || prnl. Tomar albergue o estar albergado en cierto sitio. ◆ Se construye con la prep. *en: se albergaron en una pensión.*

albergue m. Lugar en que una persona halla hospedaje o resguardo. || FAM. albergar, alberguista.

albero m. Terreno blanquecino. || Nombre dado al ruedo de algunas plazas de toros por el tono blanquecino de su arena dorada.

albigense adj. Del individuo perteneciente a una secta herética que se extendió por el sur de Francia durante los siglos XII y XIII o relacionado con él. Más como com. y en pl.

albinismo m. Ausencia congénita más o menos completa de pigmentación en la piel, ojos y pelos, debida a la falta de melanina. || Ausencia de clorofila y de otros pigmentos en los vegetales.

albino, na adj. y s. Se apl. al ser vivo que presenta ausencia congénita más o menos completa de pigmentación en la piel, ojos y pelos, debida a la falta de melanina. || FAM. albinismo.

albo, ba adj. poét. Blanco.

albóndiga f. Bolita de carne o pescado picado, mezclado con pan rallado o harina, huevos batidos y especias.

albor m. Blancura. || Luz del alba. Más en pl. || Comienzo, principio. También pl.: *en los albores del Renacimiento.* || FAM. alborada, alborear.

alborada f. Tiempo de amanecer. || Composición poética o musical dedicada al alba, especialmente la de origen trovadoresco. || Toque o música militar que se ejecuta al amanecer.

alborear intr. impers. Amanecer o rayar el día.

albornoz m. Bata de tela de toalla que se utiliza para secarse después del baño o ducha. || Especie de capa o capote con capucha.

alborotado, da adj. Se apl. al pelo revuelto o enmarañado. || Que obra sin reflexión. || Inquieto, díscolo, revoltoso.

alborotar tr. Inquietar, alterar, perturbar. También intr. y prnl.: *este grupo de alumnos alborota mucho.* || tr. y prnl. Desordenar. || Referido al mar, encrespar. || FAM. alborotadizo, alborotado, alborotador, alboroto.

alboroto m. Vocerío, estrépito. || Desorden o tumulto. || Inquietud, sobresalto.

alborozar tr. y prnl. Causar gran regocijo, placer o alegría. || FAM. alborozado, alborozo.

alborozo m. Gran regocijo, placer o alegría.

¡albricias! interj. Expresión de júbilo que acompaña a la buena noticia que se trae.

albufera f. Laguna litoral en costa baja, de agua ligeramente salada, separada del mar por tierra arenosa.

álbum m. Libro en blanco cuyas hojas se llenan con breves composiciones literarias, sentencias, piezas de música, fotografías, grabados, etc. || Disco de larga duración que contiene canciones de uno o varios autores. ◆ pl. *álbumes.*

albumen m. Clara de huevo. || Tejido que envuelve y sirve de alimento al embrión de algunas semillas. ◆ pl. *albúmenes.* || FAM. albúmina, albuminismo, albuminoide, albuminoideo, albuminosis, albuminoso, albuminuria.

albúmina f. Proteína animal o vegetal que se disuelve en agua y se coagula por el calor. Está presente en todos los seres vivos, sobre todo en la clara de huevo, los músculos y la leche.

albuminoide m. Prótido. || Sustancia que, como ciertas proteínas, presenta en disolución el aspecto y las propiedades de la clara del huevo, de las gelatinas o de la cola de pescado.

albur m. Mújol. || Contingencia o azar de que depende el resultado de alguna empresa.

albura f. Blancura perfecta. || Capa blanda de la madera de los árboles, de color blanquecino, situada entre la corteza y el duramen.

alcabala f. Antiguo impuesto de origen musulmán, de carácter indirecto, que gravaba las transacciones comerciales internas. || *amer.* Puesto de control de Policía.

alcachofa f. Planta herbácea perenne de la familia de las compuestas, de raíz fusiforme y tallo estriado y ramoso, que produce unas cabezuelas carnosas comestibles. || Cabezuela de esta planta, de coloración azul o violácea y tamaño abultado. || Pieza con agujeros que se adapta a algunos aparatos: *alcachofa de la ducha.* || FAM. alcachofera.

alcahuete, ta m. y f. Persona que procura, encubre o facilita amores ilícitos. || *col.* Persona a la que le gusta contar chismes. || FAM. alcahuetear, alcahuetería.

alcaide m. El que tenía a su cargo la guarda de una fortaleza. || El que en las cárceles custodiaba a los presos.

alcaldada f. Acción imprudente de un alcalde que abusa de su autoridad y, p. ext., de la cualquier otra persona.

alcalde, esa m. y f. Persona que preside un Ayuntamiento. || FAM. alcaldada, alcaldía.

alcaldía f. Oficio o cargo de alcalde. || Oficina o lugar de trabajo de un alcalde, sede del Ayuntamiento. || Territorio o distrito de la jurisdicción de un alcalde: *esta zona pertenece a nuestra alcaldía.*

alcalescencia f. Alteración que experimenta una sustancia al volverse alcalina.

álcali m. Hidróxido de amonio o de los metales alcalinos, que pueden actuar como bases enérgicas debido a que son muy solubles en agua. || P. ext., compuesto químico que tiene carácter básico. ◆ pl. *álcalis.*

alcalino, na adj. De álcali o que contiene álcali. || **metal alcalino** Cada uno de los metales del grupo IA de la tabla periódica, que se caracterizan por tener un solo electrón en el último nivel, lo que determina que sean monovalentes y muy electropositivos: *el grupo de los metales alcalinos está formado por los elementos litio, sodio, potasio, rubidio, cesio y francio.* || **roca alcalina** La que contiene feldespato predominantemente sódico o potásico. || FAM. alcalescencia, álcali, alcalimetría, alcalímetro, alcalinidad, alcalinización, alcalinizar, alcalinuria, alcaloide.

alcaloide m. Cualquiera de los compuestos orgánicos nitrogenados, de carácter básico, que se extraen de ciertos vegetales y que tienen propiedades alcalinas: *entre los alcaloides más importantes se encuentran la cafeína, la cocaína, la heroína, la morfina, la nicotina y la quinina.*

alcance m. Distancia a la que llega el brazo. || Distancia a la que llega la acción o influencia de alguien o algo: *alcance de un proyectil, de una emisora de radio.* || Importancia o trascendencia de algo: *hecho de alcance mundial.* || Capacidad o talento. También pl.: *es un hombre de muy pocos alcances.*

alcancía f. Hucha. || *amer.* Cepillo para limosnas o donativos.

alcanfor m. Producto sólido, cristalino, blanco, de olor penetrante característico, que se extrae del alcanforero y de otras plantas de la misma familia y que se utiliza en medicina y en la industria. || FAM. alcanforado, alcanforar, alcanforero.

alcanforero m. Árbol de la familia de las lauráceas, de unos 15 m de altura, que procede de Japón, China y otros países de Oriente, de hojas persistentes, flores pequeñas y blancas y fruto en baya, y de cuyas ramas y raíces se extrae alcanfor por destilación.

alcantarilla f. Acueducto subterráneo fabricado para recoger las aguas llovedizas o residuales y darles paso. || Cada uno de los sumideros de las calles por los que entra el agua de lluvia. || FAM. alcantarillado, alcantarillar.

alcantarillado m. Conjunto de alcantarillas de una población. || Construcción de alcantarillas.

alcanzar tr. Llegar a juntarse con una persona o cosa que va delante. || Llegar a tocar, coger, golpear o herir a alguna persona o cosa: *el disparo le alcanzó en el brazo.* || Llegar a igualarse con otro en alguna cosa: *está creciendo mucho y pronto alcanzará a su hermano.* || Coger algo alargando la mano. || Conseguir, lograr algo que se desea. || Entender, comprender: *no alcanzo las razones por las que se fue.* || Llegar hasta cierto punto o término: *el termómetro alcanzó los cero grados.* || intr. Ser suficiente o bastante una cosa para algún fin. ◆ Se construye con la prep. *para: las provisiones no alcanzarán para todo el viaje.* || FAM. alcance, alcanzativo.

alcanzativo, va adj. *amer.* Suspicaz.

alcaparra f. Arbusto de la familia de las caparidáceas, de tallos espinosos y flores grandes y blancas, cuyo fruto es el alcaparrón. || Botón de la flor de esta planta, que se usa como condimento y como entremés. || FAM. alcaparrera, alcaparrón.

alcaparrón m. Fruto de la alcaparra, que consiste en una baya carnosa parecida en la forma a un higo pequeño.

alcaraván m. Nombre común de varias aves caradriformes de unos 40 cm de longitud, de plumaje pardo moteado con manchas negras, cabeza redondeada, patas largas y amarillas, pico corto y grandes ojos amarillos.

alcaravea f. Planta herbácea anual de la familia de las umbelíferas, de hasta 1 m de altura, con tallos cuadrados y ramosos, raíz fusiforme, hojas estrechas y lanceoladas, flores blancas y semillas pequeñas que, por ser aromáticas, sirven para condimento. || Semilla de esta planta.

alcarria f. Terreno alto y, por lo común, raso y de poca hierba. || FAM. alcarreño.

alcatraz m. Nombre común de varias aves marinas pelecaniformes de unos 90 cm de longitud, propias de los mares templados, de pico largo y alas apuntadas con los extremos negros, que vuelan con destreza y se zambullen en el agua desde gran altura.

alcaucil o **alcaucí** m. Alcachofa silvestre. ◆ pl. la segunda forma: *alcaucís* o *alcaucíes.*

alcaudón m. Nombre común de diversas aves paseriformes de unos 15 cm de altura, con plumaje gris, negro y blanco o rojo, negro y blanco según las especies, de pico robusto y ganchudo y cola larga, que capturan insectos y pequeños animales a los que matan y almacenan clavándolos en las espinas de los arbustos.

alcayata f. Escarpia.

alcazaba f. Recinto fortificado dentro de una población amurallada.

alcázar m. Fortaleza, recinto fortificado. || Palacio fortificado de los reyes musulmanes, ampliado o reconstruido por los reyes cristianos.

alce¹ m. Mamífero artiodáctilo rumiante de la familia de los cérvidos, parecido al ciervo aunque de mayor corpulencia, de cuello corto, cabeza grande, pelaje oscuro y cuernos planos en forma de pala, con los bordes muy recortados.

alce² m. En un juego de naipes, porción de cartas que se corta tras barajar y antes de repartirlas.

alcista adj. Del alza de los valores, especialmente en Bolsa, o relativo a ella: *tendencia, periodo alcista.* || com. Persona que juega al alza de estos valores. || FAM. alza.

alcoba f. Habitación destinada para dormir.

alcohol m. Líquido incoloro e inflamable, de olor fuerte, que se obtiene por la destilación del vino o de otros licores. || Bebida que lo contiene: *beber alcohol perjudica la salud.* || Cada uno de los compuestos orgánicos que contienen el grupo hidroxilo unido a un radical alifático o a alguno de sus derivados. || **alcohol etílico** Líquido incoloro de olor fuerte que arde fácilmente. Se obtiene de la destilación de productos de fermentación de sustancias azucaradas o feculentas, como las uvas, la remolacha o la patata. Se encuentra en muchas bebidas, como el vino o la cerveza, y se utiliza mucho en la industria. || **alcohol metílico** Líquido incoloro, semejante en su olor y otras propiedades al alcohol etílico. Es venenoso. || FAM. alcoholemia, alcoholera, alcoholero, alcohólico, alcoholismo, alcoholización, alcoholizado, alcoholizar, alcoholómetro.

alcoholemia f. Presencia de alcohol en la sangre.

alcohólico, ca adj. Del alcohol o que contiene alcohol. || adj. y s. Que abusa de las bebidas alcohólicas.

alcoholímetro m. Aparato que sirve para apreciar la graduación alcohólica de un líquido o de un gas. || Dispositivo para medir la cantidad de alcohol presente en el aire espirado por una persona. || FAM. alcoholimetría.

alcoholismo m. Abuso de bebidas alcohólicas. || Enfermedad, ordinariamente crónica, ocasionada por tal abuso.

alcoholizar tr. Echar alcohol en otro líquido. || prnl. Adquirir la enfermedad del alcoholismo por frecuente abuso de bebidas alcohólicas. || FAM. alcoholización, alcoholizado.

Alcorán n. p. m. Corán.

alcornoque m. Árbol de la familia de las fagáceas, de unos 15 m de altura, copa muy ancha, hojas persistentes, fruto en bellota y madera muy dura, cuya gruesa corteza constituye el corcho. || Madera de este árbol. || adj. y com. *col.* Se apl. a la persona necia, ignorante. || FAM. alcornocal.

alcotán m. Ave rapaz diurna falconiforme, semejante al halcón, de unos 30 cm de longitud, con el pico curvo, fuertes garras y alas largas y puntiagudas.

alcurnia f. Ascendencia, linaje, especialmente el noble.

alcuza f. Vasija cónica de barro, hojalata o de otros materiales, en que se guarda el aceite para diversos usos. || pl. *amer.* Vinagreras.

alcuzcuz m. Cuscús.

aldaba f. Pieza de metal que cuelga de las puertas para llamar golpeando con ella. || Barra o travesaño con que se aseguran las puertas o postigos después de cerrados. || FAM. aldabilla, aldabón, aldabonazo.

aldea f. Pueblo de corto vecindario y, por lo común, sin jurisdicción propia. || FAM. aldeanismo, aldeano.

aldeano, na adj. De una aldea o relativo a ella. También m. y f. || Inculto, rústico: *comportamiento aldeano.*

aldehído m. Cada uno de los compuestos orgánicos que contienen un grupo carbonilo y que se obtienen deshidrogenando u oxidando un alcohol primario.

aleación f. Producto homogéneo de propiedades metálicas y compuesto de dos o más elementos, uno de los cuales, al menos, debe ser un metal: *aleación de acero, bronce, latón, etc.*

alear¹ intr. Mover las alas o los brazos.

alear² tr. Mezclar, fundiéndolos, un metal con otros elementos, metálicos o no.

aleatorio, ria adj. Del juego de azar o relativo a él. || Que depende de la suerte o del azar: *muestra aleatoria.* || FAM. aleatoriamente.

alebrestarse prnl. *amer.* Alborotarse, alarmarse, ponerse nervioso. También m. intr.

aleccionamiento m. Instrucción, enseñanza.

aleccionar tr. Instruir, amaestrar, enseñar. ◆ Se puede construir con las preps. *en, para* y *sobre.* || FAM. aleccionador, aleccionamiento.

aledaño, ña adj. Colindante, contiguo. || m. Confín, término, límite. Más en pl.: *dar un paseo por los aledaños de una ciudad.*

álef m. Primera letra del alefato o serie de las consonantes hebreas.

alegación f. Presentación de algún argumento, mérito, etc., como prueba, disculpa, defensa o justificación. || Alegato.

alegar tr. Citar, traer una a favor de su propósito algún hecho, dicho, ejemplo, etc., como prueba, disculpa o defensa: *alega no estar enterado del nuevo reglamento.* || Exponer méritos, servicios, etc., para fundar en ellos alguna pretensión. || intr. Traer el abogado leyes y razones en defensa de su causa. || *amer.* Discutir. || FAM. alegable, alegación, alegato, alegatorio.

alegato m. Escrito en el que el abogado expone las razones que fundan el derecho de su cliente e impugna las del adversario. || P. ext., razonamiento, exposición.

alegoría f. Ficción en virtud de la cual una cosa representa o significa otra diferente: *en este poema, la rosa es una alegoría de la belleza efímera.* || Obra o composición literaria o artística que se basa en este tipo de ficción. || FAM. alegórico, alegorismo, alegorización, alegorizar.

alegórico, ca adj. De la alegoría o relativo a ella. || FAM. alegóricamente.

alegrar tr. Poner alegre. También prnl. ◆ Se construye con las preps. *con, de* y *por: alegrarse con/de/por la noticia.* || Avivar, hermosear o dar nuevo esplendor a una cosa. || prnl. Ponerse uno alegre por haber bebido vino u otros licores con algún exceso.

alegre adj. Que denota o produce alegría: *noticia alegre.* || Que siente o manifiesta de ordinario alegría: *casa, hombre alegre.* || Que expresa alegría: *sonrisa alegre.* || Pasado o hecho con alegría: *día alegre.* || Se apl. al color vivo. || Excitado por la bebida. || Algo libre o licencioso: *mujer de vida alegre.* || Poco sensato, frívolo: *es muy alegre en los negocios.* || FAM. alegrar, alegreto, alegría, alegro, alegrón.

alegreto m. Movimiento musical menos vivo que el alegro. || Composición o pasaje que se ejecuta con este movimiento.

alegría f. Sentimiento grato y vivo producido por un motivo placentero que, por lo común, se manifiesta con signos externos. || Persona o cosa que manifiesta o causa alegría: *es la alegría de la familia.* || Falta de sensatez, frivolidad: *actuó con alegría y malgastó todo su dinero.* || Ajonjolí. || pl. Cante y baile andaluz cuya tonada es viva y graciosa.

alegro m. Movimiento musical moderadamente vivo. || Composición o pasaje que se ejecuta con este movimiento.

alejamiento m. Distanciamiento físico o espiritual.

alejandrino, na adj. De Alejandro Magno o relativo a él. || adj. y s. De Alejandría o relativo a esta ciudad de Egipto. || adj. y m. Se apl. al verso compuesto de catorce sílabas y dividido en dos hemistiquios, y a la estrofa formada por esos versos.

alejar tr. Distanciar, poner lejos o más lejos. También prnl. || Ahuyentar, hacer huir. || Apartar ciertas ideas o creencias: *no consigo alejar ese mal recuerdo de mi mente.* ◆ Se construye con la prep. *de.* || FAM. alejado, alejamiento.

alelar tr. y prnl. Poner lelo o tonto. || FAM. alelado, alelamiento.

alelo m. En biol., cada una de las formas alternativas de un gen que ocupa la misma posición en cada par de cromosomas homólogos. || FAM. alelismo, alelomórfico, alelomorfo.

alelomorfo, fa adj. y m. En biol., se apl. a cada uno de los dos genes alternativos que ocupan la misma posición en cada par de cromosomas homólogos.

aleluya amb. En la liturgia católica, canto de alegría en demostración de júbilo, usado en tiempo de Pascua. Más común m. || interj. que se emplea para demostrar júbilo: *¡aleluya!, has aprobado.*

alemán, ana adj. y s. De Alemania o relativo a este país europeo. || m. Lengua de la rama germánica hablada en Alemania, Austria y parte de Suiza.

alentar tr. Animar, infundir aliento o esfuerzo, dar vigor. También prnl. || Mantener vivo un sentimiento: *alienta la esperanza de volver a verle.* || intr. Respirar. ◆ **Irreg.** Se conj. como *acertar.* || FAM. alentado, alentador.

alerce m. Nombre con el que se conoce a diversas especies de árboles pertenecientes a la familia de las pináceas que alcanzan hasta 35 m de altura, muy resistentes al frío, de ramas abiertas y hojas blandas y caducas en forma de aguja, y cuyo fruto son unas piñas pequeñas, persistentes y de maduración anual. || Madera de este árbol, que es aromática.

alergia f. Conjunto de fenómenos de carácter respiratorio, nervioso o eruptivo, debidos a la absorción de sustancias que producen en el organismo una reacción especial de rechazo. || P. ext., sensibilidad extremada y contraria frente a ciertos temas, personas o cosas. || FAM. alergénico, alergeno, alérgico, alergista, alergología, alergólogo.

alérgico, ca adj. De la alergia o relativo a ella. || adj. y s. Que padece alergia: *es alérgico a la penicilina.*

alero m. Parte inferior del tejado que sale fuera de la pared. || com. Jugador de baloncesto que se mueve por los laterales de la cancha.

alerón m. Cada una de las piezas salientes y móviles situadas en la parte trasera de las alas de un avión, que sirven para cambiar la inclinación del aparato o facilitar otras maniobras. || Pieza saliente que se coloca en la parte trasera de la carrocería de ciertos automóviles para hacerlos más aerodinámicos. || col. Sobaco.

alerta adv. Con vigilancia y atención: *debes permanecer alerta.* || adj. Atento, vigilante: *tener los sentidos alertas.* || f. Situación de vigilancia o atención: *la ciudad se encuentra en estado de alerta.* || interj. Voz que se emplea para excitar a la vigilancia. También f. || **alerta roja** La que se declara en una situación límite o de gran peligro, especialmente ante catástrofes naturales.

alertar tr. Poner alerta o avisar de un peligro o de una amenaza. ◆ Se puede construir con las preps. *de* y *sobre: alertaron del riesgo de epidemia/sobre los riesgos laborales.* || FAM. alerta, alertado.

aleta f. Cada uno de los apéndices externos y aplanados que los vertebrados acuáticos utilizan como elemento de dirección del movimiento. || Especie de calzado de goma que se usa para impulsarse en el agua al nadar o bucear. Más en pl. || Guardabarros que sobresale de los laterales de un automóvil. || FAM. aletear.

aletargar tr. Causar letargo. || prnl. Padecerlo. || FAM. aletargado, aletargamiento.

aletear intr. Mover las aves repetidamente las alas sin echar a volar. || Mover los peces repetidamente las aletas cuando se les saca del agua. || Mover los brazos a modo de alas. || FAM. aleteo.

alevín m. Cría de pez que incluye la fase comprendida entre la larva y el adulto y que en ciertos peces de agua dulce se utiliza para repoblar. || com. Joven principiante que se inicia en una disciplina o profesión. También adj.

alevosía f. Concepto que designa una de las circunstancias agravantes de la responsabilidad criminal, cuando el que comete un delito contra las personas pone los medios para asegurar su ejecución, sin peligro para él: *la estafa se ha cometido con alevosía.* || Traición, perfidia.

alevoso, sa adj. Que implica alevosía o se hace con ella. || adj. y s. Que comete alevosía. || FAM. alevosamente, alevosía.

aleya f. Versículo del Corán o libro sagrado de los musulmanes.

alfa f. Primera letra del alfabeto griego, que se corresponde con nuestra *a*. Su grafía mayúscula es A y la minúscula, α. || **alfa y omega** Principio y fin.

alfabetear tr. *amer.* Alfabetizar, ordenar alfabéticamente.

alfabético, ca adj. Del alfabeto o relativo a él: *orden alfabético*. || FAM. alfabéticamente.

alfabetizar tr. Ordenar alfabéticamente. || Enseñar a leer y a escribir. || FAM. alfabetización, alfabetizando, alfabetizado.

alfabeto m. Abecedario. || Conjunto de los símbolos empleados en un sistema de comunicación. || Sistema de signos convencionales, como perforaciones en tarjetas u otros, que sirve para sustituir al conjunto de las letras y de los números. || FAM. alfabetizar.

alfaguara f. Manantial abundante que surge con violencia.

alfajor m. Pasta hecha con almendras, nueces, pan tostado, especias y miel. || Dulce hecho con esta pasta.

alfalfa f. Planta herbácea de la familia de las leguminosas, de hasta 1 m de altura, con hojas alternas compuestas y flores en racimos axilares de color azul violáceo, que se cultiva para forraje o alimento del ganado. || FAM. alfalfal, alfalfar.

alfanje m. Especie de sable corto y curvado, con filo solo por un lado y doble filo en la punta: *los orientales utilizan el alfanje.*

alfanumérico, ca adj. Que está formado por letras y números: *clave alfanumérica.*

alfanúmero m. En inform., símbolo que expresa la representación de la información.

alfaque m. Banco de arena, generalmente en la desembocadura de un río o en la boca de un puerto. Más en pl.

alfaquí m. Entre los musulmanes, doctor o sabio de la ley coránica. ◆ pl. *alfaquís* o *alfaquíes.*

alfar m. Taller del alfarero. || Arcilla.

alfarería f. Arte y técnica de fabricar vasijas u otros objetos de barro. || Lugar donde se fabrican o se venden. || FAM. alfarero.

alfarero, ra m. y f. Persona que se dedica profesionalmente a fabricar vasijas u otros objetos de barro.

alféizar m. Parte del muro que constituye el reborde de una ventana, especialmente su parte baja e inferior.

alfeñique m. *col.* Persona delicada. || Dulce hecho con azúcar hervido en aceite de almendras y que tiene forma de barra delgada y torcida.

alférez com. Oficial del Ejército español cuyo grado es inmediatamente inferior al de teniente. || FAM. alferazgo, alferecía.

alfil m. Pieza grande del juego de ajedrez que se mueve diagonalmente.

alfiler m. Clavillo metálico con punta en un extremo y cabecilla en el otro que sirve para sujetar unas cosas a otras, especialmente telas. || Joya con esta forma que se usa como adorno o para sujetar exteriormente algo. || **no caber un alfiler** loc. *col.* Estar un lugar abarrotado de gente. || **prendido con alfileres** loc. *col.* Mal terminado, poco seguro: *llevaba su conferencia prendida con alfileres.* || FAM. alfilerazo, alfiletero.

alfiletero m. Canuto para guardar alfileres y agujas. || Acerico.

alfombra f. Tejido de lana o de otras materias con que se cubre el piso de las habitaciones y escaleras, como adorno o para evitar el frío. || P. ext., lo que cubre el suelo: *alfombra de nieve, de hierba.*

alfombrar tr. Cubrir el suelo con alfombras. || P. ext., cubrir el suelo con algo a manera de alfombra. ◆ Se construye con las preps. *con* y *de: alfombrar con/de flores.* || FAM. alfombra, alfombrado, alfombrilla, alfombrista.

alfonsí adj. Alfonsino, referido especialmente a Alfonso X el Sabio o a lo relativo a él. ◆ pl. *alfonsís* o *alfonsíes.*

alfonsino, na adj. y s. De cualquiera de los reyes españoles llamados Alfonso o relativo a ellos.

alforfón m. Planta herbácea de la familia de las poligonáceas, de aproximadamente 1 m de altura, con tallos nudosos, hojas grandes y acorazonadas, flores blancas en racimo y fruto oscuro y triangular. || Semilla de esta planta.

alforja f. Tira de tela fuerte que se dobla por los extremos formando dos bolsas grandes y cuadradas, que sirve para transportar una carga al hombro o a lomos de las caballerías. Más en pl.

alforza f. Pliegue o doblez que se hace en ciertas prendas como adorno o para acortarlas.

alfoz amb. Conjunto de pueblos que forman una sola jurisdicción. Más como m.

alga f. Cualquiera de los organismos del grupo de las algas. || pl. Grupo de seres vivos incluidos dentro del reino de los protoctistas, unicelulares o pluricelulares, que viven preferentemente en el agua, tanto dulce como marina, y que, en general, están provistos de clorofila u otros pigmentos fotosintéticos.

algalia f. Sustancia untuosa de olor fuerte que se emplea en perfumería y se extrae de una bolsa que la civeta posee cerca del ano. || **gato de algalia** Civeta.

algarabía f. Griterío confuso de varias personas que hablan a un tiempo.

algarada f. Vocerío grande causado en una revuelta callejera.

algarroba f. Planta herbácea anual de la familia de las leguminosas, de flores blancas y semillas moteadas que se utilizan como pienso. || Semilla de esta planta. || Fruto del algarrobo en forma de vaina, dulce, comestible, con semillas pequeñas y duras. || FAM. algarrobo.

algarrobo m. Árbol mediterráneo siempre verde, de la familia de las leguminosas, con hojas persistentes, flores purpúreas y cuyo fruto es la algarroba.

algazara f. Ruido, griterío de gente que está alegre o se divierte.

algazul m. Planta anual propia de las estepas, de la familia de las aizoáceas, con hojas cilíndricas y carnosas y flores pequeñas llenas de vesículas transparentes que parecen gotas de rocío.

álgebra f. Parte de las matemáticas que estudia la cantidad considerada en general y representada por letras u otros signos. || FAM. algebraico.

álgido, da adj. Muy frío. || Acompañado de frío glacial: *fiebre álgida*. || Importante, culminante: *momento álgido de la reunión*.

algo pron. indef. n. Designa una cosa que no se puede o no se quiere nombrar: *quisiera tomar algo, pero no sé qué*. || También denota cantidad o intensidad indeterminada, o parte de una cosa: *¿puedes prestarme algo de dinero?* || adv. c. Un poco, no del todo: *la pera está algo blanda; estás algo despistado*. || **algo así** loc. Aproximadamente, poco más o menos. || **algo es algo** loc. Sirve para advertir de que no se debe despreciar nada, por pequeño o insignificante que sea. || **darle algo a** alguien loc. *col.* Sobrevenirle una indisposición repentina o un desvanecimiento: *descansa un poco, que te va a dar algo*. || **por algo** loc. *col.* Por algún motivo en concreto, no sin razón: *si está enfadado contigo será por algo*. ◆ No tiene pl.

algodón m. Planta de la familia de las malváceas, de hasta 2 m de altura, con hojas alternas casi acorazonadas y de cinco lóbulos, flores amarillas con manchas encarnadas y fruto capsular con varias semillas envueltas en una borra larga y blanca. || Esta misma borra que envuelve las semillas. || Fibra o borra de esta planta que, limpia y esterilizada, se presenta en el comercio de formas distintas y para usos médicos, higiénicos, cosméticos, etc. || Hilado o tejido de esta borra: *camiseta de algodón*. || **algodón dulce** o **de azúcar** Dulce de azúcar de aspecto parecido al del algodón que se coloca en un palo. || **entre algodones** loc. adv. Con muchas atenciones y cuidados: *crio a su hijo entre algodones*. || FAM. algodonal, algodonero, algodonoso.

algodonero, ra adj. Del algodón o relativo a esta planta. || m. y f. Persona que cultiva algodón o negocia con él. || m. Algodón, planta.

algonquino, na adj. y s. De los miembros de numerosas tribus de indios que se extendían por Canadá y Estados Unidos y relacionados con ellos. || m. Conjunto de dialectos comunes hablados por estos indios.

algoritmo m. Conjunto ordenado y finito de operaciones que permite hallar la solución de un problema. || Método y notación de las distintas formas del cálculo. || FAM. algoritmia, algorítmico.

alguacil com. Oficial inferior de justicia que ejecuta las órdenes de un tribunal. || Oficial inferior que ejecuta los mandatos del alcalde. || m. Alguacilillo. || FAM. alguacilazgo.

alguacilillo m. Cada uno de los dos operarios que en las corridas de toros preceden a las cuadrillas durante el paseíllo y ejecutan las órdenes del presidente de la plaza.

alguien pron. indef. que designa vagamente a una o varias personas: *si llega alguien, avísame*. || m. *col.* Persona de importancia: *quiero llegar a ser alguien en la vida*. ◆ No tiene pl.

algún adj. indef. apóc. de *alguno*. Se usa solo delante de sustantivos m. en sing., aunque entre ambos se interponga un adj.: *algún tiempo, algún buen hombre*.

alguno, na adj. y pron. indef. que se apl. indeterminadamente a una persona o cosa con respecto de varias: *¿alguno de vosotros sabe el teléfono de Raúl?* || En frases negativas, pospuesto generalmente al sustantivo, equivale a *ningún* o *ninguna*: *en modo alguno podemos admitirlo*. || Indica una cantidad imprecisa, pero moderada: *de alguna importancia; con algún conocimiento de informática*. || pron. indef. Alguien: *no te preocupes, ya vendrá alguno que sepa de esto*. || **alguno** o **algún que** otro loc. adj. Unos cuantos, pocos.

alhaja f. Joya. || Adorno o mueble precioso. || Cosa de mucho valor y estima. || *col.* Persona o animal de excelentes cualidades: *este niño es una alhaja*. || FAM. alhajar, alhajera, alhajero.

alharaca f. Demostración excesiva de algún sentimiento. Más en pl.

alhelí m. Planta de la familia de las crucíferas que se cultiva para adorno. || Flor de esta planta, sencilla o doble, de colores varios y olor agradable. ◆ pl. *alhelís* o *alhelíes*.

alheña f. Aligustre. || Flor de este arbusto. || Polvo para teñir que se obtiene de las hojas de este arbusto, cogidas en primavera y secadas después al aire libre.

alhóndiga f. Local público para la compra, venta y depósito de mercancías.

aliáceo, a adj. De ajo o que tiene su olor o sabor.

aliado, da adj. y s. Que está unido o coligado con otro u otros. || Se apl. al país, Estado, Ejército, etc., que se une a otro para un determinado fin.

alianza f. Acuerdo o pacto. || Unión de cosas que concurren a un mismo fin. || Conexión o parentesco contraído por casamiento. || Anillo matrimonial. || FAM. aliancista.

aliar tr. Unir, coligar. ◆ Se construye con las preps. *a* y *con*: *alía tu amabilidad a/con la simpatía*. También prnl. || prnl. Asociarse personas o países por medio de tratados para un fin determinado: *durante la Segunda Guerra Mundial, Francia, Inglaterra y Estados Unidos se aliaron para luchar contra los países del Eje*. ◆ Se puede construir con la prep. *con*. || FAM. aliado, alianza.

alias adv. De otro modo, por otro nombre. || m. Apodo. ◆ No varía en pl.

alicaído, da adj. *col.* Débil, falto de fuerzas. || *col.* Triste y desanimado.

alicantino, na adj. y s. De Alicante o relativo a esta ciudad española y a la provincia, del mismo nombre, de la que es capital y que se encuentra en la Comunidad Valenciana.

alicatado m. Revestimiento de azulejos o labor hecha con ellos.

alicatar tr. Revestir de azulejos. || FAM. alicatado.

alicate m. Herramienta de metal parecida a unas tenazas, con las puntas planas o redondas, que sirve para sujetar objetos pequeños, doblar alambres o apretar tuercas. Más en pl.

aliciente m. Atractivo o incentivo.

alícuota adj. Que es proporcional: *reparto alícuota de beneficios*. || Que está comprendido un número de veces en un todo: *una parte alícuota de ocho es dos*.

alienación f. Enajenación. || FAM. alienable, alienado, alienante, alienista.

alienado, da adj. y s. Loco, afectado de alienación mental.

alienar tr. y prnl. Enajenar.

alienígena adj. y com. Extraterrestre. || Extranjero.

aliento m. Respiración, aire expulsado al respirar. || Respiración o aire que se respira. || Vigor del ánimo, esfuerzo, valor.

alifato m. Serie ordenada de las consonantes árabes, siguiendo un orden tradicional.

aligátor m. Reptil crocodiliano anfibio y carnívoro de aspecto similar a los cocodrilos, pero con el hocico más alargado, que habita en los ríos y zonas tropicales húmedas de América y Asia y puede alcanzar 4 m de longitud.

aligatórido, da adj. y m. De los aligatóridos o relativo a esta familia de reptiles. || m. pl. Familia de reptiles crocodilianos emparentados con los cocodrilos, de hocico corto y trapezoidal y con todos los dientes de la mandíbula inferior, incluido el cuarto, ocultos en una cavidad del maxilar superior, como el caimán y el aligátor.

aligerar tr. Hacer ligero o menos pesado. También prnl. ◆ Se construye con la prep. *de: aligerarse de ropa.* || Abreviar, acelerar: *aligerar el paso.* También intr.: *aligera, que vas a llegar tarde.* || Aliviar, moderar: *aligerar las penas.* || FAM. aligeramiento.

aligustre m. Arbusto de la familia de las oleáceas que llega a medir hasta 5 m de altura, con hojas opuestas y lanceoladas, flores pequeñas y blancas y frutos globosos y negruzcos, que se usa como planta ornamental.

alijo m. Conjunto de géneros de contrabando: *alijo de drogas.* || FAM. alijar.

alimaña f. Animal que resulta perjudicial para la caza menor o para la ganadería. || *col.* Persona mala y perversa.

alimentación f. Suministro de alimentos. || Conjunto de lo que se toma o se proporciona como alimento. || Suministro de la materia, la energía o los datos que necesita una máquina, sistema o proceso para su funcionamiento.

alimentador m. Conductor de energía eléctrica. || Dispositivo que facilita la introducción de papel en una impresora.

alimentar tr. Dar alimento. También prnl. ◆ Se construye con las preps. *con y de: alimentarse con/de vegetales.* || P. ext., sustentar. || Suministrar a una máquina, sistema o proceso la materia, la energía o los datos que necesitan para su funcionamiento. || Fomentar el desarrollo, actividad o mantenimiento de cosas inmateriales: *alimentar un sentimiento.* || intr. Servir de alimento: *la leche alimenta mucho.* || FAM. alimentación, alimentador.

alimentario, ria adj. De la alimentación o de los alimentos, o relativo a ellos: *política alimentaria.*

alimenticio, cia adj. Que alimenta o tiene la propiedad de alimentar: *el pescado tiene un gran poder alimenticio.*

alimento m. Cualquier sustancia que toma o recibe un ser vivo para su nutrición. || Lo que sirve para mantener la existencia de algo: *alimento de la caldera, del fuego.* || Tratándose de cosas inmateriales, fomento, sostén. || FAM. alimentar, alimentario, alimenticio.

alimoche m. Ave falconiforme de unos 70 cm de longitud y 150 de envergadura alar, con el cuerpo de color blanco y las alas con plumas negras, que vive en Europa, Asia y África.

alimón (al) loc. adv. *col.* Hecho entre dos personas conjuntamente o en colaboración: *suelen trabajar al alimón.* Se refiere especialmente al modo de torear simultáneamente dos lidiadores, cogiendo cada uno un extremo del mismo capote.

alineación f. Colocación en línea recta. || Formación de un equipo deportivo.

alineado, da adj. Que ha tomado partido en un conflicto o disidencia. Se usa generalmente con negación y en referencia a colectividades que proclaman así su neutralidad: *países no alineados.*

alinear tr. Poner en línea recta. También prnl. || Componer un equipo deportivo. ◆ La *i* de la raíz siempre es átona: *alineo.* || FAM. alineación, alineado, alineamiento.

aliñar tr. Aderezar, condimentar. || FAM. aliñado, aliño.

aliño m. Aderezo, condimento.

alioli m. Salsa hecha con ajos machacados y aceite.

alirón interj. que se emplea para indicar alegría por el triunfo en una competición deportiva. || **cantar el alirón** loc. Celebrar el triunfo en una competición deportiva.

alisar tr. Poner liso. También prnl. || Pulimentar, pulir. || prnl. Arreglarse ligeramente el cabello. || FAM. alisado, alisador, alisamiento.

alisios adj. y m. pl. Se apl. a los vientos regulares que soplan en dirección NE o SE, según el hemisferio, desde las altas presiones subtropicales hacia las bajas del ecuador.

alismatáceo, a o **alismáceo, a** adj. y f. De las alismatáceas o relativo a esta familia de plantas. || f. pl. Familia de plantas angiospermas monocotiledóneas, acuáticas, de rizoma feculento, hojas radicales, bohordo con flores solitarias o en racimo y frutos secos, como el junco florido.

aliso m. Árbol de la familia de las betuláceas, de hasta 20 m de altura, de copa redonda, hojas redondeadas, pegajosas y verdes por ambas caras, flores blancas y frutos pequeños y rojizos agrupados en pequeñas piñas. || Madera de este árbol. || FAM. alisal, alisar, aliseda.

alistamiento m. Inscripción de alguien en lista o en la milicia. || Conjunto de jóvenes a quienes cada año obliga el servicio militar.

alistar tr. y prnl. Inscribir a alguien en lista. || prnl. Inscribirse en la milicia. || FAM. alistamiento.

aliteración f. Figura que consiste en la repetición notoria del mismo o de los mismos sonidos, sobre todo consonánticos, en una palabra o frase: *«el ruido con que rueda la ronca tempestad»* es un ejemplo de aliteración.

aliviadero m. Desagüe de aguas sobrantes de un embalse, canal o depósito, que evita su desbordamiento.

aliviar tr. y prnl. Aligerar, quitar a una persona o cosa parte de la carga o peso. ‖ Disminuir, mitigar una enfermedad, una pena, una fatiga: *este calmante alivia el dolor muscular.* ‖ tr. Acelerar el paso. Más como intr.: *como no alivies, te perderás la función.* ‖ Ponerse mejor de una enfermedad: *aliviarse de la gripe.* ‖ FAM. aliviadero, alivio.

alivio m. Aligeramiento o disminución de la carga o peso. ‖ Disminución o mitigación de una enfermedad, una pena, una fatiga.

aljaba f. Carcaj.

aljama f. Sinagoga, edificio. ‖ Morería o judería.

aljamía f. Nombre dado por los árabes a las lenguas de los cristianos peninsulares. ‖ Textos moriscos en romance, pero transcritos con caracteres árabes y, p. ext., texto judeo-español transcrito con caracteres hebreos. ‖ FAM. aljamiado.

aljibe m. Cisterna. ‖ Embarcación o buque para el transporte de agua dulce.

allá adv. l. Indica lugar lejano indeterminado: *se encaminó hacia allá.* ‖ Indica falta de interés o despreocupación respecto a los problemas ajenos: *allá tú.* ‖ adv. t. Indica tiempo remoto: *allá por la época de Napoleón.* ‖ **el más allá** loc. sust. La vida después de la muerte.

allanamiento m. Acción y resultado de poner llano. ‖ Vencimiento o superación de una dificultad. ‖ **allanamiento de morada** Delito que consiste en entrar a la fuerza y sin consentimiento en el domicilio de alguien.

allanar tr. Poner llano. También intr. y prnl. ‖ Vencer, superar o hacer más fácil alguna dificultad. ‖ Llevar a cabo un allanamiento de morada. ‖ FAM. allanamiento.

allegado, da adj. Cercano, próximo. ‖ Pariente. Más como s.: *a la boda solo fueron sus allegados.*

allegar tr. Recoger, juntar. ‖ Arrimar o acercar una cosa a otra. También prnl. ‖ prnl. Adherirse a un dictamen o idea, convenir con ellos. ◆ Se construye con la prep. *a*: *se allegó a la decisión final.* ‖ FAM. allegado.

allegro (voz it.) m. Alegro.

allende adv. l. De la parte de allá: *de allende los mares.* ‖ adv. c. Además. ‖ prep. En la parte de allá de: *allende las montañas.*

allí adv. l. Indica lugar alejado del que habla y del que escucha: *descansaremos allí, ¿vienes andando desde allí?* ‖ En correlación con *aquí*, suele designar sitio indeterminado y tiene sentido distributivo: *se veían muchas flores, aquí rosas, allí jazmines.* ‖ adv. t. Entonces: *empezó a llover y allí terminó la diversión.*

alma f. Parte espiritual e inmortal del hombre, capaz de entender, querer y sentir, y que, junto con el cuerpo, constituye su esencia humana. ‖ Persona, individuo: *no se ve un alma.* Más en pl. ‖ Lo que da vida y aliento a algo: *siempre has sido el alma del grupo.* ‖ Interés, energía o voluntad que se pone en hacer las cosas: *ha puesto el alma en este proyecto.* ‖ **alma en pena** La que padece en el purgatorio y, p. ext., persona que anda sola, triste y melancólica. ‖ **caérsele** a alguien **el alma a los pies** loc. *col.* Abatirse, desanimarse por no corresponder la realidad con lo que se esperaba. ‖ **como alma que lleva el diablo** loc. *col.* Precipitadamente, con gran velocidad y agitación. ‖ **en el alma** loc. Entrañablemente: *lo siento en el alma.* ‖ **no poder con el alma** loc. *col.* Estar muy cansado. ‖ **partir el alma** loc. Causar gran dolor, tristeza o lástima. ‖ **salirle** una cosa **del alma** a alguien loc. *col.* Sentir la necesidad de decir algo con sinceridad. ‖ FAM. desalmado.

almacén m. Local donde se guardan mercancías o se venden al por mayor. ‖ *amer.* Tienda de comestibles. ‖ **grandes almacenes** Establecimiento comercial de grandes dimensiones, dividido en secciones, y en el que se venden al por menor todo tipo de productos.

almacenar tr. Poner o guardar las cosas en un almacén. ‖ Reunir o guardar cosas en cantidad: *almacena los periódicos debajo de la cama.* ‖ Introducir datos e información en el disco duro de un ordenador o en cualquier otro dispositivo de memoria. ‖ FAM. almacén, almacenaje, almacenamiento, almacenista.

almacenista com. Dueño o encargado de un almacén. ‖ Persona que despacha los géneros en un almacén.

almácigo m. Árbol caducifolio perteneciente a la familia de las anacardiáceas, que puede alcanzar 12 m de altura, de madera noble y cuya resina posee propiedades medicinales.

almádena f. Mazo de hierro con un mango largo que sirve para romper piedras.

almadraba f. Pesca de atunes. ‖ Lugar donde se lleva a cabo esta pesca y donde posteriormente se prepara el pescado. ‖ Red o cerco de redes con que se pescan atunes. ‖ Tiempo en que se pesca el atún. Más en pl.

almadreña f. Zueco de madera.

almagre m. Óxido de hierro de color rojo, más o menos arcilloso, abundante en la naturaleza y que se usa en pintura.

alma mater loc. lat. f. En la actualidad, designa figuradamente a la Universidad. ‖ Lo que actúa como impulsor de algo e imprime fuerza y vitalidad: *Ana es la verdadera alma mater del grupo.*

almanaque m. Registro o catálogo de todos los días del año, distribuidos por meses y semanas, con datos astronómicos, meteorológicos, religiosos, etc. ‖ Publicación anual que recoge los datos o noticias más relevantes sobre determinado asunto.

almazara f. Molino o depósito de aceite.

almeja f. Molusco bivalvo marino de carne comestible cuyas conchas miden entre 3 y 7 cm de diámetro. ‖ *vulg.* Órgano genital externo de la mujer.

almena f. Hueco entre dos remates dentados en la parte superior de un muro. Más en pl. ‖ Cada uno de los pequeños pilares de piedra, de sección cuadrangular, que coronan los muros de las antiguas fortalezas. Más en pl. ‖ FAM. almenado, almenaje, almenar.

almendra f. Fruto en drupa aovada y comprimida que da el almendro. ‖ Semilla del almendro, comestible y muy sabrosa. ‖ FAM. almendrado, almendral, almendrero, almendro, almendruco.

almendro m. Árbol de la familia de las rosáceas, de unos 7 a 8 m de altura, de raíz profunda, madera dura, hojas caedizas y lanceoladas, flores blancas o rosadas, y cuyo fruto es la almendra.

almendruco m. Fruto del almendro con la primera cubierta verde y la semilla a medio cuajarse.

almeriense adj. y com. De Almería o relativo a esta ciudad española y a la provincia, del mismo nombre, de la que es capital y que se encuentra en la Comunidad Autónoma de Andalucía.

almete m. Pieza de la armadura antigua que cubría la cabeza.

almez m. Árbol de la familia de las ulmáceas, de unos 12 a 14 m de altura, de tronco recto con una corteza lisa, copa ancha, hojas lanceoladas y dentadas de color verde oscuro, flores amarillas y pequeñas y fruto comestible, denominado almeza. || Madera de este árbol.

almeza f. Fruto del almez, comestible y de sabor dulce cuando está maduro, negro por fuera y amarillo por dentro.

almiar m. Pajar al descubierto, con un palo largo en el centro alrededor del cual se va amontonando la mies, la paja o el heno.

almíbar m. Azúcar disuelto en agua y espesado al fuego.

almibarar tr. Bañar o cubrir con almíbar. || Suavizar las palabras. || FAM. almibarado.

almidón m. Molécula natural formada por polisacáridos, de color blanco y aspecto granuloso, que se almacena como material de reserva en los tubérculos, raíces y semillas de ciertas plantas, especialmente en los cereales. || Compuesto químico líquido que se apl. a los tejidos para darles mayor rigidez.

almidonar tr. Mojar la ropa blanca en agua con almidón para que quede tiesa. || FAM. almidonado.

almimbar m. Púlpito de una mezquita.

alminar m. En una mezquita, torre elevada, estrecha y coronada por una galería, desde la que el almuédano convoca a los mahometanos a la oración.

almirantazgo m. Alto tribunal o consejo de la Armada. || Dignidad y jurisdicción del almirante. || Conjunto de empleos o grados de almirante en todas sus categorías.

almirante, ta m. y f. Oficial de la Armada cuyo cargo está por encima del vicealmirante y por debajo del capitán general: *el cargo de almirante equivale al de teniente general en el Ejército de Tierra*. || FAM. almirantazgo.

almirez m. Mortero de metal que sirve para machacar o moler en él alguna cosa.

almizcle m. Sustancia grasa, untuosa y de olor intenso que segregan algunos mamíferos. || FAM. almizclado, almizclar, almizcleño, almizclero.

almizcleño, ña adj. De almizcle o que huele a almizcle.

almizclero, ra adj. Almizcleño. || m. Mamífero artiodáctilo rumiante de la misma familia que el ciervo, sin cornamenta y que, en el caso del macho, está provisto de dos glándulas ventrales productoras de almizcle. Vive en los bosques y altas montañas de Asia central.

almogávar m. En la época medieval, soldado de ciertas tropas muy diestras, entrenado para adentrarse en tierras enemigas y atacar por sorpresa. Se refiere especialmente al soldado mercenario de infantería al servicio de la corona catalano-aragonesa a comienzos del siglo XIV. Más en pl.

almohada f. Colchoncillo para reclinar la cabeza o para sentarse sobre él. || **consultar** algo **con la almohada** loc. col. Meditarlo con el tiempo necesario, a fin de proceder con acierto. || FAM. almohadilla, almohadillar, almohadón.

almohade adj. y com. De la dinastía que destronó a los almorávides y fundó un nuevo imperio que dominó el norte de África y España (1148-1269) o relacionado con ella. Más como m. pl.

almohadilla f. Cojín pequeño utilizado para diversos usos. || Resalte achaflanado de un sillar. || Masa de tejido con fibras y grasa que se encuentra en las puntas de las falanges o en la planta del pie de algunos animales, protegiéndolos de golpes y roces. || FAM. almohadillar, almohadillado, almohadillero.

almohadón m. Colchoncillo a manera de almohada que sirve para sentarse, recostarse o apoyar una parte del cuerpo en él.

almoneda f. Venta de bienes muebles en subasta pública y, p. ext., de géneros a bajo precio. || Establecimiento donde se realiza esta venta. || FAM. almonedar, almonedear, almonedista.

almorávide adj. y com. De una tribu guerrera del Atlas, que en el siglo XI fundó un vasto imperio en el occidente de África y llegó a dominar toda la España árabe, o relacionado con ella. Más como m. pl.

almorrana f. Hemorroide. Más en pl.

almorta f. Planta herbácea de la familia de las leguminosas, con el tallo ramoso, hojas lanceoladas y flores moradas y blancas, que se utiliza para elaborar harina. || Fruto o semilla de esta planta.

almorzar tr. Comer en el almuerzo alguna cosa: *almorzamos chuletas*. || intr. Tomar el almuerzo: *suele almorzar tarde*. ◆ Irreg. Se conj. como contar.

almuecín o **almuédano** m. Musulmán que, desde el alminar, convoca en voz alta al pueblo para que acuda a la oración.

almuerzo m. Comida ligera que se toma a media mañana. || Comida fuerte que se toma a mediodía o a primeras horas de la tarde. || FAM. almorzar.

almunia f. Nombre de origen árabe para designar al huerto o la granja.

alocado, da adj. y s. Que actúa o se comporta con poco juicio. || FAM. alocadamente.

alocar tr. y prnl. Causar locura. || Causar perturbación en los sentidos, aturdir. || FAM. alocado.

alocución f. Discurso breve dirigido por un superior a sus subordinados con una finalidad determinada.

áloe o **aloe** m. Planta de la familia de las liliáceas, de cuyas hojas, largas y carnosas, se extrae un jugo denso y muy amargo. || Jugo de esta planta, que se usa en medicina y farmacia.

alófono adj. Que habla una lengua diferente: *población alófona*. || m. Cada una de las variantes o realizaciones fonéticas de un fonema dentro de la cadena hablada, según los sonidos contiguos y su posición en la palabra: *la «d» fricativa de «nada» y la «d» oclusiva de «fonda» son alófonos del fonema español /d/*.

aloja f. Bebida elaborada con agua, miel y especias.

alojamiento m. Instalación temporal en un lugar que sirve de vivienda. ‖ Lugar donde se está alojado.

alojar tr. Hospedar, aposentar. También prnl.: *nos alojamos en un hostal.* ‖ Colocar una cosa dentro de otra. También prnl.: *la bala se alojó en el estómago.* ◆ Se construye con la prep. *en.* ‖ FAM. alojamiento, desalojar.

alomorfo m. Cada una de las variantes de un morfema en función del contexto, las cuales pueden estar condicionadas fonológica o morfológicamente: *los alomorfos -s (oso-s) y -es (león-es) del morfema de número en el sustantivo dependen de que el singular termine en vocal o consonante.*

alón, ona adj. *amer.* Que tiene el ala grande, especialmente referido al sombrero: *pamela alona.* ‖ m. Ala entera de cualquier ave cuando se le han quitado las plumas.

alondra f. Ave paseriforme de 15 a 20 cm de largo, de plumaje pardo con listas negras por el dorso y blanco en las partes inferiores, cola ahorquillada y una cresta corta y redonda, que emite un canto muy agradable y anida en los campos de cereales.

alopatía f. Terapéutica cuyos medicamentos producen, en un organismo sano, fenómenos diferentes de los que caracterizan las enfermedades en que se emplean. ‖ FAM. alópata, alopático.

alopecia f. Caída o pérdida del pelo: *sufre una alopecia debida a un trastorno endocrino.* ‖ FAM. alopécico.

alotropía f. Propiedad de algunos elementos químicos de presentarse, en un mismo estado físico, bajo dos o más formas diferentes, cristalinas o moleculares. ‖ FAM. alotrópico, alótropo.

alpaca[1] f. Mamífero rumiante artiodáctilo sudamericano, de la misma familia que la llama, que se usa como animal de carga y es muy apreciado por su pelo largo y fino, que se emplea en la industria textil. ‖ Pelo de este animal, más largo, brillante y flexible que el de las especies lanares. ‖ Tejido hecho con este pelo: *abrigo de alpaca.* ‖ col. de algodón abrillantado.

alpaca[2] f. Aleación de cobre, cinc y níquel, de color parecido a la plata.

alpargata f. Calzado de tela con suela de esparto, cáñamo o caucho. ‖ FAM. alpargatería, alpargatero.

alpinismo m. Deporte que consiste en la ascensión a las altas montañas. ‖ FAM. alpinista.

alpinista adj. Del alpinismo o relativo a él. ‖ com. Persona aficionada al alpinismo o que practica este deporte.

alpino, na adj. De los Alpes o de otras montañas altas, o relativo a ellos. ‖ Del alpinismo o relativo a él. ‖ Se apl. a la región geográfica que se caracteriza por tener una fauna y una flora más o menos semejantes a las de los Alpes. ‖ FAM. alpinismo.

alpiste m. Planta herbácea forrajera de la familia de las gramíneas y que alcanza 50 cm de altura, cuya semilla sirve para alimento de pájaros y para otros usos. ‖ Semilla de esta planta. ‖ col. Cualquier bebida alcohólica.

alquería f. Granja o casa de labranza situada lejos de una población. ‖ Conjunto de estas casas.

alquibla f. Muro de la mezquita o punto del horizonte orientado hacia La Meca, de cara al cual los musulmanes se sitúan para rezar.

alquilar tr. Dar o tomar alguna cosa para hacer uso de ella por un tiempo y precio determinados: *alquilar una casa, un coche.* ‖ prnl. Ajustarse para un trabajo o servicio. ‖ FAM. alquiler.

alquiler m. Acción y resultado de dar o tomar alguna cosa para hacer uso de ella por un tiempo y precio determinados. ‖ Precio en que se alquila algo. ‖ **de alquiler** loc. adj. Que se alquila; que se destina al alquiler: *coche de alquiler.*

alquilo adj. y m. En quím., se apl. al radical que puede considerarse derivado de un alcano o hidrocarburo saturado por pérdida de un átomo de hidrógeno: *grupo funcional alquilo.* ‖ FAM. alquílico.

alquimia f. Conjunto de antiguas doctrinas y experimentos, generalmente de carácter esotérico, relativos a las transmutaciones de la materia, que fueron el precedente de la moderna ciencia química. ‖ FAM. alquimista.

alquitrán m. Sustancia untuosa oscura, de olor fuerte, que se obtiene de la destilación de ciertas materias orgánicas, principalmente de la hulla y de algunas maderas resinosas, y que se emplea en pintura, pavimentación, como combustible, etc. ‖ FAM. alquitranado, alquitranar.

alrededor adv. l. con que se denota la situación de personas o cosas que circundan a otras: *la piscina tiene árboles alrededor.* ‖ m. Contorno de un lugar. Más en pl.: *se ha mudado a los alrededores del pueblo.* ‖ **alrededor de** loc. adv. Precediendo a una expresión numérica, aproximadamente, poco más o menos: *alrededor de diez mil espectadores.* ‖ loc. prepos. Rodeando, en torno a: *llegaremos alrededor del día diez.*

alsaciano, na adj. y s. De Alsacia o relativo a esta región del noreste de Francia. ‖ m. Dialecto germánico que se habla en Alsacia.

alta f. Orden que da el médico al enfermo declarándolo oficialmente curado. ‖ Documento que lo acredita: *tienes que llevar el alta al trabajo.* ‖ Documento que acredita la entrada de un militar en servicio activo. ‖ **darse de alta** loc. Efectuar el ingreso en un cuerpo, profesión, carrera: *se dio de alta en el Colegio de Médicos.* ‖ Declarar el contribuyente a Hacienda el ejercicio de industrias o profesiones sujetas a impuestos: *darse de alta como autónomo.*

altaico, ca adj. De la región de los montes Altai o relativo a este sistema montañoso de Asia central. ‖ adj. y m. Se apl. a la familia de lenguas que se hablan principalmente en el centro de Asia, a la que pertenecen, entre otras, el turco, el manchú y las lenguas mongólicas.

altanería f. Altivez, soberbia. ‖ Caza que se hace con halcones y otras aves de presa de alto vuelo.

altanero, ra adj. Altivo, soberbio. ‖ Se apl. al halcón y a otras aves de presa de alto vuelo. ‖ FAM. altaneramente, altanería.

altar m. Piedra sobre la que se ofrecen sacrificios a la divinidad. ‖ En el cristianismo, mesa consagrada sobre la que el sacerdote celebra la misa. ‖ P. ext., conjunto constituido por esta mesa, la base en que está, el sagrario, etc. ‖ **altar mayor** El principal de un templo. ‖ **elevar a los altares** loc. Canonizar o beatificar. ‖ **llevar al altar** a una persona loc. Contraer matrimonio con ella. ‖ **poner** o **tener en un altar** loc. col. Admirar mucho: *sus alumnos le tienen en un altar.*

43

alto

altavoz m. Aparato electroacústico que transforma la energía eléctrica en ondas sonoras y eleva la intensidad del sonido.

alteración f. Cambio en la esencia o forma de una cosa. ‖ Sobresalto, inquietud. ‖ Alboroto, tumulto. ‖ Descomposición, deterioro. ‖ En mús., signo que se emplea para modificar el sonido de una nota.

alterar tr. y prnl. Cambiar la esencia o forma de una cosa. ‖ Perturbar, inquietar: *sus gritos alteraron la paz del lugar.* ‖ Enojar, excitar: *sus insultos lo han alterado.* ‖ Estropear, descomponer: *los alimentos se alteran con el calor.* ‖ FAM. alterabilidad, alterable, alteración, alterado.

altercado m. Disputa o discusión fuertes o violentas.

altercar intr. Disputar o discutir obstinadamente y con tenacidad. ‖ FAM. altercación, altercado.

alter ego (expr. lat.) m. Persona en la que otra tiene absoluta confianza. ‖ Persona real o ficticia que, por sus rasgos físicos o su personalidad, puede ser identificada con otra: *el personaje de la novela es un alter ego del autor.*

alternador m. Generador electromagnético de corriente alterna.

alternancia f. Sucesión de forma recíproca y repetida de fenómenos, hechos, etc. ‖ Fenómeno que se observa en la reproducción de algunos animales y plantas, en la que alternan la generación sexual y la asexual. ‖ Cambio de sentido de la corriente alterna.

alternar tr. Hacer, decir o colocar algo por turno y sucesivamente: *alternó las baldosas blancas con las negras.* ‖ intr. Sucederse unas cosas a otras recíproca y repetidamente: *alternarán nubes y claros.* También prnl. ‖ Mantener relación amistosa unas personas con otras: *alterna con sus compañeros.* ‖ En ciertas salas de fiesta o lugares similares, tratar las mujeres contratadas para ello con los clientes, para estimularles a hacer gasto en su compañía. ◆ Se construye con la prep. *con.* ‖ FAM. alternación, alternador, alternancia, alternante, alternativo, alterne, alterno.

alternativo, va adj. Que se hace, dice o sucede por turnos y de forma sucesiva: *intervendrán siguiendo un orden alternativo.* ‖ Capaz de alternar con función igual o semejante: *fuentes de energía alternativa.* ‖ f. Opción entre dos cosas o más: *solo le han ofrecido la alternativa de aceptar o marcharse.* ‖ Cada una de las cosas entre las cuales se opta. ‖ Ceremonia en la que un torero autoriza a un novillero a pasar a ser matador de toros: ‖ FAM. alternativamente.

alterne m. Relación amistosa superficial que se establece con otras personas, especialmente en lugares públicos. ‖ En ciertas salas de fiesta o lugares similares, trato que mantienen con los clientes mujeres contratadas por la empresa para estimularles a hacer gasto en su compañía: *chicas de alterne.*

alterno, na adj. Alternativo. ‖ Uno sí y otro no: *tienen seminario en días alternos.* ‖ Se dice de la corriente eléctrica que sufre constantes cambios de valor y sentido debidos a la variación periódica de diferencia de potencial entre los dos puntos del hilo conductor.

alteza f. Tratamiento honorífico que se da a los príncipes e infantes de España. ‖ Elevación, sublimidad, excelencia.

alti- pref. que significa 'alto': *altiplano, altisonante.*

altibajos m. pl. *col.* Desigualdades o altos y bajos de un terreno. ‖ *col.* Alternancia de bienes y males o de sucesos prósperos y adversos, o cambios de estado sucesivos.

altillo m. Armario que se construye rebajando el techo, o que está empotrado en lo alto de una pared, o sobre otro armario. ‖ Entreplanta, piso elevado en el interior de otro y que se usa como dormitorio, despacho, almacén, etc.

altimetría f. Parte de la topografía que enseña a medir las alturas.

altímetro m. Instrumento que indica la diferencia de altitud entre el punto en que está situado y un punto de referencia. Se emplea en navegación aérea y topografía. ‖ FAM. altimetría.

altipampa f. *amer.* Altiplanicie.

altiplanicie f. Meseta de mucha extensión y a gran altitud.

altiplano m. Altiplanicie.

altisonante o **altísono, na** adj. Se apl. al lenguaje o al estilo que abusa de términos formales, elevados o muy sonoros. ‖ FAM. altisonancia.

altitud f. Altura de un punto de la tierra con relación al nivel del mar.

altivez o **altiveza** f. Orgullo, soberbia.

altivo, va adj. Orgulloso, soberbio. ‖ FAM. altivamente, altivez, altiveza.

alto, ta adj. De gran estatura: *este chico es más alto que su padre.* ‖ De altura considerable: *una torre muy alta.* ‖ Levantado, erguido: *mantén la cabeza alta.* ‖ Se apl. a la porción de un territorio que se halla a mayor altitud: *tierras altas.* ‖ Levantado, elevado sobre la tierra: *monte alto.* ‖ Parte más próxima al nacimiento de un río: *alto Duero.* ‖ Se dice del río muy crecido o del mar alborotado. ‖ Se apl. al periodo histórico más lejano respecto del tiempo actual: *Alta Edad Media.* ‖ Caro: *precios altos.* ‖ Sonoro, ruidoso: *música alta.* ‖ Avanzado: *altas horas de la madrugada.* ‖ Difícil de alcanzar, ejecutar o comprender: *se ha fijado metas muy altas.* ‖ Se dice de la persona que posee gran dignidad o categoría: *alto ejecutivo.* ‖ Se apl. a la cosa noble, elevada, excelente: *modisto de alta costura.* ‖ Se dice de la magnitud física que tiene un valor superior al ordinario: *alta temperatura, presión, frecuencia.* ‖ m. Altura, dimensión de un cuerpo perpendicular a su base: *mide el alto del armario.* ‖ Sitio elevado: *observó el paisaje desde un alto.* ‖ Detención, parada: *hacer un alto en el camino.* ‖ adv. l. En lugar o parte superior: *colócalo bien alto.* ‖ adv. m. En un tono de voz fuerte o que suene bastante: *dilo alto.* ‖ **¡alto!** o **¡alto ahí!** interj. que se usan para avisar a alguien que se detenga o que interrumpa lo que está haciendo o diciendo. ‖ **alto el fuego** loc. con que se ordena o se indica el cese un tiroteo o de una acción bélica. ‖ **alto relieve** Altorrelieve. ‖ pl. *altos relieves.* ‖ **apuntar** o **picar alto** loc. *col.* Tener altas aspiraciones. ‖ **dar** o **echar el alto** loc. Dar la orden de detención en la marcha, especialmente un miembro de las fuerzas del orden. ‖ **en alto** loc. adv.

A cierta distancia del suelo. ‖ **lo alto** loc. sust. La parte superior o más elevada: *mirar a lo alto*. ‖ **pasar por alto** loc. No mencionar, callar: *ha pasado por alto algunos detalles importantes*. ‖ Dejar de lado una cosa, no tomarla en consideración: *por esta vez pasaré por alto tus errores*. ‖ **por todo lo alto** loc. adv. col. De manera excelente, a lo grande, con mucho lujo y esplendor: *fue una boda por todo lo alto*. ◆ En la formación de compuestos, se antepone la forma *alti-*: *altisonante, altímetro*. ‖ FAM. alta, altanería, altar, alteza, altibajo, altitud, altivo, altura.

altoparlante m. amer. Altavoz.

altorrelieve m. Relieve en el que las figuras sobresalen del plano más de la mitad de su bulto. ◆ pl. *altorrelieves*.

altozano m. Monte de poca altura en terreno bajo.

altramuz m. Planta herbácea anual de la familia de las leguminosas, de 15 a 70 cm de altura, con hojas compuestas, flores blancas y fruto en vaina. ‖ Semilla de esta planta, en forma de grano achatado, que se cultiva como alimento para el ganado.

altruismo m. Diligencia en procurar el bien ajeno sin esperar nada a cambio. ‖ FAM. altruista.

altruista adj. y com. Que se comporta con altruismo o le mueve el afán de procurar el bien ajeno sin esperar nada a cambio.

altura f. Elevación de cualquier cuerpo sobre la superficie de la tierra. ‖ Dimensión de los cuerpos perpendicular a su base, y considerada por encima de esta. ‖ Cumbre de los montes o parajes altos del campo. ‖ Parte alta o lugar elevado. Más en pl.: *me dan vértigo las alturas*. ‖ Mérito, valor: *un atleta de altura*. ‖ Altitud. ‖ Situación en que está algo: *¿a qué altura de la calle vives?* ‖ Tono de un sonido por un aumento o disminución de las vibraciones. ‖ pl. Cielo: *Dios en las alturas*. ‖ Dirección, jefatura: *la petición llegó de las alturas*. ‖ **a estas alturas** loc. adv. Llegadas las cosas a este punto. ‖ **a la altura de** algo loc. adv. Al mismo nivel. ‖ loc. prepos. En las inmediaciones: *el accidente ocurrió a la altura del km 100*. ‖ **estar a la altura de las circunstancias** loc. adv. Saber comportarse de modo adecuado en una situación. ‖ **quedar** o **dejar a la altura del betún** loc. col. Quedar o dejar a alguien muy mal.

alubia f. Judía, planta, fruto y semilla.

alucinación f. Sensación subjetiva falsa: *las drogas le hacen tener alucinaciones*.

alucinante adj. Que deslumbra o impresiona vivamente.

alucinar tr. Deslumbrar o impresionar vivamente a alguien. También intr. y prnl. ‖ Seducir o engañar con maña. ‖ intr. Padecer alucinaciones: *está alucinando por la fiebre*. ‖ prnl. Confundirse, desvariar. Más como intr.: *si piensas eso de mí, es que alucinas*. ‖ FAM. alucinación, alucinado, alucinamiento, alucinante, alucinatorio, alucine, alucinógeno, alucinosis.

alucine m. col. Asombro, sorpresa: *¡qué alucine de película!* ‖ **de alucine** loc. adj. col. Asombroso, impresionante.

alucinógeno, na adj. y m. Se apl. a la sustancia que produce alucinación.

alud m. Gran masa de nieve que se desprende de los montes con violencia y estrépito. ‖ Multitud o número grande de personas o cosas.

aludido, da (darse por) loc. Reconocer alguien, por alusiones o referencias, que es el destinatario de las mismas, reaccionando en consecuencia.

aludir intr. Referirse a personas o cosas sin nombrarlas: *aludió a los invitados*. ‖ P. ext., hacer una referencia breve y de pasada. ◆ Se construye con la prep. *a*. FAM. aludido, alusión, alusivo.

alumbrado m. Conjunto o sistema de luces que iluminan un lugar.

alumbramiento m. Dotación de luz y claridad. ‖ Parto o nacimiento de un bebé. ‖ Creación de una obra de la mente humana.

alumbrar tr. Llenar de luz y claridad. También intr.: *esta lámpara alumbra mucho*. ‖ Poner luz o luces en algún lugar. ‖ Acompañar con luz a otro: *alúmbrame el camino*. ‖ Parir la mujer. También intr.: *alumbró a las cuatro de la mañana*. ‖ Sacar a la luz, dar existencia. ‖ FAM. alumbrado, alumbramiento.

alumbre m. Sulfato doble de aluminio y potasio, usado en tintorería y medicina.

alúmina f. Óxido de aluminio que se halla en la naturaleza en estado puro o cristalizado formando, en combinación con la sílice y otros cuerpos, los feldespatos y las arcillas. ‖ FAM. aluminoso.

aluminio m. Metal de color y brillo similares a los de la plata, ligero, maleable y buen conductor del calor y de la electricidad. Su símbolo es *Al*, y su número atómico, *13*.

aluminosis f. Alteración progresiva de los hormigones en cuya fabricación se ha empleado cemento aluminoso, que provoca la pérdida de firmeza en las estructuras en que se ha utilizado. ‖ Enfermedad provocada por la inhalación de compuestos en forma de polvo que contienen aluminio. ◆ No varía en pl.

alumnado m. Conjunto de alumnos de un centro de enseñanza.

alumno, na m. y f. Discípulo respecto de su maestro, de la materia que está aprendiendo o de la escuela, clase, colegio o universidad donde estudia. ‖ FAM. alumnado.

alunizaje m. Descenso de una nave espacial hasta posarse sobre la superficie de la Luna.

alunizar intr. Posarse en la superficie de la Luna un aparato astronáutico o uno de sus tripulantes. ‖ FAM. alunizaje.

alusión f. Referencia a personas o cosas sin nombrarlas. ‖ P. ext., referencia breve y de pasada. ‖ FAM. alusivo.

aluvión m. Avenida fuerte de agua, inundación. ‖ Sedimento arrastrado por las lluvias y las corrientes. ‖ Gran cantidad de personas o cosas agolpadas: *aluvión de preguntas*. ‖ FAM. aluvial.

aluzar tr. amer. Alumbrar, llenar de luz y claridad.

alveolar adj. De los alveolos o relativo a ellos. ‖ adj. y f. Se apl. al fonema consonántico realizado por contacto del ápice de la lengua con los alveolos de los incisivos superiores, y a la letra que lo representa: /l/, /n/, /r/ y /s/ son fonemas alveolares.

alveolo o **alvéolo** m. Cavidad de los maxilares en que están engastados los dientes en los vertebrados. || En los pulmones de los vertebrados, cada uno de los sacos en que terminan las últimas ramificaciones de los bronquiolos. || Celdilla de un panal. || FAM. alveolado, alveolar.

alverja f. *amer.* Guisante.

alza f. Pedazo de suela con que se aumenta la altura o anchura en un zapato. || Aumento o subida de precio, valor, intensidad, etc.: *alza de los precios de la gasolina.* || Regla graduada en el cañón de las armas de fuego, que sirve para precisar la puntería. || **en alza** loc. adv. Aumentando el valor o la estimación: *la moda española está en alza.* || **jugar al alza** loc. Especular en la Bolsa con los valores esperando la subida de su cotización.

alzacuello m. Tira blanca de tela endurecida o de material más o menos rígido, usada por los eclesiásticos, que se ciñe al cuello.

alzado, da adj. Se apl. al precio que se ajusta a una cantidad determinada previamente. || Rebelde, sublevado. || *amer.* Engreído, soberbio e insolente. || *amer.* Se dice del animal doméstico que se hace montaraz y, en algunas partes, que está en celo. || m. Dibujo de un edificio, pieza, máquina, etc., representado en proyección vertical y sin tener en cuenta la perspectiva. || Ordenación de los pliegos de una obra impresa para su encuadernación. || f. Estatura de las caballerías, medida desde el talón de la mano hasta la cruz o parte más alta del lomo. || Apelación contra un acuerdo gubernativo: *recurso de alzada.*

alzamiento m. Levantamiento de abajo hacia arriba. || Levantamiento o rebelión.

alzapaño m. Pieza fijada en la pared, que sirve para recoger la cortina hacia los lados, y cinta o cordón con que se recoge.

alzar tr. Levantar algo, mover hacia arriba. || Poner derecho o en vertical. || Elevar un precio. || Esforzar la voz. || Construir. || Quitar, recoger, guardar: *alzaron el campamento.* || Levantar o anular una pena o prohibición: *le alzaron el castigo.* || En la misa, elevar la hostia y el cáliz tras la consagración. También intr. || En los juegos de naipes, cortar la baraja. || prnl. Levantarse, ponerse en pie. || Sublevarse, levantarse en rebelión. || Levantarse o sobresalir en una superficie: *el monte se alzaba sobre el horizonte.* || FAM. alcista, alza, alzado, alzamiento.

alzhéimer m. Trastorno degenerativo de la corteza cerebral que da lugar a un tipo de demencia progresiva y crónica, en edad media o avanzada, caracterizada por pérdida de la razón, de la memoria, de la percepción y del sentido de la orientación.

ama f. Señora de la casa. || Criada principal de una casa. || **ama de casa** Mujer que se ocupa de las labores de la casa. || **ama de cría** Mujer que da de mamar a un bebé ajeno. || **ama de llaves** Criada encargada de las llaves y de la economía de una casa.

amabilidad f. Complacencia, agrado y delicadeza en el trato con los demás. || Hecho o dicho amables.

amable adj. Que es complaciente, agradable y delicado en el trato con los demás. ◆ sup. irreg. *amabilísimo.* || FAM. amabilidad, amablemente.

amado, da m. y f. Persona amada.

amadrinar tr. Actuar como madrina de alguien que recibe un sacramento o un determinado honor. || Patrocinar una mujer una iniciativa particular o colectiva para que tenga éxito. || FAM. amadrinamiento.

amaestrar tr. y prnl. Adiestrar, domar a un animal para que realice determinadas habilidades. || FAM. amaestrado, amaestramiento.

amagar tr. e intr. Dejar ver la intención de hacer algo sin llevarlo a efecto. ◆ Se puede construir con la prep. *con* + infinitivo: *alza de los precios de la gasolina.* || Hacer ademán de favorecer o hacer daño: *le amagó, pero no llegó a tocarle.* || intr. Estar algo próximo a suceder: *amaga tormenta.* || FAM. amago.

amago m. Acción y resultado de dejar ver la intención de hacer algo sin llevarlo a efecto. || Señal o indicio de alguna cosa que no llega a ocurrir: *sufrió un amago de infarto.*

amainar tr. Recoger las velas de una embarcación para aminorar su marcha. || intr. Perder su fuerza el viento, la lluvia, etc.: *está amainando el temporal.* ◆ Se usa solo como impers. || Aflojar en algún deseo o empeño. ◆ Se construye con las preps. *con* y *en*: *su furia amainó con el tiempo; amainó en sus pretensiones.* También tr.

amalgama f. Aleación de mercurio con otro u otros metales. || Mezcla de cosas de naturaleza distinta: *amalgama de sentimientos.* || FAM. amalgamación, amalgamar.

amalgamar tr. y prnl. Combinar el mercurio con otro u otros metales. || Mezclar cosas de naturaleza distinta.

amamantar tr. Dar de mamar la hembra de los mamíferos a sus crías. || FAM. amamantamiento.

amancay, amancaya o **amancayo** m. *amer.* Nombre de diversas plantas de la zona andina, ya herbáceas, ya arbóreas, pertenecientes a la familia de las amarilidáceas. || Flor de estas plantas, blanca o amarilla. ◆ pl. de la primera forma: *amancáis.*

amancebamiento m. Vida en común de hombre y mujer sin estar casados. || FAM. amancebarse.

amancebarse prnl. Convivir un hombre con una mujer sin estar casados. ◆ Se construye con la prep. *con*: *el veterinario se ha amancebado con la farmacéutica.*

amanecer[1] intr. impers. Empezar a aparecer la luz del día. || intr. Estar en un paraje, situación o condición determinados al aparecer la luz del día: *amanecimos en El Cairo.* || Aparecer de nuevo o manifestarse alguna cosa al rayar el día: *amaneció lloviendo.* || Empezar a manifestarse alguna cosa: *amanecía una época de esplendor.* ◆ Irreg. Se conj. como *agradecer.*

amanecer[2] m. Tiempo durante el cual amanece: *el amanecer fue templado.* || Comienzo de algo: *amanecer de la humanidad.*

amanerado, da adj. Que no es natural ni sencillo: *lenguaje amanerado.* || Se apl. al artista o a la obra poco original, sujeto a normas. || adj. y m. Afeminado. || FAM. amaneramiento, amanerarse.

amanita f. Nombre común con el que se conoce a diversas especies de hongos basidiomicetos, de diferentes colores, caracterizados por tener un anillo en el pie debajo del sombrero y por sus esporas blancas, y que aparecen frecuentemente en los bosques de encinas, hayas y coníferas. Son venenosas o comestibles según la especie.

amansar tr. y prnl. Hacer manso a un animal, domesticarlo. || P. ext., sosegar, apaciguar, quitar la violencia a alguien o a algo: *amansarse las pasiones, amansar a los niños*. || FAM. amansado, amansamiento.

amante adj. y com. Que ama: *amante esposa, amante del cine*. || com. Persona que tiene relaciones sexuales periódicas con otra sin estar casados. || m. pl. Hombre y mujer que se aman.

amanuense com. Escribiente, persona que se dedica profesionalmente a escribir a mano, al dictado o copiando. Se usa especialmente para referirse a los copistas de la Edad Media.

amañar tr. Componer mañosamente alguna cosa. ◆ Suele tener sentido peyorativo: *han amañado los resultados*. || prnl. Darse maña, apañárselas: *se amaña muy bien con el coche*. || FAM. amaño.

amaño m. Traza o artificio para ejecutar o conseguir algo, especialmente cuando no es justo o merecido. Más en pl. || Destreza, maña.

amapola f. Planta herbácea anual de la familia de las papaveráceas, de flores rojas y semilla negruzca. || Flor de esta planta, asentada sobre un tallo largo, delgado y piloso, con cuatro pétalos de color rojo y una mancha negra en su base. || **amapola del opio** Adormidera.

amar tr. Tener amor, querer. También prnl. || Hacer el amor. También prnl. || Sentir gran afición por algo.

amaraje m. Descenso de una aeronave hasta posarse sobre la superficie del agua. || FAM. amarar.

amarantáceo, a adj. y f. De las amarantáceas o relativo a esta familia de plantas. || f. pl. Familia de matas y árboles angiospermos dicotiledóneos, de hojas opuestas o alternas, flores diminutas, solitarias o dispuestas en espigas o cabezuelas terminales, y fruto en cápsula o cariópside, como la perpetua o el amaranto.

amaranto m. Planta herbácea anual de la familia de las amarantáceas, de tallo grueso y ramoso, hojas alargadas, flores terminales en espiga densa, aterciopeladas y de color carmesí, blanco, amarillo o jaspeado, y fruto con muchas semillas negras y relucientes. || Color carmesí. También adj.

amarar intr. Descender una aeronave hasta posarse sobre la superficie del agua.

amarcigado, da adj. *amer.* Se apl. a la persona de piel algo morena.

amargado, da adj. y s. Que guarda algún resentimiento por frustraciones, fracasos, disgustos, etc.

amargar intr. Tener alguna cosa sabor o gusto amargo. || Estropear, aguar: *nos ha amargado la fiesta*. || tr. y prnl. Causar aflicción o disgusto. || Experimentar una persona resentimiento por frustraciones, fracasos, disgustos, etc.: *no te amargues la vida*. || FAM. amargado.

amargo, ga adj. Que tiene el sabor característico de la hiel, de la quinina y de otros alcaloides. || Que causa o implica aflicción, disgusto: *fueron los momentos más amargos de mi vida*. || Áspero y de genio desabrido. || m. Amargor, sabor. || FAM. amargamente, amargor, amargura, amargón.

amargón m. *amer.* Disgusto intenso.

amargor m. Sabor o gusto amargo. || Amargura.

amargura f. Sentimiento de pena, aflicción o disgusto. || Lo que causa este sentimiento. || Amargor.

amariconado, da adj. y m. *vulg.* Afeminado. || FAM. amariconamiento, amariconar.

amarilidáceo, a adj. y f. De las amarilidáceas o relativo a esta familia de plantas. || f. pl. Familia de plantas angiospermas monocotiledóneas, generalmente bulbosas, de hojas lineales, flores hermafroditas y fruto comúnmente en cápsula, como el nardo, la amarilis y la flor de lis.

amarilis f. Planta de la familia de las amarilidáceas, con bulbos o tallos subterráneos, pequeños grupos de flores de colores muy vivos y fruto en cápsula. ◆ No varía en pl.

amarillear intr. Ir tomando una cosa color amarillo. || Palidecer.

amarillento, ta adj. Que tira a amarillo.

amarillo, lla adj. De color semejante al del oro, el limón, etc. También m. || Pálido, demacrado. || De raza asiática. || Se apl. a la organización obrera, de prensa, etc., que presta su apoyo a la patronal. || Se dice del periodismo sensacionalista. || FAM. amarillear, amarillecer, amarillento, amarillez, amarillísimo, amarillista, amarilloso.

amarilloso, sa adj. *amer.* Amarillento.

amarra f. Cabo con que se asegura la embarcación en el puerto o paraje donde da fondo. Más en pl.: *soltar amarras.* || pl. *col.* Protección, apoyo.

amarradero m. Poste, pilar o argolla donde se amarra alguna cosa. || Sitio donde se amarran los barcos.

amarraje m. Impuesto que se paga por el amarre de las naves en un puerto.

amarrar tr. Atar con cuerdas, maromas, cadenas, etc. ◆ Se construye con la prep. *a*: *le amarraron a un tronco.* || P. ext., asegurar: *amarró la venta.* || Asegurar una embarcación en el puerto en cualquier fondeadero mediante cuerdas, maromas, cadenas, etc. ◆ Se construye con la prep. *a*: *amarraron el bote al muelle.* || FAM. amarra, amarradero, amarraje, amarre.

amarre m. Aseguramiento de una embarcación en el puerto o en cualquier fondeadero mediante cuerdas, maromas, cadenas, etc.

amarrete, ta adj. y s. *amer. col.* Tacaño.

amartelamiento m. Manifestación excesiva de cariño entre enamorados.

amartelarse prnl. Acaramelarse o ponerse muy cariñosos los enamorados. || FAM. amartelado, amartelamiento.

amartillar tr. Poner a punto un arma de fuego para dispararla.

amasandería f. *amer.* Panadería, lugar donde se hace pan.

amasar tr. Hacer masa mezclando harina, yeso, tierra o algo semejante con agua u otro líquido. || Acumular, atesorar: *amasó una verdadera fortuna.* || FAM. amasador, amasadora, amasandería, amasijo.

amasijo m. Operación de amasar y disponer las cosas necesarias para ello. || Porción de harina amasada. || Porción de masa hecha con yeso, tierra, etc., y agua u otro líquido. || *col.* Mezcla desordenada de cosas o especies heterogéneas.

amate m. Árbol de la familia de las moráceas que abunda en las regiones cálidas de México, cuya corteza era utilizada por los aztecas para confeccionar papel y cuyo jugo lechoso se emplea como resolutivo.

amateur (voz fr.) adj. y com. Aficionado, no profesional. ◆ pl. *amateurs.*

amatista f. Cuarzo transparente de color violeta, muy apreciado en joyería.

amazacotar tr. y prnl. Hacer o poner algo muy apretado y duro. || FAM. amazacotado.

amazona f. Mujer que monta a caballo. || Mujer cazadora y guerrera descendiente del dios de la guerra Ares que, según la leyenda, se amputaba el seno derecho para facilitar el manejo del arco. || Traje de falda que usan algunas mujeres para montar a caballo.

amazónico, ca o **amazonio, nia** adj. De las amazonas o relativo a ellas. || Del río Amazonas, de los territorios situados a sus orillas o relativo a ellos. || FAM. amazona.

ambages m. pl. Rodeos de palabras. ◆ Se usa más en la loc. adv. *sin ambages: lo dijo directamente, sin ambages.*

ámbar m. Resina fósil de color amarillo, muy ligera, dura y quebradiza, que se electriza por frotamiento y arde con facilidad, desprendiendo un olor agradable. || Color similar al de esta resina. También adj. || **ámbar gris** Sustancia grasa que se extrae del intestino del cachalote y se usa en la elaboración de fármacos y cosméticos. || FAM. ambarino.

ambición f. Deseo ardiente de conseguir poder, riquezas, dignidades o fama. || FAM. ambicionar, ambiciosamente, ambicioso.

ambicionar tr. Desear algo intensamente.

ambicioso, sa adj. Que tiene ambición. También m. y f. || Se apl. a la cosa, actitud o gesto que demuestra ambición: *proyecto ambicioso.*

ambidextro, tra o **ambidiestro, tra** adj. y s. Que es tan hábil con la mano izquierda como con la derecha.

ambientación f. Reproducción detallada del marco histórico o social en el que se desarrolla la acción de una obra de ficción. || Disposición adecuada de un lugar de acuerdo con un determinado fin.

ambientador m. Sustancia para perfumar un lugar o eliminar malos olores.

ambientar tr. Reproducir de forma detallada el marco histórico o social en que se desarrolla la acción de una obra de ficción: *es una novela ambientada en el París de los años veinte.* || Crear un ambiente determinado o proporcionarlo. || tr. y prnl. Introducir o adaptar a una persona a un nuevo medio, situación, etc. ◆ Se construye con las preps. *a* y *en: debe ambientarse a su nuevo trabajo; se ambientó muy bien en el país.*

ambiente adj. Se apl. a cualquier fluido que rodea un cuerpo, especialmente el aire: *alimento conservado a temperatura ambiente.* || m. Aire o atmósfera. || Condiciones o circunstancias físicas, humanas, sociales, culturales, etc., que rodean a las personas, animales o cosas.

◆ En algunas disciplinas se le llama *medio ambiente.* || Entorno propicio, agradable: *me fui de la fiesta porque no había ambiente.* || Conjunto de características típicas de un determinado marco histórico o social. || Grupo, estrato o sector social. Más en pl.: *ambientes médicos, aristocráticos, etc.* || FAM. ambientación, ambientador, ambiental, ambientar.

ambigú m. Bufé, comida. || Bar de un local público. ◆ pl. *ambigús.*

ambigüedad f. Posibilidad de que algo pueda entenderse de varios modos o de que admita distintas interpretaciones. || Incertidumbre, duda o vacilación: *déjate de ambigüedades y contesta la pregunta.*

ambiguo, gua adj. Que puede entenderse de varios modos o admitir distintas interpretaciones. || Incierto, confuso, dudoso. || En ling., se apl. al sustantivo que se usa tanto en género masculino como femenino: *«mar» es una palabra de género ambiguo, «el mar/la mar».* || FAM. ambigüedad, ambiguamente.

ámbito m. Espacio comprendido dentro de unos límites determinados: *ámbito nacional.* || Esfera, campo de actividad: *ámbito teatral.*

ambivalencia f. Condición de aquello que tiene dos sentidos diferentes o se presta a dos interpretaciones opuestas: *los redactores de noticias deben evitar ambivalencias en el texto.* || Estado de ánimo, transitorio o permanente, en el que coexisten dos emociones o sentimientos opuestos. || FAM. ambivalente.

amblar intr. Andar un animal moviendo a tiempo el pie y la mano de un mismo lado, como la jirafa.

ambliopía f. Debilidad o disminución de la vista, sin lesión orgánica del ojo. || FAM. ambliope.

ambo m. En lotería, dos números contiguos en una fila de un mismo cartón.

ambos, bas pron. indef. y adj. pl. El uno y el otro; los dos.

ambrosía f. En mit., manjar de los dioses. || Comida o bebida de gusto suave o delicado. || Cosa deleitosa: *estar contigo es pura ambrosía.*

ambulacral adj. Del ambulacro o relativo a este órgano locomotor de los equinodermos. || **aparato ambulacral** Sistema de conductos y pies ambulacrales, originado a partir del celoma en los equinodermos y relleno de líquido celomático. || **pie ambulacral** Proyección en forma de tubo que sobresale de la pared del cuerpo de los equinodermos y que interviene en su locomoción, alimentación, respiración y excreción.

ambulacro m. Surco donde están situados los pies ambulacrales de los equinodermos. || FAM. ambulacral.

ambulancia f. Vehículo para el transporte de heridos y enfermos. || Hospital ambulante en las campañas de guerra.

ambulantaje m. *amer.* Actividad del vendedor ambulante.

ambulante adj. Que va de un lugar a otro, que no está fijo: *vendedor ambulante.* También com. || FAM. ambulantaje, ambular.

ambular intr. Andar, ir de un lado para otro. || FAM. ambulante, ambulatorio, deambular.

ambulatorio, ria adj. Se apl. al tratamiento de enfermedades que no requiere hospitalización. || m. Establecimiento médico dependiente del sistema de sanidad pública, en el que se presta asistencia médica y farmacéutica a pacientes sin ingresarlos en él.

ameba f. Protozoo microscópico unicelular de forma cambiante que se desplaza mediante unos falsos pies o seudópodos.

amedrentar tr. y prnl. Infundir miedo, atemorizar: *la oscuridad le amedrentó.* || FAM. amedrentado, amedrentamiento.

amelar intr. Hacer miel las abejas. ◆ **Irreg.** Se conj. como acertar.

amelcochar tr. y prnl. *amer.* Dar a una confitura el punto espeso de la melcocha. || FAM. amelcochado, melcocha.

amelonado, da adj. Que tiene forma de melón. || col. Muy enamorado.

amén[1] m. Voz hebrea que se dice al final de las oraciones litúrgicas con el significado de 'así sea'. || Conforme, de acuerdo: *decir amén a todo.*

amén[2] adv. c. Además, a más. ◆ Se construye con la prep. *de: amén de lo que me pediste, he traído algunas cosas más.*

amenaza f. Dicho o hecho con que se amenaza. || Anuncio de un mal o peligro.

amenazar tr. Dar a entender con actos o palabras que se quiere hacer algún mal a otro. ◆ Se construye con las preps. *con* o *de: lo amenazó de muerte/con echarlo del trabajo.* || Anunciar, presagiar o ser inminente algún mal. También intr.: *amenaza tempestad.* || FAM. amenaza, amenazador, amenazante.

amenizar tr. Hacer ameno un lugar o alguna otra cosa.

ameno, na adj. Divertido, entretenido, placentero. || FAM. amenidad, amenizar.

amenorrea f. Supresión del flujo menstrual.

americana f. Chaqueta.

americanismo m. Calidad o condición de americano. || Vocablo, giro o rasgo fonético, gramatical o semántico de procedencia indígena americana o propio del español hablado en América, y empleados en otra lengua. || Inclinación o apego a lo americano. || FAM. americanista, americano.

americanista adj. Que tiene relación con lo propio de América. || com. Persona que estudia las lenguas y culturas de América.

americano, na adj. y s. De América o relativo a este continente. || Suele aplicarse restrictivamente a los naturales de Estados Unidos y a todo lo relativo a este país. || FAM. americanada, americanismo, americanista, americanización, americanizar.

americio m. Elemento radiactivo del grupo de los actínidos, que se obtiene artificialmente bombardeando uranio con neutrones. Su símbolo es *Am,* y su número atómico, 95.

amerindio, dia adj. y s. De los pueblos aborígenes americanos o relativo a ellos.

ameritar tr. *amer.* Merecer. || FAM. mérito.

amerizaje m. Amaraje.

amerizar intr. Amarar. || FAM. amerizaje.

ametrallador, ra adj. Que dispara metralla. || f. Arma de fuego automática montada sobre un ajuste fijo o móvil, que dispara proyectiles por ráfagas.

ametrallar tr. Disparar con ametralladora o fusil ametrallador. || FAM. ametrallador, ametralladora, ametrallamiento, metralla.

ametría f. Falta de medida en los versos por no servarse en ellos el cómputo de sílabas. || FAM. amétrico.

ametropía f. Defecto de la refracción ocular que impide que las imágenes se formen debidamente en la retina, produciendo hipermetropía, miopía o astigmatismo. || FAM. amétrope.

amianto m. Silicato de cal, alúmina y hierro, en forma de fibras finas, blancas y flexibles, muy resistente al fuego y al calor, y que se utiliza en la industria papelera, en la fabricación de tejidos incombustibles, etc.

amiba f. Ameba.

amida f. Cada uno de los compuestos orgánicos que formalmente resultan al sustituir por un acilo un átomo de hidrógeno unido al nitrógeno, en el amoniaco o en las aminas.

amigable adj. Amistoso, cordial, afable. || FAM. amigabilidad, amigablemente, amigo.

amígdala f. Cada uno de los dos cuerpos glandulares y rojizos que, situados a la entrada de la faringe, constituyen un sistema de defensa contra las infecciones. Más en pl. || FAM. amigdalitis.

amigdalitis f. Inflamación de las amígdalas. ◆ No varía en pl.

amigo, ga adj. Que tiene amistad. También m. y f. || Amistoso, agradable: *voz amiga.* || Aficionado o inclinado a alguna cosa: *es amigo de la buena vida.* || m. y f. *col.* Amante. ◆ sup. irreg. *amicísimo,* aunque también se usa *amiguísimo.* || FAM. amigable, amigote, amiguero, amiguete, amiguismo, amistad.

amigote m. *desp.* Compañero habitual de juergas y diversiones.

amiguero, ra adj. y s. *amer.* Que entabla amistades con facilidad.

amiguete m. *col.* Persona conocida con la que se mantiene una relación amistosa superficial.

amiguismo m. Tendencia y práctica de favorecer a los amigos, especialmente en la concesión de cargos públicos, en perjuicio del derecho de terceras personas de más valía.

amilanado, da adj. Cobarde.

amilanar tr. Causar tal miedo a uno, que quede aturdido y sin acción. || tr. y prnl. Desanimar: *se amilanó con el suspenso.* || FAM. amilanado, amilanamiento.

amina f. Cada uno de los compuestos orgánicos que se consideran formalmente derivados del amoniaco, por sustitución de uno o más átomos de hidrógeno por radicales alquilo, arilo o de las dos clases. || FAM. aminar, amínico, aminoácido.

aminar tr. En quím., introducir en una molécula orgánica un radical amínico.

amínico, ca adj. De las aminas o los aminos o relativo a ellos.

amino adj. y m. Se apl. al radical monovalente formado por un átomo de nitrógeno unido bien a dos átomos de hidrógeno, a un átomo de hidrógeno y un radical alquilo o arilo, o a dos de estos radicales.

aminoácido m. Denominación que reciben ciertos ácidos orgánicos, algunos de los cuales son los componentes básicos de las proteínas humanas.

aminorar tr. Disminuir o reducir el tamaño, cantidad o intensidad de algo: *¿puedes aminorar un poco la velocidad del coche?* ‖ FAM. aminoración.

amistad f. Confianza y afecto desinteresado entre las personas: *Juan y yo llevamos diez años de amistad.* ‖ pl. Conjunto de personas con las que se tiene amistad: *ha hecho muchas amistades en su nuevo trabajo.* ‖ Conocidos, influyentes: *tiene amistades en el partido.* ‖ FAM. amigo, amistosamente, amistar, amistoso.

amistar tr. y prnl. Unir en amistad.

amistoso, sa adj. Que demuestra amistad. ‖ En dep., se apl. al encuentro o partido que se juega fuera de competición.

amito m. Prenda de lienzo fino, con una cruz en medio, que se pone el sacerdote sobre los hombros y espalda para celebrar la misa.

amnesia f. Pérdida total o parcial de la memoria. ‖ FAM. amnésico.

amniocentesis f. Extracción mediante una punción, a través de la cavidad abdominal de la mujer gestante, de líquido amniótico para su análisis. ◆ No varía en pl.

amnios m. Membrana interna que envuelve el embrión de reptiles, aves y mamíferos. ‖ FAM. amniocentesis, amniota, amniótico.

amniota adj. y m. Se apl. al vertebrado que presenta un embrión provisto de amnios, como los reptiles, las aves y los mamíferos. Más en pl.

amniótico, ca adj. Del amnios o relativo a esta membrana interna que envuelve el embrión. ‖ **líquido amniótico** Líquido que se encuentra en el interior del amnios, cuya misión es proteger al embrión y al feto.

amnistía f. Perdón por ley o decreto de delitos, particularmente políticos. ‖ FAM. amnistiar.

amnistiar tr. Conceder a alguien amnistía.

amo, ma m. y f. Persona dueña de algo. ‖ Persona que posee criados. ‖ Mayoral o capataz. ‖ Persona que predomina sobre otros, o en algo: *es el amo de la situación.*

amoblamiento m. *amer.* Mobiliario.

amoblar tr. *amer.* Amueblar. ◆ **Irreg.** Se conj. como *contar.*

amodorrar tr. Producir modorra, sueño o sopor profundos. ‖ prnl. Caer en modorra, adormilarse. ‖ FAM. amodorrado, amodorramiento, modorra.

amohinar tr. y prnl. Sentir o causar enojo, disgusto o tristeza. ‖ FAM. amohinado, amohinamiento.

amojamar tr. Hacer mojama. ‖ prnl. Enflaquecer y ponerse la piel seca y arrugada, especialmente por la vejez. ‖ FAM. amojamado, amojamamiento.

amojonar tr. Señalar con mojones los límites de una propiedad, terreno, término jurisdiccional, etc. ‖ FAM. amojonamiento, mojón.

amolar tr. Sacar corte o punta a un arma o instrumento cortante. ‖ tr. y prnl. *col.* Fastidiar, molestar: *si no le prestas atención, se amuela.* ◆ **Irreg.** Se conj. como *contar.* ‖ FAM. amolado, amolador.

amoldar tr. y prnl. Ajustar una cosa a un molde o a alguna forma conveniente. ‖ Ajustar la conducta de alguien a una pauta determinada: *amoldó su horario al nuevo país.* ◆ Se construye con la prep. *a.* ‖ FAM. amoldable, amoldamiento.

amonal m. Explosivo de gran potencia constituido por una mezcla de nitrato amónico, aluminio en polvo fino y trinitrotolueno.

amonarse prnl. *col.* Emborracharse.

amonestación f. Advertencia o llamada de atención sobre un error o falta, antes de tomar una decisión negativa contra alguien. ‖ Notificación pública que se hace en la iglesia de los nombres de los que se van a casar u ordenar. Más en pl.

amonestar tr. Hacer presente a uno alguna cosa para que se considere, procure o evite: *le han amonestado por haber faltado ayer.* ‖ Advertir, prevenir, avisar a alguien de un error o falta antes de tomar una decisión negativa contra él. ‖ Publicar en la iglesia los nombres de las personas que quieren casarse. ‖ FAM. amonestación, amonestador, amonestamiento.

amoniaco o **amoníaco** m. Gas venenoso de olor irritante, incoloro, soluble en agua, formado por tres átomos de hidrógeno y uno de nitrógeno, que se usa disuelto en agua para abonos, artículos de limpieza, etc. ‖ FAM. amoniacal, amonio.

amonio m. Catión resultante de la unión de un protón a una molécula de amoniaco, y que está compuesto de un átomo de nitrógeno y cuatro de hidrógeno. ‖ FAM. amoniaco, amónico.

amontillado adj. y m. Se apl. al vino blanco que es parecido al vino de Montilla.

amontonar tr. y prnl. Poner unas cosas sobre otras sin orden ni concierto: *amontonar libros en una esquina.* ‖ Apiñar personas, animales o cosas. ‖ Juntar, reunir cosas en abundancia: *amontonarse el trabajo.* ‖ prnl. Sobrevenir muchos sucesos en poco tiempo. ‖ FAM. amontonadamente, amontonamiento, montón.

amor m. Conjunto de sentimientos que ligan una persona a otra, o bien a las cosas, ideas, etc.: *amor a la vida, amor de madre.* ‖ Persona amada, y p. ext., aquello que es especialmente querido: *su amor es la moto.* ‖ Ternura, suavidad. ‖ Esmero con que se hace algo. ‖ pl. Relaciones amorosas: *tenía amores con su vecina.* ‖ **amor libre** Relación amorosa que rechaza el establecimiento de una pareja fija o estable. ‖ **amor propio** Consideración o estima de sí mismo. ‖ Deseo de quedar bien ante sí mismo y ante los demás y de superarse. ‖ **amor platónico** El que forma una imagen ideal de la persona amada, sin establecer con ella ningún tipo de relación real. ‖ **al amor de** loc. adv. Cerca de, junto a: *al amor de la lumbre.* ‖ **con o de mil amores** loc. *col.* Con mucho gusto. ‖ **en amor y compañía** loc. adv. En paz y armonía. ‖ **hacer el amor** loc. Realizar el acto sexual. ‖ **por amor al arte** loc. adv. *col.* De manera gratuita: *trabaja por amor al arte.* ‖ **por (el) amor de Dios** loc. *col.* Se usa para indicar petición, protesta o sorpresa: *haz de una vez lo que te digo, por amor de Dios.* ‖ FAM. amar, amorío, amorosamente, amoroso, desamor, enamorar.

amoral adj. Desprovisto de sentido o finalidad moral. || FAM. amoralidad, amoralismo.

amoratado, da adj. De color morado.

amoratarse prnl. Ponerse morado, especialmente una parte del cuerpo. || FAM. amoratado.

amorcillo m. En artes plásticas, niño alado y desnudo que suele llevar flechas, rosas y una venda en los ojos, y que representa al dios del amor.

amordazar tr. Poner una mordaza. || Impedir que alguien hable o se exprese libremente. || FAM. amordazamiento, mordaza.

amorfo, fa adj. Sin forma regular o bien determinada. || Se apl. al mineral no cristalizado.

amorío m. Relación amorosa que se considera superficial y pasajera. Más en pl.

amormío m. Planta perenne de la familia de las amarilidáceas, de hojas largas y lacias y bohordo central de unos 40 cm de altura.

amoroso, sa adj. Del amor o relativo a él. || Que siente amor. || Que manifiesta amor.

amorrar intr. y prnl. col. Bajar o inclinar una persona la cabeza, especialmente cuando se obstina en no hablar. || prnl. Acercar mucho o poner directamente los labios o los morros sobre algo: se amorró a la fuente para beber.

amortajar tr. Poner la mortaja a un difunto. || FAM. amortajador, amortajamiento, mortaja.

amortiguación f. Sistema o mecanismo de suspensión de un aparato mecánico, especialmente de un vehículo.

amortiguador, ra adj. Que amortigua o hace menos intensa, viva o violenta una cosa. || m. Dispositivo para evitar el efecto de las sacudidas bruscas, como la violencia de un choque, la intensidad de un sonido o la trepidación de una máquina o automóvil. || FAM. amortiguación, amortiguamiento, amortiguar.

amortiguar tr. y prnl. Hacer menos intensa, viva o violenta una cosa: amortiguar el fuego, la luz, el afecto, etc. || FAM. amortiguador, amortiguamiento.

amortización f. Reembolso gradual de un préstamo o deuda. || Recuperación de los fondos invertidos en una empresa. || Desvalorización periódica de los bienes y posesiones cuyo valor disminuye con el tiempo o con el uso. || Supresión de empleos o plazas en un cuerpo u oficina. || FAM. amortizar, desamortización.

amortizar tr. Reembolsar gradualmente el capital de un préstamo o deuda. || Recuperar o compensar los fondos invertidos en una empresa: todavía no he amortizado la reforma del local. || Desvalorizar periódicamente los bienes y posesiones cuyo valor disminuye con el tiempo o con el uso. || Suprimir empleos o plazas en un cuerpo u oficina. || FAM. amortizable, amortización, amortizado.

amosal m. Mezcla explosiva de gran potencia, basada en componentes químicos.

amoscarse prnl. col. Enfadarse.

amostazar tr. col. Irritar, enojar. Más como prnl.

amotinado, da adj. y s. Se apl. a la persona que toma parte en un motín.

amotinar tr. Provocar un motín. || prnl. Sublevarse contra la autoridad constituida: la tripulación se amotinó. || FAM. amotinado, amotinamiento, motín.

amparar tr. Favorecer, proteger. || prnl. Valerse del favor o protección de alguien o algo. ◆ Se construye con las preps. de, en y contra: ampararse de la lluvia/en una ley/contra el enemigo. || FAM. amparado, amparo.

amparo m. Protección, resguardo, defensa. || Persona o cosa que ampara: es el amparo de sus padres.

amperaje m. Intensidad en amperios de una corriente eléctrica.

amperímetro m. Aparato para medir la intensidad de una corriente eléctrica.

amperio m. Unidad de intensidad de corriente eléctrica que corresponde al paso de un culombio por segundo. Su símbolo es A. || FAM. amperaje, amperímetro.

ampliación f. Aumento de la cantidad, la duración o el tamaño de algo. || Fotografía ampliada.

ampliador, ra adj. Que amplía. || f. Aparato para obtener copias fotográficas ampliadas. || FAM. ampliación, ampliar.

ampliar tr. Aumentar la cantidad, la duración o el tamaño de algo. || Profundizar: ampliar los estudios. || Reproducir fotografías, planos, textos, etc., en tamaño mayor del que tiene el original. || FAM. ampliable, ampliación, ampliador, ampliadora, ampliamente, amplio.

amplificador, ra adj. Que amplifica. || m. Aparato mediante el cual se aumenta la amplitud o intensidad de un fenómeno físico: amplificador de audio, de corriente continua.

amplificar tr. Ampliar o aumentar la cantidad, la duración o el tamaño de algo. || Ampliar o aumentar la intensidad de una magnitud física, especialmente el sonido, mediante procedimientos técnicos. || FAM. amplificación, amplificado, amplificador.

amplio, plia adj. Extenso, dilatado, espacioso. || Holgado, no ceñido: abrigo amplio. ◆ sup. amplísimo. || FAM. ampliar, amplitud.

amplitud f. Extensión, dilatación. || Capacidad de comprensión intelectual o moral: amplitud de miras. || Valor máximo que puede alcanzar una magnitud oscilante en un periodo de tiempo: amplitud de onda.

ampolla f. Vejiga formada por la elevación de la epidermis. || Vasija de cuello largo y angosto y de cuerpo ancho y redondo. || Pequeño recipiente de vidrio cerrado herméticamente, que contiene por lo común un medicamento. || Burbuja que se forma en el agua. || **levantar ampollas** loc. Causar gran disgusto, irritación o desasosiego: su discurso ácido levantó ampollas. || FAM. ampollar, ampolleta.

ampolleta f. amer. Bombilla.

ampuloso, sa adj. Hinchado, redundante, falto de naturalidad o sencillez, especialmente referido al estilo o al lenguaje. || FAM. ampulosidad.

amputación f. Separación espontánea, traumática o quirúrgica de un miembro del cuerpo o de parte de él.

amputar tr. Cortar o separar un miembro del cuerpo o parte de él, especialmente mediante operación quirúrgica. || FAM. amputación, amputado.

amueblado, da adj. Con muebles. || col. Que tiene muchos conocimientos y bien estructurados: tiene una cabeza bien amueblada.

amueblar tr. Dotar de muebles un edificio, una habitación, una casa, etc. || FAM. amueblado.

amuermar tr. y prnl. *col.* Producir o causar aburrimiento, sopor o decaimiento.

amuleto m. Objeto al que se atribuye virtud sobrenatural.

amura f. Parte de los costados de una embarcación donde esta empieza a estrecharse para formar la proa. || FAM. amurar.

amurallar tr. Rodear o cercar con murallas. || FAM. amurallado.

amustiar tr. y prnl. Poner mustio, marchitar.

anabaptismo m. Doctrina del siglo XVI que rechazaba el bautismo antes del uso de la razón. || FAM. anabaptista.

anabolismo m. Conjunto de procesos metabólicos en que se sintetizan sustancias complejas a partir de otras más simples. || FAM. anabólico, anabolizante.

anabolizante adj. y m. De los anabolizantes o relativo a este grupo de sustancias. || m. pl. Grupo de estas sustancias químicas utilizadas para suplir deficiencias en los procesos anabólicos naturales.

anacarado, da adj. Con el aspecto o color del nácar.

anacardiáceo, a adj. y f. De las anacardiáceas o relativo a esta familia de plantas. || f. Familia de plantas angiospermas dicotiledóneas, árboles y arbustos de corteza resinosa, hojas alternas, flores en racimos y fruto en drupa o seco, como el lentisco.

anacardo m. Árbol de la familia de las anacardiáceas, que crece hasta 20 m, de hojas persistentes y ovales, flores pequeñas y rosadas y fruto pulposo y comestible. || Fruto de este árbol, que se usa en medicina.

anacoluto m. Construcción que rompe el orden lógico y gramatical de un mensaje por la falta de coherencia sintáctica entre los elementos de la oración.

anaconda f. Reptil escamoso ofidio semiacuático, no venenoso, de color verde oscuro con manchas negras ovales y que llega a alcanzar hasta 10 m de longitud.

anacoreta com. Persona que vive en lugar solitario, entregada a la contemplación y a la penitencia. || FAM. anacorético.

anacreóntico, ca adj. Del poeta griego Anacreonte (s. VI a. C.), o con características de su obra y estilo. || adj. y f. Se apl. a la composición poética que canta a los placeres del amor y del vino, por lo general de extensión breve y con predominio del verso heptasílabo.

anacrónico, ca adj. Que está en desacuerdo con la época presente o que no corresponde a la época en que se sitúa.

anacronismo m. Error que consiste en presentar algo como propio de una época a la que no corresponde. || Cosa impropia de las costumbres o ideas de una época. || FAM. anacrónico, anacrónicamente.

ánade m. Nombre común de diversas aves anseriformes, buenas nadadoras y buceadoras, que viven en zonas húmedas. || Pato, ave.

anadiplosis f. Figura que consiste en la repetición de la última parte de un grupo sintáctico o de un verso, al comienzo del siguiente.

anaerobio, bia adj. y m. Se apl. al organismo que puede vivir y desarrollarse en ausencia completa o casi completa de oxígeno molecular libre. || FAM. anaerobiosis, anaerobismo.

anafe m. Anafre.

anafilaxia o **anafilaxis** f. Reacción de hipersensibilidad del organismo a la nueva introducción de una sustancia que actúa como un antígeno, y cuya primera administración no dio lugar a ningún trastorno. || FAM. anafiláctico.

anáfora f. Repetición de una o varias palabras al comienzo de una frase o verso, o de varios: «*¡mira, mira quién está aquí!» es un ejemplo de anáfora.* || Presencia en la oración de elementos que hacen referencia a algo mencionado con anterioridad. || FAM. anafórico.

anafre m. Hornillo o recipiente de cerámica para contener brasas.

anaglifo m. Vaso u otra obra tallada, de relieve tosco. || Fotografía estereoscópica con una prueba impresa en rojo y otra en verde para ser vista en relieve con ayuda de lentes especiales. || FAM. anaglífico.

anagliptografía f. Sistema de escritura en relieve empleado por los invidentes.

anagrama m. Palabra que resulta de la transposición o reordenación de las letras de otra: «*Roma*» *es anagrama de «amor».*

anal adj. Del ano o relativo a él: *músculo, conducto anal.*

anales m. pl. Relaciones de sucesos por años. || Publicación periódica anual de carácter científico o técnico. || *col.* Historia o memoria: *esta jugada pasará a los anales del baloncesto.* || FAM. analista, analístico.

analfabetismo m. Falta de instrucción elemental en un país. || Desconocimiento de la lectura y de la escritura. || Falta de cultura. || FAM. alfabeto, analfabeto.

analfabeto, ta adj. y s. Que no sabe leer ni escribir. || Ignorante, sin cultura.

analgesia f. Ausencia de toda sensación dolorosa. || FAM. analgésico.

analgésico, ca adj. De la analgesia o relativo a esta ausencia de toda sensación dolorosa. || adj. y m. Se apl. a la sustancia o medicamento que calma o quita el dolor físico.

análisis m. Distinción y separación de las partes de un todo hasta llegar a conocer sus principios, elementos, etc. || Estudio minucioso de una obra, de un escrito o de cualquier otro objeto de estudio intelectual. || Examen cualitativo y cuantitativo de ciertos componentes o sustancias del organismo según métodos especializados, con un fin diagnóstico. ◆ No varía en pl. || FAM. analista, analítico, psicoanálisis.

analista com. Persona que hace análisis clínicos. || En inform., persona que define un problema y establece las líneas generales para su solución. || Persona que habitualmente sigue y analiza los acontecimientos relacionados con un determinado campo de la vida social o cultural: *analista político, financiero, etc.*

analítico, ca adj. Del análisis o relativo a él. || Que procede por vía de análisis: *analítico.* || Se apl. a la lengua que necesita morfemas independientes, como las preposiciones, conjunciones y artículos, para expresar las relaciones sintácticas. ‖ f. Análisis clínico. ‖ FAM. analíticamente.

analizar tr. Hacer un análisis. ‖ FAM. analizable, analizador.

analogía f. Relación de semejanza entre cosas distintas. ‖ Semejanza formal entre los elementos lingüísticos que desempeñan igual función: *los pretéritos «estuve, tuve y anduve» se formaron por analogía con «hube»*. ‖ FAM. analógico, análogo.

analógico, ca adj. Análogo. ‖ De la analogía o relativo a ella. ‖ Que representa de manera continua en el tiempo la evolución de una magnitud: *señal analógica*.

análogo, ga adj. Que tiene analogía con otra cosa: *este diseño es análogo al anterior*. ‖ Se apl. al órgano que puede adoptar aspecto semejante a otro por cumplir determinada función, pero que no es homólogo a él. ‖ FAM. análogamente, analogía.

anamniota adj. y m. Se apl. al vertebrado que presenta un embrión desprovisto de amnios, como los peces y los anfibios. Más en pl.

ananá o **ananás** m. Planta tropical de la familia de las bromeliáceas, que crece hasta unos 70 cm de altura, con hojas rígidas de bordes espinosos y rematados en punta muy aguda y flores de color morado. ‖ Fruto de esta planta, carnoso, amarillento, muy fragante y terminado en una corona de hojas. También se conoce como *piña tropical*. ◆ La segunda forma no varía en pl.

anapesto m. En la métrica clásica griega y latina, pie compuesto de tres sílabas, las dos primeras breves y la tercera larga. ‖ FAM. anapéstico.

anaquel m. Estante de un armario, librería, alacena, etc.

anaranjado, da adj. De color semejante al de la naranja.

anarco adj. y com. Anarquista. ‖ FAM. anarquía.

anarcosindicalismo m. Movimiento sindical de carácter revolucionario y de orientación anarquista. ‖ FAM. anarcosindicalista.

anarquía f. Falta de todo gobierno en un Estado. ‖ Desorden, confusión o barullo por ausencia o flaqueza de una autoridad. ‖ FAM. anarco, anárquicamente, anárquico, anarquismo, anarquizar.

anarquismo m. Doctrina política y social que preconiza la completa libertad del individuo, la abolición del Estado y la supresión de la propiedad privada. ‖ FAM. anarquista.

anarquista adj. Del anarquismo o la anarquía o relativo a ellos. ‖ com. Partidario o defensor del anarquismo o de la anarquía.

anástrofe f. Inversión violenta en el orden de las palabras de una oración.

anatema amb. En la Iglesia católica, excomunión. Más como m. ‖ Maldición, reprobación o condena. Más como m. ‖ FAM. anatematizar.

anatomía f. Ciencia que estudia la forma y estructura externa e interna de los seres vivos, y especialmente del cuerpo humano. ‖ FAM. anatómico, anatomista.

anatómico, ca adj. De la anatomía o relativo a ella. ‖ Se apl. al objeto que se adapta perfectamente al cuerpo humano: *silla anatómica*. ‖ FAM. anatomía.

anca f. Cada una de las dos mitades laterales de la parte posterior de algunos animales: *ancas de rana*. ‖ Grupa de las caballerías. ‖ Cadera de una persona. ‖ *col.* Nalga de una persona. Más en pl. ‖ FAM. enancarse.

ancestral adj. De los antepasados o relativo a ellos. ‖ De origen remoto o muy antiguo: *costumbre ancestral*.

ancestro m. Antepasado. Más en pl. ‖ FAM. ancestral.

ancho, cha adj. Que tiene una anchura considerable o excesiva. ‖ Demasiado holgado o amplio. ‖ Orgulloso, ufano: *le insultó y se quedó tan ancho*. ‖ m. Anchura. ‖ **a sus anchas** loc. adv. *col.* Con entera libertad: *cuando al fin se fueron todos, ella se quedó a sus anchas*. ‖ FAM. anchura.

anchoa o **anchova** f. Boquerón curado en salmuera con parte de su sangre.

anchoveta f. Tipo de anchoa propia del océano Pacífico.

anchura f. La menor de las dos dimensiones principales de los cuerpos o figuras planas. ‖ En una superficie, dimensión considerada de derecha a izquierda o de izquierda a derecha. ‖ En objetos de tres dimensiones, la segunda en magnitud. ‖ Medida del contorno o diámetro de un orificio. ‖ Amplitud, extensión o capacidad grandes: *posee una gran anchura de miras*. ‖ FAM. anchuroso.

ancianidad f. Último periodo de la vida natural de las personas. ‖ Estado o condición de la persona que tiene muchos años.

anciano, na adj. y s. Se apl. a la persona que tiene muchos años, y también a lo relativo a ella. ‖ FAM. ancianidad.

ancla f. Instrumento de hierro, en forma de arpón o anzuelo doble, que sirve para sujetar las naves al fondo del mar. ‖ FAM. anclar.

anclaje m. Acción y resultado de anclar una embarcación. ‖ Fondeadero. ‖ Conjunto de elementos destinados a fijar algo firmemente al suelo.

anclar intr. Quedar sujeta una embarcación por medio del ancla. También tr.: *anclaron el yate en el puerto*. ‖ tr. Sujetar algo firmemente al suelo. ‖ prnl. Aferrarse a una idea o actitud. ◆ Se construye con la prep. *en: decidió anclarse en el pasado*. ‖ FAM. ancladero, anclaje.

áncora f. Ancla. ‖ Defensa, refugio: *áncora de salvación*.

ancua (voz quechua) amb. *amer.* Rosetas de maíz.

¡anda! interj. que se emplea para indicar asombro, sorpresa o disgusto. ‖ Expresión que se usa para enfatizar un ruego o una petición.

andada f. Pan duro y sin miga. ‖ pl. Huellas de caza. ‖ **volver a las andadas** loc. *col.* Reincidir o volver a caer en un vicio o mala costumbre que ya se había abandonado: *me dijiste que no fumabas, pero veo que has vuelto a las andadas*.

andadera f. Aparato para que los niños aprendan a andar. Más en pl.

andado m. *amer.* Manera de andar.

andador, ra adj. y s. Que anda mucho o deprisa. ‖ m. Andadera. Más en pl.

andadura f. Movimiento o avance en el espacio o en el tiempo.

¡ándale! interj. *amer.* Se emplea para incitar a alguien a empezar o a proseguir una acción.

andalucismo m. Palabra, locución o giro propios del dialecto andaluz y empleados en otra lengua. || Nacionalismo andaluz o defensa de lo que se considera característico o típico de Andalucía. || FAM. andalucista.

andalusí adj. y com. De al-Ándalus o relativo a la España musulmana. ◆ pl. *andalusíes.*

andaluz, za adj. y s. De Andalucía o relativo a esta comunidad autónoma española. || m. Variedad de la lengua española hablada en Andalucía, caracterizada por diversos rasgos fonológicos y por una entonación y léxico peculiares. || FAM. andalucismo, andalucista.

andamiaje m. Conjunto de andamios.

andamio m. Armazón de tablones o vigas para colocarse encima de él y trabajar en la construcción o reparación de edificios. || FAM. andamiaje.

andana f. Conjunto de cosas dispuestas en hilera. || FAM. andanada.

andanada f. Descarga cerrada de toda una batería de cualquiera de los costados de un buque. || Localidad cubierta y con diferentes órdenes de gradas en las plazas de toros. || *col.* Represión severa: *andanada de improperios.*

andancia f. *amer.* Andancio.

andancio m. *amer.* Cualquier enfermedad epidémica leve.

andante[1] adj. Que anda: *caballero andante.* || m. *amer.* Caballo de silla.

andante[2] (voz it.) m. En mús., indicación de tiempo moderadamente lento. || Composición o pieza musical en este tiempo.

andanza f. Peripecia, trance, aventura, especialmente las ocurridas durante un viaje. Más en pl.: *nos contó sus andanzas por Australia.* || FAM. andar.

andar intr. Ir de un lugar a otro dando pasos. || Moverse o trasladarse de un lugar a otro algo inanimado: *el coche no anda.* || Funcionar un mecanismo: *este reloj no anda.* || Transcurrir el tiempo: *andaban los años.* || Estar, hallarse en un determinado estado: *¿cómo andas del resfriado?* || Haber, existir: *andan muchos gamberros por el local.* || Tomar parte, ocuparse o entretenerse en algo: *anda en un proyecto de investigación.* También prnl. || *col.* Traer entre manos. ◆ Se construye con la prep. *con: es peligroso andar con fuego.* || Hurgar o poner las manos o los dedos en alguna cosa. ◆ Se construye con la prep. *en.* También prnl. y con valor reflex.: *no te andes en la herida.* || Encontrarse en un punto exacto o aproximado. ◆ Se construye con las preps. *en* y *por*, seguidas de un número que indique años: *debe de andar por los cuarenta.* || Seguido de la prep. *a* y nombres en pl. que indiquen una acción violenta, efectuarla contra alguien: *andar a palos, a tortas, etc.* || Con gerundio, estar realizándose la acción expresada por este: *anda haciendo los deberes.* || **andarse por las ramas** loc. *col.* Detenerse en lo que menos importa: *ve al grano y no te andes por las ramas.* || **¿cómo andamos?** Fórmula de saludo. || **todo se andará** loc. *col.* Se usa para indicar que tarde

o temprano llegará el momento en que algo ocurra o se resuelva. || FAM. andaderas, andador, andadura, andanza, andariego, andarín. ◆ **Irreg.** Conjugación modelo:

Indicativo
Pres.: ando, andas, anda, andamos, andáis, andan.
Imperf.: andaba, andabas, andaba, *etc.*
Pret. perf. simple: anduve, anduviste, anduvo, anduvimos, anduvisteis, anduvieron.
Fut. simple: andaré, andarás, andará, *etc.*
Condicional simple: andaría, andarías, andaría, *etc.*
Subjuntivo
Pres.: ande, andes, ande, andemos, andéis, anden.
Imperf.: anduviera o anduviese, anduvieras o anduvieses, *etc.*
Fut. simple: anduviere, anduvieres, anduviere, *etc.*
Imperativo: anda, andad.
Participio: andado.
Gerundio: andando.

andar m. Modo de andar. Más en pl.: *tiene unos andares muy elegantes.* || Movimiento, avance: *el andar de los años.*

andariego, ga adj. y s. Que anda mucho o va de un lugar a otro sin parar en ninguno.

andarín, ina adj. y s. Andariego. || f. Golondrina, ave.

andarivel m. Cuerda colocada en diferentes sitios de una embarcación, a manera de pasamanos. || Cuerda tendida entre las dos orillas de un río o canal, mediante la cual pueden palmearse las embarcaciones menores. || Mecanismo compuesto de una especie de cesta o cajón que, pendiente de dos argollas, corre por una maroma fija por sus dos extremos.

andarríos m. Nombre común de diversas aves del orden caradriformes que miden alrededor de 20 cm de altura, con el dorso pardo y el pecho y vientre claros, en ocasiones moteados, patas verdosas y pico largo. ◆ No varía en pl.

andas f. pl. Tablero sostenido por dos barras horizontales y paralelas que sirve para el transporte de imágenes, personas o cosas.

¡ándele! interj. *amer.* ¡Ándale!

andén m. En las estaciones de trenes y autobuses, especie de acera al borde de la vía o de la calzada. || En los puertos de mar, espacio de terreno sobre el muelle en donde trabajan las personas encargadas del embarque y desembarque de las mercancías. || *amer.* Acera de la calle.

andinismo m. *amer.* Deporte de montaña en los Andes. || FAM. andinista.

andino, na adj. De los Andes o relativo a esta cordillera montañosa.

andorga f. *col.* Vientre, barriga.

andorrano, na adj. y s. De Andorra o relativo a este principado situado en los Pirineos.

andrajo m. Prenda de vestir vieja, rota y sucia. Más en pl. || Pedazo o jirón de tela muy usada. Más en pl. || FAM. andrajoso.

andrajoso, sa adj. Se apl. a la prenda de vestir vieja, rota y sucia. || adj. y s. Cubierto de andrajos.

androceo m. En una flor, conjunto formado por los estambres.

androfobia f. Aversión o temor patológico al sexo masculino. ‖ FAM. andrófobo.

andrógeno m. Nombre común de las hormonas que estimulan el desarrollo de las características sexuales masculinas secundarias, tales como la voz o la barba.

andrógino, na adj. y s. Hermafrodita. ‖ Se apl. a la persona cuyos rasgos externos no se corresponden exactamente con los propios de su sexo.

androide m. Autómata de figura humana.

andrología f. Ciencia que se ocupa de las enfermedades del sexo masculino, especialmente las del aparato genital. ‖ FAM. andrológico.

andropausia f. Periodo de la vida del hombre caracterizado por la pérdida fisiológica de la función testicular.

andurrial m. Paraje extraviado o fuera del camino. Más en pl.: *me llevó por unos andurriales que yo no conocía.*

anea f. Planta herbácea perenne de la familia de las tifáceas que crece en sitios pantanosos, de tallos cilíndricos y sin nudos, hojas ensiformes y flores en forma de espiga maciza y vellosa. Sus hojas se emplean para hacer asientos de sillas.

anécdota f. Relato breve de un suceso curioso o divertido. ‖ Suceso irrelevante o sin importancia: *no te tengas en anécdotas y ve al grano.* ‖ FAM. anecdotario, anecdótico.

anecdotario m. Colección de anécdotas.

anecdótico, ca adj. De la anécdota o relativo a este relato o suceso: *su comentario solo tiene un valor anecdótico.*

anegar tr. Inundar de agua y, p. ext., de cualquier otro líquido. También prnl.: *anegarse en llanto.* ‖ prnl. Naufragar. ‖ FAM. anegadizo, anegamiento.

anejo, ja adj. y s. Agregado o unido a otra cosa de la que depende o con la que tiene una estrecha relación. ‖ FAM. anejar.

anélido, da adj. y m. De los anélidos o relativo a este grupo de invertebrados celomados. ‖ m. pl. Grupo de invertebrados celomados que comprende a los gusanos, de cuerpo casi cilíndrico y segmentado por anillos o pliegues transversales externos, como las lombrices de tierra y las sanguijuelas.

anemia f. Trastorno que se caracteriza por la disminución de la hemoglobina o del número de glóbulos rojos en la sangre. ‖ FAM. anémico.

anémico, ca adj. De la anemia o relativo a esta alteración de la sangre. ‖ adj. y s. Que padece anemia.

anemófilo, la adj. Se apl. a la planta cuya polinización se produce por medio del viento. ‖ FAM. anemofilia.

anemografía f. Estudio de la descripción de los vientos. ‖ FAM. anemógrafo.

anemómetro m. Instrumento para medir la velocidad o la fuerza del viento. ‖ FAM. anemometría, anemoscopio.

anémona, anemona o **anemone** f. Planta herbácea de la familia de las ranunculáceas, con pocas hojas en los tallos y flores de seis pétalos, grandes y vistosas. ‖ Flor de esta planta. ‖ **anémona de mar** Cnidario marino de la clase antozoos, parecido a la actinia pero con tentáculos menos numerosos y más largos.

anemoscopio m. Instrumento para indicar los cambios de dirección del viento. ‖ FAM. anemómetro.

anestesia f. Privación general o parcial de la sensibilidad, con o sin pérdida de conciencia, mediante la administración de una sustancia anestésica. ‖ Sustancia utilizada para anestesiar. ‖ FAM. anestesiar, anestésico, anestesiología, anestesiólogo, anestesista.

anestesiar tr. Insensibilizar por medio de un anestésico.

anestésico, ca adj. De la anestesia o relativo a ella. ‖ adj. y m. Se apl. a la sustancia que produce anestesia.

aneurisma amb. Dilatación anormal de un vaso sanguíneo. Más como m.

anexar tr. Unir una cosa a otra con dependencia de ella.

anexión f. Unión de una cosa a otra, de la que depende o deriva, especialmente un territorio.

anexionar tr. y prnl. Anexar, especialmente un territorio. ‖ FAM. anexión, anexionismo, anexionista, anexo.

anexo, xa adj. y s. Anejo. ‖ m. pl. Tejidos, estructuras o partes accesorias de un órgano.

anfeta f. abrev. *col.* de *anfetamina.*

anfetamina f. Droga que se usa como estimulante de los sistemas nervioso central y cardiovascular.

anfibio, bia adj. y Se apl. al animal y a la planta que puede vivir en el agua y fuera de ella. También m. ‖ P. ext., se dice del vehículo, del aparato o de la tropa militar que puede desplazarse por tierra y por agua. ‖ adj. y m. Batracio. ‖ m. pl. Clase de vertebrados con cuatro patas y de vida semiacuática que presentan respiración branquial en estado larvario y pulmonar cuando son adultos, y que incluye a los sapos, ranas, tritones, salamandras y cecilias.

anfíbol m. Silicato de calcio, sodio, potasio, hierro, magnesio y otros metales, de color generalmente verde o negro y brillo nacarado.

anfibolita f. Roca metamórfica de color verde oscuro, dura y tenaz, compuesta principalmente por anfíbol.

anfibología f. Doble sentido de una palabra o de una frase, o manera de hablar a la que puede darse más de una interpretación. ‖ Figura que consiste en emplear intencionadamente voces o cláusulas de doble sentido. ‖ FAM. anfibológico.

anfioxo m. Nombre común de diversos cefalocordados de unos 2 a 7 cm de longitud, fusiformes, cubiertos de una cutícula transparente y que se alimentan filtrando las aguas marinas.

anfiteatro m. Edificio de forma redonda u oval con gradas alrededor, en el cual se celebraban espectáculos en la Antigüedad. ‖ Conjunto de asientos colocados en gradas semicirculares en las aulas, los teatros y otros locales.

anfitrión, ona m. y f. Persona que tiene invitados. ‖ P. ext., persona o entidad que recibe en su país o en su sede habitual a los invitados.

ánfora f. Cántaro alto y estrecho, de cuello largo, con dos asas.

anfótero, ra adj. y s. Se apl. a la molécula o ion capaz de actuar como ácido o como base, según las condiciones.

anfractuoso, sa adj. Irregular, desigual, quebrado, sinuoso. ‖ FAM. anfractuosidad.

angarillas f. pl. Armazón formado por dos barras paralelas unidas por una tabla transversal, que sirve para transportar a mano materiales para edificios y otras cosas.

ángel m. Espíritu celeste criado por Dios para su ministerio. ‖ Gracia, simpatía: *no es guapa, pero tiene ángel.* ‖ Persona de calidades propias de los espíritus angelicales: *ese bebé es un ángel.* ‖ **ángel de la guarda** El que Dios tiene señalado a cada persona para su guarda o custodia. ‖ **como los ángeles** loc. adv. Muy bien: *canta como los ángeles.* ‖ **pasar un ángel** loc. Se emplea cuando en una conversación se produce un silencio completo. ‖ FAM. angelical, angelicalmente, angélico, angelote, arcángel.

angelical o **angélico, ca** adj. De los ángeles o relativo a estos espíritus celestes. ‖ Que se parece a los ángeles por su hermosura, candor o inocencia.

angelito m. Niño de muy tierna edad.

angelote m. Figura grande de ángel que suele colocarse en retablos u otras obras artísticas. ‖ Persona muy sencilla y apacible.

ángelus m. Oración en honor del misterio de la encarnación. ◆ No varía en pl.

angina f. Inflamación de las amígdalas o de estas y la faringe. Más en pl. ‖ En lenguaje corriente, amígdalas. ‖ **angina de pecho** Síndrome que se caracteriza por una constricción de la región anterior del tórax, con dolor y sensación de ahogo. ‖ FAM. anginoso.

angiología f. Parte de la anatomía que trata del sistema vascular. ‖ FAM. angiografía, angiograma, angiólogo.

angiospermo, ma adj. y f. De las angiospermas o relativo a este subtipo de plantas. ‖ f. División del reino metafitas cuyas semillas se encuentran encerradas en un receptáculo formado por una o más hojas carpelares soldadas, que recibe el nombre de ovario.

anglicanismo m. Conjunto de doctrinas de la religión reformada predominante en Inglaterra. ‖ FAM. anglicano.

anglicano, na adj. Del anglicanismo o relativo a este conjunto de doctrinas religiosas. ‖ adj. y s. Que profesa el anglicanismo.

anglicismo m. Vocablo o giro propios del inglés y empleados en otra lengua. ‖ FAM. anglicista.

anglo, gla adj. y s. De los individuos de una tribu germánica que se estableció en Inglaterra en los siglos V y VI o relacionado con ellos. ‖ Inglés. ‖ FAM. anglicismo, angloamericano, anglocanadiense, anglófilo, anglófobo, angloparlante, anglosajón.

angloamericano, na adj. De los ingleses y estadounidenses, o con elementos propios de ambos. ‖ adj. y s. Se apl. a la persona de origen inglés y nacida en América, o a la norteamericana nacida en Estados Unidos.

anglófono, na adj. y s. Que tiene como lengua materna u oficial el inglés, o que lo habla. También se dice *anglohablante* o *angloparlante.*

anglosajón, ona adj. y s. De los pueblos germanos que en el siglo V invadieron Inglaterra, o relativo a ellos. ‖ En general, se apl. al individuo o al pueblo de procedencia y habla inglesas. ‖ m. Lengua germánica hablada por los antiguos anglosajones, que se desarrolló entre los siglos VI y XII, y de la que deriva el inglés moderno.

angolán m. Árbol de la India, de fruto comestible y cuya raíz se usa como purgante.

angoleño, ña adj. y s. De Angola o relativo a esta república africana.

angora f. Lana que se obtiene a partir del pelo de ciertas razas de mamíferos de pelo largo, sedoso y fino, originarias de Angora (antiguo nombre de Ankara, capital de Turquía). ‖ FAM. angorina.

angorina f. Fibra textil que imita a la angora.

angosto, ta adj. Estrecho, reducido. ‖ FAM. angostamente, angostar, angostura.

angostura¹ f. Estrechura o paso estrecho. ‖ FAM. angosto.

angostura² f. Planta de la familia de las rutáceas cuya corteza tiene propiedades medicinales. ‖ Bebida amarga elaborada a base de dicha corteza.

angstrom m. Unidad de longitud equivalente a una diezmillonésima de milímetro, que se utiliza para expresar longitudes de onda, dimensiones atómicas o subatómicas, dimensiones celulares, etc.

anguila f. Pez osteíctio anguiliforme, sin aletas abdominales, de cuerpo largo y cilíndrico y de carne comestible, que vive en los ríos pero que emigra hasta el mar de los Sargazos para desovar. Sus crías se denominan *angulas.*

anguiliforme adj. y m. De los anguiliformes o relacionado con este orden de peces. ‖ m. pl. Orden de peces osteíctios que se caracterizan por tener el cuerpo serpentiforme y una aleta dorsal que les recorre todo el cuerpo, como la anguila.

angula f. Cría de la anguila, muy apreciada en gastronomía.

angular adj. Del ángulo o relativo a él. ‖ Con forma de ángulo. ‖ **gran angular** Objetivo de corta distancia focal y con capacidad de cubrir un ángulo visual de 70 a 180°. También m.

ángulo m. Figura formada en una superficie por dos líneas que parten de un mismo punto o, en el espacio, por dos superficies que parten de una misma línea. ‖ Rincón. ‖ Esquina o arista. ‖ Perspectiva, punto de vista. ‖ **ángulo agudo** El que es menor que el recto. ‖ **ángulo complementario** Lo que le falta a un ángulo para medir 90°. ‖ **ángulo de reflexión** El formado por una trayectoria que se aleja de un medio con el que ha chocado, y la normal a la superficie de ese medio en el punto de encuentro. ‖ **ángulo de refracción** El formado por una trayectoria que pasa de un medio a otro, y la normal a la superficie de separación entre ambos medios, al alejarse de ella. ‖ **ángulo de tiro** El formado por la línea horizontal con el eje de la pieza. ‖ **ángulo llano**

El que vale dos rectos. ‖ **ángulo muerto** Zona lateral detrás del vehículo que el conductor no puede ver desde los espejos retrovisores. ‖ **ángulo obtuso** El que mide más de 90° y menos de 180°. ‖ **ángulo recto** El formado por dos rectas que se cortan perpendicularmente y que mide 90°. ‖ **ángulo suplementario** Lo que le falta a un ángulo para medir 180°. ‖ FAM. angular, angulosidad, anguloso.

angulosidad f. Parte angulosa. Más en pl. ‖ Presencia de ángulos o esquinas. ‖ Existencia de rasgos muy marcados en el rostro de una persona a causa de su delgadez.

angurriento, ta adj. *amer. col.* Que padece inanición o gran desánimo. ‖ FAM. angurria.

angustia f. Aflicción, congoja. ‖ Temor opresivo sin causa precisa. ‖ FAM. angustiado, angustiar, angustiosamente, angustioso.

angustiado, da adj. Que implica o expresa angustia.

angustiar tr. y prnl. Causar angustia, afligir, acongojar.

angustioso, sa adj. Que produce angustia.

anhelar tr. Tener ansia o deseo vehemente de conseguir alguna cosa: *anhela independizarse de sus padres.* ‖ FAM. anhelante, anhelo, anheloso.

anhelo m. Deseo vehemente de conseguir alguna cosa.

anhídrido m. Denominación que se utilizaba antiguamente para referirse a los óxidos no metálicos. ‖ **anhídrido carbónico** Gas más pesado que el aire, inodoro, incoloro, incombustible y asfixiante, que se produce en las combustiones y en algunas fermentaciones por la combinación del carbono con el oxígeno. También se conoce como *dióxido de carbono.*

anhidro, dra adj. Se apl. a la sustancia que no contiene agua.

anidar intr. Hacer nido las aves o vivir en él. También prnl. ‖ Hallarse o existir algo en una persona o cosa: *en su corazón anida la bondad.* ‖ Morar, habitar. También prnl. ‖ Fijarse o insertarse el óvulo fecundado en la pared mucosa del útero. ‖ FAM. anidación, anidamiento.

anieblarse prnl. Cubrirse de niebla. ◆ Solo se conjugan sus terceras personas y las formas no personales.

anilina f. Líquido tóxico artificial que se obtiene por reducción del nitrobenceno y que se emplea, sobre todo, como colorante.

anilla f. Cada uno de los anillos que sirven para colgar o sujetar alguna cosa. ‖ Pieza de metal o plástico en forma de circunferencia que se coloca en las patas de los animales para su estudio, especialmente en las aves. ‖ pl. En gimnasia, aparato que consta de dos aros pendientes de cuerdas o cadenas en las que se realizan diferentes ejercicios. ‖ FAM. anillado, anillar, anillo.

anillo m. Aro pequeño, en particular el de metal u otra materia, que se lleva principalmente como adorno en los dedos de la mano. ‖ Anilla, pieza de metal o plástico. ‖ Moldura que rodea el fuste de las columnas. ‖ Cornisa de forma circular que sirve de base a la cúpula. ‖ Cada uno de los segmentos en que está dividido el cuerpo de los gusanos o artrópodos. ‖ Cada uno de los círculos leñosos concéntricos que forman el tronco de un árbol. ‖ Estructura molecular formada por una cadena cerrada de átomos. ‖ Formación celeste que circunda determinados planetas. ‖ Redondel de la plaza de toros. ‖ **caérsele** a alguien **los anillos** loc. col. Sentirse rebajado o humillado respecto de la propia situación social o jerárquica. ◆ Se usa más en frases negativas: *ya friego yo, que no se me van a caer los anillos.* ‖ **como anillo al dedo** loc. adv. *col.* A la medida: *este abrigo le queda como anillo al dedo.*

ánima f. Alma del hombre. ‖ Alma del purgatorio. ‖ Hueco del cañón de las piezas de artillería y, en general, de toda arma de fuego. ‖ pl. Toque de campanas para rogar por las almas del purgatorio, y hora en que tiene lugar.

animación f. Dotación de movimiento, vigor o intensidad a cosas inanimadas. ‖ Viveza y agilidad en las acciones, palabras o movimientos. ‖ Concurso de gente en una fiesta, regocijo o esparcimiento. ‖ Conjunto de técnicas o procedimientos destinados a impulsar la participación de los individuos en una determinada actividad y en el desarrollo sociocultural del grupo del que forman parte. ‖ Técnica de preparación de dibujos en serie para una película.

animado, da adj. Dotado de alma, con vida. ‖ Alegre, divertido. ‖ Concurrido.

animador, ra adj. y s. Que anima. ‖ m. y f. Persona que presenta y ameniza un espectáculo de variedades o invita a la gente a participar en él. ‖ Persona que se dedica profesionalmente a organizar fiestas o reuniones. ‖ Especialista en animación: *la factoría Disney cuenta con grandes animadores.*

animadversión f. Enemistad, ojeriza u odio.

animal m. Ser orgánico que vive, siente y se mueve por propio impulso. ‖ Ser irracional por oposición a los humanos. ‖ adj. Del animal o relativo a él: *reino animal.* ‖ De la parte instintiva de un ser viviente, frente a la racional o espiritual, o relativo a ella: *apetito animal.* ‖ adj. y com. Grosero o muy ignorante. ‖ Que destaca extraordinariamente por su saber, inteligencia, fuerza o corpulencia. ‖ FAM. animalada, animalidad, animalización, animalizar.

animalada f. col. Burrada, barbaridad, salvajada. ‖ Cantidad grande o excesiva.

animar tr. Incitar a alguien a una acción. ◆ Se construye con la prep. *a:* le han animado a comprarse un coche. ‖ Dar a alguien ánimo, energía moral o confianza: *la buena noticia me animó mucho.* ‖ Dotar de movimiento, vigor o intensidad a cosas inanimadas. ‖ prnl. Cobrar ánimo, atreverse. ◆ Se construye con la prep. *a:* por fin se ha animado a estudiar. ‖ FAM. animación, animadamente, animado, animador, ánimo, desanimar.

anímico, ca adj. Del ánimo o relativo a él.

animismo m. Término que denota la creencia general de que todos los seres y objetos de la naturaleza están animados o tienen espíritu. ‖ Doctrina que considera al alma principio de acción de los fenómenos vitales.

ánimo m. Alma o espíritu, en cuanto es principio de la actividad humana: *su estado de ánimo es excelen-*

te. || Valor, esfuerzo, energía. || Intención, voluntad: *lo hizo con ánimo de ayudarte.* || interj. Se usa para alentar o esforzar a una persona: *¡ánimo, campeón!* || FAM. anímico, animosidad.

animosidad f. Aversión, antipatía. || Ánimo, valor.

animoso, sa adj. Que tiene ánimo o valor. || FAM. animosamente.

aniñado, da adj. Con las características que se consideran propias de un niño, especialmente referido a los rasgos físicos.

aniñarse prnl. Adquirir o adoptar comportamientos o rasgos propios de un niño. || FAM. aniñado.

anión m. Ion con carga negativa.

aniquilación f. Reducción a la nada, destrucción o ruina de algo o de alguien. || Abatimiento de una persona, con pérdida del ánimo. || Deterioro grave del estado o de la condición de algo.

aniquilar tr. y prnl. Reducir a la nada, destruir o arruinar enteramente. || Abatir a una persona, haciéndole perder el ánimo. || Deteriorar gravemente el estado o la condición de algo. || FAM. aniquilable, aniquilación, aniquilado, aniquilamiento.

anís m. Planta herbácea anual de la familia de las umbelíferas, de unos 30 cm de altura, con tallo ramoso y flores pequeñas y blancas. || Semilla de esta planta, aovada, verdosa, aromática y de sabor agradable. || Aguardiente elaborado con esta semilla. ◆ pl. *anises.* || FAM. anisado, anisar, anisete.

anisado, da adj. Que contiene anís. || m. Anís, aguardiente.

anisar tr. Echar anís a una cosa.

anisete m. Licor compuesto de aguardiente, azúcar y anís.

aniversario m. Día en que se cumplen años de algún suceso: *hoy es mi aniversario de bodas.* || Acto conmemorativo de este día.

ano m. Orificio del conducto digestivo por el cual se expele el excremento. || FAM. anal.

anoche adv. t. En la noche de ayer, especialmente referido al tiempo transcurrido entre el momento en que se hace de noche y la hora de acostarse. || FAM. anteanoche, noche.

anochecer[1] intr. impers. Empezar a faltar la luz del día, venir la noche. || intr. Llegar a estar en un paraje, situación o condición determinadas al empezar la noche: *anochecí en la calle.* ◆ Irreg. Se conj. como *agradecer.* || FAM. anochecida, anochecido.

anochecer[2] m. Tiempo durante el cual se hace de noche.

anodino, na adj. Insignificante, insustancial: *película anodina.*

ánodo m. Electrodo positivo.

anofeles adj. y m. Se apl. al mosquito de largos palpos cuya hembra es transmisora de los protozoos causantes del paludismo. ◆ No varía en pl.

anomalía f. Irregularidad, anormalidad o falta de adecuación a lo que es habitual. || Malformación, alteración biológica, congénita o adquirida. || FAM. anómalo.

anómalo, la adj. Irregular, extraño. || FAM. anomalía.

anona f. Árbol tropical de la familia de las anonáceas, de unos 4 m de altura, de tronco ramoso, corteza oscura, hojas grandes lanceoladas y flores de color blanco amarillento y de mal olor. || Fruto de este árbol, comestible, de forma acorazonada y pulpa blanca, dulce y aromática, con numerosas pepitas negras.

anonáceo, a adj. y f. De las anonáceas o relativo a esta familia de plantas. || f. pl. Familia de plantas dicotiledóneas, arbóreas o arbustivas, a menudo trepadoras, propias de las zonas tropicales e intertropicales, con las hojas alternas, simples y enteras, flores casi axilares, solitarias o en manojo y fruto simple o compuesto, seco o carnoso, con pepitas duras y frágiles, como el chirimoyo.

anonadar tr. Causar gran sorpresa o dejar muy desconcertada a una persona: *nos anonadó con la noticia de su boda.* También prnl. Se usa más frecuentemente la perífrasis *dejar* o *quedar anonadado.* || Apocar, disminuir mucho alguna cosa. || Humillar, abatir: *sus insultos anonadaron al público.* También prnl. || FAM. anonadación, anonadamiento.

anonimato m. Carácter o condición de anónimo: *vivir en el anonimato.*

anonimia f. Ocultación del nombre del autor de una obra, o desconocimiento de la identidad de tal autor.

anónimo, ma adj. y m. Se apl. a la obra o escrito que no lleva el nombre de su autor. || Se dice de la persona de nombre no conocido: *admirador anónimo.* || FAM. anónimamente, anonimato, anonimia.

anopluro, ra adj. y m. De los anopluros o relativo a este suborden de insectos. || m. pl. Orden de insectos sin alas que viven como ectoparásitos en el cuerpo de algunos mamíferos, como la ladilla o el piojo.

anorak m. Prenda impermeable, generalmente con capucha, usada sobre todo por los esquiadores. ◆ pl. *anoraks.*

anorexia f. Trastorno psíquico caracterizado por la pérdida del apetito. || FAM. anoréxico.

anormal adj. Que no es normal. || adj. y com. Se apl. a la persona cuyo desarrollo físico o intelectual es inferior al que corresponde a su edad. También se emplea como insulto: *este anormal acaba de darme un empujón.* || FAM. anormalidad, anormalmente.

anotación f. Adición de notas o comentarios a un escrito. || Apunte o toma de un dato por escrito.

anotar tr. Poner notas o añadir comentarios a un escrito. || Apuntar o tomar nota de un dato por escrito: *voy a anotar tu número de teléfono.* || Hacer anotación o asiento en un registro público. || En dep., marcar tantos. || prnl. Obtener un éxito o un fracaso: *su equipo se anotó la derrota.* || FAM. anotación, anotador.

anovulatorio, ria adj. y m. Se apl. al fármaco que impide la ovulación. || FAM. anovulación, anovula.

anquilosar tr. Disminuir o perder la movilidad en una articulación. También prnl.: *se le han anquilosado las rodillas.* || prnl. Detenerse algo en su progreso. || FAM. anquilosado, anquilosamiento.

anquilosis f. Disminución o imposibilidad de movimiento en una articulación normalmente móvil. ◆ No varía en pl. || FAM. anquilosar.

ánsar m. Ave palmípeda del orden anseriformes, propia de países septentrionales, de la que desciende el ganso doméstico, con plumaje blanco agrisado, pico largo, robusto y anaranjado y patas rojizas. || Ganso.

anseriforme adj. y f. De las anseriformes o relacionado con este orden de aves. || f. pl. Orden de aves que se caracterizan por tener picos anchos con filtros en sus bordes, una membrana entre los dedos de las patas y una glándula en la base de la cola de la que extraen grasa para lubricar sus plumas, como los cisnes, gansos y patos.

ansia f. Anhelo intenso. || Congoja o fatiga que causa en el cuerpo inquietud o agitación violenta. || pl. Náuseas. || FAM. ansiar, ansioso.

ansiar tr. Desear con ansia. || FAM. ansia, ansiedad, ansioso.

ansiedad f. Estado de agitación o inquietud del ánimo. || Estado de angustia y temor que acompaña muchas enfermedades y que no permite el sosiego de quien la padece. || FAM. ansiolítico.

ansiolítico, ca adj. y m. Se apl. al fármaco que disminuye o calma la ansiedad.

ansioso, sa adj. Acompañado de ansias o congojas. || adj. y s. Que tiene ansia o deseo vehemente de alguna cosa. || FAM. ansiosamente.

antagonismo m. Oposición sustancial en doctrinas y opiniones. || Oposición mutua o acción contraria, especialmente entre fármacos, músculos, organismos, etc. || FAM. antagónico, antagonista.

antagonista adj. y com. Se apl. a la persona o cosa contraria u opuesta. || com. Personaje de una obra literaria, narrativa o dramática, que se opone al protagonista.

antaño adv. t. En tiempo pasado. || FAM. antañón.

antártico, ca adj. y Se apl. al polo opuesto al ártico o polo sur. || Del polo sur o relativo a él, || P. ext., meridional.

ante[1] m. Alce. || Búfalo. || Piel de alce u otros animales adobada y curtida.

ante[2] prep. En presencia de, delante de: *actuar ante el público.* || En comparación, respecto de: *no puedo opinar ante este asunto.*

ante- pref. que indica 'anterioridad en el tiempo o en el espacio': *anteayer, antecámara.*

anteanoche adv. t. En la noche de anteayer.

anteayer adv. t. En el día inmediatamente anterior al de ayer.

antebrazo m. Parte del brazo desde el codo hasta la muñeca.

antecámara f. Sala que precede a la principal de un palacio o casa grande.

antecedente adj. Que antecede o precede. || m. Circunstancia anterior que sirve para juzgar hechos posteriores. || El primero de los términos de una correlación gramatical, o el término mencionado en una deixis anafórica. || Nombre, pronombre u oración que precede a un pronombre relativo al que este último se refiere. || En las proposiciones condicionales, enunciado precedido por la partícula *si*. || **antecedentes penales** Anotación que se efectúa en el registro correspondiente sobre la persona que ha tenido alguna condena judicial. || **estar** alguien **en antecedentes** loc. Conocer las circunstancias previas a un asunto. || **poner** a alguien **en antecedentes** loc. Informar de las circunstancias previas a un asunto.

anteceder tr. Preceder. || FAM. antecedente, antecesor.

antecesor, ra m. y f. Persona que precedió a otra en una dignidad, empleo u obra. || m. Antepasado, ascendiente. Más en pl.: *sus antecesores fueron turcos otomanos.*

antecocina f. Habitación contigua a la cocina.

antedicho, cha adj. Dicho antes o con anterioridad.

antediluviano, na adj. Anterior al diluvio universal. || Muy antiguo, pasado de moda: *mi ordenador es antediluviano.*

antelación f. Anticipación temporal con que sucede una cosa respecto a otra.

antemano (de) loc. adv. t. Con anticipación, anteriormente.

antemeridiano, na adj. Anterior al mediodía.

ante meridiem loc. adv. lat. Se emplea en los países anglosajones posponiendo su abreviatura *(a. m.)* a cualquiera de las doce horas antes de la primera mitad del día.

antena f. Dispositivo de formas muy diversas que, en los emisores y receptores de ondas electromagnéticas, sirve para emitirlas o recibirlas. || Cada uno de los apéndices articulados que tienen en la cabeza muchos animales artrópodos. Más en pl. || col. Capacidad o interés en escuchar conversaciones ajenas. Más en pl.: *tiene las antenas puestas para enterarse de lo que decimos.* || **en antena** loc. adv. En emisión: *ese concurso lleva cuatro años en antena.* || FAM. antenista.

anteojera f. Cada una de las piezas que tapan lateralmente los ojos de una caballería para que no vea por los lados, sino de frente. Más en pl.

anteojo m. Instrumento óptico para ver objetos lejanos, compuesto principalmente de una lente objetivo destinada a formar imágenes y una lente ocular que las amplía. || pl. Gafas o lentes. || FAM. anteojera.

antepasado, da m. y f. Ascendiente más o menos remoto de una persona o grupo de personas. Más en pl. || adj. Dicho del tiempo, que es anterior a otro tiempo ya pasado.

antepecho m. Pretil o barandilla que se coloca en lugares altos para poder asomarse sin peligro.

antepenúltimo, ma adj. y s. Inmediatamente anterior al penúltimo.

anteponer tr. Colocar una persona o cosa por delante de otra en el espacio o en el tiempo. || Preferir, estimar más. ◆ Se construye siempre con la prep. *a: decidió anteponer sus deseos a sus obligaciones.* ◆ **Irreg.** Se conj. como *poner.* Su p. p. es irreg.: *antepuesto.* || FAM. anteposición.

anteportada f. Hoja que precede a la portada de un libro impreso y en la que solo suele ponerse el título de la obra.

anteproyecto m. Conjunto de trabajos preliminares para redactar el proyecto de una obra de arquitectura o de ingeniería. || P. ext., primera redacción sucinta de una ley, programa, etc.

antera f. Parte del estambre de las flores donde se almacena el polen.

anteridio m. Órgano reproductor masculino de algas, hongos, briofitos y pteridofitos.

anterior adj. Que precede en lugar o tiempo. || FAM. anterioridad, anteriormente.

anterioridad f. Precedencia temporal de una cosa con respecto a otra.

antes adv. t. y l. que denota prioridad de tiempo o lugar. || adv. ord. que denota prioridad o preferencia: || conj. ad. que denota idea de contrariedad y preferencia en el sentido de una oración respecto de otra: *el que está limpio de pecado no teme la muerte, antes la desea.* || adj. Anterior, antecedente: *la noche antes, el año antes.* || **antes bien** loc. conjunt. Al revés, de modo contrario. || **antes de anoche** loc. adv. Anteanoche. || **antes de ayer** loc. adv. Anteayer. || **cuanto antes** loc. adv. Lo más pronto posible.

antesala f. Sala que precede a la principal de una casa. || **hacer antesala** loc. Esperar en ella o en otra habitación antes de ser recibido por la persona a quien se desea ver.

anti- pref. que significa 'en lugar de' o 'contra': *antigripal, antiséptico, antisemita.*

antiácido, da adj. y m. Se apl. a la sustancia que se opone o que resiste a la acción de los ácidos, especialmente a la de los gástricos.

antiadherente adj. Que evita o impide la adherencia: *sartén antiadherente.*

antiaéreo, a adj. y m. De la defensa contra aviones militares o relativo a ella, particularmente referido a ciertos cañones.

antialérgico, ca adj. Que previene o disminuye la alergia: *tratamiento antialérgico.*

antiarrugas adj. Que previene la aparición de arrugas en la piel: *crema antiarrugas.* ◆ Es invariable.

antibalas adj. Que protege de los disparos efectuados con armas de fuego: *chaleco antibalas.* ◆ Es invariable.

antibiótico, ca adj. y m. Se apl. a la sustancia química producida por un ser vivo o fabricada por síntesis, capaz de impedir el desarrollo de ciertos microorganismos patógenos o de causar su muerte.

anticaspa adj. Que sirve para combatir la caspa: *champú anticaspa.* ◆ Es invariable.

anticiclón m. Área de alta presión atmosférica que suele originar tiempo despejado. || FAM. anticiclónico.

anticipación f. Avance temporal con respecto a lo previsto o señalado.

anticipado, da adj. Que ocurre antes del tiempo previsto. || **por anticipado** loc. adv. Con antelación: *pagar por anticipado.*

anticipar tr. Hacer que ocurra alguna cosa antes del tiempo regular: *anticiparon los exámenes.* || Fijar tiempo anterior al señalado para hacer alguna cosa. || Tratándose de dinero, darlo antes del tiempo señalado. || Adelantar o avanzar a una noticia. || prnl. Adelantarse una persona a otra en la realización de una acción. ◆ Se

construye con la prep. *a: se anticipó a sus compañeros en la entrega del trabajo.* || Ocurrir una cosa antes del tiempo señalado: *la primavera se ha anticipado este año.* || FAM. anticipación, anticipadamente, anticipado, anticipo.

anticipo m. Anticipación. || Dinero que se adelanta: *este mes voy a necesitar un anticipo.*

anticlericalismo m. Actitud contraria a todo lo que se relaciona con el clero. || FAM. anticlerical.

anticlímax m. Disposición de los términos de una gradación de modo que a partir de un clímax la tensión es descendente. || Momento en que desciende o se relaja la tensión después del clímax: *anticlímax de una obra dramática.* ◆ No varía en pl.

anticlinal adj. y m. Se apl. al pliegue que presenta una concavidad orientada hacia el interior del globo, cuyo núcleo está constituido por las rocas más antiguas de la serie plegada.

anticoagulante adj. y m. Que evita o impide la coagulación de la sangre.

anticolonial adj. Contrario al colonialismo. || FAM. anticolonialismo, anticolonialista.

anticomunismo m. Ideología o tendencia política opuesta al comunismo. || FAM. anticomunista.

anticomunitario, ria adj. Opuesto a la Unión Europea.

anticoncepción f. Conjunto de métodos o procedimientos empleados para impedir el embarazo de una mujer. || FAM. anticonceptivo.

anticonceptivo, va adj. y m. Se apl. al medio, a la práctica o al agente que impide el embarazo de una mujer.

anticongelante adj. y m. Se apl. a la sustancia que se añade al agua que refrigera los motores para impedir que se congele.

anticonstitucional adj. Contrario a la Constitución de un Estado. || FAM. anticonstitucionalidad.

anticristo m. Nombre que da el evangelista san Juan al misterioso adversario que antes de la segunda venida de Cristo intentará seducir a los cristianos y apartarlos de su fe. ◆ A veces se escribe con mayúscula.

anticuado, da adj. Que no tiene uso desde hace tiempo, propio de otra época. || adj. y s. Se apl. a la persona de mentalidad o gustos pasados de moda. || FAM. antiguo.

anticuario, ria m. y f. Persona que estudia, vende o colecciona objetos antiguos.

anticuarse prnl. Hacerse algo anticuado o pasarse de moda. || FAM. anticuado.

anticucho m. *amer.* Comida que consiste en trocitos de carne o vísceras ensartados, asados y sazonados con distintos tipos de salsa.

anticuerpo m. y Proteína existente en el organismo animal o producida en él por la introducción de un antígeno, contra cuya acción reacciona específicamente.

antidemocrático, ca adj. Opuesto a la democracia.

antideportivo, va adj. Que carece de deportividad.

antidepresivo, va adj. y m. Se apl. al fármaco que contrarresta los estados depresivos patológicos.

antideslizante adj. y m. Se dice del dispositivo que se apl. a los neumáticos de los vehículos de motor para evitar su deslizamiento sobre superficies resbaladizas.

antidisturbios adj. y com. Que previene, evita o acaba con los disturbios o alteraciones del orden. ◆ No varía en pl.

antidoping (voz i.) adj. y m. Se apl. al control que se establece en competiciones deportivas para detectar la presencia en el organismo de drogas estimulantes o sustancias químicas prohibidas: *control* antidoping. ◆ Como adj. es invariable.

antídoto m. y Medicamento que contrarresta la acción de un veneno. ‖ Medio para evitar incurrir en un vicio o falta: *el deporte es su antídoto contra el aburrimiento.*

antidroga adj. Que se opone al consumo y tráfico de droga: *redada antidroga.* ◆ Es invariable.

antienvejecimiento adj. Que sirve para prevenir, evitar o disminuir los signos del envejecimiento: *crema antienvejecimiento.* ◆ Es invariable.

antiespasmódico, ca adj. y m. Que sirve para calmar los espasmos o desórdenes nerviosos.

antiestético, ca adj. Contrario a la estética y, p. ext., feo o de mal gusto.

antiestrés adj. Que previene o cura el estrés: *remedio antiestrés.* ◆ Es invariable.

antifascismo m. Tendencia contraria al fascismo. ‖ FAM. antifascista.

antifaz m. Máscara con que se cubre la cara, especialmente la parte que rodea los ojos.

antífona f. Breve pasaje que se canta o reza antes y después de los salmos y de los cánticos en las horas canónicas. ‖ FAM. antifonal, antifonario.

antífrasis f. Figura que consiste en emplear una palabra o una expresión en sentido contrario a su significación, generalmente mediante una entonación irónica. ◆ No varía en pl.

antigás adj. Máscara destinada a evitar la acción de los gases tóxicos: *careta antigás.* ◆ Es invariable.

antígeno m. Toda sustancia que, introducida en un organismo animal, determina en él una reacción inmunitaria, como la formación de anticuerpos.

antigrasa adj. Que elimina la grasa: *producto antigrasa.* ◆ No varía en pl.

antigravedad f. Fuerza hipotética de igual magnitud y dirección a la de la gravedad, aunque de sentido contrario.

antigripal adj. y m. Que previene la gripe o sirve para combatirla.

antigualla f. *desp.* Mueble, traje, adorno o cosa semejante que ya no está de moda.

antigüedad f. Existencia desde hace mucho tiempo. ‖ Tiempo antiguo, pasado. ◆ Cuando se refiere a la Edad Antigua o a las épocas griega y romana se escribe con mayúscula: *la Antigüedad clásica.* ‖ Tiempo transcurrido desde el día en que se obtiene un empleo. ‖ pl. Monumentos u objetos artísticos de tiempo antiguo.

antiguo, gua adj. Que existe desde hace mucho tiempo. ‖ Que existió o sucedió en tiempo. ‖ Viejo, desfasado. También m. y f.: *eres un antiguo, ¡modernízate!* ‖ Se apl. a la persona que lleva mucho tiempo en un lugar, empleo o actividad: *el ordenanza más antiguo acaba de jubilarse.* ‖ pl. Los que vivieron en siglos remotos. ◆ sup. irreg. *antiquísimo.* ‖ FAM. anticuado, antigualla, antiguamente, antigüedad.

antihéroe m. Personaje de una obra literaria, narrativa o dramática, a quien se atribuyen las características físicas, psíquicas y humanas contrarias a las del héroe tradicional.

antihigiénico, ca adj. Contrario a las normas de la higiene.

antihistamínico, ca adj. y m. Se apl. a la sustancia que bloquea las respuestas del organismo a la histamina.

antiimperialismo m. Ideología o tendencia política opuesta al imperialismo. ‖ FAM. antiimperialista.

antiliberalismo m. Tendencia opuesta al liberalismo, especialmente en materia política o económica. ‖ FAM. antiliberalista.

antillano, na adj. y s. De las Antillas o relativo a este archipiélago centroamericano.

antilogía f. Contradicción entre dos textos, expresiones o ideas. ‖ Disputa o discusión dialéctica. ‖ FAM. antilógico, antilogio.

antílope m. Cualquiera de los mamíferos rumiantes artiodáctilos de cornamenta persistente en la que el núcleo óseo es independiente de su envoltura, como la gacela y la gamuza.

antimateria f. Materia cuyos átomos están formados por las antipartículas correspondientes a las partículas que forman la materia.

antimilitarismo m. Tendencia contraria al militarismo. ‖ FAM. antimilitarista.

antimonárquico, ca adj. y s. Contrario a la monarquía como sistema de gobierno.

antimonio m. Metal de color blanco azulado y brillante, duro, quebradizo e insoluble en ácido nítrico, que se usa en aleación con plomo y estaño para fabricar los caracteres de imprenta. Su símbolo es Sb, y su número atómico, *51.*

antinatural adj. Opuesto a lo que se considera natural.

antiniebla adj. Que mejora la visibilidad en días de niebla: *faros antiniebla.* ◆ Es invariable.

antinomia f. Contradicción entre dos preceptos legales. ‖ Contradicción entre dos principios racionales. ‖ FAM. antinómico.

antinuclear adj. Que se opone al uso de la energía nuclear.

antioxidante adj. y m. Que evita la oxidación.

antipapa m. El que no está canónicamente elegido papa y pretende ser reconocido como tal.

antipara f. Biombo que se coloca delante de algo para ocultarlo a la vista.

antiparras f. pl. *col.* Anteojos, gafas.

antipartícula f. Partícula elemental producida artificialmente, que tiene la misma masa que la partícula correspondiente, pero carga y momento magnético opuestos.

antipatía f. Sentimiento de aversión, repulsión o desacuerdo hacia alguna persona, animal o cosa. || FAM. antipático.

antipático, ca adj. y s. Que causa antipatía.

antipatriota com. Persona que actúa en contra de su patria. || FAM. antipatriótico.

antipedagógico, ca adj. Contrario a los preceptos de la pedagogía.

antipirético, ca adj. y m. Se apl. al medicamento o al tratamiento farmacológico que sirve para combatir la fiebre.

antípoda adj. Se dice del habitante o del lugar del globo terrestre diametralmente opuesto con respecto a los que se toman como punto de referencia. Más como m. pl.: *los australianos son antípodas de los españoles*. || *col*. Se apl. a la persona o cosa que está en situación opuesta a algo o alguien. Más como m. pl.

antiprotón m. Antipartícula del protón.

antiquísimo, ma adj. sup. irreg. de *antiguo*.

antirrábico, ca adj. y f. Que previene o combate la rabia.

antirradar adj. y m. Que evita la acción del radar o impide su uso normal: *misil antirradar*. ◆ Como adj. es invariable.

antirreflectante adj. Que no refleja: *cristales antirreflectantes*.

antirreglamentario, ria adj. Que va contra el reglamento.

antirrobo adj. y m. Se apl. al dispositivo destinado a impedir un robo: *alarma antirrobo*. ◆ Como adj. es invariable.

antisemita adj. y com. Se apl. a la persona hostil hacia los judíos o hacia la cultura e influencia de estos. || FAM. antisemítico, antisemitismo.

antisemitismo m. Doctrina o tendencia de los antisemitas.

antisepsia f. Práctica terapéutica destinada a prevenir o combatir las infecciones, basada en la destrucción de los microorganismos patógenos. || FAM. antiséptico.

antiséptico, ca adj. y m. Que impide el desarrollo de los microorganismos patógenos causantes de las infecciones o los mata.

antisocial adj. y com. Contrario a la sociedad o al orden social establecido.

antitabaco adj. Que se opone al consumo de tabaco: *campaña publicitaria antitabaco*. ◆ Es invariable.

antitanque adj. Se apl. al arma o proyectil destinado a destruir tanques de guerra y otros vehículos semejantes: *armamento antitanque*. ◆ Es invariable.

antiterrorista adj. y com. Contrario al terrorismo.

antítesis f. Oposición o contrariedad de dos juicios o afirmaciones. || Persona o cosa opuesta en sus condiciones a otra: *el hijo es la antítesis del padre*. || Figura que consiste en contraponer una frase o una palabra a otra de significado contrario. ◆ No varía en pl. || FAM. antitético.

antitetánico, ca adj. Que previene el tétanos o sirve para combatirlo.

antitoxina f. Anticuerpo elaborado en el organismo a consecuencia de la introducción de una toxina determinada y que sirve para neutralizar sus efectos.

antiviral adj. Se apl. a la sustancia capaz de inhibir la acción de los virus en las células, tejidos u organismos.

antivirus adj. y m. Se apl. al programa informático que detecta la presencia de un virus y lo anula. ◆ No varía en pl.

antojarse prnl. Hacerse objeto de vehemente deseo alguna cosa: *no hace más que lo que se le antoja*. || Presentarse como probable alguna cosa: *se me antoja que aquí sucede algo raro*. ◆ Solo se usa en tercera persona acompañado de alguno de los pronombres personales *me, te, le, nos*, etc.

antojitos m. pl. *amer*. Comidas típicas preparadas de distintas maneras, según los pueblos y las regiones.

antojo m. Deseo vivo y pasajero de alguna cosa. || Lunar o mancha que suelen presentar en la piel algunas personas y que tradicionalmente se atribuyen a caprichos no satisfechos por sus madres durante el embarazo. || pl. *amer*. Antojitos. || FAM. antojadizo, antojado, antojarse.

antología f. Libro que contiene una selección de textos literarios de uno o varios autores y, p. ext., cualquier medio (libro, disco o colección de discos, exposición, etc.) que incluya una selección de obras artísticas. || **de antología** loc. adj. Extraordinario, digno de ser destacado. || FAM. antológico, antólogo.

antónimo, ma adj. y m. Se apl. a la palabra que expresa una idea opuesta o contraria a la expresada por otra. || FAM. antonimia.

antonomasia f. Sinécdoque que consiste en poner el nombre apelativo por el propio, o viceversa: *«un Nerón» por «un hombre cruel»* es un ejemplo de antonomasia. || **por antonomasia** loc. adv. Se usa para denotar que a una persona o cosa le conviene el nombre apelativo con que se la designa por ser, entre todas las de su clase, la más importante, conocida o característica. || FAM. antonomástico.

antorcha f. Tea para alumbrar. || Lo que sirve de guía: *la antorcha de la sabiduría*.

antozoo adj. y m. De los antozoos o relativo a esta clase de animales marinos. || m. pl. Clase de cnidarios que en estado adulto viven fijos en el fondo del mar y que solo se presentan en forma de pólipos; tienen aspecto de flor, la boca rodeada de tentáculos y la cavidad digestiva dividida en cámaras separadas por septos, como la actinia o el coral.

antracita f. Carbón fósil negro que arde con dificultad.

ántrax m. Tumor inflamatorio localizado en el tejido subcutáneo, con abundante formación de pus y, a veces, complicaciones locales y generales graves. ◆ No varía en pl.

antro m. Caverna, cueva, gruta. || Local, establecimiento, vivienda, etc., de mal aspecto o reputación.

antropo- pref. que significa 'hombre': *antropofagia, antropoide*.

antropocentrismo m. Doctrina o teoría que supone que el hombre es el centro de todas las cosas, el fin absoluto de la naturaleza y punto de referencia de todas las cosas. || FAM. antropocéntrico.

antropofagia f. Costumbre que tienen algunos salvajes de comer carne humana. || FAM. antropófago.

antropófago, ga adj. y s. Se apl. a la persona que come carne humana.

antropoide adj. y com. Se apl. a los animales que por sus caracteres morfológicos externos se asemejan al hombre; se dice especialmente de los monos antropomorfos.

antropoideo, a adj. y m. De los antropoideos o relacionado con este suborden de primates. || m. pl. Suborden de primates evolucionados, de encéfalo muy desarrollado y eventualmente bípedos, que presentan el hocico reducido y los ojos en posición frontal, como el chimpancé y el orangután.

antropología f. Ciencia que trata de los aspectos biológicos del hombre y de su comportamiento como miembro de una sociedad. || FAM. antropológico, antropólogo.

antropomorfismo m. Conjunto de doctrinas que atribuyen a la divinidad las cualidades del hombre. || FAM. antropomórfico.

antropomorfo, fa adj. Que tiene forma o apariencia humana. || Se apl. al animal que por sus caracteres morfológicos externos se asemeja al hombre. || m. pl. Grupo de primates evolucionados, de encéfalo muy desarrollado y eventualmente bípedos, que presentan el hocico reducido y los ojos en posición frontal.

antropónimo m. Nombre propio de persona. || FAM. antroponimia, antroponímico.

antropopiteco m. Antigua denominación de mamíferos primates fósiles. || Australopiteco. || Pitecántropo.

anual adj. Que sucede o se repite cada año. || Que dura un año. || FAM. anualidad, anualmente.

anualidad f. Repetición de una cosa cada año. || Periodo de tiempo que dura un año. || Importe anual de una renta o carga periódica.

anuario m. Libro que se publica al principio de cada año para que sirva de guía a las personas de determinadas profesiones.

anublar tr. y prnl. Nublar. || FAM. anubado, anubarrado.

anudar tr. y prnl. Hacer uno o más nudos, o unir algo con un nudo: *se anudó los cordones de los zapatos.* || Juntar, unir, estrechar: *anudar la amistad.* || FAM. anudadura, anudamiento, reanudar.

anuencia f. Consentimiento, permiso para realizar algo. || FAM. anuente, renuncia.

anulación f. Acción y resultado de dar algo por nulo o dejarlo sin validez. || Desautorización o humillación de alguien.

anular adj. Del anillo, con su forma o relativo a él: *bóveda anular.* || adj. y m. Se apl. al cuarto dedo de la mano.

anular tr. y prnl. Dar algo por nulo o dejarlo sin validez. || Desautorizar o humillar a alguien, o no dejarle actuar libremente: *el defensa anuló al delantero.* || FAM. anulable, anulación, nulo.

anunciación f. P. ant., el anuncio que el arcángel san Gabriel hizo a la Virgen del misterio de la encarnación y fiesta con que se celebra.

anunciante adj. y com. Se apl. a la persona o empresa que anuncia, concretamente referido a la que publica anuncios comerciales.

anunciar tr. Dar noticia o aviso de alguna cosa. || Hacer propaganda o anuncios comerciales. También prnl.: *decidió anunciarse en el periódico.* || Pronosticar, decir qué va a suceder en el futuro. || Hacer saber el nombre de un visitante a la persona por quien desea ser recibido: *el mayordomo anunció a la condesa.* || FAM. anunciación, anunciador, anunciante, anuncio.

anuncio m. Acción y resultado de dar noticia o aviso de alguna cosa. || Conjunto de palabras, signos o imágenes con que se anuncia algo: *anuncio de televisión.* || Pronóstico, presagio.

anuro, ra adj. y m. De los anuros o relativo a este orden de anfibios sin cola. || m. pl. Orden de anfibios que tienen cuatro extremidades, las posteriores más largas que las anteriores, de respiración pulmonar, fecundación externa y fase larvaria, como las ranas y los sapos.

anverso m. En las monedas y medallas, cara principal. || Primera página impresa de un pliego.

anzuelo m. Arponcillo o garfio, generalmente pequeño y metálico que, pendiente de un sedal o alambre y puesto en el algún cebo, sirve para pescar. || Trampa, atractivo o aliciente. || **morder, picar** o **tragar el anzuelo** loc. *col.* Dejarse engañar.

añada f. Cosecha de un año, especialmente la del vino.

añadido m. Agregación o incorporación de una cosa a otra.

añadidura f. Lo que se añade a alguna cosa. || **por añadidura** loc. adv. Además.

añadir tr. Agregar o incorporar una cosa a otra. || Aumentar, acrecentar o ampliar, especialmente un discurso oral o escrito. ◆ Se construye con la prep. *a.* || FAM. añadido, añadidura.

añagaza f. Señuelo para coger aves. || Artificio para atraer con engaño.

añejo, ja adj. Se apl. a la cosa que tiene uno o más años: *vino añejo.* || Que tiene mucho tiempo, antiguo: *costumbre añeja.* || FAM. añejar.

añicos m. pl. Pedazos pequeños en que se divide alguna cosa al romperse.

añil adj. De color azul oscuro con tonalidades violetas. || m. Arbusto perenne de la familia de las leguminosas, de tallo recto, hojas compuestas, flores rojizas en espiga o racimo y fruto en vaina ovalada, del que se extrae un colorante. || Pasta de color azul oscuro que se obtiene de los tallos y hojas de esta planta. || m. Color de esta pasta. También adj.

año m. Tiempo que transcurre durante una revolución real del eje de la Tierra en su órbita alrededor del Sol. || Periodo de doce meses, a contar desde el día 1 de enero hasta el 31 de diciembre, ambos inclusive. || Periodo de doce meses a partir de una fecha determinada. || col. Época remota. ◆ Va seguido de exprs. como *de la pera, de la polca,* etc.: *lleva un abrigo del año de la pera.* || pl. Edad, tiempo vivido: *no aparenta los años que tiene.* || Día en que se celebra el aniversario del nacimiento de una persona: *este domingo cumplo años.* || **año académico** o **escolar** Período de duración de un curso, que se inicia después de las vacaciones del anterior. || **año bisiesto** El que tiene 366 días y en el mes de febrero 29 días. || **año jacobeo** Aquel en el que la Iglesia católica concede especiales indulgencias a los que peregrinan a visitar el sepulcro del apóstol Santiago. || **año luz** Medida astronómica de longitud, equivalente a la distancia recorrida por la luz en el vacío durante un periodo de doce meses. ◆ pl. *años luz.* || **año nuevo** El que está a punto de empezar o el que ha empezado recientemente. || **año sabático** El que se toma de descanso, especialmente el concedido a los profesores de universidad para que puedan dedicarse a la investigación. || **año santo** El de jubileo universal que se celebra en Roma en ciertas épocas y que después, por bula, se suele conceder en las iglesias señaladas, para todos los pueblos de la cristiandad. || **en** o **desde el año catapún** loc. *col.* Hace muchos años. || **entrado en años** loc. Maduro, de bastante edad. || **estar a años luz** loc. Se usa para indicar que una persona o cosa dista muchísimo de otra. || **estar de buen año** loc. *col.* Estar gordo y saludable. || *col.* Se apl. a la persona que es atractiva sexualmente. || FAM. anales, aniversario, anual, anuario, añada, añejo, añojo, añoso.

añojo, ja m. y f. Becerro o cordero de un año cumplido. || m. Carne de este becerro para uso comestible.

añoranza f. Nostalgia o sentimiento de pena que produce la ausencia, privación o pérdida de una persona o cosa muy querida.

añorar tr. e intr. Recordar con pena la ausencia, privación o pérdida de una persona o cosa muy querida. || FAM. añoranza.

aojar tr. Hacer mal de ojo. || Desgraciar o malograr una cosa. || FAM. aojo.

aorta f. Arteria principal del cuerpo que nace en el ventrículo izquierdo del corazón. || FAM. aórtico, aortitis.

aovado, da adj. Con forma de huevo.

aovar intr. Poner huevos. || FAM. aovado.

apabullante adj. *col.* Que confunde o intimida por su fuerza o superioridad.

apabullar tr. y prnl. *col.* Confundir, intimidar a una persona, haciendo exhibición de fuerza o superioridad: *le apabulló con sus comentarios.* || FAM. apabullamiento, apabullante, apabullo.

apacentar tr. Dar pasto a los ganados. || prnl. Pacer el ganado. ◆ Irreg. Se conj. como *acertar.* || FAM. apacentador, apacentamiento.

apache adj. y com. De los indios nómadas de las llanuras de Nuevo México, que se caracterizaban por su gran belicosidad, o relacionado con ellos.

apacheta f. Montón de piedras colocadas por los indios peruanos en las mesetas de los Andes, como signo de devoción a la divinidad.

apacible adj. Manso, dulce y agradable en la forma de ser y en el trato. || De buen temple, tranquilo, agradable. ◆ sup. irreg. *apacibilísimo.* || FAM. apacibilidad, apaciblemente.

apaciguar tr. y prnl. Poner en paz, sosegar, aquietar: *apaciguar los ánimos.* || FAM. apaciguamiento.

apadrinar tr. Actuar como padrino de alguien que recibe un sacramento o un determinado honor. || Patrocinar un hombre una iniciativa particular o colectiva para que tenga éxito: *un famoso magnate apadrinó el proyecto.* || prnl. Ampararse, valerse, acogerse a la protección de alguien. || FAM. apadrinamiento.

apagado, da adj. De genio muy sosegado y apocado. || Que tiene poca intensidad o viveza: *gema de color y brillo apagados.*

apagar tr. y prnl. Extinguir el fuego o la luz. || Aplacar, disipar, extinguir: *mi amor se fue apagando.* || Interrumpir el funcionamiento de un aparato desconectándolo de su fuente de energía. || tr. Rebajar un color demasiado vivo o templar el tono de la luz. || **apaga y vámonos** loc. *col.* Expr. con que se indica que algo ha llegado a su fin, especialmente en una conversación cuando resulta inútil o absurdo insistir en algo. || FAM. apagadizo, apagado, apagador, apagamiento, apagón.

apagón m. Corte pasajero y accidental del alumbrado eléctrico.

apaisado, da adj. Se apl. a la figura rectangular más ancha que alta: *cuadro apaisado.*

apaisar tr. Colocar una figura rectangular de forma apaisada. || FAM. apaisado.

apalabrar tr. Concertar de palabra dos o más personas alguna cosa.

apalancar tr. Levantar, mover alguna cosa mediante una palanca. || prnl. *col.* Acomodarse en un sitio, permanecer inactivo en él. || FAM. apalancado, apalancamiento, palanca.

apalear tr. Dar golpes a una persona o animal con un palo o con algo semejante. || Sacudir la ropa, una alfombra, etc., con un palo o vara. || Varear las ramas de un árbol para recoger su fruto.

apañado, da adj. Hábil, mañoso. || *col.* Adecuado para el uso a que se destina. || **estar** o **ir apañado** loc. *col.* Estar equivocado o expuesto a sufrir alguna decepción: *si esperas que te llame por teléfono, vas apañado.*

apañar tr. Coger, agarrar. || Recoger y guardar alguna cosa, o apoderarse de ella ilícitamente: *el ladrón apañó todas las joyas.* También intr. || Remendar lo que está roto: *apañó la falda como pudo.* || Solucionar, arreglar. || Acicalar, asear, ataviar: *apañar la casa.* || Aderezar o condimentar la comida. || *amer.* Encubrir. || prnl. Darse maña para hacer algo: *se apaña muy bien en el trabajo.* || **apañárselas** col. Arreglárselas, buscar la manera de salir de un apuro o lograr algún fin. || FAM. apañado, apaño.

apaño m. *col.* Compostura, reparo o remiendo. || *col.* Habilidad para hacer alguna cosa. || *col.* Relación amorosa irregular.

apapachar tr. *amer.* Acariciar, mimar.

aparador m. Mueble donde se guarda lo necesario para el servicio de la mesa.

aparato m. Instrumento o mecanismo que tiene una función determinada. || Pompa, ostentación. || Conjunto de órganos que en los animales o en las plantas desempeñan una misma función fisiológica: *aparato reproductor, circulatorio, etc.* || Conjunto de instituciones, leyes, mecanismos, cargos, etc., de un Estado, administración u organización: *aparato del Estado, del partido.* || *col.* Teléfono.

aparatosidad f. Exageración, manifestación excesiva de algo.

aparatoso, sa adj. Que tiene mucha ostentación. || Exagerado. || FAM. aparatosidad.

aparcacoches com. Persona encargada de aparcar los coches de los clientes en un establecimiento público. ◆ No varía en pl.

aparcamiento m. Colocación transitoria en un lugar de coches u otros vehículos. || Lugar destinado a aparcar un vehículo.

aparcar tr. Colocar transitoriamente en un lugar coches u otros vehículos. || Aplazar, postergar un asunto o una decisión. || FAM. aparcacoches, aparcado, aparcamiento.

aparcería f. Contrato entre el dueño de tierras y el que las cultiva para repartirse los productos o beneficios.

aparcero, ra m. y f. Persona que, bajo contrato de aparcería, explota una propiedad. || FAM. aparcería.

aparchonar tr. *amer.* Llenar de manchas.

apareamiento m. Unión de las hembras de los animales con los machos para su reproducción.

aparear tr. Ajustar una cosa con otra, de forma que queden iguales. || Juntar las hembras de los animales con los machos para que críen. También prnl. || FAM. apareamiento, parear.

aparecer intr. y prnl. Manifestarse, dejarse ver, generalmente de forma inesperada: *se le apareció un espíritu.* || Encontrarse, hallarse lo que estaba perdido u oculto. || Cobrar existencia o darse a conocer por primera vez: *el libro no apareció hasta la muerte de su autor.* || Hacer una persona acto de presencia en un lugar. ◆ **Irreg.** Se conj. como *agradecer.* || FAM. aparecido, aparición, desaparecer, reaparecer.

aparecido m. Espectro de un difunto que se aparece ante los vivos.

aparejado, da adj. Inherente o inseparable de aquello de lo que se trata: *las guerras traen/llevan aparejados muchos males.*

aparejador, ra m. y f. Técnico titulado que, en la construcción de edificios, se ocupa del trazado de planos parciales, de la disposición de los materiales y de la administración de la obra.

aparejar tr. Preparar, disponer. También prnl. ◆ Se construye con la prep. *para: aparejarse para el trabajo.* || Vestir con esmero: *aparejó al niño con un traje de marinero.* También prnl. || Poner el aparejo a las caballerías. || Poner el aparejo a una embarcación. || FAM. aparejado, aparejador, aparejo.

aparejo m. Preparación, disposición para alguna cosa. || Objetos necesarios para hacer ciertas cosas. Más en pl.: *aparejos de pesca.* || Arreo necesario para montar o cargar las caballerías. || Conjunto de palos, vergas, jarcias y velas de un barco.

aparentar tr. Manifestar o dar a entender lo que no es o no hay. También intr. || Tener una persona el aspecto correspondiente a una determinada edad: *aparenta unos treinta años.* || FAM. aparente, apariencia.

aparente adj. Que parece y no es. || Oportuno, adecuado. || Que se muestra a la vista. || Que tiene buen aspecto o apariencia: *tienes un despacho muy aparente.*

aparición f. Manifestación ante la vista de lo que estaba perdido u oculto. || Visión de un ser sobrenatural o fantástico. || Espectro, fantasma.

apariencia f. Aspecto exterior de una persona o cosa. También pl.: *no hay que fiarse de las apariencias.* || Verosimilitud, probabilidad. || Cosa que parece y no es. || **cubrir, guardar** o **salvar las apariencias** loc. Disimular, encubrir cierta situación para evitar los comentarios de los demás.

apartado, da adj. Retirado, remoto: *trabaja en una zona apartada del centro.* || Diferente, diverso. || m. Párrafo o serie de párrafos en que se divide un texto, artículo, etc. || Servicio de la oficina de correos por el que se alquila al usuario una caja numerada, en donde se deposita su correspondencia. || Número asignado a esta caja.

apartamento m. Vivienda, generalmente pequeña, que forma parte de un edificio en el que hay otras similares.

apartamiento m. Separación o alejamiento de una persona o cosa del lugar donde estaba. || Lugar apartado o retirado. || *amer.* Apartamento.

apartar tr. y prnl. Separar, dividir: *¿has apartado las botellas grandes de las pequeñas?* || Quitar a una persona o cosa del lugar donde estaba. ◆ Se puede construir con la prep. *a: se apartó a un lado.* || Alejar, retirar. || Disuadir a alguien de algo o hacer que desista de ello: *se apartó definitivamente de las drogas.* ◆ Se construye con la prep. *de.* || FAM. apartadero, apartado, apartamiento.

aparte adv. l. En otro lugar. || A distancia, desde lejos. || adv. m. Por separado. || adj. Diferente, distinto, singular: *Góngora es un autor aparte en la poesía española.* || m. En la representación escénica, lo que dice cualquiera de los personajes, suponiendo que no le oyen los demás. || Párrafo de un escrito.

apartheid (voz afrikaans) m. Discriminación racial aplicada en la República Sudafricana por la raza blanca sobre la negra.

apartotel m. Complejo de apartamentos con servicios hoteleros.

apasionado, da adj. y s. Que siente pasión o una fuerte inclinación por algo o por alguien.

apasionante adj. Que causa pasión o despierta mucho interés.

apasionar tr. y prnl. Causar, excitar alguna pasión. || prnl. Aficionarse con exceso a una persona o cosa. ◆ Se construye con las preps. *con* y *por: apasionarse con la naturaleza/por la fotografía.* || FAM. apasionadamente, apasionado, apasionamiento, apasionante.

apatía f. Dejadez, falta de interés, vigor o energía. || FAM. apático.

apático, ca adj. Que muestra o siente apatía y no tiene interés por nada ni por nadie.

apátrida adj. y com. Se apl. a la persona que carece de nacionalidad.

apeadero m. Sitio de la vía, sin las instalaciones propias de una estación, donde los viajeros pueden apearse.

apear tr. Descender o bajar de una caballería o de un medio de transporte. ◆ Se construye con la prep. *de*. Más como prnl.: *apearse del autobús*. || Sondear, superar, vencer alguna dificultad. || *col*. Disuadir a alguien de sus opiniones, ideas, creencias, etc. ◆ Se construye con la prep. *de: no pude apearle de esa idea*. También prnl. || FAM. apeadero.

apechar intr. Apechugar.

apechugar intr. *col*. Cargar con alguna obligación o circunstancia ingrata o no deseada. ◆ Se construye con la prep. *con: apechuga con cualquier complicación*.

apedrear tr. Lanzar o arrojar piedras a una persona o cosa. || Matar a pedradas. || intr. impers. Caer pedrisco. || prnl. Padecer daño con el pedrisco las cosechas. || FAM. apedreado, apedreamiento, apedreo.

apegarse prnl. Tomar apego a una persona o cosa. ◆ Se construye con la prep. *a: se ha apegado a nuestro grupo*. || FAM. apego.

apego m. Afecto, cariño o estimación hacia una persona o cosa.

apelación f. Presentación ante el juez o tribunal superior de un recurso para que revoque la sentencia dada por el inferior. || Llamamiento dirigido a una persona o cosa en cuya autoridad o criterio se confía para resolver un asunto.

apelar intr. Recurrir al juez o tribunal superior para que revoque la sentencia dada por el inferior. ◆ Se construye con las preps. *a, ante, contra* y *de: apelar al/ante el tribunal superior, apelar contra/de la sentencia*. || Recurrir a una persona o cosa en cuya autoridad o criterio se confía para resolver un asunto. ◆ Se construye con la prep. *a: apelo a su honradez*. || FAM. apelable, apelación, apelado, apelante, apelativo, inapelable.

apelativo, va adj. y m. Que sirve para llamar o atraer la atención. || Se apl. al nombre perteneciente al género común. || m. Sobrenombre. || *amer*. Apellido, nombre de familia.

apellidar tr. Nombrar a una persona por su apellido o sobrenombre. || prnl. Tener un determinado apellido: *se apellida López*. || FAM. apellido.

apellido m. Nombre de familia con que se distinguen las personas. || Sobrenombre, mote.

apelmazado, da adj. Pesado, recargado, amazacotado.

apelmazar tr. y prnl. Hacer que una cosa esté menos esponjada o hueca de lo que requiere para su uso. || FAM. apelmazado.

apelotonar tr. y prnl. Aglomerar, formar pelotones. || FAM. apelotonado.

apenar tr. y prnl. Causar pena, afligir. || prnl. *amer*. Sentir vergüenza. || FAM. apenado.

apenas adv. neg. Casi no: *apenas habla*. ◆ Seguido de *si*, forma la loc. conjunt. *apenas si: apenas si habla*. En estructuras negativas, equivale a *casi: no habla apenas*. || adv. c. Escasamente, solo: *apenas hace cinco días que te conozco*. || adv. t. Inmediatamente antes. ◆ Se usa en correlación con la conj. *cuando: apenas había llegado, cuando ya estaba deseando volver*. || conj. Tan pronto como, al punto que: *apenas llegó, se tumbó en el sofá*.

apencar intr. *col*. Apechugar.

apendejarse prnl. *amer*. Ponerse bobo o acobardarse. || FAM. apendejado.

apéndice m. Cosa adjunta o añadida a otra, especialmente el anexo o suplemento que se incluye al final de un libro, de una obra o de un trabajo de investigación. || Estructura anatómica unida o contigua a otra principal: *apéndice nasal*. || **apéndice cecal, vermicular** o **vermiforme** Prolongación delgada y hueca, de longitud variable, que se halla en la parte inferior del intestino ciego. || FAM. apendicular, apendicitis.

apendicitis f. Inflamación aguda del apéndice vermicular. ◆ No varía en pl.

aperado, da adj. *amer*. Dicho de una persona, bien dotada para urdir intrigas de las que saca provecho.

apercibir tr. Prevenir, preparar lo necesario para algo. Más como prnl. ◆ Se construye con las preps. *contra* y *para: apercibirse contra posibles ataques/para la defensa de la ciudad*. || Advertir, avisar. ◆ Se construye con la prep. *de: nos apercibieron del mal estado de la carretera*. || Amenazar con una sanción. ◆ Se construye con la prep. *con: le han apercibido con el despido si sigue faltando al trabajo*. || Hacer saber a la persona citada, emplazada o requerida las consecuencias que pueden derivarse de determinadas actitudes o actuaciones y las sanciones en que puede incurrir quien deja de cumplir lo que se le ordena. || prnl. Darse cuenta, percatarse. ◆ Se construye con la prep. *de: no me apercibí de su presencia*. || FAM. apercibimiento, desapercibido.

apergaminado, da adj. Con características semejantes a las del pergamino.

apergaminarse prnl. *col*. Acartonarse. || FAM. apergaminado.

aperitivo m. Bebida y comida que se toman antes de una comida principal. || Tapa o pincho que sirve para abrir el apetito.

apero m. Conjunto de instrumentos y herramientas de cualquier oficio. Más en pl.: *aperos de labranza*.

aperreado, da adj. Trabajoso, molesto.

aperrear tr. Echar o azuzar perros contra alguien. || *col*. Fatigar mucho a una persona. También prnl. || FAM. aperreado.

apertura f. Acción y resultado de abrir o descubrir lo que está cerrado u oculto. || Inauguración de un local, asamblea pública, curso académico, etc. || Tendencia favorable a la comprensión de actitudes ideológicas, políticas, etc., distintas de las que se tiene. || Colocación del primero de los signos ortográficos dobles: *apertura de comillas*. || FAM. aperturismo, aperturista.

aperturismo m. Actitud de apertura ideológica o política.

apesadumbrado, da adj. Afligido, triste, disgustado.

apesadumbrar tr. Causar pesadumbre, afligir. Más como prnl.: *se apesadumbró al conocer el suceso.* || FAM. apesadumbrado, pesadumbre.

apestado, da adj. y s. Que tiene la peste. || adj. *col.* Repleto o abarrotado de gente.

apestar tr. y prnl. Causar o comunicar la peste. || intr. Despedir mal olor. ◆ Se usa más como terciopersonal: *aquí apesta a ajo.* || FAM. apestado, apestoso.

apestoso, sa adj. Que apesta o tiene mal olor. || Que aburre.

apétalo, la adj. Que carece de pétalos: *flor apétala.*

apetecer intr. Gustar, agradar una cosa: *¿te apetece tomar postre?* || tr. Desear algo, tener ganas de algo: *tiene todo cuanto apetece.* ◆ **Irreg.** Se conj. como *agradecer.* || FAM. apetecible, apetencia.

apetecible adj. Que gusta o agrada.

apetencia f. Movimiento instintivo que inclina al hombre a desear alguna cosa. || Apetito, ganas de comer. || FAM. inapetencia.

apetito m. Ganas de comer. || Impulso instintivo que lleva a satisfacer deseos o necesidades. || Lo que excita el deseo de alguna cosa: *apetito carnal.* || FAM. apetitoso.

apetitoso, sa adj. Que excita el apetito o las ganas de comer. || Gustoso, sabroso. || Que excita el apetito o el deseo.

apiadar tr. Causar piedad. || prnl. Tener piedad de algo o alguien. ◆ Se construye con la prep. *de: se apiadaba de sí mismo.*

apical adj. Del ápice o relativo a él. || adj. y f. En fon., se apl. al sonido consonántico que se articula principalmente con el ápice de la lengua, en contacto con los dientes, los alveolos o el paladar, como la /s/.

ápice m. Extremo superior o punta de alguna cosa: *ápice de la lengua.* || Parte pequeñísima o insignificante. || FAM. apical.

apicultura f. Técnica o arte de criar abejas para aprovechar sus productos. || FAM. apícola, apicultor.

apilar tr. Amontonar, poner una cosa sobre otra haciendo una pila o montón. || FAM. apilable, apilador, apilamiento.

apiñar tr. y prnl. Juntar o agrupar estrechamente personas y cosas. || FAM. apiñado, apiñamiento.

apio m. Planta herbácea anual de la familia de las umbelíferas, de tallo y raíz comestibles, que se cultiva en las huertas.

apiolar tr. Atar por los pies a las presas de caza menor para llevarlas con facilidad. || *col.* Prender a una persona. || *col.* Matar a alguien.

apisonadora f. Máquina montada sobre rodillos muy pesados que se emplea para apretar o allanar la tierra.

apisonar tr. Apretar y allanar la tierra por medio de rodillos pesados o mediante una apisonadora. || FAM. apisonado, apisonadora, apisonamiento.

aplacar tr. y prnl. Mitigar, sosegar o suavizar la fuerza de algo o la excitación del ánimo: *esto te aplacará el dolor.* || FAM. aplacable, aplacamiento.

aplanadora f. *amer.* Apisonadora.

aplanar tr. Allanar, poner llana una superficie. || Dejar a uno pasmado o estupefacto con una novedad inesperada. || Abatir física o moralmente a una persona, haciéndole perder el ánimo o la energía. También prnl.: *se aplana con el frío.* || FAM. aplanadora, aplanamiento.

aplastante adj. Abrumador, terminante, definitivo: *victoria aplastante.*

aplastar tr. Deformar una cosa por presión o golpe, aplanándola o disminuyendo su grosor. También prnl. || Derrotar, humillar o vencer por completo. || Apabullar, abrumar. || FAM. aplastamiento, aplastante.

aplatanado, da adj. Indolente, inactivo, apático.

aplatanar tr. Causar indolencia o restar actividad física o mental a alguien. || prnl. Volverse indolente y apático, especialmente por influencia del ambiente o del clima. || FAM. aplatanado, aplatanamiento.

aplaudir tr. Palmotear en señal de aprobación o entusiasmo. || Celebrar con palabras u otras demostraciones a personas o cosas. || FAM. aplauso.

aplauso m. Palmoteo en señal de aprobación o entusiasmo. || Reconocimiento, elogio o aprobación.

aplazado, da adj. y s. *amer.* Suspenso.

aplazamiento m. Retraso en la ejecución o realización de algo.

aplazar tr. Retrasar o dejar algo para más tarde: *han aplazado el estreno.* || *amer.* Poner un suspenso. || FAM. aplazado, aplazable, aplazamiento.

aplicable adj. Que se puede o se debe aplicar.

aplicación f. Colocación de una cosa sobre otra. || Empleo o puesta en práctica de un conocimiento o principio, a fin de conseguir un determinado fin. || Referencia de un caso general a un caso particular: *aplicación de la teoría a la práctica.* || Asiduidad con que se hace alguna cosa: *aplicación en el estudio.* || Ornamentación ejecutada en materia distinta de otra a la cual se sobrepone. Más en pl.: *colcha con aplicaciones de ganchillo.* || Cada uno de los programas que, una vez ejecutados, permiten trabajar con el ordenador.

aplicado, da adj. Que muestra aplicación o asiduidad: *alumno aplicado.* || Se apl. a la parte de la ciencia enfocada en razón de su utilidad. || Se dice de las artes manuales, como la cerámica, la ebanistería, etc. || FAM. desaplicado.

aplicar tr. Poner una cosa sobre otra. ◆ Se construye con la prep. *a: aplicar una capa de pintura a la pared.* || Emplear o poner en práctica un conocimiento o principio, a fin de conseguir un determinado fin: *aplicar unas reglas.* || Referir a un caso particular lo que se ha dicho en general: *ese refrán se aplica a vuestro caso.* || Destinar, asignar, adjudicar. || Atribuir o imputar a alguien un hecho o dicho: *aplicar un delito.* || prnl. Poner esmero e interés en una tarea, especialmente en el estudio. ◆ Se construye con la prep. *en: debes aplicarte con los libros.* || FAM. aplicabilidad, aplicable, aplicación, aplicado.

aplique m. Aparato de luz que se fija en la pared. || Cualquier pieza o material que se añade a algo como adorno: *la cazadora lleva apliques de cuero.*

aplomar tr. Examinar con la plomada si las paredes que se van construyendo están verticales o a plomo. También intr. ‖ Poner las cosas verticalmente. ‖ prnl. Cobrar aplomo. ‖ FAM. aplomado, aplomo.

aplomo m. Gravedad, serenidad. ‖ Verticalidad.

apocado, da adj. De poco ánimo, abatido.

apocalipsis m. Último libro canónico del Nuevo Testamento, que contiene las revelaciones escritas por el apóstol san Juan, referentes en su mayor parte al fin del mundo. ♦ Se escribe con mayúscula. ‖ Fin del mundo. ‖ Catástrofe. ♦ No varía en pl. ‖ FAM. apocalíptico.

apocalíptico, ca adj. Del Apocalipsis o relativo a este último libro canónico del Nuevo Testamento. ‖ Terrorífico, espantoso: *la película tuvo un final apocalíptico*.

apocamiento m. Abatimiento, falta o pérdida de ánimo, fuerza o energía.

apocar tr. Mermar, disminuir. ‖ Humillar, abatir. También prnl.: *se apoca al hablar en público*. ‖ FAM. apocado, apocamiento.

apocináceo, a adj. y f. De las apocináceas o relativo a esta familia de plantas. ‖ f. pl. Familia de plantas angiospermas dicotiledóneas, de hojas persistentes, flores hermafroditas y regulares, fruto capsular o folicular y semillas con albumen carnoso o córneo, como la adelfa.

apocopar tr. Suprimir la parte final de una palabra, constituida por uno o varios fonemas o por una o más sílabas.

apócope f. Supresión de uno o varios fonemas o de una o más sílabas al final de una palabra: *«primer»* es la apócope de *«primero»*. ‖ FAM. apocopar.

apócrifo, fa adj. Falso, supuesto o fingido: *autor apócrifo*. ‖ Se apl. al escrito que no es de la época o del autor a que se atribuye: *testamento apócrifo*. ‖ Se dice del libro que no está incluido en el canon de la Biblia, pese a estar atribuido a autor sagrado: *evangelios apócrifos*.

apodar tr. y prnl. Poner o dar apodos: *se apoda «el enano» porque es muy bajito*.

apoderado, da adj. y s. Se apl. a la persona que tiene poder o permiso de otra para representarla y actuar en su nombre: *apoderado de un torero*.

apoderar tr. Dar poder o permiso una persona a otra para que la represente. ♦ Se construye con la prep. *a*: *este empresario apodera a varias figuras del toreo*. ‖ prnl. Hacerse dueño de alguna cosa por la fuerza. ♦ Se construye con la prep. *de*: *el enemigo se apoderó de la fortaleza*. ‖ Dominar o someter a una persona un determinado sentimiento. ♦ Se construye con la prep. *de*: *el pánico se apoderó de los espectadores*. ‖ FAM. apoderado, apoderamiento.

apodíctico, ca adj. Demostrativo, convincente, que no admite contradicción.

apodiforme adj. y f. De las apodiformes o relacionado con este orden de aves. ‖ f. pl. Orden de aves que se caracterizan por su pequeño tamaño, sus patas cortas, por ser de vuelo rápido y construir sus nidos con saliva o libar el néctar de las flores, como los vencejos y los colibríes.

apodo m. Nombre que suele darse a una persona, en sustitución del propio, normalmente tomado de sus peculiaridades físicas o de alguna otra circunstancia. ‖ FAM. apodar.

ápodo, da adj. Falto de pies. ‖ adj. y m. De los ápodos o relativo a este orden de anfibios. ‖ m. pl. Orden de anfibios de cuerpo vermiforme, sin extremidades y sin cola, o con cola rudimentaria, como la cecilia.

apódosis f. Segunda parte de una oración simple, o segunda oración de una compuesta, en que se completa o cierra el sentido de la primera o *prótasis*. ♦ Se refiere principalmente a la oración principal de las proposiciones adverbiales condicionales: *si no llega pronto (prótasis), me iré (apódosis)*. No varía en pl.

apófisis f. Parte saliente de un hueso, que sirve para facilitar su articulación con otro o para que se inserten en él los músculos. ♦ No varía en pl.

apogeo m. Punto culminante o más intenso de un proceso: *está en el apogeo de su belleza*. ‖ En la órbita lunar, punto más alejado de la Tierra.

apógrafo m. Copia de un escrito original.

apolillar tr. y prnl. Roer, penetrar o destruir la polilla las ropas u otras cosas. ‖ prnl. Quedarse anticuado o desfasado algo. ‖ FAM. apolillado, apolilladura.

apolíneo, a adj. De Apolo o relativo a él. ‖ Apuesto, hermoso. ‖ Equilibrado, coherente, etc., en contraposición a dionisíaco.

apolítico, ca adj. y s. Que manifiesta indiferencia o desinterés frente a la política. ‖ FAM. apoliticismo.

apologética f. Disciplina teológica que expone las pruebas y fundamentos de la verdad de la religión católica. ‖ FAM. apologético.

apología f. Discurso o escrito en alabanza o defensa de personas o cosas. ‖ FAM. apologética, apologista.

apólogo m. Composición literaria de carácter narrativo, relativamente breve, que se extrae una enseñanza práctica o moral. ‖ FAM. apológico.

apoltronarse prnl. Hacerse perezoso, holgazán. ‖ Extenderse sobre un asiento con toda comodidad. ‖ FAM. apoltronado, apoltronamiento.

aponer tr. En gram., adjuntar un nombre o una construcción nominal a un sustantivo o a un pronombre de modo que formen aposición. ♦ **Irreg.** Se conj. como *poner*. Su p. p. es irreg.: *apuesto*.

aponeurosis f. Membrana de tejido conjuntivo fibroso que sirve de envoltura a los músculos. ♦ No varía en pl.

apoplejía f. Suspensión súbita y completa de la acción cerebral, debida comúnmente a derrames sanguíneos en el encéfalo o las meninges. ‖ FAM. apopléjico, apoplético.

apoquinar tr. *col.* Pagar, generalmente con desagrado, lo que a uno le corresponde.

aporcar tr. Cubrir ciertas hortalizas con tierra para que se pongan más tiernas y blancas.

aporrear tr. Golpear de forma repetida y con insistencia: *aporreó la puerta para que le abrieran*. ‖ Tocar un instrumento musical sin ningún criterio artístico, produciendo un sonido estridente. ‖ Importunar, molestar a alguien. ‖ FAM. aporreado, aporreamiento, aporreo.

aportación f. Acción y resultado de dar o proporcionar algo. ‖ Contribución, ayuda.

aportar tr. Dar o proporcionar algo. ‖ Llevar cada cual la parte que le corresponde a la sociedad de que es miembro. || Presentar pruebas, razones, etc.: *su informe aportó datos interesantes.* || FAM. aportación, aporte.

aporte m. Aportación, contribución. || Acción y resultado de depositar materiales un río, un glaciar, el viento, etc.

aposentar tr. Dar habitación y hospedaje de manera provisional en un lugar. || prnl. Alojarse temporalmente en un lugar. || *col.* Acomodarse. || FAM. aposentamiento, aposento.

aposento m. Cuarto o pieza de una casa. || Posada, hospedaje.

aposición f. En gram., yuxtaposición de dos palabras, de una palabra y una frase o de dos frases, de idéntica categoría gramatical, en la que el segundo miembro desempeña una función explicativa o especificativa del primero: *«Madrid, capital de España» es un ejemplo de aposición.* || FAM. appositivo.

apósito m. Remedio que se apl. exteriormente, sujetándolo con vendas.

aposta adv. m. Adrede: *he tirado el jarrón aposta.*

apostante adj. y com. Que apuesta.

apostar[1] tr. Pactar entre sí los que discrepan que aquel que no tenga razón o esté equivocado es el que pierde la cantidad de dinero o cualquier otra cosa que se determine. ◆ Se construye con la prep. *a*. También prnl.: *se apostó una comida con su padre a que aprobaba el curso.* || Arriesgar cierta cantidad de dinero en la creencia de que alguna cosa, como juego, contienda deportiva, etc., tendrá tal o cual resultado, de forma que, si se acierta, se recibe una cantidad de dinero mucho mayor. ◆ Se construye con la prep. *a: he apostado diez euros a las quinielas.* || intr. Depositar la confianza en una persona, idea o iniciativa que entraña cierto riesgo. ◆ Se construye con la prep. *por: apuesto por ti.* ◆ **Irreg.** Se conj. como *contar.* || FAM. apostadero, apostante, apuesta.

apostar[2] tr. y prnl. Situarse una o más personas en determinado lugar para algún fin: *el ladrón se apostó tras la puerta.*

apostasía f. Negación de la fe cristiana o abandono de las creencias en que uno ha sido educado.

apóstata com. Persona que reniega de la fe cristiana o de las creencias en que ha sido educado.

apostatar intr. Renegar de la fe cristiana o de las creencias en que uno ha sido educado. ◆ Se construye con la prep. *de: apostató del catolicismo.* || FAM. apostasía, apóstata.

a posteriori loc. adv. lat. Después de examinar un asunto concreto: *de este asunto es preferible sacar conclusiones a posteriori.*

apostilla f. Acotación que aclara, interpreta o completa un texto. || FAM. apostillar.

apostillar tr. Poner apostillas a un texto.

apóstol m. Cada uno de los doce principales discípulos escogidos por Jesucristo para predicar el evangelio por todo el mundo. || Predicador, evangelizador. || P. ext., el que propaga alguna doctrina: *apóstol de la paz.* || FAM. apostolado, apostólico.

apostolado m. Enseñanza de la doctrina cristiana y propagación del evangelio. || Campaña de propaganda en pro de alguna causa o doctrina.

apostólico, ca adj. De los apóstoles o relativo a ellos. || Del papa o que procede de su autoridad. || De la Iglesia católica romana, que procede, en cuanto a su origen y doctrina, de los apóstoles. || FAM. apostólicamente.

apostrofar tr. Dirigir apóstrofes.

apóstrofe amb. Figura que consiste en cortar de pronto el discurso o narración para dirigir la palabra con vehemencia a una o varias personas presentes o ausentes, o a cosas personificadas. || FAM. apostrofar.

apóstrofo m. Signo ortográfico (') que indica la elisión de una letra (*l'enfant*) o cifra (*'06*), especialmente de una vocal delante de una palabra que empieza por vocal.

apostura f. Gentileza, gallardía.

apotegma m. Dicho breve y sentencioso, generalmente proferido o escrito por un personaje célebre.

apotema f. Perpendicular trazada desde el centro de un polígono regular a uno cualquiera de sus lados. || Altura de las caras triangulares de una pirámide regular.

apoteósico, ca adj. De la apoteosis o relativo a ella.

apoteosis f. Ensalzamiento de una persona con grandes honores y alabanzas. || Final brillante de algo, especialmente de un espectáculo. ◆ No varía en pl. || FAM. apoteósico.

apoyar tr. Hacer que una cosa descanse sobre otra. ◆ Se construye con las preps. *en* y *sobre: apoyó el codo en/sobre la mesa.* También prnl. || Basar, fundar. ◆ Se construye con la prep. *en: apoya su teoría en datos muy fiables.* También prnl. || Favorecer, ayudar. || Confirmar, probar o sostener alguna opinión o doctrina. || FAM. apoyatura, apoyo.

apoyatura f. En mús., nota pequeña y de adorno cuyo valor se toma del signo siguiente para no alterar la duración del compás. || Apoyo.

apoyo m. Lo que sirve para sostener. || Protección, auxilio o favor. || Fundamento, confirmación o prueba de una opinión o doctrina.

apreciable adj. Que se puede apreciar o es digno de aprecio.

apreciación f. Determinación aproximada del valor de algo. || Aumento del valor o cotización de una moneda respecto a otra.

apreciar tr. Determinar de manera aproximada el valor de algo. || Estimar el mérito de personas o cosas. || Sentir cariño o afecto. || tr. y prnl. Aumentar el valor o la cotización de una moneda: *el euro se ha apreciado con respecto al dólar.* || FAM. apreciable, apreciación, apreciativo, aprecio.

aprecio m. Estimación del mérito de personas o cosas. || Cariño, afecto.

aprehender tr. Coger, asir, prender a una persona o cosa, especialmente una mercancía ilegal. || Asimilar inmediatamente, llegar a entender. || FAM. aprehensible, aprehensión, aprehensivo, aprehenso.

aprehensión f. Detención o captura de una persona o cosa, especialmente de una mercancía ilegal. || Asimilación inmediata de ideas o conocimientos.

apremiante adj. Que apremia o urge: *necesidad apremiante.*

apremiar tr. Meter prisa: *me están apremiando para que firme el contrato.* También intr.: *el tiempo apremia.* ||

Urgir, ser necesaria o conveniente la ejecución inmediata de cierta cosa: *me apremia tomar una decisión.* || Compeler u obligar a alguien con mandamiento de autoridad a que haga alguna cosa. || Imponer apremio o recargo. || FAM. apremiante, apremio.

apremio m. Prisa o urgencia. || Mandamiento de autoridad judicial para compeler al pago de alguna cantidad. || Recargo de impuestos por demora en el pago.

aprender tr. Adquirir el conocimiento de alguna cosa: *aprendió muchas cosas de su maestro.* || Fijar algo en la memoria. También prnl.: *no me costó aprenderme tu número de teléfono.* || FAM. aprendiz, aprendizaje.

aprendiz, za m. y f. Persona que aprende algún arte u oficio: *aprendiz de sastre.*

aprendizaje m. Adquisición de conocimientos, especialmente en algún arte u oficio. || Tiempo que se emplea en ello.

aprensión f. Escrúpulo o recelo que alguien siente hacia una persona o cosa, por temor a algún contagio. || Idea infundada o extraña. Más en pl.: *eso son aprensiones tuyas.* || FAM. aprensivo.

aprensivo, va adj. y s. Se apl. a la persona que ve en todo peligros para su salud.

apresar tr. Hacer presa con las garras o colmillos. || Capturar, coger a una persona o cosa. || Aprisionar, poner en prisión. || FAM. apresamiento.

aprestar tr. Disponer o preparar lo necesario para alguna cosa. También prnl. ◆ Se construye con la prep. *a*, seguida de infinitivo: *se aprestó a reunir un poderoso ejército.* || Dar consistencia o rigidez a los tejidos con alguna sustancia. || FAM. apresto.

apresto m. Disposición o preparación de lo necesario para alguna cosa. || Acción y resultado de dar consistencia o rigidez a los tejidos con alguna sustancia.

apresurado, da adj. Que muestra prisa o urgencia en la realización de alguna cosa.

apresuramiento m. Prisa o urgencia en la realización de alguna cosa.

apresurar tr. y prnl. Dar prisa, acelerar: *apresurar el paso.* ◆ Se construye también con las preps. *a* + infinitivo, y *en*: *se apresuró a coger el tren/en la respuesta.* || FAM. apresuradamente, apresurado, apresuramiento.

apretado, da adj. Que entraña dificultad o peligro: *situación apretada.* || Con muchas obligaciones o trabajos: *agenda apretada.* || Ajustado, con poco margen: *victoria apretada.*

apretar tr. Poner una cosa sobre otra haciendo fuerza o presión: *apretar un tapón.* || Quedar los vestidos y otras cosas semejantes muy ajustadas. || Poner más tirante o más fuerte. También prnl.: *apretarse los cordones.* || Apiñar, juntar estrechamente cosas o personas. También prnl.: *apretarse la gente en el vagón.* || Activar, tratar de llevar a efecto con urgencia: *aprieta el paso.* ◆ Se construye también con la prep. *a*, seguida de infinitivo: *apretar a correr.* || Acosar. || intr. Obrar una persona o cosa con mayor esfuerzo o intensidad que de ordinario: *el calor aprieta.* Se puede construir con la prep. *en: tienes que apretar en los estudios si quieres aprobar.* || **apretarse el cinturón** loc. *col.* Economizar. ◆ **Irreg.** Se conj. como *acertar.* || FAM. apretado, apretón, apretujamiento, apretujar, apretura, aprieto.

apretón m. Presión muy fuerte y rápida que se ejerce sobre una persona o cosa: *apretón de manos.* || Esfuerzo superior al ordinario. || Apretura, opresión. || *col.* Movimiento repentino y violento de los intestinos que obliga a evacuar.

apretujar tr. Apretar mucho y reiteradamente. || prnl. *col.* Amontonarse varias personas en un recinto demasiado estrecho. || FAM. apretujón.

apretura f. Opresión causada por la excesiva concurrencia de gente. || Aprieto, apuro.

aprieto m. Apuro, conflicto o situación difícil: *estar en un aprieto.* || Apretura, opresión.

a priori loc. adv. lat. Antes de examinar un asunto concreto: *no debes juzgar este caso a priori.* || FAM. apriorismo, apriorístico.

aprisa adv. m. Con rapidez, presteza y prontitud.

aprisco m. Paraje donde los pastores recogen el ganado para resguardarlo del frío o de la intemperie.

aprisionar tr. Atar o sujetar con fuerza a alguien, privándole de libertad de movimiento. || Poner en prisión.

aprobación f. Consentimiento. || Conformidad o asentimiento.

aprobado m. Calificación académica mínima que indica que se ha superado una prueba o examen.

aprobar tr. Dar por bueno o suficiente. || Obtener aprobado en una asignatura o examen. También intr.: *suele aprobar siempre en septiembre.* || Declarar hábil y competente a una persona. || Asentir a doctrinas u opiniones. ◆ **Irreg.** Se conj. como *contar.* || FAM. aprobación, aprobado, aprobatorio, desaprobar.

apropiación f. Acción y resultado de tomar para sí alguna cosa haciéndose dueño de ella.

apropiado, da adj. Acomodado o proporcionado para el fin que se destina: *apropiado a las circunstancias/para la ocasión.*

apropiar tr. Acomodar con propiedad. ◆ Se construye con la prep. *a: debes apropiar tu comportamiento a cada situación.* || prnl. Tomar para sí alguna cosa haciéndose dueño de ella. ◆ Se puede o no construir con la prep. *de: se ha apropiado del dinero; se ha apropiado de mis ideas.* || FAM. apropiación, apropiado.

apropincuarse prnl. Acercarse.

apropósito m. Breve pieza teatral de circunstancias.

aprovechable adj. Que se puede aprovechar.

aprovechado, da adj. Que saca provecho de todo. || Aplicado, diligente: *alumno aprovechado.* || adj. y s. Que saca beneficio de las circunstancias favorables, sin escrúpulos y pensando solo en su interés.

aprovechamiento m. Obtención de un provecho o beneficio.

aprovechar tr. Emplear útilmente alguna cosa. || intr. Servir de provecho alguna cosa: *las prisas no aprovechan.* || Adelantar en estudios, virtudes, artes, etc. ◆ Se construye con la prep. *en: aprovechar en clase.* || prnl. Sacar utilidad de algo o alguien. ◆ Se construye con la prep. *de: se aprovechó de mí para que le consiguiera un trabajo.* || *col.* Propasarse sexualmente. ◆ Se construye con la prep. *de: ha intentado varias veces aprovecharse de ella.* || **¡que aproveche!** loc. *col.* Expresión que se utiliza al principio de una comida, con el deseo de que siente bien. || FAM. aprovechable, aprovechado, aprovechamiento, aprovechón, desaprovechar.

aprovisionamiento m. Abastecimiento o provisión de lo que es necesario.

aprovisionar tr. y prnl. Abastecer o proveer de lo que es necesario. ◆ Se construye con la prep. *de: se aprovisionaron de alimentos para la acampada.* || FAM. aprovisionamiento.

aproximación f. Acercamiento de una cosa a otra. || En la lotería nacional, cada uno de los premios que se conceden a los números anterior y posterior de los primeros premios de un sorteo. || En mat., máxima diferencia posible entre un valor obtenido en una medición o cálculo y el exacto desconocido.

aproximado, da adj. Aproximativo. || FAM. aproximadamente.

aproximar tr. y prnl. Arrimar, acercar. ◆ Se construye con la prep. *a: se aproximó al fuego.* || Obtener un resultado tan cercano al exacto como sea necesario para un propósito determinado. ◆ Se construye con la prep. *a: aproximarse a la verdad.* || prnl. Estar cada vez más cerca. || Faltar poco para cierta edad. ◆ Se construye con la prep. *a: se aproxima a los cuarenta.* || FAM. aproximación, aproximadamente, aproximado, aproximativo.

aproximativo, va adj. Que se aproxima o se acerca a lo exacto.

ápside m. Cada uno de los dos extremos del eje mayor de la órbita trazada por un astro. Más en pl.: *línea de los ápsides.*

apterigiforme adj. y f. De las apterigiformes o relacionado con este orden de aves. || f. pl. Orden de aves no voladoras del tamaño de una gallina y que solo se encuentran en Nueva Zelanda, como el kiwi.

áptero, ra adj. Se apl. a la especie o grupo animal que carece de alas.

aptitud f. Capacidad y buena disposición para ejercer o desempeñar una determinada tarea, función, empleo, etc. También pl.: *tiene aptitudes para los deportes.*

apto, ta adj. Idóneo, apropiado: *persona apta para un trabajo.* || m. Calificación otorgada cuando se supera una prueba o examen. || FAM. aptitud, inepto.

apuesta f. Pacto entre varias personas que discrepan por el que la persona que no tenga razón o esté equivocada es la que pierde la cantidad de dinero que se determine o cualquier otra cosa. || Acción y resultado de arriesgar cierta cantidad de dinero en un juego, contienda deportiva, etc., de forma que, si se acierta el resultado, se recibe una cantidad de dinero mucho mayor. || Lo que se apuesta. || Depósito de la confianza en una persona, idea o iniciativa que entraña cierto riesgo.

apuesto, ta adj. De buena presencia. || Se apl. al elemento gramatical que está en aposición a otro.

apunarse prnl. *amer.* Padecer puna o mal de la montaña.

apuntado, da adj. Acabado en punta: *arco apuntado.*

apuntador, ra m. y f. Persona que en el teatro se coloca cerca de los actores para recordarles sus parlamentos.

apuntalar tr. Poner puntales. || Sostener, dar firmeza. || FAM. apuntalamiento.

apuntar tr. Asestar un arma. También intr.: *a ver si apuntas bien.* || Señalar hacia un sitio u objeto determinado. || Tomar nota por escrito de algo. || Insinuar o señalar la conveniencia de una cosa. || En los teatros, ejercer el apuntador su tarea. || Sugerir a alguien algo que ha olvidado para que lo recuerde. || Fijar o sujetar algo provisionalmente. || Pretender, ambicionar: *su carrera apunta a lo más alto.* || tr. y prnl. Inscribir a alguien en una lista o registro o hacerle miembro o partícipe de una sociedad: *me he apuntado al concurso.* || intr. Empezar a manifestarse: *apuntaba el día.* || prnl. Conseguir o atribuirse un éxito o un tanto: *nuestro equipo se apuntó la victoria.* || FAM. apuntación, apuntado, apuntador, apuntamiento, apunte.

apunte m. Nota breve que se toma por escrito de alguna cosa. || Pequeño dibujo tomado del natural rápidamente. || pl. Extracto de las explicaciones de un profesor que toman los alumnos por escrito.

apuntillar tr. Rematar al toro con la puntilla.

apuñalamiento m. Acción y resultado de dar puñaladas.

apuñalar tr. Dar puñaladas. || FAM. apuñalamiento.

apurado, da adj. Agobiado, falto de dinero. || Dificultoso, peligroso, angustioso.

apurar tr. Acabar o agotar. || Apremiar, dar prisa. Más como prnl. ◆ Se usa sobre todo en América. || Molestar, impacientar. || prnl. Afligirse, preocuparse: *no te apures, todo tiene solución.* || FAM. apurado, apuro, apurón.

apuro m. Escasez grande, especialmente de dinero. || Aprieto, conflicto, dificultad. || Vergüenza, reparo. || *amer.* Prisa.

apurón, ona adj. *amer.* Que se apresura y le gusta apremiar a los demás en la ejecución de una cosa.

aquejar tr. Acongojar, afligir. || Afectar o causar daño una enfermedad, vicio o defecto: *le aqueja un fuerte dolor de cabeza.* ◆ Suelen conjugarse solo sus terceras personas y las formas no personales.

aquel, lla, llo, llos, llas Formas del pron. dem. en los tres géneros m., f. y n., y en ambos números sing. y pl., que designan lo que, física o mentalmente, está lejos de la persona que habla y de la persona con quien se habla: *Ana y Pilar juegan al tenis, aquella mejor que esta.* ◆ Las formas m. y f. también son adj.: *aquel hombre, aquella ciudad.* Puede ir pospuesto al sustantivo, si a este le precede un art. determinado, y entonces adquiere matiz despectivo: *la niña aquella podía cerrar la boca.* Aunque se recomienda su escritura sin tilde. Las formas m. y f. pueden llevarla para indicar que son pronombres en contextos ambiguos, p. ej., cuando van delante de formas que pueden ser verbo o sustantivo: *aquélla rueda y ésta bota.* El pron. dem. n. *aquello* nunca lleva tilde y no tiene pl. || En oposición a *este,* designa el término del discurso que se nombró en primer lugar: *vino con su tía y su abuela, esta se quedó un rato pero aquella tuvo que marcharse.* || m. *col.* Voz que se emplea para expresar una cualidad que no se quiere o no se acierta a decir, o para referirse a un encanto o atractivo. ◆ Lleva antepuesto el artículo *el* o *un* o algún adjetivo: *Juan tiene mucho aquel con las mujeres.*

aquelarre m. Reunión nocturna de brujos y brujas.

aquenio m. Fruto seco e indehiscente que proviene de un único carpelo, con una sola semilla y con pericarpio no soldado a ella, como el de la castaña y el girasol.

aquí adv. l. Indica el lugar en que se encuentra el hablante o un lugar cercano a él. Il En este punto: *aquí está la dificultad.* Il En correlación con *allí*, adquiere valor distributivo y designa un lugar indeterminado: *aquí veo rosas, allí claveles.* Il En el lenguaje popular, se usa como pron. dem. para presentar personas cercanas a quien habla: *aquí Pedro, mi director.* Il adv. t. Ahora, en el tiempo presente: *llegará de aquí a tres días.* Il Entonces, en tal ocasión. Il **de aquí en adelante** loc. adv. A partir de ahora. Il **de aquí para allá** o **de aquí para allí** loc. adv. De una parte a otra. Il **de aquí te espero** loc. adj. *col.* Muy grande o muy importante: *tuvieron una bronca de aquí te espero.*

aquiescencia f. Autorización, consentimiento. Il FAM. aquiescente.

aquiescente adj. Que autoriza o consiente: *padres aquiescentes.*

aquietar tr. y prnl. Poner paz, sosegar, apaciguar. Il FAM. aquietamiento.

aquifoliáceo, a adj. y f. De las aquifoliáceas o relativo a esta familia de plantas. Il f. pl. Familia de árboles y arbustos angiospermos dicotiledóneos siempre verdes, de hojas generalmente coriáceas y con pequeñas estípulas, flores unisexuales y dispuestas en cima y fruto con poca carne y varias semillas, como el acebo.

aquilatar tr. Graduar los quilates del oro y de las perlas. Il Valorar o apreciar el mérito de una persona o la verdad de una cosa. Il FAM. aquilatamiento.

aquilino, na adj. *poét.* Referido al rostro o la nariz, aguileño.

aquilón m. Norte, polo ártico. Il Norte, viento que sopla de esta parte. Il FAM. aquilonal.

¡ar! interj. que se emplea en el Ejército para indicar que una orden ha de cumplirse inmediatamente: *¡firmes, ar!*

ara f. Altar, piedra sobre la que se ofrecen sacrificios a la divinidad. Il En el cristianismo, altar, mesa consagrada. Il **en aras de algo** loc. prepos. En honor o en interés de: *debes contarlo todo en aras de la verdad.*

árabe adj. y com. De Arabia o relativo a esta península del suroeste asiático. Il P. ext., de los pueblos de lengua árabe o relativo a ellos. Il m. Lengua semítica hablada por los habitantes de estos pueblos. Il FAM. arabesco, arábico, arábigo, arabismo, arabizar.

arabesco, ca adj. Arábigo. Il m. Adorno pintado o labrado, compuesto de figuras vegetales y geométricas entrelazadas, utilizado en las construcciones árabes.

arábigo, ga adj. Árabe, de Arabia. Il m. Lengua árabe.

arabismo m. Vocablo o giro propios del árabe y empleados en otra lengua. Il FAM. arabista.

arabista com. Especialista en lengua y cultura árabes.

arabizar tr. y prnl. Dar o adquirir características que se consideran propias de lo árabe. Il FAM. arabización.

aráceo, a adj. y f. De las aráceas o relativo a esta familia de plantas. Il f. pl. Familia de angiospermas monocotiledóneas, herbáceas o leñosas, con rizomas o tubérculos, hojas alternas acorazonadas o en forma de saeta y fruto en baya, como la colocasia.

arácnido, da adj. y m. De los arácnidos o relativo a esta clase de artrópodos. Il m. pl. Clase de artrópodos sin antenas, de respiración traqueal, que presentan cuatro pares de patas y el cuerpo dividido en cefalotórax y abdomen, como los escorpiones, las arañas y los ácaros.

aracnoides f. Meninge o membrana intermedia que envuelve y protege el cerebro y la médula espinal. ◆ No varía en pl.

arado m. Instrumento que sirve para labrar la tierra abriendo surcos en ella. Il FAM. arador.

arador, ra adj. y s. Que ara o labra la tierra abriendo surcos en ella con el arado. Il **arador de la sarna** Ácaro parásito del ser humano, de tamaño muy pequeño, que le produce la enfermedad de la sarna.

aragonés, esa adj. y s. De Aragón o relativo a esta comunidad autónoma española. Il m. Dialecto romance hablado en Aragón y en otros territorios cercanos. Il FAM. aragonesismo.

aragonito m. Mineral de carbonato de calcio que aparece generalmente formando seudoprismas hexagonales.

arahuaco, ca adj. y s. De los pueblos y lenguas que se extendieron desde las Antillas mayores hasta la costa norte de Sudamérica o relacionado con ellos. Il m. Grupo de lenguas amerindias habladas por estos pueblos.

araliáceo, a adj. y f. De las araliáceas o relativo a esta familia de plantas. Il f. pl. Familia de angiospermas dicotiledóneas, derechas o trepadoras, con vello o con aguijones, de hojas alternas, enteras, recortadas o compuestas, flores en umbela y fruto en drupa, como la hiedra.

arameo, a adj. y s. Del pueblo semita que habitó en la antigua región asiática de Aram o relativo a él. Il Descendiente de Aram, hijo de Sem. Il m. Grupo de dialectos semíticos del grupo septentrional, hablados por el pueblo arameo. Il **jurar en arameo** loc. *col.* Maldecir o decir frases malsonantes.

arancel m. Tarifa oficial que fija los derechos que se han de pagar en aduanas, ferrocarriles, etc. Il FAM. arancelario.

arancelario, ria adj. Del arancel o relativo a esta tarifa oficial: *impuesto arancelario.*

arándano m. Arbusto de la familia de las ericáceas que mide entre 10 y 40 cm de altura, con hojas alternas, aovadas y aserradas, flores solitarias de color blanco verdoso o rosado y frutos en bayas negruzcas o azuladas. Il Fruto de esta planta, dulce y comestible.

arandela f. Pieza en forma de anillo que se usa para asegurar el cierre hermético de una junta o para evitar el roce entre dos piezas. Il En general, cualquier pieza en forma de disco perforado.

arandillo m. Nombre común de un ave paseriforme de unos 10 cm de largo, de color ceniciento por el lomo y las alas, blanco por el vientre y la frente y con las patas rojas, que habita en bosques y cañaverales y se alimenta de insectos.

araña f. Arácnido de cuatro pares de patas que presenta un pequeño cefalotórax no articulado al que se une un abdomen abultado, en cuyo extremo tiene los órganos productores de seda o hileras. || Especie de candelabro sin pie y con varios brazos que se cuelga del techo.

arañar tr. Rasgar ligeramente el cutis con las uñas, con un alfiler o con otra cosa. También prnl. || Rayar superficialmente una superficie lisa. || Recoger de varias partes y en pequeñas porciones lo necesario para un fin: *va arañando de aquí y de allá para comprarse la moto.* || FAM. arañazo.

arañazo m. Rasgadura ligera del cutis con las uñas, con un alfiler o con otra cosa. || Raya superficial en una superficie lisa.

arar tr. Labrar la tierra abriendo surcos en ella con el arado. || FAM. arada, arado, arador, aradura.

araucano, na adj. y s. De un pueblo amerindio que, en la época de la conquista española, habitaba el centro y sur de Chile, o relacionado con él. || m. Mapuche, lengua de los araucanos.

araucaria f. Árbol conífero de la familia de las abietáceas, que puede alcanzar hasta 50 m de altura, de hojas rígidas y verdes, flores poco visibles y fruto drupáceo con una almendra dulce muy alimenticia.

arbitraje m. Ejercicio de las funciones de árbitro en una competición deportiva. || Operación de cambio de valores mercantiles, en la que se busca la ganancia aprovechando la diferencia de precios entre dos mercados. || Remisión de las dos partes de un litigio a una tercera, cuya decisión se comprometen a aceptar. || Procedimiento para resolver pacíficamente los litigios entre Estados, sometiéndolos al fallo de unos árbitros designados por ellos: *arbitraje internacional.*

arbitrar tr. Hacer de árbitro en una competición o en un litigio. También intr.: *arbitra en primera división.* || Dar o proporcionar recursos: *el Gobierno ha arbitrado los fondos para el proyecto.*

arbitrariedad f. Forma de actuar contraria a la justicia, la razón o las leyes, dictada por la voluntad o el capricho. || Lo que resulta arbitrario no por naturaleza, sino por convención: *arbitrariedad de los signos lingüísticos.*

arbitrario, ria adj. Se apl. a la persona que actúa injusta o caprichosamente, y a la cosa que es resultado de esta actitud. || Convencional, acordado entre varias personas: *las señales de tráfico son arbitrarias.* || FAM. arbitrariamente, arbitrariedad.

arbitrio m. Facultad humana de adoptar una resolución con preferencia a otra. || Voluntad que no responde a la razón, sino al capricho. || Impuesto establecido por un municipio o Ayuntamiento con el que se arbitran fondos para gastos públicos. || Facultad conferida al juez de resolver según su criterio los supuestos no regulados por la ley o los que, encontrándose regulados, son oscuros o insuficientes.

árbitro, tra adj. y s. Que puede hacer algo por sí solo, sin dependencia de otro. || m. y f. En las competiciones deportivas cuida de la aplicación del reglamento. || Persona que actúa como juez en un litigio entre partes. || Persona cuyo criterio se considera autori-

dad: *árbitro de la moda.* || FAM. arbitraje, arbitral, arbitrar, arbitrio.

árbol m. Planta perenne de tronco leñoso y elevado que se ramifica a cierta altura del suelo. || Palo de una embarcación. || Barra fija o giratoria que sirve para sostener las piezas que giran o para transmitirles la fuerza motriz. || Cierto tipo de esquema explicativo, consistente en sucesivas ramificaciones: *árbol sintáctico.* || **árbol genealógico** Esquema o cuadro en forma de árbol que muestra las relaciones de parentesco entre distintas generaciones de una familia. || FAM. arbolado, arbolar, arboleda, arbóreo, arborícola, arboricultura, arboricultor, arbustivo, arbusto.

arbolado, da adj. Se apl. al lugar poblado de árboles. || m. Conjunto de árboles.

arboladura f. Conjunto de palos y vergas de un buque.

arbolar tr. Plantar árboles. || Enarbolar o levantar en alto: *arbolar una bandera.* || Poner a una embarcación los palos que sujetan las velas. || intr. y prnl. Elevarse mucho las olas del mar.

arboleda f. Terreno poblado de árboles.

arbóreo, a adj. Del árbol o relativo a él.

arborescencia f. Conjunto de características de las plantas arborescentes. || Lo que tiene o presenta una forma parecida a la de un árbol. || FAM. arborescente.

arborescente adj. Con características parecidas a las de un árbol.

arborícola adj. Se apl. a la especie animal o vegetal que vive en los árboles.

arboricultura f. Conjunto de técnicas y métodos de cultivo que se aplican a los árboles, arbustos y matas, en pequeños grupos o en huertos, para su aprovechamiento agrario. || FAM. arboricultor.

arbotante m. Arco exterior de un edificio que contrarresta el empuje de otro arco o de una bóveda.

arbusto m. Planta perenne de mediana altura, de tallo leñoso y corto, con las ramas desde la base, como p. ej., la jara. || FAM. arbustivo.

arca f. Caja, comúnmente de madera, sin forrar y con una tapa plana que va unida con bisagras por uno de sus lados y con candados o cerraduras por el opuesto. || Caja o cofre para guardar dinero u objetos de valor. || pl. Pieza donde se guarda el dinero en las tesorerías: *arcas del Estado.* || **arca de la Alianza** o **del Testamento** Arca bíblica donde se guardaban las Tablas de la Ley. || **arca de Noé** o **del diluvio** Embarcación en que, según la Biblia, se salvaron del diluvio Noé, su familia y una pareja de cada especie animal. || FAM. arcón.

arcabucero m. Soldado que antiguamente iba armado con un arcabuz.

arcabuz m. Arma antigua de fuego semejante al fusil que se disparaba prendiendo pólvora con una mecha móvil. || FAM. arcabucear, arcabucero, arcabuzazo.

arcada f. Conjunto o serie de arcos. || Vano cubierto por un arco. || Movimiento violento del estómago que excita a vómito. Más m en pl.

arcaduz m. Caño por donde se conduce el agua.

arcaico, ca adj. Muy antiguo o anticuado. || Del arcaísmo o relativo a él. || FAM. arcaísmo, arcaizante, arcaizar.

arcaísmo m. Cualidad de arcaico o anticuado. ‖ Elemento lingüístico cuya forma o significado, o ambos a la vez, resultan anticuados en relación con un momento determinado.

arcaizante adj. Que imita lo arcaico o tiende a usar arcaísmos.

arcángel m. Espíritu bienaventurado que pertenece al octavo coro celeste, intermedio entre los ángeles y los principados.

arcano, na adj. Secreto, recóndito, reservado. ‖ m. Secreto muy reservado o misterio muy difícil de conocer.

arce m. Árbol de la familia de las aceráceas que puede medir hasta 30 m, de madera muy dura, hojas sencillas y lobuladas, flores pequeñas en corimbo o en racimo y fruto en doble sámara. ‖ FAM. arcedo.

arcediano m. Eclesiástico al frente de los cabildos catedralicios.

arcén m. En una carretera, cada uno de los márgenes reservados a un lado y otro de la calzada para uso de peatones, tránsito de vehículos no automóviles, etc.

archi- pref. que significa 'preeminencia' o 'superioridad': *archiduque, archidiácono*. ◆ Antepuesto a adjetivos equivale a *muy*: *archinotable, archipícaro*. Puede tomar las formas *arce-*: arcediano; *arci-*: arcipreste; *arqui-*: arquidiócesis, o *arz-*: arzobispo.

archicofradía f. Cofradía más antigua o que tiene mayores privilegios que otras. ‖ FAM. archicofrade.

archidiácono m. Arcediano.

archidiócesis f. Diócesis arzobispal. ◆ No varía en pl.

archiducado m. Dignidad de archiduque. ‖ Territorio perteneciente al archiduque, sobre el cual ejercía su autoridad.

archiduque, esa m. y f. Dignidad de los príncipes de la casa de Austria. ‖ Cónyuges o hijos de la persona con esta dignidad. ‖ FAM. archiducado, archiducal.

archimandrita m. En la Iglesia griega, dignidad eclesiástica inferior a la del obispo.

archipámpano m. *col.* Persona que ejerce un alto cargo imaginario.

archipiélago m. Conjunto, generalmente numeroso, de islas agrupadas en una superficie más o menos extensa de mar.

archivador, ra adj. y s. Que archiva. ‖ m. Mueble de oficina o carpeta para archivar documentos.

archivar tr. Guardar documentos o información en un archivo o archivador. ‖ Arrinconar o dar algo por terminado: *han archivado el expediente por falta de pruebas*.

archivero, ra m. y f. Persona que tiene a su cargo un archivo, o sirve como técnico en él.

archivo m. Local en que se custodian documentos públicos o particulares. ‖ Conjunto de estos documentos. ‖ Conjunto de datos grabados como una sola unidad de almacenamiento: *borré varios archivos del disco duro*. ‖ FAM. archivador, archivar, archivero, archivista, archivística, archivístico, archivología, archivológico.

archivolta f. Arquivolta.

arcilla f. Roca sedimentaria formada a partir de depósitos de grano muy fino, compuesta esencialmente por silicatos de aluminio hidratados, que se hace muy plástica al agregarle agua. ‖ FAM. arcilloso.

arcilloso, sa adj. Que tiene arcilla o que se parece a ella.

arciprestazgo m. Dignidad o cargo de arcipreste. ‖ Territorio de su jurisdicción.

arcipreste m. Canónigo principal de las catedrales. ‖ Presbítero que, por nombramiento del obispo de la diócesis, tiene ciertas atribuciones sobre las iglesias de un determinado territorio. ‖ FAM. arciprestazgo.

arco m. Porción continua de una curva. ‖ Objeto o figura de esta forma. ‖ Arma compuesta por una vara de un material elástico, sujeta por los extremos con una cuerda muy tensa, que sirve para disparar flechas. ‖ Vara delgada, curva o doblada en sus extremos, en los cuales se sujetan unas cerdas que se frotan contra las cuerdas de algunos instrumentos musicales para hacerlos sonar. ‖ Construcción curva que se apoya en dos pilares o puntos fijos y cubre el vano que queda entre ellos. ‖ *amer.* Portería. ‖ **arco abocinado** El que tiene más luz en un paramento que en el opuesto. ‖ **arco adintelado** El que viene a degenerar en línea recta. ‖ **arco apuntado** El que consta de dos porciones de curva que forman ángulo en la clave. ‖ **arco conopial** Arco apuntado cuya punta está formada por dos curvas inversas a la de los arcos que forman el arranque; forman una figura parecida a unas cortinas recogidas. ‖ **arco de herradura** El que mide más de media circunferencia, típico de la arquitectura árabe. ‖ **arco de medio punto** El que tiene la forma de una semicircunferencia, típico del arte románico. ‖ **arco de triunfo** o **triunfal** Monumento compuesto de uno o varios arcos, adornado con esculturas y erigido en honor de algún héroe o para celebrar alguna victoria o suceso notable. ‖ **arco iris** Banda de colores en forma de arco que aparece en el cielo debido a la refracción y reflexión de los rayos de luz en las gotas de agua que hay en la atmósfera. ‖ **pasarse** algo o a alguien **por el arco del triunfo** *loc. col.* Despreciarlo o rechazarlo.

arcón m. Arca grande y resistente.

arconte m. Magistrado supremo encargado del gobierno en las antiguas ciudades griegas.

arder intr. Estar encendido o incendiado. ‖ Despedir mucho calor. ‖ Experimentar ardor alguna parte del cuerpo. ‖ Estar muy agitado, apasionado. ◆ Se construye con las preps. *de* y *en*: *arde de cólera/en deseos de hablar contigo*. ‖ *amer.* Escocer. ‖ FAM. ardiente.

ardid m. Artificio empleado para el logro de algún intento.

ardido, da adj. Valiente, intrépido. ‖ *amer.* Irritado, enojado.

ardiente adj. Que desprende mucho calor o produce sensación de ardor. ‖ Fervoroso, apasionado, vehemente: *deseo ardiente*. ◆ sup. irreg. *ardentísimo*.

ardilla f. Mamífero roedor muy ligero e inquieto, de unos 20 cm de largo sin contar la cola y de color pardo rojizo por el lomo y blanco por el vientre.

ardite m. Cosa insignificante, de poco o ningún valor: *no valer/importar un ardite*. ‖ Moneda de poco valor que hubo antiguamente en Castilla.

ardor m. Calor intenso. || Sensación de calor o de ardor en alguna parte del cuerpo: *ardor de estómago.* || Agitación, apasionamiento. || Intrepidez, valentía. || Brillo, resplandor. || Ansia, anhelo. || FAM. ardoroso.

ardoroso, sa adj. Que tiene ardor. || Ardiente, vigoroso, eficaz. || FAM. ardorosamente.

arduo, dua adj. Muy difícil. || FAM. arduamente.

área f. Espacio de tierra comprendido entre ciertos límites. || Medida de superficie que equivale a cien metros cuadrados. || En algunos deportes, zona marcada delante de la meta, en la que las faltas cometidas dentro de ella son castigadas con sanciones especiales. || Espacio en que se produce determinado fenómeno o que se distingue por ciertos caracteres geográficos, botánicos, zoológicos, económicos, etc.: *área geográfica, lingüística, etc.* || Conjunto de materias que están relacionadas entre sí: *área de ciencias sociales.* || Superficie comprendida dentro de un perímetro: *área de un cuadrado.* || **área de servicio** En una autopista, lugar habilitado para el estacionamiento de los vehículos, en el que suele haber una gasolinera, un restaurante y otros servicios. || **área metropolitana** Espacio urbano constituido por una gran ciudad y por el conjunto de municipios que hay a su alrededor.

areca f. Palmera de la familia de las palmáceas, de tronco algo más delgado por la base que por la parte superior, con la corteza surcada por múltiples anillos. || Fruto de esta planta.

arel m. Criba grande para limpiar el trigo de la era.

arena f. Conjunto de partículas desagregadas de las rocas y acumuladas en las orillas de los mares, los ríos o en capas de tierras de acarreo. || Lugar del combate o la lucha. || Ruedo de la plaza de toros. || **arenas movedizas** Las sueltas y mezcladas con gran proporción de agua, por lo que no soportan pesos. || FAM. arenal, arenero, arenisca, arenoso.

arenal m. Suelo de arena movediza. || Extensión grande de terreno arenoso.

arenero, ra m. y f. Persona que se encarga del servicio de la plaza, cuya misión consiste en igualar el piso del ruedo tras la lidia de cada toro.

arenga f. Discurso solemne y de tono elevado pronunciado ante una multitud con el fin de enardecer los ánimos. || FAM. arengar.

arengar intr. y tr. Pronunciar una arenga.

arenilla f. Arena menuda y fina. || pl. Salitre reducido a granos menudos que se emplea en la fabricación de la pólvora.

arenisca f. Roca sedimentaria de origen detrítico, formada con granillos de cuarzo unidos por un cemento silíceo, arcilloso, calizo o ferruginoso, que se emplea en construcción y pavimentación.

arenque m. Pez osteíctio clupeiforme marino de unos 25 cm de longitud, de color azulado por el dorso y plateado por el vientre, con el cuerpo comprimido, boca pequeña, dientes visibles en las dos mandíbulas y aletas ventrales estrechas. Se come fresco, salado o ahumado.

areola o **aréola** f. Zona rojiza circular alrededor de un punto inflamado. || Zona circular pigmentada que rodea el pezón en la glándula mamaria. || FAM. areolar.

areómetro m. Instrumento que sirve para determinar las densidades relativas o los pesos específicos de los líquidos, o de los sólidos por medio de los líquidos. || FAM. areometría.

areopagita m. Juez miembro del Areópago o tribunal superior de la antigua Atenas.

Areópago m. Tribunal superior de la antigua Atenas. || FAM. areopagita.

arepa f. *amer.* Torta hecha de maíz seco que generalmente se sirve rellena de carne.

arete m. Pendiente en forma de aro. || *amer.* Cualquier tipo de pendiente.

arévaco, ca adj. y s. De un pueblo hispánico prerromano que habitaba una zona correspondiente a parte de las actuales provincias de Soria y de Segovia, o relacionado con él.

argamasa f. Mortero hecho de cal, arena y agua, que se emplea en las obras de construcción.

argelino, na adj. y s. De Argelia o relativo a este país norteafricano.

argénteo, a adj. De plata o con alguna de sus características. || Plateado.

argentífero, ra adj. Que contiene plata.

argentino, na adj. Argénteo. || Que suena como la plata cuando se golpea: *risa argentina.* || adj. y s. De la República Argentina o relativo a este país sudamericano. || FAM. argénteo, argentífero, argentinidad, argentinismo, argento.

argento m. *poét.* Plata.

argivo, va o **argólico, ca** adj. y s. De Argos o de la Argólida, o relacionado, respectivamente, con esta ciudad y región de la Grecia antigua.

argolla f. Aro grueso, generalmente de hierro, que sirve para amarre o de asidero. || *amer.* Anillo de matrimonio.

argón m. Elemento químico que forma parte del grupo de los gases nobles o raros, incoloro e inodoro, que se encuentra en el aire y en los gases volcánicos y se emplea en tubos de iluminación. Su símbolo es *Ar* y su número atómico, 18.

argonauta m. Cada uno de los héroes griegos que fueron a Colcos en la nave Argos a la conquista del vellocino de oro. || Molusco marino cefalópodo, con ocho tentáculos, que presenta un marcado dimorfismo sexual: los machos son más pequeños que las hembras y carecen de concha; las hembras, por el contrario, segregan una concha que sirve de cámara de incubación.

argot m. Jerga de maleantes. || Lenguaje especial entre personas de un mismo oficio o actividad: *argot estudiantil, médico, etc.* ◆ pl. *argots.*

argucia f. Sutileza, sofisma, argumento falso presentado con agudeza.

argüir tr. Dar argumentos a favor o en contra de algo. También intr.: *la oposición arguyó en contra del proyecto.* || Sacar en claro, deducir con consecuencia natural. || Descubrir, probar. || Echar en cara, acusar. ◆ Irreg. Se conj. como *huir.* || FAM. argucia.

argumentación f. Conjunto de argumentos para convencer a alguien o para demostrar algo.

argumentar intr. Aducir, alegar, poner argumentos. ◆ Se construye con la prep. *contra: argumentar contra una propuesta.* También tr.: *argumentó muy bien su teoría.* ‖ Disputar, discutir.

argumento m. Razonamiento empleado para convencer a alguien o para demostrar algo. ‖ Asunto del que trata una obra literaria, cinematográfica, etc. ‖ FAM. argumentación, argumental, argumentar.

aria f. Composición musical escrita para ser cantada por una sola voz, generalmente con acompañamiento instrumental.

aridez f. Sequedad, falta de humedad. ‖ Falta de amenidad.

árido, da adj. Seco, de poca humedad. ‖ Falto de amenidad: *lectura árida.* ‖ m. pl. Granos, legumbres y otras cosas sólidas a que se aplican medidas de capacidad. ‖ FAM. aridez.

aries m. Uno de los signos del Zodiaco, al que pertenecen las personas que han nacido entre el 21 de marzo y el 19 de abril. ◆ Se escribe con mayúscula. ‖ adj. y com. Se apl. a la persona que ha nacido bajo este signo del Zodiaco. ◆ No varía en pl.

ariete m. Antigua máquina de guerra empleada para derribar murallas, formada por una viga larga y pesada, reforzada en uno de sus extremos con una pieza de hierro o bronce, generalmente labrada en figura de cabeza de carnero. ‖ Delantero centro de un equipo de fútbol.

arílico, ca adj. De los compuestos de la serie aromática.

arilo[1] m. Envoltura de algunas semillas, casi siempre carnosa y de colores vivos.

arilo[2] adj. y m. Se apl. al radical orgánico derivado de un hidrocarburo aromático, por pérdida de un hidrógeno del anillo de benceno: *grupo funcional arilo.*

ario, ria adj. y s. Del individuo perteneciente a un primitivo pueblo de Asia central, del que proceden los indoeuropeos, o relacionado con él. ‖ Del individuo perteneciente a un pueblo de estirpe nórdica, formado por los descendientes de los antiguos indoeuropeos, que la ideología nazi consideraba superior y destinado a dominar el mundo, o relacionado con él.

arisco, ca adj. Áspero, intratable. ‖ FAM. ariscarse.

arista f. Línea que resulta de la intersección de dos superficies, considerada por la parte exterior del ángulo que forman. ‖ Borde, esquina.

aristocracia f. Clase noble de una nación, provincia, etc. ‖ Gobierno ejercido por esta clase. ‖ P. ext., clase que sobresale entre las demás por alguna circunstancia: *aristocracia del saber, del dinero.* ‖ FAM. aristocrático.

aristócrata com. Miembro de la aristocracia o partidario de ella.

aristocrático, ca adj. De la aristocracia o relativo a ella. ‖ Fino, distinguido. ‖ FAM. aristócrata, aristocratizar.

aristotelismo m. Doctrina de Aristóteles y corrientes que de ella han derivado. ‖ FAM. aristotélico.

aritmética f. Rama que estudia los números y las operaciones hechas con ellos. ‖ FAM. aritmético.

aritmético, ca adj. De la aritmética o relativo a esta rama de las matemáticas. ‖ m. y f. Persona que tiene en ella especiales conocimientos. ‖ FAM. aritméticamente.

arlequín m. Personaje cómico de la antigua comedia del arte italiana, que llevaba mascarilla negra y traje de cuadros o rombos de distintos colores. ◆ Se escribe con mayúscula. ‖ Persona vestida con este traje. ‖ *col.* Persona informal y ridícula. ‖ FAM. arlequinesco.

arma f. Instrumento, medio o máquina destinados a ofender o a defenderse. ‖ Medio para conseguir alguna cosa: *su sonrisa es su mejor arma.* ‖ pl. Profesión militar. ‖ Blasones del escudo de una reino, ciudad o persona. ‖ **arma arrojadiza** La que se arroja con la mano o con un instrumento elemental, como el arco, la honda, etc. ‖ **arma blanca** La que consta de una hoja de acero y hiere por el filo o por la punta. ‖ **arma de doble filo** o **de dos filos** Cosa o acción que puede obrar en favor o en contra de lo que se pretende. ‖ **arma de fuego** La que utiliza una materia explosiva para realizar los disparos. ‖ **alzarse en armas** loc. Sublevarse. ‖ **de armas tomar** loc. adj. Enérgico, decidido, atrevido o resuelto: *cuidado con esa mujer, que es de armas tomar.* ‖ **tomar las armas** loc. Armarse para la defensa o el ataque. ‖ FAM. armada, armamento, armería, armero.

armada f. Conjunto de fuerzas navales de un Estado. ◆ Se escribe con mayúscula. ‖ Conjunto de buques de guerra.

armadía f. Conjunto de maderos unidos unos con otros para que puedan ser transportados por un río con facilidad.

armadillo m. Mamífero americano del orden de los desdentados que puede medir de 15 cm a 1,5 m según las especies, con el cuerpo protegido por un caparazón formado por placas óseas cubiertas por escamas córneas y móviles, de manera que puede enrollarse sobre sí mismo.

armado, da adj. Provisto de cierta cosa con que poder atacar o defenderse. ‖ *amer.* Bien formado.

armador, ra m. y f. Persona que por su cuenta arma o equipa una embarcación. ‖ Persona que arma un mueble o artefacto.

armadura f. Conjunto de armas de hierro con que se vestían para su defensa los que habían de combatir. ‖ Pieza o conjunto de piezas unidas unas con otras, que sirven para montar algo sobre ellas o para sostenerlo.

armamentista adj. De la industria de armas de guerra o relativo a ella. ‖ adj. y com. Partidario de la política de armamentos.

armamento m. Aparato y prevención de todo lo necesario para la guerra. ‖ Conjunto de armas para un cuerpo militar. ‖ Equipo y provisión de una embarcación. ‖ FAM. armamentismo, armamentista, armamentístico.

armar tr. Poner o dar armas. También prnl.: *armarse con fusiles.* ‖ Preparar para la guerra: *armar la tropa.* También prnl. ‖ Juntar entre sí las varias piezas de las que se compone un objeto: *armar una cama.* ‖ Causar, formar, producir: *armar bronca.* También prnl. ‖ Aprestar una embarcación o proveerla de todo lo necesario. ‖ prnl. Disponer del ánimo necesario para conseguir un fin o resistir una contrariedad. ◆ Se construye con la prep. *de: armarse de paciencia/de valor.* ‖ FAM. armado, armador.

armario m. Mueble con puertas en que se guardan libros, ropas u otros objetos. ‖ **armario empotrado** El construido en el hueco de una pared.

armatoste m. *col.* Cualquier máquina o mueble tosco, pesado y mal hecho. ‖ *col.* Persona corpulenta e inútil.

armazón amb. Armadura, pieza o conjunto de piezas. Más con m. ‖ Esqueleto óseo. Más como m.

armella f. Anillo de metal que suele tener una espiga o tornillo para clavarlo en alguna parte sólida.

armenio, nia adj. y s. De Armenia o relativo a esta región del sudoeste asiático. ‖ m. Lengua indoeuropea hablada en Armenia y en otros territorios transcaucásicos.

armería f. Edificio o sitio en el que se guardan diferentes tipos de armas para curiosidad o estudio. ‖ Tienda en la que se venden armas.

armero, ra m. y f. Persona que se dedica a la fabricación, venta o arreglo de armas. ‖ Persona encargada de la custodia, limpieza y reparación de armas. ‖ m. Mueble especial para colocar las armas.

armiño m. Mamífero del orden de los carnívoros, de unos 30 cm de longitud, con la piel muy suave y delicada, parda en verano y blanquísima en invierno, menos la punta de la cola, que es siempre negra; se alimenta de huevos y pequeños animales. ‖ Piel de este animal, muy apreciada en peletería.

armisticio m. Suspensión de hostilidades pactadas entre pueblos y ejércitos beligerantes.

armonía f. Conveniente proporción y correspondencia de unas cosas con otras. ‖ Unión y combinación de sonidos simultáneos y diferentes, pero acordes. ‖ Ciencia de la formación y del encadenamiento de los acordes. ‖ Grata variedad de sonidos, medidas y pausas que resulta en la prosa o en el verso por la adecuada combinación de las sílabas, voces y cláusulas empleadas. ‖ Amistad y buena correspondencia. ‖ FAM. armónico, armonioso, armonizar.

armónica f. Instrumento musical de viento provisto de una serie de orificios con lengüeta.

armónico, ca adj. De la armonía o relativo a ella. ‖ m. Sonido agudo, producido naturalmente por la resonancia de otro fundamental. Más en pl.

armonio m. Órgano pequeño, con la figura exterior de un piano, y al cual se da el aire por medio de un fuelle que se mueve con los pies.

armonioso, sa adj. Sonoro y agradable al oído. ‖ Que tiene armonía o correspondencia entre sus partes.

armónium m. Armonio. ◆ pl. *armóniums*.

armonizar tr. Poner en armonía dos o más partes de un todo. ‖ Hacer los acordes musicales correspondientes a una melodía. ‖ intr. Estar en armonía: *tu corbata no armoniza con tu camisa*. ‖ FAM. armonización.

ARN m. Ácido ribonucleico.

arnés m. Conjunto de armas de acero defensivas que se sujetaban al cuerpo, asegurándolas con correas y hebillas. ‖ pl. Guarniciones de las caballerías.

árnica f. Planta de la familia de las compuestas, de raíz perenne, hojas aovadas, flores amarillas y semillas de color pardo, cuyo tallo mide entre 40 y 60 cm. ‖ Aceite obtenido de esta planta, que se emplea en medicina.

aro m. Pieza de hierro o de otra materia rígida, en figura de circunferencia. ‖ **entrar** o **pasar por el aro** loc. *col.* Rendirse a la voluntad ajena. ‖ FAM. arete.

aroma m. Perfume, olor muy agradable. ‖ f. Flor del aromo, amarilla, vellosa y de olor muy fragante. ‖ FAM. aromaterapia, aromaticidad, aromático, aromatizante, aromatizar, aromatoterapia.

aromático, ca adj. Que tiene aroma u olor agradable. ‖ Se apl. al compuesto de carácter cíclico e insaturado, tenga o no olor.

aromatizar tr. Dar o comunicar aroma a algo. ‖ FAM. aromatización.

aromo m. Árbol de la subfamilia de las mimosáceas, especie de acacia, con ramas espinosas, hojas compuestas y flores amarillas muy olorosas, cuyos frutos son unas vainas fuertes y encorvadas.

arpa f. Instrumento musical de figura triangular con cuerdas colocadas verticalmente y que se tocan con ambas manos. ‖ FAM. arpista.

arpegio m. Sucesión más o menos acelerada de los sonidos de un acorde. ‖ FAM. arpegiar.

arpía f. Ave fabulosa con rostro de mujer y cuerpo de ave de rapiña. ‖ *col.* Persona codiciosa que con arte o maña saca cuanto puede. ‖ *col.* Mujer perversa.

arpillera f. Tejido, generalmente de estopa muy basta, usado para hacer sacos y cubiertas.

arpista com. Persona que toca el arpa.

arpón m. Instrumento que se compone de un astil de madera armado por uno de sus extremos con una punta de hierro que sirve para herir o penetrar, y otras dos, dirigidas hacia atrás, que impiden que la presa se suelte. ‖ FAM. arponear, arponero.

arponear tr. Pescar o cazar con arpón.

arponero, ra m. y f. Persona que pesca o caza con arpón.

arquear tr. Dar o adquirir figura de arco. También prnl.: *arquearse una tabla*. ‖ Medir la cabida de una embarcación.

arqueo m. Adopción de la figura de arco. ‖ Cabida de una embarcación. ‖ Reconocimiento del dinero y papeles que existen en una caja, oficina o corporación.

arqueolítico, ca adj. De la Edad de Piedra o relativo a ella.

arqueología f. Ciencia que estudia todo lo que se refiere a las artes y a los monumentos de la Antigüedad. ‖ FAM. arqueológico, arqueólogo.

arqueológico, ca adj. De la arqueología o relativo a esta ciencia: *excavaciones arqueológicas*.

arqueólogo, ga m. y f. Persona que profesa la arqueología o tiene especiales conocimientos sobre ella.

arquería f. Serie de arcos dispuestos con finalidad decorativa.

arquero, ra m. y f. Soldado que peleaba con arco y flechas. ‖ Persona que practica el tiro con arco. ‖ En dep.; portero. ‖ Persona que se dedica a hacer arcos o aros para toneles, cestas, etc.

arqueta f. Cofre de pequeño tamaño, generalmente ornamentado. ‖ Cavidad situada en puntos apropiados de una conducción del agua para su registro, limpieza u otros fines.

arrear

arquetipo m. Modelo, tipo ideal. ‖ Modelo original y primario en un arte u otra cosa: *Celestina es el arquetipo de la alcahueta*. ‖ FAM. arquetípico.

arquíptero, ra adj. y m. Se apl. al insecto de alas rudimentarias.

arquitecto, ta m. y f. Persona que profesa o ejerce la arquitectura. ‖ **arquitecto técnico** Aparejador.

arquitectónico, ca adj. De la arquitectura o relativo a este arte.

arquitectura f. Arte o técnica de proyectar y construir edificios. ‖ Método o estilo en el que se proyecta y construye un edificio, caracterizado por ciertas particularidades: *arquitectura árabe, gótica, etc*. ‖ FAM. arquitecto, arquitectónico, arquitectural.

arquitrabe m. Parte inferior del entablamento que descansa sobre el capitel de la columna.

arquivolta f. Conjunto de molduras que decoran un arco en su paramento exterior vertical, acompañando a la curva en toda su extensión y terminando en las impostas.

arrabal m. Barrio fuera del recinto de la población a que pertenece. ‖ FAM. arrabalero.

arrabalero, ra adj. y s. Habitante de un arrabal. ‖ col. Se apl. a la persona que en su forma de vestir, hablar o comportarse, demuestra mala educación.

arrabio m. Metal fundido obtenido en el alto horno por reducción del mineral de hierro.

arracimarse prnl. Unirse o juntarse algunas cosas en figura de racimo. ‖ FAM. arracimado.

arraigar intr. y prnl. Echar o criar raíces. ‖ Hacerse muy firme y difícil de extinguir o extirpar un afecto, virtud, vicio, uso o costumbre. ‖ prnl. Establecerse, radicarse en un lugar. ◆ Se construye con la prep. *en: se han arraigado en este pueblo*. ‖ FAM. arraigado, arraigo, desarraigar.

arraigo m. Fijación fuerte, firme y duradera.

arramblar tr. Dejar los ríos, arroyos o torrentes cubierto de arena el suelo por donde pasan, en tiempo de avenidas. ‖ Arrastrarlo todo con violencia. ‖ tr. e intr. Arramplar.

arramplar tr. e intr. Llevarse codiciosamente todo lo que hay en algún lugar. ◆ Se construye con la prep. *con: arrampló con mis joyas*.

arrancada f. Partida o salida violenta de una persona o animal. ‖ Puesta en marcha de una máquina.

arrancamoños m. Fruto del cardillo y otras plantas, de aproximadamente 1 cm de longitud, cuya cáscara está compuesta por unos pequeños ganchos que se adhieren con facilidad al pelo o a la ropa. ◆ No varía en pl.

arrancar tr. Sacar de raíz: *arrancar las malas hierbas del jardín*. ‖ Sacar con violencia una cosa del lugar a que está adherida o sujeta, o de que forma parte: *arrancar un clavo de la pared*. También prnl. ‖ Quitar con violencia: *le arrancó el arma de las manos*. ‖ Obtener o conseguir algo de una persona con trabajo, violencia o astucia: *me arrancó las palabras de la boca*. ‖ Separar con violencia o con astucia a una persona de alguna parte, o de costumbres, vicios, etc.: *han conseguido arrancar a su hijo de la droga*. ‖ intr. Partir de carrera para seguir corriendo. ‖ col. Partir o salir de alguna parte. ‖ Iniciarse el funcio-

namiento de una máquina o el movimiento de traslación de un vehículo. También tr.: *no consigo arrancar el coche*. ‖ Empezar a hacer algo de modo inesperado: *arrancó a cantar*. También prnl. ‖ Provenir, tener origen. ‖ FAM. arrancada, arranque.

arranchar tr. *amer*. Arrebatar, arrancar algo a alguien con violencia.

arranque m. Puesta en funcionamiento de algo. ‖ Ímpetu de cólera, piedad, amor u otro afecto: *arranque de ira, de generosidad, etc*. ‖ Dispositivo que pone en marcha el motor de una máquina. ‖ Decisión, valor o fuerza de voluntad para hacer algo. ‖ Ocurrencia viva e ingeniosa que no se esperaba. ‖ Punto en donde empieza la curvatura de un arco o de una bóveda.

arras f. pl. Conjunto de las trece monedas que, al celebrarse el matrimonio, entrega el desposado a la desposada. ‖ Lo que se da como prenda o señal en algún contrato.

arrasar tr. Allanar la superficie de alguna cosa. ‖ Destruir, arruinar: *arrasar una ciudad*. ‖ Llenar o cubrir los ojos de lágrimas. También prnl. ◆ Se construye con la prep. *en: arrasarse los ojos en lágrimas*. ‖ intr. col. Tener gran alcance un éxito extraordinario: *su nuevo disco arrasará este verano*. ‖ intr. y prnl. Despejarse el cielo.

arrastrado, da adj. col. Pobre, afligido de privaciones, molestias y trabajos. ‖ col. Miserable, pícaro. También s. ‖ Se apl. al juego de naipes que obliga a servir a la carta jugada: *tute arrastrado*.

arrastrar tr. Llevar a una persona o cosa por el suelo, tirando de ella. ‖ Llevar uno tras sí, o traer a otro a su dictamen o voluntad: *las malas compañías lo arrastraron a las drogas*. ‖ Tener como consecuencia inevitable: *esta gestión arrastrará grandes pérdidas*. ‖ Soportar algo penosamente, como una desgracia o un mal físico: *arrastra una enfermedad*. ‖ En algunos juegos de naipes, jugar una carta que obliga a los demás jugadores a echar otra del mismo palo: *arrastro con espadas*. ‖ prnl. Ir de un sitio a otro rozando con el cuerpo en el suelo. ‖ Humillarse vilmente. ‖ FAM. arrastrado, arrastre.

arrastre m. Acción y resultado de llevar a una persona o cosa por el suelo, tirando de ella. ‖ En algunos juegos de naipes, obligación que tienen los jugadores de echar una carta del mismo palo que la del jugador que echa primero. ‖ **para el arrastre** loc. col. En muy mal estado físico o anímico: *tras correr varios kilómetros quedó para el arrastre*.

arrayán m. Mirto.

¡arre! interj. que se emplea para estimular a las bestias: *¡arre, burro!*

¡arrea! interj. col. Expresión que se usa para expresar sorpresa, admiración o disgusto: *¡arrea, si no te esperábamos hasta el viernes!*

arreador m. *amer*. Látigo de mango corto para arrear el ganado.

arrear tr. Estimular a las bestias para que echen a andar o para que aviven el paso. ‖ Dar prisa, estimular. También intr.: *arrea, que llegamos tarde*. ‖ col. Pegar o dar golpes: *le arreó un puñetazo*. ‖ intr. col. Llevarse algo de forma violenta. ◆ Se construye con la prep. *con: arreó con todo el dinero antes de huir*. ‖ FAM. arreador, arreo.

arrear tr. Poner arreos, adornar, hermosear, engalanar.

arrebatado, da adj. Precipitado e impetuoso. ‖ Inconsiderado y violento. ‖ Referido al color de la cara, muy encendido: *mejillas arrebatadas*.

arrebatador, ra adj. y s. Que arrebata o resulta muy atractivo.

arrebatar tr. Quitar o tomar algo con violencia. ◆ Se construye con la prep. *de*, seguida o no de *entre*: *me arrebató el periódico de/de entre las manos*. ‖ Atraer alguna cosa. ‖ Conmover poderosamente, excitando alguna pasión o afecto. También prnl.: *arrebatarse de amor*. ‖ prnl. Enfurecerse. ‖ Cocerse o asarse mal y precipitadamente un alimento por exceso de fuego. ‖ FAM. arrebatado, arrebatador, arrebatiña, arrebato.

arrebato m. Furor causado por la intensidad de alguna pasión: *arrebato de cólera*. ‖ Éxtasis.

arrebol m. Color rojo de las nubes iluminadas por los rayos del sol. ‖ P. ext., el mismo color en otros objetos y especialmente en el rostro. ‖ Colorete. ‖ FAM. arrebolada, arrebolar.

arrebolar tr. y prnl. Poner de color de arrebol.

arrebujar tr. Coger mal y sin orden alguna cosa flexible: *arrebujar la ropa*. ‖ prnl. Cubrirse bien y envolverse con la ropa, arrimándola al cuerpo. ◆ Se puede construir con las preps. *con* y *entre*: *se arrebujó con la capa/entre las sábanas*.

arrecharse prnl. *amer. vulg.* Excitarse sexualmente, hacerse lascivo o lujurioso. ‖ *amer. col.* Enfurecerse, irritarse. ‖ FAM. arrechera, arrecho, arrechura.

arrechucho m. Indisposición repentina y pasajera. ‖ Ataque de cólera.

arreciar intr. y prnl. Irse haciendo cada vez más recia, fuerte o violenta alguna cosa: *arreciar la cólera, la tempestad, el viento, etc.*

arrecife m. Banco o bajo formado en el mar, casi a flor de agua, por rocas, corales, etc.

arredrar tr. y prnl. Causar o tener miedo, amedrentar o atemorizar. ‖ FAM. arredramiento.

arreglado, da adj. Ordenado y moderado. ‖ Sujeto a regla.

arreglar tr. Ordenar, poner en orden. También prnl.: *arreglarse los problemas*. ‖ Acicalar, mejorar el aspecto físico de una persona. También prnl.: *arreglarse para salir*. ‖ Reparar algo roto o que no funciona. ‖ Solucionar, enmendar: *arreglar un asunto*. ‖ Condimentar un plato. ‖ *col.* Castigar a alguien: *como te pille, te voy a arreglar*. ‖ Transformar una obra musical para ser interpretada por voces o instrumentos distintos de los originales. ‖ Acordar algo entre varias personas: *arreglar una cita*. ‖ *col.* En frases con el verbo en futuro se usa como amenaza: *ya te arreglaré yo*. ‖ **arreglárselas** loc. Componérselas: *ya me las arreglaré yo solo*. ‖ FAM. arreglado, arreglista, arreglo, desarreglar.

arreglista com. Persona que se dedica profesionalmente a hacer arreglos de melodías o piezas musicales.

arreglo m. Orden y colocación correcta de algo. ‖ Mejora del aspecto físico de una persona. ‖ Avenencia, conciliación: *llegaron a un arreglo para solucionar sus desacuerdos*. ‖ Transformación de una obra musical para ser interpretada por voces o instrumentos distintos de los originales. ‖ **con arreglo a** loc. prepos. Según, conforme a: *con arreglo a la ley*.

arrellanarse prnl. Ensancharse y extenderse en el asiento con toda comodidad.

arremangar tr. y prnl. Remangar.

arremeter intr. Acometer con ímpetu y furia. ◆ Se construye con la prep. *contra*: *arremeter contra el orden establecido/contra el enemigo*. ‖ FAM. arremetida, arremetimiento.

arremetida f. Acometida o ataque brusco.

arremolinarse prnl. Amontonarse o apiñarse desordenadamente la gente. ‖ Formarse remolinos: *arremolinarse las aguas*.

arrendador, ra m. y f. Persona que da en arrendamiento alguna cosa: *arrendador de una finca*.

arrendajo m. Ave del orden de las paseriformes, de unos 35 cm de longitud, con el plumaje pardo rosado, alas a rayas negras y azules y un penacho de plumas eréctiles en la cabeza, que se alimenta de frutos de diversos árboles y de huevos de algunas aves, cuya voz imita.

arrendamiento m. Cesión o adquisición del uso o aprovechamiento temporal de cosas, obras o servicios, a cambio de un precio: *arrendamiento de un local*. ‖ Contrato por el cual se arrienda.

arrendar tr. Ceder o adquirir el uso o aprovechamiento temporal de cosas, obras o servicios, a cambio de un precio y de su devolución en perfecto estado tras la extinción del contrato de arrendamiento. ◆ **Irreg.** Se conj. como *acertar*. ‖ FAM. arrendado, arrendamiento, arrendatario, arrendaticio, arriendo.

arrendatario, ria adj. y s. Que toma algo en arrendamiento: *empresa arrendataria*.

arreos m. pl. Conjunto de correas y adornos de las caballerías. ‖ Conjunto de cosas accesorias que pertenecen a una principal o se usan con ella: *arreos de pesca, de caza*.

arrepanchigarse prnl. *col.* Repantigarse.

arrepentido, da adj. y s. Que se arrepiente. ‖ Que se arrepiente de sus delitos y se entrega a la justicia, colaborando con ella: *es un arrepentido del mundo de la mafia*.

arrepentimiento m. Pesar que se siente por haber hecho alguna cosa.

arrepentirse prnl. Pesarle a uno haber hecho o haber dejado de hacer alguna cosa. ◆ Se construye con la prep. *de*: *me arrepiento de todos mis pecados*. ‖ Cambiar de opinión o no ser consecuente con un compromiso. ◆ **Irreg.** Se conj. como *sentir*. ‖ FAM. arrepentido, arrepentimiento.

arrestado, da adj. y s. Se apl. a la persona que sufre un arresto.

arrestar tr. Detener, apresar. ‖ FAM. arrestado, arresto.

arresto m. Detención provisional del presunto reo. ‖ Reclusión por un tiempo breve, como corrección o pena. ‖ Arrojo o determinación para emprender una cosa ardua. Más en pl.: *tener arrestos*. ‖ **arresto mayor** Pena de privación de libertad desde un mes y un día hasta seis meses. ‖ **arresto menor** Pena de privación de libertad de uno a treinta días, que en ciertos casos se puede cumplir en el mismo domicilio del reo.

arrollar

arriada f. Bajada de velas, banderas, etc.

arrianismo m. Doctrina religiosa que consideraba a Jesucristo no igual o no consustancial al Padre, sino engendrado por este. || FAM. arriano.

arriar tr. Bajar las velas, las banderas, etc. || FAM. arriada.

arriate m. Parte acotada en un jardín para plantar flores.

arriba adv. l. A lo alto, hacia lo alto. || En lo alto, en la parte alta: *cuesta arriba*. || En un escrito, lugar anterior. || Con voces de cantidades o medidas, denota exceso indeterminado: *cuesta de veinte euros para arriba*. || En situación de superioridad: *los de arriba decidirán lo mejor para la empresa*. || interj. Se emplea para animar a alguno a que se levante, a que suba, etc.: *¡arriba, amigo, que nos vamos!* ◆ En frases exclamativas sin verbo, equivale a '¡viva!': *¡arriba el Numancia!* || **de arriba abajo** loc. adv. Del principio al fin, de un extremo a otro. || Con desdén, con aire de superioridad: *me miró de arriba abajo*. || FAM. arribeño, arribismo, arribista.

arribar intr. Llegar una nave a un puerto. ◆ Se construye con la prep. *a*: *arribar al malecón*. || Llegar por tierra a cualquier paraje. || *col*. Llegar a conseguir lo que se desea. ◆ Se construye con la prep. *a* + infinitivo: *no arribo a comprender lo que quieres decirme*. || FAM. arribada, arribaje, arribo.

arribeño, ña adj. y s. *amer*. Que habita en la costa y procede de las tierras altas.

arribista com. Persona ambiciosa y sin escrúpulos que aspira a llegar a la cumbre del poder, de la fama o de la riqueza, sin valorar si los medios utilizados para ello son éticos o no. || FAM. arribismo.

arriendo m. Arrendamiento.

arriero, ra m. y f. Persona que se ocupa de los animales de carga.

arriesgado, da adj. Aventurado, peligroso. || Osado, temerario: *es muy arriesgado para los negocios*. || FAM. arriesgadamente.

arriesgar tr. Poner a riesgo. También prnl. ◆ Se puede construir con la prep. *a* + infinitivo y con la prep. *en*: *no quiere arriesgarse a salir con él*; *se arriesgó mucho en este negocio*. || FAM. arriesgado.

arrimar tr. y prnl. Acercar o poner una cosa junto a otra. ◆ Se construye con la prep. *a*: *arrimarse a una hoguera*. || Dar un golpe: *arrimar un bofetón*. || prnl. Apoyarse sobre algo, como para descansar o sostenerse. ◆ Se construye con la prep. *a*: *arrimarse a una columna*. || Agregarse, juntarse a otros, haciendo un cuerpo con ellos. || Acogerse a la protección de alguien o de algo, valerse de ella. ◆ Se construye con la prep. *a*: *siempre se arrima al más fuerte*. || *col*. Amancebarse. || Torear en terreno próximo al toro. || FAM. arrimadero, arrimado, arrimo.

arrinconado, da adj. Apartado, distante del centro. || Desatendido, olvidado.

arrinconar tr. Poner algo en un rincón o lugar retirado. || Perseguir a una persona dentro de unos límites hasta que no pueda escapar. || Desatender o abandonar una actividad o a una persona: *arrinconar los libros/a los ancianos*. || prnl. Retirarse del trato de la gente. ◆ Se construye con la prep. *en*: *se ha arrinconado en casa y no quiere salir*. || FAM. arrinconado, arrinconamiento.

arritmia f. Falta de ritmo regular. || Irregularidad y desigualdad en las contracciones del corazón. || FAM. arrítmico.

arroba f. Unidad de peso que equivale a 11 kilogramos y 502 gramos. || Medida de líquidos que varía de peso según las provincias y los mismos líquidos. || Símbolo @ usado en las direcciones de correo electrónico. || **por arrobas** loc. adv. *col*. En grandes cantidades, a montones.

arrobamiento m. Embeleso. || Éxtasis.

arrobar tr. Embelesar. || prnl. Enajenarse, quedar fuera de sí: *se arrobaba en su unión mística con Dios*. || FAM. arrobador, arrobamiento, arrobo.

arrocero, ra adj. Del arroz o relativo a él. || m. y f. Persona que cultiva arroz.

arrodillar tr. Hacer que uno hinque una o ambas rodillas. || prnl. Ponerse de rodillas.

arrogación f. Adopción de una persona huérfana o emancipada. || Atribución indebida o apropiamiento de cosas inmateriales.

arrogancia f. Altanería, soberbia o sentimiento de superioridad ante los demás. || Valentía, decisión. || FAM. arrogante.

arrogante adj. Altanero, soberbio. || Valiente, decidido.

arrogarse tr. Adoptar como hijo a una persona huérfana o emancipada. || prnl. Atribuirse indebidamente alguna cosa inmaterial, apropiarse de ella: *arrogarse un derecho*. || FAM. arrogación.

arrojadizo, za adj. Que se puede arrojar o lanzar a distancia: *arma arrojadiza*.

arrojado, da adj. Valiente, atrevido o intrépido.

arrojar tr. Lanzar o impeler con violencia a una persona o una cosa. || Echar o dejar caer. || Expulsar, despedir o echar de un lugar. ◆ Se construye con la prep. *de*: *arrojar a alguien de casa*. || Despedir de sí o emitir. || *col*. Vomitar. || Tratándose de cuentas, documentos, etc., presentar o dar como resultado: *su cuenta arroja un saldo positivo*. || prnl. Precipitarse, dejarse ir con violencia de alto a bajo. ◆ Se construye con las preps. *a*, *en*, *desde* y *por*: *arrojarse al/en el mar*; *arrojarse desde/por una ventana*. || Dirigirse con violencia contra algo o alguien. || Lanzarse a la consecución de una determinada empresa sin reparar en las dificultades. || FAM. arrojadizo, arrojado, arrojo.

arrojo m. Osadía, intrepidez.

arrollado m. *amer*. Danza afrocubana. || *amer*. Carne cocida y aderezada que se arrolla y se ata con un hilo, para luego asarla o cocerla.

arrollador, ra adj. Que arrolla o domina: *personalidad arrolladora*.

arrollar tr. Envolver algo en forma de rollo: *arrollar un papel*. || Desbaratar, dominar o derrotar: *el equipo visitante nos arrolló*. || Llevar rodando o arrastrando, atropellar. || No hacer caso de leyes ni de otros miramientos: *arrollar los derechos de los demás*. || Confundir, dejar a una persona sin poder replicar. || intr. *amer*. Realizar contorsiones al bailar. || FAM. arrollado, arrollador, arrollamiento.

arropar tr. Cubrir o abrigar con ropa para protegerse del frío. También prnl.: *se arropó bien para calentarse.* || Proteger, defender o amparar a alguien. || FAM. arropamiento, desarropar.

arrope m. Mosto cocido hasta que toma consistencia de jarabe.

arrosquetado, da adj. *amer.* Dicho de la piel morena, de color canela o sonrosado.

arrostrar tr. Hacer cara, resistir, sin dar muestras de cobardía, a las calamidades o peligros: *arrostrar las críticas.* || Acometer o emprender cosas peligrosas o difíciles. || prnl. Atreverse, enfrentarse cara a cara: *arrostrarse con el enemigo.*

arroyada f. Valle por donde corre un arroyo. || Corte, surco o hendidura producida en la tierra por el agua de lluvia. || Crecida de un arroyo e inundación consiguiente a ella.

arroyar tr. Formar la lluvia surcos en la tierra. Más como prnl. || Formar arroyos: *el temporal arroyó la zona.*

arroyo m. Caudal corto de agua, casi continuo. || Corriente de cualquier cosa líquida: *derramó arroyos de lágrimas; corrió un arroyo de sangre.* || Ambiente de miseria y marginación: *quiero ayudarte a salir del arroyo.* || FAM. arroyada, arroyar.

arroz m. Planta herbácea anual de la familia de las gramíneas, originaria del sureste de Asia, que se cría en terrenos muy húmedos y cuyo fruto es un grano oval, harinoso y blanco después del descascarillado que, cocido, se usa mucho como alimento. || Fruto de esta planta. || FAM. arrocero, arrozal.

arrozal m. Terreno sembrado de arroz.

arruga f. Pliegue que se hace en la piel, generalmente a consecuencia de la edad. || Pliegue deforme e irregular que se hace en la ropa o en cualquier tela o cosa flexible. || FAM. arrugado, arrugamiento, arrugar.

arrugar tr. Hacer arrugas. También prnl.: *arrugarse una camisa.* || prnl. Encogerse, apocarse: *el boxeador se arrugó al salir del* ring. || **arrugar el ceño, el entrecejo** o **la frente** loc. Mostrar en el semblante disgusto o enojo.

arruinar tr. Causar ruina: *los vicios han arruinado su vida.* También prnl. || Destruir, causar grave daño. También prnl.: *la cosecha se arruinó por el pedrisco.* || FAM. arruinamiento.

arrullar tr. Atraer con arrullos el palomo o el tórtolo a la hembra, o al contrario. || Adormecer al niño con arrullos. || Provocar adormecimiento determinado sonido. || *col.* Enamorar con palabras dulces. || FAM. arrullador, arrullo.

arrullo m. Canto grave o monótono con que se enamoran las palomas y las tórtolas. || Cantarcillo grave y monótono para adormecer a los niños. || Sonido que adormece: *el arrullo de las olas del mar.* || Habla dulce con que se enamora a una persona.

arrumaco m. Demostración de cariño hecha con gestos o palabras. Más en pl.

arrumar tr. y prnl. *amer.* Amontonar.

arrumbar tr. Poner una cosa como inútil en un lugar retirado o apartado. || Desechar, abandonar. || FAM. arrumbador, arrumbamiento.

arrumbar intr. Fijar el rumbo a que se navega o a que se debe navegar.

arrurruz m. Fécula o especie de harina comestible que se extrae de la raíz de algunas plantas tropicales.

arsenal m. Establecimiento en que se construyen, reparan y conservan las embarcaciones. || Almacén general de armas y otros efectos de guerra. || Conjunto o depósito de noticias, datos, etc.

arsénico m. Elemento químico, tri y pentavalente, metaloide, de color gris y brillo metálico, que combinado con el oxígeno constituye un veneno violento. Su símbolo es *As,* y su número atómico, *33.*

arte amb. Acto mediante el cual el hombre imita o expresa lo material o lo invisible, valiéndose de la materia, de la imagen o del sonido, y crea copiando o imaginando. || Conjunto de obras, estilos o movimientos artísticos de un país, una época, etc.: *arte abstracto, egipcio, etc.* || Virtud e industria para hacer algo: *tiene mucho arte para escribir.* || Conjunto de reglas para hacer bien algo: *arte culinaria, militar.* || Cautela, maña, astucia. Más en pl.: *utilizó todas sus artes para conquistarle.* || Aparato que sirve para pescar: *artes de pesca.* || **arte abstracto** Modalidad artística peculiar de nuestro tiempo, caracterizada por la transmisión de la idea o sentimiento del artista, desligado, en mayor o menor medida, de asociaciones tangibles. || **arte conceptual** Movimiento artístico surgido a finales de los sesenta que hace hincapié en el concepto o la idea del proceso artístico, restando importancia a la obra de arte en cuanto objeto material o resultado meritorio de una ejecución. || **arte decorativo** La pintura o la escultura en cuanto no crean obras independientes, sino subordinadas al embellecimiento de edificios. || **arte figurativo** El que representa objetos que existen en la realidad. || **arte mayor** Se apl. al verso que tiene más de ocho sílabas. || **arte menor** Se apl. al verso que tiene menos de ocho sílabas. || **artes marciales** Conjunto de antiguas técnicas de lucha de Extremo Oriente, que hoy se practican como deporte, como el kárate, el judo, etc. || **artes plásticas** La pintura, escultura y arquitectura, en cuanto que sus obras se captan fundamentalmente por la vista. || **bellas artes** Las que buscan la expresión de la belleza. || **el séptimo arte** Cinematografía. || **malas artes** Medios o procedimientos ilícitos de que alguien se vale para conseguir algún fin. || **(como) por arte de magia** loc. adv. *col.* De forma inexplicable. ◆ En sing. se usa más como m., y en pl. más como f.: *el arte, las artes.* || FAM. artesanía, artefacto, artificio, artista.

artefacto m. Artificio, máquina, aparato. || Cualquier tipo de carga explosiva.

artejo m. Nudillo, articulación donde se unen las falanges de los dedos. || Cada una de las piezas articuladas entre sí de las que se forman los apéndices o patas de los artrópodos. Más en pl.

artemisa o **artemisia** f. Nombre común de diversas especies de plantas herbáceas olorosas de la familia de las compuestas, que miden entre 50 cm y 1,5 m de altura, con hojas alternas, flores amarillas o blancas dispuestas en racimos o espigas y frutos en aquenio.

arteria f. Vaso que lleva la sangre desde el corazón a las demás partes del cuerpo. ‖ Calle principal de una población. ‖ FAM. arterial, arterialización, arteriosclerosis, arteriosclerótico, arteriola.

arterial adj. De las arterias o relativo a estos vasos sanguíneos.

arterioesclerosis f. Arteriosclerosis. ◆ No varía en pl.

arteriosclerosis f. Enfermedad vascular consistente en la obstrucción de las arterias que impide el paso de la sangre. ◆ No varía en pl.

artero, ra adj. *desp.* Mañoso, astuto, ladino. ‖ FAM. artería.

artesa f. Cajón que se va estrechando hacia el fondo, que se usa sobre todo para amasar el pan.

artesanado m. Clase social de los artesanos. ‖ Actividad, ocupación u oficio del artesano.

artesanal adj. Artesano.

artesanía f. Arte u obra de los artesanos. ‖ Artesanado, clase social.

artesano, na adj. De la artesanía o relativo a este arte. ‖ m. y f. Persona que hace por su cuenta objetos de uso doméstico imprimiéndoles un sello personal, a diferencia del obrero fabril. ‖ FAM. artesanado, artesanal, artesanía.

artesón m. Adorno constructivo poligonal, cóncavo y con molduras, que dispuesto en serie constituye el artesonado. ‖ Artesonado, techo adornado con artesones. ‖ FAM. artesonado.

artesonado, da adj. Adornado con artesones. ‖ m. Techumbre, armadura o bóveda formada con artesones de madera, piedra u otros materiales.

ártico, ca adj. y Se apl. al polo de la esfera celeste inmediato a la Osa Menor, y también al correspondiente del globo terráqueo. ‖ Del polo norte o relativo a él.

articulación f. Enlace o unión entre dos partes de una máquina que permite y ordena su movimiento. ‖ Pronunciación clara. ‖ Unión de un hueso con otro: *articulación de la rodilla.* ‖ Enlace que forma en las plantas la unión de una parte con otra distinta de la cual puede desgajarse. ‖ En ling., posición y movimiento de los órganos de la voz para la pronunciación de una vocal o consonante: *articulación palatal, dental.* ‖ FAM. articular.

articulado, da adj. Que tiene articulaciones: *mecanismo, brazo articulado.* ‖ Conjunto o serie de los artículos de un tratado, ley, reglamento, etc. ‖ En der., conjunto o serie de los medios de prueba que propone un litigante para apoyar su pretensión. ‖ FAM. desarticulado.

articular tr. Unir o enlazar dos o más piezas de modo que puedan realizar algún movimiento rotatorio o deslizante. También prnl. ‖ Pronunciar las palabras clara y distintamente. ‖ FAM. articulación, articulado, articulatorio, artículo.

articulista com. Persona que escribe artículos periodísticos.

artículo m. En gram., parte de la oración que expresa el género y número del nombre. ‖ Mercancía con que se comercia. ‖ Cada una de las partes en que se divide un escrito, tratado, ley, etc. ‖ Cada una de las divisiones de un diccionario encabezada por una palabra. ‖

Escrito de cierta extensión de un periódico, revista o publicación periódica. ‖ FAM. articulista.

artífice com. Artista, artesano. ‖ Persona o cosa que causa, inventa o hace algo: *fue el artífice de la derrota del equipo rival.*

artificial adj. Hecho por el hombre: *lago, brazo artificial.* ‖ No natural, falso, ficticio: *sonrisa artificial.* ‖ FAM. artificialmente.

artificialidad f. Falta de naturalidad.

artificiero, ra m. y f. Persona experta en el manejo de proyectiles y material explosivo.

artificio m. Arte, habilidad o ingenio con que se hace algo. ‖ Predominio de la elaboración artística sobre la naturalidad. ‖ Artefacto, invento, máquina. ‖ Disimulo, doblez. ‖ FAM. artificial, artificialidad, artificiosidad, artificioso.

artificioso, sa adj. Hecho con habilidad y artificio. ‖ Disimulado, cauteloso.

artillar tr. Armar de artillería y munición. ‖ Colocar en disposición de combate la artillería.

artillería f. Material de guerra que comprende cañones, morteros y otras máquinas. ‖ Cuerpo militar destinado a este servicio. ‖ FAM. artillado, artillar, artillero.

artillero, ra adj. De la artillería o relativo a ella. ‖ m. y f. Especialista en artillería. ‖ Soldado de artillería.

artilugio m. Mecanismo, artefacto. ‖ Ardid o maña que se usa para el logro de algún fin.

artimaña f. Artificio, astucia: *se valió de artimañas para lograrlo.* ‖ Trampa para cazar animales.

artiodáctilo, la adj. y m. De los artiodáctilos o relativo a este orden de mamíferos. ‖ m. pl. Orden de mamíferos herbívoros cuyas extremidades terminan en una pezuña con un par de dedos, como los cerdos, los camellos o los ciervos.

artista com. Persona que se dedica a algún arte o realiza obras de arte. ‖ P. ext., persona que actúa ante el público en un espectáculo musical, teatral o cinematográfico. ‖ Artesano, persona que ejerce un oficio. ‖ Persona que hace alguna cosa con suma perfección: *es un artista de la cocina.* ‖ FAM. artísticamente, artístico.

artístico, ca adj. De las artes, especialmente de las bellas artes, o relativo a ellas. ‖ Que está hecho con arte.

artritis f. Inflamación de las articulaciones óseas. ◆ No varía en pl. ‖ FAM. artrítico.

artrópodo, da adj. y m. De los artrópodos o relativo a este filo de animales. ‖ m. pl. Filo de los animales invertebrados de cuerpo con simetría bilateral formado por una serie lineal de segmentos y provisto de apéndices articulados o artejos, como la araña.

artrosis f. Enfermedad crónica y degenerativa de las articulaciones, que se caracteriza por la inflamación y la deformación de estas. ◆ No varía en pl.

artúrico, ca adj. Del rey Arturo o relativo al ciclo caballeresco de este legendario rey de Bretaña.

arúspice m. Sacerdote de la antigua Roma que examinaba las entrañas de los animales sacrificados para profetizar el futuro.

arveja f. Planta herbácea anual o bianual de la familia de las leguminosas que se cultiva para abono verde, heno y pasto. || Semilla de esta planta. || *amer.* Guisante. || FAM. arveja.

arzobispado m. Dignidad de arzobispo. || Territorio en que el arzobispo ejerce jurisdicción. || Edificio o palacio del arzobispo.

arzobispo m. Obispo de una archidiócesis. || FAM. arzobispado, arzobispal.

arzón m. Parte arqueada que une los brazos de una silla de montar.

as m. Carta de la baraja o cara del dado que representan el número uno. || Persona que destaca en su clase, profesión, etc.: *as de las matemáticas.* || Antigua moneda romana. || **llevar** o **tener un as en la manga** loc. *col.* Tener reservada o guardada alguna cosa o alguna idea para usarla en caso de necesidad.

asa f. Asidero, parte que sobresale del cuerpo de ciertos recipientes que sirve para sujetarlos.

asado m. Carne asada.

asador m. Varilla en que se clava y se pone al fuego lo que se quiere asar. || Cualquier aparato o mecanismo que sirve para asar. || Restaurante especializado en preparar asados. || FAM. asado.

asadura f. Conjunto de las entrañas comestibles del animal. Más en pl.

asaetear o **asaetar** tr. Disparar flechas o saetas. || Importunar: *asaetear de preguntas.*

asalariado, da adj. y s. Que percibe un salario por su trabajo. || FAM. asalariar.

asalmonado, da adj. Que se parece en la carne al salmón. || De color rosa anaranjado como el del salmón.

asaltante adj. y com. Que asalta, ataca o acomete por sorpresa.

asaltar tr. Acometer una fortaleza para conquistarla. || Atacar a una persona o una entidad para robarla. || Acometer repentinamente y por sorpresa: *la asaltaron los fotógrafos.* || Ocurrir, sobrevenir de pronto alguna cosa, un pensamiento, etc.: *asaltar una duda, una idea.* || FAM. asaltante, asalto.

asalto m. Acción y resultado de asaltar. || En boxeo, cada una de las partes de que consta un combate.

asamblea f. Reunión de personas para algún fin. || Cuerpo político y deliberante, como el Congreso o el Senado. ◆ Suele escribirse con mayúscula: *Asamblea nacional.* || **asamblea constituyente** La que se reúne con el fin de redactar una Constitución. || **en asamblea** loc. adv. *col.* Democráticamente, en proporción a los votos: *lo decidieron en asamblea.* || FAM. asambleario, asambleísta.

asar tr. Hacer comestible un alimento tostándolo al fuego. || Molestar a alguien con insistencia y pesadez: *le asaron a preguntas.* || prnl. Sentir extremado ardor o calor. || FAM. asado, asador.

asaz adv. c. *poét.* Bastante, harto, muy: *la doncella era asaz hermosa.*

asbesto m. Variedad impura del amianto, con fibras duras y rígidas, constituido por silicato cálcico magnésico. || FAM. asbestosis.

asca f. Estructura en forma de saco mediante la cual se reproducen sexualmente los hongos ascomicetos.

ascáride f. Lombriz intestinal de cuerpo alargado y cilíndrico, de la familia de los ascáridos. || FAM. ascaridiasis, ascaridiosis.

ascáridos m. pl. Familia de gusanos nematodos, parásitos intestinales de vertebrados, como la lombriz intestinal.

ascaris f. Ascáride. ◆ No varía en pl.

ascendencia f. Conjunto de los antepasados o antecesores de una persona. || P. ext., origen, procedencia de algo: *ascendencia de una teoría científica.*

ascendente adj. Que asciende o sube. || m. Signo del Zodiaco que sale o asciende en la hora y el minuto exactos del nacimiento de una persona.

ascender intr. Subir de un sitio a otro más elevado. || Adelantar en empleo o dignidad. ◆ Se construye con la prep. *a: ascendió a director.* También tr. || Aumentar una cosa. || Importar una cuenta. ◆ Irreg. Se conj. como *entender.* || FAM. ascendencia, ascendente, ascenso.

ascendiente com. Persona de quien desciende otra. || m. Influencia, autoridad sobre otro.

ascensión f. Subida, elevación. || La de Jesucristo a los cielos. || FAM. ascensional.

ascenso m. Subida, elevación. || Aumento, incremento. || Promoción o mejora de categoría en un empleo.

ascensor m. Aparato para subir o bajar de unos pisos de los edificios a otros. || FAM. ascensorista.

ascensorista com. Persona que se dedica al manejo o a la instalación y mantenimiento de ascensores.

asceta com. Persona que practica el ascetismo, renunciando a los bienes materiales y dedicándose a su propia espiritualidad.

ascético, ca adj. Se apl. a la persona que se dedica a la práctica y ejercicio de la perfección espiritual y lleva una vida modesta y sobria. || De esta práctica y ejercicio o relativo a ellos: *vida ascética.* || f. Ascetismo.

ascetismo m. Doctrina y actitud que busca la perfección del hombre por sus propios medios mediante la práctica de una vida austera y mortificante. || FAM. ascesis, asceta, ascética, ascético.

asco m. Repugnancia producida por algo que incita a vómito. || Impresión desagradable. || **no hacer ascos a** algo loc. *col.* Aceptarlo con gusto.

ascomiceto, a adj. y m. De los ascomicetos o relacionado con esta clase de hongos. || m. pl. Clase de hongos que se caracterizan por presentar el micelio tabicado y reproducirse sexualmente mediante ascas y asexualmente por gemación, como las levaduras y las trufas.

ascórbico adj. Se apl. al ácido que constituye la vitamina C.

ascua f. Pedazo de materia sólida y combustible, candente por la acción del fuego. || **arrimar** alguien **el ascua a su sardina** loc. *col.* Aprovechar una situación para el propio interés. || **en ascuas** loc. adv. Con inquietud e incertidumbre: *estaré en ascuas hasta saber el resultado.*

aseado, da adj. Limpio, ordenado, curioso. || FAM. aseadamente.

asear tr. y prnl. Limpiar, adecentar. || FAM. aseado, aseo.

asechanza f. Engaño o artificio con el fin de perjudicar a alguien. Más en pl. ‖ FAM. asechamiento, asechar, asecho.

asediar tr. Cercar un lugar para impedir que salgan los que están en él o que reciban socorro de fuera. ‖ Molestar o importunar sin descanso: *los fotógrafos asediaron a la actriz*. ‖ FAM. asedio.

asedio m. Cerco que se pone a un lugar para impedir que salgan los que están en él o que reciban socorro de fuera. ‖ Molestia constante que sufre una persona por insistencia de otra.

asegurado, da adj. y s. Que cuenta con un seguro contratado.

asegurador, ra adj. y s. Se apl. a la persona física o jurídica que se dedica a asegurar riesgos ajenos.

asegurar tr. Dejar firme y seguro: *asegurar un clavo en la pared*. ‖ Afirmar la certeza de algo o quedar seguro de que se está en lo cierto: *aseguró que vendría*. También prnl. ‖ Concertar una póliza de seguros con una entidad aseguradora para prevenir las consecuencias económicas desfavorables de un riesgo. ‖ Preservar o resguardar de daño a las personas y las cosas, defenderlas e impedir que pasen a poder de otro. También prnl. ‖ FAM. asegurado, asegurador, aseguramiento.

asemejar tr. Hacer una cosa con semejanza a otra. ‖ prnl. Mostrarse semejante, parecerse: *cada vez se asemeja más a su madre*.

asenso m. Asentimiento, corroboración de lo que antes se ha expuesto como cierto o adecuado.

asentaderas f. pl. *col.* Nalgas, posaderas.

asentado, da adj. Juicioso, sesudo. ‖ Estable, que no se mueve ni cambia.

asentador, ra m. y f. Persona que compra al por mayor productos alimenticios para un mercado público.

asentamiento m. Acción y resultado de asentar o asentarse. ‖ Lugar donde se ejerce una profesión: *asentamiento industrial*. ‖ Lugar donde se asienta o establece una persona o una comunidad. ‖ Madurez, cordura.

asentar tr. Poner o colocar a alguien o alguna cosa de modo que permanezca firme: *asentar a alguien en su cargo*. ‖ Tratándose de pueblos o edificios, situar, establecer. También prnl.: *la tribu se asentó en la colina*. ‖ Asestar, dar un golpe con fuerza y puntería. ‖ Aplanar, alisar. ‖ Anotar una cosa en algún registro o documento para que conste: *asentar las partidas*. ‖ prnl. Estar una cosa situada firmemente en un lugar. ‖ Posarse un líquido o fijarse un sólido. ◆ **Irreg.** Se conj. como *acertar*. ‖ FAM. asentado, asentamiento.

asentimiento m. Asenso, afirmación. ‖ Aprobación, anuencia.

asentir intr. Admitir como cierto o adecuado lo dicho o lo expuesto. ◆ Se construye con la prep. *a: todos asintieron a su plan*. **Irreg.** Se conj. como *sentir*. ‖ FAM. asenso, asentimiento.

aseo m. Limpieza, esmero, cuidado. ‖ Habitación en la que uno se asea, cuarto de baño, sobre todo si es pequeño.

asépalo, la adj. Se apl. a la flor que carece de sépalos.

asepsia f. Ausencia de microbios o de infección. ‖ Conjunto de procedimientos científicos destinados a preservar de gérmenes o microbios una instalación o un organismo. ‖ FAM. aséptico.

aséptico, ca adj. De la asepsia o relativo a ella. ‖ Desapasionado, neutro: *mirada aséptica*.

asequible adj. Que puede conseguirse o alcanzarse: *casa, récord asequible*. ‖ FAM. inasequible.

aserción f. Afirmación, aseveración, expresión en que se da por cierta una cosa.

aserradero m. Sitio donde se asierra la madera u otra cosa.

aserrado, da adj. Que tiene dientes como los de una sierra. ‖ m. Acción de aserrar.

aserrador, ra adj. y s. Que se dedica profesionalmente a aserrar. ‖ f. Máquina que sirve para aserrar.

aserrar tr. Serrar. ◆ **Irreg.** Se conj. como *acertar*. ‖ FAM. aserrado, aserrador, aserradora, aserradura, aserrería.

aserrería f. Aserradero.

aserrín m. Serrín.

aserruchar tr. *amer.* Cortar o dividir con serrucho la madera u otra cosa.

asertar tr. Aseverar.

aserto m. Proposición en que se da como cierto algo. ‖ FAM. aserción, aseverar.

asesinar tr. Matar a alguien con alevosía o premeditación. ‖ *col.* Hacer alguien algo muy mal. ‖ *col.* Causar a alguien gran perjuicio o disgusto. ‖ FAM. asesinato, asesino.

asesinato m. Crimen alevoso o premeditado.

asesino, na adj. y s. Criminal, homicida. ‖ Que es hostil o molesto: *mirada asesina*.

asesor, ra adj. y s. Que se dedica a asesorar o a aconsejar: *asesor científico, de imagen*.

asesoramiento m. Consejo, información que se otorga sobre una materia de la que se tienen especiales conocimientos.

asesorar tr. Dar consejo o dictamen en materia de cierta dificultad. ‖ prnl. Tomarlo. ‖ FAM. asesor, asesoramiento, asesoría.

asesoría f. Oficio del asesor. ‖ Oficina del asesor.

asestar tr. Dirigir un proyectil o un golpe contra un objetivo: *le asestó dos puñaladas*.

aseveración f. Afirmación de alguna cosa.

aseverar tr. Afirmar o asegurar lo que se dice. ‖ FAM. aseveración, aseverativo.

aseverativo, va adj. Que asevera o afirma. ‖ En gram., se apl. a la oración enunciativa que afirma o niega algo de un sujeto.

asexuado, da adj. y s. Que carece de sexo o de caracteres sexuales bien definidos.

asexual adj. Se apl. a la reproducción que se realiza sin intervención de los dos sexos. ‖ Sin manifestación clara del sexo, ambiguo.

asfaltado m. Revestimiento con asfalto de una superficie.

asfaltadora f. Máquina empleada para cubrir de asfalto una superficie, especialmente una carretera.

asfaltar tr. Revestir de asfalto una superficie.

asfáltico, ca adj. De asfalto o que tiene asfalto: *tela asfáltica*.

asfalto m. Mezcla sólida y compacta de hidrocarburos y minerales que se emplea en el pavimento de calzadas. || P. ext., lo que está revestido con este material, especialmente las carreteras o las calles de una ciudad: *es camionero y se pasa la vida en el asfalto*. || FAM. asfaltado, asfaltadora, asfaltar, asfáltico.

asfixia f. Suspensión o dificultad en la respiración. || Sensación de agobio producida por el excesivo calor o por el enrarecimiento del aire. || Suspensión o parada del desarrollo de alguna cosa, producidas por la carencia de algún elemento imprescindible. || FAM. asfixiante, asfixiar.

asfixiante adj. Que asfixia. || Que hace difícil la respiración.

asfixiar tr. y prnl. Producir asfixia.

así adv. m. De esta o de esa manera: *no me lo digas así*. || Denota extrañeza o admiración: *¿así me abandonas?* || adv. c. Seguido de la prep. *de* y de un adjetivo equivale a 'tan': *¿así de alto es?* || conj. En consecuencia, por lo cual, de suerte que: *nadie quiso ayudarles y así se vieron obligados a actuar solos*. || En correspondencia con *como* y *cual*, 'tanto, de igual manera': *así en la tierra como en el cielo*. || Aunque, por más que: *no paso por su casa, así me paguen*. || **así así** loc. adj. y adv. Regular, mediocre. || **así como** loc. adv. Tan pronto como: *así como llegue me acuesto*. || loc. adv. y conjunt. que indica comparación: *así como me trates te trataré yo*. || **así como así** loc. adv. De cualquier manera, sin pensar. || **así (es) que** loc. conjunt. de valor consecutivo: *no va a venir, así (es) que no insistas*. || FAM. asimismo.

asiático, ca adj. y s. De Asia o relativo a este continente.

asidero m. Parte por donde se coge alguna cosa. || Aquello que sirve de ayuda o apoyo en la adversidad: *los amigos son un asidero para ella*.

asiduidad f. Frecuencia, puntualidad, constancia.

asiduo, dua adj. Frecuente, puntual, perseverante. || FAM. asiduamente, asiduidad.

asiento m. Lo que sirve para sentarse. || Emplazamiento, lugar en que se sitúa algo. || Lugar que se ocupa en un tribunal o una junta. || Localidad de un espectáculo: *asientos de platea*. || Poso, sedimento de un líquido. || Pieza fija sobre la que descansa otra. || Anotación en libros de contabilidad.

asignación f. Establecimiento de lo que corresponde a algo o alguien para un determinado objetivo. || Cantidad de dinero establecida para algún fin.

asignar tr. Señalar, fijar o establecer lo que corresponde a algo o alguien para un determinado objetivo. || Destinar a un uso determinado, designar: *asignar una plaza vacante*. || FAM. asignable, asignación, asignado.

asignatura f. Cada una de las materias que se enseñan en un centro docente o de que consta una carrera o plan de estudios. || **asignatura pendiente** La que se suspende y ha de recuperarse posteriormente. || Proyecto o ideal pendiente de resolución: *la música siempre fue mi asignatura pendiente*.

asilado, da m. y f. Persona acogida en embajadas, en otro país o en centros que gozan de inmunidad diplomática.

asilar tr. Dar asilo. || Albergar en un asilo. También prnl. || prnl. Tomar asilo en algún lugar.

asilo m. Establecimiento benéfico en que se da hospedaje o asistencia a ancianos o personas necesitadas. || Lugar que sirve de refugio para los perseguidos. || Amparo, protección. || **asilo político** Protección que otorga un Estado a los perseguidos de otro país por motivos políticos. || FAM. asilado, asilar.

asilvestrado, da adj. *col.* Que vive sin respetar las reglas mínimas de comportamiento social. || Se apl. a la especie que vive y se reproduce de forma natural y espontánea pese a estar introducida en un lugar ajeno a su área original. || Se apl. al animal doméstico que pasa a estado salvaje: *perro asilvestrado*.

asimetría f. Falta de simetría. || FAM. asimétrico.

asimétrico, ca adj. Que no guarda simetría o que carece de ella.

asimilación f. En biol., anabolismo. || Comprensión de lo que se aprende e incorporación a los conocimientos previos. || Concesión a los individuos de una profesión de derechos iguales a los de otra. || En fon., alteración en la articulación de un sonido para asemejarse a otro inmediato o próximo. || Aceptación de alguna cosa.

asimilar tr. Apropiarse los organismos de las sustancias necesarias para su conservación o desarrollo: *asimilar los alimentos*. También prnl. || Comprender lo que se aprende, incorporarlo a los conocimientos previos. || Conceder a los individuos de una profesión derechos iguales a los de otra. || En fon., alterar la articulación de un sonido del habla asemejándolo a otro inmediato o cercano. También prnl. || prnl. Asemejarse, compararse, tener parecido. || FAM. asimilable, asimilación, asimilado, asimilismo.

asimilismo m. Política que propugna suprimir las peculiaridades forales y de otra índole de las minorías étnicas o lingüísticas a fin de asentar la unidad nacional sobre una legislación única. || FAM. asimilista.

asimismo adv. m. También. ◆ También, aunque no es recomendable, se escribe *así mismo*.

asincronismo m. Falta de simultaneidad o concordancia de hechos o fenómenos en el tiempo. || FAM. asincronía, asincrónico.

asíndeton m. Figura que consiste en omitir los nexos entre palabras u oraciones, buscando un efecto estilístico. || FAM. asindético.

asíntota f. Línea recta que, prolongada indefinidamente, se acerca de continuo a una curva sin llegar a encontrarla nunca.

asir tr. Tomar, agarrar alguna cosa con la mano. También prnl.: *asirse de una cuerda*. || prnl. Agarrarse con fuerza a algo. || FAM. asidero. ◆ **Irreg.** Conjugación modelo:

Indicativo

Pres.: asgo, ases, ase, asimos, asís, asen.
Imperf.: asía, asías, asía, *etc.*
Pret. perf. simple: así, asiste, asió, *etc.*
Fut. simple: asiré, asirás, asirá, *etc.*
Condicional simple: asiría, asirías, asiría, *etc.*

asperger

Subjuntivo
Pres.: asga, asgas, asga, asgamos, asgáis, asgan.
Imperf.: asiera o asiese, asieras o asieses, *etc.*
Fut. simple: asiere, asieres, asiere, *etc.*
Imperativo: ase, asid.
Participio: asido.
Gerundio: asiendo.

asirio, ria adj. y s. De Asiria o relativo a esta antigua región asiática. || m. Lengua semítica hablada en esta región.

asistemático, ca adj. Que no es sistemático o no se ajusta a un sistema.

asistencia f. Concurrencia a un lugar y permanencia en él. || Conjunto de personas que están presentes en un acto. || Ayuda, socorro: *asistencia en carretera.* || En baloncesto, pase de balón a un jugador del mismo equipo próximo a la canasta y en buena posición para encestar. || FAM. asistencial.

asistenta f. Mujer que realiza las tareas domésticas de una casa en la que no reside y que cobra generalmente por horas. || En algunas órdenes religiosas de mujeres, monja que asiste, ayuda y suple a la superiora.

asistente adj. y com. Que asiste. || com. Soldado al servicio personal de un oficial. || **asistente social** Profesional que trabaja por el bienestar social con casos particulares o con grupos.

asistido, da adj. Que se realiza con ayuda de medios mecánicos: *respiración asistida.*

asistir tr. Socorrer, ayudar: *corrieron a asistir a los heridos.* || Servir o atender a una persona, especialmente de un modo eventual o desempeñando tareas específicas. || Servir interinamente en una casa. || Atender y cuidar a un enfermo. || Estar de parte de alguien la razón o el derecho: *me asiste la ley.* || intr. Estar o hallarse presente. || FAM. asistencia, asistenta, asistente, asistido.

askenazí o **askenazi** adj. y com. Del judío oriundo de la Europa central y oriental o relacionado con él. ◆ El pl. de la primera forma es *askenazís* o *askenazíes.*

asma f. Enfermedad de los bronquios caracterizada por sofocaciones intermitentes, ahogo y accesos de tos. || FAM. asmático.

asmático, ca adj. Del asma o relativo a esta enfermedad de los bronquios. || adj. y s. Que padece asma.

asnillo m. Insecto coleóptero, insectívoro y muy voraz, de antenas rectas, cabeza grande y semicircular, élitros cortos y abdomen eréctil terminado en dos tubillos por donde lanza un líquido volátil.

asno m. Mamífero perisodáctilo doméstico parecido al caballo, pero de menor tamaño, de largas orejas, color generalmente grisáceo y con el extremo de la cola poblado de cerdas, empleado comúnmente como caballería y como animal de carga y de tiro. || Persona bruta y de escaso entendimiento. || FAM. asnada, asnal.

asociación f. Unión de varias personas o cosas para el logro de un fin. || Creación de una relación entre objetos o ideas. || Conjunto de los asociados para un mismo fin y, en su caso, persona jurídica formada por ellos.

asociado, da m. y f. Persona que forma parte de alguna asociación o compañía.

asocial adj. Que no se integra o vincula a la sociedad.

asociar tr. Juntar para un mismo fin. También prnl. || Relacionar: *en cuanto te vi, te asocié con tus hermanas por los gestos.* || FAM. asociación, asociado, asociativo, asocio.

asociativo, va adj. Que asocia, que tiende a la asociación o que resulta de ella.

asocio m. *amer.* Compañía, colaboración, asociación. Más en la loc. *en asocio.*

asolar tr. Destruir, arrasar: *las lluvias asolan los campos.* ◆ Irreg. Se conj. como *contar.* || FAM. asolación, asolador, asolamiento.

asolar tr. Secar los campos o estropear sus frutos el calor, una sequía, etc. Más como prnl.

asolear tr. Exponer al sol una cosa por algún tiempo. || prnl. Acalorarse o ponerse muy moreno por haber tomado el sol.

asomar intr. Empezar a verse. || Dejar entrever por una abertura. También prnl. || FAM. asomo.

asombrar tr. Causar gran admiración o extrañeza. También prnl. || FAM. asombro, asombroso.

asombro m. Sorpresa, pasmo, admiración grande. || Lo que causa gran admiración o extrañeza.

asombroso, sa adj. Que causa asombro.

asomo m. Indicio o señal de una cosa: *asomo de desconfianza.* || **ni por asomo** loc. adv. De ninguna manera: *no aprobaría este curso ni por asomo.*

asonada f. Levantamiento, motín.

asonancia f. Correspondencia de vocales a partir del último acento en dos o más palabras. || FAM. asonantar, asonante, asonar.

asonante adj. y com. Se apl. a la voz que guarda asonancia o correspondencia de sus sonidos vocálicos a partir del último acento.

asordar tr. Ensordecer a alguien con ruido o con voces.

asorocharse prnl. *amer.* Padecer mal de altura. || *amer.* Ruborizarse, abochornarse.

aspa f. Cruz en forma de equis (x). || Mecanismo exterior del molino de viento con forma de cruz o de equis. || FAM. aspado, aspar.

aspar tr. Mortificar o molestar mucho a alguien. || **aunque me/te/le aspen** loc. *col.* De ningún modo. || **¡que me/te/le aspen!** loc. *col.* Exclamación que indica desprecio o desinterés: *¡anda y que te aspen!* Seguida de la conjunción *si,* refuerza lo dicho a continuación: *¡que me aspen si lo entiendo!*

aspaviento m. Demostración aparatosa y exagerada en el sentimiento. Más en pl.: *hacer aspavientos.*

aspecto m. Apariencia, semblante. || Categoría gramatical que distingue en el verbo diferentes maneras de representar una acción según su duración, su desarrollo y su conclusión. || Cada uno de los matices o rasgos de una cosa. || FAM. aspectual.

aspereza f. Desigualdad de una superficie que produce falta de suavidad. || Dureza en el trato, falta de amabilidad. || Inclemencia del tiempo meteorológico. || **limar asperezas** loc. Conciliar y vencer dificultades u opiniones contrapuestas.

asperger tr. Asperjar.

asperjar tr. Rociar o esparcir en forma de pequeñas gotas el agua u otro líquido.

áspero, ra adj. De superficie desigual y falto de suavidad. || Desapacible al gusto o al oído. || Antipático, falto de afabilidad. || Tiempo atmosférico desapacible. ◆ sup. irreg. *aspérrimo*. || FAM. ásperamente, aspereza.

asperón m. Arenisca silícea o arcillosa que se emplea en la construcción, en las piedras de afilar y para limpiar algunas superficies metálicas.

aspersión f. Esparcimiento de agua u otro líquido en forma de pequeñas gotas. || FAM. aspersor.

aspersor m. Mecanismo que esparce agua u otro líquido a presión, especialmente el utilizado para el riego.

áspid o **áspide** m. Víbora. || **áspid de cleopatra** o **cobra común** Reptil escamoso ofidio muy venenoso, de color verde amarillento, parecido a la culebra común.

aspillera f. Abertura larga y estrecha en un muro para disparar por ella.

aspiración f. Introducción del aire exterior en los pulmones. || En fon., característica de los sonidos que se pronuncian con un soplo sordo, velar o uvular, producido mediante espiración: *aspiración del andaluz*. || Pretensión o intento de conseguir algo que se desea.

aspirado, da adj. y s. En fon., se apl. al sonido que se pronuncia con un soplo sordo, velar o uvular, producido mediante espiración.

aspirador, ra adj. Que aspira. || Instrumento que sirve para realizar la aspiración de gases o líquidos de una cavidad. || m. y f. Máquina para aspirar el polvo.

aspirante adj. y com. Se apl. a la persona que aspira a conseguir un empleo, cargo o título: *aspirante al trono*.

aspirar tr. Atraer el aire exterior a los pulmones. || Succionar determinada sustancia o partícula con una máquina. || Pronunciar con aspiración: *aspirar la «h»*. || Pretender o intentar conseguir algo que se desea. ◆ Se construye con la prep. *a*: *aspira a ser un buen profesor*. || FAM. aspiración, aspirado, aspirador, aspiradora, aspirante.

aspirina f. Medicamento constituido por ácido acético y salicílico que se utiliza contra el dolor, la fiebre y las inflamaciones: *aspirina efervescente*. ◆ Es la extensión del nombre de una marca registrada.

asquear intr. y tr. Sentir asco de algo: *me asquea su servilismo*.

asquenazí o **asquenazi** adj. y com. Askenazí. ◆ El pl. de la primera forma es *asquenazís* o *asquenazíes*.

asqueroso, sa adj. y s. Que siente asco o es muy propenso a sentirlo. || Repugnante, que produce asco. || FAM. asquerosidad.

asta f. Palo de la bandera. || Cuerno. || FAM. astado, enastar.

astado, da adj. y s. Provisto de astas o cuernos.

astático, ca adj. Se apl. al equilibrio en que se mantiene un cuerpo sólido cualquiera que sea la posición u orientación que se le dé.

ástato m. Elemento químico artificial, radiactivo, perteneciente al grupo de los halógenos, bastante volátil y soluble en agua, que se obtiene por desintegración radiactiva del uranio. Su símbolo *At*, y su número atómico, 85.

astenia f. Estado de debilidad, tanto psíquica como muscular, caracterizada por la falta de energía y la pérdida de entusiasmo. || FAM. asténico.

asténico, ca adj. De la astenia o relativo a este estado. || adj. y s. Que padece astenia.

áster m. Orgánulo celular que interviene en la mitosis.

asterisco m. Signo ortográfico (*) para hacer llamadas a notas aclaratorias o para usos convencionales.

asteroide m. Cada uno de los pequeños planetas cuyas órbitas se hallan comprendidas, mayoritariamente, entre las de Marte y Júpiter. || FAM. asteroideo.

astigmático, ca adj. Del astigmatismo o relativo a este defecto. || adj. y s. Que padece astigmatismo.

astigmatismo m. Defecto visual por anomalías en las curvaturas de las superficies de refracción del ojo, principalmente en la córnea y, en menor grado, en el cristalino, de forma que los rayos luminosos no pueden ser enfocados claramente en un punto de la retina. || Aberración de un sistema óptico debido a las curvaturas que las superficies refractoras presentan a los rayos de un haz oblicuo. || FAM. astigmático.

astil m. Mango que tienen las hachas, azadas, picos y otros instrumentos semejantes. || Barra horizontal de cuyos extremos penden los platillos de la balanza. || Eje córneo de las plumas de las aves.

astilla f. Fragmento irregular de madera o de un mineral. || FAM. astillar, astillero, astilloso.

astillero m. Lugar donde se construyen y reparan los buques.

astracán m. Piel de cordero nonato o recién nacido, fina y de pelo rizado, muy apreciada en peletería.

astracanada f. *col.* Farsa teatral disparatada y chabacana.

astrágalo m. Uno de los huesos del tarso, articulado con la tibia y el peroné. || Moldura en forma de anillo que rodea el fuste de la columna y señala el límite entre este y el capitel.

astral adj. De los astros o relativo a ellos.

astringencia f. Constricción y sequedad de los tejidos orgánicos producidos por una sustancia, disminuyendo así la secreción.

astringente adj. y m. Se apl. a la sustancia que produce constricción y sequedad de los tejidos orgánicos, disminuyendo así la secreción.

astringir tr. Contraer y secar alguna sustancia los tejidos orgánicos, disminuyendo así la secreción. || FAM. astringencia, astringente.

astro m. Cuerpo celeste de forma bien determinada. || Persona que sobresale poderosamente en la esfera de sus actividades: *astro de la pantalla*. || FAM. astral.

-astro, -astra, -astre sufs. que forman sustantivos de significado despectivo: *camastro, madrastra*.

astrofísica f. Parte de la astronomía que estudia la constitución física, formación y evolución de los cuerpos celestes. || FAM. astrofísico.

astrofísico, ca adj. De la astrofísica o relativo a esta parte de la astronomía. || m. y f. Persona que se dedica profesionalmente al estudio de la astrofísica.

astrógrafo m. Aparato formado por dos anteojos, uno visual y otro fotográfico, unidos en un solo cuerpo, que se utiliza para la determinación de posiciones estelares sobre la esfera celeste. || FAM. astrografía, astrográfico.

astrolabio m. Antiguo instrumento de navegación que representaba la esfera celeste con las principales estrellas y que se utilizaba para observar y determinar la altura, la posición y el movimiento de los astros sobre el horizonte.

astrología f. Estudio de la influencia que tienen sobre la vida y los acontecimientos humanos la posición y el movimiento de los cuerpos celestes. || FAM. astrológico, astrólogo.

astrológico, ca adj. De la astrología o relativo a ella: *predicción astrológica.*

astrólogo, ga m. y f. Persona que se dedica profesionalmente al estudio de la astrología.

astronauta com. Tripulante de una astronave. || FAM. astronáutica, astronáutico.

astronáutica f. Ciencia y técnica de la navegación interplanetaria.

astronave f. Vehículo destinado a la navegación espacial.

astronomía f. Ciencia que estudia la constitución de los astros y sus posiciones y movimientos. || FAM. astronómico, astrónomo.

astronómico, ca adj. De la astronomía o relativo a esta ciencia. || *col.* Muy cuantioso, exageradamente grande: *cantidad astronómica.*

astrónomo, ma m. y f. Persona que se dedica profesionalmente a la astronomía.

astroso, sa adj. Que está sucio, roto o viejo.

astucia f. Sagacidad; sutileza, habilidad para engañar o evitar el engaño y lograr un objetivo. || Ardid, treta, artimaña.

astur adj. y com. De un antiguo pueblo celta asentado al noroeste de la España romana. || Asturiano. || FAM. asturcón, asturianismo, asturiano, asturleonés.

asturcón, ona adj. y s. Se apl. al caballo de cierta raza de pequeña alzada, originaria de Asturias.

asturiano, na adj. y s. De Asturias o relativo a esta comunidad autónoma española. || m. Bable o dialecto derivado del leonés que se habla en Asturias.

asturleonés, sa adj. Del antiguo reino formado por las regiones de Asturias y León o relativo a él. || m. Dialecto romance nacido en el antiguo reino de Asturias y León como resultado de la peculiar evolución experimentada allí por el latín, el cual subsiste actualmente, con variedades regionales y locales, desde el oeste de Cantabria hasta el de Zamora y Salamanca, presentando una especial vitalidad en Asturias.

astuto, ta adj. Hábil, sutil, sagaz.

asueto m. Vacación corta, de un día o una tarde.

asumir tr. Tomar para sí un asunto o una responsabilidad: *yo asumiré los gastos.* || Aceptar y tomar conciencia de lo propio: *debes asumir tus limitaciones.* || FAM. asunción.

asunción f. Aceptación, admisión. || Elevación al cielo de la Virgen María.

asunto m. Materia de la que se trata. || Negocio, ocupación. || Tema o argumento de una obra. || Aventura amorosa que se desea mantener en secreto.

asustadizo, za adj. Que se asusta con facilidad.

asustar tr. y prnl. Causar o sentir susto o desasosiego. || FAM. asustadizo.

atabal m. Timbal de forma semiesférica con un solo parche.

atacante adj. y com. Que ataca o irrita. || Se apl. a un jugador en oposición a su contrario.

atacar tr. Acometer, embestir. || Criticar u oponerse con fuerza a algo o a alguien. || Acometer, empezarle a alguien repentinamente determinado estado físico o moral: *le atacó la gripe.* || Perjudicar o causar un daño. || Actuar una sustancia sobre otra: *la humedad ataca los metales.* || Dar la primera acometida a una ejecución musical determinada o a una nota. || Producir un sonido por medio de un golpe seco y fuerte para que se destaque. || En algunos deportes, tomar la iniciativa en el juego. || **atacar los nervios** loc. *col.* Poner o ponerse nervioso. || FAM. atacable, atacado, atacante, ataque.

atadijo m. *col.* Lío o paquete de pequeño tamaño, hecho con poco cuidado.

atado m. Conjunto de cosas atadas.

atadura f. Lo que sirve para atar, ligadura. || Sujeción, traba.

atajar intr. Tomar un atajo para abreviar el camino. || tr. Impedir, detener una acción o un proceso: *atajar un incendio.* || Salir al encuentro de alguien por algún atajo.

atajo m. Senda que abrevia el camino. || *desp.* Grupo de personas o cosas. || Pequeño grupo de ganado.

ataláje m. Conjunto de guarniciones que llevan los animales de tiro. || FAM. atalajar.

atalaya f. Torre situada en un lugar alto para vigilancia. || Altura desde donde se descubre mucho espacio de tierra o mar. || FAM. atalayar.

atañer intr. Afectar, corresponder, incumbir. ◆ **Irreg.** Se conj. como *tañer,* pero solo se usan sus terceras personas y las formas no personales.

atapulgita f. Silicato hidratado de magnesio que se utiliza como emulsionante y espesante.

atapuzar tr. y prnl. *amer.* Llenar algo en exceso y apretadamente.

ataque m. Acción de atacar o acometer. || Acometimiento repentino de algún mal o enfermedad: *ataque de asma, de tos.* || Crítica, ofensa. || Juego ofensivo.

atar tr. Sujetar con ligaduras. También prnl.: *se ató los zapatos.* || Impedir el movimiento. || Relacionar, unir. || prnl. Ceñirse o limitarse a algo concreto: *atarse a las normas.* || FAM. atadijo, atado, atadura.

ataraxia f. Tranquilidad de ánimo o imperturbabilidad del espíritu por la ausencia de penas y temores.

atarazana f. Lugar de construcción y reparación de embarcaciones. || Lugar donde se fabrican cordeles y tejidos de estopa o cáñamo.

atardecer intr. Caer la tarde. ◆ **Irreg.** Se conj. como *agradecer,* pero solo se usan sus terceras personas y las formas no personales.

atardecer m. Final de la tarde.

atareado, da adj. Que está muy ocupado o muy entregado a su trabajo.

atarear tr. Dar o poner tarea. || prnl. Entregarse mucho al trabajo. || FAM. atareado.

atarjea f. Caja de ladrillo con que se revisten las cañerías para protegerlas. || Conducto que lleva las aguas al sumidero.

atarugar tr. Tapar con tarugos o tapones los desagües o los agujeros por los que puede escapar un líquido. || col. Atracar, hartar de comida. También prnl. || Aturdirse, entontecerse.

atascar tr. Obstruir un conducto. También prnl. || Dificultar, impedir. || prnl. Quedarse detenido por algún obstáculo. || FAM. atasco, desatascar.

atasco m. Obstrucción de un conducto. || Embotellamiento o congestión de vehículos. || Impedimento, obstáculo.

ataúd m. Caja, normalmente de madera, donde se deposita un cadáver para enterrarlo.

ataurique m. Decoración vegetal muy estilizada, inspirada en el acanto clásico, característica del arte islámico.

ataviar tr. y prnl. Adornar, arreglar, componer. || FAM. atavío.

atávico, ca adj. Del atavismo o relativo a él: creencias atávicas.

atavío m. Adorno, compostura. Más en pl.

atavismo m. Tendencia a continuar o a imitar costumbres y formas de vida arcaicas. || Herencia de caracteres propios de los antepasados. || FAM. atávico.

ataxia f. Trastorno caracterizado por la disminución de la capacidad de coordinar los movimientos musculares voluntarios. || FAM. atáxico.

ate m. amer. Dulce en pasta, típico de México, hecho especialmente con frutas.

ateísmo m. Negación de la existencia de Dios.

atelana adj. y f. Se apl. a la pieza teatral latina, cómica y breve.

atelier (voz fr.) m. Taller o lugar donde trabaja el artista plástico.

atemorizar tr. y prnl. Causar temor, intimidar.

atemperado, da adj. Moderado, templado.

atemperar tr. y prnl. Moderar, templar: atemperar los ánimos. || Acomodar una cosa a otra: atemperarse a un nuevo clima. || FAM. atemperación, atemperado.

atemporal adj. Que no hace referencia al tiempo: relato atemporal.

atenazar tr. Apretar fuertemente con tenazas o como con ellas. || Hacer sufrir, atormentar: los remordimientos la atenazaban.

atención f. Acción de atender. || Cortesía, urbanidad, demostración de respeto. Más en pl.: en su casa fui objeto de toda clase de atenciones. || interj. Se usa para pedir especial cuidado a lo que se va a decir o hacer: ¡atención!, vamos a comenzar. || **a la atención de** alguien loc. Para alguien. || **en atención a** loc. adv. Teniendo en cuenta. || **llamar la atención** loc. Despertar interés. || Sorprender. || Reconvenir, amonestar.

atender tr. e intr. Aplicar el entendimiento, prestar atención: no atiende en clase. || Tener en cuenta, considerar: si atiendes a sus consejos, todo saldrá mejor. || Cuidar, ocuparse de alguien o de algo. || Satisfacer un deseo o petición. ◆ **Irreg.** Se conj. como entender. || FAM. atención, atento.

ateneo m. Asociación cultural, generalmente científica o literaria. || Local que ocupa. || FAM. ateneísta.

atenerse prnl. Ajustarse, sujetarse a algo. ◆ Se construye con la prep. a: atenerse a las consecuencias. **Irreg.** Se conj. como tener.

ateniense adj. y com. De Atenas o relativo a esta capital griega o con la antigua república del mismo nombre.

atentado m. Acto criminal contra el Estado o una autoridad y, p. ext., contra cualquier persona o cosa, con la finalidad de alterar el orden establecido. || Acción contraria a un principio que se considera recto: atentado contra la moral.

atentamente adv. m. Con atención o respeto: me saludó atentamente.

atentar intr. Cometer un atentado. ◆ Se construye con la prep. contra: atentaron contra el presidente de la comisión. || FAM. atentado, atentatorio.

atento, ta adj. Que fija la atención en algo. || Cortés, amable. || FAM. atentamente.

atenuación f. Disminución de la intensidad o fuerza de algo. || Figura que consiste en no hacer explícito aquello que se quiere dar a entender, generalmente negando lo contrario de lo que se quiere afirmar.

atenuante adj. y f. Se apl. a la circunstancia que disminuye la responsabilidad criminal.

atenuar tr. Disminuir la intensidad o fuerza de algo. También prnl.: su genio se atenuó con el paso del tiempo. || FAM. atenuación, atenuante.

ateo, a adj. y s. Que niega la existencia de Dios. || FAM. ateísmo.

aterciopelado, da adj. Semejante al terciopelo, con una textura parecida a la suya.

aterido, da adj. Rígido, paralizado, pasmado de frío.

aterirse prnl. Quedarse rígido y paralizado a causa del frío. ◆ **Defect.** Se conj. como abolir. || FAM. aterido.

atérmico, ca adj. Que no deja pasar las radiaciones caloríficas o infrarrojas.

aterosclerosis o **ateroesclerosis** f. Estado patológico caracterizado por un engrosamiento y endurecimiento de las paredes arteriales. ◆ No varía en pl.

aterrador, ra adj. Que causa miedo o terror. || Muy grande, fuerte o intenso: hace un frío aterrador.

aterrar tr. y prnl. Aterrorizar. || FAM. aterrador.

aterrizaje m. Acción de aterrizar.

aterrizar intr. Tomar tierra una aeronave o sus pasajeros. || col. Caer al suelo. || col. Aparecer, presentarse repentinamente en alguna parte. || col. Adaptarse, tomar contacto con la realidad. || FAM. aterrizaje.

aterro m. C. amer. Obstrucción causada por un derrumbamiento de tierra. || amer. Conjunto de cosas.

aterrorizar tr. y prnl. Causar terror.

atesorar tr. Acumular y guardar cosas de valor. || Poseer buenas cualidades: su obra atesora saberes milenarios. || FAM. atesoramiento.

atestado m. Documento oficial en que se da fe de un hecho: *atestado de un accidente.*

atestar tr. Llenar de algo una cosa. ‖ FAM. atestado.

atestiguar tr. Declarar como testigo. ‖ Ofrecer indicios ciertos de algo cuya existencia ofrecía duda: *estos papeles atestiguan que la venta se llevó a cabo.* ‖ FAM. atestiguación, astestiguamiento.

atezado, da adj. Se apl. a la piel que está morena por el sol.

atezar tr. y prnl. Poner moreno. ‖ FAM. atezado.

atiborrar tr. Llenar algo en exceso. ‖ Atestar de algo un lugar, especialmente de cosas inútiles. ‖ tr. y prnl. Atracar de comida: *se atiborró de pasteles.*

ático, ca adj. y s. Del Ática, de Atenas o relativo a ellas. ‖ m. Dialecto de la lengua griega. ‖ Último piso de un edificio.

atigrado, da adj. Con manchas similares a las que tiene la piel de un tigre.

atildado, da adj. Elegante, muy compuesto.

atildamiento m. Arreglo esmerado y cuidadoso.

atildar tr. Poner tildes a las letras. ‖ Arreglar, componer con esmero y cuidado. También prnl.: *tarda mucho en atildarse.* ‖ FAM. atildado, atildamiento.

atinar intr. Dar con algo, acertar. ‖ FAM. atinadamente.

atingencia f. *amer.* Conexión, relación de una cosa con otra.

atípico, ca adj. Que no encaja en un tipo o modelo.

atiplado, da adj. Agudo, en tono elevado.

atiplar tr. Elevar el tono de voz hasta que llegue a tiple. ‖ prnl. Referido al sonido de un instrumento o a la voz, volverse del tono grave al agudo. ‖ FAM. atiplado.

atirantar tr. Tensar, poner tirante.

atisbar tr. Observar, mirar cautelosamente. ‖ Ver de forma difusa, vislumbrar. ‖ Conjeturar. ‖ FAM. atisbo.

atisbo m. Conjetura.

¡atiza! interj. *col.* Denota sorpresa o contrariedad: *¡atiza!, me olvidé de llamarla.*

atizador m. Instrumento que sirve para atizar el fuego.

atizar tr. Remover el fuego. ‖ Avivar o estimular una pasión o una discordia: *atizar el amor, el odio.* ‖ tr. y prnl. *col.* Pegar, golpear. ‖ FAM. atizador.

atlante m. Estatua con figura de hombre que sirve de columna, sobre la cual descansa una cornisa o un entablamento.

atlántico, ca adj. Del océano Atlántico o relativo a él. ‖ Del monte Atlas o relativo a él.

atlas m. Libro que recoge una colección de mapas. ‖ Colección de láminas, generalmente aneja a una obra. ‖ Primera vértebra cervical, que sostiene la cabeza. ◆ No varía en pl.

atleta com. Persona que practica el atletismo. ‖ Persona corpulenta y fuerte. ‖ FAM. atlético, atletismo.

atlético, ca adj. Del atletismo o de los atletas, o relativo a ellos.

atletismo m. Práctica de ejercicios basados en la carrera, los saltos y los lanzamientos. ‖ Conjunto de normas que regulan las actividades atléticas.

atmósfera o **atmosfera** f. Masa gaseosa que rodea un astro, especialmente referida a la que rodea la Tierra. ‖ Ambiente: *atmósfera acogedora.* ‖ Medida de presión. ‖ FAM. atmosférico.

atmosférico, ca adj. De la atmósfera o relativo a ella: *presión atmosférica.*

atocinar tr. Abrir el cerdo en canal. ‖ Hacer los tocinos del cerdo y salarlos. ‖ prnl. *col.* Irritarse, enojarse.

atole o **atol** m. *amer.* Bebida hecha de harina de maíz, disuelta en agua o leche hervida, que puede prepararse de varias maneras y a la que pueden añadirse diversos ingredientes. ‖ **dar atole con el dedo** loc. *amer.* Engañar, embaucar.

atolladero m. Lugar donde se producen atascos. ‖ Apuro, dificultad: *¿cómo saldremos de este atolladero?*

atolón m. Pequeña isla de coral en forma de anillo, con una laguna interior que comunica con el mar a través de pasos estrechos.

atolondrado, da adj. Que procede sin reflexión, atontado.

atolondramiento m. Aturdimiento.

atolondrar tr. y prnl. Aturdir. ‖ FAM. atolondrado, atolondramiento.

atomicidad f. Número de átomos que constituyen una molécula.

atómico, ca adj. Del átomo o relativo a él. ‖ Relacionado con los usos o efectos de la energía contenida en el núcleo del átomo: *bomba atómica, peso atómico.*

atomismo m. Doctrina griega que explica la formación del universo por la asociación o combinación de los átomos. ‖ FAM. atomista.

atomización f. Pulverización de líquidos.

atomizador m. Pulverizador de líquidos: *perfume con atomizador.*

atomizar tr. Pulverizar un líquido o reducirlo a partículas muy pequeñas. ‖ FAM. atomización, atomizador.

átomo m. Partícula más pequeña de un elemento químico, que conserva las propiedades de este. ‖ Cualquier cosa muy pequeña: *no encontré ni un átomo de suciedad.* ‖ **átomo gramo** Cantidad de gramos de un elemento químico que coincide con el peso atómico del mismo. ‖ FAM. atomicidad, atómico, atomismo, atomista, atomizar.

atonía f. Falta de tono, vigor, o debilidad en los tejidos orgánicos. ‖ Apatía, cansancio.

atónito, ta adj. Muy sorprendido, estupefacto o espantado.

átono, na adj. Sin acento prosódico, inacentuado: *vocal átona.* ‖ Sin fuerza: *personalidad átona.* ‖ FAM. atonía.

atontado, da adj. Que es tonto o que no sabe comportarse; atolondrado.

atontamiento m. Estado o sensación de aturdimiento o de entontecimiento.

atontar tr. y prnl. Aturdir o atolondrar. ‖ Entontecer o volverse tonto. ‖ FAM. atontado, atontamiento, atontolinar.

atontolinar tr. y prnl. *col.* Atontar.

atoramiento m. Atasco u obstrucción. ‖ Incapacidad o dificultad de habla.

atorar tr. Atascar, obstruir. También intr. y prnl.: *atorarse un desagüe.* ‖ prnl. Atragantarse o trabarse en la conversación. ‖ FAM. atoramiento, desatorar.

atormentar tr. Dar tormento para obtener una información. ‖ tr. y prnl. Causar dolor físico. ‖ Causar aflicción o disgusto.

atornillar tr. Sujetar con tornillos. ‖ Mantener obstinadamente a alguien en un sitio, cargo, etc. También prnl.: *se atornilló en su puesto y se negó a dimitir.* ‖ FAM. desatornillar.

atorrante, ta adj. y s. *amer.* Vagabundo, vago o perezoso.

atorrar intr. *amer.* Llevar una vida de atorrante o vagabundo. ‖ *amer.* Dormir. ‖ FAM. atorrante.

atosigamiento m. Fatiga, apremio. ‖ Agobio producido por exigencias o preocupaciones.

atosigar tr. y prnl. Fatigar, apremiar. ‖ Inquietar o causar agobio con exigencias o preocupaciones: *no te atosigues con el trabajo, podrás con todo.* ‖ FAM. atosigamiento.

atrabiliario, ria adj. y s. *col.* De carácter destemplado y violento.

atracadero m. Lugar donde pueden atracar o acercarse a tierra sin peligro las embarcaciones menores.

atracador, ra m. y f. Salteador. ‖ *amer.* Persona que obtiene dinero de otra mediante amenazas o engaños.

atracar[1] tr. y prnl. *col.* Hartar de comida y bebida. ◆ Se construye con la prep. *de: se atracó de galletas.* ‖ FAM. atracón.

atracar[2] tr. Arrimar una embarcación a tierra. También intr.: *el yate atracó sin dificultad.* ‖ Asaltar con propósito de robo: *nos atracaron a punta de navaja.* ‖ *amer.* Golpear, zurrar. ‖ FAM. atracadero, atracador, atraco, atraque.

atracción f. Acción de atraer. ‖ Fuerza para atraer: *la atracción de la Luna provoca las mareas.* ‖ Lo que despierta interés o simpatía. ‖ pl. Espectáculos variados que forman parte de un mismo programa: *atracciones circenses.*

atraco m. Acción de atracar o saltear.

atracón m. Acción y resultado de atracar o hartar de comida y bebida.

atractivo, va adj. Que atrae. ‖ m. Cualidad de atraer: *su principal atractivo es su simpatía.*

atraer tr. Traer hacia sí. ‖ Acercar y retener un cuerpo a otro en virtud de sus propiedades físicas: *el imán atrae el hierro.* ‖ Captar el interés o la simpatía de alguien. También prnl.: *su carácter me atrajo de inmediato.* ◆ Irreg. Se conj. como *traer.* ‖ FAM. atracción, atractivo, atrayente.

atragantarse prnl. Atravesarse algo en la garganta, de forma que provoca ahogo o asfixia. ‖ Causar fastidio, enfado o antipatía: *se le atragantó la Anatomía y no conseguía aprobarla.* ‖ Trabarse en la conversación.

atrancar tr. Asegurar una puerta o ventana con tranca. ‖ Atascar, obstruir. También prnl.: *la cerradura se ha atrancado.* ‖ prnl. *col.* Atragantarse o interrumpirse al hablar. ‖ FAM. desatrancar.

atrapar tr. Alcanzar al que huye o va deprisa. ‖ *col.* Agarrar, coger. ‖ *col.* Conseguir algo de provecho.

atraque m. Acción y resultado de atracar una embarcación.

atrás adv. l. En o hacia la parte posterior. ‖ En las últimas filas de un grupo de personas congregadas. ‖ En el fondo de un lugar. ‖ En el pasado: *eso sucedió tiempo atrás.* ‖ Con anterioridad, en el hilo de un discurso.

atrasado, da adj. De menor desarrollo. ‖ Endeudado, empeñado.

atrasar tr. Retardar, retrasar. También prnl. ‖ Hacer retroceder las agujas del reloj. ‖ intr. No marchar el reloj con la debida velocidad. También prnl. ‖ prnl. Quedarse atrás. ‖ Dejar de crecer los seres vivos, no desarrollarse plenamente. ‖ FAM. atrasado, atraso.

atraso m. Efecto de atrasar o atrasarse. ‖ Subdesarrollo. ‖ pl. Pagas o rentas vencidas: *aún no he cobrado los atrasos.*

atravesado, da adj. Que tiene mala intención o mal carácter. ‖ Bizco.

atravesar tr. Colocar algo de modo que pase de una parte a otra. ‖ Penetrar un cuerpo de parte a parte. ‖ Recorrer un lugar de parte a parte. ‖ Pasar circunstancialmente por una situación favorable o desfavorable: *atravesar una crisis.* ‖ prnl. Interponerse. ‖ Sentir antipatía hacia algo o alguien: *desde que me dijo aquello, se me ha atravesado.* ◆ Irreg. Se conj. como *acertar.*

atrayente adj. Que atrae, atractivo.

atrechar intr. *amer.* Ir por un atrecho.

atrecho m. *amer.* Atajo, senda por donde se abrevia el camino. ‖ FAM. atrechar.

atresia f. Falta de perforación o cierre de una abertura o conducto normal del cuerpo humano.

atreverse prnl. Determinarse a hacer o decir algo que implica un riesgo, osar. ‖ Insolentarse, perder el respeto debido. ‖ FAM. atrevido, atrevimiento.

atrevido, da adj. Osado. También s. ‖ Hecho o dicho con atrevimiento.

atrevimiento m. Osadía, decisión para realizar algo arriesgado. ‖ Falta de respeto, insolencia al hablar o actuar.

atrezo m. Conjunto de elementos necesarios para una puesta en escena teatral o para el decorado de una escena televisiva o cinematográfica.

atribución f. Adjudicación de hechos o cualidades a alguien: *atribución de una culpa.* ‖ Asignación de algo a alguien como de su competencia. ‖ Facultad que da a una persona el cargo que ejerce.

atribuir tr. Aplicar o adjudicar hechos o cualidades a alguien. También prnl.: *atribuirse un éxito.* ‖ Asignar algo a alguien como de su competencia. ◆ Irreg. Se conj. como *huir.* ‖ FAM. atribución, atribuible, atributo.

atribulación f. Tribulación.

atribular tr. y prnl. Causar o padecer tribulación, preocupación o sufrimiento. ‖ FAM. atribulación.

atributivo, va adj. Se apl. a la función desempeñada por el atributo. ‖ Se dice del verbo con el que se construye el atributo. ‖ Se apl. a la oración o sintagma verbal con verbo copulativo.

atributo m. Cualidad de un ser: *la sinceridad es su mejor atributo.* ‖ Símbolo que denota el carácter de las figuras: *el tridente es el atributo de Neptuno.* ‖ En gram., palabra o sintagma que califica al sujeto de una oración y va introducido por un verbo copulativo. || En gram., función que desempeña el adjetivo cuando se coloca en posición inmediata al sustantivo de que depende. || FAM. atributivo.

atrición f. En el cristianismo, arrepentimiento y pesar de haber ofendido a Dios por miedo al castigo divino.

atril m. Soporte en forma de plano inclinado, generalmente metálico o de madera, usado para sostener papeles o libros abiertos.

atrincar tr. *amer.* Sujetar, asegurar con cuerdas y lazos. || prnl. *amer.* Atrancarse, obstinarse.

atrincheramiento m. Fortificación de una posición militar con trincheras. || Conjunto de trincheras o de obras de defensa o fortificación pasajeras o de campaña. || Mantenimiento tenaz de una determinada idea o actitud.

atrincherar tr. Fortificar una posición militar con trincheras. || prnl. Ponerse en trincheras a cubierto del enemigo. || Mantenerse en una determinada idea o actitud con tenacidad exagerada: *atrincherarse en sus opiniones.* || FAM. atrincheramiento.

atrio m. Espacio abierto y porticado que hay en el interior de algunos edificios. || Recinto o espacio cerrado situado a la entrada de algunos templos y palacios. || Zaguán. || Cavidad corporal que contiene la faringe en los tunicados y cefalocordados, que recibe el agua procedente de las branquias. || Una de las cámaras del corazón. || Cavidad timpánica.

atrocidad f. Gran crueldad. || Disparate, dicho o hecho temerario o necio que se sale de lo razonable y lo lícito. || Insulto muy ofensivo. || *col.* Gran cantidad, exceso.

atrofia f. Disminución en el desarrollo, volumen y actividad de los músculos y tejidos de un órgano. || *col.* Falta de desarrollo en algún campo. || FAM. atrofiado, atrofiar, atrófico.

atrofiar tr. y prnl. Producir o padecer atrofia.

atronador, ra adj. Que atruena, ensordece o aturde.

atronar tr. Ensordecer o aturdir a uno la intensidad de un sonido o ruido. ◆ **Irreg.** Se conj. como *contar.* || FAM. atronador, atronamiento.

atropellado, da adj. Que actúa o habla con precipitación. || FAM. atropelladamente.

atropellar tr. Pasar precipitadamente un vehículo por encima de alguna persona o animal o chocar contra ellos. || Derribar o empujar con violencia a alguien para abrirse paso. || Agraviar por abuso de poder o proceder sin miramiento o respeto: *atropelló sus derechos.* || prnl. Apresurarse mucho al hablar o al obrar. || FAM. atropellado, atropellamiento, atropello.

atropello m. Acción y resultado de pasar precipitadamente un vehículo por encima de alguna persona o animal o chocar contra ellos. || Agravio por abuso de poder o falta adecuada de proceder. || Apresuramiento al hablar o al obrar.

atropina f. Alcaloide principal de la belladona que se emplea en medicina para dilatar las pupilas de los ojos y para otros usos terapéuticos.

atroz adj. Cruel, inhumano. || Muy grande o desmesurado: *hambre atroz.* || Malo, de pésima calidad. || FAM. atrocidad.

attaché (voz fr.) m. Portafolios o maletín de uso profesional para llevar documentos.

atuendo m. Atavío, conjunto de las prendas con que se viste una persona.

atufar tr. Despedir tufo o mal olor. || tr. y prnl. Trastornar o marear el humo o las emanaciones que se desprenden de algo. || prnl. Agriarse los licores, en especial el vino. || Enfadarse, enojarse. || *amer.* Aturdirse, atolondrarse.

atún m. Pez osteíctio perciforme marino de 2 a 3 m de largo, de cuerpo robusto de color negro azulado por el dorso y gris plateado en el vientre; su carne es muy apreciada. || *col.* Hombre ignorante. || FAM. atunero.

atunero, ra adj. Del atún o relativo a este pez. || adj. y m. Se apl. al barco que se dedica a la pesca del atún. || m. y. f. Persona que pesca o vende atunes.

aturdido, da adj. Atolondrado, irreflexivo.

aturdimiento m. Perturbación física de los sentidos por efecto de un agente externo como un golpe o un ruido. || Perturbación emocional momentánea. || Falta de serenidad y reflexión.

aturdir tr. y prnl. Causar aturdimiento. || Confundir, desconcertar: *tantas preguntas le aturden.* || FAM. aturdido, aturdimiento.

aturullamiento m. Aturdimiento.

aturullar o **aturrullar** tr. y prnl. Confundir o turbar a una persona, dejándola sin saber qué decir o cómo obrar. || FAM. aturullamiento.

atusar tr. y prnl. Colocar, igualar el pelo con la mano o el peine mojados. || *amer.* Igualar la crin a los animales. || prnl. Adornarse en exceso. || *amer.* Enfadarse.

audacia f. Valor, osadía y atrevimiento al hablar o actuar.

audaz adj. Valiente, osado, atrevido. || FAM. audacia.

audible adj. Que se puede oír. || FAM. audibilidad.

audición f. Percepción de un sonido a través del oído. || Concierto, recital o lectura en público. || Prueba que realiza un artista ante el productor o director de un espectáculo.

audiencia f. Acto de oír la autoridad a quien acude a ella. || Ocasión que se concede a una de las partes de un pleito de presentar testimonio o pruebas. || Tribunal de justicia de un territorio: *Audiencia Nacional.* ◆ Se escribe con mayúscula. || Territorio bajo su jurisdicción y edificio del tribunal. || Conjunto de personas que en un momento dado siguen un programa de radio o televisión: *sus índices de audiencia han caído en picado.*

audífono m. Aparato amplificador de los sonidos que utilizan los sordos para oír mejor.

audímetro m. Instrumento electrónico que se acopla al televisor y sirve para medir la variación del índice de audiencia. || FAM. audimetría.

audio m. Técnica o sistema electrónico de grabación, transmisión y reproducción del sonido.

audio- pref. que significa 'sonido' o 'audición': *audiómetro, audiovisual.*

audiófono

audiófono m. Audífono.

audiofrecuencia f. Cualquier frecuencia perteneciente a la banda de las frecuencias audibles por un oyente normal, empleadas para la transmisión y reproducción del sonido.

audiometría f. Técnica o prueba para medir la capacidad auditiva en relación con las diferentes frecuencias del sonido. ‖ FAM. audiómetro.

audiómetro m. Instrumento para medir la agudeza auditiva.

audiovisual adj. Que se refiere conjuntamente al oído y a la vista. ‖ m. Proyección de imágenes de una película o diapositivas combinada con sonidos, con fines didácticos.

auditar tr. Realizar una auditoría a una empresa, entidad o institución.

auditivo, va adj. Del oído o relativo a él.

auditor, ra adj. y s. Se apl. a la persona autorizada para la revisión de las cuentas de una empresa, entidad o institución. ‖ m. y f. Persona encargada por un juez de recoger las pruebas y entregárselas a él. ‖ FAM. auditoría.

auditoría f. Empleo y cargo de auditor. ‖ Oficina o despacho del auditor. ‖ Revisión e inspección de la contabilidad de una empresa, entidad o institución, realizada por un auditor: *la auditoría confirmó las acusaciones de malversación.* ‖ FAM. auditar, auditor.

auditorio m. Conjunto de oyentes. ‖ Sala destinada a conciertos, recitales, conferencias y otros actos públicos. ‖ Parte del teatro destinada al público.

auditórium m. Auditorio, sala.

auge m. Periodo o momento de mayor elevación o intensidad de un proceso o estado de cosas: *el auge de las letras hispanoamericanas se produjo en los años setenta.* ‖ **cobrar auge** loc. Ganar importancia.

augur m. En la antigua Roma, sacerdote que practicaba oficialmente la adivinación mediante el análisis e interpretación del canto, el vuelo y el comportamiento alimentario de las aves.

augurar tr. Presagiar, predecir. ‖ FAM. augur, auguración, augurio.

augurio m. Presagio, anuncio o señal favorables o adversos de algo futuro.

augusto, ta adj. Que infunde respeto y veneración. ‖ m. Payaso que forma pareja con el *clown.*

aula f. En un centro docente, sala destinada a la enseñanza. ‖ **aula magna** La de mayor cabida del centro, normalmente destinada a actos solemnes. ‖ FAM. aulario.

aulaga f. Nombre común de diversas especies de arbustos espinosos pertenecientes a la familia de las leguminosas, con hojas lisas lanceoladas y flores por lo general amarillas. ‖ FAM. aulagar.

áulico, ca adj. De la corte o del palacio, o relativo a ellos.

aullador , ra adj. Que aúlla. ‖ m. Nombre de varias especies de monos de América del Sur, de gran tamaño y larga cola, que emiten un sonido intenso y chirriante gracias a la especial caja de resonancia que tienen en el cuello, constituida por el hueso hioides comunicado con la laringe.

aullar intr. Dar aullidos. ‖ FAM. aullador, aullido, aúllo.

aullido m. Voz triste y prolongada del lobo, el perro y otros animales. ‖ Sonido similar a esta voz.

aumentar tr., intr. y prnl. Acrecentar, hacer crecer el tamaño, el número o la materia de algo. ‖ tr. y prnl. Mejorar económica o socialmente. ‖ FAM. aumentativo, aumento.

aumentativo, va adj. Que aumenta. ‖ adj. y s. Se apl. al procedimiento lingüístico que se usa para denotar el aumento de magnitud del significado de una palabra. ‖ m. Palabra formada por este procedimiento: *el aumentativo de «vida» es «vidorra».*

aumento m. Incremento, crecimiento en tamaño, número o intensidad. ‖ Capacidad de amplificación de la imagen que posee un aparato: *lente de 20 aumentos.* ‖ *amer.* Posdata.

aun adv. m. Incluso, también. ‖ conj. conc. Seguido de gerundio, *aunque: aun no apeteciéndole, fue.* ‖ **aun cuando** loc. conj. conc. Aunque: *aun cuando se arrodillara, no le perdonaría.*

aún adv. t. Todavía, hasta este momento: *llegó ayer y aún está durmiendo.*

aunar tr. y prnl. Unir o reunir para algún fin. ‖ Unificar, juntar o armonizar varias cosas: *su prosa aúna belleza y horror.* ‖ FAM. aunable.

aunque conj. conc. Expresa una objeción que no impide el desarrollo de la acción principal: *aunque esté enferma, iré al concierto.* ‖ conj. ad. Expresa la coordinación de dos o más acciones opuestas: *no hablaré de ese tema, aunque tocaré uno muy cercano.*

¡aúpa! interj. Se usa para animar a alguien a levantarse o levantar algo. ‖ Expresión que utilizan los niños para pedir que les lleven en brazos: *¡aúpa, mamá!* ‖ **de aúpa** loc. adj. *col.* Muy grande. ‖ **ser** algo o alguien **de aúpa** loc. *col.* Ser desagradable o difícil trato. ‖ FAM. aupar.

aupar tr. y prnl. Levantar a una persona. ‖ Ensalzar, enaltecer, permitir alcanzar mejor posición.

aura f. Irradiación luminosa inmaterial que rodea a ciertos seres. ‖ Cuadro o conjunto de fenómenos que preceden a una crisis de una enfermedad, en especial a un ataque epiléptico. ‖ Favor, aplauso, aceptación general.

áureo, a adj. De oro o parecido al oro. ‖ FAM. áurico, aurífero.

aureola f. Disco o círculo luminoso que se representa rodeando la cabeza de las imágenes sagradas. ‖ Admiración o fama que recibe una persona por sus virtudes: *tenía aureola de sabio entre sus alumnos.* ‖ Corona que en los eclipses de Sol rodea el disco lunar. ‖ Areola. ‖ FAM. aureolar.

aurícula f. Cada una de las dos cavidades superiores del corazón de los anfibios, reptiles, aves y mamíferos, situadas sobre los ventrículos, que reciben la sangre de las venas. ‖ Cavidad del corazón de otros animales, como moluscos y peces. ‖ FAM. auricular.

auricular m. Del oído o relativo a él. ‖ De las aurículas del corazón o relativo a ellas. ‖ m. En los aparatos telefónicos o receptores de sonido, parte o dispositivo que se aplica al oído para recibirlo.

aurífero, ra adj. Que lleva o contiene oro.

auriga m. En Grecia y Roma, el que guiaba los caballos de los carros que corrían en el circo. || *poét.* Cochero, el que gobierna un carruaje.

auriñaciense adj. y m. Del primer periodo del Paleolítico Superior, en el que aparecen las primeras manifestaciones artísticas, o relativo a él.

aurora f. Claridad y luz sonrosada que precede inmediatamente a la salida del sol. || Canto religioso que se entona al amanecer para dar comienzo a la celebración de una festividad de la Iglesia. || Bebida de leche de almendras y agua de canela. || *amer.* Bebida similar a la chicha. || **aurora boreal** Meteoro luminoso que en el hemisferio septentrional se observa hacia el norte y se atribuye a la electricidad.

auscultar tr. Aplicar el oído o el estetoscopio a ciertos puntos del cuerpo humano a fin de explorar los sonidos normales o patológicos producidos en las cavidades del pecho o vientre. || FAM. auscultación.

ausencia f. Alejamiento, separación de un lugar. || Tiempo que dura el alejamiento. || Privación o falta de algo: *la ausencia de oxígeno impide el desarrollo de fuego.* || Condición legal de la persona en paradero desconocido. || Pérdida pasajera de la conciencia: *las ausencias son frecuentes en la demencia senil.* || **brillar** alguien o algo **por su ausencia** loc. *col.* No existir o no estar presente donde cabía esperar.

ausentarse prnl. Alejarse o separarse de una persona o lugar. ◆ Se construye con la prep. *de: ausentarse de la ciudad.*

ausente adj. Distraído, ensimismado. || adj. y com. Que no está presente, sino alejado o separado de un lugar. || com. Se apl. a la persona que se encuentra legalmente en paradero desconocido. || FAM. ausencia, ausentarse.

auspiciar tr. Patrocinar o proteger. || Predecir o adivinar.

auspicio m. Agüero. || Protección, favor: *sin su auspicio, no hubiera llegado a nada.* || pl. Señales que presagian un resultado favorable o adverso. || FAM. auspiciador, auspiciar.

austeridad f. Severidad y rigidez en la forma de obrar o vivir. || Sobriedad, ausencia de adornos.

austero, ra adj. Que obra y vive de forma severa y rígida. || Sobrio, sin adornos. || FAM. austeridad.

austral adj. Del austro o relativo a este viento del sur, así como al polo y el hemisferio sur. || m. Antigua unidad monetaria de Argentina.

australiano, na adj. y s. De Australia o relativo a esta gran isla de Oceanía.

australopiteco m. Primate fósil de la familia de los homínidos que vivió en África desde hace 5,5 millones de años hasta hace un millón, y que se caracteriza por su posición semierguida.

austriaco, ca o **austríaco, ca** adj. y s. De Austria o relativo a este país centroeuropeo.

austro m. *poét.* Viento que sopla del sur. || *poét.* Sur, punto cardinal del horizonte, diametralmente opuesto al norte. || FAM. austral.

austrohúngaro, ra adj. y s. De Austria y Hungría o relativo al antiguo imperio que formaban ambas naciones.

autarquía f. Organización y política económica de un Estado que pretende autoabastecerse con la producción nacional evitando las importaciones. || Autosuficiencia, capacidad de satisfacer las propias necesidades. || FAM. autárquico.

autárquico, ca adj. De la autarquía o relativo a ella.

autenticar tr. Autentificar, autorizar o legalizar alguna cosa. || Dar fe de la verdad de un documento o un hecho ante la autoridad. || FAM. autenticidad.

autenticidad f. Calidad y carácter de verdadero o autorizado.

auténtico, ca adj. Acreditado como cierto y verdadero por sus características. || Autorizado o legalizado. || FAM. autenticar, autenticidad, autentificar.

autentificar tr. Autorizar o legalizar una cosa.

autillo m. Ave rapaz nocturna estrigiforme de unos 20 cm de longitud, plumaje pardo o gris con manchas negras, de cabeza pequeña con característicos copetes sobre los ojos a modo de orejas y ojos redondos de color amarillo brillante.

autismo m. Enfermedad psicológica infantil caracterizada por la tendencia a desinteresarse del mundo exterior y a ensimismarse. || FAM. autista, autístico.

autista adj. y com. Que padece autismo.

auto m. Resolución judicial que decide cuestiones para las que no se requiere sentencia: *auto de prisión.* || Breve composición dramática de tema religioso en que intervienen personajes bíblicos o alegóricos. || pl. Conjunto de actuaciones de un procedimiento judicial. || **auto de fe** Sentencia y castigo público de los penitenciados por el tribunal de la Inquisición. || **auto sacramental** Pieza dramática escrita en loor del misterio de la eucaristía.

auto m. abrev. de *automóvil.* ◆ Se usa más en América.

auto- pref. que significa 'propio' o 'por sí mismo': *autobiografía, autógrafo.*

autoabastecerse prnl. Proporcionarse uno mismo lo necesario sin necesidad de recurrir a otros. ◆ **Irreg.** Se conj. como *agradecer.* || FAM. autoabastecimiento.

autoabastecimiento m. Acción y resultado de proporcionarse uno mismo lo necesario sin necesidad de recurrir a otros.

autobiografía f. Biografía de una persona escrita por ella misma, redactada normalmente en primera persona. || FAM. autobiográfico, autobiógrafo.

autobiográfico, ca adj. De la autobiografía o relativo a ella.

autobombo m. *col.* Elogio público exagerado que uno hace de sí mismo.

autobús m. Vehículo de transporte público de gran capacidad destinado al transporte urbano de viajeros en un recorrido fijo. || Autocar.

autocar m. Vehículo de gran capacidad para el transporte de viajeros interurbano o de largo recorrido.

autocaravana f. Vehículo acondicionado como vivienda.

autocine m. Recinto al aire libre en el que se proyecta una película que puede contemplarse desde el interior de un vehículo.

autoclave f. Aparato destinado a la esterilización de instrumental o alimentos, consistente en una vasija cilíndrica herméticamente cerrada, en cuyo interior se somete a los objetos a vapor a presión y temperaturas elevadas.

autoconfianza f. Sentimiento basado en la fuerte conciencia del propio poder para afrontar las posibles dificultades.

autoconsumo m. Consumo final de bienes y servicios por el mismo productor.

autocontrol m. Capacidad de controlar o regular la propia conducta.

autocracia f. Sistema o régimen en el que gobierna una sola persona con poder total. ‖ FAM. autócrata, autocrático.

autócrata com. Persona que ejerce la autoridad suprema en un Estado.

autocrítica f. Juicio crítico sobre uno mismo, o sobre una obra propia. ‖ Breve noticia crítica que se publica antes del estreno de una obra teatral, escrita por el propio autor. ‖ FAM. autocrítico.

autóctono, na adj. y s. Que se ha originado o ha nacido en el mismo país o lugar en que se encuentra: *flora autóctona.*

autodefensa f. Protección o defensa propia frente a un daño o peligro. ‖ Amparo o defensa personal de los bienes y derechos por uno mismo.

autodefinido m. Entretenimiento semejante a un crucigrama, pero en el que algunas casillas tienen las claves que permiten rellenar las otras que están vacías.

autodeterminación f. Derecho de los habitantes de un territorio nacional a decidir su independencia y régimen político sin recibir presión alguna del exterior. ‖ FAM. autodeterminista.

autodidacto, ta adj. y s. Que se educa o instruye por sus propios medios: *aprendió inglés de manera autodidacta.* ♦ Está muy extendido el uso de la forma f. para los dos géneros: *alumno/alumna autodidacta.*

autodominio m. Autocontrol.

autoedición f. Edición electrónica de impresos mediante una serie de aplicaciones y técnicas informáticas. ‖ FAM. autoeditar.

autoempleo m. Fórmula de empleo para incorporarse al mercado laboral por la que una persona se constituye como autónoma y presta sus servicios a otra empresa por medio de la subcontratación.

autoencendido m. En los motores de explosión y de combustión interna, encendido espontáneo y a destiempo de la mezcla de carburante contenida en el interior del cilindro.

autoescuela f. Centro docente donde se reciben los conocimientos teóricos y prácticos necesarios para conducir un automóvil.

autoestima f. Consideración, aprecio o valoración de uno mismo.

autoestop m. Autostop.

autoestopista adj. y com. Autostopista.

autoevaluación f. Método que consiste en valorar uno mismo su propia capacidad, así como la calidad del trabajo realizado, en especial en el campo pedagógico.

autofecundación f. Fecundación de la parte femenina de un individuo hermafrodita por la parte masculina del mismo individuo.

autofinanciación f. Financiación de las operaciones e inversiones de una empresa utilizando para ello la acumulación de fondos o recursos financieros generados en el interior de la misma.

autofoco o **autofocus** m. En una cámara fotográfica o de vídeo, dispositivo de enfoque automático. ♦ Se usa normalmente en aposición: *sistema autofocus.* La segunda forma no varía en pl.

autogamia f. Polinización de una flor realizada con su propio polen.

autógeno, na adj. Se apl. a la soldadura de metales que se realiza fundiendo con el soplete las superficies por donde ha de hacerse la unión.

autogestión m. Sistema de gestión de una empresa en el que los trabajadores tienen parte activa en las decisiones sobre la producción. ‖ Sistema de gobierno de una sociedad o comunidad por órganos de elección directa de sus miembros.

autogiro m. Tipo de avión cuyas alas han sido sustituidas por una hélice que gira sobre un eje, lo que permite aterrizajes casi verticales.

autogobierno m. Sistema de administración de unidades territoriales que gozan de autonomía.

autogol m. Gol que un equipo mete en su propia portería.

autógrafo, fa adj. y m. Escrito de mano del propio autor: *testamento autógrafo.* ‖ m. Firma de una persona famosa o destacada.

autoinculpación f. Declaración voluntaria de haber cometido un delito que se desconocía.

autoinducción f. Inducción electromagnética en un circuito debida a las variaciones de la intensidad de la corriente que pasa por él.

autoinjerto m. Trasplante quirúrgico de tejido de una zona a otra del cuerpo del mismo paciente.

autoinyectable adj. y m. Se apl. al medicamento que un paciente puede inyectarse a sí mismo.

autolesión f. Daño corporal que uno mismo se causa.

autoliquidación f. Régimen de liquidación fiscal por el que el propio sujeto pasivo o su representante realiza la declaración de impuestos y el cálculo de la cuota tributaria.

autólisis f. Autodestrucción de los tejidos orgánicos por las enzimas que ellos mismos contienen. ♦ No varía en pl. ‖ FAM. autolítico.

autómata m. Máquina que contiene un mecanismo que le permite realizar determinados movimientos. ‖ Máquina que imita la figura y los movimientos de un ser animado. ‖ Dispositivo o conjunto de reglas que realizan un encadenamiento automático y continuo de operaciones capaces de procesar una información de entrada para producir otra de salida. ‖ com. *col.* Persona que se deja dirigir o actúa condicionada y maquinalmente. ‖ FAM. automático, automatismo, automatizar.

automático, ca adj. Que sucede de manera necesaria e inmediata a ciertos condicionantes. ‖ Maquinal, que se lleva a cabo involuntariamente y sin reflexión: *la respiración es un proceso automático.* || adj. y s. Se apl. al mecanismo que funciona en todo o en parte por sí mismo. || m. Cierre de corchete formado por dos piezas que encajan a presión. || FAM. automáticamente.

automatismo m. Funcionamiento de un mecanismo, sistema o proceso por sí mismo, sin agentes exteriores. || Ejecución de actos sin participación de la voluntad.

automatización f. Conversión de determinados procesos corporales o psíquicos en automáticos o involuntarios. || Aplicación de procedimientos automáticos a un aparato, proceso o sistema.

automatizar tr. Convertir en automáticos o involuntarios determinados procesos corporales o psíquicos. || Aplicar procedimientos automáticos a un aparato, proceso o sistema. || FAM. automatización.

automedicarse prnl. Hacer uso un enfermo, al margen de la prescripción médica, de aquellos medicamentos que considera adecuados para remediar su afección. || FAM. automedicación.

automoción m. Estudio o descripción de las máquinas que se desplazan por la acción de un motor, y especialmente de los automóviles. || Sector industrial relacionado con el automóvil. || FAM. automotor.

automotor, ra adj. y m. Se apl. al mecanismo, aparato o vehículo que se mueve sin intervención directa de una acción exterior. || FAM. automotriz.

automóvil adj. Que se mueve por sí mismo. || m. Vehículo movido por un motor de explosión o combustión interna, destinado al transporte terrestre sin carriles. || FAM. automovilismo.

automovilismo m. Conocimientos acerca de la construcción, funcionamiento y manejo de los automóviles. || Deporte que se practica con automóvil, en carreras de velocidad y resistencia. || FAM. automovilista, automovilístico.

automovilista com. Persona que conduce un automóvil.

automovilístico, ca adj. Del automovilismo o relativo a él.

autonomía f. Condición y estado del individuo, comunidad o pueblo con independencia y capacidad de autogobierno. || Potestad de ciertos entes territoriales para regirse con órganos y normas propias, en el marco de un Estado mayor. || Comunidad autónoma. || Capacidad máxima de un vehículo para efectuar un recorrido sin repostar. || FAM. autonómico, autonomista, autónomo.

autonómico, ca adj. De la autonomía o relativo a ella: *Gobierno autonómico.*

autónomo, ma adj. Que goza de autonomía. || adj. y s. Se apl. a la persona que trabaja por cuenta propia.

autoparte f. *amer.* Pieza o conjunto de piezas que intervienen en el armado de un automóvil, y que también se venden por separado. || FAM. autopartista.

autopartista adj. *amer.* Perteneciente o relativo a las autopartes. || com. *amer.* Fabricante o vendedor de autopartes.

autopista f. Carretera con varios carriles para cada dirección separados por una mediana, sin cruces a nivel, con pendientes limitadas y con curvas muy amplias, lo que permite la circulación a gran velocidad. || **autopista de peaje** La de régimen privado en que se paga una tasa por su uso. || **autopista de la información** Red informática a la que se accede mediante módem y que conecta accesos a la información a lo largo y ancho del mundo.

autopolinización f. Autogamia.

autopropulsión f. Propulsión de una máquina por su propia fuerza motriz. || FAM. autopropulsado, autopropulsarse, autopropulsor.

autopropulsor, ra adj. y m. Se apl. al dispositivo que garantiza la propulsión de una máquina por su propia fuerza motriz.

autoprotección f. Protección o defensa de uno mismo.

autopsia f. Examen anatómico de un cadáver.

autor, ra m. y f. Persona que realiza, causa u origina algo: *autor del crimen.* || Creador de una obra literaria o artística. || FAM. autoría.

autoría f. Condición de autor.

autoridad f. Potestad, facultad de mandar y hacerse obedecer. || Persona que las ejerce: *pidió a las autoridades que mediaran en el conflicto.* || Especialista en determinada materia: *es una autoridad en física nuclear.* || Texto que se cita en apoyo de una argumentación: *en su ensayo no faltan las referencias a autoridades.* || FAM. autoritario.

autoritario, ria adj. y s. Que se basa en la autoridad o abusa de ella. || Partidario del autoritarismo. || FAM. autoritariamente, autoritarismo.

autoritarismo m. Sistema fundado en la sumisión incondicional a la autoridad. || Abuso de autoridad.

autorización f. Permiso. || Documento en el que se autoriza una cosa.

autorizado, da adj. Que posee permiso o consentimiento para una determinada acción. || Que es digno de respeto por sus cualidades o circunstancias: *crítico autorizado, fuente autorizada.* || Que está permitido: *película autorizada para todos los públicos.*

autorizar tr. Dar autoridad, poder o facultad para hacer algo. || Dar o conceder permiso. || Aprobar o dar validez. || FAM. autorizable, autorización, autorizado.

autorregulable adj. Que es capaz de regularse por sí mismo: *temperatura autorregulable.* || FAM. autorregulación, autorregulador, autorregularse.

autorretrato m. Retrato de una persona hecho por ella misma.

autoservicio m. Establecimiento público en el que el cliente se sirve solo.

autostop m. Forma de viajar consistente en que un peatón se coloca en un lado de la carretera y, dirigiendo el pulgar en la dirección en la que quiere ir o mostrando un rótulo, espera que pare algún automovilista para pedirle que lo acepte como viajero de forma gratuita.

autostopista adj. y com. Se aplica a la persona que practica autostop.

autosuficiencia f. Estado o condición del que se basta a sí mismo. || Suficiencia, presunción o engreimiento. || FAM. autosuficiente.

autosuficiente adj. Que se basta a sí mismo. || Que actúa con suficiencia, presunción o engreimiento.

autosugestión f. Influencia sobre las ideas y los juicios propios ejercida consciente o inconscientemente por el mismo individuo.

autotrasplante m. Trasplante en que el donante y el receptor son la misma persona. Se apl. tanto a la regeneración plástica mediante el uso de tejidos del mismo cuerpo como a la reimplantación de un órgano desprendido de forma traumática.

autótrofo, fa adj. Se apl. al organismo capaz de sintetizar o elaborar su propia materia orgánica a partir de sustancias inorgánicas. || FAM. autotrofia.

autovacuna f. Vacuna preparada mediante sustancias obtenidas del propio organismo al que será administrada.

autovía f. Carretera de circulación rápida con calzadas separadas para cada sentido de la circulación, semejante a la autopista pero con cruces al mismo nivel.

auxiliar adj. Que auxilia o ayuda. || En gram., es apl. al verbo que sirve para conjugar los demás, como *haber* y *ser*. También m. || Se dice de la persona que está encargada de ayudar a otra: *profesor auxiliar*. También com. || com. Empleado que desarrolla un trabajo que no requiere especialización bajo las órdenes directas de otra persona: *auxiliar de oficina*. || **auxiliar de vuelo** Persona destinada a la atención de los pasajeros y de la tripulación en los aviones. || **auxiliar técnico sanitario** Profesional titulado que, siguiendo las instrucciones de un médico, asiste a los enfermos y realiza ciertas intervenciones de cirugía menor.

auxiliar tr. Socorrer, ayudar.

auxilio m. Ayuda, socorro, amparo. || FAM. auxiliar.

auyama (voz caribe) f. *amer.* Calabacera, planta. || *amer.* Fruto de esta planta, grande, redondo, de pulpa amarilla y abundantes semillas. || *amer.* Tubérculo comestible.

aval m. Firma al pie de un escrito por la que una persona responde de otra. || Escrito con ese mismo fin. || FAM. avalar, avalista.

avalancha f. Alud.

avalar tr. Garantizar por medio de aval.

avalista com. Persona física o jurídica que presta o da un aval en favor de otra persona.

avance m. Acción y resultado de avanzar. || Mejora, progreso. || Fragmento de una película proyectado antes de su estreno con fines publicitarios. || Parte de una información que se adelanta y que tendrá ulterior desarrollo: *avance informativo*.

avante adv. l. y t. Adelante.

avanzada f. Partida de soldados destacada para observar al enemigo. || Lo que se adelanta, anticipa o aparece en primer término. || FAM. avanzadilla.

avanzadilla f. Avanzada.

avanzado, da adj. Que tiene muchos años de edad. || Muy adelantado. || adj. y s. Que se distingue por su audacia o novedad.

avanzar tr. Mover o prolongar hacia delante. || Anticipar o adelantar algo. || *amer.* Robar o apoderarse vio-

lentamente de algo los soldados. || intr. Ir hacia delante: *avanzar entre la multitud*. || Transcurrir el tiempo o acercarse a su fin: *avanzar la tarde*. || Progresar o mejorar: *ha avanzado mucho en sus estudios*. || FAM. avance, avanzada.

avaricia f. Codicia, avidez de riquezas. || FAM. avaricioso.

avaricioso, sa adj. Codicioso. || FAM. avariciosamente.

avariento, ta adj. adj. y s. Avaro.

avaro, ra adj. y s. Que acumula dinero y no lo emplea. || Tacaño, miserable. || FAM. avariento.

avasallador, ra adj. y s. Que avasalla. Se refiere especialmente a lo que despierta fuerte admiración: *personalidad avasalladora*.

avasallamiento m. Dominio, sometimiento a obediencia. || Actuación sin tener en cuenta los derechos de los demás.

avasallar tr. Dominar, rendir o someter a obediencia: *avasalló al adversario*. || Actuar sin tener en cuenta los derechos de los demás. || FAM. avasallador, avasallamiento.

avatar m. Vicisitud, cambio. Más en pl.: *los avatares de la vida*.

ave f. Clase de vertebrados ovíparos, de respiración pulmonar y sangre caliente, cuerpo cubierto de plumas y con dos alas que generalmente les sirven para volar. || **ave de paso** La migratoria que se detiene en un lugar para descansar y comer. || Persona que se detiene un periodo breve en algún lugar. || **ave de rapiña** o **rapaz** La carnívora que tiene pico y uñas muy robustos, encorvados y puntiagudos. || **ave del paraíso** Cualquiera de las exóticas, principalmente de Oceanía, de plumaje exuberante. || **ave migratoria** La que cada año hace un largo viaje, en primavera o en otoño, a partir del lugar donde nidifica, y retorna a este en el otoño o en la primavera siguiente. || FAM. avechucho, aviar, aviario, avícola, avicultor, avicultura.

AVE m. Tren de alta velocidad. ◆ Es el acrónimo de *A*lta *V*elocidad *E*spañola.

avecinar tr. y prnl. Acercar: *se avecinan grandes cambios*.

avecindarse prnl. Establecerse en una población como vecino. || FAM. avecindamiento.

avefría f. Ave caradriforme de unos 30 cm de longitud, migradora parcial, con el plumaje verde en el dorso, negro en el pecho y la cabeza y blanco en el vientre, y con un penacho de plumas en la cabeza.

avejentar tr. y prnl. Hacer aparentar más edad de la que realmente se tiene. || FAM. avejentado.

avellana f. Fruto comestible del avellano. || FAM. avellanado, avellanar, avellanal, avellaneda, avellanedo, avellanero, avellano.

avellanado, da adj. Con el color u otras características de la avellana: *ojos avellanados*. Se apl. especialmente a la piel arrugada, como las avellanas secas: *manos avellanadas*.

avellano m. Arbusto de la familia de las betuláceas, de 1 a 6 m de altura, a menudo cultivado y cuyo fruto es la avellana. || Madera de este árbol.

avemaría f. Oración cristiana dedicada a la Virgen.

avena f. Planta herbácea de la familia de las gramíneas, de tallos delgados y hojas estrechas. || Semilla de esta planta que se cultiva como alimento. || FAM. avenal.

avenar tr. Dar salida a las aguas muertas por medio de zanjas. || FAM. avenamiento.

avenencia f. Convenio, transacción, ajuste. || Conformidad y unión. || FAM. desavenencia.

avenida f. Calle muy ancha, generalmente con árboles a los lados. || Crecida impetuosa de un río.

avenido, da adj. Con los adv. *bien* o *mal*, conforme o disconforme con personas o cosas, o en buena o mala armonía: *grupo mal avenido.*

avenimiento m. Reconciliación.

avenir tr. Reconciliar, poner de acuerdo. También prnl.: *las partes en conflicto se avinieron a dialogar.* || Entenderse bien con alguien. ◆ Se construye con la prep. *con: se aviene muy bien con sus padres.* || Conformarse o resignarse con algo. ◆ Se construye con la prep. *a: es una persona que se aviene a todo.* ◆ **Irreg.** Se conj. como *venir.* || FAM. avenencia, avenido, avenimiento.

aventajado, da adj. Que aventaja a lo ordinario o común: *alumno aventajado.*

aventajar tr. Dar, llevar o sacar ventaja. || prnl. Adelantarse. || FAM. aventajado.

aventar tr. Echar al viento los granos que se limpian en la era. || Empujar el viento alguna cosa. || *amer.* Arrojar. ◆ **Irreg.** Se conj. como *acertar.* || FAM. aventador.

aventón m. *amer.* Autostop.

aventura f. Suceso extraño y peligroso. || Empresa arriesgada. || Relación amorosa ocasional. || FAM. aventurado, aventurar, aventurerismo, aventurero.

aventurado, da adj. Arriesgado, atrevido.

aventurar tr. Arriesgar o poner en peligro. También prnl., construido con las preps. *en y a: aventurarse en el bosque/a responder.* || Exponer algo atrevido o dudoso: *aventurar una opinión.*

aventurero, ra adj. y s. Que busca aventuras. || Se apl. a la persona sin oficio ni profesión que, por medios desconocidos, trata de conquistar un puesto en la sociedad.

average (voz i.) adj. y m. Promedio, media, término medio: *la liga se decidió por el average de goles.*

avergonzar tr. Causar vergüenza. || prnl. Sentir vergüenza. ◆ **Irreg.** Se conj. como *contar.*

avería f. Daño, deterioro que impide el funcionamiento de algo. || FAM. averiar.

averiar tr. y prnl. Dañar o deteriorar algo, producir una avería.

averiguación f. Búsqueda de la verdad hasta descubrirla. Más en pl.: *hacer averiguaciones.*

averiguar tr. Buscar la verdad hasta descubrirla. || FAM. averiguación.

averigüetas com. *amer.* Persona entrometida.

averno m. *poét.* Infierno.

averroísmo m. Doctrina medieval basada en los comentarios y las tesis de Averroes, filósofo árabe del siglo XII. || FAM. averroísta.

aversión f. Asco, repugnancia.

Avesta n. p. m. Colección de los libros sagrados de los antiguos persas, donde se exponen las doctrinas atribuidas a Zoroastro. || FAM. avéstico.

avéstico, ca adj. Del Avesta o relativo a él. || m. Lengua indoeuropea en que está escrito el Avesta, hablada antiguamente en la parte septentrional de Persia.

avestruz m. Ave estrucioniforme corredora que puede llegar a medir 2 m de altura, de patas largas y robustas, cabeza y cuello casi desnudos y plumaje suelto y flexible.

avetorillo m. Ave del orden ciconiformes de unos 35 cm de longitud, la hembra de color pardo y el macho pardo con el dorso y cabeza oscuros.

avetoro m. Ave del orden ciconiformes de unos 75 cm de longitud, que vive en pantanos y marismas, de plumaje pardo amarillento, parte superior de la cabeza negra, alas con manchas transversales negruzcas y pico largo y recto.

avezado, da adj. Acostumbrado o habituado a algo: *avezado investigador.*

avezar tr. y prnl. Acostumbrar. || FAM. avezado.

aviación f. Navegación aérea en aparatos más pesados que el aire. || Cuerpo militar que utiliza este medio.

aviador, ra m. y f. Persona que tripula un avión.

aviar¹ adj. Aviario: *gripe aviar.*

aviar² tr. Preparar o disponer lo necesario para un fin determinado. || Arreglar, componer. También prnl.: *aviarse para salir.* || **estar aviado** alguien loc. *col.* Estar en una situación difícil, estar equivocado o llevarse un chasco. || FAM. aviado, avío.

aviario, ria adj. De las aves o relativo a sus enfermedades. || m. Colección de aves distintas, vivas o disecadas, ordenadas para su estudio o exhibición.

avícola adj. De la avicultura o relativo a ella.

avicultor, ra m. y f. Persona que se dedica profesionalmente a la avicultura.

avicultura f. Técnica consistente en el cuidado y cría de las aves, encaminada generalmente al aprovechamiento de sus productos. || FAM. avicultor.

avidez f. Ansia o deseo muy fuertes e intensos de tener o conseguir algo.

ávido, da adj. Ansioso, codicioso. || FAM. avidez.

aviejar tr. y prnl. Avejentar.

avieso, sa adj. Torcido, malintencionado, malvado.

avifauna f. Conjunto de aves circunscritas a un territorio o a un periodo de tiempo. || FAM. avifáunico.

avilés, esa adj. y s. Abulense.

avillanar tr. y prnl. Dar o adquirir características que se consideran propias de un villano o hacer que alguien se comporte como tal. || FAM. avillanado, avillanamiento.

avinagrado, da adj. Agrio, áspero, desapacible: *carácter avinagrado.*

avinagrar tr. y prnl. Poner agrio. || FAM. avinagrado.

avío m. Preparativo. || Conveniencia, utilidad. || Provisión de los pastores. || pl. *col.* Utensilios necesarios para alguna cosa.

avión[1] m. Nombre común de diversas aves paseriformes cuya especie mide unos 13 cm de longitud y es de color negro con el vientre blanco.

avión[2] m. Vehículo más pesado que el aire, provisto de alas, que vuela propulsado por uno o varios motores. || FAM. aviador, avioneta, aviónica.

avioneta f. Avión pequeño y de poca potencia.

aviónica f. Estudio de los sistemas electrónicos aplicados en aeronáutica.

avisado, da adj. y s. Prudente, discreto, sagaz.

avisar tr. Notificar, anunciar. || Advertir, aconsejar o reprender. || Llamar a alguien para que preste un servicio: *avisar al fontanero*. || FAM. aviso.

aviso m. Anuncio, noticia. || Indicio, señal: *aviso de tormenta*. || Advertencia, consejo. || Precaución, atención, cuidado. || *amer.* Anuncio publicitario. || En una corrida de toros, advertencia que hace el presidente al torero cuando este prolonga la faena de matar más tiempo del prescrito por el reglamento. || **andar** o **estar sobre aviso** loc. Estar prevenido, preparado o atento.

avispa f. Nombre común de varios insectos himenópteros provistos de aguijón de 1 a 1,5 cm de largo, de color amarillo con fajas negras, que vive en sociedad. || FAM. avispado, avispar, avispero, avispón.

avispado, da adj. Vivo, despierto, agudo.

avispar tr. Avivar con látigo a las caballerías. || *col.* Espabilar, hacer despierto y avisado. También prnl. || FAM. avispado.

avispero m. Panal que fabrican las avispas. || Lugar donde lo hacen. || Multitud de avispas. || *col.* Negocio enredado: *se metió en un avispero del que no supo salir.*

avispón m. Insecto himenóptero mucho mayor que la avispa común, de la que se distingue por tener una mancha encarnada en la parte anterior del cuerpo.

avistar tr. Alcanzar con la vista.

avitaminosis f. Carencia o deficiencia de vitaminas. ◆ No varía en pl.

avituallamiento m. Provisión de vituallas.

avituallar tr. Proveer de vituallas. || FAM. avituallamiento.

avivar tr. Excitar, animar, hacer más intenso: *avivar los colores*. || Hacer que arda más el fuego. || intr. y prnl. Cobrar vida, vigor. || FAM. avivamiento.

avizor (andar o **estar ojo)** loc. Con cuidado, alerta o en actitud de vigilancia.

avoceta f. Nombre de diversas aves caradriformes cuya especie más común mide unos 40 cm de longitud, de pico largo, muy delgado y curvado hacia arriba y plumaje blanco y negro, que anida en colonias y vive en marismas y playas fangosas.

avutarda f. Ave gruiforme de hasta 1 m de longitud, con el cuerpo de color rojizo con líneas negras, el pecho castaño y el vientre y cabeza blancos, de vuelo corto y pesado.

axial o **axil** adj. Del eje o relativo a él: *simetría axial.*

axila f. Sobaco. || FAM. axilar.

axiología f. Teoría crítica de los valores. || FAM. axiológico.

axioma m. Proposición clara y evidente que no necesita demostración. || FAM. axiomática, axiomático, axiomatización, axiomatizar.

axiomático, ca adj. Evidente, incuestionable. || f. Conjunto de axiomas en que se basa una ciencia o teoría.

axiómetro m. Instrumento que sirve para indicar sobre cubierta la dirección del timón.

axis m. Segunda vértebra cervical, sobre la que se realiza el movimiento de rotación de la cabeza. ◆ No varía en pl. || FAM. axoideo.

axón m. Prolongación de una neurona que conduce los impulsos a partir del cuerpo celular con posible liberación de sustancias transmisoras.

¡ay! interj. Expresa aflicción o dolor: *¡ay, qué daño!* || m. Suspiro, quejido: *sus ayes se oían en todo el edificio.*

ayatolá m. Autoridad religiosa entre los chiitas islámicos.

ayer adv. t. En el día inmediatamente anterior al de hoy. || En tiempo pasado. || m. Tiempo pasado: *recuerda con nostalgia el ayer*. || **antes de ayer** loc. adv. Anteayer.

ayllu m. Cada uno de los núcleos comunitarios de la sociedad inca, constituidos por miembros de un mismo clan o linaje, unidos por lazos familiares y religiosos.

ayo, ya m. y f. Persona encargada de criar y educar a un niño.

ayuda f. Auxilio, socorro. || Persona o cosa que ayuda. || Subvención, cantidad de dinero que se da a una persona que lo necesita. || *amer.* Lavativa: *ayuda de cámara.*

ayudante com. Persona que ayuda a otra en un trabajo o en una profesión. || Profesor adjunto. || Oficial destinado personalmente a las órdenes de otro superior: *ayudante de campo.*

ayudar tr. Cooperar, colaborar. || Auxiliar, socorrer. || prnl. Valerse de la ayuda de algo o alguien: *se ayudaba con las muletas para andar*. || FAM. ayuda, ayudante, ayudantía, ayudista.

ayudista com. *amer.* Cómplice, persona que, sin ser autora, coopera en un delito.

ayunar intr. Abstenerse de comer o beber. || FAM. ayuno.

ayuno, na adj. Que no ha comido. || Que ignora o no comprende algo. || m. Acción y resultado de ayunar. || **en ayunas** o **en ayuno** loc. adv. Sin haberse desayunado.

ayuntamiento m. Corporación que administra el municipio. ◆ Suele escribirse con mayúscula. || Casa consistorial. ◆ Suele escribirse con mayúscula. || Acto sexual.

azabache m. Variedad dura de lignito, de color negro y susceptible de pulimento. Se emplea como adorno en joyería y bisutería. || FAM. azabachado.

azada f. Instrumento agrícola formado por una pala de metal cuadrangular, afilada en uno de sus extremos, que está sujeta a un mango o astil. || FAM. azadilla, azadón.

azadón m. Instrumento parecido a la azada, pero con la pala algo curva y más larga que ancha.

azafate m. *amer.* Bandeja.

azafato, ta m. y f. Persona que atiende al público en congresos, exposiciones, o a los pasajeros de un avión, tren, autobús. Más como f.

azafrán m. Planta herbácea de la familia iridáceas, cuyos estigmas, de color rojo anaranjado, se usan para condimento. ‖ FAM. azafranado.

azagaya f. Pequeña lanza o dardo arrojadizo.

azahar m. Flor blanca del naranjo, limonero y cidro.

azalea f. Arbusto originario del Cáucaso, de la familia ericáceas, con flores de varios colores y muy ornamentales.

azar m. Casualidad. ‖ **al azar** loc. adv. Sin orden, sin planeamiento; aleatoriamente: *eligió un número al azar.* ‖ FAM. azaroso.

azaramiento m. Turbación, sobresalto, aturdimiento.

azarar tr. y prnl. Turbar, sobresaltar, aturdir. ‖ prnl. Sonrojarse, sentir vergüenza por algo. ‖ FAM. azaramiento.

azaroso, sa adj. Desgraciado, desafortunado, ajetreado.

azerbaiyano, na adj. y s. De la República de Azerbaiyán o relativo a este país asiático. ‖ m. Lengua oficial de la República de Azerbaiyán.

azerí adj. y com. Azerbaiyano. ♦ pl. *azerís* o *azeríes.*

ázimo adj. Ácimo.

azimut m. Acimut. ♦ pl. *azimuts.*

azogado, da adj. Se apl. a la persona muy movida e inquieta.

azogar tr. Cubrir con azogue. ‖ prnl. Contraer la enfermedad producida por la absorción de los vapores de azogue. ‖ *col.* Agitarse mucho. ‖ FAM. azogado.

azogue m. Mercurio. ‖ FAM. azogar.

azor m. Ave falconiforme diurna que mide entre 50 y 60 cm de longitud, del dorso gris y el vientre blanco con manchas oscuras, muy utilizada en cetrería.

azoramiento m. Sobresalto, inquietud.

azorar tr. y prnl. Sobresaltar, inquietar. ‖ FAM. azoramiento, azoro.

azoro m. *amer.* Acción y resultado de azorar o azorarse.

azotaina f. Zurra de azotes.

azotar tr. Dar azotes. También prnl. ‖ Golpear con fuerza el agua o al viento. ‖ Producir daños o destrozos de gran importancia: *el hambre azota el país.* ‖ FAM. azotamiento, azote.

azote m. Golpe en las nalgas con la palma de la mano. ‖ Golpe repetido del agua o del aire. ‖ Instrumento de castigo formado por cuerdas anudadas. ‖ Golpe dado con este instrumento. ‖ Aflicción, calamidad: *la droga es un azote para la sociedad.* ‖ Persona extremadamente violenta. ‖ FAM. azotaina, azotazo.

azotea f. Cubierta llana de un edificio. ‖ *col.* Cabeza.

azteca adj. y com. De un antiguo pueblo dominador del territorio conocido después con el nombre de México, o relacionado con él. ‖ m. Lengua indígena hablada por este pueblo.

azúcar amb. Sustancia de sabor dulce y color blanco, cristalizada en pequeños granos, que se extrae principalmente de la remolacha en los países templados y de la caña de azúcar en los tropicales, a través de la concentración y la cristalización de su jugo. Más como m. ‖ Nombre de un compuesto de distintas sustancias que se encuentran en los seres vivos y que proporciona energía al organismo. Más como m. ‖ **azúcar blanquilla** El semirrefinado. ‖ **azúcar candi** o **cande** El que se obtiene por evaporación lenta, en cristales grandes, cuyo color varía desde el blanco transparente y amarillo al pardo oscuro, por agregación de melaza o sustancias colorantes. ‖ **azúcar glas** o **glasé** El pulverizado que se utiliza en confitería y repostería. ‖ **azúcar moreno** o **morena** El de segunda producción, cuyo color varía desde el amarillo claro al pardo oscuro, según la cantidad de mezcla que queda adherida a los cristales. ‖ FAM. azucarado, azucarar, azucarera, azucarero, azucarillo.

azucarado, da adj. Que está dulce por contener azúcar. ‖ Blando, melifluo: *carácter azucarado.*

azucarar tr. Bañar o endulzar con azúcar. ‖ Suavizar: *azucarar una respuesta.*

azucarero, ra adj. Del azúcar o relativo a él. ‖ m. Recipiente pequeño donde se guarda el azúcar de uso habitual. ‖ f. Fábrica de azúcar.

azucarillo m. Masa esponjosa, seca, hecha con almíbar y clara de huevo, con la que se endulza el agua; también se puede tomar como golosina.

azucena f. Planta herbácea de la familia de las liliáceas, con tallo alto, hojas largas, estrechas y brillantes y flores muy olorosas, de diferentes colores por las que se distinguen sus distintas variedades. Se cultiva como planta ornamental. ‖ Flor de esta planta.

azud amb. Máquina hidráulica en forma de rueda que se emplea para sacar agua de los ríos. Más como m. ‖ Presa para tomar agua de un cauce fluvial. Más como m.

azuela f. Herramienta compuesta de una plancha de hierro cortante y un mango corto de madera.

azufaifa f. Fruto del azufaifo, encarnado por fuera y amarillo por dentro, dulce, carnoso y aromático.

azufaifo m. Arbusto de la familia de las ramnáceas, originario de Oriente y muy cultivado en países cálidos, con espinas en las ramas, hojas alternas, flores pequeñas y amarillas y un fruto comestible denominado azufaifa.

azufrar tr. Echar azufre, especialmente a las plantas para preservarlas de parásitos y gérmenes nocivos.

azufre m. Metaloide de color amarillo, insípido, que se quiebra con facilidad y que por frotación se electriza y da un olor agrio característico. Se funde a baja temperatura y al arder desprende anhídrido sulfuroso. Su símbolo es S, y su número atómico, 16. ‖ FAM. azufrar, azufroso, azufroso.

azul adj. y m. Del color del cielo sin nubes. ‖ **azul celeste** El más claro. ‖ **azul marino** Azul oscuro. ‖ **azul turquí** El más oscuro. ‖ FAM. azulado, azular, azulear, azulete, azulino, azulón, azuloso, azur.

azulado, da adj. De color azul o con tonalidades azules.

azular tr. Teñir algo de azul. ‖ FAM. azulado, azulear.

azulear intr. Mostrar alguna cosa el color azul.

azulejo m. Ladrillo pequeño vidriado, de diferentes colores, que se usa para cubrir suelos, paredes, etc., o en la decoración.

azulete m. Polvo o pastillas de añil para dar color azulado a la ropa blanca.

azulgrana adj. De color azul y rojo. ‖ adj. y com. Se apl. al miembro o seguidor del Fútbol Club Barcelona, por los colores del traje que llevan los jugadores.

azulón m. Ánade real.

azur adj. y m. Azul oscuro.

azurita f. Mineral bicarbonato de cobre hidratado, muy duro y de color azul, de textura cristalina o fibrosa.

azuzar tr. Incitar, achuchar a los perros para que embistan. ‖ Irritar, estimular.

b

b f. Segunda letra del alfabeto español y primera de sus consonantes. Su nombre es *be*. ◆ pl. *bes*.

baba f. Saliva espesa y abundante que cae de la boca. || Líquido viscoso segregado por algunos animales y plantas. || **mala baba** *col.* Mal carácter o mala intención. || **caérsele** a uno **la baba** *loc. col.* Experimentar gran complacencia ante algo que resulta grato. || FAM. babear, babeo, babero, babilla, babosa, baboso.

babear intr. Echar baba por la boca. || *col.* Hacer demostraciones de excesiva complacencia, satisfacción o contento ante una persona o cosa: *está babeando por ella.*

babel amb. *col.* Desorden y confusión. || FAM. babélico.

babélico, ca adj. Difícil de entender.

babero m. Prenda que se les pone a los niños, atada al cuello y que cae sobre el pecho, para evitar que se manchen.

babi m. Bata de tela ligera que se les pone a los niños encima de la ropa para protegerla de polvo y manchas.

Babia (estar en) *loc. col.* Estar distraído y ajeno a lo que se está tratando: *está siempre en Babia durante las clases.*

babieca adj. y com. Se apl. a la persona simple o boba.

babilla f. En los cuadrúpedos, conjunto de músculos y tendones que articulan el fémur con la tibia y la rótula. || Rótula de los cuadrúpedos. || En las reses destinadas al consumo humano, parte del muslo: *filetes de babilla.*

babilónico, ca adj. De Babilonia o relativo a esta antigua ciudad asiática. || Ostentoso, fastuoso.

babilonio, nia adj. y s. Natural de Babilonia, antigua ciudad asiática.

babirusa m. Mamífero artiodáctilo parecido al cerdo y mayor que el jabalí, con la piel gris oscura y rugosa y, en el caso de los machos, con dos colmillos que salen de su boca y se curvan hacia atrás.

bable m. Dialecto asturiano derivado del leonés.

babonuco m. *amer.* Rodete para llevar pesos sobre la cabeza.

babor m. Lado izquierdo de una embarcación mirando de popa a proa.

babosa f. Molusco gasterópodo terrestre, sin concha externa, que cuando se arrastra deja abundante baba. Algunas especies son dañinas para las huertas.

babosada f. *amer. col.* Tontería, estupidez.

babosear tr. Llenar de babas a una persona. || *amer. col.* Burlarse de alguien. || intr. *col.* Intentar agradar o conquistar a una persona de forma impertinente. || FAM. baboseo, baboso.

baboseo m. *col.* Actitud impertinente de quien intenta agradar o conquistar a una persona.

babosería f. *amer.* Habladuría sin sustancia.

baboso, sa adj. y s. Que echa babas. || *col.* Se apl. a la persona que resulta molesta e impertinente cuando intenta agradar o conquistar a otra. || *amer.* Bobo, tonto, simple. || *col.* Se apl. a la persona que no tiene edad ni condiciones para lo que hace, dice o intenta.

babucha f. Zapato ligero y sin tacón.

babuino m. Papión.

baby-sitter (voz i.) com. Canguro, persona que se dedica a cuidar a niños pequeños. ◆ pl. *baby-sitters.*

baca f. Parte superior de los vehículos para transportar bultos.

bacalada f. Bacalao entero y curado.

bacaladilla f. Pez osteíctio gadiforme marino que mide hasta 50 cm, con el cuerpo alargado y de color grisáceo, muy apreciado como alimento.

bacalao m. Pez osteíctio gadiforme marino que mide entre 50 y 180 cm, de cuerpo alargado y blando de color pardo amarillento, con tres aletas dorsales y dos anales. Es muy apreciado como alimento, sobre todo en salazón. || **bacalao al pilpil** Guiso típico del País Vasco que se hace de abadejo, aceite, guindillas y ajos, en cazuela de barro, y se sirve hirviendo. || **cortar el bacalao** *loc. col.* Mandar o decidir, más que ninguna otra persona, en un asunto o en una colectividad. || **te conozco, bacalao (aunque vengas disfrazao)** *col.* Fórmula con que se manifiesta a alguien que se conocen sus intenciones o su modo de actuar. || FAM. bacalada, bacaladero, bacaladilla.

bacán, ana adj. y s. *amer.* Elegante, de vida acomodada y lujosa. || *amer.* Bueno, excelente.

bacanal adj. Del dios romano Baco, símbolo del vino y la sensualidad, o relativo a él. || f. Fiesta en honor de este dios. Más en pl.: *bacanales romanas.* || Orgía. || FAM. bacante.

bacante f. Mujer que participaba en las bacanales.

bacará o **bacarrá** m. Juego de naipes en que juega la banca contra los puntos.

bacenilla f. *amer.* Bacinilla, orinal.

bachata f. *amer.* Juerga. || *amer.* Canto popular dominicano. || FAM. bachatero.

bache m. Hoyo que se hace en el pavimento de calles o caminos. || Desigualdad de la densidad atmosférica que determina un momentáneo descenso del avión. || Mal momento en la vida de una persona: *tras su despido pasó por un bache horrible.* || FAM. bachear, bacheo.

bachear tr. Rellenar los baches de una vía pública. || prnl. Llenarse una carretera de baches.

bacheo m. Relleno de los baches de una vía pública.

bachicha o **bachiche** com. *amer.* Apodo con que se designa al inmigrante italiano.

bachiller com. Persona que ha obtenido el grado que se concede al terminar la enseñanza secundaria. || Persona que había recibido el primer grado académico, que se otorgaba antes a los estudiantes de universidad. || m. Bachillerato. || FAM. bachillerato.

bachillerato m. Estudios de enseñanza secundaria que preceden a los superiores. || Grado o título académico que se obtiene al concluir dichos estudios.

bacía f. Vasija que usaban los barberos para remojar la barba.

bacilo m. Bacteria en forma de bastoncillo. || FAM. bacilar.

bacín m. Orinal alto y cilíndrico. || FAM. bacinilla.

bacinero, ra m. y f. Persona que pide limosna para el culto religioso o para obras pías.

bacinilla o **bacinica** f. Bacín bajo y pequeño.

backgammon (voz i.) m. Juego de mesa para dos jugadores, que consiste en mover unas fichas blancas o negras sobre un tablero dividido en veinticuatro casillas triangulares.

back-up (voz i.) m. En inform., copia de seguridad de un archivo o directorio.

bacón m. Beicon.

baconiano, na adj. De Francis Bacon, filósofo inglés de los siglos XVI y XVII, de su doctrina o relativo a ellos.

bacteria f. Microorganismo unicelular, sin núcleo definido por una membrana. Interviene en procesos como la fermentación, y puede ser la causa de enfermedades tales como el tifus, el cólera, afecciones venéreas, etc. || FAM. bacteriano, bactericida, bacteriófago, bacteriología, bacteriostático.

bacteriano, na adj. De las bacterias o relativo a ellas.

bactericida adj. y m. Que destruye las bacterias: *suero bactericida.*

bacteriología f. Parte de la microbiología que estudia las bacterias. || FAM. bacteriológico, bacteriólogo.

bacteriostático, ca adj. y m. Se apl. a las sustancias que impiden o inhiben la actividad vital de las bacterias, como, p. ej., los antibióticos.

báculo m. Cayado. || Alivio, consuelo, apoyo: *este nieto es el báculo de mi vejez.*

badajo m. Pieza que pende en el interior de las campanas, y con la cual se golpean estas para hacerlas sonar. || FAM. badajazo.

badajocense adj. y com. De Badajoz o relativo a esta ciudad española y a la provincia, del mismo nombre,

de la que es capital y que se encuentra en la Comunidad Autónoma de Extremadura.

badajoceño, ña adj. Badajocense.

badana f. Piel curtida de carnero u oveja. || Tira de este cuero que se cose al borde interior de la copa del sombrero. || com. *col.* Persona perezosa. Más en pl. || **zurrar la badana** loc. *col.* Maltratar a alguien con golpes o de palabra.

badén m. Zanja que forma en el terreno el paso de las aguas llovedizas. || Cauce empedrado que se hace en una carretera para dar paso a un corto caudal de agua. || P. ext., bache de la carretera.

badián m. Árbol oriental de la familia de las magnoliáceas, de hasta 6 m de altura, con hojas lanceoladas, flores blancas y fruto capsular. Sus semillas se conocen con el nombre de *anís estrellado* y se utilizan en medicina. || FAM. badiana.

badiana f. Cápsula del Badián. || Fruto de este árbol.

badil m. Paleta de metal para mover la lumbre en las chimeneas y braseros. || FAM. badila.

badila f. Badil.

bádminton m. Juego de raqueta semejante al tenis, pero que se juega con una pelota semiesférica con plumas y la red más elevada.

badulaque adj. y com. *col.* Se apl. a la persona de poco juicio o de corto entendimiento.

bafle m. Plancha rígida del altavoz que elimina las interferencias. || P. ext., cada uno de los altavoces de un equipo de sonido y caja que los contiene.

baga f. Cápsula que contiene las semillas del lino, llamadas *linaza.* || FAM. bagazo.

bagá m. Árbol cubano de la familia de las anonáceas que crece hasta 8 m de altura, de hojas elípticas y lustrosas y fruto globoso, que se usa para alimento del ganado. Su raíz porosa se emplea como corcho en redes y boyas. ◆ pl. *bagás.*

bagaje m. Conjunto de conocimientos o noticias de que dispone una persona: *bagaje artístico, cultural.* || Equipaje. || Equipaje militar de un ejército o tropa en marcha. || FAM. bagajero.

bagatela f. Cosa de poca importancia y valor.

bagazo m. Cáscara que queda después de deshecha la baga del lino. || Residuo de las uvas, las aceitunas, las naranjas y otras cosas que se exprimen para sacar zumo.

bagre m. Pez osteíctio cipriniforme que mide unos 30 cm, con el cuerpo alargado y una aleta dorsal muy estrecha. Vive en los ríos de la península ibérica y es comestible. || Nombre vulgar de diversos peces osteíctios parecidos a los siluros que tienen cabeza grande y hocico alargado, sin escamas y con barbillas, miden entre 40 y 80 cm y viven en los ríos de América del Sur y Asia.

bagual, la adj. *amer.* Maleducado o inculto. || m. *amer.* Potro o caballo no domado. || f. *amer.* Canción popular argentina, que suele cantarse en corro, con acompañamiento de caja o tambor.

baguette (voz fr.) f. Barra de pan francés, estrecha y muy larga, que se usa sobre todo para bocadillos.

¡bah! interj. con que se denota incredulidad o desdén: *¡bah, no me cuentes tonterías!*

bajo

bahamés, esa adj. y s. De Bahamas o relativo a este estado insular de América Central.

bahareque m. *amer.* Bajareque, pared de palos entretejidos.

baharí m. Nombre común que se aplica a diferentes halcones. ◆ pl. *baharís* o *baharíes.*

bahía f. Entrada de mar en la costa, ancha y de extensión considerable, pero menor que la del golfo.

baída adj. y f. Se apl. a la bóveda formada por un hemisferio cortado por cuatro planos verticales y paralelos entre sí dos a dos.

bailable adj. Se apl. a la música compuesta para bailar. || m. Pieza de danza que forma parte de algunas óperas u obras dramáticas.

bailador, ra adj. y s. Que baila. || FAM. bailaor.

bailaor, ra m. y f. Persona especializada en bailes andaluces.

bailar intr. Mover el cuerpo al compás de la música. También tr.: *bailar un bolero.* || Moverse una cosa sin salir de un espacio determinado: *le baila un diente.* || Girar rápidamente una cosa alrededor de su eje, como la peonza, la perinola, etc. También tr. || Llevar algo demasiado ancho: *baila en los pantalones.* || Cambiar por error un número o una letra por otro o alterar su orden. || **bailar con la más fea** loc. *col.* Llevarse la parte más ingrata de un asunto. || **bailarle el agua** a alguien loc. *col.* Adularle para resultarle agradable. || **que le (me, te) quiten lo bailado** loc. *col.* Se usa a propósito de la persona cuyo estado de infortunio actual o futuro está de algún modo compensado por lo mucho que antes disfrutó. || FAM. bailable, bailador, bailarín, baile, bailón, bailongo, bailotear.

bailarín, ina adj. y s. Que baila. || m. y f. Persona que practica o se dedica profesionalmente al baile.

baile m. Movimiento del cuerpo al compás de la música. || Danza. || Fiesta en que se baila. || Espectáculo teatral en que se ejecutan varias danzas. || Error que consiste en cambiar un número o una letra por otro o en alterar su orden: *baile de cifras.*

bailón, ona adj. y s. Que es muy aficionado a bailar.

bailongo, ga adj. *col.* Que incita a bailar: *música bailonga.* || m. y f. *col.* Persona a la que le gusta bailar. || m. Baile de poca categoría.

bailotear intr. Bailar mucho y sin formalidad. || FAM. bailoteo.

bailoteo m. Baile alegre e informal.

baipás m. Injerto de un conducto arterial entre dos puntos de una arteria situados antes y después de una alteración. ◆ No varía en pl.

baja f. Cese de una persona en un cuerpo, una profesión, una carrera, etc. || Documento que acredita el cese temporal en el trabajo por accidente o enfermedad. || Pérdida o falta de un individuo: *hubo muchas bajas en ambos ejércitos.* || Disminución del precio.

bajá m. En Turquía, antiguamente, el que obtenía algún mando superior. Hoy es título de honor. ◆ pl. *bajás.* || FAM. bajalato.

bajada f. Disminución de la intensidad, el valor o la cantidad de algo. || Descenso en la inclinación o en la posición de algo o alguien. || Camino por donde se baja desde alguna parte. || **bajada de aguas** Tubería que en un edificio recoge el agua de lluvia y le da salida. || **bajada de bandera** En un taxi, puesta en marcha del taxímetro al comenzar una carrera.

bajalato m. Dignidad de bajá. || Territorio que estaba bajo su mando.

bajamar f. Fin del reflujo en la marea. || Tiempo que dura.

bajante f. Tubería de desagüe. || *amer.* Descenso del nivel de las aguas.

bajar intr. Ir a un lugar más bajo. También prnl.: *bajarse a la planta primera.* || Descender de un vehículo o de una caballería. También prnl. || Disminuir la intensidad, la cantidad, el precio o el valor de alguna cosa. También tr.: *bajar la voz, la fiebre, los tipos de interés.* || Viajar hacia el sur. También prnl. || tr. Recorrer de arriba abajo: *bajar las escaleras, la calle.* || Poner una cosa en un lugar inferior. || Inclinar hacia abajo. || Descender en el sonido desde un tono agudo a otro más grave. || prnl. Inclinarse uno hacia el suelo. || FAM. bajón, bajura.

bajareque m. *amer.* Cabaña pobre y ruinosa. || *amer.* Pared de palos entretejidos con cañas y barro. || *amer.* Llovizna menuda que cae en sitios altos.

bajativo m. *amer.* Copa de licor que se toma después de las comidas como digestivo.

bajear tr. *amer.* Acompañar un canto o melodía con las notas graves. || *amer.* En los juego de naipes, jugar sistemáticamente a las cartas bajas.

bajel m. *poét.* Barco.

bajero, ra adj. Que se usa o se pone debajo de otra cosa: *sábana bajera.* || f. *amer.* Persona o cosa de poco valor.

bajeza f. Característica de lo que es indigno o despreciable. || Hecho o acción indigna o despreciable.

bajinis o **bajini (por lo)** loc. adv. *col.* En voz baja, disimuladamente.

bajío m. En los mares, ríos y lagos navegables, elevación del fondo que impide que floten las embarcaciones. || *amer.* Terreno bajo.

bajista adj. De la baja de los valores en la Bolsa o relacionado con ella. || com. Persona que juega a la baja en la Bolsa. || Persona que toca el bajo.

bajo, ja adj. De poca altura o situado a poca distancia del suelo. || Que está en lugar inferior: *planta baja.* || Inclinado hacia abajo. || De poca cantidad o intensidad, o inferior en una determinada escala: *azul bajo, bajo en calorías.* || Se dice de ciertas magnitudes físicas para indicar que, en determinada ocasión, tienen un valor inferior al ordinario: *baja frecuencia, bajas presiones.* || Se apl. al oro y la plata, cuando tienen poca pureza. || Se dice de la temporada turística en que hay menos actividad y los servicios hosteleros son más baratos. || Se apl. a las últimas etapas de un determinado periodo histórico: *Baja Edad Media.* ◆ Se escribe en mayúscula. || Humilde: *clase baja.* || Despreciable, vulgar: *bajas pasiones.* || Referido al precio de algo, reducido, barato. || Se apl. al sonido, voz o nota musical que es grave. || m. Piso que está a la misma altura que la calle. || Parte inferior de una prenda de vestir. || Voz e instrumento que produce sonidos más graves: *trom-*

bón bajo. || Persona que tiene esa voz o toca ese instrumento. || Lugar hondo. || Bajío, elevación del fondo. || pl. En un automóvil, carrocería externa del piso. || adv. Abajo. || Con poca fuerza o intensidad: *voz baja*. || A poca distancia del suelo. || prep. Debajo de: *estar bajo la tutela de alguien, vivir bajo techo*. || **bajo relieve** Bajorrelieve. ◆ pl. *bajos relieves*. || **por lo bajo** loc. adv. Con disimulo, en voz baja: *criticar por lo bajo*. || FAM. abajo, bajamente, bajar, bajero, bajeza, bajista, bajura.

bajón m. Disminución importante de algo. || FAM. bajonazo.

bajorrelieve m. Obra cuyas figuras resaltan poco del plano. ◆ pl. *bajorrelieves*.

bajura f. Falta de elevación. || Referido a la pesca, la que se efectúa por pequeñas embarcaciones en las proximidades de la costa.

bala f. Proyectil de armas de fuego. || Fardo: *bala de paja*. || **bala perdida** col. Se apl. a la persona alocada y un poco sinvergüenza. || **como una bala** loc. adv. col. A gran velocidad. || FAM. balacear, balacera, balazo, balear, baleo, balín, balística.

balacear tr. *amer.* Tirotear.

balacera f. *amer.* Tiroteo.

balada f. Canción romántica de ritmo suave y melodioso. || Composición poética de tono sentimental en la que se narran sucesos tradicionales, legendarios o románticos.

baladí adj. Insignificante, de poco valor. ◆ pl. *baladís* o *baladíes*.

baladrón, ona adj. Fanfarrón. || FAM. baladronada, baladronear.

baladronada f. Fanfarronada.

bálago m. Paja larga de los cereales después de quitarle el grano.

balalaica f. Instrumento musical de origen ruso parecido a la guitarra, pero con la caja de forma triangular.

balance m. Confrontación del activo y el pasivo para determinar el estado de un negocio. || Resultado de algún asunto: *el balance de las discusiones fue provechoso*. || Balanceo. || FAM. balancear, balanceo.

balancear intr. Moverse un cuerpo de un lado para otro. También tr. y prnl.: *balancea la cuna del niño; el coche se balanceaba mucho*. || Dudar. || tr. *amer.* Poner en equilibrio.

balanceo m. Movimiento que hace un cuerpo, inclinándose a un lado y a otro. || *amer.* Equilibrado, especialmente el de las ruedas de un coche.

balancín m. Pequeña atracción infantil que consiste en una barra metálica o de madera cuyo centro se apoya en una base y en sus extremos hay asientos para que dos niños puedan subir y bajar alternativamente. || En los jardines, playas, terrazas, etc., asiento colgante cubierto con un toldo. || Mecedora. || Palo largo que usan los acróbatas para mantenerse en equilibrio. || Barra paralela al eje de las ruedas delanteras de un vehículo.

balandra f. Velero pequeño de un solo palo. || FAM. balandro, balandrista.

balandro m. Balandra pequeña.

balanitis f. Inflamación de la membrana que recubre el bálano o glande. ◆ No varía en pl.

bálano o **balano** m. Parte extrema del pene, glande. || FAM. balanitis.

balanza f. Instrumento que sirve para pesar o medir masas. || **balanza comercial** Estado comparativo de la importación y exportación de artículos mercantiles en un país. || **balanza de pagos** Estado comparativo de los cobros y pagos exteriores de una economía nacional por todos los conceptos. || **inclinar la balanza** loc. Inclinar un asunto a favor de alguien o de algo.

balar intr. Dar balidos.

balarrasa com. *col.* Persona de poco juicio. || *col.* Aguardiente fuerte.

balasto o **balastro** m. Capa de grava que se tiende para asentar y sujetar las traviesas de las vías férreas, o en las carreteras como base del pavimento. || FAM. balastar.

balaustrada f. Barandilla formada por balaústres.

balaústre o **balaustre** m. Pequeña columna, generalmente de piedra o madera, que forma, junto con otras, barandillas, balcones, etc. || FAM. balaustrada, balaustrado.

balazo m. Golpe o herida de bala disparada con un arma de fuego.

balboa m. Unidad monetaria de Panamá.

balbucear intr. y tr. Hablar o leer con pronunciación dificultosa, trastocando a veces las letras o las sílabas. || FAM. balbuceo.

balbuceo m. Pronunciación dificultosa, trastocando a veces las letras o las sílabas, al hablar o leer.

balbucir intr. y tr. Balbucear. ◆ Defect. No se usa la 1.ª persona sing. del presente de indicativo ni el presente de subjuntivo, que se suplen con las formas correspondientes del verbo *balbucear*. || FAM. balbuciente.

balcánico, ca adj. y s. De los Balcanes, relativo a este sistema montañoso o a la región del sureste europeo del mismo nombre.

balcanización f. Fragmentación de una nación en nuevos estados. || FAM. balcanizar.

balcanizar tr. Fragmentar una nación en nuevos estados.

balcón m. Hueco abierto en la fachada de un edificio desde el suelo de la habitación, que se prolonga al exterior y está protegido con una barandilla. || Esta barandilla. || FAM. balconada, balconaje, balconcillo.

balconada f. Conjunto de balcones, generalmente con una barandilla común.

balconera f. *amer.* Cartel de propaganda, generalmente política, que se exhibe en el balcón o ventana de un edificio.

balda f. Anaquel de armario o alacena.

baldado, da adj. Muy cansado, agotado. || Tullido, impedido.

baldaquino o **baldaquín** m. Especie de dosel hecho de tela de seda, que se usa para cubrir camas, altares o tumbas. || Pabellón que cubre el altar.

baldar tr. Causar un gran cansancio o agotamiento. También prnl.: *los niños me baldan*. || Impedir o privar una enfermedad o accidente el uso de los miembros o de alguno de ellos. También prnl. || Causar a alguien una gran contrariedad. || Fallar en juegos de cartas. || FAM. baldado.

balde m. Cubo que se emplea para sacar y transportar agua, barreño. || FAM. baldear, baldeo.

balde de balde loc. adv. Gratis: *siempre conseguía comer de balde.* || **en balde** loc. adv. En vano, inútil: *todos mis esfuerzos por convencerla fueron en balde.*

baldear tr. Regar las cubiertas de los buques con baldes, a fin de refrescarlas y limpiarlas. || Regar con baldes cualquier suelo, piso o pavimento.

baldío, a adj. Terreno que no se cultiva o no da fruto. También m. || Vano, sin fundamento: *planteamiento baldío.* || m. *amer.* Solar en el que no se ha edificado. || FAM. baldíamente.

baldón m. Injuria, afrenta. || Deshonra. || FAM. baldonar, baldonear.

baldosa f. Placa delgada de cerámica, piedra u otro material resistente, que sirve para solar. || FAM. baldosín, embaldosar.

baldosín m. Baldosa pequeña y fina para revestir paredes, azulejo.

baldragas m. Hombre flojo, sin energía. ◆ No varía en pl.

balear[1] adj. y com. De Baleares o relativo a estas islas españolas. || El pueblo indígena prerromano de las islas Gimnesias o Baleares en su antigua denominación, o relacionado con él. || m. Variedad de la lengua catalana que se habla en las islas Baleares. || FAM. baleárico.

balear[2] tr. *amer.* Tirotear, disparar balas sobre alguien o algo, balacear.

balénido, da adj. y m. De los balénidos o relativo a esta familia de cetáceos. || m. pl. Familia de mamíferos cetáceos provistos de grandes láminas córneas en la boca, con las que retienen los pequeños crustáceos de los que se alimentan, como la ballena.

baleo m. *amer.* Tiroteo.

balero m. *amer.* Juego que consiste en ensartar una bola agujereada en un palo al que está unida por un hilo.

balido m. Voz del carnero, el cordero, la oveja, la cabra, el gamo y el ciervo.

balín m. Bala de menor calibre que la del fusil. || Proyectil que disparan las armas de aire comprimido.

balinero m. *amer.* Rodamiento.

balística f. Ciencia que estudia la trayectoria de los proyectiles. || FAM. balístico.

baliza f. Señal fija o móvil que se pone en la tierra o sobre el agua para marcar una zona. || Señal luminosa que marca las pistas y sus límites en los aeropuertos. || pl. *amer.* Intermitentes de un automóvil. || FAM. balizamiento, balizar.

ballena f. Nombre vulgar con el que se conoce a los mamíferos cetáceos sin dientes de la familia balénidos, que llegan a medir más de 30 m de longitud en algunas especies. Viven en todos los mares, especialmente los polares. || Cada una de las láminas córneas y elásticas que tiene la ballena en la mandíbula superior. || Tira de esta lámina, o de plástico o metal, que se usa especialmente para armar corsés u otras prendas. || FAM. ballenato, ballenero.

ballenato m. Cría de la ballena.

ballenero, ra adj. De la pesca de la ballena o relacionado con ella. || m. Barco especialmente destinado a la captura de ballenas. || m. y f. Persona que pesca ballenas.

ballesta f. Antigua arma portátil que servía para disparar flechas, saetas y bodoques. || Máquina antigua de guerra utilizada para arrojar piedras o saetas gruesas. || Cada uno de los muelles en los que descansa la caja de los coches. || FAM. ballestazo, ballestera, ballestero.

ballestera f. En las naves o muros, tronera o abertura por donde se disparaban las ballestas.

ballestero m. Hombre que disparaba con la ballesta o servía con ella en la guerra. || Hombre que hacía ballestas. || Hombre que cuidaba las armas de los miembros de la realeza y los asistía cuando salían a cazar.

ballestrinque m. Nudo marinero que se forma con dos vueltas de cabo.

ballet (voz fr.) m. Danza escénica estilizada que desarrolla un argumento. || Composición musical que acompaña esta danza. || Compañía que la interpreta. ◆ pl. *ballets.*

balneario, ria adj. De los baños públicos o relativo a los medicinales. || m. Edificio con baños medicinales y en el cual suele darse hospedaje.

balompié m. Fútbol. || FAM. balompédico.

balón m. Pelota grande que se usa en varios deportes. || Recipiente para contener cuerpos gaseosos. || **balón de oxígeno** Ayuda que recibe una persona para que, momentáneamente, solucione una situación difícil. || **balón medicinal** Balón pequeño y pesado que se utiliza en la rehabilitación y para el desarrollo muscular. || **echar** o **tirar balones fuera** loc. *col.* Rehuir el enfrentarse con la cuestión planteada por el interlocutor, desviándose a otros temas. || FAM. balompié, balonazo, baloncesto, balonmano, balonvolea.

balonazo m. Golpe dado con un balón.

baloncesto m. Deporte que se juega entre dos equipos de cinco jugadores cada uno, que, botando la pelota, tratan de acercarse a un aro que está a cierta altura para introducir el balón en él. || FAM. baloncestista, baloncestístico.

balonmano m. Deporte que se juega entre dos equipos de siete jugadores cada uno, que, valiéndose de sus manos, intentan introducir el balón en la portería contraria. || FAM. balonmanista.

balonvolea m. Voleibol.

balotaje m. *amer.* Recuento de votos, escrutinio.

balsa f. Charca. || **balsa de aceite** *col.* Lugar o situación en que se disfruta de una gran tranquilidad. || FAM. embalsar.

balsa f. Conjunto de maderos que, unidos, forman una superficie flotante. || Árbol de la familia bombacáceas originario de América del Sur y Central, de madera resistente y ligera que se utiliza para fabricar balsas y maquetas. || Madera de este árbol. || FAM. balsadera, balsear, balsero.

balsadera f. Lugar de un río donde hay una balsa para cruzarlo. || FAM. balsadero.

balsámico, ca adj. Que tiene bálsamo o alguna de sus propiedades expectorantes o cicatrizantes. || Que alivia la irritación de garganta y reconforta las vías respiratorias: *caramelo de acción balsámica.*

balsamina f. Planta trepadora originaria de Perú, de la familia de las cucurbitáceas, con tallo ramoso hasta de 1 m de altura, hojas gruesas y alternas, y flores amarillas, rojas o blancas. Se emplea en medicina.

bálsamo m. Líquido aromático que fluye de ciertos árboles y que se espesa por la acción del aire. || Medicamento que se apl. en la piel para aliviar heridas y llagas. || Consuelo, alivio: *tu apoyo ha sido un bálsamo para mí.* || FAM. balsámico, balsamina.

balsero, ra m. y f. Persona encargada de conducir una balsa. || Persona que intenta llegar en balsa ilegalmente a otro país.

balso, sa adj. *amer.* Liviano, de poco peso.

báltico, ca adj. y s. Del mar Báltico y de los países que baña o relativo a ellos.

baluarte m. Obra de fortificación de figura pentagonal, que sobresale en el encuentro de dos partes de una muralla. || Amparo y defensa de algo o alguien.

balumba f. Conjunto desordenado y excesivo de cosas.

balurde adj. *amer.* De mala calidad.

bamba¹ f. Bollo relleno de crema, nata, etc. || Baile latinoamericano.

bamba² f. Zapatilla de lona con suela de goma.

bambalina f. Tira de lienzo pintado que cuelga del telar del teatro.

bambolear intr. Moverse algo o alguien a un lado y otro sin perder el sitio en que está. Más como prnl. || FAM. bamboleo.

bamboleo m. Movimiento que sufre una persona o una cosa, de un lado a otro, sin perder el sitio en el que está.

bambolla f. Ostentación excesiva o falsa apariencia de lujo o importancia. || *amer.* Fanfarronería. || *amer.* Charlatanería. || FAM. bambollero.

bambú m. Planta gramínea propia de países tropicales, de cañas ligeras y muy resistentes que se destinan a múltiples usos, como la fabricación de muebles; la corteza sirve para la obtención de papel. ◆ pl. *bambús* o *bambúes.*

banal adj. Que es intrascendente, vulgar o de poca importancia. || FAM. banalidad, banalmente.

banalidad f. Propiedad de lo que es banal. || Dicho o hecho banal.

banana f. Fruto comestible del banano o platanero, alargado y curvo, con una cáscara verde que amarilla cuando madura. || FAM. bananal, bananero, banano.

bananero, ra adj. Del banano o de su fruto o relativo a ellos. || Se apl. al terreno poblado de bananos. También m. || m. y f. Persona que se dedica al cultivo o al comercio del plátano. || m. Banano.

banano m. Planta musácea cuyo fruto es la banana o plátano.

banasta f. Cesto grande formado de mimbres o listas de madera delgadas y entretejidas. || FAM. banasto.

banasto m. Banasta redonda.

banca f. Conjunto de actividades económicas consistentes en comerciar con el dinero. || Conjunto de bancos o banqueros. || En los juegos de azar, fichas o dinero que pone cada jugador para pagar al que gana: *el ganador se llevó toda la banca.* || Asiento de madera sin respaldo, en el que puede sentarse más de una persona. || *amer.* Banco, asiento. || *amer.* Puesto parlamentario. || FAM. bancario, bancarrota, bancocracia, banquero.

bancada f. Tabla o banco donde se sientan los remeros de una embarcación. || Basamento firme para una máquina o conjunto de ellas. || *amer.* Conjunto de parlamentarios de un grupo político.

bancal m. En los terrenos pendientes, rellano de tierra que se aprovecha para algún cultivo. || Pedazo de tierra rectangular preparado para la siembra. || Arena amontonada a la orilla del mar. || FAM. banqueo.

bancar tr. *amer. col.* Soportar una situación o a una persona molesta. También prnl. || *amer.* Pagar los gastos colectivos.

bancario, ria adj. De la banca o relativo a esta actividad económica.

bancarrota f. Quiebra comercial de una empresa o negocio.

banco m. Asiento en que pueden sentarse varias personas. || Entidad financiera constituida en sociedad por acciones. Según sea su ejercicio mercantil, se le llama *agrícola, de descuento, de emisión, de exportación, de fomento, hipotecario, industrial,* etc. || Establecimiento médico donde se almacenan y conservan órganos, tejidos o líquidos fisiológicos humanos para su uso quirúrgico, de investigación, etc.: *banco de sangre, de semen.* || En los mares, ríos y lagos navegables, bajo que se prolonga en una gran extensión: *banco de arena.* || Conjunto de peces: *banco de atunes.* || Conjunto de nubes o de niebla. || Mesa de madera sobre la que trabajan carpinteros, cerrajeros, herradores y otros artesanos. || **banco de datos** Conjunto de datos almacenados en fichas, cintas o discos, del cual se puede extraer información en cualquier momento. || **banco de pruebas** Instalación en la que se comprueba el funcionamiento de aparatos, motores, etc. || FAM. banca, banqueta, banquillo.

banda¹ f. Cinta ancha que se lleva atravesada desde un hombro al costado opuesto. || Zona limitada por cada uno de los lados más largos de un campo deportivo, y otra línea exterior, que suele ser la del comienzo de las localidades donde se sitúa el público. || Intervalo de magnitudes o valores comprendidos entre dos límites definidos: *banda de frecuencia modulada.* || *amer.* Correa del ventilador del coche. || **banda sonora** Composición musical que acompaña de fondo a las imágenes de una película.

banda² f. Agrupación de gente unida con fines ilícitos o criminales. || Agrupación musical en la que predominan los instrumentos de percusión o viento y que pertenece a un organismo o institución: *banda municipal.* || Grupo de música rock. || Bandada, manada. || **cerrarse en banda** loc. *col.* Mantenerse firme en un propósito, sin ceder a las peticiones de los demás. || **coger** o **pillar por banda** a alguien loc. *col.* Abordarlo de forma imprevista y enérgica para tratar un asunto. || FAM. bandada, bandazo, bandear, desbandarse.

bandada f. Conjunto de aves que vuelan juntas y, p. ext., conjunto de peces. || Tropel o grupo bullicioso de personas.

bandazo m. Tumbo o balance violento que da una embarcación hacia cualquiera de los dos lados. || P. ext., cualquier movimiento semejante a ese: *dar bandazos un coche, un borracho*. || Cambio inesperado de ideas, opiniones, etc.

bandear tr. *amer*. Cruzar un río de una banda a otra. || prnl. Saberse gobernar o ingeniar para satisfacer las necesidades de la vida o para salvar otras dificultades. || FAM. bandeo.

bandeja f. Pieza plana o algo cóncava para servir, presentar o depositar cosas. || Pieza movible, en forma de caja descubierta y de poca altura, que divide horizontalmente el interior de un baúl, maleta, etc. || Accesorio plano y movible entre los asientos y el cristal trasero de un automóvil, que sirve para dejar objetos.

bandera f. Trozo de tela, por lo general cuadrada o rectangular, que se sujeta por uno de sus lados a un asta o a una driza y se emplea como insignia de una nación, de un equipo deportivo o de cualquier otro grupo de personas. || Trozo de tela cuadrada, rectangular o triangular con la que se hacen determinadas señales en los aeropuertos, barcos, competiciones deportivas, etc. || Nacionalidad a la que pertenecen los buques mercantes: *el barco navegaba bajo bandera panameña*. || En el Ejército, cada una de las compañías de ciertas unidades tácticas. **bandera a media asta** Bandera que se iza solo hasta la mitad del asta en señal de luto. || **bandera blanca** La que se enarbola en deseo de parlamento o rendición y en los buques en señal de amistad. || **de bandera** loc. adj. Muy atractivo o impresionante: *mujer de bandera*. || **hasta la bandera** loc. adj. y adv. Referido a un local, que ya no admite más gente por estar lleno. || **jurar bandera** loc. Hacer un juramento civil o militar de fidelidad a la bandera nacional. || FAM. abanderar, banderazo, bandería, banderilla, banderín, banderita, banderola.

bandería f. Grupo de personas que defienden la misma idea u opinión.

banderilla f. Palo delgado armado de un arponcillo que usan los toreros para clavarlo en el cerviguillo de los toros. || Tapa de aperitivo compuesta de trocitos de encurtidos pinchados en un palillo. || FAM. banderillazo, banderillear, banderillero.

banderillear tr. Poner banderillas a los toros.

banderillero, ra m. y f. Torero que pone banderillas.

banderín m. Bandera pequeña. || com. Cabo o soldado que sirve de guía a la infantería en sus ejercicios.

banderola f. Pequeña bandera para hacer señales. || *amer*. Ventana sobre una puerta.

bandido, da m. y f. Bandolero, salteador de caminos. || Persona traviesa o de mala intención. || FAM. bandidaje.

bando m. Mandato o aviso oficial comunicado por la autoridad a toda una colectividad mediante un pregonero o carteles en lugares públicos.

bando m. Facción, partido: *se ha pasado al bando de la oposición*. || Conjunto de aves que vuelan juntas, bandada. || Banco de peces. || FAM. bandolero.

bandó (voz fr.) m. Banda horizontal que cubre la barra de la que cuelga una cortina o estor.

bandolera f. Correa que cruza por el pecho y la espalda y que lleva un gancho para colgar un arma de fuego. || **en bandolera** loc. adv. Cruzado por encima del pecho, desde el hombro hasta la cadera.

bandolerismo m. Existencia continuada de bandoleros en una comarca. || Comportamiento propio de bandoleros.

bandolero, ra m. y f. Ladrón o salteador de caminos que robaba en lugares despoblados y solía pertenecer a una banda. || FAM. bandolera, bandolerismo.

bandolina f. Instrumento musical de cuatro cuerdas, semejante al laúd. || FAM. bandolinista, bandolín.

bandoneón m. Variedad de acordeón, de forma hexagonal y escala cromática, muy popular en Argentina. || FAM. bandoneonista.

bandurria f. Instrumento musical semejante a la guitarra, pero de menor tamaño; tiene 12 cuerdas: seis de tripa y seis entorchadas, y se toca con púa. || FAM. bandurrista.

bangaña f. *amer*. Vasija tosca elaborada con la cáscara de ciertas frutas.

banjo m. Banyo.

banquero, ra m. y f. Persona que dirige o es propietaria de un banco. || En algunos juegos, persona que lleva la banca.

banqueta f. Asiento pequeño y sin respaldo. || *amer*. Acera.

banquete m. Comida que se organiza para celebrar algo y a la que acuden muchos invitados: *banquete de bodas*. || Comida espléndida. || FAM. banquetear.

banquillo m. Asiento en que se coloca el procesado ante el tribunal. || Lugar donde se sientan el entrenador y los jugadores en reserva, mientras el resto del equipo juega.

banquina f. *amer*. Arcén de la carretera.

banquisa f. Banco de hielo.

bantú adj. y m. De una familia de lenguas habladas por un grupo de pueblos de África ecuatorial y meridional, o relacionado con ellas. || adj. y com. De los individuos que hablan esta lengua o relacionado con ellos. ◆ pl. *bantús* o *bantúes*.

banyo m. Instrumento musical de cuerda que se compone de una caja de resonancia redonda cubierta por una piel tensada, un mástil largo con trastes y un número variable de cuerdas que se hacen sonar con los dedos o con púa.

bañadera f. *amer*. Bañera. || *amer*. Autobús viejo de alquiler.

bañado, da adj. Mojado: *ojos bañados en lágrimas*. || m. *amer*. Terreno húmedo.

bañador m. Prenda o conjunto de prendas para bañarse en sitios públicos. || Traje de baño femenino de una sola pieza.

bañar tr. Meter el cuerpo o parte de él en agua o en otro líquido. También prnl.: *bañarse en una piscina*. || Sumergir algo en un líquido. || Tocar el agua del mar, de un río, etc., algún paraje. || Cubrir algo con una capa de otra sustancia: *banquete de oro un brazalete*. || Tratándose del sol, la luz o el aire, dar de lleno. || FAM. bañadera, bañadero, bañado, bañador, bañera, bañista, baño.

bañera f. Sanitario en el que cabe una persona sentada o tumbada y que sirve para asearse.

bañista com. Persona que se baña en un lugar público. ‖ Persona que acude a un establecimiento de aguas medicinales con fines curativos. ‖ Socorrista.

baño m. Acción y resultado de bañar o bañarse. ‖ Acción y resultado de someter un cuerpo o parte de él al influjo intenso o prolongado de un agente físico: *baño de sol, de vapor.* ‖ Agua o líquido para bañarse. ‖ Cuarto de baño. ‖ Capa fina con que se cubre una cosa: *baño de barniz, de azúcar.* ‖ Bañera. ‖ col. Derrota clara y contundente que sufre el adversario. ‖ pl. Lugar con aguas medicinales, balneario. ‖ **baño de multitudes** Inmersión en un ambiente populoso y entusiasta. ‖ **baño de sangre** col. Matanza de un elevado número de personas. ‖ **baño María** o **baño de María** Modo de cocer un alimento que consiste en sumergir el recipiente que lo contiene en otro con agua hirviendo, para que reciba un calor suave y constante. ‖ FAM. bañera.

baobab m. Árbol tropical de la familia de las bombacáceas, con ramas horizontales de 16 a 20 m de largo, flores grandes y blancas y fruto comestible.

baptismo m. Doctrina protestante que propugna que el bautismo solo sea administrado a los adultos. ‖ FAM. baptista.

baptista adj. Del baptismo o relativo a él. ‖ adj. y com. Partidario de esta doctrina.

baptisterio m. Lugar de la iglesia donde está la pila bautismal. ‖ Pila bautismal. ‖ Edificio construido cerca de una iglesia, donde se bautizaba a los fieles.

baquelita f. Resina sintética de gran dureza; se emplea en la elaboración de productos industriales, especialmente en la preparación de barnices y lacas.

baqueta f. Varilla que sirve para apretar el taco en las armas de fuego. ‖ Varilla seca que usan los picadores para el manejo de los caballos. ‖ pl. Palillos con que se toca el tambor. ‖ FAM. baquetazo, baquetero.

baquetear tr. Maltratar o hacer sufrir a una persona. ‖ Adiestrar o ejercitar a una persona en una actividad. ‖ FAM. baqueteado, baqueteo.

baquía f. amer. Conocimiento práctico de los accidentes geográficos de un país. ‖ amer. Habilidad y destreza en el trabajo manual.

baquiano, na adj. amer. Conocedor de los caminos y atajos de un terreno. También s. ‖ amer. Hábil y experto en una cosa.

báquico, ca adj. De Baco, dios romano de la sensualidad y el vino, o relativo a él. ‖ Relativo al vino o a la embriaguez.

bar¹ m. Establecimiento donde los clientes consumen bebidas y algún alimento, como tapas o bocadillos. ‖ FAM. bareto, barman.

bar² m. Unidad de medida de la presión atmosférica, equivalente a 100 000 pascales.

barahúnda f. Ruido y confusión grandes.

baraja f. Conjunto de naipes que sirven para varios juegos. ‖ Gama amplia de posibilidades u opciones. ‖ **romper la baraja** loc. Cancelar un trato o un pacto, o romper unas negociaciones. ‖ FAM. barajadura, barajada, barajar, baraje.

barajar tr. En el juego de naipes, mezclarlos unos con otros antes de repartirlos. ‖ Considerar varias opciones antes de tomar una decisión: *se barajaban varios candidatos para la presidencia.* ‖ amer. Detener en el aire un objeto. ‖ amer. Parar los golpes del adversario.

baranda f. Barandilla. ‖ Borde o cerco que tienen las mesas de billar. ‖ FAM. barandal, barandilla.

barandilla f. Antepecho o pretil compuesto de balaústres.

barata f. amer. Cucaracha.

baratija f. Cosa menuda y de poco valor. Más en pl.

baratillo m. Conjunto de cosas de poco precio que se venden en un lugar público. ‖ Tienda o sitio en que se hacen estas ventas.

barato, ta adj. Se apl. a cualquier cosa de bajo precio. ‖ m. Venta a bajo precio. ‖ adv. m. Por poco precio: *este mercado vende barato.* ‖ FAM. abaratar, baratear, baratero, baratija, baratillero, baratillo, baratura.

baraúnda f. Barahúnda.

barba f. Pelo que nace en la parte inferior de la cara y en los carrillos. También pl. ‖ Este mismo pelo crecido. ‖ P. ext., cualquier pelo o conjunto de pelos o filamentos que recuerde al que crece en la cara de las personas. Más en pl. ‖ Parte de la cara que está debajo de la boca. ‖ Carnosidad de color rojo que cuelga de la mandíbula inferior de algunas aves. ‖ pl. Láminas duras y flexibles que cuelgan de la mandíbula superior de algunas ballenas. ‖ Filamentos que salen del cañón central de las plumas de un ave. ‖ Conjunto de las raíces delgadas de las plantas. ‖ Reborde desigual del papel después de cortarlo. ‖ **en sus barbas** loc. adv. En su presencia, a su vista, en su cara. ‖ **por barba** loc. adv. Por cabeza o por persona. ‖ FAM. barbada, barbado, barbería, barbero, barbilla, barbudo.

barbacana f. Muro bajo que rodea las plazuelas que algunas iglesias tienen alrededor de ellas o delante de algunas de sus puertas. ‖ Abertura estrecha y alargada, hecha en un muro, a través de la cual se disparaba. ‖ Construcción fortificada que servía para defender pueblos, puentes, etc.

barbacoa f. Parrilla usada para asar carne o pescado al aire libre. ‖ Comida en la que se preparan los alimentos en esta parrilla. ‖ amer. Carne asada en un hoyo que se hace en la tierra. ‖ amer. Superficie de cañas entretejidas que, sobre unos puntales, sirve de camastro. ‖ amer. Casita construida en alto, sobre árboles o estacas.

barbacuá f. amer. Barbacoa. ◆ pl. *barbacuás.*

barbadense adj. y com. De Barbados o relativo a este archipiélago del Caribe.

barbaridad f. Dicho o hecho necio o temerario. ‖ Atrocidad, exceso. ‖ Cantidad grande o excesiva: *te han cobrado una barbaridad por ese vestido.*

barbarie f. Fiereza, crueldad. ‖ Rusticidad, falta de cultura.

barbarismo m. Extranjerismo empleado en una lengua que no está totalmente incorporado a ella. ‖ Vicio del lenguaje que consiste en pronunciar o escribir mal las palabras o en emplear vocablos impropios.

bárbaro, ra adj. y s. De cualquiera de los grupos de pueblos que en el siglo V invadieron el Imperio romano y se extendieron por la mayor parte de Europa, o relativo a ellos. || Violento, cruel. || Grosero, que no tiene educación. || Bruto, imprudente: *no seas bárbaro y conduce más despacio.* || adj. *col.* Estupendo, extraordinario. || FAM. barbárico, barbaridad, barbarie, barbarismo, barbarizar.

barbear tr. *amer.* Coger una res por el hocico y el cuerno o la testuz, y torcerle el cuello hasta derribarla. || intr. *amer.* Halagar, lisonjear.

barbechar tr. Arar la tierra después de recoger la cosecha. || Dejar descansar la tierra arada durante un tiempo, para que se regenere.

barbecho m. Tierra labrantía que no se siembra durante uno o más años. || Acción de barbechar. || Porción de tierra preparada para sembrar. || FAM. barbechar.

barbería f. Local donde trabaja el barbero.

barbero, ra adj. Se apl. al objeto que se utiliza para cortar el pelo, o para afeitar o arreglar la barba: *navaja barbera.* || m. Hombre que se dedica profesionalmente a cortar el pelo, o afeitar o arreglar la barba.

barbián, ana adj. y s. *col.* Desenvuelto, gallardo, atrevido.

barbijo m. *amer.* Barboquejo. || *amer.* Herida alargada en la cara. || *amer.* Mascarilla de tela con que se cubren la boca y nariz los médicos y enfermeras.

barbilampiño adj. y m. Se apl. al hombre que no tiene barba, o tiene poca.

barbilla f. Parte de la cara que está debajo de la boca. || Papada. || Apéndice carnoso que tienen algunos peces en la parte inferior de la cabeza. || pl. Filamentos diminutos que están en las barbas de las plumas de las aves.

barbitúrico adj. Se apl. al ácido orgánico cristalino cuyos derivados tienen propiedades hipnóticas y sedantes; administrado en dosis excesivas posee acción tóxica. || m. Cualquiera de los derivados de este ácido.

barbo m. Nombre común de diversos peces osteíctios cipriniformes que miden hasta 1 m de longitud, de color oscuro por el lomo y blanquecino por el vientre, con cuatro barbillas en la mandíbula superior y muy apreciados como alimento.

barboquejo m. Cinta del sombrero que se pasa por debajo de la barbilla.

barbudo, da adj. Que tiene muchas barbas.

barbusano m. Árbol lauráceo de las islas Canarias que puede medir hasta 16 m de altura. || Madera de este árbol.

barca f. Embarcación pequeña, generalmente de madera, que se usa para pescar o pasear por sitios tranquilos. || FAM. barcada, barcaje, barcaza, barco, embarcar.

barcaje m. Transporte en barca y precio que se paga por él.

barcarola f. Canción popular de Italia, y especialmente de los gondoleros de Venecia. || Canto de marineros, en compás de seis por ocho, que imita por su ritmo el movimiento de los remos.

barcaza f. Lanchón para transportar carga de los buques a tierra, o viceversa.

barcino, na adj. Se apl. al animal que tiene el pelo blanco y pardo, y a veces rojizo.

barco m. Vehículo flotante que se utiliza para transportar por el agua personas, animales o cosas. || FAM. barquillo.

barda f. Cubierta de paja, ramas u otros materiales que se ponía en las tapias bajas de los corrales, para ganar en altura. || FAM. bardal.

bardaguera f. Arbusto de la familia de las salicáceas, con hojas lanceoladas, verdes por la cara superior y blanquecinas y vellosas por el envés, que se utiliza para hacer canastillos y cestas.

bardo m. Poeta de los antiguos celtas. || P. ext., poeta de cualquier época o nacionalidad.

baremo m. Conjunto de normas establecidas convencionalmente para evaluar los méritos personales, la solvencia de empresas, etc. || Cuaderno o tabla de cuentas ajustadas. || Lista o repertorio de tarifas.

bargueño m. Mueble de madera con cajoncitos y gavetas.

baria f. En el sistema cegesimal, unidad de presión equivalente a una dina por cm^2.

baricentro m. Centro de gravedad de un cuerpo. || Punto en que se cortan las medianas de un triángulo. || FAM. baricéntrico.

bario m. Metal blanco amarillento, dúctil y difícil de fundir. Su símbolo es *Ba*, y su número atómico, *56*.

barisfera f. Núcleo central del globo terrestre.

barítono m. Voz media entre la de tenor y la de bajo. || Cantante que tiene esta voz.

barlovento m. Parte de donde viene el viento con respecto a un punto o lugar determinado.

barman m. Camarero encargado de la barra en cafeterías y bares. ◆ pl. *bármanes.*

barniz m. Disolución de una o más resinas en un líquido que al aire se volatiliza o se deseca. || Baño que se da en crudo al barro, a la loza y a la porcelana, y que se vitrifica con la cocción. || Noción superficial de una ciencia: *un barniz de cultura.* || FAM. barnizado, barnizador, barnizadura, barnizar.

barnizar tr. Dar un baño de barniz.

baro m. Bar, unidad de medida de la presión atmosférica.

barómetro m. Instrumento para determinar la presión atmosférica. || Índice o medida de un determinado proceso o estado. || FAM. barométrico.

barón, onesa m. y f. Título nobiliario, que en España es inmediatamente inferior al de vizconde.

barquero, ra m. y f. Persona que gobierna una barca.

barquilla f. Cesto en que van los tripulantes de un globo. || Molde para hacer pasteles.

barquillero, ra m. y f. Persona que hace o vende barquillos. || m. Molde de hierro para hacer barquillos. || f. Recipiente donde se guardan los barquillos; suele ser de color rojo y lleva en la tapa una especie de ruleta, que determina el número de barquillos que corresponden por tirada.

barquillo m. Hoja delgada de pasta de harina sin levadura ni azúcar, generalmente en forma de canuto. || FAM. abarquillar, barquillera, barquillero.

barra f. Pieza generalmente prismática o cilíndrica y más larga que gruesa. || Pieza de pan de forma alargada. || Mostrador de un bar. || Banco de arena o piedras en el mar. || En mús., línea que corta el pentagrama para separar los compases. || **barra americana** Establecimiento público donde sirven bebidas mujeres vestidas provocativamente, que pueden o no prostituirse. || **barra de equilibrio** Aparato de gimnasia que consiste en una pieza alargada y estrecha de madera colocada a cierta altura, sobre la que se hacen ejercicios de equilibrio. || **barra de labios** Producto cosmético que se presenta en un estuche cilíndrico y sirve para dar color a los labios, pintalabios. || **barra libre** Consumición gratis de bebidas en un local. || FAM. barrera.

barrabás m. *col.* Persona mala, traviesa, díscola.
◆ pl. *barrabases*. || FAM. barrabasada.

barrabasada f. *col.* Travesura grave, acción disparatada que provoca algún perjuicio.

barraca f. Albergue construido toscamente. || Vivienda rústica de las huertas de Valencia y Murcia, con el tejado de caña y a dos aguas muy vertientes. || *amer.* Edificio en que se almacenan cueros, lanas, maderas, etc. || **barraca de feria** Construcción provisional y desmontable que se destina a diversiones y espectáculos en las fiestas populares. || FAM. barracón.

barracón m. Caseta tosca y grande en la que se aloja un grupo de personas.

barracuda f. Nombre común de diversos peces osteíctios perciformes que viven en mares tropicales y templados, de cuerpo alargado y provistos de poderosos dientes; pueden alcanzar 2 m de longitud, son muy voraces y se aprecian como comestible.

barragana f. Concubina. || FAM. barraganería.

barranco m. Despeñadero, precipicio. || Erosión producida en la tierra por las corrientes de aguas de lluvia. || FAM. abarrancar, barranca, barrancal, barranquero.

barrena f. Barra de hierro con uno o los dos extremos cortantes, que sirve para agujerear peñascos, sondear terrenos, etc. || Instrumento para taladrar o hacer agujeros. || **entrar en barrena** loc. Caer un avión verticalmente y girando sobre sí mismo. || FAM. barrenador, barrenar, barrenero, barreno.

barrenar tr. Abrir agujeros con una barrena o un barreno.

barrendero, ra m. y f. Persona cuya profesión consiste en barrer las calles.

barrenero, ra m. y f. Persona que abre los barrenos en una mina o cantera. || Persona que hace o vende barrenas.

barreno m. Barrena de gran tamaño para taladrar o hacer agujeros. || Agujero hecho con la barrena. || Agujero relleno de un explosivo para volar alguna cosa.

barreño m. Recipiente más ancho por la boca que por la base, que se utiliza en tareas domésticas.

barrer tr. Limpiar el suelo con la escoba. || Llevarse todo lo que había en alguna parte: *la gente barrió con toda la mercancía que estaba rebajada.* || Derrotar con facilidad al adversario. También intr.: *nuestro equipo barrió en el último encuentro.* || **barrer hacia** o **para dentro** loc. Obrar interesadamente. || FAM. barredero, barredera, barredor, barrendero, barrida.

barrera f. Obstáculo fijo o móvil que impide el paso por un lugar. || Dificultad que impide el logro de un deseo: *la barrera de la edad.* || Cantidad o límite de una cosa. || Grupo de jugadores que se colocan uno al lado del otro, delante de la portería, para defenderla del saque de una falta. || Valla de las plazas de toros que separa el ruedo de la zona de espectadores dejando un pasillo por medio. || En las mismas plazas, primera fila de ciertas localidades. || **barrera arquitectónica** Elemento de una construcción, sobre todo urbana, que impide o dificulta el paso de personas con minusvalías. || **barrera del sonido** Conjunto de fenómenos aerodinámicos que dificultan el vuelo de un avión cuando su velocidad se aproxima a la del sonido, unos 340 m por segundo, aproximadamente.

barretina f. Gorro tradicional catalán, de lana, con forma de manga cerrada por un extremo y de color generalmente rojo y negro.

barretón m. *amer.* Instrumento formado por un mango de madera y una paleta cortante de hierro para hacer hoyos y sembrar.

barriada f. Barrio. || Parte de un barrio.

barrial[1] m. *amer.* Barrizal.

barrial[2] adj. *amer.* Relativo al barrio.

barrica f. Tonel mediano. || FAM. barricada.

barricada f. Parapeto improvisado para defenderse de algo.

barrido m. Acción de barrer. || En fís., proceso por el que un dispositivo explora sistemática y repetidamente un espacio, punto por punto, para transformarlo en señales eléctricas transmisibles a distancia. Es el fundamento de la televisión, el radar, etc. || En cine, panorámica muy rápida en la que la imagen registrada se reduce a unas estelas horizontales.

barriga f. *col.* Vientre, cavidad abdominal de los vertebrados que contiene diversos órganos. || *col.* Conjunto de vísceras contenidas en esta parte del cuerpo. || *col.* Abultamiento de la parte inferior del abdomen, debido al embarazo o a la grasa: *barriga cervecera.* || Parte abultada de una vasija, columna, pared, etc. || FAM. barrigón, barrigudo.

barril m. Recipiente de madera, hecho con listones combados y sujetos en los extremos por aros metálicos, que sirve para conservar y transportar diferentes licores y géneros en polvo o grano: *barril de vino, de pólvora.* || Recipiente metálico donde se conservan y transportan líquidos: *barril de cerveza.* || **barril de petróleo** Unidad de medida del petróleo que equivale a 159 litros. || **barril de pólvora** *col.* Cosa que amenaza con estallar en cualquier momento. || FAM. barrilero, barrilete.

barrila (dar la) loc. *col.* Decir o pedir algo con tanta insistencia que resulte molesto o impertinente: *no me des más la barrila con ese asunto.*

barrilete m. Instrumento que usan los carpinteros para asegurar sobre el banco los materiales que labran. || Pieza del revólver donde se colocan las balas. || Pieza cilíndrica del clarinete más inmediata a la boquilla.

barrillo m. Grano que sale en la cara.

barrio m. Cada una de las zonas en que se divide una población grande. || Grupo de casas o aldea que depende de otra población. || **barrio chino** Zona de una población donde se concentran los locales que ofrecen espectáculos eróticos y los dedicados a la prostitución. ‖ **el otro barrio** loc. *col.* La muerte o el más allá. ‖ **de barrio** loc. adj. Se apl. al local o establecimiento al que acuden sobre todo gente del lugar donde se encuentra: *cine, peluquería de barrio.*

barriobajero, ra adj. Ordinario, grosero, maleducado: *lenguaje barriobajero.*

barritar intr. Emitir su sonido el elefante. ‖ FAM. barrito.

barrito m. Berrido del elefante.

barrizal m. Sitio o terreno lleno de barro o lodo.

barro[1] m. Masa que resulta de la mezcla de tierra y agua. ‖ Lodo que se forma cuando llueve: *ha llovido y el jardín está lleno de barro.*

barro[2] m. Granillo que sale en el rostro. ‖ FAM. barrillo, barrizal, barroso, embarrar, guardabarros.

barroco, ca adj. Del estilo artístico desarrollado en Europa y América durante los siglos XVII y XVIII o relacionado con él. También m. ◆ Como m. se escribe con mayúscula. ‖ Excesivamente recargado de adornos: *lenguaje barroco.* ‖ FAM. barroquismo.

barroquismo m. Tendencia a lo barroco.

barrote m. Barra gruesa y fuerte, normalmente de hierro o madera, que sirve para afianzar o reforzar una cosa. ‖ **entre barrotes** loc. *col.* En la cárcel.

barruntar tr. Conjeturar, presentir una cosa por algún ligero indicio. ‖ FAM. barruntamiento, barrunte, barrunto.

bartola (a la) loc. adv. *col.* Despreocupadamente, sin cuidado: *tumbarse a la bartola.*

bartolillo m. Pastel triangular relleno de crema o carne.

bártulos m. pl. Enseres, trastos.

barullo m. *col.* Confusión, desorden. ‖ **a barullo** loc. adv. *col.* En gran cantidad: *hubo protestas a barullo.* ‖ FAM. barullero.

barzola f. *amer.* Mujer violenta y agresiva.

basa f. Asiento de una columna o estatua.

basal adj. Se apl. a la medición de una función orgánica tomada durante el reposo o el ayuno: *temperatura basal.* ‖ Que está situado en la base de un órgano o formación orgánica.

basalto m. Roca volcánica de color negro o gris oscuro, de grano fino, muy dura y compuesta principalmente de feldespato y piroxeno. ‖ FAM. basáltico.

basamento m. Cuerpo de la columna que comprende la basa y el pedestal. ‖ Soporte de una escultura, un arco, etc.

basar tr. Fundar, apoyar algo sobre una base. También prnl.: *has de basarte en argumentos más sólidos.* ‖ FAM. basa, basamento.

basca f. Ansia, desazón en el estómago cuando tienen ganas de vomitar. Más en pl. ‖ Pandilla de amigos. ‖ Ímpetu colérico o muy precipitado, en una acción o un asunto: *actuar según le dé a uno la basca.* ‖ FAM. bascular.

báscula f. Aparato que sirve para medir pesos. ‖ FAM. bascular.

bascular intr. Moverse de un lado a otro un cuerpo que está unido a un eje vertical. ‖ En algunos vehículos de transporte, inclinarse la caja para que la carga resbale por su propio peso. ‖ Variar alternativamente un estado de ánimo. ‖ Desplazarse un jugador lateralmente, de forma alternativa y continuada.

base f. Fundamento o apoyo principal en que descansa alguna cosa: *base de un edificio, de una teoría.* ‖ Línea o superficie en que descansa una figura: *base de un triángulo.* ‖ Basa. ‖ Conjunto de personas representadas por un mandatario, delegado o portavoz: *bases sindicales.* ‖ En mat., cantidad que se multiplica por sí misma las veces que indica el exponente. ‖ En mat., número siguiente al último con que opera un determinado sistema de numeración: *sistema de numeración de base 10.* ‖ En quím., compuesto orgánico o inorgánico que tiene la propiedad de combinarse con los ácidos para formar sales, como el amoniaco. ‖ Instalación en que se guarda material bélico o se entrena parte de un ejército: *base naval, aérea.* ‖ En el béisbol, cada una de las cuatro esquinas del campo que defienden los jugadores. ‖ pl. Conjunto de normas para participar en una competición, un concurso o una subasta. ‖ com. En el baloncesto, jugador que organiza el juego de su equipo. ‖ **base de datos** Conjunto de datos almacenados y organizados con el fin de facilitar su acceso y recuperación mediante un ordenador. ‖ **base espacial** Conjunto de instalaciones preparadas para el lanzamiento, llegada o asistencia técnica de cohetes o naves espaciales. ‖ **base imponible** Cantidad de dinero sobre la que se calcula el porcentaje de impuestos que hay que pagar. ‖ **a base de** loc. prep. Tomando como fundamento, por medio de: *se ha recuperado a base de descanso.* ‖ **a base de bien** loc. adv. *col.* Mucho. ‖ FAM. basa, basar, basicidad, básico.

basic (voz i.) m. Lenguaje de programación que utiliza términos del inglés común.

básico, ca adj. De la base sobre la que se sustenta una cosa; fundamental. ‖ Que es indispensable o esencial. ‖ En quím., se apl. a la sustancia en que predomina la base: *compuesto básico.*

basidiomiceto, a adj. y m. De los basidiomicetos o relacionado con esta clase de hongos. ‖ m. pl. Clase de hongos en la que se incluyen las especies conocidas vulgarmente como setas, como, por ej., el níscalo.

basílica f. Edificio público de planta rectangular, con tres o más naves, a menudo con ábsides en los lados menores, que servía a los romanos como tribunal, o como lugar de reunión y de contratación. ‖ Cada una de las 13 iglesias de Roma que se consideran, en categoría, las primeras de la cristiandad. ‖ Iglesia notable o que goza de ciertos privilegios, a imitación de las basílicas romanas. ‖ FAM. basilical.

basilisco m. Animal fabuloso al que se atribuía la propiedad de matar con la vista. ‖ Reptil escamoso lacertilio americano de color verde con anillos negros, que mide 80 cm, de los que 50 cm corresponden a la cola, y con cresta dorsal, o dos en el caso de los machos. ‖ Persona furiosa o dañina. ‖ **estar alguien hecho un basilisco** loc. *col.* Estar muy enfadado.

basset (voz i.) com. Raza de perros de cuerpo largo y patas cortas. También adj. ◆ No varía en pl.

basta f. Hilván. || Cada una de las puntadas que suele tener el colchón para mantener el relleno en su lugar.

bastante adj. Que basta, suficiente. || adv. c. No poco: *es bastante tonto*. || Ni mucho ni poco, regular: *nos hemos divertido bastante*.

bastar intr. y prnl. Ser suficiente: *me basto yo sola, no necesito ayuda*. || ¡**basta!** loc. Voz que sirve para poner término a una acción o discurso. || FAM. bastante.

bastarda f. Lima de grano fino.

bastardear intr. Degenerar algo de su naturaleza. || tr. Apartar una cosa de su pureza primitiva. || FAM. bastardeo.

bastardilla adj. y f. Se apl. a la letra inclinada hacia la derecha.

bastardo, da adj. y s. *desp.* Se apl. al hijo natural o nacido fuera del matrimonio: *un bastardo del rey aspiraba al trono*. || *desp.* Que tiene mala intención o es un indeseable: *no te fíes de él, es un bastardo*. || Que degenera de su origen o naturaleza: *vegetación bastarda*. || FAM. bastardear, bastardía.

basteza f. Característica de lo que es grosero y tosco.

bastidor m. Armazón de madera o metal para fijar lienzos, vidrios, etc. || Armazón sobre el que se instala la decoración teatral: *entrevistaron al actor entre bastidores*. || Armazón metálico que soporta la caja de un vehículo.

bastimento m. Provisión para sustento de una ciudad, un ejército, etc. || Embarcación. || FAM. bastimentar.

bastión m. Baluarte.

basto¹ m. En la baraja española, cualquiera de los naipes en los que aparecen representadas una o varias figuras de leños. || pl. Uno de los cuatro palos de la baraja española, en cuyos naipes aparecen una o varias figuras de leños: *pintan bastos*.

basto², ta adj. Que es tosco y áspero o está sin pulimentar. || Que es inculto y ordinario: *lenguaje basto*. || FAM. bastamente, bastedad, basteza.

bastón m. Vara con puño y contera para apoyarse al andar. || Insignia de mando o de autoridad: *el bastón del alcalde*. || En el esquí, palos metálicos que se clavan en la nieve para apoyarse o impulsarse. || FAM. bastonada, bastonazo, bastoncillo, bastonero, bastonera.

bastonazo m. Golpe dado con un bastón.

bastoncillo m. Palito de plástico con bolas de algodón en los extremos que se usa en la higiene, sobre todo de los niños. || Prolongación cilíndrica de ciertas células nerviosas de la retina.

bastonero, ra m. y f. Persona que hace o vende bastones. || f. Mueble en que se colocan paraguas y bastones.

basura f. Inmundicia, suciedad. || Desecho, residuos. || Persona o cosa despreciable. || Estiércol de las caballerías. || *col.* Usado en aposición, indica que lo designado por el sustantivo al que se pospone es de muy baja calidad: *comida, contrato basura*. || FAM. basural, basurear, basurero.

basural m. *amer.* Basurero, sitio donde se arroja y amontona la basura.

basurear tr. *amer. col.* Tratar mal o despectivamente a una persona.

basurero, ra m. y f. Persona cuya profesión es la recogida de basura. || m. Sitio donde se arroja y amontona la basura. || *amer.* Cubo donde se echa la basura.

bata f. Prenda holgada que se usa al levantarse de la cama o para estar en casa. || Prenda como una blusa larga que se ponen encima de la ropa los que trabajan en laboratorios, clínicas, oficinas, peluquerías, etc., como medida de higiene o para no mancharse. || **bata de cola** Vestido femenino con volantes y cola, propio del arte flamenco. || FAM. batín, batón.

batacazo m. Golpe fuerte y ruidoso que da alguna persona cuando se cae. || Caída inesperada de un estado o condición.

batahola f. *col.* Bulla, ruido grande.

batalla f. Combate de un ejército con otro. || Lucha, pelea. || Agitación e inquietud interior del ánimo: *librar una batalla con uno mismo*. || Justa, torneo. || **batalla campal** Batalla entre dos ejércitos completos y en campo abierto. || Discusión o pelea violenta entre mucha gente. || **dar** (o **presentar**) **batalla** loc. Enfrentarse a un problema con el fin de conseguir un objetivo. || **de batalla** loc. adj. *col.* Que se usa para realizar una actividad diaria o cotidiana: *ropa de batalla*. || FAM. batallador, batallar, batallita, batallón.

batallar intr. Pelear con armas. || Luchar por conseguir algún propósito.

batallón m. Unidad de tropa formada por varias compañías. || Grupo de personas muy numeroso.

batán m. Máquina para golpear y desengrasar los paños. || FAM. batanar, batanear.

bataola f. Batahola.

batata f. Planta herbácea de la familia de las convolvuláceas, con tallo rastrero, flores grandes, blancas por fuera y rojas por dentro, y con tubérculos parecidos a las patatas. || Tubérculo comestible de las raíces de esta planta.

bate m. Palo para jugar al béisbol. || FAM. bateador, batear, bateo.

batea f. Barco pequeño en forma de cajón. || Construcción cuadrada, generalmente de madera, en medio de mar, que se usa como criadero de mejillones. || Vagón descubierto con los bordes muy bajos. || Bandeja de madera, adornada con pajas. || *amer.* Artesa para lavar.

bateador, ra m. y f. Persona que, en el béisbol, golpea la pelota con el bate.

batear tr. e intr. Dar a la pelota de béisbol con el bate.

batel m. Bote, barco pequeño. || FAM. batelero.

batería f. Instrumento de percusión compuesto por tambor, bombo, platillos, etc. || Acumulador de electricidad: *batería de un coche, de un teléfono móvil*. || Conjunto de utensilios de cocina. || Conjunto de piezas de artillería. || Unidad de tiro de artillería. || Obra de fortificación. || Conjunto de cañones de los barcos de guerra. || com. Persona que toca la batería en un grupo musical. || **en batería** loc. adv. Forma de aparcar los coches de manera que queden paralelos entre sí.

batial adj. Se apl. a la profundidad oceánica comprendida entre los 200 y los 2 000 m: *fauna batial*.

batiborrillo o **batiburrillo** m. Mezcla de cos-

batida f. Acción de batir el monte para que salga la caza. ‖ Acción de explorar varias personas una zona buscando a alguien o algo. ‖ Allanamiento y registro de algún local que, por sorpresa, realiza la policía.

batido, da adj. Se apl. a la tierra muy fina utilizada en algunas pistas de tenis. ‖ Se dice de los tejidos de seda que resultan con visos distintos. ‖ Se apl. al camino muy andado: *ese trayecto lo tengo ya muy batido.* ‖ m. Bebida refrescante hecha con leche mezclada con helado, fruta u otros ingredientes: *batido de chocolate.*

batidor, ra adj. Que bate. ‖ m. y f. Explorador que descubre y reconoce el campo o el camino. ‖ Persona que levanta la caza en las batidas. ‖ Cada uno de los soldados de infantería que preceden al regimiento. ‖ m. Instrumento para batir.

batidora f. Instrumento con el que se baten o trituran los alimentos o bebidas.

batiente m. Parte del marco de puertas, ventanas y otras cosas semejantes, en la que baten cuando se cierran. ‖ Cada una de las hojas de una puerta o de una ventana. ‖ Lugar donde el mar bate el pie de una costa o de un dique.

batifondo m. *amer.* Alboroto, griterío, confusión.

batihoja com. Artesano que golpea los metales con un mazo hasta convertirlos en láminas muy finas.

batik m. Arte y técnica de origen oriental para decorar tejidos, que consiste en pintar unos motivos sobre la tela con cera líquida y después teñir la tela, para que al retirar la cera quede el dibujo más claro. pl. *batiks*

batímetro m. Instrumento que se usa para medir la profundidad del mar. ‖ FAM. batimetría, batimétrico.

batín m. Bata corta que se ponen los hombres para estar en casa.

batintín m. Instrumento chino de percusión que consiste en un disco rebordeado de una aleación metálica muy sonora y que, suspendido, se toca con un mazo.

batipelágico, ca adj. De las grandes profundidades marinas o relativo a ellas.

batir tr. Dar golpes: *las olas del mar baten la costa.* ‖ Revolver alguna cosa para que se condense o para que se disuelva: *batir un huevo.* ‖ Mover con fuerza algo: *batir las alas un pájaro.* ‖ Derrotar al enemigo o vencer a un contrincante. ‖ Reconocer, explorar un terreno: *batir el campo de caza.* ‖ Atacar y derribar con la artillería una plaza enemiga. También, dominar por la fuerza de las armas un terreno o una posición. ‖ Superar un récord o marca deportiva. ‖ En atletismo, apoyar la pierna contraria a la que inicia un salto. ‖ Martillar una pieza de metal hasta reducirla a chapa. ‖ Acuñar monedas. ‖ prnl. Combatir, pelear: *batirse en duelo.* ‖ FAM. batida, batidera, batidero, batido, batidor, batidora, batiente, combatir, rebatir.

batiscafo m. Embarcación sumergible que se usa para explorar las profundidades del mar.

batisfera f. Cámara esférica que se sumerge en el mar mediante un cable de acero para reconocer los fondos marinos.

batista f. Tela fina de hilo o algodón.

bato m. *amer. col.* Muchacho, joven.

batoideo, a adj. y m. De los batoideos o relativo a este suborden de peces. ‖ m. pl. Suborden de peces seláceos que tienen el cuerpo aplanado y ancho, con grandes aletas laterales que se unen a la cabeza, como la raya.

batolito m. Masa de rocas ígneas de tipo plutónico que se forma en la corteza terrestre a gran profundidad.

batón m. *amer.* Bata para estar por casa.

batracio, cia adj. y m. De los batracios o relativo a esta clase de vertebrados. ‖ m. pl. Antigua denominación de la clase de los anfibios.

Batuecas (estar en las) loc. *col.* Estar distraído.

batuque m. *amer.* Alboroto, confusión, ruido.

baturro, rra adj. y s. Se apl. al campesino aragonés o a lo relacionado con él: *jota baturra.*

batuta f. Varita con la que el director de orquesta indica el compás. ‖ **llevar** alguien **la batuta** loc. *col.* Dirigir una corporación, un asunto, un conjunto de personas, etc.

baudio m. Unidad de medida de la velocidad de transmisión, equivalente a un bit por segundo.

baúl m. Especie de arca que sirve generalmente para guardar ropa. ‖ *amer.* Maletero de un coche.

baulera f. *amer.* Cuarto trastero, generalmente en el sótano de un edificio de viviendas.

bauprés m. Palo horizontal fijado en la proa de los barcos.

bautismo m. Sacramento de la Iglesia católica y de otras Iglesias cristianas que confiere el carácter de cristiano. ‖ Bautizo. ‖ Ceremonia en la que se pone nombre a una cosa o institución: *bautismo de un barco, de una calle.* ‖ FAM. bautismal, bautista, bautizar.

bautizar tr. Administrar el sacramento del bautismo. También prnl. ‖ Poner nombre a una persona o una cosa. ‖ *col.* Tratándose de vino, mezclarlo con agua. ‖ *col.* Arrojar sobre una persona agua u otro líquido. ‖ FAM. bautismo, bautizo.

bautizo m. Ceremonia para la administración del sacramento del bautismo y fiesta con que se celebra.

bauxita f. Mineral blando de color blanquecino, grisáceo o rojizo, formado por óxido hidratado de aluminio.

bávaro, ra adj. y s. De Baviera o relativo a esta región alemana. ‖ m. Uno de los tres grupos dialectales del alto alemán.

baya f. Fruto carnoso, jugoso, cuyas semillas están rodeadas de pulpa, como la uva, la grosella y otros.

bayeta f. Paño para fregar o limpiar una superficie.

bayo, ya adj. y s. De color blanco amarillento.

bayón m. Saco de estera con el que se embalan artículos de comercio. ‖ Baile popular de América del Sur.

bayonesa f. Pastel hecho con dos capas de hojaldre entre las cuales lleva cabello de ángel.

bayoneta f. Arma blanca que se ajusta a la boca del fusil. ‖ FAM. bayonetazo.

bayunco, ca adj. *amer.* Rústico, grosero.

baza f. Número de naipes que se utilizan en cada jugada y se echan sobre la mesa y que recoge el jugador que gana. ‖ **meter baza** loc. *col.* Intervenir en la conversación de otros.

bazar m. Tienda donde se venden mercancías diversas. ‖ En Oriente, mercado público.

bazo m. Víscera de los vertebrados, de color rojo oscuro y forma variada, situada a la izquierda del abdomen. Sus funciones primordiales son la eliminación de hematíes caducos, la producción de linfocitos y el almacenamiento de hierro que se usa en la formación de la hemoglobina.

bazofia f. Comida poco apetitosa. || Cosa despreciable o de mala calidad.

bazuca f. Arma portátil para lanzar proyectiles de propulsión a chorro. ◆ También se usa como m.

be[1] f. Nombre de la letra *b*.

be[2] Onomatopeya de la voz del carnero, de la oveja y de la cabra. || m. Balido.

beatería f. Comportamiento religioso exagerado o falso. || *desp.* Grupo de beatos.

beatificación f. Declaración del papa en la que beatifica a una persona. || Ceremonia solemne en la que se hace esta declaración.

beatificar tr. Declarar el papa que alguien goza de la eterna bienaventuranza y se le puede dar culto. || FAM. beatificación, beatífico.

beatífico, ca adj. Que es tranquilo y sereno: *gesto beatífico.* || FAM. beatíficamente.

beatitud f. Para los cristianos, bienaventuranza eterna. || Felicidad, satisfacción, dicha.

beato, ta adj. y s. Que ha sido beatificado. || Que se dedica a hacer obras de caridad y se aleja de los placeres mundanos. || Que muestra una religiosidad exagerada: *es muy beata y se pasa el día en la iglesia.* || m. Manuscrito medieval, bellamente decorado, que reproduce los *Comentarios al Apocalipsis* del Beato de Liébana. || FAM. beatería, beaterio, beatificar, beatífico, beatitud.

bebe, ba m. y f. *amer.* Bebé.

bebé m. Niño muy pequeño o recién nacido.

bebedero m. Vaso en que se echa la bebida a las aves domésticas. || Paraje donde acuden a beber las aves, el ganado y otros animales. || *amer.* Fuente para beber en lugares públicos, como parques y colegios.

bebedizo m. Bebida medicinal. || Filtro de amor, elixir. || Bebida venenosa.

bebedor, ra adj. y s. Que es aficionado a las bebidas alcohólicas o abusa de ellas.

beber tr. Ingerir un líquido. También intr. || Informarse, recibir opiniones, ideas. También intr.: *beber en fuentes fidedignas.* || intr. Tomar bebidas alcohólicas: *has bebido demasiado para conducir.* || Brindar: *¡bebamos por la felicidad de los novios!* || FAM. bebedero, bebedizo, bebedor, bebercio, bebestible, bebible, bebida, bebido, bebistrajo.

bebida f. Cualquier líquido que se bebe. || Consumo habitual y excesivo de alcohol: *está tratando de dejar la bebida.*

bebido, da adj. Embriagado.

bebistrajo m. Bebida desagradable.

beca f. Ayuda económica para cursar estudios, realizar una investigación, etc. || Faja de paño que se coloca sobre el pecho de los estudiantes, en forma de uve, y que cae hacia atrás. || FAM. becar.

becada f. Chochaperdiz, ave caradriforme.

becar tr. Conceder una beca para estudios. || FAM. becado, becario.

becario, ria m. y f. Persona que disfruta de una beca.

becerrada f. Lidia o corrida de becerros.

becerro, rra m. y f. Cría de la vaca cuando es menor de tres años. || m. Piel de ternero o ternera curtida. || FAM. becerrada, becerril, becerrillo, becerrista.

bechamel f. Besamel.

becuadro m. En mús., signo (♮) que indica que la nota o notas que le siguen deben tener su entonación natural.

bedel, la m. y f. Persona que cuida del orden de los establecimientos de enseñanza y otros centros oficiales, además de realizar tareas auxiliares.

beduino, na adj. y s. De los árabes nómadas que viven en los desiertos del norte de África y Oriente Medio, o relativo a ellos.

befa f. Burla, mofa. || FAM. befar.

begonia f. Planta perenne herbácea de la familia de las begoniáceas, originaria de América, con tallos carnosos, hojas grandes, acorazonadas, de color verde bronceado por encima, rojizas y con nervios muy salientes por el envés, y flores sin corola, con el cáliz de color rosa.

begoniáceo, a adj. y f. De las begoniáceas o relativo a esta familia de plantas. || f. pl. Familia de plantas angiospermas dicotiledóneas que tienen flores unisexuales con los pétalos separados y el fruto en forma de cápsulas, como la begonia.

behetría f. Antiguamente, población cuyos vecinos podían elegir por señor a quien quisiesen.

beicon m. Panceta ahumada.

beige o **beis** adj. y m. De color marrón claro; pajizo, amarillento. ◆ No varía en pl. La primera forma es francesa.

béisbol m. Juego entre dos equipos de nueve jugadores cada uno que se practica con una pelota y un bate, y en el que los jugadores han de recorrer ciertos puestos o bases del circuito.

bejuco m. Nombre común de plantas trepadoras tropicales incluidas en varias familias de cuyos tallos, largos, delgados y flexibles, se fabrican ligaduras, jarcias, tejidos, muebles, bastones, etc. También se llaman *lianas.* || FAM. bejucal.

bel m. Belio.

bel canto m. Arte del canto basado en la belleza del sonido y el virtuosismo.

beldad f. Belleza. || Persona muy bella.

beldar tr. Aventar las mieses con el bieldo, para separar la paja del grano. ◆ Irreg. Se conj. como *acerta*... || FAM. bielda, bieldo.

belemnita f. Belemnites.

belemnites m. Fósil cónico de estructura radiad... que procede del extremo de la concha de un cefalópod... que existió en la era secundaria. ◆ No varía en pl.

belén m. Representación del nacimiento de Jes... cristo que se hace especialmente durante las fiestas nav... deñas. || col. Asunto complicado. Más en pl.: *siemp... está metido en belenes.* || FAM. belenista.

beleño m. Planta herbácea venenosa de la familia solanáceas, de 30 a 80 cm de altura, con hojas largas y vellosas, flores amarillas y frutos en cápsula.

belfo, fa adj. y s. Que tiene más grueso el labio inferior que el superior. || m. Labio del caballo y otros animales.

belga adj. y com. De Bélgica o relativo a este país europeo.

belicense adj. y com. Beliceño.

beliceño, ña adj. y s. De Belice o relativo a este país de América Central.

belicismo m. Tendencia a tomar parte en conflictos armados. || FAM. belicista.

bélico, ca adj. Relativo a la guerra. || FAM. belicismo, belicoso.

belicoso, sa adj. Que se inclina hacia los conflictos armados. || Agresivo. || FAM. belicosidad.

beligerancia f. Participación en una guerra o conflicto.

beligerante adj. Belicoso, agresivo. || adj. y com. Se apl. a la potencia, estado o grupo que está en guerra o que está de parte de alguno de los contendientes. Más en pl. || FAM. beligerancia, belígero.

belio m. Unidad con la que se miden diversas magnitudes sonoras. || FAM. decibelio.

bellaco, ca adj. y s. Que es ruin y perverso. || FAM. bellaquería.

belladona f. Planta solanácea con flores violetas por fuera y amarillas por dentro; es muy venenosa y se utiliza con fines terapéuticos, principalmente por contener el alcaloide llamado *atropina*.

belleza f. Armonía y perfección que inspira admiración y deleite. || Persona muy hermosa.

bello, lla adj. Que agrada a los sentidos. || Que es bueno o excelente: *es una bella persona*. || FAM. bellamente, belleza, embellecer.

bellota f. Fruto de la encina, del roble y de otros árboles, de forma ovalada, algo puntiagudo, de dos o más centímetros de largo, dentro del cual se encuentra su única semilla. Se emplea como alimento del ganado porcino.

beloniforme adj. y m. De los beloniformes o relacionado con este orden de peces. || m. pl. Orden de peces osteíctios que se caracterizan por tener el cuerpo alargado, la mandíbula prominente y las escamas muy pequeñas. Son buenos nadadores y muy voraces.

beluga f. Mamífero cetáceo de unos 4 m de longitud, con la piel blanca y sin aleta dorsal, que tiene dientes y vive en el Ártico.

bemba f. *amer.* Boca de labios gruesos y abultados.

bembo o bembe m. *amer.* Belfo, y especialmente el de los negros. || FAM. bemba, bembón.

bemol adj. y m. Se apl. a la nota musical cuya entonación es un semitono más baja que la de su sonido natural: *si bemol*. || m. Signo (♭) que representa esta alteración. || **tener** algo **bemoles** loc. *col.* Ser una cosa muy difícil. || *col.* Expresión que se usa para indicar disgusto o enfado: *tiene bemoles que siempre estés fastidiándome*.

benceno m. Hidrocarburo cíclico, aromático, de seis átomos de carbono. Es un líquido incoloro e inflamable, de amplia utilización como disolvente y como reactivo en operaciones de laboratorio y usos industriales.

bencina f. Gasolina. || Líquido incoloro, volátil e inflamable, obtenido del petróleo, que se emplea como disolvente. || FAM. bencinera, bencinero.

bencinero, ra adj. *amer.* De la bencina, gasolina, o relacionado con ella. || f. *amer.* Local donde se vende bencina, gasolina.

bendecir tr. Hacer un sacerdote cruces con la mano extendida sobre cosas o personas, para invocar la protección divina. || Conceder la Providencia divina bienes o prosperidad a una persona. || Consagrar al culto divino una cosa. || Alabar, ensalzar, o mostrar alegría o agradecimiento: *bendigo el momento en que te conocí*. ◆ Irreg. Se conj. como *decir*, excepto en el futuro imperfecto de indicativo y en el condicional, que son regulares, y la 2.ª pers. sing. del imperativo *(bendice tú)*. || FAM. bendición, bendito.

bendición f. Acción y resultado de bendecir. || pl. Ceremonia del matrimonio. || **ser** algo **una bendición** loc. *col.* Ser muy bueno o abundante: *este niño es una bendición, tan obediente y aplicado*.

bendito, ta m. y f. Persona buena o inocente: *es un bendito y se le engaña con facilidad*.

benedictino, na adj. y s. De la Orden de San Benito o relacionado con ella. || m. Licor que fabrican los frailes de esta orden.

benefactor, ra adj. y s. Bienhechor.

beneficencia f. Virtud de hacer bien. || Conjunto de establecimientos y demás instituciones benéficos que prestan servicios gratuitos a las personas necesitadas.

beneficiar tr. Hacer bien, producir un beneficio: *el agua beneficia a las plantas*. También prnl. || prnl. Sacar provecho de algo. || *vulg. desp.* Tener relaciones sexuales con una persona. || FAM. beneficencia, beneficiado, benéfico.

beneficiario, ria adj. y s. Que goza de un beneficio o se beneficia de algo: *beneficiario de un seguro*.

beneficio m. Bien que se hace o se recibe. || Utilidad, provecho. || Ganancia que se obtiene de una inversión. || FAM. beneficiar, beneficiario, beneficioso.

beneficioso, sa adj. Que es provechoso o útil. || FAM. beneficiosamente.

benéfico, ca adj. Que hace bien. || Relativo a la beneficencia.

benemérito, ta adj. Digno de recompensa. || **la Benemérita** En España, la Guardia Civil.

beneplácito m. Aprobación, permiso: *sin el beneplácito del director no podemos continuar con el proyecto*.

benevolencia f. Propiedad de la persona que es comprensiva y tolerante. || FAM. benévolo.

benevolente adj. Que se comporta con benevolencia: *juez benevolente*.

benévolo, la adj. Que es comprensivo o tolerante: *es muy benévolo con sus hijos*. || FAM. benévolamente, benevolente.

bengala f. Varilla con pólvora en uno de los extremos, que al arder produce chispas y una luz muy viva. ||

Artificio luminoso con el que se hacen señales a distancia desde un barco u otro lugar parecido.

bengalí adj. y com. De Bengala o relativo a esta región asiática que se extiende por territorio indio y por Bangladesh. ‖ m. Lengua indoeuropea que deriva del sánscrito y se habla en la región de Bengala. ◆ pl. *bengalís* o *bengalíes*.

benigno, na adj. Se apl. a la enfermedad o tumor que no reviste gravedad: *tumor benigno.* ‖ Templado, apacible: *clima benigno.* ‖ Comprensivo, indulgente, afable: *carácter benigno.* ‖ FAM. benignidad.

benimerín adj. y com. De una tribu marroquí que durante los siglos XIII y XIV fundó una dinastía en el norte de África y sustituyó a los almohades en la España musulmana, o relacionado con ella. Más en pl.

beninés, esa adj. y s. De Benín o relativo a esta república africana.

benjamín adj. y m. Se apl. al deportista que, por edad, pertenece a la categoría más baja: *es benjamín y el año que viene pasa a alevines.*

benjamín, ina m. y f. Hijo menor. ‖ Persona de menor edad en cualquier grupo.

benjuí m. Bálsamo aromático que se obtiene por incisión en la corteza de algunos árboles tropicales y que se emplea en medicina y perfumería. ◆ pl. *benjuís.*

bentos m. Conjunto de animales o plantas que habitualmente viven en contacto con el fondo del mar. ◆ No varía en pl. ‖ FAM. bentónico.

benzodiacepina o **benzodiazepina** f. Compuesto químico usado en farmacia por sus propiedades sedantes y relajantes.

benzoico, ca adj. Del benjuí o relativo a este bálsamo aromático. ‖ adj. En quím., se apl. a un ácido orgánico derivado del benceno. También m.

benzol m. Benceno.

beodo, da adj. y s. Borracho, embriagado, ebrio. ‖ FAM. beodez.

beorí m. Tapir americano. ◆ pl. *beorís* o *beoríes.*

berberecho m. Nombre común de diversos moluscos bivalvos cuyo representante más conocido, el berberecho común, mide de 2 a 5 cm, tiene la concha estriada, casi circular, y es muy apreciado como comestible.

berberidáceo, a adj. y f. De las berberidáceas o relativo a esta familia de plantas. ‖ f. pl. Familia de arbustos angiospermos dicotiledóneos con hojas sencillas o compuestas, flores hermafroditas regulares y fruto en baya seca o carnosa, como el agracejo.

berberisco, ca adj. y s. Beréber.

berbiquí m. Herramienta que consta de un mango que se gira manualmente para que la broca que lleva sujeta gire y con ella hacer agujeros. ◆ pl. *berbiquís* o *berbiquíes.*

beréber o **bereber** adj. y com. De Berbería o relativo a esta región del norte de África. ‖ m. Lengua hablada en esta región. ‖ FAM. berberí, berberisco.

berebere adj. Beréber.

berenjena f. Planta solanácea de 40 a 60 cm de altura, con tallos fuertes, hojas grandes y flores moradas. ‖ Fruto de esta planta, aovado, cubierto por una película morada y lleno de una pulpa blanca carnosa y comestible. ‖ FAM. berenjenal, berenjenín.

berenjenal m. Sitio plantado de berenjenas. ‖ *col.* Enredo, dificultad: *meterse uno en un berenjenal.*

bergamota f. Variedad de lima muy aromática de la cual se extrae una esencia usada en perfumería. ‖ Variedad de pera muy jugosa y aromática.

bergante com. Persona capaz de actuar sin honradez, sin escrúpulos, bribona.

bergantín m. Buque de dos palos y velas cuadradas.

beriberi m. Enfermedad crónica provocada por la falta de vitamina B cuyos síntomas son la rigidez muscular, los problemas cardíacos y la debilidad general.

berilio m. Elemento químico metálico de color blanco y sabor dulce. Su símbolo es *Be*, y su número atómico, *4.* ‖ FAM. beriliosis.

berilo m. Silicato de aluminio y berilio, variedad de esmeralda, de color verde, amarillo, blanco o azul.

berkelio m. Elemento radiactivo artificial que se obtiene bombardeando el americio con partículas alfa. Su símbolo es *Bk*, y su número atómico, *97.*

berlina f. Automóvil de cuatro puertas laterales. ‖ Antiguo coche de caballos cerrado, por lo general de dos asientos.

berma f. *amer.* Arcén.

bermejo, ja adj. Rubio, rojizo, referido especialmente al pelo. ‖ FAM. bermejizo, bermejón.

bermellón m. Cinabrio en polvo que se emplea para obtener pintura de color rojo vivo. ‖ Este mismo color. También adj.: *labios bermellones.*

bermudas adj. y amb. pl. Se apl. al pantalón corto que llega hasta la rodilla. Más como f.: *me he comprado unas bermudas para la playa.*

berquelio m. Berkelio.

berrea f. Acción de berrear los animales. ‖ Brama o época de celo de algunos animales, especialmente del ciervo.

berrear intr. Dar berridos el becerro u otros animales. ‖ Llorar o gritar desaforadamente un niño. ‖ Gritar una persona. ‖ *col.* Cantar desentonadamente. ‖ FAM. berrea, berreo, berrido.

berrejo, ja adj. *amer.* Se apl. a la persona delgada y amarillenta por enfermedad.

berrendo, da adj. Manchado de dos colores; se apl. especialmente al toro. ‖ m. Mamífero artiodáctilo, parecido al ciervo, que vive al norte de México.

berreta adj. *amer. col.* Que se comporta con vulgaridad y poco refinamiento.

berretín m. *amer. col.* Terquedad, obstinación. ‖ *amer. col.* Cariño muy grande que siente una persona por otra.

berrido m. Voz del becerro y otros animales. ‖ Grito estridente.

berrinche m. Rabieta, enojo grande: *coger un berrinche.* ‖ FAM. berrinchudo, emberrincharse.

berro m. Planta herbácea de la familia de las crucíferas, de unos 10 a 60 cm de altura, que crece en lugares húmedos; sus hojas, de sabor picante, se comen en ensalada.

berrocal m. Terreno lleno de berruecos.

berroqueño, ña adj. Se apl. a la piedra de granito. También f.: *sillares de berroqueña.* || Que es fuerte y resistente: *carácter berroqueño.*

berrueco m. Roca, peñasco granítico. || Tumorcillo del iris de los ojos. || FAM. berrocal, berroqueño.

berza f. Col. || Variedad basta de la col. || *col.* Borrachera. || FAM. berzal, berzas, berzotas.

berzas o **berzotas** com. Persona ignorante o necia. ◆ No varía en pl.

besamanos m. Acto público de saludo a las autoridades. || Modo de saludar a algunas personas acercando la mano derecha a la boca. || Acto en que se besa la palma de la mano a un sacerdote después de su primera misa. ◆ No varía en pl.

besamel o **besamela** f. Salsa blanca que se hace con harina, leche y mantequilla.

besana f. Labor de surcos paralelos que se hace con el arado. || Primer surco que se abre en la tierra.

besar tr. y prnl. Tocar algo o a alguien con los labios juntos y separarlos haciendo una pequeña aspiración, en señal de saludo, cariño, amistad o reverencia. || Hacer el ademán propio del beso. || Tocar una cosa con otra: *el mar Caribe besa las costas de Venezuela.* || prnl. *col.* Tropezar una persona con otra: *se besaron al torcer la esquina.* || FAM. besamanos, beso, besucar, besucón, besuquear.

beso m. Toque que se hace a algo o alguien con los labios juntos y separándolos haciendo una pequeña aspiración. || Expresión simbólica de lo que esta acción representa: *te mando un beso.* || Tropiezo, golpe: *se dieron un fuerte beso en la frente.*

bestia f. Animal cuadrúpedo de carga, especialmente el doméstico. || adj. y com. Se apl. a la persona ruda e ignorante: *es un bestia que no sabe comportarse en sociedad.* || FAM. bestiada, bestial, bestialidad, bestialismo, bestializarse, bestiario.

bestial adj. Brutal o irracional: *apetito bestial.* || Extraordinario, enorme: *piso bestial.* || adv. m. *col.* Muy bien: *lo pasamos bestial.*

bestialidad f. *col.* Hecho o dicho brutal, estúpido o poco educado. || *col.* Gran cantidad.

bestialismo m. Comportamiento de las personas consistente en tener contactos sexuales con animales.

bestiario m. Hombre que luchaba con las fieras en los circos romanos. || Colección de fábulas de animales reales o fantásticos.

best seller (voz i.) m. Libro que ha alcanzado un gran éxito de venta. ◆ pl. *best sellers.*

besucón, ona adj. y s. *col.* Que da muchos besos.

besugo m. Pez osteíctio perciforme de unos 50 cm de longitud, de cuerpo rosado con una gran mancha negra junto a las agallas y con los ojos de gran tamaño; es muy apreciado por su carne blanca y sabrosa. || Persona torpe o necia.

besuquear tr. *col.* Dar a alguien muchos besos cortos de manera pesada e impertinente. || FAM. besuqueo.

beta f. Segunda letra del alfabeto griego, que se corresponde con nuestra *b.* Su grafía mayúscula es B y, la minúscula, β.

betarraga f. *amer.* Remolacha.

betatrón m. Acelerador de partículas destinado a dar altas energías a los electrones dentro de un campo magnético de intensidad variable.

bético, ca adj. y s. De la antigua Bética o relativo a esta provincia romana que corresponde a la actual Andalucía.

betuláceo, a adj. y f. De las betuláceas o relativo a esta familia de plantas. || f. pl. Familia de plantas angiospermas dicotiledóneas, leñosas, de hojas simples y alternas, flores de color verdoso en amento y fruto en forma de aquenio, como el abedul, el aliso y el avellano.

betún m. Crema o líquido para lustrar el calzado. || Nombre genérico de varias sustancias compuestas de carbono e hidrógeno que se encuentran en la naturaleza y arden con llama, producen un humo espeso y tienen un olor peculiar. || *amer.* Crema de distintos sabores con que se bañan los pasteles. || FAM. embetunar.

bey m. Gobernador del Imperio turco. ◆ pl. *beyes.*

bezo m. Labio grueso. || FAM. bezudo.

bi- pref. que significa 'dos' o 'dos veces': *bicúspide, bilingüe.* ◆ Puede tomar las formas *bis-: bisabuelo,* o *biz-: biznieto.*

bianual adj. Que ocurre dos veces al año: *reunión bianual.*

biberón m. Botella pequeña, de plástico o cristal, con una tetina, que se utiliza en la lactancia artificial de los bebés. || Leche que contiene esta botella.

bibí m. *amer.* Biberón, utensilio para lactancia artificial.

biblia f. Conjunto de los libros canónicos del Antiguo y Nuevo Testamento; Sagradas Escrituras. ◆ Se escribe con mayúscula. || Libro que contiene este texto. || Obra que reúne los conocimientos o ideas relativos a una materia y que es considerada por sus seguidores como modelo ideal: *este libro es la biblia de los cocineros.* || **la biblia en verso** o **en pasta** *col.* Todo lo imaginable: *nos contó su vida, sus aventuras, sus fracasos y la biblia en verso.* || FAM. bíblico.

biblio- pref. que significa 'libro': *bibliografía, biblioteca.*

bibliobús m. Biblioteca pública móvil, instalada en un autobús.

bibliofilia f. Afición por los libros, especialmente por los raros y curiosos. || FAM. bibliófilo.

bibliografía f. Relación de libros o escritos referentes a una materia determinada. || Descripción de los libros y manuscritos, sobre todo de sus ediciones, fechas de impresión, autor, compilador, etc. || Relación ordenada de libros y publicaciones de un mismo autor. || FAM. bibliográfico, bibliógrafo.

bibliógrafo, fa m. y f. Persona especializada en libros, en especial antiguos, y que se dedica a localizarlos y describirlos. || Persona versada en libros, monografías, artículos, etc., que tratan sobre una cuestión determinada.

bibliomanía f. Pasión exagerada por tener libros. || FAM. bibliómano.

bibliorato m. *amer.* Archivador, carpeta para archivar documentos.

biblioteca f. Local donde se tiene un considerable número de libros ordenados para su consulta o lectura.

|| Mueble, estantería, etc., donde se colocan libros. || Conjunto de estos libros. || Colección de libros o tratados análogos o semejantes entre sí, ya por las materias de que tratan, ya por la época y nación o autores a que pertenecen. || FAM. bibliotecario, bibliotecología, biblioteconomía.

bibliotecario, ria m. y f. Persona encargada de una biblioteca.

bicameral adj. Se apl. al Poder Legislativo cuando está compuesto de dos cámaras: *Parlamento bicameral.* || FAM. bicameralismo.

bicameralismo m. Sistema parlamentario organizado en dos cámaras legislativas.

bicarbonato m. Cualquiera de las sales derivadas del ácido carbónico; entre ellas, el bicarbonato sódico se utiliza mucho para neutralizar la acidez gástrica y facilitar la digestión.

bicéfalo, la adj. Que tiene dos cabezas. || Que tiene dos dirigentes: *empresa bicéfala.*

bíceps adj. De dos cabezas, dos puntas, dos cimas o cabos. || Se apl. a los músculos pares que tienen por arriba dos porciones o cabezas, especialmente el del brazo. También s. ◆ No varía en pl. || FAM. tríceps.

bicha f. *col.* Culebra. || Figura ornamental, característica del arte ibérico, que tiene forma de mujer de medio cuerpo arriba y de pez u otro animal en la parte inferior.

bichar tr. *amer. col.* Espiar a una persona. También intr. || *amer.* Labrar la madera. || *amer.* Desorganizar una cosa.

bicharraco m. *desp.* Animal de figura desagradable.

bichero m. Palo largo con un gancho en un extremo, que se usa para atracar y desatracar pequeñas embarcaciones.

bichicome com. *amer.* Persona indigente sin hogar, que vive de desperdicios.

bicho m. *desp.* Animal pequeño. || *col.* Animal doméstico. || *col.* Persona mala o traviesa: *ten cuidado con él, es un mal bicho.* || Toro de lidia. || **bicho raro** *col.* Persona de carácter o costumbres raras. || FAM. bicha, bicharraco.

bicho-bicho m. *amer.* Dulce hecho con masa frita bañado en almíbar y azúcar.

bichoco, ca adj. y s. *amer. col.* Que es corto de vista. || *amer. col.* Que está enfermo o no puede trabajar.

bici f. apóc. de *bicicleta.*

bicicleta f. Vehículo de dos ruedas generalmente iguales, movidas por los pedales y una cadena.

bicoca f. *col.* Ganga. || *col.* Cosa ventajosa.

bicolor adj. De dos colores: *bandera bicolor.*

bicóncavo, va adj. Se apl. al cuerpo que tiene dos superficies cóncavas opuestas: *lente bicóncava.*

biconvexo, xa adj. Se apl. al cuerpo que tiene dos superficies convexas opuestas: *lente biconvexa.*

bicornio m. Sombrero de dos picos.

bicúspide adj. Que tiene dos remates puntiagudos.

bidé m. Lavabo bajo de forma ovalada empleado en la higiene íntima. ◆ pl. *bidés.*

bidet (voz fr.) m. Bidé. ◆ pl. *bidets.*

bidón m. Recipiente con cierre hermético para transportar líquidos.

biela f. Barra que, en las máquinas, transforma un movimiento de vaivén en otro de rotación, o viceversa.

bielda f. Palo largo con dos palos atravesados y seis o siete puntas que forman con estos una rejilla, que se usa para recoger, cargar y encerrar la paja.

bieldo m. Instrumento agrícola utilizado para aventar las mieses.

bielorruso, sa adj. y s. De Bielorrusia, república europea, o relacionado con ella. || m. Lengua eslava hablada en este país.

biempensante adj. y com. Que es tradicional y conservador en sus ideas.

bien m. Lo que en sí mismo tiene el complemento de la perfección, o lo que es objeto de la voluntad. || Lo que es favorable, conveniente. || Lo que enseña la moral que se debe hacer, o lo que es conforme al deber: *hay que saber distinguir entre el bien y el mal.* || Utilidad, beneficio, bienestar: *lo hizo por el bien de la familia.* || Calificación académica que indica que se ha superado el nivel exigido y está entre el aprobado y el notable. || m. pl. Hacienda, riqueza: *administrar los bienes de otro.* || adj. De buena posición social: *una persona bien.* || adv. m. Perfecta o acertadamente, de buena manera: *lo hace todo bien.* || Con gusto, de buena gana: *yo bien accedería a tu súplica, pero no puedo.* || Sin inconveniente o dificultad: *afortunadamente, todo salió bien.* || Sano: *hoy no me encuentro bien.* || Mucho, muy: *bien temprano, bien rico.* || Repetido, hace las veces de conjunción distributiva: *lo haré, bien de una manera, bien de otra.* || **bienes gananciales** Bienes adquiridos por uno o ambos cónyuges y que pertenecen a los dos. || **bienes raíces** o **inmuebles** Los que no pueden trasladarse de un lugar a otro, como edificios, caminos, construcciones, etc. || **a base de bien** loc. adv. *col.* Mucho: *nos reímos a base de bien con sus chistes.* || **de bien** loc. adj. Honrado: *gente de bien.* || **¡está bien!** expr. de acuerdo o asentimiento. || **¡qué bien!** expr. de aprobación o entusiasmo. || **tener** alguien **a bien** loc. Estimar justo o conveniente, querer o dignarse mandar o hacer alguna cosa: *tuvo a bien recibirnos enseguida.* || **¡ya está bien!** expr. que se usa para indicar el deseo de que algo abusivo, inconveniente o malo termine de una vez. || **y bien** loc. conj. Se usa para introducir a preguntar algo: *y bien, ¿cómo va todo?* || FAM. bienestar, bienhechor, requetebién.

bienal adj. Que sucede o se repite cada dos años. También s. || Que dura un bienio. || f. Exposición o manifestación artística o cultural que se repite cada dos años.

bienaventurado, da adj. Afortunado, feliz. || Que goza de Dios en el cielo. También s.

bienaventuranza f. Prosperidad, felicidad. || Vista y posesión de Dios en el cielo. || Las ocho felicidades que manifestó Cristo a sus discípulos para que aspirasen a ellas. Más en pl. || FAM. bienaventurado.

bienestar m. Estado o situación de satisfacción o felicidad. || Estado o situación del que tiene buena posición económica y una vida desahogada.

bienhechor, ra adj. y s. Que hace el bien. || Protector.

bienhechuría f. *amer.* Construcción levantada en terrenos baldíos. ‖ *amer.* Conjunto de mejoras que hace el arrendatario a un inmueble.

bienintencionado, da adj. Que tiene buena intención. ◆ También se escribe *bien intencionado.*

bienio m. Tiempo de dos años. ‖ Incremento salarial que se produce por cada periodo de dos años trabajados. ‖ FAM. bienal.

bienmesabe m. Dulce de azúcar y claras de huevos, con el que se hacen los merengues. ‖ Cazón adobado.

bienvenido, da adj. Se apl. a la persona o cosa cuya venida se acoge con agrado: *sé bienvenido a mi casa.* ‖ f. Manifestación de agrado que se comunica a alguien por su llegada: *dar la bienvenida a los invitados.*

bies m. Trozo de tela cortado en sesgo respecto al hilo que se aplica a los bordes de prendas de vestir. ‖ **al bies** loc. adv. En sesgo, en diagonal.

bifase f. Sistema formado por dos corrientes alternas iguales y desfasadas entre sí un cuarto de ciclo. ‖ FAM. bifásico.

bifásico, ca adj. De una bifase o que está relacionado con ella: *corriente bifásica.*

bife m. *amer.* Trozo de carne que se sirve asada o a la plancha. ‖ *amer.* Bofetada.

bífido, da adj. Hendido en dos partes, bifurcado: *lengua bífida.*

bifidus m. Bacilo con propiedades dietéticas. ◆ No varía en pl.

bifocal adj. Que tiene dos focos: *lentes bifocales.*

bifronte adj. De dos frentes o dos caras: *arco bifronte.* ‖ m. Busto o estatua de dos cabezas que miran en sentido opuesto.

bifurcación f. División en dos ramales. ‖ Punto en que algo se bifurca.

bifurcarse prnl. Dividirse en dos ramales, brazos o puntas. ‖ FAM. bifurcación, bifurcado.

bigamia f. Estado del hombre o mujer casados con dos personas al mismo tiempo. ‖ FAM. bígamo.

bígamo, ma adj. y s. Que se casa de nuevo, teniendo todavía vigencia legal su anterior matrimonio.

bigardo, da adj. y s. *col.* Que es fuerte y robusto. ‖ FAM. bigardía.

bígaro m. Nombre común de diversos moluscos gasterópodos marinos de concha en forma espiral y puntiaguda y carne comestible.

big bang (voz. i.) m. Gran explosión inicial que dio origen al universo.

bignoniáceo, a adj. y f. De las bignoniáceas o relativo a esta familia plantas. ‖ f. pl. Familia de plantas arbóreas angiospermas dicotiledóneas, con hojas compuestas, cáliz de una pieza con cinco divisiones, corola gamopétala con cinco lóbulos, cuatro estambres fértiles y uno estéril, y fruto en cápsula.

bigornia f. Yunque con dos puntas opuestas.

bigote m. Pelo que nace sobre el labio superior. También pl. ‖ *col.* Restos de bebida o de comida que quedan en el labio superior. Más en pl. ‖ **de bigote(s)** loc. adj. *col.* Muy grande o extraordinario: *hace un frío de bigote.* ‖ FAM. bigotera, bigotudo.

bigotera f. Compás pequeño que tiene una rosca para regular su abertura. ‖ Restos de bebida o comida que quedan en el labio superior. Más en pl. ‖ Tira de gamuza o redecilla que usaban los hombres para dar la forma que deseaban a los bigotes.

bigudí m. Alfiler o pinza para rizar el cabello. ◆ pl. *bigudís* o *bigudíes.*

bija f. Árbol de la familia bixáceas, de poca altura, con flores rojas y olorosas y fruto oval, que se cultiva en las zonas cálidas de América. ‖ Fruto de este árbol, del que se extrae una bebida medicinal. ‖ Semilla de este fruto, de la que se extrae una sustancia de color rojo que se usa en tintorería.

bikini m. Bañador de mujer de dos piezas de reducidas dimensiones.

bilabiado, da adj. Se apl. al cáliz o a la corola que tiene la parte superior dividida en dos partes.

bilabial adj. En fon., se apl. al sonido en cuya pronunciación intervienen los dos labios. ‖ Se dice de la consonante que se articula de esta manera, como la *b,* la *m* y la *p.* También f.

bilateral adj. Relativo a ambos lados. ‖ Se apl. al acuerdo, contrato o negociación en que intervienen dos partes.

biliar adj. De la bilis o relativo a ella: *vesícula biliar.*

bilingüe adj. Que habla dos lenguas. ‖ Escrito en dos lenguas.

bilingüismo m. Uso habitual de dos lenguas en una misma región o comunidad lingüística. ‖ Cualidad de bilingüe de alguien o algo. ‖ FAM. bilingüe.

bilirrubina f. Pigmento disuelto en la bilis y que le da el color dorado que esta tiene al ser formada por el hígado.

bilis f. Sustancia amarga, de color amarillo o verdoso, segregada por el hígado. ‖ Malhumor, irritación: *echar una la bilis.* ◆ No varía en pl. ‖ FAM. biliar, bilioso, bilirrubina.

billar m. Juego que se practica impulsando con un palo o taco bolas de marfil sobre una mesa rectangular forrada de paño verde, rodeada de barandas elásticas y con troneras o sin ellas. ‖ Lugar donde se juega. Más en pl. ‖ FAM. billa, billarista, billarístico.

billarista com. Persona que juega al billar.

billetaje m. Conjunto o totalidad de los billetes de un teatro, transporte, etc.

billete m. Papel moneda. ‖ Tarjeta que da derecho a entrar u ocupar asiento en alguna parte o para viajar en un vehículo: *billete de avión.* ‖ Número de una rifa o lotería. ‖ Carta breve. ‖ FAM. billetaje, billetear, billetero.

billetear tr. *amer.* Pasar dinero para cohechar a funcionarios públicos.

billetero, ra m. y f. Cartera pequeña de bolsillo para llevar billetes de banco. ‖ *amer.* Persona que vende billetes de lotería.

billón m. Un millón de millones. ◆ Va precedido por *de* cuando le sigue el nombre de aquello que se numera: *un billón de unidades.* ‖ Signo con que se representa este número: *1 000 000 000 000.* ‖ En Estados Unidos, mil millones. ‖ FAM. billonésimo.

billonésimo, ma adj. num. ord. Que ocupa el lugar número un billón en una serie ordenada de elementos. || adj. num. frac. De cada una del billón de partes iguales en que se divide algo. También m.

bilocación f. Presencia de una persona en dos lugares al mismo tiempo. || FAM. bilocarse.

bimembre adj. De dos miembros o partes: *oración bimembre*.

bimensual adj. Que se hace u ocurre dos veces al mes.

bimestral adj. Que sucede cada dos meses. || Que dura dos meses.

bimestre m. Periodo de tiempo de dos meses. || Renta, sueldo, pensión, etc., que se cobra o paga por cada dos meses. || adj. Bimestral. || FAM. bimestral.

bimetalismo m. Sistema monetario que admite como patrones el oro y la plata, conforme a la relación que la ley establece entre ellos. || FAM. bimetalista.

bimotor adj. y m. Se apl. al avión provisto de dos motores.

binar tr. Arar por segunda vez las tierras de labor. || Hacer la segunda cava en las viñas. || FAM. bina, binadera, binadura.

binario, ria adj. Compuesto de dos elementos, unidades o guarismos: *los ordenadores utilizan un sistema binario*.

binazo m. *amer.* Chisme, noticia que pretende indisponer.

bingo m. Juego de azar parecido a la lotería, en el que cada participante debe tachar los números que tiene en su cartón a medida que salen de un bombo y se cantan; tiene premio quien primero consigue tachar una línea de números del cartón y quien primero consigue tacharlos todos. || Premio que se entrega al ganador. || Sala donde se juega. || interj. *col.* que se usa para expresar que se ha solucionado o acertado una cosa: *¡bingo!, encontré el papel que buscaba*.

binocular adj. Se dice de la visión que se hace con los dos ojos simultáneamente. || Se apl. al instrumento óptico que se emplea simultáneamente con los dos ojos: *microscopio binocular*. También m. || m. pl. Aparato óptico para ver a distancia, formado por dos tubos, uno para cada ojo, que en su interior tienen una combinación de prismas y lentes. || FAM. binóculo.

binóculo m. Especie de gafas sin patillas.

binomio m. En mat., expresión compuesta de dos términos algebraicos separados por los signos de suma o resta. || Conjunto de dos personas que mantienen una estrecha relación profesional.

binza f. Película que tiene la cebolla por la parte exterior. || Telilla que recubre la parte interior de la cáscara del huevo. || Cualquier telilla o panículo del cuerpo del animal. || Telilla que se forma en la superficie de un líquido caliente y en reposo.

bio-, -bio pref. y suf. que significan 'vida': *biológico, bioquímica, anfibio, microbio*. || pref. y suf. que indican la intervención o utilización exclusivamente de agentes naturales: *bioagricultura, biomedicina*.

biocatalizador m. Sustancia que acelera las reacciones químicas en el organismo de los seres vivos.

biocenosis f. Conjunto de seres vivos que habitan un biotopo. ◆ No varía en pl.

bioclimatología f. Estudio de las relaciones entre el clima y los seres vivos. || FAM. bioclimático.

biodegradable adj. Se apl. a la sustancia química que se descompone por un proceso natural biológico. || FAM. biodegradación.

biodinámica f. Parte de la fisiología que estudia la actividad de los fenómenos biológicos.

biodiversidad f. Variedad de especies animales y vegetales.

bioelectricidad f. Conjunto de los fenómenos eléctricos que se producen en los procesos biológicos.

bioelemento m. Elemento químico que forma parte de las sustancias orgánicas naturales, como el carbono, el hidrógeno, el oxígeno y el nitrógeno.

bioética f. Disciplina científica que estudia los aspectos éticos de los avances y métodos de la medicina y la biología.

biofísica f. Estudio de los fenómenos vitales mediante los principios y métodos de la física. || FAM. biofísico.

biófito, ta adj. y f. Se apl. a la planta que vive de otros seres vivos, como parásita o como depredadora.

biogénesis f. Teoría según la cual todo ser vivo procede de otro ser vivo. ◆ No varía en pl. || FAM. biogenético.

biografía f. Historia de la vida de una persona. || FAM. autobiografía, biografiado, biografiar, biográfico, biógrafo.

biografiado, da m. y f. Persona cuya vida es el objeto de una biografía.

biografiar tr. Escribir la biografía de alguien.

biográfico, ca adj. De la biografía o relativo a ella: *novela biográfica*.

biógrafo, fa m. y f. Autor de una biografía.

biología f. Ciencia que trata de los seres vivos, considerándolos en su doble aspecto morfológico y fisiológico. || FAM. biológico, biólogo.

biológico, ca adj. De la biología o relativo a ella: *actividad biológica*.

biólogo, ga m. y f. Persona que se dedica profesionalmente a la biología.

bioluminiscencia f. Propiedad que tienen algunos seres vivos de emitir luz. || Luz emitida así. || FAM. bioluminiscente.

biomasa f. Suma total de la materia de los seres que viven en un ecosistema determinado, expresada habitualmente en peso estimado por unidad de área o de volumen.

biombo m. Mampara compuesta de varios bastidores articulados.

biomecánica f. Ciencia que estudia la aplicación de las leyes de la mecánica a las estructuras y los órganos de los seres vivos. || FAM. biomecánico.

biomedicina f. Medicina clínica basada en los principios de las ciencias naturales. || FAM. biomédico.

biónica f. Ciencia que estudia el diseño de aparatos o máquinas que funcionan de acuerdo con principios observados en los seres vivos. || FAM. biónico.

biopsia f. Procedimiento de investigación clínica que consiste en separar del organismo vivo una porción de un órgano determinado para confirmar o completar un diagnóstico.

bioquímica f. Parte de la química que estudia la composición y las transformaciones químicas de los seres vivos. ‖ FAM. bioquímico.

biorritmo m. Ciclo periódico en la actividad de los procesos vitales de una persona o animal.

biosfera f. Parte de la superficie sólida, líquida y gaseosa de la Tierra en la que se desarrollan los seres vivos. ‖ Conjunto que forman los seres vivos con el medio en que se desarrollan.

biosíntesis f. Formación de sustancias en el interior de un ser vivo. ◆ No varía en pl.

biota f. Conjunto de seres vivos de una región. ‖ FAM. biótico.

biotecnología f. Conocimientos y avances biológicos aplicados a procesos tecnológicos o de interés industrial. ‖ FAM. biotecnológico.

biótico, ca adj. Que es característico de los seres vivos o se refiere a ellos: *factor biótico.* ‖ De la biota o relativo a ella.

biotipo m. Forma de animal o planta que se considera característica de su variedad, especie o raza. ‖ Grupo de seres vivos que tienen características hereditarias comunes.

biotopo m. Región de caracteres climáticos y geográficos definidos que es ocupada por una comunidad de especies animales y vegetales.

bióxido m. En quím., combinación de un radical simple o compuesto con dos átomos de oxígeno: *bióxido de carbono.*

bipartición f. División de una cosa en dos partes. ‖ FAM. bipartito.

bipartidismo m. Forma de gobierno basada en la existencia de dos partidos. ‖ FAM. bipartidista.

bipartito, ta adj. Que consta de dos partes o dos participantes.

bípede adj. Bípedo.

bípedo, da adj. y m. De dos pies. ‖ FAM. bipedación.

biplano m. Avión con cuatro alas que, dos a dos, forman planos paralelos.

biplaza adj. y m. Se apl. al vehículo de dos plazas.

bipolar adj. Que tiene dos polos eléctricos o magnéticos opuestos. ‖ P. ext., que tiene dos vertientes o aspectos distintos. ‖ FAM. bipolaridad, bipolarización.

biquini m. Bikini.

birdie (voz i.) m. En el juego del golf, jugada en la que se logra meter la bola en el hoyo con un golpe menos que el fijado por su par.

birimbao m. Instrumento musical formado por una barrita de hierro en forma de herradura, que se sujeta con los dientes, mientras se hace vibrar una lengüeta de acero que lleva en medio.

birlar tr. *col.* Quitar algo, estafar: *me han birlado la billetera.*

birlibirloque (por arte de) loc. adv. *col.* Por arte de magia, por encantamiento.

birmano, na adj. y s. De Myanmar, antigua Birmania, o relativo a este país asiático. ‖ m. Lengua chino-tibetana, oficial en Myanmar.

birome f. *amer.* Bolígrafo.

birra f. *col.* Cerveza.

birreme adj. y m. Se apl. al antiguo navío con una fila de remos a cada lado.

birreta f. Bonete cuadrangular que usan algunos clérigos.

birrete m. Gorro de forma prismática que en algunos actos solemnes sirve de distintivo a los profesores de universidad, magistrados, jueces y abogados. ‖ Birreta. ‖ FAM. birreta.

birria f. *desp.* Cosa de mala calidad o mal hecha. ‖ com. *desp.* Mamarracho: *no se cuida, siempre va hecha una birria.* ‖ FAM. birrioso.

birrioso, sa adj. *col.* De mala calidad, mal hecho o de poco valor.

biruje o **biruji** m. *col.* Viento muy frío.

bis adv. c. Se emplea para dar a entender que una cosa debe repetirse o está repetida. ‖ m. Ejecución o declamación repetida, para corresponder a los aplausos del público, de una obra musical o recitada o de un fragmento de ella. ‖ FAM. bisar.

bisabuelo, la m. y f. Respecto de una persona, el padre o la madre de su abuelo o de su abuela.

bisagra f. Conjunto de dos piezas metálicas articuladas que permite la articulación de puertas y ventanas. ‖ Elemento que se encuentra entre otros dos y sirve de punto de unión o articulación: *partido bisagra.*

bisar tr. Repetir, a petición del público, una obra musical o recitada o un fragmento de ella.

bisbisear o **bisbisar** tr. Musitar, hablar en voz muy baja produciendo un murmullo. ‖ FAM. bisbiseo.

bisbiseo m. Murmullo que se produce al hablar en voz muy baja.

biscocho m. *amer.* Bizcocho.

biscote m. Rebanada de pan tostado que se vende empaquetado y puede conservarse durante algún tiempo.

biscuit (voz fr.) m. Bizcocho. ‖ Porcelana.

bisecar tr. Dividir en dos partes iguales. ‖ FAM. bisección, bisector, bisectriz.

bisección f. División en dos partes iguales.

bisector, triz adj. y s. Que divide en dos partes iguales: *recta bisectriz.* ‖ f. Línea recta que divide un ángulo en otros dos iguales.

bisel m. Corte oblicuo en el borde de una lámina o plancha. ‖ FAM. biselar.

biselar tr. Hacer biseles. ‖ FAM. biselado.

bisemanal adj. Que se hace u ocurre dos veces por semana. ‖ Que sucede cada dos semanas.

bisemanario m. Publicación quincenal.

bisexual adj. Hermafrodita. ‖ adj. y com. Se apl. a la persona que mantiene relaciones sexuales con personas de su mismo sexo y del contrario, indistintamente. ‖ FAM. bisexualidad.

bisiesto adj. y m. Se apl. al año que tiene 366 días. Excede del año normal en un día, que se añade al mes de febrero, y se repite cada cuatro años.

bisílabo, ba adj. y s. De dos sílabas. ‖ FAM. bisilábico.

bismuto m. Elemento químico metálico, muy brillante, de color gris rojizo, hojoso, muy frágil y fácilmente fusible. Se emplea en calderas, industrias farmacéuticas y en la fabricación de cierres de seguridad. Su símbolo es *Bi*, y su número atómico, 83.

bisnieto, ta m. y f. Respecto de una persona, hijo o hija de su nieto o de su nieta.

biso m. Secreción producida por algunos moluscos que se endurece con el agua y toma la forma de filamentos con los que se fijan a las rocas u otras superficies.

bisojo, ja adj. y s. Persona que padece estrabismo.

bisonte m. Mamífero artiodáctilo parecido al toro, con la parte anterior del cuerpo muy abultada, cubierto de pelo áspero y con cuernos poco desarrollados.

bisoñé m. Peluca que cubre solo la parte anterior de la cabeza.

bisoño, ña adj. y s. Inexperto en algún oficio o actividad. ‖ Se apl. al soldado o tropa que acaba de ingresar en el Ejército. ‖ FAM. bisoñada, bisoñería.

bistec o **bisté** m. Loncha o filete de carne asada o frita. ◆ pl. *bistecs* o *bistés*.

bisturí m. Instrumento con forma de cuchillo pequeño usado en cirugía. ◆ pl. *bisturís* o *bisturíes*.

bisutería f. Industria que produce joyas hechas de materiales no preciosos. ‖ Local o tienda donde se venden dichas joyas. ‖ Estas mismas joyas de adorno.

bit (voz i.) m. En inform., unidad de información, la más pequeña, equivalente a la elección entre dos posibilidades igualmente probables. Puede tomar dos valores: 0 o 1. ‖ En inform., unidad de medida de la capacidad de memoria de un ordenador, de un disco magnético, etc. ◆ pl.: *bits*. Es el acrónimo de *binary digit*, 'dígito binario'.

bitácora f. Armario que en un barco se sitúa cerca del timón, donde se pone la brújula.

bíter m. Licor amargo que se bebe como aperitivo. ◆ pl. *bíteres*, pero se usa más como invariable: *el/los bíter*.

bitoque m. Tarugo de madera con que se tapa el agujero o piquera de los toneles, por donde sale el vino. ‖ *amer.* Grifo, llave de cañería o depósito de líquidos.

bituminoso, sa adj. Que tiene betún o semejanza con él.

biunívoco, ca adj. Se apl. a la correspondencia matemática que asocia cada uno de los elementos de un conjunto con uno, y solo uno, de los elementos de otro conjunto, y cada elemento de este último con uno, y solo uno, de los elementos de aquel.

bivalente adj. y m. En quím., se apl. al elemento que tiene dos valencias o posibilidades de combinación con otro elemento.

bivalvo, va adj. y m. De los bivalvos o relativo a esta clase de moluscos. ‖ m. pl. Clase de moluscos cuya concha está formada por dos valvas unidas entre sí por una articulación con dientes, también llamados pelecípodos o lamelibranquios, como los mejillones y las ostras.

bivirí m. *amer.* Camiseta interior masculina. ◆ Es la extensión del nombre de la marca registrada *BVD*.

bizantino, na adj. Se apl. a la discusión inútil o complicada por ser demasiado sutil. ‖ adj. y s. De Bizancio, relativo a esta antigua colonia griega o al Imperio romano de Oriente. ‖ FAM. bizantinismo.

bizarría f. Gallardía, valor. ‖ Generosidad, lucimiento.

bizarro, rra adj. Valiente, gallardo. ‖ Generoso, espléndido. ‖ FAM. bizarría.

bizco, ca adj. Que padece estrabismo. También s. ‖ Se apl. al ojo o a la mirada que está torcido. ‖ FAM. bizcar, bizquear, bizquera.

bizcocho m. Bollo de harina, huevos y azúcar cocido al horno. ‖ Pan sin levadura que se cuece dos veces para que se seque y dure mucho. ‖ FAM. bizcochada, bizcochar, bizcochero, bizcochuelo.

bizcochuelo m. *amer.* Masa de harina, huevos y azúcar que sirve de base para hacer un pastel.

bizna f. Película que separa los cuatro gajitos de la nuez.

biznaga f. Arbusto de la familia de las umbelíferas, de aproximadamente 1 m de altura, con tallos lisos, hojas con hendiduras muy pequeñas, flores pequeñas y blancas y fruto oval. ‖ Cada uno de los piececillos de las flores de esta planta, que en algunas zonas se emplean como mondadientes. ‖ Planta de la familia de las cactáceas, de tallo muy corto, cilíndrico y sin hojas. Crece en México, en zonas áridas.

biznieto, ta m. y f. Bisnieto.

blackjack (voz i.) m. Juego de cartas o dados en el que gana el jugador que hace veintiún puntos exactos o se acerca más a ellos sin pasarse.

blanca f. Nota musical que equivale a dos negras en el compás de compasillo. ‖ Antigua moneda española. ‖ **estar sin blanca** loc. No tener nada de dinero.

blanco, ca adj. De color de nieve o leche. Es el color de la luz solar, no descompuesta en los colores del espectro. También m. ‖ Referido a una cosa, de color más claro que otras de la misma especie: *vermut blanco, alubia blanca*. ‖ Se apl. a la raza europea o caucásica. También s. ‖ m. Objeto para ejercitarse en el tiro y puntería. ‖ Intermedio entre dos cosas. ‖ Objetivo o fin al que se dirige un acto, un deseo o un pensamiento: *era el blanco de todas las miradas*. ‖ **blanco del ojo** Parte visible de la córnea. ‖ **en blanco** loc. adj. Se dice del papel que no está escrito o marcado. ‖ Se apl. al cheque que está firmado pero no tiene indicada la cantidad de dinero. ‖ **quedarse en blanco** loc. Olvidar lo que se había memorizado. ‖ FAM. blanca, blancor, blancura, blancuzco, blanquear, blanquecer, blanquecino.

blancura f. Propiedad de las cosas blancas.

blancuzco, ca adj. Que tira a blanco o es de color blanco sucio.

blandengue adj. *desp.* Excesivamente blando. ‖ adj. y com. *desp.* Se apl. a la persona débil y que se queja con frecuencia: *eres un blandengue, ¡deja de gimotear!* ‖ FAM. blandenguería.

blandir tr. Mover un arma u otra cosa con movimiento oscilante y vibratorio: *blandir una navaja*.

blando, da adj. Tierno, suave, que cede fácilmente al tacto. ‖ Benévolo, falto de energía o severidad: *tu profesora es muy blanda*. ‖ Débil de carácter: *es demasiado blando con quienes te critican*. ‖ Se apl. al mineral que se raya con facilidad. ‖ FAM. blandengue, blanducho, blandura.

blandura f. Propiedad de las cosas blandas.

blanquear tr. Poner blanca una cosa. ‖ Dar de cal o yeso blanco a las paredes, techos, etc. ‖ Limpiar un metal. ‖ Ajustar a la legalidad fiscal el dinero procedente de negocios delictivos. ‖ intr. Mostrar una cosa la blancura que tiene. ‖ Ir tomando una cosa color blanco: *el pelo del abuelo ya blanquea.* ‖ FAM. blanqueado, blanqueador, blanqueo.

blanquecino, na adj. Que tira a blanco.

blanqueo m. Acción y resultado de blanquear. ‖ Tratamiento que se da al papel y a las fibras textiles para eliminar impurezas. ‖ Legalización de dinero ilícito.

blasfemar intr. Decir blasfemias. ‖ Maldecir, vituperar, especialmente a algo o alguien que se considera sagrado o digno de respeto.

blasfemia f. Palabra o expresión injuriosa contra Dios o las personas o cosas sagradas. ‖ Injuria grave contra una persona. ‖ FAM. blasfemante, blasfemar, blasfemo.

blasfemo, ma adj. Que contiene blasfemia. ‖ Que blasfema. También s.

blasón m. Arte de explicar y describir los escudos de armas. ‖ Figura de un escudo. ‖ Escudo de armas. ‖ Honor, fama. ‖ FAM. blasonado, blasonar, blasonería, blasonista.

blasonado, da adj. Que es ilustre por sus blasones o abolengo.

blasonar tr. Jactarse, presumir. ◆ Se construye con la prep. *de: blasona de su linaje.*

blastema m. Conjunto de células embrionarias que, mediante su proliferación, llegan a formar un órgano determinado.

blastocele m. Cavidad que se forma en el interior de la blástula de un embrión.

blastocito m. Célula embrionaria que todavía no se ha diferenciado.

blastodermo m. Primitiva acumulación de células embrionarias que proceden de la segmentación del óvulo fecundado.

blastómero m. Cada una de las células en que se divide el óvulo para dar lugar a las primeras fases embrionarias.

blástula f. Una de las primeras fases del desarrollo embrionario en la que, por segmentación del cigoto, se forma una estructura en forma de esfera hueca, constituida por una sola capa de células.

blaugrana adj. y com. Del Fútbol Club Barcelona o relativo a él.

blazer (voz i.) amb. Especie de americana, generalmente azul, y que suele llevar el escudo de un equipo, colegio, etc., en el bolsillo superior. Más como f. ◆ pl. *blazers,* aunque también invariable.

bledo m. Planta rastrera de la familia de las amarantáceas, de unos 30 cm de largo, hojas triangulares de color verde oscuro y flores rojas y pequeñas. ‖ **importarle** algo **un bledo** a alguien loc. *col.* Importarle muy poco o nada.

blefaritis f. Inflamación de los párpados. ◆ No varía en pl.

blenda f. Sulfuro de cinc que forma cristales regulares brillantes de color pardo amarillento o negruzco.

blenorragia f. Inflamación infecciosa de la uretra, que produce un exceso de flujo genital.

blenorrea f. Blenorragia crónica.

bleque m. *amer.* Sustancia resinosa oscura similar al alquitrán.

blindado, da adj. Cubierto por un blindaje. ‖ *col.* Intocable, protegido: *contrato blindado.*

blindaje m. Acción y resultado de blindar. ‖ Revestimiento, coraza o defensa usada contra la acción de proyectiles. ‖ Conjunto de materiales que se utilizan para blindar. ‖ Pantalla, generalmente metálica, que sirve de protección contra radiaciones.

blindar tr. Acorazar y proteger con planchas de diversos materiales contra agentes externos como proyectiles, radiaciones, etc. ‖ FAM. blindado, blindaje.

blíster m. Soporte de cartón con una lámina de plástico transparente que forma distintas cavidades utilizadas como envase de manufacturados pequeños. ◆ No varía en pl.

bloc m. Cuaderno o taco pegado de hojas de papel en blanco: *bloc de notas.* ◆ pl. *blocs.*

blocaje m. Acción y resultado de blocar.

blocar tr. En fútbol, detener y sujetar el balón fuertemente con las manos. ‖ *En rugby,* detener a un jugador e impedir que avance. ‖ En boxeo, detener un golpe con los brazos o los codos. ‖ FAM. blocaje.

blonda f. Encaje de seda, bolillos o aguja formado por hilos en varias direcciones y de distinto grosor. ‖ FAM. blondina.

blondo, da adj. Rubio, claro: *cabellos blondos.*

bloody mary (voz i.) m. Cóctel cuyos ingredientes esenciales son vodka, zumo de tomate y de limón y algunas gotas de tabasco.

bloque m. Trozo grande de piedra u hormigón sin labrar. ‖ Coalición ocasional de partidos políticos: *bloque centrista.* ‖ Conjunto de países que mantienen características políticas, militares y económicas comunes. ‖ Manzana o edificio de casas de similares características. ‖ Bloc. ‖ Conjunto de caracteres tratados como una sola unidad. ‖ En los motores de explosión, pieza de fundición que contiene uno o varios cilindros en cuyo interior circula el agua de refrigeración. ‖ **en bloque** loc. adv. En conjunto, sin separación ni distinción. ‖ FAM. bloquear.

bloquear tr. Cortar las comunicaciones de una ciudad o puerto con fines militares o políticos. ‖ Detener el funcionamiento de un mecanismo o el desarrollo de un proceso en cualquiera de sus fases. También prnl.: *se bloquearon las negociaciones.* ‖ Interrumpir un servicio por exceso de demanda. También prnl.: *se bloqueó la centralita.* ‖ Inmovilizar la autoridad una cantidad, crédito o bienes impidiendo a su titular disponer de ellos: *sus cuentas han sido bloqueadas por Hacienda.* ‖ FAM. bloqueo.

bloqueo m. Acción y resultado de bloquear. ‖ Incapacidad transitoria de un individuo para reaccionar ante una situación determinada: *un repentino bloqueo le impidió responder las preguntas.* ‖ Aislamiento: *decreto de embargo y bloqueo.* ‖ Sistema de seguridad en la señalización de ferrocarriles.

blues (voz i.) m. Canción lenta afroamericana, de carácter urbano, nostálgico y sensual, estructurada sobre una melodía de doce compases con modulaciones en la parte central. ◆ No varía en pl.

bluf m. Falsa apariencia, objeto o persona que atraen sin tener cualidades para ello: *la película resultó ser un bluf.* ◆ pl. **blufs.**

blusa f. Prenda de vestir, generalmente femenina, amplia y con mangas, que cubre la parte superior del cuerpo. ‖ FAM. blusón.

blusón m. Blusa larga y amplia.

bluyín m. *amer.* Pantalón vaquero, tejano. ◆ pl. *bluyines.*

boa f. Nombre común de diversos reptiles escamosos ofidios que pueden alcanzar hasta 5 m de longitud, en muchos casos vivíparos, no venenosos, que matan a sus presas comprimiéndolas con su cuerpo para después devorarlas. Entre las más conocidas destacan la boa constrictor, la anaconda o la pitón. ‖ Prenda femenina de plumas o piel que se coloca alrededor del cuello: *boa de marabú.*

boatiné m. Tejido acolchado relleno de guata: *bata de boatiné.*

boato m. Ostentación, lujo.

bobada f. Bobería, necedad.

bobalicón, ona adj. y s. *col.* Bobo, inocentón.

bobería f. Dicho o hecho necio. ‖ Asunto sin importancia.

bobina f. Carrete sobre el que se enrolla hilo, alambre, etc., y el hilo mismo. ‖ Rollo de papel continuo que utilizan las rotativas. ‖ Cilindro con dos discos laterales, en el que se enrolla la película cinematográfica. ‖ Cilindro en el que se enrolla hilo conductor devanado. ‖ Parte del sistema de encendido de un motor de explosión, en la que se efectúa la transformación de la corriente. ‖ FAM. bobinado, bobinar, rebobinar.

bobo, ba adj. y s. De poco entendimiento y capacidad. ‖ Excesivamente candoroso e ingenuo. ‖ *amer.* Nombre común de diversas especies de árboles: *palo bobo.* ‖ *amer.* Mona, juego de naipes. ‖ *amer.* Chupete. ‖ FAM. bobada, bobalicón, bobamente, bobear, bobería.

boboré adj. *amer.* Se apl. a la fruta o al órgano animal que presenta una formación doble, como los siameses. ◆ pl. *boborés.*

bobsleigh (voz i.) m. Trineo formado por un bastidor montado sobre dos trenes de patines que es utilizado en pistas cerradas de hielo o nieve. ‖ Deporte de invierno que se practica con dicho trineo.

bobtail (voz i.) adj. y com. Se apl. a una raza de perros pastores ingleses de considerable tamaño y pelaje blanco y gris, largo y lanoso.

boca f. Orificio del aparato digestivo de los animales, destinado a la recepción del alimento. ‖ Abertura que sirve de entrada o salida: *boca de metro.* ‖ Pinza que remata las patas delanteras de los crustáceos. ‖ En diversas herramientas, parte afilada con que se corta o destinada a golpear: *boca del cincel.* ‖ Gusto o sabor del vino. ‖ Órgano de la palabra: *no abrió la boca en toda la reunión.* ‖ Persona o animal a quien se mantiene: *tiene que alimentar siete bocas.* ‖ **boca de incendios** Dispositivo semejante al de la boca de riego para ser usado en caso de incendio. ‖ **boca del estómago** Cardias, parte central de la región epigástrica. ‖ **boca de lobo** Lugar muy oscuro: *esta calle está como boca de lobo.* ‖ **boca de riego** Abertura a la que se conecta una manga para regar. ‖ **abrir boca** loc. Despertar el apetito con comida o bebida. ‖ **abrir la boca** loc. *col.* Hablar. ‖ **a pedir de boca** loc. adv. Como se quiere, apropiadamente: *todo ha salido a pedir de boca, sin problemas.* ‖ **boca abajo** loc. adv. En posición horizontal y de cara a la superficie. ‖ **boca a boca** loc. adv. Verbalmente: *la película se promocionó boca a boca.* ‖ m. Forma de respiración artificial que consiste en aplicar la boca de uno a la de la persona accidentada para insuflarle aire con un ritmo determinado. ‖ **boca arriba** loc. adv. En posición horizontal y de espaldas a la superficie. ‖ **calentársele** a alguien **la boca** loc. Animarse a lo largo de la conversación a hablar con más extensión o claridad de lo que pensaba o de lo que convenía. ‖ **con la boca abierta** loc. adv. *col.* Suspenso o admirado por algo que se ve u oye: *la película nos dejó con la boca abierta.* También loc. adj. ‖ **de boca en boca** loc. adv. Referido a noticias, por transmisión oral. ‖ Ser una persona tema de conversación u objeto de murmuración: *la relación de la jefa con su secretario va de boca en boca.* ‖ **decir** algo **con la boca chica** o **pequeña** loc. *col.* Realizar un ofrecimiento sin deseos de cumplirlo. ‖ **hacérsele** a uno **la boca agua** loc. *col.* Recrearse al pensar en el buen sabor de un alimento. ‖ **meterse en boca de lobo** loc. *col.* Exponerse a peligros innecesarios. ‖ **no abrir la boca** o **no decir esta boca es mía** loc. *col.* Callar, no decir palabra. ‖ **partirle la boca** a alguien loc. Pegarle, darle una paliza. ‖ **poner** algo **en boca** de alguien loc. Atribuirle dichos ajenos. ‖ **quitarle** a alguien algo **de la boca** loc. *col.* Anticiparse a lo que otro va a decir. ‖ **tapar la boca** a alguien loc. *col.* Sobornarlo para que no diga algo. ‖ Dejarle sin argumentos con otros más poderosos: *le hizo un razonamiento tan aplastante que le tapó la boca.* ‖ FAM. bocacalle, bocado, bocamanga, bocanada, bocazas.

bocabajo adv. m. Boca abajo, tendido con la boca hacia el suelo. ‖ m. *amer.* Persona servil y aduladora. ‖ *amer.* Castigo de azotes que se daba a los esclavos.

bocacalle f. Entrada de una calle. ‖ Calle secundaria que afluye a una principal.

bocadillo m. Panecillo cortado longitudinalmente en dos rebanadas con alimentos variados en su interior. ‖ Interlocución de los personajes de cómics y tebeos rodeada por una línea curva que sale de su boca. ‖ Breve intervención de un actor teatral. ‖ *amer.* Denominación para diversos dulces americanos cuyo ingrediente principal puede ser el coco, la guayaba o el boniato. ‖ FAM. bocadillería, bocata.

bocadito m. Pastel pequeño relleno de nata montada o crema. ‖ *amer.* Cigarro de picadura envuelto en una hoja de tabaco. ‖ **bocadito de la reina** *amer.* Dulce de leche, harina y clara de huevo.

bocado m. Cantidad de comida que cabe de una vez en la boca. ‖ Un poco de comida: *tomaron un bocado antes de salir.* ‖ Mordedura, mordisco. ‖ Pedazo arrancado de cualquier cosa de manera violenta. ‖ Parte del freno que entra en la boca de las caballerías y, p. ext., el freno. || **bocado de Adán** Nuez de la garganta. || **con el bocado en la boca** loc. adv. Inmediatamente después de comer. || FAM. bocadillo, bocadito.

bocajarro (a) loc. adv. Referido a un disparo, hecho desde muy cerca, a quemarropa. || De improviso, inopinadamente.

bocamanga f. Abertura de la manga por donde sale la mano y, en especial, la parte interior más próxima a la muñeca.

bocana f. Paso estrecho de mar que sirve de entrada a una bahía o fondeadero. || *amer.* Desembocadura de un río.

bocanada f. Cantidad de cualquier fluido que se toma o se arroja por la boca de una vez: *bocanada de aire*. || Golpe de humo, aire o viento que sale o entra de alguna abertura. || Afluencia, tropel: *bocanadas de gente salían del metro*.

bocarte m. Boquerón.

bocata m. *col.* Bocadillo, trozo de pan con alimentos. ◆ Es la extensión del nombre de una marca registrada.

bocatería f. *amer.* Jactancia, fanfarronería.

bocazas com. *col.* Persona que habla más de lo debido y de forma indiscreta. ◆ No varía en pl.

bocel m. Moldura lisa, convexa y cilíndrica. || m. Cepillo usado para hacer dicha moldura.

bocera f. Residuo que queda pegado en los labios después de comer o beber. || Herida en la comisura de los labios, boquera.

boceras com. *col.* Bocazas, hablador. || Persona inoportuna. ◆ No varía en pl.

boceto m. Esbozo o bosquejo de rasgos generales que sirve de base al artista antes de emprender la obra definitiva: *boceto de un cuadro, de una novela*. || FAM. abocetar.

bocha f. Bola pequeña de madera para jugar a las bochas. || pl. Juego en el que se lanzan unas bolas hacia otra más pequeña, ganando el jugador que más se aproxima. || **a bocha** loc. adv. *amer.* En cantidad.

boche f. *amer.* Desaire. || **dar boche** loc. *col.* Rechazar, airar. || **echar un boche** a alguien. loc. *col.* Regañarlo.

boche m. *amer.* Pelea, pendencia. || *amer.* Fiesta bulliciosa.

bochinche m. Alboroto, tumulto. || Taberna. || *amer.* Chisme, rumor. || *amer.* Baile, fiesta casera.

bochorno m. Aire caliente que se levanta en verano. || Calor sofocante. || Sofocación del rostro por el excesivo calor. || Rubor causado por algo que ofende o avergüenza: *¡qué bochorno me hizo pasar con su mal comportamiento!* || FAM. bochornoso.

bochornoso, sa adj. Que ofende o provoca vergüenza.

bocina f. Instrumento de forma cónica con que se refuerza el sonido para proyectarlo a distancia. || Avisador acústico de los automóviles. || Pabellón de los gramófonos. || Caracola, cuerno, instrumento de viento. || *amer.* Parte del teléfono que recoge la voz al hablar. || Revestimiento interior metálico de un orificio. || FAM. bocinazo.

bocinazo m. Ruido que produce la bocina. || Grito dado para avisar o reprender.

bocio m. Hipertrofia de la glándula tiroides reflejada en la hinchazón del cuello. || Tumor en el cuerpo del tiroides.

bocoy m. Barril de gran tamaño. ◆ pl. *bocoyes*.

boda f. Casamiento y fiesta con que se celebra. Más en pl.: *noche de bodas*. || **bodas de diamante** Sexagésimo aniversario de un acontecimiento. || **bodas de oro** Quincuagésimo aniversario de un acontecimiento. || **bodas de plata** Vigesimoquinto aniversario de un acontecimiento. || FAM. bodijo, bodorrio.

bodega f. Lugar donde se guarda, cría o fabrica el vino. || Almacén o tienda de vinos. || Cosecha o producción de vino de una zona determinada: *la bodega de la Rioja*. || Almacén, despensa, granero, depósito en general: *bodega de cereales*. || Espacio interior de los buques que va de la cubierta inferior a la quilla. || *amer.* Tienda de comestibles. || FAM. bodegón, bodeguero.

bodegón m. Establecimiento que sirve comidas comunes. || Taberna, establecimiento de bebidas alcohólicas. || Pintura que representa una composición de comestibles, utensilios usuales y seres inanimados.

bodeguero, ra m. y f. Persona dueña o encargada de una taberna o bodega.

bodoque m. Bola de barro endurecida al aire, que servía para tirar con ballesta. || Reborde con que se refuerzan los ojales del colchón. || Relieve de forma redonda que sirve de adorno en algunos bordados. || *amer.* Pelota o pedazo informe de papel, masa, lodo u otro material blando. || *amer.* Chichón o hinchazón en cualquier parte del cuerpo. || *amer.* Cosa mal hecha: *vaya bodoque de película*. || *amer.* Ser querido, en especial los niños. || adj. y com. Persona de corto entendimiento.

bodorrio m. *col.* Boda en la que los novios pertenecen a clases sociales diferentes. || *col.* Boda ostentosa y de mal gusto.

bodrio m. Cosa mal hecha o de mala calidad. || Caldo de algunas sobras de sopa, mendrugos, verduras y legumbre. || Guiso mal aderezado. || Sangre de cerdo mezclada con cebolla para hacer morcillas.

body (voz i.) m. Maillot para practicar danza o deporte. || Prenda interior femenina que cubre el tronco completo: *body de encaje*. || *col.* Cuerpo. ◆ pl. *bodies*.

bóer adj. y com. Se apl. al descendiente de los colonos holandeses establecidos en el sur de África, al norte de El Cabo. || De esta región de África. ◆ pl. *bóers*.

bofe m. Pulmón de las reses muertas destinado al consumo humano o animal. || **echar el bofe** loc. *col.* Trabajar en exceso. || **ser un bofe** loc. *amer.* Ser pesado e inoportuno.

bofetada f. Golpe que se da en la mejilla con la mano abierta. || Sensación repentina de frío, calor, etc. || Desaire, ofensa: *recibió la acusación como una bofetada*. || *amer.* Puñetazo. || **darse de bofetadas** loc. *col.* No conjuntar en absoluto: *los tonos de su ropa se dan de bofetadas*. || **no tener** alguien **media bofetada** loc. *col.* Ser débil y pequeño. || FAM. bofetón.

bofetón m. Bofetada fuerte. || Tramoya giratoria para hacer aparecer o desaparecer personajes u objetos del escenario. || *amer.* Hoja de papel que cubre los cigarros en las cajas de habanos.

bofia f. *argot* Policía, cuerpo de seguridad y orden público.

boga f. Acción de bogar. || com. Persona que boga.

boga f. Pez osteíctio perciforme marino, de unos 35 cm de longitud, de cuerpo de color claro con tres o cuatro bandas doradas características. || Pez osteíctio fluvial, cipriniforme, con cuerpo plateado y aletas blancas.

boga f. Aceptación, fama. ◆ Se usa más en la loc. *en boga: ese baile estuvo en boga en los cincuenta.*

bogar intr. Remar. || *amer.* Quitar la escoria al mineral. || FAM. boga, bogada, bogavante.

bogavante m. Crustáceo marino parecido a la langosta, de color verde oscuro o azulado, con dos grandes pinzas en las patas delanteras y de carne muy apreciada.

bogey (voz i.) m. En golf, jugada en la que se introduce la pelota tras realizar un golpe más del par. || **doble** *bogey* En golf, dos golpes más del par. ◆ pl. *bogeys.*

bohemio, mia adj. y s. De Bohemia o relativo a esta región checa: *cristal bohemio.* || Se apl. a un tipo de vida inconformista, libre y no convencional. || Se apl. a la persona que lleva esta vida. || Persona de raza gitana. || m. Lengua checa.

bohío m. Cabaña circular o casa rústica americana, hecha de madera, ramas, cañas o pajas, sin más abertura que la puerta.

bohordo m. Lanza arrojadiza usada en los juegos y justas de caballerías para lanzarla contra un tablado. || Vara con un extremo relleno, generalmente de yeso, utilizada en los juegos de cañas. || Tallo herbáceo y sin hojas que sostiene la flor, las inflorescencias o el fruto de determinadas familias de plantas.

boicot m. Presión que se ejerce sobre una persona o entidad suprimiendo o dificultando cualquier relación con ella. ◆ pl. *boicots.* || FAM. boicotear, boicoteo.

boicotear tr. Privar a una persona o entidad de toda relación y capacidad de acción para obligarla a ceder en algo.

boicoteo m. Boicot.

boina f. Gorra de una sola pieza, generalmente de lana, sin visera, redonda y chata.

boiserie (voz fr.) f. Revestimiento de madera aplicado a paredes. || Mueble de madera empotrado en una pared. ◆ pl. *boiseries.*

boîte (voz fr.) f. Sala de fiestas, local de espectáculos. ◆ pl. *boîtes.*

boj m. Arbusto de la familia de las buxáceas que mide entre 2 y 5 m de altura, con tallos ramosos y hojas perennes fuertes y duras, flores pequeñas y blanquecinas, y de madera amarilla, dura y compacta: *setos de boj.* || Madera de este arbusto, muy utilizada en tornería y xilografía. || Taco de madera sobre el que se cosen los zapatos. ◆ pl. *bojes.* || FAM. bojedal.

bojar tr. Medir el perímetro de una isla o saliente de la costa en el mar. || intr. Tener tal perímetro estos accidentes geográficos. || Rodear navegando dicho perímetro.

boje m. Boj. || adj. y com. *amer.* Simple, bobo.

bojote m. *amer.* Bulto, paquete. || *amer.* Abundancia, profusión. || *amer.* Taco de madera envuelto en sacos usado por los arrieros para equilibrar la carga.

bol m. Recipiente redondo, amplio y sin asas.

bola f. Cuerpo esférico: *bola de billar.* || Esfera de hierro que se lanza en diversos juegos de habilidad. || Canica. || Esferas numeradas usadas en los juegos de lotería o rifas. || *col.* Embuste, mentira, rumor: *no inventes más bolas.* || *col.* Bíceps. || Betún para el calzado. || Empanada de maíz de forma esférica. || *amer.* Bola de piedra muy pesada que se arroja a distancia, volteándola a modo de honda. || *amer.* Juego de la argolla. || *amer.* Cometa grande y redonda. || *amer.* Tumulto, sublevación. || **bola de nieve** Noticia que va adquiriendo más detalles e importancia a medida que pasa de boca en boca. || **acertar con las bolas** *amer.* loc. Jugar una mala pasada a alguien. || **andar como bola sin manija** loc. *col.* Estar desorientado y sin rumbo. || **correr la bola** loc. *col.* Divulgar una noticia o rumor. || **en bolas** loc. adj. *vulg.* Desnudo. || **ir** alguien **a su bola** loc. *col.* Ir a lo suyo. || **pasar** alguien **la bola** a otro loc. *col.* Pasar a otro la propia responsabilidad. || FAM. bolada, bolado, bolazo, boleadora, bolear, bolera, bolilla, bolo.

bolada f. Lanzamiento hecho con una bola, especialmente en billar. || Caña del cañón de artillería. || *amer.* Rumor, chisme. || *amer.* Ocasión favorable para un negocio.

bolado m. *amer.* Asunto, negocio. || *amer.* En billar, jugada hecha con destreza. || *amer.* Aventura amorosa.

bolardo m. Pieza de hierro que se coloca en los puertos para enrollar y atar las amarras de los barcos. || Poste de hierro colocado en el suelo para impedir el paso de vehículos.

bolazo m. Golpe dado con una bola. || Mentira, embuste. || *amer.* Disparate, despropósito.

bolchevique adj. y com. Relativo o partidario del bolchevismo. || Comunista. || FAM. bolchevismo, bolchevización.

bolchevismo m. Doctrina política, económica y social dirigida por Lenin, partidaria de la dictadura del proletariado y el colectivismo. || Sistema de gobierno que se impuso en la URSS tras la Revolución de Octubre de 1917.

boldo m. Arbusto originario de Chile, de hojas verdes y de fruto comestible, cuya infusión es usada en medicina para enfermedades del aparato digestivo.

boleadoras f. pl. Instrumento compuesto de dos o tres bolas pesadas, forradas de piel y sujetas por unas correas, usado en América del Sur para cazar o detener animales.

bolear intr. En billar, jugar por entretenimiento. || Tirar o lanzar las bolas en cualquier juego. || Derribar muchos bolos. || tr. *amer.* Lanzar las boleadoras a un animal. || *amer.* Confundir y enredar a alguien con mala intención. || *amer.* Dar betún al calzado o limpiarlo. || prnl. *amer.* Tropezar. || *amer.* Equivocarse. || *amer.* Avergonzarse. || *amer.* En el béisbol, lanzarse la pelota un jugador a otro. || *amer.* Levantarse el potro sobre las patas traseras y caer.

bolera f. Establecimiento destinado al juego de bolos.

bolero, ra adj. y s. *col.* Que dice muchas mentiras. || m. y f. *amer.* Limpiabotas. || m. Canción melódica lenta, de tema amoroso, originaria de Hispanoamérica. ||

Música y baile popular de origen andaluz. || Chaquetilla corta de mujer. || *amer.* Boliche, juego que tiene una bola unida a un asta para ensartarla. || *amer.* Chistera, sombrero de copa. || *amer.* Volante ancho o arandela que usan las mujeres en el vestido. || *amer.* Caballo delantero que tira de un vehículo.

boleta f. Cédula que permite circular y entrar en alguna parte. || *amer.* Cédula de voto. || *amer.* Cédula que tiene un nombre o número para ser sorteado. || *amer.* Borrador que dan las partes al notario, para una escritura pública. || **dar boleta** loc. *col.* Echar, despedir a personas que nos desagradan. || FAM. boletería, boletero, boletín, boleto.

boletería f. *amer.* Taquilla o casillero donde se despachan de billetes.

boletero, ra m. y f. *amer.* Persona que vende boletos o billetes.

boletín m. Publicación periódica sobre un determinado campo del saber. || Publicación periódica de carácter oficial: *Boletín Oficial del Estado.* || *amer.* Billete de ferrocarril. || **boletín informativo** o **de noticias** Espacio de radio o televisión dedicado a las noticias de actualidad.

boleto m. Resguardo o impreso de participación en una rifa o sorteo: *boleto de quinielas.* || *amer.* Billete de un vehículo. || *amer.* Entrada para un espectáculo. || Género de hongos basidiomicetos que se distinguen por tener túbulos en lugar de laminillas en el envés del sombrerete. En su mayor parte son setas comestibles.

boli m. Hipocorístico de *bolígrafo.*

boliche m. Bola pequeña. || Juguete compuesto de una bola taladrada unida a un palito con un cordón, y que se mueve intentando meter la bola en el palito. || Juego de los bolos. || Bolera. || Adorno torneado que remata algunos muebles. || Casa de juegos. || *amer.* Comercio de poca importancia, especialmente el que se dedica al despacho y consumo de bebidas, comestibles y baratijas. || *amer.* Bar. || *amer.* Tabaco de clase inferior que se produce en la isla de Puerto Rico. || FAM. bolicho.

bolicho m. *amer.* Establecimiento dedicado al comercio al menudeo de diversas mercancías.

bólido m. Automóvil destinado a participar en carreras que alcanza gran velocidad. || Masa mineral en ignición que atraviesa la atmósfera con rapidez y suele estallar al contacto con ella.

bolígrafo m. Instrumento para escribir que tiene un depósito de tinta y una bolita metálica en la punta que gira para liberarla progresivamente.

bolilla f. *amer.* Bola pequeña numerada que se usa en los sorteos. || *amer.* Cada uno de los temas numerados en que se divide el programa de una materia para su enseñanza.

bolillo m. Palito torneado que sujeta y tensa el hilo con que se tejen encajes y pasamanería. || *amer.* Porra de la policía. || pl. *amer.* Barritas de masa dulce. || *amer.* Pan de trigo.

bolín m. Bolita del juego de las bochas o de la petanca.

bolina f. Cabo con que se tensa hacia proa la relinga de barlovento de una vela. || Sonda, plomada que se encuentra al extremo de una cuerda. || Alboroto, pen-

dencia, bulla. || *amer.* Borrachera de muchas personas reunidas.

bolinga adj. *col.* Borracho, bebido. || f. *col.* Borrachera. || **en bolingas** loc. adv. *vulg.* Desnudo, sin ropa.

bolita f. *amer.* Armadillo, mamífero americano. || *amer.* Bola para votar.

bolívar m. Unidad monetaria de Venezuela.

boliviano, na adj. y s. De Bolivia o relativo a este país hispanoamericano. || FAM. bolivianismo.

bollera f. *argot* Lesbiana.

bollería f. Establecimiento donde se hacen o venden bollos o panecillos. || Conjunto de estos bollos: *bollería surtida.*

bollo[1] m. Panecillo esponjoso de diversas formas, hecho con masa de harina, agua, leche, huevos, etc., cocida al horno. || Masa de maíz tierno. || Adorno de las telas consistente en un plegado esférico. || Chichón, hinchazón. || *amer.* Pella de barro con que se forma una teja. || *amer.* Pedazo de barra de plata que se obtiene de las minas. || *col.* Alboroto, confusión: *armar un bollo.* || *amer.* Puñetazo. || *argot* Coño. || FAM. bollería, bollero.

bollo[2] m. *col.* Abolladura.

bolo m. Palo torneado con base plana. || Actuación de una compañía teatral o artista, gala. || pl. Juego que consiste en derribar con bolas diez bolos colocados en el suelo. || adj. y m. Hombre ignorante o necio. || *col.* De la provincia española de Toledo. || *amer.* Ebrio, borracho. || *amer.* Reculo, sin cola. || **bolo alimenticio** Masa de alimento masticada y mezclada con saliva para su deglución. || FAM. bolera.

bolo m. *amer.* Dádiva que los niños piden al padrino en un bautizo.

bolsa f. Saco o talega de diversas materias destinado a guardar todo tipo de objetos: *bolsa de viaje.* || Arruga que forma un vestido cuando no se ajusta bien. || Abultamiento del párpado inferior. || Riqueza o dinero de una persona. || *amer.* Bolsillo de las prendas de vestir. || Cavidad de pus, linfa, etc. || Zona redondeada abundante en mineral. || Premio en metálico que recibe el ganador de un combate de boxeo y, p. ext., en otras competiciones. || pl. Cavidades del escroto en que se alojan los testículos. || **bolsa de trabajo** Organismo encargado de gestionar solicitudes y ofertas de empleo. || FAM. bolsear, bolsero, bolsillo, bolso.

bolsa f. Institución oficial en que se realizan transacciones comerciales de valores públicos y privados: *invertir en Bolsa.* ◆ Se escribe con mayúscula. || Lugar en que se celebran las reuniones de Bolsa. ◆ Se escribe con mayúscula. || Cotización de los valores negociados en Bolsa: *la bolsa de Nueva York descendió más de tres puntos.* || FAM. bolsín, bolsista, bursátil.

bolsear tr. *amer.* Robar furtivamente algo de valor del bolsillo de alguien. || *amer.* Dar calabazas, rechazar a un pretendiente.

bolsero, ra m. y f. Persona que hace bolsas, bolsos o bolsillos. || *amer.* Pedigüeño, gorrón. || *amer.* Ladrón, carterista.

bolsillo m. Saquito de tela cosido a una abertura en las prendas, destinado a guardar pequeños objetos. || Bolsa en que se guarda el dinero. ‖ Caudal de una persona: *lo he pagado de mi bolsillo.* ‖ **de bolsillo** loc. adj. De tamaño reducido: *libro de bolsillo.* ‖ **meterse** o **tener** a alguien **en el bolsillo** loc. *col.* Ganarse sus simpatías y voluntad. ‖ **rascarse el bolsillo** loc. *col.* Gastar el dinero de mala gana.

bolsista com. Persona que se dedica profesionalmente a las operaciones bursátiles.

bolso m. Bolsa de mano de piel u otros materiales para llevar objetos de uso personal, generalmente usada por las mujeres. ‖ Bolsillo del dinero y de la ropa.

boludo, da adj. y s. *amer. vulg.* Tonto, necio.

bomba f. Máquina que eleva, comprime y transporta fluidos: *bomba de agua.* ‖ Artefacto o proyectil explosivo, que puede lanzarse o prepararse para que estalle en el momento conveniente. ‖ Usado tras nombres, calidad de explosivo: *paquete, coche bomba.* ‖ Sorpresa, información imprevista que causa estupor: *¡menuda bomba de declaraciones!* ‖ *amer.* Pompa, burbuja. ‖ *amer.* Embriaguez. ‖ *amer.* Chistera, sombrero de copa. ‖ adv. *col.* Muy bien, estupendamente: *lo pasaron bomba en el circo.* ‖ **bomba atómica** Artefacto bélico que libera energía violentamente por fisión de materiales como uranio o plutonio. ‖ **bomba de alimentación** La que provee de agua la caldera de una máquina de vapor. ‖ **bomba de cobalto** Aparato de radioterapia que usa la radiación gamma del cobalto-60 para el tratamiento delimitado de zonas profundas y tumores. ‖ **bomba de hidrógeno** La termonuclear cuya energía se libera por la fusión de los núcleos de isótopos del hidrógeno. ‖ **bomba de neutrones** La termonuclear de baja potencia cuyo poder letal reside en los neutrones emitidos. ‖ **bomba de relojería** Bomba explosiva provista de un dispositivo que la hace estallar en un momento determinado. ‖ Asunto destinado a causar gran conmoción en un momento dado. ‖ **bomba fétida** Pequeño explosivo de broma, que al explotar causa muy mal olor. ‖ **bomba neumática** La usada para extraer o comprimir el aire. ‖ **a prueba de bomba** loc. adj. *col.* A prueba de cualquier cosa. ‖ **caer como una bomba** loc. *col.* Presentarse de manera sorpresiva. ‖ *col.* Hablando de comida, sentar mal. ‖ FAM. bombacha, bombacho, bombarda, bombardear, bombardero, bombazo, bombear.

bombacáceo, a adj. y f. De las bombacáceas o relativo a esta familia de plantas. ‖ f. pl. Familia de árboles y arbustos intertropicales angiospermos dicotiledóneos con hojas alternas, por lo común palmeadas, tallo grueso y flores grandes, como el baobab.

bombacha f. *amer.* Calzón o pantalón bombacho usado en el campo. ‖ *amer. pl.* Braguitas.

bombacho, a adj. Se apl. al pantalón ancho y ceñido por abajo. ‖ m. Ese mismo pantalón. Más en pl.

bombarda f. Máquina militar con cañón de gran calibre. ‖ Buque de dos palos con morteros en la proa. ‖ Instrumento de viento de los siglos XVI y XVII, construido en madera con lengüeta doble. ‖ Registro del órgano que produce sonidos fuertes y graves con grandes tubos de lengüeta. ‖ FAM. bombardino.

bombardear tr. Arrojar o disparar bombas. ‖ Hacer fuego continuado de proyectiles pesados contra una

población desde el exterior. ‖ En fís., proyectar radiaciones o partículas a gran velocidad contra los átomos de un elemento. ‖ *col.* Acosar a preguntas: *los periodistas bombardearon a preguntas a la modelo.* ‖ FAM. bombardeo.

bombardeo m. Acción de bombardear.

bombardero m. Avión equipado para transportar y lanzar bombas. ‖ Artillero al servicio de las bombardas o del mortero.

bombardino m. Nombre genérico de una serie de instrumentos de viento, de metal, con sección cónica, embocadura de cubeta y tubo provisto de pistones.

bombazo m. Impacto y estallido de una bomba o proyectil pesado. ‖ Daño que causa. ‖ *col.* Noticia inesperada: *su boda sorpresa fue un bombazo.*

bombear tr. Extraer o elevar un líquido por medio de una bomba: *bombear gasolina.* ‖ Lanzar por alto una pelota o balón con trayectoria parabólica: *bombeó el balón sobre el portero.* ‖ *argot* Inyectar heroína y extraer sangre alternativamente. ‖ Arrojar o disparar bombas de artillería. ‖ FAM. bombeo.

bombero, ra m. y f. Persona encargada de extinguir incendios y auxiliar en otro tipo de siniestros. ‖ Persona que se dedica a trabajar con la bomba hidráulica de manera profesional. ‖ En un buque, persona encargada del mantenimiento de las tuberías, bombas, con su carga y descarga. ‖ *amer.* Cañón que dispara bombas. ‖ *amer.* Espía. ‖ adj. y s. *amer.* Tonto, bobo.

bombilla f. Globo de vidrio en cuyo interior hay un filamento que, al paso de una corriente eléctrica, se pone incandescente y alumbra. ‖ Caña delgada, usada para sorber el mate, que termina en forma de almendra agujereada y deja pasar la infusión pero no la hierba mate.

bombillo m. Aparato con sifón que evita la subida de malos olores por los desagües. ‖ Tubo de hojalata con un ensanche para extraer líquidos. ‖ *amer.* Bombilla eléctrica.

bombín m. Sombrero hongo. ‖ Bomba de aire pequeña usada sobre todo para hinchar balones y neumáticos de bicicleta.

bombo m. Tambor muy grande que se emplea en las orquestas y en las bandas militares. ‖ Persona que toca este instrumento. ‖ Recipiente o jaula esférica giratoria en la que se introducen bolas o papeletas para un sorteo. ‖ *col.* Vientre abultado de las embarazadas. ‖ Elogio exagerado con que se ensalza a alguien o se anuncia algo: *dieron demasiado bombo a ese libro.* ‖ **a** o **con bombo y platillo(s)** loc. adv. Con exagerada publicidad. ‖ **dar bombo** loc. *col.* Elogiar con exageración. También prnl.: *se da mucho bombo desde que le concedieron el premio.*

bombón m. Pequeño dulce de chocolate, que puede contener licor o crema. ‖ *col.* Persona guapa y atractiva. ‖ FAM. bombonera, bombonería.

bombona f. Garrafa de gran capacidad y boca estrecha, usada para transportar líquidos. ‖ Recipiente metálico, hermético y muy resistente, que sirve para contener fluidos a presión: *bombona de butano.*

bombonera f. Cajita o recipiente de cristal, cerámica, etc., para guardar bombones.

bombonería f. Confitería, establecimiento en que se hacen o venden bombones.

bonachón, ona adj. y s. De carácter bondadoso y amable.

bonancible adj. Sereno, calmado, generalmente referido al mar.

bonanza f. Tiempo sereno en el mar. || Prosperidad, desarrollo favorable: *bonanza económica.*

bonche m. *amer.* Racimo, manojo.

bondad f. Calidad de bueno. || Inclinación natural hacia el bien. || Amabilidad, suavidad de carácter. || Cortesía, favor. || FAM. bondadoso.

bondadoso, sa adj. De carácter sereno y apacible.

bondiola f. *amer.* Corte de carne porcina, que se extrae de la región del cuello. || *amer.* Embutido que se prepara con este corte.

bonete m. Gorra que suele tener cuatro picos, usada por los eclesiásticos, los seminaristas, los colegiales y los graduados. || Hongo ascomiceto con el sombrero sinuoso de color pardo y el pie blancuzco. || *amer.* Capó o cubierta del motor del automóvil. || FAM. bonetería, bonetero.

bongo m. *amer.* Especie de canoa usada por los indios de América Central. || *amer.* Balsa de maderos para pasaje y carga. || Árbol originario de Panamá, de madera muy ligera y semillas comestibles.

bongó m. Instrumento de percusión de origen cubano formado por dos pequeños tambores yuxtapuestos, recubierto de piel solo en un extremo. ◆ pl. *bongós.* || FAM. bongosero.

bongosero m. *amer.* Músico que toca el bongó en un conjunto.

boniato m. Primer tubérculo de la batata, más grande y de peor calidad. || Batata.

bonificación f. Acción y resultado de bonificar. En algunas pruebas deportivas, descuento sobre el tiempo empleado en realizarlas.

bonificar tr. Hacer asiento de una partida en el haber. || Conceder un aumento en una cantidad que alguien ha de cobrar o un descuento en la que ha de pagar. || FAM. bonificación.

bonísimo, ma adj. sup. *Irreg.* de *bueno.*

bonito m. Pez marino osteíctio perciforme que mide hasta 80 cm de longitud, similar al atún, pero de carne más blanca que este, y con bandas oscuras longitudinales. || FAM. bonitera, bonitero.

bonito, ta adj. Agraciado, de cierta belleza. || *irón.* Malo: *¡bonita respuesta me das!* || FAM. bonitamente.

bono m. Vale que puede canjearse por dinero, o cualquier artículo de consumo. || Abono que permite disfrutar algún servicio durante un periodo o un número determinado de veces: *bono de diez viajes.* || Título de deuda emitido comúnmente por una tesorería pública o por una empresa: *bonos del Estado.* || FAM. bonista.

bonoloto f. Variedad española de lotería primitiva con sorteo diario.

bonsái m. Técnica japonesa consistente en detener el crecimiento de los árboles mediante el corte de las raíces y la poda de ramas. || Árbol enano obtenido por dicha técnica. ◆ pl. *bonsáis.*

bonus m. Bonificación o sobresueldo. ◆ No varía en pl.

bonzo m. Sacerdote o monje del culto de Buda en Asia oriental. || **quemarse a lo bonzo** loc. Rociarse el cuerpo de líquido inflamable y prenderse fuego como protesta.

boñiga f. Excremento del ganado vacuno o caballar. || FAM. boñigo.

boñigo m. Cada porción del excremento del ganado vacuno o caballar.

boogie-woogie (voz i.) m. Variedad del *blues* para piano, con ritmos rápidos y marcados. ◆ pl. *boogie-woogies.*

book (voz i.) m. Álbum de fotos que presenta la trayectoria profesional. ◆ pl. *books.*

boom (voz i.) m. Eclosión o crecimiento repentino de cualquier actividad. ◆ pl. *booms.*

boomerang (voz i.) m. Bumerán. ◆ pl. *boomerangs.*

boqueada f. Acción de abrir la boca repetidamente los moribundos. Más en pl.

boquear intr. Abrir la boca. || Estar muriéndose: *el pez boqueaba sobre la playa.* || *col.* Estar acabándose algo: *esa botella está boqueando.* || *amer.* Enseñar a un caballo a obedecer la rienda. || FAM. boqueada.

boquera f. Boca o puerta de piedra que se hace en el cauce de los ríos para regar. || Herida que se forma en la comisura de los labios.

boquerón m. Pez osteíctio clupeiforme que mide hasta 20 cm de longitud, de cuerpo comprimido y hocico alargado, que vive formando bancos, similar a la sardina y muy apreciado como comestible.

boquete m. Entrada estrecha de un lugar. || Agujero o abertura irregular.

boquiabierto, ta adj. Que tiene la boca abierta. || Asombrado o sorprendido por algo: *la noticia nos dejó boquiabiertos.*

boquilla f. Piececita cónica y hueca de diversos materiales que se adapta al tubo de algunos instrumentos de viento para producir el sonido al soplar. || Parte del cigarrillo consistente en un cilindro de cartulina relleno de filtrante. || Extremo por el que se enciende un habano. || Cilindro pequeño en el que se introduce el cigarrillo para fumar y que actúa como filtro. || Parte de la pipa que se introduce en la boca. || *amer.* Rumor. || **de boquilla** loc. adv. Sin intención de cumplir el ofrecimiento o la apuesta que se hace: *sus chulerías son solo de boquilla.* || *amer.* Gratis, sin pagar.

borato m. Sal obtenida de la combinación del ácido bórico con una base.

bórax m. Sal blanca compuesta de ácido bórico, sosa y agua, de sabor alcalino algo dulce, que se emplea en medicina e industria. ◆ No varía en pl.

borbollar o **borbollear** intr. Borbotar, hacer borbollones el agua. || FAM. borbolla, borbolleo, borbollón.

borbollón m. Borbotón, erupción del agua hacia arriba.

borbónico, ca adj. De los Borbones o relativo a ellos. || Partidario de esta dinastía francesa.

borborigmo m. Ruido producido por el movimiento de los gases en la cavidad intestinal. Más en pl.

borboritar intr. Borbotar, borbollar.

borbotar o **borbotear** intr. Nacer o hervir el agua impetuosamente y haciendo ruido. || FAM. borboteo, borbotón.

borboteo m. Acción de borbotear. || Sonido asociado a esta acción.

borbotón m. Burbuja y erupción del agua. || **a borbotones** loc. adv. Rápidamente y sin orden.

borceguí m. Calzado que llega hasta más arriba del tobillo, abierto por delante y que se ajusta por medio de cordones. ◆ pl. _borceguís_ o _borceguíes_.

borda f. Canto superior del costado de un buque. || Vela mayor en las galeras. || **echar** o **tirar por la borda** loc. Deshacerse de alguien sin consideración. || _col._ Malgastar el esfuerzo realizado: _no tires por la borda tu carrera_.

bordada f. Camino que hace entre dos viradas el barco que navega girando para avanzar hacia barlovento. || Paseo reiterado entre dos puntos.

bordado, da adj. Perfecto, muy bien acabado: _la prueba le quedó bordada_. || m. Acción y resultado de bordar. || Labor de relieve ejecutada en tela o piel con aguja y diversas clases de hilo. || FAM. bordador, bordadura.

bordador, ra m. y f. Persona cuyo oficio es bordar.

bordadura f. Bordado, labor de relieve que se hace en un tejido con aguja y diversos hilos.

bordar tr. Adornar una tela o piel con bordados. || Ejecutar algo con arte y perfección: _ese cocinero borda los guisos_. || FAM. bordado, bordador.

borde m. Extremo u orilla de un objeto. || FAM. borda, bordear, bordillo.

borde adj. y com. _col._ Tosco, torpe, desagradable de trato.

bordear tr. Recorrer el borde o la zona cercana al borde de algo. || Hallarse una serie o fila de cosas en el borde u orilla de otra. || Frisar, acercarse mucho a algo: _bordear la perfección_. || Rozar lo moralmente reprobable: _sus dichos bordean lo indecente_. || Dar bordadas.

bordillo m. Borde de piedras estrechas de las aceras, andenes o carriles.

bordo m. Cada costado exterior de la nave. || Bordada. || _amer._ Resguardo de los campos hecho de céspedes y estacas para retener el agua. || _amer._ Elevación natural de un terreno no rocoso. || **a bordo** loc. adv. En la nave. || **de alto bordo** loc. adj. De los buques mayores. || De importancia: _negocio de alto bordo_. || FAM. bordada.

bordón m. Bastón de longitud mayor a un hombre y punta de hierro: _subió a la cumbre ayudándose con un bordón_. || Persona que guía y sostiene a otra: _mis hijos fueron los bordones de mi vejez_. || Verso quebrado que se repite al fin de cada copla. || Muletilla, expresión que se repite con frecuencia en una conversación: _todas sus frases acaban con el bordón «¿entiendes?»_. || Cuerda gruesa que hace el bajo en los instrumentos musicales:

rompió dos bordones de la guitarra. || Cuerda de tripa que se emplea para dilatar conductos naturales o conservar los que se han abierto artificialmente. || _amer._ Benjamín de una familia. || FAM. bordonear, bordoneo.

boreal adj. Septentrional. || Del bóreas o relativo a él.

bóreas m. Viento norte. ◆ No varía en pl.

borgoña m. Vino de Borgoña.

borla f. Conjunto de hebras o cordoncillos en forma de media bola sujeto por uno de sus cabos. || Conjunto de plumas unidas circularmente para empolvar el cutis. || Insignia de los doctores y licenciados universitarios que consiste en una borla cuyo botón está fijo en el centro del bonete, y cuyos hilos se esparcen alrededor cayendo por los bordes.

borne m. Botón metálico al que va unido un hilo conductor eléctrico, bien sea para rematarlo o para conectarlo con otro circuito.

boro m. Elemento químico de color pardo oscuro y muy duro, que se emplea como aislante eléctrico, moderador de neutrones en las pilas nucleares y como sustituto del diamante. Su símbolo es B, y su número atómico, 5. || FAM. bórico.

borona f. Mijo. || Maíz. || Pan de maíz. || _amer._ Migaja de pan.

borra f. Cordera de un año. || Parte más corta de la lana. || Pelo de cabra con que se rellenan diversos objetos: _borra de un cojín_. || Pelusa de la cápsula del algodón. || Pelusa que se forma, por acumulación de polvo, en los bolsillos, rincones, alfombras. || Sedimento que forman la tinta, el aceite, etc. || _col._ Cosa inútil y sin sustancia.

borrachera f. Embriaguez, pérdida de las facultades por efecto del alcohol. || _col._ Exaltación o exageración en el modo de actuar, hacer o decir algo: _la borrachera de fama le ha vuelto un engreído_.

borracho, cha adj. y s. Ebrio, embriagado por la bebida. || Bebedor habitual de alcohol. || adj. Se apl. a los bizcochos empapados en algún licor. También m. || _col._ Vivamente dominado por alguna pasión: _borracho de poder, de ira_. || FAM. borrachera, borrachín.

borrador, ra adj. y s. Que borra. || m. Redacción provisional de un escrito en el que se hacen correcciones: _borrador de una novela_. || Goma de borrar. || Utensilio para borrar la pizarra. || Libro de apuntes provisionales de los comercios.

borragináceo, a adj. y f. De las borragináceas o relativo a esta familia de plantas. || f. pl. Familia angiospermas dicotiledóneas, la mayor parte herbáceas, cubiertas de pelos ásperos, con hojas sencillas y alternas, flores gamopétalas y pentámeras, dispuestas en espigas, racimo o panoja, y fruto en cariópside, cápsula o baya, como el heliotropo.

borraja f. Planta herbácea de la familia boragináceas, de unos 20 cm de altura, con tallos ásperos, hojas grandes lanceoladas y flores de color azul vivo, que se come en ensalada o cocida. || **convertirse** o **quedarse algo en agua de borrajas** loc. _col._ Resultar cosa de poca o ninguna importancia.

borrajear tr. Escribir sin asunto determinado. || Hacer rúbricas, rasgos o figuras por mero entretenimiento.

borrajo m. Rescoldo, brasa todavía ardiente que queda bajo la ceniza. ‖ Hojarasca de los pinos.

borrar tr. y prnl. Hacer desaparecer lo trazado por cualquier medio. ‖ Suprimir de un soporte magnético los datos grabados en él. ‖ Desvanecer, eliminar, hacer que desaparezca totalmente una cosa: *he borrado ese incidente de mi memoria.* ‖ Causar baja o dejar de asistir a alguna actividad: *se ha borrado de inglés.* ‖ FAM. borrador, borroso.

borrasca f. Alteración atmosférica caracterizada por viento y lluvia que se produce por bajas presiones. ‖ Tempestad, temporal en el mar. ‖ Riña, discusión violenta. ‖ Periodo de contratiempos en algún negocio. ‖ *amer.* Falta de mineral útil en las minas. ‖ FAM. borrascoso.

borrego, ga m. y f. Cordero o cordera de uno a dos años. ‖ *col.* Persona dócil que se somete a la voluntad ajena. ‖ m. Nube redonda, pequeña y blanca. ‖ *amer.* Bulo, infundio. ‖ *amer.* Chaqueta forrada de piel de borrego. ‖ FAM. borregada, borreguero, borreguil, borreguismo.

borricada f. Conjunto de borricos. ‖ Carrera sobre borricos que se hace por diversión. ‖ *col.* Dicho o hecho necio.

borrico, ca m. y f. Asno. ‖ adj. y s. Se apl. a la persona necia o terca. ‖ m. Borriquete, armazón. ‖ **ser** alguien **un borrico** loc. *col.* Ser muy sufrido para el trabajo. ‖ FAM. borricada, borriqueño, borriquero, borriqueta, borriquete.

borriquero adj. y m. Se apl. a un cardo de la familia de las compuestas que llega a medir hasta 3 m de altura, con las hojas rizadas y provisto espinas, el tallo con dos bordes membranosos y flores de color púrpura.

borriqueta f. Borriquete.

borriquete m. Armazón compuesta de tres maderos que forman un trípode en el que los carpinteros apoyan la madera que trabajan.

borrón m. Mancha de tinta sobre el papel. ‖ Imperfección que afea. ‖ Acción indigna que daña la reputación o fama: *ese suspenso es un borrón en su carrera.* ‖ Borrador, escrito inicial. ‖ **borrón y cuenta nueva** loc. *col.* Muestra la decisión de olvidar errores pasados y comenzar de nuevo. ‖ FAM. borronear.

borronear tr. Borrajear.

borroso, sa adj. Que no se distingue con claridad, generalmente dicho de una imagen de trazos desvanecidos y confusos. ‖ FAM. borrosidad.

boscaje m. Bosque pequeño con árboles y matas espesas. ‖ Lienzo o tapiz que representa un paisaje con árboles.

boscoso, sa adj. Abundante en bosques.

bosnio, nia adj. y s. De Bosnia o relativo a este país europeo.

bosque m. Gran extensión que forma un ecosistema de árboles y matas. ‖ Abundancia, confusión o asunto complicado. ‖ FAM. boscaje, boscoso.

bosquejar tr. Apuntar, diseñar sin precisión los elementos fundamentales de una obra de creación. ‖ Trabajar cualquier obra sin concluirla. ‖ Exponer con vaguedad un concepto o plan. ‖ FAM. bosquejo.

bosquejo m. Esbozo, elaboración inicial de una obra de arte. ‖ Idea o concepto vago, impreciso.

bosquimán, ana o **bosquimano, na** adj. y s. De un pueblo negro africano que habita en el desierto del Kalahari o relativo a él.

bossa nova (voz portuguesa) f. Música brasileña de ritmo vivo, semejante a la samba y con elementos de *jazz.*

bosta f. Excremento del ganado vacuno o caballar.

bostezar intr. Abrir la boca involuntariamente para tomar y expulsar aire lenta y profundamente. ‖ FAM. bostezo.

bostezo m. Apertura involuntaria de la boca tomando y expulsando aire lenta y profundamente.

bota[1] f. Odre pequeño de vino cosido por sus bordes, que termina en un cuello por donde se llena y bebe. ‖ Cuba para guardar vino u otros líquidos. ‖ FAM. botero.

bota[2] f. Calzado que resguarda el pie y parte de la pierna. ‖ Calzado deportivo de gran dureza: *botas de fútbol.* ‖ **bota de montar** La que se usa para montar a caballo y cubre las piernas por encima del pantalón. ‖ **bota de potro** *amer.* Bota de montar hecha de una pieza con la piel de la pierna de un caballo. ‖ **con las botas puestas** loc. adv. *col.* En plena actividad, trabajando: *morir con las botas puestas.* ‖ **ponerse las botas** loc. *col.* Obtener gran provecho. ‖ *col.* Hartarse de algo placentero: *nos pusimos las botas en el restaurante.* ‖ FAM. botín, boto.

botador, ra adj. Que bota. ‖ *amer.* Derrochador, gastón. ‖ m. Palo largo que permite a los barqueros hacer fuerza en la arena para mover su barco.

botadura f. Lanzamiento de una embarcación de terreno seco al agua, en especial si es nueva.

botafumeiro m. Incensario de considerable tamaño que se cuelga del interior de una catedral o templo.

botalón m. Palo largo que se saca hacia la parte exterior de la embarcación cuando conviene. ‖ Bauprés, palo largo que sobresale de la proa de las embarcaciones de vela, o su mastelero. ‖ *amer.* Poste clavado en el suelo en el que se ata a los animales para domarlos.

botamanga f. *amer.* Bocamanga.

botana f. *amer.* Protección de cuero o algodón puesta en los espolones del gallo de pelea para que no hiera. ‖ *amer.* Aperitivo.

botánica f. Rama de la biología que tiene por objeto el estudio de los vegetales. ‖ *amer.* Herbolario, establecimiento donde se venden hierbas medicinales. ‖ FAM. botánico.

botánico, ca adj. Relativo a la botánica: *jardín botánico.* ‖ m. y f. Persona que se dedica al estudio de la botánica. ‖ *amer.* Curandero que receta hierbas.

botar tr. Arrojar, tirar, echar fuera a alguien o algo: *la policía botó de la plaza a los manifestantes.* ‖ Echar al agua un buque haciéndolo resbalar por la grada después de construido o carenado. ‖ Lanzar contra una superficie dura una pelota u otro cuerpo elástico para que retroceda con impulso: *botar el balón.* ‖ Mover el timón para encaminar la proa al rumbo deseado. También intr.: *botaron a estribor.* ‖ *amer.* Despedir de un empleo. ‖ *amer.* Perder o extraviar algo. ‖ intr. Cambiar de dirección un cuerpo elástico por chocar con otro cuerpo duro: *esta pelota no bota.* ‖ Saltar, dar botes. ‖ FAM. botador, botadura, bote.

botarate adj. y com. *col.* Se apl. a la persona atolondrada y poco sensata. || *amer.* Se apl. a la persona derrochadora, que gasta en exceso. || FAM. botaratada.

botarel m. Contrafuerte, obra de albañilería que se adosa al muro para reforzarlo en las zonas de mayor empuje.

botavara f. Palo horizontal de la popa que sostiene la vela cangreja, asegurado en el mástil más cercano.

bote[1] m. Salto: *bote de pelota.* || Golpe que se da con las armas de asta: *dio un bote con la pica.* || Hoyo que se hace en el suelo. || **a bote pronto** loc. adv. y adj. *col.* Sobre la marcha o improvisadamente. || **darse el bote** loc. *col.* Irse, marcharse. || FAM. botepronto.

bote[2] m. Recipiente cilíndrico que se puede tapar y sirve para guardar sustancias perecederas: *bote de café.* En locales públicos, caja que recoge las propinas. || Dinero que no se ha repartido en un sorteo por no haber aparecido acertantes y que se acumula para el siguiente. || **bote de humo** Artefacto antidisturbios que expele humos lacrimógenos. || **bote sifónico** Depósito de una tubería que retiene los objetos que caen en ella. || **chupar del bote** loc. *col.* Obtener provecho ilícito de un cargo o posición. || **estar** algo **en el bote** loc. *col.* Ser considerado como ya ganado. || **tener** a alguien **en el bote** loc. *col.* Tener toda su confianza.

bote[3] m. Barco pequeño sin cubierta con tablones que sirven de asiento a los que reman. || *amer. col.* Prisión, cárcel. || **bote salvavidas** El preparado para abandono de un buque o salvamento de náufragos. || **tocarle** a alguien **amarrar el bote** loc. *amer. col.* Quedarse el último en la recompensa, el trabajo o el peligro. || FAM. botero.

bote[4] **(de bote en)** loc. adj. *col.* Repleto de gente, abarrotado.

botear tr. *amer.* Recoger viajeros en ruta fija con distintos trayectos. || FAM. botero.

botella f. Vasija de cristal, vidrio o barro cocido, con el cuello estrecho, que sirve para contener líquidos. || El contenido de una botella: *se bebió dos botellas de vino él solo.* || *amer.* Cargo bien retribuido, prebenda. || FAM. botellazo, botellero, botellín, botellón.

botellero, ra m. y f. Persona que hace o vende botellas. || Persona que se dedica a embotellar de manera profesional. || m. Aparato o armario para llevar o colocar botellas.

botellín m. Botella pequeña y, en especial, la de cerveza.

botero m. *amer.* Taxi que botea.

botero, ra m. y f. Persona que hace, adereza o vende botas u odres para líquidos.

botica f. Farmacia, establecimiento donde se hacen y venden medicinas. || FAM. boticario.

boticario, ria m. y f. Farmacéutico que prepara y expende las medicinas.

botija f. Vasija de barro mediana, redonda y de cuello corto y estrecho. || Nombre común de varios árboles silvestres de Cuba, de madera blanca. || *amer.* Tesoro enterrado. || *amer.* Vasija de hojalata en que los campesinos llevan la leche a las poblaciones.

botijo m. Vasija abultada de barro poroso, que lleva en la parte superior un asa y dos aberturas, una ancha

para llenarla y otra en forma de pitorro para beber. || *col.* Persona gruesa. || FAM. botija, botijero.

botillería f. Establecimiento donde se hacen y venden bebidas heladas y refrescos. || *amer.* Bodega, comercio de venta de vinos o licores embotellados.

botín[1] m. Calzado antiguo de cuero, que cubría todo el pie y parte de la pierna. || Bota que solo cubre el tobillo. || FAM. abotinado, botina.

botín[2] m. Conjunto de posesiones que se concedía a los soldados del enemigo vencido. || Conjunto de las armas, provisiones y demás efectos del ejército vencido de los que se apodera el vencedor.

botiquín m. Mueble portátil o pequeño armario para guardar medicinas. || Conjunto de las medicinas esenciales para una asistencia básica. || Lugar donde está y se aplican los primeros auxilios. || *amer.* Taberna.

boto[1] m. Bota alta enteriza para montar a caballo: *botos camperos.*

boto[2] m. Cuero pequeño para echar vino, aceite u otros líquidos.

botón m. Pieza pequeña agujereada y cosida a la ropa para abrocharla al pasar por el ojal. || Pieza que al ser oprimida activa el circuito de algunos aparatos eléctricos. || Tirador de los muebles. || Yema de un vegetal. || Flor cerrada y cubierta de las hojas que unidas la defienden. || En esgrima, chapita protectora de hierro colocada en la punta del florete. || Pieza metálica circular de algunos instrumentos musicales de pistones y arco. || *amer.* Reproche despreciativo. || *amer.* Viento frío del norte, que produce perturbaciones a la agricultura. || com. pl. Joven encargado de los recados en un hotel o empresa, llamado así por las dos filas de botones que suele llevar su chaqueta. ◆ Se usa con valor de sing. || **botón de muestra** Ejemplo o indicio de algo: *esta canción servirá como botón de muestra de su nuevo disco.* || FAM. botonadura, botonear, botones.

botonadura f. Juego de botones para un traje.

botonear intr. *amer.* Dicho de una planta, principalmente del tabaco, echar nuevos brotes o yemas.

botulismo m. Intoxicación, que puede ser letal, producida por un bacilo específico de alimentos envasados en malas condiciones.

boudoir (voz fr.) m. Tocador. ◆ pl. *boudoirs.*

bouquet (voz fr.) m. Buqué. ◆ pl. *bouquets.*

bourbon (voz i.) m. *Whisky* estadounidense de 40° a 50°, elaborado con maíz y algo de centeno y cebada. ◆ pl. *bourbons.*

boutique (voz fr.) f. Tienda pequeña de ropa de moda. || Tienda especializada en cualquier producto selecto: *boutique del pan, del café.*

bóveda f. Construcción en forma de arco que cubre el espacio entre dos muros o varios pilares. || *amer.* Panteón familiar. || FAM. bovedilla.

bovedilla f. Bóveda pequeña situada entre viga y viga del techo de una habitación.

bóvido, da adj. y m. De los bóvidos o relativo a esta familia de mamíferos. || m. pl. Familia de mamíferos artiodáctilos que se caracterizan por presentar cuernos permanentes que crecen con el animal, como las cabras, los toros y los antílopes.

bovino, na adj. Relativo al toro o a la vaca. || adj. y m. De los bovinos o relativo a esta subfamilia de bóvidos. || m. pl. Subfamilia de bóvidos de grandes dimensiones, cuernos lisos, hocico ancho y desnudo, y larga cola con un mechón en el extremo, como el bisonte.

box m. En las cuadras, compartimento individual para cada caballo. || En los circuitos automovilísticos, recinto donde se instalan los servicios de mantenimiento y reparación de las máquinas. Más en pl. || En un hospital, compartimento que se reserva a los enfermos ingresados en urgencias o que necesitan estar aislados. ◆ pl. *boxes.*

boxeador, ra m. y f. Púgil, persona que se dedica al boxeo.

boxear intr. Luchar con los puños siguiendo las reglas del boxeo.

boxeo m. Deporte en que dos adversarios luchan con los puños enfundados en guantes especiales, para golpear al contrario por encima de la cintura. || FAM. boxeador, boxear, boxístico.

bóxer adj. y com. Se apl. a una raza de perros de origen inglés, de color marrón, pecho fuerte y mandíbulas prominentes. || m. Calzoncillo similar a un pantalón corto. ◆ pl. *bóxers.*

boya f. Baliza flotante sujeta al fondo del mar, de un lago, etc., usada como señal. || Corcho que se pone en la red de pesca para que no se hunda. || Flotador de la caña de pescar. || FAM. boyante, boyar.

boyante adj. Próspero, con fortuna favorable: *negocio boyante.* || Se apl. al buque que flota en exceso por falta de carga.

boyar intr. Volver a flotar la embarcación que ha estado en seco. || *amer.* Flotar o mantener a flote. || FAM. boyante.

boyero, ra m. y f. Persona que guarda bueyes o los conduce. || m. *amer.* Nombre común de varias especies de aves paseriformes tropicales, de aspecto parecido a un mirlo.

boy scout (voz i.) m. Miembro de una asociación de origen inglés que pretende la formación de los jóvenes con actividades al aire libre. ◆ pl. *boy scouts.*

bozal m. Aparato o pieza que estorba la boca de los animales para evitar que muerdan, mamen o pasten en los sembrados. || Adorno con cascabeles que se pone a los caballos en el bozo. || *amer.* Cabestro.

bozo m. Vello suave sobre el labio superior de un joven antes de que tenga barba. || Parte exterior de la boca. || Cuerda que se coloca a las caballerías sobre la boca, anudándola bajo ella para formar un cabezón de un solo cabo.

bozorola f. *amer.* Borra que queda del café, después de colado.

bracear intr. Mover esforzada y repetidamente los brazos. || Nadar sacando los brazos fuera del agua y volteándolos hacia delante. || Doblar el caballo los brazos al andar con soltura. || FAM. braceador, braceo.

bracero, ra m. y f. Peón, jornalero. || *amer.* Trabajador que emigra temporalmente a otro país.

bracista com. Nadador especializado en braza.

braco, ca adj. y s. Perdiguero, se apl. al perro de caza de pelo corto y largas orejas. || *col.* Se dice de la persona de nariz roma y respingona.

bráctea f. Hoja pequeña que nace del pedúnculo de las flores de ciertas plantas, situada entre las hojas normales y las hojas florales.

bradicardia f. Lentitud anormal del pulso.

braga f. Prenda interior femenina que cubre desde la cintura hasta las ingles, con dos aberturas para el paso de las piernas. Más en pl. || Calzón, pantalón que cubre la mitad de la pierna. || Pañal de los bebés. || Conjunto de plumas que cubren las patas de ciertas aves. || **estar en bragas** loc. *col.* Carecer de los medios para afrontar una situación: *no puedo pagarte porque estoy en bragas.* || **estar hecho una braga** loc. *col.* Estar en mal estado psíquico o físico. || **pillar en bragas** loc. *col.* Sorprender a alguien desprevenido: *su visita sorpresa nos pilló en bragas.* || FAM. bragado, bragadura, bragazas, braguero, bragueta, braguetazo, braguetero.

bragado, da adj. Se apl. al buey, toro y otros animales que tienen la bragadura de diferente color que el resto del cuerpo. || Malintencionado, perverso. || *col.* Resuelto, enérgico y firme.

bragadura f. Entrepierna, cara interior del muslo.

bragazas adj. y m. *col.* Se apl. al hombre que se deja dominar con facilidad, especialmente por su mujer.

braguero m. Aparato o vendaje destinado a contener las hernias. || *amer.* Cuerda que rodea el cuerpo del toro, de la que se sujeta quien lo monta a pelo.

bragueta f. Abertura delantera de los pantalones o calzoncillos.

braguetazo (dar un) loc. *col.* Casarse por interés un hombre con una mujer rica.

braguetero adj. y m. *col.* Se dice del hombre dado a la lascivia. || *amer. col.* Se apl. al hombre que se casa por interés con una mujer rica.

brahmán m. Individuo de la casta sacerdotal, primera de las cuatro en que divide el brahmanismo a la población de la India. || FAM. brahmánico, brahmanismo.

brahmanismo m. Religión de la India que reconoce y adora a Brahma como al dios supremo. || Sistema social de la India basado en la separación de castas.

braille m. Sistema de lectura y escritura para ciegos basado en puntos en relieve taladrados en el papel.

brama f. Acto de bramar. || Época de celo y celo mismo de los ciervos y venados.

bramante adj. y m. Se apl. a una clase de cordel muy delgado hecho de cáñamo.

bramar intr. Dar bramidos. || Manifestar ira con gritos y con extraordinaria violencia: *bramó a su empleado que estaba despedido.* || Hacer ruido estrepitoso el viento, el mar. || FAM. brama, bramadera, bramadero, bramido.

bramido m. Voz del toro y de otros animales salvajes. || Grito dado en estado colérico o furioso. || Estrépito producido por el aire o el mar agitados.

brandy (voz i.) m. Aguardiente de tipo coñac no fabricado en Francia. || P. ext., todo líquido destilado de frutas.

branquia f. Órgano respiratorio de muchos animales acuáticos, formado por membranas delgadas por las que se desliza el agua favoreciendo el intercambio de oxígeno. Más en pl. || FAM. branquial.

braquial adj. Relativo al brazo: *traumatismo braquial*.

braquicéfalo, la adj. y s. Se apl. al cráneo cuyo diámetro anteroposterior es casi tan corto como el transversal. ‖ Se dice de la persona con este tipo de cráneo. ‖ FAM. braquicefalia.

braquiópodo, da adj. y m. De los braquiópodos o relativo a esta subclase de invertebrados. ‖ m. pl. Subclase de invertebrados marinos similares a los bivalvos, de los que se distinguen por poseer un pedúnculo con el que se fijan al sustrato marino.

braquiuro, ra adj. y m. De los braquiuros o relativo a este suborden de crustáceos. ‖ m. pl. Suborden de crustáceos decápodos cuyo abdomen corto no es apto para nadar, como el centollo.

brasa f. Leña o carbón encendidos. ‖ **a la brasa** loc. adj. Se apl. al alimento asado directamente en las brasas o en una parrilla. ‖ **dar la brasa** loc. *col.* Importunar, ser pesado. ‖ FAM. brasear, brasero.

brasero m. Recipiente redondo de metal en que se echan brasas para calentarse. ‖ Aparato similar dotado de una resistencia eléctrica como fuente de calor. ‖ *amer.* Hogar de la cocina.

brasil m. Nombre común de varios árboles de la familia leguminosas cuya madera es el palo brasil.

brasileño, ña adj. y s. De Brasil o relativo a este país de América.

brassier (voz fr.) m. Sujetador, sostén. ◆ pl. *brassiers*.

bravata f. Amenaza que se profiere con arrogancia. ‖ Bravuconada, fanfarronada.

bravío, a adj. Feroz, indómito, rebelde. ‖ Se dice de los árboles y plantas silvestres. ‖ Se apl. a la persona de modales rudos por falta de educación o porque no ha tratado mucho con la gente. ‖ m. Valor, arrojo: *el bravío de un toro*.

bravo, va adj. Valiente, esforzado: *bravos soldados*. ‖ Referido a animales, fiero o feroz: *toro bravo*. ‖ Se dice del mar embravecido. ‖ Se apl. al terreno áspero, inculto. ‖ Colérico, de mucho genio: *no te me pongas bravo*. ‖ Bueno, excelente. También irón.: *bravo oponente estás tú hecho*. ‖ interj. Indica aprobación o entusiasmo: *¡bravo, magnífico!* También m. ‖ **por las bravas** loc. adv. Por la fuerza. ‖ FAM. bravata, braveza, bravío, bravucón, bravura.

bravucón, ona adj. y s. *col.* Que simula valentía sin tenerla. ‖ FAM. bravuconada, bravuconear, bravuconería.

bravuconada f. Simulación de valor, fanfarronada.

bravura f. Fiereza de ciertos animales, sobre todo la de los toros de lidia. ‖ Esfuerzo o valentía de las personas.

braza f. Medida de longitud equivalente a 2 varas o 1,6718 m. ‖ Estilo de natación en que los hombros se mantienen a nivel de la superficie del agua, los brazos se mueven de delante atrás, mientras las piernas se encogen y estiran. ‖ Cada cabo que parte de las vergas para orientarlas. ‖ FAM. brazada.

brazada f. Movimiento que se hace con los brazos, extendiéndolos y recogiéndolos, sobre todo en el agua. ‖ *amer.* Braza, medida de longitud.

brazado m. Lo que se puede llevar y abarcar de una vez con los brazos.

brazal m. Tira de tela colocada en el brazo izquierdo por encima del codo, que se usa como distintivo: *el brazal negro indica luto*. ‖ Canal que se saca de un río o acequia grande para regar. ‖ Pieza de la armadura antigua que protege el brazo.

brazalete m. Aro ornamental de metal que rodea el brazo. ‖ Pieza de la armadura que protege el brazo. ‖ Brazal que se usa como distintivo.

brazo m. Miembro superior del cuerpo humano que va desde el hombro a la mano. ‖ Parte de este miembro desde el hombro hasta el codo. ‖ Pata delantera de los cuadrúpedos. ‖ Lo que tiene forma de brazo: *brazos de la lámpara, candelabro de dos brazos*. ‖ Cada uno de los soportes para los brazos que hay en un sillón. ‖ Ramificación: *brazos del río, de un árbol*. ‖ Sección dentro de una asociación: *el brazo político de la organización*. ‖ pl. Braceros, jornaleros: *hacen falta más brazos para este campo*. ‖ **brazo de mar** Canal ancho y largo del mar, que entra tierra adentro. ‖ **brazo de gitano** Bizcocho alargado, enrollado con capas de nata chocolate y crema. ‖ **a brazo partido** loc. adv. Con todo el esfuerzo y energía posibles. ‖ **con los brazos abiertos** loc. adv. Con afecto. ‖ **cruzarse de brazos** loc. No actuar o intervenir en algo. ‖ **no dar** alguien **su brazo a torcer** loc. Mantenerse firme en una opinión o en una decisión. ‖ **ser el brazo derecho** de alguien loc. Ser su persona de confianza o su colaborador más importante. ‖ FAM. bracear, bracero, bracista, braza, brazada, brazal, brazalete, brazuelo.

brazuelo m. En los mamíferos cuadrúpedos, parte de las patas delanteras situada entre el codo y la rodilla. ‖ Pieza del freno de los caballos.

brea f. Sustancia viscosa que se obtiene de varias coníferas, carbón mineral y otras materias orgánicas. ‖ Arbusto de Chile cuya resina se usaba en lugar de brea. ‖ Mezcla de brea, pez, sebo y aceite, que se usa para calafatear e impermeabilizar los barcos. ‖ *amer.* Dinero. ‖ *amer.* Excremento. ‖ FAM. breado, brear.

break (voz i.) m. En boxeo, voz usada para separar a los púgiles. ‖ En tenis, pérdida del juego por parte del jugador que realiza el servicio. ◆ pl. *breaks*.

brear tr. Maltratar, molestar. ‖ *col.* Zumbar, chasquear.

brebaje m. Bebida de ingredientes desagradables y mal aspecto.

breca f. Pez osteíctio perciforme marino que mide hasta 50 cm, de vientre plateado y lomo y aletas rojizos; vive en las costas de la península ibérica.

brecha f. Cualquier abertura hecha en una pared o edificio. ‖ Abertura que hace la artillería en una muralla o rotura de un frente de combate. ‖ Herida, especialmente la hecha en la cabeza. ‖ **abrir brecha** loc. Iniciar una vía nueva. ‖ **en la brecha** loc. adv. Luchando por un asunto o comprometiéndose especialmente en él.

brécol m. Variedad de col de color oscuro, con ramilletes pequeños y hojas recortadas.

brega f. Acción y resultado de bregar. ‖ Riña, discusión.

bregar intr. Trabajar afanosamente. || Luchar con trabajos o dificultades. || Pelear, reñir. || FAM. brega.

breña f. Tierra situada entre peñas y poblada de malezas. || FAM. breñal, breñar, breñoso.

breque m. *amer.* Freno del tren. || *amer.* Coche grande de cuatro ruedas. || *amer.* Vagón de equipaje en los ferrocarriles.

brete m. Aprieto, situación apurada: *sus preguntas me pusieron en un brete.* || Cepo de hierro que se pone a los reos en los pies. || *amer.* Corral donde se marcan y matan las reses.

bretel m. *amer.* Tirante de las prendas femeninas.

bretón, ona adj. y s. De Bretaña o relativo a esta región francesa. || m. Lengua céltica hablada en Bretaña.

breva f. Primer fruto anual de la higuera. || Bellota temprana. || Provecho logrado sin esfuerzo. || Cigarro puro grande y algo aplastado. || *amer.* Tabaco en rama para mascar. || **no caerá esa breva** loc. Denota falta de esperanza por conseguir lo que se desea: —*¿te han aumentado el sueldo? —¡no caerá esa breva!* || FAM. breval.

breve adj. De corta duración o extensión. || adj. y f. Se apl. a la sílaba o vocal de menor duración que las largas. || m. Documento pontificio relativo al gobierno y disciplina de la Iglesia. || pl. Noticias de corta extensión. || **en breve** loc. adv. Pronto, enseguida. || FAM. brevedad, breviario.

brevedad f. Corta extensión o duración de tiempo.

breviario m. Libro que contiene el rezo eclesiástico anual. || Resumen, compendio sobre algún asunto.

brezo m. Nombre común de varios arbustos ericáceos que llegan a medir 60 cm de altura, de madera dura y raíces gruesas, con hojas escamosas y flores en racimo. Se usan para hacer carboncillo de dibujo y pipas de fumar. || FAM. brezal.

briago, ga adj. y s. *amer.* Borracho, ebrio.

bribón, ona adj. y s. Estafador, bellaco. || Aplicado a los niños, travieso, pícaro. || FAM. bribonada, bribonear, bribonzuelo.

bribonada f. Picardía, bellaquería.

bricolaje m. Realización artesanal de trabajos caseros de reparación o decoración.

brida f. Freno completo del caballo, con las riendas y el correaje que lo sujetan a la cabeza. || Pieza metálica que sirve para ensamblar vigas o tubos metálicos fijándola con clavos o tornillos. || pl. Adherencia o membrana que se forma alrededor de las heridas o tumores.

bridge (voz i.) m. Juego de naipes para cuatro jugadores por parejas.

brie (voz fr.) m. Queso francés de leche de vaca, en forma de disco con costra blanca y una pasta blanda en el interior.

brigada f. Unidad integrada por dos o más regimientos de un arma determinada: *brigada de infantería.* || Conjunto de personas reunidas para ciertos trabajos: *brigada contra incendios.* || com. Suboficial de grado superior al sargento primero. || FAM. brigadista.

brigadier m. Antigua graduación militar equivalente a la actual de general de brigada y contraalmirante en marina.

brik m. Tetrabrik. ◆ pl. *briks.* Es la extensión del nombre de una marca registrada.

brillante adj. Que brilla. || Excepcional, sobresaliente: *inteligencia brillante.* || m. Diamante completamente tallado por sus dos caras. || FAM. brillantez.

brillantez f. Brillo.

brillantina f. Cosmético que da brillo al cabello.

brillar intr. Resplandecer, despedir o reflejar luz. || Sobresalir por alguna cualidad: *brilla por su talento.* || FAM. brillante, brillantina, brillo, brilloso.

brillo m. Luz o resplandor que refleja o emite un cuerpo. || Resplandecimiento: *el brillo de su sonrisa.* || Lucimiento que despierta admiración: *el brillo de la fama le está cegando.*

brilloso, sa adj. *amer.* Brillante.

brincar intr. Dar brincos o saltos. || col. Exteriorizar impetuosamente un sentimiento: *brincar de alegría.* || tr. Jugar con un niño haciéndole brincar: *brincaba a su sobrino a caballito.*

brinco m. Salto de poca altura que se da con ligereza. || FAM. brincar.

brindar intr. Manifestar buenos deseos antes beber vino u otro licor en compañía: *brindaron por sus bodas de oro.* || tr. Ofrecer voluntariamente alguna cosa a alguien: *le brindó su amistad eterna.* || Ofrecer una oportunidad propicia: *le brindaron la posibilidad de viajar al extranjero.* || prnl. Ofrecerse a hacer alguna cosa: *se brindó a corregir el ensayo.* || FAM. brindis.

brindis m. Acción de brindar antes de beber. || Frase o discurso que se dice al brindar. ◆ No varía en pl.

brío m. Energía, resolución con que se hace algo. Más en pl.: *tiene bríos para vivir veinte años más.* || Garbo, gallardía, gentileza. || FAM. brioso.

brioche (voz fr.) m. Bollo hecho con harina de flor, manteca, huevos y azúcar.

briofito, ta adj. y f. De las briofitas o relativo a este grupo de plantas. || f. pl. Grupo de metafitas que no poseen tejidos conductores típicos, por lo que su crecimiento es limitado y requieren lugares húmedos para vivir, como los musgos.

brioso, sa adj. Que tiene brío: *paso brioso.*

briozoo adj. y m. De los briozoos o relativo a esta clase de invertebrados. || m. pl. Grupo de invertebrados acuáticos de unos 0,5 mm de longitud que se caracterizan por tener una corona de tentáculos rodeando la boca y por formar colonias fijas a todo tipo de superficies.

brisa f. Viento fresco y suave. || Viento del nordeste. || Aire suave que de día sopla desde el mar y de noche desde tierra.

brisca f. Juego de naipes en el que se reparten tres cartas a cada jugador, dejando una boca arriba como palo, y en el que gana quien suma el mayor número de puntos. || El as o el tres de los palos que no son triunfo en el juego de la brisca y en el del tute.

británico, ca adj. y s. De Gran Bretaña o referido a este país europeo. || De la antigua Britania o relativo a esta región.

brizna f. Filamento o hebra vegetal. || Porción insignificante de algo: *pon una brizna más de pimienta.* || *amer.* Llovizna, lluvia suave.

broca f. Barrena torneada sin manija de las taladradoras. || Clavo de cabeza cuadrada con que los zapateros sujetan la suela a la horma. || *amer.* Insecto coleóptero parecido a un gorgojo, del tamaño de una cabeza de alfiler y color negro que parasita los granos del café.

brocado m. Tela de seda o guadamecí entretejido con oro o plata. || Tejido fuerte de seda, con dibujo de distinto color que el del fondo.

brocal m. Antepecho que rodea la boca de un pozo para impedir que alguien se caiga en él. || Boca de un pozo.

bróccoli o **bróculi** m. Brécol.

brocha f. Escobilla de cerda unida a un mango plano que sirve para pintar. || Pincel para enjabonar la barba. || adj. *amer.* Entremetido, adulador. || **de brocha gorda** loc. adj. Se apl. al pintor o a la pintura de puertas, ventanas, etc. || *col.* Se usa para referirse al pintor y, p. ext., al mal artista. || FAM. brochada, brochazo.

brochazo m. Cada una de las pasadas que se dan con la brocha al pintar. || Rastro de haber pasado la brocha que queda en la pintura.

broche m. Conjunto de dos piezas de metal que se enganchan entre sí: *broche de pulsera*. || Adorno de joyería o alfiler que se prende en la ropa. || **broche de oro** Brillante culminación de un acto público o trabajo. || FAM. abrochar.

brocheta f. Aguja de metal o pincho de madera en que se ensartan alimentos para cocinarlos. || Alimentos preparados de ese modo: *brocheta de pescado*.

broker (voz i.) com. Agente intermediario de operaciones financieras. ◆ pl. *brokers*.

broma f. Burla, dicho o hecho que se hace a alguien para reírse de él sin intención de molestarle. || Bulla, algazara. || *col.* Nadería de consecuencias inesperadas: *la broma de Hacienda me ha costado un riñón*. || Molusco bivalvo marino cuyas valvas perforan las maderas sumergidas. || **ni en broma** loc. adv. De ninguna manera. || FAM. bromazo, bromear, bromista.

bromatología f. Ciencia que estudia los alimentos, su preparación adecuada y su asimilación por el organismo. || FAM. bromatológico, bromatólogo.

bromear intr. Hacer, decir o gastar bromas.

bromeliáceo, a adj. y f. De las bromeliáceas o relativo a esta familia de plantas. || f. pl. Familia de plantas angiospermas monocotiledóneas con una roseta en la base, de hojas rígidas, dentadas y espinosas, flores en espiga o racimo y fruto en cápsulas o bayas, como el ananás.

bromista adj. y com. Aficionado a gastar bromas.

bromo m. Elemento químico metaloide líquido, de color pardo rojizo y olor fuerte, que es corrosivo y tóxico. Su símbolo es *Br*, y su número atómico, *35*. || FAM. brómico, bromuro.

bromuro m. Combinación del bromo con un radical simple o compuesto.

bronca f. Disputa ruidosa. || Represión dura. || Manifestación ruidosa y colectiva de protesta. || *amer.* Enojo, enfado, rabia. || FAM. abroncar.

bronce m. Aleación de cobre y estaño de color amarillo rojizo, muy tenaz y sonoro. || Escultura o estatua de bronce. || Medalla de bronce que se otorga como premio al tercer clasificado en una competición. || Moneda de cobre. || FAM. bronceado, broncear, broncíneo, broncista.

bronceado, da adj. De color de bronce. || m. Acción y resultado de broncear o broncearse.

bronceador, ra adj. Que broncea: *crema bronceadora*. || m. Cosmético que favorece el bronceado.

broncear tr. Dar color de bronce. || prnl. Tomar color moreno la piel por la acción del sol o un agente artificial. || FAM. bronceador.

broncíneo, a adj. De bronce o similar a él: *estatua broncínea*.

bronco, ca adj. Tosco, áspero y sin pulir. || Referido al sonido, desagradable y áspero: *voz bronca*. || Se dice de las personas de mal carácter. || Se apl. a los metales quebradizos y sin elasticidad. || FAM. bronquedad.

broncodilatador, ra adj. Que dilata los bronquios. || m. Medicamento destinado a la dilatación de los bronquios.

bronconeumonía f. Inflamación de la mucosa bronquial que se propaga a los alveolos pulmonares, con disnea, tos y fiebre.

broncopatía f. Proceso patológico de los bronquios.

broncospasmo m. Contracción espasmódica de las paredes bronquiales.

bronquial adj. Relativo a los bronquios: *árbol bronquial*.

bronquio m. Cada uno de los dos conductos cartilaginosos en que se bifurca la tráquea y que entran en los pulmones para proporcionarles aire. Más en pl. || FAM. bronconeumonía, broncopatía, broncospasmo, bronquial, bronquiolo, bronquitis.

bronquiolo o **bronquíolo** m. Cada una de las últimas ramificaciones de los bronquios en pequeños conductos dentro de los pulmones. Más en pl.

bronquitis f. Inflamación aguda o crónica de la mucosa de los bronquios. ◆ No varía en pl.

brontosaurio m. Antigua denominación del apatosaurio, reptil saurópodo fósil de la era secundaria.

broquel m. Escudo pequeño de madera. || Defensa o amparo.

brotar intr. Nacer la planta de la tierra. || Salir en la planta renuevos, flores, hojas, etc. || Manar el agua de los manantiales. || Salir a la superficie una enfermedad: *brotar el sarampión*. || Manifestarse algo de forma repentina: *la duda brotó en su mente*.

brote m. Renuevo de una planta. || Acción de brotar algo nocivo: *brote de tifus, de nazismo*.

broza f. Conjunto de hojas, ramas y despojos de las plantas, así como la maleza que surge en el campo. || Desecho de alguna cosa. || Cosas inútiles que se dicen o escriben.

brucelosis f. Enfermedad infecciosa transmitida al hombre por productos frescos derivados del ganado ovino y bovino. ◆ No varía en pl.

bruces (a o **de)** loc. adv. Boca abajo: *cayó de bruces*. || De frente: *se topó de bruces con su jefe*.

bruja f. Mujer vieja y fea. || col. Mujer de malas intenciones. || FAM. brujear, brujería, brujeril, brujesco, brujil, brujo.

brujería f. Práctica y conocimiento mágico asociado a aquellos en los que se supone que poseen poderes sobrenaturales. || *amer.* Pobreza, falta de recursos.

brujo, ja m. y f. Persona que practica la brujería. || Hechicero o mago de ciertas culturas: *el brujo sahumó su choza nueva.* || adj. Embrujador, que hechiza: *tiene una sonrisa bruja.* || *amer.* Pobre, sin dinero.

brújula f. Instrumento para determinar cualquier dirección de la superficie terrestre por medio de una aguja imantada que siempre marca los polos magnéticos norte-sur. || Instrumento que indica el rumbo de la nave marcándolo en la rosa de los vientos. || P. ext., cualquier aparato de medida electromagnética cuyo órgano principal está constituido por un imán. || FAM. brujulear, brujuleo.

brujulear intr. Buscar por todos los medios el logro de algo: *no cesó de brujulear hasta conseguir el contrato.* || Vagar: *se pasa el día brujuleando.* || tr. En juegos de naipes, ir desplegando poco a poco las cartas para intentar adivinar a qué palo pertenecen. || Adivinar algo por indicios.

brulote m. Antiguo barco cargado de material inflamable lanzado para incendiar los buques enemigos. || *amer.* Dicho ofensivo, palabrota. || *amer.* Escrito satírico e incendiario.

bruma f. Niebla, en especial, la que se forma sobre el mar. || Confusión, ofuscación mental. || FAM. brumoso.

brumoso, sa adj. Abundante en bruma. || Confuso, poco claro.

bruno, na adj. De color oscuro o negro: *cabellos brunos.*

bruñir tr. Dar lustre a un metal, piedra o cerámica. || *amer.* Fastidiar, importunar. ◆ **Irreg.** Se conj. como *mullir.* || FAM. bruñido, bruñidor, bruñidura, bruñimiento.

brusco, ca adj. Áspero, desapacible: *genio brusco.* || Rápido, repentino: *cambio brusco de las temperaturas.* || FAM. bruscamente, brusquedad.

brusquedad f. Calidad de brusco. || Acción brusca y repentina.

brut m. Vino en su estado primero de fermentación, no adulterado ni manipulado excesivamente. Es la calificación aplicada al cava seco. ◆ pl. *bruts.*

brutal adj. Propio de los animales por su violencia o irracionalidad: *paliza brutal.* || Extraordinario en su cualidades o tamaño: *destreza brutal.*

brutalidad f. Calidad de bruto. || Falta de razón, desequilibrio pasional. || Acción violenta y cruel: *la brutalidad de las guerras.* || *col.* Exceso o gran cantidad: *al estreno fue una brutalidad de gente.*

bruto, ta adj. Necio, incapaz. También s. || Se apl. a la persona sin educación, grosera y sin moderación. || Aquel que emplea la fuerza física sin medida. || Se dice de las cosas toscas y sin pulimento: *granito bruto.* || Se apl. al peso total, sin descontar la tara: *peso neto y bruto.* || Cantidad íntegra sin descuentos: *sueldo, producto interior bruto.* || m. Animal irracional. || **en bruto** loc. adj. Sin pulir o labrar: *diamante en bruto.* || FAM. brutal, brutalidad, brutalmente, bruteza.

bruza f. Cepillo espeso de fuertes cerdas con una abrazadera de cuero para la mano, que sirve para limpiar las caballerías, etc. || FAM. bruzar.

buba f. Pequeño tumor de pus blando y doloroso situado en cuello, axilas e ingles, de origen infeccioso o venéreo.

bubón m. Tumor purulento y voluminoso. || pl. Bubas, tumores de origen venéreo. || FAM. buba, bubónico, buboso.

bucal adj. De la boca o relativo a ella: *higiene bucal.*

bucanero m. Pirata mercenario de los siglos XVII y XVIII que saqueaba las posesiones españolas.

bucare m. Árbol leguminoso, de hojas puntiagudas, flores blancas y de unos 10 m de altura que sirve para dar sombra al café y al cacao. || FAM. bucaral.

búcaro m. Florero, recipiente. || Tierra roja arcillosa y olorosa. || Jarra para el agua hecha con esta arcilla. || En algunas zonas, botijo.

buccinador m. Músculo aplanado que se encuentra en las mejillas y tensa los labios.

buceador, ra adj. y s. Que bucea. || Que practica el submarinismo.

bucear intr. Nadar con el cuerpo bajo el agua. || Trabajar de buzo. || Explorar o investigar algún tema: *está buceando en temas esotéricos.* || FAM. buceador, buceo.

buceo m. Acción de bucear o permanecer bajo el agua.

buche m. Bolsa membranosa de las aves situada entre las clavículas y la parte anterior del cuello, que comunica con el esófago en la que acumulan alimento para digerirlo lentamente. || Porción de líquido que cabe en la boca de una vez: *tomó un buche de agua.* || col. Estómago de las personas: *come de todo, tiene un buen buche.* || *amer.* Bocio, papera. || *amer.* Sombrero de copa. || FAM. buchada.

buchón, ona adj. *amer.* Bonachón. || *amer.* Persona que posee una riqueza obtenida de manera ilícita.

bucle m. Rizo del cabello en forma de hélice. || En inform., secuencia de instrucciones que se repite mientras se cumpla una condición prescrita.

bucólico, ca adj. a temas concernientes a los pastores o a la vida campestre. || Se dice del género literario en el que se tratan estos temas y del autor que lo cultiva. También s. || De este género o relativo a él. || f. Composición poética de este género: *las bucólicas de Virgilio.* || FAM. bucolismo.

budín m. Pudin.

budión m. Pez osteíctio perciforme de unos 13 cm, de color pardo verdusco, labios gruesos y carnosos y cuerpo alargado cubierto de una sustancia viscosa.

budismo m. Doctrina filosófico-religiosa fundada por Buda, que toma el sufrimiento humano como vía de consecución del nirvana, o ausencia de deseo y dolor. || FAM. budista.

budista adj. Del budismo o relativo a él. || adj. y com. Seguidor de esta doctrina.

buen adj. apóc. de *bueno.* Se usa antepuesto a sustantivos masculinos o a infinitivos: *buen libro te estás leyendo.*

buenaventura f. Buena suerte. || Adivinación del futuro y la suerte de alguien que se hace leyendo la mano.

buenazo, za adj. y s. *col.* Persona pacífica y de buen carácter.

buenísimo, ma adj. Muy bueno.

bueno, na adj. Que posee bondad moral. ‖ Que tiene buena aptitud o calidad respecto a sus iguales: *buen empleado, buenas tijeras.* ‖ Apropiado para un fin: *buen decapante para metales.* ‖ Con cualidades gratas o gustosas: *un buen vino quita las penas.* ‖ Sano: *todavía no está bueno del todo.* ‖ Bastante, suficiente: *ya tengo una buena cantidad.* ‖ En uso y no deteriorado: *este traje aún está bueno.* ‖ Persona simple y bonachona. Más como s.: *el bueno de Luis siempre ocupándose de los demás.* ‖ adv. De acuerdo: *bueno, enciende la tele.* ‖ Basta: *¡bueno!, ya está bien de tonterías.* ‖ **¡buenas!** Fórmula coloquial de saludo. ‖ **de buenas a primeras** loc. adv. Repentinamente. ‖ **estar bueno** loc. *col.* Ser física y sexualmente atractivo. ‖ **estar de buenas** loc. Estar propicio o de buen humor. ‖ **por las buenas** loc. adv. Voluntariamente: *hazlo por las buenas o te arrepentirás.* ◆ sup. Irreg. *bonísimo,* aunque también se usa el reg. *buenísimo.* Ante sustantivos m. o infinitivos, el m. se apocopa en la forma *buen: buen hombre, buen vivir.* ‖ FAM. bonachón, bonísimo, buen, buenamente, buenazo, buenecito, buenísimo.

buey m. Toro castrado usado como animal de tiro. ‖ *amer.* Cornudo, marido ultrajado. ‖ *amer.* Gran cantidad de dinero. ‖ **buey almizclero** Mamífero artiodáctilo de gran tamaño, largo pelaje y de aspecto giboso que vive en el norte de Canadá. ‖ **buey de mar** Crustáceo decápodo marino de caparazón ovalado y granulado que tiene como primer par de patas unas fuertes pinzas. ‖ **buey marino** Manatí. ‖ FAM. boyada, boyera, boyeriza, boyero, bueyuno.

bufa f. Burla, bufonada. ‖ *amer.* Borrachera.

búfalo, la m. y f. Nombre común a varios mamíferos artiodáctilos corpulentos, de cuello corto y grueso y cuernos curvados hacia atrás. ‖ Nombre que se le da al bisonte americano.

bufanda f. Prenda rectangular, generalmente de lana, con que se abriga el cuello y la boca. ‖ *col.* Gratificación económica en el trabajo.

bufar intr. Resoplar un animal irritado. ‖ *col.* Manifestar abiertamente enfado o ira: *hoy el jefe está que bufa.* ‖ FAM. bufido.

bufé m. Comida compuesta de alimentos calientes y fríos, expuestos a la vez en una mesa para que los comensales se sirvan solos. ‖ Local donde se sirve este tipo de comida. ‖ **bufé libre** El que no limita el número de platos que se pueden servir.

bufete m. Mesa escritorio con cajones. ‖ Estudio o despacho de un abogado. ‖ Clientela del abogado.

buffet (voz fr.) m. Bufé. ◆ pl. *buffets.*

bufido m. Resoplido de un animal. ‖ *col.* Demostración de enojo.

bufo, fa adj. Cómico cercano a lo grotesco. ‖ Bufón, chocarrero. ‖ De un tipo de ópera cómica italiana del siglo XVIII: *ópera bufa.* ‖ m. y f. Persona que hace el papel de gracioso en esta ópera.

bufón, ona m. y f. Persona vestida grotescamente que se dedica a hacer reír a la corte. ‖ Payaso, persona que

trata de divertir a toda costa: *es el bufón de todas las reuniones.* ‖ FAM. bufo, bufonada, bufonería, bufonesco.

bufonada f. Actuación o dicho propio del bufón.

buga m. *argot* Coche, automóvil.

buganvilla f. Arbusto trepador americano de la familia de las nictagináceas, de hojas ovaladas perennes y flores pequeñas blancas, moradas o rojas.

bugle m. Familia de instrumentos de viento con embocadura y pistones.

buhardilla f. Piso último de un edificio con techos inclinados que aprovechan el hueco del tejado. ‖ Ventana que sobresale verticalmente en el tejado como salida o iluminación. ‖ FAM. abuhardillado.

búho m. Nombre común de diversas aves rapaces nocturnas del orden estrigiformes, con el plumaje generalmente de color pardo, grandes ojos redondos, plumas sobre la cabeza que parecen orejas y vuelo silencioso. ‖ *col.* Autobús urbano que circula durante toda la noche en sustitución del servicio normal.

buhonería f. Objeto de poco valor con que comercian algunos vendedores ambulantes. También colectivo y en pl.

buhonero, ra m. y f. Persona que vende buhonerías de forma ambulante. ‖ FAM. buhonería.

buitre m. Nombre común de diversas aves rapaces carroñeras falconiformes de aproximadamente 2 m de envergadura alar, pico fuerte, cuello largo y desnudo con un collar de plumas más claras. ‖ com. Persona que se aprovecha de los demás y, en especial, de su desgracia: *esperaron como buitres la herencia de su tía.* ‖ FAM. buitrear, buitrera, buitrero.

buitrear intr. *amer.* Vomitar. ‖ Aprovecharse de los demás. ‖ tr. *col.* Gorronear.

buitrón m. Arte de pesca en forma de cono. ‖ Cierta red para cazar perdices. ‖ Ave paseriforme insectívora de unos 10 cm de longitud, con el plumaje pardo oscuro, más claro en el vientre, y la cola corta y redondeada. ‖ Trampa formada por setos de estacas que terminan en una hoya donde cae la pieza acosada. ‖ *amer.* Cenicero del hogar de los hornos de metalurgia. ‖ *amer.* Horno de manga para fundir minerales argentíferos. ‖ *amer.* Era honda donde se mezclan los minerales argentíferos con azogue y magistral. ‖ *amer.* Chimenea, conducto. ‖ *amer.* Lugar plano y soleado para secar coca.

bujarrón adj. y m. Sodomita.

buje m. Pieza metálica que se coloca en ciertas piezas de maquinarias y ruedas de carruajes para proteger las del roce interior del eje.

bujía f. Vela de cera blanca o parafina. ‖ Candelero en que se pone. ‖ En los motores de explosión, dispositivo que hace saltar la chispa eléctrica del encendido. ‖ Unidad de intensidad luminosa equivalente a la vigésima parte de la luz emitida por un centímetro cuadrado de platino a la temperatura de fusión.

bula f. Bola de plomo que acompañaba al sello de ciertos documentos. ‖ El sello de estos documentos. ‖ Decreto, ordenanza o privilegio acompañado de este sello. ‖ Documento pontificio relativo a materia de fe o de interés general, concesión de privilegios, etc., expedido por la Cancillería Apostólica y autorizado con el sello de su nombre. ‖ Sumario de la misma bula que se reparte impreso. ‖ **tener bula** loc. *col.* Gozar de privilegios o trato de favor.

bulbo m. Tallo o brote subterráneo y globoso de algunas plantas, en cuyas hojas se acumula la reserva nutritiva. ‖ Tubérculo o rizoma bulboso. ‖ **bulbo raquídeo** Parte del encéfalo situada entre el cerebelo y la médula espinal, cuya función es la de elaborar impulsos nerviosos reflejos. ‖ FAM. bulbar, bulboso.

bulerías f. pl. Cante y baile popular andaluz de ritmo vivo que se acompaña con palmas.

bulevar m. Calle ancha con un paseo arbolado en el centro.

búlgaro, ra adj. y s. De Bulgaria o relativo a este país europeo. ‖ m. Lengua eslava de este país.

bulimia f. Enfermedad psicológica cuyo principal síntoma es el hambre exagerada e insaciable. ‖ FAM. bulímico.

bulímico, ca adj. Relativo a la bulimia. ‖ adj. y s. Que padece bulimia.

bulla f. Griterío o ruido de gente. ‖ Concurrencia de mucha gente. ‖ En Andalucía, prisa: *siempre tiene bulla por llegar.* ‖ *amer.* Pelea, discusión. ‖ FAM. bullanga, bullanguero.

bullabesa f. Sopa de crustáceos y pescados blancos que se sirve acompañada de rebanadas de pan.

bullanga f. Bullicio y jaleo producido por la gente.

bullanguero, ra adj. y s. Alborotador, amigo de bullangas.

bullarengue m. *col.* Nalgas, especialmente las abultadas. ‖ *amer.* Postizo, cosa falsa.

bulldog (voz i.) adj. y com. Se apl. a la raza de perros que se caracteriza por tener gran cabeza, cuerpo fuerte y grueso, patas arqueadas y pelaje castaño corto. ◆ pl. *bulldogs.*

bulldozer (voz i.) m. Tractor sobre orugas, que tiene un potente motor y una pala frontal para el desmonte y nivelación de terrenos. ◆ pl. *bulldozers.*

bullicio m. Ruido y rumor de mucha gente: *el bullicio de la gran ciudad.* ‖ Alboroto, confusión. ‖ FAM. bullicioso, bulliciosamente.

bullicioso, sa adj. Que causa o tiene bullicio. ‖ Inquieto, alborotador.

bullir intr. Hervir un líquido. ‖ Agitarse una masa de personas, animales u objetos. ‖ Moverse ocupándose de muchas cosas a la vez. ‖ Surgir con frecuencia y abundancia: *le bullían las ideas.* ◆ **Irreg.** Se conj. como *mullir.* ‖ FAM. bulla, bullicio, rebullir.

bullterrier (voz i.) adj. y com. Se apl. a una raza de perros caracterizada por su pequeño tamaño y por su corto y duro pelaje. ◆ pl. *bullterriers.*

bulo m. Noticia falsa divulgada, sobre todo con fines negativos.

bulto m. Volumen o elevación de algo. ‖ Cuerpo que se percibe confusamente. ‖ Hinchazón. ‖ Cada uno de los fardos, bolsas o maletas de un equipaje: *no permiten más que un bulto por pasaje.* ‖ *amer.* Cartera o cartapacio que usan los estudiantes. ‖ **escurrir el bulto** loc. *col.* Evitar una responsabilidad o compromiso. ‖ **hacer bulto** loc. *col.* Unirse a un grupo para hacer crecer su número.

bululú m. *amer.* Dólar, peso. ◆ pl. *bululús* o *bululúes.*

bumerán m. Arma arrojadiza australiana, de madera curvada, que vuelve al punto de partida si falla el blanco.

bungaló o **bungalow** m. Casa de campo o playa, con una sola planta y portal o galería en la parte frontal. ◆ pl. *bungalós* o *bungalows.* La segunda voz es inglesa.

búnker m. Fortificación subterránea para defensa de los ataques externos. ‖ Grupo político o social reaccionario. ‖ En golf, fosa artificial con arena que dificulta el recorrido. ◆ pl. *búnkers.*

buñuelo m. Alimento dulce o salado envuelto en una masa de harina y agua y frito. ‖ *col.* Cosa mal hecha: *vaya buñuelo de canción.* ‖ **buñuelo de viento** La propia masa frita hueca por dentro, y que se rellena de crema. ‖ FAM. buñolería, buñolero.

buque m. Barco grande con cubierta, adecuado para grandes travesías.

buqué m. Aroma del vino selecto.

burbuja f. Globo de aire que se forma en los líquidos y sale a la superficie: *burbujas de cava, burbuja de jabón.* ‖ Espacio aislado de su entorno. ‖ FAM. burbujeante, burbujear, burbujeo.

burdel m. Local de prostitución.

burdeos m. Vino procedente de la región de Burdeos. ‖ adj. y m. Color rojo violado. ◆ No varía en pl.

burdo, da adj. Tosco, grosero, sin delicadeza: *mentira burda.*

bureo m. Entretenimiento, diversión. ‖ Murmullo en sitios concurridos. ‖ Paseo, garbeo.

bureta f. Tubo graduado de vidrio de diámetro grande y uniforme, uno de cuyos extremos se puede cerrar con una goma o llave.

burga f. Manantial de agua caliente mineralizada.

burgo m. Aldea o población muy pequeña, dependiente de otra principal. ‖ Castillo o recinto fortificado de la Edad Media. ‖ FAM. burgomaestre, burgués.

burgomaestre m. Primer magistrado municipal de algunas ciudades europeas.

burgués, esa adj. y s. Se apl. al ciudadano perteneciente a la burguesía, en contraposición al proletario. ‖ Que busca una vida de comodidad y relajo. ‖ Natural o habitante de un burgo. ‖ FAM. aburguesar, burguesía.

burguesía f. Clase social urbana formada por individuos de capital activo.

buril m. Instrumento puntiagudo de acero para grabar sobre metales. ‖ FAM. buriladura, burilar.

burla f. Acción o palabras con que se ridiculiza a personas o cosas. ‖ Engaño, abuso de confianza: *todo ha sido una burla para conseguir su dinero.* ‖ Broma: *le encanta gastar burlas pesadas.* ‖ *amer.* Nombre común a varias enfermedades nerviosas de carácter convulsivo.

burladero m. En la plaza de toros, trozo de valla situado delante de la barrera como refugio del torero.

burlador, ra adj. y s. Que burla. ‖ m. Libertino habitual que hace gala de seducir y engañar a las mujeres.

burlar tr. Esquivar algún peligro: *burlar a la Policía.* ‖ Engañar, mentir. ‖ prnl. Hacer burla de personas o cosas. ‖ FAM. burla, burladero, burlador, burlesco, burlón.

burlesco, ca adj. Festivo, jocoso, que implica burla: *sátira burlesca.*

burlete m. Tira textil o de otro material flexible que se coloca en el canto de las hojas de puertas, balcones o ventanas para que cierren herméticamente.

burlón, ona adj. Que implica o expresa burla. || adj. y s. Aficionado a las burlas.

buró m. Escritorio con compartimentos en su parte alta y un tablero para escribir que se abre levantándolo. || Órgano dirigente de algunas asociaciones, en especial de partidos políticos. || *amer.* Mesilla. ◆ pl. *burós.*

burocracia f. Conjunto de normas, papeles y trámites necesarios para gestionar una actividad administrativa. || Complicación y lentitud excesiva en la realización de estas gestiones, particularmente en las que dependen de la Administración de un Estado. || Conjunto de funcionarios públicos. || FAM. burócrata, burocrático, burocratismo, burocratización, burocratizar.

burócrata com. Funcionario público administrativo.

burocrático, ca adj. Relativo a la burocracia: *trámites burocráticos.*

burrada f. Manada de burros. || *col.* Dicho o acción torpe, brutal: *no hagas más burradas en la carretera.* || *col.* Enormidad, gran cantidad: *vino una burrada de niños al cumpleaños.*

burro, rra m. y f. Asno, mamífero cuadrúpedo. || adj. y s. *col.* Se apl. a la persona necia e ignorante. || Terco, cabezota: *no te pongas burro y cede un poco.* || *col.* Bruto, violento. || m. Borriquete. || Plinto, instrumento de gimnasia. || Juego de naipes en el que hay que descartarse en cada baza, ya que pierde el último jugador que conserve cartas en la mano. || El que pierde en cada mano en el juego del burro. || *argot* Heroína, droga. || *amer.* Escalera de tijera. || *amer.* Tabla de planchar. || **apearse** o **bajarse del burro** loc. *col.* Reconocer un error, ceder en un empeño. || **no ver dos** o **tres en un burro** loc. *col.* Tener mala vista: *sin gafas no veo tres en un burro.*

burruño m. Gurruño.

bursátil adj. Relativo a la Bolsa, y a sus operaciones y valores: *información, mercado bursátil.*

bursitis f. Inflamación aguda de las bolsas serosas que se sitúan bajo los músculos de las articulaciones. ◆ No varía en pl.

burundés, esa o **burundiano, na** adj. y s. De Burundi o relativo a este país centroafricano.

bus m. abrev. de *autobús:* carril bus. ◆ pl. *buses.*

busca f. Acción de buscar. || Tropa de cazadores y perros que levanta la caza en una montería. || Recogida, entre los desperdicios, de objetos aprovechables. || m. abrev. de *buscapersonas.*

buscador, ra adj. y s. Que busca: *buscador de oro, de Internet.*

buscapersonas m. Pequeño aparato electrónico transmisor de señales acústicas que se usa para recibir mensajes a distancia. ◆ No varía en pl.

buscapiés m. Cohete sin varilla que corre por la tierra al ser encendido. ◆ No varía en pl.

buscapleitos com. *amer. col.* Persona que propicia discusiones y peleas. ◆ No varía en pl.

buscar tr. Intentar localizar o encontrar: *está buscando trabajo.* || Intentar conseguir algo: *buscó la anulación del proyecto.* || Provocar, irritar: *estás buscando a tu madre, y va a responder.* || FAM. busca, buscador, buscón, búsqueda.

buscarla f. Nombre común de diversas aves paseriformes de unos 13 cm de longitud, insectívoras muy activas, de color pardo y gris moteado en el cuello.

buscarruidos com. *amer. col.* Buscapleitos. ◆ No varía en pl.

buscavidas com. *col.* Persona ingeniosa para buscar un medio de vida. ◆ No varía en pl. Suele tener sentido peyorativo.

buscón, ona adj. y s. Que busca. || Ladrón, ratero, estafador. || f. Prostituta.

buseta f. *amer.* Microbús.

búsqueda f. Acción de buscar. || Investigación, estudio de documentación: *búsqueda bibliográfica, de una vacuna.*

busto m. Parte superior del cuerpo humano, desde el cuello hasta la cintura. || Escultura o pintura de la cabeza y parte superior del tórax. || Pecho de la mujer.

bustrófedon o **bustrofedon** m. Antigua escritura griega en la que la dirección de los signos se alterna en cada línea.

butaca f. Silla mullida de brazos con el respaldo inclinado hacia atrás. || Asiento de buena visibilidad en la planta baja de los cines o teatros. || Entrada, tique que da derecho a una localidad de un espectáculo.

butanero, ra m. y f. Persona que reparte bombonas de butano a domicilio. || m. Buque de transporte de butano a presión.

butano m. Hidrocarburo gaseoso natural o derivado del petróleo que se emplea como combustible, generalmente envasado en bombonas a presión. || adj. y m. Color anaranjado vivo. || FAM. butanero.

butaque m. *amer.* Asiento pequeño, con el respaldo echado hacia atrás.

buten (de) loc. *vulg.* Excelente, lo mejor en su clase: *eres un tío de buten.*

buteno m. Hidrocarburo gaseoso incoloro que se usa en síntesis química.

butifarra f. Embutido de origen catalán hecho de carne y vísceras de cerdo, con tocino y pimienta. || *amer.* Bocadillo de jamón y ensalada. || *amer.* Farra, juerga.

butrón m. Agujero o chimenea que sirve para la ventilación de cuevas abiertas bajo tierra en las que se guarda el vino. || Sistema de robo mediante un agujero que se hace en techos o paredes. || FAM. butronero.

butronero, ra m. y f. Ladrón que roba con la técnica de butrón.

buxáceo, a adj. y f. De las buxáceas o relativo a esta familia de plantas. || f. pl. Familia de plantas angiospermas dicotiledóneas leñosas, de hojas perennes, flores desnudas o con una sola cubierta floral y fruto en una cápsula, como el boj.

buzar intr. Inclinarse hacia abajo los filones o las capas del terreno. || FAM. buzamiento.

buzo com. Persona que se dedica profesionalmente a trabajar sumergida en el agua. ‖ m. Traje de bebé que cubre todo el cuerpo y se cierra con una cremallera central. ‖ Mono de trabajo.

buzón m. Caja o receptáculo con una abertura por donde se echan las cartas al correo. ‖ *col.* Boca enorme. ‖ FAM. buzonear.

buzonear intr. Repartir propaganda por los buzones particulares. ‖ FAM. buzoneo.

buzoneo m. Sistema de propaganda consistente en el reparto de la publicidad por los buzones particulares.

bypass (voz i.) m. Baipás. ◆ No varía en pl.

byte (voz i.) m. En inform., conjunto formado por 4, 6 u 8 dígitos binarios o bits, que constituye la unidad de transmisión de información.

C

c f. Tercera letra del alfabeto español y segunda de sus consonantes. Su nombre es *ce*. Se pronuncia como *z* ante *e, i*: *cecina*; como *k* ante *a, o, u* y cualquier consonante: *caco, cuña, exacto*, y junto a la *h* adquiere sonido palatal: *chacolí*. ‖ En la numeración romana, cien. ◆ Se escribe con mayúscula.

cabal adj. Se apl. a la persona íntegra: *hombre cabal*. ‖ Ajustado, preciso: *mide un metro cabal*. ‖ Completo: *datos cabales*. ‖ **no estar** alguien **en sus cabales** loc. Estar fuera de juicio. ‖ FAM. cabalmente.

cábala f. Conjetura, suposición. Más en pl.: *no hagas más cábalas y espera a saberlo*. ‖ Intriga. ‖ Tradición mística y esotérica hebrea que intenta explicar doctrinas ocultas de Dios mediante la exégesis de la Biblia. ‖ FAM. cabalístico.

cabalgada f. Acción y resultado de cabalgar. ‖ Jornada larga a caballo. ‖ Incursión en campo enemigo por una tropa de jinetes.

cabalgadura f. Animal cuadrúpedo usado para cabalgar o como bestia de carga.

cabalgar intr. Montar o pasear a caballo. También tr.: *solo cabalga potros*. ‖ Ir una cosa sobre otra. ‖ tr. Cubrir el caballo u otro animal a su hembra. ‖ FAM. cabalgada, cabalgadura, cabalgata.

cabalgata f. Desfile de personas, jinetes, carrozas, bandas de música, etc., con ocasión de una festividad.

caballa f. Pez osteíctio perciforme marino, de unos 50 cm de longitud, alargado, de color azul verdoso y rayas oscuras. Es un pescado azul que se consume frito o en conserva.

caballar adj. Del caballo o similar a él: *cría caballar*.

caballeresco, ca adj. Propio de caballeros, galante. ‖ De la caballería medieval, de la literatura que refleja sus costumbres e ideales o relativo a ellas: *novela caballeresca*.

caballería f. Animal cuadrúpedo que sirve para cabalgar. ‖ Cuerpo del ejército formado por soldados a caballo. ‖ Institución medieval constituida para defender la fe y proteger a los débiles.

caballeriza f. Lugar cubierto destinado a las caballerías.

caballerizo, za m. y f. Persona encargada del mantenimiento de la caballeriza y los animales que la ocupan.

caballero, ra adj. Que cabalga o anda a caballo. ‖ El que se comporta noble y cortésmente. ‖ Señor, tratamiento de cortesía: *¿desea algo más, caballero?* ‖ Hombre: *ropa de caballero*. ‖ Persona notable. ‖ El que pertenece a alguna de las órdenes de caballería. ‖ **caballero andante** En los libros de caballerías, personaje que busca aventuras para demostrar su heroísmo y conquistar a su dama. ‖ El que lucha en favor de causas nobles. ‖ FAM. caballeresco, caballerete, caballeroso.

caballerosidad f. Calidad y modo de actuar caballeroso.

caballeroso, sa adj. Propio de caballeros o que se comporta como ellos. ‖ FAM. caballerosidad.

caballete m. Soporte de un tablero de mesa, formado por un madero horizontal apoyado sobre dos palos cruzados. ‖ Bastidor trípode sobre el que se coloca el lienzo para pintar. ‖ Prominencia en el hueso de la nariz.

caballista com. Entendido en caballos y buen jinete.

caballito m. dim. de *caballo*. ‖ pl. Tiovivo, carrusel. ‖ *amer.* Paño que se pone en el pañal de los niños pequeños. ‖ *amer.* Especie de balsa compuesta de dos odres unidos entre sí en la que puede navegar un hombre. ‖ **caballito de mar** Nombre común de diversos peces osteíctios gasterosteiformes que miden entre 4 y 30 cm, según las especies. Tienen el hocico largo y tubular, la cola prensil, el cuerpo cubierto de escamas dispuestas en anillo y su cabeza recuerda a la de un caballo. ‖ **caballito del diablo** Nombre común de diversos insectos odonatos de cuerpo esbelto y colores vivos, con cuatro alas iguales que mantienen verticales al posarse. Se alimentan de insectos.

caballo m. Mamífero perisodáctilo de aproximadamente 1,5 m de altura, fuerte, de patas terminadas en un dedo que tiene una uña llamada casco, con la cabeza alargada, las orejas pequeñas, cola larga y crin en el cuello. ‖ Pieza del ajedrez con forma de caballo que es la única que salta sobre las demás. ‖ Naipe que representa un caballo con su jinete. ‖ Borriquete. ‖ Aparato gimnástico formado por cuatro patas y un elemento superior muy alargado y terminado en punta, que se salta apoyando las manos. ‖ *col.* Heroína, droga. ‖ **caballo de batalla** Punto especialmente conflictivo o trabajoso. ‖ **caballo de vapor** Unidad de medida que expresa la potencia necesaria para levantar 75 kilos a 1 m de altura en un segundo. ‖ **a caballo** loc. adv. Montando un animal o una persona. ‖ Entre dos cosas o épocas, o participando de ambas. ‖ **a mata caballo** loc. adv. Atropelladamente, muy deprisa. ◆ También se escribe *a matacaballo*. ‖ **de caballo** loc. adj. *col.* Enorme, tremendo: *tiene una gripe de caballo.* ‖ FAM. caballada, caballar, caballería, caballeriza, caballero, caballista, caballito, caballón, caballuno.

caballón m. Montículo de tierra de labor que se levanta entre dos surcos para el cultivo. ‖ El que hace dar dirección a las aguas de riego.

cabaña f. Casa rústica de campo hecha con ramas o madera. ‖ Número o conjunto de cabezas de ganado: *cabaña bovina.* ‖ *amer.* Estancia o hacienda dedicada a la cría de ganado.

cabaré m. Sala de espectáculos nocturnos de variedades en la que se puede bailar, comer o beber. ◆ pl. *cabarés.* ‖ FAM. cabaretero.

cabaret (voz fr.) Cabaré. ◆ pl. *cabarets.*

cabaretero, ra adj. Del cabaré o relativo a él. ‖ m. y f. Persona que trabaja o actúa en un cabaré.

cabás m. Pequeño baúl con asa en el que los niños llevaban sus utensilios escolares. ‖ Maletín pequeño. ◆ pl. *cabases.*

cabe prep. Cerca de, junto a. ◆ Actualmente solo se usa en poesía.

cabeceador m. *amer.* Correa de la cincha del caballo.

cabecear intr. Mover la cabeza. ‖ Negar moviendo la cabeza. ‖ Dar cabezadas el que se está durmiendo. ‖ Moverse la embarcación bajando y subiendo la proa. ‖ Inclinarse lo que debía estar en equilibrio: *la carga del burro cabeceó hasta caer.* ‖ En fútbol, golpear la pelota con la cabeza. ‖ tr. *amer.* Atar cierto número de hojas de tabaco y formar las cabezas de los cigarros.

cabecera f. Parte de la cama donde se reposa la cabeza. ‖ Cabecero. ‖ Principio o punto de que sale algo: *cabecera de un río, de un tren.* ‖ Lugar preferente de algo: *cabecera de la mesa.* ‖ Capital o población principal de un territorio: *cabecera de concejo.* ‖ En un impreso, parte superior en la que se consignan sus datos importantes. ‖ Extremo de una tierra de labor al que no llega el arado.

cabecero m. Mueble o panel de madera que limita la cama por la cabecera.

cabecilla com. Persona que está a la cabeza de un grupo.

cabellera f. Conjunto del cabello de la cabeza. ‖ Nebulosa luminosa de gas y polvo que rodea al núcleo de un cometa.

cabello m. Cada uno de los pelos que nacen en la cabeza de una persona. ‖ Cabellera, conjunto de todos ellos. ‖ **cabello de ángel** Dulce filamentoso que se hace de cidra y almíbar. ‖ *amer.* Huevo hilado. ‖ *amer.* Fideo fino. ‖ FAM. cabellera, cabelludo.

cabelludo, da adj. Abundante en cabellos. ‖ Del cabello o relativo a él: *cuero cabelludo.*

caber intr. Poder un objeto ser contenido en otro: *no cabe un libro más en el estante.* ‖ Tener espacio para entrar: *ese mueble no cabe por la escalera.* ‖ Tocarle a uno o pertenecerle alguna cosa: *me cabe el honor de recibirle.* ‖ Ser posible: *aún cabe que llegue mañana.* ‖ Corresponder en un reparto. ◆ Se usa seguido de la prep. *a*: *cabemos a seis euros cada uno.* ‖ **no caber** uno **en sí** loc.

Estar exultante de alegría u orgullo: *no cabe en sí de gozo.* ‖ FAM. cabida. ◆ **Irreg.** Conjugación modelo:

Indicativo
Pres.: quepo, cabes, cabe, cabemos, cabéis, caben.
Imperf.: cabía, cabías, cabía, *etc.*
Pret. perf. simple: cupe, cupiste, cupo, cupimos, cupisteis, cupieron.
Fut. simple: cabré, cabrás, cabrá, *etc.*
Condicional simple: cabría, cabrías, cabría, *etc.*
Subjuntivo
Pres.: quepa, quepas, quepa, quepamos, quepáis, quepan.
Imperf.: cupiera o cupiese, cupieras o cupieses, *etc.*
Fut. simple.: cupiere, cupieres, cupiere, *etc.*
Imperativo: cabe, cabed.
Participio: cabido.
Gerundio: cabiendo.

cabero, ra adj. *amer.* Último. ‖ m. y f. *amer.* El que se dedica profesionalmente a echar cabos o mangos en las herramientas del campo.

cabestrillo m. Banda que cuelga del cuello para sostener e inmovilizar la mano o el brazo lastimados.

cabestro m. Buey manso que sirve de guía a los toros. ‖ Ronzal o cuerda que se ata a la cabeza o al cuello de la caballería. ‖ *col.* Hombre bruto y torpe. ‖ FAM. cabestrería, cabestrillo.

cabeza f. Parte superior del cuerpo del hombre separada del tronco, y superior o anterior del de muchos animales. ‖ Cráneo. ‖ Principio, parte extrema o delantera de una cosa: *cabeza del pelotón.* ‖ Parte abultada de un objeto opuesta a la punta: *cabeza de un alfiler.* ‖ Juicio, talento, intelecto: *tiene cabeza para las matemáticas.* ‖ Persona, individuo: *tocamos a tres por cabeza.* ‖ Res: *rebaño con 10 000 cabezas.* ‖ Capital, población principal: *cabeza de partido.* ‖ m. Jefe de una familia, comunidad, corporación, etc.: *cabeza de un clan, de una lista electoral.* ‖ **cabeza de ajo** Bulbo del ajo. ‖ **cabeza de chorlito** *col.* Persona de poco juicio. ‖ **cabeza de turco** Persona a la que se culpa de algo sin razón. ‖ **cabeza dura** *col.* Cabezota. ‖ **cabeza hueca** *col.* Cabeza de chorlito. ‖ **cabeza rapada** Miembro de un grupo, generalmente formado por gente joven, que comete actos violentos y lleva el pelo muy corto. ‖ **andar** o **ir de cabeza** loc. Estar muy ocupado o tener muchas preocupaciones. ‖ **con la cabeza alta** loc. adv. Dignamente y sin avergonzarse. ‖ **no levantar cabeza** loc. Estar muy atareado. ‖ No acabar de restablecerse de una enfermedad. ‖ **perder** uno **la cabeza** loc. Perder el juicio. ‖ **sentar la cabeza** loc. *col.* Hacerse juicioso. ‖ **traer de cabeza** loc. Aturdir o agobiar por exceso de obligaciones o de preocupaciones. ‖ FAM. cabecear, cabeceo, cabecera, cabecero, cabecilla, cabezada, cabezal, cabezazo, cabezón, cabezonada, cabezonería, cabezorra, cabezota, cabezudo, cabezuela, cabizbajo.

cabezada f. Movimiento involuntario de reclinar la cabeza que hace el que se está durmiendo sin estar acostado. ‖ Sueño corto: *echar una cabezada.* ‖ Golpe dado con la cabeza o recibido en ella. ‖ Correaje que ciñe sujeta la cabeza de una caballería. || *amer.* Arzón de la silla de montar. || *amer.* Cabecera de un río.

cabezal m. Almohada que se coloca en la cabecera. || Pieza móvil del extremo de ciertos aparatos: *maquinilla de cabezal basculante.* || Cabeza de un aparato reproductor que sirve para grabar, reproducir o borrar lo grabado en una cinta. || *amer.* Travesaño sobre el que descansa un larguero.

cabezazo m. Golpe dado con la cabeza o recibido en ella.

cabezo m. Cerro alto o cumbre de una montaña. || Montecillo aislado. || Roca o escollo que sobresale del agua.

cabezón, ona adj. y s. Cabezota. || adj. Se apl. a la bebida alcohólica que produce dolor de cabeza. || m. Remolino del agua en los ríos, al pasar sobre las piedras. || Renacuajo, cría de la rana. || *amer.* Pececillo de cabeza ancha y ojos pequeños.

cabezonada o **cabezonería** f. *col.* Acción propia de personas tercas u obstinadas.

cabezota com. *col.* De cabeza grande. || adj. y com. *col.* Terco, testarudo, obstinado.

cabezudo, da adj. Cabezota. || *col.* Se apl. al vino de alta graduación. || m. Figura de enano de gran cabeza de cartón que desfila en las fiestas: *gigantes y cabezudos.*

cabezuela f. Inflorescencia de flores en un receptáculo común, rodeada de brácteas. || Botón de rosa usado en cosmética. || Planta compuesta perenne de tallos vellosos, hojas ásperas y flores púrpuras o blancas protegidas por espinas, que se emplea para hacer escobas. || Harina gruesa que queda del trigo después de sacada la flor. || Heces que cría el vino a los dos o tres meses de haberse destilado el mosto.

cabida f. Espacio o capacidad de algo: *aumentaron la cabida del comedor.* || Extensión de un terreno. || **tener cabida** loc. Ser apropiado o tener lugar: *esas observaciones no tienen cabida en un discurso.*

cabila f. Tribu de beduinos o de bereberes. || FAM. cabileño.

cabildante com. *amer.* Miembro de un cabildo, regidor o concejal.

cabildear intr. Intrigar para conseguir un cargo o influencias en una corporación pública o privada.

cabildo m. Comunidad de eclesiásticos capitulares de una iglesia. || Ayuntamiento, corporación. || Junta celebrada por esta corporación. || Sala donde se celebra. || *amer.* Irónicamente, reunión de gente inepta. || **Cabildo insular** Corporación que, en Canarias, representa a los pueblos de cada isla. || FAM. cabildada, cabildante, cabildear, cabildeo.

cabina f. Cuarto pequeño, generalmente aislado, para usos muy diversos. || Locutorio telefónico de uso individual y, p. ext., teléfono público. || En los cines, sala superior que se reserva a los aparatos de proyección. || En diversos medios de transporte, espacio reservado al piloto, al conductor y al personal técnico. || En instalaciones deportivas, recinto para mudarse de ropa. || FAM. cabinera.

cabinera f. *amer.* Azafata de avión.

cabio m. Listón que se atraviesa a las vigas para formar suelos y techos. || Madero sobre el que se asientan los listones del suelo. || Travesaño superior o inferior del marco de las puertas o ventanas.

cabizbajo, ja adj. Con la cabeza inclinada por abatimiento, tristeza o preocupación.

cable m. Cordón más o menos grueso formado por uno o varios hilos conductores protegido por una funda aislante, que se emplea en electricidad, en las comunicaciones telegráficas o telefónicas, etc. || Cablegrama. || Maroma gruesa. || Pequeña ayuda que se presta a alguien para hacerle salir de un apuro: *le echó un cable para acabar el trabajo.* || **cruzársele** a uno **los cables** loc. *col.* Perder momentáneamente el control sobre los propios actos. || FAM. cableado, cablear, cablegrafiar, cablegrama, cableoperador.

cableado m. Conjunto de cables que forman parte de un aparato o sistema eléctrico. || Operación de establecer las conexiones entre cables eléctricos.

cablear tr. Tender cables de unión entre las distintas partes de un sistema eléctrico.

cablegrafiar tr. Transmitir noticias por cable submarino.

cablegrama m. Telegrama transmitido por cable submarino.

cableoperador, ra m. y f. Empresa u operador del sector de comunicaciones por cable.

cabo m. Cualquiera de los extremos de las cosas. || Extremo que queda de alguna cosa. || Punta de tierra que penetra en el mar. || Fin, término de una cosa: *me quedan unos cabos antes de acabar el trabajo.* || Cuerda: *lanzaron un cabo al náufrago.* || En algunos oficios, hilo o hebra. || pl. Patas, hocico y crines del caballo o yegua. || com. Individuo de la clase de tropa superior al soldado. || **cabo suelto** Circunstancia imprevista o que ha quedado sin resolver en algún negocio. || **al cabo de** loc. prep. Después de: *llegó al cabo de tres días.* || **atar cabos** loc. Deducir de varios indicios. || **de cabo a rabo** loc. adv. Completamente. || **estar al cabo de** algo o **al cabo de la calle** loc. *col.* Estar enterado. || **llevar a cabo** algo loc. Hacerlo. || FAM. cabotaje.

cabotaje m. Navegación o tráfico comercial hecho a lo largo de la costa de un país. || Tráfico marítimo en las costas de un país determinado.

cabra f. Mamífero artiodáctilo de cuernos huecos arqueados hacia atrás, un mechón de pelos largos colgante de la mandíbula inferior y cola muy corta. || Ariete. || *amer.* Cabrilla. || *amer.* Dado falso, trampa en el juego. || *amer.* Brocha para pintar. || **cabra montés** Cabra salvaje que vive en zonas escarpadas. || **estar como una cabra** loc. Ser alocado, no tener juicio. || FAM. cabrada, cabrerizo, cabrero, cabria, cabrio, cabrito, cabro, cabrón, cabruno, caprino.

cabracho m. Pez osteíctio escorpeniforme marino que alcanza hasta 50 cm de longitud, de color rojizo anaranjado, cabeza gruesa de boca ancha, espinas venenosas y una sola aleta dorsal que le recorre todo el cuerpo.

cabrahígo m. Higuera silvestre. || Fruto de este árbol.

cabrales m. Queso asturiano de sabor fuerte hecho de leche de vaca, oveja y cabra. ◆ No varía en pl.

cabrear tr. y prnl. *col.* Enfadar, molestar. || tr. *amer.* Esquivar a un perseguidor. || intr. *amer.* Jugar saltando y brincando. || *amer.* Tener una mujer diferentes amoríos. || FAM. cabreado, cabreo.

cabreo m. *col.* Enfado, malhumor.

cabrerizo, za adj. De las cabras o relativo a ellas. || m. y f. Pastor de cabras.

cabrero, ra m. y f. Pastor de cabras.

cabrestante m. Torno de eje vertical que se emplea para mover grandes pesos gracias a la soga o cadena que se enrolla en él.

cabria f. Máquina provista de una polea suspendida de un trípode o de un brazo giratorio, que se utiliza para levantar grandes pesos.

cabrilla f. Pez osteíctio perciforme marino, comestible, de unos 20 cm de longitud, de color rosado con bandas oscuras y que salta mucho en el agua. || Trípode de madera en el que los carpinteros sujetan los maderos grandes. || pl. Manchas que se hacen en las piernas cuando se está mucho tiempo cerca del fuego. || Pequeñas olas que hacen espuma al romper. || Juego que consiste en tirar piedras planas sobre la superficie del agua de modo que reboten varias veces. || FAM. cabrillear, cabrilleo.

cabrio m. Madero colocado en la armadura de los tejados para apoyar el tablazón que sujeta las tejas.

cabrío, a adj. De las cabras o relativo a ellas: *macho cabrío.* || m. Rebaño cabrío.

cabriola f. Voltereta o salto en el aire. || Salto de los bailarines que cruza varias veces los pies en el aire. || Salto que da el caballo coceando.

cabriolé m. Carruaje ligero de dos o cuatro ruedas y capota plegable. || Automóvil descapotable.

cabritilla f. Piel fina curtida de un animal pequeño, como el cabrito, el cordero, etc.: *guantes de cabritilla.*

cabrito, ta m. y f. Cría de la cabra. || *vulg.* Persona que consiente el adulterio. || *col.* Persona malintencionada y que juega malas pasadas. || f. Ariete. || pl. *amer.* Palomitas de maíz. || FAM. cabritada, cabritilla.

cabro m. Macho cabrío. || *amer.* Muchacho, chiquillo.

cabrón, ona adj. y s. *col.* Perverso, que juega malas pasadas. || *vulg.* Consentidor del adulterio de su cónyuge. || m. Macho de la cabra, con grandes cuernos y un gran mechón debajo de la mandíbula inferior. || *amer.* Proxeneta, chulo. || **cabrón con pintas** loc. adj. *col.* Cabrón, perverso. || FAM. cabronada.

cabronada f. *vulg.* Mala pasada, acción malintencionada o indigna contra otro. || *vulg.* Hecho que causa molestia e incomodidad.

cábula f. *amer.* Ardid, maña para lograr algo. || *amer.* Cábala, conjetura. || FAM. cabulear.

cabuya f. Pita. || *amer.* Cuerda, especialmente la de pita. || Conjunto de cabos pequeños. || **dar cabuya** loc. *amer.* Amarrar, sujetar con cuerda. || *amer.* Dar largas.

caca f. *col.* Excremento humano. || *col.* Suciedad, porquería. ◆ Se dice a los niños: *no toques eso, que es caca.* || *col.* Bodrio, cosa mal hecha: *vaya caca de libro.*

cacahual m. Cacaotal.

cacahuete m. Planta leguminosa de tallos rastreros, flores amarillas y fruto en una vaina que penetra en el suelo para madurar. || Fruto de esta planta, consistente en una cáscara dura que envuelve varias semillas oleaginosas comestibles. || *amer.* Picado de viruelas.

cacalichuche m. *amer.* Árbol americano de la familia de las apocináceas, de unos 8 m de altura, hojas coriáceas, flores olorosas en grandes cimas axilares y fruto en vainas pareadas de 15 a 25 cm de longitud.

cacalote m. *amer.* Cuervo, pájaro carnívoro de plumaje negro. || *amer.* Roseta de maíz.

cacao m. Árbol tropical de la familia de las esterculiáceas, con grandes hojas, flores rojas y fruto grande y alargado que contiene de veinte a cuarenta semillas. || Semilla de este árbol. || Polvo obtenido moliendo esta semilla que se usa en repostería. || Bebida, especialmente leche, mezclada con este polvo. || Crema de cacao en barra que se usa para hidratar los labios. || *col.* Confusión, jaleo. || FAM. cacahual, cacaotal, cacaotero.

cacaotal m. Plantación de cacao.

cacaotero, ra m. y f. *amer.* Persona o empresa que cultiva o comercia con cacao.

cacarear intr. Cantar el gallo o la gallina. || tr. *col.* Contar algo a mucha gente: *no se lo cuentes porque todo lo cacarea.* || *col.* Exagerar, vanagloriarse: *estuvo toda la tarde cacareando que ganaría.* || FAM. cacareo.

cacareo m. Canto del gallo o la gallina. || *col.* Arrogancia, presunción.

cacaste m. *amer.* Cacastle. || *amer.* Esqueleto fantasma de vaca o toro que embiste de noche a los caminantes.

cacastle m. *amer.* Armazón de madera para llevar algo a cuestas. || *amer.* Especie de banasta para transportar frutos, hortalizas, etc. || *amer.* Esqueleto de los vertebrados, especialmente del hombre.

cacatúa f. Nombre común de diversas aves psitaciformes que se caracterizan por su pico corto y fuerte, plumaje de colores muy vistosos y un penacho de plumas que abre en forma de abanico. || *col.* Mujer mayor, fea y estrafalaria.

cacera f. Zanja o canal para regar.

cacería f. Partida o expedición de caza. || Conjunto de animales muertos en la partida.

cacerola f. Recipiente metálico de cocina ancho y bajo y provisto de asas. || FAM. cacerolada.

cacerolada f. Protesta que se realiza golpeando cacerolas.

cacha f. Cada una de las dos piezas que forman el mango de las navajas y de algunos cuchillos. Más en pl. || Nalga. Más en pl. || adj. y com. pl. *col.* Se apl. a la persona fuerte y musculosa: *desde que hace culturismo se ha puesto cachas.*

cachaco, ca adj. *amer.* Se apl. al joven elegante, servicial y caballeroso. || m. *amer.* Lechuguino, petimetre. || m. y f. *amer.* Policía. || *amer.* Español reaccionario con situación privilegiada.

cachada[1] f. *amer.* Cornada de un animal.

cachada[2] f. *amer.* Burla, broma de la que se hace objeto a una persona.

cachafaz, za adj. *amer.* Pícaro, sinvergüenza.

cachalote m. Nombre común de tres especies de cetáceos con dientes, que alcanzan entre 15 y 20 m de longitud, de enorme cabeza y gran cantidad de grasa, así como ámbar gris que se recoge de su intestino.

cachapa f. *amer.* Panecillo en forma de torta o bollo de maíz, leche, sal o azúcar.

cachar¹ tr. Hacer cachos o pedazos una cosa. || Partir madera en el sentido de las fibras.

cachar² tr. *amer.* Cornear. || FAM. cachada.

cachar³ tr. *amer.* Burlarse de una persona, hacerla objeto de una broma. || *amer.* Agarrar, asir, coger. || *amer.* Robar. || FAM. cachada, cachador.

cacharpari m. *amer.* Convite y baile que se hace en honor de alguien que se va.

cacharpas f. pl. *amer.* Trastos de poco valor.

cacharpaya f. *amer.* Fiesta con que se despide el carnaval y, en ocasiones, al viajero.

cacharrazo m. Golpe, porrazo. || *amer.* Trago de licor fuerte.

cacharrería f. Tienda donde se venden cacharros y loza.

cacharro m. Recipiente para usos culinarios. || Vajilla de una cocina: *fregar los cacharros.* || *col.* Aparato viejo, deteriorado o que funciona mal. || *col.* Cosa sin valor. || FAM. cacharrazo, cacharrería, cacharrero.

cachava f. Bastón con la parte superior curvada.

cachaza f. *col.* Lentitud y sosiego en el modo de ser o actuar. || *amer.* Desvergüenza, descaro. || Aguardiente de melaza de caña. || FAM. cachazudo.

cachazudo, da adj. Lento, parsimonioso. || m. *amer.* Gusano de unos 4 cm de longitud, con cabeza negra y dura, que devora las hojas y tallos del tabaco.

caché m. Distinción y elegancia. || Cotización de un contrato para actuaciones en público: *el productor se negó a pagar ese caché.*

cachear tr. Registrar a alguien para descubrir si oculta algún objeto ilegal, como droga o armas. || FAM. cacheo.

cachelos m. pl. Patatas cocidas con agua y sal, o en caldo, que se sirven como guarnición. || Trozos de patata desgajados.

cachemir adj. y com. De Cachemira o relativo a esta región de Asia. || m. Tejido fino de lana hecho del pelo de las cabras de Cachemira. || Tela con dibujo de arabescos.

cachemira f. Cachemir, tejido.

cacheo m. Registro sobre la ropa.

cachería f. *amer.* Pequeño negocio, cambalache. || Falta de gusto, vulgaridad.

cachetada f. Bofetada.

cachete m. Golpe suave que se da con la mano en la cara o las nalgas. || Carrillo de la cara, y especialmente el abultado. || *amer.* Disfrute gratuito. || **de cachete** loc. adv. *amer.* Gratis. || FAM. cachetear, cachetón, cachetudo.

cachetear intr. Dar cachetes.

cachetero m. Antiguo puñal corto y agudo. || Puñal corto y agudo con que remata a las reses. || Persona que apuntilla al toro.

cachetón, ona adj. *amer.* Cachetudo. || *amer.* Soberbio, vanidoso. || *amer.* Sinvergüenza.

cachetudo, da adj. De carrillos abultados.

cachicamo m. *amer.* Armadillo.

cachicán m. Capataz de una hacienda. || adj. y m. Hombre astuto y capaz.

cachifo, fa m. y f. *amer.* Muchacho joven.

cachimba f. Pipa para fumar.

cachimbo m. *amer.* Cachimba. || *amer.* Vasija grande de metal. || *amer. desp.* Guardia nacional. || *amer.* Novato, aficionado.

cachiporra f. Palo que termina en una bola abultada. || adj. *amer.* Vanidoso: *jovencito cachiporra.* || FAM. cachiporrazo, cachiporrearse.

cachiporrazo m. Golpe dado con una cachiporra o arma similar.

cachiporrearse prnl. *amer.* Jactarse, alabarse de alguna cosa.

cachirulo m. Pañuelo anudado a la cabeza que forma parte del traje típico masculino de Aragón. || Vasija para licor. || Cualquier objeto indeterminado: *pásame ese cachirulo.* || *amer.* Remiendo o refuerzo en una prenda de vestir. || *amer.* Forro de paño que se pone en el interior del pantalón.

cachito m. *amer.* Cuento, leyenda. || *amer.* Cacho, cubilete de dados. || *amer.* Variedad de hormiga muy agresiva.

cachivache m. *desp.* Utensilio u objeto arrinconado por inútil. Más en pl. || Atracciones de feria: *le gusta mucho subir en los cachivaches.*

cachiyuyo m. *amer.* Arbusto útil como forraje y cuyas cenizas son abundantes en sosa.

cacho¹ m. Pedazo pequeño de algo. || Juego de naipes en el que hay que ligar tres cartas de un mismo palo. || *amer.* Participación pequeña en un número de la lotería. || *amer.* Racimo de bananas. || **pillar cacho** loc. *col.* Conseguir dinero o influencias. || *col.* Ligar con una persona. || **ser un cacho de pan** loc. *col.* Ser muy bondadoso.

cacho² m. *amer.* Cuerno de animal. || *amer.* Cubilete de dados. || FAM. cachudo.

cacho³ m. Pez osteíctio cipriniforme de agua dulce, generalmente unos 8 cm de longitud, aunque puede alcanzar hasta 50 cm según las razas, de color uniforme, cola en forma de horquilla y sin barbillas. || *amer.* Propina, gratificación: *dejó un buen cacho para el botones.*

cachondearse prnl. *col.* Burlarse, guasearse.

cachondeo m. *col.* Burla, guaseo. || *col.* Situación poco seria, desorden y confusión: *esta oficina es un cachondeo.*

cachondo, da adj. *vulg.* Excitado sexualmente. || adj. y s. *col.* Burlón, divertido, alegre. || FAM. cachondearse, cachondeo, cachondez.

cachorro, rra m. y f. Perro de corta edad. || En general, cría de otros mamíferos. || adj. Persona hosca, rencorosa y malintencionada. || adj. *amer.* Calificativo ofensivo aplicado a personas de baja condición.

cachucha f. Bote o lanchilla. || *amer.* Gorra de visera. || *amer.* Aguardiente de caña. || *amer.* Copa compuesta de varios licores.

cachudo, da adj. *amer.* Se dice del animal que tiene los cuernos grandes. || Se apl. a la persona con mala cara o gesto hosco.

cachupín, ina m. y f. Gachupín.

cachurear tr. amer. Mover desperdicios y basuras para recoger lo que pueda tener algún valor.

cachureo m. amer. Compra y venta de chucherías.

cacillo m. Cazo de pequeño tamaño.

cacique, ca m. y f. Persona que en un pueblo o comarca ejerce excesiva influencia. || Déspota, autoritario. || m. Jefe de algunas tribus de indios de América Central. || f. Mujer del cacique. || FAM. cacicada, caciquear, caciquil, caciquismo.

caciquear intr. Intervenir en asuntos públicos usando influencias o poder ilícitamente. || col. Entrometerse en asuntos privados.

caciquismo m. Sistema en que la influencia de los caciques en un pueblo o comarca rige el país al margen de la ley escrita. || P. ext., intromisión abusiva de una persona o una autoridad en determinados asuntos.

caco m. Ladrón.

cacofonía f. En fon., secuencia de sonidos desagradables o de articulación difícil. || FAM. cacofónico.

cacofónico, ca adj. Que tiene cacofonía.

cacorro m. amer. Marica.

cactáceo, a adj. y f. De las cactáceas o relativo a esta familia de plantas. || f. pl. Familia de plantas dicotiledóneas tropicales de tallo carnoso que sirven como depósito de agua y nutrientes, con espinas en lugar de hojas y flores generalmente grandes, como la chumbera.

cacto o **cactus** m. Nombre común de las plantas cactáceas. ◆ La segunda forma no varía en pl.

cacumen m. Agudeza y perspicacia.

cacuy m. amer. Ave caprimulgiforme nocturna de unos 30 cm de longitud, de color plomizo, pico corto y ojos negros con los párpados ribeteados de amarillo. ◆ pl. cacuys o cacuyes.

cada adj. Se refiere distributivamente a los elementos de un conjunto: daba una manzana a cada niño. || Se refiere individualmente a los elementos de una serie: hazlo todos y cada uno de los días. || Designa a los elementos de una serie agrupándolos: cada tres libros hay que poner un separador. || Se usa con valor intensificador: ¡tiene cada tontería! ◆ No varía en pl.

cadalso m. Tablado que se levanta para ajusticiar a los condenados a muerte y, p. ext., pena de muerte: lo condenaron al cadalso.

cadáver m. Cuerpo muerto. || FAM. cadavérico.

cadavérico, ca adj. Del cadáver o relativo a él. || Pálido y desfigurado: tez cadavérica.

caddie (voz i.) com. En golf, persona que transporta los palos. ◆ pl. caddies.

cadena f. Serie de eslabones enlazados entre sí: cadena de oro, cadenas del coche. || Atadura, condicionamiento. || Sucesión de cosas, acontecimientos, etc.: cadena de desgracias. || Serie de montañas. || Conjunto de establecimientos pertenecientes a una sola empresa o bajo la misma dirección: cadena hotelera. || Conjunto de emisoras que emiten simultáneamente el mismo programa de radio o televisión. || Equipo de reproducción de sonido que consta básicamente de tocadiscos o reproductor de discos compactos, magnetófono, radiorreceptor, amplificador y altavoces. || En inform., conjunto de

elementos de un mismo tipo colocados uno a continuación del otro: cadena de caracteres. || En quím., serie de átomos enlazados linealmente unos con otros. || **cadena alimentaria** Relaciones alimentarias entre las especies de un ecosistema. || **cadena de montaje** Conjunto de instalaciones destinadas a la fabricación sucesiva de las distintas fases de un proceso industrial. || **cadena perpetua** Pena máxima de prisión. || FAM. cadeneta.

cadencia f. Serie de sonidos, movimientos o acciones que se suceden de un modo regular o armónico: cadencia de una melodía. || Distribución armónica de los acentos y las pausas de un texto. || En danza, armonización de los sonidos y los movimientos del bailarín. || Ritmo, compás. || FAM. cadenciosamente, cadencioso.

cadencioso, sa adj. Que tiene cadencia: andar cadencioso.

cadeneta f. Labor de costura en figura de cadena. || Cadena de tiras de papel de colores que se usa en las fiestas.

cadera f. Cada una de las dos partes salientes formadas por los huesos superiores de la pelvis. || En las caballerías y otros cuadrúpedos, parte lateral del anca. || FAM. caderamen.

cadete com. Alumno de una academia militar. || amer. Aprendiz o recadero de un establecimiento comercial. || adj. y com. Se apl. al deportista que pertenece a la clase intermedia entre la juvenil y la infantil.

cadí m. Juez civil en los países musulmanes. ◆ pl. cadís o cadíes.

cadmio m. Metal dúctil y maleable de color blanco azulado, brillante y muy parecido al estaño. Su símbolo es Cd, y su número atómico, 48.

caducar intr. Desgastarse o estropearse algo por el paso del tiempo: esta mantequilla caducó ayer. || Prescribir, perder su validez una ley, testamento, etc.: su contrato caducó en diciembre. || Extinguirse un derecho, una facultad, una instancia o un recurso.

caduceo m. Vara delgada, lisa y cilíndrica, rodeada de dos culebras, atributo de Mercurio. Hoy se emplea como símbolo del comercio y la medicina.

caducidad f. Pérdida de vigencia o validez por cumplimiento de un plazo. || Calidad de caduco.

caducifolio, lia adj. y f. Se apl. al árbol y a la planta de hoja caduca.

caduco, ca adj. Que es muy anciano y empieza a mostrar decrepitud. || Perecedero, que dura poco. || Que está obsoleto, pasado de moda. || FAM. caducar, caducidad.

caedizo, za adj. Que cae con facilidad o está a punto de caerse. || Caduco. || m. amer. Saledizo, tejadillo saliente.

caer intr. y prnl. Desplazarse un cuerpo de arriba abajo por la acción de su propio peso. || Perder un cuerpo el equilibrio. || Pender, colgar: el flequillo le cae sobre los ojos. || Desprenderse una cosa del lugar u objeto que estaba adherida: caer las hojas de los árboles, caerse el pelo. || intr. Sentar bien o mal: el café me ha caído fatal. || Decaer, extinguirse: está cayendo el sol. || Desaparecer, dejar de ser: ya caerá ese ministro. || Morir. || Perder la prosperidad, fortuna, empleo o valimiento. || Llegar a comprender algo: ahora caigo en lo que me de cías. ‖ Tocar o corresponder a alguien un empleo, una carga o un golpe de suerte. ‖ Estar situado en alguna parte o tiempo: *la puerta cae a la derecha; San Juan cae en verano*. ‖ **caer en la cuenta** loc. Advertir o comprender algo que no se había pensado. ‖ **caerse redondo** loc. Perder el conocimiento, desmayarse. ‖ **estar al caer** loc. Estar a punto de suceder: *el verano está al caer*. ‖ FAM. caedizo, caída, caído. ◆ **Irreg.** Conjugación modelo:

Indicativo
  Pres.: caigo, caes, cae, caemos, caéis, caen.
  Imperf.: caía, caías, caía, *etc.*
  Pret. perf. simple: caí, caíste, cayó, caímos, caísteis, cayeron.
  Fut. simple: caeré, caerás, caerá, *etc.*
  Condicional simple: caería, caerías, caería, etc.
Subjuntivo
  Pres.: caiga, caigas, caiga, caigamos, caigáis, caigan.
  Imperf.: cayera o cayese, cayeras o cayeses, *etc.*
  Fut. simple: cayere, cayeres, cayere, *etc.*
Imperativo: cae, caed.
Participio: caído.
Gerundio: cayendo.

café m. Cafeto. ‖ Semilla del cafeto, plana y acanalada por un lado. ‖ Bebida que se hace por infusión con esta semilla tostada y molida. ‖ Establecimiento donde se vende y toma esta bebida. ‖ *amer. col.* Reprimenda, regaño. ‖ adj. y m. Del color del café. ‖ **café americano** El ligero, preparado con mucha agua. ‖ **café-cantante** Café en el que se interpretan canciones de carácter frívolo. ‖ **café capuchino** Café con leche espumoso. ‖ **café-concierto** Café en el que se ofrecen actuaciones musicales en directo. ‖ **café cortado** Café con muy poca leche. ‖ **café descafeinado** Aquel al que se ha extraído la cafeína. ‖ **café irlandés** Café con *whisky*, azúcar y nata. ‖ **café-teatro** Café en el que se hacen representaciones teatrales. ‖ **café torrefacto** El que se tuesta con azúcar. ‖ **café vienés** Café con nata. ‖ **mal café** *col.* Mal humor. ‖ FAM. cafeína, cafetal, cafetera, cafetería, cafetero, cafetín, café, caficultor.

cafeína f. Alcaloide blanco, estimulante del sistema nervioso y el corazón, que se encuentra en el café, el té, el cacao, etc.

cafetal m. Terreno donde se cultivan cafetos. ‖ FAM. cafetalero.

cafetera f. Recipiente donde se hace o se sirve café. ‖ *col.* Vehículo viejo y destartalado.

cafetería f. Establecimiento donde se sirve café y otras bebidas, así como alimentos fríos o que requieran poca preparación, como sándwiches o platos combinados.

cafetero, ra adj. Del café o relativo a él. ‖ adj. y s. Se apl. a la persona muy aficionada a tomar café. ‖ m. y f. Persona que recoge la cosecha del café o que lo vende en sitio público.

cafeto m. Árbol rubiáceo tropical de unos 6 m de altura, con hojas verdes persistentes, flores blancas y cuyo fruto en baya roja con dos semillas es el café.

cafiche m. *amer.* Chulo, proxeneta.

caficultor, ra m. y f. Persona que se dedica al cultivo del café.

cafre adj. y com. Zafio, rudo, violento. ‖ De Cafrería o relativo a esta antigua región del sureste de África.

caftán m. Túnica de seda sin cuello, abierta por delante, con mangas cortas, que cubre el cuerpo hasta la mitad de la pierna y es usada en países musulmanes.

cafúa f. *amer.* Cárcel.

cagada f. Excremento. ‖ *col.* Cosa o situación que resulta cuando se actúa sin cuidado o con torpeza.

cagado, da adj. y s. *col.* Cobarde, sin ánimo.

cagalera f. *vulg.* Diarrea. ‖ *vulg.* Miedo, temor.

cagaprisas com. *col.* Persona impaciente que actúa demasiado rápido. ◆ No varía en pl.

cagar intr. *vulg.* Defecar, expulsar excrementos. ‖ prnl. *vulg.* Morirse de miedo, acobardarse. ‖ **cagarla** loc. *vulg.* Cometer un error irreparable. ‖ **cagarse en** algo o **en** alguien loc. *vulg.* Maldecirlo. ‖ FAM. cagada, cagadero, cagado, cagajón, cagalera, cagaprisas, cagarruta, cagatorio, cagón, cague, cagueta.

cagarruta f. Cada una de las porciones del excremento del ganado menor y, p. ext., de otros animales.

cagón, ona adj. y s. *vulg.* Que caga muchas veces. ‖ *col.* Muy temeroso y cobarde.

caguama f. Reptil quelonio marino cuyo dorso es marrón y el vientre amarillento; su caparazón mide aproximadamente 1 m y pesa cerca de 150 kg. ‖ Materia córnea de esta tortuga.

cague m. *vulg.* Miedo.

cagueta adj. y com. *col.* Cobarde, cagón.

cahuín m. *amer.* Reunión de gente acompañada de bullicio y borrachera.

caíd m. Especie de juez o gobernador en algunos países musulmanes. ◆ pl. *caídes*.

caída f. Acción y resultado de caer. ‖ Bajada o declive: *caída de un imperio, de unas acciones*. ‖ Manera de plegarse o de caer los paños y ropajes. ‖ pl. Dichos oportunos: *¡qué caídas tiene ese niño!* ‖ **caída de ojos** Forma seductora de cerrar los ojos. ‖ **caída libre** En fís., la que experimentaría un cuerpo sometido exclusivamente a la acción de la gravedad. ‖ En paracaidismo, modalidad de salto en la que se retrasa la apertura del paracaídas.

caído, da adj. Desfallecido, cansado. ‖ Que presenta una zona de su cuerpo con mucho declive: *caído de hombros*. ‖ adj. y s. Muerto en una guerra.

caima adj. *amer.* Se apl. a la persona o a la cosa sosa, sin gracia. ‖ *amer.* Dicho de una comida, que no tiene sazón.

caimán m. Reptil crocodiliano, anfibio y carnívoro, similar al cocodrilo, pero más pequeño, con el hocico chato y las membranas de los pies muy poco extensas. ‖ *amer.* Persona codiciosa, falsa y astuta. ‖ FAM. caimanera.

Caín (pasar las de) loc. *col.* Sufrir grandes contratiempos.

cainismo m. Actitud vengativa contra los propios familiares, compatriotas o amigos.

cainita adj. De Caín o relativo a él. ‖ adj. y com. Vengativo hacia los allegados. ‖ FAM. cainismo.

cairel m. Adorno de pasamanería con flecos que cuelga en los extremos de algunas ropas. ‖ Trozo de cristal de distintas formas que adorna candelabros, arañas, etc. ‖ En arquit., festón calado y colgante que se usa como motivo ornamental. ‖ *amer*. Planta leguminosa cuyos tallos, gruesos y largos, se utilizan como soga.

caite m. *amer*. Sandalia de cuero. ‖ *amer*. Calzado.

caitear tr. *amer*. Castigar a alguien golpeándolo con un caite. ‖ intr. *amer*. Ir a pie.

caja f. Recipiente de varias formas y tamaños que sirve para albergar objetos. ‖ Caja de seguridad para guardar dinero y objetos de valor. ‖ Ventanilla o dependencia destinada a recibir o guardar dinero y para hacer pagos en los bancos y comercios. ‖ Recaudación de un comercio. ‖ Ataúd. ‖ Tambor. ‖ Parte exterior de madera que cubre y resguarda algunos instrumentos, como el órgano, el piano, etc., o que forma la parte principal del instrumento: *caja de la guitarra*. ‖ En impr., cajón con varias separaciones o cajetines, en cada uno de los cuales se ponían los caracteres que representan una misma letra o signo tipográfico. ‖ En impr., espacio de la página lleno por la composición impresa. ‖ **caja de cambios** Mecanismo de cambio de marcha de un automóvil. ‖ **caja de dientes** *amer*. Dentadura postiza. ‖ **caja de música** Pequeña caja con un dispositivo que hace sonar una melodía cuando se abre. ‖ **caja fuerte** o **de caudales** Caja de seguridad. ‖ **caja negra** La que en un avión registra las incidencias de vuelo. ‖ **hacer caja** loc. Cuadrar el balance de la jornada. ‖ FAM. cajero, cajetilla, cajetín, cajista, cajón, cajuela.

cajero, ra m. y f. Persona que en los bancos, comercios, etc., está encargada de la caja y sus movimientos. ‖ *amer*. Músico que toca la caja. ‖ **cajero automático** Máquina de servicio permanente que, mediante una clave de cliente, realiza operaciones bancarias de forma automática.

cajeta f. *amer*. Leche de cabra, fruta y huevo, batidos con miel, clavo, anís o canela hasta que cuajan. ‖ *amer*. Tabaquera, caja de tabaco. ‖ com. *amer*. Persona que tiene el labio inferior muy abultado. ‖ **de cajeta** loc. adj. *amer*. Excelente, de primera calidad.

cajete m. *amer*. Vasija honda y gruesa, vidriada solo en el interior. ‖ *amer*. Hoyo que se hace en la tierra para plantar. ‖ FAM. cajetear.

cajetilla f. Paquete de cigarrillos o de tabaco picado. ‖ adj. y m. *amer*. Presumido, petimetre.

cajetín m. Listón de madera con dos ranuras en las que se alojan por separado los conductores eléctricos: *cajetín de la luz*. ‖ En impr., cada compartimento de la caja de imprenta. ‖ Caja metálica para los tacos de billetes que usan los cobradores del transporte público. ‖ Caja donde se recogen las monedas en los teléfonos públicos y otras máquinas.

cajista com. En impr., oficial de imprenta que compone y ajusta un texto para su impresión.

cajón m. Caja grande, normalmente de madera. ‖ Compartimento de un mueble que se puede sacar y meter en ciertos huecos hechos para este fin. ‖ En los estantes, espacio que media entre tabla y tabla. ‖ Compartimento con dos puertas levadizas usado para trasladar los toros. ‖ *amer*. Cañada larga por donde fluye algún río o arroyo. ‖ *amer*. Ataúd. ‖ **cajón de sastre** col. Conjunto de cosas desordenadas y confusas. ‖ **ser de cajón** loc. col. Ser obvio, evidente. ‖ FAM. cajonera.

cajonera f. Cajón situado debajo de los pupitres de los niños para guardar el material escolar. ‖ Mueble formado por cajones o el conjunto de cajones de un mueble.

cajuela f. *amer*. Maletero del automóvil. ‖ *amer*. Hueco bajo los asientos de algunos coches. ‖ *amer*. Árbol euforbiáceo silvestre de buena madera y color amarillo pardusco.

cal f. Óxido de calcio, sustancia blanca cáustica que se hidrata produciendo calor al contacto del agua. ‖ **cal viva** Cal. ‖ **cerrar a cal y canto** loc. Cerrar por completo. ‖ **dar una de cal y otra de arena** loc. col. Alternar para equilibrar cosas distintas o contrarias. ‖ FAM. calar, calcáreo, calcina, calizo.

cala[1] f. Acción y resultado de cortar o taladrar diversos materiales. ‖ Perforación que se hace en un terreno o en una obra de fábrica para reconocer su profundidad, composición, estructura, etc. ‖ Corte que se hace en una fruta para probarla. ‖ Parte más baja en el interior de un buque. ‖ Planta ornamental de la familia de las aráceas, con grandes hojas lanceoladas y flores blancas en cucurucho en cuyo interior se aloja un vástago amarillo. ‖ col. Peseta, antigua moneda española.

cala[2] f. Ensenada pequeña.

calabacera f. Nombre común de varias plantas cucurbitáceas de tallos rastreros, hojas grandes y ásperas, flores acampanadas amarillas y cuyo fruto es la calabaza.

calabacín m. Pequeña calabaza cilíndrica de corteza verde y carne blanca. ‖ col. Persona inepta.

calabaza f. Calabacera. ‖ Fruto globoso de la calabacera, de variadas formas y colores, con muchas pepitas. ‖ col. Cabeza humana. ‖ col. Suspenso en un examen. ‖ **dar calabazas** loc. col. Rechazar a un pretendiente amoroso. ‖ FAM. calabacera, calabacín, calabazada, calabazar, calabazate, calabazazo.

calabazada f. Golpe dado o recibido en la cabeza.

calabazate m. Dulce seco de calabaza. ‖ Cascos de calabaza cocidos en miel o arrope.

calabazazo m. Golpe dado con una calabaza. ‖ col. Golpe que se recibe en la cabeza.

calabobos m. col. Llovizna menuda y continua. ◆ No varía en pl.

calabozo m. Celda de una cárcel, en especial para presos incomunicados. ‖ Lugar subterráneo y lóbrego donde se encerraba a los presos.

calabrote m. *amer*. Calavera, hombre informal.

calaca f. *amer*. La muerte.

calada f. Acción y resultado de calar. ‖ Vuelo rápido del ave rapaz al descender o levantarse. ‖ Cada una de las aspiraciones del humo del cigarro.

caladero m. Sitio apropiado para calar o lanzar las redes de pesca.

calado, da adj. Muy mojado, empapado. ‖ m. Labor a modo de encaje que se hace en una tela. ‖ Labor que consiste en taladrar el papel, tela, etc., formando dibujos

|| En arquit., decoración hecha con perforaciones que permiten pasar la luz. || Profundidad que alcanza en el agua la parte sumergida de un barco. || Altura que alcanza la superficie del agua sobre el fondo. || Importancia dada a un asunto: *negociaciones de calado internacional*. || Parón brusco de un motor de explosión.

calador, ra m. y f. Persona que cala las redes en la almadraba. || Persona que realiza calados en manufacturas. || m. Hierro con que los calafates introducen estopa en las costuras de las embarcaciones. || *amer.* Punzón o barrena acanalada para sacar muestras de grano sin abrir los sacos.

caladora f. *amer.* Piragua grande.

calafate com. Calafateador. || FAM. calafateado, calafateador, calafatear, calafateo.

calafateado m. Impermeabilización y tapado de las junturas de una nave.

calafateador, ra m. y f. Persona cuyo oficio consiste en calafatear naves.

calafatear tr. Impermeabilizar las junturas de las maderas de las naves cerrándolas con estopa y brea. || Sellar cualquier juntura.

calafateo m. Calafateado.

calagurritano, na adj. y s. De Calahorra, antigua Calagurris, o relativo a esta ciudad española.

calamaco m. *amer.* Pita.

calamar m. Nombre común de diversos moluscos cefalópodos marinos comestibles de cuerpo alargado, con diez tentáculos y dos láminas laterales a modo de aletas, y que poseen una bolsa de tinta que liberan para enturbiar el agua cuando son perseguidos.

calambre m. Contracción espasmódica, involuntaria y dolorosa de ciertos músculos. || Temblor o estremecimiento que experimenta el cuerpo humano al recibir una descarga eléctrica de baja intensidad.

calambur m. Figura retórica que consiste en agrupar las sílabas de una o varias palabras de modo que varíe su significado, como en el acertijo «blanca por dentro, verde por fuera, si quieres que te lo diga, *es/pera*».

calamidad f. Desgracia o infortunio que alcanza a muchas personas. || Persona torpe o que sufre todo tipo de desgracias. || FAM. calamitoso.

calamina f. Silicato hidratado de cinc nativo, de color blanco o amarillo. || Cinc fundido. || Aleación de cinc, plomo y estaño.

calamita f. Magnetita. || Brújula, aguja imantada. || adj. y m. Se apl. al anfibio anuro, más pequeño que el sapo común, de color verde con una franja amarilla, llamado también *sapo corredor*, que vive en los cañaverales.

calamitoso, sa adj. Que causa calamidades o es propio de ellas. || Infeliz, inclinado a padecer calamidades.

cálamo m. Parte hueca de la pluma que se inserta en la piel de un ave. || *poét.* Pluma para escribir. || Caña, tallo cilíndrico y liso.

calancas f. pl. *amer.* Piernas largas y flacas.

calanchín m. *amer.* Pujador, apostador. || *amer.* Tesaferro, intermediario ilegal entre particulares y la administración pública.

calandra f. Rejilla de ventilación del radiador de un automóvil.

calandraco, ca adj. *amer. col.* Persona ridícula, mequetrefe. || m. *amer. col.* Andrajo, trapo viejo.

calandria f. Nombre común de diversas aves paseriformes de unos 20 cm de longitud, cuya especie más conocida anida en el suelo de pedregales, tiene el dorso pardo y el vientre blanquecino, con una mancha negra a cada lado del cuello, y el pico fuerte.

calandria f. Máquina que sirve para prensar o satinar papel o tela gracias a dos cilindros calentados generalmente al vapor. || Máquina que levanta grandes pesos gracias a un torno movido por un cilindro hueco de madera. || *amer.* Coche de baja clase, que ha caído en desuso. || FAM. calandrar.

calaña f. Clase, tipo o naturaleza de una persona o cosa. Más en sentido *desp.*: *no vayas con gente de esa calaña*.

cálao m. Nombre común de varias aves coraciformes trepadoras de gran tamaño, plumas oscuras y fuerte pico curvo con un voluminoso apéndice córneo.

calapitrinche m. *amer.* Persona vulgar, mequetrefe.

calar tr. Penetrar un líquido en un cuerpo permeable. También intr.: *el agua ha calado hasta el sótano*. || Sumergir las redes en el agua. || Atravesar un cuerpo con un objeto punzante. || Hacer un corte en una fruta para ver su madurez: *calar una sandía*. || *amer.* Sacar con el calador una muestra de un fardo. || Colocar la bayoneta en el fusil. || Bordar una tela con calados. || Agujerear tela, papel, etc., haciendo dibujos. || *col.* Comprender o intuir los motivos internos de algo o alguien: *no te hagas el inocente, que ya te he calado*. || *amer.* Apabullar, confundir. || prnl. Encajarse bien un sombrero o gorro: *se cala la boina*. || Mojarse una persona hasta que el agua llegue al cuerpo: *se ha calado hasta los huesos*. || Pararse bruscamente un motor: *se le caló el coche*. || FAM. cala, calador, calado, calador, caladura.

calasancio, cia adj. Escolapio.

calato, ta adj. *amer.* Desnudo, en cueros.

calavera f. Parte del esqueleto que forma la cabeza. || Insecto lepidóptero nocturno que tiene en las alas unas manchas en forma de calavera. || *amer.* Gala o regalo que la gente del pueblo pide por el día de difuntos. || *amer.* Verso satírico que se compone a un vivo hablando como si estuviera muerto. || m. Hombre juerguista e irresponsable. || FAM. calaverada.

calaverada f. *col.* Acción propia de un hombre irresponsable y juerguista.

calcado, a adj. Idéntico, muy parecido: *es calcada a su abuela*. || m. Acción y resultado de calcar.

calcáneo m. Hueso del tarso situado en el talón. || FAM. calcañar.

calcañar, calcañal o **calcaño** m. Parte posterior de la planta del pie.

calcar tr. Obtener una copia de un trazo o escritura por medio de un papel transparente o de calco. || Imitar o reproducir con exactitud. || FAM. calcado, calcador, calco.

calcáreo, a adj. Que tiene cal.

calce m. Llanta de una rueda. || Calza que se pone para suplir la falta de altura. || Cuña para ensanchar un hueco. ‖ Pieza metálica que se añade a ciertas herramientas al gastarse. ‖ *amer.* Pie de un documento: *puso su firma en el calce.*

calcedonia f. Ágata muy traslúcida de color azulado o lechoso.

calceta f. Tejido de punto hecho a mano: *bufanda de calceta.* ‖ FAM. calcetar.

calcetín m. Media de punto que cubre el tobillo y parte de la pierna: *calcetines de lana.* ‖ FAM. calceta.

cálcico, ca adj. Del calcio o relativo a él: *carbonato cálcico.*

calcificación f. Acción y resultado de calcificar: *correcta calcificación dental.* ‖ Depósito patológico de sales de calcio en los tejidos.

calcificar tr. En biol., dar a un tejido orgánico carácter calcáreo por la adición de sales de calcio. ‖ prnl. Modificarse o degenerarse los tejidos orgánicos por depositarse en ellos sales de calcio. ‖ FAM. calcificación.

calcinar tr. Carbonizar. También prnl. ‖ En quím., someter al calor una materia para que desprenda toda sustancia volátil o se reduzca a cal viva el carbonato de calcio que contenga. ‖ FAM. calcinación, calcinamiento.

calcio m. Elemento químico metálico blanco que, combinado con el oxígeno, forma la cal y es esencial para la formación de huesos, conchas y espinas. Su símbolo es *Ca*, y su número atómico, *20*. ‖ FAM. calcemia, cálcico, calcificar, calcita.

calcita f. Mineral blanco de carbonato de calcio cristalizado, principal componente de la roca caliza.

calco m. Acción y resultado de calcar, copiar o imitar. ‖ Copia que se obtiene calcando. ‖ Plagio, imitación o reproducción similar al original: *es un calco de su madre.* ‖ Papel carbón para calcar. ‖ En ling., adaptación de una palabra extranjera, traduciendo su significado completo o el de cada uno de sus elementos formantes. ‖ FAM. calcografía, calcomanía.

calcografía f. Grabado de una lámina metálica para estamparla. ‖ FAM. calcografiar.

calcomanía f. Papel que tiene una imagen adhesiva del revés, preparada para estamparse en un objeto. ‖ La imagen ya estampada.

calcopirita f. Sulfuro natural de cobre y hierro, de brillo metálico y color amarillo o negro.

calculador, ra adj. y s. Que calcula. ‖ Interesado, previsor: *mente calculadora.*

calculadora f. Máquina que obtiene el resultado de cálculos aritméticos.

calcular tr. Seguir operaciones matemáticas. ‖ Resolver las operaciones necesarias para un proyecto de arquitectura o ingeniería. ‖ Evaluar, considerar: *calcula si te compensa.* ‖ Suponer: *calculo que acabaré dentro de una hora.* ‖ FAM. calculable, calculador, calculista, cálculo.

cálculo m. Operaciones y procedimientos matemáticos que se realizan para resolver un problema. ‖ Nombre genérico de distintas ramas de la matemática: *cálculo infinitesimal, diferencial.* ‖ Conjetura: *según mis cálculos, es una persona muy ambiciosa.* ‖ Concreción sólida que se forma en el interior de algún tejido o conducto: *cálculo en la vesícula.* ‖ m. pl. Acumulación de sales de calcio: *cálculos en el riñón.*

caldas f. pl. Baños de aguas minerales calientes.

caldear tr. y prnl. Aumentar la temperatura de algo que estaba frío. ‖ Animar o acalorar el ánimo de una o varias personas. ‖ FAM. caldeamiento.

caldeo, a adj. y s. De la antigua Caldea o relativo a los pueblos de la baja Mesopotamia. ‖ m. Lengua semítica hablada por los caldeos.

caldera f. Recipiente de metal grande y redondo que sirve para calentar o cocer alguna cosa. ‖ Cabida de una caldera. ‖ Recipiente metálico generador de agua caliente para los radiadores de un edificio. ‖ Gran depresión de paredes escarpadas, originadas por fuertes erupciones volcánicas. ‖ Parte más baja de un pozo donde se hacen afluir las aguas para extraerlas más fácilmente. ‖ *amer.* Recipiente con o sin tapa en el que se calienta el agua para el mate. ‖ **caldera de vapor** Recipiente metálico donde hierve el agua cuyo vapor en tensión constituye la fuerza motriz de la máquina. ‖ FAM. caldeada, calderería, calderero, caldereta, caldero.

calderada f. Cabida de una caldera. ‖ Gran cantidad de una sustancia.

calderería f. Tienda donde se hacen o venden calderas. ‖ Sección de los talleres de metalurgia donde se trabajan las barras y planchas de hierro o acero. ‖ Oficio del que se dedica a estas tareas.

calderero, ra m. y f. Persona que hace, arregla o vende vasijas de metal. ‖ Operario que cuida de una caldera.

caldereta f. Guiso de pescado fresco. ‖ Guiso típico de pastores con carne de cabrito o cordero.

calderilla f. Conjunto de monedas fraccionarias de poco valor.

caldero m. Caldera pequeña con una sola asa sujeta a la boca. ‖ Lo que cabe en él.

calderón m. Nombre común de mamíferos cetáceos con dientes, de cabeza voluminosa y aletas pectorales estrechas, negros por el dorso y más claros en el vientre. ‖ Signo ortográfico (¶) usado como marca de párrafo o introductor de una anotación. ‖ En mús., signo (⌢) que representa la suspensión del compás a voluntad. ‖ En mús., esta suspensión.

caldillo m. Salsa de algunos guisos. ‖ *amer.* Picadillo de carne con caldo, sazonado con orégano y otras especias. ‖ *amer.* Caldo de mariscos o pescados con patata y cebolla.

caldo m. Líquido que resulta de cocer los alimentos en agua: *caldo de pollo.* ‖ Jugo vegetal destinado a la alimentación, en especial el vino. Más en pl.: *caldos de Rueda.* ‖ *amer.* Zumo de la caña. ‖ **caldo de cultivo** En biol. líquido preparado como medio de proliferación bacteriológica. ‖ Medio o circunstancias favorables: *el miedo es un caldo de cultivo de la intolerancia.* ‖ **poner** a alguien **a caldo** loc. *col.* Insultar, regañar. ‖ FAM. caldillo, caldoso.

caldoso, sa adj. Abundante en caldo.

calé adj. y com. Gitano.

calefacción f. Acción y resultado de calentar. ‖ Conjunto de aparatos destinados a calentar una casa o una habitación. ‖ **calefacción central** La que con una sola caldera calienta todo un edificio. ‖ FAM. calefacto-

calefactor, ra adj. Que irradia calor. || m. y f. Persona que construye, instala o repara aparatos de calefacción. || m. Aparato eléctrico de calefacción.

calefón m. *amer.* Aparato calentador de agua de uso doméstico.

caleidoscopio m. Calidoscopio.

calendario m. Sistema de división del tiempo: *calendario solar.* || Almanaque. || Distribución de determinadas actividades humanas en un periodo de tiempo: *calendario de exámenes.* || **calendario eclesiástico** Distribución del año para el ritual de la Iglesia. || **calendario escolar** El que fija las fiestas y días lectivos en la enseñanza. || **calendario laboral** Aquel en el que quedan fijados los días laborables y festivos. || FAM. calendarista.

calendas f. pl. En el calendario romano y en el eclesiástico, el primer día de cada mes. || Época o tiempo pasado.

caléndula f. Maravilla, planta herbácea de la familia de las compuestas, de hojas lanceoladas y flores anaranjadas grandes.

calentador, ra adj. Que calienta. || m. Recipiente o aparato que sirve para calentar: *calentador de cama, de agua.* || Media de lana para los tobillos.

calentamiento m. Aumento de la temperatura. || Entrenamiento suave de los músculos antes del ejercicio.

calentar tr. y prnl. Dar calor, elevar la temperatura. También intr.: *ahora empiezan a calentar los radiadores.* || Avivar, animar: *se está calentando la tertulia.* || *col.* Golpear, pegar: *le calentaron la cara.* || tr. y prnl. Excitar sexualmente. || intr. Realizar ejercicios preparatorios para el esfuerzo muscular. || prnl. Enfadarse, enfervorizarse en una disputa. ◆ Irreg. Se conj. como *acertar.* || FAM. calentador, calentamiento, calentito, calentón, calentura, caliente.

calentito, ta adj. *col.* Nuevo, recién hecho.

calentón m. *col.* Calentamiento rápido. || **darse un calentón** loc. *col.* Excitarse rápidamente.

calentura f. Fiebre, temperatura alta. || Erupción en los labios. || *amer.* Cólera, rabieta. || *amer.* Descomposición por fermentación que sufre el tabaco. || *amer.* Planta silvestre de hojas lanceoladas y flor anaranjada. || FAM. calenturiento.

calenturiento, ta adj. y s. Que tiene indicios de calentura. || Se apl. al pensamiento excitado o retorcido, sobre todo el inclinado a la lujuria.

calera f. Cantera de piedra caliza. || Horno donde se calcina la piedra caliza. || FAM. calero.

calesa f. Carruaje abierto por delante, con capota, de dos o cuatro ruedas. || FAM. calesero, calesera.

calesera f. Chaqueta con adornos que usan los caleseros andaluces. || Seguidilla sin estribillo que cantan los caleseros. || FAM. calesero.

calesero, ra m. y f. Persona que conduce calesas.

calesita f. *amer.* Tiovivo. ◆ Se usa también en Andalucía.

caleta f. Cala, ensenada pequeña. || *amer.* Barco que hace escala en las calas y no en los puertos mayores. || *amer.* Puerto pequeño. || *amer.* Gremio de los porteadores de mercancías, sobre todo en los puertos de mar. || FAM. caletear.

caletre m. *col.* Capacidad, talento.

calibrado m. Medición de un objeto cilíndrico para determinar sus dimensiones.

calibrador, ra adj. Que calibra. || m. Instrumento para calibrar un objeto cilíndrico. || Tubo cilíndrico de bronce por el que se hace correr el proyectil para medir su calibre.

calibrar tr. Medir el calibre de un objeto o de un arma. || Dar a un objeto el calibre que se desea. || Establecer con exactitud la correspondencia entre las indicaciones de un instrumento de medida y los valores de la magnitud que se mide con él. || Sopesar con detenimiento: *hay que calibrar los riesgos de la empresa.* || FAM. calibración, calibrado, calibrador.

calibre m. Diámetro interior de un cuerpo cilíndrico. || Diámetro interior del cañón de un arma de fuego. || P. ext., diámetro del proyectil o de un alambre. || Instrumento que sirve para comprobar el diámetro de las piezas. || Tamaño, importancia, clase: *el problema tiene un calibre considerable.* || FAM. calibrar.

calicanto m. Obra de mampostería.

calicata f. Exploración que se hace en un terreno para determinar la existencia de minerales o la naturaleza del subsuelo.

caliche m. Piedrecilla que, introducida por descuido en el barro, se calcina al cocerlo. || Costrilla de cal que suele desprenderse del enlucido de las paredes. || *amer.* Sustancia arenosa que aflora en abundancia y que contiene nitrato de sodio. Constituye la materia prima para la obtención del nitrato de Chile.

caliciforme adj. Que tiene forma de cáliz.

calidad f. Propiedad o conjunto de propiedades inherentes a una persona o cosa que permiten apreciarla con respecto a las restantes de su especie. || Superioridad o excelencia. || Clase, condición: *nos atendió en calidad de abogado de la familia.* || Nobleza de linaje: *personas de calidad.* || Importancia: *obra de calidad.*

calidez f. Calor. || Afectividad, cariño, cordialidad. || Característica de los colores en los que predominan los tonos dorados o rojizos.

cálido, da adj. Que da calor. || Afectuoso, caluroso: *cálida acogida.* || Se apl. al colorido en el que predominan los tonos dorados o rojizos. || FAM. calidez.

calidoscopio m. Tubo que contiene varios espejos en ángulo y pedacitos de cristal irregulares; al mirar por uno de sus extremos se ven combinaciones simétricas que varían cuando se gira el tubo. || FAM. caleidoscopio, calidoscópico.

calientapollas com. *vulg.* Insulto que se apl. a la persona que incita sexualmente a un hombre sin intención de satisfacer el deseo provocado. ◆ No varía en pl.

caliente adj. Que tiene o produce calor. || Acalorado: *debate caliente.* || Excitado sexualmente. || Se apl. al color dorado o rojizo. || **¡caliente!** excl. Se usa para indicar que se está cerca de descubrir alguna cosa: —*¿Está por aquí?* —*¡Caliente, caliente!* || **en caliente** loc. adv. Inmediatamente, sin que se pierda el interés o vehemencia que impulsa a obrar de determinada forma.

califa m. Título de los soberanos que, como sucesores de Mahoma, ejercieron la suprema autoridad religiosa y civil entre los musulmanes. || FAM. califal, califato.

califato m. Dignidad de califa. || Tiempo que duraba su gobierno. || Territorio gobernado por el califa.

calificación f. Acción y resultado de calificar. || Nota con que se valora un hecho o una cualidad: *ha obtenido unas calificaciones excelentes.*

calificado, da adj. Poseedor de autoridad, respeto y prestigio: *especialista calificado.* || Que posee los requisitos necesarios para algo.

calificar tr. Apreciar, expresar o determinar las cualidades o circunstancias de una persona o cosa. || Juzgar el grado de suficiencia de una persona en un examen o ejercicio. || Manifestar, ilustrar, acreditar: *su actuación le calificó de cobarde.* || En ling., denotar un adjetivo la cualidad de un sustantivo. || FAM. calificación, calificado, calificativo.

calificativo, va adj. Que califica. || m. En gram., adjetivo que expresa una cualidad del sustantivo.

californio m. Elemento químico radiactivo artificial que se usa principalmente como generador de neutrones en las reacciones nucleares. Su símbolo es *Cf,* y su número atómico, *98.*

calígine f. Niebla, oscuridad. || FAM. caliginoso.

caliginoso, sa adj. Denso, oscuro, nebuloso.

caligrafía f. Conjunto de rasgos que caracterizan la escritura de una persona. || Arte de escribir con letra clara y bien formada. || FAM. caligrafiar, caligráfico, calígrafo, caligrama.

calígrafo, fa m. y f. Persona que escribe a mano con letra excelente. || Persona que tiene especiales conocimientos de caligrafía.

caligrama m. Escrito, por lo general poético, en el que los versos adoptan una disposición tipográfica especial para representar el contenido del poema.

calima f. Bruma, neblina por evaporación de agua que se produce en verano. || FAM. calimoso.

calimocho m. Bebida que se compone de vino tinto y refresco de cola.

calina f. Calima. || FAM. calinoso.

caliqueño m. Cigarro puro de baja calidad. || *col.* Coito, acto sexual.

cáliz m. Vaso sagrado donde se consagra el vino en la misa. || Cubierta externa de las flores completas, formada por hojas verdes o sépalos. || *poét.* Copa o vaso. || FAM. caliciforme.

caliza f. Roca compuesta sobre todo de calcita, muy abundante en la naturaleza y utilizada en la construcción. || FAM. calizo.

calizo, za adj. Que tiene cal.

calla f. *amer.* Utensilio puntiagudo que se usa para sacar plantas con sus raíces y abrir hoyos para sembrar o trasplantar.

callado, da adj. Silencioso, reservado. || Que se hace con silencio o reserva. || f. Acción y resultado de callarse, silencio. || **dar la callada por respuesta** loc. *col.* No responder, dando así a entender negativa o rechazo.

callampa f. *amer.* Seta. || *amer.* Sombrero de fieltro.

callar intr. y prnl. No hablar, guardar silencio. || Cesar de hablar o de emitir otro tipo de sonido. || Abstenerse de manifestar lo que se siente o se sabe. También tr.: *no calles nada.*

calle f. Vía pública en una población. || Todo lo que en una población está fuera de las viviendas. || La gente, el público en general. || Libertad, por contraste con cárcel, detención, etc. || Franja por la que ha de desplazarse cada deportista: *está nadando por la calle central.* || FAM. calleja, callejear, callejeo, callejero, callejón, callejuela.

callejear intr. Andar deambulando de calle en calle.

callejero, ra adj. De la calle o relativo a ella. || Que gusta de callejear. || m. Lista y plano de las calles de una ciudad.

callejón m. Paso estrecho y largo entre paredes, casas o elevaciones del terreno. || Espacio que hay entre las localidades y la barrera de las plazas de toros. || **callejón sin salida** *col.* Conflicto de muy difícil solución.

callicida amb. Sustancia preparada para extirpar los callos. Más como m.

callista com. Persona que se dedica a extirpar o curar callos y otras dolencias de los pies.

callo m. Dureza que por roce o presión se forma en la piel, especialmente en los pies y en las manos. || Endurecimiento que se forma al unirse los pedazos de un hueso fracturado. || *col.* Persona muy fea o desagradable de trato. || pl. Pedazos de estómago de la vaca, ternera o carnero, que se comen guisados. || FAM. callicida, callista, callosidad, calloso.

callosidad f. Endurecimiento de la piel menos profundo que el callo.

calloso, sa adj. Que tiene callos o callosidades. || De textura áspera y dura, parecida a la del callo.

calma f. Estado de la atmósfera cuando no hay viento. || Suspensión, interrupción: *estamos en un periodo de calma.* || Paz, tranquilidad: *lo más importante es no perder la calma.* || Cachaza, pachorra: *habla con una calma desesperante.* || **calma chicha** Estado del mar en que el aire está en completa quietud. || FAM. calmado, calmante, calmar, calmo, calmoso.

calmante adj. y m. Se apl. al fármaco que disminuye o hace desaparecer un dolor o una molestia.

calmar tr. Sosegar, adormecer, aliviar, templar. También prnl.: *le dimos una tila y se calmó.* || intr. Estar en calma o tender a ella: *ha calmado la tormenta.*

calmoso, sa adj. Que está en calma, especialmente referido a la persona cachazuda y perezosa.

caló m. Lenguaje de los gitanos.

calor m. En fís., energía producida por la vibración acelerada de las moléculas, que se manifiesta elevando la temperatura y dilatando los cuerpos y llega a fundir los sólidos y a evaporar los líquidos. A veces f. || Temperatura corporal o ambiental elevada, superior a la normal. || Sensación que experimenta un cuerpo ante otro de temperatura más elevada. || Ardor, actividad, entusiasmo: *defendió sus ideas con calor.* || Afecto, buena acogida: *en su familia encuentra el calor necesario.* || FAM. caliente, caloría, calorífero, calórico, calorífico, calorífugo, calorimetría, calorina, caluroso.

caloría f. En fís., unidad de energía térmica equivalente a la cantidad de calor necesaria para elevar la temperatura de un gramo de agua en un grado centígrado de 14,5 a 15,5 °C a la presión normal. Su símbolo es *cal.* También se utiliza como medida del contenido energético de los alimentos: *dieta de mil calorías.* ‖ FAM. kilocaloría.

calorífero, ra adj. Que conduce o propaga el calor. ‖ m. Aparato con el que se calientan las habitaciones.

calorífico, ca adj. Que produce o distribuye calor. ‖ Del calor o relativo a él.

calorimetría f. En fís., medición del calor que se desprende o absorbe en los procesos biológicos, físicos o químicos. ‖ FAM. calorímetro.

calorina f. *col.* Calor fuerte y sofocante, bochorno.

calostro m. Primera leche que da la hembra después de parir. También en pl.

calote m. *amer.* Engaño, trampa. ‖ FAM. calotear.

calumnia f. Acusación falsa, hecha maliciosamente para causar daño. ‖ FAM. calumniador, calumniar, calumnioso.

calumniar tr. Atribuir a alguien falsamente y con malicia palabras, actos o intenciones deshonrosos.

caluroso, sa adj. Que siente o causa calor. También s. ‖ Afectuoso, entusiasta: *caluroso apretón de manos.* ‖ FAM. calurosamente.

calva f. Parte de la cabeza de la que se ha caído el pelo. ‖ Parte de una piel, felpa u otro tejido semejante que se ha quedado sin pelo por el uso.

calvados m. Bebida alcohólica a base de manzana, originaria de la región francesa de Calvados. ♦ No varía en pl.

calvario m. Viacrucis. ‖ Serie o sucesión de adversidades y padecimientos.

calvero m. Paraje desprovisto de vegetación en un bosque.

calvicie o **calvez** f. Pérdida o falta de pelo en la cabeza.

calvinismo m. Doctrina protestante iniciada por Calvino, reformador religioso francés del siglo XVI, que defiende la predestinación y reconoce como únicos sacramentos el bautismo y la eucaristía. ‖ Conjunto de partidarios de esta doctrina. ‖ FAM. calvinista.

calvinista adj. Del calvinismo o relativo a él. ‖ adj. y com. Partidario de esta doctrina.

calvo, va adj. Que ha perdido el cabello. También s. ‖ Pelado, sin vegetación. ‖ FAM. calva, calvero, calvicie, calvez.

calza f. Calzo, cuña con que se calza. ‖ Media. ‖ Prenda de vestir que antiguamente cubría el muslo y la pierna, o solo el muslo total o parcialmente. Más en pl. ‖ *amer.* Empaste dentario.

calzada f. Camino empedrado y ancho. Se usa para denominar sobre todo las grandes vías construidas por los romanos. ‖ Parte de la calle comprendida entre dos aceras, por donde circula el tráfico rodado.

calzado, da adj. Se apl. al religioso o a la religiosa que usa zapatos, en contraposición a los descalzos. ‖ Se dice del animal cuyas extremidades tienen, en su parte inferior, color distinto del resto. ‖ m. Cualquier prenda que sirve para cubrir y resguardar el pie y a veces también la pierna.

calzador m. Utensilio de forma acanalada que sirve para ayudar a meter el pie en el zapato.

calzar tr. Cubrir el pie, y algunas veces la pierna, con el calzado: *calza el 36.* También prnl.: *avísame cuan-* do vayamos a salir para calzarme. ‖ Poner cuñas o calces para inmovilizar un vehículo o para evitar que cojee un mueble. ‖ *amer.* Empastar un diente o una muela. ‖ FAM. calza, calzado, calzador, calzo.

calzo m. Cuña que se introduce entre dos cuerpos para calzar uno de ellos. ‖ pl. Extremidades de un caballo o yegua, sobre todo cuando son de un color distinto al del resto del cuerpo.

calzón m. Especie de pantalón que cubre desde la cintura hasta una altura variable de los muslos. ‖ FAM. calzonazos, calzoncillo.

calzonario m. *amer.* Braga, prenda interior de las mujeres. También en pl.

calzonazos m. *col.* Hombre débil y condescendiente que se deja manejar fácilmente, especialmente por su mujer. ♦ No varía en pl.

calzoncillo m. Prenda interior masculina cuyas perneras pueden ser de longitud variable. Más en pl.

calzonudo, da adj. *amer.* Torpe, timorato. ‖ m. *amer.* Nombre que usan las mujeres para designar coloquialmente al hombre.

cama f. Mueble para dormir o descansar, acondicionado con colchón, sábanas, mantas, almohada, etc., o el conjunto de todo ello. ‖ Plaza para una persona en un hospital o un internado: *lleva un mes esperando cama en esa clínica.* ‖ Sitio donde se echan los animales para su descanso. ‖ **cama de matrimonio** La que tiene capacidad para dos personas. ‖ **cama elástica** Superficie de goma tensada sobre un armazón donde se salta y se rebota. ‖ **cama nido** Conjunto de dos camas que forman un solo mueble, en el que una se guarda debajo de la otra. ‖ **estar en cama** o **guardar cama** loc. Estar en ella por enfermedad o por necesidad de reposo. ‖ **hacerle la cama** a alguien loc. Tenderle una trampa. ‖ FAM. camada, camastro, camero, camilla.

camada f. Conjunto de crías que paren de una vez las hembras de los animales. ‖ *col.* Banda de ladrones o conjunto de personas a los que se alude con desprecio.

camafeo m. Figura tallada en relieve en una piedra preciosa. ‖ La misma piedra labrada.

camaleón m. Reptil escamoso de unos 30 cm de longitud, cola prensil y ojos de movimiento independiente. Se alimenta de insectos que caza con su lengua, larga y pegajosa, y su piel cambia de color para adaptarse al de los objetos que le rodean. ‖ *col.* Persona que cambia con facilidad de opinión o actitud. ‖ FAM. camaleónico.

camaleónico, ca adj. Del camaleón o relativo a él. ‖ Que tiene una gran habilidad para transformarse según la situación.

cámara f. Máquina para hacer fotografías. ‖ Aparato destinado a registrar imágenes animadas para el cine, la televisión o el vídeo. ‖ Habitación o recinto refrigerado donde se guardan o conservan alimentos en los comercios, almacenes o establecimientos similares. ‖ Anillo tubular de goma que forma parte de los neumáticos. ‖ Habitación de uso privado o restringido, especialmente la de los reyes o papas. ‖ En las armas de fuego, espacio que ocupa la carga. ‖ Junta, asociación que tiene a su cargo los asuntos concernientes a algunas profesiones: *cámara de* *comercio.* || En los gobiernos representativos, cuerpo encargado de legislar: *Cámara de los Comunes.* ◆ Se escribe con mayúscula. || com. Persona que maneja una cámara de cine o televisión. || **Cámara Alta** Senado. || **Cámara Baja** Congreso de los Diputados. || **cámara de gas** Recinto hermético destinado a producir, por medio de gases tóxicos, la muerte de los condenados a esta pena. || Recinto cerrado en el que se inyectaban gases tóxicos para dar muerte colectiva a prisioneros en los campos de concentración. || **cámara oscura** Aparato óptico consistente en una caja cerrada y opaca con un orificio en su parte anterior por donde entra la luz, la cual reproduce dentro de la caja una imagen invertida de la escena situada ante ella. || **chupar cámara** loc. *col.* En fotografía o en televisión, situarse en primer plano y hacerse notar por encima de otras personas. || FAM. camaranchón, camarote, camarilla, camarín, camarote, camerino.

camarada com. Compañero de estudios, de profesión o de ideología, especialmente cuando se mantiene una relación cordial fruto de la actividad compartida: *camaradas de partido.* || FAM. camaradería.

camaradería f. Amistad o relación cordial que mantienen entre sí los buenos camaradas.

camaranchón m. *desp.* Desván de la casa, o lo más alto de ella, donde se suelen guardar trastos viejos.

camarera f. En las cofradías o hermandades religiosas, mujer que tiene a su cargo cuidar el altar y las imágenes. || Mueble auxiliar con ruedas que se emplea especialmente para trasladar varias cosas a la vez entre la cocina y el comedor. || Dama que servía a la reina.

camarero, ra m. y f. Persona que sirve a los clientes en bares, restaurantes, hoteles o establecimientos similares.

camarilla f. Conjunto de personas que influyen extraoficialmente en las decisiones de alguna autoridad superior o personaje importante. || Grupo de personas que acaparan un asunto sin dejar participar a los demás interesados en él.

camarín m. Nicho que está detrás del altar y en el que se venera una imagen. || Cuarto en el que se guardan las alhajas y vestidos de una imagen.

camarlengo m. Título del cardenal presidente de la Cámara Apostólica, que gobierna provisionalmente la Iglesia a la muerte del papa.

camarón m. Crustáceo decápodo marino de 3 a 4 cm de longitud, con el cuerpo estrecho y algo encorvado y antenas muy largas. Su carne es muy apreciada.

camarote m. Habitación en un barco.

camastro m. *desp.* Cama pobre o incómoda.

cambalache m. Trueque de objetos de poco valor, a veces con intención de engañar. || *amer.* Tienda en que se compran y venden prendas, joyas o muebles usados. || FAM. cambalachear, cambalachero.

cambalachear tr. Cambiar objetos de escaso valor, especialmente con la intención de estafar.

cámbaro m. Denominación que en algunas zonas se da a una especie de crustáceos con grandes pinzas delanteras, muy apreciados como alimento, entre los que se encuentran la nécora, la centolla y el buey de mar.

cambiador, ra m. y f. *amer.* Guardagujas. || m. Pieza de tela y plástico sobre la que se tumba a un bebé para cambiarle el pañal. || Mueble de cajones sobre el que se cambia de pañal a un bebé.

cambiante adj. Que cambia a menudo: *personalidad cambiante.* || m. Variedad de colores o reflejos que hace la luz en algunos cuerpos, especialmente en los tejidos. Más en pl.

cambiar tr. Dar o recibir una cosa por otra que la sustituya. || Convertir en otra cosa, modificar. También prnl. || Sustituir, reemplazar: *cambiar el aceite del coche.* || Dar o tomar monedas o valores por sus equivalentes: *cambió los dólares en pesos.* || Intercambiar: *cambiaron unas palabras de saludo.* || Devolver algo que se ha comprado. || intr. Mudar el viento su dirección. || En los vehículos de motor, pasar de una marcha o velocidad a otra. || Mudar o alterar una persona o cosa su condición o apariencia física o moral. También prnl. ◆ Se construye con la prep. *de: cambió de idea; se cambió de casa.* || FAM. cambiable, cambiante, cambiazo, cambiario, cambio, cambista.

cambiario, ria adj. Del negocio de cambio de dinero o de la letra de cambio, o relativo a ellos.

cambiazo (dar el) loc. Cambiar fraudulentamente y con engaño una cosa por otra: *dio el cambiazo en el examen y sacó su chuleta.*

cambio m. Acción y resultado de cambiar. || Mudanza, modificación: *cambio de costumbres.* || Sustitución: *cambio de Gobierno.* || Intercambio: *cambio de cromos.* || Moneda fraccionaria: *no tengo cambio.* || Dinero que se devuelve después de comprar algo. || Precio de cotización de los valores mercantiles. || Valor relativo de las monedas de países diferentes: *¿a cómo está el cambio del dólar?* || Mecanismo para cambiar el tren de vía, o el automóvil de velocidad. || **a las primeras de cambio** loc. adv. De repente, sin preámbulos. || **en cambio** loc. adv. Por el contrario, en contraste.

cambista com. Persona que cambia moneda.

cambote m. *amer.* Grupo desordenado de personas que realizan una actividad o persiguen un fin. || **en cambote** loc. adv. *amer.* Dicho de personas, en grupo desordenado.

camboyano, na adj. y s. De Camboya o relativo a este país de Asia.

cambray m. Tela muy fina de algodón de color blanco. ◆ pl. *cambrayes.*

cambriano, na adj. Cámbrico.

cámbrico, ca adj. Del primero de los periodos geológicos en que se divide la era primaria o paleozoica o relativo a él. También m. || Relativo a los terrenos de este periodo, en el que predominan los trilobites, braquiópodos y aparecieron las primeras plantas terrestres.

cambrón m. Arbusto celastráceo de ramas torcidas, enmarañadas y espinosas, hojas pequeñas, flores solitarias blanquecinas y bayas casi redondas.

cambronera f. Arbusto solanáceo de ramas curvas y espinosas que pierde las hojas en invierno, con flores sonrosadas y bayas rojas. Se utiliza para formar setos.

cambucho m. *amer.* Cucurucho. || *amer.* Cesta o canasto en que se echan los papeles inútiles, o se guarda la ropa sucia. ‖ *amer.* Habitación muy pequeña. ‖ *amer.* Funda o forro de paja que se pone a las botellas para que no se rompan.

cambujo, ja adj. *amer.* Se apl. al ave que tiene negras las plumas y la carne.

cambullón m. *amer.* Trampa, chanchullo, cambalache.

cambur m. Planta musácea parecida al plátano, pero con la hoja más ovalada y el fruto más redondeado, e igualmente comestible. ‖ *amer.* Empleo público.

camelar tr. *col.* Engañar o seducir a alguien adulándolo. ‖ *col.* Enamorar. ‖ FAM. camelador, camelista, camelo.

camelia f. Arbusto originario de Japón y China, de la familia de las teáceas, con hojas perennes y flores grandes, blancas, rojas o rosadas, sin olor. ‖ Flor de este arbusto.

camélido adj. y m. De los camélidos o relativo a esta familia de rumiantes. ‖ m. pl. Familia de mamíferos rumiantes artiodáctilos del grupo del camello, el dromedario o la llama, adaptados a climas desérticos.

camelista com. *col.* Persona que engaña con camelos, y especialmente la que aparenta conocimientos, virtudes o cualidades que no posee.

camello, lla m. y f. Mamífero artiodáctilo originario de Asia central, de hasta 3 m de altura, que tiene el cuello largo, la cabeza proporcionalmente pequeña y dos gibas en el dorso, formadas por acumulación de tejido adiposo. Puede almacenar agua en su cuerpo, por lo que se adapta a la vida en zonas desérticas. ‖ m. *argot* Persona que vende droga o trafica con ella en pequeñas cantidades. ‖ FAM. camélido, camellero.

camelo m. Simulación, fingimiento, engaño que intenta parecer verdadero. ‖ Noticia falsa. ‖ *col.* Chasco, burla. ‖ *col.* Galanteo.

camembert m. Queso de pasta fermentada, fabricado originariamente en la ciudad normanda de Camembert a partir de leche de vaca. ◆ pl. *camemberts.*

cameraman com. *amer.* Persona que maneja una cámara de cine o televisión.

camerino m. En los teatros, cuarto donde los actores se visten y maquillan antes de actuar.

camero, ra adj. De la cama de tamaño menor que la de matrimonio y algo mayor que la individual.

camerunés, esa adj. y s. De Camerún o relativo a este país africano.

camicace m. Kamikaze.

camilla f. Cama estrecha y portátil para trasladar enfermos, heridos o cadáveres. ‖ Mesa redonda que suele estar cubierta por una faldilla hasta el suelo, debajo de la cual hay una tarima para colocar el brasero. ‖ FAM. camillero.

camillero, ra m. y f. Persona que transporta la camilla para trasladar enfermos, heridos o cadáveres.

camilucho, cha m. y f. *amer.* Indio que trabaja como jornalero en el campo.

caminante adj. y com. Que va caminando.

caminar intr. Ir andando de un lugar a otro. ‖ Seguir su curso los ríos, los planetas, etc. ‖ tr. Recorrer a pie determinada distancia: *camina tres kilómetros diarios.* ‖ FAM. caminante, caminata.

caminata f. Paseo o recorrido largo y fatigoso.

caminero, ra adj. Del camino o relativo a él. ‖ **peón caminero** Operario que trabaja en la reparación de caminos y carreteras.

camino m. Vía de tierra por donde se transita habitualmente. ‖ Jornada, viaje, recorrido, ruta. ‖ Dirección que ha de seguirse para llegar a un lugar. ‖ Medio para hacer o conseguir alguna cosa: *el camino de la gloria.* ‖ **camino de cabras** *col.* Sendero tortuoso e irregular. ‖ **abrir camino** loc. Ir venciendo dificultades para lograr un objetivo. También prnl.: *se abrió camino en el mundo laboral.* ‖ **camino de** loc. prep. En dirección a, hacia. ‖ **de camino** loc. adv. De paso hacia otro lugar. ‖ **llevar camino de** algo loc. Estar en vías de lograrse. ‖ FAM. caminar, caminero.

camión m. Vehículo automóvil grande, de cuatro o más ruedas, destinado al transporte de mercancías pesadas. ‖ *amer.* Autobús. ‖ FAM. camionero, camioneta.

camionero, ra m. y f. Persona que conduce un camión.

camioneta f. Vehículo automóvil menor que el camión, empleado generalmente para el transporte de mercancías. ‖ Autobús, sobre todo el interurbano.

camisa f. Prenda de vestir con cuello, botones y puños, que cubre el torso. ‖ Piel de los ofidios, de la que se desprenden periódicamente después de haber formado una nueva que la sustituye. ‖ Telilla con que están cubiertos algunos frutos. ‖ Revestimiento interior de una pieza mecánica. ‖ Cubierta de un libro. ‖ **camisa de fuerza** Camisa fuerte abierta por detrás, con mangas cerradas en los extremos, que se utiliza para sujetar los brazos de la persona a quien se le pone. ‖ **jugarse** o **perder hasta la camisa** loc. *col.* Manifestar una desmesurada afición al juego que puede acarrear la pérdida de todo lo que se tiene en una partida. ‖ **meterse** alguien **en camisa de once varas** loc. *col.* Inmiscuirse en algo que no le incumbe o que podrá realizar con mucha dificultad. ‖ **no llegarle** a alguien **la camisa al cuerpo** loc. *col.* Sentir miedo ante alguna amenaza. ‖ FAM. camisería, camisero, camiseta, camisola, camisón.

camisería f. Establecimiento donde se venden o se hacen camisas.

camisero, ra adj. De la camisa o relativo a ella. ‖ Particularmente, se apl. a la blusa o al vestido de mujer con corte parecido a una camisa de hombre. ‖ m. y f. Persona que hace o vende camisas.

camiseta f. Prenda interior ajustada y sin cuello que se pone directamente sobre el cuerpo, bajo la ropa. ‖ La misma prenda más ancha y de colores variados que se lleva externamente.

camisola f. Camisón corto y amplio, generalmente de estilo camisero.

camisón m. Prenda que usan las mujeres para dormir; puede tener corte de vestido, entallado y escotado, o de camisa amplia y larga.

camomila f. Planta silvestre de la familia de las compuestas, de flores aromáticas características con un botón amarillo en el centro y pequeños pétalos blancos. ‖ Flor de esta planta. ‖ Manzanilla.

camorra f. *col.* Riña violenta, pendencia. || Organización de tipo mafioso que opera en Nápoles y otras ciudades del sur de Italia. || FAM. camorrear, camorrista.

camorrear intr. *amer.* Reñir, armar camorra.

camorrista adj. y com. *col.* Que arma camorras y riñas por causas leves o a la menor oportunidad.

camote m. *amer.* Batata. || *amer.* Enamoramiento. || *amer.* Amante, querida. || *amer.* Mentira, bola. || FAM. camotudo.

camotudo, da adj. y s. *amer.* Que se enamora con facilidad.

camp (voz i.) adj. Que revitaliza nostálgicamente los gustos estéticos (plásticos, musicales, literarios, etc.) que se consideran pasados de moda: *música camp*. ◆ No varía en pl.

campa f. Tierra que carece de arbolado y por lo común solo sirve para la siembra de cereales.

campal adj. Se dice de la batalla que tiene lugar entre dos ejércitos enemigos en campo abierto. || P. ext., se apl. a cualquier pelea o disputa generalizada.

campamentista com. *amer.* Persona que practica el *camping*.

campamento m. Lugar donde se establecen temporalmente fuerzas del Ejército, especialmente los reclutas durante su primer periodo de entrenamiento. || Lugar al aire libre especialmente dispuesto para acampar y albergar personas con tiendas de campaña, barracas o caravanas: *campamento de verano*. || Conjunto de estas personas e instalaciones. || FAM. campamentista.

campana f. Instrumento de metal en forma de copa invertida que suena al golpearlo el badajo que tiene en su interior. || Cualquier cosa que tiene forma parecida. || **echar las campanas al vuelo** loc. *col.* Celebrar con alegría un acontecimiento. || **oír campanas y no saber dónde** loc. *col.* Entender mal una cosa y trastocar una noticia. || FAM. campanada, campanario, campanazo, campanear, campaneo, campanero, campaniforme, campanilla, campanudo.

campanada f. Golpe que da el badajo en la campana y sonido que resulta de ello. || Escándalo o novedad inesperada: *su embarazo fue una campanada*.

campanario m. Torre, espadaña o armadura donde se colocan las campanas.

campanear intr. Tocar insistentemente las campanas. || Oscilar, balancear, contonear. También prnl. || Divulgar al instante un suceso.

campanero, ra m. y f. Persona que fabrica campanas. || Persona que se encarga de tocarlas.

campaniforme adj. Con forma de campana: *vaso campaniforme*.

campanilla f. Campana pequeña que se agita con la mano. || Parte media del velo del paladar, cónica y de textura membranosa y muscular, que divide su borde libre en dos mitades como arcos, también llamada *úvula*. || Flor de la enredadera y otras plantas, cuya corola es de una pieza y con figura de campana. || FAM. campanillazo, campanillear, campanilleo, campanillero.

campanilleo m. Sonido frecuente o continuado de la campanilla. || FAM. campanillear.

campanillero, ra m. y f. Persona que por oficio toca la campanilla. || En Andalucía, componente de un grupo que en algunos pueblos entona canciones de carácter religioso con acompañamiento de guitarras, campanillas y otros instrumentos.

campante adj. Despreocupado, tranquilo. || Ufano, satisfecho.

campanudo, da adj. De forma parecida a la campana. || Se apl. al vocablo de sonido muy fuerte y lleno, y al lenguaje o estilo hinchado y afectado: *discurso pedante y campanudo*.

campánula f. Planta perenne de la familia de las campanuláceas, con tallos herbáceos, estriados y ramosos, hojas dentadas, ásperas y vellosas y flores grandes de diversos colores, campanudas y repartidas en ramilletes piramidales. Se cultiva en jardines y florece todo el verano.

campanuláceo, a adj. y f. De las campanuláceas o relativo a esta familia de plantas. || f. pl. Familia de plantas angiospermas dicotiledóneas con hojas esparcidas, fruto capsular con muchas semillas y flores con forma de campana, como el farolillo y la campánula.

campaña f. Conjunto de actos que se dirigen a conseguir un fin determinado, p. ej., de tipo político, económico o publicitario: *campaña electoral*. || Expedición militar. || Campo llano sin montes ni aspereza.

campar intr. Sobresalir. || **campar** alguien **por sus respetos** loc. Actuar con libertad e independencia.

campear intr. Aparecer, destacar, sobresalir. || Salir los animales al campo. || FAM. campeador.

campechanía f. Trato llano y cordial, sin ceremonias ni formulismos.

campechano, na adj. Que se comporta y trata a los demás con campechanía. || FAM. campechanía.

campeón, ona m. y f. Vencedor de un campeonato o de una competición deportiva. || Defensor apasionado de una causa o idea: *campeón de la libertad*. || Persona que destaca en una actividad. || FAM. campeonar, campeonato.

campeonar intr. *amer.* Ganar un campeonato.

campeonato m. Certamen o competición en que se disputa el premio en ciertos juegos o deportes. || Triunfo obtenido en el certamen. || **de campeonato** loc. adj. Excelente, muy grande: *bofetada de campeonato*.

campera f. *amer.* Cazadora, chaqueta de uso informal o deportivo. || pl. Botas de cuero de media caña.

campero, ra adj. Del campo o relativo a él: *fiesta campera*. || Se apl. a los animales que duermen en el campo y no se recogen a cubierto. || m. *amer.* Automóvil todoterreno. || f. *amer.* Cazadora.

campesinado m. Grupo social formado por el conjunto de los campesinos.

campesino, na adj. Del campo o relativo a él. || m. y f. Labrador, persona que vive y trabaja en el campo. || FAM. campesinado.

campestre adj. Del campo. || Se apl. a la fiesta, reunión, comida o celebración en general que tiene lugar en el campo.

campimetría f. Medición del campo visual de los ojos.

camping (voz i.) m. Lugar acondicionado con algunas instalaciones para vivir al aire libre en tiendas de campaña o caravanas, mediante el pago de una cantidad estipulada. ‖ Acampada en este tipo de recintos. ◆ pl. *campings*.

campiña f. Campo llano y extenso dedicado al cultivo.

campista com. Persona que reside temporalmente en un *camping*. ‖ *amer.* Persona que se dedica profesionalmente a recorrer los bosques o sabanas para inspeccionar el ganado. ‖ FAM. campismo.

campo m. Terreno extenso sin edificar fuera de las poblaciones. ‖ Tierra cultivable. ‖ Sembrados, árboles y demás cultivos. ‖ Terreno contiguo a una población: *salir los domingos al campo.* ‖ Frente a la vida urbana, forma de vida agraria, y lugar donde se desarrolla. ‖ Terreno reservado para actividades determinadas: *campo de tiro.* ‖ Conjunto de instalaciones acondicionado para la práctica de algunos deportes: *campo de golf.* ‖ En algunos deportes, como el balonmano o el fútbol, terreno de juego. ‖ Mitad del terreno de juego que, en algunos deportes, corresponde defender a cada equipo. ‖ Terreno ocupado por tropas militares durante las operaciones bélicas: *campo de batalla.* ‖ Ámbito propio de una actividad: *campo de la imaginación.* ‖ Conjunto determinado de materias, ideas o conocimientos sobre alguna disciplina: *campo de las telecomunicaciones.* ‖ En fís., espacio en el que se manifiestan las acciones a distancia entre partículas: *campo gravitatorio, eléctrico.* ‖ Espacio que puede abarcar el objetivo de un instrumento óptico, como una cámara fotográfica o un microscopio: *campo visual.* ‖ **campo de concentración** Recinto en que se obliga a vivir a cierto número de personas como prisioneros, generalmente por razones políticas o bélicas. ‖ **campo de refugiados** Lugar en el que se acoge a los ciudadanos que se han visto obligados a abandonar su país por razones políticas. ‖ **campo de trabajo** Lugar en el que se desempeñan distintas actividades, generalmente por personas jóvenes, a cambio de la manutención y una pequeña paga. ‖ **a campo través, traviesa** o **travieso** loc. adv. Dejando el camino y cruzando el campo. ‖ FAM. campa, campal, campamento, campaña, campar, campear, campera, campero, campesino, campestre, campiña, campista, campizal.

camposanto m. Cementerio católico.

campus m. Espacio, terreno, edificios y jardines pertenecientes a una universidad. ◆ No varía en pl.

camuesa f. Fruto del camueso, parecido a una manzana fragante y sabrosa. ‖ FAM. camueso.

camueso m. Árbol frutal, variedad del manzano.

camuflaje m. Estrategia militar que consiste en hacer pasar inadvertidas las tropas y el material bélico dándoles apariencia distinta de la real. ‖ P. ext., ocultación de una cosa dándole el aspecto de otra.

camuflar tr. En el Ejército, disimular la presencia de tropas o material bélico cubriéndolos con pintura, ramas u hojas para darles una apariencia distinta de la real. ‖ Esconder algo o a alguien. También prnl.: *se camufló en el bosque.* ‖ FAM. camuflaje.

can m. Perro. ‖ Cabeza de una viga del techo interior que carga en el muro y sobresale al exterior, sosteniendo la cornisa. ‖ FAM. cancerbero, cánido, canino, canódromo.

cana f. Cabello que se ha vuelto blanco. Más en pl. ‖ *amer.* Cárcel. ‖ **echar una cana al aire** loc. col. Salir a divertirse, en especial si no se hace habitualmente. ‖ **peinar canas** loc. col. Ser un anciano. ‖ FAM. canear, canicie, cano, canoso.

canaco, ca m. y f. Nombre que se da a los indígenas de varias islas de Oceanía, Tahití y otras.

canadiense adj. y com. De Canadá o relativo a este país norteamericano.

canal m. Estrecho marítimo, natural o artificial. ‖ Cada una de las bandas de frecuencia en que puede emitir una estación de televisión o de radio. ‖ amb. Cauce artificial por donde se conduce el agua: *canal de riego.* ‖ Cualquiera de las vías por donde circulan aguas o gases en el interior de la tierra. ‖ Parte más profunda y limpia de la entrada de un puerto. ‖ Cualquier conducto hueco del cuerpo animal: *canal torácico.* ‖ Teja delgada y combada que, en los tejados, forma los conductos por donde corre el agua. ‖ Cada uno de estos conductos. ‖ Res muerta y abierta, sin despojos. ‖ Lugar estrecho por donde discurre la corriente hasta salir a mayor anchura y profundidad. ‖ **abrir en canal** loc. Abrir de arriba abajo. ◆ En todas las acepciones amb., se usa más como m. ‖ FAM. canaladura, canalé, canaleta, canalizar, canalón.

canaladura f. Moldura hueca y cóncava que se hace en línea vertical en algún elemento arquitectónico, en especial columnas y pilastras.

canalé m. Tejido de punto elástico que forma estrías o canales.

canaleta f. *amer.* Canalón, conducto que recoge y vierte el agua de los tejados.

canalización f. Regularización o refuerzo del cauce de cualquier corriente de agua, para darle la dirección deseada. ‖ Apertura de canales para fluidos: *canalización del gas natural.* ‖ Recogida de corrientes de opinión, iniciativas, aspiraciones u otras actividades para orientarlas eficazmente: *canalización del consumo.*

canalizar tr. Regularizar el cauce o la corriente de un río para hacer sus aguas navegables o aptas para el riego. ‖ Abrir canales para la conducción de gases o líquidos. ‖ Encauzar, orientar opiniones o iniciativas. ‖ FAM. canalización.

canalla com. Persona que merece desprecio, ruin y miserable. ‖ f. Gente baja, ruin: *lo encerraron con la canalla.* ‖ FAM. canallada, canallesco.

canallada f. Acto o dicho propios de un canalla.

canallesco, ca adj. Infame, despreciable, propio de un canalla.

canalón m. Conducto que recoge y vierte el agua de los tejados hacia un desagüe o directamente al exterior.

canana f. Cinturón ancho preparado para llevar cartuchos.

canapé m. Diván o sofá con el asiento y el respaldo acolchados. ‖ Base acolchada y dura sobre la que se apoya el colchón en una cama. ‖ Aperitivo que consta de una rebanadita de pan sobre la que se ponen otros alimentos.

canario, ria adj. y s. De las islas Canarias o relativo a esta comunidad autónoma y archipiélago español. || m. Ave paseriforme cantora, originaria de las islas Canarias, de cola larga y ahorquillada, pico cónico y delgado y plumaje amarillo, verdoso o blanquecino. Generalmente se cría como ave doméstica. || FAM. canaricultura, canarión.

canarreo m. *amer.* Conjunto de canales marítimos que se forman próximos a la costa. Más en pl. || *amer.* Cangilón, desigualdad en el terreno.

canasta f. Cesto de mimbre ancho de boca que suele tener dos asas. || Juego de naipes con dos o más barajas francesas entre dos equipos de jugadores. || Aro de hierro de donde cuelga una red tubular sin fondo, fijado a un tablero por el que hay que introducir el balón en el juego del baloncesto. || Cada tanto que se consigue en este juego.

canastera f. Nombre común de diversas aves caradriformes de unos 25 cm, color pardo, corredoras, con pico corto y arqueado y alas apuntadas.

canastero, ra m. y f. Persona que hace o vende canastas. || *amer.* Vendedor ambulante de frutas y legumbres, que transporta en canastos.

canastilla f. Cestilla de mimbre donde se guardan objetos pequeños de uso doméstico. || Ropa y utensilios que se preparan para el recién nacido.

canastillo m. Cesto pequeño de mimbre.

canasto m. Canasta de boca estrecha. || *amer.* Papelera. || pl. interj. Se usa para expresar admiración, disgusto o sorpresa. || FAM. canasta, canastera, canastero, canastilla, canastillo.

cáncamo m. Tornillo que tiene una anilla en lugar de cabeza en uno de sus extremos. Se suele emplear fijado en distintas partes de las embarcaciones para atar cabos en él.

cancán m. Danza frívola y muy movida, de origen francés, que se baila levantando la falda para que se vean los movimientos de las piernas. || Prenda interior femenina para mantener holgado el vuelo de la falda. || *amer.* Media o leotardo.

cancanear intr. *amer.* Tartajear, tartamudear. || *amer.* Trepidar con un ruido especial el motor que empieza a fallar. || FAM. cancaneo.

cancel m. Contrapuerta de tres hojas para evitar ruidos o impedir la entrada del aire. || Armazón vertical de madera, hierro u otra materia, que divide espacios en un recinto. || *amer.* Puerta o verja que separa del patio la entrada de la casa. || FAM. cancela.

cancela f. Reja pequeña que se pone en el umbral de algunas viviendas. || En algunas casas andaluzas, verja de hierro forjado que sustituye a la del portal, impidiendo el paso al patio, pero permitiendo que se vea.

cancelación f. Anulación, suspensión de un documento o un compromiso.

cancelar tr. Anular, dejar sin validez, especialmente documentos legales: *le han cancelado el permiso de conducir.* || Suspender lo que se tenía previsto: *han cancelado todos los vuelos.* || Saldar, pagar una deuda: *ya he cancelado la última letra del coche.* || FAM. cancelación.

cáncer m. Tumor maligno originado por el desarrollo anormal e incontrolado de ciertas células que invaden y destruyen los tejidos orgánicos. || Mal moral que arraiga en la sociedad sin que se le pueda poner remedio: *el cáncer de la droga.* || Uno de los signos del Zodiaco, al que pertenecen las personas que han nacido entre el 22 de junio y 23 de julio. ◆ Se escribe con mayúscula. || adj. y com. Se apl. a la persona que ha nacido bajo este signo. || FAM. cancerar, cancerígeno, canceroso.

cancerar intr. y prnl. Padecer de cáncer o degenerar en cancerosa alguna úlcera.

cancerbero m. Perro mitológico de tres cabezas que guardaba la puerta de los infiernos. ◆ Se escribe con mayúscula. || Portero de un equipo de fútbol.

cancerígeno, na adj. Que causa o favorece el desarrollo del cáncer.

canceroso, sa adj. Que está afectado de cáncer o participa de su naturaleza: *células cancerosas.*

cancha f. Local o espacio destinado a la práctica de determinados deportes o juegos: *cancha de tenis.* || *amer.* En general, terreno, espacio, local o sitio llano y despejado. || *amer.* Corral o cercado espacioso para depositar ciertos objetos. || *amer.* Habilidad que se adquiere con la experiencia. || *amer.* Maíz o habas tostadas. || interj. *amer.* Se usa para pedir que abran paso. || **dar cancha** a alguien loc. *col.* Otorgarle un margen de confianza. || FAM. canchar, canchero.

canchar tr. *amer.* Tostar alguna cosa. || *amer.* Hacer la primera molienda de las hojas de mate. || prnl. *amer.* Ponerse la mejor prenda de vestir que se tiene.

canchero, ra adj. *amer.* Ducho y experto en determinada actividad. || m. y f. *amer.* Persona que tiene una cancha de juego o cuyo oficio consiste en cuidar de ella.

cancilla f. Verja que cierra los huertos, corrales o jardines.

canciller com. Empleado auxiliar en las embajadas, legaciones, consulados y agencias diplomáticas y consulares. || En algunos países, jefe de Gobierno o magistrado supremo. || En determinados Gobiernos, ministro de Asuntos Exteriores. || m. Antiguamente, secretario encargado del sello real, con el que autorizaba los privilegios y las cartas reales. || FAM. cancilleresco, cancillería.

cancillería f. Dignidad o cargo de canciller. || Oficina especial en las embajadas y otras representaciones diplomáticas. || Alto centro diplomático desde el cual se dirige la política exterior. || Antiguamente, tribunal superior de justicia. ◆ Se escribe con mayúscula.

canción f. Composición, por lo general en verso, que se canta o a la que se puede poner música. || Música que se canta esta composición. || Composición lírica amorosa de estilo petrarquista, dividida casi siempre en estancias largas, que se cultivó sobre todo en el siglo XVI. || Lo que se dice con repetición insistente o pesada: *ya vuelve con la misma canción.* || Noticia o pretexto sin fundamento. Más en pl.: *no me vengas con canciones.* || FAM. cancioneril, cancionero.

cancioneril adj. Se apl. al estilo propio de la poesía culta de los cancioneros del siglo XV: *lírica cancioneril.*

cancionero m. Colección de canciones y poemas, por lo común de diversos autores con características compartidas.

candado m. Cerradura suelta contenida en una caja de metal de la que se enganchan anillas o armellas con las que asegurar puertas, verjas u objetos con tapa. ‖ FAM. candar.

candeal adj. Se apl. a la variedad de trigo más blanco y de mayor calidad. ‖ m. Pan fabricado con este tipo de trigo.

candela f. Vela para alumbrar. ‖ Lumbre, fuego. ‖ Unidad internacional de intensidad luminosa, basada en la radiación de un cuerpo negro a la temperatura de solidificación del platino. ‖ FAM. candelaria, candelero.

candelabro m. Candelero de dos o más brazos que se sostiene por su pie o sujeto en la pared y mantiene derechas las velas o candelas.

candelejón, ona adj. y s. amer. Cándido, ingenuo, inocentón.

candelero m. Utensilio que sirve para mantener derecha la vela o candela, y consiste en un cilindro hueco unido a un pie por una columnilla. ‖ **estar en candelero** o **en el candelero** loc. adv. Se usa para indicar que un suceso o noticia goza de extremada publicidad.

candente adj. Se apl. al cuerpo, generalmente metálico, cuando se enrojece o blanquea por la acción del calor: hierro candente. ‖ Vivo, de actualidad, apasionante: noticia candente.

candidato, ta m. y f. Persona que aspira a alguna dignidad, honor o cargo, o que es propuesta para alguno de ellos. ‖ FAM. candidatura.

candidatura f. Reunión de candidatos a un empleo. ‖ Aspiración a cualquier honor o cargo: presentó su candidatura a la presidencia. ‖ Propuesta de una persona para un cargo o dignidad. ‖ Papeleta en que va escrito o impreso el nombre de uno o varios candidatos.

candidez f. Sencillez, ingenuidad, falta de malicia.

cándido, da adj. Sencillo, ingenuo, sin malicia ni doblez. ‖ Blanco, de color de nieve o leche. ‖ FAM. candidez.

candil m. Lámpara para alumbrar formada por dos recipientes de metal superpuestos, uno con aceite para alimentar la llama de la mecha y otro con un asa o un garfio para colgar. ‖ amer. Araña, especie de candelabro colgado del techo. ‖ FAM. candileja, candilón.

candileja f. Recipiente interior del candil que contiene el aceite. ‖ Cualquier vaso pequeño en que se pone aceite u otra materia combustible para que ardan una o más mechas. ‖ pl. Línea de luces en el proscenio del teatro.

candinga f. amer. Majadería. ‖ amer. Enredo.

candombe m. Baile de ritmo muy vivo de origen africano, muy popular en América del Sur. ‖ Espacio donde se baila. ‖ Tambor prolongado de un solo parche con el que se acompaña. ‖ FAM. candombero.

candongo, ga adj. y s. col. Zalamero y astuto. ‖ col. Que tiene maña para huir del trabajo. ‖ FAM. candonguear, candongueo.

candor m. Candidez, ingenuidad, inocencia. ‖ FAM. candoroso.

candoroso, sa adj. Que tiene candor, sencillo, ingenuo.

canear tr. col. Dar una paliza.

caneca f. Frasco cilíndrico de barro vidriado donde se guarda ginebra u otros licores. ‖ amer. Cubo de la basura. ‖ amer. Contenedor de latón para el transporte de petróleo y otras sustancias.

caneco, ca adj. amer. Borracho, ebrio. ‖ m. Caneca, frasco de barro vidriado.

canela f. Segunda corteza del canelo, de color rojo amarillento y de olor muy aromático y sabor agradable. Se utiliza como condimento. ‖ **canela fina** col. Cosa muy delicada y exquisita. ‖ FAM. canelo.

canelo, la adj. Del color de la canela, aplicado especialmente a los perros y los caballos. ‖ m. Árbol lauráceo originario de Sri Lanka, de 7 a 8 m de altura, con tronco liso, hojas parecidas a las del laurel y flores blancas de olor agradable. ‖ **hacer el canelo** loc. col. Hacer el primo.

canelón[1] m. Canalón de los tejados. ‖ Carámbano largo y puntiagudo que cuelga de los canales cuando se hiela el agua de lluvia o se derrite la nieve.

canelón[2] m. Pasta de harina de trigo, cortada de forma rectangular, con la que se envuelve un relleno de carne, pescado, verduras, etc. Más en pl.

canesú m. Pieza superior de una camisa, de una blusa o de un vestido a la que se pegan el cuello, las mangas y el resto de la prenda. ◆ pl. canesús.

cangilón m. Recipiente grande de barro o metal, principalmente en forma de cántaro, que sirve para transportar, contener o medir líquidos. ‖ Vasija de barro o metal que sirve para sacar agua de los pozos y ríos. ‖ Cada uno de los recipientes de hierro que forman parte de ciertas dragas y extraen del fondo de los puertos, ríos, etc., el fango, piedras y arena que los obstruyen. ‖ amer. Porción de terreno firme en una que alternan zanjas o baches que se forman por el correr de las aguas de lluvia y el paso frecuente de las bestias. ‖ amer. Desigualdad en la superficie del terreno.

cangreja f. Vela de forma trapezoidal colocada en el plano longitudinal del buque, en la popa.

cangrejo m. Nombre común de diversos crustáceos decápodos de río o de mar con las patas delanteras acabadas en pinzas; el de río tiene el caparazón negro verdoso, y el de mar tiene el cuerpo redondo parecido al de la araña. Son muy apreciados como alimento. ‖ **cangrejo ermitaño** Crustáceo decápodo de abdomen muy blando, que se protege alojándose en conchas vacías de caracoles marinos. ‖ FAM. cangreja, cangrejero.

canguelo m. col. Miedo, temor.

cangüeso m. Pez osteíctio de color pardo aceitunado, con manchas más oscuras, que exuda por toda la piel una materia mucosa que lo hace muy resbaladizo.

canguis m. col. Canguelo. ◆ No varía en pl.

canguro m. Mamífero marsupial herbívoro de Australia que se desplaza a saltos, con las extremidades delanteras mucho más cortas que las posteriores y con una cola robusta en la que se apoya. Las hembras tienen una bolsa en el vientre para llevar a sus crías. ‖ com.

Persona, generalmente joven, que se dedica a cuidar a niños pequeños a domicilio y suele cobrar el servicio por horas.

caníbal adj. y com. Antropófago, que come carne humana. ‖ Salvaje, cruel, feroz. ‖ FAM. canibalismo.

canibalismo m. Costumbre de comer carne de seres de la propia especie, sobre todo por parte de los hombres. ‖ Ferocidad propia de caníbales.

canica f. Juego de niños que se practica con bolitas de barro, vidrio u otra materia dura, que consiste en chocarlas e introducirlas en un hoyo del suelo llamado gua. Más en pl. ‖ Cada una de estas bolitas.

caniche adj. y com. Se apl. a una raza de perros que presentan pequeño tamaño y pelo rizado, ensortijado y lanoso.

canicie f. Color cano del pelo.

canícula f. Periodo del año en que el calor es más fuerte. ‖ FAM. canicular.

cánido, da adj. y m. De los cánidos o relativo a esta familia de mamíferos. ‖ m. pl. Familia de mamíferos carnívoros con cinco dedos en las patas anteriores y cuatro en las posteriores, como el perro y el lobo.

canijo, ja adj. y s. col. Débil y enfermizo. ‖ De baja estatura o poco desarrollado. ‖ amer. Persona no recomendable.

canilla f. Cualquiera de los huesos largos de la pierna o del brazo, y especialmente la tibia. ‖ Parte más delgada de la pierna, pantorrilla. ‖ Carrete metálico en que se devana el hilo en las máquinas de coser. ‖ Grifo o espita que se pone en la parte inferior de la cuba o tinaja. ‖ amer. Grifo. ‖ FAM. canillera.

canillera f. Pieza de la armadura que defendía la espinilla. ‖ amer. Almohadilla que protege la parte anterior de la pierna. ‖ amer. Temblor de piernas.

canillita com. amer. Vendedor callejero de periódicos.

canino, na adj. Del perro o relativo a él. ‖ Que tiene semejanza con las características del perro. ‖ Se apl. a cada uno de los cuatro dientes situados entre los incisivos y los premolares, llamados colmillos. Más como m. ‖ Se dice del hambre muy intensa o insaciable. ‖ **estar canino** loc. col. Sentir un deseo vehementísimo: está canino de amor. ‖ col. Tener una situación económica absolutamente precaria.

canje m. Cambio, trueque o sustitución.

canjeable adj. Susceptible de ser canjeado: bonos canjeables.

canjear tr. Intercambiar algo o a alguien por otra cosa distinta. ‖ FAM. canje, canjeable.

cannabáceo, a adj. y f. De las cannabáceas o relativo a esta familia de plantas. ‖ f. pl. Familia de plantas angiospermas dicotiledóneas, herbáceas y con flores unisexuales dispuestas en cimas, como el cáñamo y el lúpulo.

cannabis m. Nombre científico de un género de cannabáceas, una de cuyas especies es el cáñamo índico o marihuana, del cual también se extrae el hachís. ◆ No varía en pl.

cano, na adj. Se apl. al pelo, bigote o barba total o parcialmente blanco, y a la persona que lo tiene.

canoa f. Embarcación de remo o con motor, estrecha, sin quilla y generalmente de una pieza. La proa y la popa tienen la misma forma y suelen terminar en punta.

canódromo m. Lugar donde se celebran carreras de galgos.

canon m. Regla o precepto, generalmente fijados por la costumbre o los usos sociales. ‖ Modelo de características perfectas, en especial el ideal clásico griego de proporciones para el cuerpo humano. ‖ Impuesto que se paga por algún servicio, generalmente oficial: canon de exportaciones. ‖ En mús., composición de contrapunto en la que sucesivamente van entrando las voces, que repiten o imitan cada una el canto de la que le antecede. ‖ Decisión o regla establecida en concilio por la Iglesia católica sobre el dogma o la disciplina eclesiástica. ‖ pl. Derecho canónico. ‖ FAM. canónico, canonista, canonizar.

canónico, ca adj. Que se ajusta a las características de un canon de normalidad o perfección. ‖ Conforme a los sagrados cánones y demás disposiciones eclesiásticas.

canónigo m. Sacerdote que forma parte del cabildo de una catedral.

canonista com. Especialista en derecho canónico.

canonización f. Designación solemne por el papa de una persona como santa.

canonizar tr. Declarar el papa solemnemente santo a un venerable, ya beatificado, y autorizar su culto en la Iglesia católica. ‖ FAM. canonización.

canonjía f. Prebenda o dignidad por la que se pertenece al cabildo de una catedral.

canope m. Vasija que se encuentra en las antiguas tumbas de Egipto, destinada a contener las vísceras de los cadáveres momificados.

canoro, ra adj. Se apl. al ave de canto grato y melodioso. ‖ P. ext., se dice de cualquier sonido agradable y melodioso: flauta canora.

canoso, sa adj. Que tiene canas.

canotaje m. amer. Práctica deportiva que se basa en la navegación en canoa.

canotier (voz fr.) m. Sombrero de paja, de alas rectas y copa baja y plana rodeada frecuentemente por una cinta negra.

cansado, da adj. Fatigado, falto de fuerzas. ‖ Harto, aburrido. ‖ Se apl. a la persona o cosa que produce cansancio. ◆ Se usa sobre todo con el verbo ser: es un trabajo muy cansado.

cansancio m. Falta de fuerzas que resulta de haberse fatigado. ‖ Aburrimiento, tedio, hastío.

cansar tr. y prnl. Causar cansancio, fatigar. ‖ Aburrir, hartar. ‖ Enfadar, molestar. ‖ FAM. cansadamente, cansado, cansancio, cansino.

cansino, na adj. Lento, pesado, perezoso.

cantábrico, ca adj. De Cantabria o relativo a esta comunidad autónoma española. ‖ De la cordillera Cantábrica, del mar Cantábrico o relativo a ellos. ‖ FAM. cántabro.

cántabro, bra adj. De Cantabria o relativo a esta comunidad autónoma española. ‖ Del antiguo pueblo celta que habitó la zona cantábrica o relativo a él. También s.

cantado, da adj. Sabido de antemano: *el nombre del ganador estaba cantado.*

cantaleta f. *amer.* Estribillo, repetición molesta.

cantamañanas com. *col.* Persona informal, fantasiosa, irresponsable, que no merece crédito. ◆ No varía en pl.

cantante adj. Que canta. ‖ com. Persona que se dedica profesionalmente a la canción.

cantaor, ra m. y f. Persona que canta flamenco.

cantar[1] m. Composición poética con música a propósito para ser cantada, o adaptable a los aires populares. ‖ **cantar de gesta** Poesía popular de la época medieval en que se referían, en principio oralmente, hechos de personajes históricos, legendarios o tradicionales. ‖ **ser algo otro cantar** loc. *col.* Ser una cosa distinta.

cantar[2] intr. y tr. Formar con la voz sonidos melodiosos y variados. Se usa referido a personas y a algunos animales. ‖ Emitir algunos insectos sonidos estridentes al hacer vibrar ciertas partes de su cuerpo, especialmente las alas o élitros. ‖ Componer o recitar alguna poesía. ‖ Celebrar, ensalzar: *esta obra canta al amor.* ‖ En algunos juegos, declarar cierta jugada: *cantar las cuarenta, cantar bingo.* ‖ *col.* Descubrir o confesar lo secreto: *ya ha cantado todo lo que sabía.* ‖ *col.* Dicho de ciertas partes del cuerpo, oler mal: *le cantan los pies.* ‖ tr. Decir algo entonada y rítmicamente. ‖ intr. *col.* Ser algo muy llamativo y evidente: *canta mucho que te vayas justo ahora.* ‖ FAM. cantábile, cantable, cantante, cantaor, cantar, cantarín, cantata, cantautor, cante, cántico, cantiga, canto, cantor, cantoral, canturrear.

cántara f. Cántaro. ‖ Medida de capacidad para líquidos que equivale a 16,3 litros.

cantarera f. Soporte de obra o armazón de madera que sirve para poner los cántaros.

cantárida f. Insecto coleóptero que mide entre 10 y 20 mm, de color verde oscuro brillante, que vive en las ramas de los tilos y, sobre todo, de los fresnos. Contiene una sustancia que se emplea en medicina para curar las ampollas.

cantarín, ina adj. *col.* Aficionado a cantar. ‖ Se apl. al sonido suave y agradable al oído: *aguas cantarinas.*

cántaro m. Vasija grande de barro o metal, estrecha de boca y de base y ancha en el centro, con una o dos asas. ‖ Medida de líquido que cabe en este recipiente. ‖ **a cántaros** loc. adv. Con abundante agua y con fuerza. ◆ Se usa sobre todo con los verbos *llover* o *caer.* ‖ FAM. cántara, cantarera, cantarero.

cantata f. Composición musical profana o religiosa para una o varias voces con acompañamiento.

cantautor, ra m. y f. Persona que canta las canciones que ha compuesto, en las que, sobre la música, suele prevalecer un mensaje de intención crítica o poética.

cantazo m. Pedrada o golpe dado con un canto. ‖ **dar el cantazo** loc. *col.* Llamar mucho la atención, hasta el extremo de ponerse en ridículo. ‖ **ser un cantazo** loc. *col.* Ser muy llamativo y chocante.

cante m. Cualquier tipo de canto popular, especialmente el andaluz. ‖ *col.* Olor fuerte y molesto: *¡vaya cante a sudor!* ‖ *col.* Acción estrepitosa que llama exageradamente la atención. ◆ Se usa sobre todo con los verbos *dar* y *ser*: *vaya donde vaya, siempre da el cante.* ‖ **cante hondo** (pronunciado *jondo*) Modalidad de cante flamenco que se caracteriza por las numerosas inflexiones de la voz hechas con tono quejumbroso y con gran sentimiento.

cantear tr. Labrar los cantos de una tabla, piedra u otro material. ‖ Pegar o clavar un remate liso en los bordes de una tabla de madera. ‖ Al levantar un muro, poner de canto los ladrillos.

cantegril m. *amer.* Barrio de chabolas.

cantera f. Lugar de donde se extrae piedra para la construcción. ‖ Lugar o institución que proporciona personas con una capacidad específica para una determinada actividad: *ese jugador proviene de la cantera regional.* ‖ FAM. cantería, cantero.

cantería f. Arte de labrar las piedras para la construcción. ‖ Obra hecha de piedra labrada: *la cantería de la fachada de la catedral.*

cantero, ra m. y f. Persona que extrae piedra de las canteras o la labra para la construcción. ‖ m. Extremo de algunas cosas duras que se pueden partir con facilidad. ‖ *amer.* En un jardín o una huerta, parte de tierra labrada en forma cuadro y adornada con varias labores de flores y hierbas.

cántico m. Canto religioso para dar gracias o alabar a Dios. ‖ Ciertas poesías profanas.

cantidad f. Propiedad de lo que es capaz de aumentar y disminuir y puede medirse y numerarse. ‖ Cierto número de unidades. ‖ Porción grande o abundante de algo: *hay cantidad de comida.* ‖ Porción indeterminada de dinero: *me deben una cantidad astronómica.* ‖ En fon., duración de un sonido. ‖ En mat., objetos de una clase entre los que se puede definir la igualdad y la suma. ‖ adv. *col.* Mucho, en abundancia: *te quiero cantidad.* ‖ **en cantidad** loc. adv. En abundancia.

cantiga o **cántiga** f. Composición poética medieval escrita para ser cantada.

cantil m. Lugar que forma escalón en la costa o en el fondo del mar. ‖ *amer.* Borde de un precipicio. ‖ FAM. acantilado.

cantilena f. Cantinela.

cantimplora f. Frasco de forma aplanada, de plástico o metal y revestido generalmente de cuero o fieltro, para llevar la bebida en viajes o excursiones.

cantina f. Local público donde se venden o se sirven bebidas y algún tipo de alimento. ‖ FAM. cantinero.

cantinela f. Cantar, copla, composición poética breve, generalmente para ser cantada. ‖ Repetición molesta e importuna de algo.

cantinero, ra m. y f. Dueño o encargado de una cantina. ‖ Persona que en las guerras acompañaba y servía bebidas a la tropa.

cantizal m. Terreno donde hay muchos cantos y guijarros.

canto[1] m. Emisión de sonidos melodiosos con la voz, sea la de un hombre o la de un animal. ‖ Sonido estridente que producen algunos insectos haciendo vibrar ciertas partes de su cuerpo, sobre todo las alas o élitros. ‖ Arte de cantar. ‖ Composición de música vocal: *canto gregoriano.* ‖ Composición poética, especialmente de tema elevado y tono solemne. ‖ Cada una de las partes en que se divide el poema épico. ‖ **canto del cisne** Última obra o actuación pública de una persona.

canto² m. Extremidad, lado, punta, esquina o remate de algo: *canto de la mesa.* ‖ En el cuchillo o en el sable, lado opuesto al filo. ‖ Corte del libro, opuesto al lomo. ‖ Trozo de piedra: *canto rodado.* ‖ **al canto** loc. adv. Inmediata y efectivamente; a veces, de manera inevitable. ♦ Se usa sobre todo en frases elípticas, generalmente después de un sustantivo: *cuando al fin había pagado todas sus deudas, ¡zas!, impuesto al canto.* ‖ **darse con un canto en los dientes** loc. *col.* Darse por contento cuando lo que ocurre es más favorable, o menos adverso, de lo que podía esperarse: *con un aprobado me doy con un canto en los dientes.* ‖ **de canto** loc. adv. De lado, no de plano. ‖ **el canto de un duro** loc. *col.* Muy poco: *faltó el canto de un duro para que me atropellaran.* ‖ FAM. cantazo, cantear, cantera, cantero, cantil, cantizal, cantonera.

cantón m. División administrativa de algunos países: *Suiza está dividida en cantones.* ‖ Esquina de un edificio. ‖ Cada uno de los cuatro ángulos que pueden considerarse en el escudo, y sirven para designar el lugar de algunas piezas. ‖ FAM. cantonal, cantonalismo.

cantonal adj. y com. Del cantón o del cantonalismo, o relativo a ellos.

cantonalismo m. Sistema político que aspira a dividir el Estado en cantones confederados. ‖ FAM. cantonalista.

cantonera f. Pieza que se pone en la esquina de libros, muebles u otros objetos como refuerzo o adorno.

cantor, ra adj. Que canta, principalmente por oficio. También s. ‖ Se apl. al ave que emite sonidos melodiosos.

cantoral m. Libro grande de coro en cuyas hojas, generalmente de pergamino, están escritos los salmos y antífonas que se cantan en el coro, con sus notas musicales.

cantueso m. Planta perenne de la familia de las labiadas, de unos 30 cm de altura, semejante al espliego, con hojas estrechas y vellosas, y flores en espiga olorosas y de color morado.

canturrear intr. y tr. *col.* Cantar a media voz. ‖ FAM. canturreo.

canturreo m. Canto a media voz.

cánula f. Tubo corto que se emplea en aparatos de laboratorio y de medicina. ‖ Tubo terminal o extremo de las jeringas, en el que se coloca la aguja. ‖ FAM. canular.

canutas (pasarlas) loc. *col.* Hallarse en una situación muy apurada.

canutillo m. Pequeño canuto de vidrio que se emplea en trabajos de pasamanería. ‖ Hilo de oro o de plata rizado para bordar. ‖ En encuadernación, tubo de plástico rígido que agrupa hojas sueltas con forma de libro o cuaderno.

canuto m. Parte de una caña comprendida entre dos nudos. ‖ Tubo de palo, metal u otra materia, corto y no muy grueso, generalmente abierto por sus dos extremos. ‖ Pastel de hojaldre en forma de rollo con relleno. ‖ *col.* Porro, cigarrillo de marihuana o hachís. ‖ *amer.* Mango de la pluma de escribir. ‖ FAM. canutillo.

caña f. Tallo de las plantas gramíneas. ‖ Nombre de varias plantas gramíneas, generalmente de tallo hueco y nudoso. ‖ Canilla del brazo o de la pierna. ‖ Tuétano. ‖ Parte de la bota o de la media que cubre la pierna. ‖ Vaso, alto y estrecho, generalmente de vino o cerveza. P. ext., vaso de otra forma para cerveza. ‖ El contenido de este vaso. ‖ Vara larga y flexible que se emplea para pescar. ‖ **caña de azúcar** Planta gramínea de tallo relleno de un tejido esponjoso del que se extrae el azúcar de caña. ‖ FAM. cañada, cañal, cañaveral, cañería, caño, cañón.

cañabrava f. *amer.* Gramínea silvestre muy dura con cuyos tallos se hacen tabiques y se refuerzan los tejados.

cañada f. Camino para el ganado trashumante: *cañada real.* ‖ Valle o paso estrecho entre dos montes de poca altura. ‖ *amer.* Terreno bajo entre lomas, regado total o parcialmente por agua y con vegetación propia de tierras húmedas.

cañadilla f. Molusco gasterópodo marino comestible con la concha provista de numerosas espinas y prolongada en un tubo largo y estrecho. De él se extraía antiguamente el tinte púrpura.

cañafístula f. Árbol tropical leguminoso de unos 10 m de altura, con flores amarillas en racimos colgantes, cuyo fruto tiene una pulpa negruzca y dulce que se emplea en medicina. ‖ Fruto de este árbol.

cañamazo m. Tela de trama separada, dispuesta para ser bordada o para servir de guía a otra que llevará finalmente el bordado. ‖ Tela tosca de cáñamo.

cáñamo m. Planta anual cannabácea de unos 2 m de altura, con tallo erguido, áspero, hueco y velloso, hojas lanceoladas y flores verdosas, cuya semilla es el cañamón. ‖ Fibra textil que se obtiene de esta planta, con la que se hacen tejidos o cuerdas. ‖ **cáñamo índico** Variedad de cultivo del cáñamo común de menor tamaño y peor calidad textil, pero con mucha mayor concentración del alcaloide que segregan los pelos de sus hojas, sobre todo en los extremos floridos de los pies femeninos. Tiene propiedades estupefacientes e hipnóticas, y se conoce vulgarmente como *marihuana.* ‖ FAM. cañamar, cañamazo, cañamón, cañamero, cañaza, cañazo, cañero, cañizal, cañizar, cañizo, caño.

cañamón m. Simiente del cáñamo que se usa principalmente para alimentar pájaros.

cañaveral m. Lugar poblado de cañas.

cañaza f. *amer.* Bambú.

cañazo m. *amer.* Aguardiente de caña.

cañería f. Conducto o tubería por donde circulan o se distribuyen las aguas o el gas.

cañero, ra adj. De la caña de azúcar o relativo a esta planta. ‖ *argot* Ruidoso o peleón: *música cañera.* ‖ m. y f. *amer.* Propietario de plantaciones de caña de azúcar o persona que trabaja en ellas.

cañí adj. y com. Típico, folclórico. ‖ adj. y com. De raza gitana. ♦ pl. *cañís.*

cañinque adj. y com. *amer.* Enclenque, débil.

cañizo m. Armazón de cañas entretejidas que se usa para cobertizos y techos o como sostén del yeso o la escayola en la construcción.

caño m. Tubo corto de metal, vidrio o barro, particularmente el que forma, junto con otros, las tuberías. ‖

Tubo por el que mana el agua en una fuente. || **caño de escape** *amer.* Tubo de escape. || FAM. cañón.

cañón m. Pieza hueca y larga, a modo de caña: *cañones del órgano.* || Tubo por donde sale el proyectil de un arma de fuego. || Pieza de artillería, larga, que puede estar fija o llevarse sobre ruedas, y se utiliza para lanzar balas, metralla o cierta clase de proyectiles huecos. || Parte córnea y hueca de la pluma del ave. || Paso estrecho o garganta profunda entre dos montañas, por donde suelen correr los ríos. || Foco de luz concentrada usado en artes escénicas. || adj. *col.* Estupendo, fenomenal, muy bueno: *tu hermana está cañón.* || **cañón de nieve** En las pistas de esquí, máquina que dispara nieve artificial. || FAM. cañonazo, cañonear, cañonero.

cañonazo m. Disparo hecho con el cañón. || Ruido originado por el mismo. || Herida y daño que produce el disparo del cañón. || Lanzamiento muy fuerte del balón.

cañonear tr. y prnl. Disparar cañonazos.

cao m. *amer.* Ave paseriforme carnívora de la familia de los córvidos, de plumaje negro y pico corvo.

caoba f. Árbol americano de la familia de las meliáceas, de hasta de 30 m de altura, con tronco recto y grueso, hojas compuestas, flores pequeñas y blancas y fruto capsular y leñoso. Su madera es muy estimada para fabricar muebles, por su color rojizo y por poderse pulimentar fácilmente. || Madera de este árbol. || adj. y m. Se apl. al color parecido al de esta madera, marrón rojizo.

caolín m. Arcilla blanca muy pura que se emplea en la fabricación de la porcelana y del papel.

caos m. Estado de confusión y desorden en que se hallaba la materia hasta el momento de la creación del cosmos. || Confusión, desorden. ◆ No varía en pl. || FAM. caótico.

caótico, ca adj. Del caos o relativo a él. || Desordenado, confuso.

capa f. Prenda de vestir larga y suelta, sin mangas, abierta por delante, que se lleva sobre los hombros por encima de la ropa. || Tela encarnada con vuelo para torear. || Sustancia que se sobrepone en una cosa para cubrirla o bañarla. || Cada una de las partes superpuestas que forman un todo. || Pretexto o apariencia con que se encubre algo. || Estrato del terreno. || **a capa y espada** loc. adv. Enérgicamente: *defender sus ideas a capa y espada.* || **de capa caída** loc. adv. *col.* En decadencia. || FAM. capea, capear, caperuza, capota, capote.

capacete m. Pieza de la armadura que cubría y protegía la cabeza.

capacho m. Especie de cesto de cuero, estopa, junco o mimbre que se emplea para trasladar diferentes objetos. || Cesto acondicionado como cuna, que suele encajarse en un armazón con ruedas que facilitan su desplazamiento.

capacidad f. Posibilidad que tiene algo de contener en su interior otras cosas. || Extensión o espacio de algún sitio o local. || Aptitud o suficiencia para algo. || Talento o inteligencia: *quedó patente su capacidad para los idiomas.* || En inform., máximo número de bits almacenable en una memoria. || En fís., cantidad de energía eléctrica que se almacena en un condensador. || FAM. capacitar.

capacitación f. Disposición y aptitud para conseguir un objetivo.

capacitar tr. y prnl. Hacer apto, habilitar. || FAM. capacitación.

capar tr. Extirpar o inutilizar los órganos genitales, castrar. || FAM. capado, capadura, capón.

caparazón m. Cubierta rígida que cubre el tórax y a veces todo el dorso de muchos crustáceos, insectos, tortugas, etc. || Esqueleto torácico del ave. || Coraza, protección, cubierta.

caparidáceo, a adj. y f. De las caparidáceas o relativo a esta familia de plantas. || f. pl. Familia de angiospermas dicotiledóneas, herbáceas o arbóreas, sin látex, con hojas simples o compuestas, flores zigomorfas y fruto en baya o silicua, como la alcaparra.

caparrosa f. Nombre común a varios sulfatos de cobre, hierro o cinc.

capataz, za m. y f. Persona que gobierna y vigila a cierto número de trabajadores. || Persona a cuyo cargo está la labranza y administración de las haciendas de campo. ◆ Es frecuente la forma m. para ambos géneros: *el capataz/la capataz.*

capaz adj. Que tiene capacidad para contener algo. || Grande o espacioso: *un auditorio capaz para dos mil personas.* || Apto, con la preparación necesaria para hacer algo: *es muy capaz para el dibujo.* || De buen talento, inteligente. || Atrevido, resuelto: *es capaz de enfrentarse a él.* || adv. *amer.* Quizá.

capazo m. Capacho, espuerta grande de esparto o de palma. || Cesto de mimbre que se acondiciona como cuna para niños recién nacidos.

capcioso, sa adj. Engañoso, artificioso. || Se apl. a la pregunta, argumentación o sugerencia que se hace para confundir o apurar al interlocutor, provocando una respuesta inconveniente o comprometedora para él. || FAM. capciosamente, capciosidad.

capea f. Fiesta en la que se lidian becerros o novillos por aficionados. || FAM. capear, capeo.

capear tr. Hacer suertes con la capa al toro. || Entretener a uno con evasivas. || Eludir hábilmente una dificultad, compromiso o problema: *capeó la situación después de la quiebra.* || Mantenerse el barco cuando el viento es fuerte. || **capear el temporal** loc. *col.* Resolver o pasar de la mejor manera posible una situación complicada.

capellán m. Sacerdote que ejerce sus funciones en una institución, comunidad o casa particular. || Titular de una capellanía. || FAM. capellanía.

capellanía f. Fundación en la cual el capellán tiene derecho a cobrar el fruto de ciertos bienes a cambio de la obligación de celebrar misas y otros actos de culto.

capellina f. Pieza de la armadura que cubría la parte superior de la cabeza.

capelo m. Sombrero rojo, insignia de los cardenales. || Dignidad de cardenal: *capelo cardenalicio.*

caperuza f. Gorro que termina en punta inclinada hacia atrás. || Cualquier funda que cubre y protege el extremo de algo.

capi m. *amer.* Maíz. || *amer.* Vaina de simiente, como el fréjol, cuando está tierna.

capia f. *amer.* Maíz blanco y muy dulce que se emplea en la preparación de postres y golosinas. || *amer.* Dulce o masa que se hace con harina de capia y azúcar.

capibara m. *amer.* Mamífero roedor de extremidades cortas y vida acuática; es el mayor roedor conocido, se alimenta de hierbas y peces, y puede ser domesticado.

capicúa adj. y m. Se apl. a la cifra que se lee igual de izquierda a derecha que de derecha a izquierda: *1991 es un número capicúa.*

capilar adj. Del cabello o la capilaridad o relativo a ellos: *eccema capilar.* || Se apl. al tubo muy angosto, comparable al cabello. || m. Cada uno de los vasos muy finos que, en forma de red, enlazan en el organismo la terminación de las arterias con el comienzo de las venas. || FAM. capilaridad.

capilaridad f. Cualidad de capilar. || En fís., propiedad de atraer un cuerpo sólido y hacer subir por sus paredes hasta cierto límite el líquido que la moja, como el agua, o de repeler y formar a su alrededor un hueco o vacío con el líquido que no las moja, como el mercurio.

capilla f. Iglesia pequeña. || Edificio contiguo a una iglesia o parte integrante de ella, con altar y advocación particular. || Oratorio privado en una casa particular, en un colegio, hospital, etc. || Pequeño grupo de adeptos a una persona o a una idea. ◆ Se usa más en diminutivo y con sentido desp.: *el secretario y su capillita particular se encargan de manejarlo todo.* || **capilla ardiente** Habitación o instalación en que se pone al difunto para velarlo en espera de ser enterrado. || **estar en capilla** loc. Estar el condenado a muerte a la espera de su ejecución. || *col.* Esperar el desenlace de algo importante o estar a punto de pasar una prueba; familiarmente, se apl. a la pareja que se va a casar pronto o al torero que está a punto de salir a la plaza. || FAM. capellán.

capirotada f. Aderezo que se prepara con huevo y especias para rebozar alimentos. || *amer.* Plato criollo que se hace con carne, maíz tostado, queso, manteca y especias.

capirotazo m. Golpe dado en la cabeza haciendo resbalar con violencia, sobre la yema del pulgar, la uña de cualquier otro dedo de la misma mano.

capirote m. Gorro en forma de cucurucho cubierto de tela que se lleva en las procesiones de Semana Santa. || Muceta con capucha que usan los doctores de las facultades en ciertos actos. || Caperuza de cuero que se pone a las aves de cetrería. || FAM. capirotazo.

capisayo m. Vestidura común de los obispos. || *amer.* Camiseta.

capiscar tr. *col.* Darse cuenta, comprender.

capital adj. Fundamental, principal, muy importante: *es una asignatura capital en este curso.* || En la doctrina cristiana, se apl. a cada uno de los siete pecados que son origen de otros. || Se usa para designar la letra mayúscula. También f. || Se dice de la pena de muerte. || m. Hacienda, caudal, patrimonio. || Valor de lo que, de manera periódica o accidental, rinde u ocasiona rentas, intereses o frutos: *ese capital invertido le reporta beneficios.* || Factor de la producción, constituido por el dinero frente al trabajo: *la lucha obrera contra el capital.* || f. Población principal y cabeza de un Estado o provincia: *Tegu-*

cigalpa es la capital de Honduras. || Población importante en relación con algo que se expresa: *la capital del vino.* || FAM. capitalidad, capitalino, capitalismo, capitalizar.

capitalidad f. Condición de ser una población capital de un territorio.

capitalismo m. Régimen económico basado en el predominio del capital como elemento de producción y creador de riqueza sin apenas intervención del Estado. || Conjunto de partidarios de esta doctrina. || FAM. capitalista.

capitalista adj. Del capital o del capitalismo, o relativo a ellos: *régimen capitalista.* || adj. y com. Se apl. a la persona que contribuye con su capital a uno o más negocios: *socio capitalista.* || com. Persona acaudalada.

capitalizar tr. Fijar el capital que corresponde a determinado interés, según un tipo dado. || Aumentar el capital con los intereses que ha producido. || Rentabilizar una situación en beneficio propio: *los sindicatos capitalizaron el descontento social y convocaron la huelga.* || FAM. capitalizable, capitalización.

capitán, ana m. y f. Oficial del Ejército que tiene a su cargo una compañía, escuadrón o batería. || Persona que tiene a su mando un buque mercante o un barco de pasajeros de cierta importancia. || Caudillo militar. || Jefe de un grupo o una banda de forajidos. || Persona que capitanea o dirige un equipo deportivo. || f. Nave en la que viaja el jefe de la escuadra. ◆ Se usa también como adj.: *nave capitana.* || FAM. capitanear, capitanía.

capitanear tr. Acaudillar una tropa armada. || Guiar o conducir a cualquier grupo de gente: *capitanea a los trabajadores.*

capitanía f. En el ejército, rango de capitán. || Puesto de mando u oficina del capitán.

capitel m. En arquit., parte superior de la columna o la pilastra, de diferentes figuras y adornos según el estilo arquitectónico a que corresponde: *capitel jónico.*

capitolio m. Edificio majestuoso y elevado. || Acrópolis, lugar más alto y fortificado de las antiguas ciudades griegas.

capitoné adj. y m. Acolchado, guateado, mullido. || Se apl. sobre todo al vehículo especialmente preparado para el transporte de enseres de una casa, totalmente cerrado y con las paredes tapizadas con guata.

capitoste com. *desp.* Persona con influencia, mando y poder.

capitulación f. Convenio en que se estipulan las condiciones de la rendición de un ejército o de una plaza. || Concierto o pacto que se establece entre dos o más personas sobre algún asunto de importancia. || pl. Acuerdo que firman los futuros esposos estableciendo el régimen económico de su matrimonio.

capitular[1] adj. Relacionado con un cabildo o con el capítulo de una orden: *sala capitular.* || adj. y f. Se apl. a la letra mayúscula o a la inicial de un capítulo, especialmente cuando resalta por su tamaño o por algún adorno.

capitular[2] intr. Rendirse bajo determinadas condiciones. || Ceder, claudicar, por cansancio o por la fuerza de los argumentos contrarios: *al final tuvo que capitular ante tus razonamientos.* || FAM. capitulación.

capítulo m. Cada división principal de un libro u otro escrito. || Asamblea o cabildo de religiosos o clérigos regulares. || **llamar** a alguien **a capítulo** loc. Llamarle la atención para pedirle cuentas de sus actos, reprenderle. || **ser capítulo aparte** loc. Ser cuestión diferente o merecedora de una consideración más detenida. || FAM. capitular.

capo m. Jefe mafioso, especialmente en el ámbito del narcotráfico. || *amer.* Persona competente. || FAM. caporal.

capó m. Cubierta del motor del automóvil.

capón[1] adj. y m. Se apl. al hombre y al animal que han sido castrados. || m. Pollo que se castra y se ceba para comerlo. || FAM. caponera.

capón[2] m. Golpe dado en la cabeza con los nudillos, sobre todo con el dedo corazón.

caporal com. Persona que guía y manda un grupo de gente. || El que tiene a su cargo el ganado que se emplea en la labranza. || *amer.* Capataz de una hacienda de ganado.

capota f. Techo plegable de algunos vehículos. || Sombrero femenino ceñido a la cabeza y sujeto con cintas por debajo de la barbilla. || FAM. descapotable.

capotar intr. Volcar un vehículo automóvil hasta quedar en posición invertida. || Dar un avión con la proa en tierra.

capotazo m. Pase de capote que hace el torero para atraer o despistar al toro.

capote m. Capa de abrigo con mangas y menos vuelo que la capa común. || Especie de gabán ceñido al cuerpo y con faldones largos que usan los militares. || Capa que usan los toreros en la lidia. || **echar un capote** loc. *col.* Ayudar a alguien, echarle una mano en una conversación o disputa para desviar un tema o evitar un conflicto. || FAM. capotazo, capotear.

capotera f. *amer.* Percha para la ropa.

capricho m. Idea o propósito que uno se forma sin razón aparente: *lo compré por capricho.* || Antojo, deseo pasajero, y objeto de ese antojo o deseo: *ese chico es su nuevo capricho.* || Obra de arte que se sale de la norma con ingenio, gracia y buen gusto: *los «Caprichos» de Goya.* || En mús., pieza compuesta de forma libre y fantasiosa. || FAM. caprichoso.

caprichoso, sa adj. Que actúa por capricho. || Que se forma caprichosamente, sin ajustarse a un modelo: *nubes de formas caprichosas.*

capricornio m. Uno de los signos del Zodiaco, al que pertenecen las personas que han nacido entre el 22 de diciembre y el 18 de enero. ◆ Se escribe con mayúscula. || adj. y com. Se apl. a la persona que ha nacido bajo este signo.

caprifoliáceo, a adj. y f. De las caprifoliáceas o relativo a esta familia de plantas. || f. pl. Familia de matas y arbustos angiospermos dicotiledóneos de hojas opuestas, flores soldadas al ovario, hermafroditas y con fruto carnoso, generalmente en baya, como la madreselva.

caprimulgiforme adj. y f. De las caprimulgiformes o relativo a este orden de aves. || f. pl. Orden de aves

que se caracterizan por ser nocturnas o crepusculares, con las patas pequeñas y débiles y amplias bocas que utilizan para capturar insectos según vuelan, como el chotacabras.

caprino, na adj. De la cabra o relativo a este animal: *ganadería caprina.*

cápsula f. Envoltura soluble de ciertos medicamentos de mal sabor. || Conjunto formado por esta envoltura y el medicamento que va dentro. || Compartimento de las naves espaciales en el que viajan los cosmonautas y los aparatos de observación y transmisión. || Casquillo de metal flexible con que se cierran herméticamente algunas botellas, además del tapón de corcho. || Vasija de bordes muy bajos que se emplea en los laboratorios para evaporar líquidos. || Envoltura membranosa en forma de saco que envuelve un órgano: *cápsula suprarrenal.* || Fruto seco y dehiscente que contiene en su interior las semillas. || FAM. capsular.

capsular adj. Relacionado con la cápsula o semejante a ella.

captación f. Acción y resultado de captar: *captación de clientes.*

captar tr. Percibir por medio de los sentidos: *captar sensaciones.* || Recibir, recoger sonidos o imágenes: *hemos captado una interferencia.* || Percatarse de algo: *no capto la intención del libro.* || Atraer a una persona, ganar su voluntad o su afecto. || Recoger aguas de un manantial o una corriente. || FAM. captación, captor.

captor, ra adj. y s. Que capta. || Que captura.

captura f. Detención o apresamiento de alguien o algo que opone resistencia.

capturar tr. Apresar, aprehender, apoderarse de alguien o de algo que opone resistencia. || FAM. captura.

capucha f. Pieza puntiaguda que llevan algunas prendas de vestir en la parte superior de la espalda y que se emplea para cubrir la cabeza. || Caperuza. || FAM. capuchón.

capuchina f. Planta trepadora de jardín, originaria de Perú, con flores anaranjadas en forma de capucha, olor aromático suave y sabor algo picante. || Dulce de yema, generalmente en forma de capucha.

capuchino, na adj. y s. Se apl. al religioso o religiosa descalzo de la orden franciscana. || m. Café con leche que se sirve con espuma.

capuchón m. Capucha o caperuza de una prenda de vestir. || Pieza que cubre la punta de los instrumentos de escritura.

capulí m. Árbol rosáceo de América, parecido al cerezo, cuyo fruto tiene sabor y olor agradables. || Fruto de este árbol. ◆ pl. *capulís* o *capulíes.*

capullada f. *vulg.* Faena, mala pasada.

capullo m. Envoltura del gusano de seda o de las larvas de otros insectos. || Flor que no ha acabado de abrirse: *capullo de rosa.* || *vulg.* Ingenuo, torpe, de poca experiencia. || *vulg.* Persona que hace faenas. || *vulg.* Prepucio, glande. || FAM. capullada.

caquexia f. Decoloración de las partes verdes de las plantas por falta de luz. || Estado de extrema desnutrición producido por enfermedades como la tuberculosis o el cáncer. || FAM. caquéctico.

caqui¹ m. Árbol originario de Japón y de China, que produce un fruto parecido a un tomate, dulce y carnoso. || Fruto de este árbol.

caqui² m. Color que va desde el amarillo ocre al verde gris. || Tela de este color que se utiliza sobre todo para uniformes militares.

cara¹ f. Parte anterior de la cabeza, desde la frente a la barbilla. || Semblante, expresión del rostro: *cara de enfado.* || Aspecto, apariencia: *este plato tiene una cara estupenda.* || Fachada o frente de alguna cosa: *la cara del edificio presentaba una portada gótica.* || Superficie de alguna cosa: *cuatro folios a doble espacio por una cara.* || Anverso de las monedas. || Presencia de alguien: *en la reunión vi pocas caras conocidas.* || En ciertas expresiones, descaro: *¡qué cara tienes!* || En geom., cada una de las superficies que forman o limitan un poliedro. || **cara de circunstancias** Gesto de tristeza o seriedad fingidas, para estar acorde con la situación. || **cara de perro** *col.* Gesto de mal humor o de reprobación. || **cara de pocos amigos** *col.* Gesto antipático y desagradable. || **cara dura** Caradura. || **cara larga** *col.* Gesto triste y contrariado. || **a cara descubierta** loc. adv. Sin disimulo, abiertamente y con franqueza. || **caérsele** a alguien **la cara de vergüenza** loc. Ruborizarse, avergonzarse. || **cara a cara** loc. adv. En presencia de alguien, al descubierto. || **cruzar la cara** a alguien loc. Darle una bofetada. || **dar la cara** loc. Responder de los propios actos y afrontar sus consecuencias. || **de cara a** loc. respes. En relación con: *de cara a la entrevista de trabajo, recuerda mencionar este curso.* || **echar en cara** loc. Recordar a alguien con reproche un favor prestado, por no haber obtenido correspondencia. || **lavar la cara** a algo loc. *col.* Asearlo, dar una limpieza un poco superficial. || **partir la cara** loc. *col.* Dar una paliza. || **plantar cara** loc. *col.* Hacer frente, oponer resistencia. || **por la cara** loc. adv. *col.* Sin esfuerzo, sin mérito propio: *ha sacado la carrera por la cara.* || FAM. carear, careta, carilla, carota.

cara² com. Caradura.

carabao m. Mamífero artiodáctilo parecido al búfalo, de color gris azulado y cuernos dirigidos hacia atrás, usado como animal de tiro en Filipinas.

carabela f. Antigua embarcación muy ligera, larga y angosta, con tres palos y una sola cubierta.

carábido, da adj. y m. De los carábidos o relativo a esta familia de insectos. || m. pl. Familia de insectos coleópteros que, por su voracidad, son muy beneficiosos para la agricultura porque destruyen las orugas y otros animales perjudiciales.

carabina f. Arma de fuego de menor longitud que el fusil. || Señora de compañía que iba con las parejas para que no estuvieran solas. || P. ext., cualquier persona que acompaña a una pareja. || FAM. carabinero.

carabinero, ra m. y f. Guardia destinado a la persecución del contrabando. || *amer.* Agente de Policía. || m. Soldado que usaba carabina.

carabinero m. Crustáceo decápodo comestible muy apreciado, de color rojo intenso, parecido al langostino pero de mayor tamaño.

cárabo¹ m. Nombre común de diversas especies de insectos coleópteros que llegan a alcanzar 4 cm de longitud, tienen brillo metálico y son depredadores beneficiosos para la agricultura.

cárabo² m. Ave estrigiforme nocturna de unos 40 cm, de plumaje pardo rojizo con manchas blancas y cabeza grande y sin penachos.

carachoso, sa adj. y s. *amer.* Que tiene la sarna.

caracol m. Nombre común de los moluscos gasterópodos terrestres, marinos o de aguas dulces, de concha en espiral. Algunas especies son comestibles. || Concha de este molusco. || Rizo del pelo. || Una de las cavidades del laberinto del oído interno de los vertebrados, que tiene forma de espiral. || Vuelta en redondo que el jinete hace dar al caballo en el ejercicio de la equitación. || **¡caracoles!** interj. Denota sorpresa, extrañeza o disgusto. || FAM. caracola, caracolada, caracolear, caracoleo, caracolillo.

caracola f. Concha grande de forma cónica de un caracol marino. Si se sopla por la punta produce un sonido como de trompa. || Bollo en forma de espiral, glaseado y adornado con trocitos de fruta confitada.

caracolear intr. Hacer giros en redondo el caballo.

carácter m. Conjunto de cualidades psíquicas y afectivas que condicionan la conducta de cada individuo o de un pueblo: *carácter hispano.* || Condición, índole, naturaleza de algo o alguien que lo distingue de los demás: *reunión de carácter privado.* || Firmeza, energía, genio: *mujer de carácter.* || Señal espiritual que queda en una persona como efecto de un conocimiento o experiencia importantes: *la docencia imprime carácter.* || Letra o signo de escritura. Más en pl.: *caracteres cirílicos.* || En inform., cada uno de los signos, dígitos o letras en que se subdivide una palabra o un registro de ordenador. ◆ pl. *caracteres.* || FAM. característica, característico, caracterizador, caracterizar, caracterología, caracterológico.

característica f. Cualidad peculiar de algo. || En mat., cifra que expresa la parte entera de un logaritmo.

característico, ca adj. Se apl. a la cualidad que determina los rasgos de una persona o cosa y la distingue claramente de las demás: *su andar característico.* También f. || m. y f. Actor o actriz que representa papeles de personas de edad.

caracterización f. Determinación de los atributos peculiares de una persona o cosa, de modo que se distinga claramente de las demás. || Adecuación de un actor en sus rasgos físicos, mediante maquillaje y vestuario, al personaje que ha de representar.

caracterizar tr. y prnl. Acreditar a algo o alguien sus rasgos propios: *su diplomacia lo caracteriza.* || Determinar los rasgos distintivos de una persona o cosa, de manera que se distinga claramente de las demás: *han caracterizado un nuevo tipo de hongos.* || Maquillar o vestir al actor conforme al personaje que ha de representar. || FAM. caracterización, caracterizado.

caracterología f. Parte de la psicología que se ocupa del carácter y la personalidad del hombre. || Conjunto de peculiaridades que conforman el carácter de una persona: *caracterología violenta.*

caracú m. *amer.* Tuétano de los animales, en particular de los vacunos. || *amer.* Hueso que lo contiene. ◆ pl. *caracús* o *caracúes.*

caracul adj. Se apl. a una variedad asiática de ganado ovino de cola ancha y pelo rizado. || m. Piel de los corderos de esta raza, muy apreciada en peletería.

caradriforme adj. y f. De las caradriformes o relativo a este orden de aves. || f. pl. Orden de aves que se caracterizan por ser limícolas o ribereñas y que incluye a los chorlitos, avocetas y gaviotas, entre otros.

caradura com. Persona descarada, atrevida y sinvergüenza.

carajillo m. Bebida que se prepara con café caliente y un licor, generalmente coñac, anís o ron.

carajo m. *vulg.* Pene. || interj. Indica sorpresa, disgusto, enfado, etc. || **del carajo** loc. adj. *vulg.* Muy grande: *enfado del carajo.* || **irse al carajo** loc. *col.* Echarse algo a perder, malograrse. || **mandar** a alguien **al carajo** loc. *col.* Rechazarlo con desdén.

¡caramba! interj. Se usa para expresar extrañeza, enfado o asombro: *¡caramba, qué tarde es!*

carámbano m. Pedazo de hielo más o menos largo y puntiagudo que se va formando al helarse el agua que gotea.

carambola f. Lance del juego de billar que consiste en conseguir que una de las bolas toque a las otras dos. || Casualidad, azar, chiripa: *el tren salió algo retrasado y pude cogerlo de carambola.*

caramelear tr. *amer.* Entretener a una persona con evasivas o pretextos para dilatar la solución o tramitación de algún asunto. || *amer.* Acaramelar, engatusar, halagar.

caramelizar tr. Cubrir de caramelo líquido o de azúcar a punto de caramelo.

caramelo m. Pasta de azúcar hecha de almíbar cocido que se endurece al enfriarse. Se presenta en pequeños trozos de diferentes colores y sabores, según las esencias con que se aromatizan. || Azúcar derretido: *echa mucho caramelo al flan.* || FAM. acaramelar, caramelizar.

caramillo m. Pequeña flauta de sonido agudo hecha con caña, hueso o madera.

caramujo m. Escaramujo, rosal silvestre. || Caracol pequeño que se pega al fondo de los buques.

carancho m. Ave falconiforme carroñera, de color pardo y cabeza blancuzca, que vive en Argentina.

caranday o **carandaí** m. *amer.* Árbol de la familia de las palmáceas, de gran altura y productor de cera vegetal, cuya madera se emplea en construcción y sus hojas en la elaboración de sombreros y abanicos. ◆ pl. de la segunda forma: *carandaís* o *carandaíes.*

carantoña f. Caricia y gesto cariñoso que se hacen a una persona, especialmente para conseguir algo de ella. Más en pl.

carao m. *amer.* Árbol leguminoso tropical de flores rosadas unidas en racimos y frutos que contienen una melaza de propiedades tónicas y depurativas.

caraota f. *amer.* Judía, alubia.

carapacho m. Caparazón que cubre el cuerpo de las tortugas, los cangrejos y otros animales.

carátula f. Máscara para ocultar la cara. || Cubierta, portada o funda de un libro o de los estuches de discos, discos compactos, casetes y cintas de vídeo.

carau o **caraú** m. Ave gruiforme de unos 60 cm de altura, color pardo oscuro y pico largo y encorvado, que vive solitaria en el extremo sur de América. ◆ pl. de la segunda forma: *caraús* o *caraúes.*

caravana f. Grupo de personas que viajan juntas con vehículos o animales, especialmente por desiertos o lugares despoblados: *caravana de colonos.* || Conjunto de automóviles que marchan lentamente en la misma dirección y a poca distancia entre ellos, debido a la densidad del tráfico. || Vehículo semirremolque habitable, acondicionado para cocinar y dormir en él.

¡caray! interj. Se usa para expresar extrañeza, disgusto, sorpresa o admiración, ¡caramba!: *¡caray, cómo has crecido!*

carbohidrato m. En quím., antigua denominación de los compuestos formados por carbono, hidrógeno y oxígeno.

carbón m. Material sólido, ligero, negro y muy combustible, que resulta a partir de la destilación o de la combustión incompleta de la leña u otros cuerpos orgánicos. || Brasa o ascua apagada. || Carboncillo de dibujar. || FAM. carbonada, carbonaria, carboncillo, carbonear, carbonera, carbonería, carbonero, carbonilla, carbonizar.

carbonara f. Salsa especial para los platos de pasta que se prepara con nata, huevo y bacón.

carbonario, ria adj. Relativo al carbonarismo. || m. y f. Partidario de este movimiento.

carbonarismo m. Movimiento político italiano del siglo XIX, afín a la masonería, nacido como secta secreta con fines revolucionarios. || FAM. carbonario.

carbonatado, da adj. En quím., se apl. a la base combinada con ácido carbónico para formar carbonato: *agua carbonatada.*

carbonatar tr. y prnl. En quím., convertir una sustancia en carbonato. || FAM. carbonatado.

carbonato m. Sal resultante de la combinación del ácido carbónico con un radical. || FAM. bicarbonato, carbonatar.

carboncillo m. Palo delgado de madera ligera que, carbonizado, sirve para dibujar. || Dibujo creado con este material.

carbonera f. Lugar donde se guarda carbón.

carbonería f. Almacén donde se vende carbón.

carbonero, ra adj. Del carbón o relativo a él. || m. y f. Persona que hace o vende carbón. || m. Nombre común de diversas aves paseriformes de unos 15 cm de longitud, de plumaje negro, blanco, amarillo y gris, según la especie.

carbónico, ca adj. En quím., se apl. a la combinación de la que forma parte el carbono: *agua carbónica.*

carbonífero, ra adj. Que contiene carbón mineral. || Del penúltimo periodo de la era paleozoica o primaria o relativo a él. También m.

carbonilla f. Carbón en polvo o muy menudo. || Partícula de carbón a medio quemar.

carbonilo m. Radical orgánico divalente formado por un átomo de carbono y otro de oxígeno.

carbonizar tr. y prnl. Reducir a carbón un cuerpo orgánico. || Calcinar, quemar. || FAM. carbonización.

carbono m. Elemento químico sólido y no metálico que se encuentra en todos los compuestos orgánicos y en algunos inorgánicos. En su estado puro se presenta como diamante o grafito. Su símbolo es *C*, y su número atómico, 6. || **carbono 14** Prueba que se realiza con un isótopo radiactivo mediante el cual se pueden datar materiales procedentes de organismos vivos. || FAM. carbohidrato, carbonato, carbónico, carburo.

carborundo m. Carburo artificial de silicio que por su gran dureza, próxima a la del diamante, se usa para pulir.

carboxilo m. Radical que caracteriza a los ácidos orgánicos. Su símbolo es –*COOH*.

carbunclo m. Carbúnculo.

carbunco m. Enfermedad contagiosa de origen vírico, en ocasiones mortal, frecuente en el ganado lanar y a veces transmitida al hombre.

carbúnculo m. Rubí, mineral cristalizado de gran dureza, color rojo y brillo intenso.

carburación f. Acto por el que se combinan el carbono y el hierro para producir el acero. || Mezcla de gases o aire atmosférico con carburantes gaseosos o líquidos volatilizados para hacerlos combustibles o detonantes.

carburador m. Aparato de los motores de explosión donde se mezcla el carburante con el aire.

carburante m. Combustible, mezcla de hidrocarburos, que se emplea en los motores de explosión y de combustión interna. || FAM. carburación, carburador, carburar.

carburar tr. Mezclar los gases o el aire atmosférico con los carburantes gaseosos o con los vapores de los carburantes líquidos, para transformarlos en combustibles o detonantes. || intr. *col.* Funcionar con normalidad: *parece que hoy no te carbura el cerebro.*

carburo m. Combinación del carbono con un metaloide o metal, que se utiliza para el alumbrado. || FAM. carborundo, carburante.

carca[1] adj. y com. *desp.* Se apl. a la persona de ideas retrógradas.

carca[2] f. *amer.* Olla en la que se cuece la chicha para su fermentación.

carca[3] f. *amer.* Mugre, suciedad del cuerpo.

carcaj m. Caja o saco en forma de tubo que se cuelga del hombro o la cadera para llevar las flechas. ◆ pl. *carcajes.*

carcajada f. Risa impetuosa y ruidosa. || FAM. carcajear.

carcajear intr. y prnl. Reír a carcajadas. || prnl. Burlarse de algo o alguien.

carcamal adj. y com. *col.* Se apl. a la persona anticuada, vieja y achacosa. ◆ Suele emplearse con valor despectivo.

carcamán, ana adj. y s. *amer.* Se apl. a la persona de poco mérito y muy altas aspiraciones. || *amer.* Carcamal.

carcasa f. Armazón o estructura sobre la que se montan otras piezas.

cárcava f. Foso o zanja que suelen hacer las corrientes de agua al erosionar un terreno.

cárcel f. Edificio destinado a la custodia y reclusión de los presos. || FAM. carcelario, carcelero.

carcelario, ria adj. De la cárcel o relativo a ella: *recinto carcelario.*

carcelero, ra m. y f. Persona que cuida y vigila la cárcel y a los presos.

carcinogénesis f. Origen y formación de un tumor canceroso. ◆ No varía en pl. || FAM. carcinogénico, carcinógeno.

carcinología f. Parte de la zoología que trata de los crustáceos.

carcinoma m. Tumor de naturaleza cancerosa.

carcocha f. *amer.* Automóvil viejo y destartalado.

carcoma f. Nombre de diversas especies de insectos coleópteros, muy pequeños y de color oscuro, cuyas larvas roen y taladran la madera produciendo a veces un ruido perceptible. || Polvo que produce este insecto después de digerir la madera que ha roído. || Preocupación continua que mortifica y consume: *la carcoma de los celos.* || FAM. carcomer.

carcomer tr. Roer la carcoma la madera. || Corroer, consumir poco a poco. También prnl.: *el odio le carcome.* || prnl. Llenarse alguna cosa de carcoma: *el mueble se ha carcomido.*

carda f. Acción y resultado de cardar. || Cepillo con púas de hierro para cardar lana o limpiar fibras textiles.

cardamomo m. Planta medicinal de la familia de las cingiberáceas, originaria de la India, con semillas aromáticas y sabor algo picante que se utiliza como carminativo.

cardar tr. Peinar una materia textil antes del hilado. || Peinar el pelo desde la punta a la raíz, para que quede más hueco. También prnl. || FAM. carda, cardado, cardador.

cardenal[1] m. Cada uno de los prelados que forman parte del Sacro Colegio de consejeros del papa en las labores de gobierno de la Iglesia católica. || Ave paseriforme americana de unos 20 cm de longitud, color rojo, gris, verde o rosa según la especie, con una faja negra alrededor del pico que se extiende hasta el cuello y con un alto penacho rojo, al cual debe su nombre. || FAM. cardenalato, cardenalicio.

cardenal[2] m. Mancha amoratada, amarillenta o negruzca que sale en la piel a consecuencia de un golpe u otra lesión.

cardenalicio, cia adj. Del cardenal o relativo a él: *capelo cardenalicio.*

cardenillo m. Capa venenosa, verde o azulada, que se forma en los objetos de cobre. || Acetato de cobre que se emplea en pintura.

cárdeno, na adj. De color morado. || Se apl. al toro cuyo pelo tiene mezcla de negro y blanco. || FAM. cardenal, cardenillo.

cardiaco, ca o **cardíaco, ca** adj. Del corazón o relativo a este órgano: *insuficiencia cardiaca.* || Se apl. a la persona enferma del corazón. También s. || FAM. cardiografía, cardiograma, cardiología, cardiopatía, carditis.

cardias m. Orificio superior del estómago que comunica con el esófago. ◆ No varía en pl.

cárdigan m. Chaqueta de punto, con escote en pico y generalmente sin cuello. ◆ No varía en pl.

cardillo m. Planta bienal compuesta que se cría en sembrados y barbechos, con flores amarillentas y hojas rizadas y espinosas, cuya penca se come cocida cuando está tierna.

cardinal adj. Se apl. a cada uno de los cuatro puntos del horizonte que sirven para orientarse: norte, sur, este y oeste. || Principal, fundamental. || Se dice del numeral que expresa el número, sin relación de orden.

cardiografía f. Estudio y descripción del corazón. || Cardiograma.

cardiógrafo m. Aparato que reproduce gráficamente la intensidad y el ritmo de los movimientos del corazón. || FAM. cardiografía, cardiograma.

cardiograma m. Reproducción gráfica de los movimientos del corazón que se obtiene con el cardiógrafo. || FAM. electrocardiograma.

cardiología f. Especialidad de la medicina que estudia el corazón, sus enfermedades y sus funciones. || FAM. cardiólogo.

cardiopatía f. Enfermedad del corazón. || FAM. cardiópata.

cardiorrespiratorio, ria adj. Del corazón y del aparato respiratorio, o relativo a ellos.

cardiovascular adj. Del corazón y del aparato circulatorio, o relativo a ellos.

carditis f. Inflamación del tejido muscular del corazón. ◆ No varía en pl.

cardo m. Planta compuesta de aproximadamente 1 m de altura, con hojas grandes y espinosas como las de la alcachofa, flores azules en cabezuela y pencas que se comen crudas o cocidas. || Nombre común de diversas especies de plantas silvestres, compuestas y de hojas espinosas: cardo borriquero, estrellado. || Persona arisca y antipática. || FAM. cardar, cardillo, cardizal.

cardumen o **cardume** m. Banco de peces. || amer. Conjunto abundante de cosas.

carear tr. Enfrentar a dos o más personas e interrogarlas a la vez para observar sus reacciones, confrontar sus opiniones y así averiguar la verdad de los hechos. || FAM. careo.

carecer intr. No poseer algo, tener falta de algo. ◆ Se construye con la prep. de: carecer de escrúpulos. **Irreg.** Se conj. como agradecer. || FAM. carencia, carencial, carente.

carel m. Borde superior de la barca, donde se fijan los remos para moverla.

carena f. Parte sumergida del casco de un barco. || Reparación que se hace en el casco de la nave. || Recubrimiento de la estructura de un vehículo para protegerlo o darle una línea aerodinámica. || col. Burla que censura una actitud. || FAM. carenado, carenar.

carenado m. Revestimiento de fibra de vidrio, plástico u otro material que llevan algunos vehículos como adorno o con fines aerodinámicos.

carenar tr. Reparar el casco de una embarcación. || Añadir accesorios ornamentales o aerodinámicos a un vehículo.

carencia f. Falta o privación de algo necesario. || Falta de vitaminas en la alimentación. || En seguros, periodo en el que el cliente nuevo aún no puede disfrutar de determinados servicios: periodo de carencia. || En créditos bancarios, tiempo del que se dispone antes de comenzar a devolver el dinero: nuestra hipoteca tiene una carencia de seis meses.

carencial adj. Relacionado con la falta de vitaminas en la alimentación.

carente adj. Que tiene falta de algo: carente de cariño.

careo m. Acto que enfrenta a varias personas para interrogarlas a la vez y observar sus reacciones, confrontar sus opiniones y así averiguar la verdad de los hechos.

carero, ra adj. y s. Que vende caro.

carestía f. Precio alto de las cosas de uso común: carestía de la vivienda. || Penuria o escasez.

careta f. Máscara para cubrir la cara o para protegerla. || Cualquier otra mascarilla que se utiliza para proteger la cara, como la que se ponen los colmeneros o los luchadores de esgrima.

careto, ta adj. Se apl. al animal que tiene la cara blanca y el resto de la cabeza de color oscuro: lirón careto. || m. col. Cara, rostro, jeta.

carey m. Reptil quelonio marino de aproximadamente 1 m de longitud que habita en los mares tropicales, con las extremidades anteriores más largas que las posteriores. Los huevos de esta tortuga se consideran un manjar y las placas córneas de su caparazón se utilizan en la realización de diversos objetos decorativos. || Materia córnea obtenida del caparazón de esta tortuga. ◆ pl. careyes.

carga f. Acción y resultado de cargar. || Cosa que pesa sobre otra: la carga de un pilar. || Cosa transportada. || Peso sostenido por una estructura. || Recambio de una materia que se consume con el uso: cargas para la estilográfica. || Cantidad de pólvora u otra sustancia explosiva que se introduce en el cañón de un arma de fuego o en un dispositivo para realizar voladuras. || Cantidad de energía eléctrica que se acumula en un cuerpo: carga positiva o negativa. || Impuesto, tributo, gravamen: el piso está libre de cargas. || Obligación que conlleva una actividad o una situación: dice que no quiere ser una carga para nosotros. || Efecto que provocan en la persona hechos o situaciones que cansan, desgastan o hacen sufrir: mantener ella sola a la familia es una dura carga. || Acometida, ataque militar decidido contra el enemigo. || En situaciones que afectan al orden público, acción ofensiva de los cuerpos de policía contra aquellos que lo alteran: carga policial. || En algunos deportes, choque violento de cuerpos. || **volver a la carga** loc. Insistir en un empeño.

cargadero m. Lugar para cargar o descargar.

cargado, da adj. Se apl. al tiempo atmosférico pesado y bochornoso. || Se dice del ambiente impuro, viciado: la habitación está muy cargada. || Saturado, concentrado: no hagas el café muy cargado.

cargador, ra adj. Que carga. También s.: el cargador de un teléfono móvil. || m. y f. Persona que embarca o conduce mercancías. || m. Estuche metálico con un muelle impulsor en el que se disponen los proyectiles para las armas automáticas ligeras.

cargamento m. Conjunto de mercancías que carga un vehículo.

cargante adj. Que resulta pesado, que molesta o incomoda.

cargar tr. Echar peso sobre algo o sobre alguien. || Embarcar o poner en un vehículo mercancías para transportarlas. || Preparar un arma, poniéndole munición. || Proveer a algo de la carga que necesita para ser útil: *cargar el mechero*. || Acumular energía eléctrica en un aparato: *cargar la batería del teléfono móvil*. || Gravar con impuestos. || Anotar en una cuenta, adeudar: *cárguelo en mi cuenta*. || col. Fastidiar, importunar, molestar: *esta niña me carga*. || intr. Acometer con fuerza y vigor a los enemigos. || En situaciones que afectan al orden público, efectuar una carga los cuerpos de policía sobre aquellos que lo alteran. || Tomar o tener sobre sí alguna obligación o cuidado: *siempre carga él con toda la responsabilidad*. || Chocar con fuerza un jugador contra otro. || col. Suspender un examen o una asignatura. || prnl. col. Matar. || Llenarse o llegar a tener abundancia de ciertas cosas. ♦ Se construye con la prep. *de: se ha cargado de hijos.* || Tratándose del tiempo atmosférico, el cielo o el horizonte, irse aglomerando y condensando las nubes. || FAM. carga, cargadero, cargado, cargador, cargamento, cargante, cargar, cargo, cargosear, cargoso, carguero.

cargo m. Empleo, oficio, dignidad: *ocupa el cargo de inspector*. || Persona que lo desempeña: *es un alto cargo de la compañía*. || Obligación, responsabilidad: *está a cargo de la cocina*. || Carga o peso. || Delito o falta del que se acusa a alguien. || Pago que se hace con dinero de una cuenta y el apunte que se hace de él: *póngalo con cargo a mi cuenta*. || **cargo de conciencia** Lo que hace sentir culpable a una persona. || **a cargo de** loc. prep. Al cuidado de. || A expensas de, a cuenta de. || **hacerse cargo** de algo o alguien loc. Encargarse de ello. || Comprenderlo: *has debido de pasarlo mal, me hago cargo*.

cargosear tr. amer. Importunar, molestar. || FAM. cargoso.

cargoso, sa adj. Que causa disgusto. || Que ocasiona gastos o dificultades. || amer. Cargante, que molesta o cansa.

carguero, ra adj. y s. Que lleva carga. || m. Vehículo de carga.

cari adj. amer. De color pardo o plomizo.

cariacontecido, da adj. Con gesto apesadumbrado.

cariar tr. y prnl. Producir caries: *se me ha cariado una muela*.

cariátide f. Estatua de mujer que sirve de columna.

cariba f. amer. Bebida preparada con zumo de mandioca.

caribe adj. y com. De un antiguo pueblo de las Antillas que se extendió por el norte de América del Sur o relativo a él. || m. Lengua de este pueblo.

caribeño, ña adj. y s. Del mar Caribe, de las zonas que este baña o relativo a ellos.

caribú m. Mamífero artiodáctilo del Canadá, parecido al reno europeo pero de mayor tamaño, cuya carne es comestible. ♦ pl. *caribús* o *caribúes*.

caricáceo, a adj. y f. De las caricáceas o relativo a estas plantas. || f. pl. Familia de plantas a la que pertenecen los árboles angiospermos dicotiledóneos con tallo poco ramificado, flores generalmente unisexuales, de cáliz muy pequeño, corola gamopétala y pentámera y fruto en baya con semillas parecidas a las de las cucurbitáceas, como el papayo.

caricato m. Artista especializado en la imitación cómica de personajes conocidos. || Bajo cantante que en la ópera hace los papeles bufos. || amer. Caricatura.

caricatura f. Retrato gráfico o literario en el que se deforman o exageran las características de algo o alguien con intención satírica. || Reproducción mala o ridícula de algo o alguien que se pretende emular. || amer. Dibujos animados. || FAM. caricaturesco, caricaturista, caricaturizar.

caricaturesco, ca adj. De la caricatura o relativo a ella.

caricaturista com. Dibujante de caricaturas.

caricaturización f. Retrato por medio de una caricatura.

caricaturizar tr. Hacer una caricatura de alguien o de algo. || FAM. caricaturización.

caricia f. Gesto cariñoso que consiste en pasar suavemente la mano sobre la piel de una persona o animal o sobre la superficie de un objeto. || Sensación suave y agradable que produce el roce de algo: *la caricia del sol*.

caridad f. Una de las tres virtudes teologales, que consiste en amar a Dios sobre todas las cosas y al prójimo como a nosotros mismos. || Sentimiento que impulsa a las personas a la solidaridad con sus semejantes. || Limosna o auxilio que se da a los necesitados. || Tratamiento usado en ciertas órdenes y cofradías: *su caridad*. || FAM. caritativo.

caries f. Lesión de la dentadura producida por una infección bacteriana. ♦ No varía en pl. || FAM. cariado, cariar.

carilimpio, pia adj. y s. amer. Descarado.

carilla f. Cada una de las caras de una hoja de papel.

carillón m. Grupo de campanas en una torre que producen un sonido armónico. || Reloj con este sonido. || Instrumento de percusión consistente en un juego de tubos o planchas de acero que producen un sonido musical.

cariñena m. Vino tinto muy dulce y oloroso que procede de la ciudad española de Cariñena, en Zaragoza.

cariño m. Inclinación de amor o afecto que se siente hacia una persona, animal o cosa. || Expresión y señal de dicho sentimiento. Más en pl. || Esmero, cuidado con que se hace una labor o se trata una cosa: *trata con cariño mis libros*. ♦ Se usa como apelativo afectuoso: *¿estás ahí, cariño?* || FAM. cariñoso.

cariñoso, sa adj. Que muestra cariño, amoroso, tierno.

carioca adj. y com. De Río de Janeiro o relativo a esta ciudad brasileña.

cariocinesis f. División del núcleo de la célula. ♦ No varía en pl.

cariofiláceo, a adj. y f. De las cariofiláceas o relativo a esta familia de plantas. || f. pl. Familia de hierbas o matas angiospermas dicotiledóneas, con tallos erguidos, nudosos y articulados, flores regulares y hermafroditas y fruto en cápsula, como el clavel.

cariópside f. Fruto seco indehiscente con el pericarpio adherido a su única semilla, como el grano de trigo.

cariotipo m. Conjunto de cromosomas característico de una determinada especie.

carisma m. Fascinación, encanto que ejercen algunas personas sobre las demás. || FAM. carismático.

carismático, ca adj. Del carisma o relativo a esta cualidad.

caritativo, va adj. De la caridad o relativo a ella.

cariz m. Aspecto que presenta una determinada cuestión: *no me gusta el cariz que está tomando este asunto.*

carlanca f. Collar ancho y fuerte, erizado de puntas de hierro, que preserva a los mastines de las mordeduras de los lobos. || *amer.* Grillete. || *amer.* Molestia causada por alguna persona machacona y fastidiosa.

carlinga f. Espacio interior destinado en los aviones a los pilotos.

carlismo m. Doctrina y partido político que surgió en 1833 en España para defender las aspiraciones al trono de Carlos María Isidro de Borbón, hermano de Fernando VII, y de sus descendientes. || FAM. carlista.

carlista adj. Del carlismo o relativo a él. || adj. y com. Partidario de esta doctrina y partido político.

carmelita adj. y com. De la orden mendicante del Carmen o del Carmelo. || FAM. carmelitano, carmelo.

carmelitano, na adj. De la orden mendicante del Carmen, fundada en el siglo XIII, o relativo a ella.

carmelo m. Convento carmelita.

carmen m. En Granada, quinta de recreo con huerto o jardín.

carmenar tr. y prnl. Desenredar, desenmarañar y limpiar el cabello, la lana o la seda. || FAM. carmenador, carmenadura.

carmesí adj. De color granate muy vivo. También m. || m. Polvo de este color utilizado en pintura. ◆ pl. *carmesís* o *carmesíes.*

carmín m. Materia de color rojo muy intenso que se obtiene principalmente del insecto llamado cochinilla. || Este mismo color. || Rosal silvestre cuyas flores, del mismo nombre, son de este color. || Lápiz de labios.

carminativo, va adj. y m. Se apl. al fármaco que favorece la expulsión de los gases del tubo digestivo.

carnada f. Cebo animal para pescar o cazar.

carnal adj. De la carne o relativo a ella. || Sensual: *amor carnal.* || Se apl. al pariente de primer grado: *primo carnal.*

carnaval m. Periodo de tres días que precede al Miércoles de Ceniza. ◆ Se escribe con mayúscula. || Fiesta popular que se celebra en esos días. Más en pl. || FAM. carnavalada, carnavalesco.

carnavalesco, ca adj. Del carnaval o relativo a él.

carnaza f. Carnada, cebo. || Aquello con lo que se pretende suscitar el morbo.

carne f. Parte muscular del cuerpo humano o animal. || Alimento consistente en esta parte del cuerpo de animales terrestres y aéreos. || Parte blanda de la fruta, que está bajo la cáscara o el pellejo. || El cuerpo y los placeres relacionados con él, en oposición al alma y la espiritualidad: *vicios de la carne.* || **carne de cañón** *col.* Persona utilizada sin miramientos para servir intereses ajenos, incluso con riesgo. || **carne de gallina** Fenómeno producido por ciertas sensaciones o emociones, que da a la piel humana el aspecto de piel de gallina desplumada. || **abrírsele** a alguien **las carnes** loc. *col.* Estremecerse, impresionarse mucho. || **en carne viva** loc. adv. Se apl. a la parte del cuerpo que está sin piel a causa de una herida o una quemadura. || Se dice del sentimiento muy vivo que, aun pasado el tiempo, continúa siendo doloroso. || **metido en carnes** loc. adj. Se apl. a la persona algo gruesa, pero sin llegar a ser obesa. || **poner toda la carne en el asador** loc. *col.* Hacer un gran esfuerzo para lograr un objetivo o arriesgarlo todo de una vez. || **ser de carne y hueso** loc. *col.* Ser sensible como todos los humanos a los acontecimientos y sensaciones de la vida diaria. || FAM. carnada, carnal, carnalidad, carnaza, carneada, carnear, carnicería, cárnico, carnívoro, carnoso.

carné m. Documento de carácter personal que indica la identidad, la afiliación a alguna asociación o partido, y faculta para el ejercicio de diversas actividades. ◆ pl. *carnés.*

carnear tr. *amer.* Matar y descuartizar las reses para aprovechar su carne.

carnero m. Mamífero artiodáctilo doméstico de frente convexa, cuernos huecos, angulosos, arrugados transversalmente y arrollados en espiral, y lana espesa. Es muy apreciado por su carne y por su lana.

carnestolendas f. pl. Carnaval. ◆ A veces se escribe con mayúscula.

carnet (voz fr.) m. Carné. ◆ pl. *carnets.*

carnicería f. Tienda donde se vende carne. || Matanza de gente provocada por una guerra o una catástrofe. || P. ext., herida o lesión con mucha sangre. || FAM. carnicero.

carnicero, ra adj. y s. Se apl. al animal que mata a otros para devorarlos. || Cruel, sanguinario: *asesino carnicero.* || m. y f. Persona que vende carne.

cárnico, ca adj. Relacionado con las carnes dedicadas al consumo.

carnívoro, ra adj. y s. Que se alimenta de carne: *el buitre es un ave carnívora.* || Perteneciente al orden de mamíferos que se caracteriza por sus dientes y garras adaptados al consumo de carne: *el tigre es carnívoro.* || Se apl. a la planta que se nutre de algunos insectos que atrapa por medio de órganos dispuestos para ello.

carnosidad f. Trozo de carne blanda e irregular que sobresale en alguna parte del cuerpo.

carnoso, sa adj. De carne. || Se apl. al tejido vegetal blando y jugoso. || FAM. carnosidad.

caro, ra adj. De precio elevado. || Amado, querido. || adv. m. A muy alto precio: *me costó caro.* || FAM. carero, carestía.

carolingio, gia adj. y s. Relativo a Carlomagno, a su dinastía o a su tiempo.

carota com. *col.* Persona descarada y sinvergüenza, caradura.

caroteno m. Hidrocarburo de color rojo anaranjado que forma parte del pigmento llamado clorofila y existe, además, en las células de ciertos órganos vegetales, como la raíz de la zanahoria.

carótida adj. y f. Se apl. a cada una de las dos grandes arterias del cuello.

carotina f. Caroteno.

carozo m. Corazón de la mazorca de maíz, y pieza que queda tras desgranarla. || *amer.* Hueso de algunas frutas.

carpa¹ f. Pez osteíctio cipriniforme, comestible, de agua dulce, de lomo verdoso y vientre amarillo, boca pequeña sin dientes, escamas grandes y una sola aleta dorsal.

carpa² f. Cubierta de lona que se extiende sobre un espacio para darle techo: *carpa de circo*. || *amer.* Tienda de campaña. || *amer.* Tenderete que, en las fiestas populares, despacha comestibles y bebidas.

carpaccio (voz it.) m. Plato que se prepara con láminas finas de carne o pescado crudos, aliñados con aceite, queso y otros condimentos.

carpanta f. *col.* Hambre canina.

carpelo m. En las plantas espermafitas, órgano sexual femenino. || FAM. carpelar.

carpeta f. Cartera grande formada por dos cartones unidos con gomas o cintas para guardar papeles. || *amer.* Tapete. || FAM. carpetazo.

carpetano, na adj. y s. De un pueblo prerromano del centro de España o relativo a él. || Natural del antiguo reino de Toledo.

carpetazo (dar) loc. Dar por terminado un asunto, aunque no se le haya dado solución: *dieron carpetazo a la investigación*.

carpetovetónico, ca adj. De los carpetanos y los vetones, o relativo a estos pueblos prerromanos. || Que se considera español a ultranza y se niega a cualquier influjo extranjero.

carpiano, na adj. Del carpo o relativo a él: *huesos carpianos*.

carpidor m. *amer.* Instrumento usado para escardar la tierra y quitarle las malas hierbas.

carpincho m. *amer.* Capibara.

carpintería f. Oficio y arte de trabajar la madera para hacer objetos con ella. || Taller donde se realizan estos trabajos. || Obra realizada por un carpintero.

carpintero, ra m. y f. Persona que por oficio labra la madera y realiza objetos con ella. || FAM. carpintería.

carpir tr. *amer.* Limpiar o escardar la tierra para quitarle las malas hierbas. || FAM. carpidor.

carpo m. Conjunto de huesos dispuestos en dos filas, de número variable, que forman parte del esqueleto de las extremidades anteriores que articulan el antebrazo con el metacarpo. En el cuerpo humano son ocho huesos y conforman la muñeca. || FAM. carpiano.

carpología f. Parte de la botánica que estudia el fruto de las plantas.

carraca f. Antigua nave italiana de transporte. || *desp.* P. ext., cualquier artefacto deteriorado o caduco.

carraca f. Instrumento de madera con un mecanismo en el que los dientes de una rueda levantan al girar una o más lengüetas y producen un sonido seco y desagradable. || Ave coraciforme que mide unos 30 cm, de cabeza, alas y vientre azules, dorso castaño y pico grande.

Carracuca (que) loc. *col.* Expresión que se usa para intensificar una afirmación: *era más viejo que Carracuca*.

carrasca f. Encina pequeña o mata de ella. || FAM. carrascal, carrasco, carrasquera.

carrascal m. Lugar poblado de carrascas.

carrasco m. Carrasca. || *amer.* Extensión grande de terreno poblada de vegetación leñosa.

carraspear intr. Sentir o padecer carraspera. || Toser levemente para limpiar la garganta y aclarar la voz.

carraspeo m. Tosecilla con que se aclara la voz.

carraspera f. Aspereza o irritación de la garganta. || FAM. carraspear, carraspeo.

carré m. *amer.* Rollo de carne asada extraída del costillar del cerdo.

carrera f. Marcha a pie a velocidad rápida y con impulsos, de modo que ambos pies queden un instante en el aire. || Competición deportiva de velocidad. || Recorrido de un vehículo de alquiler para el transporte de pasajeros, conforme a una tarifa: *carrera de un taxi*. || Estudios universitarios repartidos en una serie de años con los que se obtiene un título profesional: *carrera de Arquitectura*. || Profesión: *carrera de cantante*. || Carretera que antes fue camino. || Línea de puntos sueltos de una media o prenda de punto. || **a la carrera** loc. adv. Muy rápidamente. || **hacer carrera** loc. Prosperar socialmente. || **hacer la carrera** loc. Ejercer la prostitución. || FAM. carrerilla, carretista.

carrerilla f. Pequeña carrera para coger impulso y saltar. || **de carrerilla** loc. adv. *col.* De memoria, sin vacilar ni prestar atención.

carreta f. Carro bajo y alargado de madera, con dos ruedas, con una vara larga a la que se ata el yugo. || FAM. carretada, carretear, carretela, carretera, carretería, carretero, carretilla.

carretada f. Carga de una carreta o un carro.

carrete m. Cilindro taladrado por el eje en el que se enrolla algo: *carrete de hilo*. || Pieza cilíndrica de la caña de pescar en que se enrolla el sedal. || Rollo de película para fotografiar.

carretel m. *amer.* Carrete de hilo de coser.

carretela f. Carruaje de cuatro asientos con cubierta plegable. || *amer.* Carretilla.

carretera f. Vía pública destinada a la circulación de vehículos.

carretero, ra m. y f. Persona que conduce carros y carretas o los fabrica. || **fumar como un carretero** loc. *col.* Fumar mucho. || **hablar como un carretero** loc. *col.* Utilizar a menudo palabras y frases malsonantes.

carretilla f. Carro pequeño con una rueda delante y dos mangos detrás para agarrarla, con la que se transportan pequeñas cargas.

carricoche m. Carruaje cubierto con una caja igual que la de un coche. || Coche viejo, malo y destartalado.

carriel m. *amer.* Maletín de cuero. || *amer.* Bolsa de viaje con varios compartimentos para papeles y dinero.

carril m. En carreteras y vías públicas, cada una de las divisiones por las que circulan los vehículos. Puede haberlos destinados a usos específicos: *carril bus, de aceleración*. || Cada una de las dos barras de acero laminado o hierro de las vías férreas. || Ranura guía sobre la que se desplaza otra pieza que encaja en ella: *carril de las cortinas*. || FAM. descarrilar, encarrilar, ferrocarril.

carrilano, na m. y f. *amer.* Trabajador ferroviario.

carrilera f. *amer.* Vía del tren.

carrillada f. Parte grasa de la cara del cerdo.

carrillera f. Mandíbula de algunos animales. ‖ Porción de carne que hay en esta zona.

carrillo m. Parte carnosa de la cara, desde el pómulo al mentón, mejilla. ‖ **comer a dos carrillos** loc. adv. *col.* Comer con mucho apetito y rápidamente. ‖ FAM. carrillada, carrillera, carrilludo.

carrillón m. Carillón.

carrizo m. Planta gramínea que crece cerca del agua, con la raíz larga y rastrera, hojas planas que sirven como forraje y flores en panojas anchas. ‖ FAM. carrizal.

carro m. Carruaje de dos o cuatro ruedas, con varas para enganchar el tiro y tablas para sostener la carga. ‖ Pieza de la máquina de escribir en la que va el rodillo con el papel y que se desplaza de un lado a otro. ‖ *amer.* Automóvil. ‖ FAM. carreta, carretilla, carretón, carroza, carruaje.

carrocería f. Parte del vehículo que se asienta sobre las ruedas y en la que van los pasajeros o la carga. ‖ FAM. carrocero, carrozar.

carromato m. Carro grande de dos ruedas cubierto con un toldo y tirado por uno o más animales.

carroña f. Carne corrompida. ‖ Persona, idea o acto que se considera despreciable y repugnante. ‖ FAM. carroñero.

carroñero, ra adj. De la carroña o relativo a ella. ‖ adj. y s. Que se alimenta de carroña. ‖ Que intenta sacar partido de miserias ajenas.

carroza f. Coche grande tirado por caballos y lujosamente adornado, utilizado en actos oficiales y solemnes. ‖ Cualquier carruaje adornado, utilizado en desfiles y fiestas. ‖ *amer.* Coche fúnebre. ‖ com. *col.* Viejo, antiguo, anticuado: *viste como una carroza.*

carruaje m. Vehículo formado por un armazón de madera o hierro montado sobre ruedas para transportar personas.

carrubio, bia adj. y s. *amer.* Se apl. al color rojo oscuro, cercano al violáceo.

carrusel m. Atracción de feria que consiste en unos aparatos fijados alrededor de un eje y movidos por un motor, tiovivo. ‖ Concurso de varias manifestaciones de una misma actividad: *carrusel deportivo.*

carst m. Karst. ◆ No varía en pl. ‖ FAM. cárstico, carstificación.

carta f. Escrito, generalmente cerrado, que se envía a una persona para comunicarle algo. ‖ Cada uno de los naipes de una baraja. ‖ Lista que contiene los platos y bebidas disponibles en un restaurante u otro establecimiento hostelero. ‖ Representación gráfica de la tierra o de una parte de ella sobre una superficie plana; mapa: *carta náutica.* ‖ Norma constitucional de una entidad u organización política. ‖ **carta astral** Gráfico que representa la posición de los planetas y otros factores que concurren en el nacimiento de una persona, a partir del cual se pueden estudiar los rasgos de esta. ‖ **carta blanca** Facultad de obrar en un asunto con entera libertad. ‖ **carta de ajuste** Gráfico con líneas y colores para poder ajustar la imagen de los televisores. ‖ **carta de naturaleza** Documento que acredita la nacionalización de un extranjero. ‖ **carta de pago** Documento donde consta que el acreedor ha recibido parte o la totalidad de la deuda que reclama. ‖ **Carta Magna** Código constitucional de un Estado. ‖ **cartas credenciales** Documento que se entrega al embajador o al ministro para que sean acreditados como tales. ‖ **a carta cabal** loc. adj. Absolutamente, por completo: *es una trabajadora a carta cabal.* ‖ **echar las cartas** loc. Adivinar hechos pasados, presentes y futuros mediante una baraja. ‖ **jugar** alguien **bien sus cartas** loc. Moverse con inteligencia en un asunto difícil. ‖ **jugarse todo a una carta** loc. Basar en un único recurso, a la desesperada, la solución de una situación grave. ‖ **no saber a qué carta quedarse** loc. *col.* Mostrarse indeciso. ‖ **poner las cartas boca arriba** loc. Sacar a la luz un propósito u opinión que se guardaba oculto. ‖ **tomar cartas en el asunto** loc. *col.* Intervenir en él. ‖ FAM. cartapacio, cartearse, cartel, cartela, carteo, cartera, cartería, carterista, cartero, cartilla.

cartabón m. Instrumento de dibujo lineal en forma de triángulo rectángulo.

cartaginés, esa adj. y s. De Cartago o relativo a esta antigua ciudad africana.

cartapacio m. Carpeta grande para guardar libros y papeles. ‖ Cuaderno de notas.

cartearse prnl. Escribirse cartas con alguien.

cartel m. Anuncio o aviso en lugar público con fines informativos o publicitarios. ‖ Reputación: *tener buen o mal cartel.* ‖ FAM. cartelera, cartelista, cartelón.

cártel o **cartel** m. Agrupación de personas con fines ilícitos. ‖ Convenio entre varias empresas similares para evitar la mutua competencia y resguardar los intereses de cada una. ◆ pl. de la primera forma: *cárteles.*

cartela f. Pedazo de cartón, madera u otra materia, a modo de tarjeta, para poner o escribir algo en él. ‖ Cada uno de los hierros que sostienen los balcones cuando no tienen repisa de albañilería.

cartelera f. Sección de los periódicos o publicación independiente donde se anuncian espectáculos: *buscaron la dirección del cine en la cartelera.* ‖ Armazón en que se fijan los carteles o anuncios publicitarios. ‖ Cartel que anuncia funciones teatrales y otros espectáculos.

cárter m. En un automóvil, envoltura protectora de algunos engranajes y piezas del motor que a veces sirve como depósito de lubricante.

cartera f. Estuche rectangular de bolsillo, plegado por la mitad, en el que se suelen llevar documentos, tarjetas y billetes. ‖ Objeto de forma cuadrangular hecho de cuero u otra materia, generalmente flexible, que se usa para llevar en su interior documentos, papeles, libros, etc. ‖ Cubierta formada de dos hojas rectangulares, unidas por uno de sus lados, para dibujar o escribir sobre ellas, o guardar papeles. ‖ Empleo y ejercicio de ministro: *cartera de Exteriores.* ‖ Valores o efectos comerciales de curso legal que forman parte del activo de un comerciante, un banco o una sociedad: *acciones en cartera.* ‖ Tira de tela que tapa un bolsillo. ‖ *amer.* Bolso de mujer.

cartería f. Oficina de correos donde se despacha la correspondencia.

carterista com. Ladrón de carteras de bolsillo.

cartero, ra m. y f. Persona que reparte el correo. ‖ **cartero comercial** Persona que se dedica a introducir propaganda en los buzones de las casas.

cartesianismo m. Doctrina filosófica de Descartes y sus discípulos. ‖ FAM. cartesiano.

cartesiano, na adj. Del cartesianismo o relativo a este sistema filosófico. ‖ m. y f. Seguidor de esta doctrina filosófica.

cartilaginoso, sa adj. De cartílago o de la misma consistencia que este. ‖ adj. y m. Condrictio.

cartílago m. Tejido elástico adherido a ciertas articulaciones óseas de los animales vertebrados, ternilla. ‖ Cualquier parte del cuerpo formada por este tejido. ‖ FAM. cartilaginoso.

cartilla f. Cuaderno pequeño que contiene el alfabeto y las primeras enseñanzas de la lectura. ‖ Libreta o cuaderno donde se anotan ciertos datos que afectan a su titular. ‖ **cantarle** o **leerle** a alguien **la cartilla** loc. *col.* Reprenderle advirtiéndole sobre lo que se debe y no se debe hacer en algún asunto. ‖ **saberse la cartilla** o **tener aprendida la cartilla** loc. Haber recibido instrucciones sobre la manera de actuar en determinado asunto.

cartografía f. Arte y técnica de trazar cartas geográficas. ‖ Ciencia que se ocupa de los mapas y de su realización. ‖ FAM. cartografiar, cartográfico, cartógrafo.

cartografiar tr. Trazar la carta geográfica de una superficie.

cartógrafo, fa m. y f. Persona que se dedica profesionalmente a la realización de cartas geográficas.

cartomancia o **cartomancía** f. Adivinación del futuro a través de los naipes de la baraja. ‖ FAM. cartomántico.

cartón m. Material fabricado con pasta de papel o de trapos prensada y endurecida o con varias hojas de papel húmedas, fuertemente comprimidas. ‖ Envase o recipiente que se hace con este material. ‖ Dibujo previo a una obra de pintura, mosaico, tapicería o vidriería. ‖ Caja que contiene diez paquetes de cigarrillos. ‖ **cartón piedra** Pasta de cartón o papel, yeso y aceite secante que luego se endurece mucho y con la cual puede hacerse toda clase de figuras. ‖ FAM. cartonaje, cartoné, cartonero.

cartoné m. Encuadernación hecha con tapas de cartón y forro de papel.

cartuchera f. Caja o cinturón donde se llevan los cartuchos. ‖ *col.* Abultamientos de las caderas por acumulación de grasa.

cartucho m. Tubo metálico que contiene una carga de pólvora. ‖ Envoltorio cilíndrico de monedas de una misma clase. ‖ Cucurucho. ‖ Dispositivo intercambiable provisto de lo necesario para que funcionen ciertas máquinas e instrumentos: *cartucho de la estilográfica.* ‖ **quemar el último cartucho** loc. Emplear los últimos recursos en una situación apurada y difícil. ‖ FAM. cartuchera.

cartuja f. Orden religiosa de clausura, fundada por san Bruno en 1086, que se caracteriza por su gran austeridad. ◆ Se escribe con mayúscula. ‖ Monasterio o convento de esta orden. ‖ FAM. cartujano, cartujo.

cartujano, na adj. Perteneciente a la Cartuja. ‖ Cartujo. También m. ‖ Se apl. al caballo o yegua que ofrece las señales más características de la raza andaluza.

cartujo, ja adj. Persona que ha profesado en la Orden de la Cartuja. También m. ‖ adj. y s. Se apl. a la persona que vive apartada del trato con la gente.

cartulina f. Cartón delgado y terso. ‖ En algunos deportes, tarjeta de un color determinado con la que el árbitro castiga alguna infracción o hace una advertencia.

carúncula f. Carnosidad roja y eréctil de algunas aves, como la cresta del gallo y del pavo.

carvajal m. Lugar poblado de robles, robledal. ‖ FAM. carvajo.

casa f. Edificio o parte de él para vivir. ‖ Conjunto de personas que viven juntas: *en casa no se come carne.* ‖ Descendencia o linaje: *la casa de Saboya.* ‖ Establecimiento industrial o mercantil: *casa fundada en 1880.* ‖ Cada una de sus delegaciones. ‖ Casilla de algunos juegos, como el parchís. ‖ Campo de juego propio: *este domingo jugamos en casa.* ‖ **casa consistorial** Edificio donde el alcalde y los concejales se reúnen en corporación para regir el pueblo, villa o ciudad. ‖ **casa cuartel** Conjunto de viviendas e instalaciones donde residen miembros de la Guardia Civil con sus familias. ‖ **casa de citas** Lugar donde se facilitan, previo pago, habitaciones para mantener relaciones sexuales. ‖ **casa de empeño** Establecimiento donde se presta dinero a cambio de joyas, ropas u otros bienes que se dejan en prenda. ‖ **casa de huéspedes** Lugar en el que, previo pago, se ofrece alojamiento y comida, o solo alojamiento. ‖ **Casa de la Moneda** Lugar donde se funden y acuñan monedas. ‖ **casa de locos** Manicomio. ‖ *col.* Casa en la que hay mucho bullicio y desorganización. ‖ **casa de socorro** Establecimiento sanitario donde se prestan los primeros auxilios facultativos. ‖ **casa real** Conjunto de personas que forman parte de la familia real. ‖ **casa rodante** *amer.* Caravana. ‖ **como Pedro por su casa** loc. *col.* Con naturalidad, sin cumplidos. ‖ **como una casa** loc. adj. De gran tamaño o importancia. ‖ **de andar por casa** loc. adj. Que tiene escaso valor porque se ha hecho deprisa y para salir del paso. ‖ **de la casa** loc. adj. En los establecimientos que sirven o venden comidas y bebidas, se apl. a aquellas que preparan o sirven habitualmente o constituyen su especialidad: *vino de la casa.* ‖ **echar** o **tirar la casa por la ventana** loc. *col.* Gastar espléndidamente en una invitación o una celebración. ‖ **empezar la casa por el tejado** loc. Iniciar una actividad por su final, sin orden y sin lógica. ‖ FAM. casal, caserío, casero, caserón, caseta, casilla, casón, casucha.

casaca f. Prenda ceñida con manga larga y faldones hasta las corvas.

casación f. Anulación de una sentencia judicial: *recurso de casación.*

casadero, ra adj. Que está en edad de casarse.

casado, da adj. y s. Que ha contraído matrimonio.

casal m. Casa de campo. ‖ Casa solariega. ‖ *amer.* Pareja de macho y hembra.

casamata f. Reducto abovedado resistente para instalar piezas de artillería.

casamentero, ra adj. y s. Aficionado a arreglar o concertar bodas.

casamiento m. Acción y resultado de casarse. ‖ Ceremonia en la que una pareja contrae matrimonio.

casanova m. Hombre que vive muchas aventuras amorosas.

casar[1] m. Conjunto de casas que no llegan a formar pueblo.

casar[2] intr. Contraer matrimonio. Más como prnl.: *se casó con su novia de toda la vida.* || Corresponder, ajustar, encajar, unir: *estas piezas no casan.* || tr. Autorizar y llevar a cabo el matrimonio de dos personas aquel que tiene licencia para ello: *los casó el cura del pueblo.* || Disponer un padre o un superior el casamiento de una persona que está bajo su autoridad: *los reyes casaban a sus hijos obedeciendo razones de Estado.* || **no casarse con nadie** loc. *col.* Mantenerse una persona firme en su criterio y su actitud independientemente de los demás. || FAM. casadero, casado, casamentero, casamiento, casorio.

casar[3] tr. Anular una sentencia. || FAM. casación.

cascabel m. Bola hueca de metal con una ranura con trocitos de metal en su interior que la hacen sonar al moverla. || FAM. cascabelear, cascabeleo, cascabelero.

cascabeleo m. Sonido de cascabeles. || Voces o risas que semejan este sonido.

cascabelero, ra adj. y s. Que tiene el sonido del cascabel. || *col.* Se apl. a la persona desenfadada y alegre, pero poco juiciosa.

cascabillo m. Cascarilla del grano de los cereales. || Cúpula de la bellota.

cascada f. Caída, desde cierta altura, del agua de un río u otra corriente por un desnivel brusco del cauce.

cascado, da adj. Se apl. a la persona o al objeto muy gastados: *el abuelo anda ya cascado.* || Se dice de la voz sin sonoridad ni entonación.

cascajo m. Fragmentos de piedra y de otros materiales parecidos que pueden quebrarse. || Conjunto de frutos de cáscaras secas, como nueces, avellanas, castañas, piñones, etc. || *col.* Persona o cosa vieja, inútil. || *amer.* Calderilla.

cascanueces m. Instrumento, generalmente parecido a una tenaza, para partir nueces. ◆ No varía en pl.

cascar tr. Quebrar. También prnl.: *se cascó el huevo.* || *col.* Golpear: *te han cascado bien.* || intr. *col.* Morir: *en esa película la casca hasta el apuntador.* || *col.* Charlar sin parar: *¡cómo casca esta mujer!* || FAM. cascado, cascadura, cascajo, cascanueces, cáscara, casco.

cáscara f. Corteza exterior de los huevos y de varias frutas.

cascarilla f. Envoltura fina y quebradiza, como la de los granos de cereales o de algunos frutos secos. || Laminilla muy fina de alguna sustancia dura con que se recubre algún objeto.

cascarón m. Cáscara de huevo de cualquier ave, y particularmente la que rompe el pollo al salir de él.

cascarrabias com. *col.* Persona que se enfada fácilmente. ◆ No varía en pl.

cascarria f. Salpicadura de barro seco en la parte de la ropa que va cerca del suelo. Más en pl.

casco m. Gorro de metal o plástico resistente que protege la cabeza. || Cada una de las capas gruesas de la cebolla. || Cuerpo de un barco o avión sin el aparejo y las máquinas. || Botella o envase para líquidos. || Cada uno de los pedazos de vasija o vaso que se rompe. Más en pl. || Conjunto de edificios de una población: *casco urbano.* || Uña del pie o de la mano del caballo que se corta y alisa para poner la herradura. || pl. Aparato formado por dos auriculares unidos por un cable o una tira de metal curvada que se ajusta a la cabeza y se usa para una mejor recepción de los sonidos. || **cascos azules** Tropas neutrales enviadas por las Naciones Unidas a lugares conflictivos. || **calentar los cascos** a alguien loc. *col.* Molestarlo hablando o transmitiéndole preocupaciones. || **ligero de cascos** loc. adj. *col.* Se apl. a la persona poco juiciosa e irreflexiva. || FAM. cascote, casquete, casquillo.

cascote m. Fragmento de alguna construcción derribada o en ruinas. || Conjunto de escombros usado para otras obras nuevas.

caseína f. Proteína de la leche que, al fermentar, forma el queso.

caserío m. Casa de campo aislada y sus dependencias. || Conjunto de casas más pequeño que un pueblo.

casero, ra adj. Que se hace o se cría en casa. || Que se hace entre personas de confianza, sin formalidades: *celebración casera.* || *col.* Que está mucho en casa. || Se apl. al árbitro o al arbitraje que favorecen al equipo que juega en su campo. || m. y f. Dueño de una casa de alquiler. || Persona que vive en una casa y cuida de ella mientras está ausente su dueño.

caserón m. Casa muy grande y destartalada.

caseta f. Vestuario de las playas o de recintos deportivos para cambiarse de ropa. || Tenderete o barraca provisional desmontable que se usa en ferias y espectáculos. || Casita del perro guardián.

casete amb. Estuche compacto de plástico, pequeño y aplanado, donde se guarda una cinta magnética que graba y reproduce el sonido o almacena datos que pueden leerse en un ordenador: *un/una casete de sesenta minutos.* || m. Aparato adaptado a la grabación y reproducción de este tipo de cintas magnetofónicas: *casete estéreo.* || *col.* Radiocasete. || FAM. casetero, radiocasete, videocasete.

casetón m. En arquit., adorno poligonal, cóncavo y moldurado que se pone en los techos y en el interior de las bóvedas.

casi adv. c. Poco menos de, cerca de, con corta diferencia, por poco: *tiene casi cuarenta años.* || adv. m. Indica indecisión: *casi me voy a quedar un rato.*

casida f. Composición poética árabe y persa de número indeterminado de versos y temas variados.

casilla f. Cada uno de los apartados en que se dividen algunos muebles u objetos. || Compartimentos en que se divide el tablero de algunos juegos: *el peón avanzó dos casillas.* || División del papel rayado o cuadriculado o apartado de un impreso o formulario en que se anotan algunos datos. || **casilla postal** *amer.* Apartado de correos. || **sacar** a alguien **de sus casillas** loc. *col.* Hacerle perder la paciencia. || FAM. casillero.

casillero m. Mueble con divisiones para clasificar o guardar papeles u otros objetos: *deja la llave en el casillero de recepción.* || Cada una de estas divisiones. || Marcador de puntos en algunos deportes.

casimir o **casimira** m. o f. Cachemir, tejido.

casino m. Local donde se practican juegos de azar y a la vez puede asistirse a espectáculos, conciertos, bailes y otras diversiones. || Club, sociedad de recreo. || Local de esta sociedad. || FAM. casinero.

casiterita f. Mineral brillante de color pardo, principal fuente de obtención del estaño.

caso m. Suceso, cosa que ocurre: *me contó el caso del chico desaparecido.* || Casualidad, oportunidad que se presenta sin poderlo prever: *si llega el caso, lo haré.* || Asunto: *te voy a contar mi caso.* || Problema, pregunta: *en el examen habrá dos preguntas teóricas y un caso práctico.* || Cada enfermo en que se manifiesta una enfermedad: *hay tres casos de cólera.* || En Ling., posibilidad de una palabra de adoptar distinta forma para expresar las distintas relaciones que establece con los demás miembros de la oración. || En las lenguas que poseen declinación, cada una de las formas que puede adoptar una palabra para expresar sus relaciones con el resto de las partes de la oración. || **caso clínico** Manifestación individual de una enfermedad. || **caso perdido** Persona o situación negativa para la que no se ve remedio. || **caso de** o **caso de que** o **en caso de que** loc. adv. Si sucede determinado hecho: *en caso de que llegues tú antes, ve poniendo la mesa.* || **en todo caso** loc. adv. Como quiera que sea, si acaso: *hoy ya no hago más; en todo caso, mañana lo termino.* || **hacer caso** loc. Prestar atención, tomar en cuenta. || **hacer caso omiso** loc. Ignorar, prescindir de algo. || **poner por caso** loc. Proponer como supuesto o ejemplo. || **ser un caso** loc. *col.* Distinguirse una persona de los demás, para bien o para mal: *es un caso, se niega a ir con corbata.* ◆ Se usa más en sentido peyorativo. || **venir al caso** loc. Ser oportuno o a propósito. ◆ Se usa más con negación: *no damos los detalles porque no vienen al caso.*

casón, ona m. y f. Casa grande y señorial.

casorio m. *desp.* Boda de poco lucimiento.

caspa f. Pequeñas escamas blancas que se forman en el cuero cabelludo o en la raíz del cabello. || FAM. casposo.

caspiroleta f. *amer.* Bebida compuesta de leche caliente, huevos, canela, aguardiente y azúcar, principalmente.

¡cáspita! interj. Expresión que se usa para indicar extrañeza o admiración: *¡cáspita, un burro volando!*

casposo, sa adj. Lleno de caspa. || *col.* Rancio o trasnochado.

casquería f. Tienda donde se venden las vísceras y los despojos de la res. || FAM. casquero.

casquete m. Gorro ajustado para cubrir toda o parte de la cabeza. || *vulg.* Coito, acto sexual. || **casquete polar** Superficie terrestre comprendida entre el círculo polar y el polo respectivo. || FAM. encasquetar.

casquillo m. Cartucho metálico vacío: *casquillos de bala.* || Soporte metálico de una bombilla con una rosca para conectarlo a la red eléctrica. || *amer.* Herradura del caballo.

casquivano, na adj. Insensato, alocado e informal.

cassette (voz fr.) amb. Casete.

casta f. Generación, estirpe, linaje, ascendencia. || Parte de los habitantes de una sociedad que forma clase especial, sin mezclarse con los demás: *casta de los brahmanes.* || Condición o calidad: *de buena casta.* || Dentro de la organización social animal, conjunto de individuos especializados por su estructura o función. || FAM. castizo.

castaña f. Fruto del castaño, del tamaño de una nuez, cubierto con una cáscara gruesa y correosa de color pardo oscuro. || Especie de moño pequeño y redondeado que se hace en la parte posterior de la cabeza. || *col.* Golpe, bofetada. || *col.* Borrachera. || *col.* Persona o cosa muy aburrida. || *col.* Años de edad. || **castaña pilonga** La que se deja secar y toma un sabor más dulce. || **sacar** a alguien **las castañas del fuego** loc. *col.* Solucionarle los problemas. || FAM. castañal, castañar, castañazo, castañero, castaño, castañuela.

castañazo m. *col.* Golpe fuerte.

castañear intr. *amer.* Castañetear, sonar los dientes.

castañero, ra m. y f. Persona que vende castañas.

castañeta[1] f. Pez osteíctio perciforme marino de unos 65 cm de longitud, color gris, con los flancos y el vientre plateados, hocico romo y escamas blandas, de carne comestible blanca y floja.

castañeta[2] f. Sonido que se hace al juntar la yema del dedo corazón con la del pulgar para hacerla resbalar fuerte y rápidamente sobre el pulpejo de la mano. || Castañuela. || Adorno de cinta negra que llevan los toreros en la coleta.

castañetear tr. Tocar las castañuelas. || intr. Sonar los dientes al chocarse los de arriba con los de abajo, especialmente por frío o por miedo. || Sonarle a uno las articulaciones al moverse. || FAM. castañeteo.

castañeteo m. Sonido que hacen los dientes al chocar entre sí o, en ocasiones, el que produce el movimiento de las articulaciones.

castaño, ña adj. y s. Del color de la cáscara de castaña. || m. Nombre común de diversos árboles de la familia fagáceas, que llegan a medir hasta 20 m, de copa ancha y redonda y fruto comestible, metido en una envoltura espinosa. || Madera de este árbol. || **castaño de Indias** Nombre común de diversos árboles de la familia hipocastanáceas que alcanzan los 30 m de altura, con hojas palmeadas, flores blanco-rojizas y fruto encerrado en una cápsula espinosa. || **pasar de castaño oscuro** una cosa loc. *col.* Ser muy grave, incluso intolerable.

castañuela f. Instrumento de percusión compuesto de dos mitades cóncavas, normalmente de madera, unidas por una cuerdecita por la que se sujetan a la mano para hacerlas repicar con los dedos, golpeando una contra otra. || Pez osteíctio perciforme marino de unos 12 cm, con el cuerpo y aletas oscuros, que vive próximo a las costas y es muy voraz. || **como unas castañuelas** loc. adj. *col.* Muy feliz. || FAM. castañetear, castañeta.

castellanismo m. Palabra o modo de hablar propio de la lengua castellana. || Palabra o modo de hablar castellanos empleados en otra lengua.

castellanizar tr. Dar características de lo castellano o de la lengua castellana. También prnl. || prnl. Convertirse en hablante del castellano.

castellano-leonés, esa adj. y s. De Castilla y León o relativo a esta comunidad autónoma española.

castellano-manchego, ga adj. y s. De Castilla-La Mancha o relativo a esta comunidad autónoma española.

castellano, na adj. y s. De Castilla o relativo a este territorio que actualmente comprende las comuni dades autónomas de Castilla y León y Castilla-La Mancha. || m. Lengua española. || Señor que gobierna un castillo. || FAM. castellanismo, castellanización, castellanizar, castellanohablante, castellanoparlante.

casticismo m. Apego a lo castizo en las costumbres y modales. || Actitud de los que al hablar o escribir evitan los extranjerismos y prefieren el empleo de voces y giros de su propia lengua, incluso aquellos que ya no se usan.

castidad f. Carencia de sensualidad. || Renuncia total al placer sexual o solo al que queda fuera de los principios morales y religiosos.

castigador, ra adj. y s. Que castiga. || Que despierta amor, pero no lo corresponde.

castigar tr. Ejecutar un castigo contra quien ha cometido una falta. || Causar dolor físico o moral a una persona, mortificar: *castigar con la indiferencia.* || Corregir duramente, escarmentar mediante una sanción. || Estimular con el látigo o con las espuelas al caballo para que acelere la marcha. || Obligar al toro, con pases de muleta, a moverse por donde quiere el torero.

castigo m. Sanción, pena impuesta. || Persona o cosa que causa continuas molestias o padecimientos: *estas zapatillas son un castigo.* || FAM. castigador, castigar.

castillete m. Armazón para sostener algo.

castillo m. Edificio fortificado y rodeado de murallas, fosos, baluartes y otras obras defensivas. || Parte de la cubierta alta de un buque, situada entre el palo trinquete y la proa. || Cubierta parcial que tienen algunos buques a la altura de la borda. || **castillos en el aire** Esperanzas infundadas, ilusiones con poco o ningún fundamento: *no hace más que forjar castillos en el aire y siempre acaba decepcionada.* || FAM. castillete.

casting (voz i.) m. Prueba que se hace a actores y modelos para seleccionarlos para un trabajo.

castizo, za adj. y s. Que posee los caracteres peculiares y típicos de un lugar, una raza o una actividad: *taberna castiza.* || Se apl. al lenguaje puro, sin mezcla de rasgos o vocablos ajenos a él. || Se dice de la persona graciosa y ocurrente, en especial aplicado a madrileños y andaluces. || FAM. casticismo, casticista.

casto, ta adj. Que practica la castidad o está de acuerdo con ella, por razones religiosas o morales. || Honesto, puro, que no tiene picardía ni sensualidad: *beso casto.* || FAM. castidad.

castor m. Mamífero roedor anfibio de unos 90 cm de longitud, de los que 30 corresponden a la cola, con pelo castaño muy fino y apreciado en peletería, patas cortas, pies con cinco dedos palmeados y cola aplastada, oval y escamosa. Se alimenta de hojas, cortezas y raíces de los árboles y construye sus viviendas en las orillas de ríos o lagos. || Pelo de este animal.

castoreño adj. y m. Se apl. al sombrero de los picadores de toros.

castración f. Extirpación o inutilización de los órganos genitales.

castrado m. Hombre que tiene extirpados o inutilizados los órganos genitales, especialmente los cantantes de ópera que eran sometidos a castración para que conservaran aguda la voz.

castrante adj. Que castra o apoca. || Que acompleja o induce un sentimiento de inferioridad.

castrar tr. Extirpar o anular los órganos genitales, capar. || Debilitar, anular o inutilizar alguna cosa. || Quitar parte de la miel de las colmenas dejando solo la suficiente para que las abejas puedan seguir trabajando. || Debilitar, apocar. || FAM. castración, castrado, castrador, castradura, castrante.

castrato Castrado, cantante de ópera.

castrense adj. Del Ejército o la profesión militar o relativo a ellos: *disciplina castrense.*

castro m. Lugar donde estaba acampado y fortificado un ejército. || Poblado prerromano fortificado. || FAM. castrense.

castúo, a adj. y s. Natural de Extremadura. || m. Variedad lingüística extremeña.

casual adj. Que sucede por casualidad. || En ling., del caso gramatical o relativo a él. || FAM. casualidad.

casualidad f. Combinación de circunstancias imprevisibles e inevitables: *le conocí por casualidad.*

casuariforme adj. y f. De las casuariformes o relativo a este orden de aves. || f. pl. Orden de aves que se caracterizan por tener alas no funcionales y ser de gran tamaño, como el casuario y el emú.

casuario m. Nombre común de tres especies de aves casuariformes que miden de 1,25 a 1,50 m, parecidas al avestruz, incapaces de volar, con tres dedos en cada pie y plumas sedosas de llamativos colores. Viven en Nueva Guinea, Australia e islas vecinas.

casucha f. Casa pequeña y de pobre construcción. || *amer.* Chabola.

casuística f. Conjunto de los diversos casos particulares que se pueden prever en una determinada materia: *ha recogido toda la casuística existente sobre el tema.* || FAM. casuístico.

casuístico, ca adj. De la casuística o relativo a ella. || Se apl. a la norma legal que rige casos especiales y no es de aplicación general.

casulla f. Vestidura litúrgica que se pone el sacerdote encima de las demás cuando va a decir misa, formada por una pieza de tela alargada con una abertura en el centro para la cabeza, que cae por delante y por detrás del cuerpo hasta la misma altura y termina en forma redondeada.

cata f. Degustación de un alimento o una bebida para determinar sus características y su sabor. || Porción de alguna cosa que se prueba: *me dio una cata del melón.*

catabolismo m. Conjunto de procesos metabólicos que transforman las grandes moléculas orgánicas en moléculas pequeñas, liberándose energía. || FAM. catabolismo.

cataclismo m. Catástrofe producida en la tierra por agentes de la naturaleza, como un terremoto o un diluvio. || Gran desastre social, económico o político: *el resultado de las elecciones desencadenó un cataclismo.*

catacumba f. Subterráneos que los primeros cristianos, especialmente en Roma, utilizaban como lugar de culto y cementerio. Más en pl.

catadióptrico, ca adj. Que tiene la propiedad de reflejar y refractar a la vez. || m. Sistema o dispositivo compuesto de espejos y lentes para reflejar y refractar la luz.

catador, ra m. y f. Persona que se dedica profesionalmente a la cata, especialmente de vinos.

catadura f. Gesto, semblante, aspecto: *no me gusta su catadura.*

catafalco m. Armazón recubierto de vestiduras negras que se instala en las iglesias para celebrar los funerales de un difunto, túmulo.

catáfora f. En ling., tipo de deixis en el que una palabra anticipa una parte de la oración que aparecerá posteriormente en el discurso. ‖ FAM. catafórico.

catalán, ana adj. y s. De Cataluña o relativo a esta comunidad autónoma española. ‖ m. Una de las lenguas oficiales de Cataluña, junto con el español, hablada también en otros territorios de la antigua Corona de Aragón. ‖ FAM. catalanidad, catalanismo, catalanizar, catalanohablante, catalanoparlante.

catalanismo m. Doctrina política que defiende la autonomía política de Cataluña. ‖ Expresión, vocablo o giro propios de la lengua catalana. ‖ FAM. catalanista.

catalanizar tr. Dar características de lo catalán o de la lengua catalana. ‖ prnl. Convertirse en hablante del catalán. ‖ FAM. catalanización.

catalanohablante adj. y com. Que habla catalán, especialmente referido a la persona que lo tiene por lengua materna.

catalejo m. Instrumento óptico extensible que sirve para ver a larga distancia.

catalepsia f. Fenómeno nervioso repentino por el que los músculos se inmovilizan y se suspenden las sensaciones involuntariamente. ‖ FAM. cataléptico.

cataléptico, ca adj. De la catalepsia o relativo a este trastorno. ‖ adj. y s. Aquejado de catalepsia.

catalina f. *col.* Excremento.

catálisis f. Transformación química activada por cuerpos que al finalizar la reacción permanecen inalterados. ◆ No varía en pl. ‖ FAM. catalítico, catalizador.

catalizador m. Elemento capaz de producir la catálisis. ‖ Persona que, con su presencia o intervención, es capaz de favorecer o acelerar el desarrollo de un proceso: *fue el catalizador de la reunión.* ‖ FAM. catalizar.

catalizar tr. Provocar alteraciones en la velocidad de una reacción química mediante una sustancia que permanece inalterada. ‖ Favorecer o acelerar el desarrollo de un proceso.

catalogación f. Registro ordenado de libros, documentos o material semejante de acuerdo con unas normas.

catalogar tr. Apuntar, registrar o clasificar un objeto según unas normas de ordenación. ‖ Encasillar, etiquetar a una persona.

catálogo m. Lista ordenada o clasificada de personas u objetos. ‖ Elenco de publicaciones y objetos clasificados y normalmente a la venta. ‖ FAM. catalogable, catalogación, catalogar.

catamarán m. Embarcación deportiva de vela o motor formada por dos cascos alargados como patines unidos por un armazón rígido. ‖ Embarcación usada en la India hecha con troncos de diferentes longitudes.

cataplasma f. Medicamento de aplicación externa, de consistencia blanda y húmeda, que se coloca sobre alguna parte del cuerpo como calmante. ‖ *col.* Persona pesada y fastidiosa.

cataplines m. pl. *vulg.* Testículos.

¡cataplum! interj. Exclamación onomatopéyica que expresa el ruido del golpe en una caída o una explosión.

catapulta f. Antigua máquina militar para arrojar piedras o saetas. ‖ Mecanismo que impulsa el despegue de aviones en sitios reducidos. ‖ Lo que sirve para impulsar una actividad o a una persona: *utilizó su amistad con él como catapulta para conseguir el ascenso.* ‖ FAM. catapultar.

catapultar tr. Lanzar con la catapulta. ‖ Promocionar una actividad o a una persona: *esta película te catapultará al estrellato.*

catapum o **catapún** m. *col.* Palabra que unida a determinados nombres indica un tiempo remoto e indefinido: *vestía un traje del año catapún.* ‖ interj. ¡Cataplum!

catar tr. Probar un alimento o una bebida para determinar su sabor. ‖ Quitar a las colmenas los panales con miel, dejando los imprescindibles para que las abejas continúen su producción, castrar. ‖ Experimentar una sensación, generalmente por vez primera. ‖ FAM. cata, catador, catadura, catalejo, catavino.

catarata f. Cascada, caída grande del agua de una corriente a causa de un fuerte desnivel del terreno. ‖ Opacidad del cristalino del ojo por exceso de albúmina en sus fibras, que impide el paso de la luz y produce ceguera. ‖ pl. Lluvia abundante y muy fuerte.

cátaro, ra adj. y s. De varias sectas heréticas de la Edad Media que pregonaban una extremada sencillez en las costumbres como principio religioso fundamental, o relativo a ellas.

catarral adj. Del catarro o relativo a esta afección.

catarrino, na adj. y m. Se apl. al simio cuyas fosas nasales están separadas por un tabique cartilaginoso muy estrecho y que tiene la cola corta o atrofiada, como el macaco y el mandril.

catarro m. Inflamación de la mucosa del aparato respiratorio, con aumento de la secreción habitual de mucosidad. ‖ FAM. catarral, catarroso, acatarrar.

catarsis f. Efecto purificador que causa cualquier obra de arte en el espectador. ‖ En biol., expulsión espontánea o provocada de sustancias nocivas al organismo. ‖ P. ext., eliminación de recuerdos que perturban el equilibrio nervioso. ◆ No varía en pl. ‖ FAM. catártico.

catártico, ca adj. De la catarsis o relativo a ella. ‖ Se apl. a algunos medicamentos purgantes.

catastral adj. Del catastro o relativo a él: *valor catastral de una propiedad.*

catastro m. Censo estadístico de las fincas rústicas y urbanas. ‖ Contribución que se paga por la posesión de una finca. ‖ FAM. catastral.

catástrofe f. Desastre, suceso desgraciado e inesperado. ‖ Lo que es de mala calidad o está defectuoso. ‖ FAM. catastrófico, catastrofismo, catastrofista.

catastrófico, ca adj. Que tiene visos de catástrofe. ‖ Pésimo, desastroso.

catastrofismo m. Teoría que sostiene que los mayores cambios geológicos y biológicos fueron provocados por catástrofes naturales. || Tendencia pesimista a predecir catástrofes.

catastrofista adj. y com. Que espera catástrofes de cualquier hecho.

catatonía f. Estado característico de algunas enfermedades psiquiátricas que se caracteriza por la ausencia de voluntad y de movilidad. || FAM. catatónico.

catatónico, ca adj. De la catatonía o relativo a esta patología. || *col.* Se apl. a una persona aturdida por una impresión o aquejada de un gran cansancio, especialmente psíquico.

catavino m. Copa para oler y catar el vino. || Especie de pipeta con un asa larga en la parte superior que se introduce en los barriles para extraer muestras de vino.

catavinos com. Persona que se dedica profesionalmente a la cata de vinos. ◆ No varía en pl.

catcher (voz i.) com. Persona que en un partido de béisbol se coloca tras el bateador del equipo contrario para recoger la pelota que tira el lanzador de su equipo.

cátchup m. Kétchup.

cate m. Golpe, bofetada. || Nota de suspenso en los exámenes. || FAM. catear.

catear[1] tr. *amer.* Explorar terrenos en busca de alguna veta minera. || *amer.* Allanar una casa ajena. || FAM. cateo.

catear[2] tr. *col.* Suspender en los exámenes un alumno.

catecismo m. Libro que contiene la explicación de la doctrina cristiana en forma de diálogo. || P. ext., cualquier obra que resume una doctrina o ciencia: *catecismo de la astrología.*

catecumenado m. Tiempo durante el cual ha de prepararse el catecúmeno para recibir el bautismo. || Enseñanza y profundización de la fe católica a personas que desean bautizarse.

catecúmeno, na m. y f. Persona que se está instruyendo en la doctrina católica para bautizarse. || FAM. catecumenado.

cátedra f. Empleo, plaza y departamento de un catedrático. || Asignatura que enseña y aula donde lo hace. || Asiento elevado o púlpito con asiento desde donde el maestro enseñaba a los alumnos. || **sentar cátedra** loc. Opinar de manera rotunda sobre un asunto. || FAM. catedral, catedrático.

catedral f. Iglesia principal de una diócesis, sede del obispado. || **como una catedral** loc. adj. *col.* Enorme o muy importante. || FAM. catedralicio.

catedralicio, cia adj. De la catedral o relativo a ella.

catedrático, ca m. y f. Profesor o profesora titular de la más alta plaza docente universitaria o de instituto.

categoría f. Cada uno de los grupos básicos en los que puede incluirse o clasificarse todo conocimiento: *categoría gramatical, de los vertebrados.* || Cada una de las jerarquías establecidas en una profesión o carrera: *categoría de administrativo.* || Clase, distinción, condición de algo o alguien: *restaurante de categoría.* || En la filosofía aristotélica, cada una de las nociones abstractas en que se organiza la realidad. || En la filosofía kantiana, cada una de las formas del entendimiento. || **de categoría** loc. adj. Bueno, importante o valioso. || FAM. categorial, categóricamente, categórico, categorizar.

categórico, ca adj. Rotundo, terminante: *afirmación categórica.*

categorización f. Organización de algún elemento en una determinada categoría.

categorizar tr. Incluir un elemento en una categoría. || FAM. categorización.

cateo m. *amer.* Exploración de terrenos rastreando vetas mineras. || *amer.* Allanamiento de morada.

catequesis f. Enseñanza de la doctrina cristiana, especialmente antes de recibir algún sacramento, como la primera comunión o la confirmación. ◆ No varía en pl. || FAM. catequismo, catequista, catequístico, catequizar.

catequista com. Persona que imparte catequesis.

catequístico, ca adj. De la catequesis o relativo a sus enseñanzas.

catequizar tr. Instruir en la doctrina de la fe católica. || Persuadir, convencer a alguien para que lleve a cabo algo contrario a su voluntad. || FAM. catequización, catequizador.

catering (voz i.) m. Servicio profesional que se dedica preferentemente al suministro de comida preparada, pero también puede abastecer de todo lo necesario para organizar un banquete o una fiesta. ◆ pl. *caterings.*

caterva f. Multitud desordenada o que se considera de poco valor: *caterva de chiquillos.* ◆ Se usa más en sentido peyorativo.

catéter m. Sonda que se introduce por cualquier conducto natural o artificial del organismo para explorarlo o dilatarlo. || FAM. cateterismo.

cateterismo m. Acto quirúrgico o exploratorio que consiste en introducir un catéter en un conducto o cavidad.

cateto, ta m. y f. *desp.* Persona palurda, torpe, inculta. || m. En geom., cada uno de los lados que forman el ángulo recto en el triángulo rectángulo.

catilinaria adj. Del discurso pronunciado por Cicerón contra Catilina. Más como f. pl. || f. Escrito o discurso vehemente contra alguna persona.

catinga f. *amer.* Mal olor.

catión m. Ion con carga positiva.

catire, ra adj. y s. *amer.* Se apl. a la persona rubia o de pelo rojizo, por lo común hija de blanco y mulata, o de blanca y mulato.

catirrino, na adj. y m. Catarrino.

catita f. *amer.* Ave psitaciforme parecida al loro, de color verde claro brillante, que vive en los árboles y se alimenta de granos, sobre todo de maíz.

catiusca f. Katiuska.

catizumbada f. *amer.* Montón, número considerable.

catódico, ca adj. Del cátodo o relativo a este electrodo negativo: *rayos catódicos.*

cátodo m. Electrodo negativo del que parten los electrones. || FAM. catódico.

catolicismo m. Religión que profesan los cristianos que reconocen al papa como representante de Dios en la tierra. || Conjunto de las personas de esta religión.

católico, ca adj. Del catolicismo o relativo a esta religión. ‖ Que profesa el catolicismo. También s. ‖ col. Sano, en perfectas condiciones: *desde hace unos días no estoy muy católico*. ‖ FAM. catolicidad, catolicismo.

catón m. Libro con textos sencillos para aprender a leer.

catorce adj. y pron. num. card. Diez más cuatro. ‖ adj. num. ord. Que ocupa el lugar número catorce en una serie ordenada de elementos, decimocuarto. También m., aplicado a los días del mes. ‖ m. Conjunto de signos con que se representa este número: *14*.

catorceavo, va adj. num. frac. Se apl. a cada una de las catorce partes iguales en que se divide un todo. También m. ‖ FAM. catorceno, catorzavo.

catre m. Cama estrecha y ligera para una sola persona.

catrín, ina adj. y s. *amer.* Elegante, bien vestido, engalanado.

caucasiano, na adj. Del Cáucaso o relativo a esta cordillera.

caucásico, ca adj. Del Cáucaso. ‖ De la raza blanca o indoeuropea o relativo a ella, porque se supone que es originaria del Cáucaso.

cauce m. Lecho por donde corre un arroyo o río para regar o para otros fines. ‖ Procedimiento, camino seguido: *los trámites siguen el cauce ordinario*. ‖ FAM. encauzar.

cauchar tr. *amer.* Recoger látex del árbol productor del caucho.

cauchero, ra adj. Del caucho o relativo a este material. ‖ m. y f. Persona que recoge el caucho.

caucho m. Látex producido por varias plantas tropicales que, después de coagulado, es una masa impermeable muy elástica que tiene muchas aplicaciones en la industria, como la fabricación de neumáticos, aislantes y tuberías. ‖ FAM. cauchar, cauchero, recauchutar.

caución f. Prevención, cautela. ‖ Garantía, seguridad personal de que se cumplirá lo pactado: *compañía de crédito y caución*.

caudal¹ m. Cantidad de agua de una corriente. ‖ Hacienda, bienes. ‖ Abundancia de algo: *ha llegado un caudal de cartas*. ‖ FAM. acaudalado, caudaloso.

caudal² adj. De la cola o relativo a esta extremidad de los animales: *aleta caudal*.

caudaloso, sa adj. Se apl. a la corriente de agua que tiene mucho caudal.

caudillaje m. Mando o gobierno de un caudillo. ‖ *amer.* Caciquismo. ‖ *amer.* Conjunto o sucesión de caudillos.

caudillo m. Jefe de un ejército o de una comunidad. ‖ FAM. caudillaje, caudillismo, caudillista.

caulescente adj. Se apl. a la planta en la que el tallo se distingue fácilmente de la raíz por estar bien desarrollado.

caulífero, ra adj. Se apl. a la planta cuyas flores nacen directamente sobre el tallo.

cauliforme adj. Que tiene forma de tallo.

causa¹ f. Motivo, fundamento u origen: *la causa de la disputa fue un ajuste de cuentas*. ‖ Razón para obrar: *espero que tengas una buena causa para marcharte así*. ‖ Empresa o ideal: *está interesado por la causa misione-* ra. ‖ Litigio, pleito judicial: *la causa se resolvió a mi favor*. ‖ **a causa de** loc. prep. Por un motivo concreto: *murió a causa de un paro cardiaco*. ‖ **hacer causa común con** alguien loc. Unirse con una persona para lograr conjuntamente un fin que interesa a ambas partes. ‖ FAM. causal, causalidad, causar, causativo.

causa² f. *amer.* Puré de patata que se come frío aderezado con lechuga, queso fresco, aceitunas, choclo y ají.

causal adj. De la causa o relativo a ella: *factor causal*. ‖ Se apl. a la relación que se establece entre la causa y el efecto: *oraciones causales*. ‖ En gram., se aplica a la conjunción que, como *porque*, precede a la oración que expresa la causa o el motivo de lo manifestado en la oración principal. ‖ FAM. causalidad.

causalidad f. Relación entre una causa y su efecto. ‖ En filos., principio según el cual nada puede existir sin una causa suficiente.

causante adj. y com. Que es causa de algo.

causar tr. Motivar, originar o producir algo. ‖ FAM. causante.

causeo m. *amer.* Comida que se hace fuera de horas, generalmente a base de fiambre o frutos secos.

causticidad f. Propiedad de quemar o destruir tejidos animales. ‖ Mordacidad, malignidad.

cáustico, ca adj. Que quema o corroe los tejidos orgánicos: *sosa cáustica*. ‖ Se apl. al medicamento que cauteriza. También m. ‖ Mordaz, agresivo: *lenguaje cáustico*. ‖ FAM. causticidad.

cautela f. Precaución, reserva con que se hace algo. ‖ FAM. cautelar, cauteloso, cauto.

cautelar adj. Preventivo: *se recomienda tomar medidas cautelares ante las próximas tormentas*. ‖ En der., se apl. a la medida o regla para prevenir la consecución de algo o precaver lo que pueda dificultarlo.

cauteloso, sa adj. Que actúa con cautela.

cauterio m. Medio empleado en cirugía para quemar o destruir tejidos con fines curativos. ‖ Lo que corrige o ataja eficazmente algún mal. ‖ Cauterización. ‖ FAM. cauterización, cauterizar.

cauterización f. Curación de una herida quemando o destruyendo los tejidos.

cauterizar tr. Curar una herida quemándola con un instrumento específico o con una sustancia cáustica.

cautivador, ra adj. Que cautiva: *sonrisa cautivadora*.

cautivar tr. Aprisionar, privar de libertad. ‖ Atraer, ganarse a alguien. ‖ Ejercer una fuerte influencia en el ánimo por medio de atractivo físico o moral.

cautiverio m. Estado de privación de libertad y tiempo que dura. ‖ Estado de privación de libertad de los animales no domésticos.

cautividad f. Cautiverio.

cautivo, va adj. y s. Prisionero o retenido en un lugar a la fuerza. ‖ Dominado por el atractivo de alguien o algo: *cautivo de sus ojos*. ‖ FAM. cautivador, cautivar, cautiverio, cautividad.

cauto, ta adj. Que obra con cautela, precavido. ‖ FAM. caución, cautamente.

cava¹ adj. y f. Se apl. a cada una de las dos venas que llevan la sangre a la aurícula derecha del corazón.

cebador

cava² m. Vino espumoso que se cría en la misma botella en que luego se consume. || Dependencia subterránea donde se elabora y conserva este vino.

cavar tr. Levantar y mover la tierra. También intr. || intr. Ahondar, profundizar en algo.

caverna f. Cueva, oquedad profunda, subterránea o entre rocas. || Cavidad que queda en algunos órganos después de perderse los tejidos dañados por una enfermedad, por ejemplo la tuberculosis. || FAM. cavernario, cavernícola, cavernoso.

cavernario, ria adj. De la caverna o relativo a esta oquedad.

cavernícola adj. y com. Que vive en cavernas. || desp. De costumbres o ideas anticuadas.

cavernoso, sa adj. Que tiene cavernas o se parece a ellas. || Se apl. a la voz, la tos o cualquier sonido sordo y bronco.

caviar m. Manjar a base de huevas frescas y aderezadas de diferentes peces, sobre todo del esturión.

cavidad f. Hueco que se abre dentro de un cuerpo o en su superficie.

cavilación f. Reflexión profunda y constante.

cavilar tr. Pensar en algo o sobre algo con insistencia y preocupación. || FAM. cavilación, caviloso.

caviloso, sa adj. Que cavila, pensativo y preocupado.

cayado m. Bastón encorvado en su extremo superior que usan sobre todo los pastores. || Báculo de los obispos.

cayo m. Islote raso y arenoso muy común en el mar de las Antillas y en el golfo mexicano.

cayuco m. amer. Embarcación indígena pequeña, semejante a la canoa.

caz m. Canal para coger el agua y conducirla hasta el lugar donde pueda ser aprovechada.

caza f. Persecución y acoso de un animal para capturarlo o matarlo. || Animales que se cazan: en este coto hay mucha caza. || Carne de estos animales. || Persecución, seguimiento. || m. Pequeño avión militar.

cazabe m. amer. Torta que se prepara con harina de raíz de mandioca.

cazabombardero m. Avión de guerra que tiene capacidad para perseguir otros aviones y arrojar bombas sobre objetivos marcados.

cazador, ra adj. y s. Se apl. a la persona que se dedica a la caza o es aficionada a ella. || Se dice del animal que, por instinto y para alimentarse, caza a otros: águila cazadora.

cazadora f. Prenda de abrigo que se ajusta a la cadera o a la cintura mediante una pieza elástica.

cazadotes m. Hombre que trata de casarse con una mujer rica. ◆ No varía en pl.

cazafortunas com. Persona que trata de casarse con alguien rico. ◆ No varía en pl.

cazaguate m. amer. Árbol mexicano de la familia de las convulvuláceas que mide hasta 6 m de altura.

cazalla f. Aguardiente muy fuerte que se fabrica en Cazalla de la Sierra, pueblo de la provincia de Sevilla. || FAM. cazallero.

cazallero, ra m. y f. Persona que suele beber cazalla: aliento de cazallero.

cazar tr. Buscar y perseguir a ciertos animales para apresarlos o para matarlos. || col. Atrapar, conseguir algo difícil con maña: hemos cazado un buen aumento de sueldo. || col. Conquistar, cautivar la voluntad de una persona, sobre todo con halagos o engaños: cazar un buen marido. || col. Sorprender a una persona en un descuido: lo cacé cogiendo el dinero. || col. Comprender, entender el significado de alguna cosa: ya he cazado lo esencial de la asignatura. || FAM. cacería, caza, cazadero, cazador, cazadora.

cazarrecompensas com. Persona que trabaja para conseguir el dinero que se ofrece como recompensa, especialmente por la persecución y detención de delincuentes. ◆ No varía en pl.

cazatalentos com. Persona dedicada a buscar profesionales idóneos por su preparación artística o profesional para ser contratados por compañías necesitadas de ellos. ◆ No varía en pl.

cazo m. Recipiente de cocina, metálico y con mango, utilizado sobre todo para cocer alimentos. || Especie de cucharón semiesférico y con un mango largo para pasar líquidos de un recipiente a otro. || Cantidad de líquido que puede contener. || col. Persona fea. || col. Persona torpe y desmañada. || **meter el cazo** loc. col. Meter la pata, equivocarse. || FAM. cacerola, cacillo, cazoleta, cazuela.

cazoleta f. Cazuela pequeña. || Pieza de la espada entre el puño y la hoja para proteger la mano. || Parte de la pipa donde se pone el tabaco.

cazón m. Pez condrictio marino de hasta 2 m, muy voraz, de dientes agudos y cortantes, de carne comestible y cuya piel seca sirve de lija.

cazuela f. Recipiente de cocina redondo, más ancho que alto. || Guisado que se hace y se sirve en este recipiente: cazuela de mariscos. || En algunas prendas de vestir femeninas, pieza hueca que cubre cada pecho.

cazurro, rra adj. y s. Torpe, corto de entendimiento. || Tosco, zafio. || FAM. cazurrería.

CD m. Disco compacto. ◆ Es la sigla del inglés Compact Disc.

CD-ROM m. En inform., disco compacto de gran capacidad que puede almacenar información, en distintos formatos, para ser procesada por un ordenador.

ce f. Nombre de la letra c. || **ce por be** o **ce por ce** loc. adv. col. Con todo detalle. || **por ce o por be** loc. adv. col. De un modo o de otro.

ceba f. Alimento abundante que se da al ganado para que engorde. || Alimentación de los hornos con combustible.

cebada f. Planta herbácea gramínea anual, de semillas más alargadas que el trigo, que sirve de alimento a diversos animales y se usa en la fabricación de algunas bebidas alcohólicas, especialmente la cerveza. || FAM. cebadal.

cebado, da adj. amer. Se apl. a la fiera que ha probado carne humana y por ello es más temible.

cebador m. Pequeño dispositivo para el encendido de los tubos fluorescentes. || Frasquito de pólvora para cargar las armas de fuego.

cebadura f. *amer.* Cantidad de yerba que se pone en la infusión de mate.

cebar tr. Engordar a un animal, especialmente cuando se desea aprovechar su carne para el consumo. || P. ext., alimentar a una persona abundantemente. También prnl. || Alimentar, avivar un sentimiento. || Poner cebo en una trampa para atraer y cazar animales. || Cargar de combustible una máquina o cualquier dispositivo para que funcione. || *amer.* Preparar mate. || prnl. Ensañarse. || FAM. ceba, cebada, cebado, cebador, cebadura, cebo, cebón.

cebiche m. *amer.* Plato que se prepara con pescado o marisco crudo cortado en trozos pequeños y preparado en un adobo de jugo de limón o naranja agria, cebolla picada, sal y especias picantes.

cebo m. Comida o cosas que simulan serlo que se ponen en las trampas utilizadas para atraer animales y atraparlos. || Comida para alimentar y engordar a los animales. || Persona o cosa que se utiliza para atraer de manera engañosa o inducir a una acción.

cebolla f. Planta de huerta liliácea, con tallo hueco, hojas largas y cilíndricas, flores de color blanco verdoso y raíz fibrosa que nace de un bulbo esferoidal, blanco o rojizo, formado por capas tiernas y jugosas, de olor fuerte y sabor más o menos picante. || Bulbo comestible de esta planta. || FAM. cebollar, cebolleta, cebollino, cebollón.

cebolleta f. Planta de tallo delgado y hueco, parecida a la cebolla, pero con el bulbo más pequeño. || Cebolla que se vuelve a plantar y se come tierna antes de florecer.

cebollino m. Especie de cebolla de sabor algo dulce y hojas jugosas que puede comerse en ensalada o utilizarse como condimento. || Persona torpe e ignorante.

cebollón m. Variedad de cebolla menos picante que la común. || *col.* Borrachera.

cebón, ona adj. y s. Se dice del animal que ha sido cebado, especialmente el cerdo. || Se apl. a la persona gruesa.

cebra f. Mamífero perisodáctilo africano parecido al asno, de pelo blanco amarillento con rayas transversales pardas o negras. || **paso de cebra** Paso de peatones marcado por franjas blancas o amarillas en la calzada.

cebú m. Mamífero artiodáctilo de aproximadamente 1,50 m de altura, semejante al buey, pero con una o dos jorobas, que se emplea como animal de carga. ◆ pl. *cebús* o *cebúes*.

ceca f. Casa donde se acuñaba la moneda. || **de la Ceca a la Meca** loc. adv. *col.* De una parte a otra, de aquí para allá.

cecear intr. Pronunciar la *s* con sonido de *z*. || FAM. ceceante, ceceo.

ceceo m. Pronunciación de la *s* con sonido de *z*.

cecina f. Carne salada y secada al sol, al aire o al humo. || FAM. cecinar.

cecografía f. Escritura y modo de escribir en relieve para ser leída a través del tacto. || FAM. cecógrafo.

cecógrafo m. Aparato con que los ciegos escriben textos en relieve.

cedazo m. Instrumento compuesto de un aro y de una tela más o menos tupida que se utiliza para separar las partes finas de las gruesas de algunas cosas, como la harina o el suero. || Red grande para pescar. || FAM. cedacero.

ceder tr. Dar, transferir: *nos cedió su mesa.* || intr. Rendirse alguien, dejar de oponerse: *no tenía razón y tuvo que ceder.* || Cesar, disminuir la resistencia: *la puerta ha cedido.* || Mitigar la fuerza: *ceder el temporal.* || FAM. cesión.

cedilla f. Nombre de la *ç*. || Letra formada por una *c* con una virgulilla debajo (*ç*). || Esta misma virgulilla.

cedro m. Árbol conífero que puede alcanzar los 40 m de altura, de tronco grueso en forma piramidal. Es de hoja perenne y su madera es duradera y muy aromática. || FAM. cedrino.

cédula f. Papel o documento en que se hace constar una deuda, una obligación o cualquier información de este tipo. || FAM. cedular, cedulario.

cefalea f. Molestia craneal en forma de pesadez o tensión que suele darse en un solo lado de la cabeza.

cefalocordado, da adj. y m. De los cefalocordados o relacionado con este subfilo de animales. || m. pl. Subfilo de animales cordados que incluye animales con forma pisciforme y que presentan un cordón dorsal que les protege la médula espinal, como el anfioxo.

cefalópodo, da adj. y m. De los cefalópodos o relativo a esta clase de moluscos. || m. pl. Clase de moluscos marinos de cabeza grande y boca rodeada de tentáculos largos y provistos de ventosas, como el calamar o la sepia.

cefalorraquídeo, a adj. Se apl. al sistema nervioso de los vertebrados; sus órganos principales, el encéfalo y la médula espinal, se alojan en la columna vertebral.

cefalotórax m. Parte del cuerpo de los crustáceos y arácnidos que está formada por la unión de la cabeza y el tórax. ◆ No varía en pl.

céfiro m. Viento de poniente. || Cualquier viento suave y apacible. ◆ Se usa sobre todo en poesía. || Tela de algodón muy fina, casi transparente, y de colores variados.

cegador, ra adj. Que deslumbra o ciega: *claridad cegadora.*

cegar tr. Privar de la vista, aunque sea momentáneamente. || Ofuscar el entendimiento. También intr. y prnl.: *se cegó por el odio.* || Cerrar, tapar algo que estaba hueco o abierto: *cegaron la entrada al túnel.* || intr. Perder la vista. ◆ Irreg. Se conj. como *acertar.* || FAM. cegador, cegarrita, cegato, ceguedad, ceguera.

cegato, ta adj. y s. *col.* Corto de vista.

cegesimal adj. Del sistema métrico cuyas unidades fundamentales son el centímetro, el gramo y el segundo.

cegrí com. Zegrí. ◆ pl. *cegrís* o *cegríes.*

ceguera f. Privación total de la vista. || Incapacidad para razonar con claridad.

ceiba f. Árbol americano de la familia de las bombacáceas, de unos 30 m de altura, con tronco grueso, copa extensa casi horizontal, ramas rojizas y espinosas y frutos cónicos que contienen semillas pequeñas envueltas en una especie de algodón usado para rellenar almohadas. || Alga marina con forma de cinta.

ceibo m. Árbol americano de la familia de las leguminosas, de flores rojas y brillantes y hojas lanceoladas verdes por el haz y grisáceas por el envés.

ceilandés, esa adj. y s. De Sri Lanka o relativo a este país asiático, denominado con anterioridad Ceilán.

ceja f. Prominencia curva y cubierta de pelo, sobre la cuenca del ojo. ‖ Pelo que cubre dicha parte. ‖ Listón que tienen los instrumentos de cuerda entre el clavijero y el mástil, para apoyo y separación de las cuerdas. ‖ Cejilla. ‖ **hasta las cejas** loc. adv. *col.* Hasta el extremo, en grado sumo. ‖ **metérsele** o **ponérsele** a alguien algo **entre ceja y ceja** loc. *col.* Obcecarse en ello u obsesionarse con ello. ‖ **tener entre cejas** o **entre ceja y ceja** a alguien loc. *col.* Mostrarle antipatía o recelo. ‖ FAM. cejijunto, cejilla, cejudo.

cejar intr. Aflojar o ceder en un empeño o una determinación. ◆ Se usa más en frases negativas y seguido de la prep. *en: no cejaremos en nuestro empeño de lograr la paz.*

cejijunto, ta adj. Que tiene el entrecejo tan poblado que casi une una ceja con otra.

cejilla f. Pieza que colocada a modo de abrazadera sobre el mástil y la encordadura de la guitarra sirve para elevar el tono de sus sonidos.

celada¹ f. Pieza de la armadura para cubrir y proteger la cabeza.

celada² f. Ardid o trampa tendida con sutileza y disimulo. ‖ Emboscada de gente armada que acecha al enemigo desde un paraje oculto para asaltarlo por sorpresa.

celador, ra adj. Que cela o vigila. ‖ m. y f. Persona encargada de tareas de vigilancia y apoyo, especialmente en edificios públicos.

celaje m. Cielo con nubes tenues y de varios matices. Más en pl. ‖ Claraboya o ventana.

celar tr. Procurar encarecidamente el cumplimiento de normas u obligaciones. ‖ Vigilar o espiar a alguien de quien se desconfía. ‖ FAM. celador.

celar tr. y prnl. Ocultar, encubrir. ‖ FAM. celada.

celastráceo, a adj. y f. De las celastráceas o relativo a esta familia de plantas. ‖ f. pl. Familia de árboles y arbustos angiospermos dicotiledóneos, de hojas opuestas o alternas, con estípulas, flores hermafroditas o unisexuales, con cáliz y corola tetrámeros o pentámeros y fruto seco y dehiscente, como el cambrón.

celda f. Cada una de las habitaciones donde se recluye a los presos de una cárcel. ‖ Aposento o cuarto individual de un convento o de un internado. ‖ Celdilla. ‖ FAM. celdilla.

celdilla f. Casilla de los panales que construyen algunos insectos.

celebración f. Realización de un acto social solemne o formal. ‖ Conmemoración o festejo. ‖ Aplauso, aclamación. ‖ Ceremonia de la misa que realiza un sacerdote.

celebrante adj. y com. Que celebra. ‖ m. Sacerdote que celebra misa.

celebrar tr. y prnl. Realizar un acto social con solemnidad o formalidad. ‖ tr. y prnl. Conmemorar, festejar: *se celebra nuestro aniversario.* ‖ Alabar, aplaudir algo o alguien: *el público celebró el estreno de su obra.* ‖ tr. e intr. Decir misa. ‖ FAM. celebración, celebrante.

célebre adj. Famoso, muy conocido. ‖ Que se distingue por sus dichos y hechos extravagantes. ◆ sup. Irreg. *celebérrimo.* ‖ FAM. celebrar, celebridad.

celebridad f. Fama, renombre. ‖ Persona famosa.

celemín m. Medida para áridos equivalente a 4,625 litros.

celentéreo adj. y m. De los celentéreos o relativo a este antiguo grupo de metazoos. ‖ m. pl. Antiguo grupo de metazoos que en la actualidad reciben el nombre de *cnidarios.*

celeridad f. Prontitud, rapidez, velocidad. ‖ FAM. acelerar.

celesta f. Instrumento de teclado en que los macillos producen el sonido golpeando láminas de acero.

celeste adj. Del cielo. ‖ De color azul claro. ‖ FAM. celestial.

celestial adj. Del cielo o residencia de las divinidades. ‖ Perfecto, delicioso o muy agradable.

celestino, na m. y f. Persona que actúa de intermediaria en relaciones amorosas o sexuales; alcahuete. ‖ FAM. celestinesco.

celiaca f. Enfermedad cuyo síntoma más evidente es la aparición de cierta diarrea blanquecina. ‖ FAM. celiaco.

celiaco, ca o **celíaco, ca** adj. Relativo al vientre o a los intestinos. ‖ adj. y s. Enfermo de celiaca. ‖ **arteria celiaca** La que lleva la sangre al estómago y a otros órganos del abdomen.

celibato m. Estado de quien no ha contraído matrimonio; soltería, especialmente referido al estado de los religiosos que han hecho voto de castidad.

célibe adj. y com. Se apl. a la persona que no ha contraído matrimonio. ‖ FAM. celibato.

celidonia f. Hierba de la familia de las papaveráceas, de tallo ramoso, flores en umbela, hojas verdes y amarillentas y frutos en vainas muy delgadas, de la que se extrae un jugo amarillo y cáustico empleado especialmente para eliminar verrugas.

celinda f. Arbusto de la familia de las hidrangeáceas, con tallos altos y ramosos, de hojas puntiagudas, flores en racimos y pétalos blancos muy fragantes. ‖ Flor de esta planta.

cellisca f. Temporal de agua y nieve muy menuda, con viento muy fuerte. ‖ FAM. cellisquear.

cello (voz it.) m. Violonchelo.

celo¹ m. Cuidado, esmero, interés que alguien pone al hacer algo: *celo profesional.* ‖ Excitación sexual de ciertos animales en el periodo propicio para el apareamiento. ‖ Ese periodo. ‖ pl. Sospecha o inquietud ante la posibilidad de que la persona amada nos reste atención en favor de otra: *cuando vio cómo miraban a su esposa sintió celos.* ‖ Envidia que alguien siente por el éxito que otro disfruta: *celos profesionales.* ‖ **dar celos** loc. Motivar que otra persona los sienta. ‖ FAM. celosamente, celoso.

celo² m. Cinta de celulosa o plástico, adhesiva por uno de sus lados, que se emplea para pegar.

celofán m. Película de celulosa transparente y flexible que se utiliza especialmente para envolver.

celoma m. Cavidad que se desarrolla entre la pared del cuerpo y las vísceras de los animales metazoos. || FAM. celomado, celomático.

celomado, da adj. y m. De los celomados o relativo a este grupo de animales. || m. pl. Grupo de los animales que poseen celoma.

celosía f. Enrejado de pequeños listones, generalmente de madera o hierro, que se coloca en las ventanas y otros huecos análogos para poder ver a través de él sin ser visto.

celoso, sa adj. Que pone celo en el cumplimiento de una tarea. || adj. y s. Que siente o tiene celos.

celta adj. y com. De los antiguos pueblos indoeuropeos cuyo apogeo se localizó en el centro y oeste de Europa entre los siglos VI y I a. C. o relativo a ellos. || m. Grupo de lenguas de estos pueblos. || FAM. celtíbero, céltico, celtismo.

celtíbero, ra o **celtibero, ra** adj. y s. De un pueblo prerromano de lengua céltica, poblador de la antigua región hispánica llamada Celtiberia, o relativo a él.

céltico, ca adj. y s. De los celtas o relativo a ellos: *mitología céltica*.

célula f. Unidad microscópica esencial de los seres vivos. || Unidad básica y con autonomía de acción dentro de algunas organizaciones: *célula con poder ejecutivo*. || **célula fotoeléctrica** Dispositivo que transforma las variaciones de intensidad luminosa en variaciones de intensidad de una corriente eléctrica. || FAM. celular, celulitis, celulosa.

celular adj. De las células o relativo a ellas. || *amer.* Teléfono móvil.

celulitis f. Abultamiento del tejido celular que se encuentra debajo de la piel, debido a una mala metabolización de las grasas. ◆ No varía en pl. || FAM. celulítico.

celuloide m. Sustancia sólida, casi transparente y muy elástica, que se emplea en la industria fotográfica y cinematográfica. || P. ext., cinta cinematográfica, cine.

celulosa f. Hidrato de carbono que es el componente básico de la membrana de las células vegetales. Se utiliza en la fabricación de papel, fibras textiles, plásticos, etc. || FAM. celuloide.

cementerio m. Lugar, generalmente cercado, destinado a enterrar cadáveres. || Territorio al que acuden algunos animales cuando van a morir: *cementerio de elefantes*. || Espacio en el que se acumulan objetos inservibles o residuos: *cementerio de coches*.

cemento m. Mezcla de arcilla molida y materiales calcáreos en polvo que, en contacto con el agua, se solidifica y endurece. Se utiliza como adherente y aglutinante en la construcción. || **cemento armado** Masa compacta, formada con grava, arena, agua y cemento, reforzada con acero o tela metálica. || FAM. cementación, cementar, cementero, cementoso.

cena f. Última comida del día, que se hace al atardecer o por la noche. || FAM. cenáculo, cenadero, cenador, cenar.

cenáculo m. Sala en que se celebró la última cena de Jesucristo con sus apóstoles. || Reunión de personas con las mismas aficiones e intereses, generalmente escritores o artistas.

cenador m. En los jardines, pabellón, generalmente redondo, cercado y cubierto de plantas trepadoras.

cenagal m. Barrizal, lugar lleno de cieno. || *col.* Negocio difícil o situación apurada. || FAM. cenagoso.

cenagoso, sa adj. Lleno de cieno.

cenar intr. Tomar la cena. || tr. Comer en ella un determinado alimento.

cencerrada f. *col.* Ruido molesto que se produce con cencerros y otros utensilios, generalmente con carácter festivo o de burla.

cencerro m. Campana pequeña y cilíndrica de hierro o de cobre que se ata al cuello de las reses para localizarlas con facilidad. || **estar** alguien **como un cencerro** loc. *col.* Estar chiflado. || FAM. cencerrada, cencerrear, cencerro.

cendal m. Tela de seda o lino muy delgada y transparente. || Paño litúrgico que el sacerdote se coloca sobre los hombros y en cuyos extremos envuelve ambas manos antes de coger la custodia o el copón.

cenefa f. Lista sobrepuesta o tejida en los bordes de las cortinas, doseles, pañuelos, etc. || Dibujo de ornamentación que se pone a lo largo de los muros, suelos y techos y suele consistir en elementos repetidos de un mismo adorno.

cenestesia f. En psicol., conjunto de sensaciones internas del organismo que proporcionan conciencia del estado y funcionamiento del propio cuerpo. || FAM. cenestésico.

cenicero m. Recipiente donde se echan la ceniza y las colillas de los cigarros. || Espacio que hay debajo de la rejilla del hogar, para recoger la ceniza.

ceniciento, ta adj. Del color de la ceniza. || f. Alguien o algo injustamente marginado o despreciado.

cenit o **cénit** m. Punto del firmamento que corresponde verticalmente al lugar de la Tierra donde está situado el observador. || Momento culminante de un apogeo: *está en el cenit de su carrera*. || FAM. cenital.

cenital adj. Del cenit o relativo a él: *luz cenital*.

ceniza f. Polvo gris que queda después de una combustión completa. || f. pl. Restos de un cadáver tras su incineración. || FAM. cenizo, cenizoso.

cenizo, za adj. y s. Ceniciento. || m. *col.* Persona con mala suerte o que la trae a los demás: *ese cenizo nos gafó la fiesta*. || *col.* Mala suerte: *con el cenizo que tengo, seguro que suspendo*. || Planta silvestre de la familia de las quenopodiáceas, de tallo herbáceo, hojas romboidales, verdes por encima y cenicientas por el envés, y flores verdosas en panoja.

cenobio m. Monasterio. || FAM. cenobial, cenobita, cenobítico.

cenotafio m. Monumento funerario erigido en memoria de alguien, pero en que no se guarda su cadáver.

cenote m. Depósito de agua manantial que se halla en algunos lugares de América, generalmente a cierta profundidad.

cenozoico, ca adj. y m. De la cuarta era geológica de las que constituyen la historia de la Tierra, que comprende desde el final del cretácico hasta la época actual, relacionado con ella. ◆ Como m. se escribe con mayúscula.

censal adj. Del censo: *declaración censal*.

censar tr. Incluir o registrar en el censo: *debes censarte si deseas votar.* || intr. Hacer el censo de los habitantes de una población.

censatario, ria adj. y s. Se apl. a la persona obligada a pagar un censo por el disfrute de un bien inmueble.

censo m. Lista de la población o riqueza de un país o de una comunidad. || Contrato por el que un inmueble se sujeta al pago de una renta anual. || Contribución o tributo que antiguamente se pagaba como reconocimiento de vasallaje o sujeción. || **censo electoral** Registro de ciudadanos con derecho a voto. || FAM. censal, censar, censatario, censista, censual, censualista, censura.

censor, ra adj. y s. Que censura. || m. y f. Persona autorizada oficialmente para revisar publicaciones y demás creaciones destinadas al público y, de creerlo conveniente, proponer su modificación o prohibición. || En academias y otras corporaciones, persona encargada de velar por el cumplimiento de los estatutos, reglamentos y acuerdos. || Persona propensa a murmurar o criticar a los demás. || En la antigua Roma, magistrado responsable de elaborar el censo de la ciudad y de velar por la respetabilidad de las costumbres.

censual adj. Censal.

censura f. Crítica o detracción. || Enmiendas, supresiones y demás actuaciones del censor sobre una obra o escrito. || Organismo oficial que desempeña esta labor. || En la antigua Roma, cargo y oficio de censor. || FAM. censor, censurable, censurar.

censurable adj. Digno de censura.

censurar tr. Reprobar, hacer una crítica negativa: *no sabe sino censurar injustamente todo lo que hacemos.* || Exponer un juicio, positivo o negativo, sobre algo. || Ejercer su oficio el censor, determinando cambios o supresiones sobre lo que está examinando.

centauro m. Ser mitológico, con aspecto de hombre hasta la cintura y de caballo el resto del cuerpo.

centavo, va adj. y m. Centésimo. || m. Moneda americana de bronce, cobre o níquel, cuyo valor es la centésima parte de la unidad.

centella f. Rayo o chispa de poca intensidad. || Persona o cosa muy veloz: *rápida como una centella.* || FAM. centelleante, centellar, centellear, centelleo.

centellear intr. Despedir destellos de luz de intensidad y color variables. || Brillar intensamente los ojos.

centelleo m. Emisión de rayos luminosos, sobre algo. || En los ojos, brillo intenso.

centena o **centenada** f. Conjunto de cien unidades.

centenar m. Centena. || **a centenares** loc. adv. En abundancia.

centenario, ria adj. De la centena. || adj. y s. Que tiene cien o cerca de cien años de edad. || m. Fecha en que se cumplen una o más centenas de años de algún acontecimiento.

centeno m. Planta gramínea de tallo delgado, hojas planas y estrechas y espiga larga. || Grano de esta planta, empleado en la elaboración de bebidas y alimentos: *pan de centeno.* || FAM. centenal, centenero.

centesimal adj. De cien o de cada una de las cien fracciones iguales en que se divide un todo.

centésimo, ma adj. num. ord. Que ocupa el lugar número cien en una serie ordenada de elementos. || adj. num. frac. Se apl. a cada una de las cien partes iguales en que se divide un todo. También f. || m. Fracción de la unidad monetaria de algunos países americanos; céntimo. || FAM. centesimal.

centi- pref. que significa 'cien' o 'centésima parte': *centímetro, centiárea.*

centígrado, da adj. De la escala termométrica dividida en cien grados, en la cual el cero corresponde a la temperatura de fusión del hielo y el cien a la de ebullición del agua.

centigramo m. Unidad de masa equivalente a la centésima parte de un gramo.

centilitro m. Unidad de volumen equivalente a la centésima parte de un litro.

centímetro m. Unidad de longitud equivalente a la centésima parte de un metro. || **centímetro cuadrado** Medida de superficie que equivale a la de un cuadrado con un centímetro de lado. || **centímetro cúbico** Medida de volumen correspondiente a un cubo con un centímetro de lado.

céntimo, ma adj. Centésimo. || m. Centésima parte de una unidad monetaria.

centinela com. Soldado que vigila un puesto. || Persona que observa o vigila.

centollo o **centolla** m. o f. Crustáceo decápodo marino comestible, de caparazón redondeado y velloso y cinco pares de patas vellosas y largas.

centrado, da adj. Situado en el centro de algo. || Persona adaptada a su ambiente o a la actividad que desarrolla: *está muy centrada en su trabajo.*

central adj. Relativo a o que se halla en él. || Esencial, importante: *el asunto central del debate.* || Que ejerce su acción sobre la totalidad de un área: *calefacción central.* || f. Instalación que acoge varios servicios de una misma clase: *central de Correos.* || Oficina o establecimiento principal de una empresa. || Fábrica que obtiene energía eléctrica por distintos procedimientos: *central nuclear.* || com. En fútbol, jugador en el centro de la defensa.

centralismo m. Doctrina que propugna la centralización de funciones o facultades. || FAM. centralista.

centralista adj. Del centralismo o relativo a él: *política centralista.* || adj. y com. Partidario de esta doctrina.

centralita f. Aparato que conecta una o varias líneas telefónicas con diversos teléfonos de un mismo edificio. || Lugar donde está situado este aparato.

centralización f. Reunión de cosas en un centro común. || Asunción por parte de un poder central de atribuciones o funciones políticas o administrativas, especialmente de las propias de organismos locales.

centralizar tr. y prnl. Reunir en un centro o bajo una dirección común. || Asumir un poder central facultades atribuidas a organismos locales. || FAM. centralización, centralizador.

centrar tr. Colocar una cosa haciendo coincidir su centro con el de otra. || Orientar o focalizar en un punto u objetivo determinado: *centraron todo su cariño en la pequeña.* || Atraer o ser centro de atención: *su actuación* centró todas las miradas. || tr. y prnl. Proporcionar o hallar un estado de serenidad o concentración: *debo centrarme en mi tesis doctoral.* || intr. Especialmente en el fútbol, lanzar un jugador el balón desde un lateral del campo hacia la parte central próxima a la portería contraria.

céntrico, ca adj. Del centro o que está en él.

centrifugado m. Aplicación de una fuerza centrífuga a una sustancia o materia para secarla o para separar componentes mezclados.

centrifugador, ra adj. Que centrifuga. || f. Máquina que se utiliza para centrifugar.

centrifugar tr. Aplicar una fuerza centrífuga a una sustancia o materia para secarla o para separar componentes mezclados. || FAM. centrifugación, centrifugado, centrifugador, centrifugadora.

centrífugo, ga adj. Que aleja del centro: *fuerza centrífuga.*

centríolo o **centriolo** m. Cada uno de los dos corpúsculos del centrosoma de las células eucariotas.

centrípeto, ta adj. Que atrae, dirige o impele hacia el centro: *fuerza centrípeta.*

centrismo m. Tendencia política de ideología intermedia entre la derecha y la izquierda. || FAM. centrista.

centrista adj. Del centrismo o relativo a él. || adj. y com. Partidario de esta tendencia política.

centro m. Lo que está en medio de algo o más alejado de sus límites. || Lugar de partida o de convergencia de acciones particulares coordinadas: *centro de operaciones.* || Punto donde se reúnen habitualmente los miembros de una asociación: *centro cultural.* || Tendencia o partido políticos cuya ideología es intermedia entre la derecha y la izquierda. || Institución que desarrolla o fomenta determinados estudios o investigaciones: *Centro Superior de Investigaciones Científicas.* || Lugar en que se desarrolla intensamente una actividad concreta: *centro comercial.* || Lugar donde se produce algo en cantidades considerables: *centro industrial.* || Zona concurrida de una ciudad, en especial donde se concentra la actividad comercial, administrativa, etc. || Objetivo principal al que se supedita lo demás: *sus hijos son el centro de su vida.* || En un círculo, punto del que equidistan todos los de la circunferencia. || En la esfera, punto interior del que equidistan todos los de la superficie. || En los polígonos y poliedros, punto en que todas las diagonales que pasan por él quedan divididas en dos partes iguales. || En las líneas y superficies curvas, punto de intersección de todos los diámetros. || En fútbol, jugada en la que se envía el balón desde un lateral a la zona central del campo. || **centro de gravedad** Punto sobre el que, aplicada una fuerza vertical, se podrían equilibrar todas las de la gravedad que actúan en un cuerpo. || **centro de mesa** Objeto decorativo que se coloca en medio de una mesa, generalmente como florero. || **centro nervioso** Parte del sistema nervioso que recibe las impresiones de la periferia y transmite las excitaciones motrices a los órganos correspondientes. || FAM. centrado, central, centralismo, centralita, centralizar, centrar, céntrico, centrífugo, centrípeto, centrismo.

centroafricano, na adj. y s. De África central, de la República Centroafricana o relativo a ellas.

centroamericano, na adj. y s. De Centroamérica o relativo a ella.

centrocampista com. En el fútbol y otros deportes, jugador que organiza el juego en el centro del campo con labores defensivas y de apoyo a la delantera de su equipo. || FAM. centrocampismo.

centroeuropeo, a adj. y s. De Europa central o relativo a ella.

centrosoma m. En biol., corpúsculo celular, órgano rector de la mitosis.

centuplicar tr. y prnl. Multiplicar por cien o hacer cien veces mayor.

céntuplo, pla adj. y m. Se apl. al producto de multiplicar una cantidad por cien. || FAM. centuplicar.

centuria f. Periodo de cien años, siglo. || En la milicia romana, compañía de cien hombres. || FAM. centurión.

centurión m. Jefe de una centuria romana.

cenutrio, a m. y f. *col.* Persona poco hábil o de corta inteligencia.

ceñido, da adj. Ajustado o apretado. || Moderado en los gastos: *presupuesto ceñido.*

ceñidor m. Faja o cinturón que ciñe la cintura.

ceñir tr. Rodear, ajustar la cintura o cualquier otra parte del cuerpo: *ese vestido le ciñe el talle.* || Rodear o cerrar una cosa con otra. || prnl. Ajustarse a unos límites en lo que se hace o se dice: *ceñirse a unas pautas.* || Moderarse o acomodarse a unas limitaciones: *ceñir los gastos al presupuesto.* || FAM. ceñidor, ceñido. ◆ **Irreg.** Ver conjugación modelo:

Indicativo
Pres.: ciño, ciñes, ciñe, ceñimos, ceñís, ciñen.
Imperf.: ceñía, ceñías, ceñía, *etc.*
Pret. perf. simple: ceñí, ceñiste, ciñó, ceñimos, ceñisteis, ciñeron.
Fut. simple: ceñiré, ceñirás, ceñirá, *etc.*
Condicional simple: ceñiría, ceñirías, ceñiría, *etc.*
Subjuntivo
Pres.: ciña, ciñas, ciña, ciñamos, ciñáis, ciñan.
Imperf.: ciñera o ciñese, ciñeras o ciñeses, *etc.*
Fut. simple: ciñere, ciñeres, ciñere, *etc.*
Imperativo: ciñe, ceñid.
Participio: ceñido.
Gerundio: ciñendo.

ceño m. Gesto de enfado, concentración o preocupación que consiste en arrugar la frente y juntar las cejas. || Espacio entre ambas cejas; entrecejo. || FAM. ceñudo.

ceñudo, da adj. Que arruga el ceño: *expresión ceñuda.*

cepa f. En una planta, parte enterrada del tronco que está unida a las raíces. || Tronco o planta de la vid. || **de buena cepa** loc. adj. De cualidades u origen buenos. || **de pura cepa** loc. adj. Referido a persona, que tiene los rasgos característicos de una clase: *torero de pura cepa.* || FAM. ceporro.

cepellón m. Pella de tierra que se deja adherida a las raíces de los vegetales para trasplantarlos.

cepillado m. Limpieza realizada con un cepillo. || Alisamiento de una superficie metálica o de madera que se lleva a cabo con cepillo. || Arreglo del cabello utilizando un cepillo.

cepillar tr. y prnl. Quitar el polvo o la suciedad de algo con un cepillo. || Alisar la madera o los metales con cepillo. || Peinar o desenredar el pelo con cepillo. || *col.* Quitar el dinero a alguien; desplumarlo: *le cepillaron cincuenta euros.* || *prnl. col.* Matar a alguien: *se cepillaron al soplón.* || *col.* Suspender en un examen: *se lo cepillaron en Matemáticas.* || *col.* Terminar un asunto rápidamente: *se ha cepillado la mudanza en dos días.* || *vulg.* Tener relaciones sexuales con alguien. || *vulg.* Despedir a una persona de un empleo o destituirla de un cargo. || FAM. cepillado, cepilladura.

cepillo m. Utensilio de limpieza hecho con cerdas o filamentos semejantes, sujetas a un soporte: *cepillo de dientes, del pelo.* || Herramienta utilizada para pulir maderas y que consiste en una pieza cuadrangular de madera maciza de cuya cara inferior sobresale una especie de cuchilla. || Caja cerrada y provista de una ranura en la que se depositan limosnas: *cepillo para los pobres.* || **a cepillo** loc. Se apl. al corte de pelo muy corto y en punta. || FAM. cepillar.

cepo m. Trampa para cazar animales mediante un dispositivo que los aprisiona cuando lo tocan. || Cualquier instrumento que sirve para aprisionar algo.

ceporro, rra m. y f. *col.* Persona torpe o de escasa sensibilidad. || m. Cepa vieja que se arranca para la lumbre. || **dormir como un ceporro** loc. *col.* Dormir profundamente.

cera f. Sustancia sólida, amarillenta, fundible que segregan algunos insectos, especialmente las abejas para formar las celdillas de los panales; se emplea principalmente en la confección de velas. || Producto que se emplea como abrillantador, especialmente sobre superficies de madera. || Sustancia que segregan ciertas glándulas del conducto auditivo externo, cerumen. || FAM. céreo, cerería, cerero, cerilla, ceroso, cerumen, encerar.

cerámica f. Arte de fabricar objetos de barro, loza y porcelana. || Conjunto de estos objetos. || FAM. cerámico, ceramista.

ceramista com. Persona que fabrica objetos de cerámica.

cerbatana f. Canuto en el que se introducen flechas u otras cosas a modo de proyectiles, que salen disparadas cuando se sopla por un extremo.

cerca[1] f. Valla, tapia o muro que rodea algo para dividirlo o protegerlo. || FAM. cercar, cercado.

cerca[2] adv. l. y t. Próximo en el espacio o en el tiempo: *está cerca de la mesa.* || **cerca de** loc. prepos. Seguida de un complemento de cantidad, aproximadamente o casi: *cerca de mil.* || **de cerca** loc. adv. A corta distancia: *de cerca da la impresión de ser más viejo.* || FAM. cercano, cerco.

cercado m. Terreno que rodea una cerca. || *amer.* División territorial que comprende la capital de un Estado o provincia y los pueblos que dependen de ella.

cercanía f. Calidad de cercano. || pl. Lugar cercano o circundante: *transporte de cercanías.*

cercano, na adj. Próximo, inmediato en el tiempo o en el espacio. || FAM. cercanía.

cercar tr. Rodear con una cerca un terreno. || Asediar, poner cerco a una plaza o fortaleza. || Rodear mucha gente a una persona o cosa: *lo cercaron sus admiradoras.*

cercenar tr. Cortar los extremos de algo. || Disminuir, acortar. || FAM. cercén, cercenadura, cercenamiento.

cerceta f. Nombre común de diversas aves anseriformes que miden unos 35 cm de longitud; la cerceta común tiene la cabeza roja y verde y el cuerpo gris con el pecho moteado.

cerciorar tr. Asegurar la verdad de una cosa. Más como prnl. ◆ Se construye con la prep. *de*: *me he cerciorado del precio antes de comprarlo.*

cerco m. Lo que ciñe o rodea algo. || Cerca. || Asedio o sitio de un ejército a una plaza o fortaleza: *pusieron cerco al castillo.* || Marco o moldura que encuadra algo: *cerco de una puerta.*

cerda f. Pelo grueso de la cola y crin de las caballerías y del cuerpo de otros animales. || Pelo de un cepillo.

cerdada f. Acción perjudicial, especialmente si se hace con mala intención. || Lo que implica suciedad. || Comportamiento que se considera inmoral o indecoroso.

cerdo, da adj. y s. Se apl. a la persona sucia o sin modales. || Se dice de la persona malintencionada o sin escrúpulos. || m. y f. Mamífero artiodáctilo doméstico de cabeza grande, cuerpo grueso y con cerdas, patas cortas, orejas caídas y hocico chato. Se cría y ceba para aprovechar su carne y grasa. || FAM. cerda, cerdada.

cereal adj. y m. Se apl. a la gramínea de cuyos frutos se obtiene harina, como el trigo, el centeno y la cebada. || m. Grano de estas plantas. || FAM. cerealista.

cerebelo m. Centro nervioso del encéfalo que ocupa la parte posterior e inferior del cráneo y una de cuyas funciones principales es la coordinación motriz.

cerebral adj. Del cerebro. || Más racional que emotivo.

cerebro m. Parte principal del encéfalo que ocupa la zona anterior y superior del cráneo. || Talento, capacidad de entendimiento y juicio. || Persona que destaca en actividades intelectuales: *es un cerebro para la física.* || Persona que concibe o dirige un plan de acción: *necesitaríamos un cerebro que sacara adelante el proyecto.* || **lavar el cerebro** a alguien loc. *col.* Alterar su concepción del mundo y su percepción de la realidad. || FAM. cerebral, cerebralismo.

ceremonia f. Acto solemne que se lleva a cabo según normas o ritos establecidos: *ceremonia nupcial.* || Afectación en el trato. También en pl.: *dejémonos de ceremonias, que hay confianza.* || FAM. ceremonial, ceremoniosidad, ceremonioso.

ceremonial adj. De la ceremonia. || m. Conjunto de reglas para determinados actos solemnes.

ceremonioso, sa adj. Que sigue escrupulosamente el ritual de las ceremonias. || Que tiende a actuar con ceremonia y cumplimientos exagerados.

céreo, a adj. De cera o con sus características: *aspecto céreo.*

cerería f. Casa o tienda donde se trabaja o vende la cera o los objetos hechos de cera.

cereza f. Fruto comestible del cerezo, casi redondo, de piel roja y pulpa jugosa. || *amer.* Cáscara del grano del café. || FAM. cerezal, cerezo.

cerezo m. Árbol frutal de la familia de las rosáceas, de tronco liso, flores blancas, hojas lanceoladas y cuyo fruto es la cereza. || Madera de este árbol, empleada en ebanistería.

cerilla f. Palillo, generalmente de madera o de papel impregnado en cera, con un cabo recubierto de fósforo que se prende por fricción con determinadas superficies. || Cerumen. || FAM. cerillero, cerillo.

cerillero, ra m. y f. Persona que vende tabaco y cerillas, sobre todo en cafés. || m. Caja donde se guardan cerillas.

cerillo m. En zonas de Andalucía y México, cerilla, fósforo.

cerio m. Elemento químico metálico de color gris acero, que pertenece al grupo de los lantánidos. En forma de óxido se usa para pulir y purificar componentes ópticos, y en combinación, para hacer más resistentes las aleaciones de níquel y aluminio. Su símbolo es *Ce*, y su número atómico, 58.

cerner tr. Pasar por el cedazo cualquier materia en polvo para separar las partes más finas de las gruesas, especialmente la harina del salvado, cribar. || prnl. Amenazar un mal inminente: *la tragedia se cernía sobre ellos.* || Mantenerse en el aire las aves agitando las alas y sin desplazarse. ◆ **Irreg.** Se conj. como *entender.* || FAM. cernido, cernidor.

cernícalo m. Nombre de diversas aves falconiformes diurnas de unos 35 cm de longitud, de colores rojizos o negros con manchas según las especies y con una banda negra en la cola. || *col.* Hombre ignorante y rudo.

cernidor, ra adj. *amer.* Mentiroso. || m. Cedazo, criba. || Especie de delantal que se pone quien cierne la harina.

cernir tr. Cerner. ◆ **Irreg.** Se conj. como *discernir.*

cero adj. y pron. num. card. Expresa una cantidad nula: *cero puntos.* || m. Signo con que se representa: 0. || Signo sin valor propio en la numeración arábiga, que colocado a la derecha de un número entero multiplica por diez su valor, pero a la izquierda no lo modifica. || En las escalas de medida de algunos instrumentos, como el termómetro, punto desde el que comienzan a contarse las unidades de medida. || **al cero** loc. adv. Referido al corte de pelo, a ras de la cabeza. || **ser** alguien **un cero a la izquierda** loc. *col.* No ser valorado o tenido en cuenta.

cerrado, da adj. Se apl. al acento o a la pronunciación que presentan rasgos nacionales o locales muy marcados y dificulta la comprensión, y también a la persona que habla con ese acento: *andaluz cerrado.* || Se dice de la persona torpe o corta de miras: *cerrado de mollera.* || Se apl. a la persona tímida o distante. || Se dice del cielo cargado de nubes. || Críptico, difícil de comprender. || Estricto, poco flexible en sus criterios: *los criterios de selección son muy cerrados.*

cerradura f. Mecanismo metálico con llave que sirve para cerrar algo.

cerraja f. Nombre común con el que se conoce a diversas especies de plantas herbáceas de la familia compuestas, de 60 a 80 cm de altura, con tallo hueco y ramoso, hojas oblongas con dientecillos espinosos en el margen y flores amarillas.

cerrajería f. Oficio de cerrajero. || Tienda o taller donde se venden o fabrican cerraduras y otros objetos de metal.

cerrajero, ra m. y f. Persona que hace cerraduras, llaves, cerrojos y otros objetos metálicos. || FAM. cerrajería.

cerramiento m. Acción y resultado de cerrar. || Lo que cierra cualquier abertura, conducto o paso: *cerramiento de aluminio en la terraza.*

cerrar tr. Asegurar algo con una cerradura para que no se abra o para impedir que algo o alguien entre o salga de su interior. || Encajar en su marco una puerta o ventana. || Tapar una abertura: *cerrar la boca de un túnel.* || Poner término a una cosa: *han cerrado las investigaciones.* || Terminar un plazo. || Ir en último lugar: *cierra el pelotón.* || Juntar las partes de algo: *cerrar un libro.* || Dar por concertado un acuerdo o pacto: *han cerrado el trato con un apretón de manos.* || Dar por finalizada la actividad de un negocio, definitivamente o a diario. También intr.: *cierran a las tres.* || intr. y prnl. Cicatrizar una herida. || Llegar la noche a la máxima plenitud. || prnl. Empeñarse en algo. || Tomar una curva un vehículo o un conductor muy pegado a la parte interior de ella. || Cubrirse de nubes el cielo. || Mostrarse poco comunicativo o distante: *con los desconocidos se cierra y no habla.* ◆ **Irreg.** Se conj. como *acertar.* || FAM. cerrado, cerrador, cerradura, cerrajero, cerramiento, cerrazón, cierre.

cerrazón f. Obstinación. || Torpeza para comprender algo por ignorancia o prejuicio. || Oscuridad grande precursora de una gran tormenta.

cerril adj. Obstinado, obcecado. || Grosero, tosco. || Se apl. al ganado que no está domado. || FAM. cerrilidad, cerrilismo.

cerrillada f. *amer.* Sucesión de afloramientos pétreos en un terreno de escasa altura.

cerro m. Colina, elevación aislada del terreno. || **irse** o **salir por los cerros de Úbeda** loc. *col.* Divagar, apartarse absurdamente de lo que se está tratando.

cerrojazo m. Acción de terminar algo bruscamente.

cerrojo m. Barra cilíndrica de hierro que se desplaza entre dos anillas para cerrar puertas y ventanas. || En ciertas armas de fuego, cilindro metálico que cierra la recámara. || Agrupación de jugadores de un mismo equipo dentro de su área. || FAM. cerrojazo.

certamen m. Concurso para estimular con premios una actividad creativa.

certero, ra adj. Se apl. a la persona diestra en disparar y al disparo atinado. || Acertado, de acuerdo con lo razonable o lo cierto.

certeza o **certidumbre** f. Conocimiento seguro y evidente de que algo es cierto. || Calidad de cierto.

certificación f. Garantía que asegura la certeza o autenticidad de algo.

certificado, da adj. y m. Se apl. a la carta o al paquete postal que se certifica. || m. Documento en que se

chabola

certifica; certificación: *certificado de convivencia, de penales.*

certificar tr. Afirmar la verdad de algo: *certifico que soy inocente.* || Obtener, previo pago, un resguardo que compromete a Correos a entregar en mano un envío: *certificar una carta.* || Asegurar algo por documento público: *el perito certificó su calidad.* || FAM. certificación, certificado, certificatorio.

cerúleo, a adj. Se apl. al color azul como el del cielo despejado.

cerumen m. Cera de los oídos.

cerusa o **cerusita** f. Carbonato de plomo del que se obtiene el albayalde, muy usado en pintura.

cerval adj. Se apl. al miedo atroz o excesivo.

cervecería f. Establecimiento donde se vende y se consume cerveza. || Fábrica de cerveza.

cervecero, ra adj. De la cerveza o relativo a ella. || col. Se apl. a la persona muy aficionada a beber cerveza. || m. y f. Persona que vende o fabrica cerveza.

cerveza f. Bebida alcohólica, espumosa, obtenida por fermentación de la cebada en agua y aromatizada con lúpulo, boj, casia, etc. || FAM. cervecería, cervecero.

cervical adj. De la cerviz: *vértebra cervical.* || Del cuello de cualquier órgano. || f. Vértebras del cuello. Más en pl.

cérvido, da adj. y m. De los cérvidos o relativo a esta familia de mamíferos. || m. pl. Familia de mamíferos artiodáctilos rumiantes cuyos machos poseen cuernos ramificados que se renuevan periódicamente, como el reno y el ciervo.

cerviguillo m. Parte exterior de la cerviz, cuando es gruesa y abultada.

cerviz f. Parte posterior del cuello, nuca. || FAM. cervical, cerviguillo.

cesante adj. y com. Se apl. a la persona, y particularmente al funcionariado público, que se queda sin empleo.

cesar intr. Suspenderse, acabarse algo: *ha cesado de llover.* || Dejar de desempeñar un cargo o empleo: *el ministro cesó ayer en su cargo.* || FAM. cesación, cesamiento, cesante, cesantía, cese.

césar m. Emperador de Roma. || FAM. cesáreo, cesarismo.

cesárea f. Operación quirúrgica en la que, a través de una abertura en el abdomen, se extrae al niño del útero de la madre.

cesarismo m. Sistema de gobierno que concentra los poderes públicos en una sola persona, la cual designa sucesor, autocracia. || FAM. cesarista.

cese m. Revocación de un cargo, y documento en que consta. || Suspensión o finalización de una acción o en una actividad: *liquidación por cese de negocio.*

cesio m. Elemento químico metálico, alcalino, blando y plateado que se utiliza para fabricar células fotoeléctricas. Su símbolo es *Cs*, y su número atómico, 55.

cesión f. Renuncia de una posesión o un derecho a favor de otra persona. || FAM. cesionario, cesionista.

cesionario, ria m. y f. Persona que recibe una cesión de alguien.

cesionista com. Persona que cede algo a alguien.

césped m. Hierba menuda y tupida que cubre el suelo. || Campo de fútbol.

cesta f. Recipiente trenzado de mimbre, caña o madera flexible. || En baloncesto, red sin fondo que cuelga del aro por donde debe introducirse el balón, canasta. || En el juego de pelota vasca, especie de pala cóncava de tiras de madera que se ajusta a la mano, para lanzar y recoger la pelota. || **cesta de la compra** Conjunto de productos que consume diariamente una familia. || FAM. cestería, cestero, cesto.

cestería f. Establecimiento donde se venden o fabrican cestas o cestos. || Arte de tejer cestas.

cesteril adj. *amer.* Perteneciente o relativo al baloncesto.

cesto m. Cesta grande más ancha que alta.

cestodo adj. y m. De los cestodos o relativo a esta clase de gusanos. || m. pl. Clase de gusanos de cuerpo largo, plano y segmentado, que carecen de aparato digestivo y viven como parásitos en el interior del cuerpo de otros animales.

cesura f. En la poesía moderna, corte o pausa que divide un verso en dos partes o hemistiquios. || En la poesía griega y latina, sílaba final de una palabra que termina un pie y comienza otro.

cetáceo, a adj. y m. De los cetáceos o relativo a este orden de mamíferos. || m. pl. Orden de mamíferos pisciformes marinos que tienen las aberturas nasales en lo alto de la cabeza, por las cuales espiran el aire, cuyo vapor a veces se condensa y se asemeja a chorros de agua. Tienen los miembros anteriores transformados en aletas y el cuerpo terminado en una sola aleta horizontal, como la ballena y el delfín.

cetrería f. Arte de criar, adiestrar y proteger halcones y demás aves de caza. || Caza con la ayuda de estas aves. || FAM. cetrero.

cetrino, na adj. De color amarillo verdoso. || Melancólico y adusto.

cetro m. Vara, bastón o insignia de mando, generalmente de materiales preciosos, que exhibían emperadores y reyes como signo de su dignidad. || Esta misma dignidad.

ceutí adj. y com. De Ceuta o relativo a esta ciudad española del norte de África. ◆ pl. *ceutís* o *ceutíes.*

ceviche m. *amer.* Cebiche.

ch f. Fonema que tradicionalmente era considerado la cuarta letra del alfabeto español y la tercera de sus consonantes. ◆ En este diccionario, siguiendo el criterio de la Real Academia Española, se ha englobado en la *c*, según las normas de alfabetización universal. Su nombre es *che.*

chabacanería f. Ordinariez, mal gusto, grosería. || Dicho de estas características.

chabacano, na adj. y s. Ordinario, de mal gusto, grosero. || m. Lengua mixta de español y dialectos indígenas que se habla en algunos lugares de Filipinas. || En Andalucía y México, albaricoque y albaricoquero. || FAM. chabacanada, chabacanería.

chabola f. Vivienda de escasas dimensiones y condiciones de habitabilidad, construida, con materiales de desecho, en los suburbios sin urbanizar de los grandes núcleos urbanos. ‖ Choza, caseta construida generalmente en el campo. ‖ FAM. chabolismo.

chabolismo m. Poblado de chabolas en los suburbios de los grandes núcleos urbanos. ‖ Forma y condiciones de vida en las chabolas. ‖ FAM. chabolista.

chabolista com. Habitante de una chabola.

chacal m. Mamífero carnívoro cánido, de tamaño medio entre el lobo y la zorra. Come animales pequeños o carroña y vive en Asia y África.

chacalele m. *amer*. Reloj de pulsera. ‖ *amer*. Corazón de una persona.

chacanear tr. *amer*. Espolear con fuerza a la cabalgadura.

chácara[1] f. *amer*. Chacra, granja. ‖ FAM. chacarero.

chácara[2] m. *amer*. Monedero.

chacarero, ra adj. *amer*. De la chácara o granja o relativo a ella. ‖ m. y f. *amer*. Dueño de una chácara o granja. ‖ *amer*. Persona que trabaja en la chácara. ‖ f. *amer*. Baile popular argentino de parejas sueltas.

chacha f. *col*. Mujer empleada en una casa como niñera. ‖ *col*. Empleada del servicio doméstico, sirvienta.

chachachá o **cha-cha-cha** m. Baile de origen cubano, derivado de la rumba y el mambo. ‖ Ritmo de este baile.

cháchara f. *col*. Charla inútil y frívola. ‖ pl. Baratijas. ‖ FAM. chacharear.

chachi adj. Buenísimo, estupendo. ‖ adv. m. Estupendamente.

chacho m. *amer*. Persona hábil, que sabe desenvolverse en ciertas situaciones.

chacina f. Cecina, carne desecada. ‖ Carne de cerdo adobada de la que suelen elaborarse embutidos. ‖ Embutidos elaborados con esta carne. ‖ FAM. chacinería, chacinero.

chaco m. *amer*. Plantación, chacra.

chacolí m. Vino ligero y algo agrio, típico del País Vasco, Cantabria y Chile. ◆ pl. *chacolís*.

chacona f. Baile español de los siglos XVI y XVII. ‖ Música de este baile. ‖ Composición musical instrumental inspirada en este baile.

chacota f. Bulla, broma, burla.

chacra f. *amer*. Alquería o granja. ‖ FAM. chácara.

chacuatol m. *amer*. Revoltijo, conjunto de cosas sin orden.

chafalote m. *amer. col*. Pene.

chafar tr. y prnl. Aplastar lo que estaba erguido. ‖ Arrugar la ropa. ‖ Apabullar, dejar a alguien sin saber cómo responder en una conversación: *tu salida de tono lo chafó por completo*.

chafardero, ra m. y f. Murmurador y chismoso.

chafirete, ta m. y f. *amer. desp*. Chófer, conductor.

chaflán m. Cara estrecha y larga que resulta de cortar la esquina que forman dos superficies planas en ángulo. ‖ FAM. achaflanar, chaflanar.

chagra com. Campesino ecuatoriano. ‖ f. Chacra.

chagual m. *amer*. Planta bromeliácea de tronco escamoso y flores verdosas. La médula del tallo nuevo es comestible, las fibras sirven para hacer cordeles, y la madera seca, para suavizar las navajas de afeitar.

chahuiscle o **chahuistle** m. *amer*. Hongo o roya del grano. ‖ **caerle el chahuiscle** a alguien loc. *amer. col*. Sobrevenirle un mal.

chaira f. Cuchilla de zapatero. ‖ Cilindro de acero que los carpinteros y carniceros usan para afilar sus cuchillos.

chaise-longue (voz fr.) f. Butaca de asiento alargado sobre el que se pueden estirar las piernas.

chajá m. *amer*. Nombre común a tres especies de aves anseriformes de 50 cm de longitud, de color gris, cuello largo, plumas altas en la cabeza y dos púas en la parte anterior de sus grandes alas. Andan erguidas y con lentitud y lanzan un fuerte grito, que sirvió para darles nombre. Se domestican con facilidad. ◆ pl. *chajás*.

chajuán m. *amer*. Bochorno, calor.

chal m. Paño más largo que ancho que se utiliza como abrigo o adorno sobre los hombros. ‖ Toquilla para envolver a los bebés.

chala f. *amer*. Hoja que envuelve la mazorca de maíz que, una vez seca, se usa para liar cigarrillos. ‖ *amer*. Sandalia de cuero crudo.

chalado, da adj. y s. Alelado, necio, loco. ‖ Muy enamorado.

chaladura f. *col*. Locura, manía. ‖ Enamoramiento.

chalán, ana adj. y s. Que se dedica a la trata de ganado. ‖ Negociante sin escrúpulos. ‖ m. *amer*. Domador de caballos. ‖ FAM. chalana, chalanear, chalaneo, chalanería.

chalana f. Embarcación menor de fondo plano para transportes en parajes de poco calado.

chalanear tr. Tratar los negocios con maña y destreza, como los chalanes. ‖ *amer*. Adiestrar caballos.

chalar tr. y prnl. Enloquecer, entontecer. ‖ Enamorar. ‖ FAM. chalado, chaladura.

chalchal m. *amer*. Árbol con piñas de piñones menudos.

chalé m. Vivienda unifamiliar, de una o varias plantas, con jardín.

chaleco m. Prenda de vestir, sin mangas que cubre hasta la cintura y se pone encima de la camisa. ‖ **chaleco antibalas** El confeccionado con una composición especial para proteger de las balas. ‖ **chaleco salvavidas** El confeccionado con materiales que flotan para evitar que se hunda en el agua quien lo lleve puesto.

chalet m. Chalé. ◆ pl. *chalets*.

chalina f. Corbata ancha en la que se hace un nudo grande.

chalupa f. Embarcación pequeña, generalmente con cubierta y dos palos para las velas. ‖ *amer*. Torta de maíz pequeña y ovalada con algún condimento por encima.

chamaco, ca m. y f. *amer*. Niño, muchacho.

chamagoso, sa adj. *amer*. Mugriento, astroso. ‖ *amer*. Se apl. a la cosa baja, vulgar y deslucida.

chamán m. Hechicero que se supone con poder para entrar en contacto con los espíritus y los dioses, adivinar y curar enfermos. ‖ FAM. chamanismo.

chamarilero, ra m. y f. Persona que se dedica a la compraventa de objetos viejos o usados. ‖ FAM. chamarilear, chamarileo, chamarilería.

chamba[1] f. *col.* Suerte, chiripa. ‖ *amer.* Empleo, trabajo, sobre todo el eventual y mal pagado.

chamba[2] f. *amer.* Zanja o vallado que sirve para limitar las haciendas.

chambelán m. Noble que acompañaba y servía al rey en su cámara.

chambergo, ga adj. y s. Se apl. a la prenda de vestir cuyo estilo responde al del uniforme de la guardia de Carlos II. ‖ m. y f. Especie de casaca que llega hasta la mitad del muslo.

chamiza f. Hierba silvestre y medicinal de la familia de las gramíneas, que nace en tierras frescas y aguanosas. Sirve para techumbre de chozas y casas rústicas.

chamizo m. Leño medio quemado. ‖ Choza cubierta de chamiza. ‖ Casa o vivienda miserable.

chamo, ma m. y f. *amer.* Niño o adolescente.

champán m. Embarcación grande y de fondo plano, que se emplea en China, Japón y algunos lugares de América del Sur para navegar por los ríos.

champán o **champaña** m. Vino espumoso blanco o rosado, de origen francés.

champiñón m. Hongo basidiomiceto comestible de color blanco que se cultiva artificialmente.

champú m. Jabón líquido para lavar la cabeza. ◆ pl. *champús.*

chamuscar tr. y prnl. Quemar una cosa por la parte exterior. ‖ FAM. chamusquina.

chamusquina f. Acción y resultado de chamuscar. ‖ Camorra, riña. ‖ **oler a chamusquina** loc. *col.* Dar la impresión de que un asunto va a tener mal final.

chamuyo m. *amer. col.* Palabrería que tiene el propósito de impresionar o convencer. ‖ FAM. chamuyar.

chancar tr. *amer.* Triturar, moler, especialmente minerales. ‖ *amer.* Apalear, golpear, maltratar algo o a alguien.

chance amb. Oportunidad u ocasión.

chancear intr. y prnl. Bromear, decir chanzas.

chanchada f. *amer. col.* Faena o guarrada.

chancho, cha m. y f. *amer.* Cerdo, animal. ‖ adj. *amer.* Puerco, sucio, desaseado. ‖ FAM. chanchero.

chanchullo m. Negocio ilícito, tejemaneje para obtener alguna ganancia. ‖ FAM. chanchullero.

chancla o **chancleta** f. Chinela sin talón o con el talón doblado que suele usarse dentro de casa. ‖ FAM. chancletear, chancleteo.

chancleteo m. Ruido de las chancletas al andar.

chanclo m. Zapato de madera o suela gruesa para preservar de la humedad. ‖ FAM. chancla, chancleta.

chancro m. Úlcera contagiosa de origen venéreo o sifilítico.

chándal m. Prenda para hacer deporte compuesta por un pantalón y una chaqueta o jersey anchos y cómodos.

chanfa f. *amer.* Empleo de poco esfuerzo y buena remuneración.

chanfaina f. Guiso de bofes y asaduras.

changa f. *amer.* Insecto dañino para las plantas. ‖ *amer.* Persona bribona. ‖ *amer.* Colilla del cigarro de marihuana. ‖ *amer.* Trabajo del changador. ‖ *amer.* Chapuza. ‖ FAM. changador, changar.

changador, ra m. y f. *amer.* Persona encargada de transportar los equipajes.

changar tr. Romper, descomponer, destrozar.

chango, ga adj. y s. *amer.* Se apl. a la persona torpe y fastidiosa. ‖ *amer.* Bromista, guasón. ‖ m. y f. *amer.* Muchacho.

changua f. *amer.* Caldo preparado con cebolla, cilantro, leche y sal, que se toma antes del desayuno o con él.

changurro m. Plato vasco popular hecho con centollo cocido y desmenuzado en su caparazón.

chanquete m. Pez osteíctio perciforme marino de unos 6 cm, comestible, de cuerpo translúcido y color amarillento o rosado.

chantaje m. Amenaza de pública difamación o cualquier otro daño para obtener algún provecho de alguien u obligarlo a actuar de una determinada manera. ‖ FAM. chantajear, chantajista.

chantajear tr. Ejercer chantaje.

chantajista com. Persona que ejerce el chantaje.

chantillí m. Crema de nata o clara de huevo batidas. ◆ pl. *chantillís.*

chantre m. Canónigo de las iglesias catedrales, a cuyo cargo estaba antiguamente la dirección del canto en el coro.

chanza f. Dicho gracioso y ocurrente. ‖ Burla, broma. ‖ FAM. chancear, chancero.

chañar m. *amer.* Árbol espinoso de la familia de las leguminosas, de corteza amarilla y fruto comestible. ‖ Fruto de este árbol.

¡chao! interj. *col.* Adiós, hasta luego: *nos vemos, ¡chao!*

chapa f. Hoja o lámina de metal, madera u otra materia. ‖ Tapa metálica que cierra herméticamente las botellas. ‖ Placa, distintivo de los agentes de policía. ‖ Mancha roja que sale en las mejillas; chapeta. ‖ pl. Juego infantil que consiste en hacer competiciones empujando con los dedos tapas metálicas de botellas. ‖ **estar sin chapa** loc. *col.* Estar sin dinero. ‖ **no dar** o **no pegar ni chapa** loc. *col.* Estar ocioso, no trabajar. ‖ FAM. chapado, chapar, chapear, chapista.

chapado, da a la antigua loc. adj. De costumbres, ideas o gustos anticuados: *nunca lleva ropa de moda, está muy chapado a la antigua.*

chapalear intr. Hacer ruido al batir el agua con las manos o los pies.

chapapote m. Alquitrán.

chapar tr. Cubrir con chapas. ‖ intr. *col.* Estudiar o trabajar mucho. ‖ *col.* Cerrar un establecimiento público: *no salimos del bar hasta que chaparon.*

chaparro, rra adj. y s. Se apl. a la persona de corta estatura y rechoncha. ‖ m. Mata poco alta de encina o roble. ‖ FAM. chaparral.

chaparrón m. Lluvia intensa que dura poco. ‖ *col.* Riña, regaño, reprimenda: *le cayó un chaparrón por llegar tarde.* ‖ Abundancia o exceso de cosas: *chaparrón de premios.* ‖ FAM. chaparrear.

chapata f. Especialidad de pan con más corteza que miga.

chapela f. Boina con mucho vuelo, típicamente vasca.

chapero m. *argot* Hombre que se prostituye con otros hombres.

chapeta f. Mancha encarnada en la mejilla.

chapín m. Chanclo con suela de corcho y forrado de cordobán que usaban antiguamente las mujeres.

chapín, ina adj. y s. *amer.* De Guatemala o relativo a este país americano. || FAM. chapinismo.

chapista com. Persona que trabaja la chapa. || FAM. chapistería.

chapitel m. Remate de las torres en forma piramidal. || Capitel.

¡chapó! interj. *col.* Expresión que sirve para manifestar admiración o aprobación: *si fuiste capaz de convencerla, ¡chapó!*

chapopote m. *amer.* Asfalto.

chapotear intr. Sonar el agua batida por los pies o las manos. || Producir ruido al agitar las manos o los pies en el agua o el lodo. || FAM. chapoteo.

chapoteo m. Agitación de las manos o los pies en el agua o en el lodo, que produce cierto sonido característico. || Ese sonido.

chapucería f. Tosquedad o imperfección de un trabajo. || Chapuza. || Embuste.

chapucero, ra adj. y s. Realizado sin cuidado, toscamente. || Se apl. a la persona que trabaja de ese modo. || Embustero.

chapulín m. *amer.* Langosta, cigarrón.

chapurrar o **chapurrear** tr. e intr. Hablar con dificultad y sin corrección una lengua, especialmente cuando no es la materna. || FAM. chapurreo.

chapurreo m. Forma de hablar una lengua que no se conoce bien, especialmente cuando no es la materna.

chapuza f. Labor mal hecha, chapucería. || Trabajo no profesional y de poca importancia. || FAM. chapucear, chapucería, chapucero, chapuzas.

chapuzar tr. Meter a alguien en el agua de cabeza o bruscamente. También intr. y prnl. || FAM. chapuzón.

chapuzas com. Persona que realiza chapuzas o trabajos no profesionales y de poca importancia. ◆ No varía en pl.

chapuzón m. Acción y resultado de chapuzar o chapuzarse.

chaqué m. Especie de levita que a partir de la cintura se abre hacia atrás formando dos faldones. Suelen vestirla los hombres como prenda de etiqueta. ◆ pl. *chaqués.*

chaqueta f. Prenda exterior de vestir, con mangas y abierta por delante, que se ajusta al cuerpo y llega hasta las caderas. || **cambiar de chaqueta** loc. *col.* Dejar de apoyar una causa y favorecer otra por pura conveniencia. || FAM. chaqué, chaquetero, chaquetilla, chaquetón.

chaquetear intr. Cambiar de chaqueta.

chaqueteo m. Cambio de causa o partido por pura conveniencia.

chaquetero, ra adj. y s. *col.* Se apl. a la persona que cambia de causa o partido por pura conveniencia. || FAM. chaquetear, chaqueteo.

chaquetilla f. Chaqueta corta. || Rebeca.

chaquetón m. Prenda más larga y de más abrigo que la chaqueta, pero que no llega a ser un abrigo.

chaquira f. *amer.* Collar o brazalete hecho con cuentas, abalorios, conchas, etc., usado como adorno.

charada f. Acertijo que consiste en adivinar una palabra a partir de algunas indicaciones sobre su significado.

charanga f. Música, principalmente militar, interpretada con instrumentos de viento. || Grupo musical de carácter jocoso. || FAM. charango.

charango m. Especie de bandurria de cinco cuerdas cuya caja se construye con un caparazón de armadillo y que usan los indios andinos.

charapa f. *amer.* Tortuga pequeña y comestible.

charape m. *amer.* Bebida fermentada hecha con pulque, panocha, miel, clavo y canela.

charca f. Charco grande de agua estancada en el terreno de forma natural o artificial.

charco m. Agua u otro líquido estancado en un hoyo del terreno o sobre el piso. || **cruzar** o **pasar el charco** loc. *col.* Cruzar el mar, especialmente el océano Atlántico. || FAM. charca, charcal, encharcar.

charcutería f. Establecimiento donde se venden embutidos y quesos, chacinería. || FAM. charcutero.

charcutero, ra m. y f. Profesional de la venta de productos de charcutería.

charla f. Conversación amistosa e intrascendente. || Conferencia breve y poco solemne. || **dar** o **echar la charla** o **una charla** loc. *col.* Reprender o adoctrinar.

charlar intr. Conversar por pasatiempo. || *col.* Hablar mucho y sin sustancia. || FAM. charla, charlador, charlatán, charlatanear, charlatanería, charleta, charlotear, charloteo.

charlatán, ana adj. y s. Que habla mucho y sin sentido. || Que habla sin discreción. || Embaucador. || Se apl. al vendedor ambulante que anuncia su mercancía voceándola. || FAM. charlatanear, charlatanería.

charlatanería f. Locuacidad. || Conversación insustancial, indiscreta o con intención de embaucar.

charlestón m. Baile de origen estadounidense que se popularizó en la década de 1920.

charleta f. *col.* Charla amistosa y desenfadada.

charlotada f. Espectáculo cómico taurino. || Actuación pública grotesca o ridícula.

charnego, ga m. y f. *desp.* En Cataluña, inmigrante de una región española de habla no catalana.

charnela f. Pieza de metal que facilita el movimiento giratorio de puertas y ventanas, bisagra. || Articulación de las dos piezas de una concha bivalva. || En geol., parte de máxima curvatura de un pliegue.

charol m. Barniz brillante, fijo, que no se agrieta y se queda perfectamente adherido a la superficie sobre la que se aplica. || Cuero con este barniz: *zapatos de charol.* || *amer.* Bandeja para servir, presentar o depositar cosas. || FAM. acharolado, charola, charolado, charolar.

charola f. *amer.* Bandeja.

charqui m. *amer.* Tasajo, carne salada. || FAM. charquicán.

charquicán m. *amer.* Guiso hecho con charqui, ají, patatas, judías y otros ingredientes.

charrán¹, ana adj. y s. Pillo, tunante. || FAM. charranada.

charrán² m. Nombre común de diversas especies de aves caradriformes marinas que miden unos 35 cm de longitud, con el cuerpo de color blanco y gris, la parte su perior de la cabeza negra, el pico largo, la cola ahorquillada y en algunas especies el pico y las patas rojas.

charretera f. Divisa militar en forma de pala que se sujeta al hombro con una presilla y de la que pende un fleco. || Jarretera.

charro, rra adj. y s. De los aldeanos de Salamanca o relativo a ellos. || Recargado de adornos, abigarrado. || m. Jinete mexicano que viste un traje compuesto de chaqueta corta y pantalón ajustado, camisa blanca y sombrero de ala ancha y alta copa cónica.

charrúa adj. y com. *col. amer.* Uruguayo.

chárter adj. y m. Se apl. al vuelo no regular con tarifa reducida, y al avión que lo realiza. ♦ pl. *chárteres*, aunque es muy frecuente su uso como invariable.

chasca f. Leña menuda que procede de la limpia de los árboles o arbustos. || Ramaje que se coloca sobre la leña dispuesta para hacer carbón. || *amer.* Cabello enmarañado.

chascar intr. y tr. Dar chasquidos, chasquear: *chascar los dedos*.

chascarrillo m. Anécdota jocosa o ingeniosa. || Chiste.

chasco¹ m. Decepción que provoca un suceso contrario a lo esperado. || Burla, engaño que se hacen a alguien.

chasco², ca adj. *amer.* Enmarañado, especialmente referido al pelo y al plumaje. || FAM. chascón, chascoso.

chasis m. Armazón que sujeta la carrocería de un vehículo. || Bastidor para placas fotográficas. || **estar** o **quedarse** alguien **en el chasis** loc. *col.* Estar o quedarse muy delgado. ♦ No varía en pl.

chasis m. *amer.* Chasis. ♦ No varía en pl.

chasquear tr. Dar chasquidos, chascar: *chasquear la lengua*. || Burlarse de alguien. || intr. Decepcionar. || FAM. chascar, chasquido.

chasqui m. *amer.* Correo o mensajero inca. || *amer.* Emisario, mensajero.

chasquido m. Sonido que se hace con el látigo o la honda cuando se sacuden en el aire. || Ruido que se produce al romperse alguna cosa. || Ruido que se produce con la lengua al separarla de golpe del paladar o al frotar las yemas de los dedos corazón y pulgar de una mano.

chasquilla f. *amer.* Flequillo.

chat m. Conversación simultánea entre dos o más personas a través de Internet. ♦ pl. *chats*. || FAM. chatear.

chatarra f. Escoria que deja el mineral de hierro. || Hierro o cualquier otro metal de desecho. || *col.* Aparato viejo o inservible. || *col.* Cosa de poco valor, especialmente monedas o bisutería: *llevo el monedero lleno de chatarra*. || *col.* Condecoraciones o medallas. || FAM. chatarrería, chatarrero.

chatarrería f. Establecimiento dedicado a la compraventa de chatarra.

chatarrero, ra m. y f. Persona que comercia con chatarra.

chatear tr. Beber chatos de vino. || intr. *col.* Conversar en directo mediante un chat.

chatel adj. y m. *amer.* Niño, que tiene pocos años.

chatino m. *amer.* Trozo de plátano verde machacado y frito.

chato, ta adj. y s. De nariz pequeña y aplastada. || Se apl. a la nariz que tiene esta forma. || Romo, plano, corto. || m. Vino servido en un vaso bajo y ancho. || m. y f. Apelativo cariñoso. Más como interj.: *¡hasta luego, chato!* || f. Bacín plano, con borde entrante y mango hueco, por donde se vacía, que se usa como orinal de cama para los enfermos que no pueden incorporarse. || Chalana. || FAM. chatear, chatedad, chateo.

¡chau! interj. *col. amer.* ¡Chao!

chaucha f. *amer.* Moneda chica de plata o níquel. || *amer.* Moneda de plata de baja ley. || *amer.* Patata temprana o menuda que se deja para simiente. || *amer.* Judía verde. || pl. *amer.* Escasa cantidad de dinero.

chaval, la m. y f. Muchacho, joven. || FAM. chavalería.

chavar tr. y prnl. *amer.* Molestar, fastidiar, incordiar.

chavea m. *col.* Chaval, muchacho.

chavería f. *amer.* Cantidad insignificante de dinero.

chaveta f. Clavo que se remacha separando las dos mitades de su punta. || Clavija, pasador que se pone en el agujero de una barra e impide que se salgan las piezas que sujeta la barra. || *amer.* Cuchilla pequeña y curva usada por tabaqueros y zapateros. || **perder la chaveta** loc. *col.* Volverse loco. || FAM. chavetear.

chavo m. Ochavo.

chayote m. Fruto comestible de la chayotera, con forma de pera, corteza rugosa blanquecina o verdusca y una sola pepita grande como semilla. || Chayotera. || FAM. chayotera.

chayotera f. Planta trepadora americana de la familia de las cucurbitáceas, de hojas verdes y flores amarillas con cáliz acampanado. Su fruto, comestible, es el chayote.

che f. Nombre que tradicionalmente se daba al dígrafo formado por la unión de *c* y *h*: *ch*.

¡che! interj. Expresión que, en Valencia y América del Sur, se usa para llamar, hacer que se detenga o pedir atención a una persona. También expresa a veces asombro o sorpresa: *¡qué susto, che!*

checa f. Comité de policía secreta de la antigua Unión Soviética. || Organismo semejante que ha funcionado en otros países y que sometía a torturas a los detenidos. || Local en que actuaban estos organismos.

checheno, na adj. y s. De la República de Chechenia o relativo a este país del norte del Cáucaso.

chécheres m. pl. *amer.* Baratijas, cachivaches.

checo, ca adj. y s. De la República Checa o relativo a ella. || De la antigua Checoslovaquia o relativo a ella, checoslovaco. || m. Lengua eslava hablada por los checos.

checoslovaco, ca o **checoeslovaco, ca** adj. y s. De la antigua Checoslovaquia o relativo a ella.

chef com. Jefe de cocina. ♦ pl. *chefs*.

chele adj. y com. *amer.* Se apl. a la persona muy blanca o rubia. || m. *amer.* Legaña.

cheli m. Jerga madrileña que contiene elementos castizos, marginales y contraculturales.

chelín m. Moneda fraccionaria inglesa, desaparecida con motivo de la reducción del sistema monetario inglés al sistema decimal. El chelín tenía 12 peniques, y la libra, 20 chelines. || Unidad monetaria de varios países africanos.

chelo m. Violonchelo.

chemicol m. *amer.* Betún para el calzado.

chepa f. *col.* Corcova, joroba. || adj. y com. *col.* Jorobado. || **subírsele a la chepa** a alguien loc. *col.* Perderle el respeto o tratarlo con exceso de confianza. || FAM. cheposo, chepudo.

chepudo, da adj. *col.* Que tiene chepa.

cheque m. Documento u orden de pago para que una persona retire la cantidad asignada de los fondos que el firmante tiene en una cuenta bancaria. || FAM. chequera.

chequear tr. *amer.* Rellenar un cheque. || *amer.* Examinar, verificar. || prnl. Hacerse un chequeo.

chequeo m. Reconocimiento médico completo. || FAM. chequear.

chequera f. Talonario de cheques. || Cartera para guardar el talonario.

cheroque o **cheroqui** adj. y com. De un pueblo amerindio que vivió al sur de los Apalaches y que en 1835 fue trasladado a Oklahoma y Carolina del Norte, o relativo a él.

chéster m. Queso de vaca inglés elaborado en Chéster.

chétnik com. Miliciano de la guerrilla serbia. ◆ pl. *chétniks.*

chévere adj. *amer.* Gracioso, bonito, elegante, agradable. || *amer.* Excelente.

cheviot m. Lana del cordero de Escocia. || Tela que se hace con ella u otra semejante. ◆ pl. *cheviots.*

cheyene adj. y com. De la tribu amerindia que vivía al sur del lago Superior o relativo a ella.

chibcha adj. y com. De los habitantes de un pueblo que vivió en las tierras altas de Bogotá y Tunja, o relativo a ellos. || m. Idioma de este pueblo.

chibolo, la m. y f. *amer.* Cualquier cuerpo pequeño y esférico. || Chichón.

chic adj. y m. Elegante o a la moda: *decoración chic.* ◆ pl. *chics,* aunque es muy frecuente su uso como invariable.

chicane (voz fr.) f. En automovilismo y motociclismo, zona preparada para que los vehículos reduzcan la velocidad.

chicano, na adj. y s. Del ciudadano de origen mexicano que reside en los Estados Unidos de América o relacionado con él.

chicarrón, ona adj. y s. Se apl. al muchacho muy crecido y desarrollado.

chicha¹ f. *col.* Carne comestible. || **de chicha y nabo** loc. adj. *col.* De poco valor o poca importancia. || **no ser** algo **ni chicha ni limonada** loc. *col.* Estar poco definido o no servir para nada. ◆ Coloquialmente se pronuncia *ni chicha ni limoná.*

chicha² f. *amer.* Bebida alcohólica que resulta de la fermentación del maíz en agua azucarada o de la del zumo de uva o manzana.

chícharo¹ m. Guisante, garbanzo, judía.

chícharo² *amer.* Aprendiz o ayudante.

chicharra f. Cigarra. || Timbre eléctrico. || Persona muy habladora.

chicharrero m. *col.* Lugar muy caluroso.

chicharro m. Jurel. || Chicharrón.

chicharrón m. Residuo de las pellas del cerdo, después de derretida la manteca. || Carne requemada. || *amer.* Corteza de cerdo. || pl. Fiambre formado por trozos de carne de distintas partes del cerdo, prensado en moldes.

chiche¹ m. *amer.* Carne comestible, chicha.

chiche² adj. *amer.* Se apl. a la persona muy blanca o rubia. || m. *amer.* Cosa pequeña, delicada, bonita. || *amer.* Pecho de mujer. También f. || *amer.* Juguete, entretenimiento de niños.

chichi m. *vulg.* Vulva. || f. *amer.* Pecho de mujer. || adj. *amer.* Fácil.

chichicuilote m. Nombre común de varias especies de aves caradriformes americanas, de unos 20 cm, color gris y con el pico largo y delgado.

chichimeca adj. De la tribu que se estableció en Tezcuco y que, mezclada con otras que habitaban en el territorio mexicano, fundó el reino de Acolhuacán, o relativo a ella. Más como com. y en pl.

chichinabo (de) loc. *col.* adj. De chicha y nabo.

chichipato, ta m. y f. *amer. col.* Persona que hace pequeños negocios.

chichón m. Bulto en la cabeza producido por un golpe: *recibió un pelotazo en la frente y le salió un chichón.* || FAM. chichonera.

chichonera f. Gorro rígido para proteger la cabeza de golpes, especialmente para los niños y algunos deportistas.

chicle m. Goma de mascar de diferentes sabores. || FAM. chicloso.

chiclé m. En el carburador de un automóvil, pieza con que se regula el paso de la gasolina.

chicloso, sa adj. De textura parecida a la del chicle, pegajoso. || *amer.* Dulce de leche.

chico, ca adj. Pequeño, de poco tamaño. || adj. y s. Niño, muchacho. || m. y f. Persona de edad no muy avanzada. || Recadero, aprendiz. || f. Criada, asistenta. || FAM. chicarrón, chicote, chicuelo, chiquillo, chiquito.

chicote m. Cabo o punta de un cigarro puro ya fumado. || *amer.* Látigo.

chicuelina f. Pase que el torero da con la capa por delante y los brazos a la altura del pecho, girando en sentido contrario a la embestida del toro.

chido, da adj. *amer. col.* Muy bueno. || *amer.* Bonito, lindo.

chifa m. *amer. col.* Restaurante chino. || *col.* Comida preparada al estilo de los restaurantes chinos.

chifla¹ f. Chiflido o silbido. || Especie de silbato.

chifla² f. Cuchilla de corte curvo para raspar y adelgazar las pieles.

chiflado, da adj. y s. *col.* Chalado, loco.

chifladura f. Afición o entusiasmo desmedidos. || Acción propia de un chiflado.

chiflar intr. Silbar con un silbato o con la boca. || Encantarle a uno algo o alguien: *me chiflan los boleros.* || prnl. Perder uno las facultades mentales. || Sentir gran atracción, enamorarse de alguien. || FAM. chifla, chiflado, chifladura, chiflido, chiflo.

chiflido m. Silbido.

chiflo m. Silbato.

chiflón m. *amer.* Viento colado o corriente de aire muy sutil. || *amer.* Canal por donde cae con fuerza el agua del surtidor de una fuente o de una manguera. || *amer.* Derrumbe de piedra suelta en una mina.

chifonier m. Mueble con cajones, más alto que ancho. ◆ pl. *chifonieres.*

chigre m. En Asturias, tienda donde se vende sidra u otras bebidas al por menor. || FAM. chigrero.

chigua f. *amer.* Especie de cesto hecho con cuerdas o corteza de árboles, de forma oval y boca de madera. Sirve para muchos usos domésticos.

chigüín m. *amer. col.* Chiquillo, niño.

chihuahua adj. y com. Se apl. a la raza de perros de tamaño muy pequeño, originaria de México.

chii adj. y com. Chiita. ◆ pl. *chiís* o *chiíes.*

chiísmo m. Doctrina derivada de la religión islámica que considera a Alí, yerno de Mahoma, y a sus descendientes, únicos imanes legítimos. || FAM. chií, chiita.

chiita adj. Relativo al chiismo. || adj. y com. Partidario de esta doctrina.

chilaba f. Prenda de vestir con capucha que usan los árabes.

chilaquil m. *amer.* Guiso compuesto de tortillas de maíz despedazadas y cocidas en caldo y salsa de chile.

chilatole m. Guiso de maíz entero, chile y carne de cerdo.

chilca f. *amer.* Arbusto resinoso de la familia de las compuestas que crece en las faldas de las montañas del continente americano.

chilco m. *amer.* Fucsia silvestre.

chile m. Ají, pimiento muy picante. || *amer. col.* Mentira. Más en pl. || *amer. vulg.* Pene. || FAM. enchilar, enchilada.

chilena f. Tiro a puerta que, en fútbol, hace un jugador de espaldas a la portería y elevando los pies por encima de la cabeza.

chileno, na adj. y s. De Chile o relativo a este país americano. || FAM. chilenismo.

chilindrón m. Guiso hecho con trozos de carne de ave, cerdo o cordero, rehogados con tomate, pimiento y otros ingredientes.

chillar intr. Dar chillidos las personas o los animales. || Levantar mucho la voz por costumbre o por enfado. || FAM. chillería, chillido, chillón.

chillido m. Sonido inarticulado de la voz, agudo y desagradable.

chillón, ona adj. *col.* Que chilla mucho. || Referido a un sonido, agudo y desagradable. || Se apl. a un color demasiado vivo o mal combinado con otro, y a la cosa que lo tiene.

chilmole m. *amer.* Salsa o guisado de chile con tomate o con alguna legumbre. || FAM. chilmolero.

chilmolero, ra m. y f. *amer.* Que hace o vende chilmoles. || adj. y s. *amer. col.* Latoso, fastidioso.

chilpayate, ta m. y f. *amer.* Niño pequeño, hijo.

chimango m. *amer.* Nombre común de varias aves falconiformes de unos 30 cm de longitud y color oscuro.

chimbo, ba adj. y s. *amer.* Se apl. a cierta clase de dulce hecho con huevos, almendras y almíbar.

chimbolero m. *amer.* Infierno, lugar de castigo eterno.

chimenea f. Conducto para dar salida al humo resultante de una combustión. || Hogar o fogón donde se puede encender fuego con un tiro por el que sale el humo. || Conducto por donde sale la lava en los volcanes. || Grieta estrecha en una mina o roca.

chimichurri m. *amer.* Salsa hecha a base de ajos, perejil, ají picante, sal y vinagre, que se emplea para aderezar la carne.

chimón m. *amer.* Excoriación formada en la piel por el roce con algo.

chimpancé m. Mamífero primate africano de pelo negro, brazos largos y cabeza grande. Es bastante inteligente, vive en pequeños grupos en árboles o en el suelo y se alimenta de hojas, frutos, semillas y pequeños animales.

chimuelo, la adj. y s. *amer.* Que carece de algún diente.

china f. Piedra pequeña y, a veces, redondeada. || En la jerga de la droga, barra de hachís prensado. || **tocarle** a alguien **la china** loc. *col.* Corresponderle algo desagradable o que nadie quiere. || FAM. chinarro, chinazo, chino.

chinama f. *amer.* Choza, cobertizo hecho de cañas y ramas.

chinampa f. *amer.* Terreno pequeño en las lagunas vecinas a la ciudad de México, donde se cultivan flores y verduras.

chinchal m. *amer.* Establecimiento comercial pequeño y de poca importancia.

chinchar tr. *col.* Molestar, fastidiar. || prnl. *col.* Aguantarse, fastidiarse: *tú te lo has buscado, así que chínchate.*

chinche f. Nombre común de diversos insectos hemípteros; la chinche común, que es roja y aplastada, mide unos 5 mm y se alimenta chupando la sangre a aves y mamíferos. || adj. y com. *col.* Se apl. a la persona fastidiosa y pesada. || f. Chincheta. || **caer** o **morir como chinches** loc. *col.* Producirse una gran mortandad. || FAM. chinchar, chincheta, chinchorrero.

chincheta f. Clavito metálico de cabeza circular y chata.

chinchilla f. Mamífero roedor propio de América meridional, parecido a la ardilla, de pelaje gris y muy suave. || Piel de este animal.

chinchín interj. Expresión que acompaña el choque de copas o vasos en un brindis: *¡chinchín, a tu salud!*

chinchón[1] m. Bebida anisada fabricada en el pueblo de la provincia de Madrid del mismo nombre.

chinchón[2] m. Juego de naipes en el que gana el jugador que liga las siete cartas de la mano.

chinchorrero, ra adj. y s. *col.* Se apl. a la persona picajosa, excesivamente preocupada por detalles sin importancia. || *col.* Chismoso. || FAM. chinchorrear, chinchorrería, chinchoso.

chinchorro m. Embarcación de remos pequeña que llevan a bordo los barcos. || Hamaca ligera tejida de cordeles que emplean como lecho los indios de Venezuela.

chinchulín m. *amer.* Tripas del ganado ovino o vacuno, trenzadas y asadas. Más en pl.

chincual m. *amer.* Sarampión.

chiné adj. Se apl. a la tela rameada o de varios colores combinados.

chinear tr. *amer.* Llevar en brazos o a cuestas. || *amer.* Cuidar con cariño y esmero, mimar. || *amer.* Trabajar como niñera.

chinela f. Zapatilla sin talón de suela ligera que generalmente se calza dentro de casa.

chinerío m. *amer.* Conjunto de chinas o mujeres aindiadas.

chinesco, ca adj. Propio de China o parecido a las cosas de este país. || m. Instrumento musical compuesto de una armadura metálica de la que penden campanillas y cascabeles, todo enastado en un mango de madera para hacerlo sonar al sacudirlo. Más en pl.

chingada f. *amer.* Error, equivocación. || *amer. col.* Fracaso. || *amer. vulg.* Putada. || *amer. vulg.* Puta.

chingana f. *amer.* Taberna en la que suele haber canto y baile.

chingar tr. *col.* Beber bebidas alcohólicas con frecuencia. || Importunar, molestar. || Estropear, fracasar. También prnl.: *se chingó la fiesta.* || *amer. vulg.* Practicar el coito, fornicar. También prnl. || intr. *amer.* Colgar un vestido más de un lado que de otro. || prnl. *col.* Embriagarse. || *amer.* No acertar, fracasar. || FAM. chingada, chingado.

chingolo m. *amer.* Nombre común de diversas aves paseriformes de unos 16 cm de longitud, parecidas a un gorrión, de colores pardos y, en algunas especies, canto melodioso.

chinguirito m. *amer.* Aguardiente de caña.

chino¹ m. Piedrecita, china. || En la jerga de la droga, heroína para inhalar que se quema sobre papel de plata.

chino², na adj. y s. De China. || m. Idioma de los chinos: *chino cantonés.* || Forma de hablar ininteligible: *hablar en chino.* || f. Porcelana china. || m. pl. Juego que consiste en acertar el número de monedas que cada jugador guarda en su puño: *jugar a los chinos.* || **engañar como a un chino** a alguien loc. *col.* Engañar a alguien aprovechándose de su ingenuidad o credulidad: *creí que compraba un auténtico incunable, pero me engañaron como a un chino.* || **ser** algo **de chinos** algo loc. *col.* Exigir mucha paciencia o atención: *descifrar aquel código fue una labor de chinos.* || FAM. chiné, chinero, chinesco.

chino³, na adj. y s. *amer.* Se apl. a la persona aindiada. || *amer.* Se dice de la persona que desciende de negro y mulata, o de mulato y negra. || *amer.* Criado o sirviente. || *amer.* Referido al pelo, rizado. || *amer.* Se usa como designación afectiva, a veces cariñosa y otras despectiva. || FAM. chinerío.

chip m. Circuito integrado, montado sobre una placa de silicio, que realiza varias funciones en los ordenadores y dispositivos electrónicos. ◆ pl. chips.

chipá f. *amer.* Torta de harina de maíz o mandioca y queso.

chipén o **chipé** adj. *col.* Estupendo, muy bueno. || f. Verdad, bondad.

chipil o **chípil** adj. y com. *amer.* Se apl. al penúltimo hijo de una familia. || adj. Que tiene pelusa o celos.

chipirón m. Calamar pequeño.

chiporro m. *amer.* Cordero nuevo. || *amer.* Cuero de cordero nuevo que se usa, por lo común, como forro de prendas de abrigo. || *amer.* Marinero joven.

chipote m. *amer.* Manotada.

chipotle m. *amer.* Especie de chile muy picante de color marrón y secado al humo.

chipriota adj. y com. De Chipre o relativo a esta isla del Mediterráneo.

chiqueadores m. pl. Rodajas de carey que se usaban en México como adorno femenino. || *amer.* Rodajas de papel, untadas de sebo u otra sustancia, que se pegan en las sienes como remedio casero para las cefalalgias.

chiquear tr. *amer.* Mimar, consentir.

chiquero m. Pocilga, establo donde se guardan los cerdos. || Cada uno de los compartimientos del toril donde se encierran los toros antes del comienzo de la corrida.

chiquilicuatre com. *col.* Chiquilicuatro.

chiquilicuatro m. *col.* Zascandil, mequetrefe.

chiquillada f. Acción propia de chiquillos.

chiquillería f. *col.* Concurrencia de chiquillos. || Chiquillada.

chiquillo, lla adj. y s. Niño, muchacho. || FAM. chiquillada, chiquillería.

chiquito, ta adj. y s. Pequeñito. || m. Vaso pequeño de vino. || **andarse** uno **con chiquitas** loc. *col.* Usar contemplaciones, pretextos o rodeos para esquivar algo: *cuando quiere algo no se anda con chiquitas.*

chiribita f. Chispa. || pl. *col.* Partículas o destellos móviles en los ojos, que por breves instantes dificultan la visión.

chiribitil m. Desván, rincón o escondrijo bajo y estrecho. || *col.* Pieza o cuarto muy pequeño.

chirigota f. Conjunto que en carnaval canta canciones humorísticas. || *col.* Cuchufleta, broma sin mala intención.

chirimbolo m. Objeto de forma imprecisa, que no se sabe nombrar. || Objeto de forma redonda.

chirimía f. Instrumento musical de viento hecho de madera, parecido al clarinete, con nueve o diez agujeros y boquilla con lengüeta de caña. || *amer. col.* Persona charlatana y de voz desagradable.

chirimiri m. Sirimiri.

chirimoya f. Fruto del chirimoyo, de pulpa blanca, dulce y con semillas negras.

chirimoyo m. Árbol originario de América Central, de la familia de las anonáceas, de unos 8 m de altura, tronco ramoso, copa poblada, hojas elípticas y puntiagudas y flores fragantes, solitarias, de pétalos verdosos y casi triangulares. || FAM. chirimoya.

chiringuito m. Quiosco o puesto de bebidas y comidas sencillas al aire libre.

chiripa f. *col.* Suerte, casualidad favorable: *acertó de chiripa.*

chiripá m. *amer.* Paño rectangular que se pasa por entre los muslos y que se sujeta, por los extremos delantero y trasero, a la cintura con una faja o ceñidor. Lo llevan los gauchos de Argentina, Brasil, Paraguay y Uruguay. ◆ pl. chiripás.

chiris com. *amer.* Niño, persona que está en la niñez.

chirla f. Nombre común de diversos moluscos bivalvos parecidos a la almeja, pero de menor tamaño.

chirlar intr. *col.* Hablar atropelladamente y metiendo ruido. || tr. *vulg.* Robar o atracar a punta de navaja. || FAM. chirlero, chirlo.

chirle adj. *col.* Insípido, insustancial. || *amer.* Falto de consistencia, blanduzco. || *amer.* De poco interés, sin gracia.

chirlo m. Herida o cicatriz alargada en la cara.

chirola f. *amer.* Moneda de veinte centavos. || *amer. col.* Poco dinero. Más en pl.

chirona f. *col.* Cárcel. || FAM. enchironar.

chirriante adj. Que chirría: *bisagras chirriantes.*

chirriar intr. Emitir un sonido agudo y estridente dos cuerpos al rozar uno con otro, rechinar. || Chillar los pájaros que no cantan con armonía. || FAM. chirriante, chirrido.

chirrido m. Sonido agudo, continuado y desagradable.

chiruca f. Bota de lona y suela resistente, muy usada para andar por la montaña. Más en pl.

chirusa o **chiruza** f. *amer.* Mujer del pueblo bajo, normalmente mestiza o descendiente de mestizos.

¡chis! interj. Expresión que se usa para pedir silencio, ¡chitón! || Expresión que se usa para llamar a alguien: *¡chis, camarero!*

chiscar tr. Sacar chispas del eslabón chocándolo contra el pedernal.

chiscón m. Habitación pequeña o estrecha.

chisgarabís m. Hombre zascandil, mequetrefe, liante. ◆ pl. *chisgarabises.*

chisme m. Murmuración, cuento sobre alguna noticia verdadera o falsa para dañar a alguien. || *col.* Baratija, trasto pequeño o cualquier objeto del que se desconoce el nombre. || FAM. chismear, chismografía, chismorrear, chismorrería, chismoso.

chismorrear intr. Contar chismes, murmurar. || FAM. chismorreo.

chismorreo m. *col.* Cotilleo, murmuración.

chismoso, sa adj. y s. Que chismorrea o es aficionado a contar chismes.

chispa f. Partícula encendida que salta de la lumbre, del hierro herido por el pedernal, etc. || Descarga luminosa entre dos cuerpos cargados con muy diferente potencial eléctrico. || Diamante muy pequeño. || Porción mínima de cualquier cosa: *una chispa de azúcar.* || Ingenio, gracia. || *col.* Borrachera, embriaguez. || **echar chispas** loc. *col.* Dar muestras de estar muy enojado. || FAM. chispazo, chispear, chisporrotear.

chispazo m. Acción de saltar una chispa del fuego o eléctrica. || Daño que produce esa acción. || Suceso aislado y de poca entidad como precedente de otros más importantes. Más en pl.

chispeante adj. Se apl. al escrito o discurso en el que abundan las muestras de ingenio y agudeza: *humor chispeante.*

chispear intr. Echar chispas. || Brillar, relucir. || Lloviznar. || FAM. chispeante.

chisporrotear intr. Despedir chispas reiteradamente el fuego o un cuerpo encendido. || FAM. chisporroteo.

chisporroteo m. Emanación de chispas de un fuego o de un cuerpo encendido.

chisquero m. Antiguo encendedor de bolsillo con yesca y pedernal. || Cualquier encendedor.

¡chist! interj. ¡Chis! || FAM. chistar, chistido.

chistar intr. Hablar o hacer ademán de hacerlo. Más en negaciones: *no chistó en toda la reunión.* || Llamar la atención de alguien.

chiste m. Dicho breve, agudo y gracioso. || Suceso gracioso. || Burla o chanza. || Dificultad, obstáculo. || FAM. chistoso.

chistera f. Sombrero de copa alta y ala estrecha, sombrero de copa. || Cesta del pelotari.

chistido m. *amer.* Sonido producido exhalando el aire a través de los dientes muy juntos y que se emplea para pedir silencio, llamar la atención, etc.

chistorra f. Embutido con forma cilíndrica, alargada y delgada, que se elabora con carne de cerdo picada y condimentada.

chistoso, sa adj. y s. Que acostumbra a hacer chistes. || adj. Que tiene chiste o gracia.

chistu m. Flauta recta de madera con embocadura de pico, típica del País Vasco. || FAM. chistulari.

chistulari com. Músico que toca el chistu y el tamboril.

chita f. Astrágalo, hueso del pie. || Juego del chito que se juega con una taba. || FAM. chito.

chita callando (a la) loc. adv. Calladamente, con disimulo.

chito m. Juego que consiste en arrojar tejos o discos de hierro contra un pequeño cilindro de madera sobre el que se han colocado las monedas apostadas por los jugadores, para derribarlo. || El tejo empleado en este juego.

¡chitón! interj. *col.* Expresión que se usa para hacer callar a alguien: *¡chitón todo el mundo!*

chiva f. *amer.* Manta, colcha. || *amer.* Red para llevar verduras y legumbres. || *amer.* Mentira.

chivarse prnl. *col.* Delatar, acusar. || *amer.* Enojarse, irritarse.

chivatazo m. *col.* Acusación, delación.

chivatear tr. *amer.* Acusar, delatar.

chivato, ta adj. y s. Delator, acusador, soplón. || *amer.* Se apl. a la persona de talento o valor. || *amer.* Aprendiz, ayudante. || m. y f. Chivo o chiva que tiene entre seis meses y un año. || m. Dispositivo que advierte de una anormalidad o llama la atención sobre algo: *se ha encendido el chivato de la gasolina.* || *amer.* Ají muy picante. || FAM. chivarse, chivatazo, chivatear.

chivo, va m. y f. Cría de la cabra. || f. *amer.* Perilla, barba. || *amer.* Autobús pequeño. || **chivo expiatorio** Persona a la que se culpa de algo sin razón. || **estar como una chiva** loc. *col.* Estar loco o chiflado. || FAM. chivato.

chocante adj. Que choca. || Raro, sorprendente.

chocar intr. Dar violentamente una cosa con otra. || Pelear. || Indisponerse con alguien: *no nos llevamos bien, chocamos mucho.* || Causar extrañeza: *no me chocó que me llamaras.* || tr. Darse las manos en señal de saludo, conformidad, enhorabuena: *¡chócala!* También intr. || Juntar las copas los que brindan. || FAM. chocante, choque.

chocarrería f. Broma o chiste grosero, tosco y de mal gusto. ‖ FAM. chocarrero.

chocarrero, ra adj. Que tiene o manifiesta chocarrería. ‖ adj. y s. Que acostumbra a decir chocarrerías.

chocha f. Chochaperdiz. ‖ Molusco bivalvo, chirla.

chochaperdiz f. Ave caradriforme de unos 35 cm de longitud, parecida a las agachadizas, de pico largo, recto y delgado y plumaje de color gris rojizo con manchas negras. Vive con preferencia en terrenos arbolados con charcas, pantanos o arroyos de bordes fangosos, y se alimenta principalmente de orugas y lombrices.

chochear intr. Tener debilitadas las facultades mentales como consecuencia de la edad. ‖ col. Extremar el cariño o la afición por algo o alguien: *chochea por su nieta*. ‖ FAM. chochera, chochez, chocho.

chochera o **chochez** f. Debilidad mental consecuencia de la edad. ‖ Dicho o hecho de persona que chochea.

chocho¹ m. Semilla comestible del altramuz, altramuz. ‖ vulg. Vulva.

chocho², cha adj. Que chochea: *viejo chocho*. ‖ col. Alelado por el cariño excesivo hacia algo o alguien.

choclo m. amer. Mazorca tierna de maíz.

choclón, ona adj. Desaliñado, mal vestido. ‖ m. amer. Lugar en donde celebran reuniones políticas los partidarios de un candidato, en periodo electoral.

choco, ca adj. amer. De tez morena. ‖ amer. De color rojo oscuro. ‖ amer. De pelo rizado. ‖ amer. Se apl. a la persona a quien le falta una pierna o una oreja. ‖ Jibia o chopito en algunas zonas. ‖ amer. Perro de aguas.

chocolate m. Pasta alimenticia hecha con cacao y azúcar molidos. ‖ Bebida que se hace con esta pasta desleída en agua o leche. ‖ col. Hachís. ‖ **el chocolate del loro** loc. col. Insignificancia, especialmente referido al ahorro en una compra. ‖ FAM. chocolatada, chocolateado, chocolatera, chocolatero, chocolatería, chocolatín, chocolatina.

chocolatería f. Fábrica o tienda de chocolate. ‖ Establecimiento donde se sirve chocolate a la taza.

chocolatero, ra adj. y s. Muy aficionado a tomar chocolate. ‖ m. y f. Persona que se dedica a fabricar o vender chocolate. ‖ f. Puchero donde se cuece el chocolate y vasija donde se sirve.

chocolatina f. Tableta delgada de chocolate.

choconoy m. amer. Gusano grande de una o dos pulgadas, negro y cubierto de una especie de pelo hirsuto, cuyo contacto produce irritación.

chófer, feresa o **chofer, feresa** m. y f. Persona que conduce automóviles de manera profesional.

chófiro interj. amer. Expresa asombro o disgusto.

chola f. col. Cabeza, parte del cuerpo. ‖ col. Entendimiento, juicio.

cholear tr. amer. Tratar a alguien despectivamente.

cholgua f. amer. Mejillón.

chollo m. Cosa apreciable que se obtiene por bajo precio o poco esfuerzo, ganga: *esas rebajas son un chollo*. ‖ Trabajo o negocio que produce beneficio con muy poco esfuerzo.

cholo, la adj. y s. amer. Se apl. al mestizo de sangre europea e indígena. ‖ m. y f. amer. Tratamiento cariñoso.

chomba f. amer. Prenda de vestir hecha de lana a modo de chaleco cerrado.

chompa f. amer. Jersey. ‖ amer. Cazadora.

chongo m. amer. Moño o rizo de pelo. ‖ amer. Dulce de leche cuajada.

chonta f. amer. Árbol, variedad de la palma espinosa, cuya madera, fuerte y de color oscuro y jaspeado, se emplea para hacer bastones y otros objetos de adorno.

chontaduro m. amer. Especie de palma de fruto comestible.

chontal adj. y com. amer. De una tribu maya-quiché de América Central y de las personas o cosas pertenecientes a ella. ‖ amer. Se apl. a la persona rústica e inculta.

chóped m. Embutido parecido a la mortadela.

chopería f. amer. Cervecería.

chopito m. Molusco cefalópodo comestible, menor que la sepia.

chopo¹ m. Nombre de varias especies de álamos, en especial el álamo negro, de corteza gris y hojas en forma de rombo. ‖ FAM. chopera.

chopo² m. col. Fusil.

chopo³ m. Molusco marino, variedad de jibia.

choque¹ m. Encuentro violento de una cosa con otra. ‖ col. Contienda, riña. ‖ Combate de menor entidad que una batalla. ‖ Partido entre dos equipos.

choque² m. Estado de conmoción del organismo, sin pérdida de consciencia, producido por un traumatismo o un fuerte impacto emocional.

chorar tr. vulg. Hurtar, robar.

chorbo, ba m. y f. col. Persona cuyo nombre o identidad se ignoran o no se quieren decir, individuo. ‖ col. Compañero sentimental.

chorear tr. amer. Mariscar choros. También intr. ‖ amer. col. Hurtar, robar. ‖ intr. col. Refunfuñar, enfadarse.

choreta f. amer. Trompeta, instrumento musical de viento. ‖ amer. com. Soldado que se encarga de hacer los toques de la trompeta. ‖ **de choreta** loc. adv. amer. col. De improviso, de casualidad, de mala suerte.

choricear o **chorizar** tr. vulg. Robar, birlar.

chorizo¹ m. Embutido de carne de cerdo picada y adobada con pimentón y otras especias y curada al humo. ‖ amer. Haz hecho con barro mezclado con paja que se utiliza para hacer las paredes de los ranchos. ‖ FAM. choricero.

chorizo², za m. y f. vulg. Ratero, ladronzuelo. ‖ FAM. choricear, choricero, chorizada, chorizar, choro.

chorlito m. Nombre común de diversas especies de aves caradriformes de pico recto, largo y delgado, patas finas y negruzcas y plumaje pardo, que pueden alcanzar hasta 30 cm de longitud, dependiendo de la especie. Se alimentan de insectos y pequeños animales acuáticos. ‖ **cabeza de chorlito** col. Persona de poco juicio.

choro m. amer. Mejillón.

chorote m. amer. Chocolatera de loza sin vidriar. ‖ amer. Toda bebida espesa. ‖ amer. Especie de chocolate con el cacao cocido en agua y endulzado con papelón.

chorra adj. y com. Tonto o necio en lo que dice o hace. ‖ f. col. Casualidad, suerte. ‖ vulg. Pene.

chorrada f. *col.* Necedad, tontería. || *col.* Objeto de poco valor o inútil. || Porción del líquido que se suele echar de propina después de dar la medida.

chorreado, da f. *amer.* Sucio, manchado. || f. Pequeña cantidad de líquido que se vierte a chorro.

chorrear intr. Caer un líquido formando chorro. También tr.: *el árbol chorreaba resina.* || Gotear, ir saliéndose un líquido lentamente de algún sitio. || Estar algo tan mojado que escurre parte del líquido. || tr. *vulg.* Reñir reprender. || FAM. chorrada, chorreado, chorreadura, chorreo, chorreón, chorretón, chorrera.

chorreo m. Caída de un líquido en forma de chorro. || Gasto continuado: *chorreo de dinero.* || Bronca. || FAM. chorreadura.

chorreón m. Golpe o chorro de un líquido. || Mancha que deja ese chorro.

chorrera f. Lugar por donde chorrea un líquido. || Señal que deja al chorrear. || Adorno de encaje a modo de volante que se pone en la pechera de la camisa.

chorretón m. Chorreón.

chorrillo m. *amer. col.* Diarrea.

chorro m. Líquido o gas que sale con fuerza por una abertura. || Caída sucesiva de cosas iguales y menudas: *chorro de monedas.* || Abundancia, gran cantidad: *chorro de voz.* || **a chorros** loc. Copiosamente. || **como los chorros del oro** loc. *col.* Muy limpio, reluciente. || FAM. chorrear.

chotacabras amb. Nombre común de diversas especies de aves caprimulgiformes, insectívoras, de vuelo nocturno y silencioso, plumaje gris o pardo y pico pequeño. Más como m. ◆ No varía en pl.

chotearse prnl. *vulg.* Mofarse, pitorrearse. || FAM. choteo.

choteo m. *vulg.* Burla, pitorreo.

chotis m. Composición musical en compás de cuatro por cuatro. || Baile lento por parejas típico de Madrid que se ejecuta al compás de esta música. || **ser más agarrado que un chotis** loc. *col.* Ser muy tacaño. ◆ No varía en pl.

choto, ta m. y f. Cría de la cabra mientras mama. || Ternero. || **estar como una chota** loc. *col.* Estar muy chiflado. || FAM. chotuno.

chova f. Ave paseriforme de unos 40 cm de altura, parecida al cuervo, de plumaje negro azulado, pico amarillo o rojizo y patas también rojizas. || Corneja.

chovinismo m. Aprecio desmesurado de lo nacional con desprecio de lo ajeno. || FAM. chovinista.

chovinista adj. Del chovinismo o relativo a él. || adj. y com. Que manifiesta chovinismo.

choza f. Cabaña de madera cubierta de ramas o paja, utilizada normalmente por pastores o gente del campo. || Vivienda pobre de cualquier material. || FAM. chozo.

chozo m. Choza pequeña.

christmas (voz i.) m. Crisma. ◆ No varía en pl.

chubasco m. Chaparrón, aguacero acompañado de mucho viento. || Adversidad, contratiempo. || FAM. chubasquero.

chubasquero m. Impermeable ligero, corto y con capucha.

chucaque m. *amer.* Malestar por haber sufrido una vergüenza muy grande.

chúcaro, ra adj. *amer.* Arisco, bravío, sobre todo dicho del ganado vacuno, caballar y mular sin desbravar.

chuchería f. Baratija, fruslería. || Alimento ligero, generalmente apetitoso, golosina.

chucho[1] m. Perro que no es de una raza pura.

chucho[2] m. *amer.* En los ferrocarriles, aguja para el cambio de vía. || *amer.* Dispositivo que deja pasar o interrumpe la corriente eléctrica en un circuito.

chucho[3] m. *amer.* Escalofrío. || *amer.* Fiebre producida por el paludismo, fiebre intermitente. || *amer.* Miedo.

chucho[4] m. *amer.* Látigo, azote.

chuchurrido, da adj. *col.* Marchito, mustio, decaído. ◆ Coloquialmente se pronuncia *chuchurrio.*

chucrut m. Col fermentada con sal y vino, vinagre o aguardiente, de sabor ácido y de larga conservación que suele tomarse como acompañamiento de otros alimentos.

chueco, ca adj. *amer.* De piernas arqueadas. || *amer.* Torcido, ladeado. || *amer.* Zurdo. || *amer. col.* Tramposo.

chueta com. Descendiente de judíos conversos de las islas Baleares.

chufa f. Tubérculo dulce de la raíz de una especie de juncia. Se come remojado en agua o se utiliza para la fabricación de horchata. || *col.* Bofetada, golpe. || FAM. chufar.

chufla f. *col.* Cuchufleta, broma.

chuico m. *amer.* Damajuana de cierta capacidad.

chulada f. *col.* Cosa bonita y vistosa. || Chulería, bravuconada.

chulapo, pa m. y f. Individuo de ciertos barrios castizos de Madrid.

chulear tr. Burlar con gracia. También prnl. || Abusar de alguien, explotarlo: *el proxeneta chuleaba a varias prostitutas.* || prnl. Presumir, pavonearse, jactarse: *va por ahí chuleándose de tener muchos amigos.*

chuleo m. *amer.* Remedo en tono de burla que se hace de alguien.

chulería f. Cierto aire o gracia en las palabras o ademanes. || Dicho o hecho jactancioso: *tus chulerías no me impresionan.*

chulesco, ca adj. Propio de un chulo: *atuendo chulesco.*

chuleta f. Costilla de ternera, carnero o cerdo. || *col.* Bofetada, guantazo. || Entre estudiantes, nota o papelito que se lleva oculto para consultarlo disimuladamente en los exámenes. || com. Chulo, presumido. || FAM. chuletada.

chuletada f. Comida cuyo alimento principal son las chuletas.

chulillo m. *amer.* Cobrador de un autobús.

chulla adj. *amer.* Se apl. al objeto que se ha quedado sin su par.

chullo, lla m. y f. *amer.* Persona de clase media.

chulo, la adj. y s. Que actúa o habla desafiante o con insolencia y cierta gracia. || *col.* Bonito, gracioso. || Chulapo. || Se apl. al hombre que trafica con prostitutas y vive de ellas. || **más chulo que un ocho** loc. *col.* Guapo o con desparpajo. || FAM. chulada, chulapo, chulear, chuleo, chulería, chulesco, chuleta.

chulón, na adj. *amer.* Desnudo, sin vestido.

chumacera f. Pieza de metal o madera con una muesca en que descansa y gira cualquier eje de maquinaria. || Tablita que se pone sobre el borde de una embarcación de remo, en cuyo medio está el tolete, que sirve para que no se desgaste el borde con el roce del remo.

chumbar tr. *amer. col.* Ladrar un perro en actitud de acometer. || *amer. col.* Azuzar a un perro para que ataque. || *amer. col.* Incitar a una persona a pelear.

chumbera f. Planta cactácea con tallos aplastados, carnosos y hojas en forma de palas con espinas, cuyo fruto es el higo chumbo.

chumbo[1] m. *amer. vulg.* Bala, proyectil de arma de fuego. || *amer. vulg.* Pistola o revólver. || *amer. vulg.* Balazo.

chumbo[2]**, ba** adj. De la chumbera y del higo que es su fruto. || FAM. chumbera.

chuminada f. *col.* Tontería, estupidez. || *col.* Objeto de poco valor, chorrada.

chumino m. *vulg.* Vulva. || FAM. chuminada.

chuncho, cha adj. y s. *amer.* De la región selvática escasamente incorporada a la civilización occidental. || *amer. col.* Rústico, huraño. || m. Caléndula.

chunchullo m. *amer.* Parte del intestino delgado de la res, del cerdo o del cordero, que se come asada o frita.

chunga f. *col.* Burla festiva, broma. || FAM. chungón, chunguearse.

chungo, ga adj. *col.* De mal aspecto o de mala calidad. || *col.* Difícil o enrevesado.

chuña f. Ave sudamericana gruiforme de cola larga, plumaje grisáceo y plumas finas en forma de abanico en el arranque del pico.

chuño m. *amer.* Fécula de la patata.

chupa f. *col.* Cazadora o chaqueta, sobre todo de cuero. || *col.* Aguacero, lluvia abundante.

chupa-chups® m. Bola de caramelo sujeta en un palito por donde se agarra mientras se chupa. ◆ Es marca registrada. No varía en pl.

chupada f. Succión de la sustancia de alguna cosa mediante los labios y la lengua. || *col.* Calada que se da a un cigarro.

chupado, da adj. *col.* Muy flaco. || *col.* Fácil.

chupamirto m. *amer.* Colibrí.

chupar tr. Extraer con los labios y la lengua el líquido o jugo de una cosa. También intr. || Embeber los vegetales el agua o la humedad. || Humedecer con la boca y con la lengua, lamer: *chupar un caramelo.* || *col.* Absorber, empapar: *esta balleta chupa el agua.* || *col.* Obtener beneficio de forma ilícita o con engaño. || prnl. *col.* Adelgazar, enflaquecer. || *col.* Tener que soportar algo: *se ha chupado todo el discurso.* || **¡chúpate esa!** loc. *col.* Expresión con que se manifiesta aplauso o agrado por alguna frase ingeniosa que se acaba de decir. || FAM. chupada, chupado, chupador, chupatintas, chuperretear, chuperreteo, chupete, chupetear, chupeteo, chupetón, chupito, chupón, chupóptero.

chupatintas com. *desp.* Oficinista de poca categoría. ◆ No varía en pl.

chupe m. *amer.* Guisado hecho de papas en caldo, al que se añade carne o pescado, mariscos, huevos, ají, tomates y otros ingredientes.

chupete m. Pieza de goma en forma de pezón que se pone en el biberón o se da a los niños para que chupen. || FAM. chupeta.

chupi adj. *col.* Estupendo, excelente. También adv. e interj.

chupinazo m. Disparo hecho con mortero en los fuegos artificiales. || Patada fuerte que se da al balón.

chupito m. Sorbito de vino u otro licor.

chupón, ona adj. y s. Que chupa. || *col.* Que saca provecho de algo con astucia y engaños. || m. Vástago que, al brotar en los árboles, chupa su savia y disminuye el fruto. || *col.* Deportista que tiende a realizar jugadas individuales, en detrimento del juego de equipo. || *amer.* Biberón. || *amer.* Chupete.

chupóptero, ra m. y f. *desp.* Persona que vive sin trabajar o que percibe uno o más sueldos por un trabajo que no realiza.

chura f. *amer.* Víscera comestible de los animales, especialmente de los vacunos. || FAM. churero.

churo m. *amer.* Rizo de pelo.

churrasco m. Carne asada a la plancha o a la parrilla. || FAM. churrasquear.

churre f. Grasa sucia que escurre de algo. || *col.* Lo que se parece a ella.

churrería f. Establecimiento donde se elaboran o se venden churros.

churrero, ra m. y f. Persona que hace o vende churros. || FAM. churrería.

churrete m. Mancha en la cara, en las manos o en cualquier otro lugar visible. || FAM. churretoso.

churrigueresco, ca adj. Del estilo arquitectónico inspirado en el barroco, empleado por José Benito Churriguera y sus imitadores en el siglo XVIII y caracterizado por una exuberante ornamentación. || *desp.* Recargado, de mal gusto.

churro[1] m. Pasta de harina y azúcar frita en forma cilíndrica estriada. || *col.* Chapuza, cosa mal hecha. || *col.* Casualidad favorable: *acertó de puro churro.* || *amer. col.* Persona guapa o atractiva. || **mojar el churro** loc. *vulg.* Mantener un hombre relaciones sexuales. || FAM. churre, churrero, churrete.

churro[2]**, rra** adj. y s. Se apl. a la res ovina de lana basta y rígida: *oveja churra.* || adj. Se dice de la lana de esta res. || **mezclar las churras con las merinas** loc. *col.* Mezclar cosas muy diferentes.

churruscar tr. y prnl. Tostar demasiado un alimento. || FAM. churrusco.

churrusco m. Pedazo de pan demasiado tostado.

churrusco, ca adj. *amer.* Crespo, ensortijado.

churú m. *amer.* Cascarilla que cubre el grano de arroz y debe desecharse antes de la cocción. ◆ pl. *churús* o *churúes.*

churumbel m. Niño, muchacho.

churute m. *amer.* Cosa de forma cónica, cuando no se conoce su nombre o no se quiere decir.

chusco, ca adj. Que tiene gracia y picardía. || m. Pedazo de pan, panecillo. || FAM. chuscada.

chusema adj. y com. *amer.* Loco, extravagante.

chusma f. *desp.* Gente soez o vulgar. || *amer.* Conjunto de indios no guerreros que viven en el seno de una comunidad.

chuspa f. *amer.* Bolsa, morral. || *amer.* Bolsa peque-ña para llevar el tabaco.

chusquero adj. y m. *col.* Se apl. al oficial o subofi-cial del Ejército que ha ascendido desde soldado raso: *sargento chusquero.*

chut m. En el fútbol, lanzamiento potente del balón con el pie. ◆ pl. *chuts.*

chuta f. En la jerga de la droga, jeringuilla.

chutar tr. En el fútbol, lanzar fuertemente el balón con el pie, generalmente hacia la portería contraria. || prnl. En la jerga de la droga, inyectarse. || FAM. chut, chuta, chute.

chute f. En la jerga de la droga, dosis que se inyecta: *chute de heroína.*

chuzo m. Palo armado con un pincho de hierro que se usa como defensa o para atacar. || Carámbano, trozo de hielo. || **caer chuzos de punta** loc. *col.* Llover mu-cho y con fuerza.

ciaboga f. Maniobra que se hace para girar en re-dondo una embarcación.

cian adj. y m. Se apl. a un color azul verdoso, com-plementario del rojo.

cianosis f. Coloración azulada, negruzca o lívida de la piel, provocada por una alteración de la sangre o por un problema circulatorio. ◆ No varía en pl. || FAM. cia-nótico.

cianótico, ca adj. De la cianosis o relativo a ella. || adj. y s. Que la padece.

cianuro m. Sal resultante de la combinación del áci-do cianhídrico con un radical simple o compuesto. Tie-ne un sabor amargo y desprende un fuerte olor.

ciar intr. Andar hacia atrás, retroceder. || Remar ha-cia atrás. || *col.* Abandonar un empeño o negocio.

ciática f. Neuralgia del nervio ciático provocada por la inflamación o compresión del mismo. || *amer.* Arboli-to o arbusto de 3 a 4 m de altura, de la familia de las apo-cináceas, con hojas largas y estrechas y flor de color oro semejante a la campanilla, cuyo tallo al ser cortado des-tila un líquido venenoso.

ciático, ca adj. De la cadera. || Se apl. al nervio más grueso del cuerpo, que se distribuye en los músculos pos-teriores del muslo, en los de la pierna y en la piel de esta y del pie

ciber- pref. que significa 'cibernético': *cibernauta.*

ciberespacio m. Ámbito de comunicaciones consti-tuido por una red informática.

cibernauta com. Usuario de las redes informáticas.

cibernética f. Ciencia que estudia las conexiones nerviosas en los seres vivos. || Ciencia que estudia la cons-trucción de sistemas electrónicos y mecánicos a partir de su comparación con los sistemas de comunicación y re-gulación automática de los seres vivos. || FAM. cibernéti-co.

cibernético, ca adj. De la cibernética o relativo a ella.

ciberusuario, ria m. y f. Cibernauta.

cica f. Planta ornamental de la familia de las cicadá-ceas, de hasta 2 m de altura, con tronco leñoso, cubier-to de cicatrices, y hojas muy largas y rígidas de color ver-de más intenso en su cara superior.

cicadáceo, a adj. y f. De las cicadáceas o relativo a esta familia de plantas. || f. pl. Familia de plantas gim-nospermas propias de los países tropicales, semejantes a las palmeras y helechos arborescentes.

cicatear intr. Hacer cicaterías o actuar con mez-quindad.

cicatería f. Ruindad, tacañería, mezquindad. || Ten-dencia a conceder importancia a nimiedades o a ofen-derse por ellas. || FAM. cicatear, cicatero.

cicatero, ra adj. y s. Mezquino, tacaño o que es-catima lo que debe dar. || Que concede importancia a pequeñas cosas o se ofende por ellas.

cicatriz f. Señal de una herida curada y cerrada que queda en los tejidos orgánicos. || Impresión que deja en el ánimo alguna experiencia o sentimiento negativo. || FAM. cicatricial, cicatrizar.

cicatrización f. Acción y resultado de cicatrizar o ci-catrizarse.

cicatrizar tr., intr. y prnl. Curar por completo una herida física o psíquica. || FAM. cicatrización, cicatri-zante.

cicerone com. Persona que actúa de guía con los vi-sitantes de algún lugar, especialmente con turistas, y les muestra y explica lo más relevante del mismo.

ciclamen m. Planta herbácea de la familia de las pri-muláceas, con hojas acorazonadas de color verde inten-so por el haz y más rojizas por el envés; tiene flores rojas con pedículo largo y fruto seco, en cápsula, con semillas negras.

ciclamor m. Árbol papilionáceo de unos 6 m de al-tura, con tronco y ramas tortuosas, hojas sencillas y aco-razonadas y flores de color carmesí en racimos abundan-tes que nacen en las ramas o en el mismo tronco.

cíclico, ca adj. Del ciclo o relativo a él. || Que se re-pite periódicamente. || Se apl. a la enseñanza o instruc-ción gradual de una o varias materias. || En quím., se dice de la estructura molecular con forma de anillo.

ciclismo m. Deporte y uso de la bicicleta. || FAM. ciclista, ciclístico.

ciclista adj. y com. Que monta en bicicleta. || adj. Del ciclismo o relativo a él: *vuelta ciclista.*

ciclo m. Periodo de tiempo que se considera acaba-do. || Serie de fases por las que pasa un fenómeno perió-dico hasta que se reproduce una fase anterior: *ciclos de la Luna.* || Conjunto de una serie de fenómenos u opera-ciones que se repiten ordenadamente. || Serie de confe-rencias u otros actos de carácter cultural relacionados en-tre sí, generalmente por el tema: *ciclo de novela negra.* || Conjunto de tradiciones épicas concernientes a un de-terminado periodo de tiempo, a un grupo de sucesos o a un personaje heroico: *ciclo bretón.* || Cada una de las par-tes de un plan de estudios. || FAM. cíclico, ciclostil.

ciclocross (voz i.) m. Modalidad de ciclismo que se practica a campo traviesa o por un terreno desigual.

cicloide f. Curva plana descrita por un punto de la circunferencia cuando esta rueda por una línea recta. || FAM. cicloidal, cicloideo.

ciclomotor m. Motocicleta con un motor de pe-queña cilindrada que le permite desarrollar poca veloci-dad.

ciclón m. Viento fuerte producido por el giro del aire alrededor de una zona de bajas presiones, huracán. ‖ Perturbación atmosférica que se caracteriza por un descenso de la presión, acompañado de fuertes vientos y lluvias abundantes, borrasca. ‖ *col.* Persona que se comporta de manera impetuosa. ‖ FAM. ciclonal, ciclónico.

cíclope m. Gigante de la mitología griega con un solo ojo en la frente. ‖ FAM. ciclópeo.

ciclópeo, a adj. De los cíclopes o relativo a ellos. ‖ Gigantesco, de proporciones exageradas. ‖ Referido a unas construcciones antiguas de piedras enormes superpuestas, sin argamasa.

ciclostil o **ciclostilo** m. Máquina para sacar muchas copias de un escrito por medio de una tinta especial sobre una plancha gelatinosa. ‖ Técnica de reproducción que emplea esta máquina.

ciclóstoma m. Molusco gasterópodo pulmonado, terrestre y de pequeño tamaño, cuya concha presenta una abertura circular.

ciclóstomo, a adj. y m. De los ciclóstomos o relativo a esta clase de peces. ‖ m. pl. Clase de peces de cuerpo largo y cilíndrico, esqueleto cartilaginoso, piel sin escamas, con seis o siete pares de branquias y boca circular, a modo de ventosa, con la que se sujetan a otros peces para succionar sus alimentos, como la lamprea.

ciclotrón m. Aparato que actúa mediante fuerzas electromagnéticas sobre partículas desprendidas de un átomo, haciéndolas recorrer determinada órbita con movimiento acelerado hasta imprimirles una enorme velocidad con el fin de que sirvan de proyectiles para bombardear otros átomos.

cicloturismo m. Modalidad de turismo en la que los desplazamientos se realizan en bicicleta. ‖ FAM. cicloturista, cicloturístico.

ciconiforme adj. y f. De las ciconiformes o relativo a este orden de aves. ‖ f. pl. Orden de aves de patas largas, dedos membranosos, cuello largo y pico recto y puntiagudo, que se alimentan de animales acuáticos e insectos, como la cigüeña y la garza.

cicuta f. Nombre común de diversas plantas de la familia umbelíferas, de unos 2 m de altura como máximo, con tallo rollizo y hueco, hojas blandas, fétidas y dentadas, flores blancas, pequeñas, y semilla negruzca menuda. El zumo de esta hierba es un alcaloide tóxico llamado *cicutina*. ‖ Veneno que se obtiene de esta planta.

cidra f. Fruto del cidro, algo mayor que el limón, que se usa en medicina.

cidro m. Árbol de la familia de las rutáceas, de tronco liso y ramoso de unos 5 m de altura, hojas perennes y flores encarnadas olorosas. Su fruto es la cidra. ‖ FAM. cidra, cidrera.

ciego, ga adj. y s. Privado de la vista, invidente. ‖ adj. Obcecado, dominado por una pasión: *ciego de odio.* ‖ Ofuscado, incapaz de razonar con claridad. ‖ *col.* Atiborrado de comida, bebida o drogas: *se puso ciego de marisco.* ‖ Aplicado al conducto obstruido: *pozo ciego.* ‖ m. Intestino ciego. ‖ *amer.* Jugador que tiene malas cartas. ‖ **a ciegas** loc. adv. Sin ver. ‖ *col.* Sin conocimiento ni reflexión. ‖ FAM. cegar.

cielito (el) m. *amer.* Baile campesino de parejas con ritmo de vals.

cielo m. Espacio en el que se mueven los astros y que por efecto visual parece rodear la Tierra, firmamento. ‖ Atmósfera que rodea la Tierra. ‖ Para los cristianos, lugar donde se goza de la presencia de Dios; paraíso. ‖ Parte superior de alguna cosa. ‖ Dios o la providencia divina: *si el cielo lo permite.* También en pl. ‖ Apelativo cariñoso: *¡qué cielo eres!* ‖ **cielo de la boca** Parte superior de misma, paladar. ‖ **a cielo abierto** o **descubierto** loc. adv. Al aire libre. ‖ **caído** o **llovido del cielo** loc. *col.* Que llega en el momento oportuno. ‖ **clamar algo al cielo** loc. Ser algo evidentemente injusto. ‖ **en el séptimo cielo** loc. adv. *col.* Muy a gusto. ‖ **ganar el cielo** loc. *col.* Hacer algo digno de reconocimiento o recompensa. ‖ **mover cielo y tierra** loc. *col.* Hacer todo lo posible por lograr un propósito. ‖ **tocar el cielo** loc. *col.* Sentir un enorme placer o satisfacción. ‖ **ver el cielo abierto** loc. *col.* Hallar el modo de salir de un apuro o de lograr un propósito. ‖ FAM. celaje, celeste.

ciempiés m. Nombre común de los artrópodos miriápodos con un par de patas en cada uno de los veintiún anillos en que se divide su cuerpo. En la cabeza tienen unas tenazas con las que muerden a los animales y les inyectan veneno. ◆ No varía en pl.

cien adj. y pron. num. card. apóc. de *ciento.* Diez veces diez. ‖ adj. num. ord. Que ocupa el lugar número cien en una serie ordenada de elementos, centésimo. ‖ m. Conjunto de signos con que se representa este número: *100.* ‖ **cien por cien** loc. adv. En su totalidad. ‖ **a cien** loc. adv. *col.* Con un alto grado de excitación. ‖ FAM. centavo, centena, centésimo, céntuplo, céntuplo, centuria, ciento.

ciénaga f. Lugar pantanoso o lleno de cieno.

ciencia f. Conocimiento ordenado y, generalmente experimentado, de las cosas. ‖ Conjunto de conocimientos y doctrinas metódicamente ordenado, relativo a una materia determinada: *ciencias humanas.* ‖ Saber, cultura: *este hombre es un pozo de ciencia.* ‖ Conjunto de conocimientos relativos a las matemáticas, física, química, biología y geología. ‖ Habilidad o maestría para la realización de una tarea: *para fregar los platos no hace falta mucha ciencia.* ‖ **ciencias exactas** Matemáticas. ‖ **ciencia ficción** Género literario o cinematográfico cuyo contenido se basa en hipotéticos logros científicos y técnicos del futuro. ‖ **ciencia infusa** Saber innato, no adquirido mediante el estudio. Se utiliza especialmente con sentido irónico: *pretende que sepa programar el vídeo por ciencia infusa.* ‖ **gaya ciencia** Arte de la poesía. ‖ **a ciencia cierta** loc. adv. Con toda seguridad, sin duda: *lo sé a ciencia cierta.* ‖ FAM. cientificismo, científico.

cienmilésimo, ma adj. num. ord. Que ocupa el número cien mil en una serie ordenada de elementos. ‖ adj. num. frac. Cada una de las cien mil partes iguales en que se divide un todo. También f. ‖ m. Fracción de la unidad monetaria de algunos países americanos, céntimo.

cienmillonésimo, ma adj. num. frac. Cada una de las cien millones de partes iguales en que se divide un todo. También f.

cieno m. Lodo blando en el fondo del agua o en sitios bajos y húmedos. ‖ FAM. cenagoso, ciénaga.

cientificismo m. Tendencia a darle demasiada importancia a las ciencias positivas y al conocimiento que se adquiere a través de ellas y con sus métodos, considerados los únicos válidos para llegar a la realidad de las cosas. ‖ FAM. cientificista.

cientificista adj. Del cientificismo o relativo a él. ‖ adj. y com. Partidario de esta tendencia.

científico, ca adj. De la ciencia o relativo a ella. ‖ adj. y s. Que se dedica al estudio o práctica de una ciencia. ‖ FAM. científicamente, cientificismo, cientifismo.

ciento adj. y pron. num. card. Diez veces diez. ‖ adj. num. ord. Que ocupa el lugar número cien en una serie ordenada de elementos, centésimo. ‖ m. Conjunto de signos con que se representa este número: *100.* ‖ Centena. ‖ **ciento y la madre** loc. *col.* Mucha gente. ‖ **por ciento** De cada ciento. Se expresa con el signo % detrás del número que indica el tanto por ciento. ‖ FAM. porcentaje.

ciernes (en) loc. adv. En el principio, al comienzo del desarrollo: *tengo una nueva novela en ciernes.*

cierrapuertas m. *amer.* Cierre súbito de establecimientos públicos y privados en previsión de desmanes.

cierre m. Acción y resultado de cerrar. ‖ Lo que sirve para ello: *cierre de la maleta.* ‖ Unión de las partes de algo, de forma que su interior quede oculto. ‖ Unión o plegado de las partes de un todo. ‖ Conclusión de un proceso o de una acción: *cierre del balance.* ‖ Clausura de un espacio: *cierre del local.* ‖ Finalización de una actividad o de un plazo: *cierre de una edición.* ‖ **cierre centralizado** El que cierra todas las cerraduras a partir de una. ‖ **cierre relámpago** *amer.* Cremallera. ‖ **echar el cierre** loc. *col.* Dar por terminado o terminar.

cierto, ta adj. Verdadero. ‖ Ante un sustantivo, indeterminación: *cierto tipo de animales.* ‖ Seguro de la verdad. ‖ adv. a. Ciertamente, de verdad. ‖ **de cierto** loc. Con certeza o con seguridad. ‖ **por cierto** loc. adv. Ciertamente, de verdad. ‖ A propósito, viniendo al caso de lo que se dice: *he hablado con tu cuñada, por cierto, me ha dicho que te llamará.* ◆ sup. irreg. *certísimo,* aunque también se usa mucho *ciertísimo.* ‖ FAM. certeza, certidumbre, ciertamente.

ciervo, va m. y f. Mamífero artiodáctilo rumiante de la familia de los cérvidos, esbelto, de color pardo, pelo áspero y corto, patas largas y cola muy corta. El macho tiene astas o cuernas estriadas y ramosas, que pierde y renueva todos los años, aumentando con el tiempo el número de puntas, que llegan a diez en cada asta. ‖ **ciervo volante** Insecto coleóptero de gran tamaño, color rojo oscuro o negro, con dos élitros y dos alas traseras, cuyo macho posee unas mandíbulas semejantes a los cuernos. ‖ FAM. cerval, cervato, cérvido, cervuno.

cierzo m. Viento frío del norte.

cifosis f. Encorvadura convexa anormal de la columna vertebral. ◆ No varía en pl.

cifra f. Número dígito. ‖ Signo con que se representa, guarismo. ‖ Cantidad imprecisa, sobre todo de dinero: *la cifra de manifestantes varía según las fuentes.* ‖ Escritura secreta, clave. ‖ Método de escribir música que emplea números. ‖ FAM. cifrar.

cifrar tr. Escribir en clave o en cifra. ‖ Reducir varias cosas a una sola que se considera fundamental. También prnl. ◆ Se construye con la prep. *en: el éxito se cifra en la constancia.* ‖ Valorar cuantitativamente en especial pérdidas y ganancias: *el déficit se cifra en cientos de millones.* ‖ FAM. cifrado, descifrar.

cigala f. Crustáceo decápodo marino comestible, de color rojizo claro y caparazón duro, semejante al cangrejo de río.

cigarra f. Insecto hemíptero verde amarillento, de alas membranosas y abdomen cónico, cuyos machos producen un ruido estridente y monótono. ‖ FAM. cigarral, cigarrón.

cigarral m. En Toledo, huerta cercada fuera de la ciudad, con árboles frutales y casa de recreo.

cigarrería f. *amer.* Lugar donde se venden cigarros.

cigarrero, ra m. y f. Persona que hace o vende cigarros. ‖ f. Caja o mueblecito en que se tienen a la vista cigarros puros. ‖ Petaca para llevar cigarros o cigarrillos.

cigarrillo m. Cigarro pequeño de picadura envuelta en un papel de fumar.

cigarro m. Rollo de hojas de tabaco, puro. ‖ Cigarrillo. ‖ FAM. cigarrera, cigarrero, cigarrillo.

cigarrón m. Saltamontes.

cigofiláceo, a adj. y f. De las cigofiláceas o relativo a esta familia de plantas. ‖ f. pl. Familia de angiospermas dicotiledóneas, generalmente leñosas, que tienen hojas compuestas, flores tetrámeras o pentámeras y fruto en cápsula, en drupa o en baya, como el abrojo.

cigomático, ca adj. De la mejilla o del pómulo: *arco cigomático.*

cigomorfo, fa adj. Zigomorfo.

cigoñino m. Pollo de la cigüeña.

cigoto m. Célula huevo que resulta de la fecundación o unión de las células reproductoras o gametos.

cigüeña f. Ave ciconiforme migratoria de hasta 1 m de altura, de cabeza redonda, cuello largo, cuerpo blanco o negro según la especie, alas negras y patas largas y rojas, lo mismo que el pico. La cigüeña común anida en las torres y árboles elevados y se alimenta de invertebrados y pequeños vertebrados. ‖ FAM. cigoñino, cigoñuela, cigüeñal, cigüeñuela.

cigüeñal m. Doble codo en el eje de ciertas máquinas que transforma el movimiento rectilíneo en circular o a la inversa.

cigüeñuela f. Codo del eje de ciertas máquinas, que permite el movimiento rotatorio. ‖ Ave caradriforme de plumaje blanco y alas negras, con pico largo, recto y anaranjado y patas rojas.

cilantro m. Planta herbácea de la familia de las umbelíferas, muy aromática, con unas hojas dentadas y otras filiformes, flores rojizas o blancas en umbela, empleada en medicina y como condimento.

ciliado, a adj. y m. De los ciliados o relacionado con este grupo de protozoos. ‖ m. pl. Grupo de protozoos unicelulares provistos de cilios que utilizan para desplazarse, como el paramecio y la vorticela.

ciliar adj. De las cejas o relativo a ellas: *arco ciliar.* ‖ De los cilios o relativo a ellos: *apéndices ciliares.*

cilicio m. Vestidura áspera que se utilizaba antiguamente como penitencia. || Faja o cinturón de cerdas o puntas de hierro que se ciñe al cuerpo como mortificación.

cilindrada f. Capacidad del cilindro o cilindros de un motor de explosión que se expresa en centímetros cúbicos.

cilindradora f. *amer.* Apisonadora, máquina automóvil.

cilíndrico, ca adj. Del cilindro. || Con forma de cilindro.

cilindro m. Cuerpo limitado por una superficie curva, cuyo desarrollo es un rectángulo, y dos planos circulares que la cortan. || Tubo en que se mueve el émbolo de una máquina. || Cualquier pieza mecánica con esta forma. || **cilindro eje** Prolongación de una neurona, que generalmente se ramifica y entra en contacto con otras células. || FAM. cilindrada, cilindradora, cilíndrico.

cilio m. Cada uno de los filamentos delgados y permanentes de los protozoos ciliados y de algunas células mediante los que se efectúa la locomoción de las células en un medio líquido. || FAM. ciliado, ciliar.

cillerero m. En algunas órdenes monacales, mayordomo del monasterio.

cillero m. Cámara para guardar el grano. || Despensa o lugar seguro para guardar algunas cosas.

cima f. Parte más alta de un terreno elevado. || Remate, culminación, máximo esplendor de algo: *está en la cima de su carrera.* || Inflorescencia cuyo eje tiene una flor en su extremo.

cimacio m. Moldura en forma de *S*. || Pieza suelta, con ábaco de gran desarrollo, que va sobre el capitel.

cimarrón, ona adj. y s. Se dice del animal doméstico que se hace salvaje. || *amer.* Se apl. al esclavo fugitivo que se refugiaba en los montes en busca de la libertad.

címbalo m. Campana pequeña. || Instrumento de percusión parecido a los platillos, especialmente el usado por los antiguos griegos y romanos en sus ceremonias religiosas. || FAM. cimbalillo, cimbalista.

cimbel m. Ave o figura con forma de ave que se emplea como señuelo para cazar otras.

cimborrio o **cimborio** m. Cuerpo cilíndrico que sirve de base a la cúpula. || Cúpula. || Torre de planta cuadrada u octogonal que se levanta sobre el crucero para iluminarlo.

cimbra f. Armazón que sostiene un arco mientras se construye.

cimbrear o **cimbrar** tr. y prnl. Mover una vara u objeto flexible haciéndolo vibrar. || Doblar algo flexible. || Mover garbosamente el cuerpo o parte de él, especialmente al andar. || FAM. cimbreante, cimbreño, cimbreo.

cimbrón m. *amer.* Punzada, dolor agudo y penetrante. || *amer.* Tirón fuerte y súbito del lazo u otro tipo de cuerda. || FAM. cimbronazo.

cimentar tr. Poner los cimientos de un edificio. || Fundar, edificar. || Consolidar, asentar las bases o principios de algo intelectual o sentimental: *el tiempo cimentó nuestro amor.* ◆ **Irreg.** Se conj. como *acertar*, aunque se usa más como reg. || FAM. cimentación.

cimero, ra adj. Que está en la parte superior de algo y lo finaliza o remata: *ramas cimeras.*

cimiento m. Parte de un edificio que queda enterrada y que sostiene toda la construcción. Más en pl. || Fundamento, principio. Más en pl.: *cimientos de la democracia.* || FAM. cimentar.

cimitarra f. Especie de sable de hoja curva y con un solo filo que se va ensanchando a partir de la empuñadura.

cinabrio m. Mineral rojo y pesado compuesto de mercurio, que se extrae de él, y de azufre.

cinacina f. *amer.* Árbol espinoso de la familia de las leguminosas, de hoja estrecha y menuda y flor olorosa amarilla y roja, cuya semilla es medicinal.

cinamomo m. Árbol exótico y ornamental de la familia de las eleagnáceas, con hojas alternas, flores en racimos de color violeta con olor agradable y cápsulas del tamaño de garbanzos, que sirven para cuentas de rosario. De su fruto, parecido a una cereza, se extrae un aceite empleado en la industria y en medicina. || En Filipinas, árbol y flor de la alheña.

cinc m. Elemento químico, metal blanco azulado con brillo intenso, bastante blando y de estructura laminar, muy usado en el galvanizado del hierro y en aleaciones. Su símbolo es *Zn*, y su número atómico, *30*. ◆ pl. *cincs*.

cincel m. Herramienta con boca acerada y recta de doble bisel para labrar, a golpe de martillo, piedras y metales. || FAM. cincelado, cincelador, cinceladura, cincelar.

cincelar tr. Labrar o grabar con cincel sobre piedras o metales.

cincha f. Faja que se ciñe por debajo de la barriga de las caballerías para asegurar la silla o la albarda. || *amer.* Machete empleado por la policía para golpear de plano.

cinchar tr. Asegurar la silla de montar o la albarda apretando las cinchas. || Asegurar con cinchos o aros de hierro. || *amer.* Poner empeño en la realización de algún propósito. || *amer.* Trabajar esforzadamente.

cincho m. Faja ancha con que se suele ceñir y abrigar la cintura. || Cinturón de vestir o para llevar la espada. || Aro de hierro con que se aseguran o refuerzan barriles, ruedas, maderos, etc. || FAM. cincha, cinchar, cinchera.

cinco adj. y pron. num. card. Cuatro más uno. || adj. num. ord. Que ocupa el lugar número cinco en una serie ordenada de elementos, quinto. También m., aplicado a los días del mes. || m. Signo con que se representa este número: *5.* || FAM. cincuenta.

cincuenta adj. y pron. num. card. Cinco veces diez. || adj. num. ord. Que ocupa el lugar número cincuenta en una serie ordenada de elementos, quincuagésimo. || m. Conjunto de signos con que se representa este número: *50.* || m. pl. Década de los años entre 1950 y 1959. || Edad de cincuenta años. || FAM. cincuentavo, cincuentena, cincuentenario, cincuenteno, cincuentón.

cincuentavo, va adj. num. frac. Se apl. a cada una de las cincuenta partes iguales en que se divide un todo. También m.

cincuenteno, na adj. num. ord. Quincuagésimo || f. Conjunto de cincuenta elementos homogéneos

cincuentón, ona adj. y s. Se apl. a la persona que tiene entre cincuenta y cincuenta y nueve años.

cine m. Cinematógrafo. || Arte, técnica e industria de la cinematografía. || Local donde se proyectan películas cinematográficas. || **de cine** loc. adj. *col.* Muy bueno, extraordinario. || loc. adv. *col.* Muy bien, divinamente. || FAM. cineasta, cineclub, cinéfilo, cinemateca, cinematógrafo.

cineasta com. Persona que se dedica al cine, especialmente como director.

cineclub m. Asociación dedicada a la difusión de la cultura cinematográfica. || Lugar donde se proyectan y comentan películas. ◆ pl. *cineclubs* o *cineclubes.*

cinéfilo, la adj. y s. Aficionado al cine.

cinefórum m. Reunión en la que se comenta una película inmediatamente después de ser proyectada. ◆ pl. *cinefórums.*

cinegética f. Arte de la caza. || FAM. cinegético.

cinegético, ca adj. De la cinegética o relativo a ella: *manual cinegético.*

cinemascope m. Sistema cinematográfico que toma las imágenes comprimidas y alargadas para que, al proyectarlas sobre una pantalla panorámica, dé la sensación de una perspectiva más amplia. ◆ Es la extensión del nombre de una marca registrada.

cinemática f. Parte de la mecánica que estudia el movimiento, prescindiendo de las fuerzas que lo producen.

cinematografía f. Arte e industria de hacer películas por medio del cinematógrafo.

cinematográfico, ca adj. Del cine o relativo a él.

cinematógrafo m. Aparato óptico en el cual, haciendo pasar rápidamente muchas imágenes fotográficas que representan otros tantos momentos consecutivos de una acción determinada, se consigue reproducir escenas en movimiento. || Local público en el que se exhiben películas cinematográficas. || FAM. cinematografía, cinematografiar, cinematográfico.

cineraria f. Planta ornamental de la familia de las compuestas, con un tallo de unos 50 cm, hojas dentadas y flores olorosas cuyo color depende de la variedad.

cinerario, ria adj. Destinado a contener cenizas de cadáver: *urna cineraria.*

cinésica f. Rama de la teoría de la comunicación que estudia los gestos y posturas corporales como medios de expresión.

cinética f. Parte de la física que estudia el movimiento. || Parte de la química que estudia las características mecánicas de las reacciones químicas. || FAM. cinético.

cinético, ca adj. Del movimiento o relativo a él.

cingalés, esa adj. y s. De Sri Lanka o relativo a este país asiático. || De una de las dos etnias principales de este país. || m. Idioma hablado en esta isla.

cíngaro, ra adj. y s. De los pueblos gitanos, especialmente los centroeuropeos, o relativo a ellos.

cingiberáceo, a adj. y f. De las cingiberáceas o relativo a esta familia de plantas. || f. pl. Familia de plantas herbáceas de tallo subterráneo, hojas alternas en forma de vaina y frutos capsulares, que pertenece a la clase de las angiospermas monocotiledóneas.

cinglar tr. Mover un bote, canoa, etc., con un solo remo puesto a popa.

cinglar tr. Forjar el hierro para limpiarlo de escorias.

cíngulo m. Cordón o cinta de seda o de lino, con que los sacerdotes católicos se ciñen el alba.

cínico, ca adj. Que muestra cinismo. || adj. y s. Se apl. a la escuela filosófica griega fundada por Antístenes, que rechazaba los convencionalismos sociales y defendía una vida austera. || Se dice del miembro de esta escuela. || FAM. cinismo.

cinismo m. Desvergüenza o descaro en el mentir o en la defensa y práctica de actitudes reprochables.

cinquillo m. Juego de naipes en el que la carta inicial es el cinco.

cinta f. Tira plana y estrecha de material flexible. || Película cinematográfica de celuloide. || Banda electromagnética sobre la que se graban sonidos reproducibles. || Banda metálica o plástica que, movida automáticamente, sirve para realizar traslados sin esfuerzo. || En una máquina de escribir o en una impresora, tira impregnada de tinta. || Planta ornamental, gramínea, perenne, con hojas anchas, listadas en blanco y verde, y flores en panoja alargada, mezcladas de blanco y violeta. || Pieza de carne que se obtiene del lomo de cerdo. || **cinta aislante** La impregnada en una solución adhesiva de caucho, que se emplea para recubrir los empalmes de los conductores eléctricos. || **cinta métrica** La que tiene marcadas longitudinalmente las unidades de medida y sus divisiones, y que se emplea para medir. || FAM. cintarazo, cinteado, cinto, cintura.

cinto m. Faja para ceñir y ajustar la cintura con una sola vuelta y que se sujeta con una hebilla o broche, cinturón. || *amer.* Cinturón con monedero.

cintura f. Parte donde se estrecha el tronco del cuerpo humano, entre las costillas y las caderas. || En una prenda de vestir, parte que rodea esta zona del cuerpo. || **meter en cintura** a alguien loc. *col.* Hacerle entrar en razón. || FAM. cinturilla, cinturón.

cinturilla f. Cinta o tira de tela fuerte o armada que se pone a veces en la cintura de algunas prendas de vestir.

cinturón m. Cinto o correa que ciñe la cintura, especialmente el que se usa para ajustar la ropa. || Cinto para llevar pendiente la espada o el sable. || Serie de elementos que rodean algo: *cinturón industrial.* || En las artes marciales, categoría a la que pertenece el luchador: *cinturón negro.* || **cinturón de seguridad** El que sujeta al viajero a su asiento en algunos vehículos. || **apretarse el cinturón** loc. Reducir los gastos todo lo posible.

ciperáceo, a adj. y f. De las ciperáceas o relativo a esta familia de plantas. || f. pl. Familia de plantas angiospermas, monocotiledóneas, herbáceas y perennes, con tallos triangulares, hojas envainadoras y flores en espigas, como el papiro.

cipote m. Mojón de piedra. || Hombre torpe, bobo. || Hombre grueso, rechoncho. || Palillo del tambor. || *vulg.* Pene. || *amer.* Chiquillo, pilluelo.

ciprés m. Árbol cupresáceo de 15 a 20 m de altura, con tronco derecho, ramas erguidas y cortas, copa espesa y cónica, hojas perennes y pequeñas, flores amarillentas terminales y madera rojiza y olorosa. Se planta mucho en parques y cementerios. ‖ Madera de este árbol. ‖ FAM. cipresal.

cipriniforme adj. y m. De los cipriniformes o relacionado con este orden de peces. ‖ m. pl. Orden de peces osteíctios que presentan una boca grande, sin dientes, aunque con formaciones córneas en la mandíbula inferior, como la carpa y el barbo. Tienen glándulas mucosas en la piel y están ampliamente distribuidos.

circense adj. Del circo o relativo a él. ‖ Se apl. a los juegos y espectáculos que realizaban los romanos en el circo.

circo m. Grupo ambulante de artistas y animales que ejecutan un espectáculo de habilidad y riesgo para entretenimiento del público. ‖ El mismo espectáculo. ‖ Instalación, normalmente en descampado y cubierta por una carpa, donde se desarrolla este espectáculo. ‖ Construcción que los antiguos romanos destinaban a ciertos espectáculos, especialmente a las carreras de carros y a las de caballos. ‖ col. Actividad llamativa o alborotadora: *montar un circo.* ‖ Depresión entre cimas altas formada por la erosión de las aguas. ‖ FAM. circense, cirquero.

circón m. Silicato de circonio, más o menos transparente, blanco o amarillento rojizo, del que se extraen otros elementos. Se emplea como piedra fina con el nombre de *jacinto* o *circonita.* ‖ FAM. circonio, circonita.

circonio m. Elemento químico metálico que se presenta en forma de polvo negro, arde sin producir llama, es inodoro y resistente a la acción de los ácidos. Su símbolo es *Zr,* y su número atómico, 40.

circonita f. Variedad de circón utilizada en joyería.

circuito m. Camino o recorrido que regresa al punto de partida. ‖ Lugar comprendido dentro de un perímetro. ‖ Contorno. ‖ Trayecto curvo y cerrado, fijado para diversas carreras. ‖ Conjunto de conductores que recorre una corriente eléctrica. ‖ FAM. cortocircuito.

circulación f. Tráfico, tránsito por las vías públicas. ‖ Movimiento o tráfico de alguna cosa de unas personas a otras: *ya entró en circulación las nuevas monedas de euro.* ‖ Paso de alguna cosa por una vía y vuelta por otra al punto de partida: *circulación de la sangre.*

circular[1] adj. Del círculo o relativo a él. ‖ Con forma de círculo. ‖ f. Escrito dirigido a varias personas para notificar algo. ‖ Orden que un superior dirige a sus subordinados.

circular[2] intr. Andar, moverse dentro de un circuito. ‖ Ir y venir: *el aire circula por toda la casa.* ‖ Pasar algo de unas personas a otras. ‖ Salir alguna cosa por una vía y regresar al punto de partida por otra: *circular la sangre.* ‖ FAM. circulación, circulante, circulatorio.

circulatorio, ria adj. De la circulación o relativo a ella.

círculo m. Superficie limitada por la circunferencia. ‖ Circunferencia. ‖ Grupo de personas de un mismo sector o ambiente social. Más en pl.: *círculos financieros.* ‖ Sociedad recreativa, política o artística, casino: *círculo gastronómico.* ‖ Edificio donde se reúnen sus miembros. ‖ **círculo vicioso** Razonamiento en el que no se llega a ninguna conclusión porque el planteamiento y la resolución se explican recíprocamente. ‖ Situación que no se

puede resolver porque tiene dos circunstancias que son a la vez causa y efecto la una de la otra. ‖ FAM. circular.

circuncidar tr. Cortar circularmente una porción del prepucio. ‖ FAM. circuncisión, circunciso.

circuncisión f. Corte circular que se hace en el prepucio del pene.

circunciso, sa adj. y m. Se apl. al hombre a quien se le ha practicado la circuncisión.

circundante adj. Que rodea o circunda algo.

circundar tr. Cercar, rodear. ‖ FAM. circundante.

circunferencia f. Curva cerrada cuyos puntos equidistan de otro interior llamado centro. ‖ Contorno de una superficie o territorio. ‖ FAM. circunferir.

circunflejo adj. Se apl. al acento ortográfico que tiene forma de ángulo con el vértice hacia arriba (^).

circunlocución f. Figura que consiste en expresar por medio de un rodeo de palabras algo que hubiera podido decirse de forma más concisa, pero no tan bella, enérgica o hábilmente. ‖ FAM. circunloquio.

circunloquio m. Rodeo de palabras para expresar algo que podría haberse dicho de forma más breve.

circunnavegar tr. Navegar alrededor de un lugar. ‖ Dar un buque la vuelta al mundo. ‖ FAM. circunnavegación.

circunscribir tr. Concretar, limitar. ‖ Trazar una figura geométrica dentro de otra con determinados puntos comunes. ‖ prnl. Ceñirse, concretarse: *circunscribirse a un tema.* ◆ Su p. p. es irreg.: *circunscrito* o *circunscripto.* ‖ FAM. circunscripción, circunscrito.

circunscripción f. Acción y resultado de circunscribir. ‖ División administrativa, militar, electoral, o eclesiástica de un territorio.

circunspección f. Comportamiento prudente o serio y grave. ‖ Seriedad y decoro en las palabras. ‖ FAM. circunspecto.

circunspecto, ta adj. Que actúa con circunspección o que la muestra.

circunstancia f. Elemento accidental que va unido a la sustancia de algo: *circunstancias adversas.* ‖ Calidad o requisito: *en determinadas circunstancias.* ‖ Situación o condición que rodea y afecta a alguien: *yo soy yo y mis circunstancias.* ‖ **circunstancia agravante** En der., motivo legal para recargar la pena del reo. ‖ **circunstancia atenuante** En der., motivo legal para aliviarla. ‖ **circunstancia eximente** En der., la que exonera de responsabilidad criminal. ‖ FAM. circunstancial, circunstante.

circunstancial adj. Que implica una circunstancia o depende de ella. ‖ En gram., se aplica al complemento que aporta las coordenadas espaciales, temporales, de modo, de medio, etc., en que tiene lugar la acción expresada por el verbo del que depende.

circunstante adj. Que está alrededor. ‖ adj. y com. Que está presente o concurre: *el público circunstante.*

circunvalación f. Vuelta o rodeo que se da a un lugar. ‖ Vía de tráfico rodado que circunda una población a la que se puede acceder por diferentes entradas.

circunvalar tr. Cercar, rodear. ‖ FAM. circunvalación.

circunvolución f. Vuelta o rodeo. ‖ **circunvolución cerebral** Cada uno de los pliegues de la superficie exterior del cerebro, separados entre sí por unos surcos llamados anfractuosidades.

cirial m. Candelero alto que portan los acólitos en algunas ceremonias religiosas.

cirílico, ca adj. Del cirílico o relativo a este alfabeto. || adj. y m. Se apl. al alfabeto usado en ruso y otras lenguas eslavas y cuya invención se atribuye a san Cirilo en el siglo IX.

cirio m. Vela de cera de un pabilo, larga y gruesa. || col. Situación comprometida y agitada, acompañada de alboroto, lío. || FAM. cirial.

cirquero, ra adj. amer. Del circo o relativo a él, circense. || adj. y s. amer. col. Extravagante, histriónico. || m. y f. amer. Persona que forma parte de un circo.

cirrípedo adj. y m. De los cirrípedos o relativo a esta clase de crustáceos. || m. pl. Clase de crustáceos marinos hermafroditas cuyas larvas son libres y nadadoras y en el estado adulto viven fijos sobre los objetos sumergidos, sujetos a través de un pedúnculo o directamente sobre el sustrato, con unas estructuras llamadas cirros que les sirven para filtrar el agua y capturar el alimento, como el percebe.

cirro[1] m. Tumor duro, sin dolor continuo y de naturaleza particular, que se forma en diferentes partes del cuerpo. || FAM. cirrosis.

cirro[2] m. Nube blanca y ligera, en forma de barbas de pluma o filamentos, que se presenta en las regiones superiores de la atmósfera. || Órgano de algunas plantas que les sirve para asirse a los tallos de otras. || Apéndices de los crustáceos cirrípedos, flexibles y articulados y que les sirven para capturar el alimento.

cirrópodo adj. y m. Cirrípedo.

cirrosis f. Enfermedad que afecta a las vísceras, especialmente al hígado, producida por la progresiva destrucción de sus células y la sustitución de estas por tejido conjuntivo. ◆ No varía en pl. || FAM. cirrótico.

cirrótico, ca adj. De la cirrosis o relativo a ella. || adj. y s. Que padece esta enfermedad.

ciruela f. Fruto comestible del ciruelo, de carne jugosa, muy variable en forma, color y tamaño según la variedad del árbol que lo produce, y con una semilla amarga en su interior. || FAM. ciruelo.

ciruelo m. Árbol frutal rosáceo con las hojas entre aovadas y lanceoladas, dentadas y un poco acanaladas, y la flor blanca. Su fruto es la ciruela.

cirugía f. Especialidad médica cuyo fin es curar las enfermedades o malformaciones mediante intervenciones quirúrgicas. || **cirugía estética** Especialidad quirúrgica cuyo objetivo es restablecer, mejorar o embellecer una parte del cuerpo. || **cirugía plástica** Cirugía estética. || FAM. cirujano.

ciruja com. amer. Persona que rebusca entre las basuras con el fin de encontrar alguna cosa de provecho.

cirujano, na m. y f. Médico especialista en cirugía.

cisalpino, na adj. De la zona situada entre los Alpes y Roma o relativo a ella.

cisandino, na adj. De la zona de acá de los Andes, desde el punto o lugar desde donde se considera.

ciscar tr. Ensuciar alguna cosa. || prnl. Soltarse el vientre de manera involuntaria.

cisco m. Conjunto de pequeños pedazos de carbón vegetal. || col. Alboroto, bullicio. || **hacer cisco** loc. col. Romper en pedazos, destruir. || FAM. ciscar.

cisípedo, da adj. y s. Se apl. al animal que tiene el pie dividido en dedos.

cisma m. Separación ideológica de los miembros de una comunidad con respecto al grupo al que pertenecían. || Escisión, ruptura motivada por la falta de acuerdo. || FAM. cismático.

cisne m. Ave anseriforme de aproximadamente 1,50 m de altura, con el plumaje blanco o negro según la especie, cabeza pequeña, pico ancho, anaranjado en toda su extensión y negro en los bordes y el tubérculo de la base; posee un cuello muy largo y flexible, patas cortas y alas grandes.

cisoria adj. Se apl. al arte de trinchar de forma adecuada y elegante los alimentos.

cistáceo, a adj. y f. De las cistáceas o relativo a esta familia de plantas. || f. pl. Familia de matas o arbustos angiospermos dicotiledóneos, con hojas sencillas, casi siempre opuestas, flores por lo común en corimbo o en panoja y fruto en cápsula, como la jara.

Císter m. Orden religiosa fundada en el siglo XI por san Roberto con el fin de devolver la austeridad a la orden benedictina. || FAM. cisterciense.

cisterciense adj. y com. De la orden benedictina del Císter o relativo a ella.

cisterna f. Depósito donde se guarda el agua de lluvia o la necesaria para un retrete. || Depósito en el cual se contienen o transportan fluidos: camión cisterna.

cisticerco m. Forma juvenil de ciertos platelmintos que tiene aspecto vesiculoso, está llena de fluido y tiene un escólex invaginado.

cistitis f. Inflamación de la vejiga urinaria. ◆ No varía en pl.

cisura f. Hendidura o abertura sutil que se hace en cualquier cosa.

cita f. Día, hora y lugar para encontrarse dos o más personas. || Mención de palabras dichas o escritas por alguien con las que se intenta dar autoridad o justificar lo que se está diciendo.

citación f. En der., notificación por la que se cita a alguien para que acuda a realizar un trámite administrativo o judicial.

citar tr. Señalar el día, la hora y el lugar de un encuentro. || Alegar, mencionar autores o textos para autorizar o justificar lo se dice o escribe. || En der., notificar mediante llamamiento judicial: nos han citado a declarar. || Incitar al toro al movimiento. || FAM. cita, citación.

cítara f. Instrumento musical semejante a la lira, pero con caja de resonancia de madera. || Instrumento musical típico del folclore centroeuropeo, de caja trapezoidal con 20 a 30 cuerdas, que se toca con púa. || FAM. citarista.

citerior adj. De la parte de acá, desde el punto o lugar desde donde se considera: Hispania Citerior.

citocinesis f. División del citoplasma celular. ◆ No varía en pl.

citología f. Parte de la biología que estudia la célula. || Análisis de las células para lograr un diagnóstico. || FAM. citológico.

citoplasma m. Parte de la célula que, rodeada por una membrana, excluye al núcleo.

cítrico, ca adj. Del limón. || m. pl. Frutas agrias o agridulces, como el limón y la naranja, y plantas que las producen. || FAM. citricultura.

ciudad f. Población grande cuyos habitantes se dedican principalmente a actividades no agrícolas. || Conjunto de habitantes de estas poblaciones, por oposición a los del campo. || Conjunto de edificios o instalaciones destinadas a una determinada actividad: *ciudad universitaria.* || **ciudad dormitorio** Población cuyos habitantes suelen desplazarse a diario a un núcleo urbano cercano y grande. || **ciudad jardín** Conjunto de casas unifamiliares, cada una de las cuales posee un jardín. || FAM. ciudadano, ciudadela.

ciudadanía f. Calidad y derecho de ciudadano. || Conjunto de los naturales de un pueblo o nación. || Civismo, interés en la comunidad.

ciudadano, na adj. De la ciudad o relativo a ella: *impuesto ciudadano.* || adj. y s. Natural o vecino de una ciudad o lugar geográfico. || m. y f. Persona que habita en un Estado como sujeto de derechos civiles y políticos. || FAM. ciudadanía.

ciudadela f. Recinto fortificado en el interior de una ciudad.

civeta f. Mamífero carnívoro de Asia y África, de cola larga y patas cortas, de cuya bolsa cercana al ano se obtiene la algalia.

cívico, ca adj. De la ciudad o de los ciudadanos o relativo a ellos. || Del civismo o relativo a él: *sentido cívico.* || FAM. civismo

civil adj. Cívico, de la ciudad o los ciudadanos: *derechos civiles.* || Que no es militar o eclesiástico. También com. || En der., de las relaciones o intereses privados con respecto a las personas, su estado o sus bienes. || com. Guardia civil: *una pareja de civiles les salió al paso.* || FAM. civilidad, civilista, civilizar, civilmente.

civilización f. Acción y resultado de civilizar o civilizarse. || Conjunto de costumbres, ideas, cultura o arte de un pueblo o comunidad: *civilización egipcia, mesopotámica.*

civilizar tr. y prnl. Introducir en un pueblo la civilización de otro. || Educar, instruir a alguien. || FAM. civilización.

civismo m. Actitud del ciudadano que cumple con sus obligaciones para con la comunidad. || Preocupación, interés por los demás miembros de la comunidad. || Cortesía, educación.

cizalla f. Herramienta parecida a unas tijeras grandes que sirve para cortar metal. || Guillotina para cortar cartones. || Recorte o fragmento de metal que resultan tras su manipulación. Más en pl.

cizaña f. Planta gramínea dañina que crece espontáneamente en los sembrados. || Cualquier cosa que hace daño a otra, menoscabándola o echándola a perder. || Discordia o enemistad: *siempre anda metiendo cizaña para ver si nos enfadamos.* || FAM. cizañar, cizañear, cizañero.

clac f. Conjunto de personas que aplauden en un espectáculo a cambio de remuneración o de entrada gratuita.

|| Cualquier grupo de personas que por principio alaba las acciones de otra.

clamar intr. Exigir, pedir vehementemente o a gritos. ◆ Se construye con las preps. *a* y *por: clamar al cielo/por venganza.* También tr.: *clamar justicia.* || Hablando de cosas inanimadas, manifestar necesitar algo: *este pantalón está clamando por una buena lavada.* || FAM. aclamar, clamor, declamar, exclamar, proclamar, reclamar.

clámide f. Capa corta y ligera que usaron los griegos y, después, los romanos.

clamor m. Grito fuerte. || Griterío confuso de una multitud. || Grito lastimero de queja, dolor o protesta. || FAM. clamoroso.

clamoroso, sa adj. Ruidoso, sonoro, que va acompañado de clamor: *éxito clamoroso.*

clan m. Grupo o comunidad de personas con una ascendencia común en la que tienen gran importancia los lazos familiares y la obediencia a un jefe. || Grupo restringido de personas unidas por vínculos o intereses comunes.

clandestinidad f. Cualidad, situación o estado de lo que se efectúa de manera ilegal o secreta.

clandestino, na adj. Secreto, oculto. || Que se efectúa sin los requisitos exigidos por una disposición legislativa: *venta clandestina.* || FAM. clandestinidad.

claque f. Clac.

claqué m. Baile caracterizado por el zapateo que el bailarín realiza con la punta y el tacón de sus zapatos, reforzados con unas láminas de metal que le permiten marcar el ritmo.

claqueta f. En cine, utensilio compuesto de dos planchas de madera unidas por una bisagra, cuyo sonido al hacerlas chocar indica el comienzo del rodaje.

clara f. Sustancia blanquecina y líquida que rodea la yema del huevo. || Zona rala en el cabello o en un tejido. || Bebida compuesta por cerveza y gaseosa. || Espacio de tiempo en el que remite la lluvia y el sol vuelve a aparecer.

claraboya f. Tragaluz, ventana hecha en el techo o en lo alto de las paredes.

clarear tr. Dar claridad, aclarar. || intr. impers. Empezar a amanecer: *clareaba el día.* || Irse disipando las nubes. || prnl. Transparentarse: *la falda se clarea.*

clarete adj. y m. Se apl. al vino tinto de color rosáceo.

claretiano, na adj. De san Antonio María Claret o relativo a la Congregación de Hijos del Corazón de María, que él fundó en 1819. || m. Religioso de esa congregación. || f. Religiosa de la Congregación de Misioneras de María Inmaculada.

claridad f. Cualidad de claro. || Efecto que causa la luz al iluminar el espacio, resplandor. || Facilidad para percibir, expresar o comprender: *lo explicó con claridad.*

clarificador, ra adj. Que clarifica: *explicación clarificadora.*

clarificar tr. Iluminar, dotar de luz. || Aclarar. También prnl. || Poner más claro, menos turbio o denso. FAM. clarificación, clarificador, clarificativo.

clarín m. Instrumento musical de viento de sonidos más agudos que la trompeta y más pequeño que esta. || Registro muy agudo del órgano. || com. Persona que toca este instrumento. || FAM. clarinete.

clarinete m. Instrumento musical de viento usado sobre todo en orquestas y bandas militares, que posee un tubo de madera con agujeros que se tapan con los dedos o se cierran con llave. || com. Persona que toca este instrumento. || FAM. clarinetista.

clarisa adj. y f. Se apl. a la religiosa que pertenece a la orden fundada por santa Clara en el siglo XIII, segunda de san Francisco de Asís. || f. pl. Orden de las religiosas clarisas.

clarividencia f. Facultad de comprender y distinguir con claridad las cosas. || Perspicacia, comprensión de una cosa difícil. || Facultad sobrenatural de percibir cosas lejanas o no perceptibles con los sentidos, o de adivinar hechos futuros o lejanos. || FAM. clarividente.

clarividente adj. Perspicaz, dotado de clarividencia. || adj. y com. Adivino, futurólogo.

claro, ra adj. Con mucha luz. || Evidente, patente: *clara subida de precios.* || Transparente, puro, diáfano: *elecciones claras.* || Inteligible: *explicación clara.* || Sincero, franco: *ha sido muy claro conmigo.* || Poco denso, ralo: *salsa clara.* || Se apl. al color más cercano al blanco: *azul claro.* || m. Espacio del cielo sin nubes: *habrá alternancia de claros y nubes.* || Espacio sin árboles en el interior de un bosque. || adv. m. Con claridad: *habla claro.* || interj. Expresión que se usa para afirmar o dar por cierto algo: —*¿Quieres café?* —*¡Claro!* || **tener algo claro** loc. *col.* Estar seguro de ello. || FAM. aclarar, clara, clarear, clarete, claridad, clarificar.

claroscuro m. Efecto que se consigue con una determinada distribución y contraste de luces y sombras en un cuadro, fotografía, etc.

clase f. Orden o grupo de personas, animales o cosas de las mismas características. || Categoría: *espárragos de clase superior.* || Clase social. || Cada división de estudiantes que asisten a un aula. || Lección impartida por el maestro o el profesor. || Aula, local en que se enseña. || En biol., grupo taxonómico que comprende varios órdenes: *clase de los reptiles.* || **clase social** Conjunto de personas que pertenecen al mismo nivel económico o social y que presentan cierta afinidad de costumbres o intereses. || FAM. clásico, clasificar, clasismo.

clasicismo m. Tendencia estética basada en la imitación de los modelos de la Antigüedad griega o romana, que valoraban la armonía de las proporciones del objeto artístico. || FAM. clasicista.

clasicista adj. Del clasicismo o relativo a él. || com. Partidario de esta tendencia.

clásico, ca adj. y s. Se apl. al autor o a la obra que se tiene por modelo digno de imitación en cualquier manifestación artística. || Relativo a la literatura o al arte de la Antigüedad griega o romana, e imitador de ellas. || Partidario del clasicismo. || Que se adapta a lo marcado por la costumbre o la tradición: *es muy clásico vistiendo.* || Se apl. a la música de tradición culta, por oposición a la ligera o moderna. || Que, por su importancia o valor, ha entrado a formar parte de la historia: *la sabiduría de Salomón es un clásico.* || FAM. clasicismo.

clasificación f. Ordenación o disposición por clases o grupos: *clasificación de los mamíferos.* || Resultado de una competición: *ha quedado cuarto en la clasificación general.* || Logro de un puesto tal en una competición, que permite continuar en ella: *han obtenido la clasificación para el Mundial.*

clasificado, da adj. Se apl. al documento secreto, reservado. || Que ha obtenido una clasificación en una prueba o competición deportiva. También s.

clasificador, ra adj. y s. Que clasifica u ordena. || Se apl. a las competiciones deportivas que sirven para conseguir una clasificación. || m. Mueble u otro objeto que sirve para clasificar o archivar papeles y documentos.

clasificar tr. Ordenar o disponer por clases o grupos. || prnl. Lograr determinado puesto en una competición. || Conseguir un puesto que permite continuar en una competición o torneo deportivo. || FAM. clasificable, clasificación, clasificado, clasificador, clasificatorio.

clasificatorio, ria adj. Que sirve para lograr una clasificación.

clasismo m. Doctrina o actitud discriminatoria que defiende y mantiene las diferencias entre las clases sociales o, p. ext., de cualquier otra índole. || FAM. clasista.

clasista adj. y com. Del clasismo o relativo a él. || Partidario de esta doctrina o actitud, o que la tolera.

claudia adj. y f. Se apl. a una variedad de ciruela pequeña, de color verde, muy dulce y sabrosa.

claudicación f. Transigencia, abandono de las propias ideas.

claudicar intr. Ceder, transigir, rendirse ante las presiones externas o ante los inconvenientes: *claudicó ante las continuas críticas.* || Dejar de seguir los propios principios o normas, por flaqueza: *no consiguieron que claudicara de su sinceridad.* || FAM. claudicación.

claustro m. Galería que rodea el patio principal de una iglesia o convento. || Junta de gobierno de una institución docente: *claustro de profesores.* || Reunión de esta junta. || FAM. claustral.

claustrofobia f. Sensación de angustia o temor provocada por la permanencia en lugares cerrados. || FAM. claustrofóbico.

claustrofóbico, ca adj. y s. Relativo a la claustrofobia o que la padece.

cláusula f. Cada una de las disposiciones o condiciones de un contrato, ley, tratado, etc. || Oración o proposición, conjunto de palabras con sentido completo.

clausura f. Cierre, acción de clausurar. || Acto solemne con que se termina una reunión, un congreso, un tribunal, etc. || En los conventos religiosos, recinto interior donde no pueden entrar seglares, y vida retirada que se hace en él. || FAM. clausurar.

clausurar tr. Cerrar, terminar de manera solemne la actividad de organismos, establecimientos, reuniones, etc. || Cerrar un local por mandato oficial. || Cerrar físicamente algo.

clavada f. *col.* Precio excesivo que se exige por la compra de una cosa o por la prestación de un servicio.

clavado, da adj. Asegurado o armado con clavos. ‖ Muy parecido, casi igual: *es clavado a su abuelo*. ‖ Fijo, puntual: *llegué a las doce clavadas*. ‖ Perfecto, muy adecuado. ‖ **dejar a alguien clavado** loc. *col*. Dejarlo sin palabras, boquiabierto o asombrado.

clavar tr. Introducir en un sitio un clavo u otra cosa aguda a fuerza de presión o de golpes. También prnl. ‖ Asegurar con clavos una cosa en otra. ‖ Poner, fijar: *clavó los ojos en mi espalda*. ‖ *col*. Abusar cobrando a uno más de lo que corresponde: *nos han clavado en el restaurante*. ‖ *col*. Bordar, hacer una cosa a la perfección: *clavó el salto*. ‖ FAM. clavada, clavado, clavadura.

clave f. Conjunto de los signos convenidos para escribir en cifra. ‖ Explicación de estos signos. ‖ Noticia o idea por la cual se hace comprensible algo: *esta es la clave del misterio*. ‖ Contraseña, combinación de signos que sirven para abrir o hacer funcionar ciertos aparatos. ‖ En mús., signo que se pone al comienzo del pentagrama para determinar la entonación y el nombre de las notas que contiene: *clave de sol*. ‖ Piedra central y superior de un arco o bóveda. ‖ Elemento básico, fundamental, decisivo. ◆ Se suele usar en aposición a otro sustantivo: *asunto, día clave*. ‖ m. Clavicémbalo. ‖ **en clave de** loc. prepos. Con el carácter o el tono de: *en clave de humor*.

clavecín m. Clavicémbalo. ‖ FAM. clavecinista.

clavel m. Planta cariofilácea herbácea perenne con tallos nudosos y delgados, hojas largas, estrechas, puntiagudas y verdosas, y flores terminales con cinco pétalos dentados de diversos colores. ‖ Flor de esta planta. ‖ FAM. clavellina.

clavellina f. Planta semejante al clavel común, pero más pequeña. ‖ Flor de esta planta.

clavero m. Árbol perenne tropical mirtáceo con copa piramidal, hojas opuestas, ovales y flores con cáliz rojo oscuro. Los capullos de sus flores son los clavos de especia.

clavetear tr. Adornar con clavos de oro, plata u otro metal. ‖ Poner clavos con exceso o desordenadamente.

clavicémbalo m. Instrumento musical de cuerdas que se pellizcan con púas accionadas por un teclado. Es el antecesor del piano, junto con la espineta y el clavicordio. ‖ FAM. clavicembalista.

clavicordio m. Instrumento musical de cuerdas percutidas por unas láminas de metal al accionarse el teclado.

clavícula f. Cada uno de los dos huesos situados en la parte superior del pecho, articulados por dentro con el esternón y por fuera con el omóplato. ‖ FAM. clavicular.

clavija f. Trozo cilíndrico o ligeramente cónico de madera, metal u otro material que, introducido en un orificio, sirve para sujetar, ensamblar, asegurar, etc. ‖ Cada una de las llaves de madera que se usan en los instrumentos para asegurar y tensar sus cuerdas. ‖ Pieza que se introduce en una toma eléctrica o telefónica para establecer una conexión. ‖ **apretar** a alguien **las clavijas** loc. *col*. Castigar o reprender de manera rígida y severa a alguien con el fin de modificar sus ideas o su comportamiento. ‖ FAM. clavijero.

clavijero m. Pieza maciza, larga y angosta, en que se insertan las clavijas de los clavicordios, pianos y otros instrumentos análogos.

clavo m. Pieza metálica larga y delgada, con cabeza y punta, que sirve para fijar o asegurar una cosa a otra. ‖ Callo duro y piramidal que se forma sobre los dedos de los pies produciendo un dolor similar al de un pinchazo. ‖ Especia de olor muy aromático y agradable y sabor acre y picante que se obtiene de la flor del clavero. ‖ **agarrarse a un clavo ardiendo** loc. *col*. Intentar cualquier recurso o medio con tal de obtener lo que se pretende. ‖ **como un clavo** loc. adj. *col*. Exacto, puntual: *a las doce estaré allí como un clavo*. ‖ **dar en el clavo** loc. *col*. Atinar, acertar. ‖ FAM. clavar, clavero, clavetear.

claxon m. Bocina eléctrica de los automóviles.

clemátide f. Planta medicinal trepadora ranunculácea, de tallo rojizo y sarmentoso, hojas opuestas y compuestas de hojuelas acorazonadas y dentadas y flores blancas, azuladas o violetas y de olor suave.

clemencia f. Moderación compasiva en la aplicación de la justicia. ‖ FAM. clemente.

clemente adj. Compasivo, que actúa con moderación al juzgar.

clementina f. Mandarina sin pepitas y más dulce que la ordinaria. También adj.

clepsidra f. Instrumento que sirve para medir el tiempo a partir de lo que tarda en caer el agua de un recipiente a otro.

cleptomanía f. Tendencia enfermiza al hurto. ‖ FAM. cleptomaníaco, cleptómano.

cleptómano, na adj. y s. Que padece cleptomanía.

clerecía f. Conjunto de personas eclesiásticas que forman el clero. ‖ Ocupación, estado u oficio de los clérigos.

clerical adj. Del clero, relativo a él o a alguno de sus miembros. ‖ Se apl. a la persona que está muy influida por el clero y sus directrices.

clericalismo m. Influencia del clero en los asuntos políticos o sociales de un Estado. ‖ Marcada sumisión al clero y a sus indicaciones.

clericó m. *amer*. Bebida compuesta por pedazos de frutas y alcohol.

clérigo m. Hombre que ha recibido las órdenes sagradas de alguna religión cristiana. ‖ En la Edad Media, hombre letrado o docto.

clero m. Conjunto de los clérigos. ‖ Clase sacerdotal en la Iglesia católica. ‖ FAM. clerecía, clerical, clericalismo, clérigo.

clic m. Onomatopeya para reproducir ciertos sonidos secos y cortos: *el clic del gatillo*. ‖ Presión breve que se efectúa sobre el ratón del ordenador para que este actúe.

cliché m. Trozo de película ya revelada, con imágenes en negativo. ‖ En impr., plancha en la que se graba lo que se va a imprimir. ‖ Idea o expresión demasiado repetida: *su novela está llena de clichés*.

cliente, ta m. y f. Persona que utiliza los servicios de un profesional o una empresa. ‖ Persona que habitualmente compra en un establecimiento o requiere sus servicios. ◆ A menudo se emplea *cliente* para el género f.: *es nuestra mejor cliente*. ‖ FAM. clientela.

clientela f. Conjunto de los clientes de una persona o de una empresa o establecimiento.

clientelismo m. Cuidado o protección con que los poderosos defienden o favorecen a los que se acogen a ellos.

clima m. Conjunto de condiciones atmosféricas propias de una zona geográfica. || Ambiente, conjunto de condiciones que caracterizan la situación o la circunstancia que rodea a una persona: *clima familiar, político*. || FAM. climático, climatizar, climatología.

climaterio m. Periodo de la vida que precede y sigue a la extinción de la función reproductora. || FAM. climatérico.

climático, ca adj. Del clima o relativo a él: *cambio climático*.

climatización f. Acondicionamiento climático de un recinto.

climatizado, da adj. Se apl. a las superficies con aire acondicionado.

climatizador, ra adj. Que climatiza. || m. Aparato que sirve para climatizar o acondicionar un espacio cerrado.

climatizar tr. Proporcionar a un recinto las condiciones necesarias para obtener la temperatura, humedad del aire, etc., convenientes para la salud o la comodidad de sus ocupantes. || FAM. climatización, climatizado, climatizador.

climatología f. Ciencia que estudia el clima. || Conjunto de las características climáticas de un espacio geográfico. || FAM. climatológico, climatólogo.

climatológico, ca adj. De la climatología o relativo a esta ciencia.

clímax m. Gradación retórica ascendente, y su término más alto. || Punto más alto o intenso de un proceso. || Momento culminante de una obra literaria, cinematográfica, etc.: *en el clímax ocurre lo más emocionante.* ◆ No varía en pl. || FAM. climaterio.

clínica f. Hospital privado. || Enseñanza práctica de la medicina. || Departamento de los hospitales destinados a impartir esta enseñanza práctica. || P. ext., hospital universitario. || FAM. clínico, policlínica.

clínico, ca adj. y s. De la clínica o relativo a ella: *análisis clínico*. || m. y f. Médico, persona dedicada al ejercicio de la medicina.

clip[1] m. Barrita de metal o plástico que, doblada sobre sí misma, sirve para sujetar papeles. || Cierre que sujeta por presión: *horquilla de clip.* ◆ pl. *clips.*

clip[2] m. Videoclip. ◆ pl. *clips.*

clíper m. Buque de vela resistente, aunque ligero. || Avión grande de pasajeros.

clisar tr. Reproducir en planchas de metal la composición de imprenta, o grabados en relieve previamente moldeados.

clisé m. Cliché. || FAM. clisar.

clítoris m. Órgano carnoso eréctil situado en la parte superior de la vulva del aparato genital femenino. ◆ No varía en pl.

cloaca f. Conducto para las aguas sucias y los residuos de las poblaciones. || Lugar inmundo o repugnante. || Sección final del intestino de los anfibios, reptiles, aves, algunos peces y de los monotremas, en la cual desembocan los conductos genitales y urinarios.

cloche com. *amer.* Embrague de un vehículo.

clohidrato m. Sal formada por la combinación del ácido clorhídrico y una base.

clon m. Grupo de células o individuos pluricelulares nacidos de una misma célula o estirpe celular, absolutamente homogéneos desde el punto de vista genético. || FAM. clonación, clonar, clónico.

clonación f. Producción de clones.

clonar tr. Obtener o producir un organismo a partir de una única célula o un solo progenitor.

clónico, ca adj. y s. Relativo al clon. || m. y f. Clon.

cloquear intr. Emitir su voz la gallina clueca. || FAM. clocar, cloqueo.

cloqueo m. Cacareo sordo y gutural de la gallina.

cloración f. Tratamiento con cloro de las aguas para lograr su potabilidad o mejorar su higiene.

clorar tr. Añadir cloro a un líquido, generalmente al agua.

cloratita f. Sustancia explosiva compuesta de clorato.

clorato m. Sal formada por la unión química del ácido clórico y una base. || FAM. cloratita.

clorhidrato m. Sal formada por la combinación del ácido clorhídrico y una base.

clorhídrico, ca adj. De las sustancias compuestas por la combinación de hidrógeno y cloro o relativo a ellas. || Se apl. al ácido en forma de gas incoloro compuesto de cloro e hidrógeno, algo más pesado que el aire y muy corrosivo. Se extrae de la sal común y suele emplearse disuelto en agua, que lo absorbe en gran cantidad.

clórico, ca adj. Del cloro o relativo a este elemento químico. || Se apl. al ácido en forma de líquido espeso, muy inestable, compuesto de cloro, oxígeno e hidrógeno.

cloro m. Elemento químico metaloide gaseoso, verde, de olor fuerte y muy tóxico. Se emplea como blanqueador y como desinfectante. Su símbolo es Cl, y su número atómico, 17. || FAM. cloración, clorar, clorato, clorhidrato, clorhídrico, clórico, cloroformo, cloruro.

clorofila f. Pigmento verde de los vegetales y de algunas algas y bacterias, gracias al cual se produce la fotosíntesis. || FAM. clorofílico.

clorofluorcarbono m. Gas compuesto que se utiliza en los aerosoles y en algunos electrodomésticos, como el frigorífico, y que, al expandirse, resulta dañino para la capa de ozono. || FAM. clorofluorcarbonado.

cloroformo m. Líquido incoloro de olor agradable que resulta de la combinación de cloro y ácido fórmico y se emplea en medicina como anestésico. || FAM. clorofórmico, cloroformización, cloroformizar.

cloroplasto m. Orgánulo ovoide de las células verdes de los vegetales que contiene clorofila y se encarga de realizar la fotosíntesis.

cloruro m. Combinación del cloro con un metal, con un metaloide o con un radical orgánico.

clóset m. *amer.* Armario empotrado.

clown (voz i.) m. Payaso, generalmente el que, serio y amanerado, forma pareja con el torpe y alegre. ◆ pl. *clowns.*

club m. Asociación creada para la consecución de fines deportivos, culturales, políticos, etc., y local donde se reúne. || Bar, generalmente nocturno, donde se bebe y se baila. ◆ pl. *clubs* o *clubes*.

clueca adj. y f. Se apl. al ave que se acuesta sobre los huevos para empollarlos: *gallina clueca.* || FAM. cloquear.

cluequera f. *amer.* Afecto intenso de una persona hacia otra, especialmente hacia los niños.

cluniacense adj. Del monasterio de Cluny, seguidor de la regla de san Benito, o relativo a su congregación. || com. Religioso de esta orden benedictina.

clupeiforme adj. y m. De los clupeiformes o relativo a este orden de peces. || m. pl. Orden de peces osteíctios muy primitivos que se caracterizan por tener los radios de sus aletas blandos y el cuerpo ligeramente comprimido, como la sardina, el arenque y el boquerón. Son muy importantes en la industria conservera.

cnidario, ria adj. De los cnidarios o relativo a este grupo de metazoos. || m. pl. Grupo de metazoos que se caracterizan por tener órganos urticantes, ser casi siempre unisexuales y poder presentarse en forma de medusa, pólipo o ambas, como la medusa, la hidra de agua o los corales.

coacción f. Violencia física, psíquica o moral para obligar a una persona a decir o hacer algo contra su voluntad. || En der., poder legítimo del derecho para imponer el cumplimiento de sus principios y normas. || FAM. coaccionar, coactivo.

coaccionar tr. Obligar mediante coacción.

coactivo, va adj. Que apremia u obliga. || Que resulta por coacción.

coadjutor, ra m. y f. Persona que ayuda o acompaña a otra en ciertas actividades. || m. Eclesiástico que ayuda al párroco en sus diversas funciones. || FAM. coadjutoría.

coadyuvar intr. Contribuir o ayudar en la realización de algo o en el logro de alguna cosa. ◆ Se usa seguido de las preps. *a* y *en*: *coadyuvó a lograrlo/en el proyecto.* || FAM. coadyuvante.

coagente adj. y com. Que colabora o contribuye al logro de cierto fin.

coagulación f. Solidificación de los líquidos, especialmente de la sangre.

coagular tr. y prnl. Cuajar, hacer que un líquido se convierta en sólido o pastoso, como la leche, la sangre, etc. || FAM. coagulación, coagulante, coágulo.

coágulo m. Porción o grumo extraído de una sustancia coagulada, en especial de la sangre.

coalición f. Confederación, alianza, unión. || FAM. coalicionista.

coaligarse prnl. Unirse, asociarse unos con otros para algún fin: *se coaligaron con los izquierdistas.*

coartada f. Argumento de defensa con el que un acusado prueba no haber estado presente en el lugar del delito en el momento en que se cometió. || Excusa, pretexto.

coartar tr. Limitar, restringir, no conceder una cosa completamente, sobre todo un derecho o una voluntad. || Intimidar. || FAM. coartación, coartada.

coatí m. *amer.* Mamífero carnívoro de cabeza alargada y hocico estrecho, con nariz muy saliente y puntiaguda, orejas cortas y redondeadas y pelaje largo. Tiene

larga cola y uñas fuertes y encorvadas que utiliza para trepar a los árboles. ◆ pl. *coatís* o *coatíes*.

coautor, ra m. y f. Persona que participa en la creación de una obra o en el logro de alguna cosa junto con otra u otras.

coaxial adj. Se apl. al cuerpo o figura que comparte un mismo eje de simetría o de rotación con otro: *cable coaxial, tubos coaxiales.*

coba f. *col.* Alabanza o adulación fingidas con el fin de obtener algo: *dieron coba a su jefe para lograr un ascenso.* || FAM. cobista.

cobalto m. Metal blanco rojizo, duro y tan difícil de fundir como el hierro; mezclado con el oxígeno forma la base azul de muchas pinturas y esmaltes. Su símbolo es *Co*, y su número atómico, 27.

cobarde adj. Falto de valor, pusilánime, miedoso. También com. || Hecho con cobardía: *actitud, comportamiento cobarde.* || FAM. acobardar, cobardemente, cobardía.

cobardía f. Carencia de valor o entereza de ánimo.

cobaya amb. Mamífero roedor parecido al conejo, pero más pequeño, con orejas y patas cortas y que habita en América del Sur. La cobaya doméstica se usa en experimentos de medicina y biología. Más como f. ◆ Se le conoce también como *conejillo de Indias.* || Cualquier persona o animal con el que se experimenta. Más como f.

cobayo m. Cobaya.

cobertizo m. Tejado pequeño que sale de la pared para guarecerse de la lluvia. || Sitio cubierto toscamente para resguardarse de la intemperie.

cobertor m. Colcha o frazada para la cama que sirve de adorno y de abrigo.

cobertura f. Cubierta. || Dinero u otros valores que sirven de garantía en operaciones financieras o mercantiles: *cobertura para un préstamo.* || Protección o ayuda. || Extensión geográfica que abarcan ciertos servicios, sobre todo los de telecomunicaciones. || Medios técnicos y humanos con que se cubre una información.

cobija f. Teja que se pone con la parte cóncava hacia abajo. || *amer.* Manta para abrigarse.

cobijar tr. y prnl. Refugiar, cubrir de la intemperie o de situaciones incómodas. || Amparar, proteger. || FAM. cobija, cobijo.

cobijo m. Lugar para cobijarse. || Protección o auxilio.

cobista com. Persona aduladora, pelota.

cobla f. Composición poética trovadoresca. || Grupo de músicos que tocan sardanas.

cobra f. Reptil escamoso ofidio que según las especies puede tener una longitud de 1,50 a 5,50 m. Son venenosas, carnívoras y cuando atacan dilatan los costados de su cabeza. Viven en las regiones cálidas de África, Asia y Oceanía.

cobrador, ra m. y f. Persona cuyo oficio es recaudar las cantidades que se deben.

cobrar tr. Percibir una cantidad adeudada. || Recuperar lo que se poseía. || Sentir ciertos estados de ánimo o afectos: *cobrar valor, afición a las letras.* || Adquirir, conseguir: *cobrar renombre.* || *col.* Recibir un castigo físico: *como sigas desobedeciendo, al final cobrarás.* || Causar víctimas. También prnl.: *el huracán se cobró miles de vidas.* || FAM. cobrador, cobranza, cobro.

cobre m. Metal rojizo, maleable y dúctil, buen conductor del calor y de la electricidad. Su símbolo es *Cu*, y su número atómico, *29*. || pl. En mús., conjunto de los instrumentos metálicos de viento de una orquesta. || FAM. cobreño, cobrizo.

cobrizo, za adj. Se apl. al mineral que contiene cobre. || Rojizo, del color del cobre: *cabello cobrizo*.

cobro m. Acción y resultado de cobrar. || **a cobro revertido** loc. adj. Se apl. a la llamada telefónica cuyo importe es abonado por quien la recibe.

coca[1] f. Arbusto eritroxiláceo originario de Perú, de cuyas hojas se extrae la cocaína. || Hoja de este arbusto. || col. Cocaína. || FAM. cocaína, cocal.

coca[2] f. Masa redonda hecha de harina a la que se añaden encima varios ingredientes para después cocerla.

cocacho m. *amer.* Golpe dado con los nudillos en la cabeza.

cocada f. *amer.* Dulce que se hace mezclando la carne rallada del coco con huevo y azúcar.

cocaína f. Alcaloide de la coca que se usa como anestésico y que aspirada o inyectada constituye una droga que actúa sobre el sistema nervioso central provocando euforia. || FAM. cocainomanía, cocainómano.

cocainómano, na adj. y s. Adicto a la cocaína.

cocal[1] m. *amer.* Terreno donde se cría o cultiva coca. || FAM. cocalero.

cocal[2] m. *amer.* Plantación de cocoteros.

cocalero, ra adj. *amer.* De los cocales o relativo a ellos.

cocazo m. *amer.* Cabezazo.

cocción f. Acción y resultado de cocer.

cóccix m. Coxis. ◆ No varía en pl.

cocear intr. Dar coces o patadas, patear.

cocedero m. Recipiente o lugar en que se cuece una cosa, y especialmente el vino. || **cocedero de mariscos** Establecimiento donde se cuecen y consumen mariscos.

cocer tr. Hacer que un alimento crudo llegue a estar en disposición de poderse comer, calentándolo en un líquido puesto al fuego. || Someter a la acción del calor del horno pan, cerámica, piedra caliza, etc., con el fin de que adquieran determinadas propiedades. || intr. Hervir un líquido. || prnl. Prepararse algo de manera callada u oculta: *algo se está cociendo en ese despacho*. || Sentir mucho calor. ◆ **Irreg.** Se conj. como *mover*. || FAM. cocción, cocedero, cocido, cocimiento, cocinar.

cochambre amb. Suciedad, cosa grasienta y de mal olor. Más como f. || FAM. cochambroso.

cochambroso, sa adj. Lleno de suciedad o porquería.

cochayuyo m. *amer.* Alga marina comestible con forma de cinta que puede alcanzar más de 3 m de largo.

coche m. Vehículo con motor, de cuatro ruedas, usado específicamente para el transporte de personas. || Vagón de tren o de metro. || Carruaje de cuatro ruedas, de tracción animal, para dos o más viajeros. || **coche cama** Vagón de ferrocarril dotado de camas o literas. ◆ pl. *coches cama*. || **coche de línea** Autobús que hace el servicio regular de viajeros entre poblaciones. || FAM. cochera, cochero.

cochera f. Lugar donde se guardan los coches, los autobuses u otros vehículos.

cochero, ra m. y f. Persona que se dedica a conducir coches de caballos de manera profesional.

cochifrito m. Plato formado por tajadas de cabrito o cordero que, después de medio cocidas, se fríen y sazonan con especias, vinagre y pimentón.

cochinada f. Porquería, suciedad. || Acción o frase inmoral o grosera. || Acto injusto que perjudica.

cochinear tr. *amer.* Incordiar, molestar a alguien sin mala voluntad.

cochinería f. Cochinada.

cochinilla[1] f. Crustáceo isópodo terrestre propio de parajes húmedos, por lo que se le llama *cochinilla de la humedad*, de 1 a 2 cm de largo, figura aovada y patas muy cortas. Cuando se la toca, se hace una bola.

cochinilla[2] f. Nombre común de diversos insectos hemípteros con claro dimorfismo sexual, ya que las hembras tienen una trompa con la que se unen a las plantas y carecen de alas y de patas, en tanto que los machos tienen alas, pero su aparato bucal no es funcional. Muchas son perjudiciales para la agricultura, aunque otras son beneficiosas. De una de sus especies se extrae un pigmento rojo que sirve para teñir.

cochinillo m. Cerdo de leche que mama todavía.

cochino, na m. y f. Cerdo, mamífero artiodáctilo. || col. Persona muy sucia y desarreglada. También adj. || Persona mezquina y tacaña. || FAM. cochinada, cochinería, cochinero, cochinillo, cochiquera.

cochiquera f. Pocilga, establo para los cerdos.

cochura f. Cocción, especialmente la que se hace en el horno. || Masa de pan que se ha amasado para ser cocida a un mismo tiempo.

cocido m. Guiso de carne, tocino, hortalizas y garbanzos cocidos, muy común en España: *este domingo comeremos cocido madrileño*.

cociente m. Resultado que se obtiene dividiendo una cantidad por otra. || **cociente intelectual** Relación existente entre la edad mental y la edad real de una persona.

cocimiento m. Cocción. || Líquido cocido con hierbas u otras sustancias medicinales, cuyo uso es generalmente terapéutico.

cocina f. Estancia de la casa donde se prepara la comida. || Aparato para guisar o calentar los alimentos que funciona con gas, carbón, electricidad, etc. || Modo o arte especial de preparar los alimentos cada persona o cada región o país: *cocina casera, catalana*. || FAM. cocinar, cocinilla, cocinillas.

cocinar tr. e intr. Preparar o guisar los alimentos para poderlos comer. || col. Tramar, urdir alguna cosa en secreto. || FAM. cocinero.

cocinero, ra m. y f. Persona que se dedica profesionalmente a preparar los alimentos.

cocinillas com. col. Persona que se entromete en asuntos domésticos, especialmente en la cocina, que no son de su incumbencia. ◆ No varía en pl.

coco[1] m. Fruto del cocotero, semejante al melón en su forma y tamaño, cubierto de una doble corteza, la primera fibrosa y la segunda muy dura; por dentro y adherida a esta tiene una pulpa blanca y sabrosa, y en la cavidad central un líquido dulce llamado *agua de coco*. || Cocotero. || *col.* Cabeza humana, mente. || **comerse el coco** loc. *col.* Pensar demasiado sobre un mismo asunto o problema. || FAM. cocotal, cocotero.

coco² m. Bacteria esférica que puede presentarse aislada o formando grupos. ◆ Suele funcionar como suf.: *estafilococo, estreptococo.*

coco³ m. Personaje imaginario que se utiliza para meter miedo a los niños: ¡*que viene el coco!*

cococha f. Protuberancia carnosa situada en la parte baja de la cabeza de la merluza y del bacalao, muy apreciada como alimento.

cocodrilo m. Nombre común de diversas especies de reptiles crocodilianos de 4 a 5 m de largo, anfibios, cubiertos de escamas muy duras en forma de escudo, que viven en los ríos de regiones intertropicales y son temibles por su voracidad.

cocoliche m. *amer.* Jerga de ciertos inmigrantes italianos que mezclan su habla con el español. || com. Persona que utiliza esta jerga.

cocorota f. *col.* Cabeza. || Coronilla, parte más alta del cráneo.

cocotal m. Lugar poblado de cocoteros.

cocotero m. Árbol americano de la familia de las palmas tropicales, de 20 a 25 m de altura, con hojas grandes en forma de penacho y flores en racimos; su fruto es el coco.

cóctel o **coctel** m. Bebida compuesta por una mezcla de licores a los que se añaden otros ingredientes. || Reunión social, generalmente vespertina. || Mezcla de cosas de distinta naturaleza o especie, batiburrillo: *cóctel de ideas.* || **cóctel de mariscos** Plato compuesto por trozos de mariscos acompañados de alguna salsa. || **cóctel molotov** Explosivo fabricado con una botella llena de líquido inflamable provista de mecha. || FAM. coctelera, coctelería.

coctelera f. Recipiente en el que se mezclan los componentes del cóctel.

cocui m. *amer.* Pita.

cocuyo m. *amer.* Insecto coleóptero de la América tropical, parecido a la luciérnaga, que despide de noche una luz azulada. || *amer.* Pita. || Árbol silvestre de la familia de las flacourtiáceas, de unos 10 m de altura, con hojas lanceoladas, fruto del tamaño de la aceituna y madera muy dura que se emplea en construcción.

coda f. Parte añadida al periodo final de una composición musical o poética.

codal adj. Que se compone de un codo. || Que tiene forma o tamaño de codo. || m. Parte de la armadura que cubre el codo.

codazo m. Golpe dado con el codo.

codear intr. Mover los codos reiteradamente o dar golpes con ellos. || prnl. Tratarse de igual a igual una persona con otra: *te codeas con los ricos.*

codeína f. Alcaloide que se extrae del opio y que se usa como calmante, sobre todo, de la tos.

codera f. Pieza para adorno o para remiendo que se pone en las mangas de las chaquetas, jerséis y prendas semejantes en la parte que cubre el codo. || Deformación

o desgaste en las prendas de vestir por la parte del codo. || Venda elástica que se coloca en el codo para protegerlo de golpes o movimientos.

codeso m. Arbusto papilionáceo de 1 a 2 m de altura, ceniciento, con hojas compuestas de tres hojuelas, flores amarillas y semillas en forma de riñón en las vainas del fruto.

codeudor, ra m. y f. Persona que con otra u otras comparte una misma deuda.

códex m. Códice. ◆ No varía en pl.

códice m. Manuscrito antiguo de importancia artística, literaria o histórica, especialmente referido a los libros anteriores a la invención de la imprenta, en 1455: *códice miniado.*

codicia f. Deseo o apetito ansioso y excesivo de bienes o riquezas. || FAM. codiciable, codiciar, codicioso.

codiciar tr. Ansiar, apetecer vehementemente una cosa.

codicilo m. Documento o cláusula adicional que sustituye, modifica o aclara lo dispuesto en un testamento.

codicioso, sa adj. Que siente codicia.

codificación f. En der., reunión de distintas leyes en un solo código. || En inform., expresión escrita en un lenguaje de ordenador. || Cambio de lenguaje o de código lingüístico sin modificar el contenido.

codificar tr. En der., conformar un cuerpo de leyes metódico y ordenado. || Transformar un mensaje mediante las reglas de un código: *codificar en morse.* || En inform., traducir la información al lenguaje del ordenador. || FAM. codificación, codificador, descodificar.

código m. Recopilación de leyes de un país: *código penal, civil.* || Conjunto de leyes o normas sobre una materia determinada: *código de circulación.* || Sistema de signos y reglas que permite formular y comprender un mensaje. || Libro en que aparecen esos signos y reglas. || **código de barras** Serie de líneas y números asociados a ellas que se pone sobre los productos de consumo. || **código postal** Serie de números que identifican las poblaciones y sus distritos con el fin de facilitar la clasificación del correo.

codillo m. En los animales cuadrúpedos, articulación del brazo próxima al pecho. || Parte comprendida entre esta articulación y la rodilla. || Trozo de tubo con forma de ángulo.

codo m. Parte exterior de la articulación del brazo con el antebrazo. || Codillo de los cuadrúpedos. || Antigua medida de longitud, igual a 42 cm. || Trozo de tubo con forma de ángulo o de arco, usado en fontanería. || **codo con codo** loc. adv. En contacto recíproco o cooperación: *trabajar codo con codo.* || **empinar el codo** loc. *col.* Beber mucho, consumir demasiada cantidad de bebidas alcohólicas. || FAM. codal, codazo, codear, codera, codillo.

codorniz f. Ave galliforme de unos 20 cm de largo, con alas pequeñas, el lomo y las alas de color pardo con rayas más oscuras. Es común en España.

coedición f. Impresión y publicación conjunta de una obra literaria o artística entre varias personas o entidades. || FAM. coeditar.

coeficiente adj. Que causa junto con otra cosa un efecto. || m. Factor o número que multiplica. || Elemento constante en una multiplicación. || Expresión del grado o intensidad de una propiedad o característica: *coeficiente de dilatación*. || **coeficiente intelectual** Cociente intelectual.

coercer tr. Reprimir, contener, sujetar. || FAM. coerción, coercitivo.

coerción f. Represión, sujeción.

coercitivo, va adj. Que refrena o reprime: *medidas legales coercitivas*.

coetáneo, a adj. y s. Que coincide en edad, plazo o tiempo con otro: *novelistas coetáneos*.

coexistencia f. Existencia simultánea o convivencia de dos o más entidades. || FAM. coexistente.

coexistir intr. Existir una persona o cosa a la vez que otra. || FAM. coexistencia.

cofa f. Plataforma redonda ubicada en lo alto de los palos de un barco que se utiliza como puesto de observación y para maniobrar desde ella las velas altas.

cofia f. Especie de gorro femenino que forma parte del uniforme propio de algunas profesiones. || Cubierta membranosa con forma de dedal que envuelve algunas semillas.

cofrade com. Persona que forma parte de una cofradía.

cofradía f. Congregación o asociación autorizada de devotos con fines piadosos. || Gremio o asociación de personas con un determinado fin: *cofradía de pescadores*. || FAM. cofrade.

cofre m. Caja resistente dotada de tapa y cerradura que se utiliza para guardar objetos de valor. || Baúl, caja de tapa convexa.

cogedor m. Especie de pala con un mango por detrás que sirve para recoger la basura que se barre o la ceniza que queda en los hogares.

coger tr. Agarrar, asir, tomar. También prnl. || Recibir, atraer una cosa: *coger polvo*. || Recolectar. || Ocupar cierto espacio: *la cama coge toda la habitación*. || Hallar, encontrar: *lo cogieron dormido*. || Descubrir una mentira, un secreto, una falta: *nos han cogido con las manos en la masa*. || Comprender: *no he cogido el chiste*. || Captar una emisión de radio o de televisión: *desde mi casa no cojo el canal autonómico*. || Atrapar, apresar. || Sobrevenir, sorprender: *me cogió la noche en la carretera*. || Alcanzar lo que está alejado. || Anotar lo que otro dice: *coger apuntes*. || Atropellar, embestir. || Contraer una enfermedad. || Enganchar el toro a alguien. || *amer. vulg.* Follar, fornicar. || intr. Hallarse, estar situado: *eso coge a la salida del pueblo*. || *col.* Caber, entrar: *no me coge nada más en la maleta*. || FAM. acoger, cogedor, cogida, cogedor, recoger.

cogestión f. Participación del personal de una empresa en su administración o gestión.

cogida f. Acción de coger el toro a una persona. || Recolección de frutos.

cogido m. Pliegue que a propósito o casualmente se hace en la ropa.

cognación f. Parentesco de consanguinidad por la línea femenina. || FAM. cognado, cognaticio.

cognición f. Conocimiento, acción y resultado de conocer a través de las facultades intelectuales. || FAM. cognitivo, cognoscible, cognoscitivo.

cognitivo, va adj. Del conocimiento o relativo a él: *desarrollo cognitivo*.

cognoscible adj. Que puede conocerse o entenderse.

cognoscitivo, va adj. Que es capaz de conocer o comprender: *inteligencia cognoscitiva*.

cogollo m. Parte interior y más apiñada y tierna de algunas hortalizas. || Brote que nace de ciertos árboles y plantas. || Lo más selecto o importante de algo: *el cogollo de la cuestión*.

cogorza f. *col.* Borrachera.

cogote m. Parte superior y posterior del cuello. || FAM. cogotera, cogotazo, cogotudo.

cogotudo, da m. y f. *amer. desp.* Persona que se ha enriquecido rápidamente y hace ostentación de ello.

cogujada f. Nombre común de diversas especies de aves paseriformes semejantes a la alondra, entre las que la especie más conocida, la cogujada común, se distingue por tener en la cabeza un largo moño puntiagudo, es muy andadora y anida comúnmente en los sembrados.

cogulla f. Hábito con capucha que visten algunos religiosos monacales.

cohabitar tr. Habitar una persona con otra u otras. || Hacer vida conyugal. || Realizar el acto sexual. || FAM. cohabitación.

cohechar tr. Sobornar a un juez o a un funcionario público para que dictamine o actúe contra derecho. || Arar el barbecho o la tierra antes de sembrarla. || FAM. cohecho.

cohecho m. Delito que comete el juez o funcionario que dictamina de cierta manera a cambio de sobornos. || Delito que comete el que cohecha. || Acción de remover la tierra o el barbecho.

coheredero, ra m. y f. Persona que sucede en una herencia con otro u otros. || FAM. coheredar.

coherencia f. Conexión, relación de unas cosas con otras. || En fís., cohesión. || FAM. coherente, cohesión, incoherente.

coherente adj. Que posee coherencia entre sus partes.

cohesión f. Adhesión de las cosas entre sí o entre las materias de que están formadas. || Unión de dos cosas. || En fís., ligazón o unión recíproca entre las moléculas de una sustancia homogénea. || En fís., fuerza de atracción que mantiene las moléculas unidas. || FAM. cohesionar, cohesivo.

cohesionar prnl. Reunirse o adherirse las cosas entre sí o entre las partículas de que están formadas.

cohete m. Tubo resistente cargado de pólvora que se eleva por combustión de su mecha y estalla en el aire. || Aeronave que se mueve en el espacio por propulsión a chorro, y que se emplea con fines militares o científicos. || FAM. cohetería.

cohibido, da adj. Tímido, apocado.

cohibir tr. y prnl. Refrenar, coartar, contener. || FAM. cohibición, cohibido.

cohombro m. Hortaliza semejante al pepino, cuyo fruto es largo y torcido. ‖ Fruto de esta planta. ‖ **cohombro de mar** Holoturia.

cohorte f. Unidad táctica del ejército romano. ‖ Conjunto, serie: *cohorte de seguidores*.

coihué m. *amer.* Árbol de la familia de las fagáceas, muy alto y de madera semejante a la del roble, con hojas lanceoladas y flores dispuestas en grupos de tres.

coima f. Concubina, mujer que cohabita con un hombre sin estar casados.

coima f. *amer.* Gratificación con que se soborna a un funcionario público, cohecho.

coincidencia f. Acción y resultado de coincidir. ‖ Ocurrencia de dos o más cosas o personas a un tiempo. ‖ Igualdad de formas, intereses, opiniones, etc.

coincidir intr. Ajustarse una cosa con otra. ‖ Estar de acuerdo. ‖ Ocurrir dos o más cosas a un mismo tiempo. ◆ Se construye con la prep. *con: tu viaje coincide con mi boda.* ‖ Encontrarse simultánea y casualmente varias personas en el mismo lugar. ‖ FAM. coincidencia, coincidente.

coipo m. *amer.* Mamífero anfibio semejante al castor, de pelo pardo rojizo, orejas redondas y hocico largo y cubierto de barbas. Su cola es gruesa y peluda.

coito m. Unión sexual en los animales superiores, y especialmente la del hombre y la mujer.

cojear intr. Andar desigualmente por padecer alguna enfermedad o malformación en los miembros inferiores. ‖ Moverse un mueble por no descansar bien sus patas en el suelo. ‖ *col.* Padecer de algún vicio o defecto alguna cosa: *tu argumentación cojea en varios aspectos.* ‖ FAM. cojera, cojo.

cojera f. Defecto, lesión o enfermedad que impide andar con regularidad.

cojín m. Almohadón que se usa para apoyar cómodamente alguna parte del cuerpo sobre él. ‖ FAM. cojinete.

cojinete m. Almohadilla o acerico que se utiliza en la costura. ‖ Pieza de hierro con que se unen los carriles a las traviesas del ferrocarril. ‖ Pieza en que se sujeta y gira un eje de maquinaria.

cojitranco, ca adj. y s. *desp.* Que cojea de forma llamativa o exagerada, con pasos largos y desacompasados.

cojo, ja adj. Persona o animal que cojea o al que le falta un pie o una pierna. También s. ‖ Objeto o mueble que se mueve por no estar bien asentado en el suelo. ‖ Que está incompleto o es imperfecto: *razonamiento cojo.* ‖ FAM. cojear, cojera, cojitranco.

cojón m. *vulg.* Testículo. Más en pl., como interj.: *¡estate quieto ya, cojones!* ‖ FAM. cojonudo.

cojonudo, da adj. *vulg.* ¡Magnífico, excelente! ‖ adv. *vulg.* Estupendamente, fenomenal.

cojudez f. *amer. col.* Tontería, estupidez.

cojudo, da adj. *amer.* Bobo, imbécil. ‖ *amer.* Valiente.

col f. Hortaliza crucífera con hojas radicales y muy anchas y de pencas gruesas, como el repollo y la lombarda. Se cultivan muchas variedades, todas comestibles, que se distinguen por el color y la figura de sus hojas.

cola[1] f. Extremidad posterior de la columna vertebral de algunos animales. ‖ Conjunto de plumas que las aves tienen en este extremo. ‖ Extremo posterior y último de cualquier cosa. ‖ Coleta, tipo de peinado. ‖ Hilera o fila de personas que esperan su turno. ‖ *col.* Miembro viril. ‖ **cola de caballo** Coleta. ‖ **a la cola** loc. adv. En la última posición, detrás. ‖ **tener** o **traer cola** una cosa loc. *col.* Tener graves consecuencias. ‖ FAM. colear, coleta, colilla, colista.

cola[2] f. Pasta viscosa que sirve para pegar. ‖ **cola de pescado** Gelatina que se hace con la vejiga de los esturiones. ‖ **no pegar ni con cola** loc. *col.* Desentonar, ser incongruente. ‖ FAM. encolar.

cola[3] f. Semilla de un árbol ecuatorial que se utiliza en medicina como excitante de las funciones digestivas y nerviosas. ‖ Bebida que se hace del extracto de esta semilla: *refresco de cola.*

colaboración f. Realización conjunta de un trabajo o tarea. ‖ Contribución, ayuda pecuniaria o no al logro de algún fin. ‖ Texto que escribe una persona ajena a la editorial para una publicación periódica.

colaboracionismo m. Tendencia política o actitud que defiende un régimen político o social considerado por la mayoría como opresor. ‖ FAM. colaboracionista.

colaboracionista adj. Del colaboracionismo o relativo a él. ‖ adj. y com. *desp.* Partidario, defensor o seguidor del colaboracionismo.

colaborador, ra adj. y s. Que participa con otros en la consecución de un trabajo o un logro. ‖ m. y f. Persona que escribe en un periódico o contribuye en la edición de un libro sin pertenecer a la plantilla de redactores.

colaborar intr. Trabajar con otra u otras personas para lograr algún fin. ‖ Contribuir al logro de algún fin. ‖ Trabajar en una empresa sin pertenecer a su plantilla. ‖ FAM. colaboración, colaboracionismo, colaborador.

colación f. Comida o alimento ligero, específicamente el que se toma en días de ayuno. ‖ Conjunto de dulces, frutas y otros alimentos con que se agasaja a los invitados. ‖ Acto de conferir un beneficio eclesiástico o un grado de universidad. ‖ Cotejo o comparación que se hace entre dos o más cosas. ‖ **sacar a colación** loc. Mencionar, traer a la conversación. ‖ **traer a colación** loc. Argumentar, aducir razones.

colada f. Lavado periódico de la ropa sucia. ‖ Ropa recién lavada. ‖ Operación de sacar el hierro fundido. ‖ Garganta o paso estrecho entre montañas. ‖ Masa de lava arrojada por un volcán que fluye por sus laderas.

coladera f. *amer.* Colador o cedazo para bebidas.

coladero m. Cedazo o manga en que se cuela un líquido. ‖ Camino o paso estrecho. ‖ En el lenguaje estudiantil, centro docente en el que se aprueba fácilmente. ‖ *col.* Lugar por el que es fácil colarse.

colado, da adj. Que ha sido pasado por un colador o cedazo. ‖ *col.* Que está muy enamorado: *estoy colado por ti.*

colador m. Utensilio formado por una tela o de una plancha metálica con agujeros unida a un mango que se usa, sobre todo en cocina, para eliminar las partículas sólidas de un líquido o una sustancia viscosa. ‖ Lo que tiene múltiples agujeros: *lleva los calcetines como un colador.*

coladura f. Acción y resultado de colar líquidos. ‖ *col.* Equivocación, error.

colaje m. *Collage.*

colágeno m. Sustancia proteínica albuminoidea que existe en el tejido conjuntivo, en los cartílagos y en los huesos y que, al cocerse, se transforma en gelatina.

colapsar tr. Causar un colapso, paralizar. || intr. y prnl. Sufrir un colapso una persona o una cosa.

colapso m. Decaimiento brusco y grave de la tensión arterial que causa una insuficiencia circulatoria. || Disminución brusca o paralización de una actividad: *colapso del tráfico.* || FAM. colapsar.

colar tr. Pasar un líquido por cedazo o colador para aclararlo. || Blanquear la ropa después de lavada. || Pasar una cosa mediante engaño o artificio: *colar moneda falsa.* || Introducir por un lugar estrecho, meter una cosa a través de otra. También prnl.: *la pelota se ha colado en casa del vecino.* || prnl. *col.* Entrar o ponerse a escondidas o con engaño en algún sitio: *colarse en un concierto.* || *col.* Cometer equivocaciones: *en ese ejercicio me he colado.* || *col.* Enamorarse completamente de alguien o algo. ◆ Se construye con la prep. *por: se cuela por todas las chicas que le presentan.* || intr. *col.* Ser creída una mentira o un engaño: *puso esa excusa por si colaba.* ◆ **Irreg.** Se conj. como *contar.* || FAM. colada, coladera, coladero, colado, colador, coladura.

colateral adj. Se apl. a la cosa de la que está a uno y otro lado de algo. || adj. y com. Se dice del pariente que no lo es por línea directa.

colcha f. Cobertura que sirve de adorno y de abrigo de la cama. || FAM. colchón.

colchón m. Especie de sobre de tela rectangular relleno de lana, plumas, goma espuma u otros materiales blandos, cosido por todos lados y de tamaño proporcionado para dormir sobre él. || FAM. colchonería, colchonero, colchoneta.

colchoneta f. Colchón más estrecho que los ordinarios, generalmente de tela impermeable y relleno de aire. || Colchón delgado sobre el que se realizan ejercicios deportivos.

colear intr. Mover un animal la cola. || *col.* No haberse terminado un asunto o sus consecuencias: *colear un problema.*

colección f. Conjunto de cosas, generalmente de una misma clase y dispuestas de forma ordenada. || FAM. coleccionar, coleccionismo, coleccionista.

coleccionar tr. Formar una colección de elementos semejantes o del mismo tipo. || FAM. coleccionable.

coleccionismo m. Afición a coleccionar objetos y técnica para ordenarlos adecuadamente.

coleccionista com. Persona que colecciona.

colecta f. Recaudación de donativos, generalmente recogidos para un fin benéfico. || FAM. colectar, colector.

colectivero, ra m. y f. *amer.* Persona que conduce un colectivo o autobús de pasajeros.

colectividad f. Conjunto de individuos a los que une una relación o que persiguen un mismo fin.

colectivismo m. Doctrina que propugna la transferencia de los medios de producción al Estado o al conjunto social. || FAM. colectivista.

colectivista adj. Del colectivismo o relativo a él. || com. Partidario de esta doctrina.

colectivizar tr. Convertir lo individual o personal en colectivo o social. || FAM. colectivización.

colectivo, va adj. De la colectividad o relativo a cualquier agrupación de individuos. || m. Grupo o conjunto de personas con intereses comunes: *colectivo de trabajadores.* || *amer.* Autobús. || FAM. colectivamente, colectividad, colectivismo, colectivizar.

colector, ra adj. y s. Que recoge o que recauda. || m. Canal o conducto en el que vierten sus aguas las alcantarillas.

colega com. Persona que tiene la misma profesión u actividad que otra. || *col.* Amigo, compañero.

colegiado, da adj. Se dice de la persona que pertenece a una corporación que forma colegio profesional. || P. ext., se apl. al cuerpo constituido en colegio profesional. También s. || m. y f. Árbitro de un juego o deporte que es miembro de un colegio oficialmente reconocido.

colegial, la adj. Del colegio o relativo a él. || m. y f. Estudiante que asiste a un colegio.

colegiar tr. Inscribir a alguien en un colegio profesional. También prnl. || prnl. Reunirse en colegio los individuos de una misma profesión o clase. || Afiliarse, inscribirse alguien en un colegio profesional. || FAM. colegiación, colegiado.

colegiata f. Iglesia donde se celebran oficios divinos y que, no siendo sede episcopal, se compone de abad y cabildo de canónigos seculares.

colegio m. Establecimiento de enseñanza. || Impartición de enseñanza, clase. || Agrupación formada por los individuos de una misma profesión: *colegio de médicos.* || **colegio electoral** Grupo de electores de un mismo distrito y lugar donde votan. || **colegio mayor** Establecimiento o edificio donde residen estudiantes universitarios sometidos a cierto régimen. || FAM. cole, colega, colegial, colegiar.

colegir tr. Juntar, unir. || Inferir, deducir. ◆ **Irreg.** Se conj. como *pedir.*

cóleo m. Conjunto de plantas herbáceas de la familia labiadas, de origen asiático, de hojas dentadas y flores en racimos que se utilizan para adorno.

coleóptero adj. y m. De los coleópteros o relativo a este orden de insectos. || m. pl. Orden de insectos masticadores que poseen un caparazón duro y dos alas, también duras, llamadas élitros, que cubren a su vez dos alas membranosas, como el escarabajo o la mariquita.

cólera[1] f. Ira, enfado violento. || **montar en cólera** loc. Irritarse, enfadarse mucho. || FAM. colérico, encolerizar.

cólera[2] m. Enfermedad infecciosa producida por una bacteria que se transmite a través de aguas contaminadas y que origina dolores abdominales, vómitos y diarreas que pueden causar la muerte. || FAM. colérico.

colérico, ca adj. Relativo a la cólera o al cólera. || Que se enfada con facilidad.

colesterol m. Molécula grasa que se produce generalmente en el hígado y los intestinos o se ingiere con los alimentos y cuya excesiva acumulación causa enfermedades circulatorias como la arteriosclerosis.

coleta f. Peinado que consiste en recoger una mata de cabello con una cinta, goma, etc., cerca del cuero cabelludo en forma de cola. || Trenza de pelo. || **cortarse la coleta** loc. Dejar uno, específicamente un torero, el ejercicio de su profesión. || FAM. coletazo, coletilla.

coletazo m. Golpe dado con la cola. || Última manifestación de una actividad cercana a su fin. Más en pl.

coletilla f. Añadido breve que se suma a lo escrito o hablado.

coleto m. Vestidura de piel que cubre el cuerpo, ciñéndolo hasta la cintura a modo de casaca. || col. Adentros, interior de una persona: *lo pensé para mi coleto.* || **echarse** algo **al coleto** loc. col. Comérselo o bebérselo.

colgadero, ra adj. Que es apto para colgarse o guardarse. || m. Gancho, escarpia o cualquier otro instrumento que sirve para colgar alguna cosa de él. || Asa o anillo que entra en el garfio o escarpia. || m. amer. Tendedero, dispositivo para secar la ropa.

colgado, da adj. Frustrado en sus esperanzas o deseos: *me dejaron colgado esperando.* || Incierto, pendiente de resolución. || Muy atento, excesivamente pendiente: *se quedó colgada mirándolo.* || col. Que está bajo los efectos de narcóticos o drogas alucinógenas. También s.

colgador m. Utensilio que sirve para colgar ropa u otros objetos.

colgadura f. Tapiz o tela con que se cubre o adorna una pared, un balcón, etc., con motivo de alguna celebración. Más en pl.

colgajo m. desp. Cualquier cosa sin valor o importancia que cuelga. || Trozo de piel sana que en las operaciones se reserva para cubrir la herida.

colgante adj. Que pende o cuelga. || m. Joya que cuelga de una cadena o cordel.

colgar tr. Sujetar o poner una cosa de manera que no llegue a tocar el suelo. || Adornar con telas o cuadros las paredes. || col. Ahorcar. || col. Dejar de ejercer una profesión u oficio: *colgar las botas los futbolistas.* || Atribuir, achacar: *le colgaron el sambenito de perezoso.* || Acabar, cerrar una comunicación telefónica: *me colgó sin despedirse.* || intr. Estar una cosa en el aire pendiente de otra. ◆ Se suele usar seguido de las preps. *de* o *en: los frutos cuelgan de los árboles.* || prnl. col. Ser dependiente de alguna persona o cosa, especialmente de las drogas. Más en p. p. || En inform., quedarse un ordenador parado o bloqueado. ◆ **Irreg.** Se conj. como *contar.* || FAM. colgadero, colgado, colgador, colgadura, colgajo, colgante.

colibrí m. Nombre común de diversas especies de aves apodiformes americanas, de unos 5 cm los más pequeños, colores brillantes y pico largo con una lengua tubular extensible para alimentarse del néctar de las flores. ◆ pl. *colibrís* o *colibríes.*

cólico, ca adj. Del intestino colon o relativo a él. || m. Trastorno orgánico doloroso, localizado generalmente en los intestinos, caracterizado por violentos retortijones, sudores y vómitos.

coliflor f. Variedad de col que al crecer desarrolla una pella blanca carnosa y granulosa comestible.

coligarse prnl. y tr. Unirse o asociarse unos con otros para algún fin. ◆ Se construye con la prep. *con: coligarse un partido con otro.* || FAM. coligación.

coligüe m. amer. Planta gramínea de hoja perenne, trepadora y de madera dura. Sus hojas sirven de pasto a los animales, y de la semilla se hace una clase de sopa.

colilla f. Resto del cigarro que se queda sin fumar y se tira.

colimba m. amer. Soldado, joven que cumple la instrucción militar obligatoria. || f. amer. Servicio militar.

colimbo m. Nombre común de diversas aves gaviformes propias de las costas de países fríos, que miden entre 50 y 80 cm de longitud, tienen plumaje oscuro, pico comprimido y alas cortas poco útiles para el vuelo. Su posición natural es casi vertical por tener las patas muy atrás.

colín m. Barrita de pan cilíndrica, larga y muy delgada.

colina f. Elevación natural de terreno redondeada y menor que una montaña.

colindante adj. Se apl. al campo o edificio contiguo a otro. || Se apl. a los propietarios de dichos terrenos. || Se dice del término municipal y del municipio limítrofe con otro.

colindar intr. Tener una casa, finca o lugar un límite común con otro. ◆ Se construye con la prep. *con: nuestras provincias colindan con el mar.* || FAM. colindante.

colirio m. Medicamento líquido de uso externo que se emplea para curar o aliviar las enfermedades de los ojos.

coliseo m. Sala en la que se celebran espectáculos públicos.

colisión f. Choque violento entre dos cuerpos. || Oposición o desacuerdo. || FAM. colisionar.

colisionar intr. Chocar dos o más vehículos con violencia. || Enfrentarse u oponerse.

colista adj. y com. En ciertas competiciones, se apl. al participante que ocupa el último o uno de los últimos puestos de la clasificación.

colitis f. Inflamación del colon del intestino. ◆ No varía en pl.

collado m. Paso o depresión suave por donde se puede atravesar con facilidad de un lado a otro una montaña o sierra. || Cerro, montículo de tierra más pequeño que un monte.

collage (voz fr.) m. Técnica pictórica que consiste en pegar sobre un lienzo o una tabla fragmentos de distintos materiales. || Composición pictórica ejecutada con este procedimiento.

collar m. Pieza valiosa que rodea el cuello como adorno o como símbolo de distinción. || Aro, por lo común de cuero, que se ciñe al cuello de los animales domésticos para adorno, sujeción o defensa. || FAM. collarín, collera.

collarín m. Aparato ortopédico en forma de collar que, ajustado al cuello, se emplea para inmovilizar las vértebras cervicales.

colleja f. Hierba cariofilácea comestible con hojas lanceoladas, tallos ahorquillados y flores blancas, muy común en los sembrados y parajes incultos. || col. Golpe dado con la mano abierta en la nuca.

collera¹ f. Collar de cuero o lona relleno de borra o paja que se pone al cuello a las caballerías para sujetar las bridas y los correajes sin herir al animal.

collera² f. *amer.* Gemelo de la camisa. || *amer.* Pareja de animales o personas que participan juntas en una actividad.

colmado, da adj. Completo, llenado. || m. Tienda de comestibles. || Establecimiento donde se sirven ciertas comidas.

colmar tr. Llenar un recipiente de modo que el contenido levante más que los bordes. || Dispensar con generosidad. ◆ Se construye con la prep. *de: colmar de caprichos y atenciones.* || Lograr, satisfacer deseos o aspiraciones. También prnl.: *se han colmado mis expectativas.* || FAM. colmado.

colmena f. Lugar o recipiente donde viven las abejas y fabrican los panales de miel. || Conjunto de abejas alojadas en él. || Casa o edificio donde habitan demasiadas personas. || FAM. colmenar, colmenero.

colmenar m. Lugar donde hay muchas colmenas.

colmenero, ra m. y f. Persona que tiene colmenas o cuida de ellas.

colmillo m. Diente agudo y fuerte de los mamíferos, colocado entre el más lateral de los incisivos y la primera muela. || Cada uno de los dos dientes en forma de cuerno que tienen los elefantes. || **enseñar** alguien **los colmillos** loc. *col.* Manifestar fuerza y poder. || **tener el colmillo retorcido** loc. *col.* Ser astuto por tener mucha experiencia. || FAM. colmillar.

colmo m. Complemento o remate de alguna cosa: *para colmo, me han robado.* || Porción de materia que sobresale por encima de los bordes del recipiente que la contiene. || Extremo, grado más alto a que puede llegar una cosa: *el colmo de la desfachatez.* || **ser** una cosa **el colmo** loc. *col.* Ser insuperable, desmesurada o intolerable.

colobo m. *amer.* Mamífero primate catarrino, delgado, de cola muy larga y con el cuerpo de color negro excepto la cara, que es blanca.

colocación f. Empleo o destino. || Situación de personas o de cosas.

colocar tr. y prnl. Poner a una persona o cosa en su debido lugar u orden. || Poner a uno en un empleo. || prnl. *col.* Hacer que otro soporte una carga o molestia, endilgar: *me colocaron un billete falso.* || *col.* Ponerse eufórico por efecto de las drogas o de bebidas alcohólicas. || FAM. colocación, colocado, colocón.

colocasia f. Hierba arácea originaria de la India, con las hojas grandes, aovadas, y flor de color rosa. Tanto la raíz como las hojas, una vez cocidas, son comestibles.

colocolo m. *amer.* Mamífero semejante al gato montés.

colocón m. *col.* Estado del que se encuentra bajo los efectos del alcohol o de la droga.

colodrillo m. Parte posterior e inferior de la cabeza.

colofón m. Anotación al final de los libros que indica el nombre del impresor y el lugar y fecha de la impresión. || Parte final y a menudo más lucida de un asunto, obra o situación.

colofonia f. Resina sólida, transparente e inflamable, producto de la destilación de la trementina de algunos árboles, que se emplea sobre todo en farmacia.

coloidal adj. De los cuerpos coloides o relativo a ellos.

coloide adj. y m. Se apl. al cuerpo que se disgrega en un líquido en partículas tan pequeñas que parece que se ha disuelto. || m. Estado de la materia en el que un sólido o un líquido está disperso en otro. || FAM. coloidal, coloideo.

coloideo, a adj. Coloidal.

colombiano, na adj. y s. De Colombia o relativo a esta nación de América. || FAM. colombianismo.

colombicultura f. Arte de criar palomas y fomentar su reproducción.

colombino, na adj. Perteneciente o relativo a Cristóbal Colón. || f. Personaje teatral femenino originario de la antigua comedia italiana. ◆ Se escribe con mayúscula. || FAM. precolombino.

colon m. Parte central del intestino grueso situada entre el ciego o el íleon y el recto.

colón m. Unidad monetaria de Costa Rica y El Salvador (hasta 2001).

colonato m. Sistema de explotación de las tierras mediante colonos.

colonia¹ f. Territorio dominado y administrado por una potencia extranjera. || Conjunto de personas de un país, región o provincia que emigran a otro para establecerse en él. || Territorio en el que se establecen. || Grupo de viviendas arquitectónicamente semejantes. || Espacio acondicionado para desarrollar actividades infantiles en época de vacaciones. || Grupo de animales de una misma especie que conviven en un territorio limitado. || FAM. colonato, coloniaje, colonial, colonialismo.

colonia² f. Perfume compuesto de agua, alcohol y esencias aromáticas.

coloniaje m. *amer.* Periodo de dominación colonial española en América.

colonial adj. De la colonia o relativo a ella. || Que se produce u ocurre en las colonias y es característico de ellas.

colonialismo m. Forma de dominación entre países mediante la que un país o metrópoli mantiene bajo su poder político a otro ubicado fuera de sus fronteras. || Teoría que defiende este régimen político. || FAM. colonialista.

colonialista adj. Del colonialismo o relativo a él. || com. Partidario o seguidor de esta doctrina.

colonización f. Establecimiento de colonias. || Establecimiento de colonos en un territorio para controlarlos o civilizarlos.

colonizador, ra adj. y s. Que coloniza.

colonizar tr. Establecer colonias. || Convertir un territorio o país en colonia de otro. || Transmitir un país su cultura a la colonia. || FAM. colonización, colonizado, colonizador.

colono, na m. y f. Persona que habita en una colonia. || Labrador que cultiva las tierras de otro y recoge sus frutos a cambio de un alquiler. || FAM. colonato, colonia, colonizar.

coloquial adj. Relativo al coloquio. ‖ Se apl. a la voz, la frase, el lenguaje, etc., propio de la conversación oral y cotidiana.

coloquíntida f. Planta cucurbitácea con tallos rastreros y largos, hojas partidas en cinco lóbulos dentados, flores amarillas y frutos de corteza lisa, anaranjados y muy amargos, que se emplean en medicina como purgantes. ‖ Fruto de esta planta.

coloquio m. Conversación, diálogo entre dos o más personas. ‖ Reunión organizada en que un número limitado de personas debaten y discuten sobre un tema elegido previamente. ‖ Composición literaria en forma de diálogo. ‖ FAM. coloquial.

color m. Impresión que los rayos de luz reflejados por un cuerpo producen en la retina del ojo. En algunas zonas, también f. ‖ Pintura, sustancia o instrumento con el que se pinta. ‖ Disposición e intensidad de los colores, colorido. ‖ Timbre o calidad de un sonido. ‖ Carácter peculiar o distintivo de algunas cosas o estilos. ‖ Matiz de opinión o ideología política. ‖ pl. Símbolos y colores característicos de una asociación o entidad deportiva, que aparecen en su bandera o emblemas y, p. ext., la misma entidad. ‖ **de color** loc. adj. y adv. Se apl. al tejido que tiene colores distintos al blanco, negro o gris. ‖ loc. adj. Se dice de la persona de raza negra. ‖ **de color de rosa** loc. adj. col. De forma ideal, perfecta. ‖ **no haber color** loc. No ser posible la comparación por ser una cosa mucho mejor que otra. ‖ **sacarle** a alguien **los colores** loc. Sonrojarlo, avergonzarlo. ‖ **salirle** a alguien **los colores** loc. Ponerse colorado por timidez o vergüenza. ‖ FAM. coloración, colorado, colorante, colorar, colorativo, colorear, colorete, colorido, colorín, colorinche, colorismo.

coloración f. Acción y resultado de colorear. ‖ Disposición y tonalidad de los colores de una cosa.

colorado, da adj. Que tiene color. ‖ De color más o menos rojo. ‖ **poner colorado** a alguien loc. col. Ruborizarlo, avergonzarlo.

colorante adj. Que da color. ‖ m. Sustancia natural o artificial que se emplea para teñir: colorante alimentario.

colorear tr. Dar color o teñir. ‖ Dar a alguna cosa carácter distinto del que tiene. ‖ intr. y prnl. Aproximarse al color rojo. ‖ Tomar algunos frutos el color rojizo propio de su madurez.

colorete m. Cosmético, por lo general de color rojo o rosado, que se utiliza para dar color a las mejillas.

colorido m. Disposición e intensidad de los diversos colores de una cosa. ‖ Carácter peculiar de algo. ‖ Animación.

colorín m. Color vivo que destaca sobre los demás. Más en pl. ‖ Jilguero.

colorinche m. amer. Combinación de colores llamativa y extravagante.

colorismo m. En pint., tendencia que defiende la primacía del color sobre el dibujo. ‖ En lit., exceso de adjetivación propia de algunos escritores. ‖ FAM. colorista.

colorista adj. Que usa bien el color. También com. ‖ En pint., se apl. a la escena que tiene mucho colorido. ‖ Se dice del escritor que, en su lenguaje y estilo, emplea con frecuencia expresiones adjetivas y enfáticas, y de la obra literaria que las contiene. También com.

colosal adj. De gran tamaño, gigantesco. ‖ Extraordinario, magnífico. ‖ adv. col. Estupendamente, fenomenal.

coloso m. Estatua que excede mucho al tamaño natural. ‖ Persona o cosa que por sus cualidades o relevancia destaca entre las de su clase: coloso del atletismo. ‖ FAM. colosal.

colposcopia f. Exploración de la vagina y el útero mediante un colposcopio. ‖ FAM. colposcopio.

colposcopio m. Instrumento óptico que se utiliza en las exploraciones ginecológicas.

colúbrido m. Animal perteneciente a la familia de reptiles del orden escamosos y ofidios que carece de aparato venenoso y tiene en el borde de la mandíbula superior dientes fijos y casi iguales, como la culebra. Más en pl.

columbiforme adj. y f. De las columbiformes o relativo a este orden de aves. ‖ f. pl. Orden de aves que tienen el cuello corto, cabeza pequeña y pico fino y que alimentan a sus crías con una secreción que fabrican en el buche, como la paloma.

columbino, na adj. Relativo a las palomas o semejante a ellas.

columbrar tr. Divisar, otear desde lejos una cosa, sin distinguirla bien. ‖ Deducir por síntomas o indicios.

columna f. Apoyo cilíndrico y largo, compuesto generalmente de basa, fuste y capitel, que sirve para sostener techumbres o adornar edificios. ‖ En impresos, cualquiera de las partes en que se divide verticalmente una página: página a dos columnas. ‖ Pila o serie de cosas amontonadas verticalmente. ‖ Conjunto de personas o de cosas colocadas en formación más larga que ancha. ‖ En lenguaje periodístico, artículo, espacio reservado para un columnista: columna de sociedad. ‖ Forma cilíndrica que toman algunos fluidos al ascender: columna de fuego, de humo. ‖ **columna acanalada** Columna estriada. ‖ **columna adosada** La que está pegada a un muro u otro cuerpo de la edificación. ‖ **columna compuesta** La que tiene proporciones de la corintia, capitel con hojas de acanto del corintio y volutas del jónico. ‖ **columna corintia** La que tiene el capitel adornado con hojas de acanto. ‖ **columna dórica** La que tiene el capitel formado por un ábaco con un equino o un cuarto bocel, y las más antiguas no tenían basa. ‖ **columna estriada** La que tiene el fuste adornado con canales o estrías unidas a otra o separadas por un filete. ‖ **columna jónica** La que tiene el capitel adornado con volutas. ‖ **columna salomónica** La que tiene el fuste contorneado en espiral. ‖ **columna vertebral** Eje del esqueleto, espina dorsal de los animales vertebrados. ‖ **quinta columna** Grupo organizado que en un país en guerra actúa clandestinamente en favor del enemigo. ‖ FAM. columnata, columnista.

columnata f. Grupo de columnas geométricamente dispuestas que sostienen o adornan un edificio.

columnista com. Redactor o colaborador de un periódico que escribe regularmente una columna específica.

columpiar tr. y prnl. Empujar o impulsar al que está montado en un columpio para que este se mueva. ‖ prnl. Mover el cuerpo de un lado a otro cuando se anda. ‖ *col.* Equivocarse, meter la pata.

columpio m. Asiento suspendido con dos cuerdas o barras metálicas que se atan a un eje fijo que sirve para balancearse o mecerse. ‖ FAM. columpiar.

colutorio m. Líquido para enjuagarse la boca.

colza f. Mezcla de col y de nabo, de cuyas semillas se extrae aceite y cuyas hojas sirven de forraje.

coma[1] f. Signo ortográfico (,) que sirve para indicar la división de las frases o palabras y que en aritmética separa los enteros de los decimales. ‖ FAM. comillas.

coma[2] m. Sopor profundo causado por ciertas enfermedades graves, con pérdida de la consciencia, la sensibilidad y la capacidad de movimiento, pero manteniendo las funciones circulatoria y respiratoria. ‖ FAM. comatoso.

comadre f. Madrina de bautizo de un niño respecto del padre, la madre o el padrino. ‖ Madre de una criatura respecto de sus padrinos. ‖ Vecina y amiga con quien se tiene más trato y confianza. ‖ Partera. ‖ Alcahueta, mujer que concierta o encubre relaciones amorosas. ‖ FAM. comadrazgo, comadrear, comadreja, comadreo, comadrería, comadrero, comadrón.

comadrear intr. Chismear, murmurar.

comadreja f. Mamífero carnívoro de unos 25 cm de longitud, de cuerpo delgado y flexible de color rojizo, vientre y cuello blancos, ojos pequeños y brillantes y patas cortas. Es de costumbres nocturnas y se alimenta de ratones, aves, pollos e insectos.

comadreo m. *col.* Cotilleo, chismorreo.

comadrita f. *amer.* Mecedora pequeña y sin brazos.

comadrón, ona m. y f. Persona que asiste a la mujer en el parto.

comal m. *amer.* Disco de barro o de metal que se utiliza para cocer tortillas de maíz o para tostar granos de café o de cacao.

comanche adj. y com. Se apl. al indígena perteneciente a unas tribus amerindias que vivían en Texas y Nuevo México. ‖ m. Lengua hablada por los miembros de estas tribus.

comanda f. *amer.* Cuenta o factura de un restaurante.

comandancia f. Empleo de comandante. ‖ Territorio militarmente sujeto a un comandante. ‖ Edificio donde se hallan las oficinas de tal cargo.

comandante, ta m. y f. Jefe militar de categoría comprendida entre las de capitán y teniente coronel. ‖ Militar que ejerce el mando en ocasiones determinadas, aun sin tener el grado. ‖ Persona que pilota un avión o lo dirige. ‖ Cónyuge del que ostenta el cargo militar. ‖ f. Nave en la que viajaba el comandante de una escuadra o flota. ◆ En las tres primeras acepciones, la forma m. se usa como com.: *la comandante de la flota.* ‖ FAM. comandancia.

comandar tr. Mandar o ejercer mando militar sobre un ejército, un destacamento, una flota, etc. ‖ FAM. comandante, comando.

comandita f. Sociedad comercial en que unos aportan el capital y otros lo manejan. ‖ **en comandita** loc. adv. En sociedad comanditaria. ‖ *col.* En compañía, en grupo.

comanditar tr. Entregar los fondos necesarios para una empresa comercial o industrial, sin contraer obligación mercantil alguna. ‖ FAM. comandita, comanditario.

comanditario, ria adj. y s. De la comandita o relativo a este tipo de sociedades.

comando m. Grupo de soldados especialmente adiestrados para llevar a cabo operaciones militares de gran riesgo o dificultad. ‖ Grupo armado de terroristas. ‖ Cada una de las personas que forman estos grupos. ‖ En inform., elemento que sirve para dar una orden o instrucción al ordenador.

comarca f. Conjunto de poblaciones que por compartir ciertas características forman un territorio separado cultural, económica o administrativamente. ‖ FAM. comarcal, comarcano.

comarcal adj. De la comarca o relativo a esta división territorial.

comatoso, sa adj. Del coma o relativo a este estado patológico. ‖ En estado de coma: *enfermo comatoso.*

comba f. Juego de niños que consiste en saltar por encima de una cuerda. ‖ La cuerda que usan. ‖ Curvatura que toman algunos cuerpos sólidos cuando se tuercen. ‖ **no perder comba** loc. *col.* No dejar escapar una ocasión o una oportunidad.

combadura f. Forma arqueada o curva que adquieren ciertos objetos cuando se comban o encorvan.

combalacharse prnl. *amer.* Conchabarse, obrar de acuerdo dos o más personas con mal propósito.

combar tr. y prnl. Torcer, encorvar una cosa. ‖ FAM. comba, combadura.

combate m. Pelea entre personas o animales, generalmente sometida a ciertas reglas. ‖ Acción bélica en la que intervienen fuerzas militares. ‖ Lucha interior del ánimo. ‖ **fuera de combate** loc. adv. Vencido en la lucha de tal manera que no puede continuarla: *ese golpe lo dejó fuera de combate.*

combatiente adj. y com. Que combate. ‖ com. Cada uno de los soldados que componen un ejército.

combatir intr. Luchar, pelear con fuerza e intensidad. También prnl. ‖ tr. Atacar u oponer resistencia a lo que se considera un mal o un daño: *combatir una epidemia, el terrorismo.* ‖ Contradecir, impugnar. ‖ FAM. combate, combatible, combatiente, combativo.

combativo, va adj. Dispuesto o inclinado a la lucha o a la polémica. ‖ Persistente, tenaz. ‖ FAM. combatividad.

combi m. Frigorífico compuesto de dos motores, uno para la refrigeración y otro para la congelación de alimentos. ‖ f. *amer.* Vehículo mayor que un coche para el transporte de mercancías, furgoneta.

combinación f. Unión de dos elementos en una misma cosa o persona. ‖ Coordinación o acuerdo para lograr un fin. ‖ Prenda femenina que se coloca encima de la ropa interior y debajo del vestido. ‖ Clave numérica o alfabética de conocimiento restringido que se emplea para dificultar la apertura de ciertos mecanismos o aparatos. || En mat., cada uno de los grupos que se pueden formar con cierto número de elementos en todo o en parte diferentes, pero en igual número. || FAM. combinatoria, combinatorio.

combinado m. Bebida alcohólica compuesta por otras varias. || Equipo ocasional formado por jugadores de otros varios.

combinar tr. Unir, mezclar cosas diversas de forma que compongan una sola. || Concertar, unificar criterios o ideas. || Concordar, armonizar una cosa con otra. || prnl. Ponerse de acuerdo dos o más personas para una acción conjunta. || FAM. combinación, combinado.

combinatorio, ria adj. De la combinación o relativo a ella. || f. Ciencia que estudia las combinaciones o agrupaciones posibles de un determinado número de elementos.

combo, ba adj. Que está combado. || m. amer. Golpe dado con el puño en la cabeza. || amer. Mazo que sirve para romper tabiques o piedras.

comburente adj. y m. En fís., se apl. a la sustancia que logra la combustión o la acelera.

combustible adj. Que puede arder o tiene tendencia a ello. || m. Cuerpo o sustancia que puede arder, sobre todo si con ello produce energía.

combustión f. Acción y resultado de arder o quemarse un cuerpo. || En quím., reacción entre el oxígeno y un material combustible que, por desprender energía, suele causar incandescencia o llama. || FAM. combustible, combustibilidad.

comecocos m. col. Persona o cosa que obsesiona de tal forma que modifica las costumbres o el carácter de las personas. || col. Cualquier cosa que distrae de las obligaciones. ◆ No varía en pl.

comecome m. col. Picazón en el cuerpo, sensación de picor. || col. Intranquilidad, preocupación.

comedero m. Cajón o recipiente donde se echa la comida a las aves y otros animales. || Lugar donde va a comer el ganado.

comedia f. Obra dramática en cuya acción predominan los aspectos alegres o humorísticos y cuyo desenlace es feliz. || Género dramático al que pertenecen estas obras. || P. ext., cualquier obra dramática. || Suceso gracioso o cómico. || Farsa o fingimiento. || FAM. comediante, comediógrafo, tragicomedia.

comediante, ta m. y f. Persona que representa un papel en una obra dramática. || Persona que aparenta lo que no es o dice lo que no siente.

comedido, da adj. Cortés, educado, moderado. || FAM. comedimiento.

comedimiento m. Cortesía, moderación, urbanidad en el trato y en las costumbres.

comediógrafo, fa m. y f. Persona que escribe obras dramáticas.

comedirse prnl. Moderarse, contenerse. || amer. Ofrecerse para realizar alguna cosa. ◆ Irreg. Se conj. como pedir. || FAM. comedido.

comedor, ra adj. Que come mucho y sin ascos. || m. Sala destinada para comer. || Conjunto de muebles

específicos que la decoran. || Lugar donde se sirven comidas.

comején m. Nombre de diversas especies de insectos roedores de madera o papel, originarios de América del Sur.

comelón, ona adj. amer. Comilón.

comendador, ra m. y f. Superior de ciertas órdenes religiosas, como la de la Merced. || m. Caballero que tiene encomienda en alguna de las órdenes militares. || En las órdenes militares, quien tiene dignidad superior a la de caballero e inferior a la de gran cruz.

comensal com. Cada una de las personas que comen en una misma mesa. || Ser que vive a expensas de otro sin causarle perjuicio alguno. || FAM. comensalía, comensalismo.

comensalismo m. Relación que se establece entre dos especies diferentes de manera que una de ellas se beneficia de restos de alimentos, descamaciones, etc., de la otra, sin beneficiarla ni perjudicarla.

comentar tr. Explicar el contenido de un escrito para que se entienda con más facilidad, criticarlo o valorarlo. || Expresar opiniones o valoraciones sobre algo. || FAM. comentador, comentario, comentarista.

comentario m. Escrito que contiene explicaciones o glosas de un texto para facilitar su comprensión. || Juicio, valoración o crítica emitidos oralmente o por escrito.

comentarista com. Persona que escribe comentarios. || Persona que informa, relata o hace comentarios en los medios de comunicación.

comenzar tr. e intr. Iniciar una cosa, empezar. ◆ Irreg. Se conj. como acertar. || FAM. comienzo.

comer intr. Masticar el alimento en la boca y pasarlo al estómago. También tr. || Alimentarse. || Tomar la comida principal. || tr. Tomar determinado alimento. || Producir comezón física o moral: me comen los celos. || Gastar, corroer, agostar. || En algunos juegos, ganar una pieza al contrario. || Avejentar, estropear una cosa, sobre todo referido al color o a su intensidad. || prnl. Cuando se habla o se escribe, omitir alguna cosa: comerse un párrafo. || Llevar encogidas ciertas prendas de vestir: comerse los calcetines. || **comer a dos carrillos** loc. adv. Comer con glotonería. || **comer** a alguien **el coco** loc. col. Intentar convencerlo insistiendo demasiado. || **comerse** uno **el coco** loc. col. Pensar demasiado en una misma cosa, darle vueltas. || **echar a** alguien **de comer aparte** loc. Ser muy especial, ser distinto a los demás de su clase. || **no comerse un rosco** o **una rosquilla** loc. col. No ser afortunado en el amor, no encontrar pareja. || **sin comerlo ni beberlo** loc. col. Sin haberlo buscado ni provocado. || FAM. comedero, comedor, comestible, comezón, comible, comida, comidero, comidilla, comilón, comilona, comistrajo.

comercial adj. Del comercio, de los comerciantes o relativo a ellos. || Que tiene fácil aceptación en el mercado que le es propio: película comercial. || com. Persona que se dedica a vender productos, generalmente a comisión, en representación de la empresa para la que trabaja.

comercialización f. Conjunto de actividades desarrolladas con el fin de facilitar la venta de una mercancía o un producto. || Puesta en venta.

comercializar tr. Desarrollar y organizar los procesos necesarios para facilitar la venta de un producto. ‖ Poner a la venta. ‖ FAM. comercialización.

comerciante adj. Que comercia. También com. ‖ com. Persona a quien son aplicables las especiales leyes mercantiles. ‖ Persona que tiene un comercio o que trabaja en él.

comerciar intr. Negociar comprando y vendiendo o cambiando productos con el fin de obtener una ganancia.

comercio m. Negocio que se hace al vender, comprar o intercambiar géneros o productos para obtener beneficios. ‖ Establecimiento donde se efectúan dichos cambios, compras o ventas. ‖ Acción y resultado de comerciar. ‖ Conjunto de establecimientos comerciales o de personas dedicadas al comercio. ‖ Negocio ilícito. ‖ FAM. comercial, comercializar, comerciante, comerciar.

comestible adj. Que se puede comer. ‖ m. Cualquier alimento. Más en pl.

cometa f. Armazón plana de cañas o palos sobre la cual se pega papel o tela y que se lanza al aire para que este la eleve sujeta por un hilo largo. ‖ m. Cuerpo celeste de núcleo poco denso que suele ir rodeado de un rastro luminoso a modo de cabellera y de una prolongación denominada cola y que sigue órbitas elípticas muy excéntricas alrededor del Sol. ‖ amer. Pago realizado con la intención de sobornar.

cometer tr. Incurrir en un error, falta o delito. ‖ Dicho de recursos retóricos o lingüísticos, utilizarlos. ‖ FAM. cometido.

cometido m. Misión, encargo que se hace o se recibe: _le explicaron su cometido en la empresa._ ‖ Obligación que uno tiene.

comezón f. Picor molesto en alguna parte del cuerpo. ‖ Desazón o inquietud, especialmente la que causa el deseo de algo.

cómic m. Secuencia de viñetas o representaciones gráficas que narran una historia mediante imágenes y texto que aparece encerrado en un globo o bocadillo. ‖ Publicación o libro que contiene este tipo de escenas narrativas. ♦ pl. _cómics._

comicidad f. Capacidad o cualidad de las personas, las cosas o las situaciones de divertir o provocar risa.

comicios m. pl. Actos electorales, elecciones. ‖ Reunión que tenían los romanos para tratar de los asuntos públicos. ‖ FAM. comicial.

cómico, ca adj. Relacionado con la comedia. ‖ Se apl. al actor que representa comedias o papeles hilarantes. También s. ‖ Divertido, irrisorio. ‖ m. y f. Persona que se dedica por vocación u oficio a hacer reír a la gente. ‖ FAM. comicastro, comicidad.

comida f. Conjunto de cosas que se comen. ‖ Alimento que se toma a mediodía o a primeras horas de la tarde. ‖ Acción de comer a determinadas horas del día. ‖ Reunión en la que se come, especialmente para celebrar algo.

comidero, ra m. y f. amer. Persona que prepara comidas para venderlas en la calle, en los mercados, etc.

comidilla f. col. Tema preferido en alguna murmuración.

comienzo m. Principio, inicio u origen de una cosa.

comillas f. pl. Signo ortográfico (« », " " o ' ') que se pone al principio y al final de las frases escritas como citas o ejemplos o de aquellas que se quiere destacar. ‖ FAM. entrecomillar.

comilón, ona adj. y s. col. Que come mucho o que le gusta comer.

comilona f. col. Comida en que hay mucha abundancia y diversidad de manjares.

comino m. Hierba umbelífera de tallo ramoso y acanalado, flores pequeñas, blancas o rojizas y semillas de figura aovada que se usan en medicina y como condimento. ‖ Semilla de esta planta. ‖ Cosa o persona pequeña e insignificante.

comiquita f. amer. Cómic. ‖ amer. Película de dibujos animados del cine o la televisión.

comisaría f. Empleo del comisario. ‖ Oficina o despacho del comisario. ‖ Oficina pública y permanente de la policía.

comisario, ria m. y f. Persona que recibe de otra o de una entidad o institución poder y facultad para llevar a cabo alguna labor o participar en alguna actividad con total responsabilidad. ‖ Agente policial encargado de una comisaría de distrito o de una demarcación. ‖ FAM. comisaría, comisariado.

comisión f. Orden y capacidad que una persona da por escrito a otra para que ejecute algún encargo o participe en alguna actividad. ‖ Encargo. ‖ Conjunto de personas encargadas de resolver algún asunto. ‖ Porcentaje que un vendedor cobra sobre lo que vende: _me llevo un 2 % de comisión por la venta._ ‖ FAM. comisionar, comisionista.

comisionado, da adj. y s. Encargado de una comisión.

comisionar tr. Dar comisión a una o más personas para llevar a cabo un encargo o una misión. ‖ FAM. comisionado.

comisionista com. Persona que vende productos y mercancías a cambio de una comisión en los beneficios.

comiso m. Decomiso.

comistrajo m. col. Mezcla extraña y de poco gusto o calidad de alimentos.

comisura f. Punto de unión de los bordes que forman ciertas partes similares del cuerpo, como los labios y los párpados.

comité m. Grupo de personas encargadas de un asunto, especialmente si lo hacen en representación de una colectividad: _comité de empresa._

comitiva f. Acompañamiento, cortejo, gente que va acompañando a alguien.

cómitre m. Persona encargada de vigilar, castigar y dirigir a los remeros y forzados de las galeras. ‖ Capitán de navío, que actúa bajo las órdenes del almirante.

como adv. m. Encabeza oraciones sin antecedente que expresan el modo o la manera en que se lleva a cabo la acción del verbo del que dependen: _hazlo como quieras._ ‖ Encabeza frases que expresan comparación o relación de equivalencia, semejanza o igualdad entre dos entidades: _habla como su padre._ ‖ Encabeza frases relativas que expresan conformidad o correspondencia, o acuerdo:

esto, *como imaginarás, no lo ha escrito él.* ‖ Encabeza oraciones de relativo con antecedente, con el significado de 'en que': *la forma como me mira.* ‖ Puede introducir oraciones que expresan inmediatez temporal: *como le vi, fui a abrazarlo.* ‖ Se adjunta a circunstanciales para expresar aproximación o semejanza: *vino como a las doce.* ‖ conj. En frases condicionales y ante subjuntivo, expresa advertencia o amenaza: *como me aprueben, te invito a cenar.* ‖ Introduce oraciones subordinadas que expresan causa: *como no me llamaste, supuse que no querías venir.* ◆ Puede preceder a la conjunción *que: estoy tan seguro como que lo vi con mis propios ojos.* ‖ prep. Ante nombres que expresan adscripción a una clase o a una categoría, expresa la pertenencia a ella de la entidad a que refieren: *asiste a la boda como testigo.*

cómo adv. m. interrog. Sirve para preguntar el modo o la manera en que se lleva a cabo una acción, se desarrolla un proceso o tiene lugar una situación o estado: *¿cómo lo hizo?; ¿cómo estás?* ‖ Interroga también sobre la causa, el origen o el motivo: *¿cómo no fuiste ayer al paseo?; no sé cómo lo logró.* ‖ adv. m. excl. Sirve para mostrar ponderación, sorpresa o admiración sobre el modo o la manera en que se lleva a cabo una acción, se desarrolla un proceso o tiene lugar una situación o estado: *¡cómo has venido de sucio!; ¡cómo llueve!* ‖ Entre admiraciones, sirve para expresar extrañeza o enfado: *¡cómo!, ¿que yo lo he roto?* ‖ m. Modo, manera, instrumento con que se efectúa algo: *no nos dijo ni el cómo ni el porqué de su decisión.*

cómoda f. Mueble con cajones que ocupan todo el frente y sirven para guardar ropa.

comodidad f. Calidad de cómodo. ‖ Conjunto de cosas y bienes necesarios para vivir a gusto y descansadamente. Más en pl. ‖ Interés, utilidad, beneficio. ‖ Situación del que lleva una vida agradable y sin preocupaciones económicas. ‖ Pereza, resistencia a esforzarse.

comodín m. En algunos juegos, pieza o carta que puede tomar el valor que el jugador desee. ‖ P. ext., lo que tiene muchas utilidades.

comodino, na adj. *amer.* Comodón.

cómodo, da adj. Fácil, que requiere poco esfuerzo. ‖ Agradable, ameno, acogedor. ‖ Que proporciona bienestar y descanso. ‖ Se apl. a la persona que se encuentra a gusto. ‖ FAM. cómodamente, comodidad, comodín, comodino, comodón.

comodón, ona adj. *col.* Que gusta demasiado de la comodidad, la ociosidad o el bienestar.

comodoro m. En algunos países anglosajones y nórdicos, capitán de navío cuando manda más de tres buques.

comoquiera adv. m. De cualquier manera, de cualquier forma o modo: *comoquiera que llegue, será bienvenido.*

compact disc (voz i.) m. Disco compacto.

compactar tr. Apretar, apiñar, hacer compacta una cosa.

compacto, ta adj. Se apl. al cuerpo o a la sustancia de estructura apretada y poco porosa. ‖ Apretado, denso. ‖ Se dice de la página que en poco espacio condensa mucho texto. ‖ Se apl. al equipo estereofónico que reúne en una sola pieza diversos aparatos para la repro-

ducción del sonido. También m. ‖ m. Disco compacto. ‖ Aparato estereofónico que reproduce estos discos. ‖ FAM. compactación, compactar, compatibilidad.

compadecer tr. y prnl. Sentir lástima o pena por la desgracia o el sufrimiento ajenos o ser partícipe de ellos. ◆ Como prnl., se construye con la prep. *de: me compadezco de mí, por mi mala suerte.* **Irreg.** Se conj. como *agradecer.*

compadre m. Padrino de bautizo de un niño respecto de sus padres o su madrina. ‖ Padre de una criatura respecto de sus padrinos. ‖ Amigo, compañero. ‖ FAM. compadraje, compadrar, compadrazgo, compadrear, compadreo, compadrería.

compadrear intr. *desp.* Hacer o tener amistad con otro u otros. ‖ *amer.* Jactarse, vanagloriarse.

compadreo m. *desp.* Trato de mutua ayuda entre las personas. ‖ *amer.* Amistad o trato frecuente.

compadrito m. *amer.* Hombre fanfarrón, pendenciero y afectado en sus maneras y en su vestir.

compaginación f. Compatibilidad entre dos o más cosas o personas. ‖ Ajuste de la mancha de impresión para conformar las páginas.

compaginar tr. Ordenar u organizar elementos que tienen alguna conexión. También prnl.: *su mujer y él no se compaginan.* ‖ Hacer compatibles unas cosas con otras: *compagina los estudios con el trabajo.* ‖ En impr., distribuir las galeradas para formar páginas. ‖ prnl. Adecuarse, corresponderse o conformarse bien las cosas entre sí: *tu rendimiento no se compagina con tu trabajo.* ‖ FAM. compaginación.

compaña f. Compañía.

compañerismo m. Vínculo y relación amistosa que existe entre compañeros.

compañero, ra m. y f. Persona que acompaña a otra. ‖ Cada uno de los individuos que pertenecen a una colectividad: *compañeros de partido, de colegio.* ‖ Persona que comparte con otra alguna actividad, tarea, ideología, etc.: *compañeros en la desgracia.* ‖ Persona con la que se vive maritalmente. ‖ Lo que hace juego con otra cosa o forma pareja con ella: *no encuentro el compañero de este zapato.* ‖ FAM. compañerismo.

compañía f. Unión y cercanía entre personas o cosas, o estado en el que se encuentran juntas. ‖ Persona o personas que acompañan a otra u otras: *dama de compañía.* ‖ Sociedad o reunión de varias personas unidas para un mismo fin, generalmente industrial o comercial: *compañía tabacalera.* ‖ Grupo de personas que actúan o trabajan en un espectáculo teatral: *compañía de teatro.* ‖ Unidad de infantería, menor que la división, mandada normalmente por un capitán. ‖ FAM. acompañar, compaña, compañía.

comparable adj. Que se puede comparar con otra persona o cosa por compartir ciertas características.

comparación f. Examen que se hace a las cosas o a las personas para establecer sus semejanzas y diferencias. ‖ Parecido o relación que se establece entre dos elementos. ‖ Figura retórica que consiste en identificar dos entidades por compartir una o varias características, símil.

comparado, da adj. Se apl. a la cosa o a la persona que se examina para determinar las semejanzas o diferencias con otras. || Se dice de la ciencia o de la disciplina que estudia los elementos relacionándolos con otros iguales pero de distinto origen: *literatura comparada.*

comparar tr. Examinar o analizar dos o más objetos para descubrir sus diferencias o semejanzas. || Establecer una relación entre dos o más cosas. ◆ Se construye con la prep. *con: comparar una cosa con otra.* || FAM. comparable, comparación, comparado, comparatismo, comparatista, comparativo.

comparativo, va adj. Que compara o sirve para hacer comparación de una cosa con otra. || En gram., se apl. al elemento que califica mediante comparación: *oración comparativa.* || m. y f. Segmento gramatical comparativo. || FAM. comparativamente.

comparecencia f. Acto de presentarse según lo acordado, personalmente o por medio de un representante o un escrito, ante otro u otros.

comparecer intr. Presentarse uno en algún lugar, llamado o convocado por otra persona o de acuerdo con ella. ◆ Irreg. Se conj. como *agradecer.* || FAM. comparecencia, comparición.

comparsa f. Conjunto de personas que, en algunas festividades, van disfrazadas con trajes de una misma clase. || Conjunto de personas que, en las representaciones teatrales, aparecen pero no hablan. || com. Cada una de estas personas. || *irón.* P. ext., persona cuya opinión o presencia no se tiene en cuenta.

compartimento o **compartimiento** m. Cada parte que resulta de dividir un territorio, edificio, caja, etc., con el fin de colocar personas o cosas separadas. || Departamento de un vagón de tren. || FAM. compartimentación, compartimentar.

compartir tr. Repartir, distribuir las cosas en partes para que otro u otros puedan beneficiarse de ello. || Participar uno en alguna cosa. || Usar algo en común. ◆ Se construye con la prep. *con: compartir algo con alguien.* || FAM. compartimento, compartimiento.

compás m. Instrumento formado por dos brazos articulados que sirve para trazar curvas regulares y tomar distancias. || Brújula de navegación. || Resorte de metal que sirve para levantar o bajar la capota de los coches. || En mús., signo que determina el ritmo y el valor relativo de los sonidos. || Cada uno de los periodos de tiempo iguales con que se marca el ritmo musical: *compás de tres por cuatro.* || Movimiento o seña con que se indican estos periodos. || Cada una de las divisiones del pentagrama en que se reparten estos periodos en la partitura musical. || Ritmo o cadencia de una pieza musical. || P. ext., ritmo de otras actividades: *compás de estudio.* || **compás de espera** Tiempo que pasa mientras sucede lo que se espera. || **llevar el compás** loc. Dirigir, dominar una situación. || FAM. acompasar, compasar, compasillo.

compasillo m. En mús., compás que tiene la duración de cuatro negras distribuidas en cuatro partes.

compasión f. Sentimiento de conmiseración, pena o lástima hacia quienes sufren penas, calamidades o desgracias. || FAM. compasible, compasivo.

compasivo, va adj. Que siente compasión ante las desgracias ajenas. || Que fácilmente se compadece de los demás.

compatibilidad f. Calidad o característica de lo que puede existir o realizarse a la vez que otra cosa.

compatibilizar tr. Posibilitar la coexistencia, la concurrencia o la unión de varias personas o cosas. || FAM. compatibilización.

compatible adj. Que tiene aptitud o capacidad para estar, ocurrir o desarrollarse junto con otro u otros: *tu solución es compatible con mi propuesta.* || FAM. compatibilidad, incompatibilidad.

compatriota com. Persona que tiene la misma patria que otra.

compeler tr. Obligar a uno a que haga lo que no quiere mediante fuerza o intimidación: *los compelió a pagar su deuda.*

compendiar tr. Reducir o resumir a lo esencial un texto, obra o discurso. || Expresar algo con brevedad. || FAM. compendiado.

compendio m. Breve exposición oral o escrita de lo esencial o sustancial de una materia. || Persona o cosa que reúne en sí todo lo que se expresa. || FAM. compendiar, compendioso.

compenetración f. Entendimiento e identificación que existe entre dos personas en cuanto a gustos, opiniones, costumbres, etc.

compenetrarse prnl. Identificarse las personas de manera que compartan ideas, gustos, opiniones y sentimientos. || Influirse hasta identificarse cosas distintas. || Penetrar las partículas de una sustancia entre las de otra recíprocamente. || FAM. compenetración.

compensación f. Acción y resultado de compensar. || Indemnización, contraprestación o pago que se abona para reparar un daño o un perjuicio. || En der., modo de extinguir deudas vencidas entre personas que son recíprocamente acreedoras y deudoras, de manera que una se considera pagada por la condonación de la deuda que tiene con la otra. || Entre bancos o entidades mercantiles o financieras, intercambio periódico de documentos de crédito para la liquidación de créditos recíprocos.

compensar tr. Igualar en sentido opuesto o neutralizar el efecto de una cosa con el de otra: *compensar las pérdidas con las ganancias.* También intr. y prnl. ◆ Como intr., se construye con la prep. *con: los males se compensan con los bienes.* || Dar alguna cosa o hacer un beneficio por el perjuicio o mal que se ha causado. || Tener algo utilidad o valor, merecer la pena: *le compensa trabajar por la noche.* || FAM. compensación, compensatorio, compensatorio, descompensar, recompensar.

compensativo, va o **compensatorio, ria** adj. Se apl. a la cantidad o al bien que se da como compensación o sirve para compensar: *pago compensatorio.*

competencia f. Rivalidad, oposición entre quienes aspiran a conseguir lo mismo. || Grupo de personas o de entidades que ejercen la misma profesión o actividad que otras. || Misión u obligación de una persona o una entidad por ejercer un cargo o ser responsable de una labor: *esa gestión es competencia del Ayuntamiento.* || Aptitud o capacidad para llevar a cabo una tarea: *competencia profesional.* || En ling., conocimiento intuitivo que sobre su propia lengua tienen los hablantes: *compe-*

tencia lingüística. || *amer.* Competición deportiva. || **competencia desleal** La que utiliza métodos poco éticos o ilegales. || FAM. competencial, competente.

competente adj. Se apl. a la persona u organismo a quien compete o incumbe alguna cosa: *tribunal competente*. || Se dice de la persona experta o que conoce bien una disciplina o una técnica, o de la que tiene capacidad y aptitudes para ocuparse de ella. || FAM. competentemente.

competer intr. Incumbir a uno alguna cosa, ser de su responsabilidad: *esa gestión compete a su departamento*. || FAM. competencia, competente.

competición f. Lucha o rivalidad entre quienes se disputan una misma cosa o la pretenden. || Prueba en la que se lucha por conseguir un triunfo deportivo.

competidor, ra adj. Se apl. al elemento que compite con otro para el logro de algún fin. También s. || m. y f. Cada uno de los participantes de una prueba deportiva.

competir intr. Luchar, rivalizar entre sí varias personas por el logro de algún fin. || Igualar una cosa a otra análoga en ciertas características. ◆ Se construye con las preps. *con*, *en* o *por*: *competir con los demás/en inteligencia/por el mismo puesto*. ◆ **Irreg.** Se conj. como *pedir*. || FAM. competición, competidor, competitivo.

competitividad f. Capacidad para competir por tener las propiedades necesarias. || Tendencia a participar en cualquier rivalidad para conseguir un fin.

competitivo, va adj. De la competición o relativo a ella. || Se apl. a la persona o a la cosa que, por su calidad o sus propiedades, es capaz de competir con alguien o algo. || FAM. competitividad.

compilación f. Obra que reúne partes o extractos de otros libros o documentos. || En inform., conjunto de datos compilados.

compilador, ra adj. Que compila. También s. || m. En inform., programa que traduce a lenguaje binario un lenguaje fuente o de alto nivel.

compilar tr. Reunir en un solo texto extractos o fragmentos de otras obras ya publicadas. || En inform., traducir un lenguaje de alto nivel a código absoluto o lenguaje binario. || FAM. compilación, compilador, compilatorio.

compilatorio, ria adj. De la compilación o relativo a ella. || m. Compilación.

compincharse prnl. *col.* Ponerse de acuerdo dos o más personas para realizar una acción amoral o ilegal: *se compincharon para robarles*.

compinche com. Compañero de diversiones, especialmente si son dañinas. || FAM. compincharse.

complacencia f. Satisfacción y alegría que produce alguna cosa. || Actitud tolerante de quien consiente excesivamente.

complacer tr. Causar a otro satisfacción o placer, agradarle. || prnl. Deleitarse, sentir satisfacción. ◆ Se construye con la prep. *con*: *se complace con la noticia*. ◆ **Irreg.** Se conj. como *agradecer*. || FAM. complacencia, complaciente.

complaciente adj. Que causa alegría y satisfacción o la siente. || Que está interesado en complacer a los de-

más, concediéndoles lo que piden o no criticando sus errores: *madre complaciente*.

complejidad f. Conjunto de características de lo que está formado por muchos elementos. || Dificultad, calidad de difícil o complicado.

complejo, ja adj. Que se compone de múltiples elementos iguales o distintos. || Complicado, de difícil entendimiento o resolución: *problema, examen complejo*. || m. Conjunto de establecimientos o instalaciones situados en un mismo lugar: *complejo industrial, deportivo*. || Conjunto o unión de varias cosas: *complejo vitamínico*. || En psicol., combinación de ideas, tendencias y emociones inconscientes y generalmente adquiridas durante la infancia, que influyen en la personalidad y conducta de un individuo: *complejo de inferioridad, de Edipo*. || FAM. complejidad.

complementar tr. Poner un complemento o mejora a una cosa, añadirle algo para completarla. También prnl. || En gram., añadir palabras o frases que sirven para completar la información enunciada.

complementariedad f. Calidad o conjunto de características de lo que es complementario.

complementario, ria adj. Que sirve para completar o perfeccionar alguna cosa.

complemento m. Cualidad, cosa o circunstancia que se adjunta a una cosa para completarla o mejorarla. || En geom., ángulo que sumado a otro forma uno de 90°. || Función gramatical que desempeña la palabra, sintagma o proposición que completa el significado de algún componente del enunciado, denominado núcleo, con el fin de aportar una mayor información: *complemento del nombre*. || *amer.* Segunda parte de un partido de fútbol. || pl. Accesorios en el vestuario. || **complemento agente** El que en las construcciones pasivas designa al que efectúa la acción expresada por el verbo y va precedido de preposición. || **complemento circunstancial** El que aporta las coordenadas espaciales, temporales, de modo, de medio, etc., en que tiene lugar la acción expresada por el verbo del que depende. || **complemento directo** Aquel que se adjunta a un verbo transitivo para expresar el objeto de la acción verbal y así completar el significado del verbo. || **complemento indirecto** Aquel que se adjunta a un verbo para expresar el destinatario o beneficiario de la acción que expresa. || **complemento predicativo** El que se adjunta a un verbo para calificar al referente de su objeto o de su sujeto. || **complemento preposicional** o **prepositivo** Aquel cuyo núcleo es la preposición que lo encabeza. || FAM. complementar, complementariedad, complementario.

completar tr. Hacer que una cosa esté terminada, perfecta, llena o entera.

completivo, va adj. Que completa, llena o perfecciona. || En gram., se apl. a la oración subordinada que funciona como complemento directo de la oración principal, y a la conjunción que la introduce. También ||. || FAM. completivamente.

completo, ta adj. Lleno. || Acabado, perfecto, con todas las peculiaridades que lo distinguen. || Entero, con todas las partes que lo componen. || Total, absoluto: *el estreno ha sido un completo fracaso*. || f. pl. En la religión católica, última de las horas canónicas. || **por completo** loc. adv. Enteramente, en su totalidad. || FAM. completamente, completar, completivo.

complexión f. Constitución fisiológica y anatómica de un individuo.

complicación f. Asunto de difícil solución o complejo de entender. || Dificultad imprevista procedente de la concurrencia de cosas diversas. || Cualidad de lo que es complicado o difícil. || Situación que agrava y alarga el curso de una enfermedad y que no es propio de ella: *han surgido complicaciones inesperadas y no le darán el alta.*

complicado, da adj. Enmarañado, de difícil comprensión. || Compuesto de múltiples piezas. || Se apl. a la persona cuyo carácter y conducta no son fáciles de entender.

complicar tr. Hacer difícil o más difícil una cosa. También prnl. || Mezclar, unir cosas diversas. || Comprometer, hacer partícipe a alguien en un asunto: *no quiero que me compliques en tu enemistad con él.* || FAM. complicación, complicado.

cómplice adj. Que muestra complicidad: *mirada cómplice.* || com. Persona que sin ser autora de un delito coopera a su perpetración con actos anteriores o simultáneos, aunque no indispensables. || Participante en un crimen o delito que se atribuye a dos o más personas. || FAM. complicidad.

complicidad f. Actitud con que se muestra que existe conocimiento por parte de dos o más personas de algo que es secreto u oculto para los demás. || Cooperación o participación en la comisión de un delito.

complot m. Conspiración o acuerdo secreto entre varias personas con el fin de deponer al poder establecido. || P. ext., conspiración o conjuración de carácter secreto para obrar contra algo o alguien. ◆ pl. *complots.* || FAM. complotado, complotar.

complutense adj. y com. De Alcalá de Henares o relativo a esta población de la provincia de Madrid. || De la antigua Universidad de Alcalá de Henares, trasladada en el siglo XIX a la ciudad de Madrid y hoy llamada Complutense, o relativo a ella.

componenda f. Trato o pacto provisional, y especialmente el que es injusto o censurable.

componente adj. y com. Que forma parte de alguna cosa o de su composición. || m. Pieza o elemento de un aparato o electrodoméstico.

componer tr. Formar una cosa juntando y ordenando varias. || Constituir un cuerpo de varias cosas o personas. También prnl., con la prep. *de: la obra se compone de dos partes.* || Producir una obra literaria, musical o científica. || Adornar. También prnl. || Arreglar, acicalar con cuidado y atención. También prnl.: *se compuso para ir al teatro.* || Restablecer: *el té me ha compuesto el estómago.* || Juntar los caracteres de imprenta para formar palabras, líneas, páginas, etc. || Reparar o arreglar lo desordenado, desastrado o roto: *llevó a componer el paraguas.* || **componérselas** loc. col. Ingeniarse para salir de un apuro o lograr algún fin. ◆ **Irreg.** Se conj. como *poner.* || FAM. componedor, componenda, componente, composición, compositivo, compuesto, recomponer.

comportamiento m. Conducta, manera de portarse o actuar.

comportar tr. Traer como consecuencia, conllevar: *comportar beneficios.* || prnl. Portarse, conducirse: *se comporta como un niño.* || Portarse con corrección: *no sabe comportarse en público.* || FAM. comportamiento.

composición f. Acción y resultado de componer. || Plan, acuerdo tomado entre personas. || Obra científica, literaria o musical. || Ejercicio de redacción en el que el alumno desarrolla un tema. || Conjunto de los componentes de una sustancia o de una cosa. || En escultura, pintura, fotografía, etc., arte de distribuir los elementos de una obra. || Arte y técnica de crear obras musicales. || En impr., texto compuesto y preparado para la impresión. || En ling., procedimiento por el cual se forman nuevas palabras uniendo dos o más vocablos o partículas, p. ej., el que se usa para crear palabras como *anteponer* o *hincapié.* || FAM. compositor.

compositivo, va adj. Se dice del elemento que compone o forma parte de otros mayores. || En gram., se apl. al prefijo, sufijo, preposición, partícula u otro elemento con que se forman voces derivadas o compuestas.

compositor, ra m. y f. Persona que crea composiciones musicales.

compostura f. Reparación de una cosa descompuesta o rota. || Aseo o adorno con que algo o alguien se presenta. || Modestia, mesura, comportamiento digno y adecuado: *guardar la compostura.*

compota f. Puré de fruta cocida con azúcar que se sirve como dulce.

compra f. Adquisición u obtención de algo a cambio de un precio. || Conjunto de comestibles y demás cosas que se adquieren para el consumo doméstico. || Cualquier objeto comprado.

comprador, ra adj. Que compra. También s. || *amer.* Se apl. a la persona simpática y de trato amable.

comprar tr. Adquirir, hacerse dueño de algo por dinero. || Ofrecer dinero o bienes a alguien con la intención de modificar su conducta, sobre todo si se persigue un fin ilícito o amoral: *comprar a un testigo.* || FAM. compra, comprador.

compraventa f. Comercio en el que se compran y venden cosas, sobre todo si son usadas o antiguas. || Contrato o pacto entre personas por el que una de ellas se obliga a entregar una cosa determinada y la otra a pagar un precio por la misma.

comprender tr. Contener, incluir en sí alguna cosa. También prnl. || Entender, alcanzar, ser capaz de conocer una cosa. || Encontrar justificados o razonables los actos o sentimientos de otro. || FAM. comprensible, comprensión, comprensivo.

comprensible adj. Que se puede comprender o entender. || FAM. comprensibilidad.

comprensión f. Acción de comprender. || Facultad, capacidad o inteligencia para entender y conocer las cosas. || Actitud de tolerancia y entendimiento ante los actos o sentimientos ajenos.

comprensivo, va adj. Que tiene la facultad o la capacidad de comprender o entender una cosa. || Que comprende, contiene o incluye. || Se apl. a la persona, tendencia o actitud tolerante.

compresa f. Tela fina o gasa esterilizada que, doblada varias veces para formar una tira, se emplea para contener hemorragias, cubrir heridas o aplicar algún medicamento. ‖ Tira higiénica desechable de celulosa u otra materia que se utiliza para absorber el flujo menstrual.

compresión f. Fuerza o presión que se ejerce sobre algo con el fin de reducir su volumen.

compresor, ra adj. y s. Que comprime o sirve para comprimir. ‖ m. Aparato o máquina que sirve para comprimir fluidos y algunos sólidos poco compactos.

comprimido, da adj. Apretado, disminuido de volumen. ‖ En zool., estrechado lateralmente, como el lenguado. ‖ m. Píldora o pastilla pequeña obtenida por compresión de sus ingredientes previamente reducidos a polvo.

comprimir tr. Oprimir, apretar o estrechar algo con el fin de reducir su volumen. ‖ Reprimir, refrenar. También prnl. ‖ prnl. Reducirse una cosa, disminuirse su volumen. ‖ FAM. compresión, compresivo, compresor, comprimido.

comprobación f. Confirmación o prueba de la existencia, veracidad o exactitud de una cosa.

comprobante adj. Que comprueba o demuestra algo. ‖ m. Documento que prueba la existencia de un negocio o contrato: *comprobante de compra*.

comprobar tr. Revisar o analizar alguna cosa con el fin de confirmar o corroborar su veracidad, existencia o exactitud. ◆ **Irreg.** Se conj. como *contar*. ‖ FAM. comprobado, comprobación, comprobante, comprobatorio.

comprometedor, ra adj. Que compromete o puede comprometer.

comprometer tr. Acordar, pactar una venta o un negocio. También prnl. ‖ Involucrar o poner en peligro o en dificultades a alguna persona o cosa: *tus indiscreciones me han comprometido*. También prnl. ‖ Responsabilizar u obligar a alguien a hacer algo. Más como prnl. ◆ Se construye con la prep. *a: me comprometo a hacerlo*. ‖ prnl. Contraer una obligación o compromiso, especialmente el de matrimonio. ‖ FAM. comprometedor, comprometido, comprometimiento.

comprometido, da adj. Que es peligroso o arriesgado, o que atraviesa una situación difícil. ‖ Que está obligado a hacer alguna cosa: *estoy comprometido y ya no puedo echarme atrás*. ‖ Que puede causar un riesgo o un compromiso: *situación comprometida*.

compromisario, ria adj. y s. Se apl. a la persona a la que se elige o en la que otras delegan para que haga algo. ‖ m. y f. Delegado electo cuya obligación es representar a sus votantes en ulteriores convocatorias electorales.

compromiso m. Obligación contraída por medio de acuerdo, promesa o contrato. ‖ Documento en que esta obligación se firma. ‖ Dificultad, apuro, situación incómoda o embarazosa: *me puso en un compromiso y no pude negarme*. ‖ Acto en el que los novios se prometen en matrimonio.

compuerta f. Plancha fuerte que se desliza por un carril o corredor que se coloca en los canales, presas o diques para graduar o cortar el paso del agua. ‖ Media puerta que cierra la mitad inferior de la entrada de algunas casas.

compuesto, ta adj. Que consta de varios elementos o partes. ‖ Acicalado, adornado. ‖ En gram., se apl. al tiempo verbal que se forma con el participio pasado del verbo precedido de un auxiliar, como, p. ej., *he cantado*. ‖ En gram., se dice de la oración que tiene más de un núcleo verbal, como, p. ej., *ayer te dije que no vendría*. ‖ En gram., se apl. a la palabra formada mediante composición de dos o más palabras o partículas, como, p. ej., *coliflor, apagavelas*. ‖ adj. y f. De las compuestas o relativo a esta familia de plantas. ‖ f. pl. Familia de angiospermas dicotiledóneas de hierbas, arbustos y algunos árboles, que se distinguen por sus hojas simples o sencillas y por sus flores reunidas en cabezuelas sobre un receptáculo común, como la alcachofa. ‖ m. En quím., sustancia o materia formada por la unión mecánicamente inseparable de dos o más elementos: *compuesto inorgánico*. ‖ Mezcla o unión de varias cosas.

compulsar tr. Examinar dos o más documentos, cotejándolos o comparándolos entre sí. ‖ En der., legalizar la copia de un documento oficial certificando su coincidencia con el original copiado. ‖ FAM. compulsa, compulsación.

compulsión f. Amenaza o intimidación. ‖ Impulso irresistible u obsesivo a la repetición de una acción determinada: *siente compulsión por la comida*. ‖ En der., obligación de hacer algo por haber sido compelido por una autoridad legal. ‖ FAM. compulsivo.

compulsivo, va adj. Que tiene la capacidad de compeler u obligar a hacer algo. ‖ Que está causado por compulsión: *movimiento compulsivo*.

compunción f. Arrepentimiento, contrición. ‖ Sentimiento de tristeza o compasión ante las desgracias ajenas.

compungido, da adj. Triste, apenado, dolorido. ‖ FAM. compunción.

compungir tr. Apenar, entristecer a alguien. ‖ Pinchar, punzar. ‖ prnl. Entristecerse o dolerse uno de alguna culpa propia, o del padecimiento ajeno. ‖ FAM. compungido.

computación f. Cuenta, operación matemática. ‖ *amer.* Informática, ciencia que estudia el tratamiento automático de la información por medio de ordenadores.

computacional adj. *amer.* De la computación o relativo a esta ciencia.

computador, ra adj. y s. Que computa o efectúa operaciones matemáticas. ‖ m. y f. Calculador o calculadora, aparato o máquina electrónicos que sirven para calcular con rapidez.

computadora f. Ordenador, máquina electrónica que trata automáticamente la información y que ejecuta procesos lógicos a gran velocidad.

computar tr. Contar o calcular una cosa por números. ‖ Tomar en cuenta, considerar en atención a cierta medida. ‖ FAM. computable, computación, computacional, computador, computadora, computarización, computarizado, computarizar, cómputo.

cómputo m. Cálculo u operación matemática.

comulgar intr. Recibir un cristiano la comunión. ‖ Compartir ideas o sentimientos con otra persona: *no comulgo con sus ideales*. ‖ FAM. comulgatorio.

común adj. Que pertenece o se extiende a varios: *territorio común, zonas comunes.* ‖ Corriente, frecuente, admitido como normal por la mayoría: *sentido, uso común.* ‖ Ordinario, vulgar, que carece de cualquier peculiaridad especial o secreta: *vino común.* ‖ m. Conjunto de todas las personas, todo el mundo: *el común de los mortales.* ‖ **en común** loc. adv. Conjuntamente, en colaboración con otros: *puesta en común.* ‖ **por lo común** loc. adv. Generalmente, frecuentemente. ‖ **tener** algo **en común** loc. Compartir dos o más personas o cosas una misma cualidad o circunstancia, o parecerse en ella. ‖ FAM. comuna, comunal, comunero, comunidad, comunitario, comúnmente.

comuna f. Unidad de organización económica y política basada en la ausencia de la propiedad privada. ‖ Conjunto de individuos que viven en una comunidad gestionada y administrada por ellos mismos al margen de las conveniencias sociales: *comuna agrícola.* ‖ *amer.* Ayuntamiento.

comunal adj. De la comuna o relativo a esta colectividad. ‖ Común a la población de un territorio, un edificio, un municipio, etc.: *bienes comunales.*

comunero, ra adj. De las antiguas Comunidades de Castilla, movimiento de protesta contra Carlos I de España, o relativo a ellas. ‖ m. y f. Participante o seguidor de este movimiento.

comunicación f. Acción y resultado de comunicar o comunicarse. ‖ Escrito breve en que se informa o notifica alguna cosa. ‖ Escrito que un autor presenta a un congreso o reunión de especialistas para su conocimiento y discusión. ‖ Unión que se establece o conducto que existe entre ciertas cosas o lugares. ‖ Trato entre las personas. ‖ pl. Medios gracias a los cuales las personas se comunican o relacionan, como el correo, el teléfono o las carreteras.

comunicado, da adj. Se apl. al lugar al que se puede acceder con facilidad: *barrio bien comunicado.* ‖ m. Nota o declaración que se divulga para conocimiento público: *comunicado de prensa.*

comunicador, ra adj. y s. Que comunica o informa. ‖ m. y f. Persona que posee la capacidad de comunicarse con el público de una manera confiable, amena y agradable.

comunicante adj. y com. Que comunica. ‖ Que está comunicado: *vasos comunicantes.*

comunicar tr. Hacer saber alguna cosa a alguien, informar. ‖ Conversar, tratar con alguien de palabra o por escrito. También prnl.: *comunicarse por teléfono.* ‖ Contagiar, transmitir un sentimiento, una enfermedad: *me comunicó su desesperación.* ‖ intr. Dar un teléfono la señal de que la línea está ocupada. ‖ Unir una cosa con otra por medio de un conducto o paso. ‖ prnl. Tratándose de cosas inanimadas, tener correspondencia o paso unas con otras. ‖ FAM. comunicabilidad, comunicable, comunicación, comunicado, comunicador, comunicante, comunicativo, comunicología, comunicólogo.

comunicativo, va adj. Que expresa con facilidad sus sentimientos, emociones o ideas.

comunidad f. Conjunto o asociación de personas o entidades con intereses, propiedades u objetivos comunes: *comunidad de vecinos, de Estados.* ‖ Conjunto de bienes o derechos que son propiedad de varias personas: *comunidad de bienes.* ‖ Comunidad autónoma. ‖ Forma de vida en común basada en la existencia de bienes comunes: *comunidad de religiosos.* ‖ Cualidad de lo que es común o perteneciente a varios. ‖ pl. Levantamientos populares contra el poder establecido, principalmente los de Castilla en tiempos de Carlos I. ◆ Se escribe con mayúscula. ‖ **comunidad autónoma** División regional y administrativa dentro de un Estado, dotada de Gobierno y demás instituciones propias. ‖ FAM. comunitario.

comunión f. Unión o contacto entre personas o cosas. ‖ En la Iglesia católica, sacramento de la eucaristía y acto de recibirlo o administrarlo. ‖ Primera comunión. ‖ Grupo de personas que comparten ideas religiosas o políticas. ‖ Circunstancia de tener algo en común: *comunión de ideas, de odios.* ‖ **primera comunión** Celebración eucarística en la cual el cristiano recibe por primera vez la hostia consagrada.

comunismo m. Doctrina de organización política y económica que propugna la abolición de la propiedad privada y el establecimiento de una comunidad de bienes. ‖ Doctrina iniciada por Marx y Engels que interpreta la historia como una continua lucha de clases cuyo fin es el logro de una sociedad sin diferencias sociales ni propiedad privada, de la que haya desaparecido el Estado. ‖ Movimiento político inspirado en esta doctrina. ‖ FAM. comunista.

comunista adj. Del comunismo o relativo a él. ‖ adj. y com. Partidario de esta ideología política.

comunitario, ria adj. De la comunidad o relativo a ella: *patio comunitario.* ‖ De la Unión Europea o relativo a la asociación de países europeos.

con prep. Introduce complementos que significan el medio, el modo o el instrumento que sirven para hacer alguna cosa: *abrió con una llave.* ‖ Introduce también complementos que significan 'juntamente' o 'en compañía de': *iré con mi amigo.* ‖ Encabeza frases que expresan el contenido o la composición de algo: *casa con dos baños.* ‖ Es núcleo del complemento preposicional regido por ciertos verbos que implican comparación o relación: *confundir, comparar, relacionar una cosa con otra.* ‖ Antepuesta al infinitivo, y junto con él, equivale a una construcción de gerundio de carácter condicional: *con salir a las seis ya es suficiente.* ‖ Antepuesta a nombres de acción o materia, y junto con ellos, forma frases de carácter concesivo: *con la buena vida que lleva, aún se queja.* ‖ Inicia oraciones que expresan disgusto, frustración o contraposición entre lo que ocurre y lo que se espera o se piensa: *¡con lo alegre que estoy yo y tiene que venir a molestarme!*

conato m. Inicio de una acción que no llega a terminarse: *conato de incendio, de huelga.* ‖ En der., acto y delito frustrado que se empezó y no llegó a consumarse: *conato de suicidio, de fuga.* ‖ Tenacidad, empeño en el logro de una cosa. ‖ FAM. conativo.

concatedral f. Iglesia que comparte la dignidad de catedral con otra.

concatenación f. Unión, enlace entre ideas o actos. ‖ Figura que consiste en la repetición de dos o más cláusulas o miembros del periodo anterior en el inicio del siguiente.

concatenar tr. y prnl. Unir, enlazar, relacionar una cosa con otra. || FAM. concatenación, concatenamiento.

concavidad f. Calidad de cóncavo. || Sima, hueco, parte o lugar cóncavo.

cóncavo, va adj. Se apl. a la línea o superficie que, siendo curva, tiene su parte más hundida en el centro, respecto de quien la mira. || m. y f. Concavidad. || FAM. concavidad.

concebir tr. Crear una idea, pensar o imaginar una cosa. || Comprender algo, creerlo posible. || Empezar a experimentar un sentimiento o una emoción: *concebir ilusiones.* || intr. Quedar fecundada una hembra. También tr.: *concebir un hijo.* ◆ **Irreg.** Se conj. como *pedir.* || FAM. concebible, concepción, conceptivo, preconcebir.

conceder tr. Dar o entregar quien tiene el poder o la autoridad para hacerlo. || Asentir, entender como cierto o real lo que se afirma: *el juez concedió con la cabeza.* || Atribuir una cualidad o condición a una persona o cosa: *al menos concédeme el beneficio de la duda.*

concejal, la m. y f. Persona que ha sido elegida para formar parte del Ayuntamiento o corporación municipal. || FAM. concejalía.

concejalía f. Oficio y cargo de concejal. || Departamento municipal asignado a un concejal: *concejalía de Transportes.*

concejo m. Ayuntamiento, conjunto de concejales presididos por el alcalde, que administra y dirige un municipio. || Sesión o reunión que celebran. || Edificio donde tiene su sede el Ayuntamiento. || Municipio. || FAM. concejal.

concelebrar tr. En la Iglesia católica, celebrar conjuntamente la misa varios sacerdotes.

concentración f. Reunión en un lugar de lo que estaba en varios. || Internamiento o reclusión de los deportistas y sus equipos antes de competir, con el fin de prepararse física y mentalmente para la victoria. || En quím., en una disolución, relación que existe entre la cantidad de sustancia disuelta y la del disolvente. || Estado mental que permite reflexionar sobre una sola cosa y mantener la atención en ella.

concentrado, da adj. Muy atento o pendiente de una actividad. || Que está recluido con el fin de que se concentre en una actividad. || adj. y m. Se apl. a la sustancia que posee una mayor concentración en su disolución de la que es habitual: *caldo concentrado, concentrado de frutas.*

concentrar tr. Reunir o juntar en un centro o punto lo que estaba separado. También prnl.: *la gente se concentró en la plaza.* || Ser algo el centro de la mirada o la atención, atraerlas. || En quím., aumentar la proporción de la sustancia disuelta en un fluido disolvente. || prnl. Reflexionar profundamente, fijar la atención o el pensamiento en algo. ◆ Se construye con la prep. *en: no logro concentrarme en mi trabajo.* || FAM. concentración, concentrado.

concéntrico, ca adj. En geom., se apl. al objeto o a la figura que tiene el mismo centro que otro: *círculos concéntricos.*

concepción f. Acto de concebir o quedar fecundada una hembra. || P. ant., la de la Virgen María. || Conjunto de ideas que se tienen sobre alguna cosa, opinión: *tienes una concepción errónea de ese asunto.* || Formación de una cosa o una idea en la imaginación o el pensamiento: *ese edificio tiene una concepción muy moderna.*

concepcionista adj. Se apl. al religioso o a la religiosa que pertenece a la orden franciscana de la Inmaculada Concepción. Más como com.

conceptismo m. Estilo literario propio del Barroco español, que se caracteriza por expresar los conceptos de manera ingeniosa, concisa y compleja. || FAM. conceptista.

conceptista adj. Del conceptismo o relativo a él. || adj. y com. Partidario del conceptismo o que lo practica en sus escritos.

concepto m. Idea, representación mental de una realidad, un objeto o algo similar. || Pensamiento expresado con palabras. || Opinión, juicio, idea que se tiene sobre algo: *¿qué concepto tienes de mí?* || Aspecto, calidad, título: *trabaja en concepto de asesor cultural.* || **bajo ningún concepto** loc. adv. De ninguna manera, en forma alguna. || FAM. conceptismo, conceptuación, conceptual, conceptualismo, conceptualista, conceptualización, conceptualizar, conceptuar, conceptuosidad, conceptuoso.

conceptual adj. Del concepto o relativo a él. || Del arte conceptual o relativo a él.

conceptualizar tr. Hacerse una persona una idea o concepto sobre una realidad. || Organizar o clasificar en conceptos.

conceptuar tr. Formarse alguien una opinión sobre una cosa o una persona. ◆ Se construye con la prep. *de: la conceptúan de traviesa en el colegio.* Se conj. como *actuar.*

conceptuoso, sa adj. Sentencioso, complejo, lleno de conceptos. ◆ Se usa con sentido desp.

concerniente adj. Que concierne o corresponde.

concernir intr. Atañer, afectar, corresponder: *tus asuntos no les concernían.* ◆ **Irreg.** Se conj. como *discernir,* pero solo se emplean sus terceras personas y las formas no personales. || FAM. concernencia, concerniente.

concertado, da adj. Se apl. al centro o a la institución que funciona gracias a acuerdos de subvención o patrocinio del Estado: *colegio concertado, clínica concertada.*

concertar tr. Acordar, pactar, decidir conjuntamente: *concertar una cita.* También prnl. || Poner acordes entre sí voces o instrumentos musicales. || intr. Concordar o combinar una cosa con otra. || En gram., concordar, tener los mismos accidentes gramaticales dos o más elementos de la oración. ◆ **Irreg.** Se conj. como *acertar.* || FAM. concertación, concertadamente, concertado.

concertina f. Acordeón de figura poligonal, de fuelle muy largo y teclados en ambas cubiertas.

concertino m. Primer violinista de una orquesta que se encarga de la ejecución de los solos.

concertista com. Músico que actúa en la ejecución de una obra musical como solista.

concesión f. Acción y resultado de conceder. || Contrato por el cual el Gobierno otorga a empresas o a particulares la gestión y la explotación de ciertos bienes públics: *concesión de una mina.* || Contrato que una empresa hace a otra o a un particular, otorgándole el derecho de vender y administrar sus productos en unas determinadas condiciones. || Abandono o dejación de una posición ideológica, una opinión, una actitud, etc.: *no estoy dispuesta a hacer concesiones.* || FAM. concesionario, concesivo.

concesionario, ria adj. y m. Se apl. a la persona o a la entidad que tiene la concesión de un servicio o la distribución de un producto determinado: *concesionario de coches.*

concesivo, va adj. Se apl. al elemento gramatical que indica oposición, obstáculo o dificultad que se opone, pero que no evita la acción de la que se trate, como la conjunción *aunque,* la locución *a pesar de* y similares.

concha f. Cubierta que protege el cuerpo de los moluscos y, p. ext., caparazón de las tortugas y pequeños crustáceos. || Especie de mueble cóncavo que se coloca en medio del escenario de los teatros para ocultar al apuntador. || Materia dura que se extrae de los caparazones de las tortugas carey y se utiliza para hacer peines, joyas y otros objetos. || *amer.* Instrumento musical de cuerda que se fabrica con el caparazón de un armadillo. || *amer. vulg.* Órgano sexual femenino. || FAM. aconchar, conchoso, conchudo.

conchabar tr. *amer.* Contratar a alguien como sirviente o como trabajador a sueldo. || prnl. Confabularse, unirse dos o más personas entre sí para algún fin, sobre todo si este se considera amoral o ilegal. || FAM. conchabamiento, conchabanza, conchabo.

conchabo m. *amer.* Contrato de trabajo, sobre todo el del servicio doméstico.

concho m. *amer.* Poso, sedimento.

conchoso, sa o **conchudo, da** adj. Se apl. al animal cubierto de conchas. || *col.* Astuto, cauteloso, sagaz. || *amer. vulg.* Sinvergüenza, caradura. || *amer. col.* Indolente, lento, perezoso.

conciencia f. Conocimiento que el ser humano posee sobre sí mismo, sobre su existencia y su relación con el mundo. || Conocimiento detallado, exacto y real de algo. || Capacidad de discernir entre el bien y el mal a partir de la cual se pueden juzgar los comportamientos. || **a conciencia** loc. adv. Rigurosa y detalladamente, sin fraude ni engaño. || FAM. concienciar, concienzudo.

concienciar tr. y prnl. Hacer que alguien sea consciente de algo, que lo conozca y sepa de su alcance. || FAM. concienciación.

concienzudo, da adj. Que estudia o hace las cosas con mucha atención, esmero y detenimiento. || FAM. concienzudamente.

concierto m. Función pública en la que se cantan o se tocan composiciones musicales. || Composición musical para diversos instrumentos en la que uno o varios de ellos llevan la parte principal. || Convenio, acuerdo sobre algo: *concierto económico.* || Buen orden y disposición de las cosas. || FAM. concertista.

conciliábulo m. Concilio o asamblea no convocados por una autoridad legítima. || Reunión, generalmente ilegal o ilegítima, para tratar de algo que se desea mantener oculto.

conciliación f. Acuerdo, convenio a que se llega. || Conveniencia o concordancia de una cosa con otra: *conciliación de opiniones.*

conciliador, ra adj. y s. Que facilita la negociación o el acuerdo.

conciliar adj. Del concilio o relativo a él. || m. Persona que asiste a un concilio.

conciliar tr. y prnl. Poner de acuerdo a los que estaban en desacuerdo. || Conformar, hacer concordes o compatibles dos o más elementos que son o parecen contrarios. || FAM. conciliación, conciliador, conciliatorio, reconciliar.

concilio m. Reunión o junta convocada para tratar de algún tema. || En la Iglesia católica, junta o congreso de sacerdotes y obispos para tratar temas relativos a la fe, la organización eclesiástica y otros asuntos. || **concilio ecuménico** Reunión de los obispos de todos los Estados y reinos del mundo cristiano, convocados legítimamente.

concisión f. Brevedad, exactitud y precisión en la forma de expresarse, ya sea por escrito u oralmente.

conciso, sa adj. Se apl. al enunciado breve, poco rebuscado y preciso. || FAM. concisión.

concitar tr. Provocar rencillas, instigar a una persona contra otra. ◆ Se construye con la prep. *contra: le concitaron contra ti.* || Reunir, congregar. || prnl. Atraer sentimientos negativos y adversos de los demás.

conciudadano, na m. y f. Cada uno de los ciudadanos de una misma ciudad, respecto de los demás. || Compatriota, que tiene la misma nacionalidad que otro.

cónclave m. En la Iglesia católica, reunión de los cardenales y lugar donde se juntan y encierran para elegir un nuevo papa. || Reunión o congreso de personas que se reúnen para tratar algún asunto.

concluir tr. Acabar o finalizar una cosa. También intr. || Extraer conclusiones, resolver algo tras el estudio y análisis de lo que se ha tratado o examinado. || En der., poner fin a los alegatos, después de haber dado respuesta a los de la parte contraria, por no tener más que decir ni alegar. ◆ **Irreg.** Se conj. como *huir.* || FAM. conclusión, concluso, concluyente.

conclusión f. Fin y terminación de una cosa. || Resolución que se ha tomado sobre una materia o deducción a que se ha llegado tras su estudio o análisis. || **en conclusión** loc. adv. En resumen, en definitiva.

concluyente adj. Que concluye, que convence sin dejar espacio para la duda o la discusión, irrebatible: *prueba concluyente.*

concoideo, a adj. Que tiene forma o figura semejante a la de la concha.

concomerse prnl. Reconcomerse, sentir intranquilidad, consumirse de impaciencia, tristeza, ansiedad u otro sentimiento.

concomitancia f. Coincidencia o acompañamiento de varias cosas. || FAM. concomitante, concomitar.

concomitante adj. Que actúa, acompaña o colabora en el mismo sentido que otra cosa: *acciones concomitantes.*

concordancia f. Correspondencia y ajuste de una cosa con otra. || En gram., conformidad de accidentes morfológicos o sintácticos entre dos o más partes de la oración: *concordancia de género y número*.

concordante adj. Que concuerda, que tiene coincidencias con otro.

concordar intr. Convenir, estar acorde y ajustada una cosa con otra. ◆ Se construye con la prep. *con: tu opinión no concuerda con la mía.* || En gram., haber o establecer concordancia entre palabras variables: *el sujeto concuerda con el predicado.* || tr. Poner de acuerdo lo que no lo está. ◆ Irreg. Se conj. como *contar.* || FAM. concordancia, concordante, concordato, concorde, concordia.

concordato m. Tratado o convenio sobre asuntos eclesiásticos que el Gobierno de un Estado hace con la Santa Sede.

concorde adj. Conforme, ajustado, de un único sentir y parecer.

concordia f. Acuerdo, conformidad y armonía entre las cosas o las personas. || Pacto o convenio entre litigantes.

concreción f. Reducción a lo esencial o a lo preciso de un asunto o materia. || Acumulación de partículas en una masa compacta, formada por depósito o desecación: *concreción ósea.*

concretar tr. Hacer concreta o precisa alguna cosa: *concretar la fecha de una cita.* || Reducir a lo más esencial: *concretar una teoría.* || prnl. Tratar de una sola cosa, que se considera principal, excluyendo las prescindibles o circunstanciales. ◆ Se construye con la prep. *a: nos concretaremos a lo esencial.* || FAM. concreción.

concreto¹, ta adj. Se apl. a cualquier objeto considerado en sí mismo, y no como elemento de su clase o especie. || En ling., nombre que designa este objeto: *«mesa» es un nombre concreto.* || Determinado, exacto, preciso: *exijo un informe concreto.* || **en concreto** loc. adv. En resumen, en conclusión. || Exacta, precisamente. || FAM. concretamente, concretar, concretización, concretizar.

concreto² m. *amer.* Hormigón, mezcla de piedras y mortero.

concubina f. Mujer que convive y mantiene relaciones sexuales con un hombre sin haberse casado con él. || FAM. concubinato.

conculcar tr. Quebrantar una ley, una obligación adquirida o un principio ético o moral. || Pisar algo con los pies y, p. ext., abusar, violar: *has conculcado la confianza que puse en ti.* || FAM. conculcación.

concuñado, da m. y f. Hermano o hermana de uno de los cónyuges respecto de los hermanos o hermanas del otro. || Cónyuge de una persona respecto del cónyuge de su hermano o hermana.

concupiscencia f. Deseo ansioso de bienes materiales. || Apetito desordenado de placeres sensuales o sexuales. || FAM. concupiscente, concupiscible.

concurrencia f. Conjunto de personas que asisten a un acto, un espectáculo, una reunión u otra convocatoria. || Participación, aforo, asistencia. || Acaecimiento o coincidencia de varios sucesos o cosas a un mismo tiempo: *concurrencia de causas.* || FAM. concurrente.

concurrido, da adj. Se apl. al recinto, espectáculo o lugar en general a donde acude mucha gente.

concurrir intr. Juntarse o coincidir en un mismo lugar o tiempo diferentes personas, sucesos o cosas. || Contribuir, participar en algo para el logro de algún fin. || Acudir varias personas a un lugar. || Participar en un concurso. || FAM. concurrencia, concurrido.

concursante com. Persona que toma parte en un concurso convocado para otorgar premios, seleccionar personas, conceder la ejecución de obras o la prestación de servicios, etc.

concursar intr. Participar en un concurso, oposición o competición. || FAM. concursante.

concurso m. Prueba o competición entre los aspirantes a un premio. || Procedimiento para seleccionar a quien haya de cubrir un puesto de trabajo mediante la realización de ciertas pruebas o exámenes: *concurso de méritos.* || Rivalidad u oposición entre los que aspiran a ejecutar una obra o a prestar un servicio bajo determinadas condiciones, a fin de elegir la propuesta que ofrezca mayores ventajas. || Concurrencia, reunión de personas en un mismo lugar. || Ayuda o colaboración que se presta. || FAM. concursar.

concusión f. Cobro injustificado y arbitrario que hace un funcionario público en provecho propio.

condado m. Dignidad honorífica de conde. || Territorio sobre el que ejerce su señorío un conde. || División territorial administrativa de algunos países.

conde, sa m. y f. Título nobiliario situado en jerarquía después del marqués y antes que el vizconde. || Gobernador de una comarca o territorio en los primeros siglos de la Edad Media. || Cónyuge del que por derecho o herencia posee el título nobiliario. || FAM. condado, condal, condestable.

condecoración f. Concesión e imposición de honores o distinciones. || Cruz u otra insignia que se impone a alguien como reconocimiento y señal de honor y distinción.

condecorar tr. Conceder honores o distinciones como agradecimiento y reconocimiento de una labor realizada. || Imponer condecoraciones o insignias. || FAM. condecoración, condecorado.

condena f. Castigo que se impone al que ha cometido una falta o un delito. || Sentencia judicial que pronuncia una pena. || Extensión y grado de la pena. || Rechazo o repulsa de una acción o un comportamiento censurables: *todos expresaron su condena al terrorismo.*

condenado, da adj. Molesto, enfadoso: *este condenado zapato me aprieta.* || adj. y s. Se apl. a la persona a quien le ha sido impuesta una condena. || Castigado con la condenación eterna. || Endemoniado, perverso.

condenar tr. Pronunciar el juez sentencia, imponiendo al reo la pena correspondiente. || Reprobar o censurar una acción, un comportamiento o una opinión: *condenar un asesinato.* || Tabicar o incomunicar una habitación: *condenaron las ventanas.* || Forzar a alguien a hacer algo penoso. También prnl. || prnl. Para los católicos, incurrir en la pena eterna. || FAM. condena, condenable, condenación, condenado, condenatorio.

condensación f. Proceso de licuación o solidificación de un gas. || Reducción del tamaño o del volumen de algo, resumen.

condensador, ra adj. Que condensa. ‖ m. Aparato que sirve para condensar o reducir los gases por acción del agua o del aire fríos. ‖ Sistema eléctrico formado por dos conductores de gran superficie separados por una lámina aislante que sirve para almacenar cargas eléctricas.

condensar tr. Convertir un gas o vapor en líquido o en sólido. También prnl. ‖ Reducir una cosa a menor volumen, hacerla más densa o compacta. También prnl.: *condensarse la niebla*. ‖ Sintetizar, resumir, compendiar. ‖ FAM. condensable, condensación, condensado, condensador.

condescendencia f. Adaptación y acomodo a los gustos, apetencias y costumbres ajenas por benevolencia o indolencia. ‖ Cualidad de lo que es condescendiente.

condescender intr. Acomodarse o adaptarse por bondad al gusto y voluntad ajenos. ♦ **Irreg.** Se conj. como *entender*. ‖ FAM. condescendencia, condescendiente.

condescendiente adj. Que condesciende o tiende a acomodarse a los gustos o deseos ajenos.

condestable m. En la Edad Media, persona que obtenía y ejercía el máximo poder en la milicia.

condición f. Índole, naturaleza o propiedad de las cosas o de las personas: *condición humana*. ‖ Posición social: *condición humilde*. ‖ Circunstancia necesaria e indispensable para que otra pueda ocurrir: *te lo compraré con la condición de que antes te lo pruebes*. ‖ Estipulación, cada uno de los puntos que se acuerdan en un contrato: *la condición segunda es abusiva*. ‖ pl. Estado o circunstancia en que se encuentra una persona o una cosa: *está en buenas condiciones para correr la maratón*. ‖ **condición sine qua non** Aquella que resulta imprescindible de tal forma que, si no concurre, no se hará una cosa o se tendrá por no hecha. ‖ **en condiciones** loc. adj. y adv. Bien dispuesto o apto para el fin deseado. ‖ FAM. condicional, condicionar.

condicional adj. Que incluye o conlleva una condición o requisito: *aprobado condicional*. ‖ En gram., se apl. a la oración subordinada que expresa una condición o requisito para que se cumpla lo expresado en la oración principal. También f. ‖ Se dice de la libertad que se concede a los reos en el último periodo de su condena, sujeta a la condición de que demuestren un buen comportamiento. También f. ‖ m. En gram., modo verbal que expresa la acción del verbo como posible o del tiempo verbal que expresa la acción futura con respecto a otra pasada en el momento de la enunciación. ‖ FAM. condicionalmente, incondicional.

condicionamiento m. Sometimiento a una condición. ‖ Limitación, restricción que afecta al desarrollo de un proceso o al comportamiento de una persona o cosa.

condicionante adj. y amb. Que determina o condiciona. Más como m.

condicionar tr. Hacer depender una cosa de alguna condición. ‖ Influir, afectar. ‖ FAM. condicionado, condicionamiento, condicionante.

cóndilo m. Extremo redondeado en la terminación de un hueso que forma articulación encajando en el hueco de otro hueso.

condimentación f. Adición o añadido de especias y otras sustancias a los alimentos para potenciar y hacer más agradable su sabor.

condimentar tr. Sazonar, aderezar los alimentos con ciertas sustancias.

condimento m. Sustancia que sirve para sazonar la comida y darle mejor sabor, como el aceite, la sal o las especias. ‖ FAM. condimentación, condimentado, condimentar.

condiscípulo, la m. y f. Persona que estudia o ha estudiado con el mismo profesor o en la misma institución que otra.

condolencia f. Pésame, expresión con que se hace saber a otro que se comparte su dolor ante la muerte de un ser querido. ‖ Participación en el pesar ajeno.

condolerse prnl. Entristecerse y compadecerse por el sufrimiento o por la desgracia ajenos. ♦ **Irreg.** Se conj. como *mover*. ‖ FAM. condolencia.

condominio m. Dominio o posesión de una cosa por dos o más personas o entidades. ‖ Lo que se comparte de esta manera.

condominio m. *amer.* Edificio de viviendas poseído en régimen de comunidad de propietarios.

condón m. Preservativo.

condonación f. Perdón de una deuda o castigo.

condonar tr. Perdonar una deuda o una pena. ‖ FAM. condonación, condonante.

cóndor m. Nombre común de diversas aves rapaces falconiformes carroñeras de poco más de 1 m de largo y 3 de envergadura, con la cabeza y el cuello desnudos, plumaje fuerte de color negro azulado, collar blanco, cola pequeña y pies negros. El cóndor de los Andes habita en la Patagonia y los Andes y es la mayor de las aves voladoras.

condotiero m. Nombre común del jefe del ejército de mercenarios italianos de los siglos XIII a XVI, y posteriormente aplicado a los de otros países. ‖ Soldado mercenario.

condrictio adj. y m. De los condrictios o relativo a esta clase de peces. ‖ m. pl. Clase de peces que tienen el esqueleto cartilaginoso, escamas óseas, múltiples dientes y una línea lateral sensible a la presión del agua que les advierte del peligro o de la presencia de presas, como los tiburones y las rayas.

conducción f. Transporte de una cosa. ‖ Manejo de un vehículo y técnica de guiarlo. ‖ Conjunto de conductos o tuberías dispuestos para el paso de algún fluido. ‖ FAM. conductividad, conductor.

conducir tr. Llevar, transportar alguna cosa de una parte a otra. ‖ Guiar un vehículo automóvil. También intr. ‖ Mandar, dirigir una empresa o una actuación: *condujo a su ejército a la victoria*. ‖ Impulsar, conllevar: *su actitud nos conducirá al fracaso*. ‖ prnl. Comportarse, actuar de una determinada manera: *se conduce con corrección*. ‖ FAM. conducción, conducente, conducta, conductor. ♦ **Irreg.** Conjugación modelo:

conducta

Indicativo

Pres.: conduzco, conduces, conduce, conducimos, conducís, conducen.

Imperf.: conducía, conducías, conducía, *etc.*

Pret. perf. simple: conduje, condujiste, condujo, condujimos, condujisteis, condujeron.

Fut. simple: conduciré, conducirás, conducirá, *etc.*

Condicional simple: conduciría, conducirías, conduciría, *etc.*

Subjuntivo

Pres.: conduzca, conduzcas, conduzca, conduzcamos, conduzcáis, conduzcan.

Imperf.: condujera o condujese, condujeras o condujeses, *etc.*

Fut. simple: condujere, condujeres, condujere, *etc.*

Imperativo: conduce, conducid.

Participio: conducido.

Gerundio: conduciendo.

conducta f. Manera de conducirse o comportarse una persona, o de reaccionar ante las situaciones externas un animal. || FAM. conductual.

conductibilidad f. Conductividad, propiedad de transmitir la energía calorífica o eléctrica.

conductismo m. Teoría basada en el estudio de la inteligencia y la mente mediante la observación de los comportamientos o reacciones ante la exposición a estímulos exteriores. || FAM. conductista.

conductista adj. Del conductismo o relativo a esta teoría. || adj. y com. Partidario de esta teoría o que la pone en práctica.

conductividad f. Propiedad natural de los cuerpos que consiste en transmitir el calor o la electricidad. || FAM. conductivo.

conducto m. Canal, comúnmente cubierto, que sirve para dar paso y salida a las aguas y otras cosas. || Mediación o intervención de una persona para la solución de un negocio, obtención de noticias, etc. || Instrumento, vía o procedimiento que se utiliza para algo.

conductor, ra adj. y s. Que conduce o guía. || Se apl. a la persona que conduce un vehículo. || m. Se apl. al cuerpo que, en mayor o menor medida, conduce el calor y la electricidad.

condumio m. *col.* Alimento que se come con pan y, p. ext., comida.

conectar tr. Unir o establecer contacto entre dos partes de un sistema mecánico o eléctrico. También intr. y prnl. || Enlazar entre sí aparatos o sistemas de forma que entre ellos pueda fluir algo material o inmaterial, como agua, información, señales, etc. || Unir, enlazar, establecer relación, poner en comunicación. También intr. con la prep. *con: no logro conectar con nadie.* || FAM. conectador, conectivo, conector, desconectar.

conectivo, va adj. Que une, relacionando partes de un mismo sistema o aparato. || FAM. conectividad.

conector, ra adj. Que conecta, comunica o une. || m. Aparato o clavija que sirve para conectar un sistema con otro. || Clase de palabra que sirve para establecer relaciones lógicas entre sintagmas u oraciones.

conejera f. Madriguera donde se crían y viven los conejos. || *col.* Lugar oscuro y estrecho donde viven amontonadas varias personas.

conejero, ra adj. Que caza conejos. || m. y f. Persona que cría, cuida o vende conejos.

conejillo de Indias m. Cobaya.

conejo, ja m. y f. Mamífero lagomorfo de unos 40 cm de largo, con el pelo espeso, las orejas largas y la cola muy corta; su carne es comestible y su piel se utiliza como abrigo. || f. *col. vulg.* Mujer que ha tenido muchos hijos. || FAM. conejal, conejar, conejera, conejero, conejillo.

conexión f. Enlace, juntura o relación entre distintos elementos. || Atadura o unión de los elementos de una máquina o un aparato. || Punto donde se realiza el enlace entre diferentes aparatos o sistemas. || pl. Amistades, conjunto de personas con quienes se tiene trato o relación. || FAM. conexionar, conexo.

conexo, xa adj. Enlazado, relacionado.

confabulación f. Acuerdo o convenio secreto entre personas, normalmente para cometer alguna fechoría.

confabularse prnl. Ponerse de acuerdo dos o más personas, normalmente para delinquir o perjudicar a otras. || FAM. confabulación.

confección f. Preparación y realización de ciertas cosas. || Cosa confeccionada. || Hechura de un traje o prenda de vestir. || Fabricación de prendas de vestir con máquinas y en serie, en oposición a las que se encargan a medida. || Preparado medicinal.

confeccionar tr. Hacer determinadas cosas materiales, especialmente compuestas, como, p. ej., prendas de vestir. || Preparar manualmente medicamentos, atendiendo a proporciones y sustancias. || P. ext., preparar, elaborar. || FAM. confección, confeccionador.

confederación f. Alianza, unión o asociación entre personas, organizaciones o países para conseguir un determinado fin. || Organismo o entidad resultante de esta unión.

confederado, da adj. Que pertenece o participa en una confederación. También s. || De la Unión o Confederación de Estados del Sur en la guerra de Secesión de los Estados Unidos o relativo a su Ejército. || m. y f. Partidario o soldado de esta confederación.

confederar tr. Establecer una alianza, asociación o pacto entre varios. || prnl. Reunirse en confederación. || Unión de varios Estados, sin llegar a perder ninguno su soberanía política. || FAM. confederación, confederado, confederativo.

conferencia f. Disertación o exposición pública sobre algún tema científico, técnico o cultural. || Reunión de representantes de Gobiernos o Estados para tratar asuntos internacionales: *conferencia de paz.* || Comunicación telefónica interurbana o internacional. || **conferencia de prensa** Reunión de los medios de comunicación convocados por una persona pública para escuchar sus declaraciones sobre un asunto y realizar preguntas. || FAM. conferenciante, conferenciar, conferencistas.

conferenciante com. Persona que diserta o expone en público sus teorías o sus opiniones. || Persona que participa en una reunión internacional o en una conferencia.

conferencista com. *amer.* Conferenciante.

conferir tr. Conceder o asignar a alguien una distinción, un honor o un derecho. ‖ Atribuir o contagiar una cualidad a una persona o cosa que no la tenía. ‖ Cotejar y comparar una cosa con otra. ◆ Irreg. Se conj. como *sentir*.

confesar tr. Manifestar la verdad sobre hechos, ideas o sentimientos que antes estaban ocultos. ‖ Declarar el reo o el litigante ante el juez su culpabilidad o su falta. También prnl.: *se confesó culpable*. ‖ Declarar el cristiano sus pecados al confesor en el sacramento de la penitencia. También prnl. ‖ Escuchar el confesor al penitente. ◆ Irreg. Se conj. como *acertar*. ‖ FAM. confesión, confeso, confesor.

confesión f. Declaración que uno hace de lo que sabe sobre algo, de manera voluntaria o forzada. ‖ Declaración al confesor de los pecados cometidos. ‖ Declaración del acusado en el juicio. ‖ Creencia religiosa y conjunto de personas que la profesan: *es de confesión musulmana*. ‖ pl. Memorias, relato de las propias experiencias. ‖ FAM. confesional, confesionario.

confesional adj. y com. De una confesión religiosa o relativo a su creencia: *Estado confesional*. ‖ FAM. confesionalidad.

confesionario m. Confesonario.

confeso, sa adj. Se apl. al acusado o penitente que ha confesado su delito o culpa. ‖ Se decía del judío convertido al cristianismo. También s. ‖ FAM. confesonario.

confesonario m. Especie de cuarto aislado dentro del cual se coloca el sacerdote para oír las confesiones sacramentales en las iglesias.

confesor m. En la Iglesia católica, sacerdote que confiesa a los fieles y que les otorga la absolución de sus pecados.

confeti m. Pedacitos de papel de varios colores que se arrojan en los días de fiesta o con motivo de alguna celebración. ◆ pl. *confetis*.

confiado, da adj. Crédulo, propenso a confiar en los demás. ‖ Que muestra seguridad y satisfacción en sí mismo.

confianza f. Esperanza firme o seguridad que se tiene en que una persona va a actuar o una cosa va a funcionar como se desea. ◆ Se construye con la prep. *en: confianza en un amigo/en el coche*. ‖ Seguridad en uno mismo o en las propias cualidades. ‖ Ánimo, decisión o valor para obrar. ‖ Familiaridad en el trato: *nos tenemos mucha confianza*. ‖ Excesiva y molesta familiaridad con alguien. ‖ **de confianza** loc. adj. Se apl. a la persona con quien se tiene trato amistoso o familiar. ‖ Se dice de la persona en quien se puede confiar: *secretario de confianza*. ‖ Se apl. a la cosa cuyo funcionamiento es adecuado al seguro: *marca, frenos de confianza*. ‖ **en confianza** loc. adv. En secreto, con voluntad de que no se divulgue.

confiar intr. Esperar con seguridad y credulidad que algo suceda o que alguien se comporte como se desea. ◆ Se construye con la prep. *en: confío en ti*. ‖ prnl. Sincerarse con alguien, contar confidencias. ‖ Excederse en la valoración de las propias cualidades o méritos: *se confió tanto que al final perdió la carrera*. ‖ tr. Encargar algo

a alguien o ponerlo bajo su cuidado: *le confié todo el dinero*. ‖ FAM. confiable, confiado, confianza, confianzudo, desconfiar.

confidencia f. Secreto, declaración reservada. ‖ FAM. confidencial, confidente.

confidencial adj. Que se hace o dice de manera reservada o secreta o con seguridad recíproca entre varias personas. ‖ FAM. confidencialmente.

confidente com. Persona de confianza a quien otra fía sus secretos o se encarga la ejecución de cosas reservadas. ‖ Persona que por dinero u otro beneficio sirve de espía a otro y le informa sobre cuestiones ajenas a él: *confidente de la Policía*. ‖ m. Sofá de dos asientos.

configuración f. Disposición y forma de las partes que componen un todo. ‖ Aspecto, forma exterior de una cosa. ‖ En inform., conjunto de los elementos externos e internos que conforman un ordenador y hacen que tenga unas peculiaridades específicas.

configurar tr. y prnl. Dar determinada composición, forma o figura a una cosa. ‖ prnl. Adquirir una cosa determinada forma o nivel: *se configura como un gran actor*. ‖ En inform., organizar el sistema y la programación de un ordenador para lograr su funcionamiento adecuado. ‖ FAM. configurado, configuración.

confín m. Último término a que alcanza la vista. ‖ Frontera o límite que divide los territorios. Más en pl. ‖ FAM. confinar.

confinamiento m. Encierro de una persona o animal en un sitio limitado o cerrado. ‖ Pena consistente en enviar al condenado a cierto lugar seguro para que viva desterrado allí en libertad, aunque vigilado por las autoridades.

confinar tr. Enviar o desterrar obligatoriamente a alguien a un lugar del que se le impide salir. También prnl. ‖ Encerrar en un lugar, recluir. ‖ intr. Lindar, estar dos territorios contiguos. ‖ FAM. confinación, confinamiento.

confirmación f. Corroboración o aseveración de lo que se creía o se pensaba como cierto o real. ‖ Prueba de la verdad y certeza de un suceso. ‖ Sacramento católico en el cual el bautizado corrobora su fe y su voluntad de permanecer en la Iglesia.

confirmar tr. Corroborar la verdad de algo. ‖ Dar a una persona o cosa mayor firmeza o seguridad, asegurar. También prnl. ‖ Dar validez definitiva a algo. ‖ Administrar el sacramento de la confirmación. También prnl. ‖ FAM. confirmación, confirmando, confirmante, confirmativo, confirmatorio.

confiscar tr. Privar a alguien de sus bienes y aplicarlos a la Hacienda Pública o al fisco. ‖ Apropiarse las autoridades competentes de lo implicado en algún delito. ‖ FAM. confiscación, confiscatorio.

confit m. Pieza de carne guisada que se conserva en su propio jugo: *confit de pato*. ◆ pl. *confits*.

confitar tr. Cubrir con un baño de azúcar frutas, semillas o frutos secos. ‖ Cocer las frutas en almíbar.

confite m. Dulce de forma esférica hecho de azúcar y algún otro ingrediente, como anís o piñones. Más en pl. ‖ FAM. confitar, confitera, confitería, confitero, confitura.

confitera f. Vasija o caja donde se ponen los confites.

confitería f. Tienda en que se elaboran o venden pasteles, dulces y confituras. || *amer.* Cafetería, bar.

confitero, ra m. y f. Persona que fabrica o vende confites, pasteles y otros dulces.

confitura f. Fruta confitada, en mermelada, compota o escarchada.

conflagración f. Guerra, conflicto violento entre dos o más pueblos o naciones.

conflictividad f. Capacidad de originar conflictos. || Situación o circunstancia difícil o conflictiva.

conflictivo, va adj. Del conflicto o relativo a él. || Que origina o provoca conflicto. || Se apl. al tiempo, situación o circunstancia en que hay conflicto. || FAM. conflictividad.

conflicto m. Lucha, enfrentamiento, oposición entre personas o cosas. || Apuro, situación agitada o difícil. || Cuestión que se debate, materia de discusión. || Existencia de tendencias contradictorias en el individuo, que generan angustia e incluso trastornos neuróticos. || FAM. conflictivo.

confligir intr. *amer.* Entrar en conflicto.

confluencia f. Unión o concurrencia de dos o más elementos: *confluencia de opiniones.* || Lugar donde confluyen o se juntan los caminos, los ríos, etc.

confluente adj. Se apl. a cada elemento o factor que coincide en el mismo punto que otro: *líneas confluentes.*

confluir intr. Juntarse en un mismo punto o lugar varias líneas, cosas o personas. || Concurrir o participar diversos factores en un determinado hecho. ◆ **Irreg.** Se conj. como *huir.* || FAM. confluencia, confluente.

conformación f. Distribución o disposición de las partes que forman un conjunto.

conformar tr. Dar forma a algo, configurarlo. || Dar el visto bueno a un escrito. || intr. Concordar, convenir una cosa o persona con otra. También prnl. || prnl. Resignarse, aceptar algo sin protestar. || FAM. conformación, conforme, conformidad, conformismo.

conforme adj. Adecuado, que está de acuerdo con lo que se expresa. || Satisfecho, contento, resignado: *estar conforme con una decisión.* || m. Aprobación o visto bueno que se pone al pie de un escrito. || adv. m. Con conformidad, igualdad o correspondencia, según: *que se sienten conforme vayan llegando.* || **conforme a** loc. adv. Con arreglo a, en proporción o correspondencia con, algo o alguien. || FAM. conformemente, inconforme.

conformidad f. Semejanza o correspondencia entre dos personas o cosas. || Aprobación o consentimiento. || Tolerancia y resignación ante las circunstancias desgraciadas o difíciles.

conformismo m. Actitud del que se adapta a cualquier circunstancia o situación con excesiva facilidad. || FAM. conformista.

conformista adj. y com. Que muestra o tiene conformismo.

confort m. Comodidad, bienestar. ◆ pl. *conforts.*

confortable adj. Cómodo, agradable. || Que conforta, anima o consuela. || FAM. confortabilidad, confortablemente.

confortar tr. y prnl. Proporcionar vigor o fuerza. || Animar, alentar, consolar al que está triste o preocupado. || FAM. confort, confortable, confortador, confortante.

confraternidad o **confraternización** f. Relación de parentesco o de amistad que se establece entre personas o entidades.

confraternizar intr. Tratarse con amistad y compañerismo. || Llegar a establecer trato o amistad personas que no se conocían o que estaban separadas por alguna diferencia. ◆ Se construye con la prep. *con: confraternizar con el equipo rival.* || FAM. confraternidad, confraternización.

confrontación f. Careo o enfrentamiento entre dos o más personas. || Comparación, cotejo de una cosa con otra.

confrontar tr. Carear o poner a una persona frente a frente con otra para que debatan o discutan sobre un asunto o para examinar sus aseveraciones. || Comparar una cosa con otra, y especialmente escritos. || Estar o ponerse una persona o cosa frente a otra. También prnl. ◆ Se construye siempre con la prep. *con: se confrontó con sus padres.* || FAM. confrontación.

confucianismo m. Doctrina moral y política que considera que el emperador es el hijo de Dios y que los hombres virtuosos son capaces de llegar a transformarse si se someten a las leyes del universo, siguiendo la ideología de Confucio, filósofo chino de los siglos VI y V a. C. || FAM. confucianista, confucionismo, confucionista.

confucianista adj. Del confucianismo o relativo a él. || adj. y com. Partidario de esta ideología.

confundir tr. Mezclar o fundir varias cosas de modo que no puedan distinguirse. || Equivocar, elegir o tomar una cosa en vez de otra. También prnl. || Turbar, desconcertar. También prnl. || FAM. confusión, confusionismo, confuso.

confusión f. Mezcla de cosas diversas. || Desorden, falta de concierto y de claridad. || Perplejidad, desconcierto, desasosiego: *durante el terremoto hubo una gran confusión.* || Error, equivocación.

confusionismo m. Confusión y oscuridad voluntarias a la hora de expresarse. || FAM. confusionista.

confusionista adj. Que provoca confusión. || com. Persona que se expresa con confusión y poca claridad.

confuso, sa adj. Mezclado. || Oscuro, dudoso. || Que no puede distinguirse. || Turbado, perplejo. || FAM. confusamente.

conga f. Música popular cubana de origen africano. || Danza colectiva que se baila al compás de esta música. || pl. Tambores con los que se acompaña la conga y otros ritmos.

congelación f. Conversión de un líquido en sólido por efecto del frío. || Acción y resultado de someter a bajas temperaturas los alimentos con el fin de que se hiele su parte líquida y así se conserven. || Daño producido en un tejido orgánico por efecto del frío. || Detención o inmovilización del desarrollo o crecimiento o del movimiento de algo.

congelador m. Electrodoméstico que sirve para congelar los alimentos y producir hielo. || Compartimento más frío de los frigoríficos, en el cual se produce hielo y se congelan los alimentos.

congelamiento f. Congelación.

congelar tr. Helar un líquido. También prnl. ‖ Someter alimentos a muy bajas temperaturas para conservarlos helando su parte líquida. ‖ Dañar el frío los tejidos orgánicos. ‖ Declarar inmodificables sueldos, precios, créditos, etc. ‖ Enfriarse, empezarse a pasar una emoción o un sentimiento. ‖ FAM. congelación, congelado, congelador, congelamiento, congelante, descongelar.

congénere adj. y com. Se apl. a la persona, animal o cosa del mismo género, origen o clase que otro.

congeniar intr. Llevarse bien dos o más personas por tener semejante genio, carácter o costumbres.

congénito, ta adj. Que se produce en la fase embrionaria o gestación de un ser vivo: *enfermedad congénita.* ‖ Que se engendra junto con otra cosa.

congestión f. Acumulación excesiva de sangre u otro líquido en alguna parte del cuerpo: *congestión nasal.* ‖ Obstrucción ocasionada por la aglomeración excesiva de personas, vehículos, etc. ‖ FAM. congestionar.

congestionar prnl. Acumularse la sangre u otro fluido en una parte del cuerpo. También tr. ‖ prnl. Obstruirse o detenerse el paso o la circulación por una aglomeración excesiva de personas, vehículos, etc. ‖ FAM. descongestionar.

conglomerado m. Masa formada por fragmentos de diversas rocas o sustancias minerales unidos por un cemento. ‖ Masa compacta de materiales unidos artificialmente: *conglomerado de madera.*

conglomerante adj. y m. Se apl. al material capaz de unir fragmentos de una o varias sustancias y dar cohesión al conjunto por efecto de transformaciones químicas en su masa, que originan nuevos compuestos.

conglomerar tr. y prnl. Amontonar, acumular. ‖ Unir o agrupar fragmentos o corpúsculos de una misma o de diversas sustancias con tal coherencia que resulte una masa compacta. ‖ FAM. conglomeración, conglomerado, conglomerante.

congoja f. Angustia o tristeza muy intensas. ‖ FAM. acongojarse, congojar.

congoleño, ña o **congolés, esa** adj. y s. Del Congo o relativo a esta república de África.

congraciar tr. Conseguir la benevolencia, el afecto o simpatía de alguien. Más como prnl.

congratular tr. y prnl. Manifestar alegría y satisfacción por un suceso feliz. ◆ Se construye con la prep. *con* y un complemento de persona: *sus palabras eran para congratularse con él;* o con las preps. *de* o *por* y un complemento de cosa: *me congratulo de su felicidad; le congratularon por sus éxitos.* ‖ FAM. congratulación.

congregación f. Asociación, reunión de personas o cosas con un objetivo o una finalidad comunes. ‖ En la Iglesia católica, cuerpo o grupo de religiosos que viven en comunidad, obedientes a una misma regla y bajo una misma dirección. ‖ Asociación de personas con fines piadosos o caritativos. ‖ En el Vaticano, cada junta compuesta de cardenales, prelados y otras personas para el tratamiento de determinados asuntos.

congregante, ta m. y f. Participante o miembro de una congregación.

congregar tr. y prnl. Juntar, reunir múltiples cosas o personas en un lugar. ‖ FAM. congregación, congregante.

congresista com. Persona que participa en un congreso científico, económico, etc. ‖ Diputado, persona que ha sido elegida como representante en la cámara del Congreso.

congreso m. Reunión, generalmente periódica, de varias personas para deliberar y tratar sobre alguna materia o algún asunto previamente establecido. ‖ ◆ Se escribe con mayúscula. Edificio donde los diputados a Cortes celebran sus sesiones. ◆ Se escribe con mayúscula. ‖ En algunos países, asamblea legislativa nacional, formada por una o más cámaras. ◆ Se escribe con mayúscula. ‖ Edificio donde se reúne esta asamblea. ◆ Se escribe con mayúscula. ‖ FAM. congresista, congresual.

congrí m. *amer.* Arroz con frijoles. ◆ pl. *congrís* o *congríes.*

congrio m. Pez osteíctio anguiliforme semejante a la anguila, de 1 a 2 m de largo, con el cuerpo de color gris oscuro y sin escamas y de carne blanca y muy apreciada.

congruencia f. Relación lógica y coherente que se establece entre dos o más cosas. ‖ Concordancia entre la sentencia o fallo judicial y lo pretendido por las partes durante el juicio. ‖ FAM. congruente.

congruente adj. Coherente, razonable, oportuno. ‖ FAM. incongruente.

conguear tr. *amer. col.* Utilizar abusivamente a alguien, manipularlo, aprovecharse de él.

cónico, ca adj. Del cono o relativo él. ‖ Que tiene forma de cono.

conífero, ra adj. y f. De las coníferas o relativo a esta familia de plantas. ‖ f. pl. Grupo de plantas gimnospermas de hojas perennes, aciculares o en forma de escamas y fruto en forma cónica, como los pinos, los cipreses y los abetos.

conirrostro adj. y m. Se apl. al pájaro de pico grueso, fuerte y cónico y de alimentación granívora, como el gorrión y la alondra.

conivalvo, va adj. y m. Se apl. al molusco y al crustáceo de concha cónica, como la almeja.

conjetura f. Juicio u opinión que se deduce de indicios, sospechas o síntomas. ‖ FAM. conjetural, conjeturar.

conjeturar tr. Valorar o formarse una opinión de una cosa por indicios o datos inciertos.

conjugación f. Unión, armonía. ‖ En gram., serie ordenada de las distintas formas flexivas y no flexivas de un mismo verbo con las cuales se denotan sus diferentes modos, tiempos, números y personas. ‖ En biol., fusión de los núcleos de las células reproductoras de los seres vivos.

conjugar tr. Unir, acordar. ‖ En gram., enunciar en serie ordenadamente las distintas formas de un mismo verbo que denotan sus diferentes modos, tiempos, números y personas. ‖ FAM. conjugable, conjugación.

conjunción f. Junta, unión. ‖ Aspecto de los astros que ocupan una posición cercana en el cielo. ‖ Situación relativa de dos o más planetas u otros cuerpos celestes cuando tienen la misma longitud. ‖ Parte invariable de la oración que denota la relación que existe entre dos palabras, sintagmas u oraciones, juntándolos o enlazándolos siempre gramaticalmente, aunque a veces signifique contrariedad o separación de sentido entre ellos. || **conjunción adversativa** La que denota oposición o diferencia entre la frase que precede y la que sigue, como *pero*. || **conjunción causal** La que, como *porque*, precede a la oración que expresa la causa o el motivo de lo manifestado en la oración principal. || **conjunción comparativa** La que establece una relación de igualdad o desigualdad entre dos elementos, como, p. ej., *como*. || **conjunción concesiva** La que precede a una oración subordinada que expresa una objeción o dificultad para lo que se dice en la oración principal sin que sea obstáculo impida su realización, como *aunque* o *sin embargo*. || **conjunción condicional** La que expresa la condición o necesidad de que se verifique alguna circunstancia para que tenga lugar lo enunciado en el elemento del que depende, como *si*, *como*, *a condición de que* o *con tal que*. || **conjunción copulativa** La que coordina o añade lo expresado en un enunciado con lo de otro, como *y* o *ni*. || **conjunción distributiva** La disyuntiva cuando se reitera aplicada a términos diversos, como en *ya aquí, ya allí* u *ora esto, ora lo otro*. || **conjunción disyuntiva** La que, como *o*, denota separación, diferencia o alternativa entre dos o más personas, cosas o ideas. || **conjunción final** La que, como *a fin de que*, expresa la finalidad o el objetivo de lo manifestado en la oración principal. || **conjunción ilativa** La que enuncia una consecuencia de lo que anteriormente se ha manifestado, como *conque*.

conjuntar tr. y prnl. Coordinar, combinar, reunir armoniosamente las partes de un todo. || Crear o formar un conjunto.

conjuntiva f. Membrana mucosa muy fina que tapiza interiormente los párpados y parte del globo ocular de los vertebrados. || FAM. conjuntivitis.

conjuntivitis f. Inflamación de la conjuntiva del ojo. ◆ No varía en pl.

conjuntivo, va adj. De la conjunción o relativo a esta parte de la oración. || Que une una cosa a otra: *tejido conjuntivo*.

conjunto, ta adj. Que está unido, concurre o tiene la misma finalidad que otra cosa: *esfuerzos conjuntos*. || m. Reunión o grupo de varias personas o cosas: *conjunto de casas, escultórico*. || En mat., colección o grupo de entidades que cumplen una determinada condición característica. || Traje, juego de vestir compuesto de la combinación de varias prendas. || Grupo musical o teatral formado por unos pocos intérpretes. || **en conjunto** loc. adv. En su totalidad, sin entrar en detalles. || FAM. conjuntamente, conjuntar, conjuntiva, conjuntivo, subconjunto.

conjura o **conjuración** f. Conspiración, compromiso de varias personas con el fin de deponer el poder establecido o de actuar en contra de alguien. || Evitación de un daño, una enfermedad, un peligro.

conjurado, da adj. y s. Que participa en una conjuración.

conjurar intr. Conspirar uniéndose mediante juramento o compromiso varias personas o cosas por un fin ilícito, especialmente en contra de alguien. También prnl.: *se conjuraron para matarlo*. || tr. Exorcizar, ahuyentar a los malos espíritus: *conjuró los demonios*. || Impedir, evitar, alejar un daño o peligro: *conjurar la crisis, la infección*. || Invocar, llamar a los espíritus para que acudan: *conjuró a su marido difunto*. || FAM. conjura, conjuración, conjurado, conjuro.

conjuro m. Ruego o invocación de carácter mágico que se recita con el fin de lograr alguna cosa. || Exorcismo, imprecación a los espíritus malignos.

conllevar tr. Implicar, traer como consecuencia, acarrear. || Soportar, sufrir algo, especialmente el mal carácter o mal comportamiento de alguien.

conmemoración f. Memoria o recuerdo que se hace de una persona o acontecimiento, sobre todo si se celebra. || FAM. conmemorar.

conmemorar tr. Recordar públicamente un personaje o acontecimiento. || FAM. conmemorable, conmemorativo, conmemoratorio.

conmemorativo, va o **conmemoratorio, ria** adj. Que recuerda a una persona o cosa o hace conmemoración de ella.

conmensurar tr. Medir con igualdad o con la debida proporción. || FAM. conmensurabilidad, conmensurable.

conmigo pron. pers. Forma especial del pronombre personal *mí* cuando va precedido de la preposición *con*: *hoy dormirás conmigo*.

conminar tr. Amenazar, intimidar. || Exigir una autoridad el cumplimiento de una obligación bajo amenaza de castigo. ◆ Se construye con la prep. *a*: *le conminaron a pagar sus multas de tráfico*. || FAM. conminación, conminatorio, conminativo.

conmiseración f. Compasión que se siente ante el mal ajeno.

conmoción f. Agitación o inquietud del ánimo. || Levantamiento, crispación, alteración. || **conmoción cerebral** Estado de aturdimiento o de pérdida del conocimiento producido por factores externos, como un golpe o un ruido fuerte. || FAM. conmocionar.

conmocionar tr. Producir conmoción.

conmovedor, ra adj. Que conmueve o enternece: *escena conmovedora*.

conmover tr. Enternecer, provocar alguna emoción. También prnl.: *se conmovió ante tantos regalos*. || Sacudir o mover una cosa repetidamente. También prnl. || Perturbar, inquietar. ◆ Irreg. Se conj. como *mover*. || FAM. conmoción, conmovedor.

conmutación f. Cambio, sustitución. || Inversión de términos en el discurso. || **conmutación de pena** Cambio de una pena o castigo por otro, ordenado por la autoridad competente con el fin de favorecer al condenado.

conmutador, ra adj. Que conmuta o sirve para conmutar. || m. Dispositivo de los aparatos eléctricos que sirve para que una corriente cambie de dirección: *conmutador de la luz*. || *amer*. Centralita que sirve para conectar líneas telefónicas.

conmutar tr. Cambiar o sustituir una cosa por otra. || Sustituir castigos impuestos por otros menos graves. || FAM. conmuta, conmutabilidad, conmutable, conmutación, conmutador, conmutativo, inconmutable.

conmutativo, va adj. Que conmuta o que puede conmutar. || En mat., se apl. a la propiedad según la cual el resultado de ciertas operaciones no varía cuando se cambia el orden de sus términos o elementos. || En mat., se apl. a la operación que tiene esta propiedad. || FAM. conmutatividad.

connatural adj. Propio o conforme a la naturaleza de cada ser.

connivencia f. Confabulación, acuerdo entre varios para cometer un delito o una acción ilícita. || Asentimiento o tolerancia de un superior para con las faltas que cometen sus subordinados contra las normas o costumbres establecidas. || FAM. conniviente.

connotación f. Sentido o valor secundario que una palabra, frase o discurso adopta por asociación con un significado estricto. || FAM. connotar, connotativo.

connotado, da adj. *amer.* Distinguido, notable.

connotar tr. Sugerir una palabra, frase o discurso un significado añadido y distinto al suyo propio, literal y estricto. || FAM. connotación, connotado.

cono m. Cuerpo generado por un triángulo rectángulo al girar sobre uno de sus lados, limitado por una base circular. || Superficie o figura con esta forma. || Objeto hecho de plástico flexible que tiene esta forma y se coloca en las carreteras para regular el tráfico señalando el camino que han de seguir los vehículos. || Fruto de las plantas coníferas. || Célula de la retina del ojo de forma cónica que recibe los estímulos del color. || **cono sur** Zona del continente americano formada por las naciones de Uruguay, Chile y Argentina. || FAM. cónico, conífero.

conocedor, ra adj. y s. Experto o especialista en alguna materia.

conocer tr. Tener idea o captar por medio de las facultades intelectuales la naturaleza, cualidades y circunstancias de las personas o las cosas. || Reconocer, percibir una cosa o una persona como distinta de todo lo demás. || Saber, entender. || Tener trato y comunicación con alguien. También prnl. || Sentir o experimentar: *nunca conoció el verdadero amor.* || Tener relaciones sexuales: *no conoció varón.* || Juzgar adecuadamente a alguien. También prnl. ◆ **Irreg.** Se conj. como *agradecer.* || FAM. conocedor, conocible, conocido, conocimiento, desconocer, reconocer.

conocido, da adj. Famoso, ilustre. || Que se conoce. || m. y f. Persona a quien se distingue o con quien se tiene trato o comunicación, pero no amistad.

conocimiento m. Acción y resultado de conocer. || Entendimiento, inteligencia. || Facultad de entender y juzgar las cosas. || Conciencia, sentido de la realidad: *perder el conocimiento.* || pl. Ciencia, conjunto de nociones e ideas que se tiene sobre una materia: *tiene conocimientos básicos de alemán.*

conopial adj. Se apl. al arco apuntado cuya punta está formada por dos curvas inversas a la de los arcos que forman el arranque; forman una figura parecida a la de las cortinas recogidas.

conque conj. ilat. que introduce una consecuencia de lo que acaba de enunciarse, y equivale a *por consiguiente, por tanto: no sabes nada de ese asunto, conque cállate.* || Cuando se hace referencia a algo que se tiene sabido o antes se ha expresado, se usa para introducir a modo de resumen lo expresado en la frase o cláusula que inicia: *ya estamos listos, conque ¿nos vamos o nos quedamos?*

conquista f. Logro de alguna cosa mediante gran esfuerzo, habilidad y empeño: *conquista del poder, de la Luna, de un buen trabajo.* || Ganar un territorio por medio de las armas, dominarlo: *conquista de América.* || Cosa conquistada. || Persona cuyo amor se logra.

conquistador, ra adj. y s. Que conquista. || Seductor, que tiene el hábito de intentar enamorar.

conquistar tr. Ganar mediante las armas un territorio, población, etc. || Ganar la voluntad, el cariño o la amistad de alguien: *su simpatía nos conquistó.* || Conseguir alguna cosa con esfuerzo, habilidad o tenacidad: *conquistar una posición social elevada.* || Enamorar a una persona. || FAM. conquista, conquistable, conquistador, reconquistar.

consabido, da adj. Que es sabido o conocido por todos los presentes: *lo logró con su consabida habilidad.* || Habitual, característico, acostumbrado: *nos dieron el consabido discurso de bienvenida.*

consagración f. Entrega o dedicación a Dios de alguna cosa o acción. || En la Iglesia católica, conversión del pan y del vino en el cuerpo y la sangre de Cristo por un sacerdote mediante la ejecución del ritual adecuado. || Momento de la eucaristía en que dicho ritual se lleva a cabo. || Entrega y dedicación exclusiva a una tarea o un asunto. || Logro de fama y prestigio: *con esa novela logró su consagración como escritor.*

consagrar tr. Ofrecer a Dios por culto o sacrificio una persona o cosa. También prnl.: *se consagró sacerdote.* || Hacer sagrada a una persona o cosa: *consagrar el pan y el vino.* || En la Iglesia católica, pronunciar el sacerdote en la eucaristía las palabras para que el vino y el pan se transformen en la sangre y el cuerpo de Cristo. || Dedicarse con especial esmero y atención alguien o algo a un determinado fin. También prnl.: *consagrarse al estudio.* || Conferir a alguien fama o éxito. También prnl. || FAM. consagración, consagrante, consagratorio.

consanguíneo, a adj. Se dice de la persona que tiene parentesco de consanguinidad con otra. También s. || Se apl. al hermano que lo es solamente por parte de padre.

consanguinidad f. Relación o unión familiar que existe entre las personas que descienden de una misma raíz o tronco. || FAM. consanguíneo.

consciencia f. Conciencia.

consciente adj. Que siente, piensa y obra con conocimiento de sus actos y de su repercusión. || Que se hace en estas condiciones. || Con pleno uso de los sentidos y facultades. || FAM. consciencia, conscientemente, inconsciente, subconsciente.

conscripción f. *amer.* Servicio militar obligatorio. || FAM. conscripto.

conscripto m. *amer.* Soldado, recluta.

consecución f. Obtención o logro de lo que se pretende o desea.

consecuencia f. Hecho o acontecimiento que se deriva o resulta de otro. || Correspondencia lógica entre dos cosas. || **a consecuencia de** loc. conjunt. Por efecto, como resultado de. || **atenerse a las consecuencias** loc. Responsabilizarse una persona de lo que puede derivarse de sus actos. || **en consecuencia** loc. conjunt. Según lo dicho o acordado antes. || **sin consecuencias** loc. Sin peligro, daño o complicaciones posteriores. || **tener** o **traer consecuencias** loc. Derivarse un hecho o suceso malo de otro. || FAM. consecuente, consecutivo.

consecuente adj. Se apl. a la persona cuya conducta guarda correspondencia lógica con los principios que profesa. || Que se deriva de una cosa. || FAM. consecuentemente.

consecutivo, va adj. Que se sigue o sucede a otro sin interrupción. || Se apl. a la oración gramatical que expresa consecuencia de lo indicado en otra u otras. También f. || Se dice de la conjunción que expresa relación de consecuencia. || FAM. consecutivamente.

conseguido, da adj. Que está bien hecho o consigue lo que pretende.

conseguir tr. Alcanzar, obtener o lograr lo que se desea. ◆ **Irreg.** Se conj. como *pedir*. || FAM. conseguido, consiguiente.

conseja f. Cuento o fábula de aire antiguo.

consejería f. Departamento del Gobierno de una comunidad autónoma: *Consejería de Sanidad, de Cultura*. || Cargo de consejero. || Lugar, establecimiento, oficina, etc., donde funciona un consejo o una corporación administrativa.

consejero, ra m. y f. Persona que pertenece a algún consejo o consejería. || Persona que dirige una consejería. || Ejemplo, enseñanza o advertencia que guía la conducta: *la prisa es mala consejera*. || Persona que aconseja o sirve para aconsejar. || FAM. consejería.

consejo m. Opinión o parecer que se da o toma para hacer o no hacer una cosa. || Cuerpo administrativo, consultivo o de gobierno: *consejo administrativo, escolar*. || Reunión de los miembros de uno de estos cuerpos. || Lugar donde se reúne este cuerpo. || **Consejo de Estado** En algunos países, alto cuerpo consultivo que entiende en los negocios más importantes del Estado. || **consejo de guerra** Tribunal de justicia formado por altos cargos del ejército que, con asistencia del cuerpo jurídico, se ocupa de las causas de jurisdicción militar. || **Consejo de Ministros** Cuerpo de ministros de un Gobierno que, presidido por el jefe del poder ejecutivo, trata asuntos de Estado. || FAM. aconsejar, conseja, consejero.

consenso m. Consentimiento o acuerdo, especialmente el de todas las personas que componen una corporación, dos o más partidos políticos, un grupo social, etc., en torno a un tema de interés general. || FAM. consensual, consensuar.

consensuar tr. Adoptar una decisión de común acuerdo entre dos o más partes.

consentido, da adj. y s. Se apl. a la persona mimada con exceso. || Se dice del marido que sufre la infidelidad de su mujer.

consentimiento m. Autorización o permiso para que se haga algo.

consentir tr. Permitir o dejar que se haga una cosa. También intr.: *no consiente en bajar los precios*. || Mimar excesivamente a alguien, o ser muy indulgente. ◆ **Irreg.** Se conj. como *sentir*. || FAM. consenso, consentido, consentidor, consentimiento.

conserje com. Persona que cuida, vigila y realiza pequeñas tareas de información en un edificio o establecimiento público. || FAM. conserjería.

conserjería f. Oficio y empleo de conserje. || Lugar que ocupa el conserje en el edificio en el que ejerce su oficio.

conserva f. Alimento preparado de forma que se mantenga inalterado en sus propiedades hasta su consumo: *sardinas en conserva*. || Operación de hacer conservas.

conservación f. Mantenimiento o cuidado de una cosa.

conservacionismo m. Tendencia a la conservación o el mantenimiento de algo. || FAM. conservacionista.

conservacionista adj. Del conservacionismo o relativo a él. || adj. y com. Partidario y seguidor de esta tendencia.

conservador, ra adj. y s. Se apl. a la persona, partido, gobierno, etc., favorable a la continuidad de las estructuras vigentes y defensor de los valores tradicionales. || m. y f. Persona encargada de conservar y cuidar los fondos de un museo o archivo o de una de sus secciones. || m. *amer.* Conservante. || FAM. conservadurismo.

conservadurismo m. Doctrina o actitud que propugna la continuidad de las estructuras vigentes y defiende los valores tradicionales.

conservante adj. y m. Se apl. a la sustancia que retrasa el proceso de deterioro de los alimentos.

conservar tr. Mantener una cosa igual a lo largo del tiempo. También prnl.: *tu madre se conserva muy bien*. || Tener todavía una cosa. || Guardar con cuidado una cosa. || Hacer conservas. || FAM. conserva, conservación, conservacionismo, conservado, conservador, conservante, conservero.

conservatorio m. Establecimiento en el que se enseña música y otras artes relacionadas con ella.

conservero, ra adj. y f. De las conservas o relativo a ellas. || m. y f. Persona que tiene como profesión hacer conservas. || Persona que posee una industria dedicada a la producción de conservas.

considerable adj. Grande, cuantioso o importante. || FAM. considerablemente.

consideración f. Reflexión o examen detenido de una cosa. || Respeto hacia una persona o cosa: *trataban los plantas sin consideración*. || Manifestación de respeto y cortesía. Más en pl.: *tiene todo tipo de consideraciones con sus padres*. || Opinión o juicio que se tiene sobre algo. || **en consideración a** loc. preps. Por, a causa de: *no se tomaron medidas más radicales en consideración a su antigüedad*. || **tomar** o **tener en consideración** loc. Considerar una cosa digna de atención.

considerado, da adj. Que se comporta respetuosamente. || Que recibe de los demás muestras repetidas de atención y respeto. || FAM. desconsiderado.

considerar tr. Reflexionar o examinar con atención una cosa. || Tener en cuenta una cosa. || Juzgar, estimar. También prnl. || FAM. considerable, consideración, considerado, considerando, reconsiderar.

consigna f. En las estaciones y aeropuertos, local en que los viajeros depositan temporalmente equipajes, paquetes, etc. || Orden o instrucción que se da a un subordinado o afiliado a un partido político, sindicato o cualquier otra asociación. || Orden que se da al que manda un puesto o a un centinela.

consignación f. Cantidad consignada para atender a determinados gastos o servicios. || Constatación por escrito de una opinión, de un dato o un voto. || *amer.* Ingreso de una cantidad en una cuenta bancaria.

consignar tr. Señalar y destinar una cantidad determinada para el pago de gastos o servicios. || Poner en depósito una cosa: *consignar el equipaje.* || Hacer constar por escrito una opinión, un dato o un voto. || Enviar mercancías o barcos a un corresponsal. || *amer.* Ingresar una cantidad en una cuenta bancaria. || FAM. consigna, consignación, consignador, consignatario.

consignatario, ria m. y f. Persona o empresa a quien va dirigida una mercancía. || Persona que en los puertos de mar representa al armador de un buque para ocuparse de los asuntos administrativos que se relacionan con su carga y pasaje.

consigo pron. pers. Forma especial del pronombre personal *sí* cuando va precedido de la preposición *con: se enfadó consigo mismo.*

consiguiente adj. Que depende y se deduce de otra cosa. || **por consiguiente** loc. conjunt. Como consecuencia, en virtud de lo antecedente. || FAM. consiguientemente.

consistencia f. Propiedad de lo que es duradero, estable o sólido. || Cohesión entre las partículas de una masa. || FAM. consistente, inconsistencia.

consistente adj. Que consiste o está compuesto por varios elementos: *colección narrativa consistente en 24 títulos.* || Que tiene consistencia. || FAM. inconsistente.

consistir intr. Estar compuesto o formado por una cosa: *la celebración consiste en una cena y un espectáculo.* || Basarse, estar fundada una cosa en otra: *su fama consiste en la dedicación y el esfuerzo.* || FAM. consistencia.

consistorial adj. Del consistorio o relativo a él: *casa consistorial.*

consistorio m. En algunas ciudades y villas principales de España, consejo municipal. || Junta que celebra el papa con la presencia de los cardenales. || FAM. consistorial.

consola f. Mesa hecha para estar arrimada a la pared y con fines decorativos. || Panel de control y mandos de máquinas, sistemas electrónicos o informáticos: *consola de videojuegos.*

consolación f. Alivio de la pena o aflicción de una persona.

consolador, ra adj. Que consuela. || m. Utensilio con forma de pene que se usa para la estimulación sexual.

consolar tr. y prnl. Aliviar la pena o aflicción de una persona. ◆ **Irreg.** Se conj. como *contar.* Se construye con las preps. *con, de* y *en: consolarse con algo, consolar de una pena/en el fracaso.* || FAM. consolable, consolación, consolador, consolatorio, consuelo.

consolidación f. Adquisición de firmeza y solidez.

consolidar tr. y prnl. Dar firmeza y solidez a una cosa. || FAM. consolidación.

consomé m. Caldo que se hace cociendo carne o pescado y verduras en agua.

consonancia f. Relación de igualdad o conformidad que tienen algunas cosas entre sí. || Identidad de sonido en la terminación de dos palabras, especialmente si es final de verso, desde la vocal que lleva el acento. || FAM. consonante.

consonante adj. Se apl. al sonido de una lengua originado por un cierre de los órganos articulatorios y su posterior apertura. También f. || Se dice de la letra en cuya pronunciación se interrumpe en algún punto del canal vocal el paso del aire espirado, como con la *p* o la *t,* o se produce una estrechez que lo hace salir con fricación, como en la *f* o la *z.* || Se apl. a la rima que se consigue con la igualdad de sonidos a partir de la última vocal acentuada. || Que tiene relación de igualdad o conformidad con otra cosa. || FAM. consonántico, consonantismo, consonantización, consonantizar.

consonántico, ca adj. De la consonante o relativo a ella.

consorcio m. Agrupación de entidades con intereses comunes: *consorcio de transportes.* || Unión de personas que tienen intereses comunes.

consorte com. El marido respecto a su mujer y la mujer respecto a su marido.

conspicuo, cua adj. Ilustre, famoso o sobresaliente.

conspiración f. Acuerdo entre dos o más personas para ir contra alguien o algo, especialmente contra la autoridad.

conspirador, ra m. y f. Persona que prepara una conspiración o participa en ella.

conspirar intr. Aliarse contra alguien o algo, especialmente contra una autoridad. || Concurrir varias cosas a un mismo fin. || FAM. conspiración, conspirador.

constancia[1] f. Firmeza y perseverancia en las resoluciones, en los propósitos o en las acciones: *constancia en el trabajo.*

constancia[2] f. Certeza o seguridad de que algo se ha hecho o dicho: *tengo constancia absoluta de que ha venido.* || Certificación escrita en la que se registra algún dato o cualquier otra cosa.

constante adj. Perdurable o que no cambia. || Firme o perseverante. || Que se repite. También f.: *la presencia del mar es una constante en sus cuadros.* || f. Variable matemática o de cualquier otra ciencia que tiene un valor fijo en un determinado proceso, cálculo, etc. || FAM. constantemente, inconstante.

constar intr. Ser cierta y manifiesta alguna cosa: *me consta que ella no estaba en la reunión.* || Quedar registrado algo o alguien: *en el informe consta la fecha de envío.* || Estar formada una cosa por determinadas partes. ◆ Se construye con la prep. *de: el artículo consta de cuatro apartados.* || FAM. constancia, constante.

constatación f. Comprobación de la veracidad y certeza de un hecho.

constatar tr. Comprobar la veracidad y certeza de un hecho y dar constancia de él. ‖ FAM. constatable, constatación.

constelación f. Conjunto de estrellas identificable a simple vista por su peculiar disposición. ‖ Conjunto de personas o cosas con un rasgo en común: *una conste-lación de fans esperaba en la puerta.*

consternación f. Abatimiento o pena que sufre una persona.

consternar tr. y prnl. Causar una pena, abatir a alguien. ‖ FAM. consternación, consternado.

constipado, da adj. y m. Que padece una infección de las vías respiratorias superiores que produce estornudos y a veces fiebre.

constiparse prnl. Sufrir un catarro o constipado. ‖ FAM. constipado.

constitución f. Ley fundamental de la organización de un Estado. ◆ Se escribe con mayúscula. ‖ Grupo de personas que forman un organismo colegiado: *constitu-ción de una mesa electoral.* ‖ Manera en que está compuesta o formada una cosa. ‖ Establecimiento y fundación. ‖ Manera en que están constituidos los sistemas y aparatos orgánicos, cuyas funciones determinan el grado de fuerza y vitalidad de cada individuo: *es de constitución débil.* ‖ Forma de gobierno que adopta una organización de un Estado. ‖ FAM. constitucional.

constitucional adj. De la Constitución de un Estado o que se atiene a ella. ‖ Propio de la constitución de un individuo o perteneciente a ella: *su anchura de cade-ras es constitucional.* ‖ FAM. constitucionalidad, constitucionalmente.

constitucionalidad f. Propiedad de lo que es constitucional.

constituir tr. Formar, componer. ‖ Ser una cosa lo que se expresa: *la comodidad de sus habitaciones consti-tuye lo mejor de ese hotel.* ‖ Establecer o fundar: *cons-tituyeron una sociedad.* También prnl.: *los dos equipos se constituyeron en uno solo.* ‖ prnl. Asumir una obligación, cargo o cuidado. ◆ Se construye con la prep. *en: se cons-tituyó en defensor de los derechos humanos.* ◆ **Irreg.** Se conj. como *huir.* ‖ FAM. constitución, constitutivo, cons-tituyente, reconstituir.

constitutivo, va adj. Que forma parte fundamental de una cosa y la distingue de las demás.

constituyente adj. y m. Que forma parte de algo: *faltan algunos constituyentes de la mezcla.* ‖ Se apl. a la asamblea, convención, congreso, etc., convocado para elaborar o reformar la Constitución del Estado.

constreñir tr. Apretar u oprimir una parte del cuerpo. ‖ Obligar a uno a que haga algo: *le constriñó a estu-diar una carrera.* ‖ Cohibir, limitar. También prnl. ◆ **Irreg.** Se conj. como *ceñir.* ‖ FAM. constreñimiento, cons-tricción, constrictivo.

construcción f. Edificación de una obra de ingeniería, arquitectura o albañilería. ‖ Arte o técnica de construir. ‖ Obra construida. ‖ Realización de algo inmaterial utilizando ordenadamente y según un plan los elementos de que consta. ‖ En gram., ordenamiento y

disposición a que se han de someter las palabras en una frase para expresar con ellas un concepto.

constructivismo m. Movimiento de arte van-guardista que se interesa especialmente en la organiza-ción de los planos y la expresión del volumen utilizando materiales de la época industrial. ‖ FAM. constructivista.

constructivista adj. Del constructivismo o relati-vo a él. ‖ adj. y com. Partidario de este movimiento ar-tístico.

constructivo, va adj. Que construye o sirve para construir, por oposición a lo que destruye: *crítica cons-tructiva.*

constructor, ra adj. y s. Que se dedica a la cons-trucción de edificios.

construir tr. Edificar una obra de ingeniería, arqui-tectura o albañilería. ‖ Realizar algo inmaterial siguien-do un plan y utilizando ordenadamente los elementos de que consta: *construir una teoría, una farsa.* ‖ En gram., or-denar y disponer las palabras en una frase para expresar con ellas un concepto. ◆ **Irreg.** Se conj. como *huir.* ‖ FAM. construcción, constructivo, constructor, recons-truir.

consubstancial adj. Consustancial. ‖ FAM. con-substancialidad.

consuegro, gra m. y f. Los padres de un cónyu-ge con respecto a los del otro.

consuelo m. Alivio que siente una persona de una pena, dolor o disgusto.

consuetudinario, ria adj. Que es por costumbre.

cónsul com. Representante diplomático de un país en una nación extranjera. ◆ También existe la forma f. *consulesa.* ‖ m. Cada uno de los dos magistrados que te-nían la máxima autoridad en la República de Roma. ‖ FAM. consulado, consular.

consulado m. Cargo de cónsul. ‖ Tiempo que dura este cargo. ‖ Territorio sobre el que ejerce su autoridad un cónsul. ‖ Oficina del cónsul.

consular adj. Del cónsul o del consulado o relativo a ambos.

consulta f. Opinión o consejo que se pide acerca de una cosa. ‖ Búsqueda de datos que se realiza en un libro, periódico, fichero, etc., para informarse sobre un asun-to. ‖ Examen o inspección que el médico hace a un enfermo. ‖ Local en que el médico recibe a los pacientes. ‖ Conferencia entre profesionales para resolver alguna cosa.

consultar tr. Pedir una opinión o consejo sobre un asunto. ‖ Buscar datos en libros, periódicos, fiche-ros, etc., para informarse sobre un asunto. ‖ Deliberar una o varias personas sobre un asunto. ‖ **consultar con la almohada** loc. *col.* Retrasar la toma de una decisión hasta el día siguiente. ‖ FAM. consulta, consultante, con-sultivo, consultor, consultoría, consultorio.

consulting (voz i.) m. Consultoría. ◆ pl. *consul-tings.*

consultivo, va adj. Se apl. al organismo que se crea para ser consultado por el Gobierno: *comisión con-sultiva.*

consultor, ra adj. y s. Que da su opinión o acon-seja sobre un asunto cuando se le solicita: *empresa con-sultora.*

consultoría f. Entidad que se dedica profesionalmente a aconsejar sobre asuntos técnicos. ‖ Actividad del consultor.

consultorio m. Pequeño establecimiento en el que uno o varios médicos atienden a sus pacientes. ‖ Sección en los periódicos o emisoras de radio destinada a contestar las preguntas del público: *consultorio sentimental*.

consumación f. Realización de una acción o proceso de manera que queda completo o finalizado: *consumación de un crimen, del acto sexual*.

consumado, da adj. Que está completo o terminado. ‖ Que es excelente o perfecto en su actividad o profesión: *artista consumado*. ‖ FAM. consumadamente.

consumar tr. Llevar a cabo totalmente una cosa: *por fin ha consumado su venganza*. ‖ **consumar el matrimonio** loc. Mantener relaciones sexuales por primera vez el marido y la mujer. ‖ FAM. consumación, consumado.

consumición f. Destrucción, extinción o gasto de una materia. ‖ Alimento o bebida que se consume en un café, bar o establecimiento público.

consumido, da adj. *col.* Muy delgado o que tiene mal aspecto. ‖ *col.* Que siente ansiedad o disgusto: *está consumido por los celos*.

consumidor, ra adj. y s. Que compra y consume productos elaborados.

consumir tr. Tomar alimentos o bebidas, especialmente en bares y establecimientos públicos. ‖ Comprar y utilizar lo que ofrece el mercado. ‖ Extinguir o destruir una materia. También prnl.: *consumirse el fuego*. ‖ Utilizar, gastar. También prnl.: *a más velocidad, la gasolina se consume más deprisa*. ‖ *col.* Agotar, debilitar: *la fiebre la consume poco a poco*. También prnl. ‖ *col.* Sentir ansiedad o disgusto. También prnl.: *se consume de envidia*. ‖ FAM. consumición, consumido, consumidor, consumismo, consumo.

consumismo m. Afán por comprar bienes indiscriminadamente, aunque no sean necesarios. ‖ FAM. consumista.

consumista adj. Del consumismo o relativo a él. ‖ adj. y com. Que practica el consumismo o es partidario de él.

consumo m. Toma de alimentos o bebidas. ‖ Utilización o gasto.

consunción f. Cansancio o delgadez extrema. ‖ FAM. consuntivo.

consustancial adj. Que forma parte de las características esenciales de una cosa. ‖ Que es de la misma sustancia, naturaleza o esencia que otra cosa. ‖ FAM. consustancialidad.

contabilidad f. Sistema para llevar las cuentas de una empresa o entidad. ‖ Conjunto de cuentas de una empresa o entidad.

contabilizar tr. Contar, llevar la cuenta. ‖ Apuntar una partida o cantidad en los libros de cuentas. ‖ FAM. contabilizable.

contable adj. Que puede ser contado: *nombre contable*. ‖ De la contabilidad o relativo a ella. ‖ com. Persona que lleva la contabilidad de una empresa. ‖ FAM. contabilidad, contabilizar.

contactar intr. Establecer contacto o comunicación.

contacto m. Unión de dos cosas o personas de manera que lleguen a tocarse. ‖ Relación o trato que se establece entre dos o más personas o entidades. ‖ Persona que sirve de enlace. ‖ Conexión entre dos partes de un circuito eléctrico. ‖ Dispositivo que sirve para hacer la conexión entre las dos partes de un circuito eléctrico. ‖ Copia del mismo tamaño que el cliché fotográfico, que se consigue colocando este directamente encima del papel. ‖ pl. *col.* Personas que por su cargo o su influencia pueden conseguir favorecer a alguien. ‖ FAM. contactar.

contado, da adj. Raro o escaso. Más en pl.: *ocurre en contadas ocasiones*. ‖ **al contado** loc. adv. Con pago inmediato en moneda efectiva o su equivalente.

contador, ra adj. Que cuenta. También s. ‖ m. y f. *amer.* Contable, persona que tiene por empleo, oficio o profesión llevar las cuentas de una entidad. ‖ m. Aparato para medir o contar algo: *contador de luz*.

contaduría f. Oficio y cargo de contable. ‖ Oficina del contable o establecimiento donde se lleva a cabo la contabilidad de una empresa, entidad administrativa, etc.

contagiar tr. Transmitir a otro u otros una enfermedad. También prnl. ‖ Comunicar o transmitir a otro gustos, vicios, costumbres, sentimientos, etc. También prnl.

contagio m. Transmisión o adquisición de una enfermedad por contacto con el germen o virus que la produce. ‖ Transmisión de sentimientos, actitudes, simpatías, etc. ‖ FAM. contagiar, contagioso.

contagioso, sa adj. Se apl. a la enfermedad que se transmite por contagio. ‖ Pegadizo o que se comunica con facilidad: *risa contagiosa*.

container (voz i.) m. Contenedor. ◆ pl. *containers*.

contaminación f. Degradación que sufre el medio ambiente por las sustancias perjudiciales que se vierten en él. ‖ Alteración de una sustancia. ‖ Contagio de una enfermedad.

contaminante adj. y m. Que contamina.

contaminar tr. y prnl. Degradar el medio ambiente con sustancias perjudiciales. ‖ Alterar la pureza de algunas cosas. ‖ Contagiar una enfermedad: *se ha contaminado con el virus del sida*. ‖ tr. Alterar la forma o el significado de un vocablo o texto por la influencia de otro. ‖ En inform., transmitir un programa informático un virus a un ordenador. ‖ FAM. contaminación, contaminante.

contante adj. Se apl. al dinero en efectivo. ◆ Se utiliza casi exclusivamente en la loc. *contante y sonante*: *recibió el dinero contante y sonante*.

contar tr. Calcular el número de unidades que hay de una cosa. ‖ Referir o relatar un suceso. ‖ Incluir a una persona en el grupo, clase u opinión que le corresponde: *te cuento entre mis mejores amigos*. ‖ Tener una persona el número de años que se expresan: *contaba veinte años cuando se casó*. ‖ intr. Decir los números ordenadamente: *solo sabe contar hasta 20*. ‖ Hacer cuentas según las reglas de aritmética: *dividiendo entre los que somos, contamos a 25 euros por persona*. ‖ Tener importancia una persona o una cosa: *tu opinión cuenta*. ‖ Equivaler: *tiene* tanta energía que cuenta por tres. ‖ Formar parte del número de personas que se está calculando: *María no cuenta para el número de comensales porque llega después.* ‖ **contar con** loc. Tener presente una cosa. ‖ Confiar en una persona o cosa para un fin. ‖ Tener una cosa el número de unidades de algo que se expresa: *el edificio cuenta con dos plantas.* ‖ FAM. contable, contado, contador, conteo, descontar, recontar. ◆ **Irreg.** Conjugación modelo:

Indicativo
Pres.: cuento, cuentas, cuenta, contamos, contáis, cuentan.
Imperf.: contaba, contabas, contaba, *etc.*
Pret. perf. simple: conté, contaste, contó, contamos, contasteis, contaron.
Fut. simple: contaré, contarás, contará, *etc.*
Condicional simple: contaría, contarías, contaría, *etc.*
Subjuntivo
Pres.: cuente, cuentes, cuente, contemos, contéis, cuenten.
Imperf.: contara o contase, contaras o contases, *etc.*
Fut. simple: contare, contares, contare, *etc.*
Imperativo: cuenta, contad.
Participio: contado.
Gerundio: contando.

contemplación f. Atención que se presta a una cosa. ‖ Meditación profunda de carácter místico. ‖ pl. Trato cuidadoso y atento hacia una persona: *soy muy clara y no me ando con contemplaciones.*

contemplar tr. Mirar con atención e interés. ‖ Considerar o tener en cuenta. ‖ Complacer a alguien. ‖ FAM. contemplación, contemplativo.

contemplativo, va adj. De la contemplación o relativo a ella. ‖ Que contempla. ‖ adj. y s. De la contemplación o meditación sobre las cosas divinas o que se dedica a ella.

contemporaneidad f. Propiedad de lo que es contemporáneo.

contemporáneo, a adj. y s. Existente en la misma época. ‖ Que es actual. ‖ FAM. contemporaneidad.

contemporización f. Adaptación al gusto o deseos de los demás por respeto o interés.

contemporizar intr. Acomodarse una persona al gusto o deseo ajeno por respeto o interés. ‖ FAM. contemporización, contemporizador.

contén m. *amer.* Bordillo.

contención f. Acción y resultado de contener o frenar el movimiento de un cuerpo: *muro de contención.*

contencioso, sa adj. Se apl. a la materia sobre la que se disputa en un juicio, o a la forma en que se litiga. ‖ Se dice del asunto sometido al fallo de los tribunales, en contraposición a los actos gubernativos o a los que dependen de una autoridad. También m.

contender intr. Luchar con armas. ‖ Pelear o discutir por conseguir un propósito. ◆ **Irreg.** Se conj. como *entender.* ‖ FAM. contencioso, contendiente, contienda.

contendiente adj. y com. Que lucha o discute.

contenedor m. Recipiente grande que hay en la calle para depositar basuras y escombros. ‖ Cajón metálico, de gran tamaño, con las dimensiones normalizadas internacionales, usado para el transporte de mercancías.

contener tr. Encerrar dentro de sí una cosa a otra. ‖ Sujetar el impulso de un cuerpo. ‖ Reprimir un deseo, un sentimiento, etc. También prnl.: *tuvo que contenerse para no reír.* ◆ **Irreg.** Se conj. como *tener.* ‖ FAM. contención, contenedor, contenido.

contenido, da adj. Se apl. al sentimiento o deseo que no se expresa abiertamente: *llanto contenido.* ‖ m. Lo que se contiene dentro de una cosa: *debe enseñar el contenido del bolso a la cajera.* ‖ Tema o asunto del que se habla o escribe: *contenido de una novela.* ‖ En ling., significado de un signo lingüístico o de un enunciado.

contentar tr. Satisfacer el gusto de una persona. ‖ prnl. Darse por satisfecho: *se contenta con poco.* ‖ Reconciliarse los que estaban disgustados. ‖ FAM. contentadizo, contentamiento.

contento, ta adj. Que se siente alegre y feliz. ‖ Que está satisfecho. ‖ Que está ligeramente afectado por los efectos del alcohol. ‖ m. Alegría, satisfacción. ‖ FAM. contentar, descontento.

conteo m. *amer.* Cálculo, valoración.

contera f. Pieza de metal que se pone en el extremo del bastón, de un paraguas, etc.

contertulio, a m. y f. Persona que participa en una tertulia.

contesta f. *amer.* Contestación. ‖ *amer.* Charla, conversación.

contestación f. Respuesta a una pregunta.

contestador m. Aparato conectado al teléfono que funciona cuando el usuario no puede contestar, emitiendo un mensaje como respuesta y grabando los que recibe. ◆ Se utiliza con el mismo significado en la forma *contestador automático.*

contestar tr. Responder a una pregunta o a un escrito. ‖ intr. Adoptar una actitud violenta de réplica, protesta, oposición, etc. ‖ FAM. contesta, contestación, contestador, contestatario, contestón.

contestatario, ria adj. y s. Que se opone o protesta ante lo establecido.

contestón, ona adj. Que replica por sistema a quien le riñe o le manda hacer algo.

contexto m. Conjunto de circunstancias que rodean o condicionan un hecho. ‖ Entorno lingüístico, pragmático y social del que depende el significado de una palabra o un enunciado. ‖ FAM. contextual, contextualizar.

contextura f. Configuración corporal de una persona: *es de contextura fuerte.* ‖ Modo en que se unen o disponen todos los componentes de una cosa, especialmente los hilos de una tela.

contienda f. Guerra, batalla. ‖ Discusión, debate.

contigo pron. pers. Forma especial del pronombre personal *ti* cuando va precedido de la preposición *con: iremos contigo.*

contigüidad f. Cercanía entre dos cosas.

contiguo, gua adj. Que está muy cerca de otra cosa, y sin nada igual en medio: *habitaciones contiguas.* ‖ FAM. contigüidad.

continencia f. Moderación en pasiones y deseos, especialmente el sexual. || FAM. incontinencia.

continental adj. Del continente o de los países de un continente.

continente m. Objeto que contiene una cosa. || Cada una de las grandes extensiones de tierra separadas por los océanos. || Parte de una vivienda formada por cimientos, muros, paredes y techos: *para hacerme un seguro de hogar he tenido que valorar su continente*. || FAM. continental.

contingencia f. Posibilidad o riesgo de que suceda una cosa. || Hecho o problema que se plantea de forma imprevista.

contingente adj. Que puede suceder. || m. Contingencia, cosa que puede suceder. || Cuota que se señala a un país o a un industrial para la producción, exportación o importación de determinados productos. || Fuerzas militares de que dispone el mando. || Conjunto de personas o cosas. || FAM. contingencia.

continuación f. Acción y resultado de continuar. || **a continuación** loc. adv. Enseguida, inmediatamente.

continuador, ra adj. y s. Se apl. a la persona que sigue haciendo lo que empezó otra: *su obra ha tenido continuadores*.

continuar tr. Seguir haciendo lo que ya se había empezado. || intr. Permanecer en un lugar. || Seguir ocurriendo o existiendo una cosa. || Llegar hasta un lugar. También prnl.: *mi jardín se continúa con el de mis padres*. || FAM. continuación, continuador, continuidad, continuismo, continuista, continuo.

continuidad f. Unión que tienen entre sí las partes de un todo continuo. || Duración o permanencia de una cosa sin interrupción.

continuo, nua adj. Que ocurre sin interrupción. || Que se repite con frecuencia. || Se apl. a la cosa cuyos elementos se presentan sin interrupción espacial: *papel continuo*. || m. Todo compuesto de partes unidas entre sí. || **de continuo** loc. adv. Sin interrupción o con frecuencia. || FAM. continuamente, continuar, continuidad, discontinuo.

contonearse prnl. Mover afectadamente al andar los hombros y las caderas. || FAM. contoneo.

contoneo m. Movimiento afectado de hombros y caderas.

contorno m. Conjunto de líneas que limitan una figura: *como estaba a contraluz solo distinguía su contorno*. || Territorio que rodea un lugar o una población: *contorno de la ciudad*. Más en pl.: *la gente de los contornos se acercaba al mercadillo del centro*. || FAM. contornear, contorneo.

contorsión f. Movimiento convulsivo o torsión brusca de los músculos o los miembros. || Ademán cómico, gesticulación ridícula. || FAM. contorsionarse, contorsionista.

contorsionarse prnl. Hacer contorsiones.

contorsionista com. Artista de circo que ejecuta difíciles contorsiones.

contra[1] prep. que denota oposición y contrariedad: *actuó contra su voluntad; campaña contra el cáncer*. || Apoyado en: *está contra la pared*. || A cambio de: *hacer una entrega contra reembolso*. || m. Dificultad, inconveniente. || ◆ Se usa más como contraposición a *pro*: *los pros y los contras de un asunto*. || **a la contra** loc. adv. En continua oposición. || **en contra** loc. adv. En oposición de una cosa. || FAM. contrario.

contra[2] f. Oposición a un proceso revolucionario: *contra nicaragüense*.

contra- pref. que significa 'oposición', 'refuerzo' o 'inferioridad': *contrabando, contraponer, contraventana*.

contraalmirante com. Oficial de la armada inmediatamente inferior al vicealmirante.

contraatacar tr. Reaccionar con un ataque ante la ofensiva de un enemigo o rival.

contraataque m. Reacción con un ataque ante la ofensiva o avance del enemigo o rival. || FAM. contraatacar.

contrabajo m. Instrumento musical de cuerda y arco, el más grave y mayor de los de su clase. || Voz masculina más grave que la del bajo. || com. Persona que toca el contrabajo. || Persona que tiene la voz más grave que el bajo. || FAM. contrabajista.

contrabandista adj. y com. Que se dedica al contrabando.

contrabando m. Tráfico ilegal de mercancías sin pagar derechos de aduana. || Producción y comercio de mercancías prohibidas. || Mercancía que se produce o introduce en el país ilegalmente. || Lo que es o tiene apariencia de ilícito. || **de contrabando** loc. adj. y adv. Ilegalmente. || FAM. contrabandista.

contrabarrera f. Segunda fila de asientos en las plazas de toros.

contracción f. Encogimiento de un nervio o un músculo. || En ling., reducción de dos palabras contiguas al fusionarse las respectivas vocales finales e iniciales en una sola. || Adquisición, especialmente de una enfermedad. || Asunción de un compromiso o una obligación.

contraceptivo, va adj. y m. Anticonceptivo. || FAM. contracepción.

contrachapado, da adj. y m. Se apl. al material formado por varias capas finas de madera, encoladas a presión y de modo que sus fibras queden entrecruzadas. || FAM. contrachapar.

contraconceptivo, va adj. y m. Anticonceptivo. || FAM. contraconcepción.

contracorriente f. Corriente opuesta a la principal, de la que procede. || **a contracorriente** loc. adv. En contra de la opinión general.

contráctil adj. Capaz de contraerse con facilidad: *órgano contráctil*. || FAM. contractilidad.

contractual adj. Del contrato o relativo a él.

contractura f. Contracción muscular. || Disminución del fuste de una columna en su parte superior.

contracubierta f. Parte interior de la cubierta de un libro. || Parte trasera de un libro o revista.

contradecir tr. Decir lo contrario de lo que otro afirma o negar lo que este da por cierto. || Hacer lo contrario de lo que dice otra persona. || prnl. Decir o hacer lo contrario de lo que se ha dicho con anterioridad. ◆ Irreg. Se conj. como *decir*, excepto en la segunda persona del imperativo, que es *contradice*. || FAM. contradicción, contradicho, contradictor, contradictorio.

contradicción f. Afirmación de algo contrario a lo ya dicho o negación de lo que se da por cierto. ‖ Oposición entre dos cosas.

contradictorio, ria adj. Que se contradice. ‖ FAM. contradictoriamente.

contraer tr. Reducir a menor tamaño o volumen. También prnl.: *la pupila del ojo se contrae por efecto de la luz.* ‖ Adquirir: *contraer una enfermedad, una amistad.* ‖ Asumir compromisos, obligaciones: *contraer una deuda.* ‖ Reducir el discurso a una idea, a un solo punto. También prnl. ‖ prnl. Encogerse un nervio o un músculo. ‖ En ling., reducirse dos o más sonidos, especialmente vocálicos, a uno solo. ◆ *Irreg.* Se conj. como *traer.* ‖ FAM. contracción, contrayente.

contraespionaje m. Servicio de defensa de un país contra el espionaje de potencias extranjeras.

contrafuerte m. Pilar saliente de un muro, empleado como refuerzo. ‖ Pieza con la que se refuerza el calzado por la parte del talón.

contragolpe m. En dep., reacción ante una ofensiva contraria, muy rápida y enérgica.

contrahecho, cha adj. y s. Que tiene deformado el cuerpo.

contraindicación f. Indicación del peligro o inconveniencia de emplear un medicamento, remedio, tratamiento, etc. ‖ FAM. contraindicado, contraindicar.

contraindicar tr. Señalar como perjudicial en ciertos casos determinado remedio, alimento o acción.

contralmirante m. Contraalmirante.

contralor m. *amer.* Funcionario encargado de examinar los gastos públicos. ‖ FAM. contraloría.

contralto m. Voz media entre tiple y tenor. ‖ com. Persona que tiene esta voz.

contraluz amb. Vista o aspecto de las cosas cuando se miran desde el lado opuesto a aquel por el que están iluminadas. Más en m.: *el contraluz no me dejó ver con claridad lo que pasaba.* ‖ Fotografía tomada en estas condiciones. Más en m.

contramaestre com. Suboficial que dirige la marinería de un barco. ‖ En algunas fábricas, vigilante de los obreros.

contramano (a) loc. adv. En dirección contraria a la corriente o a la prescrita por la autoridad: *conducía a contramano.*

contramarca f. Segunda marca que se pone en ciertos productos con diversos fines. ‖ Derecho de cobrar un impuesto, poniendo su señal en los productos que ya lo pagaron. ‖ Este mismo impuesto. ‖ Signo que se graba en una moneda después de su fabricación, para modificar su valor o darle curso legal en un país distinto del que fue emitida. ‖ FAM. contramarcar.

contraofensiva f. Ofensiva para contrarrestar al enemigo, haciéndole pasar a la defensiva.

contraoferta f. Oferta que se cambia o mejora otra anterior. ‖ FAM. contraofertar.

contraorden f. Orden que revoca otra anterior.

contrapartida f. Algo que tiene por objeto compensar o resarcir a alguien. ‖ Anotación para corregir algún error en la contabilidad por partida doble. ‖ Asiento del haber, compensado en el debe, y viceversa.

contrapear tr. Poner cosas en posiciones alternas. ‖ Aplicar unas piezas de madera contra otras, de manera que sus fibras estén cruzadas. ‖ Cubrir un objeto de madera corriente con chapas de madera noble.

contrapelo (a) loc. adv. Contra la inclinación o dirección natural del pelo. ‖ *col.* A la fuerza, obligadamente.

contrapeso m. Peso que sirve para equilibrar otro. ‖ Aquello que iguala, compensa o subsana una cosa. ‖ Balancín de los equilibristas. ‖ FAM. contrapesar.

contrapié (a) loc. adv. En posición contraria a la que sería natural o conveniente.

contraponer tr. Comparar o cotejar una cosa con otra distinta. ◆ *Irreg.* Se conj. como *poner.* ‖ FAM. contraponedor, contraposición, contrapuesto.

contraportada f. Página anterior a la portada o posterior a la portadilla de un libro o revista. ‖ Parte posterior de la cubierta de una revista.

contraposición f. Comparación de una cosa con otra contraria. ‖ Oposición de una cosa con otra.

contraprestación f. Prestación o servicio que debe una parte contratante como compensación por lo que ha recibido o debe recibir.

contraproducente adj. Que consigue resultados opuestos a los que persigue o es perjudicial.

contraprogramación f. Estrategia de programación televisiva que consiste en tener en cuenta los programas de otras cadenas para plantear los propios. ‖ FAM. contraprogramar.

contrapropuesta f. Propuesta o proposición con la que se contesta o se impugna otra formulada anteriormente.

contrapuerta f. Puerta que divide el zaguán del resto de la casa. ‖ Puerta que está detrás de otra. ‖ Puerta interior de la fortaleza.

contrapuntear tr. Cantar de contrapunto. ‖ *amer.* Cantar versos improvisados dos o más cantantes populares. También prnl. ‖ *amer.* Rivalizar. También prnl. ‖ prnl. Picarse o resentirse entre sí dos o más personas. ‖ FAM. contrapunteo, contrapuntista, contrapunto.

contrapunto m. En mús., concordancia armoniosa de voces contrapuestas. ‖ Contraste entre dos cosas simultáneas. ‖ *amer.* Desafío de dos o más cantantes populares.

contrariado, da adj. Que está muy disgustado o afectado por alguna cosa.

contrariar tr. Contradecir, oponerse a los deseos de alguien. ‖ Disgustar. También prnl.: *se contrarió mucho con la noticia.* ‖ FAM. contrariado, contrariedad.

contrariedad f. Suceso imprevisto que impide o retarda el logro de un deseo. ‖ Disgusto de poca importancia. ‖ Oposición de una cosa con otra.

contrario, ria adj. Opuesto. También s. ‖ Que daña o perjudica: *contrario a la salud.* ‖ m. y f. Persona que tiene enemistad o rivalidad con otra en una empresa o en una competición deportiva. ‖ **al contrario** o **por el contrario** loc. adv. Al revés, de un modo opuesto. ‖ **de lo contrario** loc. Si sucede lo opuesto a lo que se ha expresado con anterioridad. ‖ **llevar la contraria** loc. *col.* Oponerse a ideas u opiniones. ‖ FAM. contrariamente, contrariar.

contrarreforma f. Movimiento religioso, intelectual y político destinado a combatir los efectos de la reforma protestante. ◆ Se escribe con mayúscula. ‖ Reforma contraria a otra reforma.

contrarreloj adj. y f. Se apl. a la carrera ciclista que consiste en medir el tiempo que invierte cada uno de los participantes en hacer el mismo recorrido que los demás. ‖ FAM. contrarrelojista.

contrarréplica f. Contestación dada a una réplica. ‖ En der., escrito en el que el demandado contesta a la réplica del demandante.

contrarrestar tr. Hacer frente y oposición. ‖ Neutralizar una cosa los efectos de otra. ‖ En el tenis, devolver el resto. ‖ FAM. contrarresto.

contrarrevolución f. Movimiento que se opone a una revolución precedente. ‖ FAM. contrarrevolucionario.

contrasentido m. Interpretación contraria al sentido lógico de las palabras. ‖ Hecho o idea que no tiene lógica o sentido.

contraseña f. Seña secreta que se dan unas personas a otras para entenderse entre sí o reconocerse. ‖ Segunda marca que se pone en animales o cosas para distinguirlas mejor. ‖ FAM. contraseñar.

contrastar intr. Mostrar notable diferencia o condiciones opuestas dos cosas cuando se comparan una con otra. ‖ tr. Comparar. ‖ Comprobar la autenticidad o validez de una cosa. ‖ Comprobar la proporción de material noble en una aleación. ‖ FAM. contrastado, contraste.

contraste m. Contraposición o diferencia notable que existe entre personas o cosas. ‖ Comparación. ‖ Marca de autenticidad que se graba en objetos de metal noble. ‖ Relación entre la iluminación máxima y mínima de una imagen en televisión. ‖ Sustancia radiológicamente opaca que introducida en un organismo permite su visualización y exploración clínica. ‖ FAM. contrastable.

contrata f. Contrato para ejecutar una obra o prestar un servicio al Gobierno, entidad administrativa o a un particular, por un precio determinado.

contratación f. Realización de un contrato a una persona en el que se pacta un trabajo a cambio de dinero o una compensación.

contratante adj. y com. Que contrata: *la parte contratante*.

contratar tr. Llegar a un acuerdo con una persona para recibir un servicio a cambio de dinero u otra compensación. ‖ Emplear una persona para un trabajo. ‖ FAM. contrata, contratación, contratante, contrato.

contratiempo m. Suceso inoportuno que obstaculiza o impide el curso normal de algo.

contratista com. Persona a la que se encarga la realización de una obra o servicio por contrata: *estuve hablando con el contratista para que me diera trabajo*.

contrato m. Pacto o convenio oral o escrito entre partes que se obligan sobre una materia o cosa determinada: *contrato de alquiler*. ‖ Documento que lo acredita. ‖ **contrato basura** col. Contrato que no es indefinido y que se considera mal pagado. ‖ **contrato blindado** Contrato en el que se estipula una fuerte indemnización para el empleado en caso de rescisión por parte de la empresa. ‖ FAM. contractual, contratar, contratista.

contravalor m. Valor comercial dado a cambio de otro.

contraveneno m. Medicamento para contrarrestar los efectos del veneno.

contravenir tr. e intr. Obrar en contra de lo que está establecido o mandado: *contravenir la ley*. ◆ **Irreg.** Se conj. como *venir*. ‖ FAM. contravención, contraventor.

contraventana f. Puerta exterior o interior que se coloca en las ventanas o balcones para que no entre la luz o para proteger del frío.

contrayente adj. y com. Se apl. a la persona que contrae matrimonio.

contribución f. Cuota o cantidad que se paga para algún fin, y principalmente la que se impone para las cargas del Estado: *contribución urbana*. ‖ Aportación voluntaria de una cantidad de dinero para un fin caritativo. ‖ Participación en una labor en la que colaboran varias personas.

contribuir intr. Pagar cada uno la cuota que le corresponde por un impuesto. También tr. ‖ Aportar voluntariamente una cantidad de dinero u otra ayuda para determinado fin. ‖ Ayudar con otras personas o cosas al logro de algún fin. ◆ **Irreg.** Se conj. como *huir*. ‖ FAM. contribución, contribuidor, contribuyente.

contribuyente adj. y com. Que contribuye, especialmente la persona que paga impuestos al Estado.

contrición f. En la religión católica, dolor por haber ofendido a Dios: *acto de contrición*. ‖ FAM. contrito.

contrincante com. Persona que compite con otra u otras.

contrito, ta adj. Que siente contrición. ‖ Que está arrepentido por alguna cosa.

control m. Comprobación o inspección de una cosa: *control de calidad, de sanidad*. ‖ Dominio o autoridad sobre alguna cosa. ‖ Limitación o verificación de una cosa: *control de gastos, de velocidad*. ‖ Sitio donde se controla: *hay que pasar por el control de pasajeros*. ‖ Conjunto de mandos o botones que regulan el funcionamiento de una máquina, aparato o sistema. Más en pl.: *controles de un avión*. ‖ **control remoto** Dispositivo que regula a distancia el funcionamiento de un aparato, mecanismo o sistema. ‖ FAM. controlar, descontrol.

controlador, ra m. y f. Técnico cuya misión es controlar los aviones en el aire, así como el aterrizaje y el despegue en los aeropuertos.

controlar tr. Ejercer una persona el control sobre algo o alguien. ‖ Dominar o ejercer autoridad sobre una o varias personas. ‖ Verificar o comprobar el funcionamiento o evolución de una cosa. ‖ prnl. Dominarse o contener los propios sentimientos o emociones: *se controla demasiado y jamás es espontánea*. ‖ FAM. control, controlable, controlador.

controller (voz i.) com. Persona que se encarga de controlar los distintos procesos internos de una empresa. ◆ pl. *controllers*.

controversia f. Discusión larga y reiterada.

controvertido, da adj. Que crea controversia.

controvertir intr. y tr. Discutir detenidamente sobre una materia. ◆ **Irreg.** Se conj. como *sentir*. ‖ FAM. controversia, controvertido, controvertible.

contubernio m. Convivencia de dos personas que mantienen relaciones sexuales sin estar casadas. ◆ Tiene un matiz peyorativo o a veces humorístico. ‖ Alianza secreta, ilícita y reprochable.

contumacia f. Actitud de una persona que se mantiene obstinadamente en un error.

contumaz adj. Obstinado, tenaz en mantener un error. ‖ FAM. contumacia.

contundencia f. Propiedad de lo que es contundente.

contundente adj. Evidente o tan convincente que no admite discusión: *pruebas contundentes*. ‖ Que produce contusión: *objeto contundente*. ‖ FAM. contundencia, contundentemente.

contundir tr. y prnl. Magullar, golpear. ‖ FAM. contundente.

conturbación f. Inquietud o alteración que sufre una persona.

conturbar tr. y prnl. Inquietar o alterar a una persona un suceso desagradable o desgraciado. ‖ FAM. conturbación.

contusión f. Daño producido por un golpe que no causa herida. ‖ FAM. contusionar, contuso.

contusionar tr. y prnl. Producir un golpe una contusión.

contuso, sa adj. y s. Que ha recibido contusión.

conuco m. *amer.* Porción de tierra que los indios taínos dedicaban al cultivo. ‖ *amer.* Parcela pequeña de tierra cultivada por un campesino pobre.

convalecencia f. Estado de un enfermo en proceso de recuperación. ‖ Periodo de tiempo que tarda en producirse esa recuperación.

convalecer intr. Recuperarse de una enfermedad. ‖ Recuperarse una persona o una colectividad de una desgracia. ◆ **Irreg.** Se conj. como *agradecer*. ‖ FAM. convalecencia, convaleciente, convalecimiento.

convaleciente adj. y com. Que convalece.

convalidación f. Reconocimiento académico en un país o institución de la validez de los estudios realizados en otro país o institución. ‖ Confirmación de una cosa.

convalidar tr. Dar validez académica en un país, institución o facultad a estudios aprobados en otro país, institución o facultad. ‖ Confirmar, dar validez. ‖ FAM. convalidación.

convección f. En fís., propagación del calor en fluidos y líquidos por el movimiento de sus partículas producido por las diferencias de densidad. ‖ FAM. convector.

convecino, na adj. y s. Vecino del mismo pueblo o casa.

convector m. Aparato de calefacción que funciona por convección.

convencer tr. Persuadir, conseguir que una persona crea o se decida a hacer algo. También prnl.: *al oír su comentario todos se convencieron de su culpa*. ‖ Gustar, satisfacer: *este abrigo no me convence*. ‖ prnl. Llegar a estar una persona segura de una cosa. ‖ FAM. convencido, convencimiento, convicto, convincente.

convencido, da adj. Que está seguro de la validez de una opinión, idea o comportamiento. ‖ Que tiene la certeza de que algo ha ocurrido como uno dice.

convencimiento m. Seguridad que tiene una persona de la validez de lo que piensa o siente.

convención f. Norma o práctica admitida por responder a precedentes o a la costumbre. ‖ Acuerdo, convenio: *convención comercial*. ‖ Asamblea de los representantes de un país, partido político, actividad profesional, etc.: *convención de médicos*. ‖ FAM. convencional.

convencional adj. Que resulta o se establece por convenio o por acuerdo general. ‖ Tradicional: *forma de vestir convencional*. ‖ FAM. convencionalismo.

convencionalismo m. Conjunto de opiniones o comportamientos admitidos por conveniencia social, por acuerdo, por tradición o costumbre.

conveniencia f. Propiedad de lo que es conveniente, útil o provechoso: *matrimonio de conveniencia*. ‖ FAM. conveniente.

conveniente adj. Que es provechoso o útil. ‖ Que es adecuado o apropiado. ‖ FAM. convenientemente.

convenio m. Pacto, acuerdo entre personas, organizaciones, instituciones, etc.: *convenio colectivo*.

convenir intr. Ser varias personas de un mismo parecer. También tr.: *convinieron una hora de llegada*. ‖ Ser útil, provechoso, adecuado: *no conviene que acudas a esa cita*. ◆ **Irreg.** Se conj. como *venir*. ‖ FAM. convenido, conveniencia, conveniente, convenio.

conventillero, ra adj. y s. *amer.* Aficionado a los chismes o murmuraciones.

conventillo m. *amer.* Casa grande de vecinos, de pisos pequeños y humildes.

convento m. Casa de religiosos o religiosas. ‖ Comunidad que habita en él. ‖ FAM. conventual.

conventual adj. Del convento o relativo a él.

convergencia f. Unión de dos o más cosas que confluyen en un mismo punto. ‖ Confluencia de varias ideas o tendencias sociales, económicas o culturales: *convergencia económica*. ‖ FAM. convergente.

convergente adj. Que converge: *caminos, opiniones convergentes*.

converger intr. Dirigirse varias cosas a un mismo punto y juntarse en él: *las líneas convergen en ese punto*. ‖ Confluir varias ideas o tendencias sociales, económicas o culturales en un mismo fin. ‖ FAM. convergencia.

convergir intr. Converger.

conversación f. Hecho de conversar o de hablar familiarmente varias personas. ‖ **dar conversación** loc. Entretener a una persona hablando con ella. ‖ **sacar la conversación** loc. Mencionar algún tema para que se hable de él. ‖ FAM. conversacional.

conversada f. *amer.* Conversación o charla prolongada.

conversador, ra adj. y s. Se apl. a la persona que sabe hacer amena e interesante la conversación o que le gusta conversar.

conversar intr. Hablar entre sí dos o más personas. || FAM. conversación, conversada, conversador.

conversión f. Cambio de una cosa en otra: *conversión de dólares en euros*. || Cambio de ideas, opiniones, creencias: *conversión religiosa*.

converso, sa adj. y s. Se apl. a la persona convertida al cristianismo, especialmente musulmanes y judíos. || Que ha aceptado una ideología política distinta a la que mantenía hasta ese momento: *comunista converso*.

conversor m. En inform., dispositivo que adapta los ficheros codificados en un determinado programa o sistema a otro.

convertible adj. Que puede ser convertido o cambiado. || adj. y m. *amer.* Se apl. al coche descapotable.

convertidor m. Aparato que se utiliza para convertir la fundición de hierro en acero. || Aparato que transforma la tensión o frecuencia de una corriente eléctrica.

convertir tr. y prnl. Cambiar una cosa en otra. || Hacer cambiar a alguien de opinión, idea, etc., y especialmente de creencia religiosa: *convertirse al budismo*. || Hacer que una persona llegue a ser algo distinto de lo que era. ◆ *Irreg.* Se conj. como *sentir*. || FAM. conversión, converso, conversor, convertibilidad, convertible, convertidor.

convexidad f. Curvatura en la parte central de una superficie o de una línea, que es más prominente hacia el lado del que mira.

convexo, xa adj. Se apl. a la línea o a la superficie curva cuya parte más prominente está del lado del que mira: *lente convexa*. || FAM. convexidad.

convicción f. Convencimiento. || Idea religiosa, ética o política fuertemente arraigada. Más en pl.

convicto, ta adj. Se apl. al acusado a quien se le ha probado su delito legalmente: *reo convicto de homicidio*.

convidado, da m. y f. Persona que recibe un convite.

convidar tr. Ofrecer una persona a otra que le acompañe a comer, a una función o a cualquier otra cosa que se haga a modo de obsequio. || Mover o incitar a hacer una cosa. || prnl. Invitarse voluntariamente. || FAM. convidada, convidado, convite.

convincente adj. Que convence: *argumento, razón convincente*.

convite m. Comida o banquete en el que se celebra algo y al que solo acuden invitados. || *amer.* Conjunto de danzantes que recorren las calles anunciando fiesta. || *amer.* Grupo de trabajadores que hacen su trabajo a cambio de comida y bebida.

convivencia f. Vida en común con una o varias personas.

convivialidad f. *amer.* Camaradería. || *amer.* Convite, banquete.

convivir intr. Vivir en compañía de otro u otros, cohabitar. || FAM. convivencia.

convocar tr. Citar, llamar para una reunión, un acto, un examen, etc.: *convocar una manifestación*. || Hacer públicas las condiciones de un examen o una competición: *convocar oposiciones*. || FAM. convocatoria, desconvocar.

convocatoria f. Anuncio o escrito con que se convoca, citación.

convolvuláceo, a adj. y f. De las convolvuláceas o relativo a esta familia de plantas. || f. pl. Familia de árboles, matas y hierbas angiospermos dicotiledóneos, de hojas alternas y flores con corola en forma de tubo o campana, con cinco pliegues, como la batata.

convoy m. Escolta de seguridad. || Conjunto de barcos, vehículos o efectos escoltados. || Serie de vagones enlazados, tren. || Vinagreras para el servicio de mesa. ◆ pl. *convoyes*. || FAM. convoyar.

convoyar tr. Dar protección a un convoy. || *amer.* Intentar conseguir una cosa con falsos halagos. || prnl. *amer.* Confabularse, conchabarse.

convulsión f. Contracción violenta e involuntaria de uno o más miembros o músculos del cuerpo. || Agitación violenta de la vida pública: *convulsión política*. || Sacudida de la tierra o del mar a causa de un terremoto. || FAM. convulsionar, convulsivo, convulso.

convulsionar tr. Producir una enfermedad convulsiones. || Agitar violentamente la vida pública. || Sacudir un terremoto el mar o la tierra.

convulsivo, va adj. Que se produce acompañado de convulsiones: *llanto convulsivo*.

convulso, sa adj. Que sufre convulsiones. || Que está muy excitado o fuera de sí.

conyugal adj. De los cónyuges o del matrimonio o relativo a ambos: *domicilio conyugal*.

cónyuge com. Marido y mujer, respectivamente uno del otro. || FAM. conyugal.

coña f. *col.* Guasa. || *col.* Cosa molesta. || **dar la coña** loc. *col.* Molestar. || **ni de coña** loc. *col.* De ninguna manera.

coñac m. Bebida alcohólica de graduación elevada, obtenida por destilación de vinos envejecidos en barriles de roble. ◆ pl. *coñacs*.

coñazo m. *col.* Persona o cosa aburrida y pesada. || **dar el coñazo** loc. *col.* Dar la lata.

coñete adj. *amer.* Tacaño.

coño m. *vulg.* Parte externa del aparato genital femenino. || interj. *vulg.* que demuestra enfado o asombro.

cooperación f. Colaboración con otro u otros para un mismo fin.

cooperante com. Especialista de un país desarrollado que colabora con organizaciones humanitarias que trabajan en el tercer mundo.

cooperar intr. Obrar, colaborar con otro u otros para un mismo fin. ◆ Se construye con las preps. *a, con* y *en*: *cooperó con la asistencia sanitaria*. || FAM. cooperación, cooperador, cooperante, cooperario, cooperativa, cooperativismo, cooperativo.

cooperativa f. Asociación de personas con intereses comunes para vender o comprar sin intermediarios: *cooperativa vinícola*. || Establecimiento donde se vende lo que se produce en una cooperativa.

cooperativismo m. Doctrina y sistema socioeconómico que propugna la asociación de productores y consumidores en cooperativas. || Régimen y sistema socioeconómico de las cooperativas.

cooperativista adj. Relativo al cooperativismo. ||
adj. y com. Partidario de esta doctrina.

cooperativo, va adj. Que coopera o puede coo-
perar: *actitud cooperativa.* || FAM. cooperativismo, coo-
perativista.

coordenado, da adj. Se apl. a la línea que sirve
para determinar la posición de un punto, y al eje o plano al que se refiere. Más en f. pl.: *coordenadas cartesianas.*

coordinación f. Reunión de medios, esfuerzos, etc.,
para una acción común. || Control ordenado de los mo-
vimientos del cuerpo. || En gram., relación que existe en-
tre elementos sintácticamente equivalentes.

coordinado, da adj. Se apl. a la frase, oración,
proposición, etc., que se unen a otras de su mismo tipo
por coordinación.

coordinador, ra m. y f. Persona que coordina un
grupo de personas.

coordinadora f. Conjunto de personas elegidas
para dirigir y organizar algo: *coordinadora de padres.*

coordinante adj. Que coordina: *conjunción coordinante.*

coordinar tr. Reunir medios, esfuerzos, etc., para
una acción común. || Controlar de forma ordenada los
movimientos del cuerpo. || En gram., relacionar sintác-
ticamente dos elementos del mismo nivel o función. ||
intr. *col.* Controlar la mente: *tras el golpe no coordinaba.*
|| FAM. coordinación, coordinadamente, coordinado, coor-
dinador, coordinadora, coordinamiento, coordinante,
coordinativo.

copa f. Vaso con pie para beber. || Líquido que con-
tiene. || Cóctel o fiesta en la que sirven bebidas: *después
de la presentación se dará una copa.* || Conjunto de ra-
mas y hojas de la parte superior del árbol. || Premio que
se concede en algunas competiciones deportivas. || Com-
petición deportiva: *la Copa del Mundo.* || Parte hueca del
sombrero. || Cada uno de los dos huecos de un sujetador
o un bañador femenino destinado a cubrir el seno. || Car-
ta del palo de copas de los naipes. || *amer.* Tapacubos de
la rueda de un coche. || f. pl. Uno de los cuatro palos
de la baraja española. || **como la copa de un pino** loc. *col.*
Muy grande, bueno o importante. || **ir de copas** loc.
col. Salir con los amigos a pasar el rato, consumiendo en los
bares. || FAM. copazo, copear, copero, copete, copetín,
copichuela, copón, copudo.

copado, da adj. Que está muy satisfecho o contento con una cosa.

copar tr. Conseguir todos los puestos en una elección.
|| Ganar todos los premios en una competición. || Aca-
parar la atención o el interés: *cuando entraron, coparon
todas las miradas.* || Hacer en ciertos juegos una apues-
ta equivalente a la de la banca. || Apresar o acorralar a
una persona, un ejército, etc. || FAM. copado.

coparticipación f. Participación con otra persona
para hacer algo.

copartícipe com. Persona que tiene participación
con otra en alguna cosa. || FAM. coparticipación.

copear intr. *col.* Consumir copas de bebidas alco-
hólicas en los bares con los amigos. || FAM. copeo.

copeo m. *col.* Consumo de bebidas alcohólicas en
bares con los amigos.

copépodo adj. y m. De los copépodos o relativo a
esta subclase de crustáceos. || m. pl. Subclase de crustá-
ceos que se caracterizan por ser generalmente microscó-
picos, de vida libre en medio acuático y por formar parte del plancton.

copero, ra adj. De la copa que se gana en una competición deportiva o de esta misma competición: *elimi-
natoria copera.* || Se apl. al jugador o al equipo que des-
taca por ganar copas.

copete m. Pelo levantado sobre la frente. || Parte del
helado o de bebida que sobresale del recipiente. || Ador-
no que tiene un mueble en su parte superior. || Penacho
de algunas aves. || Mechón de crin que cae al caballo so-
bre la frente. || **de alto copete** loc. adj. De alto linaje,
importancia o lujo. || FAM. encopetado.

copetín m. *amer.* Aperitivo, copa de licor.

copia f. Reproducción de un original o de un modelo.
|| Imitación del estilo original de un artista. || Lo que re-
sulta de reproducir algo: *hazme cuatro copias de este in-
forme.* || FAM. copiador, copiadora, copiar, copión, copista,
copistería, fotocopia.

copiar tr. Escribir lo que dice otro en un discurso o
dictado: *tomar apuntes no es copiar lo que yo diga.* ||
Imitar un modelo y reproducirlo exactamente: *copiar el
estilo de un escrito; muchas mujeres copiaron su peinado.*
|| Hacer un trabajo o un examen reproduciendo indebi-
damente un libro, el examen de otro compañero, apuntes, etc. También intr.: *me pillaron copiando y me sus-
pendieron.* || FAM. copia.

copichuela f. *col.* Copa de bebida alcohólica.

copihue m. Planta arbustiva chilena de la familia de
las filesáceas, con hermosas flores rojas y blancas.

copiloto com. Piloto auxiliar que ayuda al piloto. ||
col. Persona que va sentada al lado de la que conduce un
coche.

copión, ona adj. y s. Estudiante que copia habitualmente el examen o trabajos de sus compañeros.

copiosidad f. Abundancia de una cosa.

copioso, sa adj. Abundante, cuantioso: *cena co-
piosa.* || FAM. copiosamente, copiosidad.

copista com. Persona que se dedicaba a copiar ma-
nuscritos cuando no existía la imprenta. || Persona que hace
copias de originales ajenos.

copistería f. Establecimiento donde se hacen fotocopias y encuadernaciones sencillas.

copla f. Composición poética que por lo general
consta de cuatro versos y sirve de letra para las canciones
populares. || Estrofa o combinación métrica. || Canción
folclórica española de origen andaluz. || pl. *col.* Habla-
durías, impertinencias. || FAM. coplero.

coplero, ra m. y f. Persona que componía, canta-
ba o vendía coplas, romances y otras poesías. || *desp.* Ma
poeta.

copo m. Cada una de las porciones de nieve que caen
cuando nieva. || Porción de cáñamo, lana, lino, algo
dón, etc., en disposición de hilarse. || pl. Pequeñas por
ciones de algunos productos que tienen forma de escamas
copos de maíz.

copón m. Copa grande de metal, generalmente pre
cioso, en la que el sacerdote católico guarda las hostias con

sagradas. ‖ **del copón** loc. adj. *vulg.* Grande o extraordinario.

copra f. Médula del coco de la palma que se emplea en perfumería.

copresidir tr. e intr. Presidir, junto con otra u otras personas, un organismo, una entidad o una institución. ‖ FAM. copresidencia, copresidente.

coproducción f. Producción en común, especialmente de una película. ‖ FAM. coproducir, coproductor.

coprofagia f. Ingestión de excrementos. ‖ FAM. coprófago.

coprófago, ga adj. Que se alimenta de excrementos: *insecto coprófago.*

coprolito m. Cálculo intestinal formado por excrementos endurecidos. ‖ Excremento fósil.

copropiedad f. Propiedad que se tiene con otra u otras personas.

copropietario, ria adj. y s. Que tiene propiedad sobre una cosa junto con otro u otros. ‖ FAM. copropiedad.

coprotagonista com. Actor o actriz que comparten el protagonismo de una película o una obra de teatro.

copto, ta adj. y s. De los cristianos de Egipto o relativo a ellos. ‖ m. Idioma antiguo de los egipcios que se conserva en la liturgia del rito cristiano.

copucha f. *amer.* Rumor que corre de boca en boca. ‖ FAM. copuchar.

cópula f. Acto sexual entre un macho y una hembra. ‖ En gram., término que une dos oraciones, dos sintagmas o dos proposiciones sintácticamente análogas, como, p. ej., las conjunciones. ‖ FAM. copular, copulativo.

copulación f. Cópula, acto sexual.

copular intr. Realizar el acto sexual un macho y una hembra. ‖ FAM. copulación.

copulativo, va adj. Que junta una frase o una palabra con otra: *verbo copulativo, conjunción copulativa.* ‖ De la cópula sexual.

copyright (voz i.) m. Derecho de propiedad intelectual y literaria de una obra. ‖ Marca de este derecho con el símbolo © seguido del nombre del titular del derecho y el año de la primera publicación. ◆ pl. *copyrights.*

coque m. Combustible sólido, ligero y poroso que resulta de calcinar ciertas clases de carbón mineral.

coquero, ra adj. y s. *amer.* Cocainómano. ‖ *amer.* Que se dedica a cultivar plantas de coca.

coqueta f. Mueble de tocador con espejo.

coquetear intr. Tratar de agradar a alguien valiéndose de ciertos medios y actitudes estudiados. ‖ Tomar contacto con alguna actividad, idea, opinión, etc., sin entregarse a ella por completo: *coquetear con la literatura.* ‖ FAM. coqueteo, coquetería.

coqueteo m. Intento de agradar a alguien valiéndose de ciertos medios y actitudes estudiados. ‖ Contacto superficial con alguna actividad, idea, opinión, etc.

coquetería f. Estudiada afectación en los modales y arreglo personal con la intención de agradar a alguien.

coqueto, ta adj. Se apl. a la persona que coquetea con alguien. ‖ Se dice de la persona que cuida mucho su apariencia externa. ‖ Bonito o agradable: *casa coqueta.* ‖ FAM. coqueta, coquetear, coquetón.

coquetón, ona adj. *col.* Que es bonito y agradable.

coquillo m. *amer.* Tela de algodón blanco y fino.

coquina f. Nombre común de diversos moluscos bivalvos, con valvas ovales muy aplastadas y muy apreciados como alimento.

coraciforme adj. y f. De las coraciformes o relativo a este orden de aves. ‖ f. pl. Orden de aves de vistosos colores y grandes picos que viven en árboles, cazando insectos y anidando en huecos, como el martín pescador y la abubilla.

coraje m. Valor para hacer una cosa. ‖ Irritación, ira, rabia. ‖ FAM. corajina, corajudo.

corajina f. *col.* Arrebato de ira.

coral adj. Del coro o relativo a él: *música coral.* ‖ f. Coro de cantantes. ‖ m. Composición musical para ser cantada por cuatro voces, de ritmo lento y solemne, ajustada a un texto de carácter religioso.

coral m. Nombre de varios cnidarios antozoos que viven en colonias y cuyas duras secreciones dan lugar a la formación de una serie de ramificaciones calcáreas de colores y formas muy variables. ‖ Sustancia dura secretada por estos animales y que, después de pulimentada, se emplea en joyería. ‖ f. Nombre común de diversos reptiles escamosos ofidios que pueden alcanzar hasta 1,50 m, venenosos, con anillos rojos, negros y amarillos, que habitan mayormente en las regiones tropicales del continente americano. ‖ FAM. coralífero, coralígeno, coralino.

Corán n. p. m. Libro sagrado de la religión islámica. ‖ FAM. coránico.

coraza f. Armadura compuesta de peto y espaldar. ‖ Cubierta de un buque de guerra, vehículo de combate, etc. ‖ Concha que cubre el cuerpo de las tortugas y otros reptiles quelonios. ‖ Cosa inmaterial que protege o sirve de defensa. ‖ FAM. acorazar.

corazón m. Órgano muscular hueco, impulsor de la circulación de la sangre en los vertebrados y otros animales. ‖ Lugar donde se suelen ubicar los sentimientos internos, los deseos, las pasiones. ‖ Figura con que se suele dibujar este órgano. ‖ Centro o interior de una cosa: *corazón de una fruta.* ‖ Palo de la baraja francesa. Más en pl. ‖ Se apl. al tercero de los cinco dedos de la mano y el más largo de ellos. También adj. ‖ Apelativo afectuoso: *ven aquí, corazón.* ‖ **abrir** alguien **su corazón** loc. Confiarle sus sentimientos a otra persona. ‖ **a corazón abierto** loc. adv. Intervención quirúrgica en la que se opera el corazón desviando antes la sangre hacia el exterior del cuerpo mediante un corazón artificial. ‖ **con el corazón en la mano** loc. Con sinceridad. ‖ **de corazón** loc. adv. De verdad o con afecto. ‖ **encogérsele el corazón** a alguien loc. Sentir miedo, angustia. ‖ **no caber el corazón en el pecho** loc. Estar una persona muy inquieta o excitada por una cosa. ‖ **partir** (o **romper**) **corazones** loc. *col.* Enamorar con facilidad. ‖ **ser todo corazón** o **tener un corazón de oro** loc. Ser muy buena persona. ‖ FAM. corazonada.

corazonada f. Presentimiento de que algo va a ocurrir.

corazonista adj. y com. De la orden religiosa de los Sagrados Corazones o de sus miembros.

corbata f. Tira de tela que, como adorno, se anuda al cuello, dejando caer las puntas hasta el pecho, o haciendo con ellas lazos de varias formas. || Banda que se ata en estandartes y banderas. || *amer. col.* Trabajo con buenas condiciones, que se consigue por enchufe. || FAM. corbatín.

corbatín m. Corbata de lazo sin caída que suele abrocharse por detrás.

corbeta f. Embarcación de guerra más pequeña que la fragata.

corcel m. *poét.* Caballo ligero de mucha alzada.

corchar tr. *amer. argot* Suspender.

corchea f. Figura o nota musical cuyo valor es la cuarta parte de una negra o de dos semicorcheas. || FAM. semicorchea.

corchera f. Cuerda con flotadores que delimita una calle de una piscina de competición.

corchero, ra adj. Del corcho o relativo a él. || Que tiene por profesión descorchar alcornoques.

corchete m. Broche metálico formado por dos piezas, una en forma de asa en la que se encaja la otra con forma de gancho, y que sirve para mantener unidas dos partes de una prenda de ropa. || Signo escrito con forma de paréntesis cuadrado ([ ]) y que tiene las mismas funciones que este. || *amer.* Grapa. || FAM. corcheta, corchetera.

corchetera f. *amer.* Grapadora.

corcho m. Tejido vegetal de la zona periférica del tronco de ciertos árboles y arbustos, especialmente del alcornoque; es impermeable y se emplea en la fabricación de materias aislantes, tapones, pavimentos, etc. || Tapón que se hace de este tejido. || interj. Expresa asombro o enfado: ¡corcho!, déjame en paz. || FAM. corchera, corchero, descorchar, encorchar.

corcholear tr. *amer.* Interrumpir las relaciones con una persona. || *amer.* Despedir del trabajo.

¡córcholis! interj. Expresa extrañeza, sorpresa, admiración o disgusto: ¡córcholis!, qué feo es ese perro.

corcova f. Curvatura anómala de la columna vertebral o del pecho, o de ambos a la vez. || FAM. corcovado, corcovar, corcovo.

corcovado, da adj. y s. Que tiene corcova.

corcovar tr. Encorvar o hacer que una cosa tenga joroba.

corcovo m. Salto que dan algunos animales encorvando el lomo. || FAM. corcovear.

cordada f. Grupo de alpinistas sujetos por una misma cuerda.

cordado, da adj. y m. De los cordados o relativo a estos metazoos. || m. pl. Filo de metazoos que tienen notocordio durante toda su vida o solo en determinadas fases de su desarrollo. Se dividen en cefalocordados, urocordados y vertebrados.

cordaje m. Conjunto de cuerdas de un barco o un instrumento musical.

cordal¹ m. Pieza que se coloca en la parte inferior de la tapa de los instrumentos de cuerda, que sirve para sujetar las cuerdas por el extremo opuesto al clavijero.

cordal² adj. y f. Se apl. a la muela que nace en la edad adulta.

cordel m. Cuerda delgada. || FAM. cordelería, cordelero.

cordelería f. Industria de fabricación de bramante, cuerda y sogas o cables no metálicos. || Establecimiento donde se fabrican o venden cuerdas u otros productos semejantes.

cordero, ra m. y f. Cría de la oveja que no pasa de un año. || Persona dócil. || **cordero lechal** El que tiene menos de dos meses. || **cordero pascual** El que comen los hebreos el día que celebran su Pascua. || El joven, mayor que el lechal. || **cordero recental** El que todavía no ha comido pasto. || FAM. corderil.

cordial adj. Que es muy amable o afectuoso. || m. Bebida reconfortante que se da a los enfermos. || FAM. cordialidad, cordialmente.

cordialidad f. Característica de lo que es amable o afectuoso. || Característica de lo que es franco o sincero.

cordillera f. Serie de montañas enlazadas entre sí.

córdoba m. Unidad monetaria de Nicaragua.

cordobán m. Piel curtida de macho cabrío o de cabra.

cordón m. Cuerda fina hecha con materiales más finos que el esparto, que se usa especialmente para atarse los zapatos. || Cable conductor de electricidad. || Conjunto de personas o elementos dispuestos para proteger o vigilar: cordón policial. || *amer.* Bordillo de la acera. || *amer.* Serie de cerros o montañas. || **cordón sanitario** Conjunto de medidas que se toman para impedir la propagación de una enfermedad. || **cordón umbilical** Conjunto de vasos que unen la placenta de la madre con el vientre del feto. || FAM. acordonar, cordoncillo, cordonería.

cordoncillo m. Lista o raya que forma el tejido en algunas telas. || Cierto adorno en el borde de las monedas o medallas. || Bordado que consiste en una línea.

cordonería f. Conjunto de objetos formados por cordones. || Oficio de cordonero. || Tienda donde se venden cordones.

cordura f. Característica de la persona que es prudente y sensata.

coreano, na adj. y s. De Corea, península de Asia oriental dividida en dos países, Corea del Norte y Corea del Sur, o relativo a ella o a dichos países. || m. Lengua hablada por los habitantes de Corea.

corear tr. Cantar o hablar varias personas al mismo tiempo. || Asentir varias personas al parecer ajeno. || Componer música para coro.

coreo m. Pie de la poesía griega y latina formado por dos sílabas, la primera larga y la segunda breve.

coreografía f. Arte de componer bailes. || Conjunto de movimientos que componen una pieza de baile. || FAM. coreografiar, coreográfico, coreógrafo.

coreografiar tr. Hacer la coreografía de un espectáculo de danza o baile.

coreógrafo, fa m. y f. Persona que hace la coreografía de un espectáculo de danza o baile.

coriáceo, a adj. Del cuero o relativo a él, o con alguna de sus características.

coriambo m. Pie de la poesía griega y latina compuesto por dos sílabas breves entre dos largas, es decir, por un coreo y un yambo. || FAM. coriámbico.

corifeo m. El que guiaba el coro en las antiguas tragedias griegas y romanas. || Persona que asume la representación de otras, las dirige o se expresa por ellas.

corimbo m. Grupo de flores cuyos pedúnculos se insertan a diferentes alturas sobre el tallo, terminando todos en un mismo plano superior.

corindón m. Óxido alumínico cristalizado de gran dureza entre cuyas variedades se encuentran el rubí y el zafiro.

corintio, tia adj. y m. Se apl. al estilo arquitectónico de la Grecia clásica que se caracteriza por tener los capiteles decorados con hojas de acanto. || adj. y s. De Corinto o relativo a esta ciudad griega.

corinto adj. y m. Se apl. al color rojo oscuro tirando a violáceo.

corion m. Envoltura externa que recubre el embrión de un mamífero, ave o reptil, y que colabora en la formación de la placenta.

corista f. Mujer que forma parte del coro de revistas musicales y otros espectáculos similares. || com. Persona que en óperas, zarzuelas u otras funciones musicales canta formando parte del coro.

coriza f. Catarro nasal.

cormo m. Conjunto de raíz, tallo y hojas de un vegetal. || FAM. cormofito.

cormofito, a o **cormófito, a** adj. Se apl. al vegetal que presenta cormo. || f. pl. Grupo de plantas que tienen tejidos conductores en la raíz, tallo y hojas. Incluyen las pteridofitas y las espermafitas.

cormorán m. Nombre común de diversas aves pelecaniformes entre 50 cm y 1 m de altura según la especie, de patas cortas y fuertes y pico en forma de gancho, parecidas al pelícano, pero de color oscuro; habitan en lagos, ríos y mares de todo el mundo.

cornáceo, a adj. y f. De las cornáceas o relativo a esta familia de plantas. || f. pl. Familia de árboles y arbustos, rara vez hierbas perennes, angiospermos dicotiledóneos, con hojas sencillas y opuestas, flores generalmente tetrámeras, hermafroditas o unisexuales, reunidas en cabezuela, umbela o corimbo, y fruto en forma de drupa, como el cornejo.

cornada f. Golpe dado con el cuerno. || Herida que produce dicho golpe.

cornalina f. Ágata de color rojo oscuro.

cornamenta f. Conjunto de los cuernos de algunos cuadrúpedos como la vaca, el toro, el venado y otros. || col. Cuernos imaginarios, símbolos de la infidelidad de uno de los miembros de la pareja hacia el otro, y que lleva el que ha sido engañado.

cornamusa f. Trompeta larga de metal que en el medio de su longitud hace una rosca muy grande y tiene muy ancho el pabellón. || Gaita gallega o escocesa.

córnea f. Membrana dura y transparente situada en la parte anterior del globo del ojo.

cornear tr. Dar cornadas un animal. || amer. col. Ser infiel un miembro de la pareja.

corneja f. Nombre común de diversas aves paseriformes parecidas al cuervo, de 45 a 50 cm de longitud y 1 m o algo más de envergadura, con el plumaje completamente negro y muy brillante en el cuello y dorso;

viven en el oeste y sur de Europa y en algunas regiones de Asia.

cornejo m. Arbusto cornáceo muy ramoso que alcanza los 3 o 4 m de altura, con hojas opuestas y enteras, flores blancas y fruto en drupa.

córneo, a adj. De cuerno o de consistencia parecida a él.

córner m. En fútbol y otros deportes, falta que se produce cuando el balón sale del campo por la línea de fondo. || En fútbol y otros deportes, saque desde la esquina del campo que se hace como castigo al equipo que ha realizado esta falta. ◆ pl. córneres.

corneta f. Instrumento musical de viento, semejante al clarín, aunque mayor y de sonidos más graves. || com. Persona que toca este instrumento. || FAM. cornetín.

cornete m. Helado de cucurucho, especialmente si está envasado. || Lámina ósea y arqueada que se encuentra en cada una de las fosas nasales.

cornetín m. Instrumento musical de viento, generalmente con tres pistones, que pertenece a la familia de la trompeta. || com. Persona que lo toca.

cornezuelo m. Hongo ascomiceto parásito del centeno que vive en el ovario de las flores y destruye la planta. Se emplea en la industria farmacéutica.

cornisa f. Conjunto de molduras que forman el remate superior de un edificio, habitación, pedestal, mueble, etc. || Faja horizontal estrecha que corre al borde de un precipicio o acantilado. || FAM. cornisamento.

cornisamento m. En la parte superior de los edificios, conjunto formado por el arquitrabe, la cornisa y el friso.

corno m. Instrumento musical de viento más grande y de sonido más grave que el oboe. || com. Persona que toca este instrumento.

cornucopia f. Vaso con forma de cuerno lleno de frutas y flores que representan la abundancia en la Antigüedad clásica. || Espejo de marco tallado con uno o más brazos para poner velas.

cornudo, da adj. Que tiene cuernos. || Se apl. al cónyuge cuya pareja le es infiel. También s.

cornúpeta com. Animal dotado de cuernos. || col. Persona que padece las infidelidades de su pareja.

coro m. Conjunto de personas reunidas para cantar, especialmente si lo hacen de una forma habitual o profesional. || Composición musical para varias voces. || En las tragedias griegas y romanas, conjunto de actores que comentaban la acción en los intervalos de la representación. || Conjunto de religiosos o religiosas que se reúnen para cantar o rezar los divinos oficios. || Rezo y canto de las horas canónicas. || Parte de una iglesia donde se junta el clero para cantar los oficios divinos. || Cada una de las nueve jerarquías de ángeles o de otras categorías celestiales. || **a coro** loc. adv. Simultáneamente, al unísono: *toda la clase contestó a coro.* || FAM. coral, corear, corista.

coroides f. Membrana delgada, de color pardo, situada entre la esclerótica y la retina de los ojos. ◆ No varía en pl.

corojo m. Árbol americano de la familia de las palmas, de cuyo fruto se extrae una sustancia parecida a la manteca, utilizada en cocina.

corola f. Parte interna de la flor formada por el conjunto de los pétalos.

corolario m. Proposición que no necesita comprobarse, sino que se deduce fácilmente de lo demostrado antes. || Consecuencia de algo.

corona f. Aro de ramas, flores, metal generalmente precioso, etc., que se coloca en la cabeza como premio, adorno o símbolo de dignidad. || Conjunto de flores y hojas dispuestas en forma de aro. || Reino o monarquía ◆ Suele escribirse con mayúscula: *Corona de Castilla.* || Dignidad real: *Asumió la corona a la muerte de su padre.* || Anillo coloreado que en ocasiones rodea el Sol o la Luna. || Aureola de las imágenes santas. || Coronilla. || Tonsura de los eclesiásticos. || En geom., superficie comprendida entre dos circunferencias concéntricas. || Parte visible y esmaltada de un diente. || FAM. coronar, coronaria, coronilla.

coronación f. Ceremonia en la que se reconoce la dignidad real de una persona y en la que se le coloca una corona sobre la cabeza como símbolo de este reconocimiento. || Punto más alto al que se puede llegar: *coronación de una montaña.* || Culminación o remate perfecto: *el premio fue la coronación de muchos esfuerzos.*

coronamiento m. Fin de una obra. || Adorno que se pone en la parte superior de un edificio.

coronar tr. Poner la corona a alguien como signo de premio o distinción, y en especial a un rey o emperador como señal de que empieza a reinar. También prnl. || Terminar una obra, rematarla, acabarla: *coronó el peinado con un bonito tocado.* || Alcanzar el punto más alto: *coronar un puerto de montaña.* || En el juego del ajedrez, llegar con un peón a la octava fila y así poder cambiarlo por cualquier otra pieza. || En el juego de las damas, llegar con una ficha a la octava fila para así poder colocar otra encima y convertirla en dama. || intr. Aparecer la cabeza del feto por el canal del parto: *la cabeza ya coronaba.* También prnl. || FAM. coronación, coronamiento.

coronario, ria adj. y f. De la corona, que tiene su forma o relativo a ella. || Se apl. a cada una de las dos arterias que parten de la aorta y riegan el corazón, el estómago y los labios. Más como f., refiriéndose solo a la arteria que riega el corazón.

coronel com. Jefe militar que dirige un regimiento, cuyo grado es inmediatamente inferior al de general de brigada.

coronilla f. Parte superior y posterior de la cabeza. || Tonsura de los clérigos. || **estar hasta la coronilla** adv. *col.* Estar uno cansado y harto de algo o alguien.

coronta f. *amer.* Mazorca de maíz después de desgranada.

corotos m. pl. *amer.* Trastos, bártulos.

corozo m. *amer.* Palmera pequeña de cuyo fruto se extrae una grasa para elaborar jabón y del hueso, el marfil vegetal.

corpachón m. *col.* Cuerpo grande y fuerte.

corpiño m. Prenda de vestir muy ajustada al cuerpo, sin mangas y que llega hasta la cintura. || *amer.* Sujetador, sostén.

corporación f. Asociación u organismo oficial, generalmente público pero independiente de la administración estatal, con fines de utilidad pública. || Asociación que agrupa a personas que desempeñan la misma actividad o profesión. || FAM. corporativo, corporativismo.

corporal adj. Del cuerpo o relativo a él: *expresión, olor corporal.* || m. Lienzo cuadrado que se extiende en el altar para poner sobre él la hostia y el cáliz. Más en pl. || FAM. corporalmente.

corporativismo m. Doctrina que propugna la organización de la sociedad en corporaciones que agrupen a patronos, técnicos y obreros por profesiones y no por clases sociales. || FAM. corporativista.

corporativista adj. Del corporativismo o relativo a él. || adj. y com. Partidario de esa doctrina.

corporativo, va adj. De la corporación o relativo a ella: *informe corporativo.*

corporeidad f. Característica de lo que tiene cuerpo o consistencia.

corporeizar tr. Dar cuerpo o consistencia a una cosa inmaterial.

corpóreo, a adj. Del cuerpo o relativo a él. || Que tiene cuerpo o consistencia: *ser corpóreo.* || FAM. corporeidad, corporeización, corporeizar, corporizar.

corps m. Cargo al servicio del rey: *guardia de corps.* ◆ No varía en pl.

corpulencia f. Característica de lo que es corpulento.

corpulento, ta adj. Que es alto y fuerte. || FAM. corpulencia.

corpus m. Conjunto de datos, textos u otros materiales sobre determinada materia que pueden servir de base para una investigación o trabajo. || Día en que la Iglesia católica celebra la institución de la eucaristía. ◆ Se escribe con mayúscula. ◆ No varía en pl.

corpuscular adj. Que tiene corpúsculos o está relacionado con ellos.

corpúsculo m. Nombre genérico que reciben una serie de pequeñas estructuras, como las células, moléculas, partículas, etc. || Antigua denominación de las partículas elementales de la materia. || FAM. corpuscular.

corral m. Sitio cerrado y descubierto donde generalmente se guarda el ganado o los animales domésticos. || Patio, casa o teatro donde se representaban comedias. || FAM. acorralar, corrala, corralera, corralero, corralito, corralón, corraliza.

corrala f. En Madrid, casa de vecinos con patio comunal y en forma de corral.

corralón m. *amer.* Depósito de maderas o materiales de construcción.

correa f. Tira muy resistente, generalmente de cuero, que sirve para atar o ceñir. || Cinturón. || En las máquinas, tira que, unida en sus extremos, sirve para transmitir el movimiento rotativo de una rueda o polea a otra. || *col.* Aguante, paciencia. || FAM. correaje, correazo, correoso.

correaje m. Conjunto de correas.

correazo m. Golpe dado con una correa.

corrección f. Rectificación o enmienda de los errores o defectos de alguien o algo. || Comportamiento de acuerdo a las normas de trato social. || Ausencia de errores o defectos: *habla y escribe con corrección.* || Cambio que se hace en un texto al corregirlo o revisarlo. || Revisión y evaluación que un profesor hace de los ejercicios y exámenes de sus estudiantes. || FAM. correccional.

correccional adj. Se apl. a lo que conduce a la corrección. || m. Establecimiento penitenciario donde se recluye a los menores de edad que han cometido un delito, reformatorio.

correctivo, va adj. Que corrige: *plantillas correctivas.* || m. Castigo o sanción generalmente leve: *aplicó un correctivo a los gamberros.* || Derrota abultada que sufre un equipo deportivo.

correcto, ta adj. Que está libre de errores o defectos, conforme a las reglas. || Se apl. a la persona educada, atenta, cortés. || FAM. correctamente, correctivo, corrector, incorrecto.

corrector, ra adj. y s. Que corrige. || m. y f. Persona cuya profesión es corregir y revisar textos.

corredera f. Ranura o carril por donde resbala una pieza en ciertas máquinas. || Pieza que corre, como la de las máquinas de vapor. || Cucaracha. || *amer.* Diarrea.

corredero, ra adj. Que corre o se desliza por una ranura o carril: *puerta, ventana corredera.* || FAM. corredera.

corredizo, za adj. Que se desata o corre con facilidad: *nudo corredizo.*

corredor, ra adj. Se apl. al ave de gran tamaño, apta para correr y no para el vuelo. También f. || m. y f. Persona que practica la carrera en competiciones deportivas: *corredor de fondo.* || Persona cuya profesión es intervenir en compras y ventas de cualquier clase: *corredor de apuestas, de seguros.* || m. Pieza alargada de un edificio que sirve de paso a las habitaciones o salas, pasillo. || Galería corrida alrededor del patio de algunas casas. || FAM. correduría.

correduría f. Oficio o ejercicio del corredor: *correduría de Bolsa.* || Comisión del corredor en los ajustes y ventas.

corregidor, ra adj. Que corrige. || m. Antiguamente, magistrado que ejercía la justicia en un territorio. || Antiguamente, alcalde que el rey nombraba en algunas poblaciones importantes. || f. Esposa del corregidor.

corregir tr. Rectificar, enmendar los errores o defectos de alguien o algo: *corregir la sintaxis de un texto.* También prnl. || Advertir, amonestar, reprender. || Repasar y evaluar un profesor los ejercicios y exámenes de sus estudiantes. ◆ Irreg. Se conj. como *pedir.*

correhuela f. Planta herbácea de la familia convolvuláceas, de tallos largos y rastreros que se enroscan en los objetos que encuentran, con hojas acorazonadas, flores blancas o rosadas y raíz con jugo lechoso.

correlación f. Correspondencia o relación recíproca entre dos o más cosas, ideas, personas, etc. || FAM. correlativo, correlato.

correlativo, va adj. Se apl. a la persona o a la cosa que tiene correlación con otra o que se sucede tras otra.

correligionario, ria adj. y s. Que profesa la misma religión o ideología política que otro o que pertenece al mismo partido político.

correlón, ona adj. *amer.* Que corre mucho. || *amer. col.* Cobarde.

correntada f. *amer.* Corriente impetuosa de agua.

correntoso, sa adj. *amer.* Torrencial.

correo m. Servicio público que transporta la correspondencia. Más en pl. || Esta misma correspondencia. || Edificio donde se recibe y se reparte la correspondencia. Más en pl. || Tren, coche o vehículo semejante que lleva correspondencia. || Buzón donde se deposita la correspondencia: *echar una carta al correo.* || Persona encargada de llevar mensajes de un sitio a otro: *correo del zar.* || **correo aéreo** El que se transporta por avión. || **correo electrónico** Correo que permite el intercambio de información o mensajes a través de una red informática.

correoso, sa adj. Flexible y elástico. || Se apl. al alimento que está blando, generalmente a causa de la humedad, y que es muy difícil de cortar. || Resistente o combativo.

correpasillos m. Juguete infantil con ruedas que los niños que están empezando a andar empujan o utilizan para montarse encima, desplazándose con los pies. ◆ No varía en pl.

correr intr. Andar rápidamente y con tanto impulso que, entre un paso y el siguiente, quedan por un momento ambos pies en el aire. || Hacer alguna cosa con rapidez. || Ir deprisa hacia algún lugar. || Fluir o moverse el agua o el viento. || Transcurrir el tiempo: *los minutos corren.* || Estar una cosa en un lugar o dirección: *la carretera corre junto al río.* || Estar a cargo de uno alguna cosa: *la cena corre por cuenta de la empresa.* || Difundir un rumor o una noticia. || *col.* Hacer que una persona se sienta avergonzada o confusa. También prnl. || *amer.* Despedir del trabajo o expulsar de un lugar: *lo corrieron del bar.* || tr. Participar en una carrera. || Perseguir o acosar a un animal o a una persona: *corrieron al toro.* || Ir de un lugar a otro para conocer nuevos lugares: *correr mundo.* || Cerrar con cerrojos o llaves: *corre el pestillo de la puerta.* || Desplazar, hacer que se deslice una cosa: *corre las cortinas.* También prnl. || Exponerse a un peligro o riesgo. || Mezclar los colores de una tela o extenderse la tinta de un escrito o el maquillaje. También prnl. || prnl. Apartarse, moverse a un lado. || Hablando de colores, tintas, manchas, etc., extenderse fuera de su lugar. || *vulg.* Eyacular o tener un orgasmo. || **correrla** loc. *col.* Ir de juerga, especialmente a altas horas de la noche. || **dejar correr** loc. No hacer caso de una cosa o no intervenir en ella. || FAM. corredera, corredizo, corredor, correría, correteear, corrida, corrido, corriente, corrimiento.

correría f. Saqueo de un territorio enemigo. || Aventura o travesura. Más en pl.

correspondencia f. Conjunto de cartas que se envían o reciben. || Trato recíproco entre personas que se mantiene por correo, fax u otro medio electrónico. || Proporción o relación de una cosa con otra: *su forma de pensar no tiene correspondencia con su modo de vida.* || En las estaciones del metro, acceso para transbordar de unas líneas a otras. || Compensación o devolución con igualdad de los afectos o beneficios recibidos: *yo te invitaré la próxima vez en justa correspondencia.*

corresponder intr. Tener proporción o relación una cosa con otra. También prnl. || Compensar, devolver con igualdad los afectos o beneficios recibidos: *sufre de* amor no correspondido. También tr.: *correspondió a sus regalos con muchos besos.* || Pertenecer: *ese dinero te corresponde a ti.* || FAM. correspondencia, correspondiente, corresponsal.

correspondiente adj. Que es proporcionado o conveniente: *los agraciados recibieron su correspondiente premio.* || Que corresponde o tiene relación con una persona o cosa: *cada fotografía tiene su correspondiente numeración.* || Que es normal, natural o lógico, o que se supone o espera que sea así: *recibió la buena noticia con la correspondiente alegría.* || adj. y com. Se apl. al miembro no numerario de una corporación que colabora con ella por correspondencia. || FAM. correspondientemente.

corresponsal adj. y com. Se apl. al periodista que desde otra ciudad o desde el extranjero envía noticias a la redacción de un periódico, revista u otro medio informativo. || Se dice de la persona encargada de mantener en el extranjero las relaciones comerciales de una empresa. || FAM. corresponsalía.

corresponsalía f. Cargo de corresponsal de un medio informativo.

corretaje m. Remuneración que recibe un corredor de comercio por su servicio.

corretear intr. Correr un niño de un lado a otro. || Andar sin rumbo fijo. || tr. *amer.* Perseguir a una persona. || FAM. correteo.

correteo m. Carreras que da un niño de un lado a otro.

correveidile o **correvedile** com. *col.* Persona que trae y lleva cuentos y chismes.

corrida f. Carrera, acción de ir corriendo de un sitio a otro. || *amer.* Carrera de una media. || *amer.* Persecución de un animal o de una persona. || *vulg.* Orgasmo. || **corrida de toros** Lidia de cierto número de toros en una plaza cerrada.

corrido, da adj. Que continúa o está seguido: *balcón, banco corrido.* || Avergonzado, confundido: *se fue todo corrido.* || Que está muy experimentado en cosas de la vida. || *amer.* Se apl. al periodo de tiempo que transcurre sin interrupción. || m. Romance cantado, propio de Andalucía. || Romance o composición octosílaba con variedad de asonancias que se canta a dos voces con acompañamiento musical y es propio de países hispanoamericanos: *corrido mexicano.* || **de corrido** loc. adv. Rápido, sin interrupción. || De memoria.

corriente adj. Que corre: *agua corriente.* || Que sucede con frecuencia: *es corriente que llegue tarde.* || Se apl. al mes, año, etc., actual o que va transcurriendo. || Conocido o admitido por todos. || Hablando de recibos, números de publicaciones periódicas, etc., el último aparecido: *deben llevar en el recibo el recibo corriente del seguro.* || Común, normal u ordinario: *persona corriente.* || f. Movimiento de una masa de agua, aire, etc., en una dirección. || Paso de la electricidad por un conductor. || Tendencia, opinión: *corriente filosófica.* || **al corriente** loc. adv. Sin atraso, con exactitud. || loc. adj. Enterado: *está al corriente de la noticia.* || **contra corriente** loc. adv. En contra de la opinión general. || **corriente y moliente** loc. adj. *col.* Simple, normal. || **llevar,** o **seguir,**

la corriente loc. *col.* Dar la razón a una persona aunque se piense que no la tiene. || **poner al corriente** loc. Informar a una persona sobre algo. || FAM. contracorriente, corrientemente.

corrillo m. Corro donde se apartan algunas personas para hablar.

corrimiento m. Deslizamiento de una gran extensión de terreno. || Desplazamiento de un objeto.

corro m. Grupo de gente que se dispone en forma circular. || Espacio que incluye. || Juego de niños que forman un círculo cogidos de la mano y giran mientras cantan una canción. || Reunión de una sesión de Bolsa para contratación de valores: *corros bursátiles.* || FAM. corrillo.

corroboración f. Confirmación de una opinión, teoría, etc., con nuevos datos o argumentos.

corroborar tr. y prnl. Apoyar una opinión, teoría, etc., con nuevos datos o argumentos. || FAM. corroboración, corroborativo.

corroer tr. Desgastar o destruir lentamente una cosa: *el agua ha corroído la madera.* También prnl. || Provocar un sentimiento angustia o malestar. También prnl.: *se corroe de celos.* ◆ **Irreg.** Se conj. como *roer.* || FAM. corrosión, corrosivo.

corromper tr. Echar a perder, pudrir. También prnl.: *corromperse una fruta.* || Sobornar o cohechar. || Pervertir o viciar. || FAM. corrompible, corrompido, corrupción, corruptela, corruptivo, corrupto, corruptor.

corrongo, ga adj. *amer.* Bonito, simpático.

corrosión f. Desgaste o destrucción lento y paulatino de una cosa.

corrosivo, va adj. Que corroe o tiene el poder de corroer. || Que es incisivo o mordaz.

corrupción f. Soborno o cohecho. || Perversión o vicio. || Alteración de la forma o estructura de algo: *corrupción de la materia orgánica.*

corruptela f. Soborno o perversión de poca importancia, especialmente el que va contra la ley.

corrupto, ta adj. Que está podrido. || adj. y s. Que se deja o se ha dejado sobornar o pervertir. || FAM. corruptible, corruptibilidad, incorrupto.

corruptor, ra adj. y s. Que soborna o pervierte: *corruptor de menores.*

corrusco m. *col.* Cuscurro.

corsario, ria adj. y s. Se apl. a la embarcación y al navegante autorizados por su país para perseguir y saquear los barcos mercantes de un país enemigo. || m. y f. Pirata.

corsé m. Prenda interior que usaban las mujeres para ceñir el cuerpo desde el pecho hasta las caderas. || Lo que reduce la libertad o espontaneidad. || FAM. corsetería, corsetero, encorsetar.

corsetería f. Fábrica de corsés. || Tienda donde se venden corsés, fajas y otras prendas femeninas.

corso m. Campaña que hacían por el mar los barcos con patente de su Gobierno para perseguir a los piratas o a las embarcaciones enemigas.

corso, sa adj. y s. De Córcega o relativo a esta isla francesa del mar Mediterráneo occidental. || m. Dialecto italiano hablado en Córcega. || *amer.* Desfile de carruajes en carnaval.

cortacésped amb. Máquina que sirve para cortar el césped. Más como m. ◆ pl. *cortacéspedes*.

cortacircuitos m. Aparato que interrumpe automáticamente la corriente eléctrica cuando es excesiva o peligrosa. ◆ No varía en pl.

cortada f. *amer.* Atajo.

cortadera f. *amer.* Planta ciperácea de hojas largas, estrechas y aplanadas y flores rojizas que se cría en terrenos pantanosos y cuyo tallo se utiliza para la elaboración de cuerdas y sombreros. || *amer.* Mata gramínea que crece en terrenos llanos y húmedos, de hojas estrechas de color verde azulado y flores grisáceas con reflejos plateados; se usa como planta de adorno.

cortado, da adj. Apocado, tímido o vergonzoso. También s. || Se apl. al estilo del escritor que expresa los conceptos en cláusulas breves y sueltas. || Taza o vaso de café con muy poca leche. También m.

cortador, ra adj. Que corta. || m. y f. Persona que en las sastrerías, zapaterías, talleres de costura y otros semejantes, corta los trajes o las piezas de cada objeto que en ellos se fabrica.

cortadura f. Corte hecho en un cuerpo o en un objeto con un instrumento o cosa cortante. || Abertura o paso entre dos montañas. || pl. Recortes o sobrantes de una cosa.

cortafierro m. *amer.* Cortafrío.

cortafrío m. Cincel fuerte para cortar hierro.

cortafuego m. Vereda o zanja ancha que se deja en los sembrados y montes para que no se propaguen los incendios. || Pared gruesa que se construye en los edificios con el mismo fin.

cortante adj. Que corta. || Se apl. al viento, aire o frío tan intenso que parece que corta. || Que sorprende o desconcierta.

cortapisa f. Condición o limitación para hacer una cosa. Más en pl.

cortaplumas m. Navaja pequeña. ◆ No varía en pl.

cortar tr. Dividir una cosa o separar sus partes con algún instrumento cortante. También prnl. || Suspender o interrumpir el paso de una cosa o persona: *cortar la luz, el agua.* También prnl.: *se han cortado las comunicaciones.* || Amputar un miembro. || Separar algo en dos partes. || Atravesar un líquido o un fluido: *cortar un velero el mar.* || Dividir la baraja en dos o más partes antes de repartir las cartas. || Recortar y darle forma a las piezas de una prenda de vestir. || Mezclar un líquido con otro para modificar su fuerza o su sabor: *cortar el té con un poco de leche.* || Acortar, suprimir. || Abrir el aire o el frío intenso grietas en la piel. También prnl.: *se me han cortado las manos con el agua tan fría.* || intr. Tomar el camino más corto para ir de un sitio a otro: *si atraviesas el parque, cortas bastante.* || prnl. Herirse o hacerse un corte. || *col.* Quedarse sin saber qué hacer o qué decir: *se corta cuando tiene que hablar con su jefe.* || Separarse los componentes de la leche, nata, salsa, etc.: *se me cortó la mayonesa.* || **cortar por lo sano** loc. *col.* Poner fin a una situación de manera expeditiva. || FAM. acortar, cortado, cortador, cortadura, cortante, corte, recortar.

cortaúñas m. Utensilio para cortarse las uñas. ◆ No varía en pl.

corte[1] m. Filo del instrumento cortante. || Herida producida por un instrumento cortante. || Arte y acción de cortar las diferentes piezas que habrán de componer una prenda de vestir: *corte y confección.* || Cantidad de material necesario para hacer una prenda de vestir. || Interrupción: *corte de luz.* || Estilo: *novela de corte realista.* || División de la baraja en dos partes antes de repartir. || Trozo de helado entre dos galletas. || *col.* Respuesta inesperada e ingeniosa que produce desconcierto: *se llevó un buen corte cuando le dijiste eso.* || *col.* Vergüenza, turbación: *me da corte ir sin haber sido invitado.* || **dar** o **hacer un corte de mangas** loc. *vulg.* Ademán de significado obsceno y despectivo que se hace con la mano, extendiendo el dedo corazón y dejando los otros doblados, a la vez que se levanta el brazo y se golpea en él con la otra mano.

corte[2] f. Lugar donde habitualmente reside el soberano en las monarquías. || Familia y comitiva del rey. || Conjunto de personas que acompañan a una persona importante. || *amer.* Tribunal de justicia. || pl. Cámara legislativa o consultiva. ◆ Se escribe con mayúscula: *Cortes Constituyentes.* || **hacer la corte** loc. Galantear. || Halagar a alguien interesadamente. || FAM. cortejar, cortesano.

cortedad f. Pequeñez, poca extensión. || Falta o escasez de talento o de valor. || Falta de ánimo o confianza en sí mismo.

cortejar tr. Galantear o enamorar a una persona. || Intentar el macho atraer a la hembra en celo con la intención de aparearse. || FAM. cortejo.

cortejo m. Conjunto de personas que forman el acompañamiento en una ceremonia: *cortejo nupcial, fúnebre.* || Fase inicial del apareamiento, en la que los animales hacen una serie de movimientos rituales antes de la cópula.

cortés adj. Atento, educado o que se sabe comportar de acuerdo a las normas sociales establecidas. || FAM. cortesía, cortésmente, descortés.

cortesano, na adj. De la corte o relativo a ella. || m. y f. Persona que sirve al rey o vive en su corte. || f. Prostituta refinada.

cortesía f. Demostración o acto con que se manifiesta atención, respeto o afecto. || Regalo, favor: *esta copa es cortesía de la casa.* || Periodo de tiempo que se concede de gracia: *esperaremos los quince minutos de cortesía.* || Hoja, página o parte de ella que se deja en blanco en un libro.

córtex m. Parte más externa y superficial de un órgano: *córtex cerebral.* ◆ No varía en pl.

corteza f. Parte externa del tronco y las ramas de árboles y plantas. || Parte exterior y dura de algunas frutas y otras cosas: *corteza del pan.* || Parte externa de algunos órganos del cuerpo: *corteza cerebral.* || Piel de cerdo frita que se toma como aperitivo. || Exterioridad de una cosa no material: *se ha hecho una corteza de indiferencia.* || **corteza terrestre** Capa más externa de la Tierra. || FAM. cortical.

cortical adj. De la corteza o relativo a ella: *nivel cortical.*

corticoide o **corticosteroide** m. Compuesto químico natural o sintético que actúa como las hormonas producidas en la corteza de las cápsulas suprarrenales.

cortijero, ra m. y f. Persona que vive en un cortijo y cuida de él.

cortijo m. Finca extensa con edificaciones para labor y vivienda, propia de Andalucía y Extremadura. ‖ FAM. cortijero.

cortina f. Paño grande con que se cubren y adornan las puertas, ventanas, escenarios, etc. ‖ Lo que encubre y oculta algo: *cortina de humo.* ‖ FAM. cortinaje, cortinilla, cortinón.

cortinaje m. Juego de cortinas. También pl.

cortisona f. Medicamento que se extrae de la corteza de las glándulas suprarrenales.

corto, ta adj. De poca longitud, tamaño o duración. ‖ Escaso o defectuoso: *corto de dinero, de vista.* ‖ Que no alcanza al punto de su destino: *bola corta.* ‖ Tímido. ‖ De escaso talento o poca instrucción. ‖ Que no se explica con facilidad. ‖ adj. y f. pl. Se apl. a las luces de un coche que alumbran cerca y de manera que no molestan a los conductores que circulan en sentido contrario. ‖ m. Cantidad de bebida más pequeña de lo normal: *un corto de cerveza.* ‖ Cortometraje. ‖ **a la corta o a la larga** loc. adv. Más tarde o más temprano, al fin y al cabo. ‖ **ni corto ni perezoso** loc. Con decisión. ‖ **quedarse corto** loc. Calcular una persona una cantidad por debajo de lo necesario. ‖ FAM. cortar, cortedad.

cortocircuito m. Fenómeno eléctrico que se produce accidentalmente por contacto entre los conductores y suele determinar una descarga.

cortometraje m. Película cuya duración es entre ocho y treinta minutos.

corva f. Parte de la pierna opuesta a la rodilla, por donde se dobla y encorva.

corvejón m. Corva de los cuadrúpedos.

corveta f. Movimiento que se enseña al caballo, que consiste en andar con las patas traseras mientras mantiene las delanteras levantadas. ‖ FAM. corvetear.

córvido, da adj. y m. De los córvidos o relativo a esta familia de aves. ‖ m. pl. Familia de aves paseriformes que se caracteriza por tener el plumaje generalmente negro u oscuro y el pico largo y fuerte, como el cuervo y la urraca.

corvina f. Pez osteíctio perciforme marino de 20 a 30 cm de longitud, con el dorso y los flancos de un castaño ceniciento con tornasoles verdes y amarillos, las aletas negras y el vientre amarillo, que vive en el Mediterráneo y el Atlántico.

corvo, va adj. Arqueado o combado: *espalda corva.* ‖ FAM. corvejón.

corzo, za m. y f. Mamífero artiodáctilo rumiante cérvido, algo mayor que la cabra, que vive en Europa; el macho tiene astas pequeñas, verrugosas y ahorquilladas hacia la punta.

cosa f. Todo lo que existe, ya sea real o irreal, concreto o abstracto. ‖ Ser inanimado, en contraposición con los seres animados. ‖ Aquello que se piensa, se dice o se hace. ‖ En oraciones negativas equivale a *nada: no hay ninguna cosa que yo pueda hacer.* ‖ pl. Instrumentos: *cosas de la limpieza.* ‖ Hechos o dichos propios de alguna persona: *esas son cosas de Jaime.* ‖ Objetos que pertenecen a una persona: *tengo tus cosas en el coche.* ‖ Acontecimientos que afectan a una o varias personas: *no les van bien las cosas.* ‖ **como quien no quiere la cosa** loc. adv. *col.* Con disimulo. ‖ **como si tal cosa** loc. adv. *col.* Como si no hubiera pasado nada. ‖ **cosa de** loc. adv. Cerca de, o poco más o menos: *tardará cosa de ocho días.* ‖ **no sea cosa que** loc. conjunt. Indica prevención o cautela: *vámonos ya, no sea cosa que llegue antes a casa y no tenga llaves.* ‖ FAM. cosificar.

cosaco, ca adj. y s. De un pueblo nómada que a fines del siglo XV se estableció en varios distritos del sur de Rusia, o relacionado con él. ‖ m. Soldado de infantería o caballería del Ejército ruso.

coscarse prnl. *col.* Enterarse o darse cuenta.

coscoja f. Árbol de la familia de las fagáceas, de poca altura, con hojas pequeñas y espinosas y cuyo fruto es una bellota. ‖ Hoja seca de la carrasca o encina. ‖ FAM. coscojal, coscojar, coscojo.

coscorrón m. Golpe en la cabeza que resulta muy doloroso, pero sin consecuencias importantes. ‖ *col.* Contratiempo debido a la inexperiencia o tozudez.

coscurro m. Cuscurro.

cosecante f. En un triángulo rectángulo, relación entre la hipotenusa y uno de los catetos con respecto al ángulo agudo opuesto a ese cateto. La relación opuesta es el *seno.* ‖ Función matemática periódica que generaliza este concepto a cualquier valor del ángulo.

cosecha f. Conjunto de productos de la recolección. ‖ Recolección de los productos agrícolas. ‖ Temporada en que se recogen. ‖ Producto que se obtiene después de transformar lo cosechado.

cosechadora f. Máquina que siega la mies, limpia y envasa el grano.

cosechar tr. Recoger la cosecha. También intr.: *nos levantábamos muy temprano para cosechar.* ‖ Conseguir unos resultados después de haber trabajado por ellos: *sigue así y solo cosecharás fracasos.* ‖ FAM. cosecha, cosechador, cosechadora, cosechero.

coselete m. Antigua coraza ligera. ‖ Soldado que la llevaba.

coseno m. En un triángulo rectángulo, relación entre uno de los catetos y la hipotenusa con respecto al ángulo agudo adyacente a ese cateto. La relación opuesta es la *secante.* ‖ Función matemática periódica que generaliza este concepto a cualquier valor del ángulo.

coser tr. Unir con hilo enhebrado en la aguja. ‖ Hacer labores de aguja: *coser un vestido.* ‖ Poner puntos de sutura en una herida. ‖ Engrapar papeles. ‖ *col.* Producir varias heridas en el cuerpo con algún arma: *lo cosieron a balazos.* ‖ **coser y cantar** loc. *col.* Que es muy fácil: *va a ser coser y cantar y acabaremos rápido.* ‖ FAM. cosedor, cosido, cosijo, costura, descoser.

cosiaca f. *amer. col.* Cosa menuda o sin importancia o chisme del que no se recuerda el nombre.

cosificar tr. y prnl. Considerar a una persona como una cosa. ‖ FAM. cosificación.

cosijo m. Cosido mal hecho. ‖ *amer.* Inquietud o disgusto.

cosmética f. Técnica de preparar y aplicar productos para el cuidado o embellecimiento del cuerpo humano. || FAM. cosmético, cosmetología.

cosmético, ca adj. y m. Se apl. al producto hecho para el cuidado o embellecimiento del cuerpo humano.

cósmico, ca adj. Del cosmos o relativo a él.

cosmogonía f. Ciencia que trata del origen y la formación del universo. || Teoría filosófica, mítica y religiosa que trata sobre el origen y organización del universo. || FAM. cosmogónico.

cosmografía f. Parte de la astronomía que se ocupa de la descripción del universo. || FAM. cosmográfico, cosmógrafo.

cosmología f. Parte de la astronomía que trata de las leyes generales del origen y la evolución del universo. || FAM. cosmológico, cosmólogo.

cosmonauta com. Tripulante de una cosmonave, astronauta.

cosmonáutica f. Navegación por el espacio exterior con una astronave. || FAM. cosmonáutico.

cosmonave f. Vehículo que puede navegar por el espacio exterior, astronave. || FAM. cosmonauta.

cosmopolita adj. Se dice de la persona que ha vivido en muchos países y que conoce sus costumbres. También com. || Que es común a todos o a la mayoría de los países. || Se apl. al lugar en el que convive gente de diferentes países. || FAM. cosmopolitismo.

cosmopolitismo m. Teoría y forma de vida de las personas que se consideran ciudadanos del mundo y han vivido en muchos países. || Característica del lugar donde vive gente de distintos países.

cosmos m. Universo. || Espacio exterior de la Tierra. ◆ No varía en pl. || FAM. cósmico, cosmogonía, cosmografía, cosmología, cosmonauta, cosmopolita, cosmovisión.

cosmovisión f. Forma de concebir e interpretar el mundo propia de una persona o época: *cosmovisión renacentista.*

coso m. Plaza de toros. || Calle principal de algunas ciudades. || *amer.* Corral municipal donde se encierra el ganado que anda perdido o suelto. || *amer.* Cosa o chisme.

cospel m. *amer.* Ficha que hace funcionar un aparato público.

cosquillas f. pl. Sensación que se experimenta en algunas partes del cuerpo al ser rozadas por algo o alguien y que provoca involuntariamente la risa. || **buscar las cosquillas** loc. *col.* Hacer todo lo posible para enfadar a una persona. || FAM. cosquillear, cosquilleo, cosquilloso.

cosquillear tr. Hacer cosquillas. || Sentir deseos de realizar una idea.

cosquilleo m. Sensación que producen las cosquillas u otra cosa semejante a ellas. || Sensación de inquietud o nervios ante algo que produce temor.

costa[1] f. Coste. || pl. Gastos judiciales. || Cantidad que se paga por una cosa. || **a costa de** loc. prepos. Por medio de o teniendo que servirse de una persona o cosa. || **a toda costa** loc. adv. Sin limitación de gasto, por encima de todo.

costa[2] f. Orilla del mar y tierra que está cerca de ella. || FAM. costanero, costanilla, costear, costeño, costera, costero.

costado m. Cada una de las dos partes laterales del cuerpo humano, debajo de los brazos. || Flanco derecho o izquierdo de un ejército. || Lado. || **por los cuatro costados** loc. Por todas partes, completamente.

costal adj. De las costillas o relativo a ellas. || m. Saco grande de tela fuerte y rústica. || FAM. costalada, costalazo, costalero.

costalada f. Golpe que uno da al caer de espaldas o de costado.

costalazo m. Costalada.

costalero, ra m. y f. Persona que junto con otras lleva en hombros el paso de una procesión de Semana Santa, especialmente en Andalucía.

costana f. Calle en pendiente.

costanera f. *amer.* Paseo marítimo.

costanilla f. Calle corta y estrecha, de mayor declive que las cercanas.

costar intr. Tener que pagar determinado precio por una cosa. || Causar una cosa dificultad, daño, molestia: *me costó mucho convencerlo.* || Llevar un tiempo la realización de una cosa: *acabar el trabajo me va a costar un par de semanas.* ◆ **Irreg.** Se conj. como *contar.* || FAM. costa, coste, costear, costo, costoso.

costarricense adj. y com. De Costa Rica o relativo a este país de América Central. || FAM. costarriqueñismo.

costarriqueño, ña adj. y s. Costarricense.

coste m. Gasto que se hace para la obtención de una cosa o servicio.

costear[1] tr. y prnl. Pagar los gastos de alguna cosa.

costear[2] intr. Navegar sin perder de vista la costa. || tr. Bordear una cosa. || Esquivar o resolver una situación de peligro o dificultad.

costera f. Temporada en la que se puede pescar una especie que pasa cerca de la costa: *costera del bonito.*

costero, ra adj. De la costa, relacionado con ella o cercano a ella.

costilla f. Cada uno de los huesos largos y encorvados que nacen en las vértebras dorsales y van hacia el pecho. || Lo que tiene esta forma y compone la estructura o armazón de una cosa. || *col.* Esposa. || pl. *col.* Espaldas del cuerpo humano. || FAM. costillar.

costillar m. Conjunto de costillas. || Parte del cuerpo en la cual están.

costo m. Coste. || *argot* En lenguaje de la droga, hachís.

costoso, sa adj. Que cuesta mucho dinero. || Que supone mucho dolor o esfuerzo.

costra f. Corteza endurecida sobre una cosa blanda. || Capa dura que se forma en el exterior de una cicatriz. || FAM. costroso, encostrar.

costumbre f. Hábito adquirido por la práctica frecuente de un acto. || pl. Conjunto de inclinaciones y de usos que forman el carácter distintivo de una nación o de una persona. || FAM. costumbrismo, acostumbrar.

costumbrismo m. En las obras artísticas, estilo que se caracteriza por la especial atención que presta a la descripción detallada de las costumbres típicas de un país o región. || FAM. costumbrista.

costumbrista adj. Del costumbrismo o relativo a él. ‖ adj. y com. Que cultiva el costumbrismo.

costura f. Acción y resultado de coser. ‖ Toda labor que está cosiéndose y sin acabar. ‖ Serie de puntadas que unen dos piezas cosidas. ‖ Cicatriz de una intervención quirúrgica. ‖ **alta costura** Confección de prendas de vestir de lujo o de prestigio. ‖ FAM. costurero, costurón.

costurar tr. *amer.* Coser.

costurero, ra m. y f. Persona que se dedica a coser profesionalmente. ‖ m. Caja, estuche, mueble, etc., donde se guardan los útiles necesarios para la costura.

costurón m. *col.* Cicatriz grande.

cota¹ f. Número que en los mapas indica la altura de un punto sobre el nivel del mar o sobre otro plano de nivel. ‖ Esta misma altura. ‖ Importancia, valor: *cotas de audiencia.* ‖ FAM. acotar, cotejar, cotizar.

cota² f. Armadura defensiva que cubría el cuerpo de los caballeros.

cotangente f. En un triángulo rectángulo, relación entre los dos catetos con respecto al ángulo adyacente al primero de ellos. La relación opuesta es la *tangente.* ‖ Función matemática periódica que generaliza este concepto a cualquier valor del ángulo.

cotarro m. *col.* Colectividad en estado de agitación o inquietud. ‖ *col.* Negocio.

cotejar tr. Confrontar una cosa con otra u otras. ‖ FAM. cotejo.

cotejo m. Comparación de una cosa con otra u otras.

cotelé m. *amer.* Pana: *le he regalado una camisa de cotelé.*

cotidianidad o **cotidianeidad** f. Característica de lo que es normal porque pasa todos los días.

cotidiano, na adj. Diario. ‖ Que ocurre con frecuencia, habitual. ‖ FAM. cotidianidad.

cotiledón m. Forma con que aparece la primera hoja en el embrión de las plantas con semilla. ‖ FAM. cotiledóneo.

cotiledóneo, a adj. y f. De las cotiledóneas o relativo a este grupo de plantas. ‖ f. pl. Grupo de plantas que tienen un embrión con uno o más cotiledones, como el trigo.

cotilla adj. y com. Se dice de la persona a la que le gustan los chismes y cotilleos. ‖ FAM. cotillear.

cotillear intr. *col.* Contar chismes o cuentos. ‖ *col.* Fisgar o curiosear en asuntos ajenos. ‖ FAM. cotilleo.

cotilleo m. *col.* Acción y resultado de cotillear.

cotillón m. Fiesta con que se celebra algún día señalado: *cotillón de fin de año.* ‖ Bolsa con adornos festivos y objetos de broma que se reparte en una fiesta.

cotización f. Pago de una cuota: *cotización a la Seguridad Social.* ‖ Publicación del precio de un valor o una acción en la Bolsa: *cotización de las acciones.* ‖ Valor o apreciación pública y general de una cosa.

cotizar tr. Pagar una cuota. ‖ Alcanzar un precio las acciones, valores, etc., del mercado bursátil. También prnl.: *estas acciones no se cotizan mucho.* ‖ Gozar de mayor o menor estimación una persona o cosa en relación con un fin determinado. También prnl.: *un buen técnico se cotiza mucho.* ‖ FAM. cotizable, cotización.

coto¹ m. Terreno acotado: *coto de caza.* ‖ Término, límite. ‖ FAM. acotar, cotarro.

coto² m. *amer.* Bocio. ‖ FAM. cotudo.

cotolengo m. *amer.* Asilo de ancianos. ‖ *amer.* Institución donde se interna a enfermos mentales o niños deficientes.

cotona f. *amer.* Camiseta gruesa de algodón. ‖ *amer.* Chaqueta de gamuza o de otros tejidos.

cotorra f. Ave psitaciforme prensora americana parecida al papagayo, con las mejillas cubiertas de pluma, alas y cola largas y puntiagudas y colores variados entre los que domina el verde. ‖ *col.* Persona habladora. ‖ FAM. cotorrear, cotorreo.

cotorrear tr. *col.* Hablar mucho.

cotorro m. *amer.* Apartamento sencillo de una persona soltera o una pareja sin hijos.

cototo, ta adj. *amer. argot* Que es bueno o extraordinario. ‖ m. *amer. col.* Chichón, contusión.

cotufa f. Chufa. ‖ Palomita de maíz.

coturno m. Calzado de suela de corcho gruesa que, con objeto de aparecer más altos, usaban en las tragedias los actores griegos. ‖ Calzado que cubría el pie y la pierna hasta la pantorrilla, usado por los antiguos griegos y romanos.

country (voz i.) adj. y m. Del género de música tradicional y folclórica propia de Estados Unidos o relacionado con él.

coupé m. *amer.* Coche deportivo de dos puertas. ‖ Cupé.

covacha f. Cueva pequeña. ‖ Vivienda pequeña, pobre e incómoda.

cowboy (voz i.) m. Vaquero de los campos del oeste de Estados Unidos. ◆ pl. *cowboys.*

coxal adj. De la cadera o relativo a ella: *hueso coxal.*

coxis m. Hueso que constituye la última parte de la columna vertebral. ◆ No varía en pl.

coy m. Trozo de lona o tejido de malla que sirve de cama en un barco. ◆ pl. *coyes.*

coyote m. Mamífero carnívoro de la familia de los cánidos, parecido al lobo, pero de menor tamaño que este, y de pelaje grisáceo, que habita en América del Norte y Central.

coyotear intr. *amer. col.* Actuar de agente intermediario en asuntos administrativos o judiciales. ‖ *amer. col.* Hacer de intermediario en operaciones de compra y venta. ‖ *amer. col.* Aparentar una persona que no sabe jugar a un juego, para ganar más y mejor.

coyuntura f. Conjunto de circunstancias que intervienen en la resolución de un asunto importante. ‖ Oportunidad para hacer alguna cosa: *aprovechar la coyuntura.* ‖ Articulación entre dos huesos. ‖ FAM. coyuntural.

coyuntural adj. Que depende de la coyuntura o de las circunstancias.

coyuyo m. *amer.* Cigarra grande.

coz f. Patada violenta que dan las caballerías. ‖ Patada de una persona. ‖ Acción o palabra injuriosa o grosera.

crac m. Quiebra económica de una empresa, Estado, etc.

-cracia suf. que significa 'gobierno', 'fuerza' o 'dominio': *democracia, tecnocracia, burocracia.* ‖ FAM. -crata.

crack m. Droga compuesta principalmente por cocaína. || Jugador de extraordinaria calidad: *el club ha fichado un nuevo crack*. ◆ pl. *cracks*.

crampón m. Pieza metálica con pinchos que se fija a la suela de las botas para no resbalar sobre la nieve o el hielo. || Clavo grande que se utiliza en alpinismo.

craneal o **craneano, na** adj. Del cráneo o relativo a él.

cráneo m. Caja ósea en que está contenido el encéfalo. || **ir de cráneo** loc. *col.* Encontrarse en una situación de difícil solución, o en la que se está mal encaminado. || FAM. craneal, craneano.

crápula m. Hombre que lleva una vida de vicio y libertinaje. || f. Este tipo de vida.

crash (voz i.) m. Crac. ◆ No varía en pl.

craso, sa adj. Se apl. a un error o equivocación que es grande y no tiene disculpa. || FAM. crasitud.

crasuláceo, a adj. y f. De las crasuláceas o relativo a esta familia de plantas. || f. pl. Familia de hierbas y arbustos angiospermos dicotiledóneos, con hojas carnosas sin estípulas, flores solitarias o en inflorescencias y cuyos frutos son folículos dehiscentes, como la siemprevia.

cráter m. Boca por donde los volcanes arrojan humo, ceniza, lava, etc. || Depresión que ocasiona un meteorito al chocar con un planeta o un astro.

crátera f. En las antiguas Grecia y Roma, vasija donde se mezclaba el agua y el vino.

crayón m. *amer.* Lápiz de cera.

creación f. Producción de algo a partir de la nada. || Cosa creada, y especialmente el universo o conjunto de todas las cosas creadas. || Establecimiento o fundación de una cosa por primera vez. || Institución de nuevos cargos o empleos. || Producción de una obra de arte o de algo que exige un gran ingenio o inventiva.

creacionismo m. Movimiento literario surgido a principios del siglo XX, defensor de la total autonomía del poema frente a la realidad. || Doctrina filosófica que propugna que Dios creó el mundo de la nada y participa en la creación del alma humana en el momento de la concepción. || FAM. creacionista.

creacionista adj. Del creacionismo o relativo a él. || adj. y com. Partidario de este movimiento literario o de esta doctrina.

creador, ra adj. y s. Que crea. || m. Dios, entendido como origen de todas las cosas. ◆ Se escribe con mayúscula.

crear tr. Producir algo de la nada. || Realizar algo partiendo de las propias capacidades. || Establecer, fundar. || Instituir un nuevo empleo, puesto de trabajo, cargo, etc. || Producir una obra literaria, artística, etc. || Ideal, construir. || prnl. Imaginarse, formarse una imagen en la mente. || FAM. creación, creador, creativo, recrear.

creatinina f. Compuesto químico que se encuentra en la sangre, la orina y los músculos.

creatividad f. Facultad de crear.

creativo, va adj. Que posee o estimula la capacidad de creación. || m. y f. Persona que crea los anuncios y campañas de promoción para una empresa, agencia de publicidad, etc. || FAM. creatividad.

crecedero, ra adj. Que todavía puede crecer. || Se apl. a la prenda de vestir que se le hace a un niño de manera que le pueda servir cuando crezca.

crecepelo m. Sustancia que se utiliza para hacer crecer el pelo.

crecer intr. Aumentar de tamaño, cantidad o importancia, desarrollarse. || tr. En una labor de punto o de ganchillo, añadir un punto. || prnl. Adquirir alguien mayor autoridad, importancia, atrevimiento o seguridad: *se crece ante las dificultades*. ◆ Irreg. Se conjuga como *agradecer*. || FAM. crecedero, creces, crecida, crecido, creciente, crecimiento.

creces (con) loc. adv. Con más abundancia de lo esperado o de lo debido.

crecida f. Aumento de agua de un río, desbordamiento.

crecido, da adj. Grande, numeroso.

creciente adj. Que crece: *pánico creciente*.

crecimiento m. Aumento de tamaño, cantidad o importancia. || Desarrollo de un organismo o de alguna de sus partes.

credencial adj. Que acredita: *cartas credenciales*. || f. Documento que permite tomar posesión de su plaza a un empleado.

credibilidad f. Característica de lo que es creíble o aceptable.

crediticio, cia adj. Del crédito o relativo a él.

crédito m. Préstamo que se pide a una entidad bancaria debiendo garantizar previamente su devolución. || Cantidad de dinero que se debe o que el acreedor tiene derecho a recibir de sus deudores. || Confianza que tiene una persona de que cumplirá los compromisos que contraiga. || Reputación, fama. || Aceptación de algo como verdadero: *no doy crédito a mis ojos*. || En los estudios universitarios, unidad de valoración de una materia. || pl. Conjunto de nombres de las personas que han colaborado en la creación de un libro y demás datos relativos a su publicación, que aparecen en los principios del libro. || **a crédito** loc. adv. A plazos, sin tener que pagar al contado. || Retrasando el pago de la compra o servicio. || FAM. acreditar, crediticio.

credo m. Conjunto de doctrinas comunes a una colectividad: *credo político*. || Oración que enuncia y simboliza la fe cristiana.

credulidad f. Facilidad para creer algo.

crédulo, la adj. y s. Que se cree cualquier cosa con facilidad. || FAM. credulidad, incrédulo.

creencia f. Certeza que se tiene de una cosa. || Aquello en lo que se cree. También pl.: *creencias políticas, religiosas*.

creer tr. Tener por cierto, aceptar como verdad. || Pensar, juzgar, suponer algo. También prnl.: *se cree muy valiente*. || intr. Tener fe en las verdades religiosas. || Tener confianza en una persona: *creyó en él a pesar de todo*. ◆ Irreg. Se conjuga como *leer*. || FAM. creencia, creíble, creído, creyente.

creíble adj. Que puede o merece ser creído.

creído, da adj. y s. *col.* Se apl. a la persona vanidosa, orgullosa.

crema¹ f. Mezcla de leche, azúcar, huevos y otros ingredientes que se utiliza en la elaboración de pasteles. ||

Sopa espesa. ‖ Confección cosmética para diversos usos. ‖ Pasta para sacar brillo y conservar los artículos de piel, en especial el calzado. ‖ Conjunto de las personas más distinguidas de un grupo social. ‖ FAM. cremería, cremoso.

crema² f. Diéresis.

cremación f. Reducción a cenizas de algo, especialmente el cuerpo de una persona muerta. ‖ FAM. crematorio, cremar.

cremallera f. Cierre que consiste en dos tiras flexibles, generalmente metálicas, provistas de dientes que se traban o se destraban según el sentido en que se desliza una corredera. ‖ Barra metálica con dientes en uno de sus cantos, para engranar con un piñón.

cremar tr. *amer.* Incinerar un cadáver.

crematística f. Conjunto de conocimientos y estudios sobre la producción y la distribución de la riqueza.

crematístico, ca adj. Del dinero o relativo a él: *interés crematístico.*

crematorio, ria adj. De la incineración de cadáveres o relativo a ella: *horno crematorio.* ‖ m. Lugar donde se incineran los cadáveres.

cremería f. *amer.* Lugar donde se fabrican mantequilla, queso y otros productos lácteos.

cremoso, sa adj. De la naturaleza o aspecto de la crema. ‖ Que tiene mucha crema.

crencha f. Raya que divide el cabello en dos partes. ‖ Cada una de estas partes.

crep f. Tortita hecha con harina, leche y huevo que se hace a la plancha; generalmente se sirve enrollada y rellena de ingredientes dulces o salados. ◆ A veces se usa como m. ‖ m. Crepé. ◆ pl. *creps.* ‖ FAM. crepería.

crepé m. Caucho esponjoso que se emplea en la fabricación de suelas. ‖ Tela fina y ligera.

crepería f. Restaurante especializado en la elaboración de creps.

crepitación f. Ruido que hace la madera u otras cosas al arder.

crepitar intr. Producir un ruido la madera u otras cosas al arder. ‖ FAM. crepitación, crepitante.

crepuscular adj. Del crepúsculo o relativo a él.

crepúsculo m. Claridad que hay al amanecer y al anochecer. ‖ *poét.* Decadencia: *el crepúsculo de su vida.* ‖ FAM. crepuscular.

crescendo (voz it.) m. En mús., aumento gradual de la intensidad con que se ejecutan un sonido o un pasaje. ‖ Pasaje de una composición musical que se ejecuta aumentando gradualmente la intensidad. ‖ *in crescendo* (expr. it.) loc. adv. *col.* En progresión creciente.

crespo, pa adj. Ensortijado, rizado. ‖ FAM. crespón.

crespón m. Tela negra que se utiliza en señal de luto.

cresta f. Carnosidad roja sobre la cabeza de algunas aves. ‖ Moño de plumas de ciertas aves. ‖ Picos de una montaña. ‖ Cima de una ola. ‖ *col.* Peinado de ciertas tribus urbanas que mantiene el pelo tieso y normalmente pintado de colores llamativos. ‖ FAM. crestería, encrestarse.

crestería f. Remate de un edificio con motivos vegetales, geométricos, etc.

creta f. Roca caliza de color blanco. ‖ FAM. cretácico, cretáceo.

cretácico, ca o **cretáceo, a** adj. y m. Del periodo más reciente de la era mesozoica o secundaria o relacionado con él.

cretense adj. y com. De Creta o relativo a esta isla griega del Mediterráneo.

cretinismo m. Retraso patológico tanto físico como intelectual, debido al mal funcionamiento o a la ausencia del tiroides. ‖ Estupidez, idiotez, falta de talento.

cretino, na adj. y s. Estúpido, necio. ‖ FAM. cretinismo.

cretona f. Tela de algodón blanca o estampada.

creyente adj. y com. Que profesa una determinada fe religiosa.

cría f. Nutrición, alimentación y cuidado que se da a las personas o animales. ‖ Animal que se está criando.

criadero m. Lugar destinado para la cría de animales.

criadilla f. Testículo de algunos animales de matadero.

criado, da m. y f. Persona asalariada que trabaja en las tareas domésticas, sirviente. ‖ **estar bien** o **mal criado** loc. Tener buena o mala educación.

criador, ra m. y f. Persona que se dedica a la crianza de animales.

criandera f. *amer.* Nodriza.

crianza f. Nutrición y cuidado que se presta a los descendientes. ‖ Época de la lactancia. ‖ Educación de los hijos. ‖ Alimentación y cuidado de animales destinados al consumo o a la venta. ‖ Envejecimiento y calidad del vino.

criar tr. Nutrir y alimentar las hembras de los mamíferos con leche a sus crías. También prnl. ‖ Alimentar una persona a su hijo. ‖ Instruir, educar a los niños. También prnl.: *en su casa se criaron todos en la tolerancia.* ‖ Producir, engendrar: *criar hongos.* También prnl. ‖ Dar a un vino cuidados especiales. ‖ prnl. Desarrollarse: *el niño se ha criado sano.* ‖ FAM. cría, criadero, criado, criador, criandera, crianza, criatura, crío, malcriar.

criatura f. Toda cosa creada por Dios. ‖ Niño recién nacido. ‖ Ser fantástico e imaginario que causa terror.

criba f. Utensilio consistente en una lámina agujereada o una tela sujeta a un aro de madera, que se emplea para separar granos de distintos tamaños o cosas similares. ‖ Selección o elección de lo que interesa. ‖ Cualquiera de los tabiques membranosos, transversales u oblicuos, del interior de los vasos cribosos de las plantas con pequeños orificios por los que pasa la savia descendente. ‖ FAM. cribar, criboso.

cribar tr. Separar las partes menudas de las gruesas de una materia. ‖ Seleccionar o elegir lo que interesa: *cribar una información.*

cricket (voz i.) m. Críquet.

crimen m. Delito grave que consiste en matar, herir o hacer daño a una persona. ‖ Acción o cosa que perjudica a alguien o algo. ‖ FAM. criminalidad, criminología.

criminal adj. Del crimen o relativo a él. ‖ Se apl. a la ley, el organismo o la acción destinados a perseguir y castigar el crimen: *querella criminal*. || adj. y com. Se apl. a la persona que ha cometido un crimen: *es un criminal sin escrúpulos*. || FAM. criminalista.

criminalidad f. Conjunto de características que hacen que una acción sea criminal. || Número de crímenes cometidos en un territorio en un tiempo determinado.

criminalista adj. Abogado o especialista en derecho penal. También com. || Se apl. al texto que trata sobre el crimen.

criminología f. Rama del derecho que estudia los aspectos sociales, jurídicos y policiales de cualquier hecho delictivo. || FAM. criminológico, criminólogo.

criminólogo, ga adj. y s. Que está especializado en criminología.

crin f. Conjunto de pelos que tienen algunos animales en la parte superior del cuello. Más en pl. || Filamento flexible y elástico que se obtiene de la hoja de esparto cocido u humedecido.

crío, a m. y f. Niño pequeño. || *desp.* Joven inmaduro que actúa de forma infantil.

criogenia f. Conjunto de técnicas para la obtención de bajas temperaturas. || FAM. criogénico, criogenizar.

criogénico, ca adj. Que produce temperaturas muy bajas: *cámara criogénica*.

criogenización f. Congelación de un ser vivo con la intención de reanimarlo en el futuro.

criogenizar tr. Congelar a un ser vivo con la intención de reanimarlo en el futuro. || FAM. criogenización.

criollaje m. *amer.* Conjunto de criollos.

criollismo m. Característica de lo que es criollo. || Conjunto de costumbres y tradiciones de los criollos. || Movimiento literario surgido a finales del siglo XIX y principios del XX en Latinoamérica, que se caracteriza por el realismo en la descripción de la vida de los gauchos, indios y negros.

criollo, lla adj. Descendiente de padres europeos nacido en Hispanoamérica. También s. || De algún país hispanoamericano o relativo a él. || m. *amer.* Caballo. || FAM. criollismo.

criónica f. Utilización tecnológica del frío, especialmente para la conservación de seres vivos.

crioterapia f. Tratamiento y curación de enfermedades mediante el uso de bajas temperaturas.

cripta f. Piso subterráneo en una iglesia. || Lugar subterráneo utilizado para enterrar a los muertos. || FAM. críptico.

críptico, ca adj. Enigmático, oscuro, difícil de entender: *mensaje críptico*.

criptógamo, ma adj. y f. De las criptógamas o relativo a este grupo de plantas. || f. pl. Grupo constituido por plantas sin flores, como los helechos, que en la sistemática moderna no tiene categoría taxonómica.

criptografía f. Escritura en clave. || FAM. criptográfico, criptograma.

criptográfico, ca adj. De la criptografía o relativo a ella.

criptograma m. Documento escrito en clave.

criptón m. Elemento químico no metálico y gaseoso, inerte e incoloro, que se encuentra en el aire en muy bajas proporciones. Su símbolo es *Kr*, y su número atómico, *36*.

críquet m. Juego de pelota de origen inglés que se practica sobre un campo de hierba entre dos equipos de once miembros; se juega con paletas de madera. || *amer.* Gato para levantar pesos.

crisálida f. Fase intermedia y larvaria en el desarrollo de los insectos lepidópteros.

crisantemo m. Planta herbácea o arbustiva de la familia de las compuestas, procedente de China, de tallo leñoso y hojas pequeñas y blanquecinas por el envés. || Flor de esta planta, formada por pétalos numerosos, alargados y apiñados, de colores brillantes.

crisis f. Mutación considerable en una enfermedad tras la cual se produce un empeoramiento o una mejoría. || Cambio importante en el desarrollo de un proceso que da lugar a una inestabilidad: *crisis económica*. || Problema, conflicto, situación delicada: *esa pareja está pasando por una crisis*. ◆ No varía en pl. || FAM. crítico.

crisma[1] amb. Óleo consagrado que se usa para unciones sacramentales. Más como m. || f. *col.* Cabeza.

crisma[2] m. Tarjeta de felicitación navideña.

crismón m. Monograma del nombre de Cristo formado por las letras griegas mayúsculas X y P, o P con las minúsculas α y ω.

crisol m. Vaso fabricado con material refractario que se emplea para fundir metales. || Cavidad inferior de los hornos que sirve para recoger el metal fundido. || FAM. acrisolar, crisolar.

crispación f. Contracción repentina y pasajera de un músculo. || Irritación, exasperación.

crispamiento m. Crispación.

crispar tr. y prnl. Provocar la contracción repentina y pasajera de un músculo. || Irritar, exasperar. || FAM. crispación, crispamiento, encrispar.

cristal m. Vidrio incoloro y transparente. || En geol., cuerpo sólido de forma poliédrica: *cristal de sal*. || **cristal de roca** Cuarzo puro y cristalizado, considerado piedra preciosa. || FAM. acristalar, cristalera, cristalería, cristalero, cristalino, cristalizable, cristalizar.

cristalera f. Puerta o cierre de cristal. || Vitrina, armario con cristales.

cristalería f. Establecimiento donde se fabrican o venden objetos de cristal o vidrio. || Conjunto de piezas de cristal o vidrio que forman parte de una vajilla.

cristalero, ra m. y f. Persona que hace o vende cristales o vidrios.

cristalino, na adj. Del cristal o relativo a él. || Parecido al cristal: *agua cristalina*. || m. Cuerpo de forma esférica lenticular situado detrás de la pupila del ojo.

cristalización f. Proceso por el que un cuerpo adquiere estructura cristalina.

cristalizar intr. Adquirir forma cristalina. También prnl.: *cristalizarse la sal*. || Tomar forma clara y precisa las ideas, sentimientos o deseos: *sus sentimientos cristalizaron en una profunda ternura*. || tr. Hacer tomar la forma cristalina a ciertas sustancias. || FAM. cristalización.

cristalografía f. Ciencia que describe las formas que toman los cuerpos al cristalizar. || FAM. cristalográfico.

cristalográfico, ca adj. De la cristalografía o relativo a ella.

cristianar tr. *col.* Bautizar.

cristiandad f. Conjunto de los fieles que profesan la religión cristiana. || Conjunto de países que profesan esta religión.

cristianismo m. Religión cristiana. || Cristiandad.

cristianización f. Difusión de la doctrina cristiana.

cristianizar tr. y prnl. Difundir la doctrina cristiana. || FAM. cristianización.

cristiano, na adj. Del cristianismo o relativo a esta religión. || Que profesa la fe cristiana. También s. || m. *col.* Persona, ser viviente: *la buena vida le gusta a cualquier cristiano.* || **en cristiano** loc. adv. *col.* En un idioma conocido. || FAM. cristianar, cristiandad, cristianismo, cristianizar.

cristo n. p. El hijo del Dios cristiano hecho hombre en la tierra. ◆ Se escribe con mayúscula. || m. Crucifijo. || **hecho un cristo** loc. *col.* Herido o con la ropa sucia y rota. || **ni cristo** loc. *col.* Nadie. || **todo cristo** loc. *col.* Todo el mundo. || FAM. cristología.

cristobalita f. Variante del cuarzo de origen volcánico.

criterio m. Norma, regla o pauta para conocer la verdad o la falsedad de una cosa. || Juicio para discernir, clasificar o relacionar una cosa. || Capacidad o facultad que se tiene para comprender algo o formar una opinión.

crítica f. Arte de juzgar y evaluar las cosas. || Juicio formado sobre una obra literaria o artística. || Censura. || Conjunto de críticos profesionales sobre cualquier asunto.

criticable adj. Que se puede criticar.

criticar tr. Censurar a alguien o algo. || FAM. crítica, criticable, criticastro, criticismo, crítico, criticón.

criticismo m. En filos., método de investigación que propugna iniciar la indagación científica con el análisis de las posibilidades, fuentes y límites del conocimiento en cuestión. || Corriente filosófica que tiene su origen en el pensamiento kantiano y que, partiendo de una crítica del conocimiento, pretende establecer la estructura y los límites de la razón.

crítico, ca adj. De la crítica o relativo a ella. || Que hace críticas sobre una cosa, especialmente para que mejore. || De la crisis o relativo a ella: *atravesaba una situación crítica.* || Decisivo, oportuno: *llegó en un momento crítico.* || m. y f. Persona que se dedica profesionalmente a la crítica. || FAM. críticamente.

criticón, ona adj. y s. *col.* Que todo lo censura.

croar intr. Cantar la rana.

croata adj. y com. De Croacia o relativo a este país europeo. || m. Lengua eslava meridional que se habla en Croacia.

crocante m. Pasta hecha con almendra y caramelo.

crocanti m. Helado cubierto por una capa de chocolate y almendras.

croché m. Labor de ganchillo. || En boxeo, golpe que se da con el brazo doblado en forma de gancho.

crocodiliano, a adj. y m. De los crocodilianos o relativo a este orden de reptiles. || m. pl. Orden de rep-

tiles de vida acuática, reproducción ovípara y carnívoros, entre los que se incluyen cocodrilos, aligatores y gaviales.

croissant (voz fr.) m. Cruasán. ◆ pl. *croissants.* || FAM. croissanterie.

croissanterie (voz fr.) f. Establecimiento donde se hacen y venden cruasanes.

crol m. Estilo de natación que consiste en mover los brazos alternativamente hacia delante, sacándolos del agua e introduciéndolos de nuevo, mientras se baten sin parar los pies. || FAM. crolista.

cromado, da adj. y m. Que está bañado con cromo.

cromar tr. Dar un baño de cromo a los objetos metálicos. || FAM. cromado.

cromático, ca adj. De los colores o relativo a ellos. || Se apl. a la escala musical que procede por semitonos. || FAM. cromatismo.

cromátida f. Cada una de las dos partes en que se divide longitudinalmente un cromosoma en la mitosis.

cromatina f. Material cromosómico que contiene material genético y proteínas y que se encuentra en el núcleo de la célula.

cromatismo m. Característica de lo que es cromático.

crómlech m. Monumento prehistórico formado por una serie de piedras verticales o menhires dispuestos de forma vertical.

cromo m. Elemento químico de carácter metálico, duro, de color grisáceo, que se emplea en aleaciones, en la fabricación de pinturas e instrumentos inoxidables. Su símbolo es *Cr*, y su número atómico, 24. || FAM. cromar, cromático, crómico.

cromo m. Estampa o tarjeta con figuras de colores. || Dibujo o pintura de colores chillones y de escasa calidad. || **hecho un cromo** loc. adj. *col.* Vestido y arreglado con exageración. || *col.* Con muchas heridas o muy sucio.

cromosfera f. Zona superior y externa de la envoltura gaseosa del Sol.

cromosoma m. Cada uno de los corpúsculos, generalmente filamentosos, que existen en el núcleo de las células y en los que residen los factores hereditarios; su número es constante para cada especie animal o vegetal. El ser humano tiene 46. || FAM. cromosómico.

cromosómico, ca adj. Del cromosoma o relativo a él: *aberración cromosómica.*

crónica f. Relato de acontecimientos históricos ordenados cronológicamente. || Artículo periodístico sobre temas de actualidad: *crónica de sociedad.* || FAM. cronicón, cronista, cronístico.

crónico, ca adj. Se apl. a la enfermedad de larga duración o habitual. || Que viene de tiempo atrás: *la falta de organización es un mal crónico en esta empresa.* || FAM. crónicamente.

cronicón m. Breve narración histórica ordenada cronológicamente.

cronista com. Autor de una crónica histórica o periodística.

crónlech m. Crómlech.

crono m. Tiempo medido con un cronómetro en una prueba de velocidad. || Cronómetro.

crono- pref. que significa 'tiempo': *cronología, cronómetro, cronógrafo.*

cronología f. Ciencia que determina el orden y las fechas de los sucesos históricos. || Serie de hechos históricos, datos, sucesos, etc., por orden de fechas. || FAM. cronológico, cronologista, cronólogo.

cronológico, ca adj. De la cronología o relativo a ella. || FAM. cronológicamente.

cronometraje m. Medición del tiempo utilizando un cronómetro.

cronometrar tr. Medir el tiempo con un cronómetro. || FAM. cronometrador, cronometraje.

cronómetro m. Reloj de precisión que sirve para medir fracciones muy pequeñas de tiempo. || FAM. cronometrar, cronometría, cronométrico.

croquet (voz i.) m. Juego que consiste en hacer pasar unas bolas por unas argollas puestas en el suelo, golpeándolas con un mazo.

croqueta f. Fritura de forma cilíndrica que se prepara mezclando harina, leche y huevo con pescado, carne, etc.

croquis m. Diseño o dibujo rápido y esquemático. ◆ No varía en pl.

cross (voz i.) m. Carrera de obstáculos a campo traviesa. || En boxeo, puñetazo horizontal y circular que se da en el mentón. ◆ No varía en pl.

crótalo m. Nombre común de diversas especies de reptiles escamosos, ofidios venenosos de América, que tienen en el extremo de la cola unos anillos córneos con los cuales hacen cierto ruido característico al moverse. También se conoce como *serpiente de cascabel.* || pl. Castañuelas. || Instrumento musical de percusión que consiste en dos pequeños platillos que se tocan sujetándolos a los dedos índice y pulgar y entrechocando sus bordes.

crotorar intr. Producir la cigüeña el ruido peculiar con su pico.

croupier (voz fr.) com. Crupier.

cruasán m. Bollo de hojaldre en forma de media luna.

cruce m. Acción de cruzar o poner dos cosas en forma de cruz. || Punto donde se cortan mutuamente dos líneas, dos calles, dos vías, dos caminos, etc. || Paso destinado a los peatones. || Interferencia telefónica de emisiones radiadas: *hay un cruce en la línea.* || Acción de cruzar los animales o las plantas para producir una nueva variedad.

cruceiro m. Unidad monetaria brasileña.

crucería f. Sistema de construcción propio del estilo gótico, en el cual la forma de bóveda se logra mediante el cruce de arcos diagonales llamados también *ojivas* o *nervios.*

crucero m. Viaje por mar recorriendo un itinerario turístico. || Espacio en que se cruzan la nave mayor de una iglesia y la que la atraviesa. || Cruz de piedra que se coloca en el cruce de caminos y en los atrios. || Buque de guerra de gran velocidad.

cruceta f. Cruz que resulta al cortarse dos series de líneas paralelas. || Punto donde se unen dos maderos perpendiculares. || En los motores de automóviles u otras máquinas, pieza que sirve de articulación entre el vástago del émbolo y la biela.

crucial adj. Decisivo, fundamental: *acontecimiento crucial.*

crucífero, ra adj. y f. De las crucíferas o relativo a esta familia de plantas. || f. pl. Familia de plantas angiospermas dicotiledóneas que tienen hojas alternas y corola en forma de cruz, como la col.

crucificar tr. Fijar o clavar en una cruz a una persona. || col. Sacrificar, perjudicar. || FAM. crucificado, crucifijo, crucifixión.

crucifijo m. Imagen de Cristo crucificado.

crucifixión f. Fijación de un hombre a una cruz mediante clavos. || Representación de la muerte de Cristo.

cruciforme adj. Que tiene forma de cruz.

crucigrama m. Entretenimiento que consiste en rellenar un casillero con palabras que se entrecruzan.

cruda f. amer. Borrachera, resaca.

crudeza f. Característica de lo que es cruel o extremadamente realista. || Rigor o aspereza: *crudeza del clima.*

crudo, da adj. Se dice del alimento que no está bien cocido o maduro. || Se apl. a la seda, el lienzo, el cuero, etc., cuando no están preparados o curados. || Se dice del tiempo muy frío: *crudo invierno.* || De color semejante a la arena, amarillento. || Que es cruel, despiadado o muestra con excesivo realismo lo que puede resultar extremadamente desagradable: *crudas imágenes de guerra.* || Se apl. al petróleo sin refinar. Más como m.: *industria del crudo.* || col. Difícil. || FAM. crudeza, recrudecer.

cruel adj. Que se deleita en hacer mal o con el sufrimiento de otros. || Insufrible, duro, excesivo. || Sangriento, duro, violento. ◆ sup. Irreg. *crudelísimo*, aunque también se emplea el regular. || FAM. crueldad, cruelmente.

crueldad f. Falta de compasión hacia el sufrimiento ajeno. || Acción cruel e inhumana.

cruento, ta adj. Sangriento, que causa mucho derramamiento de sangre: *guerra cruenta.* || FAM. cruentamente, incruento.

crujía f. Espacio entre dos muros de carga. || En algunas catedrales, paso cerrado con verjas o barandillas, desde el coro al presbiterio. || Espacio de popa a proa en la cubierta de un barco.

crujido m. Sonido que se produce al crujir la madera, la tela o algo semejante.

crujiente adj. Que cruje: *pan crujiente.*

crujir intr. Hacer cierto ruido algunos cuerpos cuando frotan o rozan unos con otros o se rompen. || FAM. crujido, crujiente.

crupier com. En los casinos, empleado que dirige las partidas y paga a los ganadores.

crustáceo, a adj. y m. De los crustáceos o relativo a esta clase de artrópodos. || m. pl. Clase de artrópodos de respiración branquial, cubiertos generalmente de un caparazón duro o flexible y con dos pares de antenas, como el cangrejo y la langosta.

cruz f. Figura formada por dos líneas que se atraviesan o cortan perpendicularmente. || Instrumento de tortura formado por un madero hincado verticalmente y atravesado en su parte superior por otro más corto, en los cuales se clavan o sujetan las manos y los pies de los condenados. || Insignia y señal del cristiano, en memoria de haber padecido y muerto sobre una de madera Je sucristo. || Distintivo de muchas órdenes religiosas, militares y civiles: *cruz de Santiago*. || Reverso de las monedas. || Dificultad, carga o trabajo: *cada cual soporta su propia cruz*. || En algunos animales cuadrúpedos, parte más alta del lomo, donde se cruzan los huesos de las extremidades anteriores y el espinazo. || **cruz gamada** Esvástica. || FAM. crucero, cruceta, crucial, crucífero, crucificar, cruzar, encrucijada.

cruza f. *amer.* Cruce de animales.

cruzada f. Expedición militar de los cristianos contra los musulmanes con el fin de recuperar los territorios de Tierra Santa, que se llevó a cabo durante los siglos XI al XIV. || Campaña en pro de algún fin: *cruzada de alfabetización*.

cruzado, da adj. Que está atravesado por algo. || Se apl. a la prenda de vestir que se cierra sobreponiendo un delantero sobre otro: *chaqueta cruzada*. || Que se alistaba para participar en alguna cruzada. También m. || Se dice del animal nacido de padres de distintas razas. || m. Unidad monetaria de Brasil hasta 1994.

cruzamiento m. Cruce.

cruzar tr. Poner una cosa sobre otra en forma de cruz: *cruzar las piernas*. También prnl. || Atravesar un camino, campo, calle, etc.: *cruzar un río*. || Unir animales o plantas de la misma especie para que se reproduzcan. || Navegar en todas direcciones dentro de un espacio determinado de mar, para proteger el comercio. || Pintar dos rayas paralelas atravesando oblicuamente un cheque, para obligar al que lo cobra a ingresarlo en una cuenta del banco. || Intercambiar con otra persona palabras, miradas o cualquier otro gesto: *cruzar una sonrisa*. || Aparecer o interponerse: *espero que no te vuelvas a cruzar en mi camino*. || prnl. Pasar por un mismo punto o camino dos personas o cosas en direcciones opuestas: *nos cruzamos en medio de la plaza*. || FAM. cruce, cruzada, cruzado, cruzamiento, entrecruzar.

cu f. Nombre de la letra *q*.

cuaco m. *amer. col.* Caballo.

cuaderna f. Cada una de las piezas curvas que encajan en la quilla del buque, disponiéndose a modo de costillas del casco. || Conjunto de estas piezas. || **cuaderna vía** Estrofa compuesta por cuatro versos alejandrinos monorrimos.

cuadernillo m. Conjunto de cinco pliegos de papel.

cuaderno m. Conjunto o agregado de algunos pliegos de papel doblados y cosidos en forma de libro. || Especie de libro formado por hojas de papel en el que se registra todo tipo de información relacionada con una determinada actividad: *cuaderno de campo*. || **cuaderno de bitácora** Libro en que se apunta el rumbo, la velocidad, las maniobras y demás accidentes de la navegación. || FAM. cuaderna, cuadernillo, encuadernar.

cuadra f. Lugar donde se guardan los animales. || Conjunto de caballos, generalmente de carreras, que pertenecen a una persona. || *amer.* Manzana de casas. || FAM. cuadrilla.

cuadrada f. Figura o nota musical que vale dos compases mayores.

cuadrado, da adj. Que tiene cuatro lados iguales y cuatro ángulos rectos o de sección semejante. || Se dice

de la medida de superficie: *piso de 140 metros cuadrados*. || *col.* Se apl. a la persona muy fuerte o corpulenta: *en el gimnasio se ha puesto cuadrado*. || m. Figura plana cerrada por cuatro líneas rectas iguales que forman cuatro ángulos rectos. || En mat., producto que resulta de multiplicar una cantidad por sí misma.

cuadrafonía f. Sistema de reproducción de sonido a través de cuatro canales, cuatro altavoces y cuatro micrófonos. || FAM. cuadrafónico.

cuadrafónico, ca adj. De la cuadrafonía o relativo a ella.

cuadragésimo, ma adj. num. ord. Que ocupa el lugar número cuarenta en una serie ordenada de elementos. || adj. num. frac. Se apl. a cada una de las cuarenta partes iguales en que se divide un todo. También m.

cuadrangular adj. Que tiene o forma cuatro ángulos. || En dep., se apl. al torneo en que se enfrentan cuatro participantes o equipos distintos.

cuadrángulo, la adj. y m. Que tiene cuatro ángulos.

cuadrante m. En geom., cuarta parte de la circunferencia o del círculo comprendida entre dos radios perpendiculares. || Instrumento compuesto de un cuarto de círculo graduado y unos anteojos, para medir ángulos.

cuadrar tr. Hacer que coincidan los totales de una cuenta, balance, etc. También intr. || intr. Conformarse o ajustarse una cosa con otra: *ese trabajo no cuadra con tu forma de ser*. || *amer.* Aparcar el coche. || prnl. Pararse una persona con los pies formando una escuadra: *cuadrarse un soldado delante de un superior*. || Mantenerse firme en una actitud. || FAM. cuadratura, encuadrar.

cuadratura f. Acción y resultado de cuadrar una figura. || Situación relativa de dos cuerpos celestes que en longitud o en ascensión recta están entre sí, respectivamente, a una distancia de uno o tres cuartos de círculo. || **la cuadratura del círculo** loc. *col.* Imposibilidad de una cosa.

cuádriceps adj. y m. Se apl. al músculo formado por cuatro haces musculares, situado en la cara anterior del muslo. ◆ No varía en pl.

cuadrícula f. Conjunto de los cuadrados que resultan de cortarse perpendicularmente dos series de rectas paralelas. || FAM. cuadricular.

cuadriculado, da adj. Dividido en cuadrículas: *papel cuadriculado*. || *col.* Sometido a una estructura u orden muy rígidos.

cuadricular tr. Trazar líneas que formen una cuadrícula. || FAM. cuadriculación, cuadriculado.

cuadriga f. Carro tirado por cuatro caballos de frente, sobre todo el que se usaba en la Antigüedad para las carreras del circo romano.

cuadrilátero, ra adj. y m. Que tiene cuatro lados. || m. En boxeo, plataforma cuadrada donde tienen lugar los combates.

cuadrilla f. Reunión de personas que realizan juntas una misma obra: *cuadrilla de albañiles, de toreros*.

cuadringentésimo, ma adj. num. ord. Que ocupa el lugar número cuatrocientos en una serie ordenada de elementos. ‖ adj. num. frac. Se apl. a cada una de las cuatrocientas partes iguales en que se divide un todo. También m.

cuadriplicar tr. Cuadruplicar.

cuadrivio m. En la Edad Media, conjunto de las cuatro artes liberales (aritmética, música, geometría y astrología o astronomía).

cuadro m. Figura plana y cerrada por cuatro rectas iguales que forman cuatro ángulos rectos. ‖ Lienzo, lámina, papel, etc., de una pintura, un grabado, un dibujo o similar. ‖ Descripción detallada y precisa, por escrito o de palabra, de un espectáculo o suceso. ‖ Conjunto de nombres, cifras u otros datos presentados gráficamente, de manera que se advierta la relación existente entre ellos. ‖ Marco, cerco que guarnece algunas cosas. ‖ Escena, espectáculo. ‖ Conjunto de personas que forman parte de una institución, empresa, etc.: *cuadro directivo*. ‖ Cada una de las partes en que se dividen los actos de ciertas obras dramáticas. ‖ Conjunto de mecanismos o instrumentos necesarios para manejar un aparato o una instalación: *cuadro de mandos*. ‖ En una bicicleta o una motocicleta, conjunto de tubos que forman su armazón. ‖ **cuadro clínico** Conjunto de síntomas que presenta un enfermo o caracteriza una enfermedad. ‖ **estar** o **quedarse a cuadros** loc. *col.* Quedarse perplejo o sorprendido. ‖ **estar** o **quedarse en cuadro** loc. Reducirse demasiado el número de miembros de un establecimiento, una empresa o cualquier otro grupo de personas. ‖ FAM. cuadrado, cuadrangular, cuadrar, recuadro.

cuadrumano, na o **cuadrúmano, na** adj. y s. Se apl. al animal que tiene manos en sus cuatro extremidades, como los monos.

cuadrúpedo, da adj. y s. Se apl. al animal que tiene cuatro patas.

cuádruple adj. num. mult. Que equivale a cuatro veces una cantidad. También m.

cuadruplicar tr. Hacer cuádruple una cosa. ‖ FAM. cuádruple, cuádruplo.

cuádruplo, pla adj. num. mult. y m. Cuádruple.

cuajada f. Parte grasa y espesa de la leche que se separa del suero por la acción del calor, del cuajo o de los ácidos, y se toma como alimento.

cuajado, da adj. *col.* Que está o se ha quedado dormido.

cuajar[1] tr. Unir y trabar las partes de un líquido para convertirlo en sólido. También prnl.: *cuajarse la leche*. ‖ Recargar de adornos una cosa: *el dibujo está cuajado de flores*. ‖ intr. Lograrse, tener efecto una cosa: *cuajar una relación*. También prnl. ‖ Crear la nieve una capa sobre el suelo u otra superficie. ‖ prnl. Llenarse o poblarse: *los árboles se cuajaron de pájaros*. ‖ FAM. cuajada, cuajado, cuajarón, cuajo.

cuajar[2] m. Última cavidad del estómago de los rumiantes.

cuajarón m. Porción de sangre o de otro líquido coagulado.

cuajo m. Fermento del estómago de los mamíferos que sirve para coagular la leche y, p. ext., cualquier otra sustancia con que se cuaja un líquido. ‖ *col.* Calma. ‖ **de**

cuajo loc. adv. De raíz, sacando enteramente una cosa del lugar en que estaba arraigada.

cual pron. relat. Introduce oraciones de relativo y designa a una persona, una cosa o un hecho ya mencionados. Cuando le precede el artículo, equivale a *que: la persona por la cual preguntas está de vacaciones*. ‖ adv. m. *poét.* Denota comparación o equivalencia; equivale a *como: estaba tiesa cual estatua de piedra*. ‖ En correlación con *tal*, equivale al mismo sentido: *se manifiesta tal cual es*. ‖ **cada cual** Designa a una persona independizándola de las demás: *cada cual que cargue con su equipaje*. ‖ FAM. cualidad, cualquiera.

cuál pron. interrog. Equivale a *qué, quién: ¿a cuál de ellos prefieres?* También adj. sobre todo en América: *¿cuál vasija prefieres?* ‖ pron. indef. Establece una correlación entre personas o cosas: *todos, cuál más, cuál menos, estuvimos de acuerdo*. ‖ **a cuál más** Fórmula que tiene valor adverbial y ponderativo. Va seguida de adj. en sing.: *ha terminado dos cuadros, a cuál más colorido*.

cualesquier pron. indet. pl. de *cualquier*.

cualesquiera pron. indet. pl. de *cualquiera*.

cualidad f. Cada una de las circunstancias o caracteres naturales o adquiridos que distinguen a las personas o cosas. ‖ Atributo positivo de una persona. ‖ FAM. cualitativo.

cualificado, da adj. Que tiene autoridad o merece respeto: *opinión cualificada*. ‖ Se apl. a la persona especialmente preparada para una tarea determinada: *profesional cualificado*.

cualificar tr. Atribuir o apreciar cualidades. ‖ FAM. cualificado.

cualitativo, va adj. De la cualidad o relativo a ella: *análisis cualitativo*.

cualquier pron. indet. Cualquiera. ◆ Siempre va delante de sustantivos en sing.: *cualquier cosa*. pl. *cualesquier*.

cualquiera adj. y pron. indef. Se apl. a una persona, animal o cosa indeterminado: *un empleado cualquiera; cualquiera puede hacerlo*. ◆ pl. *cualesquiera*. ‖ com. Persona vulgar, poco importante: *ser un cualquiera*. ◆ pl. *cualquieras*. ‖ FAM. cualesquiera, cualquier.

cuan apóc. del adv. relat. *cuanto* cuando le sigue un adv. o un adj.: *habló cuan alto podía*.

cuán apóc. del adv. interrog. *cuánto* cuando le sigue un adv. o un adj.: *cuán despacio hablaba*. ◆ Se usa solo en textos literarios.

cuando adv. relat. Introduce oraciones que expresan tiempo, en las que equivale al momento en que se hace algo: *cuando llegué a la fiesta ya se estaba acabando*. ‖ conj. Puesto que, si, ya que: *cuando se queja, por algo será*. ‖ En caso de que, o si: *cuando yo no hay remedio, ¿de qué sirve lamentarse?* ‖ Acompañado de *aun*, equivale a *aunque: no te creería aun cuando me lo jurases*. ‖ En frases sin verbo tiene función prepositiva: *yo, cuando joven, gustaba de ir a las fiestas de los pueblos*. ‖ **cuando más** loc. adv. A lo sumo: *no sé lo que tardaremos, cuando más una media hora*. ‖ **cuando menos** loc. adv. Por lo menos: *puede venir cuando menos tu familia directa*. ‖ **cuando quiera que** loc. conjunt. Siem-

pre que. ‖ **de cuando en cuando** loc. adv. Algunas veces, de tiempo en tiempo.

cuándo adv. interrog. En qué momento: *¿cuándo firmarás el contrato?* ‖ m. El momento en el que ocurre algo: *ignoro el cuándo de estos acontecimientos.*

cuantía f. Cantidad. ‖ Valor, importancia. ‖ FAM. cuantioso.

cuántico, ca adj. De los cuantos o relativo a esta unidad mínima de energía: *física cuántica.*

cuantificación f. Expresión numérica de una magnitud.

cuantificador m. Término que expresa la cantidad de otro.

cuantificar tr. Expresar numéricamente una magnitud. ‖ FAM. cuantificable, cuantificación, cuantificador.

cuantioso, sa adj. Grande en cantidad o número. ‖ FAM. cuantiosamente.

cuantitativo, va adj. De la cantidad o relativo a ella: *análisis cuantitativo.* ‖ FAM. cuantitativamente.

cuanto[1] m. En fís., salto que experimenta la energía de un corpúsculo cuando absorbe o emite radiación.

cuanto[2]**, ta** adj. y pron. relat. Todo lo que: *se comió cuantos pasteles había sobre la mesa.* ◆ Tiene variación de género y número. En pl. y precedido de *unos*, equivale a *algunos*: *unos cuantos amigos.* ‖ adv. relat. comp. Indica gradación o intensidad, y se emplea generalmente en correlación con *tan, tanto* o agrupado con *más, mayor, menor, menos: cuanto más, mejor.* ◆ Se usa en correlación con *tanto* o agrupado con *más* o *menos: cuanto más se tiene, tanto más se desea.* Se usa pospuesto a *todo* o *tanto: comió todo/tanto cuanto pudo.* Cuando le sigue un adj. o un adv. se apocopa en la forma *cuan: gritó cuan fuerte podía.* ‖ **en cuanto** loc. adv. y conj. Al punto que, tan pronto como. ‖ loc. prepos. En el aspecto o condición de: *afirmaba esto en cuanto médico experimentado.* ‖ **en cuanto a** loc. adv. Por lo que toca o corresponde a: *en cuanto a ti, es mejor que hablemos ahora.* ‖ **por cuanto** loc. conjunt. Puesto que. ‖ FAM. cuan, cuantía, cuantificar, cuantitativo.

cuánto, ta adj. y pron. interrog. Se usa para preguntar una cantidad o número: *¿cuántas páginas tiene esa novela?; ¿cuánto vale esto?* También adv. ‖ adj. y pron. exclam. Indica el grado en que se produce algo: *¡cuánta gente vino a la celebración!* También adv.: *¡cuánto te quiero!* Cuando a este adv. le sigue un adj. o un adv., se apocopa en la forma *cuán,* pero solo se usa en poesía: *¡cuán alto era!*

cuáquero, ra m. y f. Individuo perteneciente a una secta religiosa protestante fundada en Inglaterra en 1648 por George Fox, que carece de culto y jerarquía eclesiástica y defiende la sencillez, el igualitarismo y la honradez.

cuarcita f. Roca metamórfica formada exclusivamente por granos de cuarzo, que suele tener un color blanquecino, es muy dura y se usa en las industrias de la construcción y la cerámica.

cuarenta adj. y pron. num. card. Cuatro veces diez. ‖ adj. num. ord. Que ocupa el lugar número cuarenta en una serie ordenada de elementos, cuadragésimo. ‖ m.

Conjunto de signos con que se representa este número: *40.* ‖ m. pl. Década de los años entre 1940 y 1949. ‖ Edad de cuarenta años. ‖ **cantar las cuarenta** loc. col. Decirle a una persona claramente lo malo que se piensa sobre algo o alguien. ‖ FAM. cuarentavo, cuarentena, cuarentón.

cuarentena f. Espacio de tiempo en que permanecen aislados las personas o animales susceptibles de portar alguna enfermedad contagiosa. ‖ Periodo de tiempo de cuarenta días, meses o años. ‖ Conjunto de 40 unidades.

cuarentón, ona adj. y s. Se apl. a la persona que tiene cuarenta años cumplidos.

Cuaresma f. En la Iglesia católica, tiempo que va desde el Miércoles de Ceniza hasta la Pascua de Resurrección. ‖ FAM. cuaresmal.

cuarta f. Palmo, medida de longitud. ‖ En mús., intervalo entre dos notas compuesto por dos tonos y un semitono. ‖ Marcha de un automóvil que desarrolla más potencia pero menos velocidad que la quinta.

cuartear tr. Dividir en trozos o partes. ‖ prnl. Agrietarse alguna cosa. ‖ FAM. cuarteamiento, cuarteo.

cuartel m. Edificio destinado para alojamiento de la tropa. ‖ Cada uno de los sitios en que se reparte y acuartela el Ejército. ‖ Tregua: *guerra sin cuartel.* ‖ FAM. acuartelar, cuartelada, cuartelazo, cuartelero, cuartelillo.

cuartelada f. Alzamiento militar contra el Gobierno.

cuartelero, ra adj. Se apl. a la forma de hablar vulgar o grosera. ‖ m. y f. Soldado encargado del cuidado y de la vigilancia de los dormitorios de su compañía.

cuartelillo m. Lugar o edificio en que se aloja una sección de tropa: *cuartelillo de la guardia civil.*

cuarteo m. Formación de grietas.

cuarterón[1] m. Unidad de peso que equivalía a la cuarta parte de una libra. ‖ Postigo, puertecilla de algunas ventanas. ‖ Cada uno de los cuadros que hay entre los peinazos de las puertas y ventanas.

cuarterón[2]**, na** adj. y s. Nacido en América de mestizo y española, o viceversa.

cuarteta f. Estrofa que consta de cuatro versos octosílabos de rima consonante en el segundo y el último.

cuarteto m. Conjunto musical de cuatro voces o instrumentos. ‖ Composición musical para ser cantada o tocada por este conjunto. ‖ Combinación métrica de cuatro versos endecasílabos de rima consonante.

cuartilla f. Hoja de papel para escribir, cuyo tamaño es el de la cuarta parte de un pliego.

cuartillo m. Unidad de capacidad de los líquidos que equivale aproximadamente a 0,5 litros. ‖ Unidad de capacidad para granos, legumbres y otros frutos secos que equivale aproximadamente a 1,1 litros.

cuarto, ta adj. num. ord. Que ocupa el lugar cuatro en una serie ordenada de elementos. ‖ adj. num. frac. Se apl. a cada una de las cuatro partes iguales en que se divide un todo. También m. ‖ m. Habitación. ‖ Cada una de las cuatro partes en que se considera dividido el cuerpo de los cuadrúpedos y aves: *el perro se sentó sobre sus cuartos traseros.* ‖ pl. col. Dinero. ‖ **cuarto de aseo** o **cuarto de baño** Habitación destinada al aseo corporal. ‖ **cuarto de Luna** Cuarta parte del tiempo que tar da la Luna desde una conjunción a otra con el Sol. ‖ **cuartos de final** Cada una de las cuatro antepenúltimas competiciones del campeonato que se gana por eliminación del contrario y no por puntos. ‖ **tres cuartos** Abrigo que mide las tres cuartas partes de la longitud normal. ‖ **dar cuartos** o **un cuarto al pregonero** loc. *col.* Divulgar, hacer público algo que debía callarse. ‖ FAM. cuartear, cuarterón, cuarteta, cuarteto, cuartilla.

cuarzo m. Mineral formado por la sílice, y tan duro que raya al acero. ‖ FAM. cuarzoso.

cuásar m. Quásar.

cuatacho, cha adj. y s. *amer.* Se apl. al amigo íntimo, compañero.

cuate, ta adj. y s. *amer.* Gemelo, mellizo. ‖ *amer. col.* Se apl. al amigo íntimo.

cuaternario, ria adj. y m. Del último periodo de la era cenozoica o relacionado con él. ‖ Que consta de cuatro unidades, números o elementos: *compás cuaternario.*

cuatezón, ona adj. *amer.* Se apl. al animal que no tiene cuernos y debía tenerlos. ‖ *amer.* Cobarde. ‖ adj. y s. *amer.* Se apl. al amigo íntimo, compañero.

cuatí m. *amer.* Coatí. ◆ pl. *cuatís* o *cuatíes.*

cuatrero, ra m. y f. Se apl. al ladrón de ganado.

cuatricromía f. Impresión de un grabado a cuatro colores.

cuatrienal adj. Que sucede o se repite cada cuatro años. ‖ Que dura un cuatrienio.

cuatrienio m. Periodo de cuatro años. ‖ FAM. cuatrienal.

cuatrillizo, za adj. y s. Se apl. a cada uno de los hermanos nacidos de un parto cuádruple.

cuatrimestral adj. Que sucede o se repite cada cuatro meses. ‖ Que dura un cuatrimestre.

cuatrimestre m. Periodo de cuatro meses. ‖ FAM. cuatrimestral.

cuatro adj. y pron. num. card. Tres más uno. ‖ Con ciertas voces se usa con valor indeterminado para indicar escasa cantidad: *me dijo cuatro cosas y se fue.* ‖ adj. num. ord. Que ocupa el lugar número cuatro en una serie ordenada de elementos, cuarto. También m., aplicado a los días del mes. ‖ m. Conjunto de signos con que se representa este número: 4. ‖ **cuatro por cuatro** Vehículo preparado para conducirlo por el campo y que tiene tracción a las cuatro ruedas. ‖ FAM. cuatreño, cuatrocientos.

cuatrocentista adj. y com. Del siglo XV o relativo a él.

cuatrocientos, tas adj. y pron. num. card. Cuatro veces cien. ‖ adj. num. ord. Que ocupa el lugar número cuarenta en una serie ordenada de elementos, cuadringentésimo. ‖ m. Conjunto de signos con que se representa este número: 400. ◆ No varía en pl.

cuba f. Recipiente que sirve para contener líquidos. ‖ Líquido que cabe en él. ‖ **como una cuba** loc. adj. *col.* Borracho, ebrio. ‖ FAM. cubeta.

cubalibre o **cuba-libre** m. Bebida que se compone de ron, ginebra, coñac u otra bebida alcohólica y un refresco de cola.

cubano, na adj. y s. De Cuba o relativo a este país de América Central. ‖ FAM. cubanismo.

cubata m. *col.* Cubalibre.

cubertería f. Conjunto de cucharas, tenedores y utensilios que forman parte del mismo juego para el servicio de mesa.

cubeta f. Recipiente usado en laboratorios químicos y fotográficos. ‖ Depósito de mercurio en la parte inferior del barómetro. ‖ Recipiente para obtener el hielo en frigoríficos, neveras, etc. ‖ *amer.* Cubo.

cubicación f. Determinación en metros cúbicos de la capacidad o el volumen de un cuerpo.

cubicar tr. Determinar en metros cúbicos la capacidad o el volumen de un cuerpo. ‖ En mat., elevar un monomio, un polinomio o un número a la tercera potencia, multiplicarlo dos veces por sí mismo. ‖ FAM. cubicación.

cúbico, ca adj. Del cubo o relativo a este cuerpo regular. ‖ Que tiene figura de cubo geométrico o parecido a él. ‖ Se apl. a la medida de volumen de un cuerpo: *centímetro cúbico.* ‖ FAM. cubicar.

cubículo m. Habitación o recinto pequeño.

cubierta f. Lo que tapa o cubre algo. ‖ Parte exterior de la techumbre de un edificio: *cubierta a dos aguas.* ‖ Tapa de un libro. ‖ En los vehículos, banda que protege exteriormente la cámara de los neumáticos. ‖ Cada uno de los pisos de una embarcación, especialmente el superior.

cubierto m. Juego compuesto de cuchara, tenedor y cuchillo. ‖ Servicio de mesa que se pone a cada uno de los que han de comer. ‖ Comida que en los restaurantes se da por un precio fijo. ‖ **a cubierto** loc. adv. Defendido, protegido. ‖ FAM. cubertería.

cubil m. Sitio donde los animales, principalmente los salvajes, se recogen para dormir.

cubilete m. Vaso ensanchado hacia la boca, especialmente el que se emplea en los juegos de dados.

cubismo m. Movimiento y teoría artística que se caracteriza por el empleo o predominio de formas geométricas. ‖ FAM. cubista.

cubista adj. Del cubismo o relativo a él. ‖ adj. y com. Que profesa el cubismo.

cubital adj. Del codo o relativo a él: *lesión cubital.*

cubitera f. Recipiente en el que se hace o se sirven cubitos de hielo.

cubito m. Trozo de hielo pequeño que se pone en una bebida para enfriarla. ‖ FAM. cubitera.

cúbito m. Hueso más grueso y largo del antebrazo. ‖ FAM. cubital.

cubo m. En mat., tercera potencia de un monomio, polinomio o número. ‖ Sólido regular limitado por seis cuadrados iguales. ‖ **al cubo** loc. En mat., se apl. a la base de una potencia cuyo exponente es 3. ‖ FAM. cubicar, cúbico, cubismo.

cubo m. Recipiente más ancho en la boca que en el fondo, con un asa de la circunferencia mayor.

cuboides adj. y m. Se apl. al hueso que forma parte de la segunda fila del tarso. ◆ No varía en pl.

cubrebotón m. Pieza que se usa para cubrir un botón, especialmente el del puño de una camisa.

cubrecama m. Colcha.

cubrir tr. Ocultar y tapar una cosa con otra. También prnl.: *se cubrió con la cortina.* ‖ Extender una cosa sobre la superficie de otra: *la nieve cubría la carretera.* ‖ Recorrer una distancia: *cubrir varios kilómetros.* ‖ Poner el techo a un espacio o cerrarlo. ‖ Proteger: *cubrir las espaldas de alguien.* ‖ Rellenar una cavidad de manera que quede nivelada. ‖ Completar: *cubrir las vacantes.* ‖ Seguir de cerca un periodista las incidencias de un acontecimiento. ‖ Ser suficiente, bastar: *cubrir las deudas.* ‖ Dar una cantidad grande de una cosa a una persona: *le cubrió de besos.* ‖ Marcar o defender un jugador a otro jugador o a una zona del campo: *cubre la banda derecha.* ‖ Pagar una deuda, un gasto o una necesidad. ‖ Juntarse el macho con la hembra para fecundarla. ‖ prnl. Ponerse el sombrero, la gorra, etc. ‖ Hacerse digno de una estimación positiva o negativa: *cubrirse de gloria.* ‖ Llenarse el cielo de nubes y tapar el sol. ◆ p. p. irreg., *cubierto.* ‖ FAM. cubierta, cubierto, cubrimiento, descubrir, encubrir.

cuca f. *col.* Peseta, antigua moneda española.

cucamonas f. pl. *col.* Mimos y muestras de cariño para conseguir algo de una persona.

cucaña f. Palo largo untado de jabón o de grasa por el cual se ha de trepar o andar para coger como premio un objeto atado en su extremidad.

cucaracha f. Nombre común de diversos insectos ortópteros nocturnos, de unos 3 cm de largo, cuerpo aplanado, con alas y élitros rudimentarios en la hembra, antenas filiformes, las seis patas casi iguales y el abdomen terminado en dos puntas articuladas. Se alimentan de restos animales y vegetales y pueden constituir plagas.

cucayo m. *amer.* Provisiones de alimento que se llevan en un viaje.

cuchara f. Utensilio compuesto de una pieza cóncava y un mango, que se emplea generalmente para llevar a la boca alimentos líquidos o muy blandos. ‖ *amer.* Llana de los albañiles. ‖ FAM. cucharada, cucharadita, cucharetazo, cucharilla, cucharón.

cucharada f. Porción que cabe en una cuchara.

cucharadita f. Cantidad que cabe en una cucharilla.

cucharear intr. y tr. *amer.* Conseguir información preguntando insistentemente a una persona.

cucharilla f. Cuchara pequeña de postre, café o té. ‖ Cantidad de una cosa que cabe en este cubierto. ‖ Útil de pesca formado por varios anzuelos y una placa brillante para atraer a los peces.

cucharón m. Cacillo con mango o cuchara grande. ‖ Cantidad de una cosa que cabe en este cubierto.

cuché adj. y m. Se apl. al papel de impresión satinado y barnizado, que se emplea especialmente en revistas.

cucheta f. *amer.* Litera, cama.

cuchí m. *amer.* Cerdo. ◆ pl. *cuchís* o *cuchíes.*

cuchichear intr. Hablar en voz baja o al oído de una persona para que los demás no se enteren. ‖ FAM. cuchicheo.

cuchicheo m. Conversación en voz baja o al oído de otra persona para que los demás no se enteren.

cuchilla f. Instrumento compuesto de una hoja ancha de acero de un solo corte, con su mango para manejarlo. ‖ Hoja de afeitar.

cuchillada f. Herida o golpe que se hace con una cuchilla, un cuchillo, una espada u otra arma cortante.

cuchillería f. Tienda donde se venden cuchillos y otros utensilios cortantes. ‖ Taller donde se hacen cuchillos.

cuchillero, ra m. y f. Persona que se dedica profesionalmente a la fabricación y venta de cuchillos y otros utensilios cortantes. ‖ *amer.* Camorrista, pendenciero.

cuchillo m. Instrumento formado por una hoja de acero y de un solo corte, con mango. ‖ Añadidura o remiendo, generalmente triangular, que se usa para aumentar el vuelo de una prenda o vestido. Más en pl. ‖ Conjunto de piezas de madera o hierro que sirven para sostener la cubierta de un edificio. ‖ **pasar a cuchillo** loc. Matar a un grupo de personas, especialmente los habitantes de un lugar conquistado. ‖ FAM. acuchillar, cuchilla, cuchillada, cuchillazo, cuchillería, cuchillero.

cuchipanda f. *col.* Grupo de personas que se juntan para divertirse.

cuchitril m. Habitación pequeña y sucia.

cucho, cha adj. *amer.* Jorobado. ‖ *amer. col.* Que tiene labio leporino. ‖ m. *desp.* Cuarto pequeño. ‖ *amer.* Rincón.

cuchufleta f. *col.* Broma o burla.

cuclillas (en) loc. adv. Apoyando las nalgas en los talones.

cuclillo m. Cuco, ave.

cuco, ca adj. *col.* Astuto. También s. ‖ *col.* Bonito, bien arreglado. ‖ m. Ave culiforme de unos 30 cm de longitud, con el plumaje castaño o gris, las patas cortas, la cabeza grande y el pico grueso, que pone sus huevos en los nidos de otras aves y se alimenta de insectos.

cuculiforme adj. y f. De las cuculiformes o relativo a este orden de aves. ‖ f. pl. Orden de aves gráciles, con la larga cola, el pico ligeramente curvado y las alas puntiagudas, como el cuco.

cucurbitáceo, a adj. y f. De las cucurbitáceas o relativo a esta familia de plantas. ‖ f. pl. Familia de plantas angiospermas dicotiledóneas, de fruto carnoso y semilla sin albumen, como la calabaza, el melón y el pepino.

cucurucho m. Papel, cartón o barquillo enrollado en forma cónica que se emplea para envasar caramelos, frutos secos, etc., o para servir helados. ‖ Capirote que usan los penitentes en las procesiones de Semana Santa.

cueca f. *amer.* Baile de pareja suelta en el que se representa el asedio amoroso de una mujer por un hombre ‖ *amer.* Música que acompaña este baile.

cuelga f. *amer. col.* Regalo de cumpleaños.

cuelgue m. *col.* Estado de embobamiento producido por una droga. ‖ *col.* Atracción grande que produce una cosa y que hace que lo demás pierda importancia.

cuello m. Parte del cuerpo que une la cabeza con e tronco. ‖ Parte superior y más angosta de un recipiente u otra cosa: *cuello de una botella.* ‖ Tira de una tela uni da a la parte superior de algunas prendas de vestir qu rodea el cuello.

cuenca f. Cavidad en que está cada uno de los ojo ‖ Territorio cuyas aguas afluyen todas a un mismo río, lag o mar. ‖ Territorio hundido y rodeado de montañas. Territorio en cuyo subsuelo abunda un determinado m neral que se extrae en las minas.

cuenco m. Vaso de barro hondo, ancho y sin borde. || Concavidad, sitio cóncavo: *cuenco de la mano.*

cuenta f. Cálculo del número de unidades que hay de una cosa: *te has equivocado en la cuenta y sobran 20 céntimos.* || Operación aritmética. || Factura. || En contabilidad, registro de cantidades que se han de pagar o cobrar. || Depósito de dinero en un banco. || Cada una de las bolitas que componen un rosario, collar, etc. || Cuidado, obligación, deber: *eso corre de tu cuenta.* || Explicación, justificación: *no tienes que rendir cuentas de lo que haces.* || Consideración o atención: *no me tomas en cuenta.* || Provecho, beneficio: *no me sale a cuenta cambiarme de piso.* || pl. Asuntos o negocios entre varias personas. || **cuenta corriente** Depósito de dinero que se tiene en una entidad bancaria y del que se puede disponer en cualquier momento. || **a cuenta** loc. adv. Como adelanto de una cantidad mayor que se ha de pagar. || **caer en la cuenta** loc. Acordarse o entender algo de repente. || **dar cuenta** o **buena cuenta** loc. Consumir rápidamente una cosa: *dieron buena cuenta de la bebida.* || **darse cuenta** loc. Comprender, entender o percatarse de una cosa. || **estar fuera de cuentas** o **salir de cuentas** loc. Acabar el periodo de gestación una mujer embarazada. || **pedir cuentas** loc. Pedir una explicación. || **por cuenta de** loc. prepos. A costa de.

cuentacaco f. *amer.* Araña común algo venenosa.

cuentachiles m. *amer. col.* Chismoso. || *amer. col.* Tacaño. ◆ No varía en pl.

cuentagotas m. Utensilio, generalmente de cristal o plástico, para verter un líquido gota a gota. || **con cuentagotas** loc. adv. *col.* Poco a poco o con escasez. ◆ No varía en pl.

cuentakilómetros m. Aparato que registra los kilómetros recorridos por un vehículo. ◆ No varía en pl.

cuentapropista com. *amer.* Persona que, sin ser comerciante o profesional, vive de su propio negocio.

cuentarrevoluciones m. Aparato que mide las revoluciones de un motor. ◆ No varía en pl.

cuentavueltas m. *amer.* Cuentarrevoluciones. ◆ No varía en pl.

cuentero, ra adj. y s. *amer. col.* Cuentista.

cuentista adj. y com. *col.* Se apl. a la persona que cuenta mentiras, chismes, o que exagera la realidad. || com. Persona que se dedica a narrar o escribir cuentos.

cuentística f. Género narrativo formado por los escritos que tienen la forma del cuento.

cuentitis f. *col.* Enfermedad que se inventa para no hacer algo que no apetece. ◆ No varía en pl.

cuento m. Narración breve de sucesos ficticios o de carácter fantástico, hecha con fines didácticos o recreativos. || Mentira, pretexto, simulación. || Enredo, chisme. **el cuento de nunca acabar** *col.* Asunto o negocio que tarda en resolverse o que parece que nunca va a acabar. || **a cuento** loc. adv. *col.* Al caso, al propósito: *eso no viene a cuento.* || FAM. cuentero, cuentista, cuentístico, cuentística, cuentitis.

cuerazo m. *amer.* Latigazo. || *amer.* Golpe, caída.

cuerda f. Conjunto de hilos torcidos que forman un solo cuerpo más o menos grueso, largo y flexible. || Hilo especial que se emplea en algunos instrumentos musicales para producir los sonidos por su vibración. || Conjunto de instrumentos que se tocan haciendo vibrar estos hilos: *cuarteto de cuerda.* || Resorte o muelle para poner en funcionamiento diversos mecanismos, como un reloj, un juguete, etc. || En geom., línea recta tirada de un punto a otro de un arco o porción de curva. || **cuerda floja** Alambre sobre el que los acróbatas hacen sus ejercicios. || **cuerdas vocales** Ligamentos que están en la laringe, cuyas vibraciones producen la voz. || **bajo cuerda** loc. adv. De manera reservada. || **contra las cuerdas** loc. adv. En una situación comprometida o sin escapatoria. || **en la cuerda floja** loc. adv. En una situación complicada o peligrosa.

cuerdear tr. *amer.* Piropear, lisonjear.

cuerdo, da adj. y s. Que está en su juicio. || Prudente, sensato.

cuereada f. *amer.* Zurra, paliza. || *amer.* Temporada en la que se obtiene los cueros secos. || *amer.* Crítica que se hace a una persona.

cuerear tr. *amer.* Dar una paliza, azotar. || *amer.* Ocuparse de las tareas de desollar una res para sacarle la piel. || *amer.* Criticar a una persona. || FAM. cuerazo, cuereada.

cuerna f. Cornamenta.

cuerno m. Prolongación ósea que tienen algunos animales en la frente. || Antena de algunos insectos y de otros animales: *cuernos del caracol.* || Instrumento musical de viento, de forma curva. || pl. Símbolo que alude a la infidelidad de uno de los miembros de una pareja. || **irse al cuerno** un asunto loc. *col.* Fracasar un plan. || **mandar al cuerno** loc. *col.* Rechazar o desentenderse de algo. || **poner los cuernos** loc. *col.* Ser infiel a la pareja. || **romperse los cuernos** loc. *col.* Trabajar o esforzarse mucho. || **saber a cuerno quemado** loc. *col.* Resultar desagradable.

cuero m. Piel de los animales. || Esta misma piel ya curtida. || Recipiente hecho con piel de animal que sirve para contener líquidos. || *amer.* Prostituta. || *amer.* Látigo. || **cuero cabelludo** Piel en donde nace el cabello. || **en cueros** loc. adv. Desnudo, sin llevar ropa alguna.

cuerpear tr. *amer.* Arrollar una persona a otra. || *amer.* Esquivar una dificultad o un golpe.

cuerpo m. Objeto material en que pueden apreciarse la longitud, la latitud y la profundidad. || En el ser humano y en los animales, conjunto de las partes materiales que componen su organismo. || Tronco humano y animal, a diferencia de la cabeza y las extremidades. || Figura o aspecto de una persona. || En geom., objeto de tres dimensiones. || Parte del vestido que cubre desde el cuello o los hombros hasta la cintura. || Parte central o principal de una cosa: *el cuerpo de un libro.* || Conjunto de personas que desempeñan una misma profesión: *cuerpo de Policía.* || Conjunto de informaciones, conocimientos, leyes o principios. || Grueso de los tejidos, papel, etc. || Grado de espesura de los líquidos: *este vino tiene mucho cuerpo.* || Cadáver. || Cada una de las partes independientes de un mueble, edificio, etc., cuando se les considera unidas a otra principal: *armario de dos cuerpos.* || Tamaño de los caracteres de imprenta. || **cuerpo calloso** Sustancia blanca que conecta los dos hemisferios cerebrales y cuya función es la conexión entre ambos. || **cuerpo del delito** Objeto con el que se ha cometido un delito. || **a cuerpo** loc. adv. Sin ninguna prenda de abrigo. || **a cuerpo de rey** loc. adv. Con toda comodidad. || **cuerpo a cuerpo** loc. adj. y adv. Contacto físico directo entre los adversarios en un enfrentamiento. || **de cuerpo presente** loc. adv. Se apl. al cadáver que se mantiene unas horas sin enterrar y velado por la familia y los amigos. || **en cuerpo y alma** loc. adv. Totalmente o por completo. || **hacer de cuerpo** loc. *col.* Evacuar el vientre. || **tomar cuerpo** loc. Empezar a realizarse o a tomar importancia. || FAM. anticuerpo.

cuervo m. Ave paseriforme de unos 65 cm de longitud, omnívora, de plumaje negro, pico cónico, grueso y más largo que la cabeza, extremidades fuertes y alas de 1 m de envergadura.

cuesco m. Hueso de algunas frutas, como el de la guinda, el durazno, etc. || *col.* Pedo ruidoso.

cuesta f. Terreno en pendiente. || **cuesta de enero** Periodo de dificultades económicas que se produce en este mes por los gastos extraordinarios que se hacen en Navidad. || **a cuestas** loc. adv. Sobre los hombros o las espaldas. || A su cargo. || **hacerse cuesta arriba** loc. *col.* Costar una cosa mucho esfuerzo.

cuestación f. Petición o demanda de donativos o limosnas.

cuestión f. Asunto o materia en general de que se trata. || Riña, disputa, discusión. || Punto dudoso o discutible. || FAM. cuestionar, cuestionario.

cuestionable adj. Que se puede cuestionar: *afirmación cuestionable.*

cuestionar tr. Discutir o poner en duda un asunto dudoso. || FAM. cuestionable.

cuestionario m. Lista de cuestiones o preguntas. || Programa de temas de una oposición, una clase, etc.

cuestor m. En la antigua Roma, magistrado que ejercía funciones fiscales en la ciudad y en los ejércitos.

cueva f. Cavidad subterránea natural o artificial. || Sótano.

cuévano m. Cesto grande y hondo, más ancho por arriba que por abajo, que se emplea especialmente durante el tiempo de la vendimia.

cuezo (meter el) loc. *col.* Cometer un error o tener una intervención poco acertada o inconveniente.

cuico, ca adj. y s. *amer.* Se apl. al nombre que se da a los extranjeros en algunos países hispanoamericanos. || *amer.* Mestizo hijo de indio y europeo. || *amer. col.* Que tiene modales de gente refinada. || *amer. vulg.* Se dice del agente de Policía.

cuidado m. Solicitud o especial atención. || Vigilancia por el bienestar de alguien o por el funcionamiento de una cosa. || Esmero y atención para hacer algo bien. || Recelo, temor, preocupación: *márchate, no tengas cuidado.* || Lo que está a cargo de alguien. || interj. Se emplea como amenaza o para advertir la proximidad de un peligro o la contingencia de caer en error: *¡cuidado, una curva!* || Se usa a veces con sentido ponderativo: *¡cuidado que es listo ese muchacho!* || **de cuidado** loc. adj. Peligroso. || **tener sin cuidado** loc. No importar o preocupar.

cuidador, ra adj. y s. Que cuida a una persona o un animal.

cuidadoso, sa adj. Que protege o conserva una cosa con esmero o interés. || Que hace una cosa con mucho cuidado.

cuidar tr. Poner interés y esmero en la ejecución de algo. || Asistir a alguien que lo necesita: *cuidar a un niño.* También intr.: *cuidar de un enfermo.* || Guardar, proteger, conservar: *cuidar la ropa, la casa.* || prnl. Mirar uno por su salud o bienestar. || Dedicarse una persona a una cosa: *cuídate de tus asuntos.* || FAM. cuidado, cuidador, cuidadoso, descuidar.

cuijen adj. *amer.* Dicho de un ave gallinácea, de color ceniza u oscura y con pintas blancas distribuidas uniformemente. || m. *amer.* Variedad de pájaro carpintero pequeño. || *amer.* Diablo, príncipe de los ángeles rebelados.

cuillo m. *amer.* Gruñido del cerdo. || **no hacer ni cuillo** loc. *amer.* No tener tiempo para protestar.

cuita f. Pesar, pena, desventura. || FAM. cuitado.

cuitado, da adj. *poét.* Triste, desgraciado, infeliz.

culada f. Golpe dado con el culo al caer.

culamen m. *col.* Culo.

culantrillo m. Helecho de hojas divididas en lóbulos a manera de hojuelas redondeadas, con pedúnculos delgados y negruzcos; se cría en sitios húmedos y suele usarse en infusión como medicamento para enfermedades respiratorias.

cular adj. Se apl. a la morcilla o chorizo hechos con la tripa más gruesa.

culata f. Parte posterior de la caja de las armas de fuego que sirve para coger y afianzar estas armas antes de dispararlas. || En los vehículos, pieza metálica que se ajusta al bloque de los motores de explosión y cierra el cuerpo de los cilindros. || FAM. culatazo.

culatazo m. Golpe dado con la culata de un arma de fuego.

culear intr. *col.* Mover el culo. || *amer. col.* Tener dos personas una relación sexual.

culebra f. Nombre común de algunos reptiles escamosos ofidios de cuerpo cilíndrico y no venenosos en su mayoría. || FAM. culebrear, culebrón.

culebrear intr. Andar formando eses como las culebras.

culebrón m. *col. desp.* Telenovela de varios episodios y de acentuado carácter melodramático.

culeco m. *amer.* Comparsa carnavalesca que desfila con la reina y se acompaña de música y agua para mojar al público.

culera f. Remiendo en los pantalones sobre la parte que cubre el culo. || Mancha o desgaste en la zona que cubre el culo de los pantalones.

culillo m. *amer. col.* Miedo, susto. || *amer.* Niño pequeño.

culinario, ria adj. De la cocina o el arte de cocinar o relativo a ellos.

culmen m. Punto más alto de una cosa.

culminación f. Llegada de una cosa a su punto más elevado. || Finalización de una actividad.

culminante adj. Que culmina.

culminar intr. Llegar algo al grado más elevado, significativo o extremado que pueda tener. || tr. Dar fin a una actividad, tarea, etc. || FAM. culminación, culminante.

culo m. Nalgas de las personas y ancas de los animales. || Ano. || Extremidad inferior o posterior de algo: *culo de una botella, de un vaso*. || Pequeña cantidad de líquido que queda en el fondo de una botella o vaso. || **culo de mal asiento** *col.* Persona que no está quieta en ninguna parte. || **culo de vaso** *col.* Lente graduada que tiene mucho grosor. || **con el culo al aire** loc. *col.* En una situación difícil o comprometida. || **dar por el culo** loc. *vulg.* Sodomizar. || **ir o mandar a tomar por culo** loc. *vulg.* Echar a una persona de un sitio. || *vulg.* No salir una cosa como estaba planeado. || **ir de culo** loc. *col.* Ir mal una cosa o una persona. || *col.* Tener mucha prisa. || **lamer el culo** loc. *vulg.* Adular servilmente a una persona. || **perder el culo** loc. *col.* Esforzarse demasiado por conseguir una cosa o por halagar a una persona. || FAM. culada, culamen, cular, culata, culear, culera, culero, culón, culote, recular.

culombio m. Unidad de carga eléctrica que corresponde a la carga que un amperio transporta cada segundo: *el símbolo del culombio es C.* ◆ Su denominación internacional es *coulomb*.

culón, ona adj. *col.* Que tiene mucho culo.

culote m. *amer.* Braga femenina.

culotte (voz fr.) m. Pantalón muy ceñido a las piernas que llega hasta las rodillas.

culpa f. Falta que se comete voluntariamente. || Responsabilidad que recae sobre alguien por haber cometido un acto incorrecto. || FAM. culpar, culposo.

culpabilidad f. Responsabilidad del que tiene culpa o ha cometido un delito.

culpabilizar tr. y prnl. Culpar.

culpable adj. Que tiene culpa o se le atribuye. También com. || Se apl. a la persona o cosa que ha cometido un delito. ◆ sup. **Irreg.** *culpabilísimo.* || FAM. culpabilidad, culpabilizar.

culpar tr. y prnl. Atribuir la culpa a algo o alguien. ◆ Se construye con la prep. *de: se culpa de todas las desgracias que le han ocurrido.* || FAM. culpable, exculpar, inculpar.

culteranismo m. Estilo literario que se desarrolló durante los siglos XVI y XVII, caracterizado por una sintaxis complicada, una acumulación de metáforas, imágenes y alusiones oscuras, y por el empleo frecuente de latinismos. || FAM. culterano.

culterano, na adj. Del culteranismo o relativo a este estilo literario. || adj. y s. Que practica este estilo literario.

cultismo m. Palabra procedente de una lengua clásica que no ha sufrido alteraciones fonéticas en su paso a una lengua moderna.

cultivable adj. Que se puede cultivar: *terreno cultivable.*

cultivado, da adj. Que tiene una amplia cultura y es de costumbres refinadas.

cultivador m. Herramienta que consta de una especie de arado arrastrado por un tractor que se utiliza para cultivar la tierra durante el desarrollo de las plantas.

cultivadora f. Cultivador.

cultivar tr. Cuidar la tierra y las plantas para que fructifiquen. || Sembrar un microorganismo y hacer que se desarrolle en el medio adecuado. || Criar y explotar un animal con fines comerciales. || Hablando del conocimiento, del trato o de la amistad, poner todos los medios necesarios para mantenerlos y estrecharlos. || Desarrollar, ejercitar el talento, la memoria, el ingenio, etc. || Practicar o dedicarse a un arte, ciencia o lengua. || FAM. cultivable, cultivado, cultivador, cultivadora, cultivo.

cultivo m. Acción y resultado de cultivar. || Procedimiento por el que se desarrolla artificialmente una población de microorganismos o las células de un tejido. || Cría y explotación de algunos animales, especialmente si es con fines comerciales. || Fomento, mantenimiento y desarrollo de una capacidad, sentimiento o relación.

culto, ta adj. Dotado de cultura o formación. || Se apl. a la palabra o a la expresión derivada directamente del griego o del latín, sin evolución popular. || Cultivado: *terreno culto.* || m. Homenaje que se tributa a Dios, a la Virgen y a los santos. || Devoción hacia alguien o algo. || FAM. culteranismo, cultismo, cultivar, cultura.

cultrún m. *amer.* Tambor que se toca con uno o dos palos y acompaña las danzas rituales.

cultura f. Resultado o efecto de cultivar los conocimientos humanos. || Conjunto de modos de vida y costumbres de una época o grupo social. || FAM. cultural, culturalista, culturizar.

cultural adj. De la cultura o relativo a ella.

culturismo m. Práctica sistemática de ejercicios gimnásticos para el desarrollo de los músculos. || FAM. culturista.

culturista adj. y com. Se apl. a la persona que se dedica al culturismo.

culturización f. Inclusión en una cultura de otra que se considera menos desarrollada.

culturizar tr. y prnl. Civilizar, incluir en una cultura. || FAM. culturización.

cumbe m. *amer.* Población formada por esclavos negros fugitivos en la que vivían como hombres libres.

cum laude loc. adj. lat. Se apl. a la nota máxima en las calificaciones académicas universitarias.

cumbia f. *amer.* Danza popular colombiana y panameña de ritmo vivo que se baila por parejas.

cumbre f. Cima o parte más alta de un monte. || La mayor elevación, intensidad, perfección de algo o alguien y último grado a que puede llegar. || Reunión del más alto nivel. || FAM. encumbrar.

cumpleaños m. Aniversario del nacimiento de una persona. ◆ No varía en pl.

cumplido, da adj. Que es abundante. || Educado, que se esmera en cumplir todas las reglas de cortesía y urbanidad. || m. Acción obsequiosa o muestra de cortesía. || FAM. cumplidamente.

cumplidor, ra adj. y s. Que hace siempre lo que promete o es su obligación.

cumplimentar tr. Recibir o hacer una visita formal o de cortesía a alguien a quien se debe consideración. || Poner en ejecución una orden, trámite, etc. || Rellenar un impreso.

cumplimiento m. Realización de un deber o de una obligación. ‖ Finalización del plazo o de un periodo de tiempo para que se cumpla algo.

cumplir tr. Ejecutar, llevar a efecto algo. También intr. y prnl.: *cumplió con su deber; se cumplieron sus deseos.* ‖ Dicho de la edad, llegar a tener aquella que se indica o un número cabal de años o meses. También prnl. ‖ intr. Quedar bien: *por cumplir no vengas.* ‖ Acabar el tiempo señalado para algo. También prnl.: *hoy se cumple el plazo.* ‖ FAM. cumpleaños, cumplido, cumplidor, cumplimentar, cumplimiento.

cúmulo m. Conjunto de muchas cosas superpuestas. ‖ Multitud de cosas aunque no sean materiales: *cúmulo de desgracias.* ‖ Nube de apariencia algodonosa con la base plana. ‖ FAM. acumular.

cuna f. Camita para niños con unas barandillas laterales. ‖ Patria o lugar de nacimiento de alguien. ‖ Estirpe, linaje. ‖ Origen de algo. ‖ FAM. acunar.

cundeamor m. *amer.* Planta trepadora con flores en forma de jazmines y frutos amarillos cuyas semillas son muy rojas.

cundir intr. Extenderse hacia todas partes una cosa: *cundió el pánico.* ‖ Dar mucho de sí una cosa.

cuneiforme adj. De figura de cuña. ‖ **escritura cuneiforme** La que usaron algunos pueblos antiguos de Asia, cuyos caracteres tenían forma de cuña o clavo.

cuneta f. Zanja en cada uno de los lados de un camino para recoger las aguas de lluvia.

cunicultura f. Cría de conejos para aprovechar su carne y sus productos.

cuña f. Pieza de madera o metal terminada en ángulo diedro muy agudo que sirve para ajustar, romper o sujetar cosas. ‖ Recipiente para recoger la orina y los excrementos del enfermo que no puede levantarse de la cama. ‖ Formación de determinadas presiones que penetran en zonas de presión distinta y provocan cambios atmosféricos. ‖ Espacio publicitario breve que se incluye en un programa de radio o televisión. ‖ *amer. col.* Enchufe o recomendación. ‖ FAM. cuneiforme.

cuñado, da m. y f. Hermano o hermana del marido respecto de la mujer, y hermano o hermana de la mujer respecto del marido.

cuño m. Troquel con que se sellan la moneda, las medallas y otras cosas similares. ‖ Impresión o señal que deja este sello. ‖ **de nuevo cuño** loc. adj. De reciente creación. ‖ FAM. acuñar.

cuota f. Cantidad fija con que cada uno debe contribuir a un gasto colectivo.

cupé m. Coche de dos puertas, comúnmente con dos asientos. ‖ En las antiguas diligencias, compartimiento situado delante de la baca.

cupido m. Representación escultórica o pictórica de un niño alado con los ojos vendados que lleva un arco, flechas y un carcaj, y que simboliza al amor.

cuplé m. Canción corta y ligera con letra satírica y pícara. ‖ FAM. cupletista.

cupletista com. Artista que canta cuplés.

cupo m. Cuota, parte asignada o repartida a un pueblo o a un particular en cualquier impuesto, préstamo o

servicio. ‖ Número de reclutas asignado para hacer el servicio militar cada año.

cupón m. Parte que se corta de un anuncio, invitación, bono, etc., y que da derecho a tomar parte en concursos, sorteos, o a obtener una rebaja en las compras.

cupresáceo, a adj. y f. De las cupresáceas o relativo a esta familia de plantas. ‖ f. pl. Familia de plantas gimnospermas arbustivas o arbóreas y muy ramificadas, con hojas persistentes durante varios años, lineales o escamosas y siempre sentadas, con fruto en forma de piña, como el ciprés.

cúprico, ca adj. Del cobre, relativo a él o que lo contiene. ‖ FAM. cuprífero.

cuprífero, ra adj. Que contiene cobre: *mineral cuprífero.*

cuproníquel m. Aleación de cobre y níquel.

cúpula f. Bóveda semiesférica con que se cubre un edificio o parte de él. ‖ Grupo dirigente de un organismo, institución, entidad, etc.: *la cúpula del partido.*

cuquera f. *amer.* Cosa delicada o bonita.

cura m. Sacerdote encargado de una parroquia. ‖ f. Acción y efecto de curar o sanar, en especial el tratamiento y desinfección periódica de una herida para que cicatrice. ‖ FAM. curato.

curaca m. *amer.* Jefe de una comunidad.

curación f. Recuperación de la salud. ‖ Aplicación de los remedios necesarios para que desaparezca una enfermedad o una lesión. ‖ Preparación de una cosa, especialmente carnes, pescados, etc., para que se conserven más tiempo.

curado, da adj. Seco, curtido: *jamón curado.* ‖ m. Preparación de un alimento u otra cosa para que se conserve mucho tiempo.

curandero, ra m. y f. Persona que realiza prácticas curativas sin título oficial de médico. ‖ FAM. curanderismo.

curanto m. *amer.* Guiso hecho con marisco, carnes y legumbres, que se cuece sobre una piedra dentro de un hoyo.

curar intr. y prnl. Sanar, recobrar la salud. ‖ tr. Aplicar al enfermo los remedios correspondientes a su enfermedad para que sane. ‖ Aplicar a una enfermedad o lesión los remedios necesarios para que se cure. ‖ Preparar las carnes, pescados, embutidos u otro tipo de alimentos con sal, humo, frío seco, etc., para que se conserven. ‖ Curtir pieles. ‖ **curarse en salud** loc. *col.* Tomar una persona precauciones para no salir perjudicada. ‖ FAM. curable, curación, curado, curandero, curativo.

curare m. Sustancia negra, resinosa y amarga, extraordinariamente venenosa y que se extrae de varias especies de plantas, con la que los indígenas de América del Sur impregnan sus flechas para paralizar a sus presas.

curasao m. Licor fabricado con corteza de naranja, azúcar y aguardiente.

curativo, va adj. Que sirve para curar.

curato m. Cargo del cura párroco. ‖ Parroquia.

curco, ca adj. y s. *amer.* Jorobado.

cúrcuma f. Planta vivaz cingiberácea originaria de la India, de cuya raíz, muy aromática y de sabor amargo, se obtiene el *curry.*

curcuncho m. *amer.* Jorobado o joroba.

curda f. *col.* Borrachera. || com. *col.* Borracho.

curdo, da adj. y s. Kurdo.

curia f. Grupo de abogados, procuradores y funcionarios que trabajan en la administración de justicia. || Organismos e instituciones que colaboran en el gobierno de la Iglesia: *curia apostólica*. || Senado romano. || FAM. curial.

curiara f. *amer.* Embarcación de vela y remo, similar a la canoa pero más ligera y larga.

curio[1] m. Elemento radiactivo artificial que se obtiene sometiendo al plutonio, en un ciclotrón, a una corriente de iones de helio de alta energía. Su símbolo es *Cm*, y su número atómico, 96.

curio[2] m. Unidad de medida de radiactividad.

curiosear intr. y tr. Preguntar o indagar de manera habitual e impertinentemente. || Observar algo superficialmente, sin mucho interés.

curiosidad f. Deseo de conocer lo que no se sabe. || Deseo de saber lo que no nos concierne. || Aseo, limpieza, cuidado. || Cosa curiosa, interesante.

curioso, sa adj. Que tiene curiosidad. También s. || Que despierta curiosidad por su rareza o interés. || Limpio, aseado, cuidadoso. || FAM. curiosamente, curiosear, curiosidad.

curioso, sa m. y f. *amer.* Curandero.

curita f. *amer.* Tirita. ◆ Se usa también en Andalucía.

curo m. *amer.* Aguacate, árbol.

currante, ta m. y f. *col.* Trabajador.

currar intr. *col.* Trabajar. || tr. *col.* Pegar, golpear. || FAM. currado, currante, curre, currela, currelante, currelar, currelo, currinche, currito, curro.

curre m. *col.* Trabajo, empleo.

currelar intr. *col.* Currar.

currelo m. *col.* Curre.

curricán m. Aparejo de pesca de un solo anzuelo que se lanza por la proa. || *amer.* Cordel de fibras de agave o pita.

curricular adj. Del currículo o relativo a él.

currículo m. Plan de estudios. || Conjunto de estudios y prácticas destinadas a que el alumno desarrolle plenamente sus posibilidades. || *Curriculum vitae*. || FAM. curricular.

curriculum vitae m. Conjunto de datos biográficos, académicos y laborales de una persona que califican su aptitud profesional. ◆ No varía en pl.

currito, ta m. y f. *col.* Trabajador, especialmente el que está a las órdenes de otro. || m. Golpe que se da con los nudillos.

curro m. *col.* Trabajo. || m. y f. *amer.* Cerdo de raza enana.

curruca f. Nombre común de varias aves paseriformes insectívoras de 10 a 12 cm de largo, de colores que varían del gris al pardo según la especie, con pico recto y delgado.

currusco m. Cuscurro.

currutaco, ca adj. y s. *col.* Seguidor afectado de las modas. || adj. *amer.* Rechoncho. || m. pl. *amer.* Diarrea.

curry (voz i.) m. Condimento en polvo para salsas, carnes y pescados, muy picante, hecho de cilantro, canela, jengibre, pimienta de cayena, pimienta, clavo, nuez moscada y cúrcuma, que es su principal excipiente.

cursar tr. Estudiar una materia en un centro educativo. || Dar curso, tramitar una gestión burocrática. || P. ext., enviar algo a su destino: *cursar una orden de embargo*. || intr. Mostrar una enfermedad sus síntomas característicos. || FAM. cursado.

cursera f. *amer.* Diarrea, descomposición.

cursi adj. y com. Que pretende ser elegante o refinado sin serlo, resultando ridículo. || FAM. cursilada, cursilería.

cursilada f. Acción o hecho propio de una persona cursi.

cursilería f. Calidad de cursi. || Dicho o cosa cursi.

cursillo m. Curso breve que completa la formación académica o profesional. || Serie de conferencias sobre una materia. || FAM. cursillista.

cursivo, va adj. y f. Se apl. al carácter o a la letra de imprenta inclinado a la derecha.

curso m. Dirección, continuación o evolución de algo: *las conversaciones siguen su curso; el curso de los acontecimientos*. || Camino, recorrido que sigue algo: *curso de un río, de un cometa*. || En los centros docentes, intervalo lectivo anual. || Cada una de las etapas de un ciclo de enseñanzas. || Estudio, clases o conferencias sobre una materia determinada. || P. ext., tratado especial sobre una materia. || Conjunto de alumnos de un mismo grado de estudios. || Serie de informaciones o consultas que precede a la resolución de un expediente. || Circulación, difusión: *moneda de curso legal*. || Proceso evolutivo de una enfermedad. || **en curso** loc. adj. Actual, en desarrollo: *investigación en curso*. || FAM. cursar, cursillo.

cursor m. En inform., símbolo luminoso móvil que indica en pantalla el lugar donde se puede insertar, suprimir o reemplazar un carácter. || Pieza pequeña que se desliza a lo largo de otra mayor en algunos aparatos.

curtido, da adj. *col.* Que posee mucha experiencia en algo. || m. Tratamiento al que se someten las pieles para hacerlas impermeables y resistentes. || Cuero curtido.

curtidor, ra m. y f. Persona cuyo oficio es curtir pieles.

curtiduría f. Establecimiento donde se curten y trabajan las pieles.

curtiembre f. Acción y resultado de curtir o curtirse. || *amer.* Curtiduría.

curtir tr. Preparar y tratar las pieles para convertirlas en cuero. || *amer.* Añadir sal o magistral a los minerales para hacer amalgamas. || *amer.* Castigar con azotes. || tr. y prnl. Endurecer y tostar el sol o el aire el cutis. || Acostumbrar a la vida dura, endurecer. || prnl. *amer.* Ensuciarse. || FAM. curtido, curtidor, curtiduría, curtiembre.

curumba f. *amer.* Parte más alta o cúspide de un cerro, un árbol o un tejado.

cururo, ra m. y f. *amer.* Mamífero roedor que habita en el campo, de color negro, muy dañino.

curva f. Línea o trayectoria curva. || Representación gráfica de las fases sucesivas de un fenómeno mediante una línea de valores. || Tramo curvo de una carretera, camino, línea férrea. || pl. Silueta atractiva de una mujer.

curvado, da adj. Que tiene forma de curva.

curvar tr. y prnl. Encorvar, doblar, torcer.

curvatura f. Calidad de curvo, desviación continua respecto de la línea recta. ‖ En geom., relación entre la variación de la inclinación de la tangencia a una curva plana y la longitud del arco considerado. ‖ En fís., característica del espacio por la que este tiene una inflexión curva ante la presencia de la materia y su ley de gravedad, que opera sobre los fotones.

curvilíneo, a adj. Que presenta líneas curvas. ‖ En geom., que se dirige en línea curva.

curvo, va adj. Que se aparta de manera continua de la línea recta sin formar ángulos. ‖ FAM. curva, curvado, curvar, curvatura, curvilíneo.

cusca (hacer la) loc. col. Molestar, fastidiar.

cuscú adj. amer. col. Dicho del pelo, de rizo muy apretado.

cuscurro m. Parte más tostada de la corteza del pan, generalmente los picos.

cuscús m. Plato árabe especiado y algo picante, elaborado con sémola de trigo duro, carne o pollo y verduras.

cúspide f. Parte más alta de una elevación. ‖ Vértice o remate superior, generalmente en punta. ‖ Apogeo, momento culminante. ‖ Conjunto de órganos de dirección de una institución. ‖ En geom., punto donde concurren los vértices de todos los triángulos que forman las caras de la pirámide o las generatrices del cono.

cusqui (hacer la) loc. col. Cusca (hacer la).

custodia f. Protección, vigilancia. ‖ Persona o escolta que custodia a un preso. ‖ Pieza en que se expone la eucaristía. ‖ Sagrario, templete o trono donde se coloca. ‖ amer. Consigna de una estación o aeropuerto. ‖ FAM. custodiar, custodio.

custodiar tr. Vigilar, guardar con cuidado.

custodio adj. y m. Que custodia.

cutáneo, a adj. Del cutis o la piel o relativo a ellos: alergia cutánea.

cúter m. Instrumento cortador consistente en una cuchilla larga retráctil dentro de una funda de plástico. ‖ Embarcación ligera de vela con un solo mástil y varios foques. ◆ pl. cúteres.

cutícula f. Película de piel delgada y delicada, en especial la que se une a la base de las uñas. ‖ Epidermis, capa más externa de la piel. ‖ Capa delgada y elástica que protege el tallo y las hojas de los vegetales. ‖ Cubierta orgánica endurecida por la quitina de algunos invertebrados.

cutis m. Piel del cuerpo humano, en especial la del rostro. ‖ Dermis. ◆ No varía en pl. ‖ FAM. cutáneo, cutícula.

cuto, ta adj. amer. Se apl. al animal rabón. ‖ amer. Se dice del vestido muy corto. ‖ adj. y s. amer. Se apl. a la persona manca.

cutre adj. col. Pobre, sucio o de baja calidad. ‖ adj. y com. col. Tacaño, miserable. ‖ FAM. cutrería, cutrez.

cutrería o **cutrez** f. col. Suciedad, baja calidad. ‖ col. Ruindad, tacañería.

cuy o **cuye** m. amer. Cobaya, conejillo de Indias. ◆ pl. cuyes.

cuyo, ya pron. relat. y pos. De quien, del cual, de lo cual. Concierta en género y número no con el nombre del poseedor o antecedente, sino con el de la persona o cosa poseída: no podemos llevar de excursión a los alumnos cuyos padres no han dado autorización.

cuzcuz m. Cuscús.

cyan (voz i.) adj. y m. Cian.

d

d f. Cuarta letra del alfabeto español y tercera de sus consonantes. Fonéticamente representa un sonido dental, sonoro y oclusivo en posición inicial absoluta o precedida de *n* o *l*: *duende, molde*; en los demás casos es, por lo general, fricativa: *codo, vidrio, morder*. Su nombre es *de*. ◆ pl. *des*. || En la numeración romana, quinientos. ◆ Se escribe con mayúscula.

dabuten o **dabuti** adj. *col.* Excelente, muy bueno. || adv. m. *col.* Muy bien.

dactilar adj. Digital.

dáctilo m. Pie de la poesía griega y latina, compuesto por una sílaba larga seguida de dos breves. || En métrica española, pie equivalente formado por una sílaba tónica seguida de dos átonas. || FAM. dactilar, dactílico.

dáctilo-; -dáctilo pref. y suf. que significan 'dedo': *dactilografía, pterodáctilo*.

dactilografía f. Mecanografía. || FAM. dactilográfico, dactilógrafo.

dactilología f. Técnica consistente en comunicarse con las manos y dedos, en especial, el alfabeto manual de los sordomudos. || FAM. dactilológico.

dactiloscopia f. Sistema de identificación basado en el estudio y comparación de las huellas dactilares. || FAM. dactiloscópico, dactiloscopista.

dadá adj. y com. Dadaísta. || m. Dadaísmo. || FAM. dadaísmo.

dadaísmo m. Movimiento artístico y literario nacido en 1916, basado en lo absurdo, lo irracional y lo espontáneo, eliminando la relación entre el pensamiento y la expresión. || FAM. dadaísta.

dadaísta adj. y com. Relativo al dadaísmo. || Partidario o seguidor de este movimiento artístico y literario.

dádiva f. Donativo o regalo desinteresado. || FAM. dadivosidad, dadivoso.

dadivosidad f. Generosidad, liberalidad.

dadivoso, sa adj. y s. Generoso, inclinado a las dádivas.

dado¹ m. Pieza usada en los juegos de azar consistente en un cubo en cuyas caras hay señalados puntos de uno a seis. || Pieza cúbica de metal u otra materia dura que sirve en las máquinas para apoyar tornillos, ejes, etc.

dado², da adj. Determinado, concreto: *momento dado*. || **dado que** loc. conjunt. causal Puesto que, ya que. || **ser muy dado a** loc. *col.* Estar inclinado o tener tendencia a algo: *es muy dado a las especulaciones*.

dador, ra adj. y s. Que da. || m. Portador de una carta de un sujeto a otro. || El que libra una letra de cambio.

daga f. Arma blanca de mano de hoja corta y ancha. || *amer.* Puñal para rematar las reses.

dagame m. *amer.* Árbol silvestre de la familia de las rubiáceas, de tronco alto sin ramaje, copa pequeña y madera muy resistente.

daguerrotipia f. Procedimiento fotográfico químico que fija en una placa de plata la imagen obtenida en una cámara oscura.

daguerrotipo m. Daguerrotipia. || Aparato fotográfico usado en daguerrotipia. || Imagen obtenida por este procedimiento. || FAM. daguerrotipar, daguerrotipia.

daiquiri m. Cóctel hecho con ron ligero, zumo de lima, almíbar y unas gotas de marrasquino.

dajao m. *amer.* Pez osteíctio perciforme de río, de unos 30 cm de largo, vientre plateado y lomo oscuro.

dalái lama m. Nombre que recibe el sumo sacerdote budista y jefe de Estado tibetano. ◆ pl. *dalái lamas*.

dalia f. Planta compuesta de mediana altura, con tallo ramoso, hojas opuestas y dentadas y grandes inflorescencias con el botón central amarillo y la corola de muchos pétalos y variados colores. || Flor de esta planta.

dálmata adj. y s. De Dalmacia o relativo a esta región adriática. || Se apl. al perro de tamaño medio y pelo corto de fondo blanco con pintas negras. || m. Lengua hablada en la región de Dalmacia. || FAM. dalmática, dalmático.

dalmática f. Túnica de mangas largas, blanca y púrpura, usada en la época imperial romana. || Vestidura talar que se coloca sobre el alba.

dalmático, ca adj. y s. Dálmata, relativo a Dalmacia. || m. Dálmata, lengua románica hablada en la región de Dalmacia.

daltónico, ca o **daltoniano, na** adj. Del daltonismo o relativo a esta alteración visual. || adj. y s. Se apl. a la persona que padece esta enfermedad.

daltonismo m. Alteración visual hereditaria que impide distinguir ciertos colores, en especial el rojo y el verde. || FAM. daltoniano, daltónico.

dama f. Mujer distinguida o noble. || Mujer galanteada o pretendida por un hombre. || Señora que acompañaba y servía a la reina, a la princesa o a las infantas. || Actriz principal. || Reina del ajedrez. || En el juego de las damas, pieza que se corona con otra al llegar a la primera línea del contrario. || pl. Juego que se ejecuta en un tablero de 64 escaques con 12 piezas redondas por jugador. ‖ **dama de honor** La que acompaña a la dama principal en una ceremonia. ‖ **dama de noche** Planta solanácea de flores blancas muy olorosas durante la noche. ‖ **primera dama** Esposa del jefe de Estado o de Gobierno. ‖ FAM. damero, damerograma, damisela.

damajuana f. Vasija grande de vidrio o loza, barriguda y de boca estrecha, revestida por una funda de malla de mimbre o paja.

damán m. Mamífero hiracoideo herbívoro africano de unos 50 cm de longitud, con cuatro dedos en las patas anteriores y tres en las posteriores, incisivos de crecimiento continuo y de costumbres nocturnas y trepadoras.

damasco m. Tela de seda o lana de un único color con dibujos formados en el tejido. ‖ Variedad del albaricoquero. ‖ Fruto de este árbol. ‖ FAM. damasquinado, damasquillo, damasquino.

damasquina f. Planta compuesta ornamental de origen mexicano, con hojas lanceoladas dentadas y vistosas flores amarillas de olor desagradable.

damasquinado m. Taracea o incrustación de metales preciosos, en especial oro y plata en hierro o acero. ‖ FAM. damasquinador, damasquinar.

damasquino, na adj. Se apl. al arma blanca de temple muy fino y hermosas aguas. ‖ Referido a ropajes, los confeccionados con damasco.

damero m. Tablero del juego de las damas con 64 escaques. ‖ P. ext., planta de zonas urbanas que presenta una distribución por cuadrados o rectángulos. ‖ Damerograma.

damerograma m. Variante del crucigrama en cuyas casillas se puede leer una cita o texto al completarlo.

damisela f. Señorita. ◆ Se usa cariñosa o irónicamente. ‖ Mujer joven que presume de dama delicada.

damnificado, da adj. y s. Se apl. a la persona que ha sufrido daños de gravedad, en especial si son colectivos.

damnificar tr. Causar daño grave. ‖ FAM. damnificado, damnificador.

dan m. En artes marciales, cada uno de los diez grados superiores al cinturón negro.

dandi m. Hombre que destaca por su elegancia y refinamiento. ‖ *amer.* Moquillo. ‖ FAM. dandismo.

dandismo m. Extremado refinamiento y elegancia.

danés, esa adj. y s. De Dinamarca o relativo a este país europeo. ‖ m. Lengua hablada en Dinamarca, perteneciente a la rama septentrional de las lenguas germánicas. ‖ **gran danés** Dogo.

dantesco, ca adj. Relativo a Dante Alighieri o característico de él: *el cicerone nos invitó a hacer un recorrido dantesco por la ciudad.* ‖ Horroroso, sobrecogedor: *catástrofe dantesca.*

danza f. Baile. ‖ Habanera. ‖ Actividad o movimiento de algo o alguien que va de un lado a otro. ‖ Enredo, lío, riña. ‖ FAM. danzador, danzante, danzar, danzarín, danzón.

danzante, ta m. y f. Persona que danza en procesiones y bailes. ‖ Persona de poco juicio, arrogante y entrometida.

danzar intr. Bailar al ritmo de la música. También tr. ‖ intr. Moverse de un lado para otro con rapidez y agitación.

danzarín, ina m. y f. Bailarín, persona que danza con destreza. ‖ Persona de poco juicio, zascandil. ‖ adj. Que se mueve con rapidez.

danzón m. Música y baile popular cubano similar a la habanera.

dañar tr. y prnl. Causar dolor, daño o perjuicio. ‖ Estropear, echar a perder.

dañino, na adj. Nocivo, perjudicial.

daño m. Dolor, sufrimiento. ‖ Perjuicio, deterioro: *daños materiales.* ‖ *amer.* Mal de ojo. ‖ **daños y perjuicios** Resarcimiento legal que se hace pagar al causante de un daño. ‖ FAM. dañado, dañar, dañino, dañoso.

dar tr. Traspasar, donar. ‖ Entregar. ‖ Otorgar, conceder: *dar audiencia.* ‖ Permitir tener algo, conceder: *dale el beneficio de la duda.* ‖ Nombrar, designar para un cargo: *le han dado la cartera de Exteriores.* ‖ Transmitir una cualidad o estado a algo o alguien: *la nata da finura al bizcocho.* ‖ Producir, dar fruto la tierra. ‖ Procurar, ocasionar. ‖ Exhibir una película o espectáculo. ‖ Explicar una lección, pronunciar una conferencia. ‖ Recibir una clase o explicación. ‖ Golpear. ‖ Con voces que expresan un efecto, ejecutar la acción que indican: *dar saltos, vueltas.* ‖ Comunicar, informar: *¿quién le va a dar la noticia?* ‖ Sonar las campanas de un reloj. También intr.: *dieron las tres.* ‖ Abrir la llave de paso de la luz, el gas, etc. ‖ En el juego de naipes, repartir las cartas a los jugadores. También intr. ‖ intr. Importar, valer: *me da lo mismo.* ‖ Producir un efecto o apariencia: *da muy bien en pantalla.* ‖ Suceder algo a alguien: *le dio dolor de cabeza.* ‖ Estar situada una cosa hacia un lugar determinado: *la puerta da a la calle.* ‖ prnl. Entregarse, dedicarse: *darse a la bebida.* ‖ Tener especial habilidad para hacer algo: *se le da muy bien guisar.* ‖ Suceder, existir alguna cosa: *estas complicaciones se dan a menudo.* ‖ **ahí me las den todas** loc. Expresión con que se denota que no importa determinada desgracia. ‖ **¡dale!** interj. Expresión para reprobar la obstinación: *¡y dale con el cine!* ‖ **dar de lado** loc. Prescindir de algo o ignorar a alguien. ‖ **dar de sí** loc. Extenderse o ensancharse, en especial las telas, pieles, etc. ‖ **dar con** loc. Encontrar. ‖ **dar por** loc. Declarar a alguien o algo en cierta condición o estado. ◆ Se usa seguido de participio: *dieron por concluido.* ‖ **dar que** loc. Ser la causa de lo que expresa el verbo. ◆ Se usa seguido de infinitivo: *no quiero dar que hablar.* ‖ **dársela** a alguien loc. *col.* Pegársela. ‖ FAM. dádiva, dadivoso, dado, dador, dativo, dato. ◆ **Irreg.** Conjugación modelo:

Indicativo
 Pres.: doy, das, da, damos, dais, dan.
 Imperf.: daba, dabas, daba, *etc.*
 Pret. perf. simple: di, diste, dio, dimos, disteis, dieron
 Fut. simple: daré, darás, dará, *etc.*
 Condicional simple: daría, darías, daría, *etc.*
Subjuntivo
 Pres.: dé, des, dé, demos, deis, den.
 Imperf.: diera o diese, dieras o dieses, *etc.*
 Fut. simple: diere, dieres, diere, *etc.*
Imperativo: da, dad.
Participio: dado.
Gerundio: dando.

dárdano, na adj. y s. Troyano.

dardo m. Arma punzante pequeña y arrojadiza. ‖ Dicho de ironía agresiva y molesta: *sus reproches fueron verdaderos dardos.* ‖ m. pl. Juego de puntería consistente en lanzar dardos sobre una diana.

dársena f. Parte más resguardada de un puerto usada para tareas de carga, reparación o desguace de los barcos. ‖ Fondeadero artificial.

darwinismo m. Teoría del naturalista inglés Charles Darwin, que propone la evolución de las especies por una selección natural de los individuos mejor adaptados debida a la lucha por la existencia y que se transmite por herencia. ‖ FAM. darwiniano, darwinista.

darwinista adj. Del darwinismo o relacionado con esta teoría. ‖ adj. y com. Partidario o seguidor del darwinismo.

dasonomía f. Ciencia que trata de la conservación, cultivo y aprovechamiento de los montes. ‖ FAM. dasonómico.

data f. En un documento, escrito o inscripción, indicación del lugar y tiempo en que se ha hecho. ‖ Tiempo en que sucede algo. ‖ Partida o conjunto de partidas que componen el descargo de lo recibido. ‖ Orificio de un depósito de agua para dar salida a una determinada cantidad.

datación f. Fijación de la fecha de una creación o suceso.

datáfono m. Servicio de transmisión de datos por vía telefónica previo abono de la línea.

datar tr. Poner la fecha en un escrito. ‖ Determinar la fecha o data. ‖ intr. Haber empezado algo en el tiempo que se cita. ◆ Se construye con la prep. *de: este local data de los años cincuenta.* ‖ Anotar en las cuentas lo correspondiente a la data. ‖ FAM. data, datación.

dátil m. Fruto comestible de la palmera datilera, alargado, de carne blanquecina muy dulce y hueso muy duro. ‖ *col.* Dedo. ◆ Más en pl. ‖ FAM. datilado, datilera.

datilera adj. y f. Palmera que da fruto.

dativo m. Caso de la declinación de los nombres latinos que toma la palabra que realiza el complemento indirecto.

dato m. Información amplia o concreta que permite una deducción o conocimiento exacto. ‖ Documento, testimonio, prueba. ‖ En inform., información de transferencia de un ordenador y, en un sentido más amplio, valor numérico. ‖ En mat., magnitud del enunciado de un problema que permite hallar el valor de las incógnitas.

datura f. Nombre común al género de plantas solanáceas herbáceas al que pertenece el estramonio. ‖ FAM. daturina.

de[1] f. Nombre de la letra *d.*

de[2] prep. Denota posesión o pertenencia: *es el coche de Ana.* ‖ Expresa origen o procedencia: *es de la Pampa argentina.* ‖ Expresa la materia de que está hecho algo: *sartén de aluminio.* ‖ Indica lo contenido en algo: *vaso de vino.* ‖ Indica naturaleza o cualidad: *su madre es de una bondad infinita.* ‖ Expresa el modo de hacer algo: *cógeo de puntillas.* ‖ Indica el asunto de que trata algo: *cómic de ciencia-ficción.* ‖ Expresa el tiempo en que sucede o se ejecuta algo: *trabaja de noche.* ‖ Denota sentido partiti-

vo: *algo de pan.* ‖ Indica la profesión o empleo de alguien: *le han contratado de albañil.* ‖ Expresa la causa de algo: *ha enfermado de cansancio.* ‖ Indica finalidad: *máquina de tricotar.* ‖ Desde: *hizo un recorrido de Coslada a Madrid.* ‖ Se usa para introducir el segundo término de la comparación: *ha dormido más de la cuenta.* ‖ Se usa como refuerzo expresivo de un apelativo: *la ciudad de Cádiz.* ‖ Se usa como refuerzo de expresiones calificativas: *pobre de mí; el cerdo de Alberto.* ‖ Seguida de infinitivo, forma frases de significado condicional o concesivo: *de seguir llegando tarde, tendremos que despedirlo.*

deambular intr. Caminar sin dirección determinada, pasear. ‖ FAM. deambulatorio.

deambulatorio m. En arquit., pasillo que rodea el presbiterio o capilla mayor como prolongación de las naves laterales, dando paso a otras capillas. ‖ En los edificios de planta centralizada, la nave o espacio que rodea al central.

deán m. Cabeza del cabildo de una catedral, inferior en jerarquía al prelado u obispo. ‖ FAM. deanato, deanazgo.

deanato o **deanazgo** m. Dignidad de deán. ‖ Territorio eclesiástico correspondiente a un deán.

debacle f. Desastre, hecatombe.

debajo adv. l. En lugar inferior física o figuradamente. ‖ **debajo de** loc. prepos. En lugar o puesto inferior respecto de otro. ‖ Con sujeción o sometimiento a otro.

debate m. Discusión, confrontación de opiniones diferentes. ‖ Contienda, combate.

debatir tr. Discutir, disputar sobre distintas ideas. ‖ prnl. Luchar, forcejear para escapar de una situación apurada. ‖ FAM. debate.

debe m. Columna del libro de cuentas que comprende las cantidades que se cargan al titular. ‖ Conjunto de los errores o deudas de alguien.

debelar tr. Rendir al enemigo por las armas. ‖ FAM. debelación, debelador.

deber m. Obligación ética o legal. ‖ Deuda económica. ‖ pl. Ejercicios o trabajos escolares que se realizan en casa como refuerzo.

deber tr. Estar obligado a hacer algo. ‖ Adeudar. ‖ prnl. Sentirse obligado o en deuda con alguien: *se debe a sus padres, a sus estudios.* ‖ Tener por causa, ser consecuencia. ‖ intr. Con la prep. *de* + infinitivo, denota probabilidad o duda: *deben de ser las tres.* ‖ FAM. debe, debidamente, debido, debitar, débito.

debido, da adj. Razonable, justo: *trátame con el debido respeto.* ‖ **como es debido** loc. adv. Como corresponde, apropiadamente. ‖ **debido a** loc. prepos. A causa de: *el desastre fue debido a las lluvias torrenciales.*

débil adj. y com. De poca fuerza o resistencia. ‖ De carácter flojo, que cede con facilidad. ‖ adj. y f. En fon., se apl. a las sílabas no acentuadas y a las vocales cerradas *(i, u).* ‖ FAM. debilidad, debilitación, debilitamiento, debilitar, débilmente, debilucho.

debilidad f. Falta de vigor físico. ‖ Falta de energía y resolución en el carácter. ‖ Acción cometida por falta de carácter. ‖ Flaqueza, punto débil. ‖ Cariño o inclinación especial.

debilitamiento m. Reducción o disminución de energía, fuerza o resistencia.

debilitar tr. y prnl. Disminuir la fuerza, el vigor o el poder.

debilucho, cha adj. y com. *col.* Muy débil, enclenque.

debitar tr. Adeudar o cargar en cuenta una cantidad, inscribiéndola en el debe.

débito m. Deuda. ‖ Debe.

debut m. Primera presentación en público de una obra o artista. ‖ P. ext., primera actuación de alguien en cualquier actividad. ◆ pl. *debuts*. ‖ FAM. debutante, debutar.

debutante adj. y com. Que debuta o se presenta por primera vez. ‖ f. Muchacha joven que hace su presentación en sociedad.

debutar intr. Presentarse por primera vez ante el público en el mundo del espectáculo o cualquier otra actividad.

década f. Periodo de diez días o años. ‖ División compuesta de diez libros o capítulos en una obra histórica.

decadencia f. Declive, deterioro, principio de debilidad y desintegración. ‖ Periodo en que tiene lugar este deterioro. ‖ FAM. decadente, decadentismo.

decadente adj. Que decae o se encuentra en decadencia. ‖ Que admira o imita el estilo de una época pasada o en decadencia. ‖ adj. y com. Seguidor del decadentismo.

decadentismo m. Estilo literario y artístico de fines del siglo XIX que refleja su rebelión contra la moral tradicional y el naturalismo a través del refinamiento exagerado y la evasión de la realidad. ‖ FAM. decadentista.

decadentista adj. Relativo al decadentismo. ‖ adj. y com. Seguidor del decadentismo.

decaedro m. Sólido o poliedro de diez caras.

decaer intr. Debilitarse, perder cualidades o condiciones de fuerza, importancia o valor. ‖ Separarse la embarcación de su rumbo, arrastrada por el viento, la marejada o la corriente. ◆ **Irreg.** Se conj. como *caer*. ‖ FAM. decadencia, decaído, decaimiento.

decágono, na adj. y m. Se apl. al polígono de diez lados. ‖ FAM. decagonal.

decagramo m. Medida de peso y masa equivalente a diez gramos en el sistema internacional.

decaído, da adj. Que pierde facultades, débil. ‖ Deprimido, sin ánimo.

decaimiento m. Debilitamiento, flojedad. ‖ Falta de ánimo, desaliento.

decalcificar tr. y prnl. Descalcificar. ‖ FAM. decalcificación.

decalitro m. Medida de capacidad equivalente a diez litros.

decálogo m. En las religiones cristianas, los diez mandamientos de la ley de Dios. ‖ Conjunto de diez principios o normas considerados básicos para el ejercicio de cualquier actividad. ◆ Se usa ocasionalmente aunque no sean diez.

decámetro m. Medida de longitud equivalente a diez metros en el sistema internacional.

decanato m. Cargo de decano. ‖ Despacho u oficina del decano para el desempeño de su cargo. ‖ Periodo de tiempo que dura este cargo.

decano, na adj. y s. Miembro más antiguo de una comunidad. ‖ Persona que preside una corporación o una facultad universitaria, aunque no sea el miembro más antiguo. ‖ FAM. decanato.

decantación f. Separación por diferencia de densidades de dos productos, uno de los cuales es un líquido. ‖ Inclinación a favor de una opción.

decantar tr. Pasar un líquido de un recipiente a otro sin que se salga el poso. ‖ prnl. Inclinarse claramente hacia una opinión, tomar partido: *el Gobierno se decantó por una economía de mercado.* ‖ FAM. decantación, decantamiento.

decapado m. Eliminación por métodos abrasivos o químicos de las impurezas o pinturas que presenta una superficie.

decapante adj. y m. Se apl. a la sustancia química utilizada para decapar una superficie.

decapar tr. Eliminar abrasiva o químicamente la capa de impurezas o pintura de una superficie. ‖ FAM. decapado, decapante.

decapitación f. Separación de la cabeza del resto del cuerpo.

decapitar tr. Cortar la cabeza. ‖ Dejar a una institución o grupo sin sus principales dirigentes. ‖ FAM. decapitación.

decápodo, da adj. y m. De los decápodos o relativo a este orden de artrópodos o antiguo grupo de moluscos. ‖ m. pl. Orden de artrópodos crustáceos que tienen diez patas, como la langosta. ‖ m. pl. Antiguo grupo de moluscos con el que se conoce a animales que tienen ocho brazos y dos tentáculos, como la jibia y el calamar.

decárea f. Medida de superficie equivalente a diez áreas.

decasílabo, ba adj. y m. De diez sílabas: *versos decasílabos.*

decatlón m. Competición de atletismo en la que un atleta debe superar diez pruebas distintas. ‖ FAM. decatleta, decatlonista.

decelerar tr. e intr. Desacelerar. ‖ FAM. deceleración, decelerómetro.

decena f. Conjunto de diez unidades. ‖ En mús., octava de la tercera. ‖ FAM. decenal, decenar.

decenal adj. Que dura un decenio. ‖ Que se repite o acontece cada diez años.

decencia f. Recato, respeto a las convenciones sociales: *vestir con decencia.* ‖ Respeto a la moral sexual. ‖ Dignidad y honestidad en los actos y en las palabras.

decenio m. Periodo de diez años.

decente adj. Honesto, justo, digno. ‖ Acorde con la moral sexual. ‖ Suficiente, satisfactorio, de calidad: *sueldo, película decente.* ‖ Limpio, aseado. ‖ FAM. decencia, decentemente.

decepción f. Frustración que se da al desengañarse de lo que no satisface nuestras expectativas. ‖ FAM. decepcionante, decepcionar.

decepcionante adj. Que produce desilusión o decepción.

decepcionar tr. Desengañar, no responder a las expectativas.

deceso m. Muerte.

dechado m. Ejemplo, modelo digno de ser imitado por sus cualidades, positivas o negativas: *es un dechado de cortesía.* || Labor que se cose imitando la muestra.

deciárea f. Medida de superficie equivalente a la décima parte de un área.

decibelio m. Unidad de medida de intensidad sonora, correspondiente a la décima parte del belio, que se usa para expresar la relación entre dos potencias: *los decibelios del pub superaban el límite permitido.* ◆ Su nombre es *decibel* en la nomenclatura internacional. || FAM. decibelímetro.

decidido, da adj. Firme, sin duda: *resolución decidida.* || adj. y s. Resuelto, que actúa con decisión y valor. || FAM. decididamente.

decidir tr. Dar una solución o juicio definitivo sobre un asunto. || Inclinar a alguien a tomar una determinación: *le decidí a viajar.* || tr. y prnl. Resolver, tomar una determinación: *se decidió por el vestido negro.* || FAM. decidido, decididor, decisión, decisivo, decisorio.

decigramo m. Medida de peso y masa equivalente a la décima parte de un gramo en el sistema internacional.

decilitro m. Medida de capacidad equivalente a la décima parte de un litro.

décima f. Décima parte de cada grado del termómetro clínico. || Estrofa de diez versos octosílabos con rima consonante. También se llama *espinela.*

decimal adj. Se apl. a cada una de las diez partes iguales en que se divide una cantidad. || Del sistema métrico de pesas y medidas, cuyas unidades son múltiplos o divisores de diez. || Del sistema de numeración cuya base es diez. || adj. y m. Se apl. al dígito tras la coma de un número real o racional. || m. pl. *amer.* Centavos, dinero en general.

decimero m. *amer.* Especie de juglar que recita versos.

decímetro m. Medida de longitud que corresponde a la décima parte de un metro en el sistema internacional.

décimo, ma adj. num. ord. Que ocupa el lugar número diez en una serie ordenada de elementos. || adj. num. frac. Se apl. a cada una de las diez partes iguales en que se divide un todo. También m. || m. Cada una de las diez participaciones oficiales en que se divide un billete de lotería. || FAM. decimal.

decimoctavo, va adj. num. ord. Que ocupa el lugar número dieciocho en una serie ordenada de elementos.

decimocuarto, ta adj. num. ord. Que ocupa el lugar número catorce en una serie ordenada de elementos.

decimonónico, ca adj. Del siglo XIX o relativo a él. || Anticuado, falto de vigencia.

decimonoveno, na o **decimonono, na** adj. num. ord. Que ocupa el lugar número diecinueve en una serie ordenada de elementos.

decimoquinto, ta adj. num. ord. Que ocupa el lugar número quince en una serie ordenada de elementos.

decimoséptimo, ma adj. num. ord. Que ocupa el lugar número diecisiete en una serie ordenada de elementos.

decimosexto, ta adj. num. ord. Que ocupa el lugar número dieciséis en una serie ordenada de elementos.

decimotercero, ra adj. num. ord. Que ocupa el lugar número trece en una serie ordenada de elementos.

decir[1] m. Dicho, refrán, frase ingeniosa o sentenciosa. || **es un decir** loc. *col.* Expresa que lo dicho es una suposición: *que vayas a llegar pronto es un decir, ¿no?*

decir[2] tr. Expresar verbalmente el pensamiento: *dijo que no vendría.* || Asegurar, opinar: *dice que es la mejor política en este momento.* || Denotar, dar muestras de algo: *sus gestos dicen mucho de él.* || Nombrar: *por aquí le dicen Juan Perro.* || prnl. Reflexionar con uno mismo: *tras mucho llorar se dijo que no podía seguir así.* || intr. Convenir, armonizar o no una cosa con otra. ◆ Se construye con los advs. **bien** o **mal**: *ese collar dice mal en ese escote.* || **como quien dice** o **como si dijéramos** loc. Expresión que se usa para explicar o suavizar lo que se ha afirmado. || **¡cualquiera lo diría!** o **¡quién lo diría!** loc. Muestra extrañeza ante algo que aparenta ser lo contrario. || **decir a** loc. *amer.* Comenzar a. || **decir para sí** loc. Reflexionar con uno mismo. || **decir por decir** loc. Hablar u opinar sin fundamento. || **diga** o **dígame** Fórmula usada para responder al teléfono. || **¡digo!** Exclamación de afirmación: *¿que si hay fiestas?, ¡digo!* || **di que** o **di tú que** loc. Se usa como refuerzo de lo que se va a decir: *di que no le hice caso, que si no...* || **el qué dirán** loc. La opinión pública formada y basada en murmuraciones. || **es decir** loc. adv. Esto es, o sea: *ven pronto, es decir, antes de comer.* || **he dicho** loc. Expresión con que alguien da por concluida su intervención: *no quiero volver a verla, he dicho.* || **ni que decir tiene** loc. Expresa que algo se da por sabido: *ni que decir tiene que está loco con su nieto.* || **no decir nada** loc. No despertar interés, no destacar. || **por así decirlo** loc. Indica que la expresión empleada no es del todo exacta u oportuna. || **que digamos** loc. Expresión con que se valora una frase negativa: *pues no ha tardado mucho que digamos.* || **que se dice pronto** loc. Indica la desmesura o importancia de lo expresado: *tiene once hijos, que se dice pronto.* || **y que lo digas** loc. Expresión de asentimiento. || FAM. bendecir, decible, decidero, decidor, dicho, maldecir, predecir. ◆ **Irreg.** Conjugación modelo:

Indicativo

Pres.: digo, dices, dice, decimos, decís, dicen.
Imperf.: decía, decías, decía, *etc.*
Pret. perf. simple: dije, dijiste, dijo, dijimos, dijisteis, dijeron.
Fut. simple: diré, dirás, dirá, *etc.*
Condicional simple: diría, dirías, diría, *etc.*

Subjuntivo

Pres.: diga, digas, diga, digamos, digáis, digan.
Imperf.: dijera o dijese, dijeras o dijeses, *etc.*
Fut. simple: dijere, dijeres, dijere, *etc.*

Imperativo: di, decid.
Participio: dicho.
Gerundio: diciendo.

decisión f. Resolución o determinación acerca de algo dudoso. || Firmeza de carácter.

decisivo, va adj. Definitivo, que decide o resuelve: *sentencia decisiva*. || Fundamental, de trascendentes consecuencias. || FAM. decisivamente.

decisorio, ria adj. Que tiene virtud o facultad para decidir.

declamación f. Arte o modo de declamar. || Discurso pronunciado en público, en especial contra algo. || Recitación teatral de prosa o verso.

declamar intr. y tr. Recitar en voz alta, con entonación y gestos apropiados. || intr. Hablar en público. || Expresarse con calor, en especial para realizar una crítica. || FAM. declamación, declamador, declamatorio.

declamatorio, ria adj. Se apl. al estilo de expresión enfático en exceso para encubrir la escasez de contenido.

declaración f. Manifestación o explicación pública. || Manifestación oficial de los bienes sujetos a contribución: *declaración de la renta*. || Manifestación concluyente de un hecho o decisión: *declaración de culpabilidad, de guerra*. || Manifestación de amor. || Exposición bajo juramento que hace un testigo o perito en una causa, o el propio reo sin juramento.

declarado, da adj. Abierto, manifiesto. || FAM. declaradamente.

declarante com. Persona que declara ante el juez.

declarar tr. Exponer, dar a conocer o explicar: *declaró sus intenciones*. || Manifestar un hecho o decisión, sentenciar: *el tribunal le declaró inocente*. || Exponer oficialmente los bienes e ingresos sujetos a impuestos. || intr. Testificar o responder a las preguntas del tribunal. || prnl. Inclinarse en favor de una opción. || Manifestar amor solicitando relaciones: *ayer se le declaró Juan*. || Suceder y manifestarse abiertamente: *declararse un incendio*. || Fijarse la dirección o carácter del viento. || *amer.* Darse por vencido, fracasar. || FAM. declarable, declaración, declarado, declarador, declarante, declarativo, declaratorio.

declinación f. Declive, descenso. || Decadencia. || Distancia angular de un astro al ecuador celeste. || Ángulo que forma un plano vertical respecto del meridiano del lugar. || En gram., serie ordenada de todas las formas que puede tomar una palabra en función del caso. || En gram., modelo de paradigma de flexión en que se inscribe la palabra que se declina.

declinar intr. Inclinarse. || Decaer, menguar las facultades. || Aproximarse algo a su fin: *declinaba el día*. || tr. Rehusar, rechazar: *declinar una invitación*. || En gram., realizar la flexión completa de los casos de una palabra. || FAM. declinable, declinación, declinante, declinatoria, declinatorio, declinómetro.

declive m. Pendiente, inclinación del terreno o de una superficie. || Decadencia. || FAM. declividad, declivio.

decodificar tr. Descodificar. || FAM. decodificación, decodificador.

decolar intr. *amer.* Despegar un avión. || FAM. decolaje.

decoloración f. Pérdida o disminución del color.

decolorante adj. y m. Se apl. a las sustancias químicas usadas para decolorar.

decolorar tr. y prnl. Quitar, perder o disminuir el color. || FAM. decoloración, decolorante.

decomisar tr. Incautarse el Estado como pena de las mercancías procedentes de comercio ilegal o los instrumentos del delito.

decomiso m. Pena que consiste en la incautación por parte del Estado de mercancías o instrumentos causa de delito. || Objeto del decomiso. || m. pl. Establecimiento que vende objetos procedentes de decomisos. || FAM. decomisar.

decoración f. Proceso y resultado de adornar un lugar. || Conjunto de elementos que adornan una habitación o un ambiente. || Arte de combinar los elementos ornamentales. || Decorado.

decorado m. Conjunto de objetos, telones y mobiliario que representa el lugar en que discurre una escena.

decorador, ra m. y f. Persona que se dedica profesionalmente a la decoración.

decorar tr. Adornar, embellecer. || Servir de adorno. || Colocar en un lugar los objetos necesarios para adornarlo y crear un ambiente determinado. || FAM. decoración, decorado, decorador, decorativismo, decorativo, decoro, condecorar.

decorativo, va adj. De la decoración o relativo a ella. || Sin interés por su calidad sino por su presencia: *es un ministerio decorativo, sin relevancia alguna.*

decoro m. Honor y respeto que se debe a una persona. || Gravedad, seriedad en la forma de actuar y de hablar. || Pudor, decencia en lo relativo a la moral sexual. || Parte de la arquitectura que ajusta el aspecto de los edificios con su destino. || Adecuación del estilo de una obra literaria al género, al tema y a la condición social de los personajes. || FAM. decorosamente, decoroso.

decoroso, sa adj. Que tiene o manifiesta decoro, dignidad o pudor.

decorticar tr. Extirpar la corteza o envoltura de un órgano, ya sea normal o patológica. || FAM. decorticación.

decrecer intr. Menguar, disminuir algo en cantidad, intensidad o importancia. ◆ **Irreg.** Se conj. como *agradecer*. || FAM. decreciente, decrecimiento.

decreciente adj. Menguante, que disminuye.

decrecimiento m. Disminución.

decrépito, ta adj. y s. Se apl. a la persona de edad avanzada que tiene disminuidas las facultades físicas y psíquicas. || Que está en franca decadencia: *ideales decrépitos*. || FAM. decrepitud.

decrepitud f. Vejez extrema con mengua de las facultades. || Suma decadencia.

decretal adj. Relativo a las decretales. || f. Epístola en la que el papa contesta a una consulta particular y que sienta regla general. || f. pl. Libro en que están recopiladas las decretales de los papas. || FAM. decretalista.

decretar tr. Resolver, decidir la persona que tiene autoridad o facultades para ello. || Decidir el juez sobre las peticiones de las partes: *se decretó el sobreseimiento de caso*. || FAM. decreto.

decreto m. Decisión tomada por la autoridad competente en materia de su incumbencia, y que se hace pública en las formas prescritas. || Decisión que toma e papa de acuerdo con los cardenales. || **decreto ley** Disposición promulgada por el Poder Ejecutivo sin ser sometida al órgano legislativo competente. || **real decreto** Decreto aprobado en el Consejo de Ministros y sancionado por el rey. || FAM. decretazo.

decúbito m. Posición del cuerpo tumbado horizontalmente. || **decúbito lateral** Posición en la que el cuerpo está tumbado de lado. || **decúbito prono** Posición en la que el cuerpo está tendido sobre el vientre y el pecho. || **decúbito supino** Posición en la que el cuerpo está tendido sobre la espalda. || FAM. decretazo.

decumbente adj. Se apl. a la persona que yace en cama o la guarda por enfermedad. || Se dice del órgano vegetal que crece inclinado.

decuplicar tr. Multiplicar por diez.

décuplo, pla adj. y m. Se apl. a una cantidad diez veces mayor que otra. || FAM. decuplicar.

decurrente adj. Se apl. a las hojas cuyo limbo se extiende a lo largo del pecíolo y hasta el tallo, formando una especie de ala.

decurso m. Sucesión o continuación del tiempo.

decusado, da o **decuso, sa** adj. Se apl. a la hoja dispuesta, junto con otras, en forma de cruz.

dedal m. Pequeño utensilio de costura, de forma cónica y hueca, usado para cubrir y proteger la punta del dedo que empuja la aguja.

dédalo m. Laberinto, lugar o asunto enredoso.

dedicación f. Ocupación o trabajo. || Esfuerzo, empeño en un objetivo. || Destino, finalidad. || Homenaje, ofrecimiento de una obra o regalo.

dedicar tr. Emplear, destinar, aplicar algo a un uso determinado: *la recaudación se dedicará a la beneficencia*. || Consagrar al culto. || Ofrecer una obra u obsequio a otra persona. || prnl. Ocuparse, tener por profesión: *se dedica a la restauración*. || FAM. dedicativo, dedicatoria, dedicatorio.

dedicatoria f. Escrito o nota que se dirige a la persona a quien se ofrece una obra o regalo.

dedil m. Funda de diversos materiales que protege cada dedo de la mano.

dedillo (al) loc. adv. Perfectamente, con seguridad.

dedo m. Cada una de las extremidades alargadas y articuladas en que terminan las manos y los pies. || Porción o proporción de algo del ancho de un dedo. || Medida de longitud equivalente a unos 18 mm. || **dedo anular** Cuarto dedo desde el interior. || **dedo cordial, de en medio** o **del corazón** Dedo intermedio y más largo. || **dedo índice** Segundo dedo desde el interior. || **dedo meñique** o **auricular** El último y más pequeño. || **dedo pulgar** El primero y más grueso. || **a dedo** loc. adv. Arbitrariamente, con influencias y abuso: *nombrar a dedo*. || *col.* En autoestop. || **chuparse el dedo** loc. *col.* Ser ingenuo y confiado. || **chuparse los dedos** loc. *col.* Comer o hacer cualquier otra cosa con mucho gusto. || **hacer dedo** loc. *col.* Hacer autoestop. || **no mover un dedo** loc. *col.* No tomarse ningún trabajo o interés por algo o alguien. || **no tener dos dedos de frente** loc. *col.* Ser de poco entendimiento o sensatez. || **pillarse los dedos** loc. *col.* Sufrir perjuicio de lo dicho o hecho en algún asunto o negocio. || **poner el dedo en**

la llaga loc. Dar con el punto clave o más conflictivo de un asunto. || **señalar con el dedo** loc. Criticar o tachar a alguien por una conducta reprobable. || FAM. dedada, dedal, dedalera, dedil, dedillo, dedocracia.

deducción f. Conclusión, inferencia. || Método de razonamiento que parte de conceptos generales o principios universales para llegar a conclusiones particulares. || Descuento, rebaja: *deducción por rendimiento del trabajo*.

deducible adj. Susceptible de ser inferido. || Susceptible de ser rebaja o descuento: *es deducible un 15% de los gastos*.

deducir tr. y prnl. Inferir, obtener conclusiones de un conocimiento previo. || Restar, descontar. ◆ **Irreg.** Se conj. como *conducir*. || FAM. deducción, deducible, deductivo.

deductivo, va adj. De la deducción, relacionado con ella o que procede por ella.

defecación f. Expulsión anal de los excrementos. || Método de depuración que separa los sedimentos sólidos suspendidos en un líquido.

defecar tr. Separar el sedimento o heces de un líquido. || intr. Expulsar excrementos por el ano. || FAM. defecación, defecador.

defección f. Deserción, abandono desleal de una causa o un partido. || FAM. defeccionar.

defeccionar intr. *amer.* Cometer defección, separarse de la causa a la que se pertenecía.

defectible adj. Prescindible, innecesario. || FAM. defectibilidad.

defectivo, va adj. y m. En gram., se apl. al verbo que no tiene su paradigma verbal completo, como *abolir*.

defecto m. Carencia o imperfección de las cualidades propias de algo. || Imperfección o tacha moral. || **en su defecto** loc. adv. A falta de algo o alguien, en su lugar. || **por defecto** loc. adj. y adv. Inexacto por debajo del límite que debería alcanzar. || Referido a una opción, predeterminada, elegida si no se especifica lo contrario. || FAM. defección, defectivo, defectuosamente, defectuoso, deficiente, deficientemente, indefectible, indefectiblemente.

defectuoso, sa adj. Imperfecto, insuficiente, con taras.

defender tr. Proteger de un daño, perjuicio o ataque. También prnl.: *defenderse del frío*. || Sostener una idea o causa contra la opinión ajena: *defendió la república*. || Intervenir judicialmente en favor del acusado. || intr. En dep., oponerse a la acción de los adversarios. || prnl. Responder bien en una actividad o situación difícil: *se defiende bien con los clientes*. ◆ **Irreg.** Se conj. como *entender*. || FAM. defendedero, defendedor, defendible, defendido, defensa, defensiva, defensivo, defensor, defensoría, defensorio.

defendible adj. Susceptible de ser defendido.

defendido, da adj. y s. Se apl. a la persona representada por un abogado defensor.

defenestración f. Arrojo de una persona por una ventana. || Expulsión drástica de un cargo.

defenestrar tr. Arrojar a alguien por una ventana. || Destituir o expulsar drásticamente a alguien de su cargo o puesto. || FAM. defenestración.

defensa f. Acción y resultado de defender. || Arma con que uno se defiende en un peligro. || Fortificación, instrumento para la defensa. || Amparo, protección. || Conjunto de mecanismos con el que los organismos se protegen de determinados agentes físico-químicos y biológicos dañinos. Más en pl. || Abogado defensor y su equipo. || Conjunto de razones alegadas en un juicio para defender al acusado. || *amer.* Parachoques de un automóvil. || pl. La cornamenta o colmillos de un animal. || Aparejos que se cuelgan del costado de la embarcación para que no se dañe durante las faenas. || Línea más retrasada de un equipo deportivo, encargada de defender la portería de su equipo. || com. Jugador encargado de defender la portería de su equipo. || **defensa antiaérea** Precaución que se toma ante un posible ataque de aviones enemigos. || **legítima defensa** Circunstancia eximente de culpabilidad en ciertos delitos: *lo mató en legítima defensa.*

defensiva f. Actitud exclusiva de defensa, en renuncia del ataque. || **a la defensiva** loc. adv. En alerta, recelando y defendiéndose aunque no haya ataque: *estar a la defensiva.*

defensivo, va adj. Útil para defender y resistir un ataque: *juego defensivo.* || m. Defensa, resguardo. || m. pl. *amer.* Parches para la jaqueca.

defensor, ra adj. y s. Que defiende o protege. || Se apl. al abogado encargado de la defensa en un juicio. || m. y f. En dep., jugador encargado de obstaculizar los ataques del contrario. || **defensor del pueblo** Cargo instituido para defender al ciudadano de los errores o excesos de la Administración Pública.

deferencia f. Amabilidad que se tiene con alguien por respeto o cortesía. || Condescendencia, consideración. || FAM. deferente.

deferente adj. Amable, cortés. || Condescendiente.

deficiencia f. Defecto, imperfección, carencia.

deficiente adj. Imperfecto, mal hecho. || Insuficiente respecto al nivel que debería alcanzar. || adj. y com. Persona cuyo cociente intelectual está por debajo del nivel medio general: *deficiente mental.* || m. Suspenso, calificación negativa de un examen. || FAM. deficiencia, déficit.

déficit m. Cantidad negativa que resulta cuando los gastos o débito son mayores que los ingresos o crédito. || Carencia o escasez de algo que se juzga necesario. ◆ pl. *déficits.* || FAM. deficitario.

deficitario, ria adj. Que arroja o implica déficit. || Que presenta un desarrollo orgánico deficiente, en especial sensorial o psíquico.

definible adj. Susceptible de ser definido.

definición f. Proposición o fórmula por medio de la cual se define dando un conjunto de propiedades suficiente para designar de manera unívoca un objeto, individuo, grupo o idea. || Nitidez en la representación gráfica de una imagen. || Poder separativo de un telescopio que determina la nitidez de sus imágenes. || Menor distancia entre dos puntos que un instrumento óptico es capaz de separar.

definidor, ra adj. y s. Que define. || m. Religioso que forma parte del definitorio.

definir tr. y prnl. Fijar con claridad y exactitud la significación de una palabra, enunciando las propiedades que designan unívocamente un objeto, individuo, grupo o idea. || Decidir, resolver algo dudoso. || Concluir una obra con todo detalle. || FAM. definible, definición, definido, definidor, definitivo, definitorio.

definitivo, va adj. Firme, que decide y es inamovible. || **en definitiva** loc. adv. Finalmente, a fin de cuentas. || FAM. definitivamente.

definitorio m. Cuerpo de las órdenes religiosas compuesto por los definidores y el general o el provincial, destinado a su regimiento. || Junta de este cuerpo y lugar destinado a celebrarla.

definitorio, ria adj. Que sirve para definir o distinguir.

deflación f. Reducción fiduciaria destinada a la bajada generalizada de los precios y aumento del valor del dinero. || FAM. deflacionario, deflacionista.

deflagración f. Combustión súbita con llama, pero sin explosión.

deflagrador, ra adj. Que deflagra o arde. || m. Aparato eléctrico usado en las minas para hacer estallar los barrenos.

deflagrar intr. Arder una sustancia con llama y sin explosión. || FAM. deflagración, deflagrador.

deflector m. Aparato usado para cambiar la dirección de un fluido o corriente eléctrica. || Alerón destinado a reducir o anular la resistencia del aire, generalmente colocado en la parte trasera del automóvil.

defoliación f. Caída de las hojas de los árboles y plantas, causada por enfermedades y agentes químicos o atmosféricos.

defoliar tr. Provocar la caída prematura de las hojas de una planta. || FAM. defoliación, defoliador, defoliante.

deforestación f. Reducción progresiva o desaparición de las masas forestales.

deforestar tr. Despojar o disminuir en un terreno sus masas forestales. || FAM. deforestación.

deformable adj. Susceptible de ser deformado.

deformación f. Alteración de la forma de un cuerpo. || Alteración de la naturaleza de algo. || **deformación profesional** Conjunto de hábitos o ideas que se deben al ejercicio de una profesión.

deformar tr. y prnl. Provocar la pérdida de la forma o de las características naturales de algo. || FAM. deformable, deformación, deformador, deformante, deformatorio, deforme, deformidad.

deforme adj. Desproporcionado, irregular o anómalo en su forma. || Que ha sufrido una deformación.

deformidad f. Desproporción o anomalía en la forma. || Cosa deforme.

defraudación f. Elusión fraudulenta del pago de impuestos. || Decepción de la confianza o esperanza en algo.

defraudador, ra adj. y s. Que defrauda.

defraudar tr. Quitar a alguien lo que le pertenece con abuso de confianza. || Eludir fraudulentamente el pago de impuestos. || tr. Frustrar y no responder a la confianza o esperanzas que se tenían puestas en ello. || FAM. defraudación, defraudador.

defunción f. Fallecimiento de una persona.

degeneración f. Empeoramiento y pérdida progresiva de las cualidades o facultades. || Alteración de los tejidos o de una célula viva. || Degradación de las facultades psíquicas y nerviosas de un individuo a causa de una enfermedad.

degenerado, da adj. y s. Se apl. a la persona con graves anomalías mentales y morales.

degenerar intr. y prnl. Decaer, perder la calidad, características y virtudes originales: *este festival/esta ganadería ha degenerado bastante.* || Pasar a un estado peor que el original: *la apendicitis degeneró en peritonitis.* || FAM. degeneración, degenerado, degenerativo.

degenerativo, va adj. Que causa o produce degeneración.

deglución f. Paso del alimento o bebida de la boca al estómago.

deglutir tr. e intr. Tragar los alimentos o bebidas haciéndolos pasar al estómago. || FAM. deglución, deglutorio.

degollación f. Realización de un corte en el cuello o la garganta.

degolladero m. Parte del cuello por donde se degüella. || Lugar destinado para degollar las reses. || Cadalso usado para degollar a los reos.

degollar tr. Cortar la garganta o el cuello de una persona o animal. || Matar el torero con estocadas mal dirigidas. || Arruinar, hacer fracasar, en especial, representar mal una obra. ◆ **Irreg.** Se conj. como *contar.* || FAM. degollación, degolladero, degollador, degolladura, degollamiento, degollina, degüello.

degollina f. Matanza, gran número de muertos. || *col.* Abundancia de suspensos en un examen.

degradable adj. Se apl. a los compuestos que se pueden degradar para no resultar contaminantes.

degradación f. Privación o rebaja de los derechos, grado y privilegios que corresponden. || Humillación, bajeza. || Disminución gradual de cualidades o características: *degradación de luz y color/de las facultades mentales.*

degradante adj. Que degrada o humilla.

degradar tr. Privar o rebajar a alguien sus derechos, grado y dignidad: *le degradaron a soldado raso.* || Humillar, envilecer. También prnl. || Hacer disminuir progresivamente las características o cualidades de algo: *la demencia senil ha degradado su memoria.* || En quím., transformar una sustancia compleja en otras de constitución más sencilla. || FAM. degradable, degradación, degradante.

degüello m. Degollación. || Parte más delgada del dardo o de otra arma o instrumento semejante. || **entrar** o **tirar a degüello** loc. *col.* Procurar causar el mayor daño a alguien.

degustación f. Prueba o cata de alimentos o bebidas.

degustar tr. Probar o catar alimentos o bebidas. || Saborear, deleitarse con otras sensaciones. || FAM. degustación.

dehesa f. Terreno herbáceo acotado y dedicado a pastos.

dehiscencia f. Propiedad de algunos frutos cerrados o anteras de abrirse las flores para esparcir el polen o las semillas. || Abertura espontánea de una zona que se había suturado durante una intervención quirúrgica. || FAM. dehiscente.

dehiscente adj. Se apl. al fruto cuyo pericarpio se abre naturalmente para que salga la semilla.

deicida adj. y com. Que da muerte a un dios y, p. ant., a Jesucristo.

deicidio m. Crimen cometido por los que matan a un dios y, p. ant., a Jesucristo. || FAM. deicida.

deíctico, ca adj. De la deixis o relativo a ella: *señalización deíctica.* || m. Elemento gramatical que realiza una deixis.

deidad f. Ser divino, cada uno de los dioses de las diversas religiones. || Divinidad, esencia y características de un dios.

deificar tr. Suponer divino a algo o a alguien. || Endiosar, ensalzar en exceso. || prnl. En la teología mística, unirse el alma con Dios en el éxtasis. || FAM. deificación, deífico.

deiforme adj. De forma similar a las deidades: *escultura deiforme.*

deísmo m. Doctrina filosófica que admite la existencia de un Dios creador, pero niega la revelación y la providencia. || FAM. deísta.

deísta adj. Relativo al deísmo. || adj. y com. Partidario o seguidor de esta doctrina filosófica.

deixis f. Indicación o mostración que se realiza mediante un gesto. || Función de ciertos elementos lingüísticos que señalan algo que se ha dicho o se va a decir en el discurso, un punto en los ejes de espacio o tiempo, o un elemento respecto de los hablantes, por ej., *este, ese* o *aquel.* ◆ No varía en pl. || FAM. deíctico.

dejación f. Abandono o desamparo: *dejación de sus obligaciones.* || Cesión, desistimiento o abandono de bienes o de un derecho. || *amer.* Dejadez, negligencia.

dejada f. En tenis, pase corto y suave con efecto que bota a poca altura cerca de la red.

dejadez f. Pereza, negligencia, abandono de sí mismo o de sus cosas.

dejado, da adj. y s. Negligente, descuidado consigo mismo y con sus cosas.

dejar tr. Depositar algo en un lugar. || Olvidar algo en algún sitio. || Irse o ausentarse de un lugar. || Abandonar, no continuar lo empezado: *ha dejado el tabaco.* También intr. ◆ Se usa con la prep. *de: deja de hacer ruido.* || Abandonar a alguien. || Consentir, permitir. También prnl.: *se deja querer.* || Encargar, encomendar: *te dejo el niño hasta mañana.* || Legar, dejar en herencia. || Producir ganancia o beneficios. || Prestar. || No molestar a alguien: *te he dicho que dejes a tu hermana.* || En tenis, lanzar suavemente la pelota para que el contrario no pueda levantarla. || prnl. Descuidarse de sí mismo: *desde la enfermedad se ha dejado mucho.* || aux. Con participios, prever, tomar una precaución: *dejó dicho que le despertaran a las once.* || Con participios y adjetivos, resultar, pasar a ser: *lo dejó helado con la noticia.* || **dejar caer** loc. Decir algo con intención oculta. || **dejar correr** loc. Permitir, tolerar. || **dejar mucho** o **bastante que**

desear loc. No alcanzar el nivel o la calidad deseables. || **dejar plantado** loc. Dar un plantón. || **dejarse caer** loc. Presentarse por sorpresa. || **dejarse ver** loc. *col.* Frecuentar, visitar: *ya no te dejas ver por el club.* || FAM. dejación, dejada, dejadez, dejado, dejamiento, deje, dejillo, dejo.

deje m. Modo particular de pronunciación y de inflexión de la voz que muestra un estado de ánimo o algo peculiar del hablante. || Acento peculiar del habla de una región. || Gusto que queda de la comida o bebida. || FAM. dejillo, dejo.

dejo m. Deje. || Placer o disgusto que queda después de una acción.

del contr. de la prep. *de* y el art. *el: la emisión del sábado.* ◆ La contr. no se produce en la escritura, aunque sí en la pronunciación, cuando el art. forma parte de un nombre propio: *«viene de El Escorial».*

delación f. Acusación, denuncia, acción de delatar.

delantal m. Prenda de diversas formas, atada a la cintura, que cubre la parte delantera del cuerpo. || Mandil de cuero o tela fuerte usado en diversos oficios.

delante adv. l. En la parte anterior. || Enfrente. || **delante de** adj. preps. Enfrente de. || A la vista de, en presencia de. || FAM. delantal, delantera, delantero.

delantera f. Parte anterior de algo. || En locales de espectáculos, primera fila de asientos. || *col.* Pecho de la mujer. || Distancia que uno se adelanta a otro. || Línea de ataque en un equipo deportivo. || **coger, tomar, ganar** o **llevar la delantera** loc. Adelantarse, aventajarse o anticiparse a alguien.

delantero, ra adj. Que está o va delante. || m. y f. Jugador de la línea de ataque de un equipo deportivo. || m. Pieza de tela que forma la parte de delante de una prenda de vestir. || **delantero centro** Jugador del centro de la línea de ataque encargado de rematar las jugadas.

delatar tr. Revelar voluntariamente a la autoridad un delito, y su autor. || Descubrir, poner de manifiesto algo reprobable. || prnl. Mostrar involuntariamente una intención: *se delata con sus maniobras.* || FAM. delación, delatable, delator.

delator, ra adj. y s. Denunciador, acusador.

delco m. Distribuidor de la corriente eléctrica de alto voltaje que produce el encendido del motor al llegar a las bujías.

deleble adj. Que se puede borrar o se borra fácilmente: *tinta deleble.*

delectación f. Deleite.

delegación f. Cesión de cargo o jurisdicción a otra persona para que lo represente. || Cargo y oficina de delegado. || Reunión, comisión de delegados. || Cada una de las sedes que una firma o empresa tiene en otros lugares.

delegado, da adj. y s. Se apl. a la persona en quien se delega la representación de una jurisdicción.

delegar tr. Dar una persona a otra facultad o poder para que la represente y los ejerza en su nombre. || FAM. delegación, delegado, delegatorio.

deleitación f. Deleite.

deleitar tr. y prnl. Agradar, producir deleite.

deleite m. Placer, satisfacción, gozo. || FAM. deleitable, deleitación, deleitamiento, deleitar, deleitoso.

deletéreo, a adj. Mortífero, venenoso.

deletrear tr. e intr. Pronunciar por separado cada letra o sílaba de una o más palabras. || FAM. deletreador, deletreo.

deletreo m. Acción de deletrear. || Sistema para enseñar a leer deletreando.

deleznable adj. Despreciable, vil. || Que se rompe o deshace fácilmente. || Inconsistente, de poca duración o resistencia.

delfín[1] m. Nombre común de diversas especies de mamíferos cetáceos de 2 a 3 m de largo, con cabeza voluminosa, ojos pequeños, boca muy grande con numerosos dientes cónicos, hocico delgado y agudo y una sola abertura nasal. Son grandes nadadores que se alimentan de peces y cefalópodos. || *amer.* Estilo mariposa en natación. || FAM. delfinario.

delfín[2] m. Título que recibía el primogénito del rey de Francia. || P. ext., persona elegida por alguien para que le suceda. || FAM. delfina.

delfinario m. Instalación adecuada para la exhibición de delfines vivos.

delgadez f. Flaqueza, finura, estrechez de carnes.

delgado, da adj. Flaco, de pocas carnes. || Estrecho, fino, tenue. || FAM. delgadez, delgaducho.

deliberación f. Consideración o reflexión sobre un asunto antes de tomar una decisión sobre él.

deliberado, da adj. Voluntario, intencionado: *zancadilla deliberada.*

deliberante adj. Que delibera. || Se apl. a la junta que tiene poder para ejecutar las decisiones y acuerdos a los que llega.

deliberar intr. Meditar y considerar las opciones a favor y en contra antes de tomar una decisión: *el jurado se retiró a deliberar.* || tr. Resolver hacer algo habiéndolo meditado: *deliberó comprar el piso.* || FAM. deliberación, deliberadamente, deliberado, deliberante, deliberativo.

delicadeza f. Finura, ternura, suavidad. || Elegancia, exquisitez de comportamiento. || Deferencia, obsequio o detalle delicado.

delicado, da adj. Frágil, quebradizo, que se deteriora con facilidad: *cristal delicado, piel delicada.* || Débil, enfermizo. || Tenue, suave, tierno. || Bello, bien parecido: *facciones delicadas.* || Fino, distinguido. || Difícil, que exige cuidado y habilidad. || Sutil, con gran finura de apreciación: *paladar delicado.* || Ingenioso, agudo. || Atento, cortés. || FAM. delicadeza, delicaducho.

delicatessen (voz i.) f. pl. Alimentos selectos. || amb. Tienda donde se venden.

delicia f. Placer intenso que algo produce en el ánimo o los sentidos. || Aquello que lo produce. || Fritura de pescado rebozado. || Bizcocho relleno enrollado. || FAM. delicioso.

delicioso, sa adj. Agradable, placentero, que causa delicia.

delictivo, va adj. Del delito o relativo a él, o que lo implica: *acto delictivo.*

delicuescencia f. Propiedad de algunos sólidos de volverse líquidos lentamente al absorber la humedad del aire. ‖ Inconsistencia, decadencia, principalmente referido a costumbres o a estilos literarios y artísticos. ‖ FAM. delicuescente.

delicuescente adj. Se apl. al cuerpo que tiene la propiedad de absorber la humedad del aire y disolverse en ella. ‖ Referido a una costumbre o un estilo literario o artístico, decadente, sin vigor.

delimitación f. Determinación precisa de los límites de algo.

delimitar tr. Determinar o fijar exactamente los límites de algo. ‖ FAM. delimitación.

delincuencia f. Acción de cometer delitos. ‖ Conjunto de delitos de una determinada época o lugar. ‖ FAM. delincuente.

delincuente adj. y com. Que comete delitos.

delineador, ra adj. y s. Que delinea. ‖ m. y f. *amer.* Delineante. ‖ m. *amer.* Tiralíneas.

delineante com. Persona que se dedica profesionalmente a delinear los planos de un arquitecto o ingeniero.

delinear tr. Trazar las líneas de una figura, en especial un plano. ‖ FAM. delineación, delineador, delineamiento, delineamento, delineante.

delinquir intr. Cometer un delito. ‖ FAM. delincuencia, delincuente.

delirante adj. Que delira. ‖ Propio del delirio.

delirar intr. Desvariar, tener perturbada la razón por una enfermedad o una fuerte pasión. ‖ Hacer, pensar o decir cosas disparatadas o insensatas. ‖ FAM. delirante, delirio.

delirio m. Perturbación y excitación mental causada por una enfermedad o una fuerte pasión. ‖ Estado de excitación que no obedece a razón ni a la propia voluntad. ‖ Despropósito, disparate. ‖ **delirio de grandeza** Actitud prepotente de la persona que finge tener o poder alcanzar lujos o situaciones que no están a su alcance. ‖ **con delirio** loc. adv. En vano, inútilmente; *si ya te has decidido, está por demás discutir*. En exceso, en demasía: *siempre habla por demás*. ‖ **por lo demás** loc.

delirium tremens loc. lat. m. Trastorno consistente en un delirio alucinatorio acompañado de temblores y ansiedad, propio de los alcohólicos crónicos.

delito m. Crimen, violación de la ley. ‖ Acción u omisión voluntaria, castigada por la ley con pena grave. ‖ **tener delito** loc. *col.* Ser sorprendente o desproporcionado. ‖ FAM. delictivo, delinquir.

delta f. Cuarta letra del alfabeto griego, que se corresponde con nuestra *d*. Su grafía mayúscula es Δ y la minúscula, δ. ‖ m. Acumulación triangular entre los brazos de la desembocadura de un río. ‖ FAM. deltoides.

deltoides adj. y m. Se apl. al músculo triangular elevador y abductor del brazo, situado en el hombro entre el omoplato y el húmero. ♦ No varía en pl.

demacrado, da adj. Delgado o con mal aspecto por falta de nutrición o por desórdenes físicos o psíquicos.

demacrar tr. y prnl. Perder carnes, enflaquecer por causas físicas o psíquicas. ‖ FAM. demacración, demacrado.

demagogia f. Uso político de halagos, ideologías radicales o falsas promesas para conseguir el favor del pueblo. ‖ P. ext., manipulación deliberada para ganarse a alguien. ‖ En la antigua Grecia, gobierno dictatorial con el apoyo popular. ‖ FAM. demagógico, demagogo.

demagógico, ca adj. De la demagogia o relativo a ella. ‖ Manipulador.

demagogo, ga m. y f. Persona partidaria de la demagogia o que la lleva a cabo. ‖ P. ext., agitador, cabecilla.

demanda f. Petición, solicitud o reivindicación: *demanda de mejoras salariales*. ‖ Búsqueda: *formulario de demanda de empleo*. ‖ Pedido de mercancías o bienes sujeto al pago de una cantidad determinada. ‖ Petición o reclamación judicial que se emprende contra alguien ‖ Documento en que se ejercitan en juicio una o varias acciones civiles o reclamaciones de un derecho.

demandado, da m. y f. Persona contra quien se actúa judicialmente.

demandante adj. y com. Que demanda. ‖ com. Persona que interpone una demanda judicial.

demandar tr. Pedir, solicitar o reivindicar: *demando lo que es mío*. ‖ Presentar una demanda judicial contra alguien: *lo demandaron por plagio*. ‖ FAM. demanda, demandado, demandante, demandar.

demarcación f. Fijación de los límites de un terreno. ‖ Terreno delimitado. ‖ En las divisiones territoriales, parte comprendida en cada jurisdicción: *demarcación provincial*. ‖ En dep., zona que corresponde a la posición controlada por un jugador sobre el campo.

demarcador, ra adj. y s. Que demarca o delimita.

demarcar tr. Fijar o señalar los límites de un terreno. ‖ Determinar la marcación de la nave. ‖ FAM. demarcación, demarcador.

demarraje m. Arrancada súbita, en especial la de un deportista para dejar atrás a los contrarios.

demarrar intr. Arrancar con rapidez y por sorpresa. ‖ FAM. demarraje.

demás adj. y pron. indef. Designa a los elementos no mencionados de una serie o conjunto: *los demás llegaron tarde; cultivó novelas, relatos y demás narraciones*. ‖ **por demás** loc. adv. En vano, inútilmente; *si ya te has decidido, está por demás discutir*. En exceso, en demasía: *siempre habla por demás*. ‖ **por lo demás** loc. adv. En lo que respecta a otros asuntos. ‖ FAM. demasía, demasiado, demasié.

demasía f. Exceso. ‖ **en demasía** loc. adv. En exceso.

demasiado, da adj. y pron. Excesivo, que supera los límites o cifras esperadas. ‖ adv. c. En exceso.

demencia f. Locura, trastorno de la razón. ‖ *col.* Disparate, despropósito. ‖ Estado de degeneración progresivo e irreversible de las facultades mentales. ‖ FAM. demencial, demente.

demencial adj. De la demencia o relativo a ella. ‖ Disparatado, caótico, incomprensible.

demente adj. y com. Loco. ‖ Persona que sufre una degeneración de sus facultades mentales.

demeritar tr. y prnl. *amer.* Menoscabar, desmerecer.

demérito m. Acto o circunstancia que reduce el valor o mérito de algo. ‖ FAM. demeritar, demeritorio.

demiurgo m. En la filosofía platónica, dios creador y ordenador del mundo. || En la filosofía gnóstica, alma o principio activo del mundo.

demo f. En inform., versión de demostración que permite al usuario la prueba de un programa. || Presentación pública de un programa o proyecto con realizaciones prácticas.

democracia f. Doctrina política en favor del sistema de gobierno en que el pueblo ejerce la soberanía mediante la elección libre de sus dirigentes. || Régimen que ejerce este sistema de gobierno. || País o comunidad gobernado de esta forma. || FAM. demócrata, democrático, democratización, democratizador, democratizar.

demócrata com. Partidario o defensor de la democracia. || Miembro de uno de los dos grandes partidos de Estados Unidos.

democratacristiano, na adj. y s. Democristiano.

democrático, ca adj. De la democracia o relacionado con ella.

democratización f. Proceso de conversión a la democracia, como doctrina o sistema. || Extensión de algo a un gran número de personas.

democratizar tr. Provocar la democratización. || Hacer algo accesible a un gran número de personas.

democristiano, na adj. Relativo a la democracia cristiana, movimiento político basado en la doctrina social católica y de carácter conservador, aunque respetuoso con el pluralismo político. || adj. y s. Partidario o seguidor de la democracia cristiana.

demodé adj. Pasado de moda.

demodulador m. Dispositivo que permite transformar una señal analógica en digital.

demografía f. Estudio estadístico sobre un grupo de población humana que analiza su volumen, crecimiento y características en un momento o ciclo. || FAM. demográfico, demógrafo.

demográfico, ca adj. De la demografía o relativo a ella.

demoledor, ra adj. y s. Que demuele o arruina.

demoler tr. Destruir, derribar algo material o inmaterial. || amer. Cambiar el objeto de un establecimiento. ♦ Irreg. Se conj. como mover. || FAM. demoledor, demolición.

demolición f. Derribo o destrucción.

demoníaco, ca o **demoniaco, ca** adj. Del demonio o relativo a él. || adj. y s. Endemoniado, poseído.

demonio m. Diablo, ángel rebelde. || Espíritu sobrenatural que guía la vida de los hombres: sentía vivos a todos los demonios familiares en la casa de su abuelo. || Persona traviesa o díscola. || Persona astuta e ingeniosa: es un demonio con las adivinanzas. || Persona increíblemente mala. || ¡**demonio!** o ¡**demonios!** interj. col. Expresión que muestra contrariedad: ¡que no quiero ir, demonios! || **a demonios** loc. adv. col. Muy mal, fatal: esta medicina sabe a demonios. || **del demonio** loc. adj. col. Tremendo, impresionante: carácter del demonio. || **llevarse** a alguien **los demonios** o **ponerse como** o **hecho un demonio** loc. col. Irritarse, encolerizarse. || FAM. demoniaco, demonismo, demonólatra, demo-

nolatría, demonología, demonológico, demonólogo, demonomancia, demonomanía.

demonolatría f. Culto que se rinde al diablo.

demonología f. Estudio de la naturaleza y cualidades de los demonios.

demontre m. col. Demonio: ¡demontre de crío!

demora f. Retraso, dilación. || Tardanza en el cumplimiento de una obligación o pago. || Dirección o rumbo de un objeto con relación al de otro: el bote tenía gran demora respecto a la playa.

demorar tr. y prnl. Retardar, dilatar: el tribunal demoró su fallo. || intr. y prnl. Detenerse en un lugar. || amer. Tardar, retrasarse: no te demores en venir. || Corresponder un objeto a un rumbo determinado en relación con el lugar desde donde se observa. || FAM. demora.

demoscopia f. Estudio mediante encuestas de las opiniones, gustos y comportamiento de un grupo humano. || FAM. demoscópico.

demostrable adj. Que puede ser demostrado o probado.

demostración f. Razonamiento o aplicación que muestra la verdad de algo. || Manifestación exterior de intenciones o sentimientos: demostración de cariño. || Ostentación o manifestación pública: demostración de fuerza. || Ejecución práctica de una prueba.

demostrar tr. Probar algo o manifestar su verdad mediante pruebas teóricas o empíricas. || Manifestar, declarar, ser indicio de algo. || Enseñar algo prácticamente. ♦ Irreg. Se conj. como contar. || FAM. demostrable, demostración, demostrador, demostrativo.

demostrativo, va adj. Que demuestra o sirve para demostrar. || adj. y m. En gram., se apl. al adjetivo o al pronombre que sirve para señalar personas o cosas en el discurso, como este, ese, aquel.

demótico, ca adj. Se apl. a un tipo de escritura cursiva ligada que se usó en Egipto desde el siglo VI a. C. para documentos privados. || m. Variedad hablada del griego moderno, en oposición a la lengua escrita.

demudación f. Alteración, cambio repentino del aspecto exterior.

demudar tr. Cambiar, alterar, desfigurar: demudó su aspecto. || prnl. Cambiarse repentinamente el color o la expresión de la cara: su gesto se demudó por el dolor. || Alterarse, inmutarse. || FAM. demudación, demudamiento.

denario m. En la antigua Roma, moneda de plata equivalente a diez ases o cuatro sestercios. || En la antigua Roma, moneda de oro que valía cien sestercios.

dendriforme adj. Que tiene la figura de un árbol.

dendrita f. Prolongación citoplasmática delgada y ramificada del cuerpo celular de las neuronas. || Árbol fósil. || Concreción mineral en forma de ramas de árbol que aparece en las fisuras y juntas de las rocas. || Cristal metálico, generalmente producido por solidificación, caracterizado por una estructura análoga a la de un árbol con múltiples ramas. || FAM. dendriforme, dendrítico.

dendrófago adj. y m. Género de coleópteros que se alimentan de madera.

dendrografía f. Historia o tratado sobre los árboles. || FAM. dendrográfico.

dendrotráquea f. Cada uno de los conductos ramificados de los que se sirven los insectos, miriápodos y arácnidos para respirar.

denegación f. Respuesta negativa a una petición.

denegar tr. No conceder lo que se pide. ♦ **Irreg.** Se conj. como *acertar.* || FAM. denegación, denegatorio.

dengue[1] m. Remilgo, melindre que finge disgusto por lo que se desea: *no le hagas dengues a la comida.* || Esclavina de paño que llevaban las mujeres cruzada sobre el pecho y sujeta detrás de la cintura. || Enfermedad producida por un virus transmitido por mosquitos de América Central y zonas calurosas de Asia y Australia, también llamada *fiebre de los siete días.* || *amer.* Contoneo. || FAM. dengoso, denguero.

dengue[2] m. *amer.* Dondiego. || *amer.* Flor de esta planta.

denigración f. Ataque contra la dignidad de una persona, injuria, ofensa.

denigrante adj. Ofensivo, que denigra.

denigrar tr. Desacreditar, desprestigiar o insultar a alguien. || FAM. denigración, denigrante, denigrativo, denigratorio.

denodado, da adj. Esforzado, decidido: *denodados esfuerzos.* || FAM. denodadamente, denodarse, denuedo.

denominación f. Nombre o expresión identificativos. || **denominación de origen** Certificado y garantía oficial de la calidad y lugar de procedencia que acompaña a ciertos productos.

denominador, ra adj. y s. Que denomina. || m. Número que en los quebrados o fracciones expresa las partes iguales en que se considera dividida la unidad. || **denominador común** Número que es múltiplo de todos los denominadores de un conjunto de fracciones. || Punto de coincidencia o punto en común.

denominal adj. En gram., se apl. a las palabras que derivan de un nombre.

denominar tr. y prnl. Nombrar, dar un nombre o expresión que identifica. || FAM. denominación, denominado, denominador, denominal, denominativo.

denostación f. Denuesto.

denostador, ra adj. y s. Que injuria y ofende verbalmente.

denostar tr. Insultar, ofender verbalmente. ♦ **Irreg.** Se conj. como *contar.* || FAM. denostación, denostador, denostoso, denuesto.

denotación f. Indicación obtenida por indicios o señales. || Significado primario y básico de una palabra, común a los hablantes por estar ausente de subjetividad.

denotar tr. Indicar, significar. || Presentar un significado primario y básico, común a los hablantes por estar ausente de subjetividad. || FAM. denotación, denotativo.

denotativo, va adj. Que denota: *sentido denotativo de un término.*

densidad f. Espesor, concentración. || En fís., relación entre la masa y el volumen de una sustancia o cuerpo. || **densidad de población** Número de habitantes por unidad de superficie. || FAM. densificar.

densificación f. Proceso por el que algo adquiere mayor densidad.

densificar tr. Hacer que algo adquiera mayor densidad. || FAM. densificación.

denso, sa adj. Compacto, muy pesado en relación con su volumen. || Espeso, apiñado o engrosado. || Muy rico en contenido, en especial si es difícil u oscuro. || FAM. densamente, densidad, densificar, densímetro.

dentadura f. Conjunto de piezas dentales de una persona o un animal. || **dentadura postiza** Prótesis montada en un soporte que sustituye la dentadura natural.

dental adj. De los dientes o relativo a ellos. || adj. y f. En fon., se dice de la consonante que se pronuncia con la punta de la lengua en los incisivos superiores, como la *t.* || Se apl. a la grafía que representa a este sonido. || FAM. interdental, labiodental.

dentario, ria adj. Del diente o relativo a él.

dente (al) loc. adj. y adv. En el punto óptimo de cocción de la pasta italiana, cuando está algo dura.

dentellada f. Mordisco fuerte que se da sin mascar nada. || Herida o señal de un mordisco fuerte. || FAM. dentellar, dentellear.

dentera f. Sensación áspera y desagradable en los dientes o encías por alimentos ácidos, tacto áspero o ruido chirriante. || *col.* Envidia.

dentición f. Proceso de formación, salida y crecimiento de los dientes. || Tiempo que dura este proceso. || Tipo de dentadura y número de dientes que caracterizan a un mamífero, según su especie.

denticulado, da adj. Que presenta dentículos.

denticular adj. De figura de dientes. || De los dentículos o relativo a ellos.

dentículo m. Órgano o parte de él con forma de diente pequeño. || FAM. denticulado, denticular.

dentífrico, ca adj. y m. Se apl. a las diversas sustancias usadas para la higiene de la dentadura.

dentina f. Marfil que forma la mayor parte del diente y protege el nervio.

dentista adj. y com. Se apl. al especialista dedicado al cuidado y tratamiento de las enfermedades de los dientes, odontólogo.

dentistería f. *amer.* Odontología. || *amer.* Consultorio del dentista.

dentón m. adj. y s. Dentudo. || m. Pez osteíctio perciforme marino de 1 m de largo, comestible, de cuerpo oval y comprimido, color gris plateado con aletas rojizas y dos dientes muy salientes. || *amer.* Pez condrictio de tres metros de largo, con dos filas de dientes largos y agudos en cada mandíbula.

dentro adv. l. En el interior. || **dentro de** loc. prepos. En la parte interior. || Al final de un periodo definido de tiempo. || FAM. adentro.

dentudo, da adj. y s. Que tiene dientes grandes y desproporcionados.

denuedo m. Esfuerzo, valor, intrepidez.

denuesto m. Injuria grave de palabra o por escrito.

denuncia f. Notificación a la autoridad mediante documento de una violación a la ley: *denuncia por malos tratos.* || Declaración pública de una situación ilegal o injusta: *quieren que se escuche la denuncia de sus condiciones de vida.* || Notificación de la rescisión de un contrato o la voluntad de no prorrogar un tratado.

denunciable adj. Susceptible de ser denunciado.

denunciante com. El que interpone una denuncia ante los tribunales.

denunciar tr. Dar parte de un daño a la autoridad. || Declarar públicamente el estado ilegal o injusto de algo. || Notificar una de las partes la rescisión de un contrato o la terminación de un tratado. || Delatar. || Pronosticar. || FAM. denuncia, denunciable, denunciador, denunciante, denunciatorio, denuncio.

denuncio m. *amer.* Denuncia.

deontología f. Ciencia o tratado de los deberes y normas éticas, en especial si conciernen al profesional de una rama determinada. || FAM. deontológico.

deontológico, ca adj. De la deontología o relativo a esta ciencia o tratado.

deparar tr. Proporcionar, conceder, presentar. || FAM. deparador.

departamento m. Parte en que se divide un todo para su organización. || Ministerio o ramo de la Administración Pública. || En las universidades, unidad de docencia e investigación, formada por una o varias cátedras de materias afines. || *amer.* División de un territorio sujeta a una autoridad administrativa. || *amer.* Apartamento. || FAM. departamental.

departir intr. Charlar, conversar. || FAM. departidor.

depauperación f. Empobrecimiento económico. || Debilitación y extenuación del organismo.

depauperar tr. Empobrecer. || tr. y prnl. Debilitar, extenuar. || FAM. depauperación, depauperado.

dependencia f. Subordinación. || Drogodependencia. || Oficina dependiente de otra de más entidad: *dependencias administrativas.* || Cada habitación y espacio de una casa. || En un comercio, conjunto de dependientes.

depender intr. Estar conexo o condicionado por algo para existir o tener lugar. || Estar subordinado a algo o alguien. || Necesitar de la ayuda y protección de otra persona o de otra cosa. || FAM. dependencia, dependiente.

dependiente[1] adj. Que depende o está subordinado a algo.

dependiente[2]**, ta** m. y f. Persona empleada en un comercio para la atención del público. ◆ En ocasiones se usa la forma m. también para el f.: *el/la dependiente.* || FAM. independiente.

depilación f. Eliminación del vello corporal por arrancamiento o sistemas químicos o eléctricos.

depilar tr. y prnl. Arrancar o provocar la caída del vello corporal por medios químicos o eléctricos. || FAM. depilación, depilatorio.

depilatorio, ria adj. y m. Se apl. a los métodos o productos aptos para depilar.

deplorable adj. Lamentable, malo.

deplorar tr. Lamentar, sentir profundamente. || FAM. deplorable.

deponente adj. y m. En gram., se apl. al verbo latino que, con significado activo, se conjuga por la voz pasiva.

deponer tr. Abandonar, dejar: *deponer las armas.* || Destituir a alguien, privarle de sus honores o puesto: *depusieron al portavoz del Gobierno.* || Bajar algo del lugar en que está: *van a deponer el santo para la procesión.* || Afirmar, atestiguar: *depuso ante el tribunal que presenció el delito.* || intr. Evacuar el vientre. || *amer.* Devolver, vomitar. ◆ **Irreg.** Se conj. como *poner.* p. p. irreg. *depuesto.* || FAM. deponente, deposición.

deportación f. Destierro o confinamiento lejano por razones políticas o como castigo.

deportar tr. Desterrar a alguien por razones políticas o como pena confinándolo en un lugar lejano. || FAM. deportación.

deporte m. Actividad física ejercida como juego o competición sujeto a normas, cuya práctica supone entrenamiento y buen estado físico. || Recreación, pasatiempo, generalmente al aire libre. || **por deporte** loc. adv. Desinteresadamente, por propio gusto: *trabaja por deporte.* || FAM. deportismo, deportista, deportividad, deportivo.

deportista adj. y com. Persona que tiene afición o practica algún deporte. || Persona que practica un deporte profesionalmente.

deportividad f. Actuación correcta y educada que se debe guardar en todo deporte. || P. ext., actuación correcta en cualquier actividad.

deportivo, va adj. Del deporte o relativo a él. || Correcto o educado en la práctica del deporte. || FAM. deportivamente.

deposición f. Exposición o declaración de una cosa. || Abandono de un comportamiento. || Privación o degradación de empleo o dignidad. || Declaración hecha verbalmente ante un juez o tribunal.

deposición f. Evacuación de excrementos.

depositar tr. Encomendar, confiar algo de valor bajo la custodia de alguien: *depositó toda su confianza en ella.* || Colocar en un lugar determinado. || Poner a una persona en lugar donde libremente pueda manifestar su voluntad, habiéndola sacado de la parte donde se teme que sufra violencia. || Colocar temporalmente un cadáver en un lugar hasta que se le dé sepultura. || prnl. Caer o sedimentarse una partícula en suspensión: *el polvo se depositó en el suelo.* || FAM. depositario, depositaría, depositario, depósito.

depositario, ria adj. Que contiene o encierra algo. || adj. y s. Se apl. a la persona o a la entidad en quien se deposita algo de valor. || m. y f. Tesorero de una dependencia pública.

depósito m. Colocación de algo de valor bajo la custodia de una persona o entidad. || Lo que se deposita. || Lugar en que se deposita. || Sedimentación de una partícula. || Estanque o recipiente donde se almacena un fluido. || **depósito de cadáveres** Lugar provisto de refrigeración donde se depositan los cadáveres que por motivo de investigación científica o judicial no pueden ser enterrados en el tiempo habitual. || **en depósito** loc. adj. Se apl. a la mercancía entregada para su exposición y venta.

depravación f. Corrupción, perversión de la conducta.

depravado, da adj. y s. Pervertido, de costumbres o moral viciadas. ‖ FAM. depravadamente.

depravador, ra adj. y s. Que deprava o corrompe las costumbres.

depravar tr. y prnl. Corromper, pervertir, hacer adquirir costumbres viciosas. ‖ FAM. depravación, depravado, depravador.

depre adj. *col.* Deprimido. ‖ f. *col.* Depresión.

deprecación f. Ruego, súplica o petición.

deprecar tr. Rogar, pedir con insistencia o urgencia. ‖ FAM. deprecación, deprecante, deprecativo, deprecatorio.

deprecativo, va o **deprecatorio, ria** adj. De la deprecación o relativo a ella. ‖ adj. y s. En gram.; se apl. a las palabras o frases que implican petición.

depreciación f. Disminución del valor o precio de una cosa. ‖ Pérdida de valor de una moneda en el mercado libre de dinero.

depreciar tr. y prnl. Disminuir o reducir el valor o precio de algo. ‖ FAM. depreciación.

depredación f. Caza de animales vivos destinada a la subsistencia. ‖ Saqueo o robo con violencia y destrozos. ‖ Malversación por abuso de autoridad o confianza.

depredador, ra adj. y s. Que depreda. ‖ adj. y m. Se apl. al animal que caza animales vivos para su alimentación y subsistencia.

depredar tr. Robar, saquear con violencia y destrozo. ‖ Cazar animales vivos como alimento para asegurar la subsistencia. ‖ FAM. depredación, depredador.

depresión f. Disminución o hundimiento de una parte de un cuerpo. ‖ Baja, descenso en general. ‖ Concavidad de alguna extensión en un terreno u otra superficie. ‖ Síndrome caracterizado por una tristeza profunda, abatimiento y disminución de las funciones psíquicas. ‖ Periodo de baja actividad económica, con aumento del desempleo, descenso de los salarios, uso decreciente de los recursos y bajo nivel de inversiones.

depresivo, va adj. Que deprime o produce tristeza. ‖ adj. y s. Se apl. a la persona con tendencia a la depresión.

depresor, ra adj. Que deprime o humilla. ‖ adj. y m. Se apl. al medicamento que disminuye la actividad de algunos centros nerviosos. ‖ m. Instrumento médico para deprimir o apartar.

deprimente adj. Depresivo.

deprimido, da adj. Abatido, triste. ‖ Que padece un proceso depresivo. ‖ De baja actividad económica general. ‖ Aplastado en el plano frontal, como la cabeza del pejesapo o el cuerpo de la raya y el torpedo.

deprimir tr. y prnl. Disminuir el volumen de un cuerpo por la presión. ‖ Hundir alguna parte de un cuerpo. ‖ Producir desaliento y pesimismo. ‖ Padecer un proceso depresivo. ‖ prnl. Aparecer baja una superficie o línea con referencia a la inmediata. ‖ FAM. depre, depresión, depresivo, depresor, deprimente, deprimido.

deprisa adv. m. Rápidamente, con prontitud.

depuración f. Limpieza, purificación. ‖ Rehabilitación en el ejercicio de su cargo al que por causas políticas estaba separado o en suspenso. ‖ Expediente o sanción a un funcionario por su conducta política. ‖ Eliminación de un cuerpo, organización, partido político, etc., de los miembros considerados como disidentes.

depurado, da adj. Pulido, trabajado, elaborado cuidadosamente.

depurador, ra adj. y s. Que depura.

depuradora f. Aparato o instalación para depurar o limpiar algo, especialmente las aguas.

depurar tr. Limpiar, purificar, perfeccionar. También prnl.: *la sangre se depura en los pulmones.* ‖ Rehabilitar en el ejercicio de su cargo al que por causas políticas estaba separado o en suspenso. ‖ Someter a un funcionario a expediente para sancionar su conducta política. ‖ Eliminar de un cuerpo, organización, partido político, etc., a los miembros considerados como disidentes. ‖ FAM. depuración, depurado, depurador, depuradora, depurativo, depuratorio.

dequeísmo m. Uso de la locución *de que* cuando no es requerida por el régimen verbal. ‖ FAM. dequeísta.

derbi m. Encuentro deportivo entre equipos rivales de la misma localidad o región. ‖ Competición hípica anual de especial importancia.

derecha f. Lado y mano que están en el lado opuesto al corazón. ‖ La parte moderada y conservadora de la colectividad política de un país. ‖ P. ext., conjunto de personas que profesan ideas conservadoras. ‖ **extrema derecha** Sector más violento, extremista y radical de la derecha política. ‖ **a derechas** loc. adv. Con acierto, justamente. ‖ **de derechas** loc. adj. Conservador.

derechazo m. Bofetada dada con la mano derecha. ‖ En boxeo, golpe dado con el puño derecho. ‖ Pase de muleta ejecutado con la mano derecha.

derechista adj. Relativo a la derecha política. ‖ adj. y com. Partidario o seguidor de las ideas de la derecha política.

derecho, cha adj. Recto, que no se tuerce a los lados. ‖ Directo, que no da rodeos. ‖ Erguido, vertical. ‖ Justo, fundado, legítimo. ‖ Que está o queda del lado opuesto al corazón. ‖ *amer.* Afortunado, feliz. ‖ adv. m. Derecha y rectamente, sin rodeos. ‖ m. Justicia, razón. ‖ Facultad de hacer o exigir todo aquello que la ley o la autoridad establece en nuestro favor. ‖ Conjunto de principios, preceptos y reglas que rigen las relaciones humanas en toda sociedad civil, y a los que deben someterse todos los ciudadanos. ‖ Ciencia que estudia estas leyes y su aplicación. ‖ Influencia legítima de la relación con otras personas. ‖ Lado principal de una tela, papel, tabla, etc. ‖ m. pl. Tributo que se paga por una mercancía o por otro uso consignado por la ley. ‖ **derecho administrativo** Rama del derecho público que estudia todo lo relativo a la Administración Pública, a sus órganos e institutos, a la ordenación de los servicios que legalmente le están encomendados y a las relaciones con los individuos a quienes se prestan dichos servicios. ‖ **derecho adquirido** El que se obtiene tanto de una legislación como de una situación de hecho. ‖ **derecho canónico** Sistema de normas establecidas por la Iglesia católica para ordenar y regular la sociedad. ‖ **derecho civil** Conjunto de normas que regulan las relaciones entre las personas físicas o jurídicas, en lo que respecta a su capacidad legal y situación familiar, patrimonial y contractual. ‖ **derecho de admisión** Declaración del titular o dueño de un negocio de no admitir clientes que no sean de su agrado, sin expresión de causa. ‖ **derecho de pernada** Derecho que tenían algunos señores feudales de pasar la primera noche de casados con las mujeres de sus siervos, ya fuera real o simbólicamente. ‖ **derecho penal** Conjunto de normas y disposiciones que regulan la imposición de penas por el Estado a los autores de delitos y faltas. ‖ **derechos de autor** Cantidad que la ley concede al autor de una obra como participación de sus beneficios. ‖ **derechos humanos** Conjunto de facultades y garantías que cualquier persona debe tener para que sea protegida su integridad física y su dignidad moral. ‖ **derechos reales** Impuesto que grava la transmisión de bienes. ‖ **¡no hay derecho!** loc. Exclamación de protesta ante algo que se considera injusto. ‖ FAM. derecha, derechamente, derechazo, derechista, derechización, derechizar, derechura.

deriva f. Desvío de una nave de su verdadero rumbo por causas no controlables. ‖ Plano vertical de una aeronave provisto de timones de dirección. ‖ **deriva continental** En geol., desplazamiento lento y continuo de las masas continentales que las ha separado progresivamente. ‖ **a la deriva** loc. adv. Sin gobierno ni rumbo, a merced de las olas y del viento: *navegar a la deriva*. ‖ Sin rumbo propio, a merced de las circunstancias: *su vida andaba a la deriva*.

derivación f. Separación de una parte del todo. ‖ Descendencia, deducción: *su miedo es una derivación de su inseguridad*. ‖ Pérdida de fluido de una línea eléctrica. ‖ Conexión de un circuito eléctrico respecto a otro a la misma diferencia de potencial. ‖ En gram., procedimiento de formación de vocablos mediante la alteración de los que son tomados como base. ‖ En mat., operación de hallar la derivada. ‖ Figura que consiste en emplear en una cláusula dos o más voces de un mismo radical.

derivada f. En las funciones matemáticas, límite hacia el cual tiende la razón entre el incremento de la función y el correspondiente a la variable, cuando este último tiende a cero.

derivado, da adj. y m. Se apl. a la palabra que se forma por derivación. ‖ m. En quím., producto que se obtiene de otro a través de una o varias transformaciones.

derivar intr. y prnl. Tener origen o proceder de algo. ‖ Desviarse el buque de su rumbo. ‖ tr. Encaminar, conducir algo que va por un cauce para hacerlo ir por otro camino. ‖ En gram., formar una palabra a partir de otra cambiando su forma. ‖ FAM. deriva, derivación, derivada, derivado, derivativo.

dermalgia f. Dolor de la piel de origen nervioso.

dermáptero, ra adj. y m. De los dermápteros o relativo a este orden de insectos. ‖ m. pl. Orden de insectos de boca masticadora con las alas anteriores muy cortas, las posteriores grandes y membranosas y con unos cercos en forma de pinza en el extremo posterior del abdomen, como la tijereta.

dermatitis f. Inflamación de la piel. ◆ No varía en pl.

dermatoesqueleto m. Exoesqueleto, esqueleto externo, caparazón de algunos animales.

dermatofito m. Cada uno de los hongos que infectan los tejidos que contienen queratina, como la piel, el pelo o las uñas. ‖ FAM. dermatofitosis.

dermatología f. Rama de la medicina que se ocupa de las enfermedades de la piel. ‖ FAM. dermatológico, dermatólogo.

dermatólogo, ga m. y f. Médico especialista de las enfermedades de la piel.

dermatosis f. Nombre genérico de las enfermedades de la piel que se manifiestan con costras, manchas, granos o erupciones. ◆ No varía en pl.

dermesto m. Insecto coleóptero de pequeño tamaño que se alimenta de carne, grasas, huesos, pieles, plumas y otras sustancias de origen animal.

dérmico, ca adj. Relativo a la dermis y, p. ext., a la piel en general.

dermis f. Capa intermedia de la piel de los vertebrados situada bajo la epidermis y sobre la hipodermis. ◆ No varía en pl. ‖ FAM. dermalgia, dermatitis, dermatoesqueleto, dermatología, dermatosis, dérmico, dermoesqueleto, dermoprotector.

dermoprotector, ra adj. y m. Se apl. a los cosméticos o tejidos que protegen el equilibrio de la piel de agentes externos.

derogación f. Abolición de una ley. ‖ Disminución, deterioro.

derogador, ra adj. y s. Que deroga o anula una ley.

derogar tr. Abolir, anular una norma o ley. ‖ FAM. derogación, derogador, derogatorio.

derogatorio, ria adj. Que deroga: *sentencia derogatoria*.

derrama f. Reparto de un gasto eventual o contribución entre los vecinos de una comunidad o población. ‖ Contribución extraordinaria.

derramamiento m. Vertido de un líquido contenido en algo.

derramar tr. y prnl. Verter, esparcir un líquido o cosas menudas de un recipiente. ‖ Publicar, difundir una noticia. ‖ tr. Establecer una derrama entre los miembros de una comunidad. ‖ prnl. Esparcirse, desmandarse con desorden y confusión. ‖ Desembocar una corriente de agua. ‖ FAM. derrama, derramador, derramamiento, derrame, derramo.

derrame m. Derramamiento. ‖ Acumulación anormal de líquido orgánico en una cavidad, o su salida al exterior. ‖ Corte oblicuo en el muro de una puerta o ventana para que tenga más batiente o más luz. ‖ Porción de un líquido o de un árido que se desperdicia al medirlo o que se sale y pierde del recipiente que lo contiene. ‖ Declive de tierra por el cual corre o puede correr el agua. ‖ Subdivisión de una cañada o valle en salidas más angostas. ‖ m. pl. *amer.* Aguas sobrantes de un predio que vierten en otro inferior.

derrapaje m. Derrape.

derrapar intr. Patinar un vehículo desviándose lateralmente de su dirección. ‖ FAM. derrapaje, derrape.

derrape m. Patinazo o desviación lateral de un vehículo.

derredor (al o **en)** loc. adv. En torno, alrededor.

derrengado, da adj. Muy cansado, extenuado.
|| Torcido.

derrengar tr. y prnl. Lastimar gravemente el espinazo o el lomo de una persona o de un animal. || Cansar mucho, extenuar. || Torcer, inclinar hacia un lado. || FAM. derrengado, derrengadura, derrengo, derrengue.

derretimiento m. Licuación un sólido por efecto del calor. || Amor intenso y vehemente.

derretir tr. y prnl. Licuar un sólido por efecto del calor. || Consumir, dilapidar los bienes. || prnl. Enamorarse o comportarse con excesivo cariño con alguien. || Esperar lleno de impaciencia. ◆ **Irreg.** Se conj. como *pedir.*
|| FAM. derretido, derretimiento.

derribador, ra m. y f. Persona que derriba en el campo las reses vacunas.

derribar tr. Demoler, echar abajo una construcción.
|| Tirar al suelo algo o a alguien. || Hacer perder a una persona el cargo o poder adquirido. || Hacer dar en el suelo a un toro o vaca empujándolos un jinete con garrocha.
|| En equitación, hacer que el caballo ponga los pies lo más cerca posible de las manos para que baje las ancas. || FAM. derribador, derribo.

derribo m. Demolición de una construcción. || Conjunto de escombros de una demolición. || Lugar en que se derriba. || Caída provocada.

derrocadero m. Pendiente peñascosa y rocosa, donde hay peligro de caer y precipitarse.

derrocamiento m. Expulsión o destitución por la fuerza de un cargo o estado favorable. || Derribo de un edificio.

derrocar tr. Derribar a alguien del cargo o estado favorable que tiene. || Despeñar, precipitar desde una peña o una roca. || Derribar un edificio. || FAM. derrocadero, derrocamiento.

derrochador, ra adj. y s. Que gasta en exceso.

derrochar tr. Despilfarrar, dilapidar. || Tener y emplear abundantemente algo bueno: *derrocha alegría.* ||
FAM. derrochador, derroche.

derroche m. Gasto excesivo y superfluo.

derrota f. Camino, vereda o senda de tierra. || Rumbo de una embarcación al navegar. || Permiso que se concede para que el ganado paste en una heredad una vez recogidos sus frutos. || FAM. derrotero.

derrota f. Vencimiento, destrucción. || Vencimiento completo de un ejército seguido generalmente de fuga desordenada.

derrotado, da adj. Vencido, deprimido. || Raído, andrajoso.

derrotar tr. Vencer y hacer huir al enemigo. || Vencer a un rival en una competición, encuentro deportivo, etc. || Destrozar a alguien en la salud o en los bienes.
|| intr. Tender el toro a dar derrotes. || prnl. Derrumbarse ante las contrariedades. || Apartarse la embarcación del rumbo adecuado por cualquier causa. || FAM. derrota, derrotadero, derrotado, derrote, derrotismo.

derrote m. Cornada que da el toro levantando la cabeza con un cambio brusco de dirección.

derrotero m. Camino tomado para lograr el fin propuesto. || Rumbo señalado para un barco en la carta

de navegación. || Dirección dada por escrito para un viaje de mar. || Libro que contiene estos caminos. || Derrota, rumbo. || *amer.* Tesoro oculto.

derrotismo m. Actitud de pesimismo y escepticismo en cuanto al éxito de una acción o empresa. || FAM. derrotista.

derrotista adj. y com. Pesimista, escéptico respecto al éxito de una acción. || FAM. derrotismo.

derrubio f. Conjunto de fragmentos de roca que se depositan en una pendiente, desplazados por una corriente o por agentes atmosféricos. || FAM. derrubiar.

derruir tr. Derribar, destruir un edificio. ◆ **Irreg.** Se conj. como *huir.*

derrumbadero m. Despeñadero, precipicio. || Riesgo, peligro.

derrumbamiento m. Hundimiento, derrumbe.
|| Decaimiento, hundimiento moral.

derrumbar tr. y prnl. Destruir, caerse una construcción. || Decaer el ánimo de alguien. || Precipitar, despeñar. || FAM. derrumbadero, derrumbamiento, derrumbe.

derrumbe m. Derrumbamiento. || Despeñadero. || Fuerte disminución o cese de las actividades de un sector económico.

derviche m. Miembro de un grupo místico musulmán surgido en el siglo XII.

des- pref. que indica 'negación': *desfavorable, deshacer;* 'privación': *desabotonar, desconfianza;* 'exceso': *deslenguado,* o 'fuera de': *descontextualizado.* Puede propiciar la inversión del significado de la base: *descabalgar, desacelerar.* ◆ También toma la forma *de-: decelerar.*

desabastecer tr. y prnl. Desproveer de los productos esenciales o impedir que lleguen a su destino.
◆ **Irreg.** Se conj. como *agradecer.* || FAM. desabastecido, desabastecimiento.

desabastecimiento m. Falta de abastecimiento de determinados productos esenciales.

desaborido, da adj. Sin sabor o sustancia. || adj. y s. *col.* Se apl. a la persona de carácter indiferente, sin gracia. ◆ Suele pronunciarse festivamente *desaborío.*

desabotonar tr. y prnl. Abrir una prenda sacando los botones de los ojales. || intr. Abrirse las flores, saliendo sus hojas de los botones o capullos.

desabrido, da adj. Referido al tiempo, destemplado y desapacible. || Áspero y desapacible en el trato.
|| Se apl. a los alimentos que tienen mal sabor o son insípidos e insulsos. || FAM. desabridamente, desabrimiento, desabrir.

desabrigar tr. y prnl. Descubrir, desarropar, quitar el abrigo. || FAM. desabrigado, desabrigo.

desabrochar tr. y prnl. Soltar los broches, corchetes o botones para abrir una prenda u otro objeto.

desacato m. Desobediencia a una autoridad. || Falta de respeto a los superiores. || Delito que se comete calumniando, injuriando, insultando o amenazando a una autoridad o un funcionario público en el ejercicio de sus funciones. || FAM. desacatador, desacatamiento, desacatar.

desaceleración f. Reducción de la velocidad o aceleración negativa de un objeto que se mueve.

desacelerar tr. e intr. Retardar, disminuir la velocidad o rapidez. || FAM. desaceleración.

desacertado, da adj. Sin acierto o conveniencia. || FAM. desacertadamente.

desacertar intr. Errar, no tener acierto. ◆ **Irreg.** Se conj. como *acertar*. || FAM. desacertado, desacierto.

desacidificar tr. En quím., reducir el grado de acidez.

desacierto m. Dicho o hecho erróneo o desacertado. || FAM. desacertado, desacertar.

desacomodado, da adj. Se apl. a las personas que no cuentan con los medios para mantener su estado. || Que está sin acomodo. || Que causa incomodidad. || *amer.* Desordenado.

desacomodar tr. Privar de la comodidad: *la llegada de su nieto desacomodó toda la casa.* || Quitar el empleo u ocupación. || *amer.* Desarreglar, desordenar: *alguien desacomodó mi cama.* || FAM. desacomodado, desacomodamiento, desacomodo.

desacomodo m. Privación o falta de comodidad.

desaconsejable adj. Que se desaconseja o no es recomendable.

desaconsejado, da adj. y s. Que actúa caprichosamente sin atender a consejo o razón.

desaconsejar tr. Disuadir a alguien de hacer lo que tenía previsto. || FAM. desaconsejable, desaconsejado.

desacoplar tr. Separar lo que estaba acoplado. || FAM. desacoplamiento.

desacorde adj. Que no armoniza con otra cosa: *instrumentos desacordes.* || FAM. desacordar.

desacostumbrado, da adj. Insólito, fuera de lo común. || FAM. desacostumbradamente.

desacostumbrar tr. y prnl. Hacer perder una costumbre o hábito. || FAM. desacostumbrado.

desacralizar tr. Quitar el carácter sacro a lo que tenía. || FAM. desacralización.

desacreditado, da adj. Que no goza de buena fama.

desacreditar tr. Disminuir o perder la estimación pública de que goza. || FAM. desacreditado, desacreditador.

desactivación f. Neutralización de los dispositivos que harían estallar un artefacto explosivo. || Anulación de una potencia o actividad.

desactivar tr. Inutilizar los dispositivos que harían estallar un artefacto explosivo. || Anular cualquier potencia o actividad. || FAM. desactivación.

desacuerdo m. Discordia, falta de acuerdo entre ideas, acciones, personas, etc. || FAM. desacorde.

desafección f. Falta de afecto o mala voluntad. || Falta de adhesión, oposición.

desafecto, ta adj. Que no siente estima por una cosa o muestra indiferencia hacia ella. || Opuesto, contrario. || m. Falta de afecto o mala voluntad. || FAM. desafección.

desaferrar tr. y prnl. Desasir o soltar lo que se tiene aferrado. || Disuadir de una idea que se defiende tenazmente. || tr. Levantar las anclas para navegar.

desafiante adj. Que desafía o implica desafío.

desafiar tr. Retar, incitar a la competición. || Enfrentarse a una persona contrariando sus opiniones o mandatos. || Afrontar o enfrentarse a un peligro o dificultad. || Contradecir, oponerse. || FAM. desafiador, desafiante, desafío.

desafilar tr. y prnl. Embotar o perder el filo un arma o herramienta.

desafinación f. Desentono o desviación de un instrumento o la voz.

desafinar intr. y prnl. Desentonar la voz o un instrumento apartándose de la debida entonación. || tr. Decir algo indiscreto, inoportuno en una conversación. || FAM. desafinación.

desafío m. Incitación a la competencia. || Reto, empresa difícil a la que hay que enfrentarse. || Oposición, contradicción.

desaforado, da adj. Excesivo, desmedido. || Que obra sin ley ni fuero, atropellando por todo. || Que se expide contra ley de fuero o privilegio. || FAM. desaforadamente.

desaforar tr. Quebrantar o privar de los fueros y privilegios que corresponden a alguien. || prnl. Excederse, descomedirse. ◆ **Irreg.** Se conj. como *contar.* || FAM. desaforado, desafuero.

desafortunado, da adj. Sin fortuna o suerte. || Inoportuno, desacertado. || FAM. desafortunadamente.

desafuero m. Acto violento contrario a la ley, la justicia o las normas sociales. || Hecho que priva de fuero al que lo tenía.

desagradable adj. Que desagrada o disgusta.

desagradar intr. Disgustar, causar rechazo. || FAM. desagradable, desagradablemente, desagrado.

desagradecer tr. No corresponder ni valorar el beneficio recibido. ◆ **Irreg.** Se conj. como *agradecer.* || FAM. desagradecido, desagradecimiento.

desagradecido, da adj. Se apl. a las cosas que no compensan el esfuerzo o la dedicación que se pone en ellas. || adj. y s. Ingrato. || FAM. desagradecidamente.

desagradecimiento m. Ingratitud, falta de agradecimiento.

desagrado m. Disgusto, descontento. || Expresión o gesto de disgusto.

desagraviar tr. y prnl. Reparar una ofensa o agravio. || Compensar un perjuicio causado a alguien. || FAM. desagravio.

desagravio m. Reparación o compensación de una ofensa o perjuicio.

desaguadero m. Conducto o canal que da salida a las aguas. || Motivo de gasto continuo y empobrecimiento.

desaguar tr., intr. y prnl. Extraer o hacer salir el agua de un lugar. || Agotar, consumir. || intr. Entrar o desembocar los ríos en el mar, un lago u otro río. || *col.* Orinar. || prnl. Vomitar o evacuar el vientre, o ambas cosas. || FAM. desaguadero, desaguador, desaguazar, desagüe.

desagüe m. Acción y resultado de desaguar. || Conducto de salida de aguas.

desaguisado, da adj. Hecho contra la ley o la razón. || m. Agravio, denuesto. || Destrozo o fechoría. || *amer.* Desorden, desconcierto.

desahogado, da adj. Descarado, descocado. || Se apl. al sitio despejado, espacioso, en el que no hay acumulación de personas o cosas. || Que vive sin problemas económicos ni deudas. ‖ Se dice del barco que navega con desembarazo. ‖ FAM. desahogadamente.

desahogar tr. Dar rienda suelta a un sentimiento, queja o confidencia para aliviarse de ellos. Más como prnl.: *necesito desahogarme con alguien*. ‖ Desembarazar, despejar un espacio: *desahogar un almacén*. ‖ prnl. Salir de una deuda o situación económica apurada. ‖ Repararse, recobrarse del calor o la fatiga. ‖ FAM. desahogado, desahogo.

desahogo m. Alivio de la pena, trabajo o aflicción. ‖ Expansión, esparcimiento. ‖ Desembarazo, libertad de espacio. ‖ Desvergüenza, descaro. ‖ **vivir con desahogo** loc. Tener los recursos suficientes para vivir cómodamente.

desahuciar tr. Quitar a uno toda esperanza de conseguir lo que desea. ‖ Considerar el médico que un enfermo es incurable. ‖ Despedir al dueño de un piso, local o finca a su inquilino mediante una acción legal. ‖ FAM. desahucio.

desahucio m. Desalojo o expulsión legal de un inquilino por parte del dueño de la finca.

desairado, da adj. Que carece de garbo y donaire. ‖ Que no queda airoso en lo que pretende. ‖ Menospreciado, desatendido.

desairar tr. Humillar, menospreciar o desatender a alguien. ‖ FAM. desairado, desaire.

desaire m. Falta de garbo y donaire. ‖ Desdén, desprecio, humillación.

desajustar tr. Desconcertar, desigualar algo que estaba proporcionado. ‖ tr. y prnl. Alterar el correcto funcionamiento de un aparato o mecanismo. ‖ FAM. desajuste.

desajuste m. Descompensación, falta de ajuste.

desalación f. Extracción o eliminación de la sal.

desalar tr. Quitar la sal a algo. ‖ Quitar la sal al agua de mar para hacerla potable, de riego o para fines industriales. ‖ FAM. desalación, desalado.

desalentador, ra adj. Que causa desaliento o desánimo.

desalentar tr. y prnl. Quitar el ánimo de hacer algo. ‖ Hacer el aliento dificultoso la fatiga o el cansancio. ◆ Irreg. Se conj. como *acertar*. ‖ FAM. desalentadamente, desalentador, desaliento.

desaliento m. Decaimiento del ánimo, falta de fuerzas o ganas de hacer algo.

desalinear tr. y prnl. Hacer perder la colocación en línea recta. ‖ FAM. desalineación.

desalinización f. Procedimiento para separar la sal del agua del mar, con el fin de obtener agua potable, de riego o para fines industriales.

desalinizadora f. Planta o instalación industrial para realizar dicho proceso.

desalinizar tr. Separar o eliminar la sal del agua del mar, con el fin de obtener agua potable, de riego o para fines industriales. ‖ FAM. desalinización, desalinizador, desalinizadora.

desaliñado, da adj. Que no cuida la compostura y el aseo personal.

desaliñar tr. y prnl. Descomponer la compostura o el atavío. ‖ FAM. desaliñado, desaliño.

desaliño m. Descuido, falta de aseo personal. ‖ Negligencia, descuido.

desalmado, da adj. y s. Cruel, inhumano, falto de conciencia.

desalojar tr. Hacer salir algo o a alguien de un lugar. ‖ Desplazar un cuerpo sumergido su volumen correspondiente de fluido. ‖ intr. Abandonar un lugar voluntariamente. ‖ FAM. desalojamiento, desalojo.

desalojo m. Evacuación o vaciado de un lugar de las cosas o personas que lo ocupan.

desamarrar tr. Soltar o quitar las amarras. También prnl. ‖ Desasir, desviar o apartar. ‖ Dejar un buque sobre una sola ancla o amarra.

desambientado, da adj. Que no está en su ambiente habitual o se siente fuera de ambiente. ‖ FAM. desambientar.

desamor m. Falta de amor o afecto a una persona o cosa. ‖ Enemistad, aborrecimiento.

desamortización f. Acción jurídica que hace posible la venta de bienes pertenecientes a manos muertas o entidades que no los pueden vender, como Iglesia, Corona, nobleza, etc. ‖ FAM. desamortizable, desamortizador, desamortizar.

desamparado, da adj. y s. Que no tiene ayuda ni amparo.

desamparar tr. Dejar a alguien sin el amparo o protección que necesita. ‖ Ausentarse, abandonar un lugar. ‖ Dejar o abandonar una cosa con renuncia de todo derecho a ella. ‖ FAM. desamparado, desamparador, desamparo.

desamparo m. Abandono, falta de amparo o protección.

desamueblar tr. Quitar los muebles de un edificio o habitación.

desandar tr. Retroceder, volver atrás en el camino ya andado. ◆ Irreg. Se conj. como *andar*.

desangelado, da adj. Falto de ángel o gracia. ‖ FAM. desangelar.

desangramiento m. Pérdida total o parcial de buena cantidad de sangre.

desangrar tr. Sacar gran cantidad de sangre a una persona o a un animal. ‖ Empobrecer a una persona o un país, derrochando lo que tiene. ‖ prnl. Perder toda o casi toda la sangre. ‖ FAM. desangrado, desangramiento.

desanimado, da adj. Desalentado, deprimido, falto de ilusión o interés. ‖ Falto de animación, aburrido. ‖ FAM. desanimadamente.

desanimar tr. y prnl. Desalentar, quitar ánimos o ilusión a alguien de hacer algo. ‖ FAM. desanimación, desanimado, desánimo.

desánimo m. Desaliento, falta de ilusión o ánimo.

desanudar tr. Deshacer o desatar nudos. ‖ Aclarar lo que está enredado o enmarañado.

desapacible adj. Desagradable a los sentidos, que causa disgusto. ‖ FAM. desapacibilidad.

desaparcar tr. e intr. Sacar un vehículo del sitio donde está aparcado.

desaparecer intr. Ocultar, quitar de la vista, dejar un lugar. ‖ Dejar de existir. ‖ tr. *amer.* Detener y retener ilegalmente la policía o los militares a una persona sin informar de su paradero. ◆ **Irreg.** Se conj. como *agradecer.* || FAM. desaparecido, desaparición.

desaparecido, da m. y f. Persona detenida y retenida ilegalmente por las fuerzas policiales o militares, de la que se desconoce el paradero.

desaparición f. Ausencia u ocultación de la vista. || Cese de la existencia. || Detención y retención ilegal de una persona por fuerzas policiales o militares.

desapasionado, da adj. Falto de pasión, imparcial. || FAM. desapasionar.

desapegarse prnl. Apartarse, perder el apego o la afición a una persona o cosa. || FAM. desapego.

desapego m. Falta de cariño o interés, alejamiento, frialdad.

desapercibido, da adj. Inadvertido, no percibido. || Desprevenido. || FAM. desapercibimiento.

desaplicado, da adj. y s. Se apl. al alumno que no tiene interés ni pone esfuerzo en el estudio. || FAM. desaplicación, desaplicar.

desaprensión f. Falta de miramiento o delicadeza. || FAM. desaprensivo.

desaprensivo, va adj. y s. Sin escrúpulos, que actúa sin miramientos hacia los demás. || FAM. desaprensivamente.

desaprobación f. Reprobación, juicio negativo sobre algo.

desaprobar tr. Reprobar, juzgar algo como malo o no conveniente. ◆ **Irreg.** Se conj. como *contar.* || FAM. desaprobación, desaprobatorio.

desaprovechamiento m. Gasto o mal uso de recursos necesarios.

desaprovechar tr. No obtener el máximo provecho de algo. || Desperdiciar o dejar pasar una oportunidad. || FAM. desaprovechado, desaprovechamiento.

desarbolar tr. Destruir o derribar los palos y velas de una embarcación. || En dep., debilitar, desbaratar, dejar sin defensa.

desarmado, da adj. Desprovisto de armas. || Que no tiene argumentos con que replicar o cumplir su primera voluntad.

desarmador m. Disparador de un arma. || *amer.* Destornillador.

desarmar tr. Desmontar, separar las piezas de un objeto. || Quitar o hacer entregar las armas a una persona, cuerpo o plaza. || Reducir el armamento de un ejército o el de un país. || Templar, calmar las iras de alguien: *su sonrisa le desarmó.* || Dejar a alguien confundido y sin capacidad de respuesta: *sus argumentos me desarmaron.* || Quitar a un buque la artillería y el aparejo, y amarrar el casco en la dársena. || FAM. desarmable, desarmado, desarmador, desarme.

desarme m. Acción y resultado de desarmar. || Supresión parcial o total de las fuerzas armadas, o de determinada clase de armamento.

desarmonizar tr. Quitar equilibrio y concierto o no estar en armonía. || FAM. desarmonía.

desarraigado, da adj. y s. Que vive al margen del medio en el que se mueve, sin lazos que le unan a él.

desarraigar tr. y prnl. Arrancar de raíz una planta o un árbol. || Echar, apartar a alguien de donde vive y tiene su círculo afectivo. || Suprimir una pasión o una costumbre. || FAM. desarraigado, desarraigo.

desarraigo m. Extracción de raíz de una planta o árbol. || Falta de interés o lazos con el entorno en que se vive.

desarrapado, da adj. y s. Desharrapado.

desarreglado, da adj. Sin orden ni concierto, sin atender a la lógica. || Desordenado, descuidado. || FAM. desarregladamente.

desarreglar tr. y prnl. Desordenar, trastornar el arreglo. || FAM. desarreglado, desarreglo.

desarreglo m. Falta de arreglo o de orden: *desarreglos menstruales.*

desarrollar tr. Acrecentar, mejorar un aspecto físico, intelectual o moral. También prnl.: *nuestra relación se desarrolla bien.* || Explicar una teoría o idea, ampliándola y atravesando todos los pasos lógicos. || Llevar a cabo, realizar una idea, proyecto, etc. || *amer.* Revelar una película fotográfica. || En mat., efectuar las operaciones necesarias para cambiar la forma de una expresión analítica. || En quím., extender una fórmula empírica de modo que exprese la agrupación atómica. || Extender lo que estaba enrollado. || prnl. Suceder, ocurrir: *el asunto se desarrolló como esperaba.* || Progresar una comunidad humana. *industrial.* || FAM. desarrollable, desarrollado, desarrollismo, desarrollo.

desarrollismo m. Actitud, tendencia o periodo favorable a un crecimiento y expansión económica a ultranza y a cualquier coste. || FAM. desarrollista.

desarrollo m. Crecimiento o mejora de un aspecto físico, intelectual o moral: *desarrollo emocional.* || Explicación y ampliación de una teoría o idea. || Realización de una idea, proyecto, etc. || Progreso de una comunidad humana. || Dibujo en el que se muestran simultáneamente las diversas partes de algo que en la realidad no puede ser abarcado en su totalidad desde una perspectiva fija o única: *desarrollo de un edificio.* || Distancia que recorre una bicicleta con cada vuelta dada al plato con los pedales. || En mat., operaciones necesarias para cambiar la forma de una expresión analítica. || En quím., extensión de una fórmula empírica de modo que exprese la agrupación atómica. || FAM. subdesarrollo.

desarropar tr. y prnl. Destapar, quitar o apartar la ropa.

desarrugar tr. y prnl. Estirar, quitar las arrugas. || FAM. desarrugadura.

desarrumar tr. Deshacer, desocupar o recolocar la distribución de la carga de un buque.

desarticulación f. Separación de piezas articuladas. || Desorganización y desmantelamiento de un plan o grupo organizado: *desarticulación de un comando terrorista.* || Dislocación de huesos articulados.

desarticulado, da adj. Caótico, desorganizado o inconexo: *prosa desarticulada.* || FAM. desarticuladamente.

desarticular tr. y prnl. Separar las piezas de una máquina o artefacto. || Separar dos huesos articulados. || tr. Desorganizar, descomponer un plan o grupo organizado. || FAM. desarticulación, desarticulado.

desaseado, da adj. Falto de aseo, desordenado. || FAM. desaseadamente.

desasear tr. Quitar el aseo o compostura. || FAM. desaseado, desaseo.

desaseo m. Falta de aseo y arreglo.

desasimilar tr. Desprenderse los órganos de las sustancias inútiles para las funciones vitales. || FAM. desasimilación.

desasir tr. y prnl. Soltar lo asido o agarrado. || Desprenderse de algo: *desasirse del pasado.* ◆ Irreg. Se conj. como *asir.* || FAM. desasimiento.

desasistencia f. Falta de asistencia, atención y cuidado.

desasistir tr. Desamparar, no otorgar el cuidado ni la atención debidos. || FAM. desasistencia, desasistido.

desasnar tr. Eliminar gracias a la enseñanza y educación la rudeza de una persona.

desasosegar tr. y prnl. Privar de calma y sosiego. ◆ Irreg. Se conj. como *acertar.* || FAM. desasosegadamente, desasosegado, desasosiego.

desasosiego m. Inquietud, intranquilidad.

desastrado, da adj. y s. Descuidado, sucio.

desastre m. Gran desgracia, suceso infeliz y lamentable: *desastre ecológico.* || Cosa de mala calidad, mala organización, mal resultado, etc. || Persona con mala suerte, sin habilidad y llena de imperfecciones: *siempre le toca perder a ella, es un desastre.* || En la guerra, derrota, pérdida muy grave. || FAM. desastrado, desastroso.

desastroso, sa adj. Infeliz, desafortunado. || Pésimo. || FAM. desastrosamente.

desatado, da adj. Desordenado, acelerado y sin freno: *furia desatada.*

desatar tr. y prnl. Soltar, desenlazar lo atado. || Desencadenar, liberarse con furia: *se desató una epidemia de cólera.* || prnl. Excederse y desenfrenarse en el hablar o el proceder. || Perder la timidez. || FAM. desatado, desatador, desatadura.

desatascador, ra adj. Que desatasca. || m. Instrumento consistente en una gran ventosa con mango que se usa para desatascar conductos.

desatascar tr. y prnl. Sacar algo de donde está atascado. || Dejar libre un conducto obstruido. || Liberar a alguien de una dificultad. || FAM. desatascador, desatasco.

desatención f. Falta de atención o interés. || Descortesía, falta de respeto.

desatender tr. No prestar la debida atención a algo o a alguien. || No hacer caso de los consejos o palabras de alguien. || Desamparar, desasistir. ◆ Irreg. Se conj. como *entender.* || FAM. desatención, desatento.

desatento, ta adj. y s. Descuidado, distraído. || Descortés, irrespetuoso.

desatinado, da adj. Desacertado, sin tino: *el navajazo estuvo desatinado.* || adj. y s. Se apl. a la persona que habla o procede sin juicio ni razón: *está bastante desatinado por sus malas compañías.* || FAM. desatinadamente.

desatinar tr. Fallar el tiro o la puntería. || intr. No acertar, no tener tino: *desatinó en todos sus pronósticos.* || Decir o hacer desatinos. || FAM. desatinado, desatino.

desatino m. Falta de tino. || Locura, disparate, barbaridad.

desatornillador m. Destornillador.

desatornillar tr. Sacar o aflojar un tornillo girándolo. || FAM. destornillador.

desatrancar tr. Quitar a la puerta la tranca u otra cosa que impide abrirla. || Desatascar un conducto: *desatrancar el fregadero.* || FAM. desatrancamiento.

desautorización f. Privación de la autoridad o crédito. || Prohibición expresa.

desautorizado, da adj. Falto de autoridad, poder, crédito o estimación. || Prohibido explícitamente. || FAM. desautorizadamente.

desautorizar tr. y prnl. Quitar autoridad, desacreditar: *al discutir de aquel modo se desautorizó públicamente.* || Prohibir algo: *desautorizar una manifestación.* || FAM. desautorización, desautorizado.

desavenencia f. Desacuerdo, discordia.

desavenido, da adj. Discorde y enemistado con otra persona.

desavenir tr. y prnl. Desconcertar, contravenir o enemistar: *el matrimonio se desavino.* ◆ Irreg. Se conj. como *venir.* || FAM. desavenencia, desavenido.

desaventajado, da adj. Por debajo de la media, poco ventajoso.

desayunar tr., intr. y prnl. Tomar el desayuno. ◆ En América se usa como prnl. intr. en la construcción: *¿te has desayunado ya?* || FAM. desayunado, desayuno.

desayuno m. Primera comida que se toma en el día al levantarse. || Alimentos que se toman en ella.

desazón f. Insipidez, falta de sabor. || Falta de sazón en las tierras de cultivo. || Desasosiego, disgusto: *la falta de noticias me causa desazón.* || Molestia que causa un picor. || Molestia por una indisposición en la salud: *desazón en el estómago.* || FAM. desazonado, desazonar.

desbancar tr. Hacer perder a alguien la amistad o el cariño de otra persona ganándola para sí: *sentía que sus hijos lo habían desbancado ante su mujer.* || Suplantar, quitar a alguien el puesto privilegiado que ocupa: *ha desbancado al campeón mundial.* || En ciertos juegos, ganar todo el dinero a la banca.

desbandada f. Huida en desorden: *desbandada de pájaros.* || **a la desbandada** loc. adv. Confusa y dispersamente. || FAM. desbande, desbandarse.

desbarajuste m. Desorden, confusión. || FAM. desbarajustar.

desbaratar tr. Deshacer o arruinar algo: *desbaratar un castillo de naipes.* || Disipar, malgastar los bienes. || Impedir, estorbar: *desbarató nuestros planes.* || Desordenar, poner en confusión a los contrarios. || intr. Disparatar. || prnl. Descomponerse, hablar u obrar fuera de razón. || FAM. desbaratado, desbaratador, desbaratamiento.

desbarrancar tr. *amer.* Defenestrar. || tr. y prnl. *amer.* Arruinar.

desbarrar intr. Deslizarse, escurrirse. || *col.* Decir o hacer cosas disparatadas.

desbastar tr. Quitar las partes más duras o ásperas de un material que se va a trabajar. || Refinar, educar a alguien. También prnl. || FAM. desbastado, desbastador, desbastadura, desbaste.

desbloquear tr. Romper un bloqueo. || Suprimir los obstáculos que impiden el desarrollo o movimiento. También prnl. || Levantar la inmovilidad que pesa sobre bienes o dinero: *desbloquear las cuentas bancarias*. || Aflojar toda pieza bloqueada. || FAM. desbloqueo.

desbocado, da adj. Se dice de la prenda cuyas aberturas han cedido o son muy amplias: *escote desbocado*. || Se apl. al instrumento que tiene gastada o mellada la boca: *martillo desbocado*. || Se dice de la caballería que corre precipitadamente y sin dirección, insensible a la acción del freno: *caballo desbocado*. || adj. y s. Acostumbrado a decir palabras indecentes y ofensivas.

desbocar tr. y prnl. Quitar o romper la boca a una cosa. || Dar de sí, agrandarse excesivamente una abertura de una prenda. || intr. Desembocar. || prnl. Dejar de obedecer un caballo al freno y dispararse. || Desvergonzarse, prorrumpir en denuestos. || FAM. desbocado, desbocamiento.

desbordamiento m. Derramamiento, salida de un cauce: *el desbordamiento del Nilo*. || Exceso, superación de los límites: *desbordamiento de trabajo*. || Exaltación y manifestación de un sentimiento.

desbordante adj. Que se desborda o sobrepasa los límites: *alegría desbordante*.

desbordar intr. y prnl. Derramarse, salirse del cauce. || tr. Sobrepasar, abrumar, superar las previsiones o límites: *las llamadas nos desbordan*. || prnl. Exaltarse, demostrar los sentimientos fehacientemente. || FAM. desbordamiento, desbordante, desborde.

desborde m. *amer.* Desbordamiento.

desbravar tr. Amansar, domar el ganado, sobre todo el caballar. || intr. y prnl. Perder parte de la braveza, aplacarse la cólera o ímpetu. || Perder los licores su fuerza. || FAM. desbravador.

desbrozar tr. Quitar la broza, limpiar de obstáculos: *desbrozar el jardín*. || FAM. desbrozo.

desbrozo m. Limpieza de la broza de un terreno. || Cantidad de broza o ramaje que se produce en esta limpieza.

descabalar tr. y prnl. Dejar incompleta o perder parte de las piezas que componen un conjunto completo: *se me ha descabalado la cubertería*. || Desnivelar, desequilibrar. || FAM. descabalado, descabalamiento.

descabalgar intr. Desmontar, bajar alguien de una caballería.

descabellado, da adj. Absurdo, fuera de toda razón: *idea descabellada*. || FAM. descabelladamente.

descabellar tr. Clavar al toro el estoque o puntilla en la cerviz para que muera instantáneamente. || FAM. descabellado, descabello.

descabello m. Golpe de estoque o puntilla en la cerviz del toro que le hace morir instantáneamente.

descabezado, da adj. Absurdo, fuera de razón. || Desmemoriado, despistado.

descabezar tr. Quitar o cortar la cabeza. || Cortar la parte superior o las puntas a algunas cosas, como a los árboles, maderos, etc. || Empezar a vencer la dificultad de algo. || *amer.* Defenestrar. || *amer.* Rebajar un licor con agua. || **descabezar un sueño** loc. Quedarse adormilado durante poco tiempo. || FAM. descabezado.

descabullarse o **descabuyarse** prnl. *amer.* Escabullirse.

descachalandrado, da adj. *amer.* Desaliñado, andrajoso.

descachar tr. *amer.* Descornar. || *amer.* Romperse el eje de un coche. || *amer.* Cometer una indiscreción, meter la pata.

descacharrar tr. y prnl. Escacharrar. || FAM. descacharrado, descacharrante.

descafeinado, da adj. Se apl. al café al que se le ha quitado la cafeína. También m. || Que ha perdido su fuerza original, o es suavizado en exceso: *ley descafeinada*. || FAM. descafeinar.

descalabrar tr. y prnl. Herir en la cabeza. || Causar daño o perjuicio. || FAM. descalabrado, descalabradura, descalabro.

descalabro m. Contratiempo, infortunio, daño.

descalcificación f. Pérdida o disminución de las sustancias cálcicas que forman parte de los huesos y de otros tejidos.

descalcificar tr. y prnl. Perder o disminuir las sustancias cálcicas contenidas en los huesos u otros tejidos orgánicos. || FAM. descalcificación.

descalificación f. En dep., expulsión o exclusión de un deportista de una competición por infracción de las normas. || Pérdida de crédito, autoridad o valor.

descalificar tr. En dep., excluir a un deportista de una competición por infracción de las normas. || tr. y prnl. Desacreditar, desautorizar o quitar valor: *sus insultos lo descalifican como persona*. || FAM. descalificación.

descalzar tr. y prnl. Quitar el calzado. || Quitar los calzos de algo. || prnl. Perder las caballerías una o más herraduras. || FAM. descalzo.

descalzo, za adj. Que lleva desnudos los pies. || Se apl. al religioso o a la religiosa que no lleva calzado, y a las órdenes religiosas a las que pertenecen. También s. || Desnudo, falto de recursos.

descamar tr. Quitar las escamas a los peces. || prnl. Caerse la piel en forma de escamillas. || FAM. descamación.

descambiar tr. Deshacer un cambio o compra. || *amer.* Cambiar billetes en monedas o a la inversa.

descaminado, da adj. Desviado de su camino, equivocado o mal orientado: *no andas descaminado en tus conjeturas*. || FAM. descaminadamente.

descaminar tr. y prnl. Apartar a alguien del camino que debe seguir. || Desviar a alguien del buen camino o de lo que es justo. || FAM. descaminado.

descamisado, da adj. *col.* Sin camisa. || adj. y s. *desp.* Muy pobre, desharrapado. || FAM. descamisar.

descampado, da adj. y m. Se apl. al terreno llano, descubierto y sin habitar.

descansado, da adj. Que trae en sí una satisfacción que equivale al descanso. || Que no exige mucho esfuerzo o trabajo. || FAM. descansadamente.

descansar intr. Cesar en el trabajo para reparar fuerzas. || Reposar, dormir. || Tener algún alivio en dolores o preocupaciones. || Estar sin cultivo uno o más años la tierra de labor. || tr. e intr. Delegar, confiar algún trabajo a alguien: *puedes descansar este proyecto en ella.* ‖ Asentar o apoyar sobre algo: *descansó la cabeza en un cojín.* ‖ Ayudar a disminuir el cansancio de algo o alguien: *un baño caliente descansa mucho.* ‖ FAM. descansado, descansillo, descanso.

descansillo m. Rellano de cada tramo de una escalera.

descanso m. Reposo, interrupción en el trabajo. ‖ Alivio. ‖ Intermedio de un espectáculo o competición deportiva. ‖ Asiento sobre el que se apoya una cosa: *este pilar es el descanso de un muro de carga.* ‖ Descansillo. ‖ *amer.* Retrete. ‖ *amer.* Tumbona.

descapitalización f. Pérdida de capital. ‖ Pérdida de la riqueza histórica y cultural de un país o grupo social.

descapitalizar tr. y prnl. Perder o dejar sin capital. ‖ Perder o dejar sin riquezas históricas o culturales acumuladas por un país o grupo social. ‖ FAM. descapitalización.

descapotable adj. y m. Se apl. al automóvil de capota plegable.

descapotar tr. Levantar o bajar la capota. ‖ FAM. descapotable.

descapullar tr. y prnl. Quitar el capullo de algo: *se te ha descapullado el cigarrillo.*

descarado, da adj. y s. Que habla o actúa con descaro, sin vergüenza o recato.

descarga f. Acción y resultado de descargar. ‖ En arquit., aligeramiento de un cuerpo de construcción, cuando tiene peso excesivo: *muro de descarga.* ‖ En fís., neutralización y concentración de las cargas opuestas en las armaduras de un condensador eléctrico. ‖ **descarga cerrada** Fuego que se hace a la vez, y a una voz de mando, por una unidad del Ejército. ‖ **descarga eléctrica** o **disruptiva** Paso brusco de electricidad de un cuerpo a otro de diferente potencial.

descargar tr. Quitar o aliviar la carga. ‖ Disparar o extraer la carga de un arma de fuego. ‖ Golpear con violencia: *le descargó un derechazo.* ‖ Desahogar el mal humor, enfado, sobre personas o cosas: *descargó su ira con su mejor amigo.* ‖ Cortar el pelo especialmente en una zona. ‖ Podar la vid. ‖ tr. y prnl. Anular la carga o tensión eléctrica de un cuerpo: *se han descargado las pilas.* ‖ Librar a alguien de un cargo, obligación o culpa. ‖ intr. Desaguar, desembocar los ríos en el mar o en un lago. ‖ Deshacerse una nube en lluvia o granizo: *no termina de descargar la tormenta.* ‖ FAM. descarga, descargadero, descargador, descargo, descargue.

descargo m. Liberación de una carga u obligación. ‖ Data de salida del dinero de una cuenta. ‖ Satisfacción, respuesta o excusa de un cargo: *pliego de descargos.* ‖ **en descargo de** loc. prepos. En justificación o defensa de: *te diré en descargo de tu hermano que nunca te insultó.*

descarnado, da adj. Se apl. a los asuntos expuestos sin rodeos, en especial si son duros o desagradables: *descripción descarnada.* ‖ Sin carne, demacrado. ‖ FAM. descarnadamente.

descarnar tr. y prnl. Quitar la carne adherida al hueso o la piel. ‖ Quitar parte de una cosa o desmoronarla. ‖ Demacrar. ‖ FAM. descarnado, descarnador, descarnadura.

descaro m. Desvergüenza, insolencia y atrevimiento. ‖ FAM. descarado, descararse.

descarozado m. *amer.* Melocotón o durazno deshuesado y secado al sol, orejón.

descarozar tr. *amer.* Quitar el hueso o carozo a las frutas.

descarriar tr. y prnl. Apartar algo o a alguien del camino que debe seguir. ‖ Apartarse del camino razonable, o separarse de la protección o las buenas compañías: *esos maleantes te van a descarriar.* ‖ Apartar del rebaño una o varias reses, o separar a las aves migratorias del rumbo que deben seguir. ‖ FAM. descarriado, descarrío.

descarrilamiento m. Salida o desacoplamiento de un vehículo del carril por el que circula.

descarrilar intr. Salirse un vehículo del carril o vías por las que circula. ‖ FAM. descarrilamiento.

descarrío m. Separación del camino que se debe seguir. ‖ Apartamiento del camino razonable, o separación de la protección o las buenas compañías. ‖ Separación de una o varias reses del rebaño, o de las aves migratorias del rumbo que deben seguir.

descartable adj. *amer.* Desechable, de usar y tirar.

descartar tr. y prnl. Desechar, rechazar, no contar con algo o alguien. ‖ prnl. Dejar en el juego las cartas que se consideran inútiles, sustituyéndolas por otras. ‖ FAM. descartable, descarte.

descarte m. Desprendimiento de las cartas inútiles para el juego. ‖ Cartas que se desechan o no se reparten en el juego. ‖ En dep., eliminación de un jugador o componente de un equipo.

descascarillado m. Eliminación de la cascarilla o capa externa.

descascarillar tr. y prnl. Quitar la cascarilla o capa externa de algo. ‖ FAM. descascarillado.

descastado, da adj. y s. Ingrato o poco cariñoso con los parientes y amigos. ‖ FAM. descastar.

descatalogado, da adj. Que ha dejado de figurar en catálogo. ‖ FAM. descatalogar.

descendencia f. Sucesión, conjunto de hijos y demás generaciones sucesivas por línea recta descendente. ‖ Casta, estirpe, linaje.

descendente adj. Que desciende.

descender intr. Bajar de lugar o categoría alta a otra baja: *descender en la clasificación, descender las temperaturas.* ‖ Caer, fluir un líquido. ‖ Proceder algo o alguien de un mismo origen o de una misma persona: *desciende de una buena familia.* ‖ Derivarse, proceder de lo general a lo particular. ‖ Disminuir el nivel de algo: *las reservas de los pantanos han descendido.* ‖ tr. Bajar, conducir abajo. ◆ Irreg. Se conj. como *entender.* ‖ FAM. descendencia, descendente, descendiente, descendimiento, descenso.

descendiente adj. Que desciende. ‖ com. Persona que desciende de otra.

descendimiento m. Acción de descender o bajar a alguien. ‖ P. ant., el que se hizo del cuerpo de Cristo, bajándolo de la cruz. ‖ Representación o composición en que se representa.

descenso m. Bajada, disminución: *descenso de las temperaturas.* ‖ Paso de un empleo o estado a otro inferior. || Recorrido descendente. || En dep., competición deportiva que consiste en bajar un trazado en una pendiente o un torrente.

descentrado, da adj. Que se encuentra fuera del estado o lugar de su asiento y acomodo. || Desequilibrado, desconcentrado.

descentralización f. Traspaso de competencias y servicios de la Administración central a corporaciones locales o regionales.

descentralizar tr. Traspasar funciones, servicios y atribuciones de la Administración central a corporaciones locales o regionales. || FAM. descentralización.

descentrar tr. y prnl. Sacar algo o a alguien de su centro o acomodo. || Desequilibrar o desconcentrar. || FAM. descentrado.

desceñir tr. y prnl. Desatar, quitar el ceñidor, faja u otra cosa que ciñe el cuerpo. ◆ Irreg. Se conj. como *ceñir*. || FAM. desceñido.

descerebrado, da adj. adj. y s. *col.* Falto de sentido común, insensato.

descerebrar tr. Producir la inactividad funcional del cerebro. || Extirpar experimentalmente el cerebro de un animal. || FAM. descerebración, descerebrado.

descerrajar tr. Forzar o arrancar una cerradura. || Disparar a quemarropa con un arma de fuego: *le descerrajaron cuatro tiros.*

deschabar intr. *amer.* Hablar mal de alguien. || prnl. *amer. col.* Comportarse con desenfado y atrevimiento en determinada situación.

deschapar tr. *amer.* Descerrajar una cerradura.

deschavar tr. y prnl. *amer.* Descubrir o contar algo que se mantenía oculto, en especial si produce sorpresa.

deschavetado, da adj. *amer.* Chiflado, que ha perdido la chaveta.

desciframiento m. Comprensión o descodificación de un código o un escrito cifrado o en caracteres desconocidos.

descifrar tr. Leer o descodificar un código o un escrito cifrado o en caracteres desconocidos. || Comprender o explicar algo oscuro o difícil comprensión. || FAM. descifrable, desciframiento, descifre.

desclasar tr. y prnl. Colocarse o estar situado en un grupo o clase social ajena. || Perder la conciencia de clase. || FAM. desclasado.

desclasificar tr. Hacer público lo que está clasificado como secreto o reservado.

desclavar tr. y prnl. Arrancar o quitar los clavos de algo. || Desprender algo del clavo a que está sujeto. || Desengastar las piedras preciosas del metal.

descocado, da adj. y s. *col.* Que muestra demasiado descaro y atrevimiento. || m. *amer.* Descarozado. Más en pl. || FAM. descocadamente.

descocarse prnl. *col.* Hablar o actuar con demasiada libertad y descaro. || FAM. descocado, descoco, descoque.

descoco m. *col.* Descaro, desenvoltura y desparpajo.

descodificación f. Conversión de un mensaje a su forma primitiva aplicando las reglas de su código.

descodificador, ra adj. Que descodifica. || m. Dispositivo para descodificar un mensaje o señal.

descodificar tr. Aplicar inversamente a un mensaje o señal codificado las reglas de su código para obtener su forma primitiva. || FAM. descodificación, descodificador.

descojonamiento m. *vulg.* Hilaridad, risa incontenible.

descojonarse prnl. *vulg.* Reír mucho. || *vulg.* Burlarse. || FAM. descojonamiento, descojone.

descojone m. *vulg.* Descojonamiento. || *vulg.* El colmo, lo inaudito.

descolgar tr. y prnl. Bajar algo de donde está colgado. || Bajar o dejar caer poco a poco algo o a alguien pendiente de cuerda, cadena o cinta. || En dep., dejar atrás un corredor a sus competidores. || tr. e intr. Levantar el auricular del teléfono para establecer una comunicación, o para no recibir llamadas. || prnl. Desfasarse, perder el contacto con un ambiente o ideas: *me he descolgado de la Universidad.* || Decir o hacer algo inoportuna e inesperadamente: *se descolgó con aquellas declaraciones.* || Aparecer inesperadamente una persona: *se descolgó en la fiesta.* ◆ Irreg. Se conj. como *contar.*

descollar intr. Sobresalir de su entorno por su altura. || Destacar alguien o algo por sus méritos o cualidades. ◆ Irreg. Se conj. como *contar.* || FAM. descollante, descuello.

descolocado, da adj. Sin colocación o acomodo.

descolocar tr. y prnl. Poner a alguien o algo fuera del lugar que ocupa o debe ocupar. || Desordenar. || *argot* Asombrar, sorprender. || FAM. descolocación, descolocado.

descolonización f. Supresión de la condición colonial de un territorio con respecto a una potencia extranjera. || FAM. descolonizar.

descolorido, da adj. De color pálido o bajo en su gama. || FAM. descoloramiento, descolorar, descolorir.

descombrar tr. Desescombrar. || FAM. descombro.

descomedido, da adj. Excesivo, desproporcionado: *ambición descomedida.* || adj. y s. Descortés, irrespetuoso. || FAM. descomedimiento, descomedirse.

descompaginar tr. Desordenar, romper la sincronización o armonía.

descompasado, da adj. Irregular, arrítmico. || Descomedido. || FAM. descompasar.

descompensación f. Falta de compensación. || Estado de un órgano enfermo en el que no es capaz de realizar correctamente su función.

descompensar tr. y prnl. Hacer perder la compensación. || prnl. Llegar un órgano enfermo a un estado de descompensación que le impide funcionar correctamente. || FAM. descompensación.

descomponer tr. y prnl. Separar las partes de un compuesto o un todo. || Desordenar. || Irritar, alterar. || prnl. Enfermar. || Demudarse el rostro. || Entrar o hallarse un cuerpo en estado de putrefacción. || *amer.* Estropear, averiar un mecanismo. ◆ Irreg. Se conj. como *poner.* || FAM. descomposición, descompostura, descompuestamente, descompuesto.

descomposición f. Separación de las partes de un compuesto o un todo. || Putrefacción. || *col.* Diarrea

descorazonar

descompostura f. Falta de compostura, desaliño. || Descaro, falta de cortesía. || *amer.* Diarrea. || *amer.* Dislocación. || *amer.* Avería de un mecanismo.

descompresión f. Reducción de la presión a que se ha sometido un fluido. || Técnicas y procedimientos que se siguen para evitar el estado resultante del descenso repentino de la presión de fluido que actúa sobre un organismo. || FAM. descompresor, descomprimir.

descompresor m. Aparato que sirve para disminuir la presión de un fluido contenido en un depósito.

descompuesto, ta adj. Perturbado, alterado. || *amer.* Borracho, ebrio.

descomunal adj. Extraordinario, enorme. || FAM. descomunalmente.

desconcertante adj. Que desconcierta.

desconcertar tr. y prnl. Sorprender. || Deshacer, turbar el orden de algo. || Dislocar un hueso. || prnl. Desavenirse las personas o cosas que estaban acordes. || Perder la serenidad, desorientarse. ◆ **Irreg.** Se conj. como *acertar.* || FAM. desconcertadamente, desconcertador, desconcertante, desconcierto.

desconchado m. Parte en que una superficie pierde su revestimiento.

desconchar tr. y prnl. Quitar parte del revestimiento de algo. || FAM. desconchado, desconchadura, desconchón.

desconchón m. Desconchado.

desconcierto m. Sorpresa. || Descomposición de las partes de una máquina o de un cuerpo. || Confusión, desorden, desavenencia. || Falta de control y medida en el modo de hablar o de actuar. || Diarrea.

desconectar tr. y prnl. Interrumpir una conexión eléctrica. || Interrumpir la conexión de una pieza con las restantes partes de una máquina o aparato. || Dejar de tener contacto o relación, separarse: *se desconecta del trabajo en cuanto sale.* || FAM. desconexión.

desconexión f. Interrupción o falta de conexión.

desconfiado, da adj. y s. Que desconfía o sospecha de los demás. || FAM. desconfiadamente.

desconfianza f. Falta de confianza.

desconfiar intr. Sospechar, no tener confianza en algo o en alguien. || FAM. desconfiado, desconfianza.

descongelación f. Derretimiento del hielo de algo congelado. || Eliminación de la escarcha que se acumula en un congelador. || Desbloqueo de una cuenta, un sueldo, etc., que estaban inmovilizados provisionalmente.

descongelar tr. y prnl. Hacer que algo pierda el estado de congelación. || Quitar la escarcha que se acumula en un congelador. || tr. Desbloquear una cuenta, un sueldo, etc., que estaban inmovilizados provisionalmente. || FAM. descongelación.

descongestión f. Reducción de la congestión o aglomeración.

descongestionar tr. y prnl. Disminuir o quitar congestión o aglomeración. || FAM. descongestión, descongestivo.

desconocer tr. No conocer, ignorar algo. || Negar no ser suya alguna cosa, rechazarla. || tr. y prnl. Reconocer un cambio notable que se ha apreciado en algo o alguien: *desconozco estos modales tan groseros en ti.*

◆ **Irreg.** Se conj. como *agradecer.* || FAM. desconocedor, desconocido, desconocimiento.

desconocido, da adj. y s. Que no es conocido. || Muy cambiado, irreconocible: *está desconocido desde que hace deporte.*

desconocimiento m. Falta de conocimiento, ignorancia.

desconsideración f. Falta de la consideración y el respeto debidos.

desconsiderado, da adj. y s. Falto de consideración y respeto. || FAM. desconsideradamente.

desconsiderar tr. No guardar la consideración debida a algo o a alguien. || FAM. desconsideración, desconsiderado.

desconsolado, da adj. Que carece de consuelo. || De aspecto triste y afligido. || Se apl. al estómago débil o desfalleciente. || FAM. desconsoladamente.

desconsolar tr. y prnl. Afligir, privar de consuelo, producir pena. ◆ **Irreg.** Se conj. como *contar.* || FAM. desconsolación, desconsolado, desconsolador, desconsuelo.

desconsuelo m. Angustia, pena o dolor por falta de consuelo: *el desconsuelo de perder un hijo.* || Desfallecimiento o debilidad del estómago.

descontado (por) loc. adv. afirm. Por supuesto, sin duda alguna: —¿Vendrás?; —Por descontado. || **dar por descontado** loc. Contar con algo como seguro e indiscutible.

descontaminar tr. Depurar lo que está contaminado de sus sustancias nocivas. || FAM. descontaminación.

descontar tr. Restar una determinada cantidad de otra. || Excluir algo o a alguien de la afirmación que se hace: *descontando a su secretaria, todos llegan tarde.* || Dar por cierto o por acaecido aquello de lo que se trata: *se organizó la fiesta descontando que vendrías.* || En dep., tener el árbitro en cuenta el tiempo que el partido ha estado interrumpido, para añadirlo al final. || Adquirir un banco o entidad financiera una letra u otro documento no vencido del que percibe un interés por anticipar la cantidad. ◆ **Irreg.** Se conj. como *contar.* || FAM. descontado, descuento.

descontento, ta adj. y s. Disgustado, insatisfecho. || m. Disgusto o desagrado. || FAM. descontentadizo, descontentar.

descontextualizar tr. Sacar de contexto. || FAM. descontextualización.

descontrol m. Falta de control, orden o disciplina. || FAM. descontrolado, descontrolarse.

descontrolarse prnl. Perder el dominio sobre sí mismo. || Perder un aparato su ritmo normal.

desconvocar tr. Cancelar un acto ya convocado: *desconvocar una huelga.* || FAM. desconvocatoria.

descoordinación f. Falta de coordinación. || FAM. descoordinar.

descoque m. col. Descoco.

descorazonador, ra adj. Que produce desaliento y tristeza.

descorazonar tr. Arrancar o quitar el corazón. || tr. y prnl. Desanimar, desesperanzar. || FAM. descorazonador, descorazonamiento.

descorchar tr. Sacar el corcho que cierra una botella u otra vasija. ‖ Quitar o arrancar el corcho al alcornoque. ‖ Romper el corcho de una colmena para sacar la miel. ‖ FAM. descorchador, descorche.

descorche m. Extracción del corcho que cierra una botella. ‖ Extracción de la corteza del alcornoque. ‖ Comisión o prima que se concede a determinados empleados de locales de alterne, por cada botella que consume el cliente.

descornar tr. y prnl. Quitar, arrancar los cuernos a un animal. ‖ *col.* Darse un fuerte golpe en la cabeza. ‖ prnl. *col.* Trabajar esforzada y duramente. ◆ **Irreg.** Se conj. como *contar*.

descorrer tr. Volver uno a correr el espacio que antes había corrido. ‖ Plegar o recoger lo que estaba estirado: *descorre el visillo*. ‖ Abrir un cierre, deslizándolo: *descorrió el pestillo*.

descortés adj. y com. Falto de cortesía y amabilidad, ineducado. ‖ FAM. descortesía, descortésmente.

descortesía f. Falta de cortesía, amabilidad o educación.

descoser tr. y prnl. Soltar o desprender las puntadas de lo que estaba cosido. ‖ FAM. descosido.

descosido m. Parte descosida en una prenda. ‖ **como un descosido** loc. *col.* Mucho o con mucho ahínco: *come como un descosido*.

descoyuntar tr. y prnl. Desencajar, dislocar un hueso de su articulación. ‖ FAM. descoyuntamiento.

descrédito m. Disminución o pérdida de la buena fama o reputación: *cayó en descrédito tras el escándalo*.

descreído, da adj. y s. Escéptico y que ha perdido la fe, en especial la religiosa. ‖ FAM. descrédito, descreer, descreimiento.

descremado, da adj. y s. Se apl. a la leche y a los derivados lácteos a los que se ha quitado la nata. ‖ m. Procedimiento y resultado de descremar la leche.

descremar tr. Quitar o reducir la nata o crema de la leche. ‖ FAM. descremado, descremadora.

descrestar tr. Quitar la cresta. ‖ *amer.* Timar, engañar a alguien.

describir tr. Explicar, definir o representar con detalle las cualidades, características o circunstancias de algo o de alguien: *describir un paisaje*. ‖ Trazar un recorrido que el cuerpo que se mueve en una figura imaginaria: *la Luna describe una trayectoria elíptica*. ◆ p. p. irreg.: *descrito*. ‖ FAM. descripción, descriptible, descriptivo, descrito.

descripción f. Representación o explicación detallada de las cualidades, características o circunstancias de algo o de alguien.

descriptivo, va adj. Que describe.

descuadrar tr. No cuadrar las cuentas. También prnl. ‖ *amer.* Desagradar.

descuajaringar tr. y prnl. Desvencijar, desarmar las partes de algo. ‖ prnl. *col.* Relajarse las partes del cuerpo por efecto del cansancio. ‖ *col.* Reírse mucho.

descuajaringado, da adj. *amer.* Desvencijado, desarmado. ‖ *amer.* Desaseado, descuidado.

descuajeringar tr. Descuajaringar. ‖ FAM. descuajeringado.

descuartizamiento m. División de un cuerpo en trozos.

descuartizar tr. Despedazar, partir en trozos un cuerpo. ‖ FAM. descuartizador, descuartizamiento.

descubierta f. Especie de pastel sin cubierta de hojaldre. ‖ Inspección matutina y vespertina del aparejo de una embarcación. ‖ Reconocimiento del horizonte al salir y ponerse el sol. ‖ Reconocimiento del terreno para observar si en las inmediaciones hay enemigos.

descubierto, ta adj. Sin sombrero. ‖ Despejado, espacioso: *patio descubierto*. ‖ Desprotegido, expuesto: *sin tus padres has quedado descubierto*. ‖ m. Exposición del Santísimo a la adoración de los fieles. ‖ Estado en el que una cuenta bancaria presenta falta de fondos: *tiene un descubierto de miles de euros*. ‖ **al descubierto** loc. adv. Con claridad, patentemente. ‖ Al raso, sin albergue. ‖ FAM. descubiertamente.

descubridor, ra adj. y s. Que descubre o halla algo no conocido. ‖ Se apl. especialmente a quien ha descubierto tierras o rutas desconocidas. ‖ Se dice de la embarcación usada para hacer la descubierta. ‖ Explorador, batidor.

descubrimiento m. Hallazgo, conocimiento de algo desconocido u oculto. ‖ Invento, lo que se descubre.

descubrir tr. Encontrar, hallar algo desconocido. ‖ Inventar. ‖ Venir a saber algo que se ignoraba. ‖ Alcanzar a ver, percibir: *descubrió en su cara gestos de su madre*. ‖ Manifestar, dar a conocer lo que no es público: *descubrió su verdadera edad*. ‖ tr. y prnl. Destapar lo que está cubierto. ‖ prnl. Quitarse el sombrero. ◆ p. p. irreg.: *descubierto*. ‖ FAM. descubierta, descubierto, descubridor, descubrimiento.

descuento m. Rebaja o reducción de una cantidad. ‖ Cantidad que se descuenta. ‖ Compra por un banco o entidad financiera de una letra u otro documento no vencido del que percibe un interés por anticipar la cantidad. ‖ Cantidad que se rebaja del importe de los valores para retribuir esta operación. ‖ En dep., tiempo que añade el árbitro al final de un partido en restitución de las interrupciones.

descuerar tr. *amer.* Desollar, despellejar. ‖ *amer.* Murmurar de alguien, criticarlo.

descuidado, da adj. Desprevenido. ‖ adj. y s. Negligente, irresponsable. ‖ Desaliñado, con poca compostura. ‖ FAM. descuidadamente.

descuidar tr. y prnl. Abandonar o desatender a alguien o una obligación. ‖ Distraer, perder cuidado. ‖ tr. intr. y prnl. Liberar o descargar a alguien de un cuidado u obligación: *descuida, no volveré e pedirte ayuda*. ‖ FAM. descuidado, descuidero, descuido.

descuidero, ra adj. y s. Se apl. al ladrón que rob aprovechando el descuido ajeno.

descuido m. Falta de atención y de cuidado. ‖ Olvido, inadvertencia. ‖ Desliz, falta, tropiezo por lo general sexual.

desde prep. Indica el punto, procedencia u origen e el tiempo y en el espacio: *lo esperaba desde ayer; llam desde París; empieza a contar desde cero*. ‖ **desde luego** loc. adv. Por supuesto. ‖ **desde que** conj. *amer* Dado que.

desdecir intr. Tener una cosa o persona peores cualidades que las esperadas por su origen, educación o clase: *la embestida de este toro desdice de su ganadería.* ‖ Desentonar, no convenir algo con su entorno: *esos pendientes desdicen con el collar.* ‖ prnl. Retractarse de lo dicho: *se desdijo de sus acusaciones.* ◆ Irreg. Se conj. como *decir.*

desdén m. Menosprecio, indiferencia rayana en el desaire. ‖ FAM. desdeñar.

desdentado, da adj. y s. Que ha perdido todos o parte de sus dientes. ‖ adj. y m. De los desdentados o relativo a este orden de mamíferos. ‖ m. pl. Orden de los mamíferos caracterizados por carecer de dientes incisivos, y a veces también de caninos y molares, como el armadillo y el oso hormiguero. ‖ FAM. desdentar.

desdeñable adj. Digno de ser desdeñado.

desdeñar tr. Menospreciar, tratar con desdén. ‖ Despreciar o desestimar. ‖ FAM. desdeñable, desdeñoso.

desdeñoso, sa adj. y s. Que manifiesta desdén o indiferencia. ‖ FAM. desdeñosamente.

desdibujar tr. y prnl. Hacer borrosa o confusa una imagen, un recuerdo o idea, perder la definición de sus contornos: *la niebla desdibuja el paisaje.* ‖ FAM. desdibujado.

desdicha f. Desgracia, infelicidad o suerte contraria. ‖ FAM. desdichado.

desdichado, da adj. y s. Desgraciado, que tiene mala suerte. ‖ Infeliz, sin malicia, pusilánime. ‖ FAM. desdichadamente.

desdoblamiento m. Extensión de algo que estaba doblado. ‖ Fraccionamiento o formación de dos o más cosas a partir de una. ‖ **desdoblamiento de personalidad** Trastorno psicológico caracterizado por la alternancia inconsciente de caracteres y comportamientos distintos en un mismo individuo.

desdoblar tr. y prnl. Extender lo que estaba doblado. ‖ Fraccionarse, formarse dos o más cosas al separarse los elementos que suelen estar juntos. ‖ FAM. desdoblamiento, desdoble.

desdoro m. Deshonra, desprestigio o mancha para la reputación. ‖ FAM. desdorar.

desdramatizar tr. Restar o mitigar la importancia o gravedad de un suceso: *desdramatizar la muerte.*

deseable adj. Susceptible o digno de ser deseado.

desear tr. Querer o aspirar a algo con vehemencia o anhelo. ‖ Sentir atracción sexual. ‖ **dejar mucho que desear** loc. Defraudar, ser inferior a las expectativas: *esta película deja mucho que desear.* ‖ **vérselas y deseárselas** loc. Tener dificultad y requerir esfuerzo lo que se desea. ‖ FAM. deseable.

desecación f. Extracción o eliminación de la humedad de un terreno o cuerpo.

desecar tr. y prnl. Secar, extraer la humedad de un cuerpo o un terreno. ‖ FAM. desecación, desecador.

desechable adj. Que se puede o debe desechar. ‖ Se apl. al objeto destinado a ser usado una sola vez: *jeringuillas desechables.*

desechar tr. Rechazar algo que no gusta o que se considera innecesario o inútil. ‖ Apartar de sí un pesar, temor, sospecha o mal pensamiento: *desecha esas fantasías y pon los pies en el suelo.* ‖ Dar el movimiento necesario a las llaves o cerrojos para abrir. ‖ FAM. desechable, desecho.

desecho m. Lo que se desecha de una cosa, después de haber escogido lo mejor. ‖ Residuo, desperdicio, recorte sobrante en una industria. ‖ *amer.* Atajo, vereda. ‖ *amer.* Primera clase del tabaco, que son las hojas del cogollo.

desembalar tr. Quitar las envolturas o embalajes de las mercancías que vienen en paquetes, cajas, etc. ‖ FAM. desembalaje.

desembalsar tr. Dar salida a toda o parte del agua contenida en un embalse.

desembarazar tr. y prnl. Quitar un obstáculo o impedimento de algo: *desembarazaron de ramas el sendero.* ‖ Evacuar, desocupar un espacio, habitación, etc. ‖ prnl. Apartar de sí a la persona o cosa que molesta para un fin: *fue difícil desembarazarme de él.* ‖ intr. *amer.* Dar a luz. ‖ FAM. desembarazadamente, desembarazado, desembarazo.

desembarazo m. Soltura, desenfado. ‖ *amer.* Alumbramiento, parto de mujer.

desembarcadero m. Lugar destinado a desembarcar o apropiado para ello.

desembarcar tr. Sacar de una embarcación todo lo embarcado. ‖ intr. y prnl. Bajar los pasajeros de un medio de transporte. ‖ intr. Dejar de pertenecer una persona a la dotación de un buque. ‖ FAM. desembarcadero, desembarco, desembarque.

desembarco m. Salida de los pasajeros de un medio de transporte. ‖ Operación militar que realiza en tierra la dotación o las tropas de un buque. ‖ Entrada de un individuo, grupo social o empresa en un sector de la vida pública o de la economía con intención de influir en él.

desembargar tr. Quitar un impedimento u obstáculo. ‖ Alzar el embargo que pesa sobre algo. ‖ FAM. desembargo.

desembargo m. Levantamiento de un embargo.

desembarque m. Salida de los pasajeros o carga de una embarcación.

desembocadura f. Lugar por donde una corriente de agua desemboca en otra. ‖ Abertura o estrecho por donde se sale de un punto a otro.

desembocar intr. Desaguar una corriente de agua en otra mayor. ‖ Tener una calle salida a otra o a otro sitio. ‖ Acabar, terminar, tener su desenlace. ‖ FAM. desembocadura.

desembolsar tr. Sacar lo que está en una bolsa. ‖ Pagar o entregar una cantidad de dinero. ‖ FAM. desembolso.

desembolso m. Gasto, entrega de una cantidad de dinero en efectivo.

desembragar tr. Desconectar o soltar el embrague de un vehículo. ‖ FAM. desembrague.

desembrollar tr. *col.* Desenredar, aclarar.

desembuchar tr. Expulsar las aves por el pico lo que tenían en el buche. ‖ *col.* Confesar, decir alguien lo que sabía y se tenía callado.

desemejar intr. Diferenciarse, no parecerse. ‖ tr. Desfigurar, cambiar el aspecto de algo o de alguien. ‖ FAM. desemejante, desemejanza.

desempacar tr. Sacar las mercancías de las pacas o fardos que las envuelven. ‖ *amer.* Deshacer las maletas o cualquier paquete.

desempachar tr. y prnl. Quitar el empacho o indigestión. ‖ prnl. Perder el empacho o timidez, desenvolverse.

desempacho m. Desahogo, desparpajo. ‖ FAM. desempachar.

desempañar tr. y prnl. Limpiar el cristal o cualquier otra cosa empañada. ‖ Recuperar glorias pasadas.

desempaquetar tr. Desenvolver lo que estaba empaquetado.

desempatar tr. Deshacer el empate. ‖ *amer.* Desamarrar. ‖ *amer.* Separar dos objetos unidos. ‖ FAM. desempate.

desempate m. Ruptura del empate.

desempedrar tr. Desencajar y arrancar las piedras de un empedrado. ‖ Correr desenfrenadamente. ‖ Pasear mucho una calle. ◆ Irreg. Se conj. como *acertar.* ‖ FAM. desempedrado.

desempeñar tr. Liberar o recuperar lo que estaba empeñado: *pudo desempeñar el reloj de su abuelo.* ‖ Liberar a alguien de los empeños o deudas contraídas. También prnl. ‖ Llevar a cabo, realizar un trabajo o una función determinada: *desempeña su judicatura sin tacha.* ‖ Representar un papel en las obras dramáticas. ‖ prnl. *amer.* Ganarse la vida, trabajar. ‖ FAM. desempeño.

desempeño m. Liberación de un empeño o deuda. ‖ Realización de las funciones propias de un cargo o trabajo.

desempleado, da adj. y s. Parado, en busca de empleo.

desempleo m. Paro forzoso, falta de empleo. ‖ FAM. desempleado.

desempolvar tr. Quitar el polvo. ‖ Volver a usar o recordar algo que llevaba mucho tiempo olvidado o apartado.

desencadenamiento m. Liberación de las cadenas que atan algo o a alguien. ‖ Origen, comienzo de sucesos o fuerzas impetuosas o violentas.

desencadenante adj. y m. Se apl. al dicho o hecho que origina un suceso o reacción.

desencadenar tr. y prnl. Quitar las cadenas que atan algo o a alguien. ‖ Originar o producir movimientos impetuosos de fuerzas naturales: *se desencadenó una tormenta.* ‖ Originar, comenzar o ser causa de sucesos, sentimientos o actitudes apasionados o violentos: *aquella frase desencadenó airadas protestas.* ‖ FAM. desencadenamiento, desencadenante.

desencajado, da adj. Con el rostro alterado por el terror o el sufrimiento.

desencajar tr. y prnl. Sacar algo de su sitio, desunir el encaje que tenía con otra. ‖ prnl. Descomponerse el rostro por una enfermedad o una alteración del ánimo. ‖ FAM. desencajado, desencajadura, desencajamiento.

desencajonar tr. Sacar lo que está dentro de un cajón. ‖ Sacar a los toros de los cajones en que se les lleva a la plaza.

desencallar tr. e intr. Poner a flote una embarcación encallada.

desencaminar tr. Descaminar. ‖ FAM. desencaminado.

desencantar tr. y prnl. Decepcionar, defraudar, desilusionar. ‖ Deshacer un hechizo o encantamiento. ‖ FAM. desencantamiento, desencanto.

desencanto m. Desilusión, decepción de la admiración o expectativas.

desenchufar tr. y prnl. Separar o desconectar de la red eléctrica lo que está enchufado.

desenclavar tr. Desclavar. ‖ Sacar violentamente a alguien del sitio donde está.

desencofrar tr. Retirar el encofrado o armazón que sujeta el cemento hasta que seca. ‖ FAM. desencofrado.

desencoger tr. Estirar lo que estaba encogido o enrollado. ‖ prnl. Perder el encogimiento o timidez.

desencolar tr. y prnl. Despegar lo que estaba pegado con cola. ‖ FAM. desencoladura.

desencontrarse prnl. *amer.* No encontrarse personas que se buscan. ‖ *amer.* No estar de acuerdo o tener opiniones opuestas sobre un asunto. ◆ Irreg. Se conj. como *contar.* ‖ FAM. desencuentro.

desencorvar tr. y prnl. Enderezar lo que está encorvado o torcido.

desencuadernar tr. y prnl. Quitar o deshacer la encuadernación de un cuaderno o un libro.

desencuentro m. Encuentro fallido o que no ha respondido a las expectativas. ‖ *amer.* Discrepancia, no coincidencia de opiniones.

desenfadado, da adj. Desenvuelto, espontáneo. ‖ Se apl. al lugar abierto y despejado. ‖ FAM. desenfadadamente.

desenfadar tr. y prnl. Quitar el enfado. ‖ FAM. desenfadado, desenfado.

desenfado m. Desenvoltura, naturalidad y falta de prejuicios.

desenfocar tr. y prnl. Hacer perder el enfoque de una lente o imagen. ‖ Alterar el significado o sentido de algo. ‖ FAM. desenfoque.

desenfoque m. Falta de enfoque o enfoque defectuoso.

desenfrenado, da adj. Sin freno, sin moderación. ‖ FAM. desenfrenadamente.

desenfrenar tr. Quitar el freno a las caballerías. ‖ prnl. Desmandarse, comportarse sin contención y con desorden. ‖ Desencadenarse alguna fuerza. ‖ FAM. desenfrenado, desenfreno.

desenfreno m. Falta de contención y moderación en las pasiones.

desenfundar tr. Quitar la funda o sacar algo de su funda.

desenganchar tr. y prnl. Soltar, desprender una cosa que está enganchada. ‖ Quitar el tiro de un carruaje. ‖ prnl. Perder un mal hábito, en especial la adicción a las drogas. ‖ FAM. desenganche.

desenganche m. Desprendimiento de lo que está enganchado. ‖ Proceso de pérdida de una adicción.

desengañado, da adj. Desilusionado, decepcionado. ‖ Experimentado, curtido por los desengaños. ‖ *amer.* Feo, poco agraciado.

desengañar tr. y prnl. Sacar a alguien del error o engaño en que se encuentra: *desengáñate, ese piso no lo puedes comprar.* ‖ Perder las esperanzas o ilusiones, dejar de creer en algo: *se desengañó de la política.* ‖ FAM. desengañado, desengaño.

desengaño m. Conocimiento de la verdad que deshace un error o engaño. ‖ Pérdida de las esperanzas o ilusiones que se tenían en algo.

desengrasante adj. y m. Se apl. a las sustancias o a los productos usados para quitar la grasa.

desengrasar tr. Quitar la grasa. También prnl. ‖ intr. Ayudar con comida fresca a digerir la grasa que se ha comido: *comer fruta desengrasa.* ‖ col. Enflaquecer, adelgazar. ‖ *amer.* Tomar el postre. ‖ FAM. desengrasante, desengrase.

desenlace m. Final o conclusión de un suceso, relato, obra dramática, etc.

desenlazar tr. y prnl. Desatar los lazos, soltar lo atado. ‖ Dar desenlace a la trama de una obra dramática, narrativa o cinematográfica. ‖ FAM. desenlace.

desenmarañar tr. Desenredar, deshacer una maraña: *desenmarañar el pelo.* ‖ Aclarar o resolver un asunto o idea enredada.

desenmascarar tr. y prnl. Quitar la máscara. ‖ Descubrir los verdaderos propósitos, esencia o identidad de algo o de alguien. ‖ FAM. desenmascaramiento.

desenredar tr. Deshacer una cosa enredada. ‖ Poner en orden, organizar lo que estaba confuso y desordenado. ‖ prnl. Desenvolverse, vencer una dificultad. ‖ FAM. desenredo.

desenrollar tr. y prnl. Extender lo que está enrollado.

desenroscar tr. y prnl. Extender lo que está enroscado. ‖ Sacar o separar un objeto introducido a rosca.

desensillar tr. Quitar la silla a una caballería.

desentenderse prnl. Fingir o simular ignorancia sobre algo: *se ha desentendido de que hoy había examen.* ‖ No tomar parte, no ocuparse o intervenir en algo: *se desentendió de los preparativos de la cena.* ◆ Irreg. Se conj. como *entender.* ‖ FAM. desentendido, desentendimiento.

desentendido, da adj. y s. Desinformado, ignorante. ◆ Se usa más en la expr. *hacerse el desentendido*: *se hace la desentendida cuando oye comentarios maliciosos.*

desenterrar tr. Exhumar, sacar lo que está bajo tierra. ‖ Recordar lo olvidado durante mucho tiempo. ◆ Irreg. Se conj. como *acertar.* ‖ FAM. desenterramiento.

desentoldar tr. Quitar los toldos que cubren un lugar. ‖ Despojar de todo adorno y compostura. ‖ prnl. *amer.* Desencapotarse el cielo.

desentonar intr. Subir o bajar la entonación de la voz o de un instrumento fuera de oportunidad. ‖ No estar acorde con el entorno, contrastar: *su aire fúnebre desentonaba en la fiesta.* ‖ prnl. Levantar la voz, descomedirse. ‖ Perder el vigor, el buen estado o la salud. ‖ FAM. desentonación, desentonadamente, desentonado, desentonamiento, desentono.

desentrañar tr. Quitar o sacar las entrañas. ‖ Llegar a averiguar, descubrir lo más dificultoso y oculto de algo. ‖ FAM. desentrañamiento.

desentrenado, da adj. Falto de entrenamiento. ‖ FAM. desentrenamiento, desentrenar.

desentumecer tr. y prnl. Hacer que un miembro o el cuerpo recuperen su agilidad y actividad. ◆ Irreg. Se conj. como *agradecer.* ‖ FAM. desentumecimiento.

desentumecimiento m. Reactivación de un miembro o cuerpo entumecido.

desenvainar tr. Sacar un arma blanca de su vaina o funda. ‖ Sacar las uñas el animal que tiene garras.

desenvoltura f. Agilidad, facilidad de movimientos. ‖ Soltura, facilidad para comportarse con naturalidad. ‖ Desfachatez, atrevimiento.

desenvolver tr. y prnl. Quitar la envoltura de algo. ‖ Desenrollar. ‖ prnl. Desarrollarse algo: *las conversaciones se desenvuelven con normalidad.* ‖ Obrar con soltura y naturalidad, ser capaz de salir de una dificultad: *se desenvuelve bien en cualquier ambiente.* ◆ Irreg. Se conj. como *mover.* ‖ FAM. desenvoltura, desenvolvimiento, desenvuelto.

desenvolvimiento m. Soltura y desenfado para actuar o comportarse.

desenvuelto, ta adj. Que tiene desenvoltura o soltura para actuar. ‖ FAM. desenvueltamente.

deseo m. Fuerte inclinación de la voluntad hacia el conocimiento, consecución y disfrute de algo. ‖ Lo que se desea. ‖ Apetito sexual. ‖ **arder en deseos de** algo loc. Desearlo con vehemencia. ‖ FAM. deseable, desear, deseoso, desiderativo, desiderátum.

deseoso, sa adj. Anhelante, que desea o espera algo.

desequilibrado, da adj. y s. Que carece de equilibrio mental y cordura.

desequilibrar tr. y prnl. Hacer perder el equilibrio. ‖ Hacer perder la cordura. ‖ FAM. desequilibrado, desequilibrio.

desequilibrio m. Falta de equilibrio, desproporción. ‖ Falta de cordura o trastorno mental.

deserción f. Abandono de un militar de un puesto o frente. ‖ Abandono de una causa, grupo o ideal. ‖ En der., abandono de la apelación que se tenía interpuesta.

desertar intr. Abandonar un militar su puesto o frente. ‖ Apartarse de una causa, grupo o idea. ‖ En der., abandonar una apelación que se había interpuesto. ‖ FAM. deserción, desertor.

desértico, ca adj. Del desierto o relativo a él: *fauna desértica.* ‖ Desierto, no poblado: *este pueblo se ha quedado desértico.* ‖ Se apl. al clima que tiene temperaturas extremas y escasez de lluvias.

desertificación f. Desertización.

desertificar tr. y prnl. Desertizar. ‖ FAM. desertificación.

desertización f. Proceso que convierte las tierras fértiles en desiertos por la erosión del suelo.

desertizar tr. y prnl. Convertir una tierra fértil en un desierto. ‖ FAM. desertización.

desertor, ra adj. y s. Persona que deserta.

desescombrar tr. Despejar un lugar, limpiarlo de escombros. ‖ FAM. desescombro.

desescombro m. Retirada del escombro de un lugar.

desesperación f. Pérdida total de la esperanza. ‖ Alteración del ánimo causada por cólera, impotencia o enojo. ‖ Persona o cosa que la causa: *este autobús tan lento es una desesperación.*

desesperado, da adj. y s. Sumido en la desesperación. ‖ **a la desesperada** loc. adv. Acudiendo a los últimos recursos para conseguir algo que parece imposible. ‖ FAM. desesperadamente.

desesperante adj. Que produce desesperación o impaciencia.

desesperanza f. Falta de esperanza. ‖ Estado de ánimo que produce.

desesperanzador, ra adj. Que quita la esperanza: *diagnóstico desesperanzador.*

desesperanzar tr. Quitar o perder la esperanza. ‖ FAM. desesperanza, desesperanzador.

desesperar tr. y prnl. Perder toda esperanza. También intr.: *desespero de encontrarlo.* ‖ prnl. Impacientarse: *le desespera que lleguemos tarde.* ‖ FAM. desesperación, desesperado, desesperante, desespero.

desespero m. Desesperanza.

desestabilizar tr. Afectar o perturbar la estabilidad de algo. ‖ FAM. desestabilización, desestabilizador.

desestibar tr. Disponer la mercancía de la bodega de un barco para la descarga. ‖ FAM. desestiba.

desestimar tr. Denegar una petición. ‖ Desdeñar, no valorar bastante a alguien o algo. ‖ FAM. desestima, desestimable, desestimación.

desfachatez f. Descaro, desvergüenza. ‖ FAM. desfachatado.

desfalcar tr. Apropiarse una persona de bienes o dinero que tenía bajo su custodia. ‖ Quitar parte de una cosa y dejarla descabalada. ‖ FAM. desfalcador, desfalco.

desfalco m. Apropiación indebida de bienes o dinero ajenos por parte de la persona que ha de custodiarlos. ‖ Delito que comete quien desfalca.

desfallecer intr. Perder las fuerzas: *desfallezco de hambre.* ‖ Abatirse, perder el ánimo. ‖ Desmayarse. ◆ **Irreg.** Se conj. como *agradecer.* ‖ FAM. desfallecido, desfallecimiento.

desfallecimiento m. Disminución de las fuerzas. ‖ Caída de ánimo. ‖ Desmayo.

desfasado, da adj. y s. Que tiene una diferencia de fase. ‖ Inadaptado o inadecuado al tiempo o lugar en que vive o se encuentra: *moda desfasada.*

desfasar tr. Producir una diferencia de fase. ‖ prnl. No ajustarse alguien o algo a las circunstancias del momento. ‖ FAM. desfasado, desfase.

desfase m. Diferencia de fase en un movimiento periódico. ‖ Inadaptación de alguien o algo al medio ambiente y a la época en que vive.

desfavorable adj. Perjudicial, dañino. ‖ Adverso, contrario a lo esperado. ‖ FAM. desfavorablemente.

desfavorecer tr. Dejar de favorecer a alguien, desairarle. ‖ Contradecir, hacer oposición a una cosa, favoreciendo la contraria. ◆ **Irreg.** Se conj. como *agradecer.*

desfibrilar tr. Lograr que el corazón deje de contraer sus fibras de forma incontrolada y hacerle recuperar su ritmo contráctil normal.

desfigurar tr. y prnl. Deformar, alterar la forma de algo, afeándolo. ‖ Contar o referir una cosa cambiando sus verdaderas circunstancias: *desfiguró los hechos a su conveniencia.* ‖ prnl. Alterarse por un accidente o por una emoción fuerte. ‖ FAM. desfiguración, desfigurado, desfiguro.

desfiguro m. *amer.* Deformación, alteración de la forma.

desfiladero m. Paso estrecho entre montañas.

desfilar intr. Marchar en fila o formación. ‖ Pasar la tropa formada delante de una autoridad, un monumento o una bandera. ‖ Mostrar una colección de ropa en una pasarela. ‖ Salir con orden de un lugar. ‖ FAM. desfiladero, desfile.

desfile m. Marcha en fila, en formación o en orden, en especial para tributar honores o para exhibir algo que se desea mostrar: *desfile militar, de moda.*

desflorar tr. Desvirgar a una mujer. ‖ Ajar, quitar a algo el lustre que tenía. ‖ Tratar superficialmente un asunto. ‖ FAM. desfloración, desfloramiento.

desfogar tr. y prnl. Desahogarse, dar salida violentamente a un sentimiento o a un estado de ánimo: *no desfogues tu insatisfacción conmigo.* ‖ FAM. desfogue.

desfogue m. Desahogo, satisfacción de un sentimiento o un estado de ánimo.

desfondar tr. Quitar o romper el fondo de un recipiente. También prnl.: *la barca se desfondó contra las rocas.* ‖ En competiciones deportivas, perder fuerza o empuje, agotarse. También prnl. ‖ Excavar la tierra profundamente para airearla y sanearla. ‖ FAM. desfondamiento, desfonde.

desforestación f. Deforestación.

desforestar tr. Deforestar. ‖ FAM. desforestación.

desfragmentador m. Programa informático que permite realizar fragmentaciones en una unidad de disco.

desfragmentar tr. En inform., unificar un disco informático que está fragmentado. ‖ FAM. desfragmentador.

desgaire m. Desaliño afectado, desaire en el comportamiento y en el vestido. ‖ **al desgaire** loc. adv. Con descuido a veces afectado.

desgajar tr. y prnl. Arrancar con violencia una rama del tronco. ‖ Despedazar, separar una cosa de otra a la que está unida. ‖ prnl. Desprenderse, separarse por completo. ‖ FAM. desgajadura, desgajamiento, desgaje.

desgalichado, da adj. *col.* Desgarbado, desaliñado.

desgana f. Inapetencia. ‖ Falta de entusiasmo. ‖ FAM. desganado, desganadamente, desgano.

desgano m. *amer.* Desgana.

desgañitarse prnl. *col.* Gritar con todas las fuerzas. ‖ Quedarse ronco.

desgarbado, da adj. Sin garbo, sin gracia.

desgarrado, da adj. Rasgado. ‖ Intenso, con mucho sentimiento: *canción, poesía desgarrada.* ‖ FAM. desgarradamente.

desgarrador, ra adj. Que provoca sufrimiento u horror: *llanto desgarrador.*

desgarradura f. Desgarrón.

desgarramiento m. Rotura de un cuerpo o material poco consistente sin ayuda de instrumento alguno. || Dolor intenso que provoca compasión.

desgarrar tr. y prnl. Rasgar, romper una materia poco consistente. || Apenar profundamente o provocar gran compasión: *me desgarra verla sufrir.* || FAM. desgarrado, desgarrador, desgarradura, desgarramiento, desgarro, desgarrón.

desgarro m. Rotura de una materia poco consistente sin ayuda de instrumentos. || Fuerte sentimiento de dolor.

desgarrón m. Jirón, rotura de un tejido por tirar de ella o engancharla.

desgasificar tr. Extraer o suprimir los gases disueltos en un líquido. || FAM. desgasificación.

desgastar tr. y prnl. Gastar poco a poco algo por el roce o el uso. || Perder fuerza, vigor o poder. || FAM. desgaste.

desgaste m. Deterioro progresivo de una materia como consecuencia del uso o del roce. || Pérdida de fuerza y entereza.

desglosar tr. Separar algo de un todo, para considerarlo por separado: *desglosar los distintos gastos de un presupuesto.* || Separar un documento de otros con los cuales está archivado. || FAM. desglose.

desglose m. Separación de las distintas partes de un todo, para considerarlas por separado.

desgobernar tr. Deshacer, perturbar el buen orden del gobierno. || No ejercer el poder en beneficio de los gobernados. || Descuidar el timonel el gobierno del barco. ◆ Irreg. Se conj. como *acertar.* || FAM. desgobernado, desgobierno.

desgobierno m. Desorden, desorganización, falta de gobierno.

desgracia f. Percance, adversidad. || Acontecimiento funesto. || Pérdida de consideración, favor o cariño: *su familia cayó en desgracia.* || **desgracias personales** Víctimas humanas de un accidente. || **por desgracia** loc. adv. Con desgracia, desgraciadamente. || FAM. desgraciadamente, desgraciado, desgraciar.

desgraciado, da adj. Que padece desgracias o una desgracia. También s.: *desgraciado en amores.* || Que provoca o va acompañado de desgracias: *suceso desgraciado.* || Falto de gracia y atractivo. || Se apl. a la persona que inspira compasión. También s.: *pobre desgraciado.* || Desacertado, inoportuno: *intervención desgraciada.* || Se dice de la persona de malas intenciones que inspira menosprecio. También s.: *¿cómo te atreves a presentarte aquí, desgraciado?* ◆ Se usa con valor despectivo.

desgraciar tr. Dañar o impedir el desarrollo de una persona o cosa. También prnl.: *se desgració la cosecha.* || Quitar a algo la gracia, estropear su aspecto. || col. Hacer daño, herir.

desgranar tr. y prnl. Sacar el grano: *desgranar una mazorca.* || Soltarse lo ensartado, y figuradamente lo que de costumbre está unido. || FAM. desgranado, desgranador.

desgravación f. Descuento de gastos que pueden deducirse del importe de un impuesto.

desgravar tr. e intr. Descontar gastos que pueden rebajarse de un impuesto: *¿los gastos médicos desgravan?* || FAM. desgravación.

desgreñar tr. y prnl. Despeinar.

desguabilado, da adj. *amer.* Desarreglado, mal vestido.

desguace m. Separación en piezas de un vehículo para emplearlas como chatarra. || Lugar al que se llevan vehículos viejos o estropeados para hacer chatarra con ellos.

desguambilado, da adj. *amer.* Desarreglado, mal vestido.

desguañangado, da adj. *amer.* Descuidado en el vestir, desgalichado, desarreglado.

desguañangar tr. *amer.* Desvencijar, descuajaringar. || *amer.* Dañar, perjudicar. || *amer.* Desanimarse. || FAM. desguañangado.

desguapar tr. *amer.* Estropear una prenda de vestir. || *amer.* Partir troncos de madera.

desguarnecer tr. Quitar la protección y la defensa, especialmente a una fortaleza o a un castillo. || Suprimir los adornos de algo. ◆ Irreg. Se conj. como *agradecer.*

desguazar tr. Deshacer o desmontar un vehículo u otro aparato para la chatarra. || FAM. desguace.

déshabillé (voz fr.) m. Salto de cama. || **en déshabillé** loc. adj. Sin ropa o con un atuendo muy ligero.

deshabitado, da adj. Que se ha quedado sin habitantes.

deshabitar tr. Abandonar una vivienda. || Despoblar un territorio o cualquier lugar. || FAM. deshabitado.

deshabituar tr. y prnl. Desacostumbrar, perder o hacer perder un hábito o una costumbre muy arraigados. || FAM. deshabituación.

deshacer tr. Quitar la forma o figura a una cosa, descomponiéndola. También prnl. || Derretir, convertir en líquido un cuerpo sólido. También prnl. || Disolver algo en un líquido. También prnl. || Anular un pacto o un acuerdo. || prnl. Estar sumamente inquieto, consumirse: *se deshace de impaciencia.* || Desaparecer a la vista, difuminarse. || **deshacerse de** algo loc. Librarse de ello. || **deshacerse de** alguien loc. Evitar el trato, librarse de una persona. || P. ext., matar a alguien. || **deshacerse en** algo loc. Con sustantivos que indiquen manifestaciones de aprecio, afecto, cortesía, o las contrarias, hacerlas en exceso: *deshacerse en atenciones, en excusas.* ◆ Irreg. Se conj. como *hacer.* p. p. irreg.: *deshecho.* || FAM. deshecho.

desharrapado, da adj. y s. Andrajoso, vestido con harapos. || Desheredado, pobre en extremo.

deshecho, cha adj. Muy cansado, extenuado. || Muy afectado por una noticia o un acontecimiento. || m. *amer.* Atajo.

deshelar tr. y prnl. Volver líquido lo que está helado. ◆ Irreg. Se conj. como *acertar.* || FAM. deshielo.

desheredado, da adj. y s. Pobre, que carece de medios de subsistencia.

desheredar tr. Excluir a un heredero forzoso de la herencia que le corresponde legalmente. || FAM. desheredación, desheredado, desheredamiento.

deshidratación f. Pérdida o extracción del agua que contiene un cuerpo o un organismo.

deshidratado m. Deshidratación.

deshidratar tr. y prnl. Quitar a un cuerpo o a un organismo el agua que contiene. || FAM. deshidratación, deshidratado.

deshielo m. Transformación en agua de la nieve y el hielo. || Época del año en que esto sucede, por aumento de las temperaturas. || Distensión en las relaciones personales.

deshilachado, da adj. Que tiene los bordes desgastados y con hilos sueltos.

deshilachar tr. y prnl. Perder hilachas una tela, o sacárselas. || FAM. deshilachado.

deshilado m. Labor que se hace en las telas, sacando varios hilos y formando calados sobre los que después se borda. Más en pl.

deshilar tr. Sacar hilos de un tejido, dejándolos en forma de flecos por los bordes o como calados en el centro. || FAM. deshilado, deshiladura.

deshilvanado, da adj. Inconexo, falto de unión: *ideas deshilvanadas.*

deshilvanar tr. y prnl. Quitar los hilvanes. || FAM. deshilvanado.

deshinchar tr. y prnl. Sacar el aire de algo que está inflado. || Quitar la hinchazón. || Verse obligado a abandonar alguien su presunción u orgullo. || Perder el ánimo o las fuerzas, desmoralizar, desilusionar.

deshipotecar tr. Cancelar o suspender una hipoteca o cualquier otro gravamen.

deshojar tr. y prnl. Quitar las hojas o los pétalos a las plantas. || P. ext., quitar las hojas a cualquier cosa que las tenga. || FAM. deshoje.

deshollinador, ra adj. y s. Persona que se dedica a deshollinar las chimeneas. || m. Utensilio para deshollinar chimeneas. || Escoba de palo muy largo, que suele cubrirse con un paño, para limpiar techos y paredes.

deshollinar tr. Limpiar de hollín las chimeneas. || Deshollinar techos y paredes con el deshollinador. || FAM. deshollinador.

deshonestidad f. Falta de honestidad, de ética, de rectitud y de honradez. || Dicho o hecho deshonestos.

deshonesto, ta adj. Falto de honestidad, de ética y de honradez. || Impúdico, obsceno: *abusos deshonestos.* || FAM. deshonestamente, deshonestidad.

deshonor m. Pérdida del honor, la estimación o el respeto. || Deshonra, hecho que provoca esta pérdida y supone una humillación.

deshonra f. Pérdida de la honra. || Acto o persona sin honra.

deshonrar tr. Quitar la honra. También prnl. || Violar a una mujer. || FAM. deshonra, deshonroso.

deshonroso, sa adj. Carente de decencia, indecoroso. || FAM. deshonrosamente.

deshora f. Tiempo inoportuno. || **a deshora** loc. adv. Fuera de tiempo, inoportunamente: *tus disculpas llegan a deshora.*

deshuesar tr. Quitar los huesos a un animal o a la fruta. || FAM. deshuesado, deshuesador, deshuesadora.

deshumanización f. Pérdida o falta de características humanas.

deshumanizar tr. y prnl. Privar de características humanas alguna cosa. || Endurecer, insensibilizar a alguien. || FAM. deshumanización, deshumanizado, deshumanizante.

desiderata f. Conjunto de objetos que se echan de menos. || Hoja que se emplea en las bibliotecas para sugerir la adquisición de nuevas obras.

desiderativo, va adj. Que expresa o indica deseo: *oración desiderativa.*

desiderátum m. Aspiración, deseo que aún no se ha cumplido. || col. El no va más. ◆ pl. *desideratums,* aunque también se usa *desiderata.*

desidia f. Negligencia, falta de cuidado y de interés. || FAM. desidioso.

desidioso, sa adj. Que muestra falta de energía y actividad, perezoso, indolente. || FAM. desidiosamente.

desierto, ta adj. Despoblado, deshabitado. || Se apl. a la subasta, concurso o certamen en que nadie participa o en que ningún participante obtiene el premio. || m. Territorio arenoso o pedregoso que, por la falta casi total de lluvias, carece de vegetación o la tiene muy escasa. || Lugar con poca población humana. || **clamar** o **predicar en el desierto** loc. Intentar persuadir en vano a una persona de algo que no está dispuesta a admitir. || FAM. desértico, desertificar, desertizar.

designación f. Nombramiento de una persona o una cosa para un cargo o un objetivo determinado. || Función denominativa con que la lengua se refiere a objetos, ideas y realidades expresa a ella.

designar tr. Destinar algo o a alguien para un fin. || Denominar, nombrar. || Representar algo con una palabra o un símbolo: *el signo «?» designa interrogación o duda.* || FAM. designación, designio.

designio m. Propósito o proyecto de llevar a cabo alguna cosa.

desigual adj. Diferente, distinto. || Variable, inconstante: *humor desigual.* || Accidentado, con diferencias de nivel: *terreno desigual.* || Arduo, dificultoso: *se enfrentaron en desigual combate.* || FAM. desigualar, desigualdad, desigualmente.

desigualar tr. Romper la igualdad. || prnl. Adelantarse, aventajarse, deshacer la igualdad de un empate.

desigualdad f. Diferencia, calidad de desigual. || Montículo, depresión, irregularidades del terreno. || En mat., expresión de la falta de igualdad que existe o se supone entre dos cantidades. || Desproporción económica, política y social en que se encuentran unos individuos frente a otros.

desilusión f. Desengaño, decepción, impresión que se experimenta cuando alguna cosa no responde a las expectativas que se habían creado. || Pérdida de la ilusión o falta de ella. || FAM. desilusionar, desilusionado.

desilusionar tr. Hacer perder la ilusión. || prnl. Perder uno mismo la ilusión por algo.

desincentivar tr. Privar de incentivos, de interés por alguna cosa, disuadir. || FAM. desincentivación, desincentivador.

desincrustar tr. Eliminar las incrustaciones que se forman en conductos, cañerías o algunos aparatos. || P. ext. separar algo incrustado en algún lugar. || FAM. desincrustante.

desindustrializar tr. Hacer que algo deje de ser objeto de elaboración industrial. || Suprimir el predominio de las industrias en la economía de un país. || FAM. desindustrialización.

desinencia f. En gram., terminación variable que se añade a la raíz de una palabra y que expresa información gramatical. || FAM. desinencial.

desinfección f. Destrucción de los gérmenes que pueden causar infecciones.

desinfectante adj. y m. Que desinfecta o sirve para desinfectar.

desinfectar tr. y prnl. Destruir los gérmenes nocivos que causan infección o pueden causarla. || FAM. desinfección, desinfectante.

desinflamar tr. y prnl. Quitar la inflamación de una herida o una contusión.

desinflar tr. y prnl. Sacar el aire de un cuerpo inflado. || Desanimar, desilusionar rápidamente: *se desinflaron cuando les metieron el primer gol*. || Quitar importancia a algo.

desinformación f. Falta de información u ocultación de ella. || Manipulación intencionada de una información para conseguir un fin.

desinformar intr. Ofrecer una información falsa o intencionadamente manipulada para obtener un fin determinado. || FAM. desinformación, desinformado.

desinhibición f. Pérdida de la inhibición, tanto psicológica como fisiológica.

desinhibir tr. y prnl. Perder las inhibiciones, actuar con espontaneidad. || FAM. desinhibición, desinhibido.

desinsectar tr. Eliminar los insectos nocivos, especialmente los parásitos y las plagas perjudiciales para la salud. || FAM. desinsectación.

desintegración f. Separación o disgregación de los distintos elementos que conforman un todo. || **desintegración nuclear** Transformación de un núcleo atómico al perder alguna de sus partículas, con absorción o producción de energía.

desintegrar tr. y prnl. Separar, disgregar los diversos elementos que conforman un todo compacto, hasta que deja de existir como tal. || FAM. desintegración, desintegrador.

desinterés m. Falta de interés y de ilusión. || Generosidad, desprendimiento, desapego de todo provecho personal. || FAM. desinteresado, desinteresarse.

desinteresado, da adj. Que no muestra interés ni entusiasmo. || Generoso, altruista, que actúa sin perseguir el beneficio personal: *fundación con fines desinteresados*. || FAM. desinteresadamente.

desinteresarse prnl. Perder el interés que se tenía por algo.

desintoxicación f. Tratamiento que se sigue para terminar con una intoxicación o sus efectos.

desintoxicar tr. y prnl. Combatir la intoxicación o sus efectos con un tratamiento adecuado. || FAM. desintoxicación, desintoxicante.

desistir intr. Renunciar a una empresa, un intento o un derecho: *desistió de invertir en Bolsa*. || FAM. desistimiento.

deslavazado, da adj. Blando, sin firmeza ni consistencia. || Sin trabazón, sin unión entre las partes: *discurso deslavazado*. || Insustancial, insulso. || FAM. deslave.

desleal adj. y com. Que obra sin lealtad. || FAM. deslealtad, deslealmente.

deslealtad f. Falta de lealtad.

deslegalizar tr. Quitar la legalidad a algo que la tenía antes.

desleír tr. y prnl. Diluir, disolver en un líquido. ◆ **Irreg.** Se conj. como *reír*. || FAM. desleimiento.

deslenguado, da adj. y s. Mal hablado, desvergonzado. || FAM. deslenguarse.

desliar tr. y prnl. Deshacer un lío. || Deshacer las ataduras de un paquete.

desligar tr. y prnl. Desatar, soltar las ligaduras. || Dispensar, liberar de una obligación. || Separar cosas que están naturalmente unidas. || prnl. Independizarse. || FAM. desligadura, desligamiento.

deslindar tr. Señalar los límites de un terreno. || Aclarar, detallar los límites de un asunto para no dar lugar a confusiones. || FAM. deslindador, deslindamiento, deslinde.

deslinde m. Separación clara por sus límites de dos cosas unidas.

desliz m. Desacierto, equivocación: *tuvo varios deslices en su intervención*. || Fallo involuntario, especialmente con respecto a la relación sexual: *solo ha sido un desliz, una relación sin importancia*.

deslizador m. *amer.* Lancha fueraborda.

deslizamiento m. Movimiento suave sobre una superficie lisa o mojada.

deslizar tr. Pasar suavemente un cuerpo sobre otro. También prnl.: *el barco se desliza sobre las aguas*. || Incluir en un escrito o discurso, como al descuido, frases o palabras intencionadas: *deslicé dos o tres indirectas*. || intr. y prnl. Resbalar, escurrirse. || prnl. Escaparse, escabullirse de un lugar. || FAM. desliz, deslizable, deslizador, deslizamiento.

deslomar tr. Golpear, maltratar el lomo de una persona o un animal. Más usa prnl. || Agotar, cansar mucho a una persona un trabajo o un esfuerzo. También prnl. || FAM. deslomadura.

deslucir tr. y prnl. Quitar a algo su gracia, su atractivo: *la tormenta deslució la celebración*. || Desacreditar a alguien, hacerle perder prestigio. ◆ **Irreg.** Se conj. como *lucir*. || FAM. deslucidamente, deslucimiento.

deslumbrador, ra adj. Que deslumbra: *joyas deslumbradoras*.

deslumbramiento m. Pérdida momentánea de la vista producida por un exceso brusco y repentino de luz. || Obnubilación del entendimiento que provoca la fascinación por alguna cosa.

deslumbrante adj. Que deslumbra, que causa admiración: *inteligencia deslumbrante*.

deslumbrar tr. y prnl. Perder momentáneamente la vista por un golpe de luz inesperado, cegarse. || Asombrar, encantar, fascinar. || FAM. deslumbrador, deslumbramiento, deslumbrante.

deslustrar tr. Quitar el lustre, ajar, estropear. || Deslucir, restar valor, desacreditar. || FAM. deslustre.

deslustre m. Pérdida de lustre, falta de brillo y lozanía. ‖ Demérito, fallo que empaña un acontecimiento o a una persona.

desmadejado, da adj. Que siente flojedad, cansancio y debilidad.

desmadejar tr. y prnl. Causar flojera, producir cansancio. ‖ FAM. desmadejado, desmadejamiento.

desmadrado, da adj. Se apl. al animal abandonado por la madre. ‖ Se dice del río o arroyo que se sale del cauce principal. ‖ *col.* Se apl. a las personas, palabras o acciones sin normas, desenfrenadas, alocadas. También s.

desmadrar tr. Separar una cría de su madre. ‖ prnl. *col.* Actuar incontroladamente, sin medida, excediendo ciertos límites.

desmadre m. *col.* Desbarajuste, caos, confusión. ‖ *col.* Pérdida de la mesura, exceso incontrolado. ‖ *col.* Jolgorio incontrolado: *la fiesta fue un auténtico desmadre.* ‖ FAM. desmadrado, desmadrar.

desmán[1] m. Exceso, desorden, falta de control. ‖ Atropello, abuso de autoridad.

desmán[2] m. Pequeño mamífero insectívoro parecido al topo, de hocico prolongado y pies palmeados, que vive en las orillas de ríos y arroyos.

desmanchar tr. *amer.* Quitar las manchas de una cosa. ‖ *amer.* Separarse de un grupo.

desmandarse prnl. Dejar de obedecer a alguien. ‖ Propasarse, actuar sin control. ‖ Echar a correr los animales desobedeciendo a su conductor. ‖ FAM. desmán, desmandado.

desmano (a) loc. adv. A trasmano, apartado, fuera del camino habitual: *podemos acercarnos a su casa, aunque nos queda a desmano.*

desmantelamiento m. Desbaratamiento de una estructura o una organización.

desmantelar tr. Destruir las fortificaciones. ‖ Quitar los muebles, los útiles y los complementos de un lugar. ‖ Desmontar los aparejos de un barco. ‖ Desbaratar una estructura o una organización, desarticularla totalmente. ‖ FAM. desmantelado, desmantelamiento.

desmañado, da adj. y s. Falto de destreza y habilidad, torpe. ‖ FAM. desmaña, desmaño.

desmaquillador, ra adj. Que se utiliza para quitar el maquillaje: *toallita desmaquilladora.*

desmaquillante adj. y m. Que elimina el maquillaje: *crema desmaquillante.*

desmaquillar tr. y prnl. Quitar de la cara el maquillaje y demás cosméticos. ‖ FAM. desmaquillador, desmaquillante.

desmarcar tr. Eliminar una marca. ‖ prnl. En dep., liberarse un jugador de la vigilancia de un contrario. ‖ Distanciarse, alejarse de una posición, especialmente en un trabajo o una responsabilidad para librarse de ello o bien buscando destacar. ◆ En el uso prnl. suele ir seguido de la prep. *de.* ‖ FAM. desmarque.

desmarque m. En dep., movimiento de un jugador para evitar el control que le hace otro. ‖ Distanciamiento de una posición, bien para librarse de una responsabilidad o bien buscando destacar.

desmasificar tr. Disminuir o eliminar por completo la masificación de un lugar.

desmayado, da adj. Bajo de ánimos, sin fuerzas, decaído. ‖ Se apl. al color pálido y apagado.

desmayar intr. Perder el valor, desfallecer de ánimo: *no desmayó en su empeño.* ‖ prnl. Perder momentáneamente el conocimiento.

desmayo m. Mareo, desvanecimiento, pérdida momentánea del conocimiento. ‖ Desaliento, desánimo: *trabajaron sin desmayo.* ‖ FAM. desmayado, desmayar.

desmechar tr. y prnl. *amer.* Mesar los cabellos, despeinarlos o arrancarlos.

desmedido, da adj. Enorme, excesivo, desproporcionado: *apetito desmedido.* ‖ FAM. desmedidamente.

desmedirse prnl. Desmandarse, excederse, sobrepasar los límites de lo razonable o de la buena educación. ◆ Irreg. Se conj. como *pedir.* Suele utilizarse con la prep. *en.* ‖ FAM. desmedido.

desmejorar tr. Hacer perder la perfección, las condiciones óptimas de alguna cosa. También prnl. ‖ intr. Ir perdiendo la salud, deteriorarse físicamente. También prnl. ‖ FAM. desmejorado, desmejoramiento.

desmelenar tr. y prnl. Despeinar. ‖ prnl. Liberarse, salirse de lo normal, perder el pudor o la moderación. ‖ FAM. desmelenado, desmelenamiento.

desmembración f. Separación de los miembros de un cuerpo o de las partes de un todo.

desmembrar tr. Separar los miembros de un cuerpo. ‖ Separar, dividir las partes de un todo. También prnl.: *el partido se desmembró tras las elecciones.* ◆ Irreg. Se conj. como *acertar.* ‖ FAM. desmembración, desmembramiento.

desmemoriado, da adj. y s. Que tiene mala memoria y olvida las cosas fácilmente. ‖ FAM. desmemoriarse.

desmentida f. *amer.* Desmentido.

desmentido m. Negación de la veracidad de algo que ha sido afirmado antes. ‖ Comunicado en que se desmiente algo públicamente.

desmentir tr. Decir a alguien que miente. ‖ Demostrar la falsedad de un dicho o hecho: *desmintió el rumor de su dimisión.* ‖ Ser alguien distinto a lo que se podía esperar de su nacimiento, educación y estado: *este toro desmiente su casta.* ‖ prnl. Contradecirse, afirmar lo contrario de lo que se ha dicho anteriormente. ◆ Irreg. Se conj. como *sentir.* ‖ FAM. desmentida, desmentido.

desmenuzar tr. Triturar, fragmentar, dividir en partes muy pequeñas. También prnl. ‖ Examinar algo con detalle y minuciosidad: *el fiscal desmenuzó los argumentos del acusado.* ‖ FAM. desmenuzable, desmenuzamiento.

desmerecer tr. No ser digno de algo. ‖ intr. Perder valor o mérito. ‖ Ser una cosa o persona inferior a otra con la que se compara. ◆ Se construye con la prep. *de: el servicio de este restaurante desmerece de su cocina.* ◆ Irreg. Se conj. como *agradecer.* ‖ FAM. desmerecedor, desmerecimiento.

desmerecimiento m. Hecho que provoca la desvalorización de alguna cosa o la pérdida de mérito.

desmesurado, da adj. y s. Desproporcionado, excesivo, sin medida: *amor desmesurado.* ‖ FAM. desmesuradamente.

desobediente

desmesurar tr. Dar proporciones exageradas a un asunto. También prnl. || prnl. Actuar sin moderación, exageradamente. ◆ Se construye con la preposición *en*: *desmesurarse en las críticas*. || FAM. desmesura, desmesurado.

desmigajar tr. y prnl. Hacer migajas una cosa, dividirla y desmenuzarla en partes pequeñas.

desmigar tr. y prnl. Desmigajar o deshacer el pan, una pieza de bollería u otra masa.

desmilitarizar tr. Suprimir el carácter militar de un colectivo. || Reducir o retirar instalaciones o actividades militares de un territorio. || FAM. desmilitarización.

desmineralizarse prnl. Perder cantidades excesivas de sustancias minerales del organismo. || FAM. desmineralización.

desmirriado, da adj. *col.* Flaco, consumido, esmirriado.

desmitificar tr. Disminuir o despojar del carácter mítico o idealizado a algunos aspectos de la realidad. || FAM. desmitificación.

desmochar tr. Cortar, arrancar o desgajar la parte superior de una cosa. || Eliminar, cortar parte de una obra artística o literaria: *la censura desmochó su novela*. || FAM. desmocha, desmochadura, desmoche.

desmoche m. Pérdida o desgajadura de la parte superior de una cosa.

desmonetizar tr. Suprimir el empleo de un metal en la acuñación de monedas. || *amer.* Desacreditar, depreciar.

desmontable adj. Que puede desmontarse con facilidad.

desmontar tr. Desarmar, desunir, separar las piezas de una cosa: *desmontar un motor, una teoría*. || Bajar una persona de una caballería o vehículo. También intr. y prnl. || Cortar en un monte o en parte de él los árboles y matas. || En algunas armas de fuego, separar la llave del disparador para que no funcione. || FAM. desmontable, desmontaje, desmonte.

desmonte m. Tala de los árboles y matas de un monte. || Fragmentos o despojos de lo desmontado. || Paraje de terreno desmontado. Más en pl. || *amer.* Mineral de desecho amontonado en la boca de una mina.

desmoralización f. Caída del ánimo o el valor.

desmoralizar tr. y prnl. Hacer perder a alguien el valor, el ánimo o las esperanzas. || FAM. desmoralización, desmoralizado, desmoralizador, desmoralizante.

desmoronamiento m. Derrumbamiento o destrucción. || Caída en un estado de abatimiento y tristeza.

desmoronar tr. y prnl. Deshacer poco a poco un cuerpo sólido formado por partículas unidas entre sí. || Destruir lentamente algo no material: *sus ideales se fueron desmoronando*. || prnl. Sufrir una persona, física o moralmente, un estado de profundo abatimiento. || FAM. desmoronamiento.

desmotivación f. Pérdida de la motivación y el interés por alguna cosa.

desmotivar tr. y prnl. Perder el interés y el ánimo por hacer alguna cosa. || FAM. desmotivación.

desmovilizar tr. Licenciar a las tropas o a los soldados movilizados. || Detener una movilización social,

como una huelga o una manifestación. || FAM. desmovilización.

desnacionalizar tr. y prnl. Suprimir el carácter nacional de entidades y servicios pertenecientes a la Administración Pública: *desnacionalizar la banca*. || FAM. desnacionalización.

desnarigar tr. Quitar la nariz.

desnatado, da adj. Desprovisto artificialmente de la nata.

desnatar tr. Quitar la nata a la leche o a otros productos lácteos. || FAM. desnatado, desnatadora.

desnaturalización f. Alteración de una sustancia de manera que deja de ser apta para el consumo humano.

desnaturalizado, da adj. y s. Que no siente cariño ni afecto por amigos y familiares cercanos, como padres, hijos o hermanos.

desnaturalizar tr. y prnl. Privar a una persona del derecho a su nacionalidad. || Alterar la forma, propiedades o condiciones naturales de una sustancia de manera que deja de ser apta para el consumo humano. || FAM. desnaturalización, desnaturalizado.

desnivel m. Diferencia de alturas entre dos o más puntos. || Diferencia entre los niveles de cualquier cualidad. || Depresión o elevación de un terreno.

desnivelar tr. y prnl. Hacer que se produzca desnivel entre dos o más cosas. || FAM. desnivel, desnivelación.

desnucar tr. y prnl. Sacar de su lugar los huesos de la nuca. || Causar la muerte por un golpe en la nuca. || FAM. desnucamiento.

desnuclearizar tr. Reducir o suprimir en un territorio el armamento o las instalaciones nucleares. || FAM. desnuclearización, desnuclearizado.

desnudar tr. Quitar toda la ropa o parte de ella. También prnl. || Quitar a una persona o cosa todo lo que tiene o la recubre. También prnl. || Desenvainar un arma. || prnl. Desprenderse y apartarse de algo no material. || FAM. desnudamiento, desnudez, desnudismo, desnudista, desnudo.

desnudez f. Cualidad de desnudo.

desnudo, da adj. Sin nada de ropa, o bien con poca o con algún atuendo considerado indecente. || Sin adornos ni complementos, falto de lo que cubre o adorna. || Falto de recursos, sin bienes de fortuna. || Falto de algo no material: *desnudo de ambiciones*. || Sin doblez, claro, patente: *verdad desnuda*. || m. Figura del cuerpo humano desnudo. || **al desnudo** loc. adv. Al descubierto, a la vista. || FAM. desnudamente.

desnutrición f. Degeneración y debilitamiento del organismo por una nutrición insuficiente o inadecuada.

desnutrirse prnl. Debilitar el organismo por trastornos de la nutrición. || FAM. desnutrición, desnutrido.

desobedecer tr. No hacer caso de lo que se ordena. ◆ **Irreg.** Se conj. como *agradecer*. || FAM. desobediencia, desobediente.

desobediencia f. Falta de obediencia, resistencia a cumplir con lo que se ordena.

desobediente adj. y com. Que desobedece o tiende a desobedecer.

desobstruir tr. Eliminar las obstrucciones u obstáculos que taponan alguna cosa. ◆ Irreg. Se conj. como *huir*. || FAM. desobstrucción.

desocupación f. Ociosidad, falta de ocupación. || Desalojo. || *amer*. Desempleo, paro.

desocupado, da adj. y s. Sin ocupación, ocioso. || Vacío. || *amer*. Desempleado, parado.

desocupar tr. Dejar libre un lugar, desembarazarlo. || Sacar lo que hay dentro de alguna cosa. || prnl. Quedar libre de un negocio u ocupación. || *amer*. Parir, dar a luz. || FAM. desocupación, desocupado.

desodorante adj. y m. Producto que destruye los olores, especialmente los corporales, molestos y desagradables. || FAM. desodorizar.

desodorizar tr. Suprimir los malos olores con algún producto específico.

desoír tr. Desatender, no querer oír, no hacer caso de consejos ni advertencias: *desoyó nuestras quejas*. ◆ Irreg. Se conj. como *oír*.

desojar tr. Romper el ojo de un instrumento. También prnl. || prnl. Estropearse la vista forzándola demasiado. || Mirar con mucho esfuerzo para ver o hallar una cosa.

desolación f. Destrucción total. || Aflicción, angustia, desconsuelo. || Soledad absoluta, ausencia de vida en un lugar.

desolado, da adj. Despoblado, sin vida. || Triste, afligido, desconsolado.

desolador, ra adj. Que provoca dolor y angustia. || Que está despoblado, destruido, sin restos de vida.

desolar tr. Asolar, destruir, arrasar. || Afligir, angustiar profundamente. También prnl. ◆ Irreg. Se conj. como *contar*. Se usa casi exclusivamente en p. p.: *estoy desolado*. || FAM. desolación, desolado, desolador.

desolladura f. Herida superficial que queda donde se ha levantado la piel.

desollar tr. Quitar la piel del cuerpo de una persona o un animal, o de alguno de sus miembros. También prnl. || Difamar, criticar a alguien cruelmente. ◆ Irreg. Se conj. como *contar*. || FAM. desolladero, desollado, desolladura, desuello.

desopilante adj. Cómico, muy divertido, que causa mucha risa.

desorbitado, da adj. Fuera de órbita o de los límites normales: *precios desorbitados*. || FAM. desorbitadamente.

desorbitar tr. y prnl. Sacar algo de su órbita o de sus límites normales: *se han desorbitado los gastos*. || Exagerar, sobrevalorar, dar a algo más importancia de la que tiene. || FAM. desorbitación, desorbitado.

desorden m. Ausencia de orden. || Revuelta, disturbio público, confusión: *la subida de los precios provocó desórdenes*. || Exceso, vicio, abuso. Más en pl. || Desarreglo, anomalía de alguna función física o psíquica. Más en pl.: *desórdenes alimenticios*. || FAM. desordenado, desordenar.

desordenado, da adj. Que no tiene orden. || Que actúa fuera de toda disciplina y no sabe mantener el orden. || Se apl. particularmente a lo que se sale del orden social o moral: *conducta desordenada*. || FAM. desordenadamente.

desordenar tr. y prnl. Alterar el orden de una cosa. || prnl. Salirse de la regla, excederse.

desorejado, da adj. *col*. Desvergonzado, ligero: *pendón desorejado*. ◆ Se usa como insulto. || FAM. desorejar.

desorganización f. Desorden total, carencia de organización.

desorganizar tr. y prnl. Desordenar totalmente, deshacer la organización de algo. || FAM. desorganización, desorganizadamente, desorganizador.

desorientación f. Falta de orientación.

desorientar tr. y prnl. Hacer que una persona pierda el sentido de la posición que ocupa geográficamente. || Confundir, ofuscar a alguien. || FAM. desorientación, desorientado, desorientador.

desovar intr. Poner las hembras de los peces y las de los anfibios sus huevos o huevas. || FAM. desove.

desove m. Puesta de huevos o huevas de los peces y los anfibios. || Época en que se produce esta puesta.

desoxidar tr. Desoxigenar. También prnl. || Limpiar un metal del óxido que lo mancha. || FAM. desoxidación, desoxidante.

desoxigenar tr. y prnl. Eliminar el oxígeno a una sustancia con la cual estaba combinado. || FAM. desoxigenación.

desoxirribonucleico adj. Se apl. al biopolímero que constituye el material genético de las células y contiene la información para la síntesis de las proteínas. Se conoce como *ácido desoxirribonucleico* y sus siglas son *ADN*.

despabilado, da adj. Espabilado.

despabilar tr. Espabilar. || FAM. despabilado.

despachante com. *amer*. Agente de aduanas.

despachar tr. Resolver y concluir rápidamente un asunto. || Tratar un asunto o negocio con clientes o empleados. También intr.: *el director despachará con el jefe de ventas*. || Enviar, hacer llegar: *despachar un paquete*. || Atender al público en un establecimiento comercial. || Vender en un comercio. || *col*. Despedir del trabajo o de una relación habitual: *despachó a su última novia*. || *col*. Matar, quitar la vida. || intr. *col*. Darse prisa. || prnl. *col*. Decir uno lo que le viene en gana: *se despachó con cuatro frescas*. || *col*. Librarse de algo, quitárselo de encima. || FAM. despachaderas, despachante, despacho.

despacho m. Habitación o local destinados para despachar los negocios, para trabajar o para estudiar. || Conjunto de muebles de esta habitación o local. || Tienda, establecimiento de venta: *despacho de billetes*. || Venta de un producto. || Comunicado oficial. || Comunicación telefónica o telegráfica de una noticia reciente. || Nombramiento oficial.

despachurrar tr. y prnl. *col*. Aplastar una cosa apretándola con fuerza o estrujándola, espachurrar. || FAM. despachurramiento, despachurro.

despacio adv. m. Poco a poco, lentamente. || adv. || Durante mucho tiempo. || FAM. despacioso.

despalomado, da adj. y s. *amer*. *col*. Despistado, ensimismado, desmemoriado. || *col*. Decaído.

despampanante adj. Que causa sensación, deslumbra o llama la atención.

despensa

despanzurrar tr. y prnl. *col.* Romper la panza. || *col.* Aplastar o reventar alguna cosa blanda o con relleno y esparcir este por fuera. || FAM. despanzurramiento.

desparasitar tr. Eliminar los parásitos.

desparejar tr. y prnl. Deshacer una pareja. || FAM. desparejo.

desparpajo m. *col.* Suma facilidad y desenvoltura hablando o comportándose. || *amer. col.* Desorden, desbarajuste.

desparramar tr. y prnl. Esparcir, extender por muchas partes lo que estaba junto. || Dispersar la atención en muchas cosas a la vez. || Derrochar, malgastar los bienes. || prnl. *col.* Distraerse, divertirse desordenadamente. || FAM. desparramamiento, desparrame, desparramo.

desparrame m. Esparcimiento por muchas partes de lo que estaba junto. || *col.* Diversión algo descontrolada, desmadre.

desparramo m. *amer.* Esparcimiento en partes de lo que estaba junto. || *col.* Desconcierto, desorden.

despatarrar tr. *col.* Abrir excesivamente las piernas a alguien. Más como prnl. || prnl. *col.* Caerse al suelo de cualquier manera, especialmente con las piernas muy abiertas. || FAM. despatarrado.

despaturrar tr. *amer.* Despatarrar. || *amer.* Despachurrar.

despavorido, da adj. Lleno de pavor, muerto de miedo. || FAM. despavoridamente, despavorir.

despechado, da adj. Lleno de despecho y resentimiento.

despecho m. Resentimiento por algún desengaño, menosprecio u ofensa. || FAM. despechado, despechar.

despechugar tr. Quitar la pechuga a un ave. || prnl. *col.* Mostrar el pecho, llevarlo descubierto o insinuarlo llevando mucho escote.

despectivo, va adj. Despreciativo, que expresa desprecio: *tono despectivo.* || adj. y m. En gram., se apl. a la palabra o al sufijo que incluye menosprecio en su significado. || FAM. despectivamente.

despedazamiento m. Hecho de desgajar con violencia. || Destrozo de algo no material.

despedazar tr. Hacer pedazos un cuerpo con violencia. También prnl. || Maltratar, destruir algo no material. || FAM. despedazamiento.

despedida f. Acompañamiento que se hace a una persona que se marcha, hasta el momento de la separación. || Palabras de cariño o cortesía que se dicen en el momento de la separación. || Fiesta o reunión en honor de alguien que se marcha o que cambia de estado: *despedida de soltero.* || En ciertas canciones populares, estrofa que anuncia el final del canto.

despedir tr. Acompañar a la persona que se marcha y decirle adiós. También prnl., con la prep. *de: se despidió llorando de su familia.* || Echar a una persona de su trabajo. || Prescindir de los servicios de algo o alguien. || Deshacerse de una persona que resulta molesta o negativa. || Desprender, difundir, esparcir. || Soltar, arrojar una cosa, echar fuera de sí. || prnl. *col.* Perder la esperanza de conseguir algo: *como no lo acabes a tiempo, despídete de las vacaciones.* || **despedirse a la francesa** loc. Marcharse sin decir adiós. ♦ **Irreg.**

Se conj. como *pedir.* || FAM. despedida, despedido, despido.

despegado, da adj. Áspero o desabrido en el trato. || Poco cariñoso, que muestra desapego. || FAM. despegadamente.

despegar tr. Desasir y desprender una cosa de otra a la que estaba unida. También prnl. || intr. Separarse de la superficie, iniciar el vuelo, especialmente un avión. || Afianzarse, iniciar un progreso: *la tienda ya está montada, ahora nos queda despegar.* || prnl. Desprenderse del afecto que se siente hacia una persona o cosa, perder interés por ella. || FAM. despegable, despegado, despegadura, despego, despegue.

despegue m. Inicio del vuelo, momento en que el aparato se separa de la superficie. || Inicio de una fase de crecimiento, desarrollo o expansión: *despegue de la industria textil.*

despeinar tr. y prnl. Deshacer el peinado.

despejado, da adj. Libre de obstáculos, de muebles u otros objetos. || Referido al cielo, que no tiene nubes. || De entendimiento claro, que capta los conceptos con rapidez: *mente despejada.* || Espacioso, dilatado, ancho: *frente despejada.* || Sin sueño.

despejar tr. Desembarazar, desocupar, dejar libre. || Aclarar, poner en claro, deshacer la confusión: *despeja mis dudas.* También prnl. || En mat., separar la incógnita de los demás miembros de una ecuación mediante las operaciones pertinentes. || tr. e intr. En algunos deportes, alejar la pelota de la meta propia. || intr. y prnl. Aclararse el día, mejorar el tiempo atmosférico: *por la tarde despejó.* || prnl. Recobrar alguien la claridad mental, especialmente después de haber dormido o bebido alcohol. || FAM. despejado, despeje, despejo.

despeje m. En dep., lanzamiento del balón para alejarlo del área de meta.

despellejar tr. y prnl. Quitar el pellejo del cuerpo o de alguno de sus miembros, desollar. || *col.* Criticar cruel y duramente a alguien. || FAM. despellejadura, despellejamiento.

despelotarse prnl. *vulg.* Desnudarse. || *vulg.* Morirse de risa, perder la formalidad. || *amer. col.* Desorganizarse, descontrolarse. || FAM. despelote.

despelote m. *vulg.* Acción y resultado de quitarse la ropa. || *vulg.* Risa incontrolable y desmedida. || *amer. col.* Desorden, confusión.

despelucar tr. y prnl. *amer.* Desordenar el pelo. || FAM. despelucado.

despenalización f. Eliminación del carácter penal de una acción considerada delictiva: *despenalización del aborto.*

despenalizar tr. Eliminar el carácter penal de lo que constituía delito. || FAM. despenalización.

despenar tr. *amer.* Ayudar a morir a una persona o un animal moribundo.

despendolarse prnl. *col.* Comportarse alocadamente. || FAM. despendole.

despendole m. *col.* Comportamiento alocado.

despensa f. Lugar donde se guardan los comestibles. || Provisión de comestibles. || *amer.* Tienda de ultramarinos. || FAM. despensero.

despeñadero m. Precipicio, lugar escarpado. || Riesgo, peligro grande.

despeñar tr. y prnl. Precipitar a una persona o cosa desde un lugar alto o precipicio. || FAM. despeñadero, despeño.

despepitar tr. Quitar las pepitas o semillas de algún fruto. || prnl. *col.* Hablar o gritar con vehemencia o con enojo. || *col.* Desear mucho algo, sentir gran afición por alguna cosa. ◆ Se usa con la prep. *por: se despepita por los dulces.* || *col.* Reírse mucho.

desperdiciar tr. Malgastar algo, no aprovecharlo adecuadamente. || FAM. desperdicio.

desperdicio m. Mal aprovechamiento de alguna cosa. || Residuo, desecho de algo, basura, restos que no se pueden aprovechar. Más en pl. || **no tener desperdicio** loc. Ser de mucha utilidad, totalmente aprovechable. ◆ Se usa mucho irónicamente, para expresar que lo aludido no puede ser peor: *el día no ha tenido desperdicio, solo me ha faltado caerme a una alcantarilla.*

desperdigar tr. y prnl. Separar, desunir, disgregar. || Dispersar la atención o el tiempo en diferentes actividades. || FAM. desperdigamiento.

desperezarse prnl. Extender y estirar los miembros para librarse de la pereza o del entumecimiento. || FAM. desperezo.

desperfecto m. Leve deterioro que sufre algo. || Falta, defecto que tiene algo.

despersonalizar tr. y prnl. Quitar a una persona su carácter distintivo e individual. || Quitar carácter personal a una cuestión. || FAM. despersonalización.

despertador, ra adj. Que despierta: *reloj despertador.* || m. Reloj que, a la hora previamente fijada, hace sonar una campana o timbre.

despertar[1] m. Momento en que algo o alguien despierta: *despertar de un sentimiento; tengo muy mal despertar.* || Inicio del desarrollo de una actividad: *despertar de la tecnología.*

despertar[2] tr. Interrumpir el sueño del que duerme. También prnl. e intr. || Traer a la memoria una cosa ya olvidada. También prnl.: *se le despertaron viejos recuerdos.* || Mover, excitar, experimentar una sensación o un deseo: *ese anuncio despierta la sed.* || intr. Hacerse más espabilado, más listo, más avispado: *o despiertas o te quitan el puesto.* ◆ Irreg. Se conj. como *acertar.* || FAM. despertador, despierto.

despiadado, da adj. Brutal, inhumano, cruel, que no siente compasión: *castigo despiadado.* || FAM. despiadadamente.

despido m. Expulsión o destitución de una persona de su empleo. || Indemnización que se paga a un trabajador cuando se le despide.

despiece m. División en partes de un todo: *despiece de una res.*

despierto, ta adj. Que no está dormido. || Listo, espabilado, vivo.

despiezar tr. Descomponer algo en sus distintas piezas. || FAM. despiece.

despilfarrador, ra adj. y s. Que despilfarra o malgasta el dinero.

despilfarrar tr. Malgastar, derrochar el dinero y los bienes. || FAM. despilfarrador, despilfarro.

despilfarro m. Derroche de dinero o bienes, gasto excesivo e innecesario.

despintar tr. Quitar la pintura, borrar lo pintado. También prnl. || Desfigurar y desdibujar un asunto o cosa, para que resulte distinta: *despinta la realidad para verla menos dramática.* || intr. Desdecir. ◆ Se usa en frases negativas: *no despinta de su linaje.*

despiojar tr. y prnl. Quitar los piojos a una persona o un animal. || FAM. despiojador, despioje.

despioje m. Eliminación de los piojos de una persona o un animal.

despiole m. *amer. col.* Jaleo, lío.

despiporre o **despiporren** m. *col.* Diversión escandalosa y desordenada. || **ser el despiporre** o **el despiporren** loc. *col.* Ser muy divertido. || *col.* Funcionar desordenadamente, sin concierto.

despistado, da adj. y s. Desorientado, distraído, que no se entera de lo que pasa a su alrededor.

despistar tr. Hacer perder la pista: *despistó a sus perseguidores.* También prnl. || Desorientar o desconcertar a alguien. También prnl. || prnl. Extraviarse, perder el rumbo. || FAM. despistado, despiste.

despiste m. Fallo, distracción.

desplante m. Dicho o acto lleno de arrogancia, insolencia o descaro. || Gesto altivo que hace un torero al acabar una serie de pases o para rematar la faena de muleta.

desplayado m. *amer.* Playa que se forma al bajar la marea. || *amer.* Descampado en una ciudad o claro en un bosque. || FAM. desplayar.

desplazado, da adj. y s. Inadaptado, descentrado con respecto al ambiente o a las circunstancias: *se siente desplazado en su nuevo trabajo.*

desplazamiento m. Movimiento de un lugar a otro, traslado. || Sustitución, cambio de personas o circunstancias.

desplazar tr. Mover a una persona o cosa del lugar en que está, trasladar. También prnl. || Quitar a alguien del puesto que ocupa para sustituirle. || En fís., desalojar un cuerpo al sumergirse un volumen de agua igual al de la parte sumergida y cuyo peso es igual al peso total del cuerpo. Esta medida, en toneladas, indica, p. ej., el tamaño de los barcos. || FAM. desplazado, desplazamiento.

desplegable adj. Que puede desplegarse. || m. Pliego de grandes dimensiones, doblado, que permite ver todo su contenido cuando se abre.

desplegar tr. Desdoblar, extender lo que está plegado o cerrado. || Demostrar, manifestar una cualidad o una aptitud: *despliega simpatía.* || Hacer pasar las tropas de un orden cerrado a una formación abierta y extendida. También prnl. ◆ Irreg. Se conj. como *acertar.* || FAM. desplegable, desplegadura, despliegue.

despliegue m. Desdoblamiento de lo que está plegado. || Demostración, exhibición, ostentación: *despliegue de mal gusto.* || Demostración, ejercicio de una cualidad o una aptitud: *despliegue de encanto.* || Formación en abierto de una tropa o un conjunto organizado de personas.

desplomar tr. Hacer perder la posición vertical, caer. También prnl. || prnl. Caer pesadamente algo.

Caer sin vida o sin conocimiento una persona. || Arruinarse, perderse, sucumbir algo no material. || FAM. desplome.

desplome m. Caída de algo desde la posición vertical. || Pérdida, desaparición de algo.

desplumar tr. Perder o quitar las plumas de un ave. También prnl. || *col.* Quitar a alguien todo el dinero y los bienes. || *amer.* Criticar a una persona ausente. || FAM. desplumadura, desplume.

desplume m. Caída o extracción de las plumas de un ave.

despoblación f. Disminución o desaparición completa de la población de un lugar. || Desaparición de la vegetación de un terreno.

despoblado m. Desierto, lugar no poblado por haber perdido sus habitantes.

despoblar tr. Reducir a desierto o disminuir considerablemente la población de un lugar. También prnl. || Despojar un lugar de lo que hay en él, especialmente de vegetación. ◆ **Irreg.** Se conj. como *contar.* || FAM. despoblación, despoblado, despoblador, despoblamiento, despueble.

despojar tr. Privar a uno de lo que tiene, en general violentamente. || Quitar los adornos y accesorios de algo. || prnl. Desposeerse voluntariamente de una cosa. || Quitarse toda o parte de la ropa. ◆ Se construye con la prep. *de.* || FAM. despojo.

despojo m. Pérdida de lo que se posee. || Lo que se ha destruido por el paso del tiempo o la muerte. || Vientre, asadura, cabeza y manos de las reses muertas. Más en pl. || Alones, molleja, patas, pescuezo y cabeza de las aves muertas. Más en pl. || pl. Sobras o residuos. || Restos mortales, cadáver.

despolitizar tr. y prnl. Quitar el carácter político a una persona o un asunto. || FAM. despolitización.

desporrondingarse prnl. *amer. col.* Apoltronarse, arrellanarse. || *amer. col.* Hablar en exceso, con mucha verborrea. || *amer. col.* Despilfarrar. || *amer. col.* Aplastarse.

desportilladura f. Fragmento o astilla que por accidente se separa del borde de algo. || Mella o defecto que deja.

desportillar tr. y prnl. Estropear algo al quitarle o romperle parte del canto o de la boca, mellar los bordes. || FAM. desportilladura.

desposado, da adj. Recién casado. También s. || Esposado, aprisionado con esposas.

desposar tr. Unir en matrimonio. || prnl. Contraer matrimonio. || FAM. desposado, desposorio.

desposeer tr. Privar a uno de lo que posee. || prnl. Renunciar alguno a lo que posee. ◆ Se construye con la prep. *de: ha decidido desposeerse de lo accesorio.* ◆ **Irreg.** Se conj. como *leer.* || FAM. desposeído, desposeimiento.

desposeído, da adj. y s. Pobre, que carece de lo imprescindible. Más en pl.

desposorio m. Promesa mutua de contraer matrimonio. Más en pl.

despostar tr. *amer.* Descuartizar una res o un ave para aprovecharla como alimento.

déspota com. Soberano que gobierna sin respetar ley alguna. || Persona que abusa de su poder o autoridad. || FAM. despótico, despotismo, despotizar.

despótico, ca adj. Del déspota o relativo a él. || FAM. despóticamente.

despotismo m. Autoridad absoluta no limitada por las leyes ni por ningún control constitucional. || Abuso de poder o fuerza en el trato con las demás personas. || **despotismo ilustrado** Política de algunas monarquías absolutas del siglo XVIII, moderada por las ideas de la Ilustración de fomentar la cultura y prosperidad del pueblo.

despotizar tr. *amer.* Gobernar o tratar despóticamente, tiranizar.

despotricar intr. *col.* Criticar algo sin consideración ni reparo. || FAM. despotrique.

despreciable adj. Que merece desprecio.

despreciar tr. Tener poca estima por algo o alguien. También prnl. || Desdeñar, considerar indigno de aprecio. || FAM. despreciable, despreciativo, desprecio.

despreciativo, va adj. Que expresa desprecio: *mueca despreciativa.* || FAM. despreciativamente.

desprecio m. Desestimación, falta de aprecio. || Palabra o acción que indican desaire y desdén: *al no venir nos hiciste un desprecio.*

desprender tr. Separar, desunir, desatar lo que estaba fijo o unido. También prnl. || Echar de sí alguna cosa, esparcir. También prnl. || prnl. Apartarse de una cosa, separarse, renunciar a ello. ◆ Se construye con la prep. *de: se desprendió de sus pertenencias.* || Deducirse, inferirse: *de las pruebas se desprende quién es el asesino.* || FAM. desprendible, desprendido, desprendimiento.

desprendible adj. Que puede desprenderse con facilidad. || m. *amer.* Parte de un impreso que se utiliza como resguardo o comprobante, preparado para ser desprendido del resto.

desprendido, da adj. Desinteresado, generoso.

desprendimiento m. Desunión, separación de lo que estaba unido: *desprendimiento de tierras.* || Desapego, desasimiento de las cosas, generosidad, desinterés.

despreocupación f. Tranquilidad, estado de ánimo del que carece de preocupaciones. || Falta de cuidado o de atención.

despreocupado, da adj. Desentendido, indiferente, descuidado con su aspecto o con su manera de ser.

despreocuparse prnl. Salir o librarse de una preocupación. || Desentenderse de algo o alguien: *despreocúpate de los preparativos, ya me encargo yo.* ◆ Se construye con la prep. *de.* || FAM. despreocupación, despreocupado.

desprestigiar tr. y prnl. Quitar el prestigio: *aquel escándalo le desprestigió.* || FAM. desprestigio.

desprestigio m. Pérdida del prestigio.

desprevenido, da adj. Que no está prevenido o preparado para algo.

desprogramar tr. y prnl. Anular las instrucciones con las que algo estaba programado. || *col.* Variar las costumbres o cambiar un sistema de valores impuesto. || FAM. desprogramación.

desproporción f. Falta de la proporción debida.

desproporcionado, da adj. Que no tiene la proporción conveniente o necesaria. || FAM. desproporcionadamente.

desproporcionar tr. Quitar la proporción a una cosa, sacarla de la medida. || FAM. desproporción, desproporcionado.

despropósito m. Dicho o hecho inoportuno o fuera de sentido.

desproteger tr. Dejar sin protección. ◆ Se usa más en infinitivo y participio. || FAM. desprotección.

desproveer tr. Despojar a alguien de lo necesario. ◆ Se construye con la prep. de: le desproveyó de lo necesario para subsistir. **Irreg.** Se conj. como leer. p. p. irreg.: desprovisto. || FAM. desprovisto.

desprovisto, ta adj. Falto de alguna cosa: desprovisto de vergüenza.

después adv. t. Denota posterioridad de tiempo: saldré después de comer; la mañana después. || adv. l. Denota posterioridad de lugar, jerarquía o preferencia: después de mí, él es el empleado más antiguo. || loc. conj. Seguido de que o de que, equivale a desde que, cuando: después de que me lo contó, no dejo de darle vueltas. || Se usa con valor adversativo: después de haber dado la cara por él, me dice que es mi problema.

despuntar tr. Quitar o gastar la punta. También prnl. || intr. Empezar a brotar las plantas. || Adelantarse, descollar, destacar: despuntaba por su inteligencia. || Empezar a amanecer: despuntaba el día. || FAM. despuntador, despunte.

desquiciamiento m. Trastorno, alteración nerviosa.

desquiciar tr. Quitar a una persona la seguridad o la paciencia, alterar, exasperar, trastornar. También prnl. || Violentar una situación, malinterpretarla, sacarla de contexto: estás desquiciando mis palabras. || Desencajar, sacar de su quicio una puerta o una ventana. || FAM. desquiciamiento, desquicio.

desquicio m. amer. Desorden, anarquía, trastorno.

desquitar tr. Compensar una pérdida o un daño, intentar recuperar lo perdido. Más como prnl.: jugaré otra mano para ver si me desquito. || Descontar. || prnl. Vengarse de un disgusto o perjuicio que se ha recibido de otro. ◆ Se construye con la prep. de: se desquitó de aquella mala pasada. || FAM. desquite.

desquite m. Compensación de un daño o una pérdida, revancha.

desratización f. Eliminación de las ratas y ratones de un lugar.

desratizar tr. Exterminar las ratas y ratones de un lugar. || FAM. desratización.

desregulación f. Supresión de una regulación o normativa. || FAM. desregular.

desrielar intr. y prnl. amer. Descarrilar.

desriñonar tr. Sufrir los riñones a causa de una carga o un esfuerzo, derrengar. || Cansar mucho, deslomar. También prnl.

desrizar tr. Deshacer los rizos o las ondas de una cabellera o de alguna cosa rizada.

destacado, da adj. Importante, relevante, notable: destacado científico.

destacamento m. Tropa destacada para alguna misión.

destacar tr. Poner de relieve un rasgo o una cualidad. También intr. y prnl. || Separar del cuerpo principal un grupo de soldados para que cumplan una determinada misión. También prnl. || intr. Sobresalir, ser más notable, resaltar. También prnl. || FAM. destacado, destacamento.

destajo m. Trabajo que se valora por la labor realizada y no por un jornal. || **a destajo** loc. adv. Por una cantidad determinada. || Con empeño, sin descanso y aprisa para concluir pronto. || FAM. destajar, destajista.

destanteo m. amer. col. Desconcierto, confusión.

destapador m. amer. Abrebotellas, instrumento que se emplea para quitar las chapas de las botellas.

destapar tr. Quitar la tapa. || Descubrir lo tapado o lo encubierto. También prnl.: se ha destapado un nuevo escándalo. || prnl. Dar a conocer intenciones o sentimientos propios que no habían sido manifestados, hacer o decir algo sorprendente o inadecuado. || FAM. destapador, destape.

destape m. Acción y resultado de quitarse la ropa para exhibir el cuerpo desnudo, especialmente en cine y otros espectáculos. || amer. Descorche.

destaponar tr. Quitar un tapón o un taponamiento.

destartalado, da adj. y s. Descompuesto, desproporcionado, desordenado. || FAM. destartalar.

destejer tr. Deshacer lo tejido.

destellar tr. Despedir o emitir destellos de luz. || FAM. destello.

destello m. Resplandor, ráfaga de luz intensa, momentánea y oscilante. || Manifestación repentina o momentánea de alguna cualidad o una actitud: tuvo un destello de cordura.

destemplado, da adj. Indispuesto, que tiene malestar físico. || Que no está afinado. || Que manifiesta irritación y enfado: gritos destemplados. || Se apl. al cuadro o a la pintura en los que los tonos no armonizan.

destemplanza f. Malestar físico con sensación de frío. || Falta de moderación o de temple. || Tiempo desapacible.

destemplar tr. Producir malestar físico. También prnl. || Alterar la armonía, el orden y concierto de una cosa. || Desafinar un instrumento. || Perder el temple el acero u otros metales. También prnl. || prnl. Descomponerse, alterarse. ◆ Es reg., pero en algunas zonas de América se conj. como acertar. || FAM. destemplado, destemplanza, destemple.

destensar tr. y prnl. Disminuir la tensión de lo que está tirante, aflojar.

desteñido, da adj. Que ha perdido tinte o color. || col. Poco firme en las convicciones.

desteñir tr. Quitar el tinte, borrar o apagar los colores. También prnl. || Manchar un tejido a otro. También intr.: esa blusa destiñe. ◆ **Irreg.** Se conj. como ceñir. || FAM. desteñido.

desternillarse prnl. *col.* Reírse mucho.

desterrado, da adj. Que sufre pena de destierro.

desterrar tr. Echar a una persona de un territorio por mandato judicial o decisión gubernamental. ‖ Apartar de sí: *desterrar una preocupación.* ‖ Desechar una costumbre, abandonarla. ◆ **Irreg.** Se conj. como *acertar.* ‖ FAM. desterrado, destierro.

destetar tr. Dejar de dar de mamar a un niño o a las crías de los animales. También prnl. ‖ prnl. *col.* Dejar de depender de los padres, valerse por sí mismo. ‖ FAM. destete.

destete m. Momento en que se deja de dar de mamar a un niño o a otro mamífero.

destiempo (a) loc. adv. Fuera de tiempo o del momento oportuno.

destierro m. Pena que consiste en expulsar a una persona de un territorio determinado. ‖ Lugar en que vive el desterrado. ‖ Tiempo que dura esta situación.

destilación f. Separación por medio de calor de una sustancia volátil de otras más fijas: *destilación de whisky.*

destiladera f. Instrumento para destilar.

destilar tr. Separar por medio del calor una sustancia volátil de otras más fijas, enfriando luego su vapor para reducirla nuevamente a líquido: *destilar licor.* También intr. ‖ Mostrar, dejar ver: *la película destila optimismo.* ‖ Correr un líquido gota a gota. También intr.: *la grieta destila un líquido viscoso.* ‖ FAM. destilable, destilación, destiladera, destilado, destilador, destilería.

destilería f. Fábrica o industria en que se destilan licores y bebidas alcohólicas.

destinar tr. Señalar o determinar una cosa para algún fin o efecto. ‖ Designar el puesto, la ocupación o el lugar en que una persona ha de servir. ‖ Dirigir un envío a una persona o a un lugar. ‖ FAM. destinado, destinatario, destino.

destinatario, ria m. y f. Persona a quien va dirigida o destinada alguna cosa.

destino m. Fuerza desconocida de la que se cree que actúa de forma inevitable sobre las personas y los acontecimientos. ‖ Desarrollo de los acontecimientos que se considera irremediable y no se puede cambiar. ‖ Uso o aplicación de una cosa para determinado fin: *el destino de estos ahorros será la casa de la playa.* ‖ Punto de llegada al que se dirige una persona o una cosa. ‖ Empleo, ocupación: *ha solicitado destino como médico militar.* ‖ Lugar donde se ejerce un empleo.

destitución f. Cese de una persona de su cargo.

destituir tr. Cesar a una persona del cargo o empleo para el cual había sido elegida. ◆ **Irreg.** Se conj. como *huir.* ‖ FAM. destitución, destituible.

destorlongado, da adj. y s. *amer.* Desordenado, manirroto.

destornillador m. Instrumento que se utiliza para destornillar y atornillar. ‖ Bebida compuesta de vodka y naranja.

destornillar tr. Sacar un tornillo dándole vueltas, desatornillar. ‖ prnl. *vulg.* Desternillarse. ‖ FAM. destornillado, destornillador.

destrenzar tr. Deshacer una trenza o separar uno de sus cabos.

destreza f. Habilidad, arte con que se hace una cosa.

destripador, ra adj. y s. Que destripa o degüella.

destripar tr. Quitar o sacar las tripas. ‖ Sacar el interior de una cosa, desarmarla. ‖ Despachurrar, estropear una cosa aplastándola. ‖ Destruir el efecto de un relato anticipando el final: *no me destripes la película.* ‖ intr. *amer.* Abandonar los estudios. ‖ FAM. destripador, destripamiento, destripaterrones.

destripaterrones com. *desp.* Persona que trabaja la tierra, campesino. ‖ *desp.* Persona inculta y poco educada.

destronar tr. Privar del trono a un monarca. ‖ Quitarle a alguien su autoridad o cargo de importancia. ‖ FAM. destronamiento.

destrozar tr. Despedazar, destruir. También prnl. ‖ Estropear, maltratar, deteriorar. ‖ Causar una gran pena o dolor: *su rechazo le destrozó el corazón.* ‖ En un enfrentamiento, derrotar al contrincante de forma contundente. ‖ Cansar mucho, agotar. ‖ FAM. destrozado, destrozo, destrozón.

destrozo m. Desperfecto, rotura, daño muy grande.

destrozón, ona adj. y s. Que destroza demasiado las cosas en el uso.

destrucción f. Inutilización total o desaparición de alguna cosa. ‖ Ruina, asolamiento, daño o desperfecto grande.

destructivo, va adj. Que destruye o puede destruir.

destructor, ra adj. y s. Que destruye. ‖ m. Barco de guerra de gran velocidad y de tonelaje medio, especializado en acciones de escolta y en enfrentamientos submarinos.

destruir tr. Deshacer, arruinar una cosa. También prnl. ‖ Inutilizar una cosa no material. ◆ **Irreg.** Se conj. como *huir.* ‖ FAM. destrucción, destructible, destructivo, destructor, destruible.

desubicar tr. *amer.* Situar algo fuera de lugar. También prnl. ‖ prnl. *amer.* Perder la orientación, desorientarse. ‖ *amer. col.* Portarse de manera inconveniente.

desuello m. Acción y resultado de desollar. ‖ Separación de la piel. ‖ Daño para la fortuna o la reputación.

desuncir tr. Quitar el yugo a un animal.

desunión f. Separación, enfrentamiento, enemistad, especialmente entre personas.

desunir tr. y prnl. Apartar, separar una cosa de otra. ‖ Provocar discordia entre los que estaban unidos. ‖ FAM. desunidamente, desunión.

desurtido, da adj. *amer.* Se apl. al comercio desabastecido de muchas mercancías.

desusado, da adj. Que ha dejado de usarse. ‖ Poco usual, fuera de lo normal. ‖ FAM. desusadamente.

desuso m. Falta de uso de una cosa. ‖ FAM. desusado, desusar.

desustanciar tr. y prnl. Quitar la fuerza y la sustancia.

desvaído, da adj. Pálido, descolorido, poco intenso. ‖ Poco definido, impreciso.

desvaír tr. y prnl. Hacer perder el color o la intensidad. ◆ **Irreg.** Se conj. como *huir.* ‖ FAM. desvaído.

desvalido, da adj. y s. Abandonado, desamparado, que no se vale por sí mismo. ‖ FAM. desvalimiento.

desvalijar tr. Despojar a una persona de sus cosas mediante el robo, el engaño o el juego. ‖ Robar en algún lugar. ‖ FAM. desvalijador, desvalijamiento.

desvalorizar tr. y prnl. Disminuir el valor económico de algo. ‖ FAM. desvalorización.

desván m. Parte más alta de la casa, inmediatamente debajo del tejado, donde suelen guardarse objetos viejos o inservibles.

desvanecer tr. y prnl. Disgregar o difundir las partículas de un cuerpo en otro: *el humo se desvanece en el aire.* ‖ Reducir gradualmente la intensidad de algo: *desvanecerse los colores.* ‖ Quitar de la mente una idea: *se desvanecieron sus sospechas.* ‖ prnl. Evaporarse, exhalarse. ‖ Desaparecer una idea o un sentimiento de la mente de una persona. ‖ Perder el sentido momentáneamente. ◆ **Irreg.** Se conj. como *agradecer.* ‖ FAM. desvanecedor, desvanecido, desvanecimiento.

desvanecimiento m. Desmayo, pérdida momentánea de conocimiento.

desvaradero m. *amer. col.* Lugar donde puede conseguirse fácilmente trabajo o dinero.

desvarar tr. Poner a flote una embarcación varada. ‖ *amer.* Arreglar provisionalmente un vehículo. ‖ prnl. *amer. col.* Resolver una situación difícil, especialmente de carencia de dinero. ‖ FAM. desvaradero.

desvariar intr. Delirar, decir locuras, incoherencias o despropósitos. ‖ FAM. desvarío.

desvarío m. Dicho o hecho disparatado o incoherente. ‖ Delirio, pérdida pasajera de la razón por una enfermedad o por vejez.

desvelar[1] tr. y prnl. Quitar, impedir el sueño, no dejar dormir. ‖ prnl. Poner gran cuidado en hacer algo: *se desvela por agradar.* ‖ FAM. desvelo.

desvelar[2] tr. Descubrir lo que estaba oculto: *desvelar un misterio.* ‖ FAM. desvelamiento.

desvelo m. Vigilia, insomnio. ‖ Afán, interés, preocupación y cuidado que se pone en algo. Más en pl.

desvencijar tr. y prnl. Aflojar, desunir las partes de una cosa que estaban unidas.

desventaja f. Perjuicio que se nota por comparación de dos cosas, personas o situaciones. ‖ FAM. desventajosamente, desventajoso.

desventura f. Desgracia, suerte adversa. ‖ FAM. desventurado.

desventurado, da adj. Desgraciado, desafortunado.

desvergonzado, da adj. Atrevido, insolente, que habla u obra con desvergüenza.

desvergonzarse prnl. Perder la timidez. ‖ Faltar al respeto. ◆ **Irreg.** Se conj. como *contar.*

desvergüenza f. Falta de vergüenza, insolencia. ‖ Dicho o hecho insolente o falto de educación. ‖ FAM. desvergonzado, desvergonzarse.

desvestir tr. y prnl. Desnudar, quitar toda la ropa o parte de ella. ◆ **Irreg.** Se conj. como *pedir.*

desviación f. Cambio de trayectoria o de intenciones. ‖ Separación de un cuerpo respecto a su posición correcta. ‖ Tramo de una carretera que se aparta de la general. ‖ Camino provisional por el que han de circular los vehículos mientras está en reparación un trozo de carre-

tera. ‖ Cambio de la posición natural de los órganos, y en especial de los huesos: *desviación del tabique nasal.* ‖ En mat., diferencia entre un valor estadístico y el valor medio. ‖ Tendencia o hábito que se considera anormal en el comportamiento de una persona.

desviacionismo m. Doctrina o práctica que se aparta de una ortodoxia determinada, pero sin romper abiertamente con ella. ‖ FAM. desviacionista.

desviacionista adj. Del desviacionismo o relativo a él. ‖ com. Partidario de esta doctrina.

desviar tr. Apartar, alejar, separar a alguien o algo de su trayectoria. También prnl. ‖ Disuadir o apartar a alguien de su intención o propósito: *no desvíes la conversación.* ‖ FAM. desviación, desviacionismo, desvío.

desvinculación f. Ruptura de un vínculo.

desvincular tr. y prnl. Anular la relación o vínculo que se tenía con alguien o algo. ‖ FAM. desvinculación.

desvío m. Desviación. ‖ Cambio provisional de trazado en un trecho de carretera o camino.

desvirgar tr. Quitar la virginidad.

desvirtuar tr. y prnl. Quitar la virtud, el valor o las características esenciales de algo: *la prensa desvirtuó sus palabras.* ‖ FAM. desvirtuación.

desvivirse prnl. Mostrar gran interés o afecto por una persona o cosa.

detall (al) loc. adv. Al por menor, en pequeña cantidad: *venta al detall.*

detallar tr. Tratar, referir una cosa con todos sus pormenores. ‖ Vender al por menor.

detalle m. Parte pequeña que forma parte de otra mayor, pormenor, fragmento. ‖ Circunstancia que aclara o completa un relato. ‖ Delicadeza, muestra de amabilidad: *tu llamada fue todo un detalle.* ‖ **al detalle** loc. adv. Al detall. ‖ **en** o **con detalle** loc. adv. Minuciosamente, en profundidad. ‖ FAM. detalladamente, detallar, detallista.

detallista adj. y com. Persona que cuida mucho los detalles. ‖ com. Comerciante que vende al por menor.

detección f. Localización de alguna cosa que no puede observarse directamente mediante aparatos o métodos físicos o químicos.

detectar tr. Poner de manifiesto mediante aparatos o por métodos físicos o químicos lo que no puede ser observado directamente. ‖ Captar, descubrir, percibir. ‖ FAM. detección, detectable, detector.

detective com. Persona que se dedica profesionalmente a investigaciones privadas por encargo. ‖ En algunos países, funcionario de policía que investiga los delitos. ‖ FAM. detectivesco.

detectivesco, ca adj. Del detective o relativo a su profesión.

detector m. Aparato que sirve para detectar: *detector de metales.*

detención f. Parada, suspensión de un movimiento o una acción. ‖ Privación de la libertad, apresamiento.

detener tr. Parar una cosa, impedir que siga en movimiento. También prnl. ‖ Impedir el desarrollo de una acción, suspenderlo. ‖ Arrestar, apresar. ‖ prnl. Pararse a considerar una cosa. ◆ **Irreg.** Se conj. como *tener.* ‖ FAM. detención, detenido, detenimiento.

detenido, da adj. Minucioso, que se detiene en los mínimos detalles. ‖ adj. y s. Privado provisionalmente de libertad por una autoridad competente. ‖ FAM. detenidamente.

detenimiento m. Detención. ‖ **con detenimiento** loc. adv. Con mucha atención, con cuidado y minuciosidad.

detentar tr. Retener y ejercer ilegítimamente algún poder o cargo público.

detergente adj. Que sirve para limpiar o purificar. ‖ m. Sustancia o producto que limpia químicamente.

deteriorar tr. y prnl. Estropear gradualmente, menoscabar. ‖ FAM. deterioro.

deterioro m. Degeneración, empeoramiento gradual de algo.

determinación f. Decisión, resolución. ‖ Osadía, valor, atrevimiento. ‖ Establecimiento de los límites de una cosa: *determinación de fronteras*. ‖ Establecimiento o definición de las características de alguna cosa: *determinación de las causas de una muerte*.

determinado, da adj. Exacto, preciso. ‖ Decidido, valeroso. También s. ‖ En ling., se apl. al artículo que limita la extensión del sustantivo.

determinante adj. Que determina. ‖ m. En ling., parte del sintagma nominal que actualiza al nombre.

determinar tr. Fijar los términos de una cosa. ‖ Señalar, fijar una cosa con precisión para algún efecto. ‖ Decidir o hacer tomar una decisión. También prnl. ‖ Definir, sacar conclusiones a partir de datos conocidos. ‖ Sentenciar. ‖ Provocar, ser causa de algo. ‖ En ling., limitar la extensión significativa de un nombre. ‖ FAM. determinable, determinación, determinado, determinante, determinativo, determinismo.

determinativo, va adj. Que determina o resuelve. ‖ adj. y m. En ling., se apl. al adjetivo que limita el significado de un nombre: *adjetivo determinativo*.

determinismo m. Doctrina filosófica que defiende que todos los acontecimientos están sometidos a las leyes naturales de carácter causal y mecánico. ‖ FAM. determinista.

determinista adj. Del determinismo o relativo a él. ‖ adj. y com. Partidario de esta doctrina filosófica.

detestable adj. Pésimo, execrable, aborrecible.

detestar tr. Aborrecer, tener aversión por alguien o algo. ‖ FAM. detestable, detestablemente.

detonación f. Explosión violenta y ruidosa. ‖ Explosión rápida capaz de iniciar la de un explosivo relativamente estable.

detonador, ra adj. Que provoca o causa una detonación. ‖ m. Dispositivo que sirve para hacer estallar una carga explosiva.

detonante adj. Que detona o explota. ‖ Que llama mucho la atención porque desentona o contrasta mucho. ‖ m. Agente capaz de producir detonación. ‖ Lo que desencadena una situación, un proceso o un acontecimiento.

detonar tr. Iniciar una explosión o un estallido. ‖ intr. Estallar, dar un estampido fuerte y seco. ‖ FAM. detonación, detonador, detonante.

detractor, ra adj. y s. Que critica y habla mal de alguien o algo, que no está de acuerdo.

detraer tr. Restar, sustraer, apartar o desviar. También prnl. ♦ **Irreg.** Se conj. como *traer*. ‖ FAM. detractor.

detrás adv. l. En la parte posterior de una persona o cosa, o en lugar más retrasado. ‖ **por detrás** loc. adv. Por la parte trasera. ‖ En ausencia: *le ponen verde por detrás*.

detrimento m. Daño moral o material.

detrítico, ca adj. Compuesto de detritos.

detrito o **detritus** m. Cada una de las partículas que resultan de la descomposición de una roca o de otro cuerpo. ♦ La segunda forma no varía en pl. ‖ FAM. detrítico.

deuda f. Obligación que una persona tiene de pagar o reintegrar el dinero que debe. ‖ Cantidad que se debe. ‖ Obligación moral contraída con alguien. ‖ **deuda exterior** Deuda pública que se paga en el extranjero y con moneda extranjera. ‖ **deuda interior** Deuda pública que se paga en el propio país con moneda nacional. ‖ **deuda pública** Deuda que contrae el Estado para afrontar el déficit de los gastos públicos mediante títulos que devengan interés y a veces se amortizan. ‖ FAM. deudo, deudor.

deudo, da m. y f. Pariente, familiar.

deudor, ra adj. y s. Que debe o está obligado a satisfacer una deuda.

deuterio m. Isótopo del hidrógeno, llamado también hidrógeno pesado, dos veces más pesado que este. En combinación con el oxígeno da lugar al agua pesada.

devaluación f. Disminución del valor: *devaluación de la moneda*.

devaluar tr. y prnl. Rebajar el valor de una moneda o de otra cosa, depreciarla. ‖ FAM. devaluación.

devanagari m. Escritura moderna del sánscrito.

devanar tr. Enrollar un hilo, un alambre, una cuerda u otro material alrededor de un eje o un carrete. ‖ **devanarse los sesos** loc. *col.* Pensar con intensidad en algo, dar vueltas insistentemente a una cuestión. ‖ FAM. devanadera, devanado, devanador.

devaneo m. Distracción o pasatiempo pasajero y superficial. ‖ Amorío pasajero, flirteo.

devastación f. Destrucción total de un territorio, generalmente por una catástrofe natural o por una guerra.

devastador, ra adj. Que devasta y arrasa. ‖ Imparable y rotundo, que no da lugar a réplica.

devastar tr. Destruir o arrasar un lugar. ‖ FAM. devastación, devastador.

develar tr. Quitar o descorrer el velo que cubre alguna cosa. ‖ Desvelar.

devengar tr. Adquirir el derecho a percibir una retribución por razón de trabajo o servicio. ‖ Producir intereses. ‖ FAM. devengo.

devengo m. Cantidad devengada que se tiene derecho a percibir.

devenir intr. Ocurrir, suceder, acaecer. ‖ Llegar a ser, convertirse en algo. ♦ Se construye con la prep. *en*: *con este tratamiento el quiste no devendrá en canceroso*. ♦ **Irreg.** Se conj. como *venir*.

devenir m. Cambio, transformación, transcurso: *el devenir de la vida*. ‖ Proceso mediante el cual algo se hace o llega a ser.

devoción f. Veneración y fervor religiosos. ‖ Práctica religiosa. ‖ Inclinación, amor y fidelidad especiales hacia alguien o algo. ‖ FAM. devocionario, devoto.

devocionario m. Libro de oraciones.

devolución f. Restitución, entrega de lo que se había dado o prestado. ‖ Acción que se hace para corresponder a un favor o a un agravio. ‖ Reembolso, entrega de la cantidad que se pagó por un objeto, de un vale o de otro objeto por parte de un comprador insatisfecho.

devolver tr. Restituir a una persona lo que poseía. ‖ Volver una cosa al estado que tenía. ‖ Corresponder a un favor o a un agravio. ‖ Entregar de nuevo en un establecimiento comercial lo que antes había sido comprado, a cambio del importe, un vale u otro objeto. ‖ Restituir a una persona la cantidad que le sobra de un pago. ‖ col. Vomitar. ‖ prnl. amer. Volverse, dar la vuelta, regresar. ◆ Irreg. Se conj. como mover. p. p. irreg.: devuelto. ‖ FAM. devolución, devolutivo, devuelta, devuelto.

devorador, ra adj. y s. Que devora.

devorar tr. Tragar con ansia y apresuradamente. ‖ Comer un animal a otro. ‖ Consumir, destruir. ‖ Producir inquietud, trastornar. ‖ Dedicar atención ávida a una cosa. ‖ FAM. devorador.

devoto, ta adj. Dedicado con fervor a obras de piedad y religión. También s. ‖ Que mueve a devoción. ‖ Aficionado a una persona o cosa. También s. ‖ FAM. devotamente.

devuelta f. amer. col. Dinero que sobra de un pago, cambio.

devuelto m. col. Vómito.

deyección f. Conjunto de materias arrojadas por un volcán o desprendidas de una montaña. ‖ Defecación, evacuación de los excrementos. ‖ Los excrementos mismos. Más en pl.

di-¹ pref. que indica 'oposición': disentir; 'separación': divergir; 'procedencia': dimanar, o 'extensión': divagar.

di-² pref. que significa 'dos': disílabo, dióxido.

día m. Tiempo que la Tierra emplea en dar una vuelta alrededor de su eje, aproximadamente veinticuatro horas. ‖ Tiempo que dura la claridad del sol sobre el horizonte. ‖ Fecha en que se conmemora un acontecimiento: día de Reyes. ‖ Momento, ocasión: no es día para bromas. ‖ pl. Periodo de tiempo que dura la vida de una persona: al final de sus días quiso reunir a su familia. ‖ **día de autos** Aquel en que sucedió el hecho del que se habla. ‖ **día del juicio** Según la doctrina cristiana, último día en que Dios juzgará a vivos y muertos. ‖ col. Muy tarde o nunca. ‖ **día festivo** Aquel en que no se trabaja por ser fiesta. ‖ **día laborable** Día de trabajo. ‖ **día lectivo** En los centros de enseñanza, aquel en que se da clase. ‖ **día natural** El que dura 24 horas. ‖ **abrir el día** loc. Amanecer. ‖ Despejarse el cielo de nubes. ‖ **al día** loc. adv. Al corriente: ponerse, estar al día. ‖ **al otro día** loc. adv. Al día siguiente. ‖ **buen día** amer. Expresión de saludo que se utiliza por la mañana. ‖ **buenos días** Expresión de saludo que se utiliza por la mañana. ‖ **dar el día** loc. Provocar molestia o inquietud. ‖ **del día** loc. adj. y adv. Fresco, reciente. ‖ **día y noche** loc. adv. Constantemente, a todas horas. ‖ **el día de mañana** loc.

Futuro, tiempo venidero. ‖ **en su día** loc. adv. A su tiempo; en tiempo oportuno. ‖ **tener los días contados** loc. col. Estar próximo al fin. ‖ **todo el santo día** loc. adv. col. Expresa con exageración que una cosa, generalmente molesta, dura todo el tiempo de un día. ‖ **un día es un día** loc. col. Indica que alguien se aparta de sus costumbres por algún motivo especial. ‖ **vivir al día** loc. Gastar todo el dinero que se tiene, no ahorrar. ‖ FAM. diariamente, diario.

diabetes f. Enfermedad causada por un desorden de nutrición y que se caracteriza por una concentración excesiva de azúcar en la sangre. ◆ No varía en pl. ‖ FAM. diabético.

diabético, ca adj. De la diabetes o relativo a esta enfermedad. ‖ adj. y s. Que padece diabetes.

diabla f. En los teatros, batería de luces que está entre las bambalinas del escenario. ‖ col. Diablo femenino. ‖ FAM. diablesa.

diablesa f. col. Diablo femenino.

diablillo m. col. Revoltoso, enredador, travieso.

diablo m. Espíritu del mal. ‖ Cada uno de los ángeles rebeldes que fueron expulsados del reino de Dios. ‖ Persona traviesa, revoltosa y atrevida, especialmente un niño. ‖ Persona astuta, sagaz: es un diablo en los negocios. ‖ Persona malvada o de muy mal genio. ‖ **pobre diablo** col. Persona de poca importancia y escasa valía. ‖ **como un diablo** loc. adv. col. Demasiado, en exceso. ‖ **del diablo, de mil diablos** o **de todos los diablos** loc. adj. col. Expresión que exagera el carácter negativo de una cosa: nos dio un susto de mil diablos. ‖ **¡diablo!** o **¡diablos!** interj. col. Expresión que denota extrañeza, sorpresa, admiración o disgusto: ¡diablos, estás igual de joven que siempre! ‖ **irse al diablo** loc. col. Echarse a perder. ‖ **llevar los diablos** a alguien loc. col. Causar un gran enfado. ‖ **mandar al diablo** loc. col. Deshacerse de algo, apartar de sí. ‖ **tener el diablo en el cuerpo** loc. col. Ser muy inquieto. ‖ FAM. diabla, diablesa, diablillo, diablura, diabólico, endiablar.

diablura f. Travesura de poca importancia, especialmente de niños.

diabólico, ca adj. Del diablo o relativo a él. ‖ col. Excesivamente malo. ‖ Enrevesado, muy difícil.

diábolo m. Juguete que consiste en un carrete formado por dos conos unidos por sus vértices que gira por medio de una cuerda atada a dos varillas.

diácono m. Ministro eclesiástico inmediatamente inferior al sacerdote. ‖ FAM. diaconado, diaconal, diaconato, diaconía, diaconisa.

diacrítico, ca adj. En gram., se apl. a los signos ortográficos que sirven para dar a una letra un valor especial: tilde diacrítica.

diacronía f. Desarrollo o sucesión de hechos a través del tiempo. ‖ Estudio de una ciencia o un fenómeno concreto en su evolución y transformación a través del tiempo. ‖ FAM. diacrónico.

diacrónico, ca adj. De la diacronía o relativo a ella. ‖ Que se desarrolla a lo largo del tiempo.

diadelfo, fa adj. Se apl. a la planta de flores hermafroditas y estambres soldados por sus filamentos en dos manojos, como el guisante.

diadema f. Adorno femenino de cabeza, en forma de media corona abierta por detrás. ‖ Corona sencilla que se usa como símbolo de autoridad. ‖ Faja o cinta blanca que antiguamente ceñía la cabeza de los reyes.

diafanidad f. Propiedad de un cuerpo de dejar pasar la luz casi en su totalidad. ‖ Claridad, limpieza.

diáfano, na adj. Se apl. al cuerpo a través del cual pasa la luz casi en su totalidad. ‖ Claro, limpio. ‖ FAM. diafanidad.

diafragma m. Membrana musculosa que en el cuerpo de los mamíferos separa la cavidad torácica de la abdominal. ‖ Disco que regula la cantidad de luz que se ha de dejar pasar en las cámaras fotográficas. ‖ Disco de material flexible que se coloca en el cuello del útero como anticonceptivo. ‖ Disco de algunos aparatos acústicos que transforma las vibraciones del sonido en impulsos eléctricos o viceversa. ‖ Separación que interrumpe la comunicación entre dos partes de un aparato o de una máquina. ‖ FAM. diafragmar, diafragmático.

diagénesis f. Conjunto de procesos geológicos mediante los cuales un sedimento se transforma en roca sedimentaria. ◆ No varía en pl. ‖ FAM. diagenético.

diagnosis f. Conocimiento diferencial de una enfermedad a través de los signos y síntomas que la caracterizan. ◆ No varía en pl.

diagnosticar tr. Determinar el carácter de una enfermedad y su calificación mediante el examen de sus signos y síntomas característicos.

diagnóstico, ca adj. De la diagnosis o relativo a ella: *examen diagnóstico.* ‖ m. Identificación de la naturaleza de una enfermedad mediante la observación de sus signos y síntomas característicos. ‖ Conclusión del médico después de estudiar la naturaleza de una enfermedad por sus síntomas. ‖ FAM. diagnosis, diagnosticable, diagnosticar.

diagonal adj. y f. En geom., se apl. a la línea recta que en un polígono va de un vértice a otro no consecutivo. ‖ f. Esta misma línea. ‖ FAM. diagonalmente.

diágrafo m. Instrumento para seguir la figura de un objeto o de un dibujo pasando por el contorno una de las puntas que lo forman y transmitirla al mismo tiempo sobre un papel separado mediante otra de sus piezas.

diagrama m. Representación gráfica en la que se muestran las relaciones entre las diferentes partes de un conjunto o sistema o los cambios de un determinado fenómeno. ‖ FAM. diagramación, diagramar.

dial m. Superficie graduada sobre la cual se mueve un indicador, generalmente una aguja, un punto luminoso o un disco que mide o señala una determinada magnitud, como peso, voltaje, longitud de onda o velocidad, y especialmente el número o emisora en teléfonos o radios.

dialectal adj. Del dialecto o relativo a él.

dialectalismo m. Expresión o construcción sintáctica características de un dialecto. ‖ Carácter dialectal.

dialéctica f. Parte de la filosofía que trata del razonamiento y de sus leyes, formas y maneras de expresión. ‖ Sucesión ordenada de verdades o razonamientos que derivan unos de otros. ‖ Método de razonamiento que enfrenta posiciones diferentes para confrontarlas y extraer de ellas la verdad. ‖ Arte del diálogo y el convencimiento a través de la palabra.

dialéctico, ca adj. De la dialéctica o relativo a esta parte de la filosofía. ‖ m. y f. Persona que se dedica profesionalmente a ella.

dialecto m. Variedad adoptada por una lengua en una zona geográfica concreta. ‖ Cualquier lengua que deriva de un tronco o familia común. ‖ Estructuras lingüísticas, simultáneas a otras, que no alcanzan la categoría de lengua. ‖ FAM. dialectal, dialectalismo, dialéctica, dialéctico, dialectología, dialectológico, dialectólogo.

dialectología f. Parte de la lingüística dedicada al estudio de los dialectos.

dialipétalo, la adj. Se apl. a la corola de pétalos no soldados entre sí, y a la flor que tiene este tipo de corola, como el alhelí y la rosa.

dialisépalo, la adj. Se apl. al cáliz de sépalos no soldados entre sí, y a la flor que tiene este tipo de cáliz, como la amapola y el clavel.

diálisis f. Proceso de difusión selectiva a través de una membrana que permite el paso de ciertos cuerpos y evita el de otros. ‖ Método terapéutico que, mediante un riñón artificial, tiene por objeto eliminar sustancias nocivas de la sangre cuando el riñón no puede hacerlo. ◆ No varía en pl. ‖ FAM. dialítico.

dialogante adj. Partidario del diálogo, abierto a él.

dialogar intr. Conversar dos o más personas intercambiándose el turno de palabra. ‖ Discutir puntos de vista para lograr un acuerdo.

diálogo m. Conversación entre dos o más personas que se intercambian el turno de palabra. ‖ Discusión de distintos puntos de vista para intentar lograr un acuerdo o un acercamiento entre posturas. ‖ Género literario en que se finge una conversación o discusión entre dos o más personajes en que se exponen ideas opuestas. ‖ **diálogo de besugos** *col.* Conversación absurda y sin sentido. ‖ **diálogo de sordos** *col.* Conversación en que ninguno de los interlocutores parece escuchar al otro. ‖ FAM. dialogante, dialogar, dialogismo, dialogístico, dialoguista.

diamante m. Piedra preciosa formada de carbono puro cristalizado, que es el más brillante y duro de todos los minerales y por ello muy apreciado para la fabricación de joyas. ‖ Uno de los palos de la baraja francesa. Más en pl. ‖ **diamante bruto** o **en bruto** El que está aún sin tallar. ‖ Que tiene muchas cualidades en potencia, pero aún están sin desarrollar, sin pulir o sin explotar. ‖ FAM. diamantífero, diamantino, diamantista.

diamantífero, ra adj. Se apl. al lugar que contiene diamantes.

diamantina f. *amer.* Purpurina.

diametral adj. Del diámetro o relativo a él: *perímetro diametral.*

diámetro m. En geom., línea recta que pasa por el centro y une dos puntos opuestos de una circunferencia, una superficie esférica o una curva cerrada. ‖ FAM. diametral, diametralmente.

diana f. Toque militar para que la tropa se despierte. ‖ Punto central de un blanco de tiro. ‖ Blanco de tiro circular formado por varias circunferencias concéntricas.

diantre m. *col.* Demonio, diablo. || interj. *col.* Expresa enfado o sorpresa.

diapasón m. En mús., intervalo de una octava que se utiliza para regular el resto de los sonidos de un sistema musical. || Instrumento de acero en forma de horquilla que cuando se hace vibrar produce un tono determinado. || Escala de notas que abarca una voz o un instrumento. || Trozo de madera que cubre el mástil de los instrumentos de arco sobre el cual se pisan las cuerdas con los dedos.

diapositiva f. Fotografía positiva obtenida en un material transparente para ser proyectada, filmina.

diarero, ra o **diariero, ra** adj. y s. *amer.* Vendedor o repartidor de diarios.

diario, ria adj. Correspondiente a todos los días o que se repite con mucha frecuencia. || m. Periódico que se publica todos los días. || Cuaderno o libro en que se recogen acontecimientos y pensamientos día a día. || Gasto fijo que se produce cada día en una casa. || **diario hablado** Conjunto de noticias que se emite a una hora determinada. || **a diario** loc. adv. Todos los días, cada día. || **de diario** loc. adj. Que se usa todos los días, cotidiano. || FAM. diarero, diariamente, diariero, diarismo, diarista.

diarismo m. *amer.* Periodismo.

diarrea f. Anormalidad en la función del aparato digestivo que se caracteriza por las frecuentes evacuaciones y por la consistencia líquida de las mismas. || **diarrea mental** *col.* Confusión de ideas. || FAM. diarreico.

diáspora f. Dispersión de un pueblo por varios lugares del mundo, en especial la comunidad judía. || P. ext., dispersión de un conjunto de personas: *diáspora vacacional.*

diástole f. Movimiento de dilatación del corazón y de las arterias, cuando la sangre penetra en su cavidad. || FAM. diastólico.

diátesis f. Predisposición orgánica a contraer una determinada enfermedad. || En ling., término que alterna con el de *voz* para designar este accidente gramatical del verbo: *diátesis activa, pasiva.* ◆ No varía en pl.

diatomea adj. y f. De las diatomeas o relativo a esta clase de algas. || f. pl. Clase de algas de color pardo que habitan en el mar, el agua dulce o en la tierra húmeda, características por su caparazón silíceo formado por dos valvas de tamaño desigual.

diatónico, ca adj. Se apl. al sistema musical que procede por la alternancia de dos tonos y un semitono: *escala diatónica.*

diatriba f. Discurso o escrito violento e injurioso contra personas o cosas.

diávolo m. Diábolo.

dibranquial adj. y m. De los dibranquiales o relativo a esta subclase de cefalópodos. || m. pl. Subclase de moluscos cefalópodos que tienen dos branquias y ocho o diez tentáculos, como el pulpo y el calamar.

dibujante adj. y com. Que dibuja. || com. Persona que se dedica profesionalmente al dibujo.

dibujar tr. Trazar sobre una superficie una figura empleando un instrumento adecuado. || Describir detalladamente con palabras. || prnl. Revelarse lo que estaba oculto, dejarse ver, manifestarse: *se le dibujaba la ironía en la mirada.* || FAM. dibujante, dibujo.

dibujo m. Arte y técnica de dibujar. || Delineación, figura o imagen ejecutada en líneas claras y oscuras, que toma nombre del material con que se hace: *dibujo al carbón, a lápiz.* || Motivo decorativo, combinación de líneas o figuras para adornar un objeto. || **dibujos animados** Los que se fotografían en una película sucesivamente y que al ir recogiendo los sucesivos cambios de posición imitan el movimiento de seres vivos.

dicción f. Manera de pronunciar. || Manera de hablar o escribir que se caracteriza por la corrección y la pulcritud.

diccionario m. Libro en el que, por orden generalmente alfabético, se contienen y definen todas las palabras de uno o más idiomas o las de una materia o disciplina determinada. || FAM. diccionarista.

dicha f. Felicidad, satisfacción. || Suerte favorable. || FAM. dichoso.

dicharachero, ra adj. y s. Se apl. a la persona que conversa animadamente y es propensa a emplear dichos graciosos en las conversaciones. || FAM. dicharacho.

dicho m. Palabra o conjunto de palabras con que se expresa oralmente una máxima, una observación o un consejo popular. || Ocurrencia chistosa y oportuna. || **dicho y hecho** loc. Expresión con que se explica la prontitud en hacer una cosa. || FAM. dicharachero.

dichoso, sa adj. Feliz, que disfruta de dicha. || Que produce dicha. || *col.* Enfadoso, molesto: *¡ya está aquí esa dichosa mosca!* ◆ Generalmente, en esta acepción va antepuesto al nombre. || FAM. dichosamente.

diciembre m. Duodécimo y último mes del año, entre noviembre y enero, que tiene treinta y un días.

dicotiledóneo, a adj. y f. De las dicotiledóneas o relativo a esta familia de plantas. || f. pl. Familia de plantas angiospermas cuya semilla tiene dos cotiledones, como la judía y la malva.

dicotomía f. División en dos partes de una cosa. || FAM. dicotómico, dicótomo.

dictado m. Lectura de un texto en voz alta y a velocidad moderada para que pueda ser copiado. || Texto escrito tras esta lectura. || pl. Inspiraciones o preceptos de la razón o la conciencia: *sigue los dictados del corazón.* || **escribir** uno **al dictado** loc. Escribir lo que otro dicta: *escribe al dictado las cartas que le lee su jefa.*

dictador, ra m. y f. Gobernante que asume todos los poderes del Estado y que no se somete a control constitucional ni legislativo alguno. || adj. y s. Persona que abusa de su autoridad o trata con dureza a los demás. || FAM. dictadura, dictatorial, dictatorialmente.

dictadura f. Gobierno que prescinde del ordenamiento jurídico para ejercer la autoridad sin limitaciones en un país y cuyo poder se concentra en una sola persona. || Tiempo que dura este gobierno. || País con esta forma de gobierno. || Fuerza dominante, concentración de la autoridad en un individuo, un organismo o una institución, generalmente.

dictáfono m. Aparato que graba y reproduce lo que se le dicta.

dictamen m. Opinión y juicio que se forma o emite sobre algo, especialmente el que hace un especialista. || FAM. dictaminador, dictaminar.

dictaminar intr. Emitir dictamen sobre un asunto.

dictar tr. Leer un texto en voz alta y a velocidad moderada para que pueda ser copiado. || Expedir o pronunciar una ley, un fallo o una normativa: *dictar sentencia.* || Pronunciar una conferencia. || Inspirar, sugerir, influir. || FAM. dictado, dictador, dictáfono, dictamen.

dictatorial adj. De la dictadura o del dictador o relativo a ellos.

dicterio m. Dicho insultante y provocador, ofensa. Más en pl.

didáctica f. Área de la pedagogía que se ocupa de las técnicas y métodos de enseñanza. || FAM. didácticamente, didacticismo, didáctico, didactismo.

didáctico, ca adj. De la enseñanza, relacionado con ella o adecuado para ella: *material, juego didáctico.*

didactismo m. Conjunto de condiciones apropiadas para la enseñanza.

diecinueve adj. y pron. num. card. Diez más nueve. || adj. num. ord. Que ocupa el lugar número diecinueve en una serie ordenada de elementos, decimonoveno o decimonono. También m., aplicado a los días del mes. || m. Conjunto de signos con que se representa este número: *19.* || FAM. diecinueveavo.

dieciochesco, ca adj. Del siglo XVIII o relativo a él.

dieciocho adj. y pron. num. card. Diez más ocho. || adj. num. ord. Que ocupa el lugar número dieciocho en una serie ordenada de elementos, decimoctavo. También m., aplicado a los días del mes. || m. Conjunto de signos con que se representa este número: *18.* || FAM. dieciochavo, dieciocheno, dieciochesco, dieciochavo.

dieciséis adj. y pron. num. card. Diez más seis. || adj. num. ord. Que ocupa el lugar número dieciséis en una serie ordenada de elementos, decimosexto. También m., aplicado a los días del mes. || m. Conjunto de signos con que se representa este número: *16.* ◆ No varía en pl. || FAM. dieciseisavo.

diecisiete adj. y pron. num. card. Diez más siete. || adj. num. ord. Que ocupa el lugar número diecisiete en una serie ordenada de elementos, decimoséptimo. También m., aplicado a los días del mes. || m. Conjunto de signos con que se representa este número: *17.* || FAM. diecisieteavo.

diedro adj. y m. En geom. se apl. al ángulo formado por dos semiplanos que se cortan.

diente m. Cada una de las piezas duras y blancas implantadas en los huesos maxilares del hombre y algunos animales destinadas a sujetar, partir o triturar los alimentos. || Cada una de las puntas o salientes que presentan algunas cosas, y en especial los que tienen ciertos instrumentos o herramientas: *diente de una rueda, de sierra.* || Cada una de las partes en que se divide la cabeza del ajo. || **diente canino** Cada uno de los cuatro dientes situados entre los incisivos y los premolares, llamados también *colmillos.* || **diente de leche** Cada uno de los de primera dentición que se cambian al cumplir cierta edad. || **diente de león** Planta herbácea compuesta

de propiedades medicinales, con hojas lanceoladas y dentadas y flores amarillas. || **diente incisivo** Cada uno de los dientes de los mamíferos situados en la parte central y anterior de la boca. || **diente molar** Cada una de las muelas de los mamíferos. || **dar diente con diente** loc. *col.* Tiritar, castañetear los dientes por frío o por miedo. || **enseñar** o **mostrar los dientes** loc. Demostrar que se está dispuesto a atacar. || **hablar** uno **entre dientes** loc. *col.* Hablar de modo que no se entienda lo que se dice, refunfuñar, murmurar. || **hincar el diente** loc. *col.* Empezar a comer. || *col.* Apropiarse de algo ajeno. || *col.* Enfrentarse a algo que presenta alguna dificultad. || **pelar el diente** loc. *amer. col.* Sonreír mucho por coquetería. || *amer. col.* Halagar, adular. || **poner los dientes largos** loc. *col.* Provocar mucho deseo o envidia. || FAM. dentado, dentadura, dental, dentario, dentellar, dentera, dentición, dentífrico, dentina, dentón, dentudo, dientudo.

dientudo, da adj. *amer.* De dientes grandes y desproporcionados.

diéresis f. Signo ortográfico (¨) que se pone sobre la *u* de las sílabas *gue, gui,* para indicar que esta vocal debe pronunciarse, como en *lingüística.* || Licencia poética que permite, en un verso, deshacer un diptongo para obtener dos sílabas métricas. ◆ No varía en pl.

diésel o **diesel** m. Motor de combustión interna por inyección y compresión de aire y combustible, que no necesita bujías. || Coche que funciona con este tipo de motor. ◆ No varía en pl.

diestra f. Mano derecha.

diestro, tra adj. Lo que queda a la derecha. || Hábil, experto en una actividad. || Se apl. a la persona que usa preferentemente las extremidades derechas. También s. ◆ sup. irreg.: *destrísimo.* || m. Matador de toros. ◆ Suele usarse en m. para los dos géneros: *el/la diestro.* || **a diestro y siniestro** loc. adv. A todos lados, indiscriminadamente, sin orden ni miramiento. || FAM. destral, destreza, diestra, diestramente.

dieta f. Alimentación habitual de una persona. || Régimen alimenticio que se ha de guardar por distintas razones. || Conjunto de comidas y bebidas que componen este régimen alimenticio. || FAM. dietética, dietético, dietista.

dieta f. Cantidad que suele abonarse a un empleado cuando realiza actividades fuera de su residencia habitual. Más en pl. || Asamblea política y legislativa de algunos Estados. ◆ Se escribe con mayúscula. || FAM. dietario.

dietario m. Libro en que se anotan los ingresos y gastos diarios de una casa. || Diario, cuaderno o libro en que se anotan los sucesos del día.

dietética f. Ciencia que trata de la relación entre la alimentación y la buena salud.

dietético, ca adj. De la dieta alimenticia o de la dietética, o relativo a ambas.

dietista com. Médico especialista en dietética.

diez adj. y pron. num. card. Nueve más uno. || adj. num. ord. Que ocupa el lugar número diez en una serie ordenada de elementos, décimo. También m., aplicado a los días del mes. || m. Conjunto de signos con que se representa este número: *10.* || FAM. diecinueve, dieciocho, dieciséis, diecisiete.

diezmar tr. Causar gran mortandad en un territorio una epidemia o una catástrofe natural. || Disminuir, causar bajas. || Pagar el diezmo a la Iglesia.

diezmilésimo, ma adj. num. ord. Que ocupa el lugar número diez mil en una serie ordenada de elementos. || adj. num. frac. Se apl. a cada una de las diez mil partes iguales en que se divide un todo. También f.

diezmilímetro m. Décima parte de un milímetro.

diezmo m. Parte de la cosecha, generalmente la décima, que se pagaba como tributo a la Iglesia o al rey. || FAM. diezmar.

difamación f. Daño que se hace a la reputación de una persona publicando cosas que perjudiquen su buena fama.

difamar tr. Desacreditar a una persona publicando cosas contra su buena fama. || FAM. difamación, difamador, difamante, difamatorio.

difamatorio, ria adj. Que difama.

diferencia f. Cualidad o aspecto por el cual una persona o cosa se distingue de otra. || Desacuerdo, discordia. || En mat., resultado de una resta. || **a diferencia de** loc. prepos. Se utiliza para mostrar la discrepancia que hay entre dos cosas, o compararlas entre sí: *a diferencia del resto de mi familia, yo tengo los ojos azules*. || FAM. diferenciación, diferencial, diferenciar, diferendo, diferente, diferentemente.

diferenciación f. Determinación de las diferencias entre personas o cosas. || Proceso por el cual dos personas o cosas se diferencian. || En mat., operación por la cual se calcula la diferencial de una función.

diferencial adj. De la diferencia y relativo a ella. || f. En mat., cantidad infinitamente pequeña de una variable. || En mat., derivada de una función. || m. Mecanismo del automóvil que permite que las ruedas exteriores giren a mayor velocidad que las interiores en las curvas.

diferenciar tr. Hacer distinción entre personas o cosas. || prnl. Diferir, distinguirse una persona o cosa de otra.

diferendo m. *amer.* Diferencia, desacuerdo o discrepancia entre instituciones o estados.

diferente adj. Diverso, distinto. || adv. m. De forma distinta.

diferido, da adj. Aplazado, retardado. || **en diferido** loc. adj. y adv. En radio y televisión, se apl. al programa que se emite con posterioridad a su grabación.

diferir tr. Dilatar, retardar o suspender la ejecución de una cosa. || intr. Distinguirse. || Discrepar con alguien o algo. ◆ Irreg. Se conj. como *sentir.* || FAM. diferido.

difícil adj. Que no se logra, ejecuta o entiende sin mucho trabajo. || Que existe poca probabilidad de que ocurra. || Se apl. a la persona poco tratable. || FAM. difícilmente, dificultad, dificultar, dificultoso.

dificultad f. Cualidad de difícil. || Inconveniente, contrariedad, obstáculo.

dificultar tr. Hacer difícil una cosa, introduciendo obstáculos o inconvenientes que antes no tenía.

dificultoso, sa adj. Que entraña dificultad, complicado. || FAM. dificultosamente.

difracción f. En fís., dispersión de un rayo de luz cuando es interceptado por un obstáculo, como otro rayo, un cuerpo opaco o una abertura estrecha.

difteria f. Enfermedad infecciosa caracterizada por la formación de falsas membranas en las mucosas, comúnmente de la garganta, que impiden la respiración. || FAM. diftérico.

difuminar tr. y prnl. Desdibujar los colores o los contornos con el dedo o con un difumino. || Hacer perder nitidez, claridad o intensidad. || FAM. difumino.

difumino m. Rollito de papel en forma de lapicero para difuminar los dibujos.

difundir tr. Extender, esparcir. También prnl. || Propagar o divulgar: *difundir un rumor.* También prnl. || FAM. difusión, difusivo, difuso, difusor.

difunto, ta adj. y s. Que ha muerto, cadáver. || FAM. defunción.

difusión f. Propagación de algo, especialmente de un conocimiento o de una noticia. || Extensión, dilatación, aumento del espacio que ocupa algo: *difusión del sonido.*

difuso, sa adj. Ancho, dilatado, extenso y poco preciso. || Impreciso, borroso, poco claro. || FAM. difusamente.

difusor, ra adj. y m. Que difunde o extiende.

digerir tr. Convertir en el aparato digestivo los alimentos en sustancia propia para la nutrición. || Meditar cuidadosamente una cosa para entenderla o ejecutarla. || Asimilar o superar una desgracia o una ofensa. ◆ Irreg. Se conj. como *sentir.* || FAM. digerible.

digestión f. Conjunto de procesos que transforman los alimentos en sustancias más simples, asimilables por el organismo. || FAM. digerir, digestibilidad, digestible, digestivo.

digestivo, va adj. Se apl. a las operaciones y a las partes del organismo que participan en la digestión. || Que ayuda a la digestión. También m.

digitado, da adj. Se apl. a la hoja que tiene forma de dedos. || Que tiene sueltos los dedos de las cuatro extremidades.

digital adj. De los dedos o relativo a ellos: *huella digital.* || Se apl. al aparato o instrumento que mide cantidades y las representa con números dígitos. || f. Planta herbácea escrofulariácea de tallo sencillo con pocas ramas, hojas vellosas y flores en racimo, que se emplea en medicamentos que combaten la insuficiencia cardiaca. || Flor de esta planta. || FAM. digitalina.

digitalina f. Sustancia amarilla y de sabor amargo que se obtiene a partir de las hojas de la digital y se emplea como medicamento cardiaco.

digitalizar tr. En inform., transformar una información a un sistema de dígitos para su tratamiento informático. || FAM. digitalización.

digitígrado, da adj. Se apl. al animal que solo apoya los dedos al andar.

dígito m. Cada una de las cifras que expresan un número. || Cada una de las doce partes iguales en que se divide el diámetro aparente del Sol y el de la Luna en los cómputos de los eclipses. || FAM. digitación, digitado, digital, digitalizar, digitígrado.

diglosia f. Convivencia de dos o más lenguas distintas, con un rango de uso diferente, en una misma zona geográfica.

dignarse prnl. Tener a bien hacer algo. ◆ Se construye sin prep.: *no se dignó recibirlos*, aunque es muy frecuente el empleo de *a*.

dignatario, ria m. y f. Persona investida de una dignidad o cargo elevado.

dignidad f. Cualidad de digno, que se comporta con decoro y se hace respetar. || Excelencia, realce. || Seriedad de las personas en la manera de comportarse. || Cargo honorífico o de autoridad. || Persona que tiene este cargo: *dignidades eclesiásticas*.

dignificar tr. y prnl. Hacer digna o presentar como tal a una persona o cosa. || FAM. dignificable, dignificación, dignificante.

digno, na adj. Que merece algo, en sentido favorable o adverso: *es digno de desprecio*. || Correspondiente, proporcionado al mérito y condición de una persona o cosa: *recibió un digno castigo a su maldad*. || Que tiene un comportamiento serio, mesurado. || Que permite mantenerse con dignidad: *salario digno*. || FAM. dignamente, dignarse, dignatario, dignidad, dignificar.

dígrafo m. Signo ortográfico compuesto de dos grafemas para representar un único sonido, como la *ll*.

digresión f. Desviación en el hilo del discurso oral o escrito para expresar algo que se aparta del tema que se está tratando.

dije m. Joya, alhaja colgante que se lleva como adorno colgando de una cadena o de una pulsera. || *amer. col.* Lo que cautiva con su belleza, amabilidad o bondad.

dilación f. Retraso o demora de algo por un tiempo. || FAM. dilatorio.

dilapidación f. Gasto imprudente y desmesurado.

dilapidar tr. Malgastar los bienes sin prudencia y sin mesura. || FAM. dilapidación, dilapidador.

dilatación f. Alargamiento, aumento de tamaño. || Extensión en el tiempo. || En fís., variación del volumen de un cuerpo por la acción del calor, que separa las moléculas y disminuye la densidad. || Ensanchamiento del cuello del útero para posibilitar la salida del feto.

dilatar tr. Extender, alargar, hacer mayor una cosa en espacio o en tiempo. También prnl. || Diferir, retardar. || Propagar, extender. También prnl. || Ensanchar el cuello del útero para posibilitar la salida del feto en un alumbramiento. || FAM. dilatabilidad, dilatable, dilatación, dilatadamente, dilatado, dilatador.

dilatorio, ria adj. Que provoca dilación o demora. || En der., que sirve para prorrogar la tramitación de un asunto judicial.

dildo m. Artefacto erótico que reproduce los genitales masculinos en un material blando cubierto de látex.

dilecto, ta adj. Amado con sentimiento honesto y respetuoso. ◆ Es de uso principalmente literario. || FAM. dilección.

dilema m. Obligación de seleccionar entre dos opciones distintas. || Argumento formado por dos proposiciones contrarias, de manera que negada o afirmada cualquiera de ellas, queda demostrado lo que se intenta probar.

diletante adj. y com. Que practica una ciencia o un arte sin tener capacidad ni conocimientos suficientes. ◆ Tiene un matiz peyorativo. || FAM. diletantismo.

diligencia f. Cuidado, prontitud, agilidad y eficiencia con que se lleva a cabo una gestión. || Trámite administrativo para lograr un fin. || Documento oficial que verifica ciertos trámites administrativos y deja constancia de ellos. || Coche grande arrastrado por caballerías que estaba destinado al transporte de viajeros. || FAM. diligenciar, diligente.

diligenciar tr. Poner los medios necesarios para el logro de una solicitud. || Tramitar un asunto administrativo.

diligente adj. Cuidadoso, que obra con interés y atención. || Rápido, activo. || FAM. diligentemente.

dilucidar tr. Aclarar y explicar un asunto, ponerlo en claro. || FAM. dilucidación, dilucidador.

dilución f. Disolución de un cuerpo sólido en un líquido.

diluir tr. Disolver, desunir las partes de un cuerpo sólido dentro de un líquido. También prnl. || Hacer disminuir la concentración, aclarar una disolución. También prnl. || Difuminar, hacer menos nítido. También prnl. ◆ **Irreg.** Se conj. como *huir*. || FAM. dilución, diluyente.

diluvial adj. En geol, se apl. al terreno constituido por depósitos de materias arenosas que fueron arrastradas por grandes corrientes de agua.

diluviar intr. impers. Llover abundantemente.

diluvio m. Lluvia muy abundante y fuerte. || Abundancia excesiva de algo: *diluvio de felicitaciones*. || FAM. diluvial, diluviano, diluviar.

diluyente adj. y m. Que diluye o disuelve.

dimanación f. Acción y resultado de dimanar.

dimanar intr. Proceder una cosa de otra: *su seguridad dimana de su experiencia*. || Proceder el agua de sus manantiales. || FAM. dimanación, dimanante.

dimensión f. Longitud, extensión o volumen de una línea, una superficie o un cuerpo, respectivamente. || Cada una de estas magnitudes que definen un fenómeno físico. || Importancia, magnitud o alcance que puede adquirir un acontecimiento o suceso. Más en pl.: *conflicto de grandes dimensiones*. || FAM. dimensional, dimensionalidad, dimensionar.

dimensionar tr. Establecer las dimensiones exactas de algo.

dimes y diretes loc. Comentarios, réplicas y cotilleos entre dos o más personas dentro de una conversación intrascendente.

diminutivo, va adj. En gram., se apl. al sufijo que expresa menor tamaño o da valor afectivo al vocablo al que se une. || m. Palabra formada con este sufijo.

diminuto, ta adj. Excesivamente pequeño. || FAM. diminutivo.

dimisión f. Renuncia al cargo que se desempeña.

dimisionario, ria adj. y s. Que dimite o ha dimitido.

dimitir intr. Renunciar, dejar el cargo que se desempeña. || FAM. dimisión, dimisionario.

dimorfismo m. Cualidad de ciertos minerales que presentan dos formas cristalinas pertenecientes a clases de simetría distintas. || Fenómeno por el cual, en una misma especie, aparecen dos formas o dos aspectos anatómicos diferentes: *dimorfismo sexual.* || FAM. dimorfo.

dina f. Unidad de fuerza en el sistema cegesimal que equivale a la fuerza necesaria para comunicar a la masa de un gramo la aceleración de un centímetro por segundo.

dinámica f. Parte de la mecánica que trata de las leyes del movimiento en relación con las fuerzas que lo producen. || Forma de suceder una cosa, conjunto de fuerzas que actúan en un sentido. || FAM. dinámico, dinamismo, dinamizador, dinamizar, dinamo, dinamómetro.

dinámico, ca adj. De la dinámica o relativo a esta parte de la mecánica. || Relativo a la fuerza cuando produce movimiento. || Se apl. a la persona activa, enérgica.

dinamismo m. Energía activa, vitalidad que estimula los cambios o el desarrollo. || Capacidad para hacer o emprender actividades con energía y rapidez.

dinamita f. Mezcla explosiva de nitroglicerina con un cuerpo muy poroso que la absorbe y disminuye los riesgos de su manejo. || col. Lo que tiene capacidad para crear alboroto: *ese chico es pura dinamita.* || FAM. dinamitar, dinamitero.

dinamitar tr. Volar con dinamita alguna cosa. || Destruir, entorpecer el funcionamiento de alguna cosa: *dinamitaron el estreno de la película.*

dinamitero, ra m. y f. Persona especializada en provocar explosiones con dinamita.

dinamización f. Creación de dinamismo en una actividad.

dinamizar tr. Añadir dinamismo a una actividad, desarrollarla o hacer que cobre más importancia. || FAM. dinamización.

dinamo o **dínamo** f. Máquina destinada a transformar la energía mecánica en energía eléctrica o viceversa.

dinamómetro m. Instrumento que sirve para medir las fuerzas motrices y para probar la resistencia de las máquinas.

dinar m. Unidad monetaria de varios Estados.

dinastía f. Serie de monarcas que en un determinado país pertenecen a una misma familia. || Familia en cuyos individuos se perpetúa el poder, una actividad o la influencia en algún sector. || FAM. dinástico.

dinástico, ca adj. De la dinastía o relativo a ella.

dineral m. Cantidad grande de dinero.

dinerario, ria adj. Del dinero como instrumento de cambio o relativo a él: *préstamo dinerario.*

dinero m. Moneda corriente, que tiene valor legal. || Fortuna, riqueza, conjunto de bienes. || **dinero negro** El que circula sin ser declarado al fisco. || FAM. dinerada, dineral, dinarario, dinerillo.

dingo m. Mamífero carnívoro cánido australiano de tamaño medio, parecido al perro salvaje, de pelo corto amarillento o rojizo, tronco robusto y cola poblada, que se caracteriza por su instinto depredador.

dinosaurio m. Grupo de reptiles fósiles que vivieron durante la era mesozoica, de cabeza pequeña, cuello largo, cola robusta y larga y las patas anteriores más cortas que las posteriores.

dintel m. Parte superior de las puertas y ventanas que carga sobre las jambas.

diñar tr. *vulg.* Morir. ◆ Se usa casi exclusivamente en la forma *diñarla.*

diocesano, na adj. De la diócesis o relativo a esta jurisdicción eclesiástica: *curia diocesana.*

diócesis f. Territorio sujeto a la jurisdicción de un prelado. ◆ No varía en pl. || FAM. diocesano.

diodo m. Válvula electrónica que consta de un ánodo frío y un cátodo caldeado, que se emplea como rectificador de corriente y en aparatos electrónicos.

dioico, ca adj. Se apl. a la planta que tiene los órganos sexuales masculinos en distinto pie que los femeninos.

dionisíaco, ca o **dionisiaco, ca** adj. Del dios griego Dioniso, relacionado con él o poseedor de sus características. || Que puede proporcionar un placer desenfrenado. || Relacionado con el vino o la borrachera.

dioptría f. Unidad de medida usada por los oculistas y que equivale al poder de una lente cuya distancia focal es de un metro. || Unidad que mide el grado de defecto visual de un ojo. || FAM. dioptrio.

diorama m. Lámina transparente pintada por las dos caras que permite ver imágenes distintas según sea iluminada por un lado o por otro.

dios, sa m. y f. Cualquiera de las deidades de las religiones politeístas. || Persona destacada y muy admirada por alguna cualidad: *diosa de la belleza.* || m. Nombre del ser supremo, creador del universo, según las religiones monoteístas. ◆ Se escribe con mayúscula. || **a la buena de Dios** loc. adv. col. Sin preparación, de cualquier manera. || **andar o ir con Dios** loc. Fórmula de despedida. || **¡bendito sea Dios!** loc. Expresión que denota enfado o también conformidad en un contratiempo. || **como Dios** loc. adv. col. Muy bien, estupendamente. || **como Dios le da o dio a entender** loc. adv. col. De cualquier manera, sin reflexión o sin medios. || **como Dios manda** loc. adj. y adv. Como debe ser según ciertas normas sociales. || **¡Dios mío!** loc. Expresión que sirve para significar admiración, extrañeza, dolor o sobresalto. || **Dios mediante** loc. Si Dios quiere, si no hay contratiempos. || **Dios y ayuda** loc. col. Con mucho esfuerzo. || **la de Dios es Cristo** loc. col. Alboroto grande. || **no haber Dios que** loc. col. No haber nadie que realice la acción que se menciona. || **¡sabe Dios!** loc. Expresión con que se manifiesta la inseguridad o ignorancia de lo que se trata. || **todo dios** loc. col. Todo el mundo. || **¡válgame Dios!** loc. Expresión que indica con cierta moderación el disgusto o sorpresa que nos causa una cosa. || **¡vaya por Dios!** loc. Expresión que manifiesta decepción o desagrado. || FAM. deicidio, deidad, deificar, deísmo, divino.

dioscoreáceo, a adj. y f. De las dioscoreáceas o relativo a esta familia de plantas. || f. pl. Familia de plantas herbáceas angiospermas monocotiledóneas, frecuentemente con raíces tuberosas o rizomas, hojas opuestas o alternas, acorazonadas, flores comúnmente unisexuales, en racimo o espiga, y frutos en cápsulas o baya, como el ñame.

dióxido m. En quím., compuesto cuya molécula contiene dos átomos de oxígeno y uno de otro elemento. || **dióxido de carbono** Gas más pesado que el aire, inodoro, incoloro, incombustible y asfixiante, que se produce en las combustiones y en algunas fermentaciones por la combinación del carbono con el oxígeno.

dipétalo, la adj. Se apl. a la flor que tiene dos pétalos.

diploclamídeo, a adj. Se apl. a la flor que tiene dos periantos o un conjunto doble formado por el cáliz y la corola.

diplodoco o **diplodocus** m. Dinosaurio que medía más de 25 m de longitud, con la cabeza pequeña, el cuello y la cola muy largos y el cuerpo rechoncho. ◆ La segunda forma no varía en pl.

diploide adj. Se apl. al organismo o a cualquiera de sus fases de crecimiento que tiene doble dotación de cromosomas.

diploidía f. Estado de una célula, tejido u organismo en el que todos sus núcleos poseen dos juegos completos de cromosomas. ‖ FAM. diploide.

diploma m. Título o certificación que expiden ciertas entidades para acreditar generalmente un grado académico o un premio. ‖ FAM. diplomacia, diplomado, diplomar, diplomatista, diplomático.

diplomacia f. Ciencia dedicada al estudio y práctica de las relaciones internacionales entre Estados. ‖ Conjunto de personas e instituciones que intervienen en esas relaciones. ‖ col. Habilidad, sagacidad y disimulo. ‖ FAM. diplomática, diplomático.

diplomado, da adj. y s. Persona que ha obtenido un diploma o una diplomatura.

diplomar tr. Conceder a alguien un título que certifique haber completado ciertos estudios. ‖ prnl. Obtenerlo, graduarse.

diplomática f. Ciencia que estudia los diplomas antiguos y otros documentos de solemnidad. ‖ Diplomacia.

diplomático, ca adj. De la diplomacia o relativo a ella. ‖ Hábil, sagaz para el trato con las personas. ‖ m. y f. Persona que se dedica profesionalmente a las relaciones internacionales y representa a su país en un Estado extranjero. ‖ FAM. diplomáticamente.

diplomatura f. Grado académico que se obtiene tras cursar los estudios correspondientes al primer ciclo universitario.

dipneo, a adj. y m. Dotado de respiración branquial y pulmonar.

dipnoo adj. y m. De los dipnoos o relativo a esta subclase de peces. ‖ m. pl. Subclase de peces osteíctios con el cuerpo alargado, aletas en forma de paleta y que además de branquias tienen pulmones, lo que les permite vivir enterrados en el fango durante la estación seca.

dipsáceo, a adj. y f. De las dipsáceas o relativo a esta familia de plantas. ‖ f. pl. Familia de plantas angiospermas dicotiledóneas, herbáceas, con hojas opuestas y sin estípulas, flores en espiga o cabezuela y fruto en aquenio, como la cardencha.

dipsomanía f. Tendencia irresistible al abuso de las bebidas alcohólicas, alcoholismo. ‖ FAM. dipsomaníaco, dipsómano.

díptero, ra adj. y m. Se apl. al edificio que tiene dos costados salientes y a la estatua que tiene dos alas. ‖ De los dípteros o relativo a este orden de insectos. ‖ m. pl. Orden de insectos que tienen un aparato bucal dispuesto para chupar o picar y únicamente dos alas membranosas, como las moscas y los mosquitos.

díptico m. Cuadro o bajorrelieve formado con dos tableros que se cierran por un costado, como las tapas de un libro.

diptongación f. Transformación de una vocal en un diptongo. ‖ En la pronunciación, unión de dos vocales en una sola sílaba.

diptongar intr. Transformar una vocal en un diptongo. ‖ tr. En la pronunciación, unir dos vocales en una sola sílaba.

diptongo m. Unión de dos vocales, una fuerte y otra débil, o dos débiles, que se pronuncian en una sola sílaba. ‖ FAM. diptongación, diptongar.

diputación f. Conjunto de los diputados. ‖ Ejercicio y duración del cargo de diputado. ‖ Lugar donde se reúnen los diputados.

diputado, da m. y f. Persona nombrada por elección popular como representante en una cámara legislativa, internacional, nacional o provincial. ‖ FAM. diputación, diputar.

dique m. Muro artificial hecho para contener la fuerza de las aguas o del oleaje. ‖ Recinto cerrado en la orilla de una dársena en donde se limpian y reparan los barcos cuando baja la marea: *dique seco*. ‖ Lo que sirve para contener.

dirección f. Rumbo que un cuerpo sigue en su movimiento. ‖ Destino. ‖ Consejos, enseñanzas o normas que se dan para encaminar una actividad. ‖ Persona o conjunto de personas encargadas de dirigir una empresa, establecimiento o sociedad. ‖ Cargo de director. ‖ Oficina o despacho del director. ‖ Domicilio de una persona o una institución. ‖ Técnica para la realización de una película, obra de teatro o programa de televisión. ‖ Señas escritas en una carta, paquete postal o cualquier otro envío para indicar el destinatario. ‖ Mecanismo que sirve para guiar los vehículos automóviles. ‖ **dirección asistida** Mecanismo que facilita el movimiento del volante en un vehículo.

direccional m. *amer.* Intermitente de un automóvil.

directa f. Marcha en los vehículos automóviles que permite conseguir la máxima velocidad.

directiva f. Junta de gobierno de una corporación o sociedad. ‖ Ley, norma o recomendación.

directivo, va adj. y s. Que tiene facultad o virtud de dirigir. ‖ m. y f. Miembro de una junta de dirección.

directo, ta adj. Derecho o en línea recta: *este camino va directo a tu casa*. ‖ Que va de una parte a otra sin detenerse en los puntos intermedios: *tren directo*. ‖ Sin intermediario: *venta directa*. ‖ Sin rodeos: *me voy directo a casa; es demasiado directo con la gente*. ‖ Que se sigue de padres a hijos: *es descendiente directo de Napoleón*. ‖ En gram., se apl. al complemento que se adjunta a un verbo transitivo para expresar el objeto de la acción verbal y así completar el significado del verbo. ‖ **en directo** loc. adj. y adv. En radio y televisión, se apl. al programa que se emite a la vez que se realiza. ‖ FAM. directamente.

director, ra adj. Que dirige. ‖ m. y f. Persona que dirige una empresa, un negocio, una compañía teatral, etc. ‖ FAM. directoral.

directorio, ria adj. Se apl. a lo que sirve para dirigir. ‖ m. Lista o guía de direcciones y nombres. ‖ Normativa de un negocio o una disciplina. ‖ Junta directiva de ciertas asociaciones, partidos u otras instituciones.

directriz f. Conjunto de instrucciones o normas generales para la ejecución de alguna cosa. Más en pl. ‖ En geom., referido a una línea, superficie o volumen, que determina las condiciones de generación de otra línea, superficie o volumen. También adj.

dirham o **dirhem** m. Unidad monetaria de Marruecos y de los Emiratos Árabes Unidos.

dirigencia f. *amer.* Grupo dirigente de una institución u organismo.

dirigente adj. Que dirige. ‖ com. Persona que ejerce una función o cargo directivo en una asociación, organismo o empresa: *dirigentes sindicales.*

dirigible adj. Que puede ser dirigido. ‖ m. Globo aerostático autopropulsado dotado de un sistema de dirección.

dirigir tr. Llevar una cosa hacia un término o lugar señalado. También prnl.: *se dirigió a la salida.* ‖ Decir algo a alguien de palabra o por escrito. También prnl.: *se dirigió al presidente.* ‖ Poner a una carta, paquete postal o cualquier otro envío las señas para indicar el destinatario. ‖ Guiar, conducir. ‖ Encaminar la atención a determinado fin. También prnl. ‖ Gobernar, regir. ‖ Orientar o poner las pautas para la realización de un trabajo. ‖ Aconsejar. ‖ Aplicar a determinada persona un dicho o un hecho. También prnl.: *¿se dirige usted a mí?* ‖ FAM. dirección, direccional, directa, directiva, directivo, directo, director, directorio, directriz, dirigencia, dirigente, dirigible, dirigismo.

dirimir tr. Resolver, poner fin a un desacuerdo. ‖ FAM. dirimente, dirimible.

dis-[1] pref. que indica 'negación', 'separación' o 'distinción': *disgusto, discontinuo, dislocar, distinguir.*

dis-[2] pref. que indica 'dificultad' o 'anomalía': *dislalia, dismenorrea, dislexia.*

discal adj. Del disco intervertebral o relativo a él: *hernia discal.*

discante m. *amer.* Disparate, error, absurdo.

discapacidad f. Limitación para llevar a cabo ciertas actividades provocada por una deficiencia física o psíquica. ‖ FAM. discapacitado.

discapacitado, da adj. y s. Limitado para algunas actividades a causa de una deficiencia física o psíquica.

discar tr. *amer.* Marcar un número de teléfono.

discente adj. y com. Persona que cursa estudios y recibe enseñanzas.

discernimiento m. Juicio por medio del cual percibimos y declaramos la diferencia que existe entre varias cosas.

discernir tr. Distinguir una cosa de otra: *discernir lo verdadero de lo falso.* ‖ En der., encargar el juez a alguien la tutela de un menor u otro cargo. ‖ FAM. discer-

nible, discernidor, discerniente, discernimiento. ◆ **Irreg.** Conjugación modelo:

Indicativo

  Pres.: discierno, disciernes, discierne, discernimos, discernís, disciernen.

  Imperf.: discernía, discernías, discernía, *etc.*

  Pret. perf. simple: discerní, discerniste, discernió, discernimos, discernisteis, discernieron.

  Fut. simple: discerniré, discernirás, discernirá, *etc.*

  Condicional simple: discerniría, discernirías, discerniría, *etc.*

Subjuntivo

  Pres.: discierna, disciernas, discierna, discernamos, discernáis, disciernan.

  Imperf.: discerniera o discerniese, discernieras o discernieses, *etc.*

  Fut. simple: discerniere, discernieres, discerniere, *etc.*

Imperativo: discierne, discernid.

Participio: discernido.

Gerundio: discerniendo.

disciplina f. Conjunto de normas que rigen una actividad o una organización: *disciplina militar.* ‖ Actitud de las personas que acatan estas normas. ‖ Asignatura, materia académica. ‖ Modalidad de un deporte. ‖ Látigo para azotar. Más en pl. ‖ FAM. disciplinable, disciplinado, disciplinal, disciplinante, disciplinar, disciplinario.

disciplinado, da adj. Que respeta la disciplina. ‖ FAM. disciplinadamente.

disciplinar tr. Imponer, hacer guardar las normas o la disciplina. ‖ Azotar por mortificación o por castigo. También prnl.

disciplinario, ria adj. De la disciplina o relativo a ella: *normas disciplinarias.* ‖ Que sirve para mantener la disciplina o para corregir las faltas contra ella: *expediente disciplinario.* ‖ Se apl. al régimen que establece ciertas normas, así como a cualquiera de las penas que se imponen por vía de corrección.

discípulo, la m. y f. Estudiante, alumno. ‖ Persona que sigue la opinión de una escuela o maestro, aun cuando viva en tiempos muy posteriores a ellos. ‖ FAM. discipulado, disciplinar.

disc-jockey (voz i.) com. Persona encargada de seleccionar los discos que se ponen en una discoteca o la que, en algunos programas musicales, comenta y selecciona los discos emitidos. ◆ Comúnmente se abrevia en la forma *dj.*

disco m. Cuerpo circular cuya base es muy grande respecto de su altura. ‖ Lámina circular de material termoplástico empleada en la grabación y reproducción fonográfica. ‖ Cualquier objeto plano y circular. ‖ Figura que presentan el Sol, la Luna y los planetas desde nuestra posición. ‖ Semáforo. ‖ Cada una de las señales luminosas de los semáforos. ‖ Placa metálica circular que ha de lanzarse lo más lejos posible en una prueba atlética. ‖ Esta misma prueba deportiva de lanzamiento. ‖ En inform., soporte magnético utilizado como almacén de datos. ‖ En algunos modelos de teléfono, pieza redonda giratoria que sirve para marcar el número para una llamada. ‖ *col.* Tema repetido y pesado. ‖ f. *col.* Discoteca. ‖ **disco compacto** Disco fonográfico que se graba y se reproduce por rayos láser. ‖ **disco duro** En inform., disco magnético en el que las placas rotatorias forman una unidad rígida y están en un compartimiento estanco. ‖ **disco flexible** En inform., el portátil de capacidad relativamente pequeña que puede grabar o reproducir información, disquete. ‖ **disco intervertebral** Almohadilla cartilaginosa circular de masa poco consistente que separa las vértebras entre sí. ‖ **disco magnético** En inform., placa rotatoria con una superficie magnetizable en la que puede almacenarse información. ‖ **disco óptico** En inform., placa circular de material plástico donde se graba información por medio de láser codificado. ‖ FAM. discal, discóbolo, discografía, discográfica, discográfico, disquete.

discobar m. Establecimiento público de horario nocturno donde se sirven bebidas, se escucha música y se baila.

discóbolo m. En la antigua Grecia, atleta que lanzaba el disco en los juegos.

discografía f. Técnica de la grabación de discos fonográficos. ‖ Conjunto de discos de un tema, un autor o cualquier otra característica común.

discográfica f. Compañía de producción y gestión de discos musicales.

discográfico, ca adj. Del disco, de la discografía o relativo a ambos.

díscolo, la adj. y s. Rebelde, indócil, poco obediente: *es muy díscola, no acepta las normas sociales.*

discoloro, ra adj. Se apl. a la hoja cuyas dos caras tienen diferente color.

discomóvil m. *amer.* Equipo musical de gran potencia montado en un automóvil, que se utiliza para amenizar una fiesta o hacer publicidad por las calles.

disconforme adj. y com. Que no está conforme. ‖ FAM. disconformidad.

disconformidad f. Oposición, desacuerdo, falta de conformidad.

discontinuidad f. Falta de continuidad.

discontinuo, nua adj. Interrumpido, intermitente o no continuo: *línea discontinua.* ‖ FAM. discontinuar, discontinuidad.

disco-pub (voz i.) m. Establecimiento público con horario preferentemente nocturno donde se sirven bebidas, se escucha música y se puede bailar.

discordancia f. Contrariedad, desacuerdo, disconformidad.

discordante adj. Que discrepa o se muestra en desacuerdo o disconforme.

discordar intr. Ser opuestas, desavenidas o diferentes entre sí dos o más cosas. ‖ No convenir una persona en sus opiniones con otra. ‖ No sonar acorde un instrumento o la voz, desafinar. ◆ Irreg. Se conj. como *contar*. ‖ FAM. discordancia, discordante, discorde, discordia.

discorde adj. Inarmónico, muy diferente u opuesto. ‖ Contrario en ideas u opiniones. ‖ Que no armoniza.

discordia f. Oposición, desavenencia de voluntades o diversidad de opiniones.

discoteca f. Local público con horario preferentemente nocturno para escuchar música grabada, bailar y consumir bebidas. ‖ Colección de discos fonográficos. ‖ Mueble donde se guarda. ‖ FAM. discotequero.

discreción f. Sensatez y tacto para hablar u obrar. ‖ Reserva, prudencia. ‖ **a discreción** loc. adv. Sin limitación, según cada cual quiera o decida: *en la fiesta hubo bebida a discreción.* ‖ FAM. discrecional, discrecionalidad, discrecionalmente, discreto.

discrecional adj. Que se hace libremente, que se deja al criterio de la persona o autoridad que puede regularlo: *transporte discrecional.*

discrepancia f. Diferencia, desigualdad. ‖ Desacuerdo en opiniones o en conducta.

discrepar intr. Disentir una persona de otra: *discrepo de su opinión.* ‖ Diferenciarse una cosa de otra, ser desigual: *nuestra forma de vestir discrepa mucho.* ◆ Suele construirse con la prep. *de.* ‖ FAM. discrepancia, discrepante.

discreto, ta adj. Sensato, prudente, que manifiesta discreción. ‖ Moderado, sin exceso, que no destaca: *colores discretos, calificaciones discretas.* ◆ A veces tiene un matiz peyorativo. ‖ FAM. discretamente, discretear.

discriminación f. Ideología o comportamiento social que separa y considera inferiores a las personas por su raza, clase social, sexo, religión u otros motivos ideológicos.

discriminar tr. Dar trato de inferioridad a una persona o colectividad por motivos raciales, religiosos, de sexo, de clase social o casta u otros motivos ideológicos. ‖ Separar, diferenciar una cosa de otra: *discriminar lo verdadero de lo falso.* ‖ FAM. discriminación, discriminador, discriminante, discriminatorio.

discriminatorio, ria adj. Que discrimina: *trato discriminatorio.*

disculpa f. Petición de perdón por haber cometido una falta. ‖ Excusa que se alega para no cumplir con alguna obligación. ‖ **pedir disculpas** loc. Pedir perdón, disculparse.

disculpable adj. Que merece disculpa o perdón.

disculpar tr. Perdonar las faltas que otro comete o justificarlas. ‖ Dar razones que descarguen de una culpa o una obligación. También prnl. ‖ FAM. disculpa, disculpable, disculpablemente.

discurrir intr. Andar, correr por diversos lugares. ‖ Fluir una corriente de agua por un terreno. ‖ Transcurrir el tiempo. ‖ Reflexionar, pensar: *discurre y encontrarás la solución.* ‖ tr. Inventar, idear cosas nuevas.

discursivo, va adj. Del discurso o del razonamiento, o relativo a ellos. ‖ Que reflexiona o encierra reflexiones: *novela discursiva.*

discurso m. Exposición oral y pública de alguna extensión. ‖ Serie de palabras y frases empleadas para manifestar lo que se piensa o siente. ‖ Facultad de discurrir; reflexión, conjunto de ideas. ‖ Escrito o tratado en que se discurre sobre una materia. ‖ Lapso de tiempo: *el discurso de la existencia.* ‖ Serie de palabras y frases que posee coherencia lógica y gramatical. ‖ FAM. discursear, discursista, discursivo.

discusión f. Escrito o conversación donde se enfrentan y se defienden opiniones contrarias. ‖ Estudio de una cuestión determinada desde diferentes puntos de vista. || Objeción, oposición a lo que alguien hace o dice.

discutible adj. Que se puede o se debe discutir.

discutir tr. Alegar razones contra el parecer de una persona, manifestar cierta oposición. También intr.: *discutieron sobre religión toda la noche.* || Examinar atenta y particularmente una materia desde diferentes puntos de vista. || Regañar, pelearse. || FAM. discusión, discutible, discutidor.

disecar tr. Preparar los animales muertos para que conserven la apariencia de cuando estaban vivos. || Preparar una planta para que se conserve seca. || FAM. disecación, disecado, disecador.

disección f. División en partes de una planta, un animal o un cuerpo humano sin vida para examinarlos y estudiar sus órganos. || Análisis pormenorizado. || FAM. diseccionar.

diseccionar tr. Cortar en partes una planta, un animal o un cuerpo humano sin vida para estudiar sus órganos. || Hacer un análisis minucioso y pormenorizado.

diseminación f. Esparcimiento, dispersión de algo por distintos lugares.

diseminar tr. y prnl. Esparcir, dispersar, separar cosas juntas por distintos lugares. || FAM. diseminación, diseminador.

disensión f. Oposición, desacuerdo. || Contienda, riña, disputa entre personas.

disentería f. Enfermedad infecciosa que se caracteriza por diarreas dolorosas con sangre y mucosidad e inflamación del intestino. || FAM. disentérico.

disentimiento m. Desacuerdo entre personas que manifiestan ideas, opiniones o sentimientos diferentes.

disentir intr. No ajustarse al parecer de una persona, discrepar, estar en desacuerdo. ◆ Irreg. Se conj. como *sentir*. || FAM. disensión, disentimiento.

diseñador, ra adj. y s. Persona que se dedica profesionalmente al diseño.

diseñar tr. Dibujar el trazo de una figura o un edificio. || Crear un objeto que sea a la vez útil y estético.

diseño m. Actividad creativa y técnica encaminada a idear objetos útiles y estéticos que puedan llegar a producirse en serie. || Forma de cada uno de estos objetos: *diseño vanguardista.* || Trazo o conjunto de líneas de una figura o un edificio. || Explicación breve, descripción somera de alguna cosa. || FAM. diseñador, diseñar.

disépalo, la adj. Se apl. al cáliz o de la flor que tiene dos sépalos.

disertación f. Razonamiento detenido y metódico sobre alguna materia. || Escrito o discurso en el que se hace un razonamiento detenido y metódico sobre una materia.

disertar intr. Razonar, discurrir detenida y metódicamente sobre alguna materia. || FAM. disertación, disertador, disertante, diserto.

disfasia f. Perturbación patológica en el uso del lenguaje.

disfavor m. Desaire, descortesía, acción o dicho no favorable que ocasiona daño o malestar. || Pérdida del respeto, el favor o la consideración de los demás.

disforme adj. Deforme. || FAM. disformidad.

disformidad f. Deformidad.

disforzar intr. *amer.* Hacer remilgos o melindres. ◆ Irreg. Se conj. como *contar*.

disfraz m. Vestido que oculta o encubre la apariencia de una persona que se usa en carnavales y otras fiestas. || Artificio para cambiar el aspecto de una cosa con el fin de que no sea conocida. || FAM. disfrazadamente, disfrazar.

disfrazar tr. Cambiar el aspecto natural de las personas o de las cosas. || Poner un disfraz. También prnl. || Disimular, ocultar con palabras y expresiones lo que se siente.

disfrutar intr. Deleitarse, gozar, sentir satisfacción. || intr. Poseer algo bueno o agradable. ◆ Se construye con la prep. *de: disfruta de elevados ingresos.* || tr. Aprovechar: *disfrutar unas vacaciones.* || FAM. disfrute.

disfrute m. Aprovechamiento o uso de algo agradable, útil o ventajoso.

disfunción f. Alteración de una función orgánica: *disfunción hormonal.* || Desarreglo en el funcionamiento de alguna cosa.

disgregación f. Desunión de las partes de un todo que era compacto.

disgregar tr. y prnl. Separar, desunir un todo que era compacto. || FAM. disgregación, disgregador, disgregante, disgregativo.

disgustar tr. Causar enfado, desagradar. También prnl. || Causar pena, tristeza. También prnl. || prnl. Enfadarse con alguien. || FAM. disgustado, disgusto.

disgusto m. Pesadumbre, tristeza, preocupación. || Fastidio, aburrimiento, enfado. || Disputa, riña provocada por un desacuerdo o una desavenencia. || **a disgusto** loc. adv. Contra la voluntad y gusto de una persona, de mala gana.

disidencia f. Desacuerdo de opiniones. || Apartamiento de las ideas de una doctrina, una creencia o una organización.

disidente adj. y com. Que diside, que se muestra contrario a determinada opinión, creencia, doctrina u organización.

disidir intr. Apartarse de una creencia, opinión, doctrina u organización, estar en desacuerdo. || FAM. disidencia, disidente.

disimetría f. Falta de simetría. || FAM. disimétrico.

disimilación f. En fon., alteración de la articulación de un sonido para diferenciarlo de otro igual o semejante cuando están contiguos o próximos en la palabra.

disimilitud f. Falta de semejanza o similitud.

disimulado, da adj. Oculto para que no se note o no se vea. || Que tiene tendencia a disimular o fingir. || **hacerse el disimulado** loc. *col.* Fingir no enterarse de algo. || FAM. disimuladamente.

disimular tr. Encubrir un pensamiento, sentimiento, intención, etc. || Tolerar algo fingiendo ignorarlo. || Ocultar, disfrazar, desfigurar las cosas. También prnl.: *aquel olor no se disimulaba con nada.* || intr. Fingir alguien que no conoce, siente o ve algo. || FAM. disimulable, disimulación, disimulado, disimulador, disimulo.

dispensa

disimulo m. Capacidad con que se oculta lo que se siente, se sabe o se planea, para que los demás no se den cuenta.

disipación f. Desvanecimiento. || Derroche de bienes. || Conducta de una persona entregada por completo a las diversiones y los placeres.

disipado, da adj. y s. Entregado a las diversiones, libertino, con gran relajamiento moral.

disipar tr. Desaparecer, esparcir gradualmente, desvanecer. También prnl.: *se disiparon sus sospechas.* || Desperdiciar, malgastar bienes: *ha disipado toda su fortuna.* || prnl. Evaporarse: *se ha disipado la neblina.* || FAM. disipación, disipado, disipador.

dislalia f. Dificultad para articular las palabras. || FAM. dislálico.

dislálico, ca adj. De la dislalia o relativo a este trastorno. || m. y f. Que padece dislalia.

dislate m. Error, disparate, hecho o dicho sin sentido común.

dislexia f. Incapacidad parcial en el aprendizaje de la lectura y la escritura. || FAM. disléxico.

disléxico, ca adj. De la dislexia o relativo a este trastorno. || m. y f. Que padece dislexia.

dislocación f. Desplazamiento anormal de una articulación o un hueso.

dislocar tr. Desplazar anormalmente un hueso o una articulación. Más como prnl.: *me he dislocado el hombro.* || Sacar algo de su lugar, especialmente un argumento de su contexto para manipularlo. || FAM. dislocación, dislocadura, disloque.

disloque m. col. Desbarajuste o situación que llega a ser el colmo o algo excelente.

dismenorrea f. Menstruación dolorosa o difícil. || FAM. dismenorreico.

disminución f. Reducción de la extensión, la cantidad o la intensidad de alguna cosa.

disminuido, da adj. y s. Se apl. a la persona que tiene incompletas sus facultades físicas o psíquicas.

disminuir tr. Hacer menor la extensión, la cantidad o la intensidad de alguna cosa. También intr. y prnl.: *su preocupación disminuyó con tu llamada; el agua se ha disminuido al cocer.* ◆ Irreg. Se conj. como *huir.* || FAM. disminución, disminuido.

disnea f. Dificultad para respirar, sensación de ahogo.

disociación f. Separación de dos elementos que estaban unidos.

disociar tr. y prnl. Separar los componentes, desunir. || FAM. disociabilidad, disociable, disociación.

disoluble adj. Que puede disolverse.

disolución f. Desunión o separación de las partículas de un cuerpo sólido o espeso por medio de un líquido hasta lograr una mezcla homogénea. || Mezcla que resulta de disolver cualquier sustancia en un líquido. || Rotura de los vínculos existentes entre varias personas. || Relajación de las costumbres.

disoluto, ta adj. y s. Licencioso, entregado a vicios y placeres. || FAM. disolutamente.

disolvente adj. Que disuelve. || m. Líquido que se utiliza para disolver una sustancia.

disolver tr. Desunir, separar las partículas o moléculas de un cuerpo sólido o espeso por medio de un líquido hasta lograr una mezcla homogénea. También prnl.: *el aceite no se disuelve en el agua.* || Separar, desunir lo que estaba unido: *disolver una empresa.* || Romper vínculos existentes entre personas: *disolver un matrimonio.* || Deshacer, destruir, hacer desaparecer totalmente. También prnl.: *la manifestación se disolvió pacíficamente.* ◆ Irreg. Se conj. como *mover.* p. p. irreg., *disuelto.* || FAM. disolubilidad, disoluble, disolución, disolutivo, disoluto, disolvente, disuelto.

disonancia f. Sonido desagradable. || En mús., conjunto de sonidos no acordes. || Falta de conformidad o proporción.

disonante adj. Que disuena. || Falto de conformidad o proporción.

disonar intr. Sonar desapaciblemente o de manera inarmónica. || Faltar la consonancia o la armonía. ◆ Irreg. Se conj. como *contar.* || FAM. disonancia, disonante.

dispar adj. Desigual, diferente. || FAM. disparejo, disparidad.

disparada f. amer. Acción de echar a correr de repente o de partir con precipitación, fuga. || **a la disparada** loc. adv. amer. A todo correr.

disparadero m. Pieza que sirve para disparar las armas de fuego, disparador. || **poner** a alguien **en el disparadero** loc. col. Ponerle en el trance, apurando su paciencia o su reserva, de decir o hacer lo que de otra forma no haría.

disparador, ra m. y f. Persona que dispara. || m. Pieza de un arma de fuego que sirve para dispararla. || Pieza que sirve para funcionar el obturador automático de una cámara fotográfica.

disparar tr. Hacer que un arma lance un proyectil. También prnl. || Arrojar o despedir con violencia una cosa: *disparar un penalti.* También prnl. || Hacer funcionar un disparador. || Aumentar excesivamente y con rapidez: *el premio ha disparado las ventas de su libro.* También prnl. || prnl. Correr de prisa o precipitadamente. || Hablar o actuar violentamente. || intr. y prnl. amer. col. Pagar la consumición de los amigos. || FAM. disparada, disparadero, disparado, disparador, disparo.

disparatado, da adj. Contrario a la razón, falto de lógica. || Desmesurado, exagerado: *precio disparatado.* || FAM. disparatadamente.

disparatar intr. Hablar o actuar sin sentido y sin lógica.

disparate m. Hecho o dicho erróneo, absurdo, ilógico. || Exceso, abuso, cantidad por encima de lo normal. || FAM. disparatado, disparatar.

disparejo, ja adj. Distinto, desigual, dispar.

disparidad f. Desemejanza, desigualdad, diferencia: *disparidad de criterios.*

disparo m. Lanzamiento fuerte y violento. || Operación por la que un arma de fuego lanza un proyectil. || Puesta en marcha de un disparador u otro mecanismo.

dispendio m. Gasto innecesario y excesivo de tiempo o dinero. || FAM. dispendioso.

dispensa f. Privilegio, excepción de lo ordenado por las leyes generales que exime de una obligación o permite hacer algo prohibido: *dispensa papal.*

dispensador, ra adj. y s. Que dispensa o que proporciona favores. || Que franquea o distribuye.

dispensar tr. Dar, conceder, otorgar. || Eximir de una obligación. También prnl. || Absolver, disculpar: *dispensen mi retraso.* || FAM. dispensa, dispensable, dispensador, dispensario.

dispensario m. Clínica destinada a prestar asistencia médica y farmacéutica a pacientes externos.

dispepsia f. Enfermedad caracterizada por disfunciones en el proceso digestivo. || FAM. dispéptico.

dispersar tr. Separar, desunir, diseminar. También prnl.: *el rebaño se dispersó.* || Distraer la atención o la actividad en múltiples direcciones: *se dispersa demasiado en sus estudios.* || FAM. dispersante, dispersión, dispersivo, disperso, dispersor.

dispersión f. Separación, diseminación en distintas direcciones. || Distracción de una actividad en múltiples direcciones.

disperso, sa adj. Disgregado, diseminado. || Que tiene dificultad para concentrarse.

displasia f. Anomalía en el desarrollo de un órgano. || FAM. displásico.

display (voz i.) m. Pantalla o indicador numérico utilizado para visualizar una determinada información de un aparato electrónico. || Soporte publicitario para presentar un producto. ◆ pl. *displays.*

displicencia f. Desagrado o indiferencia en el trato. || Desaliento en la realización de una cosa, por dudar de su bondad o de su éxito. || FAM. displicente.

displicente adj. Que disgusta y desagrada. || De mal humor, falto de interés o de afecto. También com.

disponer tr. Colocar, poner las cosas en orden o en la situación necesaria para lograr un fin. También prnl.: *los jugadores se dispusieron en abanico.* || Mandar lo que ha de hacerse. || Preparar, prevenir: *ya he dispuesto todo para la cena.* También prnl. || intr. Valerse de una persona o cosa como si fuera propia. || prnl. Estar a punto de hacer algo: *me disponía a acostarme.* ◆ Irreg. Se conj. como *poner.* p. p. irreg.: *dispuesto.* || FAM. disponibilidad, disponible, disposición, dispositivo, dispuesto.

disponibilidad f. Calidad de disponible.

disponible adj. Se apl. a todo aquello de lo que se puede disponer.

disposición f. Ordenación de algo de la forma conveniente para lograr un fin. || Estado de ánimo o de la salud. || Precepto, norma, ley. || Habilidad, soltura para hacer algo, aptitud: *tiene buena disposición para la gimnasia.* || Distribución de las piezas de una vivienda. || Medio que se utiliza para llevar algo a cabo o conseguir un fin: *disposiciones de seguridad.* || **última disposición** Testamento. || **a la disposición de** loc. Expresión de cortesía con que una persona ofrece su ayuda o sus servicios a otra. || **estar** o **hallarse en disposición** loc. Estar capacitada una persona para algún fin.

dispositivo, va adj. Que dispone. || m. Mecanismo dispuesto para obtener un resultado. || Conjunto organizado de personas encaminado al logro de un fin: *dispositivo policial.* || **dispositivo intrauterino** Diu, sistema de contracepción que se introduce en el útero de la mujer.

disprosio m. Elemento químico metálico del grupo de los lantánidos que posee propiedades magnéticas. Su símbolo es *Dy,* y su número atómico, *66.*

dispuesto, ta adj. Preparado para ser utilizado. || Preparado, decidido para hacer algo. || Hábil, capaz, que hace las cosas con ganas y buena disposición.

disputa f. Riña, discusión, pelea. || Competición para lograr algo.

disputar tr. Debatir, discutir con violencia sobre algo. También intr. || Competir con alguien por la consecución de un objetivo. || FAM. disputa, disputable, disputador.

disquete m. En inform., disco flexible y portátil de material magnetizable, que sirve de soporte para almacenar información. || FAM. disquetera.

disquetera f. En inform., dispositivo de un ordenador utilizado para leer y grabar información en un disquete.

disquisición f. Comentario que se aparta del tema fundamental que se trata. || Examen riguroso que se hace de alguna cosa.

distancia f. Espacio o periodo de tiempo que media entre dos cosas o sucesos. || Diferencia entre unas cosas y otras. || Alejamiento afectivo. || En geom., longitud del segmento de recta comprendido entre dos puntos del espacio. || **a distancia** loc. adj. y adv. Lejos o de lejos. || Se apl. a la forma de enseñanza por correspondencia, sin acudir a un centro de estudios. || **guardar las distancias** loc. Evitar la familiaridad de trato o la excesiva confianza en una relación. || FAM. distanciamiento, distanciar.

distanciamiento m. Alejamiento en el tiempo o en el espacio. || Enfriamiento de una relación afectiva o intelectual y disminución de la frecuencia en el trato.

distanciar tr. Separar, apartar, alejar. También prnl. || Desunir, desligar. También prnl.

distante adj. Apartado, remoto, lejano en el tiempo o en el espacio. || Que dista, que está alejado. || Que evita la relación íntima, frío. || Altivo, orgulloso, soberbio.

distar intr. Estar apartada una cosa de otra cierto espacio de lugar o de tiempo. || Diferenciarse: *tu respuesta dista de la mía.* || FAM. distancia, distante.

distender tr. Aflojar, destensar lo que está tirante. || Relajar, disminuir el nerviosismo o la tensión psicológica. || Causar una tensión violenta en tejidos, membranas o tendones. También prnl. ◆ Irreg. Se conj. como *entender.* || FAM. distendible, distensión.

distensión f. Pérdida de la tensión, aflojamiento de lo que está tirante. || Estiramiento violento de tejidos, membranas o tendones.

dístico m. Estrofa que consta de dos versos.

disticoso, sa adj. *amer.* Melindroso para comer.

distinción f. Conocimiento o manifestación de las diferencias entre unas cosas y otras. || Diferencia. || Honor concedido a una persona por trato especial. || Elegancia, buenas maneras, elevación sobre la vulgaridad. || **sin distinción** loc. adv. Indistintamente, sin hacer diferencias.

distingo m. Reparo, objeción sutil o malintencionada.

distinguido, da adj. Que destaca entre los demás por alguna cualidad, ilustre. || Elegante.

distinguir tr. Conocer la diferencia que hay de unas cosas a otras. También prnl. || Considerar separadamente, diferenciar por alguna particularidad. || Percibir con el oído o con la vista. También prnl.: *a esta distancia ya se distingue el castillo*. || Otorgar a una persona algún honor o privilegio, dispensarle un trato especial. También prnl. || prnl. Descollar, sobresalir entre otros por alguna cualidad, positiva o negativa. || FAM. distinción, distingo, distinguible, distinguido, distintivo, distinto.

distintivo, va adj. Que tiene facultad de distinguir o caracterizar algo. || m. Insignia, señal, marca que sirve para diferenciar. || Característica que sirve para diferenciar.

distinto, ta adj. Que no es igual ni semejante. || Claro, sin confusión, que permite distinguir una cosa de otra. || FAM. distintamente, indistinto.

distocia f. Parto difícil. || FAM. distócico.

distorsión f. Deformación de la onda de imágenes, sonidos o señales durante su propagación. || Torcedura violenta de los ligamentos, esguince. || FAM. distorsionar.

distorsionar tr. Deformar un sonido o una imagen. También prnl. || Dar una interpretación equivocada a unas palabras o un hecho.

distracción f. Entretenimiento, espectáculo o juego que sirve para el descanso. || Lo que atrae la atención y la aparta de algo. || Falta de atención.

distraer tr. Divertir, entretener, recrear. También prnl. || Apartar la atención de alguien de una cosa, pensamiento o preocupación. También prnl.: *se distrajo con el ruido*. || Empujar a una persona a la vida desordenada. || Malversar fondos. ◆ Irreg. Se conj. como *traer*. || FAM. distracción, distraído.

distraído, da adj. y s. Que se distrae con facilidad y no se da cuenta de lo que sucede a su alrededor. || Entretenido. || FAM. distraídamente.

distribución f. Reparto de algo entre varios según un criterio. || Reparto de un producto a los locales en que debe comercializarse. || Disposición de las partes de un todo. || Conjunto de piezas que en una máquina transmiten la fuerza del motor a otros lugares.

distribuidor, ra adj. y s. Se apl. a la empresa o persona dedicada a la distribución de productos comerciales. || m. Cable de corriente eléctrica que se emplea para conectar líneas individuales desde una central. || Pieza de una casa que da paso a varias habitaciones.

distribuir tr. Repartir algo entre varios según un criterio. También prnl. || Disponer de forma adecuada. También prnl. || Repartir los productos a los locales donde deben comercializarse. ◆ Irreg. Se conj. como *huir*. || FAM. distribución, distribuidor, distributivo.

distributivo, va adj. De la distribución o relativo a ella. || En gram., se apl. a la palabra que expresa una idea de distribución o reparto. || En gram., se dice de la oración coordinada en que se contraponen acciones distribuidas entre varios agentes, lugares o tiempos.

distrito m. División de un territorio con carácter administrativo o jurídico.

distrofia f. Trastorno patológico que afecta a la nutrición y al crecimiento.

disturbar tr. Perturbar, causar disturbios.

disturbio m. Alteración, desorden. || FAM. disturbar.

disuadir tr. Inducir, mover a uno a desistir de una idea o propósito de hacer algo. || FAM. disuasión, disuasivo, disuasorio.

disuasión f. Inducción a una persona para que desista de una idea o propósito.

disuasivo, va adj. Disuasorio.

disuasorio, ria adj. Que disuade.

disyunción f. Separación, desunión. || En gram., relación entre dos o más elementos, uno de los cuales excluye a los demás. || FAM. disyuntiva, disyuntivo.

disyuntiva f. Alternativa entre dos posibilidades por una de las cuales hay que optar.

disyuntivo, va adj. Que implica una relación excluyente entre dos elementos o tiene la capacidad de desunir o separar. || En gram., se apl. a la oración coordinada que expresa una elección entre las posibilidades que denotan diferencia, alternancia o separación.

ditirambo m. Composición poética de la antigua Grecia en honor a Dioniso. || Composición poética laudatoria que expresa un gran entusiasmo por el objeto a que se dedica el elogio. || Alabanza exagerada. || FAM. ditirámbico.

diu m. Aparato que se coloca en el interior del útero de la mujer para evitar la concepción. ◆ El nombre proviene de las siglas de *D*ispositivo *I*ntra*U*terino.

diuca f. *amer.* Ave paseriforme de Chile y la República Argentina, de color gris y con una lista blanca en el vientre, que canta al amanecer. || com. *amer.* Alumno preferido de un profesor.

diuresis f. Secreción de la orina. ◆ No varía en pl. || FAM. diurético.

diurético, ca adj. y m. Que tiene virtud para aumentar la secreción y eliminación de orina.

diurno, na adj. Relacionado con el día o que ocurre durante el día. || Se apl. al animal que busca su alimento y realiza su actividad durante el día. || Se dice de la planta que solo tiene abiertas sus flores de día.

divagación f. Desviación del asunto del que se está hablando.

divagar intr. Desviarse, al hablar o al escribir, del asunto del que se está tratando. || Andar sin rumbo fijo. || FAM. divagación.

diván m. Sofá generalmente sin respaldo y con almohadones sueltos. || Antiguo consejo islámico que determinaba los negocios de Estado y de justicia. || Colección de poesías en alguna de las lenguas orientales, especialmente en árabe, persa o turco.

divergencia f. Separación progresiva de dos o más líneas o superficies. || Diversidad de opiniones, desacuerdo.

divergente adj. Que diverge o discrepa: *gustos divergentes*.

divergir intr. Irse apartando progresivamente unas de otras, dos o más líneas o superficies. || Discordar, discrepar. || FAM. divergencia, divergente.

diversidad f. Variedad, diferencia. || Abundancia de cosas distintas.

diversificación f. Transformación en múltiple y diverso de lo que era único y uniforme.

diversificar tr. Hacer múltiple y diverso lo que era único y uniforme.

diversión f. Entretenimiento proporcionado por un rato alegre. || Recreo, entretenimiento, pasatiempo. || Acción que pretende confundir y despistar al enemigo.

diverso, sa adj. Diferente, distinto. || pl. Varios, muchos. || FAM. diversamente, diversidad, diversificación, diversificar.

divertículo m. Bolsa normal o de carácter patológico en algún conducto u órgano hueco.

divertido, da adj. Alegre, festivo. || Que divierte o entretiene. || *amer.* Achispado, ligeramente ebrio.

divertimento m. Divertimiento. || Composición musical para un número reducido de instrumentos, de índole generalmente libre, y que suele ser de carácter divertido. || Obra artística o literaria cuyo principal objetivo es divertir.

divertimiento m. Lo que sirve de entretenimiento. || Distracción, recreo.

divertir tr. y prnl. Entretener, recrear, proporcionar diversión. ◆ **Irreg.** Se conj. como *sentir*. || FAM. diversión, divertido, divertimento, divertimiento.

dividendo m. Cantidad que ha de dividirse entre otra. || Parte de los beneficios de una sociedad atribuida a cada accionista, según el número de acciones que posea.

dividir tr. Partir, separar en partes. También prnl. || Distribuir, repartir entre varios. También prnl. || Desunir, sembrar discordia. || Realizar una división, operación que consiste en averiguar cuántas veces el divisor está contenido en el dividendo. || FAM. dividendo, divisibilidad, divisible, división, divisor, divisorio.

dividivi m. *amer.* Árbol papilionáceo de América Central y Venezuela, cuyo fruto, que contiene mucho tanino, se usa para curtir pieles. Su madera es muy pesada.

divieso m. Tumor inflamatorio pequeño y puntiagudo que se forma en la piel.

divinidad f. Esencia o naturaleza divina o conjunto de cualidades que la definen. || Dios o dioses en ciertas religiones y mitologías.

divinizar tr. Hacer o suponer divina a una persona o cosa, o tributarle culto y honores divinos. || Hacer sagrada una cosa. || Halagar excesivamente.

divino, na adj. Perteneciente a Dios o a los dioses. || Excelente, maravilloso. || FAM. divinamente, divinidad, divinización, divinizar, divo.

divisa f. Moneda extranjera. Más en pl. || Señal exterior para distinguir personas o cosas. || Lazo de cintas de colores con que se distinguen en la lidia los toros de cada ganadero.

divisar tr. Ver, percibir confusamente o a distancia un objeto. || FAM. divisa.

divisibilidad f. Cualidad de divisible. || Propiedad que poseen los números enteros por la cual pueden dividirse por otro número entero y dar de resultado otro número entero, sin decimales.

divisible adj. Que puede dividirse. || Se apl. al número entero que al dividirse por otro número entero da como resultado un número entero, sin decimales.

división f. Separación o reparto de un todo en varias fracciones. || Discordia, desunión. || Diversidad. || Operación matemática que consiste en averiguar cuántas veces el divisor está contenido en el dividendo. || Unidad militar formada por dos o más brigadas o regimientos. || Cada uno de los grupos en que compiten, según su categoría, los equipos o deportistas. || FAM. divisionario, divisionismo.

divismo m. Calidad de divo. || Excesos propios del divo.

divisor, ra adj. Que divide. || Submúltiplo, que divide exactamente a otro número. También m. || m. Cantidad entre la cual ha de dividirse otra.

divisorio, ria adj. Que sirve para dividir o separar: *línea divisoria*.

divo, va adj. Soberbio, engreído, arrogante. || adj. y s. Artista de éxito, fama y categoría, generalmente cantante de ópera. || FAM. divismo.

divorciado, da adj. y s. Que ha disuelto legalmente su matrimonio.

divorciar tr. Disolver legalmente un matrimonio. También prnl. || Separar, apartar. También prnl.

divorcio m. Disolución legal de un matrimonio. || Separación, desunión. || FAM. divorciado, divorciar.

divulgación f. Publicación, propagación de un conocimiento.

divulgador, ra adj. y s. Que divulga o propaga noticias.

divulgar tr. y prnl. Publicar, propagar un conocimiento, poner al alcance del público una cosa. || FAM. divulgable, divulgación, divulgativo, divulgador.

do[1] m. Primera nota de la escala musical. || **do de pecho** Una de las notas más agudas a la que puede llegar la voz del tenor. || *col.* Esfuerzo supremo para conseguir un fin. ◆ pl. *dos.*

do[2] adv. l. e interrog. Donde, de donde o dónde, de dónde. ◆ Actualmente se considera anticuado.

dóberman adj. y com. Se apl. al perro de origen alemán que se caracteriza por su cuerpo musculoso, cabeza larga y estrecha y sus dotes como guardián. ◆ No varía en pl.

dobladillo m. Pliegue o remate que se hace a la ropa en los bordes.

doblaje m. Sustitución de la voz del actor que interpreta una película o un programa de televisión por la de otra persona, en la misma lengua o traduciendo los diálogos del idioma original.

doblar tr. Aumentar una cosa, haciéndola el doble de lo que era. || Aplicar una sobre otra dos partes de una cosa flexible. || Pasar a otro lado o dirección: *doblar la esquina*. También intr.: *doblar a la izquierda*. || Torcer algo, darle forma curva. También prnl. || En el cine y la televisión, sustituir la voz del actor que aparece en la pantalla por la de otra persona, en la misma lengua o traduciendo los diálogos del idioma original. || Sustituir a un actor en cine o televisión en determinadas escenas. || En dep., alcanzar un corredor a otro y sacarle una vuelta de ventaja. || *col.* Dejar a una persona dolida o afectada física o psíquicamente. || intr. Tocar las campanas por la muerte de alguien. || En la lidia, caer el toro herido para morir. || prnl. Ceder, someterse, doblegarse. || FAM. dobladillo, doblado, doblador, dobladura, doblaje, doblegar, doblez.

doble adj. num. mult. Que consta de dos elementos: *doble personalidad.* || adj. Dos veces mayor. También m.: *un doble de cerveza.* || Que está formado por dos cosas iguales o semejantes: *doble ventana, fondo.* || Se apl. a la flor que tiene más hojas que las sencillas de su misma especie. || Se dice del tejido grueso y fuerte, de mucha consistencia. || En el juego del dominó, se apl. a la ficha que en los cuadrados de su anverso lleva igual número de puntos o no lleva ninguno. || En tenis, se apl. a la falta que se comete al fallar el saque dos veces consecutivas. || com. Persona que sustituye a un actor o actriz en algunas escenas cinematográficas. || Persona muy parecida a otra. || m. Toque de campanas por los difuntos. || Copia o repetición idéntica de un objeto. || m. pl. En tenis, partido que se disputa por parejas. || En baloncesto, falta que se comete al volver a botar la pelota después de haber estado parado o cuando un jugador salta con el balón y cae con él en las manos. || adv. m. Con duplicación. Va seguido de la preposición *de: es el doble de lista que su hermana.* || FAM. doblar, doblemente, doblete, doblón.

doblegar tr. Doblar o torcer algo que ofrece resistencia. También prnl. || Hacer a una persona que desista de un propósito. También prnl. || Derrotar. || FAM. doblegable.

doblete m. Interpretación de dos personajes distintos en una misma obra. || En dep., conjunto de dos victorias consecutivas. || Pareja de palabras del mismo origen etimológico, pero con una evolución diferente.

doblez m. Parte que se dobla o pliega en una cosa. || Señal que queda en la parte por donde se dobló. || amb. Simulación, hipocresía: *actuar con doblez.*

doblón m. Antigua moneda española de oro.

doce adj. y pron. num. card. Diez más dos. || adj. num. ord. Que ocupa el lugar número doce en una serie ordenada de elementos, duodécimo. También m., aplicado a los días del mes. || m. Conjunto de signos con que se representa este número: *12.* || FAM. doceavo, docena, dozavo.

docena f. Conjunto de doce cosas.

docencia f. Práctica y ejercicio de las personas que se dedican a la enseñanza. || FAM. docente.

docente adj. De la docencia o relativo a ella. || adj. y com. Que se dedica profesionalmente a la enseñanza.

dócil adj. Fácil de educar, apacible, dulce. || Obediente. || Suave, flexible. || FAM. docilidad, dócilmente.

docilidad f. Cualidad de dócil.

docto, ta adj. y s. Erudito, sabio. || FAM. doctamente.

doctor, ra m. y f. Persona que ha recibido el más alto grado académico que otorga la Universidad. || Médico. Título que la Iglesia otorga a ciertos santos que defendieron o enseñaron la religión con mayor intensidad. || **doctor honoris causa** Título que las universidades conceden de manera honorífica para reconocer el mérito y la valía de alguien. || FAM. doctorado, doctoral, doctorando, doctorar.

doctorado m. Grado de doctor que se obtiene después de haber cursado los estudios necesarios y de haber realizado una tesis. || Estudios necesarios para obtener este grado. || Acto de tomar la alternativa un matador de toros.

doctoral adj. Del doctor o del doctorado o relativo a ellos: *tesis doctoral.*

doctorando, da m. y f. Persona que se está preparando para obtener el grado de doctor.

doctorar tr. Graduar de doctor a uno en una universidad. También prnl. || Tomar la alternativa un matador.

doctrina f. Enseñanza que se da a una persona sobre una materia determinada. || Ciencia, sabiduría || Conjunto de creencias defendidas por un grupo. || FAM. doctrinal, doctrinar, doctrinario, doctrinarismo.

doctrinal adj. De la doctrina o relativo a ella. || m. Libro que contiene reglas y preceptos.

doctrinario, ria adj. De una doctrina determinada, normalmente de un partido político o una institución. || Que defiende o está consagrado a una doctrina. También s.

docudrama m. Género de radio, cine y televisión que trata hechos reales propios de un documental, con técnicas dramáticas.

documentación f. Conocimiento que se tiene de un asunto por la información que se ha recibido de él. || Documento o conjunto de documentos, generalmente de carácter oficial, que sirven para la identificación personal o para acreditar alguna condición.

documentado, da adj. Que va acompañado de los documentos necesarios. || Que aparece mencionado en documentos. || Se apl. a la persona que está bien informada acerca de un asunto. || FAM. indocumentado.

documental adj. Que está basado en documentos, o se refiere a ellos: *prueba documental.* || Se apl. a la película cinematográfica tomada de la realidad con propósitos meramente informativos. También m. || FAM. documentalmente.

documentalismo m. Técnica de recogida, preparación y organización de toda clase de datos bibliográficos, información y noticias sobre una determinada materia. || FAM. documentalista.

documentalista com. Persona que se dedica a recoger, preparar y organizar toda clase de datos bibliográficos, informaciones y noticias sobre una determinada materia. || Persona que se dedica a hacer cine documental.

documentar tr. Probar una cosa con documentos. || Informar a uno acerca de un asunto. También prnl.

documentario, ria adj. *amer.* De los documentos o relativo a ellos.

documento m. Escrito que ilustra o informa acerca de un hecho. || Cualquier cosa que sirve para probar algo. || FAM. documentación, documentado, documental, documentalismo, documentalista, documentar, documentario.

dodecaedro m. Poliedro de doce caras.

dodecafonía f. En mús., sistema atonal en el que se emplean indistintamente los doce intervalos cromáticos en que se divide la escala. || FAM. dodecafónico, dodecafonismo.

dodecafónico, ca adj. De la dodecafonía o relativo a ella.

dodecágono, na adj. y m. Polígono de doce ángulos y doce lados.

dodecasílabo, ba adj. y s. De doce sílabas. || Se apl. al verso que tiene este mismo número de sílabas.

dodo m. Ave columbiforme no voladora de tamaño y cuerpo parecido al cisne; actualmente está extinguida.

dodotis® m. Pañal de celulosa absorbente, de un solo uso, que se ajusta al cuerpo del bebé por medio de tiras adhesivas. ◆ No varía en pl. Es marca registrada.

dogal m. Cuerda o soga que se ata al cuello de las caballerías. || Cuerda para ahorcar a los condenados a muerte.

dogma m. Principio básico e innegable de una ciencia. || En la religión católica, verdad revelada por Dios y declarada como cierta e indubable por la Iglesia. || Fundamentos capitales de cualquier ciencia o doctrina. || FAM. dogmática, dogmático, dogmatismo, dogmatista, dogmatizador, dogmatizante, dogmatizar.

dogmática f. Conjunto de principios o dogmas de una disciplina o ciencia.

dogmático, ca adj. Del dogma o relativo a él. || Inflexible, intransigente. También s. || FAM. dogmáticamente.

dogmatismo m. Conjunto de todo lo que se considera dogma en una religión. || Conjunto de las proposiciones o verdades que se tienen por principios innegables en una ciencia. || Presunción del que considera sus opiniones ciertas y fuera de toda duda. || Escuela filosófica, opuesta al escepticismo, que sostiene que a través de la razón humana, y siempre que se siga un método y orden en la investigación, se pueden afirmar principios evidentes y ciertos.

dogmatizar tr. Enseñar los dogmas, especialmente los opuestos a la religión católica. También intr. || Afirmar como innegable algún principio discutible.

dogo, ga adj. y s. Se apl. al perro de cabeza grande, cuello grueso, orejas pequeñas con la punta doblada y pelo corto y fino; por su gran fuerza y tamaño suele utilizarse para la caza y la defensa.

dólar m. Unidad monetaria de varios países como Canadá, Estados Unidos y Nueva Zelanda. || **estar montado en el dólar** loc. *col.* Ser muy rico.

dolby (voz i.) m. Sistema que reduce automáticamente cualquier ruido introducido en los procesos de grabación y reproducción. ◆ Es la extensión del nombre de una marca registrada.

dolencia f. Indisposición, enfermedad o alteración de la salud.

doler intr. Padecer dolor en una parte del cuerpo. También prnl. || Causar dolor. || Causar pesar o disgusto. || prnl. Arrepentirse, sentir pesar por haber hecho algo. || Compadecerse. || Quejarse y explicar el dolor. || Lamentarse. ◆ Irreg. Se conj. como *mover*. || FAM. dolencia, dolido, doliente.

dolicocéfalo, la adj. Se dice del cráneo oval, más largo que ancho. || Se apl. a la persona que tiene el cráneo de esta forma. También s. || FAM. dolicocefalia.

doliente adj. Que padece una enfermedad o dolor, o se queja de ella. || Apenado. || Que encierra dolor o aflicción. || com. En un duelo, pariente del difunto.

dolmen m. Monumento megalítico compuesto de una o más piedras colocadas de plano sobre dos o más piedras verticales. || FAM. dolménico.

dolo m. Engaño, fraude. || En der., voluntad manifiesta de cometer un acto delictivo. || FAM. doloso.

dolomía f. Roca parecida a la caliza y más común que esta, de color rosado o incolora, y formada por carbonato doble de cal y magnesia.

dolomita f. Mineral parecido a la calcita, transparente o traslúcido y formado por carbonato cálcico y magnésico. || FAM. dolomítico.

dolor m. Sensación aflictiva de una parte del cuerpo. || Pesar, tristeza, pena, sufrimiento. || FAM. doler, dolorido, dolorosa, doloroso.

dolorido, da adj. Que siente dolor. || Apenado, afligido.

dolorosa f. Imagen de la Virgen en la actitud de dolerse por la muerte de Jesucristo. || *col.* Factura que hay que pagar. ◆ Va precedido del artículo *la*: *aquí llega el camarero con la dolorosa*.

doloroso, sa adj. Que causa dolor. || FAM. dolorosamente.

doloso, sa adj. Engañoso, fraudulento: *acto doloso.*

doma f. Operación de amansar un animal mediante el entrenamiento. || Control o represión de unas actitudes o un comportamiento.

domador, ra m. y f. Persona que se dedica a domar animales o a exhibir animales domados.

domar tr. Amansar y hacer dócil a un animal mediante el entrenamiento. || Sujetar, reprimir: *domar la pasión.* || Hacer tratable a una persona que no lo es. || Dar más flexibilidad y holgura a un objeto. || FAM. doma, domable, domador, domadura.

domeñar tr. Dominar, someter.

domesticar tr. Acostumbrar a un animal salvaje a la compañía de las personas. || Hacer tratable a una persona que no lo es. || FAM. domesticable, domesticación, domesticado.

doméstico, ca adj. De la casa o el hogar o relativo a ellos. || Se apl. al animal que se cría y vive en compañía de las personas. || m. y f. Criado que sirve en una casa. || En ciclismo, corredor que tiene como misión ayudar a otro. || FAM. domésticamente, domesticar, domesticidad.

domiciliación f. Autorización de un pago o un cobro con cargo o abono a una cuenta existente en una entidad bancaria.

domiciliar tr. Autorizar pagos o cobros con cargo o abono a una cuenta existente en una entidad bancaria. || prnl. Establecer su domicilio en algún lugar.

domicilio m. Lugar en que uno habita o se hospeda de forma fija. || Lugar donde legalmente vive una persona. || Lugar donde se encuentra establecida una entidad. || FAM. domiciliación, domiciliar, domiciliario.

dominación f. Control que se tiene sobre un territorio. || Lugar alto que domina una plaza, y desde el cu es posible batirla o hacerle daño. ‖ pl. Espíritus bienaventurados que componen el cuarto coro.

dominancia f. Superioridad de un rasgo hereditario o gen sobre otro. ‖ Influencia que un ser vivo ejerce en un sistema ecológico.

dominante adj. Se apl. a la persona que ejerce poder sobre alguien o algo. ‖ Que sobresale o prevalece sobre el resto. ‖ f. Quinta nota de la escala diatónica.

dominar tr. Tener poder sobre personas o cosas. ‖ Conocer a fondo una materia, ciencia o arte: *dominar el inglés.* ‖ Saber utilizar: *domina el balón.* ‖ Sobresalir, destacar. También intr.: *domina con su altura.* ‖ Ser más frecuente. ‖ Divisar una extensión considerable de terreno desde una altura. ‖ Contener la extensión de algo: *dominar un incendio.* ‖ prnl. Reprimirse, ejercer dominio sobre sí mismo: *se dominó para no tener nervios en el examen.* ‖ FAM. dominación, dominador, dominanta, dominante, dominio.

dómine m. Antiguo profesor de gramática latina. ‖ Persona que, sin serlo, adopta el papel de maestro.

domingas f. pl. *vulg.* Pechos femeninos.

domingo m. Día de la semana, entre el sábado y el lunes, generalmente dedicado al descanso, y que los cristianos dedican al culto de Dios. ‖ FAM. domingada, dominguero, dominical, dominico.

dominguero, ra adj. Que se suele usar en domingo. ‖ Se apl. a la persona que acostumbra a divertirse solamente los domingos o días de fiesta. También s. ‖ Conductor inexperto que utiliza el coche normalmente los domingos y días de fiesta. ◆ Las dos últimas acepciones tienen un matiz peyorativo.

dominical adj. Del domingo o relativo a él. ‖ m. Publicación que se vende los domingos junto con el periódico.

dominicano, na adj. De Santo Domingo o relativo a la República Dominicana. ‖ FAM. dominicanismo.

dominico, ca adj. De la Orden de Santo Domingo o relativo a ella. ‖ m. y f. Religioso o religiosa de la Orden de Santo Domingo.

dominio m. Poder que se ejerce sobre personas o cosas. ‖ Facultad que uno tiene de usar y disponer de lo suyo. ‖ Territorio dependiente de otro o de un Estado situado fuera de sus fronteras. Más en pl. ‖ Conocimiento profundo de alguna materia, ciencia, técnica o arte. ‖ Esfera de influencia o alcance de una actividad intelectual, artística o de una disciplina académica. ‖ En inform., nombre que identifica un sitio web. ‖ **ser algo de dominio público** loc. Ser conocido, sabido por todo el mundo.

dominó m. Juego que se hace con 28 fichas rectangulares divididas en dos cuadrados, cada uno de los cuales lleva marcados de uno a seis puntos o no lleva ninguno. ‖ Conjunto de estas fichas. ‖ Disfraz en forma de larga túnica hasta los pies con capucha.

domo m. Bóveda en forma de media esfera.

domótica f. Disciplina que se ocupa de la aplicación de la electrónica y de la informática a la vivienda. ‖ FAM. domótico.

don¹ m. Regalo, presente. ‖ Habilidad para hacer una cosa: *tiene un don para la música.* ‖ Rasgo característico de alguien: *parece que tiene el don de la ubicuidad.* ‖ **don de gentes** Facilidad que tiene alguien para el trato o la relación con otras personas. ‖ FAM. donoso.

don² m. Tratamiento de respeto que se antepone a los nombres de pila masculinos. ‖ **don nadie** Persona de poca valía o influencia.

dona m. *amer.* Dónut.

donación f. Entrega voluntaria de algo que se posee.

donaire m. Gracia en lo que se dice o hace. ‖ Ocurrencia graciosa, chiste.

donante adj. y com. Que dona algo. ‖ Persona que voluntariamente cede un órgano o sangre con fines terapéuticos.

donar tr. Traspasar uno a otro alguna cosa de forma gratuita. ‖ FAM. don, donación, donador, donaire, donairoso, donante, donatario, donativo.

donativo m. Entrega voluntaria de algo, sobre todo con fines benéficos, limosna.

doncel m. Antiguamente, joven noble que aún no había sido armado caballero. ‖ Muchacho joven.

doncella f. Muchacha joven, especialmente si es virgen. ‖ Criada que sirve a una señora, o que se dedica a las labores de la casa exceptuando la cocina. ‖ FAM. doncellez.

doncellez f. Virginidad.

donde adv. rel. Indica el lugar donde se lleva a cabo una acción, o en el que está una persona o cosa: *el barrio donde vivo.*

dónde adv. interrog. Equivale a preguntar por el lugar en el que se lleva a cabo una acción, o en el que está algo o alguien: *¿dónde dejaste la chaqueta?*

dondequiera adv. l. En cualquier parte: *traédmelo, dondequiera que esté.*

dondiego m. Planta herbácea originaria de Perú, de la familia nictagináceas, con flores de colores variados que se abren al anochecer y se cierran al salir el sol.

donjuán m. Seductor, hombre con una gran vida amorosa. ‖ FAM. donjuanesco, donjuanismo.

donoso, sa adj. Que tiene donaire y gracia. ‖ FAM. donosamente, donosura.

donostiarra adj. y com. De San Sebastián o relativo a esta ciudad española, capital de la provincia de Guipúzcoa, que se encuentra en la Comunidad Autónoma del País Vasco.

donosura f. Donaire o gracia, sobre todo al expresarse o moverse.

dónut m. Bollo esponjoso en forma de rosquilla, recubierto azúcar, chocolate, etc. ◆ pl. *dónuts.* Es la extensión del nombre de una marca registrada.

doña f. Tratamiento de respeto que se apl. a las mujeres y precede a su nombre propio. ‖ *amer.* Señora.

dopaje m. Empleo de fármacos o sustancias estimulantes para potenciar artificialmente el rendimiento de los deportistas.

dopamina f. Neurotransmisor que tiene su origen en las células nerviosas.

dopar tr. y prnl. Administrar fármacos o sustancias estimulantes para potenciar artificialmente el rendimiento de los deportistas. ‖ FAM. dopaje.

doping (voz i.) m. Dopaje. || FAM. dopar.

doquier, ra adv. l. Dondequiera. || **por doquier** loc. adv. En todas partes, por cualquier sitio.

dorada f. Pez osteíctio perciforme, comestible, de dorso negro azulado, con los costados plateados, el vientre blanco y con una mancha dorada entre los ojos.

dorado, da adj. De color de oro o semejante a él. || Esplendoroso, feliz, sobre todo cuando se habla de un periodo de tiempo. || m. Cubrimiento con oro o aplicación de un color dorado. || m. pl. Conjunto de adornos metálicos de color de oro.

dorar tr. Cubrir con oro. || Dar el color del oro a una cosa. || Tostar ligeramente una cosa de comer. También prnl. || prnl. Tomar color dorado. || FAM. dorada, dorado, dorador, doradura.

dórico, ca adj. De los dorios o relativo a este pueblo del Peloponeso. || m. Estilo arquitectónico de la Grecia clásica que se caracterizaba por una columna estriada y el capitel sin molduras. || Dialecto del antiguo griego que hablaban los dorios.

dorio, ria adj. y s. Del pueblo indoeuropeo que, junto con los eolios y los jonios, formó la antigua Grecia o relativo a él. || FAM. dórico.

dormida f. *amer.* Lugar donde se pasa la noche.

dormido, da adj. Atontado, alelado.

dormilón, ona adj. y s. *col.* Que duerme mucho o se duerme con facilidad.

dormilona f. Camisón de dormir.

dormir intr. Estar en un estado de reposo en el que se suspende toda actividad consciente y todo movimiento voluntario. También prnl. y tr.: *se durmió enseguida; dormir una borrachera.* || Pernoctar, pasar la noche fuera de casa. || Tener relaciones sexuales. ◆ Se utiliza de forma eufemística. || Estar una cosa olvidada en algún lugar. || tr. Hacer que una persona se duerma. || Provocar el aburrimiento. || Anestesiar. || prnl. Descuidarse. || Adormecerse, perder la sensibilidad un miembro. || Sosegarse lo que estaba inquieto. || FAM. dormida, dormidera, dormidero, dormido, dormilón, dormilona, dormitar, dormitivo, dormitorio. ◆ **Irreg.** Conjugación modelo:

Indicativo
Pres.: duermo, duermes, duerme, dormimos, dormís, duermen.
Imperf.: dormía, dormías, dormía, *etc.*
Pret. perf. simple: dormí, dormiste, durmió, dormimos, dormisteis, durmieron.
Fut. simple: dormiré, dormirás, dormirá, *etc.*
Condicional simple: dormiría, dormirías, dormiría, *etc.*
Subjuntivo
Pres.: duerma, duermas, duerma, durmamos, durmáis, duerman.
Imperf.: durmiera o durmiese, durmieras o durmieses, *etc.*
Fut. simple: durmiere, durmieres, durmiere, *etc.*
Imperativo: duerme, dormid.
Participio: dormido.
Gerundio: durmiendo.

dormitar intr. Estar medio dormido o dormido superficialmente.

dormitorio m. Habitación para dormir. || Conjunto de muebles de esta habitación.

dorsal adj. Del dorso, espaldas o lomo o relativo a ellos. || En fon., se apl. al sonido en cuya articulación interviene principalmente el dorso de la lengua, como el de la *r.* || m. Trozo de tela con un número que se suele coser en la camiseta de los deportistas. || f. Letra que representa un sonido dorsal, como la *ch.* || Cordillera terrestre o marina.

dorso m. Revés o espalda de una cosa o persona. || *amer.* Natación a espalda. || FAM. dorsal.

dos adj. y pron. num. card. Uno más uno. || adj. num. ord. Que ocupa el lugar número dos en una serie ordenada de elementos, segundo. También m., aplicado a los días del mes. || m. Conjunto de signos con que se representa el número: *2.* || **cada dos por tres** loc. adv. *col.* Con frecuencia. || **como dos y dos son cuatro** loc. *col.* Evidentemente, sin necesidad de demostración. || FAM. doce, doscientos.

doscientos, tas adj. y pron. num. card. Cien más cien. || adj. num. ord. Que ocupa el lugar número doscientos en una serie ordenada de elementos. || m. Conjunto de signos con que se representa este número: *200.* ◆ No varía en pl. || FAM. ducentésimo.

dosel m. Colgadura o techo que cubre un sillón, altar, trono, cama o algo similar y que sirve de ornamento. || Antepuerta o tapiz.

dosificación f. Determinación de cuál debe ser la dosis de un medicamento. || Regulación de la cantidad o porciones de otras cosas.

dosificar tr. Determinar o graduar las dosis de un medicamento. || Regular la cantidad o porción de otras cosas: *dosificar el tiempo.* || FAM. dosificable, dosificación, dosificador.

dosis f. Cantidad de medicina que se toma cada vez. || Cantidad o porción de una cosa. ◆ No varía en pl. || FAM. dosificar.

dossier (voz fr.) m. Conjunto de documentos o informes sobre un asunto o persona. ◆ pl. *dossiers.*

dotación f. Aquello con lo que se dota. || Asignación de personal y medios necesarios para el funcionamiento de un lugar o servicio. || Personal de un buque de guerra o de una unidad policial o militar. || Asignación de una cantidad como pago.

dotado, da adj. Equipado o provisto. || Con unas determinadas cualidades o condiciones naturales para realizar una actividad.

dotar tr. Equipar, proveer a una persona o cosa de alguna característica o cualidad que la mejore. || Señalar bienes para una fundación o institución benéfica. || Otorgar la naturaleza a una persona ciertos dones o cualidades determinadas. || Asignar a un barco, oficina o establecimiento público las personas y material que le son necesarios. || Asignar sueldo o haber a un empleo o cargo cualquiera. || Dar dote a una mujer que va a contraer matrimonio o va a ingresar en una orden religiosa. || FAM. dotación, dotado, dotador.

dote amb. Cantidad de bienes o dinero que la mujer aporta al matrimonio o que entrega al ingresar en un convento o institución religiosa. Más como f. ‖ f. pl. Cualidades o aptitudes sobresalientes de una persona: *tiene dotes para el dibujo*. ‖ FAM. dotal, dotar.

dovela f. Piedra labrada en forma de cuña para formar arcos o bóvedas. ‖ FAM. dovelaje, dovelar.

dracma f. Antigua moneda de plata usada por griegos y romanos. ‖ Antigua unidad monetaria de la Grecia actual.

draconiano, na adj. Excesivamente severo o muy rígido: *régimen, contrato draconiano*.

draga f. Máquina que se emplea para limpiar el fondo de los ríos, puertos y zonas navegables de arena, piedras y otros materiales. ‖ Barco que lleva esta máquina.

dragado m. Extracción de arena, piedras y otros materiales del fondo de un río, puerto o cualquier zona navegable.

dragaminas m. Barco destinado a localizar y recoger las minas submarinas. ◆ No varía en pl.

dragar tr. Limpiar el fondo de los ríos, puertos y zonas navegables de arena, piedras y otros materiales. ‖ Buscar y recoger las minas que se colocan en zonas navegables en periodo de guerra. ‖ FAM. draga, dragado, dragaminas.

drago m. Árbol agaváceo originario de las islas Canarias, de 12 a 14 m de altura, con el tronco grueso, cilíndrico, lleno de cicatrices correspondientes a las hojas perdidas, la copa recogida y siempre verde y flores pequeñas de color blanco verdoso. De su tronco se extrae una resina que se emplea como medicamento.

dragón m. Animal fabuloso de figura de serpiente con pies y alas, y que echa fuego por la boca. ‖ Reptil del orden de los saurios, parecido al lagarto, caracterizado por las expansiones de su piel, que forma a los lados del abdomen una especie de alas, que ayudan a los saltos del animal. ‖ Soldado que servía a pie o a caballo. ‖ Embarcación deportiva de 9 m de eslora como máximo. ‖ Antigua embarcación vikinga con remos y una vela que se utilizaba para el transporte. ‖ Planta ornamental de la familia de las escrofulariáceas, de tallo erguido de 60 a 80 cm de altura, hojas carnosas y lanceoladas, flores encarnadas o amarillas, fruto capsular y semillas negruzcas. ‖ **dragón de Komodo** Reptil escamoso que mide hasta 3 m de longitud; es el mayor lagarto existente y vive en la isla de Komodo. ‖ **dragón volador** Reptil escamoso parecido al lagarto, caracterizado por las expansiones de su piel, que forman a los lados del abdomen una especie de alas que le ayudan a saltar. ‖ FAM. dragante, dragonear, dragonete.

dragonear intr. *amer.* Alardear o presumir de algo. ‖ *amer.* Ejercer una actividad sin tener el título para ello. ‖ *amer.* Entablar relaciones amorosas superficiales con otra persona.

dragontea f. Planta herbácea vivaz, de rizoma grueso, del cual arrancan hojas grandes divididas en cinco lóbulos lanceolados que simulan un tallo de 60 a 80 cm de altura, manchado de negro y verde como la piel de una culebra.

drama m. Obra literaria de asunto triste, en verso o en prosa, que se caracteriza por el empleo exclusivo del diálogo entre los personajes y que está escrita para ser representada en un espacio escénico. ‖ Género literario compuesto por el conjunto de este tipo de obras. ‖ Obra teatral o cinematográfica en que suceden acciones tristes o desgraciadas, sin llegar a alcanzar el dolor o intensidad de la tragedia. ‖ Suceso triste y conmovedor. ‖ **hacer un drama** loc. Considerar dramático algo que no lo es. ‖ FAM. dramática, dramático, dramatismo, dramatizar, dramaturgia, dramón.

dramática f. Arte y técnica de escribir obras dramáticas. ‖ Género literario al que pertenecen las obras destinadas a ser representadas en un espacio escénico, caracterizadas por el empleo exclusivo del diálogo entre los personajes. ‖ Conjunto de obras teatrales.

dramático, ca adj. Del drama o relativo a él. ‖ Se apl. al autor o al actor de obras dramáticas. También s. ‖ Capaz de conmover vivamente: *suceso dramático*. ‖ Teatral, afectado: *ademanes dramáticos*. ‖ FAM. dramáticamente.

dramatismo m. De carácter dramático.

dramatización f. Exageración de algo, dotándolo de tintes dramáticos.

dramatizar tr. Dotar de carácter dramático a alguna cosa: *dramatizar una novela*. ‖ Exagerar con apariencias dramáticas o afectadas algo con el fin de conmover o aumentar el interés. También intr. ‖ FAM. dramatizable, dramatización.

dramaturgia f. Dramática. ‖ FAM. dramaturgo.

dramaturgo, ga m. y f. Persona que escribe obras dramáticas o teatrales.

dramón m. Obra dramática de escasa calidad teatral y literaria. ◆ Se usa con valor peyorativo.

drapeado, da adj. Con muchos pliegues: *vestido drapeado*. ‖ FAM. drapear.

draque m. *amer.* Bebida de aguardiente, agua y nuez moscada.

drástico, ca adj. Riguroso, enérgico, radical.

drenaje m. Procedimiento empleado para desecar el terreno por medio de conductos subterráneos. ‖ Extracción de líquidos y otras sustancias que se segregan en el interior de una herida o en un órgano del cuerpo. ‖ Tubos, gasas y procedimientos utilizados en los drenajes. ‖ FAM. drenar.

drenar tr. Desecar, desaguar un lugar. ‖ Facilitar la salida de líquidos acumulados en el interior de una herida u otra cavidad orgánica.

dría, dríada o **dríade** f. Ninfa de los bosques, cuya vida duraba lo mismo que la del árbol a la que se le suponía unida.

driblar tr. En algunos deportes, esquivar a un contrario al mismo tiempo que se avanza con el balón. También intr.

dribling (voz i.) m. En algunos deportes, en especial el fútbol, jugada que consiste en esquivar al contrario al mismo tiempo que se avanza con el balón. ◆ pl. *driblings*.

dril m. Tela fuerte de hilo o algodón crudos.

drive (voz. i.) m. En el tenis, golpe que se da con la raqueta, de abajo arriba, por el mismo lado por el que se sostiene la raqueta. ‖ En el golf, golpe largo con el que se ejecuta la primera jugada desde la salida del hoyo. || Palo con el que se ejecuta este golpe. ◆ pl. *drives*.

driver (voz i.) m. En inform., programa que se encarga de gestionar ciertos recursos de un ordenador. || En el golf, palo con el que se ejecuta la salida de un hoyo. ◆ pl. *drivers*.

driza f. Cuerda o cabo para izar o arriar las velas o banderas.

droga f. Nombre genérico de ciertas sustancias usadas en industria, medicina o química. || Cualquier sustancia de efecto estimulante, deprimente, narcótico o alucinógeno y cuyo consumo reiterado puede provocar adicción o dependencia. || Cualquier cosa que crea hábito o dependencia: *esa serie de televisión es como una droga para mí.* || *amer.* Deuda. || **droga blanda** La que no es adictiva o lo es en un grado muy bajo, como el hachís y la marihuana. || **droga dura** La que es fuertemente adictiva, como la heroína y la cocaína. || FAM. drogadicción, drogadicto, drogado, drogar, drogata, drogodependencia, drogota, droguería, droguista.

drogadicción f. Adicción, hábito de quienes consumen drogas de forma reiterada y dependen de ellas.

drogadicto, ta adj. y s. Persona que depende físicamente o psíquicamente de una droga, debido al consumo reiterado de la misma.

drogar tr. y prnl. Administrar o tomar drogas.

drogata com. *argot* Drogadicto.

drogodependencia f. Dependencia física o psíquica de una droga. || FAM. drogodependiente.

drogodependiente adj. y com. Drogadicto.

droguería f. Establecimiento donde se venden pinturas, productos de limpieza y de aseo. || *amer.* Farmacia. || FAM. droguero.

droguero, ra m. y f. Persona que fabrica o vende artículos de droguería. || *amer.* Moroso.

dromedario m. Mamífero artiodáctilo propio de las zonas arábigas y norteafricanas, parecido al camello pero con una sola joroba, y que se emplea como medio de transporte o animal de carga.

drug o **drugstore** (voz i.) m. Establecimiento donde se venden productos de todo tipo, con restaurante y cafetería, y que suele abrir las veinticuatro horas al día.

druida m. Sacerdote de los antiguos galos y celtas, al que se consideraba depositario del saber sagrado y profano. || FAM. druídico, druidismo.

drupa f. Fruto carnoso con una semilla rodeada de un envoltorio leñoso, como el melocotón y la ciruela. || FAM. drupáceo.

drupáceo, a adj. Que se parece a la drupa o tiene rasgos de su naturaleza.

drusa f. Conjunto de cristales que cubren la superficie de una piedra.

druso, sa adj. De los drusos o relativo a ellos. || adj. y s. Habitante de Líbano o Siria, que tiene una religión derivada de la mahometana.

dual adj. Que está formado por dos partes o contiene dos aspectos distintos: *personalidad dual.* || FAM. dualidad, dualismo.

dualidad f. Reunión de dos caracteres o características distintos en una misma persona o cosa. || Cualidad de existir dos cosas de la misma clase.

dualismo m. Doctrina filosófica que explica el origen y naturaleza del universo por la acción de dos esencias o principios diversos y contrarios. || Existencia de dos caracteres o aspectos distintos en una misma persona o cosa. || FAM. dualista, dualístico.

dualista adj. Del dualismo o relativo a él. || adj. y com. Partidario del dualismo.

dubitación f. Duda. || FAM. dubitativo.

dubitativo, va adj. Que implica o manifiesta duda.

ducado m. Estado gobernado por un duque. || Título o dignidad de duque, el más alto entre los nobiliarios. || Territorio sobre el que ejercía su autoridad un duque. || Antigua moneda de oro que se empleó en España hasta el siglo XVI.

ducal adj. Del duque o relativo a él.

ducentésimo, ma adj. num. ord. Que ocupa el lugar número doscientos en una serie ordenada de elementos. || adj. num. frac. Se apl. a cada una de las doscientas partes iguales en que se divide un todo. También s.

ducha f. Aplicación de agua que se hace caer sobre el cuerpo en forma de chorro o de lluvia para fines higiénicos o curativos. || Aparato o espacio que sirve para este fin. || Estancia o habitación donde están instalados estos aparatos. || **ducha de agua fría** Noticia o suceso normalmente repentino que suele provocar una impresión fuerte y desagradable. || FAM. duchar, duchero.

duchar tr. Dar una ducha. Más prnl.

duchero m. *amer.* En el cuarto de baño, compartimento donde está la ducha. || *amer.* Alcachofa, pieza agujereada de la ducha.

ducho, cha adj. Experto, diestro.

dúctil adj. Se dice del material que puede deformarse, moldearse, malearse o extenderse con facilidad. || Se apl. al metal que se puede extender en alambres o hilos. || Se dice de la persona dócil. || FAM. ductilidad.

ductilidad f. Propiedad que presentan los metales de poder permitir deformarlos en frío sin romperlos. || Blandura de carácter, conformidad.

duda f. Vacilación e indecisión ante varias posibilidades. || Sospecha. || Cuestión que se propone con ánimo de solucionarla o resolverla. || **sin duda** loc. adv. Ciertamente. || FAM. dudable.

dudar intr. Estar en duda, vacilar entre dos opciones contradictorias, no estar seguro. También tr.: *dudo que llegue a tiempo.* || Sospechar, desconfiar de una persona o cosa: *dudo de sus intenciones.* || Dar poco crédito a una información que se oye. También tr.: *eso será cierto, pero permíteme que lo dude.* || FAM. duda, dudoso.

dudoso, sa adj. Que ofrece duda. || Indeciso, que tiene duda. || Poco probable. || FAM. dudosamente.

duela f. Cada una de las tablas curvadas de un barril, tonel o cuba. || Nombre común de diversos gusanos platelmintos, aplanados y de forma casi ovalada, con una ventosa en el extremo anterior del cuerpo, en cuyo centro está la boca, y otra en la parte inferior del animal. Viven parásitos en los conductos biliares del carnero y del toro.

duelo[1] m. Combate entre dos a consecuencia de un desafío. || Enfrentamiento entre dos, muy disputado, en el que cada uno busca la derrota del contrario. || FAM. duelista.

duelo² m. Manifestación de dolor por la muerte de alguien. ‖ Dolor, aflicción. ‖ Reunión de parientes o amigos que asisten al entierro o al funeral de un difunto.

duende m. Espíritu travieso que se cree que habita en algunas casas, causando en ellas alteraciones y desórdenes; se le suele representar en forma de viejo o niño. ‖ Personaje fantástico de algunos cuentos infantiles. ‖ Encanto misterioso, difícil de explicar con palabras: *ese chico tiene duende.*

dueña f. Mujer viuda que había en las casas principales para guardar a las demás criadas.

dueño, ña m. y f. Persona que tiene dominio o señorío sobre una persona o cosa. ‖ Propietario. ‖ Amo. ‖ **dueño de sí mismo** Que sabe controlarse y no se deja llevar por impulsos. ‖ **ser (el) dueño de la situación** loc. Estar en situación de imponer su voluntad. ‖ **ser (muy) dueño** de hacer algo loc. Tener libertad para ello.

duermevela amb. *col.* Sueño ligero del que está dormitando. ‖ *col.* Sueño fatigoso y frecuentemente interrumpido.

dueto m. Dúo musical.

dulce adj. De sabor agradable y suave al paladar, como la miel o el azúcar. ‖ Que no es agrio o salado, sobre todo si se lo compara con algo de la misma especie: *agua dulce.* ‖ Grato, apacible. ‖ Afable, complaciente, cariñoso. ‖ m. Alimento hecho con azúcar o que tiene este sabor. ‖ Caramelo, golosina. Más en pl. ‖ Bueno, afortunado: *momento dulce.* ‖ FAM. dulcemente, dulcería, dulcero, dulcificar, dulcísono, dulzaina, dulzaino, dulzarrón, dulzón, dulzor, dulzura.

dulcificar tr. Volver dulce una cosa. También prnl. ‖ Mitigar, atenuar, suavizar. ‖ FAM. dulcificación, dulcificante.

dulzaina f. Instrumento musical de viento de tubo cónico y lengüeta doble. ‖ FAM. dulzainero.

dulzón, ona adj. Muy dulce, hasta llegar a desagradar y empalagar.

dulzor m. Dulzura.

dulzura f. Sabor suave y agradable al paladar, como el del azúcar o la miel. ‖ Suavidad, deleite. ‖ Afabilidad, bondad, docilidad.

duna f. Colina de arena que se forma en los desiertos y playas por la acción del viento.

dúo m. Composición para dos voces o instrumentos. ‖ Conjunto musical que interpreta esta pieza. ‖ Conjunto formado por dos personas. ‖ FAM. dual, dueto.

duodecimal adj. num. frac. Se apl. a cada una de las doce partes iguales en que se divide un todo. ‖ Se dice del sistema aritmético cuya base es el número doce.

duodécimo, ma adj. num. ord. Que ocupa el lugar número doce en una serie ordenada de elementos. ‖ adj. num. frac. Se apl. a cada una de las doce partes iguales en que se divide un todo. También m.

duodeno m. Parte inicial del intestino delgado que lo comunica con el estómago y donde vierten sus jugos el hígado y el páncreas. ‖ FAM. duodenal, duodenitis.

dúplex adj. Se apl. a un sistema de información capaz de transmitir mensajes en ambos sentidos de la comunicación al mismo tiempo. ‖ m. En un edificio de varias plantas, vivienda de dos pisos comunicados entre sí por una escalera interior. ◆ No varía en pl.

duplicación f. Multiplicación por dos de algo. ‖ Reproducción de algo en una copia.

duplicado m. Copia o reproducción de un documento. ‖ Ejemplar repetido de una obra.

duplicar tr. Multiplicar por dos una cosa. También prnl. ‖ Reproducir, sacar una copia de algo. ‖ FAM. dúplica, duplicación, duplicado, duplicativo, duplicidad.

duplicidad f. Calidad de doble. ‖ Hipocresía, falsedad.

duplo, pla adj. num. mult. Que contiene un número exactamente dos veces. ‖ FAM. dúplex, duplicar, dúplice.

duque, esa m. y f. Título de la nobleza, superior al de marqués y conde e inferior al de príncipe. ‖ Persona con este título. ‖ Cónyuge de una persona con el título de duque. ‖ FAM. ducado, ducal, duce, dux.

duración f. Tiempo que dura algo o que transcurre entre su principio y su fin.

duradero, ra adj. Que dura mucho. ‖ FAM. duraderamente.

duralex m. Material transparente, parecido al cristal, que se emplea en la fabricación de piezas de vajilla. ◆ No varía en pl. Es la extensión del nombre de una marca registrada.

duraluminio m. Aleación de aluminio con magnesio, cobre y manganeso, que tiene la dureza y resistencia del acero y la ligereza del aluminio.

duramadre f. La más externa y resistente de las tres meninges o membranas que rodean la pared del encéfalo y la médula espinal.

duramen m. Parte central, más seca, dura y oscura del tronco y de las ramas más gruesas de un árbol.

durante prep. Indica el periodo de tiempo a lo largo del cual está ocurriendo algo de manera continuada: *no dejaron de cuchichear durante toda la conferencia.* ‖ Indica el periodo de tiempo a lo largo del cual tiene lugar un hecho o acción: *el sonido falló varias veces durante la proyección.*

durar intr. Tener lugar durante un periodo de tiempo: *la clase ha durado mucho.* ‖ Subsistir, permanecer alguna característica o cualidad: *todavía le dura el enfado.* ‖ FAM. durabilidad, durable, duración, duradero, durante, durativo.

durativo, va adj. En gram., que indica duración: *aspecto durativo.*

duraznero m. *amer.* Durazno.

duraznillo m. Planta herbácea de la familia poligonáceas, de unos 90 cm de altura, con un tallo nudoso muy ramificado, hojas lanceoladas con una mancha negra, flores rosáceas y fruto en racimo.

durazno m. Árbol frutal, variedad de melocotonero, cuyo fruto es algo más pequeño. ‖ Fruto de este árbol. ‖ *amer.* Nombre genérico de varias especies de árboles parecidos al melocotonero. ‖ *amer.* Fruto de estos árboles. ‖ FAM. duraznero, duraznillo.

dureza f. Resistencia que ofrece un cuerpo a ser rayado. ‖ Falta de blandura. ‖ Falta de sensibilidad, aspereza, severidad excesiva. ‖ Ausencia de delicadeza o suavidad en una obra artística. ‖ Violencia. ‖ Callosidad, capa de piel dura que se forma en algunas partes del cuerpo.

durmiente adj. y com. Que duerme. ‖ m. Madero horizontal sobre el cual se apoyan otros en horizontal o vertical. ‖ Traviesa del ferrocarril.

duro, ra adj. Difícil de trabajar, cortar, rayar, comprimir o desfigurar. ‖ Que no está todo lo blando que debe estar. ‖ Fuerte, resistente al uso, que no se estropea con facilidad. ‖ Que soporta o aguanta las penas, sufrimientos o dolores sin quejas, con fortaleza. ‖ Áspero, falto de suavidad, excesivamente severo. ‖ Riguroso, exigente. ‖ Violento, cruel. ‖ Ofensivo, difícil de tolerar. ‖ Que necesita de mucho esfuerzo. ‖ m. Antigua moneda de cinco pesetas. ‖ adv. Con fuerza o violencia. ‖ *amer.* En voz alta. ‖ FAM. duramen, duramente, dureza.

duty-free (voz i.) m. Establecimiento donde se venden productos libres de tasas fiscales.

dux m. Antiguo príncipe o magistrado supremo en las repúblicas de Venecia y Génova. ◆ No varía en pl.

DVD m. Disco óptico que contiene en forma codificada imágenes y sonidos para ser reproducidos en la pantalla de un equipo electrónico. ◆ La sigla procede del inglés *D*igital *V*ideo *D*isc.

e

e¹ f. Quinta letra del abecedario español y segunda de las vocales. Representa un sonido que se pronuncia elevando un poco el predorso de la lengua hacia la parte anterior del paladar y estirando levemente los labios hacia los lados. ◆ pl. *es*.

e² conj. cop. Se usa en lugar de la *y*, para evitar el hiato, antes de palabras que empiezan por *i* o *hi: Juan e Ignacio, geografía e historia*.

¡ea! interj. Se emplea para animar, estimular, excitar o incitar a alguien a hacer algo: *¡ea!, que ya te falta poco*. ‖ Expresa resolución: *no te lo llevarás, ¡ea!*

eagle (voz i.) m. Jugada que en el golf consiste en meter la pelota en el hoyo con dos golpes menos de los que están fijados en su par.

ebanista com. Persona que hace muebles o que trabaja con ébano y otras maderas finas.

ebanistería f. Arte y oficio de hacer muebles o de trabajar en ébano y maderas finas. ‖ Taller donde trabaja un ebanista. ‖ Conjunto de muebles hecho de ébano o maderas finas, sobre todo si comparten alguna característica común.

ébano m. Árbol ebenáceo de 10 a 12 m de altura, de hojas alternas y lanceoladas, flores verdosas y bayas redondas, de madera pesada y maciza, muy negra por el centro y blanquecina hacia la corteza. ‖ Madera de este árbol, muy apreciada en la fabricación de muebles. ‖ FAM. ebanista, ebanistería.

ebenáceo, a adj. y f. De las ebenáceas o relativo a esta familia de plantas. ‖ f. pl. Familia de árboles o arbustos intertropicales angiospermos dicotiledóneos, con hojas comúnmente alternas y enteras, flores casi siempre unisexuales y fruto carnoso en forma de baya, como el ébano.

ebonita f. Materia obtenida al tratar el caucho con azufre, y que se empleaba para fabricar aislantes eléctricos.

ebriedad f. Trastorno temporal de las capacidades físicas o mentales causado por un consumo excesivo de bebidas alcohólicas o por intoxicación de otras sustancias. ‖ Alteración o turbación del ánimo.

ebrio, bria adj. Que tiene sus capacidades físicas o mentales mermadas por causa de un excesivo consumo de bebidas alcohólicas. ‖ Cegado por la pasión: *ebrio de celos*. ‖ FAM. ebriedad.

ebullición f. Movimiento agitado y con burbujas de un líquido, que tiene lugar al elevar su temperatura.

‖ Estado de gran excitación. ‖ FAM. ebullómetro, ebulloscopia, ebulloscopio.

ebúrneo, a adj. De marfil, o parecido a él. ◆ Más en lenguaje literario: *piernas ebúrneas*.

eccehomo m. Representación de Jesucristo coronado de espinas, azotado y maniatado. ‖ Persona herida, de aspecto lastimoso.

eccema m. Enfermedad inflamatoria de la piel de origen alérgico, caracterizada por la aparición de pequeñas vejigas rojizas que forman placas y producen picor. ‖ FAM. eccematoso.

echar tr. Hacer que algo llegue a alguna parte dándole impulso. También prnl.: *echarse al agua*. ‖ Hacer que una cosa caiga en un sitio determinado: *echar una carta al buzón*. ‖ Dejar caer, verter: *echar sal*. ‖ Despedir de sí una cosa: *echar fuego*. ‖ Hacer salir a uno de algún lugar: *lo echaron de la clase*. ‖ Brotar en las plantas sus raíces, hojas o frutos. También intr. ‖ Tratándose de personas o animales, salir o aumentar alguna parte natural de su organismo: *echar un diente*. ‖ Deponer a uno de su empleo o cargo. ‖ Cerrar llaves, cerrojos, pestillos, etc. ‖ Jugar dinero a alguna cosa: *echar la loto*. ‖ Inclinar, mover, recostar. También prnl.: *échate hacia la derecha*. ‖ Remitir una cosa a la suerte: *echar a suertes*. ‖ Jugar, apostar. También intr. ‖ Seguido de la prep. *de* + infinitivo, dar: *echar de beber*. ‖ Experimentar un aumento notable en lo que se expresa: *echar barriga*. ‖ Suponer o deducir un dato por aproximación: *yo te echaba 20 años*. ‖ Seguido de ciertas expresiones, mostrar mucho enojo: *echar chispas, pestes, sapos y culebras*. ‖ Repartir, distribuir: *echa las cartas*. ‖ Decir, pronunciar: *echar una parrafada*. ‖ Junto a voces como *abajo, por tierra, por el suelo*, etc., derribar, arruinar, asolar. ‖ Imponer, aplicar una pena o castigo: *echar diez años de cárcel*. ‖ Tratándose de películas, espectáculos, etc., representar, proyectar, ejecutar. ‖ Invertir un periodo de tiempo en algo, consumirlo: *eché dos horas en el trayecto*. ‖ Seguido de la prep. *a* + infinitivo significa dar principio a la acción expresada: *echamos a correr*; o ser causa o motivo de ella: *echaron a rodar el balón*. También prnl.: *se echaron a reír*. ‖ Dar curso a un documento, enviarlo o presentarlo donde corresponda. ‖ prnl. Arrojarse, tirarse. ‖ Acostarse, tumbarse. ‖ Ponerse las aves sobre los huevos. ‖ Entablar determinada relación con una persona: *echarse novia*. ‖ **echar a perder** loc. Estropear. ‖ **echar de menos**

loc. Añorar o notar la falta de una persona o cosa. ‖ **echarse atrás** loc. Desdecirse de algo o incumplir una promesa. ‖ **echarse encima** algo loc. Ser inminente o estar muy próximo. ‖ **echarse encima de** alguien loc. *col.* Reprenderlo o recriminarlo con acritud. ‖ FAM. echado.

echarpe m. Prenda de vestir femenina que se coloca sobre los hombros y cubre también la espalda, chal.

echona f. *amer.* Hoz para segar.

eclampsia f. Enfermedad de carácter convulsivo que suelen padecer los niños, acompañada de pérdida total o parcial de las facultades sensitivas.

eclecticismo m. Escuela filosófica que procura conciliar aquellas doctrinas que considera las mejores de diversos sistemas. ‖ Modo de juzgar u obrar que adopta una posición intermedia, en lugar de optar por soluciones extremas o muy definidas. ‖ FAM. ecléctico.

ecléctico, ca adj. Del eclecticismo o relativo a él. ‖ Que está compuesto de elementos, opiniones, estilos, etc., de carácter diverso. ‖ adj. y s. Que profesa el eclecticismo.

eclesial adj. De la Iglesia cristiana o relativo a ella.

eclesiástico, ca adj. De la Iglesia o relativo a ella, en particular referido a los clérigos. ‖ m. Hombre que ha recibido las órdenes religiosas, clérigo. ‖ FAM. eclesial, eclesiásticamente, eclesiología.

eclesiología f. Parte de la teología que estudia el origen, la esencia y el desarrollo histórico de la Iglesia.

eclipsar tr. Causar un astro el eclipse de otro. ‖ Oscurecer, deslucir. También prnl. ‖ prnl. Ocurrir el eclipse de un astro. ‖ Evadirse, ausentarse, desaparecer. ‖ FAM. eclipsable, eclipse.

eclipse m. Ocultación transitoria, total o parcial, de un astro por interposición de otro. ‖ Ausencia, desaparición transitoria de una persona o cosa. ‖ **eclipse lunar** El que ocurre por interposición de la Tierra entre la Luna y el Sol. ‖ **eclipse solar** El que ocurre por interposición de la Luna entre el Sol y la Tierra.

eclíptica f. Circunferencia máxima de la esfera celeste descrita por el movimiento aparente del Sol en el curso del año, que corta el ecuador en ángulo de 23 grados y 27 minutos. ‖ Órbita descrita por la Tierra en su movimiento alrededor del Sol.

eclisa f. *amer.* Pieza de hierro que refuerza los empalmes de los rieles de las vías férreas.

eclosión f. Acto de abrirse un capullo de flor, una crisálida o un huevo. ‖ Acción de abrirse el ovario en el momento de la ovulación. ‖ Aparición o manifestación súbita de un movimiento social, histórico, político, cultural, etc. ‖ FAM. eclosionar.

eclosionar intr. Abrirse un capullo de flor, una crisálida o un huevo.

eco m. Repetición de un sonido por la reflexión de las ondas sonoras. ‖ Sonido que se percibe débil y confusamente. ‖ En fís., onda electromagnética reflejada de modo tal que se percibe como distinta de la originalmente emitida. ‖ Composición poética en que se repite parte de un vocablo o un vocablo entero, para formar una nueva palabra significativa que representa el eco de la anterior. ‖ Persona que imita o repite aquello que otro dice o hace. ‖ Chisme, rumor, noticia imprecisa. También pl.: *ecos de sociedad.* ‖ **hacerse eco de** algo loc. Difundirlo. ‖ FAM. ecografía.

ecografía f. Técnica que se emplea para exploración del interior de un cuerpo mediante ondas electromagnéticas o acústicas. ‖ Imagen que se obtiene por este método. ‖ FAM. ecografista, ecógrafo.

ecografista adj. y com. Especialista en la realización de ecografías.

ecógrafo m. Aparato que se utiliza para realizar ecografías.

ecología f. Ciencia que estudia las relaciones de los seres vivos entre sí y con el medio en que viven. ‖ Rama de la sociología que estudia las relaciones entre los grupos humanos y su entorno físico y social. ‖ FAM. ecológico, ecologismo, ecologista, ecólogo.

ecológico, ca adj. De la ecología o relativo a ella. ‖ Que respeta el medio ambiente: *agricultura ecológica.*

ecologismo m. Movimiento sociopolítico que propugna la defensa de la naturaleza y la armonía entre esta y el progreso.

ecologista adj. Del ecologismo o relativo a él. ‖ adj. y com. Partidario del ecologismo o que lo pone en práctica.

economato m. Establecimiento en el que determinados colectivos pueden adquirir mercancías a menor precio que en las tiendas habituales. ‖ Cargo de ecónomo. ‖ Territorio jurisdiccional de un ecónomo.

econometría f. Parte de la economía que aplica técnicas matemáticas y estadísticas al análisis de las teorías económicas y a la solución de los problemas económicos mediante modelos. ‖ FAM. econométrico.

economía f. Ciencia que estudia la producción y la administración de bienes y servicios. ‖ Estructura o régimen económicos de un sistema u organización. ‖ Riqueza pública o conjunto de los recursos de un país. ‖ Ahorro de tiempo, trabajo, dinero, etc. ‖ Buena utilización del tiempo y de otras cosas inmateriales: *economía de espacio.* ‖ pl. Ahorros. ‖ **economía de mercado** Sistema económico en el que los precios se rigen por la oferta y la demanda. ‖ **economía sumergida** Actividad económica desarrollada sin el control de la legislación. ‖ FAM. economato, econometría, economicismo, economicista, económico, economismo, economista, economizador, economizar, ecónomo.

económico, ca adj. De la economía o relativo a ella. ‖ Que gasta o consume poco. ‖ Poco costoso. ‖ FAM. económicamente.

economista adj. y com. Profesional de la economía.

economizar tr. Ahorrar o disminuir gastos. ‖ Evitar algún trabajo, riesgo, peligro, etc.: *economizar esfuerzos.* ‖ FAM. economizador.

ecónomo adj. y m. Se apl. a quien administra los bienes de la diócesis autorizada por el obispo. ‖ Se dice del sacerdote que ocupa un puesto eclesiástico mientras está vacante o en ausencia del titular.

ecosistema m. Comunidad integrada por un conjunto de seres vivos interrelacionados y por el medio que habitan.

ecosonda f. Aparato que mide la profundidad a la que está sumergido un cuerpo mediante la reflexión de un haz de ultrasonidos.

ecotasa f. Impuesto que grava las energías más contaminantes.

ecoturismo m. Turismo en el que prima el contacto con la naturaleza.

ectodermo m. Capa celular más externa de un embrión animal.

ectoparásito, ta adj. y s. Se apl. al parásito que vive en la superficie de otro organismo o entra en contacto con él solo en el momento de alimentarse, como el piojo y la sanguijuela.

ectoplasma m. Parte externa del citoplasma de una célula. || Supuesta emanación de un médium durante una sesión de espiritismo, con la que se forman apariencias de seres vivos u objetos. || FAM. ectoplasmático.

ecu m. Unidad monetaria de la Unión Europea, anterior al euro.

ecuación f. En mat., igualdad que contiene una o más incógnitas. || Diferencia entre el lugar o movimiento medio y el verdadero o aparente de un astro. || En fís., relación de igualdad entre los resultados de efectuar determinadas operaciones matemáticas con las medidas de las magnitudes que intervienen en un fenómeno.

ecuador m. Círculo imaginario que equidista de los polos de la Tierra. || Círculo máximo que se considera en la esfera celeste, perpendicular al eje de la Tierra. || Paralelo de mayor radio en una superficie de revolución. || FAM. ecuatorial.

ecualizador, ra adj. Que ecualiza. || m. Dispositivo que en los equipos de alta fidelidad sirve para ajustar las frecuencias de los sonidos.

ecualizar tr. En equipos de alta fidelidad, ajustar dentro de determinados valores las frecuencias de reproducción de un sonido con el fin de igualarlo a su emisión originaria. || FAM. ecualizador.

ecuánime adj. Que tiene ecuanimidad o equidad: *juicio ecuánime.*

ecuanimidad f. Imparcialidad de juicio. || Actitud equilibrada y constante: *ecuanimidad de ánimo.* || FAM. ecuánime.

ecuatoguineano, na adj. y s. De Guinea Ecuatorial o relativo a este país africano.

ecuatorial adj. Del ecuador o relativo a él.

ecuatoriano, na adj. y s. De Ecuador o relativo a este país americano. || FAM. ecuatorianismo.

ecuestre adj. Del caballo o relativo a él. || Del caballero, o de una orden de caballería: *orden ecuestre.* || Se apl. a la figura puesta a caballo.

ecuménico, ca adj. Universal o que abarca el mundo entero. || Se apl. especialmente al concilio en que se reúnen los obispos cristianos de todos los estados y países del mundo. || FAM. ecumenismo.

eczema m. Eccema.

edad f. Tiempo de existencia desde el nacimiento. || Cada uno de los periodos en que se considera dividida la vida humana: *edad madura.* || Duración de algo desde que comenzó a existir. || Periodo histórico. || Época. || Vejez, ancianidad: *hombre de edad.* || **edad adulta** Aquella

en la que el ser humano alcanza su desarrollo completo. || **Edad Antigua** Periodo histórico que se extiende hasta el fin del Imperio romano. || **Edad Contemporánea** Periodo histórico comprendido entre finales del siglo XVIII y nuestros días. || **edad de merecer** col. Época en la que una persona joven se considera preparada para formar pareja. || **edad de oro** Tiempo de esplendor o grandeza. || **Edad de Piedra** Periodo prehistórico anterior al uso de los metales, dividido en Paleolítico, Mesolítico y Neolítico. || **edad de plata** Tiempo en que la vida humana empezó a dejar de ser rudimentaria, se habitan chozas y se labra la tierra. || Tiempo de menor florecimiento que la edad de oro. || **Edad del Bronce** Segunda etapa de la Edad de los Metales, posterior a la Edad del Cobre. || **Edad del Cobre** Primera etapa de la Edad de los Metales. || **Edad del Hierro** Última etapa de la Edad de los Metales. || **edad del pavo** col. La que señala el paso a la adolescencia. || **Edad de los Metales** Periodo prehistórico posterior a la Edad de Piedra durante el cual comenzó la fabricación de utensilios y armas de metal. || **Edad Media** Periodo que abarca desde el siglo V hasta finales del XV, medievo. || **edad mental** Grado de desarrollo intelectual de una persona. || **Edad Moderna** Periodo comprendido entre finales del siglo XV y la Revolución Francesa. || **tercera edad** Último periodo de la vida de una persona, ancianidad. || **mayor de edad** loc. adj. Referido a una persona, que ha alcanzado la edad en que la ley le reconoce la capacidad para ejercer sus derechos civiles plenamente. || **menor de edad** loc. adj. Referido a una persona, que no ha alcanzado la mayoría de edad.

edafología f. Ciencia que trata de la naturaleza y condiciones de los suelos en su relación con los seres vivos. || FAM. edáfico, edafólogo.

edecán m. Ayudante de campo. || col. Auxiliar, colaborador, especialmente cuando se comporta de modo servil con sus superiores; pelota. || amer. Conserje, bedel.

edelweiss (voz alemana) m. Planta compuesta, propia de zonas montañosas, con hojas lanosas y flores blancas. ◆ No varía en pl.

edema m. Hinchazón blanda de una parte del cuerpo producida por acumulación de líquido: *edema pulmonar.*

edén m. Según la Biblia, paraíso terrenal que habitaron el primer hombre y la primera mujer hasta que comieron el fruto prohibido. ◆ Frecuente en mayúscula. || col. Lugar ameno y muy agradable. || FAM. edénico.

edición f. Impresión de una obra. || Conjunto de ejemplares de una obra impresos en una sola tirada. || Cada celebración de determinado certamen, exposición, festival, etc. || Texto de una obra preparado con criterios filológicos. || **edición crítica** La que consigna las variantes existentes en las diversas fuentes consultadas. || **edición pirata** La realizada sin derecho ni autorización. || **edición prínceps** o **príncipe** La primera de una obra cuando se han hecho varias.

edicto m. Mandato o decreto que se publica por la autoridad competente. || Aviso público sobre un asunto de interés común para la ciudadanía.

edificable adj. Se apl. al terreno en el que se puede edificar.

edificación f. Construcción de un edificio. || Construcción, edificio. || Efecto de infundir en alguien buenos sentimientos e incitarlo a obrar con virtud.

edificante adj. Que edifica o incita a alguien a obrar con virtud.

edificar tr. Construir o mandar construir un edificio. || Dar buen ejemplo, incitar a alguien a obrar con virtud. || Constituir o levantar una entidad u organización. || FAM. edificabilidad, edificable, edificación, edificador, edificante, edificativo.

edificio m. Construcción hecha con materiales resistentes para albergar a personas, animales, cosas o actividades. || FAM. edificar.

edil, la m. y f. Miembro electo de un Ayuntamiento. || m. En la antigua Roma, magistrado que tenía a su cargo las obras públicas de la ciudad. || FAM. edilicio.

editar tr. Publicar ciertas obras, especialmente las impresas. || FAM. edición, editor, editorial, editorialista, editorializar.

editor, ra adj. Que edita. || m. y f. Persona o entidad encargada de editar una obra, multiplicando los ejemplares. || Persona que se dedica a preparar la publicación de un texto siguiendo criterios filológicos. || m. En inform., programa que permite redactar, manipular e imprimir documentos: *editor de textos, gráfico.*

editorial adj. Del editor o la edición, o relativo a ellos. || m. Artículo de fondo que recoge el criterio de la dirección de una publicación sobre cualquier asunto. || f. Empresa que se dedica a la edición.

editorialista com. Persona que se dedica a la redacción de los artículos de fondo de una publicación.

editorializar intr. *amer.* Escribir editoriales en una publicación.

edredón m. Cobertor o colcha de cama rellenos con plumas de ciertas aves, de algodón, etc. || Plumón de ciertas aves del norte.

educación f. Proceso de socialización y aprendizaje encaminado al desarrollo intelectual y ético de una persona. || Instrucción por medio de la acción docente. || Cortesía, urbanidad. || **educación especial** La destinada a personas discapacitadas física o psíquicamente. || **educación física** Conjunto de disciplinas y ejercicios encaminados a lograr el desarrollo y perfección corporales. || FAM. educacional.

educado, da adj. Que tiene buena educación o urbanidad.

educador, ra adj. y s. Que educa. || m. y f. Persona que se dedica a la docencia.

educando, da adj. y s. Que recibe educación, especialmente referido a quien se educa en un colegio.

educar tr. Desarrollar las facultades intelectuales y morales de una persona. También prnl.: *se educó en los mejores colegios.* || Dirigir, encaminar, adoctrinar: *educar en la tolerancia.* || Enseñar los buenos usos de urbanidad y cortesía. || Adiestrar o perfeccionar los sentidos: *educar el oído.* || FAM. educabilidad, educable, educación, educado, educador, educando, educatividad, educativo.

educativo, va adj. De la educación o relativo a ella: *juego educativo.*

edulcorante m. Sustancia que edulcora o endulza.

edulcorar tr. Endulzar con sustancias naturales, como el azúcar y la miel, o sintéticas, como la sacarina, cualquier producto de sabor desagradable o insípido. || FAM. edulcoración, edulcorado, edulcorante.

efe f. Nombre de la letra *f.*

efebo m. Adolescente, muchacho.

efectismo m. Intención de provocar un fuerte efecto o impresión en el ánimo. || Efecto logrado por procedimientos encaminados a impresionar fuertemente el ánimo.

efectista adj. Que pretende impresionar profundamente.

efectivar tr. *amer.* Hacer efectivo algo.

efectividad f. Capacidad para producir el efecto deseado. || Validez o autenticidad.

efectivo, va adj. Que tiene efecto. || Real, verdadero, cierto. || m. Dinero en metálico: *pago en efectivo.* || m. pl. Fuerzas militares o policiales bajo un solo mando o con una misma misión. || FAM. efectivamente.

efecto m. Lo que se deriva de una causa. || Impresión, impacto en el ánimo. || Fin por el que se hace algo. || Documento o valor mercantil: *efectos bancarios.* || En determinados espectáculos, truco o artificio para provocar ciertas impresiones. Más en pl.: *efectos especiales.* || Movimiento giratorio que se imprime a un objeto al lanzarlo, con el fin de desviarlo de la trayectoria esperada. || pl. Bienes, pertenencias, enseres: *efectos personales.* || **efecto dominó** Aquel que afecta en cadena a una serie de elementos. || **efecto invernadero** Aumento de la temperatura atmosférica debida a la radiación calorífica que producen los óxidos de carbono desprendidos de las combustiones industriales. || **efecto mariposa** El que se deriva de un proceso de consecuencias impredecibles. || **a efectos de** loc. Con la finalidad de conseguir o aclarar alguna cosa. || **con** o **en efecto** loc. adv. Efectivamente, en realidad, de verdad. || En conclusión, así que. || **surtir efecto** loc. Conseguir el resultado pretendido. || FAM. efectismo, efectista, efectivar, efectividad, efectivo, efectuar.

efectuar tr. Ejecutar o llevar a cabo algo: *efectuar un recorrido.* || prnl. Cumplirse o hacerse realidad algo. || FAM. efectuación.

efeméride f. Acontecimiento notable que se recuerda en su aniversario. || Conmemoración de dicho aniversario. || pl. Libro o comentario en que se refieren los hechos de cada día. || Sucesos notables ocurridos en el día de la fecha, pero en años anteriores.

eferente adj. Que lleva hacia afuera. || Se apl. a la formación anatómica que trasmite sangre, secreciones o impulsos desde una parte del organismo a otras que se consideran periféricas con respecto a ella. || Se apl. al estímulo y sustancia así transmitidos.

efervescencia f. Desprendimiento de burbujas gaseosas a través de un líquido. || Agitación, excitación. || FAM. efervescente.

efervescente adj. Que está o puede estar en efervescencia.

efesio, sia adj. y s. De Éfeso o relativo a esta antigua ciudad de Asia Menor.

eficacia f. Capacidad para obrar o para conseguir un resultado determinado.

eficaz adj. Que logra hacer efectivo un intento o propósito. || FAM. eficacia, eficazmente.

eficiencia f. Capacidad para lograr un fin empleando los mejores medios posibles. || FAM. eficiente.

eficiente adj. Que consigue un propósito empleando los medios idóneos.

efigie f. Personificación, representación de algo real o ideal. || Imagen, representación de una persona.

efímero, ra adj. Pasajero, que dura poco. || Que dura un solo día. || FAM. efemérides.

eflorescencia f. Erupción cutánea, aguda o crónica, que se presenta en varias regiones del cuerpo y con particularidad en el rostro. || En quím., conversión espontánea de ciertas sales en polvo al perder el agua de la cristalización. || FAM. eflorecerse, eflorescente.

efluir intr. Fluir o escaparse un gas o un líquido hacia el exterior. ♦ **Irreg.** Se conj. como *huir*.

efluvio m. Emisión de pequeñas partículas. || Emanación, irradiación en lo inmaterial.

efusión f. Expresión viva e intensa de sentimientos de afecto y alegría. || Derramamiento de un líquido, especialmente de la sangre. || FAM. efusivo.

efusividad f. Expresión viva e intensa de sentimientos de afecto y alegría.

efusivo, va adj. Que se manifiesta con efusión: *abrazo efusivo*. || FAM. efusividad, efusivamente.

egeo, a adj. Relativo al mar Egeo o a los antiguos pueblos ribereños de este mar.

égida o **egida** f. Protección, defensa. || Escudo que se llevaba en la mano izquierda.

egipcio, cia adj. y s. De Egipto o relativo a este país africano. || m. Lengua de este país.

egiptología f. Estudio de la civilización del antiguo Egipto. || FAM. egiptológico, egiptólogo.

égloga f. Composición poética del género bucólico en la que, por lo común, dos pastores dialogan acerca de sus amores o de la vida campestre.

ego m. Instancia psíquica que se reconoce como «yo», en el psicoanálisis de Freud. || Aprecio excesivo que una persona siente por sí misma.

egocéntrico, ca adj. Que se considera el centro de la atención y de la actividad generales.

egocentrismo m. Exagerada exaltación de la propia personalidad, hasta considerarla centro de la atención y actividad generales. || FAM. egocéntrico, egocentrista.

egoísmo m. Excesivo aprecio que tiene una persona por sí misma, y que le hace atender desmedidamente a su propio interés, sin preocuparse del los demás. || FAM. egoísta.

egoísta adj. Del egoísmo o relativo a él. || adj. y com. Que tiene o manifiesta egoísmo.

ególatra adj. y com. Que siente veneración por sí mismo.

egolatría f. Culto y veneración que una persona se profesa a sí misma. || FAM.ególatra,ególatrico.

egotismo m. Tendencia a hablar de sí mismo. || Sentimiento exagerado de la propia personalidad. || FAM. egotista.

egotista adj. Del egotismo o relativo a él. || adj. y com. Que tiene o manifiesta egotismo.

egregio, gia adj. Ilustre, insigne. || FAM. egregiamente.

egresado, da m. y f. *amer.* Licenciado o graduado.

egresar tr. Salir de alguna parte. || *amer.* Licenciarse o graduarse. || FAM. egresado, egreso.

egreso m. Salida, partida de descargo. || *amer.* Licenciatura o graduación.

¡eh! interj. Expresión que se emplea para preguntar, llamar, despreciar, reprender o advertir: *¡eh, tú, sal de ahí!*

einstenio m. Elemento químico radiactivo, metálico y artificial, que pertenece al grupo de los actínidos. Su símbolo es *Es*, y su número atómico, 99.

eje m. Barra que atraviesa un cuerpo giratorio y lo sostiene en su movimiento. || Línea que divide por la mitad el ancho de una superficie o de un cuerpo. || Barra horizontal que une ruedas opuestas de un vehículo. || Idea fundamental, asunto primordial, pilar básico de algo. || Persona o elemento que se considera el centro de algo, y alrededor del cual gira todo lo demás. || Pieza mecánica que transmite el movimiento de rotación en una máquina. || Recta fija en torno a la cual se considera que gira una línea para engendrar una superficie, o una superficie para engendrar un sólido. || Diámetro principal de una curva. || **eje de abscisas** En el de coordenadas, el horizontal. || **eje de coordenadas** Cada una de las dos rectas indefinidas que se cortan en un punto de un plano, y que se toman como referencia para situar los demás puntos del mismo. || **eje de la esfera terrestre** El imaginario alrededor del cual gira la Tierra, y que prolongado hasta la esfera celeste, determina en ella dos puntos que se denominan polos. || **eje de ordenadas** En el de coordenadas, el vertical. || **eje de simetría** Recta que, al ser tomada como eje de giro de una figura o cuerpo, hace que se superpongan todos los puntos análogos.

ejecución f. Realización de algo. || Manera de interpretar una obra musical o de realizar una obra pictórica. || Acto de dar muerte a un reo condenado a esta pena. || En der., procedimiento judicial con embargo y venta de bienes para liquidación de deudas.

ejecutante com. Persona que ejecuta o interpreta una obra musical. || En der., persona que exige el cumplimiento de lo dispuesto en una sentencia judicial.

ejecutar tr. Hacer, realizar una cosa. || Ajusticiar, dar muerte al reo condenado a ella. || Interpretar una pieza musical. || Hacer cumplir una orden o disposición judicial por procedimiento ejecutivo. También prnl. || FAM. ejecución, ejecutable, ejecutante, ejecutiva, ejecutivo, ejecutor, ejecutoria, ejecutoría, ejecutorio.

ejecutiva f. Junta directiva de una entidad: *ejecutiva de un partido*.

ejecutivo, va adj. Que no admite espera ni permite el aplazamiento de la ejecución: *mandato ejecutivo*. || Que ejecuta o lleva a cabo algo: *consejo, poder ejecutivo*. || m. Gobierno de un país. ♦ Se escribe en mayúscula. || m. y

f. Persona que desempeña un cargo directivo en una empresa. || FAM. ejecutivamente.

ejecutor, ra adj. y s. Que ejecuta o lleva algo a cabo. || **ejecutor de la justicia** El que ejecuta la pena de muerte, verdugo. || **ser el brazo ejecutor** loc. Ser la persona encargada de llevar a cabo lo que otros han planificado u ordenado.

ejecutoria f. En der., sentencia firme e inapelable, y documento comprobante de ella. || Título o diploma en el que consta legalmente la nobleza de una persona o familia. || Acción que ennoblece.

ejecutorio, ria adj. En der., firme, inalterable.

¡ejem! interj. Expresión con que se llama la atención o se deja en suspenso el discurso: *¡ejem, ejem!, ¿podemos empezar ya?*

ejemplar adj. Que da buen ejemplo y es digno de ser tomado como modelo: *comportamiento ejemplar.* || Que sirve de escarmiento: *castigo ejemplar.* || m. Cada una de las copias sacadas de un mismo original o modelo. || Cada uno de los individuos de una especie o de un género. || FAM. ejemplarmente.

ejemplaridad f. Carácter o cualidad de ejemplar que posee alguien o algo por ser modélico o por servir de escarmiento.

ejemplificación f. Demostración, ilustración o autorización mediante ejemplos.

ejemplificar tr. Demostrar, ilustrar o autorizar algo mediante ejemplos.

ejemplo m. Aquello que sirve de modelo imitable o eludible, según se considere positivo o negativo. || Lo que induce a ser imitado. || Hecho o texto que se cita: *para ilustrarlo, expondré varios ejemplos.* || **dar ejemplo** loc. Actuar de un modo que incite a la imitación. || **por ejemplo** loc. Expresión que se usa para introducir una prueba o aclaración, o para ilustrar o autorizar lo que antes se ha dicho. || FAM. ejemplar, ejemplaridad, ejemplarizante, ejemplarizar, ejemplificación, ejemplificar.

ejercer tr. Practicar una profesión o un oficio. También intr.: *ejerce de médico.* || Realizar una acción o influjo. || Hacer uso de una virtud, facultad o derecho. || FAM. ejercicio, ejerciente, ejercitar, ejército.

ejercicio m. Ocupación, dedicación: *ejercicio de la docencia.* || Trabajo práctico para el aprendizaje de ciertas disciplinas: *ejercicio de traducción.* || Esfuerzo corporal que se hace para mantenerse saludable y en forma, o para entrenar en algún deporte. || Cada una de las pruebas de que consta un examen. || Tiempo durante el cual rige una ley o el presupuestos. || pl. Movimientos y evoluciones militares con que los soldados se ejercitan y adiestran. || **ejercicios espirituales** Los que se practican mediante la oración y la penitencia durante unos días de retiro y abandono de las actividades habituales. || **en ejercicio** loc. adj. o adv. Que ejerce su profesión o cargo: *veterinario, rectora en ejercicio.*

ejercitar tr. Practicar un arte, oficio o profesión. También prnl. || Hacer que uno aprenda algo mediante la enseñanza y la práctica. || prnl. Practicar reiteradamente una actividad para adiestrarse en ella. || FAM. ejercitación, ejercitante.

ejército m. Conjunto de fuerzas armadas de una nación. ◆ Se escribe en mayúscula. || Conjunto de fuerzas aéreas o terrestres de una nación. ◆ Se escribe en mayúscula. || Cuerpo militar que está bajo las órdenes de un general. || Colectividad organizada para la realización de un fin.

ejido m. Campo común de los vecinos de un pueblo donde suelen reunirse los ganados o establecerse las eras. || FAM. ejidatario.

ejote m. *amer.* Vaina del fréjol cuando está tierna y es comestible. || *amer.* Puntada grande y mal hecha en la costura.

el art. det. m. sing. Se antepone a un sustantivo m. para indicar que el referente es conocido por el hablante y el oyente: *voy a aparcar el coche.* ◆ La forma sing. se utiliza también como determinante de sustantivos f. en sing. que empiezan por *a* o *ha* tónicas: *el agua, el hacha.* ◆ pl. *los.*

él, ella, ellos, ellas pron. Forma del pron. pers. m. y f. de tercera persona sing. y pl., que en la oración desempeña la función de sujeto: *él ha llegado el último,* o de complemento con prep.: *lo hizo por ellos.*

elaboración f. Transformación de algo mediante el tratamiento preciso. || Diseño o planificación de algo complejo.

elaborado, da adj. Preparado o diseñado con cuidado y para un fin. || Se apl. al producto de fabricación industrial.

elaborar tr. Preparar o transformar un producto mediante el tratamiento adecuado. || Idear o inventar algo complejo. || FAM. elaborable, elaboración, elaborado, elaborador.

elasmobranquio, quia adj. y m. Seláceo.

elástica f. *amer.* Somier.

elasticidad f. Propiedad de los cuerpos que recobran su extensión y figura primitivas tan pronto como cesa la acción que las alteraba. || Capacidad de adaptación a cualquier circunstancia.

elástico, ca adj. Se apl. al cuerpo que puede recobrar su forma y extensión después de que haya cesado la acción o fuerza que la había alterado. || Acomodaticio, que puede ajustarse a distintas circunstancias: *criterios elásticos.* || Que admite varias interpretaciones. || m. Tejido, cinta o cordón de goma, especialmente el que se coloca en algunas prendas de vestir para que se ajusten o den de sí. || FAM. elástica, elasticidad, elastina, elastosis.

elastina f. Proteína que constituye los tejidos conjuntivos, óseos y cartilaginosos y que proporciona elasticidad a la piel.

elativo m. Adjetivo en grado superlativo absoluto.

ele f. Nombre de la letra *l.*

eleagnáceo, a adj. y f. De las eleagnáceas o relativo a esta familia de plantas. || f. pl. Familia de árboles o arbustos angiospermos dicotiledóneos, de hojas alternas u opuestas, enteras o dentadas, cubiertas de escamas a manera de escudos, flores solitarias a veces en espiga o en racimo, y frutos en drupa, como el cinamomo.

elección f. Opción que se toma entre varias. || Nombramiento de una persona para algún cargo o comisión. || pl. Votación que se hace para designar a uno entre varios candidatos. || FAM. eleccionario, electivo, electo, elector, electorado, electoral, electoralismo, electoralista, electorero.

eleccionario, ria adj. *amer.* De la elección, de las elecciones o relativo a ellas.

electivo, va adj. Que se otorga o se consigue por elección.

electo, ta adj. y s. Que ha sido elegido para un cargo y aún no ha tomado posesión del mismo.

elector, ra adj. y s. Que elige o puede elegir.

electorado m. Conjunto de electores.

electoral adj. De los electores, de las elecciones o relativo a ellos.

electoralismo m. Preponderancia de las motivaciones puramente electorales en el ejercicio de la política.

electoralista adj. Que denota fines evidentes de propaganda electoral.

electricidad f. Corriente eléctrica. || Conjunto de fenómenos físicos derivados del efecto producido por el movimiento y la interacción entre cargas eléctricas positivas y negativas. || Rama de la física que estudia los fenómenos eléctricos. || **electricidad estática** La que surge en un cuerpo que posee cargas eléctricas en reposo. || FAM. electricista, eléctrico, electrificar, electrizable, electrizante, electrizar, electro, electrochoque, electrocutar, electrodo, electrodoméstico, electrógeno, electrólito, electrómetro, electrón, electrónica, electroscopio, electrostática, electrotecnia, electrotermia.

electricista adj. Experto en aplicaciones técnicas y mecánicas de la electricidad. || com. Especialista en instalaciones eléctricas.

eléctrico, ca adj. De la electricidad o relativo a ella. || Que tiene o comunica electricidad. || Que funciona con electricidad o que la produce.

electrificar tr. Proveer de electricidad a un lugar. || Adaptar o equipar una instalación o una máquina para que puedan funcionar con energía eléctrica. || FAM. electrificación.

electrizable adj. Susceptible de adquirir las propiedades eléctricas.

electrizante adj. Que electriza: *música electrizante.*

electrizar tr. y prnl. Comunicar o producir la electricidad en un cuerpo. || Exaltar, avivar el ánimo, entusiasmar. || FAM. electrizable, electrización, electrizante.

electro- pref. que significa 'electricidad' o 'eléctrico': *electrólisis, electromagnético.*

electroacústica f. Rama de la electrónica que estudia las corrientes eléctricas alternas, cuya frecuencia está comprendida dentro de la escala de las vibraciones audibles. || FAM. electroacústico.

electrocardiografía f. Parte de la medicina que estudia el funcionamiento del corazón mediante la obtención e interpretación de los electrocardiogramas. || FAM. electrocardiógrafo.

electrocardiograma m. Gráfico en que se registran las corrientes eléctricas impulsadas por el músculo cardiaco.

electrochoque m. Tratamiento de ciertas enfermedades mentales mediante la aplicación de descargas eléctricas en el cerebro.

electrocución f. Muerte provocada por una corriente o descarga eléctrica.

electrocutar tr. Matar o morir por causa de una descarga eléctrica. También prnl. || FAM. electrocución.

electrodinámica f. Parte de la física que estudia los fenómenos y leyes de la electricidad en movimiento. || FAM. electrodinámico.

electrodo m. Extremo de un cuerpo conductor en contacto con un medio del que recibe o al que transmite una corriente eléctrica.

electrodoméstico m. Aparato eléctrico de uso doméstico. Más en pl. También adj.: *aparato electrodoméstico.*

electroencefalograma m. Gráfico en el que se registran las diferencias de potencial producidas en las células cerebrales: *electroencefalograma plano.* || FAM. electroencefalografía, electroencefalógrafo.

electrógeno, na adj. Que produce o genera electricidad: *grupo electrógeno.* || m. Generador eléctrico.

electroimán m. Barra de hierro dulce imantada artificialmente por la acción de una corriente eléctrica.

electrólisis f. Descomposición de un cuerpo producida por la electricidad. ◆ No varía en pl. || FAM. electrolizar.

electrolítico, ca adj. De la electrólisis o relativo a ella.

electrólito m. Cuerpo que en estado líquido o en disolución puede ser descompuesto por una corriente eléctrica. || FAM. electrólisis, electrolítico.

electromagnético, ca adj. Se apl. al fenómeno en el que los campos eléctricos y los magnéticos se interrelacionan: *onda electromagnética.*

electromagnetismo m. Parte de la física que estudia las acciones y reacciones de las corrientes eléctricas sobre los campos magnéticos. || FAM. electromagnético.

electrómetro m. Instrumento con el que se miden las diferencias de potencial eléctrico a través de la desviación que sufren unos discos de metal, o por la alteración de una columna capilar de mercurio.

electrón m. Partícula elemental del átomo dotada de carga negativa.

electronegativo, va adj. Se apl. al átomo capaz de atraer electrones de otras partes de su misma molécula.

electrónica f. Rama de la física que estudia los fenómenos basados en la influencia de campos electromagnéticos sobre el movimiento de los electrones libres en el vacío, en gases o en semiconductores. || Conjunto de aplicaciones técnicas derivadas de este estudio. || FAM. electrónico.

electrónico, ca adj. De los electrones, de la electrónica o relativo a ellos.

electropositivo, va adj. Referido a un átomo, que es capaz de ceder electrones a otras partes de su misma molécula.

electroquímica f. Rama de la química que estudia la influencia de la electricidad en determinados cuerpos y la obtención de la misma a partir de reacciones químicas. || FAM. electroquímico.

electroscopio m. Instrumento empleado en física para determinar si un cuerpo está electrizado. Consiste en una varilla con una esfera metálica en un extremo y dos laminillas de oro o de aluminio en el otro, que se separan cuando el cuerpo puesto en contacto con la esfera está electrizado.

electroshock (voz i.) m. Electrochoque. ◆ pl. *electroshocks.*

electrostática f. Rama de la física que estudia los fenómenos relacionados con las cargas eléctricas en reposo. || FAM. electrostático.

electrotecnia f. Estudio de las aplicaciones técnicas de la electricidad. || FAM. electrotécnico.

elefante, ta m. y f. Mamífero del orden de los proboscídeos, de gran tamaño, piel cenicienta, rugosa y gruesa, con la cabeza y los ojos pequeños, las orejas grandes y colgantes y la nariz y el labio superior unidos y prolongados en una trompa que usa como mano; tiene dos dientes incisivos, llamados comúnmente colmillos, macizos y muy desarrollados. Habita en Asia y África, donde lo emplean como animal de carga. || **elefante blanco** *amer.* Algo sin utilidad, pero que cuesta mucho mantener. || **elefante marino** Mamífero pinnípedo de la familia de las focas que habita en los mares australes; el macho posee una nariz extensible en forma de trompa. || FAM. elefantiasis.

elefantiasis f. Enfermedad caracterizada por el aumento desproporcionado de algunas partes del cuerpo, en especial las extremidades inferiores y de los órganos genitales externos, y debida fundamentalmente a una obstrucción del sistema linfático. ◆ No varía en pl.

elegancia f. Distinción, donaire. || Buen gusto, estilo, mesura. || Corrección, comedimiento, discreción.

elegante adj. Que tiene distinción, gracia, donaire. También com. || Mesurado, de buen gusto, bien proporcionado. || Correcto, comedido, discreto. || FAM. elegancia, elegantemente, elegantoso.

elegantoso, sa adj. *amer.* Elegante.

elegía f. Composición poética en que se lamenta un acontecimiento negativo, especialmente la muerte de una persona. || FAM. elegiaco.

elegiaco, ca o **elegíaco, ca** adj. De la elegía o relativo a ella. || Lastimero, triste.

elegir tr. Escoger, seleccionar. || Nombrar por elección a alguien. ◆ **Irreg.** Se conj. como *pedir.* || FAM. elección, elegibilidad, elegible, elegido.

elemental adj. Fundamental, primordial. || Obvio, evidente o fácil de entender. || Se apl. al principio o fundamento de una ciencia o arte: *matemática elemental.* || FAM. elementalidad, elementalmente.

elemento m. Fundamento, móvil o parte integrante de una cosa. || Principio físico o químico de los cuerpos. || En quím., sustancia formada por átomos que tienen el mismo número de protones nucleares. || Medio ambiente en que habita y se desarrolla un ser vivo. || Para la filosofía antigua, la tierra, el agua, el aire y el fuego, como principios constitutivos de los cuerpos. || Individuo valorado positiva o negativamente: *¡menudo elemento está hecho!* || pl. Fundamentos y principios de las ciencias y de las artes. || Fuerzas naturales capaces de alterar las condiciones atmosféricas o climáticas. || Medios, recursos. || **estar** alguien **en su elemento** loc.

Encontrarse en una situación cómoda y placentera. || FAM. elemental.

elenco m. Conjunto de personas que intervienen en un espectáculo, especialmente en el teatro. || Conjunto de personas que en un momento determinado constituyen un grupo representativo.

elepé m. Disco de vinilo con grabaciones musicales de larga duración. ◆ El nombre proviene de las siglas de las palabras inglesas *Long Play*, larga duración.

elevación f. Levantamiento o alzamiento de algo. || Parte más alta de alguna cosa. || Encumbramiento material o moral: *elevación a los altares.* || Acción de alzar el sacerdote el cáliz o la hostia en la misa.

elevado, da adj. Levantado sobre un nivel, alto. || Sublime, de gran categoría: *pensamiento elevado.* || FAM. elevadamente.

elevador, ra adj. Que eleva. || m. y f. Aparato empleado en almacenes y construcciones para subir, bajar o desplazar mercancías. || m. *amer.* Ascensor. || FAM. elevadorista.

elevadorista com. *amer.* Ascensorista.

elevalunas m. Mecanismo que sirve para subir o bajar las ventanillas de un automóvil: *elevalunas eléctrico.* ◆ No varía en pl.

elevar tr. Levantar o alzar una cosa. También prnl. || Mejorar a una persona en su puesto, cargo, o condición. También prnl. || Vigorizar, fortalecer: *elevar la moral.* || Dirigir un escrito o petición a una autoridad. || En mat., efectuar o calcular la potencia de un número. || FAM. elevación, elevado, elevador, elevamiento.

elfo m. En la mitología escandinava, genio, espíritu del aire.

elidir tr. Suprimir la vocal con que termina una palabra cuando la que sigue empieza con otra vocal. || Frustrar, debilitar una cosa. || FAM. elisión.

eliminación f. Separación, supresión. || Exclusión, apartamiento de algo o de alguien. || En mat., resolución de una incógnita en una ecuación. || Expulsión de una sustancia del organismo.

eliminar tr. Quitar, separar. || Prescindir de algo o alguien, excluir. También prnl.: *nos eliminaron en semifinales.* || En mat., resolver una incógnita en una ecuación. || Expeler el organismo una sustancia: *eliminar toxinas.* || FAM. eliminación, eliminador, eliminatoria, eliminatorio.

eliminatoria f. En competiciones o concursos, prueba que se hace para seleccionar a los participantes.

eliminatorio, ria adj. Que elimina.

elipse f. Curva cerrada, simétrica respecto de dos ejes perpendiculares entre sí, que resulta de cortar un cono circular por un plano que encuentra a todas las generatrices del mismo lado del vértice. || FAM. elipsoide, elíptico.

elipsis f. Omisión en la frase u oración de una o más palabras sin alterar el sentido de la frase. ◆ No varía en pl.

elipsoidal adj. Con forma de elipsoide o semejante a él.

elipsoide m. Sólido limitado por una superficie curva cerrada, cuyas secciones planas son todas elipses o círculos. || FAM. elipsoidal.

elíptico, ca adj. De la elipse o parecido a ella: *trayectoria elíptica*. || De la elipsis o relativo a ella: *verbo elíptico*. || FAM. elípticamente.

elíseo, sea adj. Del Elíseo o relativo a este lugar paradisiaco de la mitología griega: *campos elíseos*.

elisión f. Supresión de la vocal final de una palabra cuando la siguiente comienza por vocal. || Frustración, debilitamiento de una cosa.

élite o **elite** f. Minoría selecta y destacada en un ámbito social o en una actividad. || FAM. elitismo, elitista.

elitismo m. Sistema que favorece la aparición o el desarrollo de élites.

elitista adj. y com. De la élite, del elitismo o relativo a ellos.

élitro m. Cada una de las alas anteriores de los insectos ortópteros y coleópteros, que endurecidas sirven de protección a las alas posteriores, aptas para el vuelo.

elixir m. Licor compuesto de diferentes sustancias curativas disueltas por lo regular en alcohol. || Medicamento o remedio maravilloso. || Sustancia esencial de un cuerpo.

elle f. Nombre de la *ll* o doble ele.

ello pron. Forma del pron. pers. neutro de tercera persona sing., que en la oración desempeña la función de sujeto o de complemento con prep.: *ello nunca fue sustancial; no sé nada de ello.*

elocución f. Modo de emplear las palabras para expresar los conceptos en el discurso. || Modo de elegir y distribuir las palabras y los pensamientos en el discurso. || FAM. elocuencia, elocutivo.

elocuencia f. Facultad de hablar o escribir de modo eficaz para deleitar y conmover, y especialmente para persuadir a oyentes o lectores. || Fuerza de expresión, eficacia para persuadir y conmover que tienen, p. ext., los gestos, ademanes o cualquier otra acción o recurso expresivo. || FAM. elocuente, elocuentemente.

elocuente adj. Que tiene o manifiesta elocuencia en su expresión.

elogiable adj. Digno de elogio.

elogiar tr. Alabar o enaltecer con halagos.

elogio m. Alabanza de las virtudes y méritos de una persona o cosa. || FAM. elogiable, elogiador, elogiar, elogioso.

elogioso, sa adj. Que elogia o alaba.

elongación f. Alargamiento.

elote m. *amer.* Mazorca tierna de maíz que, cocida o asada, se consume como alimento. || *amer.* Sus granos ya cocidos o asados.

elucidar tr. Poner en claro, explicar. || FAM. elucidación, elucidario.

elucidario m. Libro aclaratorio o explicativo de asuntos difíciles de comprender.

elucubración f. Meditación, reflexión, trabajo intelectual. || Obra o producto de la meditación y la reflexión. || Producto de la imaginación o de la meditación que no tiene fundamento práctico.

elucubrar tr. Meditar, reflexionar, trabajar en obras de ingenio. || Imaginar o meditar sin mucho fundamento. || FAM. elucubración.

eludir tr. Soslayar o esquivar una dificultad. || Evitar con astucia o habilidad. || FAM. eludible, elusión, elusivo.

elusión f. Soslayamiento o evitación de una dificultad o un problema.

elusivo, va adj. Que elude o evita, especialmente si emplea astucias o artimañas: *respuesta elusiva*.

eluvión m. Depósito de detritos situado al pie de la roca de donde procede, a diferencia del aluvión, que ha sufrido arrastre o transporte.

e-mail (voz i.) m. Correo electrónico.

emanación f. Desprendimiento o emisión de sustancias volátiles de un cuerpo: *emanación de gases*. || Efluvio, exhalación. || Procedencia o derivación de algo de cuya naturaleza se participa.

emanantismo m. Doctrina panteísta que propugna la procedencia divina de todas las cosas, por emanación. || FAM. emanantista.

emanar intr. Proceder, derivar de un origen de cuya naturaleza se participa. || Desprenderse de los cuerpos las sustancias volátiles. También tr.: *del guiso emanaba un olor delicioso*. || tr. Emitir, desprender algo de sí. || FAM. emanación, emanante, emanantismo.

emancipación f. Liberación de la patria potestad, de la tutela o de la servidumbre.

emancipar tr. y prnl. Liberar de la patria potestad, de la tutela, de la servidumbre, o de cualquier sujeción en la que se estaba. || FAM. emancipación, emancipado, emancipador.

emasculación f. Castración de un animal macho.

emascular tr. Castrar, capar un animal macho. || FAM. emasculación.

embadurnar tr. y prnl. Untar, embarrar, manchar, o pintarrajear.

embajada f. Oficina y residencia del embajador o de la representación diplomática de un país en otro. || Cargo de embajador. || Conjunto de sus empleados. || Mensaje para tratar algún asunto de importancia, especialmente los que se envían recíprocamente los jefes de Estado por medio de sus embajadores. || *col.* Proposición o exigencia impertinentes. || FAM. embajador.

embajador, ra m. y f. Agente diplomático que representa oficialmente, en un país extranjero, al Estado, al jefe del mismo y al Gobierno. || Emisario, mensajero: *embajador de la paz*.

embaladura f. *amer.* Embalaje.

embalaje m. Empaquetado o envoltorio adecuados para proteger objetos que se van a transportar. || Caja o cubierta con que se resguardan los objetos que han de transportarse.

embalar tr. Colocar convenientemente dentro de cajas, cubiertas o cualquier otro envoltorio los objetos que han de transportarse. || intr. Golpear el fondo de la barca o la superficie del mar para que los peces se enmallen. || FAM. embalado, embalador, embaladura, embalaje.

embalar tr. Aumentar en exceso la velocidad. También prnl. || prnl. Dejarse llevar por un deseo, sentimiento, etc.

embaldosado m. Pavimento cubierto con baldosas. || Operación de embaldosar.

embaldosar tr. Pavimentar con baldosas. || FAM. embaldosado.

embalsadero m. Lugar hondo y pantanoso donde se contiene el agua de lluvia o la de los ríos cuando se desbordan.

embalsamador, ra adj. y s. Que embalsama.

embalsamamiento m. Tratamiento de un cadáver con determinadas sustancias para protegerlo de la corrupción.

embalsamar tr. Preparar o tratar un cadáver con determinadas sustancias para evitar su descomposición. || Perfumar, aromatizar. También prnl. || FAM. embalsamador, embalsamamiento, embalsamante.

embalsar tr. y prnl. Retener agua u otro líquido en un embalse o en una balsa. || FAM. embalsadero, embalse.

embalse m. Depósito artificial en el que se almacenan las aguas de un río o de un arroyo, generalmente mediante una presa o un dique que cierra la boca de un valle. || Acumulación de agua en uno de estos depósitos.

embancarse prnl. *amer.* Cegarse un río, lago, etc., por las tierras de aluvión. || Varar una embarcación en un banco.

embanquetar tr. *amer.* Poner aceras o banquetas en las calles.

embarazado, da adj. Molesto, incómodo. || Se apl. a la mujer preñada. También f.

embarazar tr. Impedir, estorbar. || Dejar encinta a una mujer. || prnl. Quedarse embarazada una mujer. || Hallarse entorpecido o confundido ante algo o alguien. || FAM. embarazado, embarazo, embarazoso.

embarazo m. Impedimento, dificultad. || Preñez de la mujer. || Periodo de tiempo que dura esta. || Falta de soltura, torpeza.

embarazoso, sa adj. Que molesta o incomoda. || FAM. embarazosamente.

embarcación f. Vehículo flotante que se emplea para transportarse por el agua. || Acción de embarcar personas o de embarcarse. || FAM. embarcadero, embarcar.

embarcadero m. Lugar acondicionado para embarcar y desembarcar, muelle.

embarcar tr. Introducir en una embarcación, en un avión o en un tren. También prnl. || Hacer que uno intervenga en una empresa difícil o arriesgada. También prnl. || *amer.* Engañar. || FAM. embarco, embarque.

embargable adj. Que se puede embargar.

embargar tr. Retener una cosa por mandamiento administrativo o judicial, en espera de juicio. || Embelesar, arrobar los sentidos. || Dificultar, impedir. || FAM. embargable, embargador, embargante, embargo.

embargo m. Retención de bienes por mandamiento administrativo o judicial, en espera de juicio. || Prohibición del comercio y transporte de determinadas mercancías, especialmente de armas, decretada por un Gobierno: *embargo económico.* || **sin embargo** loc. conjunt. Expresión con valor adversativo, equivalente a 'no obstante'.

embarque m. Acción y resultado de embarcar o embarcarse.

embarrada f. *amer. col.* Patochada. || *amer.* Error manifiesto.

embarradura f. Mancha o pringue de barro o de cualquier otra sustancia viscosa. || *amer.* Calumnia, descrédito. || *amer.* Daño, fastidio. || *amer.* Delito.

embarrancar intr. Encallar una embarcación. También prnl. || prnl. Atascarse alguna cosa en un lugar estrecho. || Atascarse en una dificultad. También intr. || FAM. embarrancamiento.

embarrar tr. y prnl. Untar, cubrir o manchar con barro o con otra sustancia viscosa. || *amer.* Calumniar, desacreditar a alguien. || *amer.* Complicar a alguien en un asunto ilícito. || *amer.* Causar daño, fastidiar. || *amer.* Cometer un delito. || FAM. embarrada, embarrado, embarrador, embarradura.

embarrialarse prnl. *amer.* Embarrarse. || *amer.* Atascarse.

embarullar tr. y prnl. *col.* Confundir, mezclar desordenadamente unas cosas con otras. || *col.* Hacer que alguien se confunda. || FAM. embarulladamente, embarullado, embarullador, embarullamiento.

embate m. Golpe violento de mar. || Acometida impetuosa. || Viento suave de verano a la orilla del mar. || pl. Vientos periódicos del Mediterráneo después de la canícula.

embaucador, ra adj. y s. Que embauca o engaña.

embaucar tr. Engañar a alguien aprovechándose de su inexperiencia o ingenuidad. || FAM. embaucador, embaucamiento.

embeber tr. Absorber un cuerpo sólido otro en estado líquido. || Empapar. || Contener una cosa a otra, incorporar. || Encajar, meter una cosa dentro de otra. || intr. Encogerse, apretarse, como el tejido de lana cuando se moja. También prnl. || prnl. Quedarse absorto: *se bebió en sus pensamientos.* || Entregarse con total interés a una actividad, sumergirse en ella. || FAM. embebecer.

embejucar tr. *amer.* Desorientar. || prnl. *amer.* Enredarse. || *amer.* Enfadarse.

embeleco m. Embuste, engaño. || *col.* Persona o cosa molesta. || FAM. embelecador, embelecamiento, embelecar.

embelesar tr. Arrebatar, extasiar, cautivar los sentidos. También prnl. || FAM. embelesamiento, embeleso.

embeleso m. Arrobamiento, éxtasis. || Lo que embelesa.

embellecedor, ra adj. Que embellece. || m. Moldura cromada de los automóviles.

embellecer tr. y prnl. Hacer o poner bella a una persona o cosa. ◆ **Irreg.** Se conj. como *agradecer.* || FAM. embellecedor, embellecimiento.

embellecimiento m. Proceso en el que se alcanza o se incrementa la belleza.

embero m. Árbol de la familia de las meliáceas, propio del África ecuatorial y apreciado por su madera. || Madera con tono grisáceo que se obtiene de este árbol, considerada noble y semidura.

emberrenchinarse prnl. *col.* Emberrincharse.

emberretinarse prnl. *amer.* Encapricharse.

emberrincharse prnl. *col.* Enrabietarse, enfadarse exageradamente, en especial los niños.

embestida f. Acometida, ataque violento, especialmente el llevado a cabo por animales que topan.

embragar

embestir tr. Acometer o arremeter con ímpetu. También intr. ◆ **Irreg.** Se conj. como *pedir.* || FAM. embestida.

embetunar tr. Cubrir con betún.

embicar tr. *amer.* Embocar, acertar a introducir algo en una cavidad. || *amer.* Beber demasiado. || Colocar oblicuamente una verga como señal de luto a bordo de un barco.

embicharse prnl. *amer.* Llenarse de larvas de mosca las heridas de los animales.

embijar tr. Pintar o teñir con bija o con bermellón. || *amer.* Ensuciar, manchar, embarrar.

embióptero, ra adj. y m. De los embiópteros o relativo a este orden de insectos. || m. pl. Orden de insectos de boca masticadora, con dos pares de alas los machos y sin alas las hembras, coloniales y constructores de canales señalizados con seda en los suelos tropicales, como los tejedores.

emblandecer tr. Ablandar. También prnl. || prnl. Enternecerse o transigir. ◆ **Irreg.** Se conj. como *agradecer.*

emblanquecer tr. Blanquear, poner blanca una cosa. || prnl. Ponerse o volverse blanco lo que antes era de otro color. ◆ **Irreg.** Se conj. como *agradecer.* || FAM. emblanquecimiento.

emblema m. Símbolo en que se representa alguna figura, al pie de la cual generalmente se escribe algún texto o lema explicativo. || Representación simbólica de algo. || FAM. emblemático.

emblemático, ca adj. Representativo o simbólico. || Destacado, relevante. || FAM. emblemáticamente.

embobar tr. Entretener. || prnl. Quedarse uno suspenso, absorto y admirado. || FAM. embobado, embobamiento.

embocadura f. Introducción de algo por una parte estrecha. || Boquilla de un instrumento musical de viento. || Gusto o sabor de un vino. || Abertura del escenario de un teatro, cuando se levanta el telón. || Entrada de un río, puerto o canal para el paso de los buques.

embocar tr. Meter por la boca una cosa. || Entrar o hacer entrar algo por una parte estrecha. También prnl. || Aplicar los labios a la boquilla de un instrumento de viento. || FAM. embocado, embocadura, emboque.

embochinchar tr. *amer.* Provocar un bochinche, alborotar.

embocicar tr. y prnl. *amer.* Envolver el cuerpo con alguna ropa.

embojotar tr. *amer.* Liar, empaquetar, sujetar con cuerdas.

embolada f. Movimiento de vaivén que hace el émbolo cuando está funcionando dentro del cilindro.

embolado m. *col.* Problema, dificultad. || Se apl. al toro al que se le ponen bolas en las puntas de los cuernos. También adj. || *col.* Engaño. || En el teatro, papel corto y deslucido.

embolador m. *amer.* Limpiabotas.

embolar tr. Poner bolas de madera en las puntas de los cuernos del toro para que no pueda herir con ellos. || FAM. embolado.

embolar tr. *amer.* Dar betún al calzado. || FAM. embolador.

embolia f. Obstrucción de un vaso sanguíneo por un coágulo.

émbolo m. Disco que se ajusta y mueve alternativamente en el interior de una bomba para comprimir un fluido o para recibir de él movimiento. || Coágulo, burbuja de aire u otro cuerpo extraño, que, introducido en la circulación, produce la embolia. || FAM. embolia.

embolsar tr. Cobrar o percibir una cantidad de dinero de quien la debe. || prnl. Ganar dinero, especialmente de un juego o negocio. || Guardar algo en una bolsa. || FAM. embolso.

emboquillar tr. Poner boquillas o filtros a los cigarrillos. || Preparar la entrada de una galería o de un túnel. || FAM. emboquillado.

emborrachar tr. Poner borracho. También prnl. || Empapar bizcochos o pasteles en vino, licor o almíbar. || Atontar, adormecer. También prnl. || Mojar excesivamente una mecha en combustible líquido. || FAM. emborrachador, emborrachamiento.

emborronar tr. Llenar de borrones o garabatos. También prnl. || Escribir apresuradamente. || FAM. emborronador, emborronamiento.

emboscada f. Ocultación de una o varias personas para atacar por sorpresa a otra u otras. || Maquinación o intriga para perjudicar a alguien. || FAM. emboscado, emboscar.

emboscar tr. Poner a un grupo de personas ocultas en un lugar para atacar a otra u otras por sorpresa. También prnl. || prnl. Ocultarse entre el ramaje. || *col.* Escudarse con una ocupación cómoda para mantenerse alejado del cumplimiento de alguna obligación.

embostadero m. *amer.* Lugar hecho especialmente para poner la ropa mojada al sol.

embotamiento m. Debilidad o flaqueza.

embotar tr. Debilitar, entorpecer: *embotar los sentidos.* También prnl. || Quitar los filos o puntas a ciertas armas e instrumentos cortantes. Más como prnl. || prnl. Aturdirse. || FAM. embotamiento.

embotellado, da adj. Referido a un discurso o conferencia, que se lleva preparado con antelación. || m. Introducción de un líquido en botellas.

embotellamiento m. Embotellado. || Congestión o atasco de vehículos.

embotellar tr. Meter un líquido en botellas. || Obstaculizar, obstruir. || prnl. Detenerse u obstaculizarse el tráfico por exceso de vehículos. || FAM. embotellado, embotellador, embotellamiento.

embotijar tr. Meter o guardar en botijos o botijas. || prnl. *col.* Hincharse, engordar. || *col.* Enojarse, indignarse.

embozar tr. Cubrir el rostro por la parte inferior hasta la nariz o hasta los ojos. Más como prnl. || Encubrir con palabras o con acciones una cosa.

embozo m. Parte de la capa, bufanda, velo, etc., con que uno se cubre la cara. || Doblez de la sábana de la cama por la parte que toca a la cara. || Disimulo o cautela con que se dice o hace algo. || FAM. embozadamente, embozado, embozar.

embragar tr. Hacer que un eje de motor participe del movimiento de otro por medio de un mecanismo. || FAM. embrague.

embrague m. Acción de embragar. ‖ Mecanismo dispuesto para que un eje participe o no en el mecanismo de otro. ‖ Pedal con que se acciona dicho mecanismo.

embravecer tr. y prnl. Encrespar, enfurecer. ◆ **Irreg.** Se conj. como *agradecer.* ‖ FAM. embravecimiento.

embrazadura f. Asa por la que se sujetaba el escudo.

embrazar tr. Meter el brazo izquierdo por la embrazadura del escudo. ‖ FAM. embrazadura.

embrear tr. Untar con brea: *en tiempos inquisitoriales, a las brujas se las embreaba y emplumaba.* ‖ FAM. embreado.

embriagador, ra adj. Que embriaga.

embriagante adj. Embriagador.

embriagar tr. Causar embriaguez, emborrachar. También prnl. ‖ Atontar, perturbar. También prnl. ‖ Enajenar, embelesar a alguien algo que le causa satisfacción o placer. También prnl. ‖ FAM. embriagador, embriagante, embriaguez.

embriague m. *amer.* Embrague.

embriaguez f. Turbación pasajera de los sentidos por el exceso de alcohol ingerido. ‖ Enajenamiento causado por algo placentero.

embridar tr. Colocar la brida a las caballerías. ‖ Refrenar o contener los sentimientos o las emociones.

embriogénesis f. Formación y desarrollo del embrión. ◆ No varía en pl. ‖ FAM. embriogénico.

embriología f. Ciencia que estudia la formación y desarrollo de los embriones. ‖ FAM. embriológico.

embrión m. Organismo en desarrollo, desde su comienzo en el huevo hasta que se han diferenciado todos sus órganos. ‖ Bosquejo de la futura planta que se encuentra dentro de la semilla. ‖ Principio incipiente de una cosa. ‖ FAM. embriogénesis, embriología, embrionario.

embrionario, ria adj. Del embrión o relativo a él.

embrocar tr. Vaciar una vasija en otra, volviéndola boca abajo. ‖ *amer.* Poner boca abajo una vasija, un plato o cualquier otra cosa. También prnl.

embrollar tr. y prnl. Enredar, confundir las cosas. ‖ FAM. embrolladamente, embrollado, embrollador, embrollo, embrollón.

embrollo m. Confusión, enredo. ‖ Embuste, mentira. ‖ Situación embarazosa o difícil de resolver.

embromado, da adj. *amer. col.* Complicado o incómodo.

embromar tr. Gastar una broma. ‖ Burlarse de alguien. ‖ *amer.* Molestar, fastidiar. ‖ *amer.* Causar daño a alguien. También prnl. ‖ FAM. embromado, embromador.

embroncarse prnl. *amer.* Enojarse, encolerizarse.

embrujar tr. Hechizar, manipular mediante prácticas de magia. ‖ Ejercer atracción o influencia sobre alguien. ‖ FAM. embrujado, embrujamiento, embrujo.

embrujo m. Fascinación, atracción incontrolable. ‖ Encantamiento, hechizo: *embrujo amoroso.*

embrutecer tr. y prnl. Volver torpe o mermar considerablemente la capacidad de raciocinio. ◆ **Irreg.** Se conj. como *agradecer.* ‖ FAM. embrutecedor, embrutecido, embrutecimiento.

embrutecido, da adj. Privado del uso de la razón o con las facultades mentales entorpecidas.

embuchado, da adj. Embutido en una tripa: *lomo embuchado.* ‖ m. Tripa rellena con carne de cerdo picada y condimentada. ‖ *col.* Improvisación de un actor durante una representación, morcilla.

embuchar tr. Embutir carne picada en una tripa de animal. ‖ Introducir comida en el buche de un ave. ‖ Comer mucho y deprisa. ‖ Encuadernar pliegos o cuadernillos dentro de otros. ‖ FAM. embuchado, embuchador, embuchamiento.

embudo m. Instrumento hueco en forma de cono y rematado en un tubo que sirve para transvasar líquidos. ‖ Depresión, excavación o agujero cuya forma se asemeja a este utensilio.

emburujar tr. Hacer que en una cosa se formen burujos, grumos, enredos, etc. ‖ Amontonar y mezclar confusamente unas cosas con otras. ‖ prnl. *amer.* Arrebujarse, abrigarse.

embuste m. Mentira, enredo. ‖ FAM. embustero.

embustero, ra adj. y s. Que inventa embustes, mentiroso.

embutido m. Tripa, principalmente de cerdo, rellena con carne picada u otras sustancias. ‖ Ajuste o encajamiento de una cosa dentro otra. ‖ Obra con incrustaciones de madera, metal, marfil, etc., encajadas unas en otras. ‖ *amer.* Entredós de bordado o de encaje.

embutir tr. Hacer embutidos. ‖ Encajar, meter una cosa dentro de otra. ‖ Dar a una chapa metálica la forma de un molde o matriz prensándola o golpeándola sobre ellos. ‖ Engullir, comer en exceso y con ansia. También prnl. ‖ FAM. embutido, embutidor, embutidora.

embuzonar tr. *amer.* Guardar armas en un lugar secreto.

eme f. Nombre de la letra *m.*

emergencia f. Accidente o suceso que sobreviene de forma imprevista. ‖ Brote o surgimiento.

emergente adj. Que emerge: *talento, carrera emergente.*

emerger intr. Surgir o salir del agua u otro líquido. ‖ Brotar o surgir algo. ‖ FAM. emergencia, emergente, emersión.

emérito, ta adj. Se apl. a la persona que se ha retirado de un empleo o cargo y continúa ejerciendo o disfruta algún premio o compensación como reconocimiento por sus méritos: *profesor emérito.*

emersión f. Salida de un astro por detrás de otro que lo ocultaba. ‖ Aparición de un cuerpo en la superficie del líquido donde se hallaba sumergido.

emético, ca adj. y m. Vomitivo. ‖ FAM. emesia, emesis.

emidosaurio adj. y m. Nombre con el que se conoce a los reptiles del grupo de los cocodrilos.

emigración f. Desplazamiento desde el lugar de origen a otro lugar para establecerse en él. ‖ Conjunto de habitantes de un país que trasladan su domicilio a otro.

emigrante adj. y com. Que emigra. ‖ Se apl. a la persona que se traslada de su propio país a otro, generalmente con el fin de trabajar en él.

emigrar intr. Abandonar el lugar de origen para establecerse en otro. ‖ Cambiar periódicamente de clima algunas especies animales. ‖ FAM. emigración, emigrado, emigrante, emigratorio.

eminencia f. Persona que destaca en su campo o actividad. ‖ Título de honor que se da a los cardenales de la Iglesia romana y al gran maestre de la Orden de Malta. ‖ Elevación del terreno. ‖ FAM. eminente.

eminente adj. Que sobresale o se destaca entre los demás. ‖ Alto, elevado. ‖ FAM. eminentemente, eminentísimo.

eminentísimo, ma adj. Tratamiento honorífico que se apl. a los cardenales de la Iglesia romana y al gran maestre de la Orden de Malta.

emir m. En las comunidades árabes, príncipe o caudillo. ‖ FAM. emirato.

emirato m. Dignidad de emir. ‖ Tiempo que dura el gobierno de un emir. ‖ Territorio gobernado por él.

emisario, ria m. y f. Mensajero que se envía para averiguar, comunicar o tratar algo.

emisión f. Exhalación o expulsión de algo hacia fuera. ‖ Conjunto de valores, efectos públicos, comerciales o bancarios, que se crean de una vez para ponerlos en circulación. ‖ Transmisión de una señal mediante ondas hercianas.

emisor, ra adj. y s. Que emite. ‖ m. y f. En ling., persona que enuncia un mensaje en un acto de comunicación. ‖ m. Aparato productor de las ondas hercianas en la estación de origen. ‖ f. Esta misma estación: *emisora de radio*.

emitir tr. Exhalar o echar algo hacia fuera. ‖ Poner en circulación papel moneda, valores, etc. ‖ Manifestar juicios, opiniones, etc. ‖ Transmitir señales mediante ondas hercianas. ‖ FAM. emisario, emisión, emisivo, emisor.

emmental m. Queso de origen suizo, elaborado con leche de vaca y caracterizado por sus grandes agujeros.

emoción f. Conmoción afectiva de carácter intenso. ‖ FAM. emocionable, emocional, emocionante, emocionar, emotivo.

emocional adj. De la emoción o relativo a ella.

emocionante adj. Que emociona.

emocionar tr. y prnl. Conmover el ánimo, causar emoción.

emoliente adj. y m. Se apl. al medicamento que sirve para ablandar una dureza o un tumor.

emolumento m. Sueldo o remuneración de un cargo o empleo. Más en pl.

emotividad f. Capacidad para producir emoción. ‖ Sensibilidad a las emociones.

emotivo, va adj. Relacionado con la emoción. ‖ Que produce emoción. ‖ Que se emociona fácilmente. ‖ FAM. emotividad.

empacar tr. Hacer pacas o fardos. ‖ intr. *amer*. Hacer el equipaje o empaquetar cualquier cosa. ‖ FAM. empacado, empacador, empaque.

empacarse prnl. Obstinarse. ‖ Turbarse, avergonzarse. ‖ *amer*. Plantarse una bestia. ‖ FAM. empaque.

empachar tr. Causar indigestión. También intr. y prnl.: *se empachó con la fabada*. ‖ Cansar, aburrir. También prnl. ‖ Disfrazar, encubrir. ‖ prnl. Avergonzarse. ‖ FAM. empachado, empacho, empachoso.

empacho m. Indigestión de comida. ‖ Vergüenza, turbación. ‖ Molestia, hartazgo.

empadronamiento m. Inscripción de una persona en un padrón o censo de habitantes. ‖ Padrón, censo.

empadronar tr. Inscribir a una persona en un censo o padrón. ◆ Más como prnl. ‖ FAM. empadronamiento.

empajar tr. Cubrir o rellenar con paja. ‖ *amer*. Techar con paja. ‖ prnl. *amer*. Hartarse de comida.

empalagar tr. Causar hastío o hartura una comida, principalmente si es muy dulce. También prnl. o intr. ‖ Fastidiar, molestar. ‖ FAM. empalagamiento, empalago, empalagoso.

empalago m. Hartura o hastío producidos por una comida, especialmente si es muy dulce. ‖ Fastidio, molestia que causa una persona por su zalamería o afectación.

empalagoso, sa adj. Que empalaga. ‖ adj. y s. Se apl. a la persona cuya zalamería o afectación provocan fastidio.

empalar[1] tr. Ensartar en un palo. ‖ FAM. empalamiento.

empalar[2] tr. En el juego de pelota y otros deportes, dar a esta o a la bola con la pala.

empalizada f. Cerca o vallado hecha con estacas. ‖ FAM. empalizar.

empalmar tr. Juntar dos cosas entrelazándolas de modo que queden en comunicación o a continuación unas de otras. ‖ Ligar o unir planes, ideas, etc. ‖ intr. Enlazar adecuadamente los medios de transporte para poder combinar la hora de llegada de uno con la salida de otro. ‖ Seguir o suceder una cosa a continuación de otra sin interrupción. ‖ prnl. *vulg*. Excitarse sexualmente el macho, con erección del pene. ‖ FAM. empalmadura, empalme.

empalme m. Unión o enlace de dos cosas. ‖ Punto en que se empalma o enlaza. ‖ Lo que empalma con algo. ‖ Forma de hacer el empalme.

empamparse prnl. *amer*. Extraviarse en la pampa.

empanada f. Especie de masa de pan rellena de pescado, carne, etc., y cocida en el horno o frita. ‖ Ocultación o enredo fraudulento de un asunto. ‖ **empanada mental** *col*. Confusión, desconcierto. ‖ FAM. empanadilla.

empanadilla f. Pastel pequeño hecho con una masa rellena de dulce, carne picada, pescado, tomate u otros ingredientes, doblada sobre sí misma y frita.

empanar tr. Cubrir un alimento con masa o pan, para cocerlo en el horno. ‖ Rebozar con pan rallado un alimento para freírlo. ‖ FAM. empanada.

empanizar tr. *amer*. Empanar.

empantanado, da adj. *col*. Sin terminar. ‖ **dejar** algo **empantanado** loc. *col*. Abandonar una actividad que se realizaba solo o con otro.

empantanar tr. Llenar de agua un terreno. También prnl. ‖ Detener el curso de un trabajo o negocio. ‖ FAM. empantanado.

empañado, da adj. Se apl. a la voz cuando no es sonora y clara. ‖ Se dice de la superficie pulimentada sobre la que se ha condensado vapor de agua.

empañamiento m. Pérdida de claridad, brillo o transparencia. ‖ Oscurecimiento o detrimento de la fama, méritos o buenas relaciones de alguien.

empañar tr. y prnl. Restar brillo, diafanidad o transparencia. ‖ Cubrirse un cristal con vapor de agua. ‖ Oscurecer o dañar la fama, el mérito o las buenas relaciones de alguien. ‖ FAM. empañado, empañamiento.

empañetar tr. *amer.* Cubrir una pared con una mezcla de barro, paja y boñiga.

empapar tr. y prnl. Humedecer algo hasta quedar completamente penetrado de un líquido. ‖ Absorber un líquido con algo poroso. ‖ prnl. Imbuirse de ideas, afectos o doctrinas. ‖ FAM. empapamiento.

empapelado m. Cubrimiento de una superficie con papel. ‖ Papel utilizado para ello.

empapelar tr. Forrar o recubrir de papel una superficie. ‖ Envolver en papel. ‖ *col.* Formar causa criminal a uno: *empapelar por fraude.* ‖ FAM. empapelado, empapelador.

empapuzar tr. y prnl. *col.* Obligar a comer demasiado. ‖ FAM. empapuciar, empapujar.

empaque m. Materiales que forman la envoltura y armazón de los paquetes, como papeles, cuerdas, cintas, u otros.

empaque m. *col.* Señorío, distinción. ‖ *col.* Comportamiento afectado. ‖ *amer. col.* Descaro, desfachatez. ‖ *amer.* Acción y resultado de empacarse un animal.

empaquetado m. Preparación de paquetes. ‖ *amer.* Almacén de envasado de productos agrícolas.

empaquetar tr. Hacer paquetes. ‖ Acumular un número excesivo de personas en un espacio reducido. ‖ FAM. empaque, empaquetado, empaquetador, empaquetadora, empaquetadura.

emparar tr. *amer.* Embargar o secuestrar.

emparedado, da adj. y s. Recluso por castigo, penitencia o propia voluntad. ‖ m. Bocadillo pequeño preparado con rebanadas de pan de molde.

emparedar tr. y prnl. Encerrar a una persona entre paredes, sin comunicación alguna con el exterior. ‖ FAM. emparedado, emparedamiento.

emparejar tr. Formar una pareja. También prnl. ‖ Poner una cosa a nivel con otra. ‖ Tratándose de puertas o ventanas, juntarlas de modo que ajusten, pero sin cerrarlas. ‖ intr. Dar alcance. También prnl. ‖ FAM. emparejado, emparejamiento.

emparentar intr. Contraer parentesco por vía de casamiento. ‖ Tener una cosa relación de afinidad o semejanza con otra. ‖ tr. Señalar o descubrir relaciones de parentesco, origen común o afinidad. ◆ **Irreg.** Se conj. como *acertar.* ‖ FAM. emparentado.

emparrado m. Armazón que sostiene la parra u otra planta trepadora. ‖ Conjunto de los vástagos y hojas de una o más parras que, sostenidas con una armazón de madera, hierro u otra materia, forman cubierta. ‖ FAM. emparrar.

empastar tr. Cubrir de pasta una cosa. ‖ Encuadernar en pasta los libros. ‖ Dicho de un diente o muela, rellenar con pasta el hueco producido por la caries. ‖ Poner el color en bastante cantidad para que no deje ver el primer dibujo. ‖ FAM. empastador, empaste.

empastar tr. y prnl. *amer.* Convertir en prado un terreno. ‖ *amer.* Llenarse de maleza un sembrado.

empaste m. Acción y resultado de empastar. ‖ Pasta con que se llena el hueco hecho por la caries en un diente. ‖ Unión perfecta de los colores y tintas en las figuras pintadas.

empatar tr. Tratándose de una confrontación, obtener dos o más contrincantes un mismo número de puntos o votos. También como intr.: *ambos equipos empataron.* ‖ *amer.* Empalmar, juntar una cosa a otra. ‖ prnl. *amer.* Formar pareja sentimental dos personas. ‖ FAM. empate.

empate m. Obtención del mismo número de puntos o de votos por parte de dos contrincantes. ‖ *amer.* Empalme o junta. ‖ *amer.* Pareja sentimental.

empatía f. Sentimiento de participación afectiva de una persona en la realidad que afecta a otra.

empavar tr. y prnl. *amer. col.* Traer una persona mala suerte, gafar.

empavesar tr. Adornar una embarcación con banderas y gallardetes, en señal de regocijo. ‖ FAM. empavesada, empavesado.

empavonar tr. *amer.* Untar, pringar.

empecinado, da adj. Obstinado, terco, pertinaz.

empecinamiento m. Obstinación, obcecación.

empecinarse prnl. Obstinarse, aferrarse, encapricharse. ‖ FAM. empecinado, empecinamiento.

empedarse prnl. *amer. col.* Emborracharse.

empedernido, da adj. Que tiene una costumbre o un vicio muy arraigado.

empedrado, da adj. Se apl. al cielo cuando se cubre de nubes pequeñas. ‖ m. Pavimento formado artificialmente de piedras.

empedrar tr. Cubrir el suelo con piedras ajustadas unas con otras. ‖ Llenar de desigualdades una superficie con objetos extraños a ella. ◆ **Irreg.** Se conj. como *acertar.* ‖ FAM. empedrado, empedrador, empedramiento.

empeine m. Parte superior del pie entre la caña de la pierna y el comienzo de los dedos. ‖ Parte del calzado que la cubre.

empellón m. Empujón fuerte que se da con el cuerpo para desplazar a una persona o cosa.

empelotarse prnl. *amer.* Desnudarse, quedarse en pelotas.

empeñar tr. Dejar una cosa en garantía de un préstamo: *ha empeñado el coche.* ‖ Dar la palabra para conseguir algo. ‖ Tratándose de disputas, discusiones, o luchas, empezarse, trabarse. También prnl. ‖ Dedicar alguien su tiempo a la consecución de un objetivo. ‖ prnl. Llenarse de deudas: *se ha empeñado para comprarse el piso.* ‖ Obstinarse: *se empeñó en ir al zoo.* ‖ FAM. empeñadamente, empeñado, empeño, empeñoso.

empeño m. Acción y resultado de empeñar o empeñarse. ‖ Deseo intenso de hacer o conseguir una cosa. ‖ Objeto a que se dirige: *su empeño es aprobar.* ‖ Tesón y constancia: *muestra empeño en aprender.* ‖ Intento, esfuerzo: *se quedó agotado en el empeño.*

empeoramiento m. Deterioro, cambio de mal a peor.

empeorar tr. Poner o volver peor algo que ya estaba mal. || intr. Ponerse peor. También prnl. || FAM. empeoramiento.

empequeñecer tr. Disminuir una cosa, hacerla más pequeña. También intr. y prnl. || Restar importancia o valor a algo. ◆ **Irreg.** Se conj. como *agradecer*. || FAM. empequeñecimiento.

emperador m. Soberano de un imperio. || Pez espada.

emperatriz f. Soberana de un imperio. || Mujer del emperador.

emperejilar tr. y prnl. *col.* Adornar con profusión y esmero.

empericarse prnl. *amer. col.* Emborracharse. || *amer. col.* Subirse o encaramarse a un alto.

emperifollar tr. y prnl. Emperejilar.

empero conj. ad. Pero, sin embargo. ◆ Es de uso anticuado.

emperrarse prnl. *col.* Obstinarse, no ceder. || FAM. emperramiento.

empezar tr. Comenzar, dar principio a algo. || Iniciar el uso o consumo de algo. || intr. Tener principio una cosa. También prnl. ◆ **Irreg.** Se conj. como *acertar*. || FAM. empiece, empiezo.

empiece m. *col.* Comienzo.

empiezo m. *amer.* Comienzo.

empilchar tr. y prnl. *amer.* Vestirse, especialmente si es con esmero.

empilonar tr. *amer.* Amontonar las hojas de tabaco extendiéndolas una sobre otra.

empinado, da adj. Se apl. al camino o al terreno que tiene una pendiente muy pronunciada. || Muy alto. || Estirado, orgulloso.

empinar tr. Enderezar y levantar en alto. || Inclinar mucho una vasija para beber. || *col.* Tomar en exceso bebidas alcohólicas. || prnl. Ponerse uno sobre las puntas de los pies y erguirse. || Ponerse un cuadrúpedo sobre las dos patas de atrás. || Dicho de las plantas, torres, montañas, etc., alcanzar gran altura. || FAM. empinado, empinamiento.

empingorotado, da adj. *col.* Se apl. a la persona de posición social elevada que se jacta de ello. || FAM. empingorotar.

empiñonado m. Pasta de piñones y azúcar.

empiparse prnl. *amer.* Atiborrarse, atracarse.

empírico, ca adj. Del empirismo o relativo a él. || adj. y s. Que procede de la experiencia: *dato empírico.* || Partidario del empirismo filosófico. || FAM. empíricamente, empirismo.

empirismo m. Sistema filosófico que toma la experiencia como única base de los conocimientos humanos. || Procedimiento fundado en la práctica y la experiencia. || FAM. empirista.

empirista adj. y com. Partidario o seguidor del empirismo.

empitonar tr. Alcanzar el toro al lidiador cogiéndolo con los pitones.

empizarrado m. Cubierta de un edificio formada con pizarras.

empizarrar tr. Cubrir con pizarras. || FAM. empizarrado.

emplastar tr. Poner emplastos. || prnl. Acicalarse. || Embadurnarse con algo pringoso.

emplaste m. Pasta de endurecimiento rápido, generalmente de yeso.

emplastecer tr. Alisar una superficie para poder pintar sobre ella. ◆ **Irreg.** Se conj. como *agradecer*. || FAM. emplasto.

emplasto m. Preparado farmacéutico sólido, plástico y adhesivo, cuya base es una mezcla de grasas y resinas. || Cosa pegajosa, blanda y desagradable. || Persona de salud delicada. || *col.* Arreglo o remiendo poco satisfactorio. || FAM. emplastadura, emplastamiento, emplastar.

emplazamiento m. Situación, colocación en un lugar. || Determinación de un plazo para la realización de algo. || En der., citación para que una persona dé razón de algo o comparezca en un juicio.

emplazar tr. Conceder un plazo para la realización de algo. || Citar a una persona en determinado tiempo y lugar. || En der., citar al demandado. || FAM. emplazador.

emplazar tr. Poner una cosa en determinado lugar. || FAM. emplazamiento.

empleado, da m. y f. Persona que desempeña un cargo o trabajo y que a cambio de ello recibe un sueldo. || **empleado** o **empleada de hogar** Persona que, por un sueldo, desempeña los trabajos domésticos o ayuda en ellos. || **dar** algo **por bien empleado** loc. Considerar que algo difícil o costoso de lograr ha merecido la pena. || **estar** algo **bien empleado** a alguien loc. *col.* Merecer algo negativo que le ha sucedido.

empleador, ra adj. Que emplea. || m. y f. Persona que contrata empleados. ◆ Más en América.

emplear tr. Dar trabajo a una persona. || tr. y prnl. Gastar, consumir. || Utilizar, usar. || **estar** algo **bien empleado** a alguien loc. *col.* Merecer algo negativo que le ha sucedido. || FAM. empleado, empleador, empleo.

empleo m. Trabajo, ocupación, oficio. || Uso, manejo: *modo de empleo.*

emplomado m. Conjunto de planchas de plomo que recubre un techo, o de plomos que sujetan los cristales de una vidriera.

emplomadura f. Acción y resultado de emplomar. || Porción de plomo con que está emplomado algo. || *amer.* Empaste dental.

emplomar tr. Cubrir, asegurar o soldar una cosa con plomo. || Poner sellos de plomo a los fardos o cajones cuando se precintan. || *amer.* Empastar un diente o muela. || FAM. emplomado, emplomador, emplomadura.

emplumar tr. Poner plumas a algo. || *col.* Arrestar o sancionar a alguien. || *amer.* Fugarse, huir. || intr. *amer.* Engañar. || Emplumecer. || FAM. emplumecer.

emplumecer intr. Echar plumas las aves. ◆ **Irreg.** Se conj. como *agradecer*.

empobrecer tr. Hacer pobre o más pobre. || intr. y prnl. Llegar alguien a un estado de pobreza. || Decaer, venir a menos. ◆ **Irreg.** Se conj. como *agradecer*. || FAM. empobrecedor, empobrecimiento.

empobrecimiento m. Proceso de volverse pobre.

empollado, da adj. *col.* Se apl. a la persona bien informada o conocedora de una materia. || **darse** o **me-**

terse una empollada loc. *col.* Estudiar intensivamente, en especial para un examen.

empollar tr. Calentar el ave los huevos para sacar pollos. || *col.* Estudiar mucho. || intr. Generar una cría las abejas. || FAM. empollado, empolladura, empolle, empollón.

empollón, ona adj. y s. Muy estudioso, especialmente aplicado como despectivo al estudiante que sobresale más por su aplicación que por su inteligencia.

empolvar tr. Echar polvo. || tr. y prnl. Poner polvos de tocador a una persona. || prnl. Cubrirse de polvo.

emponchado, da adj. y s. *amer.* Se apl. a la persona que está cubierta con un poncho. || *amer.* P. ext., muy abrigado. || FAM. emponcharse.

emponzoñamiento m. Envenenamiento, corrupción.

emponzoñar tr. y prnl. Envenenar con ponzoña. || Echar a perder: *un malentendido emponzoñó su amistad.* || FAM. emponzoñador, emponzoñamiento.

emporcar tr. y prnl. Ensuciar, llenar de porquería. ♦ **Irreg.** Se conj. como *contar.*

emporio m. Ciudad o lugar notable por el florecimiento del comercio y, p. ext., de las ciencias, las artes, etc. || Lugar donde concurrían para el comercio gentes de diversas nacionalidades. || *amer.* Gran almacén comercial.

emporrado, da adj. y s. *col.* En lenguaje de la droga, se apl. a la persona que se halla bajo los efectos de un porro.

emporrarse prnl. *col.* En lenguaje de la droga, ponerse bajo los efectos de los porros. || FAM. emporrado, emporramiento.

empotrar tr. Meter una cosa en la pared o en el suelo, asegurándola con trabajo de albañilería: *empotrar un armario.* || prnl. Encajarse una cosa con otra, especialmente tras un choque. || FAM. empotramiento.

empozar tr. y prnl. Meter o arrojar en un pozo. || intr. *amer.* Quedar el agua estancada en el terreno formando pozas o charcos.

emprendedor, ra adj. Que emprende con resolución acciones dificultosas.

emprender tr. Comenzar una obra, negocio, etc., especialmente los que entrañan alguna dificultad o peligro. || **emprenderla con** o **contra** alguien o algo loc. *col.* Tomarla con una persona o cosa, meterse con ella o maltratarla. || FAM. emprendedor, empresa.

empresa f. Entidad integrada por el capital y el trabajo, como factores de la producción, y dedicada a actividades industriales, mercantiles o de prestación de servicios con fines lucrativos. || Conjunto de estas entidades. || Acción importante, y en especial la que resulta ardua y dificultosa. || FAM. empresariado, empresarial, empresario.

empresariado m. Conjunto de las empresas o de los empresarios.

empresarial adj. De la empresa, del empresario o relativo a ellos.

empresario, ria m. y f. Persona que posee o dirige una industria, negocio o empresa. || Persona que explota un espectáculo o diversión: *empresario taurino.*

empréstito m. Préstamo que toma el Estado o una corporación o empresa, especialmente cuando está representado por títulos negociables o al portador. || Cantidad así prestada.

empujada f. *amer.* Empujón.

empujar tr. Hacer fuerza contra una cosa para moverla. || Hacer presión, influir. || Hacer que alguien salga del puesto, empleo u oficio en que se halla. || *vulg.* Copular. || FAM. empujada, empujador, empuje, empujón.

empuje m. Acción y resultado de empujar. || Brío, arranque, resolución con que se acomete una empresa. || Fuerza ascendente a que está sometido un cuerpo que se halla sumergido en un fluido.

empujón m. Impulso fuerte para mover algo. || Avance o progreso rápido que se da a una obra.

empuntar tr. *amer.* Encaminar, dirigir. || intr. *amer.* Irse, marcharse.

empuñadura f. Puño de algunas armas, como la espada, y de otros utensilios o herramientas.

empuñar tr. Coger por el puño una cosa, como la espada o el bastón. || Coger una cosa con la mano cerrada. || FAM. empuñador, empuñadura.

empurar tr. *col.* Sancionar o castigar.

empurrar prnl. *amer.* Enfadarse o emberrencharse.

emú m. Ave del orden de las casuariformes, parecida al avestruz, gran corredora, de plumaje ralo, grisáceo o amarillento, que vive en zonas de llanura. ♦ pl. *emús* o *emúes.*

emulación f. Imitación de las acciones ajenas con afán de superación. || En inform., imitación que un dispositivo hace del funcionamiento de otro: *programa de emulación.*

emulador, ra adj. y s. Que emula o compite con otro.

emular tr. y prnl. Imitar las acciones de otro procurando igualarlo o superarlo: *emuló a su maestro.* || FAM. emulación, emulador, émulo.

emulgente adj. Se apl. a la arteria que lleva la sangre a los riñones. || Se dice de la vena por donde sale la sangre de los riñones.

émulo, la adj. y s. Se apl. a la persona que compite con otra o con una cosa procurando excederla o aventajarla.

emulsión f. Líquido que tiene en suspensión pequeñísimas partículas de sustancias insolubles en agua. || Suspensión de bromuro de plata en gelatina que forma la capa fotosensible del material fotográfico. || FAM. emulsionante, emulsionar, emulsivo, emulsor.

emulsionar tr. Hacer que una sustancia adquiera el estado de emulsión.

en prep. que indica en qué lugar, tiempo o modo se determinan las acciones de los verbos a que se refiere: *en casa, en dos minutos, en manga corta.* || Introduce complementos verbales de materia: *licenciado en Ciencias Sociales.* || Con verbos de percepción como *conocer, descubrir,* etc., y seguida de un sustantivo, equivale a 'por' causal: *lo conocí en la voz.* || Seguido de un gerundio, significa 'en cuanto, luego que, después que': *en llegando, llámanos.* || Precediendo a ciertos sustantivos y adjetivos, crea locuciones adverbiales: *en general, en fin.* ‖ Seguida de un numeral y precedida por la prep. *de* y el mismo numeral, indica tramos o porciones tomados en ese número: *bajó las escaleras de cuatro en cuatro.*

enagua f. Prenda interior femenina que se usa debajo de la falda. Más en pl. ‖ P. ext., prenda semejante que cubre también el torso. ‖ FAM. enagüillas.

enajenación f. Acción y resultado de enajenar. ‖ Locura, privación del juicio. ‖ Distracción, falta de atención.

enajenado, da adj. y s. Que ha perdido la razón.

enajenamiento m. Enajenación.

enajenar tr. Pasar a otro la propiedad u otro derecho sobre algo. ‖ Poner a uno fuera de sí, privarle del juicio. También prnl.: *se enajenó por la ira.* ‖ tr. y prnl. Extasiar, producir algo asombro o admiración: *este concierto ha sido enajenante.* ‖ Apartarse, retraerse del trato o la comunicación. ‖ prnl. Privarse de algo. ‖ FAM. enajenable, enajenación, enajenado, enajenador, enajenamiento, enajenante.

enálage f. Figura retórica que consiste en intercambiar los valores de las partes de la oración o de sus accidentes.

enaltecer tr. Ensalzar. También prnl. ‖ Dar mayor estimación y dignidad a alguien o algo. ◆ **Irreg.** Se conj. como *agradecer.* ‖ FAM. enaltecedor, enaltecimiento.

enamoradizo, za adj. Que se enamora con facilidad.

enamorado, da adj. y s. Que siente amor. ‖ Muy aficionado a algo: *es una enamorada de la ópera.* ‖ FAM. enamoradamente.

enamoramiento m. Aparición del sentimiento del amor en una persona.

enamorar tr. Excitar en uno el amor a otra persona. ‖ Cortejar, expresar el amor. ‖ Gustar o disfrutar mucho de algo. También prnl. ‖ prnl. Sentir amor hacia una persona. ‖ Aficionarse a una cosa. ‖ FAM. enamoradizo, enamorado, enamoramiento, enamoricarse, enamoriscarse.

enamoriscarse o **enamoricarse** prnl. *col.* Enamorarse de una persona superficialmente y sin gran empeño. ‖ Empezar a enamorarse.

enancarse prnl. *amer.* Montar a las ancas. ‖ *amer.* Meterse uno donde no le llaman.

enanismo m. Trastorno del crecimiento caracterizado por una estatura muy inferior a la media de los individuos de la misma edad, especie y etnia.

enano, na adj. Diminuto en su especie. ‖ m. y f. Persona de pequeña estatura, especialmente si padece enanismo. ‖ *col.* Apelativo afectuoso dirigido a los niños. ‖ Personaje fantástico de figura humana y diminuta estatura, dotado de poderes mágicos. ‖ **como un enano** loc. adv. *col.* Mucho, muy bien: *trabajar, divertirse como un enano.* ‖ FAM. enanez, enanismo.

enarbolado m. Conjunto de piezas de madera ensambladas que constituyen la armadura de una linterna de torre o bóveda.

enarbolar tr. Levantar: *enarbolar una bandera.* ‖ prnl. Encabritarse el caballo. ‖ Enfadarse. ‖ FAM. enarbolado.

enarcar tr. y prnl. Dar o adoptar figura de arco: *enarcar las cejas.*

enardecer tr. y prnl. Excitar o avivar una pasión, una disputa, etc.: *enardecer los ánimos.* ◆ **Irreg.** Se conj. como *agradecer.* ‖ FAM. enardecedor, enardecimiento.

enardecimiento m. Excitación, exaltación.

enastar tr. Poner el mango o asta a un arma o instrumento. ‖ FAM. enastado.

encabalgamiento m. Armazón de maderos cruzados donde se apoya alguna cosa. ‖ Distribución en versos o hemistiquios contiguos de una palabra o frase que normalmente constituyen una unidad fonética y léxica o sintáctica.

encabalgar intr. Descansar, apoyarse una cosa sobre otra. ‖ tr. y prnl. Distribuir en versos o hemistiquios contiguos partes de una palabra o frase que de ordinario constituyen una unidad fonética y léxica o sintáctica. ‖ FAM. encabalgamiento.

encabezamiento m. Acción de encabezar. ‖ Fórmula con que se empiezan algunos escritos, y, en especial, las cartas.

encabezar tr. Estar al comienzo de una lista. ‖ Poner el encabezamiento en un escrito. ‖ Presidir, poner o ponerse al frente de algo. ‖ Mezclar un vino con otro más fuerte, con aguardiente o con alcohol. ‖ FAM. encabezamiento.

encabritarse prnl. Empinarse el caballo, afirmándose sobre los pies y levantando las manos. ‖ Tratándose de embarcaciones, vehículos, etc., levantarse la parte anterior o delantera súbitamente hacia arriba. ‖ Enojarse. ‖ FAM. encabritamiento.

encabronar tr. y prnl. *vulg.* Enojar, enfurecer.

encachado, da adj. *amer.* Bien presentado.

encacharse prnl. *amer.* Obstinarse, emperrarse.

encachilarse prnl. *amer.* Enfurecerse, enojarse mucho. ‖ *amer. col.* Sentir gran entusiasmo o afición.

encachorrarse prnl. *amer. col.* Ponerse de mal humor.

encadenado, da adj. Se apl. a la estrofa cuyo primer verso repite en uno en parte las palabras del último verso de la estrofa precedente. ‖ Referido a un verso, que comienza con la última palabra del anterior. ‖ m. En una película o en un vídeo, transición progresiva entre dos escenas.

encadenamiento m. Atadura o ligadura con cadenas. ‖ Enlace de unas cosas con otras.

encadenar tr. y prnl. Ligar o atar con una cadena. ‖ Unir unas cosas con otras, o relacionarlas. ‖ tr. Dejar a uno sin libertad para actuar. ‖ FAM. encadenación, encadenado, encadenamiento.

encajar tr. Meter una cosa dentro de otra ajustadamente. También intr. y prnl. ‖ Aceptar o sobrellevar algo molesto o doloroso. ‖ Dar a alguien un golpe. ‖ intr. Coincidir, concordar. ‖ Adaptarse, no desentonar. ‖ prnl. Ponerse una prenda de vestir. ‖ *amer. col.* Abusar o aprovecharse. ‖ FAM. encajable, encajador, encajadura, encajamiento, encaje, encajetar.

encaje m. Acción de encajar una cosa en otra. ‖ Sitio o hueco en que se mete o encaja algo. ‖ Ajuste de dos piezas que cierran o se adaptan entre sí. ‖ Cierto tejido de mallas, lazadas o calados, con figuras u otras labores: *encaje de bolillos.* || FAM. encajero.

encajonar tr. Meter y guardar algo en cajones. || Meter en un sitio angosto. Más como prnl. || prnl. Correr el río, o el arroyo, por una parte angosta. || FAM. encajonamiento.

encalado m. Revestimiento hecho con cal.

encalambrarse prnl. *amer.* Entumecerse, aterirse.

encalar tr. Blanquear algo con cal, especialmente las paredes. || Meter en cal o espolvorear con ella alguna cosa. || FAM. encalado, encalador, encaladura.

encalladero m. Paraje donde pueden encallar las embarcaciones.

encallar intr. y prnl. Quedar inmovilizada una embarcación que ha dado en un banco de arena o piedras. || prnl. No poder salir adelante en un negocio o empresa. || FAM. encalladero, encalladura.

encallarse prnl. Endurecerse algunos alimentos por quedar interrumpida su cocción.

encallecer intr. y prnl. Criar callos o endurecerse la piel. || prnl. Endurecerse o insensibilizarse ante las emociones, sentimientos, etc. || Habituarse a un trabajo, vicio, etc. ◆ Irreg. Se conj. como *agradecer.* || FAM. encallecimiento.

encalmar tr. prnl. Tranquilizar, serenar. || prnl. Quedar en calma el viento o el tiempo. || Tener poca actividad un negocio.

encalvecer intr. Perder pelo, quedarse calvo. ◆ Irreg. Se conj. como *agradecer.*

encamar tr. Hacer que alguien se acueste. || Tender o echar una cosa en el suelo. || prnl. Meterse en la cama. || Echarse los animales en los sitios que buscan para su descanso. || Permanecer agazapadas las piezas de caza. || Echarse o abatirse las mieses.

encaminar tr. y prnl. Enseñar a alguien por dónde ha de ir, ponerlo en camino. || Dirigir u orientar una cosa hacia un punto determinado.

encamotarse prnl. *amer. col.* Enamorarse, amartelarse.

encampanado, da adj. Con forma de campana, acampanado. || **dejar** a alguien **encampanado** loc. *amer. col.* Dejarlo en la estacada.

encampanar prnl. Levantar el toro la cabeza como desafiando. || Engreírse, enorgullecerse. || tr. y prnl. *amer.* Elevar, encumbrar. || *amer.* Dejar a uno en la estacada. || FAM. encampanado.

encanarse prnl. *amer. vulg.* Ingresar en prisión.

encandelillar tr. *amer.* Sobrehilar una tela. || *amer.* Encandilar, deslumbrar.

encandilamiento m. Deslumbramiento. || *col.* Enamoramiento.

encandilar tr. y prnl. Deslumbrar con apariencias o engaños. || Despertar o excitar el sentimiento o deseo amoroso. || Avivar la lumbre. || prnl. Encender o avivar los ojos la bebida o la pasión. || *amer.* Enfadarse. || FAM. encandilado, encandilamiento.

encanecer intr. Ponerse cano. || Envejecer una persona. ◆ Irreg. Se conj. como *agradecer.* || FAM. encanecimiento.

encanijar tr. y prnl. Poner flaco y enfermizo, especialmente los niños. || FAM. encanijado, encanijamiento.

encantado, da adj. Que está sometido a poderes mágicos o a un hechizo. || Muy contento, satisfecho.

encantador, ra adj. y s. Que encanta o hace encantamientos. || Que deja muy grata impresión.

encantamiento m. Hechizo, sometimiento a poderes mágicos. || Seducción de alguien mediante atractivos naturales.

encantar tr. Obrar por arte de magia, hechizar. || Cautivar la atención de alguien por medio de atractivos naturales. || Gustar mucho algo o alguien. || FAM. encantado, encantador, encantamiento, encanto.

encanto m. Persona o cosa que agrada por sus cualidades. || pl. Atractivos de una persona, especialmente los físicos.

encañar tr. Hacer pasar el agua por conductos o caños. || FAM. encañado.

encañonar tr. Dirigir un arma de fuego contra una persona o cosa. || Hacer correr las aguas de un río por un cauce o por una tubería. || Entre encuadernadores, encajar un pliego dentro de otro. || intr. Echar cañones las aves. || FAM. encañonado.

encapotar prnl. Cubrirse el cielo de nubes oscuras. || Poner el rostro ceñudo. || tr. Cubrir con el capote. || FAM. encapotado, encapotadura, encapotamiento.

encapricharse prnl. Empeñarse en sostener o conseguir su capricho. || Tener capricho por una persona o cosa. || Enamorarse ligeramente de una persona. || FAM. encaprichamiento.

encapsular tr. Meter en una cápsula: *encapsular medicamentos.*

encapuchado, da adj. y s. Persona cubierta con capucha.

encapuchar tr. y prnl. Cubrir o tapar una cosa con capucha. || FAM. encapuchado.

encaramar tr. y prnl. Subir a un lugar alto y difícil de alcanzar. || *col.* Colocar en puestos encumbrados. || FAM. encaramamiento.

encarar tr. y prnl. Hacer frente, arrostrar. || Poner cara a cara o frente a frente. || prnl. Colocarse una persona o animal frente a otro en actitud violenta o agresiva: *se encaró con el guardia.* || FAM. encarado, encaramiento, encaro.

encarcelamiento m. Reclusión de una persona en prisión.

encarcelar tr. Recluir a alguien en la cárcel. || FAM. encarcelación, encarcelador, encarcelamiento.

encarecer tr. Aumentar el precio de algo. También intr. y prnl. || Ponderar, exagerar, alabar mucho una cosa. || Recomendar con empeño. ◆ Irreg. Se conj. como *agradecer.* || FAM. encarecedor, encarecidamente, encarecimiento.

encarecimiento m. Aumento del precio de algo. || Ponderación o alabanza exagerada. || Insistencia, empeño.

encargado, da adj. Que ha recibido un encargo. || m. y f. Persona que tiene algo a su cargo en representación del dueño o interesado.

encargar tr. Encomendar, poner algo al cuidado de alguien. También prnl.: *él se encarga de los cobros.* ||

Pedir que se traiga o envíe de otro lugar alguna cosa: *encargó un pedido al supermercado.* || Imponer una obligación: *encárgate del teléfono.* || Recomendar, aconsejar, prevenir. || FAM. encargado, encargo, encargue.

encargo m. Acción y resultado de encargar.

encargue m. *amer.* Encargo.

encariñar tr. Aficionar, despertar cariño. || prnl. Tomar cariño a alguien o algo.

encarnación f. Acción de encarnar o encarnarse. || Personificación, representación o símbolo de una idea, doctrina, etc.: *el demonio es la encarnación del mal.* || Color de carne con que se pinta el desnudo de las figuras humanas.

encarnado, da adj. y m. De color de carne. || Colorado, rojo.

encarnadura f. Capacidad de los tejidos del cuerpo para cicatrizar o curar heridas.

encarnar intr. y prnl. Tomar forma corporal un ser espiritual, una idea o algo inmaterial: *en él se encarnan las mejores virtudes.* || En el cristianismo, hacerse hombre el hijo de Dios. || intr. Repararse el tejido cuando se va sanando una herida. || tr. Personificar, representar alguna idea, doctrina, etc.: *Leonardo da Vinci encarnó al hombre del Renacimiento.* || Representar alguien un personaje de una obra dramática o cinematográfica. || prnl. Introducirse una uña, al crecer, en las partes blandas que la rodean, produciendo alguna molestia. || FAM. encarnación, encarnado, encarnadura.

encarnizado, da adj. Cruento, reñido, violento. || FAM. encarnizamiento.

encarnizamiento m. Acción de encarnizarse. || Crueldad con que alguien se ceba en la desgracia de otro.

encarnizar tr. y prnl. Hacer más cruel, irritar, enfurecer. || Cebar un perro en la carne de otro animal para que se haga fiero. || prnl. Mostrarse cruel con una persona persiguiéndola y perjudicándola. || Cebarse los animales cuando matan a otro. || FAM. encarnizado, encarnizamiento.

encarpetar tr. Guardar documentos en carpetas. || *amer.* Archivar un expediente, dar carpetazo.

encarrilar tr. Encaminar, dirigir y enderezar una cosa o un asunto. || Colocar sobre los carriles o rieles un vehículo descarrilado.

encarte m. Folleto u hoja suelta que se reparte entre las hojas de una publicación periódica o de un libro.

encasillamiento m. Clasificación de personas hecha con criterios poco flexibles y simplistas.

encasillar tr. Poner en casillas. || Clasificar personas o cosas, generalmente con criterios poco flexibles y simplistas: *lo han encasillado en papeles cómicos.* || FAM. encasillable, encasillado, encasillamiento.

encasquetar tr. y prnl. Encajar bien en la cabeza el sombrero, la gorra u otra prenda semejante. || Hacer oír palabras molestas. || prnl. Metérsele a uno alguna idea en la cabeza arraigada y obstinadamente. || *amer.* Encajarse, meterse.

encasquillarse prnl. Atascarse un arma de fuego con el casquillo de la bala al disparar. || *amer.* Herrar caballerías o bueyes. || *amer. col.* Acobardarse.

encastar tr. Mejorar una casta de animales, cruzándolos con otros de mejor calidad. || intr. Procrear. || FAM. encastado.

encastillarse prnl. Perseverar con obstinación en un parecer o dictamen.

encastrar tr. Encajar, empotrar. || FAM. encastrado.

encausado, da adj. y s. Se apl. a la persona contra la que se sigue una causa judicial, enjuiciado.

encausar tr. Proceder judicialmente contra uno. || FAM. encausado.

encausto m. Combustión. || **pintar al encausto** Pintar con colores disueltos en cera fundida y aplicados con calor. || FAM. encauste, encáustico.

encauzamiento m. Conducción de una corriente de agua por un cauce. || Guía o dirección de algo por buen camino.

encauzar tr. Dar dirección por un cauce a una corriente. || Encaminar, dirigir por buen camino un asunto, una discusión, etc. || FAM. encauzamiento.

encebollar tr. Aderezar un plato con abundante cebolla. || FAM. encebollado.

encefálico, ca adj. Del encéfalo o relativo a él: *masa encefálica.*

encefalitis f. Inflamación del encéfalo. ◆ No varía en pl.

encéfalo m. Conjunto de órganos que forman parte del sistema nervioso de los vertebrados y están contenidos en la cavidad del cráneo. || FAM. encefálico, encefalitis, encefalografía, encefalograma, encefalomielitis, encefalopatía.

encefalografía f. Radiografía del cráneo obtenida mediante la extracción del líquido encefalorraquídeo y la inyección de aire.

encefalograma m. Resultado de una encefalografía expresado gráficamente. || **tener** alguien **encefalograma plano** loc. *col.* Ser ignorante o estúpido.

encelado, da adj. *amer. col.* Muy enamorado.

encelamiento m. Acción y resultado de encelar o encelarse.

encelar tr. Dar celos. || prnl. Sentir celos de una persona. || Estar en celo un animal. || FAM. encelamiento.

encenagarse prnl. Meterse en el cieno. || Ensuciarse, mancharse con cieno. || Entregarse a los vicios o a actividades ilícitas. || FAM. encenagado, encenagamiento.

encendedor, ra adj. y s. Que enciende. || m. Aparato que sirve para encender o prender, mechero.

encender tr. y prnl. Prender fuego. || Conectar un circuito eléctrico. || Avivar un sentimiento o pasión. || Causar ardor. || prnl. Ponerse colorado, ruborizarse. ◆ **Irreg.** Se conj. como *entender.* || FAM. encendedor, encendido.

encendido, da adj. De color rojo muy subido. || m. En los motores de explosión, mecheros, etc., dispositivo destinado a producir la chispa. || Acción de encender. || FAM. encendidamente.

encerado, da adj. Que tiene cera, o el color de ella. || m. Lienzo preparado con cera, aceite de linaza u otros materiales, para hacerlo impermeable. || Emplasto compuesto de cera y otros ingredientes. || Tablero de madera u otra sustancia que se usa para escribir o dibujar sobre él con tiza. ‖ Capa tenue de cera con que se cubren los muebles.

encerar tr. Aplicar cera a alguna cosa. ‖ FAM. encerado, encerador.

encerrar tr. Meter a una persona o cosa en un lugar y no dejarla salir. También prnl. ‖ Incluir, contener: *este libro encierra consejos prácticos.* ‖ prnl. Retirarse del mundo, incomunicarse: *se encerró en sí mismo.* ‖ En algunos juegos de tablero, inmovilizar con alguna jugada las piezas del contrario. ◆ Irreg. Se conj. como *acertar.* ‖ FAM. encerradero, encerrona, encierra, encierro.

encerrona f. Situación preparada de antemano en que se coloca a una persona para obligarla a que haga algo en contra de su voluntad. ‖ Lidia de toros que se hace en privado.

encestador, ra adj. y s. Se apl. al jugador de baloncesto que encesta, especialmente si lo hace con frecuencia.

encestar tr. e intr. Poner, recoger, guardar algo en una cesta. ‖ En el juego del baloncesto, introducir el balón en la canasta. ‖ FAM. encestador, enceste.

enceste m. En baloncesto, introducción del balón en la canasta.

enchamarrar intr. *amer.* Enredarse, embrollarse una persona.

enchambranar tr. *amer.* Meter ruido. ‖ prnl. *amer.* Enredarse.

encharcamiento m. Acumulación de agua en parte de un terreno. ‖ Acumulación de líquido en algún órgano del cuerpo.

encharcar tr. y prnl. Cubrir de agua una parte de terreno, que queda como si fuera un charco. ‖ prnl. Llenarse de sangre, agua u otros líquidos algún órgano del cuerpo: *encharcarse los pulmones.* ‖ FAM. encharcamiento.

enchastar o **enchastrar** tr. *amer.* Ensuciar.

enchicharse prnl. *amer.* Emborracharse.

enchilada f. *amer.* Tortilla de maíz rellena, enrollada o doblada, frita, y aderezada con salsa de chile y otros ingredientes.

enchilado m. *amer.* Guiso de mariscos con salsa de chile.

enchilar tr. *amer.* Aderezar con chile. ‖ tr. y prnl. *amer.* Picar, irritar. ‖ FAM. enchiloso.

enchinar *amer.* Rizar el pelo. ‖ *amer. col.* Poner la piel de gallina.

enchinchar tr. *amer.* Chinchar, incordiar. ‖ *amer.* Hacer perder el tiempo.

enchipar tr. *amer.* Arrollar, enrollar.

enchiquerar tr. Encerrar a un toro en un chiquero. ‖ *col.* Encarcelar.

enchironar tr. *col.* Meter a alguien en chirona, encarcelar.

encholarse prnl. *amer.* En el juego del billar, meter una bola equivocada. ‖ *amer.* Equivocarse, caer en un engaño o embuste.

enchuchar tr. *amer.* Poner un tren, la locomotora o los vagones en una vía muerta.

enchufado, da m. y f. *desp.* Persona que consigue un cargo o beneficio por enchufe o influencias.

enchufar tr. Establecer una conexión eléctrica con un enchufe. ‖ Ajustar la boca de un tubo en la de otro tubo o pieza semejante. También intr. ‖ Combinar, enlazar, unir. ‖ *col. desp.* Dar un cargo o beneficio a alguien, utilizando la influencia, especialmente si el recomendado carece de méritos propios. También prnl. ‖ *col.* Dirigir o apuntar hacia un lugar determinado un chorro de agua o de luz. ‖ FAM. enchufado, enchufe, enchufismo.

enchufe m. Acción y resultado de enchufar. ‖ Aparato que consta de dos piezas esenciales que se encajan una en otra cuando se quiere establecer una conexión eléctrica. ‖ Parte de un tubo que penetra en otro. ‖ Sitio donde enchufan dos tubos. ‖ *col. desp.* Cargo o beneficio que se obtiene por influencia. ‖ *col. desp.* Recomendación.

enchufismo m. *desp.* Práctica habitual de conceder cargos o beneficios a través de influencias o recomendaciones, desatendiendo a los méritos propios de los candidatos. ‖ FAM. enchufista.

enchumbar tr. *amer.* Empapar de agua, ensopar.

enchutar tr. *amer.* Meter, encajar.

enchute m. *amer.* Juego de boliche.

encía f. Carne que cubre interiormente los maxilares y la raíz de los dientes.

encíclica f. En la Iglesia romana, carta solemne que el papa dirige a obispos y fieles.

enciclopedia f. Obra de consulta en la que se recoge una gran cantidad de conocimientos sobre una ciencia en particular o sobre todas ellas. ‖ Enciclopedismo. ‖ Diccionario enciclopédico. ‖ FAM. enciclopédico, enciclopedismo.

enciclopédico, ca adj. De la enciclopedia o relativo a ella.

enciclopedismo m. Conjunto de doctrinas profesadas por los autores de la *Enciclopedia,* publicada en Francia a mediados del siglo XVIII, y que se caracterizó por una defensa de la razón y la ciencia frente a la superstición y al dogmatismo religioso. ‖ FAM. enciclopedista.

enciclopedista adj. y com. Partidario o seguidor del enciclopedismo.

encierra f. *amer.* Encierro de las reses en el matadero. ‖ *amer.* Lugar reservado en un potrero para que pasten las reses en invierno.

encierro m. Acción y resultado de encerrar o encerrarse. ‖ Lugar donde se encierra. ‖ Acto de traer los toros al toril. ‖ Toril.

encima adv. l. En lugar o puesto superior respecto de otro inferior: *vivo un piso encima de ti.* ‖ Sobre sí, sobre la propia persona: *no llevo dinero encima.* ‖ Muy cerca: *tenemos encima una tormenta.* ‖ adv. c. Además: *¡y encima pretendes que me lo crea!* ‖ **echarse** algo **encima** loc. Sobrevenir u ocurrir antes de lo previsto. ‖ **echarse encima de** alguien loc. Acosarlo, asediarlo. ‖ **estar encima de** alguien o algo loc. *col.* Vigilarlo, controlarlo muy de cerca. ‖ **por encima** loc. adv. Superficialmente, de pasada. ‖ **por encima de** alguien o algo loc. prepos. A pesar de ello, contra su voluntad. ‖ FAM. encimar, encimero.

encimera f. Placa o cubierta de material resistente y fácil de limpiar con que se cubren los muebles, generalmente los de la cocina.

encimero, ra adj. Que está o se pone encima de algo.

encina f. Árbol de la familia de las fagáceas, de 10 a 12 m de altura, de tronco grueso y ramificado, hojas elípticas verdinegras por el haz y claras por el envés, que tiene por fruto la bellota y cuya madera es muy dura y compacta. ‖ Madera de este árbol. ‖ FAM. encinal, encinar, encino.

encinar o **encinal** m. Terreno poblado de encinas.

encinta adj. y f. Referido a la mujer, que está embarazada.

encintado m. Acción y resultado de encintar. ‖ Faja o cinta de piedra que forma el borde de una acera, de un andén, etc.

encintar tr. Adornar con cintas. ‖ Poner en una vía la hilera de piedras que marca la línea y el borde de las aceras. ‖ FAM. encintado.

enclaustramiento m. Acción y resultado de enclaustrar o enclaustrarse.

enclaustrar tr. y prnl. Encerrar en un claustro o convento. ‖ prnl. Apartarse de la vida social para llevar una vida retirada. ‖ FAM. enclaustramiento.

enclavado, da adj. Se apl. al lugar que está situado dentro del área de otro. También m. ‖ Encajado.

enclavar tr. Situar, ubicar, colocar. ‖ Clavar o asegurar con clavos una cosa. ‖ FAM. enclavación, enclavado, enclavadura, enclavamiento, enclave.

enclave m. Territorio incluido en otro de mayor extensión con características diferentes: políticas, administrativas, geográficas, etc. ‖ Grupo humano inserto en otro de características distintas.

enclenque adj. y com. Débil, enfermizo.

enclítico, ca adj. y s. En gram., se apl. a la partícula o parte de la oración que se liga con el vocablo precedente, formando con él una sola palabra, como en el español los pronombres pospuestos al verbo.

encocorar tr. y prnl. Fastidiar, incomodar, molestar con exceso.

encofrado m. Molde formado con tableros o chapas en el que se vacía el hormigón hasta que fragua. ‖ Revestimiento de madera para contener las tierras en las galerías de las minas, que se sostiene por bastidores colocados de trecho en trecho en dichas galerías.

encofrar tr. Formar un molde en el que se vacía el hormigón hasta que fragua y que se desmonta después. ‖ Colocar bastidores para contener las tierras en las galerías de las minas. ‖ FAM. encofrado, encofrador.

encoger intr. y prnl. Disminuir de tamaño algunas cosas, especialmente los tejidos de la ropa, cuando se mojan. ‖ tr. y prnl. Contraer el cuerpo o alguno de sus miembros. ‖ prnl. Apocar el ánimo. ‖ Acobardarse. ‖ FAM. encogido, encogimiento.

encogido, da adj. y s. Apocado, corto de ánimo. ‖ FAM. encogidamente.

encogimiento m. Acción y resultado de encoger o encogerse. ‖ Apocamiento.

encolado, da adj. *amer. col.* Muy acicalado, petimetre. ‖ m. Fijación con cola. ‖ Recubrimiento con cola de una superficie.

encolar tr. Pegar con cola. ‖ Recubrir con cola una superficie para pegar algo sobre ella o para pintarla al temple. ‖ Clarificar vinos. ‖ FAM. encolado, encolador, encoladura, encolamiento.

encolerizado, da adj. Colérico.

encolerizar tr. y prnl. Hacer que uno se ponga colérico. ‖ FAM. encolerizado.

encolumnarse prnl. *amer.* Dicho de una persona, encuadrarse, distribuirse conforme a un esquema de organización determinado para participar en una actividad política, sindical, etc. ‖ *amer.* Seguir fielmente los mandatos de una moda, las líneas de una corriente estética, etc.

encomendar tr. Encargar a alguien que haga alguna cosa. ‖ Poner bajo el cuidado de alguien: *te encomiendo a mi hijo hasta mi regreso.* ‖ Recomendar, alabar. ‖ En la colonización de América, dar indios en encomienda a un colonizador. ‖ prnl. Entregarse, confiarse al amparo o protección de alguien: *se encomendó a Dios.* ♦ Irreg. Se conj. como *acertar.* ‖ FAM. encomendable, encomendería, encomendero, encomienda.

encomendería f. *amer.* Abacería o tienda en la que se venden salazones, legumbres secas y otros alimentos.

encomendero, ra m. y f. Persona que lleva encargos de otro y se obliga a dar cuenta de ellos. ‖ *amer.* Tendero de una encomendería. ‖ En el imperio colonial español, colono que tenía indios en encomienda.

encomiar tr. Alabar a una persona o cosa: *encomiaron su trabajo.* ‖ FAM. encomiable, encomiador, encomiasta, encomiástico, encomio, encomioso.

encomiasta com. Persona que elogia a otra.

encomiástico, ca adj. Halagador, elogioso: *crítica encomiástica.*

encomienda f. Acción y resultado de encomendar o encomendarse. ‖ Cosa encomendada, encargo. ‖ Institución de la América colonial mediante la cual se concedía a un colonizador un grupo de indios para que trabajaran para él a cambio de su protección y evangelización. ‖ Renta vitalicia sobre un territorio. ‖ *amer.* Paquete postal.

encomio m. Alabanza o elogio encarecido.

encomioso, sa adj. *amer.* Encomiástico.

enconar tr. y prnl. Empeorar una herida o una parte lastimada del cuerpo. ‖ Irritar, exasperar el ánimo contra uno. ‖ FAM. enconado, enconamiento, encono.

encono m. Animadversión, rencor muy arraigado.

encontradizo, za adj. Que se encuentra con otra cosa o persona. ‖ **hacerse el encontradizo** loc. Salir al encuentro de alguien fingiendo no llevar intención de buscarlo.

encontrado, da adj. Opuesto, enfrentado, antagónico. ‖ FAM. encontradamente.

encontrar tr. Dar con una persona o cosa que se busca. ‖ Dar con una persona o cosa sin buscarla. También prnl. ‖ prnl. Hallarse en cierto estado: *encontrarse a gusto, cansado.* ‖ Estar en determinado lugar. ‖ Reunirse dos o más personas en un lugar. ‖ Oponerse, enfrentarse dos personas, posturas, opiniones, etc. ‖ Considerar, interpretar: *yo no lo encuentro tan guapo.* ♦ Irreg.

Se conj. como *contar*. || FAM. encontradizo, encontrado, encontronazo, encuentro.

encontronazo m. Golpe, choque. || Encuentro inesperado.

encoñarse prnl. *vulg.* Sentirse un hombre obsesionado y sexualmente atraído por una mujer.

encoparse prnl. *amer.* Emborracharse.

encopetado, da adj. Que presume demasiado de sí, presuntuoso. || De alto copete o alcurnia. || FAM. encopetar.

encorajinar tr. y prnl. Encolerizar a alguien. || FAM. encorajinado, encorajinamiento.

encorchar tr. Poner tapones de corcho a las botellas. || FAM. encorchador.

encordadura f. Conjunto de cuerdas de los instrumentos musicales.

encordar tr. Poner cuerdas a los instrumentos musicales. || Ceñir el cuerpo con cuerdas rodeándolo con ellas. || prnl. En deportes de montaña, atarse a la cuerda de seguridad. || FAM. encordadura.

encorsetado, da adj. y s. *desp.* Se apl. a la persona poco espontánea, demasiado comedida y rígida en su forma de comportarse.

encorsetar tr. y prnl. Poner corsé, especialmente cuando se ciñe mucho. || Someter a unas normas de conducta demasiado rígidas. || FAM. encorsetado.

encorvar tr. y prnl. Doblar y torcer algo poniéndolo curvo. || FAM. encorvadura, encorvamiento.

encostrar tr. y prnl. Cubrir con costra una cosa.

encrespar tr. y prnl. Levantar y alborotar las olas del mar. || Enfurecer, irritar. || Ensortijar, rizar algo, especialmente el pelo. || Erizar el pelo, plumaje, etc., por alguna impresión fuerte, como el miedo. Más como prnl. || prnl. Complicarse un asunto. || FAM. encrespado, encrespadura, encrespamiento.

encrucijada f. Lugar donde se cruzan dos o más calles o caminos. || Panorama de varias opciones donde no se sabe cuál elegir. || Punto en el que confluyen varias cosas. || Trampa o celada que se prepara con intención de hacer daño.

encuadernación f. Acción y resultado de encuadernar. || Cubierta exterior de un libro. || Taller donde se encuaderna.

encuadernar tr. Juntar, unir o coser varias hojas o pliegos y ponerles cubiertas. || FAM. encuadernable, encuadernación, encuadernador.

encuadrar tr. Poner algo en un marco o cuadro. || Encajar, ajustar una cosa dentro de otra. || Determinar los límites de algo, incluyéndolo en un esquema u organización. || Distribuir las personas conforme a un esquema de organización determinado. También prnl. || Servir algo de marco o trasfondo. || Hacer un encuadre con una cámara fotográfica o de cine. || FAM. encuadramiento, encuadre.

encuadre m. Acción y resultado de encuadrar. || En fotografía, vídeo y cine, límites de la imagen determinados por la posición de la cámara y su distancia. || En un televisor, sistema que permite centrar la imagen en la pantalla.

encuartar tr. *amer.* Encabestrarse una bestia. || prnl. *amer.* Enredarse en un negocio; no saber hallar salida.

encuartelar tr. *amer.* Acuartelar.

encuatar tr. *amer.* Emparejar dos cosas semejantes.

encubierta f. Fraude, ocultación dolosa.

encubridor, ra adj. y s. Que encubre. || m. y f. Alcahuete.

encubrimiento m. Acción y resultado de encubrir. || Ocultación, especialmente de un delito o de su autor.

encubrir tr. Ocultar una cosa o no manifestarla. || Impedir que llegue a saberse una cosa. || Hacerse responsable de encubrimiento de un delito. ◆ p. p. irreg.: *encubierto*. || FAM. encubierta, encubiertamente, encubierto, encubridor, encubrimiento.

encuellar tr. *amer. col.* Acogotar a alguien.

encuentro m. Acto de coincidir en un punto dos o más personas o cosas. || Reunión o entrevista: *encuentro de mandatarios*. || Oposición, contradicción: *encuentro de pareceres*. || Competición deportiva. || **salir al encuentro** de alguien loc. Ir en su busca para concurrir en un mismo sitio con él. || **salirle** a alguien **al encuentro** loc. Salir a recibirle. || loc. Hacerle frente, oponérsele. || loc. Prevenir.

encuerar tr. y prnl. *amer.* Desnudar, dejar en cueros a una persona. || FAM. encuerado.

encuesta f. Conjunto de datos obtenidos mediante consulta o interrogatorio a un número determinado de personas sobre un asunto. || Cuestionario que recoge los datos de esta consulta. || Averiguación, pesquisas. || FAM. encuestador, encuestar.

encuestador, ra m. y f. Persona que lleva a cabo consultas e interrogatorios para una encuesta.

encuestar tr. Someter a encuesta un asunto. || Interrogar a alguien para una encuesta. || intr. Hacer encuestas.

encularse prnl. *amer. col.* Enojarse. || *amer. vulg.* Enamorarse.

encumbramiento m. Acción y resultado de encumbrar o encumbrarse. || Altura, elevación. || Ensalzamiento, exaltación.

encumbrar tr. y prnl. Levantar. || Ensalzar, engrandecer a alguien con honores y cargos elevados. || prnl. Envanecerse, ensoberbecerse. || FAM. encumbrado, encumbramiento.

encurrucarse prnl. *amer. vulg.* Acurrucarse, encogerse para resguardarse del frío, del viento, para ocultarse, etc.

encurtido m. Fruto o legumbre conservados en vinagre. || FAM. encurtir.

endeble adj. Débil, de poca resistencia. || FAM. endeblez.

endecágono, na adj. y m. Se apl. al polígono de once lados y once ángulos.

endecasílabo, ba adj. Compuesto por versos endecasílabos. || adj. y s. De once sílabas. || FAM. endecasílabico.

endecha f. Canción triste o lamento. ◆ Más en pl. || Composición métrica de cuatro versos de seis o siete sílabas, generalmente asonantados.

endemia f. Cualquier enfermedad que afecta a una zona determinada en unas fechas determinadas. || FAM. endémico, endemismo.

endémico, ca adj. De la enfermedad propia de una zona y de una época. ‖ Del acto o suceso que se repite frecuentemente en un país. ‖ De la especie animal o vegetal propia y exclusiva de una determinada zona.

endemoniado, da adj. y s. Se apl. a la persona poseída por el demonio. ‖ *col.* Perverso, malo, nocivo. ‖ *col.* Travieso. ‖ FAM. endemoniadamente.

endemoniar tr. Introducir el demonio en el cuerpo de una persona. ‖ *col.* Irritar, encolerizar a uno. ‖ FAM. endemoniado.

endenantes adv. t. *amer. vulg.* Hace poco.

endentecer intr. Empezar los niños a echar los dientes. ◆ **Irreg.** Se conj. como *agradecer.*

enderezar tr. y prnl. Poner derecho lo que está torcido o inclinado. ‖ Poner en buen estado una cosa, arreglar. ‖ Enmendar, corregir, castigar. ‖ FAM. enderezado, enderezamiento.

endeudarse prnl. Contraer deudas. ‖ FAM. endeudamiento.

endiablado, da adj. Endemoniado. ‖ Sumamente malvado, perverso. ‖ Horrible, desproporcionado: *hace un calor endiablado.* ‖ FAM. endiablar.

endibia f. Variedad de escarola cultivada de modo especial, cuyas hojas, largas y lanceoladas, apretadas entre sí, se presentan en disposición fusiforme; es muy apreciada en la preparación de ensaladas.

endilgar tr. *col.* Endosar a otro algo desagradable o molesto. ‖ Encaminar, dirigir, acomodar, facilitar.

endiñar tr. *col.* Asestar un golpe.

endiosamiento m. Soberbia, arrogancia.

endiosar tr. Divinizar, elevar a uno a la divinidad. ‖ prnl. Ensoberbecerse, envanecerse. ‖ FAM. endiosamiento.

endivia f. Endibia.

endo- pref. que significa 'dentro, en el interior': *endogamia.*

endocardio m. Membrana que cubre el interior de las cavidades del corazón. ‖ FAM. endocarditis.

endocarpio m. En las plantas, capa interna de las tres que forman el fruto.

endocrino, na adj. De las glándulas también llamadas *de secreción interna,* que vierten sus secreciones directamente a la sangre, o relacionado con ellas. ‖ De las hormonas o las secreciones internas o relacionado con ellas. ‖ adj. y s. Endocrinólogo. ‖ FAM. endocrinología, endocrinológico, endocrinólogo, endocrinopatía.

endocrinología f. Estudio del funcionamiento de las glándulas endocrinas y de sus secreciones internas.

endocrinólogo, ga m. y f. Médico especialista en endocrinología.

endodermo m. Capa interna de las células del blastodermo. ‖ FAM. endodérmico.

endodoncia f. Estudio de las afecciones de la pulpa dentaria. ‖ Tratamiento utilizado en estas afecciones.

endoesqueleto m. Esqueleto interno de los vertebrados, formado por huesos y cartílagos.

endogamia f. Fecundación entre individuos de la misma especie. ‖ P. ext., se apl. a la práctica u obligación de contraer matrimonio personas de ascendencia común naturales de una misma zona. ‖ FAM. endogámico.

endogámico, ca adj. De la endogamia o relativo a ella: *matrimonio endogámico.*

endogénesis f. División de una célula que está rodeada de una cubierta o envoltura resistente que impide la separación de las células hijas. ◆ No varía en pl. ‖ FAM. endógeno.

endógeno, na adj. Que se origina o nace en el interior, como la célula que se forma dentro de otra. ‖ Que se origina por una causa interna.

endolinfa f. Líquido que se aloja en el oído interno de los vertebrados.

endometrio m. Mucosa que recubre la cavidad uterina. ‖ FAM. endometritis, endometrosis.

endomingarse prnl. Vestirse con la ropa de fiesta. ‖ FAM. endomingado.

endoparásito adj. y m. Se apl. al parásito que se aloja dentro del cuerpo de un animal o dentro de una planta, como la tenia.

endorfina f. Sustancia segregada por el encéfalo y que posee un efecto narcótico.

endosar tr. Ceder a favor de otro una letra de cambio u otro documento de crédito expedido a la orden, haciéndolo así constar al respaldo o dorso. ‖ Trasladar a uno una carga, trabajo o cosa no apetecible. ‖ FAM. endosable, endosante, endosatario, endose, endoso.

endosatario, ria m. y f. Persona a cuyo favor se endosa o puede endosarse un documento de crédito.

endoscopia f. Exploración visual de conductos o cavidades internas del organismo.

endoscopio m. Nombre genérico de varios aparatos destinados a la exploración de cavidades o conductos internos del organismo. ‖ FAM. endoscopia, endoscópico.

endósmosis o **endosmosis** f. En fís., corriente de fuera adentro que se establece cuando los líquidos de distinta densidad están separados por una membrana. ◆ No varía en pl.

endoso m. Cesión de un documento de crédito a favor de alguien. ‖ Lo que se escribe al dorso de un documento de crédito para endosarlo.

endospermo m. Tejido del embrión de las plantas espermafitas, que les sirve de alimento.

endotelio m. Tejido formado por células aplanadas y dispuestas en una sola capa, que reviste interiormente las paredes de algunas cavidades orgánicas que no comunican con el exterior. ‖ FAM. endotelial, endotelioma.

endovenoso, sa adj. Intravenoso.

endriago m. Monstruo fabuloso con facciones humanas y miembros de varias fieras.

endrina f. Fruto del endrino, de color negro azulado y forma redonda, con sabor áspero, utilizado en la fabricación de ciertos licores, como el pacharán. ‖ FAM. endrinal, endrino.

endrino, na adj. De color negro azulado. ‖ m. Ciruelo silvestre de la familia de las rosáceas con espinas en las ramas y de fruto pequeño, negro azulado y áspero al gusto.

endrogarse prnl. *amer.* Drogarse, usar estupefacientes. ‖ *amer.* Entramparse, contraer deudas.

endulzar tr. Poner dulce una cosa. También prnl. ‖ Suavizar, hacer llevadero un trabajo, disgusto o incomodidad. También prnl. || Quitar a las aceitunas el amargor, haciéndolas comestibles. || FAM. endulzadura, endulzante.

endurecer tr. y prnl. Poner dura una cosa. || Hacer a una persona áspera, severa, insensible. ◆ **Irreg.** Se conj. como *agradecer*. || FAM. endurecedor, endurecidamente, endurecimiento.

endurecimiento m. Acción y resultado de endurecer o endurecerse. || Obstinación, tenacidad. || Resistencia.

ene f. Nombre de la letra *n*.

eneágono, na adj. y m. Se apl. al polígono de nueve ángulos y nueve lados.

eneasílabo, ba adj. y m. De nueve sílabas. || FAM. eneasilábico.

enebro m. Arbusto de la familia de las cupresáceas, de 3 a 4 m de altura, con tronco ramoso, copa espesa, hojas lineales y rígidas, flores escamosas de color pardo rojizo y frutos en bayas esféricas de color negro azulado. || Madera de esta planta. || FAM. enebral, enebrina.

eneldo m. Hierba de la familia de las umbelíferas, con tallo ramoso de 1 m de altura, hojas divididas en lacinias filiformes y flores amarillas en círculo; se emplea para calmar ciertas afecciones intestinales.

enema m. Medicamento líquido que se introduce en el recto por el ano, y que se utiliza generalmente para estimular la defecación de las heces. || Operación de introducir dicho líquido. || Utensilio con que se realiza.

enemigo, ga adj. y s. Contrario, opuesto a algo: *bando enemigo*. || m. y f. Persona que tiene mala voluntad a otra y le desea o hace mal. || m. El contrario en la guerra. || **ser** uno **enemigo** de algo loc. No gustar de ello. || FAM. enemigamente, enemistad, enemistar.

enemistad f. Aversión u odio entre dos o más personas.

enemistar tr. y prnl. Hacer perder la amistad.

eneolítico, ca adj. y m. Del periodo prehistórico de transición entre la Edad de la Piedra pulimentada y la del Bronce o relativo a él. ◆ Como m. se escribe con mayúscula.

energética f. Ciencia que trata de la energía.

energético, ca adj. De la energía o relativo a ella. || Que produce energía: *alimentos energéticos*.

energía f. Fuerza, poder. || Fuerza de voluntad o de carácter. || En fís., capacidad de los cuerpos para producir un trabajo: *energía hidráulica*. || **energía atómica** Energía nuclear. || **energía cinética** La que posee cualquier cuerpo por su movimiento. || **energía nuclear** La producida por la fisión nuclear en los reactores nucleares, lo que constituye el fundamento de la bomba atómica, y por la fusión nuclear en las reacciones termonucleares, fundamento de la bomba de hidrógeno. || FAM. energética, energético.

enérgico, ca adj. Que tiene energía o está relacionado con ella. || FAM. enérgicamente.

energúmeno, na m. y f. Persona furiosa, encolerizada. || Persona alborotada o muy exaltada.

enero m. Primer mes del año, entre diciembre y febrero, que tiene treinta y un días.

enervar tr. y prnl. Debilitar, quitar las fuerzas. || Poner nervioso, irritar. || FAM. enervación, enervador, enervamiento, enervante.

enésimo, ma adj. Número indeterminado de veces que se repite una cosa: *nos contó la misma historia por enésima vez*. || En mat., que ocupa el lugar de orden *n*, indeterminado en una serie: *enésima potencia*.

enfadar tr. y prnl. Causar enfado, disgusto, ira. || *amer. col.* Aburrir o cansar. || FAM. enfadadizo, enfadado, enfadoso.

enfado m. Disgusto o enojo, generalmente contra otra persona. || *amer. col.* Aburrimiento o cansancio.

enfadoso, sa adj. Enojoso, molesto. || FAM. enfadosamente.

enfajar tr. Fajar, ceñir o envolver con una faja. || Envolver como lo hace una faja. || FAM. enfajado.

enfangar tr. y prnl. Cubrir de fango una cosa o meterla en él. || prnl. *col.* Mezclarse en asuntos sucios o vergonzosos. || FAM. enfangado.

enfardar tr. Hacer fardos. || Empaquetar mercancías. || FAM. enfardador, enfardelador, enfardeladura, enfardelar.

énfasis m. Fuerza de expresión o de entonación con que se quiere realzar la importancia de lo que se dice o se lee. || Importancia que se da a algo. || Falta de naturalidad en la expresión. ◆ No varía en pl. || FAM. enfático, enfatizar.

enfático, ca adj. Que se expresa con énfasis, o que lo denota o implica: *tono enfático*. || FAM. enfáticamente.

enfatizante adj. Que enfatiza.

enfatizar intr. Expresarse con énfasis. || tr. Poner énfasis en la expresión de alguna cosa. || FAM. enfatizante.

enfebrecido, da adj. *col.* Exaltado, entusiasmado, enfervorizado.

enfermada f. *amer.* Acción y efecto de enfermar.

enfermar intr. y prnl. Contraer una enfermedad. || tr. Causar enfermedad. || Desagradar, disgustar: *me enferma su obstinación*.

enfermedad f. Alteración de la salud. || Alteración que afecta al funcionamiento de una institución, colectividad, etc.

enfermería f. Local o dependencia donde se cura a enfermos o heridos. || Conjunto de disciplinas relacionadas con el cuidado de enfermos y heridos y la asistencia a los médicos.

enfermero, ra m. y f. Persona que cuida a los enfermos y asiste a los médicos.

enfermizo, za adj. Que tiene poca salud o se enferma con facilidad. || Capaz de producir enfermedades || Propio de una persona enferma: *obsesión enfermiza*

enfermo, ma adj. y s. Que padece alguna enfermedad. || FAM. enfermada, enfermar, enfermedad, enfermería, enfermero, enfermizo, enfermoso, enfermuchor

enfermoso, sa adj. *amer.* Enfermizo.

enfervorizar tr. y prnl. Infundir fervor, entusiasmo. || FAM. enfervorización.

enfiestarse prnl. *amer.* Estar de fiesta, divertirse

enfilar tr. Poner en fila varias cosas. || Orientar u asunto hacia determinada dirección: *enfiló la discusió hacia su propio terreno*. || Ensartar en un hilo, cuerda alambre, etc., varias cosas. || Apuntar: *enfilar un arma.* || Tener manía, sentir antipatía o animadversión por alguien: *lo enfiló desde el primer día.* || intr. Dirigirse o encaminarse hacia un lugar determinado. || FAM. enfilado.

enfisema m. Tumefacción producida por aire o gas en el tejido pulmonar, en el celular o en la piel.

enflaquecer tr. Poner flaco. También intr. || Debilitar, enervar. También intr. y prnl. ◆ **Irreg.** Se conj. como *agradecer.* || FAM. enflaquecimiento.

enflaquecimiento m. Acción y resultado de enflaquecer o enflaquecerse.

enflatarse prnl. *amer.* Acongojarse. || *amer.* Irritarse, malhumorarse.

enflautar tr. Hinchar, soplar. || *col.* Encubrir, alcahuetear. || *col.* Alucinar, engañar. || *amer. col.* Decir algo inoportuno o molesto. || FAM. enflautada, enflautado, enflautador.

enfocar tr. Hacer que la imagen de un objeto producida en el foco de una lente se recoja con claridad sobre un plano u objeto determinado. || Centrar en el visor de una cámara fotográfica, de cine, de vídeo, etc., la imagen que se quiere obtener. || Proyectar un haz de luz o de partículas sobre un determinado punto. || Dirigir la atención o el interés hacia un determinado asunto o problema. || FAM. enfoque.

enfoque m. Acción y resultado de enfocar. || Manera de considerar un asunto o problema.

enfoscado m. Capa de mortero con que se reviste un muro. || Revestimiento de un muro con esta masa.

enfoscar tr. Tapar los agujeros que quedan en una pared después de construirla. || Revestir un muro con mortero. || prnl. Ponerse hosco. || Encapotarse, cubrirse el cielo de nubes. || FAM. enfoscado.

enfrascarse prnl. Aplicar con gran intensidad a una actividad: *se enfrascó en la lectura del libro.* || Enzarzarse, meterse en una espesura. || Mancharse, pringarse. || FAM. enfrascamiento.

enfrentamiento m. Acción y resultado de enfrentar o enfrentarse.

enfrentar tr. Poner frente a frente. También intr. y prnl. || Afrontar, hacer frente. Más como prnl. || FAM. enfrentamiento.

enfrente adv. l. A la parte opuesta, en punto que mira a otro o que está delante de otro: *vive enfrente de mí.* || adv. m. En contra: *cada vez que tratamos ese asunto te pongo enfrente.* || FAM. enfrentar.

enfriamiento m. Acción y resultado de enfriar o enfriarse. || Indisposición que se caracteriza por síntomas catarrales debidos al frío.

enfriar tr. Poner o hacer que se ponga fría una cosa. También intr. y prnl. || Debilitar los afectos, la fuerza, las actividades: *su amistad se fue enfriando.* || prnl. Acatarrarse. || FAM. enfriamiento.

enfrijolarse prnl. *amer.* Enredarse un negocio u otro asunto.

enfuertarse prnl. *amer.* Fermentar una bebida o alimento.

enfuetarse prnl. *amer.* Destorcerse una cuerda, cable, etc.

enfullinarse prnl. *amer.* Sulfurarse, irritarse.

enfundar tr. Poner una cosa dentro de su funda. || prnl. Vestir una prenda ajustada: *se enfundó unos vaqueros.*

enfurecer tr. y prnl. Irritar a alguien, ponerlo furioso. || prnl. Tratándose del mar, el viento, etc., agitarse, alborotarse. ◆ **Irreg.** Se conj. como *agradecer.* || FAM. enfurecimiento.

enfurecimiento m. Alteración, irritación, agitación.

enfurruñamiento m. *col.* Enfado, enojo.

enfurruñarse prnl. *col.* Enfadarse. || *col.* Encapotarse el cielo. || FAM. enfurruñamiento.

engajado, da adj. *amer.* Rizado.

engalanar tr. y prnl. Adornar, embellecer. || FAM. engalanado, engalanamiento.

engallarse prnl. Erguirse con actitud arrogante o retadora. || FAM. engallado, engalladura.

enganchada f. *col.* Riña o pelea, especialmente con agresión física.

enganchado, da adj. y s. *col.* Aficionado o adicto a algo.

enganchar tr. Agarrar una cosa con un gancho o colgarla de él. También prnl. e intr. || Poner las caballerías en los carruajes de manera que puedan tirar de ellos. También intr. || Coger, atrapar: *engancharon al ladrón.* || Atraer a alguien, captar su afecto o su voluntad: *la novela me enganchó desde la primera página.* || Conectar o proveer de un suministro eléctrico. También prnl. || Coger el toro a una persona o cosa y levantarlo con los pitones. || prnl. Alistarse una persona como soldado. || *col.* Aficionarse o hacerse adicto a algo: *está enganchada a Internet.* || FAM. enganchada, enganchado, enganchador, enganchamiento, enganche, enganchón.

enganche m. Acción y resultado de enganchar o engancharse. || Pieza o aparato dispuesto para enganchar. || *amer.* Señal o cantidad de dinero que se entrega como anticipo.

enganchón m. Desgarro o rotura de alguna cosa, especialmente la ropa, al engancharse en otra.

engañabobos com. *col.* Persona que pretende embaucar o deslumbrar. || m. Cosa que engaña o defrauda con su apariencia. ◆ No varía en pl.

engañapichanga com. *amer. col.* Engañabobos.

engañar tr. Dar a la mentira apariencia de verdad. || Inducir a otro a creer y tener por cierto lo que no lo es. También intr.: *las apariencias engañan.* || Estafar: *nos engañaron en la compra del coche.* || Producir ilusión. || Ser infiel a la pareja. || Entretener, distraer: *engañó el hambre con unas aceitunas.* || prnl. Negarse a aceptar la verdad: *deja de engañarte y acepta tu derrota.* || Equivocarse. || FAM. engañabobos, engañadizo, engañador, engañapichanga, engañifa, engaño, engañoso, engañufla.

engañifa f. *col.* Engaño con apariencia de utilidad.

engaño m. Acción y resultado de engañar o engañarse. || Falta de verdad, falsedad. || Cualquier arte para pescar. || Muleta o capa de torear. || **llamarse a engaño** loc. Pretender que se deshaga una cosa, alegando haber sido engañado.

engañoso, sa adj. Falaz, que engaña o da ocasión a engañarse. || FAM. engañosamente.

engaratusar tr. *amer.* Engatusar.

engarce m. Acción y resultado de engarzar. || Metal en el que se engarza alguna cosa.

engarzar tr. Trabar una cosa con otra u otras, formando una cadena. || Engastar. || FAM. engarce, engarzador.

engastar tr. Encajar una cosa en otra, como una piedra preciosa en un metal. || FAM. engastador, engastadura, engaste.

engaste m. Acción y resultado de engastar. || Armadura de metal que abraza y asegura lo que se engasta.

engatillarse prnl. Fallar el mecanismo de disparo de un arma de fuego.

engatusar tr. Ganar la voluntad de una persona con falsos halagos y mentiras para conseguir algo de ella. || FAM. engatusador, engatusamiento.

engendrar tr. Procrear, propagar la especie: *engendrar un hijo.* || Causar, ocasionar, formar. || FAM. engendrador, engendramiento, engendro.

engendro m. Criatura deforme o de gran fealdad. || Obra mal concebida o mal hecha.

englobar tr. Incluir varias partidas o cosas en un conjunto. || Abarcar un conjunto una o más cosas. También prnl.

engolado, da adj. Se apl. a la voz, articulación o acento que tienen resonancia en el fondo de la boca o en la garganta. || Afectado, poco natural. || Fatuo, engreído, altanero.

engolar tr. Dar resonancia gutural a la voz. || FAM. engolado, engolamiento.

engolosinar tr. Excitar el deseo de alguien con algún atractivo. || prnl. Aficionarse, tomar gusto a una cosa. || FAM. engolosinamiento.

engomado, da adj. *amer.* Acicalado, emperifollado. || Acción y resultado de engomar.

engomar tr. Untar goma a una cosa para lograr su adherencia. || Dar goma desleída a las telas y otros géneros para lustrarlos. || FAM. engomado.

engominarse prnl. Darse gomina en el cabello.

engorda f. *amer.* Engorde, ceba. || *amer.* Conjunto de animales vacunos o porcinos que se ceban para la matanza.

engordaderas f. pl. *col.* Pequeños granos que les salen en la cara a los lactantes.

engordar tr. Cebar, dar mucho de comer para poner gordo. || Magnificar un asunto. También intr. || intr. y prnl. Ponerse gordo, ganar peso. || Hacerse rico. || FAM. engorda, engordaderas, engordadero, engorde.

engorro m. Embarazo, impedimento, molestia. || FAM. engorroso.

engorroso, sa adj. Dificultoso, molesto.

engrampadora f. *amer.* Grapadora. || FAM. engrampar.

engranaje m. Acción y resultado de engranar. || Conjunto de las piezas que engranan: *engranaje del reloj.* || Conjunto de los dientes de una máquina. || Enlace, trabazón de ideas, circunstancias o hechos.

engranar intr. Encajar los dientes de una rueda. || Enlazar, trabar: *engranar las causas con los efectos.* || FAM. engranaje.

engrandecer tr. Aumentar, hacer grande o más grande una cosa. || Alabar, exagerar. || Exaltar, elevar a alguien a un grado o dignidad superior. También prnl. ◆ **Irreg.** Se conj. como *agradecer.* || FAM. engrandecedor, engrandecimiento.

engrapadora f. Grapadora.

engrapar tr. Unir o coser con grapas. || FAM. engrapadora.

engrasar tr. Manchar o pringar con grasa. También prnl. || Untar ciertas partes de una máquina con aceites u otras sustancias lubricantes para disminuir el rozamiento. || FAM. engrasado, engrase.

engrase m. Acción y resultado de engrasar o engrasarse. || Materia lubricante.

engreído, da adj. Se apl. a la persona que está demasiado convencida de su valía. || *amer.* Encariñado. || *amer.* Malcriado.

engreimiento m. Envanecimiento, arrogancia.

engreír tr. Envanecer, llenar de soberbia. También prnl. || *amer.* Encariñar. También prnl. || *amer.* Mimar, malcriar. ◆ **Irreg.** Se conj. como *reír.* || FAM. engreído, engreimiento.

engriparse prnl. *amer.* Contraer la gripe. || FAM. engripado.

engrosar tr. y prnl. Hacer gruesa, más corpulenta o espesa una cosa. || Aumentar en número: *engrosar un capital.* || intr. Hacerse más grueso y corpulento. ◆ **Irreg.** Se conj. como *contar.* || FAM. engrosamiento, engruesar.

engrudo m. Masa comúnmente hecha con harina o almidón que se cuece en agua y sirve para pegar papeles y otras cosas ligeras. || FAM. engrudar.

engruesar intr. Engrosar, hacer más grueso algo.

enguarrar tr. y prnl. Ensuciar o emborronar.

engullir tr. Tragar la comida atropelladamente y sin masticarla. ◆ **Irreg.** Se conj. como *mullir.* || FAM. engullidor.

engurruñar tr. y prnl. Arrugar, encoger. || prnl. Entristecerse una persona.

enharinar tr. y prnl. Manchar de harina o cubrir con ella.

enhebrar tr. Pasar la hebra por el ojo de la aguja o por el agujero de las cuentas, perlas, etc. || Decir seguidas muchas cosas sin orden ni concierto. || FAM. enhebrado.

enhiesto, ta adj. Levantado, derecho, erguido.

enhilar tr. Enhebrar. || Ordenar, colocar en su debido lugar las ideas de un escrito o discurso. || Dirigir, guiar o encaminar con orden una cosa. También prnl.

enhorabuena f. Felicitación. || adv. m. En buena hora, para bien.

enigma m. Dicho o conjunto de palabras de sentido encubierto para que sea difícil entenderlo o interpretarlo. || P. ext., persona o cosa que no se alcanza a comprender. || FAM. enigmático.

enigmático, ca adj. Que encierra un enigma o que es complicado de entender: *personaje enigmático.* || FAM. enigmáticamente.

enjabonado, da adj. *amer.* Se apl. a la caballería con el pelo oscuro sobre fondo blanco. ‖ m. Acción y resultado de enjabonar.

enjabonar tr. Frotar algo con jabón. ‖ *col.* Adular. ‖ Reprender, increpar. ‖ FAM. enjabonado, enjabonadura.

enjaezar tr. Poner los jaeces a las caballerías.

enjalbegar tr. Blanquear las paredes con cal, yeso o tierra blanca. ‖ FAM. enjalbegado, enjalbegador, enjalbegadura.

enjambre m. Conjunto de abejas que sale de una colmena con una abeja reina para fundar otra. ‖ Conjunto numeroso de animales, cosas o personas: *a la salida del hotel nos esperaba un enjambre de periodistas.* ‖ FAM. enjambrar, enjambrazón.

enjarciar tr. Poner la jarcia una embarcación.

enjaretar tr. Hacer pasar por una jareta o dobladillo un cordón, cinta o cuerda. ‖ *col.* Hacer o decir algo atropelladamente o de mala manera. ‖ Hacer deprisa ciertas cosas. ‖ *col.* Endilgar, intercalar algo molesto o inoportuno. ‖ *col.* Propinar un golpe. ‖ FAM. enjaretado.

enjaular tr. Encerrar en una jaula. ‖ *col.* Meter en la cárcel.

enjoyar tr. y prnl. Adornar con joyas.

enjuagar tr. Limpiar la boca y dentadura con agua u otro líquido. Más como prnl. ‖ Aclarar y limpiar con agua lo que se ha enjabonado. ‖ Fregar algo por encima, generalmente piezas de vajilla pequeñas y no muy sucias. ‖ FAM. enjuagadura, enjuague, enjuagatorio.

enjuague m. Acción de enjuagar o enjuagarse. ‖ Agua u otro líquido que sirve para enjuagar o enjuagarse. ‖ Negociación oculta o sucia para conseguir algo difícil de lograr por medios regulares.

enjugar tr. Quitar la humedad superficial a una cosa absorbiéndola con un paño, esponja, etc. ‖ Limpiar la humedad que echa de sí el cuerpo: *enjugar el sudor.* ‖ Cancelar una deuda o un déficit. También prnl.

enjuiciamiento m. Acción y resultado de enjuiciar. ‖ En der., instrucción legal de los asuntos judiciales: *Ley de Enjuiciamiento.*

enjuiciar tr. Someter una cuestión a examen, discusión y juicio. ‖ En der., instruir un procedimiento judicial. ‖ Juzgar, sentenciar o determinar una causa. ‖ FAM. enjuiciable, enjuiciamiento.

enjundia f. Gordura de algunos animales. ‖ Lo más sustancioso e importante de algo. ‖ Fuerza, vigor. ‖ FAM. enjundioso.

enjundioso, sa adj. Que tiene mucha enjundia. ‖ Sustancioso, importante.

enjuta f. En arquit., cada uno de los triángulos o espacios que deja en un cuadrado el círculo inscrito en él. ‖ Pechina.

enjuto, ta adj. Delgado, muy flaco. ‖ FAM. enjutez.

enlace m. Acción y resultado de enlazar o enlazarse. ‖ Unión, conexión de una cosa con otra. ‖ En los medios de transporte, empalme. ‖ Casamiento. ‖ Persona que sirve de intermediario, especialmente dentro de alguna organización. ‖ En quím., unión entre dos átomos de una molécula.

enladrillar tr. Cubrir con ladrillos. ‖ FAM. enladrillado, enladrillador.

enlatado, da adj. *col.* Referido a una imagen o sonido, grabado, no emitido en directo: *música enlatada.*

enlatar tr. Envasar algo en botes de lata. ‖ FAM. enlatado.

enlazar tr. Coger o juntar con lazos. ‖ Unir unas cosas con otras. También prnl. ‖ Aprisionar un animal arrojándole el lazo. ‖ intr. Empalmar o combinar medios de transporte. ‖ prnl. Casarse. ‖ FAM. enlace, enlazable, enlazador, enlazamiento.

enlodar o **enlodazar** tr. y prnl. Manchar, ensuciar con lodo. ‖ Manchar, envilecer.

enloquecedor, ra adj. Que hace enloquecer.

enloquecer tr. Hacer perder el juicio a alguien. ‖ intr. Volverse loco, perder el juicio. ‖ Gustar mucho de algo: *enloquece por los lugares exóticos.* También prnl. ◆ **Irreg.** Se conj. como *agradecer*. ‖ FAM. enloquecedor, enloquecimiento.

enlosado m. Suelo cubierto de losas.

enlosar tr. Cubrir el suelo con losas unidas y ordenadas. ‖ FAM. enlosado.

enlozar tr. *amer.* Cubrir algo con un baño de loza o de esmalte vítreo.

enlucido, da adj. Blanqueado para que tenga buen aspecto. ‖ m. Capa de yeso, estuco u otra mezcla que se da a las paredes para alisarlas.

enlucir tr. Poner una capa de yeso, estuco, etc., a los edificios. ‖ Limpiar y dar brillo a una superficie, especialmente si es metálica. ◆ **Irreg.** Se conj. como *lucir*. ‖ FAM. enlucido, enlucimiento.

enlutar tr. y prnl. Vestir o cubrir de luto. ‖ Entristecer, afligir. ‖ FAM. enlutado.

enmaderar tr. Cubrir con madera. ‖ FAM. enmaderado, enmaderamiento.

enmadrarse prnl. Encariñarse excesivamente el hijo o la hija con la madre. ‖ FAM. enmadrado.

enmarañar tr. y prnl. Enredar, revolver una cosa. ‖ Confundir, enredar un asunto haciéndolo más difícil. ‖ FAM. enmarañamiento.

enmarcar tr. Encuadrar, poner en un marco: *enmarcar una foto.* ‖ Situar algo dentro de unas determinadas características o condiciones.

enmarrocar tr. *amer.* Colocar las esposas, aprisionar con esposas.

enmascarado, da m. y f. Persona disfrazada con una máscara.

enmascaramiento m. Encubrimiento, ocultación.

enmascarar tr. Cubrir el rostro con máscara. También prnl. ‖ Encubrir, disfrazar. ‖ FAM. enmascarado, enmascaramiento.

enmendar tr. y prnl. Corregir, quitar defectos, subsanar. ◆ **Irreg.** Se conj. como *acertar*. ‖ FAM. enmendable, enmienda.

enmienda f. Corrección de un error o defecto. ‖ Propuesta de variante, adición o reemplazo de un proyecto, dictamen, informe o documento análogo: *se presentó una enmienda a la totalidad del texto.*

enmohecer tr. Cubrir de moho una cosa. También intr. y prnl. ‖ prnl. Inutilizarse, caer en desuso. También prnl. ◆ **Irreg.** Se conj. como *agradecer*. ‖ FAM. enmohecimiento.

enmoquetar tr. Cubrir con moqueta.

enmudecer intr. Quedar mudo, perder el habla. || Guardar silencio. || tr. Hacer callar. ◆ Irreg. Se conj. como *agradecer*. || FAM. enmudecimiento.

ennegrecer tr. Teñir de negro, poner negro. También prnl. || Enturbiar, turbar, oscurecer. || intr. Ponerse negro o negruzco. También prnl.: *la plata se ha ennegrecido*. || Ponerse muy oscuro, nublarse. ◆ Irreg. Se conj. como *agradecer*. || FAM. ennegrecimiento.

ennoblecer tr. Hacer noble a alguien. También prnl. || Adornar, enriquecer. || Realzar, dar esplendor. ◆ Irreg. Se conj. como *agradecer*. || FAM. ennoblecedor, ennoblecimiento.

ennoviarse prnl. *col.* Echarse novio o novia. || FAM. ennoviado.

enografía f. Estudio y descripción de los diferentes tipos de vinos.

enojadizo, za adj. y s. Que se enoja con facilidad.

enojar tr. Causar enojo. Más como prnl. || Disgustar, molestar. || prnl. Alborotarse, enfurecerse, especialmente hablando de los vientos, mares, etc. || FAM. enojadizo, enojante, enojo, enojón, enojoso.

enojo m. Sentimiento de ira o enfado. || Molestia, disgusto, pesar. Más en pl.

enojoso, sa adj. Que causa enojo. || FAM. enojosamente.

enología f. Ciencia que estudia la elaboración de los vinos. || FAM. enografía, enológico, enólogo, enotecnia, enotécnico.

enólogo, ga m. y f. Persona entendida en enología.

enorgullecer tr. y prnl. Llenar de orgullo. ◆ Irreg. Se conj. como *agradecer*. || FAM. enorgullecedor, enorgullecimiento.

enorme adj. Muy grande. || Desmedido, excesivo. || Excelente, extraordinario. || FAM. enormemente, enormidad.

enormidad f. Exceso, cantidad o tamaño desmedido. || Disparate, desatino. || **una enormidad** loc. adv. *col.* Muchísimo.

enotecnia f. Técnica de elaboración y comercialización de los vinos.

enoteráceo, a adj. y f. De las enoteráceas o relativo a esta familia de plantas. || f. pl. Familia de plantas angiospermas dicotiledóneas, de hojas alternas, flores regulares, solitarias o dispuestas en espigas o racimos y fruto en cápsula, baya o drupa, como la fucsia.

enquistado, da adj. Con forma de quiste o parecido a él: *grano enquistado*.

enquistamiento m. Formación de un quiste. || *col.* Estancamiento o paralización de un proceso. || Formación de una envoltura o costra alrededor de un organismo, que le sirve de protección ante condiciones adversas.

enquistarse prnl. Formarse un quiste. || Incrustarse, encajarse. || Estancarse o paralizarse un proceso. || FAM. enquistado, enquistamiento.

enrabiar tr. y prnl. Poner rabioso, sulfurar.

enrabietar tr. y prnl. Coger una rabieta.

enraizar intr. y prnl. Arraigar, echar raíces. || FAM. enraizamiento.

enramada f. Conjunto de ramas de árboles espesas y entrelazadas. || Adorno formado de ramas de árboles. || Cobertizo hecho de ramas de árboles. || FAM. enramar.

enranciar tr. y prnl. Poner o hacer rancia una cosa.

enrarecer tr. Dilatar un cuerpo gaseoso haciéndolo menos denso. También prnl. || Volver el aire irrespirable. También prnl. || Hacer que algo escasee o sea raro. También intr. y más como prnl. || prnl. Deteriorarse una relación, situación, etc.: *los celos enrarecieron su amor.* ◆ Irreg. Se conj. como *agradecer*. || FAM. enrarecimiento.

enrasar tr. Nivelar, igualar una cosa con otra, de suerte que tengan una misma altura o nivel. También intr. || Alisar o allanar una superficie. || FAM. enrasamiento, enrase.

enredadera adj. y f. Se apl. a la planta provista de un tallo nudoso y trepador y flores acampanadas: *enredadera de madreselva*.

enredar tr. Enlazar, entretejer, enmarañar una cosa con otra. También prnl. || Meter a uno en un negocio o asunto comprometido, ilegal o peligroso. También prnl.: *se enredó en un turbio negocio inmobiliario*. || Prender con una red. || Meter cizaña. También intr.: *le gusta enredar en los asuntos ajenos*. || Entretener. También prnl.: *se enredó hablando por teléfono*. || intr. Hacer travesuras, revolver: *¡niño, deja ya de enredar!* || prnl. Empezar una discusión o pelea. || Aturdirse al ir a decir o hacer algo: *se enredó al leer su examen*. || Mantener dos personas una relación amorosa. || FAM. enredadera, enredador, enredijo, enredista, enredo, enredoso.

enredo m. Complicación y maraña que resultan de unirse o mezclarse desordenadamente hilos u otras cosas semejantes. || Confusión, lío. || Engaño, mentira, chisme. || En una obra literaria, conjunto de sucesos que preceden al desenlace. || Travesura. || Complicación. || Relación amorosa.

enredoso, sa adj. Lleno de enredos, obstáculos y complicaciones. || adj. y s. Enredador, chismoso.

enrejado m. Conjunto de rejas, verja. || Celosía hecha por lo común de cañas o varas entretejidas.

enrejar tr. || *col.* Meter a alguien en la cárcel. || FAM. enrejado.

enrevesado, da adj. Complicado o confuso. || Lleno de vueltas o rodeos. || FAM. enrevesadamente, enrevesamiento, enrevesar.

enriquecedor, ra adj. Que enriquece.

enriquecer tr. Hacer rico. También intr. y prnl. || Adornar, engrandecer. || Mejorar, prosperar. Más como prnl.: *se enriqueció haciendo negocios arriesgados*. ◆ Irreg. Se conj. como *agradecer*. || FAM. enriquecedor, enriquecido, enriquecimiento.

enriquecimiento m. Acción y resultado de enriquecer.

enriscado, da adj. Lleno de riscos o peñascos. || FAM. enriscar.

enristrar tr. Poner la lanza en ristre o bajo el brazo para atacar.

enristrar tr. Hacer ristras: *enristrar ajos*.

enrocar tr. En ajedrez, mover simultáneamente el rey y la torre del mismo bando. También intr. y prnl. || FAM. enroque.

enrojecer tr. y prnl. Poner de color rojo. || Ruborizar. También intr. || Poner algo al rojo con el calor o el fuego. ◆ **Irreg.** Se conj. como *agradecer*. || FAM. enrojecimiento.

enrojecimiento m. Acción y resultado de enrojecer.

enrolamiento m. Acción y resultado de enrolar.

enrolar tr. y prnl. Inscribir a un individuo en una lista o rol de tripulantes de un barco mercante. || prnl. Alistarse, inscribirse en el ejército o en alguna organización. || FAM. enrolamiento.

enrollado, da adj. Acción y resultado de enrollar. || adj. y s. *col.* Que tiene facilidad de trato o que cae bien.

enrollar tr. y prnl. Envolver una cosa en forma de rollo. || *col.* Liar, enredar. || tr. e intr. *col.* Agradar mucho una cosa. || prnl. *col.* Extenderse demasiado en alguna actividad, especialmente en una conversación o escrito: *no te enrolles por teléfono.* || *col.* Participar en algún asunto. || *col.* Tener relaciones sexuales o amorosas. || FAM. enrollado, enrollamiento, enrollante, enrolle.

enrolle m. *col.* Interés o dedicación intensa a algo. || *col.* Charlatanería, locuacidad. || *col.* Algo muy agradable o divertido.

enronquecer tr. Poner ronco. También intr. y prnl. ◆ **Irreg.** Se conj. como *agradecer*. || FAM. enronquecimiento.

enroque m. En ajedrez, acción y resultado de enrocar.

enroscar tr. Torcer en forma de rosca o espiral una cosa. También prnl. || Introducir una cosa a vuelta de rosca. || FAM. enroscadura, enroscamiento.

enrostrar tr. *amer.* Echar en cara, reprochar.

enrular tr. *amer.* Hacer ondas o rizos en el pelo.

ensabanarse *amer.* Sublevarse, alzarse.

ensaimada f. Bollo de pasta hojaldrada en forma de espiral.

ensalada f. Plato preparado generalmente a base de hortalizas crudas, troceadas y aderezadas con sal, aceite y vinagre, a las que se pueden añadir otros ingredientes y condimentos. || Mezcla confusa de cosas: *ensalada de ideas.* || *amer.* Refresco preparado con agua de limón, hierbabuena y piña. || FAM. ensaladera, ensaladilla.

ensaladera f. Fuente honda en que se sirve la ensalada.

ensaladilla f. Bocados de dulce de diferentes géneros. || Conjunto de piedras preciosas de diversos colores engastadas en una joya. || **ensaladilla rusa** Plato frío compuesto generalmente de patata cocida, zanahoria, guisantes, pimiento y atún, entre otros ingredientes, cubierta con mayonesa.

ensalivar tr. y prnl. Llenar o empapar de saliva.

ensalmar tr. Componer los huesos dislocados o rotos. || Curar con ensalmos. También prnl.

ensalmo m. Modo de curar con oraciones mágicas y aplicación empírica de medicamentos. || **por ensalmo** loc. adv. De repente y por causas desconocidas: *apareció como por ensalmo.* || FAM. ensalmador, ensalmar.

ensalzamiento m. Exaltación. || Alabanza, elogio.

ensalzar tr. Engrandecer, exaltar. || Alabar, elogiar: *ensalzó su comportamiento.* También prnl. || FAM. ensalzador, ensalzamiento.

ensambladura f. Unión o acoplamiento de dos o más piezas, especialmente si son de madera.

ensamblaje m. Ensambladura.

ensamblar tr. Unir, acoplar dos o más piezas, especialmente de madera, haciendo encajar la parte saliente de una en la entrante de la otra. || FAM. ensamblado, ensamblador, ensambladura, ensamblaje, ensamble.

ensamble m. Ensambladura.

ensanchamiento m. Acción y resultado de ensanchar o ensancharse.

ensanchar tr. Aumentar la anchura de una cosa. También intr. y prnl. || Extender, dilatar. || prnl. Engreírse. || FAM. ensanchador, ensanchamiento, ensanche.

ensanche m. Acción y resultado de ensanchar. || Terreno dedicado a la ampliación de una ciudad, y conjunto de edificaciones que se construyen en él. || Franja de tela que se remete en una costura para que, en caso necesario, se pueda ensanchar la prenda.

ensangrentar tr. Manchar con sangre. También prnl. || Provocar derramamiento de sangre: *la guerra ensangrentó el país.* ◆ **Irreg.** Se conj. como *acertar*. || FAM. ensangrentamiento.

ensañamiento m. Acción y resultado de ensañarse. || En der., circunstancia agravante que consiste en aumentar deliberadamente el daño de un delito.

ensañar tr. Irritar, enfurecer. || prnl. Deleitarse en causar daño o dolor a quien no puede defenderse. || FAM. ensañamiento.

ensartar tr. Pasar por un hilo, cuerda, alambre, etc., varias cosas. || Enhebrar. || Atravesar, generalmente con un objeto puntiagudo, introducir: *lo ensartó en la espada.* || Decir muchas cosas sin orden ni conexión. || *amer.* Hacer caer en una trampa o engaño. También prnl.

ensayar tr. Preparar la ejecución y montaje de un espectáculo antes de ofrecerlo al público. También intr. || P. ext., hacer la prueba de cualquier otro tipo de acto antes de realizarlo. || Poner algo a prueba. || prnl. Entrenarse, adiestrarse. || FAM. ensaye, ensayo.

ensayismo m. Género literario constituido por el ensayo.

ensayista com. Autor de ensayos.

ensayo m. Acción y resultado de ensayar. || Obra en prosa, de extensión variable, en la que un autor reflexiona sobre determinado tema. || Representación completa de un espectáculo que se hace antes de presentarlo al público. || FAM. ensayismo, ensayista, ensayístico.

enseguida o **en seguida** adv. m. Inmediatamente después en el tiempo o en el espacio: *termino enseguida.*

ensenada f. Parte de mar que entra en la tierra. || *amer.* Lugar destinado a guardar animales; corral.

enseña f. Insignia o estandarte.

enseñanza f. Acción y resultado de enseñar. || Sistema y método empleados para enseñar. || Conjunto de medios, instituciones, personas, etc., relacionados con la educación. || Ejemplo que sirve de experiencia: *que esto te sirva de enseñanza.* || pl. Ideas, conocimientos, etc., que una persona transmite a otra. || **enseñanza media** o **secundaria** La intermedia entre la primaria y la superior, que comprende estudios de cultura general. || **enseñanza primaria** o **primera enseñanza** La elemental y obligatoria. || **enseñanza superior** La que comprende estudios de especialización profesional o universitarios.

enseñar tr. Hacer que alguien aprenda algo: *enseñar a leer.* || Dar ejemplo o escarmiento. || Mostrar o exponer algo. || Dejar ver una cosa involuntariamente: *enseñaba el escote.* || Indicar, dar señas de una cosa. || FAM. enseñable, enseñado, enseñador, enseñante, enseñanza.

enseñorearse prnl. Hacerse señor y dueño de una cosa, dominarla: *el enemigo se enseñoreó de la ciudad.* || FAM. enseñoramiento.

enseres m. pl. Utensilios, muebles, instrumentos, necesarios en una casa o para una profesión: *enseres domésticos.*

ensiforme adj. Con forma de espada: *hojas ensiformes.*

ensilladura f. Acción y resultado de ensillar. || Parte de la caballería donde se le coloca la silla de montar.

ensillar tr. Colocar la silla de montar a una caballería. || FAM. ensilladura.

ensimismamiento m. Abstracción del mundo exterior, concentrándose en los propios pensamientos.

ensimismarse prnl. Abstraerse. || Entregarse alguien a sus propios pensamientos, aislándose del mundo que lo rodea. || FAM. ensimismamiento.

ensoberbecer tr. y prnl. Causar soberbia en alguien. || prnl. Agitarse el mar, alterarse. ◆ Irreg. Se conj. como *agradecer.* || FAM. ensoberbecimiento.

ensobrar tr. Meter en un sobre.

ensombrecer tr. Oscurecer, cubrir de sombras. También prnl. || prnl. Entristecerse. ◆ Irreg. Se conj. como *agradecer.*

ensoñación f. Acción y resultado de ensoñar, ensueño.

ensoñar intr. y tr. Tener ensueños. ◆ Irreg. Se conj. como *contar.* || FAM. ensoñación, ensoñador, ensueño.

ensopar tr. Hacer sopas con el pan, empapándolo en un líquido. || *amer. col.* Empapar, poner hecho una sopa. También prnl.

ensordecedor, ra adj. Que ensordece. || Referido a un sonido, que es muy intenso.

ensordecer tr. Causar sordera a una persona. Más como intr.: *ha ensordecido con la edad.* || Aminorar la intensidad de un sonido o ruido. || Aturdir a alguien la intensidad de un sonido o ruido. || Callar, no responder. || En fon., convertir una consonante sonora en sorda. ◆ Irreg. Se conj. como *agradecer.* || FAM. ensordecedor, ensordecimiento.

ensortijar tr. Rizar, encrespar una cosa, especialmente el pelo. También prnl. || Poner un aro de metal atravesando la nariz de un animal. || prnl. Ponerse sortijas, enjoyarse. || FAM. ensortijamiento.

ensuciar tr. Poner sucia una cosa. También prnl. || Manchar la fama, el prestigio, el honor, etc.: *el escándalo lo ensució su reputación.* || prnl. Hacer las necesidades corporales en la cama, la ropa, etc. || Meterse una persona en asuntos o negocios sucios. || FAM. ensuciamiento.

ensueño m. Sueño, representación onírica de quien duerme. || Ilusión, fantasía. || **de ensueño** loc. adj. Fantástico, maravilloso.

entablado m. Armazón de tablas. || Suelo hecho de tablas.

entablamento m. En arquit., elementos horizontales, generalmente sostenidos por columnas o pilares, que rematan una estructura.

entablar tr. Dar comienzo a una conversación, amistad, lucha, etc. || Cubrir con tablas una cosa. || En ajedrez y otros juegos de tablero, colocar las piezas en sus respectivos lugares para empezar el juego. || intr. *amer.* Igualar. || FAM. entablado, entabladura, entablamento, entable, entablillado.

entablillar tr. Asegurar con tablillas y vendas un hueso roto.

entallar tr. Esculpir, grabar. || Hacer cortes en una pieza de madera para ensamblarla con otra. || Cortar la corteza de algunos árboles para extraer la resina. || FAM. entalle.

entallar tr. y prnl. Hacer que una cosa se ajuste al talle o a la cintura. || FAM. entallado, entallador, entalladura.

entallecer intr. y prnl. Echar tallos las plantas y árboles. ◆ Irreg. Se conj. como *agradecer.*

entapar tr. *amer.* Encuadernar un libro.

entarimado m. Suelo compuesto con tablas ensambladas.

entarimar tr. Cubrir el suelo con tablas o tarima. || FAM. entarimado, entarimador.

éntasis f. Parte más abultada del fuste de algunas columnas. ◆ No varía en pl.

ente m. Lo que es, existe o puede existir. || Asociación u organismo, particularmente el vinculado al Estado: *ente público.* || FAM. entidad.

enteco, ca adj. Enfermizo, débil, flaco. || Se apl. al sujeto ridículo.

entelar tr. Cubrir o forrar con tela, especialmente una pared.

entelequia f. Cosa real que lleva en sí el principio de su acción y que tiende por sí misma a su fin propio. || Cosa irreal, que no puede existir en la realidad: *aquel proyecto era una pura entelequia.*

entendederas f. pl. *col.* Entendimiento: *corto de entendederas.*

entendedor, ra adj. y s. Que entiende.

entender tr. Comprender, captar el sentido de algo. || Conocer, penetrar: *no entiendo sus motivos.* || Conocer el ánimo o la intención de alguien: *entiendo que tengas que irte.* || Discurrir, inferir, deducir: *de todo ello entiendo que no lo apruebas.* || Tener intención o mostrar voluntad de hacer una cosa. || Creer, pensar, juzgar: *entiendo que este problema se puede solucionar.* || intr. *col.* Ser homosexual. || Seguido de la prep. *de,* ser experto en alguna materia: *entiende de informática.* También intr. || Seguido de la prep. *en,* ocuparse de algo: *este tribunal no entiende en este caso.* || prnl. Conocerse, comprenderse a sí mismo: *yo me entiendo.* || Mantener relaciones amorosas dos personas. || Llevarse bien dos o más personas. || Ponerse de acuerdo: *consiguieron entenderse en el pr...*

cio. || **a mi, tu,** etc., **entender** loc. adv. Según la opinión o modo de pensar de quien se indica. || **dar a entender** loc. Insinuar, sugerir. || **entenderse con** algo loc. Saber utilizarlo o darle un fin. || **entenderse con** alguien loc. Tratar algún asunto con él. || **entendérselas** loc. Saber controlar una situación: *allá te las entiendas con tus líos.* || FAM. entendederas, entendedor, entendible, entendido, entendimiento. ◆ **Irreg.** Conjugación modelo:

Indicativo
Pres.: entiendo, entiendes, entiende, entendemos, entendéis, entienden.
Imperf.: entendía, entendías, entendía, *etc.*
Pret. perf. simple: entendí, entendiste, entendió, entendimos, entendisteis, entendieron.
Fut. simple.: entenderé, entenderás, entenderá, *etc.*
Condicional simple: entendería, entenderías, entendería, *etc.*

Subjuntivo
Pres.: entienda, entiendas, entienda, entendamos, entendáis, entiendan.
Imperf.: entendiera o entendiese, entendieras o entendieses, *etc.*
Fut. simple: entendiere, entendieres, entendiere, *etc.*
Imperativo: entiende, entended.
Participio: entendido.
Gerundio: entendiendo.

entendido, da adj. y s. Conocedor de una materia o experto en ella.

entendimiento m. Facultad humana de comprender, comparar, juzgar las cosas, o inducir y deducir otras de las que ya se conocen. || Raciocinio, razón. || Acuerdo, relación amistosa.

entente f. Pacto, acuerdo, especialmente entre Estados o Gobiernos.

enterado, da adj. y s. Que conoce bien una materia, especialista, entendido.

enterar tr. Informar a uno de algo. También prnl. || prnl. Darse cuenta. || *amer.* Pagar, entregar dinero. || FAM. enteradillo, enterado.

entereza f. Integridad, perfección. || Fortaleza, firmeza de ánimo. || Rectitud, irreprochabilidad.

enteritis f. Inflamación de la membrana mucosa de los intestinos. ◆ No varía en pl. || FAM. entérico, enterocolitis, enteropatía.

enterizo, za adj. De una pieza. || m. *amer.* Mono, prenda de vestir de una sola pieza.

enternecedor, ra adj. Que enternece.

enternecer tr. Mover a ternura o a compasión. También prnl. || Poner blanda o tierna una cosa. ◆ Irreg. Se conj. como *agradecer.* || FAM. enternecedor, enternecidamente, enternecimiento.

entero, ra adj. Completo. || Referido a la leche, con toda su nata, sin desnatar. || Sano. || Firme de carácter: *se mostró entero ante el juez.* || Constante. || Recto, justo, íntegro: *es entero en sus juicios.* || En mat., se apl. al número que consta de una o más unidades completas, a diferencia de los decimales o los quebrados. || Se dice de la mujer que no ha perdido la virginidad. || m. En Bolsa, variación en los valores de cotización, equivalente a la centésima parte del valor nominal de los mismos: *la cotización ha subido cuarenta enteros.* || *amer.* Entrega de dinero. || **por entero** loc. adv. Por completo. || FAM. enteramente, enterar, entereza, enterizo.

enterrador, ra m. y f. Persona que entierra a los muertos. || m. Insecto coleóptero que pone sus huevos sobre los cadáveres de animales pequeños, como ratones, pájaros, etc., enterrándolos luego para que sus larvas se alimenten.

enterramiento m. Sepulcro. || Entierro.

enterrar tr. Poner bajo de tierra. || Dar sepultura a un cadáver. || Arrinconar, relegar al olvido: *enterrar las ilusiones, un proyecto.* || Hacer desaparecer una cosa debajo de otra, como si estuviese oculta bajo tierra: *enterró la cabeza entre sus manos.* También prnl. || Sobrevivir alguien a una o más personas: *abuela, tú nos enterrarás a todos.* || *amer.* Clavar o introducir un instrumento punzante. También prnl. || prnl. Retirarse del trato de los demás: *enterrarse en vida.* ◆ Irreg. Se conj. como *acertar.* || FAM. enterrador, enterramiento, enterratorio, entierro.

enterratorio m. *amer.* Cementerio, especialmente el de la población indígena.

entibar tr. Apuntalar, fortalecer con maderas y tablas las excavaciones que ofrecen riesgo de hundimiento. || intr. Descansar el peso de una cosa en otra sólida y firme. || FAM. entibación, entibado, entibador.

entibiar tr. y prnl. Poner tibio un líquido. || Templar los afectos y pasiones.

entidad f. Ente o ser. || Lo que constituye la esencia o la forma de una cosa: *entidad del alma.* || Valor o importancia de una cosa. || Colectividad considerada como unidad: *entidad financiera.*

entierro m. Acción y resultado de enterrar. || Acto en que se lleva a enterrar un cadáver. || **entierro de la sardina** Fiesta carnavalesca que se celebra el Miércoles de Ceniza y que simboliza el paso a la Cuaresma.

entintar tr. Manchar o cubrir con tinta. || Teñir, dar a una cosa un color distinto del que tenía. || FAM. entintado.

entoldado m. Acción de entoldar. || Toldo o conjunto de toldos extendidos para dar sombra. || Lugar cubierto con toldos.

entoldar tr. Cubrir con toldos. || prnl. Nublarse. || FAM. entoldado, entoldamiento.

entomófilo, la adj. Se apl. a la planta que poliniza por mediación de los insectos. || adj. y s. Aficionado a los insectos.

entomología f. Parte de la zoología que se dedica al estudio de los insectos. || FAM. entomófilo, entomológico, entomólogo.

entomólogo, ga m. y f. Persona especializada en el estudio de los insectos.

entonación f. Acción y resultado de entonar. || Modulación de la voz que acompaña a la secuencia de sonidos del habla, y que puede reflejar diferencias de sentido, de intención, de emoción y de origen del hablante.

entonar tr. Afinar la voz, cantar ajustado al tono. También intr. || Dar determinado tono a la voz. || Empezar uno a cantar una cosa para que los demás continúen en el mismo tono. ‖ Refortalecer el organismo: *el ejercicio entona los músculos.* También prnl. ‖ prnl. Engreírse. ‖ Ponerse alguien alegre con el alcohol. También tr. ‖ FAM. entonación, entonado.

entonces adv. t. En aquel tiempo u ocasión. ‖ adv. m. En tal caso, siendo así: *si me lo dices tú, entonces te creo.* ‖ **en aquel entonces** loc. adv. En aquel tiempo u ocasión. ‖ **¡entonces...!** o **pues entonces** interjs. Expresiones que dan a entender que de lo dicho se deriva una consecuencia lógica que no es preciso exponer.

entontecer tr. Poner a uno tonto, atontar. También intr. y prnl. ◆ Irreg. Se conj. como *agradecer.* ‖ FAM. entontecimiento.

entorchar tr. Formar antorchas con velas retorcidas. ‖ Cubrir un hilo o cuerda enroscándole otro de metal. ‖ FAM. entorchado.

entornar tr. Entrecerrar una puerta o ventana. ‖ Entrecerrar los ojos.

entorno m. Ambiente, lo que rodea a alguien o algo: *entorno laboral.*

entorpecer tr. y prnl. Poner torpe. ‖ Retardar, dificultar, obstaculizar. ‖ ◆ Irreg. Se conj. como *agradecer.* ‖ FAM. entorpecedor, entorpecimiento.

entorpecimiento m. Acción y resultado de entorpecer.

entrada f. Espacio por donde se entra. ‖ Billete para entrar a un espectáculo, lugar público, etc. ‖ Acción de entrar en alguna parte. ‖ Señal que en un acto público o representación teatral indica a una persona el momento en que debe intervenir. ‖ Conjunto de personas que asisten a un espectáculo: *se registró una entrada récord.* ‖ Vestíbulo. ‖ Plato que se sirve antes del plato principal, y generalmente después de la sopa. ‖ Cada uno de los ángulos entrantes que forma el pelo a los lados de la parte superior de la frente. Más en pl. ‖ Cantidad que entra en una caja o en poder de uno. ‖ Cantidad inicial que se paga por algo que se compra a plazos, por ingresar en ciertas instituciones, etc. ‖ Primeros días del año, del mes, de una estación, etc. ‖ Cada una de las unidades léxicas o términos que aparecen definidos en un diccionario. ‖ Momento en que cada voz o instrumento ha de tomar parte en la ejecución de una pieza musical. ‖ En dep., acción que obstaculiza el juego de un contrario. ‖ *amer.* Zurra. ‖ **de entrada** loc. adv. Primeramente, como introducción.

entradilla f. Comienzo de una información periodística que resume lo esencial de la misma.

entrado, da adj. Se apl. al periodo de tiempo del que ya ha transcurrido una parte: *llegaremos entrada la noche.*

entrador, ra adj. *amer.* Simpático, afable. ‖ *amer.* Entrometido, intruso. ‖ m. y f. Persona que conduce las reses al matadero.

entramado m. Armazón de madera o hierro que sirve para hacer una pared, tabique o suelo. ‖ Estructura, organización. ‖ FAM. entramar.

entrambos, bas adj. pl. Ambos.

entrampar tr. Contraer deudas. Más como prnl. ‖ Engañar. ‖ Enredar, confundir. ‖ Hacer que un animal caiga en la trampa.

entrante adj. Que entra: *mes entrante.* ‖ m. Plato que se toma en primer lugar. ‖ Entrada en un borde o superficie.

entraña f. Cada uno de los órganos contenidos en el interior del cuerpo humano y de los animales. Más en pl. ‖ Lo más íntimo o esencial: *la entraña del asunto.* ‖ pl. Lo más oculto y escondido: *las entrañas de una cueva.* ‖ El centro, lo que está en medio. ‖ Sentimientos de una persona. ‖ FAM. entrañable, entrañar.

entrañable adj. Íntimo o muy afectuoso. ‖ FAM. entrañablemente.

entrañar tr. Introducir en lo más hondo. También prnl. ‖ Contener, llevar dentro de sí: *este asunto entraña complicaciones.*

entrar intr. Pasar de fuera adentro, o por una parte para introducirse en otra. También prnl. ‖ Encajar o meterse una cosa en otra, o dentro de otra. ‖ Penetrar o introducirse. ‖ Acometer, arremeter. ‖ Empezar a formar parte de una empresa, institución, etc.: *entró como botones.* ‖ Tratándose de estaciones o de cualquier otra parte del año, empezar o tener principio. ‖ Ser admitido o tener entrada en alguna parte. ‖ Tratándose de afectos, estados de ánimo, enfermedades, etc., empezar a dejarse sentir o a ejercer su influencia: *entrar el mal humor, la risa.* ‖ Caber cierta porción o número de cosas en algo. ‖ Hallarse, tener parte en la composición de ciertas cosas. ‖ Abordar a una persona, o ejercer influencia sobre ella: *a Javier no hay por dónde entrarle.* ‖ Ser agradable de tomar una comida o bebida: *este vino entra como el agua.* ‖ Junto con la prep. *a* y el infinitivo de otros verbos, dar principio a la acción de ellos: *entrar a reinar.* ‖ Seguido de la prep. *en* y de un nombre, empezar a sentir lo que este nombre significa: *entrar en calor.* ‖ Seguido de la prep. *en* y de un nombre, intervenir o tomar parte en lo que este nombre significa: *entrar en un negocio.* ‖ Seguido de la prep. *en* y de voces significativas de edad, empezar a estar en la que se mencione: *entrar en la adolescencia, en la treintena.* ‖ Empezar a cantar o tocar en el momento preciso: *entrar la sección de viento.* ‖ tr. Introducir o hacer entrar. ‖ En dep., obstaculizar el juego de un contrario saliendo a su encuentro. ‖ **no entrarle** a uno una cosa loc. *col.* Repugnarle, no ser de su aprobación o no creerla. ‖ *col.* No poder aprenderla o comprenderla: *esta lección no me entra.* ‖ **no entrar ni salir** alguien en un asunto loc. *col.* Mantenerse al margen. ‖ FAM. entrada, entrado, entrante.

entrazado, da adj. *amer.* Trazado.

entre prep. Denota la situación o estado entre dos o más cosas o acciones: *esa aldea está entre Asturias y León.* ‖ Dentro de, en lo interior: *lo puso entre las páginas de un libro.* ‖ Expresa estado intermedio: *sus ojos eran entre verdes y marrones.* ‖ En una colectividad: *rito secreto entre los masones.* ‖ Indica colaboración o participación: *lo haremos entre todos.*

entre- pref. que entra en la composición de diversas palabras con el significado de 'estado intermedio': *entreabierto, entreacto, entremezclar.* También expresa debilitamiento del significado de la palabra a la que acompaña: *entrever.*

entreabrir tr. y prnl. Abrir un poco o a medias. ◆ p. p. irreg.: *entreabierto.* ‖ FAM. entreabierto.

entreacto m. Intermedio en una representación teatral o de otro espectáculo público.

entrecano, na adj. Referido al cabello o a la barba, a medio encanecer. ‖ Se apl. a la persona que tiene así el cabello.

entrecejo m. Espacio que hay entre las cejas. ‖ Ceño.

entrecerrar tr. y prnl. Cerrar a medias, entornar. ◆ **Irreg.** Se conj. como *acertar*.

entrechocar tr. y prnl. Chocar una cosa con otra: *entrechocaron sus copas*.

entrecomillado m. Lo escrito entre comillas.

entrecomillar tr. Poner entre comillas una o varias palabras. ‖ FAM. entrecomillado.

entrecortado, da adj. Se apl. a la voz o al sonido que se emite con interferencias. ‖ FAM. entrecortadamente.

entrecortar tr. Cortar una cosa sin acabar de dividirla. ‖ Emitir la voz o el sonido con intermitencias. También prnl. ‖ FAM. entrecortadura, entrecortado.

entrecot m. Filete de carne sacado entre las costillas de una res. ‖ P. ext., cualquier filete grueso o de gran tamaño. ◆ pl. *entrecots*.

entrecruzar tr. y prnl. Cruzar dos o más cosas entre sí, enlazar: *se entrecruzaron saludos*. ‖ FAM. entrecruzado, entrecruzamiento.

entrecubierta f. Espacio que hay entre las cubiertas de una embarcación. Más en pl.

entredicho m. Duda que recae sobre algo o alguien, especialmente sobre su honradez o veracidad: *su honradez está en entredicho*. ‖ Prohibición, censura. ‖ Censura eclesiástica que prohíbe el uso de los divinos oficios, la administración y recepción de algunos sacramentos y la sepultura eclesiástica. ‖ **poner en entredicho** loc. Juzgar una cosa como indigna o dudar de ella.

entredós m. Tira bordada o de encaje que se cose entre dos telas. ‖ Armario de madera fina y de poca altura que suele colocarse entre dos balcones de una sala.

entrega f. Puesta a disposición de alguien una cosa: *entrega de dinero, de mercancías*. ‖ Ceremonia durante la cual se otorgan premios o condecoraciones. ‖ Dedicación de tiempo y esfuerzo a una actividad o labor. ‖ Cada uno de los cuadernos periódicos en que se divide y vende un libro publicado por partes, o cada libro o fascículo de una serie coleccionable. ‖ Cantidad de cosas que se dan de una vez como parte de un todo mayor: *pagará en cuatro entregas mensuales*. ‖ En arquit., parte de un sillar o madero que se introduce en la pared.

entregar tr. Poner alguna cosa o persona en poder de alguien, dar. También prnl.: *entregarse a la Policía*. ‖ En arquit., introducir el extremo de una pieza de construcción en el asiento o hueco donde ha de fijarse. ‖ prnl. Dedicarse enteramente a una cosa: *se entregaron al estudio*. ‖ Declararse o reconocerse vencido o sin fuerzas para continuar en un empeño o una lucha: *los sitiados se entregaron*. ‖ Dejarse vencer por vicios o pasiones: *se entregó a la lujuria*. ‖ FAM. entrega, entregador.

entrelazar tr. Enlazar, unir una cosa con otra cruzando sus partes: *entrelazaron sus manos*. ‖ FAM. entrelazamiento, entrelazo.

entrelazo m. *amer.* Motivo ornamental compuesto por elementos entrelazados.

entrelínea f. Lo escrito entre dos líneas. ‖ En impr., espacio en blanco que queda entre dos líneas escritas. ‖ FAM. entrelinear.

entremedias adv. t. Que ocurre entre un tiempo o momento y otro. ‖ adv. l. Que ocupa una posición o lugar que está entre otros varios.

entremés m. Cualquiera de los platos ligeros que se ponen en la mesa para picar antes de servir la comida. Más en pl. ‖ Plato frío compuesto de embutidos y fiambres. ‖ Pieza dramática breve, burlesca o cómica y de un solo acto, que se representaba entre los actos de una comedia o de una obra teatral más extensa. ‖ Subgénero literario dramático constituido por este tipo de obras. ‖ FAM. entremesear, entremesil, entremesista.

entremeter tr. Meter una cosa entre otras. También prnl. ‖ prnl. Intentar uno participar en asuntos o temas que no le conciernen, entrometerse, inmiscuirse. ◆ Se construye sobre todo con las preps. *en* y *entre*: *no te entremetas en mi vida amorosa*. ‖ FAM. entremetido, entremetimiento.

entremezclar tr. Mezclar unas cosas o personas con otras. ‖ FAM. entremezcladura.

entrenador, ra m. y f. Persona cuyo oficio o afición consiste en preparar y adiestrar a personas o animales generalmente para la práctica de un deporte.

entrenamiento m. Adiestramiento y preparación física y técnica que se realiza para perfeccionar el ejercicio de una actividad deportiva o lúdica.

entrenar tr. Preparar o adiestrar física, técnica y psíquicamente a personas o animales, especialmente para mejorar el dominio de un deporte. También prnl. e intr. ‖ Adiestrar a alguien en el manejo de algo. También prnl. ‖ FAM. entrenado, entrenador, entrenamiento, entreno.

entrenudo m. Parte del tallo de algunas plantas comprendida entre dos nudos sucesivos.

entreoír tr. Oír una cosa sin percibirla bien o entenderla del todo. ◆ **Irreg.** Se conj. como *oír*.

entrepaño m. Parte de pared comprendida entre dos pilastras, dos columnas o dos huecos. ‖ Anaquel o estante de un mueble o una alacena. ‖ Cualquiera de las tablas que dividen las puertas y ventanas. ‖ FAM. entrepañado.

entrepelado, da adj. Se apl. al ganado caballar de pelos blancos entremezclados con los del fondo, oscuros. ‖ *amer.* Se dice del caballo de color indefinido, por la mezcla de pelos de diferentes tonos. ‖ FAM. entrepelar.

entrepierna f. Parte interior de los muslos. ‖ Trozo de las prendas de vestir que cubre esta zona. ‖ *col.* Irónica y eufemísticamente, genitales de las personas. ‖ pl. Piezas cosidas en la entrepierna de los pantalones para reforzarla. ‖ **pasarse** algo **por la entrepierna** loc. *vulg.* Expresar indiferencia hacia una cosa.

entreplanta f. Planta situada entre el piso bajo y el primer piso de un edificio o entre el sótano y la planta de calle en los edificios comerciales. ‖ Planta que se construye entre una a la que se le quita un tanto de altura, y la superior.

entresacar tr. Sacar algunas cosas de entre el conjunto que forman. || Cortar algunos árboles de un monte o bosque o algunas plantas de un sembrado para aclararlo. || Aligerar la cabellera, cortar parte del cabello de una persona. || FAM. entresaca, entresacadura.

entresijo m. Mesenterio, pliegue que une el estómago y el intestino con las paredes abdominales de algunos animales. Más en pl. || Cosa oculta, que está en el interior de algo, escondida. Más en pl.: *intentaron descubrir los entresijos del crimen.* || **tener muchos entresijos** loc. Tener una cosa muchas dificultades o complicaciones.

entresuelo m. Piso entre el bajo y el principal de un edificio. || Planta baja que se levanta más de un metro sobre el nivel de la calle y que debajo tiene sótanos o piezas abovedadas. || Planta situada encima del patio de butacas de los teatros y cines.

entre tanto o **entretanto** adv. t. Mientras tanto, a la vez o en el mismo tiempo en que sucede o se hace alguna cosa: *entre tanto coméis, voy a arreglarme para salir.*

entretejer tr. Meter o mezclar en la tela que se teje hilos diferentes para formar un dibujo o motivo. || Entremezclar una cosa entre otra. También prnl. || FAM. entretejedor, entretejedura, entretejimiento.

entretela f. Tejido que se pone entre la tela y el forro de una prenda de vestir para reforzarla o darle consistencia. || pl. col. Los sentimientos más íntimos y personales: *¡hijo de mis entretelas!* || FAM. entretelar.

entretención f. amer. Entretenimiento, diversión.

entretener tr. Hacer que alguien se detenga o espere. También prnl.: *se entretuvo por el tráfico.* || Divertir, recrear, amenizar. También prnl.: *se entretiene pintando.* ◆ Como prnl. se construye con las preps. *con* o *en: se entretiene con poca cosa/en su colección de sellos.* || Dar largas, demorar. || Hacer que una cosa sea más soportable o llevadera: *entretuvo su vejez cuidando de sus nietos.* || Mantener, conservar en condiciones adecuadas. ◆ **Irreg.** Se conj. como *tener.* || FAM. entretención, entretenedor, entretenida, entretenido, entretenimiento.

entretenido, da adj. Que causa diversión o mantiene distraído. || Se apl. al trabajo o a la actividad que, por ser muy laborioso, lleva mucho tiempo.

entretenimiento m. Acción y resultado de entretener y entretenerse. || Cosa que sirve para entretener o divertir. || Mantenimiento, conservación de algo.

entretiempo m. Tiempo de temperatura suave y pocas lluvias, que corresponde generalmente a la primavera y al otoño: *ropa de entretiempo.*

entrever tr. Ver alguna cosa confusamente. || Sospechar algo: *entreveo que tendremos problemas.* ◆ **Irreg.** Se conj. como *ver.* p. p. irreg.: *entrevisto.*

entreverado, da adj. Que tiene intercaladas cosas variadas y diferentes. || Se apl. al tocino que tiene vetas de magro. || m. amer. Asadura de cordero o de cabrito aderezada con sal y vinagre y asada al fuego en asador de madera.

entreverar tr. Mezclar, introducir una cosa entre otras. También prnl. || prnl. amer. Mezclarse desordenadamente personas, animales o cosas. || amer. Enfrentarse dos grupos de caballería y luchar cuerpo a cuerpo los

jinetes. || amer. P. ext., discutir, pelear. || FAM. entreverado, entrevero.

entrevero m. amer. Pelea, disputa. || amer. Confusión, desorden.

entrevía f. Espacio que queda entre los dos rieles de una vía de ferrocarril.

entrevista f. Encuentro y conversación entre dos o más personas para tratar un asunto determinado. || Conversación o serie de preguntas y respuestas que entabla un periodista con un personaje de actualidad para difundir sus opiniones. || Charla a la que se somete el aspirante a un trabajo para que la empresa compruebe si reúne las condiciones necesarias para el puesto.

entrevistar tr. Realizar una entrevista. || prnl. Reunirse varias personas para tratar o resolver algún asunto o cuestión. || FAM. entrevista, entrevistador.

entripar tr. Enfadar, enojar. También prnl. || prnl. amer. Mojarse, empaparse. || FAM. entripado.

entristecedor, ra adj. Que causa pena o entristece.

entristecer tr. Causar tristeza. || Dar a algo un aspecto triste. || prnl. Ponerse triste. ◆ **Irreg.** Se conj. como *agradecer.* || FAM. entristecedor, entristecimiento.

entristecimiento m. Sensación de pena o de tristeza.

entrometer tr. Meter una cosa entre otras, entremeter. ◆ Se construye con la prep. *entre.* || prnl. Inmiscuirse alguno en asuntos que no le conciernen, meterse donde no le llaman. ◆ Se construye con la prep. *en: se entrometió en nuestra discusión.* || FAM. entrometido, entrometimiento.

entrometido, da adj. y s. Que tiende a participar en conversaciones o asuntos que no son de su incumbencia.

entrometimiento m. Participación o intervención en un asunto que compete a otro o a otros, sin su permiso.

entromparse prnl. col. Ponerse beodo, emborracharse.

entronar tr. Entronizar, colocar a alguien en el trono, investirlo como rey. || Ensalzar o colocar a alguien en una posición de privilegio.

entroncar tr. Establecer o reconocer una relación o dependencia entre varias personas, ideas, acciones, etc. o intr. Existir esta relación o dependencia. ◆ Se construye con la prep. *con: su obra entronca con el surrealismo.* || Tener o contraer parentesco con una familia o persona. También prnl. || amer. Empalmar dos líneas de transporte. También prnl. || FAM. entroncamiento, entronque.

entronización f. Acción y resultado de entronizar.

entronizar tr. Colocar a alguien en el trono, hacerlo rey. || Ensalzar a uno, colocarlo en una dignidad superior. || prnl. Engreírse, envanecerse. || FAM. entronización, entronizamiento.

entronque m. Relación de parentesco que se establece entre las personas que tienen un ascendiente común. || Transbordo, cambio de línea de transporte.

entropía f. En fís., función termodinámica que es una medida de la parte no utilizable de la energía contenida en un sistema o materia. || En inform., medida de la duda que se produce ante un conjunto de mensajes del cual se va a recibir uno solo. || En fís., medida del de sorden molecular de una materia o sustancia. || Desorden, caos.

entropillar tr. *amer.* Acostumbrar a los caballos a vivir en manada, guiados por una yegua.

entrullar tr. *argot* Encarcelar.

entubado, da adj. y s. Que tiene algún tubo introducido en un conducto del organismo.

entubar tr. Poner tubos. || Intubar. || FAM. entubación, entubado.

entuerto m. Injusticia, daño o agravio que se causa a alguien. || pl. Dolores de vientre que se producen en las mujeres recién paridas por las contracciones del útero al volver a su posición original. || **deshacer un entuerto** loc. *col.* Arreglar un desaguisado, reparar un error.

entumecer tr. Hacer que un miembro o nervio se quede rígido o torpe de movimientos. Más como prnl. ◆ **Irreg.** Se conj. como *agradecer.* || FAM. entumecimiento, entumirse.

entumecimiento m. Rigidez y pérdida de sensibilidad en un miembro del cuerpo.

entumido, da adj. *amer.* Tímido.

entundar tr. *amer.* Hechizar, ejercer un maleficio sobre alguien.

enturbiamiento m. Pérdida de claridad o nitidez. || Desorden, alteración.

enturbiar tr. y prnl. Hacer o poner turbia una cosa. || Turbar, alterar el orden. || Ensombrecer, oscurecer, apagar. || FAM. enturbiamiento.

enturcado, da adj. *amer.* Encolerizado.

entusiasmar tr. y prnl. Infundir entusiasmo, interés o admiración. || Gustarle muchísimo algo a alguien: *le entusiasma el cine.* || prnl. Sentir gran admiración o mucho interés por algo. ◆ Se construye con la prep. *con: se entusiasma con cualquier cosa.*

entusiasmo m. Exaltación y excitación del ánimo por algo que causa interés, admiración o placer. || Sumo interés en algo, que lleva a poner en su logro mucho esfuerzo y empeño. || FAM. entusiasmar, entusiasta, entusiástico.

entusiasta adj. Relacionado con el entusiasmo o que lo muestra. || adj. y com. Que siente entusiasmo o es propenso a sentirlo.

entusiástico, ca adj. Con entusiasmo, que lo siente, lo provoca o lo muestra: *aplausos entusiásticos.*

enumeración f. Expresión sucesiva y ordenada de los elementos de que consta un todo. || Cuenta numeral o suma de las cosas. || Figura que consiste en enumerar o referir varias partes o distintas partes de un concepto o pensamiento general.

enumerar tr. Enunciar o nombrar sucesiva y ordenadamente las partes de un todo o los elementos de un conjunto. || FAM. enumeración, enumerativo.

enunciación f. Expresión lingüística de un concepto. || Planteamiento y exposición de los datos que permiten comprender un problema técnico o científico.

enunciado m. Conjunto de palabras con las que se expone o plantea un problema matemático o cualquier cuestión. || En ling., secuencia de palabras delimitada por silencios muy marcados que puede estar constituida por una o varias oraciones.

enunciar tr. Expresar breve y sencillamente una idea. || Exponer el conjunto de datos que facilitan la comprensión y la resolución de un problema técnico o científico. || FAM. enunciación, enunciado, enunciativo.

enunciativo, va adj. Que enuncia o contiene enunciación. || En ling., se apl. a la oración o enunciado que contiene una afirmación o una negación, en oposición a las imperativas, exclamativas, interrogativas o desiderativas. También f.

envainador, ra adj. Se apl. a la hoja que forma conjunto con otras extendiéndose a lo largo del tallo y formando una envoltura alrededor de él.

envainar tr. Meter en la vaina o funda la espada u otra arma blanca. || P. ext., esconder las armas. || Envolver, enfundar una cosa en otra. || *amer.* Meter en problemas o dificultades a otro. || FAM. envainador.

envalentonar tr. Infundir valentía y arrogancia. || prnl. Cobrar valentía, mostrarse alguien atrevido, bravucón y desafiante. || FAM. envalentonado, envalentonamiento.

envanecer tr. Provocar o infundir soberbia o vanidad a alguno. También prnl.: *se envaneció con el triunfo.* ◆ **Irreg.** Se conj. como *agradecer.* || FAM. envanecedor, envanecimiento.

envanecimiento m. Comportamiento del que se ha convertido en vanidoso, soberbio y ufano.

envarado, da adj. y s. Estirado, arrogante y orgulloso.

envarar tr. Entorpecer, entumecer o impedir el movimiento de un miembro del cuerpo. Más como prnl. || prnl. *col.* Mostrar un comportamiento o una actitud arrogante y soberbia. || FAM. envarado, envaramiento.

envasado m. Procedimiento por el cual una mercancía se envasa o empaqueta para su transporte y venta.

envasar tr. Poner o echar en un envase o recipiente apropiado una sustancia o una materia. || *col.* Beber con exceso. || FAM. envasado, envasador, envase.

envase m. Recipiente en que se conservan, transportan y venden productos y mercancías. || Envasado.

envegarse prnl. *amer.* Empantanarse, tener exceso de humedad un terreno.

envejecer tr. Hacer vieja a una persona o cosa. || Lograr que una cosa o una persona parezca más vieja de lo que en realidad es. || intr. Hacerse vieja una persona o antigua una cosa. También prnl. || Durar, permanecer algo o alguien por mucho tiempo en algún lugar o de alguna manera. ◆ **Irreg.** Se conj. como *agradecer.* || FAM. envejecido, envejecimiento.

envejecimiento m. Alteración de las propiedades de las cosas producida por el paso del tiempo. || Conjunto de cambios fisiológicos y anatómicos de carácter natural provocados por el paso de los años en los seres vivos.

envenenado, da adj. Que ha padecido un envenenamiento. También s. || Aplicado a un enunciado o frase, dañino, malevolente.

envenenamiento m. Introducción o aplicación de un veneno en un organismo vivo. || Intoxicación producida por la ingestión de una sustancia venenosa. || Deterioro, corrupción de una relación o de una situación.

envenenar tr. Intoxicar, lograr o intentar que un animal o una persona muera o enferme por la ingestión de un veneno o cualquier otra sustancia perjudicial para la salud. || Poner una sustancia venenosa en algo. || Hacer que algo se deteriore o degrade. || Causar amargura y resentimiento. || FAM. envenenado, envenenador, envenenamiento.

enverar intr. Empezar a tomar color de maduras las uvas y otras frutas. || FAM. envero.

envergadura f. Distancia entre las puntas de las alas completamente abiertas de las aves. || P. ext., distancia entre los extremos de las alas de un avión o de los brazos humanos extendidos en cruz por completo. || Importancia, amplitud, alcance. || Ancho de una vela por la parte por la que se une a la verga del mástil.

envero m. Color que toman las frutas cuando empiezan a madurar.

envés m. Parte opuesta a la cara de una tela o de otras cosas, revés. || Cara opuesta al haz, parte inferior de la hoja.

enviado, da m. y f. Persona que lleva un mandato o comisión por mandato de otro. || **enviado especial** Periodista al que se envía temporalmente a un lugar para que informe directamente sobre los acontecimientos que allí ocurren.

enviar tr. Hacer que una persona vaya a alguna parte. || Mandar, remitir algo a una persona o lugar. || FAM. enviado, envío.

enviciar tr. Corromper, hacer adquirir un vicio a alguien. ◆ Se construye las preps. *con* y *en*: *sus amigos lo enviciaron en/con el juego.* || intr. Adquirir uno un vicio. || Echar las plantas muchas hojas y escaso fruto. || prnl. Aficionarse demasiado a una cosa o excederse en su uso. || Deformarse algo por haber sido mal usado o haber estado mucho tiempo en una mala posición. || FAM. enviciamiento.

envidar tr. Hacer un envite o apuesta en el juego. || FAM. envidada, envido.

envidia f. Tristeza airada o disgusto por el bien ajeno o por el cariño o estimación de que otros disfrutan. || Deseo honesto de emular alguna cualidad o algún bien que otro posee. || FAM. envidiable, envidiar, envidioso.

envidiable adj. Digno de envidia, apetecible, deseable: *suerte envidiable.*

envidiar tr. Tener envidia, lamentar el bien ajeno. || Desear, apetecer para sí lo que otro tiene. || **no tener nada que envidiar** loc. No ser en modo alguno inferior a otra cosa.

envidioso, sa adj. y s. Que siente envidia o tiende a sentirla.

envilecer tr. Convertir en abyecto, vil y despreciable a alguien o algo. También prnl. || prnl. Rebajarse, perder uno la estimación que tenía. ◆ Irreg. Se conj. como *agradecer.* || FAM. envilecedor, envilecimiento.

envilecimiento m. Adopción de una postura despreciable. || Depreciación de un moneda, o reducción del valor de un producto financiero.

envinar tr. Echar vino en alguna cosa. || *amer.* Echar algún licor a los pasteles y dulces.

envío m. Acción y resultado de enviar algo o a alguien a algún sitio. || Remesa, cosa que se envía.

envite m. Apuesta que se hace en algunos juegos de cartas y de azar. || Empujón, embestida. || Avance que se realiza de golpe en algo. || Ofrecimiento, invitación. || FAM. envidar.

enviudar intr. Quedar viudo o viuda.

envoltorio m. Montón de cosas agrupadas desordenadamente, envoltijo. || Conjunto de las cosas que aparecen envueltas. || Papel, cartón o lámina con que se envuelve algo, envoltura.

envoltura f. Capa exterior que cubre una cosa. || Aspecto exterior de algo.

envolvente adj. Que envuelve o rodea algo: *luz, hoja envolvente.*

envolver tr. Cubrir, rodear un objeto por todas sus partes. || Arrollar o devanar un hilo, cinta, etc., en alguna cosa. || Acorralar a alguien en una discusión con argumentos que le dejan sin respuesta. || Mezclar o complicar a uno en un asunto o negocio: *me envolvieron en el complot.* || Rodear una cosa inmaterial a alguien o algo: *un gran silencio envolvía el cementerio.* || En un combate o batalla, rebasar la línea del enemigo para rodearlo por todos sus flancos. || *amer.* Convencer o confundir. ◆ **Irreg.** Se conj. como *mover.* p. p. irreg.: *envuelto.* || FAM. envoltijo, envoltorio, envoltura, envolvedor, envolvente, envolvimiento, envuelto.

envuelto, ta adj. Rodeado, cubierto. || m. *amer.* Tortilla de maíz aderezada y enrollada.

enyerbar tr. *amer.* Dar a alguien un bebedizo para embrujarlo o hechizarlo. || prnl. *amer.* Cubrirse de yerba un terreno. || *amer.* Enamorarse uno perdidamente. || Envenenarse, tomar veneno.

enyesado m. Cobertura de yeso. || Escayola, venda endurecida con yeso.

enyesar tr. Tapar o cubrir una cosa con yeso. || Escayolar, cubrir con yeso los vendajes para endurecerlos y conseguir la inmovilización de la zona lesionada. || Igualar y allanar con yeso pavimentos o paredes. || FAM. enyesado, enyesadura.

enyuyarse prnl. *amer.* Llenarse una tierra de matojos y malas hierbas.

enzacatarse prnl. *amer.* Llenarse un terreno de pastos o forrajes.

enzarzar tr. Enredar a personas o animales entre sí para que peleen o discutan. || Poner zarzas en una cosa. || prnl. Reñir, pelearse. || Meterse en asuntos o negocios complicados de difícil salida o solución. || Enredarse en zarzas, matorrales, etc.

enzima amb. Molécula formada principalmente por proteína que producen las células vivas y que actúa como catalizador y regulador en los procesos químicos del organismo. || FAM. enzimático.

eñe f. Nombre de la letra ñ.

eoceno, na adj. y m. De la segunda época del periodo terciario o cenozoico, que sigue al Paleoceno y precede al Oligoceno, o relativo a ella. ◆ Como m. se escribe con mayúscula.

eólico, ca adj. Del viento o producido por él: *energía eólica.* || De Eolo, dios griego de los vientos, o relativo a él.

eón m. Periodo de tiempo indefinido de larga duración. || Cada uno de los tres periodos en que los geólogos dividen la historia de la Tierra. || En el gnosticismo, cada una de las inteligencias o entidades divinas y eternas de uno u otro sexo emanadas de la divinidad suprema.

¡epa! interj. que se utiliza para animar: *¡epa, arriba esa moral!* || interj. *amer.* Se usa para saludar: *¡epa!, ¿cómo estáis?*

epanadiplosis f. Figura que consiste en repetir al final de una frase o verso el mismo término con que empieza. ◆ No varía en pl.

epatar tr. *col.* Asombrar, deslumbrar, maravillar. || FAM. epatante.

epazote m. *amer.* Planta aromática herbácea de la familia de las quenopodiáceas, con largo tallo ramoso y hojas verdes lanceoladas, que se utiliza como especia y adorno.

epéndimo m. Membrana que tapiza los ventrículos del cerebro y el conducto central de la médula espinal.

epéntesis f. Añadidura de algún sonido dentro de un vocablo. ◆ No varía en pl. || FAM. epentético.

epi- pref. que significa 'sobre': *epidemia, epidural, epílogo, epidermis.*

épica f. Género poético que narra con tono grandilocuente y laudatorio acciones extraordinarias y heroicas de personajes históricos o míticos. || FAM. épico.

epicardio m. Membrana fibrosa del pericardio, que rodea el corazón por todos lados.

epicarpio m. Capa externa de las tres que forman el pericarpio de los frutos, como la piel del melocotón.

epiceno, na adj. y m. Se apl. al nombre común animado que, con un solo género gramatical, masculino o femenino, puede designar al macho o a la hembra indistintamente, como *perdiz* o *cebra.*

epicentro m. Punto de la superficie terrestre bajo el cual se origina un movimiento sísmico y en el que, por tanto, es mayor su intensidad.

épico, ca adj. De la epopeya o a la poesía heroica, de su autor o relacionado con ellos. || *col.* Grandioso, extraordinario. || FAM. épicamente.

epicureísmo m. Doctrina enseñada por el filósofo griego Epicuro y sus discípulos, que propugna la búsqueda del placer y la huida del dolor. || Refinado egoísmo que busca el placer exento de todo dolor.

epicúreo, a adj. De Epicuro, del epicureísmo o relativo a ellos. || Partidario del epicureísmo. También s. || Sensual, voluptuoso, entregado a los placeres. || FAM. epicureísmo, epicureísta.

epidemia f. Enfermedad infecciosa que durante un periodo de tiempo ataca, simultáneamente y en un mismo territorio, a gran número de personas. || P. ext., cualquier desgracia o mal que se extiende u ocurre sucesivamente: *epidemia de crímenes.* || FAM. epidémico, epidemial, epidemiología, epidemiológico, epidemiólogo.

epidémico, ca adj. De la epidemia o relativo a ella.

epidemiología f. Parte de la medicina que trata las epidemias.

epidérmico, ca adj. De la epidermis o relativo a ella.

epidermis f. Capa más externa de la piel formada por tejido epitelial que envuelve el cuerpo de los animales. || Membrana formada por una sola capa de células que cubre el tallo y las hojas de algunas plantas. ◆ No varía en pl. || FAM. epidérmico.

epidídimo m. Órgano con apariencia de madeja u ovillo, situado sobre cada uno de los testículos y constituido por la reunión de los vasos seminíferos.

epidural adj. y f. Se apl. a la anestesia que se inyecta en la zona lumbar para evitar la sensibilidad en la mitad inferior del cuerpo.

epifanía f. Manifestación, aparición. || n. p. Festividad que celebra la Iglesia católica anualmente el día 6 de enero, para conmemorar la adoración de los Reyes Magos a Jesús. ◆ Se escribe con mayúscula.

epífisis f. Glándula nerviosa pequeña y rudimentaria, situada en la base del encéfalo, que regula el funcionamiento de ciertas hormonas. || Cada una de las dos partes terminales de los huesos largos, separada del resto del hueso por un cartílago que permite el crecimiento de este. ◆ No varía en pl.

epifito, ta adj. y m. Se apl. al vegetal que vive sobre otra planta sin alimentarse a expensas de esta, como los musgos y líquenes.

epigástrico, ca adj. Del epigastrio o relativo a esta parte del abdomen.

epigastrio m. Región del abdomen o vientre que va desde la punta del esternón hasta cerca del ombligo entre las costillas falsas.

epigeo, a adj. Se apl. a la planta que se desarrolla sobre el suelo; también al órgano de una planta que se desarrolla así.

epiglotis f. Lámina ovalada cartilaginosa unida a la lengua de los mamíferos que, al tragar, cierra la glotis, impidiendo que los alimentos pasen a las vías respiratorias. ◆ No varía en pl.

epígono m. Persona que sigue las enseñanzas y modelos de otra, especialmente la que sigue una escuela o un estilo propio de una generación anterior.

epígrafe m. Resumen que precede a cada uno de los capítulos o secciones de una obra. || Título, rótulo que encabeza un capítulo o cualquier subdivisión de un escrito. || Inscripción en piedra, metal o cualquier otra superficie dura. || FAM. epigrafía, epigrama.

epigrafía f. Ciencia cuyo objeto es conocer e interpretar las inscripciones. || FAM. epigráfico, epigrafista.

epigrafista com. Persona especialista en epigrafía.

epigrama m. Epígrafe, inscripción en piedra, metal, etc. || Composición poética breve que expresa de forma ingeniosa un pensamiento satírico o humorístico. || P. ext., pensamiento satírico o burlesco expresado de manera breve e ingeniosa. || FAM. epigramatario, epigramático, epigramatista, epigramatorio, epigramista, epigramatista.

epigramático, ca adj. Relativo al epigrama o que lo contiene o participa de su índole o propiedades. || m. y f. Epigramista.

epigramista com. Persona que compone o utiliza epigramas.

epilepsia f. Enfermedad neurológica producida por una disfunción en la actividad eléctrica de la corteza cerebral y que se caracteriza por crisis convulsivas con pérdida brusca del conocimiento. || FAM. epiléptico.

epiléptico, ca adj. De la epilepsia o relativo a esta enfermedad. || m. y f. Persona que la padece.

epílogo m. Recapitulación, resumen o conclusión de lo dicho en un discurso o en otra composición literaria. || Última parte de algunas obras, desligada en cierto modo de las anteriores, y en la cual se representa una acción o se refieren sucesos que son consecuencia de la acción principal o están relacionados con ella. || Consecuencia o prolongación de algo que ya se supone terminado.

epinefrina f. Adrenalina.

epipelágico, ca adj. Se apl. al fondo o zona marina que tiene una profundidad de más de 200 m. || Propio de esta zona.

epirogénesis f. Movimiento de elevación o hundimiento de grandes extensiones de la corteza terrestre que no altera la disposición de los estratos rocosos. ◆ No varía en pl.

episcopado m. Dignidad y cargo del obispo. || Época y duración del gobierno de un obispo determinado. || Conjunto de obispos del orbe católico o de una nación. || FAM. episcopal, episcopaliano, episcopalismo.

episcopal adj. Del obispo o relativo a él. || m. Libro en que se contienen las ceremonias y oficios de los obispos.

episcopaliano, na adj. Del episcopalismo o relacionado con él. || adj. y s. Partidario de esta doctrina.

episcopalismo m. Sistema o doctrina de los que defienden la supremacía episcopal en la Iglesia católica en contra de la pontificia.

episiotomía f. Incisión quirúrgica en la vulva que se practica en ciertos partos para facilitar la salida del feto y evitar desgarros en el perineo.

episódico, ca adj. Del episodio o relativo a él. || Que sucede o tiene lugar de manera banal o pasajera. || FAM. episódicamente.

episodio m. Hecho puntual y separado que forma parte de un todo. || Cada una de las acciones parciales o partes integrantes de la acción principal que se narran en un libro, en una película, etc. || Incidente, suceso pasajero y poco relevante. || FAM. episódico.

epistemología f. Parte de la filosofía que trata de los fundamentos y los métodos del conocimiento científico. || FAM. epistemológico.

epistemológico, ca adj. De la epistemología o relativo a esta ciencia.

epístola f. Obra literaria en forma de carta, en prosa o verso, con un objetivo moralizante, didáctico u humorístico. || Escrito que se dirige a determinadas personas, en especial de los apóstoles a los fieles. || En la Iglesia católica, parte de la misa anterior al evangelio en la que se lee un fragmento de alguna epístola de los apóstoles. || FAM. epistolar, epistolario, epistológrafo.

epistolar adj. De la epístola o que comparte algunas de sus características: *estilo epistolar*.

epistolario m. Libro o cuaderno en que se hallan recogidas varias cartas o epístolas de un autor o de varios, escritas a diferentes personas sobre diversas materias. || Libro en que se contienen las epístolas que se cantan en las misas.

epitafio m. Inscripción dedicada al difunto que se pone sobre su sepulcro. || FAM. epitáfico.

epitalamio m. Composición lírica en la que se celebra una boda. || FAM. epitalámico.

epitelial adj. Del epitelio o relativo a este tejido.

epitelio m. Tejido formado por una o varias capas de células yuxtapuestas que constituyen la capa externa de la mucosa que recubre las cavidades externas, los conductos del cuerpo y la piel. || FAM. epitelial.

epíteto m. Adjetivo calificativo que indica una cualidad natural del nombre al que acompaña, sin distinguirlo de los demás de su grupo. || P. ext., cualquier calificativo que se apl. a alguien.

epítome m. Resumen o compendio de una obra extensa. || Figura que consiste en, después de decir muchas palabras, repetir las primeras a modo de resumen o aclaración.

época f. Periodo de tiempo que se señala por los hechos ocurridos en él o por las personas que participaron en ellos. || P. ext., cualquier espacio de tiempo caracterizado por algo concreto: *época de lluvias, de vacas flacas*. || Espacio de tiempo en que se dividen los periodos geológicos: *época pleistocena, oligocena*. || **de época** loc. adj. Propio o típico de tiempos pasados: *coches, armas de época*. || **hacer época** loc. Dejar larga memoria un hecho o suceso o, por su importancia, ser el principio de una época: *ha montado un numerito de los que hacen época*.

epónimo, ma adj. Se apl. al héroe o a la persona que da nombre a un pueblo, a una tribu, a una ciudad o a una época.

epopeya f. Poema narrativo extenso de tono grandilocuente que relata hechos heroicos realizados por personajes históricos o legendarios. || Conjunto de estos poemas, que forman la tradición épica de un pueblo. || Conjunto de hazañas y hechos memorables de una persona o un pueblo: *epopeya nacional, del descubrimiento*. || Actividad que se realiza con mucho esfuerzo y tras vencer numerosas dificultades.

épsilon f. Quinta letra del alfabeto griego, que se corresponde con nuestra *e*. Su grafía mayúscula es E y la minúscula ε.

equeco m. *amer*. Amuleto de yeso o arcilla, en forma de figura humana, sonriente, con los brazos abiertos, al que se atribuye la virtud de propiciar prosperidad y abundancia.

equi- pref. que significa 'igual': *equivaler, equilátero, equilibrio*.

equiángulo, la adj. y m. Se apl. a la figura o sólido cuyos ángulos son todos iguales entre sí.

equidad f. Cualidad que mueve a dar a cada uno lo que merece. || Justicia, imparcialidad en un trato o reparto. || FAM. equiparar, equitativo.

equidistancia f. Igualdad de distancia entre varios objetos o entidades.

equidistante adj. Que equidista, que está a la misma distancia de un punto o entidad que otro.

equidistar intr. Hallarse uno o más puntos, líneas, planos o sólidos a la misma distancia entre sí o con respecto a otro u otros: *estos dos pueblos equidistan de la capital, ambos están a 10 km*. || FAM. equidistancia, equidistante.

equidna m. Nombre común de diversos mamíferos monotremas que miden hasta 80 cm, insectívoros, de cabeza pequeña y hocico afilado, provistos de una lengua larga y muy extensible y de uñas fuertes para cavar, con el cuerpo cubierto de pelo oscuro del que salen unas púas en el dorso y los costados, semejantes a las del erizo.

équido, da adj. y m. De los équidos o relativo a esta familia de mamíferos. || m. pl. Familia de mamíferos perisodáctilos de patas largas, en los que solamente está desarrollado el dedo medio de cada extremidad, que aparece recubierto de un casco duro, como el caballo y el asno. || FAM. equino, equitación, équite.

equilátero, ra adj. y m. Se apl. a la figura geométrica que tiene todos sus lados iguales: *triángulo equilátero.*

equilibrado, da adj. Prudente, sensato, ecuánime. || m. Colocación de algo en equilibrio: *harán un equilibrado de ruedas a mi coche.*

equilibrar tr. y prnl. Poner algo o a alguien en equilibrio: *equilibraron los platillos de la balanza; los malabaristas se equilibran para no caer.* || Hacer que una cosa no exceda ni supere a otra, manteniéndolas semejantes o proporcionalmente iguales: *equilibrar ingresos y gastos.*

equilibrio m. Estado en que se encuentra un cuerpo cuando las fuerzas que actúan sobre él se compensan y anulan mutuamente. || Contrapeso, compensación, armonía entre cosas diversas. || Estabilidad, situación de una cosa que, pese a no tener una base sólida, se mantiene sin caerse: *equilibrio financiero.* || Ecuanimidad, mesura, sensatez en los actos y juicios. || pl. Actos de prudencia o astucia para sobrellevar una situación peligrosa, arriesgada o complicada: *hacer equilibrios para llegar a final de mes.* || FAM. equilibrado, equilibrar, equilibrismo.

equilibrismo m. Ejercicios y juegos difíciles de ejecutar sin que el que los practica pierda el equilibrio. || FAM. equilibrista.

equilibrista adj. y com. Se apl. al artista que realiza difíciles juegos o ejercicios de equilibrio.

equimosis f. Moretón, cardenal, mancha morada, negruzca o amarillenta de la piel o de los órganos internos debida a un derrame de sangre originado por un golpe, una fuerte ligadura u otras causas. ◆ No varía en pl.

equino m. En arquit., moldura convexa, característica del capitel dórico.

equino, na adj. Del caballo o relativo a él. || m. Caballo o yegua.

equinoccial adj. Del equinoccio o relativo a esta época del año.

equinoccio m. Época del año en que, por hallarse el Sol sobre el ecuador, los días son iguales a las noches en toda la Tierra; tiene lugar cada año del 20 al 21 de marzo y del 22 al 23 de septiembre. || FAM. equinoccial.

equinococo m. Nombre común de diversos gusanos platelmintos cestodos parecidos a la tenia, de 3 a 5 mm de largo, que viven en el intestino del perro y de otros mamíferos carnívoros; pueden pasar al cuerpo de algunos rumiantes y al del ser humano, formando el quiste hidatídico.

equinodermo adj. y m. De los equinodermos o relativo a este filo de metazoos. || m. pl. Filo de metazoos marinos de simetría radiada pentagonal, que poseen bajo la piel un esqueleto de placas o espinas calcáreas, como la estrella de mar.

equipación f. Conjunto de ropas y cosas de uso particular de una persona especiales para la práctica o ejecución de alguna tarea o deporte.

equipaje m. Conjunto de maletas y cosas que se llevan en los viajes.

equipal m. *amer.* Sillón hecho de varas entretejidas, con el asiento y el respaldo de cuero o de palma tejida.

equipamiento m. Acción y resultado de equipar. || Conjunto de instalaciones y servicios necesarios para una actividad determinada en industrias, urbanizaciones, ejércitos, etc.

equipar tr. Proveer a alguien de las cosas necesarias para un uso particular. También prnl. ◆ Cuando es prnl. se construye con la prep. *de: equiparse de lo necesario para ir de acampada.* || Proveer del equipo necesario a industrias, urbanizaciones, sanatorios u otros establecimientos o entidades: *han equipado la fábrica con un moderno sistema de alarma.* || FAM. equipación, equipaje, equipamiento, equipo.

equiparable adj. Que se puede equiparar.

equiparación f. Comparación, relación de proporción o similitud.

equiparar tr. Comparar, relacionar una cosa con otra, considerándolas iguales o equivalentes. ◆ Se construye con las preps. *a* o *con: equiparar ese coche al/con ese otro.* || FAM. equiparable, equiparación.

equipero, ra m. y f. *amer.* Jugador de un equipo deportivo.

equipo m. Grupo de personas organizado para la realización de una tarea o el logro de un objetivo: *equipo de especialistas, de rescate.* || Cada uno de los grupos que compiten en ciertos deportes. || Conjunto de ropas y otras cosas que usa alguien para una actividad específica, equipación. || Conjunto de instrumentos, utensilios y objetos necesarios para la realización de cierta actividad: *equipo quirúrgico, de primeros auxilios.* || En inform., conjunto de aparatos y dispositivos que constituyen el material de un ordenador. || **equipo de música** Conjunto de aparatos para oír y grabar música, que al completo consta de una pletina, un plato, un tocadiscos compacto o un lector de discos compactos, un amplificador, un sintonizador y un juego de altavoces. || FAM. equipero.

equipolencia f. En mat., equivalencia, igualdad de valor que existe entre dos o más cosas. || FAM. equipolente.

equipotencia f. Relación de igualdad entre las potencias o capacidades de dos o más elementos. || FAM. equipotente.

equis f. Nombre de la letra *x* y del signo que significa la incógnita en los cálculos. || adj. Se apl. a la cantidad que se desconoce o resulta indiferente: *me debes equis favores.* ◆ No varía en pl.

equisetáceo, a adj. y f. De las equisetáceas o relativo a esta familia de plantas. || f. pl. Familia de plantas pteridofitas, algunas de ellas fósiles, que se caracterizan por crecer en ambientes húmedos y por sus tallos delgados y nudosos.

equiseto m. Nombre común de las plantas equisetáceas. || FAM. equisetáceo.

equitación f. Arte, deporte y práctica de montar y manejar bien el caballo.

equitativo, va adj. Que se caracteriza por su equidad, justicia o imparcialidad: *división equitativa de bienes*.

équite m. Ciudadano romano perteneciente a una clase intermedia entre los patricios y los plebeyos, y que servía en el Ejército a caballo.

equivalencia f. Igualdad en el valor, estimación, potencia o eficacia de dos o más cosas o entidades.

equivalente adj. Que equivale a otra cosa: *cantidades equivalentes*. También s.: *el equivalente a mi cargo en tu empresa es el tuyo*. || Se apl. a la figura o sólido que tiene el mismo volumen y distinta forma. || m. En quím., mínimo peso necesario de un cuerpo para que, al unirse con otro, forme verdadera combinación.

equivaler intr. Ser una cosa igual a otra en estimación, potencia o eficacia. || Tener una cosa como consecuencia otra que se expresa. ◆ **Irreg.** Se conj. como *valer*. || FAM. equivalencia, equivalente.

equivocación f. Error producido por confusión entre dos elementos semejantes. || Cosa hecha equivocadamente.

equivocar tr. y prnl. Tener o tomar una cosa por otra, confundiéndolas, juzgando o actuando erróneamente. || Hacer que alguien se confunda o yerre. || FAM. equivocación, equivocadamente, equivocado, equívocamente, equivocidad, equívoco.

equívoco, ca adj. Que puede entenderse o interpretarse en varios sentidos, o dar ocasión a juicios diversos: *planteamiento equívoco*. || m. Error, confusión, equivocación. || Figura que consiste en el empleo consciente de palabras polisémicas, de significación múltiple que pueden llevar a confusión.

era[1] f. Periodo de tiempo que se empieza a considerar a partir de un punto fijo o una fecha determinada: *era cristiana, prehistórica*. || Extenso periodo histórico marcado por unas características que lo distinguen de otros anteriores o posteriores: *era de los descubrimientos, atómica*. || Cada uno de los grandes periodos de la evolución de la Tierra o del ser humano: *era cuaternaria, solar*. || **era cristiana** o **de Cristo** Cómputo de tiempo que empieza a contarse por años desde el nacimiento de Cristo.

era[2] f. Espacio de tierra limpia y firme donde se trillan las mieses. || Trozo pequeño de tierra destinado al cultivo de flores u hortalizas. || FAM. erial.

eral, la m. y f. Res vacuna de más de un año y que no pasa de dos años.

erario m. Tesoro público de una nación, provincia o pueblo: *defraudar al erario*. || Lugar donde se guarda.

erasmismo m. Doctrina humanista surgida en Europa a finales del siglo XV bajo los auspicios del humanista holandés Erasmo de Rotterdam y sus seguidores. || FAM. erasmiano, erasmista.

erbio m. Elemento químico del grupo de los lantánidos que aparece en forma de polvo metálico gris plateado; es muy raro, ya que solo se ha encontrado en Suecia en algunos minerales mezclado con itrio y terbio. Su símbolo es *Er*, y su número atómico, *68*.

ere f. Nombre de la letra *r* en su sonido suave, como el que suena en las palabras *arar* o *arena*.

erebo m. *poét.* Infierno, averno.

erección f. Construcción, levantamiento, endurecimiento de una cosa: *erección de un monumento*. || Endurecimiento y dilatación de un órgano por la afluencia de sangre a él: *erección del pene*.

eréctil adj. Que tiene la facultad o propiedad de levantarse, enderezarse o ponerse rígido: *órgano eréctil*. || FAM. erectilidad, erecto, erector.

erecto, ta adj. Enderezado, levantado, rígido: *caminar erecto*.

eremita m. Ermitaño, persona que vive solitaria en una ermita y la cuida. || com. P. ext., persona solitaria, que rechaza la compañía de los demás. || FAM. eremítico, eremitorio.

erg m. Nombre internacional del ergio. || Gran extensión arenosa que forma dunas.

ergio m. Unidad de medida de trabajo en el sistema cegesimal, equivalente al realizado por una dina de fuerza al recorrer un centímetro.

ergo conj. ilat. Por tanto, luego, pues: *pienso, ergo existo*. || FAM. ergotismo, ergotista, ergotizante, ergotizar.

ergogénico, ca adj. Que causa o aumenta la potencia muscular.

ergometría f. Medida del trabajo o del esfuerzo llevado a cabo por los músculos.

ergonomía f. Ciencia que estudia la capacidad y la psicología del hombre en relación con su trabajo y la maquinaria o equipo que maneja, y trata de mejorar las condiciones que se establecen entre ellos. || FAM. ergonómico, ergonomista, ergónomo.

ergonómico, ca adj. De la ergonomía, relacionado con esta ciencia o que respeta sus principios: *asiento ergonómico*.

ergonomista com. Persona especializada en ergonomía.

ergónomo, ma m. y f. Ergonomista.

ergoterapia f. Método curativo que utiliza el trabajo manual en la reeducación de los enfermos o impedidos, para su reinserción en la vida social.

ergotizar intr. Abusar del sistema de argumentación silogística.

erguir tr. Levantar y poner derecha una cosa: *erguir un monumento, la cabeza*. También prnl. || prnl. Engreírse, ensoberbecerse. || Alzarse, elevarse: *sobre la loma se erguía un árbol*. || FAM. erección, eréctil, erguimiento. ◆ **Irreg.** Conjugación modelo:

Indicativo

Pres.: irgo o yergo, irgues o yergues, irgue o yergue, erguimos, erguís, irguen o yerguen.

Imperf.: erguía, erguías, erguía, *etc.*

Pret. perf. simple: erguí, erguiste, irguió, erguimos, erguisteis, irguieron.

Fut. simple: erguiré, erguirás, erguirá, *etc.*

Condicional simple: erguiría, erguirías, erguiría, *etc.*

Subjuntivo
Pres.: irga o yerga, irgas o yergas, irga o yerga, irgamos o yergamos, irgáis o yergáis, irgan o yergan.
Imperf.: irguiera o irguiese, irguieras o irguieses, *etc.*
Fut. simple: irguiere, irguieres, irguiere, *etc.*
Imperativo: irgue o yergue, irga o yerga, irgamos o yergamos, erguid, irgan o yergan.
Participio: erguido.
Gerundio: irguiendo.

erial adj. y m. Se apl. a la tierra o campo sin cultivar ni labrar.
ericáceo, a adj. y f. De las ericáceas o relativo a esta familia de plantas. || f. pl. Familia de plantas angiospermas dicotiledóneas, con hojas casi siempre alternas, flores de cáliz partido en tres, cuatro o cinco partes, y con frutos como bayas, jugosos y con semillas de albumen carnoso, como el madroño y el arándano.
erigir tr. Fundar, instituir o levantar: *erigir una ciudad, un monumento*. || Constituir a una persona o cosa con un carácter que antes no tenía. También prnl. ◆ Se construye con la prep. *en*: *se erigió en representante de todos.*
erisipela f. Infección cutánea caracterizada por una erupción rojiza que afecta a la cara y al cuero cabelludo, comúnmente acompañada de fiebre.
eritema m. Inflamación superficial de la piel, caracterizada por manchas rojas. || **eritema solar** El que se produce en la piel por haberla expuesto mucho tiempo al sol. || FAM. eritematoso.
eritreo, a adj. y s. *poét.* Del mar Rojo o relativo a él.
eritrocito m. Célula sanguínea esferoidal que contiene la hemoglobina, que aporta el color rojo característico a la sangre y actúa transportando el oxígeno por el organismo, hematíe.
eritroxiláceo, a adj. y f. De las eritroxiláceas o relativo a esta familia de plantas. || f. pl. Familia de árboles y arbustos angiospermos dicotiledóneos de hojas sencillas, con estípulas, flores blanquecinas o de color amarillo verdoso, apareadas o en panojas pequeñas, y fruto en drupa, como la coca.
erizar tr. Levantar, poner rígida y tiesa una cosa. Más como prnl.: *erizarse el pelo de miedo*. || Llenar o rodear una cosa de obstáculos, asperezas, inconvenientes, etc.: *erizar de púas un cercado*. || prnl. Inquietarse, azorarse. || FAM. erizado, erizamiento.
erizo m. Nombre común de diversos mamíferos insectívoros de unos 20 cm de largo, con el cuerpo pardo rojizo, la cabeza pequeña, el hocico afilado, orejas y ojos pequeños, patas y cola muy cortas y cinco dedos en cada pie; se caracterizan por contraerse en una bola cubierta por completo de púas ante el peligro. || Cubierta espinosa de algunos frutos como la castaña. || **erizo de mar** Nombre común de los equinodermos marinos que tienen forma esférica más o menos aplanada, con un caparazón cubierto de púas y formado por placas, en algunas de las cuales hay agujeros por donde salen los pies ambulacrales. || FAM. erizar.

ermita f. Santuario o capilla pequeños, situados normalmente fuera de las poblaciones y que no suelen tener culto permanente. || FAM. ermitaño.
ermitaño, ña m. y f. Persona que vive en la ermita y cuida de ella. || Persona que gusta de vivir en soledad, sin relación con los demás. || m. Cangrejo que vive dentro de conchas abandonadas de caracoles marinos.
erogación f. Reparto. || *amer.* Donativo, pago, ofrenda.
erogar tr. Distribuir, repartir bienes o caudales. || *amer.* Gastar el dinero. || FAM. erogación.
erógeno, na adj. Que produce o es sensible a la excitación sexual.
eros m. Conjunto de tendencias e impulsos sexuales propios y naturales de la personalidad. ◆ No varía en pl. || FAM. erógeno.
erosión f. Desgaste de una superficie producido por fricción o roce. || Desgaste de la superficie terrestre por agentes externos, como el agua o el viento. || Rozadura, lesión superficial de la epidermis. || Disminución de prestigio, fama o influencia que puede sufrir una persona, una institución, etc. || FAM. erosionable, erosionar, erosivo.
erosionar tr. Producir desgaste, causar erosión. || Desgastar el buen nombre o la influencia de una persona, una institución, etc. También prnl.
erótica f. Atracción y excitación muy intensas que se sienten ante ciertas cosas como el poder, el dinero, la fama, etc.
erótico, ca adj. Del erotismo o relativo al amor sexual. || Que trata o describe temas relacionados con el amor o el sexo. || Que excita sexualmente. || FAM. erótica, erotismo, erotización, erotizar.
erotismo m. Amor sensual, sexualidad. || Cualidad de lo erótico, de lo que provoca excitación sexual. || Expresión o descripción artística del amor físico.
errabundo, da adj. Que va de un lugar a otro sin elegir un lugar fijo.
erradicación f. Extracción total, eliminación de algo.
erradicar tr. Arrancar de raíz, eliminar completamente algo que se considera perjudicial o peligroso: *erradicar una plaga*. || FAM. erradicación.
errado, da adj. Equivocado, confundido.
errante adj. Que anda de una parte a otra sin tener domicilio ni asiento fijo: *tribu errante*.
errar tr. e intr. No acertar, fallar, equivocarse: *el adivino erró sus pronósticos*. || intr. Andar vagando de una parte a otra sin rumbo ni destino. || Dejar vagar el pensamiento, la imaginación o la atención. || FAM. errabundo, erradamente, errado, errante, errata, errático, errátil, error.
Irreg. Conjugación modelo:

Indicativo
Pres.: yerro, yerras, yerra, erramos, erráis, yerran.
Imperf.: erraba, errabas, erraba, *etc.*
Pret. perf. simple: erré, erraste, erró, erramos, errasteis, erraron.
Fut. simple: erraré, errarás, errará, *etc.*
Condicional simple: erraría, errarías, erraría, *etc.*

Subjuntivo
Pres.: yerre, yerres, yerre, erremos, erréis, yerren.
Imperf.: errara o errase, erraras o errases, *etc.*
Fut. simple: errare, errares, errare, *etc.*
Imperativo: yerra, errad.
Participio: errado.
Gerundio: errando.

errata f. Equivocación material cometida en lo impreso o manuscrito.

errático, ca adj. Vagabundo, ambulante, sin domicilio ni objetivo cierto: *vida errática.* ‖ Extraño, anormal, sorprendente: *comentario errático.* ‖ Se apl. al dolor crónico que se siente en diversas partes del cuerpo, y también a la fiebre que se reproduce sin periodo fijo.

erre f. Nombre de la letra *r* en su sonido fuerte, como el que hay en las palabras *carro* o *perro.* ‖ **erre que erre** loc. adv. *col.* Insistentemente, con terquedad: *y él erre que erre repitiéndome lo mismo.*

erróneo, a adj. Que contiene error: *apreciación, respuesta errónea.* ‖ FAM. erróneamente.

error m. Concepto equivocado o juicio falso. ‖ Dicho o acción desacertada o equivocada. ‖ Diferencia entre el resultado real obtenido y la previsión que se había hecho o que se tiene como cierta: *falló por escaso margen de error.* ‖ **error de bulto** Fallo muy grande. ‖ FAM. erróneo.

eructar intr. Echar ruidosamente por la boca los gases del estómago. ‖ FAM. eructo.

eructo m. Expulsión ruidosa de gases estomacales por la boca.

erudición f. Conocimiento profundo y extenso sobre ciencias, artes y otras materias. ‖ FAM. erudito.

erudito, ta adj. y s. Que tiene y demuestra poseer sólidos y profundos conocimientos en una o múltiples disciplinas. ‖ FAM. eruditamente.

erupción f. Expulsión, emisión o aparición más o menos violenta y repentina hacia el exterior de algo contenido en un sitio, particularmente la de materias sólidas, líquidas o gaseosas de los volcanes. ‖ Aparición y desarrollo en la piel o las mucosas de granos, manchas o heridas producidas por una enfermedad o por la acción de agentes externos. ‖ Estos mismos granos o manchas. ‖ FAM. eruptivo.

eruptivo, va adj. De la erupción o procedente de ella.

esbajerar tr. *amer.* Cortar las ramas bajas. ‖ *amer.* Recoger las hojas bajeras de la mata de tabaco. ‖ FAM. esbajeradura.

esbelto, ta adj. Alto, bien formado, elegante y airoso. ‖ FAM. esbeltez, esbelteza.

esbirro m. *desp.* Persona pagada por otra para que lleve a cabo acciones violentas en su lugar. ‖ El que se dedica profesionalmente a ejecutar las órdenes violentas de una autoridad. ‖ Antiguamente, oficial de justicia.

esbozar tr. Bosquejar, hacer un esbozo, definir los contornos de una cosa. ‖ Insinuar un gesto, normalmente del rostro.

esbozo m. Dibujo inacabado y esquemático de un proyecto artístico. ‖ P. ext., proyecto, plan, cosa que pue-

de alcanzar mayor desarrollo y extensión: *esbozo de una amistad, de una empresa.* ‖ Insinuación de un gesto: *esbozo de sonrisa.* ‖ FAM. esbozar.

escabechar tr. Echar en escabeche. ‖ *col.* Matar con arma blanca a una persona. ‖ *col.* Suspender en un examen. ‖ Teñir las canas. También prnl.

escabeche m. Salsa o adobo que se hace con aceite frito, vino o vinagre, hojas de laurel y otros ingredientes, para conservar y hacer sabrosos los pescados y otros alimentos. ‖ Alimento guisado en esta salsa, en especial el bonito o atún. ‖ FAM. escabechado, escabechar, escabechina.

escabechina f. Destrozo, estrago, desastre ocasionado. ‖ *col.* Exceso de suspensos en un examen.

escabel m. Banqueta o taburete pequeño, generalmente blando, que se pone delante del asiento para apoyar los pies. ‖ Banqueta pequeña sin respaldo.

escabroso, sa adj. Desigual, lleno de tropiezos y accidentes. ‖ Que roza lo inconveniente o lo inmoral: *comentario escabroso.* ‖ Delicado, embarazoso, difícil de resolver. ‖ FAM. escabrosamente, escabrosidad.

escabullirse prnl. Irse o escaparse de entre las manos una cosa. ‖ Irse, ausentarse disimuladamente. ‖ Evitar una dificultad o una obligación con sutileza: *hoy te toca fregar, así que no te escabullas.* ◆ **Irreg.** Se conj. como *mullir.* ‖ FAM. escabullimiento.

escachalandrado, da adj. *amer.* Harapiento, sucio, desastrado.

escacharrar tr. y prnl. Romper un cacharro. ‖ Malograr, estropear algo.

escachifollar tr. *col.* Humillar, dejar a alguien abatido y avergonzado. ‖ *col.* Estropear, malograr algo. También prnl.

escafandra f. Traje compuesto de una vestidura impermeable y un casco perfectamente cerrado, con un cristal frente a la cara y orificios y tubos para renovar el aire; se emplea para permanecer sumergido en el agua. ‖ Traje hermético que usan los astronautas para salir de la nave en el espacio.

escafoides adj. y m. Se apl. al hueso del carpo de los mamíferos, el más externo y voluminoso de la fila primera.

escala f. Escalera de mano hecha de cuerda o madera. ‖ Sucesión ordenada de cosas distintas, pero de la misma especie: *escala de colores, de valores, de tamaños, etc.* ‖ Línea recta dividida en partes iguales que representan unidades de medida, que sirve para dibujar proporcionadamente las distancias y dimensiones en un mapa, plano, diseño, etc., y así luego calcular las medidas reales con respecto de lo dibujado: *plano a escala, retrato a escala natural.* ‖ Graduación que utilizan los diversos instrumentos de medición: *escala barométrica o térmica, de Richter, Fahrenheit.* ‖ Graduación o clasificación jerárquica ordenada en torno a criterios como la antigüedad, el cargo, el salario, etc. ‖ Tamaño, importancia o proporción en que se desarrolla un plan o idea: *comercializaron sus productos a gran escala.* ‖ Sucesión de las notas musicales. ‖ Lugar donde tocan las aeronaves o embarcaciones entre su punto de origen y el de destino: *haremos escala en Lisboa.* ‖ **escala técnica** Parada forzada de una nave causada por cuestiones técnicas que atañen a su funcionamiento. || FAM. escalafón, escalar, escalera, escalinata, escalón.

escalabrar tr. Descalabrar.

escalada f. Subida, ascensión de una pendiente o hasta una gran altura. || Aumento rápido y alarmante de alguna cosa: *escalada de protestas*. || Ascenso, promoción laboral.

escalador, ra adj. y s. Que escala. || m. y f. Ciclista especialista en pruebas de montaña. || Ladrón que hurta valiéndose de una escala.

escalafón m. Clasificación de los individuos de una corporación, una empresa o una institución ordenados según su grado, antigüedad o méritos.

escalar[1] tr. Entrar en un lugar o subir a una gran altura por medio de escalas o trepando. || Ascender social o profesionalmente, no siempre por buenos medios. || Subir un deportista, trepando o en bicicleta, una pendiente más o menos pronunciada. || FAM. escalable, escalada, escalador, escalamiento, escalo.

escalar[2] adj. y m. En fís., se apl. a la magnitud que carece de dirección y se expresa, por tanto, solamente con un guarismo.

escaldado, da adj. *col.* Escarmentado, receloso.

escaldar tr. Bañar con agua hirviendo una cosa. || Abrasar con algo que está hirviendo. También prnl. || Sufrir una persona un daño físico o psíquico de manera que no desee repetir la experiencia que lo causó. También prnl. || prnl. Escocerse. || FAM. escaldado, escaldadura, escaldamiento.

escaleno adj. Se apl. al triángulo que tiene sus tres lados desiguales. También m. || Se dice del cono o pirámide cuyo eje no es perpendicular a la base. || Cada uno de los tres músculos que hay a ambos lados del cuello.

escalera f. Serie de escalones que sirve para subir y bajar. || Reunión de naipes de valor correlativo. || Trasquilón o desnivel que la tijera deja en el pelo mal cortado. || Peldaño, escalón. || **escalera de caracol** La que tiene forma de espiral, seguida y sin ningún descanso. || **escalera de color** La formada por naipes del mismo palo. || **escalera de incendios** La destinada a facilitar la salida de un edificio o la entrada en él en caso de incendio. || **escalera de mano** Aparato portátil de madera o de cuerda compuesto de dos largueros en que están encajados transversalmente a igual distancia unos travesaños que sirven de escalones. || **escalera de servicio** La accesoria que tienen algunas casas para dar paso a la servidumbre y a los abastecedores. || FAM. escaleriforme, escalerilla, escalinata.

escalerilla f. Escalera de pocos escalones, generalmente portátil.

escaléxtric m. Juego de coches eléctricos que circulan por rampas y carreteras a distintos niveles, accionados por control remoto. || P. ext., sistema de puentes, autopistas o carreteras en distintos niveles. ◆ pl. *escaléxtrics.*

escalfar tr. y prnl. Cocer en agua hirviendo o en caldo los huevos sin la cáscara. || Cocer el pan con demasiado fuego, de tal modo que se levanten ampollas en él. || FAM. escalfado.

escalinata f. Escalera, generalmente adornada y lujosa, que facilita la entrada a un edificio o se incorpora en su vestíbulo principal.

escalivada f. Ensalada compuesta de pimientos, berenjenas y otras hortalizas asadas.

escalofriante adj. Pavoroso, espeluznante, horroroso: *crimen escalofriante*. || Asombroso, que sorprende.

escalofrío m. Sensación de frío que suele producirse por fiebre, miedo o cualquier emoción intensa. Más en pl. || Sensación incómoda, desazón producida por una emoción intensa: *me produjo un escalofrío verlo al cabo de diez años*. || FAM. escalofriante, escalofriar.

escalón m. Peldaño, parte de una escalera en que se apoya el pie al subir o bajar. || Nivel, rango al que se asciende social o profesionalmente, escalafón. || Cada una de las situaciones o estados intermedios que hay que alcanzar para el logro de un propósito final. || Cada uno de los elementos de una serie o sucesión. || FAM. escalonar.

escalonado, da adj. Con forma de escalera. || Progresivo, ordenado gradualmente.

escalonamiento m. Ordenación, graduación.

escalonar tr. Situar ordenadamente personas o cosas en intervalos: *han escalonado a los niños por su estatura*. || Distribuir en tiempos sucesivos o periodos las diversas partes de una serie: *escalonar las materias de un ciclo de estudios*. || FAM. escalonadamente, escalonado, escalonamiento.

escalope m. Filete de carne de vacuno empanado y frito.

escalopendra f. Escolopendra.

escalpelo m. Instrumento en forma de cuchillo, de hoja fina y puntiaguda de uno o dos cortes que se usa en las intervenciones quirúrgicas.

escama f. Membrana córnea, delgada y transparente que cubre total o parcialmente la piel de algunos animales y principalmente la de los peces y reptiles. || Cualquier cosa que tiene forma de escama. || Cada una de las pequeñas porciones de piel muerta que se desprenden de la epidermis. || Recelos que uno tiene por el daño o molestia que otro le ha causado, o por el que teme. || Membrana delgada y transparente semejante a una hoja. || FAM. escamar, escamoso.

escamado, da adj. *col.* Que siente recelo o desconfianza.

escamar tr. Quitar las escamas a los peces. || *col.* Hacer que alguien recele o desconfíe. También prnl.: *me escama su repentino interés por mí*. || FAM. escamado, escamante, escamón.

escamoso, sa adj. Que tiene escamas. || adj. y m. De los escamosos o relativo a este orden de reptiles. || m. pl. Orden de reptiles cuyo cuerpo está cubierto de escamas y carecen de esqueleto externo o caparazón, como los lagartos y las serpientes.

escamotear tr. Hacer desaparecer algo mediante un hábil juego de manos de manera que los presentes no se den cuenta. || Robar o quitar algo con agilidad y astucia. || Eludir, evitar, suprimir intencionadamente. || FAM. escamoteador, escamoteo.

escampar intr. impers. Aclararse el cielo nublado, dejar de llover. || tr. *col.* Despejar, desembarazar un sitio. || FAM. escampada, escampado.

escanciador, ra adj. y s. Que sirve la bebida, especialmente la sidra, las bebidas espumosas y los vinos.

escanciar tr. Echar o servir la bebida, particularmente echar la sidra en el vaso desde una altura considerable para que al caer se produzca espuma. || FAM. escanciador.

escandalera f. *col.* Escándalo, algarabía, alboroto grande.

escandalizar tr. Causar, provocar escándalo, revuelo o indignación. || prnl. Mostrar disgusto o indignación, real o fingida, por alguna cosa. || intr. Hacer mucho ruido, alborotar.

escandallo m. Extremo de la sonda que se usa para reconocer la calidad del fondo del agua mediante las partículas u objetos que se sacan adheridos. || Toma al alza de varias unidades de un conjunto como representativas de la calidad de todas. || Muestra así recogida. || FAM. escandallar.

escándalo m. Alboroto, tumulto, ruido. || Acción, situación o comentario que provoca rechazo e indignación pública, por su amoralidad o su inconveniencia: *aquel fraude fue un escándalo político.* || Asombro, revuelo, admiración. || **de escándalo** loc. adv. *col.* Estupendamente, fenomenal, muy bien. || loc. adj. *col.* Colosal, muy grande. || FAM. escandalera, escandalizador, escandalizar, escandalosa, escandalosamente, escandaloso.

escandalosa f. Vela de las embarcaciones que se orienta sobre la cangreja.

escandaloso, sa adj. Que causa o provoca escándalo. || Ruidoso, alborotador. También s.

escandinavo, va adj. y s. De Escandinavia o relativo a esta región del norte de Europa.

escandio m. Elemento químico metálico y sólido, más bien blando, de color gris plateado y poco abundante. Su símbolo es Sc, y su número atómico, 21.

escanear tr. Pasar una cosa por el escáner, someterla a su acción.

escáner m. Aparato tubular para la exploración de cuerpos por rayos X que permite obtener la imagen completa de varias y sucesivas secciones transversales de la región corporal explorada. || En inform., aparato que traduce la información visual que recoge en un código digitalizado para permitir su tratamiento informático mediante un ordenador. ◆ pl. *escáneres.* || FAM. escanear, escanograma.

escaño m. Banco duro con respaldo para tres o más personas. || Puesto, asiento de los representantes políticos en una Cámara parlamentaria. || Cargo u oficio de parlamentario.

escapada f. Salida rápida y a escondidas de un lugar: *escapada de una prisión.* || Espacio corto de tiempo que se tiene libre y se aprovecha para hacer algo: *hicieron una escapada a la sierra.* || En ciertos deportes, aceleración rápida y sorprendente que hace un competidor y adelantamiento que consigue con el fin de alcanzar la meta en solitario, dejando atrás a sus rivales.

escapar intr. y prnl. Conseguir salir de un lugar en que se está encerrado. ◆ Se construye con la prep. *de: se escapó del país.* || Salir uno deprisa y a escondidas de un sitio: *se escapó por la ventana.* || Librarse de algo penoso o perjudicial, eludirlo. ◆ Se construye con la prep. *de:* ¡de buen lío te has escapado! || Quedar fuera del dominio o influencia de alguna persona o cosa. ◆ Se construye con la prep. *a: esto escapa a mi comprensión/a su competencia.* || prnl. Salirse un líquido o un gas de un depósito, una cañería, etc. || Marcharse una oportunidad o un transporte sin que uno pueda haberlo tomado: *se me escapó el tren.* || Pasar una cosa inadvertida o quedarse olvidada: *se nos escaparon varias erratas.* || Producirse una cosa de manera involuntaria: *escaparse una carcajada/un eructo.* || En dep., acelerar y adelantarse un competidor con el fin de continuar la carrera y llegar a la meta en solitario, venciendo. || FAM. escapada, escapatoria, escape, escapero, escapismo, escapista.

escaparate m. Hueco acristalado que hay en la fachada de las tiendas y que sirve para exhibir las mercancías o productos que se venden en ellas. || FAM. escaparatismo, escaparatista.

escaparatismo m. Técnica de colocar los objetos en el escaparate de manera atractiva o artística.

escaparatista com. Persona que se dedica a disponer artísticamente los objetos que se muestran en los escaparates.

escapatoria f. Forma o manera de evadirse o escaparse. || Excusa, modo de evadirse uno de un apuro en que se halla.

escape m. Salida o solución para un problema o una situación complicada, escapatoria. || Fuga de un gas o de un líquido por un orificio o una abertura pequeña. || En los motores de explosión, salida de los gases quemados, y tubo metálico que los conduce al exterior. || En inform., primera tecla de la fila superior del teclado de los ordenadores, que permite salir de un programa o terminar una acción. || **a escape** loc. adv. Rápidamente, a toda prisa: *ven a escape.*

escapero, ra m. y f. *amer.* Ladrón que echa a correr tras robar cualquier cosa.

escapismo m. Técnica ilusionista que consiste en lograr escapar de ataduras y cadenas que, en principio, parecen imposibles de abrir. || Tendencia a huir de la realidad para no afrontar los problemas.

escapista com. Ilusionista o mago que practica el escapismo.

escápula f. Omóplato. || FAM. escapular, escapulario.

escapulario m. Pequeño trozo de tela de forma cuadrangular en que aparece representada una imagen religiosa que usan los devotos como colgante, a modo de amuleto.

escaque m. Cada una de las casillas cuadradas e iguales, blancas y negras alternadamente, y a veces de otros colores, en que se divide el tablero de ajedrez y el del juego de damas. || pl. Juego de ajedrez.

escaquearse prnl. *col.* Eludir, evitar una tarea u obligación, escabullirse. || FAM. escaqueo.

escaqueo m. *col.* Evitación o elusión de hacer algo que resulta molesto o engorroso.

escara f. Costra oscura que resulta de la muerte de una parte del cuerpo afectada de gangrena, o profundamente quemada por la acción del fuego o de un cáustico.

escarabajo m. Nombre común de numerosos insectos coleópteros, con el cuerpo ovalado y patas cortas, de tamaño variable que oscila entre unos milímetros y 15 cm. Tienen las alas anteriores transformadas en élitros. || FAM. escarabajear, escarabajeo.

escaramujo m. Especie de rosal silvestre de la familia rosáceas, con las hojas algo agudas y sin vello y flores o rositas encarnadas. || Fruto de este arbusto, en forma de baya carnosa y roja, que se utiliza como astringente.

escaramuza f. Refriega, combate de poca importancia entre las avanzadillas de dos ejércitos. || Riña, pelea de poca importancia.

escarapela f. Adorno compuesto de cintas de varios colores, fruncidas o formando lazadas alrededor de un punto, componiendo un círculo o rosetón.

escarapelarse prnl. *amer.* Poner a uno la carne de gallina, horripilar. || FAM. escarapela.

escarbar tr. Remover repetidamente la superficie de la tierra, como hacen los animales con las patas o el hocico. También intr. || Investigar en algún asunto encubierto: *está escarbando en mi pasado.* || Limpiar los orificios o los intersticios de alguna cosa: *escarbarse los oídos.* || FAM. escarbadientes, escarbador, escarbadura.

escarceo m. Prueba o intento que se hace antes de realizar una determinada acción o de dedicarse por entero a algo: *en su juventud tuvo sus escarceos literarios.* || Divagación, rodeo, circunloquio. || Movimiento que hace el aire en la superficie del mar. || pl. Giros y vueltas que dan los caballos cuando están fogosos o cuando los obliga el jinete. || **escarceo amoroso** Aventura, relación amorosa superficial.

escarcha f. Rocío de la noche congelado. || FAM. escarchado, escarchar.

escarchar intr. Congelarse el rocío. || tr. Cubrir un objeto con una sustancia que semeje la escarcha. || Preparar confituras o bebidas alcohólicas a base de azúcar cristalizada.

escarda f. Limpia de los sembrados. || Época del año en que se quitan las malas hierbas y se preparan los terrenos para la siembra. || Azada pequeña con que se escarda o se limpia de hierbas la tierra.

escardar tr. Quitar o arrancar las hierbas nocivas de los sembrados. || Separar y apartar lo malo de lo bueno. || FAM. escarda, escardador, escardilla, escardillo.

escarificación f. Cortadura o incisión realizada con el fin de permitir la salida del cuerpo de líquidos o humores nocivos. || FAM. escarificar.

escarioso, sa adj. Se apl. al órgano de los vegetales que presenta un color amarillo u ocre, delgado y con forma parecida a la de las escamas.

escarlata f. Color rojo fuerte, pero menos que el de la grana. También adj. || FAM. escarlatina.

escarlatina f. Enfermedad infecciosa y contagiosa que afecta sobre todo a niños, caracterizada por una erupción de color rojo subido en la piel y por fiebre alta y afecciones de garganta.

escarmentar tr. Castigar o reprender con dureza al que ha obrado mal para que se corrija. || intr. Aprender uno de los errores propios o ajenos para evitar caer en ellos. ◆ **Irreg.** Se conj. como *acertar.* || FAM. escarmiento.

escarmiento m. Ejemplo o enseñanza que se extrae de la advertencia o la experiencia del daño, error o perjuicio que uno ha reconocido en sus acciones o en las ajenas. || Castigo, multa o pena que se impone con el fin de corregir.

escarnecer tr. Burlarse, mofarse de otro con el fin de humillarlo o ridiculizarlo. ◆ **Irreg.** Se conj. como *agradecer.* || FAM. escarnecedor, escarnecidamente, escarnecimiento, escarnimiento, escarnio.

escarnio m. Burla muy ofensiva y humillante que se hace con la intención de herir y ofender.

escarola f. Hortaliza cuyas hojas, de color verde claro, rizadas y de sabor amargo, se comen en ensalada. || FAM. escarolado.

escarpa f. Pendiente o declive pronunciado de un terreno. || Plano inclinado que forma la muralla de algunas fortificaciones. || FAM. escarpado, escarpadura, escarpe.

escarpado, da adj. Que tiene escarpa o gran pendiente. || Se apl. al terreno abrupto, accidentado y áspero al que es difícil acceder.

escarpia f. Clavo en ángulo recto o con forma de codo que sirve para sujetar lo que se cuelga de él. || FAM. escarpiador.

escarpín m. Calzado de una sola suela y de una sola costura. || Zapato de mujer, de tacón alto y embocadura redondeada. || *amer.* Zapatito de lana u otro hilo, sin suela, que se teje para que cubra el pie y el tobillo de los niños que aún no andan.

escasear intr. Faltar, no haber cantidad suficiente de algo.

escasez f. Falta de lo necesario, insuficiencia. || Mezquindad, pobreza de recursos o de esfuerzo con que se hace una cosa. || Carencia de lo necesario para cubrir las necesidades vitales, pobreza.

escaso, sa adj. Corto, insuficiente, limitado. || Con poca cantidad de algo: *andar escaso de dinero.* || Que no llega a ser completo algo que se expresa: *tiene cuatro años escasos.* || FAM. escasamente, escasear, escasez.

escatimar tr. Dar, usar o hacer algo lo mínimo posible.

escatología¹ f. Conjunto de teorías, creencias y doctrinas referentes a la vida de ultratumba. || FAM. escatológico.

escatología² f. Conjunto de anécdotas, chistes, etc., relacionados con los excrementos. || FAM. escatológico.

escatológico¹, ca adj. De la escatología o relativo al más allá.

escatológico², ca adj. De la escatología o relativo a los excrementos y suciedades.

escavar tr. Cavar ligeramente la tierra para ahuecarla y quitar la maleza y las malas hierbas.

escay m. Material plástico que semeja la piel o el cuero.

escayola f. Yeso calcinado que, mezclado con agua, se emplea como material plástico para modelar figuras o adornos. || Venda recubierta de este yeso que se utiliza para inmovilizar miembros lesionados o fracturados. || FAM. escayolar, escayolista.

escayolar tr. Enyesar, inmovilizar por medio de un vendaje de yeso o de escayola un miembro roto, dislocado, etc.

escayolista com. Persona que hace obras de escayola.

escena f. Escenario de un teatro, entarimado donde tiene lugar un espectáculo. || Cada una de las partes de que consta una obra dramática o una película y que representa una determinada situación, con los mismos personajes. || Arte de la interpretación teatral. || Teatro, género dramático. || Suceso o manifestación de la vida real que se considera espectáculo digno de atención. || Ambiente, conjunto de circunstancias espaciales y temporales en que tiene lugar una situación o un hecho: *escena deportiva europea.* || Actitud, manifestación exagerada o aparatosa fingida para impresionar: *no me hagas una escena porque no cederé.* || FAM. escenario, escénico, escenificar, escenografía.

escenario m. Sitio o parte de un teatro o de una sala en que se ejecutan espectáculos públicos y sobre el cual tiene lugar la actuación. || Conjunto de circunstancias que se consideran el entorno de una persona o suceso. || Lugar donde se desarrolla una acción o un acontecimiento: *escenario del crimen.*

escénico, ca adj. De la escena o relativo a ella.

escenificación f. Representación, puesta en escena de una obra dramática o musical o de un espectáculo.

escenificar tr. Dar forma dramática a una obra literaria para ponerla en escena. || Representar una obra dramática o un espectáculo. || Interpretar un papel, fingirlo. || FAM. escenificable, escenificación.

escenografía f. Arte de proyectar, planificar y realizar decoraciones escénicas. || Conjunto de decorados que se montan en el escenario. || Arte y técnica de acompasar a los bailarines y artistas, elegir sus movimientos y adecuarlos a la decoración escénica. || FAM. escenográficamente, escenográfico, escenógrafo.

escenógrafo, fa m. y f. Persona que se dedica profesionalmente a la escenografía.

escepticismo m. Doctrina que afirma que la verdad no existe, o que, si existe, el hombre es incapaz de conocerla. || Incredulidad o duda acerca de la verdad o eficacia de cualquier cosa. || FAM. escéptico.

escéptico, ca adj. Del escepticismo o relativo a esta doctrina. || adj. y s. Que duda o no cree en ciertas cosas: *escéptico con respecto al amor.* || Partidario de la doctrina del escepticismo.

escifozoo adj. y m. De los escifozoos o relativo a esta clase de cnidarios. || m. pl. Clase de cnidarios marinos, invertebrados, en cuyo ciclo vital predomina la fase medusa.

escindir tr. y prnl. Cortar, dividir, separar. || En fís., romper un núcleo atómico, generalmente mediante el bombardeo con neutrones, en dos porciones aproximadamente iguales, con el fin de liberar energía. || FAM. escindible, escisión, escisiparidad.

escisión f. Separación, ruptura, división. || Tipo de reproducción asexuada que se produce por división del organismo en dos o más partes. || Extirpación de un tejido o un órgano.

esclarecedor, ra adj. Que esclarece, aclara o explica: *argumentos esclarecedores.*

esclarecer tr. Resolver, poner en claro un asunto, explicar. || Iluminar, poner clara una cosa. || Ennoblecer, acreditar. || intr. Empezar a amanecer. ◆ **Irreg.** Se conj. como *agradecer.* || FAM. esclarecedor, esclarecidamente, esclarecido, esclarecimiento.

esclarecimiento m. Aclaración, explicación.

esclava f. Pulsera sin adornos y que no se abre.

esclavina f. Capa corta de cuero o tela que suelen llevar los peregrinos. || Pieza que suele llevar la capa, sobrepuesta y unida al cuello y que cubre los hombros. || Pieza del vestido que se superpone a otra prenda de abrigo, a modo de refuerzo o adorno en la zona del cuello y los hombros: *esclavina de visón.*

esclavismo m. Doctrina que defiende la esclavitud como régimen social.

esclavista adj. Del esclavismo o relativo a él. || adj. y com. Partidario de esta doctrina discriminatoria.

esclavitud f. Estado del esclavo, del que pertenece a un dueño. || Situación social en la que se acepta con naturalidad la existencia de esclavos. || Exagerada dependencia de algo o alguien.

esclavizar tr. Hacer esclavo a alguien. || Someter, dirigir con fuerza y duramente el comportamiento de alguien.

esclavo, va adj. y s. Se apl. a la persona que, por estar bajo el dominio jurídico de otra, carece de libertad. || Completamente sometido a un deber, pasión, afecto, vicio, etc., del que es incapaz de independizarse: *esclavo del tabaco/de la televisión/del juego.* || Obediente, enamorado. || FAM. esclava, esclavina, esclavismo, esclavista, esclavitud, esclavizar.

esclerénquima m. Tejido de sostén de los vegetales.

esclerófilo, la adj. Se apl. a la planta en la que el esclerénquima tiene gran desarrollo, por lo que se adapta con facilidad a climas secos, como el olivo y el alcornoque. También f., sobre todo en pl.

esclerósico, ca adj. Esclerótico, de la esclerosis o relativo a ella.

esclerosis f. Enfermedad que consiste en la atrofia o endurecimiento de cualquier tejido u órgano, por el excesivo desarrollo del tejido conjuntivo: *esclerosis múltiple.* || P. ext., embotamiento, anquilosamiento o rigidez de una facultad. ◆ No varía en pl. || FAM. esclerósico, escleroso, esclerótica, esclerótico, esclerotizar.

esclerótica f. La más externa de las tres membranas que recubren el globo del ojo, dura, opaca y de color blanquecino.

esclerótico, ca adj. De la esclerosis o relativo a esta enfermedad.

esclusa f. Compartimento cerrado dentro de un canal para aumentar o disminuir el nivel del agua para que los barcos puedan pasar por tramos con diferentes alturas.

escoba f. Utensilio para barrer el suelo, compuesto por un manojo o penacho de ramas, hilos o fibras flexibles sujetas a un mango. || Cierto juego de naipes que consiste en sumar quince puntos con una de las cartas propias y las que se necesiten de la mesa. || Mata papilonácea que crece hasta 2 m de altura, con muchas ramas angulosas que se utilizaban para fabricar escobas. ‖ **no vender una escoba** loc. *col.* Fracasar en una empresa o negocio. ‖ FAM. escobada, escobajo, escobazo, escobero, escobilla, escobón.

escobajo m. Raspa que queda del racimo después de quitarle las uvas.

escobazo m. Golpe dado con una escoba. ‖ Barrido rápido y superficial.

escobero m. Armario alto y estrecho que sirve para guardar las escobas y otros artículos, sobre todo de limpieza.

escobilla f. Escoba pequeña para limpiar, particularmente la que se emplea para el inodoro. ‖ Cualquier planta pequeña, como el brezo o similar, con la que se hacen escobas. ‖ Goma del limpiaparabrisas. ‖ Haz de hilos de cobre destinado a mantener el contacto, por rozamiento, entre dos partes de una máquina eléctrica. ‖ FAM. escobillar, escobillón.

escobillar tr. Limpiar o cepillar con la escobilla. ‖ intr. *amer.* En algunos bailes, zapatear suavemente como si se estuviese barriendo el suelo.

escobillón m. Utensilio formado por un palo fino y largo que termina en un cilindro con cerdas que se utiliza para limpiar el cañón de las armas de fuego.

escobón m. Escoba grande de palo grueso y largo que se usa para barrer y deshollinar. ‖ Escoba de mango muy corto.

escocedura f. Escozor, picor molesto. ‖ Irritación de la piel producida por frotamiento o por la acción del sudor.

escocer intr. Producirse una sensación muy desagradable de picor doloroso, parecida a la quemadura, en alguna parte del cuerpo. ‖ Causar algo este dolor. ‖ Sentirse uno molesto u ofendido por algo: *le escoció tu negativa.* También prnl. ‖ prnl. Irritarse una parte del cuerpo por el roce con algo. ♦ **Irreg.** Se conj. como *mover.* ‖ FAM. escocedura, escocimiento, escozor.

escocés, sa adj. y s. De Escocia o relativo a ese país británico. ‖ Aplicado a una tela o prenda, de cuadros de distintos colores. ‖ m. Lengua céltica que se habla en Escocia.

escocia f. Moldura cóncava cuya sección está formada por dos arcos de circunferencias distintas, y más ancha en su parte inferior. ‖ Curvatura que rellena la arista de unión entre una pared y el techo.

escoda f. Herramienta semejante al martillo con corte en ambos lados y un mango, que se utiliza para labrar piedras y picar paredes. ‖ FAM. escodar.

escofina f. Especie de lima, muy usada para desbastar.

escogencia f. *amer.* Acción y resultado de escoger, elección.

escoger tr. Tomar o elegir una o más cosas o personas entre otras: *escoger un candidato.* ‖ FAM. escogencia, escogido.

escogido, da adj. Selecto, de lo mejor entre los de su clase. ‖ FAM. escogidamente.

escolanía f. Conjunto de niños educados en algunos monasterios para ayudar en la iglesia y para el canto. ‖ Coro de niños que pertenecen a una iglesia, colegio o monasterio. ‖ FAM. escolano.

escolano m. Niño que canta en una escolanía o que pertenece a ella.

escolapio, pia adj. De las Escuelas Pías, orden católica fundada por san José de Calasanz en 1597, o relacionado con ellas. También s. ‖ m. y f. Religioso que pertenece a esta orden. ‖ Estudiante de alguna de las Escuelas Pías de los calasancios.

escolar adj. Del estudiante, de la escuela o relativo a ellos: *material/uniforme escolar, actividades escolares.* ‖ com. Alumno que cursa la enseñanza obligatoria.

escolaridad f. Tiempo durante el que un alumno asiste a la escuela o a cualquier centro de enseñanza. ‖ Conjunto de las enseñanzas y cursos que se imparten a los estudiantes en los establecimientos docentes.

escolarización f. Dotación de escuela y de todo lo necesario para que los niños puedan recibir la enseñanza obligatoria.

escolarizar tr. Proporcionar a alguien los medios necesarios para que reciba la enseñanza obligatoria. ‖ FAM. escolarización.

escolástica f. Doctrina de la Edad Media, iniciada por santo Tomás de Aquino, que organiza filosóficamente los dogmas de la Iglesia tomando como base los libros de Aristóteles. ‖ Tendencia a pensar que las opiniones o las ideologías clásicas y tradicionales son las únicas válidas y ciertas. ‖ FAM. escolásticamente, escolasticismo, escolástico.

escolasticismo m. Escolástica.

escolástico, ca adj. De la escolástica o relativo a esta doctrina o tendencia filosófica. ‖ adj. y com. Partidario de esta filosofía medieval.

escólex m. Órgano de fijación de los cestodos, provisto de ventosas, ganchos o tentáculos espinosos. ♦ No varía en pl.

escolio m. Anotación o aclaración que se escribe junto a un texto para explicar su contenido. ‖ FAM. escoliar.

escoliosis f. Desviación lateral de la columna vertebral. ♦ No varía en pl.

escollera f. Obra hecha con piedras o bloques de cemento u hormigón echados al fondo del agua para formar un dique de defensa contra el oleaje del mar.

escollo m. Peñasco o roca que está a flor de agua o que no se ve bien. ‖ Riesgo, situación de peligro. ‖ Dificultad, obstáculo. ‖ FAM. escollera.

escolopendra f. Miriápodo de hasta 20 cm de longitud, cuerpo brillante y numerosas patas dispuestas por parejas, que vive bajo las piedras y puede producir dolorosas picaduras mediante dos uñas venenosas que posee en la cabeza.

escolta com. Persona que acompaña a alguien o algo para protegerlo. ‖ f. Conjunto de las personas que acompañan, honran o protegen a alguien. ‖ Conjunto de las personas y los medios utilizados para escoltar a alguien o algo. ‖ FAM. escoltar.

escoltar tr. Acompañar a una persona o cosa para protegerla u honrarla.

escombrar tr. Limpiar de escombros para dejar el lugar limpio y liso. ‖ Limpiar de obstáculos o basura algún sitio.

escombrera f. Conjunto de escombros o desechos. ‖ Sitio donde se echan los escombros.

escómbrido adj. y m. De los escómbridos o relativo a esta familia de peces. ‖ m. pl. Familia de peces alargados, más anchos en su centro, de color azul y hocico puntiagudo, que habitan en mares templados, como el atún o la caballa.

escombro m. Conjunto de desechos de una obra, de un edificio derribado o de una mina. Más en pl. ‖ FAM. escombrar, escombrera.

esconder tr. y prnl. Ocultar a una persona o cosa, ponerla donde sea difícil encontrarla. ‖ Encerrar, incluir y contener en su interior algo que no es evidente o manifiesto: *sus palabras escondían una amenaza.* ‖ **tirar la piedra y esconder la mano** loc. *col.* Causar un daño o perjuicio a uno y no hacerse responsable de él o negarlo. ‖ FAM. escondidizo, escondido, escondimiento, escondite, escondrijo.

escondidas (a) loc. adv. Sin ser visto, ocultamente: *se fue a escondidas.*

escondido, da adj. Oculto, difícil de encontrar: *tesoro escondido.* ‖ m. *amer.* Danza criolla muy antigua, de una sola pareja. ‖ m. y f. pl. *amer.* Escondite, juego de niños. ‖ FAM. escondidamente.

escondite m. Lugar donde esconderse u ocultar algo, escondrijo. ‖ Juego que consiste en encontrar al que se ha escondido.

escondrijo m. Rincón o lugar oculto y retirado apropiado para esconderse o esconder algo.

escoñar tr. y prnl. *vulg.* Romper, estropear o destrozar algo. ‖ *vulg.* Tener alguien una caída, un accidente, un golpe, etc.

escopeta f. Arma de fuego portátil, con uno o dos cañones de 70 a 80 cm de largo montados en una pieza de madera, que suele usarse para cazar. ‖ FAM. escopetado, escopetazo, escopetear, escopetero.

escopetado, da adj. *col.* Que tiene mucha prisa.

escopetazo m. Disparo hecho con una escopeta. ‖ Ruido originado por el mismo. ‖ Herida y daño producidos por el disparo de la escopeta. ‖ *col.* Noticia o hecho desagradable o inesperado.

escoplo m. Herramienta de hierro acerado, con mango de madera y boca formada por un bisel, que utilizan el carpintero y el escultor para modelar. ‖ Instrumento que se usa para cortar huesos. ‖ FAM. escopladura, escopleadura.

escora f. Inclinación que toma un buque. ‖ Cada uno de los puntales que sostienen los costados del buque que está en construcción. ‖ FAM. escorar, escorar.

escorar tr. Apuntalar un barco con escoras. ‖ Hacer que un buque se incline de costado. También intr. y prnl. ‖ Torcer, inclinar. ‖ intr. Alcanzar la marea su nivel más bajo.

escorbuto m. Enfermedad producida por la carencia de vitamina C en la alimentación, que causa anemia, debilidad, manchas en la piel y hemorragias. ‖ FAM. escorbútico.

escorchar tr. Quitar la piel o la corteza. ‖ *amer.* Incordiar, molestar a alguien.

escoria f. Sustancia vítrea que flota en el crisol de los hornos de fundir metales, que procede de las impurezas. ‖ Trozos de hierro candente que saltan al golpearlo con un martillo. ‖ Lava esponjosa de los volcanes. ‖ Residuo esponjoso que queda tras la combustión del carbón. ‖ *desp.* Persona o cosa vil y despreciable. ‖ FAM. escorial.

escoriar tr. Excoriar. ‖ FAM. escoriación.

escornar tr. Arrancar los cuernos de una res o un venado. ‖ prnl. *vulg.* Trabajar esforzadamente y durante muchas horas diarias: *se escurna para sacar adelante a su familia.* ‖ *col.* Caerse, tener un accidente, sufrir un golpe. ◆ **Irreg.** Se conj. como *contar.*

escorpeniforme adj. y m. De los escorpeniformes o relacionado con este orden de peces. ‖ m. pl. Orden de peces osteíctios que se caracterizan por presentar una osificación cutánea que en ocasiones recubre totalmente el cuerpo, como el cabracho y la gallineta.

escorpio n. p. m. Escorpión, signo del Zodiaco. Se escribe con mayúscula. ‖ adj. y com. Escorpión, persona nacida bajo este signo.

escorpión m. Arácnido con cuatro pares de patas y la parte posterior en forma de cola que acaba en un aguijón venenoso. ‖ Uno de los signos del Zodiaco, al que pertenecen las personas que han nacido entre el 24 de octubre y el 22 el noviembre. ◆ Se escribe con mayúscula. ‖ adj. y com. Se apl. a la persona que ha nacido bajo este signo.

escorrentía f. Corriente de agua que rebosa su depósito o cauce natural o artificial. ‖ Erosión producida por una corriente de agua. ‖ Agua de lluvia que discurre por un terreno.

escorzo m. Perspectiva que se utiliza en pintura para representar figuras perpendicularmente al lienzo o al papel. ‖ Figura que tiene una parte girada con respecto al resto del cuerpo. ‖ FAM. escorzar.

escota f. Cabo que sirve para tensar las velas de una embarcación.

escotado, da adj. Que tiene escote o lo lleva.

escotadura f. Escote de una prenda de vestir. ‖ En los teatros, abertura grande que se hace en el tablado del escenario para las tramoyas. ‖ Entrante que queda en una cosa cuando a esta le falta un trozo.

escote[1] m. Abertura en una prenda de vestir por la que asoma el cuello y parte del pecho o de la espalda. ‖ Parte del busto que deja descubierta una prenda de vestir. ‖ FAM. escotado, escotadura, escotar.

escote[2] m. Parte que corresponde pagar a cada uno en un gasto común. ‖ **a escote** loc. adv. Pagando cada uno lo que le corresponde en un gasto común.

escotilla f. Cada una de las aberturas que hay en la cubierta de un buque, carro de combate, avión, etc., que se utiliza para entrar o salir de él o para airearlo.

escozor m. Sensación molesta o dolorosa de picor y quemazón, semejante a la que produce una quemadura. ‖ Sentimiento causado por una pena o una ofensa.

escrachar tr. *amer.* Romper, hacer pedazos algo. ‖ *amer.* Pegar a alguien reiteradamente y con dureza.

escriba m. Doctor o intérprete de la ley entre los hebreos. ‖ com. Copista, amanuense.

escribanía f. Conjunto de objetos que sirven para escribir, generalmente compuesto de tintero, una pluma y otras piezas, colocado en un pie o platillo. ‖ Mueble donde se ordenan los objetos y papeles que sirven para escribir, sobre todo correspondencia. ‖ Oficio, cargo y despacho u oficina del escribano.

escribano, na m. y f. Escribiente, escriba. ‖ amer. Notario. ‖ m. Funcionario público autorizado para dar fe de las escrituras y demás actos que pasaban ante él. ‖ FAM. escriba, escribanía.

escribiente com. Persona que se dedica profesionalmente a copiar escritos ajenos, o escribir al dictado.

escribir tr. e intr. Representar conceptos o ideas mediante letras o signos convencionales. ‖ Componer música y trazar en el pentagrama sus notas y demás signos. ‖ Componer libros, discursos, etc. ‖ Comunicar a uno por escrito alguna cosa. ‖ Manchar de tinta una hoja un bolígrafo, una pluma, etc.: *este rotulador no escribe.* ◆ p. p. irreg.: *escrito.* ‖ FAM. escribano, escribiente, escrito, escritor, escritorio, escritura.

escrito m. Carta, documento o cualquier papel manuscrito, mecanografiado o impreso. ‖ Obra o composición científica o literaria. ‖ **no está en los escritos** loc. Que nunca se ha visto ni conocido: *lo que yo he sufrido no está en los escritos.* ‖ **por escrito** loc. adv. Mediante escritura, por medio de un texto.

escritor, ra m. y f. Persona que escribe. ‖ Autor de obras escritas o impresas. ‖ FAM. escritorzuelo.

escritorio m. Mueble para guardar papeles que, generalmente, tiene una tapa para que, abierta, se escriba sobre ella. ‖ Oficina, despacho.

escritura f. Representación por medio de letras o signos de una idea o concepto. ‖ Forma con que cada uno escribe. ‖ Sistema utilizado para escribir: *escritura cuneiforme.* ‖ Documento público que especifica un acuerdo y que firman los interesados ante el notario que da fe de ello *escritura de un piso.* ‖ Obra escrita. ‖ Escrito, carta o documento. ‖ pl. Conjunto de los libros que conforman la Biblia o el Antiguo Testamento. ◆ Se escribe con mayúscula. ‖ FAM. escriturar, escriturario.

escriturar tr. Hacer constar con escritura pública y en forma legal un otorgamiento o un hecho: *escriturar una casa.*

escrófula f. Inflamación de los ganglios linfáticos, acompañada de un estado de debilidad general que predispone a contraer enfermedades infecciosas y sobre todo la tuberculosis.

escrofuláceo, a adj. y f. De las escrofuláceas o relativo a esta familia de plantas. ‖ f. pl. Familia de hierbas o arbustos angiospermos monocotiledóneos, de hojas opuestas, flores con pétalos fusionados y fruto en cápsula, como la digital.

escroto m. Bolsa formada por la piel que cubre los testículos de los mamíferos. ‖ FAM. escrotal.

escrúpulo m. Duda, temor o recelo sobre si una cosa es o no cierta, moral, justa, etc. ‖ Aprensión, asco hacia alguna cosa, especialmente alimentos. ‖ Escrupulosidad, exactitud, esmero. ‖ FAM. escrupulosidad, escrupuloso.

escrupulosidad f. Exactitud, esmero y minuciosidad con que se efectúan las cosas o se cumplen los deberes que uno tiene.

escrupuloso, sa adj. Que realiza la función o el trabajo que se le encomienda con cuidado, esmero y minuciosidad. ‖ Que duda o teme sobre la veracidad o existencia de una cosa. ‖ Que siente o suele sentir asco o aprensión hacia las cosas. ‖ Que causa o provoca escrúpulos. ‖ FAM. escrupulosamente.

escrutar tr. Indagar, escudriñar, examinar detalladamente. ‖ Computar los votos para elecciones y otros actos análogos. ‖ FAM. escrutador, escrutinio.

escrutinio m. Examen o análisis exacto y minucioso que se hace de algo. ‖ Recuento, cómputo que se hace de los votos de una elección o de los boletos o billetes premiados en un juego.

escuadra f. Instrumento de figura de triángulo rectángulo, o compuesto solamente de dos reglas que forman ángulo recto, que se usa para dibujar. ‖ Pieza de hierro u otro metal compuesta por dos ramas acodadas o en ángulo recto que sirve para asegurar las uniones en ángulo de cualquier estructura. ‖ En dep., cada uno de los ángulos superiores de una portería. ‖ Unidad formada por un pequeño grupo de soldados a las órdenes de un cabo. ‖ Conjunto de buques de guerra que se destinan a un determinado servicio y están bajo las órdenes de un almirante. ‖ **a** o **en escuadra** loc. adj. En ángulo recto. ‖ FAM. escuadrar, escuadría, escuadrilla, escuadrón.

escuadrar tr. Disponer o formar un objeto de modo que sus caras planas formen entre sí ángulos rectos.

escuadrilla f. Escuadra o grupo de buques pequeños. ‖ Conjunto de aviones que vuelan juntos dirigidos por un jefe.

escuadrón m. Unidad de caballería mandada normalmente por un capitán. ‖ Unidad del cuerpo de aviación equiparable en importancia al batallón terrestre. ‖ Unidad formada por un grupo numeroso de aeronaves que llevan a cabo una misma función.

escuálido, da adj. Flaco, macilento, esquelético. ‖ Sucio, asqueroso. ‖ adj. y m. De los escuálidos o relativo a esta familia de peces. ‖ m. pl. Familia de peces condrictios que tienen el cuerpo fusiforme, hendiduras branquiales laterales detrás de la cabeza y cola robusta, con espinas delante de las aletas dorsales, como la mielga. ‖ FAM. escualidez, escualo.

escualo m. Tiburón.

escucha f. Percepción de sonidos de manera voluntaria y atenta. ‖ com. Centinela que se adelanta de noche a las líneas enemigas para observar sus movimientos. ‖ Persona dedicada a escuchar las emisiones para tomar nota de los defectos o de la información que se emite. ‖ **escucha telefónica** Acto de interceptar y grabar conversaciones telefónicas de otras personas sin su conocimiento, subrepticiamente. ‖ **a la escucha** loc. adv. Con los verbos *estar, ponerse, permanecer* y afines, atento a lo que se pueda oír.

escuchar intr. Aplicar el oído para oír. ‖ tr. Prestar atención a lo que se oye. ‖ Atender a un aviso, consejo o sugerencia: *escuchó sus súplicas.* ‖ amer. Oír, percibir sonidos. ‖ prnl. Hablar o recitar con pausas afectadas demostrando gusto por lo que se dice y por cómo se dice: *le encanta escucharse*. || FAM. escucha, escuchón.

escuchimizado, da adj. *col.* Muy flaco, con aspecto débil.

escudar tr. Resguardar con el escudo, oponiéndolo al golpe del contrario. También prnl. || tr. Resguardar y defender a una persona del peligro que le está amenazando. || prnl. Valerse uno de algún medio como justificación para salir de un riesgo o compromiso: *se escudó en su dolor de cabeza para librarse de él*. || FAM. escudado.

escudella f. Plato rústico catalán compuesto por alubias, patatas, verduras, fideos o arroz y otros ingredientes cocidos, llamado así porque ese es el nombre del cuenco o tazón en que se servía y comía.

escudería f. Conjunto de automóviles o motos de un mismo equipo de carreras. || Oficio y cargo del escudero.

escudero m. Paje o sirviente que llevaba el escudo y el sable al caballero mientras este no lo usaba. || El que, mediante paga, servía y asistía a un señor o persona de distinción. || El que por su sangre es noble y distinguido o está emparentado con una familia o casa ilustre, y como tal es reconocido y tratado. || El que hacía escudos.

escudilla f. Tazón sin asa, cuenco, vasija ancha y semiesférica en la que se sirve el caldo. || *amer.* Taza para el café y otras infusiones.

escudo m. Arma defensiva de metal, madera o cuero para cubrirse y resguardar el cuerpo, que se llevaba en el brazo izquierdo. || Persona o cosa que sirve de protección o parapeto: *tomó un rehén como escudo*. || Superficie o espacio con el emblema o las armas de una nación, de una ciudad, de una familia, de una corporación o asociación, etc. || Antigua moneda española de oro y, después, de plata. || Moneda chilena vigente desde 1959 hasta 1974. || Unidad monetaria de Cabo Verde y antigua de Portugal. || Plancha metálica que rodea la cerradura y que sirve para proteger la puerta de los arañazos de la llave. || Plataforma compuesta por rocas consolidadas que constituye el núcleo de los continentes. || FAM. escudar, escudería, escuderil, escudero.

escudriñar tr. Examinar, indagar y averiguar algo con cuidado y atención. || FAM. escudriñable, escudriñador, escudriñamiento.

escuela f. Establecimiento donde se imparte enseñanza, especialmente la obligatoria, colegio. || Establecimiento donde se imparte cualquier tipo de enseñanza: *escuela de ingenieros/de adultos/técnica*. || La enseñanza que se imparte: *escuela primaria/de natación*. || Conjunto de profesores y alumnos de una misma enseñanza. || Método o estilo peculiar de cada maestro: *este profesor es de la antigua escuela*. || Conjunto de discípulos e imitadores de una persona o de su doctrina, arte, etc.: *escuela kantiana/velazqueña* || Conjunto de caracteres comunes que en arte distinguen ciertas obras de las demás de una época, región: *escuela burgalesa/escuela romántica*. || Cualquier cosa que enseña o sirve de ejemplo o de experiencia. || FAM. escolanía, escolar, escolaridad, escolarización, escolarizar, escolástica, escuelante, escuelero.

escuelante, ta o **escuelero, ra** m. y f. *amer.* Escolar, alumno de una escuela. || Profesor o maestro de una escuela.

escuerzo m. Sapo. || *col.* Persona flaca y escuchimizada.

escueto, ta adj. Sin adornos, sencillo, estricto, especialmente referido al lenguaje y al arte: *instrucciones escuetas*. || FAM. escuetamente.

escuincle, cla m. y f. *amer.* Niño, chiquillo.

esculpir tr. Labrar a mano una obra de escultura, sobre todo en piedra, metal o madera. || Grabar, labrar en hueco o en relieve sobre una superficie dura.

escultismo m. Movimiento internacional fundado a principios del siglo XX por Baden Powell, que pretende la educación integral de los niños y jóvenes por medio del contacto con la naturaleza y con los demás miembros de la comunidad. || FAM. escultista.

escultista adj. Del escultismo o relativo a este movimiento. || adj. y com. Partidario del escultismo o que lo practica.

escultor, ra m. y f. Artista que se dedica a la escultura.

escultórico, ca adj. De la escultura o relativo a esta especialidad artística.

escultura f. Arte de modelar, tallar y esculpir figuras a partir de un material cualquiera. || Obra esculpida. || FAM. escultor, escultórico, escultural.

escultural adj. De la escultura o relativo a ella. || Que tiene las proporciones o los caracteres bellos de una escultura.

escupidera f. Pequeño recipiente de loza, metal, madera, etc., que sirve para escupir en él. || *amer.* Orinal. || **pedir la escupidera** loc. *amer.* Acobardarse, tener miedo. || *amer.* Sentirse derrotado, considerarse vencido.

escupidor m. *amer.* Escupidera. || *amer. col.* Felpudo.

escupir intr. Arrojar saliva por la boca. || tr. Arrojar con la boca algo como escupiendo: *escupió cuatro gritos*. || Despedir o arrojar con violencia una cosa: *el volcán escupe lava*. || Echar de sí con desprecio una cosa, teniéndola por mala o sucia. || Rechazar, no aceptar un cuerpo una sustancia: *esta madera escupe el barniz*. || *vulg.* Confesar, decir lo que uno sabe: *le hicieron escupir todo en el interrogatorio*. || FAM. escupidera, escupidor, escupidura, escupitajo, escupitinajo.

escupitajo o **escupitinajo** m. *col.* Salivazo, esputo, flema que se escupe.

escurreplatos m. Utensilio de cocina con una rejilla en la que se colocan verticalmente los platos fregados para que escurran antes de guardarlos. ◆ No varía en pl.

escurridero m. Lugar a propósito para poner a escurrir alguna cosa. || Lugar donde se puede uno escurrir fácilmente.

escurridizo, za adj. Que se escurre fácilmente. || Que hace escurrir o resbalar.

escurrido, da adj. Se dice de la persona estrecha de caderas. || Se apl. a la hoja cuya base corre o se extiende por ambos lados hacia abajo por el tallo. || *amer.* Confuso, complicado.

escurridor m. Colador de agujeros grandes para escurrir los alimentos recién lavados o cocidos. || Dispositivo de que constan algunas lavadoras cuya función es secar la ropa. || Escurreplatos.

escurridura f. Últimas gotas de un líquido que han quedado en un recipiente. Más en pl.

escurrir tr. Apurar las últimas gotas de un líquido que han quedado en recipiente. || Hacer que una cosa que tiene líquido lo suelte. También prnl.: *se escurrió la camisa empapada*. || intr. Destilar y caer gota a gota el líquido de algo: *pon los platos a escurrir*. || Resbalar, deslizar. También prnl. || prnl. Escabullirse, huir de algún lugar: *el ladrón se escurrió entre las sombras*. || Esquivar algún riesgo, dificultad, etc. || FAM. escurreplatos, escurridero, escurridizo, escurrido, escurridor, escurridora, escurridura, escurrimiento.

escusado, da adj. Reservado o separado del uso común. || m. Retrete, letrina, aseo.

escúter m. *Scooter*.

escutismo m. Escultismo, movimiento juvenil. || FAM. escultista.

esdrújulo, la adj. y f. Se apl. a la palabra o al vocablo que lleva su acento prosódico en la antepenúltima sílaba, como, p. ej., *éxtasis, muchísimo* o *sílaba*.

ese¹ f. Nombre de la letra *s*. || Cualquier cosa que tiene forma curvilínea como la letra *s*: *esta carretera tiene muchas eses; camina haciendo eses*.

ese², a, o, as, os Formas del pron. dem. en los tres géneros: m., f. y neutro, y en ambos números: sing. y pl., que designan lo que, física o mentalmente, está cerca de la persona con quien se habla o representan lo que acaba de mencionar: *quiero ese de ahí; me lo dijo esa señora*. ◆ Las formas m. y f. también son adj.: *ese parque, esa clase*. Puede ir pospuesto al sustantivo, si a este le precede un artículo determinado, y entonces adquiere matiz despectivo: *el perro ese qué mal educado está*. Aunque se recomienda siempre su uso sin tilde, las formas m. y f. pueden llevarla para indicar que son pronombres en contextos ambiguos, p. ej., cuando van delante de formas que pueden ser verbo y sustantivo: *ésa cuenta mejor*. El pron. dem. neutro *eso* nunca lleva tilde y no tiene pl. || **a eso de** loc. adv. Aproximadamente a: *comeremos a eso del mediodía*. || **en eso** loc. adv. Entonces, en ese momento: *en eso llegó su hermano*. || **eso que** loc. conjunt. advers. A pesar de que, aunque: *siempre llega tarde, y eso que se despierta el primero*. || **ni por esas** loc. adv. *col.* De ninguna manera, de ningún modo. || **y eso** loc. *col.* Expresión con la que se da por finalizado un relato, una enumeración, etc.

esencia f. Conjunto de características necesarias e imprescindibles para algo o alguien sea lo que es: *la esencia de la amistad es la confianza*. || Lo más importante de algo. || Extracto o concentrado que se obtiene de una sustancia. || Perfume líquido con gran concentración de sustancias aromáticas. || **quinta esencia** Quinto elemento que consideraba la filosofía antigua en la composición del universo, especie de éter sutil y purísimo del que estaban formados los cuerpos celestes. || Entre los alquimistas, principio fundamental de la composición de los cuerpos. || Lo más puro, lo más fino de una cosa. ◆ También se escribe *quintaesencia*. || FAM. esencial, esencialidad, esencialismo, esenciero.

esencial adj. De la esencia o relativo a ella: *elemento, pregunta esencial*. || Sustancial, imprescindible. || FAM. esencialmente.

esfenisciforme adj. y f. De las esfenisciformes o relativo a este orden de aves. || f. pl. Orden de aves marinas, llamadas vulgarmente pingüinos, que viven en las zonas meridionales del planeta y se caracterizan por tener las patas palmeadas y sus alas adaptadas a la natación.

esfenoides adj. y m. Se apl. al hueso que está enclavado en la base del cráneo de los mamíferos y forma las cavidades nasales y las órbitas de los ojos. ◆ No varía en pl. || FAM. esfenoidal.

esfera f. Sólido terminado por una superficie curva cuyos puntos equidistan todos de otro interior llamado centro. || Círculo en que giran las manecillas del reloj. || Clase o condición de una persona: *pertenece a las altas esferas*. || Ámbito, espacio al que alcanza la influencia, la acción de algo o alguien, competencia. || **esfera armilar** Instrumento astronómico compuesto de aros, graduados o no, que representan las posiciones de los círculos más importantes de la esfera celeste y en cuyo centro suele colocarse un pequeño globo que figura la Tierra. || **esfera celeste** Esfera ideal, concéntrica con la terráquea, y en la cual se mueven aparentemente los astros. || **esfera terrestre** o **terráquea** Tierra, planeta donde vive el hombre. || Esfera en cuya superficie se disponen las tierras y mares que hay en nuestro planeta. || FAM. esferal, esfericidad, esférico, esferoide.

esférico, ca adj. De la esfera o relativo a ella. || Que tiene forma de esfera. || m. En dep., balón, pelota de reglamento.

esferográfico, ca o **esferógrafo, fa** m. y f. *amer.* Bolígrafo o estilográfica.

esferoidal adj. Que tiene figura o forma de esferoide.

esferoide m. Cuerpo sólido que tiene forma semejante a la de la esfera, sin que su curvatura sea regular.

esfinge f. Monstruo fabuloso con cabeza, cuello y pecho de mujer y cuerpo y pies de león. || Mariposa nocturna de alas largas con dibujos de color oscuro. || Persona silenciosa, que no participa en las actividades comunes.

esfínter m. Músculo anular que abre y cierra algún orificio del cuerpo, como el de la vejiga de la orina o el del ano.

esforzado, da adj. Valiente, decidido, luchador. || FAM. esforzadamente.

esforzar prnl. Hacer esfuerzos con algún fin. ◆ Se construye con la prep. *en: se esforzó en no reírse*. || tr. Animar, dar o comunicar fuerza o vigor a otro. ◆ **Irreg.** Se conj. como *contar*. || FAM. esforzado, esfuerzo.

esfuerzo m. Acción enérgica del cuerpo o del espíritu para conseguir algo. || Empleo de elementos costosos en la consecución de algún fin. || Ánimo, valor, fuerza.

esfumar tr. Difuminar. || prnl. Disiparse, desvanecerse: *se esfumaron los problemas*. || *col.* Escabullirse, marcharse disimulada y rápidamente de un lugar. || FAM. esfumado, esfumato, esfuminar, esfumino.

esgrima f. Arte y técnica de manejar la espada, el sable y otras armas blancas, y deporte en el que se practica con las modalidades de espada, sable y florete. || FAM. esgrimista.

esgrimir tr. Manejar la espada, el sable y otras armas blancas defendiéndose de los golpes del contrario y atacándolo. || Utilizar algo material o inmaterial para el logro de algún objetivo: *esgrimió un argumento contundente.* || FAM. esgrima.

esgrimista com. Persona que practica el deporte de la esgrima.

esguince m. Torcedura de las fibras musculares de una articulación: *esguince cervical/de tobillo.* || Ademán que se hace con el cuerpo para evitar un golpe o una caída.

eslabón m. Pieza con forma de aro o anillo que, enlazada con otras semejantes, forma una cadena. || Elemento necesario para el enlace y la sucesión de acciones, hechos, etc. || Hierro acerado que se golpea con un pedernal para provocar chispas. || FAM. eslabonadamente, eslabonamiento, eslabonar.

eslalon m. Modalidad del deporte del esquí que consiste en bajar deslizándose por una pendiente marcada con pasos obligados en el menor tiempo posible. pl. *eslálones.*

eslavo, va adj. y s. De un pueblo antiguo que se extendió principalmente por el nordeste de Europa, de los que proceden de él o relacionado con ellos. || m. Lengua de origen indoeuropeo de los antiguos eslavos y las derivadas de ella, como la rusa, la búlgara o la polaca. || FAM. eslavismo, eslavista.

eslip m. *Slip.*

eslogan m. Fórmula o frase breve con fin publicitario o propagandístico, generalmente aguda y fácil de recordar. || Lema. ◆ pl. *eslóganes.*

eslora f. Longitud de la nave desde la proa a la popa por dentro de la cubierta.

eslovaco, ca adj. y s. De Eslovaquia o relativo a este país europeo que formaba parte de la antigua República de Checoslovaquia.

esloveno, na adj. y s. De Eslovenia o relativo a este país europeo que formaba parte de la antigua Yugoslavia. || m. Lengua de origen eslavo hablada en Eslovenia.

esmaltar tr. Cubrir con esmalte alguna cosa. || Adornar, engalanar.

esmalte m. Barniz vítreo que se apl. a la porcelana, loza, metales, etc., para decorar. || Objeto que ha sido esmaltado. || Color azul que se hace fundiendo vidrio con óxido de cobalto y moliendo la pasta que resulta. || Laca, cosmético para colorear las uñas. || Materia muy dura que cubre y protege el marfil de los dientes. || FAM. esmaltador, esmaltar.

esmerado, da adj. Que hace las cosas con esmero, cuidado y atención. || Que está hecho con esmero y cuidado. || FAM. esmeradamente.

esmeralda f. Piedra preciosa compuesta de silicato de alúmina y glucina, más dura que el cuarzo y teñida de verde por el óxido de cromo. || adj. y m. Que tiene el color de esta piedra. ◆ Suele emplearse solo en sing., como sustantivo en aposición: *ojos esmeralda.* || FAM. esmeraldino.

esmerarse prnl. Poner sumo cuidado y atención en la realización de algo. ◆ Se construye con la prep. *en: se ha esmerado en la limpieza.* || Obrar adecuadamente y con acierto. ◆ Se construye con la prep. *con: intentó esmerarse con su suegra.* || FAM. esmerado.

esmeril m. Roca negruzca formada por corindón granoso, mica y hierro oxidado que, por su extrema dureza, se utiliza para pulimentar metales, labrar piedras preciosas, etc. || FAM. esmerilado, esmerilar.

esmerilar tr. Pulir algo o deslustrar el vidrio con esmeril.

esmero m. Sumo cuidado y atención que se pone en hacer las cosas. || FAM. esmerarse.

esmiláceo, a adj. y f. Se apl. a ciertas hierbas o matas liliáceas, de hojas pecioladas o envainadoras, pequeñas y reemplazadas a menudo por ramos filiformes espinosos, flores poco notables, fruto en baya y raíz subterránea y de tallo horizontal, como el espárrago y la zarzaparrilla.

esmirriado, da adj. *col. desp.* Flaco, debilucho, con aspecto enfermizo.

esmoquin m. Prenda masculina de etiqueta parecida al frac pero con la chaqueta sin faldones.

esmorecer intr. *amer.* Desfallecer, ahogarse, perder el aliento, sobre todo a causa de la risa o del llanto. También prnl. ◆ **Irreg.** Se conj. como *agradecer.*

esnifada f. En lenguaje de la droga, aspiración por la nariz de cocaína u otra sustancia análoga. || Dosis de droga que se aspira de una vez.

esnifar tr. Absorber o aspirar cocaína u otra droga en polvo por la nariz. || FAM. esnifada.

esnob adj. y com. *desp.* Que adopta o imita las costumbres, los gustos y las tendencias que considera distinguidos o de moda. ◆ pl. *esnobs.* || FAM. esnobismo, esnobista.

esnobismo m. *desp.* Exagerada admiración por todo lo que está de moda o se considera distinguido y elegante.

esófago m. Conducto del sistema digestivo que va desde la faringe hasta el estómago y por el que pasan los alimentos. || FAM. esofágico.

esotérico, ca adj. Oculto, secreto, reservado a unos pocos. || Que es impenetrable o de difícil comprensión. || Se apl. a la doctrina que los filósofos de la Antigüedad no comunicaban más que a algunos de sus discípulos y, p. ext., a cualquier doctrina que se enseña solo a los iniciados. || FAM. esoterismo.

esoterismo m. Cualidad de lo que es esotérico, misterioso o enigmático. || Estudio de las ciencias ocultas y parapsicológicas.

espabilado, da adj. Que no tiene sueño cuando debe dormir. || Vivo, listo, despejado: *este niño es muy espabilado para su edad.*

espabilar tr. Hacer desaparecer el sueño, despejar. También prnl.: *tómate un café, a ver si te espabilas.* || Avivar y ejercitar el entendimiento o el ingenio. También prnl. || Despachar brevemente o acabar rápidamente algo. || Quitar la pavesa o la parte ya quemada del pabilo para avivar la luz. || intr. Darse prisa, apresurarse: *espabila, que se te va a ir el tren.* || FAM. espabilado.

espachurramiento m. *col.* Acción y resultado de espachurrar.

espachurrar tr. *col.* Aplastar una cosa estrujándola o apretándola con fuerza. También prnl. || *col.* Estropear una historia o relato por torpeza de quien lo cuenta. || *col.* Dejar a alguien cortado sin que pueda replicar. || FAM. espachurramiento.

espaciado m. Separación que se deja entre dos cosas.

espaciador m. En las máquinas de escribir o en el teclado de los ordenadores, tecla que se pulsa para dejar espacios en blanco.

espacial adj. Del espacio o relativo a él: *magnitud, nave espacial.*

espaciar tr. Separar, poner espacio entre dos cosas o personas en el lugar o en el tiempo. También prnl.: *aunque eran muy amigos, se fueron espaciando.* || Separar las dicciones, las letras o los renglones con espacios. || FAM. espaciado, espaciador, espaciamiento.

espacio m. Extensión del universo donde están contenidos todos los objetos sensibles que coexisten. || Lugar de esa extensión que ocupa cada objeto sensible. || Distancia o separación entre dos cosas o personas. || Sitio o lugar. || Distancia recorrida o tiempo transcurrido *el espacio que hay entre su casa y la mía; caminó por espacio de dos horas.* || Programa de televisión o radio: *espacio informativo.* || Cada una de las separaciones que hay entre las líneas de un texto no manuscrito. || En mús., cada una de las separaciones que hay entre las rayas de un pentagrama. || **espacio aéreo** Parte de la atmósfera donde tiene lugar el vuelo de las aeronaves y que está sometida a la jurisdicción del Estado que cubre. || **espacio vital** Ámbito territorial que necesitan las colectividades y los pueblos para desarrollarse. || FAM. espacial, espaciar, espacioso.

espaciosidad f. Gran amplitud o capacidad de una cosa.

espacioso, sa adj. Amplio, dilatado, vasto. || Lento, pausado. || FAM. espaciosamente, espaciosidad.

espaciotemporal adj. De las magnitudes del espacio y del tiempo referido juntamente a ellas: *relación, recorrido espaciotemporal.*

espada f. Arma blanca larga, recta, aguda y cortante, con empuñadura y guarnición. || Carta que pertenece a este palo de la baraja. || pl. Palo de la baraja española. || com. Torero, diestro. || Persona diestra en el manejo de esta arma, espadachín. || **espada de Damocles** Peligro o amenaza que pueden hacerse efectivos en cualquier momento. || **entre la espada y la pared** loc. *col.* En una situación comprometida, en un dilema, con la obligación de escoger. || FAM. espadachín, espadaña, espadería, espadero, espadín, espadista, espadón.

espadachín, ina m. y f. Persona que sabe manejar bien la espada.

espadaña f. Campanario de una sola pared en la que están abiertos los huecos para colocar las campanas. || Nombre común de diversas plantas herbáceas de la familia de las tifáceas, de 1,50 a 3 m de altura, con las hojas en forma casi de espada, el tallo largo a manera de junco y con una mazorca cilíndrica al extremo. || FAM. espadañal.

espagueti m. Pasta alimenticia de harina en forma de cilindros macizos, más gruesos y largos que los fideos. Más en pl.

espalda f. Parte posterior del cuerpo humano, desde los hombros hasta la cintura. || Parte del vestido que corresponde a la espalda y la cubre. || Lomo de un animal. || Estilo de natación que consiste en desplazarse por el agua boca arriba. || pl. Parte posterior de una cosa: *esa calle queda a espaldas del estadio.* || **espalda mojada** Emigrante que entra o intenta entrar de manera ilegal en un país. || **a espaldas de** alguien loc. adv. En su ausencia, sin que se entere, a escondidas de él. || **caer** o **tirar de espaldas** loc. *col.* Sorprender, asombrar. || **cubrir** o **guardar las espaldas** loc. *col.* Defender, proteger. || **echar** una cosa **sobre las espaldas** o **sobre la espalda** de alguien loc. Ponerla a su cargo, hacerle responsable de ella. También prnl. || **por la espalda** loc. adv. A traición, cobardemente. || FAM. espaldar, espaldarazo, espaldear, espaldera, espaldero, espaldilla, espaldista, espaldudo.

espaldar m. Parte de la coraza que cubre y defiende la espalda. || Respaldo de una silla o banco. || Espalda, parte posterior del cuerpo. || Enrejado sobrepuesto a una pared para que por él trepen y se extiendan ciertas plantas, como jazmines, rosales, etc. || Parte dorsal de la coraza de los quelonios, formada con placas dérmicas soldadas con las vértebras dorsales y lumbares y con las costillas.

espaldarazo m. Golpe dado en la espalda. || Ayuda, apoyo o empuje que se obtiene para el logro de un fin: *ha logrado el espaldarazo de la crítica.* || Reconocimiento de la competencia o habilidad a que ha llegado alguno en una profesión o actividad.

espaldera f. Espaldar con que se resguardan y protegen las plantas arrimadas a él. || pl. Estructura formada por barras de madera horizontales fijas a otras dos verticales a distintas alturas que, generalmente adosada a una pared, sirve para realizar ejercicios de gimnasia.

espaldero, ra m. y f. *amer.* Guardaespaldas, escolta.

espaldilla f. Paletilla, brazo de algunos animales.

espaldista com. Deportista especializado en el estilo natatorio de espalda.

espantada f. Huida repentina de un pájaro u otro animal. || Abandono repentino de una actividad, ocasionado por el miedo: *en cuanto la cosa se complicó, dio la espantada.*

espantadizo, za adj. Asustadizo, temeroso, que huye en cuanto atisba el menor peligro.

espantajo m. Cualquiera de las cosas que se ponen para espantar, y especialmente el muñeco que se coloca en los sembrados para espantar los pájaros. || Cualquier cosa que causa infundado temor. || *col.* Persona que se comporta o viste de manera estrafalaria o despreciable.

espantalobos m. Arbusto papilionáceo de hasta 3 m de altura, con ramas lampiñas, hojas compuestas, flores amarillas y fruto en vainas que producen ruido al chocar unas con otras a impulso del viento. ◆ No varía en pl.

espantamoscas m. Utensilio de hierbas, de papel pegajoso o de plástico atados a un palo que se utiliza para ahuyentar o atrapar moscas. ◆ No varía en pl.

espantapájaros m. Especie de muñeco que simula la figura humana que se pone en sembrados y árboles para ahuyentar a los pájaros y evitar que coman las semillas y los frutos. ‖ *col.* Persona de aspecto grotesco o estrafalario. ◆ No varía en pl.

espantar tr. Causar espanto, asustar. También intr.: *las tormentas espantan*. ‖ Ahuyentar, hacer que alguien se asuste y huya. ‖ Admirarse, maravillarse. También prnl. ‖ prnl. Sentir espanto, asustarse. ‖ FAM. espantable, espantada, espantadizo, espantajo, espantamoscas, espantapájaros.

espantasuegras m. *amer.* Matasuegras. ◆ No varía en pl.

espanto m. Terror, susto, consternación. ‖ Amenaza o demostración con que se infunde miedo. ‖ Persona o cosa extremadamente fea. ‖ Fantasma, aparecido, espectro. Más en pl. ‖ **de espanto** loc. adj. Muy grande, colosal. ‖ **estar curado de espanto** loc. *col.* No asustarse de nada por haber tenido muchas experiencias, sobre todo negativas. ‖ FAM. espantar, espantoso.

espantoso, sa adj. Que causa espanto o asusta. ‖ Muy grande, enorme. ‖ Feo, monstruoso. ‖ FAM. espantosamente.

español, la adj. y s. De España o relativo a este país europeo. ‖ m. Castellano, lengua oficial de España, Hispanoamérica y algunos otros lugares. ‖ FAM. españolada, españolear, españolería, españolidad, españolismo, españolista, españolización, españolizar.

españolada f. *desp.* Acción, espectáculo u obra literaria que exagera y falsea el carácter español: *cometieron una españolada absurda poniendo como protagonistas de la función a una cantaora y a un torero.*

esparadrapo m. Tira de tela o de plástico con una de sus caras adhesiva que sirve para sujetar vendajes.

esparaván m. Gavilán, ave rapaz diurna. ‖ Tumor en la parte interna e inferior del corvejón de los caballos, que, endurecido, causa su cojera.

esparavel m. Red redonda que se arroja en los ríos y parajes de poco fondo para pescar. ‖ Tabla de madera con un mango en uno de sus lados que sirve para tener una porción de la mezcla que se ha de gastar con la llana o la paleta.

esparcimiento m. Separación, extensión de lo que está junto o apiñado. ‖ Propagación, divulgación de una noticia. ‖ Franqueza y naturalidad en el trato. ‖ Diversión, recreo, entretenimiento.

esparcir tr. y prnl. Separar, extender lo que está junto o amontonado. ‖ Divulgar, extender una noticia. ‖ Divertir, desahogar, recrear. ‖ FAM. esparcidamente, esparcimiento.

espárrago m. Yema o brote de tallo recto y cabezuela comestible alargada, de color verde o blanco morado, que produce la raíz de la esparraguera. ‖ Esparraguera, planta que produce espárragos. ‖ Palo largo para asegurar un entoldado. ‖ Cilindro metálico roscado que está fijo por un extremo y que, pasando al través de una pieza, sirve para sujetar esta por medio de una tuerca. ‖ **es-**

párrago triguero El silvestre, que brota sobre todo en los sembrados de trigo. ‖ FAM. esparragal, esparragar, esparraguera, esparraguero.

esparraguera f. Planta liliácea con tallo herbáceo recto y cilíndrico, hojas en haz y flores de color blanco verdoso, que en primavera produce abundantes espárragos. ‖ Era o trozo de tierra destinado a criar espárragos. ‖ Plato de forma adecuada para servir los espárragos.

esparramar tr. y prnl. *vulg.* Desparramar.

esparrin com. *Sparring.* Para que este se entrene.

espartano, na adj. y s. De Esparta o relativo a esta antigua ciudad de Grecia. ‖ adj. Austero, disciplinado, sobrio.

esparteña f. Calzado cuya suela esta hecha de cuerda de esparto.

esparto m. Planta gramínea con cañas de unos 70 cm de altura y hojas radicales de unos 60 cm de longitud arrolladas sobre sí en forma de filamentos, muy duras y resistentes, y flores en panoja. ‖ Hojas de esta planta, que se emplean para hacer sogas, zapatillas, esteras, pasta para fabricar papel, etc. ‖ FAM. espartal, esparteña, espartería, espartero, espartizal.

espasmo m. Contracción involuntaria de los músculos, causada generalmente por un mecanismo reflejo. ‖ FAM. espasmódico, espasmolítico.

espasmódico, ca adj. Relacionado con el espasmo o acompañado de este síntoma.

espasmolítico, ca adj. y m. Se apl. al medicamento que se utiliza para evitar los espasmos o suavizarlos.

espatarrarse tr. *col.* Separar excesivamente las piernas. También prnl. ‖ prnl. *col.* Caerse alguien al suelo con las piernas abiertas.

espático, ca adj. Se apl. al mineral que se divide fácilmente en láminas, como el espato.

espato m. Mineral de estructura laminosa. ‖ **espato de Islandia** Mineral laminado, compuesto exclusivamente de calcita que, por su transparencia, refracta los objetos, por lo que se utiliza en óptica. ‖ FAM. espático.

espátula f. Paleta pequeña con bordes afilados y mango largo que usan los farmacéuticos, pintores, albañiles, etc., para mezclar componentes y aplicarlos. ‖ Nombre común de diversas aves del orden ciconiformes, de color blanco y con el pico largo en forma de espátula, que se alimentan de los peces de los pantanos y las costas en cuyos árboles viven.

especia f. Sustancia aromática vegetal con que se sazonan los manjares y guisos. ‖ FAM. especiado, especiar, especiería, especiero.

especial adj. Singular o particular, que no es común o general. ‖ Muy adecuado o propio para algo: *pegamento especial para vidrio.* ‖ FAM. especialidad, especialista, especializar.

especialidad f. Cualidad de lo que es especial, singular, único en su clase. ‖ Actividad, producto o cualidad en la que algo o alguien destaca o sobresale: *este plato es la especialidad del restaurante.* ‖ Rama de una ciencia, arte o actividad, que se ocupa de una parte limitada de las mismas. || Medicamento preparado en un laboratorio, y vendido con un nombre comercial registrado.

especialista adj. Que cultiva o se dedica a un ramo de determinada arte o ciencia de la que tiene especiales conocimientos o habilidades, sobre todo en medicina. También com. || Que hace algo con especial habilidad o destreza. || com. Persona que rueda sustituyendo al actor en las escenas cinematográficas de más riesgo o las que requieren una especial habilidad.

especialización f. Adecuación, limitación de algo para que cumpla correctamente con su cometido o función. || Adiestramiento, preparación, estudio o ensayo en una determinada habilidad, arte o rama del conocimiento.

especializar tr. Adecuar, preparar algo o a alguien para un fin y una función concretos. || prnl. Cultivar especialmente un ramo determinado de una ciencia o arte. || FAM. especialización.

especie f. Conjunto de cosas semejantes entre sí por tener uno o varios caracteres comunes. || Cada uno de los grupos en que se dividen los géneros y que se componen de individuos que, además de los caracteres genéricos, tienen en común otros caracteres por los cuales se asemejan entre sí y se distinguen de los de las demás especies. || Clase, tipo. || **en especie** loc. adv. En frutos, con géneros o mercancías, en oposición a con dinero en metálico: *pagar en especie*. || **una especie de** loc. Se emplea para designar algo parecido a lo que se expresa. || FAM. especia, especial, específico, especioso.

especiero, ra m. y f. Persona que comercia en especias. || f. Estantería donde se colocan los tarritos que contienen las especias. || m. Armarito con cajones pequeños para guardar las especias u otras cosas de pequeño tamaño.

especificación f. Determinación, explicación o detalle de las características o cualidades de una cosa.

especificar tr. Determinar, explicar algo con todos los detalles precisos para su identificación o entendimiento. || FAM. especificación, específicamente, especificativo.

especificativo, va adj. Explícito, que define o determina de manera precisa. || En gram., se apl. al adjetivo o a la oración adjetiva que limitan o determinan la extensión del nombre a que refieren, incluyéndolo en una clase. También s.

especificidad f. Cualidad y condición de lo que es propio o característico de una especie o tipo. || Adecuación de una cosa al uso para el cual se destina.

específico, ca adj. Que distingue una especie o una clase de elementos de otra. || Que es característico de una enfermedad determinada. || m. Medicamento especialmente indicado para tratar una enfermedad determinada. || Medicamento fabricado industrialmente y con envase especial. || FAM. específicamente, especificar, especificidad.

espécimen m. Muestra, modelo, ejemplar, normalmente con las características de su especie muy bien definidas. ◆ pl. *especímenes*.

espectacular adj. Que tiene caracteres de espectáculo público. || Aparatoso, ostentoso, que llama la aten-

ción: *boda, vestido espectacular*. || m. *amer*. Programa de televisión de gran duración o elevado coste.

espectacularidad f. Cualidad de las cosas que comparten alguna de las características de los espectáculos públicos. || Gran parafernalia, aparatosidad y boato.

espectáculo m. Función o actuación de cualquier tipo que se realiza por divertimento del público: *espectáculo circense, musical*. || Todo lo que es capaz de atraer la atención o impresionar. || Acción que provoca escándalo o extrañeza. || FAM. espectacular, espectacularidad, espectador.

espectador, ra adj. y s. Que asiste a un espectáculo público. || Que mira con atención algo.

espectral adj. Del espectro o relativo a él.

espectro m. Figura fantasmal y horrible que uno cree ver. || En fís., resultado de la dispersión de un conjunto de radiaciones, de sonidos y, en general, de fenómenos ondulatorios, de tal manera que resulten separados de los de distinta frecuencia. || En fís., imagen gráfica de un sonido. || Serie de los diversos microbios sobre los que es terapéuticamente activo un medicamento: *antibiótico de amplio espectro*. || FAM. espectral, espectrógrafo, espectrómetro, espectroscopia, espectroscopio.

espectrógrafo m. Instrumento óptico que deja registrado en una placa fotográfica el espectro de una señal luminosa. || Aparato que obtiene el espectro de un sonido complejo analizándolo en los elementos que lo componen, que se usa sobre todo para estudiar los sonidos del lenguaje. || FAM. espectrografía.

espectrómetro m. Aparato que separa las partículas o radiaciones de una determinada característica (masa, carga, longitud de onda, etc.), y mide su proporción. || Aparato empleado especialmente para medir la presencia de los isótopos en una mezcla.

espectroscopio m. Instrumento que sirve para obtener y observar un espectro.

especulación f. Suposición o teoría, más o menos meditada o fundamentada, que se hace sobre una cosa. || Operación comercial que se practica con mercancías, valores o bienes, de manera que se compran a bajo precio y se mantienen sin producir esperando a que este suba para venderlos.

especulador, ra m. y f. Que especula o comercia de manera especulativa.

especular[1] adj. Del espejo o semejante a él. || Que se refleja en un espejo.

especular[2] intr. Meditar, reflexionar, pensar. || Hacer suposiciones sin fundamento. || Comprar bienes que se cree van a subir de precio para venderlos y obtener una ganancia sin trabajo ni esfuerzo. ◆ Se utiliza sobre todo con las preps. *con* y *en*: *especular con el mercado de los productos/en terrenos*. || Buscar provecho o ganancia fuera del tráfico mercantil. || FAM. especulación, especulador, especulativo.

especulativo, va adj. De la especulación comercial o relativa a ella. || Teórico, que no se destina a un fin práctico ni se basa en la experimentación. || Pensativo y dado a la reflexión. || FAM. especulativamente.

espéculo m. Instrumento provisto de un espejo que se emplea para examinar, por la reflexión luminosa, ciertas cavidades del cuerpo. || FAM. especular.

espejismo m. Ilusión óptica debida a la reflexión total de la luz cuando atraviesa capas de aire de densidad distinta, con lo cual los objetos lejanos dan una imagen invertida, como si se reflejaran sobre el agua, tal como ocurre en las llanuras de los desiertos. || Ilusión, apariencia engañosa de algo.

espejo m. Superficie lisa y brillante hecha de una placa de vidrio recubierta en su parte posterior de mercurio, acero u otro metal, que refleja los objetos. || Cualquier cosa que refleja o da la imagen de algo: *se miraba en el espejo del mar.* || Modelo digno de estudio e imitación. || **espejo retrovisor** El que llevan los vehículos para permitir al conductor ver lo que hay detrás. || FAM. espejarse, espejear, espejismo, espejuelo.

espejuelo m. Yeso cristalizado en láminas brillantes. || pl. *amer.* Cristales que se ponen en los anteojos. || *amer.* Anteojos, gafas.

espeleología f. Ciencia en que se exploran y estudian la formación, el origen y la naturaleza de las cavidades naturales subterráneas del suelo terrestre, y su fauna y flora. || Deporte que consiste en el descubrimiento y la exploración de cuevas naturales. || FAM. espeleológico, espeleólogo.

espeleólogo, ga m. y f. Persona que se dedica a la espeleología por profesión o por afición.

espelucar tr. y prnl. *amer.* Espeluznar, despeinar, desordenar el pelo.

espeluznante adj. Terrorífico, que causa miedo. || Que eriza el pelo. || FAM. espeluznamiento, espeluznar, espeluzno.

espeluznar tr. Descomponer, desordenar el pelo de la cabeza, de la felpa, etc. || Erizar el pelo o las plumas. También prnl. || Espantar, causar horror. También prnl.

espeluzno m. *col.* Escalofrío, estremecimiento.

espera f. Acción y resultado de esperar. || En der., plazo señalado por el juez para ejecutar una cosa. || Posición donde el cazador aguarda a que se presente la pieza. || Calma, paciencia. || **a la espera de** loc. prep. Esperando, aguardando a que algo ocurra: *estamos a la espera de nuevas noticias.*

esperanto m. Idioma creado en 1887 por el médico polaco Zamenhof, con idea de que pudiese servir como lengua universal.

esperanza f. Confianza en que ocurrirá o se logrará lo que se desea: *tiene esperanza de conseguir un trabajo.* || Objeto o persona en la cual se confía para obtener lo que se desea. || Una de las tres virtudes teologales, por la que se espera con firmeza que Dios dé los bienes que ha prometido. || **esperanza de vida** Edad media que se espera que alcance un individuo o un conjunto de ellos. || FAM. esperanzado, esperanzador, esperanzar.

esperanzador, ra adj. Que da o infunde ánimo y esperanza.

esperanzar tr. Animar, dar esperanza a alguien. || Tener esperanzas, confianza en obtener lo que se desea.

esperar tr. Tener esperanza de conseguir lo que se desea: *espera aprobar.* || Creer que ha de suceder alguna cosa: *se esperan lluvias abundantes.* || Desear que algo ocurra: *espero que se recupere pronto.* || Permanecer en un sitio donde se cree que ha de ir alguna persona o ha de ocurrir algo: *te espero donde siempre.* || Parar en una actividad hasta que suceda algo. || FAM. espera, esperable, esperanza.

esperma amb. Semen, secreción de las glándulas genitales masculinas que contiene las células reproductoras. Más como m. || **esperma de ballena** m. Sustancia grasa que se extrae de las cavidades del cráneo del cachalote y se emplea para hacer velas y en algunos medicamentos. || FAM. espermafita, espermateca, espermátida, espermático, espermatocito, espermatofito, espermatogénesis, espermatogonia, espermatozoide, espermicida, espermiograma, espermiología.

espermafito, ta adj. y f. De las espermafitas o relativo a este grupo de plantas. || f. pl. Grupo de las plantas que se reproducen por semillas, fanerógamas.

espermatozoide m. Célula sexual masculina, producida en los testículos, destinada a la fecundación del óvulo.

espermicida adj. y m. Se apl. al anticonceptivo que actúa localmente destruyendo los espermatozoides.

esperpéntico, ca adj. Del esperpento o que comparte alguna de las características del lenguaje o estilo propios de los esperpentos, o empleados en escritos que participan de su condición.

esperpento m. Persona o cosa notable por su fealdad o ridiculez. || Género literario creado por Ramón María del Valle-Inclán en el que se deforma sistemáticamente la realidad, recargando sus rasgos grotescos y absurdos. || Obra de estilo esperpéntico. || FAM. esperpéntico.

espesar tr. y prnl. Condensar lo líquido. || Unir, apretar los elementos de una cosa, haciéndola más tupida o cerrada.

espeso, sa adj. Se apl. a la sustancia fluida o gaseosa que tiene mucha densidad o condensación. || Se dice de las cosa cuyos elementos están muy juntos y apretados: *cabellera espesa, espeso bosque.* || Grueso, corpulento, macizo. || Sucio, desaseado y grasiento. || *amer.* Pesado, impertinente, molesto. || FAM. espesamiento, espesante, espesar, espeso, espesura.

espesor m. Grueso o anchura de un sólido. || Densidad o condensación de un fluido o una masa.

espesura f. Calidad o característica de lo espeso. || Paraje muy poblado de árboles y matorrales.

espetar tr. Atravesar con el asador u otro instrumento puntiagudo carne, aves, pescados, etc., para asarlos. || Atravesar, clavar, meter por un cuerpo un instrumento puntiagudo. || Decir a uno bruscamente algo que le sorprende o molesta: *le espetó la noticia sin ningún tacto.* || prnl. Ponerse tieso fingiendo gravedad y majestad. || Asegurarse, afianzarse en un sitio. || FAM. espetera, espetón.

espetera f. Tabla con garfios en que se cuelgan carnes, aves y utensilios de cocina, como cazos, sartenes, etc. || Conjunto de estos utensilios de cocina. || *col.* Pecho de la mujer cuando es muy abultado.

espetón m. Hierro largo y delgado terminado en punta, como el asador o el estoque. || Hierro para remover las ascuas de los hornos o chimeneas.

espía com. Persona que observa o escucha lo que pasa con disimulo y secreto para comunicarlo al que tiene interés en saberlo. || Agente al servicio de una potencia extranjera encargado de averiguar informaciones secretas, generalmente de carácter militar. || **espía doble** Persona que sirve a la vez a partes que son contrarias, rivales o enemigas.

espiar tr. Observar o escuchar a escondidas lo que alguien dice o hace: *la portera espiaba sus idas y venidas.* || Intentar conseguir información secreta de un Estado extranjero, de una empresa de la competencia, etc.: *espiaban a los fabricantes de los productos que ellos vendían.* || FAM. espía, espionaje.

espichar tr. Punzar con una cosa aguda. || intr. *col.* Morir. || **espicharla** loc. *col.* Morirse.

espiche m. Arma o instrumento largo y puntiagudo, como un asador. || Estaquilla que sirve para cerrar un agujero, como las que se colocan en las cubas para que no salga el líquido o en los botes para que no se aneguen. || *amer.* Discurso excesivamente largo y aburrido.

espiciforme adj. Que tiene forma de espiga.

espícula f. Conjunto de flores arracimadas de las gramíneas.

espídico, ca adj. *col.* Nervioso, alterado, que no puede parar de hacer cosas.

espiedo m. *amer.* Varilla o hierro alargado y puntiagudo que sirve para remover las ascuas de un horno o un fuego.

espiga f. Conjunto de flores hermafroditas que aparecen dispuestas a lo largo de un tallo común: *espiga de trigo.* || Grano de los cereales. || Parte de una herramienta adelgazada para introducirla en el mango. || Clavo de madera que se utiliza para asegurar unas piezas a otras. || Clavo de hierro pequeño y sin cabeza. || Parte superior de la espada que se introduce en la empuñadura. || Extremo de un madero cuyo espesor se ha disminuido para que encaje en un hueco. || FAM. espigado, espigadora, espigar, espigón, espiguilla.

espigado, da adj. En forma de espiga. || Alto y delgado. || Se apl. a la planta anual que se ha dejado crecer hasta la completa madurez de la semilla.

espigar tr. Coger las espigas que los segadores han dejado en el rastrojo. || Hacer la espiga en las maderas que han de encajarse con otras. || intr. Empezar los cereales a echar espigas. || prnl. Crecer demasiado algunas hortalizas, como la lechuga y la alcachofa. || Crecer notablemente una persona. || FAM. espigador, espigadora, espigueo.

espigón m. Punta del palo con que se pincha a los animales. || Punta de un instrumento puntiagudo. || Macizo saliente que se construye a la orilla de un río o mar para proteger la orilla o desviar la corriente.

espiguilla f. Cada una de las espigas pequeñas que forman la principal en algunas plantas como la avena y el arroz. || En los tejidos, dibujo formado por una línea como eje y otras laterales, paralelas entre sí y oblicuas al eje, de forma semejante a una espiga.

espina f. Astilla pequeña y puntiaguda. || Púa que nace del tejido de algunas plantas. || Parte dura y puntiaguda que en los peces hace el oficio de hueso. || Recelo, sospecha: *este asunto me da mala espina.* || Pesar, frustración: *se me ha quedado la espina de no habernos*

entendido. || **espina bífida** Malformación congénita que se caracteriza por la mala soldadura entre los arcos posteriores de las vértebras, de manera que se produce una abertura entre ellas por la cual puede salirse la médula espinal. || **espina dorsal** Columna vertebral de los animales. || FAM. espinal, espinazo, espinescente, espineta, espinilla, espino, espinoso.

espinaca f. Hortaliza anual comestible, de la familia quenopodiáceas, con tallos gruesos y hojas radicales, grandes y verdes.

espinal adj. De la espina vertebral o relativo a ella: *médula espinal.*

espinar m. Sitio poblado de espinos.

espinazo m. Columna vertebral de los mamíferos y aves. || En arquit., clave de una bóveda o de un arco. || **doblar el espinazo** loc. *col.* Humillarse para acatar servilmente las órdenes de alguno. || *col.* Trabajar duramente.

espinela f. Décima, combinación métrica que debe su nombre a Vicente Espinel, escritor español del Siglo de Oro.

espineta f. Instrumento musical semejante al clavicordio, pero más pequeño y de una sola cuerda en cada orden.

espingarda f. Antiguo cañón de artillería que disparaba bolas de plomo o de hierro. || Escopeta de chispa, muy larga. || *col.* Persona muy alta y desgarbada.

espinilla f. Parte delantera de la tibia o canilla de la pierna. || Granito que aparece en la piel por acumulación de grasa. || FAM. espinillera.

espinillera f. Pieza de la armadura antigua que cubría y defendía la espinilla. || Pieza acolchada y dura que preserva la espinilla de los operarios en trabajos peligrosos o de los jugadores de algunos deportes.

espinillo m. *amer.* Árbol de la subfamilia de las mimosáceas, con ramas cubiertas de espinas, hojas diminutas y florecillas esféricas olorosas de color amarillo, que se utiliza para leña. || *amer.* Arbusto leguminoso, espinoso, de hojas pequeñas y redondeadas y flores amarillas en racimo, cuya madera es muy dura.

espino m. Nombre común de diversos arbustos de la familia de las rosáceas, de 2 a 10 m de altura, con ramas espinosas, hojas aserradas, flores blancas olorosas y fruto cubierto de piel tierna y rojiza; su madera es dura, y la corteza se emplea en tintorería y como curtiente. || Cualquier planta que tenga espinas o ramas espinosas. || FAM. espinar.

espinoso, sa adj. Que tiene espinas. || Arduo, difícil: *asunto espinoso.*

espionaje m. Actividad encaminada a obtener información reservada o secreta. || Organización e infraestructura que se utilizan para la obtención de información secreta.

espira f. Cada una de las vueltas de una hélice o espiral. || En arquit., parte de la base de la columna que está encima del plinto. || Línea en espiral. || Espiral que forman, arrollándose alrededor de un eje, la concha de muchos moluscos y de otros animales marinos.

espiración f. Expulsión del aire de los pulmones.

espiráculo m. Orificio respiratorio externo de muchos artrópodos terrestres y peces selácicos.

espiral adj. De la espira o que tiene este tipo de línea o forma. || f. Línea curva que gira alrededor de un punto y se aleja cada vez más de él. || Objeto que tiene esta forma. || Muelle que ayuda a oscilar el volante de un reloj. || Proceso que aumenta de manera incontrolada y progresiva. || *amer.* Insecticida con esta forma que espanta a los mosquitos con el humo que desprende cuando está encendido. || FAM. espira, espirilo, espiritrompa, espiroidal, espiroqueta.

espirar intr. Expeler el aire aspirado. || tr. Exhalar o despedir algo bueno o mal olor. || Infundir espíritu, animar. || FAM. espiración, espiratorio, espiritoso, espíritu, espirituoso, espirómetro.

espiratorio, ria adj. De la espiración o relativo a ella: *movimiento espiratorio.*

espirilo m. Bacteria con forma de espiral.

espiritismo m. Doctrina que supone que los espíritus de los muertos pueden invocarse para comunicarse con ellos. || Conjunto de prácticas que pretenden la comunicación con los muertos. || FAM. espiritista.

espiritista adj. Del espiritismo o relativo a él o a su práctica. || adj. y com. Partidario de esta doctrina o que la practica.

espiritoso, sa adj. Animoso, vivo, que tiene mucho vigor. || Se apl. a las bebidas que contienen bastante alcohol.

espiritrompa f. Órgano chupador de los lepidópteros, con forma de tubo largo que las mariposas despliegan para chupar el néctar de las flores, a modo de lengua, y que recogen después arrollándolo en espiral.

espíritu m. Ser inmaterial dotado de inteligencia. || Parte inmaterial del hombre por la que piensa, siente, etc.: *cultiva su espíritu haciendo yoga.* || Ser sobrenatural de las leyendas o la mitología. || Alma de una persona muerta que se manifiesta en la realidad. || Demonio infernal. Más en pl.: *malos espíritus.* || Ánimo, valor, fuerza moral: *lo soportó con mucho espíritu.* || Vivacidad, ingenio. || Vapor sutilísimo que exhalan el vino y los licores. || Parte más pura y sutil que se extrae de algunos cuerpos sólidos y fluidos por medio de operaciones químicas. || Principio generador, tendencia general, carácter íntimo, esencia o sustancia de un escrito u otra cosa. || Cada uno de los dos signos ortográficos griegos que indican el tipo de aspiración con que han de pronunciarse ciertos sonidos. || **Espíritu Santo** n. p. En el cristianismo, tercera persona de la Santísima Trinidad, que procede igualmente del Padre y del Hijo. || FAM. espiritado, espiritismo, espiritual, espiritualismo, espiritualizar.

espiritual adj. Del espíritu o relativo a él. || Se apl. a la persona o cosa que prefiere la sensibilidad y los sentimientos con abandono de lo material. || m. Canto religioso originario de la población negra esclava de Estados Unidos. || FAM. espiritualidad, espiritualización, espiritualmente.

espiritualidad f. Naturaleza y condición de lo que es espiritual. || Inclinación de alguien hacia lo espiritual e inmaterial. || Conjunto de creencias y actitudes que caracterizan la vida espiritual de una persona o de un grupo de ellas.

espiritualismo m. Doctrina filosófica que reconoce la existencia de otros seres, además de los materiales. || Sistema filosófico que defiende la esencia espiritual y la inmortalidad del alma, contraponiéndose al materialismo. || FAM. espiritualista.

espiritualista adj. Del espiritualismo o relativo a él. || adj. y com. Partidario de esta doctrina.

espirituoso, sa adj. Espiritoso.

espirometría f. Medición de la capacidad del pulmón. || FAM. espirómetro.

espirómetro m. Aparato para medir la capacidad respiratoria del pulmón.

espiroqueta f. Nombre común de diversas bacterias a menudo patógenas que se caracterizan por tener cuerpo en forma de bastón y arrollado en hélice, y que causan la sífilis y la fiebre recurrente, entre otras enfermedades.

espita f. Canuto a modo de grifo provisto de una llave por el que sale el licor o el vino que contiene la cuba donde se introduce. || P. ext., cualquier dispositivo análogo que regula la salida de gases, líquidos, etc., de un recipiente o conducto: *espita del gas.*

espléndido, da adj. Magnífico, admirable, muy bueno. || Desprendido, generoso. || *poét.* Resplandeciente. || FAM. esplendidamente, esplendidez.

esplendor m. Apogeo, cualidad de la persona o cosa que ha alcanzado su máximo desarrollo o su máxima perfección. || Resplandor, brillo. || Lustre, nobleza. || FAM. esplendente, esplendidito, esplendoroso.

esplendoroso, sa adj. Impresionante por su grandiosidad o belleza. || Brillante, que resplandece. || FAM. esplendorosamente.

esplénico, ca adj. Del bazo o relativo a este órgano. || FAM. esplenitis.

esplenio m. Músculo largo y plano que une las vértebras cervicales con la cabeza.

espliego m. Nombre común de diversas plantas labiadas con hojas elípticas, enteras y algo vellosas, semilla elipsoidal de color gris y flores azules en espiga que, por ser muy aromáticas, se usan en perfumería. || Semilla de esta planta que, encendida, se emplea para aromatizar.

espolear tr. Picar con la espuela a la cabalgadura. || Avivar, incitar, estimular a alguien. ◆ Se construye con las preps. *a* y *para: el ejemplo de su hermano lo espoleó a no rendirse/para seguir estudiando.* || FAM. espolada, espolazo, espoleadura.

espoleta f. Mecanismo que se coloca en la boquilla o en el culote de las bombas, granadas, etc., para hacerlas estallar.

espolio m. Expolio. || FAM. espoliación, espoliador, espoliar.

espolón m. Concreción ósea que tienen en el tarso varias aves. || Cualquier apéndice duro o córneo que tienen los animales o las plantas. || Muro o malecón que suele hacerse a las orillas de los ríos o del mar para contener las aguas, y al borde de los barrancos y precipicios para seguridad del terreno y de los transeúntes. || Contrafuerte de un muro. || Punta de hierro en que remata la proa de la nave, que se usaba para embestir a las naves enemigas y hundirlas.

espolvorear tr. Esparcir sobre una cosa otra hecha polvo. ◆ Se construye con las preps. *con* y *de*: *espolvorear con arena/de canela.* || FAM. espolvoreo.

espondeo m. Pie de la poesía clásica griega y latina que está compuesto de dos sílabas largas. || FAM. espondaico.

espóndilo m. Cada una de las vértebras de la espina dorsal. || FAM. espondilitis, espondilosis.

espongiario, a adj. y m. De los espongiarios o relativo a este filo de invertebrados. || m. pl. Antigua denominación de los poríferos o esponjas.

esponja f. Nombre común de diversas especies de poríferos que se caracterizan por tener el cuerpo perforado por poros que comunican el exterior con el interior, no forman tejidos y viven formando colonias. || Esqueleto de ciertos poríferos, cuyo conjunto constituye una masa elástica llena de huecos y agujeros que, por capilaridad, absorbe fácilmente los líquidos y se utiliza para la higiene personal. || Todo objeto que se asemeja, por su elasticidad y porosidad, al esqueleto de las esponjas y sirve como utensilio de limpieza. || Persona que aprovecha las cosas o la sabiduría de otra: *los niños son como esponjas, aprenden todo lo que ven.* || FAM. espongiario, esponjar, esponjera, esponjosidad, esponjoso.

esponjar tr. Ahuecar o hacer más poroso un cuerpo. También prnl. || prnl. Engreírse, envanecerse. || *col.* Adquirir una persona cierta lozanía. || FAM. esponjadura, esponjamiento.

esponjosidad f. Cualidad de lo que es esponjoso, poroso, suave o ligero.

esponjoso, sa adj. Que se parece a la esponja por ser muy poroso, mullido y suave.

esponsales m. pl. Promesa de matrimonio que se hacen y aceptan los novios. || Fiesta con que se celebra este compromiso matrimonial. || FAM. esponsalicio.

espónsor com. Patrocinador, persona física o jurídica que, con fines publicitarios o propagandísticos, paga o sufraga los gastos que conllevan ciertas actividades artísticas, humanitarias o deportivas. || FAM. esponsorización, esponsorizar.

espontaneidad f. Cualidad de lo que es voluntario, natural o sincero.

espontáneo, a adj. Que se hace de forma voluntaria. || Que se produce por sí solo, sin agentes externos que lo provoquen: *incendio espontáneo.* || Que actúa con naturalidad, sinceramente: *orador espontáneo y ameno.* || m. y f. Persona que interviene en un espectáculo público sin tener autorización para ello, especialmente en las corridas de toros. || FAM. espontáneamente, espontaneidad.

espora f. Cualquiera de las células de los seres vivos que, sin tener estructura de célula sexual y sin necesidad de acto de fecundación alguno, se separan de la planta y se dividen reiteradamente hasta constituir un nuevo individuo. || Corpúsculo que se produce en una bacteria cuando las condiciones del medio le son desfavorables. || FAM. esporádico, esporangio, esporífero, esporozoario, esporulación.

esporádico, ca adj. Ocasional, que se produce con poca frecuencia y de forma separada: *nuestros en-* cuentros son esporádicos. || Se apl. a la enfermedad que no constituye una epidemia. || FAM. esporádicamente.

esporangio m. Cavidad donde se originan y están contenidas las esporas en muchas plantas sin flores.

esporífero, ra adj. Se apl. al organismo o a alguna de sus partes que produce esporas.

esporozoario o **esporozoo** adj. y m. De los esporozoarios o esporozoos o relativo a esta clase de protozoos. || m. pl. Clase de los protozoos parásitos que en determinado momento de su vida se reproducen por medio de esporas.

esportilla f. Pequeño cesto de mimbre con dos asas. || Abanico.

esporulación f. Reproducción asexual por medio de esporas.

esposar tr. Sujetar a uno con esposas.

esposas f. pl. Manillas de hierro a modo de pulseras o aros con que se sujeta a los presos por las muñecas. || FAM. esposar.

esposo, sa m. y f. Persona que ha contraído esponsales. || Persona casada con respecto a su cónyuge. || FAM. esponsales, esposas.

espot m. *Spot.*

espray m. Envase de algunos líquidos mezclados con un gas a presión, de manera que al oprimir una válvula salga el líquido pulverizado, aerosol.

esprín m. *Sprint.* || FAM. esprintar, esprínter.

espuela f. Arco metálico en forma de una estrella con puntas que se ajusta al talón del calzado del jinete para picar a la cabalgadura. || Estímulo, acicate. || *col.* Última bebida que se toma en una fiesta. || FAM. espolada, espolear, espoleta, espolón, espuelear.

espuelear tr. *amer.* Espolear, picar al caballo con la espuela.

espuerta f. Especie de cesto de mimbre o esparto con dos asas pequeñas. || **a espuertas** loc. adv. A montones, en abundancia: *llover a espuertas.* || FAM. esportada, esportear, esportilla, esportón.

espulgar tr. Limpiar de pulgas o piojos. También prnl. || Examinar, reconocer una cosa con detenimiento y por partes. || FAM. espulgo.

espuma f. Conjunto de burbujas que se forman en la superficie de los líquidos. || Especie de líquido jabonoso, ligero, con forma de espuma, que se utiliza como cosmético: *espuma de afeitar, para el pelo.* || Parte del jugo y de impurezas que sobrenadan al cocer ciertas sustancias: *espuma del caldo.* || Tejido de caucho natural o sintético, elástico y esponjoso: *medias, cojín de espuma.* || **subir** o **crecer como la espuma** loc. *col.* Crecer mucho y de manera rápida. || FAM. espumadera, espumajear, espumajoso, espumajo, espumar, espumarajo, espumeante, espumear, espumilla, espumoso.

espumadera f. Paleta llena de agujeros con que se extrae la espuma de los líquidos o los fritos de la sartén.

espumajo m. Espumarajo.

espumar tr. Quitar la espuma de un líquido con la espumadera. || intr. Hacer espuma. || Crecer, aumentar rápidamente una cosa.

espumarajo m. Saliva espumosa y ligera arrojada en gran abundancia por la boca.

espumeante adj. Que tiene o forma espuma.

espumilla f. *amer.* Dulce blando hecho con claras de huevo y azúcar y puesto al horno, merengue.

espumillón m. Tira con flecos de un tipo de papel de seda o brillante que se utiliza para decorar, sobre todo el árbol de Navidad.

espumoso, sa adj. Que tiene o hace mucha espuma. || adj. y m. Se apl. al vino al que se ha sometido a una segunda fermentación para que tenga burbujas.

espurio, ria adj. Bastardo, nacido fuera del matrimonio: *hijo espurio.* || Falso, no auténtico: *firma espuria, documento espurio.*

espurrear, espurriar o **espurrir** tr. Rociar una cosa con agua u otro líquido expelido por la boca.

esputar tr. Arrancar flemas y arrojarlas por la boca.

esputo m. Sustancia secretada por las vías respiratorias que se arroja por la boca de una vez, flema. || FAM. esputar.

esqueje m. Tallo o cogollo que se separa de una planta para injertarlo en otra o para introducirlo en la tierra y que nazca otra nueva. || FAM. esquejar.

esquela f. Nota impresa en papel en que se comunica la muerte de alguien. || La misma nota cuando se publica en los periódicos. || Carta breve.

esquelético, ca adj. Muy delgado o flaco. || Relativo al esqueleto.

esqueleto m. Conjunto de piezas óseas duras y resistentes, o cartilaginosas, trabadas o articuladas entre sí, que da consistencia al cuerpo de los animales, sosteniendo o protegiendo sus partes blandas. || Piel de algunos animales invertebrados convertida en caparazón, concha, placa o escama, que les sirve de armazón y protección, exoesqueleto. || Estructura que sostiene algo: *esqueleto de un edificio.* || Bosquejo, plan de una obra: *esqueleto de una tesis.* || *col.* Persona muy delgada. || *amer.* Modelo o patrón impreso en que se dejan blancos que se rellenan a mano. || *amer.* Caja con divisiones para guardar botellas. || **mover** o **menear el esqueleto** loc. *col.* Bailar. || FAM. esquelético.

esquema m. Representación gráfica y simbólica de algo. || Resumen de una cosa atendiendo a sus características más importantes: *esquema de un discurso, de una película.* || Estructura o principio que constituye la base o la condición de algo: *esquemas de comportamiento.* || **romper** a alguno **los esquemas** loc. *col.* Desconcertarlo, desorientarlo, sorprenderlo. || FAM. esquemático, esquematismo, esquematizar.

esquemático, ca adj. Del esquema o relativo a él. || Que está hecho de manera sencilla y general, sin adorno ni detalle. || Que tiene facilidad de síntesis o tiende a examinar las cosas de forma resumida y práctica. || FAM. esquemáticamente.

esquematizar tr. Convertir en esquemas algo, resumir en forma esquemática. || FAM. esquematización.

esquí m. Tabla larga y estrecha que acaba por delante en una punta elevada hacia arriba, con un dispositivo para sujetarla a cada pie, que se usa para deslizarse sobre la nieve o el agua o por pistas apropiadas. || Deporte que consiste en deslizarse por la nieve con velocidad y destreza apoyado en estas tablas: *esquí alpino, de fondo.* || Modo de esquiar. || **esquí acuático** Deporte que consiste en deslizarse sobre la superficie del agua mediante esquís aprovechando la tracción de una lancha motora. ◆ pl. *esquís* o *esquíes*. || FAM. esquiador, esquiar.

esquiador, ra m. y f. Persona que practica el deporte del esquí.

esquiafo m. *amer.* Guantazo, bofetada.

esquiar intr. Deslizarse con esquís sobre una superficie adecuada: *hay paracaidistas que esquían sobre el aire mientras descienden.*

esquife m. Barco pequeño que se lleva en el navío para saltar a tierra y para otros usos. || Especie de piragua para una sola persona, empleada en regatas deportivas.

esquijama m. Pijama de algodón o de punto, ceñido y cerrado.

esquila¹ f. Cencerro pequeño en forma de campana. || Campana pequeña para convocar a los miembros de una comunidad. || FAM. esquilón.

esquila² f. Esquileo.

esquila³ f. Camarón, crustáceo pequeño y sabroso.

esquilar tr. Cortar el pelo o la lana del ganado y otros animales. || FAM. esquila, esquilador, esquiladora, esquileo.

esquileo m. Acción y resultado de esquilar ganados y otros animales. || Casa donde se esquila el ganado lanar. || Tiempo en que se esquila.

esquilmar tr. Recolectar, coger el fruto de la tierra o el ganado. || Menoscabar, agotar una fuente de riqueza por explotarla excesivamente: *esquilmar las tierras, las minas.* || Chupar con exceso las plantas el jugo de la tierra. || Arruinar o empobrecer a alguien sacándole abusivamente dinero y bienes. || FAM. esquilmo.

esquimal adj. y com. De un pueblo de raza mongólica que se extiende desde las costas árticas de Norteamérica hasta el extremo nororiental de Siberia, o relativo a él. || m. Lengua hablada por este pueblo.

esquina f. Arista, ángulo que resulta del encuentro de dos superficies, principalmente la de las paredes de un edificio. || Lugar donde se unen dos lados o caras de una cosa. || FAM. esquinado, esquinar, esquinazo, esquinera, esquinero.

esquinado, da adj. Se apl. a la persona de trato difícil o de malas intenciones.

esquinar tr. Hacer o formar esquina. También intr. ◆ Se construye con la prep. *con*: *el colegio esquina con el polideportivo.* || Poner en esquina o ángulo alguna cosa. || Poner a mal, indisponer. Más como prnl.: *se esquinó contra nosotros.*

esquinazo m. Esquina de algo. || *amer.* Serenata para festejar a una persona. || **dar esquinazo** loc. *col.* Rehuir el encuentro de alguien. || *amer. col.* Engañar a alguien, timarlo.

esquinero, ra m. y f. *amer.* Rinconera, mueble que cubre la esquina de una sala.

esquirla f. Astilla desprendida de un hueso, piedra, cristal, etc., cuando se fracturan o rompen.

esquirol com. *desp.* Obrero que se presta a realizar el trabajo abandonado por un huelguista, o que no abandona el trabajo en una huelga.

esquisto m. Roca metamórfica de color negro azulado que se divide con facilidad en hojas o láminas. || FAM. esquistosidad, esquistoso.

esquivar tr. Moverse para evitar algo o a alguien. ‖ Evitar una persona hacer algo o encontrarse con alguien. ‖ FAM. esquivez, esquivo.

esquivo, va adj. Desdeñoso, huraño, frío.

esquizofrenia f. Grupo de enfermedades mentales que se declaran hacia la pubertad y se caracterizan por una disociación específica de las funciones psíquicas, un desdoblamiento de la personalidad y presencia de alucinaciones. ‖ FAM. esquizofrénico, esquizoide.

esquizofrénico, ca adj. De la esquizofrenia o relativo a esta enfermedad mental. ‖ adj. y s. Que padece esquizofrenia.

esquizoide adj. Que tiene tendencia a la esquizofrenia o comparte alguno de sus rasgos: *comportamiento esquizoide*.

estabilidad f. Permanencia o duración en el tiempo. ‖ Seguridad, firmeza. ‖ Constancia, permanencia en un estado. ‖ Propiedad de un cuerpo de recuperar su equilibrio inicial. ‖ FAM. estabilizar.

estabilización f. Concesión o adquisición de estabilidad, firmeza o permanencia.

estabilizador, ra adj. Que estabiliza, da seguridad o firmeza. ‖ m. Mecanismo que se añade a un vehículo para aumentar su estabilidad. ‖ m. Estabilizante.

estabilizante m. Sustancia que se añade a ciertos alimentos o preparados para impedir su sedimentación o precipitación.

estabilizar tr. y prnl. Dar estabilidad a una persona o cosa. ‖ Fijar y garantizar oficialmente el valor de una moneda con relación al patrón oro para evitar las oscilaciones del cambio. ‖ FAM. estabilización, estabilizador, estabilizante.

estable adj. Constante, firme, permanente, que no está en peligro de sufrir cambios. ‖ En quím., se apl. al elemento o compuesto que no reacciona o no modifica sus características por la acción de agentes externos térmicos o químicos. ◆ sup. irreg.: *estabilísimo*. ‖ FAM. estabilidad, establecer, establemente.

establecer tr. Fundar, instituir, crear. ‖ Ordenar, mandar lo que se debe hacer: *han establecido nuevas normas*. ‖ Sentar un principio o demostrar una teoría de valor general: *establecer las bases constitucionales*. ‖ prnl. Fijar uno su residencia en alguna parte. ‖ Empezar un negocio o profesión. ◆ Irreg. Se conj. como *agradecer*. ‖ FAM. establecedor, establecimiento.

establecimiento m. Lugar donde se ejerce una actividad comercial, industrial, profesional, etc. ‖ Fundación o institución de una entidad o negocio. ‖ Colocación, forma de vida y fortuna de una persona.

establo m. Lugar cubierto en el que se encierra el ganado para su descanso y protección. ‖ col. Lugar sucio y desordenado. ‖ FAM. estabulación, estabular.

estabulación f. Cría y cuidado de los animales en establos.

estabular tr. Meter y guardar ganado en establos.

estaca f. Palo con punta en un extremo para clavarlo en la tierra, en una pared o en otra parte. ‖ Rama que se planta para que se haga árbol. ‖ Palo grueso. ‖ Cuerna de los ciervos de un año de edad. ‖ amer. Pertenencia de una mina que se concede a los peticionarios mediante ciertos trámites. ‖ Pulla, comentario irónico e hiriente. ‖ FAM. estacada, estacar, estacazo, estaquear, estaquilla.

estacada f. Cualquier obra hecha de estacas clavadas en la tierra. ‖ **dejar** a uno **en la estacada** loc. Abandonarlo en una situación difícil o apurada.

estacar tr. Fijar en la tierra una estaca y atar a ella una bestia. ‖ Señalar en el terreno con estacas. ‖ amer. Sujetar, clavar algo con estacas. ‖ prnl. Quedarse inmóvil y tieso como una estaca. ‖ amer. Punzarse, clavarse una astilla.

estacazo m. Golpe dado con una estaca o un garrote. ‖ P. ext., golpe fuerte, batacazo. ‖ Daño, crítica dura que alguien recibe.

estacha f. Cuerda o cable atado al arpón con el que se pescan las ballenas. ‖ Cabo que desde un buque se da a otro fondeado o a cualquier objeto fijo para practicar varias faenas.

estación f. Cada una de las cuatro partes en que se divide el año. ‖ Tiempo, temporada: *estación de las lluvias, de la siega*. ‖ Sitio donde habitualmente paran los vehículos de los ferrocarriles y líneas de autobuses o del metropolitano. ‖ Local y conjunto de instalaciones en que están ubicadas las dependencias de las estaciones de transporte. ‖ Local y conjunto de instalaciones en los que se realiza una actividad determinada: *estación de esquí, de control de gases*. ‖ Sitio o localidad de condiciones apropiadas para que viva una especie animal o vegetal. ‖ Emisora de radio. ‖ Cada uno de los altares, cruces o representaciones devotas que jalonan el recorrido del viacrucis, ante los cuales se rezan determinadas oraciones. ‖ Las oraciones que se rezan. ‖ Cada uno de los parajes en que se hace alto durante un viaje, correría o paseo. ‖ **estación de servicio** Establecimiento en que se provee de lo necesario al automovilista, como combustible, agua, alimentos, etc. ‖ FAM. estacional, estacionar, estacionario.

estacional adj. De las estaciones del año o relativo a ellas.

estacionamiento m. Detención o aparcamiento de un vehículo, dejándolo desocupado y cerrado. ‖ Lugar donde pueden aparcarse los vehículos. ‖ Colocación, situación, posicionamiento. ‖ Lugar donde queda establecido temporalmente un grupo de personas o de cosas.

estacionar tr. y prnl. Situar, colocar en un lugar. ‖ Aparcar, dejar un coche en un hueco apropiado. ‖ prnl. Quedarse parado o parado, estancarse. ‖ FAM. estacionamiento.

estacionario, ria adj. Que permanece en el mismo estado o situación, sin cambiar: *el enfermo continúa en estado estacionario*. ‖ Se apl. al planeta que está como parado o detenido en su órbita aparente durante cierto tiempo.

estadillo m. Plantilla, tabla o cuadro con casillas vacías que han de rellenarse con los datos pertinentes.

estadio m. Recinto o conjunto de instalaciones con graderías para los espectadores, destinado a competiciones deportivas. ‖ Etapa o fase de un proceso, desarrollo o transformación: *atraviesa un estadio crítico*.

estadista com. Jefe de un Estado. ‖ Especialista en asuntos políticos y de Estado. ‖ Técnico o especialista en estadística.

estadística f. Censo o recuento de la población, de los recursos naturales e industriales o de cualquier otra manifestación o actividad de un Estado, provincia, pueblo, clase, etc. ‖ Estudio de los hechos morales o físicos que se prestan a numeración o recuento y a comparación de las cifras referentes a ellos. ‖ Ciencia que utiliza conjuntos de datos numéricos para obtener inferencias basadas en el cálculo de probabilidades. ‖ Conjunto de datos obtenidos tras un estudio estadístico. Más en pl. ‖ FAM. estadístico.

estadístico, ca adj. De la estadística o relativo a esta ciencia. ‖ m. y f. Especialista en estadística, estadista.

estado m. Situación en que está una persona o cosa en relación con los cambios que influyen en su condición: *estado de salud*. ‖ Clase o condición social de la vida de cada uno. ‖ En quím., cada uno de los grados o modos de cohesión de las moléculas de un cuerpo: *estado sólido, líquido*. ‖ Unidad política superior independiente y soberana: *Estado español; trabaja para el Estado*. ‖ Conjunto de los órganos de gobierno de un país soberano, cuerpo político de una nación: *cuestión, razón de Estado*. ◆ En las dos últimas acepciones se escribe con mayúscula. ‖ Territorio o población de cada país independiente. ‖ Cada uno de los territorios independientes en una federación: *el estado de Texas*. ‖ **estado civil** Condición de cada persona en relación con los derechos y obligaciones civiles, sobre todo en lo que hace relación a su condición de soltería, matrimonio, viudez, etc. ‖ **estado de alarma** Situación oficialmente declarada de grave inquietud para el orden público, que implica la suspensión de algunas garantías constitucionales. ‖ **estado de cosas** Conjunto de circunstancias que concurren en un asunto determinado. ‖ **Estado de derecho** Aquel en que todos los poderes se someten al imperio de la ley. ◆ Suele escribirse con mayúscula. ‖ **estado de excepción** En algunos países, situación semejante al estado de alarma. ‖ **estado de guerra** El de una población en tiempo de guerra, cuando la autoridad civil delega sus funciones en la autoridad militar. ‖ **estado de necesidad** Situación de grave peligro o extrema necesidad, en cuyo urgente remedio se excusa o disculpa la infracción de la ley o la lesión del derecho ajeno. ‖ **estado de sitio** Estado de guerra. ‖ **estado físico** Situación de salud y forma física en que se encuentra alguien. ‖ **Estado Mayor** Generales y jefes de todos los ramos que componen una división, y punto central donde deben determinarse y vigilarse todas las operaciones de esta. ‖ **en estado** loc. adj. Se apl. a la mujer embarazada: *le duelen las piernas desde que se quedó en estado*. ‖ **en estado de buena esperanza** loc. adj. En estado. ‖ FAM. estadillo, estadio, estadista, estadística, estatal, estatificar, estatismo.

estadounidense adj. y com. De Estados Unidos o relativo a este país federal norteamericano.

estadual adj. *amer.* Estatal.

estafa f. Timo, engaño con fin de lucro. ‖ Delito que comete el que, mediante engaño, abuso de confianza o uso de su cargo, se lucra indebidamente.

estafador, ra m. y f. Persona que ha cometido estafa.

estafar tr. Pedir o sacar dinero o cosas de valor con engaño. ‖ Dar a alguien menos o cobrarle más de lo justo. ‖ Defraudar, no ofrecer lo que se espera de algo. ‖ Cometer alguno de los delitos que se caracterizan por el lucro como fin, y el engaño o abuso de confianza como medio. ‖ FAM. estafa, estafador.

estafermo m. Muñeco con forma de hombre armado que intentaban herir los jinetes en los torneos antiguos, con la suficiente habilidad como para que no les golpeara a ellos en la espalda. ‖ Persona que está obnubilada, como embobada.

estafeta f. Oficina de correos. ‖ Conjunto de cartas y paquetes postales, correo.

estafilococo m. Bacteria de forma redondeada que se agrupa como en racimo, capaz de producir numerosas enfermedades. ‖ FAM. estafilococia.

estalactita f. Concreción calcárea larga y puntiaguda que cuelga del techo de las cavernas por la filtración de aguas calizas carbonatadas.

estalagmita f. Estalactita invertida que nace en el suelo de las cavernas, con la punta hacia arriba.

estalinismo m. Teoría y práctica políticas de Stalin, político soviético, consideradas por el mismo como continuadoras del leninismo. ‖ FAM. estaliniano, estalinista.

estallar intr. Reventar de golpe una cosa produciendo un ruido fuerte o estruendo: *estallar una bomba*. ‖ Ocurrir repentina y violentamente una cosa: *estallar una revuelta, una crisis*. ‖ Abrirse o romperse una cosa por efecto de la presión o el calor. ‖ Sentir y manifestar de repente e intensamente un sentimiento o estado de ánimo: *estalló en insultos*. ‖ Restallar, chasquear una cosa manejada con violencia. ‖ FAM. estallante, estallido.

estallido m. Explosión o rotura de algo con gran ruido y estruendo. ‖ Ruido producido al estallar una cosa. ‖ Muestra o manifestación violenta o excesiva de un sentimiento: *estallido de ira*. ‖ Acaecimiento de algo de manera brusca e intensa: *estallido de una guerra*.

estambre amb. Parte del vellón de lana que se compone de hebras largas. ‖ Hilo formado de estas hebras y tejido que se hace con él. ‖ Órgano sexual masculino de las plantas fanerógamas, que consta de antera y filamento. ◆ Más como m. ‖ FAM. estambrar.

estamento m. Estrato característico de las sociedades medievales y arcaicas, definido por un estilo de vida común o una análoga función social: *estamento nobiliario, religioso, militar*. ‖ Cada uno de los grupos sociales que comparten ciertos rasgos culturales, económicos, profesionales, etc.: *estamento judicial, médico*. ‖ FAM. estamental.

estameña f. Tejido de lana sencillo y ordinario que tiene la urdimbre y la trama de estambre o hebras largas y que se utiliza para confeccionar sobre todo vestiduras talares eclesiásticas.

estampa f. Efigie o imagen impresa. ‖ Papel o tarjeta con una imagen religiosa. ‖ Escena, imagen típica o representativa de algo: *son la viva estampa del amor fraternal*. ‖ Apariencia, porte, compostura: *el toro tenía buena estampa*. ‖ Imprenta o impresión.

estampación f. Impresión de dibujos o letras sobre papel, cuero o tela.

estampado, da adj. y m. Se apl. al tejido en que se estampan diferentes labores o dibujos. || Se dice del objeto que por presión o percusión se fabrica con una matriz o un molde. || m. Acción y resultado de estampar, estampación.

estampar tr. Imprimir algo en un papel por medio de la presión con un molde: *estampar un folleto*. También intr. || Dar forma a una plancha metálica por percusión entre dos matrices, de forma que queden altibajos en su superficie: *estampar un grabado, un relieve*. || col. Poner la firma o la rúbrica al pie de un documento. || Señalar o imprimir una cosa en otra. || Imprimir o marcar algo en el ánimo de una persona. || col. Arrojar o tirar a una persona o cosa o hacerla chocar contra algo. También prnl.: *se estampó contra el suelo*. || FAM. estampa, estampación, estampado, estampador, estampida, estampido, estampilla.

estampía (de) loc. adv. De repente, de forma precipitada. ◆ Se usa con verbos como *embestir, huir, irse, partir* o *salir*.

estampida f. Huida impetuosa que emprende una persona, animal o conjunto de ellos. || Resonancia, divulgación rápida y estruendosa de algún hecho. || Ruido fuerte, estampido.

estampido m. Ruido fuerte y seco, como el producido por el disparo de un cañón.

estampilla f. Sello o plancha sujeta a un mango que contiene en facsímil la firma y rúbrica de una persona, un letrero, etc., que se utiliza para estamparlas sobre un papel o un documento. || amer. Sello de correos o fiscal. || FAM. estampillado, estampillar.

estancamiento m. Suspensión o detención de una acción o del desarrollo de un proceso: *estancamiento en las negociaciones*.

estancar tr. Detener y parar el curso y corriente de un fluido. También prnl. || Suspender, detener la marcha de un asunto, negocio, etc. También prnl. || Prohibir el curso libre de determinada mercancía, dando el monopolio a una entidad o a una persona. || FAM. estancación, estancamiento, estanco, estanque.

estancia f. Habitación o sala de una casa o posada. || Aposento o cuarto donde se habita ordinariamente. || Tiempo que permanece alguien en un lugar. || Estrofa formada por una combinación de versos endecasílabos y heptasílabos con rima variable en consonante, y cuya estructura se repite a lo largo de todo el poema. || amer. Hacienda de campo destinada al cultivo, y más especialmente a la ganadería. || amer. Casa de campo con huerta y próxima a la ciudad. || FAM. estanciero.

estanciero, ra m. y f. amer. Persona que es dueña de una estancia, casa de campo, o que cuida de ella.

estanco, ca adj. Que está muy bien cerrado e incomunicado: *compartimento estanco*. || m. Prohibición del curso y venta libre de algunas cosas. || Establecimiento donde se venden géneros estancados, y especialmente sellos, tabaco, pólizas y otros productos controlados por el Estado. || amer. Tienda en que se vende aguardiente. || FAM. estanqueidad, estanquero, estanquidad, estanquillo.

estándar adj. Que sirve como tipo, modelo, norma, patrón o referencia por ser corriente, de serie: *pantalón*

productos estándar. || m. Modelo o patrón. ◆ pl. *estándares*. || FAM. estandarización, estandarizado, estandarizar.

estandarización o **estandardización** f. Adaptación o adecuación a un modelo, normalización.

estandarizado, da adj. Que se adecua a un formato, modelo o tipo.

estandarizar tr. Tipificar, ajustar o adaptar a un tipo, modelo o norma alguna cosa.

estandarte m. Insignia, distintivo o bandera que usan algunas corporaciones. || com. Representante o símbolo de su clase, grupo o ideología.

estangurria f. Micción dolorosa. || Tubo pequeño que suele ponerse el que padece esta enfermedad para recoger las gotas de la orina.

estanque m. Depósito construido para remansar o recoger el agua para criar peces, realizar deportes náuticos o para mera ornamentación.

estanqueidad f. Cualidad de lo que es estanco, cerrado e incomunicado.

estanquero, ra m. y f. Persona que tiene a su cargo un estanco.

estanquidad f. Estanqueidad.

estanquillo m. Local donde se venden géneros estancados. || amer. Tienda pobremente abastecida. || amer. Taberna de vinos y licores.

estante m. Balda, entrepaño, tabla horizontal que se coloca dentro de un mueble o directamente en la pared para colocar cosas encima. || Mueble con anaqueles o entrepaños, y generalmente sin puertas, que sirve para colocar libros, papeles u otras cosas. || FAM. estantería.

estantería f. Mueble compuesto de entrepaños o de anaqueles, estante.

estantigua f. Fantasma o grupo de fantasmas que se ofrece a la vista por la noche, causando pavor y espanto. || col. Persona muy alta y seca, mal vestida.

estañar tr. Cubrir o bañar con estaño. || Asegurar o soldar una cosa con estaño.

estaño m. Elemento químico metálico blanco, de brillo plateado, dúctil y maleable, poco conductor de la electricidad y poco alterable en contacto con el aire. Su símbolo es *Sn*, y su número atómico, *50*. || FAM. estañador, estañadura, estañar.

estaquear tr. amer. Estirar un cuero fijándolo con estacas. || amer. P. ext., tortura que consistía en estirar a un hombre y atarlo entre cuatro estacas.

estar cop. e intr. Existir, hallarse una persona o cosa en un lugar, situación, condición, etc.: *estar en la ciudad, estar cansado, estar feliz*. También prnl.: *se estuvo aquí toda la tarde*. || Quedar o sentar una prenda de vestir de determinada manera. ◆ Se construye con un adv. o adj. que expresan modo: *estarle mal, grande, estrecho un traje a alguien*. || Encontrarse, sentirse, hallarse de una determinada manera. ◆ Se construye con adj. o p. p. que expresan sentimientos, sensaciones, etc., y con advs. de modo: *estar triste, estupendo, torpe; estar bien, mal, regular*. || Ser tal día, tal fecha o tal mes. ◆ Se construye con la prep. *a* seguida de una expresión de tiempo: *estamos a 3 de julio/a últimos de año*. || Tener algo cierto precio. ◆ Se construye con la prep. *a* seguida de una expresión de cantidad o de precio: *el litro de vino está a 0,90; ¿a cuánto está el kilo de cebollas?* || Distar. ◆ Se construye con la prep. *a* seguida de una expresión de cantidad: *estamos a dos kilómetros de casa.* || Vivir, trabajar o relacionarse con alguien. ◆ Se construye con la prep. *con* seguida de un nombre de persona: *está con su marido/con sus jefes.* || Padecer un mal o una enfermedad. ◆ Se construye con la prep. *con* seguida del nombre de la enfermedad, sin determinante: *está con sarampión/con depresión.* || Estar de acuerdo con alguien o con alguna doctrina. ◆ Se construye con la prep. *con* seguida de un nombre o pronombre: *está contigo en este asunto.* || Ocuparse, dedicarse a algo, desempeñar una función u oficio de manera esporádica o no permanente. ◆ Se construye con la prep. *de: estamos de reforma; está aquí de cocinero.* || Realizar una actividad o hallarse en disposición de ejecutarla. ◆ Se construye con las preps. *de* y *en* seguidas de un nombre de acción: *está en un proyecto secreto; está de parto.* || Radicar, consistir, estribar. ◆ Se usa solo en la tercera persona sing.: *la solución está en el fondo del problema.* || Hallarse dispuesto o preparado para alguna cosa. ◆ Se construye con la prep. *para* seguida de infinitivo o de nombres de acción: *no estoy para bromas; estamos ya para salir.* || Tener una decisión casi tomada, o tener una cosa casi hecha. ◆ Se construye con la prep. *para* + infinitivo: *está para terminar; estábamos para separarnos.* || Ir a suceder algo. ◆ Se construye con la prep. *por* + infinitivo: *estaba por llover/por declararse la guerra.* || Tener una postura favorable. ◆ Se construye con la prep. *por* seguida de infinitivo o de un nombre de acción: *está por el proyecto/por vender sus acciones.* || *col.* Hallarse o comportarse con cierta actitud. ◆ Se usa con la conj. *que* y algunos verbos en forma personal: *estoy que no me tengo; está que echa chispas.* || Hallarse desarrollando cierta acción o suceder cierto acontecimiento. ◆ Siempre ante gerundio: *están cantando; está aterrizando el avión.* || **estar visto** algo *loc. col.* Ser evidente: *estaba visto que os reconciliaríais.* || **estar al caer** algo o alguien *loc. col.* Estar a punto de suceder o de llegar. || **estar a matar** loc. *col.* Llevarse mal o aborrecerse dos o más personas. || **estar de más** loc. *col.* Sobrar, no hacer falta. || **estar** uno **en** una cosa *loc.* Entenderla o estar enterado de ella: *estoy en lo que dices, pero no comparto tu opinión.* || Creerla, estar persuadido de ella: *estoy en que te van a conceder la beca.* || **estar** uno **en todo** *loc.* Atender a un tiempo a muchas cosas sin aturdirse. || **estarle** a alguien **bien empleada** alguna cosa *loc. col.* Merecer lo malo que le sucede. || **estar** una cosa **por ver** *loc.* Ser dudosa su certeza o su ejecución. || FAM. estación, estadía, estado, estafermo, estamento, estancia, estante, estático, estatua, estatuir, estatura, estatuto. ◆ Irreg. Conjugación modelo:

Indicativo
Pres.: estoy, estás, está, estamos, estáis, están.
Imperf.: estaba, estabas, estaba, *etc.*
Pret. perf. simple: estuve, estuviste, estuvo, estuvimos, estuvisteis, estuvieron.
Fut. simple: estaré, estarás, estará, *etc.*
Condicional simple: estaría, estarías, estaría, *etc.*

Subjuntivo
Pres.: esté, estés, esté, estemos, estéis, estén.
Imperf.: estuviera o estuviese, estuvieras o estuvieses, *etc.*
Fut. simple: estuviere, estuvieres, estuviere, *etc.*
Imperativo: está, estad.
Participio: estado.
Gerundio: estando.

estarcir tr. Estampar dibujos, letras o números pasando una brocha por una chapa en la que previamente se ha perforado su silueta. || FAM. estarcido.

estatal adj. Del Estado o relativo a él o a sus instituciones. || FAM. estatalizar.

estatalizar tr. Poner una institución, una empresa o un bien privado en manos de la Administración del Estado. || FAM. estatalización.

estática f. Parte de la mecánica que estudia el equilibrio de los cuerpos. || Conjunto de las leyes que rigen el equilibrio de los cuerpos. || FAM. estasis, estático, estatismo, estátor.

estático, ca adj. De la estática, ciencia mecánica, o relativo a ella. || Que permanece en un mismo estado, sin cambios. || Paralizado de asombro o de emoción.

estatismo[1] m. Inmovilidad, permanencia, cualidad de lo que es estático.

estatismo[2] m. *desp.* Tendencia política partidaria de la supremacía e intervención del Estado en todas las actividades del país.

estatua f. Figura esculpida que imita una forma humana o animal. || Persona fría, callada, sin iniciativa. || FAM. estatuaria, estatuario, estatuilla.

estatuaria f. Arte de hacer estatuas.

estatuario, ria adj. De la estatua o relativo a ella o al arte de crearla. || Adecuado, propio para una estatua. || m. y f. Artista que hace estatuas.

estatuir tr. Establecer, ordenar, determinar: *estatuir leyes.* || Demostrar, sostener como verdad una doctrina o un hecho. ◆ Irreg. Se conj. como *huir.*

estatura f. Altura, medida de una persona desde los pies a la cabeza. || Mérito, valor, calidad de una persona.

estatus m. Posición, escala social y económica a que pertenece una persona. ◆ No varía en pl.

estatutario, ria adj. De los estatutos o contenido en ellos.

estatuto m. Norma, regla que tiene valor legal para un cuerpo, una asociación, etc. || Ley especial básica para el régimen autónomo de una región, dictada por el Estado de que forma parte. || FAM. estatutario.

estay m. Cabo que sujeta la cabeza de un mástil al pie del más inmediato, para impedir que caiga hacia la popa.

este[1] m. Punto cardinal por donde sale el sol. || Viento que viene de la parte de oriente. || Parte de un territorio situada hacia ese lado. || FAM. estenordeste, estesudeste.

este[2]**, ta, to, tos, tas** Formas del pron. dem. en los tres géneros: m., f. y neutro, y en ambos números: sing. y pl., que designan lo que física o mentalmente está cerca de la persona que habla o representan lo que se acaba de mencionar: *quiero este libro de aquí; me lo dijo esta chica.* ◆ Las formas m. y f. también son adj.: *este cuaderno, estas becas.* Puede ir pospuesto al sustantivo, si a este le precede un art. determinado, y entonces adquiere matiz despectivo: *¡la niña esta qué pesada es!* Aunque se recomienda su escritura siempre sin tilde, las formas m. y f. pueden llevarla para indicar que son pronombres en contextos ambiguos, p. ej., cuando van delante de formas que pueden ser verbo y sustantivo: *ésta rueda.* El pron. dem. neutro *esto* nunca lleva tilde y no tiene pl. || En oposición a *aquel,* designa el término del discurso que se nombró en último lugar: *hablaron el presentador y el invitado, este mucho mejor que aquel.* || **en esto** loc. adv. Estando en esto, durante esto, en este tiempo: *estaba estudiando y, en esto, sonó el teléfono.* || **por estas** interj. Expresa juramento o amenaza: *¡por estas que me las pagarás!*

esteárico, ca adj. Que contiene estearina. || Se apl. al ácido graso, blanco e insoluble, formado por una cadena de dieciocho átomos de carbono. || FAM. estearina, esteatita.

estearina f. Sustancia blanca, insípida, de escaso olor, soluble solo en el alcohol hirviendo y en éter; está compuesta de ácido esteárico y glicerina y da mayor consistencia a los cuerpos grasos. || Ácido esteárico que sirve para la fabricación de velas.

esteatita f. Silicato de magnesia de color blanco y verdoso, suave y muy blando que se emplea como sustancia lubricante y, con el nombre de *jabón de sastre,* sirve para marcar líneas en las telas.

esteba f. Planta gramínea con cañas delgadas y nudosas, hojas ensiformes, flores verdosas en espigas y semilla negra, que crece en sitios húmedos y pantanosos y es pasto de las caballerías.

estela[1] f. Rastro de espuma y agua removida que deja tras de sí en la superficie del agua una embarcación u otro cuerpo en movimiento. || Rastro que deja en el aire un cuerpo luminoso en movimiento. || Huella o recuerdo que deja cualquier cosa que pasa.

estela[2] f. Monumento conmemorativo que se erige sobre el suelo en forma de pedestal o lápida.

estelar adj. De las estrellas o relativo a ellas. || De gran importancia o categoría: *actuación, invitado estelar.*

estenosis f. Estrechez, estrechamiento de un conducto orgánico. ◆ No varía en pl. || FAM. estenocardia.

estenotipia f. Taquigrafía a máquina. || Máquina con la que se escribe en taquigrafía. || FAM. estenotipista.

estentóreo, a adj. Muy fuerte, ruidoso o retumbante, sobre todo referido a la voz o a los sonidos: *ruido, grito estentóreo.*

estepa[1] f. Erial llano y muy extenso, sin apenas vegetación. || FAM. estepario.

estepa[2] f. Mata resinosa de la familia de las cistáceas, con ramas leñosas y erguidas, hojas de color verde oscuro por la parte superior y blanquecinas por el envés y flores de corola grande y blanca, que habita en cerros y laderas soleadas formando parte de los matorrales que sustituyen a los encinares degradados.

estepario, ria adj. Relacionado con la estepa o propio de este tipo de paisaje.

éster m. Cualquiera de los compuestos químicos que resultan de sustituir átomos de hidrógeno de un ácido por radicales alcohólicos; es como una sal en que los átomos metálicos están reemplazados por radicales orgánicos.

estera f. Tejido grueso de esparto, juncos o palma que sirve sobre todo para cubrir partes del suelo. || FAM. esterar, estería, esterero, esterilla.

estercolero, ra m. y f. Persona que trabaja con el estiércol, recogiéndolo o esparciéndolo. || m. Lugar donde se recoge y guarda el estiércol. || Sitio muy sucio y maloliente. || FAM. estercolar.

esterculiáceo, a adj. y f. De las esterculiáceas o relativo a esta familia de plantas. || f. pl. Familia de matas, arbustos y árboles angiospermos dicotiledóneos, con hojas alternas y vellosas, flores axilares y fruto casi siempre en cápsula, como el cacao.

estéreo adj. abrev. de *estereofónico.* || m. abrev. de *estereofonía.*

estereofonía f. Técnica de captación, amplificación, transmisión, reproducción y registro acústico del sonido por medio de varios canales simultáneos con diferente selección de tonos, dando al oyente una sensación de distribución espacial, de relieve del sonido. || FAM. estéreo, estereofónico.

estereofónico, ca adj. De la estereofonía o relativo a ella: *sonido estereofónico.* || Se apl. al equipo de sonido o al aparato que se basa en esa técnica.

estereografía f. Técnica y arte de la representación de los sólidos en un plano. || FAM. estereográfico, estereógrafo.

estereometría f. Parte de la geometría que trata de la medida de los sólidos. || FAM. estereométrico.

estereoscopio m. Aparato óptico en el que, mirando con ambos ojos, se ven dos imágenes de un objeto que, por estar obtenidas desde puntos diferentes, al fundirse en una, producen una sensación de relieve. || FAM. estereoscópico.

estereotipado, da adj. Se apl. al gesto, fórmula, expresión, etc., formulario, repetitivo y sin emoción: *sonrisa estereotipada.*

estereotipia f. Arte de imprimir que, en lugar de moldes compuestos de letras sueltas, usa planchas de una página en una sola pieza. || Oficina donde se estereotipa. || Máquina para estereotipar. || Repetición involuntaria y brusca de un gesto, acción o palabra.

estereotipo m. Idea o imagen aceptada por la mayoría como patrón o modelo de cualidades o de conducta. || Tópico, lugar común. || Plancha de plomo fundido utilizada en estereotipia. || FAM. estereotipado, estereotipar, estereotipia, estereotípico.

estéril adj. Que no da fruto, que no produce nada: *terreno, amenaza estéril.* || Que no puede reproducirse: *caballo, persona estéril.* || Se apl. al año en que la cosecha es muy escasa, y al tiempo y a la época de miseria. || Aséptico, sin gérmenes patógenos: *medio, jeringuilla estéril.* || FAM. esterilidad, esterilizar, estérilmente.

esterilidad f. Falta de cosecha, carencia de frutos. || Enfermedad caracterizada por la falta de aptitud de fecundar, en el macho, y de concebir, en la hembra. ‖ Asepsia, inexistencia de gérmenes nocivos.

esterilización f. Conversión en estéril de lo que antes no lo era. ‖ Higienización, proceso por el cual se hacen desaparecer todo tipo de gérmenes nocivos o patógenos.

esterilizar tr. Hacer improductivo y estéril lo que antes no lo era. También prnl. ‖ Destruir los gérmenes patógenos que hay o puede haber en cualquier lugar u objeto. ‖ FAM. esterilización, esterilizador.

esterilla f. Estera pequeña y estrecha. ‖ Tejido de paja.

esternocleidomastoideo m. Músculo del cuello por el que la cabeza gira y se flexiona lateralmente.

esternón m. Hueso plano situado en la parte anterior del pecho, con el que se articulan las costillas. ‖ Cada una de las piezas del caparazón de los insectos correspondiente a la región ventral de cada uno de los segmentos del tórax. ‖ FAM. esternocleidomastoideo.

estero m. Terreno pantanoso que suele llenarse de agua por la lluvia o por la filtración de un río o laguna cercana y en el que abundan las plantas acuáticas. ‖ m. Desembocadura de un río caudaloso en el mar, estuario. ‖ *amer.* Arroyo, riachuelo. ‖ FAM. esteral.

esteroide m. Estructura policíclica derivada del colesterol, como la vitamina D, los ácidos biliares, las hormonas, etc.

estertor m. Respiración que produce un sonido involuntario, ronco o como un silbido, que suele presentarse en los moribundos. Más en pl. ‖ Ruido que se produce al respirar en ciertas enfermedades del aparato respiratorio. Más en pl. ‖ FAM. estertóreo.

estertóreo, a adj. Que tiene o produce estertor: *respiración estertórea.*

esteta com. Persona que entiende el arte como un valor esencial. ‖ Persona que adopta una actitud esteticista, de culto a la belleza. ‖ Persona versada en estética.

estética f. Rama de la filosofía que trata de la belleza y de la teoría fundamental y filosófica del arte. ‖ Aspecto exterior de una persona o cosa: *estética desenfadada.* ‖ *col.* Cirugía estética. ‖ FAM. esteta, estéticamente, esteticismo, estético.

esteticismo m. Actitud de quienes, al crear o valorar obras literarias y artísticas u otras cosas, conceden importancia primordial a la belleza anteponiéndola a los aspectos intelectuales, religiosos, morales, sociales, etc. ‖ FAM. esteticista.

esteticista adj. Del esteticismo o relativo a él. ‖ adj. y com. Partidario de esta tendencia. ‖ Se apl. a la persona que profesionalmente se dedica al embellecimiento del cuerpo humano, especialmente del rostro.

estético, ca adj. De la estética o relativo a ella. ‖ Artístico, de bello aspecto.

estetoscopio m. Instrumento parecido a una trompetilla acústica que sirve para auscultar. ‖ FAM. estetoscopia, estetoscópico.

esteva f. Pieza curva y trasera del arado, sobre la cual lleva la mano el que ara para dirigir la reja y apretarla contra la tierra. ‖ FAM. estevado.

estevado, da adj. y s. Que tiene las piernas arqueadas de tal modo que, con los pies juntos, quedan separadas las rodillas.

esthéticienne (voz fr.) com. Esteticista, persona que se dedica al cuidado y embellecimiento del rostro y el cuerpo.

estiaje m. Nivel más bajo que, en ciertas épocas del año, tienen las aguas de un río, laguna, etc., por causa de la sequía. ‖ Periodo que dura.

estibador, ra m. y f. Persona que carga, descarga y distribuye convenientemente cargas en un buque.

estibar tr. Apretar, amontonar las cosas que están sueltas para que ocupen poco espacio. ‖ Cargar, descargar y distribuir ordenadamente las mercancías en los barcos. ‖ FAM. estiba, estibación, estibador.

estiércol m. Excremento de cualquier animal. ‖ Materias orgánicas, comúnmente vegetales, que se destinan al abono de las tierras. ‖ FAM. estercoladura, estercolamiento, estercolar, estercolero.

estigma m. Marca o señal en el cuerpo. ‖ Huella impresa sobrenaturalmente en el cuerpo de algunos santos en éxtasis, como símbolo de la participación que sus almas toman en la pasión de Cristo. ‖ Marca hecha con hierro candente, como signo de deshonra o esclavitud. ‖ Deshonra, mala fama. ‖ Señal o síntoma de algunas enfermedades. ‖ Parte superior del pistilo que recibe el polen en el acto de la reproducción de las plantas. ‖ Cada uno de los orificios que tiene el tegumento de los insectos, arácnidos y miriápodos, por los que penetra el aire en su tráquea. ‖ FAM. estigmatizar.

estigmatizar tr. Marcar a uno con hierro candente. ‖ Imprimir milagrosamente a una persona las llagas de Cristo. ‖ Afrentar, deshonrar, infamar.

estilar intr. y prnl. Acostumbrar, practicar, ser costumbre algo: *se estila mucho este color.*

estilete m. Puñal de hoja muy estrecha y aguda. ‖ Púa o punzón con el que se escribía en los encerados. ‖ Indicador de las horas en los relojes solares. ‖ Pequeña sonda metálica delgada y flexible, terminada en una bolita, para reconocer ciertas heridas.

estilismo m. Oficio y actividad del estilista.

estilista com. Escritor que se distingue por lo esmerado y elegante de su estilo. ‖ Persona que cuida y diseña el estilo o la imagen en ciertas actividades. ‖ FAM. estilismo.

estilística f. Estudio del estilo o de la expresión lingüística en general. ‖ FAM. estilístico.

estilístico, ca adj. Del estilo del que habla o escribe, o relativo a él.

estilización f. Adelgazamiento, estrechamiento de la figura o de un rasgo.

estilizar tr. Interpretar convencionalmente la forma de un objeto haciendo resaltar tan solo sus rasgos más característicos. ‖ Afinar, estrechar, adelgazar. También prnl. ‖ FAM. estilización, estilizado.

estilo m. Manera de escribir o de hablar. ‖ Carácter propio que da a sus obras el artista: *estilo clásico, vanguardista.* ‖ Modo o forma característica de actuar o de ser. ‖ Uso, moda, costumbre: *vestido estilo años veinte.* ‖ Elegancia, clase, personalidad: *mujer con estilo.* ‖ Punzón con el cual escribían los antiguos en tablas enceradas. || Varilla que marca las horas en un reloj. || Púa de la brújula sobre la que gira la aguja. || Tubito hueco y esponjoso de las flores, que arranca del ovario y sostiene el estigma. || **por el estilo** loc. adv. De semejante manera, en forma parecida. || FAM. estilete, estilística, estilístico, estilizar, estilográfico, estiloso.

estilóbato m. Base sobre la que se apoya una columnata o un templo.

estilográfica f. Pluma de una punta metálica que escribe con la tinta contenida en su mango hueco.

estilógrafo m. *amer.* Estilográfica.

estiloso, sa adj. *col.* Que tiene mucho estilo, clase y elegancia.

estima f. Consideración, cariño o aprecio que se siente por algo o alguien.

estimable adj. Que merece aprecio o reconocimiento. || Digno de estimación o valoración. ◆ sup. irreg.: *estimabilísimo*.

estimación f. Aprecio, consideración, afecto. || Valoración, evaluación.

estimar tr. Sentir aprecio o afecto por algo o alguien. || Evaluar, calcular, dar valor. || Considerar, creer. || FAM. estima, estimabilidad, estimable, estimación, estimativo.

estimulación f. Incitación o excitación de algo para acelerar un proceso o avivar una actividad.

estimulante adj. Que estimula. || adj. y m. Se apl. a la sustancia que aumenta la actividad de un órgano.

estimular tr. Incitar, animar a alguien para que efectúe una cosa. ◆ Se construye con las preps. *a y para: le estimularon a que lo hiciera/para que estudie.* También prnl. || Impulsar la actividad de algo para mejorar su rendimiento o su calidad. || Activar el funcionamiento de un órgano. || prnl. Administrarse una droga estimulante para aumentar el grado de actividad. || FAM. estimulación, estimulador, estimulante, estímulo.

estímulo m. Cualquier elemento externo a un cuerpo o a un órgano que estimula, activa o mejora su actividad o su respuesta o reacción.

estío m. Verano, estación del año. || FAM. estival.

estipendio m. Remuneración, salario. || FAM. estipendial, estipendario.

estípite m. Pilastra en forma de pirámide truncada, con la base menor hacia abajo. || Tallo largo y no ramificado de las plantas arbóreas, como el de las palmeras.

estípula f. Apéndice de algunas hojas situado en los lados del pecíolo o en el ángulo que este forma con el tallo.

estipulación f. Convenio o trato verbal. || Cada una de las disposiciones de un documento público o particular.

estipular tr. Convenir, concertar o acordar las condiciones de un trato. || Hacer un contrato verbal. || FAM. estipulación.

estiracáceo, a adj. y f. De las estiracáceas o relativo a esta familia de plantas. || f. pl. Familia de árboles y arbustos angiospermos dicotiledóneos de hojas alternas, simples y sin estípulas, flores solitarias o en racimo y frutos en baya, como el estoraque.

estirado, da adj. Arrogante y orgulloso en su trato con los demás.

estiramiento m. Alargamiento o dilatación de algo. || Ejercicio físico que sirve para estirar y calentar los músculos con el fin de evitar lesiones y favorecer su funcionamiento. Más en pl. || Orgullo, soberbia.

estirar tr. Alargar, dilatar una cosa tirando de sus extremos. También prnl. || Desplegar una cosa doblada o alisar la arrugada. || Alargar la duración de algo, especialmente del dinero que se tiene. || intr. Crecer una persona. También prnl. || Tirar de algo. ◆ Se construye con la prep. *de: estira de la cuerda.* || prnl. Desperezarse, desplegar brazos y piernas para desentumecerse. || *col.* Ser generoso, invitar o regalar a alguien. || **estirar la pata** loc. *col.* Morirse. || FAM. estirada, estirado, estiramiento, estirón.

estireno m. Líquido oleoso de olor penetrante, insoluble en agua y soluble en alcohol y éter que se usa para la fabricación de polímeros plásticos y resinas sintéticas.

estirón m. Acción de estirar o arrancar bruscamente y con fuerza una cosa. || Crecimiento rápido en altura de una persona.

estirpe f. Conjunto de ascendientes de una persona, linaje. || En una sucesión hereditaria, conjunto formado por la descendencia de un sujeto a quien ella representa y cuyo lugar toma. || Grupo de organismos de un mismo origen.

estival adj. Del estío o relativo a él.

estocada f. Golpe que se da con la punta del estoque o de la espada. || Herida que resulta de él. || *col.* Clavada, precio excesivo de algo.

estofa f. Tela de labores, por lo común de seda. || Calidad, clase: *de baja estofa.* || FAM. estofar.

estofado m. Guiso que consiste en cocer un alimento condimentado con aceite, vino o vinagre, ajo, cebolla y varias especias. || Acción de estofar. || Adorno que resulta de estofar un dorado.

estofar[1] tr. Rayar el color dado sobre el dorado de la madera para que se descubra el oro y haga visos entre los colores con que se pintó. || Pintar sobre el oro bruñido algunos relieves al temple. || Blanquear las esculturas en madera antes de dorarlas y bruñirlas. || Bordar una tela acolchada para que queden en relieve las figuras cosidas.

estofar[2] tr. Hacer el guiso llamado estofado. || FAM. estofado.

estofón, na adj. *amer. col.* Empollón.

estoicismo m. Doctrina filosófica fundada en el siglo III por el griego Zenón de Citio, que defiende el autodominio, la serenidad y la felicidad de la virtud. || Fortaleza de carácter ante la adversidad y el dolor: *soportó la tragedia con estoicismo.* || FAM. estoico.

estoico, ca adj. Fuerte, sereno ante la desgracia. || Del estoicismo o relativo a él. || adj. y s. Partidario de esta teoría. || FAM. estoicamente.

estola f. Banda de tela que forma parte de la vestimenta litúrgica que los sacerdotes llevan colgada del cuello cuando ejercen su ministerio. || Banda larga de piel para abrigarse el cuello: *estola de visón.* || Túnica amplia y larga que los griegos y romanos llevaban sobre la camisa y que se ceñía a la cintura.

estoma m. Cada una de las aberturas microscópicas que hay en la epidermis de las hojas para facilitar los intercambios de gases entre la planta y el exterior. || FAM. estomático, estomatitis, estomatología.

estomacal adj. Del estómago o relativo a este órgano. || adj. y m. Que tonifica el estómago y facilita la función gástrica: *infusión estomacal.*

estomagante adj. Que hastía o molesta por su pesadez.

estomagar tr. Causar indigestión, empachar. || Causar fastidio o enfado. || Sentir antipatía por alguien. || FAM. estomagante.

estómago m. Órgano del aparato digestivo, situado entre el esófago y el intestino; tiene forma de bolsa, y en él se transforman los alimentos por medio de los fermentos contenidos en el jugo gástrico. || Tripa, barriga, región exterior del cuerpo correspondiente al abdomen, especialmente si es abultado. || Aguante ante las cosas desagradables. || **revolver el estómago** loc. Causar aversión, repugnancia o antipatía por innoble, inmoral, sucio. || **tener** alguien **buen** o **mucho estómago** loc. *col.* Sufrir los desaires e injurias que se le hacen sin darse por sentido. || *col.* Ser poco escrupuloso. || FAM. estomacal, estomagar.

estomático¹, ca adj. Del estómago o relativo a él, estomacal.

estomático², ca adj. De la boca humana o relativo a ella.

estomatitis f. Inflamación de la mucosa bucal.
◆ No varía en pl.

estomatología f. Especialidad médica que trata de las enfermedades de la boca del hombre. || FAM. estomatológico, estomatólogo.

estomatólogo, ga m. y f. Médico especialista en estomatología.

estomatópodo, da adj. y m. De los estomatópodos o relativo a este orden de crustáceos. || m. pl. Orden de crustáceos marinos, sobre todo del Mediterráneo, zoófagos, cuyo caparazón, que es aplanado, deja sin cubrir los tres últimos segmentos torácicos, a los cuales sigue el abdomen, como la galera.

estonio, nia o **estoniano, na** adj. y s. De Estonia o relativo a este país europeo. || m. Lengua hablada por este pueblo báltico.

estopa f. Parte basta o gruesa del lino o del cáñamo que queda en el peine cuando se cardan. || Tela dura que se hace con ella. || Rebaba, pelo o filamento que aparece en algunas maderas al trabajarlas. || *col.* Leña, palos: *dar estopa.* || FAM. estoposo.

estoperol m. Clavo corto, de cabeza grande y redonda. || *amer.* Tachón, tachuela grande dorada o plateada.

estoque m. Espada estrecha con la que solo se puede herir de punta. || Arma blanca a modo de espada puntiaguda que suele llevarse metida en un bastón. || Planta herbácea de la familia de las iridáceas, con hojas radicales en forma de estoque y flores rojas en espiga terminal que se da espontáneamente en terrenos húmedos y se cultiva en los jardines. También se conoce como *gladiolo.* || FAM. estocada, estoqueador, estoquear.

estoquear tr. Herir con la punta de la espada o del estoque, clavarla, sobre todo al toro bravo.

estor m. Especie de cortina que cubre el hueco de una ventana y que se enrolla o recoge de abajo arriba.
◆ pl. *estores.*

estoraque m. Árbol de la familia estiracáceas, de 4 a 6 m de altura, con el tronco torcido, hojas ovaladas, blanquecinas y vellosas por el envés, flores blancas y fruto algo carnoso, elipsoidal, de cuyo tronco se obtiene un bálsamo muy oloroso usado en perfumería y medicina. || Este bálsamo. || *amer.* Escrito largo y aburrido.

estorbar tr. Poner un obstáculo a la ejecución de algo. || Molestar, incomodar. También intr.: *cállate y no estorbes.* || FAM. estorbo.

estorbo m. Obstáculo, impedimento, persona o cosa que molesta o estorba.

estornino m. Nombre común de diversas aves paseriformes de unos 22 cm, de pico amarillo y plumaje irisado y negro o moteado, con cola corta y capaces de emitir ciertos sonidos articulados.

estornudar intr. Arrojar con estrépito por la nariz y la boca el aire inspirado de manera involuntaria, provocada por un estímulo en la mucosa nasal. || FAM. estornudo, estornutatorio.

estornudo m. Espiración involuntaria y ruidosa.

estrábico, ca adj. y s. Que padece estrabismo, bizco.

estrabismo m. Defecto de los ojos por el que los dos ejes visuales no se dirigen a la vez al mismo objeto. || FAM. estrábico.

estrada f. Camino o sendero que resulta de tanto pisar la tierra o que se desbroza o construye para andar por ella.

estrado m. Sitio de honor algo elevado sobre el suelo donde en un salón de actos se sitúa la presidencia, el conferenciante, etc. || Sala o asiento de los tribunales donde suben los testigos o los acusados para declarar. || pl. Salas de los tribunales donde los jueces oyen y sentencian los pleitos.

estrafalario, ria adj. y s. De aspecto sucio o desastrado. || Extravagante, raro o ridículo. || FAM. estrafalariamente.

estragar tr. Causar estrago, viciar, dañar. || Estropear el sentido o la sensibilidad de algo por el abuso de sensaciones fuertes. También prnl. || Estropearse el estómago por excesos en la comida y en la bebida. También prnl. || FAM. estragador, estragamiento, estrago.

estrago m. Ruina, daño físico o moral. Más en pl. || **hacer estragos** loc. *col.* Tener mucho éxito o aceptación.

estragón m. Hierba compuesta con tallos de 60 a 80 cm, hojas enteras lanceoladas y flores en cabezuelas pequeñas y amarillentas, que se usa como condimento.

estrambote m. Conjunto de versos que suele añadirse al final de una combinación métrica, y especialmente del soneto.

estrambótico, ca adj. Extravagante, extraño. || FAM. estrambóticamente.

estramonio m. Planta herbácea solanácea muy olorosa, de grandes flores blancas y un solo pétalo en forma de embudo, y con fruto espinoso que se usaba contra las afecciones asmáticas, como narcótico y como antiespasmódico.

estrangulamiento m. Ahogo producido por presión. ‖ Estrechamiento o cierre natural o artificial de un conducto o lugar de paso. ‖ Limitación o impedimento de la capacidad de desarrollarse una actividad o un sistema.

estrangular tr. y prnl. Ahogar a una persona o a un animal oprimiéndole el cuello hasta impedirle la respiración. ‖ Dificultar o impedir el paso por una vía o conducto. ‖ Impedir con fuerza la realización de un proyecto, intento, etc. ‖ Cerrar la comunicación de los vasos de una parte del cuerpo por medio de presión o ligadura. ‖ FAM. estrangulación, estrangulador, estrangulamiento.

estraperlista com. Persona que negocia con productos de comercio ilegal.

estraperlo m. Comercio ilegal de artículos que escasean o están administrados por el Estado y sujetos a tasa. ‖ Conjunto de estos productos con que se comercia. ‖ FAM. estraperlear, estraperlista.

estratagema f. Acción astuta y engañosa para conseguir algo, especialmente en el arte de la guerra.

estratega com. Persona versada en estrategia.

estrategia f. Arte de planear y dirigir operaciones bélicas o militares. ‖ Técnica y conjunto de actividades destinadas a conseguir un objetivo: *estrategia de venta, electoral.* ‖ FAM. estratagema, estratega, estratégico, estratego.

estratégico, ca adj. De la estrategia, que la tiene o la demuestra. ‖ Esencial, de importancia decisiva para el desarrollo de algo: *lugar estratégico.* ‖ FAM. estratégicamente.

estratificación f. Disposición en estratos de algo: *estratificación de la sociedad.* ‖ Disposición de las capas o estratos de un terreno.

estratificar tr. y prnl. Disponer o colocar en estratos o capas.

estratigrafía f. Parte de la geología que estudia la disposición y caracteres de las rocas sedimentarias estratificadas y de lo que en ellas se contiene. ‖ Estudio de las capas o los estratos arqueológicos, históricos, lingüísticos, sociales, etc., de un territorio. ‖ FAM. estratigráfico.

estrato m. Masa mineral en forma de capa que constituye los terrenos sedimentarios: *estrato calizo.* ‖ Clase social. ‖ Nube en forma de faja. ‖ Cada una de las capas que se superponen unas a otras conformando la estructura de ciertas cosas: *estrato arqueológico, social, económico.* ‖ FAM. estratificación, estratificar, estratigrafía.

estratocúmulo m. Capa continua de nubes bajas que cubre una gran extensión de cielo.

estratosfera f. Región de la atmósfera que va desde los 10 o 20 hasta los 50 km de altura, compuesta por capas de diferente temperatura, una de las cuales es la de ozono, que protege la Tierra de los rayos ultravioleta del Sol. ‖ FAM. estratosférico.

estraza f. Trapo, pedazo o desecho de ropa basta o gruesa. ‖ Se apl. al papel áspero y sin blanquear.

estrechamiento m. Reducción de la anchura de una cosa. ‖ Presión o apretón que se ejerce sobre algo. ‖ Fortalecimiento de una relación. ‖ Reducción de gastos, ahorro.

estrechar tr. Reducir la anchura de una cosa. También prnl. ‖ Apretar algo o a alguien con las manos o los brazos. También prnl.: *se estrechó contra él.* ‖ Hacer más fuertes los lazos de unión de cualquier relación. También prnl.: *se estrechó su amor.* ‖ prnl. Ceñirse, recogerse. ‖ Reducir gastos. ‖ FAM. estrechadura, estrechamiento.

estrechez f. Escasez de anchura, falta de holgura. ‖ Aprieto, apuro, sobre todo por causa de falta de recursos económicos. ‖ Limitación ideológica, intelectual y moral.

estrecho, cha adj. Que tiene poca anchura. ‖ Ajustado, apretado. ‖ Cercano e íntimo. ‖ Rígido, austero. ‖ *col.* Reprimido en el terreno sexual y moral. ‖ m. Paso comprendido entre dos tierras y por el cual un mar se comunica con otro. ‖ FAM. estrechamente, estrechar, estrechez, estrechura.

estrechura f. Estrechez.

estregar tr. y prnl. Frotar, pasar con fuerza una cosa sobre otra para limpiarla o calentarla. ◆ **Irreg.** Se conj. como *acertar.* ‖ FAM. estregadura, estregamiento, estregón.

estrella f. Cuerpo celeste que brilla en el cielo con luz propia. ‖ Cualquier objeto que tiene la forma con la que habitualmente se representan las estrellas, es decir, un círculo rodeado de puntas. ‖ Signo de esta forma que indica la graduación de jefes y oficiales de las fuerzas armadas. ‖ Signo de esta forma que sirve para indicar la categoría de los establecimientos hoteleros: *hotel de cinco estrellas.* ‖ Persona destacada en su profesión y muy famosa: *estrella de la canción, del deporte.* ‖ Cualquier cosa que destaca entre las de su clase: *esta escultura es la estrella del museo.* ‖ Sino, destino, fortuna: *ha nacido con buena estrella.* ‖ pl. Especie de pasta en figura de estrellas que sirve para sopa. Más en dim. ‖ **estrella de mar** Equinodermo marino con forma de estrella de cinco brazos triangulares. ‖ **estrella fugaz** Cuerpo luminoso que suele verse repentinamente en la atmósfera y se mueve a gran velocidad, apagándose pronto. ‖ **estrella polar** La que está en el extremo de la lanza de la Osa Menor y señala la dirección del polo norte. ‖ **nacer** alguien **con estrella** loc. Tener alguien estrella. ‖ **tener** alguien **estrella** loc. Ser muy afortunado, tener buena suerte. ‖ **unos nacen con estrella y otros nacen estrellados** loc. proverb. con que se da a entender la distinta suerte de las personas. ‖ **ver las estrellas** loc. *col.* Sentir un dolor muy fuerte y vivo. ‖ FAM. estrellado, estrellamar, estrellar, estrellato, estrellón.

estrellado, da adj. Que tiene forma de estrella. ‖ Que tiene muchas estrellas.

estrellar tr. Llenar de estrellas una cosa. ‖ Arrojar con violencia una cosa contra otra, rompiéndola. También prnl. ‖ prnl. Sufrir un choque violento contra una superficie dura; se emplea sobre todo al hablar de accidentes de tráfico terrestre o aéreo. ‖ Fracasar por culpa de obstáculos insuperables. ◆ En las tres últimas acepciones se construye con las preps. *contra* o *con: se estrelló contra la obstinación de su jefe; te vas a estrellar con la realidad.*

estrellato m. Condición de la persona que adquiere tal fama que se convierte en estrella, sobre todo del cine.

estrellón m. Fuego artificial que, tras explotar, forma la figura de una estrella grande. ‖ *amer.* Choque, encontronazo.

estremecedor, ra adj. Que conmueve o estremece.

estremecer tr. y prnl. Conmover, hacer temblar algo o a alguien. ‖ Causar sobresalto o temor algo extraordinario o imprevisto, impresionar: *la noticia nos estremeció.* ◆ **Irreg.** Se conj. como *agradecer.* ‖ FAM. estremecedor, estremecimiento, estremezón.

estremecimiento m. Conmoción, alteración. ‖ Temblor involuntario e incontrolado.

estremezón m. *amer.* Acción y resultado de estremecerse.

estrenar tr. Hacer uso por primera vez de una cosa. ‖ Representar o proyectar por primera vez ciertos espectáculos públicos: *estrenar un ballet, una película.* ‖ prnl. Empezar uno a desempeñar un empleo, oficio, encargo, etc., o darse a conocer por vez primera en el ejercicio de un arte, facultad o profesión. ‖ Hacer alguien el primer negocio del día. ‖ FAM. estrenista, estreno.

estreno m. Uso de algo por vez primera. ‖ Primera representación o proyección que se hace de un espectáculo o de una película. ‖ **de estreno** loc. adj. Se apl. a la sala de exhibición dedicada habitualmente a estrenar películas: *cine de estreno.*

estreñido, da adj. Que padece estreñimiento.

estreñimiento m. Escasez de deposiciones y dificultad en la expulsión de los excrementos.

estreñir tr. y prnl. Retrasar algo el recorrido intestinal de los excrementos y dificultar su evacuación. ◆ **Irreg.** Se conj. como *ceñir.* ‖ FAM. estreñido, estreñimiento.

estrépito m. Ruido enorme, estruendo. ‖ Ostentación, aparatosidad en los actos. ‖ FAM. estrepitosamente, estrepitoso.

estrepitoso, sa adj. Que causa mucho ruido o estruendo. ‖ Que se hace evidente o llamativo: *fracaso estrepitoso.*

estreptococo m. Bacteria de forma redondeada que se agrupa en cadena a otras de su especie. ‖ FAM. estreptococia, estreptocócico.

estreptomicina f. Antibiótico muy eficaz, sobre todo contra el bacilo de la tuberculosis.

estrés m. Alteración física o psíquica de un individuo por exigir a su cuerpo un rendimiento superior al normal. ◆ pl., poco usado, *estreses.* ‖ FAM. estresado, estresante, estresar.

estresado, da adj. y s. Que padece de estrés.

estresante adj. Que produce estrés.

estresar tr. y prnl. Producir o causar estrés.

estría f. Raya, surco o hendidura que suelen tener algunos cuerpos. ‖ Cada una de las marcas, como cicatrices, que aparecen en la piel tras un proceso de excesivo estiramiento, como en el embarazo. Más en pl. ‖ FAM. estriación, estriado, estriar.

estriado, da adj. Que tiene estrías: *columna estriada.*

estriar tr. y prnl. Marcar una superficie formando en ella estrías.

estribación f. Conjunto de montañas laterales que se derivan de una cordillera y son generalmente más bajas que ella.

estribar intr. Descansar el peso de una cosa en otra sólida y firme. ‖ Fundarse, apoyarse en una cosa, consistir. ‖ FAM. estribación, estribadero.

estribera f. *amer.* Correa de cuero de la que cuelga el estribo.

estribillo m. Verso o conjunto de versos que se repiten después de cada estrofa de un poema o de una canción. ‖ Latiguillo, frase hecha que por costumbre se repite con frecuencia.

estribo m. Pieza que cuelga a cada lado de la silla de montar en la que el jinete apoya el pie. ‖ Especie de escalón que sirve para subir o bajar de un vehículo. ‖ Elemento macizo que sostiene un arco o una bóveda y contrarresta su empuje. ‖ Uno de los tres huesecillos que se encuentran en la parte media del oído de los mamíferos. ‖ Escalón en el lado interior de la barrera para facilitar el salto de los toreros. ‖ **perder** alguien **los estribos** loc. Enfadarse mucho, perder alguien el control de sí mismo. ‖ FAM. estribar, estribillo.

estribor m. Banda derecha de un barco mirando de popa a proa.

estricnina f. Alcaloide que se extrae de ciertos vegetales, como la nuez vómica, y es un veneno muy activo.

estricto, ta adj. Riguroso, ajustado exactamente a la norma o a la ley, sin admitir excepciones ni concesiones. ‖ FAM. estrictamente, estrictez.

estridencia f. Sonido estridente. ‖ Violencia de la expresión o de la acción.

estridente adj. Se apl. al sonido agudo, desapacible y chirriante. ‖ Que produce ruido y estruendo. ‖ Que molesta por su violencia, su extravagancia o su exceso. ‖ FAM. estridencia.

estrigiforme adj. y f. De las estrigiformes o relacionado con este orden de aves. ‖ f. pl. Orden de aves rapaces nocturnas que se caracterizan por tener ojos grandes, garras y plumaje suave, lo que les permite volar en silencio para atrapar los insectos y pequeños invertebrados de los que se alimentan, como el búho real, la lechuza y el mochuelo.

estriptis o **estriptís** m. *Striptease.* ◆ No varía en pl.

estro m. Inspiración, capacidad creadora de los poetas y artistas. ‖ Periodo de celo sexual de las hembras de los mamíferos.

estróbilo m. Tipo de fructificación de los pinos y otras muchas coníferas, en el que sobre un eje vertical van insertas helicoidalmente las escamas que amparan las semillas, piña.

estrobo m. Pedazo de cabo unido por sus extremos que sirve para suspender cosas pesadas, sujetar el remo y otros usos semejantes.

estrofa f. Cada una de las partes en que está dividida una composición poética o musical, constituida por una serie de versos de forma y número adecuados a un modelo. ‖ FAM. estrófico.

estrógeno m. Hormona sexual femenina responsable de la formación de los caracteres sexuales secundarios.

estulto

estroncio m. Elemento químico metálico, duro, amarillo, poco brillante y muy oxidable que se utiliza en la fabricación de válvulas de vacío. Su símbolo es *Sr*, y su número atómico, *38*.

estropajo m. Porción de esparto machacado que sirve principalmente para limpiar. ‖ P. ext., porción de cualquier otra materia, como plástico, alambre, nailon, etc., que sirve para fregar. ‖ Planta cucurbitácea cuyo fruto desecado se usa como esponja de baño. ‖ Persona o cosa inútil o estropeada. ‖ FAM. estropajoso.

estropajoso, sa adj. *col.* Se apl. a la persona cuya forma de hablar es confusa o indistinta por tener un defecto natural, tener la boca seca, etc. ‖ *col.* Se dice de la persona o de la cosa muy desaseada y andrajosa. ‖ *col.* Fibroso, áspero y difícilmente manejable. ‖ FAM. estropajosamente.

estropear tr. y prnl. Maltratar, deteriorar, desmejorar una cosa. ‖ Malograr cualquier asunto o proyecto. ‖ FAM. estropicio.

estropicio m. *col.* Destrozo, rotura involuntaria y estrepitosa de cosas por lo general frágiles. ‖ P. ext., trastorno o daño aparatoso de consecuencias leves.

estrucioniforme adj. y f. De las estrucioniformes o relativo a este orden de aves. ‖ f. pl. Orden de las aves semejantes al avestruz, de cuello largo, cabeza pequeña e incapaces de volar, cuyas extremidades posteriores son de gran tamaño y están adaptadas a la carrera.

estructura f. Distribución y orden de las partes importantes que componen un todo: *estructura de una novela, de una sociedad*. ‖ Sistema de elementos relacionados e interdependientes entre sí: *estructura lingüística, anatómica.* ‖ Armazón de hierro, madera u hormigón que soporta una edificación. ‖ FAM. estructural, estructuralismo, estructurar.

estructuración f. Disposición, organización y distribución de las partes que componen un todo.

estructural adj. De la estructura o relativo a ella.

estructuralismo m. Doctrina científica y metodológica que estudia los datos dentro de los grupos a que pertenecen teniendo en cuenta las relaciones que se establecen entre ellos. ‖ FAM. estructuralista.

estructuralista adj. Del estructuralismo o relativo a él. ‖ adj. y com. Partidario o seguidor de esta doctrina.

estructurar tr. Distribuir, relacionar y organizar las partes de una obra o de un conjunto: *estructurar un discurso.* ◆ Se construye con la prep. *en: estructurar un drama en tres escenas.* ‖ FAM. estructuración.

estruendo m. Ruido grande, estrépito. ‖ Confusión, bullicio. ‖ Aparatosidad, ostentación. ‖ FAM. estruendoso.

estruendoso, sa adj. Ruidoso, que causa estruendo. ‖ FAM. estruendosamente.

estrujamiento m. Presión que se hace sobre algo, apretón.

estrujar tr. Apretar una cosa para sacarle el zumo o lo que contenga. ‖ Apretar algo blando con fuerza para deformarlo o arrugarlo. ‖ *col.* Agotar una cosa o a una persona, sacar de ella todo el provecho posible. También prnl.: *se estrujó los sesos intentando comprenderlo.* ‖ FAM. estrujador, estrujadera, estrujamiento, estrujón.

estuario m. Desembocadura de un río que se caracteriza por tener una forma semejante al corte longitudinal de un embudo, por la influencia de las mareas en la unión de las aguas fluviales con las marítimas.

estucado m. Acción y resultado de estucar. ‖ Obra hecha con estuco.

estucar tr. Dar a una cosa con estuco o blanquearla con él. ‖ Colocar sobre el muro, columna, etc., las piezas de estuco previamente moldeadas y secadas.

estuche m. Funda o envoltura para proteger y guardar ordenadamente un objeto o varios. ‖ FAM. estuchar, estuchista.

estuco m. Masa de yeso blanco y agua de cola con la cual se hacen y preparan muchos objetos que después se doran o pintan. ‖ Pasta de cal apagada y mármol pulverizado con que se cubren las paredes o los muros, que se barnizan después con aguarrás y cera. ‖ FAM. estucado, estucador, estucar.

estudiado, da adj. Que ha sido leído, tratado o memorizado. ‖ Se apl. a la palabra, gesto o ademán amanerados, que no surgen de manera natural ni espontánea: *pose estudiada, abrazo estudiado.* ‖ FAM. estudiadamente.

estudiante com. Persona que cursa estudios, generalmente medios o superiores, en un centro docente.

estudiantil adj. De los estudiantes o relativo a ellos.

estudiantina f. Tuna, cuadrilla de estudiantes, generalmente universitarios, que salen tocando varios instrumentos por las calles o de lugar en lugar para divertirse y recoger dinero.

estudiar tr. e intr. Ejercitar el entendimiento para comprender o aprender una cosa. ‖ Cursar estudios en las universidades u otros centros docentes. ‖ tr. Examinar atentamente, analizar: *estudiar una propuesta, un plano.* ‖ FAM. estudiado, estudiantado, estudiante, estudiantil, estudiantina, estudio, estudiosidad, estudioso.

estudio m. Esfuerzo mental que se aplica a conocer, memorizar o aprender alguna cosa. ‖ Obra en que un autor estudia y dilucida una cuestión. ‖ Habitación o lugar donde trabaja un profesional liberal: *estudio de arquitectura, fotográfico.* ‖ Apartamento pequeño en el cual la cocina no está en distinta habitación que el salón. ‖ Pieza musical didáctica: *estudio de piano.* ‖ Boceto preparatorio para una obra pictórica o escultórica. ‖ Conjunto de edificios o dependencias destinado al rodaje de películas cinematográficas o a emisiones de radio o televisión. Más en pl. ‖ pl. Conjunto de temas o materias que se estudian para obtener cierta titulación.

estudioso, sa adj. Que estudia mucho y con atención. ‖ m. y f. Persona aficionada o dedicada a estudiar una cuestión o materia específica.

estufa f. Aparato que sirve para calentar espacios cerrados mediante la combustión de carbón, de leña, de gas o gracias a la energía eléctrica. ‖ FAM. estufar, estufilla.

estufar tr. Calentar una pieza o un objeto. ‖ *amer.* Molestar, incordiar.

estulticia f. Necedad, ignorancia, tontería.

estulto, ta adj. Necio, tonto. ‖ FAM. estultamente, estultez, estulticia.

estupefacción f. Sorpresa o asombro tan grandes que dejan al que lo padece atónito e incapaz de reaccionar.

estupefaciente m. Sustancia que tranquiliza o deteriora la sensibilidad, o produce alucinaciones, y cuyo consumo, no controlado médicamente, generalmente crea hábito, como la morfina o la cocaína.

estupefacto, ta adj. Atónito, pasmado, incapaz de reaccionar. ‖ FAM. estupefacción, estupefaciente.

estupendo, da adj. Admirable, asombroso, pasmoso. ‖ *col.* Muy bueno, muy bonito. ‖ FAM. estupendamente.

estupidez f. Torpeza y lentitud notable en comprender las cosas. ‖ Dicho o hecho propio de un estúpido.

estúpido, da adj. y s. Necio, torpe, falto de inteligencia. ‖ Se apl. a la palabra o al hecho que demuestra la estupidez de su autor. ‖ FAM. estúpidamente, estupidez.

estupor m. Disminución de la actividad de las funciones intelectuales, acompañada de cierto aire o aspecto de asombro o de indiferencia. ‖ Asombro, estupefacción. ‖ FAM. estupefacto, estúpido.

estupro m. Delito que comete el adulto que abusa sexualmente de un menor usando la confianza que este le tiene o el engaño. ‖ FAM. estuprador, estuprar.

esturión m. Pez osteíctio acipenseriforme marino de hasta 5 m de longitud, de color gris con pintas negras por el lomo y blanco por el vientre, con cinco filas de escamas grandes, duras y puntiagudas a lo largo del cuerpo, cabeza pequeña, cola ahorquillada y esqueleto cartilaginoso, cuya carne es comestible y de cuyas huevas se prepara el caviar; de su vejiga natatoria seca se obtiene la gelatina llamada *cola de pescado.*

esvástica f. Cruz que tiene cuatro brazos acodados como la letra gamma mayúscula del alfabeto griego, tomada por Hitler como emblema nacionalsocialista por ser el signo solar de los antiguos arios. También se conoce como *cruz gamada.*

eta f. Séptima letra del alfabeto griego, que se corresponde con nuestra *e*, pero con mayor duración. Su grafía mayúscula es H y, la minúscula, η.

etalaje m. Parte de la cavidad de la cuba de un alto horno.

etano m. Gas hidrocarburo saturado, inodoro, inerte y combustible, que está formado por dos átomos de carbono y seis de hidrógeno y se encuentra en el gas natural y en el petróleo.

etanol m. Alcohol etílico incoloro y soluble en agua que se utiliza como disolvente y en la fabricación de bebidas alcohólicas.

etapa f. Cada uno de los trayectos recorridos entre dos paradas de un viaje, trecho. ‖ Época o avance en el desarrollo de una acción u obra.

etarra adj. y com. De ETA o relativo a esta organización terrorista.

etcétera m. Voz que se emplea para interrumpir el discurso indicando que en él se omite lo que quedaba por decir y se puede sobrentender. ◆ Normalmente se usa su abreviatura *etc.*

éter m. Fluido sutil e invisible que se suponía llenaba todo el espacio y era el soporte de las ondas físicas. ‖ En quím., cualquiera de los compuestos orgánicos, volátiles y solubles, que tienen un átomo de oxígeno unido a dos radicales de hidrocarburo, como el dietílico, que se emplea como anestésico. ‖ *poét.* Bóveda celeste. ‖ FAM. etano, etéreo, eterismo, etilo.

etéreo, a adj. Del éter o relativo a él. ‖ No concreto, poco determinado, vago. ‖ *poét.* Del cielo o perteneciente a él.

eternidad f. Perpetuidad, espacio que no tiene principio ni tendrá fin. ‖ Vida perdurable del alma de la persona después de la muerte. ‖ *col.* Cualquier espacio de tiempo muy largo: *tardó una eternidad en venir.*

eternizar tr. Hacer durar o prolongar una cosa demasiado. También prnl.: *se eterniza arreglándose el pelo.* ‖ Perpetuar la duración de una cosa.

eterno, na adj. Que no tuvo principio ni tendrá fin. ‖ Que dura mucho tiempo. ‖ Repetitivo, insistente. ‖ FAM. eternamente, eternidad, eternizable, eternizar.

ética f. Parte de la filosofía que trata de la moral de los actos humanos, que permite calificarlos como buenos o malos. ‖ Conjunto de normas morales que regulan cualquier relación o conducta humana, sobre todo en un ámbito específico: *ética médica.* ‖ FAM. ético.

ético, ca adj. De la ética o relativo a esta parte de la filosofía. ‖ *col.* Conforme a la moral o a las costumbres establecidas. ‖ m. y f. Persona que estudia o enseña esta disciplina.

etileno m. Hidrocarburo gaseoso incoloro, de sabor dulce y muy inflamable, compuesto por dos átomos de carbono y cuatro de hidrógeno. De él se obtiene el etanol.

etílico, ca adj. Relacionado con el alcohol formado por la fermentación de hidratos de carbono que se utiliza en farmacia y perfumería y en la elaboración de bebidas alcohólicas: *coma etílico, intoxicación etílica.*

etilismo m. Intoxicación grave por la ingestión excesiva de bebidas alcohólicas.

etilo m. Radical del etano, formado por dos átomos de carbono y cinco de hidrógeno, que se encuentra en numerosos compuestos químicos, como el alcohol etílico. ‖ FAM. etílico, etilismo, etilómetro.

étimo m. Raíz léxica o palabra de la que proceden otras. ‖ FAM. etimología.

etimología f. Origen de las palabras, de su forma y de su significado. ‖ Parte de la gramática que estudia el origen de las palabras. ‖ FAM. etimológicamente, etimológico, etimologista, etimologizar, etimólogo.

etiología f. Estudio sobre las causas de las cosas: *etiología de un problema.* ‖ Parte de la medicina que tiene por objeto el estudio de las causas de las enfermedades. ‖ Causa de una enfermedad. ‖ FAM. etiológico.

etíope adj. y com. De Etiopía o relativo a este país africano.

etiqueta f. Conjunto de los estilos, normas, usos y costumbres que se debe guardar en los actos públicos o solemnes. ‖ Adorno, señal o rótulo que se adhiere a los equipajes para identificar a su dueño. ‖ P. ext., marca o señal que se coloca en los productos para su identificación,

417 **europeo**

valoración, clasificación, etc. || P. ext., calificación identificadora de una persona en cuanto a su carácter, dedicación, profesión, ideología, etc. || **de etiqueta** loc. adj. De gala, elegante, sobre todo referido al vestido apropiado para los actos solemnes y públicos. || FAM. etiquetado, etiquetaje, etiquetador, etiquetar, etiquetero.

etiquetado o **etiquetaje** m. Colocación de etiquetas en un producto o en un conjunto de ellos.

etiquetar tr. Poner una etiqueta a algo o a alguien.

etmoides adj. y m. Se apl. al pequeño hueso encajado en el frontal de los vertebrados que forma parte de la base del cráneo, las cavidades nasales y las órbitas de los ojos. ◆ No varía en pl. || FAM. etmoidal.

etnia f. Comunidad natural de hombres que presentan ciertas afinidades raciales, lingüísticas, religiosas o culturales. || FAM. étnico, etnocentrismo, etnografía, etnología, etnografía.

etnografía f. Rama de la antropología que tiene por objeto el estudio y descripción de las razas o de los pueblos. || FAM. etnográfico, etnógrafo.

etnología f. Rama de la antropología que estudia sistemática y comparativamente las etnias y las culturas de los pueblos. || FAM. etnológico, etnólogo.

etología f. Rama de la psicología que se dedica al estudio científico del carácter y de los modos de comportamiento del hombre. || Parte de la biología que estudia el comportamiento de los animales en su propio ambiente. || FAM. etológico, etólogo.

etopeya f. Descripción del carácter, acciones y costumbres de una persona.

etrusco, ca adj. y s. De Etruria o relativo a esta antigua región de Italia. || m. Lengua hablada en esta región.

eucalipto m. Árbol mirtáceo originario de Australia, con tronco derecho y copa cónica, fruto capsular, flores amarillas, hojas olorosas, lanceoladas y colgantes, y fruto capsular cuyo cocimiento tiene propiedades balsámicas.

eucarionte o **eucariota** adj. Se apl. a la célula y al organismo animal y vegetal que presenta un núcleo diferenciado, envuelto por una membrana y con citoplasma organizado.

eucaristía f. Sacramento de la Iglesia católica según el cual, mediante las palabras pronunciadas por el sacerdote, el pan y el vino se convierten en el cuerpo y la sangre de Cristo. || Ceremonia en la cual se celebra, misa. || FAM. eucarístico.

eucrifiáceas, a adj. y f. De las eucrifiáceas o relativo a esta familia de plantas. || f. pl. Familia de árboles y arbustos angiospermos dicotiledóneos, de hojas opuestas, simples o compuestas, con flores axilares solitarias y fruto en cápsula, como el ulmo.

eufemismo m. Palabra o expresión con que se sustituye a otra más grosera, impertinente, violenta o que se considera tabú. || FAM. eufemístico.

eufemístico, ca adj. Relacionado con el eufemismo o que lo contiene.

eufonía f. Sonoridad agradable que resulta de la combinación adecuada de los sonidos de las palabras o de las frases. || FAM. eufónico.

eufónico, ca adj. Relacionado con la eufonía, que la contiene o la produce.

euforbiáceo, a adj. y f. De las euforbiáceas o relativo a esta familia de plantas. || f. pl. Familia de plantas angiospermas dicotiledóneas, herbáceas, arbustivas o arbóreas, que contienen abundante látex, con frecuencia venenoso, flores unisexuales y fruto capsular, como el ricino.

euforbio m. Planta africana euforbiácea con un tallo carnoso, espinas cónicas y muy duras, sin hojas, y de la cual, por presión, se extrae un zumo muy acre que al secarse da una sustancia resinosa usada en medicina como purgante. || Esta resina.

euforia f. Sensación de bienestar y alegría como resultado de una perfecta salud o de la administración de medicamentos o drogas. || Estado de ánimo tendente al optimismo. || FAM. eufórico.

eufórico, ca adj. De la euforia, con ella o relativo a esta sensación.

eugenesia f. Aplicación de las leyes biológicas de la herencia al perfeccionamiento de las especies vegetales y animales. || FAM. eugenésico.

eugenésico, ca adj. De la eugenesia o relativo a ella.

eunuco m. Hombre castrado, específicamente el que cuidaba de las mujeres en los harenes. || desp. Varón afeminado.

eupepsia f. Digestión normal. || FAM. eupéptico.

eurasiático, ca adj. y s. Euroasiático.

euro m. Unidad monetaria común de todos los países de la Unión Europea. || poét. Viento del este.

euroasiático, ca adj. y s. De Europa y Asia, consideradas como un todo geográfico, o relativo a ellas. || Se apl. al mestizo de europeo y asiático, especialmente el de la India, Sri Lanka, Indochina, etc.

eurocentrismo m. Tendencia a considerar todas las cuestiones ideológicas, históricas y culturales desde una perspectiva exclusivamente europea. || FAM. eurocentrista.

euroconector m. Clavija estándar de veinticuatro varillas o enlaces que sirve para conectar transmisiones de sonido o imagen.

eurodiputado, da m. y f. Diputado del Parlamento de la Unión Europea.

europarlamentario, ria m. y f. Eurodiputado.

europeidad f. Cualidad o condición de lo que es propio de Europa o pertenece a este continente.

europeísmo m. Predilección por las cosas de Europa. || Carácter europeo. || Conjunto de ideologías o movimientos políticos que promueven la unificación de los Estados del continente europeo. || FAM. europeísta.

europeísta adj. Que simpatiza con Europa. || Del europeísmo o relativo a él. || adj. y com. Partidario de esta ideología.

europeización f. Difusión, divulgación y aceptación de las costumbres y formas culturales europeas.

europeizar tr. Dar carácter europeo a lo que no lo tenía. || prnl. Tomar este carácter. || FAM. europeización.

europeo, a adj. De Europa o relativo a este continente. También s. || De la Unión Europea o relativo a esta asociación de países europeos. || FAM. europeidad, europeísmo, europeización, europeizante, europeizar.

europio m. Elemento químico metálico del grupo de los lantánidos que no ha podido aún ser obtenido en estado puro y cuyas sales son de color rosa pálido. Su símbolo es *Eu*, y su número atómico, 63.

eurotúnel m. Túnel que enlaza el continente europeo con las islas británicas.

euscaldún, una adj. y s. Euscalduna. || FAM. euscaldunización.

euscalduna adj. y com. Vasco. || com. Persona que habla la lengua vasca.

éuscaro, ra adj. Euskera, perteneciente a la lengua vasca. || m. Lengua vasca.

euskera adj. De la lengua vasca o relativo a ella. || m. Lengua vasca. || **euskera batúa** Lengua vasca unificada, basada en el dialecto guipuzcoano con incorporaciones de otros dialectos vascos.

eusquera adj. y m. Euskera.

eutanasia f. Acción de provocar la muerte a un enfermo incurable para evitarle mayores sufrimientos físicos y psíquicos. || FAM. eutanásico.

evacuación f. Desalojo de un lugar. || Expulsión de residuos orgánicos o excrementos del cuerpo.

evacuar tr. Desocupar, dejar vacío de personas un lugar. || Expeler un ser orgánico humores o excrementos. || Desempeñar un encargo, informe, etc. || Evacuación, evacuado, evacuante, evacuativo, evacuatorio.

evadir tr. Evitar con habilidad una dificultad, un daño o un peligro: *evadir responsabilidades*. También prnl.: *se evadieron de la justicia*. || Sacar ilegalmente dinero de un país: *evadir impuestos*. || prnl. Fugarse, escaparse. ◆ Se construye con la prep. *de: se evadió de la cárcel*. || Distraerse, olvidarse de las preocupaciones. ◆ Se construye con la prep. *de: se evadía de sus problemas haciendo deporte*. || FAM. evasión, evasiva, evasivo, evasor.

evaluación f. Cálculo, valoración de una cosa.

evaluar tr. Determinar, estimar el valor, el precio o la importancia de algo. || FAM. evaluable, evaluación, evaluador.

evanescencia f. Acción y resultado de evanescerse o disiparse algo. || Cualidad o característica de lo que se esfuma o desvanece.

evanescente adj. Que se desvanece o evapora.

evanescer tr. y prnl. Desvanecer o esfumar: *su recuerdo se evaneció*. ◆ Irreg. Se conj. como *agradecer*. || FAM. evanescencia, evanescente.

evangélico, ca adj. Del Evangelio o relativo a este texto religioso. || adj. y s. Relacionado con algunas Iglesias cristianas nacidas de la reforma del siglo XIX o que profesa sus creencias. || FAM. evangélicamente.

evangelio m. Historia de la vida, doctrina y milagros de Jesucristo. || Cada uno de los cuatro libros escritos por los evangelistas. Más en pl. ◆ Se escribe con mayúscula. || Sección de estos libros que se lee y comenta en la misa católica. || Mensaje de Jesucristo. || *col.* Verdad absoluta, indudable. || FAM. evangelio, evangelista, evangelizar.

evangelista m. Cada uno de los cuatro escritores que escribieron el Evangelio: san Mateo, san Marcos, san Lucas y san Juan. || com. Persona destinada a predicar el evangelio.

evangelizar tr. Predicar el evangelio y el mensaje cristiano. || FAM. evangelización, evangelizador.

evaporación f. Transformación de un líquido en vapor o gas. || Desaparición, desvanecimiento de algo.

evaporar tr. y prnl. Convertir en vapor un líquido. || Disipar, desvanecer. || prnl. Desaparecer algo o alguien. || FAM. evaporable, evaporación, evaporador, evaporizar.

evasión f. Recurso para eludir o evitar una dificultad. || Huida, escapada. || **evasión de capital** Traslado ilegal de dinero o activos financieros a otro país. || **evasión de impuestos** Fraude u ocultamiento de bienes realizado con el fin de eludir el pago de impuestos.

evasiva f. Rodeo, recurso para evadir una dificultad.

evasivo, va adj. Que permite eludir una dificultad o un peligro.

evasor, ra adj. y s. Que evade o se evade. || m. y f. Persona que comete evasión de impuestos o de capitales.

evento m. Acontecimiento, suceso. || Eventualidad, hecho imprevisto: *su boda ha sido el evento de la temporada*. || FAM. eventual.

eventual adj. Que no es fijo ni regular, sino sujeto a las circunstancias: *dificultad eventual*. || adj. y com. Se apl. al trabajo, al trabajador y al contrato temporales. || FAM. eventualidad, eventualmente.

eventualidad f. Cualidad de eventual. || Suceso posible aunque no previsible, imprevisto.

evidencia f. Certeza clara y manifiesta de una cosa, de tal forma que nadie pueda dudar de ella ni negarla. || **en evidencia** loc. adv. En ridículo, en situación desairada: *me dejó en evidencia delante de todos*.

evidenciar tr. Hacer evidente, clara y manifiesta alguna cosa. || Poner o dejar en evidencia.

evidente adj. Cierto, claro, patente, indudable. || adv. afirm. Por supuesto, sí. || FAM. evidencia, evidenciar, evidentemente.

evitación f. Prevención de un daño o riesgo.

evitar tr. Apartar algún peligro, precaver, impedir que suceda. || Intentar evadirse o escaparse de alguna situación: *evitó mezclarse en aquel asunto; evitó a su cuñada en la fiesta*. || FAM. evitable, evitación.

evocación f. Recuerdo, memoria que se tiene de algo. || Llamada o convocatoria a un espíritu para que se haga perceptible.

evocador, ra adj. Que evoca o facilita la ensoñación o el recuerdo de algo: *paisaje evocador*.

evocar tr. Traer alguna cosa a la memoria o a la imaginación. || Recordar una cosa a otra por su semejanza. || Llamar a los espíritus y a los muertos para que se muestren. || FAM. evocación, evocador.

evolución f. Desarrollo gradual, crecimiento o avance de las cosas o de los organismos. || Cambio de conducta, de propósito o de actitud. || Desarrollo o transformación de las ideas o de las teorías. || pl. Conjunto de movimientos, giros, ejercicios de alguien o algo. || **evolución biológica** Proceso continuo de cambio en los seres vivos, mediante modificaciones progresivas, por el cual se ha producido, a lo largo de las eras geológicas, la enorme variedad de formas y especies vegetales o animales, actuales y extintas. || FAM. evolucionar, evolucionismo, evolutivo.

evolucionar intr. Experimentar algo o alguien un cambio de forma, de ideas, de actitud. || Avanzar, crecer, desarrollarse los organismos o las cosas, pasando de un estado a otro. || Hacer evoluciones.

evolucionismo m. Doctrina filosófica basada en la idea de que todo se genera y se ha generado por evolución. || Doctrina según la cual los seres vivos actuales proceden de antecesores comunes de los que han derivado por evolución biológica. || FAM. evolucionista.

evolucionista adj. Del evolucionismo o relativo a él. || adj. y com. Partidario de esta doctrina.

evolutivo, va adj. De la evolución o relativo a ella.

ex com. *col.* P. ant., se apl. a la persona que ha dejado de ser pareja sentimental de otra: *siempre anda discutiendo con su ex.*

ex- pref. que, antepuesto a nombres de persona, de sus cargos o cualidades, denota que los tuvo y ya no los tiene la persona de quien se habla: *exministro, exmonárquico, exmarido.* ◆ Se escribe separado cuando se une a locuciones *ex primer ministro.*

exabrupto m. Salida de tono, respuesta descortés e insolente.

exacción f. Exigencia, sobre todo hablando de impuestos, multas, deudas, etc. || Cobro injusto y violento.

exacerbar tr. y prnl. Irritar, causar un gran enfado o enojo. || Agravar o avivar una enfermedad, una molestia, etc. || FAM. exacerbación, exacerbado, exacerbamiento.

exactitud f. Precisión, ajuste de una cosa con otra, veracidad.

exacto, ta adj. Preciso, fiel y cabal: *le doy el importe exacto.* || Cierto, verdad: *lo que has dicho es exacto.* || f. pl. Ciencias exactas, matemáticas. || FAM. exactamente, exactitud.

exactor, ra m. y f. Cobrador o recaudador de los tributos, impuestos o pagos.

exageración f. Dicho, hecho o cosa que traspasa los límites de lo verdadero o lo razonable.

exagerado, da adj. Excesivo, que contiene una exageración. || adj. y s. Que comete o dice exageraciones. || FAM. exageradamente.

exagerar tr. e intr. Dar proporciones excesivas a lo que se dice o hace, encarecer, aumentar mucho una cosa sin someterse a la realidad ni a la verdad. || FAM. exageración, exagerado.

exaltación f. Excitación, nerviosismo.

exaltado, da adj. y s. Que se exalta o excita con facilidad, extremo en sus actos y opiniones.

exaltar tr. Elevar a una persona o cosa a una mayor dignidad o categoría. || Realzar, alabar el mérito de alguien. || tr. y prnl. Excitar, avivar los sentimientos. || FAM. exaltación, exaltado, exaltador, exaltamiento.

examen m. Prueba que se hace de la idoneidad de un sujeto para una profesión o para demostrar su aprovechamiento en los estudios. || Indagación, análisis y estudio de algo. || FAM. examinador, examinando, examinar.

examinador, ra m. y f. Persona que examina, especialmente para valorar las aptitudes o los conocimientos de otros.

examinando, da m. y f. Persona que se examina, que realiza un examen para demostrar su valía.

examinar tr. Probar las aptitudes y conocimientos de alguien mediante un examen. También prnl. || Investigar con diligencia y cuidado una cosa.

exangüe adj. Que ha perdido toda o parte de la sangre. || Agotado, cansado. || Muerto.

exánime adj. Sin señal de vida. || Desmayado, muy débil.

exantema m. Erupción rojiza de la piel producida por ciertas enfermedades como el sarampión. || FAM. exantemático.

exarca m. En la Iglesia griega, dignidad inmediatamente inferior a la de patriarca. || Gobernador bizantino de las provincias italianas dominadas. || FAM. exarcado.

exasperación f. Irritación, molestia. || Ira o enfado.

exasperar tr. y prnl. Lastimar, irritar una parte dolorida o delicada. || Enfurecer a alguien, haciendo que pierda la paciencia. || FAM. exasperación, exasperante.

excarcelación f. Liberación judicial del que estaba encarcelado o preso.

excarcelar tr. y prnl. Poner en libertad al preso, siguiendo las indicaciones de una autoridad judicial. || FAM. excarcelación.

ex cátedra loc. adv. Con la autoridad propia de un cargo: *el juez habló ex cátedra.* || *col.* Con tono firme, seguro y soberbio.

ex cathedra loc. adv. lat. Ex cátedra.

excavación f. Perforación, agujero u hoyo en un terreno.

excavadora f. Máquina automóvil que sirve para excavar gracias a una gran pala con la que va provista.

excavar tr. Hacer en el terreno hoyos, zanjas, pozos o galerías subterráneas. || Quitar la tierra de alrededor de las plantas para beneficiarlas. || FAM. excavación, excavador, excavadora.

excedencia f. Cualidad de excedente, referida al funcionario público que no ejerce su cargo, o al trabajador que no ocupa su puesto de trabajo durante un tiempo determinado, y salario a que este tiene derecho.

excedente adj. Sobrante, que excede de lo previsto. || com. Empleado que está temporalmente sin ejercer su cargo. || m. Mercancías que sobran una vez satisfecha la demanda.

exceder tr. Aventajar o superar en tamaño, calidad, etc.: *este precio excede nuestro presupuesto.* || intr. y prnl. Propasarse, pasarse de los límites: *no te excedas con el vino.* || FAM. excedencia, excedentario, excedente, exceso.

excelencia f. Cualidad de excelente. || Tratamiento de respeto y cortesía: *su excelencia, el embajador.* || **por excelencia** loc. adv. Expresión que indica que a algo o alguien le corresponde un apelativo más que a ningún otro, por antonomasia: *don Juan es el seductor por excelencia.*

excelente adj. Magnífico, sobresaliente en bondad, calidad o estimación. || FAM. excelencia, excelentemente, excelentísimo, excelso.

excelentísimo, ma adj. sup. de *excelente*. || Tratamiento y cortesía con que se habla a la persona a quien corresponde el de excelencia: *excelentísima señora*.

excelso, sa adj. Muy elevado en importancia, dignidad o categoría. || Alto, elevado. || FAM. excelsamente, excelsitud.

excentricidad f. Rareza o extravagancia de carácter. || Dicho o hecho raro, anormal o extravagante. || En geom., distancia que media entre el centro de la elipse y uno de sus focos.

excéntrico, ca adj. Raro, extravagante, fuera de lo normal. También s. || En geom., que está fuera del centro o que tiene un centro diferente: *círculos excéntricos*. || FAM. excéntricamente, excentricidad.

excepción f. Exclusión de lo que se sale de lo común o normal. || Cosa que se aparta de la regla general. || FAM. excepcional, excepcionalmente.

excepcional adj. Que se aparta de lo ordinario, o que ocurre rara vez. || Muy bueno, excelente.

excepto prep. A excepción de, fuera de, menos, salvo.

exceptuar tr. y prnl. Excluir a una persona o cosa de la generalidad o del grupo a que pertenece. || FAM. excepción, excepto, exceptuación.

excesivo, va adj. Que se excede o se sale de los límites razonables o previstos. || FAM. excesivamente.

exceso m. Lo que se sale de los límites de lo normal o de lo lícito. || Abuso. || **en exceso** loc. adv. Más de lo ordinario o de lo debido. || FAM. excesivo.

excipiente m. Sustancia, por lo común inactiva, que se mezcla con los medicamentos para darles la consistencia, forma, sabor, etc., y facilitar su utilización.

excitable adj. Que se excita con facilidad.

excitación f. Estimulación o activación de algún sentimiento, pasión o movimiento.

excitante adj. Que excita. || adj. y m. Se apl. a la sustancia que estimula la actividad del organismo.

excitar tr. y prnl. Estimular, provocar o activar algún sentimiento, pasión o movimiento. || FAM. excitabilidad, excitable, excitación, excitador, excitante.

exclamación f. Voz, grito o frase en que se refleja una emoción o un sentimiento. || Cada uno de los signos ortográficos que se colocan delante y detrás (¡!) de la voz o expresión que lo indica, admiración.

exclamar tr. e intr. Emitir palabras con fuerza o vehemencia para dar intensidad o eficacia a lo que se dice. || FAM. exclamación, exclamativo, exclamatorio.

exclamativo, va o **exclamatorio, ria** adj. Propio de la exclamación.

exclaustración f. Abandono del claustro de un religioso, con permiso de forma voluntaria o cumpliendo una orden.

exclaustrar tr. y prnl. Permitir u ordenar a un religioso que abandone el claustro. || FAM. exclaustración, exclaustrado.

excluir tr. Echar a una persona o cosa fuera del lugar que ocupaba: *le excluyeron del proyecto*. || Descartar, rechazar: *han excluido varias candidaturas*. || prnl. Ser incompatibles en una misma situación dos o más cosas: *estas dos opciones se excluyen*. ♦ Irreg. Se conj. como *huir*. || FAM. excluible, exclusive, exclusión, exclusiva, exclusivo, excluyente.

exclusión f. Rechazo de una persona o cosa, que queda fuera del lugar que ocupaba.

exclusiva f. Privilegio o derecho adquirido para hacer algo prohibido a los demás: *vendió la exclusiva a esa revista del corazón*.

exclusive adv. m. Sin tomar en cuenta la última o últimas cosas que se han mencionado: *tengo de vacaciones hasta el 16 exclusive*.

exclusividad f. Inexistencia de algo igual.

exclusivismo m. Adhesión y atención solo a una persona, una cosa o una idea, sin reparar en otras que debían tenerse en cuenta. || Deseo de excluir o de que no formen parte de un grupo determinadas personas. || Exceso de aprecio por lo propio, despreciando lo ajeno. || FAM. exclusivista.

exclusivo, va adj. Que excluye. || Único, solo. || FAM. exclusiva, exclusividad, exclusivismo.

excluyente adj. Que excluye.

excomulgar tr. En la Iglesia católica, expulsar a alguien de la comunidad de los fieles y del uso de los sacramentos la autoridad eclesiástica. || *col.* Declarar a una persona fuera de un grupo cualquiera. || FAM. excomulgador, excomunión.

excomunión f. En la Iglesia católica, expulsión de alguien de la comunidad de los fieles y del uso de los sacramentos por parte de la autoridad eclesiástica. || Carta o edicto con que se excomulga a alguien.

excoriación f. Levantamiento o irritación de la piel, de manera que esta adopta un aspecto escamoso.

excoriar tr. y prnl. Levantar o arrancar la capa más superficial de la piel dejando la carne al descubierto. || FAM. excoriación.

excrecencia f. Bulto que crece anormalmente en animales y plantas, alterando su textura y superficie naturales.

excreción f. Expulsión de excrementos.

excremento m. Materias residuales que se arrojan del cuerpo por las vías naturales, especialmente las fecales. || FAM. excrementar, excrementicio.

excretar intr. Expeler el excremento. || Expulsar las sustancias elaboradas por las glándulas. || FAM. excreción, excretor, excretorio.

excretor, ra adj. Se apl. al órgano o conducto que sirve para excretar.

exculpación f. Descarga o liberación de culpa o de responsabilidad.

exculpar tr. y prnl. Descargar a uno de culpa o de responsabilidad. || FAM. exculpación, exculpador, exculpatorio.

exculpatorio, ria adj. Que descarga de culpa o de responsabilidad.

excursión f. Viaje corto a algún sitio como actividad de recreo, estudio o ejercicio físico. || FAM. excursionismo, excursionista.

excursionismo m. Práctica que consiste en hacer excursiones como actividad de recreo, estudio o ejercicio físico.

excursionista com. Persona que hace excursiones.

excusa f. Motivo o pretexto para eludir una obligación o disculpar alguna omisión.

excusable adj. Que se puede excusar o disculpar.

excusado¹, da adj. Escusado.

excusado², da adj. Que tiene disculpa. || Que por privilegio está libre de pagar tributos. || Lo que no hay necesidad de hacer o decir: *excusado es comentar que yo voy a ir.*

excusar tr. y prnl. Disculpar algo o a alguien: *se excusó por su tardanza.* || Liberar a alguien de un trabajo o molestia: *las excusaron de venir.* || FAM. excusa, excusable, excusado, excusador.

execrable adj. Digno de condena.

execrar tr. Condenar con dureza, maldecir. || Aborrecer. || FAM. execrable, execración, execrativo, execratorio.

exedra f. Construcción descubierta, de planta semicircular, con asientos y respaldos fijos en la parte interior de la curva.

exégesis o **exegesis** f. Explicación, interpretación de un texto, especialmente de los libros de la Biblia. ◆ No varía en pl. || FAM. exegeta, exegético.

exención f. Liberación de una carga, culpa, obligación, etc. || Privilegio que uno tiene para eximirse de algún cargo u obligación.

exento, ta adj. Libre, desembarazado de cargas, obligaciones, culpas, etc. || Se apl. al sitio o edificio que no está adosado a otro.

exequátur m. Documento que autoriza a los extranjeros a ejercer las funciones propias de sus cargos en un país. || Autorización para que se cumpla una sentencia en un país distinto del que la dictó. || Documento por el que las autoridades civiles aprueban las bulas pontificias. ◆ No varía en pl.

exequias f. pl. Honras fúnebres, funeral.

exfoliación f. División de una cosa en láminas o escamas. || Desprendimiento de la epidermis en forma de escamas.

exfoliador, ra adj. *amer.* Se apl. a una especie de cuaderno que tiene las hojas ligeramente pegadas para desprenderlas fácilmente.

exfoliante adj. y m. Se apl. al producto que elimina las células muertas de la piel: *tónico exfoliante.*

exfoliar tr. y prnl. Dividir una cosa en láminas o escamas. || FAM. exfoliable, exfoliación, exfoliado, exfoliador, exfoliante, exfoliativo.

exhalación f. Lanzamiento de gases, vapores u olores. || Emisión de suspiros, quejas, etc. || Estrella fugaz. || **como una exhalación** loc. *col.* Muy rápido.

exhalar tr. Despedir gases, vapores u olores. || Dicho de suspiros, quejas, etc., lanzarlos, despedirlos. || FAM. exhalación, exhalador.

exhaustividad f. Profundidad al hacer algo.

exhaustivo, va adj. Que se hace con profundidad: *búsqueda exhaustiva.* || FAM. exhaustivamente, exhaustividad.

exhausto, ta adj. Que se ha terminado completamente. || Muy cansado y débil.

exhibición f. Muestra en público de algo. || Demostración pública de una actividad sin carácter competitivo: *exhibición deportiva.*

exhibicionismo m. Afán de exhibirse. || Actitud consistente en mostrar en público los órganos genitales para sentir placer sexual. || FAM. exhibicionista.

exhibicionista adj. y com. Que practica el exhibicionismo.

exhibir tr. y prnl. Mostrar en público. || prnl. Intentar llamar la atención: *se exhibió con su coche nuevo.* || FAM. exhibición, exhibicionismo.

exhortación f. Advertencia o aviso con que se intenta persuadir a alguien de que haga o deje de hacer algo. || Sermón familiar y breve.

exhortar tr. Inducir a uno con palabras, razones y ruegos a que haga o deje de hacer alguna cosa: *nos exhortó a la moderación.* || FAM. exhortación, exhortador, exhortativo, exhortatorio, exhorto.

exhortativo, va o **exhortatorio, ria** adj. De la exhortación o relativo a ella.

exhorto m. Escrito que envía un juez o un tribunal a otro para que mande el cumplimiento de lo que le pide.

exhumación f. Desenterramiento de un cadáver.

exhumar tr. Desenterrar, sacar de la sepultura un cadáver o restos humanos. || FAM. exhumación, exhumador.

exigencia f. Petición de algo con energía. || Pretensión caprichosa o desmedida. || Necesidad: *tuvo que desnudarse por exigencias del guion.*

exigente adj. y com. Que exige caprichosa o despóticamente.

exigible adj. Que se puede o se debe exigir.

exigir tr. Pedir alguien algo por derecho: *exigió el pago de la deuda.* || Demandar enérgicamente: *te exijo una explicación.* || Necesitar: *este trabajo exige dedicación.* || intr. Mostrarse exigente. || FAM. exigencia, exigente, exigibilidad, exigible.

exiguo, gua adj. Insuficiente, escaso. || FAM. exigüidad.

exilado, da adj. y s. Exiliado.

exilar tr. y prnl. Exiliar. || FAM. exilado.

exiliado, da adj. y s. Expulsado de su país, generalmente por motivos políticos.

exiliar tr. Expulsar a uno de su país. || prnl. Abandonar alguien su patria, generalmente por motivos políticos. || FAM. exilar, exiliado, exilio.

exilio m. Abandono de alguien de su patria, generalmente por motivos políticos. || Lugar en que vive el exiliado y tiempo que pasa en él.

eximente adj. Que exime de una obligación o de una culpa. || adj. y f. Que libera de la responsabilidad criminal.

eximio, mia adj. Excelente, sobresaliente.

eximir tr. y prnl. Librar, desembarazar a alguien de cargas, obligaciones, culpas, etc. || FAM. exención, exento, eximente, eximio.

existencia f. Acto de existir. || Vida del hombre. || Por oposición a esencia, la realidad concreta de un ente cualquiera. || pl. Mercancías que aún no se han vendido: *liquidación de existencias por cese de negocio.*

existencial adj. De la existencia o relativo a ella.

existencialismo m. Doctrina filosófica que trata de fundar el conocimiento de toda realidad sobre la experiencia inmediata de la existencia propia. || FAM. existencialista.

existencialista adj. Del existencialismo o relativo a él. || adj. y com. Partidario o seguidor de esta doctrina filosófica.

existente adj. Que existe.

existir intr. Tener una cosa ser real y verdadero. ‖ Haber, estar, hallarse. ‖ Tener vida. ‖ FAM. existencia, existencial, existencialismo, existente.

éxito m. Resultado feliz de un negocio, actuación, etc. ‖ Buena acogida que tiene algo o alguien. ‖ FAM. exitoso.

exitoso, sa adj. Que tiene éxito.

exlibris m. *Ex libris* ◆ No varía en pl.

ex libris (voz lat.) m. Etiqueta o sello grabado que se estampa normalmente en el reverso de la tapa de los libros, en el cual consta el nombre del dueño o el de la biblioteca a la que el libro en cuestión pertenece. ◆ No varía en pl.

exocrino, a adj. Se apl. a la glándula que expulsa su secreción al tubo digestivo o al exterior del organismo.

éxodo m. Segundo libro del Pentateuco de la Biblia, que cuenta en primer lugar la salida de los israelitas de Egipto. ◆ Se escribe con mayúscula. ‖ P. ext., emigración de un pueblo o de una muchedumbre de personas con cualquier motivo: *éxodo rural.*

exoesqueleto m. Tegumento endurecido y rígido por la acumulación de sustancias calcáreas o materias quitinosas o por la calcificación de la dermis, que recubre como concha, caparazón o escamas el cuerpo de los invertebrados y vertebrados como peces, reptiles, etc. ‖ FAM. exosqueleto.

exoftalmia o **exoftalmía** f. Situación saliente anormal del globo ocular. ‖ FAM. exoftálmico.

exogamia f. Regla social que obliga a casarse con alguien de distinta tribu o ascendencia, o procedente de otra localidad o comarca. ‖ Cruce entre individuos de distinta raza para diversificar la descendencia. ‖ FAM. exogámico.

exógeno, na adj. Se dice del órgano que se forma en el exterior de otro. ‖ Se apl. a la fuerza que externamente obra sobre algo. ‖ Se dice de la fuerza o fenómeno que se produce en la superficie terrestre.

exoneración f. Alivio, descarga de un peso, carga u obligación. ‖ Destitución de alguien de su cargo o empleo.

exonerar tr. y prnl. Aliviar, descargar de un peso, carga u obligación: *le exoneraron de presentarse al examen.* ‖ Separar, privar o destituir a alguien de un empleo. ‖ FAM. exoneración.

exorbitante adj. Excesivo, fuera de la medida normal: *precio exorbitante.* ‖ FAM. exorbitantemente.

exorbitar tr. Exagerar. ‖ FAM. exorbitante.

exorcismo m. Conjuro para expulsar al demonio de la persona que se cree poseída por él o de otro lugar. ‖ FAM. exorcista, exorcizar.

exorcista com. Persona que realiza exorcismos. ‖ m. En la Iglesia católica, eclesiástico que tenía potestad para exorcizar.

exorcizar tr. Usar exorcismos para expulsar el demonio del interior de una persona que se cree poseída por él o de otro lugar.

exordio m. Principio o introducción de una obra literaria. ‖ Preámbulo de un razonamiento o de una conversación.

exosfera f. Región exterior de la atmósfera terrestre que se extiende a partir de los 1 000 km de altura aproximadamente.

exosqueleto m. Exoesqueleto.

exotérico, ca adj. Común, accesible, fácil de comprender por cualquiera.

exotérmico, ca adj. Se apl. al proceso en el que se desprende calor.

exótico, ca adj. Extranjero, procedente de un país lejano. ‖ Extraño, chocante, extravagante. ‖ FAM. exotismo.

exotismo m. Procedencia de un país lejano. ‖ Rareza, extravagancia.

expandir tr. y prnl. Extender, dilatar, difundir: *expandir un imperio, una noticia.* ‖ FAM. expansibilidad, expansible, expansión, expansivo.

expansión f. Extensión, difusión, dilatación de algo. ‖ Desahogo de cualquier sentimiento o pensamiento: *me cuenta sus problemas porque necesita expansión.* ‖ Recreo u ocio. ‖ Una de las fases del motor de explosión en la que se mezclan el aire y el combustible. ‖ Periodo de desarrollo económico. ‖ FAM. expansionar, expansionismo.

expansionar tr. y prnl. Expandir, dilatar, ensanchar. ‖ prnl. Desahogarse. ‖ Divertirse.

expansionismo m. Tendencia de un país a extender su política o economía más allá de sus fronteras. ‖ FAM. expansionista.

expansionista adj. y com. Del expansionismo o relativo a él.

expansivo, va adj. Que puede o que tiende a extenderse o dilatarse, ocupando mayor espacio: *onda expansiva.* ‖ Franco, comunicativo.

expatriación f. Expulsión de alguien fuera de su patria.

expatriado, da adj. y s. Que vive fuera de su patria.

expatriar tr. y prnl. Hacer marcharse a alguien de su patria o abandonarla. ‖ FAM. expatriación, expatriado.

expectación f. Espera, generalmente curiosa o tensa, de un acontecimiento que interesa o importa. ‖ FAM. expectante, expectativa.

expectante adj. Que espera con curiosidad y tensión un acontecimiento.

expectativa f. Esperanza o posibilidad de conseguir una cosa. ‖ **a la expectativa** loc. A la espera de algo sin actuar.

expectoración f. Desprendimiento y expulsión a través de la tos de las flemas y secreciones que se depositan en las vías respiratorias. ‖ Lo que se expectora.

expectorante adj. y m. Que hace expectorar: *medicamento expectorante.*

expectorar tr. Arrancar y expulsar tosiendo las flemas y secreciones que se depositan en las vías respiratorias. ‖ FAM. expectoración, expectorante.

expedición f. Acción y resultado de expedir: *expedición del permiso de conducir.* ‖ Excursión colectiva a una ciudad o paraje con un fin científico o deportivo. ‖ Conjunto de personas que la realizan.

expedicionario, ria adj. y s. Que forma parte de una expedición.

expedientar tr. Someter a expediente a un funcionario, estudiante, profesional, etc.

expediente m. Conjunto de todos los documentos y gestiones correspondientes a un asunto o negocio. || Historial de incidencias de un estudiante, de un profesional, etc. || Procedimiento administrativo en que se enjuicia a un funcionario por supuestas faltas en el cumplimiento de sus funciones. || **cubrir** uno **el expediente** loc. *col.* Hacer lo menos posible al cumplir una obligación. || FAM. expedientar.

expedir tr. Extender por escrito un documento: *expedir un informe, un pasaporte.* || Remitir, enviar: *expedir una carta, un paquete.* || Dar curso a las causas y negocios, despacharlos. ◆ **Irreg.** Se conj. como *pedir.* || FAM. expedición, expedicionario, expedidor, expediente, expedito.

expeditar tr. *amer.* Concluir un asunto.

expeditivo, va adj. Diligente, eficaz. || FAM. expeditivamente.

expedito, ta adj. Libre de estorbos u obstáculos: *el paso estaba expedito.* || Que obra con rapidez. || FAM. expeditamente, expeditivo.

expeler tr. Arrojar, lanzar, despedir. || FAM. expelente.

expendedor, ra adj. y s. Que expende: *expendedor de gasolina.*

expendeduría f. Tienda en que se vende al por menor tabaco u otros productos monopolizados.

expender tr. Vender billetes de ferrocarril, de metro, etc., o entradas para espectáculos. || Vender al por menor. || FAM. expendedor, expendeduría, expendio, expensar, expensas.

expendio m. *amer.* Venta al por menor. || *amer.* Expendeduría.

expensar tr. *amer.* Costear, pagar los gastos de alguna gestión o negocio, principalmente jurídico.

expensas f. pl. Gastos, costas. || **a expensas de** loc. adv. A costa de, por cuenta de, a cargo de: *vive a expensas de su familia.*

experiencia f. Enseñanza que se adquiere con la práctica. || Acontecimiento que se vive y del que se aprende algo. || Experimento. || FAM. experienciar, experto.

experimentación f. Método científico de indagación. || Conjunto de pruebas a que se somete algo para probar su eficacia y validez o para examinar sus características.

experimentado, da adj. Que tiene experiencia.

experimental adj. Que sirve de experimento. || Fundado en la experiencia. || FAM. experimentalismo, experimentalmente.

experimentalismo m. Uso de métodos experimentales.

experimentar tr. Probar y examinar prácticamente la eficacia y propiedades de una cosa. También intr. || Sentir, sufrir algo o alguien algo, como un cambio o un sentimiento: *experimentar tristeza.* || Conocer algo por la propia práctica. || FAM. experimentación, experimentado, experimentador, experimento.

experimento m. Prueba o examen práctico que se realiza para probar la eficacia de una cosa o examinar sus propiedades. || FAM. experimental.

experto, ta adj. y s. Hábil o con mucha experiencia en algo. || m. y f. Especialista en una materia. || FAM. expertamente.

expiación f. Pago o reparación de las culpas mediante la realización de algún sacrificio.

expiar tr. Borrar las culpas por medio de algún sacrificio. || Sufrir el delincuente la pena impuesta por los tribunales. || FAM. expiable, expiación, expiativo, expiatorio.

expiativo, va o **expiatorio, ria** adj. Que sirve para expiar: *sacrificio expiativo.*

expiración f. Fallecimiento. || Finalización de un periodo de tiempo.

expirar intr. Fallecer, morir. || Terminar un periodo de tiempo. || FAM. expiración, expirante.

explanada f. Espacio de terreno llano o allanado. || FAM. explanación, explanar.

explayar tr. y prnl. Ensanchar, extender un sentimiento o un sentido. || prnl. Extenderse mucho al explicar algo. || Divertirse, distraerse. || Confiar los sentimientos íntimos a una persona para desahogarse.

expletivo, va adj. En gram., se apl. a la palabra o expresión que no es necesaria para el sentido de la frase, pero que añade valores expresivos.

explicación f. Exposición de una materia o doctrina con palabras que la hagan más comprensible. || Lo que aclara o resuelve algo. || Justificación.

explicar tr. Exponer cualquier materia o doctrina con palabras que la hagan más comprensible. || Enseñar una materia. || Justificar, disculpar algo. También prnl. || prnl. Entender algo: *no me explico su mal humor.* || Darse a entender: *explícate mejor, no consigo comprenderte.* || FAM. explicable, explicablemente, explicación, explicaderas, explicativo, explícito, explicotear, explicoteo.

explicativo, va adj. Que explica o aclara algo.

explícito, ta adj. Que expresa con claridad una cosa. || FAM. explicitación, explícitamente, explicitar, explicitud.

exploración f. Reconocimiento minucioso de algo.

explorador, ra adj. y s. Que explora.

explorar tr. Reconocer minuciosamente un lugar, una persona o una cosa para descubrir algo. || FAM. explorable, exploración, explorador, exploratorio.

explosión f. Rotura violenta de algo por un aumento rápido de la presión interior. || Ruido que hace esta rotura. || Liberación brusca de una gran cantidad de energía encerrada en un volumen relativamente pequeño, produciendo un incremento violento y rápido de la presión con desprendimiento de calor, luz y gases: *motor de explosión.* || Manifestación repentina y violenta de ciertos sentimientos o estados de ánimo: *explosión de risa.* || Desarrollo rápido de algo. || FAM. explosionar, explosivo, explotar.

explosionar intr. Hacer explosión, explotar. || tr. Provocar una explosión: *los artificieros explosionaron la bomba.*

explosivo, va adj. Que hace o puede provocar explosión. || Impresionante: *chica, noticia explosiva.* || adj. y m. Que se incendia con explosión. || adj. y f. En fon., se apl. a la consonante que se pronuncia con una salida repentina del aire, como la *t*.

explotación f. Obtención de un beneficio de algo: *explotación de un negocio*. || Abuso de alguien para obtener un beneficio. || Lugar donde se explota alguna riqueza: *explotación petrolífera*.

explotador, ra adj. y s. Que abusa de los demás en su propio beneficio.

explotar tr. Sacar utilidad y beneficio de algo. || Aprovecharse o abusar de algo o alguien en beneficio propio. || Extraer la riqueza de una mina. || FAM. explotable, explotación, explotador.

explotar intr. Hacer explosión, explosionar. || Manifestar de forma repentina y violenta ciertos sentimientos o estados de ánimo.

expoliar tr. Quitar a alguien lo que le pertenece violenta o injustamente. || FAM. expoliación, expoliador, expolio.

expolio m. Apropiación de algo que pertenece a otra persona de forma violenta e injusta. || col. Alboroto, jaleo: *nos montó un buen expolio por no haberle invitado*.

exponencial adj. Se apl. al crecimiento que tiene un ritmo que aumenta cada vez más rápidamente.

exponente m. En mat., número o expresión algebraica colocado a la derecha y arriba de otro que indica la cantidad de veces que ha de multiplicarse por sí mismo. || com. Persona o cosa representativa de algo, prototipo: *exponente de las nuevas corrientes artísticas*. || FAM. exponencial.

exponer tr. Presentar o exhibir una cosa en público para que sea vista. También intr. || Declarar, explicar: *expuso sus motivos*. || tr. y prnl. Colocar una cosa para que reciba la acción de un agente: *expuso la pieza al calor*. || Arriesgar, aventurar: *se expuso mucho en ese negocio*. ◆ Irreg. Se conj. como *poner*. p. p. irreg., *expuesto*. || FAM. exponente, exposición, expositivo, expósito, expositor, expuesto.

exportación f. Envío o venta de productos del propio país a otro. || Conjunto de mercancías que se exportan.

exportador, ra adj. y s. Que exporta.

exportar tr. Enviar o vender productos del propio país a otro. || FAM. exportable, exportación, exportador.

exposición f. Presentación o exhibición de una cosa en público para que sea vista. || Declaración, explicación: *procedió a la exposición de los hechos*. || Colocación de una cosa para que reciba la acción de un agente: *exposición de la piel al sol*. || Espacio de tiempo durante el cual se expone a la luz una placa fotográfica o un papel sensible para que se impresione. || FAM. exposímetro.

expositivo, va adj. Que expone o interpreta.

expósito, ta adj. y s. Se apl. al niño recién nacido que es abandonado o confiado a un establecimiento benéfico.

expositor, ra adj. y s. Que concurre a una exposición pública con objetos de su propiedad o industria. || m. Mueble para colocar lo que se quiere enseñar: *expositor de libros*.

exprés adj. Rápido: *olla, transporte exprés*. || Se apl. al café que se hace en cafetera exprés. || adj. y m. Se apl. al tren expreso. ◆ No varía en pl.

expresar tr. y prnl. Decir, manifestar con palabras o con otros signos exteriores lo que uno siente o piensa. || Manifestar algo o hacerse entender por medio de la palabra. || FAM. expresable, expresión, expresivo, expreso.

expresión f. Manifestación con palabras o con otros signos exteriores de lo que uno siente o piensa: *expresión de alegría*. || Palabra o locución. || Aspecto físico o semblante de alguien que indica una determinada forma de ser: *expresión avinagrada*. || En mat., conjunto de términos que representa una cantidad. || FAM. expresionismo.

expresionismo m. Escuela y tendencia estética de principios del siglo XX que, reaccionando contra el impresionismo, propugna la intensidad de la expresión sincera del artista, aun a costa del equilibrio formal. || FAM. expresionista.

expresionista adj. Del expresionismo o relativo a él. || adj. y com. Partidario o seguidor del expresionismo.

expresividad f. Capacidad para manifestar con viveza sentimientos o pensamientos.

expresivo, va adj. Que manifiesta con gran viveza lo que siente o piensa. || FAM. expresividad.

expreso, sa adj. Claro, explícito. || adj. y m. Se apl. al tren que es muy rápido porque para en pocas estaciones. || m. Correo extraordinario. || adv. m. Ex profeso, a propósito. || FAM. expresamente.

exprimidera f. Exprimidor.

exprimidor m. Instrumento para exprimir el zumo.

exprimir tr. Extraer el zumo o líquido de una cosa. || Estrujar, agotar una cosa: *exprimirse el cerebro*. || Abusar de una persona o explotarla en beneficio propio. || FAM. exprimidera, exprimidor.

ex profeso loc. adv. Aposta, de forma expresa y exclusiva.

expropiación f. Apropiación de una cosa que pertenece a otra persona por motivos de utilidad pública y a cambio generalmente de una indemnización. || Cosa expropiada. Más en pl.

expropiar tr. Quitar una cosa a su propietario por motivos de utilidad pública y a cambio ofrecerle generalmente una indemnización. || FAM. expropiación, expropiador.

expuesto, ta adj. Peligroso.

expugnar tr. Conquistar un lugar por las armas. || FAM. expugnable, expugnación, expugnador.

expulsar tr. Obligar a algo o alguien a salir de un lugar. || FAM. expulsión, expulsor.

expulsión f. Obligación de salir de un lugar. || Lanzamiento.

expurgar tr. Limpiar o purificar una cosa. || Censurar la autoridad competente ciertas partes de un libro o un escrito, sin prohibir su lectura. || FAM. expurgación, expurgador, expurgatorio, expurgo.

exquisitez f. Calidad, primor o gusto extraordinarios. || Lo que resulta exquisito.

exquisito, ta adj. De singular y extraordinaria calidad, primor o gusto. || FAM. exquisitamente, exquisitez.

extasiado, da adj. Embelesado, asombrado, fuera de sí.

extasiar tr. y prnl. Producir o sentir un asombro o placer tan grandes que hace quedarse fuera de sí. || FAM. extasiado.

éxtasis m. Estado del alma enteramente embargada por un intenso sentimiento de admiración, alegría, etc. || Estado de unión del alma con Dios, caracterizado por la suspensión temporal de las funciones corporales. || Droga sintética que produce alucinaciones. ◆ No varía en pl. || FAM. extasiar, extático.

extático, ca adj. Que está en éxtasis, o que lo tiene con frecuencia.

extemporáneo, a adj. Impropio del tiempo en que sucede o se hace. || Inoportuno, inconveniente. || FAM. extemporal, extemporáneamente, extemporaneidad.

extender tr. y prnl. Aumentar la superficie de una cosa. || Esparcir, desparramar. || Desenvolver, desplegar. || Propagar, difundir: *el rumor se extendió.* || tr. Poner por escrito un documento: *ha extendido un cheque.* || prnl. Ocupar algo cierta porción de espacio: *su finca se extiende hasta aquellas lomas.* || Durar algo cierta cantidad de tiempo. || Explicar por escrito o de palabra las cosas, dilatada y ampliamente. || Propagarse, irse difundiendo una raza, una especie animal o vegetal, una profesión, uso, opinión o costumbre donde antes no la había: *se ha extendido el uso de este tipo de pantalones.* || Tumbarse. ◆ Irreg. Se conj. como *entender.* || FAM. extendidamente, extendido, extensamente, extensible, extensión, extensivamente, extensivo, extenso, extensor.

extensible adj. Que se puede extender.

extensión f. Aumento de la superficie de algo. || Despliegue de algo. || Propagación, difusión: *extensión de una noticia.* || Medida del espacio ocupada por un cuerpo. || Cada una de las líneas telefónicas que se sacan de una central y que dependen de una misma centralita. || Ampliación del significado de las palabras a otro concepto relativo al originario: *esta palabra, por extensión, significa...* || Mechón de cabello postizo que excede en longitud al natural. Más en pl.

extensivo, va adj. Que se puede extender o aplicar a más cosas que a las que ordinariamente comprende.

extenso, sa adj. Que tiene mucha extensión.

extensor, ra adj. Que extiende o hace que se extienda una cosa.

extenuación f. Agotamiento.

extenuante adj. Que extenúa.

extenuar tr. y prnl. Agotar, debilitar. || FAM. extenuación, extenuante.

exterior adj. Que está por la parte de fuera. || Se apl. a la habitación de una casa que da a la calle. || De otros países, por contraposición a nacional e interior: *política exterior.* || m. Superficie externa de los cuerpos. || pl. Planos de una película rodados fuera del estudio de grabación. || FAM. exterioridad, exteriorizar, exteriormente, externo.

exterioridad f. Cosa exterior o externa. || Apariencia, aspecto de las cosas. || Demostración con que se aparenta un sentimiento aunque no sea real.

exteriorización f. Muestra de algo al exterior, sobre todo hablando de pensamientos o sentimientos.

exteriorizar tr. y prnl. Revelar o mostrar algo al exterior, sobre todo hablando de pensamientos o sentimientos. || FAM. exteriorización.

exterminador, ra adj. y s. Que extermina.

exterminar tr. Acabar del todo con algo o alguien. || Destruir, devastar con las armas. || FAM. exterminable, exterminación, exterminador, exterminio.

exterminio m. Desaparición del todo de algo o alguien.

externalizar tr. Hacer externo a una empresa algo que le corresponde a ella. || FAM. externalización.

externo, na adj. Que obra o se manifiesta al exterior. || adj. y s. Se apl. al alumno que no vive en el centro de estudios, sino que solo permanece en él durante las horas de clase. || FAM. externado, externalizar, externamente.

extinción f. Acción de apagar un fuego. || Cese de algo que ha ido desapareciendo gradualmente: *especie en vías de extinción.* || Prescripción de un plazo, un derecho, etc.: *extinción de un contrato.*

extinguidor m. *amer.* Extintor.

extinguir tr. y prnl. Apagar. || Hacer que cesen o se acaben del todo ciertas cosas que desaparecen gradualmente: *extinguirse la vida.* || prnl. Prescribir un derecho, etc. || FAM. extinción, extinguible, extinguidor, extintivo, extinto, extintor.

extinto, ta adj. Que se ha extinguido: *especie extinta.* || adj. y s. Muerto, fallecido.

extintor m. Aparato para apagar el fuego.

extirpación f. Acción y resultado de extirpar.

extirpar tr. Arrancar de cuajo o de raíz. || Acabar del todo con algo malo que está muy arraigado. || FAM. extirpable, extirpación.

extorsión f. Obtención por la fuerza o con intimidación de una cosa de alguien. || Cualquier daño o perjuicio. || FAM. extorsionador, extorsionar, extorsionista.

extorsionador, ra adj. y s. Que extorsiona.

extorsionar tr. Obtener una cosa de alguien por la fuerza o con intimidación. || Causar daño o perjuicio.

extorsionista com. Persona que extorsiona a otra.

extra adj. Extraordinario, óptimo: *ese vino está extra.* || adj. y m. Añadido, plus: *ración extra.* || adj. y f. Se apl. al dinero que se cobra además del sueldo: *pagas extras; extra de verano.* || com. En cine, persona que interviene como comparsa, o que actúa ante la cámara sin papel destacado.

extra- pref. que significa 'fuera de': *extramuros, extrajudicial.*

extracción f. Acto de sacar algo que está hundido, inmerso o sepultado en algo: *extracción de una muela.* || En mat., averiguación de la raíz de una cantidad dada. || Obtención de una sustancia que estaba contenida en un cuerpo. || Origen, linaje: *baja extracción social.*

extractar tr. Resumir un escrito, un libro, etc.

extracto m. Resumen de un escrito. || Sustancia que, en forma concentrada, se extrae de otra, de la cual conserva sus propiedades. || FAM. extractador, extractar.

extractor, ra adj. y m. Que sirve para extraer: *extractor de humos.*

extradición f. Entrega del refugiado o detenido en un país a las autoridades de otro que lo reclaman. ‖ FAM. extradir, extraditar.

extraditar tr. Entregar un país a una persona refugiada o detenida en él a las autoridades de otro que lo reclaman.

extraer tr. Sacar algo que está hundido, inmerso o sepultado en un lugar: *extraer petróleo, una muela.* ‖ En mat., averiguar la raíz de una cantidad dada. ‖ Deducir: *extraer conclusiones.* ‖ Obtener una sustancia que estaba concentrada en un cuerpo. ♦ Irreg. Se conj. como *traer.* ‖ FAM. extracción, extracto, extractor.

extraescolar adj. Que se realiza fuera de las horas de clase.

extralimitarse prnl. Ir más allá de lo permitido o conveniente. ‖ FAM. extralimitación.

extramatrimonial adj. Fuera del matrimonio: *relaciones extramatrimoniales.*

extramuros adv. l. Fuera del recinto de una población.

extranjería f. Calidad y condición que por las leyes corresponden al extranjero que reside en un país, mientras no está nacionalizado en él. ‖ Sistema o conjunto de normas reguladoras de la condición, los actos y los intereses de los extranjeros que residen en un país: *Ley de Extranjería.*

extranjerismo m. Voz, frase o giro de una lengua empleado en otra.

extranjero, ra adj. y s. Que es o viene de otro país. ‖ m. Toda nación que no es la propia: *fueron de vacaciones al extranjero.* ‖ FAM. extranjería, extranjerismo, extranjerizante, extranjerizar.

extranjis (de) loc. col. Ocultamente, en secreto.

extrañamiento m. Admiración o extrañeza que produce una cosa.

extrañar tr. Producir admiración o extrañeza una cosa. También prnl.: *me extraña que no haya venido.* ‖ Echar de menos a alguna persona o cosa: *extrañaba su ciudad.* ‖ Notar la novedad de algo por no estar acostumbrado a ello: *he extrañado el colchón.* ‖ Desterrar a un país extranjero. ‖ FAM. extrañación, extrañamiento.

extrañez f. Extrañeza.

extrañeza f. Admiración, asombro, sorpresa. ‖ Anormalidad, rareza.

extraño, ña adj. Raro, singular. ‖ Ajeno a la naturaleza o condición de una cosa de la que forma parte: *es extraño al proyecto.* ‖ adj. y s. De nación, familia o profesión distintas: *no hables con extraños.* ‖ m. Movimiento inesperado y repentino: *la pelota hizo un extraño.* ‖ FAM. extrañamente, extrañar, extrañez, extrañeza.

extraoficial adj. Que no es oficial.

extraordinaria f. Paga que se añade al sueldo normal.

extraordinario, ria adj. Fuera de lo habitual o común. ‖ Mejor que lo normal. ‖ Que se añade a lo usual: *horas extraordinarias.* ‖ m. Número de un periódico que se publica por algún motivo especial. ‖ FAM. extraordinariamente.

extraplano, na adj. Mucho más plano de lo normal: *compresa extraplana.*

extrapolar tr. Aplicar un criterio conocido a otros casos similares para extraer conclusiones o hipótesis. ‖ En mat., deducir el valor de una variable en una magnitud a partir de otros valores no incluidos en dicha magnitud. ‖ Sacar una frase de su contexto. ‖ FAM. extrapolable, extrapolación.

extrarradio m. Zona que rodea el casco urbano de una población.

extrasensorial adj. Que se percibe o sucede sin la intervención de los sentidos: *experiencias extrasensoriales.*

extraterrestre adj. Que pertenece al espacio exterior de la Tierra o procede de él. ‖ adj. y com. Que habita el espacio exterior de la Tierra. ‖ FAM. extraterreno.

extraterritorial adj. Que está fuera del territorio de la propia jurisdicción. ‖ FAM. extraterritorialidad.

extrauterino, na adj. Que está u ocurre fuera del útero, cuando lo normal sería que estuviese o sucediera dentro de él: *embarazo extrauterino.*

extravagancia f. Rareza que resulta por ser excesivamente original. ‖ Cosa o acción extravagante.

extravagante adj. y com. Fuera de lo común o que implica rareza por ser excesivamente original. ‖ FAM. extravagancia.

extravasarse prnl. Salirse un líquido del vaso que lo contiene. ‖ FAM. extravasación.

extravertido, da adj. y s. Sociable, que tiende a comunicar sus sentimientos a los que le rodean. ‖ FAM. extraversión, extrovertido.

extraviado, da adj. Que ha perdido el camino. ‖ Se apl. a la mirada que no está fija en un objeto determinado.

extraviar tr. y prnl. Perder el camino. ‖ Perder una cosa: *extravió el certificado.* ‖ tr. No fijar la mirada en un objeto determinado. ‖ prnl. Dejar la forma de vida que se había empezado y tomar otra distinta, generalmente peor. ‖ FAM. extraviado, extravío.

extravío m. Pérdida de algo. ‖ Desorden en las costumbres.

extremado, da adj. Exagerado. ‖ FAM. extremadamente.

extremar tr. Llevar algo al extremo: *extremar las precauciones.* ‖ prnl. Emplear todo el esmero en la ejecución de una cosa. ♦ Se construye con la prep. *en: se ha extremado mucho en esta labor.* ‖ FAM. extremado.

extremaunción f. Sacramento de la Iglesia católica que consiste en la unción con óleo sagrado hecha por el sacerdote a los fieles que se hallan en inminente peligro de muerte.

extremeño, ña adj. y s. De Extremadura o relativo a esta comunidad autónoma española.

extremidad f. Parte extrema de una cosa. ‖ pl. Piernas, brazos, pies y manos del hombre. ‖ Cabeza, pies, manos y cola de los animales.

extremismo m. Tendencia a adoptar actitudes o ideas extremas o exageradas, sobre todo en política. ‖ FAM. extremista.

extremista adj. Del extremismo o relativo a él. ‖ adj. y com. Partidario o seguidor del extremismo.

extremo, ma adj. Que está en el grado máximo de cualquier cosa: *frío, calor extremo.* || Excesivo, sumo, mucho: *puso extremo cuidado.* || Distante con respecto al punto en que se sitúa el que habla: *extremo norte de la región.* || m. Parte primera o última de una cosa. || Asunto, punto o materia que se discute o estudia: *resolvieron los extremos de la disputa.* || En el fútbol y otros deportes, cada uno de los delanteros más próximos a las bandas del campo. || FAM. extremadamente, extremado, extremar, extremidad, extremismo, extremosidad, extremoso.

extremoso, sa adj. Que no tiene término medio en sentimientos o acciones. || Muy expresivo al demostrar cariño.

extrínseco, ca adj. Externo, no esencial. || FAM. extrínsecamente.

extrovertido, da adj. y s. Extravertido. || FAM. extroversión.

extrudir tr. Dar forma a una materia moldeable, haciéndola salir por una abertura especialmente dispuesta para ello. || FAM. extrusión.

exuberancia f. Abundancia extraordinaria. || FAM. exuberante.

exuberante adj. Extraordinariamente abundante: *vegetación exuberante.*

exudado m. Sustancia o líquido producto de la exudación, generalmente de los vasos o capilares sanguíneos o de los tejidos en una inflamación.

exudar intr. y tr. Rezumar, salir un líquido fuera de sus vasos o continentes propios. || FAM. exudación, exudado.

exultación f. Muestra de una alegría muy grande.

exultante adj. Que exulta.

exultar intr. Mostrar una gran alegría, no caber en sí de gozo. || FAM. exultación, exultante.

exvoto m. Ofrenda que se hace a los dioses en recuerdo y agradecimiento por un bien recibido.

eyaculación f. Lanzamiento con fuerza del contenido de un órgano, cavidad o depósito, especialmente del semen. || **eyaculación precoz** Trastorno de la potencia sexual caracterizado por la emisión prematura de semen al introducir el pene en la vagina, o inmediatamente antes o después.

eyacular tr. Lanzar con fuerza el contenido de un órgano, cavidad o depósito, especialmente el semen. || FAM. eyaculación, eyaculatorio.

eyección f. Expulsión de algo o alguien hacia fuera con fuerza: *eyección de orina, de gases.* || FAM. eyectable, eyectar, eyector.

eyectar tr. Hacer que alguien o algo salga hacia fuera con fuerza.

eyector m. Mecanismo que expulsa el cartucho vacío en las armas de fuego automáticas. || Bomba de chorro para desalojar un fluido por medio de otro fluido a gran velocidad.

f

f f. Sexta letra del abecedario español y cuarta de sus consonantes. Fonéticamente representa un sonido con articulación labiodental fricativa sorda. Su nombre es *efe*.

fa m. Cuarta nota de la escala musical. ◆ pl. *fas*.

fabada f. Plato típico asturiano compuesto de judías aderezadas con tocino, morcilla, chorizo, etc.

fábrica f. Establecimiento industrial donde se transforman los productos semielaborados o materias primas para la obtención de objetos destinados al consumo. || Construcción o parte de ella hecha de piedra o ladrillo y argamasa: *muro de fábrica*.

fabricación f. Producción de objetos por medios mecánicos. || Construcción, elaboración de algo.

fabricante com. Empresa o persona que fabrica productos.

fabricar tr. Producir objetos por medios mecánicos: *esta radio se ha fabricado en Japón.* || Construir, elaborar: *las golondrinas han fabricado un nido en el alero.* || Inventar algo no material: *fabricar una mentira.* || FAM. fábrica, fabricación, fabricante, fabril.

fabril adj. De las fábricas o relativo a ellas.

fábula f. Composición literaria, generalmente en verso, de la que se suele extraer una enseñanza útil o moral. || Rumor, habladuría. || Relato falso, inventado. || FAM. fabulación, fabulador, fabular, fabulario, fabulesco, fabulista, fabuloso.

fabulación f. Invención de una historia.

fabular tr. e intr. Inventar historias.

fabulista com. Autor de fábulas literarias.

fabuloso, sa adj. Imaginario. || Extraordinario, increíble, excesivo. || adv. *col.* Muy bien. || FAM. fabulosamente.

faca f. Cuchillo grande y con punta, generalmente de forma curva. || FAM. facón.

facción f. Cada uno de los rasgos del rostro humano. Más en pl. || Cada grupo que toma parte en una guerra o enfrentamiento. || Bando, pandilla que disiente y se separa de un grupo. || FAM. faccioso.

faccioso, sa adj. y s. Rebelde, sublevado. || Agitador, que causa disturbios.

faceta f. Cada uno de los aspectos que se pueden considerar en un asunto. || Cada una de las caras o lados de un poliedro. || FAM. facetado.

facha f. *col.* Aspecto exterior, traza. || *col.* Mamarracho, adefesio. También m. || *amer.* Vanidad, jactancia. ||

adj. y com. *desp.* Fascista, de ideología muy conservadora. || FAM. fachada, fachenda, fachendoso, facherío, fachoso.

fachada f. Parte exterior de un edificio. || *col.* Apariencia, aspecto externo: *su diligencia es pura fachada.*

fachenda f. *col. desp.* Vanidad.

fachoso, sa adj. *col.* Con aspecto descuidado o ridículo. || *col.* Facha, fascista. || *amer. col.* Vanidoso.

facial adj. Del rostro o relativo a él.

fácil adj. Que cuesta poco trabajo. || Que puede suceder con mucha probabilidad. || Dócil: *es de trato fácil.* || *desp.* Se apl. a la persona que enseguida se deja seducir, sin oponer resistencia. || adv. m. Con facilidad, sin esfuerzo: *esto se soluciona fácil.* || FAM. facilidad, facilitar, fácilmente, facilón, facilongo.

facilidad f. Cualidad de fácil. || Disposición para hacer una cosa sin gran esfuerzo. || pl. Condiciones que facilitan alguna actividad.

facilitar tr. Hacer fácil o posible alguna cosa. || Proporcionar o entregar: *le facilitó el informe de gastos.* || FAM. facilitación.

facineroso, sa adj. y s. Delincuente habitual.

facistol m. Atril grande en el que se apoyan los libros para cantar en las iglesias.

facón m. *amer.* Cuchillo grande y puntiagudo usado por el gaucho.

facsímil adj. y m. Se apl. a la copia exacta de un manuscrito, impreso, etc.: *edición facsímil.* || FAM. facsimilar.

factible adj. Que se puede hacer: *trabajo factible.* || FAM. factibilidad.

fáctico, ca adj. De los hechos o relativo a ellos. || Basado en hechos, en oposición a teórico o imaginario. || FAM. factible, factitivo, factual.

factitivo, va adj. En gram., se apl. a la forma verbal cuyo sujeto no ejecuta la acción, sino que hace que otro u otros la ejecuten.

factor, ra m. y f. Empleado de ferrocarril encargado de facturar el equipaje. || m. Elemento, condicionante que contribuye a lograr un resultado. || En mat., cada uno de los términos de una multiplicación. || **factor Rh** Antígeno de los hematíes cuya presencia (Rh+) o ausencia (Rh-) es causa de incompatibilidades sanguíneas en transfusiones y embarazos. || FAM. factoría, factorial.

factoría f. Fábrica o complejo industrial. || Establecimiento de comercio, especialmente el situado en un país colonial.

factorial f. En mat., producto de los términos de una progresión aritmética. ◆ Se usa mucho como m.

factótum com. Persona que desempeña todas las labores en una casa o dependencia. || Persona de plena confianza de otra y que, en nombre de esta, atiende sus asuntos y negocios. ◆ No varía en pl.

factura f. Recibo donde se detallan los géneros vendidos o los servicios prestados y su precio, que se ofrece al cliente como justificante del pago realizado. || Ejecución, manera en la que se hace algo: *estatua de factura tosca*. || FAM. facturar.

facturación f. Elaboración de una factura. || Ingresos obtenidos en un negocio. || Entrega y registro de equipajes y mercancías en una estación de transportes para que sean remitidos a su destino.

facturar tr. Elaborar una factura. || Ingresar determinada cantidad de dinero un negocio: *esa empresa factura quinientos millones al año.* || Entregar y registrar equipajes o mercancías en una estación de transportes para que sean remitidos a su destino. || FAM. facturación.

facultad f. Capacidad o aptitud física o moral que posee alguien: *facultad de concentración*. || Poder, derecho para hacer alguna cosa: *facultad para votar*. || Cada una de las secciones en que se dividen los estudios universitarios y centro donde se cursan estos estudios. || FAM. facultar, facultativo.

facultar tr. Dar autoridad, poder o derecho a alguien para hacer algo.

facultativo, va adj. Relacionado con el poder para hacer algo: *la decisión es facultativa del presidente*. || Voluntario, potestativo: *excursión facultativa*. || Se apl. a la persona que desempeña para el Estado determinadas tareas para las que necesita un título universitario. || De los médicos o relacionado con ellos: *prescripción facultativa*. || m. y f. Médico. || FAM. facultativamente.

facundia f. Facilidad de palabra. || FAM. facundo.

facundo, da adj. Que tiene facilidad de palabra.

fado m. Cierta canción popular portuguesa.

faena f. Trabajo que requiere un esfuerzo mental o físico: *faenas agrarias*. || Conjunto de pases que realiza el torero principalmente con la muleta. || *col*. Mala pasada. || FAM. faenar, faenero.

faenar intr. Pescar en el mar. || Trabajar en el campo.

faenero, ra m. y f. *amer*. Trabajador del campo.

faetón m. Carruaje descubierto, de cuatro ruedas, alto y ligero.

fagáceo, a adj. y f. De las fagáceas o relativo a esta familia de plantas. || f. pl. Familia de plantas angiospermas dicotiledóneas, de hoja caduca y fruto seco, como el castaño y la encina.

fagocitar tr. Atraer una célula partículas para destruirlas o digerirlas.

fagocito m. Célula capaz de destruir las bacterias o agentes nocivos para el organismo. || FAM. fagocitar, fagocitosis.

fagot m. Instrumento musical de viento formado por un tubo de madera con agujeros y llaves y con una boquilla de caña. || com. Persona que lo toca. ◆ pl. *fagots*. || FAM. fagotista.

fainá f. *amer*. Masa de harina de garbanzos que se hace al horno y se come con la *pizza*.

fair play (voz i.) m. Cumplimiento de las reglas, juego limpio, especialmente en el deporte.

faisán m. Ave galliforme de alas cortas y cola larga, con un penacho de plumas en la cabeza y el plumaje verde y rojizo con reflejos metálicos. Su carne es muy apreciada.

faja f. Tira de tela o de tejido elástico con que se rodea el cuerpo por la cintura o las caderas. || Prenda interior de tejido elástico que ciñe la cintura y las caderas. || Tira de papel que se pone rodeando algo, como la cubierta de un libro, o un periódico que se envía sin sobre, etc. || Insignia propia de algunos cargos militares, civiles o eclesiásticos. || Trozo más largo que ancho: *faja de terreno*. || FAM. fajar, fajilla, fajín, fajón.

fajador, ra m. y f. Boxeador que aguanta bien los golpes.

fajar tr. Rodear, ceñir o envolver con una faja o venda una parte del cuerpo. También prnl.: *se fajó el tobillo dislocado*. || *amer*. Pegar a uno, golpearlo. También prnl. || *amer*. Pedir dinero prestado. || prnl. *amer*. Trabajar, dedicarse intensamente a un trabajo. || FAM. fajador, fajadura, fajamiento.

fajín m. Ceñidor de seda que usan los generales y algunos funcionarios civiles como distintivo honorífico.

fajina f. Conjunto de haces de mies que se pone en las eras. || Leña ligera para encender. || En el ejército, toque militar para ir a comer.

fajo m. Haz o atado de cosas ligeras y largas: *fajo de billetes*. || FAM. fajina.

fajón m. Marco ancho y plano de yeso que se coloca alrededor de los huecos de las puertas y ventanas. || Arco que sostiene una bóveda.

falacia f. Engaño, mentira. || Argumento falso pero aparentemente verdadero para inducir a error o engaño.

falange f. Cuerpo de infantería armada que formaba la principal fuerza de los ejércitos de Grecia. || Cualquier cuerpo de tropas numeroso. || Cada uno de los huesos de los dedos. || FAM. falangeta, falangina, falangismo.

falangeta f. Falange tercera de los dedos.

falangina f. Falange segunda de los dedos.

falangismo m. Organización política fundada por José Antonio Primo de Rivera en 1933, con una ideología basada en el fascismo italiano. || FAM. falangista.

falangista adj. Del falangismo o relacionado con él. || adj. y com. Partidario de esta ideología y organización política.

falansterio m. En el sistema de Fourier, comunidad de personas autónomas en la producción y el consumo. || Edificio en que habitaba cada una de estas comunidades. || P. ext., alojamiento colectivo para mucha gente.

falaz adj. Engañoso, mentiroso. || Que halaga y atrae con falsas apariencias. || FAM. falacia, falazmente.

falciforme adj. Con forma de hoz.

falcónido, da adj. y m. De los falcónidos o relativo a esta familia de aves. || m. pl. Familia de ciertas aves del orden de los falconiformes, de pico curvo y fuerte, patas robustas provistas de garras y alas muy desarrolladas, como el halcón. Son grandes cazadoras y se alimentan de carne.

falconiforme adj. y f. De las falconiformes o relativo a este orden de aves. ‖ f. pl. Orden de ciertas aves rapaces diurnas de cabeza robusta, pico fuerte, alas muy desarrolladas y patas provistas de garras, como el águila y el buitre. Son grandes cazadoras y se alimentan de carne. También m. pl.

falda f. Prenda de vestir suelta que cae desde la cintura hacia abajo. ‖ Parte de la prenda de vestir que cae desde la cintura hacia abajo. ‖ Cobertura con que se reviste una mesa camilla y que suele llegar hasta el suelo. Más en pl. ‖ Parte baja de los montes o sierras. ‖ Parte de carne de bovino que cuelga de las costillas. ‖ pl. *col.* Mujeres: *asunto de faldas.* ‖ **pegado a las faldas** de alguien loc. *col.* Se apl. a la persona que depende demasiado de otra. ‖ FAM. faldellín, faldeo, faldero, faldillas, faldón.

faldellín m. Falda corta con vuelo que se lleva sobre otra.

faldeo m. *amer.* Faldas de un monte.

faldero, ra adj. De la falda o relativo a ella. ‖ *col.* Aficionado a estar entre mujeres. También m. ‖ Se apl. al perro pequeño de compañía.

faldón m. Parte inferior de algunas prendas de vestir que cuelga desde la cintura. ‖ Falda que se pone a los bebés, encima de otras prendas, que se sujeta a la cintura y llega hasta los pies.

faldriquera f. Faltriquera.

falena f. Nombre común de diversos insectos lepidópteros de cuerpo delgado y alas anchas y débiles, cuyas orugas simulan el aspecto de las ramas de los árboles.

falencia f. *amer.* Quiebra de un comerciante. ‖ *amer.* Carencia, defecto.

falible adj. Que puede equivocarse. ‖ Que puede fallar. ‖ FAM. falibilidad.

fálico, ca adj. Del falo o relativo a él: *símbolo fálico.*

falla f. Quiebra que los movimientos geológicos han producido en un terreno. ‖ Defecto, falta: *esta tela tiene una falla.*

falla f. Conjunto de figuras de madera y cartón que caricaturizan e ironizan sobre personajes o hechos de actualidad y que se queman públicamente en Valencia la noche del 19 de marzo, fiesta de San José. ‖ pl. Periodo durante el cual se celebran estos festejos. ‖ FAM. fallero.

fallar[1] tr. Pronunciar sentencia un jurado o tribunal. ‖ Decidir un jurado la adjudicación de los premios de un concurso. ‖ FAM. falla, fallido, fallo, falluto.

fallar[2] intr. Frustrarse, faltar o salir mal algo. También tr. ‖ Perder una cosa su resistencia. ‖ En algunos juegos de naipes, poner un triunfo por no tener el palo que se juega.

falleba f. Varilla de hierro sujeta en varios anillos y que puede girar por medio de una manilla para cerrar las ventanas o puertas de dos hojas, asegurando una con otra, o con el marco.

fallecer intr. Morir. ◆ **Irreg.** Se conj. como *agradecer.* ‖ FAM. fallecimiento.

fallecimiento m. Muerte de una persona.

fallero, ra adj. De las fallas o relativo a ellas. ‖ m. y f. Persona que toma parte en las fallas de Valencia: *la eligieron fallera mayor.*

fallido, da adj. Frustrado, que no se consigue realizar. ‖ adj. y s. Se apl. a la cantidad, crédito, etc., que se considera incobrable.

fallo[1] m. Sentencia de un juez, árbitro o jurado.

fallo[2] m. Pérdida de la resistencia de algo, mal funcionamiento. ‖ Error, equivocación.

falo m. Pene, miembro viril. ‖ FAM. fálico, falocracia.

falocracia f. Consideración del hombre superior a la mujer. ‖ FAM. falócrata.

falócrata adj. y com. Se apl. a la persona que considera al hombre superior a la mujer.

falsabraga f. Muro bajo que se construye delante de otro mayor para aumentar la defensa de un lugar.

falsario, ria adj. y s. Que falsea o falsifica una cosa. ‖ Mentiroso, embustero.

falsear tr. Alterar o distorsionar algo, haciendo que deje de ser verdadero o auténtico. ‖ intr. Flaquear o perder una cosa su resistencia y firmeza. ‖ Desafinar una cuerda de un instrumento con respecto a las demás. ‖ FAM. falseador, falseamiento, falseo.

falsedad f. Falta de verdad o autenticidad. ‖ Dicho o hecho que no es verdadero o auténtico.

falseo m. Alteración o distorsión de algo que era verdadero o auténtico.

falsete m. Voz más aguda que la natural que se produce haciendo vibrar las cuerdas superiores de la laringe.

falsía f. Falsedad, deslealtad.

falsificación f. Imitación o copia que se quiere hacer pasar por auténtica.

falsificador, ra adj. y s. Que falsifica.

falsificar tr. Imitar o copiar algo haciéndolo pasar por auténtico. ‖ FAM. falsificable, falsificación, falsificador.

falsilla f. Hoja de papel con líneas muy marcadas que se pone debajo de otra en la que se va a escribir para que, al transparentarse, sirva de guía.

falso, sa adj. Engañoso, fingido. ‖ Contrario a la verdad: *falso testimonio.* ‖ Que no es real, auténtico o verdadero. ‖ FAM. falsamente, falsar, falsario, falsear, falsedad, falsete, falsía, falsificar, falsilla.

falta f. Carencia o escasez de algo. ‖ Ausencia de una persona de algún sitio. ‖ Nota o registro en que se hace constar esa ausencia. ‖ Defecto. ‖ Error. ‖ Quebrantamiento de la obligación. ‖ Transgresión de las reglas de un juego o deporte. ‖ Infracción de la ley. ‖ Supresión de la regla en la mujer, principalmente durante el embarazo. ‖ **a falta de** loc. adv. En ausencia de. ‖ **echar en falta** loc. Echar de menos. ‖ **hacer falta** loc. Resultar necesario. ‖ **sin falta** loc. adv. Puntualmente.

faltar intr. No existir una cosa, no haber, carecer de ella. ‖ No estar alguien o algo donde debería. ‖ No acudir a una cita u obligación. ‖ Ausentarse o estar ausente. ‖ Quedar tiempo para que algo ocurra o se realice. ‖ No cumplir con algo que se expresa: *faltó a su promesa.* ‖ No tratar a alguien con la consideración o respeto debidos: *faltó a su padre.* ‖ **¡eso faltaba** o **faltaría!** loc.

De ninguna manera. ‖ **¡no faltaba** o **faltaría más!** loc. De ninguna manera. ‖ Sin duda, por supuesto. ‖ FAM. falta, falto, faltón.

falto, ta adj. Que necesita o carece de algo: *falto de cariño.*

faltón, ona adj. y s. *col.* Que falta con frecuencia a sus obligaciones, promesas o citas. ‖ *col.* Grosero, que suele ofender a los demás.

faltriquera f. Bolsillo que se ata a la cintura y que se lleva colgando debajo del vestido.

falúa f. Pequeña embarcación destinada al transporte de las autoridades de Marina. ‖ FAM. falucho.

fama f. Opinión pública sobre alguien o algo. ‖ Reputación, prestigio, popularidad: *autor de fama.* ‖ FAM. famoso.

famélico, ca adj. Hambriento. ‖ Muy delgado.

familia f. Grupo de personas emparentadas entre sí que viven juntas o en lugares diferentes, y especialmente el formado por el matrimonio y los hijos. ‖ Descendencia, prole. ‖ Grupo numeroso de personas o cosas con alguna condición común: *familia lingüística.* ‖ Grupo taxonómico constituido por varios géneros naturales con caracteres comunes. ‖ **en familia** loc. adv. Sin gente extraña, en la intimidad. ‖ Con muy poca gente. ‖ FAM. familiar, familión.

familiar adj. De la familia o relativo a ella. ‖ Muy sabido o conocido: *su cara me resulta familiar.* ‖ De trato llano y sin ceremonias. ‖ Natural, sencillo, corriente: *lenguaje familiar.* ‖ De tamaño grande: *envase familiar.* ‖ m. Pariente, allegado. ‖ FAM. familiaridad, familiarizar, familiarmente.

familiaridad f. Llaneza o confianza en el trato.

familiarizar tr. Hacer familiar o sencillo algo, acostumbrar. ‖ prnl. Introducirse en el trato familiar de alguien. ‖ Acostumbrarse a algo.

famoso, sa adj. Que tiene fama. ‖ *col.* Célebre por ser gracioso y chocante a la vez: *su famosa ocurrencia fue muy celebrada.*

fámulo, la m. y f. *col.* Criado doméstico.

fan com. Seguidor entusiasta de algo o alguien. ◆ pl. *fanes,* aunque está muy extendido *fans.*

fanal m. Farol grande que se coloca en las torres de los puertos para que su luz sirva de señal nocturna. ‖ Campana de cristal para resguardar algo.

fanático, ca adj. y s. Que defiende apasionadamente creencias, opiniones, ideologías, etc. ‖ Entusiasmado ciegamente por algo. ‖ FAM. fan, fanáticamente, fanatismo, fanatizador, fanatizar.

fanatismo m. Defensa apasionada de creencias, opiniones, ideologías, etc.

fandango m. Canción y baile popular español, típico de Andalucía, con acompañamiento de palmas, guitarra y castañuelas. ‖ *col.* Bullicio.

faneca f. Nombre común de diversos peces osteíctios gadiformes marinos parecidos al abadejo, de carne comestible.

fanega f. Medida de capacidad para áridos que varía según la región. ‖ FAM. fanegada.

fanerógamo, ma adj. y f. De las fanerógamas o relativo a este grupo de plantas. ‖ f. pl. Grupo de plantas cuyos órganos reproductores tienen forma de flor y que en la sistemática moderna carecen de categoría taxonómica. ‖ Espermafito.

fanfarria f. *col.* Chulería, jactancia. ‖ Banda de música generalmente de instrumentos de metal.

fanfarrón, ona adj. y s. *col.* Que presume de lo que no es, en particular de valiente. ‖ FAM. fanfarria, fanfarronada, fanfarronear, fanfarronería.

fanfarronada f. Dicho o hecho propio del fanfarrón, fanfarronería.

fanfarronear intr. Decir fanfarronadas.

fanfarronería f. Modo de comportarse o de hablar el fanfarrón. ‖ Dicho o hecho propio del fanfarrón.

fangal o **fangar** m. Lugar lleno de fango.

fango m. Lodo, barro que se forma por la mezcla de agua y tierra. ‖ Deshonor, degradación. ‖ FAM. fangal, fangar, fangosidad, fangoso.

fangoso, sa adj. Lleno de fango, o de apariencia semejante a este.

fantasear intr. Dejar correr la fantasía o la imaginación. ‖ Presumir, alardear de lo que no se tiene. ‖ FAM. fantaseador.

fantasía f. Facultad de la mente para reproducir en imágenes cosas inexistentes o de idealizar las reales. ‖ Cosa imaginada. ‖ Composición instrumental de estructura libre. ‖ **de fantasía** loc. adj. Se apl. a las prendas de vestir y adornos de formas extrañas e imaginativas. ‖ Se dice de los adornos o joyas de bisutería. ‖ FAM. fantasear, fantasioso, fantástico.

fantasioso, a adj. y s. Que se deja llevar por la fantasía o la imaginación. ‖ *col.* Que presume de lo que no tiene.

fantasma m. Ser irreal que se imagina o se sueña. ‖ Espectro de un muerto. ‖ Obsesión, imagen impresa en la fantasía. ‖ adj. y com. *col. desp.* Se apl. a la persona que presume de lo que no es cierto. ‖ adj. Inexistente: *edición, barco fantasma.* ‖ FAM. fantasmada, fantasmagoría, fantasmal, fantasmón.

fantasmada f. *col.* Dicho o hecho propio de la persona que presume de lo que no es cierto.

fantasmagoría f. Ilusión de los sentidos o de la mente, alucinación. ‖ Arte de representar figuras por medio de una ilusión óptica. ‖ FAM. fantasmagórico.

fantasmagórico, ca adj. De la fantasmagoría o relativo a ella.

fantasmal adj. De los fantasmas o relativo a ellos.

fantasmón, ona adj. y s. *col. desp.* Que presume de lo que no es cierto.

fantástico, ca adj. Irreal, imaginario. ‖ Increíble. ‖ *col.* Sensacional, magnífico. ‖ FAM. fantásticamente.

fantochada f. Dicho o hecho propio del fantoche.

fantoche m. Títere, muñeco. ‖ *col. desp.* Mamarracho, persona ridícula. ‖ *col. desp.* Persona muy presumida. ‖ FAM. fantochada.

fanzine (voz i.) m. Revista de temas variados, editada por los mismos aficionados que escriben en ella.

fañoso, sa adj. *amer.* Que habla con una pronunciación nasal.

faquir m. Asceta de la India y otros países de Oriente que vive de limosna y practica actos de singular austeridad. || com. Artista de circo que realiza ejercicios con cuchillos, fuego y otros objetos dañinos o peligrosos sin hacerse daño aparentemente. || FAM. faquirismo.

faracho m. *amer.* Soponcio. || FAM. faracharse.

faradio m. Unidad de capacidad eléctrica en el sistema internacional; su símbolo es *F.*

faragua m. *amer.* Hierba que sirve de pasto al ganado. || FAM. faragual.

faralá m. Volante, tira de tafetán o de otra tela que rodea por abajo los vestidos y enaguas femeninos, especialmente en los trajes típicos andaluces. Más en pl. || *col.* Adorno excesivo y de mal gusto. ◆ pl. *faralaes.*

farallón m. Roca alta y picuda que sobresale en el mar o en la costa.

farándula f. Profesión, arte y ambiente de los comediantes. || Compañía antigua de cómicos ambulantes. || FAM. farandulero.

farandulero, ra m. y f. Persona que recitaba comedias antiguamente. || adj. y s. *col.* Que habla mucho y tiende a engañar a los demás.

faraón m. Soberano del antiguo Egipto. || FAM. faraónico.

faraónico, ca adj. De los faraones o relativo a ellos. || *col.* Grandioso.

faraute com. Persona que actúa de mensajero entre personas distantes y que confían en ella. || *col.* Persona entremetida que quiere organizarlo todo.

fardar intr. *col.* Presumir, alardear. || *col.* Lucir, ser vistoso algo: *¡cómo farda su moto!* || FAM. fardada, farde, fardón.

farde m. *col.* Lo que luce o es vistoso.

fardo m. Paquete o bulto grande muy apretado. || FAM. fardar.

fardón, ona adj. *col.* Que luce o resulta vistoso. || adj. y s. *col. desp.* Que alardea o presume con frecuencia.

farero, ra m. y f. Persona encargada de la vigilancia y el cuidado de un faro.

farfolla f. Envoltura de las panojas del maíz, mijo y panizo. || *col. desp.* Cosa de mucha apariencia pero poca importancia.

farfullar tr. e intr. *col.* Hablar deprisa y de forma confusa. || FAM. farfulladamente, farfullador, farfullero.

faria amb. Cigarro puro barato, fabricado en la Península, con tripa de hebra larga. Más como m.

farináceo, a adj. Harinoso.

faringe f. Conducto musculoso situado entre la boca, la parte posterior de las fosas nasales y el esófago. || FAM. faríngeo, faringitis.

faríngeo, a adj. De la faringe o relativo a ella.

faringitis f. Inflamación de la faringe. ◆ No varía en pl.

fariña f. *amer.* Harina gruesa de mandioca.

fario m. Se utiliza en la expr. *mal fario,* que significa 'mala suerte'.

farisaico, ca adj. De los fariseos o característico de ellos. || Hipócrita. || FAM. farisaicamente.

fariseísmo m. Hipocresía.

fariseo, a m. y f. Miembro de una antigua secta judía que aparentaba austeridad pero que en realidad no seguía el espíritu religioso. || adj. y s. Hipócrita. || FAM. farisaico, farisaísmo, fariseísmo.

farlopa f. *argot* Cocaína.

farmaceuta com. *amer.* Farmacéutico.

farmacéutico, ca adj. De la farmacia o relativo a ella. || m. y f. Persona que tiene un título que le permite ejercer la farmacia.

farmacia f. Ciencia que enseña a preparar medicamentos y a conocer las sustancias con las que se preparan. || Laboratorio donde se preparan medicinas y tienda donde se venden. || FAM. farmaceuta, farmacéutico.

fármaco m. Medicamento. || FAM. farmacia, farmacodependencia, farmacología, farmacopea.

farmacología f. Ciencia que trata de los medicamentos, sus propiedades y su composición. || FAM. farmacológico, farmacólogo.

farmacopea f. Libro que recoge las medicinas más frecuentes y el modo de prepararlas y administrarlas. || Repertorio que publica cada Estado con todos los aspectos relacionados con la prescripción, uso, efectos, etc., de los medicamentos, y que actúa como norma legal.

faro m. Torre alta en las costas, con un foco muy potente en la parte superior para guiar a los navegantes durante la noche. || Cada uno de los focos que llevan los vehículos en la parte delantera para iluminar la carretera. || FAM. farero, farol.

farol m. Caja de material transparente dentro de la cual se pone una luz. || Hecho o dicho exagerado, sin fundamento: *deja de marcarte faroles.* || En el juego, jugada o envite falso que se hace para sorprender y apabullar: *jugaba de farol.* || Lance en que el torero pasa la capa en redondo sobre su cabeza y la coloca en sus hombros. || FAM. farola, farolear, farolería, farolero, farolillo.

farola f. Farol grande sobre un pie o sujeto a las paredes de los edificios para el alumbrado público.

farolear intr. *col.* Presumir de algo que no es verdad. || FAM. faroleo.

farolero, ra adj. y s. *col.* Fanfarrón, presumido. || m. Persona que se encargaba de encender y apagar los faroles de las calles.

farolillo m. Farol pequeño de papel y varios colores que se utiliza de adorno en fiestas y verbenas. || **farolillo rojo** *col.* El último en una competición.

farra f. Juerga, jarana, parranda. || FAM. farrear, farrista.

fárrago m. Conjunto de cosas superfluas o mal ordenadas. || FAM. farragoso.

farragoso, sa adj. Confuso por tener muchas cosas desordenadas o superfluas: *texto farragoso.*

farrear intr. *amer. col.* Andar de farra o de juerga.

farrista adj. y com. *amer. col.* Aficionado a la farra o a la juerga.

farruco, ca adj. *col.* Valiente, desafiante.

farsa f. Obra de teatro burlesca que tiene como fin hacer reír. || Enredo que tiene como fin engañar o aparentar. || FAM. farsante.

farsante, ta adj. y s. *col. desp.* Que finge o aparenta lo que no siente o se hace pasar por lo que no es. || m. y f. Persona que representaba farsas.

faruscas adj. *amer.* Chismoso. || *amer.* Hipócrita. || *amer.* Embustero, mentiroso. || *amer.* Vanidoso, presumido, jactancioso. ◆ No varía en pl.

fasciculado, da adj. Agrupado en forma de fascículos o haces.

fascículo m. Entrega, cada uno de los cuadernos que forman parte de un libro, y que se van publicando sucesivamente. ‖ Haz de fibras musculares o nerviosas. ‖ FAM. fasciculado.

fascinación f. Gran atracción.

fascinante adj. Que atrae o impresiona mucho.

fascinar tr. Atraer o impresionar mucho una persona o cosa a alguien. ‖ FAM. fascinación, fascinador, fascinante.

fascismo m. Régimen político de carácter nacionalista y totalitario, implantado en Italia por Mussolini, después de la Primera Guerra Mundial. ‖ Doctrina de este movimiento y de cualquier régimen político de ideología dictatorial derechista. ‖ FAM. fascista, fascistización.

fascista adj. Relativo al fascismo. ‖ adj. y com. Partidario de este régimen o doctrina.

fase f. Cada uno de los estados sucesivos de una cosa que cambia o se desarrolla: *fase embrionaria.* ‖ Cada una de las formas que presentan la Luna y otros planetas según los ilumina el Sol: *fase de cuarto menguante.* ‖ Cada una de las corrientes alternas de una corriente polifásica.

fastidiar tr. Molestar o disgustar. ‖ *col.* Ocasionar daño. ‖ prnl. Aguantarse, sufrir algo con resignación.

fastidio m. Disgusto, desazón por algo de poca importancia. ‖ Cansancio o aburrimiento. ‖ FAM. fastidiar, fastidioso.

fastidioso, sa adj. Que causa fastidio. ‖ FAM. fastidiosamente.

fasto, ta adj. Se apl. al día, año, etc., feliz o venturoso. ‖ m. Esplendor, lujo, fausto: *vivía con gran fasto.* ‖ FAM. fastos.

fastos m. pl. En la antigua Roma, calendario en que se anotaban las fechas de celebraciones, fiestas, juegos y los acontecimientos memorables.

fastuosidad f. Derroche de lujo y riqueza.

fastuoso, sa adj. Ostentoso, con derroche de lujo y riqueza. ‖ FAM. fastuosamente, fastuosidad.

fatal adj. Muy desgraciado: *accidente fatal.* ‖ Muy malo. ‖ Inevitable, predestinado: *este encuentro era fatal.* ‖ adv. m. Muy mal: *te has comportado fatal.* ‖ FAM. fatalidad, fatalismo, fatalmente.

fatalidad f. Desgracia. ‖ Acontecimiento inevitable, destino, suerte.

fatalismo m. Doctrina que propugna que todo lo que sucede está motivado por las determinaciones ineludibles de un destino que hace inútil cualquier oposición. ‖ Actitud de la persona que acepta todo lo que sucede sin resistirse porque lo cree determinado por el destino. ‖ FAM. fatalista.

fatalista adj. Relativo al fatalismo. ‖ adj. y com. Partidario de esta doctrina. ‖ Que acepta todo lo que sucede sin resistirse, porque lo cree determinado por el destino.

fatídico, ca adj. Que pronostica el porvenir y, sobre todo, las desgracias. ‖ Muy desgraciado, nefasto. ‖ FAM. fatídicamente.

fatiga f. Cansancio. ‖ Respiración frecuente o difícil. ‖ Molestia, sufrimiento. Más en pl. ‖ *col.* Apuro o vergüenza. ‖ FAM. fatigadamente.

fatigar tr. y prnl. Causar fatiga. ‖ FAM. fatiga, fatigador, fatigante, fatigoso.

fatigoso, sa adj. Que causa fatiga. ‖ Se apl. a la respiración difícil. ‖ FAM. fatigosamente.

fatimí o **fatimita** adj. y com. Descendiente de Fátima, hija única del profeta Mahoma. ◆ pl. de la primera forma: *fatimís* o *fatimíes.*

fatuidad f. Necedad, falta de inteligencia. ‖ Vanidad o presunción ridícula. ‖ Dicho o hecho necio o presuntuoso.

fatuo, tua adj. y s. Necio, poco inteligente. ‖ Engreído, vanidoso. ‖ FAM. fatuamente, fatuidad.

fauces f. pl. Parte posterior de la boca de los mamíferos, que va desde el velo del paladar hasta el comienzo del esófago.

fauna f. Conjunto de animales de un determinado periodo, país o zona: *fauna ibérica.* ‖ *col. desp.* Conjunto de personas. ‖ FAM. fáunico.

fauno m. Semidiós romano de los campos y selvas, equivalente al sátiro griego. ‖ FAM. fauna, faunesco.

fausto m. Lujo, ostentación y pompa. ‖ FAM. fasto, fastuoso.

fausto, ta adj. Feliz, dichoso, venturoso.

favela f. *amer.* Chabola, barraca de los suburbios brasileños.

favor m. Ayuda, asistencia que se presta de forma gratuita. ‖ Privilegio, concesión que se recibe de una autoridad: *trato de favor.* ‖ Confianza, apoyo: *cuenta con el favor del presidente.* ‖ Gesto amable que las mujeres dedicaban a los hombres y, p. ext., consentimiento de la mujer a la relación amorosa que le insinúa el hombre. Más en pl. ‖ **a favor de** loc. prepos. En beneficio, en apoyo de. ‖ Ayudado por algo: *a favor del viento.* ‖ **hacer el favor de** loc. Expresión de cortesía que se utiliza para pedir algo. ‖ **por favor** loc. Expresión de cortesía que se añade a una petición. ‖ FAM. favorable, favorecer, favorito.

favorable adj. Que favorece algo, propicio: *viento favorable.* ‖ Benévolo, positivo: *críticas favorables.* ‖ FAM. favorablemente.

favorecedor, ra adj. y s. Que favorece.

favorecer tr. Ayudar, apoyar. ‖ Mejorar algo el aspecto o la apariencia de una persona o cosa. También intr.: *ese vestido te favorece.* ◆ Irreg. Se conj. como *agradecer.* ‖ FAM. favorecedor.

favoritismo m. Preferencia que no se basa en el mérito o la justicia, sino en el favor, sobre todo en la concesión de cargos o premios.

favorito, ta adj. Predilecto, preferido sobre otros. ‖ m. y f. Probable ganador en un deporte. ‖ Valido de un rey. ‖ FAM. favoritismo.

fax m. apóc. de *telefax.*

fayuca f. *amer. col.* Contrabando.

faz f. Rostro, cara. ‖ Lado principal de algo. ‖ FAM. faceta, facial.

fe f. Creencia en algo sin necesidad de que haya sido confirmado por la experiencia o la razón, o demostrado por la ciencia. || Conjunto de creencias de una religión: *fe budista, musulmana, cristiana.* || Una de las tres virtudes teologales, que consiste en el asentimiento a la revelación de Dios. || Confianza en el éxito de algo o alguien: *tiene fe en ti.* || Promesa: *le dio fe de lealtad.* || Testimonio, aseveración de que una cosa es cierta: *el notario dará fe del resultado del concurso.* || Documento que certifica la verdad de algo: *fe de vida, de bautismo.* || **buena** o **mala fe** Buena o mala intención. || **fe de erratas** Lista de erratas encontradas en un texto después de su publicación, que se inserta en el libro junto con sus correcciones. || FAM. fedatario, fehaciente, fementido.

fealdad f. Carencia de belleza y hermosura.

febrero m. Segundo mes del año, entre enero y marzo, que tiene veintiocho días, y en los años bisiestos, veintinueve.

febrífugo, ga adj. y m. Antipirético.

febril adj. De la fiebre o relativo a ella. || Que tiene fiebre. || Vivo, desasosegado, violento. || FAM. febrícula, febrífugo, febrilmente.

fecal adj. Del excremento intestinal o relativo a él: *heces fecales.*

fecha f. Tiempo, momento en que se hace o sucede algo. || Día. || Tiempo o momento actual. || FAM. fechador, fechar.

fechador m. Estampilla o sello con que se imprime la fecha en documentos. || Matasellos.

fechar tr. Poner fecha a un escrito o documento. || Determinar la fecha de un documento, suceso, etc.

fechoría f. Mala acción.

fécula f. Hidrato de carbono que se encuentra en semillas, tubérculos y raíces de muchas plantas, almidón. || FAM. feculento.

fecundación f. Unión de las células sexuales masculina y femenina para dar origen a un nuevo ser. || **fecundación artificial** Procedimiento que hace llegar de forma no natural el semen al óvulo. || **fecundación** *in vitro* La que se realiza fuera del organismo.

fecundar tr. Unirse los elementos reproductores masculino y femenino para dar origen a un nuevo ser. || Hacer fecundo o productivo: *el agua fecunda la tierra.* || FAM. fecundable, fecundación, fecundador, fecundante, fecundativo, fecundidad, fecundizar, fecundo.

fecundidad f. Fertilidad. || Capacidad de creación o producción.

fecundizar tr. Hacer fecundo algo.

fecundo, da adj. Que puede fecundar o ser fecundado. || Fértil, abundante, que produce mucho: *escritor fecundo.*

fedatario, ria m. y f. Notario o funcionario que da fe pública de algo.

federación f. Asociación de Estados, partidos o agrupaciones que reconocen una misma autoridad y comparten algunas funciones, pero que mantienen un gobierno interior autónomo. || Organismo que establece la reglamentación y el control de un determinado deporte. || FAM. federal, federalismo, federar, federativo.

federal adj. Federativo. || adj. y com. Federalista. || De los partidarios de los estados del Norte en la guerra de Secesión norteamericana o relacionado con ellos.

federalismo m. Idea o doctrina política en la que el Gobierno se reparte entre el poder central y el de los estados asociados. || Sistema político basado en esta doctrina. || FAM. federalista.

federalista adj. Relativo al federalismo. || adj. y com. Partidario de esta doctrina o sistema político.

federar tr. y prnl. Organizar una federación o incorporar a ella.

federativo, va adj. De la federación o el federalismo o relativo a ellos.

feedback (voz i.) m. Retroalimentación, conjunto de reacciones o respuestas que manifiesta un receptor respecto a la actuación del emisor, lo que es tenido en cuenta por este para cambiar o modificar su mensaje. ◆ pl. *feedbacks.*

feeling (voz i.) m. Sentimiento, emoción. ◆ pl. *feelings.*

feérico, ca adj. De las hadas o relativo a ellas: *relato feérico.*

féferes m. pl. *amer.* Bártulos, trastos.

fehaciente adj. Fidedigno, que da testimonio de la certeza de algo.

felación f. Excitación del pene con la boca.

feldespato m. Sustancia mineral que forma la parte principal de muchas rocas. Químicamente es un silicato compuesto de aluminio con sodio, potasio o calcio, y cantidades pequeñas de óxidos de magnesio y hierro. Se usa en la fabricación de cerámica y vidrio. || FAM. feldespático.

felicidad f. Estado de ánimo del que disfruta de lo que desea. || Satisfacción, alegría, contento. || FAM. felicitar.

felicitación f. Manifestación a una persona de la satisfacción que se experimenta con motivo de algún suceso favorable para ella. || Expresión oral o escrita con la que se felicita.

felicitar tr. Manifestar a una persona la satisfacción que se experimenta con motivo de algún suceso favorable para ella. También prnl. || Expresar el deseo de que una persona sea feliz. || FAM. felicidad.

félido, da adj. y m. De los félidos o relativo a esta familia de mamíferos. || m. pl. Familia de mamíferos carnívoros digitígrados de cabeza redondeada y hocico corto, patas anteriores con cinco dedos y posteriores con cuatro y uñas agudas y retráctiles, como el gato, el tigre o el lince.

feligrés, esa m. y f. Persona que pertenece a una parroquia determinada. || FAM. feligresía.

felino, na adj. Del gato o relativo a él. || Que parece de gato. || adj. y m. Se apl. al animal perteneciente a la familia de los félidos. || FAM. félido.

feliz adj. Que disfruta de felicidad o la ocasiona. || Oportuno, acertado. || Que sucede sin contratiempos. || FAM. felicidad, felizmente.

felón, ona adj. y s. Que comete felonía.

felonía f. Deslealtad, traición. || FAM. felón.

felpa f. Tejido de seda, algodón, etc., que tiene pelo por uno de sus lados. || FAM. felpar, felpear, felposo, felpudo.

felpar intr. *amer. col.* Morir.

felpear tr. *amer. col.* Reprender duramente a una persona.

felpudo m. Esterilla que suele ponerse a la entrada de las casas para limpiarse el calzado.

femenino, na adj. De la mujer o característico de ella. || Se apl. al ser dotado de órganos para ser fecundado. || De este ser o relativo a él. || Se dice del género gramatical al que pertenecen las hembras y otros seres inanimados. También m. || De este género o relativo a él: *sustantivo femenino*. || FAM. femenil, femenilmente, fémina, femineidad, femíneo, feminidad, feminismo, feminización, feminoide.

fementido, da adj. Que carece de fe y de palabra. || Engañoso, falso. || FAM. fementidamente.

fémina f. Mujer.

femineidad o **feminidad** f. Cualidad de femenino.

feminismo m. Movimiento y doctrina social que propugna la igualdad de derechos entre la mujer y el hombre. || FAM. feminista.

feminista adj. Relativo al feminismo. || adj. y com. Partidario de este movimiento.

femoral adj. Del fémur o relativo a él. || Se apl. a la arteria y a la vena que recorren el muslo. También f.

fémur m. Hueso del muslo, el más largo del cuerpo, que se extiende desde la ingle hasta la rodilla. || FAM. femoral.

fenecer intr. Morir, fallecer. || Acabarse algo. ◆ **Irreg.** Se conj. como *agradecer*. || FAM. fenecimiento.

fenicio, cia adj. y s. De Fenicia, país del Asia antigua, o relativo a él: *leyes fenicias*. || m. Lengua hablada por los fenicios.

fenicopteriforme adj. y f. De las fenicopteriformes o relativo a este orden de aves. || f. pl. Orden de aves de patas y cuello largos que presentan un método exclusivo y único de filtración de lodo a través de su pico con láminas córneas, como el flamenco.

fénix m. Ave mitológica que renacía de sus cenizas cada vez que moría. || Lo que es exquisito o único en su especie: *lope de Vega, el fénix de los ingenios*. ◆ No varía en pl.

fenol m. Derivado del alquitrán que se usa como antiséptico, como sintetizador de colorantes y en la obtención de resinas.

fenomenal adj. *col.* Muy grande. || Extraordinario, magnífico. || adv. m. Muy bien. || FAM. fenomenalmente.

fenómeno m. Toda apariencia o manifestación material o espiritual: *fenómeno atmosférico, social*. || Suceso, hecho. || Cosa extraordinaria y sorprendente. || *col.* Persona o animal monstruoso. || *col.* Persona sobresaliente en su línea: *es un fenómeno en física*. || adj. *col.* Fenomenal: *es un padre fenómeno*. También adv. m.: *dibujas fenómeno*. || FAM. fenomenal, fenoménico, fenomenología.

fenomenología f. Teoría filosófica que se centra en el estudio de los fenómenos y de lo que aparece. || FAM. fenomenológico, fenomenólogo.

fenotipo m. En un organismo, manifestación externa de un conjunto de caracteres hereditarios que de-

penden tanto de los genes como del ambiente. || FAM. fenotípico.

feo, a adj. De aspecto malo o desfavorable. || Que ocasiona disgusto o desagrado. || adj. y s. Que carece de belleza y hermosura. || m. *col.* Desaire, desprecio manifiesto. || FAM. feldad, feamente, feote.

feraz adj. Se apl. a la tierra muy fértil. || FAM. feracidad.

féretro m. Ataúd.

feria f. Mercado extraordinario que tiene lugar en un sitio y unas fechas señaladas. || Fiestas que se celebran en una determinada fecha. || Conjunto de instalaciones recreativas, como carruseles, circos, casetas de tiro al blanco, etc., y de puestos de venta de dulces y de chucherías, que se monta por alguna fiesta. || Instalación donde se exponen los productos de un solo ramo industrial o comercial, como libros, muebles, juguetes, etc., para su promoción y venta. || *amer.* Dinero menudo, cambio, calderilla. || FAM. feriado, ferial, feriante, feriar, ferino.

feriado m. *amer.* Día festivo.

ferial adj. De la feria o relativo a ella. || m. Feria, mercado y lugar donde se celebra.

feriante adj. y com. Expositor, comprador o vendedor en una feria.

feriar tr. Vender o comprar en una feria.

fermentación f. Proceso químico por el que se forman los alcoholes y ácidos orgánicos a partir de los azúcares por medio de los fermentos.

fermentar intr. y tr. Producirse la fermentación. || FAM. fermentable, fermentación, fermentador, fermentante, fermentativo, fermento.

fermento m. Sustancia orgánica que produce la fermentación, como las enzimas.

fermio m. Elemento químico radiactivo artificial. Se encontró entre los restos de la primera bomba de hidrógeno y luego fue obtenido bombardeando el californio con neutrones. Tiene propiedades análogas a las del erbio. Su símbolo es *Fm*, y su número atómico, *100*.

ferocidad f. Fiereza o crueldad.

feromona f. Sustancia excretada por algunos animales que influye en el comportamiento de los de su misma especie.

feroz adj. Fiero, aplicado a animales carnívoros que atacan y devoran a sus presas. || Que causa daño, terror o destrozo. || Cruel. || Enorme, tremendo. || FAM. ferocidad, ferozmente.

férreo, a adj. De hierro o que tiene sus propiedades. || Duro, fuerte: *disciplina férrea*. || Tenaz, persistente: *voluntad férrea*. || FAM. ferretería, férrico, ferrita, ferroso, ferruginoso.

ferretería f. Tienda donde se venden objetos de metal o de otros materiales, como cacharros de cocina, herramientas, tuercas, etc. || FAM. ferretero.

ferretero, ra m. y f. Propietario o dependiente de una ferretería.

férrico, ca adj. En quím., se apl. a las combinaciones del hierro en las que este es trivalente, es decir, que actúa con valencia 3.

ferrobús m. Tren ligero con vagones para los viajeros y una máquina con tracción delantera y trasera que le permite desplazarse en los dos sentidos sin dar la vuelta.

ferrocarril m. Tren. || Camino con dos filas de barras de hierro paralelas sobre las cuales ruedan los trenes. || Conjunto formado por vías férreas, trenes e instalaciones propias de este medio de transporte. || FAM. ferrocarrilero.

ferrocarrilero, ra adj. *col. amer.* Ferroviario.

ferromozo, za m. y f. *amer.* Empleado que se encarga de atender a los pasajeros en los trenes.

ferroso, sa adj. De hierro o que contiene hierro. || En quím., se apl. a las combinaciones del hierro en las que este es bivalente, es decir, que actúa con valencia 2.

ferroviario, ria adj. Del ferrocarril o relativo a él. || m. y f. Empleado del ferrocarril. || FAM. ferrovial.

ferruginoso, sa adj. Se dice del mineral que contiene hierro o en estado metálico o en combinación. || Se apl. a las aguas minerales en cuya composición entra alguna sal de hierro.

ferry (voz i.) m. Transbordador. ♦ pl. *ferries.*

fértil adj. Que produce en abundancia. || Se apl. al organismo vivo capaz de reproducirse. || FAM. fertilidad, fertilizar.

fertilidad f. Capacidad de producir en abundancia. || Capacidad de reproducirse.

fertilización f. Preparación de la tierra añadiendo las sustancias apropiadas para que sea más fértil.

fertilizante adj. Que fertiliza. || m. Abono.

fertilizar tr. Abonar, preparar la tierra añadiendo las sustancias apropiadas para que sea más fértil. || FAM. fertilizable, fertilización, fertilizador, fertilizante.

férula f. Tablilla empleada en el tratamiento de fracturas. || Autoridad o poder despótico.

ferviente adj. Que muestra entusiasmo o admiración: *ferviente admirador.* || FAM. fervientemente.

fervor m. Devoción, intensidad en el sentimiento religioso. || Entusiasmo, ardor, eficacia con que se hace algo. || Admiración, adoración hacia alguien o algo. || FAM. ferviente, fervoroso.

fervoroso, sa adj. Que muestra entusiasmo o admiración. || FAM. fervorosamente.

festejar tr. Hacer fiestas para celebrar algo. || Agasajar, hacer fiestas en honor de alguien. || Galantear, cortejar a una mujer. || FAM. festejador, festejo.

festejo m. Fiesta que se hace para celebrar algo. || Cada uno de los actos públicos que se realizan para celebrar algo. Más en pl.

festín m. Banquete espléndido. || FAM. festinar.

festinar tr. *amer.* Agasajar, hacer fiestas en honor a alguien.

festival m. Concurso o exhibición de manifestaciones artísticas o deportivas. || FAM. festivalero.

festividad f. Fiesta o solemnidad con que se celebra algo o a alguien.

festivo, va adj. De fiesta: *ambiente, traje festivo.* || Chistoso, alegre. || adj. y m. Se apl. al día no laborable. || FAM. festivamente, festividad.

festón m. Cualquier bordado, dibujo o recorte en forma de ondas o puntas que adorna la orilla o borde de una cosa. || Bordado de realce en que por un lado queda

rematada cada puntada con un nudo, para que pueda cortarse la tela por el bordado sin que se salgan los hilos. || FAM. festonear.

festoneado, da adj. Que tiene el borde en forma de festón o de onda.

festonear tr. Adornar con festones. || Bordar con festones. || FAM. festoneado.

feta f. *amer.* Loncha de fiambre.

fetal adj. Del feto o relativo a él. || Se apl. a la postura con las piernas y los brazos encogidos sobre el pecho y la cabeza entre las manos.

fetén adj. *col.* Sincero, auténtico, verdadero. || Bueno, estupendo, excelente. || f. *col.* La verdad. || adv. m. Muy bien.

fetiche m. Objeto material, de culto supersticioso en algunos pueblos, que es venerado como un ídolo. || Cualquier objeto que se cree que trae suerte. || FAM. fetichismo.

fetichismo m. Culto de los fetiches. || Idolatría, veneración excesiva. || Práctica sexual que consiste en fijar alguna parte del cuerpo humano o alguna prenda relacionada con él como objeto de la excitación y el deseo. || FAM. fetichista.

fetichista adj. Relativo al fetichismo. || adj. y com. Se apl. a la persona que lo practica.

fetidez f. Mal olor.

fétido, da adj. Que desprende un olor muy desagradable. || FAM. fetidez.

feto m. En los mamíferos placentarios, producto de la concepción desde que pasa el periodo embrionario hasta el momento del parto. || *col. desp.* Persona muy fea o deforme. || FAM. fetal.

fettuccini (voz it.) m. pl. Pasta utilizada en alimentación en forma de cilindro largo.

feudal adj. Del feudo o del feudalismo o relativo a ellos.

feudalismo m. Sistema económico, político y social imperante en la Edad Media, que tenía como base la constitución de feudos.

feudatario, ria adj. y s. Se apl. a la persona obligada a pagar un feudo.

feudo m. En la Edad Media, contrato por el cual los soberanos y los grandes señores concedían tierras u otros bienes a sus vasallos a cambio de que ellos y sus descendientes les prestaran servicios y les jurasen fidelidad. || Tierra o dominio que se concede en feudo. || Territorio en el cual alguien ejerce su influencia. || FAM. feudal, feudalismo, feudatario.

fez m. Gorro rojo de fieltro con forma de cubilete usado por los norteafricanos y turcos.

fi f. Phi, letra griega.

fiabilidad f. Confianza de la que es digna una persona. || Probabilidad de que una cosa funcione bien o sea segura: *fiabilidad de un motor.*

fiable adj. Se apl. a la persona digna de confianza. || Se dice de las cosas que es probable que funcionen bien o sean seguras. || FAM. fiabilidad.

fiador, ra m. y f. Persona que fía o vende a crédito. || Persona que responde por otra: *se ha ofrecido como fiador del contrato.*

fiambre adj. y m. Se apl. a los alimentos que, una vez cocinados o curados, se comen fríos, como los embutidos o ciertas carnes. || m. *col.* Cadáver. || FAM. fiambrera, fiambrería.

fiambrera f. Recipiente con tapa de cierre hermético o muy ajustado, que sirve para llevar la comida fuera de casa.

fianza f. Compromiso que una persona contrae de responder por otra. || Cantidad de dinero que se paga por la libertad de un individuo pendiente de juicio o sentencia firme. || Cualquier cosa, generalmente dinero, que se deja como garantía de algo.

fiar tr. Asegurar uno que cumplirá lo que otro promete, obligándose, en caso de que no lo haga, a satisfacer por él. || Vender sin cobrar al contado, aplazando el pago para más adelante. || prnl. Confiar en algo o alguien: *me fío de su criterio.* || **ser de fiar** una persona o cosa loc. Ser digno de confianza. || FAM. fiable, fiado, fiador, fianza.

fiasco m. Fracaso, decepción.

fibra f. Cada uno de los filamentos que entran en la composición de los tejidos orgánicos vegetales o animales, de ciertos minerales y de algunos productos químicos. || Filamento obtenido por procedimientos químicos que se usa principalmente en la industria textil. || Vigor, energía. || *amer.* Rotulador. || **fibra de vidrio** Filamento de vidrio fundido estirado que se utiliza como aislante. || **fibra óptica** Filamento de material muy transparente que se usa para transmitir por su interior señales luminosas, p. ej., en comunicación a distancia. || FAM. fibrilar, fibrina, fibroma, fibrosis, fibroso.

fibrilación f. Contracción repentina e incontrolada de las fibras del corazón.

fibrilar intr. Contraerse de forma repentina e incontrolada el corazón. || FAM. fibrilación.

fibrina f. Sustancia insoluble en agua que contribuye a la coagulación de la sangre.

fibroma m. Tumor benigno formado solo por tejido fibroso.

fibrosis f. Formación de tejido fibroso en un órgano. ◆ No varía en pl.

fibroso, sa adj. Que tiene muchas fibras.

fíbula f. Hebilla que usaban como imperdible los griegos y romanos.

ficción f. Acción y resultado de fingir. || Cosa imaginada.

ficha f. Pieza pequeña, generalmente plana y delgada, a la que se puede dar usos diversos (contraseña en guardarropas, aparcamientos de automóviles, etc.). || Tarjeta de cartón o papel fuerte en que se consignan ciertos datos y que suele clasificarse. || Cada una de las piezas de los juegos de mesa. || Tarjeta para controlar las entradas y las salidas del trabajo de los empleados. || Contrato de un jugador o técnico deportivo. || FAM. fichar, fichero.

fichaje m. Acción y resultado de fichar o contratar a alguien, especialmente en un deporte. || Persona que se ficha.

fichar tr. Hacer la ficha de una persona o cosa, anotando todos los datos necesarios para su identificación. || *col.* Vigilar o mirar con recelo a alguien de quien se sospecha. || Contratar un club o entidad deportiva los servicios de un jugador o un técnico. || P. ext., contratar a cualquier persona. || intr. Controlar en un reloj especial la hora de entrada y salida del trabajo de los obreros o empleados. || FAM. fichaje.

fichero m. Conjunto de fichas ordenadas y mueble o caja donde se guardan.

ficología f. Parte de la botánica que estudia las algas. || FAM. ficólogo.

ficticio, cia adj. Fingido, falso. || Convencional.

ficus m. Nombre genérico de varias plantas moráceas entre las que se encuentra la higuera. || Planta ornamental de hoja grande y ovalada. ◆ No varía en pl.

fidedigno, na adj. Digno de fe y confianza: *fuentes fidedignas.*

fideicomisario, ria adj. Se apl. a la persona a quien se destina un fideicomiso. También s. || Del fideicomiso o relativo a él.

fideicomiso m. Disposición testamentaria por la que se encomienda una herencia a alguien para que haga con ella lo que se le encargue. || Situación de los territorios sin gobierno propio que la ONU pone bajo la tutela y administración de un Estado. || FAM. fideicomisario, fideicomitente.

fideicomitente com. Persona que ordena el fideicomiso.

fidelidad f. Lealtad. || Exactitud, veracidad. || **alta fidelidad** Reproducción muy fiel del sonido, sin distorsiones ni ruidos.

fideo m. Pasta de harina en hilos cortados que ordinariamente se toma en sopa. Más en pl. || *col.* Persona muy delgada. || FAM. fideuá.

fideuá f. Guiso hecho de fideos gruesos con pescado y marisco.

fiduciario, ria adj. y s. Que depende del crédito y confianza que merezca: *moneda fiduciaria.* || Encargado de un fideicomiso.

fiebre f. Elevación de la temperatura normal del cuerpo por una enfermedad o un trastorno. || Entusiasmo y excitación con que se realiza una actividad: *fiebre de las rebajas.* || FAM. febril.

fiel adj. Que cumple sus compromisos. || Exacto, conforme a la verdad. || Que presenta las condiciones y circunstancias que exige el uso al que se destina: *reloj fiel.* || com. Creyente, miembro de una iglesia. || m. Aguja de una balanza. || Clavillo que asegura las hojas de las tijeras. ◆ sup. irreg. *fidelísimo.* || FAM. fidelidad, fidelísimo, fielmente.

fielato m. Oficina instalada a la entrada de las poblaciones que recaudaba el antiguo impuesto de consumos.

fieltro m. Especie de paño no tejido que resulta de prensar borra, lana o pelo.

fiera f. Animal salvaje, sobre todo los carnívoros. || Persona cruel o de carácter malo y violento. || com. Persona que hace muy bien algo: *es un fiera en natación.* || **fiera corrupia** Designación de ciertas figuras animales famosas por su deformidad o aspecto terrorífico. || *col.* Persona de muy mal genio. || **hecho una fiera** loc. *col.* Muy enfadado.

fiereza f. Violencia o agresividad.

fiero, ra adj. De las fieras o relativo a ellas. ‖ Feroz, duro, agreste o intratable. ‖ Muy grande, excesivo. ‖ FAM. fiera, fieramente, fiereza.

fierrada f. *amer.* Conjunto de amigos de confianza o de la misma profesión.

fierro m. *amer.* Hierro. ‖ *amer.* Arma blanca.

fiesta f. Reunión de personas como diversión. ‖ Solemnidad civil o religiosa en conmemoración de algún acontecimiento o fecha especial, y día en que se celebra. ‖ Día en que no se trabaja. ‖ Actividades culturales y diversiones que se celebran en una localidad en unos días determinados. Más en pl. ‖ pl. Periodo de vacaciones por alguna fiesta, sobre todo religiosa. ‖ Agasajo, caricia u obsequio: *el perro nos hizo fiestas en cuanto nos vio.* ‖ FAM. festejar, festín, festival, festivo, fiestero.

fiestero, ra adj. y s. Aficionado a las fiestas.

fifí adj. y com. *amer. col.* Se apl. a la persona perteneciente a una familia adinerada que no trabaja en nada. ◆ pl. *fifís* o *fifíes.*

fifiriche adj. y com. *amer. col. desp.* Muy delgado, enclenque.

fifty-fifty (voz i.) loc. adv. A medias.

figle m. Instrumento musical de viento que consiste en un tubo largo de latón doblado por la mitad, con llaves o pistones que abren o cierran el paso del aire.

figón m. Casa donde se guisaban y vendían alimentos. ‖ FAM. figonero.

figura f. Forma exterior de un cuerpo. ‖ Estatua o pintura que representa el cuerpo de un hombre o animal. ‖ Serie de variaciones en la danza, el patinaje artístico, etc. ‖ Persona de renombre o que destaca en alguna actividad: *figura de la canción.* ‖ En mús., signo que representa una nota o un silencio. ‖ Personaje de una obra dramática y actor que lo representa. ‖ En geom., espacio cerrado por líneas o superficies. ‖ Cualquiera de los tres naipes de cada palo que representan personas, y se llaman *rey, caballo* y *sota.* ‖ Cosa que representa o significa otra. ‖ **figura de construcción** Tradicionalmente, cada uno de los varios modos de construcción gramatical con que, siguiendo la sintaxis llamada figurada, se quebrantan las leyes de la considerada regular o normal. ‖ **figura de dicción** Tradicionalmente, cada una de las varias alteraciones que experimentan los vocablos, bien por aumento, bien por transposición de sonidos, bien por contradicción de dos de ellos. ‖ FAM. figurar, figurilla, figurín, figurón.

figuración f. Invención o imaginación de algo: *eso son figuraciones tuyas.*

figurado, da adj. Se apl. al sentido en que se toman las palabras desviado del literal por una asociación de ideas. ‖ FAM. figuradamente.

figurante com. Persona que actúa como comparsa en obras de teatro, cine o televisión. ‖ *col. desp.* Persona que tiene poca importancia dentro de un grupo.

figurar tr. Disponer, delinear y formar la figura de una cosa: *esas nubes figuran una cara.* ‖ Aparentar, suponer, fingir: *figuró que no le había visto.* ‖ intr. Formar parte de algo, estar en un lugar o circunstancia: *figuraba entre los asistentes.* ‖ Destacar: *figura como productor.* ‖

prnl. Imaginarse o suponer uno algo que no conoce: *me figuré que no vendrías.* ‖ FAM. figuración, figurado, figurante, figurativo.

figurativismo m. Arte que representa la realidad de forma fiel o semejante, al contrario que el abstracto.

figurativo, va adj. Se apl. al arte y a los artistas que representan la realidad de forma fiel o semejante, en oposición a los abstractos. ‖ FAM. figurativamente, figurativismo.

figurear intr. *amer.* Tratar de representar el papel de protagonista o el de una de las personas más importantes. ‖ *amer.* Exhibirse con orgullo en la calle o en los medios de comunicación. ‖ FAM. figureo.

figurín m. Dibujo o figura que sirve de modelo para hacer vestidos. ‖ *col.* Persona que, para resultar elegante, se arregla de forma exagerada. ‖ FAM. figurinista.

figurinista com. Persona cuya profesión es hacer figurines.

figurita f. *amer.* Cromo.

fijación f. Acción y resultado de fijar o fijarse. ‖ *col.* Obsesión.

fijador m. Líquido para que el cabello quede bien sujeto y no se despeine. ‖ Líquido para fijar un dibujo, una fotografía, etc.

fijar tr. Hincar, clavar, asegurar un cuerpo en otro. ‖ Hacer algo fijo o estable. ‖ Determinar algo de forma precisa. ‖ Dirigir o centrar intensamente la mirada o la atención en algo o alguien. ‖ Hacer que la imagen fotográfica impresionada en una placa o en un papel sensible quede inalterable a la acción de la luz. ‖ prnl. Darse cuenta, notar. ◆ Se construye con la prep. *en: fíjate en el lunar que tiene en la barbilla.* ‖ FAM. fijación, fijado, fijador, fijapelo, fijativo, fijeza.

fijeza f. Firmeza. ‖ Persistencia.

fijo, ja adj. Firme, sujeto a algo. ‖ Permanente, estable. ‖ Invariable, que no cambia. ‖ Inmóvil. ‖ Se apl. al contrato de trabajo indefinido y a la persona contratada así. ‖ adv. m. Con seguridad: *fijo que viene.* ‖ Fijamente: *mirar fijo.* ‖ **de fijo** loc. adv. Con seguridad, sin duda alguna. ‖ FAM. fijamente, fija.

fila f. Serie de personas o cosas colocadas en línea. ‖ *col.* Antipatía, tirria. ‖ f. pl. Agrupación, partido. ‖ Milicia, fuerzas militares. ‖ **fila india** La que forman varias personas una tras otra.

filamento m. Cuerpo en forma de hilo, flexible o rígido, especialmente el hilo conductor de las lámparas eléctricas. ‖ FAM. filamentoso.

filantropía f. Amor al género humano. ‖ FAM. filantrópico, filántropo.

filántropo, pa m. y f. Persona que ama a los demás y los ayuda de forma desinteresada.

filarmonía f. Afición o amor a la música. ‖ FAM. filarmónico.

filarmónico, ca adj. y s. Aficionado a la música. ‖ adj. De algunas orquestas de música clásica o de ciertas organizaciones de amantes de la música. También f.

filatelia f. Afición por el estudio y la colección de sellos de correos. ‖ FAM. filatélico, filatelista.

filatélico, ca adj. De la filatelia o relativo a ella.

filático, ca adj. *amer.* Que emplea palabras rebuscadas y raras para exhibir erudición.

filete m. Loncha delgada de carne magra o de pescado limpio de espinas. || Moldura larga y angosta. || En impr., línea o lista fina que sirve de adorno en las encuadernaciones, sobre todo en las de lujo. || En impr., pieza que sirve para marcar las líneas de separación, como, por ejemplo, entre el cuerpo del texto y las notas. || **filete ruso** Trozo de carne picada que, tras ser mezclada con harina, perejil y ajo, se aplasta y se reboza en huevo y pan rallado para freírse. || **darse** alguien **el filete** loc. *vulg.* Besarse insistentemente. || FAM. filetear, fileteado.

filfa f. *col.* Mentira, engaño, noticia falsa: *ese rumor es pura filfa.*

filia f. Gran amor o afición por alguien o algo.

filiación f. Datos personales identificativos de un individuo. || Lazo de parentesco entre padres e hijos. || Dependencia de unas cosas con respecto a otras. || Hecho de ser seguidor de un partido o una doctrina determinada.

filial adj. Del hijo o relativo a él. || adj. y f. Se apl. al establecimiento que depende de otro: *filial de un banco.* || FAM. filiación, filialmente, filiar.

filibustero m. Nombre de ciertos piratas que en el siglo XVII actuaban en el mar de las Antillas. || FAM. filibusterismo.

filiforme adj. Que tiene forma o apariencia de hilo.

filigrana f. Cosa delicada y pulida, trabajada con mucho cuidado y habilidad. || Obra de hilos de oro o plata unidos formando una especie de encaje. || Marca transparente de fábrica del papel y los billetes de banco.

filípica f. Represión, censura dura que se dirige a alguien.

filipino, na adj. y s. De Filipinas o relativo a este país del sureste asiático.

filisteo, a adj. y s. De un pueblo antiguo que fue enemigo de los israelitas o relativo a él.

filloa f. Torta hecha con harina, yemas de huevo, sal y un poco de leche.

film m. Filme. ◆ pl. *films.*

filmación f. Acción y resultado de filmar.

filmar tr. e intr. Tomar o fotografiar escenas, paisajes, personas o cosas en movimiento. || FAM. filmación, filmador, filmadora.

filme m. Película cinematográfica. || FAM. filmar, fílmico, filmina, filmografía, filmoteca.

filmina f. Diapositiva.

filmografía f. Relación de películas de un género, realizador, productor, actor, etc. || FAM. filmográfico, filmógrafo.

filmoteca f. Lugar donde se guardan filmes ordenados para su conservación, exhibición y estudio. || Conjunto o colección de filmes.

filo¹ m. Borde agudo o arista de un instrumento cortante. || Cima de una montaña. || **al filo de** loc. prepos. En el momento exacto o muy cerca de lo que se indica. || FAM. fila, filamento, filete, filón, filoso, filudo.

filo² m. Grupo taxonómico en el que se dividen los reinos y que a su vez se divide en clases.

filo-, fil-, -filo, la prefs. y sufs. que significan 'amigo o amante de': *filarmónica, filántropo, anglófilo.*

filogenia o **filogénesis** f. Origen y desarrollo evolutivo de las especies y, en general, de las genealogías de seres vivos. ◆ La segunda forma no varía en pl. || FAM. filogenético.

filología f. Ciencia que estudia la lengua y la literatura de un pueblo a través de los textos escritos. || FAM. filológicamente, filológico, filólogo.

filólogo, ga m. y f. Persona que se dedica a la filología.

filón m. Masa metalífera o pétrea entre dos capas de un terreno. || *col.* Persona, negocio o recurso del que se saca o espera sacar gran provecho.

filoso, sa adj. *amer.* Afilado, que tiene filo.

filosofar intr. Meditar sobre alguna cuestión con razonamientos filosóficos. || *col.* Reflexionar, exponer ideas sin valor sobre cosas trascendentales. || FAM. filosofador.

filosofía f. Ciencia que trata de la esencia, propiedades, causas y efectos de las cosas naturales. || Cada una de las teorías desarrolladas en este campo. || Espíritu, principios y conceptos generales de una materia o de una teoría. || Serenidad para soportar los contratiempos. || Sistema particular de entender la vida y todo lo relativo a ella. || FAM. filosofar, filosofastro, filosófico, filósofo.

filosófico, ca adj. De la filosofía o relativo a ella. || FAM. filosóficamente.

filósofo, fa m. y f. Persona que se dedica a la filosofía profesionalmente. || Persona aficionada a filosofar.

filoxera f. Insecto hemíptero parecido al pulgón que ataca las vides. || Enfermedad producida en la vid por este insecto. || FAM. filoxérico.

filtración f. Paso de algo a través de un filtro. || Revelación de algo que debía mantenerse en secreto. || Paso de algo, especialmente de un líquido, a través de las pequeñas aberturas o poros de un cuerpo sólido. || Desaparición de dinero o de bienes furtivamente.

filtrar tr. Hacer pasar algo por un filtro. || Revelar algo que debía mantenerse en secreto. También prnl. || Dejar pasar un cuerpo sólido algo, especialmente un líquido, a través de sus aberturas o poros. También intr. y prnl. || Hablando de dinero o de bienes, desaparecer furtivamente. || FAM. filtración, filtrado, filtrador, filtrante.

filtro¹ m. Material poroso o dispositivo a través del cual se hace pasar un fluido para limpiarlo de impurezas o separar ciertas sustancias. || Boquilla de los cigarrillos para retener la nicotina. || Aparato que elimina determinadas frecuencias en la corriente eléctrica que lo atraviesa. || Pantalla que se interpone ante la luz para impedir el paso de ciertas radiaciones. || *col.* Medio para seleccionar lo mejor dentro de un conjunto. || FAM. filtrar.

filtro² m. Bebida mágica que se supone tiene el poder de conseguir que una persona ame a otra.

filudo, da adj. *amer.* De filo muy agudo.

fimosis f. Estrechez del orificio del prepucio que impide la salida del glande. ◆ No varía en pl.

fin m. Término, remate, extremo o consumación de una cosa. || Objeto, motivo, finalidad. || **fin de fiesta** Actuación extra que se hace una vez finalizado un espectáculo. || *col.* Final desagradable de una conversación o de un asunto. || **fin de semana** Periodo de descanso semanal, que normalmente comprende el sábado y el domingo. || **fin último** Objetivo para cuya consecución el que actúa emplea todos los medios y esfuerzos. || **a fin de** loc. conjunt. final. Con objeto de, para: *a fin de averiguar la verdad.* || **a fin de cuentas** loc. adv. En definitiva. || **a fin de que** loc. conjunt. final. Con objeto de que, para que: *a fin de que duermas.* || **a fin** o **fines de** un periodo de tiempo loc. adv. En los últimos días o momentos de ese periodo de tiempo. || **al fin** o **por fin** locs. advs. Por último, después de vencidos todos los obstáculos. || **al fin y a la postre** o **al fin y al cabo** locs. advs. Al fin. || **dar fin a** una cosa loc. Acabarla. || **en fin** loc. adv. En suma, en resumidas cuentas. || FAM. finado, final, finalidad, finiquitar, finito.

finado, da m. y f. Persona muerta. || FAM. finar.

final adj. Que remata o cierra. || En gram., se apl. a la proposición subordinada adverbial que expresa la finalidad del verbo principal. || m. Fin, término. || f. Última y decisiva competición en un campeonato o concurso. || FAM. finalista, finalizar, finalmente.

finalidad f. Objetivo o fin con que se hace una cosa.

finalista adj. y com. Se apl. al competidor que llega a la prueba final de un campeonato, concurso, certamen, etc.

finalización f. Conclusión o terminación de algo.

finalizar tr. e intr. Concluir, dar fin a algo. || FAM. finalización.

financiación f. Aportación del dinero necesario para el desarrollo de una empresa, proyecto u otra actividad.

financiar tr. Aportar el dinero necesario para una empresa, proyecto u otra actividad. || FAM. financiación, financiador, financiamiento.

financiero, ra adj. De las finanzas o relativo a ellas. || adj. y f. Se apl. a la entidad que se dedica a financiar algo con el dinero que ahorradores particulares han depositado en ella. || m. y f. Persona experta en finanzas.

financista com. *amer.* Financiero.

finanzas f. pl. Conjunto de actividades relacionadas con cuestiones bancarias y bursátiles o con grandes negocios mercantiles. || Caudales, bienes. || Hacienda pública. || FAM. financiar, financiero, financista.

finar intr. *poét.* Fallecer, morir.

finca f. Propiedad inmueble en el campo o en la ciudad. || FAM. finquero.

fincar intr. y prnl. *amer.* Construir una casa.

finés, esa adj. y s. De un pueblo antiguo que se extendió por varios países del norte de Europa, y que dio nombre a Finlandia, o relacionado con él. || De Finlandia o relativo a este país europeo. || m. Lengua hablada en Finlandia.

fineza f. Delicadeza, buena calidad. || Lo que se dice o se hace para demostrar amor o simpatía hacia alguien.

fingido, da adj. Que es presentado como verdadero, pero que no lo es. || FAM. fingidamente.

fingimiento m. Simulación.

fingir tr. Presentar como real algo que no lo es. También prnl. || Simular, aparentar. || FAM. fingido, fingidor, fingimiento.

finiquitar tr. Pagar lo que se debe. || col. Acabar. || FAM. finiquito.

finiquito m. Liquidación de una cuenta, especialmente la cantidad que se le da al finalizar un contrato de trabajo. || Documento con el que se pone fin a la relación laboral entre el trabajador y la empresa.

finisecular adj. De un fin de siglo determinado o relativo a él.

finito, ta adj. Que tiene fin o límites. || FAM. finitud.

finlandés, esa adj. y s. De Finlandia o relativo a este país norteeuropeo. || m. Lengua hablada en Finlandia.

fino, na adj. Delicado y de buena calidad. || Delgado, sutil. || Suave, sin asperezas ni irregularidades. || De exquisita educación. || Astuto, sagaz, agudo. || Se apl. al metal sin defectos ni impurezas: *oro fino.* || adj. y m. Se dice del jerez muy seco, de color pálido. || FAM. finamente, fineza, finolis, finura, finústico.

finolis adj. y com. *col. desp.* Se apl. a la persona de una cortesía y delicadeza exageradas. ◆ No varía en pl.

finta f. Ademán o amago para engañar, sobre todo en algunos deportes como el fútbol, la esgrima o el boxeo. || FAM. fintar.

fintar tr. Hacer un ademán o amago para engañar, sobre todo en algunos deportes como el fútbol, la esgrima y el boxeo.

finura f. Delicadeza y buena calidad. || Delgadez. || Suavidad. || Educación exquisita. || Astucia, sagacidad, agudeza. || Ausencia de defectos o impurezas en un metal.

fiordo m. Valle formado por glaciares que se hundió en el mar quedando en forma de golfo estrecho y profundo.

fique m. *amer.* Fibra de la pita, con la que se fabrican cuerdas.

firma f. Nombre y apellido de una persona que esta pone con rúbrica al pie de un escrito. || Acto de firmar. || Nombre comercial, empresa o razón social. || Sello, estilo característico de algo o alguien.

firmamento m. Cielo, bóveda celeste en la que se encuentran los astros.

firmante com. El que firma.

firmar tr. e intr. Poner la firma en un escrito. || FAM. firma, firmante.

firme adj. Estable, bien sujeto. || Que no cambia, constante. || Definitivo. || m. Capa sólida de terreno sobre la que se pueden poner los cimientos de una construcción. || Pavimento de una carretera. || adv. m. Con firmeza. || **de firme** loc. adv. Con constancia, sin parar. || **en firme** loc. adv. Con carácter definitivo. || **¡firmes!** Voz de mando para que los soldados se cuadren. || FAM. firmar, firmemente, firmeza.

firmeza f. Estabilidad, fortaleza. || Entereza, constancia.

firulete m. *amer.* Adorno innecesario y de mal gusto.

fiscal adj. Del fisco o hacienda pública o relativo a él. || com. Funcionario judicial que representa al Estado y se encarga de la acusación pública en los tribunales. || FAM. fiscalía, fiscalidad.

fiscalía f. Cargo y oficina del fiscal.

fiscalidad f. Conjunto de impuestos que los ciudadanos pagan al Estado.

fiscalización f. Inspección de las cuentas y actividades de los contribuyentes para ver si pagan correctamente sus impuestos al Estado.

fiscalizar tr. Inspeccionar las cuentas y actividades de los contribuyentes para ver si pagan correctamente los impuestos al Estado. || Controlar, supervisar las acciones ajenas. || FAM. fiscalizable, fiscalización, fiscalizador.

fisco m. Administración encargada de recaudar los impuestos del Estado. || Erario, tesoro público. || FAM. fiscal, fiscalidad, fiscalizar.

fiscorno m. Instrumento musical de metal parecido al bugle y característico de las canciones populares catalanas.

fisgar tr. Husmear, curiosear en los asuntos ajenos. || FAM. fisgador, fisgón, fisgonear, fisgoneo.

fisgón, ona adj. y s. Aficionado a husmear en los asuntos ajenos.

fisgonear tr. Husmear en los asuntos ajenos por costumbre.

física f. Ciencia que estudia la materia y la energía, y las leyes que tienden a modificar su estado y su movimiento sin alterar su naturaleza. || FAM. físico, fisicoquímica.

físico, ca adj. De la física o relativo a ella. || Relacionado con la constitución y la naturaleza del cuerpo. || Material: *bienes físicos*. || m. y f. Especialista en física. || m. Aspecto exterior de alguien. || FAM. físicamente, fisiquear.

fisio- pref. que significa 'naturaleza': *fisionomía, fisioterapia*.

fisiocracia f. Sistema económico del siglo XVIII que atribuía exclusivamente a la naturaleza el origen de la riqueza y consideraba la agricultura la principal actividad económica. || FAM. fisiócrata, fisiocrático.

fisiología f. Ciencia que estudia las funciones de los seres orgánicos. || FAM. fisiológicamente, fisiológico, fisiólogo.

fisiológico, ca adj. De la fisiología o relativo a ella.

fisión f. Reacción en la que el núcleo de un átomo pesado se divide en dos o más núcleos de elementos más ligeros con gran liberación de energía. || FAM. fisionar.

fisioterapeuta com. Especialista en fisioterapia.

fisioterapia f. Tratamiento terapéutico de incapacidades o alteraciones físicas por medio de métodos de energía natural (frío, calor, movilización mecánica, etc.), sin emplear medicamentos o remedios químicos. || FAM. fisioterapeuta, fisioterapéutico, fisioterápico.

fisiquear intr. *amer.* Lucir el físico, ir bien vestido.

fisonomía f. Aspecto particular del rostro de una persona. || Aspecto exterior de las cosas. || FAM. fisonómico, fisonomista, fisónomo.

fisonómico, ca adj. De la fisonomía o relativo a ella.

fisonomista adj. y com. Que tiene facilidad para recordar a las personas por el aspecto de su rostro.

fístula f. Conducto anormal, ulcerado y estrecho que se abre en la piel o en las membranas mucosas, y que no se cierra solo: *fístula anal*. || FAM. fistular, fistulación, fistuloso.

fisura f. Hendidura longitudinal poco profunda, grieta. || Fractura longitudinal de un hueso. || Lo que produce falta de unión en algo. || FAM. fisión.

fitófago, ga adj. y s. Que se alimenta de materias vegetales.

fitolacáceo, a adj. y f. De las fitolacáceas o relativo a esta familia de plantas. || f. pl. Familia de plantas angiospermas dicotiledóneas, por lo común lampiñas, con hojas alternas, simples y membranosas o algo carnosas, flores casi siempre hermafroditas y fruto en baya, como el ombú.

fitología f. Botánica.

fitoplancton m. Plancton constituido predominantemente por algas y otros organismos vegetales.

fláccido, da adj. Flácido. || FAM. flaccidez.

flacidez f. Blandura, falta de consistencia.

flácido, da adj. Flojo, blando, sin consistencia. || FAM. flacidez.

flaco, ca adj. De pocas carnes, muy delgado. || Flojo, endeble, sin fuerzas: *flaco de ánimos*. || m. Defecto, punto débil. || FAM. flacamente, flacucho, flacura, flaquear, flaquencia, flaqueza.

flacourtiáceo, a adj. y f. De las flacourtiáceas o relativo a esta familia de plantas. || f. pl. Familia de plantas angiospermas dicotiledóneas, leñosas, con hojas coriáceas y provistas de estípulas, flores hermafroditas y fruto en cápsula o baya, como el cocuyo.

flagelación f. Acción de flagelar.

flagelado, da adj. y m. Se apl. a la célula o al microorganismo que tiene flagelos.

flagelante com. Persona que, como penitencia, se azota en público.

flagelar tr. Azotar con un flagelo. También prnl. || Censurar con dureza. || FAM. flagelación, flagelado, flagelador, flagelante.

flagelo m. Instrumento en forma de palo con cuerdas en un extremo que se utiliza para azotar. || Calamidad. || Cada una de las prolongaciones de los seres unicelulares con las que se mueven. || FAM. flagelar.

flagrante adj. Que se está ejecutando en el momento en que se habla: *flagrante delito*. || Evidente, que no necesita demostración.

flama f. Reflejo o reverberación de la llama. || FAM. flamante, flamear, flambear, flamígero, flámula.

flamante adj. Resplandeciente, con muy buen aspecto. || Nuevo o recién entrado en un estado, actividad o clase. || Que se acaba de estrenar.

flambear tr. Echar licor o alcohol en un alimento para luego prenderlo.

flamear intr. Despedir llamas. || Ondear al viento una bandera, vela, etc. || Desinfectar algo quemando en su superficie alcohol u otro líquido inflamable.

flamenco, ca adj. y s. De Flandes, región histórica de Europa, o relativo a ella. || *col.* Chulo, descarado. || Se apl. a la persona que practica el cante o el baile gitano popular de Andalucía, y de todas sus cosas. || adj. y m. De ese mismo cante o baile o relativo a él. || m. Nombre común de diversas aves fenicopteriformes de 1 a 1,30 m que se caracterizan por tener el plumaje rosado, cuello y patas largos y el pico curvado, que utilizan para filtrar el agua y obtener el alimento. || Lengua que se habló en Flandes y que actualmente se habla en las zonas fronterizas de Bélgica con Francia y con Holanda. || FAM. flamencología, flamencólogo, flamenquería, flamenquismo.

flamencología f. Estudio o conjunto de conocimientos, técnicas, etc., sobre el cante y baile flamencos.

flamenquería f. col. Chulería.

flamígero, ra adj. Que despide llamas, o imita su forma. || adj. y m. En arquit., se apl. al último periodo del gótico, en el siglo XV, cuya decoración se caracterizaba por sus formas parecidas a lenguas de fuego.

flan m. Dulce que se prepara batiendo yemas de huevo, leche y azúcar, y se cuaja al baño María en un molde en forma de cono truncado bañado con azúcar tostada. || **como un flan** o **hecho un flan** loc. adj. col. Muy nervioso. || FAM. flanera, flanero.

flanco m. Cada una de las dos partes laterales de un cuerpo considerado o visto de frente. || Lado de una embarcación o de una tropa. || FAM. flanquear.

flanera f. Molde en que se cuaja el flan.

flanquear tr. Estar colocado o colocarse a los lados de algo o alguien: *dos columnas flanqueaban la entrada.* || FAM. flanqueador, flanqueo.

flaquear intr. Debilitarse, perder la fuerza y la firmeza moral o física. || Fallar, flojear en algo. ◆ Se construye con la prep. *en: flaquea en matemáticas.*

flaquencia f. amer. Flaqueza.

flaqueza f. Falta de carnes, delgadez. || Debilidad de carácter. || Fragilidad o acción defectuosa que se comete por esta debilidad.

flash (voz i.) m. Lámpara que despide un destello al mismo tiempo que se abre el obturador de una máquina fotográfica. || Información concisa de última hora. || col. Sorpresa o impresión fuerte. ◆ pl. *flashes.*

flashback (voz i.) m. Técnica narrativa que consiste en intercalar en el desarrollo de una acción pasajes pertenecientes a un tiempo anterior. ◆ pl. *flashbacks,* aunque también se usa como invariable.

flato m. Acumulación molesta de gases en el tubo digestivo. || FAM. flatulencia, flatulento.

flatulencia f. Molestia producida por flato.

flatulento, ta adj. Que produce flato. || Que padece flato. También s.

flauta f. Instrumento musical de viento en forma de tubo con varios agujeros circulares que se tapan con los dedos y con llaves. || com. Persona que toca este instrumento. || **flauta dulce** o **de pico** La que tiene una embocadura en forma de pico en el extremo del tubo. || **flauta travesera** La que tiene la embocadura a un lado, y se toca colocándola horizontalmente. || FAM. flautín, flautista.

flautín m. Flauta pequeña de tono agudo. || com. Persona que toca este instrumento.

flautista com. Persona que toca la flauta.

flebitis f. Inflamación de las venas. ◆ No varía en pl.

flecha f. Arma arrojadiza acabada en una punta de material duro por delante y una varilla por detrás, que se

dispara con arco, saeta. || Signo con esta forma que indica una dirección. || Remate en punta de algunas torres y campanarios. || FAM. flechador, flechar, flechaste, flechazo, flechero, flechilla.

flechar tr. Estirar la cuerda del arco, colocando la flecha para dispararla. También intr. || col. Inspirar amor repentinamente.

flechazo m. Disparo o herida de flecha. || col. Amor repentino.

fleco m. Adorno compuesto de una serie de hilos o cordoncillos colgantes de una tira de tela. Más en pl. || Borde deshilachado por el uso en una tela vieja. Más en pl. || Detalles pendientes de solución en un asunto. Más en pl. || FAM. flequillo.

fleje m. Tira de chapa de acero que se utiliza para hacer los aros de los barriles, los muelles y también para embalar.

flema f. Mucosidad de las vías respiratorias que se arroja por la boca. || Calma, lentitud, cachaza. || FAM. flemático, flemón, flemoso.

flemático, ca adj. Que actúa con calma y lentitud.

flemón m. Inflamación aguda del tejido celular en cualquier parte del cuerpo, sobre todo en las encías.

flequillo m. Mechón de cabello recortado que se deja caer sobre la frente.

fletán m. Pez osteíctio pleuronectiforme, marino, plano y de carne comestible.

fletar tr. Alquilar un barco o parte de él para el transporte y, p. ext., alquilar cualquier medio de transporte. || Embarcar mercancías o personas para su transporte. || amer. Soltar, espetar, largar acciones o palabras inconvenientes o agresivas. || amer. Enviar a alguien a alguna parte contra su voluntad. || amer. Despedir a alguien de un trabajo o empleo. || prnl. amer. Largarse, marcharse de pronto. || amer. Hacer un trabajo pesado o que no resulta agradable. || FAM. fletador, fletamento, fletamiento, fletante.

flete m. Precio que ha de pagarse por el alquiler de un barco, avión o camión, o por la carga transportada. || Carga que se transporta. || amer. Carga que se transporta por mar o por tierra. || amer. Caballo ligero. || amer. Vehículo que se alquila para el transporte de bultos o mercancías. || amer. Cliente de la fletera o prostituta. || FAM. fletar, fletera, fletero.

fletero, ra adj. amer. Se apl. al vehículo que se alquila para transporte. || adj. y s. amer. Se dice del que se dedica profesionalmente a hacer transportes. || m. y f. amer. Persona que en los puertos se encarga de transportar mercancías o personas entre las naves y los muelles. || f. amer. vulg. Prostituta que recorre las calles en busca de clientes.

flexibilidad f. Capacidad para doblarse sin partirse. || Facilidad para acomodarse a distintas situaciones o a las propuestas de otros.

flexibilizar tr. y prnl. Hacer flexible.

flexible adj. Que puede doblarse fácilmente sin partirse. || Que se acomoda con facilidad a distintas situaciones o a las propuestas de otros. || Que no es rígido: *horario flexible.* || m. Cable formado de hilos finos de cobre recubiertos de una capa aisladora. ‖ FAM. flexibilidad, flexibilizar, flexión, flexo.

flexión f. Movimiento del cuerpo que consiste en doblarse o doblar uno de sus miembros. ‖ En gram., alteración morfológica que experimentan las voces conjugables y declinables con el cambio de desinencias, de la vocal de la raíz o de otros elementos: *flexión verbal.* ‖ FAM. flexional, flexionar, flexivo, flexor.

flexionar tr. Doblar el cuerpo o un miembro.

flexivo, va adj. De la flexión gramatical o relativo a ella. ‖ Que tiene flexión gramatical.

flexo m. Lámpara de mesa con un brazo flexible que permite concentrar la luz en un espacio determinado.

flexor, ra adj. Que dobla o hace que algo se doble: *músculos flexores.*

flipado, da adj. *col.* Que está asombrado porque le gusta mucho algo. ‖ adj. y s. *col.* En el lenguaje de la droga, que está drogado.

flipar intr. *col.* Gustar mucho algo. También prnl. ‖ prnl. *col.* En el lenguaje de la droga, drogarse. ‖ FAM. flipado, flipe.

flipe m. *col.* Lo que gusta mucho. ‖ *col.* Estado del que se ha drogado.

flirtear intr. Mantener una relación amorosa superficial, sin que suponga compromiso alguno. ‖ FAM. flirt, flirteo.

flirteo m. Relación amorosa superficial que no supone compromiso alguno.

floema m. Parte del cilindro central de las plantas angiospermas dicotiledóneas, que está formada principalmente por hacecillos o paquetes de vasos cribosos que transportan la savia descendente.

flojear intr. Actuar con pereza y descuido, sobre todo en el trabajo. ‖ Perder fuerza, flaquear.

flojedad f. Debilidad, falta de fuerza. ‖ Pereza y descuido al hacer algo, sobre todo en el trabajo.

flojera f. *col.* Debilidad, falta de fuerza.

flojo, ja adj. Poco apretado, ajustado o tirante. ‖ Que no tiene mucha fortaleza o vigor. ‖ De poca calidad, pobre. ‖ Vago. También s. ‖ FAM. flojamente, flojear, flojedad, flojera.

flor f. En las plantas espermafitas, estructura donde están los órganos de reproducción. ‖ Lo mejor de una cosa. ‖ Piropo, requiebro. Más en pl.: *echar flores.* ‖ **flor y nata** Lo más selecto en su especie. ‖ **a flor de piel** loc. adj. Sensible, fácil: *nervios a flor de piel.* ‖ **ni flores** loc. *col.* Ni idea. ‖ FAM. flora, floración, floral, florear, florecer, florero, floricultura, florido, florilegio, floripondio, florista, floristería, floritura, florón.

flora f. Conjunto de plantas de una zona. ‖ Conjunto de bacterias que habitan en un órgano determinado, y cuya presencia es indispensable para el buen funcionamiento del organismo: *flora intestinal.*

floración f. Acción de florecer las plantas. ‖ Tiempo que duran abiertas las flores.

floral adj. De la flor o las flores o relativo a ellas.

floreado, da adj. Que tiene flores o está adornado con ellas.

florear intr. Tocar dos o tres cuerdas de la guitarra con tres dedos sucesivamente sin parar, formando así un sonido continuo. ‖ FAM. floreado, floreo.

florecer intr. Echar o cubrirse de flores las plantas. ‖ Funcionar bien, prosperar. ‖ Desarrollarse un movimiento, artista, creencia, etc., en una determinada época o región. ‖ prnl. Ponerse mohosa una cosa. ◆ **Irreg.** Se conj. como *agradecer.* ‖ FAM. floreciente, florecimiento.

floreo m. Conversación, dicho, etc., para hacer alarde de ingenio o por mero pasatiempo. ‖ Toque de dos o tres cuerdas de la guitarra con tres dedos sucesivamente sin parar, formando así un sonido continuo.

florero m. Vaso o vasija para poner flores.

floresta f. Terreno frondoso poblado de árboles.

florete m. Espada fina sin filo cortante que se utiliza en esgrima.

floricultura f. Cultivo de las flores, y arte que lo enseña. ‖ FAM. floricultor.

florido, da adj. Que tiene flores. ‖ Se apl. al lenguaje o al estilo muy adornado. ‖ Escogido, selecto. ‖ FAM. floridamente.

florilegio m. Colección de trozos selectos de obras literarias.

florín m. Unidad monetaria de Antillas Neerlandesas y Surinam (hasta 2004), y antigua de los Países Bajos. ‖ Antigua moneda de oro del reino de Aragón, que se acuñó como copia de los florines o ducados de Florencia.

floripondio m. Arbusto de Perú de la familia solanáceas que crece hasta 3 m de altura, con tronco leñoso, hojas grandes y vellosas, flores blancas y olorosas y fruto elipsoidal. ‖ *col. desp.* Flor grande o adorno exagerado y de mal gusto.

florista com. Persona que vende flores y plantas.

floristería f. Tienda donde se venden flores y plantas.

floritura f. Adorno en el canto. ‖ P. ext., adorno innecesario en otras actividades o cosas.

florón m. Adorno en forma de flor muy grande utilizado en pintura y arquitectura.

flota f. Conjunto de barcos mercantes o de guerra de un país, compañía de navegación, línea marítima, etc. ‖ Conjunto de vehículos de una empresa, país, etc. ‖ FAM. flotar, flotilla.

flotación f. Sostenimiento de un cuerpo en la superficie de un líquido.

flotador, ra adj. Que flota en un líquido. ‖ m. Cuerpo destinado a flotar en un líquido para controlar su nivel. ‖ Objeto, generalmente de plástico o goma hinchable, que se utiliza para mantenerse a flote.

flotante adj. Que se sostiene en la superficie de un líquido. ‖ Que no está fijo, que cambia.

flotar intr. Sostenerse un cuerpo en la superficie de un líquido. ‖ Mantenerse en suspensión un cuerpo en un medio gaseoso. ‖ Percibirse algo inmaterial en el ambiente. ‖ FAM. flotabilidad, flotable, flotación, flotador, flotamiento, flotante, flote.

flote m. Flotación. ‖ **a flote** loc. adv. Manteniéndose sobre el agua. ‖ **salir a flote** loc. Salir de un apuro, recuperarse. ‖ Descubrirse, hacerse público: *el fraude ha salido a flote.*

flotilla f. Flota de barcos o aviones pequeños.

fluctuación f. Cambio alternativo, oscilación: *fluctuación de la moneda.*

folíolo

fluctuar intr. Oscilar, cambiar alternativamente. || Dudar en la resolución de una cosa. || FAM. fluctuación, fluctuante, fluctuoso.

fluidez f. Propiedad de los cuerpos cuyas moléculas tienen entre sí poca coherencia, y toman siempre la forma del recipiente donde están contenidos. || Facilidad, soltura para hacer algo. || Facilidad de movimiento en la circulación de automóviles.

fluido, da adj. y m. Se apl. a cualquier cuerpo cuyas moléculas tienen entre sí poca coherencia, y toma siempre la forma del recipiente donde está contenido. || adj. Corriente, fácil, suelto. || Se dice de la circulación automovilística normal y sin embotellamientos. || m. Corriente eléctrica. || FAM. fluidez, fluidificación, fluidificar.

fluir intr. Correr un líquido o un gas. || Surgir algo con facilidad. || Moverse los automóviles con normalidad, sin embotellamientos. ◆ **Irreg.** Se conj. como *huir*. || FAM. fluido, flujo, fluxión.

flujo m. Acción y resultado de fluir los líquidos y los gases. || Abundancia excesiva. || Movimiento de ascenso de la marea. || Salida de un líquido al exterior del cuerpo. || Movimiento de personas o cosas de un lugar a otro.

flúor m. Elemento químico gaseoso de olor desagradable y color amarillo verdoso que se emplea como reactivo químico. Su símbolo es *F*, y su número atómico, *9*. || FAM. fluoración, fluorado, fluorar, fluorescente, fluorita.

fluorescencia f. Propiedad de algunos cuerpos de emitir luz al recibir una radiación.

fluorescente adj. De la fluorescencia o relativo a ella. || adj. y m. Se apl. al tubo cilíndrico de vidrio que emite luz mediante un material fluorescente. || FAM. fluorescencia.

fluorita f. Mineral compuesto de flúor y calcio.

fluvial adj. De los ríos o relativo a ellos. || FAM. fluviómetro.

flux m. *amer.* Traje masculino de tres piezas de la misma tela.

fluxión f. Acumulación de líquidos en un órgano a causa de una inflamación.

fobia f. Miedo irracional, obsesivo y angustioso hacia determinadas situaciones, cosas, personas, etc. || FAM. fóbico.

foca f. Nombre común de diversos mamíferos del orden de los pinnípedos, de aproximadamente 1 m de largo, con el cuerpo dotado de aletas y cubierto de pelo, que habita generalmente en los mares fríos. || *col. desp.* Persona muy gruesa.

focal adj. Del foco o relativo a él: *distancia focal.*

focalizar tr. Dirigir el interés o los esfuerzos hacia un centro o foco.

focha f. Nombre común de varias aves gruiformes de unos 40 cm de longitud, nadadoras, de plumaje negro con reflejos grises y pies de color verdoso amarillento.

foco m. Lámpara que emite una luz potente. || Punto de donde parte un haz de rayos luminosos o caloríferos. || Lugar en que está concentrada alguna cosa, y desde el cual se propaga o ejerce influencia. || *amer.* Bombilla eléctrica. || FAM. focal, focalización, focalizar.

fodongo, ga adj. y s. *amer. col.* Persona descuidada con su aspecto personal y perezosa para las labores domésticas.

fofo, fa adj. Blando, de poca consistencia.

fogaje m. *amer.* Erupción de la piel. || *amer.* Bochorno, calor, sofoco.

fogata f. Fuego que levanta llama.

fogón m. Antiguamente, sitio en las cocinas donde se hacía el fuego para guisar. || En las calderas de las máquinas de vapor, lugar destinado al combustible. || *amer.* Fuego que se hace en el suelo. || FAM. fogonero.

fogonazo m. Llamarada instantánea. || Luz muy intensa que dura un momento.

fogonero, ra m. y f. Persona que cuida del fogón en las calderas de las máquinas de vapor.

fogosidad f. Apasionamiento, viveza.

fogoso, sa adj. Ardiente, demasiado vivo, impetuoso. || FAM. fogosidad.

foguear tr. Acostumbrar a una persona o animal al fuego de la pólvora. También prnl. || Acostumbrar a alguien a las penalidades y trabajos de un estado u ocupación. También prnl. || FAM. fogueo.

fogueo m. Acción y resultado de foguear. || **de fogueo** loc. adj. Referido a un arma de fuego, que hace ruido al disparar pero no tiene balas.

foie-gras o **foie gras** (voz fr.) m. Fuagrás.

folclore o **folclor** m. Conjunto de las tradiciones, costumbres, canciones, etc., de un pueblo, país o región. || *col.* Juerga. || FAM. folclórico, floclorista.

folclórico, ca adj. Del folclore o relativo a él. || m. y f. Persona que se dedica al cante o al baile flamenco.

fólder m. *amer.* Carpeta o archivador para guardar documentos.

folía f. Canto y baile popular de las islas Canarias. || pl. Baile portugués que se ejecutaba entre muchas personas.

foliáceo, a adj. De las hojas de las plantas o relativo a ellas. || Que presenta una estructura laminar.

foliación f. Numeración de los folios de un libro. || Acción de echar hojas las plantas.

foliar¹ tr. Numerar los folios de un libro, cuaderno, etc.

foliar² adj. De las hojas de las plantas o relativo a ellas.

folicular adj. En forma de folículo.

folículo m. Fruto seco que se abre solo por un lado y tiene una única cavidad que normalmente contiene varias semillas. || Órgano pequeño en forma de saco situado en la piel o en las mucosas: *folículo piloso.* || FAM. folicular, foliculitis.

folidoto, ta adj. y m. De los folidotos o relativo a este orden de mamíferos. || m. pl. Orden de mamíferos cuyo cuerpo está totalmente recubierto por escamas córneas superpuestas que se han formado a partir de pelos aglutinados. Su único representante es el pangolín.

folio m. Hoja de un libro, cuaderno, etc. || Hoja de papel cuyo tamaño corresponde a dos cuartillas. || Este tamaño de papel. || Número de página que aparece en los libros comerciales, periódicos, etc. || FAM. foliáceo, foliación, foliador, foliar, folíolo.

folíolo o **folíolo** m. Cada una de las hojas pequeñas que forman una hoja compuesta, hojuela.

folk m. Género musical de raíces populares, especialmente el que surgió en la década de 1950 en Estados Unidos, caracterizado por su contenido social. ◆ pl. *folks*, aunque es frecuente su uso como invariable.

folklore m. Folclore. ‖ FAM. folklórico.

follaje m. Conjunto de hojas de los árboles y otras plantas. ‖ Adorno superfluo o palabrería excesiva al hablar.

follar tr. *vulg.* Tener relaciones sexuales. También intr. y prnl.

folletín m. Relato u otro tipo de escrito que se publica por partes en un periódico, revista, etc. ‖ Novela de tono melodramático y argumento emocionante y generalmente inverosímil. ‖ P. ext., cualquier otra obra o situación que tenga estas características. ‖ FAM. folletinesco, folletinista.

folletinesco, ca adj. Del folletín, propio de él o relativo a él.

folleto m. Obra impresa de más de cuatro páginas y menos de cincuenta. ‖ FAM. folletín, folletón.

follón m. Alboroto, riña, discusión. ‖ Desorden, confusión, jaleo. ‖ Cohete que se dispara sin trueno. ‖ FAM. follonero.

fomentar tr. Impulsar, promover, favorecer. ‖ FAM. fomentación, fomentador, fomento.

fomento m. Estímulo, impulso. ‖ Paño caliente empapado en algún líquido o medicamento que se aplica sobre la piel. Más en pl.

fonación f. Emisión de la voz o de la palabra. ‖ FAM. fonador.

fonador, ra adj. Se apl. al órgano que interviene en la fonación.

fonda f. Establecimiento público donde se da alojamiento y se sirven comidas. ‖ FAM. fondero, fondista.

fondeadero m. Lugar de profundidad suficiente para que la embarcación pueda fondear.

fondear intr. Asegurar una embarcación por medio de anclas. También tr. ‖ prnl. *amer.* Acumular fondos, enriquecerse. ‖ FAM. fondeadero, fondeo.

fondillos m. pl. Parte trasera de los calzones o de los pantalones.

fondista com. Deportista que participa en carreras de largo recorrido.

fondo m. Parte inferior de una cosa. ‖ Hablando del mar, de los ríos o estanques, superficie sólida sobre la cual está el agua. ‖ Profundidad. ‖ Parte más alejada de la entrada de una casa, edificio, etc. ‖ Extremo de alguna cosa. ‖ Atmósfera o ambiente que rodea a alguien o algo. ‖ Superficie o espacio sobre el cual se pinta. ‖ Condición, índole de una persona. ‖ Resistencia física. ‖ Lo esencial de una cosa, en contraposición a la forma. ‖ Conjunto de colecciones de una biblioteca, museo, o de libros de una editorial. Más en pl. ‖ pl. Caudal, dinero. ‖ **bajos fondos** Zonas de las grandes ciudades donde hay mucha delincuencia. ‖ **a fondo** loc. adv. Enteramente, en profundidad. ‖ **en el fondo** loc. adv. En realidad. ‖ **tocar fondo** loc. Llegar al límite de una mala situación. ‖ FAM. fondear, fondillo, fondista, fondón.

fondón, ona adj. *col. desp.* Que está poco ágil por haber engordado.

fondue (voz fr.) f. Plato que consiste en preparar en un recipiente sobre un hornillo especial queso fundido, en el que se mojan trocitos de pan. ‖ Plato que consiste en freír trozos de carne u otros alimentos en un recipiente sobre un hornillo especial en el mismo momento en que se van a comer. ‖ Hornillo y recipiente que se utiliza para preparar estos platos.

fonema m. Cada una de las unidades fonológicas mínimas que en el sistema de una lengua pueden oponerse a otras en contraste significativo. ‖ Cada uno de los sonidos simples del lenguaje hablado. ‖ FAM. fonemática, fonemático.

fonendoscopio o **fonendo** m. Instrumento médico para auscultar los sonidos del organismo.

fonética f. Rama de la lingüística que estudia los sonidos de una o varias lenguas. ‖ Conjunto de los sonidos de una lengua. ‖ FAM. fonético, fonetismo, fonetista.

fonético, ca adj. Perteneciente al sonido. ‖ Se apl. a todo alfabeto o escritura cuyos elementos o letras representan sonidos, y no conceptos.

foniatra com. Persona experta en foniatría.

foniatría f. Parte de la medicina que estudia y trata las enfermedades de los órganos de la fonación. ‖ FAM. foniatra.

fónico, ca adj. De la voz o del sonido: *tiene problemas fónicos.*

fono-, -fono, na pref. y suf. que significan 'voz' o 'sonido': *fonógrafo, audífono.*

fonógrafo m. Aparato que registra y reproduce las vibraciones de los sonidos. ‖ FAM. fonografía, fonográfico.

fonología f. Rama de la lingüística que estudia los fonemas. ‖ FAM. fonológico, fonólogo.

fonológico, ca adj. De la fonología o relativo a ella.

fonometría f. Estudio de la intensidad de los sonidos. ‖ FAM. fonómetro.

fonoteca f. Colección de documentos sonoros, como cintas, discos, discos compactos, etc. ‖ Lugar donde se guardan estos documentos.

fontana f. *poét.* Fuente. ‖ FAM. fontanal, fontanar.

fontanela f. Cada uno de los espacios membranosos que hay en el cráneo humano antes de que se osifique por completo.

fontanería f. Oficio y técnica de hacer pasar el agua por caños y conductos y conducirla para sus diversos usos. ‖ Conjunto de conductos por donde se dirige y distribuye el agua. ‖ Establecimiento y taller del fontanero. ‖ FAM. fontanero.

fontanero, ra m. y f. Persona especializada en la instalación o reparación de cañerías, grifos, etc.

footing (voz i.) m. Ejercicio consistente en correr de manera relajada, sin fines competitivos.

foque m. Cada una de las velas triangulares de una embarcación.

forado m. *amer.* Hueco hecho en una pared.

forajido, da adj. y s. Malhechor que anda huyendo de la justicia.

foral adj. Del fuero o relativo a él.

foraminíferos m. pl. Clase de protozoos generalmente marinos que están protegidos por una concha calcárea perforada por numerosos poros por donde salen sus pseudópodos.

foráneo, a adj. Forastero, extranjero.

forastero, ra adj. y s. Que es o viene de fuera del lugar, extranjero.

forcejear intr. Hacer fuerza o esfuerzos para vencer alguna resistencia. ‖ Oponerse, llevar la contraria. ‖ FAM. forcejeo.

forcejeo m. Esfuerzo que se hace para vencer alguna resistencia. ‖ Acción de oponerse o llevar la contraria.

fórceps m. Instrumento médico que se usa para la extracción del niño en los partos difíciles. ◆ No varía en pl.

forense adj. Del derecho o del foro, o relativo a ello: *lenguaje forense.* ‖ adj. y com. Se apl. al médico adscrito a un juzgado de instrucción y que se dedica a cuestiones legales, como determinar las causas de una muerte.

forestación f. *amer.* Acción y resultado de poblar un terreno con plantas forestales.

forestal adj. De los bosques o relativo a ellos. ‖ FAM. forestación.

forestar tr. Poblar un terreno con plantas forestales. ‖ FAM. forestación.

forfait m. Vale por el que se paga de antemano una cantidad fija y que permite utilizar unas instalaciones o realizar una serie de actividades con el único límite del tiempo. ◆ pl. *forfaits,* aunque también se usa como invariable.

forja f. Acción y resultado de forjar. ‖ Taller donde se trabaja el metal. ‖ FAM. forjar.

forjado, da adj. Se apl. al metal al que se ha dado forma: *hierro forjado.* ‖ m. Acción y resultado de forjar: *forjado de hierro.* ‖ Relleno con que se hacen las separaciones entre los pisos de un edificio.

forjar tr. Dar forma a un metal. ‖ Fabricar, formar. También prnl.: *forjarse un porvenir.* ‖ Inventar, fingir, imaginar. También prnl. ‖ FAM. forjado, forjador, forjadura.

forma f. Figura exterior de un cuerpo. ‖ Disposición de las cosas. ‖ Modo, manera de hacer una cosa. ‖ Modo de expresar el contenido de un escrito, especialmente el literario, a diferencia de lo que constituye el fondo. ‖ Hostia pequeña: *sagrada forma.* ‖ Molde. ‖ Condición física. ‖ En der., requisitos externos o aspectos de expresión en los actos jurídicos. ‖ En der., cuestiones procesales en contraposición al fondo del pleito o causa. ‖ pl. Configuración del cuerpo humano, especialmente los pechos y las caderas de la mujer. ‖ Modales. ‖ **dar forma** loc. Precisar algo, formularlo de manera exacta. ‖ **de forma que** loc. conjunt. De tal manera o de tal modo que. ‖ **estar en forma** loc. *col.* Estar en buenas condiciones físicas. ‖ FAM. formal, formato, formero, formón, fórmula.

formación f. Acción y resultado de formar o formarse. ‖ Educación, instrucción. ‖ Conjunto de rocas o materiales geológicos que presentan características semejantes. ‖ Disposición ordenada de tropas. ‖ **formación ocupacional** Enseñanza no reglada dirigida a capacitar a alguien para el desempeño de un puesto de trabajo. ‖

formación profesional Enseñanza reglada dirigida a capacitar a alguien para un oficio.

formal adj. De la forma o relativo a ella. ‖ Que tiene formalidad, serio, responsable. ‖ Preciso, determinado. ‖ FAM. formalidad, formalismo, formalizar, formalmente.

formaldehído m. Aldehído resultante de la oxidación del alcohol metílico. Es un gas incoloro, de olor picante, que se vuelve líquido a menos de 21 °C bajo cero.

formalidad f. Exactitud en las acciones, responsabilidad. ‖ Seriedad, buen comportamiento. ‖ Requisito necesario para realizar algo. Más en pl.

formalismo m. Rigurosa aplicación y observancia de las formas o normas. ‖ Orientación de ciertas disciplinas, corrientes artísticas, teorías, etc., en la que predomina el estudio de los elementos formales del objeto en cuestión. ‖ FAM. formalista.

formalista adj. Del formalismo o relativo a él. ‖ adj. y com. Partidario de esta tendencia.

formalización f. Acción y resultado de formalizar.

formalizar tr. Hacer formal o serio. También prnl. ‖ Revestir alguna cosa de los requisitos legales. ‖ Concretar, precisar. ‖ prnl. Hacerse serio y responsable alguien que no lo era. ‖ FAM. formalización.

formar tr. Dar forma a algo. ‖ Constituir, crear. También prnl. ‖ Integrar. ‖ Disponer las tropas de forma ordenada. ‖ Desarrollar, adiestrar, educar. También intr. y prnl. ‖ FAM. formable, formación, formado, formador, formativo.

formatear tr. En inform., preparar un disquete u otro soporte informático para que pueda ser utilizado en el ordenador. ‖ FAM. formateado, formateo.

formativo, va adj. Que forma o da forma.

formato m. Forma y tamaño de un impreso, libro, etc. ‖ FAM. formatear.

formica f. Material recubierto por una de sus caras con una resina artificial, brillante y muy resistente.

fórmico, ca adj. Se apl. al compuesto que contiene un solo átomo de carbono, especialmente el que se encuentra en un líquido amarillento que segregan las hormigas. ‖ FAM. formol.

formidable adj. Magnífico, estupendo. ‖ Enorme. ‖ Admirable.

formol m. Solución acuosa de formaldehído, de olor fuerte, que se emplea como antiséptico y especialmente como desinfectante y en la conservación de preparaciones anatómicas.

formón m. Instrumento de filo muy cortante, semejante al escoplo, pero de boca más ancha y menos gruesa.

fórmula f. Modelo establecido para expresar, realizar o resolver algo: *fórmula lógica, matemática, química, etc.* ‖ Receta del médico en la que se indican los componentes de un medicamento. ‖ Representación de una ley física o matemática o de una combinación química. ‖ **fórmula de cortesía** Expresión con que se manifiesta atención o respeto a alguien. ‖ **fórmula magistral** Medicamento que solo se prepara por prescripción facultativa. ‖ FAM. formular, formulario, formulismo.

formulación f. Expresión de algo de forma clara y precisa. ‖ Expresión de algo por medio de una fórmula.

formular tr. Expresar, manifestar algo de forma clara y precisa. ‖ Expresar algo por medio de una fórmula. ‖ FAM. formulación.

formulario, ria adj. Que se hace por fórmula, cortesía o compromiso. ‖ m. Escrito donde figura una serie de requisitos, preguntas, etc., que se han de cumplimentar. ‖ Libro que contiene varias fórmulas.

formulismo m. Excesivo apego a las fórmulas. ‖ Tendencia a preferir la apariencia de las cosas a su esencia. ‖ FAM. formulista.

fornicar intr. Tener relaciones sexuales fuera del matrimonio. ‖ FAM. fornicación, fornicador.

fornido, da adj. Robusto, fuerte.

fornitura f. Conjunto de piezas accesorias de cierre o de adorno, como corchetes, botones o pasamanería, en una prenda de vestir. ‖ Correaje y cartuchera que usan los soldados. Más en pl.

foro m. Plaza de las ciudades de la antigua Roma donde se trataban los negocios públicos y se celebraban los juicios. ‖ Coloquio, debate sobre asuntos de interés. ‖ En un teatro, fondo del escenario. ‖ Lugar en que los tribunales actúan y determinan las causas. ‖ Lo que concierne al ejercicio de la abogacía y a la práctica de los tribunales. ‖ FAM. forense.

forofo, fa m. y f. Fanático, seguidor apasionado, especialmente referido a los deportes.

forrado, da adj. col. Enriquecido. ‖ amer. Bien dotado para urdir intrigas.

forraje m. Hierba o pasto seco que se da al ganado. ‖ FAM. forrajear, forrajeador, forrajero.

forrajear tr. Segar y recoger el forraje.

forrajero, ra adj. Se apl. a las plantas que se usan como forraje para el ganado.

forrar tr. Poner un forro a alguna cosa, cubrirla con una capa, funda, etc. ‖ prnl. col. Enriquecerse. ‖ FAM. forrado.

forro m. Cubierta, resguardo o revestimiento de algo, especialmente referido al que llevan los vestidos en la parte interior. ‖ Cubierta del libro. ‖ **ni por el forro** loc. adv. col. Ni por asomo, ni lo más mínimo. ‖ FAM. forrar.

fortachón, ona adj. y s. col. Recio, robusto, fuerte.

fortalecer tr. y prnl. Dar fuerza. ◆ Irreg. Se conj. como *agradecer*. ‖ FAM. fortalecedor, fortalecimiento.

fortalecimiento m. Aumento de la fuerza.

fortaleza f. Fuerza y vigor. ‖ Capacidad para soportar problemas y adversidades, firmeza de ánimo. ‖ Recinto fortificado, fortificación. ‖ FAM. fortalecer.

fortificación f. Aumento de la fuerza, fortalecimiento. ‖ Obra o conjunto de obras de defensa.

fortificar tr. Dar fuerza. ‖ Construir fortificaciones en un lugar para protegerlo. También prnl. ‖ FAM. fortificación, fortificante.

fortín m. Fortaleza pequeña.

fortuito, ta adj. Casual, no programado. ‖ FAM. fortuitamente.

fortuna f. Suerte favorable o desfavorable, destino. ‖ Buena suerte. ‖ Hacienda, bienes, riqueza. ‖ Aceptación de una cosa. ‖ **por fortuna** loc. adv. Afortunadamente, por suerte. ‖ FAM. fortuito.

fórum m. Coloquio, debate, foro. ◆ pl. *fórums*.

forúnculo m. Tumor inflamatorio que se forma en la piel y termina por supuración y desprendimiento de un núcleo a manera de raíz.

forzado, da adj. Obligado por fuerza. ‖ No espontáneo, falso: *sonrisa forzada*. ‖ m. Galeote. ‖ FAM. forzadamente.

forzar tr. Hacer fuerza o violencia física para conseguir un fin. ‖ Tomar u ocupar por la fuerza. ‖ Abusar sexualmente de una persona. ‖ Hacer que algo o alguien trabaje o funcione al máximo. ‖ Obligar a que alguien o algo actúe de una determinada manera. También prnl. ◆ Irreg. Se conj. como *contar*. ‖ FAM. forzado, forzamiento.

forzoso, sa adj. Obligatorio, inevitable. ‖ FAM. forzosamente.

forzudo, da adj. y s. Que tiene mucha fuerza.

fosa f. Hoyo que se hace en la tierra para enterrar uno o más cadáveres. ‖ Excavación alrededor de una fortaleza. ‖ Cada una de ciertas cavidades del cuerpo: *fosas nasales*. ‖ Terreno hundido con respecto a las zonas limítrofes: *fosa tectónica*. ‖ FAM. foso.

fosco, ca adj. Se apl. al pelo alborotado y fuerte. ‖ Oscuro.

fosfatina (estar hecho) loc. col. Estar muy cansado o abatido. ‖ **hacer fosfatina** loc. col. Causar daño o perjuicio, estropear.

fosfato m. Sal del ácido fosfórico que se emplea como abono y como reconstituyente. ‖ FAM. fosfatado, fosfatar, fosfático, fosfatina.

fosforescencia f. Propiedad de algunos cuerpos de absorber radiaciones lumínicas y luego emitirlas. ‖ FAM. fosforescer, fosforescente.

fosforescente adj. Que emite luz después de haber cesado su exposición a la fuente luminosa.

fosforescer intr. Manifestar fosforescencia o luminiscencia. ◆ Irreg. Se conj. como *agradecer*.

fosfórico, ca adj. Del fósforo o relativo a él. ‖ Que contiene fósforo pentavalente: *ácido fosfórico*.

fosforita f. Roca sedimentaria compuesta principalmente por fosfato cálcico.

fosforito, ta adj. col. Fosforescente.

fósforo m. Elemento químico sólido, amarillento, inflamable y luminoso en la oscuridad, y constituyente de los organismos vegetales y animales. Su símbolo es *P*, y su número atómico, 15. ‖ Cerilla. ‖ FAM. fosforado, fosforar, fosforera, fosforero, fosforescencia, fosfórico, fosforito.

fósil adj. Se apl. al resto de un ser orgánico muerto que se encuentra petrificado en ciertas capas terrestres. También m. ‖ col. Viejo, anticuado. También com. ‖ FAM. fosilizarse.

fosilizarse prnl. Convertirse en fósil. ‖ col. Anquilosarse, quedarse estancado sin evolucionar o mejorar. ‖ FAM. fosilización.

foso m. Hoyo. ‖ En un teatro, espacio que está debajo del escenario. ‖ En los garajes y talleres mecánicos, excavación que permite arreglar desde abajo la máquina

fractura

colocada encima. ‖ Excavación profunda que rodea una fortaleza. ‖ Lugar con arena donde caen los saltadores de longitud después de efectuar su salto.

foto f. *col.* apóc. de *fotografía,* imagen obtenida mediante la técnica fotográfica. ‖ FAM. fotofija, fotomatón, fotorrobot, fototeca.

foto- pref. que significa 'luz' o 'relativo a la acción de la luz': *fotocopia, fotosíntesis.*

fotocomposición f. En impr., técnica de composición de textos mediante un proceso fotográfico.

fotocopia f. Fotografía instantánea de un documento obtenida directamente sobre papel. ‖ FAM. fotocopiadora, fotocopiar.

fotocopiadora f. Máquina que hace fotocopias.

fotocopiar tr. Hacer fotocopias.

fotoelectricidad f. Electricidad producida por el desprendimiento de electrones debido a la acción de la luz. ‖ FAM. fotoeléctrico.

fotoeléctrico, ca adj. De la acción de la luz sobre ciertos fenómenos eléctricos y de los aparatos en que se utiliza este procedimiento.

fotofobia f. Aversión u horror a la luz. ‖ FAM. fotófobo.

fotogénico, ca adj. Que tiene buenas condiciones para ser reproducido por la fotografía. ‖ FAM. fotogenia.

fotograbado m. Procedimiento fotográfico, químico o electrónico para grabar sobre planchas metálicas un cliché. ‖ Grabado obtenido por este procedimiento. ‖ FAM. fotograbador, fotograbar.

fotografía f. Técnica de fijar y reproducir en un material sensible a la luz las imágenes recogidas en el fondo de una cámara oscura. ‖ Imagen así obtenida. ‖ Representación o descripción exacta y precisa de algo o alguien. ‖ FAM. foto, fotografiar, fotográficamente, fotográfico, fotógrafo, fotograma.

fotografiar intr. Hacer fotografías. ‖ Describir en términos precisos y claros.

fotográfico, ca adj. De la fotografía o relativo a ella.

fotógrafo, fa m. y f. Persona que se dedica a hacer fotografías.

fotograma m. Cada una de las imágenes que se suceden en una película cinematográfica consideradas de forma aislada.

fotólisis f. Descomposición de una sustancia debido al efecto de la luz. ◆ No varía en pl.

fotolito m. Cliché fotográfico de un original que se reproduce sobre una película o un soporte transparente.

fotoluminiscencia f. Emisión de luz que es consecuencia de la absorción previa de una radiación.

fotomatón m. Procedimiento mediante el que se obtiene un número determinado de copias fotográficas en pocos minutos. ‖ Cabina donde se lleva a cabo este procedimiento.

fotomecánica f. Copia de documentos obtenida mediante máquinas con dispositivo fotográfico. ‖ FAM. fotomecánico.

fotómetro m. Instrumento para medir la intensidad de la luz. ‖ FAM. fotometría, fotométrico.

fotomontaje m. Técnica que consiste en combinar dos o más fotografías para crear una nueva composición.

fotón m. Partícula de luz que se propaga en el vacío.

fotonovela f. Relato, normalmente de carácter amoroso, formado por una sucesión de fotografías acompañadas de textos explicativos o diálogos que permiten seguir el argumento.

fotosfera f. Zona luminosa de la capa gaseosa del Sol.

fotosíntesis f. Proceso metabólico por el que algunas células vegetales transforman sustancias inorgánicas en orgánicas, gracias a la transformación de la energía luminosa en la química producida por la clorofila. ◆ No varía en pl.

fototactismo m. Movimiento realizado por ciertos organismos animales acuáticos en respuesta a un estímulo luminoso. ‖ FAM. fototaxis.

fototerapia f. Método de curación de las enfermedades por la acción de la luz.

fototropismo m. Reacción de movimiento de un organismo vegetal en respuesta a un estímulo luminoso.

fotovoltaico, ca adj. En fís., se apl. al material o dispositivo que convierte la energía luminosa en electricidad.

fotuto m. *amer.* Instrumento de viento que produce un ruido prolongado y fuerte como el de una trompa o caracola.

foul (voz i.) m. *amer.* En dep., falta. ◆ pl. *fouls.*

fovismo m. Movimiento pictórico que se desarrolló en París a comienzos del siglo XX y que exaltaba el color puro. ‖ FAM. fovista.

fox terrier adj. y com. Se apl. al perro de caza de origen inglés, con el cuerpo pequeño, las orejas caídas y el pelo duro o liso, según la variedad a la que pertenezca.

foxtrot o **fox-trot** m. Composición musical en compás de cuatro por cuatro y baile inglés que estuvieron de moda a principios del siglo XX.

frac m. Traje de etiqueta masculino que tiene por detrás dos faldones. ◆ pl. *fracs.*

fracasado, da adj. Que no tiene éxito. ‖ Que está desprestigiado a causa de los fracasos padecidos. También s.

fracasar intr. No tener éxito. ‖ Frustrarse, tener resultado adverso, no llegar a buen fin. ‖ FAM. fracasado, fracaso.

fracaso m. Falta de éxito o resultado adverso.

fracción f. División de una cosa en partes. ‖ Parte o porción de un todo. ‖ En mat., quebrado, número que expresa una o varias partes de la unidad dividida en partes iguales. ‖ FAM. fraccionar, fraccionario.

fraccionar tr. y prnl. Dividir en partes: *podría fraccionar el pago del coche.* ‖ FAM. fraccionable, fraccionamiento.

fraccionario, ria adj. De la fracción o relativo a ella.

fractal adj. y m. En mat., se apl. al objeto cuya creación depende de reglas de irregularidad o de fragmentación, y al proceso matemático que lo estudia.

fractura f. Rotura de un hueso. ‖ Acción y resultado de fracturar o fracturarse. ‖ Lugar por donde se rompe una cosa y señal que deja. || Aspecto de una roca o mineral cuando se rompe.

fracturar tr. y prnl. Romper o quebrar. || FAM. fractura.

fraga f. Terreno escarpado y poblado de maleza. || FAM. fragoso, fragosidad.

fragancia f. Olor agradable y suave. || FAM. fragante.

fragante adj. De olor agradable y suave.

fragata f. Embarcación velera de tres palos con velas cuadradas. || Buque de guerra menor que el destructor. || Nombre común de diversas aves pelecaniformes marinas, de 1 m de longitud, alas grandes y pico largo y encorvado, que se distinguen por su cola ahorquillada y son propias de zonas tropicales.

frágil adj. Que se rompe o quiebra con facilidad. || Débil, que tiene poca fuerza o resistencia. || Perecedero, que se estropea con facilidad. || FAM. fragilidad, frágilmente.

fragilidad f. Cualidad de frágil o fácil de romper. || Debilidad.

fragmentación f. Fraccionamiento, división en partes o fragmentos.

fragmentar tr. Fraccionar, dividir en partes. También prnl. || Reducir a fragmentos. || FAM. fragmentación.

fragmentario, ria adj. Incompleto, no acabado || Del fragmento o relativo a él.

fragmento m. Cada una de las partes de algo roto o partido. || Parte de una obra literaria, musical, escultórica, etc. || FAM. fragmentar, fragmentario.

fragor m. Ruido, estruendo. || FAM. fragoroso.

fragua f. Fogón en que se calientan los metales para forjarlos. || Taller donde se forjan los metales.

fraguar tr. Forjar metales. || Idear, discurrir cuidadosamente la ejecución de una cosa: *fraguar un plan*. || intr. Endurecerse consistentemente la cal, el yeso, etc. || FAM. fraguado, fraguador.

fraile m. Nombre que se da a los religiosos de ciertas órdenes. || FAM. frailecillo, fraileño, frailero, frailesco, frailuno, fray.

frailecillo m. Nombre común de diversas aves caradriformes de unos 30 cm de longitud, buceadoras marinas, de plumaje blanco y negro y pico triangular.

frambuesa f. Fruto del frambueso, de color rojo y sabor agridulce. || FAM. frambueso.

frambueso m. Planta rosácea parecida a la zarzamora, con tallos delgados, hojas compuestas y flores blancas; su fruto es la frambuesa.

francachela f. *col.* Reunión de varias personas para comer, beber y divertirse desordenadamente.

francés, esa adj. y s. De Francia o relativo a este país europeo. || m. Lengua francesa. || **despedirse a la francesa** loc. Marcharse de un lugar sin despedirse. || FAM. francesada, franchute, francio, francófilo, francófobo, francófono.

franchute, ta adj. y s. *col. desp.* Francés.

francio m. Elemento químico radiactivo de carácter metálico e inestable. Su símbolo es *Fr*, y su número atómico, 87.

franciscano, na adj. De san Francisco de Asís, de la orden que fundó o relativo a ellos. || adj. y s. Se apl. al religioso de la Orden de San Francisco.

francmasón, ona adj. y s. Masón.

francmasonería f. Masonería. || FAM. francmasón, francmasónico.

franco, ca adj. Sincero. || Abierto, comunicativo. || Sin impedimento, libre de obstáculos: *paso franco*. || Claro, evidente, que no deja lugar a dudas. || Libre o exento de impuestos: *puerto franco*. || De un pueblo germánico que conquistó la Galia Transalpina, actualmente Francia, o relacionado con él. Más en pl. || Francés. También s. ◆ Se usa como pref. en ciertos compuestos: *francófono, francófilo*. || m. Lengua hablada por este pueblo. || Antigua unidad monetaria de Francia, y actual de Suiza y otros países. || FAM. francamente, francés, franquear, franqueza, franquía, franquicia.

francocanadiense adj. y com. Se apl. al canadiense de ascendencia y lengua francesas.

francófono, na adj. y s. Que habla francés.

francolín m. Nombre común de diversas aves galliformes de unos 30 cm de longitud, parecidas a la perdiz, de plumaje negro en la cabeza, el pecho y el vientre y gris en la espalda.

francotirador, ra m. y f. Tirador que actúa de forma aislada y que dispara desde lejos con armas de fuego. || Persona que actúa aisladamente y por su cuenta en cualquier actividad reservada normalmente a un colectivo.

franela f. Tejido fino de lana o algodón, ligeramente cardado por una o ambas caras. || FAM. franelógrafo, franelograma.

franelero, ra adj. y s. *amer.* Adulador.

franja f. Lista, tira. || Banda de adorno. || Parte alargada de una cosa.

franquear tr. Quitar los impedimentos, abrir camino. || Pagar en sellos el porte del correo. || prnl. Descubrir uno su interior ante una persona, sincerarse. || FAM. franqueable, franqueamiento, franqueo.

franqueo m. Acción y resultado de franquear o franquearse. || Cantidad que se paga en sellos.

franqueza f. Sinceridad.

franquía f. Situación en la cual un buque tiene paso libre para hacerse a la mar o tomar determinado rumbo.

franquicia f. Exención del pago de ciertos derechos, impuestos, etc. || Contrato a través del que una empresa autoriza a alguien a usar su marca y vender sus productos bajo determinadas condiciones. || Establecimiento sujeto a las condiciones de dicho contrato.

franquismo m. Régimen político de carácter totalitario que se desarrolló en España durante el gobierno del general Francisco Franco. || FAM. franquista.

frasca f. Recipiente de vidrio transparente, con base cuadrangular y cuello bajo, que se usa para el vino.

frasco m. Recipiente, generalmente de vidrio, de cuello recogido, que sirve para contener líquidos, sustancias en polvo, comprimidos, etc. || FAM. frasca.

frase f. Conjunto de palabras que tienen un sentido. || Locución, expresión. || En mús., unidad melódica o armónica que termina en pausa. || **frase hecha** La que tiene una forma fija y es de uso común, p. ej., *sentirse como pez en el agua.* || FAM. frasear, fraseología.

frasear tr. Pronunciar una frase. || Cantar o ejecutar una pieza musical, destacando el comienzo y final de cada frase. || FAM. fraseo.

fraseo m. Técnica de cantar o interpretar una composición destacando el comienzo y final de cada frase.

fraseología f. Conjunto de modos de expresión peculiares de una lengua, grupo, época, actividad o individuo. || Conjunto de palabras o expresiones pretenciosas o inútiles. || Conjunto de frases hechas, locuciones, modismos, refranes, etc., de una lengua. || FAM. fraseológico.

fraternal adj. Propio de hermanos. || FAM. fraternalmente.

fraternidad f. Unión y buena correspondencia entre hermanos o entre un grupo de personas.

fraternizar intr. Tratarse afectuosamente, como hermanos.

fraterno, na adj. Fraternal, propio de hermanos. || FAM. fraternal, fraternidad, fraternizar, fratricidio.

fratricida adj. y com. Que mata a un hermano.

fratricidio m. Crimen del que mata a su hermano. || FAM. fratricida.

fraude m. Engaño que se realiza eludiendo obligaciones legales o usurpando derechos con el fin de obtener un beneficio. || FAM. fraudulencia, fraudulento.

fraudulento, ta adj. Que contiene fraude, engañoso. || FAM. fraudulentamente.

fray m. apóc. de *fraile.* ◆ Se usa ante nombre propio de persona: *fray Luis de León.*

frazada f. Manta de cama.

freak (voz i.) adj. y com. Se apl. a lo que es extravagante, excéntrico y con valores propios que son distintos de los socialmente establecidos y considerados normalmente marginales. ◆ pl. *freaks.*

freático, ca adj. Se apl. al agua que se acumula en el subsuelo, sobre una capa impermeable. || Se dice del nivel o capa del subsuelo que contiene estas aguas.

frecuencia f. Repetición mayor o menor de un acto o suceso. || Número de veces que se repite un proceso periódico en un intervalo de tiempo determinado. || Número de oscilaciones, vibraciones u ondas por unidad de tiempo en cualquier fenómeno periódico. || FAM. frecuente.

frecuentado, da adj. Se apl. al lugar que se visita frecuentemente o que suele estar lleno de gente.

frecuentar tr. Acudir con frecuencia a un lugar. || Tratarse con alguien de forma habitual. || FAM. frecuentación, frecuentado, frecuentador.

frecuentativo, va adj. En ling., que indica una acción que se repite.

frecuente adj. Que se repite a menudo. || Usual, común. || FAM. frecuentar, frecuentativo, frecuentemente.

free lance (voz i.) adj. Se apl. al trabajo de colaboración que realizan ciertos profesionales, como periodistas, traductores, redactores, etc., para una o varias empresas, sin que exista un contrato laboral temporal o permanente. || adj. y com. Que realiza este tipo de trabajo.

freezer (voz i.) m. *amer.* Congelador.

fregadera f. *amer. col.* Acción molesta o fastidiosa. || *amer.* Acto tramposo o desleal.

fregadero m. Pila de fregar.

fregado m. Acción y resultado de fregar. || *col.* Escándalo, discusión. || *col.* Enredo, asunto complicado. || *amer.* Fastidio.

fregandera f. *amer.* Empleada que se dedica a fregar y limpiar.

fregar tr. Limpiar alguna cosa restregándola con un estropajo, cepillo, etc., empapado en agua y jabón u otro líquido adecuado. || Restregar con fuerza. También prnl. || *amer. col.* Fastidiar, molestar. También prnl. ◆ Irreg. Se conj. como *acertar.* || FAM. fregadera, fregadero, fregado, fregador, fregandera, fregatina, fregona, fregotear, fregoteo, friega, friegaplatos.

fregatina f. *amer.* Situación o hecho incómodo o tedioso.

fregona f. Utensilio para fregar los suelos de pie, formado por un mango largo con un manojo de tiras de tejido absorbente en un extremo. || *desp.* Criada que se dedica a fregar y limpiar. || *desp.* Mujer ordinaria.

freidora f. Aparato electrodoméstico que sirve para freír alimentos.

freidura f. Acción y resultado de freír: *freidura de pescado.*

freiduría f. Establecimiento público donde se fríen alimentos, especialmente pescados, para la venta.

freír tr. Cocinar un alimento en aceite o grasa hirviendo. También prnl. || *col.* Molestar, importunar. || prnl. Pasar mucho calor. ◆ Irreg. Se conj. como *reír.* Tiene doble p. p.: uno reg., *freído,* que apenas se usa, y otro irreg., *frito.* || FAM. freidora, freidura, freiduría.

fréjol m. Judía, alubia.

frenar tr. Moderar o detener la marcha de una máquina, un vehículo, etc. || Contener, retener. Más como intr. || Moderar los ímpetus. || FAM. frenada, frenado, frenazo.

frenazo m. Detención súbita y violenta de un vehículo. || Detención súbita de un proceso.

frenesí m. Exaltación violenta de una pasión o sentimiento. || Locura, delirio. ◆ pl. *frenesís* o *freneses.* || FAM. frenesí, frenopático.

frenético, ca adj. Furioso, rabioso. || Que siente o muestra frenesí. || FAM. frenéticamente.

frenillo m. Membrana que sujeta y limita el movimiento de algunos órganos, como la lengua y el prepucio.

freno m. Dispositivo para moderar o detener el movimiento de algunas máquinas, vehículos, etc. || Instrumento de hierro que, introducido en la boca de las caballerías, sirve para sujetarlas y dirigirlas. || Sujeción, moderación. || Aquello que impide o disminuye una actividad o un proceso. || FAM. frenar, frenillo.

frenología f. Hipótesis fisiológica según la cual las diversas facultades psíquicas se localizan en determinadas regiones del cerebro y pueden ser valoradas mediante el examen externo del cráneo.

frenopático m. *col.* Hospital psiquiátrico.

frente f. Parte superior de la cara, comprendida entre las sienes, y desde las cejas hasta la vuelta superior del cráneo. ‖ m. Parte delantera, fachada. ‖ Extensión o línea de territorio continuo en que combaten los ejércitos. ‖ Contacto de una masa fría y otra cálida: *frente nuboso, cálido*. ‖ adv. m. En contra. ‖ **al frente** loc. adv. Delante, al mando de algo. ‖ Hacia delante. ‖ **de frente** loc. adv. Hacia delante. ‖ Frontalmente. ‖ **frente a** loc. adv. Enfrente de. ‖ En presencia de. ‖ **frente a frente** loc. adv. Cara a cara. ‖ **hacer frente** loc. Enfrentar, resistir. ‖ FAM. frontal, frontera, frontil, frontis, frontispicio, frontón.

freón m. Fluido no inflamable que contiene flúor y que se emplea como propelente para aerosoles, como refrigerante, etc.

fresa[1] f. Planta rosácea con tallos rastreros, flores blancas o amarillentas y fruto casi redondo, de color rojo y de 1 cm de largo. ‖ Fruto de esta planta. ‖ FAM. fresal, fresón.

fresa[2] f. Instrumento de movimiento circular con una serie de cuchillas cortantes para abrir agujeros o labrar metales. ‖ FAM. fresado, fresador, fresadora, fresar.

fresal m. Fresa, planta rosácea. ‖ Terreno plantado de fresas.

fresar tr. Abrir agujeros o labrar metales por medio de la fresa.

fresca f. Temperatura moderadamente fría. ‖ *col.* Dicho desagradable y desvergonzado.

frescachón, ona adj. y s. Muy robusto y de color sano.

frescales com. *col.* Persona descarada, desvergonzada. ◆ No varía en pl.

fresco, ca adj. Que tiene una temperatura moderadamente fría. ‖ Reciente, acabado de hacer, de coger, de suceder, etc. ‖ Descansado, que no da muestras de fatiga. ‖ Sano, que no está estropeado. ‖ *col.* Desvergonzado. También s. ‖ Que no contiene artificios, natural. Se apl. a la pintura que no se ha secado. ‖ Se dice de la tela ligera que no produce calor. ‖ m. Frío moderado. ‖ Frescura. ‖ Pintura que se hace sobre una superficie, generalmente paredes o techos, con colores disueltos en agua de cal y extendidos sobre una capa de estuco fresco. ‖ **traer al fresco** una cosa a alguien loc. *col.* Serle totalmente indiferente. ‖ FAM. fresca, frescachón, frescales, frescamente, frescor, frescura, fresquera, fresquería, fresquista.

frescor m. Fresco, frío moderado.

frescura f. Calidad de fresco. ‖ Desvergüenza, descaro, insolencia.

fresno m. Nombre común de diversas especies de árboles de la familia de las oleáceas, con tronco grueso de 25 a 30 m de altura, corteza grisácea y muy ramosos, hojas compuestas, flores pequeñas y blanquecinas y fruto seco con ala membranosa y semilla elipsoidal. ‖ Madera de este árbol, de color blanco y muy apreciada por su elasticidad. ‖ FAM. fresneda, fresnedo.

fresón m. Variedad de fresa de tamaño mayor, color rojo amarillento y sabor más ácido.

fresquera f. Armario o lugar para conservar frescos algunos alimentos.

fresquería f. *amer.* Establecimiento donde se preparan y venden bebidas heladas o refrescos.

fresquilla f. Variedad de melocotón.

freudiano, na adj. De Freud, psiquiatra austriaco, o relativo a él o a su doctrina.

freza f. Desove, puesta de los huevos y periodo de tiempo en que ocurre. ‖ Conjunto de huevos de un pez o conjunto de peces recién salidos de ellos. ‖ Señal que dejan los peces en el lecho de los ríos cuando se rozan para soltar los huevos. ‖ FAM. frezar.

frialdad f. Sensación que proviene de la falta de calor. ‖ Indiferencia, poco interés. ‖ Dominio de los nervios.

fricativo, va adj. En fon., se dice del sonido cuya articulación, permitiendo una salida continua de aire emitido, hace que este salga con cierta fricción o roce en los órganos bucales, como en el español la *f*, *s*, *z*, *j*, etc. ‖ Se apl. a la letra que representa este sonido. También f. ‖ FAM. fricación.

fricción f. Roce de dos cuerpos en contacto. ‖ Frotación que se apl. a una parte del cuerpo. ‖ Desavenencia, desacuerdo. ‖ FAM. friccionar.

friccionar tr. y prnl. Frotar, dar friegas.

fridera f. *amer.* Sartén, recipiente de cocina.

friega f. Acción de frotar alguna parte del cuerpo. ‖ *amer.* Molestia, fastidio.

friegaplatos m. Lavavajillas, electrodoméstico para lavar la vajilla. ◆ No varía en pl.

frigidez f. Falta de deseo sexual. ‖ Frialdad.

frígido, da adj. y s. Se apl. a la persona incapaz de sentir placer o deseo sexual. ‖ adj. *poét.* Frío. ‖ FAM. frigidez.

frigoría f. Unidad de medida de absorción del calor, empleada en la técnica de la refrigeración; corresponde a la absorción de una kilocaloría.

frigorífico, ca adj. Que produce frío. ‖ m. Cámara o mueble que se enfría artificialmente para conservar alimentos u otros productos.

frijol o **fríjol** m. Fréjol.

frío, a adj. Que tiene una temperatura muy inferior a la normal. ‖ Falto de afecto, de pasión o sensibilidad, indiferente. ‖ Tranquilo, que no pierde el dominio de los nervios. ‖ Sin gracia, sin interés. ‖ Poco acogedor. ‖ m. Baja temperatura. ‖ Sensación que se experimenta por la pérdida de calor. ‖ **en frío** loc. adv. Sin preparación. ‖ **quedarse frío** loc. Quedarse sin capacidad de reacción ante una *cuando le comunicaron el despido se quedó frío*. ‖ FAM. frialdad, fríamente, frígido, frigoría, frigorífico, friolento, friolera, friolero.

friolento, ta adj. *amer.* Friolero.

friolera f. Cosa de poca importancia. ‖ Gran cantidad de una cosa, especialmente de dinero. Más en sentido irón.

friolero, ra adj. Muy sensible al frío.

frisa f. *amer.* Manta de cama, frazada.

frisar intr. y tr. Acercarse, estar próximo, especialmente tratándose de edad.

friso m. En arquit., parte que media entre el arquitrabe y la cornisa. ‖ Banda en la parte inferior o superior de las paredes, generalmente de color distinto a estas.

frisón, ona adj. y s. De Frisia o relativo a esta provincia holandesa. ‖ Se apl. al caballo originario de esta región, de patas fuertes y anchas. || m. Lengua germánica hablada en Frisia.

fritada f. Conjunto de alimentos fritos, fritura. || Plato parecido al pisto.

fritanga f. Fritura, especialmente la abundante en grasa. Más en sentido desp.

frito, ta adj. *col.* Muy dormido. || *col.* Muerto. || *col.* Harto, cansado o molesto. || m. Cualquier alimento frito. || **estar** uno **frito** loc. *amer. col.* Hallarse en situación difícil. || FAM. fritada, fritanga, fritura.

fritura f. Conjunto de alimentos fritos. || FAM. fritada, fritanga.

frivolidad f. Calidad de frívolo, superficialidad, falta de seriedad.

frívolo, la adj. Superficial, ligero. || De poca importancia. || Se apl. a los espectáculos, publicaciones, etc., que tratan temas ligeros, con predominio de lo sensual. || FAM. frívolamente, frivolidad, frivolizar, frivolón.

frondoso, sa adj. Abundante en hojas o ramas. || FAM. frondosidad.

frontal adj. De la frente o relativo a ella. || De la parte delantera de algo o relativo a ella. || adj. y m. Se apl. al hueso que forma la parte anterior y superior del cráneo.

frontera f. Línea divisoria entre dos Estados. || Límite, línea que separa dos cosas o que marca una extensión. || FAM. fronterizo.

fronterizo, za adj. Que está o sirve de frontera. || Que está situado entre dos cosas, hechos, circunstancias.

frontis m. Fachada o frontispicio de un edificio o de otra cosa. || En el juego de pelota, pared del frontón o trinquete contra la que se lanza la pelota. ◆ No varía en pl.

frontispicio m. Fachada o parte delantera de un mueble, edificio, etc. || En arquit., frontón, remate triangular de una fachada. || Página de un libro anterior a la portada, que suele contener el título y algún grabado o viñeta.

frontón m. Pared principal del juego de pelota. || Edificio o lugar preparado para este juego. || En arquit., remate triangular de una fachada o de un pórtico: *frontón griego.*

frotar tr. y prnl. Pasar una cosa sobre otra con fuerza muchas veces. || FAM. frotación, frotador, frotadura, frotamiento, frote.

frotis m. Preparación para el microscopio hecha tomando parte de un tejido, membrana o líquido que se necesita examinar. ◆ No varía en pl.

fructífero, ra adj. Que produce fruto, beneficio o utilidad. || FAM. fructíferamente.

fructificar intr. Dar fruto. || Producir utilidad. || FAM. fructificable, fructificación, fructificador, fructificante.

fructosa f. Monosacárido soluble en agua, presente en las frutas, la miel, etc.

fructuoso, sa adj. Fructífero. || FAM. fructuosamente.

frugal adj. Se apl. a la comida sencilla y poco abundante. || Moderado en comer y beber. || FAM. frugalidad, frugalmente.

frugalidad f. Moderación en la comida y en la bebida.

frugívoro, ra adj. Se apl. al animal que se alimenta de frutos.

fruición f. Gozo, placer intenso.

frunce m. Pliegue, arruga, doblez que se hace en un papel, una tela, etc.

fruncido, da adj. *amer.* Remilgado, melindroso o picajoso. || m. Frunce.

fruncir tr. Arrugar la frente y las cejas en señal de preocupación, mal humor, etc. || Plegar un papel, tela, etc., en arrugas pequeñas y paralelas. || FAM. frunce, fruncido, fruncidor, fruncimiento.

fruslería f. Cosa de poco valor o importancia.

frustración f. Fracaso en una esperanza o deseo.

frustrado, da adj. Fracasado por la pérdida de una esperanza o deseo. También s. || Sin éxito, fracasado.

frustrante adj. Que defrauda o decepciona.

frustrar tr. Dejar sin efecto, malograr un intento. También prnl. || Privar a uno de lo que esperaba. También prnl. || FAM. frustración, frustrado, frustrante, frustratorio.

fruta f. Fruto comestible de ciertas plantas. || FAM. frutal, frutería, frutero, frutícola, fruticultura, frutilla.

frutal adj. Se apl. al árbol que da fruta. También m. || De la fruta o relativo a ella.

frutería f. Tienda o puesto donde se vende fruta.

frutero, ra adj. Que sirve para llevar o para contener fruta. || m. y f. Persona que vende fruta. || m. Recipiente para poner o servir la fruta.

fruticultura f. Cultivo de las plantas que producen frutas. || Técnica empleada para ese cultivo. || FAM. fruticultor.

frutilla f. *amer.* Especie de fresón americano.

fruto m. Órgano de la planta que nace del ovario de la flor y que contiene las semillas. || Resultado, provecho, utilidad. || Producto del ingenio o del trabajo. || pl. Productos de la tierra. || **fruto prohibido** Cosa que no está permitida. || **fruto seco** El que carece de jugo. || FAM. fructífero, fructificar, fructosa, fructuoso, fruta.

fuagrás m. Pasta comestible elaborada a base de hígado animal. ◆ pl. *fuagrases.*

fucsia f. Arbusto de origen americano, de la familia enoteráceas, con hojas ovales y dentadas y flores colgantes de color rojo oscuro con diversos matices. || m. Color rosa fuerte que tiene la flor de esta planta. También adj.

fuego m. Calor y luz producidos por la combustión. || Materia en combustión. || Incendio. || Disparo de las armas de fuego: *abrir fuego, alto el fuego, fuego a discreción.* || Fogón o punto donde se cocina. || Hogar. || Ardor, pasión. || **fuego de Santelmo** Meteoro ígneo que suele verse en los mástiles de las embarcaciones, especialmente después de la tempestad, debido a que la atmósfera está muy cargada de electricidad. || **fuego fatuo** Inflamación de ciertas materias que se elevan de las sustancias animales y vegetales en putrefacción, y forman pequeñas llamas a poca distancia del suelo, especialmente en los lugares pantanosos y en los cementerios. || **fuegos artificiales** Artificios de pólvora que producen detonaciones y luces de colores, y que son lanzados con fines de diversión. || **abrir fuego** loc. Comenzar a disparar. || **alto el**

fuego loc. Orden de dejar de disparar, interrupción de las acciones violentas. ‖ **entre dos fuegos** loc. adv. En medio de dos bandos enfrentados. ‖ **jugar con fuego** loc. Exponerse a un peligro sin necesidad. ‖ FAM. fogaje, fogata, fogón, fogonazo, fogoso, foguear.

fuel m. Combustible líquido derivado del petróleo bruto.

fuelle m. Instrumento para recoger aire y lanzarlo con dirección determinada. ‖ Bolsa de cuero de algunos instrumentos musicales, que se llena y se vacía de aire para hacer sonar el instrumento. ‖ Arruga del vestido. ‖ En trenes, autobuses, etc., pasillo flexible que comunica o une dos compartimentos. ‖ col. Capacidad respiratoria. ‖ FAM. follar, follón.

fueloil m. Fuel.

fuente f. Manantial de agua que brota de la tierra. ‖ Construcción en los sitios públicos, como plazas, parques, etc., con caños y surtidores de agua, y que se destina a diferentes usos. ‖ Plato grande para servir la comida. ‖ Cantidad de comida que cabe en este plato. ‖ Origen de algo, causa, principio. ‖ Aquello de que fluye con abundancia un líquido. ‖ Documento, obra o materiales que sirven de información o de inspiración a un autor. ‖ En impr., tipo de letra. ‖ FAM. fontana, fontanela, fontanería.

fuera adv. l. En o hacia la parte exterior: *te espero fuera*. ‖ adv. t. Antes o después de tiempo: *lo presentó fuera de plazo*. ‖ **de fuera** loc. adv. y adj. De otro lugar. ‖ **¡fuera!** interj. Expresa desaprobación o rechazo: *¡fuera la dictadura!* ‖ **fuera de sí** loc. adj. Descontrolado. ‖ FAM. foráneo, forastero, fueraborda.

fueraborda adj. Se apl. al motor instalado fuera del casco de una embarcación. También m. ‖ amb. Embarcación impulsada por este tipo de motor.

fuerero, ra adj. y s. amer. Forastero, que es o viene de fuera.

fuero m. Privilegio, derecho, exención, etc., que se conceden a una persona, ciudad o territorio. Más en pl. ‖ En la Edad Media, ley o estatuto concedido por un soberano a un territorio. ‖ Compilación de leyes. ‖ Competencia jurisdiccional. ‖ **fuero interno** La conciencia. ‖ FAM. foral, forero, fuerismo, fuerista.

fuerte adj. Que tiene fuerza y resistencia. ‖ Robusto, corpulento. ‖ Duro. ‖ Se apl. al terreno áspero. ‖ Intenso. ‖ Terrible, grave, excesivo. ‖ Que tiene fuerza para persuadir, convincente. ‖ Se apl. a la persona difícil de dominar o de mal carácter. ‖ Experto en una ciencia o arte. ‖ col. Que sorprende o admira. ‖ En gram., se dice de la forma gramatical que tiene el acento en la raíz. ‖ m. Recinto fortificado. ‖ Aquello en lo que uno sobresale: *su fuerte son las matemáticas*. ‖ adv. m. Con fuerza, con intensidad. ‖ adv. c. Mucho, en abundancia. ◆ sup. irreg.: *fortísimo*. ‖ FAM. fortacho, fortachón, fortalecer, fortaleza, fortificar, fortín, fortísimo, fuertemente, fuerza.

fuerza f. Capacidad para mover una cosa que tenga peso o haga resistencia. ‖ Toda causa capaz de modificar el estado de reposo o de movimiento de un cuerpo. ‖ Vigor, robustez. ‖ Vitalidad, intensidad. ‖ Poder, autoridad. ‖ Acto de obligar. ‖ Violencia física o moral. ‖ Corriente eléctrica. ‖ Eficacia. ‖ pl. Tropas. ‖ **fuerza bruta** La física. ‖ **fuerza electromotriz** Magnitud física que se manifiesta por la diferencia de potencial que origina entre los extremos de un circuito abierto o por la corriente que produce en un circuito cerrado. ‖ **a fuerza de** loc. adv. Seguida de un sustantivo o de un verbo, indica el modo de obrar empleando con intensidad o abundancia el objeto designado por el sustantivo, o reiterando mucho la acción expresada por el verbo: *a fuerza de golpes, de estudiar*. ‖ **a la fuerza** o **por la fuerza** loc. adv. Violentamente, contra la propia voluntad. ‖ **a la fuerza** o **por fuerza** loc. adv. Necesaria o inevitablemente. ‖ **irse la fuerza por la boca** loc. col. Hablar mucho, pero no hacer nada. ‖ **sacar fuerzas de flaqueza** loc. Hacer un esfuerzo extraordinario. ‖ FAM. forcejear, forzar, forzoso, forzudo.

fuet m. Embutido delgado y alargado, parecido al salchichón. ◆ *fuets*.

fuete m. amer. Látigo, cinturón de cuero.

fuga f. Escapada, huida, acción y resultado de fugarse. ‖ Escape, salida accidental de un gas o líquido. ‖ En mús., composición que gira sobre la repetición de un tema y su contrapunto.

fugacidad f. Duración breve.

fugarse prnl. Escaparse, huir. ‖ FAM. fuga, fugaz, fugitivo, fuguillas.

fugaz adj. De corta duración. ‖ Que desaparece rápidamente. ‖ FAM. fugacidad, fugazmente.

fugitivo, va adj. Que huye. También s. ‖ Que pasa muy aprisa.

ful adj. Falso, de poco valor. ‖ FAM. fulero.

fulana f. Prostituta.

fulano, na m. y f. Persona indeterminada o imaginaria. ‖ desp. Persona digna de desprecio.

fular m. Pañuelo para el cuello o bufanda de seda u otro tejido fino.

fulero, ra adj. col. Chapucero. ‖ Falso, embustero. ‖ FAM. fullería.

fulgor m. Resplandor y brillantez. ‖ FAM. fulgente, fúlgido, fulgir, fulgurar.

fulgurante adj. Que brilla intensamente. ‖ Que destaca por su intensidad o su rapidez.

fulgurar intr. Brillar intensamente. ‖ FAM. fulguración, fulgurante.

full (voz i.) m. En el juego de póker, combinación de una pareja y un trío.

full contact (voz i.) m. Deporte en el que dos rivales luchan golpeándose con los puños o los pies por encima de la cintura.

fullería f. Trampa, engaño. ‖ FAM. fullero.

fullero, ra adj. y s. Que intenta engañar o hacer trampa.

full time (voz i.) loc. adj. y adv. Con dedicación exclusiva, a tiempo completo.

fulminante adj. Que fulmina. ‖ Muy rápido y repentino. ‖ Súbito, de efecto inmediato. ‖ adj. y m. Se apl. a la sustancia que explosiona con relativa facilidad y sirve normalmente para disparar armas de fuego.

fulminar tr. Lanzar rayos. ‖ Dañar o dar muerte un rayo, proyectil o arma. ‖ Causar muerte repentina. ‖ Dejar muy impresionada a una persona. ‖ FAM. fulminación, fulminador, fulminante.

fungible

fulo, la adj. *amer. col.* Muy enfadado.

fumada f. *amer.* Calada, chupada de un cigarro.

fumadero m. Local destinado a fumar.

fumado, da adj. *col.* Que ha fumado droga y se encuentra bajo sus efectos.

fumador, ra adj. y s. Que fuma o que tiene hábito de fumar. || **fumador pasivo** El que, sin fumar, está sometido a los efectos del tabaco por estar en compañía de personas que fuman.

fumar intr. Aspirar y despedir el humo del tabaco, opio, etc. También tr. || prnl. *col.* Consumir, gastar. || *col.* Dejar de acudir, faltar a una obligación. || FAM. fumable, fumada, fumadero, fumado, fumador, fumarada, fumeteo.

fumarola f. Emanación de gases o vapores que salen por pequeñas grietas en las zonas de actividad volcánica.

fumata f. En el Vaticano, humo con que se anuncia a los fieles el desarrollo de las votaciones para elegir sumo pontífice.

fumigar tr. Desinfectar por medio de humo, gas, etc. || FAM. fumigación, fumigador, fumigante.

fumista com. Persona que hace o arregla cocinas, chimeneas o estufas.

funambulesco, ca adj. Raro, grotesco o extravagante.

funámbulo, la m. y f. Acróbata que hace ejercicios en la cuerda o el alambre. || FAM. funambulesco.

función f. Actividad propia de alguien o algo. || Actividad propia de un cargo, oficio, etc. Más en pl. || Espectáculo público. || En ling., papel que un elemento fónico, morfológico, léxico o sintáctico desempeña en la estructura gramatical de la oración. || En mat., relación entre dos magnitudes, de modo que a cada valor de una de ellas corresponde determinado valor de la otra. || **en función de** loc. prepos. Dependiendo de, de acuerdo con. || **en funciones** loc. adv. En ejercicio propio de su cargo. || En sustitución del que tiene en propiedad el cargo. || FAM. funcional, funcionalidad, funcionalismo, funcionar, funcionario.

funcional adj. De la función o relativo a ella. || Práctico, utilitario.

funcionalismo m. Corriente lingüística que se basa en una interpretación funcional del lenguaje. || Corriente arquitectónica que exige que todo elemento formal cumpla una función práctica. || FAM. funcionalista.

funcionalista adj. Del funcionalismo o relativo a él. || adj. y com. Seguidor del funcionalismo.

funcionamiento m. Ejecución de la función propia.

funcionar intr. Desempeñar algo su función. || Marchar bien alguien o algo. || FAM. funcionamiento.

funcionariado m. Conjunto de funcionarios.

funcionario, ria m. y f. Persona que desempeña un empleo público. || FAM. funcionariado, funcionarial.

funda f. Cubierta con que se envuelve o cubre algo.

fundación f. Creación, origen de una cosa. || Institución con fines benéficos, culturales, etc. || FAM. fundacional.

fundador, ra adj. y s. Que funda.

fundamental adj. Esencial. || Que sirve de fundamento o es lo principal en una cosa. || FAM. fundamentalmente.

fundamentalismo m. Actitud que defiende los fundamentos de una determinada doctrina en su integridad o pureza más rigurosa. || FAM. fundamentalista.

fundamentalista adj. Del fundamentalismo o relativo a él. || adj. y com. Partidario del fundamentalismo.

fundamentar tr. Echar los cimientos, sentar las bases. || Establecer, asegurar y hacer firme una cosa. || FAM. fundamentación.

fundamento m. Principio, base. || Raíz, origen. || Hablando de personas, seriedad, formalidad. || pl. Principios básicos de una ciencia, arte, teoría, etc. || FAM. fundamental, fundamentalismo, fundamentar.

fundar tr. Establecer, crear. || Apoyar con razones, pruebas, etc. También prnl. || Apoyar, armar alguna cosa material sobre otra. También prnl. || FAM. fundación, fundado, fundador, fundamento.

fundente adj. y m. Que facilita la fundición.

fundición f. Acción y resultado de fundir o fundirse. || Fábrica en que se funden los metales. || Aleación de hierro y carbono, del que tiene más del 2%, con la que se realizan moldes para fabricar objetos.

fundido, da adj. *amer.* Muy cansado, agotado. || m. Fundición, acción y resultado de fundir o fundirse. || En cine, transición gradual de una imagen a otra. || **fundido en negro** En cine, desaparición gradual de la imagen hasta que la pantalla queda totalmente en negro.

fundillo m. *amer.* Nalgas. || *amer.* Trasero de los pantalones.

fundir tr. Derretir, convertir un sólido en líquido. También intr. y prnl. || Dar forma en moldes al metal en fusión. También prnl. || prnl. Unirse, fusionarse. También tr. || Dejar de funcionar un aparato eléctrico al producirse un cortocircuito, un exceso de tensión, o quemarse un hilo de la resistencia. || *amer.* Arruinarse, hundirse. || FAM. fundente, fundible, fundición, fundido, fundidor.

fúnebre adj. De los difuntos. || Sombrío, triste. || FAM. fúnebremente, funebrero, funeral, funeraria, funerario, funesto.

funebrero, ra m. y f. *amer.* Dueño o encargado de una funeraria.

funeral adj. Perteneciente al entierro de un difunto y a la ceremonia que le acompaña. || m. Misa que se celebra por un difunto. También en pl.

funerala (a la) loc. adv. Forma de llevar las armas en señal de duelo, con las bocas hacia abajo. || *col.* Se apl. a los ojos cuando se ponen morados a causa de un golpe.

funeraria f. Empresa que se encarga de proveer las cajas, coches fúnebres y demás objetos pertenecientes a los entierros.

funerario, ria adj. Perteneciente al entierro y a las ceremonias celebradas por un difunto.

funesto, ta adj. Que produce tristeza o desgracia, o que va acompañado de ellas. || FAM. funestamente.

fungible adj. Que se consume con el uso: *material fungible para la oficina.*

fungicida adj. y m. Se apl. al agente que destruye los hongos.

fungir intr. Desempeñar un empleo o cargo. || *amer.* Dárselas, echárselas de algo. || FAM. fungible.

funguicida adj. y m. Fungicida.

funicular adj. y m. Se apl. al vehículo o cabina cuya tracción se realiza por medio de un cable, cuerda o cadena, teleférico.

fu ni fa (ni) loc. *col.* Se usa para indicar que algo resulta indiferente.

funk o **funky** (voz i.) adj. y m. Se apl. a la música moderna rítmica y fuerte, de origen estadounidense. ◆ pl. *funks* o *funkies.*

fuñir tr. y prnl. *amer.* Molestar o perjudicar.

furcia f. *desp.* Prostituta.

furgón m. Vehículo cerrado que se utiliza para transportes. || Vagón de tren para el transporte de equipajes y mercancías. || FAM. furgoneta.

furgoneta f. Pequeño vehículo cerrado, más pequeño que el camión, destinado al transporte de mercancías.

furia f. Ira exaltada contra algo o alguien. || Actividad y violenta agitación. || Coraje, ímpetu. || Velocidad. || Persona muy irritada. || Furor. || En mit., cada una de las tres divinidades infernales que personificaban la venganza o los remordimientos. || FAM. furibundo, furioso, furor.

furibundo, da adj. Airado, colérico. || Que manifiesta furor. || Muy entusiasta.

furioso, sa adj. Lleno de furia. || Violento, terrible. || FAM. furiosamente.

furor m. Cólera, ira exaltada. || Prisa, vehemencia. || Violencia. || Momento de mayor intensidad de una moda o costumbre.

furriel com. Cabo encargado de distribuir los servicios de una tropa. || m. Furrier.

furrier m. En las caballerizas reales, oficial que se ocupaba de las pagas y de los cobros.

furruco m. *amer.* Zambomba grande hecha con un barril.

furrusca f. *amer. col.* Gresca, pelotera.

furtivo, va adj. Que se hace a escondidas. || Se apl. a la persona que caza sin permiso. También s. || FAM. furtivamente, furtivismo.

furúnculo m. Forúnculo.

fusa f. En mús., nota cuyo valor es la mitad de la semicorchea.

fuselaje m. Cuerpo central del avión.

fusible adj. Que puede fundirse. || m. Hilo o chapa metálica que se intercala en las instalaciones eléctricas para cortar la corriente cuando esta es excesiva.

fusiforme adj. Que tiene forma de huso.

fusil m. Arma de fuego portátil con un cañón largo, destinada al uso de los soldados de infantería. || FAM. fusilar, fusilazo, fusilería, fusilero.

fusilamiento m. Ejecución de una persona con una descarga de fusiles.

fusilar tr. Ejecutar a una persona con una descarga de fusiles. || *col.* Plagiar, copiar trozos o ideas de un original sin citar el nombre del autor. || FAM. fusilamiento.

fusilero, ra m. y f. Soldado de infantería armado con fusil.

fusión f. Conversión de un sólido en líquido. || Unión de intereses, ideas, partidos, etc. || **fusión nuclear** o **atómica** Reacción nuclear en la que los núcleos de los átomos se unen para formar otros más pesados con gran liberación de energía. || FAM. fusionar, fusionista.

fusionar tr. y prnl. Producir una fusión o unión.

fusta f. Látigo largo y delgado que se usa para espolear a las caballerías. || FAM. fustazo, fustigar.

fustán m. Tela gruesa de algodón, con pelo por una de sus caras. || *amer.* Enaguas o refajo de algodón.

fuste m. Parte de la columna que media entre el capitel y la basa. || Armazón de la silla de montar. || *poét.* Silla del caballo. || Fundamento de un discurso, oración, escrito, etc. || Importancia. || FAM. fusta.

fustigar tr. Azotar. || Censurar con dureza. || FAM. fustigación, fustigador.

futbito m. Modalidad de fútbol sala.

fútbol m. Deporte practicado entre dos equipos de once jugadores cada uno, que se disputan un balón con los pies y tratan de introducirlo en la portería contraria siguiendo determinadas reglas. || **fútbol americano** Deporte estadounidense, parecido al *rugby*, que se juega entre dos equipos de once jugadores. || **fútbol-sala** Modalidad de fútbol que se juega entre dos equipos de cinco jugadores y en un campo reducido. || FAM. futbito, futbolero, futbolín, futbolista, futbolístico, futbolito.

futbolero, ra adj. y s. *col.* Que es aficionado al fútbol.

futbolín m. Juego de mesa en el que figuritas accionadas mecánica o manualmente simulan un partido de fútbol.

futbolista com. Persona que juega al fútbol.

futbolito m. *amer.* Futbolín.

fútil adj. De poca importancia, insignificante. || FAM. futileza, futilidad.

futileza f. *amer.* Futilidad.

futilidad f. Poca o ninguna importancia de una cosa.

futón m. Colchoneta plegable que se pone en un tatami o directamente sobre el suelo y se usa como cama.

futre m. *amer.* Joven presumido y muy preocupado por su aspecto.

futurismo m. Movimiento ideológico y artístico cuyas orientaciones fueron formuladas por el poeta italiano Felipe Tomás Marinetti en 1909; pretendía revolucionar las ideas, las costumbres, el arte, la literatura y el lenguaje. || FAM. futurista.

futurista adj. Del futurismo o relativo a él. || adj. y com. Partidario o seguidor del futurismo.

futuro, ra adj. Que está por venir. || m. Tiempo que está por llegar. || En gram., tiempo del verbo que expresa una acción que sucederá con posterioridad a la enunciación. || m. y f. *col.* Novia o novio: *nos presentó a su futura.* || FAM. futurible, futurismo, futurología.

futurología f. Conjunto de estudios que se proponen predecir científicamente el futuro. || FAM. futurólogo.

futurólogo, ga m. y f. Persona que se dedica a la futurología.

g

g f. Séptima letra del abecedario español y quinta de sus consonantes. Fonéticamente, cuando va seguida inmediatamente de *e* o *i*, representa un sonido de articulación velar fricativa sorda, como el de la *j*: *genio, giro, colegio.* En cualquier otro caso representa un sonido de articulación velar sonora, oclusiva en posición inicial absoluta o precedido de nasal: *gala, gloria, angustia,* y fricativa por lo general en los demás posiciones: *paga, iglesia, agrado, algo, dogma, ignoraré.* Cuando este sonido velar sonoro precede a una *e* o a una *i,* se transcribe interponiendo una *u* que no se pronuncia: *guedeja, guisa.* En los casos en que esta *u* se pronuncia en alguna de estas combinaciones, debe llevar diéresis, como en *Sigüenza, argüir.* Su nombre es *ge.*

gabacho, cha adj. y s. De algunos pueblos de las faldas de los Pirineos o relativo a ellos. || *col. desp.* Francés. || m. *col.* Lenguaje español plagado de galicismos.

gabán m. Abrigo.

gabanear tr. *amer.* Robar, apropiarse de algo. || *amer.* Huir, escaparse.

gabardina f. Prenda ligera de abrigo hecha de tela impermeable. || Tela de tejido diagonal muy tupido con la que se hacen gabardinas y otras prendas de vestir. || Capa de masa con la que se rebozan algunos alimentos: *gambas con gabardina.*

gabarra f. Embarcación pequeña para carga y descarga en los puertos. || Embarcación para el transporte con cubierta o con vela y remos. || FAM. gabarrero.

gabela f. Tributo, impuesto o contribución que se paga al Estado. || Carga, gravamen.

gabinete m. Sala pequeña para recibir o estudiar. || Muebles que contiene. || Conjunto de ministros de un país. || Habitación con los muebles y aparatos necesarios para realizar determinadas actividades profesionales: *gabinete de prensa, de abogados.*

gabonés, esa adj. y s. De Gabón o relativo a esta república africana.

gabrieles m. pl. *col.* Garbanzos del cocido.

gacela f. Nombre común de diversos mamíferos artiodáctilos bóvidos con la cola corta, patas muy finas, lomo marrón claro, vientre blanco y astas encorvadas, menores en la hembra que en el macho.

gaceta f. Periódico con noticias de carácter literario o científico. || En España, nombre que tuvo el actual Boletín Oficial del Estado. ◆ Se escribe con mayúscula. || *col.* Correveidile. || FAM. gacetilla, gacetillero.

gacetilla f. Sección de un periódico con noticias breves. || Cada una de estas noticias.

gacetillero, ra m. y f. Persona que se dedica a la redacción de gacetillas.

gacha f. Cualquier masa muy blanda y líquida. || pl. Comida compuesta de harina cocida con agua y sal, que se puede aderezar con leche, miel, etc.

gachí f. *col.* Mujer, generalmente joven. ◆ pl. *gachís.*

gacho, cha adj. Encorvado, inclinado hacia la tierra. || Se apl. al buey o a la vaca que tiene uno de los cuernos o ambos inclinados hacia abajo. || Se dice del cuerno retorcido hacia abajo.

gachó m. *col.* Hombre en general, y en especial el novio o amante de una mujer. ◆ pl. *gachós.* || FAM. gachí.

gachupín, ina m. y f. *amer.* Español establecido en México o Guatemala.

gadiforme adj. y m. De los gadiformes o relacionado con este orden de peces. || m. pl. Orden de peces osteíctios generalmente de forma anguiliforme, con pequeñas escamas y un barbillón de función gustativa bajo la mandíbula, como el bacalao y la merluza.

gaditano, na adj. y s. De Cádiz o relativo a esta ciudad española o a la provincia, del mismo nombre, de la que es capital y que se encuentra en la Comunidad Autónoma de Andalucía.

gadolinio m. Elemento químico del grupo de los lantánidos. Es un metal blanco plateado, brillante y maleable, con sales incoloras. Su símbolo es *Gd,* y su número atómico, *64.*

gaélico, ca adj. y m. Se apl. a cada uno de los dialectos de la lengua céltica que se hablan en ciertas comarcas de Irlanda y Escocia.

gafar tr. *col.* Dar o traer mala suerte.

gafas f. pl. Objeto compuesto por dos lentes sujetos en una armadura, que se apoya en la nariz, y dos patillas que se enganchan en las orejas. Se utiliza como corrector de la vista o protector de los ojos. || FAM. gafotas.

gafe adj. y com. Se apl. a la persona que trae o tiene mala suerte. || FAM. gafar.

gafete m. Broche metálico de macho y hembra. || *amer.* Tarjeta de identificación que se lleva en un lugar visible de la ropa o colgada del cuello.

gag m. Representación de una situación cómica. ◆ pl. *gags*.

gagá adj. *col*. Que chochea a causa de la edad: *el abuelo está gagá*. ◆ No varía en pl.

gaguera f. *amer*. Tartamudez.

gaita f. Instrumento musical de viento con varios tubos unidos a un fuelle. || Instrumento musical de viento en forma de tubo con agujeros, propio de las fiestas populares. || *col*. Cosa molesta o engorrosa. || *col*. Cuello o barbilla: *asomó la gaita*. || FAM. gaitero.

gaitero, ra m. y f. Músico que toca la gaita.

gaje m. Retribución complementaria del sueldo. Más en pl. || **gajes del oficio** loc. *irón*. Inconvenientes inherentes a un empleo.

gajo m. Cada división interior de algunas frutas: *gajo de naranja*. || Cada uno de los grupos de uvas en que se divide el racimo. || *amer*. Esqueje. || *amer*. Mechón de pelo.

gala f. Adorno o vestido lujoso: *traje de gala, ir de gala*. Más en pl.: *lucía sus mejores galas*. || Fiesta o ceremonia solemne en que se exige este atuendo. || Espectáculo artístico de carácter excepcional. || **hacer gala de** o **tener a gala** algo loc. Presumir de ello. || FAM. galán.

galáctico, ca adj. De la galaxia o relativo a ella.

galactosa f. Azúcar de la lactosa. || FAM. galactita.

galaico, ca adj. De Galicia o relativo a esta comunidad autónoma española. || adj. y s. De un pueblo antiguo que habitaba Galicia y el norte de Portugal o relativo a él. || FAM. galaicoportugués.

galaicoportugués, esa adj. y m. Gallegoportugués.

galán m. Hombre apuesto y bien parecido. || Actor principal que interpreta papeles de tipo amoroso. || Mueble perchero en forma de maniquí para colgar el traje. || **galán de día** Arbusto solanáceo propio de América tropical, de hojas apuntadas y flores blancas en figura de clavo. || **galán de noche** Arbusto solanáceo propio de América tropical, de hojas alternas y flores blancuzcas de cinco pétalos, muy olorosas por la noche. || FAM. galano, galante.

galano, na adj. Bien adornado: *yegua galana*. || Dispuesto con buen gusto e intención de agradar. || Que viste bien, aseado, arreglado. || Estilo elegante e ingenioso de hablar o escribir. || *amer*. Se apl. a la res de pelo de varios colores. || FAM. galanura.

galante adj. Atento, educado, especialmente con las mujeres. || Se apl. a un tipo de literatura erótica que trata con picardía algún tema amoroso: *novela galante*. || FAM. galantear, galantemente, galantería.

galantear tr. Tratar de forma educada y solícita a una mujer para ganarse su amor. || FAM. galanteador, galanteo.

galanteo m. Trato educado y cortés que da un hombre a una mujer para cortejarla.

galantería f. Hecho o dicho educado y cortés que tiene como objetivo agradar o conquistar a una mujer.

galanura f. Gracia o elegancia en el comportamiento.

galápago m. Reptil del orden de los quelonios, parecido a la tortuga, con los dedos reunidos por membranas interdigitales; es de vida acuática y su cabeza y extremidades son enteramente retráctiles dentro del caparazón.

galardón m. Premio o recompensa. || FAM. galardonar.

galardonado, da adj. y s. Que ha recibido un galardón o una recompensa.

galardonar tr. Conceder un premio o una recompensa. || FAM. galardonado.

galaxia f. Cada una de las agrupaciones de estrellas, nebulosas, polvo y gas que se encuentran esparcidas por el universo. || FAM. galáctico.

galbana f. Pereza, desidia.

gálbula f. Fruto en forma de cono corto de base redondeada, a veces carnoso, que producen el ciprés y algunas otras plantas parecidas. || FAM. gálbulo.

gálea f. Casco que usaban los soldados romanos. || FAM. galeato.

galeato adj. y m. Se apl. al prólogo de una obra en el que se la defiende de las objeciones que le han puesto o le pudieran poner.

galena f. Mineral de azufre y plomo de color gris y mucho brillo. Es la mejor mena del plomo.

galeno m. *col*. Médico.

galeón m. Galera grande que se usó entre los siglos XV y XVII para el transporte entre España y América.

galeote m. El que estaba condenado a remar en las galeras.

galera f. Embarcación de vela y remo. || En impr., tabla rodeada por listones en la que el cajista iba poniendo las líneas de letras para componer la galerada. || *amer*. Cobertizo. || *amer*. Sombrero de copa con alas abarquilladas. || pl. Antigua pena que consistía en remar en las galeras reales. || FAM. galeón, galeote, galerada, galerón.

galerada f. En impr., trozo de composición que se ponía en una galera. || En impr., prueba de esta composición que se sacaba para corregirla, y en la actualidad, prueba sin ajustar que se saca para su corrección.

galería f. Habitación larga y espaciosa, con muchas ventanas, sostenida por columnas o pilares. || Corredor con arcos o vidrieras para iluminar las habitaciones interiores de una casa. || Local destinado a exposiciones artísticas. || Paso subterráneo de las minas u otras construcciones. || Localidades de la parte alta de un teatro. || Público que las ocupa. || P. ext., opinión pública. || pl. Tienda o almacén. || Mercado, pasaje interior donde se agrupan muchos establecimientos comerciales. || FAM. galerista, galerístico.

galerista com. Persona que dirige o posee una galería de arte.

galerna f. Viento fuerte y frío del noroeste que sopla en la costa septentrional de España.

galerón m. *amer*. Romance vulgar que se recita. || *amer*. Canción popular a base de cuartetas y seguidillas que se baila. || *amer*. Cobertizo, tinglado.

galés, esa adj. y s. De Gales o relativo a este país del Reino Unido. || m. Lengua céltica de este país.

galgo, ga adj. y s. Se apl. al perro de hocico y rabo largos, muy veloz, que se utiliza para cazar y en carreras. || Goloso. || **¡échale un galgo!** loc. *col*. Indica que algo es muy difícil de alcanzar o de conseguir. || FAM. galguear.

galguear intr. *col.* Comer golosinas. || *amer.* Pasar hambre o necesidades.

gálibo m. Arco de hierro con la altura de túneles y puentes para comprobar si los vehículos pueden pasar por ellos.

galicanismo m. Doctrina que defendía la independencia de la Iglesia nacional francesa y del monarca frente al papa.

galicismo m. Palabra o expresión de origen francés empleada en otro idioma. || FAM. galicista.

galimatías m. *col.* Lenguaje confuso. || *col.* Lío, embrollo. ◆ No varía en pl.

galio m. Elemento químico metálico blanco, duro y maleable, parecido al aluminio. Su símbolo es *Ga*, y su número atómico, *31*.

gallada f. *amer.* Acción valiente o astuta.

galladura f. Coágulo de sangre, menor que una lenteja, que se encuentra en la yema del huevo fecundado que pone la gallina.

gallardete m. Bandera pequeña de forma triangular.

gallardía f. Aspecto agradable y elegancia en el movimiento. || Valor y esfuerzo en el obrar.

gallardo, da adj. Apuesto. || Valiente. || FAM. gallardamente, gallardear, gallardete, gallardía.

gallear tr. Cubrir el gallo a la gallina. || intr. *col.* Presumir de valentía ante los demás.

gallego, ga adj. y s. De Galicia o relativo a esta comunidad autónoma española. || *amer.* Español emigrado. || FAM. gallegada, gallegohablante, gallegoportugués, galleguismo, galleguista, galleguizar.

gallegoportugués, esa adj. De la lengua gallega en su fase medieval o relativo a ella. || m. Lengua medieval romance que se hablaba en el territorio que actualmente ocupan Galicia y el norte de Portugal.

gallera f. Gallinero en que se crían los gallos de pelea. || Edificio construido expresamente para las peleas de gallos. || Jaula donde se transportan los gallos de pelea.

gallero, ra m. y f. Persona que se dedica a criar gallos de pelea.

galleta f. Pasta de harina, azúcar y huevo que se divide en trozos de diversas formas y se cuece al horno. || Pan sin levadura, cocido dos veces para que se conserve durante más tiempo. || *col.* Cachete, bofetada. || *amer.* Calabaza chata, redonda y sin asa para tomar mate. || FAM. galletero.

galliforme adj. y f. De las galliformes o relativo a este orden de aves. || f. pl. Orden de aves de costumbres terrestres y aspecto compacto, de patas robustas con las que escarban en el suelo y pico corto ligeramente curvado, como la gallina, la perdiz o el faisán. Las alas son cortas, y el vuelo, aunque rápido, suele durar poco. Generalmente presentan carúnculas faciales coloreadas.

gallina f. Hembra del gallo, de menor tamaño que este, con cresta pequeña, cola sin plumas largas y patas sin espolones. || com. *col.* Persona cobarde y tímida. || **gallina de Guinea** Gallineta, ave galliforme. || FAM. galliforme, gallináceo, gallinaza, gallinazo, gallinejas, gallinería, gallinero, gallineta.

gallináceo, a adj. De la gallina o relativo a ella. || f. pl. Familia del orden de las galliformes.

gallinaza f. Excremento o estiércol de las gallinas.

gallinazo m. Ave falconiforme diurna, carroñera, del tamaño de una gallina, con plumaje negro, cabeza desnuda y pico y tarsos de color carne.

gallinejas f. pl. Tripas fritas de gallina u otros animales.

gallinero, ra m. y f. Persona que cría o vende gallinas. || m. Lugar donde se crían las gallinas. || Parte más alta y barata de un cine o un teatro. || Lugar donde hay mucho griterío.

gallineta f. Nombre común de diversas aves gruiformes de hasta 30 cm de largo, con plumaje negro con reflejos grises, pico y frente blancos, alas anchas, cola corta y redondeada y pies de color verdoso amarillento. || Ave galliforme originaria de Guinea, poco mayor que la gallina común, de cabeza pelada, cresta ósea, carúnculas rojizas en las mejillas y plumaje negro azulado, con manchas blancas, pequeñas y redondas, también llamada *gallina de Guinea*.

gallipato m. Anfibio del orden urodelos que alcanza unos 30 cm de largo, de color amarillento, cola comprimida y costillas salientes; habita en los estanques cenagosos y fuentes de España y del norte de África.

gallito adj. y m. Se apl. al hombre que se impone en un grupo con bravuconadas.

gallo m. Ave galliforme de cresta roja y alta, pico corto, grueso y arqueado, y unas formaciones carnosas rojas colgantes bajo el pico. Tiene abundante y vistoso plumaje y un espolón en cada tarso. || Pez osteíctio pleuronectiforme marino, con el cuerpo muy comprimido, comestible, parecido al lenguado. || *col.* Nota falsa aguda que sale inesperadamente al hablar o cantar. || **en menos que canta un gallo** loc. adv. *col.* En un momento, con mucha rapidez. || FAM. galladura, gallear, gallera, gallero, galliforme, gallina, gallito, gallogallina, gallón.

gallofa f. Comida que se daba a los pobres que venían de Francia a Santiago de Compostela pidiendo limosna. || Verdura u hortaliza que sirve para ensalada, menestras y otros usos. || Cuento de poca sustancia, chisme.

gallogallina adj. y com. *amer.* Indeciso. || *amer.* Cobarde.

gallón m. Adorno que consiste en una moldura en forma de cuarta parte de un huevo, puesta entre dos hojas que, siguiendo su misma forma, van adelgazándose hasta juntarse debajo. || Cada uno de los segmentos cóncavos de ciertas bóvedas, rematados en redondo por su extremidad más ancha. || En una embarcación, última cuaderna de proa.

galo, la adj. y s. De un antiguo grupo de pueblos celtas que habitó la Galia (Francia), el norte de Italia y el valle del Danubio, o relativo a él. || P. ext., francés. || FAM. galorromano.

galón[1] m. Cinta estrecha y fuerte de seda o de hilo plateado o dorado que se usa como adorno o para hacer ribetes. || Cinta parecida con la que se indica la graduación en los uniformes militares. || FAM. galonear.

galón² m. Medida de capacidad usada en Gran Bretaña, donde equivale a algo más de 4,5 litros, y en América del Norte, donde equivale a algo menos de 3,8 litros.

galopante adj. Que corre a galope. || Se apl. a la enfermedad de carácter fulminante y, p. ext., a cualquier proceso de crecimiento repentino y rápido.

galopar intr. Ir a galope. || Cabalgar en un caballo que va a galope. || FAM. galopada, galopante, galope, galopeado, galopín.

galope m. La marcha más rápida del caballo, en la cual este se encuentra en algún momento sin apoyo alguno en el suelo.

galopín m. Muchacho mal vestido, sucio y desharrapado. || Pícaro sin educación ni vergüenza. || col. Hombre taimado, astuto, de talento.

galpón m. Casa grande de una planta. || Departamento que se destinaba a los esclavos en las haciendas de América. || amer. Cobertizo grande con paredes o sin ellas.

galucha f. amer. Galope.

galvanismo m. Electricidad desarrollada por el contacto de dos metales diferentes, generalmente el cobre y el cinc, con un líquido interpuesto. || Propiedad de excitar, por medio de corrientes eléctricas, los movimientos en los nervios y músculos de animales vivos o muertos. || FAM. galvánico, galvanizar, galvanómetro, galvanoplastia, galvanotecnia, galvanotipia.

galvanizar tr. Aplicar una capa de metal sobre otro, empleando al efecto el galvanismo. || Dar un baño de cinc fundido a un metal para que no se oxide. || Aplicar el galvanismo a un animal vivo o muerto. || Reactivar súbitamente cualquier actividad humana, energías, entusiasmos, etc. || FAM. galvanización, galvanizado.

galvanómetro m. Aparato destinado a medir la intensidad y determinar el sentido de una corriente eléctrica.

galvanoplastia f. Técnica de sobreponer a cualquier cuerpo sólido una capa de un metal disuelto en un líquido, valiéndose de corrientes eléctricas. || FAM. galvanoplástico.

gama f. Escala musical. || Escala de colores. || P. ext., cualquier serie de cosas que varía gradualmente: *amplia gama de precios.*

gamada adj. Se apl. a la cruz que tiene los cuatro brazos acodados, como la gamma griega mayúscula.

gamba¹ f. Nombre común de diversos crustáceos decápodos comestibles menores que el langostino.

gamba² f. col. Pierna. || **meter la gamba** loc. col. Meter la pata. || FAM. gambeta, gambito.

gamberrada f. Acción dañina, molesta o escandalosa para otras personas.

gamberrismo m. Conducta propia de un gamberro.

gamberro, rra adj. y s. Que escandaliza, molesta o comete destrozos en sitios públicos. || Grosero. || FAM. gamberrada, gamberrear, gamberrismo.

gambeta f. Movimiento de danza que consiste en cruzar las piernas en el aire. || Levantamiento de las patas delanteras del caballo. || amer. En el fútbol, regate, movimiento del jugador para evitar que le arrebate el balón el contrario.

gambito m. Jugada de ajedrez que consiste en sacrificar algún peón o pieza al principio de la partida para lograr una posición favorable.

gambusino m. amer. Buscador de oro.

gamella f. Arco del yugo que se apoya en el cuello de bueyes, mulas, etc. || Artesa que sirve para dar de comer y beber a los animales, para fregar, lavar y otros usos.

gameto m. Célula masculina o femenina especializada en la reproducción. || FAM. gametocida, gametofito, gametogénesis.

-gamia, gamo-, -gamo, ma sufs. y pref. que significan 'unión': endogamia, gamopétalo, monógamo.

gamín m. amer. Niño vagabundo.

gamma f. Tercera letra del alfabeto griego, que se corresponde con nuestra g. Su grafía mayúscula es Γ, y la minúscula, γ. || FAM. gama, gamada.

gammaglobulina f. Proteína de la sangre, principal responsable de la propiedad de oponerse a la acción biológica de los antígenos.

gammagrafía f. Técnica exploratoria que consiste en inyectar endovenosamente al paciente una sustancia radiactiva para determinar su ubicación y distribución por los diferentes órganos. || Radiografía de las sombras producidas por un cuerpo atravesado por rayos gamma.

gamo, ma m. y f. Mamífero artiodáctilo rumiante cérvido de pelo corto rojo oscuro con pequeñas manchas blancas y cuernos en forma de pala, que en el macho se ramifican hacia atrás o hacia delante. || FAM. gamezno, gamitido.

gamón m. Planta liliácea con hojas erguidas y largas en figura de espada, flores blancas con una línea rojiza en cada pétalo y raíces tuberculosas, cuyo cocimiento se ha empleado para la curación de enfermedades cutáneas. || FAM. gamonal.

gamonal m. Tierra en que se crían muchos gamones. || amer. Cacique de pueblo.

gamopétalo, la adj. y f. Se apl. a la corola de pétalos soldados entre sí, y a la flor que presenta esos pétalos.

gamosépalo, la adj. y f. Se apl. al cáliz de sépalos soldados entre sí, y a la flor que presenta esos sépalos.

gamusino m. Animal imaginario que se invoca para hacer bromas a cazadores novatos.

gamuza f. Mamífero artiodáctilo rumiante parecido al antílope, de pelaje pardo, astas negras lisas, dobladas hacia atrás en forma de gancho, y patas fuertes con las que realiza enormes saltos. También se le llama *rebeco.* || Piel de este animal que, después de curtida, es muy fina y flexible. || Tejido de cualidades semejantes a esta piel que se utiliza para limpiar superficies delicadas.

gana f. Deseo, voluntad de hacer o de que ocurra algo. Más en pl. y seguido de *de: tengo ganas de que vengas.* || Apetito, hambre. Más en pl. || FAM. ganoso.

ganadería f. Cría de ganado. || Conjunto de ganados de un país, región, etc. || Raza especial de ganado que suele llevar el nombre del ganadero.

ganadero, ra adj. Del ganado o relativo a él. || m. y f. Persona que se dedica a la cría, explotación y comercio del ganado.

garañón

ganado m. Conjunto de animales de pasto que son criados para su explotación. || *desp.* Conjunto de personas. || FAM. ganadería, ganadero.

ganador, ra adj. y s. Que gana.

ganancia f. Beneficio, provecho que se saca de algo. Más en pl. || **no arrendar** a alguien **la ganancia** loc. Se usa para advertir a alguien sobre las consecuencias negativas que le puede acarrear algún dicho o hecho. || FAM. ganancial, ganancioso.

ganancial adj. De la ganancia o relativo a ella. || Se apl. al bien adquirido por el marido o la mujer o por ambos y que pertenece a los dos por igual. También m. pl.: *régimen de gananciales.*

ganapán m. Hombre que se gana la vida con trabajos eventuales que no requieren especialización. || *col.* Hombre rudo y tosco.

ganar tr. Obtener un beneficio. || Recibir un jornal o sueldo por un trabajo habitual. || Vencer en un pleito, batalla, concurso, etc. || Llegar a donde se pretende: *ganaron el pico del Everest.* || Lograr algo: *ganó los favores del ministro.* || Captar la voluntad de alguien. También prnl.: *se ganó al público.* || En impr., obtener espacio reduciendo texto o eliminando espacios en blanco. || intr. Medrar, prosperar, mejorar. || *amer.* Tomar una dirección determinada. || prnl. *amer.* Esconderse. || FAM. ganado, ganador, ganancia, ganapán, ganapierde.

ganchillo m. Aguja con gancho para tejer labores de punto. || Labor que se hace con ella.

ganchito m. Aperitivo ligero y crujiente que tiene forma alargada o de gancho.

gancho m. Instrumento puntiagudo y curvo para diversos usos. || Persona que, compinchada con el vendedor, se mezcla entre el público para atraer clientes. || Puñetazo con el brazo y antebrazo arqueados. || En baloncesto, tiro a canasta arqueando el brazo sobre la cabeza. || *col.* Gracia, atractivo. || *amer.* Horquilla para sujetar el pelo. || FAM. ganchero, ganchillo, ganchoso, ganchudo.

ganchudo, da adj. Que tiene forma de gancho: *nariz ganchuda.*

gandido, da adj. *amer. col.* Que come exageradamente.

gandul, la adj. y s. Vago, holgazán. || FAM. gandulear, gandulería.

gandulear intr. Holgazanear, comportarse como un gandul.

ganga[1] f. Ventaja o cosa que se consigue sin esfuerzo o por poco dinero. || Ave galliforme de forma y tamaño semejantes a los de la perdiz; tiene la garganta negra, un lunar rojo en la pechuga y el resto del cuerpo negro, pardo y blanco.

ganga[2] f. Materia inútil que acompaña a los minerales.

ganga[3] f. *amer.* Pandilla callejera de mala reputación.

ganglio m. Abultamiento pequeño en un nervio o en un vaso linfático. || FAM. ganglionar.

gangoso, sa adj. y s. Que habla con resonancia nasal, generalmente por algún defecto fisiológico que impide cerrar el paso del aire fonado a la nariz. || FAM. gangosidad, ganguear.

gangrena f. Destrucción de un tejido vivo por la falta de circulación sanguínea. || Enfermedad de los árboles. || FAM. gangrenarse, gangrenoso.

gangrenarse prnl. Destruirse un tejido vivo por falta de circulación sanguínea.

ganguear intr. Hablar con resonancia nasal producida por cualquier defecto en los conductos de la nariz.

gansada f. *col.* Hecho o dicho necios o poco serios. || *col.* Cosa que se hace o dice con intención cómica.

ganso, sa m. y f. Nombre común de diversas aves anseriformes resultantes de la domesticidad del ánsar, de plumaje gris pardo, pico anaranjado grueso y pies rojizos. Menos acuáticas que el pato, se crían bien en países húmedos y son apreciadas por su carne y por su hígado, con el que se fabrica el fuagrás. || adj. y s. Se apl. a la persona torpe, incapaz. || Se dice de la persona que presume de chistosa y aguda, sin serlo. || Se apl. a la persona perezosa, descuidada. || FAM. gansada, gansear.

gánster com. Malhechor de cualquiera de las bandas mafiosas que, procedentes de Italia, controlaban el crimen en Estados Unidos. || Miembro de una banda de delincuentes. || Individuo que procura su beneficio o el de su jefe a través de la violencia, el soborno y la coacción. ◆ pl. *gánsteres.* || FAM. gangsterismo.

ganzúa f. Gancho de alambre fuerte para abrir las cerraduras sin llaves.

gañán m. Mozo de labranza. || Hombre basto.

gañido m. Aullido del perro cuando lo maltratan. || Quejido de otros animales.

gañir intr. Aullar el perro y otros animales con gritos agudos y repetidos cuando los maltratan. || Graznar las aves. ◆ **Irreg.** Se conj. como *mullir.* || FAM. gañido.

gañote m. *col.* Parte superior de la tráquea, gaznate. || FAM. gañotudo.

gañotudo, da adj. *amer.* Que grita mucho.

garabatear intr. y tr. Hacer garabatos.

garabato m. Letra o rasgo mal hecho. || Trazos irregulares que se hacen sobre un papel en cualquier dirección, como los que hacen los niños cuando todavía no saben escribir. || FAM. garabatear, garabateo, garabatoso.

garaje m. Local para guardar vehículos.

garambaina f. Adorno de mal gusto y superfluo en los vestidos u otras cosas. || pl. *col.* Ademanes afectados o ridículos. || *col.* Rasgos o letras mal formados y que no se pueden leer. || *col.* Cosas y dichos inútiles, tonterías, pamplinas.

garante adj. y m. Que da garantía.

garantía f. Acción y resultado de afianzar lo estipulado. || Fianza, prenda. || Cosa que asegura y protege contra algún riesgo o necesidad. || Seguridad que un establecimiento o una marca comercial da al cliente del buen funcionamiento de algo durante un periodo de tiempo. || Documento sellado en que se hace constar. || FAM. garante, garantir, garantizar.

garantizar tr. Dar garantías.

garañón m. Asno, camello o caballo sementales.

garapiña f. Estado del líquido que se solidifica formando grumos. || *amer.* Bebida muy refrescante hecha de la corteza de la piña y agua con azúcar.

garapiñar tr. Garrapiñar.

garbanzo m. Planta herbácea papilionácea, con tallo de 40 a 50 cm de altura, hojas compuestas aserradas por el margen, flores blancas y fruto en vaina inflada y cubierta de pelo, con una o dos semillas amarillentas de aproximadamente 1 cm de diámetro. || Semilla de esta planta, legumbre de mucho uso en España. || **garbanzo negro** Persona que destaca de un grupo por algo negativo. || FAM. garbancero, garbanzal.

garbeo m. *col.* Paseo.

garbo m. Elegancia, desenvoltura al andar y moverse. || Gracia. || FAM. garbosamente, garboso.

garceta f. Nombre común de diversas aves ciconiformes con el plumaje blanco, la cabeza con un penacho corto del que salen dos plumas largas, el pico recto, el cuello muy delgado y los tarsos negros. Viven en las orillas de ríos y lagos.

garcilla f. Nombre común de diversas aves ciconiformes de cuerpo corto y alas robustas, que habitan en zonas pantanosas.

gardenia f. Arbusto rubiáceo originario de Asia oriental, con tallos espinosos de unos 2 m de altura, hojas lisas de color verde brillante, flores blancas y olorosas y fruto en baya de pulpa amarillenta. || Flor de esta planta, muy apreciada en jardinería.

garduña f. Mamífero carnívoro de unos 30 a 50 cm de longitud, con la cabeza pequeña, el cuello largo, las patas cortas y el pelo castaño pardusco. Es nocturno y a veces se alimenta de las crías de muchos animales domésticos, como la gallina y el conejo. || FAM. garduño.

garete (ir o **irse al)** loc. Ser llevada por el viento o la corriente una embarcación sin gobierno. || Marchar algo sin dirección o propósito fijo. || *col.* Malograrse, fracasar un asunto.

garfio m. Gancho de hierro para coger o sujetar algo.

gargajo m. Flema que se expulsa por la boca. || FAM. gargajear, gargajeo, gargajiento, gargajoso.

garganta f. Parte delantera del cuello. || Conducto interno entre el paladar y la entrada del esófago. || Paso estrecho entre montañas. || FAM. gargajo, gargantilla, gárgaras, garguero.

gargantilla f. Collar corto. || Cinta de adorno que rodea el cuello.

gargantúa com. Persona obesa que come mucho.

gárgara f. Acción de mantener un líquido en la garganta, con la boca hacia arriba, sin tragarlo y expulsando aire, lo que produce un ruido semejante al del agua en ebullición. Más en pl. || **mandar** algo o a alguien **a hacer gárgaras** loc. *col.* Deshacerse de algo o alguien molesto. || FAM. gargarismo, gargarizar.

gargarismo m. Gárgara. Más en pl. || Líquido que sirve para hacer gárgaras.

gárgola f. Caño o canal adornado para el desagüe de tejados o fuentes.

garguero m. Parte superior de la tráquea.

garita f. Caseta donde se resguarda el vigilante o el centinela. || Pequeño cuarto del portal que ocupa el portero. || FAM. garito.

garito m. Casa de juego ilegal. || Establecimiento público de diversión, generalmente pequeño y no lujoso. || Casa de mala reputación.

garlopa f. Cepillo largo y con puño que sirve para igualar las superficies de la madera una vez cepillada.

garnacha f. Especie de uva roja tirando a morada, muy delicada, de muy buen gusto y muy dulce. || Vino especial que se hace con esta uva.

garoso, sa adj. *amer.* Hambriento o comilón.

garra f. Pata de un animal cuando tiene uñas curvas y fuertes. || Mano de una persona. || *col.* Atractivo, gancho. || *amer.* Pedazo de cuero endurecido y arrugado. || pl. Parte de la piel del animal menos apreciada en peletería, que corresponde a la de las patas. || *amer.* Desgarrones, harapos. || FAM. garrón.

garrafa f. Recipiente de cristal ancho y redondo de cuello largo que a veces va protegido dentro de una funda de mimbre o plástico. || **de garrafa** loc. adj. *col.* Se apl. a los licores de baja calidad, sin marca. || FAM. garrafón.

garrafal adj. Enorme, monumental, aplicado a faltas o errores.

garrafón m. Recipiente de vidrio o barro cocido, de cuello corto, a veces protegido por un revestimiento. || **de garrafón** loc. adj. *col.* De garrafa.

garrapata f. Arácnido del grupo de los ácaros, parásito de ciertos animales a los que chupa la sangre.

garrapato m. Rasgo o letra irregular o ilegible. || FAM. garrapatear.

garrapiñado, da adj. Se apl. a los frutos secos bañados con almíbar solidificado: *almendras garrapiñadas.*

garrapiñar tr. Bañar frutos secos con almíbar solidificado. || FAM. garrapiña, garrapiñado.

garrido, da adj. Apuesto, lozano, robusto.

garrocha f. Vara con un pequeño arpón en la punta, como la que usan los picadores de toros bravos en las corridas. || *amer.* Pértiga del deportista. || FAM. garrochazo, garrochista.

garrón m. *amer.* Corvejón. || Espolón de ave. || FAM. garronear.

garrota f. Garrote. || Bastón corvo por la parte superior.

garrotazo m. Golpe dado con un garrote.

garrote m. Palo grueso y fuerte que se usa como apoyo al caminar. || Compresión fuerte que se hace de las ligaduras retorciendo la cuerda con un palo. || Tortura consistente en oprimir de esta forma los miembros de los prisioneros. || Aro de hierro sujeto a un palo fijo para estrangular a los condenados a muerte. También se llama *garrote vil.* || FAM. garrota, garrotazo, garrotera, garrotillo, garrotín.

garrotera f. *amer.* Conjunto de golpes, paliza.

garrotillo m. Nombre dado comúnmente a la difteria y a otras enfermedades de síntomas similares.

garrotín m. Baile que gozó de mucha popularidad a fines del siglo XIX.

garrucha f. Polea, mecanismo con una rueda que sirve para mover o levantar pesos.

garrulo, la adj. y s. *col.* Zafio, tosco y sin educación. ‖ FAM. garrulería.

gárrulo, la adj. Se dice del ave que canta, gorjea o chirría mucho. ‖ Se apl. a la persona muy habladora o charlatana. ‖ Se dice de la cosa que hace ruido continuado, como el viento, un arroyo, etc.

garúa f. *amer.* Llovizna. ‖ *amer.* Niebla espesa. ‖ FAM. garuar.

garufa m. *amer. col.* Hombre que gusta de la diversión y de la fiesta.

garza f. Nombre común de diversas aves ciconiformes cuya altura varía de 80 a 150 cm según la especie. Tienen el pico largo, la cabeza pequeña y el cuello largo, con el plumaje gris claro, blanco o pardo. Viven a orillas de los ríos y pantanos y se alimentan de peces. ‖ **garza real** La que tiene un moño largo, negro y brillante, el dorso azulado, vientre y pecho blancos, con las alas grises, las plumas mayores negras, tarsos verdosos y pico largo y amarillo que se va oscureciendo hacia la punta. Abunda en las zonas húmedas de la península ibérica. ‖ FAM. garceta, garcilla.

garzo, za adj. De color azulado, especialmente referido a los ojos de este color y a las personas que los tienen así.

gas m. Fluido que, por la casi nula fuerza de atracción entre sus moléculas, tiende a ocupar por completo el espacio en el que se encuentra. ‖ Mezcla gaseosa que se utiliza como combustible para la calefacción o el alumbrado. ‖ Mezcla de carburante y de aire que alimenta el motor de un vehículo automóvil. ‖ *col.* Fuerza, energía, ímpetu. ‖ pl. Los que se acumulan en el intestino producidos por la digestión. ‖ **gas ciudad** El que se distribuye por tuberías para uso doméstico o industrial. ‖ **gas natural** El que procede de formaciones geológicas o aceites naturales. ‖ **gas noble** Cada uno de los elementos químicos que, en condiciones normales, se encuentran en estado gaseoso: argón, criptón, helio, neón, radón y xenón. ‖ **a todo gas** loc. adv. A toda velocidad. ‖ **dar gas** loc. Actuar sobre el acelerador de un vehículo automóvil para aumentar la velocidad de su motor. ‖ FAM. gasear, gasiforme, gaseosa, gaseoso, gasificar, gasista, gasístico, gasoducto, gasógeno, gasoil, gasóleo, gasometría, gasómetro.

gasa f. Tela ligera y transparente. ‖ Tejido muy poco tupido de algodón esterilizado que se usa para vendas y compresas.

gascón, ona adj. De Gascuña o relativo a esta antigua provincia de Francia. ‖ m. Conjunto de dialectos románicos que se hablan en dicha región.

gasear tr. Hacer que un líquido, generalmente agua, absorba cierta cantidad de gas. ‖ Someter a la acción de gases asfixiantes, tóxicos, lacrimógenos, etc.

gaseoducto m. Gasoducto.

gaseosa f. Bebida refrescante, efervescente, de sabor dulce y sin alcohol.

gaseoso, sa adj. Con las propiedades del gas.

gasificar tr. Hacer que un líquido o un sólido pase al estado gaseoso. ‖ Disolver gas carbónico en un líquido. ‖ FAM. gasificación.

gasoducto m. Tubería de gran calibre para la conducción de gas a larga distancia.

gasógeno m. Aparato para obtener gases. ‖ Aparato que se instala en algunos automóviles, destinado a producir carburo de hidrógeno empleado como carburante. ‖ Mezcla de bencina y alcohol que se usa para el alumbrado y para quitar manchas.

gasoil o **gasóleo** m. Fracción destilada del petróleo crudo, que se purifica especialmente para eliminar el azufre. Se usa sobre todo en los motores diésel y como combustible en hogares abiertos. ‖ FAM. gasolina.

gasolina f. Mezcla de hidrocarburos líquidos, volátiles e inflamables obtenidos de la destilación del petróleo crudo. Se emplea como combustible en los motores de explosión y como disolvente. ‖ FAM. gasolinera.

gasolinera f. Establecimiento en que se vende gasolina o gasóleo con surtidores apropiados para suministrarla a los vehículos. ‖ Lancha con motor de gasolina.

gasometría f. Método de análisis químico de las mezclas gaseosas.

gastador, ra adj. y s. Que gasta mucho dinero. También s. ‖ m. y f. Soldado que se dedica a abrir trincheras o a franquear el paso en las marchas con palas, hachas y picos. ‖ Presidiario condenado a trabajos públicos.

gastar tr. Emplear el dinero para comprar algo. También intr. y prnl. ‖ Consumir con el uso. También prnl. ‖ Estropear, desgastar algo por el uso. ‖ Usar algo habitualmente: *gasta pajarita.* ‖ Tener habitualmente un estado determinado: *gasta un genio endiablado.* ‖ **gastarlas** o **gastárselas** loc. *col.* Proceder, portarse. ‖ FAM. gastable, gastado, gastador, gasto, gastón, gastoso.

gasterópodo, da adj. y m. De los gasterópodos o relativo a esta clase de moluscos. ‖ m. pl. Clase de moluscos terrestres o acuáticos provistos de un pie carnoso mediante el cual se arrastran, de cabeza cilíndrica con la boca en su extremo anterior y uno o dos pares de tentáculos en la parte dorsal, y el cuerpo comúnmente protegido por una concha de una pieza que casi siempre se arrolla en espiral, como la lapa y el caracol.

gasterosteiforme adj. y m. De los gasterosteiformes o relacionado con este orden de peces. ‖ m. pl. Orden de peces osteíctios con el cuerpo aplanado y protegido por placas óseas, algunas aletas reducidas y la boca en forma de tubo, como el caballito de mar.

gasto m. Acción de gastar. ‖ Lo que se gasta o se ha gastado. ‖ Cantidad de líquido o de gas que, en determinadas circunstancias, pasa por un orificio o por una tubería en cada unidad de tiempo.

gastr-, gastero-, -gastrio, gastro- prefs. o suf. que significan 'estómago': *gastritis, gasterópodo, epigastrio, gastroscopia.*

gastralgia f. Dolor de estómago.

gástrico, ca adj. Del estómago o relativo a él. ‖ FAM. gastralgia, gastritis, gastroenteritis, gastrointestinal, gastropatía.

gastritis f. Inflamación de las mucosas del estómago debida a la producción excesiva de ácido. ◆ No varía en pl.

gastroenteritis f. Inflamación de las mucosas del estómago y de los intestinos debida a una infección. ◆ No varía en pl.

gastrointestinal adj. Del estómago y los intestinos o relativo a estos órganos.

gastronomía f. Conjunto de conocimientos y actividades relacionados con la comida, concebida casi como un arte. || Afición a comer bien. || FAM. gastronómico, gastrónomo.

gástrula f. Fase del desarrollo del embrión de los metazoos en la que se esbozan las hojas o capas embrionarias.

gata f. *amer.* Gato, máquina para levantar pesos.

gatear intr. Andar a gatas. || Trepar como los gatos.

gatera f. Agujero que se hace en pared, tejado o puerta para que puedan entrar y salir los gatos, o con otros fines. || Agujero circular, revestido de hierro y abierto en las cubiertas de los buques, por el cual salen la cadena y los cabos de amarre.

gatillazo m. Golpe que da el gatillo de un arma de fuego, especialmente cuando no llega a disparar. || *col.* Fracaso del hombre en la realización del coito. || *col.* Fracaso de un proyecto.

gatillo m. Palanca de las armas de fuego que se aprieta para disparar. || Pieza de madera o hierro que se usa para unir o trabar aquello que se quiere asegurar. || FAM. gatillazo.

gato, ta m. y f. Mamífero carnívoro doméstico de cabeza redonda, lengua muy áspera, patas cortas armadas de uñas fuertes, agudas y retráctiles, pelaje espeso y suave de diversos colores y ojos cuya pupila se dilata para ver en la oscuridad. || *col.* Madrileño. || *amer.* Sirviente. || m. Nombre que se apl. a todos los félidos en general. || Máquina para levantar grandes pesos a poca altura, como la que se utiliza para elevar los vehículos al cambiar una rueda pinchada. || Instrumento de hierro o de madera compuesto de dos planchas con un tornillo que permite aproximarlas sujetando fuertemente la pieza que se coge entre ellas. || **gato de algalia** El de color gris con fajas transversales negras y con una especie de bolsa cerca del ano por donde segrega la algalia; es originario de Asia. || **gato de Angora** El de pelo muy largo, originario de Angora, en Asia Menor. || **gato montés** El que es poco mayor que el doméstico, con pelaje gris rojizo con rayas negras y cola leonada, que vive en los montes del norte de España. || **gato siamés** El de pelo muy corto de color ocre amarillento o gris, con la cara, las orejas y la cola más oscuras; es originario de Asia. || **cuatro gatos** *col.* Poca gente. || **a gatas** loc. adv. Modo de estar o desplazarse apoyando los pies y las manos en el suelo. || **dar gato por liebre** loc. *col.* Engañar, dar una cosa de menor calidad por otra mejor. || **haber gato encerrado** loc. *col.* Existir una razón oculta o secreta. || **llevarse el gato al agua** loc. *col.* Ganar. || FAM. gatear, gatera, gatillo, gatopardo, gatuno, gatuperio.

gatopardo m. Mamífero carnívoro semejante a la pantera, de unos 60 cm de altura y cerca de 1 m de largo, sin contar la cola, de la misma longitud; su pelaje es como el del leopardo, y su aspecto el de un perro.

gatuña f. Planta herbácea de la familia de las leguminosas, con tallos ramosos, delgados, duros y espinosos, hojas compuestas de tres hojuelas pequeñas, elípticas y dentadas, flores solitarias, rojizas o blancas y fruto en vainillas ovales.

gatuperio m. Mezcla dañina o desagradable que se obtiene al juntar diversas sustancias incompatibles. || *col.* Asunto sucio, embrollo, intriga.

gaucho, cha adj. De los habitantes de las pampas de Argentina y Uruguay, ganaderos y nómadas, o relacionado con ellos. También m.: *los gauchos son excelentes jinetes.* || De los gauchos o relativo a ellos: *aperos gauchos.* || *amer.* Buen jinete, o poseedor de otras habilidades características del gaucho. || *amer.* Grosero, zafio. || FAM. gauchada, gauchaje, gauchear, gauchesco, gauchismo.

gauss m. Unidad de inducción magnética en el sistema cegesimal, equivalente a una diezmilésima (10^4) de tesla. Su símbolo es *Gs.*

gavera f. *amer.* Caja con divisiones para transportar botellas. || *amer.* Envase con moldes para hacer hielo.

gaveta f. Cajón corredizo que hay en los escritorios. || Mueble que tiene uno o varios de estos cajones.

gavia f. Vela que se coloca en el mastelero mayor de las naves. || P. ext., cada una de las velas correspondientes en los otros dos masteleros. || Zanja que se abre en la tierra para desagüe o linde de propiedades.

gavial m. Reptil crocodiliano parecido al cocodrilo, de unos 8 m de largo, con el hocico muy prolongado y puntiagudo y las membranas de los pies dentadas.

gaviforme adj. y f. De las gaviformes o relacionado con este orden de aves. || f. pl. Orden de aves buceadoras y nadadoras con el cuerpo robusto y las patas posteriores cortas, que se alimentan exclusivamente de peces y otros animales acuáticos, como el colimbo.

gavilán m. Nombre común de diversas aves falconiformes de unos 30 cm de tamaño, de plumaje gris azulado en la parte superior del cuerpo y con bandas más oscuras en el cuello, pecho, vientre y cola en el macho. La hembra es un tercio mayor y de plumaje más claro. || Cualquiera de los dos lados del pico de la pluma de escribir. || Cada uno de los dos hierros que forman la cruz de la espada y sirven para defender la mano de los golpes del contrario.

gavilla f. Haz de sarmientos, mieses. || Grupo de muchas personas, generalmente no consideradas.

gaviota f. Nombre común de diversas aves caradriformes de plumaje blanco y ceniciento y pico largo y ganchudo; viven en las costas, vuelan mucho, son muy voraces y se alimentan principalmente de los peces que cazan en el mar.

gay adj. y m. Homosexual. ◆ pl. *gais.*

gayo, ya adj. Alegre, vistoso. || **gaya ciencia** Arte de la poesía.

gayola[1] f. Jaula. || *col.* Cárcel, prisión.

gayola[2] f. *vulg.* Masturbación.

gayumbos m. pl. *col.* Calzoncillos, prenda interior masculina.

gazapo[1] m. Conejo joven. || FAM. gazapera.

gazapo[2] m. *col.* Error al hablar o escribir. || *col.* Mentira.

gazmoñería f. Mojigatería, actitud de quien finge devoción o escrúpulos.

gazmoño, ña adj. y s. Que finge mucha devoción o escrúpulos, mojigato. || FAM. gazmoñería.

gaznápiro, ra adj. y s. Palurdo, simplón, torpe, que se queda embobado con cualquier cosa.

gaznate m. Parte superior de la garganta.

gazpacho m. Sopa fría que resulta de batir en crudo tomates, pimientos, pepino, ajo, cebolla y pan y que se aliña con sal, aceite y vinagre.

gazuza f. *col.* Hambre.

ge f. Nombre de la letra *g*.

géiser m. Surtidor intermitente de agua caliente y vapor en zonas volcánicas.

geisha (voz japonesa) f. Mujer japonesa que desde joven es educada en el canto, baile y conversación para servir y agradar al hombre.

gel m. Jabón líquido que se usa en el baño o la ducha. || Sustancia gelatinosa en que se transforma una mezcla coloidal al enfriarse.

gelatina f. Sustancia sólida y transparente obtenida a partir de la cocción del tejido conjuntivo, los huesos y cartílagos de animales. || Alimento hecho con una sustancia transparente y densa y con zumo de frutas. || FAM. gel, gelatinar, gelatinizar, gelatinoso.

gelatinoso, sa adj. Que tiene la consistencia de la gelatina. || Que tiene gelatina.

gélido, da adj. Helado, muy frío. || FAM. gélidamente, gelifracción, gelivación.

gema f. Piedra preciosa, mineral que se usa en joyería. || Yema o botón en los vegetales. || FAM. gemación, gemología.

gemación f. Desarrollo de la gema, yema o botón para la producción de una rama, hoja o flor. || Modo de reproducción asexual de algunos seres vivos que se caracteriza por separarse del organismo una pequeña porción del mismo, llamada yema, que se desarrolla hasta formar un nuevo individuo.

gemelo, la adj. Se apl. a cada hermano nacido de un mismo parto. También s. || Se dice de cada uno de los músculos de la pantorrilla. También m. || Se apl. ordinariamente a los elementos iguales de diversos órdenes que aparecen emparejados. || m. pl. Anteojos para ver a distancia. || Juego de dos botones iguales o de piezas de joyería para abrochar los puños de las camisas. || FAM. géminis.

gemido m. Sonido o voz que expresa dolor u otros sentimientos o sensaciones.

geminación f. Duplicación, repetición. || En ling., repetición de un fonema, una sílaba o una palabra al hablar o escribir.

geminado, da adj. Que está duplicado o repetido. || Partido, dividido.

geminar tr. y prnl. Duplicar, repetir. || intr. y prnl. En ling., producirse la geminación o repetición de un elemento lingüístico. || FAM. geminación, geminado.

géminis m. Uno de los signos del Zodiaco, al que pertenecen las personas que han nacido entre el 22 de mayo y el 21 de junio. ◆ Se escribe con mayúscula. || adj. y com. Se apl. a la persona que ha nacido bajo este signo. ◆ No varía en pl.

gemir intr. Expresar pena y dolor con sonido y voz lastimera. || Aullar algunos animales, o sonar algunas cosas inanimadas, con semejanza al gemido del hombre. ◆ Irreg. Se conj. como *pedir*. || FAM. gemebundo, gemido, gemidor, gimiente.

gemología f. Ciencia que trata de las gemas o piedras preciosas. || FAM. gemológico, gemólogo.

gemólogo, ga m. y f. Experto en gemología.

gen m. Fragmento de ADN dispuesto en un orden fijo en los cromosomas, que determina la aparición de los caracteres hereditarios en los seres vivos. || FAM. genoma, genotipo.

genciana f. Planta gencianácea de hojas grandes elípticas, lustrosas, flores amarillas que forman haces, fruto capsular con muchas semillas y raíz gruesa de olor fuerte y sabor muy amargo que se emplea en medicina como tónico y antipirético.

gencianáceo, a adj. y f. De las gencianáceas o relativo a esta familia de plantas. || f. pl. Familia de hierbas angiospermas dicotiledóneas, por lo común lampiñas, amargas, con hojas opuestas y sin estípulas, flores terminales o axilares, solitarias o en manojo, corimbo, racimo o cima y frutos capsulares, como la genciana.

gendarme com. Agente de policía, en Francia y otros países. || FAM. gendarmería.

gendarmería f. Cuerpo de tropa de los gendarmes. || Cuartel o puesto de gendarmes, comisaría.

genealogía f. Conjunto de antepasados de una persona. || Estudio que lo contiene. || Documento en que se hace constar la ascendencia de un animal de raza. || FAM. genealógico, genealogista.

genealógico, ca adj. De la genealogía o relativo a ella: *árbol genealógico*.

generación f. Procreación. || Sucesión de descendientes en línea recta. || Conjunto de personas que viven en la misma época. || Conjunto de personas que, por haber nacido en fechas próximas y recibido educación e influjos culturales y sociales semejantes, se comportan de manera parecida. || Conjunto de personas dedicadas al arte o a la ciencia, coincidentes en el tiempo y cuya obra tiene características comunes. || Producción o creación. || Conjunto de aparatos construidos con una misma tecnología. || FAM. generacional.

generacional adj. De la generación de coetáneos o relativo a ella.

generador, ra adj. y s. Que genera. || En geom., se apl. a la línea o a la figura que al moverse generan respectivamente una figura o un sólido geométrico. ◆ Con este significado, para el f. se usa la forma *generatriz*. || m. Se dice del aparato o máquina que convierte la energía mecánica en eléctrica.

general adj. Común a todos o a la mayoría. || Frecuente, usual. || Extenso y superficial: *planteamiento general*. || m. Jefe superior en el Ejército. || m. Superior de una orden religiosa. || **en general** o **por lo general** loc. adv. En común, generalmente. || Sin especificar ni individualizar nada concreto. || FAM. generala, generalato, generalidad, generalista, generalizar, generalmente.

generala f. Toque militar de alarma. || Mujer del general.

generalidad f. Mayoría. || Vaguedad o falta de precisión. || Cada uno de los organismos que gobiernan, respectivamente, Cataluña y la Comunidad Valenciana. ◆ Se escribe con mayúscula. || f. pl. Principios de una ciencia o materia.

generalización f. Extensión o propagación de algo. || Conclusión general que se saca de algo particular.

generalizar tr. Hacer común o corriente algo. También prnl. || intr. y tr. Sacar una conclusión general de algo particular. || Tratar los aspectos generales de algo, sin detenerse en ningún aspecto particular. || FAM. generalizable, generalización.

generar tr. Producir. || Procrear. || FAM. gen, generación, generador, generativo, generatriz, género, génesis, genital, genitivo.

generativo, va adj. Que tiene capacidad de engendrar.

generatriz adj. y f. En geom., f. de *generador*.

genérico, ca adj. General, común. || Del género gramatical o relativo a él: *morfemas genéricos*. || FAM. genéricamente.

género m. Conjunto, grupo con características comunes. || Clase a que pertenecen personas o cosas. || Cualquier mercancía de un comercio. || Cualquier clase de tela. || Accidente gramatical que indicaba el sexo y que hoy clasifica los sustantivos, adjetivos, pronombres y artículos en masculino, femenino y neutro. || Cada uno de los grandes grupos en que se pueden dividir las manifestaciones literarias según su objetivo, el asunto que tratan y cómo lo hacen, etc.: *género narrativo, descriptivo*. || Categoría taxonómica situada entre la familia y la especie y constituida por varias especies naturales con caracteres comunes. || FAM. general, genérico, generoso, genocidio.

generosidad f. Tendencia a ayudar a los demás y a dar las cosas propias sin esperar nada a cambio. || Nobleza o grandeza de carácter.

generoso, sa adj. Desinteresado, desprendido. || Noble de ánimo, magnánimo. || Abundante, espléndido. || adj. y m. Se apl. al vino seco más fuerte y añejo que el común. || FAM. generosamente, generosidad.

génesis f. Origen, principio. || Serie de hechos y factores que intervienen en la formación de algo. || m. Primer libro del Antiguo Testamento, en el que se explica el origen del mundo. ◆ Se escribe con mayúscula. ◆ No varía en pl. || FAM. genesíaco, genésico, genética.

genética f. Parte de la biología que estudia las leyes de la herencia y de todo lo relativo a ella. || FAM. genético, genetista.

genético, ca adj. De la genética o relativo a ella: *código genético*.

genial adj. Del genio o que tiene relación con él. || Sobresaliente, excelente. || Ocurrente, gracioso. || FAM. genialidad, genialmente.

genialidad f. Singularidad, originalidad, capacidad de crear e inventar cosas nuevas. || Obra o dicho geniales. A veces se usa en sentido irón.: *esta es otra de sus genialidades*.

genio m. Carácter, modo de ser de alguien. || Humor, estado de ánimo. || Carácter fuerte. || Gran ingenio o facultad extraordinaria para crear o inventar cosas nuevas

y admirables. || Persona dotada de esta facultad: *genio de la pintura*. || Inteligencia o aptitud extraordinaria. || Persona que posee esta inteligencia extraordinaria. || Ser imaginario al que se cree dotado de poderes sobrenaturales. || FAM. genial, geniecillo.

genital adj. De los órganos reproductores o relativo a ellos. || m. pl. Órganos sexuales externos masculinos o femeninos. || FAM. genitourinario.

genitivo m. En gram., caso de la declinación de las lenguas flexivas que indica dependencia o pertenencia y que en castellano se expresa mediante la prep. *de* antepuesta al sustantivo.

genitourinario, ria adj. De las vías y órganos genitales y urinarios o relativo a ellos.

genocidio m. Exterminio sistemático de un grupo humano por motivos de raza, religión o política.

genoma m. Conjunto de los cromosomas de una célula. || FAM. genómico.

genotipo m. Conjunto de genes característicos de cada especie vegetal o animal. || FAM. genotípico.

gente f. Conjunto de personas. || Nombre colectivo que se da a cada una de las clases que pueden distinguirse en la sociedad. || col. Familia: *se pelea mucho por su gente*. || **ser gente** o **muy gente** loc. *amer.* Ser como se debe, ser recto, irreprochable. || FAM. gentecilla, gentil, gentilicio, gentío, gentuza.

gentil adj. Amable. || Elegante, apuesto. || Antiguamente, pagano. También com. || FAM. gentileza, gentilhombre, gentilidad, gentilmente.

gentileza f. Cortesía. || Elegancia, garbo, desenvoltura.

gentilhombre m. Señor que acompañaba al rey o a los grandes señores. ◆ pl. *gentilhombres* o *gentileshombres*.

gentilicio adj. Se apl. al adjetivo o sustantivo que indica el origen o la nacionalidad de las personas, p. ej., *francés, peruano*. También m. || Del linaje o la familia o relativo a ellos.

gentillal m. *amer.* Gentío.

gentío m. Muchedumbre.

gentleman (voz i.) m. Caballero de exquisita elegancia y educación. ◆ pl. *gentlemen*.

gentuza f. *desp.* Gente de mala calaña.

genuflexión f. Acción de doblar la rodilla como reverencia.

genuino, na adj. Puro, sin mezclas. || Propio, natural, legítimo.

geo-, -geo pref. y suf. que significan 'tierra' o 'suelo': *geología, geodesia, hipogeo*.

geocéntrico, ca adj. Del centro de la Tierra o relativo a él. || Se apl. a la latitud y longitud de un planeta visto desde la Tierra. || Del sistema de Tolomeo y de los demás que suponían que la Tierra era el centro del universo, o relacionado con ellos.

geocentrismo m. Teoría astronómica sostenida fundamentalmente por Tolomeo, astrónomo y matemático del siglo II, que consideraba la Tierra como el centro del universo. || FAM. geocéntrico.

geoda f. Hueco de una roca, tapizado de una sustancia generalmente cristalizada.

geodesia f. Ciencia matemática que estudia y determina la figura y magnitud de todo el globo terrestre o de una gran parte de él, y construye los mapas correspondientes. || FAM. geodésico, geodesta.

geodinámica f. Parte de la geología que estudia las alteraciones en la corteza terrestre y las fuerzas y procesos que los producen. || FAM. geodinámico.

geoestacionario, ria adj. Se apl. al satélite que viaja de oeste a este a una altura superior a los 36 000 km sobre el ecuador y a la misma velocidad que la rotación de la Tierra.

geofísica f. Parte de la geología que estudia la física terrestre. || FAM. geofísico.

geografía f. Ciencia que describe la Tierra y señala la distribución en el espacio de los elementos y fenómenos que se desarrollan sobre su superficie. || FAM. geográficamente, geográfico, geógrafo.

geoide m. Forma teórica de la Tierra en la que se toma como superficie el nivel medio de los mares.

geología f. Ciencia que estudia la constitución y origen de la Tierra y de los materiales que la componen interior y exteriormente. || FAM. geológico, geólogo.

geomagnetismo m. Estudio del campo magnético terrestre y de los fenómenos relacionados con él.

geometría f. Parte de las matemáticas que estudia el espacio y las figuras que se pueden formar en él a partir de puntos, líneas, planos o volúmenes. || FAM. geómetra, geométricamente, geométrico.

geopolítica f. Ciencia que estudia la política de un país en función de sus factores geográficos. || FAM. geopolítico.

geoquímica f. Ciencia que estudia la composición química de la Tierra. || FAM. geoquímico.

georgiano, na adj. y s. De Georgia o relativo a este país asiático.

geórgica f. Obra literaria que tiene relación con la agricultura y la vida rural. Más en pl. || FAM. geórgico.

geosinclinal m. Zona de la corteza terrestre extensa y hundida en la que se han acumulado sedimentos a lo largo del tiempo.

geotecnia o **geotécnica** f. Aplicación de principios de ingeniería a la ejecución de obras públicas en función de las características de los materiales de la corteza terrestre.

geotermia f. Estudio de los fenómenos térmicos del interior del globo terrestre. || FAM. geotérmico.

geotropismo m. Movimiento de orientación de un organismo cuyo factor predominante es la fuerza de gravedad.

geraniáceo, a adj. y f. De las geraniáceas o relativo a esta familia de plantas. || f. pl. Familia de hierbas aromáticas angiospermas monocotiledóneas, de hojas lobuladas o compuestas, flores con cinco pétalos y fruto picudo que se parte cuando está maduro, como el geranio.

geranio m. Planta herbácea de la familia de las geraniáceas, con hojas grandes y flores de vivos colores en forma de parasol.

gerbo m. Jerbo.

gerencia f. Cargo y gestión del gerente. || Oficina del gerente. || Tiempo que una persona se mantiene en este cargo.

gerente com. Persona que dirige y administra una sociedad mercantil. || FAM. gerencia.

geriatra com. Médico especializado en geriatría.

geriatría f. Parte de la medicina que estudia la vejez y sus trastornos. || FAM. geriatra, geriátrico.

geriátrico, ca adj. De la geriatría o relativo a ella. || adj. y m. Se apl. al centro dedicado al cuidado de personas ancianas.

gerifalte m. Ave falconiforme de unos 55 cm de longitud, de plumaje pardo con rayas claras, que anida entre acantilados y rocas marinas y se alimenta de pequeños mamíferos y aves; es el halcón mayor que se conoce. || Persona que destaca, líder. || Jefe, persona importante o que manda.

germanía f. Jerga secreta de ladrones y rufianes, utilizada en los siglos XVI y XVII. || En el antiguo reino de Valencia, hermandad o gremio: *guerra de Germanías*. || FAM. germanesco.

germánico, ca adj. De Germania, antigua región de Europa central, de los germanos o relativo a ellos. También s. || De Alemania, de los alemanes o relativo a ellos. || m. Lengua indoeuropea que hablaron los pueblos germanos, y de la cual se derivaron el nórdico, el gótico, el alemán, el neerlandés, el frisón y el anglosajón. || FAM. germanismo, germanista, germanización, germanizar, germano.

germanio m. Elemento químico metálico blanco que se oxida a temperaturas elevadas, pero es resistente a los ácidos y a las bases. Su símbolo es *Ge*, y su número atómico, *32*.

germanismo m. Vocablo o giro de la lengua alemana empleado en otro idioma. || Empleo de vocablos o giros alemanes en distinto idioma.

germano, na adj. y s. De Germania o relativo a esta antigua región de Europa central. || De Alemania o relativo a este país europeo.

germen m. Embrión, semilla, célula. || Principio, origen de algo. || Microorganismo que puede causar o propagar enfermedades. || FAM. germicida, germinal, germinar.

germicida adj. y m. Que destruye gérmenes, especialmente los dañinos.

germinación f. Comienzo del desarrollo de una semilla. || Comienzo del desarrollo de algo inmaterial.

germinar intr. Brotar y comenzar a crecer las plantas. || Comenzar a desarrollarse algo inmaterial. || FAM. germinación, germinador, germinante, germinativo.

gerocultor, ra m. y f. Persona que se dedica a cuidar ancianos.

gerontocracia f. Gobierno de los ancianos. || FAM. gerontócrata.

gerontología f. Ciencia que estudia la vejez y los fenómenos que la caracterizan. || FAM. gerontólogo.

gerundio m. Forma verbal no personal que expresa simultaneidad de la acción con el tiempo en que se habla. Sus terminaciones son *-ando*, para los verbos de la 1.ª conjugación, o *-iendo*, para los de la 2.ª y 3.ª. En la oración equivale funcionalmente al adverbio. || FAM. gerundivo.

gesta f. Conjunto de hazañas de un personaje o un pueblo.

gestación f. Embarazo, y tiempo que dura. ‖ Periodo de preparación y elaboración de algo.

gestante adj. y f. Embarazada.

gestar tr. Llevar y sustentar la madre en su vientre al feto hasta el momento del parto. ‖ prnl. Prepararse, desarrollarse o crecer sentimientos, ideas o tendencias individuales o colectivas. ‖ FAM. gestación, gestante, gestatorio.

gestatorio, ria adj. Que ha de llevarse en brazos. ‖ **silla gestatoria** Silla en la que se llevaba a los papas en los actos solemnes.

gesticular intr. Hacer gestos. ‖ FAM. gesticulación, gesticulador, gesticulante.

gestión f. Conjunto de trámites que se llevan a cabo para resolver un asunto. ‖ Dirección, administración de una empresa, negocio, etc. ‖ FAM. gestionar, gestor.

gestionar tr. Hacer los trámites o diligencias necesarios para resolver un asunto. ‖ Dirigir o administrar una empresa o negocio.

gesto m. Movimiento del rostro o de las manos con que se expresa algo. ‖ Semblante, cara, rostro. ‖ Acto o hecho que se realiza por un impulso del ánimo. ‖ FAM. gestero, gesticular, gestual.

gestor, ra adj. y s. Que hace gestiones por oficio. ‖ m. y f. Administrador de una empresa mercantil. ‖ FAM. gestoría.

gestoría f. Establecimiento en el que se realizan trámites y gestiones administrativas diversas para sus clientes.

gestual adj. De los gestos o relativo a ellos: *lenguaje gestual.*

ghanés, esa adj. y s. De la República de Ghana o relativo a este país africano.

ghetto (voz it.) m. Gueto.

giba f. Joroba. ‖ FAM. gibar, gibosidad, giboso.

gibar tr. Encorvar. ‖ *col.* Fastidiar, vejar, molestar. También prnl.

gibón m. Nombre común a varias especies de mamíferos primates de 1 m de altura, arborícolas, que se caracterizan por tener los brazos muy largos y por carecer de cola y abazones.

giboso, sa adj. y s. Jorobado, que tiene giba.

giga- pref. que, antepuesto a unidades de medida, significa 'mil millones': *gigabit, gigavoltio.*

gigante, ta m. y f. Personaje imaginario de gran tamaño. ‖ Persona mucho más alta de lo normal. ‖ m. Personaje de cartón o de madera que interviene en algunos festejos populares: *gigantes y cabezudos.* ‖ Persona que sobresale en algo: *gigante del atletismo.* ‖ adj. Enorme, excesivo o muy sobresaliente en su especie. ‖ FAM. gigantea, gigantesco, gigantez, gigantismo, gigantomaquia, gigantón.

gigantea f. Girasol.

gigantesco, ca adj. Que es mucho más grande de lo normal.

gigantismo m. Enfermedad del desarrollo caracterizada por un crecimiento excesivo con relación a la talla media de los individuos de la misma edad, especie y raza.

gígolo (voz fr.) m. Joven que se prostituye con mujeres mayores por dinero o regalos.

gil o **gili** adj. y com. *col.* Tonto, lelo. ◆ pl. de la segunda forma: *gilís* o *gilíes.*

gilipollas adj. y com. *vulg.* Estúpido, lelo. ◆ No varía en pl. ‖ FAM. gilipollada, gilipollez, gilipuertas, gilitonto.

gilipollez f. *vulg.* Tontería, estupidez, idiotez.

gilipuertas adj. y com. Eufemismo por *gilipollas.* ◆ No varía en pl.

gimnasia f. Técnica de desarrollo, fortalecimiento y flexibilización del cuerpo por medio del ejercicio físico. ‖ Práctica o ejercicio que adiestra en cualquier actividad o función. ‖ FAM. gimnasio, gimnasta, gimnástico.

gimnasio m. Lugar con todo lo necesario para realizar ejercicios gimnásticos o deportivos.

gimnasta com. Persona que practica ejercicios gimnásticos.

gimnástico, ca adj. De la gimnasia o relativo a ella.

gimnospermo, ma adj. y f. De las gimnospermas o relativo a este grupo de plantas. ‖ f. pl. Grupo de plantas espermafitas cuyas semillas quedan al descubierto entre escamas más o menos abiertas, como el pino y el ciprés.

gimnoto m. Nombre común de diversos peces osteíctios del orden ciprniformes, de hasta 2 m de longitud, cuerpo alargado y que poseen la particularidad de producir descargas eléctricas que paralizan a animales bastante grandes.

gimotear intr. Gemir. A veces se usa con sentido *desp.*: *deja de gimotear, que no vas a conmoverme.* ‖ Hacer los gestos y suspiros del llanto sin llegar a él. ‖ FAM. gimoteo.

gimoteo m. *col.* Gemido, suspiro o llanto débil.

gin (voz i.) m. Ginebra. ‖ **gin-fizz** Combinación de ginebra, zumo de limón, azúcar y soda. ‖ **gin-tonic** Bebida combinada, mezcla de ginebra y tónica.

ginebra f. Aguardiente de semillas aromatizado con bayas de enebro.

gineceo m. Zona reservada a las mujeres en las antiguas casas griegas, que solía situarse en la parte superior de la casa. ‖ Órgano femenino de las flores de algunas plantas, formado por uno o más carpelos.

ginecocracia f. Gobierno de las mujeres.

ginecología f. Parte de la medicina que estudia el funcionamiento y las enfermedades del aparato genital de la mujer, así como de algunos aspectos del embarazo y el parto. ‖ FAM. ginecológico, ginecólogo.

ginecólogo, ga m. y f. Médico especialista en ginecología.

gineta f. Jineta.

ginger-ale (voz i.) m. Bebida refrescante con gas elaborada con jengibre.

gingival adj. De las encías o relativo a ellas. ‖ FAM. gingivitis.

gingivitis f. Inflamación de las encías. ◆ No varía en pl.

ginkgo m. Árbol de la familia ginkgoáceas, originario de China, de hojas caducas y aplanadas con típica forma de abanico, de 25 a 30 m de altura, con las flores masculinas y femeninas situadas en distintos árboles y semilla en drupa de color amarillo.

ginkgoáceo, a adj. y f. De las ginkgoáceas o relativo a esta familia plantas. ‖ f. pl. Familia de plantas gimnospermas con una sola especie, el ginkgo.

ginseng (voz i.) m. Planta herbácea de la familia de las araliáceas, originaria de China, de flores blancas y fruto rojo, cuya semilla se emplea como estimulante.

gira f. Excursión por diferentes lugares con vuelta al punto de partida. ‖ Serie de actuaciones de una compañía o de un artista en diferentes localidades.

giralda f. Veleta de torre, cuando tiene figura humana o de animal.

girándula f. Rueda llena de cohetes que gira despidiéndolos. ‖ Artificio que se pone en las fuentes para arrojar el agua de forma estética y variada.

girar intr. Dar vueltas alrededor de sí o de algo. ‖ Desviarse, cambiar de dirección. ‖ Desarrollarse una conversación o un asunto sobre un tema. ‖ tr. Hacer que algo gire. ‖ Expedir órdenes de pago: *girar una letra.* También intr. ‖ Enviar un giro postal o telegráfico. También intr. ‖ FAM. giradiscos, girado, girador, giralda, girándula, girasol, giratorio, giro, girómetro, giroscopio, giróscopo.

girasol m. Planta herbácea compuesta de tallo largo, hojas alternas acorazonadas, flores terminales amarillas que se doblan en la madurez y fruto con muchas semillas negruzcas comestibles, de las que se extrae aceite. ‖ Flor de esta planta.

giratorio, ria adj. Que gira: *puertas giratorias.*

girl scout (voz i.) f. Miembro femenino de una asociación de origen inglés que pretende la formación de los jóvenes al aire libre. ◆ pl. *girl scouts.*

giro m. Vuelta, rotación. ‖ Desvío, cambio de dirección. ‖ Orientación que se da a una conversación, a un negocio, etc. ‖ Estilo, estructura especial de la frase para expresar un concepto: *ese es un giro típico leonés.* ‖ Dinero que se manda por correo.

girola f. Nave que rodea el ábside en la arquitectura románica y gótica y, p. ext., en catedrales e iglesias de cualquier otro estilo.

girómetro m. Aparato para medir la velocidad de rotación de una máquina.

giroscopio o **giróscopo** m. Aparato consistente en un disco circular que gira sobre un eje libre y demuestra la rotación del globo terrestre. ‖ Aparato constituido principalmente por un volante pesado que gira rápidamente y tiende a conservar el plano de rotación reaccionando contra cualquier fuerza que lo aparte de dicho plano.

gis m. *amer.* Tiza para escribir.

gitano, na adj. y s. De un pueblo nómada originario de Egipto o India que ha conservado rasgos físicos y culturales propios, o relacionado con él. ‖ Zalamero, que tiene gracia para captar la voluntad de las personas. ‖ FAM. gitanada, gitanamente, gitanear, gitanería, gitanesco, gitanismo.

glaciación f. Formación de hielo. ‖ Formación de glaciares. ‖ Cada una de las grandes invasiones de hielo

que, por efecto de los descensos generalizados de las temperaturas, se extendieron desde los polos hacia la línea ecuatorial.

glacial adj. Helado. ‖ Indiferente, sin sentimientos: *sonrisa glacial.* ‖ Se apl. a las tierras y mares que están en las zonas polares. ‖ FAM. glaciación, glacialmente, glaciar, glacis.

glaciar m. Masa de hielo acumulada en las zonas altas de las cordilleras por encima del límite de las nieves perpetuas que se desliza muy lentamente, como un río de hielo. ‖ adj. De estas masas de hielo o relativo a ellas. ‖ FAM. glaciarismo, glaciología, glaciológico, glaciólogo.

gladiador m. Luchador en los juegos públicos romanos.

gladiolo o **gladíolo** m. Planta de la familia de las iridáceas, con flores de corola partida, rojas, en espiga terminal; se da espontáneamente en terrenos húmedos y se cultiva en jardines.

glamour (voz i.) m. Atractivo, hechizo y fascinación. ‖ FAM. glamoroso, glamuroso.

glande m. Cabeza del pene.

glándula f. Cualquiera de los órganos vegetales o animales que segregan las sustancias necesarias para el organismo y expulsan las innecesarias. ‖ **glándula endocrina** La que produce sustancias que se incorporan a la sangre. ‖ **glándula exocrina** La que segrega sustancias que van al exterior del organismo o al aparato digestivo. ‖ **glándula pineal** Epífisis. ‖ **glándula pituitaria** Hipófisis. ‖ **glándula suprarrenal** Cada uno de los órganos situados sobre los riñones y compuesto de una masa central o medular y otra cortical, la primera de las cuales segrega la adrenalina. ‖ FAM. glande, glandular.

glasé m. Tela fuerte de seda con mucho brillo.

glasear tr. Abrillantar la superficie de pasteles y bizcochos con azúcar derretido y clara de huevo. ‖ Dar brillo a la superficie de algunas cosas, como al papel o a las telas. ‖ FAM. glas, glasé, glaseado.

glauco, ca adj. Verde claro. ‖ FAM. glaucoma.

glaucoma m. Aumento patológico de la presión interna del ojo que provoca color verdoso de la pupila, dureza del globo ocular, atrofia de la retina y ceguera.

gleba f. Terrón que se levanta con el arado. ‖ Tierra, especialmente la cultivada. ‖ **siervo de la gleba** En la Edad Media, esclavo sujeto a una heredad que era enajenado con ella.

glicérido m. Éster formado por la combinación de la glicerina con ácidos grasos.

glicerina f. Alcohol incoloro de tres átomos de carbono, viscoso y dulce, que se encuentra en todos los cuerpos grasos como base de su composición. Se usa mucho en farmacia y perfumería, y para preparar la nitroglicerina, base de la dinamita. ‖ FAM. glicérido.

glicerol m. Líquido incoloro y espeso que forma la base de la composición de los lípidos.

glicina f. El más simple de los aminoácidos que intervienen en la composición de las proteínas. ‖ Glicinia.

glicinia f. Planta papilionácea que puede alcanzar gran tamaño y produce racimos de flores perfumadas generalmente de color azulado o malva.

glíptica f. Arte de grabar en piedras finas. || FAM. gliptografía, gliptoteca.

global adj. Tomado en conjunto, sin separar las partes. || FAM. globalidad, globalizar, globalmente.

globalidad f. Totalidad, conjunto.

globalización f. Tendencia de los mercados y de las empresas a extenderse, alcanzando una dimensión mundial que sobrepasa las fronteras nacionales.

globalizar tr. Integrar o incluir una serie de cosas en un planteamiento global. || FAM. globalización.

globo m. Cuerpo esférico. || Bolsa de goma o de otro material flexible que se llena de gas o de aire. || Cubierta esférica de cristal con que se envuelven las bombillas de las lámparas como adorno o para mitigar la luz. || Globo aerostático. || La Tierra. || Pompa que sale de la boca de los personajes en las viñetas. || Trayectoria semicircular que recorre un objeto lanzado hacia arriba. || **globo aerostático** Bolsa de tafetán u otro material impermeable y de poco peso, de forma esférica o cilíndrica que, llena de un gas de menor densidad que el aire atmosférico, eleva una barquilla sujeta a su parte inferior en la que pueden viajar tripulantes. || **globo sonda** El pequeño no tripulado, que lleva aparatos registradores y se eleva generalmente a gran altura, utilizado para estudios meteorológicos. || **globo terrestre** o **terráqueo** La Tierra. || Esfera en la que se representa el planeta Tierra. || FAM. global, globoso, glóbulo.

globulina f. Proteína vegetal y animal que se encuentra en el suero sanguíneo e interviene en la coagulación.

glóbulo m. Nombre de las células de la sangre y la linfa. En el ser humano son de dos tipos, rojos, eritrocitos o hematíes, y blancos o leucocitos. || Pequeño cuerpo esférico. || FAM. globular, globuloso.

gloria f. Fama, reputación. || Gusto, placer. || Majestad, esplendor. || En algunas religiones, paraíso, lugar a donde van los bienaventurados después de la muerte y en el que pueden disfrutar de la visión de Dios. || Doble suelo en cuyo interior se quema combustible para calentar la habitación. || Representación pictórica de ángeles, resplandores, etc. || m. Cántico o rezo de la misa, que comienza con las palabras *Gloria in excelsis Deo.* || **estar en la gloria** loc. *col.* Encontrarse muy a gusto. || **saber a gloria** loc. *col.* Tener un sabor muy agradable. || FAM. gloriar, glorieta, glorificar, gloriosamente, glorioso.

gloriar tr. Glorificar. || prnl. Vanagloriarse o alabarse de una cosa. || Complacerse, alegrarse mucho.

glorieta f. Plaza redonda en la que desembocan varias calles. || Plazoleta, por lo común en un jardín, donde suele haber un cenador.

glorificar tr. Alabar, ensalzar. || Dar la gloria divina a alguien. || FAM. glorificable, glorificación, glorificador.

glorioso, sa adj. Digno de honor y alabanza. || Que goza de la gloria divina. || De la gloria o relativo a ella.

glosa f. Explicación, comentario de un texto. || Nota explicativa en un libro de cuentas. || Composición poética en la que se reelabora otro texto lírico previo. || FAM. glosador, glosar, glosario.

glosar tr. Hacer, poner o escribir glosas. || Comentar palabras y dichos propios o ajenos, ampliándolos.

glosario m. Repertorio de palabras difíciles o dudosas con su explicación. || Vocabulario de términos de una misma disciplina, de un mismo campo de estudio, de un dialecto o de un autor, definidos o comentados. || Conjunto de glosas.

glosopeda f. Enfermedad infecciosa del ganado que provoca ampollas en la boca y en las pezuñas.

glotis f. Abertura superior de la laringe que controla la entrada de aire en la tráquea. ◆ No varía en pl. || FAM. glótico.

glotón, ona adj. y s. Que come con ansia y en exceso. || m. Mamífero carnívoro ártico, de hasta 1 m de longitud incluida la cola, con la piel oscura y una franja clara en los costados. || FAM. glotonamente, glotonear, glotonería.

glotonería f. Ansia y falta de medida en el comer.

glucemia f. Presencia de azúcar en la sangre, especialmente cuando es excesiva.

glúcido m. Sustancia orgánica compuesta de oxígeno, carbono e hidrógeno.

glucógeno m. Hidrato de carbono semejante al almidón, de color blanco, que se encuentra en el hígado y en los músculos. Es una sustancia de reserva que, en el momento de ser utilizada por el organismo, se transforma en glucosa.

glucólisis f. Conjunto de reacciones químicas del interior de la célula que degradan algunos azúcares, obteniendo energía en el proceso.

glucosa f. Azúcar de seis átomos de carbono presente en todos los seres vivos, ya que se trata de la reserva energética del metabolismo celular. || FAM. glúcido, glucógeno, glucólisis, glucómetro, glucósido, glucosuria.

glucosuria f. Estado patológico del organismo, que se manifiesta por la presencia de glucosa en la orina, como en la diabetes.

gluten m. Sustancia albuminoidea de color amarillento que se encuentra en las semillas de las gramíneas, junto con el almidón, y tiene un alto valor nutritivo. || FAM. glutinoso.

glúteo, a adj. De la nalga o relativo a ella. || Se apl. a cada uno de los tres músculos que forman la nalga. También m.

gneis m. Roca de estructura pizarrosa e igual composición que el granito. ◆ No varía en pl. || FAM. gnéisico.

gnómico, ca adj. y s. Se apl. a los poetas que escriben o componen sentencias, consejos y reglas de moral en pocos versos, y a las poesías u otros escritos de este género.

gnomo m. Ser fantástico al que se imaginaba trabajando en las minas y guardando tesoros subterráneos.

gnomon m. Indicador de las horas en los relojes solares más comunes. || FAM. gnómnica.

gnómica f. Ciencia que enseña el modo de hacer los relojes solares.

gnoseología f. Teoría del conocimiento. A veces, sinónimo de *epistemología.* || FAM. gnoseológico.

golondrina

gnosticismo m. Doctrina filosófica y religiosa de los primeros siglos de la Iglesia, que pretendía tener un conocimiento de las cosas divinas a través de la intuición y no de la razón o la fe. ‖ FAM. gnóstico.

gnóstico, ca adj. Relativo al gnosticismo. ‖ adj. y s. Partidario de esta doctrina.

gobernación f. Ejercicio del gobierno, mandato o dirección. ‖ Territorio que depende del Gobierno de la nación.

gobernador, ra adj. Que gobierna. También s. ‖ m. y f. Persona que desempeña el mando de una provincia, ciudad o territorio. ‖ Representante del Gobierno en algún establecimiento público. ‖ En México y Estados Unidos, persona que está al frente de cada uno de los estados federados.

gobernalle m. Timón de la nave.

gobernanta f. Mujer que tiene a su cargo el servicio, la limpieza y conservación de los grandes hoteles. ‖ col. Mujer muy mandona.

gobernante adj. y com. Que gobierna. ‖ Que dirige un país o forma parte de su Gobierno.

gobernar tr. Mandar con autoridad o regir una cosa. También intr.: gobernó con justicia. ‖ Guiar y dirigir. También prnl. ‖ Manejar o dominar a alguien. ‖ intr. Obedecer el buque al timón. ‖ prnl. Guiarse según una norma, regla o idea: gobernarse con sensatez. ◆ **Irreg.** Se conj. como acertar. ‖ FAM. gobernabilidad, gobernable, gobernación, gobernador, gobernalle, gobernanta, gobernante, gobiernista, gobierno.

gobiernista adj. y com. amer. Partidario del Gobierno.

gobierno m. Acción y resultado de gobernar o gobernarse. ‖ Conjunto de los organismos y personas que dirigen una nación, y las funciones que desempeñan. ◆ Se escribe con mayúscula. ‖ Territorio sobre el que tiene jurisdicción el gobernador. ‖ Edificio y oficinas donde tiene su sede. ‖ Tiempo que dura el mandato de una persona o de un grupo. ‖ FAM. gubernativo.

gobio m. Nombre común de diversos peces osteíctios perciformes marinos de pequeño tamaño, con las aletas abdominales colocadas debajo de las torácicas y unidas ambas por los bordes formando una ventosa. ‖ Pez osteíctio cipriniforme de unos 15 cm, con dos barbillas cortas en la boca, manchas en el lomo y cuerpo cilíndrico, que vive en los ríos donde forma bancos.

goce m. Acción y resultado de gozar o disfrutar, sentimiento de placer.

godismo m. amer. Tendencia política y social basada en las ideas conservadoras que se defendían en el siglo XIX en Venezuela. ‖ amer. Actitud propia de los godos, conservadores venezolanos del siglo XIX.

godo, da adj. y s. De un antiguo pueblo germánico que, escindido en dos grupos, visigodos u ostrogodos, invadió territorios del Imperio romano y fundó reinos en España e Italia, o relacionado con él. ‖ amer. Que pertenecía al partido conservador venezolano en el siglo XIX y, por ext., de ideas conservadoras. ‖ m. y f. Nombre con que se designa en Canarias al español peninsular. ‖ amer. desp. Nombre con que se designaba a los españoles durante las guerras de independencia.

gofio m. amer. Harina gruesa de maíz, trigo o cebada tostados. ◆ También se usa en Canarias. ‖ amer. Especie de alfajor hecho con harina de maíz. ‖ amer. Plato de comida que se hace con harina muy fina de maíz tostado y azúcar.

gofrado, da adj. Que está estampado con la técnica del gofrado. ‖ m. Acción y resultado de gofrar.

gofrar tr. Estampar en seco motivos en relieve o en hueco sobre papel o en las cubiertas de un libro. ‖ FAM. gofrado.

gofre m. Pastel de masa ligera, cocido en un molde especial que le imprime un dibujo en forma de rejilla.

gogó f. Mujer que se dedica a bailar para animar al público. ‖ **a gogó** loc. adv. col. En abundancia. ◆ pl. gogós.

gol m. Acción de entrar el balón en la portería en fútbol y otros deportes. ‖ Tanto que se consigue con ello. ‖ **colar** o **meter un gol** a alguien loc. col. Obtener un triunfo sobre una persona, a veces con engaño. ‖ FAM. golazo, golear, golero.

gola f. Garganta de una persona y región situada junto al velo del paladar. ‖ Adorno del cuello hecho de tul y encajes. ‖ Pieza de la armadura antigua que se ponía sobre el peto para cubrir y defender la garganta. ‖ Moldura cuyo perfil tiene la figura de una s. ‖ Canal por donde entran los buques en ciertos puertos o rías. ‖ FAM. golilla.

golear tr. En el fútbol y en otros deportes, meter muchos goles en la portería contraria. ‖ FAM. goleada, goleador.

golero, ra m. y f. amer. Portero, jugador que defiende la portería.

goleta f. Embarcación fina, de bordas poco elevadas, con dos o tres palos.

golf m. Deporte que consiste en meter una pelota, mediante palos especiales, en hoyos espaciados y abiertos en un terreno accidentado y cubierto de césped. ‖ FAM. golfista, golfístico.

golfante com. Golfo, sinvergüenza.

golfista com. Persona que juega al golf.

golfo¹ m. Porción de mar que se interna en tierra entre dos cabos.

golfo², fa m. y f. Persona que lleva una vida desordenada y que desprecia las normas sociales. También adj. ‖ desp. Persona de comportamiento sexual deshonesto. ‖ FAM. golfada, golfante, golfear, golfería, golfillo.

gollería f. Manjar exquisito y delicado. ‖ col. Delicadeza, cosa muy buena pero superflua.

gollete m. Parte superior de la garganta, por donde se une a la cabeza. ‖ Cuello estrecho que tienen algunas vasijas, como garrafas, botellas, etc. ‖ FAM. golletazo.

golondrina f. Nombre común de diversas aves paseriformes de 10 a 15 cm de longitud según las especies. Tienen el cuerpo negro azulado por el dorso y blanco por el pecho, alas puntiagudas, cola larga y muy ahorquillada y pico negro y corto. Son muy comunes en España cuando llega la primavera. ‖ **golondrina de mar** Nombre común de diversas aves caradriformes parecidas a las gaviotas, con alas estrechas, pico largo y cola ahorquillada. ‖ FAM. golondrino.

golondrino m. Pollo de la golondrina. ‖ Forúnculo que se produce en la axila por la inflamación e infección de una glándula sudorípara.

golosina f. Dulce o manjar que se come por placer. ‖ Cosa más agradable que útil. ‖ FAM. golosear, golosinar, golosinear, goloso.

goloso, sa adj. Aficionado a los dulces. También s. ‖ Apetitoso. ‖ FAM. golosamente.

golpe m. Choque de cuerpos, y su efecto. ‖ Desgracia. ‖ Ocurrencia, dicho gracioso y oportuno. ‖ Atraco. ‖ **golpe bajo** Falta en que incurre el boxeador que golpea a su contrincante por debajo de la cintura. ‖ Acción malintencionada con la que se pretende causar daño a alguien. ‖ **golpe de Estado** Usurpación ilegal y violenta del poder de una nación. ‖ **de golpe** loc. adv. Bruscamente. ‖ De una vez. ‖ **no dar golpe** loc. col. No trabajar, no esforzarse mucho en nada. ‖ FAM. golpazo, golpear, golpetazo, golpetear, golpismo, golpiza.

golpear tr., intr. y prnl. Dar uno o varios golpes a algo o alguien. ‖ FAM. golpeadero, golpeador, golpeadura, golpeo.

golpetazo m. Golpe fuerte.

golpismo m. Actitud favorable al golpe de Estado. ‖ Actividad de los golpistas. ‖ FAM. golpista.

golpista adj. Que da un golpe de Estado o lo apoya. También com. ‖ Del golpe de Estado o relativo a él.

golpiza f. amer. Paliza, zurra.

goma f. Sustancia viscosa de ciertos vegetales que, disuelta en agua, sirve para pegar o adherir cosas. ‖ Cualquier pegamento líquido. ‖ Tira o cinta elástica. ‖ Goma de borrar. ‖ **goma arábiga** La que producen ciertas acacias árabes, amarillenta, casi transparente, que se usa en medicina y como pegamento. ‖ **goma de borrar** Trozo de materia de caucho preparado especialmente para borrar el lápiz o la tinta del papel. ‖ **goma de mascar** Chicle. ‖ FAM. gomaespuma, gomería, gomero, gomina, gomorresina, gomoso.

gomaespuma f. Caucho celular sintético.

gomería f. amer. Lugar de venta o reparación de neumáticos.

gomero, ra adj. De la goma o relativo a ella. ‖ adj. y s. amer. Se apl. al que explota la industria de la goma.

gomina f. Fijador del cabello.

gomorresina f. Jugo lechoso que fluye de varias plantas y se solidifica al aire; se compone generalmente de una resina mezclada con una materia gomosa y un aceite volátil.

gomoso, sa adj. Que tiene goma o aspecto parecido al de la goma. ‖ adj. y m. Se apl. al hombre que cuida excesivamente su aspecto, por lo que resulta ridículo.

gónada f. Glándula sexual masculina (testículo) o femenina (ovario) que produce las células reproductoras.

góndola f. Embarcación veneciana de un remo, con la popa y la proa en punta algo elevada y sin cubierta. ‖ FAM. gondolero.

gondolero, ra m. y f. Persona que se dedica a llevar una góndola.

gong m. Disco metálico suspendido que resuena al golpearlo con un mazo. ◆ pl. gongs.

goniómetro m. Instrumento que sirve para medir ángulos. ‖ FAM. goniometría.

gonococo m. Bacteria que se encuentra en el interior de los leucocitos o del pus y que produce gonorrea. ‖ FAM. gonococia, gonorrea.

gonorrea f. Inflamación infecciosa de la mucosa genital.

gordinflón, ona adj. y s. col. Gordo y rechoncho.

gordo, da adj. De mucha carne o grasa. También s. ‖ Voluminoso, grueso. ‖ Más grande o más importante de lo normal. ‖ Se apl. al dedo pulgar. También m. ‖ Se dice del primer premio de la lotería. También m. ‖ m. Sebo o manteca de la carne del animal. ‖ **armarse la gorda** loc. col. Producirse una pelea o un alboroto entre muchas personas. ‖ **caer gordo** loc. col. Resultar antipático. ‖ FAM. gordal, gordezuelo, gordinflas, gordinflón, gordura.

gordura f. Obesidad.

gore (voz i.) adj. Se apl. a las películas que, desde una perspectiva trivializante, se recrean en las escenas de sangre y de violencia.

goretex m. Material impermeable pero transpirable, formado por una mezcla de microfibras.

gorgojo m. Nombre común de numerosos insectos coleópteros que atacan las semillas de cereales y legumbres.

gorgorito m. col. Quiebro de la voz al cantar. Más en pl. ‖ FAM. gorgoritear.

gorgoteo m. Ruido producido por un líquido o un gas al moverse en el interior de una cavidad. ‖ FAM. gorgotear.

gorguera f. Adorno del cuello, hecho de lienzo plegado y almidonado.

gorigori m. col. Canto lúgubre de los entierros.

gorila m. Mamífero primate de unos 2 m de altura y color pardo oscuro; tres dedos de sus pies están unidos por la piel hasta la última falange. Se alimenta de hojas y frutos y habita en África, a orillas del río Gabón. ‖ col. Guardaespaldas.

gorjear intr. Hacer quiebros con la voz en la garganta. Se usa hablando de la voz humana y de los pájaros. ‖ Emitir sonidos el niño cuando aún no sabe hablar o cuando se ríe. ‖ FAM. gorjeador, gorjeante, gorjeo.

gorjeo m. Vibración de la voz en la garganta.

gorobetearse prnl. amer. col. Torcerse. ‖ FAM. gorobeto.

gorra f. Prenda para cubrir la cabeza, sin copa ni alas, que suele llevar visera. ‖ **gorra de plato** La de visera que tiene una parte cilíndrica de poca altura, y sobre ella otra más ancha y plana. ‖ **con la gorra** loc. adv. col. Fácilmente, sin esfuerzo. ‖ **de gorra** loc. adv. col. A costa ajena, gratis. ‖ **pasar la gorra** loc. col. Recaudar dinero entre el público de una actuación callejera. ‖ **pegar la gorra** loc. col. Hacerse invitar. ‖ FAM. gorrilla, gorro, gorrón.

gorrino, na m. y f. Cerdo, especialmente el menor de cuatro meses. ‖ Sucio, desaseado, que produce asco. También adj. ‖ FAM. gorrinada, gorrinamente, gorrinear, gorrinera, gorrinería.

gorrión m. Nombre común de diversas aves paseriformes de unos 15 cm de longitud y plumaje pardo que se alimentan de granos e insectos.

gorro m. Prenda de tela o lana para cubrir y abrigar la cabeza. ‖ **gorro de baño** El de material impermeable para cubrirse el pelo durante el baño. ‖ **estar hasta el gorro** loc. adv. col. Estar harto.

gorrón, ona adj. y s. Aprovechado, que vive y se divierte a costa ajena. ‖ FAM. gorrear, gorronear, gorronería.

gorronear intr. Comer, vivir o hacer cualquier cosa a costa ajena.

góspel m. Estilo musical religioso originario de las comunidades negras de Estados Unidos.

gota f. Partícula redondeada que se desprende de un líquido. ‖ Pequeña cantidad de cualquier cosa, pizca: *no queda ni gota de pan.* ‖ Enfermedad muy dolorosa de las articulaciones producida por una gran concentración de ácido úrico en la sangre. ‖ pl. Medicina u otra sustancia tomada o medida con cuentagotas. ‖ **gota a gota** Método para administrar lentamente, por vía endovenosa, medicamentos, sueros o plasma sanguíneo. ‖ Aparato con el que se apl. este método. ‖ **ser la gota que colma el vaso** loc. col. Ser lo último que se puede admitir o lo que acaba con la paciencia. ‖ **sudar la gota gorda** loc. col. Esforzarse mucho, cansarse. ‖ FAM. gotear, gotelé, gotera, gotero, goterón, gotoso.

gotear intr. Caer un líquido gota a gota. ‖ Dar o recibir poco a poco. ‖ intr. impers. Comenzar a llover con gotas espaciadas. ‖ FAM. goteado, goteo.

gotelé m. Técnica para pintar paredes consistente en esparcir gotas de pintura espesa para dar un relieve granulado.

goteo m. Caída gota a gota de un líquido. ‖ Lo que se da o recibe espaciadamente y en pequeña cantidad: *goteo de gastos.*

gotera f. Filtración de agua en el interior de un edificio. ‖ Grieta del techo por donde se produce y señal que deja. ‖ Cenefa que cuelga alrededor del dosel o del cielo de la cama. ‖ Achaques propios de la vejez. Más en pl. ‖ amer. Afueras, contornos, alrededores.

gotero m. col. Gota a gota. ‖ amer. Cuentagotas.

goterón m. Gota de lluvia muy grande.

gótico, ca adj. De los godos o relativo a ellos. ‖ Se apl. al género al que corresponden las narraciones de terror. ‖ adj. y f. Se apl. a un tipo de letra rectilínea y angulosa, y al texto escrito en ella. ‖ adj. y m. Se dice del estilo arquitectónico que resulta de la evolución del románico, caracterizado por el arco ojival y la bóveda de aristas. ‖ m. Lengua germánica que hablaron los godos. ‖ **gótico flamígero** El estilo ojival caracterizado por la decoración de calados con adornos asimétricos, semejantes a las ondulaciones de las llamas.

gouache (voz fr.) m. Técnica pictórica sobre papel o cartón, consistente en aplicar el color diluido en agua o agua mezclada con goma o resina.

gourmet (voz fr.) com. Catador y degustador refinado y entendido en gastronomía. ◆ pl. *gourmets.*

gozada f. col. Gran gozo o satisfacción. ‖ col. Causa de ese gozo.

gozar tr. Poseer algo material o inmaterial. También como intr. con la prep. de: *goza de gran fortuna.* ‖ intr. Sentir placer, disfrutar con algo: *goza con los niños.* También prnl. ‖ **gozarla** loc. col. Pasarlo bien, disfrutar con una persona o cosa. ‖ FAM. goce, gozador.

gozne m. Herraje articulado que fija las hojas de una puerta o ventana y permite que se abatan. ‖ Bisagra metálica.

gozo m. Placer, alegría, emoción por lo que es favorable o apetecible. ‖ pl. Composición poética en honor de la Virgen o de los santos, que se divide en coplas que terminan en el mismo estribillo. ‖ FAM. gozada, gozar, gozosamente, gozoso.

gozoso, sa adj. Que siente gozo. ‖ Que produce gozo. ‖ De los gozos de la Virgen o relativo a ellos.

grabación f. Recogida o registro de imágenes, sonidos o datos en un soporte para su posterior reproducción. ‖ Disco, película o cinta magnética que la recogen.

grabado m. Arte y procedimiento de grabar una imagen sobre una superficie. ‖ Estampa obtenida por este procedimiento.

grabadora f. Magnetófono.

grabar tr. Hacer una incisión para labrar una figura, dibujo o inscripción sobre una superficie dura. ‖ Registrar imágenes, sonidos o datos en el soporte adecuado para su almacenamiento y reproducción. ‖ Fijar profundamente en el ánimo un concepto, un sentimiento o un recuerdo. También prnl. ‖ FAM. grabación, grabado, grabador, grabadora.

gracejada f. amer. Payasada, broma de mal gusto.

gracejo m. Gracia y desenvoltura al hablar o al escribir. ‖ FAM. gracejada.

gracia f. Cualidad de alguien de divertir o de hacer reír. ‖ Cosa que hace reír. ‖ irón. Cosa molesta e irritante. ‖ Garbo, salero al actuar o al hablar. ‖ Atractivo, encanto, naturalidad. ‖ Beneficio, concesión gratuita. ‖ Perdón o indulto de pena que concede la autoridad competente: *recurso de gracia.* ‖ En el cristianismo, ayuda sobrenatural y don otorgado por Dios al hombre para el logro de la bienaventuranza. ‖ Benevolencia, amistad, buen trato. ‖ pl. Fórmula de agradecimiento: *dar las gracias por algo.* ‖ En mit., divinidades, hijas de Venus que personificaban la belleza seductora. ‖ **caer en gracia** loc. Agradar, complacer. ‖ **golpe o tiro de gracia** loc. Golpe o tiro con que se remata a un malherido. ‖ **gracias a** loc. adv. Por intervención de, por causa de. ‖ **ser algo una triste gracia** loc. col. Causar descontento, disgusto o mal humor. ‖ FAM. gracejo, gracioso.

grácil adj. Sutil, delicado o menudo. ‖ FAM. gracilidad.

gracioso, sa adj. y s. Chistoso, agudo, que tiene gracia. ‖ irón. Pesado, sin gracia. ‖ adj. Con cierto atractivo personal, simpático. ‖ Que se da de gracia: *hicieron un gracioso donativo.* ‖ Título honorífico que reciben los reyes de Inglaterra: *Su Graciosa Majestad.* ‖ m. y f. Actor dramático que ejecuta siempre el papel de carácter festivo y chistoso. ‖ m. Personaje típico del teatro clásico español, generalmente un criado, que se caracteriza por su ingenio y socarronería. ‖ FAM. graciosamente.

grada f. Peldaño. ‖ Asiento colectivo a manera de escalón corrido. ‖ Gradería, conjunto de estos asientos. Más en pl. ‖ Tarima o escalón al pie de los altares. ‖ Plano inclinado hecho de cantería sobre el que se construyen o reparan los barcos. || Banco en forma de escalón para la extracción de piedras o mineral en las minas o canteras. || *amer.* Escalera. || pl. Escalinata que suelen tener los grandes edificios delante de su fachada. || FAM. gradería, graderío.

gradación f. Serie ordenada gradualmente. || En mús., progresión ascendente o descendente de periodos armónicos. || Figura que dispone varias palabras en significado ascendente o descendente.

gradería f. Conjunto o serie de gradas dispuestas escalonadamente.

graderío m. Gradería, en especial en instalaciones deportivas y plazas de toros. || Público que lo ocupa.

gradiente m. Intensidad de aumento o disminución de una magnitud variable, y curva que lo representa. || En fís., relación de la diferencia de presión barométrica entre dos puntos. || f. *amer.* Pendiente, declive.

grado¹ m. Cada uno de los diversos estados, valores o calidades que, en relación de menor a mayor, puede tener una cosa: *grado de formación académica, de intensidad del sonido.* || Valor, calidad de estas cosas. || Gradación de parentesco entre personas: *primos de segundo grado.* || En der., instancia que puede tener un pleito: *grado de apelación.* || En las escuelas, cada una de las secciones en que sus alumnos se agrupan según su edad, sus conocimientos, etc.: *grado inicial, medio.* || En las universidades, título de graduación. || En geom., unidad de medida de los ángulos, equivalente a cada una de las 360 partes iguales en que se divide una circunferencia. || En una ecuación o polinomio reducidos a forma racional y entera, el del término en que la variable tiene el exponente mayor: *ecuación de segundo grado.* || En gram., expresión de la intensidad de las cualidades de adjetivos y adverbios: *grado positivo, comparativo y superlativo.* || **grado Celsius** Unidad de medida de la temperatura en la escala del mismo nombre que se define situando en el 0 el punto de congelación del agua y en el 100 el de ebullición, ambos a una atmósfera de presión. || **grado centigrado** Grado Celsius. || **grado Fahrenheit** Unidad de medida de la temperatura en la escala del mismo nombre que se define situando en el 32 el punto de congelación del agua y en el 212 el de ebullición, ambos a una atmósfera de presión. || FAM. grada, gradación, gradiente, gradual, graduar.

grado² m. Voluntad, gusto. Se usa principalmente en las expresiones *de grado, de buen grado, de mal grado.*

graduación f. Control del grado o calidad que corresponde a la intensidad o cantidad de algo. || División, orden y medición. || Aumento o disminución gradual. || Concesión u obtención de un grado académico. || Proporción de alcohol en los vinos y licores. || Categoría y grado de un militar.

graduado, da adj. y s. Que ha obtenido un título de grado en una facultad universitaria. || **graduado escolar** Titulación elemental que se obtiene tras los estudios primarios. || **graduado social** Titulación que permite desarrollar trabajos de asistencia social, y persona que la posee.

gradual adj. Progresivo, de grado en grado. || FAM. gradualmente.

graduar tr. Dar el grado o calidad que corresponde a la intensidad o cantidad de algo. || Dividir, ordenar y medir en grados. || Aumentar o disminuir gradualmente algo: *graduar el esfuerzo.* || tr. y prnl. Conceder u obtener un grado académico. || Conceder o recibir un grado militar. || FAM. graduable, graduación, graduado, graduador.

grafema m. En ling., unidad mínima e indivisible de un sistema de representación gráfica de la lengua.

grafía f. Signo o conjunto de signos con que se representa por escrito un sonido o la palabra hablada.

-grafía suf. que significa 'descripción', 'tratado', 'escritura' o 'representación gráfica': *geografía, ortografía, monografía.*

gráfica f. Representación de datos numéricos por medio de coordenadas o dibujos que hacen visible la relación o gradación que esos datos guardan entre sí.

gráfico, ca adj. De la escritura o la imprenta o relativo a ellas. || Que se representa por figuras o signos. || Que expresa las cosas con la misma claridad que un dibujo. || m. Representación por medio del dibujo. || FAM. grafía, grafiar, gráficamente, grafismo, grafito, grafología.

grafismo m. Conjunto de particularidades gráficas de la letra de una persona. || Diseño gráfico destinado a la ilustración o a fines publicitarios. || FAM. grafista.

grafista com. Persona que se dedica profesionalmente al diseño gráfico.

grafiti m. Grafito. || FAM. grafitero.

grafito¹ m. Variedad del carbono natural negra y metálica, untuosa al tacto, que se emplea para hacer lápices, crisoles refractarios, ánodos electrolíticos, etc.

grafito² m. Pintada, inscripción o dibujo de carácter popular realizado en paredes de edificios.

grafo- pref. que significa 'escritura': *grafología, grafoscopio.*

grafología f. Estudio del carácter y psicología de una persona a través de los rasgos de su escritura. || FAM. grafológico, grafólogo.

gragea f. Confite pequeño, redondeado y de color. || Píldora medicinal redondeada, recubierta de una sustancia azucarada.

graja f. Ave paseriforme de la familia de los córvidos, de unos 45 cm de longitud, color negro reluciente con tonos violáceos y pico y patas claros.

grajilla f. Ave paseriforme de la familia de los córvidos, de unos 33 cm de longitud, plumaje negro y cogote de color gris, pico recio y ojos de color gris pálido.

grajo m. Nombre vulgar por el que se conoce a cualquier córvido de tamaño mediano, como la corneja o la graja. || *amer.* Olor desagradable que se desprende del sudor. || *amer.* Planta mirtácea de olor fétido. || *amer.* Insecto coleóptero negro que despide un olor nauseabundo. || FAM. graja, grajear, grajilla.

grama f. Hierba perenne medicinal de la familia de las gramíneas, de hojas cortas y planas y flores en forma de espiga, muy abundante en prados y bosques. || *amer.* Césped. || FAM. gramilla, gramínea.

gramática f. Ciencia que estudia los elementos de una lengua y sus relaciones. || Conjunto de normas y leyes que rigen la creación de las estructuras lingüísticas. ‖ Normas que se establecen para el correcto uso de una lengua. ‖ Libro donde se recogen. ‖ **gramática estructural** Modelo gramatical que considera la lengua como un conjunto de relaciones sistemáticas. ‖ **gramática general** La que trata de establecer los principios comunes a todas las lenguas. ‖ **gramática generativa** La que trata de formular una serie de reglas básicas, capaces de generar o producir todas las oraciones posibles y gramaticalmente correctas de un idioma. ‖ **gramática histórica** La que estudia las evoluciones que una lengua ha experimentado a lo largo del tiempo. ‖ **gramática parda** *col.* Habilidad para desenvolverse en la vida. ‖ FAM. gramatical, gramaticalidad, gramaticalización, gramático.

gramatical adj. De la gramática o relativo a ella. ‖ Que se ajusta a las reglas de la gramática. ‖ FAM. gramaticalmente.

gramilla f. *amer.* Planta gramínea que se utiliza para pasto. ‖ *amer.* Césped.

gramíneo, a adj. y f. De las gramíneas o relativo a esta familia de plantas. ‖ f. pl. Familia de plantas angiospermas monocotiledóneas de tallo cilíndrico, nudoso y generalmente hueco, hojas sentadas, largas y estrechas e insertas al nivel de los nudos, flores dispuestas en espiguillas reunidas en espigas, racimos o panículas, y semillas ricas en albumen, como el trigo.

gramo m. Unidad de masa en el sistema métrico decimal, equivalente a la milésima parte de un kilogramo. ‖ Unidad de fuerza o peso equivalente a la fuerza con la que una masa de un gramo es atraída por la Tierra. ‖ Cantidad de materia cuyo peso es un gramo. ‖ FAM. gramaje.

gramófono m. Aparato fonográfico que reproduce las vibraciones de sonido registradas en un disco. ‖ FAM. gramofónico.

gramola f. Gramófono portátil sin bocina exterior. ‖ Gramófono eléctrico instalado por lo general en establecimientos públicos en el que se acciona el disco elegido depositando una moneda.

gran adj. apóc. de *grande*. Solo se usa en sing., delante del sustantivo: *gran triunfo*. ‖ Principal o primero en una clase.

grana¹ f. Formación y crecimiento del grano de los frutos. ‖ Tiempo en que ocurre. ‖ Semilla menuda de varios vegetales.

grana² f. Cochinilla. ‖ Quermes, insecto. ‖ Excrecencia que el quermes forma en la coscoja y que, exprimida, produce color rojo. ‖ Color rojo obtenido de ella. ‖ Paño fino usado para trajes de fiesta. ‖ FAM. granado, granate.

granada f. Fruto del granado, de corteza amarillenta rojiza y forma de globo, que contiene numerosas semillas encarnadas en la pulpa. ‖ Bomba de mano del tamaño de una granada natural, cargada de explosivos o gases tóxicos. ‖ Proyectil hueco de metal que contiene un explosivo y se dispara con obús u otra pieza de artillería. ‖ FAM. granadero, granadina, granadino, granado.

granadero, ra m. y f. Soldado de infantería armado con granadas de mano. ‖ Miembro de una compañía de soldados de elevada estatura. ‖ *col.* Persona muy alta. ‖ *amer.* Miembro de los cuerpos especiales de policía.

granadina f. Refresco hecho con zumo de granada.

granado¹ m. Árbol frutal de la familia de las punicáceas, de tronco liso y tortuoso, corteza gris, ramas delgadas, hojas ovaladas, flores de color grana y fruto similar a una baya de gran tamaño.

granado², **da** adj. Notable, señalado. ‖ Maduro, experto.

granar intr. Formarse y crecer el grano de los frutos en algunas plantas. ‖ FAM. grana, granado, granazón.

granate m. Color rojo oscuro. También adj. ‖ Nombre genérico de un grupo de silicatos dobles de albúmina y de hierro u otros óxidos metálicos.

grande adj. Que supera en tamaño, importancia e intensidad a lo normal. ‖ Adulto, respecto a los niños. ‖ com. Persona de gran importancia o elevada jerarquía. ‖ **grande de España** Miembro del grado más alto de la nobleza española. ‖ **la grande** *amer. col.* El gordo, premio máximo de la lotería. ‖ **a lo grande** loc. adv. Con exceso o lujo. ‖ **pasarlo en grande** loc. *col.* Pasarlo estupendamente, divertirse mucho. ◆ Como adj., si va antepuesto al sustantivo toma la forma *gran: un gran hombre/una gran mujer*. Sup. irreg.: *máximo*. ‖ FAM. gran, grandemente, grandeza, grandioso, grandón, grandor, grandote, grandullón, grandulón.

grandeza f. Tamaño mayor de una cosa respecto de otra de su mismo género. ‖ Importancia, magnitud. ‖ Generosidad, bondad, excelencia moral. ‖ Majestad y poder. ‖ Dignidad de grande de España y conjunto de ellos.

grandilocuencia f. Elocuencia abundante y altisonante. ‖ Estilo sublime y elevado. ‖ FAM. grandilocuente.

grandilocuente adj. Que escribe o habla con grandilocuencia.

grandiosidad f. Magnificencia, grandeza admirable por su dimensión o cualidad.

grandioso, sa adj. Sobresaliente, magnífico. ‖ FAM. grandiosamente, grandiosidad.

grandullón, ona adj. *col.* aum. de *grande*, en especial referido al muchacho muy crecido para su edad.

grandulón, ona adj. *amer. col.* Grandullón, en especial el que se comporta como un niño. Suele usarse con sentido *desp.*

granel (a) loc. adj. y adv. Sin medida. ‖ Sin envase. ‖ En abundancia.

granero m. Sitio donde se guarda y protege el grano. ‖ Lugar donde abundan los cereales.

granito m. Roca magmática granular, cristalina, de gran dureza, compuesta esencialmente de feldespato, cuarzo y mica. ‖ FAM. granítico.

granívoro, ra adj. Se apl. al animal que se alimenta de grano.

granizada f. Precipitación de granizo. ‖ Multitud de cosas que caen o se manifiestan continuada y abundantemente.

granizado, da adj. y m. Se apl. al refresco hecho con hielo picado y alguna esencia, zumo de fruta, etc.

granizar intr. impers. Caer granizo. ‖ tr. Preparar una bebida granizada. ‖ FAM. granizada, granizado.

granizo m. Agua congelada que cae de las nubes en forma de granos de hielo. ‖ Especie de nube de materia gruesa que se forma en los ojos entre la túnica úvea y la córnea. ‖ Granizada, multitud de cosas que caen o se manifiestan continuada y abundantemente. ‖ FAM. granizar.

granja f. Hacienda de campo que consta de establos, huerta y casa habitable. ‖ Finca para la cría de animales domésticos. ‖ Establecimiento donde se venden productos lácteos. ‖ **granja escuela** La que se destina a enseñar las actividades del campo a los niños. ‖ FAM. granjear, granjería, granjero.

granjear tr. Enriquecerse traficando con ganado u otros productos. ‖ Conseguir, captar el favor, la voluntad de alguien. Más como prnl.: *se granjeó mi respeto*. ‖ intr. Avanzar una embarcación en relación con barlovento. ‖ FAM. granjeable, granjeo.

granjero, ra m. y f. Persona que posee una granja o trabaja en ella.

grano m. Semilla y fruto de los cereales y de otras plantas. ‖ Partícula o trozo pequeño de cualquier sustancia. ‖ Cada una de las bayas de la uva o de otros frutos separables de un agregado. ‖ Partecilla como de arena que se percibe en la masa o en la superficie de algunos cuerpos: *papel de grano fino*. ‖ Especie de tumorcillo que nace en la piel, a veces lleno de pus. ‖ Conjunto de partículas de sales de plata que forman la imagen fotográfica. ‖ m. pl. Cereales. ‖ **grano de arena** Pequeña ayuda o contribución a algo. Se usa mucho en dim.: *intentó contribuir con su granito de arena*. ‖ **ir** uno **al grano** loc. col. En cualquier asunto, ir derecho a lo principal o fundamental sin entretenerse en rodeos. ‖ FAM. granalla, granar, graneado, granero, granito, granívoro, granizo, granoso, granular, gránulo, granulosidad, granuloso.

granuja com. Joven vagabundo, pillo. ‖ Canalla, bribón, persona que engaña. ‖ FAM. granujada, granujería.

granulado, da adj. Se apl. a la sustancia cuya masa forma granos pequeños. ‖ m. Preparación en forma de gránulos.

granular[1] adj. Se apl. a las sustancias cuya masa forma granos o porciones menudas.

granular[2] tr. Reducir a gránulos una masa. ‖ Desmenuzar en granos muy pequeños. ‖ prnl. Cubrirse de granos pequeños alguna parte del cuerpo. ‖ FAM. granulación, granulado.

gránulo m. Bolita de azúcar y goma arábiga con una dosis muy pequeña de algún medicamento. ‖ Pequeño cuerpo o masa que existe en los tejidos y el citoplasma celular tanto en circunstancias normales como en determinados procesos patológicos.

granza f. Carbón mineral lavado y clasificado, cuyos trozos son de un tamaño comprendido entre 15 y 25 milímetros. ‖ pl. Residuos que quedan de las semillas después de aventarse y cribarse. ‖ Desechos que salen del yeso al cernirlo. ‖ Residuos de cualquier metal.

grao m. Playa que sirve de desembarcadero.

grapa f. Pieza pequeña de metal con los extremos doblados para unir o sujetar tablones, papeles, etc. ‖ Pieza similar usada en cirugía para practicar suturas. ‖ Escobajo o racimo de uva. ‖ Llaga o úlcera que se forma en el corvejón o la rodilla de las caballerías. ‖ *amer.* Especie de licor anisado o aguardiente. ‖ FAM. grapadora, grapar.

grapadora f. Utensilio que se utiliza para grapar.

grapar tr. Sujetar con una o varias grapas.

grasa f. Sustancia untuosa de origen vegetal o animal, que constituye la reserva de energía y la protección de la materia viva. ‖ Manteca, sebo de un animal. ‖ Aceite o sustancia utilizada como lubricante. ‖ Mugre o suciedad de la ropa. ‖ pl. Escorias, desechos de metal. ‖ FAM. grasiento, graso, grasoso.

grasiento, ta adj. Abundante en grasa o untado con ella.

graso, sa adj. Que tiene grasa o está formado por ella: *cutis graso*.

gratén m. Salsa espesa formada de bechamel y una capa de queso o pan rallado. ‖ Modo de cocinar un alimento cubriéndolo con esta salsa y dorándolo al horno.

gratificación f. Recompensa monetaria que se recibe por un servicio eventual o un hecho excepcional. ‖ Entre funcionarios, remuneración distinta del sueldo habitual.

gratificante adj. Que gratifica.

gratificar tr. Pagar, remunerar a alguien por un servicio. ‖ Complacer, gustar. ‖ FAM. gratificación, gratificador, gratificante.

gratín m. Gratén. ‖ FAM. gratinar.

gratinar tr. Tostar por encima en el horno un alimento, en especial el cubierto con gratén. ‖ FAM. gratinado, gratinador.

gratis adv. m. De balde, sin pagar. ‖ adj. Gratuito. ‖ FAM. gratuito.

gratitud f. Agradecimiento, reconocimiento de un favor o beneficio que se nos ha hecho.

grato, ta adj. Gustoso, agradable. ‖ FAM. gratamente, gratificar, gratitud.

gratuidad f. Calidad de gratuito. ‖ Falta de fundamento, arbitrariedad.

gratuito, ta adj. Que no cuesta dinero, que se consigue sin pagar. ‖ Arbitrario, sin fundamento. ‖ FAM. gratuidad, gratuitamente.

grava f. Conjunto de guijarros y cantos rodados. ‖ Piedra machacada para la pavimentación de caminos. ‖ Conjunto de materiales procedentes de erosiones meteorológicas que se encuentra en yacimientos. ‖ FAM. gravera, gravilla.

gravamen m. Carga fiscal sobre la riqueza, renta o gasto de una persona física o un bien mueble o inmueble. ‖ FAM. gravar.

gravar tr. Imponer un gravamen o establecer un tributo. ‖ FAM. gravoso.

grave adj. Que pesa. ‖ De mucha importancia. ‖ Se apl. a las enfermedades que ponen en peligro la vida del paciente. ‖ Serio, circunspecto, noble. ‖ Difícil, arduo. ‖ Se dice del sonido con una frecuencia de vibraciones baja.

‖ En gram., se apl. a la palabra cuyo acento cae en la penúltima sílaba. También f. ‖ FAM. gravedad, gravemente, gravidez, grávido.

gravedad f. Calidad de grave. ‖ Seriedad, circunspección. ‖ Fuerza que hace que los cuerpos se dirijan hacia el centro terrestre, por mutua atracción de la masa del cuerpo y de la Tierra. ‖ FAM. grafimetría, gravímetro, gravitar.

gravidez f. Embarazo de la mujer.

grávido, da adj. Cargado, repleto. ‖ Se apl. a la mujer embarazada.

gravilla f. Producto de la trituración de una roca cuyos elementos tienen un grosor máximo de 25 mm.

gravitación f. Propiedad de atracción mutua entre dos masas separadas por una distancia. ‖ Movimiento o descanso de un cuerpo por atracción de otro. ‖ FAM. gravitatorio.

gravitar intr. Moverse un cuerpo por la atracción de otro. ‖ Descansar un cuerpo sobre otro, por efecto de la gravedad. ‖ Pesar sobre alguien una obligación. ‖ FAM. gravitación.

gravoso, sa adj. Costoso, oneroso. ‖ Molesto, pesado.

graznar intr. Dar graznidos. ‖ FAM. graznido.

graznido m. Voz propia de algunas aves. ‖ Canto o grito disonante y molesto al oído.

greba f. Pieza de la armadura que protege la pierna desde la rodilla hasta el pie.

greca f. Adorno que consiste en una tira en que se repite la misma combinación de elementos decorativos, en especial los geométricos. ‖ *amer.* Aparato para preparar café de los establecimientos públicos.

grecismo m. Voz o modo de expresión propio de la lengua griega usado en otro idioma.

greda f. Arcilla arenosa que se usa para limpiar y desengrasar. ‖ FAM. gredal, gredoso.

green (voz i.) m. En golf, zona del campo cubierta de césped bajo y muy cuidado en la que está situado el hoyo.

gregario, ria adj. Que vive formando grupos o asociaciones. ‖ Que sigue ciegamente las ideas e iniciativas ajenas. ‖ m. y f. Ciclista que tiene la misión de ayudar al jefe de equipo. ‖ FAM. gregal, gregarismo.

gregoriano, na adj. De los papas llamados Gregorio, en especial Gregorio XIII, promotor de la reforma del calendario, o relativo a ellos. ‖ adj. y m. Se apl. al canto y rito reformados por el papa Gregorio I.

greguería f. Vocerío o griterío confuso de la gente. ‖ Género literario creado por Ramón Gómez de la Serna, consistente en una imagen en prosa que presenta una metáfora parcial y sorprendente de algún aspecto de la realidad.

greguescos o **gregüescos** m. pl. Calzones bombachos muy anchos que cubrían hasta debajo de la rodilla.

greifrut o **greifruta** m. o f. *amer.* Pomelo.

grelo m. Hojas tiernas y comestibles de los tallos del nabo.

gremio m. Corporación de personas del mismo oficio o profesión, regida por estatutos especiales. ‖ Conjunto de personas que tienen un mismo ejercicio, profesión o estado social. ‖ FAM. gremial, gremialismo.

greña f. Cabellera despeinada y revuelta. Más en pl. ‖ Lo que está enredado sin poderse desenlazar fácilmente. ‖ **andar a la greña** loc. *col.* Reñir continuamente dos o más personas. ‖ **en greña** loc. adj. *amer.* En rama, sin purificar o sin tratar. ‖ FAM. greñudo.

gres m. Pasta de arcilla y arena cuarzosa usada para hacer objetos y baldosas que, cocidos a temperaturas muy elevadas, se vuelven resistentes, impermeables y refractarios. ◆ No se usa en pl.

gresca f. Alboroto, bulla. ‖ Pelea, riña.

grey f. Rebaño. ‖ Conjunto de individuos con algún carácter común. ‖ Congregación de fieles cristianos bajo su sacerdote. ‖ FAM. gregario.

grial m. Vaso o copa que, según algunas leyendas o libros de caballería, utilizó Jesucristo en la última cena para la institución de la eucaristía.

griego, ga adj. y s. De Grecia o relativo a este país europeo. ‖ m. Lengua griega. ‖ *col.* Lenguaje ininteligible, incomprensible. ‖ *col.* Cópula anal. ‖ FAM. grecismo, grecolatino, grecorromano, greguescos.

grieta f. Abertura o quiebra que surge de forma natural en alguna superficie. ‖ Hendidura alargada y poco profunda en la superficie de la dermis o en las membranas mucosas.

grifa f. Llave grifa. ‖ Marihuana, en especial la marroquí.

grifería f. Conjunto de grifos y llaves que sirven para regular el paso del agua. ‖ Establecimiento donde se venden grifos y saneamientos.

grifero, ra m. y f. *amer.* Empleado de una gasolinera.

grifo, fa adj. Se apl. al cabello crespo o enmarañado. ‖ Se dice de la persona cuyo pelo ensortijado indica mezcla de raza blanca con negra. También s. ‖ *amer.* Borracho. ‖ m. Llave de metal, colocada en la boca de las cañerías, en calderas y en otros depósitos de líquidos a fin de regular el paso. ‖ Animal fabuloso cuya mitad superior es de águila y la inferior de león. ‖ *amer.* Surtidor de gasolina. ‖ *amer.* Porro, cigarrillo de marihuana. ‖ **tener el cuerpo grifo** loc. *col. amer.* Estar indispuesto. ‖ FAM. grifa, grifería, grifero, grifón.

grill m. Parrilla. ‖ En los hornos, resistencia situada en la parte superior que se emplea para dorar o gratinar los alimentos. ◆ pl. *grills.*

grilla f. *amer.* Discusión, alboroto.

grillado, da adj. *col.* Loco, chiflado. ‖ FAM. grillarse.

grillera f. Nido o cuevecita de los grillos en el campo. ‖ Jaula de alambre o mimbre en que se los encierra. ‖ *col.* Lugar en que todo el mundo habla al tiempo sin entenderse. ‖ *argot* Furgón policial para la conducción de detenidos.

grillete m. Arco semicircular de hierro cuyos extremos se aseguran con un perno que sirve para sujetar una cadena. ‖ Trozo de cadena que, unido a otros, forma la del ancla de un buque.

grillo m. Nombre común de diversos insectos ortópteros de hasta 3 cm de largo, color negro o marrón, cabeza redonda, ojos prominentes y patas adaptadas al salto. || FAM. grillera, grillete, grillos.

grillos m. pl. Conjunto de dos grilletes unidos por un perno que se colocaban en los pies para impedir el movimiento.

grima f. Disgusto, desagrado. || Desagrado físico, dentera.

gringo, ga adj. y s. *amer.* Persona nacida en Estados Unidos, en especial la de habla inglesa. || *amer.* Persona rubia.

gripa f. *amer.* Gripe.

gripar tr. y prnl. Bloquearse las piezas de un motor o un mecanismo.

gripe f. Enfermedad contagiosa estacional de origen vírico, que produce fiebre y síntomas catarrales. || FAM. gripa, gripal, griposo.

gris adj. Se apl. al color que resulta de la mezcla de blanco y negro. También m. || Triste, apagado. || Mediocre, que no destaca. || m. *col.* Viento frío. || *col.* Miembro de la Policía Armada cuyo uniforme era de ese color. || **gris marengo** Color gris muy oscuro, cercano al negro. || FAM. grisáceo, grisalla, grisear.

grisáceo, a adj. Que tira a gris o de tonos grises.

grisú m. Mezcla gaseosa de gas metano o formeno y aire, muy inflamable y explosiva que se desprende de las minas de carbón.

gritadera f. *amer.* Griterío.

gritar intr. Levantar la voz más de lo normal para expresar enfado o desaprobación. || Dar gritos, chillar. || FAM. grita, gritadera, gritador, gritería, griterío, grito, gritón.

gritería f. Griterío.

griterío m. Conjunto de voces altas, desentonadas y confusas, algarabía.

grito m. Sonido vocal que se emite con mucha fuerza. || Voz o expresión que se emite de este modo. || Chirrido de los hielos de los mares glaciares antes de quebrarse. || **último grito** La última moda. || **a grito limpio** o **pelado** loc. adv. A voces. || **estar en un grito** loc. Quejarse continuamente por un dolor. || **pedir algo a gritos** loc. *col.* Necesitarlo mucho. || **poner el grito en el cielo** loc. *col.* Quejarse por enfado o indignación.

groenlandés, esa adj. y s. De Groenlandia o relativo a esta isla del Atlántico Norte.

grogui adj. Atontado, aturdido o casi dormido. || Se apl. al boxeador momentáneamente aturdido, sin llegar a estar fuera de combate.

grosella f. Fruto del grosellero, en forma de baya globosa de color rojo, jugoso y de sabor agridulce. || adj. y m. Color rojo vivo. || FAM. grosellero.

grosellero m. Nombre común de varios arbustos de la familia de las saxifragáceas, de tronco ramoso de 1 a 2 m de altura, hojas alternas, pecioladas y divididas en cinco lóbulos, y flores de color amarillo verdoso en racimo, cuyo fruto es la grosella.

grosería f. Tosquedad, falta de finura. || Descortesía, falta grave de atención o respeto. || FAM. grosería.

grosero, ra adj. Tosco, basto, ordinario. || adj. y s. Descortés, desatento y sin educación. || FAM. groseramente.

grosor m. Espesor, grueso de un objeto.

grosso modo loc. adv. lat. Aproximadamente, a grandes rasgos: *calculó grosso modo el número de invitados.*

grotesco, ca adj. Ridículo, extravagante o de mal gusto. || FAM. grotescamente.

groupie (voz i.) com. Fan, especialmente chica que acompaña a un cantante o grupo pop en sus giras y realiza algunos servicios para ellos.

grúa f. Máquina elevadora compuesta por un eje vertical giratorio, con una o varias poleas que se accionan mecánicamente, que sirve para levantar y transportar pesos. || Vehículo automóvil provisto de dicha máquina para remolcar otro. || En televisión y cine, soporte de la plataforma en que se coloca el asiento del operador y la cámara. || FAM. gruero, gruista.

gruesa f. Doce docenas. || *amer.* Eufemismo para la mujer embarazada.

grueso, sa adj. Gordo, corpulento, voluminoso. || Que excede lo normal. || Se apl. a la porción de intestino que va del íleon al recto. || m. Espesor, grosor. || Parte principal de algo: *acabé el grueso del trabajo.* ◆ sup. irreg.: *grosísimo.* || FAM. grosero, grosor, gruesa.

gruiforme adj. y f. De las gruiformes o relacionado con este orden de aves. || f. pl. Orden de aves de pradera o de pantanos, de mediano o gran tamaño, con el cuello y las patas largos y las alas anchas, con los pies no palmeados, como las avutardas, las grullas y las fochas.

grulla f. Nombre común de diversas aves gruiformes de 90 cm a 1,80 m de altura, con el pico gris cónico y alargado, el cuello largo, las alas grandes y redondas, la cola pequeña con penachos largos y duros y el plumaje de colores vistosos; viven en campos y zonas pantanosas de todo el mundo.

grullo adj. y m. *amer.* Caballo o mulo de color ceniciento.

grumete com. Joven aprendiz de marinero que ayuda a la tripulación en sus faenas.

grumo m. Porción de un líquido que se solidifica o se coagula. || Conjunto de cosas apiñadas y apretadas entre sí. || Yema o brote de los árboles. || Extremidad del alón del ave. || FAM. grumoso.

grunge (voz i.) adj. y com. Se apl. a la persona de apariencia intencionadamente pobre y descuidada que responde a una actitud de rebeldía antisocial. ◆ pl. *grunges.*

gruñido m. Voz propia del cerdo. || Voz amenazadora del perro y otros animales. || Sonido ronco inarticulado o palabra ininteligible que pronuncia una persona irritada.

gruñir intr. Emitir su voz el cerdo. || Emitir su voz algunos animales en señal de amenaza. || Murmurar entre dientes o quejarse para mostrar disgusto. ◆ Irreg. Se conj. como *mullir.* || FAM. gruñido, gruñidor, gruñón.

gruñón, ona adj. y s. *col.* Que gruñe habitualmente.

grupa f. Anca, parte trasera y elevada de las caballerías.

grupo m. Conjunto de seres o cosas que forman un conjunto. || En esc. y pint., conjunto de figuras pintadas o esculpidas. || Unidad militar compuesta de varios escuadrones, por lo general al mando de un comandante:

grupo de asalto. ‖ En quím., cada una de las columnas del sistema periódico que contiene elementos de propiedades semejantes: *grupo de metaloides*. ‖ **grupo de presión** conjunto de personas o corporaciones que, con su influencia económica, social o política obtienen resoluciones del poder público favorables a sus intereses. ‖ **grupo electrógeno** Unidad formada por un motor de explosión o de combustión y un generador eléctrico. ‖ **grupo sanguíneo** Cada uno de los tipos en que se clasifica la sangre en función de los antígenos presentes en los glóbulos rojos. ‖ FAM. grupal, grupúsculo.

grupúsculo m. Grupo formado por un reducido número de activistas que comparten una misma ideología política, generalmente radical.

gruta f. Cavidad natural o artificial abierta en riscos o peñas. ‖ Estancia subterránea artificial que imita la anterior. ‖ FAM. grutesco.

grutesco, ca adj. De la gruta o relativo a ella. ‖ adj. y m. Se apl. a las decoraciones murales, pictóricas o escultóricas formadas por elementos fantásticos de animales, vegetales y humanos entrelazados.

gruyer m. Queso suizo amarillo, de grandes ojos y de sabor suave, elaborado de leche de vaca y cuajo triturado.

gua m. Juego de las canicas. ‖ Agujero pequeño que se hace en el suelo para jugar a las canicas.

guabirá m. Árbol de la familia de las mirtáceas, grande, de madera dura y fruto amarillo. ◆ pl. *guabirás*.

guaca f. Sepulcro de los antiguos indios, principalmente de Bolivia y Perú, en que se encuentran a menudo objetos de valor. ‖ Vasija en que se encuentran estos objetos de valor. ‖ *amer*. Tesoro escondido o enterrado. ‖ *amer*. Hucha o alcancía. ‖ *amer*. Guaco, planta. ‖ *amer*. Guacamayo. ‖ FAM. guaco, guaquear.

guacal m. *amer*. Árbol de la familia bignoniáceas, de frutos redondos y leñosos que se parten por la mitad para extraer la pulpa y usarlos como vasija. ‖ *amer*. Vasija así formada. ‖ *amer*. Cesta o jaula formada por varillas de madera que se utiliza para el transporte de loza, cristal, frutas, etc.

guacamayo[1] m. Nombre común de diversas aves psitaciformes de unos 40 cm de altura, con el pico curvo, la cola muy larga y el plumaje de color azul, amarillo, verde y rojo.

guacamayo[2]**, ya** adj. *amer*. Se apl. a la res vacuna de color amarillo. ‖ *amer*. Se dice de la persona que viste de diversos colores.

guacamole m. *amer*. Ensalada o pasta que se prepara con aguacate, cebolla, tomate y chile verde.

guachafita f. *amer*. Pelotera, trifulca.

guache m. *amer*. Villano, canalla. ‖ FAM. guachada.

guachimán m. *amer*. Vigilante, guardián.

guachinango, ga adj. *amer*. Astuto, zalamero. ‖ *amer*. Burlón.

guacho, cha adj. y s. *amer*. Huérfano.

guaco m. Nombre común a varias plantas de la familia de las compuestas, de tallos de hasta 20 m de largo, hojas grandes y campanillas de flores blancas que despiden mal olor. ‖ Ave galliforme del tamaño de un pavo, de plumaje negro con manchas blancas y pico grande

con un tubérculo azulado encima. ‖ *amer*. Ave falconiforme con el cuerpo negro y el vientre blanco.

guaco m. *amer*. Objeto de valor encontrado en una tumba precolombina o guaca.

guadamecí o **guadamecil** m. Cuero adobado y adornado con dibujos de pintura o relieve. ◆ pl. de la primera forma: *guadamecís* o *guadamecíes*.

guadaña f. Instrumento para segar a ras de tierra, formado por una hoja afilada curva y larga, sujeta por su lado más ancho a un mango largo que forma ángulo con el plano de la hoja. ‖ FAM. guadañador, guadañar, guadañero.

guadarnés, esa m. y f. Persona que cuida de las sillas, arreos y guarniciones de las caballerías. ‖ m. Lugar en el que se guardan estos útiles. ‖ Armería, lugar donde se guardan las armas.

guadua f. *amer*. Planta gramínea de gran altura, similar al bambú pero de tallos con púas y más gruesos, que están llenos de agua.

guagua[1] f. *amer*. Nadería, cosa baladí. ‖ *amer*. Insecto similar a la cochinilla que ataca el tronco de los árboles frutales. ‖ *amer*. Autobús de recorrido fijo. ◆ También se usa en Canarias.

guagua[2] f. *amer*. Niño pequeño, bebé.

guaguancó m. *amer*. Género musical popular con canto y baile.

guaira f. Vela triangular. ‖ Hornillo de barro en que los indios de Perú funden los minerales de plata. ‖ *amer*. Especie de flauta de varios tubos que usan los indios.

guaje m. Niño, muchacho, jovenzuelo.

guajira f. Canción y baile popular cubanos, inspirados en las tareas del campo.

guajiro, ra m. y f. Campesino cubano. ‖ FAM. guajira.

guajolote m. *amer*. Pavo, ave doméstica o salvaje. ‖ adj. *amer*. Tonto, necio.

gualda f. Planta herbácea de la familia de las resedáceas, con tallos ramosos, hojas lanceoladas, flores amarillas en espigas y fruto en forma de cápsula que contiene pequeñas semillas. ‖ FAM. gualdo.

gualdo, da adj. Del color amarillo de la flor de la gualda.

gualicho m. *amer*. Demonio. ‖ *amer*. Daño, maleficio. ‖ *amer*. Objeto que se usa como amuleto o talismán.

guambra m. *amer*. Muchacho, niño, adolescente.

guame m. *amer*. Cosa fácil de hacer.

guampa f. *amer*. Asta o cuerno de animal vacuno. ‖ FAM. guampudo.

guampudo, da adj. *amer*. Cornudo.

guanábana f. Fruto del guanábano, de corteza verdosa y sabor azucarado. ‖ FAM. guanábano.

guanábano m. Árbol anonáceo de hasta 8 m de altura, con el tronco recto de corteza gris, hojas de color verde intenso y grandes flores amarillentas.

guanaco m. Mamífero artiodáctilo andino de la familia de los camélidos, similar y algo mayor que la llama, de pelo largo y negruzco y patas delgadas aptas para la carrera. ‖ *amer*. Rústico, aldeano. ‖ *amer*. Tonto, simple.

guanche adj. y com. Del pueblo que habitaba las islas Canarias antes de la conquista castellana o relativo a él. ‖ m. Lengua camitosemítica hablada por este pueblo.

guanchinche (a) loc. adv. *amer.* A horcajadas sobre alguien.

guango, ga adj. *amer.* Holgado, suelto. ‖ m. *amer.* Atado, fajo. ‖ *amer.* Racimo de plátanos. ‖ *amer.* Especie de ratón de campo. ‖ *amer.* Trenza de pelo.

guano¹ m. Abono procedente de la descomposición de los excrementos de aves marinas acumulado en ciertas costas e islas de Sudamérica. ‖ Abono artificial que lo imita. ‖ *amer.* Estiércol. ‖ FAM. guanera.

guano² m. *amer.* Nombre genérico de varias palmeras como el yarey, la manaca, la jata, etc. ‖ *amer.* Dinero, plata.

guantada f. Guantazo.

guantazo m. Golpe que se da con la mano abierta. ‖ *col.* Golpe violento, choque.

guante m. Prenda de tela, punto o piel que cubre la mano y suele tener una funda para cada dedo. ‖ Protección en forma de guante de látex o caucho. ‖ **arrojar el guante** a alguien loc. Desafiar. ‖ **colgar los guantes** loc. Abandonar el boxeo y, p. ext., cualquier otro tipo de actividad. ‖ **de guante blanco** loc. adj. Se apl. al profesional de gran finura y categoría: *ladrón de guante blanco.* ‖ **echar el guante** a alguien loc. *col.* Atraparle. ‖ **estar o sentar como un guante** loc. *col.* Adaptarse perfectamente una prenda. ‖ **poner o estar como un guante o más suave que un guante** loc. *col.* Estar o volver dócil. ‖ FAM. guantada, guantazo, guantelete, guantera, guantería.

guantelete m. Pieza de la armadura que protegía la mano. ‖ Vendaje que cubre la mano y dedos a modo de guante.

guantera f. Caja del salpicadero de los automóviles en la que se guardan diversos objetos.

guapear intr. *amer.* Fanfarronear.

guaperas adj. y com. *col. y desp.* El que presume de ser guapo. ◆ No varía en pl.

guapo, pa adj. Se apl. a la persona de aspecto armonioso y agradable, bien parecido. ‖ Bien vestido, bien presentado. ‖ Atrevido, osado: *¿quién va a ser la guapa que se arriesgue a pedírselo?* También s. ‖ *col.* Bueno, bonito. ‖ m. Pendenciero, perdonavidas. ‖ FAM. guapamente, guapear, guaperas, guapería, guaperío, guapetón, guapeza, guapura.

guapura f. *col.* Belleza, cualidad de guapo.

guaquear tr. *amer.* Hacer excavaciones en busca de objetos arqueológicos precolombinos. ‖ FAM. guaqueo, guaquero.

guaracha f. *amer.* Danza cubana de ritmo binario y movimiento rápido, semejante al zapateado. ‖ *amer.* Asiento lateral de una balsa u otra embarcación similar. ‖ *amer.* Fiesta, diversión, parranda. ‖ *amer.* Orquesta pobre, compuesta de acordeón o guitarra y güiro, maracas, etc. ‖ f. pl. *amer.* Zapatos viejos.

guarache m. *amer.* Sandalia tosca de cuero. ‖ *amer.* Pieza de hule usada para proteger las llantas de un carro.

guarango¹ m. *amer.* Nombre común a varios aromos silvestres de la familia de las acacias.

guarango², ga adj. *amer.* Sucio, zarrapastroso. ‖ *amer.* Mal educado, descarado. ‖ FAM. guarangada.

guaraní adj. y com. De un grupo de pueblos amerindios que habitó entre el Amazonas y el Río de la Plata o relativo a él. ‖ m. Lengua hablada por este pueblo, y que actualmente constituye una de las lenguas oficiales de Paraguay. ‖ Unidad monetaria de Paraguay. ◆ pl. guaranís o guaraníes.

guarapeta f. *amer.* Borrachera. ‖ com. *amer.* Persona aficionada a los licores fuertes.

guarapo m. *amer.* Jugo de la caña dulce exprimida, que por vaporización produce el azúcar. ‖ *amer.* Bebida fermentada hecha con este jugo. ‖ *amer.* Jugo de piña fermentado. ‖ *amer.* Ron de poca graduación. ‖ FAM. guarapeta.

guarda com. Persona que tiene a su cargo el cuidado de algo. ‖ *amer.* Cobrador de tranvía. ‖ f. Acción de guardar o defender: *le concedieron su guarda y custodia legales.* ‖ Cada una de las dos varillas exteriores del abanico. ‖ Guarnición de la espada. ‖ Hoja de papel que ponen los encuadernadores al principio y al fin de los libros. ‖ Laminilla de acero que, en el dispositivo de una cerradura, particulariza su sistema de cierre. ‖ **guarda jurado** El guarda privado que jura su cargo ante la autoridad pertinente.

guardabanderas com. Marinero encargado de los objetos de bitácora, como agujas, brújulas, banderas, etc. ◆ No varía en pl.

guardabarrera com. Persona que en las líneas de los ferrocarriles vigila un paso a nivel y abre o cierra las barreras al paso del tren.

guardabarros m. Pieza curva que se coloca sobre las ruedas del coche o bicicleta para protegerlo de las salpicaduras de barro. ◆ No varía en pl.

guardabosque o guardabosques m. Guarda que cuida de un bosque. ◆ La segunda forma no varía en pl.

guardacantón m. Poste de piedra para resguardar de los vehículos las esquinas de los edificios. ‖ Cada uno de los postes de piedra colocados a los lados de un camino para que los vehículos no se salgan de él.

guardacostas m. Barco pequeño de vigilancia del litoral, en especial para la persecución del contrabando. ◆ No varía en pl.

guardaespaldas com. Persona destinada a proteger a otra acompañándola continuamente. ◆ No varía en pl.

guardafangos m. *amer.* Guardabarros. ◆ No varía en pl.

guardafrenos com. Empleado de los ferrocarriles encargado del manejo de los frenos de los trenes. ◆ No varía en pl.

guardaganado m. *amer.* Foso rodeado de travesaños de madera o hierro que impide el paso del ganado en las estancias.

guardagujas com. Empleado de los ferrocarriles encargado del manejo de las agujas para los cambios de vía del tren. ◆ No varía en pl.

guardainfante m. Armazón muy hueca hecha de alambres y cintas que usaban las mujeres bajo la falda para ahuecarla. ‖ Conjunto de los trozos de madera que se colocan sobre el cilindro de un cabrestante para aumentar su diámetro y que recoja más cuerda a cada vuelta que dé.

guardameta com. En dep., portero.

guardamonte m. En las armas de fuego, pieza semicircular de metal que se coloca sobre el disparador, para protegerlo. ‖ Capote de monte. ‖ *amer.* Pieza de cuero que cuelga de la parte delantera de la montura y sirve para defender las piernas del jinete de la maleza del monte.

guardamuebles m. Almacén destinado a guardar muebles. ‖ Empleado de palacio encargado de los muebles. ◆ No varía en pl.

guardapelo m. Joya con forma de caja aplanada en la que se guardan recuerdos.

guardapolvo m. Prenda de vestir a modo de bata o blusón de tela ligera que se usa para preservar la ropa de polvo y manchas. ‖ Protección o funda que se coloca sobre algo para protegerlo del polvo.

guardar tr. Cuidar, vigilar, custodiar. ‖ Colocar algo en el lugar apropiado. ‖ Conservar, no gastar. ‖ Cumplir, observar una regla. ‖ Mantener, observar: *guárdame el respeto debido.* ‖ prnl. Seguido de la prep. *de*, precaverse, recelar de un riesgo: *guárdate de las alabanzas.* ‖ Con la misma prep., evitar: *se guardó de manifestar su opinión.* ‖ **guardársela** a alguien loc. col. Esperar al momento adecuado para la venganza o castigo. ‖ FAM. guarda, guardabarreras, guardabarros, guardabosque, guardacantón, guardacoches, guardacostas, guardador, guardaespaldas, guardafrenos, guardameta, guardamonte, guardamuebles, guardapolvo, guardarraya, guardarropa, guardarruedas, guardería, guardés, guardia, guardián.

guardarraíl m. Protección vertical colocada a lo largo de algunas carreteras para separar carriles y dar seguridad en lugares peligrosos.

guardarraya f. *amer.* Linde de una heredad. ‖ *amer.* Pasadizo en el interior de una finca que separa los cultivos. ‖ *amer.* Espacio que se hace a ambos lados de setos o vallados para guardar la divisoria entre los predios. ‖ m. *amer.* Hito o poste lineal que se fija entre los extremos de un lindero recto.

guardarropa m. Local en los establecimientos públicos donde los asistentes guardan sus abrigos y otros objetos. ‖ Conjunto de vestidos de una persona. ‖ Armario donde se guarda la ropa. ‖ com. Persona encargada de cuidar el local destinado a guardar la ropa. ‖ En los teatros, persona encargada de guardar y suministrar los efectos de guardarropía. ‖ FAM. guardarropía.

guardarropía f. En teatro, cine y televisión, conjunto de trajes, muebles y accesorios que se usan en las representaciones. ‖ Lugar o habitación en que se guardan estos trajes o efectos. ‖ **de guardarropía** loc. adj. Se apl. a las cosas que aparentan lo que no son en realidad: *joyas de guardarropía.*

guardatojo m. *amer.* En las minas, casco protector.

guardavalla com. *amer.* Portero, guardameta.

guardería f. Institución o establecimiento dedicado al cuidado de los niños que aún no están en edad de escolarización.

guardés, esa m. y f. Persona encargada de custodiar o guardar una casa.

guardia f. Grupo de soldados o de personas armadas que se encargan de la protección de alguien, o de velar por el cumplimiento de ciertas normas: *guardia presidencial, municipal.* ‖ Defensa, custodia, protección. ‖ Servicio especial con este fin. ‖ Servicio especial fuera de horario en otras profesiones. ‖ Actitud de defensa: *ponerse en guardia.* ‖ com. Miembro de ciertos cuerpos armados: *guardia civil, urbano.* ‖ **guardia civil** Cuerpo de seguridad destinado principalmente a mantener el orden público en las zonas rurales y a vigilar las fronteras marítimas o terrestres, así como las carreteras y ferrocarriles. ◆ Se escribe con mayúscula. ‖ Individuo de este cuerpo. ‖ **Guardia de Corps** Cuerpo destinado a guardar al rey. ‖ **guardia de seguridad** Persona de la policía gubernativa destinada a mantener el orden en las ciudades. ‖ **guardia municipal** o **urbano, na** Persona que pertenece a la guardia dependiente de los ayuntamientos, a las órdenes del alcalde, y se dedica a mantener el orden y los reglamentos del municipio. ‖ **bajar la guardia** loc. Descuidar la vigilancia o el cuidado. ‖ **en guardia** loc. adv. Prevenido, en actitud de defensa. ‖ **estar de guardia** loc. Prestar servicio en ciertos establecimientos con horarios y turnos establecidos.

guardiamarina com. Cadete de la escuela naval militar que cursa sus dos últimos años de formación.

guardián, ana m. y f. Persona que guarda o vigila algo. ‖ m. En la orden de los franciscanos, superior de un convento. ‖ Cable más firme que los comunes con que se aseguran los buques cuando hay temporal.

guarecer tr. Acoger, proteger, guardar. ‖ prnl. Refugiarse, resguardarse. ◆ Irreg. Se conj. como *agradecer.* ‖ FAM. guarida.

guares m. pl. *amer.* Hermanos gemelos.

guarida f. Cueva o lugar donde se recogen y guarecen los animales. ‖ Refugio, lugar oculto al que se acude para huir de peligro. ‖ Lugar donde se acude con frecuencia. Suele tener sentido desp.

guarismo m. Cada uno de los signos o cifras arábigas que expresan una cantidad. ‖ Cantidad expresada por medio de dos o más cifras.

guarnecer tr. Poner guarnición. ‖ Adornar, vestir. ‖ Equipar, dotar. ‖ Revestir las paredes de un edificio. ◆ Irreg. Se conj. como *agradecer.* ‖ FAM. guarnición.

guarnición f. Adorno que se pone en los vestidos, ropas o colgaduras. ‖ Alimentos, generalmente hortalizas o legumbres, que acompañan al alimento principal. ‖ Engaste de metal en que se sientan y aseguran las piedras preciosas. ‖ Tropa que protege una plaza o ciudad. ‖ Parte de la espada que protege la mano. ‖ pl. Correajes de una caballería. ‖ FAM. guarnicionería, guarnicionero.

guarnicionero, ra m. y f. Persona que trabaja o vende objetos diversos de cuero o guarniciones para caballerías.

guarrada f. Porquería, suciedad. ‖ Lo que se considera indecente o inmoral. ‖ Acción intencionada que causa un perjuicio.

guarrazo m. *col.* Golpe o trompazo que se da uno al caer.

guarrear tr. Ensuciar, manchar. También prnl. || intr. Gruñir el jabalí o gritar el lobo.

guarrería f. Porquería, suciedad. || Mala jugada, acción malintencionada.

guarrindongo, ga adj. y s. *col.* Guarro.

guarro, rra adj. y s. Sucio, sin aseo. || Malintencionado, ruin. || m. y f. Cerdo. || FAM. guarrada, guarrazo, guarrear, guarreras, guarrería, guarrindongo.

guarura f. *amer.* Nombre común a varios caracoles de gran tamaño cuya concha, usada como bocina, produce un sonido que se oye a gran distancia.

guasa f. *col.* Broma, burla. || *irón.* Falta de gracia, sosería. || **estar de guasa** loc. *col.* Hablar o actuar bromeando. || FAM. guasearse, guaso, guasón.

guasca f. *amer.* Tira de cuero, cuerda o soga, que sirve de rienda o de látigo.

guasearse prnl. Tomar a guasa o chanza, burlarse.

guaso, sa m. y f. *amer.* Campesino, rústico. || *col. amer.* Hombre o mujer. || adj. *amer.* Tosco, grosero. || FAM. guasada.

guasón, ona adj. y s. *col.* Que tiene guasa. || *col.* Bromista.

guaspirolazo m. *amer.* Golpe, acción de golpear. || *amer.* Trago de bebida alcohólica.

guata¹ f. Lámina gruesa de algodón en rama que se emplea para rellenar o acolchar tejidos. || FAM. guatear.

guata² f. *amer. col.* Panza, barriga. || FAM. guatón.

guataca f. *amer.* Azada corta con que se limpian las tierras de hierba. || *amer. col.* Oreja grande y tosca. || com. *amer.* Adulador, servil.

guatambú m. *amer.* Árbol de la familia de las rutáceas, de excelente madera que se usa para adulterar la hierba mate. ◆ pl. *guatambús* o *guatambúes.*

guateado, da adj. Que está relleno y acolchado de guata.

guatear tr. Acolchar o rellenar con guata. || FAM. guateado.

guatemalteco, ca adj. y s. De Guatemala o relativo a este país centroamericano. || FAM. guatemaltequismo.

guateque m. Baile bullicioso. || Fiesta con comida y baile que se da en una casa.

guatero m. *amer.* Bolsa de caucho que se rellena de agua fría o caliente dependiendo de los fines terapéuticos.

guato¹ m. *amer.* Cordón de los zapatos.

guato², ta adj. y s. *amer.* Mellizo, gemelo.

guau Onomatopeya con que se representa la voz del perro. || Expresión de asombro o admiración: *¡guau, qué cochazo!*

guay adj. *col.* Excelente, estupendo: *es un tío guay.* También adv.: *canta guay.*

guayaba f. Fruto del guayabo, de figura aovada, carne llena de pequeñas semillas y sabor dulce. || Conserva y jalea que se hace con esta fruta. || *amer. col.* Exageración o mentira. || FAM. guayabera, guayabo.

guayabera f. Chaquetilla o camisa masculina de tela ligera, que se lleva por fuera del pantalón.

guayabo¹ m. Árbol mirtáceo de la América tropical, de hasta 6 m de altura, con tronco torcido y ramoso, ho-

jas puntiagudas, ásperas y gruesas y flores blancas y olorosas, cuyo fruto es la guayaba.

guayabo² m. *amer. col.* Muchacha joven y atractiva. || *amer.* Resaca, malestar que se padece después de beber o comer en exceso.

guayacán m. Árbol cigofiláceo de América tropical de hasta 12 m de altura, con el tronco grande y ramoso, la corteza dura y parduzca, hojas elípticas y flores de color blanco azulado. || Madera de este árbol, de color cetrino oscuro y gran dureza.

guayanés, esa adj. y s. De la Guayana Francesa o relativo a este territorio de América del Sur.

guayo m. *amer.* Árbol rosáceo de madera dura y colorada.

guayuco m. *amer.* Taparrabo. || *amer.* Traje viejo que usan los jornaleros para el trabajo.

gubernamental adj. Del Gobierno o relativo a él. || Partidario del Gobierno. || com. Leal al Gobierno vigente en caso de contienda.

gubernativo, va adj. Del Gobierno o relativo a él. || FAM. gubernamental, gubernativamente.

gubia f. Instrumento similar al formón, con corte curvado de media caña, delgado, para labrar superficies curvas. || Instrumento empleado para la ablación de partes óseas.

gudari (voz euskera) com. Soldado o combatiente.

guedeja f. Mechón de pelo. || Cabellera larga. || Melena del león.

guepardo m. Mamífero carnívoro de la familia de los félidos, de pelaje manchado similar al del leopardo y cuerpo estilizado apto para la carrera, que habita en las regiones meridionales de Asia y África.

güero, ra adj. y s. *amer.* Se apl. a la persona con cabellos rubios.

guerra f. Lucha armada entre dos o más países, o entre grupos contrarios de un mismo país. || Pugna entre dos o más personas. || Lucha, combate. || **guerra biológica** o **bacteriológica** La que usa como armamento bacterias o gérmenes nocivos. || **guerra civil** La que se da entre bandos contrarios de un mismo país. || **guerra fría** Hostilidad en las relaciones de dos o más países sin llegar al enfrentamiento armado. || **guerra química** La que usa productos químicos dañinos para el ambiente o los seres vivos. || **guerra santa** La que se hace por motivos religiosos, y especialmente la que hacen los musulmanes a los que no lo son. || **guerra sucia** Uso de acciones ilegales coactivas o violentas por parte del Estado o de grupos paramilitares. || **dar guerra** loc. *col.* Molestar. || FAM. guerrear, guerrera, guerrero, guerrilla.

guerrear intr. Hacer la guerra. También tr. || Resistir, rebatir.

guerrera f. Chaqueta militar ajustada y abrochada desde el cuello.

guerrero, ra adj. De la guerra o relativo a ella. || Travieso, que incomoda y molesta a los demás. || Belicoso, dispuesto a discutir o pelear. || adj. y s. Soldado, que combate en alguna guerra.

guerrilla f. Grupo de civiles armados no pertenecientes al Ejército regular, que lucha atacando al enemigo por sorpresa y en escaramuzas, gracias a su conocimiento del terreno. || Este modo de lucha. || **guerrilla urbana** Grupo que lleva a cabo acciones terroristas en ciudades con fines políticos. || FAM. guerrillera, guerrillero.

guerrillera f. *amer.* Especie de guayabera.

guerrillero, ra m. y f. Miembro combatiente de una guerrilla.

gueto m. Situación de marginación y aislamiento de una comunidad por motivos religiosos, raciales, políticos o culturales. || Barrio en que habita esta comunidad. || Barrio en que eran obligados a vivir los judíos.

guía com. Persona que conduce, dirige, aconseja u orienta a otras: *guía de montaña, espiritual.* || Persona que enseña a los visitantes lo más destacado de una ciudad, monumento, museo, etc.: *guía turística.* || Soldado que sirve para alinear la tropa. || f. Lo que dirige o encamina: *es la guía de sus hijos.* || Libro de indicaciones. || Lista de datos o información referentes a determinada materia. || Documento que llevan los transportistas de ciertas mercancías. || Mecha de pólvora que encienden los barrenos. || Vara que se deja sin podar en las cepas y en los árboles. || Tallo principal de las coníferas y otros árboles. || Pieza o cuerda que en las máquinas y otros aparatos sirve para dirigir el movimiento. || Manillar de la bicicleta. || Cada uno de los extremos del bigote cuando están retorcidos.

guiar tr. Ir mostrando el camino. || Aconsejar, orientar. || Conducir o manejar una máquina, en especial un automóvil. || Colocar guías en las plantas para dirigir su crecimiento. || prnl. Dejarse llevar o dirigir. || FAM. guía, guiado, guion.

guija f. Guijarro.

guijarro m. Piedra pequeña, redondeada y lisa formada por erosión del agua. || FAM. guija, guijarral, guijo.

guijo m. Conjunto de guijarros o piedras pequeñas usadas para consolidar y rellenar los caminos.

guillarse prnl. *col.* Perder la cabeza, volverse loco. || *col.* Irse o huir. || FAM. guillado, guilladura.

guillotina f. Máquina formada por un armazón de madera por el que cae una cuchilla muy afilada que decapita al reo que está arrodillado o tumbado ante ella. || En impr., instrumento formado de una cuchilla vertical que sirve para cortar papel. || **de guillotina** loc. adj. Se apl. a las vidrieras y persianas que se abren o cierran resbalando por un cerco. || FAM. guillotinar.

guillotinar tr. Decapitar con la guillotina. || Cortar con una guillotina.

güincha f. *amer.* Cinta métrica.

güinche o **guinche** m. *amer.* Cabrestante.

guinda f. Fruto del guindo, similar a la cereza, pero de sabor más ácido. || *col.* Remate, culminación. || FAM. guindado, guindilla, guindo.

guindado, da adj. Compuesto o preparado con guindas. || m. *amer.* Bebida hecha de aguardiente y guindas. También f.

guindar tr. Subir una cosa que ha de quedar colgada en alto. || *col.* Robar, quitar: *le ha guindado el bolso.*

guindilla f. Fruto del guindillo de Indias. || Pimiento pequeño, de color rojo o verde, muy picante. || com. *col.* Policía municipal.

guindillo de Indias m. Planta solanácea en forma de mata ramosa, de flores blancas y fruto redondo, rojo y muy picante.

guindo m. Árbol frutal de la familia de las rosáceas, parecido al cerezo, de hojas más pequeñas y fruto pequeño, redondo y ácido. || **caerse del guindo** loc. *col.* Madurar o salir de la ignorancia en que se estaba. || FAM. guindalera.

guinea f. Antigua moneda inglesa de oro, equivalente a 21 chelines.

guineano, na adj. y s. De Guinea o relativo a este país y región africanos.

guineo, a adj. y s. Guineano. || m. Variedad de plátano o banana, más pequeño, dulce y aromático que el europeo. || Música y baile de movimientos violentos y gestos cómicos.

guiña f. *amer.* Mala suerte.

guiñapo m. Trapo o prenda andrajoso, deslucido o roto. || Persona que viste con harapos. || Persona enfermiza, débil.

guiñar tr. Aproximar rápidamente los párpados de uno o los dos ojos, voluntaria o involuntariamente. || prnl. Hacerse señales con los ojos. || FAM. guiñada, guiño.

guiño m. Movimiento rápido de aproximación de los párpados, voluntario o involuntario. || Señal, mensaje disimulado.

guiñol m. Representación teatral por medio de títeres manejados con las manos.

guion m. Esquema escrito de un tema que se quiere exponer o desarrollar. || Texto en que se expone, con los detalles necesarios para su realización, el contenido de un filme o de un programa de radio o televisión. || Signo ortográfico (-) que se utiliza para diversos fines, como separar dos mitades de una misma palabra al final de un renglón, unir dos elementos de una palabra compuesta, indicar en los diálogos cuándo habla cada interlocutor, etc. || Ave delantera de las bandadas migratorias. || Estandarte o cruz que precede una procesión. || Parte más delgada del remo. || FAM. guionista.

guionista com. Persona que se dedica profesionalmente a escribir guiones de cine, radio o televisión.

guipar tr. *vulg.* Ver, descubrir.

guipur m. Encaje cuyo tejido tiene varias tramas con motivos trabados en relieve.

güira f. Árbol tropical bignoniáceo de hasta 5 m de altura, con el tronco torcido y la copa clara, hojas grandes y acorazonadas, flores blanquecinas que despiden mal olor y fruto globoso. || Fruto de este árbol, de pulpa blanca con semillas negras, de cuya corteza dura y blanquecina se hacen vasijas.

guiri com. *col.* Extranjero, turista.

guirigay m. *col.* Lenguaje incomprensible o difícil de entender. || Confusión, griterío de varias personas hablando a la vez y sin orden. ◆ pl. *guirigáis* o, raro, *guirigáes.*

guirlache m. Dulce o turrón hecho con almendras tostadas y caramelo.

guirnalda f. Corona o tira de flores, hierbas, ramos y otros materiales entretejidos.

guisa f. Modo, manera: *si se lo dices de esa guisa puedes ofenderle.*

guisado m. Alimento preparado en salsa después de rehogado. ‖ Guiso.

guisante m. Planta hortense leguminosa de tallos trepadores, hojas pecioladas, flores blancas, rojas o azuladas dispuestas en racimos colgantes y fruto en vaina casi cilíndrica, con diversas semillas verdes. ‖ Semilla de esta planta, verde, globosa y comestible. ‖ **guisante de olor** Variedad de almorta trepadora, de hojas con peciolo alado y flores olorosas de colores variados.

guisar tr. Preparar los alimentos al fuego, en especial haciéndolos cocer en salsa después de rehogados. ‖ FAM. guisado, guisadero, guiso, guisote.

guiso m. Alimento rehogado y cocido en salsa junto con verduras o patatas.

güisqui m. *Whisky*. ‖ FAM. güisquería.

guita[1] f. Cuerda delgada de cáñamo.

guita[2] f. *col.* Dinero contante. ‖ Caudal o hacienda.

guitarra f. Instrumento musical de cuerda compuesto por una caja de resonancia con forma de óvalo estrechado, con un agujero central, un mástil y seis cuerdas que se pulsan con los dedos de una mano, mientras que los de la otra las pisan en el mástil. ‖ Instrumento usado para quebrantar y moler el yeso. ‖ *amer.* Traje de fiesta. ‖ **guitarra eléctrica** La que transmite sus vibraciones a un amplificador para emitirlas por altavoces. ‖ FAM. guitarreo, guitarrería, guitarrero, guitarrillo, guitarrista, guitarrón.

guitarrillo m. Instrumento musical de cuatro cuerdas y con la forma de una guitarra muy pequeña.

guitarrista com. Músico que toca la guitarra. ‖ adj. *amer.* Amigo de juergas.

guitarrón m. *col.* Hombre sagaz y picarón. ‖ *amer.* Guitarra de 25 cuerdas. ‖ *amer.* Abejorro de picadura peligrosa.

güito m. *col.* Sombrero. ‖ Hueso de fruta redondeado, especialmente el de albaricoque. ‖ pl. Juego que se hace con estos huesos. ‖ *amer.* Mancha que aparece en el cutis.

gula f. Desorden o exceso en la comida o bebida. ‖ FAM. gulusmear.

gulag m. Campo de concentración soviético. ◆ pl. *gulags.*

gulasch (voz húngara) m. Estofado de carne de buey, de cerdo o de ambos con paprika, típico de Hungría. ◆ No varía en pl.

gulay m. *amer.* Verdura, hortaliza. ◆ pl. *guláis* o *gulays.*

gules m. pl. En heráldica, color rojo muy vivo.

gumía f. Arma blanca similar a la daga y de hoja curva que usan los árabes.

gunneráceo, a adj. y f. De las gunneráceas o relativo a esta familia de plantas. ‖ f. pl. Familia de hierbas perennes angiospermas dicotiledóneas, con hojas de grandes peciolos, inflorescencias en forma de panoja y fruto en drupa, como el pangue.

gurí, isa m. y f. *amer.* Muchachito indio o mestizo. ‖ *amer.* Niño, muchacho. ◆ pl. de la forma m.: *guríses.*

guripa com. *col.* Soldado que sirve en la milicia. ‖ *col.* Pillo, golfo. ‖ Guardia, agente del orden.

gurriato m. Cría del gorrión.

gurrumina f. *amer.* Pequeñez, nadería. ‖ *amer.* Flojera, malestar.

gurrumino, na adj. y s. *amer.* Cobarde, pusilánime, enclenque. ‖ *amer.* Se apl. a la persona lista y astuta. ‖ m. y f. *amer.* Chiquillo, niño, muchacho.

gurruño m. Lo que está arrugado, encogido o mal hecho.

gurú o **guru** m. En el hinduismo, guía espiritual, maestro. ‖ Persona respetada y seguida en una comunidad. ◆ pl. de la primera forma: *gurús* o *gurúes.*

gusa f. *col.* Hambre.

gusanillo m. Cualquier alambre, plástico o hilo enrollado en espiral. ‖ Hilo de oro, plata, seda, etc., ensortijado para formar con él ciertas labores. ‖ Tejido de labor menuda que se hace en los lienzos y otras telas. ‖ *col.* Intranquilidad, desasosiego. ‖ **matar el gusanillo** loc. *col.* Saciar el hambre.

gusano m. Nombre común que se utiliza para designar diversos animales invertebrados de cuerpo blando, cilíndrico y alargado, que se contrae al moverse. ‖ En el lenguaje corriente, lombriz. ‖ Término general para los parásitos intestinales. ‖ Larva de algunos insectos. ‖ Persona vil y despreciable. ‖ **gusano de seda** Oruga de la mariposa de la seda. ‖ FAM. gusanera, gusanillo.

gusarapo, pa m. y f. Cualquiera de los animales vermiformes que habitan en los líquidos. ‖ FAM. gusarapiento.

gustar intr. Agradar, parecer bien algo a alguien. ‖ Desear, sentir afición. ‖ tr. Degustar, sentir el sabor en el paladar. ‖ Probar, experimentar.

gustativo, va adj. Del sentido del gusto o relativo a él: *papilas gustativas.*

gustazo m. *col.* Gusto grande o placer no habitual que una persona se da excepcionalmente.

gustillo m. Saborcillo que dejan en el paladar algunas sustancias. ‖ *col.* Impresión ligera o difusa producida por algo: *gustillo decadente.*

gusto m. Sentido corporal con que se percibe el sabor de una sustancia soluble. ‖ Sabor que tienen esas sustancias. ‖ Placer, deleite. ‖ Voluntad propia: *vino por su gusto.* ‖ Facultad y manera personal de apreciar lo bello o lo feo: *tiene muy buen gusto.* ‖ Capricho, antojo. ‖ **a gusto** loc. adv. Con comodidad. ‖ **con mucho gusto** loc. Se usa para expresar que se accede a una petición. ‖ FAM. gustar, gustativo, gustazo, gustillo, gustirrinín, gustosamente, gustoso.

gustoso, sa adj. Sabroso, que tiene buen sabor. ‖ Que hace algo con gusto o placer.

gutapercha f. Goma translúcida, sólida, flexible e insoluble en el agua, que se obtiene del látex de varias especies de sapotáceas de la India y que tiene muchas aplicaciones en la industria como impermeabilizante y aislante de los conductores de los cables eléctricos. ‖ Tela barnizada con esta sustancia.

gutífero, a adj. y f. De las gutíferas o relativo a esta familia de plantas. ‖ f. pl. Familia de hierbas, arbustos y árboles angiospermos dicotiledóneos, con hojas opuestas, enteras casi siempre y pecioladas, flores terminales o axilares, en panoja o racimo, y fruto en cápsula o en baya, con semillas sin albumen, a veces con arilo, como el mamey.

gutural adj. De la garganta o relativo a ella. || En fon., se apl. al sonido que se articula al tocar el dorso de la lengua el velo del paladar o acercarse a él estrechando el conducto. || adj. y f. Se dice de cada grafía que representa estos sonidos, como la *g*.

guyanés, esa adj. y s. De Guyana o relativo a este país de América del Sur.

guzgo, ga adj. *amer.* Glotón.

guzla f. Instrumento musical de una sola cuerda similar al rabel.

gymkhana (voz hindi) f. Prueba o concurso en que los participantes deben pasar por muchas pruebas y obstáculos antes de llegar a la meta.

h

h f. Octava letra del abecedario español y sexta de sus consonantes. Aunque solo tiene valor ortográfico, se pronuncia aspirada en las variedades extremeña, andaluza y en las de algunas zonas americanas (*hondo* pronunciado «*jondo*»). Su nombre es *hache*.

haba f. Planta herbácea leguminosa de hojas compuestas con hojuelas crasas, flores blancas o rosáceas y fruto en vaina de hasta 12 cm, con cinco o seis semillas de forma de riñón. ‖ Fruto y semilla comestible de esta planta. ‖ Semilla de ciertos frutos, como el café, cacao, etc. ‖ Trozo de mineral redondo envuelto por la ganga. ‖ Tumor o bultillo de un animal, en especial el que se les forma a las caballerías en el paladar. ‖ Figurilla escondida en el roscón de Reyes o Pascua. ‖ **en todas partes cuecen** o **se cuecen habas** loc. Indica que cierta tacha, dificultad o inconveniente afecta a todo el mundo. ‖ **son habas contadas** loc. Expresa que una cosa es cierta y no ofrece dudas. ‖ Que tiene número fijo y escaso. ‖ FAM. habar, habichuela, habón.

habanera f. Canción y danza cubanas, de compás en dos por cuatro y movimiento lento. ‖ FAM. habano.

habano, na adj. De La Habana y, p. ext., de la isla de Cuba o relativo a ella: *tabaco habano*. ‖ Del color del tabaco claro. ‖ m. Cigarro puro elaborado en Cuba. ‖ *amer.* Banano.

hábeas corpus loc. m. Derecho del ciudadano que ha sido detenido a comparecer inmediata y públicamente ante un juez o tribunal para que decida sobre su ingreso en prisión. Más en pl.

haber¹ aux. Se usa en la conjugación de las formas verbales de tiempos compuestos: *ha vivido, habría venido*. ‖ Seguido de la prep. *de* + infinitivo, tiene significado obligativo: *has de comer más despacio*. ‖ Seguido de la conj. *que* + infinitivo, significa 'ser necesario o conveniente': *hay que resignarse*. ‖ intr. impers. Existir, estar: *hay tres coches en esta calle; no creo en las meigas, pero haberlas, haylas*. ‖ Suceder, ocurrir algo: *ha habido tres terremotos*. ‖ Verificarse, efectuarse algo: *esta noche no hay función*. ‖ **de lo que no hay** loc. adv. Sobresaliente en sentido negativo: *este niño es de lo que no hay*. ‖ **habérselas** con alguien loc. *col.* Tratar o discutir con él. ‖ **no hay de qué** loc. Se emplea para responder a un agradecimiento. ‖ **qué hay** loc. *col.* Fórmula de saludo. ‖ FAM. haber, habiente. ◆ **Irreg.** Conjugación modelo:

Indicativo
Pres.: he, has, ha o hay, hemos, habéis, han.
Imperf.: había, habías, había, *etc.*
Pret. perf. simple: hube, hubiste, hubo, hubimos, hubisteis, hubieron.
Fut. simple: habré, habrás, habrá, *etc.*
Condicional simple: habría, habrías, habría, *etc.*
Subjuntivo
Pres.: haya, hayas, haya, hayamos, hayáis, hayan.
Imperf.: hubiera o hubiese, hubieras o hubieses, *etc.*
Fut. simple: hubiere, hubieres, hubiere, *etc.*
Imperativo: he, habed.
Participio: habido.
Gerundio: habiendo.

haber² m. Conjunto de bienes y riquezas de una persona, hacienda. ‖ Sueldo, retribución periódica por un servicio prestado. Más en pl. ‖ Una de las dos partes en que se dividen las cuentas corrientes, en la que se anotan los ingresos al titular. ‖ Conjunto de méritos y cualidades positivas que se cuentan en una persona: *tiene varios premios en su haber*.

habichuela f. Judía, alubia. ‖ Semilla y fruto de esta planta. ‖ **ganarse las habichuelas** loc. *col.* Buscar el sustento diario.

hábil adj. Capaz, inteligente y dispuesto para hacer algo manual o intelectual. ‖ Apto o capaz para algo: *cuentan con tres días hábiles*. ‖ FAM. habilidad, habilidoso, habilitar, hábilmente, habiloso.

habilidad f. Capacidad, inteligencia y disposición para realizar algo. ‖ Lo que se realiza con gracia y destreza.

habilidoso, sa adj. Que tiene habilidad.

habilitado, da m. y f. Persona encargada de cobrar y pagar cantidades gestionadas por el Estado.

habilitar tr. Hacer a una persona o cosa hábil o apta para algo: *habilitaremos esta habitación como despacho*. ‖ Dar a alguien el capital necesario para que pueda negociar por sí. ‖ En der., dar capacidad civil o de representación legal a las personas. ‖ En der., dar a las cosas aptitud o posibilidad legal. ‖ *amer.* Dar categoría de socio al empleado de una empresa. ‖ *amer.* Fastidiar. ‖ FAM. habilitación, habilitado.

habiloso, sa adj. *amer.* Habilidoso.

habitabilidad f. Capacidad de ser habitado un edificio de acuerdo con ciertas condiciones: *cédula de habitabilidad.*

habitable adj. Que puede habitarse o reúne las condiciones adecuadas para ello.

habitación f. Ocupación de un lugar o casa. || Cualquiera de los cuartos de una casa. || Dormitorio. || Región natural de una especie animal o vegetal.

habitáculo m. Habitación, edificio o parte de él destinado a ser habitado. || Lugar dispuesto para los ocupantes de un vehículo. || Lugar de condiciones apropiadas para que viva una especie animal o vegetal.

habitante adj. Que vive u ocupa habitualmente un lugar o casa. || com. Cada una de las personas que constituyen la población de un barrio, ciudad, provincia o nación.

habitar tr. e intr. Vivir, ocupar habitualmente un lugar o casa. || FAM. habitable, habitabilidad, habitación, habitáculo, habitante, hábitat.

hábitat m. Lugar que ocupa una especie animal o vegetal. || Conjunto de condiciones geofísicas en que se desarrolla la vida de una especie o de una comunidad animal o vegetal. ◆ pl. *hábitats.*

hábito m. Costumbre o práctica adquirida por frecuencia de repetición de un acto. || Destreza que se adquiere por el ejercicio repetido. || Vestido o traje de los miembros de una corporación, sea orden religiosa o militar. || El que se lleva en cumplimiento de un voto o promesa. || Dependencia respecto a determinadas drogas, en especial estupefacientes. || **colgar los hábitos** loc. *col.* Abandonar la vida eclesiástica y la disciplina clerical. || FAM. habitual, habituar.

habitual adj. Que se hace por hábito, uso o costumbre. || Asiduo, usual: *cliente habitual.* || FAM. habitualmente.

habituar tr. y prnl. Acostumbrar a algo o hacer que alguien adquiera un hábito o costumbre. || FAM. habituación, habitual.

habla f. Facultad de hablar. || Acción de hablar. || Modo peculiar o personal de hablar. || En ling., realización individual de la lengua por parte de los hablantes. || Sistema lingüístico de una comarca, localidad o colectividad, con rasgos propios dentro de otro sistema más extenso. || **al habla** loc. adv. A distancia suficiente para comunicarse con la voz. || En trato, en comunicación. || loc. Contestación telefónica para indicar que la persona llamada está dispuesta a escuchar y hablar.

hablada f. *amer.* Habla. || *amer.* Chisme, habladuría. || *amer.* Fanfarronada.

habladera f. *amer.* Habladuría.

habladero m. *amer.* Murmuración o crítica en que toman parte varias personas.

hablado, da adj. Precedido de los advs. *bien* o *mal,* comedido o descomedido en el hablar: *no soporta que su hijo sea tan mal hablado.*

hablador, ra adj. y s. Que habla demasiado. || Que por imprudencia o malicia cuenta todo lo que ve y oye. || *amer.* Fanfarrón, mentiroso.

habladuría f. Dicho impertinente que injuria. || Rumor que se extiende sin fundamento. Más en pl.: *son meras habladurías.*

hablante adj. y com. Se apl. a la persona que habla una lengua en concreto. || m. Persona que realiza el enunciado en el acto de comunicación.

hablar intr. Pronunciar palabras para darse a entender. || Comunicarse, conversar. || Pronunciar un discurso. || Dirigir la palabra a una persona. || Con los advs. *bien* o *mal,* expresarse de uno u otro modo y manifestar opiniones favorables o adversas sobre alguien o algo: *han hablado mal de esa película.* || Murmurar o criticar: *andan hablando de ti.* || Rogar, interceder por uno: *habla por mí a tu jefe.* || Explicarse o dar a entender algo por medios distintos a la palabra: *hablar por gestos.* || tr. Emplear uno u otro idioma para expresarse: *hablar francés, alemán.* || Decir algunas cosas especialmente buenas o malas: *habla maravillas de ti.* || prnl. Tener relaciones amorosas o de cualquier tipo una persona con otra. || FAM. habla, hablada, habladera, habladero, hablado, hablador, habladuría, hablante, hablilla, hablista.

habón m. Pequeña hinchazón en forma de haba que aparece como reacción a la picadura de un insecto o una alergia.

hacedero, ra adj. Que puede hacerse o es fácil de hacer.

hacedor, ra adj. y s. Que hace alguna cosa, en especial en religión: *el Supremo Hacedor.* || m. y f. Encargado de administrar una hacienda. || f. *amer.* Mujer que hace y vende chicha.

hacendado, da adj. y s. Que tiene hacienda y caudal en bienes raíces. || m. y f. *amer.* Dueño de una hacienda de cría de ganado. || FAM. hacendar.

hacendoso, sa adj. Solícito y diligente en las tareas domésticas.

hacer tr. Producir, causar: *hizo un ruido tremendo.* || Fabricar, componer: *hizo varias comedias.* || Ejecutar. También prnl.: *se hacía la manicura.* || Con el pron. neutro *lo,* realizar la acción que expresa un enunciado: *—¿Me traerás el libro esta noche?; —Lo haré sin falta.* || Disponer, llevar a cabo: *haremos un banquete para la boda.* || Transformar, convertir: *los desengaños le han hecho resentido.* || Caber, contener o equivaler a una cantidad: *dos y dos hacen cuatro.* || Unido a ciertos nombres, expresa la acción de su raíz: *hacer bobadas es «bobear».* || Suponer, creer: *yo te hacía en Londres.* || Representar una obra teatral, cinematográfica, etc. || Ejercitar los miembros, músculos, etc., para fomentar su desarrollo: *hacer piernas, bíceps.* || Reducir una cosa a lo que significan los nombres a que va unido: *hacer pedazos.* || Proveer, suministrar, facilitar. Más como prnl. ◆ Se construye con las preps. *con* o *de: se hizo con la mayoría de los votos.* || Obligar a que se ejecute la acción que significa el infinitivo o la oración subordinada que le siguen: *le hizo venir.* || Habituar, acostumbrar. También prnl.: *se hizo pronto al nuevo trabajo.* || Interpretar un papel: *hará de don Juan.* || intr. Obrar, actuar, proceder: *hace bien en no venir.* || Importar, convenir: *esa cita no me hace.* || Con algunos nombres de oficios, profesiones, etc., ejercerlos. ◆ Se construye con la prep. *de: hace de fiscal.* || Procurar que sucedan las acciones que significan los infinitivos que le siguen. ◆ Se construye con la prep. *por: hacer por venir.* || Aparentar.

◆ Se usa generalmente seguido del adv. *como: hace como que no le importa.* || prnl. Crecer, aumentarse, desarrollarse para llegar al estado de perfección que cada cosa ha de tener: *se hizo mayor.* || Volverse, transformarse: *se hizo millonario.* || intr. impers. Fingir, aparentar: *hacerse el tonto.* || Experimentarse el buen o mal tiempo: *hace calor, frío, buen día.* || Haber transcurrido cierto tiempo: *mañana hará ocho años de aquello.* || **hacer** uno **de las suyas** loc. Proceder uno según su carácter y costumbres. || **hacerse con** una persona o cosa loc. *col.* Dominarla. || **hacerse** uno **de rogar** loc. No acceder a lo que otro pide hasta que se lo ha rogado con insistencia. || FAM. hacedero, hacedor, hacendoso, hacienda, hazmerreír, hecho, hechor, hechura. ◆ **Irreg.** Conjugación modelo:

Indicativo
  Pres.: hago, haces, hace, hacemos, hacéis, hacen.
  Imperf.: hacía, hacías, hacía, *etc.*
  Pret. perf. simple: hice, hiciste, hizo, hicimos, hicisteis, hicieron.
  Fut. simple: haré, harás, hará, haremos, haréis, harán.
  Condicional simple: haría, harías, haría, *etc.*
Subjuntivo
  Pres.: haga, hagas, haga, hagamos, hagáis, hagan.
  Imperf.: hiciera o hiciese, hicieras o hicieses, *etc.*
  Fut. simple: hiciere, hicieres, hiciere, *etc.*
Imperativo: haz, haced.
Participio: hecho.
Gerundio: haciendo.

hacha[1] f. Vela de cera grande y gruesa, con cuatro pabilos. || Mecha de esparto y alquitrán para que resista al viento sin apagarse. || Haz de paja atado que se usa como cubierta de chozas. || FAM. hachero, hachón.

hacha[2] f. Herramienta cortante compuesta por una hoja ancha con filo en uno de sus lados y un mango de madera insertado en el lado opuesto. || Cuerno del toro. || **ser una hacha** loc. *col.* Sobresalir, destacar en alguna actividad. || **desenterrar el hacha de guerra** loc. *col.* Enemistarse o enfrentarse abiertamente. || FAM. hachazo, hachear, hachero.

hachazo m. Golpe dado con el hacha. || Golpe que el toro da lateralmente con un cuerno, produciendo contusión y no herida. || *amer.* Espantada súbita y violenta del caballo.

hache f. Nombre de la letra *h.* || **por hache o por be** loc. adv. De un modo u otro: *por hache o por be, siempre llega tarde.*

hachemita o **hachemí** adj. De una dinastía árabe emparentada con Mahoma o relacionado con ella. || De Jordania o relacionado con este país asiático. ◆ pl. de la segunda forma: *hachemís* o *hachemíes.*

hachís m. Sustancia usada como estupefaciente que se extrae de las flores de una variedad india del cáñamo y que se fuma mezclada con tabaco, marihuana. || Cáñamo índico. ◆ La *h* se pronuncia aspirada.

hacia prep. Indica la dirección del movimiento con respecto a su punto de destino: *iba hacia su casa.* || Alrededor de, cerca de: *llegaré hacia las tres.*

hacienda f. Conjunto de bienes y riquezas que se poseen. || Finca agrícola o ganadera. || Ganado, conjunto de animales que se posee. || Conjunto de organismos que se ocupan de administrar los bienes del Estado y regular las obligaciones fiscales. ◆ Se escribe con mayúscula. || **hacienda pública** Erario, conjunto de los bienes del Estado. ◆ Frecuentemente se escribe con mayúscula. || FAM. hacendado, hacendista, hacendístico.

hacinar tr. Amontonar, acumular, juntar sin orden personas o cosas. También prnl. || FAM. hacinamiento.

hacker (voz i.) com. En inform., persona muy aficionada y hábil en informática que entra ilegalmente en sistemas y redes ajenas. ◆ pl. *hackers.*

hada f. Ser fantástico que se representa con forma de mujer y dotado de poderes mágicos.

hado m. Divinidad o fuerza desconocida que se creía que gobernaba el destino de los hombres. || Destino, encadenamiento fatal de los sucesos, sean favorables o desfavorables. || FAM. hada.

hafnio m. Elemento químico metálico brillante que se obtiene de los minerales del circonio y es poco abundante. Su símbolo es *Hf*, y su número atómico, 72.

hagiografía f. Historia de la vida de los santos. || FAM. hagiográfico, hagiógrafo.

hahnio m. Elemento químico que se obtiene bombardeando californio con hidrógeno. Su símbolo es *Ha*, y su número atómico, 105.

haiku (voz japonesa) m. Estrofa japonesa sin rima, de diecisiete sílabas repartidas en tres versos, que relaciona la naturaleza con los sentimientos humanos.

haitiano, na adj. y s. De Haití o relativo a este país de Centroamérica.

¡hala! interj. Se emplea para dar aliento o meter prisa. || Expresa sorpresa. || FAM. ¡hale!

halagar tr. Dar muestras de admiración y afecto que sean gratas a alguien. || Dar motivo de satisfacción al orgullo de alguien. || Adular a alguien. || FAM. halagador, halago, halagüeño.

halago m. Demostración de afecto o alabanza. || Adulación o muestra de admiración interesada.

halagüeño, ña adj. Que promete cosas favorables: *presagio halagüeño.* || Que adula o lisonjea. || FAM. halagüeñamente.

halar tr. Tirar de un cabo, de una lona o de un remo al bogar. || *amer.* Tirar hacia sí de una cosa. || *amer.* Emborracharse. ◆ La *h* se pronuncia aspirada.

halcón m. Nombre común de diversas aves falconiformes diurnas de hasta 50 cm de longitud y 90 de envergadura, carnívoras, aunque hay alguna especie insectívora, de color variable, con las alas puntiagudas, el pico fuerte muy ganchudo y las patas también fuertes, con garras curvas y robustas. || Partidario de la línea dura e intransigente de un grupo, o del empleo de la fuerza en la solución de un conflicto. || FAM. halconera, halconero.

¡hale! interj. ¡Hala!

hálito m. Aliento. || Vapor que sale de algo. || *poét.* Soplo suave y apacible del aire. || FAM. halitosis.

halitosis f. Aliento fétido. ◆ No varía en pl.

hall (voz i.) m. Vestíbulo. ◆ pl. *halls.*

hallaca f. *amer.* Pastel de harina de maíz, relleno de un guiso elaborado con pescado o varias clases de carne en trozos pequeños y otros ingredientes que, envuelto en hojas de plátano o cambur se hace especialmente por Navidad.

hallado, da adj. Precedido del adv. *bien,* forma una expresión de respuesta a la bienvenida: —*Bienvenida a casa;* —*Bien hallada.*

hallar tr. Encontrar a una persona o cosa. ‖ Descubrir o inventar lo que hasta entonces es desconocido. ‖ Descubrir la verdad o el resultado de algo. ‖ Ver, observar, notar. ‖ prnl. Estar presente, encontrarse. ‖ FAM. hallado, hallazgo.

hallazgo m. Descubrimiento, invento o encuentro. ‖ Lo que se halla, en especial si es de importancia: *hallazgo arqueológico.*

halo m. Fenómeno luminoso que consiste en un círculo blanco o irisado que aparece a veces alrededor del Sol o de la Luna. ‖ Cerco de luz difusa que rodea un cuerpo luminoso. ‖ Cerco de luz que rodea la cabeza o figura de los santos en la imaginería religiosa. ‖ Cualidad que la opinión cree que rodea a una persona: *halo de misterio, de bondad.*

halógeno, na adj. y m. Se apl. a los elementos químicos electronegativos capaces de formar sales haloideas al combinarse con un metal. ‖ Se apl. a los focos eléctricos que contienen uno de estos elementos en forma de gas y producen una luz clara y brillante. ‖ FAM. halita, halogenado, halogenuro, haluro.

haloideo, a adj. Se apl. a las sales formadas de la combinación de un metal con un metaloide.

halterofilia f. Deporte olímpico de levantamiento de peso. ‖ FAM. haltera, halterófilo.

haluro m. Compuesto binario formado por la combinación de un halógeno con un metal.

hamaca f. Red o tela gruesa, que, colgada por los extremos, se usa de cama y columpio. ‖ Asiento consistente en una lona que sirve de asiento y respaldo sujeta en una armadura de tijera. ‖ *amer.* Mecedora. ‖ *amer.* Columpio. ‖ FAM. hamacar, hamaquear.

hamacar o **hamaquear** tr. y prnl. *amer.* Mecer la hamaca. ‖ prnl. *amer.* Entretener un asunto, marear a alguien. ‖ *amer.* Poner empeño en salir de una situación comprometida o difícil.

hambre f. Sensación que indica la necesidad de alimentos. ‖ Escasez de alimentos básicos: *la sequía ha acentuado el hambre.* ‖ Deseo ardiente de algo: *hambre de poder.* ‖ **hambre canina** Hambre exagerada, insaciable. ‖ **juntarse el hambre con las ganas de comer** loc. Indica la coincidencia de defectos o deseos de varias personas. ‖ **más listo que el hambre** loc. adj. Agudo, inteligente y mañoso. ‖ **matar el hambre** loc. Saciarla. ‖ **ser un muerto de hambre** loc. *desp.* Carecer de lo necesario, a pesar de lo que se aparenta. ‖ FAM. hambrear, hambriento, hambrón, hambruna.

hambriento, ta adj. y s. Que tiene mucha hambre o necesidad de comer. ‖ Deseoso o necesitado de algo: *hambriento de justicia.*

hambrón, ona adj. y s. *col.* Muy hambriento, que muestra ansia por comer.

hambruna f. Escasez generalizada de alimentos en una región o población. ‖ *amer.* Mucha hambre.

hamburguesa f. Bistec de carne picada, huevo y perejil que se sirve con guarnición o en bocadillo. ‖ El mismo bocadillo que suele hacerse con pan especial redondo, lechuga y tomate. ‖ FAM. hamburguesera, hamburguesería.

hamburguesería f. Establecimiento donde se preparan y consumen hamburguesas y comida rápida.

hampa f. Conjunto de delincuentes, pícaros y maleantes que viven al margen de la ley. ‖ Modo de vida que llevan. ‖ FAM. hampón.

hampón adj. Valentón, bravucón. ‖ adj. y m. Que es miembro del hampa.

hámster m. Nombre común de diversos mamíferos roedores de 20 a 30 cm de longitud, con el cuerpo macizo y rechoncho, hocico chato, orejas pequeñas y cola y patas cortas.

hándicap m. Obstáculo o condición desventajosa. ‖ Carrera, concurso, etc., en que se beneficia a algunos participantes para nivelar las condiciones de la competición y las probabilidades de ganar. ◆ pl. *hándicaps.*

hangar m. Cobertizo grande y abierto, de techo sólido, destinado a guardar o reparar aparatos de aviación.

haploclamídeo, a adj. y f. Se apl. a la flor de perianto simple.

haploide adj. y m. Se apl. al organismo o a la fase de su ciclo de desarrollo cuyas células tienen el número de cromosomas reducido a una serie en lugar de dos, como en las células somáticas normales. ‖ FAM. haplofase.

happening (voz i.) m. Espectáculo basado en la improvisación, provocación y participación espontánea del espectador. ◆ pl. *happenings.*

happy end (expr. i.) m. Final feliz. ◆ pl. *happy ends.*

haragán, ana adj. y s. Holgazán, que rehúye el trabajo. ‖ FAM. haraganear, haraganería.

haraganear intr. Rehuir el trabajo, vaguear.

haraganería f. Holgazanería, falta de afición al trabajo.

harakiri m. Forma de suicidio ritual de la nobleza japonesa, consistente en abrirse el vientre en canal.

harapiento, ta adj. Vestido o lleno de harapos.

harapo m. Andrajo, jirón de ropa vieja. ‖ FAM. harapiento, haraposo.

haraquiri m. Harakiri.

hardware (voz i.) m. En inform., conjunto de elementos materiales que constituyen el soporte físico de un ordenador.

hare krishna com. Seguidor de la secta religiosa, derivada del hinduismo, que venera al dios Krishna y sigue una vida ascética.

harén m. Departamento de las casas de los musulmanes en que solo viven las mujeres. ‖ Conjunto de las mujeres que viven bajo un jefe de familia. ‖ P. ext., grupo de hembras que conviven con un único macho en la época de la procreación.

harina f. Polvo que resulta de moler el trigo u otras semillas gramíneas. ‖ Este mismo polvo despojado del salvado o la cascarilla. ‖ Polvo procedente de algunos tubérculos y legumbres: *harina de almorta*. || *amer. col.* Dinero, caudal. || **harina en flor** La que ha sido tamizada. || **harina integral** La no cernida que contiene todo el salvado. || **estar metido en harina** loc. *col.* Estar muy afanado o empeñado en una empresa. || **ser** algo **harina de otro costal** loc. *col.* Ser muy distinto de algo con lo que se compara. || *col.* Ser ajeno al asunto del que se trata. || FAM. enharinar, harinado, harinero, harinoso.

harinear intr. impers. *amer.* Lloviznar. ◆ También se usa en Andalucía.

harinoso, sa adj. Que tiene mucha harina. || De características propias de la harina.

harnero m. Criba que se usa para limpiar de salvado e impurezas las semillas.

hartada f. Saciedad, satisfacción. || Cantidad suficiente para hartar.

hartar tr. y prnl. Saciar el apetito de comer y beber. || Satisfacer el deseo de algo: *me harté de dormir*. || Cansar, fastidiar. || Dar o recibir en abundancia: *te voy a hartar de tortas*. || *amer.* Calumniar. || *amer.* Insultar. || FAM. hartada, hartazgo, hartazón, harto, hartón, hartura.

hartazgo m. Saciedad excesiva que causa fastidio o aburrimiento.

hartazón f. Hartazgo.

harto, ta adj. Satisfecho, lleno. || Cansado, fastidiado. || adv. c. Bastante o demasiado: *tiene una visión harto complicada de las cosas*.

hartón m. *col.* Hartazgo.

hartura f. Hartazgo. || Abundancia en exceso.

hassio m. Elemento químico transuránico que se obtiene por bombardeo de plomo con iones de hierro, y su vida media es tan corta que se mide en milisegundos. Su símbolo es *Hs*, y su número atómico, *108*.

hasta prep. Indica el término de tiempo, lugar, acciones, cantidades, etc.: *hasta hoy no sabía nada; ven hasta aquí; puedes gastar hasta 50 euros*. || adv. Incluso: *va a venir hasta tu abuela*. || conj. Seguida de *cuando* o gerundio, indica inclusión: *grita hasta cuando se ríe*. || Seguida de *que* o infinitivo, indica el término de la acción principal: *lloró hasta ponerse enferma*. || **hasta luego, hasta ahora, hasta más ver, hasta otra** o **hasta después** locs. *col.* Fórmulas de despedida.

hastial m. Parte superior triangular de la fachada de un edificio en la que descansan las dos vertientes del tejado y, p. ext., toda la fachada. || En las iglesias, cada una de las tres fachadas correspondientes a los pies y laterales del crucero. || Cara lateral de una excavación.

hastiar tr. y prnl. Causar hastío o disgusto.

hastío m. Disgusto, tedio. || Repugnancia a la comida. || FAM. hastiar.

hatajo m. Atajo, pequeño grupo de ganado. || *desp.* Grupo de personas o cosas: *hatajo de gamberros*.

hatillo m. Conjunto de ropa y enseres personales envuelto en un paño.

hato m. Ropa y pequeño ajuar que uno tiene para el uso preciso y ordinario. || Conjunto de cabezas de ganado, como bueyes, vacas, ovejas, etc. || Sitio donde paran los pastores con el ganado. || *amer.* Hacienda de campo

destinada a la cría de toda clase de ganado. || Grupo de gente malvada o despreciable. || Conjunto o abundancia. || **hato y garabato** loc. *amer.* Todo el caudal que se posee. || FAM. hatajo, hatillo.

hawaiano, na adj. y s. De Hawai o relativo a este archipiélago del Pacífico. || adj. Se apl. al volcán cuya lava es basáltica y fluida.

haya f. Nombre común de diversas especies de árboles fagáceos de hasta 40 m de altura, tronco grueso y liso de corteza gris y ramas de gran altura con hojas ovales. || Madera de este árbol, ligera y resistente. || FAM. hayal, hayedo, hayuco.

hayuco m. Fruto del haya, de 2 a 5 cm y de forma triangular, similar a la bellota.

haz[1] m. Porción atada de mieses, lino, hierbas, leña, etc. || Conjunto de rayos luminosos de un mismo origen. || Conjunto de fibras musculares o nerviosas. || En geom., conjunto de rectas que pasan por un punto fijo. || Conjunto de elementos conductores en las plantas: *haz leñoso*. || En fís., corriente de radiación en una sola dirección: *haz de electrones*. || FAM. hacinar.

haz[2] f. Cara anterior de un cuerpo plano. || Cara superior de la hoja, normalmente más brillante y lisa, y de nervadura menos patente que el envés.

hazaña f. Proeza, acción importante o heroica.

hazmerreír m. *col.* Persona risible por su ridiculez o extravagancia.

he adv. dem. Unido a los adverbios *aquí* y *allí* o a los personales átonos, señala o presenta lo que les sigue: *he aquí que llega su padre; heme aquí de vuelta*.

heavy o **heavy metal** (voz i.) adj. y s. Del movimiento heavy o relativo a él. || m. Movimiento y rama del rock que se caracteriza por su dureza y rebeldía. || adj. *col.* P. ext., duro, fuerte, exagerado.

hebdomadario, ria adj. Semanal. || m. y f. En los cabildos y comunidades regulares, persona designada semanalmente para oficiar en el coro o en el altar. || m. Semanario.

hebilla f. Pieza de diversas formas, generalmente metálica, que sujeta la correa o cinta que pasa a través de ella gracias a un clavillo. || FAM. hebillaje.

hebra f. Trozo de hilo o fibra textil que se usa para coser. || Filamento de las materias textiles. || Fibra de la carne. || Filamentos de tabaco picado. || Estigma de la flor del azafrán. || Hilo que forman las materias viscosas que tienen cierto grado de concentración. || En la madera, dirección de la fibra. || Parte de la madera que tiene consistencia y flexibilidad para ser labrada o torcida sin saltar ni quebrarse. || Filón. || **pegar la hebra** loc. *col.* Trabar conversación. || FAM. hebroso.

hebraico, ca adj. Hebreo.

hebraísmo m. Religión monoteísta que sigue la ley antigua de Moisés, basada en el Talmud y la Tora. || Giro o modo de hablar propio de la lengua hebrea usado en otro idioma. || FAM. hebraísta.

hebreo, a adj. Del hebraísmo o relativo a él. || adj. y s. Del antiguo pueblo semítico que conquistó y habitó Palestina o relacionado con él. || Que profesa el hebraísmo. || m. Lengua semítica de este pueblo. || FAM. hebraico, hebraísmo, hebraizante, hebraizar.

hecatombe f. Catástrofe o desastre con numerosas víctimas y grandes pérdidas. || Gran mortandad. || Sacrificio de animales que hacían los antiguos a sus dioses.

hechicería f. Conjunto de ritos, conocimientos y poderes sobrenaturales con los que se pretende ayudar o hacer daño. || Hechizo.

hechicero, ra adj. Que atrae y cautiva por su belleza o cualidades: *ojos hechiceros*. || adj. y s. Que practica la hechicería.

hechizar tr. Ejercer una influencia maléfica con poderes y prácticas mágicas. || Embelesar, cautivar, despertar admiración.

hechizo, za adj. Artificioso, fingido. || *amer.* Manufacturado en el propio país: *cueros hechizos*. || m. Práctica mágica de influencia maléfica y control sobre el hechizado, y objetos que se emplean en ella. || Atractivo, seducción. || FAM. hechiceresco, hechicería, hechicero, hechizar.

hecho, cha adj. Perfecto, maduro. || Semejante a: *hecho una fiera*. || Aplicado a los cuerpos de personas o animales, con los advs. *bien* o *mal*, proporcionado o desproporcionado: *ese niño está mal hecho*. || adj. m. Aceptado, concedido: —*¿Vamos al cine?; —Hecho.* || m. Acción u obra: *hechos son amores*. || Suceso, acontecimiento. || Asunto o materia de los que se trata: *el fiscal resumió los hechos*. || **hecho consumado** Acción que sucede antes de poder ser impedida. || **de hecho** loc. adv. Efectivamente. || loc. adj. y adv. Que se hace sin ajustarse a una norma o prescripción legal previa: *parejas de hecho*. || **hecho y derecho** loc. Cabal, maduro.

hechor, ra m. y f. *amer.* Malhechor. || m. *amer.* Garañón, asno o caballo sementales.

hechura f. Confección de una prenda de vestir. || Configuración del cuerpo, aspecto exterior. || *amer.* Invitación a beber.

hectárea f. Unidad de superficie equivalente a 100 áreas.

hecto- pref. que significa 'cien': *hectómetro*. También toma la forma *hect-*: *hectárea*.

hectogramo m. Unidad de peso equivalente a 100 gramos.

hectolitro m. Unidad de capacidad equivalente a 100 litros.

hectómetro m. Unidad de longitud equivalente a 100 metros.

heder intr. Despedir un olor malo y penetrante. || Enfadar, cansar, ser insoportable. ◆ **Irreg.** Se conj. como *entender*.

hediondo, da adj. Que despide hedor. || Que resulta moralmente ofensivo u obsceno. || Molesto, enfadoso. || m. Arbusto leguminoso que despide mal olor, de flores amarillas en racimo y frutos en vainillas negras. || FAM. hedionda, hediondamente, hediondez.

hedonismo m. Doctrina ética que propone la consecución del placer como fin supremo al identificarlo con el bien. || FAM. hedónico, hedonista, hedonístico.

hedonista adj. Del hedonismo o relativo a él. || adj. y com. Partidario o seguidor de esta doctrina. || Que busca el placer.

hedor m. Olor fuertemente desagradable y penetrante que proviene de la descomposición de sustancias orgánicas. || FAM. heder, hediento, hediondo.

hegemonía f. Supremacía que un estado o pueblo ejerce sobre otro. || P. ext., superioridad o supremacía de cualquier tipo. || FAM. hegemónico.

hégira o **héjira** f. Era musulmana que se cuenta desde el 15 de julio del año 622 d. C., día de la huida de Mahoma de La Meca a Medina.

helada f. Fenómeno atmosférico que se produce al congelarse el agua por un descenso persistente de las temperaturas.

heladera f. *amer.* Nevera.

heladería f. Establecimiento donde se elaboran y venden helados.

heladero, ra adj. y s. Se apl. al lugar muy frío o abundante en heladas. || adj. De los helados o relativo a ellos. || m. y f. Persona que fabrica o vende helados o tiene una heladería.

helado, da adj. Muy frío. || Sorprendido, atónito. || Esquivo, desdeñoso. || m. Bebida, dulce o postre que se hace con leche, huevos, azúcar, frutas y alguna esencia y que se somete a congelación. || FAM. heladería, heladero, heladora.

helar tr. Congelar, solidificar un líquido por la acción del frío. También prnl. || Dejar a alguien suspenso y pasmado. || Desalentar, acobardar. || intr. impers. Caer heladas por darse una temperatura inferior a 0 °C. || prnl. Ponerse una persona o cosa muy fría. || Coagularse algo que se había licuado, por falta del calor necesario. || Secarse los árboles, plantas o frutas, por la congelación de su savia y jugos, producida por el frío. ◆ **Irreg.** Se conj. como *acertar*. || FAM. helada, heladera, helado, helador, helamiento, helero.

helecho m. Planta pteridofita sin flor ni semilla, de grandes hojas perennes lanceoladas y ramificadas en segmentos, en cuyo envés se forman la esporas para su reproducción. || FAM. helechal.

helénico, ca adj. y s. De Grecia o relativo a este país europeo. || De la antigua Hélade, de sus habitantes y cultura o relativo a ellos.

helenismo m. Giro o modo de hablar propio de la lengua griega usado en otro idioma. || Periodo de la cultura griega posterior al reinado de Alejandro Magno y que llega hasta el emperador Augusto. || Influencia cultural de los antiguos griegos en la civilización moderna.

helenista com. Nombre que recibían los judíos que seguían la cultura y la lengua griegas, o los griegos que abrazaban el judaísmo. || Especialista en la lengua y cultura griegas.

heleno, na adj. Griego. || adj. y s. De cualquiera de los pueblos que dieron inicio a la gran civilización de la Hélade o Grecia antigua o relacionado con ellos. || FAM. helénico, helenismo, helenista, helenístico, helenización, helenizar.

helero m. Masa de hielo de pequeñas dimensiones situada bajo la zona de nieves perpetuas. || Mancha de nieve en general.

hélice f. Conjunto de aletas helicoidales que, al girar alrededor de un eje, producen una fuerza de reacción que se utiliza principalmente para la propulsión de barcos y aeronaves. || Parte más externa y periférica del pabellón de la oreja del hombre, desde el orificio externo del conducto auditivo hasta el lóbulo. || En geom., curva que corta todas las generatrices de un cilindro formando ángulos iguales. || En geom., línea espiral. || FAM. helicoidal, helicoide, helicóptero.

helicoidal adj. Que tiene forma de hélice.

helicoide m. En geom., superficie alabeada engendrada por una recta que se mueve apoyándose en una hélice y en el eje del cilindro que la contiene, con el cual forma constantemente un mismo ángulo.

helicón m. Instrumento musical de metal cuyo tubo circular se coloca alrededor del cuerpo y apoyándolo sobre el hombro de quien lo toca.

helicóptero m. Aeronave caracterizada por tener una hélice de eje vertical en su parte superior que le permite mantenerse inmóvil, ascender y descender verticalmente.

helio m. Elemento químico inerte, gaseoso, incoloro, inodoro, insípido y el más ligero de todos los cuerpos, después del hidrógeno. Su símbolo es *He*, y su número atómico, *2.*

helio- pref. que significa 'sol': *heliograbado, heliocéntrico.*

heliocéntrico, ca adj. Se apl. a las medidas y lugares astronómicos que toman el Sol como centro de referencia. || Se dice del sistema de Copérnico y de los demás que suponen que el Sol es el centro del universo. || FAM. heliocentrismo.

heliocentrismo m. Teoría que considera que el Sol es el centro del universo.

heliogábalo m. Persona dominada por la gula.

heliograbado m. Procedimiento para obtener grabados en relieve mediante la acción de la luz solar sobre planchas adecuadas. || Estampa obtenida por este procedimiento.

heliografía f. Sistema de transmisión de señales por medio del heliógrafo. || Descripción o fotografía del Sol. || FAM. heliográfico, heliógrafo.

heliógrafo m. Instrumento para hacer señales telegráficas por medio de los destellos producidos por la reflexión de un rayo de sol en un espejo plano movible. || Instrumento para medir la intensidad de calor radiado por el Sol y registrar la duración de la insolación.

heliotropismo m. Movimiento de los vegetales que dirige las hojas y flores en dirección al Sol.

heliotropo m. Planta borraginácea originaria de Perú, de tallo leñoso, muchas ramas con hojas perennes de color verde oscuro y espigas de flores pequeñas blancas o azuladas de olor avainillado. || Ágata de color verde oscuro y manchas rojizas.

helipuerto m. Pista destinada al aterrizaje y despegue de helicópteros.

hélix m. Repliegue semicircular que conforma el borde externo del pabellón auricular. ♦ No varía en pl.

helminto m. Gusano parásito, en especial del tracto digestivo del hombre y de otros vertebrados. || FAM. helmintiasis, helmintología.

helvecio, cia o **helvético, ca** adj. y s. De Helvecia o relativo a este país de la Europa antigua. || De Suiza o relativo a este país europeo.

hematíe m. Glóbulo rojo, eritrocito o célula de la sangre que contiene la hemoglobina y transporta el oxígeno desde los pulmones a los tejidos. Más en pl.

hematites f. Mineral de óxido férrico, rómbico y de gran dureza, con cristales metálicos oscuros y polvo rojizo. ♦ No varía en pl.

hemato- pref. que significa 'sangre': *hematología.* También toma las formas *hema-, hemat-* o *hemo-*: *hematoma, hematuria, hemofílico.*

hematocrito m. Aparato centrifugador que permite la separación de los glóbulos y el plasma sanguíneo. || Índice que señala la proporción de glóbulos y plasma respecto al total de la muestra.

hematología f. Parte de la biología o de la medicina que realiza el estudio histológico, funcional y patológico de la sangre. || FAM. hematológico, hematólogo.

hematoma m. Acumulación de sangre debida a un derrame.

hematuria f. Presencia de sangre en la orina.

hembra f. Animal del sexo femenino. || col. Mujer. || En las plantas que presentan distintos sexos, la que da frutos. || En los objetos formados de dos piezas que encajan, aquella que recibe y en que se introduce la contraria. || FAM. hembraje, hembrilla.

hembraje m. amer. Conjunto de las hembras de un ganado. || desp. amer. Grupo de mujeres.

hembrilla f. Pequeña pieza de metal en que se introduce y asegura otra.

hemeroteca f. Biblioteca que dispone de una colección de diarios y publicaciones periódicas.

hemi- pref. que significa 'medio': *hemiciclo, hemisferio.*

hemiciclo m. Semicírculo. || Graderío semicircular, en especial el salón de sesiones del Congreso de los Diputados.

hemión m. Mamífero perisodáctilo de la familia de los équidos, asno salvaje de Asia occidental, de aproximadamente 1,20 m de altura y pelaje castaño con una banda negra en el dorso.

hemiplejia o **hemiplejía** f. Parálisis de todo un lado del cuerpo por diversas lesiones en los centros motores. || FAM. hemipléjico.

hemipléjico, ca adj. De la hemiplejia o relativo a ella. || adj. y s. Que padece hemiplejia.

hemíptero, ra adj. y m. De los hemípteros o relativo a este orden de insectos. || m. pl. Orden de insectos de metamorfosis sencilla, chupadores o picadores, con cuatro alas, las anteriores parcialmente endurecidas.

hemisferio m. Mitad de la superficie de la esfera terrestre, dividida por el ecuador o un meridiano. || En geom., cada una de las dos mitades de una esfera dividida por un plano que pasa por su centro. || Cada una de las dos mitades del cerebro, separadas por el cuerpo calloso. || FAM. hemisférico.

hemistiquio m. Cada una de las dos partes en que la cesura divide un verso.

hemo- pref. Hemato-.

hemoderivado, da adj. y m. Se apl. a las sustancias derivadas de la sangre o el plasma.

hemodinámica f. Estudio del flujo sanguíneo y los mecanismos circulatorios en el sistema vascular. || FAM. hemodinámico.

hemofilia f. Enfermedad hereditaria ligada al cromosoma X, caracterizada por la dificultad en la coagulación de la sangre y padecida exclusivamente por los hombres. || FAM. hemofílico.

hemofílico, ca adj. De la hemofilia o relativo a ella. || adj. y s. Que padece esta enfermedad.

hemoglobina f. Pigmento proteínico colorante de los glóbulos rojos y plasma sanguíneo que permite el transporte de oxígeno en los vertebrados.

hemolinfa f. Líquido interno y nutriente de los invertebrados que no contiene oxígeno.

hemólisis f. Desintegración o disolución de los hematíes con liberación de hemoglobina. ◆ No varía en pl.

hemorragia f. Salida más o menos abundante de sangre de los vasos sanguíneos por rotura de estos. || FAM. hemorrágico, hemorroísa.

hemorroide f. Pequeño tumor sanguíneo que se forma por dilatación varicosa de las venas del final del recto y el ano. Más en pl. || FAM. hemorroidal.

hemostático, ca adj. Que detiene el flujo de sangre. || m. Agente físico o químico que detiene una hemorragia. || FAM. hemostasia, hemostasis.

henal m. Lugar donde se guarda el heno.

henar m. Terreno poblado de heno.

henchir tr. Llenar, ocupar con algo un espacio vacío. || prnl. Hartarse de comida. ◆ **Irreg.** Se conj. como *pedir*. || FAM. henchido, henchidor, henchidura, henchimiento.

hender tr. y prnl. Hacer una hendidura en un cuerpo. || Atravesar un fluido, cortar su superficie. ◆ **Irreg.** Se conj. como *entender*. || FAM. hendedura, hendido, hendidura, hendimiento, hendir.

hendido, da adj. Rajado, abierto. || Se dice de los labios o patas de algunos animales que presentan una hendidura central. || Se apl. a la hoja cuyo limbo se divide en lóbulos irregulares.

hendidura f. Abertura o corte profundo en un cuerpo sólido que no llega a dividirlo del todo. || Grieta más o menos profunda en una superficie.

hendir tr. Hender. ◆ **Irreg.** Se conj. como *discernir*.

henequén m. *amer.* Nombre genérico de varias especies de agave o pita.

henil m. Lugar donde se guarda el heno.

heno m. Planta gramínea con cañitas delgadas de unos 20 cm de largo, hojas estrechas y agudas y flores en panoja abierta. || Hierba segada y seca para alimento del ganado. || FAM. henal, henar, henil.

henrio o *henry* m. Unidad básica de inductancia eléctrica del sistema internacional, cuyo valor es igual a 109 unidades electromagnéticas.

hepática adj. y f. De las hepáticas o relativo a este grupo de briofitas. || f. pl. Grupo de plantas briofitas, sin tejidos conductores, con aspecto de tallo con hojas o simplemente de lóbulos aplanados, que se reproducen sexual y asexualmente y habitan en zonas húmedas de todo el mundo.

hepático, ca adj. Del hígado o relativo a él. || adj. y s. Que padece de hígado. || FAM. hepática, hepatitis.

hepatitis f. Inflamación del hígado. ◆ No varía en pl.

heptaedro m. Cuerpo geométrico limitado por siete caras planas.

heptágono, na adj. y m. Se apl. al polígono de siete lados. || FAM. heptagonal.

heptámetro adj. y m. Se apl. al verso de siete pies.

heptano m. Hidrocarburo parafínico obtenido de la resina de pino y del petróleo, además de ser un componente de la gasolina.

heptasílabo, ba adj. y m. Que consta de siete sílabas. || FAM. heptasilábico.

heráldica f. Estudio y explicación de los blasones y escudos de armas. || FAM. heráldico, heraldista.

heráldico, ca adj. De la heráldica o relativo a ella: *colores heráldicos*.

heraldo m. Oficial o caballero que actuaba como mensajero o encargado de anunciar las noticias importantes. || Cosa que anuncia la llegada de otra: *estas lluvias son el heraldo del otoño*. || FAM. heráldica.

herbáceo, a adj. Que tiene la naturaleza o las características de la hierba.

herbario, ria adj. De las hierbas y plantas o relativo a ellas. || m. Colección clasificada de plantas secas para el estudio botánico. || Primera cavidad del estómago de los rumiantes.

herbazal m. Terreno poblado de hierbas.

herbicida adj. y m. Se apl. al compuesto químico usado para destruir las malas hierbas en terrenos cultivados.

herbívoro, ra adj. y m. Se apl. a los animales que se alimentan de hierbas o plantas.

herbolario, ria m. y f. Persona que recoge hierbas y plantas medicinales. || Persona que tiene un establecimiento donde se venden estas hierbas y plantas. || m. Este mismo establecimiento.

herboristería f. Herbolario, tienda donde se venden hierbas y plantas medicinales.

herciano, na adj. De las ondas electromagnéticas y relativo a ellas.

herciniano, na adj. y m. Del movimiento orogénico que afectó a Europa y Asia central en el Paleozoico superior y que dio lugar a numerosas cordilleras o relativo a él.

hercio m. Unidad de frecuencia de un movimiento vibratorio que es equivalente a un ciclo de oscilación por segundo. || FAM. herciano.

hercúleo, a adj. De Hércules, con sus características o relativo a él.

hércules m. Hombre de mucha fuerza y corpulencia. ◆ No varía en pl. || FAM. hercúleo.

heredad f. Porción de terreno cultivado perteneciente a un mismo dueño. || Conjunto de las fincas, haciendas y posesiones de alguien. || FAM. heredar.

heredar tr. Recibir por ley o testamento la propiedad de los bienes que una persona deja cuando muere para que sus bienes y derechos no se extingan con ella. ‖ Poseer los seres vivos los caracteres psíquicos y biológicos de sus progenitores. ‖ Recibir algo de una persona o circunstancia anterior. ‖ *col.* Usar las pertenencias de otra persona. ‖ FAM. heredable, heredado, heredero, hereditario.

heredero, ra adj. y s. Se apl. a la persona que por testamento o por ley recibe toda o parte de una herencia. ‖ Dueño de una heredad. ‖ Que presenta las características o cualidades de sus progenitores o antepasados. ‖ Lo que recibe una situación del pasado.

hereditario, ria adj. De la herencia, relacionado con ella o que se adquiere por ella: *enfermedad hereditaria.*

hereje com. Persona que sostiene dogmas u opiniones diferentes a la ortodoxia de su religión. ‖ Desvergonzado, procaz.

herejía f. Creencia o doctrina contraria a los dogmas de fe establecidos por una religión. ‖ Postura contraria a los principios aceptados de una ciencia o arte. ‖ Palabra gravemente injuriosa. ‖ Disparate, error. ‖ Daño o tormento grande infligido injustamente a una persona o animal. ‖ FAM. hereje, heresiarca, herético.

herencia f. Derecho de heredar. ‖ Patrimonio o conjunto de bienes de un difunto que se trasmite legalmente a sus sucesores. ‖ Transmisión a los descendientes de los caracteres biológicos de los progenitores. ‖ Conjunto de los rasgos transmitidos por los progenitores: *herencia genética.* ‖ Conjunto de rasgos, ideas, circunstancias sociales, etc., que se transmiten a los herederos o continuadores.

hereque m. *amer.* Nombre genérico de las enfermedades cutáneas. ‖ *amer.* Enfermedad del cafeto.

heresiarca com. Autor o instigador de una herejía.

herético, ca adj. De la herejía o los herejes o relativo a ellos.

herida f. Lesión o rotura de los tejidos de los seres vivos por incisión o contusión. ‖ Ofensa, agravio. ‖ Aflicción, sufrimiento moral.

herido, da adj. y s. Que tiene una o varias heridas. ‖ m. *amer.* Zanja.

herir tr. Golpear, romper o abrir con violencia los tejidos de un ser vivo. También prnl. ‖ Golpear, dar un cuerpo contra otro: *el martillo hería el metal.* ‖ Ofender, agraviar. ‖ Tocar las cuerdas o las teclas de un instrumento musical: *hirió el laúd.* ‖ Impresionar desagradablemente alguno de los sentidos: *esa luz hiere la vista.* ‖ Hacer fuerza un sonido sobre otro para formar sílaba o sinalefa. ‖ Zumbar suavemente un proyectil en el aire. ♦ Irreg. Se conj. como *sentir.* ‖ FAM. herida, herido, heridor, hiriente.

hermafrodita adj. Se apl. al animal que reúne los dos sexos en un individuo. ‖ Se dice de la planta en cuyas flores se reúnen estambre y pistilo. ‖ adj. y com. Se apl. al ser humano que reúne rasgos de los dos sexos, en especial si posee ambos órganos reproductores total o parcialmente. ‖ FAM. hermafrodismo, hermafroditismo.

hermanar tr. y prnl. Unir, armonizar, compatibilizar dos o más cosas. ‖ Unir, hacer a uno hermano de otro en sentido místico o espiritual. ‖ Establecer vínculos institucionales entre dos países o ciudades. ‖ FAM. hermanable, hermanado, hermanamiento.

hermanastro, tra m. y f. Hijo de uno de los dos cónyuges respecto al hijo del otro.

hermandad f. Relación de parentesco entre hermanos. ‖ Fraternidad, amistad solidaria y desinteresada. ‖ Correspondencia que guardan varias cosas entre sí. ‖ Cofradía o congregación de devotos. ‖ Agrupación de personas para un fin desinteresado o de beneficio colectivo: *hermandad de donantes de sangre.*

hermano, na m. y f. Persona nacida de los mismos padres respecto a otra, o solamente el mismo padre o la misma madre. ‖ Persona unida a otra por vínculos espirituales, morales o ideológicos: *hermanos en la fe.* ‖ Persona que vive en una comunidad religiosa o pertenece a ella. ‖ Miembro de una hermandad o cofradía. ‖ Una cosa respecto a otra semejante o que tiene vínculos comunes. ‖ **hermano de leche** Respecto de una persona, hijo de la nodriza que lo amamantó, y viceversa. ‖ **hermano político** Cuñado. ‖ **medio hermano** El que solo lo es de padre o madre. ‖ FAM. hermanar, hermanastro, hermandad.

hermenéutica f. Arte y técnica de interpretar textos para la fijación de su sentido, en especial los sagrados. ‖ FAM. hermeneuta, hermenéutico.

hermético, ca adj. Que se cierra de modo que no permite pasar el aire ni los fluidos. ‖ Impenetrable, incomprensible o cerrado. ‖ Del filósofo egipcio del siglo XX a. C. Hermes o relativo a él: *tratado hermético de alquimia.* ‖ FAM. herméticamente, hermeticidad, hermetismo.

hermetismo m. Cualidad de lo que es cerrado, impenetrable o difícil de interpretar.

hermosear tr. y prnl. Hacer o poner hermoso, adornar.

hermoso, sa adj. Que resulta proporcionado y bello a los sentidos. ‖ Noble o bello moralmente. ‖ *col.* Grande, amplio. ‖ *col.* Robusto, saludable. ‖ FAM. hermosamente, hermoseamiento, hermosear, hermosura.

hermosura f. Conjunto de cualidades que dotan de belleza a las cosas que se perciben sensorialmente. ‖ Lo que es hermoso.

hernia f. Tumor producido por el desplazamiento o la salida total o parcial de una víscera u otra parte blanda fuera de su cavidad natural: *hernia de disco, de hiato.* ‖ FAM. herniado, herniario, herniarse.

herniado, da adj. Que padece hernia. ‖ *col.* Muy cansado, agotado.

herniar tr. y prnl. Causar o sufrir una hernia. ‖ prnl. *col.* Trabajar en exceso, agotarse.

héroe, heroína m. y f. Persona admirada por sus hazañas y virtudes. ‖ Persona que lleva a cabo una acción heroica. ‖ Personaje principal de un texto literario o una trama cinematográfica. ‖ En mit., hijo de un dios y de un ser humano. ‖ FAM. heroicidad, heroico, heroísmo.

heroicidad f. Carácter digno de admiración y reconocimiento. ‖ Acción extraordinaria y loable por su valor.

heroico, ca adj. Admirable y extraordinario por su valor o méritos. ‖ Se apl. a la poesía o composición poética en que se narran o cantan hazañas gloriosas. ‖ FAM. heroicamente.

heroína f. Droga obtenida de la morfina, en forma de polvo blanco y amargo, con propiedades sedantes y narcóticas. || FAM. heroinómano.

heroinómano, na m. y f. Persona adicta a la heroína.

heroísmo m. Valor, virtudes y conjunto de cualidades propias de un héroe. || Acción heroica.

herpes o **herpe** amb. Erupción cutánea de carácter vírico que se caracteriza por la aparición de pequeñas vesículas o vejigas rodeadas de una aureola rojiza. Más como m. ◆ La primera forma no varía en pl. || FAM. herpético.

herpetología f. Parte de la zoología que trata de los reptiles.

herrada f. Cubo de madera, reforzado con aros de hierro o de latón, y más ancho por la base que por la boca.

herradero m. Marca del ganado con un hierro al rojo. || Lugar en que se realiza. || Estación o temporada en que se efectúa. || Corrida de toros desastrosa y desordenada.

herrador, ra m. y f. Persona que se dedica a poner herraduras a las caballerías.

herradura f. Hierro en forma de uve que se clava en los cascos de las caballerías para que no se dañen las pezuñas al andar. || Protección de esparto o cáñamo que se pone a las caballerías cuando se desherran. || Murciélago que tiene los orificios nasales rodeados por una membrana en forma de herradura.

herraje m. Conjunto de piezas de hierro o acero con las que se adorna o refuerza un objeto. || Conjunto de las herraduras de una caballería.

herramienta f. Objeto que se utiliza para trabajar en diversos oficios o realizar un trabajo manual. || Conjunto de estos instrumentos. || *col.* Cornamenta de un animal. || *col.* Dentadura. || *col.* Pistola, navaja o cualquier otro tipo de arma. || FAM. herramental.

herrar tr. Ajustar y clavar las herraduras a las caballerías, o los callos a los bueyes. || Marcar con hierro candente a un animal u objeto. || Adornar o reforzar con hierro un objeto. ◆ **Irreg.** Se conj. como *acertar.* || FAM. herradero, herrado, herrador, herradura, herraje.

herrería f. Taller o tienda del herrero. || Oficio de herrero. || Fábrica en que se funde y labra el hierro en grueso.

herrerillo m. Nombre común de diversas aves paseriformes de unos 12 cm de largo. La especie más común tiene la parte superior de la cabeza, las alas y la cola de color azul cobalto, el pecho amarillo, el dorso verdoso y el pico y las patas negros.

herrero, ra m. y f. Artesano que trabaja el hierro. || *amer.* Herrador. || FAM. herrería.

herrete m. Remate metálico que se pone en los extremos de cordones o cintas para que puedan entrar fácilmente por los ojetes.

herrumbre f. Óxido de hierro, en especial en la superficie de objetos de hierro en contacto con la humedad. || Gusto o sabor que algunas cosas toman del hierro. || Roya, hongo de las plantas. || FAM. herrumbrar, herrumbroso.

herrumbroso, sa adj. Que tiene herrumbre. || De color amarillo rojizo.

hervidero m. Movimiento, agitación y ruido de los líquidos al hervir. || Manantial donde surge el agua con burbujas gaseosas. || Muchedumbre de personas o animales, en especial con movimiento y ruido. || Movimiento continuo, agitación: *hervidero de intrigas.*

hervidor m. Utensilio de cocina para hervir líquidos. || P. ext., cualquier aparato que sirve para hervir líquidos.

hervir intr. Moverse agitadamente un líquido por elevación de su temperatura o fermentación. || Con las preps. *en* y *de*, abundar: *la estación hervía de gente.* || Excitarse los afectos y las pasiones: *hervir de ira.* || tr. Hacer hervir un líquido. ◆ **Irreg.** Se conj. como *sentir.* || FAM. hervidero, hervido, hervidor, hervor, hirviente.

hervor m. Ebullición, movimiento y agitación de un líquido al hervir. || Fogosidad, inquietud. || **faltar un hervor** loc. *col.* Faltar madurez y experiencia.

hespéride adj. De las Hespérides o relativo a ellas. || f. En mit., cada una de las ninfas que guardaban el jardín de las manzanas de oro. || f. pl. Pléyades, estrellas de la constelación de Tauro. ◆ Se escribe con mayúscula.

hesperidio m. Fruto carnoso de corteza gruesa, dividido en varias celdas o gajos por telillas membranosas, como la naranja y el limón.

hesperio, ria adj. y s. De España o Italia, o relativo a estos dos países que formaban la antigua Hesperia.

hetaira f. En la antigua Grecia, cortesana de elevado nivel cultural y social. || Prostituta.

hetero- pref. que significa 'otro' o 'distinto': *heterodoxo, heterónimo.*

heterocerco, ca adj. Se apl. a la aleta caudal de los peces que está formada por dos lóbulos desiguales. || adj. y m. Se apl. a los peces que tienen esta clase de aleta, como la raya.

heteróclito, ta adj. Se apl. al nombre que no se declina según la regla común y, en general, a todo paradigma que se aparta de lo regular. || Irregular, extraño, fuera de orden.

heterodoxia f. Disconformidad con los dogmas y creencias de una religión. || Disconformidad con las ideas o prácticas de cualquier doctrina. || FAM. heterodoxo.

heterodoxo, xa adj. y s. Disconforme o distinto de los dogmas y creencias de una religión. || Disconforme o diferente de las ideas o prácticas de cualquier doctrina.

heterogeneidad f. Composición de un todo de partes de distinta naturaleza.

heterogéneo, a adj. Formado por componentes o partes de distinta naturaleza. || FAM. heterogeneidad.

heteronimia f. En ling., fenómeno en el que voces de gran proximidad semántica proceden de étimos diferentes, como en *caballo* y *yegua.* || FAM. heterónimo.

heterónimo m. En ling., cada una de las voces de proximidad semántica que proceden de distintos étimos. || Nombre fingido o adoptado por un autor para firmar parte de su obra.

heterosexual adj. De la heterosexualidad o relativo a ella. || adj. y s. Se apl. a la persona que siente atracción por el sexo opuesto. || FAM. heterosexualidad.

heterosexualidad f. Atracción sexual por el sexo opuesto. || Relación sexual con individuos del sexo opuesto.

heterótrofo, fa adj. Se apl. al organismo que elabora su propia sustancia orgánica alimentándose de materia elaborada por otros seres vivos.

hético, ca adj. De la tisis o relativo a ella. || adj. y s. Tísico. || Flaco, débil, extenuado.

heurística f. Búsqueda o investigación de documentos o fuentes históricas. || Arte de inventar o descubrir. || FAM. heurístico.

heurístico, ca adj. De la heurística o relativo a ella: *método heurístico.*

hexaedro m. Cuerpo geométrico de seis caras planas. || **hexaedro regular** Cubo.

hexagonal adj. Del hexágono o de forma similar a él. || Se apl. al sistema en que cristalizan ciertos minerales, como el cuarzo.

hexágono, na adj. y m. Se apl. al polígono de seis lados. || FAM. hexagonal.

hexámetro m. Verso de la poesía griega o latina que consta de seis pies.

hexápodo, da adj. y m. Se apl. al animal que tiene seis patas.

hexasílabo, ba adj. y m. De seis sílabas. || FAM. hexasilábico.

hez f. Poso o sedimento de algunas preparaciones líquidas. Más en pl.: *las heces del vino.* || Lo más vil y despreciable. || pl. Excrementos.

hiato m. Encuentro de dos vocales que se pronuncian en sílabas distintas. || Cacofonía que resulta del encuentro de vocales. || Ruptura de una sinalefa para alargar la métrica de un verso. || Nombre genérico de algunos anillos y orificios: *hernia de hiato.*

hibernación f. Estado de aletargamiento con disminución general de las funciones metabólicas y temperatura a que están sujetos algunos animales durante la estación fría. || Procedimiento de reducción de las funciones metabólicas y orgánicas logrado en los humanos por medio de sustancias químicas o refrigeración.

hibernar intr. Pasar el invierno en estado de hibernación. || tr. Aplicar a un organismo el procedimiento de hibernación. || FAM. hibernación, hibernante.

hibisco m. Planta de la familia de las malváceas, de grandes flores generalmente rojas, aunque existen numerosas variedades de distintos colores. Se cultiva en los países cálidos y es muy apreciada por su valor ornamental.

hibridación f. Producción artificial de seres híbridos.

hibridismo m. Calidad de híbrido. || Hibridación.

híbrido, da adj. y m. Se apl. al animal o al vegetal obtenido del cruce de dos individuos de distinta especie. || Se apl. en general a lo que está formado por elementos de distinta naturaleza. || FAM. hibridación, hibridar, hibridismo.

hidalgo, ga m. y f. Miembro del escalafón más bajo de la aristocracia castellana. || adj. Del hidalgo o relativo a este miembro de la nobleza. || Generoso y noble. || FAM. hidalguía.

hidalguía f. Condición social del hidalgo. || Nobleza y generosidad.

hidátide f. Larva de una tenia intestinal del perro y otros animales que adquiere gran tamaño en el organismo humano. || Vesícula acuosa o quiste producido por dicha larva. || FAM. hidatídico, hidatidosis.

hidatídico, ca adj. De la hidátide o relativo a ella: *quiste hidatídico.*

hidra f. Pólipo tubular de agua dulce, cerrado por una extremidad y con un orificio usado como boca y ano, con varios tentáculos urticantes en la otra. || Nombre común de diversas especies de culebras marinas venenosas. || En mit., monstruo de siete cabezas que renacían a medida que se cortaban.

hidrácido m. Ácido haloideo sin oxígeno, formado por la combinación de un elemento o radical negativo con el hidrógeno.

hidrangeáceo, a adj. y f. De las hidrangeáceas o relativo a esta familia de plantas. || f. pl. Familia de hierbas, árboles, arbustos o lianas angiospermos dicotiledóneos, con hojas generalmente opuestas, simples y sin estípulas, flores bisexuales en cima y fruto en cápsula o baya, como la celinda.

hidratación f. Conservación del grado normal de humedad de la piel y el organismo. || Combinación de un cuerpo o compuesto químico con el agua: *hidratación de la cal.*

hidratante adj. Que hidrata. || adj. y f. Se apl. a los cosméticos que sirven para restablecer el grado de humedad normal en la piel.

hidratar tr. Restablecer el grado de humedad normal de la piel. || Restablecer la proporción adecuada de agua en el organismo. || En quím., combinar un cuerpo o sustancia con agua. || FAM. hidratación, hidratado, hidratante.

hidrato m. Compuesto que contiene moléculas de agua en su estructura. || **hidrato de carbono** Nombre genérico de las sustancias orgánicas de reacción neutra, formadas por carbono, hidrógeno y oxígeno. || FAM. hidratar.

hidráulica f. Parte de la mecánica que estudia las propiedades mecánicas de los líquidos. || Rama de la ingeniería que estudia la manera de conducir y aprovechar las aguas. || FAM. hidráulico.

hidráulico, ca adj. De la hidráulica o relativo a ella: *energía hidráulica.* || Que se mueve por medio del agua: *prensa hidráulica.* || Se apl. a la sustancia que se endurece en contacto con el agua. || adj. y s. Se apl. a la persona que se dedica a la hidráulica.

hídrico, ca adj. Del agua o relativo a ella.

hidro-, -hidro pref. o suf. que significan 'agua': *hidrófobo, hidrocarburo, anhidro.*

hidroavión m. Aeroplano que puede posarse sobre el agua o despegar desde ella gracias a unos flotadores.

hidrocarburo m. Cada uno de los compuestos químicos resultantes de la combinación del carbono con el hidrógeno.

hidrocefalia f. Dilatación anormal de las cavidades cerebrales por alteración del flujo cefalorraquídeo. || FAM. hidrocéfalo.

hidrocele f. Acumulación de líquido en la membrana que rodea el testículo o en el cordón espermático.

hidrodinámica f. Parte de la mecánica que estudia el movimiento de los fluidos. || FAM. hidrodinámico.

hidroelectricidad f. Energía eléctrica obtenida por la fuerza hidráulica. || FAM. hidroeléctrico.

hidroeléctrico, ca adj. De la energía eléctrica obtenida por fuerza hidráulica o relativo a ella: *central hidroeléctrica*.

hidrófilo, la adj. Que absorbe fácilmente la humedad o el agua: *algodón hidrófilo*. || Se apl. a los organismos que viven en ambientes húmedos o dentro del agua.

hidrofobia f. Horror al agua. || Rabia, enfermedad vírica. || FAM. hidrófobo.

hidrófobo, ba adj. y s. Que padece hidrofobia. || adj. Se apl. a los organismos que viven en ambientes carentes de humedad.

hidrófugo, ga adj. y m. Se apl. a la sustancia que evita la humedad o las filtraciones.

hidrogenar tr. Combinar una sustancia con hidrógeno.

hidrógeno m. Elemento químico no metálico, gas incoloro e insípido, catorce veces más ligero que el aire, que entra en la composición de muchas sustancias orgánicas y que forma el agua al combinarse con oxígeno. Su símbolo es *H*, y su número atómico, *1*. || FAM. hidrogenación, hidrogenado, hidrogenar, hidruro.

hidrografía f. Parte de la geografía física que trata de la descripción de los mares y las corrientes de agua. || Conjunto de mares, lagos y aguas corrientes de una zona geográfica. || FAM. hidrográfico, hidrógrafo.

hidrográfico, ca adj. De la hidrografía o relativo a ella: *caudal hidrográfico*.

hidrólisis f. Descomposición de sustancias orgánicas e inorgánicas complejas en otras más sencillas por acción de agua. ◆ No varía en pl. || FAM. hidrolizable, hidrolizar.

hidrología f. Ciencia que estudia las aguas continentales y subterráneas, sus propiedades, distribución y utilización. || FAM. hidrológico, hidrólogo.

hidrológico, ca adj. De la hidrología o relativo a ella: *caudal hidrológico*.

hidromasaje m. Masaje que se realiza con chorros a presión de agua caliente y aire.

hidromiel m. Agua mezclada con miel.

hidrónimo m. Nombre de un río, lago o cualquier accidente geográfico relativo al agua. || FAM. hidronimia.

hidropesía f. Derrame o acumulación anormal del líquido seroso en una cavidad del organismo o en el tejido celular. || FAM. hidrópico.

hidroponía f. Cultivo de plantas en ausencia de tierra, con absorción de los nutrientes de soluciones acuosas que circulan en un soporte de arena o gravilla. || FAM. hidropónico.

hidroscopia f. Técnica para descubrir la existencia de las aguas ocultas o subterráneas. || FAM. hidroscopio.

hidrosfera f. Capa de la Tierra entre la atmósfera y la litosfera formada por el conjunto de las partes líquidas del globo terráqueo.

hidrosoluble adj. Que se puede disolver en agua: *vitamina hidrosoluble*.

hidrostática f. Parte de la mecánica que estudia el equilibrio de los fluidos. || FAM. hidrostático.

hidroterapia f. Empleo terapéutico del agua, en especial en forma de baños y duchas. || FAM. hidroterápico.

hidrotropismo m. Movimiento de un organismo o vegetal orientado hacia el agua o humedad.

hidróxido m. Compuesto inorgánico formado por un hidroxilo y otro radical. || FAM. hidroxilo.

hidroxilo m. Radical monovalente compuesto de un átomo de oxígeno y uno de hidrógeno.

hidrozoo adj. y m. De los hidrozoos o relativo a esta clase de invertebrados. || m. pl. Clase de invertebrados de los cnidarios, que carecen de esqueleto, presentan cavidad gástrica sencilla y tienen alternancia de generaciones de pólipos o medusas.

hidruro m. Compuesto formado por hidrógeno y otro elemento o radical, en especial un metal.

hiedra f. Planta araliácea trepadora de ramas sarmentosas con hojas perennes de color verde oscuro partidas en cinco lóbulos, flores de color amarillo verdoso y fruto en bayas negruzcas del tamaño de un guisante. || **hiedra terrestre** Planta labiada que forma matas rastreras, de hojas festoneadas perennes y peludas, flores azules o violetas y fruto en pequeñas semillas.

hiel f. Bilis. || Amargura, resentimiento.

hielera f. *amer*. Cubitera.

hielo m. Estado sólido y cristalino del agua por elevado descenso de la temperatura. || Frialdad en las relaciones humanas. || **romper el hielo** loc. *col*. Romper la timidez, reserva o frialdad en una relación. || FAM. helar, helero, hielera.

hiena f. Nombre común de diversos mamíferos carnívoros carroñeros propios de Asia y África, del tamaño de un lobo, con el pelaje áspero gris amarillento con listas o manchas en el lomo, patas delanteras más largas que las traseras y olor desagradable debido al desarrollo de sus glándulas anales. || Persona cruel y despiadada.

hierático, ca adj. Se apl. a cierta escritura egipcia, abreviación de la jeroglífica. || Se dice de un estilo de arte de rasgos rígidos y solemnes. || Se apl. a la persona cuya expresión no deja adivinar sentimiento alguno. || De las cosas sagradas o de los sacerdotes o relativo a ellas. || FAM. hieratismo.

hierba f. Cualquier planta con tallos delgados y tiernos que no desarrolla tejido leñoso y solo vive hasta florecer. || Conjunto de muchas hierbas que nacen en un terreno. || *argot* Marihuana. || pl. Infusión. || Veneno a base de hierbas. || Pastos que hay en las dehesas para los ganados. || Años de los animales que se crían en estos pastos. || **finas hierbas** Las que se utilizan como condimento, como el perejil, el estragón, etc. || **mala hierba** La que crece en los cultivos y puede arruinarlos. || FAM. herbáceo, herbaje, herbario, herbazal, herbicida, herbívoro, herbolario, herboristería, herborizar, herboso, hierbabuena, hierbajo.

hierbabuena f. Planta herbácea labiada muy aromática y usada como condimento, de hojas vellosas y agudas, flores rojizas y fruto seco con cuatro semillas. || Nombre genérico que se da a otras plantas labiadas.

hierra f. *amer.* Marcado con hierro al rojo del ganado. || *amer.* Temporada en que se marca el ganado. || *amer.* Fiesta que se celebra con tal motivo.

hierro m. Elemento químico metálico dúctil, maleable y muy tenaz, de color gris azulado, magnético y oxidable, muy usado en la industria y en las artes. Su símbolo es *Fe*, y su número atómico, *26.* || Marca e instrumento para marcar a los ganados y a otras cosas como garantía o contraste. || Varilla de acero que es armadura de las obras de hormigón armado. || Arma, instrumento o pieza de hierro o acero. || Surco que hace el arado en la tierra. || pl. Instrumentos de hierro, como cadenas, grillos, etc., para aprisionar partes del cuerpo. || **hierro colado** El fundido sin refinar. || **hierro dulce** El que no tiene impurezas y se trabaja fácilmente. || **hierro fundido** Hierro colado. || **de hierro** loc. adj. De gran fortaleza y resistencia: *voluntad, salud de hierro.* || **quitar hierro** loc. *col.* Atenuar o quitar importancia a algún asunto. || FAM. herrada, herradura, herraje, herramienta, herrar, herrería, herrerillo, herrero, herrete, herrumbre, hierra.

hifa f. Nombre de los filamentos que constituyen el micelio de un hongo.

higa f. Amuleto en forma de mano cerrada en que asoma el dedo pulgar entre el índice y el corazón. || Gesto de asomar el dedo pulgar entre el índice y el corazón, con el puño cerrado, señalando a personas despreciables o contra el mal de ojo.

higadillo m. Hígado de los animales pequeños, en especial aves y caza. || *amer.* Enfermedad que padecen las aves domésticas, en especial las gallinas, causada por aglomeración de la sangre en el hígado. || *amer.* Guisado de riñones e hígado de res.

hígado m. Órgano glandular del aparato digestivo del hombre y demás mamíferos, de color rojo oscuro, que realiza importantes funciones metabólicas como segregar la bilis y desintoxicar la sangre. || Órgano que cumple estas funciones en los invertebrados. || Ánimo, valentía. Más en pl. || Falta de escrúpulos. Más en pl. || FAM. higadillo.

higadoso, sa adj. *amer.* Majadero, estúpido.

higiene f. Rama de la medicina que tiene por objeto la conservación de la salud y la prevención de enfermedades. || Aplicación pública o privada de estos principios y reglas. || Limpieza y aseo. || FAM. higiénico, higienista, higienización, higienizar.

higiénico, ca adj. De la higiene o que cumple los mínimos requisitos de limpieza y aseo.

higo m. Segundo fruto que da la higuera tras la breva, de piel verde y carne rojiza y dulce llena de pequeñas pepitas negras. || *vulg.* Vulva. || **higo chumbo, de pala** o **de tuna** Fruto de la chumbera, de corteza verde y pulpa anaranjada muy dulce. || **de higos a brevas** loc. adv. *col.* De tarde en tarde. || **estar hecho un higo** loc. *col.* Presentar mal aspecto algo por estar arrugado o deteriorado. || FAM. higa, higuera.

higrometría f. Parte de la física que estudia la producción de la humedad atmosférica y la medida de sus variaciones. || FAM. higrométrico, higrómetro.

higroscopio m. Instrumento que indica la variación de la humedad del aire mediante el cambio de longitud de una fibra orgánica al absorber humedad. || Juguete en que, mediante este instrumento, se mueve una figurilla o parte de ella para indicar lluvia o buen tiempo. || FAM. higroscopia.

higuera f. Árbol moráceo de media altura, de savia de látex amargo, madera blanca y hojas grandes y lobuladas, cuyo fruto es el higo. || **higuera breval** La que da higos y brevas. || **higuera chumba, de Indias, de pala** o **de tuna chumbera** Planta carnosa de la familia de las cactáceas, de tallos en forma de paletas llenas de espinas. || **estar en la higuera** loc. *col.* No enterarse de nada, estar distraído. || FAM. higueral.

hijastro, tra m. y f. Hijo o hija que uno de los cónyuges aporta al matrimonio de una unión anterior.

hijo, ja m. y f. Persona o animal, respecto de su padre o de su madre. || Cualquier persona, respecto del país o población de que es natural. || Religioso, con relación al fundador de su orden y a la casa donde tomó hábito. || Nombre que se suele dar al yerno y a la nuera, respecto de los suegros: *hijo político.* || Expresión de cariño: *mira, hija, yo sé lo que te conviene.* || Lo que es resultado de algo: *la ciencia es hija de la experiencia.* || m. Lo que procede o sale de otra cosa por procreación, como los retoños que echa el árbol. || m. pl. Descendientes. || **hijo de perra** o **hijo de puta** *vulg.* Insulto a una persona mala o despreciable. || **hijo de vecino** Persona normal y corriente. || **hijo natural** El nacido de padres solteros. || **hijo político** Yerno. || **hija política** Nuera. || FAM. hijastro, hijear, hijuela.

hijodalgo, hijadalga m. y f. Hidalgo.

hilacha f. Pedazo de hilo que se desprende de la tela. || Porción insignificante de alguna cosa. || *amer.* Guiñapo, harapo. || FAM. hilachento, hilacho, hilachoso.

hilado m. Conversión de una fibra textil en hilo: *hilado de la lana.* || Porción de lino, cáñamo, seda, lana, algodón, etc., reducida a hilo.

hilandero, ra m. y f. Persona que se dedica profesionalmente a hilar.

hilar tr. Transformar una fibra textil en un hilo continuo cohesionado y manejable. || Segregar un insecto o arácnido una hebra de seda para formar el capullo o su tela. || Discurrir, inferir unas cosas de otras. || **hilar fino** loc. Discurrir con sutileza o proceder con sumo cuidado. || FAM. hilado, hilador, hiladora, hilandería, hilandero, hilatura.

hilarante adj. Que inspira alegría o ganas de reír: *gas hilarante.*

hilaridad f. Risa ruidosa y algazara causada por lo que se oye o lo que se ve. || FAM. hilarante.

hilatura f. Arte, técnica o industria de productos textiles en hilo.

hilaza f. Hilado, porción de fibra textil reducida a hilo. || Hilo que sale gordo y desigual. || Hilo basto con que se teje cualquier tela. || Residuo, poso o sedimento con forma de hilo.

hilemorfismo m. Teoría aristotélica seguida por los escolásticos, según la cual todo cuerpo se halla constituido por dos principios esenciales que son materia y forma.

hilera f. Formación en línea de un número de personas o cosas. || Instrumento para reducir a hilo los metales. || Hilo o hilaza fina. || pl. En los animales hiladores, apéndices que contienen las glándulas productoras del líquido con que forman los hilos.

hilo m. Hebra larga y delgada que se forma retorciendo el lino, lana u otra materia textil. || Tejido de lino o cáñamo. || Hebra que forman las arañas, gusanos de seda, etc. || Alambre o filamento metálico muy delgado: *hilo de cobre.* || Cable transmisor: *hilos eléctricos.* || Chorro muy delgado de un líquido. || Desarrollo de un pensamiento, un discurso, etc.: *no conseguí seguirle el hilo.* || **hilo de voz** Voz débil, casi inaudible. || **hilo musical** Sistema de transmisión del sonido a través del hilo telefónico, con un receptor que no inhabilita la línea. || **a hilo** loc. adv. Según la dirección de algo, en línea paralela a ella. || **al hilo** loc. adv. Según la dirección de los hilos o fibras. || **colgar** o **pender de un hilo** loc. *col.* Estar bajo gran riesgo o amenaza de una persona o cosa. || **perder el hilo** loc. Olvidarse de aquello que se estaba exponiendo en una conversación o discurso. || FAM. hilacho, hiladilla, hilar, hilaza, hilera, hilván.

hilván m. Costura de puntadas largas con que se preparan las piezas de tela para su costura definitiva. || Cada una de estas puntadas. || Hilo utilizado para hilvanar. || FAM. hilvanado, hilvanar.

hilvanado m. Cosido provisional con el hilván.

hilvanar tr. Apuntar o unir con hilvanes. || Enlazar, coordinar ideas, frases o palabras. || *col.* Hacer algo con precipitación.

himen m. Repliegue de la mucosa de la vagina que recubre y reduce el orificio externo de las mujeres vírgenes.

himeneo m. *poét.* Boda o casamiento. || Composición poética en que se celebra un casamiento.

himenóptero, ra adj. y m. De los himenópteros o relativo a este orden de insectos. || m. pl. Orden de insectos de boca masticadora, chupadora o lamedora, metamorfosis compleja, dos pares de alas y, en muchas de sus especies, con comportamiento social, como la abeja.

himno m. Composición poética o musical de alabanza religiosa. || Composición poética o musical de alabanza de un hecho memorable o representación de un colectivo o país. || FAM. himnario.

hincada f. *amer.* Hincadura. || *amer.* Genuflexión. || *amer.* Dolor punzante de reumatismo.

hincadura f. Introducción o apoyo de una cosa en otra.

hincapié (hacer) loc. Insistir, mantenerse firme en algo.

hincar tr. Introducir o clavar una cosa en otra. || Apoyar una cosa en otra con fuerza. || prnl. Arrodillarse. || FAM. hincada, hincadura, hincapié.

hincha f. *col.* Odio, enemistad. || com. Partidario entusiasta de alguien, en especial de un equipo deportivo.

hinchable adj. Que se puede hinchar: *muñeca, colchón hinchable.*

hinchada f. Conjunto de hinchas.

hinchado, da adj. Presumido, arrogante. || Se apl. al estilo que abunda en palabras y expresiones redundantes, hiperbólicas y afectadas.

hinchar tr. Hacer que aumente de volumen algún objeto o dilatarlo con un fluido. También prnl. || Aumentar el agua de un río, arroyo, etc. También prnl. || Exagerar una noticia o un suceso: *han hinchado los datos de audiencia.* || prnl. Aumentar de volumen una parte del cuerpo a causa de una herida, golpe, etc. || Llevar a cabo una actividad con exceso: *se hinchó a reír.* || Envanecerse, engreírse. || FAM. hincha, hinchable, hinchada, hinchado, hinchamiento, hinchazón.

hinchazón f. Aumento de volumen de una parte del cuerpo a causa de una herida, golpe, etc. || Engreimiento, presunción.

hindi m. Lengua indoeuropea descendiente del sánscrito usada en la India.

hindú adj. y com. De la India o relativo a este país asiático. || Seguidor del hinduismo. ◆ pl. *hindús* o *hindúes.* || FAM. hindi, hinduismo.

hinduismo m. Religión mayoritaria de la India que se caracteriza por la multiplicidad de dioses y ritos, la reverencia a la casta, el vegetarianismo y la creencia en la reencarnación. || FAM. hinduista.

hinduista adj. Del hinduismo o relativo a él. || adj. y com. Seguidor o partidario de esta doctrina.

hiniesta f. Retama.

hinojo m. Planta herbácea umbelífera que alcanza los 2 m de altura, aromática, de tallos erguidos y ramosos, hojas muy divididas en lacinias filiformes y flores pequeñas y amarillas, usada en medicina y como condimento. || FAM. hinojal.

hinojo m. Rodilla, parte de unión del muslo y de la pierna. Más en pl. || **de hinojos** loc. adv. De rodillas.

hioides m. Hueso flotante situado entre la base de la lengua y la laringe. ◆ No varía en pl.

hipar intr. Tener hipo. || Lloriquear, sollozar. || FAM. hipido.

hipato, ta adj. *amer.* Repleto, harto. || *amer.* Hinchado.

híper m. *col.* Hipermercado.

hiper- pref. que significa 'superioridad' o 'exceso': *hipercrítico, hipertensión.*

hiperactividad f. Actividad intensa o excesiva. || FAM. hiperactivo.

hiperactivo, va adj. Que tiene una actividad excesiva.

hipérbaton m. Alteración del orden natural o gramatical de las palabras en el discurso. ◆ pl. *hipérbatos.*

hipérbola f. Curva plana y simétrica respecto de dos planos perpendiculares entre sí, y cuya distancia con respecto a dos puntos o focos es constante. || FAM. hiperbólico.

hipérbole f. Figura que consiste en aumentar o disminuir exageradamente la verdad de aquello sobre lo que se habla. || Exageración de una circunstancia, relato o noticia. || FAM. hiperbólicamente, hiperbólico, hiperbolizar.

hiperbólico, ca adj. De la hipérbole, con sus características o relativo a ella. || De la hipérbola, similar a su forma o relativo a ella.

hiperbóreo, a adj. Se apl. a las regiones muy septentrionales, a sus habitantes, fauna y flora.

hiperespacio m. Espacio ficticio de más de tres dimensiones, en especial en ciencia ficción.

hiperestesia f. Sensibilidad excesiva y dolorosa. || FAM. hiperestésico.

hiperglucemia f. Aumento de la glucosa en sangre por encima de los niveles normales.

hipermercado m. Gran superficie comercial, generalmente dotada de aparcamiento, con variedad de artículos en régimen de autoservicio y por lo común localizada en la periferia de las grandes ciudades.

hipermétrope adj. y com. Que padece hipermetropía.

hipermetropía f. Defecto de la visión por el cual se perciben confusamente los objetos próximos por formarse la imagen más allá de la retina. || FAM. hipermétrope.

hiperrealismo m. Corriente artística iniciada en Estados Unidos que se basa en la reproducción detallista y casi fotográfica de la realidad. || FAM. hiperrealista.

hipersensible adj. Que es muy sensible a estímulos afectivos o emocionales. || FAM. hipersensibilidad.

hipertensión f. Aumento excesivo de la tensión vascular o sanguínea. || FAM. hipertenso.

hipertenso, sa adj. y s. Que padece hipertensión.

hipertermia f. Aumento exagerado de la temperatura corporal, fiebre.

hipertexto m. En inform., sistema que permite que un texto contenga enlaces con otras secciones del documento o con otros documentos.

hipertrofia f. Aumento excesivo del volumen de un órgano. || Desarrollo desmesurado de cualquier cosa. || FAM. hipertrofiarse, hipertrófico.

hipertrofiar tr. y prnl. Producir o desarrollarse el aumento de volumen de un órgano: *los anabolizantes hipertrofian los músculos.*

hip-hop (voz i.) m. Movimiento cultural popular norteamericano que tiene como expresiones más conocidas el rap y el grafiti.

hípica f. Deporte que se practica a caballo y consta de carreras, saltos de obstáculos, doma, etc. || FAM. hípico.

hípico, ca adj. Del caballo o relativo a él. || FAM. hipismo, hipocampo, hipódromo.

hípido m. Gimoteo, sollozo constante.

hipnosis f. Estado semejante al sueño, inducido por otra persona mediante sugestión, en el que cual se somete la voluntad a quien lo provoca. ♦ No varía en pl. || FAM. hipnoterapia, hipnótico, hipnotismo, hipnotista, hipnotizar.

hipnótico, ca adj. De la hipnosis o relativo a ella. || adj. y m. Se apl. al medicamento que provoca el sueño.

hipnotismo m. Conjunto de procedimientos, teorías y fenómenos relacionados con la hipnosis.

hipnotista adj. y com. Se apl. a la persona experta en hipnosis.

hipnotizar tr. Producir hipnosis. || Fascinar, seducir, atraer mucho a alguien. || FAM. hipnotizable, hipnotización, hipnotizado, hipnotizador, hipnotizante.

hipo m. Espasmo súbito y convulsivo del diafragma y la glotis que produce una respiración interrumpida y violenta y sonido inspiratorio. || Deseo vehemente, ansia. || Odio, encono. || **quitar el hipo** loc. *col.* Sorprender alguien o algo por su belleza o sus buenas cualidades. || FAM. hipar, hípido, hiposo.

hipo- pref. que significa 'debajo de' o 'escasez de': *hipodérmico, hipoalergénico.*

hipoalergénico, ca o **hipoalérgico, ca** adj. Que tiene un riesgo bajo o nulo de provocar una reacción alérgica: *gel hipoalergénico.*

hipocalórico, ca adj. Que contiene o proporciona un bajo número de calorías: *dieta hipocalórica.*

hipocampo m. Caballito de mar. || Eminencia alargada situada junto a los ventrículos laterales del cerebro.

hipocastanáceo, a adj. y f. De las hipocastanáceas o relativo a esta familia de plantas. || f. pl. Familia de árboles o arbustos angiospermos dicotiledóneos, con hojas opuestas, compuestas y palmeadas, flores irregulares, hermafroditas o unisexuales dispuestas en racimos o en panojas y fruto en cápsula, como el castaño de Indias.

hipocentro m. Zona profunda de la corteza terrestre donde se inicia un movimiento sísmico.

hipocondría f. Síndrome caracterizado por una preocupación exagerada por el estado de salud, creencia de que se padece una enfermedad y sugestión de sus síntomas. || FAM. hipocondriaco.

hipocondriaco, ca o **hipocondríaco, ca** adj. De la hipocondría o relativo a ella. || adj. y s. Que padece hipocondría.

hipocondrio m. Región superior y lateral del abdomen a cada lado del epigastrio, situada debajo de las costillas falsas.

hipocorístico, ca adj. y m. Se apl. a la forma abreviada de un nombre usada como apelativo cariñoso, familiar o eufemístico.

hipocrático, ca adj. De Hipócrates, de sus doctrinas médicas o relativo a ellas: *juramento hipocrático.*

hipocresía f. Fingimiento de sentimientos, ideas y cualidades, generalmente positivos, contrarios a los que se experimentan. || FAM. hipócrita.

hipócrita adj. y com. Que actúa con hipocresía. || FAM. hipócritamente.

hipodérmico, ca adj. Que está o se pone debajo de la piel.

hipodermis f. Capa más profunda de la piel. ♦ No varía en pl. || FAM. hipodérmico.

hipódromo m. Recinto destinado a carreras de caballos.

hipófisis f. Glándula hormonal de secreción interna pequeña y rojiza, situada en la base del cráneo. ♦ No varía en pl. || FAM. hipofisario.

hipogastrio m. Parte inferior del abdomen. || FAM. hipogástrico.

hipogénico, ca adj. Se apl. al terreno o roca formado en el interior de la tierra.

hipogeo, a adj. Referido a una planta, que se desarrolla bajo el suelo; también se apl. al órgano de una planta que se desarrolla así. || m. Bóveda subterránea donde algunos pueblos antiguos conservaban sus cadáveres. || Capilla o edificio subterráneo.

hipoglucemia f. Disminución de la cantidad normal de glucosa contenida en la sangre.

hipogrifo m. Animal fabuloso, mitad caballo y mitad grifo alado.

hipopótamo m. Nombre común de dos especies de mamíferos perisodáctilos acuáticos de piel gruesa y negruzca, cuerpo voluminoso que puede llegar a alcanzar los 3,50 m de longitud, patas cortas, cabeza grande con las orejas, los ojos y los orificios nasales situados en la parte de arriba, lo que les permite respirar cuando están dentro del agua.

hipóstilo, la adj. En arquit., se apl. a la construcción que tiene una techumbre sostenida por numerosas columnas: *sala hipóstila.*

hipotálamo m. Región del encéfalo situada en la base cerebral, unida por un tallo nervioso a la hipófisis, y que tiene una importante función para la vida vegetativa. || FAM. hipotalámico.

hipoteca f. Contrato o derecho real por el que se gravan bienes inmuebles, sujetándolos a responder del cumplimiento de la obligación o el pago de la deuda del crédito obtenido. || FAM. hipotecar, hipotecario.

hipotecar tr. Gravar bienes inmuebles sujetándolos al cumplimiento de una obligación o pago de una deuda. || Poner en peligro, condicionar: *se hipotecó la vida al enamorarse de ese maleante.* || FAM. hipotecable.

hipotecario, ria adj. De la hipoteca o relativo a ella. || Que se asegura con hipoteca: *crédito hipotecario.*

hipotensión f. Tensión o presión sanguínea por debajo de los niveles normales. || FAM. hipotenso.

hipotenso, sa adj. y s. Que suele tener la tensión o la presión sanguínea por debajo de los niveles normales.

hipotenusa f. Lado opuesto al ángulo recto en un triángulo rectángulo.

hipotermia f. Descenso de la temperatura del cuerpo por debajo de los límites normales. || FAM. hipotérmico.

hipótesis f. Suposición sin pruebas que se toma como base de un razonamiento. || **hipótesis de trabajo** La que se formula provisionalmente para guiar una investigación científica que debe demostrarla o negarla. ◆ No varía en el pl. || FAM. hipotético.

hipotético, ca adj. De la hipótesis o que se funda en ella. || FAM. hipotéticamente.

hipovolemia f. Disminución del volumen de la sangre circulante en el cuerpo. || FAM. hipovolémico.

hipoxia f. Estado de un organismo sometido a un nivel bajo de oxígeno.

hippie o **hippy** (voz. i.) adj. Jipi. ◆ pl. *hippies.*

hiracoideo, a adj. y m. De los hiracoideos o relativo a este orden de mamíferos. || m. pl. Orden de mamíferos parecidos a las marmotas, con orejas y hocico cortos, que se alimentan de hierbas, insectos y otros pequeños animales, como el damán.

hiriente adj. Que hiere.

hirsuto, ta adj. Se apl. al pelo áspero, duro y disperso. || Que está cubierto de este tipo de pelo o de púas o espinas. || De carácter áspero.

hirudíneo adj. y m. De los hirudíneos o relativo a esta clase de anélidos. || m. pl. Clase de anélidos de cuerpo cilíndrico y segmentado con dos ventosas que les sirven para desplazarse y adherirse a otros animales, a los cuales chupan la sangre, como la sanguijuela.

hisopo m. Planta olorosa de la familia de las labiadas, con tallos leñosos, poblados de hojas lanceoladas y espigas de flores o blanquecinas, y fruto en forma de nuez. || Manojo de ramas de hisopo usadas para asperjar con agua bendita. || Utensilio consistente en una bola agujereada con mango que sirve de aspersorio para el agua bendita. || *amer.* Brocha de afeitar. || FAM. hisopar, hisopear.

hispalense adj. y com. De Sevilla, antigua Híspalis, o relativo a esta ciudad española o la provincia, del mismo nombre, de la que es capital y que se encuentra en la Comunidad Autónoma de Andalucía.

hispánico, ca adj. De España o relativo a este país europeo. || De la antigua Hispania, de sus habitantes o relativo a ellos.

hispanidad f. Conjunto y comunidad de los pueblos de lengua y cultura hispanas. || Características comunes a todos estos pueblos.

hispanismo m. Estudio de la lengua, literatura o cultura hispánicas. || Giro o vocablo propio de la lengua española y que se emplea en otra.

hispanista com. Persona especializada en el estudio de la lengua, literatura o cultura hispánicas.

hispanizar tr. y prnl. Transmitir las características, lengua, cultura y costumbres hispanas. || FAM. hispanización.

hispano, na adj. y s. De España o relativo a este país europeo. || De los países americanos de habla hispana, en especial los habitantes estadounidenses de este origen, o relacionado a ellos. || De la Hispania romana o relativo a ella. || FAM. hispánico, hispanidad, hispanismo, hispanista, hispanizar, hispanoamericano, hispanoárabe, hispanocolonial, hispanófilo, hispanohablante, hispanomusulmán, hispanorromano.

hispanoamericano, na adj. De España y América en conjunto o relativo a ellas. || adj. y s. De los países de América de habla hispana o relativo a ellos.

hispanoárabe adj. y com. De la España musulmana o relativo a ella.

hispanohablante adj. y com. Se apl. a la persona, comunidad o país que tiene como lengua materna el español.

híspido, da adj. De pelo áspero, erizado, duro e hirsuto.

histamina f. Compuesto orgánico que se libera de distintos tipos de células durante las reacciones inmunológicas. || FAM. histamínico.

histerectomía f. Extirpación total o parcial del útero, que puede realizarse por vía vaginal o abdominal.

histeria f. Enfermedad nerviosa caracterizada por fuerte ansiedad y reacciones agudas, que puede provocar ataques convulsivos, parálisis y otros trastornos. || Estado pasajero de excitación nerviosa. || FAM. histérico, histerismo.

histérico, ca adj. Que padece histeria o histerismo. || Nervioso, excitado.

histerismo m. Histeria.

histología f. Parte de la biología que estudia los tejidos orgánicos, animales y vegetales. ‖ FAM. histológico, histólogo.

historia f. Ciencia que estudia el pasado de las sociedades humanas. ‖ Desarrollo sistemático de acontecimientos pasados relacionados con cualquier actividad humana. ‖ Biografía: *historia de Alejandro Magno*. ‖ Conjunto de los sucesos referidos por los historiadores. ‖ Obra histórica: *historia de Heródoto*. ‖ Relación de cualquier género: *cuéntale la historia de un viaje*. ‖ Fábula, cuento o narración inventada. ‖ Chisme, enredo. Más en pl. ‖ **historia clínica** Relación de los datos médicos referentes a un enfermo, al tratamiento y a la evolución de su enfermedad. ‖ **historia natural** Estudio de los tres reinos de la naturaleza: animal, vegetal y mineral. ‖ **historia sacra** o **sagrada** Conjunto de narraciones históricas de la Biblia. ‖ **dejarse** uno **de historias** loc. col. Evitar rodeos e ir a lo esencial de un asunto. ‖ **pasar** una cosa **a la historia** loc. Adquirir relevancia o trascendencia. ‖ Perder actualidad. ‖ FAM. historiador, historial, historiar, historicismo, histórico, historieta, historiografía.

historiado, da adj. col. Recargado de adornos.

historiador, ra m. y f. Persona que se dedica profesionalmente a estudiar y escribir sobre historia.

historial m. Conjunto pormenorizado de datos sobre la actividad y los antecedentes de una persona o una entidad: *historial médico*.

historiar tr. Contar, componer o escribir historias. ‖ *amer. col.* Complicar, confundir. ‖ FAM. historiado.

historicismo m. Tendencia filosófica que interpreta la realidad humana como producto de la historia. ‖ FAM. historicista.

histórico, ca adj. De la historia o relativo a ella. ‖ Comprobado, cierto, que ha sucedido realmente. ‖ Digno de figurar en la historia. ‖ Se apl. a la obra literaria o cinematográfica cuyo argumento alude a sucesos y personajes de la historia y reconstruye su época y ambiente: *novela histórica*. ‖ FAM. históricamente, historicidad.

historieta f. Cuento o relación breve y entretenida. ‖ Relato narrado mediante viñetas o dibujos, cómic.

historiografía f. Conjunto de métodos utilizados en el estudio de sucesos históricos. ‖ Estudio bibliográfico y crítico de los escritos sobre la historia, sus fuentes y los autores que han tratado esta materia. ‖ FAM. historiográfico, historiógrafo.

histrión, onisa m. y f. Actor teatral que participaba disfrazado en las comedias y tragedias de la antigua Grecia. ‖ Actor teatral que actúa de forma desmedida y afectada. ‖ Persona que se expresa con la afectación propia de un actor teatral. ‖ FAM. histriónico, histrionismo.

histriónico, ca adj. Del histrión, con sus características o relativo a él.

histrionismo m. Oficio de histrión. ‖ Afectación o exageración expresiva propia del histrión.

hit (voz i.) m. En el mundo discográfico, producto de éxito. ‖ **hit parade** Lista de éxitos discográficos ordenada según su popularidad. ◆ pl. *hits*.

hito m. Mojón o poste de piedra que indica una dirección en los caminos o señala los límites de un territorio. ‖ Suceso o acontecimiento que sirve de punto de referencia: *la invención de la imprenta es un hito cultural*. ‖ **mirar de hito en hito** loc. Mirar con gran atención, sin distraerse y sin perder detalle.

hobby (voz i.) m. Ocupación o pasatiempo que se practica fuera de las horas de trabajo, afición. ◆ pl. *hobbies*.

hocicar tr. Levantar la tierra con el hocico. ‖ col. Besar. También prnl. ‖ intr. Caer de bruces. ‖ Tropezar con un obstáculo o dificultad insuperable.

hocico m. Parte más o menos prolongada de la cabeza de algunos animales, en que están la boca y la nariz. ‖ col. Boca de una persona. Más en pl. ‖ **meter el hocico en** algo loc. col. Entrometerse con curiosidad e indiscreción. ‖ FAM. hocicar, hocicón, hocicudo, hociquear, hozar.

hockey (voz i.) m. Juego de pelota que se practica con una especie de bastón de forma especial con el que se intenta introducir una bola o disco en la portería del equipo contrario. Se juega sobre patines, hielo o hierba.

hogaño adv. t. En el año presente. ‖ P. ext., en esta época.

hogar m. Casa o domicilio. ‖ Vida de familia. ‖ Lugar donde se hace fuego en las cocinas o en las casas. ‖ FAM. hogareño, hogaza, hoguera.

hogareño, ña adj. Del hogar o relativo a él. ‖ Amante del hogar y de la vida de familia.

hogaza f. Pan grande de forma redondeada. ‖ Pan que contiene algo de salvado.

hoguera f. Fuego que se hace con una porción de materias combustibles que, encendidas, levantan mucha llama.

hoja f. Cada una de las partes, generalmente verdes, planas y delgadas, que nacen en la extremidad de las ramas o en los tallos de las plantas. ‖ Conjunto de estas hojas: *árbol de hoja caduca*. ‖ Cada uno de los pétalos de una flor que forman la corola. ‖ Lámina delgada de cualquier materia: *hoja de papel*. ‖ En los libros, revistas u otros objetos encuadernados, cada una de las partes iguales que resultan al doblar el papel para formar el pliego. ‖ En las puertas o ventanas, cada una de las partes que se abren o cierran. ‖ Cuchilla de las armas blancas y herramientas. ‖ Espada, arma blanca. ‖ Cada una de las capas delgadas en que se suele dividir la masa. ‖ **hoja acicular** La lineal, puntiaguda y generalmente persistente. ‖ **hoja aovada** La de figura redondeada y roma, más ancha por la base que por la punta. ‖ **hoja aserrada** La que tiene bordes dentados e inclinados hacia la punta. ‖ **hoja compuesta** La que se divide en varias hojuelas que se articulan por separado. ‖ **hoja de afeitar** Laminilla de acero muy delgada, con filo en dos de sus lados, que colocada en una maquinilla especial sirve para afeitar. ‖ **hoja de cálculo** Programa informático capaz de realizar operaciones matemáticas con rapidez. ‖ **hoja dentada** La que tiene los bordes festoneados de puntas rectas. ‖ **hoja de servicios** Documento que recoge la trayectoria profesional de un funcionario público. ‖ **hoja digitada** La compuesta cuyas hojuelas nacen del peciolo común, separándose de este a modo de los dedos de una mano. ‖ **hoja discolora** La que tiene sus dos caras de color diferente. || **hoja entera** La que tiene el borde continuo, sin dientes ni desigualdades. || **hoja envainadora** La que se extiende a lo largo del tallo formándole una envoltura. || **hoja pinnada** La que tiene hojuelas insertas a ambos lados del peciolo, como las barbas de una pluma. || **hoja sencilla** o **simple** La que tiene solo un limbo. || **hoja suelta** Impreso que tiene menos de cinco páginas y que no es ni cartel ni periódico. || **hoja trasovada** La que es aovada, más ancha por la punta que por la base. || **hoja trifoliada** La compuesta que tiene tres foliolos, como el trébol. || **hoja venosa** La que tiene vasillos sobresalientes de su superficie que se extienden con sus ramificaciones desde el nervio hasta los bordes. || **de hoja caduca** loc. adj. Se apl. al árbol que pierde sus hojas en otoño. || **de hoja perenne** loc. adj. Se dice del árbol que cambia sus hojas de forma gradual. || FAM. hojalata, hojaldre, hojarasca, hojear, hojoso, hojuela.

hojalata f. Lámina de acero o hierro estañada. || FAM. hojalatería, hojalatero.

hojalatero, ra m. y f. Persona que arregla, hace o vende piezas de hojalata.

hojaldra f. amer. Hojaldre.

hojaldrar tr. Dar a la masa forma y consistencia de hojaldre. || FAM. hojaldrado.

hojaldre m. Masa que, al cocerse en el horno, se separa en muchas hojas muy delgadas y superpuestas unas a otras. || Dulce hecho con esta masa. || FAM. hojaldra, hojaldrar.

hojarasca f. Conjunto de las hojas que han caído de los árboles. || Frondosidad de algunos árboles o plantas. || Cosa inútil y de poca sustancia.

hojear tr. Pasar con rapidez las hojas de un libro o revista. || Leer superficialmente. || intr. Moverse las hojas de los árboles.

hojilla f. amer. Papel de fumar.

hojuela f. Cada una de las hojas que forman parte de otra compuesta. || Porción de masa de harina que se fríe y se suele comer con azúcar o miel: *miel sobre hojuelas.*

¡hola! interj. Se emplea como saludo familiar.

holanda f. Tela muy fina con la que se hacen principalmente camisas y sábanas.

holandés, esa adj. y s. De Holanda o relativo a esta región de los Países Bajos. || m. Idioma hablado en Holanda. || FAM. holanda, holandesa.

holandesa f. Hoja de papel para escribir de 28 cm de largo por 22 de ancho, aproximadamente.

holding (voz i.) m. Forma de organización de empresa según la cual una compañía financiera se hace con la mayoría de las acciones de otras empresas a las que controla. ◆ pl. *holdings.*

holgado, da adj. Ancho, amplio. || Con desahogo, con recursos suficientes para vivir bien. || FAM. holgadamente, holgura.

holganza f. Descanso, reposo, ociosidad.

holgar intr. Sobrar, ser inútil algo: *huelgan las explicaciones.* || Descansar de un trabajo o estar ocioso. || prnl. Divertirse: *holgarse con sus amigos.* ◆ Este uso es antiguo. || Alegrarse de una cosa: *holgarse de su buena suerte.* ◆ Este uso es antiguo. ◆ Irreg. Se conj. como *contar.* || FAM. holgado, holganza, holgazán, holgorio.

holgazán, ana adj. y s. Perezoso, ocioso. || FAM. holgazanear, holgazanería.

holgazanear intr. Estar voluntariamente ocioso.

holgazanería f. Ociosidad voluntaria, pereza, falta de ganas de trabajar.

holgura f. Anchura, amplitud. || Espacio que queda entre dos piezas que han de encajar una en otra. || Regocijo, diversión entre muchos. || Bienestar, desahogo, posesión de condiciones suficientes para vivir bien.

hollar tr. Pisar, dejar huella. || Comprimir algo con los pies. || Humillar, despreciar. ◆ Irreg. Se conj. como *contar.* || FAM. holladura.

hollejo m. Piel delgada de algunas frutas y legumbres.

hollín m. Polvo craso y negro que el humo deposita en la superficie de los cuerpos a que alcanza.

holmio m. Elemento químico metálico del grupo de los lantánidos, relativamente dúctil y maleable, de propiedades eléctricas y magnéticas peculiares. Se encuentra muy disperso en algunos minerales, generalmente acompañando al itrio. Su símbolo es *Ho*, y su número atómico, *67.*

holo- pref. que expresa 'totalidad': *holocausto, holómetro.*

holocausto m. Entre los judíos, sacrificio religioso que consistía en la cremación total de un animal. || Sacrificio que hace una persona en beneficio de otras. || Gran matanza de seres humanos: *holocausto judío.*

holoceno, na adj. y m. De la segunda época del periodo cuaternario y de este mismo periodo o relacionado con ellos. ◆ Como m. se escribe con mayúscula.

holografía f. Técnica fotográfica basada en el empleo de la luz producida por dos haces de rayos láser. || Holograma. || FAM. holográfico.

holográfico, ca adj. De la holografía o relativo a ella: *imagen holográfica.*

hológrafo, fa adj. Que está totalmente escrito de puño y letra por el testador. || m. Testamento escrito de puño y letra por el testador.

holograma m. Placa fotográfica obtenida mediante holografía. || Imagen óptica tridimensional obtenida mediante dicha técnica.

holómetro m. Instrumento que mide la altura angular de un punto sobre el horizonte.

holoturia f. Nombre común de diversos equinodermos marinos alargados de cuerpo blando, en general oscuro y en forma de pepino, que viven en los fondos marinos y se alimentan de materia en descomposición.

holoturoideo adj. y m. De los holoturoideos o relativo a los equinodermos de esta clase de animales. || m. pl. Clase de animales equinodermos marinos, de cuerpo alargado y blando provisto de tentáculos alrededor de la boca.

hombrada f. Acción propia de un hombre esforzado y valiente.

hombre m. Ser racional perteneciente al género humano, caracterizado por su inteligencia y lenguaje articulado. || Persona de sexo masculino. || Adulto de sexo masculino. || col. Pareja sentimental de sexo masculino: *está muy orgullosa de su hombre.* || Junto con algunos sustantivos por medio de la prep. *de,* el que posee las cualidades o cosas significadas por los sustantivos: *hombre de honor, de valor, de ley.* || **¡hombre!** interj. Indica sorpresa, asombro, disgusto o admiración. || **hombre de bien** El que es honesto y cumplidor. || **hombre de paja** El que actúa por orden de otro que no quiere aparecer en primer plano. || **hombre del saco** Personaje imaginario con que se asusta a los niños. || **hombre lobo** Personaje fantástico que con la luna llena se transforma en lobo. ◆ pl. *hombres lobo.* || **hombre rana** El que está provisto del equipo necesario para realizar trabajos submarinos. ◆ pl. *hombres rana.* || **como un solo hombre** loc. adv. Expresa la unanimidad y solidaridad con que actúa un grupo de personas. || **hacerse** uno **un hombre** loc. Llegar el joven a ser maduro y responsable. || **ser** uno **muy hombre** loc. Ser valiente y viril. || **ser** uno **otro hombre** loc. Haber cambiado radicalmente las cualidades físicas o morales. || **ser** uno **todo un hombre** loc. Ser viril, firme y valeroso. || FAM. hombracho, hombrada, hombrear, hombretón, hombría, hombruno, hombrnido.

hombrear intr. Querer el joven parecer un hombre adulto.

hombrera f. Especie de almohadilla que se pone en los hombros, para marcarlos o como protección. || Tira de tela que pasa por los hombros para sujetar algunas prendas de vestir. || Pieza de la armadura antigua que defendía los hombros. || Cordón o pieza de paño que, sobrepuesto a los hombros en el uniforme militar, sirve de defensa y para la sujeción de correas y cordones del vestuario o para mostrar la jerarquía.

hombría f. Conjunto de cualidades positivas que se consideran propias del hombre, especialmente el valor y la entereza.

hombro m. Parte superior lateral del tronco de los hombres y los primates, de donde nace el brazo. || Parte de las prendas de vestir que cubre esta zona. || **a hombros** loc. adv. Sobre los hombros, cargando a la espalda. Suele hacerse en señal de triunfo. || **arrimar el hombro** loc. Ayudar en un trabajo. || **cargado de hombros** loc. adj. Se apl. a la persona que tiene más curvada de lo normal la columna vertebral. || **encoger los hombros** o **encogerse de hombros** loc. Levantarlos como muestra de extrañeza, indiferencia o para no responder, por ignorancia o por propia voluntad, a una pregunta. || **hombro con hombro** loc. adv. *col.* Conjuntamente, uniendo esfuerzos. || **mirar** a uno **por encima del hombro** loc. *col.* Despreciarlo, desdeñarlo por considerarse superior. || FAM. hombrera.

hombruno, na adj. *col.* Que tiene características consideradas masculinas: *facciones hombrunas.*

homeless (voz i.) com. Persona sin hogar, generalmente dedicada a la mendicidad. ◆ No varía en pl.

homenaje m. Acto o serie de actos en honor de una persona. || Veneración, respeto hacia una persona. || Juramento solemne de fidelidad hecho a un rey o señor. || FAM. homenajear.

homenajear tr. Rendir homenaje a alguien o a su memoria. || FAM. homenajeado.

homeo- pref. que significa 'semejante' o 'parecido': *homeotermia.*

homeópata adj. y com. Se apl. al médico especializado en homeopatía.

homeopatía f. Sistema curativo que trata de sanar las enfermedades aplicando, en dosis mínimas, las mismas sustancias que producirían síntomas iguales o parecidos a los que se trata de combatir. || FAM. homeópata, homeopático.

homeopático, ca adj. De la homeopatía o relativo a ella.

homeostasis u **homeóstasis** f. Conjunto de fenómenos de autorregulación que intentan mantener equilibradas las composiciones y las propiedades del organismo. ◆ No varían en pl. || FAM. homeostasia, homeostático.

homicida adj. y com. Se apl. a la persona o a la cosa que ocasiona la muerte de una persona.

homicidio m. Muerte causada a una persona por otra. || FAM. homicida.

homilía f. En la misa católica, comentario que hace el sacerdote tras la lectura de los textos sagrados.

homínido, a adj. y m. De los homínidos o relativo a esta familia de mamíferos. || m. pl. Familia de mamíferos primates a la que pertenecen el hombre y los australopitecos.

homo- pref. que indica 'semejanza' o 'igualdad': *homónimo, homogeneidad.*

homocerco, ca adj. Se apl. a la aleta caudal de los peces formada por dos lóbulos iguales y simétricos. Se dice del pez que tiene este tipo de aleta caudal, como el salmón.

homoclamídeo, a adj. Se apl. a la flor incompleta que no tiene una clara distinción entre el cáliz y la corola.

homofobia f. Rechazo a la homosexualidad y a los homosexuales. || FAM. homófobo.

homófono, na adj. y s. Se apl. a la letra que representa el mismo sonido que otra letra, como la *c* y la *z* ante *e/i.* || Se dice de la palabra que con distinta significación que otra palabra, suena igual que ella, como *votar* y *botar.* || Se apl. al canto en que todas las voces suenan con el mismo sonido. || FAM. homofonía.

homogeneidad f. Igualdad o semejanza en la naturaleza o el género de varios elementos. || Uniformidad en la composición y la estructura de una sustancia o una mezcla.

homogeneización f. Acción y resultado de homogeneizar. || Tratamiento al que se someten algunos líquidos, especialmente la leche, para evitar que se produzca la separación de sus componentes.

homogeneizar tr. Volver homogénea una mezcla o un compuesto. || FAM. homogeneización.

homogéneo, a adj. Que posee el mismo género o naturaleza. || Se apl. a la mezcla cuya composición y estructura son uniformes. || FAM. homogéneamente, homogeneidad, homogeneizar.

homógrafo, fa adj. y s. Se apl. a la palabra que, con distinto significado que otra, se escribe igual que ella, como la preposición *ante* y el sustantivo *ante.* || FAM. homografía.

homologación f. Equiparación de dos cosas. || Confirmación y registro del resultado de una prueba deportiva por un organismo autorizado. || Verificación del cumplimiento de ciertas especificaciones o características por una autoridad oficial.

homologar tr. Equiparar, poner en relación de igualdad o semejanza dos cosas. || Registrar y confirmar un organismo autorizado el resultado de una prueba deportiva: *homologar los tiempos de los plusmarquistas*. || Contrastar una autoridad oficial el cumplimiento de determinadas especificaciones o características de un objeto o de una acción: *homologar un título de enseñanza*. || FAM. homologable, homologación.

homólogo, ga adj. Se apl. al término que significa lo mismo que otro término. || Se dice de la persona que desempeña actividades, funciones o cargos semejantes a los de otra persona. También s. || Que presenta la misma forma o comportamiento. || Se apl. al órgano o parte del cuerpo semejante por su origen en el embrión, por sus relaciones con otros órganos y por su posición en el cuerpo, aunque su aspecto y función puedan ser diferentes. || FAM. homologar, homología.

homónimo, ma adj. y m. Se dice de la palabra que tiene la misma forma que otra, pero distinto significado que ella: «banco» (de sentarse), y «banco» (entidad bancaria) son homónimos. || Se apl. a la persona o cosa que tiene el mismo nombre que otra persona o cosa. || FAM. hominimia.

homóptero, ra adj. y m. De los homópteros o relativo a esta clase de insectos. || m. pl. Clase de insectos hemípteros cuyas alas suelen ser membranosas, como la cigarra.

homosexual adj. Se dice de la relación sexual entre personas del mismo sexo. || Se apl. a la persona que se siente atraída por personas de su mismo sexo o que mantiene relaciones sexuales con ellas. También com. || FAM. homosexualidad.

homosexualidad f. Inclinación sexual hacia personas del mismo sexo. || Relación sexual entre personas del mismo sexo.

honda f. Tira de cuero u otra materia semejante, con dos correas, que sirve para tirar piedras. || FAM. hondazo, hondear, hondero.

hondo, da adj. Que tiene profundidad. || Se apl. a la parte del terreno que está más baja que todo lo circundante. || Profundo, recóndito. || Intenso, extremado. || FAM. hondamente, hondonada, hondura.

hondonada f. Espacio de terreno hondo.

hondura f. Profundidad. || Intensidad de un sentimiento. || **meterse en honduras** loc. Tratar de cosas complicadas que no se dominan bien

hondureño, ña adj. y s. De Honduras o relativo a este país de Centroamérica. || FAM. hondureñismo.

honestidad f. Compostura, moderación, respeto a la conducta moral y social que se considera apropiada. || Recato, decencia, rectitud de comportamiento.

honesto, ta adj. Honrado, recto. || Razonable, justo. || Decente, decoroso, recatado. || FAM. honestamente, honestidad.

hongo m. Ser vivo talofito sin clorofila, de reproducción preferentemente asexual, por esporas, que suele ser parásito o vive sobre materias orgánicas en descom-

posición. || *amer.* Seta. || Sombrero de copa baja, rígida y aproximadamente semiesférica cuya forma recuerda la de estas plantas. || pl. Uno de los cinco reinos en que se dividen los seres vivos.

honor m. Cualidad que lleva a una persona a comportarse de acuerdo con las normas sociales y morales que se consideran apropiadas. || Buena reputación. || Según la moral tradicional, honestidad y recato en las mujeres. || Aquello por lo que alguien se siente enaltecido o satisfecho: *su interés por mi novela es un honor para mí.* || Dignidad, cargo o empleo. Más en pl.: *alcanzó altos honores en su profesión.* || Homenaje con que se honra a alguien. Más en pl.: *le rindieron honores.* || **hacer honor a** algo loc. Poner de manifiesto, destacar, dejar en buen lugar: *hace honor a su apellido.* || **hacer los honores** loc. Atender a los invitados, agasajarlos. || Manifestar los invitados aprecio por lo que se sirve tomando bastante de ello. || FAM. honorabilidad, honorable, honorario, honorífico.

honorabilidad f. Condición de lo que es digno de honor y respeto.

honorable adj. Digno de ser honrado. || Tratamiento honorífico que se otorga a algunos cargos oficiales. || FAM. honorablemente.

honorario, ria adj. Se apl. a la persona que posee los honores inherentes a un cargo o empleo, pero no recibe beneficios económicos porque no lo tiene en propiedad: *cónsul honorario.* || m. pl. Retribución convenida por un trabajo en algunas profesiones liberales.

honorífico, ca adj. Que aporta honor. || FAM. honoríficamente.

honra f. Estima y respeto de la dignidad propia. || Buena opinión y fama. || Demostración de aprecio que se hace a una persona reconociendo su virtud y su mérito. || Según la moral tradicional, pudor, recato de la mujer, especialmente en materia sexual. || pl. Oficio solemne por los difuntos: *honras fúnebres.* || **a mucha honra** loc. adv. *col.* Con orgullo o satisfacción. || FAM. honrar, honrilla, honrosamente, honroso.

honradez f. Rectitud de ánimo, integridad en el obrar, respeto por las normas que se consideran adecuadas.

honrado, da adj. Que actúa con honradez y procede con justicia en sus obligaciones. || Que se lleva a cabo honrosamente. || FAM. honradamente, honradez.

honrar tr. Respetar a una persona o cosa. || Enaltecer o premiar los méritos de alguien. || Aportar honor o celebridad. || En fórmulas de cortesía, honor que se recibe por la asistencia o adhesión de una persona: *nos honras con tu presencia.* || prnl. Tener como motivo de orgullo ser o hacer alguna cosa. || FAM. honrado.

honrilla f. Pundonor, amor propio con que se hace una cosa.

honroso, sa adj. Que aporta honra y decoro.

hontanar m. Lugar donde nacen manantiales y fuentes.

hooligan (voz i.) com. Hincha futbolístico inglés de comportamiento agresivo y vandálico. ◆ pl. *hooligans*.

hoploteca f. Museo de armas antiguas.

hopo m. Rabo o cola que tiene mucho pelo o lana.

hora f. Cada una de las 24 partes en que se divide el día solar. ‖ Tiempo oportuno para una cosa: *es hora de irnos.* ‖ Momento del día referido a una hora o fracción de hora. También pl.: *¡vaya horas de levantarse!* ‖ Espacio de tiempo o momento indeterminado: *estuve horas esperando.* ‖ pl. Libro de rezos: *libro de horas.* ‖ Hora inesperada o inoportuna: *¿a qué horas llegas a trabajar?* ‖ **hora oficial** La que se adopta en un territorio con diferencia de la hora solar. ‖ **hora punta** Aquella en que se produce mayor aglomeración en los transportes urbanos, por coincidir con la entrada o salida del trabajo. ‖ En algunas industrias, como las encargadas del suministro de agua o electricidad, parte del día en que el consumo es mayor. ‖ **hora tonta** Momento de debilidad o de flaqueza en el que se accede a lo que no se haría normalmente: *me pilló en la hora tonta y accedí a salir con él.* ‖ **horas bajas** Momento o periodo de desánimo o desaliento. ‖ **horas extraordinarias** Las que se trabajan fuera del horario regular de trabajo. ‖ **horas muertas** Expresión que se utiliza para aludir al tiempo gastado en una ocupación. ‖ **¡a buena hora!** o **¡a buenas horas!** locs. que indican el retraso con que se hace algo: *¡a buenas horas reaccionas, cuando el daño ya está hecho!* ‖ **¡a buenas horas, mangas verdes!** loc. *col.* Expresión con que se denota que algo no sirve para nada cuando llega fuera de tiempo. ‖ **a la hora** loc. adv. En punto, al instante. ‖ **a última hora** loc. adv. En los últimos momentos. ‖ **dar hora** loc. Señalar plazo o tiempo preciso para una cosa: *el doctor me dio hora para el jueves que viene.* ‖ **dar la hora** loc. Sonar en el reloj las campanadas que la indican. ‖ En los tribunales, oficinas o aulas, indicar que ha llegado la hora de salir. ‖ **en hora buena** loc. adv. Con bien, con felicidad. ♦ Se emplea para denotar aprobación o conformidad: *llegó en hora buena para alegrar nuestra casa.* ‖ **en hora mala** o **en mal** o **mala hora** loc. adv. Se emplea para mostrar disgusto o desaprobación. ‖ **hacer horas** loc. Trabajar una o más horas después de haber acabado la jornada laboral. ‖ **la hora de la verdad** loc. Momento decisivo para algo. ‖ **no ver** uno **la hora de** una cosa loc. Desear que llegue el momento de hacerla o verla cumplida. ‖ **pedir hora** loc. Solicitar de alguien una cita por motivos profesionales: *pedí hora a mi abogado.* ‖ **poner en hora** loc. Ajustar la hora correcta en un reloj. ‖ **por hora** loc. adv. En cada hora: *circulaba a ochenta kilómetros por hora.* ‖ **por horas** loc. adv. Tomando como unidad de cómputo la hora: *el fontanero trabaja por horas.* ‖ **tener** uno **muchas horas de vuelo** loc. *col.* Poseer gran experiencia en una actividad. ‖ *col.* Ser muy avispado y astuto. ‖ **tener** uno **sus horas contadas** loc. Estar próximo a la muerte. ‖ **toda hora que** loc. *amer.* Siempre que. ‖ FAM. horario, horero.

horadar tr. Agujerear una cosa atravesándola de parte a parte. ‖ FAM. horadable.

horario, ria adj. De las horas o relativo a ellas: *cambio horario.* ‖ m. Tiempo concertado para determinadas actividades: *horario laboral.* ‖ Manecilla del reloj que señala las horas. ‖ Cuadro indicador de horas de salida y llegada: *horario de vuelos.*

horca f. Instrumento utilizado para ejecutar a los condenados a muerte suspendiéndolos del cuello con una cuerda. ‖ Palo rematado por dos puntas que sirve para sostener las ramas de los árboles. ‖ Palo que termina en dos o más puntas con el cual los labradores hacinan las mieses, levantan la paja y revuelven la parva. ‖ FAM. horqueta, horquilla, horcón.

horcajadas (a) loc. adv. Se apl. a la postura de montar a caballo, con una pierna a cada lado del animal, o de sentarse en cualquier otro lugar en una postura similar.

horchata f. Bebida refrescante hecha a base de chufas machacadas con agua y azúcar. ‖ FAM. horchatería, horchatero.

horda f. Comunidad nómada sin domicilio estable, de vida primitiva. ‖ Grupo de gente armada que actúa sin disciplina ni moderación: *hordas hunas.* ‖ P. ext., grupo armado al margen del ejército.

horero m. *amer. col.* Horario de reloj.

horizontal adj. Que está en el horizonte o paralelo a él. ‖ En material gráfico, se apl. a la línea, disposición o dirección que va de derecha a izquierda o viceversa. También f. ‖ Que es perpendicular a la vertical. También f. ‖ FAM. horizontalidad, horizontalmente.

horizontalidad f. Cualidad de horizontal.

horizonte m. Línea aparente que separa el cielo y la tierra. ‖ Espacio circular de la superficie del globo encerrado en dicha línea. ‖ Conjunto de posibilidades o perspectivas que se ofrecen en un asunto o materia. ‖ FAM. horizontal.

horma f. Molde con que se fabrica o se da forma a una cosa. ‖ Instrumento que se utiliza para evitar que el calzado se deforme o para ensancharlo. ‖ **encontrar** uno **la horma de su zapato** *col.* Encontrar lo que se desea y es adecuado para algo. ‖ *col.* Dar con alguien o con algo que se resista o se oponga a una pretensión.

hormiga f. Nombre común de diversas especies de insectos himenópteros, generalmente de color negro, cuyo cuerpo tiene dos estrechamientos, uno en la unión de la cabeza con el tórax y otro en la de este con el abdomen, con antenas acodadas y patas largas; viven en hormigueros. ‖ *col.* Persona muy trabajadora y ahorrativa. Más en dim. ‖ FAM. hormigón, hormigueo, hormiguero, hormiguillo, hormiguita.

hormigón[1] m. Mezcla compuesta de piedras menudas, cemento y arena que se emplea en la construcción por su gran dureza y resistencia. ‖ **hormigón armado** Mezcla de hormigón reforzada con una armadura de barras de hierro o acero. ‖ FAM. hormigonera.

hormigón[2] m. Enfermedad del ganado vacuno. ‖ Enfermedad parasitaria de algunas plantas, provocada por un insecto que roe las raíces y los tallos.

hormigonera f. Aparato para mezclar mecánicamente los componentes del hormigón.

hormigueo m. Sensación molesta de cosquilleo o picor. ‖ Movimiento de una multitud de personas o animales. ‖ Desazón, ligera angustia. ‖ FAM. hormigueante, hormiguear.

hormiguero, ra adj. De la hormiga o relativo a este animal: *oso hormiguero.* ‖ m. Colonia de hormigas. ‖

Lugar donde viven las hormigas en comunidad. ‖ Lugar en que hay mucha gente en movimiento.

hormona f. Producto de la secreción de ciertas glándulas del cuerpo de animales y plantas que, transportado por la sangre o por la savia, regula la actividad de otros órganos. ‖ FAM. hormonal.

hormonal adj. De la hormona o relativo a ella: *tratamiento hormonal.*

hornacina f. Hueco horadado en la masa de un muro, recubierto por un casquete de un cuarto de esfera, donde generalmente se coloca una imagen religiosa o un objeto decorativo.

hornada f. Porción de cosas que se cuece de una vez en el horno. ‖ *col.* Conjunto de personas que acaban a la vez una carrera o reciben simultáneamente el nombramiento para un cargo.

hornalla f. *amer.* Pieza de una cocina o de un calentador por donde se difunde el calor para cocer alimentos y sobre la que se ponen las cazuelas.

hornazo m. Rosca o torta que se adorna con huevos que se cuecen a la vez en el horno y que generalmente lleva algún embutido como relleno.

hornblenda f. Mineral pesado de buena exfoliación que se encuentra en las rocas ígneas básicas y metamórficas.

hornear tr. Meter una cosa en el horno para asarla o cocerla.

hornilla f. Hueco hecho en los hogares, con una rejilla horizontal a media altura para sostener la lumbre y un respiradero lateral. ‖ *amer.* Cada uno de los quemadores de la cocina.

hornillo m. Horno manual, de pequeño tamaño y generalmente portátil, que se emplea para cocinar o para calentar.

horno m. Espacio cerrado de obra, en general abovedado, con una o varias bocas por donde se introduce lo que se quiere someter a la acción del calor. ‖ Electrodoméstico que sirve para asar los alimentos. ‖ Tahona en que se cuece y vende pan. ‖ *col.* Lugar muy caluroso. ‖ **alto horno** El que se emplea en siderurgia para fundir los minerales de hierro. ‖ **horno crematorio** Aquel donde se incineran cadáveres. ‖ **no estar el horno para bollos** loc. *col.* Resultar inoportuno, no ser el momento apropiado para ello. ‖ FAM. hornada, hornalla, hornazo, hornear, hornero, hornija, hornilla.

horóscopo m. Predicción del futuro deducida de la posición de los astros del sistema solar y de los signos del Zodiaco. ‖ Sección de un periódico o revista en que se publican estas predicciones. ‖ Colocación de los astros en la figura o división de los signos del Zodiaco. ‖ Signo del Zodiaco.

horqueta f. Horca para sostener las ramas de los árboles. ‖ Parte del árbol donde se juntan formando ángulo agudo el tronco y una rama generalmente gruesa. ‖ *amer.* Lugar donde se bifurca un camino. ‖ FAM. horquetear.

horquilla f. Pieza de alambre doblada por en medio, con dos puntas iguales, que se utiliza para sujetar el pelo. ‖ Horqueta. ‖ Pieza que va desde el manillar a la rueda delantera en bicicletas y motocicletas.

horrendo, da adj. Que causa horror. ‖ *col.* Muy feo o muy malo. ‖ *col.* Enorme, intenso. ‖ FAM. horrendamente.

hórreo m. Construcción de madera característica de Galicia y Asturias, sostenida en el aire por cuatro pilares, donde se guardan granos y otros productos agrícolas.

horrible adj. Que causa horror. ‖ *col.* Intenso o muy grande. ‖ *col.* Muy feo, malo, desagradable. ◆ sup. irreg.: *horribilísimo.* ‖ FAM. horribilísimo, horriblemente.

horripilante adj. Que produce horror. ‖ Feo o desagradable.

horripilar tr. Hacer que se ericen los cabellos. También prnl. ‖ Causar horror y espanto. También prnl. ‖ FAM. horripilación, horripilante.

horrísono, na adj. Que causa horror y espanto con su sonido.

horror m. Espanto o miedo muy intenso. ‖ Aversión, odio, repulsión. ‖ Enormidad. Más en pl.: *me ha costado horrores encontrarlo.* ‖ **un horror** loc. adv. *col.* Mucho, enormemente, en gran cantidad. ‖ FAM. horrendo, horrible, hórrido, horripilar, horrísono, horrorizar, horroroso.

horrorizar tr. Causar horror. ‖ prnl. Tener horror ante algo.

horroroso, sa adj. Que causa horror. ‖ *col.* Muy feo, desagradable. ‖ *col.* Enorme. ‖ FAM. horrorosamente.

hortaliza f. Verduras y demás plantas comestibles que se cultivan en las huertas.

hortelano, na adj. De la huerta o relativo a ella. ‖ m. y f. Persona que cuida y cultiva una huerta.

hortense adj. De la huerta o relativo a ella.

hortensia f. Arbusto de origen japonés de la familia saxifragáceas, con tallos ramosos y flores olorosas de color rosado o azulado que crecen agrupadas en torno a un pie principal.

hortera adj. y com. Vulgar y de mal gusto, de carácter ordinario: *ropa hortera.* ‖ m. Antiguo dependiente madrileño de ciertas tiendas. ‖ FAM. horterada.

horterada f. Acción u objeto vulgar y de mal gusto.

hortícola adj. De la horticultura o relativo a ella.

horticultor, ra m. y f. Persona que se dedica profesionalmente a la horticultura.

horticultura f. Cultivo de los huertos y huertas. ‖ Arte que enseña este tipo de cultivo: *perito agrónomo especialista en horticultura.* ‖ FAM. hortícola, horticultor.

hosco, ca adj. Huraño, áspero. ‖ Desagradable, poco acogedor. ‖ De color moreno muy oscuro. ‖ FAM. hosquedad.

hospedador, ra adj. y s. Se apl. al organismo animal o vegetal donde anida un parásito: *el perro es el hospedador de la garrapata.*

hospedaje m. Alojamiento que se da a una persona. ‖ Cantidad que se paga por este alojamiento.

hospedar tr. Dar alojamiento a una persona. ‖ prnl. Estar alojado en un lugar. ‖ FAM. hospedador, hospedaje, hospedería, hospedero.

hospedería f. Casa o habitación destinada al alojamiento de personas.

hospiciano, na adj. y s. Se apl. a la persona interna en un hospicio o que se ha criado allí.

hospiciante com. *amer.* Persona que habita en un asilo.

hospicio m. Asilo en que se da alojamiento y educación a niños pobres, abandonados o huérfanos. ‖ Casa destinada a albergar peregrinos y pobres. ‖ FAM. hospiciano, hospiciante.

hospital m. Establecimiento en que se atienden y curan enfermos. ‖ FAM. hospitalario, hospitalizar.

hospitalario, ria adj. Se apl. a la persona, comunidad o institución que socorre y alberga a los extranjeros y necesitados. ‖ Se dice de la persona o lugar que recibe con agrado a los visitantes. ‖ Del hospital o relativo a él. ‖ Se apl. a las órdenes religiosas que daban albergue a peregrinos. ‖ FAM. hospitalariamente, hospitalidad.

hospitalidad f. Acogida y asistencia a los necesitados. ‖ Recibimiento afectuoso que se hace a los visitantes.

hospitalización f. Ingreso en un hospital.

hospitalizar tr. Internar a una persona en un hospital. ‖ FAM. hospitalización.

hostal m. Establecimiento de menor categoría que un hotel donde se proporciona alojamiento y comida a cambio de dinero. ‖ FAM. hostelería, hostería.

hostelería f. Industria que se ocupa de proporcionar a los clientes alojamiento, comida y otros servicios, mediante pago. ‖ Estudios que se hacen para desempeñar esta actividad. ‖ FAM. hostelero.

hostelero, ra adj. De la hostelería o relativo a ella. ‖ m. y f. Persona que se dedica profesionalmente a la hostelería.

hostería f. Casa donde se proporciona alojamiento y comida mediante pago.

hostia f. Hoja redonda y delgada de pan ázimo que el sacerdote consagra en la misa para el sacramento de la comunión. ‖ *vulg.* Golpe fuerte. ‖ **¡hostia!** interj. *vulg.* Exclamación que indica sorpresa, asombro, disgusto o admiración, generalmente. ‖ FAM. hostiar, hostiario.

hostiar tr. *vulg.* Dar golpes, pegar.

hostiario m. Recipiente donde se guardan las hostias no consagradas. ‖ Molde con que se hacen las hostias.

hostigar tr. Azotar con un látigo o una vara, especialmente a las caballerías para que anden. ‖ Acosar, molestar a una persona para obtener de ella algún fin. ‖ *amer.* Empalagar. ‖ FAM. hostigador, hostigamiento, hostigo.

hostil adj. Contrario, enemigo. ‖ FAM. hostilidad, hostilizar, hostilmente.

hostilidad f. Oposición, enemistad, antipatía. ‖ pl. Conflicto armado entre pueblos o ejércitos. ‖ **romper las hostilidades** loc. Iniciar un conflicto bélico atacando al enemigo.

hotel m. Establecimiento de hostelería en el que se proporciona alojamiento y comida a los clientes mediante pago, con mayor categoría que otros establecimientos similares. ‖ Casa generalmente aislada, habitada normalmente por una sola familia y frecuentemente rodeada de jardín. ‖ FAM. hotelería, hotelero.

hotelero, ra adj. Del hotel o relativo a él. ‖ m. y f. Persona que posee un hotel o lo regenta.

house (voz i.) m. Tipo de música creada con sintetizadores y a partir de sonidos pregrabados y manipulados. ◆ No varía en pl.

hovercraft (voz i.) m..Vehículo que se desplaza sobre el agua sustentado por una capa de aire a presión. ◆ pl. *hovercrafts.*

hoy m. Momento actual. ‖ adv. t. En el día presente. ‖ En el tiempo presente. ‖ **de hoy a** o **para mañana** loc. adv. Rápidamente, en breve plazo de tiempo. ‖ **hoy día** u **hoy en día** loc. adv. En esta época, actualmente. ‖ **hoy por hoy** loc. adv. En este tiempo, en el momento presente.

hoya f. Concavidad u hondura grande formada en la tierra. ‖ Hoyo para enterrar un cadáver y lugar en que se entierra. ‖ Llano extenso rodeado de montañas. ‖ FAM. hoyada, hoyo.

hoyo m. Concavidad u hondura formada naturalmente en la tierra o hecha por alguien. ‖ Concavidad de algunas superficies. ‖ Sepultura. ‖ **hacer un hoyo** loc. En el golf, hacer el recorrido preciso hasta introducir la pelota en el agujero correspondiente. ‖ FAM. hoyuelo.

hoyuelo m. Hoyo en el centro de la barbilla o el que se forma en la mejilla de algunas personas cuando se ríen.

hoz[1] f. Instrumento curvo y muy afilado en su parte cóncava, con mango de madera, que se utiliza para segar. ‖ FAM. hozada.

hoz[2] f. Paso estrecho en un valle profundo o en el paso de un río entre dos sierras.

hozar tr. e intr. Escarbar un animal en la tierra con el hocico. ‖ FAM. hozadero, hozadura.

huachafería f. *amer.* Cursilería. ‖ FAM. huachafo.

huachinango m. *amer.* Pez perciforme marino comestible de color rojo.

huachipear tr. *amer. col.* Robar, hurtar.

huacho, cha adj. y s. *amer.* Se apl. al niño huérfano o abandonado por sus padres. ‖ m. *amer.* Surco, hendidura que se hace con el arado en la tierra.

huaico m. *amer.* Riada de agua, barro y piedras provocada por lluvias torrenciales que, al caer en los ríos, ocasiona su desbordamiento.

huaino m. *amer.* Canto y baile tradicionales de algunos países de América.

huairuro m. *amer.* Arbusto de hasta 40 m de altura, de la familia de las leguminosas, con frutos en vaina, como judías de color rojo y negro, no comestibles, que se usan como adornos en collares y otros ornamentos. ‖ Fruto de esta planta.

huango m. Trenza que usa la mujer indígena de la Sierra ecuatoriana, y en algunos casos también el varón como distintivo de su cultura. ‖ *amer.* Ristra de ajos o cebollas. ‖ FAM. huangudo.

huapango m. *amer. col.* Fiesta popular mexicana que da nombre a una música y un baile típicos, de ritmo muy vivo.

huarache m. *amer.* Sandalia de cuero. ‖ *amer.* Parche provisional que se pone en la cubierta de un neumático.

huasca f. *amer. col.* Borrachera.

huasipungo m. *amer.* Terreno de una hacienda donde los peones siembran sus propios alimentos.

huaso, sa m. y f. *amer.* Hombre del campo. || *amer. col.* Maleducado, de malos modales.

huasteco, ca adj. y s. De un pueblo amerindio que en la época precolombina habitaba en la costa del golfo de México o relacionado con él. || m. Lengua del grupo de las mayas que habla este pueblo.

hucha f. Pequeño recipiente con una ranura para guardar dinero y ahorrar.

hueco, ca adj. Vacío, cóncavo. || Presumido, vanidoso: *se puso hueco al oír tus elogios.* || Que tiene sonido retumbante y profundo: *voz hueca.* || Se apl. al lenguaje o al estilo con que se expresan conceptos vanos o triviales con pedantería. || Mullido y esponjoso. || Que no se ajusta. || m. Cavidad. || Abertura en un muro. || Intervalo de tiempo o lugar. || Empleo o puesto vacante. || FAM. huecograbado.

huecograbado m. Procedimiento para imprimir mediante planchas o cilindros grabados en hueco. || Estampa conseguida por este procedimiento.

huelga f. Paro voluntario en el trabajo por parte de los trabajadores con el fin de obtener ciertas mejoras laborales. || **huelga a la japonesa** La que aumenta la duración de la jornada laboral para crear excedentes a la empresa. || **huelga de brazos caídos** La que practican en su puesto habitual de trabajo quienes se abstienen de reanudarlo a la hora reglamentaria. || **huelga de celo** Forma de protesta laboral consistente en realizar las funciones con suma lentitud, para que descienda el rendimiento y se retrasen sus servicios. || **huelga de hambre** Ayuno total voluntario para demostrar la disposición a morir si no se logran los objetivos perseguidos. || **huelga general** La que se lleva a cabo simultáneamente en todos los oficios de un lugar. || **huelga salvaje** La que no respeta el derecho a servicios mínimos. || FAM. huelguista, huelguístico.

huelguista com. Persona que toma parte en una huelga.

huella f. Señal o rastro que deja en la tierra un cuerpo que pisa o se apoya. || Impresión profunda o duradera. || Indicio, señal de un hecho pasado. || Parte horizontal del escalón.

huemul m. Mamífero artiodáctilo rumiante parecido al ciervo que vive en las estepas y los bosques de los Andes.

huérfano, na adj. Persona que ha perdido a uno de sus padres o a ambos. También s. || Falto de alguna cosa, en especial de afecto y protección: *huérfano de cariño.* || FAM. orfandad.

huero, ra adj. Vano, vacío, sin sustancia: *palabras hueras.*

huerta f. Terreno destinado al cultivo de legumbres, verduras y árboles frutales. || Tierra de regadío. || FAM. hortelano, hortense, horticultura, hortofrutícola, huertano.

huertano, na adj. y s. Que posee o cultiva una huerta. || Que vive en una región de regadío.

huerto m. Pequeña extensión de terreno, generalmente cercado, en que se plantan verduras, legumbres y árboles frutales. || **llevar** a alguien **al huerto** loc. *col.* Convencer a una persona, incluso engañándola. || *col.* Conseguir una relación sexual con una persona. || FAM. hortaliza, huerta.

huesear tr. *amer.* Mendigar.

huesera f. *amer.* Lugar donde se guardan los huesos de los muertos.

huesero, ra m. y f. *amer.* Curandero dedicado a sanar los males de hueso. || *amer.* Habitante de los suburbios en las ciudades populosas. || m. *amer. col.* Conjunto de huesos. || FAM. huesera.

huesillo m. *amer.* Durazno secado al sol, orejón. || *amer.* Nombre de diferentes árboles y plantas que coinciden en tener la madera muy dura.

hueso m. Cada una de las piezas duras que forman el esqueleto de los vertebrados. || Parte dura y compacta que está en el interior de algunas frutas. || Persona de carácter desagradable o de trato difícil. || *col.* Profesor que suspende mucho. || *col.* Aquello que causa molestias o dificultades. || Color amarillo muy claro, como el de los huesos. || pl. *col.* Cuerpo de una persona: *dio con sus huesos en la cárcel.* || **hueso de santo** Rollito de pasta de almendra relleno. || **hueso escafoides** Hueso del carpo de los mamíferos, el más externo y voluminoso de la fila primera. || Hueso del tarso de los mamíferos, el que se articula con el astrágalo y el cuboides. || **hueso esfenoides** El que está enclavado en la base del cráneo de los mamíferos y forma las cavidades nasales y las órbitas de los ojos. || **hueso etmoides** Pequeño hueso encajado en el frontal de los vertebrados que forma parte de la base del cráneo, las cavidades nasales y las órbitas de los ojos. || **hueso frontal** El que forma la parte anterior y superior del cráneo. || **hueso innominado** Uno de los huesos de la cadera que forman la pelvis de los mamíferos. || **hueso malar** El que forma la parte saliente de las mejillas. || **hueso maxilar** Cada uno de los tres huesos que forman las mandíbulas, dos superiores y uno inferior. || **hueso occipital** El que forma parte del cráneo, correspondiente al occipucio. || **hueso orbital** Cada uno de los que forman la órbita del ojo. || **hueso parietal** Cada uno de los dos situados en las partes medias y laterales del cráneo. || **hueso sacro** El situado en la parte inferior de la columna vertebral, formado por cinco vértebras soldadas entre sí. || **hueso temporal** Cada uno de los dos huesos del cráneo de los mamíferos, correspondientes a las sienes. || **la sin hueso** La lengua. || **calado** o **empapado hasta los huesos** loc. *col.* Muy mojado. || **dar** o **pinchar en hueso** loc. *col.* No conseguir un objetivo. || **en los huesos** loc. adj. *col.* Muy delgado. || FAM. huesudo.

huésped, da m. y f. Persona alojada en casa ajena, en un hospedaje o pensión. || Persona que hospeda en su casa a uno. || Organismo vivo en cuyo cuerpo se aloja un parásito. ◆ Es muy frecuente la forma con género com.: *la huésped.* || FAM. hospedar, hospicio, hospital, hostal.

hueste f. Ejército o tropa armada en campaña. Más en pl.: *huestes vencedoras.* || pl. Conjunto de los seguidores o partidarios de una persona o de una causa. || FAM. hostil.

huesudo, da adj. Que tiene mucho hueso.

hueva f. Masa oval que forman los huevos de ciertos peces.

huevear intr. *amer. vulg.* Perder el tiempo y no hacer nada de provecho. || *amer. vulg.* Hacer tonterías o decirlas. || FAM. huevada, hueveo.

huevera f. Recipiente en forma de copa pequeña en que se comen los huevos pasados por agua. || Utensilio donde se guardan los huevos.

huevo m. Cuerpo ovalado que producen las hembras de algunas especies animales y que contiene el embrión y las sustancias destinadas a su nutrición durante la incubación. || P. ant., el de la gallina, especialmente destinado a la alimentación humana. || Célula sexual femenina, óvulo. || Cualquiera de los óvulos de ciertos animales, como los peces y anfibios, que contienen las materias nutritivas necesarias para la formación del embrión. || *vulg.* Testículo. Más en pl. || pl. *vulg.* Valor. || **huevo de Pascua** Dulce de chocolate con forma de huevo, típico de la Pascua. || **huevo duro** El que se cuece con la cáscara hasta que cuajan la yema y la clara. || **huevo frito** El que se fríe sin batirlo. || **huevo hilado** Mezcla de huevo y azúcar en forma de hilos. || **huevo pasado por agua** El que se cuece con la cáscara sin que lleguen a cuajar completamente la yema y la clara. || **huevos revueltos** Los que se fríen sin batirlos, revolviéndolos hasta que se cuajen. || **a huevo** loc. adv. *vulg.* En condiciones óptimas: *me has puesto a huevo la contestación.* || **costar** algo **un huevo** loc. *vulg.* Ser muy caro. || **echarle huevos** loc. *vulg.* Actuar valerosamente. || **hasta los huevos** loc. adj. *vulg.* Muy harto, hastiado. || **importar un huevo** loc. *vulg.* Importar poco. || **¡manda huevos!** loc. *vulg.* Expresión que se utiliza para denotar enfado, disgusto o paradoja. || **parecerse como un huevo a una castaña** loc. *col.* Expresión que se emplea para manifestar una gran diferencia. || **pisando huevos** loc. adv. *col.* Lentamente. || **salir** algo **de los huevos** loc. *vulg.* Tener el empeño de hacer alguna cosa. || FAM. hueva, huevear, huevería, huevero, huevón.

huevón, ona adj. *vulg.* Excesivamente tranquilo, retardado. || *amer. vulg.* Lento, perezoso. También s. || *amer. vulg.* Tonto, pesado.

hugonote, ta adj. y s. Sobrenombre dado por los católicos franceses a los protestantes calvinistas de los siglos XVI y XVII.

huida f. Alejamiento rápido para evitar un peligro o una molestia.

huidizo, za adj. Que huye o tiene tendencia a huir. || Breve, fugaz.

huido, da adj. y s. Se apl. a la persona que ha escapado de un lugar.

huila f. *amer.* Harapo. || *amer.* Prostituta.

huincha f. *amer.* Cinta de lana o algodón.

huinche m. *amer.* Cabrestante.

huipil m. *amer.* Camisa suelta de mujer, sin mangas y adornada con vistosos bordados.

huir intr. Apartarse de alguien o de algo deprisa para alejarse de un peligro o una molestia. También tr. ◆ Se construye con la prep. *de: huir del fuego.* || Transcurrir el tiempo velozmente: *las horas huyen.* || Esquivar a una persona. También tr.: *huye al sargento en cuanto lo ve.* || FAM. huida, huidizo, huido. ◆ **Irreg.** Conjugación modelo:

Indicativo
    Pres.: huyo, huyes, huye, huimos, huis, huyen.
    Imperf.: huía, huías, huía, *etc.*
    Pret. perf. simple: hui, huiste, huyó, huimos, huisteis, huyeron.
    Fut. simple: huiré, huirás, huirá, *etc.*
    Condicional simple: huiría, huirías, huiría, *etc.*
Subjuntivo
    Pres.: huya, huyas, huya, huyamos, huyáis, huyan.
    Imperf.: huyera o huyese, huyeras o huyeses, *etc.*
    Fut. simple: huyere, huyeres, huyere, *etc.*
Imperativo: huye, huid.
Participio: huido.
Gerundio: huyendo.

---

huiro m. *amer.* Alga marina muy abundante en las costas de Chile y de Perú.

huisache m. *amer.* Arbusto o árbol pequeño de la familia de las leguminosas, caducifolio, de hojas amarillas y de tallos múltiples, caracterizado por una copa esparcida y densa, ramas espinosas y flores fragantes. || *amer.* Picapleitos.

huitlacoche m. *amer.* Hongo negro parásito del maíz que se utiliza para elaborar muchos platos comestibles.

hula-hop (voz i.) m. Aro que se hace girar en la cintura mediante movimientos circulares del tronco. ◆ pl. *hula-hops.*

hula o **hula-hula** m. Danza hawaiana que se caracteriza por el movimiento ondulante de cabeza, caderas y brazos, sin desplazarse de un punto fijo.

hule m. Tela resistente y flexible, barnizada al óleo por uno de sus lados o plastificada para impermeabilizarla. || P. ext., mantel fabricado con este material. || *amer.* Árbol de la familia de las euforbiáceas, de hojas ásperas y alargadas, del que se extrae este tipo de caucho. || FAM. hulear.

hulla f. Mineral fósil negro y brillante, muy rico en carbono, que se usa como combustible. || FAM. hullero.

humanidad f. Conjunto formado por todos los seres humanos. || Sensibilidad, compasión, bondad hacia los semejantes. || Corpulencia, gordura. || pl. Rama del conocimiento que incluye la historia, la literatura, las lenguas clásicas y modernas y el arte, entre otras disciplinas caracterizadas por no tener una aplicación práctica inmediata.

humanismo m. Movimiento intelectual desarrollado en Europa durante los siglos XIV al XVI, inspirado en la lengua, literatura y cultura grecolatinas y centrado en el hombre como modelo. || Estudio de las humanidades. || Conjunto de corrientes filosóficas centradas en el estudio del ser humano. || FAM. humanista, humanístico.

humanista adj. Del humanismo o relativo a este movimiento cultural. || com. Persona instruida en las humanidades. || Partidario del humanismo europeo que se llevó a cabo durante el Renacimiento.

humanístico, ca adj. Del humanismo o las humanidades, o relativo a ambos.

humanitario, ria adj. Que se preocupa por el bienestar del género humano. || Humano, caritativo. || FAM. humanitarismo.

humanizar tr. Hacer a alguien o algo más humano, familiar y afable. || prnl. Ablandarse, hacerse más agradable y caritativo. || FAM. humanización.

humano, na adj. De la humanidad o el ser humano, o con sus características. || Caritativo, solidario y bondadoso. || m. Persona, hombre. || FAM. humanamente, humanidad, humanismo, humanitario, humanizar, humanoide.

humanoide adj. y com. Con rasgos propios del ser humano.

humareda f. Abundancia de humo.

humeante adj. Que echa humo.

humear intr. Exhalar, arrojar o echar de sí humo. También prnl. || amer. Fumigar. || FAM. humeante.

humedad f. Presencia de agua u otro líquido en un cuerpo o en el ambiente. || Agua de que está impregnado un cuerpo o que, vaporizada, se mezcla con el aire. || Cantidad de vapor de agua que hay en la atmósfera: *humedad relativa del aire.*

humedecer tr. y prnl. Mojar ligeramente una cosa. ◆ Irreg. Se conj. como *agradecer.* || FAM. humedecimiento.

húmedo, da adj. Que está ligeramente impregnado de agua o de otro líquido. || Que está cargado de vapor de agua. || Se apl. al lugar o al clima de muchas lluvias. || FAM. humectar, humedad, humedecer, humidificar.

humeral m. Paño blanco que se pone sobre los hombros el sacerdote durante la misa, en cuyos extremos envuelve las manos para coger la custodia o el copón.

húmero m. Hueso del brazo que va desde el codo hasta el hombro. || FAM. humeral.

humidificador m. Aparato que aumenta la humedad del aire.

humidificar tr. Incrementar la humedad ambiental. || FAM. humidificador.

humildad f. Actitud de la persona que no presume de sus logros, reconoce sus fracasos o debilidades y actúa sin orgullo. || Baja condición social. || FAM. humilde, humildemente, humillar.

humilde adj. Que tiene humildad. || Se apl. a la persona que tiene una condición social baja.

humillación f. Motivo que lastima la dignidad o el orgullo.

humilladero m. Lugar devoto que suele haber a las entradas o salidas de los pueblos, con una cruz o imagen.

humillante adj. Degradante, que humilla.

humillar tr. Postrar, inclinar una parte del cuerpo en señal de sumisión y acatamiento: *humilló los ojos.* || Abatir el orgullo y altivez de alguien, hacerle sentir inferior. || Bajar el toro la cabeza. || prnl. Hacer actos de humildad. || FAM. humillación, humilladero, humillante.

humita f. amer. Comida criolla hecha con pasta de maíz a la que se agrega cebolla, tomate y ají rojo molido.

humo m. Producto que en forma gaseosa se desprende de una combustión incompleta. || Vapor que exhala cualquier cosa que fermenta o que hierve. || pl. Vanidad, presunción, altivez: *se da muchos humos.* || **bajar** a alguien **los humos** loc. col. Disminuir la vanidad o el orgullo de alguien. || **echar** alguien **humo** loc. col. Estar muy enfadado. || **irse** o **venirse al humo** loc. amer. Dirigirse a una persona con rapidez y cierta agresividad. || **subírsele** a alguien **los humos** loc. col. Tener exceso de vanidad. || FAM. humareda, humazo, humear.

humor m. Estado de ánimo. || Jovialidad, gracia, agudeza. || Disposición en que uno se halla para hacer una cosa. || Facultad de descubrir y expresar lo que es cómico o gracioso. || Antiguamente, cualquiera de los líquidos del cuerpo. || **humor ácueo** o **acuoso** Líquido que se encuentra en el globo del ojo, delante del cristalino. || **humor blanco** El que no resulta ofensivo. || **humor de perros** Irritación, enfado. || **humor negro** Capacidad para descubrir la comicidad en lo trágico. || **humor vítreo** Líquido que se encuentra en el globo del ojo, detrás del cristalino. || **humor de mil** o **de todos los diablos** loc. Mal humor muy acentuado. || FAM. humorada, humorado, humoral, humorismo, humorístico, humorísticamente.

humorada f. Dicho o hecho festivo, caprichoso o extravagante. || Breve composición poética que encierra una advertencia moral o un pensamiento filosófico de forma cómica.

humorado, da adj. Que tiene humor. ◆ Se usa con los advs. bien y mal.

humorismo m. Manifestación del lado divertido de las cosas. || Actividad profesional enfocada a divertir y hacer reír al público. || FAM. humorista.

humorista com. Persona que se dedica profesionalmente al humorismo.

humorístico, ca adj. Del humor o relativo a él. || Que tiene humor o lo expresa: *novela humorística.* || FAM. humorísticamente.

humus m. Capa superior del suelo compuesta por un conjunto de materias orgánicas en descomposición. ◆ No varía en pl.

hundido, da adj. Deprimido, bajo de ánimo.

hundimiento m. Inmersión en un líquido u otra materia de alguna cosa hasta cubrirla completamente o llevarla hasta el fondo. || Ruina, fracaso. || Abatimiento, caída del ánimo o de las fuerzas físicas. || Destrucción, derrumbamiento. || Parte más hundida de una superficie.

hundir tr. Sumergir, introducir algo en un líquido u otra materia hasta cubrirlo por completo o llevarlo al fondo. También prnl. || Hacer bajar el nivel de una superficie, deformarla hacia dentro. || Destruir, consumir, arruinar. También prnl. || Abrumar, oprimir, abatir. También prnl. || Confundir a uno, vencerle con razones. También prnl. || FAM. hundido, hundimiento.

húngaro, ra adj. y s. De Hungría o relativo a este país de Europa centrooriental. || m. Lengua de la familia urálica que se habla en este país.

¡huy!

huno, na adj. y s. De un pueblo bárbaro asiático de lengua altaica que ocupó parte del territorio europeo en el siglo V, o relacionado con él.

hura f. Madriguera, agujero pequeño donde habitan algunos animales.

huracán m. Viento de enorme fuerza, originado generalmente en zonas tropicales, que gira en grandes círculos. ‖ Viento muy fuerte. ‖ *col.* Persona muy impetuosa. ‖ FAM. huracanado, huracanarse.

huraño, ña adj. Que rehúye el trato y la conversación con la gente, poco sociable.

hurgar tr. Menear o remover una cosa. También intr. ‖ Fisgar, curiosear: *no hurgues en mis cosas.* ‖ FAM. hurgador, hurgón, hurguete.

hurguete m. *amer.* Hurón. ‖ *amer. col.* Persona muy curiosa. ‖ FAM. hurguetear.

hurí f. Cada una de las mujeres de gran belleza que acompañan a los creyentes en el paraíso musulmán. ◆ pl. *hurís* o *huríes.*

hurón m. Mamífero carnívoro de unos 40 cm de longitud, con el cuerpo alargado, las patas cortas y el pelaje gris rojizo, que se emplea en la caza de conejos. ‖ *col.*

Persona huraña. También adj. ‖ FAM. huronear, huroneo, huronera, huronero.

huroniano, na adj. Se apl. al terreno surgido en los plegamientos de la era precámbrica.

¡hurra! interj. Expresa alegría, satisfacción y entusiasmo.

hurtadillas (a) loc. adv. A escondidas.

hurtar tr. Tomar o retener bienes ajenos contra la voluntad de su dueño, pero sin hacer uso de la violencia. ‖ tr. y prnl. Ocultar, desviar. ‖ FAM. hurto.

hurto m. Robo sin violencia. ‖ Cosa hurtada.

húsar m. Militar de caballería ligera que lleva un uniforme similar al de la caballería húngara.

husmear tr. Rastrear con el olfato una cosa. También intr. ‖ *col.* Indagar algo con disimulo. Más como intr.: *¿otra vez husmeando en mi cajón?* ‖ FAM. husmeador, husmeo.

huso m. Instrumento manual de forma cilíndrica, más ancha por el centro, que sirve para hilar y devanar. ‖ **huso horario** Cada una de las partes en que queda dividida la superficie terrestre por veinticuatro meridianos y en que rige una misma hora. ‖ FAM. husillo.

¡huy! interj. Expresa asombro, dolor físico o admiración.

i

i f. Novena letra del abecedario español y tercera de sus vocales. Fonéticamente representa un sonido vocálico palatal: *la «i» es una vocal cerrada.* ◆ pl. *íes.* ‖ En la numeración romana, uno. ◆ Se escribe con mayúscula. ‖ **i griega** Nombre de la letra *y.*

ibérico, ca adj. De la península ibérica o relativo a este territorio formado por España y Portugal. ‖ De la antigua Iberia o relativo a ella. ‖ m. Lengua de los iberos.

ibero, ra o **íbero, ra** adj. De la antigua Iberia o relativo a este territorio, aproximadamente la actual extensión de España y Portugal. ‖ adj. y s. Del pueblo que habitó este territorio o relacionado con él. ‖ m. Lengua hablada por este pueblo. ‖ FAM. ibérico, iberismo, iberista, iberoamericano.

iberoamericano, na adj. y s. De Iberoamérica o relativo a este conjunto de países sudamericanos de habla española y portuguesa. ‖ De Iberoamérica, España y Portugal conjuntamente o relativo a ellos.

íbice m. Mamífero artiodáctilo de la familia de los bóvidos, de aproximadamente 1,50 m de longitud y hasta 100 kg de peso; es semejante a la cabra montés y habita en las cumbres alpinas.

ibis m. Nombre común de diversas aves ciconiformes de hasta 80 cm de altura, con el pico largo y curvado hacia abajo, que se alimentan de invertebrados acuáticos, anfibios y peces. ◆ No varía en pl.

iceberg m. Gran masa de hielo flotante que se ha desprendido de un glaciar y sobresale de la superficie del mar, donde flota arrastrado por las corrientes. ◆ pl. *icebergs.*

icónico, ca adj. Del icono o relativo a él: *señal icónica.*

icono m. Representación religiosa pintada en relieve característica del arte bizantino. ‖ Símbolo que mantiene una relación de semejanza con el objeto que representa. ‖ FAM. iconicidad, icónico, iconoclasta, iconografía, iconolatría, iconología.

iconoclasta adj. y com. Contrario al culto a las imágenes sagradas. ‖ P. ext., se llama así a quien rechaza la reconocida autoridad de maestros, normas y modelos. ‖ FAM. iconoclasia.

iconografía f. Estudio descriptivo de imágenes, cuadros o monumentos. ‖ Colección de imágenes o retratos de una época o un tema concretos: *iconografía medieval.* ‖ FAM. iconográfico.

iconología f. Representación de elementos morales o naturales con apariencia de personas. ‖ Estudio de las imágenes según su valor simbólico o alegórico. ‖ FAM. iconológico.

icosaedro m. Sólido limitado por veinte caras planas.

ictericia f. Coloración amarilla, característica de las afecciones hepáticas, producida por acumulación de pigmentos biliares en la sangre. ‖ FAM. ictérico.

ictiófago, ga adj. y s. Que se alimenta de peces. ‖ FAM. ictiofagia.

ictiología f. Parte de la zoología que trata de los peces. ‖ FAM. ictiografía, ictiológico, ictiólogo.

ictiólogo, ga m. y f. Persona especializada en ictiología.

ictiosauro m. Reptil fósil marino, semejante a un gigantesco delfín, que vivió durante el periodo jurásico.

ictus m. Acento métrico. ‖ Accidente vascular que se produce repentinamente en el cerebro y produce una apoplejía. ◆ No varía en pl.

ida f. Desplazamiento de un lugar a otro.

idea f. Cualquier representación mental que se relaciona con algo real. ‖ Noción o conocimiento que se tiene sobre algo o alguien. ‖ Conocimiento puro racional. ‖ Intención de hacer una cosa: *nuestra idea era ir al cine.* ‖ Ocurrencia, ingenio. ‖ Plan y disposición que se ordena en la fantasía para la elaboración de una obra. ‖ Concepto u opinión que se tiene de una persona o cosa. ‖ Ingenio para disponer, inventar o diseñar una cosa: *tiene idea para la cocina.* ‖ Manía o imaginación extravagante. ‖ pl. Convicciones, creencias, opiniones. ‖ **idea fija** Idea obsesiva. ‖ **mala idea** Mala intención. ‖ **remota idea** La que es imprecisa o vaga. ‖ **con la idea de** loc. prepos. Con intención de. ‖ **hacerse a la idea de** algo loc. Aceptarlo. ‖ FAM. ideación, ideal, idear, ideario, ideografía, ideograma, ideología.

ideal adj. De la idea o relativo a ella. ‖ Que no es real, sino que está solo en la mente. ‖ Excelente, perfecto. ‖ m. Prototipo, modelo de perfección: *ideal de belleza.* ‖ Conjunto de convicciones o creencias. Más en pl.: *luchó por sus ideales.* ‖ FAM. idealidad, idealismo, idealizar, idealmente.

idealismo m. Sistema filosófico que propone la idea como principio del ser y del conocer, por encima de cualquier consideración práctica. ‖ Tendencia a idealizar o a mejorar la realidad. ‖ Tendencia a seguir los propios ideales, en perjuicio de las consideraciones prácticas. ‖ FAM. idealista.

idealista adj. y com. Que vive por los ideales, aun en perjuicio de consideraciones prácticas. ‖ Partidario del idealismo filosófico.

idealización f. Consideración de la realidad más bella y mejor de lo que es.

idealizar tr. Creer o representarse la realidad como mejor y más bella de lo que es en realidad. ‖ FAM. idealización, idealizador.

idear tr. Tener ideas, pensar, discurrir. ‖ Pensar, inventar, crear.

ideario m. Ideología.

ídem pron. El mismo o lo mismo. ♦ Se utiliza para evitar repeticiones.

idéntico, ca adj. Igual o muy parecido. ‖ FAM. ídem, idénticamente, identidad, identificar.

identidad f. Conjunto de rasgos o informaciones que individualizan o distinguen algo y confirman que es realmente lo que dice que es. ‖ Igualdad o alto grado de parecido. ‖ En mat., igualdad que siempre se cumple, al margen del valor de sus variables.

identificación f. Reconocimiento de la identidad de alguien. ‖ Consideración de dos cosas distintas para que aparezcan como una misma. ‖ Dar a conocer la identidad propia, especialmente con algún documento. ‖ Documento de identidad.

identificar tr. Reconocer la identidad de alguien. ‖ Hacer que dos cosas que son distintas aparezcan como una misma. Más como prnl. ‖ prnl. Llegar a sentir algo ajeno como propio, estar totalmente de acuerdo con las creencias o propósitos de alguien: se identificó con el protagonista de la novela. ‖ Dar a conocer la propia identidad, especialmente mediante documentos que la acrediten. ‖ FAM. identificable, identificación, identificador, identificado.

ideografía f. Representación de una idea o concepto mediante símbolos o signos. ‖ FAM. ideográfico, ideograma.

ideográfico, ca adj. De la ideografía o los ideogramas, o relativo a estas formas de representación: escritura ideográfica.

ideograma m. Representación gráfica de un concepto.

ideología f. Conjunto de ideas fundamentales que caracterizan el pensamiento de una persona, una colectividad, una doctrina o una época: ideología nazi. ‖ FAM. ideológico, ideologización, ideologizado, ideólogo.

ideológico, ca adj. De la ideología o relativo a ella.

ideólogo, ga m. y f. Que teoriza sobre determinados conceptos para elaborar una teoría: ideólogo de la revolución.

idílico, ca adj. Agradable, hermoso, placentero: paraje idílico.

idilio m. Relación amorosa romántica e intensa. ‖ Poema de carácter bucólico y tema amoroso: idilio pastoril. ‖ FAM. idílico.

idiolecto m. Variedad individual del habla.

idioma m. Lengua de una comunidad de hablantes. ‖ FAM. idiomático.

idiomático, ca adj. Característico de un idioma concreto.

idiosincrasia f. Rasgos y carácter propios y distintivos de un individuo o de una colectividad. ‖ FAM. idiosincrásico.

idiota adj. y com. Tonto, poco inteligente. ‖ Que padece idiotez. ‖ Que molesta por su inoportunidad o indiscreción. ‖ FAM. idiotada, idiotez, idiotismo, idiotizar.

idiotez f. Trastorno mental caracterizado por una deficiencia profunda de las facultades mentales, congénita o adquirida en los primeros años de la vida. ‖ Hecho o dicho propio del idiota.

idiotismo m. En gram., giro propio de una lengua contrario a las normas gramaticales y difícil de traducir a otro idioma, como a pies juntillas o a ojos vista en el español. ‖ Idiotez.

ido, da adj. Que está falto de juicio. ‖ Distraído.

idólatra com. Que adora o admira mucho a un ídolo, como si se tratase de un dios.

idolatrar tr. Adorar ídolos o deidades consideradas falsas. ‖ Amar excesivamente a una persona o cosa. ‖ FAM. idólatra, idolatría, idolátrico.

idolatría f. Adoración de la representación de una divinidad, sobre todo si es considerada falsa. ‖ Amor excesivo por una persona o cosa.

ídolo m. Figura de un dios al que se adora. ‖ Persona o cosa excesivamente amada o admirada. ‖ FAM. idolatrar.

idoneidad f. Reunión de las condiciones necesarias para desempeñar una función.

idóneo, a adj. Que tiene buena disposición o aptitud para algo: persona idónea para el trabajo. ‖ Adecuado, conveniente. ‖ FAM. idoneidad.

idus m. pl. En el antiguo cómputo romano y en el eclesiástico, el día 15 de marzo, mayo, julio y octubre, y el 13 de los demás meses.

iglesia f. Conjunto de fieles que siguen la religión establecida por Jesucristo. ‖ Conjunto formado por el clero y los fieles de una religión cristiana en una época o una zona geográfica determinada. ‖ Cada una de las confesiones cristianas. ‖ Gobierno eclesiástico formado por el papa y la jerarquía católica. ‖ Templo cristiano. ♦ En las cuatro primeras acepciones se escribe con mayúscula. ‖ FAM. eclesial.

iglú m. Vivienda esquimal con forma semiesférica construida con bloques de hielo. ♦ pl. iglús o iglúes.

ígneo, a adj. De fuego o que tiene alguna de sus cualidades. ‖ Se apl. a las rocas volcánicas procedentes de la masa en fusión existente en el interior de la Tierra. ‖ FAM. ignición, ignícola, ignífero, ignífugo.

ignición f. Acción y resultado de estar un cuerpo encendido o incandescente.

ignífugo, ga adj. Que protege contra el fuego: pintura ignífuga.

ignominia f. Deshonor, descrédito de quien ha perdido el respeto de los demás a causa de una acción indigna o vergonzosa. ‖ FAM. ignominioso.

ignominioso, sa adj. Que causa ignominia. ‖ FAM. ignominiosamente.

ignorancia f. Falta general de ciencia y cultura. || Falta de conocimiento acerca de una materia o un asunto determinado.

ignorante adj. y com. Que no posee formación cultural. || Que desconoce algún asunto. || FAM. ignorantemente.

ignorar tr. No saber algo, desconocer: *ignoro a qué hora llega.* || Hacer caso omiso de algo: *ignoró mis advertencias.* || FAM. ignaro, ignorancia, ignorante, ignoto.

ignoto, ta adj. No conocido o no descubierto.

igual adj. De la misma naturaleza, cantidad o calidad de otra persona o cosa. || Muy parecido o semejante. || Que no cambia o no tiene variaciones. || Liso, sin desniveles ni asperezas. || Del mismo valor y aprecio. || En geom., se dice de las figuras que se pueden superponer de modo que se confundan en su totalidad. || adj. y com. Se apl. a la persona de la misma clase o condición social que otra: *nos trata como a sus iguales.* || m. En mat., signo de igualdad o equivalencia, formado por dos rayas horizontales paralelas (=). || adv. m. De la misma manera, lo mismo: *me da igual lo que hagas.* || *col.* Quizá, posiblemente: *igual me paso esta tarde.* || *amer.* A pesar de todo. || **por igual** loc. adv. Lo mismo, de la misma manera. || **sin igual** loc. adj. Extraordinario, único: *artista sin igual.* || FAM. igualar, igualdad, igualitario, igualitarismo, igualmente.

iguala f. Pago de una cantidad ajustada que se hace con arreglo a unos servicios contratados. || Listón de madera con que se reconoce la llanura de las tapias o de los suelos.

igualación f. Equiparación entre varias cosas. || Obtención de igualdad.

igualada f. Igualdad de puntos en el tanteo de un encuentro deportivo.

igualado, da adj. *amer.* Se apl. a la persona que quiere igualarse con las de clase social superior a la suya. || *amer.* Grosero.

igualar tr. Hacer a una persona o cosa igual a otra u otras, equiparar. Más como prnl.: *nos han igualado el sueldo.* || Allanar una superficie. || Alcanzar a alguien en un puesto o cualidad: *ha crecido tanto que ya iguala a su padre.* || Contratar una iguala. También prnl. || Tratar como iguales a personas de clases sociales inferiores a la propia. || intr. Ser una cosa igual a otra. También prnl. || FAM. iguala, igualable, igualación, igualada, igualado, igualador, igualamiento, igualatorio.

igualatorio, ria adj. Que tiende a establecer la igualdad. || m. Sociedad médica que presta servicios a sus clientes mediante una iguala.

igualdad f. Conformidad de una cosa con otra en naturaleza, forma, calidad o cantidad. || Expresión de la equivalencia de dos cantidades. || Trato idéntico entre todas las personas, al margen de razas, sexo, clase social y otras circunstancias diferenciadoras.

igualitario, ria adj. Que entraña igualdad o tiende a conseguirla.

igualitarismo m. Tendencia política que defiende la igualdad entre las personas por encima de diferencias de sexo, raza, credo u otras.

iguana f. Nombre genérico de diversos reptiles escamosos americanos que pueden alcanzar hasta 1,80 m de longitud, con la lengua no protráctil y los dientes sobre la superficie interna de las mandíbulas; generalmente tienen una gran papada, patas largas y una cresta espinosa a lo largo del dorso. Su carne y sus huevos son comestibles. || FAM. iguanodon, iguanodonte.

iguánido adj. y m. De los iguánidos o relativo a esta familia de reptiles. || m. pl. Familia de reptiles saurios cuyo tipo es la iguana.

iguanodonte o **iguanodon** m. Reptil saurio fósil del cretácico, herbívoro, de hasta 5 m de altura, que caminaba erguido y a saltos.

ijada f. Cada una de las dos cavidades simétricamente colocadas entre las costillas flotantes y los huesos de las caderas. || Parte anterior e inferior del cuerpo de los peces. || FAM. ijar.

ijar m. Ijada del hombre y de ciertos mamíferos.

ikastola f. Escuela popular donde las clases se imparten mayoritariamente en lengua vasca.

ikebana m. Arte de colocar las flores de forma expresiva.

ikurriña f. Bandera del País Vasco.

ilación f. Enlace razonable y ordenado de las partes de un discurso o de una deducción lógica. || Deducción que se hace a partir de una premisa. || FAM. ilativo.

ilegal adj. Que es contrario a la ley. || FAM. ilegalidad, ilegalizar, ilegalmente.

ilegalidad f. Carencia de legalidad.

ilegalizar tr. Declarar ilegal.

ilegible adj. Que no puede o no debe leerse. || FAM. ilegibilidad.

ilegitimar tr. Privar a alguien o algo de la legitimidad.

ilegitimidad f. Falta de legitimidad.

ilegitimizar tr. Ilegitimar.

ilegítimo, ma adj. Ilegal. || Falso, no auténtico. || Se apl. a los hijos tenidos fuera del matrimonio. || FAM. ilegítimamente, ilegitimar, ilegitimidad, ilegitimizar.

íleon m. Tercera porción del intestino delgado, que termina en el ciego. || FAM. iliaco.

ileso, sa adj. Que no ha recibido lesión o daño.

iletrado, da adj. Que no sabe ni leer ni escribir. || Falto de cultura.

iliaco, ca o **ilíaco, ca** adj. Del íleon o relativo a esta porción del intestino delgado. || Del ilion o relativo a este hueso de la cadera.

ilícito, ta adj. No permitido legal ni moralmente. || *amer.* m. Delito. || FAM. ilícitamente, ilicitud.

ilimitado, da adj. Que no tiene o no presenta límites. || FAM. ilimitable, ilimitadamente.

ilion m. Uno de los tres elementos del hueso iliaco, ancho y plano, que forma el saliente de la cadera. || FAM. iliaco.

ilocalizable adj. Que no se puede localizar.

ilógico, ca adj. Que carece de lógica. || FAM. ilógicamente.

ilota com. Esclavo de los lacedemonios, en la antigua Grecia. || Persona que se halla o se considera desposeída de los derechos civiles.

iluminación f. Conjunto de luces que adornan un lugar. || Cantidad de luz que entra o hay en un lugar. ||

Distribución de la luz en un cuadro. || Según algunas creencias, conocimiento que proviene de la intervención divina.

iluminado, da adj. y s. Seguidor del iluminismo, movimiento religioso español del siglo XVI. || Se apl. a la persona de una secta herética y secreta del siglo XVIII que pretendía establecer como ideal un sistema moral contrario al orden existente en religión, propiedad y familia. || Se dice de la persona que cree tener un poder sobrenatural que le permite realizar algo que los demás no pueden.

iluminador, ra m. y f. Persona que se dedica de forma profesional a la iluminación artística para crear ambientes. || Persona que colorea las letras y los dibujos de un texto: *iluminador de códices en la Edad Media.*

iluminar tr. Alumbrar algo. || Adornar un edificio o lugar con muchas luces. || Ilustrar, aclarar alguna cuestión. || Dar color a las letras y dibujos de un texto. || Ilustrar Dios a los hombres, haciéndoles conocer la verdad. || FAM. iluminación, iluminado, iluminativo, iluminismo.

iluminismo m. Movimiento religioso español del siglo XVI que defendía la posibilidad de alcanzar la perfección mediante la oración, sin necesidad de rito alguno. || Creencia en la posesión de un poder sobrenatural. || FAM. iluminado, iluminista.

ilusión f. Imagen sugerida por los sentidos que carece de verdadera realidad: *ilusión auditiva.* || Esperanza que carece de fundamento en la realidad. || Entusiasmo, alegría. || FAM. ilusionar, ilusionismo, iluso.

ilusionar tr. Hacer que uno se forje determinadas ilusiones. También prnl. || Causar algo entusiasmo o alegría. || FAM. ilusionado.

ilusionismo m. Arte y técnica de producir efectos ilusorios y aparentemente mágicos, mediante juegos de manos y otros trucos. || FAM. ilusionista.

ilusionista com. Persona que se dedica a la práctica del ilusionismo.

iluso, sa adj. y s. Se apl. a la persona a la que se engaña o seduce fácilmente. || Soñador. || FAM. ilusivo, ilusorio.

ilusorio, ria adj. Engañoso, irreal, ficticio.

ilustración f. Decoración de un libro o texto con láminas o grabados. || Estampa, grabado o dibujo que adorna un libro. || Aclaración de un tema. || Movimiento filosófico y literario imperante en Europa y América en el siglo XVIII, caracterizado por la creencia en la razón como medio para resolver todos los problemas de la vida humana. ◆ Se escribe con mayúscula. || Época en la que se desarrolló. ◆ Se escribe con mayúscula.

ilustrado, da adj. Que tiene una gran cultura o que la promueve. || De la Ilustración o relativo a ella: *monarca ilustrado.* || adj. y s. Partidario de la Ilustración.

ilustrador, ra m. y f. Persona que se dedica profesionalmente a la ilustración de textos o libros.

ilustrar tr. Aclarar algo de difícil comprensión con ejemplos o imágenes. También prnl. || Adornar un libro con láminas o grabados. || Instruir a una persona. También prnl. || FAM. ilustración, ilustrado, ilustrador, ilustrativo.

ilustrativo, va adj. Que clarifica o ayuda a comprender algo: *ejemplo ilustrativo.*

ilustre adj. De noble y distinguido linaje o familia. || Insigne, célebre en alguna actividad: *científico ilustre.* || Tratamiento de dignidad. || FAM. ilustremente, ilustrísimo.

ilustrísimo, ma adj. Tratamiento que se da a ciertas personas por su cargo o dignidad. || **su ilustrísima** Tratamiento que se da al obispo.

imagen f. Figura, representación de una persona o cosa. || Representación mental de algo: *tienes una imagen equivocada de él.* || Estatua, efigie o pintura de Jesucristo, de la Virgen o de un santo. || En lit., empleo de una palabra o expresión que den idea viva de algo con lo que guarda relación. || En fís., reproducción de la figura de un objeto por la combinación de los rayos de luz: *vio su imagen en el espejo.* || **ser la viva imagen de** alguien loc. Parecerse mucho a alguien. || FAM. imaginar, imaginería, imaginero, imago.

imaginación f. Facultad de la mente de representar las imágenes de las cosas reales o ideales. || Imagen creada por la fantasía. || Sospecha sin fundamento. || Facilidad para idear o proyectar cosas nuevas.

imaginar tr. y prnl. Representar idealmente una cosa, crearla en la imaginación. || Presumir, sospechar: *me imagino que no vendrá.* || FAM. imaginable, imaginación, imaginario, imaginativa, imaginativo.

imaginaria f. Guardia que presta servicio en un cuartel en caso de que tenga que salir la que está guardándolo. || Servicio de vigilancia nocturna en cada compañía o dormitorio de un cuartel. || com. Soldado que por turno vela durante la noche en cada compañía o dormitorio de un cuartel.

imaginario, ria adj. Que solo tiene existencia en la imaginación. || FAM. imaginariamente.

imaginativa f. Capacidad de imaginar.

imaginativo, va adj. De la imaginación o relativo a ella.

imaginería f. Arte de tallar o pintar imágenes sagradas. || Conjunto de estas imágenes: *imaginería barroca.* || Conjunto de imágenes literarias.

imaginero, ra m. y f. Pintor o escultor de imágenes sagradas.

imago m. Insecto adulto que surge tras la metamorfosis. || En el psicoanálisis, persona ideal que tiene su imagen en el progenitor de sexo contrario.

imán[1] m. Mineral de hierro magnético que tiene la propiedad de atraer el hierro, el acero y, en grado menor, otros cuerpos. || FAM. imanar, imantar.

imán[2] m. Entre los musulmanes, líder religioso o persona que dirige la oración pública. || FAM. imam.

imanar tr. y prnl. Imantar. || FAM. imanación.

imantar tr. y prnl. Comunicar a un cuerpo la propiedad magnética. || FAM. imanación, imantación.

imbancable adj. *amer.* Insoportable.

imbatibilidad f. Ausencia de derrotas durante un lapso de tiempo. || FAM. imbatible, imbatido.

imbebible adj. Que no se puede beber.

imbécil adj. y com. *desp.* Alelado, poco inteligente. || Se apl. a la persona que molesta haciendo o diciendo tonterías. ◆ Se usa como insulto. || FAM. imbecilidad.

imbecilidad f. Carencia o escasez de inteligencia o buen criterio. || Acción o dicho propio de un imbécil.

imberbe adj. y m. Se apl. al joven que todavía no tiene barba o tiene muy poca. || P. ext., se dice del joven inexperto.

imbornal m. Boca o agujero por donde sale el agua de lluvia o de riego en tejados o en aceras.

imborrable adj. Que no se puede borrar: *impresión imborrable.*

imbricado, da adj. Se apl. a la hoja, semilla o escama superpuesta parcialmente a otra del mismo tipo. || Se dice de la concha de superficie ondulada.

imbricar tr. y prnl. Disponer objetos iguales superpuestos parcialmente unos sobre otros, tomando la disposición de las escamas en los peces. || FAM. imbricación, imbricado.

imbuir tr. Infundir, inculcar a alguien ideas o sentimientos: *le imbuyó la pasión por el cine.* || prnl. Emparse, adquirir ideas o sentimientos: *se imbuyó de nuestras doctrinas.* ♦ Irreg. Se conj. como *huir.*

imbunche m. *amer.* Ser mitológico maléfico servidor de los brujos, deforme y contrahecho, con la cara vuelta hacia atrás. || *amer.* Persona fea y rechoncha. || *amer.* Maleficio, brujería. || *amer.* Asunto embrollado y de difícil solución.

imitación f. Realización de alguna cosa copiando fielmente otra. || Copia exacta de algo original a lo que pretende sustituir.

imitar tr. Hacer una cosa copiando fielmente otra: *imitar un cuadro.* || Parecerse una cosa a otra: *este tejido imita la seda.* || FAM. imitable, imitación, imitador, imitativo, imitatorio.

impaciencia f. Falta de paciencia. || Ansiedad, anhelo, intranquilidad por algo que se espera o se desea: *esperaba tu llamada con impaciencia.* || FAM. impacientar, impaciente, impacientemente.

impacientar tr. y prnl. Hacer perder o perder uno la paciencia.

impaciente adj. Que no tiene paciencia. También com. || Intranquilo, preocupado por algo que se espera o se desea.

impactante adj. Que impacta e impresiona.

impactar tr. e intr. Chocar con fuerza un objeto contra otro. || tr. Impresionar, causar desconcierto por un acontecimiento o noticia.

impacto m. Choque de un objeto que se lanza con fuerza contra algo. || Huella o señal que deja este choque. || Golpe emocional producido por una noticia desconcertante o dramática.

impagable adj. Que no se puede pagar. || Que tiene tanto valor que no hay forma posible de pagarlo: *favor impagable.* || FAM. impagado, impago.

impagado, da adj. Que no se ha pagado. || m. Deuda que no ha sido pagada al término del plazo estipulado para satisfacerla.

impago m. Falta de pago de una deuda al término del plazo estipulado para satisfacerla. || adj. *amer.* Se apl. a la persona que aún no ha cobrado lo que se le debe.

impala m. Mamífero artiodáctilo africano de la familia de los bóvidos, de unos 90 cm de altura, rumiante, semejante al antílope, que se caracteriza por tener los cuernos finos, anillados y dispuestos en forma de lira.

impalpable adj. Imperceptible, difícil de notar. || Que no produce sensación al tacto por ser muy ligero, fino o sutil.

impar adj. Se apl. al número que no es divisible por dos. También com. || Que no tiene par o igual: *actor impar.*

imparable adj. Que no se puede parar.

imparcial adj. Que juzga o procede con imparcialidad. También com. || Se apl. a los juicios o actos objetivos. || FAM. imparcialidad, imparcialmente.

impartir tr. Repartir, comunicar, dar algo no material: *impartir una clase.*

impasible adj. Indiferente, imperturbable. || Incapaz de padecer o sufrir. || FAM. impasibilidad, impasiblemente.

impasse (voz fr.) m. Punto muerto o situación a la que no se encuentra salida.

impávido, da adj. Que no siente miedo y se mantiene sereno ante las situaciones adversas. || *amer.* Descarado, insolente. || FAM. impávidamente, impavidez.

impecable adj. Sin falta, imperfección o defecto. || FAM. impecabilidad.

impedancia f. Resistencia aparente de un circuito eléctrico al paso de la corriente alterna.

impedido, da adj. y s. Inválido, tullido de alguno de los miembros.

impedimenta f. Bagaje que acarrea la tropa y que impide la celeridad en la marcha y en las operaciones militares.

impedimento m. Obstáculo. || Cualquiera de las circunstancias que ilegalizan o anulan el matrimonio en la Iglesia católica.

impedir tr. Dificultar, imposibilitar la ejecución de una cosa. ♦ Irreg. Se conj. como *pedir.* || FAM. impedido, impedidor, impedimenta, impedimento.

impeler tr. Dar empuje, impulsar, dar fuerza a algo para moverlo. || Incitar, estimular: *le impele su afán de superación.* || FAM. impelente.

impenetrable adj. Que no se puede penetrar. || Imposible o difícil de comprender. || Se apl. a la persona hermética e inescrutable, y a sus acciones: *mirada impenetrable.* || FAM. impenetrabilidad.

impenitente adj. Incorregible, que se obstina en una costumbre o en una actitud: *mujeriego impenitente.* || FAM. impenitencia.

impensable adj. Absurdo, irracional. || De imposible o muy difícil realización. || FAM. impensadamente, impensado.

impepinable adj. *col.* Inevitable, que no admite discusión por ser evidente.

imperar intr. Mandar, dominar, preponderar. || Ejercer la dignidad imperial. || FAM. imperante, imperativo, imperio.

imperativo, va adj. Que impera o manda: *tono imperativo.* || En gram., se apl. al modo verbal con el que se manda o ruega. También m. || m. Exigencia, obligación: *imperativo legal.* || FAM. imperativamente.

imperceptible adj. Que no se puede percibir o que casi no se nota: *diferencia imperceptible.* || FAM. imperceptibilidad, imperceptiblemente.

imperdible adj. Que no puede perderse. || m. Alfiler que se abrocha metiendo su punta dentro de un gancho o caperuza.

imperdonable adj. Que no se debe o puede perdonar. || FAM. imperdonablemente.

imperecedero, ra adj. Que no perece. || Hiperbólicamente, que se considera inmortal o eterno: *fama imperecedera.*

imperfección f. Falta de perfección. || Falta o defecto pequeño.

imperfecto, ta adj. No perfecto, con defectos. || En gram., se apl. al tiempo verbal simple que expresa la acción en su transcurso, sin terminar. También m.: *imperfecto de indicativo.*

imperial adj. Del emperador o el imperio, o relativo a ambos. || m. *amer.* Vaso de mayor tamaño que el liso que se emplea para servir cerveza.

imperialismo m. Tendencia de una potencia económica a extender su dominio sobre otros países o estados por medio de la fuerza o por influjos económicos y políticos abusivos. || FAM. imperialista.

imperialista adj. Del imperialismo o relativo a él. || adj. y com. Partidario del imperialismo.

impericia f. Falta de pericia o de experiencia.

imperio m. Organización política en la que un Estado extiende su poder sobre otros países. || Conjunto de los Estados sometidos a un emperador. || P. ext., potencia de alguna importancia. || Dignidad de emperador. || Mando con autoridad: *imperio de la ley.* || Predominio o importancia superior de una persona o cosa: *imperio de la delgadez en la moda.* || Espacio de tiempo que dura el gobierno de un emperador. || FAM. imperial, imperialismo, imperioso.

imperioso, sa adj. Que urge, ineludible. || Autoritario, exigente. || FAM. imperiosamente.

impermeabilizar tr. Hacer impermeable un cuerpo.

impermeable adj. Impenetrable al agua: *tela impermeable.* || m. Prenda amplia de tejido plástico, parecida a una gabardina, que no deja pasar el agua: *impermeable con capucha.* || FAM. impermeabilidad, impermeabilización, impermeabilizante, impermeabilizar.

impersonal adj. Que no tiene personalidad. || Que no se apl. a nadie personalmente. || Se apl. al tratamiento en que nos referimos al sujeto en tercera persona. || En gram., se dice de las oraciones o los verbos en los que no se expresa el sujeto agente de la acción o porque se omite: *se vende fruta,* o porque no existe: *llueve a cántaros.* || FAM. impersonalidad, impersonalmente.

impertérrito, ta adj. Que no se asusta ni se altera por nada.

impertinencia f. Dicho o hecho impertinente, fuera de propósito.

impertinente adj. y com. Que molesta con sus exigencias y su exceso de susceptibilidad. || Que se comporta con insolencia y descaro, de manera irrespetuosa. || Inoportuno, indiscreto. || m. pl. Anteojos con mango para sujetarlos a la altura de los ojos. || FAM. impertinencia, impertinentemente.

imperturbable adj. Que no se perturba ni se altera, que no demuestra emociones. || FAM. imperturbabilidad, imperturbablemente.

ímpetu m. Movimiento fuerte, acelerado y violento. || Energía y eficacia con que se desempeña algo. || FAM. impetuoso.

impetuosidad f. Ímpetu.

impetuoso, sa adj. Violento, fuerte, con ímpetu. || Impulsivo, precipitado, irreflexivo. || FAM. impetuosamente, impetuosidad.

impío, a adj. Falto de piedad religiosa. || Incrédulo, ateo, que no respeta lo sagrado. || FAM. impíamente, impiedad.

implacable adj. Que no se puede aplacar o templar. || Severo, inflexible: *juez implacable.* || FAM. implacablemente.

implantación f. Establecimiento de doctrinas, instituciones o costumbres para su funcionamiento. || Fijación, inserción o injerto de un tejido u órgano en otro. || Fijación de un huevo fecundado en la mucosa del útero.

implantar tr. Encajar, poner, injertar. || Establecer y poner en ejecución doctrinas nuevas, instituciones, prácticas o costumbres: *implantar una moda.* || FAM. implantación, implantador, implante.

implante m. Pieza u órgano que se implanta: *implante de silicona.*

implementar tr. Poner en funcionamiento, aplicar los métodos y medidas necesarios para llevar algo a cabo.

implemento m. Utensilio, herramienta. Más en pl. || Término con el que algunos lingüistas designan el complemento directo. || FAM. implementar.

implicación f. En der., participación en un delito. || Participación activa en algún asunto. || Relación entre el efecto y la causa, consecuencia.

implicancia f. *amer.* Incompatibilidad moral o legal. || *amer.* Implicación.

implicar tr. Envolver, enredar a alguien en algo. También prnl. || Contener, llevar en sí, significar: *su respuesta implicaba reproche.* || FAM. implicación, implicancia, implicatorio, implícito.

implícito, ta adj. Que se entiende incluido en otra cosa sin expresarlo. || FAM. implícitamente.

implorar tr. Pedir con ruegos o lágrimas una cosa: *imploro tu perdón.* || FAM. imploración, implorante.

implosión f. En fís., acción de romperse hacia dentro con estruendo las paredes de una cavidad en cuyo interior existe una presión inferior a la exterior. || Fenómeno cósmico que consiste en la disminución brusca del tamaño de un astro. || En fon., primera fase de la articulación de las consonantes oclusivas. || FAM. implosionar, implosivo.

impluvio m. Espacio descubierto en medio del atrio de las casas romanas, por donde entraba el agua de lluvia y se almacenaba en una cisterna.

impoluto, ta adj. Limpio, sin mancha.

imponderable adj. Que no puede pesarse o medirse. || De mucho valor, extraordinario, superior a toda ponderación. || m. Circunstancia imprevisible o cuyas consecuencias no pueden estimarse: *no tuvo en cuenta los imponderables*. ‖ FAM. imponderabilidad, imponderablemente.

imponencia f. *amer.* Grandeza, majestuosidad. ‖ *amer.* Gallardía.

imponente adj. Que impone. ‖ Admirable, asombroso. ‖ Magnífico, estupendo. ‖ com. Persona que ingresa dinero en una cuenta bancaria.

imponer tr. Poner a alguien una carga u obligación. ‖ Infundir temor o respeto. También prnl. ‖ Meter dinero en una cuenta bancaria. ‖ Instruir a uno en una cosa. También prnl. ‖ Poner nombre a alguien. ‖ Colocar, designar: *le impusieron una condecoración*. ‖ prnl. Dejar alguien clara su autoridad o superioridad. ‖ Destacar, predominar algo sobre lo demás. ‖ Hacerse necesario algo: *se impone una retirada*. ♦ Irreg. Se conj. como *poner*. ‖ FAM. imponencia, imponente, imponible, imposición, impositivo, impositor, imposta, impuesto.

imponible adj. Que se puede gravar con impuesto o tributo. ‖ **base imponible** Cantidad de renta o patrimonio sobre la que se calcula el impuesto que debe pagarse.

impopular adj. Que no es grato a la mayoría. ‖ FAM. impopularidad.

importación f. Introducción de productos extranjeros en un país. ‖ Conjunto de cosas importadas.

importador, ra adj. y s. Se apl. a la persona o a la entidad que introduce productos extranjeros en un país.

importancia f. Trascendencia, valor de alguien o algo. ‖ Prestigio, categoría social de una persona. ‖ **darse importancia** loc. Considerarse superior una persona a otra. ‖ FAM. importante.

importante adj. Que es de importancia.

importar intr. Interesar, tener valor una persona o cosa para algo o alguien. ‖ Atañer, incumbir. ‖ tr. Valer, costar, tener un precio. ‖ Introducir en un país productos o costumbres extranjeros. ‖ FAM. importable, importación, importador, importancia, importe.

importe m. Valor, precio en dinero de algo.

importunar tr. Incomodar o molestar con peticiones intempestivas o inconvenientes. ‖ FAM. importunación, importunidad, importuno.

imposibilidad f. Falta de posibilidad para existir una cosa o para hacerla. ‖ Enfermedad o defecto físico que estorba o excusa para el ejercicio de una función pública.

imposibilitado, da adj. Tullido, privado de movimiento.

imposibilitar tr. Quitar la posibilidad de ejecutar o conseguir una cosa. ‖ FAM. imposibilitado.

imposible adj. No posible, que no puede ocurrir. ‖ Sumamente difícil. También m.: *pides un imposible*. ‖ *col.* Que es difícil de aguantar o soportar. ‖ **hacer lo imposible** loc. Poner todos los medios para conseguir algo. ‖ FAM. imposibilidad, imposibilitar.

imposición f. Establecimiento de algo que debe cumplirse obligatoriamente. ‖ Exigencia desmedida que se obliga a hacer. ‖ Carga, tributo u obligación: *imposición tributaria*. ‖ Ingreso de una cantidad en una cuenta bancaria: *imposición a plazo fijo*. ‖ Colocación de una cosa sobre otra.

impositivo, va adj. De los impuestos públicos o relativo a ellos.

imposta f. Fila de sillares, a veces con moldura, sobre la que va sentado un arco. ‖ Faja que recorre horizontalmente la fachada de los edificios a la altura de los diversos pisos.

impostar tr. En mús., fijar la voz en las cuerdas vocales para emitir el sonido en su plenitud sin vacilación ni temblor. ‖ FAM. impostación.

impostor, ra adj. y s. Que finge o engaña. ‖ Que atribuye falsamente algo a alguien. ‖ m. y f. Suplantador, persona que se hace pasar por quien no es. ‖ FAM. impostura.

impotencia f. Falta de fuerza para hacer algo. ‖ Incapacidad en el hombre para realizar el coito.

impotente adj. Que no tiene poder, fuerza ni potencia para hacer algo. ‖ Se apl. a la persona incapaz de realizar el acto sexual completo. También m. ‖ FAM. impotencia.

impracticable adj. Que no se puede realizar: *proyecto impracticable*. ‖ Se apl. a los caminos y parajes por donde no se puede o es difícil pasar. ‖ FAM. impracticabilidad.

imprecación f. Expresión exclamativa que evidencia el deseo de que a alguien le suceda algo malo. ‖ Figura que utiliza este tipo de exclamaciones.

imprecar tr. Manifestar con exclamaciones el deseo de que a alguien le suceda algo malo. ‖ FAM. imprecación, imprecatorio.

imprecisión f. Falta de precisión.

impreciso, sa adj. No preciso, vago, indefinido. ‖ FAM. imprecisión.

impredecible adj. Imposible de predecir.

impregnar tr. y prnl. En fís., introducir entre las moléculas de un cuerpo las de otro. ‖ Empapar una materia porosa. ‖ prnl. Imbuirse de los conocimientos o ideas de alguien a través del contacto con él. ‖ FAM. impregnable, impregnación.

imprenta f. Arte de imprimir textos e ilustraciones. ‖ Taller o lugar donde se imprime.

imprescindible adj. Que no se puede prescindir de ello.

impresentable adj. y com. Que no es digno de presentarse ni de ser presentado en un grupo social.

impresión f. Reproducción de un texto o una ilustración en una imprenta. ‖ Forma en que está impreso un texto o una ilustración. ‖ Marca o señal que una cosa deja en otra apretándola. ‖ Efecto, huella que las cosas causan en el ánimo. ‖ Opinión sobre algo o alguien: *tiene una impresión favorable de ti*. ‖ **cambiar impresiones** loc. Comunicarse, intercambiar opiniones. ‖ **de impresión** loc. adj. y adv. *col.* Impresionante. ‖ FAM. impresionar, impresionismo.

impresionable adj. Que se impresiona con facilidad.

impresionante adj. Que causa una gran impresión, especialmente de admiración o asombro.

impresionar tr. Conmover el ánimo hondamente. También prnl. ‖ Fijar vibraciones acústicas o luminosas en una superficie de modo que puedan ser reproducidas por procedimientos fonográficos o fotográficos. || FAM. impresionabilidad, impresionable, impresionante.

impresionismo m. Corriente artística surgida en Francia a finales del siglo XIX que consiste en intentar reproducir las impresiones que produce en el autor la naturaleza o cualquier otro estímulo externo. || FAM. impresionista.

impresionista adj. Del impresionismo o relativo a él. || adj. y com. Partidario o seguidor del impresionismo.

impreso m. Libro, folleto u hoja que se ha obtenido con el arte de la imprenta. || Formulario con espacios en blanco para llenar a mano o a máquina: *impreso de matrícula.*

impresor, ra adj. Que imprime. || m. y f. Persona propietaria de una imprenta. || Persona que se dedica de forma profesional a la impresión de textos o de ilustraciones.

impresora f. En inform., dispositivo periférico de un ordenador que imprime caracteres en papel: *impresora láser.*

imprevisible adj. Que no se puede prever o conocer de antemano lo que va a ocurrir. || FAM. imprevisiblemente.

imprevisto, ta adj. y s. No previsto. || m. pl. Gastos que no se han calculado en un presupuesto. || FAM. imprevisible, imprevisión, imprevisor, imprevistamente.

imprimación f. Preparación con los ingredientes necesarios de las cosas que se han de pintar o teñir. || Conjunto de los ingredientes con los que se preparan las cosas que se han de pintar o teñir.

imprimar tr. Preparar con los ingredientes necesarios las cosas que se han de pintar o teñir. || FAM. imprimación.

imprimátur m. Licencia que da la autoridad eclesiástica para imprimir un escrito. ◆ No varía en pl.

imprimir tr. Marcar letras u otros caracteres en papel u otra materia apretándolos en la prensa. || Elaborar una obra impresa. || Fijar la huella en algo mediante presión. || Fijar en el ánimo algún efecto o sentimiento. || Dar a una persona o cosa determinada característica u orientación. ◆ Tiene doble p. p.: uno reg., *imprimido,* y otro irreg., *impreso.* || FAM. imprenta, impresión, impreso, impresor, impresora, imprimir, imprimátur.

improbable adj. Nada o poco probable. || FAM. improbabilidad, improbablemente.

ímprobo, ba adj. Se apl. al trabajo excesivo y continuado: *esfuerzo ímprobo.* || FAM. improbidad.

improcedente adj. Inadecuado, inoportuno. || Que no se ajusta a la ley o a los reglamentos: *despido improcedente.* || FAM. improcedencia.

improductivo, va adj. Que no produce fruto o resultado: *jornada improductiva.* || FAM. improductividad.

impromptu m. Composición musical, generalmente de carácter breve y para piano, que se improvisa durante su ejecución: *fantasía impromptu.*

impronta f. Reproducción de imágenes en hueco o en relieve, en cualquier materia blanda o dúctil. || Marca o huella, generalmente de orden moral, que deja una cosa en otra. || Proceso de aprendizaje que tiene lugar en los animales jóvenes durante un corto periodo de recep-

tividad, como consecuencia del cual aprenden una serie de reacciones estereotipadas frente a un modelo.

impronunciable adj. Que no se puede o es difícil de pronunciar. || Que no se debe decir.

improperio m. Injuria grave de palabra, especialmente la que se utiliza para echar en cara algo a alguien.

impropio, pia adj. Inconveniente, inadecuado. || Ajeno, extraño a algo o alguien. || FAM. impropiamente, impropiedad.

improvisación f. Acción repentina que se hace sin preparación, con los medios de los que se disponga en ese momento.

improvisar tr. Hacer una cosa de pronto, sin preparación alguna y con los medios de los que se dispone en ese momento. || FAM. improvisación, improvisadamente, improvisador, improviso.

improviso, sa adj. Que no se prevé o previene. || **de improviso** loc. adv. Sin prevención, de repente: *llegó de improviso.*

imprudencia f. Falta de prudencia. || Acto o dicho imprudente. || **imprudencia temeraria** En der., negligencia que puede acarrear peligro o daño a otras personas y puede considerarse falta o delito dependiendo del resultado que produzca. || FAM. imprudente, imprudentemente.

imprudente adj. y com. Que no tiene prudencia.

impúber adj. y com. Que no ha llegado aún a la pubertad.

impudicia f. Descaro, desvergüenza, falta de pudor.

impúdico, ca adj. y s. Descarado, falto de pudor. || FAM. impúdicamente, impudicia, impúdico, impudor.

impuesto m. Tributo, carga que ha de pagarse al Estado para hacer frente a las necesidades públicas. || **impuesto de lujo** El que se apl. a artículos que no se consideran imprescindibles. || **impuesto de sociedades** El que se apl. sobre el beneficio de las sociedades. || **impuesto directo** El que grava la renta y el patrimonio. || **impuesto indirecto** El que grava el consumo o gasto y repercute en el consumidor. || **impuesto revolucionario** Pago que exigen algunos grupos terroristas con amenazas. || **impuesto de la renta** El que grava los ingresos personales del contribuyente, tras las deducciones pertinentes. || FAM. impositivo.

impugnar tr. Combatir, contradecir, refutar con un recurso algo que se cree erróneo o ilegal: *impugnó el fallo del tribunal.* || FAM. impugnable, impugnación, impugnador, impugnante, impugnativo.

impulsador, ra adj. y s. *amer.* Persona que promociona un artículo en supermercados y grandes almacenes.

impulsar tr. Empujar para producir movimiento. También prnl. || Promover una acción. || Incitar, estimular. || FAM. impulsador, impulsión, impulso, impulsor.

impulsividad f. Actitud del que se deja llevar irreflexivamente por sus impulsos.

impulsivo, va adj. y s. Que habla o actúa sin reflexión ni cautela, dejándose llevar por sus impresiones o impulsos. || FAM. impulsivamente, impulsividad.

impulso m. Empuje con que se produce un movimiento. || Fuerza que mueve o desarrolla algo: *se dio im-*

pulso para saltar. || Instigación, estímulo: *el premio fue un impulso para su carrera.* || **tomar impulso** loc. Dar una carrera antes de saltar o de hacer un lanzamiento para conseguir más fuerza. || FAM. impulsivo.

impulsor, ra adj. y s. Que impulsa a hacer algo.

impune adj. Que queda sin castigo. || FAM. impunemente, impunidad.

impunidad f. Falta de castigo.

impuntual adj. Que no es puntual. || FAM. impuntualidad.

impureza f. Cualquier sustancia extraña a un cuerpo o materia. || Falta de pureza o de limpieza moral. || FAM. impuramente, impurificación, impurificar, impuro.

impuro, ra adj. Que contiene impureza o suciedad. || Que va contra la pureza o la limpieza moral: *actos impuros.*

imputación f. Atribución de un delito o una acción.

imputar tr. Atribuir a una persona un delito o acción: *le imputaron el robo.* || FAM. imputabilidad, imputable, imputación, imputador.

in (voz i.) adj. Que está muy de moda. ◆ No varía en pl.

in- pref. que significa 'en', 'dentro de': *incorporar, infiltrar.* || pref. que indica 'negación' o 'privación': *inacabable, incomunicar.* ◆ Delante de *b* o *p* se convierte en *im-: imbatible, imperdible;* delante de *l,* en *i-* (en lugar de *il-): ilimitado,* y delante de *r,* en *ir-: irrecuperable.*

inabarcable adj. Que no se puede abarcar.

inabordable adj. Que no se puede abordar o tratar.

inacabable adj. Que no se acaba nunca o que tarda mucho en hacerlo.

inacabado, da adj. Que no está acabado. || FAM. inacabable.

inaccesibilidad f. Imposibilidad o enorme dificultad para acceder a alguna cosa.

inaccesible adj. De imposible o muy difícil acceso. || FAM. inaccesibilidad, inaccesiblemente.

inacción f. Ociosidad, inercia.

inaceptable adj. Que no se puede aceptar o admitir.

inactividad f. Falta de actividad.

inactivo, va adj. Sin actividad o movimiento, ocioso. || FAM. inactivación, inactivar, inactividad.

inadaptación f. Falta de adaptación a un ambiente. || FAM. inadaptabilidad, inadaptable, inadaptado, inadaptar.

inadaptado, da adj. y s. Que no se adapta a ciertas condiciones o circunstancias o a la sociedad: *inadaptado social.*

inadecuación f. Falta de adecuación. || FAM. inadecuado.

inadecuado, da adj. Que no es adecuado. || FAM. inadecuación, inadecuadamente.

inadmisible adj. Intolerable, que no se puede aceptar.

inadvertido, da adj. Desapercibido, que no se nota. || FAM. inadvertencia, inadvertidamente.

inagotable adj. Abundante, que no se agota.

inaguantable adj. Pesado, insoportable.

inalámbrico, ca adj. y m. Se apl. a todo sistema de comunicación eléctrica sin alambres conductores: *teléfono inalámbrico.*

in albis loc. adv. lat. En blanco, sin comprender nada. ◆ Se usa con los verbos *dejar* y *quedarse: la pregunta le dejó in albis.*

inalcanzable adj. Que no se puede alcanzar o conseguir: *meta inalcanzable.*

inalienable adj. En der., que no se puede enajenar, es decir, ni transmitir, ni ceder ni vender legalmente: *derecho inalienable.*

inalterable adj. Que no puede ser alterado o no manifiesta alteración. || FAM. inalterabilidad, inalterablemente, inalterado.

inamovible adj. Que no se puede mover. || FAM. inamovilidad.

inane adj. Vano, fútil, inútil. || FAM. inanidad.

inanición f. Estado de extrema debilidad y desnutrición por falta de alimento. || FAM. inane.

inanimado, da adj. Que no tiene vida. || FAM. inánime.

inapelable adj. Se apl. a la sentencia que no se puede apelar. || Indudable, claro.

inapetencia f. Falta de apetito. || FAM. inapetente.

inapetente adj. Que no tiene apetito.

inapreciable adj. De tanto valor que no se puede calibrar su importancia: *esos recuerdos son inapreciables para mí.* || Excesivamente pequeño, que no se puede apreciar o distinguir: *la diferencia de colores es inapreciable.* || FAM. inapreciablemente.

inapropiado, da adj. Inadecuado, que no resulta apropiado.

inarmónico, ca adj. Que carece de armonía.

inarticulado, da adj. Que no está articulado. || Se apl. a los sonidos de la voz que no llegan a formar palabras: *gruñidos inarticulados.*

inasequible adj. Que no es asequible, muy difícil de conseguir.

inaudible adj. Que no se puede oír.

inaudito, ta adj. Nunca oído, sorprendente, asombroso. || Insoportable, intolerable.

inauguración f. Acto solemne con el que se inicia una actividad. || Comienzo de la actividad de un establecimiento o una institución.

inaugural adj. De la inauguración o relativo a ella: *sesión inaugural.*

inaugurar tr. Dar principio a una actividad con un acto solemne. || Abrir solemnemente un establecimiento con alguna celebración. || FAM. inauguración, inaugurador, inaugural.

inca adj. y com. De un pueblo amerindio que habitaba al sur de América del Sur a la llegada de los españoles, o relacionado con él. || m. Soberano que los gobernaba. || Moneda de oro de la República de Perú, equivalente a 20 soles. || FAM. incaico.

incalculable adj. Tan grande que no se puede calcular.

incalificable adj. Vituperable, censurable: *comportamiento incalificable.* || Que no se puede calificar.

incandescencia f. Estado de un cuerpo, generalmente metálico, cuando se enrojece o blanquea por la acción del calor. || FAM. incandescente.

incandescente adj. Se apl. al cuerpo, generalmente metálico, que se enrojece o blanquea por la acción del calor.

incansable adj. Que no se cansa, resistente a la fatiga. || FAM. incansablemente.

incapacidad f. Falta de capacidad para hacer, recibir o aprender una cosa. || En der., carencia de capacidad legal para disfrutar de un derecho o ejercer un cargo: *en el juicio alegó incapacidad mental.*

incapacitar tr. Hacer incapaz a alguien o algo. || En der., decretar la incapacidad de alguien para desempeñar ciertos cargos. || En der., decretar la falta de capacidad de una persona para ejercer determinados derechos. || FAM. incapacitación, incapacitado.

incapaz adj. Que no tiene capacidad o aptitud para una cosa. || Falto de talento. También com. || En der., sin capacidad legal para algo. || FAM. incapacidad, incapacitar.

incautación f. Toma de posesión de dinero o bienes de otra clase por un tribunal u otra autoridad competente.

incautarse prnl. Tomar posesión de dinero o bienes de otra clase un tribunal u otra autoridad competente: *la Policía se incautó de un cargamento de armas.* ◆ Apoderarse alguien de algo indebidamente. ◆ Está muy extendido su uso como tr. || FAM. incautación.

incauto, ta adj. y s. Que no tiene cautela. || Crédulo, ingenuo. || FAM. incautamente.

incendiar tr. y prnl. Ocasionar un incendio.

incendiario, ria adj. Que provoca un incendio intencionadamente. También s. || Destinado para incendiar o que puede causar incendio: *bomba incendiaria.* || Escandaloso, subversivo: *artículo, discurso incendiario.*

incendio m. Fuego grande que abrasa lo que no está destinado a arder. || *poét.* Sentimiento apasionado, como el amor o la ira. || FAM. incendiar, incendiario.

incensario m. Braserillo con cadenillas y tapa que sirve para quemar incienso y esparcirlo. || FAM. incensar.

incentivar tr. Estimular con algún tipo de gratificación para que se desee o haga una cosa.

incentivo, va adj. y m. Que mueve o estimula a desear o hacer una cosa. || FAM. incentivador, incentivar.

incertidumbre f. Inseguridad. || Duda, perplejidad.

incesante adj. Que no cesa, constante. || Repetido, frecuente. || FAM. incesantemente.

incesto m. Relación sexual entre parientes entre los que está prohibido el matrimonio. || FAM. incestuosamente, incestuoso.

incestuoso, sa adj. Del incesto o relativo a él.

incidencia f. Lo que sucede en el curso de un asunto o negocio y tiene relación con ello. || Influencia de un número de casos en algo, normalmente en las estadísticas. || En geom., encuentro de dos líneas, planos o cuerpos.

incidente adj. Que incide. || m. Cosa que sobreviene en el curso de un asunto, negocio o juicio y tiene con él alguna relación. || Cosa que se interpone en el transcurso normal de algo. || Riña, altercado, discusión. || FAM. incidental, incidentalmente.

incidir[1] intr. Cometer una falta o error. || Recalcar, poner de manifiesto con especial énfasis. || Causar un efecto una cosa en otra, repercutir. || Chocar contra algo o alguien. ◆ Se construye con la prep. *en.* || FAM. incidencia, incidente.

incidir[2] tr. Hacer una incisión o cortadura. || Inscribir, grabar. || FAM. inciso.

incienso m. Gomorresina de olor aromático que se quema en algunas ceremonias religiosas. || *col.* Adulación, lisonja. || FAM. incensar, incensario.

incierto, ta adj. Falso. || Dudoso, inseguro. || Impreciso, borroso, indefinido. ◆ sup. irreg.: *incertísimo.* || FAM. inciertamente.

incineración f. Reducción a cenizas de algo mediante el fuego.

incinerador, ra adj. y s. Se apl. al aparato o a la instalación donde se incinera.

incinerar tr. Quemar algo hasta reducirlo a cenizas. || prnl. *amer. col.* Ponerse en ridículo. || FAM. incinerable, incineración, incinerador.

incipiente adj. Que se está iniciando.

incisión f. Hendidura poco profunda que se hace en algunos cuerpos con un instrumento cortante.

incisivo, va adj. Apto para abrir o cortar. || Punzante, mordaz: *incisiva crítica.* || Se apl. a cada uno de los dientes de los mamíferos situados en la parte central y anterior de la boca. Más como m.

inciso, sa adj. Se apl. al estilo literario cortado, caracterizado por organizar los conceptos separadamente, en cláusulas breves y sueltas. || m. Oración intercalada en otra. || Comentario o digresión distinto del tema principal que se intercala en un discurso. || FAM. incisión, incisivo, inciso.

incitación f. Estimulación para hacer algo: *incitación al crimen.*

incitar tr. Estimular a uno para que haga algo. || FAM. incitación, incitador.

incivil adj. Falto de civismo, inculto, que no se comporta de acuerdo con las normas mínimas de convivencia social. || Grosero, maleducado. || FAM. incívico, incivilidad, incivilizado, incivilmente, incivismo.

inclasificable adj. Que no se puede clasificar.

inclemencia f. Falta de clemencia. || Dureza y rigor en el tiempo climatológico de las estaciones, especialmente en el invierno. Más en pl. || FAM. inclemente.

inclemente adj. Falto de clemencia. || Se apl. al tiempo climatológico especialmente duro y riguroso.

inclinación f. Desviación de una cosa de su posición vertical u horizontal. || Reverencia que se hace con la cabeza o el cuerpo. || Afecto, amor, propensión a una cosa: *inclinación por las artes.* || Dirección que una línea o una superficie tiene con relación a otra.

inclinar tr. Apartar una cosa de su posición perpendicular a otra. También prnl. || Persuadir. || prnl. Tender a hacer, pensar o sentir una cosa: *me inclino a creerle.* || Poner el cuerpo hacia abajo. || Estar una persona próxima a algo. || FAM. inclinación, inclinado.

ínclito, ta adj. Ilustre, afamado.

incluir tr. Poner una cosa dentro de otra. ‖ Contener una cosa a otra o llevarla implícita. ◆ **Irreg.** Se conj. como *huir*. ‖ FAM. inclusión, inclusive, inclusivo, incluso, incluyente.

inclusa f. Institución en la que se recoge y cría a los niños abandonados. ‖ FAM. inclusero.

inclusión f. Introducción de una cosa dentro de otra o dentro de sus límites.

inclusive adv. Referido a los términos de una serie, que están incluidos en ella: *hoy se examinan hasta el número 235 inclusive.*

incluso adv. m. Con inclusión de. ‖ prep. y conj. Hasta, aun.

incoar tr. En der., comenzar los primeros trámites de un proceso, un pleito o un expediente. ‖ FAM. incoación, incoativo.

incoativo, va adj. Que explica o denota el principio de una cosa o de una acción progresiva. ‖ En gram., se apl. a los verbos que indican el comienzo de una acción o el paso a un estado determinado, como *amanecer.*

incógnita f. Cantidad desconocida que es preciso determinar en una ecuación o en un problema. ‖ Misterio, causa oculta de algo.

incógnito, ta adj. No conocido. ‖ m. Anonimato. ‖ **de incógnito** loc. adv. Intentando no ser conocido y pasar inadvertido. ‖ FAM. incógnita.

incognoscible adj. Que no se puede conocer: *misterio incognoscible.*

incoherencia f. Falta de conexión en las cosas que se dicen o hacen. ‖ Absurdo, hecho o dicho sin sentido. ‖ FAM. incoherente.

incoherente adj. Que no tiene coherencia. ‖ FAM. incoherentemente.

incoloro, ra adj. Sin color.

incólume adj. Sano, sin lesión ni daño. ‖ FAM. incolumidad.

incombustible adj. Que no se puede quemar. ‖ Se apl. a la persona que no se agota y muestra perseverancia en su tarea a pesar de los inconvenientes. ‖ FAM. incombustibilidad.

incomible adj. *col.* Que no se puede comer, especialmente por estar mal cocinado.

incomodar tr. y prnl. Causar incomodidad, molestia o enfado. ‖ FAM. incomodador, incomodo.

incomodidad f. Falta de comodidad. ‖ Molestia. ‖ Disgusto, enojo.

incomodo¹ m. Molestia, fastidio.

incómodo², da adj. Molesto, desagradable. ‖ Poco confortable. ‖ A disgusto. ‖ FAM. incómodamente, incomodar, incomodidad.

incomparable adj. Tan extraordinario que no tiene igual. ‖ FAM. incomparablemente, incomparado.

incomparecencia f. Falta de asistencia de una persona al lugar donde era esperada.

incompatibilidad f. Incapacidad para unirse o existir conjuntamente: *incompatibilidad de caracteres.* ‖ Impedimento legal para ejercer dos o más cargos a la vez.

incompatible adj. Que no puede existir con otra persona o cosa: *horarios incompatibles.* ‖ FAM. incompatibilidad.

incompetencia f. Incapacidad para resolver con eficacia algo. ‖ En der., falta de competencia o de jurisdicción. ‖ FAM. incompetente.

incompetente adj. Que no tiene capacidad para resolver con eficacia algo. También com. ‖ En der., que no tiene competencia o jurisdicción para actuar.

incompleto, ta adj. No completo, defectuoso, imperfecto.

incomprendido, da adj. No comprendido correctamente. ‖ Se apl. a la persona cuyo mérito no ha sido generalmente apreciado. También s.

incomprensible adj. Que no se puede comprender o es muy difícil hacerlo. ‖ FAM. incomprensibilidad, incomprensiblemente.

incomprensión f. Falta de comprensión. ‖ FAM. incomprendido, incomprensible, incomprensivo.

incomunicación f. Falta de comunicación o diálogo. ‖ Acción y efecto de incomunicar o incomunicarse. ‖ Aislamiento de un procesado decretado por el juez.

incomunicar tr. Privar de comunicación a algo o alguien. ‖ prnl. Negarse al trato con otras personas. ‖ FAM. incomunicabilidad, incomunicable, incomunicación, incomunicado.

inconcebible adj. Que no puede concebirse o comprenderse. ‖ Imperdonable, censurable.

inconciliable adj. Que no se puede conciliar o poner de acuerdo: *posturas inconciliables.*

inconcluso, sa adj. No acabado: *novela inconclusa.*

incondicional adj. Absoluto, sin restricción ni condiciones: *apoyo incondicional.* ‖ com. Adepto a una persona o idea, sin limitación ni condición ninguna. ‖ FAM. incondicionalidad, incondicionalmente.

inconexo, xa adj. Que no tiene conexión con una cosa. ‖ FAM. inconexión.

inconfesable adj. Que no puede confesarse, generalmente por ser vergonzoso: *secretos inconfesables.* ‖ FAM. inconfeso.

inconformismo m. Actitud hostil ante el orden establecido. ‖ Actitud consistente en la falta de acuerdo o conformidad. ‖ FAM. inconforme, inconformidad, inconformista.

inconformista adj. Del inconformismo o relativo a él. ‖ adj. y com. Partidario del inconformismo o que muestra esta actitud.

inconfundible adj. Que por sus peculiaridades y características no puede confundirse con otro.

incongruencia f. Falta de acuerdo, relación o correspondencia de una cosa con otra. ‖ Hecho o dicho ilógico, contradictorio. ‖ FAM. incongruente, incongruentemente.

incongruente adj. Que no está de acuerdo o no se corresponde con algo.

inconmensurable adj. No medible. ‖ Enorme. ‖ FAM. inconmensurabilidad.

inconmovible adj. Que no se puede conmover o alterar: *se mantuvo inconmovible ante sus lágrimas.*

inconsciencia f. Carácter de la persona que no piensa en las consecuencias de lo que hace. || Estado de la persona que ha perdido el conocimiento.

inconsciente adj. No consciente, involuntario: *deseo inconsciente*. || Que está desmayado, sin conocimiento. || Irreflexivo, insensato. También com. || m. Subconsciente. || FAM. inconsciencia, inconscientemente.

inconsecuencia f. Falta de consecuencia en lo que se dice o hace.

inconsecuente adj. Que no se sigue o deduce de otra cosa. || Que procede con inconsecuencia, contradiciendo sus propias ideas o principios. También com. || FAM. inconsecuencia.

inconsiderado, da adj. No considerado ni reflexionado. || Desconsiderado. || FAM. inconsideración, inconsideradamente.

inconsistencia f. Falta de consistencia. || FAM. inconsistente.

inconsistente adj. Que no tiene consistencia o solidez.

inconsolable adj. Apenado, triste, afligido, que no puede consolarse. || FAM. inconsolablemente.

inconstancia f. Falta de estabilidad y permanencia de una cosa.

inconstante adj. No estable ni permanente. || Que cambia con demasiada facilidad de pensamientos, aficiones, opiniones o conducta: *inconstante en amores*. || FAM. inconstancia.

inconstitucional adj. No conforme con la Constitución del Estado. || FAM. inconstitucionalidad, inconstitucionalmente.

incontable adj. Que no puede contarse. || Numerosísimo. || En gram., se apl. a los sustantivos que no tienen sentido en pl. porque no constan de unidades discretas, como *agua* o *vino*.

incontenible adj. Que no se puede contener o reprimir.

incontestable adj. Irrefutable, cierto. || FAM. incontestabilidad, incontestado.

incontinencia f. Falta de continencia, circunstancia de la persona que no puede reprimir sus deseos y pasiones: *incontinencia sexual*. || Enfermedad que consiste en no poder retener la orina o las heces. || FAM. incontinente, incontinentemente.

incontinente adj. Incapaz de reprimir sus deseos y pasiones. || adj. y com. Que padece incontinencia.

incontrolable adj. Que no se puede controlar. || FAM. incontrolado.

incontrolado, da adj. y s. Que actúa o funciona sin control, sin orden, sin disciplina, sin sujeción.

inconveniencia f. Incomodidad. || Dicho o hecho inoportuno, imprudente.

inconveniente adj. No conveniente. || m. Impedimento para hacer una cosa. || Aspecto desfavorable de algo o alguien. || FAM. inconveniencia.

incordiar tr. e intr. Molestar, agobiar, importunar. || FAM. incordio.

incordio m. Persona o cosa que molesta.

incorporación f. Agregación para formar un todo. || Levantamiento o reclinación del cuerpo o la cabeza que estaba echado. || Comienzo de las actividades en un puesto de trabajo.

incorporar tr. Agregar, unir dos o más cosas para que formen un todo entre sí. || Reclinar el cuerpo que estaba echado. También prnl.: *se incorporó de la cama*. || Destinar a alguien al puesto de trabajo que debe desempeñar. También prnl. || prnl. Agregarse una o más personas a otras para formar un cuerpo. || FAM. incorporable, incorporación.

incorpóreo, a adj. Que no tiene cuerpo o que no existe físicamente. || FAM. incorporeidad.

incorrección f. Falta de corrección. || Dicho o hecho incorrecto.

incorrecto, ta adj. Erróneo, equivocado. || Descortés, grosero. || FAM. incorrectamente, incorrectísimo.

incorregible adj. Que no puede corregirse. || Se apl. a la persona que por su terquedad no quiere corregir sus faltas o errores. || FAM. incorregibilidad, incorregiblemente.

incorruptible adj. Que no se puede corromper o pudrir. || Que no puede ser sobornado o corrompido: *juez incorruptible*.

incorrupto, ta adj. Que está sin corromperse: *cuerpo incorrupto*. || No pervertido moralmente. || FAM. incorrupción, incorruptibilidad, incorruptible.

incredulidad f. Rechazo u oposición de una persona a creer algo.

incrédulo, la adj. Que no cree fácilmente. || Ateo, descreído. || FAM. incrédulamente, incredulidad.

increíble adj. Que no puede creerse o es muy difícil de creer. || Impresionante, extraordinario. || FAM. increíbilidad, increíblemente.

incrementar tr. y prnl. Aumentar, acrecentar. || FAM. incremento.

incremento m. Aumento de tamaño, cantidad o intensidad.

increpar tr. Reprender con severidad. || Insultar: *el público increpó al árbitro*. || FAM. increpación, increpador, increpante.

incriminación f. Atribución de un delito, culpa o defecto a algo.

incriminar tr. Atribuir a alguien un delito, culpa o defecto. || FAM. incriminación.

incruento, ta adj. No sangriento. || FAM. incruentamente.

incrustación f. Introducción de piedras, metales u otros materiales en una superficie lisa y dura para adornarla. || Introducción violenta de un cuerpo en otro sin llegar a mezclarse. || Lo que está incrustado.

incrustar tr. Embutir piedras, metales u otros materiales en una superficie lisa y dura para adornarla. || Introducirse un cuerpo violentamente en otro sin mezclarse con él. También prnl. || Cubrir una superficie con una costra dura. || Fijar algo de forma muy fuerte en la mente. || FAM. incrustación.

incubación f. Proceso de calentamiento de los huevos por parte de las aves que permite el desarrollo del embrión. || Tiempo que dura el proceso anterior. || Fase inicial de una enfermedad antes de que aparezcan los síntomas externos. || Periodo de desarrollo de una tendencia o movimiento social antes de su plena manifestación.

incubadora f. Aparato o local que sirve para incubar artificialmente los huevos de las aves. || Urna de cristal acondicionada para mantener a los niños nacidos antes de tiempo o con algún problema de salud.

incubar tr. Ponerse el ave sobre los huevos para calentarlos de forma que se desarrolle el embrión. || Desarrollar el organismo una enfermedad. También prnl. || prnl. Iniciarse el desarrollo de una tendencia o movimiento social antes de su plena manifestación. || FAM. incubación, incubadora, íncubo.

íncubo adj. y m. Se apl. al espíritu, diablo o demonio que tiene relaciones sexuales con las mujeres bajo la apariencia de un hombre.

incuestionable adj. Que no se puede poner en duda o discutir porque es muy claro y evidente.

inculcar tr. Imbuir, infundir con firmeza una idea o sentimiento en el ánimo de alguien: *le inculcaron el gusto por el arte.* || FAM. inculcación, inculcador.

inculpado, da m. y f. Que está acusado de un delito.

inculpar tr. Culpar, acusar a alguien de una falta o delito: *las pruebas lo inculparon de asesinato.* || FAM. inculpabilidad, inculpable, inculpación, inculpadamente, inculpado.

inculto, ta adj. Que no tiene cultura o instrucción. || Se apl. al terreno que no está cultivado. || FAM. incultamente.

incultura f. Falta de cultura, ignorancia. || FAM. inculto, incultural.

incumbencia f. Obligación o correspondencia de hacer algo a una persona por su situación o cargo.

incumbir intr. Corresponder a alguien estar a cargo de algo: *este asunto no me incumbe.* || FAM. incumbencia.

incumplimiento m. Falta de cumplimiento de las obligaciones o compromisos: *incumplimiento de contrato.*

incumplir tr. No llevar a efecto, dejar de cumplir algo. || FAM. incumplido, incumplidor, incumplimiento.

incunable adj. y m. Se apl. a la edición hecha desde la invención de la imprenta hasta principios del siglo XVI.

incurable adj. y s. Que no se puede curar: *cáncer incurable.* || FAM. incurabilidad.

incuria f. Poco cuidado, negligencia.

incurrir intr. Caer en falta o error: *incurrió en una grave equivocación.* || Tener merecido alguien lo que se expresa: *incurrió en la burla de todos.* || FAM. incurrimiento, incursión.

incursión f. Penetración momentánea en un sitio nuevo o poco habitual. || Penetración de soldados de un ejército en el territorio enemigo. || FAM. incursionar.

indagación f. Investigación que se hace para averiguar algo que se desconoce.

indagar tr. Investigar, averiguar algo. También intr.: *no indagues en ese asunto.* || FAM. indagación, indagador, indagatoria, indagatorio.

indalo m. Icono prehistórico que se grababa en los hogares para ahuyentar a los malos espíritus.

indebido, da adj. Ilícito, injusto. || Que no es obligatorio ni exigible. || FAM. indebidamente.

indecencia f. Dicho o hecho que está en contra de las normas o costumbres vigentes en una sociedad. || Falta de honestidad, honradez o decencia.

indecente adj. Indecoroso, deshonesto. || Sucio, dehaseado. || FAM. indecencia, indecentemente.

indecible adj. Que no se puede decir por ser muy grande: *sufre lo indecible.*

indecisión f. Irresolución o dificultad de alguno en decidirse.

indeciso, sa adj. Que tiene dificultad para decidirse. También s. || Dudoso, todavía sin determinar. || FAM. indecisión.

indeclinable adj. Que debe hacerse o cumplirse: *deber indeclinable.* || En gram., se apl. a las partes de la oración que no se declinan.

indecoroso, sa adj. Que carece de decoro o dignidad, o que los ofende. || FAM. indecorosamente.

indefectible adj. Que no se puede evitar.

indefensión f. Falta de defensa, situación en que se encuentra quien está indefenso.

indefenso, sa adj. y s. Que carece de medios de defensa o está sin ella. || FAM. indefendible, indefensible, indefensión.

indefinible adj. Que no se puede definir o explicar con claridad y precisión.

indefinido, da adj. No definido. || Que no tiene límite señalado o conocido: *contrato indefinido.* || En gram., se apl. al adjetivo o pronombre que determina al sustantivo de forma imprecisa. || En gram., se apl. al tiempo verbal simple que indica una acción pasada. || FAM. indefinible, indefinición, indefinidamente.

indehiscente adj. Se apl. al fruto que no está preparado para abrirse espontáneamente de forma que puedan salir las semillas.

indeleble adj. Que no se puede borrar o quitar: *mancha indeleble.* || FAM. indeleblemente.

indemne adj. Libre o exento de daño o perjuicio: *salió indemne del accidente.* || FAM. indemnidad, indemnizar.

indemnización f. Compensación por un daño recibido. || Aquello con lo que se compensa el daño recibido.

indemnizar tr. y prnl. Resarcir a alguien de un daño o perjuicio. || FAM. indemnización, indemnizatorio.

indemostrable adj. Que no se puede demostrar.

independencia f. Falta de dependencia. || Libertad, autonomía, y especialmente la de un Estado que no es tributario ni depende de otro. || Libertad en ciertos aspectos. || FAM. independentismo, independiente, independizar.

independentismo m. Movimiento que defiende y reclama la independencia política de un país, región o territorio. || FAM. independentista.

independentista adj. Del independentismo o relativo a él. || adj. y com. Partidario o seguidor de este movimiento.

independiente adj. Que no depende de otro, autónomo. || Que mantiene sus propias opiniones sin hacer caso de los demás. || adj. y com. Que no pertenece a ningún partido o doctrina. || adv. m. Con independencia. || FAM. independientemente.

independizar tr. y prnl. Hacer independiente a una persona o cosa.

inderogable adj. Que no puede ser derogado o anulado: *decreto inderogable*. || FAM. inderogabilidad.

indescifrable adj. Que no se puede o es muy difícil de descifrar.

indescriptible adj. Que es tan grande e impresionante que no se puede describir.

indeseable adj. y com. De trato y presencia no deseados o adecuados, generalmente por sus condiciones morales. || Se apl. al extranjero cuya presencia en un país no es aceptada por la autoridad. || FAM. indeseado.

indestructible adj. Que no se puede o es muy difícil de destruir. || FAM. indestructibilidad.

indeterminación f. Falta de determinación en las cosas o de resolución en las personas.

indeterminado, da adj. Indefinido, no determinado. || Impreciso, vago: *aroma indeterminado*. || En gram., se apl. al artículo que se antepone al sustantivo para indicar que este se refiere a un objeto no consabido en el discurso. || FAM. indeterminable, indeterminación, indeterminadamente.

indiada f. *amer.* Conjunto o muchedumbre de indios.

indiano, na adj. De las Indias Occidentales o relativo a este territorio. || adj. y s. Se apl. a la persona que volvía rica de América.

indicación f. Comunicación o explicación mediante indicios y señales. || Cosa con la que se indica algo. || Corrección, observación. || Recomendación hecha por un médico sobre la forma de seguir un tratamiento.

indicado, da adj. Que es bueno o adecuado para algo.

indicador, ra adj. y m. Que indica. || m. Dispositivo o señal que comunica o pone de manifiesto un hecho: *indicadores de avería*.

indicar tr. Comunicar, explicar, dar a entender una cosa con indicios y señales. || Significar una cosa algo: *su silencio indicaba desacuerdo*. || Prescribir el médico una medicina o tratamiento. || FAM. indicación, indicado, indicador, indicativo.

indicativo, va adj. y m. Que indica o sirve para indicar. || En gram., se apl. al modo del verbo que indica realidad u objetividad y expresa acciones seguras.

índice adj. Se apl. al dedo de la mano situado en segundo lugar, entre el pulgar y el corazón. También m. || m. Indicio o señal de una cosa. || Lista ordenada de capítulos, materias o autores de un libro. || Catálogo clasificado de los ejemplares de una biblioteca o de las obras de o sobre un autor, tema o época. || Cada una de las manecillas de un reloj y, en general, las agujas y otros elementos indicadores de los instrumentos graduados. || Cifra que expresa la relación entre una serie de datos y permite sacar conclusiones: *índice de natalidad*. || En mat., número o letra que sirve para indicar el grado de la raíz. || **índice de audiencia** Número de personas que siguen un medio de comunicación o un programa en un periodo de tiempo determinado. || **índice de precios al con-**

sumo Expresión numérica del incremento de los precios de bienes y servicios en un periodo de tiempo con respecto a otro periodo anterior. ◆ Suele abreviarse en la sigla *IPC*. || **índice de refracción** En fís., razón entre las velocidades de propagación de la luz en el vacío y en un determinado medio. || **índice expurgatorio** Antigua lista de los libros prohibidos por la Iglesia católica bajo la amenaza de excomunión. || FAM. indicar, indicio.

indicio m. Aquello que permite conocer o inferir la existencia de algo que no se percibe. || Primera manifestación o pequeña cantidad de algo. || FAM. indiciar.

índico, ca adj. De las Indias Orientales o relativo a esta tierra. || m. Grupo de lenguas emparentadas con el sánscrito y que son propias de las Indias Orientales.

indiferencia f. Estado del ánimo en el que no se siente inclinación ni rechazo hacia algo o alguien. || Frialdad, displicencia.

indiferente adj. Que no importa que sea o se haga de una o de otra forma. || Que no muestra preferencia por nada en especial. || Que no muestra afecto o interés por algo o alguien. || FAM. indiferencia, indiferenciación, indiferenciado, indiferentemente, indiferentismo.

indígena adj. y com. Originario del país o lugar del que se trata. || FAM. indigenismo.

indigencia f. Falta de medios económicos para subsistir.

indigenismo m. Estudio de los pueblos indios iberoamericanos. || Doctrina y partido que propugna reivindicaciones políticas, sociales y económicas para los indios de los países iberoamericanos. || Préstamo lingüístico de una lengua indígena a la invasora. || FAM. indigenista.

indigenista adj. Del indigenismo o relativo a él. || adj. y com. Partidario del indigenismo.

indigente adj. y com. Pobre, mísero, sin los suficientes medios para subsistir. || FAM. indigencia.

indigestarse prnl. Padecer una indigestión, sentarle mal a uno una comida. || *col.* No agradarle a uno algo o alguien.

indigestión f. Trastorno que padece el organismo por no haber digerido bien los alimentos. || FAM. indigestarse, indigestible, indigesto.

indigesto, ta adj. Que no se puede digerir o que se digiere difícilmente.

indignación f. Gran enfado que produce algo o alguien.

indignante adj. Que indigna o provoca indignación.

indignar tr. y prnl. Provocar indignación, irritar a alguien. || Enfadarse mucho una persona. || FAM. indignación, indignado, indignante.

indigno, na adj. Que no es merecedor de aquello que se expresa. || Que no corresponde a las circunstancias, calidad o mérito de algo o alguien. || Vil, ruin. || FAM. indignamente, indignar, indignidad.

índigo m. Añil.

indio, dia adj. y s. Natural de la India o relativo a este país asiático. || Se apl. al indígena de América y a la persona a la que hoy se considera como descendiente de aquel, sin mezcla de otra raza. || **hacer el indio** loc. *col.*

Hacer tonterías una persona para divertirse. || FAM. indiada, indianismo, indianista, indiano.

indio, dia adj. De color azul. || m. Metal parecido al estaño, pero más fusible y volátil, que en el espectroscopio presenta una raya azul característica, a la que debe su nombre. Su símbolo es *In*, y su número atómico, *49*.

indirecta f. Cosa que se da a entender sin decirla claramente.

indirecto, ta adj. Que no va derecho a un fin, sino a través de rodeos o intermediarios. || En gram., se apl. al complemento que se adjunta a un verbo para expresar el destinatario o beneficiario de la acción que se expresa. || FAM. indirecta, indirectamente.

indisciplinado, da adj. y s. Que no respeta la disciplina.

indisciplinarse prnl. Quebrantar la disciplina establecida. || FAM. indisciplina, indisciplinado.

indiscreción f. Falta de discreción y de prudencia. || Dicho o hecho indiscreto.

indiscreto, ta adj. Que habla o actúa imprudente e inoportunamente. También s. || Que se hace o dice de este modo. || FAM. indiscreción, indiscretamente.

indiscriminado, da adj. Sin la debida diferenciación o selección. || FAM. indiscriminadamente.

indiscutible adj. Evidente, irrefutable, que no admite discusión. || FAM. indiscutiblemente.

indisoluble adj. Que no puede disolverse. || Que no puede desatarse. || FAM. indisolubilidad, indisolublemente.

indispensable adj. Que es imprescindible. || Que no se puede dispensar ni excusar. || FAM. indispensabilidad, indispensablemente.

indisponer tr. y prnl. Enemistar. || Causar indisposición o enfermedad. || prnl. Experimentar una indisposición. ◆ **Irreg.** Se conj. como *poner*. || FAM. indisponibilidad, indisposición, indispuesto.

indisposición f. Malestar, enfermedad pasajera. || Acción y efecto de indisponer o indisponerse.

indispuesto, ta adj. Que está levemente enfermo.

indistinto, ta adj. Que no se distingue de otra cosa. || Que no se percibe claramente. || Indiferente. || FAM. indistinción, indistinguible, indistintamente.

individual adj. Del individuo o relativo a él. || Que es de o para un solo individuo. || FAM. individualmente.

individualidad f. Cualidad por la que una persona o cosa se distingue de las demás.

individualismo m. Tendencia a actuar según el propio criterio y no de acuerdo con el de la colectividad. || Aislamiento, egoísmo. || Doctrina ética, política, filosófica o social que considera al individuo fundamento y fin de todas las leyes y relaciones morales y políticas. || FAM. individualista.

individualista adj. y com. Que actúa según su propio criterio y no de acuerdo con el de la colectividad. || Que da más importancia a sus intereses individuales que a los de la colectividad.

individualización f. Diferenciación que se hace atribuyendo características distintivas.

individualizar tr. Atribuir a alguien o algo características que le diferencien de los demás. || Atribuir a un solo individuo lo que es común a varios.

individuo, dua adj. Que no puede ser dividido. || Individual. || m. Cada uno de los seres organizados de una especie, con respecto a la especie a la que pertenece. || La propia persona u otra con abstracción de las demás. || m. y f. Persona cuya identidad no se conoce o no se quiere descubrir. || FAM. individual, individualidad, individualismo, individualización, individualizador, individualizar.

indivisible adj. Que no puede ser dividido. || FAM. indivisibilidad, indivisiblemente.

indiviso, sa adj. y s. No dividido en partes. || FAM. indivisamente, indivisión.

indochino, na adj. y s. De Indochina o relativo a esta península asiática.

indócil adj. Que no tiene docilidad. || FAM. indocilidad.

indocto, ta adj. y s. Falto de instrucción, inculto. || FAM. indoctamente.

indocumentado, da adj. Que no está probado o testimoniado fehacientemente. || adj. y s. Se apl. a la persona que carece de documentos oficiales para acreditar su identidad. || Ignorante, inculto.

indoeuropeo, a adj. y s. De un conjunto de pueblos asiáticos que se extendieron desde la India hasta el occidente europeo o relacionado con ellos. || adj. De cada una de las razas y lenguas procedentes de un supuesto origen común y extendidas desde la India hasta el occidente de Europa o relacionado con ellas. || m. Lengua hipotética que dio origen a la mayoría de las lenguas actuales europeas y a algunas de las asiáticas.

indoiranio, nia adj. y m. Del grupo de lenguas indoeuropeas integrado por las familias índica e irania o relacionado con él.

índole f. Carácter propio de cada uno. || Naturaleza, calidad y condición de las cosas: *asunto de índole privada*.

indolencia f. Incapacidad de conmoverse o sentirse afectado por algo. || Pereza, desidia. || Insensibilidad, especialmente al dolor.

indolente adj. y com. Insensible. || Perezoso, vago. || FAM. indolencia, indolentemente.

indoloro, ra adj. Que no causa dolor.

indomable adj. Que no se puede domar. || Difícil de someter o dominar. || FAM. indomabilidad, indomado, indómito.

indómito, ta adj. No domado. || Indomable. || Difícil de dominar o someter.

indonesio, sia adj. y s. De Indonesia o relativo a este país asiático.

indostaní adj. y com. De Indostán o relativo a esta región de la India. ◆ pl. *indostanís* o *indostaníes*. || FAM. indostanés, indostánico.

indostánico, ca adj. De Indostán o relativo a esta región de la India. || m. Lengua hablada en esta región.

inducción f. Incitación o instigación a hacer algo. || Método de raciocinio que consiste en alcanzar un principio que se deriva lógicamente de unos datos o hechos particulares. || Producción de una carga eléctrica inducida.

inducido, da adj. Relativo a la corriente eléctrica producida en un circuito por la acción de un campo magnético. || m. Circuito giratorio acoplado al inductor y capaz de generar una corriente eléctrica.

inducir tr. Instigar, incitar. || Llegar a conclusiones generales a partir de hechos particulares. || Producirse una carga eléctrica en un cuerpo por efecto de otro cuerpo electrizado situado a cierta distancia. ◆ **Irreg.** Se conj. como *conducir.* || FAM. inducción, inducido, inductivo, inductor.

inductancia f. Propiedad de los circuitos eléctricos por la que se produce una fuerza electromotriz cuando existe una variación de la corriente que pasa, ya por el propio circuito, ya por otro próximo a él. || Circuito o elemento de circuito que posee inductancia.

inductivo, va adj. De la inducción o relativo a este método de raciocinio.

inductor, ra adj. y s. Que induce, especialmente a cometer un delito. || m. Parte de las máquinas eléctricas destinada a producir la inducción magnética.

indudable adj. Que no puede ponerse en duda. || Evidente, claro, patente. || FAM. indudablemente.

indulgencia f. Benevolencia, tolerancia con las faltas o facilidad para conceder gracias. || Remisión que hace la Iglesia católica a las penas debidas por los pecados. || **indulgencia plenaria** La que redime una pena en su totalidad. || FAM. indulgente, indulgentemente.

indulgente adj. Tolerante, inclinado a perdonar y atenuar yerros o a conceder gracias.

indultar tr. Perdonar a uno toda o parte de la pena que tiene impuesta. || Eximir del cumplimiento de una norma u obligación. || FAM. indulto.

indulto m. Perdón total o parcial de una pena o conmutación de la misma. || Exención de una obligación.

indumentaria f. Conjunto de vestiduras o ropas que se tienen o se llevan puestas. || Estudio histórico del traje. || FAM. indumentario.

industria f. Conjunto de operaciones destinadas a la obtención, transformación y transporte de materias primas. || Instalación destinada a estas operaciones. || Conjunto de este tipo de instalaciones que comparten alguna característica, especialmente cuando pertenecen al mismo ramo: *industria europea, textil.* || Maña y destreza para hacer una cosa. || **industria ligera** La que maneja pequeños volúmenes de materias primas y elabora productos de consumo directo. || **industria pesada** La que produce maquinaria pesada o bienes de equipo. || FAM. industrial, industrialismo, industrializar, industriar, industrioso.

industrial adj. De la industria o relativo a ella. || com. Persona que vive del ejercicio de una industria o es propietario de ella. || FAM. industrialmente.

industrialización f. Aplicación de métodos o procesos industriales. || Desarrollo del sector industrial dentro de la actividad económica de una zona.

industrializar tr. y prnl. Aplicar métodos o procesos industriales. || Crear industrias nuevas o desarrollar las existentes en una zona. || FAM. industrialización.

industrioso, sa adj. Mañoso, habilidoso. || Muy trabajador. || FAM. industriosamente.

inédito, ta adj. Escrito y no publicado. También m. || Se apl. al escritor que aún no ha publicado nada. || Desconocido, nuevo.

inefable adj. Que no se puede explicar con palabras, inenarrable. || FAM. inefabilidad, inefablemente.

ineficacia f. Falta de eficacia.

ineficaz adj. Que no es eficaz, nulo. || FAM. ineficacia, ineficazmente.

ineluctable adj. Que no puede lucharse contra ello, inevitable.

ineludible adj. Que no puede eludirse: *obligación ineludible.*

inenarrable adj. Inefable. || Sorprendente, impresionante.

ineptitud f. Falta de aptitud, inhabilidad.

inepto, ta adj. No apto para algo. || Necio o incapaz. También s. || FAM. ineptitud.

inequívoco, ca adj. Que no admite duda o equivocación. || FAM. inequívocamente.

inercia f. Falta de energía, desidia. || Resistencia de los cuerpos para cambiar su estado de reposo o de movimiento sin la intervención de alguna fuerza. || FAM. inercial, inerte.

inerme adj. Sin armas ni defensas físicas o morales. || Desprovisto de espinas, pinchos o aguijones.

inerte adj. Falto de vida o movilidad, inútil. || En quím., cuerpo que permanece inactivo al combinarse con otro: *gas inerte.*

inervación f. Conjunto de las acciones nerviosas. || Acción del sistema nervioso sobre los demás órganos del cuerpo. || Distribución de los nervios en una zona del cuerpo. || FAM. inervador, inervar.

inescrutable adj. Que no puede saberse ni averiguarse.

inesperado, da adj. Que sucede sin esperarse, imprevisto. || FAM. inesperable, inesperadamente.

inestabilidad f. Falta de estabilidad. || **inestabilidad atmosférica** Tiempo atmosférico caracterizado por una superposición de aire frío al aire cálido, que al elevarse produce nubes y lluvias.

inestable adj. No estable. || En quím., se apl. al compuesto que se descompone fácilmente. || FAM. inestabilidad.

inestimable adj. Que no puede estimarse o valorarse en todo lo que vale. || FAM. inestimabilidad, inestimado.

inevitable adj. Que no puede evitarse. || FAM. inevitablemente.

inexacto, ta adj. Que carece de exactitud. || FAM. inexactamente, inexactitud.

inexcusable adj. Que no puede dejar de hacerse, ineludible. || Que no puede ser disculpado. || FAM. inexcusablemente.

inexistente adj. Que carece de existencia. || Que, aunque existe, se considera totalmente nulo. || FAM. inexistencia.

inexorable adj. Que no se deja vencer con ruegos, inconmovible. || Inevitable. || FAM. inexorabilidad, inexorablemente.

inexperiencia f. Falta de experiencia. || FAM. inexperto.

inexperto, ta adj. y s. Sin experiencia.

inexplicable adj. Que no se puede explicar o justificar. || FAM. inexplicablemente, inexplicado.

inexplorado, da adj. Sin explorar: *territorio inexplorado*.

inexpresivo, va adj. Que carece de expresión. || Incapaz de expresarse.

inexpugnable adj. Que no se puede tomar o conquistar por las armas: *fortaleza inexpugnable*. || Que no se deja vencer ni persuadir.

inextinguible adj. Que no puede extinguirse. || De muy larga duración.

in extremis loc. adv. lat. En los últimos momentos de la vida o en una situación peligrosa y extremada.

inextricable adj. Muy intrincado y confuso: *laberinto inextricable*.

infalible adj. Que no puede fallar o equivocarse. || Seguro, cierto. || FAM. infalibilidad, infaliblemente.

infamante adj. Que causa deshonra.

infamar tr. Quitar la buena fama y estimación. || FAM. infamación, infamador, infamante, infamatorio, infame.

infamatorio, ria adj. Que infama o deshonra.

infame adj. Que carece de honra, crédito y estimación. También com. || Muy malo en su especie. || FAM. infamemente, infamia.

infamia f. Descrédito, deshonra. || Vileza, maldad.

infancia f. Periodo de la vida de una persona desde que nace hasta la pubertad. || Conjunto de los niños de tal edad.

infantado o **infantazgo** m. Territorio de un infante o infanta real. || Título de infante o infanta.

infante, ta m. y f. Niño menor de siete años. || En España y Portugal, hijo legítimo del rey con excepción del heredero al trono. || com. Soldado de infantería. || m. Título honorífico que recibe un pariente del rey como gracia real. || FAM. infancia, infantado, infantazgo, infantería, infanticidio, infantil, infanzón.

infantería f. Tropa que sirve a pie en la milicia. || **infantería de Marina** La destinada a guarnecer los buques de guerra, arsenales y departamentos marítimos.

infanticida adj. y com. Que mata a un niño o infante.

infanticidio m. Muerte dada a un niño, especialmente al recién nacido. || FAM. infanticida.

infantil adj. De la infancia o relativo a ella. || Inocente, cándido. || adj. y com. Se apl. a la categoría posterior a la de alevín y anterior a la de cadete en algunos ámbitos, especialmente en el deportivo. || FAM. infantilismo, infantilización, infantilizar, infantiloide, infantojuvenil.

infantilismo m. Perduración de características físicas y mentales propias de la infancia en la adolescencia o en la edad adulta.

infantiloide adj. y com. Con características próximas a lo infantil.

infantojuvenil m. *amer.* Menor de 18 años con conducta delictiva.

infanzón, ona m. y f. Noble hidalgo cuya potestad sobre sus posesiones era limitada.

infartado, da adj. y s. Que ha sufrido un infarto.

infarto m. Lesión producida en un órgano privado de su riego sanguíneo, por obstrucción de la arteria correspondiente. || Aumento de tamaño de un órgano enfermo. || FAM. infartado, infartar.

infatigable adj. Que no se cansa o que resiste bien la fatiga, incansable. || FAM. infatigablemente.

infatuar tr. y prnl. Volver a alguien vanidoso o engreído. || FAM. infatuación.

infausto, ta adj. Desgraciado, infeliz. || FAM. infaustamente.

infección f. Penetración y desarrollo de gérmenes patógenos en el organismo. || Enfermedad producida por estos gérmenes.

infeccioso, sa adj. Que causa infección. || Provocado por infección.

infectar tr. y prnl. Transmitir un organismo a otro los gérmenes de una enfermedad. || En inform., contagiar un programa con un virus informático. || FAM. infección, infeccioso, infecto, inficionar.

infecto, ta adj. Infectado, contagiado. || Pestilente, corrompido.

infelicidad f. Suerte adversa o falta de felicidad.

infeliz adj. y com. De suerte adversa, no feliz. || Apocado. || Ingenuo, que no tiene malicia. || *amer.* Malvado, mala persona. || FAM. infelicidad, infelizmente.

inferencia f. Deducción de una cosa a partir de otra, conclusión.

inferior adj. comp. de superioridad de *bajo.* || Que está debajo de otra cosa o más bajo que ella. || Que es menor que otra cosa en cantidad o calidad. || Referido a una persona, sujeta o subordinada a otra. También s. || Se apl. al organismo menos complejo y más primitivo que otro. || FAM. inferioridad.

inferioridad f. Cualidad de inferior. || Situación de una cosa que está más baja que otra o debajo de ella.

inferir tr. Deducir una cosa de otra o extraer una conclusión. || Conducir a un resultado, implicar. || Causar un daño físico o moral. ♦ **Irreg.** Se conj. como *sentir.* || FAM. inferencia.

infernal adj. Del infierno o relativo a él. || Muy malo, perjudicial. || Muy desagradable o molesto: *calor, ruido infernal.*

infernillo m. Infiernillo.

infestar tr. y prnl. Invadir un lugar una plaga. || Abarrotar, saturar. || Corromper moralmente. || Infectar, apestar. || FAM. infestación.

inficionar tr. y prnl. Infectar, causar infección. || Corromper moralmente.

infidelidad f. Falta de fidelidad: *infidelidad conyugal.*

infiel adj. Falto de fidelidad, desleal. || Falto de exactitud: *traducción infiel.* || adj. y com. Que no profesa la fe considerada verdadera. ♦ sup. irreg.: *infidelísimo.* || FAM. infidelidad, infielmente.

infiernillo m. Hornillo, aparato dotado de una resistencia eléctrica y que se utiliza principalmente para calentar alimentos.

infierno m. Lugar destinado al eterno castigo de los condenados. ♦ También se usa en pl. con el mismo significado. Puede escribirse con mayúscula. || Tormento y castigo de los condenados. || En mit., lugar al que iban las almas de los difuntos. ♦ También se usa en pl. con el mismo significado. || Lugar en donde hay mucho alboroto y discordia. || **el quinto infierno** Lugar muy lejano o apartado. || **¡al infierno con** algo o alguien! loc. col. Expresión que indica el enfado o desesperación que provoca algo o alguien. || **irse** algo **al infierno** loc. col. Fracasar, salir mal. || **mandar** algo o a alguien **al infierno** loc. col. Abandonarlo, rechazarlo. || **¡vete** o **idos al infierno!** loc. col. Expresión de enfado contra quien o quienes molestan e importunan. || FAM. infernal, infernillo.

infijo, ja adj. y m. En gram., se apl. al afijo con función o significado propios, que se introduce en el interior de una palabra o de su raíz.

infiltración f. Introducción o penetración paulatina de un líquido entre los poros de un sólido. || Introducción subrepticia de alguien en algún lugar o en una organización, especialmente si es con fines encubiertos. || Infundir ideas o doctrinas en la mente de alguien, especialmente si se hace con objetivos poco claros.

infiltrado, da adj. y s. Se apl. a la persona que se ha introducido subrepticiamente en un lugar o en una organización para llevar a cabo una acción encubierta.

infiltrar tr. y prnl. Introducir suavemente un líquido entre los poros de un sólido. || Infundir ideas o doctrinas en la mente de alguien, especialmente si se hace con objetivos poco claros. || prnl. Introducirse furtivamente en un lugar o en una organización, especialmente con propósitos encubiertos. || FAM. infiltración, infiltrado, infiltrante.

ínfimo, ma adj. sup. de bajo. || En el orden y graduación de las cosas, la que es última y menor que las demás: ínfima calidad. || Muy pequeño, escaso: ínfimo valor. || Que en su situación está muy bajo.

infinidad f. Cualidad de infinito. || Gran número, muchedumbre: infinidad de libros, de gente.

infinitesimal adj. En mat., se apl. a la cantidad infinitamente pequeña o muy próxima a cero: cálculo infinitesimal.

infinitivo m. En gram., forma no personal del verbo, que no expresa número ni persona ni tiempo determinados.

infinito, ta adj. Que no tiene ni puede tener fin ni término. || Muy numeroso, grande y excesivo. || m. Espacio indeterminado. || En mat., signo en forma de ocho tendido que sirve para expresar un valor mayor que cualquier cantidad asignable. || adv. m. Excesivamente, muchísimo. || FAM. infinidad, infinitamente, infinitesimal, infinitivo, infinitud.

infinitud f. Cualidad de infinito.

inflación f. Acción y resultado de inflar. || Aumento general de precios que trae aparejada la depreciación monetaria. || FAM. inflacionario, inflacionismo, inflacionista.

inflador m. Aparato empleado para inflar.

inflamable adj. Que arde con facilidad y desprende llamas inmediatamente: gas inflamable. || FAM. inflamabilidad.

inflamación f. Combustión repentina y acompañada de llamas de una sustancia inflamable. || Alteración patológica en una parte cualquiera del organismo, caracterizada por enrojecimiento, hinchazón, dolor y aumento de la temperatura.

inflamar tr. y prnl. Prender una cosa que despide llamas de forma inmediata. || Acalorar, enardecer los ánimos: inflamarse de ira. || prnl. Producirse inflamación. || FAM. inflamable, inflamación, inflamador, inflamamiento, inflamatorio.

inflamatorio, ria adj. Que causa inflamación. || Que procede de la inflamación.

inflar tr. y prnl. Hinchar una cosa con aire u otra sustancia aeriforme. || col. Exagerar, abultar: inflar cifras. || col. Ensoberbecer, engreír. || col. Excederse en el ejercicio de una actividad: inflarse a comer, a ver películas. || **inflar** a alguien **las narices** loc. col. Causar enojo o fastidio. || FAM. inflación, inflador, inflamiento.

inflexible adj. Incapaz de doblarse o torcerse, rígido. || Que no se conmueve ni se doblega, ni desiste de su propósito. || Firme, constante, rígido. || FAM. inflexibilidad, inflexiblemente.

inflexión f. Torcimiento de algo que estaba recto o plano. || Tratándose de la voz, cada uno de los cambios de tono que se producen en ella al hablar. || En geom., punto en que una curva cambia de sentido. || En gram., cada uno de los cambios morfológicos que sufren las palabras sujetas a flexión.

infligir tr. Imponer castigos, causar daños.

inflorescencia f. Orden o forma con que aparecen agrupadas las flores en una misma rama.

influencia f. Efecto, repercusión. || Poder, autoridad de una persona sobre otra u otras: influencia política, económica. || **tener influencias** loc. col. Tener relaciones o contactos con alguien capaz de conseguir ciertos favores.

influenciable adj. Que se deja influir fácilmente.

influenciar tr. Influir.

influir tr. Producir una persona o cosa ciertos efectos sobre otras. ◆ Irreg. Se conj. como huir. || FAM. influencia, influenciable, influenciar, influjo, influyente.

influjo m. Acción y resultado de influir. || Flujo de la marea.

influyente adj. Que tiene influencia.

infografía f. Aplicación de la informática al diseño y a la animación. || FAM. infográfico.

infolio m. Libro en formato de folio.

información f. Acción y resultado de informar o informarse. || Oficina donde se informa sobre algo. || Conjunto de datos sobre una materia determinada. || Investigación jurídica y legal de un hecho o delito. || FAM. informática.

informador, ra adj. y s. Que informa. || m. y f. Profesional de cualquier medio de comunicación que se dedica a la difusión de información, periodista.

informal adj. Que no tiene seriedad o protocolo. || adj. y com. Se apl. a la persona que no respeta las normas ni cumple sus compromisos. || FAM. informalidad, informalmente.

informalidad f. Falta de respeto a las normas. || Falta de seriedad o protocolo.

informante adj. y com. Que informa.

informar tr. Dar noticia de algo, enterar. También prnl. || Completar un documento con los informes oportunos. ‖ intr. Dictaminar una persona en un asunto de su competencia: *informó sobre el solicitante*. ‖ En der., hablar en estrados los fiscales y los abogados. ‖ FAM. información, informador, informante, informativista, informativo, informe.

informática f. Conjunto de conocimientos científicos y técnicos que hacen posible el tratamiento automático de la información por medio de ordenadores. ‖ FAM. informático, informatización, informatizar.

informático, ca adj. De la informática o relativo a ella. ‖ adj. y s. Que se dedica profesionalmente a la informática.

informativista com. *amer.* En la radio y la televisión, persona encargada de leer las noticias.

informativo, va adj. Que informa o sirve para dar noticia de algo. ‖ m. Programa que trata la información de actualidad o de interés general.

informatizar tr. Aplicar sistemas y equipos informáticos al tratamiento de información. ‖ FAM. informatización.

informe[1] m. Conjunto de datos o instrucciones sobre algo o alguien: *informe financiero*. También pl. ‖ En der., exposición total que hace el letrado o el fiscal ante el tribunal que ha de fallar el proceso.

informe[2] adj. Que no tiene una forma determinada: *masa informe*. ‖ FAM. informidad.

infortunado, da adj. y s. Sin fortuna, desafortunado.

infortunio m. Fortuna adversa. ‖ Estado o situación desafortunada. ‖ Desgracia. ‖ FAM. infortunadamente, infortunado.

infovía f. Red informática internacional que permite el intercambio de información a través de la línea telefónica.

infra- pref. que significa 'inferior' o 'debajo': *infraestructura, infrahumano*.

infracción f. Transgresión, quebrantamiento de una norma o de un pacto: *infracción de tráfico*. ‖ FAM. ingractor, infringir.

infractor, ra adj. y s. Que infringe o transgrede una norma o un pacto.

infraestructura f. Conjunto de elementos o servicios que se consideran necesarios para el funcionamiento de una organización o para el desarrollo de una actividad. ‖ Parte de una construcción que está bajo el nivel del suelo. ‖ FAM. infraestructural.

infraganti adv. m. In fraganti.

in fraganti loc. adv. En el mismo instante en que se está cometiendo un delito o una acción reprobable: *sacó la chuleta en el examen y la pillaron in fraganti*.

infrahumano, na adj. Inferior a lo considerado propio del ser humano.

infranqueable adj. Que imposibilita o dificulta el paso: *obstáculo infranqueable*.

infrarrojo, ja adj. En fís., se apl. a la radiación del espectro luminoso que se encuentra por debajo del rojo visible y es de mayor longitud de onda. Se caracteriza por sus efectos caloríficos: *rayos infrarrojos*.

infrasonido m. Onda sonora de frecuencia inferior a la perceptible por el oído humano.

infrautilizar tr. Hacer uso de algo sin aprovechar toda su capacidad o potencia. ‖ FAM. infrautilización, infrautilizado.

infravalorar tr. Atribuir a alguien o a algo una importancia o un valor inferior al que tiene. ‖ FAM. infravaloración, infravalorado.

infravivienda f. Vivienda que no reúne las condiciones elementales de habitabilidad.

infrecuente adj. Que no es frecuente. ‖ FAM. infrecuencia.

infringir tr. Quebrantar leyes, órdenes o normas.

infructuoso, sa adj. Ineficaz, inútil. ‖ FAM. infructuosamente, infructuosidad.

infrutescencia f. Conjunto de frutos que forman una unidad y que surgen de las flores de inflorescencia, como la mora, el trigo, etc.

ínfula f. Adorno de lana blanca ceñido a la cabeza y con dos tiras colgantes a los lados, que vestían antiguamente algunos sacerdotes gentiles y algunos reyes. Más en pl. ‖ Cada una de las dos cintas anchas que cuelgan por la parte posterior de la mitra episcopal. ‖ pl. Presunción, vanidad. ‖ **darse ínfulas** loc. Presumir, darse importancia.

infumable adj. De mala calidad, especialmente el tabaco. ‖ P. ext., pésimo, insoportable: *libro, conferencia infumable*.

infundado, da adj. Que carece de fundamento: *rumor infundado*. ‖ FAM. infundadamente.

infundio m. Mentira o noticia falsa, generalmente tendenciosa. ‖ FAM. infundioso.

infundir tr. Despertar un sentimiento en alguien: *infundir miedo, confianza*. ‖ Comunicar Dios al alma un don o gracia. ‖ FAM. infusión, infuso.

infusión f. Acción de introducir en agua caliente ciertas sustancias orgánicas para extraer de ellas las partes solubles. ‖ Líquido así obtenido. ‖ P. ext., bebida que se obtiene de diversos frutos o hierbas aromáticas, introduciéndolos en agua hirviendo. ‖ Hablando del bautismo, acción de echar el agua sobre el que se bautiza.

infusorio m. Célula o microorganismo ciliado que emplea sus cilios para moverse en un líquido.

ingeniar tr. Idear o inventar ingeniosamente. ‖ **ingeniárselas** loc. Discurrir con ingenio la manera de conseguir algo.

ingeniería f. Conjunto de técnicas que permiten aplicar el saber científico a la utilización de la materia y de las fuentes de energía, mediante invenciones o construcciones útiles para el hombre. ‖ **ingeniería genética** Conjunto de técnicas que permiten la manipulación de los genes. ‖ FAM. ingeniero.

ingeniero, ra m. y f. Persona que ejerce la ingeniería.

ingenio m. Facultad para discurrir o inventar. ‖ Sujeto dotado de esta facultad. ‖ Intuición, entendimiento. ‖ Máquina o artefacto mecánico. ‖ FAM. ingeniar, ingeniosamente, ingeniosidad, ingenioso.

ingenioso, sa adj. Que tiene ingenio.

ingente adj. Muy grande, enorme: *esfuerzo, cantidad ingente*.

ingenuidad f. Inocencia, ausencia de malicia, sinceridad. || FAM. ingenuamente, ingenuo.

ingenuo, nua adj. y s. Sin malicia, inocente. || Simple.

ingerir tr. Introducir alimentos, bebida o medicamentos en el estómago, a través de la boca. ◆ **Irreg.** Se conj. como *sentir*. || FAM. ingesta, ingestión.

ingesta f. Acción y resultado de ingerir.

ingestión f. Ingesta.

ingle f. Parte del cuerpo en que el muslo se une con el vientre. || FAM. inguinal.

inglés, esa adj. y s. De Inglaterra o relativo a esta parte de Gran Bretaña. || m. Lengua de la rama germánica, hablada en el Reino Unido y otros países. || FAM. inglesismo.

inglete m. Unión de dos piezas que forman ángulo recto, especialmente referido a las juntas de las molduras.

ingobernable adj. Que no se puede gobernar. || FAM. ingobernabilidad.

ingratitud f. Desagradecimiento, falta de reconocimiento de los favores recibidos. || FAM. ingrato, ingratamente.

ingrato, ta adj. Desagradecido. También s. || Desapacible, desagradable. || Que satisface o gratifica poco con relación al esfuerzo y a la atención que se le dedican, especialmente referido a una actividad.

ingravidez f. Estado de la materia no sometida a un campo de gravedad. || Liviandad, ligereza.

ingrávido, da adj. Que no se halla sometido a un campo de gravedad. || Liviano, ligero. || FAM. ingravidez.

ingrediente m. Cualquiera de los elementos que forman parte de un compuesto, componente.

ingresar intr. Entrar en algún lugar: *ingresar en prisión*. || Entrar a formar parte de una organización: *ingresar en un partido político*. || Entrar en un centro sanitario para recibir tratamiento médico. También tr. || tr. Depositar dinero o valores en una entidad, especialmente si es bancaria. || Percibir regularmente una cantidad de dinero por algún concepto. || FAM. ingresamiento, ingreso.

ingreso m. Acción de ingresar. || Espacio por donde se entra. || Acto de ser admitido en una organización. || Depósito realizado en una entidad, especialmente si es bancaria. || pl. Ganancias económicas percibidas regularmente por algún concepto.

íngrimo, ma adj. *amer.* Solo, abandonado.

inguinal adj. De las ingles o relativo a esta parte del cuerpo: *hernia inguinal*. || FAM. inguinario.

inhábil adj. Falto de habilidad, talento o instrucción. || Se apl. al periodo de tiempo festivo o no laborable. || FAM. inhabilidad, inhabilitar.

inhabilitar tr. Declarar a alguien incapaz de obtener o desempeñar un cargo público o de ejercitar derechos civiles o políticos. || Imposibilitar para algo. También prnl. || FAM. inhabilitación.

inhabitable adj. Que no se puede habitar. || FAM. inhabitado.

inhalación f. Aspiración de ciertos gases o líquidos pulverizados, especialmente si se hace con fines terapéuticos.

inhalador m. Aparato con el que se realizan inhalaciones.

inhalar tr. Aspirar ciertos gases o líquidos pulverizados, especialmente con fines terapéuticos. || FAM. inhalación, inhalador.

inherente adj. Que por su naturaleza está inseparablemente unido a algo. || FAM. inherencia.

inhibición f. Acción y resultado de inhibir o inhibirse. || Componente de los sistemas de regulación psicológicos o fisiológicos que actúan en los seres vivos.

inhibir tr. y prnl. Prohibir, estorbar o impedir. || En der., decidir que un juez no prosiga en el conocimiento de una causa por no considerarla de su competencia. || Suspender transitoriamente una función orgánica. || prnl. Abstenerse, dejar de actuar. || FAM. inhibición, inhibidor, inhibitorio.

inhóspito, ta adj. Incómodo, poco acogedor. || Inseguro, inhospitalario. || FAM. inhospitalidad, inhospitalario.

inhumación f. Enterramiento de un cadáver.

inhumano, na adj. Falto de humanidad, cruel. || FAM. inhumanamente, inhumanidad.

inhumar tr. Enterrar un cadáver. || FAM. inhumación.

iniciación f. Comienzo, inicio. || Adhesión e instrucción en algo secreto. || Aprendizaje de materias abstractas.

iniciado, da adj. y s. Que conoce y participa en alguna actividad secreta.

inicial adj. Del origen o principio de algo. || adj. y f. Se apl. a la letra con la que comienza una palabra.

inicializar tr. En inform., asignar un valor a una variable de programa. || En inform., configurar un programa para comenzar a trabajar con él.

iniciar tr. y prnl. Comenzar, empezar o promover algo. || Introducir y adiestrar a alguien en una actividad secreta. || Instruir, formar, especialmente en materias abstractas. || prnl. Recibir las órdenes menores. || FAM. iniciación, iniciado, iniciador, inicial, inicializar, iniciático, iniciativa, iniciativo, inicio.

iniciático, ca adj. Que inicia en lo desconocido o secreto: *ritos iniciáticos*.

iniciativa f. Acción de adelantarse a los demás en hablar u obrar. || Capacidad personal que inclina a esta acción. || Procedimiento constitucional mediante el cual el pueblo interviene en la actividad legislativa.

inicio m. Comienzo, principio.

inicuo, cua adj. Injusto, no equitativo. || Malvado, cruel. ◆ sup. irreg.: *iniquísimo*. || FAM. inicuamente, iniquidad.

inigualable adj. Que no puede ser igualado.

inimaginable adj. Que no puede imaginarse.

inimitable adj. Sin imitación posible.

ininteligible adj. No inteligible. || FAM. ininteligibilidad.

ininterrumpido, da adj. Continuo, sin interrupción. || FAM. ininterrumpidamente.

iniquidad f. Maldad, injusticia grande.

injerencia f. Entrometimiento, intromisión.

injerirse prnl. Entremeterse. ◆ **Irreg.** Se conj. como *sentir*. || FAM. injerencia.

injertar tr. Introducir en una planta parte de otra con alguna yema para que pueda brotar. || Implantar tejido vivo en una zona lesionada del cuerpo de modo que se produzca una unión orgánica. || FAM. injerta, injertador, injerto.

injerto m. Acción y resultado de injertar. || Planta injertada. || Parte de tejido orgánico destinada a la implantación: *injerto de cabello.*

injuria f. Agravio, ultraje de palabra u obra. || Daño o incomodidad. || FAM. injuriador, injuriante, injuriar, injuriosamente, injurioso.

injuriante adj. Que injuria.

injuriar tr. Ultrajar, ofender gravemente de palabra u obra. || Dañar, menoscabar.

injurioso, sa adj. Que injuria.

injusticia f. Acción contraria a la justicia. || Falta de justicia.

injustificable adj. Sin justificación posible. || FAM. injustificado.

injustificado, da adj. Sin justificar.

injusto, ta adj. y s. Que no es justo. || FAM. injustamente, injusticia.

inmaculado, da adj. Que no tiene mancha ni defecto. || FAM. inmaculadamente.

inmadurez f. Falta de madurez.

inmaduro, ra adj. y s. No maduro. || FAM. inmadurez.

inmancable adj. *amer.* Infalible, seguro, que no puede faltar.

inmanente adj. Inherente a algún ser o unido de un modo inseparable a su esencia. || FAM. inmanencia, inmanentismo.

inmarcesible adj. Que no puede marchitarse.

inmaterial adj. No material. || FAM. inmaterialidad.

inmediación f. Cualidad de inmediato. || pl. Alrededores de un lugar: *han abierto muchos comercios en las inmediaciones de la urbanización.*

inmediatez f. Proximidad espacial o temporal.

inmediato, ta adj. Contiguo o muy cercano a otra cosa. || Que sucede enseguida, sin dilación. || **de inmediato** loc. adv. Al momento, al instante. || FAM. inmediación, inmediatamente, inmediatez.

inmejorable adj. Que no se puede mejorar, perfecto.

inmemorial adj. Remoto, tan antiguo que se desconoce cuándo empezó.

inmensidad f. Extensión ilimitada, infinitud. || Cantidad o extensión muy grande.

inmenso, sa adj. Enorme o muy difícil de medir. || Que no tiene medida, infinito, ilimitado. || FAM. inmensamente, inmensidad.

in mente loc. adv. lat. En el pensamiento: *tengo un proyecto in mente.*

inmerecido, da adj. Que no se merece. || FAM. inmerecidamente.

inmersión f. Introducción de algo en un líquido. || Aprendizaje de un idioma en un entorno donde su empleo es imprescindible y continuo, especialmente en un país donde es lengua oficial. || Entrada de un astro en el cono de sombra proyectado por otro astro.

inmerso, sa adj. Sumergido. || Absorto, ensimismado. || FAM. inmersión.

inmigración f. Movimiento de población que alude a la llegada a un país de personas de otra nacionalidad para establecerse en él.

inmigrante adj. y com. Se apl. a la persona que llega a un país distinto del propio para establecerse en él.

inmigrar intr. Llegar a un país para establecerse en él personas naturales de otro. || P. ext., instalarse en un territorio animales procedentes de otro. || FAM. inmigración, inmigrado, inmigrante, inmigratorio.

inminencia f. Inmediatez de un suceso, especialmente de un riesgo.

inminente adj. Que está próximo a suceder, especialmente un riesgo. || FAM. inminencia.

inmiscuirse prnl. Entremeterse. ♦ **Irreg.** Se conj. como *huir.*

inmisericorde adj. Incapaz de tener misericordia o compasión.

inmobiliaria f. Empresa o sociedad que se dedica a construir, alquilar, vender y administrar viviendas.

inmobiliario, ria adj. De los bienes inmuebles o relativo a ellos: *inversiones inmobiliarias.* || FAM. inmobiliaria.

inmodestia f. Falta de modestia. || FAM. inmodesto.

inmolar tr. Sacrificar una víctima en honor de la divinidad. || Sacrificar algo por una causa o por alguien. Más como prnl. || FAM. inmolación, inmolador.

inmoral adj. y com. Contrario a la moral y a las buenas costumbres: *la pederastia se considera inmoral.* ♦ No confundir con *amoral.* || FAM. inmoralidad.

inmoralidad f. Falta de moralidad, inconveniencia social del comportamiento o de las costumbres. || Acto o dicho inmoral.

inmortal adj. y com. Que no puede morir. || Que dura un tiempo indefinido. || FAM. inmortalidad, inmortalizar, inmortalmente.

inmortalidad f. Imposibilidad de morir. || Perdurabilidad de algo en la memoria de la humanidad.

inmortalizar tr. y prnl. Perpetuar algo en la memoria del hombre a través del tiempo.

inmóvil adj. Que no se mueve. || Firme, invariable. || FAM. inmovilidad, inmovilismo, inmovilizar.

inmovilismo m. Resistencia al cambio, especialmente en el ámbito sociopolítico. || FAM. inmovilista.

inmovilización f. Acción y resultado de inmovilizar.

inmovilizado m. Conjunto de bienes patrimoniales permanentes y de gastos amortizables de una empresa.

inmovilizar tr. Hacer que una cosa quede inmóvil. También prnl. || Invertir dinero en bienes de lenta o difícil realización. || Coartar la libre enajenación de bienes. || FAM. inmovilización, inmovilizado.

inmueble adj. Se apl. al bien que no se puede transportar. || m. Casa, edificio. || FAM. inmobiliario.

inmundicia f. Suciedad, porquería, basura.

inmundo, da adj. Muy sucio, asqueroso, repugnante. || Impuro, deshonesto. || FAM. inmundicia.

inmune adj. Protegido contra ciertas enfermedades. || Libre de ciertos cargos, exento. || De la inmunidad o relativo a ella. || Invulnerable. || FAM. inmunidad, inmunitario, inmunización, inmunizador, inmunizante, inmunizar, inmunodeficiencia, inmunodepresor, inmunología.

inmunidad f. Cualidad de inmune. || Privilegio de una persona que la exime de ciertos cargos y penas en determinadas circunstancias: *inmunidad parlamentaria, diplomática*. || Estado de resistencia, natural o adquirida, que poseen ciertos individuos frente a determinados agentes patógenos.

inmunitario, ria adj. De la inmunidad o relativo a ella.

inmunizar tr. Hacer inmune.

inmunodeficiencia f. Estado patológico del organismo debido a la disminución de sus defensas: *síndrome de inmunodeficiencia adquirida*. || FAM. inmunodeficiente.

inmunodepresor, ra adj. y m. Que disminuye o anula la respuesta inmunitaria de un organismo.

inmunología f. Conjunto de los conocimientos científicos relativos a la inmunidad biológica. || FAM. inmunológico, inmunólogo.

inmutable adj. Que no cambia. || De ánimo inalterable. || FAM. inmutabilidad.

inmutar tr. Alterar, mudar. || prnl. Manifestar físicamente un estado de conmoción emocional, especialmente a través del gesto o de la voz. || FAM. inmutable, inmutación, inmutado.

innatismo m. Doctrina filosófica que defiende que las ideas son connaturales a la razón y nacen con ella.

innato, ta adj. Que ha nacido con el sujeto, no adquirido por educación ni experiencia: *don innato*. || FAM. innatismo.

innecesario, ria adj. Que no es necesario.

innegable adj. Que no se puede negar. || FAM. innegablemente.

innegociable adj. Que no puede ser negociado.

innoble adj. Sin nobleza. || Vil, abyecto.

innombrable adj. Que no se puede nombrar.

innominado, da adj. Que no tiene un nombre específico. || Se apl. a uno de los huesos de la cadera que forman la pelvis de los mamíferos.

innovación f. Cambio que introduce novedades.

innovador, ra adj. y s. Que innova.

innovar tr. Alterar las cosas introduciendo novedades. || FAM. innovación, innovador.

innumerable adj. Que no se puede contar. || Muy abundante. || FAM. innumerabilidad, innúmero.

inocencia f. Falta de culpa. || Exención de toda culpa en un delito o en una mala acción. || Ingenuidad, falta de malicia.

inocentada f. Broma en la que se cae por descuido o ingenuidad, especialmente la que se hace a alguien en el día de los Santos Inocentes (28 de diciembre).

inocente adj. Que no daña ni ofende. || adj. y com. Libre de culpa. || Sin malicia, ingenuo. || Se apl. al niño que aún no ha alcanzado la edad de discreción. || FAM. inocencia, inocentada, inocentemente, inocentón.

inocuidad f. Incapacidad para hacer daño.

inoculación f. Introducción de una sustancia en un organismo. || Transmisión por medios artificiales de una enfermedad contagiosa.

inocular tr. y prnl. Introducir una sustancia en un organismo. || Transmitir por medios artificiales una enfermedad contagiosa. || Pervertir, contaminar. || FAM. inoculable, inoculación, inoculador.

inocuo, cua adj. Que no hace daño. || FAM. inocuidad.

inodoro, ra adj. Que no tiene olor. || m. Váter, retrete.

inofensivo, va adj. Incapaz de causar daño. || Que no puede ofender.

inolvidable adj. Que no puede olvidarse.

inoperable adj. Que no puede ser intervenido quirúrgicamente.

inoperante adj. Ineficaz. || FAM. inoperancia.

inopia f. Pobreza, escasez. || **estar en la inopia** loc. *col.* No enterarse de lo que sucede en el entorno, sobre todo cuando es algo conocido por los demás.

inopinado, da adj. Que sucede de forma inesperada. || FAM. inopinadamente.

inoportuno, na adj. y s. Fuera de tiempo o de propósito. || FAM. inoportunamente, inoportunidad.

inorgánico, ca adj. Sin vida orgánica. || En quím., se apl. al compuesto mineral en el que no interviene el carbono como elemento fundamental. || Mal organizado o mal estructurado.

inoxidable adj. Que no se oxida: *acero inoxidable*.

input (voz ingl.) m. Elemento que participa en un determinado proceso productivo. || En inform., cualquier sistema de entrada de información de un ordenador. ◆ pl. *inputs*.

inquebrantable adj. Que no puede ser quebrantado: *fe inquebrantable*.

inquietante adj. Que inquieta.

inquietar tr. y prnl. Quitar el sosiego o la tranquilidad, poner nervioso. || FAM. inquietante.

inquieto, ta adj. Que no está quieto. || Desasosegado, agitado, nervioso. || Curioso, interesado por aprender. || FAM. inquietamente, inquietar, inquietud.

inquietud f. Falta de quietud, desasosiego. || Curiosidad o interés intelectual. Más en pl.: *inquietudes artísticas*.

inquilinaje m. *amer.* Conjunto de inquilinos. || *amer.* Sistema de trabajo en el campo con inquilinos o colonos.

inquilinato m. Arrendamiento de una propiedad inmobiliaria, especialmente de una casa. || Derecho del inquilino sobre el inmueble arrendado. || *amer.* Casa de vecinos.

inquilino, na m. y f. Persona que ha tomado una casa o parte de ella en alquiler para habitarla. || Arrendatario. || FAM. inquilinaje, inquilinato, inquilinismo.

inquina f. Aversión, mala voluntad.

inquirir tr. Indagar, examinar cuidadosamente una cosa. ◆ **Irreg.** Se conj. como *adquirir*. || FAM. inquiridor, inquisición, inquisidor, inquisitivo, inquisitorial, inquisitorio.

inquisición f. Tribunal eclesiástico establecido antiguamente para perseguir los delitos contra la fe. || Indagación, averiguación.

inquisidor, ra adj. y s. Que inquiere: *gesto inquisidor.* || m. Juez eclesiástico del tribunal de la Santa Inquisición.

inquisitivo, va adj. Que indaga de modo apremiante y cuidadoso: *mirada inquisitiva.* || De la inquisición o relativo a ella.

inquisitorial adj. Del inquisidor, de la Inquisición, o relativo a ellos.

inri m. Nombre que resulta de leer como una palabra las iniciales del rótulo latino *Iesus Nazarenus Rex Iudaeórum* (Jesús Nazareno, Rey de los Judíos), colocado en la cruz en que murió Jesucristo. || Nota de burla o de afrenta. || **para más** o **mayor inri** loc. adv. *col.* Por si fuera poco, encima de todo.

insaciable adj. Imposible o difícil de saciar o satisfacer. || FAM. insaciabilidad, insaciablemente.

insalivar tr. Mezclar en la boca los alimentos con la saliva. || FAM. insalivación.

insalubre adj. Perjudicial para la salud, malsano. || FAM. insalubridad.

insalubridad f. Falta de salubridad.

insalvable adj. Imposible de salvar o superar: *obstáculo insalvable.*

insania f. Demencia, locura.

insano, na adj. Perjudicial para la salud. || Demente, loco. || FAM. insania.

insatisfacción f. Falta de satisfacción. || FAM. insatisfactorio, insatisfecho.

insatisfactorio, ria adj. Que no satisface.

insatisfecho, cha adj. No satisfecho.

inscribir tr. Incluir el nombre de una persona en una lista con un fin determinado. También prnl. || Grabar una inscripción en una superficie. || Registrar legalmente datos o documentos. ◆ p. p. irreg.: *inscrito.* || FAM. inscribible, inscripción, inscrito.

inscripción f. Acción y resultado de inscribir o inscribirse: *plazo de inscripción.* || Escrito grabado en piedra, metal u otra materia.

insecticida adj. y m. Se apl. al producto que sirve para matar insectos.

insectívoro, ra adj. y m. Se apl. al ser vivo que se alimenta de insectos. || De los insectívoros o relativo a este orden de mamíferos. || m. pl. Orden de mamíferos de pequeño tamaño, plantígrados, que tienen molares provistos de tubérculos agudos con los cuales mastican el cuerpo de los insectos de los que se alimentan, como el topo, el erizo, etc.

insecto adj. y m. De los insectos o relativo a esta clase de animales. || m. pl. Clase de animales artrópodos antenados, con el cuerpo dividido en cabeza, tórax y abdomen, de respiración traqueal y provistos de tres pares de patas; a veces también poseen uno o dos pares de alas. || FAM. insecticida, insectívoro.

inseguridad f. Falta de seguridad.

inseguro, ra adj. Que tiene riesgo, que no ofrece seguridad. || Dubitativo, sin confianza. || FAM. inseguramente, inseguridad.

inseminación f. Entrada del semen en el óvulo para fecundarlo. || **inseminación artificial** Procedimiento artificial para hacer llegar el semen al óvulo, fecundación artificial. || FAM. inseminar.

inseminar tr. Hacer llegar el semen al óvulo para fecundarlo, especialmente por medios artificiales.

insensatez f. Falta de sensatez.

insensato, ta adj. y s. Falto de sensatez. || FAM. insensatamente, insensatez.

insensibilidad f. Falta de sensibilidad.

insensibilización f. Privación de la sensibilidad.

insensibilizar tr. Quitar la sensibilidad. || FAM. insensibilización.

insensible adj. Que carece de sensibilidad. || Que no se puede percibir. || FAM. insensibilidad, insensibilizar, insensiblemente.

inseparable adj. Que no se puede separar. || Referido a las personas, que se encuentran estrechamente unidas. || FAM. inseparabilidad, inseparablemente.

insepulto, ta adj. Se apl. al cadáver no sepultado.

inserción f. Introducción o inclusión de una cosa en otra.

insertar tr. Incluir, introducir una cosa en otra, intercalar, especialmente un texto en otro. || prnl. Introducirse un órgano entre las partes de otro o adherirse a su superficie. || FAM. inserción, inserto.

inservible adj. Que no está en condiciones de servir, muy estropeado.

insidia f. Asechanza para hacer daño a otro. Más en pl. || Dicho o acto con mala intención. || FAM. insidiosamente, insidioso.

insidioso, sa adj. Que prepara insidias. También s. || Malicioso o dañino con apariencia inofensiva: *comentario insidioso.*

insigne adj. Célebre, famoso. || FAM. insignemente, insignia.

insignia f. Señal, distintivo, emblema. || Pendón, estandarte o medalla de una hermandad o cofradía. || Bandera que, puesta al tope de uno de los palos del buque, denota la graduación del jefe que lo manda o de otro que va en él.

insignificancia f. Pequeñez, trivialidad, menudencia. || FAM. insignificante.

insignificante adj. Pequeño, sin importancia, despreciable.

insincero, ra adj. Que no es sincero, simulado. || FAM. insinceridad.

insinuación f. Acción y resultado de insinuar.

insinuante adj. Que insinúa: *voz insinuante.*

insinuar tr. Dar a entender algo expresándolo de modo sutil. || prnl. Dar a entender indirectamente el deseo de mantener relaciones sexuales o amorosas con otra persona. || FAM. insinuación, insinuador, insinuante, insinuativo.

insípido, da adj. Falto de sabor. || Falto de viveza, gracia o interés. || FAM. insípidamente, insipidez.

insistencia f. Reiteración, porfía.

insistente adj. Que insiste.

insistir intr. Instar reiteradamente. || Persistir o mantenerse firme en una cosa. || Repetir o hacer hincapié en algo. || FAM. insistencia, insistente, insistentemente.

in situ loc. adv. lat. En el lugar, en el sitio: *no vale con que te lo cuenten, tienes que verlo in situ.*

insobornable adj. Que no puede ser sobornado. || FAM. insobornabilidad.

insociable adj. y com. Que no disfruta del trato social o lo evita, huraño. || FAM. insociabilidad.

insolación f. Conjunto de trastornos producidos por una exposición excesiva a los rayos solares.

insolencia f. Descaro, atrevimiento, falta de respeto. || Dicho o hecho ofensivo e insultante.

insolentar tr. y prnl. Hacer insolente y atrevido a alguien.

insolente adj. y com. Descarado, irrespetuoso. || FAM. insolencia, insolentarse, insolentemente.

insolidario, ria adj. y s. Que no se solidariza. || FAM. insolidaridad.

insólito, ta adj. No común ni ordinario, desacostumbrado.

insoluble adj. Que no puede disolverse ni diluirse. || Que no se puede solucionar o resolver. || FAM. insolubilidad.

insolvencia f. Incapacidad de pagar una deuda. || FAM. insolvente.

insolvente adj. y com. Que no tiene medios para pagar las deudas.

insomne adj. Falto de sueño o desvelado.

insomnio m. Dificultad para conciliar el sueño cuando se debería dormir. || FAM. insomne.

insondable adj. Que no se puede averiguar. || Que no se puede sondear o llegar al fondo.

insonorizar tr. Acondicionar un lugar para aislarlo acústicamente. || FAM. insonoridad, insonorización, insonoro.

insonoro, ra adj. Que no produce o no transmite sonido.

insoportable adj. Intolerable, que no se puede soportar. || Molesto, fastidioso.

insoslayable adj. Que no puede soslayarse o esquivarse: *compromiso insoslayable.*

insospechado, da adj. No sospechado, inesperado. || FAM. insospechable.

insostenible adj. Que no se puede sostener. || Indefendible con razones o argumentos: *hipótesis insostenible.*

inspección f. Reconocimiento exhaustivo. || Profesión o cargo de inspector. || Lugar de trabajo de un inspector. || FAM. inspeccionar, inspector.

inspeccionar tr. Examinar, reconocer atentamente una cosa.

inspector, ra adj. y s. Que inspecciona. || m. y f. Funcionario público o particular que tiene a su cargo la investigación y vigilancia en el ramo a que pertenece.

inspiración f. Acción y resultado de inspirar. || Impulso, estímulo creador, especialmente en las artes. || Lo inspirado. || Ilustración sobrenatural que Dios comunica al ser humano: *inspiración divina.*

inspirar tr. Atraer el aire exterior a los pulmones, aspirar. || Sugerir ideas creadoras. También prnl. || Suscitar algo o alguien un sentimiento: *inspirar lástima.* || FAM. ins-

piración, inspiradamente, inspirado, inspirador, inspirativo, inspiratorio.

instalación f. Acción y resultado de instalar o instalarse. || Conjunto de cosas instaladas: *instalación telefónica, deportiva.*

instalar tr. Poner o colocar algo en su lugar debido. También prnl. || Colocar en un lugar o edificio los enseres y servicios que en él se hayan de utilizar. || prnl. Establecerse, asentarse. || FAM. instalación, instalado, instalador.

instancia f. Solicitud cursada por escrito según unas fórmulas determinadas, especialmente la dirigida a una autoridad o institución. || Documento que recoge dicha solicitud. || En der., cada uno de los grados jurisdiccionales que la ley establece para examinar y sentenciar causas: *juzgado de primera instancia.* || **a instancia(s) de alguien** loc. adv. Por petición o ruego de alguien. || **en última instancia** loc. adv. Como último recurso, en definitiva.

instantánea f. Fotografía que se obtiene al momento.

instantáneo, a adj. Que solo dura un instante. || Que se produce o se prepara al instante: *café instantáneo.* || FAM. instantánea, instantáneamente, instantaneidad.

instante m. Porción brevísima de tiempo. || **a cada instante** loc. adv. Frecuente o continuamente. || **al instante** loc. adv. De inmediato, al punto. || FAM. instantáneo.

instar tr. Insistir en una petición, rogar. || intr. Urgir la pronta ejecución de una cosa. || FAM. instancia, instante.

instauración f. Establecimiento, fundación, institución de algo.

instaurar tr. Establecer, fundar, instituir. || FAM. instauración, instaurador.

instigación f. Incitación, inducción a hacer algo, especialmente si es negativo: *instigación a la violencia.*

instigador, ra adj. y s. Que instiga: *instigador de un crimen.*

instigar tr. Incitar, inducir a alguien a hacer algo. || FAM. instigación, instigador.

instintivo, va adj. Que es obra, efecto o resultado del instinto. || FAM. instintivamente.

instinto m. Conjunto de pautas de conducta que se transmiten genéticamente, y que contribuyen a la conservación de la vida del individuo y de la especie. || Impulso indeliberado que mueve la voluntad de una persona. || Facultad innata para captar ciertas impresiones o para desenvolverse en ámbitos determinados. || FAM. instintivo.

institución f. Fundación o establecimiento de algo. || Lo que se ha instituido o fundado. || Organismo que desempeña una función de interés público, especialmente educativa o benéfica. || Cada una de las organizaciones fundamentales de un Estado. || **ser** alguien **una institución** loc. Gozar de gran prestigio dentro de un grupo social. || FAM. institucional, institucionalidad, institucionalización, institucionalizar.

institucional adj. De una institución o relativo a ella.

institucionalizar tr. Convertir algo en institucional. || Conferir a algo carácter de institución.

instituir tr. Fundar, establecer. ◆ **Irreg.** Se conj. como *huir*. ‖ FAM. institución, instituidor, instituto, institutor, institutriz, instituyente.

instituto m. Centro estatal en el que se cursan los estudios correspondientes a la enseñanza media. ‖ Corporación científica, benéfica, cultural, etc. ‖ Organismo perteneciente a la administración de un Estado o nación: *Instituto Nacional de Estadística.*

institutriz f. Mujer encargada de la educación o instrucción de uno o varios niños en la residencia familiar de estos.

instrucción f. Acción y resultado de instruir o instruirse. ‖ Conjunto de conocimientos adquiridos por una persona. ‖ Indicaciones o reglas para algún fin. Más en pl.: *instrucciones de uso.* ‖ Curso que sigue un proceso o expediente: *instrucción de un sumario.* ‖ **instrucción militar** Conjunto de enseñanzas y prácticas que sirven para el adiestramiento del soldado.

instructivo, va adj. Educativo, informativo.

instructor, ra adj. y s. Que instruye: *instructor de vuelo.*

instruido, da adj. Que posee un amplio caudal de conocimientos.

instruir tr. Enseñar. ‖ Comunicar sistemáticamente ideas o conocimientos. ‖ Informar sobre algo. También prnl. ‖ Formalizar un proceso o expediente conforme a determinadas reglas. ◆ **Irreg.** Se conj. como *huir*. ‖ FAM. instrucción, instructivamente, instructivo, instructor, instruido.

instrumentación f. Arreglo de una composición musical para que pueda ser interpretada por varios instrumentos. ‖ Estudio de las cualidades de los instrumentos musicales. ‖ Disposición de los recursos necesarios para lograr un propósito.

instrumental adj. Del instrumento o relativo a él, especialmente el musical: *música instrumental.* ‖ Que sirve de instrumento o tiene función de tal. ‖ m. Conjunto de instrumentos que se emplean en una actividad: *instrumental quirúrgico.* ‖ FAM. instrumentalizar, instrumentalmente.

instrumentar tr. Escribir o arreglar una composición musical para varios instrumentos y voces. ‖ Disponer los recursos necesarios para un fin. ‖ Ejecutar las diversas suertes de la lidia. ‖ FAM. instrumentación.

instrumentista com. Músico que toca un instrumento. ‖ Fabricante de instrumentos. ‖ Profesional que cuida del instrumental quirúrgico y lo proporciona al cirujano durante la intervención.

instrumento m. Aparato diseñado para ser empleado en una actividad concreta. ‖ Aquello de que nos servimos para conseguir un objetivo determinado. ‖ Conjunto de piezas dispuestas para producir sonidos musicales. ‖ **instrumento de cuerda** El que produce sonidos al pulsar, golpear o rozar las cuerdas que posee. ‖ **instrumento de percusión** El que se hace sonar golpeándolo con las manos, con badajos, baquetas o varillas. ‖ **instrumento de viento** El que produce sonido cuando el aire pasa a través de él. ‖ FAM. instrumental, instrumentar, instrumentista.

insubordinación f. Falta de subordinación, sublevación.

insubordinar tr. Inducir a la insubordinación. ‖ prnl. Sublevarse, desobedecer a un superior. ‖ FAM. insubordinación, insubordinado.

insuficiencia f. Falta de suficiencia. ‖ Escasez de una cosa. ‖ Incapacidad de un órgano para llevar a cabo sus funciones adecuadamente: *insuficiencia renal.*

insuficiente adj. No suficiente, escaso. ‖ Calificación académica inferior al aprobado. ‖ FAM. insuficiencia.

insuflar tr. Introducir a soplos un gas, un líquido o una sustancia pulverizada en un órgano o en una cavidad. ‖ Inyectar un gas en una cavidad, generalmente con fines curativos. ‖ FAM. insuflación.

insufrible adj. Que no se puede sufrir o tolerar: *carácter insufrible.* ‖ FAM. insufriblemente.

ínsula f. Isla. ‖ Cualquier lugar pequeño o de poca importancia. ‖ FAM. insulano, insular, insularidad, insulina.

insular adj. y com. De una isla o relativo a ella: *cabildo insular.*

insularidad f. Condición propia de una isla.

insulina f. Hormona segregada por el páncreas, que regula la cantidad de glucosa existente en la sangre. ‖ Medicamento elaborado a partir de esta hormona e indicado contra la diabetes.

insulso, sa adj. Falto de sabor, insípido. ‖ Falto de viveza, gracia o interés. ‖ FAM. insulsamente, insulsez.

insultada f. *amer.* Insulto o serie de insultos.

insultante adj. Que insulta.

insultar tr. y prnl. Ofender con palabras o acciones. ‖ FAM. insultada, insultante, insulto.

insulto m. Ofensa, especialmente con palabras hirientes, injuria.

insumiso, sa adj. y s. Que no se somete, rebelde. ‖ Que se rebela contra la obligación de realizar el servicio militar o cualquier prestación social sustitutoria. ‖ FAM. insumisión.

insuperable adj. No superable.

insurgente adj. y com. Sublevado, insurrecto. ‖ FAM. insurrección.

insurrección f. Sublevación, rebelión. ‖ FAM. insurreccional, insurreccionar, insurrecto.

insurrecto, ta adj. y s. Sublevado contra la autoridad, rebelde.

insustancial adj. Que carece de sustancia o de interés. ‖ FAM. insustanciabilidad, insustancialmente.

insustituible adj. Que no puede sustituirse.

intachable adj. Que no admite o merece censura: *conducta intachable.*

intacto, ta adj. No tocado. ‖ Que no ha padecido alteración, menoscabo o deterioro.

intangible adj. Que no debe o no puede tocarse. ‖ FAM. intangibilidad.

integración f. Constitución de un todo. ‖ Incorporación o inclusión en un todo. ‖ FAM. integracionista.

integral adj. Global, total. ‖ Se apl. al alimento elaborado con harina rica en salvado: *pan, pasta integral.* ‖ En mat., se apl. al cálculo de una cifra a partir de su expresión diferencial. ‖ En mat., se dice del signo ($\int$) con que se indica la integración. ‖ f. En mat., resultado de integrar una expresión diferencial. ‖ FAM. integralmente.

integrante adj. Que integra. ‖ com. Miembro.

integrar tr. Formar las partes un todo. ‖ Completar un todo con las partes que le faltan. ‖ prnl. Incorporarse o unirse a un todo para formar parte de él. ‖ En mat., calcular una cantidad de la que solo se conoce la expresión diferencial. ‖ FAM. integrable, integración, integrador, integrante.

integridad f. Totalidad, plenitud. ‖ Rectitud.

integrismo m. Actitud conservadora que defiende el inmovilismo de las tradiciones: *integrismo religioso.* ‖ FAM. integrista.

integrista adj. Del integrismo o relativo a él. ‖ adj. y com. Partidario del integrismo.

íntegro, gra adj. Que no carece de ninguna de sus partes, entero. ‖ Recto, intachable. ◆ sup. irreg.: *integérrimo.* ‖ FAM. integral, íntegramente, integrar, integridad, integrismo.

intelecto m. Capacidad humana para comprender y razonar, entendimiento, inteligencia. ‖ FAM. intelectiva, intelectivo, intelectual.

intelectual adj. Del intelecto o relativo a él: *cociente intelectual.* ‖ adj. y com. Que realiza actividades que requieren preferentemente el empleo de las facultades del intelecto. ‖ FAM. intelectualidad, intelectualizar, intelectualmente, intelectualoide.

intelectualidad f. Intelecto. ‖ Conjunto de los intelectuales.

inteligencia f. Facultad de conocer, analizar y comprender. ‖ Habilidad, destreza y experiencia. ‖ **inteligencia artificial** Conjunto de técnicas que, mediante el empleo de la informática, permite la realización automática de operaciones hasta ahora exclusivas de la inteligencia humana. ‖ FAM. inteligente, inteligible.

inteligente adj. Dotado de inteligencia natural o artificial. ‖ adj. y com. Que posee o denota gran capacidad intelectual. ‖ FAM. inteligentemente.

inteligible adj. Que puede ser entendido. ‖ FAM. inteligibilidad, inteligiblemente.

intemperancia f. Falta de templanza o moderación. ‖ FAM. intemperante.

intemperie f. Destemplanza o desigualdad del tiempo atmosférico. ‖ **a la intemperie** loc. adv. Al descubierto, al raso.

intempestivo, va adj. Fuera de tiempo, inoportuno. ‖ FAM. intempestivamente.

intemporal adj. No temporal, independiente del curso del tiempo. ‖ FAM. intemporalidad.

intención f. Propósito o voluntad de hacer algo. ‖ Sobrentendido, dicho o hecho que va más allá de lo evidente: *palabras llenas de intención.* ‖ **segunda** o **doble intención** Proceder equívoco y solapado. ‖ En algunos animales, malos instintos. ‖ FAM. intencionado, intencional.

intencionado, da adj. Que tiene alguna intención. ‖ Con intención, a propósito. ‖ FAM. intencionadamente.

intencional adj. De la intención o relativo a ella. ‖ Deliberado, hecho adrede. ‖ FAM. intencionalidad, intencionalmente.

intendencia f. Cuerpo de oficiales y tropa destinado al abastecimiento de las fuerzas militares y al servicio de caudales y pagos. ‖ Dirección o administración de algo. ‖ Cargo de intendente. ‖ Oficina del intendente. ‖ FAM. intendente.

intendente, ta m. y f. En la Administración Pública, jefe superior económico o de alguna empresa estatal. ‖ Jefe superior de los servicios de la Administración militar. ‖ *amer.* Gobernador o alcalde. ◆ Es frecuente el uso la forma m. para designar el f.: *la intendente.*

intensidad f. Grado de energía o fuerza de un agente natural o mecánico. ‖ Vehemencia, apasionamiento. ‖ Cantidad de energía eléctrica que se transmite a través de un conductor en un segundo. ‖ Propiedad del sonido que depende de la amplitud de las ondas sonoras. ‖ FAM. intensificar, intensivo, intenso.

intensificar tr. y prnl. Incrementar la intensidad. ‖ FAM. intensificación, intensificador.

intensivo, va adj. Que presenta o exige un aumento de intensidad: *curso, horario intensivo.* ‖ FAM. intensivamente.

intenso, sa adj. Que tiene intensidad. ‖ Vehemente, apasionado. ‖ FAM. intensamente.

intentar tr. Tener el propósito de hacer algo. ‖ Preparar o iniciar la ejecución de algo. ‖ Procurar, pretender, tratar de hacer algo. ‖ FAM. intento, intentona.

intento m. Propósito, intención. ‖ Lo que es intentado.

intentona f. *col.* Intento temerario, especialmente si es frustrado.

inter- pref. que significa 'entre' o 'en medio': *intervocálico, intercostal,* o 'entre varios': *interestelar, interactivo.*

interacción f. Acción que se ejerce recíprocamente. ‖ FAM. interaccionar, interactivo, interactuante, interactuar.

interactivo, va adj. Que procede por interacción. ‖ En inform., se apl. al programa que permite una interacción, a modo de diálogo, entre un ordenador y el usuario: *juego interactivo.* ‖ FAM. interactividad.

intercalar tr. Interponer, poner una cosa entre otras. ‖ FAM. intercalación, intercaladura, intercalar.

intercambiador m. Instalación que acoge varios medios de transporte para facilitar al pasajero el cambio de uno a otro.

intercambiar tr. y prnl. Cambiar mutuamente. ‖ FAM. intercambiable, intercambiador, intercambio.

intercambio m. Acción y resultado de intercambiar. ‖ Reciprocidad e igualdad de consideraciones y servicios: *intercambios culturales.*

interceder intr. Mediar por otro. ‖ FAM. intercesión, intercesor.

intercentros adj. Que está entre centros o establecimientos o que los relaciona. Solo en pl.: *distribución, comité intercentros.*

interceptar tr. Apoderarse de una cosa antes de que llegue a su destino: *interceptar una carta.* ‖ Interrumpir, obstruir: *un camión interceptaba el paso.* ‖ FAM. intercepción, interceptación, interceptor.

interceptor, ra adj. y s. Que intercepta.

intercesión f. Intervención o mediación a favor de alguien.

intercesor, ra adj. y s. Que intercede.

intercomunicación f. Comunicación recíproca. ‖ Comunicación telefónica entre las distintas dependencias de un edificio o recinto. ‖ FAM. intercomunicado, intercomunicador, intercomunicar.

interconexión f. Conexión recíproca. ‖ Conexión entre dos o más sistemas de producción y distribución de energía eléctrica para el intercambio de corriente. ‖ FAM. interconectar.

intercontinental adj. Entre continentes o que los relaciona.

intercostal adj. Que está entre las costillas.

interdental adj. y f. En fon., se apl. a la consonante que se pronuncia colocando la punta de la lengua entre los bordes de los dientes incisivos. ‖ En fon., se apl. a la letra que representa este sonido, como la z.

interdependencia f. Dependencia recíproca. ‖ FAM. interdependiente.

interdicto m. Entredicho. ‖ En der., juicio breve y por vía rápida en el que se resuelve provisionalmente una reclamación por daño inminente o por alguna posesión. ‖ FAM. interdicción.

interdigital adj. Que se halla entre los dedos: *membrana interdigital.*

interdisciplinar adj. Interdisciplinario.

interdisciplinario, ria adj. Entre varias disciplinas o con su colaboración, especialmente referido a actividades intelectuales. ‖ FAM. interdisciplinar, interdisciplinariedad.

interés m. Provecho, utilidad o valor que en sí tiene una persona o cosa. ‖ Inclinación hacia alguien o algo. ‖ Ganancia producida por el capital. También pl. ‖ Curiosidad que una persona o una cosa provoca en alguien. ‖ Cantidad que se paga sobre un préstamo. ‖ Atención que se pone en algo. ‖ pl. Bienes que posee alguien. ‖ Necesidad o conveniencia de carácter colectivo. ‖ FAM. interesar.

interesado, da adj. y s. Que tiene interés en una cosa. ‖ Que se deja llevar o solo se mueve por el interés. ‖ FAM. interesadamente.

interesante adj. Importante, atractivo. ‖ Que interesa.

interesar intr. Tener interés en una persona o cosa. ‖ Importar. ‖ tr. Inspirar interés o afecto a una persona. ‖ Producir una cosa alteración o daño en un órgano del cuerpo. ‖ prnl. Demostrar interés. ‖ FAM. interesado, interesante.

interestatal adj. Entre estados o que los relaciona.

interestelar adj. Que está comprendido entre dos o más astros.

interfase f. Intervalo entre dos fases sucesivas, especialmente referido a las fases de la división celular.

interfaz f. Zona de comunicación o acción de un sistema sobre otro. ‖ Dispositivo que conecta dos aparatos o circuitos. ‖ Dispositivo capaz de transformar las señales emitidas por un aparato en señales comprensibles por otro.

interfecto, ta adj. Se apl. a la persona muerta violentamente. También s. ‖ m. y f. Persona de quien se habla: *el interfecto se declaró inocente.*

interferencia f. Hecho de interponerse algo en el camino de una cosa o en una acción. ‖ En fís., acción recíproca de las ondas de la que resulta aumento o disminución del movimiento ondulatorio. ‖ FAM. interferencial.

interferir tr. Cruzar, interponer algo en el camino de una cosa o en una acción. También prnl. ‖ Causar interferencia. También intr. ◆ **Irreg.** Se conj. como *sentir.* ‖ FAM. interferencia, interferente.

interfijo, ja adj. y m. Infijo.

interfono m. Red y aparato telefónico utilizado para las comunicaciones internas entre despachos de un mismo edificio.

intergaláctico, ca adj. De los espacios existentes entre las galaxias o relativo a ellos.

interglaciar adj. Se apl. al periodo comprendido entre dos glaciaciones.

ínterin m. Intervalo de tiempo. ‖ **en el ínterin** loc. adv. Mientras tanto: *en el ínterin nos tomaremos un café.* ◆ pl. *ínterines.*

interino, na adj. y s. Que sirve por algún tiempo supliendo la falta de otra persona o cosa. ‖ Se apl. a la persona que ocupa un puesto de funcionario público sin serlo, en general por necesidad urgente de la Administración. ‖ FAM. ínterin, interinato, interinamente, interinidad.

interior adj. Que está en la parte de dentro. ‖ Se apl. a la vivienda o habitación que no tiene vistas a la calle. También m. ‖ Del espíritu o de lo más íntimo de la persona: *paz interior.* ‖ Perteneciente al país del que se habla, en contraposición a lo extranjero: *política interior.* ‖ m. La parte de dentro de algo. ‖ Parte central de un país, en oposición a las zonas costeras o fronterizas. ‖ *amer.* Todo lo que no es la capital ni las ciudades principales de un país. ‖ *amer.* Calzoncillo, ropa interior masculina. ‖ com. En dep., cada uno de los dos miembros de la delantera que, en la alineación del equipo, se sitúa entre el extremo de su lado y el delantero centro. ‖ FAM. interioridad, interiorismo, interiorizar, interiormente.

interiorismo m. Disciplina que se ocupa de la decoración y estructuración de espacios interiores. ‖ FAM. interiorista.

interiorizar tr. Reservar los propios sentimientos. ‖ Asimilar profundamente, en especial los pensamientos o las creencias. ‖ FAM. interiorización.

interjección f. En gram., expresión exclamativa que sintácticamente funciona como una oración completa y que se emplea para manifestar estados de ánimo o para atraer la atención, como *¡ay!* o *¡eh!* ‖ FAM. interjectivo.

interlínea f. Espacio entre dos líneas de un escrito. ‖ FAM. interlineación, interlineado, interlineal, interlinear.

interlocución f. Diálogo.

interlocutor, ra m. y f. Cada una de las personas que toman parte en un diálogo. ‖ FAM. interlocución.

interludio m. Composición breve que se ejecuta a modo de intermedio entre dos piezas musicales de mayor duración o entre dos actos de una ópera u otra representación teatral.

intermediar intr. Mediar, interceder. ‖ Estar entre dos o más cosas. ‖ FAM. intermediación, intermediador, intermediario.

intermediario, ria adj. y s. Que media entre dos o más personas. ‖ Se apl. a la persona que en la comercialización de mercancías media entre el productor y el consumidor.

intermedio, dia adj. Que está en medio de dos o más cosas o equidistante de dos extremos. ‖ m. Espacio de tiempo durante el cual queda interrumpida la ejecución de un espectáculo o programación. ‖ FAM. intermediar.

intermezzo (voz it.) m. Composición musical instrumental interpretada al comienzo o en el entreacto de una ópera, antes de levantar el telón. ‖ Composición musical breve e independiente. ‖ Ópera cómica en un solo acto que se representaba en los entreactos de una ópera seria, en el siglo XVIII.

interminable adj. Que no tiene término o fin. ‖ Muy largo.

intermitente adj. Que se interrumpe y se reactiva, generalmente en intervalos regulares. ‖ m. Dispositivo del automóvil que enciende y apaga periódicamente una luz lateral para señalar, por lo general, un cambio de dirección en la marcha. ‖ FAM. intermitencia, intermitentemente.

internacional adj. Relativo a dos o más naciones. ‖ adj. y com. Deportista que participa, representando a su país, en competiciones entre diversas naciones. ‖ f. Himno de los socialistas y comunistas. ◆ Se escribe con mayúscula. ‖ FAM. internacionalidad, internacionalismo, internacionalizar.

internacionalismo m. Doctrina o actitud que antepone los intereses nacionales a los particulares de cada nación. ‖ Movimiento sociopolítico que aboga por la unidad internacional de los obreros en defensa de sus intereses. ‖ FAM. internacionalista.

internacionalizar tr. Someter un asunto a la autoridad conjunta de varias naciones. ‖ Implicar a varias naciones en un asunto que en principio les era ajeno. ‖ FAM. internacionalización.

internado m. Centro donde residen personas internas, especialmente estudiantes. ‖ Estado y régimen de las personas internas. ‖ Conjunto de personas internas.

internamiento m. Acción y resultado de internar.

internar tr. y prnl. Ingresar en un centro o institución. ‖ Penetrar en el interior de un espacio. ‖ prnl. Profundizar en algún asunto. ‖ FAM. internación, internada, internado, internamiento.

internauta com. Usuario de una red informática de comunicación internacional, cibernauta.

internet f. Red informática de comunicación internacional que permite el intercambio de todo tipo de información entre sus usuarios. ◆ El nombre proviene del acrónimo de las palabras inglesas *Inter*national *Net*work (red internacional). ‖ FAM. internauta.

internista adj. y com. Se apl. al médico especialista en el estudio y tratamiento de enfermedades que afectan a los órganos internos.

interno, na adj. Que está u ocurre en el interior. ‖ Del espíritu o muy íntimo. ‖ adj. y s. Se apl. a la persona que reside en un internado o está interna en alguna institución. ‖ Se dice del médico que hace sus prácticas o se especializa en un hospital. ‖ FAM. internamente, internar, internista.

interoceánico, ca adj. Entre dos océanos o que los comunica.

interpelación f. Acción y resultado de interpelar.

interpelar tr. Requerir a alguien que dé explicaciones. ‖ En la práctica parlamentaria, plantear un parlamentario alguna cuestión ajena a los proyectos de ley y a las proposiciones. ‖ Implorar o solicitar auxilio o protección. ‖ FAM. interpelación, interpelante.

interpersonal adj. Entre personas: *relaciones interpersonales.*

interplanetario, ria adj. Entre planetas.

interpolar tr. Poner una cosa entre otras. ‖ Intercalar palabras o frases en el texto de escritos ajenos. ‖ FAM. interpolación, interpolador.

interponer tr. Poner algo entre dos o más personas o cosas. También prnl. ‖ En der., formalizar algún recurso legal, presentándolo ante un juez: *interponer una demanda.* ◆ **Irreg.** Se conj. como *poner.* p. p. irreg.: *interpuesto.* ‖ FAM. interposición, interpuesto.

interpretación f. Explicación del significado de algo. ‖ Traducción de una lengua a otra, en especial cuando se hace de forma oral. ‖ Concepción o visión personal. ‖ Representación de un personaje, actuación. ‖ Ejecución de una pieza musical o de baile.

interpretar tr. Explicar el sentido o significado de una cosa. ‖ Concebir, ordenar o expresar de un modo personal la realidad. ‖ Traducir una lengua a otra, sobre todo cuando se hace oralmente. ‖ Representar un personaje, actuar. ‖ Ejecutar una pieza musical o de baile. ‖ FAM. interpretable, interpretación, interpretador, interpretariado, interpretativamente, interpretativo, intérprete.

interpretariado m. *amer.* Traducción simultánea.

interpretativo, va adj. De la interpretación o relativo a ella.

intérprete com. Persona que interpreta. ‖ Persona que se dedica a traducir de una lengua a otra.

interprofesional adj. Que afecta a varias profesiones: *salario mínimo interprofesional.*

interprovincial adj. Entre provincias o que las relaciona: *llamada interprovincial.*

interracial adj. Entre razas diferentes.

interregno m. Periodo durante el cual un Estado no tiene soberano.

interrelación f. Relación mutua entre personas, cosas o fenómenos. ‖ FAM. interrelacionado, interrelacionar.

interrelacionar tr. y prnl. Establecer una interrelación.

interrogación f. Pregunta. ‖ Cada uno de los signos ortográficos (¿?) que se pone al principio y al final de una palabra o cláusula interrogativa.

interrogante adj. Que interroga. ‖ amb. Pregunta, interrogación. ‖ Incógnita, duda.

interrogar tr. Preguntar, inquirir. ‖ Realizar una serie de preguntas encaminadas a esclarecer un asunto. ‖ FAM. interrogación, interrogador, interrogante, interrogativo, interrogatorio.

interrogativo, va adj. Que implica o denota interrogación. ‖ FAM. interrogativamente.

interrogatorio m. Serie de preguntas, especialmente si con ellas se pretende esclarecer un asunto. ‖ Acto de dirigirlas a quien las ha de contestar.

interrumpir tr. Detener la continuidad de una acción. ‖ Hacer que quien está hablando se vea obligado a callar al tomar la palabra otra persona. ‖ FAM. interrumpidamente, interrupción, interruptor.

interrupción f. Acción y resultado de interrumpir.

interruptor, ra adj. Que interrumpe. ‖ m. Mecanismo destinado a abrir o cerrar un circuito eléctrico.

intersección f. En geom., punto común a dos líneas que se cortan. ‖ En geom., encuentro de dos líneas, dos planos o dos sólidos que se cortan recíprocamente.

intersticio m. Hendidura o espacio que media entre dos cuerpos o entre dos partes de un mismo cuerpo. ‖ FAM. intersticial.

interurbano, na adj. Se apl. a la relación o servicio de comunicación entre distintas poblaciones de una misma ciudad o entre ciudades.

intervalo m. Espacio o distancia que media entre dos momentos o entre dos puntos. ‖ Conjunto de los valores que toma una magnitud entre dos límites dados. ‖ En mús., número de notas correlativas, tonos y semitonos que median entre dos notas de la escala, ambas inclusive, e indica la diferencia de tono entre ellas.

intervención f. Acción y resultado de intervenir. ‖ Oficina del interventor. ‖ Operación quirúrgica. ‖ FAM. intervencionismo, intervencionista.

intervencionismo m. En política internacional, participación reiterada en los asuntos internos de otro país. ‖ Sistema que confía al Estado la tarea de dirigir los asuntos económicos. ‖ FAM. intervencionista.

intervencionista adj. Del intervencionismo o relativo a él. ‖ adj. y com. Partidario o seguidor del intervencionismo.

intervenir intr. Tomar parte en un asunto. ‖ Interceder o mediar. ‖ Interponer alguien su autoridad: *la policía tuvo que intervenir.* ‖ tr. Dirigir, limitar o suspender una autoridad el libre ejercicio de actividades o funciones. ‖ Controlar la comunicación privada: *les han intervenido el teléfono.* ‖ Practicar una operación quirúrgica, operar. ‖ Requisar la autoridad una mercancía ilegal. ◆ **Irreg.** Se conj. como *venir.* ‖ FAM. intervención, interventor.

interventor, ra adj. y s. Que interviene. ‖ m. y f. Empleado que autoriza y fiscaliza ciertas operaciones o actividades para que se realicen con legalidad. ‖ En unas elecciones, persona designada para controlar el desarrollo y autorizar el resultado de las mismas, junto con los demás miembros de la mesa.

interviú f. Entrevista periodística. ‖ FAM. interviuvar.

intervocálico, ca adj. En fon., se apl. a la consonante que se halla entre dos vocales.

intestinal adj. Del intestino o relativo a él.

intestino, na adj. Interior, interno. ‖ m. Conducto membranoso situado a continuación del estómago, en el que se completa la digestión y se absorben las sustancias digeridas. ‖ **intestino ciego** Parte del intestino grueso, en la mayoría de los mamíferos, se encuentra entre el intestino delgado y el colon. ‖ **intestino delgado** El que, en los mamíferos, comienza en el estómago y termina en el intestino grueso y donde se llevan a cabo la digestión y la absorción intestinal. ‖ **intestino grueso** El que, en los mamíferos, comienza donde acaba el intestino delgado y termina en el ano. ‖ FAM. intestinal.

intifada f. Rebelión del pueblo palestino contra la ocupación israelí.

intimar intr. Estrechar las relaciones con una persona. ‖ tr. Requerir el cumplimiento de algo, especialmente las autoridades. ‖ prnl. Introducirse un cuerpo entre los poros o huecos de otro. ‖ FAM. intimación, intimatorio.

intimidación f. Generación o provocación de miedo.

intimidad f. Amistad íntima. ‖ Cualidad de íntimo. ‖ Privacidad, vida privada. ‖ pl. Pensamientos y sentimientos más profundos de una persona. ‖ Órganos sexuales externos de una persona.

intimidar tr. Infundir miedo, asustar. ‖ prnl. Asustarse, entrarle a alguien miedo. ‖ FAM. intimidación, intimidante, intimidatorio.

íntimo, ma adj. De la intimidad o relativo a ella. ‖ Interior o reservado. ‖ Se apl. a la amistad muy estrecha y a la persona con la que se mantiene esta amistad. ‖ FAM. íntimamente, intimar, intimidad, intimismo, intimista.

intitular tr. Poner título a un escrito, titular. ‖ Dar un título particular a una persona o cosa. También prnl.

intocable adj. y com. Que no se puede tocar. ‖ com. Persona que pertenece a alguna casta inferior de la sociedad india.

intolerable adj. Que no se puede tolerar.

intolerancia f. Falta de tolerancia. ‖ FAM. intolerable, intolerante.

intolerante adj. y com. Que no tiene tolerancia.

intoxicación f. Trastorno provocado por una sustancia tóxica, envenenamiento.

intoxicar tr. Infectar con una sustancia tóxica, envenenar. También prnl. ‖ Manipular la información con el fin de crear un estado de opinión propicio a ciertos fines. ‖ Infundir ideas o sentimientos moralmente nocivos. También prnl. ‖ FAM. intoxicación.

intra- pref. que significa 'dentro de' o 'en el interior': *intravenoso, intrahistoria.*

intradós m. En arquit., superficie inferior visible de un arco o bóveda. ‖ Cara de una dovela que corresponde a esta superficie. ◆ pl. *intradoses.*

intraducible adj. Que no se puede traducir o interpretar. ‖ FAM. intraducibilidad.

intrahistoria f. Vida cotidiana en la que se insertan los grandes acontecimientos históricos.

intramuros adv. l. Dentro de una ciudad o de un lugar.

intranquilidad f. Inquietud, zozobra.

intranquilizar tr. y prnl. Quitar la tranquilidad, inquietar, desasosegar. || FAM. intranquilizador, intranquilizante.

intranquilo, la adj. Impaciente, nervioso. || FAM. intranquilidad, intranquilizar.

intransferible adj. Que no puede ser transferido: *documento intransferible.*

intransigencia f. Falta de transigencia. || FAM. intransigente.

intransigente adj. y com. Que no transige o no cede.

intransitable adj. Se apl. al lugar que no puede ser transitado.

intransitivo, va adj. y m. En gram., se apl. al verbo que se construye sin complemento directo. || FAM. intransitividad.

intrascendencia f. Cualidad de intrascendente.

intrascendente adj. Que no es trascendente. || FAM. intrascendencia, intrascendental.

intratable adj. No tratable ni manejable, especialmente referido a la persona insociable o de carácter áspero. || FAM. intratabilidad.

intrauterino, na adj. Que se halla o sucede dentro del útero.

intravenoso, sa adj. Que está o se coloca dentro de una vena.

intrépido, da adj. Que no teme los peligros, valiente. || Temerario, osado. || FAM. intrépidamente, intrepidez.

intriga f. Acción y resultado de intrigar. || Acción que se ejecuta con astucia y ocultamente para conseguir un fin. || En un argumento, serie de acontecimientos que constituyen el nudo, especialmente si suscitan el interés. || Enredo, embrollo.

intrigante adj. y com. Que intriga.

intrigar intr. Actuar con astucia y ocultamente para lograr algún objetivo. || tr. Despertar curiosidad o interés una cosa. || FAM. intriga, intrigante.

intrincado, da adj. Enredado, complicado. || FAM. intrincación, intrincadamente, intrincamiento, intrincar.

intríngulis f. Dificultad que plantea algo. ◆ No varía en pl.

intrínseco, ca adj. Característico, esencial. || FAM. intrínsecamente.

introducción f. Acción y resultado de introducir o introducirse. || Aquello que sirve de explicación a un asunto, estudio, etc. || Parte inicial, generalmente breve, de una obra instrumental o de cualquiera de sus tiempos.

introducir tr. Meter o hacer entrar una cosa en otra. || Hacer que alguien sea recibido o admitido en un lugar o grupo. También prnl. || Dar entrada a una persona en un lugar. También prnl. || Hacer adoptar, poner en uso. || Ocasionar. || prnl. Meterse en un sitio. ◆ Irreg. Se conj. como *conducir.* || FAM. introducción, introductor, introductorio.

introito m. Principio de un texto. || Prólogo de las obras teatrales en el que se daba explicación del argumento y se pedía el favor del público. || Primeras palabras que decía el sacerdote en el altar al dar principio a la misa.

intromisión f. Acción y resultado de entrometer o entrometerse.

introspección f. Observación interna de los pensamientos, sentimientos o actos. || FAM. introspectivo.

introspectivo, va adj. De la introspección o relativo a ella.

introversión f. Tendencia a encerrarse en el propio mundo interior. || FAM. introvertido.

introvertido, da adj. y s. Que exterioriza poco sus sentimientos.

intrusión f. Acción de introducirse sin derecho en una jurisdicción, cargo, propiedad, etc.

intrusismo m. Ejercicio de actividades profesionales por una persona no autorizada legalmente para ello.

intruso, sa adj. Que se ha introducido sin derecho. También s. || Que alterna en un ambiente que no le es propio. || Que ocupa un puesto sin tener derecho a él. || FAM. intrusión, intrusismo.

intubar tr. Introducir un tubo en el cuerpo de un enfermo para alimentarlo, medicarlo o favorecer su respiración. || FAM. intubación.

intuición f. Percepción clara e inmediata de una idea o situación, sin necesidad de razonamiento lógico.

intuir tr. Percibir clara e instantáneamente una idea o situación, sin necesidad de razonamiento lógico: *intuyó la verdad.* ◆ Irreg. Se conj. como *huir.* || FAM. intuición, intuicionismo, intuitivo.

intuitivo, va adj. De la intuición o relativo a ella. || Que actúa movido más por la intuición que por el análisis. || FAM. intuitivamente.

inundación f. Acción y resultado de inundar o inundarse. || Abundancia excesiva de una cosa, especialmente de agua u otro líquido.

inundar tr. y prnl. Cubrir el agua un lugar. || Saturar, llenar con personas o cosas un lugar. || FAM. inundación, inundado.

inusitado, da adj. No habitual, raro. || FAM. inusitadamente.

inusual adj. Que no es usual.

inútil adj. Inservible, que no es útil para aquello que se expresa. || adj. y com. Que no puede moverse o trabajar a causa de un impedimento físico. || adj. y m. Que no es apto para realizar el servicio militar. || FAM. inutilidad, inutilizar, inútilmente.

inutilidad f. Cualidad de inútil. || Persona torpe.

inutilizar tr. Hacer inútil o nula una cosa. || FAM. inutilizable, inutilización.

invadir tr. Entrar por la fuerza en un lugar. || Entrar injustificadamente en funciones ajenas. || Ser dominado por el estado de ánimo que se expresa: *lo invadió la desesperación.* || Saturar, colapsar. || FAM. invasión, invasor.

invaginar tr. y prnl. Doblar hacia dentro los bordes de la boca de un tubo o de una vejiga. || FAM. invaginación, invaginado.

invalidar tr. Hacer inválida o nula una cosa. || FAM. invalidación.

invalidez f. Cualidad de inválido.

inválido, da adj. Se apl. a la persona que tiene alguna deficiencia física o mental. También s. || Nulo por no cumplir las condiciones que exigen las leyes, normativas, etc. || Que carece de solidez en el razonamiento. || FAM. invalidar, invalidez.

invariable adj. Que no cambia o no puede cambiar. || FAM. invariabilidad, invariablemente, invariado, invariante.

invasión f. Acción o resultado de invadir. || Ocupación de un país por fuerzas militares extranjeras. || Penetración de microorganismos causantes de enfermedades en un organismo.

invasor, ra adj. y s. Que invade.

invectiva f. Discurso o escrito agresivo contra personas o cosas.

invencible adj. Que no puede ser vencido. || FAM. invenciblemente.

invención f. Acción y resultado de inventar. || Engaño, ficción. || Lo inventado.

invendible adj. Que no se puede vender.

inventar tr. Hallar o descubrir una cosa nueva o no conocida. || Imaginar, crear. || FAM. invención, inventario, inventiva, invento, inventor.

inventariar tr. Hacer inventario.

inventario m. Relación detallada de bienes o pertenencias. || FAM. inventariar.

inventiva f. Facultad y disposición para inventar. || FAM. inventivo.

invento m. Acción y resultado de inventar. || Lo inventado.

inventor, ra adj. y s. Que inventa.

inverecundia f. Desvergüenza, desfachatez. || FAM. inverecundo.

invernáculo m. Invernadero para plantas.

invernada f. Estación de invierno. || Temporada de invierno que se pasa en un lugar. || *amer.* Invernadero para el ganado.

invernadero m. Lugar preparado artificialmente para cultivar las plantas fuera de su ambiente y clima habituales. || Pastos para el ganado durante el invierno.

invernal adj. Del invierno o relativo a él.

invernar intr. Pasar el invierno en algún lugar, en especial los animales que lo hacen periódicamente. ◆ **Irreg.** Se conj. como *acertar*, aunque actualmente se usa más como reg.

inverosímil adj. Que no tiene apariencia de verdad. || FAM. inverosimilitud, inverosímilmente.

inversión f. Acción y resultado de invertir. || Acción de destinar los bienes de capital a obtener algún beneficio. || FAM. inversionista.

inversionista adj. y com. Se apl. a la persona o a la entidad que hace una inversión de dinero.

inverso, sa adj. Alterado, contrario en el orden, en la dirección o en el sentido. || **a la inversa** loc. adv. Al contrario. || FAM. inversamente.

inversor, ra adj. Que invierte. || adj. y s. Inversionista.

invertebrado, da adj. Se apl. al animal que carece de columna vertebral. También m. || Carente de vertebración, desestructurado. || m. pl. En la antigua clasificación zoológica, grupo de animales que carecen de columna vertebral.

invertido adj. y m. *desp.* Se apl. al hombre con inclinación sexual hacia los de su mismo sexo.

invertir tr. Alterar el orden, la dirección o el sentido de algo. También prnl. || Hablando de bienes de capital, emplearlos, gastarlos o colocarlos en aplicaciones productivas. También intr. y prnl. || Ocupar un periodo de tiempo en algo. También prnl. ◆ **Irreg.** Se conj. como *sentir*. Tiene doble p. p.: uno reg., *invertido*, y otro irreg., *inverso*. || FAM. inversión, inverso, inversor, invertido.

investidura f. Carácter que se adquiere con la toma de posesión de ciertos cargos. || Acción y resultado de investir.

investigación f. Estudio profundo de alguna materia. || Indagación, búsqueda.

investigador, ra adj. y s. Que investiga.

investigar tr. e intr. Estudiar a fondo una determinada materia. || Hacer indagaciones para descubrir algo que se desconoce. || FAM. investigable, investigación, investigador.

investir tr. Conferir una dignidad o cargo importante. ◆ **Irreg.** Se conj. como *pedir*. Se construye con las preps. *con* o *de*: la han investido con el título de doctora *honoris causa*. || FAM. investidura.

inveterado, da adj. Antiguo y arraigado: *costumbre inveterada*.

inviable adj. Que no tiene posibilidades de llevarse a cabo. || FAM. inviabilidad.

invicto, ta adj. Que nunca ha sido vencido.

invidencia f. Ceguera.

invidente adj. y com. Que no ve, ciego. || FAM. invidencia.

invierno m. Una de las cuatro estaciones del año que transcurre entre el otoño y la primavera; en el hemisferio norte comienza el 21 de diciembre y termina el 21 de marzo, y en el hemisferio sur comienza el 21 de junio y termina el 21 de septiembre. || FAM. invernáculo, invernada, invernadero, invernal, invernar, invernizo.

inviolable adj. Que no se debe o no se puede violar o profanar. || FAM. inviolabilidad, inviolablemente, inviolado.

invisibilidad f. Imposibilidad de ser visto.

invisible adj. Que no puede ser visto: *el hombre invisible*. || FAM. invisibilidad.

invitación f. Acción y resultado de invitar. || Escrito o tarjeta con que se invita.

invitado, da m. y f. Persona que ha recibido invitación para asistir a algún acto o celebración.

invitar tr. Comunicar a alguien el deseo de que asista o participe en una celebración o acontecimiento. || Incitar, estimular a alguien a algo. || Convidar, pagar la consumición de alguien. || FAM. invitación, invitado, invitador, invitante.

in vitro loc. lat. loc. adv. y adj. Se apl. a toda investigación que se realiza fuera del organismo, en el vidrio de un tubo de ensayo: *fecundación in vitro*.

invocación f. Acción y resultado de invocar. || Palabras con que se invoca.

invocar tr. Llamar o dirigirse a un ser sobrenatural. || Acogerse a una ley o costumbre, exponerla, alegarla. ||

Mencionar algo o a alguien que favorezca. || FAM. invocación, invocador, invocatorio.

involución f. Acción y resultado de involucionar. || Detención y retroceso de un proceso evolutivo. || FAM. involucionar, involucionismo, involucionista, involutivo.

involucionar intr. Retroceder, volver atrás un proceso.

involucrar tr. Complicar a alguien en un asunto, comprometiéndolo en él. También prnl. || Incluir, abarcar. || Insertar en un discurso o escrito cuestiones ajenas al asunto principal. || FAM. involucración, involucro.

involucro m. Verticilo de brácteas situado en la base de una flor o de una inflorescencia.

involuntario, ria adj. Que sucede sin ser causado por la voluntad de alguien. || Reflejo. || FAM. involuntariamente, involuntariedad.

invulnerable adj. Que no puede ser herido. || FAM. invulnerabilidad.

inyección f. Acción y resultado de inyectar. || Sustancia inyectada: *para curarse le han recetado inyecciones.* || Aportación: *inyección de optimismo, inyección de dinero.*

inyectable adj. y m. Se apl. a la sustancia preparada para ser inyectada.

inyectado, da adj. Referido a los ojos, enrojecidos por la afluencia de sangre.

inyectar tr. Introducir a presión un gas, un líquido o una masa fluida en el interior de un cuerpo o de una cavidad. || Aportar: *inyectar ánimos.* || FAM. inyección, inyectable, inyectado, inyector.

inyector m. Dispositivo mecánico utilizado para inyectar fluidos.

ion m. Átomo o grupo de átomos que, por pérdida o ganancia de uno o más electrones, ha adquirido una carga eléctrica. || Radical simple o compuesto que se disocia de las sustancias al disolver estas, dotándolas de conductividad eléctrica. || FAM. iónico, ionización, ionizante, ionizar, ionosfera.

ionizar tr. y prnl. Convertir en ion un átomo o una molécula. || Disociar una molécula en iones.

ionosfera f. Conjunto de capas de la atmósfera terrestre situadas entre 70 y 600 km de altura y que presentan una fuerte ionización a causa de la radiación solar. Afectan considerablemente a la propagación de ondas radioeléctricas. || FAM. ionosférico.

iota f. Novena letra del alfabeto griego, que se corresponde con nuestra *i*. Su grafía mayúscula es I y, la minúscula, ι.

IPC m. Índice de precios al consumo.

ipecacuana (voz tupí) f. Planta propia de América Meridional, de la familia de las rubiáceas, con tallos sarmentosos, hojas elípticas algo vellosas por el envés, pequeñas flores blancas en ramilletes, fruto en bayas aovadas y raíz cilíndrica, torcida, llena de anillos salientes y muy usada en medicina como tónica y purgante. || Raíz de esta planta.

ípsilon f. Vigésima letra del alfabeto griego, que se corresponde con nuestra *y*. Su grafía mayúscula es Υ, y la minúscula, υ.

ipso facto loc. adv. lat. Inmediatamente, en el acto, por el hecho mismo.

ir intr. Moverse de un lugar hacia otro. También prnl. || Dirigirse hacia, llevar a, conducir. || Asistir, concurrir. || *col.* Funcionar o marchar. || Con los gerundios de algunos verbos, denota la acción de ellos y da a entender la actual ejecución de lo que dichos verbos significan: *vamos avanzando,* o que la acción empieza a verificarse: *va anocheciendo.* || Acomodarse o no una cosa con otra: *esa chaqueta no va con los vaqueros.* || Extenderse, ocupar: *el tapiz va de pared a pared.* || Obrar, proceder: *fue muy sereno en el examen.* || Estar, ser: *vas el tercero en la lista.* || prnl. Marcharse. || Morirse o estarse muriendo. || Desleírse, desaparecer: *las manchas de tinta se van con leche.* || Salirse un líquido o gas del recipiente que lo contiene. También se apl. a ese mismo recipiente. || Deslizarse, perder el equilibrio. || Gastarse, consumirse o perderse algo. || Escaparse. || **el no va más** loc. *col.* Lo más que puede existir, o imaginarse o desearse. || **ir a** + infinitivo loc. Disponerse a la acción expresada por el infinitivo: *¿vais a salir?; vamos a cenar.* || **ir a** + sustantivo loc. Concurrir habitualmente: *va a clase de inglés.* || **ir adelante** loc. No detenerse, proseguir en lo que se va diciendo o tratando. || **ir con** + sustantivo loc. Tener o llevar lo que el nombre significa: *ir con cuidado.* || **ir contra** loc. Perseguir, y también sentir o pensar lo contrario de lo que significa el nombre a que se aplica: *ir contra corriente.* || **irle** una cosa **a una persona** loc. Sentarle bien, convenirle, cuadrarle. || **ir para largo** loc. Expresión que denota que algo tardará mucho en llevarse a cabo. || **ir por** loc. Dedicar algo a alguien: *este brindis va por ti.* || **ir tirando** loc. *col.* Sobrellevar las adversidades. || **¡vamos!** interj. Expresión que se usa para animar u ordenar. || **¡vaya!** interj. Voz que denota admiración, asombro o molestia: *¡vaya frío que hace!* || FAM. ida, ido. ◆ **Irreg.** Conjugación modelo:

Indicativo
  Pres.: voy, vas, va, vamos, vais, van.
  Imperf.: iba, ibas, iba, *etc.*
  Pret. perf. simple: fui, fuiste, fue, fuimos, fuisteis, fueron.
  Fut. simple: iré, irás, irá, *etc.*
  Condicional simple: iría, irías, iría, *etc.*
Subjuntivo
  Pres.: vaya, vayas, vaya, vayamos, vayáis, vayan.
  Imperf.: fuera o fuese, fueras o fueses, *etc.*
  Fut. simple: fuere, fueres, fuere, *etc.*
Imperativo: ve, id.
Participio: ido.
Gerundio: yendo.

ira f. Enfado muy violento. || Deseo de venganza. || Furia o violencia de los elementos. || pl. Repetición de actos de enfado o venganza. || FAM. iracundo, irascible.

iracundo, da adj. y s. Propenso a la ira, colérico. || FAM. iracundia.

iraní adj. y com. De Irán o relativo a este país del sudoeste asiático. ◆ pl. *iranís* o *iraníes.*

iraquí adj. y com. De Irak o relativo a este país del sudoeste asiático. ◆ pl. *iraquís* o *iraquíes.*

irascible adj. Propenso a irritarse o enfadarse. || FAM. irascibilidad.

iridáceo, a adj. y f. De las iridáceas o relativo a esta familia de plantas. || f. pl. Familia de plantas herbáceas, angiospermas, perennes, con las semillas encerradas en el fruto y las hojas estrechas y enteras, como el azafrán. || FAM. irídeo.

iridio m. Elemento químico metálico, de color amarillento, quebradizo, muy difícilmente fusible y algo más pesado que el oro. Su símbolo es *Ir*, y su número atómico, *77*. || FAM. iridiado.

iridiscente adj. Que muestra o refleja los colores del arcoíris. || Que produce destellos.

iris m. Disco membranoso del ojo entre la córnea y el cristalino, que puede adoptar distintas coloraciones y en cuyo centro se halla la pupila. ◆ No varía en pl. || FAM. iridio, iridiscente, irisar.

irisar intr. Presentar reflejos luminosos de colores semejantes a los del arcoíris. || tr. Producir en algo los colores del arcoíris. || FAM. irisación, irisado.

irlandés, esa adj. y s. De Irlanda o relativo a este país europeo. || m. Lengua hablada en Irlanda.

ironía f. Burla sutil y disimulada. || Tono burlón con que se dice. || Figura que consiste en dar a entender lo contrario de lo que se expresa. || Lo que sucede de forma inesperada y parece una burla del destino. || FAM. irónicamente, irónico, ironista, ironizar.

irónico, ca adj. De la ironía o relativo a ella.

ironizar intr. y tr. Hablar con ironía.

iroqués, esa adj. y s. De un pueblo indígena de América Septentrional o relativo a él. || m. Lengua que habla dicho pueblo.

irracional adj. Que carece de la facultad de razonar. || Opuesto a la razón o fuera de ella. || En mat., se apl. a la raíz o cantidad radical que no puede expresarse exactamente con números enteros ni fraccionarios. || FAM. irracionalidad, irracionalismo, irracionalista, irracionalmente.

irracionalidad f. Cualidad de irracional.

irracionalismo m. Tendencia filosófica o artística que desprecia la razón. || Actitud que potencia lo irracional.

irracionalista adj. Del irracionalismo o relativo a él. || adj. y com. Partidario o seguidor de esta tendencia.

irradiación f. Acción y resultado de irradiar.

irradiar tr. Despedir un cuerpo rayos de luz, calor u otra energía. || Someter un cuerpo a la acción de ciertos rayos. || Difundir, transmitir: *irradiar entusiasmo*. || FAM. irradiación, irradiador.

irrazonable adj. No razonable.

irreal adj. Que no es real, fantástico, imaginado. || FAM. irrealidad.

irrealidad f. Falta de realidad.

irrealizable adj. Que no puede realizarse.

irrebatible adj. Que no puede rebatirse o refutarse: *argumento irrebatible*.

irreconciliable adj. Que no quiere o no puede reconciliarse con otro. || Incompatible.

irreconocible adj. Que no puede reconocerse.

irrecuperable adj. Que no se puede recuperar.

irredento, ta adj. No redimido. || Se apl. al territorio que es reclamado por una nación como propio, por motivos históricos o culturales. || FAM. irredentismo, irredentista.

irreducible adj. Que no se puede reducir. || FAM. irreductibilidad, irreductible, irreductiblemente.

irreductible adj. Irreducible.

irreflexión f. Falta de reflexión. || FAM. irreflexivamente, irreflexivo.

irrefrenable adj. Que no se puede refrenar.

irrefutable adj. Que no se puede refutar o rebatir.

irregular adj. Que está fuera de regla o norma, contrario a ellas. || Que no sucede común ni ordinariamente. || Que no es simétrico, que tiene defectos. || En geom., se apl. al polígono y al poliedro que no son regulares. || FAM. irregularidad, irregularmente.

irregularidad f. Falta de regularidad. || Lo que es irregular.

irrelevancia f. Falta de relevancia o importancia. || Lo que es irrelevante. || FAM. irrelevante.

irrelevante adj. Que carece de relevancia o importancia.

irremediable adj. Que no se puede remediar o evitar. || FAM. irremediablemente.

irremisible adj. Que no puede perdonarse, imperdonable. || FAM. irremisiblemente.

irremplazable adj. No remplazable, insustituible.

irrenunciable adj. Sin posibilidad de renuncia: *derecho irrenunciable*.

irreparable adj. Que no se puede reparar: *pérdida irreparable*. || FAM. irreparablemente.

irrepetible adj. Que no puede repetirse.

irreprimible adj. Que no se puede reprimir.

irreprochable adj. Que no merece reproche.

irresistible adj. Que no se puede resistir o tolerar, insoportable. || De gran atractivo. || FAM. irresistiblemente.

irresoluble adj. Que no puede resolverse o determinarse.

irresolución f. Falta de resolución o determinación. || FAM. irresoluto.

irresoluto, ta adj. y s. Que carece de resolución o decisión.

irrespetuoso, sa adj. y s. No respetuoso, grosero. || FAM. irrespetuosamente, irrespetuosidad.

irrespirable adj. Que no puede respirarse. || Que difícilmente puede respirarse. || Referido a un ambiente social, que resulta intolerable.

irresponsabilidad f. Falta de responsabilidad. || Acto irresponsable.

irresponsable adj. y com. Que actúa sin medir las consecuencias de sus actos. || Se apl. al acto o la situación resultante de una falta de previsión. || Se dice de la persona a quien no se puede exigir responsabilidad. || FAM. irresponsabilidad, irresponsablemente.

irreverencia f. Falta de reverencia o respeto. || Acto irreverente o irrespetuoso.

irreverente adj. y com. Contrario a la reverencia o al respeto debido. || FAM. irreverencia, irreverentemente.

irreversible adj. Que no es reversible: *cáncer irreversible*. || FAM. irreversibilidad.

irrevocable adj. Que no se puede revocar o anular. || FAM. irrevocabilidad, irrevocablemente.

irrigación f. Riego de un terreno. || Aporte de sangre a los tejidos orgánicos. || Introducción de un líquido en una cavidad, especialmente en el intestino por el ano.

irrigar tr. Regar una superficie. || Aportar sangre a los tejidos orgánicos. || Introducir un líquido en una cavidad, especialmente en el intestino por el ano. || FAM. irrigación, irrigador.

irrisorio, ria adj. Ridículo, que provoca risa. || Insignificante. || FAM. irrisible, irrisión, irrisoriamente.

irritable adj. Que se irrita fácilmente. || FAM. irritabilidad.

irritación f. Acción y resultado de irritar o irritarse. || Afección en una parte del cuerpo que se caracteriza por enrojecimiento, escozor o dolor.

irritante adj. Que irrita.

irritar tr. y prnl. Provocar ira, enfadar. || Causar irritación o molestia en alguna parte del cuerpo. || FAM. irritable, irritación, irritador, irritante, irritativo.

irrompible adj. Que no se puede romper.

irrumpir intr. Entrar violentamente en un lugar. || Surgir con ímpetu o repentinamente. || FAM. irrupción.

irrupción f. Entrada violenta de algo o alguien en un lugar. || Aparición impetuosa o repentina.

isa f. Composición musical en compás de tres por cuatro que se canta y se baila en las islas Canarias.

isabelino, na adj. De cualquiera de las reinas españolas o inglesas llamadas Isabel, o relativo a ellas. || Se apl. a los partidarios de Isabel II en España. También s. || Se dice de la manifestación artística de los reinados de Isabel I o II de España y de Isabel I de Inglaterra. También m.

ísatis m. Mamífero carnívoro de la familia del zorro, de pelo blanco en invierno y pardo en verano, que habita zonas frías, zorro ártico. ◆ No varía en pl.

isba f. Vivienda rural de madera, característica de algunos países del norte de Europa, y especialmente de Rusia.

ISBN m. Sistema internacional de numeración de libros para su fácil y correcta identificación. || Número o identificación de un libro dentro de este sistema. ◆ La sigla procede del inglés *International Standard Book Number.*

isla f. Porción de tierra rodeada de agua por todas partes. || FAM. islario, isleño, isleta, islote.

islam m. Conjunto de dogmas y preceptos de la religión musulmana. || Conjunto de países de religión musulmana. || Comunidad de musulmanes. || FAM. islámico, islamismo, islamista, islamización, islamizar, islamólogo.

islámico, ca adj. Del islam o relativo a él.

islamismo m. Conjunto de dogmas y preceptos morales que constituyen la religión musulmana, predicados por Mahoma y recogidos en el Corán, islam. || FAM. islamista.

islandés, esa adj. y s. De Islandia o relativo a este país europeo. || m. Lengua hablada en este país. || FAM. islándico.

isleño, ña adj. y s. De una isla o relativo a ella.

isleta f. Espacio delimitado en medio de una calzada que sirve de refugio a los peatones.

islote m. Isla pequeña y deshabitada. || Peñasco grande, rodeado de mar.

ismo m. Tendencia innovadora, especialmente en el pensamiento y en el arte.

-ismo suf. que significa 'doctrina', 'sistema', 'modo' o 'partido': *platonismo, capitalismo, vanguardismo.*

iso- pref. que significa 'igual' o que denota uniformidad o semejanza: *isomorfismo.*

isobara o **isóbara** f. Línea que en un mapa atmosférico une los puntos que presentan la misma presión atmosférica. || FAM. isobárico, isóbaro.

isoca f. *amer.* Insecto lepidóptero cuya oruga invade y devora los cultivos.

isodáctilo, la adj. Se apl. al animal que tiene todos los dedos iguales.

isoédrico, ca adj. Se apl. al cristal que tiene todas las caras iguales.

isogamia f. Forma de reproducción sexual en la que los gametos masculino y femenino que se unen son morfológicamente iguales.

isoglosa adj. y f. En ling., se apl. a la línea imaginaria que en un atlas lingüístico pasa por todos los puntos en que se manifiesta un mismo fenómeno fonético, gramatical o léxico.

isómero, ra adj. y s. Se apl. al cuerpo que tiene la misma composición química que otro pero distintas propiedades físicas. || FAM. isomería.

isomorfo, fa adj. Que tiene la misma forma, referido especialmente a los cuerpos de diferente composición química e igual forma cristalina y que pueden cristalizar asociados, como el espato de Islandia y la giobertita, que forman la dolomía. || FAM. isomorfismo.

isópodo adj. y m. De los isópodos o relativo a este orden de crustáceos. || m. pl. Orden de crustáceos perteneciente al filo de los artrópodos, de cuerpo pequeño, ovalado y aplanado, de color oscuro y sin caparazón.

isóptero, ra adj. y m. De los isópteros o relativo a este orden de insectos. || m. pl. Orden de insectos de boca masticadora, con dos pares de alas membranosas y que viven formando sociedades, como los termes.

isósceles adj. y m. En geom., se apl. al triángulo que tiene dos lados iguales y uno desigual. ◆ No varía en pl.

isotérmico, ca adj. Se apl. al proceso en el cual la temperatura se mantiene constante.

isotermo, ma adj. De igual temperatura, o de temperatura constante. || adj. y f. Se apl. a la curva para la representación cartográfica de los puntos de la Tierra con la misma temperatura media anual. || FAM. isotérmico.

isotónico, ca adj. En quím., se apl. a la solución que, a igual temperatura que otra, tiene la misma presión osmótica: *bebida isotónica.*

isótopo m. Átomo con el mismo número atómico que otro, pero con distinta masa atómica. || FAM. isotópico.

isótropo, pa adj. Que presenta las mismas propiedades, independientemente de la dirección en que se midan. || FAM. isotropía.

isquemia f. Disminución transitoria o permanente del riego sanguíneo de una parte del cuerpo.

isquion m. Cada uno de los huesos que en los mamíferos adultos se une al ilion y al pubis. || FAM. isquiático.

israelí adj. y com. De Israel o relativo a este país asiático. ◆ pl. *israelís* o *israelíes*. || FAM. israelita.

israelita adj. y com. Hebreo, judío. || Del antiguo reino de Israel o relativo a él.

istmo m. Franja de tierra que une dos continentes o una península con un continente. || FAM. istmeño, ístmico.

istulte adj. *amer.* Dicho de una fruta, medio madura.

itacate m. *amer.* Ración de comida que suele llevarse en un viaje o paseo.

italiano, na adj. y s. De Italia o relativo a este país europeo. || m. Lengua hablada en este país. || FAM. italianismo, italianista, italianizar, itálico, ítalo, italoamericano.

itálico, ca adj. Italiano, referido en particular a la antigua Italia. || Natural de Itálica, antigua ciudad romana enclavada en la actual Sevilla. || adj. y f. Cursiva.

ítem adv. lat. Se usa para hacer distinción de artículos o capítulos en un escrito. || m. Cada uno de dichos artículos o capítulos. || Cada uno de los apartados que componen un cuestionario o un test. || Añadidura. || En inform., cada uno de los elementos que forman parte de un dato. ◆ pl. *ítems.*

iterativo, va adj. Que se repite. || En ling., término que indica una acción repetitiva, como *goteo*. || FAM. iteración, iterar.

iterbio m. Elemento químico metálico y sólido del grupo de los lantánidos, brillante y fácilmente deformable. Su símbolo es *Yb*, y su número atómico, *70*.

itinerante adj. Ambulante, que va de un lugar a otro. || FAM. itinerancia.

itinerario m. Descripción de una ruta, camino o recorrido. || Ruta o trayecto que se sigue para llegar a un lugar. || FAM. itinerante.

-itis suf. que significa 'inflamación': *tendinitis, faringitis.*

itrio m. Elemento químico metálico y sólido, inflamable, que se descompone con el agua. Su símbolo es *Y*, y su número atómico, *39*.

izar tr. Hacer subir algo tirando de la cuerda de que está colgado. || FAM. izada, izado, izamiento.

izquierda f. Mano o pierna del lado izquierdo. || Lo que está de ese lado. || Tendencia ideológica partidaria del cambio en las estructuras sociales y económicas, y opuesta a las fuerzas conservadoras. || FAM. izquierdazo, izquierdista, izquierdo, izquierdoso.

izquierdista adj. De la izquierda o relativo a esa tendencia ideológica. || adj. y com. Partidario o seguidor de esa tendencia.

izquierdo, da adj. Que está en la mitad longitudinal del cuerpo humano donde se sitúa el corazón. || Se apl. a todo aquello que está de ese lado.

j

j f. Décima letra del abecedario español y séptima de sus consonantes. Fonéticamente representa un sonido de articulación velar, sorda y fricativa. Su nombre es *jota*.

¡ja, ja, ja! interj. Expresa risa.

jaba f. *amer.* Especie de cesta en que se transporta loza.

jabalí m. Mamífero artiodáctilo, variedad salvaje del cerdo, que tiene la cabeza aguda, el morro prolongado, el pelaje muy tupido y fuerte, de color gris uniforme, y los colmillos grandes y salientes de la boca. ◆ pl. *jabalís* o *jabalíes*. ‖ FAM. jabalina, jabato.

jabalina f. Especie de vara que se emplea en competiciones atléticas. ‖ Arma arrojadiza que se usaba en la caza mayor. ‖ Hembra del jabalí.

jabardo m. Enjambre pequeño. ‖ Gentío. ‖ FAM. jabardillo.

jabato, ta m. y f. Cachorro del jabalí. ‖ adj. y s. *col.* Valiente, atrevido.

jábega f. Embarcación de pesca menor que el jabeque. ‖ Red de pescar de la que se tira desde tierra por medio de cabos muy largos.

jabeque m. Embarcación de tres palos y velas triangulares con la que también se puede navegar a remo.

jabón m. Producto que resulta de la combinación de un álcali con ciertos aceites y sirve para lavar con agua. ‖ Pastilla hecha de esta manera. ‖ **jabón de sastre** Pastilla hecha con una variedad de talco y que se emplea para señalar en la tela el lugar por donde se ha de cortar o coser. ‖ **dar** o **untar jabón** a alguien loc. *col.* Adularlo interesadamente. ‖ FAM. jabonar, jaboncillo, jabonera, jabonería, jabonero, jabonoso.

jabonar tr. Enjabonar. ‖ FAM. jabonada, jabonado, jabonador, jabonadura.

jaboncillo m. Jabón de sastre. ‖ Árbol americano de la familia de las sapindáceas, de 6 a 8 m de altura, de copa frondosa, que produce un fruto carnoso parecido a una cereza, pero amargo, del que se extrae la saponina.

jabonera f. Recipiente para depositar o guardar el jabón de tocador.

jabonero, ra adj. Del jabón o relativo a él. ‖ m. y f. Persona que fabrica o vende jabón.

jaca f. Caballo de poca alzada. ‖ Yegua. ‖ FAM. jaco.

jacal m. *amer.* Especie de choza.

jácara f. Romance alegre, escrito con la jerga de los rufianes y pícaros, y en el que se narran hechos de la vida

de estos personajes. ‖ Música y danza con que se acompañaban estos romances. ‖ FAM. jacarandoso, jacarero.

jacarandá o **jacaranda** f. Árbol tropical americano de la familia de las bignoniáceas que alcanza hasta 10 m de altura, frondoso y con flores azules y moradas. ◆ pl. *jacarandás* o *jacarandas*.

jácena f. En arquit., viga maestra.

jacinto m. Planta anual de origen asiático, de la familia de las liliáceas, con hojas acanaladas, flores olorosas de varios colores en espigas y fruto capsular con tres divisiones. ‖ Flor de esta planta.

jaco m. Caballo pequeño y escuálido.

jacobeo, a adj. Del apóstol Santiago o relativo a él: *año jacobeo.*

jacobinismo m. Corriente política surgida durante la Revolución francesa y que defendía el radicalismo violento. ‖ FAM. jacobino.

jacobino, na adj. y s. Partidario o seguidor del jacobinismo.

jactancia f. Arrogancia, presunción, orgullo excesivo. ‖ FAM. jactancioso.

jactancioso, sa adj. y s. Que se jacta o presume. ‖ FAM. jactanciosamente.

jactarse prnl. Alabarse excesiva y presuntuosamente: *se jacta de su habilidad en los negocios.* ‖ FAM. jactancia.

jaculatoria f. Oración muy breve y fervorosa.

jacuzzi® m. Bañera con una instalación que emite chorros de agua a presión para hidromasaje. Es marca registrada.

jade m. Variedad de la jadeíta que suele hallarse formando nódulos entre las rocas cristalinas; es de color verdoso con manchas rojizas y se emplea en joyería como piedra semipreciosa.

jadear intr. Respirar con dificultad, generalmente por efecto del cansancio: *jadeo por el esfuerzo.* ‖ FAM. jadeante, jadeo.

jadeo m. Respiración dificultosa, generalmente por efecto del cansancio.

jaez m. Cualquier adorno que se pone a las caballerías. Más en pl. ‖ Cualidad o condición.

jaguar m. Mamífero carnívoro americano de la familia de los félidos, con la cabeza redondeada y el hocico corto, de piel por lo general amarillenta con anillos negros. Habita en algunas zonas de América del Norte y en toda América del Sur. ‖ FAM. yaguar.

jaguareté m. *amer.* Jaguar.

jagüey m. *amer.* Balsa, pozo o zanja llena de agua, ya artificialmente, ya por filtraciones naturales del terreno.

jaiba f. *amer.* Nombre que se da a ciertos crustáceos decápodos, como los cangrejos de río y cangrejos de mar americanos. || *amer.* Persona perezosa.

jaibo, ba adj. y s. *amer.* Astuto, marrullero. || FAM. jaiba.

jaima f. Especie de tienda de campaña usada por los pueblos nómadas o del desierto.

jaimitada f. Gamberrada o bobada que se hace como gracia.

jainismo m. Una de las tres grandes religiones de la India. || FAM. jainista.

jalado, da adj. *amer.* Demacrado, ebrio. || *amer.* Demasiado obsequioso.

jalapa f. Raíz de una planta americana de la familia de las convolvuláceas, del tamaño de una zanahoria, negruzca por fuera, blanca en su interior y con jugo resinoso, que se usa como purgante.

jalar tr. *col.* Tirar de una cuerda. || *col.* Comer con mucho apetito. También prnl. || intr. *amer.* Correr o andar muy deprisa. || *amer. col.* Mantener relaciones sexuales. || FAM. jalón, jalufa.

jalbegar tr. Enjalbegar. || FAM. jalbegue.

jalea f. Conserva de frutas, de aspecto transparente y consistencia gelatinosa. || Medicamento azucarado, de consistencia gelatinosa, que tiene por base una materia vegetal o animal. || **jalea real** Sustancia segregada por las abejas, de alto valor vitamínico, con la que se alimentan las larvas y la reina.

jalear tr. Animar con palmadas, ademanes y voces. También prnl. || Animar a los perros a voces para que sigan a la caza. || FAM. jaleador, jaleo.

jaleo m. Alboroto, tumulto. || Cierto baile popular andaluz. || Desorden, barullo. || Acción y resultado de jalear.

jalifa m. Autoridad suprema de la antigua zona del protectorado español en Marruecos, que ejercía las funciones de sultán.

jalón m. Vara que se clava en la tierra para determinar puntos fijos. || Hito, hecho importante o punto de referencia. || *amer.* Tirón. || FAM. jalonar.

jalonar tr. Señalar o marcar con jalones. || Marcar etapas o situaciones en un determinado proceso o evolución. || FAM. jalonamiento.

jamacuco m. *col.* Indisposición repentina y sin gravedad.

jamaicano, na adj. y s. De Jamaica o relativo a este país americano.

jamar tr. y prnl. *col.* Tomar alimento, comer. || FAM. jamancia, jamatoria.

jamás adv. t. Nunca, en ningún momento.

jamba f. Cualquiera de las dos piezas verticales que, puestas en los dos lados de las puertas o ventanas, sostienen el dintel o el arco de ellas.

jambar tr. *amer.* Comer.

jamelgo m. *col.* Caballo flaco y de mal aspecto.

jamón[1] m. Pierna del cerdo salada y curada, y su carne, también llamados *jamón serrano: jamón de pata*

negra. || Parte superior de los brazos o piernas de una persona, especialmente cuando es gruesa. || **jamón de pata negra** El de cerdo ibérico, de pezuña negra. || **jamón York** o **de York** Jamón cocido y preparado como fiambre. || **¡un jamón!** o **¡un jamón con chorreras!** loc. *col.* Expresión para rechazar lo que se considera excesivo. || FAM. jamona, jamonería.

jamón[2]**, ona** adj. *col.* Apetecible, deseable. || *col.* Robusto, macizo, especialmente cuando se apl. a la mujer adulta, si es gruesa.

jansenismo m. Doctrina de Cornelio Jansen, obispo flamenco del siglo XVII, que exageraba las ideas de san Agustín acerca de la gracia divina, al considerar que esta resulta imprescindible para obrar el bien, con menoscabo de la libertad humana.

jansenista adj. Relativo a Jansen o al jansenismo. || adj. y com. Partidario o seguidor de esta doctrina.

japonés, esa adj. y s. De Japón o relativo a este país asiático. || m. Lengua hablada en Japón.

japuta f. Palometa.

jaque m. Jugada del ajedrez en que se amenaza directamente al rey o a la reina del contrario. || Preocupación, incordio, acción que perturba o inquieta a otro o le impide realizar sus propósitos. ♦ Se usa con el verbo *dar* o en las frases *poner, tener, traer en jaque.* || **jaque mate** Lance que pone término al juego de ajedrez. || FAM. jaquear.

jaqueca f. Intenso dolor de cabeza que ataca solamente en una parte de ella o en uno de sus lados. || FAM. jaquecoso.

jaquetón m. Pez condrictio que alcanza hasta 10 m de longitud, con el cuerpo rechoncho de color gris azulado, los dientes planos, triangulares y aserrados en sus bordes, que por su tamaño y su poderosa dentadura es muy peligroso. También se le conoce como *tiburón blanco.*

jara f. Nombre común de diversas especies de arbustos cistáceos mediterráneos de hasta 2 m de altura, con ramas de color pardo rojizo, hojas viscosas, opuestas y estrechas, flores pedunculadas de corola blanca y con fruto capsular, muy abundantes en España. || FAM. jaral.

jarabe m. Preparado natural o químico, líquido y de sabor agradable, que se toma como medicina. || Bebida que se hace cociendo azúcar y otras sustancias en agua hasta que se espese. || Cualquier bebida excesivamente dulce. || *amer.* Baile nacional mexicano. || **jarabe de palo** *col.* Paliza, azotaina con que se amenaza, especialmente a los niños, como medio de disuasión o de castigo.

jaramago m. Nombre común de diversas especies de plantas herbáceas crucíferas, de hojas ásperas y partidas en lóbulos, flores amarillas en espigas terminales y fruto en vainas delgadas, casi cilíndricas, que brotan generalmente entre los escombros.

jarana f. Diversión, juerga, fiesta. || Riña, pelea bulliciosa. || Trampa, engaño. || *amer.* Baile en el que participan familiares o personas de confianza. || FAM. jaranear, jaranero.

jarapa f. Tejido realizado con tiras de trapos retorcidos que se usa para fabricar alfombras y tapices.

jarcería f. *amer.* Tienda donde se venden objetos de fibra vegetal.

jarcha f. Estrofa breve que, escrita en mozárabe, aparece como parte final o estribillo de algunos poemas árabes y hebreos.

jarcia f. Conjunto de los aparejos y los cabos de una embarcación. Más en pl. || Conjunto de instrumentos y redes para pescar.

jardín m. Terreno donde se cultivan plantas, predominantemente ornamentales. || **jardín botánico** Terreno destinado al cultivo de flores y plantas de muy diversas especies con el fin de realizar estudios botánicos. || FAM. jardinera, jardinería, jardinero.

jardinera f. Recipiente o soporte en el que se cultivan plantas directamente en la tierra o en el que se colocan las macetas que las contienen. || Coche de caballos descubierto y ligero. || *amer.* Carro donde los vendedores ambulantes llevan sus mercancías.

jardinería f. Arte y técnica de cultivar los jardines.

jardinero, ra m. y f. Persona que cuida y cultiva un jardín.

jareta f. Dobladillo que se hace en la ropa para introducir una cinta, un cordón, una goma, etc., y sirve para fruncir la tela. || P. ext., dobladillo cosido con un pespunte que se hace en la ropa para adornarla. || FAM. jaretón.

jarilla f. *amer.* Arbusto resinoso y aromático de la familia de las cigofiláceas, de hojas brillantes y escotadas en la punta, flores amarillas y frutos pilosos.

jarra f. Vasija con una o dos asas, cuello ancho y boca con un pico que se usa para contener y servir las bebidas. || Líquido que contiene esta vasija. || **en jarras** o **en jarra** loc. adv. Con las manos en la cintura y los codos formando ángulo. || FAM. jarrear, jarrero, jarro.

jarrear intr. Sacar frecuentemente agua de un pozo o de otro recipiente mayor. || intr. impers. *col.* Llover mucho, diluviar.

jarrete m. Corva, parte posterior de la rodilla humana. || Corvejón de los cuadrúpedos. || Parte alta y carnosa de la pantorrilla. || FAM. jarretera.

jarretera f. Liga con su hebilla, con que se ata la media o el pantalón a la altura del jarrete. || Orden militar inglesa, instituida por Eduardo III en el siglo XIV, llamada así por su insignia, que fue una liga. ◆ Se escribe con mayúscula.

jarro m. Vasija semejante a una jarra, pero con una sola asa. || Líquido que cabe en ella. || **echar un jarro de agua fría** loc. *col.* Quitar de pronto la esperanza o el entusiasmo con que se aguardaba algo. || FAM. jarrón.

jarrón m. Vasija grande, sin asas y generalmente de porcelana o cristal y que se utiliza como adorno.

jaspe m. Variedad de calcedonia, de textura homogénea, opaca y de colores variados, generalmente veteada, que se emplea en ornamentación. || FAM. jaspeado, jaspear.

jaspeado, da adj. Veteado o salpicado de pintas como el jaspe.

jatear intr. *amer.* Dormir, sestear.

jauja f. *col.* Nombre con el que se designa un lugar o una situación ideal o paradisíaco.

jaula f. Especie de caja hecha con listones de madera, alambres, barrotes de hierro, etc., colocados a cierta distancia unos de otros, dispuesta para encerrar animales. || *col.* Celda, cárcel. || **jaula de grillos** *col.* Lugar en el que hay mucho bullicio y alboroto.

jauría f. Conjunto de perros que participan en una cacería o que realizan juntos alguna actividad.

javanés, esa o **javo, va** adj. y s. De Java o relativo a esta isla indonesia. || m. Lengua indonesia hablada en Java y Sumatra.

jazmín m. Arbusto oleáceo originario de Irán, con tallos delgados y flexibles, hojas alternas y compuestas, flores pedunculadas blancas y frutos en baya negra y esférica, que se utiliza en perfumería por ser muy olorosa. || Flor de este arbusto.

jazz (voz i.) m. Género musical derivado de melodías de los negros estadounidenses, que se caracteriza por ser a menudo improvisado y por ser su ritmo muy marcado. || FAM. jazzero, jazzista, jazzístico.

¡je! interj. Se utiliza para expresar la risa, generalmente de manera irónica. ◆ Se usa sobre todo repetida.

jeans (voz i.) m. pl. Pantalones vaqueros.

jebe m. Sulfato de alúmina y potasa, alumbre. || *amer.* Planta del caucho, y el mismo caucho.

jeep (voz i.) m. Todoterreno, automóvil de gran potencia, ideado para adaptarse a todo tipo de terrenos. ◆ pl. *jeeps*. Es la extensión del nombre de una marca registrada.

jefatura f. Cargo o dignidad de jefe. || Oficina, edificio o lugar en donde están instaladas algunas instituciones oficiales: *Jefatura de Tráfico.*

jefe, fa m. y f. Persona que manda o dirige a otras, superior jerárquico. || Cabeza o presidente de un partido, corporación, organismo, etc. || Categoría superior a la de capitán e inferior a la de general. || *col.* Tratamiento informal que se da a una persona a la que no se conoce. || FAM. jefatura, jefazo.

jején m. Insecto díptero, más pequeño que el mosquito y de picadura más irritante, que abunda en las playas de algunas regiones de América.

jengibre m. Planta de origen asiático de la familia de las cingiberáceas, con hojas radicales y lanceoladas, flores en espiga, fruto capsular bastante pulposo y rizoma aromático. || Rizoma de esta planta, del grueso de un dedo, algo aplastado, de olor aromático y de sabor acre y picante que se usa en medicina y como especia.

jenízaro, ra adj. Se apl. al hijo de padres de diversa nacionalidad. También s. || m. Antiguo soldado de la guardia imperial turca. || *amer.* Individuo del cuerpo de Policía.

Jehová n. p. m. Nombre de Dios en la lengua hebrea.

jeque m. Jefe de un territorio, comunidad, etc., de musulmanes.

jerarca com. Superior en la jerarquía eclesiástica y, p. ext., en algunas profesiones, organizaciones, empresas, etc.

jerarquía f. Organización por categorías o grados de importancia entre diversas personas o cosas: *jerarquía eclesiástica, militar.* || Jerarca, persona que ocupa un alto cargo. || Cada uno de los niveles o grados dentro de una organización. || FAM. jerarca, jerárquicamente, jerárquico, jerarquizar.

jerárquico, ca adj. De la jerarquía o relativo a ella.

jerarquizar tr. Clasificar por grados o clases alguna cosa, organizarla de forma jerárquica. || *amer.* Ascender profesionalmente. || FAM. jerarquización.

jerbo m. Nombre común de diversos mamíferos roedores que habitan en los desiertos norteafricanos, de pelaje leonado, cola larga y patas posteriores también muy largas que le posibilitan el salto.

jeremías com. Persona que continuamente se está quejando y lamentando. ◆ No varía en pl. || FAM. jeremíaco, jeremiada.

jerez m. Vino blanco fino y seco, de alta graduación, que se elabora en el municipio español de Jerez y sus alrededores. || Cantidad de vino de jerez que cabe en un vaso o copa. || FAM. jerezano.

jerga f. Conjunto de expresiones especiales y particulares de una profesión o clase social. || Lenguaje difícil de entender. || *amer.* Bayeta, paño para limpiar o secar. || FAM. jergal.

jergón m. Colchón de paja, esparto o hierba.

jeribeque m. Guiño, gesto. Más en pl.

jerigonza f. Lenguaje complicado y difícil de entender.

jeringa f. Instrumento que sirve para aspirar o impeler ciertos líquidos o materias blandas, mediante el vacío que crea un émbolo introducido a presión en un tubo. || *amer.* Molestia, fastidio. || FAM. jeringuilla, jeringar.

jeringar tr. y prnl. Molestar, fastidiar. || FAM. jeringador.

jeringuilla f. Jeringa pequeña que se utiliza para inyectar sustancias medicinales en un organismo.

jeroglífico, ca adj. Se apl. a la escritura en que las palabras se representan con figuras o con símbolos. || m. Cada una de estas figuras. || Conjunto de signos y figuras con que se expresa una frase, ordinariamente por pasatiempo o juego de ingenio. || P. ext., escritura o texto difíciles de entender o de interpretar.

jerónimo, ma adj. y s. De la Orden de san Jerónimo o relativo a esta orden medieval.

jerosolimitano, na adj. y s. De Jerusalén o relativo a esta ciudad israelí.

jersey m. Prenda de vestir de lana o de punto que cubre desde los hombros hasta la cintura. ◆ pl. *jerséis.*

jesuita adj. y m. De la Compañía de Jesús, orden religiosa católica fundada por san Ignacio de Loyola en el siglo XVI, que se caracteriza por tener obediencia directa al papa, o que pertenece a ella. || adj. *col. y desp.* Hipócrita, taimado. También com. en algunos países de América. || FAM. jesuítico, jesuitina.

jet¹ (voz i.) m. Reactor o avión de reacción. || **jet lag** Conjunto de síntomas y sensaciones que padecen los viajeros tras realizar recorridos muy largos, dado el desfase horario existente entre el punto de partida y el de llegada. ◆ pl. *jets.*

jet² (voz i.) f. Especie de clase social formada por las personas que son famosas o adineradas cuyo tipo de vida se caracteriza por la ociosidad y el divertimento. ◆ pl. *jets.*

jeta f. Boca saliente por su configuración o por tener los labios muy abultados. || Hocico del cerdo. || *desp.* Cara humana. || *col.* Desfachatez, descaro. || adj. *col.* Desvergonzado, cínico. También com. || FAM. jetón, jetudo.

jetonear intr. *amer.* Decir mentiras o infundios.

jet set (voz i.) f. Jet.

ji f. Vigesimosegunda letra del alfabeto griego, que equivale a nuestra *qu* o nuestra *c*, según su ortografía. Su grafía mayúscula es X, y la minúscula, χ.

¡ji! interj. Se utiliza para expresar la risa, generalmente de manera sutil o irónica. ◆ Se utiliza sobre todo repetida.

jíbaro, ra adj. y s. De una tribu indígena del Alto Amazonas o relativo a ella. || m. Lengua hablada por estos indígenas amazónicos. || *amer.* Campesino. || FAM. jibarización.

jibia f. Molusco cefalópodo de cuerpo oval de unos 30 cm de largo y concha calcárea interna; abunda en los mares templados y es comestible. También se conoce como *sepia.* || Concha caliza interior que sirve de esqueleto a este molusco. || FAM. jibión.

jícara f. Taza pequeña que generalmente se emplea para tomar chocolate. || *amer.* Vasija pequeña de madera que se utiliza para beber.

jicote m. *amer.* Nombre común de diversos insectos himenópteros con el aspecto de avispas, de cuerpo negro y abdomen amarillo, provistos de un aguijón con el cual producen unas heridas muy dolorosas. || FAM. jicotera.

jiennense o **jienense** adj. y com. De Jaén o relativo a esta ciudad española y a la provincia, del mismo nombre, de la que es capital y que se encuentra en la comunidad autónoma de Andalucía.

jijona m. Turrón blando elaborado con almendra y miel, originario de Jijona, población de la provincia de Alicante.

jilguero, ra m. y f. Nombre común de diversas especies de aves paseriformes de unos 12 cm de longitud, plumaje pardo con manchas rojas, negras y blancas, muy apreciadas por su canto.

jilote m. *amer.* Mazorca de maíz cuyos granos están aún tiernos.

jineta¹ f. Nombre común de diversos mamíferos carnívoros de unos 50 cm de longitud, de cuerpo delgado y cabeza pequeña, hocico prolongado, cuello largo, patas cortas y pelaje blanco en la garganta, pardo amarillento con manchas en fajas negras por el cuerpo y con anillos blancos y negros en la cola, que es casi tan larga como el cuerpo.

jineta² f. Arte de montar a caballo que consiste en llevar los estribos cortos y las piernas dobladas, pero en posición vertical desde la rodilla. ◆ Se usa sobre todo en la loc. adv. *a la jineta.*

jinete com. Persona que monta a caballo con destreza. || Soldado que va a caballo. || FAM. jineta, jineteada, jinetear, jinetera.

jineteada f. *amer.* Fiesta de campo donde los jinetes exhiben su destreza.

jinetear intr. Cabalgar por sitios públicos, alardeando de elegancia y destreza. También tr. || tr. *amer.* Domar un caballo. || Dominar a una persona.

jinetera f. *desp.* Prostituta.

jiñar intr. *vulg.* Hacer de vientre, defecar, cagar. || prnl. *vulg.* Asustarse mucho, tener miedo.

jipa f. *amer.* Sombrero de ala ancha, jipijapa.

jipato, ta adj. y s. *amer.* De aspecto pálido y enfermizo.

jipi adj. Del movimiento contracultural pacifista que protestaba contra las estructuras vigentes propugnando la vida en comunas, la vuelta a la naturaleza y el gusto por la música pop, o relativo a él. || adj. y com. Partidario de este movimiento. ◆ pl. *jipis*. || FAM. jipismo.

jipiar intr. Hipar, gemir, gimotear. || Cantar con voz semejante a un gemido, como en algunos cantes flamencos. || tr. *argot* Mirar, observar con atención. || FAM. jipido, jipío.

jipido m. Jipío, grito lastimero.

jipijapa f. Tira fina y muy flexible que se emplea para tejer sombreros y otros objetos. || m. Sombrero de ala ancha tejido con esta tira.

jipío m. Grito, quejido, lamento, etc., que se introduce en el cante flamenco.

jipismo m. Movimiento contracultural pacifista que protestaba contra las estructuras vigentes propugnando la vida en comunas, la vuelta a la naturaleza y el gusto por la música pop.

jira f. Merienda alegre y bullanguera, especialmente campestre, que se hace entre amigos.

jirafa f. Mamífero artiodáctilo de unos 5 m de altura, rumiante, con el cuello largo y esbelto, la cabeza pequeña con dos cuernos poco desarrollados y el pelaje amarillo con manchas oscuras. || *col.* y *desp.* Persona muy alta. También adj. || Mecanismo a modo de brazo articulado que permite mover el micrófono y ampliar su alcance.

jirón m. Pedazo desgarrado de una tela. || Parte o porción pequeña de un todo. || Insignia, pendón o estandarte que remata en punta.

jitomate m. *amer.* Tomate, fruto.

jiu-jitsu (voz japonesa) m. Arte marcial originario de Japón basada en técnicas de lucha sin armas.

¡jo! interj. *col.* Se usa para expresar fastidio, enfado, protesta o admiración: *¡jo, qué bonito!*; *¡jo, qué mal!*

¡jobar! interj. *col.* Se usa para expresar admiración o enfado.

jockey (voz i.) com. Yóquey.

joco, ca adj. *amer.* Se apl. a la fruta pasada o muy madura.

jocoque m. *amer.* Especie de yogur elaborado con leche agria.

jocosidad f. Capacidad para hacer reír o para divertirse. || Chiste, gracia.

jocoso, sa adj. Gracioso, chistoso, festivo, divertido: *canción jocosa*, *expresión jocosa*. || FAM. jocosamente, jocosidad.

jocundo, da adj. Agradable, ameno, apacible. || FAM. jocundidad.

joda f. *amer. col.* Molestia, incordio. || Broma pesada.

jodedera f. *amer. col.* Molestia continua, pesadez.

joder intr. *vulg.* Practicar el coito. ◆ Se construye con la prep. *con*. || tr. *vulg.* Molestar, fastidiar. También prnl. || *vulg.* Destrozar, arruinar, echar a perder. También prnl. || interj. *vulg.* Expresa enfado, irritación, sorpresa, etc. ||

¡hay que joderse! loc. interj. Se usa para expresar fastidio o enfado. || FAM. joda, jodedera, jodido, jodienda.

jodido, da adj. *vulg.* Difícil, complicado de resolver. || *vulg.* Roto, maltrecho. || *vulg.* Aplicado a una persona, triste, cansada o enferma.

jodienda f. *vulg.* Molestia, engorro.

jofaina f. Palangana, vasija de gran diámetro y poca profundidad que sirve principalmente para lavarse la cara y las manos.

jogging (voz i.) m. Footing.

jojoba f. Arbusto americano de la familia de las buxáceas de cuyas semillas, comestibles, se extrae un aceite que se usa en ciertas industrias, como la cosmética. || Semilla de este arbusto.

jojoto, ta adj. *amer.* Se apl. al fruto verde, que no está aún maduro. || m. *amer.* Fruto tierno del maíz.

jóker m. Comodín de la baraja francesa. ◆ pl. *jókers* o *jókeres*.

jolgorio m. Diversión bulliciosa, fiesta concurrida y animada.

¡jolín! o **¡jolines!** interj. Se usa para expresar disgusto o fastidio, o admiración.

jondo m. Se apl. a cierto cante flamenco que se ejecuta con profundo sentimiento.

jónico, ca adj. y s. Jonio. || Se apl. a uno de los órdenes o estilos de la arquitectura griega, que tiene columna esbelta de unos nueve módulos o diámetros de altura, el capitel adornado con grandes volutas, dentículos en la cornisa y friso sin decorar. || Se dice de cualquiera de estos elementos: *capitel jónico*. || m. Pie de la poesía griega y latina, compuesto de cuatro sílabas. || Uno de los cuatro principales dialectos de la lengua griega. || FAM. jonio.

jonio, nia adj. y s. De Jonia o relativo a las regiones de este nombre en Grecia y Asia antiguas.

¡jopé! interj. *col.* ¡Jolín!

jopo m. Cola de mucho pelo. || *col.* Culo, ano.

jora f. *amer.* Maíz germinado que se utiliza para elaborar aguardiente o chicha.

jordano, na adj. y s. De Jordania o relativo a este país asiático de Oriente Medio.

jornada f. Día, espacio de tiempo de veinticuatro horas. || Duración del trabajo diario de los obreros y empleados. || Camino que se recorre en un día. || Expedición militar. || Cada uno de los actos de una obra teatral clásica. || **jornada intensiva** Aquella que se realiza de manera ininterrumpida, sin descanso para la comida. || FAM. jornal.

jornal m. Sueldo que cobra el trabajador por cada día de trabajo. || El trabajo que realiza un operario por día. || FAM. jornalero.

jornalero, ra m. y f. Persona que trabaja a cambio de jornal o pago diario y, p. ext., trabajador agrícola.

joroba f. Corvadura o arqueamiento anormal de la columna vertebral, o del pecho, o de ambos a la vez debido a una malformación de la columna vertebral. || Especie de bulto que tienen algunos animales en su lomo, en el que almacenan grasa. || P. ext., abultamiento, convexidad en una cosa. || interj. ¡Jobar! || FAM. jorobar, jorobado, jorobeta.

jorobado, da adj. Que tiene joroba, chepudo. También s. || *col.* Que se siente enfermo o triste. || *col.* Difícil de hacer, complicado.

jorobar tr. y prnl. *col.* Fastidiar, molestar, importunar.

jorongo m. *amer.* Poncho, capote, especie de manta de abrigo.

joropo m. *amer.* Música y danza popular de zapateo originarias de Venezuela. || *amer.* Fiesta hogareña. || FAM. joropear.

jota¹ f. Nombre de la letra *j*. || Cosa mínima, apenas nada. ◆ Se usa siempre con negación: *no entendí ni jota.*

jota² f. Baile popular propio de Aragón y de otras muchas regiones españolas. || Música y coplas que acompañan este baile. || FAM. jotero.

jote m. Especie de buitre oriundo de Chile, de color negro, excepto la cabeza y el cuello, que son violáceos, provisto de una cola bastante larga.

joto m. *amer.* Bulto pequeño, fajo de cosas atadas. || *amer. col.* y *desp.* Homosexual, marica.

joven adj. De poca edad. || Se apl. al animal que aún no es adulto o no ha alcanzado la madurez sexual. || De la juventud o relacionado o propio de ella. || com. Persona que está en la juventud. || FAM. jovenzuelo, juventud.

jovial adj. Alegre, festivo, desenfadado. || FAM. jovialidad, jovialmente.

jovialidad f. Alegría y apacibilidad de carácter, buen humor.

joya f. Objeto pequeño de piedras o metales preciosos que sirve como adorno. || Cosa o persona de mucha valía. || FAM. joyel, joyería, joyero.

joyel m. Joya pequeña.

joyería f. Tienda donde se venden joyas. || Taller donde se construyen. || Trato y comercio de joyas.

joyero, ra m. y f. Persona que hace o vende joyas. || m. Estuche para guardar joyas.

joystick (voz i.) m. Especie de palanca que sirve para controlar y manejar determinados aparatos electrónicos. ◆ pl. *joysticks.*

¡ju! interj. Se utiliza para expresar la risa, generalmente de manera sutil o irónica. ◆ Se usa sobre todo repetida.

juanete m. Abultamiento o deformación de la base del hueso del dedo gordo del pie. || Pómulo muy abultado. || FAM. juanetudo.

jubilación f. Retiro del mundo laboral por haber cumplido la edad exigida por la ley o por estar incapacitado. || Renta o pensión que cobra la persona jubilada.

jubilado, da adj. y s. Se apl. a la persona retirada del trabajo por su edad o por su incapacidad.

jubilar tr. Retirar a alguien del trabajo por vejez o incapacidad laboral, teniendo derecho a una pensión. También prnl.: *se jubiló anticipadamente.* || *col.* Desechar por inútil una cosa y no utilizarla más. || FAM. jubilación, jubilado.

jubileo m. Indulgencia plenaria, solemne y universal, concedida por el papa en algunas ocasiones. || Entrada y salida constante de muchas personas de un lugar. || FAM. jubilar.

júbilo m. Alegría extrema que se manifiesta con signos externos. || FAM. jubilar, jubileo, jubilosamente, jubiloso.

jubiloso, sa adj. Alegre, lleno de júbilo.

jubón m. Especie de camisa que cubría desde los hombros hasta la cintura, ceñida y ajustada al cuerpo.

judaísmo m. Religión de los judíos, basada en los mandamientos de Moisés.

judaizante adj. Que judaíza. || adj. y com. Se apl. al judío converso que practicaba secretamente el judaísmo en España y Portugal.

judaizar intr. Abrazar la religión de los judíos. || Practicar los ritos y las ceremonias de la ley judaica.

judas com. *col.* Persona embaucadora, alevosa o traidora. ◆ No varía en pl.

judeocristiano, na adj. y s. Que comparte elementos de la tradición judía y cristiana.

judeoespañol, la adj. y s. De las comunidades sefardíes o de la lengua que hablan o relativo a ellas. || m. Variedad de lengua española que conserva muchos rasgos del castellano anterior al siglo XVI y hoy es hablada por los sefardíes, principalmente en Asia Menor, los Balcanes y el norte de África.

judería f. Barrio en el que viven los judíos en una población, sobre todo en las ciudades medievales. || Conjunto de los que allí habitan y p. ext., grupo de personas judías.

judía f. Planta leguminosa papilionácea de tallos endebles de 3 a 4 m de longitud, hojas compuestas y fruto en vainas aplastadas con varias semillas en forma de riñón, que se cultiva en las huertas por ser comestible. || Semillas comestibles de esta planta. || Fruto comestible de esta planta. || FAM. judión.

judicatura f. Acción de juzgar. || Cargo de juez. || Tiempo que dura. || Cuerpo constituido por los jueces de un país.

judicial adj. Relativo al juicio, a la administración de justicia o a la judicatura: *poder, orden judicial.* || FAM. judicialmente.

judío, a adj. y s. Del judaísmo o relativo a esta religión. || Que practica o profesa el judaísmo. || De Judea o relativo a esta región de la antigua Palestina. || De Israel o relativo a este país asiático de Oriente Próximo. || *desp.* Avaro, tacaño, usurero. || FAM. judaico, judaísmo, judaizante, judaizar, judeocristiano, judeoespañol, judería, judiada.

judión m. Semilla de judía de gran tamaño. || Planta de judía de la que se obtiene.

judo m. Yudo. || FAM. judoca.

juego m. Acción y resultado de jugar, divertimiento. || Actividad recreativa sometida a reglas en el que unos ganan y otros pierden. || Modo de jugar: *juego limpio, agresivo.* || P. ant., juego de azar, sobre todo si se apuesta dinero. || Articulación móvil que sujeta dos cosas entre sí, que les permite moverse pero no separarse: *juego del tobillo, de la rodilla.* || Su movimiento. || Conjunto de las piezas o elementos que sirven para jugar. || Conjunto de cosas relacionadas, que sirven a un mismo fin: *juego de tocador, de botones.* || Cada división de un set en el tenis y voleibol. || Reflejos, ondas cambiantes que resultan de la mezcla o disposición particular de algunas cosas: *juego de colores, de luces.* || pl. Espectáculos públicos en que artistas o deportistas compiten por la victoria: *juegos, juegos olímpicos.* || **juego de azar** Aquel cuyo resultado no depende tanto de la habilidad o destreza de los jugadores como del azar o la suerte, como la ruleta, el bingo, etc. || **juego de cartas** o **de naipes** El que se juega con cartas, como el mus, el tute o el *bridge*. || **juego de manos** El de agilidad que practican los prestidigitadores para engañar a los espectadores. || **juego de niños** Acción o cosa que no ofrece ninguna dificultad. || **juego de palabras** Uso ingenioso de palabras utilizando su doble sentido o sus distintas acepciones. || **juego de rol** Aquel en que los participantes actúan como personajes de una aventura de carácter misterioso o fantástico. || **juegos florales** Concurso poético instituido por los trovadores en Provenza, y por don Juan I de Aragón en Cataluña, que aún suele celebrarse en algunas partes, mantenido por personajes ilustres y presidido por una reina de la fiesta, con premio de flores simbólicas para el poeta vencedor. || **a juego con** loc. preps. En proporción y correspondencia, en armonía. || **dar juego** loc. Tener muchas posibilidades, o mejor resultado del que se esperaba. || **en juego** loc. adv. En un intento: *puso en juego todo su atractivo.* || En peligro: *está en juego mi puesto de trabajo.* || **entrar en juego** loc. Intervenir, participar. || **fuera de juego** loc. adv. En dep., posición antirreglamentaria en que se encuentra un jugador, en algunos deportes, cuando entre el balón y la portería solo se encuentra él y un único jugador contrario. || **hacer el juego** a alguien loc. Obrar de modo que le beneficie, favorecerle. || **hacer juego** loc. Combinarse varias cosas adecuadamente. || **poner** o **estar** algo **en juego** loc. Arriesgarlo, peligrar. || FAM. jocoso.

juerga f. Jolgorio, diversión animada, parranda. || FAM. juerguearse, juerguista.

juerguista adj. y com. Aficionado a las juergas y a la diversión.

jueves m. Día de la semana, entre el miércoles y el viernes. ◆ No varía en pl.

juez com. Persona que tiene autoridad y potestad para juzgar y sentenciar: *juez de guardia, de primera instancia.* || En dep., árbitro. || Persona que se encarga de hacer que se respeten las reglas y de repartir los premios en concursos o certámenes. || **juez de instrucción** El que dirige la instrucción de los sumarios en materia penal o criminal. || **juez de línea** En dep., cada uno de los dos árbitros auxiliares que vigilan el juego por las bandas laterales. || **juez de paz** El que hace las veces de juez municipal o suple al juez de primera instancia. || **juez de primera instancia** El ordinario de un partido o distrito, que conoce en primera instancia los asuntos civiles. || **juez de silla** El que, en deportes como el tenis o el voleibol, dirige el partido. ◆ También existe el f. *jueza,* aunque se prefiere el uso de la forma com. || FAM. judicatura, judicial, juzgar.

jugada f. Acción o intervención de un jugador en un partido. || Lance de juego. || Acción mala e inesperada, jugarreta.

jugador, ra adj. y s. Que juega o participa en un juego o deporte. || Que tiene el vicio de jugar o es aficionado al juego. || Que juega de manera hábil y diestra.

jugar intr. Hacer algo para divertirse y entretenerse. || Retozar, trastear. ◆ Se construye a veces con la prep. *con: mientras te escucha juega con el pelo.* || Tomar parte en algún juego o competición deportiva. || Intervenir cada jugador en su turno. || Apostar o gastar dinero en algún

juego: *jugar a los caballos, a la lotería.* || Tratar algo o a alguien sin la consideración o el respeto que merece. ◆ Se construye con la prep. *con: estás jugando con tu salud.* || tr. Llevar a cabo partidas de algún juego. || Hacer uso de las cartas, fichas o piezas que se emplean en ciertos juegos: *jugó el caballo de copas.* || Arriesgar, poner en peligro alguna cosa. Más c. prnl.: *jugarse el dinero, el trabajo, el pan.* || col. Desempeñar: *jugó un importante papel en el asunto.* ◆ Este uso es un galicismo. || prnl. Sortearse: *hoy se juegan dos millones.* || **jugar con fuego** loc. Arriesgar alguien demasiado, estar en peligro. || **jugar fuerte** loc. Arriesgar uno grandes cantidades de dinero u otra cosa de mucho valor o importancia. || **jugar limpio** o **sucio** loc. Jugar sin hacer trampas o haciéndolas, y también actuar honrada o engañosamente. || **jugársela** a alguien loc. Engañarle, comportarse con él de modo desleal. || FAM. juego, jugada, jugador, jugarreta, juguete, juguetón. ◆ **Irreg.** Conjugación modelo:

Indicativo
Pres.: juego, juegas, juega, jugamos, jugáis, juegan.
Imperf.: jugaba, jugabas, jugaba, *etc.*
Pret. perf. simple: jugué, jugaste, jugó, jugamos, jugasteis, jugaron.
Fut. simple: jugaré, jugarás, jugará, *etc.*
Condicional simple: jugaría, jugarías, jugaría, *etc.*
Subjuntivo
Pres.: juegue, juegues, juegue, juguemos, juguéis, jueguen.
Imperf.: jugara o jugase, jugaras o jugases, *etc.*
Fut. simple: jugare, jugares, jugare, *etc.*
Imperativo: juega, jugad.
Participio: jugado.
Gerundio: jugando.

jugarreta f. Mala pasada, engaño.

juglandáceo, a adj. y f. De las juglandáceas o relativo a esta familia de plantas. || f. pl. Familia de árboles angiospermos dicotiledóneos de hojas pinnadas, flores unisexuales y fruto en drupa, como el nogal.

juglar, resa m. y f. Persona que, por dinero y ante el pueblo, cantaba, bailaba, recitaba o hacía juegos y malabares. || FAM. juglaresco, juglaría.

juglaría f. Arte y actividad de los juglares: *mester de juglaría.*

jugo m. Zumo de las sustancias vegetales o animales que se extrae por presión, cocción o destilación. || Salsa de un guiso. || Líquido que segregan algunas glándulas de los animales: *jugo gástrico.* || Lo provechoso, útil y sustancial de algo material o inmaterial. || **sacar el jugo a** o **de** algo loc. col. Exprimir, aprovechar al máximo sus posibilidades. || FAM. jugosidad, jugoso, juguera.

jugoso, sa adj. Que tiene jugo. || Se apl. al alimento muy nutritivo y sabroso. || Valioso, estimable.

juguera f. *amer.* Electrodoméstico que saca el jugo de las frutas u otros alimentos, licuadora.

juguete m. Objeto con el que se entretienen y juegan los niños. || Persona o cosa dominada por la acción de una fuerza física o moral: *el barco era juguete de las olas.* || Composición musical o pieza teatral breve y ligera. ||

de juguete loc. adj. Se apl. a la cosa que, teniendo la apariencia de las de verdad, se utiliza para entretenimiento de los niños. ‖ FAM. juguetear, juguetería, juguetero.

juguetear intr. Entretenerse jugando y retozando con alguna cosa sin finalidad determinada. ‖ FAM. juguetee.

juguetería f. Establecimiento donde se fabrican o se venden juguetes. ‖ Industria del juguete.

juguetero, ra m. y f. Persona que vende o fabrica juguetes. También adj.

juguetón, ona adj. Que juega y retoza o hace travesuras con frecuencia.

juicio m. Facultad del entendimiento que permite discernir y valorar. ‖ Opinión, valoración. ‖ Salud mental, estado de la razón opuesto a la locura. ‖ Cordura, sensatez. ‖ En der., conocimiento de una causa en la cual el juez ha de pronunciar la sentencia. ‖ Operación del entendimiento que consiste en comparar dos ideas para conocer y determinar sus relaciones. ‖ **juicio de valor** Opinión, parecer que se da de manera subjetiva, sin pruebas fehacientes que lo demuestren. ‖ **juicio final** o **universal** El que ha de hacer Dios a todos los hombres al fin del mundo. ‖ **estar en su sano juicio** loc. Tener uno cabal y entero su entendimiento para poder obrar con perfecto conocimiento. ‖ FAM. juiciosamente, juicioso.

juicioso, sa adj. Que actúa con madurez y cordura. También s. ‖ Hecho con juicio.

julay, julandrón o **jula** m. col. y desp. Homosexual masculino, marica. ◆ pl. de la primera forma: julays.

julepe m. Cierto juego de naipes en el que, con cinco cartas, gana el jugador que haga dos o más bazas. ‖ Esfuerzo o trabajo excesivo de una persona. ‖ Desgaste o uso excesivo de una cosa. ‖ col. Reprimenda, castigo, sobre todo si es físico. ‖ amer. col. Susto, miedo. ‖ FAM. julepear.

juliano, na adj. Del emperador romano Julio César o instituido por él: calendario juliano. ‖ **en juliana** loc. adv. Aplicado a ciertos alimentos, y sobre todo con el verbo cortar, en trocitos menudos o en tiras estrechas.

julio[1] m. Séptimo mes del año, entre junio y agosto, que tiene treinta y un días.

julio[2] m. Unidad de trabajo y energía en el sistema métrico decimal equivalente a diez millones de ergios; es el trabajo producido por una fuerza de un newton cuyo punto de aplicación se desplaza un metro.

juma f. amer. col. Borrachera, curda. ‖ FAM. jumar, jumera, jumo.

jumar prnl. amer. col. Emborracharse, beber mucho.

jumbo (voz i.) m. Avión para el transporte de pasajeros y mercancías, de gran tamaño.

jumento, ta m. y f. Asno, burro.

jumil m. amer. col. Plato de insectos comestibles asados en salsa, secos o tostados.

jumilla f. Vino embocado de alta graduación, tinto o rosado, propio de la localidad murciana de Jumilla y sus alrededores. ‖ Cantidad de este vino que cabe en una copa o vaso.

jumo, ma adj. amer. Borracho. También s.

junar tr. amer. Mirar, observar.

juncáceo, a adj. y f. De las juncáceas o relativo a esta familia de plantas. ‖ f. pl. Familia de hierbas angiospermas monocotiledóneas, propias de terrenos hú-

medos, con rizoma, tallos largos, filiformes o cilíndricos, hojas alternas envainadoras y flores poco aparentes, como el junco de esteras.

juncal adj. Del junco o relativo a esta planta. ‖ Estilizado, gallardo, esbelto. ‖ m. Sitio poblado de juncos.

juncia f. Planta herbácea ciperácea de cañas triangulares, hojas largas de bordes ásperos, flores verdosas y frutos en grano seco. ‖ FAM. juncial.

junco[1] m. Nombre común de diversas plantas juncáceas de tallos verdes lisos, cilíndricos, flexibles, puntiagudos y duros, que crecen en parajes húmedos. ‖ Cada uno de estos tallos. ‖ Bastón delgado que se usa para apoyarse al andar. ‖ FAM. juncáceo, juncal, juncar, juncoso, junquera, junqueral, junquillo.

junco[2] m. Especie de embarcación asiática pequeña con velas reforzadas con cañas de bambú.

jungla f. Terreno cubierto de vegetación muy espesa, propio de zonas tropicales, cálidas y húmedas, selva. ‖ Lugar muy poblado, donde predomina la ley del más fuerte.

junio m. Sexto mes del año, entre mayo y julio, que tiene treinta días.

junior adj. Se apl. a la persona más joven respecto de otra de su familia, generalmente su padre, que tiene el mismo nombre. ◆ Su abrev. es jr. ‖ Se dice del deportista comprendido entre los 17 o 21 años. También com. ◆ pl. juniors.

júnior com. Religioso joven que todavía no ha profesado los votos definitivos. ◆ pl. júniors.

junípero m. Enebro.

junquillo m. Planta herbácea de jardinería de la familia de las amarilidáceas, parecida al narciso, con flores amarillas muy olorosas y tallo liso y parecido al junco, que se utiliza en perfumería. ‖ Moldura redonda y delgada.

junta f. Reunión de varias personas para tratar de un asunto. ‖ Grupo de personas elegidas para decidir sobre los asuntos que atañen a un colectivo: junta de accionistas, directiva. ‖ Cada una de las sesiones que celebran. ‖ Unión de dos o más cosas. ‖ Parte en que se unen dos o más cosas, juntura. ‖ Pieza de cartón, caucho u otra materia compresible, que se coloca en la unión de dos tubos u otras partes de un aparato o máquina para impedir el escape del fluido que contienen.

juntar tr. Unir unas cosas con otras o acercarlas. ‖ Reunir, congregar. También prnl. ‖ Acumular, amontonar. ‖ Referido a puertas o ventanas, entornarlas, cerrarlas sin echar la llave. ‖ prnl. Arrimarse, acercarse uno a otro. ‖ Frecuentar la compañía de alguno. ‖ Convivir o mantener relaciones sexuales dos personas que no son matrimonio. ◆ Tiene doble p. p.: uno reg., juntado, y otro irreg., junto. ‖ FAM. junta, juntamente, juntar, juntero.

junto, ta adj. Unido, acercado, reunido. ‖ Que actúa o existe juntamente con otro, a su lado, o al mismo tiempo que él. Más en pl. ‖ **junto a** loc. prepos. Cerca de, al lado de. ‖ **junto con** loc. prepos. En compañía de, en colaboración con. ‖ **todo junto** loc. adv. A la vez. ‖ FAM. junta, juntamente, juntar, juntero.

juntucha f. amer. Comida que se guarda por un tiempo para comerla más tarde.

juntura f. Parte o lugar en que se juntan y unen dos o más cosas. || Pieza que se coloca entre otras dos para unirlas o asegurarlas.

juquear tr. *amer.* Robar mineral.

jura f. Acción de jurar solemnemente fidelidad o la sumisión a ciertos preceptos u obligaciones: *jura de la Constitución.* || Juramento, afirmación o negación de una cosa, poniendo por testigo a Dios. || Ceremonia solemne en que se jura: *jura de bandera.*

juraco m. *amer.* Boquete, agujero.

jurado, da adj. Que ha prestado juramento al encargarse del ejercicio de ciertas profesiones: *traductor jurado.* || m. Tribunal no profesional ni permanente que tras el juicio debe declarar si considera culpable o inocente al acusado, para que el juez dicte sentencia. || Tribunal que examina y califica en concursos o certámenes. || Cada uno de los miembros de estos tribunales.

juramento m. Afirmación o negación de una cosa, poniendo por testigo a Dios, o en sí mismo o en sus criaturas. || Maldición, blasfemia. || **prestar juramento** loc. Jurar ante una autoridad competente. || FAM. juramentar.

jurar tr. Afirmar o negar una cosa, o prometerla, rotundamente poniendo por testigo a Dios, a algo o a alguien querido. || Reconocer solemnemente la soberanía de quien la ejerce. || Someterse solemnemente a los preceptos constitucionales de un país, a estatutos, cargos, etc. || intr. Blasfemar, maldecir. || **jurar en falso** loc. Asegurar con juramento lo que se sabe que no es verdad. || **jurársela** o **jurárselas** a alguien, o **tenérselas juradas** a alguien. *col.* Prometer cobrarse venganza. || FAM. jura, jurado, jurador, juramento.

jurásico, ca adj. y m. Del segundo periodo de la era secundaria o mesozoica, situado entre el triásico y el cretácico, y de los terrenos y formas de vida de este periodo, en el que se empiezan a delimitar las masas continentales, aparecen las aves y predominan los dinosaurios, o relativo a ellos.

jurel m. Pez osteíctio perciforme marino comestible de unos 50 cm de longitud, con dos aletas de grandes espinas en el lomo, de color plomizo y cola extensa y muy ahorquillada.

jurídico, ca adj. Del derecho o las leyes o que atañe o se ajusta a ellos. || FAM. jurídicamente, juridicial, jurisconsulto, jurisdicción, jurisperito, jurisprudencia, jurista.

jurisconsulto, ta m. y f. Persona que profesa con el debido título la ciencia del derecho, dedicándose más particularmente a escribir sobre él y a resolver las consultas legales que se le proponen. || Conocedor de la ciencia del derecho.

jurisdicción f. Poder o autoridad para gobernar y poner en ejecución las leyes o para aplicarlas en juicio. || Territorio sobre el que se ejerce este poder. || Término de un lugar. || FAM. jurisdiccional.

jurisdiccional adj. De la jurisdicción o relativo a ella: *aguas jurisdiccionales.*

jurisperito, ta m. y f. Persona que conoce el derecho y las leyes en toda su extensión. || FAM. jurispericia.

jurisprudencia f. Ciencia del derecho. || Conjunto de las sentencias de los tribunales, y doctrina que contienen. || Conjunto de sentencias de los tribunales que, por ley, constituyen un precedente para justificar otros casos no regulados. || FAM. jurisprudente.

jurista com. Persona que estudia o profesa la ciencia del derecho.

jurungar tr. *amer.* Solucionar, resolver un asunto o un problema.

justa f. Pelea o combate singular medieval, que se hacía a caballo y con lanza. || Torneo en el que se acreditaba la destreza en el manejo de las armas. || Competición o certamen en un ramo del saber. || FAM. justador, justar.

justicia f. Virtud que inclina a dar a cada uno lo que le pertenece o lo que le corresponde. || Derecho, razón, equidad. || Lo que debe hacerse según el derecho o la razón. || Pena o castigo y su aplicación. || Poder judicial. || com. Persona que administra justicia. || **administrar justicia** loc. Aplicar las leyes en los juicios civiles o criminales y hacer cumplir las sentencias. || **hacer justicia** loc. Obrar en razón o tratar a alguien según su mérito, sin atender a otro motivo, especialmente cuando hay competencia y disputa. || **hacer un sol** o **un calor de justicia** loc. *col.* Hacer muchísimo calor. || FAM. justicialismo, justiciero, justificable, justo.

justicialismo m. Movimiento político argentino de carácter populista y nacionalista, fundado por el general Perón a mediados del siglo XX. || FAM. justicialista.

justicialista adj. Del justicialismo o relativo a él. || adj. y com. Partidario o seguidor de este movimiento político.

justiciero, ra adj. Que observa y hace observar estrictamente la justicia, sobre todo en lo que atañe al castigo de los delitos.

justificable adj. Que se puede justificar o tiene justificación.

justificación f. Causa, razón, argumento que justifica. || Prueba de la calidad o la veracidad de algo o de la bondad o la inocencia de alguien. || En impr., ajuste de la alineación y de la longitud de las líneas de un texto.

justificante adj. Que justifica. || m. Documento que prueba la veracidad de algo: *justificante de compra, médico.*

justificar tr. Ser algo la causa de que otra cosa no resulte extraña o censurable. || Probar una cosa con razones convincentes, testigos y documentos. || Probar la inocencia de uno. También prnl. || En impr., igualar el largo de las líneas según la medida exacta que les corresponde. || FAM. justificable, justificación, justificado, justificador, justificante, justificativo.

justillo m. Prenda interior sin mangas, que se ajusta al cuerpo y no baja de la cintura.

justipreciar tr. En der., tasar, determinar exacta y rigurosamente el valor de algo. || FAM. justipreciación, justiprecio.

justo, ta adj. Que obra según la justicia, la moral o la razón. También s. || Acción que se efectúa conforme a la razón y a la equidad. || Merecido, que no puede ser censurado. || Exacto, ajustado en número o medida. || Preciso, adecuado. || Apretado o que ajusta bien con otra cosa. || adv. m. De manera justa, como es debido. || Con estrechez. || FAM. justamente, justedad, justeza, justificar, justicia, justillo, justipreciar.

juvenil adj. De la juventud, relacionado con ella o propio de esta etapa de la vida. || Se dice de la categoría de los deportistas entre la de cadete y la de junior. || FAM. juvenilmente.

juventud f. Etapa de la vida que empieza en la pubertad y se extiende a los comienzos de la edad adulta. || Conjunto de las características propias de la persona joven. || Conjunto de personas jóvenes. || Primeras etapas del desarrollo de algo. || Energía, vigor, tersura. || pl. Organización política cuyos miembros son jóvenes. || FAM. juvenil.

juzgado m. Sitio donde se juzga. || Tribunal, junta de jueces que concurren a dar sentencia. || Órgano judicial formado por un solo juez. || Término o territorio de su jurisdicción. || Cargo de juez. || **ser** algo **de juzgado de guardia** loc. *col.* Ser intolerable, injusto o abusivo.

juzgar tr. Deliberar, quien tiene autoridad para ello, acerca de la culpabilidad de alguno, o de la razón que le asiste en un asunto, y sentenciar lo procedente. || Valorar, formar juicio u opinión sobre algo o alguien. || **a juzgar por** algo loc. Según se deduce de ello, ateniéndose a lo que resulta. || FAM. juzgado, juzgador.

k

k f. Undécima letra del abecedario español, y octava de sus consonantes. Fonéticamente representa un sonido de articulación velar, oclusiva y sorda. Su nombre es *ka*. || Símbolo del potasio.

ka f. Nombre de la letra *k*.

kabuki m. Género dramático tradicional japonés que se caracteriza por su realismo y su populismo, en el que los actores y actrices salen a escena sin máscaras y por el patio de butacas.

kafkiano, na adj. Del escritor checo Franz Kafka o relativo a su obra. || Se apl. a las cosas o situaciones absurdamente complicadas, extrañas, como las que describía Kafka.

káiser m. Título de algunos emperadores de Alemania.

kaki m. Caqui.

kamikaze m. Camicace.

kan m. Príncipe o jefe, entre los tártaros.

kantismo m. Sistema filosófico ideado por Kant a fines del siglo XVIII, fundado en la crítica del entendimiento y de la sensibilidad. || FAM. kantiano, kantista.

kappa f. Décima letra del alfabeto griego, que se corresponde con nuestra *k*. En el latín y en los idiomas neolatinos se ha sustituido en general por la *c*. Su grafía mayúscula es K, y la minúscula, κ.

karaoke m. Aparato que emite la música de canciones conocidas con el fin de que una o varias personas puedan poner su voz sobre ella, leyendo sobregrabada sobre un videoclip o sobre imágenes neutras en una pantalla la letra de las canciones. || Establecimiento lúdico donde hay uno de estos aparatos para que los clientes puedan cantar.

kárate o **karate** m. Arte marcial japonesa de autodefensa, basada en golpes secos realizados con el borde de la mano, los codos o los pies. || FAM. karateca.

karateca o **karateka** com. Deportista que practica el kárate.

karma m. Principio hinduista según el cual el comportamiento en una vida influye en las sucesivas.

karst m. Relieve y hundimientos propios de los terrenos calizos, por el efecto que la disolución del agua tiene sobre ellos. ◆ No varía en pl. || FAM. kárstico, karstificación.

kart (voz i.) m. Pequeño automóvil monoplaza, con motor de dos tiempos de poca cilindrada y sin suspensión ni carrocería, usado exclusivamente en pistas específicas y con intención lúdica o deportiva. ◆ pl. *karts*. || FAM. karting.

kasba o **kasbah** f. Barrio antiguo de algunas ciudades árabes, que se caracteriza por la estrechez e irregularidad de sus calles.

kastán m. Turbante turco.

kata f. En las artes marciales, cada uno de los movimientos que se hacen a modo de entrenamiento, para desarrollar la fuerza y la concentración.

katana f. Arma semejante a un alfanje usada por guerreros orientales.

katiuska f. Bota de goma o caucho que llega hasta media pierna o hasta la rodilla, muy apropiada para la lluvia. Más en pl.

kayak m. Canoa individual de los esquimales, hecha con piel de foca y madera. || Embarcación ligera de más de 4 m, de remos, hecha de tela alquitranada sobre un armazón de madera, para uno o varios regatistas. ◆ pl. *kayaks* o *kayacs*.

kazako, ka adj. y s. De Kazajstán o relativo a esta República del este asiático que pertenecía a la antigua Unión Soviética.

kebab m. Plato compuesto por trocitos de carne de cordero o de cabrito especialmente asados.

kéfir m. Hongo que fermenta la leche produciendo un yogur que contiene ácido láctico, alcohol y ácido carbónico, característico de los países caucásicos. || Este yogur.

kelvin m. Unidad de medida en la escala de temperatura absoluta en la que el cero, llamado *cero absoluto*, equivale a −273,16 °C. Su símbolo es *K*.

kendo m. Arte marcial japonés que se practica con bastones de bambú.

keniano, na adj. y s. De Kenia o relativo a este país centroafricano.

keniata adj. y com. Keniano.

kentia f. Especie de palmera de la familia de las palmáceas, originaria de las islas del Pacífico, que se cultiva como planta ornamental.

kermés f. Fiesta popular de los Países Bajos. || Pinturas o tapices flamencos del siglo XVII que representaban fiestas populares. || P. ext., fiesta popular, al aire libre, con bailes, rifas, concursos, etc. || Lugar donde se celebra esa fiesta. || Rifas, concursos, etc., que se efectúan en esta fiesta.

kerosén o **keroseno** m. amer. Queroseno.

kétchup m. Salsa de tomate con vinagre, azúcar y especias, de sabor agridulce.

kibutz m. Organización agraria de economía comunitaria propia de Israel.

kick boxing (voz i.) m. Modalidad deportiva en que se mezclan las técnicas de lucha o combate del boxeo con las de algunas artes marciales.

kif m. Estupefaciente o narcótico que se extrae de las hojas del cáñamo índico y se fuma en pipa mezclado con tabaco.

kiko m. Grano de maíz tostado, con sal. Más en pl.

kilo m. abrev. de *kilogramo.* ‖ col. Un millón de las antiguas pesetas. ‖ col. Mucha cantidad de algo.

kilo- pref. que significa 'mil': *kilolitro, kilocaloría.*

kilocaloría f. Unidad de energía térmica que equivale a mil calorías, es decir, la cantidad de calor necesaria para elevar un grado la temperatura de un litro de agua a quince grados. ◆ Su abrev. es *Kcal.*

kilográmetro m. Unidad de trabajo mecánico o esfuerzo capaz de levantar un kilogramo a un metro de altura.

kilogramo m. Unidad métrica fundamental de masa y peso que equivale a mil gramos. ‖ Pesa de un kilogramo. ‖ Cantidad de alguna materia que pese un kilogramo. ‖ Unidad de fuerza igual al peso de un kilogramo de masa sometida a la gravedad normal. ◆ Su abrev. es *kg.* ‖ FAM. kilo, kilográmetro.

kilolitro m. Medida de capacidad que tiene 1000 litros. ◆ Su abrev. es *kl.*

kilometraje m. Cómputo de los kilómetros recorridos por un vehículo. ‖ Total de los kilómetros recorridos por un vehículo en cierto tiempo.

kilométrico, ca adj. Del kilómetro o relativo a esta medida de longitud. ‖ col. De larga duración. ‖ m. Se apl. a un tipo de billete de ferrocarril que autoriza a recorrer un número determinado de kilómetros en un periodo de tiempo establecido.

kilómetro m. Medida de longitud que tiene 1000 metros. ◆ Su abrev. es *km.* ‖ FAM. kilometraje, kilometrar, kilométrico.

kilopondio m. Unidad de fuerza que pesa un kilogramo.

kilotón o **kilotrón** m. Unidad que sirve para medir la potencia explosiva de las bombas nucleares, que equivale al poder aniquilador de mil toneladas de trilita.

kilovatio m. Unidad de potencia eléctrica equivalente a 1000 vatios. ‖ **kilovatio hora** Unidad de trabajo o energía equivalente a la energía producida o consumida por una potencia de un kilovatio durante una hora. ◆ Su abrev. es *kW.*

kilt (voz i.) m. Falda típica de los escoceses, hecha de tela de lana de cuadros. ◆ pl. *kilts.*

kimono m. Quimono.

kion m. *amer.* Jengibre.

kiosco m. Quiosco. ‖ FAM. kiosquero.

kirguís adj. y com. De Kirguizistán o relativo a esta República del Asia central que formaba parte de la Unión Soviética. ◆ No varían en pl.

kirguizo, za o **kirgiso, sa** adj. y s. Kirguís.

kirie m. Invocación o imprecación a Dios que se hace al principio de la misa. Más en pl.

kirieleisón m. Invocación a Dios, kirie.

kirsch (voz al.) m. Aguardiente de cerezas silvestres. ‖ P. ext., licor de otras frutas.

kit m. Aparato o mueble que se vende en piezas separadas que han de ser montadas por el comprador. ‖ Conjunto de piezas o instrumentos que sirven para realizar alguna función o desarrollar alguna actividad: *kit de limpieza.* ◆ pl. *kits.*

kitsch (voz al.) m. Tendencia artística de fines del siglo XVIII que se caracterizó por su ostentosidad pretenciosa, su barroquismo y su mal gusto. ‖ adj. De esta tendencia artística o relativo a ella, especialmente referido a los elementos decorativos excesivamente recargados y pretenciosos. ◆ No varía en pl.

kiwi m. Ave apterigiforme corredora, incapaz de volar, de unos 70 cm de altura, con las patas cortas y robustas y el pico corvo y largo, originaria de Oceanía. ‖ Planta arbustiva de la familia de las actinidáceas, de origen chino con flores blancas y amarillas. ‖ Fruto de esta planta, de piel marrón, rugosa y peluda y carne verde comestible.

kleenex o m. Clínex.

K.O. abrev. de la expr. i. *knock out,* que significa 'fuera de combate'. Se dice en boxeo cuando uno de los contendientes deja sin conocimiento o sin posibilidad de seguir peleando al otro. ◆ Se usa sobre todo con el verbo *dejar* y a veces con sentido figurado.

koala m. Mamífero marsupial trepador de origen australiano, de unos 80 cm, semejante a un osezno, de pelo grisáceo, orejas grandes y hocico pequeño, que se alimenta de hojas de eucalipto.

koiné f. Lengua común de los griegos a partir del siglo IV a. C., formada por la unificación de los distintos dialectos que entonces se hablaban. ‖ P. ext., lengua nacida a partir de la unificación de otras diversas.

krausismo m. Sistema filosófico basado en las doctrinas de Krause, filósofo alemán de principios del siglo XIX, según las cuales Dios, sin ser el mundo ni estar fuera de él, lo contiene en sí y de él trasciende, intentando ser una conciliación entre el teísmo y el panteísmo. ‖ FAM. krausista.

kril m. Conjunto de una gran variedad de especies de pequeños moluscos y crustáceos, de alto poder nutritivo, que forma parte del plancton de los mares polares.

ku klux klan m. Organización política secreta y violenta de origen norteamericano, de ideología esclavista y racista, defensora de la supremacía de la raza blanca. ◆ Suele escribirse con mayúscula.

kung-fu m. Arte marcial de origen chino, basado en un conjunto de técnicas de lucha budista.

kurdo, da adj. y s. Del Kurdistán o relativo a esta región de Oriente Medio. ‖ m. Lengua que hablan los kurdos.

kuwaití adj. y com. De Kuwait o relativo a este país surasiático situado en el golfo de Arabia. ◆ pl. *kuwaitís* o *kuwaitíes.*

kyrie m. Kirie.

L

l f. Duodécima letra del abecedario español y novena de sus consonantes. Fonéticamente representa un sonido de articulación ápico-alveolar, lateral, fricativa y sonora. Su nombre es *ele*. || En la numeración romana, cincuenta.

la¹ art. det. f. sing. Se antepone a un sustantivo f. sing. para indicar que el referente es conocido por el hablante y el oyente. ◆ Cuando el nombre f. sing. empieza por *a* o *ha* tónicas, se utiliza la forma m. sing. *el: el habla, el águila*. || pron. Forma átona del pron. pers. f. sing. de tercera persona, de los denominados clíticos que, en la oración, desempeña la función de complemento directo: *mírala bailar*. ◆ pl. *las*. || FAM. laísmo.

la² m. Sexta nota de la escala musical: *en clave de la*. ◆ pl. *las*.

lábaro m. Estandarte romano sobre el que, bajo el mandato de Constantino, se puso la cruz y el monograma de Cristo. || P. ext., este monograma o la cruz.

laberinto m. Lugar formado por calles, caminos, encrucijadas, etc., del que es muy difícil encontrar la salida. || Cosa confusa y enredada. || Parte interna del oído. || FAM. laberíntico.

labia f. Elocuencia y gracia para hablar y convencer a los demás.

labiado, da adj. Se apl. a la corola dividida en dos partes o labios, el superior formado por dos pétalos y el inferior por tres; p. ext., se dice de la flor que posee esta corola. || adj. y f. De las labiadas o relativo a esta familia de plantas. || f. pl. Familia de plantas angiospermas dicotiledóneas, herbáceas o arbustivas, de hojas opuestas y corola dividida en dos partes o labios, como la albahaca o el tomillo.

labial adj. De los labios o relativo a ellos. || En fon., se apl. al sonido y al fonema cuya articulación se forma mediante el contacto de los labios, como el de la *p*. || En fon., se dice de la consonante que tiene este punto de articulación, como la *b*. También f. Más en pl. || FAM. labialización, labializar.

labiérnago m. Arbusto o arbolillo oleáceo de 2 a 3 m de altura, con ramas mimbreñas, hojas perennes, estrechas y de color verdinegro, flores de corola blanquecina y fruto en drupa negruzca, del tamaño de un guisante.

lábil adj. Que resbala o se desliza fácilmente. || Frágil, caduco, débil. || Poco estable, poco firme en sus resoluciones. || En quím., se apl. al compuesto fácil de transformar en otro más estable. || FAM. labilidad.

labio m. Cada una de los rebordes exteriores, carnosos y móviles, de la boca. || Borde de ciertas cosas: *labios de una herida*. || Órgano del habla. Más en pl. || **labio vaginal** Cada uno de los dos pares de repliegues cutáneos de la vulva. Más en pl. || FAM. labia, labiado, labial, labihendido, labiodental.

labiodental adj. En fon., se apl. al sonido y al fonema cuya articulación se forma acercando el labio inferior a los bordes de los dientes superiores. || En fon., se dice de la consonante que tiene este punto de articulación, como la *f*. También f. Más en pl.

labor f. Trabajo, faena. || Adorno tejido o hecho a mano en la tela. Más en pl. || Obra de coser o bordar. || Labranza, en especial la de las tierras que se siembran. Más en pl. || Grupo de productos que se confeccionan en la fábrica de tabacos. || *amer.* Pequeña finca agrícola. || **sus labores** Fórmula administrativa que designa la dedicación, no remunerada, de la mujer a las tareas de su propio hogar. || **estar por la labor** loc. *col.* Estar dispuesto a hacer lo que se indica. Más con negación. || FAM. laborable, laboral, laboralista, laborar, laboratorio, laborear, laborioso, laborismo, labrar.

laborable adj. Se apl. al día en el que se trabaja, frente al festivo. También m. y más en pl.

laboral adj. Del trabajo y relativo a él, sobre todo en lo que concierne a sus aspectos jurídicos y económicos: *contrato, incapacidad laboral*.

laboralista adj. y com. Se apl. al abogado especializado en derecho laboral.

laborar tr. Labrar. || intr. Esforzarse, emplearse en algo.

laboratorio m. Lugar dotado de todo lo necesario para hacer experimentos médicos o químicos, o realizar investigaciones técnicas o científicas.

laborear tr. Labrar o trabajar una cosa. || Hacer excavaciones en una mina. || intr. Pasar y correr un cabo por una garrucha o polea. || FAM. laboreo.

laboreo m. Cultivo de la tierra o del campo. || Orden y disposición de los cabos de labor de las embarcaciones. || Técnica de explotar las minas. || Conjunto de labores que se realizan para ello.

laboriosidad f. Aplicación o inclinación al trabajo. || FAM. laboriosidad.

laborioso, sa adj. Trabajador, aplicado en el trabajo. || Trabajoso, que requiere mucho esfuerzo. || FAM. laboriosamente.

laborismo m. Ideología política inglesa de carácter reformista e izquierdista, aunque moderado, cuya base social es la clase trabajadora. || FAM. laborista.

laborista adj. Del laborismo o relativo a él. || adj. y com. Partidario de esta doctrina política.

labrado, da adj. Se apl. a la tela o al material que tiene alguna labor o algún tipo de adorno. || m. Acción y resultado de labrar un material. || Campo labrado.

labrador, ra adj. y s. Que labra la tierra. || m. y f. Persona que cultiva por su cuenta sus propias tierras.

labradorita f. Silicato de aluminio, sodio y potasio de origen ígneo, laminar, de color gris, traslúcido, que entra en la composición de diferentes rocas y se utiliza como material de construcción.

labrantío, a adj. y m. Se apl. al campo o tierra de labor.

labranza f. Cultivo de los campos. || Hacienda de campo o tierras de labor.

labrar tr. Cultivar la tierra. || Arar antes de sembrar. || Trabajar una materia dándole forma o formando relieves en ella. || Coser, bordar o hacer otras labores de costura. || Hacer, preparar o causar algo gradualmente: *labró su propia ruina.* || FAM. labra, labradío, labrado, labrador, labrantío, labranza, labriego.

labriego, ga m. y f. Labrador que vive en el medio rural.

labro m. Labio superior de la boca de los insectos.

laca f. Sustancia resinosa que se forma en las ramas de varios árboles de la India. || Barniz duro y brillante hecho con esta sustancia. || P. ext., objeto barnizado con él. || Color rojo que se saca de la cochinilla o de algunas maderas. || Sustancia líquida e incolora que se emplea para fijar el peinado. || **laca de uñas** Especie de esmalte o pintura coloreada o transparente que sirve para pintar las uñas. || FAM. lacar.

lacandón, ona adj. y s. De una comunidad indígena que habita en Chiapas, México, y en el norte de Guatemala, o relativo a estos indios y a su idioma. || m. Lengua que hablan estos indios.

lacar tr. Cubrir una superficie con una capa de laca. || FAM. lacado.

lacayo, ya adj. Servil, bajo, rastrero. || m. Criado de librea que acompañaba a su amo a pie, a caballo o en coche. || *desp.* Hombre servil. || FAM. lacayuno.

lacear tr. Sujetar o adornar con lazos. || *amer.* Sujetar un animal con lazo. || FAM. laceador, lacero, lacería.

lacerar tr. Lastimar, herir, golpear. También prnl. || Dañar, vulnerar. || intr. Padecer, sufrir penas y trabajos. || FAM. laceración, lacerado, lacerante.

lacería f. Conjunto de lazos, especialmente los que adornan.

lacero, ra m. y f. Persona diestra en manejar el lazo para sujetar a los animales. || Cazador furtivo que se dedica a coger con lazos la caza menor. || Empleado municipal encargado de recoger a lazo perros vagabundos.

lacertilio, lia adj. y m. De los lacertilios o relativo a esta familia de reptiles. || m. pl. Familia de reptiles que tienen el cuerpo cubierto de escamas, ojos saltones con párpados, cola larga y patas cortas y fuertes, como el lagarto.

lacha f. *col.* Vergüenza, estimación de la propia honra.

lachear tr. *amer. col.* Luchar una persona por seducir a otra.

lacho m. *amer.* Amante, hombre enamoradizo y seductor. || FAM. lachear.

lacinia f. Cada una de las tiras largas y de forma irregular en que se dividen las hojas o los pétalos de algunas plantas.

lacio, cia adj. Marchito, ajado. || Se apl. al cabello sin ondas ni rizos. || Flojo, sin fuerza.

lacón m. Antebrazo, brazuelo del cerdo, y especialmente su carne curada o cocida, que se come.

lacónico, ca adj. Breve, exacto, conciso. || Que habla o escribe de esta manera. || FAM. lacónicamente, laconismo.

laconismo m. Brevedad y exactitud, sobre todo aplicado a la expresión oral y escrita.

lacra f. Señal de una enfermedad o achaque. || Defecto físico o moral que marca a quien o a lo que lo padece. || FAM. lacrar.

lacrar tr. Cerrar con lacre.

lacre m. Pasta sólida elaborada con laca y trementina coloreadas, que se emplea derretida para cerrar y sellar cartas y paquetes. || adj. y m. *amer.* Rojo o de este color. || FAM. lacrar.

lacrimal adj. De las lágrimas o relativo a ellas.

lacrimógeno, na adj. Que produce lágrimas, sobre todo dicho de gases u otros irritantes de los ojos. || Que mueve a llanto, excesivamente sentimental.

lactancia f. Periodo de la vida de los mamíferos en el que se alimentan solo de leche materna. || Acción de mamar. || FAM. lactación, lactante, lactar.

lactante adj. y com. Que mama, que se alimenta solo de leche. || adj. y f. Se apl. a la hembra recién parida que amamanta a sus criaturas.

lactato m. Compuesto resultante de la combinación del ácido láctico con un radical simple o compuesto.

lácteo, a adj. Relativo o parecido a la leche. || Hecho de leche o derivado de ella. También m. pl. || FAM. lactancia, lacteado, láctico, lactosa.

lactosa f. Azúcar disacárido que contiene la leche.

lacustre adj. De los lagos o relativo a ellos. || Que habita, está o se desarrolla en un lago o en sus cercanías.

ladeado, da adj. Inclinado, torcido. || Se apl. a las hojas, flores, espigas y demás partes de una planta cuando todas miran a un solo lado.

ladear tr., intr. y prnl. Inclinar, torcer una cosa hacia un lado. || intr. Andar o caminar por las laderas. || prnl. Inclinarse a una cosa, preferirla. || *amer.* Quedarse prendado, enamorarse de alguien. || FAM. ladeado, ladeo.

ladeo m. Inclinación, torcimiento. || Paseo por una ladera. || *amer.* Enamoramiento.

ladera f. Cualquiera de los lados en declive de un monte.

ladero, ra adj. Del lado o relativo a él, lateral. || *amer.* Se apl. al caballo que tira de un carro por el lado derecho. || m. y f. *amer.* Persona que secunda a otra, particularmente a un caudillo político.

lama

ladilla f. Insecto anopluro de tamaño y forma semejante al piojo y de color amarillento, que vive parásito en las partes vellosas del cuerpo humano, reproduciéndose con gran rapidez.

ladino, na adj. Astuto, sagaz, taimado. También s. || *amer.* Mestizo, especialmente el que solo habla español. || m. Lengua hablada en la antigua Retia. || Dialecto judeoespañol hablado por los sefardíes.

lado m. Costado de la persona o del animal, comprendido entre el brazo y el hueso de la cadera. || Parte de una cosa situada cerca de sus extremos. || Cada una de las dos caras de una superficie, anverso y reverso, como una tela, una moneda, etc. || Cualquiera de las partes que limitan un todo. || Cada uno de los aspectos que se pueden considerar de algo o alguien. || Modo, medio o camino que se sigue para conseguir algo. || En geom., cada una de las líneas que forman un ángulo o un polígono. || En geom., generatriz de la superficie lateral del cono y del cilindro. || En geom., cada una de las aristas de los poliedros. || **al lado** loc. adv. Muy cerca, inmediato. || **dar** o **dejar** a uno **de lado** loc. *col.* Ignorarlo, rechazar su compañía. || **dejar** una cosa **a un lado** loc. Omitirla, obviarla, no mencionarla. || **echarse** o **hacerse** uno **a un lado** loc. Apartarse, retirarse. || **ir cada uno por su lado** loc. Seguir distintos caminos. || FAM. ladeado, ladear, ladeo, ladera, ladería, ladero, ladillo.

ladrar intr. Dar ladridos el perro. || *col.* Amenazar sin llegar a hacer nada. || FAM. ladrador, ladrido.

ladrido m. Voz que emite el perro. || *col.* Grito, insulto.

ladrillo m. Masa de arcilla cocida con forma de prisma rectangular empleada en la construcción. || *col.* Latazo, pesadez, cosa aburrida. || FAM. ladrillar, ladrillazo, ladrillera, ladrillero.

ladrón, ona adj. y s. Que hurta o roba. || m. Enchufe que permite tomar corriente eléctrica para más de un aparato. || FAM. ladronear, ladronera, ladronería, ladronía, ladronzuelo, latrocinio.

lady (voz i.) f. Título de honor que se da en Inglaterra a las señoras de la nobleza. ◆ pl. *ladies.*

lagar m. Sitio donde se pisa la uva, se prensa la aceituna o se machaca la manzana para obtener su jugo. || Edificio donde hay un lagar para uva, aceituna o manzana. || En las fábricas conserveras, depósito para conservar el pescado en salmuera.

lagarta f. Insecto lepidóptero cuya oruga causa grandes daños a diversos árboles, principalmente a la encina; el macho es más pequeño y oscuro que la hembra y tiene antenas plumosas en lugar de sencillas. || *col.* Mujer pícara, taimada. También adj.

lagartija f. Nombre común de diversos reptiles escamosos lacertilios que miden entre 6 y 10 cm, ligeros y espantadizos, que se alimentan de insectos y viven en los huecos de las paredes.

lagarto, ta m. y f. Nombre común de diversos reptiles escamosos lacertilios de cuerpo y cola largos, cubiertos de escamas pardas o verdosas con cuatro patas cortas y delgadas; son sumamente ágiles, inofensivos y útiles para la agricultura, puesto que se alimentan de insectos. || *col.* Lagartón. También adj. || **¡lagarto!** interj.

Se emplea para ahuyentar la mala suerte. Suele usarse repetida. || FAM. lagarta, lagartija, lagartón.

lagartón, ona adj. y s. *col.* Se apl. a la persona taimada y astuta.

lago m. Gran masa de agua, normalmente dulce, acumulada en depresiones del terreno. || FAM. lagar, laguna.

lagomorfo, fa adj. y m. De los lagomorfos o relativo a este orden de mamíferos. || m. pl. Orden de los mamíferos parecidos a los roedores, pero con dos pares de incisivos superiores, como el conejo.

lágrima f. Cada una de las gotas del líquido que segrega la glándula lagrimal. Más en pl. || Gota que destilan algunos árboles después de la poda. || Porción pequeña de cualquier licor. || Adorno, especialmente de vidrio, de forma de gota. || pl. Desgracias, sufrimientos. || **lágrimas de cocodrilo** Las que derrama una persona aparentando un dolor o una pena que no siente realmente. || **llorar a lágrima viva** Llorar abundantemente y con íntima pena. || **saltársele** a uno **las lágrimas** loc. Enternecerse, echarse a llorar. || FAM. lagrimal, lagrimear, lagrimeo, lagrimón, lagrimoso.

lagrimal adj. Se apl. al órgano de secreción y excreción de las lágrimas. También m. || m. Extremidad del ojo próxima a la nariz.

lagrimeo m. Secreción constante o muy abundante de lágrimas por irritación de los ojos.

lagua f. *amer.* Sopa espesa hecha con harina de maíz, trigo u otro cereal.

laguna f. Depósito natural de agua menor que el lago. || Omisión u olvido en un escrito. || Cualquier cosa olvidada o desconocida. || Vacío o defecto en un conjunto o serie. || FAM. lagunero, lagunoso.

laicismo m. Doctrina que defiende la independencia del ser humano, de la sociedad y del Estado de toda influencia eclesiástica o religiosa. || FAM. laicista.

laicista adj. Del laicismo o relativo a él. || com. Partidario de esta doctrina.

laico, ca adj. No eclesiástico ni religioso, civil. También s. || Se apl. a la escuela o a la enseñanza que prescinde de la instrucción religiosa. || FAM. laicado, laical, laicalización, laicalizar, laicidad, laicismo, laicización, laicizar.

laísmo m. Empleo de las formas *la* y *las* del pron. pers. para el complemento indirecto, en lugar de las correctas *le* y *les.* || FAM. laísta.

laísta adj. y com. Que comete laísmo.

laja f. Piedra grande, lisa y plana.

lama[1] f. Cieno blando, suelto y pegajoso, oscuro, que se halla en algunos lugares del fondo del mar o de los ríos, y en los recipientes o lugares en donde hay o ha habido agua largo tiempo. || Pradera, prado. || *amer.* Musgo, organismo briofito.

lama[2] f. Lámina de metal, madera u otros materiales que se emplea para diferentes usos, como la construcción de persianas graduables o de somieres. || Tela de oro o plata en que los hilos de estos metales forman el tejido y brillan por su haz sin pasar al envés.

lama[3] m. Sacerdote de los tártaros occidentales, cercanos a la China. || Maestro de la doctrina budista tibetana: *dalái lama.* || FAM. lamaísmo, lamaísta.

lambada f. Baile brasileño que se caracteriza por el ritmo y la sensualidad de sus movimientos.

lambda f. Undécima letra del alfabeto griego, que se corresponde con nuestra *l*. Su grafía mayúscula es Λ, y la minúscula, λ.

lamber tr. *amer.* Lamer. || FAM. lambida.

lambiscón, ona adj. *amer.* Halagador, adulador.

lambón, ona adj. y s. *amer.* Se apl. a la persona delatora o a la muy aduladora.

lambrusco, ca adj. y s. Glotón, goloso.

lamé m. Tela tejida con hilos de oro y plata.

lameculos com. *vulg.* Persona aduladora y servil, pelota. ◆ No varía en pl.

lamelibranquio, quia adj. y m. Bivalvo.

lamentable adj. Que merece lamentarse o llorarse. || Que produce una mala impresión por estar estropeado, roto o maltrecho. || Que infunde tristeza y horror. || FAM. lamentablemente.

lamentación f. Expresión de pena o sentimiento, muestra de dolor, queja. Más en pl.

lamentar tr. Sentir pena, contrariedad, arrepentimiento, etc., por algo. || Sentir una cosa con llanto, sollozos u otras demostraciones de dolor. También prnl. || prnl. Quejarse. || FAM. lamentable, lamentación, lamento.

lamento m. Queja triste, acompañada de llanto u otras muestras de aflicción. || FAM. lamentar, lamentoso.

lamer tr. Pasar repetidas veces la lengua por una cosa. También prnl. || Rozar algo blanda y suavemente. || FAM. lameculos, lamedor, lamedura, lamerón, lameruzo, lametada, lametazo, lametear, lameteo, lametón, lamido, laminero.

lamerón, ona adj. y s. Goloso, dulcero. || Adulador, halagador.

lametón m. Acción de lamer con ansia y fuerza.

lamia[1] f. Figura terrorífica de la mitología, con rostro de mujer hermosa y cuerpo de dragón.

lamia[2] f. Pez condrictio que se encuentra en los mares españoles y alcanza unos 3 m de longitud.

lamido, da adj. Se apl. a la persona flaca, y también a la muy pálida. || Relamido, afectado, demasiado limpio y cuidado.

lámina f. Plancha delgada de metal u otro material. || Plancha de cobre o de otro metal en la que está grabado un dibujo para estamparlo. || Representación en papel u otra materia de una figura u objeto, estampa. || Porción de cualquier materia extendida en superficie y de poco grosor. || Parte ensanchada de las hojas, pétalos y sépalos. || Parte delgada y plana de los huesos, cartílagos, tejidos y membranas de los seres orgánicos. || FAM. lama, laminar, laminoso.

laminar adj. Que tiene forma de lámina. || Se apl. a la estructura de un cuerpo cuando está formado por varias capas superpuestas. || FAM. laminación, laminado, laminador, laminadora.

lampa f. *amer.* Azada propia de los mineros y los agricultores.

lampalagua f. *amer.* Reptil ofidio de la familia de las boas que mide aproximadamente 2,5 m de longitud. De coloración amarronada con manchas amarillentas, vive en las serranías y llanuras del norte y noroeste de Argentina y se alimenta de aves y mamíferos pequeños.

lámpara f. Utensilio para dar luz. || Utensilio o aparato que sostiene una o varias luces artificiales. || Elemento de los aparatos de radio y televisión, parecido en su aspecto a una lámpara eléctrica, que en su forma más simple consta de tres electrodos metálicos. || *col.* Lamparón. || FAM. lamparería, lamparero, lamparilla, lamparín, lamparista, lamparón, lampista.

lamparilla f. Mecha sujeta en una ruedecita flotante, y que se enciende en un vaso que contiene aceite. || Recipiente donde se pone.

lamparón m. Mancha que cae en la ropa y especialmente la de grasa.

lampasear tr. *amer.* Hacer brillar el suelo frotándolo con un pie sobre la mitad de un coco seco.

lampazo m. Planta compuesta de hasta 1,50 m de altura, de tallo grueso, ramoso y estriado, hojas aovadas y flores purpúreas, cuyo cáliz tiene escamas con espinas. || *amer.* Fregona, utensilio para fregar los suelos.

lampiño, ña adj. Se apl. al varón que no tiene barba o vello. || Que tiene poco pelo o vello.

lamprea f. Nombre común de dos especies de peces ciclóstomos, uno marino de aproximadamente 1 m de largo, cuerpo casi cilíndrico, liso y viscoso, que vive asido a las peñas, a las que se agarra fuertemente con la boca, que tiene forma de ventosa; y el otro, más pequeño, que vive por lo general en las aguas estancadas y en los ríos de poca corriente. || FAM. lamprear.

lampuga f. Pez osteíctio perciforme de 1 a 2 m de longitud, según la especie, de múltiples colores y comestible, aunque poco apreciado.

lana f. Pelo de las ovejas y los carneros, que sirve para hacer paño y otros tejidos. || Pelo de otros animales semejante a la lana. || Hilo de lana, y tejido que se hace con él. || *amer.* Dinero, moneda. || m. *amer.* Hombre de la más baja clase social. || **ir por lana y volver trasquilado** loc. *col.* Expresión para denotar que alguien ha emprendido alguna acción creyéndose con ventaja, y ha salido malparado y sin haberla logrado. || FAM. lanar, lanería, lanero, lanilla, lanolina, lanosidad, lanudo.

lanar adj. De la lana o relativo a ella. || Se apl. al animal que tiene lana: *ganado lanar.*

lance m. Trance u ocasión crítica. || Encuentro, riña. || Suceso u ocasión de importancia que tiene lugar en la vida, en una obra literaria, etc. || Cada una de las jugadas decisivas de cualquier juego. || Acción y resultado de lanzar o arrojar algo. || Suerte taurina que se realiza con capa.

lancear tr. Herir con una lanza. || Ejecutar con la capa cualquiera de los lances de la lidia.

lanceolado, da adj. Se apl. a la hoja que tiene la forma del hierro o la punta de la lanza; también se dice del lóbulo de este tipo de hoja.

lancero, ra m. y f. Se apl. a la persona que usa o lleva lanza, como los vaqueros y toreros. || m. Soldado que pelea con lanza. || pl. Baile de figuras, muy parecido al rigodón. || Música de este baile.

lanceta f. Instrumento con una hoja de acero afiladísima por ambos lados y de punta muy aguda que sirve para abrir una cisura en las venas, para abrir algunos tumores, etc.

lapidar

lancha¹ f. Piedra lisa, plana y de poco grueso.

lancha² f. Bote grande de vela y remo, de vapor o de motor. ‖ La mayor de las embarcaciones menores que llevan a bordo los grandes buques para su servicio. ‖ Cualquier barca o bote pequeño descubierto. ‖ FAM. lanchero.

landa f. Llanura extensa en la que solo se crían plantas silvestres.

landó m. Coche de caballos, de cuatro ruedas, con capotas delantera y trasera.

lángara com. *amer.* Persona que no es digna de confianza.

langosta f. Nombre de varios insectos ortópteros parecidos al saltamontes, de color gris amarillento, antenas finas y alas membranosas, con el tercer par de patas muy fuerte, preparados para saltar, que se multiplican con suma rapidez y, por ser fitófagos, a veces forman plagas de efectos devastadores para la agricultura. ‖ Crustáceo marino decápodo de hasta 50 cm de longitud, con cinco pares de patas, dos antenas laterales muy largas y fuertes, ojos prominentes, cuerpo casi cilíndrico y cola larga y gruesa, cuya carne es muy apreciada. ‖ FAM. langostero, langostino.

langostino m. Crustáceo marino decápodo que puede alcanzar los 25 cm de largo, de cola muy prolongada y caparazón poco consistente, cuya carne es muy apreciada.

languidecer intr. Perder algo o alguien la fuerza, la intensidad o el vigor. ◆ **Irreg.** Se conj. como *agradecer*.

languidez f. Cobardía, falta de energía, ánimo o valor. ‖ Flaqueza, debilidad.

lánguido, da adj. Flaco, débil, fatigado. ‖ Decaído, pusilánime, sin valor o energía. ‖ FAM. lánguidamente, languidecer, languidez.

lanilla f. Pelillo que le queda al paño por el derecho. ‖ Tejido de poca consistencia hecho con lana fina.

lanolina f. Sustancia grasa que se extrae de la lana del cordero y se utiliza para la preparación de pomadas y cosméticos.

lantánido adj. y m. De los lantánidos o relativo a este grupo de elementos químicos. ‖ m. pl. Grupo formado por los elementos químicos metálicos que en la tabla periódica están comprendidos entre el lantano (número atómico 57) y el lutecio (número atómico 71). También se llaman *tierras raras.*

lantano m. Elemento químico metálico poco frecuente, de color plomizo, fácilmente combustible, que descompone el agua a la temperatura ordinaria y se emplea en procesos magnéticos. Su símbolo es *La*, y su número atómico, *57.* ‖ FAM. lantánido.

lanudo, da adj. Que tiene mucha lana o vello.

lanza f. Arma ofensiva compuesta de un asta en cuya extremidad está fijo un hierro puntiagudo y cortante. ‖ Soldado que lucha con esta arma. ‖ Tubo de metal en que acaban las mangas de las bombas para dirigir el chorro de agua. ‖ *amer.* Persona hábil y astuta. ‖ **romper una lanza por** o **a favor de** alguien o de algo loc. Salir en su defensa. ‖ FAM. lanceolado, lancería, lancero, lanceta, lanzada, lanzar, lanzazo.

lanzacohetes adj. y m. Se apl. a la instalación o artefacto destinado a disparar cohetes. ◆ No varía en pl.

lanzada f. Golpe dado con una lanza y herida que causa. ‖ *amer.* Vómito, devuelto.

lanzadera f. Instrumento con una canilla dentro, que usan los tejedores para tramar. ‖ Pieza semejante que tienen las máquinas de coser. ‖ **lanzadera espacial** Vehículo capaz de transportar un objeto al espacio y situarlo en él, que puede ser recuperado y utilizado nuevamente.

lanzado, da adj. Que es muy veloz o que se ha emprendido con mucho ánimo. ‖ *col.* Impetuoso, fogoso, decidido. También s.

lanzador, ra adj. y s. Que lanza, tira o arroja. ‖ m. y f. Atleta que se dedica al lanzamiento.

lanzagranadas m. Arma portátil a modo de cañón que se usa para disparar granadas u otros proyectiles contra objetivos blindados. ◆ No varía en pl.

lanzallamas m. Arma portátil que lanza a una distancia de unos 30 m un chorro de líquido inflamado. ◆ No varía en pl.

lanzamiento m. Acción de lanzar o arrojar una cosa. ‖ En der., despojo o embargo de una posesión por fuerza y orden judicial. ‖ En dep., acción de lanzar la pelota para castigar una falta. ‖ Prueba atlética consistente en lanzar el peso, el disco, el martillo o la jabalina a la mayor distancia posible.

lanzamisiles adj. y m. Se apl. a la instalación o al artefacto que sirve para disparar misiles. ◆ No varía en pl.

lanzar tr. Arrojar, impulsar una cosa de modo que salga despedida. ‖ Dar a conocer, hacer propaganda. ‖ Dar, proferir, exhalar. ‖ Hacer partir un vehículo espacial. ‖ prnl. Emprender algo con muchos ánimos y precipitación. ‖ FAM. lance, lancear, lanzacohetes, lanzadera, lanzado, lanzador, lanzagranadas, lanzallamas, lanzamiento, lanzamisiles, lanzatorpedos.

lanzatorpedos adj. y m. Se apl. al tubo o artefacto que, desde cerca de la línea de flotación, dispara torpedos. ◆ No varía en pl.

laña f. Grapa, pieza de metal que sirve para unir o sujetar algunas cosas.

laosiano, na adj. y s. De Laos o relativo a este país del este asiático. ‖ m. Lengua que se habla en este país.

lapa f. Molusco gasterópodo comestible de concha cónica que vive adherido fuertemente a las peñas de las costas. ‖ Persona insistente y pegajosa.

laparoscopia f. Examen de cualquier cavidad corporal mediante un instrumento óptico que se introduce a través de una pequeña abertura artificial en el organismo. ‖ FAM. laparoscopio.

lapicera f. *amer.* Portaplumas. ‖ *amer.* Estilográfica. ‖ *amer.* Lapicero.

lapicero m. Instrumento en que se pone el lápiz de grafito para escribir con él. ‖ Lápiz.

lápida f. Piedra llana en que ordinariamente se pone una inscripción en memoria de algo o alguien. ‖ FAM. lapidar, lapidario, lapídeo.

lapidación f. Lanzamiento de piedras a alguien con el fin de matarlo. ‖ Pena que consiste en ser muerto a pedradas públicamente.

lapidar tr. Apedrear, matar a pedradas. ‖ *amer.* Tallar piedras preciosas. ‖ FAM. lapidación.

lapidario

568

lapidario, ria adj. De las piedras preciosas o relativo a ellas. ‖ De las lápidas o relativo a ellas. ‖ *irón.* Se apl. al enunciado que por su concisión y solemnidad resulta digno de ser recordado: *frase lapidaria.* ‖ m. y f. Persona que se dedica a labrar o vender piedras preciosas. ‖ Persona dedicada a hacer o grabar lápidas. ‖ m. Libro en que se tratan las características y propiedades de las piedras preciosas.

lapilli (voz it.) m. Conjunto de los pequeños trozos de lava que arrojan los volcanes en erupción.

lapislázuli m. Silicato de aluminio y sodio con sulfuro sódico, de color azul intenso y gran dureza, que se usa para hacer objetos de adorno.

lápiz m. Nombre genérico de varias sustancias minerales que sirven para dibujar. ‖ Barra de grafito encerrada en un cilindro o prisma de madera o metal que sirve para escribir o dibujar. ‖ Barra de diferentes sustancias y colores que se utiliza en cosmética. ‖ **lápiz óptico** Dispositivo electrónico con forma de lapicero que capta una señal y la transmite a un aparato informático o audiovisual. ‖ FAM. lapicera, lapicero.

lapo m. *col.* Escupitajo. ‖ Cintarazo, latigazo.

lapón, ona adj. y s. De Laponia o relativo a esta región del norte de Europa. ‖ m. Lengua hablada por los lapones.

lapso m. Paso o transcurso. ‖ Tiempo entre dos límites. ‖ Lapsus, error.

lapsus m. Falta o equivocación cometida por descuido. ‖ **lapsus calami** loc. lat. Equivocación o errata que se comete al escribir. ‖ **lapsus linguae** loc. lat. Error que se comete al hablar. ◆ No varía en pl.

lar m. En mit., cada uno de los dioses de la casa o del hogar. Más en pl. ‖ Hogar, sitio de la lumbre en la cocina. ‖ pl. Casa o terrenos propios. ‖ FAM. llar.

larga f. Dilación, retardo. ◆ Se usa sobre todo en la expresión *dar largas.* ‖ pl. Las luces más potentes de los vehículos. ‖ **a la larga** loc. adv. Pasado mucho tiempo, al final. ‖ Lentamente, poco a poco.

largada f. *amer.* Salida, momento en que se da el inicio a una prueba o competición deportiva.

largar tr. Soltar, dejar libre, sobre todo algo molesto o desagradable. ‖ *col.* Dejar a alguien un trabajo pesado o un encargo oneroso. ‖ *col.* Echar, expulsar a alguien. ◆ Se construye con un complemento locativo introducido por *de: lo largaron del trabajo.* ‖ *col.* Con nombres que expresan golpe o porrazo, propinar, dar: *le largó un derechazo.* ‖ Decir algo indebido, inoportuno o pesado. ‖ Desplegar, soltar una cosa: *largar las velas.* ‖ intr. Criticar, hablar sobre alguien. ‖ prnl. *col.* Irse o ausentarse uno. ◆ Se construye con la prep. *de: yo me largo ahora mismo de aquí.* ‖ FAM. largada.

largavista f. *amer.* Prismáticos, anteojos. Más en pl.

largo, ga adj. Que tiene más longitud de lo normal. ‖ Copioso, excesivo, que vale, suma o pesa más de lo señalado: *me puso un kilo largo.* ‖ Dilatado, extenso, continuado. ‖ Generoso, dadivoso: *es larga en sus propinas.* ‖ Adjunto a nombres que expresan división del tiempo, en pl., muchos: *estuvo ausente largos años.* ‖ m. Longitud, o la mayor de las tres dimensiones. ‖ En natación, recorrido de la dimensión mayor de una piscina. ‖ Uno de los movimientos fundamentales de la música, que equivale a despacio o lento. ‖ adv. m. Abundantemente, por extenso. ‖ **a lo largo** loc. adv. En el sentido de la longitud de una cosa. ‖ A lo lejos, a mucha distancia. ‖ **a lo largo de** loc. prepos. Durante. ‖ **de largo** loc. adv. Con los verbos *ir, vestirse* o *ponerse,* con ropas que llegan hasta los tobillos. ‖ **ir para largo** loc. *col.* Que se espera sea lento o duradero. ‖ **¡largo!** o **¡largo de ahí!,** o **de aquí!** locs. con que se echa a alguien de un sitio. ‖ **largo y tendido** loc. *col.* Con profusión, abundantemente. ‖ FAM. larga, largamente, largar, largometraje, largor, larguero, largueza, larguirucho, largura.

largometraje m. Película cuya duración sobrepasa los sesenta minutos.

larguero m. Cada uno de los dos palos o barrotes que se ponen a lo largo de una obra de carpintería. ‖ Palo horizontal superior de las porterías de fútbol, *hockey,* etc.

largueza f. Longitud, largura. ‖ Dadivosidad, generosidad.

larguirucho, cha adj. *desp.* Que es desproporcionadamente largo respecto de su ancho o de su grueso. Aplicado a personas, también s.

laringe f. Órgano tubular de la mayoría de los vertebrados de respiración pulmonar y constituido por varios cartílagos, que por un lado comunica con la faringe y por otro con la tráquea y que en los mamíferos sirve también como órgano de la voz por contener las cuerdas vocales. ‖ FAM. laríngeo, laringitis, laringología, laringoscopia, laringoscopio, laringotomía.

laringitis f. Inflamación de la laringe. ◆ No varía en pl.

laringología f. Ciencia médica que estudia las enfermedades de la laringe y su tratamiento. ‖ FAM. laringológico, laringólogo.

laringotomía f. Incisión que se hace en la laringe para extraer cuerpos extraños, extirpar tumores o la laringe entera.

larva f. Animal en estado de desarrollo, cuando ha abandonado las cubiertas del huevo y es capaz de nutrirse por sí mismo, pero aún no ha adquirido la forma y la organización propias de los adultos de su especie. ‖ FAM. larvado, larvario, larvicida.

lasagna (voz it.) f. Lasaña.

lasaña f. Plato de origen italiano consistente en capas de pasta que se alternan con otras de carne o verdura picada y se cubren con besamel y queso rallado.

lasca f. Trozo pequeño y delgado desprendido de una piedra.

lascivia f. Propensión excesiva a los placeres sexuales. ‖ Deseo excesivo, apetito de una cosa. ‖ FAM. lascivamente, lascivo.

lascivo, va adj. De la lascivia o relativo a ella. ‖ Que se comporta con lascivia o la causa. También s.

láser m. Dispositivo electrónico que, basado en la emisión estimulada de radiación de las moléculas de gas que contiene, genera o amplifica un haz de luz monocromática y coherente de extraordinaria intensidad. ◆ El nombre proviene de las siglas de *Light Amplification by Stimulated Emission of Radiations.* ‖ Este haz de luz. ‖ **laser disc** Aparato reproductor de los discos compactos que tiene imagen y sonido digital.

lasitud f. Desfallecimiento, cansancio.

laso, sa adj. Cansado, carente de fuerzas. || Decaído, apagado. || FAM. lasitud.

lástima f. Compasión, sentimiento de tristeza o dolor. || Lo que provoca la compasión. || Cualquier cosa que cause disgusto, aunque sea ligero. || interj. Expresa pena o disgusto: *¡lástima que no vengas!* || FAM. lastimar, lastimero, lastimoso.

lastimar tr. Herir o hacer daño. También prnl. || Agraviar, ofender a alguien.

lastimero, ra adj. Lastimoso, digno de compasión. || Que hiere o hace daño.

lastimoso, sa adj. Que mueve a compasión y lástima. || Que causa mala impresión por su estado o aspecto. || FAM. lastimosamente.

lastra f. Piedra lisa y redondeada.

lastrar tr. Poner lastre a la embarcación. || Afirmar una cosa cargándola de peso.

lastre m. Peso que se pone en el fondo de la embarcación, a fin de que esta entre en el agua hasta donde convenga. || Peso que llevaban los globos aerostáticos para aumentar o disminuir la altitud. || Impedimento para llevar algo a buen término con la adecuada celeridad. || FAM. lastra, lastrar.

lata f. Hojalata, lámina de acero o hierro. || Envase hecho de hojalata. || Contenido de este envase. || *col.* Discurso o conversación fastidiosa. || *col.* Todo lo que causa hastío y disgusto por extenso, lento o impertinente. || **dar la lata** loc. *col.* Molestar, importunar. || FAM. latazo, latear, latero, latoso.

lataz m. Mamífero carnívoro que vive a orillas del Pacífico septentrional, algo mayor y de pelo más fino y lustroso que la nutria común.

latazo m. *col.* Pesadez, lata, persona o cosa aburrida.

latear tr. *amer.* Causar alguien hastío o aburrimiento en los demás.

latencia f. Estado o cualidad de lo latente. || Periodo de incubación de una enfermedad.

latente adj. Que existe, pero oculto y escondido. || Aplicado a un dolor o sensación, constante, aunque no agudo o fuerte. || FAM. latencia.

lateral adj. Que está a un lado. || Lo que no viene por línea recta. || Que no es esencial o troncal, secundario. || En fon.; se apl. al sonido articulado en cuya pronunciación la lengua solo deja pasar el aire por sus lados, como en la *l* y la *ll*. || m. Cada uno de los lados o de las partes laterales de algo. || FAM. lateralizar, lateralmente.

latero, ra adj. *amer.* Pesado, latoso.

látex m. Líquido lechoso que se extrae del tronco de ciertos árboles, del que se obtienen sustancias muy diversas, como el caucho, la gutapercha, etc. ◆ No varía en pl.

latido m. Cada uno de los golpes producidos por el movimiento alternativo de dilatación y contracción del corazón contra la pared del pecho, o de las arterias contra los tejidos que las cubren. || Sensación dolorosa intermitente motivada en la infección.

latifundio m. Finca agraria de gran extensión que pertenece a un solo dueño. || FAM. latifundismo, latifundista.

latigazo m. Golpe dado con el látigo y chasquido que produce. || Represión o regañina dura e inesperada. || *col.* Descarga eléctrica inesperada y leve que se recibe por accidente o, p. ext., dolor breve y brusco. || *col.* Trago o sorbo de una bebida alcohólica.

látigo m. Azote que consiste en una vara de la que sale una correa con la que se aviva o castiga a las bestias, especialmente a las caballerías. || Atracción de feria, de movimiento casi circular, cuyas sacudidas en las curvas se asemejan a latigazos. || FAM. latigazo, latiguear, latiguillo.

latiguillo m. Voz o frase hecha que se repite por costumbre al hablar o escribir. || *col.* Exageración en la forma de actuar o hablar de alguien para llamar la atención o provocar el aplauso.

latín m. Lengua que se hablaba en la antigua comarca italiana del Lacio, que dio lugar a las llamadas lenguas románicas. || Voz o frase latina empleada al hablar o escribir en español. Más en pl. || **bajo latín** El escrito después de la caída del Imperio romano y durante la Edad Media. || **latín científico** El de los términos acuñados a la manera latina en la nomenclatura científica y técnica modernas. || **latín clásico** El de los escritores del siglo de oro de la literatura latina. || **latín vulgar** El hablado por la gente de los pueblos romanizados, que constituye el antecedente directo de las lenguas romances. || **saber latín** o **mucho latín** loc. *col.* Ser astuto o muy listo. || FAM. latinado, latinajo, latinear, latinidad, latiniparla, latinismo, latinista, latinización, latinizar, latino.

latinajo m. *desp. col.* Latín malo, defectuoso y macarrónico. || *desp. col.* Voz o frase latina usada en castellano.

latiniparla f. Lenguaje de los que emplean con pedantería voces latinas, hablando o escribiendo en idioma distinto del latino.

latinismo m. Expresión, palabra o frase propia y privativa de la lengua latina, que se usa en la actualidad. || Empleo de construcciones o giros latinos en otro idioma.

latino, na adj. Del Lacio o relativo a esta antigua región italiana. También s. || Relativo al latín o propio de esta lengua o su cultura. || Relativo a la Iglesia romana de Occidente: *ritos latinos.* || De los pueblos de Europa y América en que se hablan lenguas derivadas del latín, de los hablantes de estas lenguas y de lo relativo a ellos. También s. || FAM. latinoamericano.

latinoamericano, na adj. y s. De Latinoamérica o relativo a la región de América en que se habla una lengua romance por haber sido colonizada por naciones latinas como España, Portugal o Francia.

latir intr. Dar latidos el corazón, las arterias, etc. || Existir algo ocultamente, sin manifestarse con claridad. || Producir una herida un dolor molesto y punzante. || FAM. latido.

latisueldo m. *amer.* Sueldo de considerable cuantía.

latitud f. Distancia que hay desde un punto de la superficie terrestre al ecuador, contada por los grados de su meridiano. || Distancia, en grados, que hay desde la Eclíptica hasta cualquier punto considerado en la esfera celeste hacia uno de los polos. || Toda la extensión de un país o territorio. Más en pl. || FAM. latitudinal.

lato, ta adj. Dilatado, extendido. ‖ Se apl. al sentido extenso, no literal, que se da a las palabras. ‖ FAM. latifundio, latitud.

latón m. Aleación de cobre y cinc, de color semejante al del oro, maleable y muy resistente a la corrosión. ‖ FAM. latonería, latonero.

latonero, ra m. y f. Persona que hace o vende obras de latón. ‖ amer. Hojalatero.

latoso, sa adj. y s. Fastidioso, molesto, pesado.

latría f. Reverencia y adoración que solo se debe a Dios. ‖ FAM. latréutico.

latrocinio m. Hurto, robo o fraude de los intereses de los demás.

laucha f. amer. Ratón, roedor.

laúd m. Instrumento musical de cuerda con la caja de resonancia oval, cóncava y prominente, que se toca punteando o hiriendo las cuerdas. ‖ Tortuga marina de unos 2 m de largo, de concha coriácea y con siete líneas salientes a lo largo del caparazón, que se asemejan a las cuerdas del laúd, que habita en el Atlántico y a veces en el Mediterráneo. ‖ Pequeño velero de uno o dos palos, típico del Mediterráneo.

laudable adj. Digno de alabanza y loa.

láudano m. Preparación compuesta de vino blanco, opio, azafrán y otras sustancias, que se empleaba como analgésico.

laudatorio, ria adj. Que alaba o contiene alguna alabanza o elogio.

laudes f. pl. Una de las partes del oficio divino, que se dice después de maitines.

laudo m. En der., decisión o fallo que dictan los árbitros en un conflicto. ‖ amer. Porcentaje que en los restaurantes se añade a las cuentas para propina del servicio.

lauráceo, a adj. Semejante al laurel. ‖ adj. y f. De las lauráceas o relativo a esta familia de plantas. ‖ f. pl. Familia de plantas angiospermas dicotiledóneas, por lo común arbóreas, de hojas coriáceas, con flores dispuestas en umbela o en panoja y con frutos en bayas o drupas de una sola semilla sin albumen, como el laurel, el árbol de la canela y el aguacate.

laurear tr. Poner a alguien una corona de laurel, en señal de victoria o gloria. ‖ Premiar, recompensar, honrar.

laurel m. Árbol siempre verde de la familia de las lauráceas que llega a alcanzar 12 m de altura, con el tronco liso, flores blancas pequeñas, fruto en baya negruzca y cuyas hojas, coriáceas, son muy usadas como condimento e incluso en medicina. ‖ Corona, triunfo, premio. ‖ FAM. laureado, laurear, lauredal, láureo, lauro.

laurencio m. Elemento químico metálico, artificial y radiactivo del grupo de los actínidos, que se usa para estudiar la fisión espontánea. Su símbolo es *Lu*, y su número atómico, *103.*

lauro m. Laurel, árbol. ‖ Gloria, alabanza, triunfo.

lava f. Conjunto de las materias que, fundidas e incandescentes, arrojan los volcanes.

lavable adj. Que puede ser lavado, especialmente referido a los tejidos y a otros materiales que pueden ser mojados sin que pierdan sus colores o su especial textura.

lavabo m. Pila con grifos y desagüe donde uno se lava sobre todo la cara, las manos y los dientes. ‖ Cuarto donde se instala. ‖ P. ext., cualquier cuarto de baño o servicio públicos.

lavacoches com. Persona encargada de limpiar los coches en garajes, estaciones de servicio, etc. ◆ No varía en pl.

lavadero m. Lugar público o doméstico, pila o recipiente utilizados habitualmente para lavar, sobre todo la ropa. ‖ Instalaciones para el lavado o preparación de los minerales. ‖ amer. Lavandería, establecimiento dedicado al lavado de ropa.

lavado, da m. y f. Acción y resultado de lavar o lavarse. ‖ m. Pintura a la aguada hecha con un solo color. ‖ amer. Lavativa, enema. ‖ **lavado de cara** Arreglo o composición de una cosa para darle un mejor aspecto. ‖ **lavado de cerebro** Técnica psicológica que consiste en anular la personalidad de alguien logrando que piense y actúe de determinada manera. ‖ **lavado de coco** col. Lavado de cerebro. ‖ **lavado de dinero** Proceso por el cual el dinero negro se transforma en dinero legal. ‖ **lavado de estómago** Intervención que consiste en vaciar el estómago del paciente de todo su contenido.

lavadora f. Máquina eléctrica que se utiliza para lavar la ropa.

lavafrutas m. Recipiente que se pone en la mesa con agua al final de la comida para lavar algunas frutas y enjuagarse los dedos. ◆ No varía en pl.

lavaje m. amer. Enema, lavativa. ‖ amer. Lavado, acción y efecto de lavar o lavarse.

lavanda f. Arbusto de hojas leñosas de la familia de las labiadas, con hojas estrechas y flores en espiga moradas, que por ser muy aromático se usa en perfumería. ‖ Esencia o perfume que se obtiene de esta planta.

lavandería f. Establecimiento industrial o comercial para el lavado de la ropa.

lavandero, ra m. y f. Persona que se dedica profesionalmente a lavar la ropa. ‖ Persona que posee una lavandería o trabaja en ella.

lavandina f. amer. Lejía, blanqueador de la ropa.

lavándula f. Género de plantas labiadas al que pertenecen el espliego y el cantueso.

lavaplatos amb. Lavavajillas, máquina para lavar la vajilla, cubertería, batería de cocina, etc. Más como m. ‖ com. Persona cuyo oficio consiste en lavar platos. ‖ m. amer. Fregadero, pila en la que se friega la vajilla. ◆ No varía en pl.

lavar tr. Limpiar algo o a alguien con agua u otro líquido. También prnl. ‖ col. Blanquear o legalizar el dinero obtenido de forma ilegal. ‖ Dar color con aguadas a un dibujo. ‖ Purificar, quitar un defecto, un descrédito o un deshonor. ‖ Quitar las impurezas a un mineral. ‖ intr. Prestarse un tejido mejor o peor al lavado. ‖ FAM. lavable, lavabo, lavacoches, lavada, lavadero, lavado, lavador, lavadora, lavadura, lavafrutas, lavaje, lavamanos, lavamiento, lavandería, lavandero, lavandina, lavaojos, lavaplatos, lavarropas, lavaseco, lavativa, lavatorio, lavatrastos, lavavajilla, lavavajillas, lavazas, lavotear, lavoteo.

lavarropas f. amer. Máquina lavadora. ‖ com. amer. Persona que se dedica profesionalmente a lavar la ropa. ◆ No varía en pl.

lavaseco m. *amer.* Tintorería, establecimiento comercial en que se lava y limpia la ropa.

lavativa f. Enema, líquido medicinal que se introduce en el cuerpo por el ano con un instrumento adecuado y sirve para limpiar y descargar el vientre. || Jeringa o cualquier instrumento manual que sirve para administrarlo.

lavatorio m. Acción de lavar o lavarse. || En la Iglesia católica, ceremonia de lavar los pies a algunos pobres que se hace el Jueves Santo. || En la Iglesia católica, ceremonia que hace el sacerdote en la misa lavándose los dedos después de haber preparado el cáliz. || *amer.* Jofaina, palangana. || *amer.* Lavabo, mueble especial donde se pone la palangana. || *amer.* Cuarto de baño.

lavatrastos m. *amer.* Fregadero, pila de fregar. ♦ No varía en pl.

lavavajilla amb. *amer.* Lavavajillas, máquina para lavar.

lavavajillas m. Máquina que sirve para lavar la vajilla, la cubertería y otros instrumentos de cocina. || Detergente que se usa para lavar a mano la vajilla. ♦ No varía en pl.

laxante m. Medicamento que sirve para facilitar la evacuación del vientre: *no conviene abusar de los laxantes.* || FAM. laxar.

laxitud f. Flojera, falta de fuerza o de tensión. || Falta de severidad y disciplina, relajación moral.

laxo, xa adj. Flojo, falto de fuerza. || Se apl. a la moral relajada o a la persona de conducta poco estricta. || FAM. laxación, laxamiento, laxante, laxativo, laxismo, laxista, laxitud.

lay m. Composición poética de la Edad Media, en provenzal o en francés, que cuenta leyendas o historias amorosas, generalmente en versos de arte menor. ♦ pl. *lays.*

laya[1] f. Instrumento de hierro con cabo de madera que sirve para labrar la tierra y revolverla.

laya[2] f. Calidad, especie, clase de personas o de cosas: *son de la misma laya.*

lazada f. Atadura o nudo que se deshace con solo tirar de uno de sus extremos. || Lazo de cuerda o cinta para adorno.

lazareto m. Establecimiento sanitario en que se aislaba a los infectados o sospechosos de enfermedades contagiosas. || Hospital de leprosos.

lazarillo adj. y m. Se apl. a la persona o animal que guía o acompaña a un necesitado, especialmente si es ciego.

lazo m. Atadura o nudo de cinta o cosa semejante que adorna o sujeta algo. || Adorno o cualquier otra cosa que imita la forma del lazo. || Cuerda o trenza con un nudo corredizo en uno de sus extremos, para sujetar toros, caballos, etc. || Unión, vínculo, obligación. Más en pl. || FAM. lacear, lacería, lacero, lazada, lazar.

le pron. Forma átona del pron. pers. m. y f. de tercera persona, de los denominados clíticos, que en la oración desempeña la función de complemento indirecto. ♦ pl. **les.** Está aceptado el empleo de este pron. como complemento directo masculino de persona, es decir, que se permite *no le llamé,* en lugar de *no lo llamé.*

leal adj. Que guarda fidelidad y actúa con sinceridad. También com. || Se apl. a la actitud o a la acción

fiel y sincera, que no engaña a personas o cosas. || Fidedigno, verídico y legal. || FAM. lealmente, lealtad.

lealtad f. Cumplimiento de lo que exigen las leyes de la fidelidad y las del honor. || Sentimiento de fidelidad o gratitud que muestran al hombre algunos animales.

leasing (voz i.) m. Operación financiera que consiste en el alquiler de los bienes necesarios con opción a comprarlos al final del contrato de arrendamiento: *vehículo de leasing.* ♦ pl. *leasings.*

lebrato m. Cachorro o cría de liebre.

lebrel, la adj. y s. Se apl. al perro de labio superior y orejas caídos, hocico recio, lomo recto y piernas retiradas hacia atrás, que resulta muy útil para cazar liebres.

lebrillo m. Vasija de barro vidriado, plata u otro metal, más ancha por el borde que por el fondo, que sirve para lavar ropa, para baños de pies y otros usos.

lección f. Comprensión de un texto según el parecer de quien lo lee o interpreta, o según cada una de las distintas maneras en que se halla escrito. || Conjunto de conocimientos que alguien expone para enseñarlos a otros. || Cada una de las divisiones de un libro de texto o de una materia que se está enseñando. || Cualquier acontecimiento, ejemplo o acción ajena que, de palabra o con el ejemplo, nos enseña algo. || **lección magistral** La que se imparte de manera especial, dada la calidad del ponente, del tema o de la conmemoración. || **dar a uno una lección** loc. Hacerle comprender su error o falta, corrigiéndolo hábil y duramente. || **dar** o **tomar la lección** loc. Decirla o escuchársela decir el profesor al alumno, para ver si la sabe. || FAM. lectivo.

leche f. Líquido seminal de los peces. || Cada una de las dos bolsas que lo contienen.

lechada f. Masa de agua y cal, cemento o yeso que, más o menos licuada, se utiliza en construcción. || Líquido que tiene en disolución cuerpos insolubles muy divididos.

lechal adj. Se apl. al animal que aún mama: *cordero lechal.* También m. || Se apl. a la planta y al fruto que tienen un zumo blanco semejante a la leche. || m. Este mismo zumo.

lechazo m. Cordero lechal.

leche f. Líquido blanco que segregan las mamas de las hembras de los mamíferos y que sirve de alimento para sus crías. || Jugo blanco que se extrae de algunas plantas o de sus semillas. || Crema líquida que tiene diferentes usos en cosmética. || Látex. || *vulg.* Semen, líquido seminal. || *vulg.* Golpe, bofetada. || pl. *vulg.* Bobadas, tonterías. || **leche condensada** La concentrada, con azúcar que le da la consistencia. || **leche frita** Pastel hecho con una masa de harina cocida en leche que, fría, se corta en pedazos que se rebozan en harina y huevo y se fríen. || **leche limpiadora** Cosmético líquido o semifluido que se utiliza para eliminar el maquillaje del rostro. || **leche merengada** Bebida hecha con leche, claras de huevo y canela. || **a toda leche** loc. adv. *vulg.* A toda velocidad. || **de leche** loc. adj. Pospuesta a nombres de animales, significa que estos maman todavía: *ternera de leche.* || Pospuesta a nombres de hembras de animales, significa que estas dan leche para el consumo humano: *vacas de leche.* || **mala leche** loc. *vulg.* Mala intención, mal humor. ‖ FAM. lecha, lechada, lechal, lechar, lechazo, lechecillas, lechera, lechería, lechero, lechigada, lechón, lechosa, lechoso.

lechera f. Vasija en que se tiene o sirve la leche.

lechería f. Establecimiento donde se vende leche y sus derivados.

lechero, ra adj. De la leche o que la contiene o que comparte alguna de sus propiedades. ‖ Se apl. a la hembra de animal que se tiene para que dé leche: *vaca lechera*. ‖ adj. y s. *amer.* Roñoso, cicatero. ‖ m. y f. Persona que vende leche.

lechetrezna f. Planta euforbiácea con tallo ramoso de unos 50 cm de altura, hojas alternas, flores amarillentas, fruto capsular con tres divisiones y semillas menudas y parduscas cuyo jugo lechoso y acre se ha usado en medicina.

lechigada f. Conjunto de cachorros que han nacido de un mismo parto y se crían juntos.

lechiguana f. *amer.* Insecto himenóptero de la familia de las avispas que produce miel y es originario de Brasil.

lechina f. *amer.* Varicela, enfermedad contagiosa caracterizada por las vesículas que produce.

lecho m. Cama. ‖ Cauce, madre del río. ‖ Fondo del mar o de un lago. ‖ Capa o porción de algunas cosas que están o se ponen extendidas horizontalmente sobre otras. ‖ Capa de los terrenos sedimentarios. ‖ En arquit., superficie de una piedra sobre la cual se ha de asentar otra. ‖ FAM. lechigada.

lechón, ona m. y f. Cochinillo de leche. ‖ P. ext., cerdo, puerco.

lechosa f. *amer.* Papaya, fruto.

lechoso, sa adj. Que tiene cualidades o apariencia de leche. ‖ Se apl. a la planta y al fruto que tiene un jugo blanco del aspecto de la leche. ‖ m. *amer.* Papayo, árbol.

lechucear intr. *col.* Estar continuamente picando o comiendo golosinas. ‖ *amer.* Trabajar por la noche. ‖ tr. *amer.* Espiar, observar con disimulo. ‖ FAM. lechucero, lechuzo.

lechuga f. Hortaliza herbácea compuesta de flores amarillentas, fruto seco, con una sola semilla y con hojas grandes, radicales, blandas y de distintas formas que se comen en ensalada o guisadas. ‖ **como una lechuga** loc. adj. *col.* Lozano y fresco, descansado. ‖ FAM. lechuguino.

lechuguino, na m. y f. *col.* Persona joven demasiado arreglada y presumida. También adj. ‖ m. Lechuga pequeña antes de ser trasplantada.

lechuza f. Nombre común de diversas aves estrigiformes, nocturnas, con plumaje muy suave, pardo amarillento, cabeza redonda, pico corto y encorvado en la punta y ojos grandes, brillantes y de iris amarillo, que se alimentan ordinariamente de insectos y de pequeños mamíferos roedores. ‖ *amer.* Prostituta. ‖ FAM. lechucear.

lechuzo, za adj. y s. *col.* Que lechucea, lechucero. ‖ *amer.* Se apl. a la persona albina. ‖ m. y f. *col.* Persona poco lista.

lecitina f. Lípido que se encuentra en la grasa de algunos tejidos orgánicos y que se utiliza como tónico o con fines medicinales.

leco m. *amer.* Grito, aullido.

lectivo, va adj. y m. Se apl. a los días, meses o periodos docentes del año académico.

lectoescritura f. Capacidad y habilidad de leer y escribir adecuadamente.

lector, ra adj. y s. Que lee. ‖ m. y f. Persona que enseña su propia lengua en una universidad extranjera como profesor auxiliar. ‖ En las editoriales, persona que examina los originales recibidos y asesora sobre ellos. ‖ m. Aparato que sirve para leer información electrónica o magnética grabadas en ciertos soportes y las reproduce. ‖ **lector óptico** Aparato que puede leer marcas, caracteres codificados. ‖ FAM. lectorado.

lectura f. Acción de leer. ‖ Obra o cosa leída. ‖ Interpretación del sentido de un texto. ‖ Exposición de un tema sorteado en oposiciones que previamente se ha elaborado. ‖ Cultura o conocimientos de una persona. Más en pl. ‖ Control e interpretación de los datos del contador. ‖ Interpretación y comprensión de cualquier tipo de símbolos o signos, impresos o no. ‖ Reproducción de señales acústicas grabadas en cualquier soporte. ‖ En inform., extracción de la información contenida en la memoria de un ordenador para transmitirla a un registro exterior.

leer tr. Pasar la vista por lo escrito o impreso entendiendo los signos. ‖ Interpretar un texto. ‖ Comprender o interpretar algo o una percepción. ‖ Exponer en público un opositor el tema que previamente ha elaborado. ‖ Descifrar música y convertirla en sonidos. ◆ **Irreg.** Conjugación modelo:

Indicativo
  Pres.: leo, lees, lee, leemos, leéis, leen.
  Imperf.: leía, leías, leía, *etc.*
  Pret. perf. simple: leí, leíste, leyó, leímos, leísteis, leyeron.
  Fut. simple: leeré, leerás, leerá, *etc.*
  Condicional simple: leería, leerías, leería, *etc.*
Subjuntivo
  Pres.: lea, leas, lea, leamos, leáis, lean.
  Imperf.: leyera o leyese, leyeras o leyeses, leyera
    o leyese, leyéramos o leyésemos, leyerais o
    leyeseis, leyeran o leyesen.
  Fut. simple: leyere, leyeres, leyere, *etc.*
Imperativo: lee, leed.
Participio: leído.
Gerundio: leyendo.

legación f. Empleo o cargo de legado. ‖ Mensaje o negocio que se encarga a un legado. ‖ Territorio o periodo al que alcanza la competencia o jurisdicción del legado. ‖ Cargo que da un Gobierno a un individuo para que lo represente en un país extranjero. ‖ Conjunto de los empleados que el legado tiene a sus órdenes. ‖ Casa u oficina del legado.

legado¹ m. Representante de un Gobierno ante otro extranjero. ‖ Enviado del papa para que le represente en un determinado asunto.

legado² m. En der., disposición o estipulación que en su testamento hace un testador a favor de una o varias personas naturales o jurídicas. ‖ En der., lo que deja en

573

su testamento un testador. || Lo que se deja o transmite a cualquier sucesor.

legajador m. *amer.* Carpeta o cubierta en donde se guardan y ordenan papeles, legajos y documentos.

legajo m. Conjunto de papeles que se guardan u ordenan juntos por tratar de una misma materia. || FAM. legajador.

legal adj. Relacionado con la ley, con el derecho o con la justicia. || Conforme a la ley o prescrito por ella. || Fiel, verídico y recto en el cumplimiento de las funciones de su cargo. || *col.* Confiable, digno de crédito. || FAM. legalidad, legalismo, legalizar, legalmente.

legalidad f. Cualidad de lo que es conforme a la ley o está contenido en ella. || Régimen político estatuido por la leyes fundamentales del Estado.

legalismo m. Doctrina política o tendencia que propugna la supremacía de la literalidad de la ley frente a cualesquiera otras consideraciones.

legalista adj. Del legalismo o relativo a él. || adj. y com. Partidario o defensor de esta doctrina. || FAM. legalismo.

legalización f. Concesión del estado legal a una cosa. || Certificado que acredita la autenticidad de un documento o de una firma.

legalizar tr. Dar estado legal a una cosa. || Comprobar y certificar la autenticidad de un documento o de una firma. || FAM. legalizable, legalización.

légamo m. Barro, cieno, limo pegajoso. || Arcilla de los campos de cultivo. || FAM. legamoso.

legaña f. Secreción del lagrimal que se seca en el borde de los párpados o en la comisura de los ojos. || FAM. legañoso.

legar tr. Dejar a una persona algo en el testamento. || Transmitir ideas, artes, etc. || Enviar a uno de legado. || FAM. legación, legado, legatario.

legatario, ria m. y f. En der., persona natural o jurídica favorecida por el testador con uno o varios legados a su nombre.

legendario, ria adj. De las leyendas o relativo a ellas. || Vivo solo en las leyendas: *monstruo legendario.* || P. ext., se apl. a la persona o cosa fabulosa, fantástica o que se ha de hacer famosa.

legible adj. Que se puede leer. || FAM. legibilidad.

legión f. Cuerpo de tropa romana compuesto de infantería y caballería. || Nombre de ciertos cuerpos de tropas, compuestos por soldados profesionales. || Número indeterminado y copioso de personas o de cosas: *legión de admiradores, de mosquitos.* || FAM. legionario.

legionario, ria adj. De la legión o relativo a ella. || m. y f. Soldado o militar que pertenece a alguna legión.

legionela f. Enfermedad contagiosa producida por una bacteria del mismo nombre caracterizada por la aparición de fiebre, neumonía, congestión y que, en ocasiones, puede producir la muerte del afectado.

legislación f. Conjunto de las leyes de un Estado, o que versan sobre una materia determinada. || Elaboración y redacción de las leyes.

legislador, ra adj. Que legisla. También s. || P. ext., diputado, parlamentario.

legislar tr. Dar, establecer o redactar leyes. || FAM. legislable, legislación, legislador, legislatura.

legislativo, va adj. Se apl. al derecho o la facultad de hacer leyes. || De la legislación o los legisladores o relativo a ellos. || Se dice del cuerpo o código de leyes. || Autorizado por una ley.

legislatura f. Periodo de tiempo que transcurre desde que se constituye un órgano legislativo hasta que se disuelve. || Conjunto de legisladores elegidos para que desarrollen sus funciones en este periodo. || *amer.* Sesión o asamblea legislativa.

legítima f. En der., parte de la herencia de la que el testador no puede disponer libremente porque la ley la asigna a determinados herederos.

legitimar tr. Convertir algo en legítimo, legal o lícito. || Probar la legitimidad de una persona o cosa. || Capacitar a alguien para desempeñar un oficio o cargo. || Hacer legítimo al hijo que no lo era. || FAM. legitimación, legitimador.

legitimidad f. Conformidad y adecuación a la ley. || Capacidad y derecho para ejercer una labor o una función. || Cualidad y características de lo que es legítimo.

legitimismo m. Doctrina política que defiende el derecho al trono de una determinada dinastía por creer que tiene la legitimidad para reinar. || FAM. legitimista.

legitimista adj. Del legitimismo o relativo a él. || adj. y com. Partidario de esta doctrina.

legítimo, ma adj. Conforme a las leyes y a la justicia. || Justo, lícito, conforme a la moral. || Genuino, verdadero. || Se apl. al hijo nacido dentro del matrimonio. || FAM. legítima, legítimamente, legitimar, legitimidad, legitimismo.

lego, ga adj. y s. Seglar, que no tiene órdenes clericales. || Falto de instrucción en una materia determinada. || Se apl. a la persona de una comunidad religiosa que aun siendo profeso no tiene opción a las órdenes sagradas.

legrado m. Intervención quirúrgica que consiste en raspar la superficie de los huesos o la mucosa del útero para limpiarlos de sustancias adheridas u obtener una muestra. || FAM. legra, legración, legrar.

legrar tr. Efectuar un legrado.

legua f. Medida de longitud que equivale a 5 572,7 m. || **a la legua** loc. adv. Desde muy lejos, a gran distancia.

leguleyo, ya m. y f. *desp.* Persona que trata de leyes sin conocerlas bien.

legumbre f. Todo género de fruto o semilla que se cría en vainas. || P. ext., cualquier planta que se cultiva en las huertas. || Fruto de las leguminosas. || FAM. leguminoso.

leguminoso, sa adj. y f. De las leguminosas o relativo a esta familia de plantas. || f. pl. Familia de las hierbas, matas, arbustos y árboles angiospermos dicotiledóneos con fruto en legumbre y varias semillas sin albumen. || FAM. legúmina.

lehendakari (voz euskera) m. Nombre que recibe el presidente del gobierno autónomo del País Vasco español.

leído, da adj. Se apl. a la persona que ha leído mucho o a la publicación con muchos lectores. || **leído y es-**

cribido loc. adj. *col.* Se apl. a la persona que presume de instruida.

leísmo m. Empleo de las formas de dativo *le* y *les* del pron. pers. como acusativos masculinos. ◆ Cuando el complemento directo es de persona, su uso está admitido. || FAM. leísta.

leísta adj. y com. Que comete leísmo o que lo contiene.

leitmotiv (voz al.) m. Asunto central, tema característico que se repite a lo largo de una composición musical. || Tema central de un discurso, obra, conversación, etc. ◆ pl. *leitmotivs* o *leitmotiven*.

lejanía f. Lugar remoto o distante.

lejano, na adj. Que está lejos en el espacio, en el tiempo o en la relación personal. || FAM. lejanía.

lejía f. Solución de hidróxido sódico o potásico de gran poder desinfectante y blanqueador.

lejos adv. l. y t. A gran distancia, en lugar o tiempo distante o remoto. || **a lo lejos, de lejos, de muy lejos, desde lejos** locs. advs. A larga distancia, o desde larga distancia: *mirar a lo lejos*. || **ir** o **llegar demasiado lejos** loc. Sobrepasar los límites de lo lícito o lo tolerable. || **lejos de** loc. prepos. En vez de, en lugar de. ◆ Se antepone siempre a un infinitivo: *lejos de mejorar, su estado empeoró*. || FAM. lejano, lejura.

lejura f. *amer.* Parte muy lejana.

lelo, la adj. y s. Pasmado, simple, bobo.

lema m. Frase que expresa un pensamiento que sirve de guía para la conducta de alguien o para un asunto determinado. || Tema de un discurso. || Mote que se pone en los emblemas. || Contraseña que precede a las composiciones literarias presentadas a un concurso, para descubrir quién es su autor una vez decidido el resultado. || En ling., abstracción, a partir del haz de rasgos flexivos de una palabra, que representa a esta como forma canónica. || Entrada de un diccionario o enciclopedia.

lemming (voz i.) m. Nombre común de diversas especies de mamíferos roedores de unos 15 cm de longitud, cola corta y pelaje grisáceo o amarillo, que habitan en las regiones árticas, donde emigran en grandes grupos. ◆ pl. *lemmings*.

lemnáceo, a adj. y f. De las lemnáceas o relativo a esta familia de plantas. || f. pl. Familia de las plantas angiospermas monocotiledóneas acuáticas, con tallo y hojas transformadas en una fronda verde, pequeña y en forma de disco, como la lenteja de agua.

lemosín, ina adj. De Limoges o de la antigua provincia de Francia de la que era capital o relativo a ellas. || m. Lengua provenzal, lengua de oc.

lempira f. Unidad monetaria de Honduras.

lémur m. Nombre común de diversos mamíferos primates de unos 60 cm de altura, con el hocico prominente, ojos saltones, cola muy larga, frugívoros y propios de Madagascar. || pl. En mit., genios maléficos en los que creían los romanos y los etruscos. || Fantasmas, duendes.

lencería f. Ropa interior femenina y tienda en donde se vende. || Ropa blanca de la casa. || FAM. lencero.

lendrera f. Peine con las púas finas y muy juntas que se usa para limpiar la cabeza.

lene adj. Suave o blando al tacto. || Leve, ligero. || FAM. lenidad.

lengua f. Órgano muscular situado en la cavidad de la boca de los vertebrados y que sirve para gustar, para deglutir y para articular los sonidos. || P. ext., cualquier cosa larga y estrecha de forma parecida a la de este órgano: *lengua de fuego, de tierra*. || Sistema de comunicación y expresión verbal propio de un pueblo o nación, o común a varios. || Sistema lingüístico que se caracteriza por estar plenamente definido, por poseer un alto grado de nivelación, por ser vehículo de una cultura diferenciada y, en ocasiones, por haberse impuesto a otros sistemas lingüísticos. || Vocabulario y gramática peculiares de una época, de un escritor o de un grupo social. || **lengua de gato** Bizcocho o chocolatina estrechos y alargados. || **lengua de oc** La que antiguamente se hablaba en el Mediodía de Francia. || **lengua de oíl** Francés antiguo, lengua hablada antiguamente en Francia al norte del Loira. || **lengua de trapo** *col.* La de los niños cuando todavía no hablan bien. || **lengua muerta** La que ya no se habla. || **malas lenguas** *col.* El conjunto de los que murmuran y calumnian a los demás. || **buscar** o **tirar** a uno **de la lengua** loc. *col.* Provocarle para que diga algo que debería callar. || **con la lengua fuera** loc. *col.* Muy deprisa y con gran cansancio. || **darle a la lengua** loc. *col.* Charlar, hablar mucho. || **irse de la lengua** loc. *col.* Decir uno lo que no debe. || **morderse** uno la **lengua** loc. Contenerse y no decir lo que se quisiera. || **no tener** uno **pelos en la lengua** loc. *col.* Decir uno lo que piensa o siente sin miramientos ni reparos. || **sacar la lengua** a uno loc. *col.* Hacerle burla. || **tener** uno **en la lengua** o **en la punta de la lengua** una cosa loc. *col.* Estar a punto de decirla. || *col.* Querer acordarse de algo, sin poder hacerlo. || FAM. lenguado, lenguaje, lenguaraz, lengüeta, lengüetada, lengüetazo, lengüetear, lengüetería, lengüicorto, lengüilargo, lingual, lingüística.

lenguado m. Nombre común de diversos peces osteíctios pleuronectiformes de hasta 70 cm de largo, cuerpo casi plano, con los dos ojos en el lado más oscuro, muy comprimidos y de carne comestible muy fina.

lenguaje m. Conjunto de sonidos articulados con que las personas manifiestan lo que piensan o sienten. || Idioma hablado por un pueblo o nación, o por parte de ella. || Lengua, sistema de comunicación propio de una comunidad. || Manera de expresarse: *lenguaje culto, vulgar*. || Estilo y modo de hablar y de escribir de cada uno. || Uso del habla o capacidad de hablar. || Conjunto de señales que dan a entender cualquier cosa: *lenguaje de las flores, de los animales*. || En inform., sistema de caracteres y reglas con los que se programa un ordenador.

lenguaraz adj. y com. Deslenguado, atrevido en el hablar. || Políglota.

lengüeta f. Epiglotis. || Laminilla movible de metal u otra materia que tienen algunos instrumentos musicales de viento y ciertas máquinas hidráulicas o de aire. || Barrena que se usa para agrandar y terminar los agujeros empezados con el berbiquí. || Tira de piel que suelen tener los zapatos en la parte del cierre por debajo de los cordones, para reforzar el empeine. || Fiel de la balanza, especialmente el de la romana.

lengüetazo m. *col.* Lametón, acción de pasar una vez la lengua por algo para lamerlo o para tragarlo.

lengüetear intr. Sacar la lengua repetidamente y con movimientos rápidos. || *amer.* Hablar mucho y sin sentido. || FAM. lengüeteo.

lenidad f. Blandura, falta de severidad. || FAM. lenificar, lenitivo.

lenificar tr. Suavizar, ablandar. || Mitigar un sufrimiento o un dolor físico. || FAM. lenificación.

leninismo m. Doctrina política de Lenin, quien, siguiendo el marxismo, promovió la revolución soviética y sentó las bases del comunismo soviético. || FAM. leninista.

leninista adj. De Lenin o del leninismo o relativo a ellos. || adj. y com. Partidario de esta doctrina.

lenitivo, va adj. Que tiene virtud de ablandar y suavizar. || m. Medicamento que ablanda o calma el dolor de una herida. || Medio para mitigar la pena o el sufrimiento.

lenocinio m. Acción de servir de intermediario en las relaciones sexuales de una pareja. || Oficio de alcahuete. || **casa de lenocinio** Casa de prostitución.

lente amb. Cristal con caras cóncavas o convexas, que se emplea en varios instrumentos ópticos. Más como f. || Cristal de aumento, lupa. Más como f. || m. pl. Gafas. || **lente de contacto** Disco pequeño de materia plástica o vidrio, cóncavo por un lado y convexo por el otro, que se fija directamente sobre la córnea para corregir los vicios de refracción del ojo. También se conoce como *lentilla*. || FAM. lentilla.

lenteja f. Planta papilonácea herbácea anual de tallos ramosos, hojas lanceoladas, flores blancas con venas moradas y fruto en vaina pequeña, con dos o tres semillas pardas en forma de disco, que sirven como alimento. || Semilla de esta planta. || FAM. lente, lentejar, lentejuela, lenticular.

lentejuela f. Planchita redonda de metal u otro material brillante que se usa como adorno en los bordados de ciertos vestidos.

lenticular adj. De forma parecida a la semilla de la lenteja. || m. Pequeña apófisis del yunque, mediante la cual este huesecillo del oído de los mamíferos se articula con el estribo. También adj.

lentilla f. Lente de contacto.

lentisco m. Arbusto siempre verde de la familia de las anacardiáceas, de 1 a 5 m de altura, con tallos leñosos, hojas divididas en hojuelas, flores pequeñas amarillentas o rojizas y fruto en drupa, primero roja y después negruzca, cuya madera roja se emplea en ebanistería. || FAM. lentiscal.

lentitud f. Tardanza, calma. || Desarrollo tardo o pausado de la ejecución o del ocurrir de algo.

lento, ta adj. Tardo y pausado. || Poco vigoroso, poco intenso: *fuego lento*. || adv. m. Con lentitud, despacio. || FAM. lentamente, lentificar, lentitud.

leña f. Conjunto de troncos, ramas y trozos de madera seca que se emplea para hacer fuego. || *col.* Castigo, paliza. || **añadir** o **echar leña al fuego** loc. Poner medios para acrecentar un mal. || Dar incentivo a un afecto, inclinación o vicio. || FAM. leñador, leñera, leñero, leño, leñoso.

leñador, ra m. y f. Persona cuyo oficio consiste en cortar leña o venderla.

leñazo m. *col.* Golpe dado con un leño y, p. ext., cualquier golpe fuerte.

¡leñe! interj. Se usa para expresar enfado, irritación o reproche.

leñera f. Sitio o mueble destinado para guardar leña.

leño m. Trozo de árbol después de cortado y limpio de ramas. || Parte sólida de los árboles bajo la corteza. || *col.* Persona de poco talento y habilidad. || *col.* Persona o cosa pesada e insufrible. || **dormir como un leño** loc. *col.* Dormir profundamente. || FAM. leñazo.

leñoso, sa adj. De leña o relativo a ella. || Se apl. al arbusto, planta, fruto, etc., que tiene la dureza y la consistencia como de la madera.

leo m. Uno de los signos del Zodiaco, al que pertenecen las personas que han nacido entre el 22 de julio y el 22 de agosto. ◆ Se escribe con mayúscula. || adj. y com. Se apl. a la persona que ha nacido bajo este signo. ◆ No varía en pl.

león, ona m. y f. Mamífero carnívoro félido que puede alcanzar hasta 3 m de longitud, de pelaje entre amarillo y rojo, cabeza grande, dientes y uñas muy fuertes y cola larga. La hembra carece de la abundante melena característica de la cabeza del macho. || Persona audaz y valiente. || *amer.* Especie de tigre de pelo leonado, puma. || Leo, signo del Zodiaco. ◆ Se escribe con mayúscula. || **león marino** Nombre común de diversos mamíferos pinnípedos marinos de unos 3 m de longitud, con pelaje largo y espeso, una especie de cresta carnosa y móvil en la cabeza y las patas traseras transformadas en aletas. || FAM. leo, leonado, leonera, leonino, leopardo.

leonado, da adj. De color rubio oscuro, como el de la melena del león.

leonera f. Lugar en que se tienen encerrados los leones. || *col.* Habitación o lugar muy desordenado habitualmente.

leonino, na adj. Del león o relativo a él. || Se dice del contrato en el que todas las ventajas se atribuyen a una de las partes, debiendo la otra satisfacer unas condiciones durísimas. || P. ext., se apl. al acuerdo o condición despótico o injusto para una de las partes.

leontina f. Cinta o cadena colgante del reloj de bolsillo.

leopardo m. Mamífero felino carnicero de hasta 2,50 m de longitud, pelo amarillo rojizo con manchas negras y redondas, cuerpo estilizado y muy ágil, que vive en los bosques de Asia y África.

leotardo m. Prenda de vestir hecha de algún tejido de abrigo, parecida a las medias, que sube hasta la cintura. Más en pl.

Lepe o **que Lepe, Lepijo y su hijo (saber más que)** locs. *col.* Ser muy perspicaz, saber mucho. ◆ Proviene de la alusión a don Pedro de Lepe, obispo de Calahorra.

lépero, ra adj. *amer.* Se apl. al individuo soez, ordinario. También s. || *amer.* Astuto, perspicaz. || *amer.* Persona muy pobre, sin recursos.

lepidóptero adj. y m. De los lepidópteros o relativo a este orden de insectos. || m. pl. Orden de insectos con antenas largas, ojos compuestos, boca chupadora y cuatro alas cubiertas de membranitas imbricadas; tienen metamorfosis completa, en el estado de larva reciben el nombre de oruga, son masticadores y sus ninfas son las crisálidas, como el gusano de la seda, como las mariposas y las polillas.

lepórido, da adj. y m. De los lepóridos o relativo a esta familia de roedores. ‖ m. pl. Familia de roedores de cráneo alargado y cuatro incisivos, dos grandes y dos pequeños, en la mandíbula superior, como la liebre.

leporino, na adj. De la liebre o relativo a ella. ‖ Se apl. al labio superior que, por malformación congénita, está partido como el de la liebre.

lepra f. Infección crónica producida por el bacilo de Hansen, caracterizada por lesiones de la piel, nervios y vísceras, sobre todo tubérculos, manchas y úlceras. ‖ Enfermedad, principalmente de los cerdos, producida por el cisticerco de la tenia común y que aparece en los músculos en forma de pequeños puntos blancos. ‖ FAM. leprosario, leprosería, leproso.

leprosería f. Hospital de leprosos.

leproso, sa adj. y s. Que padece lepra.

lerdo, da adj. Lento y torpe para comprender y hacer algo. ‖ Pesado y torpe de movimientos.

lesbianismo m. Homosexualidad femenina.

lesbiano, na adj. Lesbio. ‖ Se dice del amor o del tipo de relación que se establece entre mujeres homosexuales. ‖ adj y f. Se apl. a la mujer homosexual. ‖ FAM. lesbianismo, lésbico.

lésbico, ca adj. Del lesbianismo o relativo a esta tendencia sexual.

lesbio, bia adj. y s. De Lesbos o relativo a esta isla griega. ‖ Relacionado con el lesbianismo, lésbico: *amistad lesbia.*

lesera f. *amer.* Tontería, estupidez. ‖ FAM. lesear.

lesión f. Daño corporal causado por un golpe, una herida, una enfermedad, etc. ‖ Cualquier daño o perjuicio. ‖ FAM. lesionador, lesionar, lesivo, leso.

lesionar tr. y prnl. Causar lesión o daño.

lesivo, va adj. Que causa o puede causar lesión.

leso¹, sa adj. Agraviado, lastimado, especialmente referido a lo que ha sido dañado u ofendido: *crimen de lesa humanidad.*

leso², sa adj. *amer.* Tonto, necio, de pocos alcances.

letal adj. Mortífero, capaz de ocasionar la muerte.

letanía f. Oración colectiva y pública hecha a Dios, a la Virgen y a los santos, formada por una serie de invocaciones ordenadas. También pl. ‖ Lista, retahíla, enumeración de muchos nombres, locuciones o frases seguidos.

letárgico, ca adj. Del letargo o relativo a este estado.

letargo m. Inactividad y estado de reposo absoluto en que algunos animales permanecen durante ciertos períodos de tiempo. ‖ Somnolencia profunda y prolongada que constituye el síntoma de varias enfermedades nerviosas, infecciosas o tóxicas. ‖ Torpeza, modorra, inactividad. ‖ FAM. letárgico.

letífico, ca adj. Que causa o produce alegría.

letón, ona adj. y s. De Letonia o relativo a este país báltico. ‖ m. Lengua hablada por los letones.

letra f. Signo o figura con que se representan gráficamente los sonidos o fonemas de una lengua. ‖ Esos mismos sonidos o articulaciones. ‖ Forma de la letra o modo particular de escribir según la persona, el tiempo, el lugar, etc. ‖ En impr., pieza de metal fundida en forma de prisma rectangular, con una letra u otra figura cualquiera, con relieve para que pueda estamparse. ‖ Texto escrito que junto con la música compone una canción. ‖ Sentido propio y exacto de las palabras empleadas en un texto. ‖ Letra de cambio. ‖ pl. Conjunto de las ciencias humanísticas que, por su origen y tradición literaria, se distinguen de las exactas, físicas y naturales. ‖ **letra bastarda** La de mano, inclinada hacia la derecha, rotunda en las curvas, y cuyos gruesos y perfiles son resultados del corte y posición de la pluma y no de la presión de la mano. ‖ **letra bastardilla** La de imprenta que imita a la bastarda. ‖ **letra capital** Letra mayúscula. ‖ **letra consonante** Aquella en cuya pronunciación se interrumpe en algún punto del canal vocal el paso del aire espirado, como con la *p* o la *t*, o se produce una estrechez que lo hace salir con fricación, como en la *f* o la *z*. ‖ **letra cursiva** La de mano que se liga mucho para escribir deprisa. ‖ Letra bastardilla. ‖ **letra de caja alta** En impr., letra mayúscula. ‖ **letra de caja baja** En impr., letra minúscula. ‖ **letra de cambio** Documento mercantil por el que alguien, llamado librador, da orden a otro, denominado librado, de que pague a un tercero, o tenedor, una cantidad de dinero en una fecha determinada. ‖ **letra de imprenta** La que, para claridad del que ha de leerla, se escribe a mano imitando la impresa. ‖ **letra gótica** La de forma rectilínea y angulosa, que se usó antiguamente, y durante más tiempo en Alemania. ‖ **letra itálica** Letra bastardilla. ‖ **letra mayúscula** La que con mayor tamaño y distinta figura que la minúscula, se emplea como inicial de todo nombre propio, en principio de periodo, después de punto, etc. ‖ **letra minúscula** La que siendo menor que la mayúscula se emplea en la escritura constantemente, sin más excepción que en los casos en que se debe usar letra mayúscula. ‖ **letra negrita** o **negrilla** La gruesa que se destaca de los tipos ordinarios, resaltando en el texto. ‖ **letra pequeña** En algunos documentos, texto escrito con letra de menor tamaño por parecer que es de menor importancia, no siéndolo. ‖ **letra redonda** o **redondilla** La de mano o de imprenta que es vertical y circular. ‖ **letra versal** En impr., letra mayúscula. ‖ **letra versalita** o **versalilla** En impr., la mayúscula igual en tamaño a la minúscula de la misma clase. ‖ **letra vocal** Signo que representa gráficamente un sonido y articulación vocálicos. ‖ Sonido y articulación vocálicos. ‖ **al pie de la letra** loc. adv. Literal, exactamente, con total fidelidad a lo escrito o lo dicho. ‖ **letra por letra** loc. adv. Enteramente; sin quitar ni añadir cosa alguna. ‖ FAM. letrado, letrero, letrilla, letrista.

letrado, da adj. Sabio, instruido. ‖ m. y f. Especialista en derecho, abogado.

letrero m. Palabra o conjunto de palabras escritas para notificar o dar a conocer algo.

letrilla f. Composición poética de versos cortos a la que suele ponerse música. ‖ Composición poética dividida en estrofas, al final de cada cual se repite un estribillo.

letrina f. Lugar, generalmente colectivo, destinado para verter las inmundicias y expeler los excrementos. || Lugar sucio y repugnante.

letrista com. Persona que escribe las letras de las canciones.

leu m. Unidad monetaria de Rumanía. ◆ pl. *lei*.

leucemia f. Enfermedad grave que se caracteriza por el aumento permanente de leucocitos en la sangre y la hipertrofia y proliferación de uno o varios tejidos linfoides en la médula, el bazo o los ganglios linfáticos. || FAM. leucémico.

leucémico, ca adj. De la leucemia o relativo a esta enfermedad. || adj. y s. Que padece esta enfermedad.

leuco m. *amer.* Esparadrapo.

leucocito m. Cada una de las células esferoidales o glóbulos, incoloras o blanquecinas, con citoplasma viscoso, que se encuentran en la sangre y en la linfa y forman parte del sistema inmunológico corporal. Más en pl. || FAM. leucocitosis, leucopenia.

leudante m. *amer.* Levadura, masa que hace fermentar. || FAM. leudar.

lev m. Unidad monetaria de Bulgaria. ◆ pl. *leva*.

leva f. Salida de las embarcaciones del puerto. || Reclutamiento de personas para la realización del servicio militar. || En fís., pieza que gira alrededor de un punto que no es su centro, transformando el movimiento circular continuo en otro rectilíneo alternativo: *árbol de levas*.

levadizo, za adj. Que se levanta o puede levantarse con la ayuda de algún mecanismo.

levadura f. Nombre común de diversos hongos ascomicetos unicelulares que se reproducen por gemación o división y producen enzimas que provocan la fermentación alcohólica de los hidratos de carbono. || Cualquier masa constituida por ellos capaz de levantar o hacer fermentar el cuerpo con el que se mezcla.

levantador, ra adj. Que levanta. También s. || *amer.* Se apl. a la persona que resulta muy atractiva.

levantamiento m. Acción y efecto de levantar o levantarse. || Sedición, alboroto popular. || **levantamiento de pesos** Disciplina olímpica que consiste en levantar ruedas de diferentes tamaños acopladas a los extremos de una barra, halterofilia. || **levantamiento del cadáver** Acto por el que un juez se hace cargo de un cadáver en el mismo lugar en el que este ha sido encontrado, tras la determinación de un médico forense.

levantar tr. y prnl. Mover de abajo hacia arriba. || Poner una cosa en lugar más alto. || Poner derecha o en posición vertical una persona o cosa. || Separar una cosa de otra sobre la cual descansa o está adherida. || Rebelar, sublevar. || Animar, alegrar. || Recoger o quitar una cosa de donde está: *levantar el campamento*. || Hacer que salte la caza y salga del sitio que estaba. || *col.* Robar, hurtar. || tr. Edificar, construir, erigir. || Dirigir hacia arriba. || Producir o causar. || Dar mayor fuerza o volumen a la voz. || Suprimir penas o prohibiciones impuestas por la autoridad: *levantar la veda*. || Atribuir falsamente alguna maldad a alguien: *levantar falso testimonio*. || Cortar la baraja de cartas. || prnl. Ponerse de pie. || Comenzar a soplar el viento o a alterarse el mar. || Dejar la cama el que estaba acostado. || Sobresalir algo sobre una superficie o plano. || FAM. levantada, levantamiento, levante, levantisco.

levante[1] m. Oriente, este, punto por donde sale el Sol. || Viento que sopla de la parte oriental. || Países de la parte oriental del Mediterráneo. || n. p. m. Nombre genérico de las regiones mediterráneas de España, especialmente la Comunidad Valenciana y la Región de Murcia. ◆ Se escribe con mayúscula. || FAM. levantino.

levante[2] m. *amer.* Edad de un bovino comprendida entre el destete y la ceba. || *amer.* Calumnia. || *amer.* Motín, revuelta.

levantisco, ca adj. De genio inquieto y turbulento, que tiende a provocar problemas o disturbios.

levar tr. Recoger el ancla. || intr. Salir del puerto un barco de vela para navegar. || FAM. leva, levadizo, levadura, levantar, levitar.

leve adj. Ligero, de poco peso o poca intensidad. || Fino, delicado, de calidad entre los de su especie. || De poca importancia. || FAM. levar, levedad, levemente.

levedad f. Ligereza. || Falta de importancia o de gravedad. || Suavidad, delicadeza.

leviatán m. Monstruo marino descrito en el libro de Job, que suele interpretarse como la representación del demonio.

levita[1] com. Israelita de la tribu de Leví. || m. Eclesiástico de grado inferior al sacerdote. || FAM. levítico.

levita[2] f. Vestidura masculina de etiqueta, más larga y amplia que el frac, y cuyos faldones se cruzan por delante.

levitar intr. Elevarse en el espacio personas, animales o cosas sin intervención de agentes físicos conocidos. || FAM. levitación.

levítico, ca adj. De los levitas o relativo a ellos. || Aficionado a la Iglesia, o influido por ella. || Libro tercero del Pentateuco, del Antiguo Testamento de la Biblia. ◆ Se escribe con mayúscula.

levógiro, ra adj. En quím., se apl. al cuerpo o sustancia que cuando está en solución desvía hacia la izquierda el plano de polarización de la luz al ser atravesado por ella.

lexema m. Unidad léxica mínima que carece de morfemas, como *luz*, o resulta de haber prescindido de ellos, como *bland* en *ablandar*, y que posee un significado semántico y definible por el diccionario, y no gramatical como el morfema.

lexicalizar tr. y prnl. Convertir en uso léxico general el que antes era figurado. || Hacer que un sintagma llegue a funcionar como una unidad léxica independiente. || FAM. lexicalización.

léxico, ca adj. De los lexemas o relativo al vocabulario de una lengua, región, comunidad, etc. || m. Diccionario, libro en que se recogen y definen las palabras. || Vocabulario, conjunto de palabras de una lengua, de una región, de un colectivo, una actividad, etc. || Repertorio de voces, modismos y giros de un autor. || FAM. lexicografía, lexicología, lexicón.

lexicografía f. Arte y técnica de componer léxicos o diccionarios. || Parte de la lingüística que se ocupa de los principios teóricos en que se basa la composición y redacción de los diccionarios. || FAM. lexicográfico, lexicógrafo.

lexicógrafo, fa m. y f. Persona que recopila o selecciona los vocablos que han de entrar en un léxico. ‖ Persona experta o versada en lexicografía.

lexicología f. Estudio de las unidades léxicas de una lengua y de las relaciones sistemáticas que se establecen entre ellas. ‖ FAM. lexicológico, lexicólogo.

lexicólogo, ga m. y f. Persona especializada en lexicología.

lexicón m. Conjunto de las palabras y lexemas de una lengua y libro en que se contienen. ‖ Conjunto abstracto no ordenado de entradas léxicas que se definen de acuerdo a sus rasgos fónicos y gramaticales.

ley f. Cada una de las relaciones constantes y universales que intervienen o participan en un fenómeno: *ley de la gravedad.* ‖ Cada una de las normas o preceptos de obligado cumplimiento que una autoridad establece para regular, obligar o prohibir una cosa, generalmente en consonancia con la justicia y la ética: *ley penal, civil, laboral.* ‖ En un régimen constitucional, disposición votada por un órgano legislativo. ‖ Estatuto, estipulación o condición establecida para un acto particular: *ley del juego, de un concurso.* ‖ Conjunto de todas las leyes que rigen la vida social, política y económica de un país o una comunidad. ‖ Poder, autoridad: *ley del más fuerte.* ‖ Lealtad, fidelidad, amor: *le tengo ley a mi amigo.* ‖ Norma de conducta a la que se somete una comunidad o un grupo social. ‖ Cantidad de metal que hay en una mena. ‖ **ley de Dios** Todo aquello que es conforme a la voluntad divina. ‖ **ley de la ventaja** Ventaja que da el árbitro a un equipo no pitando una falta que se ha cometido contra él, siempre que mantenga el control de la pelota. ‖ **ley del embudo** col. La que se emplea con desigualdad, aplicándola estrictamente a unos y ampliamente a otros. ‖ **ley del talión** La que castiga condenando al delincuente a sufrir el mismo daño que él ha causado. ‖ **ley fundamental** La que establece los principios básicos por los que deberá regirse la legislación de un país. ‖ **ley marcial** La que está en vigor durante el estado de guerra. ‖ **ley natural** La que parece dictada por la razón y el sentido común. ‖ **ley sálica** La que excluía del trono de Francia a las mujeres y a sus descendientes, que se introdujo en España después del establecimiento de la casa de Borbón, pero que fue derogada en 1830. ‖ **ley seca** La que prohíbe el tráfico y consumo de bebidas alcohólicas. ‖ **ley universal** La que es válida cualquiera que sea la naturaleza de los elementos a los que se aplica. ‖ **con todas las de la ley** loc. adv. Sin omisión de ninguno de los requisitos indispensables. ‖ **de ley** loc. adj. Se apl. al oro y a la plata que tienen la cantidad de estos metales señalada por la ley. ‖ Aplicado a una persona, buena, honrada, como debe ser: *es gente de ley, te puedes fiar.* ‖ FAM. legal, legislar, legista, legítimo, leguleyo.

leyenda f. Relación de sucesos imaginarios o maravillosos. ‖ Composición literaria en que se narran estos sucesos. ‖ Inscripción de monedas, escudos, lápidas, etc. ‖ Ídolo, persona cuyas hazañas se consideran irrepetibles e inalcanzables: *es una leyenda del deporte.* ‖ Texto que acompaña a un dibujo, lámina, mapa, foto, etc., y que explica su contenido. ‖ **leyenda negra** Opinión negativa que se tiene de algo o alguien, generalmente infundada. ‖ FAM. legendario.

lezna f. Instrumento compuesto de un hierrecillo con punta muy fina y un mango de madera que usan los zapateros y otros artesanos para agujerear y coser.

liado, da adj. Atareado, muy ocupado.

liana f. Nombre común de diversas plantas trepadoras tropicales incluidas en varias familias, cuyos tallos largos, delgados y flexibles se emplean para fabricar ligaduras, jarcias, tejidos, muebles, bastones, etc. ‖ P. ext., enredadera o planta trepadora de otras zonas.

liante adj. y com. Que tiene la costumbre de enmarañar las cosas dando explicaciones innecesarias o engañosas.

liar tr. Atar y asegurar un paquete con cuerdas o lías. ‖ Envolver una cosa con papeles, cuerdas, cintas, etc. ‖ Confundir, enredar. También prnl. ‖ col. Engañar o persuadir a alguien. ‖ Hablando de cigarrillos, formarlos envolviendo la picadura en el papel de fumar. ‖ prnl. Ponerse a ejecutar algo con intensidad. ◆ Se construye con la prep. *a* + infinitivo: *se lió a estudiar.* ‖ Hablando de golpes, darlos. ◆ Se construye con la prep. *a: se liaron a puñetazos.* ‖ col. Tener una persona relaciones sexuales o amorosas con otra. ‖ Meterse en un problema. ‖ Hablar mucho dando explicaciones innecesarias. ‖ **liarla** loc. col. Armar un lío o un equívoco, ponerse en una situación comprometida. ‖ FAM. lía, liado, liante.

libación f. Succión de un jugo. ‖ Degustación de una bebida, generalmente alcohólica. ‖ Antigua ceremonia religiosa que consistía en derramar vino u otro licor después de probarlo.

libanés, esa adj. y s. Del Líbano o relativo a este país asiático de Oriente Medio.

libar tr. Chupar suavemente el jugo de una cosa. ‖ Hacer sacrificios u ofrendas a los dioses o a Dios. ‖ Degustar o catar un licor u otra bebida. ‖ FAM. libación.

libelo m. Escrito en que se denigra o insulta a personas o cosas. ‖ FAM. libelista.

libélula m. Nombre común de diversos insectos odonatos que miden entre 30 y 80 mm, con cuatro alas iguales y transparentes y abdomen alargado, cuyas larvas, carnívoras, viven en las aguas estancadas.

liberación f. Acción de poner en libertad. ‖ Cancelación de una hipoteca y gravamen de un inmueble.

liberado, da adj. Se apl. al miembro de una asociación que dedica todo su tiempo a ella y de ella cobra su salario. ‖ Que tiene unas ideas liberales, progresistas y avanzadas con respecto a las normas sociales establecidas.

liberal adj. Tolerante, indulgente. ‖ Que actúa con liberalidad, generoso. ‖ Que ha sido hecho con liberalidad. ‖ Se apl. a la profesión intelectual o artística que se ejerce por cuenta propia. ‖ Que favorece las libertades individuales. ‖ Del liberalismo o relativo a esta doctrina política. ‖ adj. y com. Partidario del liberalismo. ‖ FAM. liberalidad, liberalismo, liberalizar, liberalmente.

liberalidad f. Generosidad, desprendimiento. ‖ Tolerancia, respeto por las opiniones ajenas.

liberalismo m. Doctrina política, económica y social que defiende la libertad individual y rechaza la intervención del Estado en asuntos civiles. || Sistema político-religioso que proclama la absoluta independencia del Estado en sus organizaciones y funciones. || FAM. liberalista.

liberalizar tr. Hacer liberal, más abierto o más independiente en el orden político o en el económico alguna cosa. || FAM. liberalización, liberalizador.

liberar tr. Poner en libertad a alguien o algo. || Eximir a uno de una obligación o compromiso. || prnl. No prestar atención a las normas sociales o morales establecidas. || FAM. liberación, liberado, liberador, liberatorio.

liberiano, na adj. y s. De Liberia o relativo a este país africano.

libero, ra m. y f. En ciertos deportes, jugador defensa que no tiene encomendada ni posición ni marcaje fijos.

libertad f. Facultad que tiene el ser humano de obrar o no obrar según su inteligencia y antojo. || Estado o condición del que no está prisionero o sujeto a otro. || Falta de coacción y subordinación. || Facultad que se disfruta en las naciones bien gobernadas, de hacer y decir cuanto no se oponga a las leyes ni a las buenas costumbres. || Confianza, franqueza. || Osada familiaridad. Más en pl. || Falta de obligación. || Poder o privilegio que se otorga uno mismo: *me he tomado la libertad de traer un amigo.* || **libertad condicional** Beneficio de abandonar la prisión que puede concederse a los penados en el último periodo de su condena, y que está sometido a la posterior observancia de buena conducta. || **libertad provisional** Beneficio del que gozan los procesados, tras fianza o no, que no son sometidos a prisión preventiva en tanto dura la causa o juicio. || FAM. libertar, libertario, liberticida, libertinaje, libertino, liberto.

libertar tr. y prnl. Liberar, poner en libertad al que está atado o preso a al que se ve sujeto por una obligación moral. || FAM. libertador.

libertario, ria adj. y s. Que defiende la libertad absoluta y, por tanto, la supresión de todo gobierno y de toda ley, anarquista.

libertinaje m. Actitud irrespetuosa de la ley, la ética o la moral de quien abusa de su propia libertad con menoscabo de la de los demás. || Desenfreno en el modo de obrar o de hablar.

libertino, na adj. y s. Que actúa con libertinaje.

liberto, ta m. y f. En la antigua Roma, esclavo liberado. || P. ext., persona libre que anteriormente fue esclava.

libidinoso, sa adj. Lujurioso, lascivo, propenso a los placeres sexuales.

libido f. Deseo o impulso sexual. || FAM. libídine, libidinoso.

libio, bia adj. y s. De Libia o relativo a este país mediterráneo de África. || FAM. líbico.

libra f. Peso antiguo usado en España, que en Castilla equivalía a 460 g. || Unidad monetaria de algunos países. || Unidad de peso anglosajona que equivale a unos 453,5 g. || m. Uno de los signos del Zodiaco, que pertenecen las personas que han nacido entre el 23 de septiembre al 22 de octubre. ◆ Se escribe con mayúscula. || adj. y com. Se apl. a la persona que ha nacido bajo este signo. || **libra esterlina** Unidad monetaria de Reino Unido y sus antiguas colonias. ◆ En las dos últimas acepciones no varía en pl.

librado, da m. y f. Persona o entidad contra la que se gira una letra de cambio o un cheque. || **salir bien** o **mal librado** loc. Salir de una situación difícil o peligrosa beneficiado o perjudicado.

librador, ra m. y f. Persona o entidad que expide o libra una letra de cambio o un cheque.

libramiento m. Libranza.

libranza f. Orden que se da por escrito a alguna persona o entidad para que pague cierta cantidad de dinero con los fondos del que la dicta.

librar tr. Sacar o preservar a alguien de un peligro, una molestia, etc. También prnl. ◆ Se construye con la prep. *de*: por fin me libré de él. || Emitir decretos, sentencias, órdenes, etc., por escrito. || Expedir letras de cambio, órdenes de pago, cheques, etc. || Eximir de una obligación. También prnl. || Sostener, entablar: *librar una batalla, una discusión.* || intr. Disfrutar de su día de descanso los empleados: *libra los martes.* || Parir, dar a luz. || FAM. librado, librador, libramiento, libranza.

libre adj. Que tiene facultad para obrar o no obrar. || Que no está preso ni encerrado. || Que no está sujeto ni sometido. || Exento, dispensado de cargas y obligaciones. || Inocente, sin culpa. || Se apl. al tiempo de descanso o de ocio. || Se dice del espacio o lugar no ocupado, vacío. || Se apl. a la persona que no está comprometida con nadie, soltera. || Independiente. || Que carece de obstáculos, impedimentos, etc. || Que no se atiene a ninguna regla, ni condición, ni ley. || Se apl. a la traducción que no se ciñe rigurosamente al texto original. || En dep., líbero. || **por libre** loc. adv. Sobre todo con verbos como *ir, actuar, andar,* etc., sin someterse a las normas o costumbres establecidas. || De forma independiente, sin formar parte de un grupo. ◆ sup. irreg.: *libérrimo.* || FAM. liberal, liberar, líbero, libérrimo, libertad, librar, librecambio, librepensamiento.

librea f. Uniforme de gala que usan algunos empleados para desempeñar su oficio o profesión. || Pelaje de ciertos animales, como los ciervos.

librecambio m. Sistema económico que favorece el comercio internacional, suprimiendo especialmente los aranceles y aduanas. || FAM. librecambismo, librecambista.

librepensador, ra adj. y s. Partidario del librepensamiento.

librepensamiento m. Doctrina que reclama la independencia absoluta de la razón con respecto a todo criterio sobrenatural o religioso. || FAM. librepensador.

librería f. Establecimiento donde se venden libros. || Biblioteca, conjunto de los libros que se poseen. || Mueble con estantes para colocar los libros. || Ejercicio o profesión de librero.

librero, ra m. y f. Persona que se dedica al comercio de libros. || m. *amer.* Librería, estantería para poner libros.

libresco, ca adj. Del libro o relativo a él. || *desp.* Se apl. a la persona, especialmente al escritor o autor, que se inspira o basa sus escritos en la lectura de libros y no en la experiencia.

libreta f. Cuaderno pequeño para escribir anotaciones. || Cartilla o documento donde se reflejan todas las operaciones de una cuenta bancaria.

libretista com. Persona que escribe los libretos de una pieza musical.

libreto m. Obra dramática escrita para una obra de teatro musical, como la ópera o la zarzuela. || FAM. libretista.

librillo m. Conjunto de hojas de papel de fumar enlazadas entre sí. || Libro del estómago de los rumiantes, en el que se absorben los líquidos. || Especie de bisagra diminuta para las cajas muy pequeñas.

libro m. Conjunto de hojas de papel manuscritas o impresas que, cosidas o encuadernadas, forman un volumen. || Obra científica o literaria de bastante extensión para formar un volumen. || Cada una de las partes en que suelen dividirse las obras científicas o literarias y los códigos o leyes de gran extensión. || Libreto. || A efectos legales, en España, todo impreso no periódico que contiene 49 páginas o más, excluidas las cubiertas. || Tercera de las cuatro cavidades en que se divide el estómago de los rumiantes, librillo. || Libro de contabilidad. Más en pl. || **libro blanco** El que contiene un informe completo o una serie de propuestas sobre el estado de alguna cuestión o materia. || **libro de bolsillo** El de formato pequeño y generalmente de bajo precio. || **libro de cabecera** El que se tiene a la cabecera de la cama para frecuentar su lectura. || P. ext., el que se prefiere. || **libro de contabilidad** El que están obligados a tener las empresas, los profesionales y los comerciantes para anotar la entrada y salida del dinero. || **libro de escolaridad** El que recoge las calificaciones obtenidas por el alumno en cada curso y sirve oficialmente como certificado de estudios. || **libro de familia** Aquel en que constan los datos de una familia referentes al estado civil de los esposos y al nacimiento de los hijos. || **libro de texto** El que usan los alumnos para estudiar una asignatura. || **libro sagrado** La Biblia o cada uno de los libros de los que se compone. Más en pl. || **como un libro abierto** loc. adv. Con verbos como *hablar* o *escribir*, claramente, con corrección, elegancia y autoridad. || **llevar los libros** loc. Encargarse de la contabilidad de una empresa. || FAM. libracho, libraco, librazo, librería, libreril, librero, libresco, libreta, libreto, librillo.

licantropía f. Trastorno mental en que el enfermo se imagina estar transformado en lobo e imita los aullidos de este animal. || Conversión legendaria de un hombre en lobo. || FAM. licántropo.

licántropo, pa m. y f. Persona que padece licantropía.

licaón m. Mamífero carnívoro cánido que alcanza hasta 1,50 m de longitud, parecido a un perro, con las patas largas, orejas grandes y el pelo corto con manchas de varios colores, que habita en jaurías en ciertas zonas de África.

licencia f. Permiso para hacer una cosa. || Documento en que consta este permiso: *licencia de armas*. || Autorización concedida a alguien para ausentarse de un empleo o de un cuartel militar. || Libertad abusiva o extremada. || Grado de licenciado. || pl. Las que se dan a los eclesiásticos para celebrar, predicar, etc. || *amer.* Permiso de conducir automóviles. || **licencia poética** Infracción de las leyes del lenguaje o del estilo que puede cometerse lícitamente en los textos literarios. || FAM. licenciar, licencioso.

licenciado, da adj. Que ha sido declarado libre. También s. || m. y f. Persona que ha obtenido el grado que la habilita para ejercer su profesión. || Soldado que ha terminado el servicio militar. || *amer.* Tratamiento que se da a los abogados.

licenciar tr. Conferir el grado de licenciado. || Dar la autoridad competente por terminado el servicio militar de alguno. También prnl. || Despedir a uno de su empleo. || prnl. Recibir el grado de licenciado en una facultad universitaria. ◆ Se construye con la prep. *en: se licenció en Derecho*. || FAM. licenciado, licenciamiento, licenciatura.

licenciatura f. Grado de licenciado. || Estudios necesarios para obtener este grado universitario. || Tiempo durante el cual se estudian.

licencioso, sa adj. Atrevido, disoluto, inmoral. || FAM. licenciosamente.

liceo m. Escuela aristotélica. || Centro cultural o de recreo. || Nombre que reciben algunos centros de enseñanza: *liceo francés*. || *amer.* Instituto de enseñanza media. || FAM. liceísta.

licitar tr. Ofrecer precio por una cosa en subasta. || FAM. licitación, licitador, licitante.

lícito, ta adj. Justo, permitido. || Legal, conforme a derecho. || FAM. lícitamente, licitar, licitud.

licitud f. Concordancia o conformidad con la ley o la moral.

licopodio m. Nombre común de diversos helechos de hasta 40 cm de altura, de hojas simples, gruesas e imbricadas, que crecen ordinariamente en lugares húmedos y sombríos.

licor m. Bebida alcohólica obtenida por destilación, maceración o mezcla de diversas sustancias, compuesta de alcohol, agua y azúcar a los que se añaden esencias aromáticas o frutas. || FAM. licorera, licorería, licorista, licoroso.

licorera f. Utensilio de mesa donde se colocan las botellas de licor y a veces las copas en que se sirve. || Botella decorada en que se guardan y sirven licores. || Mueble, o departamento de otro mayor, destinado a guardar botellas de licor u otras bebidas.

licorería f. Establecimiento donde se fabrican o venden licores.

licra f. Tejido sintético muy elástico y resistente con el que se fabrican ciertas prendas de vestir. ◆ Es la extensión del nombre de una marca registrada.

licuación f. Conversión de un cuerpo gaseoso o sólido en un líquido. || En quím., paso de estado gaseoso a líquido, licuefacción.

licuado m. *amer.* Zumo o batido de frutas.

licuadora f. Electrodoméstico de cocina que sirve para licuar los alimentos.

licuar tr. Hacer líquida una cosa sólida o gaseosa. También prnl. || Fundir un metal sin descomponerlo. || FAM. licuable, licuación, licuado, licuadora, licuante, licuefacción.

lijar

licuefacción f. Proceso por el cual un gas se transforma en líquido.

lid f. Combate, pelea. || Discusión. || **en buena lid** loc. adv. Por buenos medios, sin trampas, ni argucias. || FAM. lidiar.

líder com. Director, jefe o conductor de un partido político, de un grupo social o de otra colectividad. || Persona o equipo que va a la cabeza de una competición deportiva. || FAM. liderar, liderato, liderazgo.

liderar tr. Dirigir o estar a la cabeza de un grupo, partido político, competición, etc.

liderato m. Condición de líder o ejercicio de sus actividades.

liderazgo m. Liderato. || Situación de superioridad en que se halla una empresa, un producto o un sector económico, dentro de su ámbito.

lidia f. Lucha, pelea. || Corrida de toros.

lidiar intr. Batallar, pelear. || Hacer frente a uno, oponérsele. || tr. Torear, incitar al toro y esquivar sus acometidas hasta darle muerte. || FAM. lidia, lidiador, lidioso.

lidioso, sa adj. *amer*. Se apl. a la persona molesta, de trato incómodo.

liebre f. Nombre común de diversos mamíferos lagomorfos de hasta 60 cm de longitud, con pelaje suave y espeso de color variado, hocico estrecho, orejas muy largas y extremidades posteriores más largas que las anteriores, cuyas piel y carne son muy apreciadas. || **levantar la liebre** loc. *col*. Llamar la atención de los demás sobre una cosa que se quería mantener secreta u oculta. || **saltar la liebre** loc. *col*. Surgir de manera imprevista. || FAM. lebrato, lebrel, lebrero, leporino.

lied (voz al.) m. Canción breve de carácter romántico. ◆ pl. *lieder*.

liendre f. Huevo del piojo. || FAM. lendrera, lendroso.

lienzo m. Tela que se fabrica de lino, cáñamo o algodón. || Tela preparada para pintar sobre ella. || Obra pictórica pintada sobre esta tela. || Fachada de un edificio o pared de una casa. || FAM. lencería.

lifting (voz i.) m. Operación de cirugía estética que consiste en estirar la piel de manera que desaparezcan las arrugas, sobre todo del rostro. ◆ pl. *liftings*.

liga f. Cinta o banda de tejido elástico con que se sujetan las medias al muslo o los calcetines a la pantorrilla. || Faja, venda. || Agrupación de individuos, entidades, Estados, etc., con un fin común: *liga antitabaco*. || Competición deportiva donde todos han de jugar contra todos. || Mezcla, unión, aleación, sobre todo la que contiene oro o plata en la fabricación de moneda o de joyas.

ligadura f. Atadura que ciñe o sujeta. También pl. || Sujeción que une una cosa con otra. || Impedimento moral u obligación que dificulta la ejecución de una cosa. || Intervención que consiste en cerrar con un hilo de sutura un conducto, un órgano hueco o un vaso. || En mús., signo con que se indica que dos o más notas deben ejecutarse ligadas o unidas.

ligamento m. Acción y resultado de ligar. || Cordón fibroso muy resistente que une los huesos de las articulaciones. || Pliegue membranoso que enlaza o sostiene los órganos. || FAM. ligamentoso.

ligar tr. Atar, sujetar. || Unir, enlazar. || Fundir o mezclar distintos elementos para que formen uno solo. También intr. || Mezclar cierta porción de otro metal con el oro o con la plata cuando se fabrican monedas o joyas. || Obligar. También prnl. || En ciertos juegos de naipes, reunir las cartas adecuadas para ganar. También intr. || Ejecutar los pases o suertes del toreo sin interrupción aparente. || intr. *col*. Entablar una relación amorosa, por lo general pasajera. También tr. y prnl. || prnl. Confederarse, unirse para algún fin. || **ligársela** loc. *col*. En los juegos, corresponderle a uno de los jugadores perseguir, buscar o atrapar a los demás. || FAM. liga, ligación, ligado, ligadura, ligamen, ligamento, ligazón, ligón, ligotear, ligue, liguero, liguilla.

ligazón f. Unión, trabazón, enlace de una cosa con otra. || Cualquiera de los maderos que se enlazan para componer las cuadernas del casco de un buque.

ligereza f. Agilidad, prontitud. || Levedad o poco peso de una cosa. || Inconstancia, inestabilidad, falta de seriedad. || Hecho o dicho irreflexivo o poco meditado.

ligero, ra adj. Que pesa poco. || Ágil, veloz. || Se apl. al sueño que se interrumpe fácilmente. || Leve, de poca importancia o profundidad. || Se dice del alimento fácil de digerir. || Se apl. a la prenda de vestir que abriga poco. || Inconstante, mudable. || En dep., categoría superior al peso pluma. || adv. m. *amer*. Rápidamente. || **a la ligera** loc. adv. Con prisa, sin reflexión. || **ligero de cascos** loc. adj. *col*. Casquivano, promiscuo, irreflexivo. || FAM. ligeramente, ligereza.

light (voz i.) adj. Aplicado a ciertos alimentos, que tienen menos calorías que los demás de su especie. ◆ No varía en pl.

lignito m. Carbón fósil mineral, de color negro o pardo, poco compacto y con escaso valor calorífico.

ligón, ona adj. y s. *col*. Que tiene facilidad o tendencia a entablar relaciones amorosas o sexuales.

liguano, na adj. *amer*. Se apl. a una raza de carneros de lana gruesa y larga, a esta lana y a lo relativo a estos animales.

ligue m. *col*. Relación amorosa o escarceo sexual pasajero. || Persona con quien se entablan estas relaciones.

liguero, ra adj. De una liga deportiva o relativo a ella. || m. Prenda de vestir femenina a modo de faja estrecha con varias ligas que sujetan el extremo superior de las medias.

liguilla f. En dep., competición en la que intervienen pocos equipos, de manera que todos juegan contra todos.

lija f. Pez condrictio de unos 1,80 m de longitud, de color pardo oscuro con reflejos violáceos y manchas oscuras y con los ojos verdes. || Piel seca de este pez o de otros peces cartilaginosos que por su dureza se emplea para limpiar y pulir metales, maderas, etc. || Papel con polvos o arenillas de vidrio o esmeril adheridos que sirve para pulir maderas, metales, etc. || **dar lija** loc. *col*. Adular, dorar la píldora a alguien. || FAM. lijar.

lijada f. Adelantamiento imprevisto y muy rápido que un vehículo hace a otro.

lijadora f. Máquina eléctrica que sirve para lijar o pulir una superficie.

lijar tr. Alisar, abrillantar o pulir una cosa con lija, papel de lija u otro material abrasivo. || FAM. lijada, lijado, lijadora.

lijoso, sa adj. y s. *amer.* Vanidoso, arrogante.

lila[1] f. Arbusto oleáceo de 3 a 4 m de altura, con hojas acorazonadas y flores olorosas de color morado claro o blanco, muy cultivado en los jardines por la belleza de sus flores. || Flor de este arbusto. || m. Color morado claro. También adj. || FAM. liliáceo, lilo.

lila[2] adj. y com. *col.* Tonto, presumido, vanidoso.

liliáceo, a adj. y f. De las liliáceas o relativo a esta familia de plantas. || f. pl. Familia de plantas angiospermas monocotiledóneas, generalmente herbáceas, anuales o perennes, de raíz bulbosa y fruto capsular, como el ajo, el espárrago y el lirio.

liliputiense adj. y com. *col.* Extremadamente pequeño o endeble.

lilo m. Lila, arbusto oleáceo.

lima[1] f. Fruto del limero, de forma esferoidal aplanada, corteza lisa y amarilla y pulpa de sabor algo dulce dividida en gajos. || Limero, árbol de la lima. || FAM. limero.

lima[2] f. Instrumento de acero con la superficie finamente estriada para desgastar y alisar los metales y otras materias duras. || Cualquier instrumento semejante para pulir. || Acción de limar. || **como una lima** loc. adj. *col.* Se apl. al que come mucho. || FAM. limar, limatón.

limaco m. Babosa. || FAM. limaza.

limadura f. Acción y resultado de limar. || pl. Partecillas que se desprenden de alguna pieza de metal o de materia semejante al lijarla con la lima.

limalla f. Conjunto de limaduras.

limar tr. Cortar, pulir o alisar con la lima. También prnl. || Pulir, revisar, perfeccionar una obra. || Debilitar, suavizar. || FAM. limado, limador, limadura, limalla, limatón.

limaza f. Babosa.

limbo m. Lugar donde, según la doctrina cristiana, van las almas de los que, antes del uso de la razón, mueren sin el bautismo. || Placa que llevan grabada ciertos instrumentos, que se emplea para leer la posición que ocupa un índice móvil. || Contorno aparente de un astro. || Parte ensanchada y aplanada de las hojas, sépalos, pétalos y tépalos. || **estar** uno **en el limbo** loc. *col.* Estar distraído.

limero, ra m. y f. Persona que vende limas. || m. Árbol de la familia de las rutáceas, de 4 a 5 m de altura, con tronco liso y ramoso, copa abierta, hojas alternas y aovadas y flores blancas y olorosas, cuyo fruto es la lima.

limícola adj. y com. Se apl. al organismo, vegetal o animal, que vive en el limo, barro o lodo.

liminal adj. Perceptible por los sentidos, que queda dentro de los límites de lo que se puede percibir conscientemente.

liminar adj. Relacionado con el umbral, con la entrada. || Que sirve de prólogo o inicio, preliminar.

limitación f. Establecimiento de límites. || Límite, cota. || Impedimento, defecto o restricción que reduce las posibilidades o la amplitud de algo.

limitado, da adj. Poco inteligente, corto de entendimiento. || Pequeño, escaso, reducido. || FAM. limitadamente.

limitador, ra adj. Que pone límites, impidiendo sobrepasarlos. || m. Dispositivo mecánico o eléctrico que impide sobrepasar ciertos límites en el consumo o en el desarrollo de cualquier energía.

limitar tr. Poner límites o fronteras. || Acortar, reducir. También prnl. || Fijar la mayor extensión que pueden tener la jurisdicción, la autoridad o los derechos y facultades de uno. || intr. Lindar, estar contiguos dos o más territorios o países. ◆ Se construye con la prep. *con*: *España limita con Francia.* || prnl. Atenerse, ajustarse alguien a algo en sus acciones, ceñirse. ◆ Se construye con la prep. *a* seguida de un infinitivo o un nombre de acción: *se limitó a escuchar.* || FAM. limitable, limitación, limitado, limitador, limitativo.

límite m. Línea real o imaginaria, frontera que separa dos cosas. || Fin, grado máximo, tope. || En mat., magnitud fija a la que tienden o se acercan cada vez más los términos de una secuencia infinita. || Punto o grado, término que no puede rebasarse. ◆ Siempre se usa en aposición a otro s.: *velocidad, situación límite.* || FAM. limitar, limítrofe.

limítrofe adj. Colindante, fronterizo, contiguo: *terrenos limítrofes.*

limo m. Lodo, cieno. || FAM. limoso.

limón m. Fruto del limonero, de color amarillo, forma ovoide y pulpa en gajos de sabor ácido. || Árbol que da este fruto. || Bebida refrescante realizada con zumo de limón. || FAM. lima, limonada, limonado, limonar, limoncillo, limonero.

limonada f. Bebida compuesta de agua, azúcar y zumo de limón. || Bebida compuesta por agua de limón y vino tinto.

limonar m. Sitio plantado de limoneros.

limoncillo m. Árbol mirtáceo cuyas hojas huelen como a limón y cuya madera, amarilla, se emplea en ebanistería.

limonero, ra adj. Del limón o relativo a esta fruta. || m. y f. Persona que vende limones. || m. Árbol rutáceo de unos 4 m de altura, de hojas alternas elípticas y flores olorosas, cuyo fruto es el limón.

limonita f. Mineral óxido de hierro, blando y opaco, de color amarillo, que se usa como pigmento y del que se extrae hierro.

limosna f. Lo que se da como donativo para socorrer una necesidad. || FAM. limosnear, limosnera, limosnero.

limousine (voz fr.) f. Limusina.

limpia[1] f. Acción y resultado de limpiar, limpieza. || *amer.* Paliza, tunda de golpes.

limpia[2] com. *col.* abrev. de *limpiabotas.*

limpiabarros m. Utensilio que suele ponerse a la entrada de las casas para los que llegan de fuera se limpien el barro del calzado. ◆ No varía en pl.

limpiabotas com. Persona que se dedica profesionalmente a limpiar y abrillantar botas y zapatos. ◆ No varía en pl.

limpiacristales com. Persona que se dedica profesionalmente a limpiar los cristales de las ventanas, las lunas de los comercios, etc. || m. Producto químico líquido que se utiliza para limpiar los cristales. ◆ No varía en pl.

limpiaparabrisas m. Mecanismo instalado en la parte exterior del parabrisas o el cristal trasero de los automóviles; consiste en una tira de goma adherida a una varilla que se mueve de derecha a izquierda para limpiar el agua o la nieve que cae sobre estos cristales. ♦ No varía en pl.

limpiar tr. Quitar la suciedad. También prnl. ‖ Corregir, quitar imperfecciones o defectos. ‖ Quitar la parte que sobra, que está mala o que no sirve. ‖ Purificar. ‖ Hacer que un lugar quede libre de lo que es perjudicial en él. ‖ *col.* Hurtar o robar algo. ‖ *col.* En los juegos de naipes y otros, ganar todo el dinero. ‖ FAM. limpiabarros, limpiabotas, limpiacristales, limpiador, limpiaparabrisas, limpión.

límpido, da adj. *poét.* Limpio, puro, sin mancha. ‖ FAM. limpidez.

limpieza f. Ausencia de suciedad o de manchas, pulcritud. ‖ Acción y resultado de limpiar. ‖ Integridad, nobleza, honestidad. ‖ Precisión o destreza con que se ejecutan ciertas cosas. ‖ En los juegos, respeto a las reglas de cada uno. ‖ **limpieza de sangre** El no tener antepasados moros, judíos, herejes ni penitenciados, que antiguamente se exigía para determinados fines. ‖ **limpieza en seco** Procedimiento en que no se utiliza agua para limpiar tejidos o ropa. ‖ **limpieza étnica** Genocidio o intento de destrucción por parte de un pueblo o raza de los naturales de otro por cuestiones sociales, religiosas o de otra índole.

limpio, pia adj. Que no tiene mancha o suciedad. ‖ Aseado, pulcro. ‖ Despojado de lo superfluo o inútil. ‖ Que no tiene mezcla de otra cosa, puro. ‖ Claro, no confuso, bien delimitado. ‖ Honrado, que está dentro de la legalidad y no tiene culpa: *desde que salió de la cárcel está limpio.* ‖ Que ha perdido todo su dinero: *lo dejaron limpio en el casino.* ‖ Referido a una cantidad de dinero, libre de descuentos, impuestos o gastos. ‖ *col.* Se apl. al que está falto de conocimientos de una materia. ‖ Con verbos que expresan lucha o discusión, se apl. a golpes, disparos, etc., que se han cambiado entre los adversarios sin hacer uso de otros medios. Más en locs. advs.: *a tiro, a grito limpio.* ‖ adv. m. Con integridad y honestidad: *jugar limpio.* ‖ **en limpio** loc. adv. En sustancia, en conclusión. ‖ loc. adj. Se apl. al escrito definitivo, que no tiene correcciones ni enmiendas. ‖ **pasar a limpio** loc. Escribir de nuevo un texto con el fin de que no contenga enmiendas ni tachaduras. ‖ FAM. limpia, limpiamente, limpiar, límpido, limpieza.

limusina, limusín o **limusine** f. Automóvil lujoso de gran tamaño. ‖ Antiguo carruaje con carrocería posterior cerrada, y abierta para el asiento delantero.

lináceo, a adj. y f. De las lináceas o relativo a esta familia de plantas. ‖ f. pl. Familia de hierbas, matas o arbustos angiospermos dicotiledóneos de hojas alternas, flores regulares pentámeras y fruto seco o capsular, como el lino.

linaje m. Conjunto de los antepasados o descendientes de una persona o de una familia. ‖ Clase o condición de una cosa. ‖ FAM. linajudo.

linaza f. Semilla del lino, de la que se extrae una harina de uso medicinal y un aceite empleado en la fabricación de pinturas y barnices.

lince m. Nombre común de diversos mamíferos carnívoros félidos que pueden medir hasta 1,30 m de longitud, con las orejas puntiagudas, de color pardo rojizo, con círculos blancos alrededor de los ojos y listas y manchas negras, que habitan en los bosques europeos y a los que se atribuye una vista muy penetrante. ‖ com. Persona sagaz, astuta o perspicaz. También adj.

linchamiento m. Paliza, castigo o muerte que la muchedumbre airada causa a un sospechoso que no ha sido juzgado.

linchar tr. Castigar o matar una muchedumbre incontrolada y enfurecida a un acusado, sin haber sido procesado previamente. ‖ FAM. linchamiento.

lindante adj. Contiguo, colindante.

lindar intr. Estar contiguos dos o más territorios, terrenos, etc. ‖ Estar algo muy próximo a lo que se expresa. ♦ Se construye con la prep. *con: ese negocio linda con la ilegalidad.* ‖ FAM. lindante, lindero.

linde amb. Límite, término o fin de algo. Más como f. ‖ FAM. lindar.

lindero, ra adj. Que linda o limita con una cosa. ‖ m. y f. Linde o conjunto de las lindes de un terreno.

lindeza f. Belleza, hermosura. ‖ Hecho o dicho gracioso. ‖ pl. *irón.* Insultos o improperios.

lindo, da adj. Bello, bonito. ‖ Bueno, agradable. ‖ Exquisito, perfecto. ‖ adv. m. *amer.* Muy bien, bellamente. ‖ **de lo lindo** loc. adv. Mucho, excesivamente. ‖ FAM. lindamente, lindeza, lindura.

línea f. En geom., extensión considerada solo en su longitud. ‖ Serie de puntos continuos y unidos entre sí. ‖ Raya, traza fina y curva. ‖ Raya real o imaginaria que delimita una cosa. ‖ Renglón. ‖ Silueta, contorno. ‖ Hilera de personas o cosas. ‖ Ruta o servicio de transporte terrestre, marítimo o aéreo. ‖ Serie de personas enlazadas por parentesco. ‖ Clase, género. ‖ Orientación, dirección, estilo. ‖ Conducta, comportamiento. ‖ Figura esbelta y estilizada. ‖ Conjunto de los hilos o cables conductores de la electricidad, o de la comunicación telefónica o telegráfica. ‖ Frente, territorio de combate. También pl. ‖ Formación de tropas militares. También pl. ‖ En dep., conjunto de jugadores que ocupan una posición semejante respecto al centro del campo y, por tanto, desempeñan una misión semejante. ‖ Conjunto de productos de orientación o uso semejante que lanza al mercado una casa comercial para su venta. ‖ Conjunto de puntos básicos alineados en que se descompone una imagen televisiva para ser codificada. ‖ **línea caliente** Comunicación telefónica de carácter erótico. ‖ **línea curva** La que no es recta. ‖ **línea de flotación** La que separa la parte sumergida del casco de un buque de la que no lo está. ‖ **línea de meta** Cada una de las dos líneas que delimitan los campos de fútbol y otros juegos, en las cuales se encuentran las porterías. ‖ **línea equinoccial** El ecuador de la tierra. ‖ **línea recta** La más corta que se puede imaginar desde un punto a otro. ‖ **de primera línea** loc. adj. De muy buena calidad, de lo mejor en su especie. ‖ **en líneas generales** loc. adv. En general, sin pormenorizar. ‖ **en su línea** loc. adv. Entre los de igual clase. ‖ **en toda línea** loc. adv. Completamente, por entero. ‖ FAM. lineal, lineamiento, linear.

lineal adj. De la línea, con su forma o relativo a ella. || Se apl. al dibujo con segmentos de líneas geométricas realizado generalmente con ayuda de utensilios como la regla, la escuadra o el compás. || Se dice de la perspectiva en la que se representan los objetos por las líneas de sus contornos. || Que presenta un desarrollo constante o en una misma dirección. || FAM. linealidad, linealmente.

lineamiento m. Conjunto de líneas que forman el dibujo de un cuerpo, por el cual se distingue y conoce su figura.

linear adj. Largo y delgado, semejante a una línea.

linfa f. Líquido incoloro compuesto básicamente de glóbulos blancos que forma parte del plasma sanguíneo; circula por los vasos linfáticos hasta incorporarse a la sangre venosa. || FAM. linfático, linfocito, linfoide, linfoma.

linfático, ca adj. De la linfa o relativo a ella. || Falto de energía y entusiasmo. También s.

linfocito m. Leucocito de pequeño tamaño y un único y gran núcleo, producido principalmente por la médula ósea, que interviene activamente en la reacción inmunitaria.

linfoma m. Tumor maligno de los ganglios linfáticos o el bazo.

lingotazo m. col. Trago de bebida alcohólica.

lingote m. Trozo o barra de metal en bruto fundido.

lingual adj. De la lengua o relativo a este órgano. || En fon., se apl. al sonido que, como la *l*, se articula con el ápice o la punta de la lengua. || En fon., se dice de la letra que representa este sonido. También f.

lingüista com. Especialista en lingüística.

lingüística f. Ciencia que estudia el lenguaje y las lenguas. || **lingüística aplicada** Rama de la lingüística que trata los problemas que el lenguaje plantea como medio de relación social, especialmente de los que se refieren a la enseñanza de idiomas. || **lingüística general** Estudio teórico del lenguaje que se ocupa de métodos de investigación y de cuestiones comunes a las diversas lenguas. || FAM. lingüista, lingüístico.

lingüístico, ca adj. De la lingüística o relativo a esta ciencia. || Relativo a la lengua o al lenguaje.

linier com. En dep., juez de línea.

linimento m. Medicamento en forma de líquido viscoso o pomada compuesto de aceites y bálsamos que se aplica exteriormente en fricciones sobre la piel como analgésico.

lino m. Planta herbácea de la familia de las lináceas, de raíz fibrosa, hojas lanceoladas, flores de cinco pétalos de varios colores y fruto en cápsula. || Materia textil que se saca del tallo de esta planta. || Tela hecha de esta fibra. || FAM. linar, linaza, linografía, linóleo, linóleum.

linóleo m. Material fuerte e impermeable, formado por un tejido de yute cubierto con una capa de corcho en polvo amasado con aceite de linaza que se emplea para cubrir los suelos.

linotipia f. En impr., máquina de componer textos provista de matrices, de la cual sale la línea formando una sola pieza. || En impr., técnica de componer con esta máquina. || FAM. linotipista.

linterna f. Utensilio manual y portátil que funciona con pilas eléctricas y una bombilla y sirve para proyectar luz. || Farol portátil. || En arquit., remate con ventanas laterales que se pone en la cúpula de algunos edificios para iluminar el interior mediante la luz solar. || Faro de las costas.

linyera f. amer. Atado en que se guardan ropa y otros efectos personales, hatillo. || com. amer. Persona vagabunda y ociosa que anda de un lugar a otro, sin tener oficio ni domicilio determinado.

lío m. Complicación, problema. || Conjunto de ropa o de otras cosas atadas. || Confusión, desorden, jaleo. || Chisme, cotillería. || col. Relación amorosa o sexual que se mantiene fuera de una pareja reconocida. || FAM. lioso.

liofilización f. Método de deshidratación mediante la congelación y posterior sublimación a presión del hielo creado, que se utiliza para obtener sustancias solubles. || FAM. liofilizado, liofilizar.

lioso, sa adj. Confuso, complicado, difícil. || Chismoso, que enreda las cosas. También s.

lipa f. amer. col. Tripa, vientre de las personas. || FAM. lipón.

lípido m. Cada una de las sustancias orgánicas que se caracterizan por ser solubles en disolventes orgánicos e insolubles en agua y constituyen las reservas de energía de los seres vivos. || FAM. lipemia, lipoideo, lipoma, liposoluble.

liposoluble adj. Que se puede disolver en grasas o aceites.

liposoma m. Vesícula membranosa biodegradable formada en laboratorio y que puede contener diversos agentes químicos, como proteínas, enzimas o medicamentos.

liposucción f. Técnica de cirugía estética consistente en la extracción de la grasa corporal mediante succión. || FAM. liposuccionador.

lipotimia f. Pérdida súbita y pasajera del sentido y del movimiento.

liquen m. Protoctista resultante de la asociación simbiótica de hongos con algas unicelulares. Crece en sitios húmedos, extendiéndose sobre las rocas o las cortezas de los árboles en forma de hojuelas grises, pardas, amarillas o rojizas.

liquidación f. Acción y resultado de liquidar. || Venta al por menor, con gran rebaja de precios, que hace una casa de comercio por cesación, quiebra, reforma o traslado del establecimiento, etc.

liquidar tr. Saldar, pagar enteramente una cuenta. || Poner término a una cosa o a un estado de cosas. || Hacer el ajuste final de un establecimiento comercial. || Hacer líquida una cosa sólida o gaseosa. También prnl. || Vender mercancías en liquidación. || Gastar completamente. || col. Matar, asesinar. || FAM. liquidable, liquidación, liquidador, liquidativo, liquidatorio.

liquidez f. Calidad de líquido. || Cualidad del activo o capital financiero para transformarse fácilmente en dinero efectivo. || Relación entre el conjunto de dinero en caja y de bienes fácilmente convertibles en dinero, y el total del activo, de un banco u otra entidad.

líquido, da adj. Se apl. al cuerpo cuyas moléculas tienen menor cohesión que la de los sólidos y mayor que la de los gases, como el agua, el vino, etc. También m. ||

literatura

Se apl. al saldo entre el debe y el haber. También m. ‖ Se dice del sueldo, precio, cantidad, etc., una vez descontados los gastos, impuestos, etc. También m. ‖ En fon., se apl. a la consonante que, precedida de una muda y seguida de una vocal, forma sílaba con ellas, como en *glosa* y *druso*. En español, solo son líquidas la *l* y la *r*. ‖ En fon., se dice del sonido *s* cuando está al principio de una palabra y va seguido de otra consonante, pero sin formar sílaba con ella. ‖ **líquido amniótico** El contenido en el amnios. ‖ FAM. licuar, liquidar, liquidez.

liquilique m. *amer.* Blusa de tela de algodón que se abrocha desde el cuello.

lira[1] f. Antiguo instrumento musical compuesto de varias cuerdas tensadas en un marco que se pulsaban con ambas manos. ‖ Combinación métrica de cinco versos (heptasílabos el primero, tercero y cuarto, y endecasílabos los otros dos), de los cuales riman el primero con el tercero, y el segundo con el cuarto y el quinto. ‖ Inspiración de un poeta. ‖ FAM. lírico.

lira[2] f. Antigua unidad monetaria de Italia y actual de Turquía.

lírica f. Género literario al cual pertenecen las obras, normalmente en verso, que expresan sentimientos del autor y se proponen suscitar en el oyente o lector sentimientos análogos. ‖ Conjunto de obras de este género. ‖ FAM. lirismo.

lírico, ca adj. De la lírica o de la poesía propia para el canto en la que predominan los sentimientos y emociones del autor, o relativo a ellas. ‖ Se apl. a uno de los tres principales géneros en que se divide la poesía y, p. ext., a la poesía en general. También f. ‖ Se dice del autor que cultiva este género. También s. ‖ Se apl. a la obra de teatro total o principalmente musical.

lirio m. Planta herbácea de la familia de las iridáceas, con hojas radicales y erguidas, tallo central ramoso, flores terminales grandes de varios colores, fruto capsular y rizoma rastrero y nudoso. ‖ FAM. liliáceo, lis.

lirismo m. Cualidad de lírico, inspiración lírica.

lirón m. Nombre común de diversos mamíferos roedores de unos 18 a 26 cm de longitud incluida la cola, muy parecidos al ratón, de cola larga, pelaje gris oscuro en las partes superiores del cuerpo y blanco en las inferiores. Habitan en los montes y pasan todo el invierno adormecidos. ‖ Persona dormilona. ‖ **dormir como un lirón** loc. *col.* Dormir mucho o de continuo.

lis amb. Lirio. ‖ **flor de lis** Forma heráldica de esta flor. ◆ pl. *lises.*

lisa f. Pez osteíctio perciforme marino de unos 70 cm de longitud que habita en los mares templados formando bancos; su carne y sus huevas son muy apreciadas.

lisérgico adj. Se apl. al ácido derivado de los alcaloides que se encuentra en el cornezuelo del centeno.

lisiado, da adj. y s. Se apl. a la persona que tiene alguna lesión física permanente, especialmente en una extremidad.

lisiar tr. y prnl. Producir una lesión física permanente. ‖ FAM. lisiado.

liso, sa adj. Se dice de la superficie que no presenta asperezas, realces, arrugas o desigualdades. ‖ Que tie-

ne un solo color. ‖ Se apl. al pelo que no es rizado. ‖ Sin obstáculos. ‖ FAM. lisamente, lisura.

lisonja f. Adulación interesada que se hace a una persona para ganar su voluntad u otra cosa. ‖ FAM. lisonjear, lisonjero.

lisonjear tr. y prnl. Adular a alguien interesadamente. ‖ FAM. lisonjeador.

lisonjero, ra adj. Que lisonjea. También s. ‖ Agradable o satisfactorio.

lista f. Tira de cualquier cosa delgada. ‖ Raya de color, especialmente en una tela o tejido. ‖ Enumeración de personas, cosas, cantidades, etc., que se hace con determinado propósito. ‖ **lista de boda** Enumeración de objetos elegidos por los novios para que se los regalen los invitados. ‖ **lista de espera** Enumeración de personas que esperan su turno para alguna cosa. ‖ **lista negra** Relación secreta en la que se inscriben los nombres de las personas o entidades consideradas enemigas o peligrosas. ‖ **pasar lista** loc. Llamar en alta voz una relación de personas o cosas para saber si están presentes o disponibles. ‖ FAM. listado, listar, listín, listón.

listado, da adj. Que forma o tiene listas. ‖ m. Lista, relación.

listar tr. Inscribir en una lista. ‖ En inform., obtener una relación de datos a través de un dispositivo de salida del ordenador.

listillo, lla adj. y s. *col.* Que presume de saber mucho.

listín m. Lista extractada de otra más extensa. ‖ Guía de teléfonos.

listo, ta adj. Inteligente. ‖ Sagaz, astuto, hábil. ‖ Preparado. ‖ **estar** o **ir listo** loc. *col.* Manifiesta la convicción de que el propósito o esperanza de una persona saldrán fallidos. ‖ **pasarse de listo** loc. *col.* Considerarse más inteligente o hábil que otros y estar equivocado. ‖ FAM. listeza, listillo, listura.

listón m. Pedazo de tabla angosto que sirve para hacer marcos y para otros usos. ‖ En dep., barra que se coloca horizontalmente sobre dos soportes para marcar la altura que se ha de saltar en ciertas pruebas. ‖ **dejar** o **poner el listón muy alto** loc. *col.* Marcar un límite difícil de superar; exigir mucho.

lisura f. Igualdad y tersura de la superficie de una cosa. ‖ Ingenuidad, sinceridad. ‖ *amer.* Dicho o hecho desvergonzado. ‖ *amer.* Atrevimiento, desparpajo.

litera f. Mueble compuesto por dos camas, una encima de la otra. ‖ Cada una de estas camas.

literal adj. Fiel a las palabras de un texto o al sentido exacto y propio: *cita literal.* ‖ FAM. literalidad, literalmente.

literalidad f. Fidelidad a las palabras de un texto o al sentido exacto y propio.

literario, ria adj. De la literatura o relativo a ella. ‖ FAM. literariamente.

literato, ta m. y f. Escritor, autor literario.

literatura f. Arte que emplea como instrumento la palabra. ‖ Teoría de las composiciones literarias. ‖ Conjunto de las producciones literarias de una nación, una época, un género, etc. ‖ P. ext., conjunto de obras que tratan de una determinada materia. ‖ FAM. literario, literato.

litiasis f. Formación de cálculos en una cavidad o conducto del organismo, especialmente en las vías biliares y urinarias. ◆ No varía en pl.

lítico, ca adj. De la piedra o relativo a ella. ‖ FAM. litiasis, litio, litografía, litología, litosfera.

litigante adj. y com. Que litiga.

litigar tr. Pleitear, disputar en juicio sobre una cosa. También intr. ‖ intr. Discutir. ‖ FAM. litigación, litigante.

litigio m. Pleito. ‖ Disputa, discusión. ‖ FAM. litigar, litigioso.

litio m. Elemento químico metálico de color blanco, ligero y muy poco pesado. Su símbolo es *Li*, y su número atómico, *3*.

litografía f. Técnica de reproducir mediante impresión lo dibujado o grabado previamente en una piedra caliza. ‖ Cada una de las reproducciones así obtenidas. ‖ Taller en que se ejerce esta técnica. ‖ FAM. litografiar, litográfico, litógrafo.

litología f. Parte de la geología que trata sobre las rocas.

litoral adj. De la orilla del mar o relativo a ella. ‖ m. Costa de un mar.

litosfera f. Capa más externa de la Tierra formada por la corteza y parte del manto terrestre.

litote, lítotes o **litotes** f. Figura que consiste en no expresar todo lo que se quiere dar a entender, pero dejando clara la intención. ◆ Las dos últimas formas no varían en pl.

litotricia f. Operación de pulverizar o desmenuzar las piedras o cálculos que se encuentren en alguna cavidad o conducto del organismo, a fin de que puedan ser expulsadas.

litro m. Unidad de capacidad que equivale al contenido de un decímetro cúbico. ‖ Cantidad de líquido que cabe en esta medida. ‖ FAM. litrona.

litrona f. *col.* Botella de cerveza de un litro.

lituano, na adj. y s. De Lituania o relativo a este país europeo. ‖ m. Lengua de la familia báltica hablada en Lituania.

liturgia f. Conjunto de reglas para celebrar los actos religiosos, especialmente las establecidas por la religión católica. ‖ FAM. litúrgico, liturgista.

litúrgico, ca adj. De la liturgia o relativo a ella.

liviandad f. Cualidad de liviano. ‖ Acción liviana.

liviano, na adj. De poco peso, ligero. ‖ Leve, de poca importancia. ‖ Fácil. ‖ FAM. livianamente, liviandad.

lividez f. Amoratamiento. ‖ Palidez.

lívido, da adj. Amoratado. ‖ Pálido. ‖ FAM. lividecer, lividez.

living (voz i.) m. *amer.* Cuarto de estar. ◆ pl. *livings.*

liza f. Campo dispuesto para el combate. ‖ Combate, pelea.

ll f. Fonema que tradicionalmente era considerado la decimocuarta letra del alfabeto español, y la undécima de sus consonantes. En este diccionario, siguiendo el criterio de la Real Academia Española, se ha englobado en la *l*, según las normas de alfabetización universal. Su nombre es *elle.*

llaga f. Úlcera. ‖ Daño, dolor, pesadumbre. ‖ FAM. llagar.

llama¹ f. Masa gaseosa que producen los cuerpos al arder. ‖ Pasión intensa. ‖ FAM. llamarada, llameante, llamear.

llama² f. Mamífero artiodáctilo de aproximadamente 1,20 m de altura y 1 m de longitud, rumiante, doméstico, de la región andina de América del Sur, apreciado por su lana y que se emplea como animal de carga.

llamada f. Acción y resultado de llamar. ‖ Signo que en un texto remite a otro lugar.

llamado m. Llamamiento.

llamador m. Aldaba o timbre de una puerta.

llamamiento m. Acción y resultado de llamar. ‖ Citación, convocatoria.

llamar tr. Dar voces o hacer señales para atraer la atención de una persona o animal. ‖ Invocar. ‖ Citar, convocar. ‖ Nombrar, denominar. También prnl. ‖ Atraer. ‖ intr. Hacer sonar: *llaman a la puerta.* ‖ prnl. Tener alguien un determinado nombre. ‖ FAM. llamada, llamado, llamador, llamamiento, llamativo.

llamarada f. Llama repentina que se levanta del fuego y se apaga pronto. ‖ Enrojecimiento momentáneo del rostro.

llamativo, va adj. Que llama la atención.

llamear intr. Echar llamas.

llana f. Herramienta empleada en albañilería para extender y alisar yeso o argamasa.

llanear intr. Andar por terreno llano, evitando las pendientes.

llanero, ra m. y f. Habitante de las llanuras.

llaneza f. Sencillez. ‖ Familiaridad, igualdad en el trato de unos con otros.

llano, na adj. Igual, sin altos ni bajos. ‖ Sencillo, natural. ‖ Claro, evidente. ‖ Plebeyo. ‖ En gram., se apl. a la palabra que carga el acento prosódico en la penúltima sílaba. ‖ En geom., se apl. al ángulo que vale dos rectos. ‖ m. Llanura. ‖ FAM. llana, llanada, llanamente, llaneador, llanear, llanero, llaneza, llanura.

llanta f. Círculo de metal de una rueda sobre el que se monta el neumático. ‖ Cerco metálico exterior que cubre las ruedas de los vehículos.

llantén m. Planta herbácea de la familia de las plantagináceas, con hojas radicales y ovaladas, flores en espiga larga y apretada, pequeñas y verdosas, y fruto capsular; con sus hojas se prepara una infusión con propiedades medicinales.

llantina f. Llorera.

llanto m. Efusión de lágrimas acompañada frecuentemente de lamentos y sollozos. ‖ FAM. llantera, llantina.

llanura f. Planicie, extensión de terreno llano.

llapa f. *amer.* Añadidura, añadido.

llar m. Cadena de hierro que cuelga del cañón de la chimenea. Más en pl.

llareta f. Planta de la familia de las umbelíferas que destila de su tallo una resina transparente de olor agradable que se usa como estimulante y estomacal, y también para curar heridas.

llave f. Instrumento metálico para abrir o cerrar una cerradura. ‖ Herramienta para apretar o aflojar tuercas, tornillos o las cuerdas de un instrumento musical de viento. ‖ Instrumento para regular el paso de una corriente eléctrica. ‖ Instrumento que sirve para facilitar o impedir el paso de un fluido por un conducto. ‖ Instrumento que sirve para dar cuerda a los relojes. ‖ En escritura, signo {} para abarcar distintas líneas. ‖ Clave, medio para descubrir o resolver algo. ‖ En deportes de lucha, movimiento con el que se inmoviliza al contrario. ‖ **llave de paso** Llave que se intercala en un conducto para cerrar, abrir o regular el curso de un fluido. ‖ **llave grifa** La parecida a la inglesa, usada en fontanería. ‖ **llave inglesa** Herramienta para apretar o aflojar tuercas, tornillos, etc., que dispone de un mecanismo para adaptarse a diferentes medidas. ‖ **llave maestra** Llave que sirve para distintas cerraduras. ‖ FAM. llavero, llavín.

llavero m. Utensilio en que se llevan o guardan las llaves.

llavín m. Llave pequeña.

llegada f. Acción y resultado de llegar. ‖ Meta de una carrera.

llegar intr. Alcanzar el fin o término de un desplazamiento. ‖ Durar hasta un tiempo determinado. ‖ Conseguir el fin a que se aspira. ‖ Seguido de un infinitivo, alcanzar a producir la acción expresada por este: *llegó a ganar varios premios*. ‖ Alcanzar cierta altura o extenderse hasta cierto punto. ‖ En las carreras deportivas, alcanzar la línea de meta. ‖ Ser suficiente una cantidad. ‖ prnl. Acercarse a un lugar determinado. ‖ FAM. llegada.

llenar tr. Ocupar por completo un espacio. También prnl. ‖ Satisfacer. ‖ Colmar. ‖ prnl. Hartarse de comida o bebida. ‖ FAM. llenado.

lleno, na adj. Ocupado por completo. ‖ Saciado de comida: *no puedo comer nada más porque estoy lleno*. ‖ Ligeramente obeso. Más en dim. ‖ m. Concurrencia que ocupa todas las localidades de un espectáculo. ‖ FAM. llenar.

llevadero, ra adj. Soportable, tolerable.

llevaitrae com. *amer.* Correveidile, persona que lleva y trae chismes.

llevar tr. Transportar de una parte a otra. ‖ Dirigir, conducir, manejar. ‖ Tolerar, soportar: *no me llevo bien con ella*. ‖ Convencer, persuadir: *tus palabras le llevaron a decidirse*. ‖ Vestir una prenda. ‖ Haber pasado un tiempo en una misma situación o lugar. ‖ Con el participio de ciertos verbos, haber realizado lo que este denota: *llevo leídas veinte páginas*. ‖ Con algunos complementos, como *la cuenta, los libros, la labor*, mantener actualizado y en orden. ‖ Seguir o marcar el paso, el ritmo, el compás, etc. ‖ En mat., reservar las decenas de una suma o multiplicación parcial para agregarlas a la suma o producto del orden superior inmediato. También prnl. ‖ prnl. Quitar, separar violentamente una cosa de otra: *se llevó una farola por delante*. ‖ Estar de moda. ‖ Con ciertos complementos que expresen medida de tiempo, distancia, tamaño, peso, etc., exceder una persona o cosa a otra en la cantidad que se indica: *se llevan cuatro años*. ‖ Mantener una relación o trato determinado con alguien: *se llevan fatal con su cuñada*. ‖ **llevar adelante** loc. Proseguir lo que se ha emprendido. ‖ **llevar las de perder** loc. *col.* Estar en una situación desventajosa. ‖ **llevarse por delante** loc. *col.* Atropellar, arrasar o destruir. ‖ FAM. llevadero.

llorar intr. Derramar lágrimas. También tr. ‖ tr. Sentir profundamente. ‖ FAM. Lloradera, llorera, llorica, lloriquear, llorisquear, lloro, llorón, llorosamente, lloroso.

llorera f. Llanto fuerte y continuado.

llorica com. *col.* Persona que llora con frecuencia y por cualquier motivo.

lloriquear intr. Gimotear, llorar sin fuerza. ‖ FAM. lloriqueante, lloriqueo.

lloriqueo m. Gimoteo, llanto sin fuerza.

llorisquear intr. *amer.* Lloriquear.

lloro m. Llanto, acción de llorar.

llorón, ona adj. Que llora mucho. También s. ‖ Que se queja o lamenta frecuentemente. También s. ‖ Se apl. a algunos árboles con ramas colgantes: *sauce llorón*.

lloroso, sa adj. Que tiene señales de haber llorado.

llover intr. impers. Caer agua de las nubes. ‖ intr. Venir, caer sobre uno con abundancia una cosa, como trabajos, desgracias, etc. ◆ **Irreg.** Se conj. como *mover*. ‖ FAM. llovedizo, llovizna, lluvia.

llovizna f. Lluvia ligera.

lloviznar intr. impers. Caer lluvia ligera. ‖ FAM. llovizna.

lluvia f. Precipitación de agua de la atmósfera que cae de las nubes en forma de gotas. ‖ Gran cantidad, abundancia. ‖ FAM. lluvioso.

lluvioso, sa adj. Se apl. al tiempo o al lugar en que son frecuentes las lluvias.

lo art. det. neutro utilizado para sustantivar adjetivos, oraciones de relativo o frases preposicionales: *se fue con lo puesto*. ‖ pron. Forma átona del pron. pers. m. o neutro de tercera persona, de los denominados clíticos, que en la oración desempeña la función de complemento directo: *se lo di a ella*. ◆ pl. *los*. ‖ FAM. loísmo.

loa f. Acción y resultado de loar. ‖ Composición dramática breve que se representaba antiguamente antes del poema dramático al que servía como preludio o introducción.

loable adj. Digno de alabanza.

loar tr. Alabar. ‖ FAM. loa, loable, loablemente, loor.

loba f. *amer. vulg.* Prostituta.

lobanillo m. Tumor o bulto superficial y por lo común no doloroso, que se forma en la cabeza y en algunas partes del cuerpo. ‖ Excrecencia leñosa cubierta de corteza que se forma en el tronco o las ramas de un árbol.

lobato m. Cría del lobo, lobezno.

lobby (voz i.) m. Grupo de presión formado por personas con gran influencia y poder, sobre todo político o económico. ‖ Vestíbulo de un hotel y de otros establecimientos como cines, teatros, restaurantes, etc., especialmente si es grande. ◆ pl. *lobbies*.

lobera f. Guarida de lobos.

lobezno m. Cría del lobo.

lobito m. *amer.* Lagarto pequeño de ciertas especies.

lobizón m. *amer.* Séptimo hijo varón de una familia, a quien tradicionalmente se atribuye la capacidad de transformarse en animal las noches de luna llena.

lobo, ba m. y f. Nombre común de diversos mamíferos carnívoros cánidos, de pelaje gris oscuro o pardo, cabeza aguzada, orejas tiesas, mandíbula fuerte y cola larga con mucho pelo. ‖ **lobo de mar** Marino viejo y experimentado en su profesión. ‖ **lobo marino** Foca. ‖ **menos lobos** loc. *col.* Indica que lo que se está oyendo es exagerado. ‖ FAM. loba, lobato, lobera, lobero, lobezno, lobizón, lobuno.

lóbrego, ga adj. Oscuro, tenebroso. ‖ Triste, melancólico. ‖ FAM. lobreguez.

lobulado, da adj. Que tiene forma de lóbulo. ‖ Que tiene lóbulos.

lobular adj. Del lóbulo o relativo a él. ‖ Que tiene forma de lóbulo. ‖ Que tiene lóbulos.

lóbulo m. Cada una de las partes, a manera de ondas, que sobresalen en el borde de una cosa. ‖ Parte blanda que está en el extremo inferior de la oreja. ‖ Parte redondeada y saliente de un órgano cualquiera. ‖ FAM. lobulado, lobular.

loca f. *col.* Hombre homosexual de aspecto y ademanes exagerados. ‖ *amer. col.* Prostituta.

locación f. Arrendamiento. ‖ FAM. locador, locatario, locativo.

local adj. Relativo a un lugar. ‖ Municipal o provincial, por oposición a general o nacional. ‖ Que solo afecta a una parte de un todo: *anestesia local.* ‖ m. Sitio cerrado y cubierto. ‖ FAM. localidad, localismo, localizar, locativo.

localidad f. Lugar o pueblo. ‖ Cada una de las plazas o asientos en los locales destinados a espectáculos públicos. ‖ Entrada o billete que da derecho a ocupar alguna de estas plazas o asientos.

localismo m. Vocablo o locución que solo tiene uso en una lengua regional. ‖ Cualidad de local. ‖ Perteneciente a un lugar o territorio. ‖ FAM. localista.

localista adj. Del localismo o relativo a él. ‖ Se apl. al escritor o al artista que cultiva temas locales. También com.

localización f. Determinación del lugar en que se halla una persona o cosa. ‖ Delimitación, ubicación.

localizar tr. Determinar el lugar en que se halla una persona o cosa. ‖ Fijar algo en un lugar o unos límites determinados. También prnl. ‖ FAM. localización.

locatario, ria m. y f. Arrendatario.

locatis adj. y com. *col.* Alocado. ◆ No varía en pl.

locativo, va adj. En gram., se apl. al caso de la declinación que expresa fundamentalmente la relación de lugar en donde algo está o se realiza. También m. ‖ Del contrato de locación o arriendo o relativo a él.

locear intr. *amer.* Fabricar loza. ‖ FAM. locería.

locha f. Pez osteíctio de unos 30 cm de longitud, cuerpo casi cilíndrico, aplastado hacia la cola, y de color negruzco con listas amarillentas y boca rodeada de diez barbillas.

loción f. Producto líquido preparado para la limpieza o el cuidado de la piel o del cabello.

lock-out (voz i.) m. Cierre de fábricas, talleres, etc., por parte de la empresa como respuesta a una situación de huelga. ◆ pl. *lock-outs.*

loco, ca adj. Que tiene trastornadas las facultades mentales. También s. ‖ Insensato, imprudente. También s. ‖ Que excede en mucho a lo ordinario o presumible. ‖ Que siente un gran deseo, interés o entusiasmo. ‖ Se apl.

al mecanismo que no funciona adecuadamente. ‖ **a lo loco** loc. adv. *col.* Sin reflexionarlo. ‖ **cada loco con su tema** loc. *col.* Expresa la excesiva insistencia de alguien en un mismo asunto. ‖ **hacerse el loco** loc. *col.* Fingir no ver o no darse cuenta de algo. ‖ **loco por** loc. Enamorado. ‖ **ni loco** loc. adv. *col.* De ninguna manera. ‖ FAM. loca, locamente, locatis, locuelo, locura, loquear, loquera, loqueras, loquero.

locomoción f. Traslado de un lugar a otro.

locomotor, ra adj. De la locomoción o relativo a ella: *aparato locomotor.* ‖ FAM. locomoción, locomotora, locomotriz.

locomotora f. Máquina que, montada sobre ruedas, arrastra los vagones de un tren.

locomotriz adj. f. Propia para la locomoción: *energía locomotriz.*

locro m. *amer.* Plato de carne, patatas y maíz, entre otros ingredientes, típico de varios países de América del Sur.

locuacidad f. Cualidad de hablar mucho.

locuaz adj. Que habla mucho o demasiado. ‖ FAM. locuacidad, locutor.

locución f. En gram., combinación estable de dos o más palabras que funciona como oración o como elemento oracional y cuyo sentido unitario no siempre es la suma del significado normal de los componentes. ‖ FAM. locuaz, locutor.

locura f. Pérdida o trastorno de las facultades mentales. ‖ Imprudencia, insensatez. ‖ Entusiasmo, interés, sentimiento, etc., exagerado o muy intenso. ‖ **con locura** loc. adv. Mucho.

locutor, ra m. y f. Persona que habla ante el micrófono en las estaciones de radio y televisión para dar avisos, noticias, programas, etc. ‖ FAM. locutorio.

locutorio m. Departamento aislado y de reducidas dimensiones que se destina al uso individual del teléfono. ‖ Estudio donde se realizan las audiciones en una emisora de radio. ‖ En los conventos y cárceles, habitación dividida por una reja o un cristal en la que los visitantes pueden hablar con las monjas o con los presos.

lodazal m. Sitio lleno de lodo.

lodo m. Mezcla de tierra y agua, especialmente la que resulta de las lluvias en el suelo. ‖ FAM. lodazal, lodazar, lodoso.

lofiiforme adj. y m. De los lofiiformes o relacionado con este orden de peces. ‖ m. pl. Orden de peces osteíctios que se caracterizan por sus extrañas formas, presentando los primeros radios de la aleta dorsal libres transformados en filamentos para la pesca, como el rape.

logaritmo m. En mat., exponente a que es necesario elevar una cantidad positiva para que resulte un número determinado. ‖ FAM. logarítmico.

logia f. Local donde se reúnen los masones. ‖ Asamblea de estos. ‖ Galería cubierta, abierta por uno o más lados.

-logía suf. que significa 'discurso', 'doctrina', 'ciencia': *filología, terminología.*

lógica f. Ciencia que expone las leyes, modos y formas del razonamiento humano. ‖ Sentido común.

lógico, ca adj. De la lógica o relativo a ella. ‖ Conforme a las reglas de la lógica y de la razón. ‖ Que se dedica al estudio de la lógica. También s. ‖ Se apl. comúnmente a toda consecuencia normal o natural. ‖ FAM. lógica, lógicamente.

logística f. Parte de la ciencia militar que atiende al movimiento y aprovisionamiento de las tropas. ‖ Conjunto de medios e infraestructura necesarios para llevar a cabo algo. ‖ Lógica que emplea el método y el simbolismo de las matemáticas. ‖ FAM. logista, logística.

logístico, ca adj. De la logística o relativo a ella.

logo m. *col.* Logotipo.

logopeda com. Experto en los métodos de la logopedia.

logopedia f. Conjunto de métodos para la reeducación y el tratamiento de todos los trastornos relacionados con el lenguaje. ‖ FAM. logopeda.

logos m. En la filosofía griega, razón, principio, inteligencia o algunas de sus manifestaciones. ◆ No varía en pl.

logotipo m. Distintivo o emblema formado por letras, abreviaturas, etc., peculiar de una empresa, marca, producto.

logrado, da adj. Que está bien hecho o que ha salido bien.

lograr tr. Conseguir lo que se intenta. ‖ prnl. Llegar a su perfección una cosa. ‖ FAM. logrado, logrero, logro.

logrero, ra m. y f. Persona que procura lucrarse por cualquier medio.

logro m. Consecución de lo que se intenta. ‖ Ganancia, lucro. ‖ Éxito.

loísmo m. Empleo de la forma lo, los del pronombre masculino en función de complemento indirecto. ‖ FAM. loísta.

loísta adj. y com. Que incurre en el loísmo.

loma f. Altura pequeña y prolongada, colina.

lomada f. *amer.* Loma.

lombarda f. Variedad de col de color morado.

lombriz f. Nombre común de diversos gusanos de la clase de los anélidos, de color blanco o rojizo, cuerpo blando, cilíndrico y muy alargado, que viven en terrenos húmedos. ‖ **lombriz blanca** Gusano nematodo parásito del intestino humano, de 1 cm de longitud. ‖ **lombriz intestinal** Gusano nematodo, parásito del intestino delgado, que puede alcanzar hasta 15 cm y reproducirse en grandes cantidades. ‖ FAM. lombricero, lombricida, lombriguera.

lomo m. En los cuadrúpedos, todo el espinazo desde el cuello hasta las ancas. ‖ Carne del animal, especialmente la del cerdo, que corresponde a esta parte. ‖ Parte inferior y central de la espalda. Más en pl. ‖ Parte del libro opuesta al corte de las hojas. ‖ En los instrumentos cortantes, parte opuesta al filo. ‖ Parte saliente de cualquier cosa. ‖ FAM. loma, lomada, lomera, lometa.

lona f. Tela fuerte con la que se hacen velas, toldos, tiendas de campaña, etc. ‖ Suelo sobre el que se realizan competiciones de boxeo y lucha libre. ‖ FAM. loneta.

loncha f. Trozo plano y delgado que se corta de alguna materia.

lonche m. *amer.* Almuerzo de mediodía. ‖ *amer.* Refrigerio consistente en emparedados. ‖ FAM. lonchera, lonchería, lonchero.

loneta f. Lona delgada.

longaniza f. Embutido largo relleno de carne de cerdo picada y adobada.

longevidad f. Larga duración de la vida.

longevo, va adj. Muy viejo, anciano. ‖ Que vive muchos años. ‖ FAM. longevidad.

longitud f. La mayor de las dos dimensiones principales que tienen las cosas o figuras planas. ‖ Distancia de un lugar respecto al primer meridiano, contada por grados en el ecuador. ‖ **longitud de onda** Distancia entre dos puntos correspondientes a una misma fase en dos ondas consecutivas. ‖ FAM. longitudinal.

longitudinal adj. De la longitud o relativo a ella. ‖ Hecho o colocado en el sentido o dirección de la longitud.

longui o **longuis (hacerse el)** loc. *col.* Hacerse el distraído. ◆ La segunda forma no varía en pl.

lonja[1] f. Cosa larga, ancha y poco gruesa que se corta o separa de otra.

lonja[2] f. Edificio público donde se juntan comerciantes para vender sus mercancías, especialmente al por mayor. ‖ Atrio algo levantado del suelo de las calles, al que regularmente dan las puertas de algunos edificios.

lontananza f. En una pintura, punto más distante del plano principal. ‖ **en lontananza** loc. adv. A lo lejos.

look (voz i.) m. Aspecto físico o exterior. ◆ pl. *looks.*

looping (voz i.) m. Acrobacia aérea consistente en realizar un círculo vertical. ‖ Círculo vertical que describen los raíles de una montaña rusa. ‖ Círculo que describen los carriles de una autopista en entradas, salidas o enlaces con otras carreteras. ◆ pl. *loopings.*

loor m. Elogio, alabanza.

loquera f. *amer.* Privación de la razón, locura.

loquero, ra m. y f. *desp.* Persona que se dedica al cuidado y custodia de enfermos mentales.

lora f. *amer.* Loro. ‖ *amer.* Hembra del loro.

lorantáceo, a adj. y f. De las lorantáceas o relativo a esta familia de plantas. ‖ f. pl. Familia de plantas angiospermas dicotiledóneas, parásitas o casi parásitas, siempre verdes, con tallos articulados, hojas enteras, opuestas y sin estípulas, flores masculinas y femeninas separadas y fruto en baya, como el muérdago.

lord (voz i.) m. Título de honor que se da en el Reino Unido a los miembros de la primera nobleza y a algunos altos cargos. ◆ pl. *lores.*

lordosis f. Alteración de la curvatura normal de la columna vertebral, consistente en una convexidad anterior. ◆ No varía en pl.

loriga f. Armadura hecha de láminas pequeñas e imbricadas, por lo común de acero. ‖ Armadura del caballo para la guerra. ‖ FAM. lorigado.

loro m. Papagayo. ‖ *col.* Persona muy habladora. ‖ *col.* Persona muy fea. ‖ *col.* Radiocasete. ‖ **estar al loro** loc. col. Estar al tanto. ‖ FAM. lora.

lorza f. Pliegue que se hace en una prenda para acortarla o como adorno. ‖ Pliegue que forma la carne debido a la gordura.

losa f. Piedra llana, de poco espesor y generalmente labrada. || Cosa penosa y difícil de sobrellevar. || FAM. losar, loseta.

loseta f. Losa pequeña, generalmente de cerámica, que se pone en las paredes o en el suelo. || Baldosa.

lote m. Cada una de las partes en que se divide un todo que se ha de distribuir entre varias personas. || Conjunto de cosas con características comunes. || Lo que le toca a cada uno en la lotería o en otros juegos en que se sortean sumas desiguales. || Cada una de las parcelas en que se divide un terreno destinado a la edificación. || *amer.* Parcela de tierra. || **darse o pegarse el lote** loc. *vulg.* Besarse y sobarse una pareja. || FAM. lotear, lotería.

lotería f. Juego público en que se premian con diversas cantidades varios números sacados al azar. || Lugar en que se despachan los billetes para este juego. || Cualquier sorteo, rifa, juego, etc., cuyos premios se obtienen al azar. || Asunto en el que interviene la suerte o el azar. || **lotería primitiva** Lotería que administra el Estado cuyo máximo premio se obtiene al acertar seis números, de entre 49, que se extraen del bombo en el sorteo. ◆ Es sinónimo de *loto.* || FAM. lotero.

lotero, ra m. y f. Persona que tiene a su cargo un despacho de billetes de la lotería.

loto m. Planta acuática de la familia de las ninfáceas, con hojas grandes, flores terminales blancas azuladas y olorosas y fruto globoso. || Flor y fruto de esta planta. || f. Lotería primitiva.

loza f. Barro fino, cocido y barnizado de que están hechos los platos, tazas, etc. || Conjunto de estos objetos.

lozanía f. Robustez o frescura en personas y animales. || Verdor y frondosidad en las plantas. || FAM. lozano.

lozano, na adj. Que tiene lozanía.

lubina f. Pez osteíctio perciforme marino de cuerpo alargado que puede llegar a alcanzar 1 m de longitud; habita en las costas mediterráneas y en el noreste del Atlántico, y su carne es muy apreciada.

lubricación f. Acción y resultado de lubricar.

lubricante adj. y m. Se apl. a toda sustancia útil para lubricar.

lubricar tr. Hacer resbaladiza una cosa. || Suministrar una sustancia a un mecanismo para mejorar las condiciones de deslizamiento de las piezas. || FAM. lubricación, lubricante, lubricativo, lúbrico, lubrificar.

lúbrico, ca adj. Resbaladizo, que resbala con facilidad. || Propenso a la lujuria o relativo a la lujuria. || FAM. lubricidad.

lubrificar tr. Hacer resbaladiza una cosa. || FAM. lubrificación, lubrificante.

lucerna f. Abertura alta de una habitación para dar ventilación y luz. || Lámpara grande de araña. || FAM. lucernario.

lucernario m. Abertura alta de una habitación, lucerna.

lucero m. Cualquier astro luminoso, y en especial el planeta Venus. || Lunar que tienen en la frente algunos cuadrúpedos. || **lucero del alba, de la mañana o de la tarde** Planeta Venus.

lucha f. Pelea, combate, batalla, lid. || Combate deportivo entre dos personas. || Contienda, disputa. || Debate o confrontación interna. || **lucha grecorromana** Lucha en la que vence el participante que primero consigue que su adversario toque el suelo con la espalda durante unos segundos. || **lucha libre** Lucha en la que se pueden emplear llaves y golpes, de acuerdo con unas determinadas reglas, y que termina cuando uno de los luchadores se da por vencido.

luchador, ra m. y f. Persona que lucha. || Profesional de algún deporte de lucha.

luchar intr. Pelear, combatir, batallar. || Atacar y tratar de erradicar algo. || Esforzarse, bregar, abrirse paso en la vida. || FAM. lucha, luchador.

lucidez f. Claridad mental y rapidez intelectual. || Cordura, estado mental normal.

lucido, da adj. Destacado, brillante. || Que tiene gracia, elegancia o esplendor. || FAM. lucidamente.

lúcido, da adj. Claro en el pensamiento, en las expresiones, en el estilo, etc. || Cuerdo, capaz de razonar con normalidad. || FAM. lúcidamente, lucidez.

luciérnaga f. Insecto coleóptero cuya hembra, un poco mayor que el macho, carece de alas y élitros y emite una luz fosforescente de color verdoso más potente que la de los huevos, larvas y machos.

lucifer m. Príncipe de los demonios. ◆ Se escribe con mayúscula. || Persona maligna o perversa. || FAM. luciferino.

lucimiento m. Muestra de habilidad o capacidad. || Exhibición. || Esplendor o magnificencia.

lucio m. Pez osteíctio salmoniforme de agua dulce que puede llegar a alcanzar 1,50 m de longitud, de cuerpo aplanado de color verdoso con rayas verticales pardas, aletas fuertes y cola triangular; su carne es muy apreciada.

lución m. Reptil escamoso ápodo de piel brillante y cola tan larga como el cuerpo, la cual pierde y regenera con facilidad.

lucir intr. Brillar, resplandecer. || Sobresalir, destacar mostrando una habilidad o capacidad. También prnl. || Producir un trabajo cierta utilidad o provecho. || *amer.* Tener muy buen aspecto. || tr. Hacer ver, exhibir. || Blanquear con yeso las paredes. || prnl. Presumir. || FAM. lucido, luciente, lucífero, lucífugo, lucimiento. ◆ **Irreg.** Conjugación modelo:

Indicativo

Pres.: luzco, luces, luce, lucimos, lucís, lucen.
Imperf.: lucía, lucías, lucía, *etc.*
Pret. perf. simple: lucí, luciste, lució, lucimos, lucisteis, lucieron.
Fut. simple: luciré, lucirás, lucirá, *etc.*
Condicional simple: luciría, lucirías, luciría, *etc.*

Subjuntivo

Pres.: luzca, luzcas, luzca, luzcamos, luzcáis, luzcan.
Imperf.: luciera o luciese, lucieras o lucieses, *etc.*
Fut. simple: luciere, lucieres, luciere, *etc.*

Imperativo: luce, lucid.
Participio: lucido.
Gerundio: luciendo.

lucrar tr. Conseguir uno lo que deseaba. || prnl. Sacar provecho de algo, especialmente de un negocio.

lucrativo, va adj. Que produce ganancia o provecho: *negocio lucrativo.*

lucro m. Ganancia o provecho que se saca de algo. || FAM. lucrar, lucrativo.

luctuoso, sa adj. Triste, penoso. || FAM. luctuosamente.

lucubración f. Elucubración. || FAM. lucubrar.

lúcuma f. Fruto del lúcumo, del tamaño de una manzana pequeña. || Lúcumo. || FAM. lúcumo.

lúcumo m. Árbol de Chile y de Perú, de la familia de las sapotáceas, de copa frondosa y hojas casi membranáceas, aovadas, más anchas por la punta que por la base.

ludibrio m. Desprecio, mofa, escarnio.

lúdico, ca adj. Del juego o relativo a él. || FAM. ludólogo, ludopatía, ludoteca.

ludópata com. Persona que padece adicción patológica al juego.

ludopatía f. Adicción patológica al juego. || FAM. ludópata.

luego adv. t. Después de este tiempo o momento. || Pronto, enseguida. || *amer.* Algunas veces. || conj. Denota deducción o consecuencia; por consiguiente: *pienso, luego existo.* || **desde luego** loc. adv. Ciertamente, sin duda. || **hasta luego** loc. Expresión de despedida. || FAM. lueguito.

lueguito adv. t. *amer.* Pronto, enseguida, más tarde. || **hasta lueguito** loc. *amer.* Expresión de despedida.

luengo, ga adj. Largo.

lugar m. Espacio ocupado o que puede ser ocupado por un cuerpo cualquiera. || Sitio, paraje. || Población pequeña. || Tiempo, ocasión, oportunidad: *no hay lugar para dudas.* || Puesto, empleo. || Sitio que ocupa alguien o algo en una lista, jerarquía, orden, etc. || **lugar común** Expresión trivial o muy empleada. || **dar lugar a** loc. Producir o provocar. || **en lugar de** loc. prepos. En vez de. || **fuera de lugar** loc. adj. o adv. Inoportuno, inadecuado, contrario a la situación. || **no ha lugar** loc. Indica que no se accede a lo que se pide. || **sin lugar a dudas** loc. adv. Con seguridad. || **tener lugar** loc. Ocurrir, suceder, efectuarse. || FAM. lugareño, lugarteniente.

lugareño, ña adj. y s. De un lugar o población pequeña.

lugarteniente com. Persona que tiene poder para sustituir a otra en un cargo o empleo. || FAM. lugartenencia.

lúgubre adj. Triste, funesto, melancólico, tétrico. || FAM. lúgubremente.

luisa f. Planta verbenácea originaria de Perú, de flores blancas en espigas piramidales y fruto seco con semillas menudas y negras.

lujar tr. Bruñir, alisar, especialmente la suela del calzado y sus bordes. || *amer.* Dar lustre al calzado.

lujo m. Riqueza, suntuosidad. || Abundancia de cosas no necesarias: *lo explicó con todo lujo de detalles.* || Todo aquello que supera los medios normales de alguien para conseguirlo. || Cosa muy buena o extraordinaria. || FAM. lujosamente, lujoso.

lujoso, sa adj. Que tiene o muestra lujo.

lujuria f. Apetito sexual excesivo. || Exceso o demasía en algunas cosas. || FAM. lujuriante, lujuriosamente, lujurioso.

lujurioso, sa adj. De la lujuria o relativo a ella. || Que tiene tendencia a la lujuria. También s.

lulo m. *amer.* Naranjilla, planta solanácea. || *amer.* Fruto de este arbusto.

lulú adj. y com. Se apl. al perro de pelaje largo y abundante.

lumbago m. Dolor en la zona lumbar.

lumbalgia f. Lumbago.

lumbar adj. De la zona situada entre la última costilla y los riñones. || FAM. lumbago, lumbalgia.

lumbre f. Materia combustible encendida. || Fuego que se hace para cocinar, calentarse, etc. || Cosa con la que se enciende otra. || Esplendor, claridad. || FAM. lumbrera.

lumbrera f. Persona muy destacada por su inteligencia. || Cuerpo que despide luz. || Abertura en el techo que proporciona luz y ventilación.

lumia f. *vulg.* Prostituta.

luminaria f. Luz que se pone en las calles en señal de fiesta. Más en pl. || Luz que arde continuamente en las iglesias delante del Santísimo Sacramento.

lumínico, ca adj. De la luz o relativo a ella. || m. En fís., principio o agente hipotético de los fenómenos de la luz.

luminiscencia f. Emisión de rayos luminosos sin elevar la temperatura, visible casi únicamente en la oscuridad. || FAM. luminiscente.

luminiscente adj. Que emite rayos luminosos muy débiles sin elevar la temperatura.

luminosidad f. Calidad de luminoso.

luminoso, sa adj. Que despide luz. || De la luz o relativo a ella. || Que tiene mucha luz o que está muy iluminado. || Aplicado a ideas, ocurrencias, explicaciones, etc., brillante, muy claro. || FAM. luminaria, lumínico, luminiscencia, luminosamente, luminosidad, luminotecnia.

luminotecnia f. Técnica de la iluminación con luz artificial. || FAM. luminotécnico.

lumpen m. Grupo social formado por las personas social y económicamente marginadas en ambientes urbanos.

luna f. Satélite natural de la Tierra. ◆ Se escribe con mayúscula y precedido del artículo *la.* || Luz nocturna que refleja este satélite. || Tiempo de cada conjunción de la Luna con el Sol, lunación. || Satélite natural de cualquier planeta. || Cristal que se emplea en vidrieras, escaparates, etc. || Espejo. || **luna creciente** Fase lunar en la que solo se refleja luz en la parte derecha, por lo que aparece con forma de D. || **luna de miel** Temporada inmediatamente posterior al matrimonio. || Viaje que suele hacer una pareja después de la boda. || **luna llena** Fase lunar en la que se refleja luz en toda la cara de la Luna que se ve desde la Tierra. || **luna menguante** Fase lunar en la que solo se refleja luz en la parte izquierda, por lo que aparece con forma de C. || **luna nueva** Fase lunar en la que está iluminada la cara oculta, por lo que desde la Tierra no se ve la luz lunar. || **estar en la luna** loc. *col.* Estar despistado o pensando en otra cosa. || **pedir la luna**

loc. *col.* Pedir algo imposible. ‖ FAM. lunación, lunar, lunarejo, lunario, lunático, luneta, luneto, lúnula.

lunación f. Tiempo que tarda la Luna en pasar de una conjunción con el Sol a la siguiente.

lunar adj. De la Luna o relativo a ella. ‖ m. Pequeña mancha que aparece en la piel, producida por una acumulación de pigmento. ‖ Cada uno de los dibujos de forma redondeada en telas, papel u otra superficie.

lunarejo, ja adj. Se apl. al animal que tiene manchas redondas en la piel. También s. ‖ *amer.* Que tiene lunares.

lunático, ca adj. Que padece locura.

lunch (voz i.) m. Comida ligera que se ofrece a los invitados en ciertas reuniones, celebraciones, etc. ◆ pl. *lunchs.*

lunes m. Día de la semana, entre el domingo y el martes. ◆ No varía en pl.

luneta f. Lente de las gafas. ‖ Cristal trasero de los automóviles.

lunfardo m. Jerga empleada en los barrios bajos de la ciudad de Buenos Aires.

lúnula f. Espacio blanquecino semilunar de la raíz de las uñas.

lupa f. Lente de aumento, con montura adecuada para el uso a que se destina.

lupanar m. Prostíbulo.

lúpulo m. Planta trepadora de la familia de las moráceas, cuyos frutos, en forma de piña globosa, se emplean para aromatizar y dar sabor amargo a la cerveza.

lurio, ria adj. *amer.* Que tiene poco juicio en asuntos amorosos. ‖ Loco, chiflado.

lusitano, na adj. y s. De un pueblo prerromano que habitaba la Lusitania, región de la antigua Hispania que comprendía todo el actual territorio portugués situado al sur del Duero y parte de la Extremadura española. ‖ De Portugal o relativo a este país europeo. ‖ FAM. lusismo, lusista, lusitanismo, luso.

luso, sa adj. y s. Lusitano.

lustrabotas com. *amer.* Limpiabotas. ◆ No varía en pl.

lustrada f. *amer.* Limpieza de una cosa.

lustrador, ra m. y f. *amer.* Limpiabotas.

lustrar tr. Dar brillo a algo, como a los metales y piedras. ‖ FAM. lustrabotas, lustrada, lustrador, lustrear, lustrín.

lustre m. Brillo. ‖ Esplendor, gloria. ‖ FAM. lustrar, lustroso.

lustrear tr. *amer. col.* Lustrar.

lustrín m. *amer.* Limpiabotas.

lustro m. Espacio de cinco años.

lustroso, sa adj. Que tiene lustre o brillo. ‖ Que tiene aspecto saludable.

lutecio m. Elemento químico del grupo de los lantánidos; es un metal sólido de color blanco plateado que se encuentra muy disperso, junto a otros lantánidos, en diversos minerales. Su símbolo es *Lu,* y su número atómico, *71.*

luteranismo m. Conjunto de creencias y doctrinas propugnadas por Martín Lutero y basadas en la libre interpretación de la Biblia. ‖ FAM. luterano.

luterano, na adj. Relativo al luteranismo. ‖ adj. y s. Partidario o seguidor del luteranismo.

lutier m. Persona que se dedica a fabricar o a reparar instrumentos musicales de cuerda. ◆ pl. *lutieres.*

luto m. Signo exterior de dolor en la ropa, especialmente la de color negro, y otras cosas, por la muerte de alguien. ‖ Dolor, pena por la muerte de alguien. ‖ pl. Colgaduras negras que se ponen en los funerales o en la casa del difunto. ‖ **medio luto** El que no es riguroso. ‖ FAM. luctuoso.

lux m. Unidad de intensidad de iluminación. ◆ No varía en pl.

luxación f. Dislocación de un hueso.

luxar tr. Dislocar un hueso. ‖ FAM. luxación.

luxemburgués, esa adj. y s. De Luxemburgo o relativo a esta ciudad y país europeo.

luz f. Energía que hace visible todo lo que nos rodea. ‖ Claridad que irradian los cuerpos en combustión, ignición o incandescencia. ‖ Utensilio que sirve para alumbrar. ‖ Corriente eléctrica. ‖ Cada una de las aberturas por donde se da luz a un edificio. Más en pl. ‖ Modelo, persona o cosa, capaz de ilustrar o guiar. ‖ pl. Inteligencia. ‖ **a todas luces** loc. adv. Con claridad y seguridad. ‖ **dar a luz** loc. Parir la mujer: *ha dado a luz una niña.* ‖ **sacar a la luz** loc. Hacer público. ‖ **salir a la luz** loc. Hacerse público, descubrirse. ‖ **tener luz verde** loc. Tener el camino abierto y dispuesto para el logro de algún fin. ‖ FAM. lucerna, lucero, lúcido, luciérnaga, lucífugo, lucir, lux.

lycra f. Licra.

m

m f. Decimotercera letra del abecedario español y décima de sus consonantes. Fonéticamente representa un sonido bilabial, nasal, oclusivo y sonoro. Su nombre es *eme*. ‖ En la numeración romana, mil.

mabitoso, sa adj. *amer.* Gafe, que tiene o produce mala suerte.

maca f. Señal que queda en la fruta cuando ha recibido un golpe. ‖ Defecto pequeño que tienen algunas cosas, como las telas, recipientes de porcelana o cristal, etc. ‖ *amer.* Tubérculo andino muy alimenticio y de propiedades medicinales. ‖ FAM. macarse.

macá m. *amer.* Somormujo, ave acuática. ◆ pl. *macás*.

macabro, bra adj. Relacionado con la muerte y con las sensaciones de horror y rechazo que esta suele provocar.

macaco, ca m. y f. Nombre común de diversos mamíferos primates de 40 a 80 cm, robustos, de pelaje pardo grisáceo y con callosidades en las nalgas, que habitan en las zonas cálidas de Asia, África y América. El *Macaca rhesus* se distingue por tener en su sangre el mismo factor *Rh* que el hombre. ‖ m. *amer.* Canica, bola. ‖ adj. *amer. desp.* Feo, deforme. ‖ FAM. macaquear.

macadam o **macadán** m. Pavimento de piedra machacada que se comprime con el rodillo. ◆ pl. *macadams* o *macadanes*. ‖ FAM. macadamizar.

macagua f. Ave falconiforme diurna de unos 80 cm de largo y plumaje de color amarillo pardusco que habita en los linderos de los bosques de América Meridional, da gritos penetrantes y se alimenta de otras aves y de reptiles. ‖ Reptil ofidio venenoso que tiene cerca de 2 m de largo y unos 20 cm de grueso, con la cabeza grande y algo achatada y el color pardo oscuro con manchas blanquecinas, que vive en las zonas costeras de Venezuela. ‖ Árbol moráceo cubano de flores blancas y fruto semejante a la bellota, que comen especialmente los cerdos; su madera, dura y fibrosa, se emplea en carpintería.

macana¹ f. *amer.* Especie de chal, casi siempre de algodón, que usan las mujeres mestizas para abrigarse.

macana² f. Arma parecida al machete que usaban los indios americanos. ‖ *amer.* Palo con que los indios americanos labraban la tierra. ‖ *amer.* Porra, madero corto y grueso. ‖ *amer.* Disparate, tontería, mentira. ‖ Situación que ocasiona o puede ocasionar problemas o peligros. ‖ FAM. macanazo, macaneador, macanear, macanudo.

macanazo m. Golpe dado con la macana. ‖ *amer.* Vaso o copa de alguna bebida alcohólica.

macaneador, ra m. y f. *amer.* Persona que dice o suele decir macanas o disparates, embustero.

macanear tr. *amer.* Golpear con la macana. ‖ *amer.* Cortar la maleza con la macana antes de sembrar. ‖ *amer.* Decir tonterías, mentiras o embustes. ‖ *amer.* Trabajar con constancia y ahínco.

macanudo, da adj. *amer. col.* Magnífico, estupendo. A veces adv. ‖ *amer.* Muy fuerte. ‖ interj. *col.* ¡Extraordinario!, ¡bravo!

macaquear intr. *amer.* Chocar entre sí los macacos o canicas.

macaquear intr. *amer.* Hacer monerías.

macarra adj. y com. *col. y desp.* Hortera, se apl. a la persona vulgar y de mal gusto. ‖ *col. desp.* Chulo, se apl. al hombre que vive de las prostitutas. ‖ *col. desp.* Se dice de la persona que se comporta de manera agresiva, insolente y chula.

macarrón m. Pasta de harina de trigo en forma de canutos largos. Más en pl. ‖ Tubo delgado y hueco de plástico que recubre cables eléctricos o alambres o sirve como conducto de fluidos. ‖ FAM. macarrónico.

macarrónico, ca adj. Se apl. al uso defectuoso e incorrecto del latín o de cualquier otra lengua. ‖ FAM. macarrónicamente.

macarse prnl. Empezar a pudrirse las frutas por los golpes y magulladuras que han recibido.

macedonia f. Ensalada de frutas. ‖ Guiso preparado con legumbres diversas.

macedonio, nia adj. y s. De Macedonia o relativo a esta región balcánica. ‖ m. Lengua eslava que se habla en Macedonia. ‖ FAM. macedonia, macedónico.

maceración f. Ablandamiento de una sustancia sólida golpeándola o sumergiéndola en un líquido.

macerar tr. Ablandar una cosa estrujándola, golpeándola o sumergiéndola en un líquido. ‖ Mantener sumergida alguna sustancia sólida en un líquido a la temperatura ambiente para extraer de ella las partes solubles. ‖ Mortificar o castigar el cuerpo con penitencia. También prnl. ‖ FAM. maceración, maceramiento.

macero, ra m. y f. Persona que lleva la maza delante de los cuerpos o personas autorizadas que usan esta señal como símbolo de dignidad.

maceta[1] f. Empuñadura o mango de algunas herramientas. ‖ Martillo con cabeza de dos bocas iguales y mango corto que usan los canteros para golpear el cincel o puntero. ‖ adj. *amer.* Miserable, avariento, tacaño. También com. ‖ *amer.* Se apl. al caballo viejo que, por tener los cascos crecidos, anda con dificultad.

maceta[2] f. Recipiente de barro u otro material que se utiliza para cultivar plantas o flores de adorno. ‖ Este recipiente, lleno de tierra y con su planta. ‖ Macetero, soporte para colocar las macetas. ‖ FAM. macetero.

maceteado, da adj. *amer.* Fuerte, recio, robusto.

macetero m. Soporte, generalmente de hierro, madera o piedra en que se colocan las macetas de plantas. ‖ Especie de red que se utiliza para colgar macetas del techo, como adorno. ‖ Maceta, generalmente cuadrangular y muy grande, donde se cultivan varias plantas ornamentales.

macetudo, da adj. *amer.* Que tiene las piernas cortas y muy gruesas.

mach m. Nombre internacional de una unidad de velocidad que equivale a la del sonido.

macha f. Molusco bivalvo marino, comestible y muy abundante en los mares de Chile y Perú. También adj.

machaca com. Persona pesada que fastidia con su conversación necia e inoportuna. ‖ *col.* Persona que trabaja mucho, sobre todo si se dedica a labores penosas o poco reconocidas. ‖ *col.* Soldado que actúa bajo las órdenes de un sargento u otro suboficial.

machacante m. *col.* Antigua moneda de cinco pesetas. ‖ com. Soldado destinado a servir a un suboficial, machaca.

machacar tr. Deshacer, aplastar, reducir a polvo algo golpeándolo. ‖ Destruir algo, destrozarlo o deshacerlo. ‖ Vencer plenamente, apabullar a alguien. ‖ Producir daño, sufrimiento o cansancio. ‖ Estudiar con ahínco e insistencia alguna materia. ‖ intr. Insistir con pesadez sobre un tema. ‖ En dep., encestar con ímpetu y desde arriba la pelota en la canasta. ‖ FAM. machaca, machacadera, machacador, machacante, machacón, machaque, machaqueo.

machacón, ona adj. y s. *desp.* Pesado, que repite mucho las cosas. ‖ FAM. machaconamente, machaconería.

machaconería f. *col.* Pesadez, importunidad.

machada f. Valentía, fanfarronada. ‖ Conjunto de machos cabríos.

machamartillo (a) loc. adv. Sólidamente, con firmeza.

machaque o **machaqueo** m. Aplastamiento, reducción o destrucción de algo mediante golpes. ‖ Insistencia, pesadez a la hora de pedir alguna cosa o tratar algún asunto. ‖ Estudio intensivo y esforzado. ‖ Victoria apabullante y evidente. ‖ Cansancio grande producido por un intenso ejercicio físico.

machar tr. Golpear algo con la intención de romperlo o aplastarlo.

machazo, za adj. *amer.* De muy buena calidad o de muy gran tamaño.

maché adj. Se apl. al papel machacado y humedecido que se usa para fabricar figuras y relieves.

machepa f. *amer.* Madre del pueblo, del hombre pobre, de los desheredados de la fortuna.

machetazo m. Golpe o corte dado con un machete.

machete m. Especie de cuchillo ancho, pesado y de un solo filo. ‖ *amer.* Cuchillo grande y fuerte que se utiliza para eliminar la maleza, cortar pequeños troncos, etc. ‖ *amer. col.* Chuleta que se hacen los estudiantes para ayudarse de ella en los exámenes. ‖ FAM. macheta, machetazo, machetear, machetero.

machetear tr. Golpear o cortar con el machete. ‖ *amer. col.* Reducir el texto de un examen a machete. También prnl. ‖ *amer. col.* Valerse del estudiante de machete durante un examen. También prnl. ‖ *amer.* Hacer un trabajo de forma incorrecta o incompleta. ‖ *amer.* Ahorrar excesivamente una persona, ser tacaño.

machetero, ra m. y f. Persona que se dedica profesionalmente a abrir paso con el machete en las zonas cubiertas por vegetación. ‖ Persona que corta las cañas de azúcar de una plantación. ‖ *amer.* Persona que estudia o se esfuerza mucho pero por ser torpe no logra el éxito que pretende. ‖ *amer.* Estudiante que copia en los exámenes. ‖ *amer.* Persona que es descuidada o perezosa en el trabajo.

machi com. *amer.* Curandero, sanador que trata a sus pacientes con pócimas, hierbas medicinales, cantos y bailes.

machicha f. Baile brasileño de principios del siglo XX que se baila sobre todo en las fiestas carnavalescas.

machihembrar tr. Ensamblar dos piezas de madera.

machina f. Grúa de grandes dimensiones que se usa en puertos y arsenales. ‖ Mazo pesado para triturar o golpear metales.

machismo m. Actitud y comportamiento de quien discrimina o minusvalora a las mujeres por considerarlas inferiores respecto de los hombres. ‖ FAM. machista.

machista adj. Del machismo o relativo a él. ‖ adj. y com. Partidario o defensor de este comportamiento.

macho m. Persona o animal del sexo masculino. ◆ Se adjunta en aposición a los nombres epicenos de animales para indicar su género masculino: *foca, ardilla macho.* ‖ Planta fecundadora. ‖ En ciertos artefactos o instrumentos, pieza que entra dentro de otra. ‖ Tronco de la cola de los cuadrúpedos. ‖ Cada una de las borlas que cuelgan en la indumentaria de los toreros. ‖ En arquit., machón. ‖ *amer.* Grano de arroz con cáscara. ‖ adj. Fuerte, vigoroso, valiente. ‖ *desp.* Que posee alguna de las características que tradicionalmente se tienen como propias del sexo masculino. ‖ interj. Se emplea como fórmula coloquial vocativa o apelativa de tratamiento entre varones: *¡te has pasado, macho!* ‖ **macho cabrío** Cabrón, macho de la cabra. ‖ **apretarse los machos** loc. *col.* Prepararse cuidadosamente para una empresa difícil. ‖ FAM. machada, machihembrar, machismo, machona, machorra, machota, machote, marimacho.

machón m. En arquit., pilar de fábrica que sostiene un techo o el arranque de un arco o se introduce del todo o en parte en una pared para fortalecerla.

machona f. *amer.* Mujer hombruna, marimacho.

machorra f. *desp.* Hembra hombruna, marimacho. || *desp.* Hembra estéril. || *desp.* Niña que gusta de jugar con los niños.

machote, ta adj. *col.* Se apl. a la persona que tiene alguna de las peculiaridades tradicionalmente considerada masculinas, como la fuerza o la valentía. || *col. desp.* Aplicado a una mujer, que tiene aspecto viril o maneras propias de los varones.

machucar tr. Machacar, aplastar.

machucho, cha adj. Sosegado, juicioso. || Maduro, añoso.

macilento, ta adj. Demacrado, pálido, descolorido.

macillo m. Pieza del piano en forma de mazo con mango y cabeza forrada de fieltro con la que al pulsar la tecla se golpea la cuerda haciéndola sonar. || Palo pequeño con el que se toca un instrumento de percusión.

macizo, za adj. Compacto, lleno, sólido. || Bien fundado, con una base sólida. || Se apl. a la carne prieta, no fofa. || *col.* De gran atractivo físico. || m. Montaña o grupo de montañas no alineadas con características comunes muy definidas. || Masa sólida y compacta de una cosa. || Cebo que emplean los pescadores, carnaza. || Combinación de plantas que decoran los jardines. || FAM. macicez, macizamente, macizar.

macondo m. *amer.* Árbol corpulento de la familia de las bombacáceas, de hojas grandes y flores rosáceas, semejante a la ceiba, que llega a alcanzar 30 o 40 m de altura; su madera se emplea para fabricar canoas.

macramé m. Tejido hecho con nudos más o menos complicados, de estructura parecida al encaje de bolillos. || Hilo con que se hace este tejido.

macro f. En inform., abrev. de *macroinstrucción*.

macro- pref. que significa 'grande': *macroscópico, macromolécula*.

macrobiótica f. Sistema de alimentación que propugna el exclusivo consumo de vegetales y productos de ellos derivados como medio para lograr una vida sana y duradera. || FAM. macrobiótico.

macrobiótico, ca adj. Relativo a la técnica de alargar la vida mediante normas dietéticas e higiénicas. || adj. y s. Que practica o mantiene una alimentación macrobiótica.

macrocefalia f. Malformación, defecto o patología que consiste en tener excesivamente grande la cabeza en relación con el cuerpo. || FAM. macrocéfalo.

macrocéfalo, la adj. y s. Que tiene la cabeza desproporcionadamente grande con respecto a su cuerpo o a su especie.

macrocosmo o **macrocosmos** m. El Universo en su totalidad, especialmente cuando se le considera en comparación con el hombre, que se concibe como un microcosmos o pequeño universo. ◆ La segunda forma no varía en pl.

macroeconomía f. Parte de la economía que se dedica al análisis de las magnitudes económicas colectivas o globales, como la renta nacional, el empleo, la inflación, el producto interior, etc. || FAM. macroeconómico.

macrófago m. Célula del tejido conectivo capaz de fagocitar partículas mayores. || Animal capaz de alimentarse de presas de mayor tamaño que él. También adj.

macrogameto m. Gameto femenino de algunas especies animales.

macroinstrucción f. En inform., conjunto de comandos o mandatos que se pueden ejecutar sucesivamente mediante una sola orden.

macromolécula f. Molécula de gran tamaño o formada por múltiples átomos, generalmente de peso molecular superior a varios millares. || FAM. macromolecular.

macroscópico, ca adj. Que puede apreciarse a simple vista, sin auxilio del microscopio.

macruro, ra adj. y m. De los macruros o relativo a este suborden de crustáceos. || m. pl. Suborden de crustáceos decápodos con el abdomen largo y bien desarrollado que les sirve para nadar, como el bogavante.

macsura f. Recinto de una mezquita reservado para el califa o el imán en las oraciones públicas, o para el sepulcro de un personaje santo.

macuache com. Indio mexicano que no ha recibido instrucción alguna.

macuarro, rra m. y f. *amer.* Albañil, trabajador de la construcción.

macuco, ca adj. *amer.* Astuto, cuco, taimado. También s. || m. *amer.* Muchacho grandullón.

mácula f. *poét.* Mancha. || Engaño, embuste. || Cada una de las partes oscuras que se observan en el disco del Sol o de la Luna. || FAM. macular, maculatura.

macurca (voz quechua) f. *amer.* Agujetas, molestias musculares.

macuto m. Mochila, petate.

madalena f. *vulg.* Magdalena, bollo.

madam o **madama** f. Mujer que dirige un prostíbulo. || *amer.* Comadrona, mujer que atiende a otra durante el parto.

madeira m. Vino dulce originario de la isla portuguesa de Madeira. || Vaso o copa con este contenido.

madeja f. Hilo recogido en vueltas iguales para que luego se pueda devanar fácilmente, ovillo. || *poét.* Melena, cabellera.

madera f. Parte sólida y fibrosa de los árboles que aparece bajo su corteza. || Pieza de este material preparada para cualquier obra de carpintería. || Disposición natural para determinada actividad: *madera de abogado*. || Conjunto de instrumentos musicales de viento realizados en madera, como el formado por las flautas, los oboes y los fagotes. || *col.* El cuerpo de policía español. || **tocar madera** loc. *col.* Hacerlo para prevenir o evitar un maleficio u otro daño. || FAM. maderable, maderada, maderaje, maderamen, maderería, maderero, madero.

maderamen m. Conjunto de maderas que se emplea en una obra.

maderero, ra adj. De la madera o relativo a ella. || m. y f. Persona que comercia con madera. || Persona que se dedica a conducir cargas de madera por los ríos.

madero m. Pieza larga de madera cortada con forma de rectángulo más o menos regular. || *col.* Persona torpe o insensible. || *col.* Miembro del cuerpo de policía español.

madona

madona o **madonna** f. Nombre dado a la Virgen María. ‖ Cuadro o imagen que la representa, sola o con el Niño. ‖ **¡la madona!** interj. *amer.* Expresión de sorpresa o asombro.

madrás m. Tejido fino de algodón que se usa para camisas y trajes femeninos.

madrastra f. Para los hijos, la nueva esposa del padre. ‖ *desp.* Mala madre.

madraza f. Madre cariñosa y atenta que mima y cuida mucho a sus hijos.

madrazo m. *amer.* Ofensa que se hace a una persona mencionándole peyorativamente a la madre.

madre f. Hembra que ha parido. ‖ Hembra con respecto a sus hijos. ‖ Título de algunas religiosas. ‖ Mujer que se porta muy bien con los demás. ‖ Causa, raíz, origen. ‖ Aquello en que concurren algunas circunstancias propias de la maternidad: *madre patria.* ‖ Heces del vino o vinagre. ‖ Cauce de un río o de un arroyo. ‖ **madre de leche** Mujer que amamanta a un niño que no es suyo, respecto de él. ‖ **madre política** Suegra, madre del casado para la esposa y madre de la casada para el marido. ‖ **ciento y la madre** loc. *col.* Expresión que indica abundancia de personas. ‖ **de puta madre** loc. adv. *vulg.* Muy bien, fenomenal. ‖ **¡la madre que te, lo, os** o **los parió!** loc. *col. vulg.* que indica gran enfado súbito con alguien. ‖ **mentar** a alguien **la madre** loc. *col.* Decir, para injuriar a alguien gravemente, insultos contra su madre. ‖ **salir** o **salirse de madre** loc. Excederse en algo. ‖ Desbordarse un río de su cauce. ‖ **ser** algo **la madre del cordero** loc. *col.* Ser la causa verdadera, el meollo de una cuestión. ‖ FAM. madrastra, madraza, madrazo, madreperla, madrépora, madrero, madreselva, madriguera, madrina, materno, matriarcado, matricida, matriz, matrona.

madreperla f. Nombre común de diversos moluscos bivalvos con concha casi circular que se crían en el fondo de los mares intertropicales, donde se pescan para recoger las perlas que suelen contener y aprovechar el nácar de la concha.

madrépora f. Nombre común de diversos cnidarios antozoos de los mares intertropicales que tienen un esqueleto calcáreo externo y se agrupan formando arrecifes. ‖ FAM. madrepórico.

madreselva f. Planta arbustiva muy olorosa de la familia de las caprifoliáceas, con tallos largos trepadores y flores blancas o rosadas, muy común en España. ‖ Flor de esta planta.

madrigal m. Composición poética de tema amoroso y extensión breve, en versos endecasílabos y heptasílabos sin disposición ni rimas fijas. ‖ Composición musical para varias voces sin acompañamiento. ‖ FAM. madrigalesco, madrigalista, madrigalizar.

madriguera f. Cuevecilla donde habitan ciertos animales. ‖ Refugio de malhechores.

madrina f. Mujer que presenta o asiste a otra persona que va a recibir algún sacramento, honor, grado, etc. ‖ La que favorece o protege a otra persona en sus pretensiones. ‖ Mujer que preside ciertos actos sociales. ‖ *amer.* Manada pequeña de ganado manso que sirve para reunir o guiar al bravío. ‖ FAM. madrinazgo, madrinero.

madroño m. Arbusto de hoja perenne de la familia de las ericáceas, con hojas alternas, flores blancas y fruto rojo comestible. ‖ Fruto de este arbusto, de sabor dulce y tacto granuloso. ‖ Borlita de forma semejante al fruto del madroño. ‖ FAM. madroñal, madroñera.

madrugada f. Alba, amanecer. ‖ Espacio de tiempo que abarca desde la media noche hasta el alba. ‖ Acción de madrugar, madrugón. ‖ **de madrugada** loc. adv. Al amanecer.

madrugador, ra adj. Que ocurre o tiene lugar muy pronto. ‖ adj. y s. Que madruga. ‖ Que tiene costumbre de madrugar.

madrugar intr. Levantarse al amanecer o muy temprano. ‖ Ganar tiempo, anticiparse. ‖ FAM. madrugada, madrugador, madrugón.

madrugón, ona adj. Se apl. al que madruga, madrugador. ‖ m. *col.* Acción de levantarse muy temprano.

maduración f. Proceso a través del cual una cosa llega a su total crecimiento o perfección.

madurar tr. Poner maduros los frutos. También intr. ‖ Meditar detenidamente una idea, un proyecto, etc. ‖ intr. Adquirir pleno desarrollo físico e intelectual. ‖ Crecer en edad y sensatez. ‖ FAM. maduración, madurador, madurativo, maduro.

madurez f. Sazón de los frutos. ‖ Buen juicio o prudencia, sensatez. ‖ Cualidad y estado de lo que está maduro, crecido o perfeccionado. ‖ Edad de la persona que ha alcanzado su plenitud vital y aún no ha llegado a la vejez.

maduro, ra adj. Que ha llegado a su completo desarrollo o está en su punto o en su mejor momento. ‖ Prudente, juicioso. ‖ Se apl. a la persona que está en la edad adulta. También s. ‖ FAM. maduramente, madurar, madurez.

maelstrom (voz holandesa) m. Remolino muy peligroso que se forma en las costas del mar del Norte. ◆ pl. *maelstroms.*

maese m. Antiguo tratamiento que se anteponía al nombre propio de un maestro.

maestranza f. Conjunto de talleres donde se construye y repara material de guerra. ‖ Conjunto de operarios que trabajan en ellos. ‖ Sociedad de caballeros que se ejercitaban en la equitación. ‖ FAM. maestrante.

maestrazgo m. Dignidad de maestre de cualquiera de las órdenes militares. ‖ Dominio territorial o señorío del maestre de una orden militar.

maestre m. Superior de una orden militar. ‖ Título que equivalía al de doctor o maestro. ‖ **maestre de campo** Antigua denominación de los oficiales de grado superior que ejercían el mando de varios tercios, equivalente al cargo actual de coronel. ‖ FAM. burgomaestre, contramaestre, maestranza, maestrazgo, maestresala, maestrescuela.

maestresala m. Criado responsable de servir la comida a su señor y de probarla para garantizar que no contuviera veneno. ‖ com. Persona a cuyo cargo están los camareros que sirven las mesas en un hotel o un restaurante.

maestría f. Arte y destreza para enseñar o efectuar alguna cosa. ‖ Título de maestro en un oficio.

magnesia

maestro, tra adj. Se apl. a la obra que por su perfección destaca entre las de su clase. || Se dice del objeto que destaca por su importancia funcional entre los de su clase: *viga maestra, palo maestro.* || m. y f. Persona que enseña un arte, una ciencia, o un oficio, especialmente la que imparte el primer ciclo de enseñanza, o tiene título para hacerlo. || Persona muy diestra o con profundos conocimientos en alguna materia. || Persona que ha adquirido una gran sabiduría o experiencia en una materia. ◆ Se construye con la prep. *en: maestro en escribir informes.* || Persona que compone música o dirige una orquesta. || Todo lo que enseña o alecciona. || Persona que ha alcanzado un alto grado en su oficio. || Persona que ha obtenido el grado de *master* cursado en Estados Unidos, equivalente al de licenciado por una facultad universitaria. || *amer.* Oficial de un oficio manual. || Torero, matador de toros. || **maestro de armas** El que enseña el arte de la esgrima. || **maestro de ceremonias** El que advierte las ceremonias que deben observarse con arreglo a los ceremoniales o usos autorizados. || **maestro de obras** Persona que cuida de la construcción material de un edificio, según los planos de un arquitecto, y dirige el trabajo de peones y albañiles. || FAM. maestre, maestría.

mafia f. Organización secreta de criminales originaria de Sicilia, que se caracteriza por emplear la violencia, la intimidación y el chantaje. || P. ext., cualquier organización clandestina de criminales. || Organización que emplea métodos ilícitos para el logro de sus objetivos y no deja participar a otros en una actividad. || FAM. mafioso.

mafioso, sa adj. De la mafia o relativo a esta organización. También s. || Que actúa con los métodos de la mafia.

magacín o **magazín** m. Publicación periódica con artículos de diversos autores y diversos temas dirigida a todo tipo de público. || Espacio de televisión o de radio en que se tratan asuntos de temas distintos y formas variadas.

magdalena f. Bollo pequeño redondo realizado con harina, azúcar, huevos, aceite y leche, cocido al horno sobre un molde individual generalmente de papel. || Mujer arrepentida de su pasado de prostitución. || **llorar como una Magdalena** loc. *col.* Llorar mucho.

magdaleniense adj. y m. Del período prehistórico que corresponde al final del Paleolítico Superior y que tuvo su centro en la zona cantábrica de España, o relacionado con él.

magenta adj. y m. Se apl. al color carmesí oscuro obtenido de la mezcla de rojo y azul.

magia f. Arte, técnica o ciencia oculta con que se pretende producir fenómenos extraordinarios, contrarios a las leyes naturales, valiéndose de ciertos actos o palabras o con la intervención de espíritus o genios. || Habilidad de realizar cosas extraordinarias mediante trucos y juegos de manos. || Encanto, hechizo o atractivo con que una persona o una cosa deleita o subyuga. || **magia blanca** o **natural** La que por medio de causas naturales obra efectos extraordinarios que parecen sobrenaturales. || **magia negra** Arte supersticioso por medio del cual se cree que pueden hacerse cosas admirables y extraordinarias con ayuda del demonio. || **como**

por arte de magia o **por arte de magia** loc. adv. Expresión que indica que algo parece haberse realizado por procedimientos no naturales. || FAM. mágico, mago.

magiar¹ adj. y com. De un pueblo euroasiático nómada que penetró en Europa a finales del siglo IX y se instaló en Transilvania y Hungría o relativo a él. || Del descendiente de este pueblo, que actualmente constituye la población mayoritaria de Hungría, húngaro. || m. Lengua hablada por los magiares, cercana al finés.

magiar² intr. *amer.* En el fútbol, hacer buen juego con la pelota, no dejando que la arrebate el jugador contrario.

mágico, ca adj. De la magia o relativo a ella. || Maravilloso, estupendo.

magín m. *col.* Imaginación, creatividad, ingenio.

magíster com. *amer.* Maestro, licenciado.

magisterio m. Profesión de maestro o práctica de la enseñanza en general. || Conjunto de los estudios que se requieren para obtener el título de maestro. || Conjunto de maestros de una provincia, región, nación, etc. || Influencia que ejerce la obra, el pensamiento o la conducta de alguien. || FAM. magíster, magistral, magistralía.

magistrado, da m. y f. Persona que tiene el oficio o el cargo de juez. || Miembro de una sala de audiencia o del Tribunal Supremo de Justicia. || FAM. magistratura.

magistral adj. Del magisterio o el maestro. || Se apl. a lo que se hace con maestría o habilidad. || Hablando del tono, modales, lenguaje, etc., afectado, pedante, suficiente. || Se dice de la clase o lección de cierta importancia que se hace en una conmemoración, inauguración de curso, etc. || Se apl. a ciertos instrumentos que por su perfección y exactitud sirven de término de comparación para los ordinarios de su especie. || m. En algunas catedrales, dignidad del sacerdote encargado de predicar. || Medicamento que solo se prepara por prescripción facultativa. || FAM. magistralmente.

magistratura f. Cargo de magistrado y tiempo durante el cual se mantiene en él. || Conjunto de magistrados. || Tribunal al que pertenecen los magistrados; especialmente, el de lo Social. || *amer.* Cargo de funcionario público. || **primera magistratura** *amer.* Cargo de presidente del Gobierno.

magma m. Masa de rocas fundidas de la zona más profunda de la corteza terrestre, que se origina debido a la presión y las altas temperaturas y que se solidifica por enfriamiento. || Sustancia espesa y gelatinosa. || FAM. magmático, magmatismo.

magnanimidad f. Generosidad y nobleza de espíritu, misericordia. || FAM. magnánimo.

magnánimo, ma adj. Que tiene magnanimidad, nobleza y misericordia o las muestra. || FAM. magnánimamente.

magnate com. Persona poderosa e influyente en el mundo de los negocios, la industria o las finanzas.

magnesia f. Óxido de magnesio, insípido e inodoro, de consistencia terrosa, color blanco y muy resistente al calor, que se utiliza para el recubrimiento de hornos refractarios y en la composición de ciertos preparados medicinales por sus propiedades laxantes y digestivas. || FAM. magnesiano, magnesita.

magnesio m. Elemento químico metálico, bivalente, de color y brillo argentinos, maleable, inflamable, poco tenaz y algo más pesado que el agua. Su símbolo es *Mg*, y su número atómico, *12*. ‖ FAM. magnesia, magnésico, magnesiotermia, magnesita.

magnesita f. Mineral carbonato de magnesio de color blanco amarillento, blando, ligero y suave al tacto que se emplea para hacer pipas de fumar, hornillos y estufas.

magnético, ca adj. De la piedra imán, relacionado con ella o que tiene sus propiedades. ‖ Del magnetismo o relativo a esta fuerza.

magnetismo m. Fuerza de atracción del imán. ‖ Conjunto de fenómenos físicos por los cuales los imanes y las corrientes eléctricas inducidas producen movimientos de atracción y repulsión. ‖ Parte de la física que estudia estos fenómenos. ‖ *col.* Poder de atracción de una persona sobre otra. ‖ FAM. magnético, magnetita, magnetizar, magneto, magnetófono, magnetoscopio, magnetosfera.

magnetita f. Mineral óxido de hierro, muy pesado, de color negro, que atrae el hierro y otros metales, imán.

magnetizar tr. Comunicar a un cuerpo propiedades magnéticas. ‖ Hipnotizar a alguien. ‖ Atraer poderosamente a alguien, fascinar. ‖ FAM. magnetizable, magnetización, magnetizador.

magneto f. Generador de electricidad de alto potencial, usado especialmente en los motores de explosión.

magnetofón m. Magnetófono.

magnetofónico, ca adj. Del magnetófono o relativo a él. ‖ Grabado mediante un magnetófono.

magnetófono m. Aparato empleado para grabar o reproducir el sonido mediante la transformación de este en impulsos electromagnéticos que imantan un alambre de acero o una cinta recubierta de óxido de hierro que pasa por los polos de un electroimán. ‖ FAM. magnetofón, magnetofónico.

magnetoscopio m. Aparato que sirve para detectar las fuerzas magnéticas. ‖ Vídeo.

magnetosfera f. Espacio que rodea la Tierra, a partir de unos 100 km de altura, por encima de la ionosfera, en el que el campo magnético terrestre ejerce alguna influencia sobre las partículas.

magnicida com. Persona que comete un magnicidio.

magnicidio m. Asesinato de una persona muy importante por su cargo o poder. ‖ FAM. magnicida.

magnificar tr. y prnl. Alabar, ensalzar. ‖ Exagerar, elogiar excesivamente. ‖ FAM. magnificador, magníficat, magnífico.

magníficat m. Cántico dirigido a Dios por la Virgen María en la visitación a su prima santa Isabel, y que se reza o canta al final de las vísperas.

magnificencia f. Generosidad, liberalidad. ‖ Ostentación, esplendor, grandeza. ‖ FAM. magnificente.

magnificente adj. Espléndido, generoso. ‖ Excelente, magnífico.

magnífico, ca adj. Espléndido, suntuoso. ‖ Excelente, admirable. ‖ Título de honor que se concedía a personas ilustres, y hoy se apl. en España a los rectores universitarios. ◆ Suele escribirse con mayúscula. ‖ FAM. magníficamente, magnificencia.

magnitud f. Tamaño de un cuerpo. ‖ Grandeza, importancia de una cosa. ‖ Propiedad física que puede medirse, como la altura, la longitud, la superficie, el peso, etc. ‖ Tamaño aparente de las estrellas por la mayor o menor intensidad de su brillo.

magno, na adj. Grande, importante, ilustre. ‖ FAM. magnate, magnicidio, magnificar, magnitud.

magnolia f. Árbol de la familia de las magnoliáceas originario de Asia y América, de 15 a 30 m de altura, hoja perenne y flores aromáticas blancas. ‖ Flor o fruto de este árbol. ‖ FAM. magnolio, magnoliáceo.

magnoliáceo, a adj. y f. De las magnoliáceas o relativo a esta familia de árboles y arbustos. ‖ f. pl. Familia de árboles y arbustos angiospermos dicotiledóneos con hojas alternas y sencillas, flores grandes y olorosas y frutos capsulares con semillas de albumen carnoso, como la magnolia y el badián.

mago, ga adj. Que conoce o practica la magia o las ciencias ocultas. También s. ‖ Se apl. a los tres reyes de Oriente que, según la tradición cristiana, adoraron al nacer a Jesús de Nazaret. También m. ◆ Suele escribirse en mayúscula. ‖ m. y f. Persona singularmente capacitada para el éxito en una actividad determinada. ‖ m. Sacerdote de la religión zoroástrica.

magosto m. Hoguera para asar castañas en la época de la recolección. ‖ Castañas asadas y fiesta que se celebra.

magrear tr. *vulg.* Sobar, palpar, manosear una persona a otra con intenciones sexuales. ‖ FAM. magreo.

magrebí adj. y com. Del Magreb o relativo a esta región norteafricana que se extiende por los territorios de Marruecos, Túnez y Argelia. ◆ pl. *magrebís* o *magrebíes.*

magreo m. *vulg.* Soba, manoseo con intención sexual.

magro, gra adj. Flaco, enjuto, sin grasa. ‖ m. Carne de cerdo junto al lomo. ‖ FAM. magrez, magrura.

maguey m. *amer.* Pita, planta.

magulladura f. Contusión, golpe fuerte.

magullar tr. y prnl. Causar contusiones en un cuerpo al golpearlo violentamente, sin que lleguen a producirse heridas. ‖ FAM. magulladura, magullamiento, magullón.

magullón m. *amer.* Magulladura.

maharajá m. Marajá, príncipe hindú. ◆ pl. *maharajás.*

maharaní f. Esposa del maharajá. ◆ pl. *maharanís* o *maharaníes.*

mahatma m. Título que se da en India a un jefe espiritual.

mahometano, na adj. Musulmán, que sigue la religión de Mahoma. También s. ‖ De la religión islámica o relativo a ella. ‖ FAM. mahomético, mahometismo, mahometista.

mahón m. Tela fuerte y fresca de algodón de diversos colores. ‖ Queso salado de color amarillo propio de la población española de Mahón.

mahonesa f. Mayonesa. ‖ FAM. mahón.

maiceado, da adj. *amer. col.* Nutrido, bien alimentado, sano.

maicena® f. Harina fina de maíz. ◆ Es marca registrada.

mailing (voz i.) m. Envío de información o de propaganda publicitaria por correo a las personas que forman parte de una lista. ◆ pl. *mailings*.

maillot m. Prenda de vestir elástica muy ajustada al cuerpo que se usa para hacer gimnasia, bailar, etc. || Camiseta elástica de los ciclistas. ◆ pl. *maillots*.

mainel m. En arquit., miembro arquitectónico, largo y delgado, que divide un hueco en dos partes verticalmente. || Barandilla de una escalera.

maitines m. pl. Primera hora canónica que se reza antes de amanecer. || FAM. maitinada, maitinante.

maître (voz fr.) com. Jefe de comedor de restaurantes y hoteles.

maíz m. Planta herbácea gramínea de 1 a 3 m de altura, de hojas largas, planas y puntiagudas, tallos rectos, indígena de la América tropical, aunque también se cultiva en Europa, que produce mazorcas con granos gruesos y amarillos muy nutritivos. || Grano de esta planta. || FAM. maicena, maicero, maizal.

maizal m. Tierra sembrada de maíz.

majá m. *amer.* Reptil escamoso ofidio no venenoso de color amarillento, que crece hasta 4 m de longitud y 25 cm de diámetro por el medio del cuerpo. || com. *amer. col.* Persona holgazana y vaga. ◆ pl. *majás*.

majada f. Redil, albergue del ganado y de los pastores. || Excremento de los animales. || *amer.* Rebaño de ganado lanar. || FAM. majadal, majadear.

majaderear tr. *amer.* Molestar, incomodar uno a otra persona. También intr. || intr. *amer.* Insistir con terquedad importuna en una pretensión o negativa.

majadería f. Hecho o dicho impertinente, molesto o grosero.

majadero, ra adj. y s. Torpe, molesto, grosero. || m. Mazo del almirez o del mortero. || Maza o pértiga para majar. || FAM. majaderear, majadería.

majal m. Banco de peces.

majar tr. Machacar, romper o aplastar una cosa a golpes. || Golpear en la era los cereales para separar el grano de la paja. || *col.* Molestar, cansar, importunar. || FAM. maja, majaderear, majadería, majadero, majado, majador, majadura, majagua, majamiento.

majara o **majareta** adj. y com. Chiflado, loco.

majarete m. *amer.* Desorden, barullo, confusión.

majestad f. Aspecto o condición de las personas que despierta admiración y respeto. || En mayúscula, título o tratamiento que se da a Dios y a emperadores y reyes. || FAM. majestuosidad, majestuoso.

majestuosidad f. Grandeza, distinción, nobleza, cualidad de lo que inspira respeto y admiración.

majestuoso, sa adj. Que tiene majestad o grandeza. || FAM. majestuosamente.

majo, ja adj. Que por su aspecto, comportamiento o simpatía se hace agradable a los demás. También s. || *col.* Bonito y vistoso, sin ser caro ni lujoso. || Bien arreglado y vestido. || m. y f. A finales del siglo XVIII y principios del XIX, habitante de ciertos barrios populares madrileños, de comportamiento desenvuelto y arrogante, que llevaba una vistosa indumentaria. || FAM. majería, majeza.

majorero, ra adj. y s. De Fuerteventura o relativo a esta isla española de la Comunidad Autónoma de Canarias.

majorette (voz fr.) f. Niña o mujer uniformada que desfila moviendo su bastón al ritmo de la música.

majuela f. Fruto del majuelo.

majuelo m. Espino rosáceo de hojas cuneiformes y dentadas divididas en tres o cinco segmentos, flores blancas muy olorosas y fruto rojo dulce y de un solo huesecillo redondeado. || FAM. majolar, majuela.

majunche adj. y com. *amer.* Mediocre, que no destaca por nada, de calidad media.

mal¹ adj. apóc. de *malo*. ◆ Se usa antepuesto a sustantivos m. en sing. y a algunos infinitivos cuando tienen esta función: *mal humor, despertar*. || m. Lo contrario al bien, lo malo. || Daño material o moral. || Desgracia, calamidad. || Enfermedad, dolencia. || *amer.* Epilepsia. || **mal de alturas** Malestar, dolor de cabeza y sensación de náusea que produce la disminución de la presión atmosférica en las personas. || **mal de la piedra** Desmoronamiento y corrosión que sufre la piedra por efecto de la intemperie. || **mal de ojo** Influjo maléfico que puede ejercer una persona sobre otra mirándola de cierta manera. || **mal francés** Sífilis. || **hacer** a alguien **mal** loc. Perseguirlo, injuriarlo, procurarle daño o molestia. || **hacer mal** una cosa loc. Ser nociva o dañar o lastimar. || **llevar** o **tomar** uno **a mal** una cosa loc. Soportarla con mal humor o enfado. || **¡menos mal!** loc. Expresión que indica alivio porque no ocurre o no ha ocurrido algo malo que se temía o porque ocurre o ha ocurrido algo bueno con lo que apenas se contaba. || FAM. maleficio, malestar, malamente.

mal² adv. m. Al contrario de lo que debe ser o de lo que sería deseable. || Difícilmente. || Insuficientemente o poco. || **de mal en peor** loc. adv. Cada vez peor o más desacertadamente. || **mal que bien** loc. adv. Superando una serie de obstáculos. || De cualquier manera, como fuere.

malabar adj. Se apl. al juego de destreza que consiste en lanzar al aire objetos y recogerlos, manteniéndolos en equilibrio. || adj. y s. De Malabar o relativo a este país del Indostán. || m. Lengua de los malabares. || FAM. malabarismo, malabarista.

malabarismo m. Técnica y actividad del que realiza juegos malabares. || Acción ingeniosa y complicada que se efectúa con el fin de salir airoso de una situación difícil o comprometida. || pl. Juegos malabares.

malabarista com. Persona que hace juegos malabares.

malacara adj. y m. *amer.* Se apl. al caballo que tiene blanca la mayor parte de la cara.

malacología f. Parte de la zoología que estudia los moluscos.

malacopterigio, gia adj. y m. Se apl. al pez teleósteo que tiene todas sus aletas provistas de radios blandos, flexibles y articulados, como el salmón, el barbo o el rodaballo.

malacostumbrar tr. Hacer que alguien adquiera hábitos y costumbres malos. || Mimar o consentir excesivamente a alguien. || FAM. malacostumbrado.

malacrianza f. *amer.* Mala educación, grosería, impertinencia.

malaire m. *amer.* Episodio anómalo y pasajero que se sufre al aspirar gases tóxicos.

malaisio, sia adj. y s. Malasio.

malaje adj. y com. Se apl. a la persona desagradable, que tiene mala sombra y es malintencionada. ◆ Se usa especialmente en Andalucía.

malambo m. *amer.* Danza popular de zapateo, sin otros movimientos que los de las piernas y pies, ejecutada exclusivamente por hombres, con acompañamiento de guitarra.

malandanza f. Mala fortuna, desgracia.

malandraje m. *amer.* Pandilla de delincuentes. || *amer.* Conjunto de delitos.

malandrín, ina adj. y s. Malvado, perverso, con malas intenciones.

malaquita f. Carbonato hidratado natural de cobre, de color verde, tan duro como el mármol, susceptible de pulimento, que suele emplearse en joyería.

malar adj. De la mejilla. || m. Prominencia del hueso de cada mejilla, pómulo.

malaria f. Fiebre palúdica, paludismo. || *amer.* Pobreza extrema, miseria.

malasio, sia adj. y s. De Malasia o relativo a este país del sudeste asiático.

malayo, ya adj. y s. De un grupo étnico y lingüístico de Indonesia, la península de Malasia y Filipinas, o relativo a este grupo caracterizado por tener sus miembros la piel morena, los cabellos lisos, la nariz aplastada y los ojos grandes. || Malasio. || Lengua malaya.

malayo-polinesio, sia adj. Se apl. a un grupo o familia de lenguas habladas en la zona comprendida entre Madagascar y la isla de Pascua, y desde Taiwán hasta Nueva Zelanda, entre las que destacan el indonesio, el javanés, el malayo, el tagalo, el malgache y el maorí. También m. || Perteneciente o relativo a este grupo o familia de lenguas.

malbaratar tr. Malvender, vender por menor precio del mercado. || Malgastar, disipar. || FAM. malbaratador, malbaratamiento, malbaratillo, malbarato.

malcarado, da adj. y s. Que tiene mala cara o aspecto repulsivo. || Que continuamente tiene cara de enfado.

malcasar tr. Casar a una persona sin las circunstancias que se requieren para la felicidad del matrimonio. También intr. y prnl.

malcomer intr. Comer escasamente o con poco gusto, por la mala calidad de la comida.

malcontado m. *amer.* Dinero que se da a los cajeros o a los responsables de las cuentas de los bancos para que reparen con él los posibles errores de caja.

malcriado, da adj. Falto de buena educación, descortés, incívico.

malcriar tr. Educar mal a los hijos, condescendiendo demasiado con sus gustos y caprichos. || FAM. malcriado.

maldad f. Calidad de lo que es malo o está hecho con intenciones aviesas. || Tendencia o inclinación natural a hacer el mal. || Acción mala y perjudicial.

maldecir tr. Echar maldiciones contra una persona o cosa. || intr. Hablar de alguien con mordacidad, denigrándolo. ◆ **Irreg.** Se conj. como *decir*, excepto en el futuro imperfecto de indicativo y en el condicional, que son regulares, y la 2.ª pers. de sing. del imperativo (*maldice tú*), en que no se apocopa la sílaba *ce*. Tiene doble p. p.: uno reg., *maldecido* y otro irreg., *maldito*. || FAM. maldiciente, maldición, maldito.

maldición f. Imprecación, expresión injuriosa o grosera. || Expresión del deseo de que ocurra un daño a alguien. || Castigo que se cree divino o sobrenatural.

¡maldición! interj. Expresión que indica enojo, reprobación, contrariedad, etc.

maldito, ta adj. Perverso, de mala intención. También s. || Condenado y castigado por una maldición. También s. || Malo, despreciable, que molesta o enfada. ◆ Se usa especialmente antepuesto al nombre al que se adjunta: *el maldito bollo me ha sentado fatal*. || Se apl. a la persona o cosa marginada o separada por la sociedad o la autoridad de las de su clase o especie: *escritor maldito*. || Ninguno, nada, ni una sola cosa. ◆ Se construye antepuesto al nombre al que se adjunta: *esto tiene maldita la gracia*. || **¡maldita sea!** interj. *col.* Expresa enfado o enojo.

maldivo, va adj. y s. De las Maldivas o relativo a estas islas de Asia.

maleabilidad f. Propiedad de algunos materiales de poder ser descompuestos en láminas o extendidos. Docilidad de carácter.

maleable adj. Se apl. al metal que puede batirse y extenderse en planchas muy delgadas, como el cobre. || Se dice del material que se puede trabajar con facilidad, como la arcilla. || Fácil de influir, dócil: *carácter maleable*. || FAM. maleabilidad.

maleante adj. y com. Ladrón, delincuente.

malear tr. y prnl. Estropear, dañar. || Corromper, pervertir. || FAM. maleador, maleante.

malecón m. Muro construido como protección contra las aguas. || Rompeolas, muelle. || *amer.* Paseo marítimo.

maledicencia f. Acción de maldecir, murmurar.

maleducado, da adj. y s. Malcriado, grosero, irrespetuoso.

maleducar tr. Malcriar, educar con excesiva permisividad. || FAM. maleducado.

maleficio m. Daño causado por hechicería. || Hechizo empleado para causar un mal o un daño. || FAM. maleficencia, maleficiar, maléfico.

maléfico, ca adj. Que perjudica y hace daño a otro con maleficios. || Que ocasiona o es capaz de ocasionar daño. || m. y f. Persona que practica hechicerías, brujo.

malentendido m. Equívoco, mala interpretación o desacuerdo en la forma de entender una cosa. ◆ pl. *malentendidos*. || FAM. malentender.

maléolo m. Cada una de las partes que sobresalen de la tibia y del peroné en el inicio del pie. || FAM. maleolar.

malespín m. *amer.* Jerga hablada por los estudiantes en clase, consistente en una transposición fija de letras.

malestar m. Sensación de incomodidad o molestia, física o anímica.

maleta f. Especie de caja de algún material resistente y provista de un asa que sirve para guardar y transportar ropa y objetos personales cuando se viaja. || **hacer las maletas** loc. Preparar el equipaje. || col. Prepararse para irse de alguna parte, o para dejar algún cargo o empleo. || FAM. maletera, maletero, maletín, maletón.

maleta com. Mal torero. || adj. y com. desp. Se apl. a la persona que ejerce una actividad o una profesión de manera torpe y sin habilidad. || FAM. maletilla.

maletera f. amer. En los vehículos, lugar para llevar las maletas o el equipaje.

maletero, ra m. y f. Persona que transporta equipajes. || Persona que hace o vende maletas. || m. Lugar de la vivienda, de los armarios o de ciertos vehículos que se usa sobre todo para guardar maletas.

maletilla com. Joven de escasos recursos que aspira a abrirse camino en el mundo del toreo procurando intervenir en tientas, capeas, becerradas, etc.

maletín m. Maleta pequeña que se usa para guardar y llevar libros, documentos y otros objetos de pequeño tamaño.

malevaje m. amer. Panda de malhechores o malevos.

malevo, va adj. y s. amer. Delincuente, malhechor, matón. || FAM. malevaje.

malévolo, la adj. y s. Inclinado a hacer mal, malintencionado. || FAM. malevo, malevolencia, malevolente.

maleza f. Abundancia de malas hierbas en los sembrados. || Vegetación espesa y apretada formada por arbustos. || amer. Mala hierba.

malformación f. Deformidad congénita en alguna parte del cuerpo.

malgache adj. y com. De Madagascar o relativo a esta isla africana. || m. Lengua del grupo malayo, de la familia lingüística malayo-polinesia, que se habla en Madagascar.

malgastar tr. Gastar o emplear algo de forma inadecuada.

malgeniado, da o **malgenioso, sa** adj. amer. De mal genio, con mal carácter.

malhablado, da adj. y s. Se apl. a la persona que se expresa de forma vulgar y grosera.

malhadado, da adj. Infeliz, desgraciado, que tiene o muestra mala suerte.

malhechor, ra adj. y s. Delincuente, especialmente el que comete delitos de forma habitual.

malherir tr. Herir gravemente o de muerte. ◆ **Irreg.** Se conj. como *sentir*.

malhumor m. Estado de ánimo del que se irrita o enfada con frecuencia o por motivos baladíes. ◆ También puede escribirse *mal humor.*

malhumorado, da adj. Que está de mal humor, o que lo tiene habitualmente. || FAM. malhumor, malhumorar.

malí adj. y com. De Mali o relativo a este país africano. ◆ pl. *malís* o *malíes*.

malibú m. amer. Palmácea con hojas en forma de abanico de las que se obtiene una hebra que se utiliza para hacer esteras. ◆ pl. *malibús* o *malibúes*.

malicia f. Mala intención, maldad. || Tendencia a pensar mal de los demás. || Picardía. || Sutileza, sagacidad. || pl. Sospecha o recelo. || FAM. maliciar, maliciable, maliciosamente, malicioso.

malicioso, sa adj. Que tiende a pensar mal o a atribuir mala intención a los hechos y palabras de los demás. También s. || Que contiene malicia.

malignidad f. Propensión del ánimo a pensar u obrar mal. || Cualidad de lo que es pernicioso, dañino o maligno.

maligno, na adj. Propenso a pensar u obrar mal. También s. || Nocivo, perjudicial, dañino. || Se apl. a la lesión o a la enfermedad que evoluciona de modo desfavorable, y especialmente de los tumores cancerosos. || m. Con mayúscula, el demonio. || FAM. malignidad, malignizarse.

malintencionado, da adj. y s. Que tiene mala fe o mala intención.

malinterpretar tr. Entender o interpretar mal.

malla f. Tejido de pequeños anillos o eslabones de hierro o de otro metal, enlazados entre sí. || Cada uno de los cuadriláteros que constituyen el tejido de la red. || P. ext., tejido semejante al de la malla de la red. || Vestido de punto muy fino que, ajustado al cuerpo, usan los artistas de circo, bailarines y gimnastas. || amer. Bañador, traje de baño. || FAM. mallero.

malmeter tr. Enemistar a dos o más personas entre sí. || Inducir a uno a hacer algo malo.

malnacido, da adj. y s. Despreciable, indeseable.

malnutrición f. Nutrición inadecuada por su falta de equilibrio o de variedad. || FAM. malnutrido.

malo, la adj. Que carece de bondad y de otras cualidades positivas. También s. || Que se opone a la razón o a la moralidad. || Que lleva mala vida o tiene malas costumbres. También s. || Travieso, enredador. || Nocivo, perjudicial para la salud. || Enfermo, indispuesto. || Deteriorado, estropeado. || De poca calidad. || De poca utilidad, efectividad o habilidad. || Difícil o que presenta dificultades. || Desagradable, molesto, desapacible. || Equivocado o con consecuencias desagradables. || Que no gusta o no satisface. || Con el verbo *ser* indica poca probabilidad de que se cumpla algo inconveniente o adverso. || Con *lo* y el verbo *ser*, señala un obstáculo para algo: *lo malo es que es alérgico al polen.* || interj. Expresa desaprobación, desconfianza o contrariedad: *estás demasiado callada, ¡malo!* || **a malas** loc. adv. Con enemistad: *¿otra vez estáis a malas Juan y tú?* || **de malas** loc. adv. Con mala disposición o de mal humor: *no le hagas caso, hoy está de malas.* || **más vale malo conocido que bueno por conocer** loc. proverb. que advierte de los inconvenientes que pueden resultar de sustituir una persona o cosa ya experimentada por otra que no se conoce. || **poner malo** loc. Molestar, irritar, enfadar. || **por las malas** o **por malas** loc. adv. A la fuerza, no voluntariamente. ◆ Como adj., tiene doble sup. el reg., *malísimo*, y el irreg., *pésimo*. || FAM. mal, malaje, malaleche, malandrín, maldad, maleante, malear, maleficio, malevolencia, maleza, malicia, maligno, malvado.

malófago, ga adj. y m. De los malófagos o relativo a este orden de insectos. || m. pl. Orden de insectos

malogrado

que tienen un aparato bucal masticador, con patas adaptadas para fijarse al huésped, ya que son ectoparásitos de aves y mamíferos, como el piojo.

malogrado, da adj. *amer.* Enfermo, indispuesto.

malograr tr. Perder o no aprovechar algo. ‖ prnl. Frustrarse lo que se pretendía conseguir. ‖ No alcanzar el desarrollo esperado: *se malogró la cosecha.* ‖ FAM. malogrado, malogramiento, malogro.

maloliente adj. Que huele mal.

malón m. *amer.* Irrupción o ataque inesperado de indios. ‖ *amer.* Grupo de gamberros o maleantes. ‖ *amer.* Ataque o jugarreta inesperados. ‖ Fiesta sorpresa.

malparado, da adj. Perjudicado, dañado en cualquier aspecto: *salió malparado de la operación.*

malparir intr. Parir antes de tiempo, abortar. ‖ FAM. malparida, malparido.

malpensado, da adj. y s. Que tiende a desestimar o interpretar desfavorablemente las acciones, intenciones o palabras ajenas.

malqueda com. *col.* Persona que no cumple sus promesas o falta a su deber.

malquistar tr. y prnl. Indisponer o enemistar a una persona con otra u otras. ◆ Tiene doble p. p.: uno reg., *malquistado*, y otro irreg., *malquisto.*

malsano, na adj. Perjudicial, nocivo para la salud. ‖ Enfermo, malo física o mentalmente.

malsonante adj. Que suena mal. ‖ Se apl. a la palabra o a la expresión grosera.

malta f. Grano de cereal, generalmente cebada, germinado artificialmente y después tostado, que se emplea en la fabricación de bebidas alcohólicas, como la cerveza o el *whisky*, o como sucedáneo del café. ‖ *amer.* Bebida refrescante de malta. ‖ FAM. malteada, malteado, maltear, maltés, maltosa.

malteada f. *amer.* Batido de leche y frutas.

malteado, da adj. Mezclado con malta. ‖ m. Acción y resultado de maltear.

maltear tr. Forzar la germinación de las semillas de los cereales, con el fin de mejorar el sabor de los líquidos fermentados, como la cerveza.

maltés, esa adj. y s. De Malta o relativo a esta isla del Mediterráneo. ‖ m. Lengua de origen semítico que se habla en Malta.

maltón, ona m. y f. *amer.* Jovencito, adolescente muy crecido.

maltosa f. Azúcar formado por dos moléculas de glucosa, cristalizable y producido tanto en los procesos fisiológicos animales como vegetales por la descomposición del almidón.

maltraer tr. Maltratar, destruir, mortificar. ‖ *amer.* Injuriar, reprender con severidad. ‖ **llevar** o **traer** a uno **a maltraer** loc. Importunarlo, hacerle sufrir. ◆ Irreg. Se conj. como *traer.* ‖ FAM. maltraído.

maltratar tr. y prnl. Dar un mal trato, dañar o estropear con las palabras o con los hechos. ‖ FAM. maltratamiento, maltrato, maltrecho.

maltrato m. Trato vejatorio o que ocasiona daño o perjuicio. ◆ pl. *maltratos.*

maltrecho, cha adj. Que está en mal estado por haber recibido daño o maltrato.

maltusianismo m. Doctrina expuesta por el economista británico T. R. Malthus, que recomienda el control de la natalidad como medio de adecuar la población a los recursos existentes y evitar el empobrecimiento de los pueblos. ‖ FAM. maltusiano.

maluco, ca adj. y s. De las Malucas o Molucas o relativo a estas islas de Indonesia. ‖ *amer.* Se apl. a la persona o cosa mala.

maluquear prnl. Desmayarse, padecer un vahído por debilidad. ‖ FAM. maluquencia, maluquera.

malva adj. y m. De color morado tirando a rosa. ‖ f. Planta de la familia de las malváceas cuyas hojas, de color verde intenso, y flores, de color violeta, tienen usos medicinales. ‖ Flor de esta planta. ‖ **malva arbórea, loca, real** o **rósea** Planta malvácea ornamental con tallo recto y erguido de 2 a 3 m de altura, hojas blandas y vellosas y flores grandes y de varios colores. ‖ **como una malva** loc. Expresión que significa 'tranquilo, apacible, dócil': *se tomó la tila y se quedó como una malva.* ‖ **criar malvas** loc. *col.* Estar muerto y enterrado. ‖ FAM. malváceo, malvaloca, malvar, malvasía, malvavisco.

malváceo, a adj. y f. De las malváceas o relativo a esta familia de plantas. ‖ f. pl. Familia de plantas angiospermas dicotiledóneas de hojas alternas, flores axilares y fruto seco dividido en muchas celdas con semillas sin albumen, como la malva o la altea.

malvado, da adj. y s. Se apl. a la persona maligna y perversa. ‖ FAM. malvadamente.

malvarrosa f. Malva rósea.

malvasía f. Variedad de uva de granos grandes, dulces y perfumados que se cultiva en ciertas regiones mediterráneas. ‖ Vino que se hace con esta uva. ‖ Nombre común de diversas aves anseriformes de unos 50 cm de longitud, con la cabeza blanca, el cuello negro, el cuerpo pardo y el pico azul, que suelen habitar en regiones pantanosas.

malvavisco m. Planta malvácea perenne que alcanza entre 50 y 150 cm de altura, de tallo y hojas aterciopeladas y flores de color rosáceo, que crece en lugares húmedos y cuya raíz se utiliza en medicina por sus propiedades antiinflamatorias y emolientes.

malvender tr. Vender a bajo precio, con poca o ninguna ganancia.

malversación f. Utilización indebida de caudales ajenos, sobre todo si pertenecen al erario público o la comete un funcionario.

malversar tr. Invertir o gastar indebidamente fondos ajenos. ‖ FAM. malversación, malversador.

malvinero, ra adj. y s. De las Malvinas o relativo a estas islas del océano Atlántico. ‖ FAM. malvinense.

malvís o **malvis** m. Ave paseriforme del grupo de los tordos, con el pico y las patas negros y el plumaje de color verde oscuro que, a pesar de ser propia de los países del norte de Europa, es ave de paso en España a fines de otoño.

malviviente adj. y com. *amer.* Se apl. a la persona que vive al margen de la ley.

malvivir intr. Vivir mal, pobre o míseramente. ‖ FAM. malviviente.

manatí

malvón m. *amer.* Variedad de geranio, muy ramificada, con hojas afelpadas y flores blancas, rosadas o rojas.

mama f. Teta de las hembras de los mamíferos. || *col.* En lenguaje infantil, madre. || FAM. mamá, mamar, mamario, mamífero, mamiforme, mamitis, mamografía.

mamá f. *col.* Madre, mama.

mamada f. Acción de mamar. || Cantidad de leche que se mama de una vez. || *vulg.* Felación, succión del órgano sexual masculino. || *amer. vulg.* Borrachera, curda. || *vulg.* Beneficio o utilidad obtenidos con poco esfuerzo.

mamadera f. *amer.* Utensilio para la lactancia artificial, biberón. || *amer.* Tetilla del biberón.

mamado, da adj. *col.* Borracho, bebido.

mamar tr. Atraer, chupar con los labios y la lengua la leche de los pechos. || Aprender algo en la infancia: *mamó el amor a los libros*. || *col.* Devorar, engullir. También prnl. || prnl. *col.* Emborracharse. || FAM. mama, mamada, mamadera, mamado, mamantón, mamón.

mamario, ria adj. De las mamas femeninas, de las tetillas de los varones, o relativo a ellas.

mamarrachada f. *col.* Acción ridícula, desacertada y desconcertante. || *col.* Conjunto de mamarrachos.

mamarracho m. *col.* Figura defectuosa y ridícula, o adorno mal hecho o mal pintado. || *col.* Persona o cosa imperfecta, ridícula y extravagante. || *col.* Persona que no merece respeto. || FAM. mamarrachista, mamarrachada.

mamba f. Nombre común de diversos reptiles escamosos ofidios que alcanzan hasta 4 m de longitud, con fuertes mandíbulas que poseen unos dientes en forma de garfio con los cuales inyectan el veneno, de color negro verdoso y que viven en África.

mambí o **mambís** com. Insurrecto contra España en las guerras de independencia de Santo Domingo y Cuba en el siglo XIX. ◆ pl. *mambises*.

mambo m. Baile cubano que combina elementos del *jazz* y ritmos e instrumentos afrocubanos; también, música con que se baila. || *amer.* Mareo o atontamiento.

mamboretá m. *amer.* Insecto ortóptero de 5 a 7 cm de longitud, de color verde claro, ojos y boca grandes, cuerpo delgado y patas largas, que se alimenta de otros insectos. ◆ pl. *mamboretás*.

mamella f. Cada uno de los apéndices largos y ovalados que cuelgan del cuello de algunos animales, particularmente de las cabras.

mameluco, ca adj. De una milicia privilegiada de Egipto que, de 1250 a 1517, llegó a constituir una dinastía. También m. || *col.* Necio, bobo. || m. *amer.* Pijama infantil de una sola pieza que cubre hasta los pies. || Mono de trabajo.

mamey m. Árbol americano de la familia de las gutíferas, de hojas perennes elípticas, flores blancas y olorosas y fruto casi redondo, aromático. || Árbol americano de la familia de las sapotáceas, de hojas caducas lanceoladas, flores axilares blancas y fruto ovoide de pulpa roja y dulce. || Fruto de cualquiera de estos dos árboles.

mamífero, ra adj. y m. De los mamíferos o relativo a esta clase de vertebrados. || m. pl. Clase de animales vertebrados de temperatura constante, cuyo embrión,

provisto de amnios y alantoides, se desarrolla casi siempre dentro del cuerpo materno; las hembras alimentan a sus crías con la leche de sus mamas o tetas.

mamila f. Parte principal de la teta o pecho de la hembra, exceptuando el pezón. || Tetilla en el hombre.

mamitis f. *col. irón.* Apego y necesidad excesiva de la madre. ◆ No varía en pl.

mamografía f. Radiografía de mama en película de grano fino capaz de obtener imágenes de tejidos blandos con gran precisión. || FAM. mamógrafo.

mamón, ona adj. y s. Que todavía está mamando. || Que mama mucho, o más tiempo del normal. || *vulg.* Despreciable, indeseable. || m. *amer.* Especie de bizcocho de almidón y huevo que se hace en México.

mamona f. *amer.* Carne de ternera.

mamotreto m. *col.* Libro o legajo muy voluminoso. || Armatoste u objeto grande y difícil de manejar.

mampara f. Bastidor de madera, cristal, etc., para dividir una habitación o para aislar parte de la misma. || FAM. mamparo.

mamparo m. Tabique de tablas o planchas de hierro con que se divide en compartimentos el interior de un barco.

mamporrero, ra m. y f. Persona que dirige el miembro del caballo en la cópula con la yegua.

mamporro m. *col.* Golpe, puñetazo. || FAM. mamporrero.

mampostería f. Obra hecha con piedras desiguales ajustadas y unidas con argamasa sin un orden establecido. || FAM. mampostero, mampuesta, mampuesto.

mamúa f. *amer. vulg.* Curda, borrachera.

mamut m. Mamífero proboscídeo fósil semejante al elefante, de gran tamaño, con colmillos de hasta 3 m y cubierto de pelo áspero y largo, que vivió en las regiones de clima frío durante el pleistoceno.

man m. *amer.* Fulano, individuo.

maná m. Alimento que, según la Biblia, envió Dios a los israelitas en el desierto. || Sustancia líquida de sabor a miel que secretan ciertos vegetales espontáneamente o por incisión de sus hojas o de sus ramas. || Bienes que se reciben gratuitamente y de modo inesperado.

manada f. Grupo de animales domésticos o salvajes de una misma especie. || Grupo de gente.

mánager com. Gerente, administrador de una o varias empresas. || Representante, apoderado de un artista. || Entrenador, preparador de un deportista. ◆ No varía en pl. || FAM. management.

manantial adj. Se apl. al agua que mana. || m. Nacimiento de las aguas. || Origen y fundamento de una cosa.

manar intr. Brotar de una parte un líquido. También tr. || Abundar algo. || FAM. manadero, manantial, manantío.

manatí m. Nombre común de diversos mamíferos sirenios de unos 3 a 4 m de longitud, cuello corto, cuerpo grueso y piel velluda de mucho espesor; tienen las extremidades superiores en forma de aletas terminadas por manos, y las inferiores forman la aleta caudal. Son herbívoros y su carne y grasa son muy estimadas. || Tira de la piel de este animal, que, seca, sirve para hacer látigos y bastones. ◆ pl. *manatís* o *manatíes*.

manazas com. *col.* Persona torpe, desmañada. También adj. ◆ No varía en pl.

mancar tr. y prnl. Lisiar, estropear, herir a uno en las manos u otros miembros, imposibilitándole el libre uso de ambas o de una de ellas. || Lastimar, herir. || intr. *amer.* Faltar, dejarse de hacer una cosa por falta de alguien.

mancebía f. Casa pública de prostitución. || Travesura propia de jóvenes.

mancebo, ba m. y f. Persona joven. || Dependiente de poca categoría, sobre todo el de una farmacia. || FAM. mancebía.

mancha f. Marca o señal que hace una cosa en un cuerpo, ensuciándolo o estropeándolo. || Parte de alguna cosa con distinto color del general o dominante en ella. || Deshonra, desdoro. || Mácula, cada una de las partes oscuras del Sol o de la Luna. || FAM. manchar, manchón, manchurrón.

manchar tr. y prnl. Poner sucia una cosa con manchas. || Dañar la buena fama de una persona, familia o linaje. || Añadir a un líquido un poco de otro de manera que cambie su color. || FAM. manchadizo, manchado.

mancheta f. *amer.* Artículo periodístico de opinión.

manchú adj. y com. De Manchuria, del pueblo de los altos valles montañosos del sur de Manchuria y norte de la República Popular China, o relativo a ellos. ◆ pl. *manchús* o *manchúes.*

mancillar tr. y prnl. Deshonrar, dañar la reputación de algo o alguien. || Deslucir, afear, estropear. || FAM. mancilla.

manco, ca adj. Se apl. a la persona o animal sin brazo o mano, o que no puede usarlos. También s. || Defectuoso, falto de algo necesario. || **no ser** uno **manco** loc. *col.* Ser hábil y despabilado. || *col.* No tener escrúpulos a la hora de hurtar o robar. || FAM. mancar, manquedad, manquera.

mancomunar tr. Unir personas, fuerzas o caudales para un fin. También prnl. || En der., obligar a dos o más personas a que paguen o ejecuten una cosa de forma conjunta, entre todas y por partes. || FAM. mancomún, mancomunadamente, mancomunidad.

mancomunidad f. Unión o asociación de personas o de cosas con el fin de obtener un logro común. || Corporación y entidad legalmente constituidas por agrupación de municipios o provincias.

mancorna f. *amer.* Mancuerna, gemelos. Más en pl.

mancuerna f. Pareja de animales o cosas. || Pesa de mano que se utiliza en halterofilia y culturismo. || pl. *amer.* Gemelos de los puños de la camisa. || FAM. mancorna.

manda f. *amer.* Voto o promesa hecha a Dios o a un santo.

mandado, da adj. *amer.* Grosero, chabacano. || m. y f. Persona sin autoridad que ejecuta una comisión o una orden por encargo ajeno. || m. Orden, mandamiento. || Encargo, comisión que se confía a alguien.

mandador m. *amer.* Látigo con que se arrea a las caballerías.

mandala f. Representación gráfica polícroma del universo, característica del budismo.

mandamás com. *col.* Persona que desempeña funciones de mando o que posee la máxima autoridad. ◆ pl. *mandamases.*

mandamiento m. Precepto u orden de un superior a un inferior. || Cada uno de los preceptos del Decálogo y de la Iglesia. || En der., orden del juez por escrito, mandando ejecutar alguna cosa.

mandanga f. Flema, pachorra, calma excesiva. || *col.* Marihuana. || pl. Tonterías, cuentos: *no me vengas con mandangas.*

mandar tr. Ordenar el que tiene autoridad la ejecución de algo. || Enviar, hacer ir o hacer llegar. || Encargar, encomendar. || intr. y tr. Gobernar, tener el mando. || **¡a mandar!** loc. Exclamación con que uno se declara dispuesto a cumplir los deseos de otro. || FAM. manda, mandadero, mandado, mandamás, mandamiento, mandante, mandatario, mandato, mande, mando, mandón.

mandarín¹ m. Alto funcionario de la China imperial. || FAM. mandarinismo.

mandarín², ina adj. Se apl. al dialecto chino del grupo chino-tibetano que constituye la lengua oficial de la República Popular China. También m.

mandarina f. Fruto del mandarino, especie de naranja pequeña y dulce cuya piel se quita fácilmente con las manos. También adj. || FAM. mandarinero, mandarino.

mandarino m. Árbol frutal de la familia de las rutáceas, de flores blancas y perfumadas, semejante al naranjo, cuya fruta es la mandarina.

mandatario, ria m. y f. En der., persona que acepta del mandante su representación personal o la gestión de algún negocio. || Jefe, gobernante. || **primer mandatario** Jefe de Estado.

mandato m. Orden, indicación que da el superior al subordinado. || En der., contrato por el que una de las partes confía su representación personal, o la gestión o desempeño de uno o más negocios, a la otra, que lo toma a su cargo. || Ejercicio de un cargo de poder y representación. || Periodo en que alguien actúa como mandatario de alto rango.

mandíbula f. Cada una de las dos piezas óseas o cartilaginosas en las que están implantados los dientes. || Cada una de las dos piezas córneas que forman el pico de las aves. || Cada una de las dos piezas duras, quitinosas, que tienen en la boca los insectos masticadores. || **reír a mandíbula batiente** loc. *col.* Dar rienda suelta a la risa. || FAM. mandibular.

mandil m. Prenda de cuero o tela fuerte que, colgada del cuello, sirve en ciertos oficios para proteger la ropa desde lo alto del pecho hasta por debajo de las rodillas. || Prenda atada a la cintura para cubrir la falda, delantal. || FAM. mandilar, mandilete, mandilón.

mandinga o **mandingo** adj. y com. De los pueblos que habitan el golfo de Guinea o relacionado con ellos. || m. Lengua hablada por estos pueblos, del grupo nigeriano-senegalés. || *amer.* El diablo. || *amer.* Muchacho travieso.

mandioca f. Arbusto americano de la familia de las euforbiáceas de cuya raíz se extrae la tapioca, una fécula muy usada en alimentación. || Harina que se extrae de la raíz de este árbol.

mando m. Autoridad y poder que tiene el superior sobre sus súbditos. || Tiempo que dura este poder. || Persona o personas que lo detentan. || Botón, llave, palanca u otro artificio semejante que actúa sobre un mecanismo o parte de él para iniciar, suspender o regular su funcionamiento. || **mando a distancia** Dispositivo automático para la conexión, interrupción o modificación, desde lejos, del funcionamiento de un receptor. || **alto mando** Persona u organismo que ejerce la potestad superior en el ámbito militar.

mandoble m. Bofetada, golpe. || Golpe que se da con la espada, sujetándola con ambas manos. || Espada grande.

mandolina f. Instrumento de cuatro pares de cuerdas, de cuerpo curvado como el laúd pero más pequeño, que se toca con púa.

mandón, ona adj. Que manda abusando de su autoridad e incluso sin tenerla. También s. || m. *amer.* Capataz de mina.

mandrágora f. Planta herbácea de la familia de las solanáceas, de raíz gruesa y bifurcada, sin tallo y con hojas grandes, que se ha usado en medicina como narcótico.

mandria adj. y com. Apocado, inútil y de escaso o ningún valor.

mandril m. Mamífero primate de aproximadamente 1,50 m de altura, africano, omnívoro, de hocico alargado y perruno, y nariz y nalgas rojizas, que vive formando grupos muy numerosos.

manduca f. *col.* Comida, sustento.

manducar tr. e intr. *col.* Comer. || FAM. manduca, manducatoria.

manearse prnl. *amer.* Enredarse en cuestiones sin importancia. || *amer.* Tropezarse, perder el equilibrio.

manecilla f. Agujita que señala los números o divisiones de diversos instrumentos de medición. || Broche con que se cierran algunas cosas.

manejable adj. Que se puede manejar o se maneja con facilidad.

manejar tr. Usar o traer entre las manos una cosa. || Servirse de cualquier cosa, utilizarla: *maneja grandes sumas de dinero*. || Gobernar, dirigir. || *amer.* Conducir un vehículo. También intr. || prnl. Moverse, adquirir agilidad y desenvoltura: *se maneja bien en los negocios*. || FAM. manejabilidad, manejable, manejo.

manejo m. Uso o utilización manual de algo. || *amer.* Conducción de un vehículo. || Dirección y gobierno de un asunto o negocio. || Enredo, intriga.

manera f. Modo, forma de hacer algo: *manera de conducir*. || Modo o forma de ser algo o alguien. || pl. Modales, forma de comportarse: *maneras groseras*. || Amaneramiento, afectación. || **a la manera de** loc. prepos. A semejanza de, al estilo de. || **a manera de** loc. prepos. Como o a semejanza de. || **de cualquier manera** loc. adv. Sin cuidado, sin interés. || **de esa manera** loc. adv. Según eso, así. || **de manera que** loc. conj. Así que, por tanto. || **de ninguna manera** loc. adv. neg. No, nunca, en forma alguna. || **de todas maneras** loc. adv. conc. Pese a todo, caiga quien caiga. || **en gran manera** loc. adv. En alto grado, mucho, muy. || **sobre manera** loc. adv. Excesivamente, en extremo.

manes m. pl. Almas de los antepasados muertos de la familia a los que se rendía culto y respeto en la antigua Roma.

manga f. Parte del vestido que cubre el brazo. || Manguera, tubo largo para dirigir o para aspirar el agua: *manga de riego*. || Tela dispuesta en forma cónica que sirve para colar líquidos. || Utensilio de tela de forma cónica y provisto de una boquilla que se usa en repostería: *manga pastelera*. || En dep., prueba clasificatoria o parte de una competición. || Anchura mayor de un buque. || *amer. desp.* Grupo de personas. || **manga ancha** Excesiva tolerancia, permisividad. || **manga corta** La que no llega al codo. || **manga larga** La que llega hasta la muñeca. || **manga raglán** o **ranglan** Tipo de manga de las prendas que empieza en el cuello y cubre el hombro. || **en mangas de camisa** loc. prepos. Solo con la camisa, sin necesidad de más abrigo o más elegancia. || **manga por hombro** loc. adv. *col.* Desordenado, en gran abandono: *dejó su habitación manga por hombro*. || **sacarse** algo **de la manga** loc. *col.* Inventárselo, decirlo o hacerlo sin tener fundamento para ello. || FAM. mango, mangote, manguear, manguera, manguero, mangueta, manguilla, manguillero, manguito.

manganeso m. Elemento químico metálico de brillo acerado, duro y quebradizo, oxidable, que se obtiene de la manganesa y se emplea en la fabricación del acero. Su símbolo es *Mn*, y su número atómico, *25*. || FAM. manganesa, manganesia.

manganeta f. *amer.* Engaño, treta.

mangangá m. *amer.* Insecto himenóptero parecido al abejorro, de cuerpo grueso y velludo, que al volar produce un zumbido fuerte y prolongado. || com. *amer.* Persona fastidiosa por su continua insistencia. También adj. ◆ pl. *mangangás* o *mangangaes*.

mangante adj. y com. *col.* Ladrón, pillo. || *col.* Sinvergüenza, persona que vive aprovechándose de los demás. || FAM. mangancia.

manganzón, ona adj. y s. *amer.* Holgazán, perezoso, vago.

mangar tr. *col.* Hurtar, robar. || FAM. mangante, mangui.

manglar m. Formación vegetal propia de zonas pantanosas de las costas tropicales que se deseca periódicamente según las mareas y en la que crecen árboles que viven en el agua salada.

mangle m. Árbol de la familia de las rizoforáceas, característico de los manglares, de 3 a 4 m de altura, ramas largas y extendidas que llegan al suelo, cuyas hojas, frutos y corteza se emplean para curtir pieles. || FAM. manglar.

mango[1] m. Parte alargada por donde se cogen algunos utensilios.

mango[2] m. Árbol perteneciente a la familia de las anacardiáceas, originario de la India y muy propagado en los países intertropicales, de hojas perennes, flores pequeñas y amarillentas y fruto oval, amarillo, aromático y de sabor agradable. || Fruto de este árbol.

mangonear intr. y tr. *col.* Entremeterse o manipular algo tratando de imponerse a los demás. || *col.* Dominar, dirigir a alguien. || FAM. mangoneador, mangoneante, mangoneo, mangonero.

mangoneo m. *col.* Entremetimiento o manipulación de un asunto.

mangosta f. Nombre común de diversos mamíferos carnívoros de unos 50 cm de longitud y 40 de cola, con la cabeza alargada, los ojos pequeños y las patas cortas. Se alimentan de serpientes a las que atacan con gran agilidad.

mangrullo m. *amer.* Torre rústica, generalmente de madera, que servía de atalaya en las proximidades de fortines, estancias y poblaciones de regiones llanas.

manguala f. *amer. col.* Confabulación con fines ilícitos.

manguarear intr. *amer.* Perder el tiempo.

manguear tr. *amer.* Acosar al ganado para que entre en un espacio cerrado. || *amer. col.* Pedir dinero prestado. || FAM. manguero.

manguera f. Tubo largo y flexible que toma líquido por un extremo y lo expulsa por el otro.

mangueta f. Tubo que en los retretes inodoros une la parte inferior del bombillo con el conducto de bajada. || Cada uno de los extremos del eje de un vehículo.

mangui com. *col.* Ladronzuelo.

manguito m. Tubo para empalmar dos piezas cilíndricas del mismo diámetro. || Rollo de piel o de tela que usan las mujeres para abrigarse las manos. || Media manga de punto ajustada que cubre desde el codo a la muñeca. || Manga sobrepuesta para preservar la ropa.

manguruyú m. Pez osteíctio de agua dulce que mide hasta 50 cm, de color pardo, sin escamas, cabeza enorme, ojos pequeños y excelente carne comestible. ◆ pl. *manguruyús* o *manguruyúes*.

maní m. Cacahuete, planta. || Fruto de esta planta. ◆ pl. *manís* o *maníes*. || FAM. manisero.

manía f. Preocupación fija y obsesiva por algo determinado. || Costumbre extraña, caprichosa o poco adecuada. || Odio, aversión, ojeriza. || Desequilibrio mental caracterizado por una fuerte agitación. || **manía persecutoria** Preocupación obsesiva de quien cree es víctima de la persecución o el mal trato de alguien. || FAM. maniaco, maniático, manicomio.

maníaco, ca o **maniaco, ca** adj. y s. Que padece manía, que está mentalmente desequilibrado.

maniatar tr. Atar las manos.

maniático, ca adj. y s. Que tiene una manía.

manicomio m. Hospital para enfermos mentales.

manicura f. Arreglo y cuidado de las manos.

manicurista com. *amer.* Manicuro.

manicuro, ra m. y f. Persona que arregla y cuida las manos. || FAM. manicura, manicurista.

manido, da adj. Vulgar, común, nada original. || Muy usado, gastado o manoseado.

manierismo m. Estilo artístico que surgió en Italia hacia 1520, caracterizado por el rechazo al clasicismo y a la rigidez de sus normas y por la utilización libre de las formas, llegando incluso a deformar la realidad. || FAM. manierista.

manierista adj. Del manierismo o relativo a él. || adj. y com. Partidario de este estilo artístico.

manifestación f. Declaración, comunicación. || Reunión pública de gente que desfila para dar su opinión o reivindicar algo.

manifestante com. Persona que toma parte en una reunión pública o manifestación.

manifestar tr. y prnl. Declarar o expresar una opinión, idea o sentimiento. || Poner al descubierto: *su timidez se manifestaba en sus gestos.* || prnl. Tomar parte en una manifestación o reunión de gente. ◆ **Irreg.** Se conj. como *acertar.* Tiene doble p. p.: uno reg., *manifestado*, y otro irreg., *manifiesto*. || FAM. manifestación, manifestador, manifestante, manifestativo, manifiesto.

manifiesto, ta adj. Claro, evidente: *error manifiesto.* || m. Escrito en que se hace pública declaración de doctrinas o propósitos de interés general. || **poner de manifiesto** una cosa loc. Manifestarla, exponerla al público. || FAM. manifiestamente.

maniflojo, ja m. y f. *amer. col.* Manirroto.

manigua f. *amer.* Terreno pantanoso cubierto de maleza tropical. || *amer.* Bosque tropical, selva. || FAM. manigual, maniguero.

manija f. Mango, puño o manubrio de ciertos utensilios y herramientas. || Palanca pequeña para accionar el pestillo de puertas y ventanas, la cual sirve también de tirador. || *amer.* Asa, parte por la que se agarra un objeto.

manilla f. Manija, palanca pequeña de puertas y ventanas. || Manecilla del reloj. || Mango, puño, asa; parte por la que se agarra un objeto. || Anillo metálico para aprisionar las muñecas. || FAM. manillar.

manillar m. Pieza de la bicicleta o de la motocicleta en la que se apoyan las manos para controlar la dirección.

maniobra f. Cualquier operación material que se ejecuta con las manos. || Manejo, intriga. || Conjunto de operaciones para dirigir un vehículo. || pl. Simulacro de operaciones militares. || FAM. maniobrabilidad, maniobrar, maniobrero.

maniobrar intr. Hacer maniobras.

manipulación f. Acción y resultado de manipular.

manipulado m. Manejo de cosas.

manipulador, ra adj. y s. Que maneja o manipula cosas. || Que controla o manipula a personas o sus opiniones.

manipular tr. Manejar cosas, especialmente objetos delicados o de precisión. También intr. || Controlar sutilmente a un grupo de personas, o a la sociedad, impidiendo que sus opiniones y actuaciones se desarrollen natural y libremente. || FAM. manipulación, manipulador, manipulante, manipuleo.

maniqueísmo m. Doctrina fundada por el filósofo persa Manes que se basa en la existencia de dos principios eternos, absolutos y contrarios, el bien y el mal. || P. ext., cualquier actitud que mantiene posturas extremas, sin puntos intermedios. || FAM. maniqueo.

maniqueo, a adj. Del maniqueísmo o relativo a él. || adj. y s. Que profesa la doctrina de Manes. || Que manifiesta maniqueísmo.

maniquí m. Armazón en figura de cuerpo humano que se usa para probar, arreglar o exhibir prendas de ropa. || com. Persona que exhibe en público las nuevas modas de vestir. || Persona de voluntad débil. ◆ pl. *maniquís* o *maniquíes.*

manirroto, ta adj. y s. Derrochador, que gasta demasiado.

manitas adj. y com. *col.* Se apl. a la persona habilidosa para los trabajos manuales. ‖ **hacer manitas** loc. *col.* Cogerse y acariciarse las manos una pareja. ◆ No varía en pl.

manito, ta m. y f. *amer.* Compadre, amigo; es un tratamiento popular de confianza.

manivela f. Palanca doblada en ángulo recto que, unida a un eje, sirve para accionar un mecanismo.

manjar m. Alimento o comida, y especialmente el exquisito.

manjarete m. *amer.* Dulce hecho de maíz tierno rallado, leche y azúcar, que se cuece y se cuaja al enfriarse.

mano f. Extremidad del cuerpo humano que va desde la muñeca hasta la punta de los dedos. ‖ Pie delantero de los cuadrúpedos. ‖ Extremidad de algunos animales, cuyo dedo pulgar puede oponerse a los otros. ‖ Cualquiera de los cuatro pies o extremos de las reses de carnicería, después de cortados. ‖ Habilidad: *tiene mano para la cocina.* ‖ Cada uno de los lados en que se sitúa una cosa con respecto a otra: *el río pasa a mano izquierda de la ciudad.* ‖ Capa de pintura o de barniz. ‖ En algunos juegos, partida completa. ‖ Persona que comienza el juego, especialmente en algunos juegos de cartas. ‖ Ayuda: *necesito que me eches una mano.* ‖ Mujer pretendida u ofrecida en matrimonio: *pedir la mano de María.* ‖ Poder, influencia o facultad para hacer algo: *haré todo lo que esté en mi mano.* ‖ pl. Gente para trabajar. ‖ **mano de obra** Conjunto de obreros y precio que se paga por este trabajo. ‖ **mano derecha** Persona indispensable o muy útil para alguien. ‖ **mano de santo** Remedio muy rápido y eficaz. ‖ **mano dura** Severidad o exigencia en el trato. ‖ **mano izquierda** Habilidad o tacto para resolver los asuntos. ‖ **a la mano** loc. adv. Con la mano, sin otro instrumento ni auxilio: *hecho a mano.* ‖ Cerca, cercano, próximo: *tu casa me queda muy a mano.* ‖ **a mano armada** loc. adv. Con armas. ‖ **a manos llenas** loc. adv. En abundancia, en gran cantidad. ‖ **abrir la mano** loc. Adoptar una actitud menos exigente. ‖ **con las manos en la masa** loc. adv. *col.* Durante la realización de una acción, especialmente si es indebida. ‖ **con una mano detrás y otra delante** loc. Sin nada, sin dinero o sin empleo. ‖ **dar o estrechar la mano** loc. Saludar a una persona ofreciéndole la mano. ‖ **de la mano** loc. adv. Con las manos cogidas. ‖ **de mano** loc. adj. Que tiene las dimensiones adecuadas para ser llevado en la mano o manejado con las manos: *equipaje de mano.* ‖ **de segunda mano** loc. adj. Usado. ‖ **irse la mano** loc. Excederse en una acción determinada. ‖ **lavarse las manos** loc. Desentenderse de un asunto. ‖ **llevarse las manos a la cabeza** loc. *col.* Escandalizarse o asombrarse. ‖ **mano sobre mano** loc. adv. Sin hacer nada. ‖ **meter mano a algo** loc. *col.* Abordar o investigar un asunto. ‖ **meter mano a alguien** loc. *col.* Sobar, tocar con intención sexual. ‖ **poner la mano en el fuego** loc. Asegurar o garantizar. ‖ **poner la mano encima** loc. Pegar, golpear. ‖ **tener la mano larga** loc. *col.* Tener inclinación a pegar o a usar la violencia. ‖ FAM. manazas, manecilla, manejar, maniatar,

manicuro, manido, manija, manilla, maniobra, manipular, manirroto, manitas, manivela, manopla, manojo, manosear, manotada, manotazo, manotear, manotón, manual, manubrio, manufactura, manuscrito.

manojo m. Haz que se puede coger con la mano.

manoletina f. Pase de muleta de frente sujetando la muleta por detrás de la espalda. ‖ Tipo de zapato plano y flexible parecido a las zapatillas de los toreros.

manómetro m. Instrumento para medir la presión de los líquidos y gases.

manopla f. Guante sin separaciones para los dedos, a excepción del pulgar.

manoseado, da adj. Que es poco original.

manosear tr. Tocar repetidamente una cosa con las manos. ‖ FAM. manoseado, manoseador, manoseo.

manoseo m. Toqueteo repetido.

manotada f. Manotazo.

manotazo m. Golpe que se da con la mano abierta.

manotear tr. Dar golpes con las manos. ‖ *amer.* Robar, apoderarse de lo ajeno con abuso o fraude. ‖ intr. Mover las manos, especialmente para dar énfasis a lo que se dice. ‖ FAM. manoteo.

manotón m. Golpe dado con la mano. ‖ *amer.* Tirón que se da a un objeto para agarrarlo o robarlo.

mansalva (a) loc. adv. En gran cantidad. ‖ Sin ningún peligro, sobre seguro.

mansedumbre f. Cualidad de manso.

mansión f. Residencia, casa grande y señorial.

manso, sa adj. De naturaleza apacible y tranquila. ‖ Se apl. al animal que no es bravo. ‖ Sosegado, tranquilo. ‖ m. Res que guía un rebaño de ganado, especialmente el bravo. ‖ FAM. mansamente, mansedumbre, mansejón, mansurrear, mansurrón, mansurronear.

manta f. Pieza rectangular de tejido grueso para abrigarse en la cama. ‖ Tunda, paliza: *manta de palos.* ‖ Pez condrictio del grupo de las rayas, con grandes aletas pectorales de forma triangular, gran boca con pequeños dientes, ojos laterales y cuerpo terminado en un largo y delgado apéndice. ‖ com. *col.* Persona torpe: *es un manta al volante.* ‖ **a manta(s)** loc. adv. Con mucha abundancia. ‖ **liarse la manta a la cabeza** loc. Tomar una decisión precipitada o actuar de modo irreflexivo. ‖ **tirar de la manta** loc. *col.* Descubrir lo que se quería mantener oculto. ‖ FAM. mantazo, manteado, mantear.

manteado m. *amer.* Lona que se pone en el suelo para colocar en ella granos o cualquier otra cosa.

mantear tr. Hacer saltar a uno en una manta de cuyos extremos tiran varias personas. ‖ *amer.* Dar una zurra a alguien. ‖ FAM. manteador, manteamiento, manteo.

manteca f. Grasa del cerdo y de otros animales. ‖ Sustancia que se elabora a partir de ella. ‖ Sustancia grasa de la leche. ‖ Las grasas consistentes de algunos frutos, como la del cacao. ‖ FAM. mantecada, mantecado, mantecón, mantecoso, mantequilla.

mantecada f. Especie de bollo compuesto de harina, huevos, azúcar y manteca de vaca, que suele cocerse en un molde cuadrado de papel.

mantecado m. Bollo de manteca de cerdo. ‖ Helado de leche, huevos y azúcar.

mantecoso, sa adj. Que tiene mucha manteca. || Que tiene alguna de las características de la manteca.

mantel m. Pieza de tela que cubre la mesa para comer. || Lienzo mayor con que se cubre la mesa del altar. || FAM. mantelería.

mantelería f. Juego de mantel y servilletas.

mantenedor, ra m. y f. Persona que dirige o preside un concurso o torneo.

mantener tr. Proveer a uno del alimento o de los bienes necesarios. También prnl. || Conservar una cosa en su ser o estado: *estos guantes mantendrán tus manos calientes*. || Sostener una cosa para que no caiga o se tuerza. || Defender una opinión. || Realizar o proseguir algo durante cierto tiempo: *mantendrán una reunión*. || prnl. Perseverar, no variar de estado o resolución. ◆ Irreg. Se conj. como *tener*. || FAM. mantenedor, mantenencia, mantenido, mantenimiento, manutención.

mantenido, da m. y f. Persona que vive a expensas del dinero de otra. || Amante al que se mantiene económicamente.

mantequería f. Tienda donde se venden productos lácteos, fiambres y otros semejantes.

mantequilla f. Sustancia obtenida de la nata de la leche de vaca. || FAM. mantequera, mantequería, mantequero, mantequillera, mantequillero.

mantequita adj. y com. *amer.* Que es muy delicado o miedoso.

mantilla f. Prenda de seda o de encaje con la que las mujeres se cubren la cabeza y los hombros. || Pieza de tejido con que se abriga y envuelve a los niños por encima de la ropa. || **estar** algo **en mantillas** loc. *col.* Estar en sus comienzos.

mantillo m. Capa superior del suelo, formada por la descomposición de materias orgánicas. || Abono resulta de la fermentación y putrefacción del estiércol.

mantis o **mantis religiosa** f. Insecto ortóptero carnívoro de color amarillo o verdoso, muy voraz, de tórax muy largo y patas anteriores recogidas en actitud orante y provistas de fuertes espolones y espinas para sujetar sus víctimas. También se llama *santateresa*. ◆ No varía en pl.

manto m. Capa que cubre desde la cabeza o los hombros hasta los pies. || Lo que encubre y oculta una cosa. || Capa del globo terrestre situada entre la corteza y el núcleo. || Capa poco espesa de mineral que yace casi horizontalmente. || Repliegue cutáneo del cuerpo de los moluscos y de algunos crustáceos. || FAM. manta, mantila, manteleta, mantilla, mantillo, mantón.

mantón m. Pañuelo grande con flecos que se echa sobre los hombros de las mujeres. || **mantón de Manila** El de seda y bordado, que procede de Oriente.

manual adj. Que se hace con las manos. || Que trabaja con las manos: *operario manual*. || m. Libro que recoge lo esencial o básico de una materia. || FAM. manuable, manualidad, manualmente.

manualidad f. Trabajo llevado a cabo con las manos, sin ayuda de máquinas. Más en pl. || pl. Trabajos manuales de los escolares.

manubrio m. Manivela. || Parte del cuerpo de la medusa en la que está la boca. || *amer.* Manillar de la bicicleta.

manufactura f. Producto industrial. || Establecimiento o fábrica donde se llevan a cabo procesos industriales. || FAM. manufacturación, manufacturado, manufacturar, manufacturero.

manufacturar tr. Fabricar o producir con medios mecánicos.

manumitir tr. Dar libertad al esclavo. ◆ Tiene doble p. p.: uno reg., *manumitido*, y otro irreg., *manumiso*. || FAM. manumisión, manumiso, manumisor.

manuscrito, ta adj. Escrito a mano. || m. Papel o libro escrito a mano, particularmente el antiguo. || Ejemplar original de un libro. || FAM. manuscribir.

manutención f. Acción y resultado de mantener o mantenerse. || FAM. manutenencia, manutener.

manyar intr. y tr. *amer.* Comer. || tr. *amer.* Darse cuenta de algo. || *amer.* Mirar.

manzana f. Fruto redondo de piel fina, carne blanca y con unas semillas pequeñas en el centro, que produce el manzano. || En las poblaciones, conjunto de varias casas contiguas separado de las demás por una calle o un espacio sin construir. || *amer.* Espacio cuadrado de terreno, con casas o sin ellas, por circunscrito por calles por sus cuatro lados. || *amer.* Nuez de la garganta. || FAM. manzanal, manzanar, manzanera, manzanero, manzanilla, manzanillo, manzano.

manzanilla f. Planta herbácea compuesta con flores de pétalos blancos y centro amarillo, con la que se prepara una infusión estomacal. || Esa infusión. || Vino blanco seco andaluz. || Aceituna verde pequeña.

manzanillo m. Olivo que da aceituna del tipo manzanilla. || Árbol sudamericano de la familia de las euforbiáceas que produce un látex blanquecino y cáustico que es venenoso, como también su fruto.

manzano m. Árbol rosáceo de hasta 10 m de altura, con el tronco agrietado, flores blancas o rosadas y cuyo fruto es la manzana.

maña f. Destreza, habilidad. || Astucia. || Vicio o mala costumbre. || FAM. mañerear, mañosamente, mañosear, mañoso.

mañana f. Tiempo entre el amanecer y el mediodía. || Espacio de tiempo desde la medianoche hasta el mediodía. || m. Tiempo futuro próximo. || adv. t. En el día siguiente al de hoy. || En un tiempo futuro: *no dejes para mañana lo que puedas hacer hoy.* || **de mañana** loc. adv. en las primeras horas del día. || **hasta mañana** loc. Fórmula para despedirse de una persona a la que se piensa ver al día siguiente. || **pasado mañana** loc. adv. El día que sigue inmediatamente al de mañana. || FAM. mañanear, mañanero, mañanita.

mañanita f. Prenda de vestir de punto o tela que cubre de los hombros a la cintura. || pl. Canción popular mexicana que generalmente se interpreta al alba.

mañerear intr. *amer.* Obrar o proceder con malas mañas. || *amer.* Comportarse caprichosamente.

maño, ña adj. y s. Aragonés.

mañosear intr. *amer.* Actuar o proceder con maña. || *amer.* Comportarse caprichosamente, especialmente con la comida.

mañoso, sa adj. Que tiene habilidad.

maoísmo m. Ideología política derivada de las doctrinas de Mao Tse-tung o Mao Zedong que aplica la teoría marxista-leninista a la situación especial de China. || FAM. maoísta.

maoísta adj. Del maoísmo o relativo a él. || adj. y com. Partidario y seguidor del maoísmo.

maorí adj. y com. Del habitante de raza polinésica de las dos islas de Nueva Zelanda, o relativo a él. Más en pl. || m. Lengua hablada por estos pueblos, de la familia malayo-polinesia. ◆ pl. *maorís* o *maoríes.*

mapa m. Representación geográfica de la Tierra o de parte de ella en una superficie plana. || **borrar del mapa** loc. *col.* Hacer desaparecer, matar. || FAM. mapamundi.

mapache m. Nombre común de diversos mamíferos carnívoros de América del Norte de hasta 1 m de longitud. La especie más común tiene color gris, cola larga y peluda con alternancia de anillos blancos y oscuros, al igual que la cara, blanca y con un reborde negro en los ojos.

mapamundi m. Mapa de la Tierra dividida en dos hemisferios.

mapuche adj. y com. Araucano, de una provincia de Chile. || De los indios pertenecientes a alguna de las parcialidades araucanas que en la época de la conquista española habitaban en la región central de Chile, o relacionado con ellos. || m. Lengua de estos indios.

maquear tr. Adornar muebles, utensilios u otros objetos con pinturas o dorados, usando para ello un barniz especial. || tr. y prnl. *col.* Arreglarse mucho.

maqueta f. Modelo en tamaño reducido de algo. || Modelo con papel en blanco para apreciar de antemano el volumen, formato y encuadernación de un libro. || FAM. maquetación, maquetador, maquetar, maquetista.

maquetación f. Preparación del formato de un texto.

maquetar tr. Dar formato a un texto.

maquetista com. Persona que se dedica a realizar maquetas.

maquiavélico, ca adj. Que tiene características consideradas propias del maquiavelismo, como la perfidia, la falta de escrúpulos o la astucia.

maquiavelismo m. Doctrina política de Maquiavelo, escritor italiano del siglo XVI, basada en la preeminencia de la razón de Estado sobre cualquier otra de carácter moral. || Modo de proceder con perfidia y falta de escrúpulos. || FAM. maquiavélicamente, maquiavélico.

maquiladora f. *amer.* Empresa de montaje que se encarga de parte del proceso de fabricación de un producto para otra marca comercial.

maquillaje m. Aplicación de cosméticos en el rostro y resultado de hacerlo. || Producto para maquillar.

maquillar tr. Aplicar cosméticos en el rostro para embellecerlo o caracterizarlo. También prnl. || Encubrir, falsificar, alterar el aspecto de una cosa: *maquillar un escándalo.* || FAM. maquillador, maquillaje.

máquina f. Conjunto de mecanismos dispuestos para producir, aprovechar o regular una energía motriz: *máquina de coser, de vapor.* || Locomotora. || Aparato electrónico o eléctrico que funciona introduciendo dinero y que ofrece un servicio o un producto. || Tramoya del teatro para las transformaciones de la escena. || **a máquina** loc. adv. Con la ayuda de aparatos o mecanismos: *lavar a máquina.* || **a toda máquina** loc. adv. Muy deprisa, a toda velocidad. || FAM. maquinal, maquinar, maquinaria, maquinilla, maquinismo, maquinista.

maquinación f. Plan urdido para conseguir algún propósito, generalmente sirviéndose de medios poco honestos.

maquinador, ra adj. y s. Que maquina.

maquinal adj. Se apl. al acto o movimiento ejecutado sin deliberación, de manera inconsciente. || De los movimientos y efectos de la máquina.

maquinar tr. Conspirar, tramar algo generalmente con malas intenciones. || FAM. maquinación, maquinador.

maquinaria f. Conjunto de máquinas. || Mecanismo que da movimiento a algo: *maquinaria de un reloj.* || Técnica de construcción de las máquinas.

maquinilla f. Aparato que sirve para afeitar, constituido por un mango en uno de cuyos extremos hay un dispositivo donde se aloja una cuchilla. || **maquinilla eléctrica** Aparato que afeita en seco y funciona haciendo girar varias cuchillas.

maquinista com. Persona que maneja una máquina, especialmente el conductor de una locomotora. || Persona que inventa o fabrica máquinas. || Ayudante del operador de cámara de cine. || FAM. maquinización, maquinizar.

maquis com. Persona que vive refugiada en los montes en rebeldía y oposición armada al sistema político establecido. || m. Organización de esta oposición. || Zona de matorral derivada de la degradación del bosque mediterráneo, en la que abundan las jaras, los brezos y las retamas. ◆ No varía en pl. || FAM. maqui.

mar amb. Masa de agua salada que cubre gran parte de la superficie terrestre. || Denominación de algunas porciones de esa masa, de menor extensión que los océanos. || Algunos lagos grandes. || Abundancia de algo: *mar de dudas.* || **alta mar** Parte del mar que está a bastante distancia de la costa. || **a mares** loc. adv. En cantidad: *llover a mares.* || **la mar de** loc. adv. Mucho. || FAM. marea, mareaje, marear, marejada, maremagno, maremágnum, maremoto, marengo, mareógrafo, marina, marino, marisco, marisma, marítimo.

marabú m. Nombre común de diversas aves ciconiformes que pueden llegar a medir 1,50 m de longitud, de cabeza, cuello y buche desnudos, plumaje blanco y muy fino debajo de las alas, pico amarillo, grande y grueso y tarsos fuertes de color negruzco. || Plumas blancas de esta ave. || Adorno hecho con ellas. ◆ pl. *marabús* o *marabúes.*

marabunta f. Migración masiva de hormigas legionarias que devoran a su paso todo lo comestible que encuentran. || Conjunto de gente alborotada y tumultuosa.

maraca f. Instrumento musical de percusión que consiste en una calabaza con granos de maíz o chinas en su interior. Actualmente se hace también de metal o plástico. Más en pl.

maracuyá f. Fruto de la pasión, fruto exótico propio de Brasil. ◆ pl. *maracuyás* o *maracuyaes*.

marajá m. Soberano de ciertos estados indios. ◆ pl. *marajás*.

maraña f. Enredo de hilos o del cabello. ‖ Situación o asunto intrincado o de difícil solución. ‖ Lugar cubierto de maleza. ‖ FAM. marañal, marañar, marañero, marañoso.

marañón m. Árbol americano de la familia de las anacardiáceas, de tronco torcido y madera blanca, hojas ovaladas de color amarillo rojizo y flores en racimo, cuyo fruto es una nuez de almendra comestible.

marasmo m. Suspensión, paralización, inmovilidad, en lo moral o en lo físico. ‖ Extremado enflaquecimiento o debilitamiento del cuerpo humano.

maratón m. Carrera pedestre olímpica de 42,195 km. ◆ A veces también f. ‖ P. ext., designa cualquier otra competición de resistencia: *maratón de baile.* ◆ A veces también f. ‖ Actividad dura y prolongada. ‖ FAM. maratoniano, maratónico.

maratoniano, na adj. Del maratón, relacionado con él o que tiene alguna de sus características: *esfuerzo maratoniano.*

maratónico, ca adj. *amer.* Maratoniano.

maravedí m. Antigua moneda española. ◆ pl. *maravedís, maravedíes* o *maravedises.*

maravilla f. Suceso o cosa que causa admiración. ‖ Sentimiento de admiración o de asombro. ‖ Planta herbácea compuesta de flores anaranjadas o amarillas cuyo cocimiento se usa como antiespasmódico. ‖ Flor de esta planta. ‖ Especie de enredadera de la familia de las convolvuláceas originaria de América. ‖ **a las mil maravillas** loc. adv. Muy bien, perfectamente. ‖ **de maravilla** loc. adv. A las mil maravillas. ‖ **decir maravillas** de algo o alguien loc. Alabarlo, ponderarlo. ‖ **hacer maravillas** loc. Hacer algo con pocos medios. ‖ FAM. maravillar, maravilloso.

maravillar tr. y prnl. Asombrar, admirar.

maravilloso, sa adj. Extraordinario, asombroso, excelente. ‖ Inexplicable, mágico, que no obedece a las leyes naturales.

marbete m. Rótulo que se pega a mercancías u objetos donde va escrita la marca, el fabricante, el contenido, el precio, etc. ‖ Etiqueta que se pega en los bultos de equipaje con el punto de destino y el número del registro. ‖ Orilla, perfil.

marca f. Señal que se hace en una persona, animal o cosa, para distinguirla de otra. ‖ Signo externo reconocido legalmente que certifica la autenticidad de un producto. ‖ Señal que deja un golpe o una herida. ‖ Provincia, distrito fronterizo. ‖ Resultado técnico obtenido por un deportista. ‖ Acción de marcar. ‖ **de marca** loc. adj. Se apl. al producto de marca conocida. ‖ **de marca mayor** loc. adj. Excesivo en su línea, que sobrepasa a lo común. ‖ FAM. marcar.

marcación f. Acción y resultado de marcar o marcarse. ‖ Ángulo que la visual dirigida a una marca o a un astro forma con el rumbo que lleva el buque o con otro determinado.

marcado, da adj. Muy perceptible o notorio: *marcado acento andaluz.*

marcador, ra adj. y s. Que marca. ‖ m. Tablero que señala el resultado de un juego o competición.

marcaje m. Acción y resultado de marcar a un jugador del equipo contrario.

marcapasos m. Aparato electrónico mediante el cual se regulan los latidos del corazón. ◆ No varía en pl.

marcar tr. Señalar con signos distintivos. ‖ Dejar algo una señal en algo o alguien. ‖ Fijar, determinar: *marcar un plazo.* ‖ Indicar un aparato cantidades o magnitudes. ‖ Poner la indicación del precio en las mercancías. ‖ Destacar o poner de relieve algo: *ese vestido le marca la figura.* ‖ Componer en un teléfono los números deseados para comunicar con otro. ‖ En el fútbol y otros deportes, conseguir entrar metiendo la pelota en la meta contraria. ‖ En el fútbol y otros deportes, vigilar estrechamente a un jugador contrario. ‖ FAM. marca, marcación, marcado, marcador, marcaje, marcapasos.

marcescente adj. Se apl. al cáliz y a la corola que después de marchitarse persiste alrededor del ovario, y a la hoja que permanece seca en la planta hasta que brotan las nuevas.

marcha f. Acción de andar, movimiento, traslado. ‖ Funcionamiento, actividad: *marcha de un negocio.* ‖ Velocidad, celeridad. ‖ Movimiento ordenado de personas que caminan juntas: *marcha por la paz.* ‖ Composición musical que acompaña a los desfiles militares. ‖ En el cambio de velocidad, cualquiera de las posiciones motrices. ‖ Euforia individual o colectiva. ‖ P. ext., juerga, diversión: *salir de marcha.* ‖ Prueba deportiva en la que los participantes deben andar a mucha velocidad manteniendo siempre un pie en contacto con el suelo. ‖ **a marchas forzadas** loc. adv. Con urgencia, sin detenerse. ‖ **a toda marcha** loc. adv. Muy deprisa. ‖ **dar marcha atrás** loc. Desistir de un empeño. ‖ **poner en marcha** loc. Hacer que un mecanismo empiece a funcionar. ‖ **sobre la marcha** loc. adv. Deprisa. ‖ A medida que se va haciendo alguna cosa. ‖ FAM. marchador, marchoso.

marchamo m. Estilo especial que caracteriza algo. ‖ Marca de reconocimiento que se pone a ciertos productos. ‖ Marca que los aduaneros ponen en las mercancías. ‖ FAM. marchamar, marchamero.

marchante com. Persona que comercia con cuadros u obras de arte. ‖ *amer.* Persona que acostumbra comprar en una misma tienda, cliente. ◆ En esta acepción existe el f. *marchanta.*

marchar intr. Trasladarse, caminar, abandonar un lugar, partir. También prnl. ‖ Funcionar. ‖ Progresar, desarrollar. ‖ Andar en formación. ‖ FAM. marcha.

marchitar tr. y prnl. Ajar, deslucir, secar. ‖ Enflaquecer, quitar el vigor. ‖ FAM. marchitable, marchitamiento, marchitez, marchito.

marchito, ta adj. Ajado, deslucido, mustio, falto de lozanía.

marchoso, sa adj. Que es alegre y divertido.

marcial adj. Militar: *ley marcial.* ‖ Enérgico, rítmico. ‖ FAM. marcialidad.

marciano, na adj. y s. De Marte. ‖ m. y f. Habitante imaginario de este planeta o de cualquier otro, extraterrestre.

marimba

marco m. Cerco, armadura que rodea algo. ‖ Conjunto de circunstancias, ámbito. ‖ Antigua unidad monetaria alemana y actual de diversos países. ‖ FAM. marquista.

marea f. Movimiento periódico de ascenso y descenso de las aguas del mar en las costas por influjo de las atracciones combinadas del Sol y la Luna.

mareante adj. Que marea.

marear tr. Causar mareo. También prnl. ‖ Enfadar, molestar. También intr. ‖ Poner en movimiento una embarcación en el mar, gobernarla o dirigirla. ‖ prnl. Padecer mareo. ‖ FAM. mareado, mareaje, mareamiento, mareante, mareo, mareoso.

marejada f. Movimiento agitado de la mar con olas de hasta 1,25 m. ‖ Signos de irritación de un grupo de personas que suele preceder al alboroto. ‖ FAM. marejadilla.

marejadilla f. Movimiento del mar con olas de hasta medio metro.

maremagno o **maremágnum** m. Confusión, revoltijo. ‖ Multitud. ◆ La segunda forma no varía en pl.

maremoto m. Agitación violenta de las aguas del mar causada por un seísmo en el lecho submarino, que puede producir una gran ola de efectos devastadores en la costa.

marengo adj. y m. Se apl. al color gris oscuro.

mareo m. Malestar que se manifiesta con náuseas, pérdida del equilibrio y, en algunos casos, ausencia momentánea de la consciencia. ‖ Ajetreo, aturdimiento.

marfil m. Materia dura y blanca recubierta de esmalte que forma los dientes de los mamíferos y los colmillos de los elefantes. ‖ Color de esta materia. También adj. ‖ FAM. marfileño, marfilina.

marga f. Roca de color gris compuesta de carbonato cálcico y arcilla, que se emplea como abono en tierras de cultivo y como regulador de la acidez del suelo. ‖ FAM. margal.

margarina f. Variedad de la mantequilla, fabricada con grasas vegetales y animales.

margarita f. Nombre común que se apl. a varias especies de plantas herbáceas compuestas, con flores de centro amarillo y pétalos blancos. ‖ Flor de esta planta. ‖ Perla de los moluscos. ‖ Molusco gasterópodo marino con concha ovalada. ‖ P. ext., cualquier caracol descortezado o anacarado. ‖ Disco bordeado de signos que utilizan para imprimir las máquinas de escribir, las impresoras, etc. ‖ amb. Cóctel preparado con tequila y lima o limón, y a veces con sal o con licor de naranja.

margen amb. Extremidad y orilla de una cosa: *la/el margen del río*. ‖ m. Espacio en blanco que queda a cada uno de los cuatro lados de una página manuscrita o impresa. ‖ Tiempo con el que se cuenta para algo. ‖ Ocasión, oportunidad. ‖ Cuantía del beneficio que se puede obtener en un negocio. ‖ **al margen** loc. adv. Apartado, que no participa o interviene en algo. ‖ FAM. marginado, marginal, marginar.

marginación f. Situación social de aislamiento e inferioridad. ‖ Separación o apartamiento de una persona en el trato social.

marginado, da adj. y s. Que está socialmente aislado o en situación de inferioridad. ‖ Que está separado o apartado del trato social.

marginal adj. Del margen de un escrito o relativo a él: *nota marginal*. ‖ Que está al margen. ‖ Se apl. al asunto, cuestión, aspecto, etc., de importancia secundaria o escasa: *detalle marginal*. ‖ De la persona o grupo minoritario que no está socialmente integrado, o relativo a ellos: *barriada marginal*. ‖ FAM. marginalidad.

marginar tr. Dejar de lado algo o a alguien, apartarlo o hacer caso omiso de él. ‖ Poner o dejar a una persona o grupo en condiciones sociales de aislamiento e inferioridad. ‖ Poner acotaciones al margen de un texto. ‖ Hacer o dejar márgenes en un texto escrito. ‖ FAM. marginación, marginado, marginador.

margrave m. Título de dignidad de algunos príncipes de Alemania.

maría f. *col.* Marihuana. ‖ *col.* Asignatura que se considera fácil y poco importante. ‖ *desp.* Mujer sencilla, de bajo nivel cultural.

mariachi o **mariachis** m. Música popular de Jalisco (México). ‖ Orquesta popular mexicana que interpreta esta música. ‖ Cada uno de los componentes de esta orquesta. ◆ La segunda forma no varía en pl.

marianista adj. Del individuo perteneciente a la Compañía de María, congregación fundada en 1817 y dedicada preferentemente a la enseñanza, o relacionado con él. También m. ‖ De esta congregación o relativo a ella: *colegio marianista*.

mariano, na adj. De la Virgen María o relativo a ella o a su culto. ‖ FAM. marianista, mariología.

marica m. *desp.* Hombre afeminado. ‖ *desp.* Hombre homosexual. ‖ FAM. maricón, mariconada, mariconera, mariquita, mariquituso.

Maricastaña n. p. Personaje proverbial, símbolo de antigüedad muy remota: *en tiempos de Maricastaña*.

maricón m. *vulg.* Marica. ‖ *vulg.* Hombre malintencionado o que hace daño a los demás. ‖ FAM. mariconear, mariconeo, mariconera, mariconería.

mariconada f. *vulg.* Cosa o acción que se considera propia de un marica. ‖ *vulg.* Mala pasada, acción malintencionada o indigna contra otro.

mariconera f. Bolso de mano para hombres.

maridaje m. Enlace y armonía de los casados. ‖ Unión, analogía o armonía con que varias cosas se enlazan o se corresponden entre sí.

marido m. Esposo, hombre casado con respecto a su mujer. ‖ FAM. maridaje, maridar, maridazo, maridillo, marital.

mariguana f. Marihuana.

mariguanza f. *amer.* Gesto burlesco hecho con las manos.

marihuana f. Droga que se obtiene del cáñamo índico, cuyas hojas, fumadas como el tabaco, producen un efecto narcótico.

marimacho amb. *col.* Mujer cuya corpulencia y acciones se consideran propias de un hombre.

marimandón, ona adj. y s. Que es dominante y autoritario, que quiere mandar siempre.

marimba f. Tambor africano. ‖ Xilófono americano.

marimorena f. *col.* Riña, pendencia, enfrentamiento entre varias personas.

marina f. Arte o profesión que enseña a navegar. || Conjunto de barcos de un Estado, de una compañía o de un sector. || Conjunto de las personas que sirven en la marina de guerra. || Parte de tierra junto al mar. || Cuadro o pintura que representa el mar. || FAM. marinaje, marinar, marine, marinear, marinera, marinería, marinero, marino.

marinar tr. Adobar el pescado para conservarlo. || Tripular de nuevo un buque. || FAM. marinado.

marine com. Soldado de la infantería de marina estadounidense o de la británica.

marinera f. Blusa abotonada por delante y con cuello cuadrado por detrás, ajustada a la cintura por medio de una jareta, que usan los marineros. || *amer.* Baile popular de Chile, Ecuador y Perú.

marinero, ra adj. De la marina, de los marineros o relativo a ellos. || Se apl. a la embarcación que navega con facilidad y seguridad en cualquier circunstancia. || m. y f. Persona que ejerce su profesión en el mar o que presta servicio en una embarcación. || FAM. marinesco.

marino, na adj. Del mar o relativo a él. || m. y f. Persona que se ejercita en la náutica. || Persona que tiene un grado militar o profesional en la marina.

marioneta f. Títere que se mueve por medio de hilos o metiendo la mano en su interior. || Persona que se deja manejar dócilmente. || pl. Teatro representado con marionetas. || FAM. marionetista.

mariposa f. Nombre común de la fase adulta de diversos insectos lepidópteros, con dos pares de alas membranosas, a menudo de colores vistosos. || Tuerca para ajustar tornillos. || Candelilla que se pone en un recipiente con aceite para conservar luz de noche. || m. *col. desp.* Hombre afeminado u homosexual. || adj. y m. Se apl. al estilo de natación en que los brazos se sacan a la vez hacia delante mientras se da un golpe en el agua con las dos piernas juntas, como una aleta. || FAM. mariposear, mariposón.

mariposear intr. Variar con frecuencia de aficiones y caprichos. || Ser inconstante en el trato con las personas. || Rondar a una persona para conseguir un favor o una atención especial. || FAM. mariposeador, mariposeo.

mariposón m. *col. desp.* Hombre afeminado u homosexual. || Hombre inconstante en amores, o que galantea a diversas mujeres.

mariquita f. Nombre común de numerosos insectos coleópteros de cuerpo pequeño, redondeado y negruzco por debajo, encarnado y brillante, con puntos negros en los élitros, dos alas membranosas, patas muy cortas y antenas cortas ligeramente mazudas. || m. *desp.* Hombre afeminado u homosexual.

mariscada f. Comida constituida principalmente por marisco abundante y variado.

mariscador, ra adj. y s. Que se dedica a coger marisco. || Que se cuerca a criar marisco.

mariscal com. Miembro del ejército que ostenta la máxima graduación en algunos países. || m. Persona que antiguamente se ocupaba de aposentar la caballería. Pasó a ser un título de nobleza hereditario. || **mariscal de campo** Oficial general, llamado hoy general de división. || FAM. mariscalato, mariscalía.

mariscar tr. e intr. Coger mariscos.

marisco m. Nombre que se apl. a ciertos animales marinos invertebrados, en especial los crustáceos y los moluscos comestibles. || FAM. mariscada, mariscador, mariscar, marisqueo, marisquería, marisquero.

marisma f. Llanura húmeda próxima al mar. || FAM. marismeño.

marisqueo m. Acción y resultado de mariscar.

marisquería f. Establecimiento en el que se vende marisco.

marista adj. Del religioso que pertenece al Instituto de los Hermanos Maristas de la Enseñanza, fundado en 1817, y también de los miembros de la Sociedad de María, fundada en 1822, o relacionado con ellos. También m. || De dichas congregaciones o relativo a ellas.

marital adj. Del marido, de la vida conyugal o relativo a ellos.

marítimo, ma adj. Del mar o relativo a él por su naturaleza o por su cercanía.

marjal m. Terreno bajo y pantanoso.

marketing (voz i.) m. Conjunto de técnicas que a través de estudios de mercado intentan lograr el máximo beneficio en la venta de un producto. ◆ pl. *marketings*.

marlo m. *amer.* Espiga de maíz desgranada. || *amer.* Tronco de la cola de los caballos.

marmita f. Olla de metal con tapadera. || FAM. marmitón.

marmitako o **marmitaco** m. Guiso vasco de bonito con patatas.

marmitón, ona m. y f. Pinche de cocina. || Ayudante de cocina de un buque mercante.

mármol m. Roca metamórfica caliza o dolomítica, cristalina, de textura granulosa, translúcida en capas delgadas, susceptible de buen pulimento, que aparece mezclada frecuentemente con otros minerales que le dan colores y vetas diversos. || Obra artística hecha con esta roca. || **mármol brocatel** El que tiene vetas de colores variados. || FAM. marmoleño, marmolería, marmolillo, marmolina, marmolista, marmóreo.

marmolista com. Persona que se dedica a trabajar el mármol o a venderlo. || Persona que se dedica a realizar lápidas funerarias.

marmóreo, a adj. De mármol o parecido a él en algunas de sus cualidades.

marmota f. Nombre común de diversas especies de mamíferos roedores de unos 75 cm de largo incluyendo la cola, de cabeza gruesa y aplastada, orejas pequeñas, pelaje muy espeso, largo, de color pardo rojizo y cola larga de pelo pardo abundante. || Persona dormilona. || *col. desp.* Criada, asistenta.

marmotear intr. *amer.* Murmurar a media voz, refunfuñar.

marojo m. Planta de la familia de las lorantáceas, muy parecida al muérdago, que es parásita del olivo.

maroma f. Cuerda gruesa de esparto, cáñamo u otras fibras vegetales o sintéticas. || *amer.* Pirueta de un acróbata. || *amer.* Función de circo en que se hacen ejercicios de acrobacia. || *amer.* Cambio oportunista de opinión o partido. || FAM. maromero, maromo.

maromo m. *col.* Amante, marido o pareja de una mujer.

maronita adj. y com. De la iglesia cristiana originaria del Líbano y Siria, con obediencia al papa y liturgia propia, o relacionado con ella.

marota f. *amer.* Marimacho.

marqués, esa m. y f. Persona que ostenta el título nobiliario inmediatamente inferior al de duque y superior al de conde. || FAM. marquesado.

marquesina f. Especie de cubierta o tejadillo en una entrada, andén, parada de autobús, etc., que los resguarda de la lluvia.

marquetería f. Trabajo con maderas finas. || Obra de incrustaciones sobre madera.

marra f. Falta de una cosa donde debiera estar. || Mazo para romper piedras.

marrajo, ja adj. Se apl. al toro traicionero. También m. || Cauto, astuto. También s. || m. Nombre común de diversas especies de peces cartilaginosos de unos 4 m de longitud, generalmente peligrosos para el hombre y que viven en las zonas cálidas del Atlántico y Mediterráneo.

marranada f. Cosa sucia, chapucera, repugnante. || *col.* Acción grosera o poco educada. || *col.* Acción dañina o malintencionada.

marrano, na m. y f. Cerdo, animal. || adj. y s. *col.* Que es sucio y desaseado. || *col.* Que actúa de forma grosera. || *col.* Que actúa con malas intenciones. || *desp.* Se apl. al judío converso. || FAM. marranada, marranería, marranear.

marrar intr. Faltar, errar. También tr. || Desviarse de lo recto. || FAM. marra, marro, marronazo.

marras (de) loc. adj. *irón.* o *desp.* Expresa que lo indicado por el sustantivo al que acompaña es sobradamente conocido: *ha contado mil veces la aventura de marras.*

marrasquino m. Licor hecho con zumo de cierta variedad de cerezas amargas y azúcar.

marro m. Juego que se ejecuta hincando en el suelo un bolo u otra cosa y tirando con una piedra, de modo que gana el que tira el bolo o pone la piedra más cerca. || Juego de niños en que los jugadores, divididos en dos bandos, intentan atraparse mutuamente. || Equivocación, error.

marrón adj. y m. De color castaño. || m. *col.* Cosa desagradable o molesta.

marroquí adj. y com. De Marruecos o relativo a este país africano. ◆ pl. *marroquís* o *marroquíes.* || FAM. marroquín, marroquinería.

marroquinería f. Industria de artículos de piel o imitación, como carteras, bolsos, billeteras, etc. || Este género de artículos. || Taller donde se fabrican o tienda donde se venden. || FAM. marroquinero.

marrubio m. Planta herbácea labiada con tallos erguidos, blanquecinos, hojas ovaladas y rugosas, flores blancas en espiga y fruto seco con semillas menudas. Es muy abundante en parajes secos y sus flores se usan en medicina como expectorante y tónico estomacal. || FAM. marrubial.

marrullería f. Astucia con que halagando a uno se pretende engañarle. || FAM. marrulla, marrullero.

marrullero, ra adj. y s. Que utiliza la marrullería, que pretende engañar con astucia y halagos.

marsopa o **marsopla** f. Nombre común de diversos mamíferos cetáceos de aproximadamente 1,50 m de largo, con la cabeza redondeada, los ojos pequeños y el cuerpo negro azulado por el dorso y blanco por el vientre; tienen dos aletas pectorales, una sola dorsal y la cola grande, robusta y ahorquillada.

marsupial adj. y m. De los marsupiales o relacionado con este orden de mamíferos. || m. pl. Orden de mamíferos como el canguro, cuyas hembras están provistas de una bolsa abdominal denominada *marsupio* que contiene las mamas, donde guardan a las crías en la primera etapa del desarrollo. || FAM. marsupio.

marsupio m. Bolsa abdominal característica de las hembras de los marsupiales, formada por una duplicación de la piel en la que tienen las mamas, y donde guardan las crías hasta completar el periodo de gestación.

marta f. Nombre común de diversos mamíferos carnívoros de unos 50 cm de longitud, con la cabeza pequeña, el cuerpo esbelto y la cola larga, muy apreciados por su piel. || **marta cebellina** Especie de marta de las regiones septentrionales, de piel muy apreciada.

martes m. Segundo día de la semana, entre el lunes y el miércoles. ◆ No varía en pl.

martillar tr. e intr. Martillear.

martillazo m. Golpe fuerte que se da con el martillo.

martillear tr. e intr. Dar golpes con el martillo. || Golpear algo insistente y repetitivamente. || Oprimir, atormentar. || FAM. martilleo.

martilleo m. Acción y resultado de martillear. || Ruido parecido al que producen los golpes repetidos del martillo.

martillero, ra m. y f. *amer.* Persona encargada de una subasta.

martillo m. Herramienta para golpear, compuesta de una cabeza, por lo común de hierro, y un mango. || Llave con que se templan algunos instrumentos de cuerda. || Macillo del piano. || Bola metálica, sujeta a un cable en cuyo extremo hay una empuñadura, que se lanza en una prueba atlética. || Hueso del oído medio que recibe las vibraciones del tímpano. || Establecimiento autorizado donde se venden efectos en pública subasta. || FAM. martillada, martillador, martillar, martillazo, martillear, martillero.

martineta f. *amer.* Ave tinamiforme de unos 40 cm de largo, color pajizo manchado de pardo, y caracterizada por un copete de plumas, por lo que se le llama también *copetona.*

martinete[1] m. Ave ciconiforme de unos 60 cm de longitud, de cabeza pequeña, pico negruzco, largo y grueso, alas obtusas, cola corta, patas largas y con un penacho blanco. Vive cerca de los ríos y lagos y se alimenta de peces, reptiles y anfibios. || Penacho de plumas de esta ave.

martinete[2] m. Macillo que golpea la cuerda del piano. || Mazo muy pesado para batir metales, abatanar paños, etc. || Máquina para clavar estacas o pilotes. || Cante jondo andaluz que no necesita de acompañamiento de guitarra.

martingala f. Artimaña, treta. ‖ Cada una de las calzas que llevaban los caballeros debajo de la armadura. Más en pl.

martín pescador m. Nombre común de diversas aves coraciformes de cabeza gruesa, pico largo y recto, patas cortas, alas redondeadas y plumaje de color verde brillante, que viven a orillas de los ríos y lagunas y se alimentan de peces que atrapan con gran destreza.

mártir com. Persona que padece martirio en defensa de su religión o de sus opiniones. ‖ Persona que sufre grandes penalidades. ‖ FAM. martirial, martirio, martirizar, martirologio.

martirio m. Muerte o sufrimiento que se padecen por defender una religión o una creencia. ‖ Cualquier cosa o situación que produzca dolor o sufrimiento.

martirizar tr. Torturar, hacer sufrir el martirio. ‖ Afligir, atormentar. También prnl. ‖ FAM. martirizador, martirizante.

martirologio m. Libro o catálogo de mártires.

maruga f. amer. Sonajero.

maruja f. col. Mujer dedicada exclusivamente al trabajo del hogar, sin inquietudes culturales, sociales ni de otro tipo. ‖ FAM. marujear, marujeo, marujil.

marxismo m. Concepción histórica, económica, política y social de Karl Marx y sus seguidores, base del socialismo y del comunismo. ‖ Movimiento o sistema político marxista. ‖ FAM. marxista.

marxista adj. Del marxismo o relativo a él. ‖ adj. y com. Partidario o seguidor del marxismo.

marzo m. Tercer mes del año, entre febrero y abril, que tiene treinta y un días. ‖ FAM. marcear, marceño, marzal, marzas.

mas conj. advers. Pero: *no me lo dijo, mas lo adivíné*.

más adv. comp. Indica aumento: *sé más prudente*; preferencia: *me gusta más este jarrón*, o superioridad: *hacer es más que decir*. ‖ Precedido del artículo determinado, forma el superlativo relativo: *es el más alto de la clase*. ‖ Sobre todo, especialmente: *quiero este y más si lo ha elegido él*. ‖ En frases negativas, otro: *no tengo más salida que esta*. ‖ m. En mat., signo de la suma o adición (+). ◆ No varía en pl. ‖ **a lo más** loc. adv. A lo sumo. ‖ **de más** loc. adv. De sobra o en exceso. ‖ **los** o **las más** loc. La mayoría de las personas o cosas. ‖ **más bien** loc. adv. y conjunt. Por el contrario, sino. ‖ **más que** loc. conjunt. Equivale a sino: *nadie lo sabe más que yo*. ‖ **sin más ni más** loc. adv. col. Sin reparo ni consideración, precipitadamente. ‖ **sus más y sus menos** loc. col. Dificultades, problemas: *tuvieron sus más y sus menos, pero quedaron como amigos*. ‖ FAM. además, demás.

masa f. Mezcla de un líquido con una materia pulverizada o disuelta en él: *masa de cemento*. ‖ Mezcla que resulta de la harina con agua y levadura, utilizada en alimentación. ‖ Volumen, conjunto, reunión: *masa de nubes*. ‖ Agrupación numerosa e indiferenciada de personas o cosas. ‖ La gente en general, el pueblo. Más en pl. ‖ En fís., cantidad de materia que contiene un cuerpo. ‖ Conjunto de las piezas eléctricas que se comunican con

el suelo. ‖ **en masa** loc. adv. Todos juntos. ‖ FAM. masera, masificar, masilla, masita, masivo.

masacrar tr. Cometer una matanza de personas o asesinato colectivo.

masacre f. Matanza de personas, por lo general indefensas. ‖ FAM. masacrar.

masai adj. y com. Del pueblo africano que habita en el territorio de Kenia y Tanzania, o relativo a él. ◆ pl. *masais*, aunque también se usa como invariable.

masaje m. Frotamiento del cuerpo con fines terapéuticos o estéticos. ‖ FAM. masajear, masajista.

masajear tr. Frotar el cuerpo o una parte de él con fines terapéuticos o estéticos.

masajista com. Persona que se dedica a dar masajes.

mascada f. amer. Porción de comida o de tabaco que cabe en la boca. ‖ amer. Pañuelo de adorno, especialmente el de seda.

mascado, da adj. col. Que es muy fácil de hacer o de comprender.

mascar tr. Partir y desmenuzar algo con los dientes. ‖ prnl. Considerarse inminente un hecho importante: *se mascaba la tragedia*. ‖ FAM. mascada, mascado, mascador, mascadura.

máscara f. Pieza de cartón, tela, etc., para taparse la cara y no ser conocido o para protegerse de algo. ‖ Disfraz. ‖ Pretexto, disimulo. ‖ com. Persona enmascarada. ‖ Reunión de gentes disfrazadas y sitio en que se reúnen. ‖ FAM. mascarada, mascarilla, mascarón.

mascarada f. Fiesta de máscaras. ‖ Comparsa de máscaras. ‖ Fraude, farsa, engaño.

mascarilla f. Máscara que cubre la parte inferior de la cara. ‖ Vaciado en yeso del rostro de una persona, particularmente de un cadáver. ‖ Capa de cosméticos que cubre la cara. ‖ Aparato que se apl. a la cara y nariz para facilitar la inhalación de ciertos gases.

mascarón m. Cara deforme o fantástica que se usa como adorno arquitectónico. ‖ **mascarón de proa** Figura colocada como adorno en lo alto del tajamar de los barcos.

mascota f. Animal doméstico de compañía. ‖ Persona o cosa que trae suerte. ‖ Figura u objeto que representa o simboliza un acontecimiento público.

masculinidad f. Conjunto de las características consideradas propias del hombre.

masculinización f. En gram., acción de dar forma específica masculina a un nombre que no la tiene. ‖ Desarrollo en la hembra de las características secundarias propias del macho. ‖ FAM. masculinizar.

masculino, na adj. Se apl. al ser que está dotado de órganos para fecundar. ‖ De este ser o relativo a él. ‖ Se dice del género gramatical al que pertenecen los sustantivos que designan a personas o animales de sexo masculino o a las que por su terminación o por convención se les ha asignado este género. También m. ‖ De este género o relativo a él. ‖ FAM. masculinidad, masculinización.

mascullar tr. Hablar entre dientes o pronunciar mal las palabras.

masetero adj. y m. Se apl. al músculo que sirve para elevar la mandíbula inferior de los vertebrados.

masía f. Casa de campo en Cataluña. ‖ FAM. masovero.

masificación f. Acción y resultado de hacer multitudinaria una cosa. ‖ Desaparición de las diferencias o de las características individuales.

masificar tr. y prnl. Hacer multitudinario un servicio, un lugar o algo que no lo era. ‖ Hacer desaparecer las diferencias o las características individuales. ‖ FAM. masificación.

masilla f. Pasta hecha de tiza y aceite de linaza para sujetar cristales, rellenar grietas, etc.

masita f. *amer.* Pasta o pastelito dulce.

masivo, va adj. Que es muy numeroso o se realiza en gran cantidad. ‖ De las masas humanas o relativo a ellas. ‖ Se apl. a la dosis de un medicamento cuando se acerca al límite máximo de tolerancia del organismo. ‖ FAM. masivamente.

maslo m. Tronco de la cola de los cuadrúpedos. ‖ Tallo de una planta.

masoca adj. y com. *col.* Masoquista.

masón, ona adj. De la masonería o relativo a esa sociedad. ‖ adj. y s. Se apl. al miembro de la masonería.

masonería f. Sociedad secreta, extendida por diversos países del mundo, cuyos miembros, agrupados en logias, profesan la fraternidad y ayuda mutua. ‖ FAM. masón, masónico.

masónico, ca adj. De la masonería o relativo a esa sociedad.

masoquismo m. Tendencia sexual del que encuentra placer en verse maltratado y humillado. ‖ Disfrutar considerándose maltratado, disminuido, etc., en cualquier suceso o actividad. ‖ FAM. masoca, masoquista.

masoquista adj. Del masoquismo o relativo a él. ‖ com. Persona que disfruta siendo maltratada y humillada.

masoterapia f. Utilización de los masajes con fines terapéuticos.

mass media (voz. i.) m. pl. Medios de comunicación social (radio, televisión, prensa).

mastaba f. Monumento funerario egipcio del periodo tinita, con forma de pirámide truncada y base rectangular, que comunica con una cámara funeraria.

mastectomía f. Operación quirúrgica en la que se extirpa o quita una mama.

mastelero m. Mástil menor que se pone en los navíos y demás embarcaciones de vela redonda, asegurado sobre cada uno de los mayores. ‖ FAM. mastelerillo.

máster m. Grado académico norteamericano que en España equivale al de los cursos de doctorado de una especialidad. ‖ Cualquier curso especializado. ◆ pl. *másters.*

masters (voz i.) m. Torneo de golf o de tenis en el que solo participan jugadores de la más alta categoría. ◆ No varía en pl.

masticador, ra adj. Que mastica. ‖ Se dice del aparato bucal de ciertos insectos como el saltamontes, el escarabajo, etc., apto para la masticación. ‖ Se apl. al insecto que tiene este aparato. También m.

masticar tr. Triturar los alimentos con los dientes. ‖ Meditar, rumiar. ‖ FAM. masticación, masticador, masticatorio.

mástil m. Palo de embarcación. ‖ Palo menor de una vela. ‖ Palo derecho para mantener algo. ‖ Pieza estrecha y larga de los instrumentos de arco, púa y pulsación, sobre la cual están tensas las cuerdas. ‖ FAM. mastelero.

mastín, ina adj. y s. Se apl. al perro grande, fornido, de cabeza redonda, orejas caídas y pelo corto. Se utiliza como guardián del ganado.

mástique m. Pasta de yeso mate y agua de cola que sirve para igualar las superficies que se van a pintar o decorar.

mastitis f. Inflamación de la mama. ◆ No varía en pl.

mastodonte m. Nombre común de diversos mamíferos proboscídeos fósiles parecidos al elefante, con grandes colmillos en la mandíbula superior, que vivieron a finales del periodo terciario y en el cuaternario. ‖ Persona o cosa muy voluminosa. ‖ FAM. mastodóntico.

mastodóntico, ca adj. Que es muy voluminoso o enorme.

mastoideo, a adj. Del mastoides o relativo a él.

mastoides adj. y m. Se apl. a la apófisis del hueso temporal de los mamíferos, situada detrás y debajo de la oreja. ◆ No varía en pl. ‖ FAM. mastoideo.

mastuerzo, za adj. y s. Torpe, necio. ‖ m. Berro, planta cuyas hojas se comen en ensalada.

masturbación f. Estimulación o manipulación de los órganos genitales o de zonas erógenas para proporcionar goce sexual.

masturbar tr. y prnl. Conseguir placer mediante la manipulación de los órganos sexuales. ‖ FAM. masturbación, masturbatorio.

mata f. Planta perenne de tallo bajo, ramificado y leñoso. ‖ P. ext., cualquier planta de poca altura. ‖ Ramito o pie de una hierba. ‖ Terreno poblado de árboles de una misma especie. ‖ **mata de pelo** Gran porción de la cabellera. ‖ FAM. matojo, matorral.

matacaballo (a) loc. adv. A toda prisa.

matacán m. Construcción en lo alto de un muro, de una torre o de una puerta fortificada para defender una plaza o atacar al enemigo. ‖ Veneno para matar perros, estricnina.

matacandil m. Planta herbácea crucífera anual, con tallos lisos, hojas pecioladas, flores pedunculadas de pétalos pequeños y amarillos y fruto con semillas pardruscas.

matachín m. Persona que mata y descuartiza las reses en un matadero. ‖ *col.* Hombre pendenciero, camorrista.

matada f. *amer.* Caída violenta.

matadero m. Lugar donde se sacrifica el ganado para el consumo de su carne.

matador, ra adj. Que mata. También s. ‖ Cansado, fatigoso. ‖ m. y s. Torero.

matadura f. Llaga o herida producida por un golpe o por el roce repetido contra algo. ‖ Herida o llaga que produce el roce del aparejo a una caballería. ‖ Mancha que sale en la piel a las personas ancianas.

matalahúga o **matalahúva** f. Anís, planta y su semilla.

matambre m. *amer.* Tira de carne y grasa que se saca de entre el cuero y el costillar de los animales vacunos. ‖ *amer.* Fiambre hecho por lo común con esa tira de carne, rellena y adobada.

matamoscas m. Enrejado metálico con mango para matar moscas. ‖ Insecticida. ◆ No varía en pl.

matanza f. Mortandad grande y numerosa. ‖ Acción de matar el cerdo y preparar su carne, y época en la que se realiza. ‖ Conjunto de piezas que resultan de la matanza del cerdo, y que se comen frescas, adobadas o en embutido. ‖ FAM. matancero.

mataperros m. *amer.* Estructura metálica de la moto, entre el motor y la rueda delantera. ◆ No varía en pl.

matar tr. Quitar la vida. También prnl. ‖ Hacer sufrir: *estos zapatos me matan.* ‖ Incomodar, molestar: *este calor me mata.* ‖ Extinguir o destruir algo no material: *matar el hambre, los ideales.* ‖ Extinguir o apagar el fuego o la luz. ‖ Quitar la fuerza a la cal o al yeso echándoles agua. ‖ Apagar el brillo o el color de algo. ‖ Redondear, limar las aristas, esquinas, vértices, etc. ‖ En los juegos de cartas, echar una superior a la que ha jugado el contrario. ‖ Inutilizar un sello postal con el matasellos. ‖ prnl. Trabajar con esfuerzo y sin descanso: *se mata estudiando.* ‖ **estar a matar con** alguien loc. Estar muy enemistado o irritado con él. ‖ **matar el tiempo** loc. Pasar el tiempo ocupado con alguna distracción. ‖ **matarlas callando** loc. *col.* Realizar algo malo sin que lo parezca. ‖ FAM. matabuey, matacabras, matacallos, matacán, matacandelas, matacandil, matachín, matadero, matador, matadura, matafuego, matahambre, matalón, matamoros, matanza, mataperros, matapolvo, mataquintos, matarife, matarratas, matasanos, matasellos, matasiete, matasuegras, matazón, matón.

matarife com. Persona que mata las reses en el matadero.

matarratas m. Raticida. ‖ *col.* Aguardiente de ínfima calidad y muy fuerte. ◆ No varía en pl.

matasanos com. *desp.* Curandero o mal médico. ◆ No varía en pl.

matasellos m. Estampilla para inutilizar los sellos en correos. ◆ No varía en pl.

matasuegras m. Tubo de papel enrollado en espiral que, al soplar por un extremo, se extiende y emite un pitido. ◆ No varía en pl.

matazón f. *amer.* Matanza de personas, masacre.

match (voz i.) m. Encuentro deportivo, partido. ◆ pl. *matchs* o *matches.*

mate[1] adj. Sin brillo. ‖ Amortiguado.

mate[2] m. En ajedrez, jugada final con que se vence al contrario. ‖ En baloncesto, canasta que se obtiene cerca del aro introduciendo la pelota de arriba abajo con una o dos manos.

mate[3] m. *amer.* Infusión que se obtiene de las hojas secas de una planta aquifoliácea medicinal americana parecida al acebo. ‖ *amer.* Estas hojas y la misma planta. ‖ *amer.* Calabaza que, seca, vaciada y convenientemente abierta o cortada, sirve para tomar esta infusión. ‖ FAM. mateada, matear, matero.

mateada f. *amer.* Acción de tomar mate. ‖ *amer.* Reunión en la que varias personas se juntan para tomar mate.

matear intr. *amer.* Tomar mate.

matemática f. Ciencia lógico-deductiva en la que, de conceptos primarios no definidos (unidad, conjunto, correspondencia; punto, recta, plano) y de proposiciones que se aceptan sin demostración (axiomas), se extrae toda una teoría por razonamiento libre de contradicción. Más en pl. ‖ FAM. matemático, matematismo.

matemático, ca adj. De las matemáticas o relativo a ellas. ‖ Exacto, preciso: *puntualidad matemática.* ‖ Infalible: *es matemático, los lunes siempre está enfermo.* ‖ m. y f. Especialista en matemáticas. ‖ FAM. matemáticamente.

materia f. Sustancia que compone los cuerpos físicos; consta de partículas elementales y tiene las propiedades de extensión, inercia y gravitación. ‖ Tema, asunto. ‖ Asignatura. ‖ **materia gris** La que forma parte del sistema nervioso central, en la que se realizan las funciones principales del cerebro. ‖ **materia prima** Cada una de las que emplea la industria para su conversión en productos elaborados. ‖ **entrar en materia** loc. Empezar a tratar de ella después de algún preliminar. ‖ FAM. material.

material adj. De la materia o relativo a ella. ‖ Físico, corpóreo. ‖ m. Ingrediente, componente. ‖ Conjunto de lo necesario para una profesión u obra. También pl.: *materiales de construcción.* ‖ FAM. materialidad, materialismo, materializar, materialmente.

materialismo m. Doctrina filosófica que consiste en admitir como única sustancia la material, negando la espiritualidad y la inmortalidad del alma humana. ‖ Tendencia a dar importancia primordial a los intereses materiales. ‖ **materialismo histórico** o **dialéctico** Versión marxista de la dialéctica idealista hegeliana, interpretada como económica, y basada en la relación de producción y trabajo. ‖ FAM. materialista.

materializar tr. Hacer realidad una idea o proyecto. También prnl. ‖ Convertir en material algo abstracto para poder percibirlo con los sentidos. ‖ Hacer que alguien se vuelva materialista. También prnl. ‖ FAM. materialización.

maternal adj. Materno.

maternidad f. Condición o calidad de madre. ‖ Centro hospitalario donde se atiende a las mujeres que van a dar a luz. ‖ FAM. maternal, maternalmente, maternizado, maternizar, materno, maternoinfantil.

maternizado, da adj. Que ha sido dotado de las propiedades de la leche de mujer: *leche maternizada.*

materno, na adj. De la madre o relativo a ella: *amor, abuelo materno.*

matero, ra adj. *amer.* Aficionado a tomar mate. También s. ‖ m. *amer.* Maceta, recipiente de barro para criar plantas.

matete m. *amer.* Mezcla de sustancias disueltas en un líquido. ‖ *amer.* Lío, desorden.

matinal adj. Matutino. ‖ Se apl. a la sesión de cualquier espectáculo que tiene lugar por la mañana. También f. ‖ FAM. matiné.

matiné f. Fiesta, reunión, espectáculo que tiene lugar en las primeras horas de la tarde.

maxilofacial

matiz m. Cada uno de los grados de un mismo color. || Aspecto. || Rasgo que da un carácter especial a algo: *matiz irónico*. || FAM. matizar.

matización f. Acción y resultado de matizar.

matizar tr. Precisar, señalando las diferencias de algo. || Dar a algo un determinado matiz. || Armonizar diversos colores. || Suavizar. || FAM. matización, matizón.

matizón, na adj. *amer.* Bromista.

matojo m. Mata de tallo muy bajo, ramificado y leñoso. || *amer.* Cada uno de los brotes que echa un árbol podado.

matón m. Fanfarrón que busca pelea. || Escolta, guardaespaldas de un personaje importante. || FAM. matonería, matonismo.

matorral m. Terreno con matas y malezas. || Grupo de arbustos bajos y ramosos.

matraca f. Rueda de tablas fijas en forma de aspa, entre las que cuelgan mazos que al girar ella producen ruidos desagradables. Se usa en Semana Santa en lugar de campanas. || Carraca. || *col.* Lata, molestia, incordio: *dar la matraca*. || FAM. matracada, matraquear, matraqueo, matraquista.

matraz m. Vasija esférica de cuello estrecho que se emplea mucho en los laboratorios: *puso la mezcla en el matraz y la calentó.*

matrería f. Perspicacia astuta y suspicaz.

matrero, ra adj. Astuto, resabido. || Suspicaz, receloso. || Engañoso, pérfido. || *amer.* Fugitivo, vagabundo, que huye al campo para escapar de la justicia. También s. || *amer.* Se apl. al toro mañoso, que esquiva el capote e intenta embestir al torero. || FAM. matrería.

matriarca f. Mujer que ejerce el matriarcado.

matriarcado m. Organización social basada en la preponderancia de la autoridad materna. || Predominio o fuerte ascendiente femenino en una sociedad o grupo. || FAM. matriarca, matriarcal.

matriarcal adj. Del matriarcado o relativo a él.

matricial adj. De la matriz de impresión o relativo a ella. || En mat., del cálculo con matrices o relativo a él.

matricida com. Persona que mata a su madre. También adj.

matricidio m. Delito de matar una persona a su madre. || FAM. matricida.

matrícula f. Acción y resultado de matricular o matricularse. || Lista o catálogo oficial de nombres, bienes, entidades, etc., que se anotan para un fin determinado. || Documento en que se acredita este asiento. || Conjunto de lo matriculado. || Inscripción oficial y placa que llevan los vehículos para indicar el número de matriculación. || **matrícula de honor** Nota superior a la de sobresaliente que se concede en los exámenes y da derecho a una matrícula gratuita en el curso siguiente. || FAM. matricular.

matriculación f. Acción y resultado de matricular o matricularse.

matricular tr. y prnl. Inscribir, registrar en una matrícula. || FAM. matriculación, matriculado, matriculador.

matrimonial adj. Del matrimonio o relativo a él.

matrimonio m. Unión legal de dos personas. || Estas dos personas. || En la religión católica, sacramento que hace sagrada y perpetua la unión entre hombre y mujer. || **matrimonio canónico** El que se celebra conforme a la legislación eclesiástica. || **matrimonio civil** El que se contrae según la ley civil. || FAM. matrimonial, matrimonialista, matrimonialmente, matrimoniar.

matrioska (voz rusa) f. Juguete típico ruso de madera que consiste en una muñeca hueca que se abre por la mitad y dentro contiene otras iguales, cada una de las cuales es más pequeña que la anterior.

matriz f. Órgano genital femenino donde se desarrolla el feto. || Molde en que se funden objetos de metal. || Cualquier original del que se sacan copias. || Parte del talonario que no se arranca. || En impr., Molde para imprimir las letras. || P. ext., cada una de las letras y espacios en blanco que tiene un texto impreso. || En mat., cuadro de números o símbolos algebraicos distribuidos en filas y columnas y dispuestos en forma de rectángulo. || adj. Principal o más importante: *lengua matriz*. || FAM. matriarcal, matricial.

matrona f. Madre de familia romana noble. || Comadrona autorizada. || Mujer encargada de registrar a las personas de su sexo en las aduanas. || FAM. matronal.

matufia f. *amer.* Negocio sucio. || *amer.* Estafa, timo.

matungo, ga m. y f. *amer.* Caballo flaco, enfermo o viejo.

maturranga f. Treta, marrullería. Más en pl.

maturrango, ga adj. *amer.* Se apl. al mal jinete. También s. || *amer.* Se dice de la persona pesada y torpe de movimientos. || FAM. maturranga.

matusalén m. Hombre de mucha edad.

matute m. Introducción de géneros de contrabando. || Mercancía que se introduce. || Casa de juegos prohibidos. || **de matute** loc. adv. A escondidas, clandestinamente.

matutino, na adj. De las horas de la mañana o relativo a ellas. || Que ocurre o se hace por la mañana. || FAM. matinal.

maula f. Cosa inútil y despreciable. || Retal. || Engaño. || com. *col.* Persona tramposa o mala pagadora. || *col.* Persona perezosa y haragana. || adj. y com. *amer.* Cobarde, despreciable. || FAM. maulería, maulero, mauloso.

maullar intr. Dar maullidos el gato. || FAM. maullador.

maullido m. Sonido que emite el gato, que se suele representar con la palabra *miau*. || FAM. maullar.

mauriciano, na adj. y s. De Isla Mauricio o relativo a este estado africano.

mauritano, na adj. y s. De Mauritania o relativo a este estado africano.

máuser m. Fusil de repetición inventado por los armeros alemanes Wilhelm y Paul Mauser.

mausoleo m. Sepulcro magnífico y suntuoso.

maxilar adj. De la mandíbula o relativo a ella. || adj. y m. Se apl. a cada uno de los tres huesos que forman las mandíbulas, dos superiores y uno inferior. || FAM. maxilofacial.

maxilofacial adj. De la mandíbula y de la cara o relativo a ellas.

máxima f. La temperatura más alta que se registra en un tiempo y un lugar determinados. ‖ Sentencia, apotegma o doctrina de contenido moral o educativo. ‖ Regla, principio o proposición generalmente admitida por todos los que profesan una facultad o ciencia. ‖ Norma de conducta.

maximalismo m. Tendencia a defender las soluciones extremas en el logro de cualquier aspiración. ‖ FAM. maximalista.

maximalista adj. Del maximalismo o relativo a él. ‖ adj. y com. Partidario de las soluciones más extremadas en el logro de cualquier aspiración.

máxime adv. m. Con más motivo o más razón.

maximizar tr. En mat., buscar el máximo de una función. ‖ Aumentar, llevar al máximo.

máximo, ma adj. sup. irreg. de *grande*. ‖ m. Límite superior que alcanza algo. ‖ FAM. máxima, maximalismo, máximamente, máxime, maximizar, máximum.

máximum m. Límite o extremo a que puede llegar una persona o cosa, el máximo. ◆ pl. *máximums*.

maya adj. y com. De cualquiera de las tribus indias que hoy habitan principalmente el Yucatán, Guatemala y otras regiones adyacentes, o relacionado con ellos. ‖ m. Familia de lenguas habladas por estas tribus.

mayar intr. Maullar. ‖ FAM. mayido.

mayate m. *amer.* Escarabajo.

mayestático, ca adj. De la majestad, relacionado con ella o propio de ella. ‖ **plural mayestático** Empleo del pl. del pron. de 1.ª pers. como sing. por papas, soberanos, etc., para expresar su autoridad y dignidad.

mayéutica f. Método de enseñanza que consiste en hacer descubrir al alumno, por medio de preguntas dirigidas, nociones que ya tenía en sí, sin él saberlo. ‖ FAM. mayéutico.

mayéutico, ca adj. De la mayéutica o relacionado con ella.

mayido m. Maullido.

mayo m. Quinto mes del año, entre abril y junio, que tiene treinta y un días. ‖ Árbol o palo alto adornado al que, durante el mes de mayo, van los jóvenes a divertirse y a bailar. ‖ Ramos que ponen los novios a las puertas de sus novias. ‖ pl. Música y canción que, en la noche del último día de abril, cantan los mozos a las solteras. ‖ FAM. mayear.

mayólica f. Loza común con esmalte metálico, fabricada antiguamente por los árabes y españoles.

mayonesa f. Salsa que se hace batiendo aceite crudo y yemas de huevo.

mayor adj. comp. de *grande*. ‖ Que supera a una persona o cosa en cantidad, calidad, edad, intensidad, importancia: *esta es la mayor habitación de la casa; hermano mayor*. ‖ Se apl. a la persona entrada en años, de edad avanzada: *su padre es muy mayor*. ‖ com. Superior o jefe de una comunidad o cuerpo. ‖ Oficial primero de una secretaría u oficina. ‖ pl. Abuelos, progenitores y demás antepasados de una persona. ‖ f. Primera proposición de un silogismo. ‖ **mayor que** En mat., signo (>) que, colocado entre dos cantidades, indica que la primera es mayor que la segunda. ‖ **al por mayor** o **por mayor** loc. adv. y adj. En cantidad grande. ‖ FAM. mayoral, mayo-

razgo, mayordomo, mayoreo, mayoría, mayorista, mayoritario, mayormente, mayúsculo.

mayoral, la m. y f. Pastor principal que cuida de un rebaño, especialmente de ganadería brava. ‖ Capataz de las cuadrillas de trabajadores del campo. ‖ Cochero de diligencias y otros carruajes. ‖ FAM. mayoralía.

mayorazgo m. Institución del derecho civil que permite transmitir por herencia al hijo mayor la propiedad de los bienes de la familia. ‖ Conjunto de estos bienes. ‖ Poseedor de estos bienes. ‖ Primogénito de un mayorazgo o cualquier persona.

mayordomo m. Criado principal de una casa o hacienda. ‖ Oficial administrador de una congregación o cofradía. ‖ FAM. mayordomear, mayordomía.

mayoría f. La mayor parte de algo. ‖ Mayor número de votos conformes en una votación. ‖ **mayoría absoluta** La que consta de más de la mitad de los votos. ‖ **mayoría de edad** Edad que la ley fija para tener uno pleno derecho de sí y de sus bienes. ‖ **mayoría relativa** La formada por el mayor número de votos, no con relación al total de estos, sino al número que obtiene cada una de las personas o cuestiones que se votan a la vez. ‖ FAM. mayoridad, mayoritario.

mayorista com. Comerciante que vende al por mayor. ‖ adj. Se apl. al comercio en que se vende o compra al por mayor.

mayoritario, ria adj. De la mayoría o relativo a ella. ‖ Que constituye una mayoría.

mayúsculo, la adj. Muy grande: *me diste un susto mayúsculo*. ‖ adj. y f. Se apl. a la letra que con mayor tamaño y distinta figura que la minúscula, se emplea como inicial de todo nombre propio, en principio de periodo, después de punto, etc.

maza f. Instrumento pesado y con mango para machacar. ‖ Arma antigua de cabeza gruesa, hecha de palo forrado de hierro, o toda de hierro. ‖ Insignia de los maceros. ‖ Pelota gruesa forrada de cuero y con mango de madera para tocar el bombo. ‖ Extremo más grueso de los tacos de billar. ‖ Palo corto de cabeza ancha que se usa en gimnasia rítmica. ‖ FAM. macero, maceta, mazada, mazar, mazazo, mazo.

mazacote m. Comida seca, pegada o apelmazada que debería haber resultado más jugosa, ligera o esponjosa. ‖ Hormigón. ‖ Obra de arte o de arquitectura que resulta pesada y sin gracia. ‖ *amer.* Pasta hecha de los residuos del azúcar después de refinado. ‖ FAM. amazacotarse, mazacotudo.

mazamorra f. *amer.* Comida compuesta de harina de maíz con azúcar o miel. ‖ *amer.* Comida criolla hecha con maíz blanco partido y hervido. ‖ Cosa desmoronada y reducida a piezas menudas, aunque no sea comestible. ‖ *amer.* Mezcolanza, revoltillo de ideas o de cosas.

mazapán m. Dulce de almendras y azúcar cocido al horno. ‖ FAM. mazapanero.

mazateco, ca adj. y s. Del grupo indígena que habita en el estado mexicano de Oaxaca, en la zona limítrofe con Guerrero y Puebla, o relacionado con él. ‖ m. Lengua que habla dicho grupo indígena.

mazazo m. Golpe dado con un mazo o con una maza. ‖ Cosa que causa una gran impresión o decepción.

mazdeísmo m. Religión de los antiguos persas, que creían en la existencia de dos principios divinos: uno bueno, Ormuz, creador del mundo, y otro malo, Ahrimán, destructor. ‖ FAM. mazdeísta.

mazdeísta adj. Del mazdeísmo o relativo a él. ‖ com. Persona que cree en el mazdeísmo.

mazmorra f. Prisión subterránea.

mazo m. Martillo de madera. ‖ Porción de cosas unidas formando grupo: *mazo de billetes, de cartas.* ‖ FAM. maceta, macillo.

mazorca f. Espiga densa y apretada, como la del maíz. ‖ Porción ya hilada del huso. ‖ Baya del cacao. ‖ FAM. mazorquero.

mazurca f. Danza polaca en la que la mujer elige a su pareja. ‖ Música de este baile.

me pron. Forma átona del pron. pers. com. de primera pers. sing., de los denominados clíticos, que en la oración desempeña la función de complemento directo o indirecto. Se utiliza también como reflexivo: *me lavo todas las mañanas.* ◆ Siempre va sin preposición y como enclítico de las formas no personales del verbo: *dame un poco; estuvo llamándome toda la tarde.* Antecede en la frase a otros prons. átonos salvo a *te* y *se*: *se me ha caído el plato.*

meada f. Cantidad de orina que se expulsa de una vez. ‖ Sitio que moja o señal que deja la orina.

meado m. Cantidad de orina que se expulsa de una vez, meada. Más en pl.

meandro m. Cada una de las curvas que describe el curso de un río. ‖ P. ext., cada curva de un camino. ‖ En arquit., adorno de líneas sinuosas y repetidas.

meapilas adj. y com. *desp.* Se apl. a la persona beata: *los meapilas del pueblo se pasaban el día en la iglesia.* ◆ No varía en pl.

mear intr., tr. y prnl. Orinar. ‖ **mearse de risa** loc. *col.* Reírse mucho. ‖ FAM. meada, meadero, meado, meapilas, meódromo, meón.

meato m. Orificio o conducto del cuerpo. ‖ Cada uno de los diminutos espacios huecos intercelulares que hay en los tejidos de las plantas.

meca f. Lugar que atrae por ser centro de mayor apogeo de una actividad determinada.

¡mecachis! interj. Expresa extrañeza o enfado.

mecánica f. Parte de la física que trata del movimiento de los cuerpos (cinemática) y de las fuerzas que pueden producirlo (dinámica), así como del efecto que producen en las máquinas y el equilibrio (estática).

mecanicismo m. Doctrina filosófica que explica los fenómenos de la naturaleza mediante leyes automáticas de causa y efecto. ‖ Introducción o imposición de máquinas en cualquier actividad o industria. ‖ FAM. mecanicista.

mecanicista adj. Del mecanicismo filosófico o relativo a él. ‖ adj. y com. Partidario o seguidor de esta doctrina.

mecánico, ca adj. De la mecánica, de las máquinas, o relativo a ellas. ‖ Que se acciona por un mecanismo o se hace con una máquina. ‖ Se apl. al oficio u obra que exige más habilidad manual que intelectual. ‖ Rutinario, que se hace sin reflexionar. ‖ m. y f. Persona que se dedica a la mecánica. ‖ Persona dedicada al manejo y arreglo de las máquinas. ‖ FAM. mecánica, mecánicamente, mecanicismo, mecanismo, mecanizar.

mecanismo m. Estructura interna que hace funcionar algo. ‖ Modo de funcionamiento, desarrollo.

mecanización f. Acción y resultado de mecanizar o mecanizarse.

mecanizado m. Proceso de elaboración mecánica.

mecanizar tr. Implantar el uso de las máquinas en cualquier actividad. También prnl. ‖ Someter a elaboración mecánica. También prnl. ‖ Dar la regularidad de una máquina a las acciones humanas. ‖ FAM. mecanización, mecanizado, mecano, mecanografía, mecanoterapia.

mecano m. Juguete a base de piezas con las que pueden componerse diversas construcciones. ◆ Es la extensión del nombre de una marca registrada.

mecanografía f. Técnica de escribir a máquina. ‖ FAM. mecanografiar, mecanográfico, mecanógrafo.

mecanografiar tr. Escribir a máquina.

mecanógrafo, fa m. y f. Persona que se dedica a escribir a máquina.

mecapal m. *amer.* Faja con dos cuerdas en los extremos que sirve para llevar carga a cuestas, poniendo parte de la faja en la frente y las cuerdas sujetando la carga. ‖ FAM. mecapalero.

mecatear tr. *amer.* Azotar, castigar. ‖ prnl. *amer.* Hacer una tarea o trabajo con ahínco. ‖ intr. *amer.* Tomar un mecato.

mecate m. *amer.* Bramante, cordel o cuerda de pita. ‖ FAM. mecapal.

mecato m. *amer.* Pequeño refrigerio que se toma entre comidas. ‖ FAM. mecatear.

mecedora f. Silla que descansa sobre dos arcos, para mecerse.

mecenas com. Persona o institución que patrocina a los literatos o artistas. ◆ No varía en pl. ‖ FAM. mecenazgo.

mecenazgo m. Cualidad de mecenas. ‖ Protección dispensada por una persona a un escritor o artista.

mecer tr. Mover rítmica y lentamente algo que vuelve siempre al punto de partida. También prnl. ‖ Mover un líquido para que se mezcle. ‖ FAM. mecedero, mecedor, mecedora, mecedura.

mecha f. Cuerda retorcida o cinta de filamentos combustibles con que se prenden mecheros, velas o bujías. ‖ Tubo relleno de pólvora para dar fuego a minas y barrenos. ‖ Lonjilla de tocino o jamón para mechar aves, carne y otras cosas. ‖ Mechón de cabellos decolorados o teñidos. ‖ **aguantar mecha** loc. *col.* Sufrir o soportar con resignación una reprimenda, un castigo o una contrariedad. ‖ **a toda mecha** loc. adv. *col.* A toda prisa. ‖ FAM. mechar, mechazo, mechero, mechón, mechudo.

mechar tr. Introducir mechas de tocino o jamón en la carne.

mechero, ra m. y f. Ladrón de tiendas que esconde lo que roba bajo sus ropas. ‖ m. Aparato que, mediante chispa o algún combustible, sirve para prender algo, encendedor. ‖ Canutillo en el que se pone la mecha para alumbrar o para encender lumbre. ‖ Cañón de los candeleros en el que se coloca la vela. || Boquilla de los aparatos de alumbrado.

mechón m. Porción de pelos, hebras o hilos. || FAM. mechonear.

mechonear tr. *amer.* Tirar del cabello. || *amer.* Iniciar a un estudiante nuevo en la vida universitaria haciéndole bromas.

mechudo, da adj. *amer.* Que tiene mechas de pelo, mechones o greñas.

meco, ca adj. *amer.* Se apl. al animal de color bermejo con mezcla de negro. || m. y f. *amer.* Indio salvaje.

meconio m. Primer excremento de los niños recién nacidos.

medalla f. Pieza de metal acuñada con alguna figura, emblema. || Distinción honorífica o premio que suele concederse en exposiciones, certámenes o competiciones deportivas. || Bajorrelieve redondo o elíptico. || FAM. medallero, medallista, medallón.

medallero m. Relación de las medallas ganadas en una competición deportiva.

medallista com. Deportista que ha ganado una medalla.

medallón m. Bajorrelieve de figura redonda o elíptica. || Joya en forma de caja pequeña, en la que generalmente se colocan retratos, pinturas, rizos u otros objetos de recuerdo.

médano m. Duna. || Montón de arena casi a flor de agua, en zonas poco profundas.

media f. Prenda de punto, nailon, etc., que llega hasta la rodilla o más arriba. Más en pl. || *amer.* Calcetín. Más en pl. || Promedio, media aritmética. || **media aritmética** En mat., cociente de dividir la suma de varias cantidades por el número de ellas. || FAM. mediería, mediero.

mediacaña f. Moldura cóncava con forma de caña, cortada a lo largo. || Listón de madera con esta forma para adornar los bordes de frisos, cornisas, etc. || Canal, corte delantero y acanalado de un libro encuadernado. || Lima cuya figura es la de medio cilindro macizo terminado en punta. ◆ pl. *mediascañas.*

mediación f. Intervención en una discusión o enfrentamiento para encontrar una solución.

mediado, da adj. Que solo contiene la mitad, poco más o menos, de su cabida. || **a mediados** loc. adv. Hacia la mitad.

mediador, ra adj. y s. Que interviene en una discusión o enfrentamiento para encontrar una solución.

mediagua f. *amer.* Choza que tiene el techo con un solo declive para la caída de las aguas.

medialuna f. Cualquier cosa en forma de media luna. || Pan o bollo en forma de media luna. ◆ pl. *medialunas.*

mediana f. En un triángulo, cada una de las tres rectas que pasan por un vértice y el punto medio del lado opuesto. || Separación entre los carriles de distinto sentido de una autopista. || Taco de billar de mayor tamaño que los comunes. || FAM. mejana.

medianería f. Pared común a dos casas u otras construcciones contiguas. || FAM. medianero.

medianía f. Término medio entre dos extremos. || Persona que carece de cualidades relevantes.

mediano, na adj. De calidad o tamaño intermedios. || Mediocre, regular. || FAM. mediana, medianamente, medianejo, medianería, medianía, medianil.

medianoche f. Las doce de la noche. || Horas que transcurren durante la noche. || Bollo pequeño que generalmente se parte en dos mitades entre las cuales se coloca un fiambre u otro alimento. ◆ pl. *medianoches.*

mediante adv. m. Por medio de: *le hicieron confesar mediante amenazas.*

mediapunta com. En fútbol, jugador que juega por detrás del delantero centro.

mediar intr. Llegar a la mitad de una cosa. || Interceder o pedir un favor por alguien. || Interponerse en una discusión o en un enfrentamiento para encontrar una solución. || Existir o estar una cosa en medio de otras. || Dicho del tiempo, pasar, transcurrir. || FAM. mediación, mediado, mediador, mediante.

mediático, ca adj. De los medios de comunicación o relativo a ellos.

mediatizar tr. Dificultar, impedir o limitar la libertad de acción de una persona o institución. || FAM. mediatización.

mediato, ta adj. Que está próximo a una cosa en tiempo, lugar o grado, mediando otra entre las dos, como el nieto respecto del abuelo.

mediatriz f. En geom., dado un segmento, la recta que le es perpendicular en su punto medio.

medicación f. Administración metódica de medicamentos con fin terapéutico. || Conjunto de medicamentos.

medicamento m. Sustancia que se administra con fines curativos o preventivos de una enfermedad. || FAM. medicamentar, medicamentazo, medicamentoso, medicar.

medicar tr. y prnl. Administrar medicinas. || FAM. medicable, medicación, medicamento.

medicina f. Ciencia que estudia el cuerpo humano, sus enfermedades y curación. || Medicamento. || FAM. medicinal, medicinar, médico.

medicinal adj. Que tiene capacidad de curar o de mantener la salud.

medicinar tr. y prnl. Administrar medicinas, medicar.

medición f. Acción y resultado de medir.

médico¹, ca adj. De la medicina o relativo a ella. || m. y f. Persona que la ejerce legalmente. || **médico de familia** o **de cabecera** Médico que asiste habitualmente a una persona para prevenir y curar las enfermedades que no requieren atención del especialista, o para remitir a este al paciente si fuera necesario. || **médico forense** Médico asignado oficialmente a un juzgado de instrucción.

médico², ca adj. Medo, de Media, de los medos o relativo a esta región histórica de Persia o a sus habitantes.

medida f. Acción y resultado de medir. || Cualquiera de las unidades que se emplean para medir longitudes, áreas o volúmenes de líquidos o áridos. || Proporción o correspondencia que ha de tener una cosa con otra. || Disposición, prevención. Más en pl.: *hay que tomar medidas en este asunto.* || Grado, intensidad: *¿en qué medida te* *importa lo que dijo?* ‖ Cordura, prudencia. ‖ Número y clase de sílabas que ha de tener el verso. ‖ **a la medida** o **a medida** loc. adj. Que está hecho según el tamaño de la persona o el lugar a que está destinado. ‖ Que es adecuado y conveniente. ‖ **a medida que** loc. conjunt. Según, conforme. ‖ **en cierta medida** loc. adv. Hasta cierto punto, pero no completamente. ‖ FAM. medidamente.

medidor, ra adj. Que mide una cosa. También s. ‖ m. *amer.* Contador de agua, gas o energía eléctrica.

mediería f. *amer.* Tienda o sección de la misma donde se venden medias y ropa interior.

medieval adj. De la Edad Media o relativo a ella. ‖ FAM. medievalidad, medievalismo, medievalista, medievo.

medievo m. Edad Media.

medina f. Parte antigua de una ciudad árabe. ‖ FAM. medinés.

medio, dia adj. La mitad de algo. ‖ Que está entre dos extremos, en el centro de algo. ‖ Que está en un lugar o tiempo intermedio. ‖ Que corresponde a los caracteres o condiciones más generales de un grupo social, pueblo, época, etc. ‖ m. Parte que está equidistante de los extremos de algo. ‖ En el fútbol y otros deportes, jugador que se sitúa entre los defensas y los delanteros. ‖ Lo que puede servir para determinado fin: *medio de transporte.* ‖ Diligencia o modo para conseguir una cosa: *ha logrado su fortuna con dudosos medios.* ‖ Ambiente en que vive o se mueve una persona, animal o cosa. ‖ Sustancia fluida o sólida en que se desarrolla un fenómeno determinado: *experimentos de medio inerte.* ‖ Sector, círculo o ambiente social. ‖ pl. Caudal, renta o hacienda que uno posee. ‖ Tercio correspondiente al centro del ruedo. ‖ adv. m. No del todo, no enteramente. ‖ **medio ambiente** Conjunto de circunstancias físico-químicas que rodean a los seres vivos e influyen en su desarrollo y en sus actividades fisiológicas. ‖ P. ext., conjunto de circunstancias físicas, culturales, económicas, sociales, etc., que rodean a las personas. ‖ **medio de comunicación** Órgano destinado a la información pública. Más en pl. ‖ **a medias** loc. adv. Cada uno la mitad del total. ‖ No del todo. ‖ **de medio a medio** loc. adv. Completamente, enteramente. ‖ **en medio** loc. adv. En lugar o en tiempo igualmente distante de los extremos. ‖ **entre medias** loc. adv. *col.* En medio. ‖ **por medio de** loc. prepos. Valiéndose de algo o alguien, a través de. ‖ **quitar de en medio** a alguien loc. *col.* Apartarlo de delante, matándolo o alejándolo. ‖ **quitarse** alguien **de en medio** loc. *col.* Apartarse de un lugar o salirse de un negocio para evitar un lance, disgusto o compromiso. ‖ FAM. media, mediana, medianero, medianía, mediano, medianoche, mediar, mediastino, mediato, mediatriz, mediero, mediocre, mediometraje, mediopensionista, médium.

medioambiental adj. Del medio ambiente o relativo a él.

mediocre adj. De calidad media. ‖ De mala calidad. ‖ adj. y com. Se apl. a la persona que no tiene capacidad para la actividad que realiza. ‖ FAM. mediocridad.

mediocridad f. Cualidad de mediocre.

mediodía m. Momento del día en que el Sol se encuentra en su punto más alto sobre el horizonte. ‖ Horas centrales del día. ‖ Sur.

mediopensionista adj. y com. Se apl. a la persona que vive en alguna institución, sometida al régimen de media pensión. ‖ FAM. mediopensionado.

medir tr. Comparar una cantidad con su respectiva unidad, con el fin de averiguar cuántas veces la primera contiene la segunda. ‖ Igualar y comparar una cosa no material con otra: *medir las fuerzas, el ingenio.* ‖ Examinar si un verso tiene la medida correspondiente a los de su clase. ‖ intr. Tener determinada dimensión, ser de determinada altura, longitud, etc. ‖ Contener o moderar en decir o hacer algo. ♦ Irreg. Se conj. como *pedir.* ‖ FAM. medición, medida, medidor.

meditabundo, da adj. y s. Que medita, cavila o reflexiona en silencio.

meditación f. Pensamiento o reflexión cuidadosa.

meditar tr. e intr. Pensar detenidamente, con atención y cuidado, reflexionar. ‖ FAM. meditabundo, meditación, meditativo.

mediterráneo, a adj. y s. Del mar Mediterráneo y de los países y regiones que están en sus costas, o relativo a estos lugares. ‖ Se apl. al clima y a la vegetación de estas zonas.

médium com. Persona a la que se considera dotada de facultades paranormales que le permiten actuar de mediadora en fenómenos parapsicológicos o comunicaciones con los espíritus. ♦ pl. *médiums*, aunque también se usa como invariable.

medo, da adj. De un grupo étnico perteneciente a los pueblos iranios que aparecieron en el milenio I a. C. en Persia, o relacionado con él. Más en pl. ‖ adj. y s. De Media, de los medos o relativo a esta región histórica de Persia o a sus habitantes. ‖ m. Lengua indoeuropea hablada por este pueblo. ‖ FAM. médico.

medrar intr. Mejorar de fortuna, prosperar. ‖ Crecer. ‖ FAM. medra, medro.

medroso, sa adj. Temeroso, pusilánime. También s. ‖ Que infunde o causa miedo. ‖ FAM. amedrentar, medrosamente.

médula o **medula** f. Sustancia blanda y grasa del interior de algunos huesos. ‖ Sustancia esponjosa del interior de los troncos y tallos de diversas plantas. ‖ Sustancia principal de una cosa no material. ‖ **médula espinal** Porción del sistema nervioso en continuidad con el encéfalo que se aloja en la columna vertebral, desde el agujero occipital hasta la región sacra. ‖ FAM. medular, medularmente, meduloso.

medular adj. De la médula o relativo a ella.

medusa f. Cnidario de cuerpo gelatinoso con forma de campana, llamada umbrela, de la que pende el manubrio tubular, con la boca en el extremo inferior, prolongado o no por largos tentáculos.

mefistofélico, ca adj. De Mefistófeles o relativo a él. ‖ Diabólico, perverso.

mefítico, ca adj. Que puede causar daño al ser respirado, y especialmente cuando es fétido.

mega- pref. que significa 'grande' o 'grandeza': *megalópolis, megalito.* ‖ pref. que forma nombres de múltiplos de determinadas unidades y que significa 'un millón': *megaciclo, megahercio, megabyte.*

megabyte (voz i.) m. En inform., unidad de capacidad de memoria informática que equivale a 1024 *kilobytes.*

megafonía f. Técnica que se ocupa de los aparatos e instalaciones precisos para aumentar el volumen del sonido. ‖ Conjunto de micrófonos, altavoces y otros aparatos que, debidamente coordinados, aumentan el volumen del sonido en un lugar de gran concurrencia.

megáfono m. Aparato usado para reforzar la voz cuando hay que hablar a gran distancia. ‖ FAM. megafonía.

megahercio m. Unidad de frecuencia que equivale a un millón de hercios. Su símbolo es *MHz.*

-megalia, megalo- suf. y pref. que significan 'grande' o 'grandeza': *acromegalia, megalomanía.*

megalítico, ca adj. Del megalito o relativo a él. ‖ Construido con grandes piedras sin labrar.

megalito m. Monumento prehistórico de grandes piedras sin labrar. ‖ FAM. megalítico.

megalomanía f. Delirio de grandeza. ‖ FAM. megalómano.

megalómano, na adj. y s. Que padece megalomanía.

megalópolis f. Gran concentración urbana formada por varias ciudades o núcleos de población y sus zonas industriales. ◆ No varía en pl.

megaterio m. Mamífero desdentado fósil de tamaño comparable al de los elefantes, que se desarrolló en América del Sur durante el periodo terciario.

megatón m. Unidad para medir la potencia explosiva de proyectiles y bombas nucleares, equivalente a un millón de toneladas de trinitrotolueno.

megavatio m. Unidad de potencia eléctrica que equivale a un millón de vatios. Su símbolo es *MW.*

mehari m. Dromedario doméstico de tamaño mayor que el normal y gran resistencia y velocidad.

meigo, ga m. y f. Brujo.

meiosis f. Proceso de división de una célula por el que se originan cuatro células sexuales o gametos que contienen la mitad de los cromosomas que la célula inicial. ◆ No varía en pl.

mejengue m. *amer.* Lío, enredo.

mejicano, na adj. y s. Mexicano. ‖ FAM. mejicanismo, mejicanizar.

mejilla f. Prominencia del rostro debajo de los ojos.

mejillón m. Nombre común de diversos moluscos bivalvos con la concha de color negro azulado en la superficie externa, la cara interior nacarada y con charnela provista de dientes muy pequeños; son muy apreciados como alimento. ‖ FAM. mejillonera, mejillonero.

mejor adj. comp. de *bueno.* ‖ Superior a otra cosa en bondad y que la excede en una cualidad natural o moral. ‖ sup. rel. de *bueno,* precedido del art. det.: *es el mejor corredor.* ‖ adv. m. comp. de *bien.* Más bien: *mejor nos vamos.* ‖ Antes o más, denotando idea de preferencia: *mejor quiero salir que quedarme en casa.* ‖ **a lo mejor** loc. adv. Expresa la incertidumbre o posibilidad de algo. ‖ **mejor que mejor** loc. Mucho mejor. ‖ FAM. mejorar.

mejora f. Progreso o aumento de algo. ‖ Cambio o modificación hecho en algo para mejorarlo. ‖ Recuperación de la salud, mejoría. ‖ Porción que de sus bienes deja el testador a alguno o algunos de sus beneficiarios, además de la parte legítima que les correspondía.

mejorana f. Hierba vivaz labiada de olor aromático y sabor acre y amargo; contiene un aceite esencial que hace más digestibles los alimentos.

mejorar tr. Perfeccionar algo, haciéndolo pasar de un estado bueno a otro mejor. ‖ Poner mejor, hacer recobrar la salud perdida. También intr. y prnl. ‖ Dejar en el testamento mejoras a uno o a varios hijos o nietos. ‖ intr. y prnl. Ponerse el tiempo más benigno. ‖ Ponerse en lugar o grado ventajoso respecto del que antes se tenía. ‖ FAM. mejora, mejorable, mejoramiento, mejoría.

mejoría f. Mejora. ‖ Alivio en una enfermedad.

mejunje m. *desp.* Sustancia pastosa, mezcla de aspecto desagradable.

melancolía f. Tendencia a la tristeza permanente. ‖ FAM. melancólico, melancolizar.

melancólico, ca adj. De la melancolía o relativo a ella. ‖ adj. y s. Que tiene melancolía.

melanesio, sia o **melanésico, ca** adj. y s. De Melanesia o relativo a este grupo de archipiélagos del Pacífico.

melanina f. Pigmento negro o pardo negruzco que existe en forma de gránulos en el citoplasma de ciertas células de los vertebrados y al cual deben su coloración especial la piel, el pelo, la coroides, etc. ‖ FAM. melanoma, melanosis.

melanoma m. Tumor formado a partir de células que tienen melanina.

melaza f. Residuo líquido espeso, dulce y oscuro, que resulta de la cristalización del azúcar.

melcocha f. Miel muy concentrada y caliente que se echa en agua fría y que al enfriarse queda muy correosa.

melé f. Jugada de *rugby* en la que los jugadores forman dos grupos compactos que se empujan mutuamente para conseguir la posesión del balón. ‖ Amontonamiento de personas o de cosas.

melena[1] f. Cabello largo y suelto. ‖ Crin del león. ‖ **soltarse la melena** loc. *col.* Actuar de forma despreocupada y desinhibida. ‖ FAM. melenudo.

melena[2] f. Hemorragia anal.

meliáceo, a adj. y f. De las meliáceas o relativo a esta familia de plantas. ‖ f. pl. Familia de plantas dicotiledóneas que incluye árboles o arbustos tropicales con flores en panojas y fruto capsular, como la caoba.

melifluo, flua adj. Excesivamente dulce, suave o delicado. ‖ FAM. melifluamente, melifluidad.

melindre m. Delicadeza afectada en palabras, acciones y ademanes. ‖ Dulce de masa frita, elaborada con miel y harina. ‖ FAM. melindrear, melindrería, melindres, melindrosamente, melindroso.

melindres com. *col.* Persona melindrosa o de modales muy afectados. ◆ No varía en pl.

melindroso, sa adj. Que afecta excesiva delicadeza en sus palabras, acciones y ademanes.

melisa f. Planta herbácea labiada con hojas ovales, arrugadas y olorosas y flores blancas, que se usa en medicina.

mella f. Rotura en el filo de un arma o herramienta, o en el borde o en cualquier ángulo saliente de otro objeto. || Daño o disminución en algo. || **hacer mella** loc. Afectar o impresionar. || FAM. mellar.

mellado, da adj. y s. Que carece de uno o más dientes.

melladura f. Mella.

mellar tr. y prnl. Hacer mellas. || Dañar, disminuir algo no material. || FAM. mellado, melladura.

mellizo, za adj. y s. Se apl. a cada uno de los hermanos nacidos del mismo parto. || Idéntico a otra cosa.

melocotón m. Melocotonero. || Fruto del melocotonero, redondeado, carnoso y muy jugoso. || FAM. melocotonar, melocotonero.

melocotonero m. Árbol rosáceo de hojas lanceoladas y flores rosadas, cuyo fruto es el melocotón.

melodía f. Composición en que se desarrolla una idea musical, simple o compuesta, con independencia de su acompañamiento. || Dulzura y suavidad del sonido de la voz o de algún instrumento. || FAM. melódico, melodiosamente, melodioso, melodista.

melódico, ca adj. De la melodía o relativo a ella.

melodioso, sa adj. Dotado de melodía, agradable al oído.

melodrama m. Obra que exagera los aspectos sentimentales y patéticos de las situaciones con la intención de conmover al público. || Ópera. || Letra de la ópera. || Narración o suceso en el que abundan las emociones lacrimosas. || FAM. melodramáticamente, melodramático.

melodramático, ca adj. Del melodrama, relacionado con él o que tiene características propias de él.

melomanía f. Pasión por la música. || FAM. melómano.

melómano, na adj. y s. Apasionado por la música.

melón m. Planta herbácea cucurbitácea de hojas grandes y flores amarillas, originaria de Asia meridional y África tropical. || Fruto de esta planta, grande, redondo o elipsoidal, de corteza amarilla o verde, con la parte interior hueca con muchas pepitas de corteza amarilla y pulpa jugosa, azucarada y aromática. || col. Cabeza de una persona, especialmente si es grande. || col. Persona torpe o necia. || FAM. melonada, melonar, melonero.

meloncillo m. Mamífero carnívoro nocturno, mangosta que vive en España.

melopea f. col. Embriaguez. || Canto monótono con el que se recita algo.

meloso, sa adj. Empalagoso, muy dulce. || Excesivamente suave o delicado. || FAM. melosidad.

melva f. Pez osteíctio perciforme muy parecido al bonito, del cual se distingue por tener las dos aletas dorsales muy separadas una de otra.

membrana f. Tejido animal o vegetal de forma laminar y consistencia blanda y elástica. || Lámina delgada y flexible de piel o de otro material. || FAM. membranoso.

membretar tr. amer. Estampar un membrete.

membrete m. Nombre o título de una persona, oficina o corporación, estampado en la parte superior del papel de escribir. || FAM. membretear.

membrillo m. Árbol rosáceo muy ramoso de flores blancas o rosadas, cuyo fruto, amarillo y comestible, se emplea para hacer jalea. || Fruto de esta planta. || Dulce de membrillo. || FAM. membrillar, membrillate, membrillero.

membrudo, da adj. Fornido y robusto.

memento m. Cada una de las dos partes del canon de la misa, en que se hace conmemoración de los fieles y difuntos. || Recopilación de conocimientos, especialmente de leyes.

memez f. Tontería, simpleza.

memo, ma adj. y s. Tonto, simple. || FAM. memada, memez.

memorable adj. Digno de recordarse.

memorando o **memorándum** m. Resumen escrito de los puntos más importantes de una cuestión. || Cuaderno de apuntes. || Nota diplomática entre dos países. || amer. Resguardo bancario. ◆ pl. de la segunda forma: *memorándums.*

memoria f. Facultad de recordar. || Recuerdo. || Relación escrita de actividades. || Exposición escrita de un asunto. || En inform., elemento esencial de almacenamiento de información. || pl. Narración autobiográfica. || **memoria RAM** En inform., la de acceso directo. || **de memoria** loc. adv. Utilizando exclusivamente la capacidad de recordar. || FAM. memorable, memorando, memorándum, memorar, memorial, memorión, memorioso, memorismo, memorista, memorístico, memorizar.

memorial m. Escrito en que se pide por algo o alguien. || Acto homenaje en memoria de algo o alguien. || FAM. memorialesco, memorialista.

memorizar tr. Fijar en la memoria. || FAM. memorización.

mena f. Parte de un filón que contiene minerales útiles en proporción predominante y listos para su explotación metalúrgica.

ménage a trois loc. fr. Acto sexual en el que participan tres personas.

menaje m. Muebles y utensilios, especialmente de una casa.

menarquia f. Primera menstruación en la mujer, normalmente entre los 12 y 15 años.

menchevique adj. y com. Del sector moderado del Partido Obrero Socialdemócrata ruso o relacionado con él.

mención f. Recuerdo que se hace de una persona o cosa, nombrándola, contándola o refiriéndola. || **mención honorífica** Distinción de menos importancia que el premio y el accésit. || **hacer mención** loc. Nombrar a una persona o cosa, hablando o escribiendo.

mencionar tr. Hacer mención de una persona. || Referir, recordar o contar una cosa para que se tenga noticia de ella. || FAM. mención.

menda pron. pers. col. El que habla, yo. ◆ Se utiliza con el verbo en 3.ª pers.: *el menda no te acompaña.* || com. col. Individuo sin determinar.

mendacidad f. Hábito o costumbre de mentir.

mendaz adj. y com. Mentiroso. || FAM. mendacidad.

mendelevio m. Elemento químico radiactivo artificial que se obtiene bombardeando el einstenio con partículas alfa. Su símbolo es *Mv,* y su número atómico, *101.*

mendeliano, na adj. Del mendelismo o relativo a él.

mendelismo m. Conjunto de leyes sobre la herencia de los caracteres de los seres orgánicos, derivadas de los experimentos del biólogo G. Mendel. || FAM. mendeliano.

mendicante adj. Que mendiga o pide limosna. También com. || Se apl. a la orden religiosa que goza de ciertas inmunidades, y que se mantiene de limosnas.

mendicidad f. Estado de mendigo. || Acción de mendigar.

mendigar tr. Pedir limosna. || Solicitar el favor de uno con humillación. || FAM. mendicación, mendicante, mendicidad, mendigante, mendigo.

mendigo, ga m. y f. Persona que habitualmente pide limosna.

mendrugo m. Pedazo de pan duro. || col. Tonto, necio, zoquete. También adj.

menear tr. Agitar o mover de un lado a otro. También prnl. || prnl. Hacer algo con prontitud. || **de no te menees** loc. adj. col. Muy grande, muy intenso o muy importante. || FAM. meneo.

meneo m. Acción y resultado de menear o menearse. || col. Agitación, pelea.

menester m. Necesidad de algo: *es menester que asistas a la reunión.* || Ocupación, empleo: *está ocupada en sus menesteres.* || pl. Materiales o instrumentos necesarios para ciertos trabajos. || FAM. menesteroso.

menesteroso, sa adj. y s. Que carece de lo necesario para vivir.

menestra f. Guisado compuesto con diferentes hortalizas y trozos pequeños de carne o jamón.

mengano, na m. y f. Nombre con que se designa a una persona cualquiera.

mengua f. Disminución o falta de una cosa.

menguado, da adj. Cobarde, pusilánime. También s. || Tonto, falto de juicio. || Miserable, ruin o mezquino. || m. Cada uno de aquellos puntos que se disminuyen en los trabajos de punto o ganchillo para ir dando forma a la labor. || FAM. menguadamente.

menguante adj. Que mengua o disminuye. || f. Disminución de agua que padecen los ríos o arroyos por el calor o sequedad. || Descenso del agua del mar por efecto de la marea. || Tiempo que dura ese descenso. || Decadencia o decremento de algo.

menguar intr. Disminuir o irse consumiendo física o moralmente algo. También tr. || Hablando de la Luna, disminuir la parte iluminada del astro. || En las labores de punto, ir reduciendo regularmente los puntos que están prendidos en la aguja, para que resulte disminuido su número en la vuelta siguiente. || FAM. mengua, menguado, menguamiento, menguante.

mengue m. col. Diablo.

menhir m. Monumento megalítico prehistórico que consiste en una piedra larga hincada verticalmente en el suelo por uno de sus extremos.

menina f. Mujer que desde corta edad entraba a servir a la reina o a las infantas niñas.

meninge f. Cada una de las membranas que envuelven el encéfalo y la médula espinal. || FAM. meníngeo, meningitis, meningoencefalitis.

meningitis f. Inflamación de las meninges debida generalmente a una infección. ◆ No varía en pl. || FAM. meningítico, meningococo.

menisco m. Cartílago que forma parte de la articulación de la rodilla. || Superficie libre, cóncava o convexa, del líquido contenido en un tubo estrecho.

menopausia f. Cesación natural de la menstruación en la mujer. || Periodo en que se produce. || FAM. menopáusico.

menopáusico, ca adj. De la menopausia o relativo a ella.

menor adj. comp. de *pequeño.* Que tiene menos cantidad, tamaño, extensión, etc., que otra cosa de la misma especie. || Se apl. a la persona que aún no ha alcanzado la mayoría de edad. También com. || m. Religioso de la Orden de San Francisco. || f. Segunda proposición de un silogismo, premisa menor. || **menor que** En mat., signo (<) que, colocado entre dos cantidades, indica que la primera es menor que la segunda. || **al por menor** o **por menor** loc. adj. y adv. Se apl. a la venta al detalle. || FAM. minorar, minoría, minorista.

menorragia f. Menstruación excesiva.

menos adv. comp. Denota idea de falta, disminución, restricción o inferioridad en comparación expresa o sobreentendida: *gasta menos; sé menos altivo; es menos prudente que su hermano.* ◆ Se construye también con el artículo determinado: *este cuadro es el menos colorista de la exposición.* || Denota a veces limitación indeterminada de cantidad expresa: *había menos de 100 hombres.* || Denota asimismo idea opuesta a la de preferencia: *menos quiero saberlo por él que por ti.* También m.: *el más y el menos.* || adv. m. Excepto, a excepción de: *todo menos eso.* || m. En mat., signo de sustracción o resta (–). ◆ No varía en pl. || **al** o **por lo menos** loc. adv. Denota una excepción o salvedad: *nadie ha venido, al menos que yo sepa.* || **a menos que** loc. conj. A no ser que. || **de menos** loc. adv. que denota falta de número, peso o medida: *te han dado cinco céntimos de menos en las vueltas.* || FAM. menor, menoscabar, menospreciar, menudo, mínimo, minúsculo.

menoscabar tr. y prnl. Disminuir algo en valor, importancia o prestigio. || FAM. menoscabador, menoscabo.

menoscabo m. Disminución del valor, la importancia o el prestigio.

menospreciar tr. Tener a una cosa o a una persona en menos de lo que es o de lo que merece. || Desdeñar, despreciar. || FAM. menospreciable, menospreciablemente, menospreciador, menospreciante, menosprecio.

menosprecio m. Desprecio, desdén, falta de consideración. || FAM. menospreciar, menospreciativo.

mensáfono m. Aparato eléctrico portátil que sirve para recibir mensajes a distancia.

mensaje m. Recado de palabra o por escrito que una persona envía a otra. || Conjunto de señales, signos o símbolos que son objeto de una comunicación. || Noticia o información que se comunica. || Aportación religiosa, moral, intelectual o estética de una persona, doctrina u obra. || Ordenación molecular que, en el interior de una célula, un sistema bioquímico induce sobre otro. || FAM. mensajería, mensajero.

mensajería f. Empresa que se dedica a transportar rápidamente paquetes, mercancía, etc.

mensajero, ra m. y f. Persona que lleva un mensaje, paquete, etc., de un lugar a otro.

menso, sa adj. *amer. col.* Tonto, necio.

menstruación f. En la mujer y las hembras de algunos animales, expulsión periódica por vía vaginal de sangre y material celular procedente de la matriz. || FAM. menstrual, menstruante, menstruar, menstruo.

menstrual adj. De la menstruación o relativo a ella.

menstruar intr. Expulsar la mujer y las hembras de algunos animales sangre y material celular procedente de la matriz.

menstruo, trua adj. De la menstruación o relativo a ella. || m. Menstruación.

mensual adj. Que sucede o se repite cada mes. || Que dura un mes. || FAM. mensualidad, mensualmente, mensuario.

mensualidad f. Cantidad que se paga mensualmente.

ménsula f. Elemento arquitectónico que sobresale de un plano vertical y sirve para sostener alguna cosa, como el alero del tejado, la cornisa, etc.

mensurable adj. Que se puede medir. || FAM. mensurabilidad, mensurar.

menta f. Planta herbácea de la familia de las labiadas que se utiliza en la preparación de caramelos, licores, dentífricos, medicamentos, etc. || Esencia o sustancia extraída de esta planta. || FAM. mentol.

mentada f. *amer.* Insulto que se hace a una persona aludiendo a la honra de su madre.

mentado, da adj. Que tiene fama o nombre, célebre.

mental adj. De la mente o relativo a ella. || FAM. mentalmente.

mentalidad f. Capacidad, actividad mental. || Cultura y modo de pensar que caracteriza a una persona, a un pueblo, a una generación, etc.

mentalismo m. Corriente psicológica que se basa en la introspección y en el estudio de la conciencia.

mentalización f. Preparación o predisposición de la mente; toma de conciencia.

mentalizar tr. y prnl. Preparar o predisponer la mente de alguien de modo determinado. || FAM. mentalización.

mentar tr. Nombrar, mencionar, citar. ◆ **Irreg.** Se conj. como *acertar*. || FAM. mentada, mentado.

mente f. Capacidad intelectual humana. || Pensamiento. || Actitud: *tiene una mente abierta a lo nuevo.* || Propósito, voluntad: *mi mente no lo acepta.* || **tener en mente** loc. Tener intención de realizar una cosa. || FAM. mental, mentalidad, mentalizar, mentar, mentecato.

-mente suf. que forma varios adverbios y que significa 'de manera': *claramente, inevitablemente.*

mentecato, ta adj. y s. Necio, tonto, falto de juicio o entendimiento. || FAM. mentecatada, mentecatería, mentecatez.

mentidero m. Sitio o lugar donde se junta la gente ociosa para conversar.

mentir intr. Decir o manifestar lo contrario de lo que se sabe, cree o piensa. || Inducir a error. ◆ **Irreg.** Se conj. como *sentir.* || FAM. mentidero, mentido, mentira, mentirijillas, mentiroso, mentís.

mentira f. Expresión o manifestación contraria a lo que se sabe, se cree o se piensa. || Mancha blanca de pequeño tamaño que aparece en las uñas. || **mentira piadosa** Mentira que se dice con intención de no causar pena. || **de mentira** loc. adj. De broma, que finge lo que no es. || **parece mentira** loc. Indica sorpresa o incredulidad.

mentirijillas (de) loc. adv. *col.* De broma o de mentira.

mentiroso, sa adj. y s. Que miente o que tiene tendencia a mentir.

mentol m. Parte sólida de la esencia de menta que puede considerarse un alcohol secundario. || FAM. mentolado.

mentolado, da adj. Que contiene mentol.

mentón m. Prominencia de la mandíbula inferior.

mentor, ra m. y f. Persona que aconseja o guía a otro.

menú m. Conjunto de platos que constituyen una comida. || Carta del día donde se relacionan las comidas, postres y bebidas. || En inform., lista de funciones opcionales dentro de un determinado programa que aparecen en la pantalla de un ordenador. ◆ pl. *menús.*

menuda f. *amer.* Dinero suelto.

menudear tr. Hacer algo muchas veces. || intr. Caer o suceder alguna cosa con frecuencia. || FAM. menudeo.

menudencia f. Pequeñez de una cosa. || Cosa de poco valor o importancia.

menudeo m. Venta al por menor, en pequeñas cantidades.

menudillo m. En los cuadrúpedos, articulación entre la caña y la cuartilla. || pl. Interior de las aves, como higadillo, molleja, ovarios, sangre y otras vísceras.

menudo, da adj. Pequeño, chico o delgado. || Despreciable, de poca o ninguna importancia. También s. || Se apl. al dinero en monedas pequeñas. || En frases exclamativas toma a veces un sentido ponderativo: *¡menudo lío!* || m. pl. Vientre, manos y sangre de las reses que se matan. || En las aves, pescuezo, alones, pies, intestinos, higadillo, molleja, madrecilla, etc. || **a menudo** loc. adv. Muchas veces y con continuación. || FAM. menuda, menudamente, menudear, menudencia, menudillos.

meñique adj. y m. Se apl. al dedo más pequeño de la mano.

meollo m. Masa nerviosa contenida en el cráneo, seso. || Sustancia interior de los huesos, médula. || Lo más importante de algo. || Juicio o entendimiento. || FAM. meollar, meolludo.

meón, ona adj. y s. Que mea mucho o con mucha frecuencia.

mequetrefe com. *col.* Persona entrometida, petulante e inútil.

mercachifle com. Comerciante de poca monta.

mercadear intr. Hacer comercio. || FAM. mercadeo.

mercader, ra m. y f. Persona que trata o comercia con géneros vendibles. || FAM. mercaderil.

mercadería f. Producto con el que se comercia.

mercadillo m. Mercado formado por puestos ambulantes y que suele celebrarse en días determinados.

mercado m. Lugar público destinado, permanentemente o en días determinados, para vender o comprar mercancías. || Conjunto de compradores de un determinado producto o servicio. || Plaza o país de especial importancia o significación en un orden comercial cualquiera. || Operación de compra y venta: *mercado de divisas, de trabajo.* || **mercado negro** Tráfico clandestino de divisas monetarias o mercancías no autorizadas o escasas a precios superiores a los legales. || FAM. mercachifle, mercadear, mercader, mercadería, mercadotecnia, mercantil, mercar.

mercadotecnia f. Conjunto de principios y práctica que buscan el aumento del comercio, especialmente de la demanda, y estudio de los procedimientos y recursos de los que se sirve. || FAM. mercadotécnico.

mercancía f. Todo lo que se puede vender o comprar.

mercancías m. Tren que transporta productos para vender o comprar. ◆ No varía en pl.

mercante adj. Que comercia, mercantil. || Del comercio marítimo o relativo a él. || m. Buque mercante.

mercantil adj. Del comercio, comerciantes o mercancías o relativo a ellos. || Con afán de lucro. || FAM. mercancía, mercancías, mercantilismo, mercantilización, mercantilizar, mercantilmente.

mercantilismo m. Sistema económico desarrollado en los siglos XVI y XVII que prima el desarrollo y beneficios de la exportación sobre la importación, evaluando la riqueza de un país en el excedente en metales preciosos generado por ella. || Espíritu mercantil o de lucro aplicado a lo que no debe ser objeto de comercio. || FAM. mercantilista.

mercantilista adj. Del mercantilismo o relativo a él. || adj. y com. Partidario o seguidor de esta doctrina económica. || Se apl. al experto en derecho mercantil.

mercar tr. *col.* Comprar, adquirir.

merced f. Recompensa, regalo o favor. || **a merced de** loc. adv. A la voluntad o el arbitrio de algo o alguien. || **merced a** loc. adv. Gracias a. || FAM. mercedario.

mercedario, ria adj. y s. De la Orden de la Bienaventurada Virgen María de la Merced, encargada de liberar a los cristianos cautivos de los musulmanes, o relativo a ella. || De Mercedes o relativo a esta ciudad uruguaya, capital del departamento de Soriano.

mercenario, ria adj. y s. Se apl. a la tropa o al soldado extranjero que combate por dinero. || Que trabaja exclusivamente por dinero. || FAM. mercenariado.

mercería f. Establecimiento que vende artículos de costura. || Conjunto de estos artículos y comercio de ellos. || *amer.* Tienda de paños y tejidos. || *amer.* Quincallería. || FAM. mercero.

mercero, ra m. y f. Comerciante que trata en productos de mercería.

merchandising (voz i.) m. Conjunto de técnicas y tareas que intentan mejorar la creación, comercialización y promoción de un producto en función de las necesidades del mercado.

mercromina f. Preparado farmacéutico de mercurio y alcohol usado como antiséptico. ◆ Es la extensión del nombre de una marca registrada.

mercurial f. Planta euforbiácea anual con tallo alargado, hojas dentadas de color verde amarillento y flores verdosas, cuyo zumo es usado como purgante.

mercurio m. Elemento químico metálico, líquido a temperatura ambiente, de color plateado brillante y más pesado que el plomo, usado en la fabricación de termómetros y barómetros por su sensibilidad al calor. Su símbolo es *Hg*, y su número atómico, *80.* || FAM. mercurial, mercúrico.

mercurocromo m. Mercromina.

merecedor, ra adj. Que merece o se hace digno de un premio o castigo.

merecer tr. Hacerse digno de lo que corresponde, sea recompensa o castigo. || Tener cierto valor o grado de estimación una cosa. || intr. Hacer méritos, ser digno de recompensa. || **merecer la pena** loc. Valer la pena, compensar. ◆ Irreg. Se conj. como *agradecer.* || FAM. merecedor, merecido, merecimiento, meretriz, mérito.

merecido m. Castigo que corresponde justamente a alguien. || FAM. merecidamente.

merendar intr. Tomar la merienda. || tr. Tomar un alimento como merienda. || prnl. *col.* Derrotar, dominar a un competidor. || *col.* Consumir rápidamente. ◆ Irreg. Se conj. como *acertar.* || FAM. merendero.

merendero m. Instalación al aire libre apropiada para comer. || Bar, quiosco o establecimiento similar, situado en un lugar al aire libre donde se puede comer o merendar.

merendola o **merendona** f. *col.* Merienda suculenta y abundante celebrada como fiesta.

merengue m. Crema elaborada de claras de huevo batidas con azúcar glas. || Dulce hecho de esta crema cocida al horno. || Persona débil y delicada. || Baile y música populares, de origen caribeño, similares a la salsa. || *amer.* Lío, trifulca. || FAM. merengado, merengar.

merequetén m. *amer.* Mérito, valor. || *amer. vulg.* Confusión, motín, escándalo. || adj. *amer.* Excelente, muy bueno. || adv. m. *amer.* Muy bien.

meretriz f. Prostituta.

meridiano, na adj. De las horas del mediodía. || Diáfano y luminoso: *hizo una exposición meridiana de los hechos.* || m. Cada círculo máximo de la esfera celeste que pasa por los polos. || En la esfera terrestre, círculo máximo que pasa por los polos, o semicírculo que va de polo a polo. || Línea de intersección de una superficie de revolución con un plano que pasa por su eje. || FAM. meridional.

meridional adj. Del sur o mediodía geográfico.

merienda f. Comida ligera que se hace por la tarde. || Alimento que se toma en ella. || **merienda de negros** *col.* Confusión, desorden, descontrol. || FAM. merendar, merendola, merendona, meriendacena.

merino, na adj. y s. De la raza de ganado ovino caracterizado por tener lana fina, rizada y muy suave. || m. y f. Persona que cuida del ganado, de sus pastos y divisiones. || m. Tejido de cordoncillo fino fabricado de lana merina. || En la Edad Media, juez delegado del rey en un territorio, en donde tenía jurisdicción amplia. || FAM. merindad, merinero.

meristemo o **meristema** m. En los vegetales superiores, tejido embrionario que se halla en los lugares de crecimiento de la planta y está formado por células que se dividen continuamente para originar otros tejidos.

mérito m. Acción digna de premio o castigo. || Cualidades de una persona que la hacen digna de aprecio o alabanza. || Valor, en especial el digno de reconocimiento. || **hacer méritos** loc. Actuar de tal modo que uno sea merecedor de algo. || FAM. meritismo, meritoriamente, meritorio.

meritorio, ria adj. Digno de elogio o premio. || m. y f. Persona que trabaja sin sueldo, como aprendiz o para conseguir un puesto remunerado.

merluza f. Pez osteíctio gadiforme marino de color gris claro, boca prominente, barbilla huidiza, cuerpo simétrico de hasta 1 m de largo y unos 5 kg de peso, y muy apreciado por su carne. || col. Borrachera, embriaguez. || FAM. merluzo.

merluzo, za adj. y s. col. Bobo, necio.

merma f. Disminución o consunción de algo. || Porción que se consume o extrae de algo.

mermar intr. Disminuir algo o consumirse parte de lo que antes tenía. También prnl. || tr. Quitar a alguien parte de la cantidad que por derecho le corresponde. || FAM. merma.

mermelada f. Conserva de fruta cocida con azúcar o miel.

mero[1] m. Pez osteíctio perciforme marino de color amarillento oscuro, cuerpo ovalado y achatado, agallas con puntas en el margen y boca muy dentada, que llega a alcanzar 1 m de largo y pesa aproximadamente 65 kg.

mero[2]**, ra** adj. Puro, simple, sin mezcla: *el mero hecho de hablar lo delató.* || Insignificante, sin importancia: *han tenido una mera divergencia.* || amer. Solamente uno. || amer. Antepuesto a adjetivos, tiene sentido aumentativo. || amer. Antepuesto a adjetivos, forma el superlativo absoluto. || adv. t. amer. Pronto, enseguida. || FAM. meramente.

merodear intr. Vagar curioseando y observando, en especial con malas intenciones. || Apartarse algunos soldados del cuerpo en que marchan, para robar o saquear. || FAM. merodeador, merodeo.

merovingio, gia adj. y s. De la familia o dinastía de los primeros reyes de Francia, el tercero de los cuales fue Meroveo, o relativo a ella.

mes m. Cada una de las doce partes en que se divide el año. || Periodo de tiempo comprendido entre dos fechas iguales de dos meses consecutivos. || Sueldo correspondiente al trabajo de un mes. || col. Menstruación. || FAM. mensual, mesada.

mesa f. Mueble, generalmente de madera, que se compone de una tabla horizontal sostenida por una o varias patas. || Comida o alimentos. || Conjunto de personas que se sientan alrededor de una mesa. || Conjunto de personas que presiden una asamblea: *mesa electoral.* || Reunión en la que se negocian algunos asuntos. || Llanura extensa y elevada, rodeada de valles o barrancos. ||

Meseta o rellano de una escalera. || **mesa camilla** La redonda que tiene un armazón para sostener un brasero. || **mesa de noche** Mesilla, pequeño mueble con cajones que se coloca junto al cabecero de la cama. || **mesa de operaciones** Estructura metálica plana y articulable donde se coloca al paciente en las intervenciones quirúrgicas. || **mesa redonda** Grupo de personas que se reúnen para confrontar sus opiniones sobre determinada materia, y coloquio que establecen. || **a mesa puesta** loc. adv. Sin preocupación, esfuerzo ni gasto. || **de mesa** loc. adj. Adecuado para ser consumido en las comidas. || **levantar** o **quitar la mesa** loc. Recoger lo que se ha dispuesto para comer en ella. || **poner la mesa** loc. Prepararla para comer. || **sentarse a la mesa** loc. Sentarse a comer. || FAM. mesero, meseta, mesilla.

mesada f. Porción de dinero u otra cosa que se da o paga todos los meses.

mesana f. Mástil situado más hacia la popa en las embarcaciones de tres palos. || Vela atravesada que se coloca en este mástil.

mesar tr. y prnl. Arrancar o tirar de los cabellos o barbas. || FAM. mesadura.

mescalero, ra m. y f. amer. Persona que fabrica o vende mezcal. || adj. y s. De una tribu de indios americanos rivales de los comanches o relativo a ellos.

mescalina f. Sustancia alucinógena obtenida de las flores de algunas especies de cactus originarios de México, en especial del mezcal o peyote, tomada seca o en infusión.

mescolanza f. Mezcolanza.

mesencéfalo m. Parte media o central del encéfalo.

mesenterio m. Repliegue del peritoneo formado de tejido conjuntivo, que contiene numerosos vasos sanguíneos y linfáticos y une el estómago y el intestino con las paredes abdominales. || FAM. mesentérico, mesenteritis.

mesero, ra m. y f. amer. Camarero.

meseta f. Llanura o planicie extensa y elevada a cierta altitud sobre el nivel del mar. || Descansillo de una escalera. || FAM. mesetario, meseteño.

mesiánico, ca adj. Del mesianismo, del Mesías o relativo a ellos.

mesianismo m. Creencia religiosa relativa al Mesías, o enviado de Dios, que libraría al pueblo de Israel. || Confianza en la llegada de un líder libertador o salvador.

mesías m. Persona en quien se confía ciegamente y a quien se espera como libertadora o redentora. || En el hebraísmo, descendiente de David, libertador del pueblo judío. ◆ Se escribe con mayúscula. || En el cristianismo, Cristo, el Hijo de Dios. ◆ Se escribe con mayúscula. ◆ No varía en pl. || FAM. mesiánico, mesianismo.

mesilla f. Pequeño mueble con cajones que se coloca junto al cabecero de la cama.

mesnada f. Durante la Edad Media, compañía de gente armada al servicio del rey o de un noble. || Junta, congregación de partidarios. || FAM. mesnadero.

mesoamericano, na adj. y s. De Mesoamérica o relativo a la región de las altas culturas.

mesocarpio m. Capa media de las tres que forman el pericarpio de los frutos, que es carnosa y envuelve la semilla.

mesocracia f. Forma de gobierno en que la clase media ostenta el poder. || Burguesía, clase acomodada. || FAM. mesocrático.

mesodermo m. Capa media de las tres en que se disponen las células del embrión en su fase de blástula después de haberse efectuado la segmentación. || FAM. mesodérmico.

mesolítico, ca adj. y m. Del periodo prehistórico de transición entre el Paleolítico y el Neolítico, o relacionado con él.

mesón¹ m. Establecimiento de decoración típica donde se sirven comidas y bebidas. || Antiguamente, posada, venta. || *amer.* Mostrador o barra de un bar. || FAM. mesonero.

mesón² m. En fís., partícula elemental efímera de masa intermedia entre el electrón y el nucleón.

mesonero, ra m. y f. Persona que posee o se encarga de un mesón.

mesopotámico, ca adj. y s. De Mesopotamia o relativo a esta antigua región de Asia central.

mesosfera f. Capa de la atmósfera superior a la estratopausa e inferior a la ionosfera, situada entre la estratosfera y la termosfera.

mesoterapia f. Tratamiento de las enfermedades mediante múltiples inyecciones intradérmicas con dosis reducidas de diversos medicamentos, practicadas en la región afectada.

mesozoico, ca adj. y m. De la era geológica también llamada secundaria, que comprende los periodos triásico, jurásico y cretácico, o relacionado con ella.

mester m. Antiguamente, arte, oficio. || **mester de clerecía** Género de poesía culta medieval, escrita en cuaderna vía por clérigos o personas formadas. || **mester de juglaría** Género de poesía de versificación irregular y transmisión tradicional a través de juglares o cantores populares.

mestizaje m. Cruce de razas diferentes. || Conjunto de individuos que resultan de esta mezcla. || Mezcla de culturas o ideas.

mestizo, za adj. Se apl. al animal o vegetal que resulta del cruce de dos razas o tipos distintos. || Se dice del resultado de la mezcla de culturas diferentes. || adj. y s. Se apl. a la persona descendiente de padres de etnias diferentes, en especial blanca e india. || FAM. mestizaje, mestizar.

mesura f. Gravedad, compostura. || Moderación, corrección y cortesía. || FAM. mesuradamente, mesurado, mesurar.

mesurado, da adj. Moderado, modesto. || Templado, correcto.

mesurar tr. Infundir mesura y gravedad. || prnl. Contenerse, moderarse. || *amer.* Medir.

meta f. Lugar y señal que marcan el final de una prueba deportiva. || Portería de algunos deportes. || Finalidad, objetivo que alguien se traza.

meta- pref. que significa 'junto a', 'después de', 'entre' o 'con': *metacarpo, metafísica.*

metabolismo m. Conjunto de reacciones bioquímicas que efectúan las células de los seres vivos para descomponer y asimilar los alimentos y sustancias que reciben del exterior. || **metabolismo basal** Cantidad de oxígeno por hora y metro cuadrado consumido por un órgano o un organismo en reposo. || FAM. metabólico, metabolizar.

metabolizar tr. y prnl. Asimilar y transformar el organismo una sustancia mediante cambios químicos y biológicos. || FAM. metabolización.

metacarpo m. Conjunto de los huesos alargados que constituyen el esqueleto de la extremidad anterior de ciertos animales y de la mano del hombre, articulados con los del carpo o muñeca y las falanges. || FAM. metacarpiano.

metacrilato m. Nombre genérico de las sales de los ésteres del ácido metacrílico, empleados en la fabricación de plásticos de gran dureza y transparencia.

metacrílico, ca adj. Se apl. al ácido carboxílico, sólido cristalino cuyos ésteres se emplean en la fabricación de plásticos, y al elemento que lo contiene.

metadona f. Opiáceo sintético usado como analgésico y en la desintoxicación de drogadictos.

metafase f. Segunda fase de la mitosis celular, en que desaparece la membrana nuclear y los cromosomas se sitúan en el plano ecuatorial del huso acromático.

metafísica f. Parte de la filosofía que trata de la esencia del ser y la realidad, de sus manifestaciones, propiedades, principios y causas primeras. || Razonamiento profundo sobre cualquier materia. || FAM. metafísicamente, metafísico.

metafísico, ca adj. De la metafísica o relativo a ella. || col. Abstracto, elevado y difícil de comprender. || m. y f. Especialista en el estudio de la metafísica.

metafita adj. y f. De las metafitas o relativo a este reino vegetal. || f. pl. Reino que comprende las plantas pluricelulares cuyos tejidos forman órganos, sistemas y aparatos.

metáfora f. Figura consistente en usar una palabra o frase por otra, estableciendo entre ellas un símil no expresado. || FAM. metafóricamente, metafórico, metaforizar.

metafórico, ca adj. De la metáfora o relativo a ella.

metal m. Cada uno de los elementos químicos que componen un grupo, caracterizados por ser buenos conductores del calor y de la electricidad, tener un brillo característico y ser sólidos a temperatura ambiente, salvo el mercurio. || Aleación industrial. || Azófar o latón. || Timbre de la voz. || Instrumento de viento de una orquesta. || **metal noble** o **precioso** El que, como el oro, la plata o el platino, posee gran resistencia al ataque de los ácidos y agentes corrosivos y resiste a la oxidación atmosférica. || **el vil metal** loc. col. El dinero. || FAM. metálico, metalífero, metalizar, metalocromía, metalografía, metaloide, metalurgia.

metalenguaje m. Lenguaje natural o formal que se usa para explicar o hablar del lenguaje mismo o de una lengua. || FAM. metalingüístico.

metálico, ca adj. De metal, con sus propiedades o relativo a él. || m. Dinero en efectivo.

metalizado, da adj. De brillo metálico. ‖ *amer.* Se apl. a la persona que vive supeditada al dinero.

metalizar tr. Hacer que un cuerpo adquiera propiedades metálicas. ‖ Recubrir de metal un objeto. ‖ prnl. Convertirse algo en metal o impregnarse de él. ‖ Volverse una persona excesivamente interesada por el dinero. ‖ FAM. metalización, metalizado.

metaloide m. Antigua denominación para los elementos químicos de características opuestas a los metales, actualmente conocidos como *no metales* o *antimetales*.

metalurgia f. Técnica que se ocupa de la obtención y elaboración de los metales a partir de los minerales que los contienen. ‖ Ciencia que estudia las propiedades de los metales. ‖ Conjunto de las industrias que se dedican a la elaboración de metales. ‖ FAM. metalúrgico, metalurgista.

metalúrgico, ca adj. De la metalurgia o relativo a ella. ‖ m. y f. Profesional de la metalurgia o que trabaja con metales.

metámero m. Porción o segmento del cuerpo de un anélido o artrópodo, de simetría bilateral al segmentarlo transversalmente. ‖ En quím., cada uno de los compuestos isómeros entre sí.

metamórfico, ca adj. Se apl. al mineral o roca que se ha formado por metamorfismo.

metamorfismo m. Transformación de un mineral o una roca en el interior de la corteza terrestre por la acción de agentes como la temperatura y la presión. ‖ FAM. metamórfico, metamorfizar.

metamorfosear tr. y prnl. Modificar o transformar.

metamorfosis f. Transformación o cambio profundo. ‖ Conjunto de cambios biológicos que experimentan ciertos animales durante su desarrollo para manifestar su forma, funciones y género de vida definitivos. ◆ No varía en pl. ‖ FAM. metamorfismo, metamorfosear.

metano m. Hidrocarburo gaseoso, incoloro, inodoro, poco soluble e inflamable, producido por la descomposición de sustancias orgánicas, siendo uno de los componentes del gas natural. ‖ FAM. metanol, metílico.

metanol m. Alcohol metílico, hidrocarburo tóxico, líquido, incoloro y soluble en agua.

metástasis f. Reproducción de una enfermedad en órganos distintos de aquel en que se manifestó. ‖ Capacidad de los tumores malignos de propagarse a las vías sanguíneas y a los vasos linfáticos. ◆ No varía en pl.

metatarso m. Conjunto de los huesos alargados que constituyen el esqueleto de la extremidad posterior de ciertos animales y el pie del hombre, articulados con los del tarso y las falanges de los dedos. ‖ FAM. metatarsiano.

metate m. Piedra rectangular sostenida sobre tres pies en la que se muele el maíz, el cacao, etc., con un cilindro de piedra. ‖ FAM. metatear.

metátesis f. Inversión o cambio de la posición de uno o más fonemas en el interior de una palabra. ◆ No varía en pl.

metazoo adj. y m. De los metazoos o relativo a este reino animal. ‖ m. pl. Reino compuesto por animales pluricelulares de nutrición heterótrofa, cuyas células se agrupan en forma de tejidos, órganos y aparatos.

metedura f. Introducción, inclusión de algo en otra cosa. ‖ **metedura de pata** col. Error, equivocación. ‖ col. Inconveniencia.

metempsicosis o **metempsícosis** f. Doctrina religiosa y filosófica que sostiene que las almas de los muertos transmigran a otros cuerpos cuyo grado de perfección varía según los merecimientos de la vida anterior. ◆ No varía en pl.

meteórico, ca adj. De los meteoros o relativo a ellos. ‖ col. Rápido, fugaz: *ascenso meteórico*.

meteorismo m. Distensión del tracto digestivo por acumulación de gases.

meteorito m. Roca o fragmento sólido procedente del espacio que se vuelve incandescente al contacto con la atmósfera y puede llegar a caer sobre la superficie de la Tierra.

meteorizar tr. Erosionar o descomponer una roca los agentes atmosféricos. También prnl. ‖ Causar o padecer meteorismo. ‖ FAM. meteorización.

meteoro m. Cualquier fenómeno atmosférico que se produce sobre la superficie terrestre a excepción de las nubes. ‖ Cuerpo sólido de pequeñas dimensiones procedente del espacio que cae a la Tierra atraído por la gravedad. ‖ FAM. meteórico, meteorismo, meteorito, meteorizar, meteorología.

meteorología f. Ciencia que estudia los fenómenos atmosféricos, las propiedades de la atmósfera, y en especial su relación con el tiempo atmosférico y la superficie de la tierra y mares. ‖ FAM. meteorológico, meteorologista, meteorólogo.

meteorológico, ca adj. De los meteoros o relativo a ellos. ‖ De la meteorología o relativo a esta ciencia.

meteorólogo, ga m. y f. Especialista o estudioso de la meteorología.

metepatas com. Persona inoportuna o indiscreta, que habla o actúa de modo inconveniente. ◆ No varía en pl.

meter tr. Introducir o hacer penetrar una cosa dentro de otra o en algún lugar. También prnl. ‖ Enredar, inmiscuir. También prnl. ‖ Coser interiormente la tela sobrante de las costuras o bajos de una prenda. ‖ Poner o colocar en un lugar a una persona o cosa. ‖ Con ciertos sustantivos, producir, ocasionar: *meter miedo, ruido.* ‖ Con sustantivos relacionados con golpes, dar: *meter patadas, bofetadas.* ‖ prnl. Con sustantivos de profesión o estado, entrar en él: *meterse fraile.* ‖ Con la prep. *a* + infinitivo, arrogarse facultades o capacidades que no se tienen: *no te metas a escribir, que no es lo tuyo.* ‖ Con la prep. *con,* enfrentarse, molestar: *no te metas con él.* ‖ Intervenir, participar. ‖ *argot* Consumir droga, en especial inyectada. ‖ **a todo meter** loc. adv. col. A gran velocidad. ‖ **estar** alguien **muy metido en** algo loc. Estar muy empeñado en su logro y consecución. ‖ FAM. metedura, metepatas, meterete, metete, metiche, meticón, metido, metijón, metimiento, metisaca, metomentodo.

metete, ta adj. y s. *amer.* Entrometido. ◆ En algunas zonas, la forma m. se usa también para el f.

metiche adj. y com. *amer.* Entrometido.

meticón, ona adj. y s. col. Entrometido.

meticulosidad f. Minuciosidad, cuidado y exactitud en la realización de algo.

meticuloso, sa adj. Minucioso, concienzudo. ‖ FAM. meticulosamente, meticulosidad.

metido, da adj. Abundante en ciertas cosas: *metido en años.* ‖ *amer.* Medio borracho. ‖ adj. y s. *amer.* Entrometido, meticón. ‖ m. Tela sobrante que se cose metida en las costuras de una prenda. ‖ Impulso, avance, progreso en el trabajo.

metijón, ona adj. y s. *col.* Entrometido.

metílico, ca adj. En quím., se apl. al compuesto que contiene metilo. ‖ Se dice del alcohol en forma de líquido incoloro, semejante en su olor y otras propiedades al alcohol etílico. Es venenoso.

metilo m. Radical monovalente derivado del metano por pérdida de un átomo de hidrógeno y que es un componente del alcohol metílico. ‖ FAM. metílico.

metisaca f. Mala estocada de matar en la que el torero clava el estoque y lo saca sin soltarlo.

metódico, ca adj. Hecho con método, ordenado. ‖ Que sigue un método. ‖ FAM. metódicamente.

metodismo m. Doctrina protestante nacida en el siglo XVIII que se aparta del calvinismo al rechazar el énfasis en la predestinación y defender la salvación mediante la oración y la fe personal. ‖ FAM. metodista.

metodista adj. Del metodismo o relativo a él. ‖ adj. y com. Partidario o seguidor de esta doctrina.

método m. Modo de obrar o proceder. ‖ Modo ordenado de actuar. ‖ Modo estructurado y ordenado de obtener un resultado, descubrir la verdad y sistematizar los conocimientos. ‖ Obra o compendio de reglas y ejercicios prácticos. ‖ FAM. metódico, metodismo, metodizar, metodología.

metodología f. Parte de la lógica que estudia los métodos del conocimiento. ‖ Conjunto de métodos utilizados en la investigación científica. ‖ En pedagogía, estudio de los métodos de enseñanza. ‖ FAM. metodológico.

metodológico, ca adj. De la metodología o relativo a ella.

metomentodo com. *col.* Persona entrometida, que se interesa por asuntos ajenos a ella.

metonimia f. Figura consistente en designar una cosa con el nombre de otra con la que guarda una relación de causa a efecto, autor a sus obras, etc. ‖ FAM. metonímico.

metopa o **métopa** f. En arquit., espacio que se sitúa entre dos triglifos en el friso dórico.

metraje m. Longitud o duración de una película cinematográfica.

metralla f. Fragmentos menudos de clavos, tornillos, metal, etc., con que se cargan algunos proyectiles, bombas y otros explosivos. ‖ Fragmento en que se divide un proyectil al estallar. ‖ Conjunto de cosas inútiles o desechadas. ‖ Conjunto de los pedazos de hierro colado que saltan fuera de los moldes al hacer los lingotes. ‖ FAM. metrallazo, metralleta.

metralleta f. Arma de fuego de repetición, de cañón largo y pequeño calibre, que abarca desde las portátiles y ligeras a las que pueden situarse sobre un trípode para disparar.

métrica f. Arte que trata del ritmo, estructura, medida y combinación de los versos.

métrico, ca adj. Del metro, de su sistema de medida, o relativo a ellos: *cinta métrica.* ‖ Del metro, de la métrica, o relativo a ellos. ‖ FAM. métrica, métricamente.

metrificar intr. y tr. Versificar, componer versos. ‖ FAM. metrificación, metrificador.

metro[1] m. Unidad básica de medida de longitud del sistema métrico decimal. ‖ Instrumento de medida que tiene marcada la longitud de esta unidad y sus divisores. ‖ Medida peculiar de cada clase de verso. ‖ **metro cuadrado** Unidad de medida de superficie equivalente al área de un cuadrado de un metro de lado. ‖ **metro cúbico** Unidad de medida de volumen que equivale a la capacidad de un cubo de un metro de arista. ‖ FAM. metraje, métrico, metrificar, metrista, metrología, metrónomo.

metro[2] m. Apócope de *metropolitano,* ferrocarril subterráneo.

metro-, -metro pref. y suf. que significan 'medida': *metrología, anemómetro.*

metrología f. Ciencia que tiene por objeto el estudio de los sistemas de pesas y medidas. ‖ FAM. metrológico.

metrónomo m. Instrumento para medir el tiempo e indicar el compás de las composiciones musicales.

metrópoli f. Ciudad principal por su importancia o extensión. ‖ Estado, respecto de sus colonias. ‖ Iglesia arzobispal de la que dependen ciertas diócesis. ‖ FAM. metropolitano.

metrópolis f. Metrópoli. ◆ No varía en pl.

metropolitano, na adj. Relativo a la metrópoli. ‖ Arzobispal. ‖ m. Ferrocarril subterráneo o aéreo que circula por las grandes ciudades y las enlaza con los barrios extremos. ‖ Arzobispo que preside a los obispos de su provincia eclesiástica.

metrorragia f. Hemorragia uterina fuera del periodo menstrual.

mexicano, na adj. y s. De México o relativo a este país americano y a su capital. ‖ m. Idioma náhuatl o azteca. ◆ La *x* se pronuncia como *j.* ‖ FAM. mexicanismo, mexicanizar.

mezcal m. Variedad de agave o maguey, pita de tallos carnosos rodeados de tubérculos. ‖ Aguardiente que se obtiene por fermentación y destilación de esta planta. ‖ Fibra del maguey preparada para hacer cuerdas.

mezcla f. Unión, enlace o agrupación de cosas heterogéneas. ‖ Combinación de varias sustancias sin interacción química. ‖ En los medios de comunicación, ajuste y coordinación de imagen, sonido y efectos sonoros. ‖ Tejido hecho de hilos de diferentes clases y colores. ‖ Argamasa de cal, arena y agua. ‖ FAM. mezclilla.

mezclar tr. Juntar, unir, incorporar cosas heterogéneas. También prnl. ‖ Desordenar, revolver. ‖ prnl. Introducirse o meterse entre otros. ‖ Intervenir, participar. ‖ Hablando de familias o linajes, enlazarse unos con otros. ‖ FAM. mezcla, mezcladamente, mezclador, mezcladora, mezcolanza.

mezclilla f. Tejido hecho de mezcla, de poco cuerpo. ‖ *amer.* Tela fuerte de algodón que se usaba en la confección de vaqueros.

mezcolanza f. *col.* Mezcla confusa o extraña.

mezquinar tr. Regatear, escatimar. || *amer.* Comportarse o actuar con tacañería. || *amer.* Librar de un castigo.

mezquindad f. Avaricia, tacañería. || Ruindad, falta de nobleza. || Dicho o hecho mezquinos.

mezquino, na adj. Avaro, tacaño, miserable. || Ruin, falto de nobleza y moralmente despreciable. || Pequeño, diminuto. || m. *amer.* Verruga. || FAM. mezquinamente, mezquinar, mezquindad.

mezquita f. Templo del rito musulmán.

mezquite m. Árbol mimosáceo americano similar a la acacia, gomoso, de flores blancas y fruto en vaina, de cuyas hojas se obtiene un extracto oftálmico.

mezzosoprano (voz it.) f. Voz femenina cuyo registro se sitúa entre soprano y contralto. || Mujer que tiene esta voz.

mi[1] m. Tercera nota de la escala musical. ◆ pl. *mis*.

mi[2], **mis** adj. pos. com. sing. y pl. Apóc. de *mío, a/míos, as*, que siempre antecede a sustantivos: *mi mujer, mis libros*.

mi[3] f. Duodécima letra del alfabeto griego, que se corresponde con nuestra *m*. Su grafía mayúscula es **M** y la minúscula, μ.

mí pron. Forma tónica del pron. pers. m. y f. de primera persona sing., que en la oración desempeña la función de complemento con preposición: *¿me lo dices a mí?* ◆ Al unirse con la prep. *con*, forma la voz *conmigo*. || **para mí** loc. adv. A mi parecer: *para mí que va a llover*. || **por mí** loc. adv. Por lo que a mí respecta: *por mí, que se vayan*.

miaja f. Migaja.

mialgia f. Dolor muscular.

miasma m. Emanación maloliente que se desprende de cuerpos enfermos, materias corruptas o aguas estancadas y que se consideraba causante de epidemias e infecciones. Más en pl. || FAM. miasmático.

miau Onomatopeya del maullido del gato. || m. Maullido, voz del gato. || FAM. marramiau.

mica f. Mineral del grupo de los silicatos hidratados, compuesto de aluminio, potasio, sodio, magnesio e incluso litio, que cristaliza en láminas brillantes y elásticas, de mínima dureza. || FAM. micáceo.

micado m. Mikado.

micción f. Expulsión de la orina. || FAM. miccional, miccionar.

micelio m. Aparato vegetativo de los hongos que constituye su talo, formado por filamentos muy ramificados.

micénico, ca adj. y s. De Micenas o relativo a esta antigua ciudad del Peloponeso.

micha adj. y com. *amer.* Avaricioso.

miche m. *amer.* Gato. || *amer.* Alboroto, riña. || *amer.* Juego de bolitas que consiste en hacer salir de un círculo trazado en el suelo una moneda montada sobre una bolita. || *amer.* Aguardiente. || *amer.* Bohío o choza de los guajiros: *el pequeño le esperaba en la puerta del miche*. || adj. *amer.* Se apl. a las ovejas desorejadas en señal de marca.

michelín m. *col.* Pliegue de grasa en forma de rollo que se acumula en determinadas zonas del cuerpo y en especial en la cintura.

michino, na m. y f. *col.* Gato.

mico, ca m. y f. Mono de cola larga. || m. Persona muy fea o ridícula. || Apelativo cariñoso dado a los niños pequeños. || **ser el último mico** loc. *col.* Ser una persona insignificante o con la que no se cuenta. || **volverse mico** loc. *col.* Aturullarse en una tarea compleja.

micología f. Parte de la botánica que estudia los hongos. || FAM. miceto, micológico, micólogo, micorriza, micosis.

micólogo, ga m. y f. Persona que se dedica al estudio de los hongos.

micosis f. Infección producida por hongos en alguna parte del organismo. ◆ No varía en pl.

micra f. Unidad de longitud equivalente a la millonésima parte del metro. || FAM. micrón.

micro m. *col.* Apóc. de *micrófono*.

micro- pref. que significa 'pequeño': *micrococo, microscopio*, o 'millonésima parte' de una unidad: *microsegundo*.

microbiano, na adj. De los microbios, causado por microbios o relativo a ellos.

microbicida adj. y m. Que mata los microbios.

microbio m. Nombre genérico de los microorganismos unicelulares animales o vegetales, en especial los patógenos. || *col.* Lo que es muy pequeño. || FAM. microbiano, microbicida, micróbico, microbiología.

microbiología f. Rama de la biología que estudia los microbios o microorganismos. || FAM. microbiológico, microbiólogo.

microbús m. Autobús de pequeño tamaño usado por lo general en transporte urbano.

microcéfalo, la adj. y s. Que presenta una proporción craneal inferior a la media, o desproporción del tamaño del cráneo respecto al cuerpo. || FAM. microcefalia.

microchip m. En inform., chip de reducidas dimensiones. ◆ pl. *microchips*.

microcirugía f. Cirugía que se realiza con microscopio y micromanipuladores. || FAM. microcirujano.

microclima m. Conjunto de condiciones atmosféricas y climáticas uniformes en un espacio muy reducido.

micrococo m. Bacteria de forma esférica.

microcosmo o **microcosmos** m. En ciertas doctrinas filosóficas, el ser humano como reflejo del universo o universo en miniatura. ◆ La segunda forma no varía en pl.

microeconomía f. Estudio de economía en función de las acciones individuales de las unidades económicas de producción y consumo. || FAM. microeconómico.

microficha f. Ficha de película que contiene en tamaño muy reducido varias imágenes o fotografías de un libro o documento.

microfilm m. Película que se usa principalmente para reproducir en ella, en tamaño muy reducido, impresos, manuscritos, dibujos, etc., de modo que permita ampliarlos después en proyección o fotografía. ◆ pl. *microfilms*. || FAM. microfilmar, microfilme.

microfilmar tr. Reproducir en soporte de microfilm. || FAM. microfilmación, microfilmador, microfilmadora.

micrófono m. Aparato que transforma las ondas sonoras en corrientes eléctricas para aumentar su intensidad, transmitirlas y registrarlas. ‖ FAM. micro, microfónico.

micrografía f. Descripción e interpretación de los objetos vistos con el microscopio. ‖ Imagen de un objeto obtenida con el microscopio. ‖ FAM. micrográfico, micrógrafo.

micrómetro m. Instrumento, aparato o artificio óptico y mecánico destinado a medir cantidades lineales o angulares muy pequeñas. ‖ Sistema de hilos montados en el plano focal de un objetivo que hace posible fijar la posición de las estrellas. ‖ Micra. ‖ FAM. micrométrico.

micrón m. Micra.

micronesio, sia adj. y s. De Micronesia o relativo a estos archipiélagos de Oceanía.

microonda f. Onda electromagnética cuya longitud está comprendida entre los mil y los tres mil megahercios y cuya propagación puede realizarse por el interior de tubos metálicos.

microondas m. Horno que se funciona por generación de ondas electromagnéticas. ◆ No varía en pl.

microordenador m. Pequeño ordenador personal con un microprocesador que incorpora un programa específico y es de tamaño y potencia muy reducidos.

microorganismo m. Organismo unicelular de tamaño microscópico.

micropene m. Pene escasamente desarrollado.

microprocesador m. Circuito electrónico formado por millares de transistores integrados en una ficha o pastilla, que realiza la función de una unidad central en los microordenadores.

microscopia o **microscopía** f. Construcción y empleo del microscopio. ‖ Conjunto de métodos para la investigación por medio del microscopio.

microscópico, ca adj. Del microscopio o relativo a él. ‖ Que solo puede verse con ayuda de un microscopio. ‖ *col.* Muy pequeño.

microscopio m. Instrumento óptico formado por un sistema de lentes que permiten la ampliación de la imagen para la observación de objetos muy pequeños. ‖ **microscopio electrónico** Aquel en que los rayos de luz que iluminan el objeto se reemplazan por un haz de electrones que plasma la imagen en una pantalla fluorescente. ‖ FAM. microscopia, microscópico.

microsporidio adj. y m. De los microsporidios o relativo a este grupo de protozoos. ‖ m. pl. Grupo de protozoos intracelulares de tamaño muy pequeño, provistos de minúsculas esporas, que son parásitos muy extendidos de otros animales.

microsurco adj. y m. Se apl. al disco fonográfico cuyas ranuras finísimas y muy próximas unas de otras permiten registrar una cantidad mayor de sonidos.

miedica adj. y com. *col.* Miedoso, cobarde.

mieditis f. *col.* Miedo. ◆ No varía en pl.

miedo m. Sensación de alerta y angustia por la presencia de un peligro o mal, sea real o imaginario. ‖ Recelo de que suceda lo contrario a lo que se espera o desea. ‖ **miedo cerval** Miedo atroz o excesivo. ‖ **de miedo** loc. adj. *col.* Muy bueno. ‖ loc. adv. *col.* Mucho o muy bien. ‖ FAM. miedica, mieditis, miedoso.

miedoso, sa adj. y s. Que siente miedo o se asusta con facilidad.

miel f. Sustancia densa, ambarina y muy dulce que elaboran las abejas en su esófago con el néctar libado de las flores. ‖ En la fabricación del azúcar, jarabe saturado que se obtiene tras dos cocciones sucesivas. ‖ pl. Satisfacción, éxito: *las mieles de la fama.* ‖ **miel sobre hojuelas** loc. *col.* Cosa que viene muy bien o culmina otra. ‖ **dejar** a alguien **con la miel en los labios** loc. *col.* Privarlo de lo que empezaba a gustar. ‖ FAM. melado, melar, melaza, melcocha, melero, melífero, melifluo, meloso, mielero.

mielga f. Pez condrictio de aproximadamente 1,20 m de longitud, cabeza pequeña, piel gruesa cubierta de una especie de granillos córneos muy duros, provisto de dos aguijones venenosos, carnívoro, muy voraz y del que, además de la carne, se utilizan la piel y los huevos.

mielina f. Proteína grasa que forma la vaina de protección de las neuronas. ‖ FAM. mielitis, mieloma.

mielitis f. Inflamación de la médula espinal. ◆ No varía en pl. ‖ FAM. mielítico.

miembro m. Cualquiera de las extremidades del cuerpo humano o animal, articuladas con el tronco. ‖ Órgano de la reproducción del hombre y algunos animales. ‖ Individuo que forma parte de un conjunto o comunidad. ‖ Parte de un todo. ‖ Parte principal componente de un orden arquitectónico o de un edificio. ‖ En mat., cada una de las expresiones de una ecuación separadas por el signo de igualdad (=), o por los signos (>) o (<). ‖ FAM. membrudo.

miente f. Facultad de pensar, pensamiento. Más en pl.: *no se me pasó por las mientes llamarte.*

mientras adv. t. Entre tanto. ‖ conj. t. Durante el tiempo en que. ‖ **mientras más** loc. conjunt. Cuanto más. ‖ **mientras que** loc. conjunt. advers. En cambio.

miércoles m. Tercer día de la semana, entre el martes y el jueves. ‖ **miércoles de ceniza** Primer día de la Cuaresma. ◆ No varía en pl.

mierda f. Excremento. ‖ *col.* Suciedad, porquería. ‖ *col.* Cosa de poca calidad, insignificante o despreciable. ‖ *col.* Borrachera. ‖ *argot* Hachís. ‖ *com. col.* Persona insignificante y despreciable. ‖ **¡a la mierda!** loc. *vulg.* Expresión que denota rechazo. ‖ **irse algo a la mierda** loc. *col.* Estropearse, echarse a perder. ‖ **¡mierda!** interj. *vulg.* Expresión que denota contrariedad o enfado. ‖ **¡y una mierda!** interj. *vulg.* Expresión que indica negación. ‖ FAM. mierdoso.

mies f. Cereal maduro. También pl. ‖ Tiempo de la siega y cosecha de granos. ‖ pl. Campos sembrados.

miga f. Porción pequeña de pan o de cualquier cosa. ‖ Parte interior y más blanda del pan. ‖ Enjundia, sustancia o contenido de algo. ‖ pl. Pan picado, humedecido con agua y sal, y rehogado en aceite con ajo y pimentón. ‖ **hacer buenas** o **malas migas** loc. *col.* Llevarse bien o mal en el trato. ‖ FAM. miaja, migaja, migajada, migajón, migar.

migaja f. Parte pequeña y menuda del pan, que suele saltar o desmenuzarse al partirlo. Más en pl. ‖ Porción pequeña y menuda de cualquier cosa. ‖ Nada o casi nada. ‖ pl. Desperdicios o sobras. ‖ FAM. miaja.

migar tr. Desmenuzar o partir el pan en pedazos muy pequeños para hacer migas u otra cosa semejante. || Echar estos pedazos en un líquido.

migración f. Desplazamiento o movimientos de población de un país a otro por causas económicas, sociales o políticas. || Viaje periódico que realizan las aves, peces u otros animales migratorios. || FAM. migrar, migratorio.

migraña f. Dolor de cabeza intenso y recurrente, por lo general en un lado de la cabeza, que suele ir acompañado de náuseas y fotofobia.

migrar intr. Emigrar, cambiar el lugar de residencia. || Realizar un animal su migración periódica.

migratorio, ria adj. De la migración de población o relativo a ella. || De las migraciones o relativo a ellas.

mihrab m. Hornacina situada en las mezquitas para indicar la orientación de La Meca a los fieles. ◆ pl. *mihrabs*.

mijo m. Planta gramínea de origen asiático de tallos hasta 1 m de altura, hojas planas y puntiagudas, flores en panojas terminales y espigas que contienen el grano. || Grano redondo, pequeño y amarillento de esta planta. || En algunas partes, maíz.

mikado m. Nombre y dignidad del emperador de Japón.

mil adj. y pron. num. card. Diez veces cien. || Se apl. al número o cantidad grande o indeterminado: *te he dicho mil veces que no puedo ir.* || adj. num. ord. Milésimo. || m. Conjunto de signos con que se representa este número: *1000.* || Conjunto de mil unidades, millar. Más en pl. || **las mil y quinientas** loc. *col.* Hora demasiado tardía. || FAM. milenio, milenrama, milésimo, miliar, miliario, milla, millar.

milagrero, ra adj. y s. Que interpreta como milagros las cosas que suceden naturalmente. || Que finge milagros. || *col.* Que hace milagros.

milagro m. Suceso inexplicable, extraordinario o maravilloso que se atribuye a intervención divina. || Suceso raro o extraordinario. || **de milagro** loc. adv. Por casualidad, por poco. || Sorprendente o inexplicablemente. || FAM. milagrear, milagrería, milagrero, milagroso.

milagroso, sa adj. Que supera o no puede ser explicado por las fuerzas de la naturaleza. || Maravilloso, asombroso. || Que hace milagros. || FAM. milagrosamente.

milanesa f. *amer.* Escalope de ternera, filete empanado.

milano m. Nombre común de varias aves falconiformes diurnas de unos 50 a 60 cm de longitud, de plumaje castaño con tonos rojizos y cola ahorquillada. || Azor. || Pez marino escorpeniforme de lomo rojizo y vientre manchado que posee unas aletas pectorales tan desarrolladas que le permiten saltar fuera del agua. || Flor del cardo.

milcao m. *amer.* Pan hecho de patatas ralladas, que se cocina frito o al horno.

mildéu, mildiu o **mildiú** m. Enfermedad de la vid producida por un hongo microscópico que ataca las hojas, el tallo y los frutos.

milenario, ria adj. Del número mil, del millar, o relativo a ellos. || Muy antiguo, que ha durado uno o varios milenios. || adj. y s. Milenarista. || m. Espacio de mil años. || Milésimo aniversario de un acontecimiento destacado.

milenarismo m. Creencia según la cual Jesucristo reinaría en la tierra mil años antes del Juicio Final. || Creencia según la cual el fin del mundo debería haber sucedido en el año 1000 de la era cristiana. || FAM. milenarista.

milenarista adj. Del milenarismo o relativo a él. || adj. y com. Partidario o seguidor de esta doctrina.

milenio m. Periodo de mil años. || FAM. milenario, milenarismo.

milenrama f. Hierba vivaz de la familia de las compuestas, de tallo erguido y velloso, hojas divididas dos veces y flores pequeñas de color blanco o rojo que forman umbelas, muy usada en jardinería, cocina y medicina.

milésimo, ma adj. num. ord. Que ocupa el número mil en una serie ordenada de elementos. También s. || adj. num. frac. Se apl. a cada una de las mil partes iguales en que se divide un todo. También f.

milhojas m. Pastel hecho de sucesivas capas rectangulares de hojaldre, crema y merengue. ◆ No varía en pl.

milhombres m. *col. irón.* Hombre que no es grande ni fuerte, pero actúa como si lo fuera. ◆ No varía en pl.

mili f. *col.* Apóc. de servicio militar obligatorio.

mili- pref. que significa 'milésima parte' de una unidad: *milímetro, miligramo.*

miliario, ria adj. De la milla o relativo a ella. || adj. y m. Columna o piedra que indica la distancia de mil pasos.

milibar m. Unidad de medida de presión atmosférica que equivale a la milésima parte de un bar.

milicia f. Profesión y arte dedicadas a la actividad militar y a la preparación de soldados para ella. || Conjunto de los militares de un estado. || Servicio militar obligatorio. || FAM. mili, miliciano, milico.

miliciano, na adj. De la milicia o relativo a ella. || m. y f. Miembro de una milicia. || Miembro de las milicias populares que combatieron durante la Guerra Civil española.

milico m. *amer. desp.* Militar, soldado o policía.

miligramo m. Unidad de masa que equivale a la milésima parte de un gramo.

mililitro m. Medida de capacidad que equivale a la milésima parte de un litro.

milimetrado, da adj. Dividido o graduado en milímetros.

milimétrico, ca adj. Del milímetro o relativo a él. || *col.* Exacto y ajustado.

milímetro m. Unidad de longitud que equivale a la milésima parte de un metro. || FAM. milimetrado, milimétrico.

militancia f. Pertenencia o filiación a determinada ideología, grupo o partido político. || Conjunto de los militantes de un grupo o partido.

militante adj. Que defiende cierta ideología. || com. Persona que pertenece a determinada ideología, grupo o partido político.

militar[1] adj. De la milicia, la guerra o relativo a ellas. || com. Persona que sirve en el ejército. || FAM. militarada, militarismo, militarizar, militarmente, militroncho.

militar² intr. Servir en la guerra o en el ejército. || Pertenecer a un partido político, grupo o movimiento. || FAM. militancia, militante.

militarismo m. Predominio del elemento militar en los asuntos de un Estado. || Modo de pensar que lo defiende. || FAM. militarista.

militarista adj. Del militarismo o relativo a él. || adj. y com. Partidario o seguidor del militarismo.

militarizar tr. Inculcar o infundir espíritu militar. || Dotar de rasgos u organización militar a un colectivo. || FAM. militarización.

milla f. Medida de longitud marina equivalente a 1852 m. || Medida terrestre inglesa de longitud equivalente a 1609 m. || En dep., prueba de medio fondo en que se recorre esta distancia. || **tirar millas** loc. *col.* Largarse, marcharse.

millar m. Conjunto de mil unidades. || Signo gráfico que indica que las cifras que le preceden son millares. || Número alto e indeterminado. Más en pl. || En las dehesas, espacio de terreno en que se pueden mantener mil ovejas o dos hatos de ganado. || Cantidad de cacao que pesa aproximadamente tres libras y media. || FAM. millarada, millardo, millón.

millardo m. Mil millones.

millón m. Mil millares. || Cantidad alta e indeterminada. || *col.* *Pinball*, máquina de recreo en que hay que recorrer un circuito con una bola impulsada por dos palancas. || FAM. millonada, millonario, millonésimo.

millonada f. Cantidad muy alta de dinero.

millonario, ria adj. Se apl. a la cantidad que se mide en millones. || De gran cuantía económica. || adj. y s. Muy rico o acaudalado.

millonésimo, ma adj. num. ord. Que ocupa el lugar número un millón en una serie ordenada de elementos. || adj. num. frac. Se apl. a cada una del millón de partes iguales en que se divide un todo. También f.

milmillonésimo, ma adj. num. ord. Que ocupa el lugar número mil millones en una serie ordenada de elementos. || adj. num. frac. Se apl. a cada una de los mil millones de partes iguales en que se divide un todo. También f.

milonga f. Canción y baile popular del Río de la Plata, de ritmo lento acompañado de guitarra. || *amer.* Fiesta familiar con baile. || *col.* Mentira, embuste. || FAM. milonguear, milonguero.

milord m. Españolización de *my lord*, tratamiento dado a los nobles ingleses. ♦ pl. *milores*.

milpa f. *amer.* Maizal. || FAM. milpear.

milpiés m. Nombre común de diversas especies de artrópodos miriápodos que tienen multitud de patas. || Cochinilla, crustáceo terrestre. ♦ No varía en pl.

miltomate m. *amer.* Planta herbácea solanácea cuyo fruto es similar al tomate, pero tiene el tamaño de una uva. || *amer.* Fruto de esta planta. || *amer.* Tomate que se siembra en una milpa.

mimado, da adj. Consentido y mal acostumbrado por exceso de mimos.

mimar tr. Tratar con afecto, cuidado o delicadeza. || Consentir, tratar con excesiva condescendencia o regalo a alguien, y en especial a los niños. || FAM. mimado.

mimbre amb. Cada una de las ramas finas y flexibles de la mimbrera usadas en cestería. || Mimbrera. || FAM. mimbrear, mimbrera, mimbrería.

mimbrera f. Arbusto de la familia de las salicáceas de 2 a 3 m de altura, con ramas largas, delgadas y flexibles con hojas lanceoladas, flores de anteras amarillas y fruto en forma de cono con múltiples semillas. || Nombre común de varias especies de sauces. || FAM. mimbreral.

mímesis o **mimesis** f. En las poéticas clásicas, imitación en el arte de la naturaleza, entendida como objeto de la obra artística. || Imitación de los gestos, ademanes y características propias de una persona, generalmente como burla. ♦ No varía en pl.

mimético, ca adj. De la mímesis o relativo a ella. || adj. Del mimetismo o relativo a esta propiedad.

mimetismo m. Propiedad de algunos animales y plantas de tomar el aspecto de seres u objetos inanimados de su entorno para protegerse o disimular su presencia. || Disposición de una persona para cambiar sus opiniones y conducta y adaptarse a las del entorno. || FAM. mímesis, mimético, mimetizar.

mimetizar tr. Imitar, reproducir. || prnl. Adoptar un animal o planta el aspecto de su entorno.

mímica f. Expresión por medio de gestos, movimientos o actitudes corporales. || Mimetismo, adopción de opiniones y actitudes del entorno. || FAM. mímico, mimo.

mimo¹ m. Cariño, halago, demostración de ternura. || Necesidad o deseo de este trato. || Cuidado o delicadeza con que se trata algo. || Condescendencia o consentimiento excesivo con que se trata a alguien, en especial a los niños. || FAM. mimar, mimosa, mimosamente, mimoso.

mimo² m. Actor teatral que se vale exclusivamente de gestos y de movimientos corporales para actuar ante el público. || Pantomima, género teatral basado en este tipo de actuación. || FAM. mimetismo, mímica, mimodrama.

mimodrama m. Pantomima, representación que solo usa el lenguaje corporal.

mimosa f. Nombre genérico de varios árboles y arbustos mimosáceos del grupo de las acacias, de tallo largo trepador y flores pequeñas reunidas en espiga, cuyas hojas se contraen cuando se las toca o agita. || FAM. mimosáceo.

mimosáceo, a adj. y f. De las mimosáceas o relativo a esta subfamilia de plantas. || f. pl. Subfamilia de plantas leguminosas dicotiledóneas que comprende matas, arbustos y árboles de hojas compuestas que se cierran al ponerse el Sol, y de flores muy pequeñas, frecuentemente reunidas en cabezuelas o racimos, como la acacia.

mimoso, sa adj. Que disfruta recibiendo o dando mimos.

mina f. Yacimiento de minerales. || Excavación que se hace por pozos o galerías subterráneas, o a cielo abierto, para extraer estos minerales. || Paso subterráneo, abierto artificialmente, para alumbrar o conducir aguas o establecer otra comunicación. || Negocio en el que con poco trabajo se obtiene mucha ganancia. || Persona o cosa que abunda en cosas apreciables o de las que se puede obtener una utilidad. ‖ Artificio explosivo que, enterrado o camuflado, produce su explosión al ser rozado. ‖ Barrita de grafito que va en el interior del lápiz. ‖ *amer. vulg.* Mujer. ‖ *amer.* Concubina, ramera. ‖ FAM. minal, minar, mineral, minería, minero.

minar tr. Abrir galerías subterráneas. ‖ Colocar minas o explosivos ya sea en tierra o en mar. ‖ Consumir, destruir. ‖ FAM. minado, minador.

minarete m. Alminar.

mineral adj. Del grupo de los minerales o formado por estas sustancias. ‖ m. Sustancia inorgánica, sólida y homogénea, de composición química y estructura generalmente cristalina. ‖ Parte útil de un yacimiento minero. ‖ Origen de las fuentes. ‖ *amer.* Mina. ‖ FAM. mineralizar, mineralogénesis, mineralogía, mineralurgia, mineromedicinal.

mineralizar tr. Transmitir una sustancia a otra cualidades minerales. ‖ prnl. Cargarse el agua de sustancias minerales. ‖ FAM. mineralización.

mineralogía f. Rama de la geología que estudia las características y evolución de los minerales. ‖ FAM. mineralógico, mineralogista.

minería f. Técnica, industria y actividad de explotación de las minas. ‖ Conjunto de trabajadores dedicados a ello. ‖ Conjunto de las minas y explotaciones mineras de una región.

minero, ra adj. De la mina o relativo a ella. ‖ m. y f. Persona que trabaja en las minas. ‖ m. *amer.* Laucha, ratón pequeño. ‖ FAM. mineromedicinal.

mineromedicinal adj. Se apl. al agua que contiene sustancias minerales de efectos terapéuticos.

minerva f. En impr., prensa tipográfica de cortas dimensiones para tirar impresos pequeños. ‖ Aparato de ortopedia o vendaje enyesado que mantiene erguida la cabeza. ‖ FAM. minervista.

minestrone (voz it.) f. Sopa compuesta de verduras con arroz o pasta.

minga f. *argot* Pene. ‖ *amer.* Reunión de amigos o vecinos para hacer un trabajo comunitario recompensado con una comida. ‖ *amer.* Conjunto de gente que se reúne para hacerlo.

mingitorio, ria adj. De la micción o relativo a ella. ‖ m. Urinario.

mingo m. En el billar, bola que se coloca en la cabecera de la mesa al comenzar cada mano del juego. ‖ *amer.* Juego de niños similar a la petanca que se juega con bolitas. ‖ *amer.* Cualquier objeto pequeño que los niños pintan de blanco para tirar piedras sobre él. ‖ *amer.* Gallo de pelea con que se ejercitan los demás. ‖ **tomar** a alguien **de mingo** loc. *amer.* Hacerlo blanco de las burlas. ‖ **darse mingo** loc. *amer.* Darse tono, lucirse.

mingonear intr. *amer.* Comportarse como un niño mimado o malcriado. ‖ FAM. mingonería.

mingonería f. *amer.* Mimo, miramiento excesivo.

mini m. Coche de reducido tamaño. ‖ *col.* Vaso que contiene aproximadamente un litro y que se suele compartir entre varias personas. ‖ f. Minifalda.

mini- pref. que significa 'pequeño', 'breve' o 'corto': *minifalda, minifundio*.

miniar tr. Pintar o ilustrar con miniaturas. ‖ FAM. miniado.

miniatura f. Pintura de pequeño tamaño, hecha con mucho detalle sobre una superficie delicada, en especial las que ilustraban manuscritos antiguos. ‖ Objeto de arte de pequeñas dimensiones y delicadamente trabajado. ‖ Reproducción de un objeto en dimensiones reducidas. ‖ FAM. miniar, miniaturista, miniaturización, miniaturizar.

minibar m. Bar de pequeñas dimensiones que suelen tener ciertos medios de transporte y hoteles.

minicadena f. Equipo de alta fidelidad de reducidas dimensiones cuyos componentes forman un compacto.

minifalda f. Falda muy corta que queda por encima de las rodillas. ‖ FAM. minifaldero.

minifundio m. Terreno de cultivo de reducida extensión y poca rentabilidad, que permite exclusivamente una economía de subsistencia. ‖ FAM. minifundismo, minifundista.

minigolf m. Juego similar al golf que se practica en un campo que imita al original en dimensiones muy reducidas y con obstáculos artificiales.

mínima f. Temperatura mínima alcanzada en una zona.

minimalismo m. Tendencia artística surgida en Estados Unidos que reduce las obras a sus formas o estructuras geométricas, buscando la máxima expresión con los mínimos medios. ‖ Ideología que pretende reducir los contenidos a sus expresiones elementales. ‖ FAM. minimalista.

minimalista adj. Del minimalismo o relativo a él. ‖ adj. y com. Partidario o seguidor del minimalismo.

minimizar tr. Empequeñecer, quitar importancia. ‖ Reducir o disminuir a su grado mínimo. ‖ En mat., hallar el mínimo de una función. ‖ FAM. minimización, minimizador.

mínimo, ma adj. sup. irreg. de *pequeño.* ‖ Que es lo más pequeño dentro de su especie. ‖ adj. y s. Se apl. al religioso o religiosa de la Orden de San Francisco de Paula. ‖ adj. Pusilánime, cobarde. ‖ m. Límite inferior o extremo a que se puede reducir una cosa. ‖ *amer.* Fruta del guineo. ‖ **mínimo común múltiplo** En mat., el menor de los múltiplos comunes a varios números. ‖ **como mínimo** loc. adv. Como poco. ‖ **lo más mínimo** loc. adv. Nada en absoluto. ‖ FAM. mínima, minimalismo, minimizar, mínimum.

minimosca adj. y com. En boxeo, se apl. a la categoría en la que se encuentran los púgiles profesionales de menos de 49,243 kg.

mínimum m. Límite o extremo a que se puede reducir algo. ◆ pl. *mínimums.*

minino, na m. y f. *col.* Gato.

minio m. Monóxido de plomo de color rojizo anaranjado que, diluido en aceite o ácido, se usa como pintura o preparación antioxidante.

ministerial adj. Relativo al ministerio o gobierno del Estado, o a algunos de los ministros encargados de su despacho. ‖ adj. y com. Que en las cámaras apoya habitualmente a un gobierno o ministerio. ‖ FAM. ministerialismo, ministerialmente.

ministerio m. Cada uno de los departamentos en que se divide el gobierno de un Estado. || Edificio en el que se encuentra la oficina de un ministro. || Cargo de ministro. || Tiempo que dura este cargo. || Cuerpo de ministros del Estado y funcionarios dependientes de ellos. || Empleo, cargo, ocupación. ◆ En las tres primeras acepciones suele escribirse con mayúscula. || FAM. ministerial, ministro.

ministrable adj. y s. Que tiene posibilidades de ser nombrado ministro.

ministro, tra m. y f. Jefe de cada uno de los departamentos en que se divide el gobierno de un Estado. || Representante o agente diplomático. || En algunas órdenes religiosas, superior de un convento. || En algunas religiones, sacerdote. || Persona que ejecuta las órdenes de otra: *el papa es ministro de Dios en la Tierra.* || **primer ministro** Jefe del Gobierno o presidente del Consejo de Ministros. || FAM. ministrable, ministrar.

minoría f. Parte menor de los componentes de una colectividad. || Parte de la población que se diferencia de la mayoritaria en su raza, lengua o religión. || Conjunto de votos opuestos a los de la mayoría de los votantes. || Periodo de tiempo durante el cual un soberano no puede reinar a causa de su corta edad. || **minoría de edad** Condición de la persona que no ha alcanzado la mayoría de edad legal. || Periodo en que está sujeto a esta condición. || FAM. minorar, minorativo, minoridad, minorista, minoritario, minorización.

minorista adj. Del comercio al por menor o relativo a él. || com. Comerciante que vende al por menor.

minoritario, ria adj. De la minoría o relativo a ella. || Que está en minoría numérica.

minucia f. Menudencia, nadería, cosa de poco valor. || Detalle o rasgo irrelevante. || FAM. minucioso, minuendo, minuto.

minuciosidad f. Cuidado y esmero hasta en los menores detalles.

minucioso, sa adj. Detallista, cuidadoso hasta en los menores detalles. || FAM. minuciosamente, minuciosidad.

minué m. Música y baile francés para dos personas, de ritmo ternario, que estuvo de moda en el siglo XVII. || Minueto.

minuendo m. En una resta, cantidad de la que debe restarse otra.

minueto m. Composición instrumental de ritmo ternario y moderado que se intercala entre los tiempos de una sonata, cuarteto o sinfonía.

minúsculo, la adj. De muy pequeñas dimensiones, valor o importancia. || adj. y f. Se apl. a la letra que siendo menor que la mayúscula se emplea en la escritura constantemente, sin más excepción que en los casos en que se debe usar la letra mayúscula.

minusvalía f. Disminución del valor de algo. || Deficiencia física o intelectual que impide el desarrollo normal de un individuo. || FAM. minusvalidez, minusválido.

minusválido, da adj. y s. Discapacitado, persona con una deficiencia física o psíquica que limita su capacidad de actuación.

minusvalorar tr. Subestimar, valorar en menos de lo debido. || FAM. minusvaloración.

minuta f. Borrador de un documento legal, en especial un contrato, hecho antes de formalizarlo. || Cuenta de honorarios que presentan los profesionales libres. || Cuenta o factura de un restaurante. || FAM. minutar.

minutaje m. Duración en minutos.

minutero f. Manecilla del reloj que señala los minutos.

minuto m. Unidad de tiempo que equivale a una sexagésima parte de una hora. Su abrev. es *min.* || En geom., cada una de las 60 partes iguales en que se divide un grado de círculo. || FAM. minutaje, minutar, minutero.

mío, a, os, as adj. y pron. pos. Indica la relación de pertenencia entre lo poseído y un poseedor de primera persona del sing.: *ese coche es mío.* ◆ Cuando acompaña a un sustantivo, se usa pospuesto a este: *es responsabilidad mía.* || **los míos** Los allegados o personas más cercanas al hablante por parentesco o amistad. || **la mía** loc. *col.* La ocasión más favorable al hablante. || FAM. mi.

miocardio m. Tejido muscular del corazón, situado entre el pericardio y el endocardio. || FAM. miocárdico, miocarditis.

mioceno, na adj. y m. Del cuarto periodo de la era terciaria, que se sitúa entre el oligoceno y el plioceno y que comenzó hace 26 millones de años, o relativo a él.

mioma m. Tumor formado por células y elementos musculares. || FAM. miomatosis.

miope adj y com. Que padece miopía. || *col.* Corto de alcances o de miras, poco perspicaz: *miope para los negocios.*

miopía f. Defecto de la visión causado por la incapacidad del cristalino de enfocar objetos lejanos. || Falta de perspicacia, cortedad de alcance. || FAM. miope.

miquear intr. *amer.* Andar de un lado para otro enredando. || *amer.* Coquetear.

miquería f. *col.* Monada, gesto o ademán gracioso.

mira f. Pieza de ciertos instrumentos sirve para dirigir la vista hacia un objeto o tirar visuales: *mira de un telescopio.* || Pieza de las armas de fuego que sirve para asegurar la puntería. || Cada uno de los renglones que se fijan verticalmente al levantar un muro. || Regla graduada utilizada en topografía que mide verticalmente los puntos del terreno que se quiere nivelar. || Intención, objeto o propósito, generalmente concreto. Más en pl.: *posee gran amplitud de miras.*

mirada f. Acción de mirar. || Vistazo, ojeada. || Modo de mirar.

mirado, da adj. Cauto, reflexivo y cuidadoso. || Que merece buena o mala opinión: *está muy bien mirado en su empresa.*

mirador, ra adj. Que mira. || m. Corredor, galería o terrado de un edificio desde donde se contempla el exterior. || Balcón cubierto y cerrado con cristales. || Lugar generalmente elevado desde donde se contempla un paisaje. || *amer.* Caseta que se hace en la azotea de una casa.

miraguano m. Palmera de poca altura de la familia palmáceas, propia de América y Oceanía, de hojas grandes y palmadas, flores en racimo y de cuyo fruto se

mísero

obtiene una materia algodonosa que envuelve la semilla. || Materia que se extrae del fruto de esta palmera, usada como relleno textil.

miramiento m. Atención o consideración de un asunto. || Respeto, atención y consideración a una persona, o que se guardan en la actuación.

mirar tr. Fijar la vista en un objeto. También prnl. || Tener por fin u objetivo: *solo mira por sí mismo.* || Observar las acciones de uno. || Pensar, sopesar: *mira bien lo que haces.* || Apreciar, estimar, tener en cuenta: *mira mucho la presentación de los trabajos.* || Estar enfrente: *mi ventana mira al parque.* || Cuidar, atender: *mira mucho por sus amigos.* || Buscar. También prnl.: *mírate en los bolsillos.* || **bien mirado** loc. adv. Pensado con detenimiento. || **de mírame y no me toques** loc. adj. *col.* Se apl. a la persona delicada de carácter o de salud, y también a la cosa de poca resistencia. || **¡mira quién habla!** loc. *col.* con que se reprocha que alguien critique un defecto que él mismo tiene. || **mirar** algo **por encima** loc. Examinarlo sin detenimiento. || **mirar mal** a alguien loc. Tenerle antipatía o enemistad: *sus vecinos lo miran mal.* || **mirar por encima del hombro** loc. *col.* Tratar con soberbia. || FAM. mira, mirada, mirado, mirador, miramiento, miranda, mirasol, mirilla, mirón.

mirasol m. Girasol, planta.

miríada f. Cantidad muy grande e indefinida.

miriagramo m. Unidad de medida de masa que equivale a diez mil gramos.

mirialitro m. Unidad de medida de capacidad que equivale a diez mil litros.

miriámetro m. Unidad de medida de longitud que equivale a diez mil metros.

miriápodo adj. y m. De los miriápodos o relativo a esta clase de artrópodos. || m. pl. Clase de artrópodos terrestres formada por animales antenados de respiración traqueal y cuerpo dividido en anillos con numerosos pares de patas, como el ciempiés.

mirilla f. Abertura que se realiza en la pared o en la puerta de la casa que dan al exterior para ver quién llama. || Ventanillo de la puerta exterior de las casas. || Pequeña abertura circular que tienen algunos instrumentos topográficos para dirigir visuales.

miriñaque m. Prenda interior femenina de tela rígida o muy almidonada armada con aros, que daba vuelo a las faldas. || *amer.* Armadura que se colocaba delante de la locomotora para apartar cualquier obstáculo que estorbara el paso.

miriópodo adj. y m. Miriápodo.

mirlo m. Nombre común de diversas especies de aves paseriformes de unos 25 cm de largo, de color generalmente negro con pico amarillo el macho y de color pardo la hembra, fácilmente domesticables y de canto aflautado y variado. || **mirlo acuático** Nombre común de diversas aves paseriformes de unos 18 cm de longitud, con el cuerpo rechoncho, plumaje pardo y la garganta y pecho claros. || **ser un mirlo blanco** loc. *col.* Ser excepcional o de extremada rareza.

mirón, ona adj. y s. Que mira con demasiada insistencia o curiosidad. || Que observa las actividades de los demás sin participar en ellas. || Voyerista.

mirra f. Resina gomosa roja y aromática usada en perfumería y medicina.

mirringa f. *amer.* Pizca, porción minúscula de algo.

mirtáceo, a adj. y f. De las mirtáceas o relativo a esta familia de plantas. || f. pl. Familia de las plantas angiospermas dicotiledóneas formada por árboles y arbustos leñosos cuyas ramas tienen glándulas de aceite esencial, con hojas lisas, flores en forma de tubo y fruto con diversas semillas sin albumen, como el eucalipto y el mirto.

mirto m. Planta arbustiva de la familia de las mirtáceas, de unos 2 a 3 m de altura, con las ramas flexibles, hojas de color verde vivo, duras y persistentes, flores olorosas pequeñas y blancas y fruto en bayas de color negro del que se extrae el aceite y ungüento de arrayán. || FAM. mirtáceo.

misa f. Ceremonia de la Iglesia católica en que se celebra el sacrificio de Cristo, ofreciendo su cuerpo y sangre bajo las especies del pan y el vino. || Composición musical escrita para acompañar las diversas partes de este rito. || **misa del gallo** La que se celebra a medianoche de la víspera o al comenzar la madrugada de Navidad. || **cantar misa** loc. Celebrar su primera misa un nuevo sacerdote. || **como si dicen misa** loc. *col.* Se usa para expresar despreocupación de las opiniones y comentarios de los demás. || **ir** algo **a misa** loc. *col.* Ser cierto o efectivo. || **no saber** uno **de la misa la media** o **la mitad** loc. *col.* Mostrarse ignorante. || **oír misa** loc. Asistir y estar presente a ella. || FAM. misacanto, misal.

misal adj. y m. Se apl. al libro litúrgico en que se contiene el orden y modo de celebrar la misa.

misantropía f. Rechazo, aversión al trato con los demás. || FAM. misantrópico, misántropo.

misántropo, pa m. y f. Persona que tiene aversión al trato con los demás.

miscelánea f. Mezcla de cosas de distinto origen o tipo. || Obra o escrito en que se tratan muchas materias inconexas y mezcladas. || *amer.* Tienda pequeña de ultramarinos. || FAM. misceláneo.

miserable adj. Desdichado, infeliz. || De escasa cuantía o valor. || adj. y com. Avariento, mezquino. || Malvado, perverso. || FAM. miserabilísimo, miserablemente.

miserere (voz lat.) m. Salmo bíblico número cincuenta, que comienza con esta palabra. || Ceremonia y canto solemne que se hace del mismo en Semana Santa.

miseria f. Desgracia, infortunio. || Estrechez, pobreza extrema. || Avaricia, mezquindad. || *col.* Cosa de poco valor o insignificante. || FAM. miserable, míseramente, miserando, miserear, mísero, misérrimo.

misericordia f. Inclinación a la compasión hacia los sufrimientos o errores ajenos. || En la doctrina cristiana, atributo divino por el que se perdonan y remedian los pecados y sufrimientos de sus criaturas. || Pieza en los asientos de los coros de las iglesias para descansar cuando se está en pie. || FAM. miserere, misericordioso.

misericordioso, sa adj. y s. Que siente o muestra misericordia. || FAM. misericordiosamente.

mísero, ra adj. Desdichado, infeliz. || De escasa cuantía o valor. || adj. y com. Avariento, mezquino. ◆ sup. irreg.: *misérrimo.*

misia o **misiá** f. *amer.* Tratamiento que equivale a 'mi señora'.

misil m. Proyectil autopropulsado y guiado electrónicamente, equipado con una o varias cabezas explosivas, nucleares o convencionales.

misión f. Cometido o deber moral que una persona o colectividad consideran necesario llevar a cabo. || Orden o encargo. || Poder que se da a una persona para desempeñar esa orden: *misión diplomática*. || Expedición encargada de un cometido político o científico: *misión antropológica*. || Peregrinación y predicación de la doctrina cristiana a pueblos que no la siguen o no la conocen. || Territorio y casa o centro donde se lleva a cabo esta predicación. || FAM. misional, misionar, misionario, misionero.

misionero, ra adj. De la misión evangélica o relativo a ella. || m. y f. Eclesiástico o seglar que predican la doctrina cristiana en las misiones.

misiva f. Carta, mensaje. || FAM. misivo.

mismo, ma adj. Idéntico, no otro ni diferente. || Semejante o igual. || Con sustantivos y pronombres personales, refuerza la identificación: *hazlo tú misma si tanto te importa*. || *amer.* Pospuesto a un sustantivo, significa completo, cabal: *es un tonto mismo*. || adv. Exacta e idénticamente: *me lo encontré mismo en esa esquina*. || Por ejemplo, indistintamente: *ella misma te lo dirá*. || **así mismo** adv. m. De este modo. || loc. adv. Asimismo. || FAM. mismamente, mismidad, mismísimo, mismito.

misoginia f. Aversión o rechazo hacia las mujeres. || FAM. misógino.

misógino, na adj. y s. Que odia o siente rechazo hacia las mujeres.

misquito, ta adj. y s. Del pueblo amerindio centroamericano que habita en la región costera de Nicaragua y Honduras o relativo a él.

miss (voz i.) f. Ganadora de un concurso de belleza. ◆ pl. *mises*.

mistela f. Bebida que se hace con aguardiente, agua, azúcar y otros ingredientes, como canela o hierbas aromáticas. || Vino obtenido sin fermentación de la mezcla de mosto de uva y alcohol vínico, de graduación superior a 13.

míster m. Ganador de un concurso de belleza. || Entrenador de fútbol.

mistérico, ca adj. Se apl. a la religión que cuenta con misterios y ritos secretos para iniciados.

misterio m. Hecho oscuro o arcano cuya explicación se desconoce. || Asunto secreto y muy reservado. || Arcano o dogma de cualquier religión, inaccesible a la razón o debe ser objeto de fe: *misterio de la Santísima Trinidad*. || En la religión cristiana, cada uno de los pasos de la vida, pasión y muerte de Jesucristo considerados por separado. || Representación escénica medieval de asunto religioso que se celebraba en los templos en festividades señaladas. || FAM. mistérico, misterioso.

misterioso, sa adj. Que encierra un misterio o sentido oculto. || Que da a entender misterios o cosas arcanas donde no las hay. || FAM. misteriosamente.

mística f. Parte de la teología que trata de la unión del hombre con la divinidad, de los grados de esta unión y de la vida contemplativa y espiritual en Dios. || Unión íntima y espiritual con la divinidad. || Conjunto de las obras literarias que tratan sobre esta experiencia. || FAM. misticismo, místico, misticón.

misticismo m. Estado de la persona que vive en la contemplación de Dios o dedicada a las cosas espirituales. || Estado de perfección religiosa que consiste en la unión inefable del alma con Dios. || Doctrina religiosa y filosófica que enseña la comunicación directa entre el hombre y la divinidad a través de la intuición o el éxtasis.

místico, ca adj. De la mística o relativo a ella. || adj. y s. Que se dedica a la vida contemplativa y espiritual. || Que escribe obras místicas. || *amer.* Remilgado. || FAM. místicamente.

mistificación f. Falseamiento, engaño.

mistificar tr. Falsear, falsificar o engañar. || FAM. mistificación, mistificador.

mistral adj. y m. Se apl. al viento frío y seco del noroeste.

mistura f. Mixtura. || FAM. misturar.

mita f. Reclutamiento forzoso para los trabajos públicos que realizaban los pueblos precolombinos. || Tributo que pagaban los indios de Perú. || *amer.* Porción de agua asignada a cada persona. || *amer.* Conjunto de ganado que se transporta en tren. || *amer. col.* Vez, turno. || *amer.* Cosecha de la hoja de coca.

mitad f. Cada una de las dos partes iguales en que se divide un todo. || Punto central que equidista de los extremos: *estás a mitad de camino*.

mítico, ca adj. Del mito o relativo a él. || Muy famoso, excepcional y de referencia obligada.

mitificación f. Conversión en mito. || Adoración o estima exageradas.

mitificar tr. Convertir en mito. || Conceder excesiva estima o valoración. || FAM. mitificación.

mitigación f. Moderación, disminución de la dureza o rigor de algo.

mitigar tr. y prnl. Moderar, aplacar o suavizar la dureza de algo. || FAM. mitigación, mitigadamente, mitigado, mitigador, mitigante, mitigativo, mitigatorio.

mitin m. Acto o reunión pública en la que se discuten asuntos políticos o sociales. || Reunión deportiva, en especial atletismo o ciclismo. || **dar el mitin** loc. *col.* Dar un escándalo, llamar mucho la atención. ◆ En algunas zonas de América alterna con la forma *mitín*. || FAM. mitinear, mitinero, mitinesco.

mito m. Narración fabulosa e imaginaria que intenta dar una explicación no racional a la realidad. || Conjunto de creencias e imágenes idealizadas que se forman alrededor de un personaje o fenómeno y que lo convierten en modelo o prototipo. || Invención, fantasía. || FAM. mítico, mitificar, mitografía, mitología, mitomanía.

mitocondria f. Órgano del citoplasma de las células con núcleo diferenciado que se ocupa de la respiración celular.

mitología f. Conjunto de leyendas y mitos acerca de los dioses, personajes fabulosos y héroes de un pueblo. || Conjunto de estos personajes. || Estudio de los mitos.

|| Conjunto de ideas, teorías o personas mitificadas. || FAM. mitológico, mitologista, mitólogo.

mitológico, ca adj. De la mitología o relativo a ella.

mitomanía f. Tendencia a desfigurar la realidad engrandeciéndola. || Adoración e idolatría por los personajes famosos. || FAM. mitómano.

mitómano, na adj. y s. Se apl. a la persona inclinada a la mitomanía.

mitón m. Guante de punto que deja al descubierto los dedos.

mitosis f. Tipo de división celular en el que a partir de una célula madre se originan dos células hijas con el mismo número de cromosomas y la misma información genética con el fin de mantener constante la dotación cromosómica de las células resultantes. ◆ No varía en pl.

mitote m. *amer.* Baile azteca ejecutado por gran número de indios muy adornados, que giraban en torno a una bandera y una vasija de la que bebían hasta caer embriagados. || *amer.* Fiesta casera. || *amer.* Melindre, aspaviento. || *amer.* Pendencia, alboroto. || *amer.* Chisme, bulo. || FAM. mitotero.

mitra f. Toca alta y puntiaguda que lleva el papa, los obispos, arzobispos y otros eclesiásticos en las celebraciones solemnes. || Dignidad de arzobispo u obispo, y territorio de su jurisdicción. || Rabadilla de las aves. || FAM. mitrado, mitral.

mitrado, da adj. Se apl. a la persona que puede usar mitra. || m. Arzobispo u obispo.

mitral adj. Se apl. a la válvula situada entre la aurícula y el ventrículo izquierdos del corazón de los mamíferos.

miura m. Toro de la ganadería de Miura, famosa por la bravura de sus reses. || *col.* Persona de gran coraje y fiereza.

mixiote m. *amer.* Membrana de albumen que recubre la penca del maguey. || *amer.* Carne que se prepara envuelta en esta membrana.

mixomatosis f. Enfermedad infecciosa de los conejos que inflama su piel y mucosas. ◆ No varía en pl.

mixomiceto adj. y m. De los mixomicetos o relativo a este grupo de hongos. || m. pl. Grupo de hongos unicelulares carentes de clorofila, cuyo talo se reduce a una masa amorfa y gelatinosa de protoplasma provista de numerosos núcleos.

mixteco, ca adj. y s. Del pueblo amerindio que en época precolombina ocupó parte de los actuales estados mexicanos de Oaxaca, Guerrero y Puebla, o relativo a él.

mixtela f. Mistela.

mixtificar tr. Mistificar. || FAM. mixtificación.

mixtilíneo, a adj. En geom., se apl. a la figura formada por líneas rectas y curvas, como el cono.

mixto, ta adj. Compuesto de elementos heterogéneos. || Aplicado a animales o vegetales, mestizo. || m. Cerilla, fósforo. || Sándwich de jamón y queso. || f. *amer.* Plato de arroz, judías y carne. || FAM. mixtamente, mixtifiori, mixtilíneo, mixtión, mixtura.

mixtura f. Mezcla de varias cosas diferentes. || Pan de varias semillas. || Medicamento compuesto de varios ingredientes. || Técnica que mezcla la pintura al óleo con polvo de mármol. || *amer.* Ramillete de flores que se da como obsequio. || FAM. mixturar, mixturero.

mízcalo m. Níscalo.

mnemotecnia f. Método usado para aumentar las facultades de la memoria. || En inform., método por medio del cual se forma una memoria artificial. || FAM. mnemónica, mnemotécnica.

mnemotécnica f. Mnemotecnia. || FAM. mnemotécnico.

mnemotécnico, ca adj. De la mnemotecnia o relativo a ella. || Que sirve para ayudar a recordar.

moaré m. Tela fuerte que forma aguas.

moaxaja f. Composición poética culta en árabe o hebreo que termina con una estrofa de carácter popular escrita en mozárabe, llamada jarcha.

mobiliario, ria adj. Mueble: *bienes mobiliarios.* || Del mueble o relativo a él. || m. Conjunto de muebles de una casa o edificio. || **mobiliario urbano** Conjunto de elementos facilitados por los ayuntamientos para el servicio público.

moca m. Café de muy buena calidad originario de Moka, en Arabia. || Crema de repostería elaborada con café, azúcar, mantequilla y vainilla.

mocárabe m. Adorno de bóvedas y cornisas compuesto de prismas acoplados y combinados geométricamente a modo de estalactitas, que terminan en un estrechamiento prismático.

mocasín m. Calzado artesanal hecho de una sola pieza de piel sin curtir, propio de los indios norteamericanos. || Calzado moderno sin tacón, cordones o hebillas, hecho a imitación del anterior.

mocedad f. Juventud, época de la vida humana que va de la pubertad a la edad adulta.

mocetón, ona m. y f. Persona joven, fuerte y robusta.

mocha f. *col.* Cabeza. || *amer.* Machete cuya barriga va ensanchando opuesta al mango, y termina en forma redonda o cuadrada.

mochales adj. *col.* Chiflado o medio loco: *tú estás mochales.* ◆ No varía en pl.

mochar tr. Dar golpes con la cabeza o topetadas. || *amer.* Hurtar, sisar. || *amer.* Amputar, cercenar. || *amer.* Cortar sin cuidado o desacertadamente.

mochila f. Saco o bolsa que se sujeta a la espalda por medio de correas y sirve para transportar diversos artículos personales. || Provisión de víveres que cada soldado lleva consigo en campaña. || *col.* Joroba, chepa. || *amer.* Maleta. || FAM. mochilear, mochilero.

mocho, cha adj. Falto de la punta o la debida terminación: *cuchillo mocho, torre mocha.* || Pelado o cortado al pelo. || *amer.* Mutilado. || *amer.* Conservador católico. || m. Remate grueso y romo de un instrumento, utensilio largo o arma. || *col.* Manojo de tejido absorbente que constituye uno de los extremos de la fregona. || FAM. mocha, mochales, mochuelo.

mochuelo m. Nombre común de diversas aves estrigiformes nocturnas de unos 20 cm, de cabeza redonda con pico curvo y grandes ojos amarillos, alas redondeadas y cola corta, con un plumaje suave, pardo oscuro y moteado en su parte superior y blanco con rayas pardas en la inferior. ‖ *col.* Asunto difícil o enojoso. ‖ En impr., omisión de una o más palabras que se comete en la composición de un texto. ‖ **cada mochuelo a su olivo** loc. *col.* Expresión con que se indica que se disuelve una reunión para que cada uno de los integrantes ocupe el puesto que debería estar ocupando. ‖ **cargar con el mochuelo** loc. *col.* Asumir la responsabilidad o culpa que nadie quiere para sí.

moción f. Proposición que se hace en una asamblea, congreso o junta deliberativa. ‖ Acción y resultado de moverse o ser movido. ‖ Vocal u otro signo que acompaña a las consonantes en las lenguas semíticas. ‖ Expresión morfológica del género por cambio de la terminación. ‖ **moción de censura** La que se realiza en un órgano representativo contra el equipo o jefe de Gobierno en que se propone otro candidato que puede sustituirle si triunfa. ‖ **moción de confianza** La que se realiza desde el Gobierno para confirmarse en él si triunfa. ‖ FAM. mocionar.

mocionar tr. *amer.* Presentar una moción.

moco m. Secreción viscosa de las membranas mucosas, en especial la que fluye por la nariz. Más en pl. ‖ *argot* Borrachera. ‖ **llorar a moco tendido** loc. *col.* Llorar fuertemente y sin parar. ‖ **no ser** algo **moco de pavo** loc. *col.* Tener cierta importancia, mérito o valor. ‖ FAM. mocoso, moquear, moquero, moquillo.

mocoso, sa adj. Que tiene la nariz llena de mocos. ‖ adj. y s. *col.* Se apl. al niño o al joven que pretende comportarse con una osadía y madurez que no tiene. ‖ FAM. mocosuelo.

moda f. Uso, modo o costumbre que está vigente y se sigue de manera pasajera. ‖ Tendencias de las prendas de vestir o complementos. ‖ Estas prendas o complementos. ‖ **estar de moda** loc. Estar en plena vigencia un estilo o costumbre. ‖ **pasarse de moda** loc. Perder vigencia, resultar anticuado. ‖ FAM. modelo, modisto.

modal adj. De los modos del verbo o relativo a ellos. ‖ m. pl. Comportamiento habitual y ademanes externos que reflejan la educación de una persona: *tiene unos modales exquisitos en la mesa.*

modalidad f. Modo de ser o de manifestarse una cosa.

modelable adj. Que puede ser modelado.

modelado m. Técnica que consiste en modelar figuras en una materia. ‖ Morfología de un terreno en función de la acción erosiva.

modelar tr. Obtener y formar una figura de una materia blanda. ‖ Dar relieve a las figuras mediante el sombreado. ‖ Formar o configurar el carácter de acuerdo con unos rasgos o principios determinados. ‖ FAM. modelable, modelación, modelado, modelador, modelaje, modelista.

modélico, ca adj. Que sirve o puede servir de modelo.

modelismo m. Arte de construir modelos o reproducciones de modelos reales a escala reducida. ‖ FAM. modelista.

modelista com. Operario encargado de los moldes para el vaciado de piezas de metal, cemento, etc. ‖ Especialista en la creación de modelos o maquetas.

modelo m. Arquetipo digno de ser imitado que se toma como pauta para seguir. ‖ Vestido diseñado y confeccionado por un modisto o casa de costura. ‖ Representación a escala reducida de alguna cosa. ‖ Objeto, aparato o construcción realizado conforme a un mismo diseño. ‖ Referido a empresas, la que es ejemplar. ‖ Figura de barro, yeso o cera que se reproduce en un material más sólido. ‖ com. Persona encargada de exhibir prendas de vestir o complementos. ‖ En arte, persona u objeto que copia el artista. ‖ FAM. modelar, modelismo.

módem m. En inform., codificador y decodificador de señales digitales en señales analógicas susceptibles de trasladarse por una línea de telecomunicaciones.

moderación f. Ajuste o disminución de lo que se considera excesivo. ‖ Comedimiento o templanza en el comportamiento. ‖ FAM. moderado.

moderado, da adj. Que tiene moderación. ‖ Que se sitúa en el medio de dos extremos. ‖ adj. y s. Partidario o seguidor del moderantismo. ‖ FAM. moderadamente.

moderador, ra adj. y s. Que modera. ‖ m. y f. Persona que preside o dirige un debate, asamblea o mesa redonda. ‖ m. Presidente de una reunión o asamblea en las iglesias protestantes. ‖ En fís., sustancia que reduce la energía cinética de los neutrones sin absorberlos.

moderantismo m. Doctrina política reaccionaria basada en el principio de autoridad y la moderación en las reformas.

moderar tr. Templar o ajustar lo que se considera excesivo. También prnl. ‖ Presidir o dirigir un debate, asamblea o mesa redonda, controlando el turno de palabra. ‖ FAM. moderabilidad, moderable, moderación, moderado, moderador, moderamiento, moderantismo, moderativo, moderato, moderatorio.

moderato adv. m. En mús., de un movimiento moderado, entre el andante y el alegro. ‖ m. Composición o movimiento que se ejecuta con este movimiento.

modernidad f. Cualidad de lo moderno. ‖ *col.* Conjunto de la gente que se considera moderna.

modernismo m. Afición excesiva a lo moderno. ‖ Movimiento artístico y decorativo de finales del siglo XIX y principios del XX, caracterizado por la profusión de motivos naturales, las líneas curvas y un uso depurado del color. ‖ Movimiento literario surgido en Hispanoamérica y España a finales del siglo XIX y principios del XX, que se relacionó con el parnasianismo y simbolismo franceses, de tendencia exótica y esteticista. ‖ FAM. modernista.

modernista adj. Del modernismo o relativo a él. ‖ adj. y com. Partidario o seguidor de este movimiento artístico o literario.

modernización f. Adopción de rasgos modernos o de aspecto moderno.

modernizar tr. Dar cualidades modernas o aspecto moderno. ‖ FAM. modernización.

moderno, na adj. Reciente, nuevo, que existe desde hace poco. ‖ Acorde con el tiempo actual, avanzado en sus características, ideas, usos o costumbres. ‖ De la Edad Moderna o relativo a este periodo comprendido entre la Edad Media y la Edad Contemporánea (siglos XV al XVIII). ‖ *amer.* Tardío, torpe en sus movimientos. ‖ m.

pl. Los que viven en la actualidad o han vivido hace poco tiempo. ‖ FAM. modernamente, modernidad, modernismo, modernización, modernizar.

modestia f. Humildad, falta de vanidad y no ostentación de los propios méritos. ‖ Sencillez, falta de lujo. ‖ Pobreza, escasez de medios o recursos. ‖ FAM. modesto.

modesto, ta adj. Humilde, sin vanidad. ‖ Sencillo, sin lujos. ‖ Escaso, pobre. ‖ FAM. modestamente.

módico, ca adj. Moderado, escaso, limitado: *módico precio*. ‖ FAM. módicamente, modicidad.

modificación f. Transformación de algunas características sin modificar la esencia. ‖ En gram., determinación del sentido de una palabra. ‖ Cambio que se produce en los caracteres anatómicos o fisiológicos de un ser vivo y que no se transmite por herencia.

modificador, ra adj. y s. Que modifica. ‖ m. En gram., palabra que determina o modifica sintáctica o semánticamente a otra.

modificar tr. Transformar respecto de un estado inicial, alterando algunas características pero sin modificar la esencia. También prnl. ‖ En gram., limitar o determinar el sentido de una palabra: *el adjetivo modifica al sustantivo*. ‖ FAM. modificable, modificación, modificador, modificante, modificativo, modificatorio.

modillón m. Saledizo sobre el que descansa una cornisa, alero o los extremos de un dintel.

modismo m. Frase hecha, expresión fijada en una lengua que se aparta del significado recto o las reglas de la gramática.

modisto, ta m. y f. Persona que se dedica al diseño de prendas de vestir. ‖ Persona que confecciona prendas de vestir. ‖ FAM. modista, modistilla.

modo m. Forma o manera de ser, acaecer o hacerse una cosa. ‖ Accidente gramatical del verbo que expresa la actitud del hablante en el momento de la enunciación. ‖ Disposición de los sonidos que forman una escala musical. ‖ Moderación, templanza: *bebes sin modo*. ‖ pl. Urbanidad o cortesía en el comportamiento o en el trato con los demás. ‖ **al** o **a modo** loc. adv. Como o a la manera de. ‖ **de cualquier modo** loc. adv. Sin cuidado. ‖ **de modo que** loc. conjunt. Por tanto. ‖ **de ningún modo** loc. adv. En absoluto, de ninguna manera. ‖ **de todos modos** loc. adv. A pesar de todo. ‖ **en cierto modo** loc. adv. Hasta cierto punto, en cierto sentido. ‖ FAM. moda, modal, modalidad, modelar, modelo, moderar, moderno, modestia, módico, modificar, modismo, modoso, módulo.

modorra f. Somnolencia, sopor profundos. ‖ Enfermedad parasitaria del ganado lanar causada por la presencia de larvas de tenia en el cerebro de las reses. ‖ FAM. modorro, modorrar.

modorro, rra adj. Que padece modorra. ‖ adj. y s. Que se ha azogado en las minas. ‖ Ignorante, torpe.

modoso, sa adj. Recatado, comedido, que tiene buen comportamiento y educación. ‖ FAM. modosidad.

modulable adj. Que se puede modular. ‖ Que se puede estructurar o componer por módulos.

modulación f. Modificación de la frecuencia o amplitud de las ondas eléctricas para la mejor transmisión y recepción de las señales. ‖ Variación ininterrumpida y armoniosa del tono y calidades del habla en el discurso o del canto en el curso de una composición musical.

modulador, ra adj. y s. Que modula. ‖ m. Circuito electrónico capaz de modular una onda portadora.

modular[1] tr. Variar interrumpida y armoniosamente el tono y calidades del habla en el discurso o del canto en el curso de una composición musical. ‖ Modificar la frecuencia o amplitud de las ondas eléctricas para la mejor transmisión y recepción de las señales. ‖ En mús., pasar de una tonalidad a otra. ‖ FAM. modulable, modulación, modulador, modulante.

modular[2] adj. Del módulo o relativo a él.

módulo m. Dimensión que convencionalmente se toma como unidad de medida, y más en general, todo lo que sirve de norma o regla. ‖ Pieza o conjunto unitario de piezas que se repiten o encajan en una construcción de cualquier tipo. ‖ Cada una de las partes independientes y autónomas en un vehículo espacial. ‖ Conjunto de materias que constituyen una rama de enseñanza en el sistema educativo español. ‖ FAM. modular.

modus operandi loc. lat. Manera especial de actuar para conseguir determinado fin.

modus vivendi loc. lat. Modo especial de vivir.

mofa f. Burla que se hace a costa de algo o de alguien: *hace mofa de lo divino y de lo humano*.

mofarse prnl. Burlarse de modo hiriente o despectivo. ‖ FAM. mofa, mofador, mofadura.

mofeta f. Nombre común de diversos mamíferos carnívoros americanos de unos 40 cm de longitud más 20 de cola, de cabeza pequeña y hocico prominente, patas cortas, pelo largo y erizado de color pardo en el lomo y vientre y blanco en los costados y la cola, que se caracterizan por tener unas glándulas cercanas al ano que segregan un olor desagradable. ‖ Gas irrespirable que se desprende de las minas y otros lugares subterráneos.

moflete m. *col.* Mejilla gruesa y carnosa. ‖ FAM. moflearse, mofletudo.

mogol, la adj. y s. Mongol. ‖ **gran mogol** Título que recibían los soberanos de una dinastía mahometana de la India. ‖ FAM. mogólico.

mogollón m. *col.* Abundancia, gran cantidad de algo. ‖ *col.* Lío, barullo que produce mucha gente reunida.

mogote m. *amer.* Trozo de césped. ‖ *amer.* Montón, lío.

mohair (voz i.) m. Pelo de la cabra de Angora. ‖ Tejido que se hace con él.

mohawk (voz i.) adj. y com. De un pueblo indígena norteamericano que en la actualidad habita a ambos lados del río San Lorenzo, en la frontera canadiense, o relativo a él. ◆ pl. *mohawks*, aunque también se usa como invariable.

mohicano, na adj. y s. De una tribu amerindia asentada en el valle del río Hudson o relativo a ella. ‖ m. Lengua de este pueblo.

mohín m. Mueca o gesto de disgusto.

mohíno, na adj. Triste, melancólico, disgustado. ‖ Se apl. al mulo descendiente del cruce de caballo y burra. ‖ adj. y s. Se dice del ganado caballar y vacuno que tiene el pelo muy negro. ‖ FAM. mohín.

moho m. Nombre común de los hongos ascomicetos filamentosos que se desarrollan sobre materia orgánica, en condiciones de humedad o descomposición. ‖ Capa que se forma por alteración química en la superficie de un cuerpo metálico, como la herrumbre o el cardenillo. ‖ FAM. mohosearse, mohoso.

mohosearse prnl. *amer.* Enmohecerse.

mohoso, sa adj. Cubierto de moho.

moisés m. Cuna portátil para bebés, en forma de cesto con dos asas y sin patas. ◆ No varía en pl.

mojada f. *col.* Herida de arma blanca.

mojado, da adj. En fon., se apl. al sonido palatalizado, pronunciado por contacto de la lengua contra el paladar. ‖ m. Acción y efecto de mojar.

mojador, ra adj. y s. Que moja. ‖ m. Utensilio que contiene una esponja empapada, usado para mojarse la punta de los dedos el que cuenta billetes o para humedecer los sellos antes de pegarlos en los sobres.

mojama f. Cecina de atún. ‖ FAM. amojamar.

mojar tr. Humedecer con agua, líquido o una materia semilíquida. También prnl. ‖ *col.* Beber para celebrar algo: *esto hay que mojarlo.* ‖ *col.* Apuñalar a alguien. ‖ tr. y prnl. Orinar. ‖ intr. Introducirse o tomar parte en un asunto. ‖ *vulg.* Tener relaciones sexuales el hombre. ‖ prnl. *col.* Comprometerse o hacerse responsable de algo. ‖ FAM. mojada, mojado, mojador, mojadura, moje, mojicón, mojo.

mojarra f. Pez osteíctio perciforme de cuerpo ovalado y comprimido, boca de dientes afilados, ojos grandes, de color oscuro con tres manchas negras. ‖ Lancha pequeña al servicio de las almadrabas. ‖ *amer.* Cuchillo ancho y corto.

moje m. Salsa de cualquier guiso.

mojicón m. Golpe que se da en la cara con la mano. ‖ Especie de bizcocho hecho de mazapán y azúcar, cortado en trozos y bañado. ‖ Bollo fino que se usa para mojar en chocolate.

mojiganga f. Fiesta pública carnavalesca que se hace con varios disfraces ridículos, enmascarados los hombres, especialmente en figuras de animales. ‖ Representación dramática breve, de carácter cómico y satírico, en que se introducen figuras ridículas y extravagantes. ‖ Burla, sátira o cosa ridícula. ‖ *amer.* Promesa o amenaza sin valor.

mojigatería f. Humildad fingida y falsedad. ‖ Simulación de sentirse moralmente escandalizado.

mojigato, ta adj. y s. Que finge timidez y humildad. ‖ Que tiene o finge un recato exagerado y se escandaliza fácilmente. ‖ FAM. mojigatería, mojigatez.

mojito m. Cóctel hecho de ron, azúcar, zumo de limón, gaseosa y hierbabuena.

mojo m. Salsa picante de origen canario hecha con ajos, guindilla, cominos, pimentón, aceite y vinagre. ‖ *amer.* Mojito. ‖ FAM. mojito.

mojón m. Señal permanente que se pone para fijar los límites de propiedades o territorios. ‖ P. ext., señal que sirve de guía. ‖ Porción compacta de excremento humano que se expele de una vez. ‖ FAM. mojonear, mojonera.

moka m. Moca.

mol m. Molécula gramo, cantidad de sustancia cuya masa en gramos es igual a su masa atómica. ‖ FAM. molaridad.

molar adj. De la muela o relativo a ella. ‖ Apto para moler. ‖ Se apl. a cada una de las muelas de los mamíferos. Más como m.

molar intr. *col.* Gustar o agradar mucho una cosa. ‖ FAM. molón.

molaridad f. Concentración de una solución expresada en número de moles disueltos por litro de disolución.

molasa f. Roca sedimentaria detrítica de color verdoso y origen marino, perteneciente a las areniscas, que abunda en las fosas marginales de las cordilleras.

moldavo, va adj. y s. De Moldavia o relativo a esta república europea.

molde m. Objeto hueco que da forma a la materia que en él se solidifica. ‖ Esquema, norma. ‖ En impr., conjunto de letras o forma ya dispuesta para imprimir. ‖ **de molde** loc. adj. Lo impreso, a distinción de lo manuscrito: *letra de molde.* ‖ FAM. moldar, moldear, moldura.

moldeable adj. Que se puede moldear.

moldeado m. Realización de una figura mediante un molde. ‖ Modelado. ‖ Ondulado del pelo aplicando ciertos productos químicos.

moldeador, ra adj. y s. Que moldea. ‖ m. Procedimiento químico para ondular el pelo.

moldear tr. Dar forma a una materia en un molde. ‖ Modelar. ‖ Sacar el molde de una figura. ‖ Desarrollar el carácter de alguien en sus gustos, sentimientos, ideas, etc. ‖ Rizar o dar forma al cabello. ‖ FAM. moldeable, moldeado, moldeador, moldeamiento, moldeo.

moldura f. Parte saliente de perfil uniforme, que sirve para adornar o reforzar obras de arquitectura, carpintería, etc. ‖ FAM. molduraje, moldurar.

mole f. Cosa maciza y voluminosa. ‖ Corpulencia en una persona o animal. ‖ FAM. molécula.

molécula f. Conjunto de átomos iguales o diferentes, unidos por enlaces químicos, que constituyen la mínima porción de una sustancia que puede separarse sin alterar sus propiedades. ‖ **molécula gramo** Mol, cantidad de sustancia que expresada en gramos coincide con su peso molecular. ‖ FAM. mol, molecular.

molecular adj. De las moléculas o relativo a ellas.

moler tr. Reducir un cuerpo sólido a polvo o pequeñas partículas por presión o fricción. ‖ Cansar o fatigar mucho físicamente. También intr. ‖ Hacer daño, maltratar. ‖ Molestar. ◆ Irreg. Se conj. como *mover.* ‖ FAM. moledera, moledero, moledor, moledura, molienda, molimiento, molino.

molestar tr. Causar molestia, incomodidad o fastidio. ‖ tr. y prnl. Enfadar, ofender. ‖ prnl. Tomarse interés.

molestia f. Perturbación, fatiga. ‖ Enfado, fastidio, disgusto. ‖ Desazón por daño leve o falta de salud. ‖ Falta de comodidad o impedimento. ‖ FAM. molestar, molesto, molestoso.

molesto, ta adj. Que causa molestia. ‖ Que siente molestia. ‖ FAM. molestamente.

molestoso, sa adj. *amer.* Que causa molestia.

molibdeno m. Elemento químico metálico, duro, de color y brillo plomizos, maleable y quebradizo, pero difícil de fundir, que se emplea para la fabricación de aceros especiales. Su símbolo es *Mo*, y su número atómico, *42*.

molicie f. Comodidad o regalo excesivos.

molienda f. Reducción de un cuerpo a pequeñas partículas o polvo. ‖ Cantidad de caña de azúcar o grano que se muele de una vez. ‖ Temporada que dura la operación de moler la aceituna o la caña de azúcar. ‖ *col.* Acción de molestar a uno. ‖ *col.* Cosa que causa molestia.

molinero, ra adj. Del molino o relativo a él. ‖ m. y f. Persona que tiene a su cargo un molino o trabaja en él.

molinete m. Ruedecilla giratoria con aspas que se pone en las vidrieras de una habitación para renovar el aire. ‖ Aparato provisto de un eje con aspas que permite el paso de las personas de una en una. ‖ Molinillo, juguete que consiste en una varilla en cuya punta hay una rueda o estrella que gira movida por el viento. ‖ Máquina usada para izar y arriar las anclas de un buque. ‖ Pase de capa o muleta en que el torero gira en sentido contrario al de la embestida del toro. ‖ *amer.* Girándula. ‖ FAM. molinetear.

molinillo m. Instrumento pequeño para moler: *molinillo de café.* ‖ Juguete que consiste en una varilla en cuya punta hay una rueda o estrella que gira movida por el viento. ‖ Palillo con una cabeza gruesa y dentada usado para batir el chocolate.

molino m. Máquina usada para moler, triturar o pulverizar: *molino de aceite.* ‖ Edificio donde está instalada. ‖ FAM. molinería, molinero, molinete, molinillo.

molla f. Parte magra de la carne. ‖ Miga del pan. ‖ Michelín, acumulación de grasa en el cuerpo. ‖ Desarrollo muscular localizado. ‖ FAM. molleja.

mollar adj. Blando y fácil de partir. ‖ Se apl. a lo que da mucha utilidad, sin carga o esfuerzo considerable. ‖ *col.* Referido a una persona, que es fácil de engañar.

molleja m. Estómago muscular de las aves granívoras, donde se trituran los alimentos mezclados con los jugos gástricos. ‖ Apéndice carnoso de las reses jóvenes, formado la mayoría de las veces por infarto de las glándulas. Más en pl.

mollera f. Parte superior del cráneo y, p. ext., cabeza. ‖ Inteligencia, seso. ‖ Fontanela, espacio situado en la parte más alta de la frente. ‖ **ser cerrado** o **duro de mollera** loc. *col.* Ser poco inteligente, tonto. ‖ Ser obstinado y cabezota.

mollete m. Panecillo ovalado, esponjado y poco cocido. ‖ Molla del brazo. ‖ Moflete. ‖ *amer.* Pan que se da a los soldados o los presos.

molón, ona adj. *col.* Bonito, que gusta o agrada mucho. ‖ *amer.* Fastidioso, cargante. ‖ m. Rueda de molino, en especial el molino de aceite. ‖ *amer.* Trozo de piedra sin labrar.

molonquear tr. *amer.* Sacudir, mover violentamente. ‖ *amer.* Sacudir, golpear.

molusco adj. y m. De los moluscos o relativo a este filo de invertebrados. ‖ m. pl. Filo de animales invertebrados de cuerpo blando no segmentado, bolsa que contiene las vísceras y pie, que puede estar desnudo, como en el caso del pulpo, o revestido de una concha, como en el caso de las ostras.

momentáneo, a adj. Que dura muy poco tiempo. ‖ Que sucede o se ejecuta rápidamente, en el momento. ‖ FAM. momentáneamente.

momento m. Espacio de tiempo muy breve en relación con otro. ‖ Instante, porción brevísima de tiempo. ‖ Instante que se singulariza subjetivamente. ‖ Oportunidad, ocasión propicia. ‖ Presente, el ahora o tiempo actual. ‖ **a cada momento** loc. adv. Con frecuencia, continuamente. ‖ **al momento** loc. adv. Al instante, sin tardar. ‖ **de momento** loc. adv. Por de pronto. ‖ **de un momento a otro** loc. adv. Pronto, sin tardanza. ‖ FAM. momentáneo.

momia f. Cadáver desecado por medios naturales o artificiales, que se ha conservado sin corromperse. ‖ Persona muy delgada y demacrada. ‖ FAM. momificar, momio.

momificación f. Proceso por el que se transforma un cadáver en momia.

momificar tr. y prnl. Convertir en momia un cadáver. ‖ FAM. momificación.

momio, mia adj. y m. Magro, sin sebo. ‖ m. Lo que se da u obtiene sin trabajo o por poco dinero: *estos saldos son un momio.*

momo m. Gesto exagerado o ridículo que se hace para divertir.

mona[1] f. Borrachera. ‖ Refuerzo que se ponen los picadores en la pierna derecha.

mona[2] f. Hornazo, bollo en forma de rosca adornado con huevos. ‖ **mona de Pascua** La que es típica de la Pascua de Resurrección. ‖ Dulce de chocolate en forma de huevo que regalan los padrinos a sus ahijados en esta fecha. ‖ **mandar a freír monas** loc. *col.* Despedir a alguien con malos modos.

monacal adj. De los monjes, de las monjas, o relativo a ellos.

monacato m. Estado o modo de vida del monje. ‖ Institución monástica. ‖ FAM. monacal, monaquismo.

monada f. Persona, animal o cosa pequeña, delicada y bonita. ‖ Gesto o ademán gracioso. ‖ Halago, zalamería. ‖ Monería.

mónada f. Cada una de las sustancias indivisibles de distinta naturaleza, dotadas de voluntad, que componen el universo, según el filósofo alemán Leibniz. ‖ Miembro del grupo de protozoos flagelados caracterizados por la ausencia de núcleo. ‖ f. pl. Antigua nomenclatura de este grupo.

monaguillo m. Niño que ayuda al sacerdote en la misa y en otros servicios litúrgicos. ‖ FAM. monago.

monarca com. Soberano de una monarquía. ‖ FAM. monarquismo.

monarquía f. Forma de gobierno en que la soberanía es ejercida por una persona, que la recibe con carácter vitalicio y hereditario. ‖ Estado o territorio regido de este modo. ‖ Periodo de tiempo durante el que se mantiene esta forma de gobierno. ‖ **monarquía absoluta** Aquella en que el poder del rey no está limitado en ningún sentido. ‖ **monarquía constitucional** Aquella en que el poder del rey está sujeto a la constitución y la soberanía reside en el pueblo a través de sus representantes. || FAM. monarca, monárquico.

monárquico, ca adj. Del monarca, de la monarquía o relativo a ellos. || adj. y s. Partidario de esta forma de gobierno. || FAM. monárquicamente.

monasterio m. Casa o convento donde vive una comunidad de religiosos o religiosas de una orden, que suele situarse fuera de una población. || FAM. monasterial, monástico.

monástico, ca adj. Del monacato, del monasterio, o relativo a ellos. || FAM. monásticamente.

monda f. Acción y resultado de mondar. || Mondadura, piel, cáscara o corteza que se quita a un fruto. || **ser la monda** loc. col. Ser muy divertido e ingenioso. || col. Increíble o indignante.

mondadientes m. Palillo utilizado para limpiar los restos de comida que quedan entre los dientes, usado también con otros fines. ◆ No varía en pl.

mondadura f. Despojo, peladura de lo que se monda.

mondar tr. Quitar la piel, cáscara o corteza de un fruto. || Limpiar algo quitando lo superfluo o extraño. || Limpiar el cauce de un río o canal. || Podar. || col. Cortar a uno el pelo. || col. Quitar a uno lo que tiene, en especial el dinero. || prnl. col. Reírse mucho. || FAM. monda, mondadientes, mondadura.

mondo, da adj. Limpio de cosas superfluas. || Que carece de algo, en especial de pelo o de dinero. || **mondo y lirondo** loc. col. Limpio, sin añadidura. || FAM. mondar, morondo.

mondongo m. Intestino y panza de los animales, especialmente de las reses. || col. Los de las personas. || amer. Traje o adorno ridículo. || FAM. mondonguería, mondonguero, mondonguil.

moneda f. Pieza de metal acuñada, generalmente redonda, que sirve de medida común de cambio por su valor efectivo o atribuido. || Unidad monetaria de un Estado. || **pagar con la misma moneda** loc. Actuar en venganza devolviendo una acción con otra. || FAM. monedar, monedero, monetario, monetarismo, monetizar.

monedero, ra m. y f. Persona que fabrica moneda. || m. Portamonedas, saquito o cartera en cuyo interior se lleva dinero en metálico.

monegasco, ca adj. y s. De Mónaco o relativo a este principado europeo.

monema m. En ling., unidad mínima dotada de significado, según la terminología de A. Martinet: *los lexemas son monemas dotados de significado léxico.*

mónera m. Organismo del reino de los moneras. || m. pl. Reino constituido por los organismos formados por células procariotas, en las que no existe membrana que separe el núcleo del citoplasma.

monería f. Gesto o acción propia de un mono. || Gesto o ademán gracioso. || Persona, animal o cosa pequeña, delicada y bonita. || Halago, zalamería.

monetario, ria adj. De la moneda, del dinero, o relativo a ellos. || m. Colección numismática. || Lugar o conjunto de departamentos donde se guardan la piezas de esta colección.

monetarismo m. Doctrina que considera las fluctuaciones económicas resultado de los fenómenos monetarios y propugna el control del dinero en circulación. || FAM. monetarista.

monetizar tr. Dar curso legal como moneda. || Hacer moneda.

monga f. amer. Catarro fuerte, gripe.

mongol, la adj. y s. De Mongolia o relativo a esta nación asiática. || De un grupo étnico asiático caracterizado por el color amarillo oliváceo de su piel, pelo liso y ojos oscuros de forma almendrada, o relativo a él. || m. Lengua turcomogola de esta nación. || FAM. mongólico, mongolismo, mongoloide.

mongólico, ca adj. Mongol. || Del mongolismo o relativo a él. || adj. y s. Que padece esta enfermedad.

mongolismo m. Antigua denominación del síndrome de Down.

mongoloide adj. y com. De tipo o rasgos físicos de las etnias mongolas, es decir, de piel amarillenta, ojos oblicuos y pelo lacio y oscuro.

monicaco, ca m. y f. Persona débil, de poco carácter o importancia. || Niño pequeño. ◆ Se usa como apelativo cariñoso. || amer. Hipócrita beato y santurrón.

monigote m. Muñeco o figura ridícula. || Dibujo mal hecho o infantil. || Persona sin carácter ni valor. || amer. Seminarista. || amer. Monaguillo. || amer. Nombre vulgar de un bejuco silvestre de flores blancas.

monipodio m. Conjunto de personas que se asocian para fines ilícitos.

monis m. col. Moneda, dinero. ◆ No varía en pl.

monismo m. Doctrina metafísica que concibe todos los aspectos de la realidad, la materia y el espíritu, lo físico y lo psíquico, como fenómenos o aspectos idénticos en su esencia por ser aspectos de una misma sustancia. || FAM. monista.

monito m. amer. Juego en que dos jugadores se arrojan mutuamente la pelota, evitando que una tercera, que está en el medio, pueda atraparla. || amer. Jugador que se coloca en el medio en este juego.

monitor[1] m. Dispositivo electrónico que facilita datos para poder vigilar el funcionamiento de un sistema o actividad. || Pantalla del ordenador. || FAM. monitorización, monitorizar.

monitor[2]**, ra** m. y f. Persona que guía el aprendizaje de alguna actividad deportiva o cultural. || FAM. monitoría, monitorio.

monja f. Religiosa que pertenece a la comunidad de una orden o congregación, a la que se liga por votos solemnes. || f. pl. Partículas de papel que quedan encendidas y se van apagando poco a poco. || **monja blanca** amer. Flor nacional de Guatemala, de la familia de las orquidáceas. || FAM. monjil.

monje m. Religioso que pertenece a una orden monacal cuyos integrantes viven en comunidad en monasterios. || Anacoreta, individuo que vive retirado, dedicado a la oración y la penitencia. || FAM. monja.

monjil adj. Propio de las monjas o relativo a ellas.

mono- pref. que significa 'único' o 'uno solo': *monocameralismo, monografía.*

mono, na adj. Bonito, lindo, gracioso. || adj. y s. *amer.* Rubio. || m. y f. Nombre genérico con que se designa a cualquiera de los animales del orden de los primates no humanos o simios. || *col.* Persona muy fea. || m. Figura humana o de animal hecha de cualquier materia, o pintada o dibujada. || Traje de pantalón y cuerpo en una sola pieza, de tela fuerte, que usan los motoristas, mecánicos, obreros, etc. || Prenda de vestir parecida a este traje. || *argot* Síndrome de abstinencia, especialmente referido a los drogodependientes. || P. ext., deseo vehemente de algo. ||**¿tengo monos en la cara?** loc. *col.* Expresión con que se contesta a quien mira insistentemente. || FAM. mona, monada, monería.

monociclo m. Velocípedo de una sola rueda sostenida por una barra con sillín.

monocito m. Leucocito de un único núcleo grande y redondeado.

monoclinal adj. y m. Se apl. a la estructura o al plegamiento en el que todos los estratos tienen un mismo buzamiento y dirección.

monocolor adj. Monocromo, de un solo color. || Se apl. al grupo en que predomina una sola tendencia política o ideológica.

monocorde adj. Se apl. al instrumento musical de una sola cuerda. || Se dice de la emisión de sonidos que repite una misma nota. || Monótono, sin variaciones.

monocotiledóneo, a adj. y f. De las monocotiledóneas o relativo a este grupo de plantas. || f. pl. Grupo de las plantas angiospermas cuyo embrión tiene un solo cotiledón, como la palmera y el azafrán.

monocromático, ca adj. Monocromático. || En fís., se apl. a la radiación que está compuesta por vibraciones de una sola frecuencia.

monocromía f. Calidad de monocromo. || Composición artística realizada en un solo color. || FAM. monocromático, monocromo.

monocromo, ma adj. De un único color.

monóculo m. Lente para un solo ojo. || FAM. monocular.

monocultivo m. Sistema agrícola que cultiva toda la tierra disponible con una sola especie vegetal.

monodia f. Composición y canto para una sola voz. || FAM. monódico.

monofásico, ca adj. Se apl. al circuito o a la corriente alterna que utiliza una de las tres fases o hilo de línea y un hilo neutro.

monogamia f. Régimen familiar que prohíbe tener más de un cónyuge al mismo tiempo. || Estado del hombre o de la mujer que solo se ha casado una vez. || FAM. monogámico, monógamo.

monógamo, ma adj. De la monogamia o relativo a ella. || Se apl. al animal que se aparea solo con un individuo de otro sexo. || adj. y s. Casado con un solo cónyuge.

monografía f. Estudio o investigación sobre un tema particular. || FAM. monográfico.

monográfico, ca adj. De la monografía o relativo a ella. || m. Monografía.

monograma m. Dibujo o figura formado con dos o más letras tomadas de un nombre, que se emplea como distintivo de este.

monoico, ca adj. Se apl. a la planta que tiene separadas las flores masculinas y femeninas, pero en un mismo pie.

monolingüismo m. Uso de una sola lengua. || FAM. monolingüe.

monolítico, ca adj. Del monolito o relativo a él. || Que está hecho con una sola piedra. || Que presenta una gran cohesión, compacto, sólido.

monolito m. Monumento de piedra de una sola pieza: *monolito prehistórico.* || FAM. monolítico, monolitismo.

monólogo m. Reflexión en voz alta de una persona para sí misma o ante otras personas que no intervienen. || Parte de una obra o pieza dramática completa en la que habla un solo personaje. || FAM. monologar.

monomanía f. Preocupación o afición desmedida y obsesiva por algo. || FAM. monomaniaco, monomaniático.

monomaníaco, ca o **monomaniaco, ca** adj. y s. Que padece una monomanía.

monómero m. Compuesto de peso molecular bajo.

monometalismo m. Sistema monetario que tiene como patrón un solo metal. || FAM. monometalista.

monomio m. Expresión algebraica que consta de un solo término.

mononuclear adj. Se apl. al leucocito formado por un solo núcleo. || FAM. mononucleosis.

mononucleosis f. Enfermedad que consiste en el aumento anormal en la sangre de un tipo de glóbulos blancos. ◆ No varía en pl.

monopartidismo m. Sistema político en el que existe o predomina un solo partido. || FAM. monopartidista.

monopatín m. Patín formado por una tabla provista de ruedas en su parte inferior para desplazarse.

monopétalo, la adj. Se apl. a la flor o a la corola que tiene un solo pétalo.

monoplano m. Avión con un solo un par de alas que forman un mismo plano.

monoplaza adj. y m. Se apl. al vehículo con capacidad para una sola persona.

monopolio m. Concesión legal a una empresa que le permite la fabricación o control comercial de un producto o servicio en exclusiva. || Acaparamiento, privilegio exclusivo. || Ejercicio exclusivo de una actividad. || Convenio entre comerciantes para vender un género a un determinado precio. || FAM. monopolismo, monopolista, monopolizar.

monopolización f. Posesión en exclusiva de la fabricación o la comercialización de un producto o servicio. || Acaparamiento exclusivo.

monopolizar tr. Adquirir o poseer en exclusiva el derecho al aprovechamiento de un producto o servicio. || Acaparar el trato de una persona o el uso de una cosa. || FAM. monopolización, monopolizador.

monopterigio, gia adj. Se apl. al pez que tiene una sola aleta.

monoptongar tr. e intr. En fon., reducir a una sola vocal los elementos de un diptongo. También prnl. || FAM. monoptongación, monoptongo.

monorraíl adj. y m. Se apl. al ferrocarril que se desplaza por un solo raíl.

monorrimo, ma adj. De una sola rima.

monosabio m. Mozo que ayuda al picador en la plaza.

monosacárido, da adj. En quím., se apl. a los azúcares sencillos, como la glucosa.

monosépalo, la adj. Se apl. a la flor o a su cáliz que solo tiene un sépalo.

monosílabo, ba adj. y m. En ling., se apl. a la palabra de una sílaba. || FAM. monosilábico, monosilabismo.

monoteísmo m. Doctrina religiosa que sostiene la existencia de un único Dios. || FAM. monoteísta.

monoteísta adj. Del monoteísmo o relativo a él. || adj. y com. Que practica o sigue esta doctrina.

monotema m. Tema único y repetitivo. || FAM. monotemático.

monotemático, ca adj. Que versa sobre un único tema.

monotonía f. Igualdad de tono en la voz o en la música. || Falta de variedad. || FAM. monótono.

monótono, na adj. Uniforme, que no cambia. || Pesado, aburrido. || FAM. monótonamente.

monotrema adj. y m. De los monotremas o relativo a este orden de mamíferos. || m. pl. Orden de mamíferos que ponen huevos como las aves, tienen las patas palmeadas, las mandíbulas alargadas en forma de pico y cuyas crías se alimentan de la leche de las mamas de la madre, como el ornitorrinco.

monovalente adj. En quím., se apl. al elemento que funciona con una sola valencia.

monovolumen m. Tipo de automóvil en el que la parte del motor, la de pasajeros y el maletero ocupan un solo volumen.

monóxido m. En quím., molécula que contiene un solo átomo de oxígeno.

monseñor m. Título honorífico concedido por el papa que se apl. a ciertos prelados eclesiásticos. || En Francia, título que se apl. a algunos nobles.

monserga f. Lenguaje confuso o poco convincente. || col. Pesadez.

monstruo m. Ser contrario a la naturaleza por diferir de forma notable de los de su especie. || Persona, animal o cosa desmesurada en tamaño o fealdad, y que por ello causa extrañeza y rechazo. || Persona muy cruel o malvada. || Personaje fantástico que aparece en el folclore, la literatura o el cine, generalmente caracterizado de forma negativa por su maldad, fealdad o tamaño. || Persona que posee cualidades extraordinarias para algo. || col. Cosa muy grande. || FAM. monstruosidad, monstruoso.

monstruosidad f. Desproporción, anormalidad o fealdad desmesurada de las cosas, tanto en lo físico como en lo moral. || Cosa monstruosa.

monstruoso, sa adj. Que es contrario a la naturaleza o que es propio de un monstruo. || Que es muy grande. || Que es muy feo. || Que debe ser reprobado por ser contrario a la razón o a la moral. || FAM. monstruosamente.

monta f. Arte de montar a caballo. || Valor, calidad o estimación de una cosa. || Unión sexual de un macho con una hembra para fecundarla. || Monto. || **de poca monta** loc. adj. De poca importancia.

montacargas m. Ascensor para elevar peso. ♦ No varía en pl.

montado, da adj. Que va a caballo: *policía montada*. También s. || Se apl. al caballo dispuesto para poderlo montar. || Se dice de la clara o la nata que se bate hasta que se esponja. || m. Bocadillo pequeño.

montador, ra m. y f. Persona especializada en el montaje de máquinas y aparatos. || Persona que se dedica profesionalmente a montar películas.

montaje m. Colocación o ajuste de las piezas de un aparato, máquina o instalación en el lugar que les corresponde. || Selección y ordenación del material ya filmado para constituir la versión definitiva de una película. || Superposición de fotografías y otros elementos con fines decorativos o publicitarios. || Farsa, aquello que se prepara para que parezca real. || Coordinación de todos los elementos de un espectáculo siguiendo el plan definido por un director artístico.

montano, na adj. Del monte o relativo a él. || FAM. montanear, montanera, montanero.

montante m. Importe, suma. || Listón o poste que sirve de soporte a una estructura. || Ventana situada sobre la puerta de una habitación.

montaña f. Gran elevación natural de terreno. || Territorio cubierto y erizado de montes. || col. Gran cantidad de alguna cosa. || col. Dificultad o problema que parece no tener solución: *cualquier dificultad le parece una montaña*. || **montaña rusa** Vía férrea estrecha y en declive, con altibajos y revueltas, para deslizarse por ella en carritos como diversión. || FAM. montañero, montañés, montañismo, montañoso.

montañero, ra m. y f. Persona que practica el montañismo.

montañés, esa adj. y s. De la montaña. || De la comunidad autónoma española de Cantabria o relacionado con ella.

montañismo m. Deporte que consiste en hacer excursiones por las montañas o en escalarlas.

montañoso, sa adj. Que tiene montañas o es propio de ellas.

montar intr. Ponerse encima de algo o subirse a algo. También prnl. || Subir en una cabalgadura. También prnl. || Cabalgar. También tr.: *montar un purasangre*. || Conducir un vehículo de dos ruedas: *montar en moto*. || Tener algo mucha importancia. || tr. Cubrir o fecundar el macho a la hembra. || En las cuentas, importar una cantidad total las partidas diversas unidas y juntas. || Armar las piezas de cualquier cosa. || Dejar un arma dispuesta para disparar. || Poner algo en un lugar: *han montado un puesto de vigilancia*. || Instalar un negocio o empresa: *han montado un bar*. || Colocar una piedra preciosa en un soporte de metal. || Hacer el montaje de los planos de una película o de las escenas de una obra teatral u otro espectáculo. || Preparar un sitio para vivir. || Batir la nata o la clara de huevo hasta que queden esponjosas. || **estar montado en el dólar** loc. col. Tener mucho dinero. ||

montar en loc. Manifestar determinado estado de ánimo: *montar en cólera*. ‖ **montárselo** loc. *col.* Arreglárselas, desenvolverse, apañarse. ‖ **tanto monta** loc. Que es igual o vale lo mismo. ‖ FAM. monta, montacargas, montadero, montado, montador, montadura, montaje, montante, montaplatos, monto, montura.

montaraz adj. Que anda o se ha criado en los montes. ‖ Rudo, insociable, grosero.

monte m. Gran elevación natural de terreno. ‖ Tierra sin cultivar cubierta de árboles, arbustos o matas. ‖ En algunos juegos de naipes, mazo de cartas que sobran al repartir. ‖ **monte alto** El que está poblado de árboles grandes. ‖ Estos mismos árboles. ‖ **monte bajo** El que está poblado de arbustos, matas o hierbas. ‖ Estos mismos arbustos, matas o hierbas. ‖ **monte de piedad** Establecimiento benéfico dedicado a préstamos a bajo interés a cambio de empeños. ‖ **monte de Venus** Pubis de la mujer. ‖ Pequeña carnosidad que sobresale en la palma de la mano, situada debajo de la raíz de cada uno de los dedos, especialmente la que se forma bajo el pulgar. ‖ **echarse al monte** loc. *col.* Huir de lugares poblados para escapar de una situación comprometida. ‖ **no todo el monte es orégano** loc. *col.* Expresión que da a entender que no todo es fácil o placentero en un asunto. ‖ FAM. montanero, montano, montaña, montar, montaraz, montazgo, montea, montear, montepío, montera, montería, montés, montículo, montón, montonero, montubio, montuno, montuosidad, montuoso.

montea f. Búsqueda y persecución de la caza por los montes.

montenegrino, na adj. y s. De la República de Montenegro o relativo a este país europeo.

montepío m. Depósito de dinero formado por los descuentos hechos a los individuos de un cuerpo para socorrer a sus viudas y huérfanos o para otras ayudas. ‖ Establecimiento fundado con este objeto. ‖ Pensión que se recibe de un montepío. ‖ FAM. montepiado.

montera f. Gorro que forma parte del traje de luces de los toreros.

montería f. Caza mayor, como la de jabalíes, venados y otros animales con armas y perros. ‖ Técnica de cazar o conjunto de reglas y consejos que se dan para la caza. ‖ FAM. montero.

montero, ra m. y f. Persona que busca y persigue la caza en el monte.

montés, esa adj. Que anda, está o se cría en el monte: *cabra montés*.

montículo m. Monte pequeño, por lo común aislado.

montilla m. Vino fino de alta calidad que se cría y elabora en la ciudad cordobesa de Montilla. ‖ FAM. amontillado.

monto m. Suma de varias partidas: *el monto asciende a 2000 euros*.

montón m. Conjunto de cosas puestas sin orden unas encima de otras. ‖ *col.* Cantidad grande pero imprecisa de algo. ‖ **a montones** loc. adv. *col.* Con abundancia. ‖ **ser** alguien **del montón** loc. *col.* Ser uno cualquiera, sin nada que le haga destacar del resto. ‖ FAM. montonera, montonero.

montonera f. *col.* Montón grande de algo.

montonero, ra adj. y s. *amer.* Guerrillero.

montubio, bia adj. y s. *amer.* Se apl. al campesino de la costa. ‖ *amer.* Se dice de la persona montaraz y grosera.

montuno, na adj. Del monte o relativo a él. ‖ *amer.* Montaraz, grosero.

montura f. Animal sobre el que se puede cabalgar. ‖ Conjunto de los arreos de una caballería de silla. ‖ Ensamblaje de las piezas de una máquina o aparato. ‖ Soporte en que se colocan los cristales de las gafas.

monumental adj. De los monumentos o relativo a ellos ‖ Muy grande. ‖ Excelente. ‖ FAM. monumentalidad, monumentalismo.

monumento m. Obra pública de carácter conmemorativo. ‖ Construcción destacada por su valor histórico o artístico. ‖ Cualquier producción humana de gran valor histórico, artístico o científico. ‖ *col.* Persona de gran belleza. ‖ FAM. monumental, monumentalizar.

monzón m. Viento que sopla en el sureste de Asia. En invierno sopla de la tierra al mar y es seco y frío, mientras que en verano sopla desde el océano hacia la tierra, es cálido y húmedo y trae abundantes lluvias. ‖ FAM. monzónico.

monzónico, ca adj. Del monzón o relativo a él. ‖ Se apl. al clima que se caracteriza por fuertes lluvias en verano.

moña f. Lazo con que se adornan la cabeza las mujeres. ‖ Adorno que suele colocarse en lo alto de la divisa de los toros. ‖ Lazo grande de cintas negras que, sujeto a la coleta, se ponen los toreros en la parte posterior de la cabeza. ‖ Moño. ‖ *col.* Borrachera. ‖ Muñeca, normalmente de trapo.

moñiga f. *col.* Boñiga.

moñigo m. *col.* Boñigo.

moñita f. *amer.* Pajarita, corbata que se anuda por delante en forma de lazo.

moño m. Rodete o atado que se hace con el pelo para tenerlo recogido o por adorno. ‖ Lazo de cintas. ‖ Penacho que lucen algunas aves en la cabeza. ‖ **estar** uno **hasta el moño** loc. *col.* Estar harto. ‖ FAM. moña, moñudo.

mopa f. Utensilio parecido a la fregona que se usa para sacar brillo al suelo en seco.

moquear intr. Echar mocos. ‖ FAM. moqueo, moquera, moquero, moquillo, moquita.

moqueo m. Secreción abundante de mocos.

moquera f. *amer.* Moqueo.

moquero m. Pañuelo de tela para limpiarse los mocos.

moqueta f. Tejido fuerte de lana u otro material cuya trama es de cáñamo y con el cual se hacen alfombras y tapices. ‖ FAM. moquetear.

moquillo m. Enfermedad catarral de origen vírico que padecen algunos animales.

mor de (por) loc. prepos. A causa de, en consideración a.

mora f. Fruto del moral, de figura ovalada formada por globulillos carnosos, blandos, agridulces y de color morado. ‖ Fruto de la morera, parecido al anterior, pero dulce y de color blanco amarillento. ‖ Fruto de la zarzamora. ‖ FAM. moráceo, moracho, morado, moradura, moral, moraleda, morera, mórula.

moráceo, a adj. y f. De las moráceas o relativo a esta familia de plantas. ‖ f. pl. Familia de plantas generalmente leñosas con frutos en pequeñas drupas, como el moral, la higuera y el árbol del pan.

morada f. Estancia o residencia en un lugar durante algún tiempo. ‖ FAM. morador, morar.

morado, da adj. y m. De color entre carmín y azul, violeta oscuro. ‖ m. Cardenal, moratón. ‖ **pasarlas moradas** loc. *col.* Encontrarse en una situación difícil y apurada. ‖ **ponerse morado** loc. *col.* Comer mucho, hartarse de comida. ‖ FAM. moratón.

morador, ra m. y f. Que reside en un lugar.

moral[1] adj. De las acciones o conductas de las personas con respecto al bien y al mal, o relativo a ellas. ‖ Que no pertenece al orden jurídico, sino a la conciencia o el respeto humano. ‖ Correcto, aceptable, éticamente bueno. ‖ f. Ciencia que trata del bien y de las acciones o conductas de las personas con respecto al bien y al mal. ‖ Conjunto de facultades y valores de una persona o una colectividad que se consideran éticamente aceptables. ‖ Cualidad de las acciones humanas con respecto al bien y al mal. ‖ Ánimo, confianza en los propios méritos: *tiene más moral que el Alcoyano.* ‖ FAM. moraleja, moralidad, moralina, moralismo, moralista, moralizar, moralmente.

moral[2] m. Árbol moráceo de 5 a 6 m de altura, con tronco grueso, copa frondosa, hojas ásperas y flores unisexuales, cuyo fruto es la mora.

moraleja f. Enseñanza moral que se deduce de un relato didáctico o una experiencia.

moralidad f. Conformidad con los preceptos de la moral establecida. ‖ Cualidad de las acciones que las hace buenas y moralmente adecuadas.

moralina f. Moralidad superficial o falsa.

moralismo m. Actitud de valorar excesivamente la moral y las virtudes morales.

moralista adj. y com. Que está dedicado al estudio y la enseñanza de la moral.

moralizante adj. Que moraliza.

moralizar tr. Adecuar la conducta o las costumbres de las personas a los valores morales establecidos. También prnl. ‖ intr. Dar consejos morales y hacer reflexiones en defensa de la moral establecida. ‖ FAM. moralización, moralizador, moralizante.

morán m. *amer.* Jabalí.

morapio m. *col.* Vino corriente, especialmente el tinto.

morar intr. Residir, vivir habitualmente en un lugar. ‖ FAM. morada, morador.

moratón m. *col.* Cardenal que se forma en la piel.

moratoria f. Plazo que se otorga para pagar una deuda vencida.

morbidez f. Blandura, delicadeza, suavidad.

mórbido, da adj. Que padece enfermedad o la ocasiona. ‖ Blando, delicado, suave. ‖ FAM. morbidez, morbidad.

morbilidad f. Proporción de personas que enferman en un lugar durante un periodo de tiempo determinado en relación con la población total de ese lugar.

morbo m. Tendencia obsesiva hacia lo desagradable, lo cruel, lo prohibido. ‖ Enfermedad. ‖ FAM. mórbido, morbilidad, morboso.

morbosidad f. Condición del o de lo que se siente atraído por lo desagradable, lo cruel o lo prohibido. ‖ Conjunto de enfermedades que caracterizan el estado sanitario de una población. ‖ Capacidad para producir enfermedades.

morboso, sa adj. Que se siente atraído obsesivamente por lo desagradable, lo cruel, lo prohibido. También s. ‖ Que padece enfermedad o la propicia. ‖ De la enfermedad o relativo a ella. ‖ FAM. morbosidad.

morcilla f. Embutido hecho de sangre cocida, condimentada con cebolla y especias y a la que suelen añadírsele otros ingredientes como arroz, miga de pan o piñones. ‖ *col.* Palabras de su invención que añade un actor o actriz a su papel en el momento de la representación. ‖ *col.* Lo que se deforme o está mal hecho. ‖ **que te, le, os** o **les den morcilla** loc. *col.* Expresión de rechazo o desprecio. ‖ FAM. morcillero, morcillón.

morcillo m. Parte carnosa del brazo, desde el hombro hasta cerca del codo. ‖ Parte alta, carnosa, de las patas de los bovinos.

morcón m. Tripa gruesa de algunos animales que se utiliza para hacer embutidos. ‖ Embutido hecho con esta tripa.

mordacidad f. Ironía, crítica ácida, o cruel, e ingeniosa.

mordaz adj. Que murmura o critica de forma ácida o cruel, pero ingeniosa. ‖ FAM. mordacidad, mordazmente.

mordaza f. Cualquier cosa que se pone en la boca de alguien para impedirle hablar. ‖ Aparato formado por dos piezas entre las que se coloca un objeto para su sujeción.

mordedor, ra adj. Que muerde. ‖ m. Utensilio de goma o de plástico que utilizan los niños muy pequeños para morder.

mordedura f. Aprisionamiento que se hace de algo clavándole los dientes. ‖ Daño ocasionado con ella.

morder tr. Coger y apretar con los dientes una cosa clavándolos en ella. También prnl.: *me he mordido la lengua.* ‖ Mordisquear: *no muerdas el bolígrafo.* ‖ Desgastar algo poco a poco: *el mar ha mordido la base del acantilado.* ‖ *col.* Besar o dar mordiscos suaves y cariñosos: *su tía le mordió en los mofletes.* ‖ *col.* Manifestar uno de algún modo su ira: *la jefa está que muerde.* ◆ Irreg. Se conj. como *mover.* ‖ FAM. mordaz, mordaza, mordedor, mordedura, mordentado, mordente, mordida, mordido, mordiente, mordimiento, mordiscar, mordisco, muerdo.

mordida f. Mordedura, mordisco. ‖ *amer.* Provecho o dinero obtenido de un particular por un funcionario o empleado, con abuso de las atribuciones de su cargo.

mordido, da adj. Escaso, desfalcado: *esta mesa tiene los bordes mordidos.*

mordiente adj. Agresivo: *frase mordiente.* ‖ m. Sustancia que sirve para fijar los colores o el pan de oro. ‖ Agua fuerte con que se muerde o corroe una lámina o plancha para grabarla.

mordisco m. Mordedura, especialmente si consigue arrancar una pequeña porción. || Herida hecha con los dientes. || Pedazo que se saca de una cosa mordiéndola. || Beneficio que se obtiene de un negocio. || FAM. mordisquear.

mordisquear tr. Morder algo levemente, con poca fuerza pero de forma repetida. || FAM. mordisqueo.

morena f. Pez osteíctio anguiliforme marino parecido a la anguila, de aproximadamente 1,30 m de longitud, con el cuerpo casi cilíndrico, viscoso y sin escamas, sin aletas pectorales y con la dorsal y la anal unidas con la cola.

moreno, na adj. Se apl. al color oscuro que tira a negro. || Se dice de la persona de piel, tez o pelo de color oscuro o negro. También s. || Color tostado que adquiere la piel por efecto del sol. También m. || *col.* Se apl. a la persona de raza negra. También s. || FAM. morenez, morenura.

morera f. Árbol moráceo cuyas hojas, verdes y ásperas, sirven de alimento al gusano de seda, y de frutos pedunculados llamados moras. || FAM. moreral.

morería f. Barrio de algunas villas españolas que fue habitado por mudéjares y luego por moriscos. || Territorio o país habitado por moros.

moretón m. *col.* Moradura de la piel, moratón.

morfar tr. e intr. *amer. col.* Tomar alimentos.

morfema m. Unidad lingüística mínima cuyo significado modifica o completa el significado de los lexemas. || FAM. morfemático, morfémica.

morfina f. Principal alcaloide del opio, que actúa como narcótico sobre el sistema nervioso central y se utiliza en medicina como sedante y anestésico. || FAM. morfinismo, morfinomanía, morfinómano.

morfo- o **-morfo, fa** pref. y suf. que expresan la idea de 'forma': morfología, antropomorfo.

morfogénesis f. Proceso por el cual se van desarrollando en un embrión los órganos diferenciados de un adulto a partir de estructuras indiferenciadas. || Creación o evolución de la superficie terrestre. ◆ No varía en pl.

morfología f. Parte de la biología que estudia la forma de los seres orgánicos y de las modificaciones o transformaciones que experimenta. || Parte de la lingüística que estudia la flexión, derivación y composición de las palabras. || Parte de la geología que estudia el origen y evolución de la superficie terrestre. || FAM. morfema, morfológico, morfosintaxis.

morfológico, ca adj. De la morfología o relativo a ella.

morfosintáctico, ca adj. De la morfosintaxis o relativo a ella.

morfosintaxis f. Estudio conjunto de la forma y función de los elementos lingüísticos dentro de la oración. ◆ No varía en pl. || FAM. morfosintáctico.

morganático, ca adj. Se apl. al matrimonio contraído entre una persona de estirpe real y otra de rango inferior. || Se dice de la persona que contrae este matrimonio: *esposa morganática*.

morgue f. En medicina legal, depósito de cadáveres.

moribundo, da adj. y s. Que está extinguiéndose o muy cercano a morir.

moridor, ra adj. *amer.* Se apl. a la persona tenaz, firme.

morigerar tr. Templar o moderar los excesos en los sentimientos y en las acciones. También prnl. || FAM. morigeración, morigerado.

moriles m. Vino oloroso de fina calidad que se elabora en la provincia española de Córdoba. ◆ No varía en pl.

morillo m. Soporte de hierro que se pone en el hogar o en la chimenea para sustentar la leña.

morir intr. Dejar de vivir. También prnl. || Finalizar o extinguirse algo completamente. También prnl. || Sentir algo con mucha fuerza: *morir de frío, de risa.* También prnl. || Cesar algo en su curso o movimiento: *el río muere en el mar.* || **morir** o **morirse por** alguien o algo loc. Sentir fuerte amor o deseo por alguien o algo. ◆ **Irreg.** Se conj. como *dormir.* p. p. irreg.: *muerto.* || FAM. moribundo.

morisco, ca adj. y s. De los musulmanes que permanecieron en España una vez finalizada la Reconquista o relacionado con ellos.

morisma f. Multitud de moros, contemplados como oponentes o enemigos.

morlaco m. Toro de lidia de gran tamaño.

mormón, ona adj. y s. Se apl. a la persona que profesa el mormonismo. || FAM. mormónico, mormonismo.

mormonismo m. Movimiento religioso fundado en Estados Unidos en el siglo XIX, basado en la Biblia y el Libro de Mormón.

moro, ra adj. y s. Del norte de África. || De la población musulmana que habitaba en al-Ándalus o relacionado con ella. || *col.* Árabe, musulmán. || adj. y m. *col.* Se apl. al hombre machista y muy celoso. || **al moro** loc. *argot* A Marruecos, para conseguir droga: *se bajaron al moro para comprar hachís.* || **haber moros en la costa** loc. *col.* Estar presente alguien que no se conoce o en quien no se confía. || FAM. moreno, morería, morillo, morisco, morisma, morocho, moruno.

morocho, cha adj. *amer.* Fuerte, robusto. || *amer.* Se apl. a la persona que tiene la piel de color oscuro. || *amer.* Mellizo o gemelo.

moronga f. *amer.* Alimento parecido a la morcilla que se prepara con sangre y especias. || *amer. col.* Sangre que se echa por la nariz.

morosidad f. Lentitud, demora. || Retraso en el cumplimiento de un pago.

moroso, sa adj. Que se retrasa en el pago de una deuda. También s. || Que se desarrolla, transcurre o actúa con gran lentitud. || FAM. morosidad, morosamente.

morral m. Saco o mochila que usan los cazadores, soldados o pastores para echar la caza, llevar provisiones o transportar alguna ropa. || Bolsa que contiene el pienso y se cuelga de la cabeza de las caballerías para que coman. || FAM. morralada.

morralla f. Conjunto de cosas de poco valor. || Pescado menudo. || Calderilla, monedas de poco valor.

morrear intr., tr. y prnl. *vulg.* Besarse en la boca insistentemente. ‖ FAM. morreo.

morrena f. Acumulación de piedras y barro transportados por un glaciar y depositados en su cuenca.

morreo m. *vulg.* Besuqueo insistente en la boca.

morrillo m. Porción carnosa de la parte superior del cuello de las reses.

morriña f. *col.* Tristeza, melancolía, especialmente por nostalgia de la tierra natal. ‖ FAM. morriñoso.

morrión m. Casco de la armadura que en lo alto suele tener un plumaje o adorno. ‖ Antiguo gorro militar con forma de sombrero de copa sin alas y con visera.

morro m. Hocico de los animales. ‖ *vulg.* Labio. ◆ Puede usarse en pl. con significado de sing. ‖ Parte delantera que sobresale en algunas cosas. ‖ *vulg.* Cara dura, descaro. ‖ **beber a morro** loc. *col.* Beber sin vaso, directamente de la botella. ‖ **darse de morros** loc. *col.* Encontrarse inesperadamente con alguien. ‖ **estar de morros** loc. *col.* Estar enfadado. ‖ **poner morro** o **torcer el morro** loc. *col.* Poner gesto de enfado. ‖ **por el morro** loc. adv. *col.* Gratis, sin pagar. ‖ *col.* Con descaro. ‖ FAM. morrada, morral, morralla, morrazo, morrear, morrillo, morrión, morrón, morrudo.

morrocotudo, da adj. *col.* De mucha importancia o dificultad. ‖ *col.* Muy grande, enorme: *susto morrocotudo.* ‖ *amer. col.* Se apl. a la persona fuerte y corpulenta. ‖ FAM. morrocota.

morrón adj. Se apl. a una variedad de pimiento, de color rojo y muy grueso.

morroñoso, sa adj. *amer. col.* Pequeño, ridículo.

morrudo, da adj. *amer. col.* Se apl. a la persona fuerte y robusta.

morsa f. Mamífero pinnípedo acuático de unos 3,50 m de longitud que se caracteriza por poseer dos grandes colmillos que se prolongan fuera de la mandíbula en la madurez.

morse m. Sistema telegráfico que utiliza un alfabeto convencional a base de puntos y rayas. ‖ Este mismo alfabeto.

mortadela f. Embutido grueso que se prepara a base de carne picada de cerdo o vaca, fécula y algo de grasa.

mortaja f. Vestidura con que se envuelve el cadáver para enterrarlo. ‖ *amer.* Hoja de papel con que se envuelve la picadura de tabaco.

mortal adj. Que ha de morir. ‖ Que ocasiona o puede ocasionar la muerte. ‖ Que mueve a desear la muerte a alguien. ‖ Con características propias de la muerte. ‖ *col.* Fatigoso, abrumador, aburrido. ‖ *col.* Fuerte, muy intenso. ‖ com. Ser humano: *el común de los mortales.* ‖ FAM. mortalidad, mortalmente, mortandad.

mortalidad f. Calidad de lo que ha de morir. ‖ Número proporcional de defunciones en población o tiempo determinados.

mortandad f. Multitud de muertes causadas por fenómenos naturales o artificiales, como epidemias, cataclismos o guerras.

mortecino, na adj. Apagado, sin vigor: *luz mortecina.*

mortero m. Utensilio de forma cóncava que sirve para machacar en él especias, semillas, drogas u otras sustancias. ‖ Pieza de artillería más corta que un cañón del mismo calibre y destinada a lanzar proyectiles explosivos. ‖ Conglomerado o masa constituida por arena, conglomerante y agua; puede contener además algún aditivo. ‖ FAM. morteada, morterazo, morterete, morteruelo.

mortífero, ra adj. Que ocasiona o puede ocasionar la muerte.

mortificar tr. Castigar físicamente el cuerpo como penitencia o castigo. También prnl. ‖ Experimentar angustia, dolor o molestia por algo. ‖ FAM. mortificación, mortificador, mortificante.

mortuorio, ria adj. Del difunto, de los funerales, o relativo a ellos.

morueco m. Carnero padre.

mórula f. Óvulo fecundado que, durante el periodo de segmentación, tiene el aspecto de una mora.

moruno, na adj. De la antigua Mauritania o de sus habitantes, moro.

mosaico m. Técnica artística de decoración que se forma pegando sobre un fondo de cemento pequeñas piezas de piedra, vidrio o cerámica de diversos colores para formar dibujos. ‖ Obra obtenida mediante esta técnica. ‖ Aquello que está formado por elementos diversos.

mosaico, ca adj. Relativo a Moisés, personaje bíblico. ‖ FAM. mosaísmo.

mosca f. Nombre que reciben varias especies de insectos dípteros de cuerpo negro, cabeza elíptica, alas transparentes cruzadas de nervios, patas largas con uñas y ventosas y boca en forma de trompa para chupar y alimentarse. ‖ Pelo que nace entre el labio inferior y el comienzo de la barbilla del hombre. ‖ *col.* Moneda corriente, dinero: *vamos, suelta la mosca, hoy pagas tú.* ‖ Se apl. al boxeador profesional que pesa menos de 50,802 kg, y al no profesional que no pasa de los 51 kg. ‖ **mosca artificial** Artilugio semejante a una mosca que se utiliza como cebo en la pesca con caña. ‖ **mosca muerta** *col.* Persona que en apariencia es tímida e inocente, pero no lo es en realidad. ◆ Se usa más en dim.: *mosquita muerta.* ‖ **mosca tsé-tsé** Insecto díptero tropical semejante a la mosca común que con su picadura transmite la enfermedad llamada del sueño. ‖ **andar** o **estar mosca** loc. *col.* Estar prevenido o inquieto por algo. ‖ *col.* Estar un poco enfadado. ‖ **con la mosca en** o **detrás de la oreja** loc. adv. *col.* Con sospecha de algo, con prevención y recelo. ‖ **por si las moscas** loc. adv. *col.* Por si acaso, por lo que pueda suceder. ‖ **¿qué mosca te/le habrá picado?** loc. *col.* Expresión con que se pregunta el motivo de una actitud considerada inoportuna. ‖ FAM. moscarda, moscardón, mosco, moscón, mosquear, mosquete, mosquito.

moscarda f. Nombre común de diversas especies de insectos dípteros de mayor tamaño que las moscas comunes y que se alimentan de carne muerta, donde las hembras depositan las larvas.

moscardón m. Nombre común de diversas especies de insectos dípteros de 12 a 13 mm de largo, de color pardo oscuro y muy vellosos. ‖ Persona impertinente o pesada.

moscatel adj. Se apl. a una variedad de uva muy dulce y de grano redondo. También f. ‖ Se dice del viñedo donde se cultiva esta variedad de uva. ‖ Se apl. al vino que se hace con esta uva tras tenerla al sol durante varios días. También m.

mosco m. *amer.* Mosca.

moscón m. Mosca grande y zumbadora. ‖ *col.* Persona impertinente y molesta, especialmente el hombre que intenta relacionarse con una mujer y resulta pesado. ‖ FAM. mosconear, mosconeo.

mosconear intr. *col.* Importunar, molestar insistentemente.

moscoso m. En algunos empleos, especialmente en organismos públicos, día libre destinado a resolver asuntos propios.

mosqueado, da adj. *col.* Receloso. ‖ *col.* Enfadado.

mosquear tr. *col.* Hacer concebir sospechas. También prnl. ‖ prnl. *col.* Molestarse fácilmente y sin motivo. ‖ FAM. mosqueado, mosqueo.

mosqueo m. *col.* Recelo, desconfianza. ‖ *col.* Enfado.

mosquete m. Antigua arma de fuego parecida al fusil, pero más larga y de mayor calibre. ‖ FAM. mosquetazo, mosquetero, mosquetón.

mosquetero m. Soldado armado con mosquete.

mosquetón m. Arma de fuego más corta que el fusil. ‖ Anilla que se abre y se cierra mediante un muelle usada en alpinismo para sujetar las cuerdas en las rocas.

mosquitera f. Mosquitero.

mosquitero m. Especie de cortina de gasa o tela fina que se coloca colgada sobre la cama y cubriéndola para impedir que piquen o molesten los mosquitos. ‖ Tela metálica o de otro material, muy tupida, que se pone en puertas y ventanas para impedir que entren insectos.

mosquito m. Nombre común de diversas especies de insectos dípteros pequeños y delgados, con dos alas transparentes y patas largas, cuya hembra chupa la sangre de las personas y de los animales de piel fina y produce una picadura molesta. ‖ FAM. mosquitera, mosquitero.

mosso d'esquadra (voz cat.) m. Miembro de la policía autonómica de Cataluña.

mostacho m. Bigote, en especial el muy poblado.

mostaza f. Planta herbácea de la familia de las crucíferas, de tallo velloso y hojas amarillas, cuyas hojas y semillas se emplean frecuentemente en alimentación y en medicina. ‖ Semilla de esta planta, de propiedades estimulantes. ‖ Salsa que se hace con esta semilla triturada y otros elementos. ‖ FAM. mostacera, mostacero, mostazal.

mosto m. Zumo exprimido de uva sin fermentar. ‖ FAM. mostaza.

mostrador m. Mesa larga o mueble para presentar la mercancía en las tiendas y para servir las consumiciones en los bares, cafeterías y establecimientos similares.

mostrar tr. Exponer algo a la vista, señalarlo para que se vea. ‖ Explicar, dar a conocer mediante una explicación. ‖ Indicar, presentar. ‖ Manifestar una cualidad o un estado de ánimo. ‖ prnl. Darse a conocer de alguna manera, comportarse, manifestarse. ♦ Irreg. Se conj. como *contar*. ‖ FAM. mostrable, mostrador, muestra.

mostrenco, ca adj. Se apl. al bien sin dueño o propietario conocido. ‖ adj. y s. *col.* Ignorante, torpe. ‖ *col.* Grueso, pesado.

mota f. Partícula pequeña de alguna cosa, que se pega a la ropa o a otras partes. ‖ Defecto muy ligero o de poca importancia. ‖ Elevación de poca altura, natural o artificial, que se levanta en un llano. ‖ Mancha, dibujo o pequeña estampación redondeada o muy pequeña. ‖ *amer. vulg.* Marihuana. ‖ FAM. moteado, motear.

mote[1] m. Sobrenombre que se da a una persona por alguna característica peculiar suya. ‖ Sobrenombre o frase representativa que adoptaban antiguamente los caballeros en las justas y torneos. ‖ FAM. motejar, motejo.

mote[2] m. *amer.* Maíz desgranado y cocido con sal. ‖ *amer.* Guiso, postre o bebida refrescante que se prepara con trigo triturado y cocido. ‖ FAM. motero.

motejar tr. Censurar las acciones de una persona a través de un mote o apodo.

motel m. Establecimiento hotelero de carretera, generalmente formado por pequeños apartamentos independientes.

motero, ra adj. y s. Aficionado a las motos y a todo lo relativo a ellas. ‖ *amer.* Que vende mote o es aficionado a él.

motete[1] m. Breve composición musical de tema religioso que se suele cantar en las iglesias.

motete[2] m. *amer.* Envoltorio, hatillo. ‖ *amer.* Cesto grande hecho con tiras de bejuco que los campesinos llevan a la espalda.

motilidad f. Capacidad de moverse. ‖ Capacidad para realizar movimientos complejos y coordinados en respuesta a estímulos determinados.

motilón, ona adj. y s. *col.* Que tiene muy poco pelo. ‖ De un pueblo amerindio que habita a lo largo de la frontera entre Colombia y Venezuela, caracterizado por su corte de pelo en forma de casquete alrededor de la cabeza. ‖ FAM. motilar.

motín m. Levantamiento violento contra la autoridad constituida.

motivación f. Motivo, causa, razón que impulsa a una acción. ‖ Estimulación para animar e interesar.

motivador, ra adj. Que sabe motivar.

motivar tr. Dar razón o motivo para una cosa. ‖ Animar a alguien para que se interese por alguna cosa. También prnl. ‖ FAM. motivación, motivador.

motivo, va adj. Que mueve o puede mover. ‖ m. Causa o razón de algo. ‖ Tema musical que se repite a lo largo de una pieza. ‖ Elemento decorativo básico que se repite. ‖ FAM. motivar.

moto f. abrev. de *motocicleta*. ‖ **moto acuática** Vehículo de diseño similar a la motocicleta que se desplaza por el agua. ‖ **como una moto** loc. adj. *col.* Muy nervioso, inquieto, desazonado. ‖ *col.* Loco. ‖ **vender la moto** loc. *col.* Convencer.

moto- pref. que indica que lo designado por la palabra a la que modifica se mueve por medio de un motor: motonave, motocarro.

motocarro m. Vehículo de transporte de cargas ligeras con tres ruedas y motor.

motocicleta f. Vehículo de dos ruedas provisto de motor de explosión. ‖ FAM. moto, motociclismo.

motociclismo m. Deporte que se practica con motocicleta, en diferentes modalidades. ‖ FAM. motociclista.

motociclista com. Persona que conduce una motocicleta o practica el motociclismo.

motociclo m. Vehículo automóvil de dos ruedas.

motocine m. Recinto al aire libre donde se proyectan películas que se ven desde el coche.

motocross (voz fr.) m. Competición deportiva de motociclismo a través de un terreno accidentado.

motocultor m. Aparato con motor semejante a un arado que se emplea en trabajos agrícolas simples.

motoesquí m. Motocicleta provista de esquís para desplazarse sobre la nieve. ◆ pl. *motoesquís* o *motoesquíes*.

motonáutica f. Deporte de navegación en que se utilizan embarcaciones de motor. ‖ FAM. motonáutico.

motonave f. Buque propulsado por medio de motores.

motoneta f. Vehículo de cuatro ruedas con motor y manillar, utilizado especialmente por personas con discapacidad física. ‖ *amer.* Escúter.

motopropulsión f. Impulso que produce un motor.

motor, ra adj. Que produce movimiento: *órgano motor.* ‖ Que consigue que algo funcione bien. ‖ Que impulsa o consigue el funcionamiento de algo. También m. ‖ m. Máquina destinada a producir movimiento a expensas de una fuente de energía. ‖ **motor de arranque** El que engrana con el motor principal en un automóvil. ‖ **motor de explosión** El que funciona con la energía producida por la combustión de una mezcla de aire y gasolina. ‖ **motor de reacción** El que produce movimiento mediante expulsión de un chorro de gases que emite él mismo. ‖ **motor diésel** El de explosión en que el carburante se inflama por la compresión a la que está sometido el aire en la cámara de combustión, sin necesidad de bujías. ‖ **motor fuera borda** El pequeño, de dos tiempos, con una hélice, que se coloca en la popa de algunas embarcaciones. ‖ **motor turbodiésel** El que tiene un turbocompresor que se mueve por una turbina. ‖ FAM. motilidad, motivo, motora, motorismo, motorizar, motriz.

motora f. Embarcación pequeña provista de motor.

motorismo m. Motociclismo. ‖ FAM. motorista.

motorista com. Persona que conduce una motocicleta o que practica el motorismo. ‖ Guardia civil o policía de tráfico que patrulla con una motocicleta. ‖ *amer.* Persona que conduce un vehículo.

motorizado, da adj. Equipado con motor o alguna maquinaria. ‖ *amer.* Motorista.

motorizar tr. Dotar de motor o de alguna maquinaria. También prnl. ‖ prnl. Adquirir un vehículo de motor. ‖ FAM. motorización, motorizado.

motosierra f. Sierra equipada con un motor.

motoso, sa adj. *amer.* Se apl. al pelo rizado. ‖ *amer.* Se dice del tejido que por el uso tiene bolitas. ‖ *amer.* Que habla español con acento indígena.

motricidad f. Capacidad para moverse. ‖ Acción del sistema nervioso central o de algunos centros nerviosos que determina la contracción muscular ante ciertos estímulos.

motriz adj. f. Que mueve o genera movimiento. ‖ FAM. motricidad.

motu proprio loc. adv. lat. Voluntariamente, por propia voluntad.

mountain bike (voz i.) f. Bicicleta con las ruedas más gruesas que una normal, que permite un mayor agarre al suelo, y que está especialmente diseñada para terrenos irregulares no asfaltados. ◆ pl. *mountain bikes*, aunque también se usa como invariable.

mousse (voz fr.) f. Crema muy esponjosa, generalmente de chocolate o de alguna fruta, que suele tomarse como postre.

movedizo, za adj. Fácil de moverse o ser movido. ‖ Inseguro, que no está firme. ‖ Inconstante, que cambia fácilmente de ideas o intenciones.

mover tr. Hacer que un cuerpo ocupe lugar distinto de aquel en que se encuentra. También prnl. ‖ Menear o agitar una cosa o parte de algún cuerpo. También prnl. ‖ Hacer que algo funcione. ‖ Persuadir: *tus argumentos le movieron a aceptarlo.* ‖ Causar, ocasionar, producir algo, especialmente un sentimiento. ◆ Se usa con la prep. *a: mover a piedad.* ‖ Alterar, conmover. ‖ Producir: *mover la discordia.* ‖ Hacer que algo sea más eficaz o vaya más deprisa: *mover un asunto.* ‖ prnl. Echar a andar, irse. ‖ Saber actuar, comportarse: *se mueve bien en esos círculos.* ‖ Darse prisa. ‖ FAM. movedizo, movible, movida, movido, móvil, movimiento. ◆ **Irreg.** Conjugación modelo:

Indicativo
Pres.: muevo, mueves, mueve, movemos, movéis, mueven.
Imperf.: movía, movías, movía, *etc.*
Pret. perf. simple: moví, moviste, movió, movimos, movisteis, movieron.
Fut. simple: moveré, moverás, moverá, *etc.*
Condicional simple: movería, moverías, movería, *etc.*
Subjuntivo
Pres.: mueva, muevas, mueva, movamos, mováis, muevan.
Imperf.: moviera o moviese, movieras o movieses, *etc.*
Fut. simple: moviere, movieres, moviere, *etc.*
Imperativo: mueve, moved.
Participio: movido.
Gerundio: moviendo.

movible adj. Que puede moverse o ser movido.

movida f. *col.* Animación grande con un gran ambiente de diversión. ‖ *col.* Agitación producida por algún incidente. ‖ *col.* Movimiento de masas.

movido, da adj. Agitado, inquieto. ‖ Activo. ‖ Se apl. a la fotografía borrosa.

movidoso, sa adj. *amer.* Se apl. a la persona que actúa ilegalmente para agenciarse dinero, puestos o privilegios.

móvil adj. Que puede moverse o ser movido, movible. || m. Motivo, causa de una cosa: *móvil de un crimen.* || Objeto decorativo compuesto por diversas figuras ligeras que cuelgan de un soporte y se mueven con el viento o mediante un mecanismo. || En fís., cuerpo en movimiento. || *col.* Teléfono portátil. || FAM. movilidad, movilizar.

movilidad f. Capacidad para poderse mover.

movilización f. Puesta en actividad o movimiento. || Llamamiento de nuevo a filas de los soldados ya licenciados o personal en reserva con motivo de una guerra.

movilizar tr. Poner en actividad o movimiento. También prnl. || Poner en pie de guerra a tropas u otros elementos militares. || FAM. movilización.

movimiento m. Cambio de posición o de lugar de algo. || Estado de los cuerpos mientras cambian de lugar o de posición. || Sacudida o agitación de un cuerpo. || Tráfico, circulación, animación. || Alteración, inquietud. || En los cómputos mercantiles y en algunas estadísticas, alteración numérica en el estado o cuenta durante un tiempo determinado. || Conjunto de alteraciones o novedades ocurridas durante un periodo de tiempo en algunos campos de la actividad humana. || Sublevación, rebelión. || Desarrollo y propagación de una tendencia artística, cultural, política o social. || Cada una de las partes de una obra musical con una característica particular.

moviola f. Aparato que permite proyectar una filmación o vídeo a diferente velocidad, secuencia a secuencia o hacia atrás, para efectuar las operaciones de montaje o con otros fines. || Imagen proyectada con esta máquina.

mozalbete m. Muchacho de pocos años.

mozambiqueño, ña adj. y s. De Mozambique o relativo a este país africano.

mozárabe adj. De los cristianos que conservaron su religión en los territorios que estaban bajo la dominación musulmana en la península ibérica, o relacionado con ellos. También com. || De los mozárabes o relativo a ellos. || m. Antigua lengua romance hablada por estos cristianos. || FAM. mozarabismo.

mozo, za adj. De la juventud o relativo a ella: *años mozos.* || Joven, que se encuentra en la etapa intermedia entre la niñez y la edad adulta. También s. || Soltero. || m. Joven alistado para el servicio militar. || *amer.* Camarero. || m. y f. Persona que desempeña trabajos modestos que no requieren conocimientos especiales: *mozo de cocina, de estación.* || **ser** alguien **buen mozo** o **moza** loc. Tener buena presencia. || FAM. mocear, mocedad, moceril, mocerío, mocetón, mocito, mozalbete, mozarrón, mozuelo.

mozzarella (voz it.) f. Queso fresco hecho con leche de búfala o de vaca muy usado en las pizzas.

mu m. Voz onomatopéyica que representa el mugido. || **no decir ni mu** loc. *col.* Permanecer en silencio, no decir nada.

mucamo, ma m. y f. *amer.* Sirviente, criado. || *amer.* Persona encargada del arreglo de las habitaciones en un hotel.

muceta f. Esclavina corta abotonada por delante que usan los doctores universitarios, magistrados y eclesiásticos en ocasiones especiales.

muchacha f. Mujer empleada en el servicio doméstico.

muchacho, cha m. y f. Niño o joven adolescente. || Persona joven que trabaja como aprendiz o recadero. || FAM. muchacha, muchachada, muchachear, muchachería, muchachez, muchachil.

muchedumbre f. Multitud, abundancia de personas o cosas.

mucho, cha adj. Abundante, numeroso, intenso, que sobrepasa lo normal. || adv. c. En alto grado, en cantidad elevada. || Largo periodo de tiempo. || Con otros advs. denota comparación: *mucho antes, menos.* || Más de lo habitual o normal. || Con ciertos tiempos del verbo *ser* seguidos de la conj. *que* denota extrañeza: *mucho será que no llueva.* || **como mucho** loc. adv. A lo sumo, todo lo más. || **ni con mucho** loc. adv. Expresión que resalta la diferencia entre dos términos que se comparan. || **ni mucho menos** loc. adv. Expresión con la que se niega algo que afirma o da por supuesto otra persona. || **por mucho que** loc. conj. Aunque. || FAM. muchedumbre.

mucílago o **mucilago** m. Sustancia viscosa que se halla en ciertas partes de algunas plantas. || Sustancia viscosa que resulta de la disolución de la goma en agua. || FAM. mucilaginoso.

mucolítico, ca adj. y m. Que disuelve o elimina el moco.

mucosidad f. Secreción viscosa segregada por alguna glándulas mucosas.

mucosa f. Membrana que reviste cavidades y conductos de los organismos animales que tienen comunicación con el exterior y producen mucosidad. También adj.

mucoso, sa adj. Semejante al moco. || Que tiene mucosidad o la produce. || FAM. mucosa, mucosidad.

muda f. Conjunto de ropa que se muda de una vez. || Proceso por el cual ciertos animales cambian la piel o las plumas, o las plantas el follaje. || Periodo de tiempo que dura este proceso.

mudanza f. Cambio, transformación. || Cambio de casa o habitación, generalmente con muebles y pertenencias. || Cierto número de movimientos de baile que se hacen a compás. || Inconstancia en afectos y decisiones. || En el villancico o zéjel, estrofa que sigue al estribillo y que tiene una rima diferente.

mudar tr. Adoptar o adquirir otra naturaleza, estado, figura, lugar u otra cosa. || Dejar una cosa y tomar otra. || Cambiar de sitio o empleo. || Efectuar las aves la muda de la pluma. || Cambiar periódicamente de epidermis algunos animales. || Cambiar, variar. || prnl. Cambiarse de ropa, refiriéndose sobre todo a la ropa interior. || Dejar la casa que se habita y pasar a vivir a otra. || FAM. muda, mudable, mudada, mudadizo, mudamiento, mudanza.

mudéjar adj. De la población musulmana de la península ibérica que, tras la reconquista de un lugar, quedaba viviendo en territorio cristiano, o relacionado con ella. También com. || De los mudéjares o relativo a ellos. || Se apl. al estilo arquitectónico con influencias árabes que se desarrolló en España durante los siglos XIV, XV y XVI.

mudez f. Imposibilidad física para hablar. || Silencio premeditado y deliberado.

mudo, da adj. Privado físicamente de la facultad de hablar. También s. ‖ Muy silencioso y callado. ‖ Sin palabras, voz o sonido. ‖ En fon., se apl. a la letra que no se pronuncia, como la *h* en español. ‖ Se dice del mapa que no tiene ninguna indicación escrita. ‖ FAM. mudez.

mueble adj. Se apl. al bien que se puede trasladar. También m. ‖ m. Cada uno de los enseres u objetos que sirven para adornar las casas o para hacerlas más confortables. ‖ FAM. mueblaje, mueblería, mueblista.

mueca f. Contorsión del rostro para expresar alguna emoción o para hacer burla.

muecín m. Musulmán que desde el alminar convoca a los fieles a la oración.

muela f. Piedra de molino que gira sobre otra fija para moler lo que hay entre ambas. ‖ Piedra de material abrasivo que se utiliza para afilar herramientas. ‖ Cada uno de los dientes posteriores a los caninos que sirven para moler y triturar los alimentos. ‖ **muela del juicio** Cada una de las que en edad adulta nacen en las extremidades de las mandíbulas del ser humano. ‖ FAM. molar.

muelle[1] adj. Blando, suave. ‖ Se apl. al modo de vida relajado y orientado a los placeres sensuales. ‖ m. Pieza elástica, generalmente de metal, helicoidal o en espiral, que recupera su forma después de una deformación. ‖ **flojo de muelles** loc. adj. *col.* Se apl. a la persona o al animal que no aguanta la necesidad de orinar o defecar. ‖ FAM. muellemente, mullir.

muelle[2] m. Obra construida en la orilla del mar, de un lago o río navegable para facilitar el embarque y desembarque y, a veces, para abrigo de las embarcaciones. ‖ Andén alto en las estaciones de ferrocarril se destina a la carga y descarga de mercancías.

muérdago m. Arbusto parasitario de la familia de las lorantáceas, de hojas lanceoladas, verdes y gruesas, flores amarillas y frutos en forma de bayas blancas, que vive sobre los troncos y ramas de los árboles.

muermo m. Enfermedad contagiosa de las caballerías, caracterizada por alteración y flujo de la mucosa nasal, transmisible a los seres humanos. ‖ Persona, situación o cosa que produce aburrimiento, hastío o decaimiento. ‖ Estado de abatimiento o somnolencia producido por el aburrimiento, la fatiga o motivado por la ingestión de alcohol o drogas. ‖ FAM. amuermar, muermoso.

muerte f. Extinción de la vida. ‖ Acto de matar. ‖ Pena capital. ‖ Esqueleto humano que simboliza la muerte. ‖ Destrucción, aniquilación. ‖ **muerte dulce** La que se produce sin dolor ni sufrimiento. ‖ **muerte natural** La que se produce por enfermedad o vejez. ‖ **muerte súbita** Sistema de tanteo especial que se apl. en algunos deportes para desempatar. ‖ **a muerte** loc. adv. Hasta morir uno de los contendientes que se enfrentan. ‖ Sin cesar, sin tregua. ‖ Con mucha intensidad. ‖ **de mala muerte** loc. adj. *col.* De poco valor o mal aspecto. ‖ FAM. mortal, mortandad, mortecino, mortífero, mortificar, mortuorio, muerto.

muerto, ta adj. Sin vida. También s. ‖ Apagado, desvaído. ‖ Inactivo: *bienes muertos.* ‖ Falto de animación. ‖ *col.* Muy cansado, agotado. ‖ m. *col.* Trabajo o asunto desagradable: *te ha caído el muerto de decírselo.* ‖ m. pl.

Familiares o amigos fallecidos. ‖ **muerto de hambre** Muy pobre. ‖ **cargarle** o **echarle el muerto** a alguien loc. *col.* Atribuirle una culpa. ‖ **estar** uno **muerto de** algo loc. Experimentarlo de una forma muy intensa: *estar muerto de aburrimiento, de hambre, de risa.* ‖ **hacer el muerto** Flotar en el agua boca arriba. ‖ **no tener dónde caerse muerto** loc. *col.* Ser extremadamente pobre. ‖ FAM. mortaja.

muesca f. Hueco que se hace en una cosa para encajar otra. ‖ Corte que se hace como señal.

muesli m. Alimento compuesto por cereales, frutas deshidratadas y frutos secos, que mezclado con la leche, suele tomarse como desayuno.

muestra f. Parte o porción extraída de un conjunto, por métodos que permiten considerarla representativa del mismo: *muestra estadística, de sangre.* ‖ Pequeña cantidad de un producto que se regala gratuitamente para promocionarlo. ‖ Demostración, señal, especialmente de algo no visible. ‖ Ejemplar o modelo que se ha de copiar o imitar. ‖ Exposición o feria. ‖ En la caza, parada que hace el perro para indicar la situación de la presa antes de levantarla. ‖ FAM. muestrario, muestreo.

muestrario m. Colección de muestras de un producto comercial. ‖ Conjunto variado dentro de un mismo grupo de personas o cosas.

muestreo m. Selección de las muestras más representativas de un conjunto. ‖ Técnica empleada para esta selección. ‖ Estudio de un número parcial de datos de un colectivo para deducir las características de la totalidad.

muflón m. Mamífero artiodáctilo bóvido parecido al carnero, con el pelo corto, y cuyo macho presenta los cuernos curvados hacia atrás.

muftí m. Especialista musulmán en leyes, encargado de la interpretación de los textos sagrados y cuyas decisiones adquieren el rango de ley. ◆ pl. *muftís* o *muftíes.*

mugido m. Voz del ganado vacuno.

mugir intr. Emitir su voz característica la res vacuna. ‖ Producir gran ruido el viento o el mar. ‖ Manifestar uno su ira con gritos. ‖ FAM. mugido, mugidor.

mugre f. Suciedad, especialmente de carácter grasiento. ‖ FAM. mugrería, mugriento, mugroso.

mugriento, ta adj. Lleno de mugre.

mugroso, sa adj. Mugriento. ‖ *amer. vulg. desp.* Referido a personas, de baja ralea.

muguete m. Planta vivaz de la familia de las liliáceas, con hojas elípticas y flores blancas y globosas, de olor almizclado muy suave.

mujer f. Persona del sexo femenino. ‖ La que ha llegado a la edad de la pubertad. ‖ La casada, con relación al marido. ‖ **mujer de la vida, de mala vida, de mal vivir, de vida airada, de vida alegre** Prostituta. ‖ **mujer fatal** La que ejerce una gran atracción sexual y que acarrea un final desgraciado para ella o para aquellos a los que atrae. ‖ **mujer objeto** La que se considera únicamente un objeto productor de placer. ‖ **mujer pública** La que realiza una actividad pública o desempeña un cargo público. ‖ Prostituta. ‖ **ser mujer** loc. Tener o haber tenido la primera menstruación. ‖ FAM. mujercilla, mujeriego, mujeril, mujerío, mujerona, mujerzuela.

mujeriego, ga adj. De la mujer o relativo a ella. || Se apl. al hombre muy aficionado a las mujeres. También m.

mujerzuela f. *col.* Prostituta.

mújol m. Pez osteíctio perciforme de aproximadamente 1,20 m de longitud, con la cabeza aplastada, los labios gruesos y el cuerpo azul oscuro en el dorso y plateado en los costados; es muy apreciado por su carne y por sus huevas. || P. ext., cualquier especie de la familia del mújol.

mula f. f. *col.* Mujer que transporta o introduce la droga en un país a otro. || *amer.* Tráiler.

muladar m. Sitio donde se echa el estiércol o basura.

muladí adj. y com. Del cristiano español que, durante la dominación musulmana en España, se convertía al islamismo, o relacionado con él. ◆ pl. *muladís* o *muladíes*.

mular adj. Del mulo, de la mula o relativo a ellos.

mulato, ta adj. Hijo de negra y blanco, o viceversa. También s. || Moreno.

muleta f. Especie de bastón adaptado para poder apoyar el antebrazo o la axila, que utiliza para ayudarse a andar el que tiene dificultades para ello. || Bastón o palo que lleva pendiente a lo largo un paño o capa, que utiliza el torero para torear al toro. || FAM. muletilla.

muletilla f. Antigua muleta de los toreros, de menor tamaño que la actual. || Botón largo de pasamanería para sujetar la ropa. || Palabra o frase innecesaria que se repite mucho en la conversación, por costumbre o como apoyo al hablar.

muletón m. Tela suave y afelpada de algodón o lana que suele colocarse debajo de las sábanas o manteles como protección.

mulillas f. pl. Tiro de mulas, generalmente engalanadas, que en las corridas de toros se encargan de arrastrar a los toros muertos.

mulita f. *amer.* Armadillo. || *amer. col.* Insecto que corre por la superficie del agua.

mullido, da adj. Blando, esponjoso. || m. Material ligero utilizado para rellenar colchones o asientos.

mullir tr. Ahuecar y esponjar una cosa: *mullir la almohada*. || Cavar la tierra alrededor de las cepas para ahuecarla. || FAM. mullido. ◆ **Irreg.** Conjugación modelo:

Indicativo

Pres.: mullo, mulles, mulle, mullimos, mullís, mullen.
Imperf.: mullía, mullías, mullía, *etc.*
Pret. perf. simple: mullí, mulliste, mulló, mullimos, mullisteis, mulleron.
Fut. simple: mulliré, mullirás, mullirá, *etc.*
Condicional simple: mulliría, mullirías, mulliría, *etc.*
Subjuntivo
Pres.: mulla, mullas, mulla, mullamos, mulláis, mullan.
Imperf.: mullera o mullese, mulleras o mulleses, *etc.*
Fut. simple: mullere, mulleres, mullere, *etc.*
Imperativo: mulle, mullid.
Participio: mullido.
Gerundio: mullendo.

---

mulo, la m. y f. Animal estéril resultante del cruce del caballo y el asno, de mayor tamaño que este último, utilizado generalmente como bestia de carga por su gran fuerza y resistencia. || adj. y s. *col.* Se apl. a la persona que aguanta o trabaja mucho, o que es muy fuerte. || *col.*

Se dice de la persona muy bruta. || FAM. mula, mulada, muladar, mular, mulatero, mulero, muletada, muletero, muleto, mulillas, mulillero.

multa f. Sanción económica que se impone por no cumplir la norma. || Papel donde se indica que alguien no ha cumplido una norma, especialmente de circulación. || FAM. multar, multero.

multar tr. Imponer una multa.

multi- pref. que expresa la idea de multiplicidad: *multicolor*.

multicaule adj. Se apl. a la planta de la que salen muchos vástagos, espigas o flores de un mismo pie.

multicentro m. Galería comercial con muchos tipos de establecimientos en su interior.

multicine m. Cine con varias salas de proyección.

multicolor adj. De muchos colores.

multicopista f. Máquina que, por diversos procedimientos, reproduce en numerosas copias sobre láminas de papel, textos impresos, mecanografiados o manuscritos. || FAM. multicopiado, multicopiar.

multicultural adj. Que supone la existencia de varias culturas en una nación o entorno geográfico. || FAM. multiculturalismo.

multidimensional adj. Que tiene varias dimensiones. || Que involucra varios aspectos.

multidisciplinar o **multidisciplinario, ria** adj. Que comprende varias disciplinas o materias.

multifamiliar adj. *amer.* Se apl. al edificio con varias plantas, con numerosos apartamentos, cada uno de los cuales está destinado para ser ocupado por una familia.

multifuncional adj. Que puede desempeñar varias funciones. || FAM. multifuncionalidad.

multigrado adj. Se apl. al aceite lubricante para motores que no varía sus propiedades con el cambio de temperatura.

multígrafo m. *amer.* Multicopista.

multilateral adj. Que tiene o involucra a varios lados, partes o aspectos.

multimedia m. Integración de soportes o procedimientos que emplean sonido, imágenes o textos para difundir información, especialmente si es de forma interactiva: *enciclopedia multimedia*.

multimillonario, ria adj. De muchos millones de cualquier tipo de dinero. || Se apl. a la persona cuya fortuna asciende a muchos millones. También s.

multinacional adj. De varias naciones o relativo a ellas. || Se apl. a la sociedad o empresa que desarrolla su actividad en varios países. También f.

multípara adj. Se apl. al animal o especie hembra que tiene varias crías en un solo parto. || Se dice de la mujer que ha tenido más de un parto.

multipartidismo m. Sistema político en el que varios partidos compiten por el poder. || FAM. multipartidista.

múltiple adj. Complejo, variado, de muchas maneras. || FAM. multiplicar, multiplicidad, múltiplo.

multiplicación f. Operación matemática que consiste en hallar el resultado de repetir un número tantas veces como indique otro. || Aumento de algo en un grado considerable.

multiplicador, ra adj. Que multiplica. También m. || En mat., se apl. al factor que indica las veces que el otro factor, o multiplicando, se debe sumar para obtener el producto de la multiplicación. Más como m.

multiplicando adj. En mat., se apl. al factor que debe sumarse tantas veces como indica el multiplicador para obtener el producto de la multiplicación. Más como m.

multiplicar tr. Aumentar considerablemente una cantidad o un número. También intr. y prnl.: *multiplicarse las ventas*. || En mat., hallar el producto de dos factores sumando uno de ellos, que se llama multiplicando, tantas veces como indica el otro número, llamado multiplicador. || prnl. Reproducirse los seres vivos. || Esforzarse alguien por realizar o atender varios asuntos a la vez. || FAM. multiplicable, multiplicación, multiplicador, multiplicando, multiplicativo.

multiplicidad f. Cualidad de lo que tiene muchos elementos y características. || Variedad, diversidad, abundancia excesiva.

múltiplo, pla adj. y m. En mat., se apl. al número que contiene a otro número varias veces exactamente.

multiprocesador m. Ordenador electrónico en el que hay dos o más procesadores bajo un control integrado. || FAM. multiproceso.

multipropiedad f. Régimen de propiedad de un inmueble compartida entre varios propietarios que se reparten el tiempo de disfrute del mismo. || Inmueble o derecho adquirido mediante este sistema.

multirracial adj. Se apl. a la población formada por muchas razas.

multirriesgo adj. Se apl. a la póliza de seguros que cubre varios riesgos. ◆ Es invariable y se usa siempre en aposición a nombres.

multitarea f. En inform., ejecución concurrente de dos o más trabajos o procesos al mismo tiempo. || col. Se apl. a la persona o a la cosa que puede realizar varias tareas al mismo tiempo.

multitud f. Número grande de personas o cosas. || Muchedumbre de personas. || FAM. multitudinario.

multitudinario, ria adj. De la multitud o formado por ella.

multiuso o **multiusos** adj. Que sirve para varios usos: *navaja multiuso*. ◆ No varían en pl. y se usan siempre en aposición a nombres.

mundanal adj. Del mundo, en contraposición con el espíritu.

mundano, na adj. Del mundo o relativo a él. || Material y terrenal, por oposición a espiritual. || Se apl. a la persona aficionada a los placeres y al lujo, en especial a la que frecuenta ciertos ambientes socialmente elevados. || FAM. mundanal, mundanear, mundanería, mundanamente.

mundial adj. Del mundo entero o relativo a él. || m. Competición deportiva en la que participan deportistas de todo el mundo. || FAM. mundialismo, mundialista.

mundillo m. Conjunto limitado de personas que tienen una misma posición social, profesión o aficiones y que forman un grupo definido y más o menos cerrado: *mundillo del teatro*. || Almohadilla para hacer encaje.

mundo m. Conjunto de todas las cosas creadas. || El planeta Tierra. || El género humano. || La sociedad humana. || Cada una de las partes, reales o imaginarias, en que puede clasificarse todo lo que existe: *mundo de los números*. || Parte de la sociedad humana caracterizada por alguna cualidad o circunstancia común: *mundo del deporte*. || La vida secular, en contraposición a la monástica. || Experiencia de la vida o del trato social: *tener mucho mundo*. || **el Mundo Antiguo** o el **Viejo Mundo** El conocido antes del descubrimiento de América, es decir, África, Asia y Europa. || Sociedad humana durante la Edad Antigua. || **el Nuevo Mundo** Las dos Américas, descubiertas a fines del siglo XV. || **el otro mundo** El mundo de los muertos. || **el tercer mundo** Denominación que se da al grupo de países caracterizados por su subdesarrollo económico y su situación de dependencia con respecto a los países desarrollados. || **caérsele** a alguien **el mundo encima** loc. col. Desmoralizarse. || **correr** o **ver mundo** loc. Visitar muchos países. || **desde que el mundo es mundo** loc. col. Desde siempre. || **hacer un mundo de** algo loc. col. Dar demasiada importancia a algo que no lo tiene. || **medio mundo** loc. col. Mucha gente. || **no ser nada del otro mundo** loc. col. No ser extraordinario, sino corriente y vulgar. || FAM. mundano, mundial, mundillo, mundología.

mundología f. Experiencia en la vida y en el trato con la gente.

munición f. Conjunto de provisiones y material bélico de los ejércitos. || Pedazos de plomo de forma esférica con que se cargan las escopetas de caza menor. || Carga que se pone en las armas de fuego. || FAM. municionamiento, municionar.

municipal adj. Del municipio o relativo a él. || Se apl. al cuerpo de guardias que depende de un ayuntamiento. También com.

municipalidad f. Ayuntamiento de un municipio.

municipalizar tr. Hacer depender del municipio un servicio público que estaba a cargo de empresas privadas. || FAM. municipalización.

munícipe com. Habitante de un municipio.

municipio m. División administrativa menor de un estado. || Conjunto de habitantes de un mismo término jurisdiccional regido por un ayuntamiento. || Organismo que administra dicho término, más el alcalde y los concejales que lo dirigen. || Término o territorio que comprende. || FAM. municipal, municipalidad, municipalizar, munícipe.

munificencia f. Generosidad extremada. || FAM. munificente, munífico.

munificente adj. Que actúa con munificencia.

muñeca f. Parte del brazo en donde se articula la mano con el antebrazo. || Atadillo de trapo que empapado en algún líquido se utiliza para limpiar, barnizar, brillar y otros usos. || col. Muchacha frívola y presumida. || amer. Habilidad para conseguir algo. || FAM. muñeco, muñequear, muñequera, muñequilla, muñequito.

muñeco, ca m. y f. Figurilla de forma humana que sirve de juguete a los niños. || Figura humana de tamaño natural que se utiliza para exponer ropa. || Niño o niña pequeños y graciosos. || Persona de carácter débil que se deja manejar por los demás. Más como m.

muñeira f. Baile popular de Galicia. ‖ Música con que se baila.

muñequera f. Tira de cuero u otro material con que se aprieta la muñeca para protegerla o como adorno.

muñequilla f. Pieza de trapo que se empapa en un líquido y se utiliza para barnizar.

muñequito m. *amer.* Cómic, serie de dibujos con desarrollo narrativo. Más en pl.

muñir tr. Concertar o disponer un asunto, especialmente si es con fraude. ‖ Convocar a junta u otro acto semejante. ◆ **Irreg.** Se conj. como *mullir.* ‖ FAM. muñidor.

muñón m. Parte de un miembro cortado que permanece adherido al cuerpo. ‖ Parte del cuerpo que nace atrofiada y no se desarrolla. ‖ FAM. muñonera.

mural adj. Del muro o relativo a él. ‖ Se apl. a la cosa que, extendida, ocupa buena parte de una pared o muro. ‖ m. Pintura o decoración que se coloca o se hace sobre una pared. ‖ FAM. muralismo, muralista.

muralla f. Muro u obra defensiva que rodea una plaza fuerte o protege un territorio. ‖ Lo que impide la comunicación y es difícil de rebasar. ‖ FAM. amurallar, murallón.

murciano, na adj. y s. De Murcia o relativo a esta ciudad española, a la provincia o a la comunidad autónoma del mismo nombre, de las que es capital. ‖ FAM. murcianismo.

murciélago m. Nombre común de diversas especies de mamíferos quirópteros voladores de alas membranosas y costumbres nocturnas.

murga f. Compañía de músicos callejeros. ‖ Molestia, incordio. ‖ FAM. murguista.

múrido adj. y m. De los múridos o relativo a esta familia de mamíferos roedores. ‖ m. pl. Familia de roedores que tienen clavículas, los incisivos inferiores agudos y tres o cuatro molares tuberculosos con raíces a cada lado de ambas mandíbulas, el hocico largo y puntiagudo y la cola larga y escamosa.

murmullo m. Ruido que se hace hablando, especialmente cuando no se percibe lo que se dice. ‖ Ruido continuado y confuso.

murmuración f. Conversación en perjuicio de un ausente.

murmurador, ra adj. y s. Que murmura.

murmurar intr. Producir un sonido suave y apacible. ‖ Hablar entre dientes manifestando queja o disgusto por alguna cosa. También tr. ‖ Hablar mal de alguien a sus espaldas. También tr. ‖ prnl. Extenderse un rumor. ‖ FAM. murmullo, murmuración, murmurador, murmurón.

murmurón, ona adj. y s. *amer.* Murmurador, chismoso.

muro m. Pared o tapia. ‖ Muralla. También pl. ‖ Lo que impide la comunicación. ‖ FAM. mural, muralla, murar.

murria f. *col.* Tristeza, melancolía. ‖ FAM. murrio.

murtilla f. Arbusto mirtáceo chileno, de hojas pequeñas y ovaladas, flores blancas y que tiene como fruto una baya roja. ‖ Fruto de este arbusto. ‖ Licor fermentado que se hace con este fruto.

murucullo (voz aimara) com. *amer.* Persona a quien han cortado el pelo al rape.

mus m. Juego de naipes y de envite que se juega por parejas. ‖ Palabra con la que, en este juego, señala un jugador que quiere descartarse.

musa f. Cada una de las deidades que protegen las ciencias y las artes liberales, especialmente la poesía, en la mitología grecolatina. ‖ Inspiración poética.

musáceo, a adj. y f. De las musáceas o relativo a esta familia de plantas. ‖ f. pl. Familia de hierbas angiospermas monocotiledóneas perennes, hojas alternas, simples y enteras, flores irregulares y frutos en baya o drupa, como el cambur.

musaraña f. Nombre común de diversos mamíferos insectívoros de unos 5 a 10 cm de longitud, parecidos al ratón. ‖ **mirar a**, o **pensar** o **estar** uno **en las musarañas** loc. *col.* Estar distraído, no prestar atención.

musculación f. Desarrollo de los músculos.

muscular[1] tr., intr. y prnl. Adquirir o desarrollar fuerza muscular.

muscular[2] adj. De los músculos o relativo a ellos.

musculatura f. Conjunto de los músculos del cuerpo. ‖ Grado de desarrollo y fortaleza de los músculos.

músculo m. Cada uno de los órganos fibrosos que al contraerse produce los movimientos de los humanos y animales. ‖ **músculo abductor** Aquel que tiene como función mover una parte del cuerpo, alejándola del eje del mismo. ‖ **músculo aductor** Aquel cuya función es mover una parte del cuerpo acercándola al eje del mismo. ‖ **hacer músculos** loc. Adquirir o desarrollar fuerza muscular. ‖ FAM. musculación, muscular, musculatura, musculosa, musculoso.

musculosa f. *amer.* Camiseta.

musculoso, sa adj. Se apl. a la parte del cuerpo que tiene músculos. ‖ Que tiene los músculos muy abultados y visibles.

muselina f. Tela fina y poco tupida.

museo m. Institución dedicada a la adquisición, conservación, estudio y exposición de objetos artísticos o científicos para que puedan ser examinados. ‖ Edificio o lugar en que se guardan y exponen colecciones de objetos artísticos o científicos con alguna característica común. ‖ Lugar donde se exhiben objetos o curiosidades que pueden atraer el interés del público, con fines turísticos. ‖ FAM. museístico, museografía, museología.

museografía f. Conjunto de técnicas o prácticas relacionadas con el funcionamiento de un museo. ‖ FAM. museográfico, museógrafo.

museología f. Ciencia que trata del museo, su historia, su influjo en la sociedad y las técnicas de conservación y catalogación. ‖ FAM. museológico, museólogo.

musepo m. *amer.* Morriña, tristeza.

musgo m. Cada una de las plantas briofitas, con hojas provistas de pelos absorbentes, que crecen abundantemente sobre las piedras, cortezas de árboles, el suelo y otras superficies sombrías. ‖ Conjunto de estas plantas que cubren una determinada superficie. ‖ pl. Clase de estas plantas. ‖ FAM. musgoso.

música f. Arte de combinar los sonidos de la voz humana o de los instrumentos, o de unos y otros a la vez, para crear un determinado efecto. ‖ Teoría de este arte. ‖ Composición musical. ‖ Conjunto de estas composiciones con una característica común: *música clásica.* ‖ Sucesión de sonidos modulados según las leyes de la melodía, el ritmo y la armonía. ‖ Colección de papeles en que están escritas las composiciones musicales. ‖ Grupo o conjunto de músicos que tocan juntos. ‖ **con la música a otra parte** loc. adv. *col.* Expresión con que se aleja a alguien de un lugar. ‖ FAM. musicable, musical, musicar, músico, musicología, musicomanía, musiquero, musiquilla.

musical adj. De la música, relacionado con ella o que la produce. ‖ Se apl. al sonido agradable al oído. ‖ m. Espectáculo con números de música y, generalmente, baile. ‖ FAM. musicalidad, musicalmente.

musicalidad f. Conjunto de características rítmicas y sonoras propias de la música y gratas al oído.

music-hall (voz i.) m. Espectáculo de variedades (números cómicos, acrobáticos o de prestidigitación) en que la música sirve de telón de fondo. ‖ Teatro o lugar donde se representan estos espectáculos. ◆ pl. *music-halls.*

músico, ca adj. De la música o relativo a ella. ‖ m. y f. Persona que se dedica a la música, como compositor o como intérprete. ‖ FAM. musicastro, musicógrafo.

musicógrafo, fa m. y f. Persona que se dedica a escribir sobre la música.

musicología f. Estudio de la teoría e historia de la música. ‖ FAM. musicólogo.

musiquilla f. *col.* Música sencilla y facilona. ‖ *col.* Tono o deje de la voz.

musitar intr. Susurrar o hablar entre dientes y apenas sin vocalizar.

muslamen m. *col.* Conjunto formado por los dos muslos, generalmente de una mujer, bien porque son grandes o porque están bien formados.

muslera f. Tira elástica que se coloca alrededor del muslo para sujetarlo o protegerlo.

muslim o **muslime** adj. De Mahoma o relativo a su religión. ‖ adj. y com. Musulmán, que tiene como religión el islamismo.

muslo m. Parte de la pierna desde la juntura de las caderas hasta la rodilla. ‖ Parte de la pata de algunos animales situada en la misma zona. ‖ FAM. muslamen, muslera.

mustang o **mustango** m. Caballo salvaje que habita en las praderas norteamericanas. ◆ pl. de la primera forma: *mustangs.*

mustela f. Pez osteíctio gadiforme de unos 30 cm de largo, con el cuerpo muy alargado, el hocico con barbillones y la piel de color oscuro por el lomo y gris en el abdomen. ‖ Comadreja.

mustélido, da adj. y m. De los mustélidos o relativo a esta familia de mamíferos. ‖ m. pl. Familia de mamíferos de pequeño tamaño, carnívoros, que tienen el cuerpo alargado y flexible y las patas cortas, como la marta y la comadreja.

musteriense adj. y m. De una cultura prehistórica que habitó la tierra durante el Paleolítico Medio y que se caracteriza por su industria de la piedra, especialmen-

te sus utensilios fabricados con lascas de sílex, o relacionado con ella.

mustiar tr. y prnl. Marchitar.

mustio, tia adj. Melancólico, triste. ‖ Lánguido, marchito. ‖ FAM. mustiamente, mustiar.

musulmán, ana adj. Se apl. a la persona que profesa el islamismo. También s. ‖ Del islamismo o relativo a él.

mutación f. Acción y resultado de mudar o mudarse. ‖ Alteración producida en la estructura o en el número de los genes o de los cromosomas de un organismo vivo, que se transmite a los descendientes por herencia. ‖ Fenotipo producido por aquellas alteraciones. ‖ Cambio escénico en el teatro. ‖ Cambio brusco de temperatura.

mutante adj. Que muda. ‖ Se apl. al cromosoma o genoma que ha surgido por mutación de otro preexistente. ‖ m. Organismo producido por mutación. ‖ Descendencia de un organismo mutante.

mutar tr. Mudar, transformar. También prnl. ‖ Provocar una alteración en el material genético de un ser vivo. ‖ FAM. mutabilidad, mutable, mutación, mutacionismo, mutágeno, mutante.

mutilación f. Separación traumática de una parte del cuerpo. ‖ Separación de una parte del todo al que pertenece.

mutilado, da m. y f. Persona que ha sufrido una mutilación.

mutilar tr. Cortar una parte del cuerpo. También prnl. ‖ Quitar una parte de otra cosa. ‖ FAM. motilón, mutilación, mutilado, mutilador.

mutis m. Voz que se usa en el teatro para hacer que un actor se retire de la escena. ‖ Acto de retirarse de la escena, o de otros lugares. ‖ Voz que se emplea para imponer silencio o para indicar que una persona queda callada. ‖ **hacer mutis** o **hacer mutis por el foro** loc. Salir de la escena o de otro lugar de forma discreta. ‖ Callar. ◆ No varía en pl. FAM. mutismo.

mutismo m. Silencio voluntario o impuesto.

mutua f. Mutualidad, sociedad de socorros mutuos.

mutual adj. Mutuo, recíproco. ‖ f. *amer.* Mutualidad.

mutualidad f. Régimen de prestaciones mutuas financiado mediante la colaboración de todos los socios. ‖ Denominación de algunas sociedades que tienen este régimen. ‖ FAM. mutualismo.

mutualismo m. Sistema basado en un régimen de mutualidad. ‖ Tipo de asociación entre dos individuos en que ambos obtienen beneficio. ‖ FAM. mutualista.

mutualista adj. De la mutualidad o relativo a ella. ‖ com. Persona que pertenece a una mutualidad.

mutuo, tua adj. Recíproco: *se ofrecieron apoyo mutuo.* ‖ FAM. mutua, mutual, mutualidad, mutuamente, mutuante, mutuario.

muy adv. Se antepone a nombres adjetivados, participios, adverbios y modos adverbiales, para denotar en ellos grado superlativo de significación: *muy hombre, muy listo, muy deprisa.* ‖ **el, la, los, las muy** loc. *col.* Se utiliza para intensificar una cualidad, normalmente peyorativa: *el muy cabezón se negó a ser ayudado.*

n

n f. Decimocuarta letra del abecedario español y undécima de sus consonantes. Fonéticamente representa un sonido nasal, oclusivo y sonoro. Su nombre es *ene*.

nabab m. Gobernador de una provincia en la India mahometana. ‖ Hombre sumamente rico. ◆ pl. *nababs*.

nabiza f. Hoja tierna del nabo cuando empieza a crecer. Más en pl.

nabo m. Planta herbácea anual de la familia de las crucíferas, de hojas grandes y enteras, flores pequeñas y amarillas y raíz carnosa comestible. ‖ Raíz de esta planta. ‖ *vulg.* Pene. ‖ FAM. naba, nabal, nabar, nabina.

naboría f. Distribución que se hacía en América al principio de la conquista adjudicando cierto número de indios, en calidad de criados, para el servicio personal. ‖ com. Indígena sometido a esta distribución, criado de servicio. ‖ FAM. naborí.

nácar m. Sustancia dura, blanca, brillante y con reflejos irisados, que forma el interior de varias conchas de moluscos. ‖ FAM. nacarado, nacáreo, nacarina, nacarino.

nacatamal m. *amer.* Tamal relleno de carne de cerdo.

nacer intr. Salir del vientre materno. ‖ Salir del huevo un animal ovíparo. ‖ Empezar a salir un vegetal de su semilla. ‖ Prorrumpir o brotar. ‖ Empezar a dejarse ver un astro en el horizonte. ‖ Empezar una cosa desde otra, como saliendo de ella. ‖ Inferirse una cosa de otra. ‖ Escapar de un peligro sin daño alguno: *nació después de aquel accidente.* ‖ Estar destinado para un fin o tener una inclinación natural hacia él: *parece que has nacido para rico.* ‖ Comenzar en una actividad. ‖ prnl. Abrirse una costura hecha muy al borde de la tela, desprendiéndose los hilos de la orilla. ‖ Entallecerse una raíz o semilla al aire libre. ◆ **Irreg.** Se conj. como *agradecer.* Tiene doble p. p.: el reg. *nacido* y el irreg. *nato.* ‖ FAM. nacido, naciente, nacimiento.

nacho m. Aperitivo mexicano a base de pasta de maíz frita con forma de triángulo.

nacido, da m. y f. Persona que ha existido en el pasado o existe en el presente. ‖ m. *amer.* Divieso. ‖ **bien nacido** loc. adj. Se dice de la persona que obra con honradez y nobleza. ‖ **mal nacido** loc. adj. Se apl. a la persona que se comporta con maldad y de modo indeseable.

naciente adj. Muy reciente, que empieza a ser o a manifestarse. ‖ m. Oriente, Este, punto cardinal.

nacimiento m. Lugar o sitio donde algo tiene su origen o principio. ‖ Comienzo, principio de algo. ‖ Representación del nacimiento de Jesucristo en el portal de Belén. ‖ **de nacimiento** loc. adv. Que se ha nacido con determinada característica: *sordo de nacimiento.*

nación f. Entidad jurídica y política formada por el conjunto de los habitantes de un país regido por el mismo gobierno. ‖ Territorio de ese mismo país. ‖ Conjunto de personas de un mismo origen étnico y que generalmente hablan un mismo idioma, tienen una tradición común y ocupan un mismo territorio. ‖ FAM. nacional.

nacional adj. De una nación o relativo a ella. ‖ Que pertenece al Estado o es administrado por él. ‖ adj. y com. Partidario del general Franco durante la Guerra Civil española (1936-1939). ‖ FAM. nacionalmente.

nacionalidad f. Región que a sus peculiaridades une otras (idioma, historia, cultura, gobierno propios) que le confieren una acusada personalidad dentro de la nación en que está enclavada. ‖ Condición y carácter peculiar de los pueblos o individuos de una nación. ‖ Estado propio de la persona nacida o naturalizada en una nación.

nacionalismo m. Doctrina que exalta en todos los órdenes la personalidad nacional. ‖ Aspiración de un pueblo o etnia a constituirse en ente autónomo dentro de un Estado. ‖ FAM. nacionalista.

nacionalista adj. Del nacionalismo o relativo a él. ‖ adj. y com. Partidario del nacionalismo.

nacionalizar tr. Adquirir la nacionalidad de un país que no es el propio. También prnl. ‖ Hacer que pasen al gobierno de una nación medios de producción y servicios explotados por particulares. ‖ FAM. nacionalización.

nacionalsocialismo m. Doctrina fundada por Hitler que propugnaba un nacionalismo expansionista basado en la supremacía de la raza germánica y un racismo seudocientífico fundamentalmente antisemita. ‖ FAM. nacionalsocialista.

nacionalsocialista adj. y com. Nazi.

naco m. *amer.* Puré de patata. ‖ *amer.* Tabaco de mascar. ‖ *amer.* Hortera, hombre con mal gusto.

nada f. Inexistencia, la ausencia absoluta de cualquier ser o cosa. ‖ pron. indef. Ninguna cosa. ‖ adv. c. De ninguna manera, en absoluto. ‖ Poca o muy poca cantidad de cualquier cosa. ‖ **como si nada** loc. adv. Sin dar la menor importancia. || Sin esfuerzo. || Infructuosamente, sin resultado. || **de nada** loc. Contestación de cortesía a *¡gracias!* || loc. adj. De escaso valor, sin importancia: *regalito de nada.* || **nada más** loc. adv. Solamente. || Inmediatamente después de: *nada más iros llegó él.* || **nada menos** loc. adv. Pondera la importancia de una persona o cosa: *lo dijo nada menos que el director.* || FAM. nadería, nadie, nadita.

nadador, ra adj. Que nada. || m. y f. Persona que practica la natación.

nadar intr. Mantenerse y avanzar sobre el agua moviendo algunas partes del cuerpo. || Flotar en un líquido cualquiera. || Abundar en una cosa: *nadar en dinero.* || FAM. nadadera, nadador, nado, natación, natatorio.

nadería f. Cosa de poca importancia.

nadie pron. indet. Ninguna persona. || m. Persona insignificante: *es un don nadie.*

nadir m. Punto de la esfera terrestre diametralmente opuesto al cenit.

nadita adv. c. *amer.* De ninguna manera, en absoluto.

nado (a) loc. adv. Nadando.

nafta f. Líquido incoloro, volátil, más ligero que el agua y muy combustible, que se utiliza como disolvente industrial. || *amer.* Gasolina. || FAM. naftalina.

naftalina f. Hidrocarburo sólido procedente del alquitrán de la hulla, muy usado, en forma de bolas, para preservar la ropa de la polilla.

nagual m. *amer.* Brujo, hechicero. || Animal que se tiene como mascota. || Ser que protege a las personas, según ciertas creencias.

nahua adj. Del antiguo pueblo indio que habitó la altiplanicie mexicana y la parte de América Central antes de la conquista de estos territorios por los españoles, y que alcanzó alto grado de civilización, o relacionado con él. También com. || Se apl. al grupo de lenguas hablado principalmente por los indios mexicanos. También m.

náhuatl m. Lengua hablada por los pueblos nahuas, impropiamente llamada también azteca o mexicana. También adj. || FAM. nahuatlismo.

naif o **naïf** m. Corriente artística surgida a principios del siglo XX que, por su sencillez y su colorido, se asemeja al de los llamados pintores primitivos de la Edad Media. || adj. Del naíf o relativo a él. ◆ No varía en pl.

nailon m. Fibra textil sintética que se emplea en la fabricación de géneros de punto y tejidos diversos.

naipe m. Cartulina rectangular que lleva figuras pintadas en una cara y sirve para jugar a las cartas. || pl. Baraja. || FAM. naipear.

naipear tr. *amer.* Barajar, mezclar los naipes. || *amer.* Engañar, inducir a otro a tener por cierto lo que no lo es.

nalga f. Cada una de las dos porciones carnosas y redondeadas que constituyen el trasero. Más en pl. || FAM. nalgada, nalgar, nalgón, nalgudo.

namibiano, na adj. y s. De Namibia o relativo a este país africano.

nana[1] f. Canto con que se arrulla a los niños. || Nodriza. || Saco pequeño que sirve de abrigo a los bebés.

nana[2] f. *amer.* Daño o pupa, en el lenguaje infantil. || *amer.* Achaque sin importancia, generalmente de la vejez.

nanay interj. *col.* Expresión familiar y humorística con que se niega rotundamente una cosa.

nanómetro m. Medida de longitud equivalente a la milmillonésima parte del metro.

nanosegundo m. Medida de tiempo equivalente a la milmillonésima parte del segundo.

nao f. Nave. || FAM. naos.

naos f. Parte principal del templo clásico griego donde estaba colocada la imagen de una divinidad. ◆ No varía en pl. A veces también m.

napa f. Piel de algunos animales (cordero, cabra), curtida y trabajada, que se destina especialmente a la confección de prendas de vestir.

napalm m. Materia inflamable que se emplea como carga de bombas incendiarias.

napias f. pl. *col.* Narices, especialmente si son grandes.

napolitana f. Bollo plano y rectangular relleno de crema o chocolate.

naranja f. Fruto comestible del naranjo, de forma globosa y de pulpa dividida en gajos. || m. Color semejante al de la naranja. También adj. || **media naranja** *col.* Pareja sentimental o persona que complementa a otra perfectamente. || **¡naranjas!** interj. Expresión que se utiliza para expresar admiración, disgusto, extrañeza, sorpresa o negación rotunda. ◆ También se dice *¡naranjas de la China!* || FAM. naranjada, naranjado, naranjal, naranjero, naranjilla, naranjillo, naranjo.

naranjada f. Bebida hecha con zumo de naranja, agua y azúcar: *preparó una naranjada para la fiesta de cumpleaños.* || Cualquier refresco de sabor a naranja: *tráigame una naranjada bien fría, por favor.*

naranjilla f. Naranja verde y pequeña de la que se suele hacer conserva. || *amer.* Arbusto solanáceo de grandes hojas de nervadura morada, flores también moradas y fruto de color amarillo anaranjado, de sabor ácido, usado en zumos y dulces. || *amer.* Fruto de este arbusto.

naranjillo m. *amer.* Árbol o arbusto de América del Sur, de la familia de las caparidáceas, parecido al naranjo.

naranjo m. Árbol de la familia de las rutáceas, de hoja perenne siempre verde, flores blancas y aromáticas y cuyo fruto es la naranja.

narcisismo m. Admiración excesiva que alguien siente por sí mismo. || FAM. narcisista.

narcisista adj. Del narcisismo o relativo a él. || adj. y com. Se apl. a la persona que siente una gran admiración por sí misma.

narciso[1] m. Planta amarilidácea de flores blancas o amarillas con corona central acampanada. || Flor de esta planta.

narciso[2] m. Hombre que siente una admiración exagerada por sí mismo, especialmente por su aspecto físico. || FAM. narcisismo.

narco com. Narcotraficante.

narcolepsia f. Crisis de sueño incontrolable, frecuentemente acompañada de catalepsia.

narcosis f. Disminución de la sensibilidad o consciencia debido al uso de narcóticos. ◆ No varía en pl.

narcótico, ca adj. Se apl. a la sustancia que produce sopor, relajación muscular y embotamiento de la sensibilidad, como el cloroformo y el opio. También m. || De la narcosis o relativo a ella. || FAM. narcoanálisis, narcosis, narcotina, narcotismo, narcotizar, narcotráfico.

narcotismo m. Estado más o menos profundo de adormecimiento que procede del uso de los narcóticos. || Conjunto de efectos producidos por el narcótico. || Adicción a los narcóticos.

narcotizar tr. Adormecer mediante narcóticos. || FAM. narcotización, narcotizador.

narcotraficante com. Persona que se dedica al comercio ilícito de drogas tóxicas en grandes cantidades.

narcotráfico m. Comercio ilícito de drogas tóxicas en grandes cantidades. || FAM. narcotraficante.

nardo m. Planta amarilidácea de tallo sencillo, hojas radicales y flores blancas muy olorosas. || Flor de esta planta.

narguile m. Pipa para fumar, muy usada en los países árabes, compuesta de un largo tubo flexible, de un recipiente en que se quema el tabaco y de un vaso lleno de agua perfumada, a través de la cual se aspira el humo.

nariz f. Parte saliente del rostro humano, entre la frente y la boca, con dos orificios que comunican con la membrana pituitaria y el aparato de la respiración. También en pl. con el significado de sing. || Sentido del olfato. || pl. *col.* Coraje, valor: *no tuvo narices de decírmelo a la cara.* || *col.* Expresión que se emplea para mostrar extrañeza, sorpresa, disgusto o admiración. || **nariz aguileña** La que es delgada y curva, como el pico de un águila. || **nariz respingona** Aquella que tiene la punta hacia arriba. || **asomar las narices** loc. *col.* Aparecer por un lugar, especialmente para curiosear. || **dar** algo **en la nariz** loc. *col.* Sospecharlo. || **darse de narices con** alguien loc. *col.* Encontrarse de repente con él. || **estar** uno **hasta las narices** loc. *col.* Estar harto. || **meter** uno **las narices** loc. *col.* Curiosear, entremeterse. || **no ver** uno **más allá de** sus **narices** loc. *col.* Ser poco listo. || **por narices** loc. adv. *col.* Obligatoriamente. || FAM. napias, narigón, narigudo, nariguera, narizotas, narizudo, nasal.

narración f. Exposición de una serie de sucesos reales o imaginarios que se desarrollan en un espacio y durante un tiempo determinados. || Obra literaria en la que se hace una exposición de este tipo.

narrador, ra m. y f. Persona o personaje que narra algo.

narrar tr. Contar una historia o suceso, real o imaginario, oralmente, por escrito o de cualquier otra manera. || FAM. narrable, narración, narrador, narrativa, narratividad, narrativo, narratología, narratorio.

narrativa f. Habilidad o destreza en narrar o en contar las cosas. || Género literario en prosa que abarca la novela y el cuento.

narrativo, va adj. De la narración o relativo a ella.

narval m. Mamífero cetáceo marino propio del Ártico que mide hasta 6 m de longitud y tiene dos dientes superiores dirigidos hacia delante, uno de los cuales, en el macho, se prolonga como un cuerno de hasta 2 m de largo. Nada en grupos y se le llama también *unicornio marino.*

nasa f. Arte de pesca que consiste en un cilindro de juncos entretejidos o red, con una especie de embudo en una de sus bases. || Arte de pesca parecido al anterior que consiste en una red sostenida por aros. || Cesta de boca estrecha que llevan los pescadores para echar la pesca. || Cesto o vasija para guardar pan, harina o cosas semejantes. || FAM. nansa.

nasal adj. Relativo a la nariz. || En fon., se apl. al sonido en cuya pronunciación la corriente espirada sale total o parcialmente por la nariz. || Se dice de la voz o del tono que tiene un sonido de estas características. || FAM. nasalidad, nasalización, nasalizar, nasofaringe, nasofaríngeo.

nastia f. Movimiento de los vegetales o de alguno de sus órganos inducido por factores externos, como la luz o la temperatura, que depende exclusivamente de la naturaleza del órgano excitado.

nata f. Sustancia espesa que forma una capa sobre la leche que se deja en reposo y que si se bate forma la mantequilla. || Materia grasa de la leche batida con azúcar. || Sustancia espesa de algunos líquidos que flota en ellos. || Lo mejor y más valioso en su especie. ◆ Se usa sobre todo en la expresión *la flor y nata.* || FAM. natillas.

natación f. Arte y técnica de nadar como deporte o como ejercicio. || FAM. natatorio.

natal adj. Del nacimiento o del lugar donde se ha nacido o relativo a ellos. || FAM. natalicio, natalidad.

natalicio, cia adj. y m. Del día del nacimiento o relativo a él. || m. Día del nacimiento de alguien y fiesta con que se celebra.

natalidad f. Número proporcional de nacimientos en un lugar y tiempo determinados.

natatorio, ria adj. De la natación o relativo a ella. || Que sirve para nadar.

natillas f. pl. Crema ligera hecha con huevos, leche y azúcar.

natividad f. Nacimiento, especialmente el de Jesucristo, el de la Virgen María y el de san Juan Bautista, que son los tres que celebra la Iglesia católica. || Navidad. ◆ Suele escribirse con mayúscula.

nativo, va adj. Relativo al país o lugar en que uno ha nacido. || Natural de un país o lugar. También s. || Innato.

nato, ta adj. Se dice de la cualidad o defecto que se tiene de nacimiento: *vendedor nato.* || Se apl. al título o al cargo inseparable de una función o de una persona.

natrón m. Sal blanca, traslúcida, cristalizable, eflorescente, que se halla en la naturaleza o se obtiene artificialmente y se utiliza en las fábricas de jabón, vidrio y tintes.

natura f. *poét.* Naturaleza. || **contra natura** loc. adj. y adv. En contra de la naturaleza.

natural adj. De la naturaleza, relacionado con ella, o producido por ella. || Poco trabajado o elaborado, no forzado ni fingido: *cuero, sonrisa natural.* || Sencillo, espontáneo. || Conforme a la naturaleza peculiar de un ser determinado. || Nativo, originario de un pueblo o nación. También com. ‖ Se apl. a la cosa que imita con acierto o habilidad a la naturaleza. ‖ Normal, lógico. ‖ Que se produce por las fuerzas de la naturaleza: *muerte natural.* ‖ Que se basa en la naturaleza y no en disposiciones legales: *derecho natural.* ‖ En mús., se apl. a la nota no modificada por sostenido ni bemol. ‖ Se dice del pase torero realizado por el lado izquierdo y sin el estoque. También m. ‖ m. Carácter, temperamento: *es de natural pacífico.* ‖ Objeto, paisaje o motivo que el artista copia directamente. ‖ **al natural** loc. adv. Tal cual es, sin modificaciones o añadidos. ‖ FAM. naturaleza, naturalidad, naturalismo, naturalístico, naturalizar, naturalmente, naturopatía.

naturaleza f. Conjunto de todo lo que forma el universo en cuya creación no ha intervenido el ser humano. ‖ Principio o fuerza cósmica que se supone rige y ordena todas las cosas creadas. ‖ Esencia y propiedad característica de cada ser. ‖ Carácter, temperamento. ‖ Constitución física de una persona o animal: *naturaleza robusta.* ‖ Especie, género, clase. ‖ Origen que uno tiene según la ciudad o país en que ha nacido. ‖ **naturaleza muerta** Cuadro que representa animales muertos o cosas inanimadas. ‖ FAM. natura, naturismo.

naturalidad f. Espontaneidad en el modo de proceder.

naturalismo m. Doctrina filosófica que considera a la naturaleza y a todos sus elementos la única realidad existente. ‖ Movimiento literario que surgió en Francia en la segunda mitad del siglo XIX y que, partiendo del realismo, trataba de reproducir la realidad objetivamente, en especial los aspectos más desagradables. ‖ Tendencia artística que representa la realidad alejándose del idealismo y del simbolismo. ‖ FAM. naturalista.

naturalista adj. Del naturalismo o relativo a él. ‖ adj. y com. Que sigue la corriente naturalista. ‖ com. Persona que se dedica al estudio de las ciencias naturales.

naturalizar tr. y prnl. Conceder o adquirir un extranjero los derechos de los naturales de un país. ‖ Introducir y asimilar un país usos y costumbres originarios de otros países. ‖ Aclimatar una especie animal o vegetal a un hábitat distinto al suyo propio. ‖ FAM. naturalización.

naturismo m. Doctrina que propugna el empleo de los agentes naturales para el tratamiento de las enfermedades. ‖ Nudismo. ‖ FAM. naturista.

naturista adj. Del naturismo o relativo a él. ‖ adj. y com. Partidario del naturismo o que lo practica.

naturópata com. Médico que practica la medicina naturista.

naturopatía f. Método de curación basado en remedios naturales. ‖ FAM. naturópata.

naufragar intr. Irse a pique o perderse la embarcación. ‖ Salir mal un intento o negocio. ‖ FAM. naufragio, náufrago.

naufragio m. Pérdida de una embarcación en el mar, en un lago o en un río. ‖ Desastre, desgracia grande.

náufrago, ga adj. y s. Se apl. a la persona que ha sufrido un naufragio.

náusea f. Malestar físico que se manifiesta con deseos de vomitar. Más en pl. ‖ Desagrado, repugnancia o rechazo motivado por algo no físico. Más en pl. ‖ FAM. nauseabundo.

nauseabundo, da adj. Que produce náuseas: *olor nauseabundo.*

náutica f. Técnica y arte de navegar.

náutico, ca adj. De la navegación o relativo a ella. ‖ m. Especie de mocasín, ligero, con suela de goma y muy cómodo que suele tener un cordón que se ata en la parte delantera. Más en pl. ‖ FAM. náutica, nautilo.

nautilo m. Nombre común de diversos moluscos cefalópodos con cuatro branquias, numerosos tentáculos sin ventosas y provistos de concha con cámaras separadas, en la última de las cuales vive el animal.

nava f. Tierra sin árboles y llana, a veces pantanosa, situada generalmente entre montañas.

navaja f. Cuchillo cuya hoja puede doblarse sobre el mango para que el filo quede guardado entre las dos cachas. ‖ Molusco bivalvo marino cuya concha se compone de dos valvas alargadas y lisas. ‖ Colmillo de jabalí y de algunos otros animales. ‖ **navaja de afeitar** La que tiene el filo muy agudo y está hecha de acero muy templado y se utiliza para afeitar la barba. ‖ FAM. navajada, navajazo, navajero, navajudo.

navajazo m. Corte o herida hechos con una navaja.

navajero, ra m. y f. Delincuente que utiliza la navaja como arma. ‖ Persona que fabrica, repara o vende navajas. ‖ m. Estuche o bolsa en que se guardan las navajas, especialmente las de afeitar. ‖ Paño o tazón metálico donde se limpia la navaja de afeitar.

navajo, ja adj. y s. De una tribu amerindia de la familia lingüística atapasca, que habita en Arizona y Nuevo México (EE.UU.), o relacionado con ella.

navajudo, da adj. *amer.* Taimado, marrullero.

naval adj. De las naves, de la navegación o relativo a ellas.

navarro, rra adj. y s. De Navarra o relativo a esta comunidad foral española. ‖ FAM. navarroaragonés.

nave f. Barco. ‖ Embarcación de cubierta, con velas y sin remos. ‖ Espacio interior amplio en los templos y otros edificios situado entre dos filas de arcadas. ‖ Construcción grande de una sola planta utilizada como fábrica o almacén. ‖ **nave espacial** Vehículo provisto de medios de propulsión y dirección que le permiten navegar en el espacio exterior a la atmósfera terrestre, con o sin tripulantes, y que se dedica a misiones científicas o técnicas. ‖ **quemar las naves** loc. Tomar una decisión drástica y definitiva. ‖ FAM. naval, navarca, navecilla, navegar, naveta, navicular, naviero, navío.

navegable adj. Se apl. al río, lago o canal por donde se puede navegar.

navegación f. Viaje que se hace con cualquier embarcación, y tiempo que dura. ‖ Náutica. ‖ En inform., utilización de una red informática o desplazamiento por ella.

navegador, ra adj. Que navega. ‖ m. En inform., programa o aplicación informático que se usa para navegar por las redes informáticas y acceder a documentos, imágenes y demás información.

navegante adj. y com. Se apl. a la persona que navega por oficio o por placer. ‖ En la tripulación de un avión, se dice de la persona encargada de los aparatos de control y de la navegación durante el vuelo. ‖ En inform., que utiliza las redes informáticas.

navegar intr. Viajar por el agua con una embarcación. También tr.: *navegar un río.* ‖ Desplazarse la embarcación. ‖ Por analogía, viajar por el aire en globo, avión u otro vehículo. ‖ Manejar la nave. ‖ En inform., utilizar una red informática. ‖ FAM. navegabilidad, navegable, navegación, navegador, navegante.

naveta f. Monumento megalítico de Baleares con forma de nave invertida. ‖ Gaveta de escritorio. ‖ Vaso o cajita que sirve en la iglesia para suministrar el incienso.

navidad f. Nacimiento de Jesucristo. ‖ Día en que se celebra. ‖ Tiempo inmediato a este día, hasta la fiesta de Reyes. También en pl. ◆ Suele escribirse con mayúscula. ‖ FAM. navideño.

navideño, ña adj. De la Navidad o relativo a ella.

naviero, ra adj. Relativo a las naves o a la navegación. ‖ m. y f. Persona o sociedad propietaria de un barco.

navío m. Barco grande, de cubierta, con velas y muy fortificado.

náyade f. En mit., ninfa o divinidad que residía en los ríos y en las fuentes.

nazareno, na adj. y s. De Nazaret. ‖ m. y f. Penitente que en las procesiones de Semana Santa va vestido con túnica. ‖ m. Imagen de Jesucristo vestido con una túnica morada. ‖ Árbol americano de la familia de las leguminosas, de gran tamaño, cuya madera se emplea en ebanistería y para la elaboración de tintes.

nazarí o **nazarita** adj. y com. De los descendientes de Yusuf ben Názar, fundador de la dinastía musulmana que reinó en Granada entre los siglos XIII y XV, o relacionado con ellos. ◆ pl. de la primera forma: *nazaríes* o *nazaríes.*

nazi adj. Del nacionalsocialismo o relativo a él. ‖ adj. y com. Partidario del nacionalsocialismo. ‖ Que tiene actitudes o ideas parecidas a las del nacionalsocialismo.

nazismo m. Nombre abreviado del nacionalsocialismo. ‖ FAM. nazi, nazista.

neblí m. Nombre que se le da al halcón peregrino en España y Portugal. ◆ pl. *neblís* o *neblíes.*

neblina f. Niebla espesa y baja. ‖ Atmósfera con muchos gases y humos. ‖ FAM. neblinear, neblinoso.

nebulosa f. Materia cósmica celeste, difusa y luminosa, en general de contorno impreciso. ‖ FAM. nebulosidad, nebuloso.

nebuloso, sa adj. Que tiene niebla o está cubierto por ella. ‖ Sombrío, tétrico. ‖ Falto de claridad o difícil de comprender.

necedad f. Hecho o dicho propio de un necio. ‖ Tontería, terquedad.

necesario, ria adj. Que debe suceder inevitablemente. ‖ Que se realiza obligado o forzado por algo. ‖ Imprescindible para alguien o algo. ‖ Conveniente, muy útil. ‖ FAM. necesariamente, neceser, necesidad, necesitar.

neceser m. Caja o estuche con diversos objetos, especialmente para el aseo personal.

necesidad f. Lo que hace que las cosas sucedan infaliblemente de cierta manera. ‖ Obligación. ‖ Carencia o escasez de lo imprescindible para vivir. ‖ Falta continuada de alimento que produce debilidad. ‖ Situación difícil que atraviesa alguien. ‖ Impulso irrefrenable. ‖ Evacuación corporal de heces u orina. Más en pl. ‖ **de primera necesidad** loc. adj. Básico, imprescindible para poder llevar una vida digna.

necesitado, da adj. y s. Que no tiene lo necesario para vivir.

necesitar intr. y tr. Tener necesidad de una persona o cosa. ‖ FAM. necesitado.

necio, cia adj. Ignorante. También s. ‖ Imprudente, terco y obstinado. También s. ‖ Se apl. a la cosa ejecutada con imprudencia, ignorancia o presunción. ‖ FAM. necedad.

nécora f. Crustáceo decápodo de cuerpo liso y elíptico de unos 10 cm de ancho.

necro- pref. que significa 'muerto': *necrópolis.*

necrofagia f. Costumbre de comer cadáveres o carroña. ‖ FAM. necrófago.

necrófago, ga adj. y s. Se apl. al animal que come cadáveres o carroña.

necrofilia f. Atracción morbosa por la muerte o por alguno de sus aspectos. ‖ Tendencia sexual de quien trata de obtener placer erótico con cadáveres. ‖ FAM. necrofílico, necrófilo.

necrófilo, la adj. y s. Que practica la necrofilia.

necróforo, ra adj. y s. Se apl. al insecto coleóptero que entierra los cadáveres de otros animales para depositar en ellos sus huevos.

necrología f. Biografía de una persona notable fallecida hace poco tiempo. ‖ Lista o noticia de personas muertas. ‖ FAM. necrológico.

necrológico, ca adj. De la necrología o relativo a ella. ‖ adj. y f. Se apl. a la noticia periodística que informa de la muerte de una persona.

necromancia o **necromancía** f. Nigromancia.

necrópolis f. Cementerio de gran extensión en el que abundan los monumentos fúnebres, especialmente si son antiguos. ◆ No varía en pl.

necropsia o **necroscopia** f. Examen anatómico de un cadáver.

necrosis f. Mortificación o gangrena de los tejidos del organismo. ◆ No varía en pl.

néctar m. Jugo azucarado producido por las flores de ciertas plantas. ‖ Cualquier licor suave y delicioso. ‖ En mit., bebida que proporcionaba la inmortalidad a los dioses. ‖ FAM. nectáreo, nectarino, nectario.

nectarina f. Fruto que resulta del injerto de ciruelo y melocotonero.

necton m. Conjunto de los organismos acuáticos que son capaces de desplazarse activamente en su medio.

neerlandés, esa adj. y s. Holandés. ‖ m. Lengua germánica hablada en los Países Bajos.

nefando, da adj. Indigno, repugnante. ‖ FAM. nefandamente.

nefasto, ta adj. Triste, funesto. ‖ Se apl. a personas o cosas desgraciadas o detestables: *gobernante nefasto.*

nefridio m. Órgano excretor de la mayor parte de los invertebrados.

nefrítico, ca adj. De los riñones o relativo a ellos.

nefritis f. Inflamación de los riñones. ◆ No varía en pl. ‖ FAM. nefridio, nefrítico, nefrología.

nefrología f. Rama de la medicina que estudia el riñón y sus enfermedades. ‖ FAM. nefrológico, nefrólogo.

negación f. Respuesta negativa a una solicitud o pretensión. ‖ Rechazo de la veracidad de una cosa. ‖ Impedimento o prohibición para la realización de algo. ‖ Carencia total de una cosa: *es la negación del buen gusto.* ‖ En gram., partícula o voz que sirve para negar, como *no* y *ni.*

negado, da adj. y s. Incapaz, inepto: *es negado para la cocina.*

negar tr. Decir que no es verdad una cosa. ‖ No admitir la existencia de algo. ‖ Decir que no a lo que se pide. ‖ Prohibir, impedir. ‖ prnl. No querer hacer una cosa. ◆ Irreg. Se conj. como *acertar.* ‖ FAM. negable, negación, negado, negador, negativa, negativo.

negativa f. Negación.

negativo, va adj. Que incluye o expresa negación. ‖ De la negación o relativo a ella. ‖ Pesimista. ‖ Se apl. al resultado de un análisis o estudio que no muestra indicios de lo que se busca. ‖ En mat., se dice del número inferior a cero. ‖ En fís., se apl. a la carga eléctrica del electrón. ‖ m. Imagen fotográfica que ofrece invertidos los claros y oscuros. ‖ En dep., cantidad que se añade a la puntuación de un equipo si empata o pierde en su propio terreno de juego. ‖ FAM. negativamente.

negligé (voz fr.) adj. Que presenta cierto descuido, generalmente calculado. ‖ m. Bata femenina elegante y atrevida.

negligencia f. Descuido, omisión. ‖ Falta de esfuerzo o aplicación. ‖ FAM. negligente, negligentemente.

negligente adj. y com. Descuidado. ‖ Que no se aplica como debiera.

negociable adj. Que se puede negociar, sobre todo aplicado a un documento de crédito.

negociación f. Comercio con mercancías o valores para obtener unas ganancias. ‖ Gestión o resolución de un asunto, especialmente por la vía diplomática.

negociado m. En algunas organizaciones administrativas, dependencia donde se despachan determinados asuntos. ‖ Negocio. ‖ *amer.* Negocio ilegal.

negociador, ra adj. y s. Que negocia.

negociante adj. y com. Se dice de la persona que se dedica profesionalmente a los negocios o a las actividades comerciales, o que tiene gran facilidad para los mismos. ‖ *col.* Se apl. a la persona que se preocupa excesivamente de ganar dinero u obtener beneficios en su profesión o cualquier otra actividad. ◆ Tiene connotaciones peyorativas.

negociar intr. Comerciar con mercancías o valores. ‖ Realizar una operación bancaria o bursátil. ‖ tr. Gestionar asuntos públicos o privados. ‖ FAM. negociabilidad, negociable, negociación, negociado, negociante.

negocio m. Ocupación encaminada a obtener un beneficio. ‖ Beneficio obtenido. ‖ Local en que se negocia o comercia. ‖ Cualquier ocupación o asunto. Más en pl. ‖ **negocio redondo** El que proporciona mucha ganancia con poco esfuerzo. ‖ **hacer negocio** loc. Lograr el máximo provecho con un interés propio. ‖ FAM. negociar.

negra f. Nota musical cuya duración es la mitad de una blanca. ‖ **la negra** *col.* Mala suerte: *¡tengo la negra!* ‖ **pasarlas negras** loc. *col.* Encontrarse en una situación difícil, dolorosa o comprometida.

negrero, ra adj. y s. Dedicado al comercio de esclavos negros. ‖ m. y f. Persona muy exigente y déspota con sus subordinados.

negrilla adj. y f. En impr., negrita.

negrillo m. Olmo. ‖ *amer.* Mineral de plata cuprífera de color muy oscuro. ‖ *amer.* Ave paseriforme semejante al jilguero, de cuerpo negro y plumas remeras amarillas.

negrita adj. y f. En impr., se apl. a un tipo de letra de trazo más grueso y oscuro que el normal.

negrito m. Ave paseriforme de la isla de Cuba, de tamaño y canto parecidos a los del canario.

negro, gra adj. De color totalmente oscuro, es decir, que carece de color. ‖ Se apl. a la persona cuya piel es de color negro. También s. ‖ De color oscuro o más oscuro que lo normal. ‖ Oscurecido por la suciedad. ‖ *col.* Furioso: *ese ruido me está poniendo negro.* ‖ Triste, desfavorable. ‖ Se apl. a la novela o película que trata sobre temas policíacos con gran realismo y crudeza. ‖ Relativo al diablo: *misa negra.* ‖ adj. y m. Se apl. al tabaco con olor y sabor fuertes. ‖ m. Persona que hace anónimamente el trabajo que se atribuye otra, por lo general un escritor. ‖ m. y f. *amer.* Tratamiento cariñoso. ◆ Como adj., su sup. irreg. es *nigérrimo,* aunque se usa mucho el reg. *negrísimo.* ‖ FAM. negra, negrada, negral, negrear, negrecer, negrería, negrero, negrilla, negrillo, negrita, negrito, negritud, negroafricano, negroamericano, negroide, negror, negrumo, negrura, negruzco.

negroide adj. Que presenta alguno de los caracteres de la raza negra o de su cultura.

negrumo m. *amer.* Hollín, sustancia grasa y negra.

negruzco, ca adj. Que tiende al color negro.

negus m. Título que se daba al emperador de Etiopía. ◆ No varía en pl.

neis m. Gneis. ◆ No varía en pl. ‖ FAM. néisico.

nematelminto adj. y m. De los nematelmintos o relativo a estos gusanos. ‖ m. pl. Antiguo grupo taxonómico que agrupaba a gusanos de cuerpo cilíndrico y desprovistos de apéndices locomotores que suelen ser parásitos de otros animales, como la lombriz intestinal.

nematócero adj. y m. De los nematóceros o relativo a este suborden de insectos. ‖ m. pl. Suborden de insectos dípteros de cuerpo esbelto, alas estrechas y largas, patas delgadas y antenas largas, como el mosquito.

nematodo adj. y m. De los nematodos o relativo a este filo de gusanos. ‖ m. pl. Filo de gusanos no segmentados que tienen un tubo intestinal que se extiende desde la boca hasta el ano, carecen de otros órganos y suelen ser parásitos de otros animales.

nematomorfo adj. y m. De los nematomorfos o relacionado con este filo de gusanos. ‖ m. pl. Filo de gusanos largos y cilíndricos, parecidos a los nematodos y parásitos de insectos y crustáceos cuando son jóvenes. Al ser adultos viven libres en aguas dulces o marinas.

neme m. *amer.* Betún o asfalto.

nemertino adj y m. De los nemertinos o relativo a este filo de gusanos. ‖ m. pl. Filo de gusanos marinos con el cuerpo aplanado en forma de cinta, con la boca en el extremo delantero y capaz de regenerar de cada parte de su cuerpo un animal completo.

nemotecnia f. Mnemotecnia.

nemotécnica f. Mnemotécnica. ‖ FAM. nemónica, memotecnia, nemotécnico.

nene, na m. y f. Niño pequeño.

nené com. *amer.* Niño pequeño.

nenúfar m. Planta acuática de la familia de las ninfáceas, con hojas enteras, casi redondas, que flotan en la superficie del agua, y flores amarillas o blancas. ‖ Flor de esta planta.

neo- pref. que significa 'nuevo' o 'reciente': *neoclásico.*

neocelandés, esa adj. y s. Neozelandés.

neoclasicismo m. Corriente literaria y artística dominante en Europa durante el siglo XVIII, que aspiraba a restaurar el gusto y las normas del clasicismo. ‖ FAM. neoclásico.

neoclásico, ca adj. Del neoclasicismo o relativo a él. ‖ adj. y s. Partidario del neoclasicismo.

neocolonialismo m. Colonialismo encubierto puesto en práctica tras la Segunda Guerra Mundial, que consiste en el control económico de un país políticamente independiente, pero económicamente subdesarrollado, por otro más evolucionado en este aspecto. ‖ FAM. neocolonialista, neocolonización.

neodimio m. Elemento químico del grupo de los lantánidos; es un metal blanco plateado cuyas sales son de color rosa y fluorescentes. Sus óxidos se emplean para fabricar vidrio especial para filtros de visión y condensadores cerámicos. Su símbolo es *Nd*, y su número atómico, *60.*

neófito, ta m. y f. Persona recién convertida a una religión. ‖ Persona adherida recientemente a una causa o a una colectividad.

neoimpresionismo m. Movimiento pictórico surgido como reacción contra el impresionismo (1884-1886), en el que los colores eran aplicados en toda su pureza y mezclados ópticamente según un método racional y científico. ‖ FAM. neoimpresionista.

neoliberal adj. y com. Partidario o seguidor del neoliberalismo.

neoliberalismo m. Forma moderna de liberalismo, que concede al Estado una intervención limitada en asuntos jurídicos y económicos. ‖ FAM. neoliberal.

neolítico, ca adj. y m. Del periodo prehistórico también conocido como el de la piedra pulimentada, que se desarrolló entre el Mesolítico y el Eneolítico y se caracteriza por la aparición de actividades agrícolas y ganaderas, o relacionado con él. ◆ Se escribe con mayúscula.

neologismo m. Vocablo, acepción o giro nuevo en una lengua. ‖ Uso que se hace de ellos. ‖ FAM. neológico, neólogo.

neón m. Elemento químico gaseoso y no metálico que se encuentra en pequeñas cantidades en la atmósfe-

ra terrestre y se utiliza en lámparas luminiscentes. Su símbolo es *Ne*, y su número atómico, *10.* ‖ Lámpara eléctrica luminiscente formada por tubos de cristal llenos de este gas.

neonato, ta m. y f. Recién nacido. ‖ FAM. neonatal, neonatología, neonatólogo.

neonazi adj. Del neonazismo o relativo a él. ‖ adj. y com. Partidario o seguidor del neonazismo.

neonazismo m. Movimiento sociopolítico que retoma la ideología del antiguo nazismo alemán. ‖ FAM. neonazi.

neoplasia f. Formación patológica de un tejido cuyos componentes sustituyen a los de los tejidos normales. ‖ FAM. neoplásico.

neoplastia f. Técnica reparadora de tejidos mediante la aplicación de injertos.

neopreno m. Caucho sintético incombustible y de gran resistencia al frío. ◆ Es la extensión del nombre de una marca registrada.

neorrealismo m. Movimiento cinematográfico, nacido en Italia en 1945, que intenta reflejar con dramatismo la realidad social y económica del país, a través del uso de escenarios naturales, actores no profesionales y técnicas del documental. ‖ FAM. neorrealista.

neorrealista adj. Del neorrealismo o relativo a él. ‖ adj. y com. Que practica el neorrealismo.

neozelandés, esa adj. y s. De Nueva Zelanda o relativo a este país de Oceanía.

nepalés, esa adj. y s. Del Nepal o relativo a este país asiático.

nepentáceo, a adj. y f. De las nepentáceas o relativo a esta familia de arbustos. ‖ f. pl. Familia de arbustos angiospermos dicotiledóneos con hojas esparcidas capaces de formar una especie de bolsas, en las que los insectos que entran son disueltos por el líquido que segregan ciertas glándulas, como el nepente.

nepente m. Planta de la familia de las nepentáceas. ‖ En mit., bebida que los dioses empleaban para curarse las heridas o aliviar el dolor y que además producía amnesia.

neperiano, na adj. Del matemático escocés Juan Neper, de su método logarítmico o relativo a ellos: *logaritmo neperiano.*

nepotismo m. Tendencia a favorecer a familiares y a personas afines con cargos o premios. ‖ FAM. nepote.

neptúnico, ca adj. Se apl. al terreno o roca de formación sedimentaria. ‖ FAM. neptuniano.

neptunio m. Elemento químico radiactivo artificial, metálico, de color plateado, que se forma en los reactores nucleares por bombardeo del uranio con neutrones. Su símbolo es *Np*, y su número atómico, *93.*

nereida f. En mit., cada una de las cincuenta hijas de Nereo y Doris, que habitaban en el mar y que, de medio cuerpo para abajo, presentaban forma de pez.

nerón m. Hombre muy cruel. ‖ FAM. neroniano.

nervado, da adj. Provisto de nervios: *hojas nervadas.*

nervadura f. Moldura saliente de las bóvedas góticas, nervio. ‖ Conjunto de nervios de esas bóvedas. ‖ Conjunto de nervios de una hoja.

nervio m. Cordón compuesto de muchos filamentos o fibras nerviosas que, partiendo del cerebro, la médula espinal u otros centros, se distribuyen por todas las partes del cuerpo, conduciendo los impulsos nerviosos. || Cualquier tendón o tejido blanco, duro y resistente. || Haz fibroso de las hojas de las plantas. || Fibra que forma el esqueleto de las alas de los insectos. || Fuerza, vigor. || Cada una de las cuerdas que se colocan al través en el lomo de un libro para encuadernarlo. || Tensión, excitación. Más en pl. || Arco que al cruzarse con otros forma la bóveda de crucería, nervadura. || **nervio ciático** El más grueso del cuerpo, que se distribuye en los músculos posteriores del muslo, en los de la pierna y en la piel de esta y del pie. || **nervio óptico** El que transmite al cerebro las impresiones luminosas percibidas por el ojo. || **perder** alguien **los nervios** loc. Perder el equilibrio emocional momentáneamente. || **poner** a alguien **los nervios de punta** o **de los nervios** loc. col. Alterar o exasperar en grado sumo. || **ser** alguien **puro nervio** o **un puro nervio** loc. col. Ser muy activo e inquieto. || FAM. nervadura, nervatura, nerviación, nervioso, nervudo, nervura.

nerviosismo m. Estado pasajero de excitación nerviosa.

nervioso, sa adj. De los nervios o relativo a ellos. || Se apl. a la persona cuyos nervios se excitan fácilmente. || Inquieto, incapaz de permanecer en reposo. || FAM. nerviosamente, nerviosidad, nerviosismo.

nervudo, da adj. Que tiene muchos nervios o muy fuertes. || Que tiene muy marcados los tendones y los músculos. || Fuerte, vigoroso.

neto, ta adj. Limpio, claro y bien definido. || Se apl. a la cantidad de dinero restante tras las deducciones correspondientes, líquido: *sueldo neto*. || Se dice del peso una vez que se ha descontado la tara: *carga neta*. || m. Pedestal de una columna sin considerar las molduras alta y baja. || FAM. netamente.

neumático, ca adj. Se apl. al aparato que funciona con aire. || m. Tubo de goma que, lleno de aire comprimido y cubierto de caucho, sirve de superficie de rodamiento.

neumococo m. Microorganismo de forma elíptica que interviene en el desarrollo de ciertas neumonías.

neumogástrico m. Nervio que forma el décimo par craneal y que va desde el bulbo hasta las cavidades del tórax y el abdomen. También se llama *nervio vago*.

neumología f. Estudio de las enfermedades que afectan al aparato respiratorio. || FAM. neumológico, neumólogo.

neumonía f. Inflamación del pulmón o de parte de él, pulmonía. || FAM. neumococo, neumología, neumopatía, neumotórax.

neumotórax m. Enfermedad producida por la entrada de aire en la cavidad de la pleura. ◆ No varía en pl.

neura adj. y com. col. Nervioso, inquieto. También en pl. || f. col. Manía, obsesión, inquietud: *le dio la neura y lo abandonó todo.*

neuralgia f. Dolor agudo y continuo a lo largo de un nervio y de sus ramificaciones. || FAM. neurálgico.

neurálgico, ca adj. De la neuralgia o relativo a ella. || Principal, decisivo: *punto neurálgico de una negociación.*

neurastenia f. Estado psicológico cuyas características son tristeza, cansancio, temor y emotividad. || FAM. neurasténico.

neurasténico, ca adj. De la neurastenia o relativo a ella. || adj. y s. Que padece neurastenia.

neurita f. Prolongación filiforme que arranca de la célula nerviosa.

neuritis f. Inflamación de un nervio y de sus ramificaciones. ◆ No varía en pl.

neuro- pref. que significa 'nervio' o 'sistema nervioso': *neurovegetativo.*

neurociencia f. Cualquiera de las ciencias que se ocupan del estudio del sistema nervioso. Más en pl. || FAM. neurocientífico.

neurocirugía f. Cirugía del sistema nervioso. || FAM. neurocirujano.

neurocirujano, na adj. y s. Cirujano especializado en neurocirugía.

neuroeje m. Conjunto de órganos que constituyen el sistema nervioso central. || Axón, neurita.

neurología f. Rama de la medicina que estudia las enfermedades del sistema nervioso. || FAM. neurológico, neurólogo.

neurólogo, ga m. y f. Médico especialista en neurología.

neurona f. Célula diferenciada perteneciente al sistema nervioso, capaz de propagar el impulso nervioso a otra neurona. Está compuesta por una zona de recepción, las dendritas, y otra de emisión o salida, el axón o neurita. || FAM. neura, neuralgia, neurastenia, neurita, neuritis, neurociencia, neurocirugía, neuroeje, neurología, neuronal, neurópata, neuropatología, neuropsicología, neuropsiquiatría, neurosis, neurotransmisor, neurovegetativo.

neurópata com. Persona que padece enfermedades nerviosas, principalmente neurosis. || FAM. neuropatía.

neuropatología f. Parte de la patología que trata de las enfermedades del sistema nervioso. || FAM. neuropatólogo.

neuropsicología f. Estudio de las relaciones entre las funciones superiores y las estructuras cerebrales.

neuropsiquiatría f. Estudio de las enfermedades neurológicas y psiquiátricas que trata de establecer una relación entre las alteraciones del sistema nervioso y los trastornos mentales. || FAM. neuropsiquiatra.

neuróptero, ra adj. y m. De los neurópteros o relativo a este orden de insectos. || m. pl. Orden de insectos de cabeza redonda, grandes mandíbulas en el macho y las larvas, cuerpo prolongado y cuatro alas membranosas y reticulares, como la hormiga león.

neurosis f. Trastorno parcial de los aspectos funcionales de la individualidad que afecta sobre todo a las emociones y deja intacta la capacidad de razonamiento. ◆ No varía en pl. || FAM. neurótico.

neurótico, ca adj. De la neurosis o relativo a ella. || adj. y s. Que padece neurosis.

neurotransmisor, ra adj. y m. Se apl. a la sustancia o al compuesto que transmite los impulsos nerviosos y provoca respuestas musculares, glandulares y neuronales.

neurovegetativo, va adj. Se apl. a la parte del sistema nervioso que regula las funciones de nutrición, desarrollo y reproducción. || Que está bajo el control de esta parte del sistema nervioso.

neutral adj. y com. Que no se inclina por ninguna de las partes o alternativas que se oponen en una confrontación. || Se apl. a la nación o Estado que no toma parte en un conflicto internacional, especialmente si este es bélico. || FAM. neutralidad, neutralismo.

neutralidad f. Cualidad de neutral.

neutralismo m. Tendencia a permanecer neutral, especialmente en conflictos internacionales. || FAM. neutralista.

neutralización f. Acción y resultado de neutralizar.

neutralizar tr. Hacer neutral. También prnl. || Debilitar el efecto de algo al intervenir otra cosa diferente u opuesta. || En quím., hacer neutra una sustancia o una disolución de ella. || En dep., anular parte de una prueba o de un partido. || FAM. neutralizable, neutralización, neutralizador, neutralizante.

neutrino m. En fís., partícula elemental ligera de carga eléctrica neutra y masa cero, en estado de reposo.

neutro, tra adj. Poco definido o difícil de definir: *color neutro, mirada neutra.* || En fís., se apl. al cuerpo que posee la misma cantidad de carga positiva que de negativa. || En quím., se dice del compuesto que no tiene carácter ácido ni básico. || En gram., se apl. a la categoría de género distinta de las de masculino y femenino. || Indiferente en política o que se abstiene de intervenir en ella. || FAM. neutral, neutralizar, neutrino, neutrón.

neutrón m. En fís., partícula elemental pesada, de carga eléctrica neutra y masa aproximadamente igual a la del protón, que forma parte de los núcleos atómicos. || FAM. neutrónico.

nevada f. Acción y resultado de nevar. || Cantidad de nieve que cae de una sola vez y sin interrupción.

nevado, da adj. Cubierto de nieve. || Blanco como la nieve: *cabello nevado.* || m. *amer.* Cumbre elevada de nieves perpetuas.

nevar intr. Caer nieve. || tr. y prnl. Poner blanca una cosa. ♦ **Irreg.** Se conj. como *acertar.* || FAM. nevada, nevado, nevasca, nevazón, nevisca, neviscar, nevoso.

nevasca f. Ventisca de nieve.

nevazón f. *amer.* Nevasca.

nevera f. Electrodoméstico para conservar o enfriar alimentos y bebidas; frigorífico: *mete la fruta en la nevera.* || Recipiente que mantiene la temperatura interior y se utiliza para conservar fríos alimentos y bebidas. || *col.* Lugar donde hace mucho frío: *la sala de informática es una nevera.*

nevero m. Paraje de las montañas donde se conserva la nieve todo el año. || Esta misma nieve. || FAM. nevera.

newton m. Unidad de fuerza del sistema internacional que equivale a la fuerza necesaria para que un cuerpo de 1 kilogramo adquiera una aceleración de un metro por segundo al cuadrado. Su símbolo es *N.*

nexo m. Unión y vínculo de una cosa con otra. || En gram., enlace sintáctico que sirve para relacionar dos términos o dos oraciones, como las preposiciones y las conjunciones.

ni[1] conj. cop. Enlace coordinante con valor negativo, generalmente precedido de otra negación: *ni lo sé ni me interesa.* || **ni (siquiera)** Expresión enfática para negar o para indicar el grado extremo de algo: *eso no te lo crees ni (siquiera) tú.* || **ni que** loc. adv. Como si: *¡ni que fuera tonto!*

ni[2] f. Decimotercera letra del alfabeto griego, que corresponde con nuestra *n.* Su grafía mayúscula es N y, minúscula, v.

nica adj. y com. *amer. col.* Nicaragüense.

nicaragüense adj. y com. De Nicaragua o relativo a este país centroamericano. || FAM. nicaragüeñismo.

nicho m. Concavidad en el espesor de un muro para colocar un objeto decorativo. || Concavidad realizada para acoger un ataúd o una urna funeraria. || **nicho de mercado** Cuota o parcela de mercado claramente diferenciada. || **nicho ecológico** Zona geográfica caracterizada por peculiaridades ecológicas bien definidas. || Función ecológica de un ser vivo con referencia a su entorno.

nicotina f. Alcaloide líquido e incoloro que se oscurece en contacto con el aire, es venenoso y se encuentra en el tabaco. || FAM. nicotinismo, nicotismo.

nictagináceo, a adj. y f. De las nictagináceas o relativo a esta familia de plantas. || f. pl. Familia de hierbas y plantas leñosas angiospermas dicotiledóneas, casi todas originarias de países tropicales, con hojas generalmente opuestas, enteras y pecioladas, flores de colores vivos y fruto indehiscente, como el dondiego.

nictalopía f. Capacidad para ver con más claridad cuando disminuye la luz, y especialmente durante la noche. || FAM. nictálope.

nidación f. Fijación del óvulo fecundado en la mucosa del útero.

nidada f. Conjunto de los huevos puestos en el nido. || Conjunto de los polluelos de una misma puesta mientras están en el nido.

nidal m. Lugar donde las aves domésticas ponen sus huevos.

nidícola adj. y f. Se apl. al ave cuyas crías salen del huevo sin estar completamente desarrolladas.

nidificar intr. Hacer nidos las aves. || FAM. nidificación.

nidífugo, ga adj. Se apl. al ave cuyas crías abandonan el nido poco después de nacer.

nido m. Lecho o cobijo que hacen las aves para poner sus huevos y criar sus polluelos. || P. ext., cavidad, agujero o conjunto de celdillas donde procrean diversos animales: *nido de avispas.* || Nidal. || *col.* Hogar, casa: *volver al nido.* || Lugar donde se reúnen gentes de mala reputación: *nido de traficantes.* || Lugar donde se origina o se acumula algo, generalmente nocivo: *nido de gérmenes.* || Sala de un hospital en la que se aloja a los recién nacidos. || **nido de abeja** Especie de bordado que forma en la tela una estructura semejante a la de un panal.

|| **caerse** uno **del nido** loc. *col*. Ser demasiado inocente y confiado. || FAM. anidar, nidación, nidada, nidal, nidario, nidícola, nidificar, nidífugo.

niebla f. Concentración nubosa en contacto con la superficie terrestre. || Lo que no deja percibir ni comprender debidamente la realidad. || FAM. nebladura, neblina, neblinoso, nebuloso.

nieto, ta m. y f. Hijo o hija del hijo o de la hija de una persona. || FAM. nietastro.

nieve f. Agua helada que cae de las nubes cristalizada en forma de copos blancos. || Conjunto de copos caídos. || Temporada en que nieva mucho. Más en pl. || *argot* Cocaína. || *amer*. Polo, sorbete helado. || FAM. nevar, nevasca, nevazo, nevazón, nevero, nevisca, neviza, nevoso, nivación, nival, níveo, nivopluvial.

nif m. Código alfanumérico de consignación obligatoria en ciertos documentos fiscales y comerciales. ◆ El nombre proviene de las siglas *N*úmero de *I*dentificación *F*iscal.

nigeriano, na adj. y s. De Nigeria o relativo a este país africano. || De Níger o relativo a este país africano.

night-club (voz i.) m. Sala de fiestas nocturna. ◆ pl. *night-clubs*.

nigromancia f. Conjunto de ritos y conjuros con los que se pretende desvelar el futuro invocando a los muertos. || Magia negra o diabólica. || FAM. nigromante, nigromántico.

nigromante com. Persona que practica la nigromancia.

nigua f. Insecto sifonáptero originario de América y muy extendido por África, parecido a la pulga, pero más pequeño y de trompa más larga.

nihilismo m. Doctrina filosófica que, basándose en la inexistencia de algo permanente, sostiene la imposibilidad de cualquier conocimiento. || Negación de toda creencia y de todo principio religioso, político o social. || FAM. nihilista.

nihilista adj. Del nihilismo o relativo a él. || adj. y com. Partidario o seguidor del nihilismo.

nilgau o **nilgó** m. Mamífero artiodáctilo de la familia de los bóvidos, de color gris el macho y pardo la hembra, con cuernos cortos, utilizado en la India como animal de carga.

nilón m. Nailon.

nimbo m. Disco luminoso que rodea la cabeza de las imágenes religiosas, aureola. || Capa de nubes bajas y oscuras que suelen traer lluvia o granizo. || FAM. nimbar, nimboestrato.

nimiedad f. Pequeñez, insignificancia. || Prolijidad, minuciosidad.

nimio, mia adj. Insignificante, sin importancia. || Excesivamente minucioso. || FAM. nimiamente, nimiedad.

ninfa f. Cualquiera de las divinidades femeninas menores de la mitología grecolatina que simbolizaban la naturaleza. || Insecto que ha pasado ya del estado de larva y prepara su última metamorfosis. || *poét*. Joven hermosa. || FAM. ninfea, ninfáceo, ninfomanía.

ninfáceo, a adj. y f. De las ninfáceas o relativo a esta familia de plantas. || f. pl. Familia de plantas angiospermas dicotiledóneas, acuáticas, de rizoma rastrero y carnoso, grandes hojas flotantes, flores con muchos pétalos de colores brillantes y fruto globoso, como el nenúfar y el loto.

ninfómana adj. y f. Se apl. a la mujer que siente ninfomanía.

ninfomanía f. Deseo sexual intenso e insaciable que siente una mujer. || FAM. ninfómana, ninfomaníaco.

ningún adj. indef. Apócope de *ninguno*. ◆ Siempre va delante de nombres m. en sing.: *ningún anticuerpo*.

ningunear tr. No prestar atención a alguien. || Menospreciar a alguien.

ninguno, na adj. y pron. indef. Ni uno solo. ◆ Ante nombres m. en sing. se apocopa en la forma *ningún*. || FAM. ningún, ningunear.

ninot m. Figura que forma parte de una falla valenciana. ◆ pl. *ninots*.

niña f. Pupila del ojo. || **la niña bonita** En la lotería, nombre con que se designa el número quince.

niñato, ta adj. y s. *desp*. Se apl. a la persona joven y sin experiencia. || *desp*. Se dice de la persona joven, de comportamiento presuntuoso y frívolo.

niñería f. Hecho o dicho propio de niños. || Lo que carece de importancia.

niñero, ra m. y f. Persona empleada al cuidado de los niños. || Persona a la que le gustan mucho los niños. También adj.

niñez f. Periodo de la vida humana que se extiende desde el nacimiento hasta la pubertad, infancia.

niño, ña adj. y s. Que se halla en la niñez. || P. ext., que tiene pocos años. || Que tiene poca experiencia o madurez. || Hijo. || m. y f. *amer*. Tratamiento que se da a las personas de mayor categoría social. || **niño** o **niña bien** Joven de familia acomodada, presuntuoso y superficial. || **niño probeta** El concebido por fecundación externa del óvulo, que luego se implanta en el útero de la madre. || **niño prodigio** El que posee unas facultades intelectuales mucho más desarrolladas de lo que corresponde a su edad. || **¡ni qué niño muerto!** loc. *col*. que manifiesta desprecio. || FAM. niña, niñada, niñato, niñería, niñero, niñez.

niobio m. Elemento químico metálico pulverulento de color gris, que se emplea en aleaciones. Su símbolo es *Nb*, y su número atómico, 41.

nipón, ona adj. y s. De Japón o relativo a este país asiático, japonés.

níquel m. Elemento químico metálico de color y brillo semejantes a los de la plata, muy duro y magnético. Se utiliza en aleaciones. Su símbolo es *Ni*, y su número atómico, 28. || FAM. niquelar.

niquelar tr. Cubrir un metal con un baño de níquel. || FAM. niquelado.

niqui m. Prenda de vestir deportiva, de corte semejante al de la camiseta, con cuello camisero, abotonada por delante hasta la mitad del pecho y, generalmente, de manga corta.

nirvana m. En el budismo, bienaventuranza o felicidad plena obtenida por la pérdida de la individualidad y la incorporación a la esencia divina. || *col*. Estado de suma relajación y serenidad.

níscalo m. Hongo basidiomiceto comestible de sombrero anaranjado y de textura más dura que las setas. || FAM. nízcalo.

níspero m. Árbol de la familia de las rosáceas, de ramas espinosas, hojas ovales, flores blancas y fruto comestible. || Fruto de este árbol.

nitidez f. Claridad, limpieza. || Precisión, exactitud.

nítido, da adj. Limpio, claro, puro. || Preciso, exacto. || FAM. nítidamente, nitidez.

nitrar tr. En quím., introducir en un compuesto orgánico el grupo funcional positivo, formado por un átomo de nitrógeno y dos de oxígeno, generalmente empleando una mezcla de ácidos nítrico y sulfúrico. || FAM. nitración, nitrado.

nitrato m. Sal que se obtiene por reacción del ácido nítrico con una base. || **nitrato de Chile** o **sódico** Abono nitrogenado natural que consiste, principalmente, en nitrato sódico, nitrato potásico y pequeñas cantidades de sales de boro, yodo y otros elementos. Se encuentra en yacimientos situados en la zona desértica del norte de Chile.

nítrico, ca adj. Del nitro, del nitrógeno o relativo a ellos. || Se aplica al ácido en forma de líquido compuesto por nitrógeno, oxígeno e hidrógeno, muy corrosivo. || FAM. nitrato, nitrificación, nitrificante.

nitrilo m. Compuesto orgánico que resulta al sustituir el átomo de hidrógeno por un radical monovalente.

nitrito m. Sal formada por la combinación de ácido nitroso con una base.

nitro m. Nitrato potásico que se encuentra en forma de agujas o de polvillo blanquecino en la superficie de los terrenos húmedos y salados. Se utiliza para la fabricación de la pólvora común.

nitrógeno m. Elemento químico no metálico, gaseoso, incoloro, transparente e inodoro, que se encuentra en un alto porcentaje en el aire. Su símbolo químico es N, y su número atómico, 7. || FAM. nitrogenado.

nitroglicerina f. Líquido aceitoso, inodoro, más pesado que el agua, explosivo potente e inestable que, mezclado con un cuerpo absorbente, constituye la dinamita.

nitroso, sa adj. Que tiene nitro o se asemeja a él en algunas de sus propiedades. || Se apl. a los compuestos oxidados del nitrógeno en grado inferior al ácido nítrico. || FAM. nitrosidad.

nitrotolueno m. Compuesto nitrado del tolueno que se emplea en la industria de explosivos y como colorante sintético. Se conoce como TNT.

nitruro m. Compuesto químico obtenido por combinación del nitrógeno con otro elemento, especialmente con un metal.

nivación f. Conjunto de procesos formadores de relieve producidos por la nieve acumulada.

nival adj. De la nieve o relativo a ella.

nivel m. Instrumento para averiguar la diferencia de altura entre dos puntos. || Altura a que llega la superficie de un líquido. || Altura que alcanza algo o grado en que se sitúa respecto a una escala. || Piso o planta. || Situación alcanzada por algo o alguien después de un proceso. || **nivel de vida** Grado de bienestar material alcanzado por una persona o una colectividad. || FAM. nivelar.

nivelar tr. Poner un plano en posición horizontal. || Poner dos o más cosas a la misma altura, categoría o grado. También prnl. || Hallar la diferencia de altura entre dos puntos de un terreno. || Utilizar el nivel para saber si una superficie es horizontal. || FAM. nivelación, nivelador.

níveo, a adj. *poét.* De nieve o semejante a ella.

nixquear tr. *amer.* Preparar el maíz para las tortillas, cociéndolo con ceniza.

nixtamal m. *amer.* Maíz cocido en agua de cal y molido, que se emplea para hacer tortillas.

no adv. neg. Se utiliza como respuesta negativa a una pregunta, como expresión de rechazo o no conformidad, para indicar la no realización de una acción, etc. || En frases interrogativas se emplea para reclamar o pedir una contestación afirmativa o para expresar duda o extrañeza: *¿no será mejor que nos vayamos?* || Seguido de la prep. *sin*, adquiere sentido afirmativo: *levantó la mano no sin timidez.* || M. Negación: *nunca admite un no por respuesta.* || **a que no** loc. *col.* Expresión de incredulidad o desafío: *¡a que no lo haces!* || **no bien** loc. adv. Tan pronto como, inmediatamente. || **no más** loc. adv. Basta de: *no más líos.* || *amer.* Solamente: *no más quiero que me escuche.* || FAM. nonada.

Nobel m. Cada uno de los premios creados por Alfred Nobel, que se conceden anualmente a personas o instituciones que han destacado en los campos de la Medicina y Fisiología, Química, Física, Ciencias Económicas, Literatura y de la Paz. ◆ No varía en pl.

nobelio m. Elemento químico metálico, radiactivo y artificial que se obtuvo bombardeando el curio con iones de carbono. Su símbolo es *No*, y su número atómico, *102*.

nobiliario, ria adj. De la nobleza o relativo a ella.

noble adj. De ilustre linaje. || Se apl. a la persona que por herencia familiar o por concesión real posee un título. También com. || Honrado, generoso, sincero, leal. || Se dice del animal fiel, no traicionero. || Destacado o sobresaliente por su valor o por su calidad. || Digno de estima por su categoría moral: *causa noble.* || En quím., se apl. a la sustancia que no reacciona con otras y permanece inalterable, como el oro y el platino, entre los metales, o el helio y el argón, entre los gases. ◆ sup. irreg.: *nobilísimo.* || FAM. nobiliario, noblemente, nobleza, noblote.

nobleza f. Calidad de noble. || Conjunto de los nobles de un Estado.

nobuk m. Piel de vaca curtida y aterciopelada.

noche f. Periodo de tiempo comprendido entre la puesta y la salida del Sol. || Oscuridad que caracteriza a este intervalo de tiempo. || Tiempo que se dedica a dormir y que coincide aproximadamente con este intervalo de tiempo. || Confusión, oscuridad, tristeza. || **noche cerrada** Las horas más oscuras. || **buenas noches** loc. Fórmula de cortesía utilizada como saludo durante la noche. || **de la noche a la mañana** loc. adv. De pronto, inopinadamente. || **de noche** loc. adv. A partir del momento en que ha desaparecido la luz del Sol. || **noche y día** loc. adv. Constantemente. || **pasar la noche en blanco** loc. Pasarla sin dormir. || **ser la noche y el día** loc. Ser totalmente distintos. || FAM. nochebuena, nochecita, nocherniego, nochero, nochevieja, noctámbulo, noctívago, nocturno.

nochebuena f. Noche del 24 de diciembre, que precede al día de Navidad. ◆ Suele escribirse con mayúscula.

nochecita f. *amer. col.* Puesta de sol, caída de la tarde.

nochero, ra m. y f. *amer.* Vigilante nocturno. || *amer.* Mesilla de noche.

nochevieja f. Última noche del año. ◆ Suele escribirse con mayúscula.

noción f. Conocimiento o concepto que se tiene de algo. || Conocimiento elemental. Más en pl. || FAM. nocional.

nocivo, va adj. Dañino, pernicioso, perjudicial. || FAM. nocividad.

noctambulismo m. Cualidad de noctámbulo.

noctámbulo, la adj. Trasnochador, que hace vida nocturna. || Que anda vagando durante la noche. || FAM. noctambulismo.

noctiluca f. Luciérnaga. || Protozoo flagelado marino cuyo protoplasma contiene numerosas gotas de grasa que al oxidarse producen fosforescencia.

nocturnidad f. Calidad o condición de nocturno. || En der., circunstancia agravante de responsabilidad, por cometerse de noche ciertos delitos.

nocturno, na adj. De la noche, o que sucede durante la misma. || Se apl. al animal que de día está oculto y busca el alimento durante la noche. || Se dice de la planta que solo abre sus flores durante la noche. || m. Pieza de música vocal o instrumental de melodía dulce y estructura libre. || Serenata en que se cantan o tocan composiciones de carácter sentimental. || FAM. nocturnidad.

nodo[1] m. En fís., cada uno de los puntos que permanecen fijos en un cuerpo vibrante. || Tumor producido por depósito de ácido úrico en los huesos, tendones o ligamentos. || Cada uno de los dos puntos opuestos en que la órbita de un astro corta la Eclíptica. || FAM. nodal.

nodo[2] m. Informativo cinematográfico semanal que se emitió en España entre los años 1946 y 1976. ◆ El nombre proviene del acrónimo de *No*ticiario *Do*cumental.

nodriza f. Mujer que amamanta o cría niños que no son suyos. || Vehículo que sirve para aprovisionar de combustible a otros. ◆ No varía en pl. y se usa en aposición a otros nombres: *avión, barco nodriza.*

nódulo m. Pequeña dureza redondeada de cualquier materia. || Agrupación celular o fibrosa en forma de nudo o corpúsculo. || Masa redondeada que se encuentra dentro de algunas rocas, de distinta naturaleza que la de estas.

noema m. Contenido objetivo del pensar, a diferencia del acto intelectual o noesis. || FAM. noemático.

noesis f. Visión intelectual, pensamiento. || Acto intencional de intelección o intuición. ◆ No varía en pl. || FAM. noético.

nogal m. Árbol de la familia de las juglandáceas, de tronco corto y robusto, corteza resinosa, copa frondosa y redondeada y hojas dentadas, cuyo fruto es la nuez y cuya madera es muy apreciada en ebanistería. || Madera de este árbol. || FAM. nogada, nogalina, noguera, nogueral.

nogalina f. Colorante obtenido de la cáscara de la nuez y usado como tinte del color del nogal.

nómada adj. y com. Que se desplaza de un sitio a otro, sin residencia permanente: *tribu nómada.* || FAM. nomadismo.

nomadismo m. Forma de vida opuesta al sedentarismo y que consiste en desplazarse de un lugar a otro sin fijar residencia.

nombrado, da adj. Famoso, muy conocido.

nombramiento m. Acción y resultado de nombrar. || Escrito en que se designa a alguien para un cargo u oficio.

nombrar tr. Decir el nombre de alguien o de algo. || Hacer mención honorífica de alguien o de algo. || Elegir o designar a alguien, generalmente para un cargo o empleo. || FAM. nombrado, nombramiento.

nombre m. Palabra que designa cualquier realidad, concreta o abstracta, que sirve para referirse a ella, reconocerla y distinguirla de otra. || Título de una cosa por el cual es conocida. || Reputación, fama. || En gram., categoría que comprende el sustantivo y el adjetivo. || **nombre abstracto** El que designa una cualidad. || **nombre animado** El que se otorga a seres considerados con vida. || **nombre colectivo** El que expresa en sing. una pluralidad o colectividad. || **nombre comercial** Denominación distintiva de un establecimiento, producto, o servicio. || **nombre común** El que se apl. a todos los seres animados o inanimados de una misma especie. || **nombre contable** El que designa realidades que se pueden contar. || **nombre de guerra** El que identifica a alguien en el ámbito de una actividad. || **nombre de pila** El que se otorga a alguien en el bautizo. || P. ext., el que se inscribe en el registro civil y precede a los apellidos. || **nombre incontable** El que designa realidades que no se pueden contar. || **nombre propio** El que se apl. a seres animados o inanimados para designarlos y diferenciarlos de otros de su misma especie. || **dar** alguien **su nombre a** otra persona loc. Reconocerla legalmente como hijo o hija. || **en nombre de** alguien loc. Actuando en representación de ese alguien. || **no tener nombre** algo loc. Producir tanta indignación que no existen palabras para expresarla. || FAM. nombradía, nombrar, nomenclador, nomenclátor, nómina, nominal, nominar.

nomenclátor m. Catálogo de nombres. || FAM. nomenclatura.

nomenclatura f. Conjunto de las voces técnicas de una especialidad. || Listado de nombres.

nomeolvides f. Nombre común de diversas plantas herbáceas de la familia de las borragináceas, muy usadas en jardinería y ornamentación, que miden de 15 a 45 cm y tienen flores amarillentas, en racimo, que cambian a azul-violeta después de la polinización. || Pulsera de eslabones que se unen a una pequeña placa en la cual se puede grabar un nombre, esclava. ◆ No varía en pl.

nómina f. Lista o catálogo de nombres. || Relación nominal de empleados que han de percibir un salario. || El salario mismo. || Documento en el que una empresa especifica el salario que recibe un empleado.

nominación f. Acción y resultado de nombrar. || Designación como candidato para obtener un premio u otra cosa.

nominal adj. Del nombre o relativo a él: *cheque nominal.* || Que solo es o existe de nombre y carece de una existencia efectiva. || En gram., que realiza una función propia de un nombre: *sintagma nominal.* || FAM. nominalismo, nominalizar, nominalmente.

nominalismo m. Doctrina filosófica que niega la existencia objetiva de los universales, considerándolos meras convenciones o nombres. || FAM. nominalista.

nominar tr. Designar a alguien para un determinado cargo, puesto, etc. || Dar nombre a una persona o cosa. || Proponer algo o a alguien como candidato para recibir un premio u otra cosa. || FAM. nominación, nominado, nominador, nominativo.

nominativo, va adj. Se apl. al documento bancario o comercial en el que consta el nombre de la persona a favor de quien se extiende, en oposición al que es al portador: *talón nominativo.* || m. En gram., caso de la declinación que corresponde a las funciones de sujeto y atributo.

nomo m. Gnomo.

nomon m. Gnomon. || FAM. nomónica.

non adj. y m. Impar. || m. pl. *col.* Negación rotunda de una cosa: *¡he dicho que nones!*

nona f. En el rezo católico, última de las horas canónicas, que se dice por la tarde antes de vísperas.

nonada f. Insignificancia.

nonagenario, ria adj. y s. Que ha cumplido noventa años y aún no ha llegado a los cien.

nonagésimo, ma adj. num. ord. Que ocupa el lugar noventa en una serie ordenada de elementos. || adj. num. frac. Se apl. a cada una de las noventa partes iguales en que se divide un todo. También m.

nonágono, na adj. y m. Se apl. al polígono de nueve ángulos y nueve lados. || FAM. nonagonal.

nonato, ta adj. No nacido en parto normal, sino por medio de una cesárea.

noningentésimo, ma adj. num. ord. Que ocupa el lugar novecientos en una serie ordenada de elementos. || adj. num. frac. Se apl. a cada una de las novecientas partes iguales en que se divide un todo. También m.

nono, na adj. num. ord. Noveno. || FAM. nona, nonagenario, nonagésimo, noningentésimo.

noosfera f. Conjunto que forman los seres inteligentes con el medio en que viven.

nopal m. Chumbera.

noquear tr. En boxeo, dejar fuera de combate.

noray m. Poste para afirmar las amarras de los barcos. ◆ pl. *noráis.*

norcoreano, na adj. y s. De Corea del Norte o relativo a este país asiático.

nordeste m. Punto del horizonte entre el Norte y el Este. Su abreviatura es *NE.* || Viento que sopla de esta parte. || FAM. nornordeste.

nórdico, ca adj. Del Norte o relativo a él. || adj. y s. De los pueblos del norte de Europa o relativo a ellos. || m. Grupo de las lenguas germánicas del Norte europeo, como el noruego, el sueco, el danés y el islandés.

noreste m. Nordeste.

noria f. Máquina para sacar agua de un pozo, formada por dos ruedas engranadas que se mueven por tracción animal y recogen el agua en cangilones. || En las ferias, instalación recreativa consistente en una rueda que gira en vertical y de la que cuelgan cabinas donde van sentadas las personas.

norma f. Regla de obligado cumplimiento. || Conjunto de reglas que determinan el uso correcto del lenguaje. || Precepto jurídico: *normas de seguridad vial.* || Escuadra utilizada para arreglar y ajustar maderas, piedras y otros elementos de una construcción. || FAM. normal, normativa, normativo.

normal adj. Que es general o mayoritario o que es u ocurre siempre o habitualmente, por lo que no produce extrañeza. || Lógico. || Que sirve de norma o regla. || Que por su naturaleza, forma o magnitud se ajusta a ciertas normas fijadas de antemano. || adj. y f. En geom., se apl. a la línea o al plano perpendicular a otra recta o plano tangentes. || FAM. normalidad, normalizar, normalmente.

normalidad f. Cualidad o condición de normal.

normalización f. Acción y resultado de normalizar.

normalizar tr. Regularizar, ordenar. || Convertir algo en normal. || Ajustar a un tipo, modelo o norma, tipificar. || FAM. normalización.

normando, da adj. y s. De los escandinavos que desde el siglo IX hicieron incursiones en varios países de Europa y se establecieron en ellos, o relacionado con este pueblo. || De Normandía o relativo a esta antigua provincia de Francia.

normativa f. Conjunto de normas aplicables a una determinada materia o actividad: *normativa laboral.*

normativo, va adj. Que sirve de norma. || FAM. normativa.

noroeste m. Punto del horizonte entre el Norte y el Oeste. Su abreviatura es *NO.* || Viento que sopla de esta parte.

norte m. Punto cardinal que cae del lado del polo ártico o de frente a un observador a cuya derecha esté el Oriente. Su abreviatura es *N.* ◆ Se escribe con mayúscula. || Viento que sopla de esta parte. || Dirección, guía. || **norte magnético** Dirección que marca el polo del mismo nombre. || FAM. nordeste, nórdico, noreste, nornordeste, nornoroeste, noroeste, nordada, nortada, norteafricano, norteamericano, norteño, nortear, nórtico, nortino.

norteafricano, na adj. y s. Del norte de África o relativo a esta zona.

norteamericano, na adj. y s. De América del Norte o relativo a ella, especialmente de Estados Unidos.

norteño, ña adj. Del Norte o relativo a él. También s. || Que está situado en la parte norte de un país.

nortino, na adj. y s. *amer.* Habitante de las provincias del Norte.

noruego, ga adj. y s. De Noruega o relativo a este país del norte de Europa. || m. Lengua de este país.

nos pron. Forma átona del pron. pers. com. de primera persona pl., de los denominados clíticos, que en la oración desempeña la función de complemento directo o indirecto. ◆ Se usa como enclítico de las formas no personales del verbo: *no debió decirnos aquello*. || En el llamado plural mayestático, posee valor de pronombre sujeto de primera persona del sing., equivalente a *yo: Nos, el pontífice*. ◆ Suele escribirse con mayúscula. || FAM. nosotros, nuestro.

noseología f. Gnoseología. || FAM. noseológico.

nosología f. Parte de la medicina que tiene por objeto describir, diferenciar y clasificar las enfermedades. || FAM. nosografía, nosológico.

nosotros, tras pron. Forma del pron. pers. m. y f. de primera persona pl., que en la oración desempeña la función de sujeto o de complemento con prep.

nostalgia f. Sentimiento de pena o tristeza que produce la ausencia de la patria o de las personas queridas. || Tristeza melancólica por el recuerdo de un bien perdido. || FAM. nostálgicamente, nostálgico.

nostálgico, ca adj. De la nostalgia o relativo a ella.

nosticismo m. Gnosticismo. || FAM. nóstico.

nota f. Escrito breve que recuerda o avisa de algo. || Advertencia, explicación o comentario a un texto, que se incluyen en el mismo de forma separada para diferenciarlos del texto principal. || Escrito que resume una exposición oral, realizado durante su desarrollo, apunte. Más en pl. || Calificación. || Factura. || Signos utilizados en música para representar los sonidos. || Cada uno de estos sonidos. || Marca, característica: *nota de distinción*. || **dar la nota** loc. *col*. Llamar la atención, generalmente en sentido negativo. || **tomar (buena) nota de** algo loc. Tomarlo en consideración, tenerlo en cuenta. || FAM. notación, notar, notario.

notable adj. Digno de atención, destacable. || Que es grande y excesivo en su género. || m. Calificación académica superior al aprobado e inferior al sobresaliente. || m. pl. Personas principales en una localidad o en una colectividad. ◆ sup. irreg.: *notabilísimo*. || FAM. notabilidad, notablemente.

notación f. Sistema de signos convencionales que se adopta para expresar ciertos conceptos de una disciplina concreta: *notación musical*. || Acción y resultado de notar.

notar tr. Darse cuenta de algo. También prnl. || Poner notas a los escritos o libros. || Apuntar brevemente una cosa para que no se olvide. || Calificar, juzgar. || **hacer notar** loc. Señalar, destacar. || **hacerse notar** loc. *col*. Llamar la atención, despertar el interés ajeno. || FAM. notable.

notaría f. Oficio de notario. || Oficina donde despacha.

notariado, da adj. Que está autorizado ante notario. || m. Profesión de notario. || Colectividad de notarios.

notarial adj. Del notario o relativo a él. || Realizado o autorizado por un notario: *poder notarial*.

notario, a m. y f. Funcionario público autorizado para dar fe de los contratos, testamentos y otros actos extrajudiciales. || Cronista o narrador de ciertos acontecimientos. || FAM. notaría, notariado, notarial.

noticia f. Divulgación o publicación de un hecho. || El hecho divulgado. || Noción, conocimiento: *no tenía noticia de ello*. || f. pl. Noticiario o boletín informativo de radio o televisión. || FAM. noticiar, noticiario, noticiero, notición, noticioso.

noticiario m. Espacio de televisión, radio o prensa en el que se difunden noticias.

noticiero, ra adj. Que da noticias. || m. *amer*. Noticiario.

noticioso m. *amer*. Noticiario de radio o televisión.

notificación f. Comunicación oficial y formal de la resolución de una autoridad. || Documento en que se notifica tal resolución. || P. ext., noticia cierta de algo.

notificar tr. Comunicar oficialmente y con las formalidades preceptivas una resolución. || P. ext., dar noticia veraz de algo: *me notificaron su llegada*. || FAM. notificación, notificado, notificativo.

notocordio m. Cordón celular macizo dispuesto a lo largo del cuerpo de los animales cordados y formado por tejido conjuntivo. En los vertebrados sirve de soporte a la médula espinal, y en los procordados se halla situado paralelo y por debajo del tubo nervioso.

notoriedad f. Evidencia, claridad. || Fama, popularidad, prestigio.

notorio, ria adj. Público y sabido de todos. || Evidente, claro. || FAM. notoriamente, notoriedad.

nova f. Estrella que adquiere temporalmente un brillo superior al habitual en ella.

noval adj. Se apl. a la tierra que se cultiva por primera vez. || Se dice de la planta y del fruto que esta tierra produce.

novatada f. Broma pesada que se hace a los novatos. || P. ext., error cometido por inexperiencia.

novato, ta adj. y s. Principiante o inexperto en algo. || FAM. novatada.

novecentismo m. Término con que se designa la renovación cultural, artística y social que se desarrolló en España durante el primer tercio del siglo XX, caracterizada por la defensa del clasicismo frente al vanguardismo y al intelectualismo. || FAM. novecentista.

novecientos, tas adj. y pron. num. card. Nueve veces cien. || adj. num. ord. Que ocupa el lugar novecientos en una serie ordenada de elementos, noningentésimo. || m. Conjunto de signos con que se representa este número: *900*. ◆ No varía en pl. || FAM. novecentismo.

novedad f. Calidad de nuevo. || Cambio. || Noticia. || Lo que sorprende por su carácter diferente y generalmente estimulante o inspirador. || Lo que acaba de aparecer. || FAM. novedoso.

novedoso, sa adj. Que implica novedad.

novel adj. y com. Principiante en alguna actividad, inexperto.

novela f. Obra literaria en prosa, que narra sucesos total o parcialmente ficticios. || Género literario formado por estas obras. || Hechos o acontecimientos interesantes de la vida real que parecen ficción. || Ficción o mentira en cualquier materia. || **novela bizantina** Género que se desarrolló en España entre los siglos XVI y XVII que narra las peripecias de una pareja hasta que se encuentran felizmente. || **novela de caballerías** La que narra las aventuras de un caballero andante, libro de caballerías. || **novela de ciencia ficción** Relato que especula con las posibilidades de la ciencia y la tecnología para crear ambientes y situaciones fantásticos. || **novela**

de tesis La que pretende ilustrar cierta postura ideológica del autor. || **novela epistolar** La que se presenta con forma de carta. || **novela histórica** Género que recrea ambientes de épocas pasadas y presenta personajes reales o ficticios. || **novela morisca** Relato cultivado en España en el siglo XVI que describe los contrastes y rivalidades entre la sociedad musulmana y la cristiana. || **novela pastoril** Género que, durante los siglos XVI y XVII, narraba las aventuras y desventuras de pastores idealizados. || **novela picaresca** Género que, en los siglos XVI y XVII, contaba la vida de un pícaro. || **novela por entregas** La cultivada especialmente durante el siglo XIX, que relataba prolijamente situaciones melodramáticas de personajes contemporáneos, que se iban dando a conocer por fascículos publicados en los periódicos. || **novela rosa** La que narra las vicisitudes amorosas de unos personajes muy convencionales que al final logran la felicidad. || **novela sentimental** La que se desarrolló durante los siglos XV y XVI en España, y ofrece un fino análisis de los sentimientos de unos amantes, a menudo rodeados de simbolismo, cuyo destino suele ser trágico. || FAM. novelar, novelería, novelesco, novelista, novelística, novelístico, novelón.

novelar tr. Referir un suceso con forma o apariencia de novela. || FAM. novelable.

novelesco, ca adj. Propio de las novelas.

novelista com. Persona que escribe novelas.

novelística f. Literatura novelesca. || Tratado histórico o preceptivo de la novela.

novelístico, ca adj. De la novela o relativo a ella.

novelón m. *desp.* Novela extensa, y generalmente dramática y mal escrita.

novena f. Ejercicio católico de devoción que se practica durante nueve días: *novena a la Virgen.* || Libro en que se contienen las oraciones y prácticas de una novena.

noveno, na adj. num. Que ocupa el lugar número nueve en una serie ordenada de elementos. || adj. num. frac. Se apl. a cada una de las nueve partes iguales en que se divide un todo. También m.

noventa adj. y pron. num. card. Nueve veces diez. || adj. num. ord. Que ocupa el lugar número noventa en una serie ordenada de elementos, nonagésimo. || m. Conjunto de signos con que se representa este número: 90. || m. pl. Década de los años entre 1990 y 1999. || Edad de noventa años. || FAM. noventavo, noventón.

noviar intr. *amer.* Flirtear.

noviazgo m. Condición o estado de novio o novia. || Tiempo que dura.

noviciado m. Tiempo que dura la situación de novicio. || Casa en que habitan los novicios. || Conjunto de novicios.

novicio, cia m. y f. Persona que, en la religión donde tomó el hábito, no ha profesado todavía. || Principiante. || FAM. noviciado.

noviembre m. Undécimo mes del año, entre octubre y diciembre, que tiene treinta días.

novillada f. Lidia o corrida de novillos. || Conjunto de novillos.

novillear tr. *amer.* Dicho de un hombre, acercarse a la mujer con intenciones amorosas.

novillero, ra m. y f. Lidiador de novillos. || Persona que cuida de los novillos cuando los separan de la vaca. || Estudiante que hace novillos.

novillo, lla m. y f. Res vacuna de dos o tres años. || **hacer novillos** loc. *col.* Faltar a la escuela o al trabajo. || FAM. novillada, novillear, novillero.

novilunio m. Fase de la luna nueva en la que, por la conjunción del Sol con la Luna, la cara iluminada de esta no se ve.

novio, via m. y f. Persona que mantiene con otra una relación amorosa con fines matrimoniales. || Persona que mantiene con otra una relación sentimental de cualquier tipo. || Persona recién casada. || **quedarse** alguien **compuesto y sin novio** loc. *col.* Frustrarse sus esperanzas o deseos. || FAM. noviar, noviazgo, noviero.

nubarrón m. Nube grande y densa.

nube f. Masa de vapor de agua suspendida en la atmósfera. || Acumulación de cosas en el aire con forma semejante a una masa de vapor de agua. || Abundancia de algo: *nube de admiradores.* || Cualquier cosa que oscurece o encubre otra. || Cualquier mancha que enturbia una superficie brillante. || Pequeña mancha blanquecina que se forma en la capa exterior de la córnea y dificulta la visión. || **estar** o **vivir en las nubes** loc. Ser despistado, soñador. || **estar por las nubes** loc. Encarecer, aumentar mucho su precio. || **poner por las nubes** loc. Alabar, encomiar. || FAM. nubada, nubarrón, nubífero, nublar, nubosidad, nuboso.

núbil adj. Que ha alcanzado la madurez sexual y puede tener hijos. || Edad en que se alcanza la madurez sexual. || FAM. nubilidad.

nublado, da adj. Cubierto de nubes. || m. Nube que amenaza tempestad. || P. ext., tormenta.

nublar tr. y prnl. Ocultar las nubes el cielo, el Sol o la Luna. || Oscurecer, empañar algo, material o inmaterial: *nublarse el juicio.* || FAM. nublado, nublazón.

nublazón m. *amer.* Nublado.

nubosidad f. Estado o condición de nuboso.

nuboso, sa adj. Cubierto de nubes.

nuca f. Parte posterior del cuello, donde se une la cabeza con la columna vertebral.

nuclear adj. Del núcleo o relativo a él. || Del núcleo de los átomos o relativo a él. || FAM. nuclearización, nuclearizar.

nucleico, ca adj. Se apl. al ácido orgánico componente de la materia viva que interviene en la síntesis de las proteínas y en la transmisión genética.

núcleo m. Parte central o más importante de algo. || Parte central del átomo, de carga eléctrica positiva y que contiene la mayor parte de la masa atómica. || Parte más densa y luminosa de un astro. || Orgánulo principal de las células eucarióticas, contenido en el citoplasma y constituido esencialmente por cromatina. || En ling., elemento fundamental de un sintagma. || Concentración de personas o cosas con cierta cohesión: *núcleo de población.* || **núcleo terrestre** Tercera y más profunda de las capas de la Tierra, que se extiende desde los 2900 km hasta el centro del globo. || FAM. nucleado, nuclear, nucleico, nucleótico, nucleolo.

nucléolo m. Corpúsculo diminuto, único o múltiple, situado en el interior del núcleo celular y compuesto por ARN y proteínas.

nucleón m. Cada una de las partículas elementales, protón o neutrón, que constituyen el núcleo atómico.

nudillo m. Parte exterior de cualquiera de las articulaciones de los dedos, donde se unen los huesos que los componen. Más en pl.

nudismo m. Doctrina y práctica de quienes creen que la desnudez completa es conveniente para un perfecto equilibrio físico y psíquico. || FAM. nudista.

nudista adj. Del nudismo o relativo a él: *playa nudista*. || adj. y com. Partidario o seguidor del nudismo.

nudo m. Lazo que se estrecha y cierra de modo que con dificultad se pueda soltar. || En los árboles y plantas, parte del tronco por la cual brotan las ramas. || En una obra literaria o cinematográfica, parte donde se complica la acción y que precede al desenlace. || Principal dificultad o duda en algunas materias. || Punto donde se unen dos o más cosas: *nudo de vías férreas*. || Unidad de velocidad en navegación, que equivale a una milla por hora. || Sensación de angustia o congoja: *la emoción le produjo un nudo en la garganta*. || Parte dura y sobresaliente de una superficie sólida. || **nudo marinero** El que es muy seguro y se deshace con facilidad a voluntad. || FAM. nudillo, nudosidad, nudoso.

nuera f. Respecto de una persona, esposa de un hijo.

nuestro, tra, tros, tras adj. y pron. pos. Indica la relación de pertenencia entre lo poseído y dos o más poseedores, entre los que se incluye el hablante. ◆ Cuando acompaña a un sustantivo, se usa pospuesto a este: *no es asunto nuestro*. || **la nuestra** La ocasión favorable para quien habla. || **lo nuestro** Lo más propio o característico de un grupo de personas, entre las que se incluye el hablante: *lo nuestro es viajar*. || **los nuestros** Los allegados o personas más cercanas, por parentesco o amistad, al que habla.

nueva f. Noticia. || **de nuevas** loc. adv. Por sorpresa.

nueve adj. y pron. num. card. Ocho más uno. || Que ocupa el lugar número nueve en una serie ordenada de elementos, noveno. ◆ También m., aplicado a los días del mes. || m. Signo con que se representa este número: 9. || FAM. novecientos, novena, novenario, noveno, noventa.

nuevo, va adj. Recién creado o fabricado. || Que se ve o se oye por primera vez. || Repetido o reiterado para renovarlo. || Distinto o diferente de lo que antes había o se tenía aprendido. || Que se añade a una cosa que había antes. || Recién llegado a un lugar o a un grupo. || Se apl. al producto agrícola cosechado muy recientemente: *patatas nuevas*. || Que está poco o nada usado, en oposición a viejo. || Renovado, fortalecido: *tómate esta sopa te quedarás nuevo*. || **de nuevo** loc. adv. Nuevamente, otra vez. ◆ Como adj., su sup. es irreg.: *novísimo*. || FAM. nova, noval, novato, novedad, novedoso, novel, novicio, novillo, novio, nuevamente.

nuez f. Fruto del nogal, de cáscara dura, rugosa, de color marrón claro que en su interior tiene dos partes carnosas y simétricas separadas por una membrana. || Prominencia que forma el cartílago tiroides en la parte an-

terior del cuello del varón adulto. || Porción de cualquier cosa del tamaño de un fruto del nogal. || **nuez moscada** Fruto del árbol llamado moscadero, que se utiliza como condimento. || FAM. noceda, nocedal, nogal.

nulidad f. Cualidad de nulo. || Persona inepta.

nulo, la adj. Que carece de validez legal: *sentencia nula*. || Incapaz, inepto. || Ninguno. || En boxeo, se apl. al combate igualado en puntos y sin vencedor. || FAM. nulamente, nulidad.

numen m. Cualquiera de los dioses fabulosos adorados por los gentiles. || Inspiración del artista o escritor.

numeración f. Acción y resultado de numerar. || Sistema de signos verbales o escritos para expresar todos los números. || **numeración arábiga** o **decimal** Sistema que utiliza los diez signos introducidos por los árabes en Europa: 0, 1, 2, 3, 4, 5, 6, 7, 8, 9. || **numeración romana** La que usaban los romanos y que expresa los números por medio de siete letras del alfabeto latino, que son: I = 1, V = 5, X = 10, L = 50, C = 100, D = 500 y M = 1000. || FAM. enumerar.

numerador m. Guarismo que señala el número de partes iguales de la unidad que contiene una fracción. || Aparato con que se marca la numeración correlativa.

numeral adj. Del número o relativo a él. || En gram., se apl. al adj. o al pron. que designa un número.

numerar tr. Marcar con números una serie para ordenarla. || Contar los elementos de un conjunto siguiendo el orden numérico. También prnl. || FAM. numerable, numeración, numerador, numeradora.

numerario, ria adj. Del número o relativo a él. || Se apl. a la persona que, con carácter permanente, forma parte de un cuerpo determinado: *profesor numerario*. || m. Moneda acuñada.

numérico, ca adj. De los números o relativo a ellos. || Compuesto o llevado a cabo con números.

número m. Concepto matemático que expresa cantidad. || Signo o conjunto de signos con que se representa este concepto. || Cantidad indeterminada de personas, animales o cosas. || Puesto que ocupa algo o alguien en una serie ordenada. || Cada uno de los ejemplares de una publicación periódica, que se distinguen por su fecha de publicación. || Cada una de las partes de un espectáculo. || En gram., categoría nominal y verbal que expresa referencia a una o más personas o cosas: *número singular, plural*. || Talla o medida de ciertos objetos: *calzo un número 36*. || Billete de lotería para un sorteo. || Individuo sin graduación en algunos cuerpos armados: *número de la Guardia Civil*. || Acto o situación que llaman la atención. || **número atómico** El que expresa la cantidad de protones del núcleo de un átomo. || **número cardinal** El que expresa la cifra entera de elementos de un conjunto. || **número complejo** La suma de un número real y otro imaginario. || **número compuesto** El expresado por dos o más guarismos. || **número decimal** El racional que equivale a una fracción cuyo denominador es una potencia de diez. || **número dígito** El que se representa con un solo guarismo. || **número dos** Persona que ocupa la segunda posición en una situación de mando o dirección. || **número dual** El que en algunas lenguas hace referencia al conjunto de dos. || **nú-**

mero entero El que pertenece al conjunto de los números positivos y negativos. || **número imaginario** El resultante de la raíz cuadrada de un número negativo. || **número impar** El que no es exactamente divisible entre dos. || **número irracional** El real que no puede expresarse como cociente de dos enteros. || **número natural** El entero positivo. || **número negativo** El menor que cero. || **número ordinal** El que indica orden o sucesión. || **número par** El que es exactamente divisible entre dos. || **número positivo** El mayor que cero. || **número primo** El que solo es divisible por sí mismo y por la unidad. || **número racional** El real que puede expresarse como cociente de dos enteros. || **número real** El que forma parte del conjunto de los racionales e irracionales. || **número uno** Persona o cosa que destaca sobre las demás. || **de número** loc. Persona que pertenece a una corporación compuesta por una cantidad limitada de miembros: *académico de número*. || **en números rojos** loc. adv. Con saldo negativo en una cuenta bancaria. || **hacer números** loc. *col.* Calcular las posibilidades de un negocio o proyecto. || **sin número** loc. adj. En abundancia. || FAM. numeral, numerar, numerario, numérico, numerología, numeroso.

numerología f. Adivinación por medio de los números.

numeroso, sa adj. Que incluye gran número de constituyentes: *familia numerosa*. || FAM. numerosamente, numerosidad.

numismática f. Ciencia que trata del conocimiento de las monedas y medallas. || FAM. numismático.

nunca adv. t. En ningún momento, jamás. || Ninguna vez.

nunciatura f. Dignidad o cargo de nuncio. || Vivienda y tribunal de un nuncio.

nuncio m. Representante diplomático del papa, que ejerce ciertas facultades pontificias. || Mensajero. || Anuncio o señal. || FAM. nunciatura.

nupcial adj. De las nupcias o relativo a esta ceremonia: *marcha nupcial.*

nupcias f. pl. Ceremonia de casamiento. || FAM. nupcial, nupcialidad.

nutria f. Nombre común de diversos mamíferos carnívoros de cabeza chata, orejas muy pequeñas, patas cortas y cola larga. Viven a la orilla de los ríos y se alimentan de peces, ranas, ratas de agua y aves acuáticas. De color pardo, se las caza por sus pieles.

nutrición f. Acción y resultado de nutrir o nutrirse. || Conjunto de funciones orgánicas que transforman los alimentos para obtener la energía necesaria para el organismo. || FAM. nutricional.

nutrido, da adj. Lleno, abundante.

nutriente adj. y m. Que nutre o alimenta.

nutrir tr. y prnl. Proporcionar a un organismo vivo las sustancias que necesita para realizar sus funciones. || Fortalecer, vigorizar, alentar. || Llenar, colmar. || FAM. nutricio, nutrición, nutrido, nutriente, nutrimento, nutritivo, nutriz, nutrólogo.

nutritivo, va adj. Que nutre.

ny f. Ni, letra griega.

nylon (voz i.) m. Nailon. ◆ Es la extensión del nombre de una marca registrada.

ñ

ñ f. Decimoquinta letra del abecedario español y duodécima de sus consonantes. Fonéticamente representa un sonido nasal, palatal y sonoro. Su nombre es *eñe.*

ñacanina o **ñacaniná** f. Reptil escamoso ofidio de América del Sur, grande y muy venenoso. ◆ pl. de la segunda forma: *ñacaninás* o *ñacaninaes.*

ñaco m. *amer.* Masa blanda y semilíquida.

ñala m. Mamífero artiodáctilo africano de hasta 1 m de altura, con pelo negro y largo y franjas transversales blancas; el macho luce una amplia cornamenta.

ñame m. Planta herbácea de la familia de las dioscoreáceas, originaria de los países tropicales, cuyo tubérculo, parecido a la batata, es comestible. || Tubérculo de esta planta.

ñampeado, da adj. *amer. col.* Loco, que tiene trastornadas las facultades mentales.

ñandú m. Nombre común de diversas aves reiformes americanas que alcanzan entre 1 y 1,50 m de altura, con tres dedos en cada pie y plumaje gris. ◆ pl. *ñandús* o *ñandúes.*

ñandubay m. Árbol de América, de la familia de las leguminosas, de tronco muy grueso y rugoso y madera rojiza.

ñandutí m. *amer.* Tejido muy fino que imita el de cierta telaraña. ◆ pl. *ñandutís* o *ñanduties.*

ñanga adj. *amer.* Inútil. || adv. *amer.* Inútilmente. || f. *amer.* Terreno pantanoso. || FAM. ñangado.

ñango, ga adj. *amer. col.* Enclenque, débil. || *amer. col.* Maltratado o con mal aspecto.

ñangotarse prnl. *amer.* Ponerse en cuclillas. || *amer.* Humillarse, someterse. || *amer.* Desanimarse. || FAM. ñangotado.

ñaña f. *amer.* Niñera. || *amer.* Hermana mayor.

ñaño, ña m. y f. *amer.* Niño. || adj. *amer.* Consentido, mimado. || *amer.* Unido por íntima amistad. || m. *amer.* Hermano mayor. || FAM. ñaña.

ñapa f. *amer.* Añadidura, propina. || *col.* Reparación casera. || com. pl. *col.* Persona que se dedica a hacer reparaciones caseras.

ñapango, ga adj. *amer.* Mestizo. || *amer.* Mulato.

ñapindá m. *amer.* Planta de la subfamilia de las mimosáceas, especie de acacia muy espinosa con flores amarillas y aroma agradable. ◆ pl. *ñapindás* o *ñapindaes.*

ñaque m. *amer.* Montón de cosas inútiles y ridículas.

ñaruso, sa adj. *amer.* Se aplica a la persona picada de viruelas.

ñato, ta adj. *amer.* De nariz corta y aplastada.

ñeque adj. *amer.* Fuerte, vigoroso. || *amer.* Muy bueno, estupendo, excelente. || m. *amer.* Fuerza, energía. || *amer.* Valor, coraje. || *amer.* Agutí. También f. || *amer. col.* Mala suerte. || *amer.* Bíceps. || *amer.* Capón, golpe dado en la cabeza. || **de ñeque** loc. adj. *amer.* Fuerte, vigoroso. || FAM. ñecudo.

ñero, ra m. y f. *amer.* Tratamiento afectuoso equivalente a compañero.

ñipe m. *amer.* Arbusto de la familia de las mirtáceas cuyas ramas se emplean para teñir.

ñiquiñaque m. Sujeto o cosa despreciable.

ñire m. *amer.* Árbol de la familia de las fagáceas, de unos 20 m de altura, con flores solitarias, hojas elípticas, obtusas y profundamente aserradas.

ño, ña m. y f. *amer.* Tratamiento vulgar de cortesía que equivale a *señor, señora* o a *don, doña.*

ñocha f. Hierba bromeliácea cuyas hojas se emplean para hacer sogas, canastos, sombreros y esteras.

ñoclo m. Dulce hecho de masa de harina, azúcar, manteca, huevos, vino y anís.

ñoco, ca adj. *vulg.* Se aplica a la persona a la que le falta un dedo o una mano. || m. *amer.* Golpe que se da con el brazo extendido horizontalmente.

ñongo, ga adj. *amer. col.* Se aplica a la situación difícil y compleja. || *amer. col.* Se dice de la persona sensible y refinada.

ñoña f. *amer. col.* Excremento.

ñoñería f. Acción o dicho propio de una persona ñoña.

ñoño, ña adj. Melindroso, ridículo. || Puritano, mojigato. || Quejica. || FAM. ñoñería, ñoñez.

ñoqui m. Masa hecha con patatas mezcladas con harina de trigo, mantequilla, leche, huevo y queso rallado, dividida en trocitos, que se cuecen en agua hirviente con sal.

ñora f. Pimiento muy picante, guindilla. || FAM. ñoro.

ñorda f. *vulg.* Mierda.

ñu m. Nombre común de diversos mamíferos artiodáctilos bóvidos de África, especie de antílopes de cabeza grande y cuernos curvos. ◆ pl. *ñus* o *ñúes.*

ñuto, ta adj. y s. *amer.* Se aplica a la carne blanda o ablandada a golpes. || m. Añicos, trizas, polvo.

O

o¹ f. Decimosexta letra del abecedario español, y cuarta de sus vocales. Representa un sonido de articulación velar, semiabierta y oral. || **no saber hacer la o con un canuto** loc. *col.* Ser muy ignorante. ◆ pl. *oes.*

o² conj. Denota diferencia, separación o alternativa entre dos o más personas, cosas o ideas: *Eugenia o Francisco, blanco o negro, adaptarse o morir.* || Suele preceder a cada uno de dos o más términos contrapuestos: *lo harás por las buenas o por las malas.* || Expresa equivalencia: *Rodrigo Díaz de Vivar o El Cid Campeador.* || **o sea** Expresión que indica equivalencia y se emplea para aclarar o explicar lo dicho: *ya no te soporto, o sea, hemos terminado.*

oasis m. Zona con vegetación y agua que se encuentra aislada en los desiertos arenales de África y Asia. || Tregua, descanso. ◆ No varía en pl.

obcecación f. Ofuscación tenaz, cabezonería.

obcecar tr. y prnl. Cegar, ofuscar. || FAM. obcecación, obcecadamente, obcecado.

obedecer tr. Cumplir lo que se manda. || Ceder dócilmente un animal a las indicaciones que se le hacen. || Responder algo a la acción que se ejerce sobre ello: *estos frenos no obedecen.* || intr. Tener origen una cosa, proceder: *este fracaso obedece a una falta de previsión.* ◆ **Irreg.** Se conj. como *agradecer.* || FAM. obedecedor, obedecible, obedecimiento, obediencia, obediente, obedientemente.

obediencia f. Cumplimiento de lo que se manda o es preceptivo.

obediente adj. Que acostumbra a obedecer.

obelisco m. Monumento conmemorativo en forma de pilar muy alto, de cuatro caras iguales, y terminado por una punta piramidal.

obenque m. Cada uno de los cabos gruesos que sujetan la cabeza de un palo o de un mastelero de un barco a los costados o a la cofa del mismo.

obertura f. Composición instrumental que inicia una obra musical, especialmente una ópera o un oratorio.

obesidad f. Exceso de peso por acumulación de grasa.

obeso, sa adj. y s. Se apl. a la persona excesivamente gruesa. || FAM. obesidad.

óbice m. Obstáculo, impedimento. ◆ Suele usarse en frases negativas: *que no me guste no es óbice para que no lo haga.*

obispado m. Dignidad y cargo del obispo. || Territorio o distrito asignado a un obispo para ejercer sus funciones. || Local o edificio donde funciona la curia episcopal.

obispo m. Prelado superior que, generalmente, gobierna una diócesis. || FAM. obispado, obispal, obispalía, obispar, obispillo.

óbito m. Fallecimiento de una persona. || FAM. obituario.

obituario m. Libro parroquial donde se anotan las muertes y entierros. || Sección de un periódico donde se informa de las muertes sucedidas, o en el que se hace un breve resumen biográfico cuando el fallecido es un personaje famoso.

objeción f. Razonamiento o argumento contrario a alguien o a algo. || **objeción de conciencia** Oposición a realizar determinados servicios, en especial el servicio militar obligatorio, apoyándose en razones éticas o religiosas. || FAM. objetar.

objetar tr. Oponer reparo a una opinión o intención, impugnar. || intr. Acogerse a la objeción de conciencia para eludir determinados servicios. || FAM. objetable, objetante, objetor.

objetivar tr. Dar carácter objetivo a un asunto. || FAM. objetivación.

objetividad f. Calidad de objetivo.

objetivo, va adj. Relativo al objeto en sí, independientemente de juicios personales: *dato objetivo.* || Que no se deja influir por consideraciones personales en sus juicios o en su comportamiento. || Lo que existe realmente, fuera del sujeto que lo conoce: *verdad objetiva.* || m. Finalidad de una acción: *su objetivo es ganar.* || Lente o conjunto de lentes a través de las cuales llega la luz a un aparato óptico. || Blanco hacia el que se dirige un arma de fuego. || FAM. objetivamente, objetivar, objetividad, objetivismo, objetivizar.

objeto m. Lo que posee carácter material e inanimado, cosa. || Todo lo que puede ser conocido o sentido por el sujeto, incluso él mismo. || Lo que sirve de materia al ejercicio de las facultades mentales: *el amor es el objeto central de la lírica provenzal.* || Fin o intento a que se dirige una acción u operación: *el objeto de este viaje es negociar.* || Materia y sujeto de una ciencia. || En gram., complemento directo o indirecto, por oposición al sujeto. || FAM. objetivo, objetual.

objetor, ra adj. Que objeta. ‖ **objetor de conciencia** Persona que se niega a prestar determinados servicios, especialmente el servicio militar, por razones éticas o religiosas.

oblación f. Ofrenda que se hace a la divinidad. ‖ FAM. oblada, oblato, oblea.

oblato, ta m. y f. Miembro de ciertas congregaciones religiosas. ‖ f. Religiosa perteneciente a la congregación del Santísimo Redentor.

oblea f. Hoja delgada de pan ázimo de la que se sacan las hostias y las formas. ‖ Cada uno de estos trozos. ‖ Hoja delgada de harina, agua y azúcar cocido, que llevan algunos dulces.

oblicuidad f. Dirección inclinada. ‖ En geom., inclinación que aparta del ángulo recto la línea o el plano que se considera respecto de otra u otro.

oblicuo, cua adj. Sesgado, inclinado al través o desviado de la horizontal. ‖ En geom., se apl. al ángulo que no es recto. ‖ FAM. oblicuamente, oblicuángulo, oblicuar, oblicuidad.

obligación f. Aquello que hay que hacer o se está obligado a hacer. ‖ Circunstancia que obliga a hacer o a no hacer una cosa. ‖ Gratitud que se debe a alguien por algún favor recibido. ‖ Documento notarial o privado mediante el que se reconoce una deuda y se ponen las condiciones para saldarla. ‖ Título, al portador y con interés fijo, que representa una suma prestada o exigible por otro concepto a la persona o entidad que lo emitió. ‖ FAM. obligacionista.

obligar tr. Hacer que alguien haga algo utilizando la fuerza o la autoridad. ‖ Hacer que alguien haga lo que otro desea, atrayéndolo mediante favores o regalos. ‖ Hacer fuerza sobre una cosa para conseguir un efecto determinado. ‖ prnl. Comprometerse a cumplir algo. ‖ FAM. obligación, obligado, obligatorio.

obligatorio, ria adj. De obligado cumplimiento y ejecución. ‖ FAM. obligatoriamente, obligatoriedad.

obliterar tr. Obstruir o cerrar un conducto o cavidad. También prnl. ‖ Anular, tachar o borrar. ‖ FAM. obliteración.

oblongo, ga adj. Más largo que ancho.

obnubilar tr. y prnl. Ofuscar. ‖ Fascinar, deslumbrar. ‖ FAM. obnubilación.

oboe m. Instrumento de viento, construido en madera, de embocadura cónica y con seis orificios regulados por un sistema de llaves. ‖ com. Persona que toca este instrumento.

óbolo m. Pequeña suma de dinero con la que se contribuye a un fin determinado. ‖ Moneda de plata de los antiguos griegos.

obra f. Producto, creación. ‖ Creación del entendimiento en ciencias, letras, o artes, especialmente la que tiene importancia. ‖ Tratándose de libros, volumen o volúmenes que contienen un trabajo literario completo. ‖ Edificio o terreno en construcción. ‖ Conjunto de arreglos o mejoras que se realizan en un edificio. ‖ Medio, virtud o poder por el que se realiza algo. ‖ Tiempo y esfuerzo que requiere una labor. ‖ FAM. ópera, opúsculo.

obrador, ra adj. y s. Que obra. ‖ m. Taller de productos manufacturados.

obrar tr. Llevar a cabo una acción, hacerla de determinada manera. ‖ Construir, edificar, hacer una obra. ‖ Causar, producir o hacer efecto una cosa: *esta crema obra maravillas*. ‖ intr. Eufemismo por defecar. ‖ **obrar** algo **en poder de** alguien loc. Estar en poder de alguien, tenerlo. ‖ FAM. obra, obrada, obrador, obradura, obraje, obrero.

obrero, ra adj. Que trabaja. También s. ‖ De los trabajadores o relativo a ellos. ‖ m. y f. Trabajador manual asalariado, operario. ‖ FAM. obrerismo, obrerista.

obscenidad f. Dicho o hecho que ofende al pudor, especialmente en lo relativo al sexo.

obsceno, na adj. Que ofende al pudor, especialmente en lo relativo al sexo. ‖ FAM. obscenidad.

obscurantismo m. Oscurantismo. ‖ FAM. obscurantista.

obscurecer tr. Oscurecer. ◆ **Irreg.** Se conj. como *agradecer*. ‖ FAM. obscurecimiento.

obscuridad f. Oscuridad.

obscuro, ra adj. Oscuro. ‖ FAM. obscurantismo, obscurecer, obscuridad.

obsequiar tr. Tener atenciones con alguien, agasajar. ‖ FAM. obsequiador, obsequio.

obsequio m. Acción de obsequiar. ‖ Regalo. ‖ Muestra de afecto o respeto que se hace a alguien para complacerlo. ‖ FAM. obsequiar, obsequioso.

obsequioso, sa adj. Se apl. a la persona que se esfuerza en atender y agradar a los demás, a veces en exceso. ‖ FAM. obsequiosamente, obsequiosidad.

observación f. Acción y resultado de observar. ‖ Nota que se pone en un escrito para aclarar o precisar un punto dudoso. ‖ Indicación.

observador, ra adj. Que observa. También s. ‖ m. y f. Persona que es admitida en ciertos círculos, sin ser miembro de pleno derecho. ‖ Persona que asiste a determinados acontecimientos para comprobar su correcto desarrollo.

observancia f. Cumplimiento riguroso de una obligación o de una norma.

observar tr. Examinar atentamente. ‖ Cumplir rigurosamente una orden o una norma: *observar la ley*. ‖ Mirar con atención y cautela, atisbar. ‖ Darse cuenta de algo, percatarse. ‖ FAM. observable, observación, observador, observancia, observante, observatorio.

observatorio m. Lugar o posición que sirve para hacer observaciones. ‖ Edificio con personal e instrumentos apropiados donde se realizan observaciones, por lo común astronómicas o meteorológicas.

obsesión f. Idea, deseo, preocupación que no se puede apartar de la mente. ‖ FAM. obsesionar, obsesivo, obseso.

obsesionar tr. y prnl. Causar obsesión. ‖ FAM. obsesionante.

obsesivo, va adj. Que produce obsesión. ‖ Que se obsesiona con facilidad.

obseso, sa adj. y s. Dominado por una obsesión, especialmente si es de tipo sexual.

obsidiana f. Mineral volcánico vítreo de color negro o verde muy oscuro.

obsoleto, ta adj. Poco usado: *término obsoleto.* ‖ Anticuado, inadecuado a las circunstancias actuales. ‖ FAM. obsolescencia, obsolescente.

obstaculizar tr. Poner obstáculos, dificultar o impedir la consecución de un fin. ‖ FAM. obstaculización, obstaculizador.

obstáculo m. Impedimento, estorbo. ‖ Dificultad, inconveniente. ‖ En dep., cada una de las barreras físicas que presenta una pista o un recorrido: *salto de obstáculos.* ‖ FAM. obstaculizar, obstar.

obstante (no) loc. conjunt. advers. Sin embargo.

obstar intr. Impedir, estorbar, oponerse. ◆ Se usa sobre todo en 3.ª pers. y generalmente en frases negativas: *ya sé que te pone nervioso, pero ello no obsta para que seas amable con él.* ‖ FAM. obstante.

obstetricia f. Parte de la medicina que trata de la gestación, el parto y el tiempo inmediatamente posterior a este, tocología. ‖ FAM. obstetra, obstétrico.

obstinación f. Terquedad. ‖ Acción y resultado de obstinarse.

obstinado, da adj. Perseverante, tenaz, terco. ‖ FAM. obstinadamente.

obstinarse prnl. Mantener una opinión o una decisión por encima de los argumentos razonables de otras personas o de las dificultades que se presenten. ◆ Se construye con la prep. *en: se obstinó en salir.* ‖ FAM. obstinación, obstinado.

obstrucción f. Acción y resultado de obstruir u obstruirse: *obstrucción intestinal.* ‖ FAM. obstruccionismo.

obstruccionismo m. Retraso o impedimento táctico de la aprobación de un acuerdo que debe tomarse en asamblea deliberante. ‖ FAM. obstruccionista.

obstruir tr. Estorbar el paso, cerrar un conducto o camino. También prnl. ‖ Impedir la realización de una acción o el desarrollo de un proceso. ◆ **Irreg.** Se conj. como *huir.* ‖ FAM. obstrucción, obstructor.

obtención f. Logro, consecución de un objetivo. ‖ Extracción de una materia o un producto: *obtención de un mineral.*

obtener tr. Conseguir lo que se merece, solicita o pretende. ‖ Conseguir un producto a partir de otros. ◆ **Irreg.** Se conj. como *tener.* ‖ FAM. obtención, obtenible.

obturador m. Dispositivo mecánico de la cámara fotográfica por el que se controla el tiempo de exposición de la película a la luz.

obturar tr. y prnl. Tapar o cerrar una abertura o conducto introduciendo o aplicando un cuerpo. ‖ FAM. obturación, obturador.

obtuso, sa adj. Sin punta, romo: *estaca obtusa.* ‖ Se apl. a la persona lenta en discurrir. También s. ‖ En geom., se apl. al ángulo que mide más de 90°, y menos de 180°. ‖ FAM. obtusángulo.

obús m. Pieza de artillería de menor longitud que el cañón en relación con su calibre. ‖ Proyectil que se dispara con esta pieza. ‖ Pieza que sirve de cierre a la válvula del neumático y está formada principalmente por un obturador cónico y un muelle.

obviar tr. Evitar, rehuir, apartar y quitar de en medio obstáculos o inconvenientes. ‖ No prestar atención, ignorar: *obvió nuestra presencia.*

obviedad f. Evidencia.

obvio, via adj. Evidente, muy claro o que no tiene dificultad. ‖ FAM. obviamente, obviar, obviedad.

oca f. Ganso, ave, ánsar. ‖ Juego de mesa que consiste en una serie de 63 casillas ordenadas en espiral en las que se representan objetos diversos y se obtienen penalizaciones o bonificaciones. ‖ FAM. ocarina.

ocapi m. Okapi.

ocarina f. Instrumento musical de viento hecho de barro o metal, de forma ovalada, con ocho orificios y de timbre muy dulce.

ocasión f. Momento o circunstancias en las que se sitúa un hecho. ‖ Oportunidad o momento propicio para ejecutar o conseguir algo. ‖ Razón por la que se hace o sucede algo: *este acto se ha celebrado con ocasión del centenario de su muerte.* ‖ **de ocasión** loc. adj. De segunda mano o muy barato. ‖ FAM. ocasional, ocasionar.

ocasional adj. Que se produce de forma casual o accidental. ‖ Que no es habitual: *trabajo ocasional.* ‖ FAM. ocasionalmente.

ocasionar tr. Causar o motivar algo: *tu ausencia le ocasionó un disgusto.*

ocaso m. Puesta del Sol o de otro astro. ‖ Occidente, punto cardinal. ‖ Decadencia, pérdida de fuerza o importancia. ‖ FAM. occiduo.

occidental adj. Del Occidente o relativo a este punto cardinal. ‖ adj. y com. De Occidente o relativo al grupo de países que lo componen. ‖ FAM. occidentalismo, occidentalista, occidentalización, occidentalizar.

occidente m. Punto cardinal del horizonte por donde se oculta el Sol. ‖ Lugar de la Tierra que, respecto de otro, cae hacia donde se pone el Sol. ‖ Conjunto de naciones de la parte occidental de Europa. ‖ Conjunto de países de varios continentes, cuyas lenguas y culturas tienen su origen principal en Europa, y que se caracterizan por sus regímenes democráticos y su economía de mercado. ‖ FAM. occidental.

occiduo, dua adj. Del ocaso o relativo a él.

occipital adj. Del occipucio o relativo a esta parte de la cabeza.

occipucio m. Parte de la cabeza por donde esta se une con las vértebras del cuello. ‖ FAM. occipital.

occiso, sa adj. y s. Muerto violentamente. ‖ FAM. occisión.

occitano, na adj. y s. De Occitania o relativo a esta antigua región francesa. ‖ m. Conjunto de dialectos romances medievales del sur de Francia, lengua de oc. ‖ FAM. occitánico.

oceánico, ca adj. Del océano o relativo a él.

oceánidas f. pl. Ninfas o diosas menores de los mares, hijas del dios Océano, en la mitología grecolatina.

océano m. Extensión de agua salada que cubre las tres cuartas partes de la superficie terrestre. ‖ Cada una de las cinco grandes subdivisiones de esta extensión: *los cinco océanos se denominan Atlántico, Pacífico, Índico, Glacial Ártico y Glacial Antártico.* ‖ Inmensidad, enormidad: *océano de dudas.* ‖ FAM. oceánico, oceanografía.

oceanografía f. Ciencia que estudia los océanos y mares y sus fenómenos, así como la fauna y la flora marinas. ‖ FAM. oceanográfico, oceanógrafo.

oceanógrafo, fa m. y f. Persona que se dedica a la oceanografía.

ocelado, da adj. Que tiene ocelos.

ocelo m. Cada ojo simple de los que forman un ojo compuesto de los artrópodos, mediante el cual perciben la luz, pero no la imagen de los objetos. ‖ Mancha redonda y bicolor en las alas de algunos insectos o en las plumas de ciertas aves. ‖ FAM. ocelado.

ocelote m. Mamífero carnívoro felino que habita en las selvas americanas, de 1,50 m de longitud, de los cuales 50 corresponden a la cola, con la piel ocre con manchas más oscuras; es domesticable y se encuentra entre las especies protegidas.

ochavo m. Antigua moneda española de cobre que se acuñó hasta mediados del siglo XIX, con valor de dos maravedíes y peso de un octavo de onza. ‖ **no tener (ni) un ochavo** loc. *col.* No tener dinero. ‖ FAM. ochavón.

ochavón, ona adj. y s. *amer.* Se apl. al mestizo nacido de blanco y cuarterona o de cuarterón y blanca.

ochenta adj. y pron. num. card. Ocho veces diez. ‖ adj. num. ord. Que ocupa el lugar número ochenta en una serie ordenada de elementos, octogésimo. ‖ m. Conjunto de signos con que se representa este número: *80*. ‖ m. pl. Década de los años entre 1980 y 1989. ‖ Edad de ochenta años. ‖ FAM. ochentavo, ochentón.

ocho adj. y pron. num. card. Siete más uno. ‖ adj. num. ord. Que ocupa el lugar número ocho en una serie ordenada de elementos, octavo. También m., aplicado a los días del mes. ‖ m. Signo con el que se representa este número: *8*. ‖ FAM. ochava, ochavo, ochenta, ochocientos, octano, octante, octavo, óctuplo.

ochocientos, tas adj. y pron. num. card. Ocho veces cien. ‖ adj. num. ord. Que ocupa el lugar número ocho en una serie ordenada de elementos, octingentésimo. ‖ m. Conjunto de signos con que se representa este número: *800*. ◆ No varía en pl.

ocio m. Falta total de actividad. ‖ Tiempo libre, sin actividad laboral, que se dedica al descanso o a realizar otro tipo de actividades. ‖ FAM. ociar, ocioso.

ociosidad f. Inactividad. ‖ Estado del que no trabaja y emplea su tiempo en actividades distintas a las laborales.

ocioso, sa adj. Que no trabaja. También s. ‖ Desocupado o exento de obligaciones. También s. ‖ Inútil, sin fruto ni provecho. ‖ FAM. ociosamente, ociosidad.

ocluir tr. y prnl. Cerrar un conducto u orificio, de modo que no se pueda abrir naturalmente. ◆ Irreg. Se conj. como *huir*. ‖ FAM. oclusión, oclusivo.

oclusión f. Acción y resultado de cerrar u obstruir algo.

oclusivo, va adj. Relativo a la oclusión. ‖ Que la produce. ‖ En fon., se apl. al sonido en cuya articulación los órganos fonadores forman, en algún punto del canal vocal, un contacto que interrumpe la salida del aire espirado. ‖ En fon., se dice de la letra que representa esta clase de sonido. También f.

ocote m. *amer.* Especie de pino muy resinoso, cuya madera troceada se utiliza para hacer fuego.

ocre adj. Se apl. al color entre amarillo y marrón. ‖ m. Mineral óxido de hierro hidratado, terroso, de color amarillento, que se emplea en la fabricación de pinturas. ‖ Cualquier mineral terroso que tiene color amarillo. ‖ FAM. ocráceo.

octaedro m. Poliedro regular de ocho caras. ‖ FAM. octaédrico.

octágono, na adj. y m. Se apl. al polígono de ocho ángulos y ocho lados. ‖ FAM. octogonal, octógono.

octanaje m. Número de octanos de un carburante.

octano m. Hidrocarburo saturado del petróleo que se toma como unidad para expresar la potencia y el valor antidetonante de la gasolina o de otros carburantes. ‖ FAM. octanaje, octanol.

octanol m. Hidrocarburo líquido derivado del octano que se emplea en la fabricación de productos de limpieza y perfumería.

octante m. Instrumento astronómico de medida cuyo sector comprende 45° o la octava parte del círculo.

octava f. Composición poética de ocho versos. ‖ En mús., serie diatónica formada por ocho notas, que son los siete sonidos constitutivos de una escala y la repetición del primero de ellos. ‖ **octava real** Estrofa de origen italiano compuesta por ocho versos endecasílabos de rima consonante que responden al esquema ABABABCC.

octavilla f. Octava parte de un pliego de papel. ‖ Impreso de propaganda, generalmente política, de pequeño tamaño. ‖ Combinación métrica de ocho versos de arte menor, de estructura y rima variables.

octavo, va adj. num. ord. Que ocupa el lugar número ocho en una serie ordenada de elementos ‖ adj. num. frac. Se apl. a cada una de las ocho partes iguales en que se divide un todo. También m. ‖ **octavos de final** En dep., fase de una competición en la que se enfrentan dieciséis de los equipos o jugadores participantes. ‖ FAM. octava, octavar, octavario, octavilla, octavín, octeto, octogenario, octogésimo, octógono, octosílabo, óctuplo.

octeto m. Composición musical para ocho instrumentos u ocho voces. ‖ Conjunto de estos ocho instrumentos o voces.

octingentésimo, ma adj. num. ord. Que ocupa el número ochocientos en una serie ordenada de elementos. ‖ adj. num. frac. Se apl. a cada una de las ochocientas partes iguales en que se divide un todo. También m.

octogenario, ria adj. y s. Que ha cumplido ochenta años y aún no ha llegado a los noventa.

octogésimo, ma adj. num. ord. Que ocupa el número ochenta en una serie ordenada de elementos. ‖ adj. num. frac. Se apl. a cada una de las ochenta partes iguales en que se divide un todo. También m.

octógono, na adj. y m. Octágono. ‖ FAM. octogonal.

octópodo, da adj. y m. De los octópodos o relativo a este orden de moluscos. ‖ m. pl. Orden de moluscos cefalópodos que, como el pulpo, tienen ocho tentáculos.

octosílabo, ba adj. Que tiene ocho sílabas. ‖ m. Verso que tiene ocho sílabas. ‖ FAM. octosilábico.

octubre m. Décimo mes del año, entre septiembre y noviembre, que tiene treinta y un días.

óctuple adj. num. mult. Que contiene ocho veces una cantidad. También m.

óctuplo, pla adj. Óctuple.

ocular adj. De los ojos o relativo a ellos. || Realizado por medio de los ojos o de la vista: *testigo ocular*. || m. En los instrumentos ópticos compuestos, lente o sistema de lentes colocado en la parte por donde mira el observador, y que amplía la imagen dada por el objetivo. || FAM. ocularmente, oculista.

oculista com. Médico especialista en las enfermedades de los ojos, oftalmólogo.

ocultación f. Encubrimiento de alguien o algo con el fin de impedir que sea visto o conocido: *ocultación de la verdad*.

ocultar tr. Impedir que alguien o algo se vea, se sepa o se note. También prnl. || Callar lo que se sabe o disfrazar la verdad. || FAM. ocultación, ocultador.

ocultismo m. Conjunto de conocimientos y prácticas rituales con las que se pretende penetrar y dominar fuerzas poco conocidas de la naturaleza. || Teoría que defiende la existencia de fenómenos que no tienen explicación racional y que no pueden ser demostrados científicamente. || FAM. ocultista.

oculto, ta adj. Escondido, desconocido, que no se da a conocer ni se deja ver ni sentir. || **ciencias ocultas** Ocultismo. || FAM. ocultamente, ocultar, ocultismo.

ocupa com. *col.* Okupa.

ocupación f. Acción y resultado de ocupar u ocuparse. || Responsabilidad o preocupación. Más en pl. || Empleo, oficio. || En der., modo natural y originario de adquirir la propiedad de ciertas cosas que carecen de dueño: *ocupación de territorios*. || FAM. ocupacional.

ocupacional adj. De la ocupación laboral o relativo a ella.

ocupante adj. y com. Que ocupa un lugar.

ocupar tr. Llenar un espacio o tiempo. || Tomar posesión, apoderarse de algo, especialmente si se hace de forma violenta. || Obtener o desempeñar un empleo o cargo. || Habitar. || Dar empleo o trabajo. También prnl. || prnl. Dedicar la atención a algo o a alguien. || FAM. ocupa, ocupación, ocupado, ocupador, ocupante, okupa.

ocurrencia f. Idea inesperada y repentina. || Dicho o hecho ingenioso y original.

ocurrente adj. Gracioso, agudo, ingenioso.

ocurrir intr. Suceder, acontecer. || prnl. Pensar o idear algo, por lo general de forma repentina. || FAM. ocurrencia, ocurrente.

oda f. Composición poética del género lírico dividida generalmente en estrofas, de tono elevado y extensión variable.

odalisca f. Esclava al servicio del harén. || Mujer que forma parte de un harén. || Mujer sensual.

odeón m. Teatro o lugar destinado en la antigua Grecia a los espectáculos musicales. || P. ext., teatro moderno, y en especial el destinado a representar óperas.

odiar tr. Sentir odio o aversión por alguien o por algo.

odio m. Sentimiento de aversión y rechazo, muy intenso e incontrolable, hacia algo o alguien. || FAM. odiar, odioso.

odioso, sa adj. Detestable, repugnante. || Se apl. a la persona o cosa digna de odio. || FAM. odiosamente.

odisea f. Viaje lleno de incidentes y dificultades. || Dificultades que se oponen a la realización de un propósito y que requieren tiempo, esfuerzo o habilidad.

odonato, ta adj. y m. De los odonatos o relativo a este orden de insectos. || m. pl. Orden de insectos que tienen el cuerpo alargado, dos pares de alas membranosas y un aparato bucal masticador, como las libélulas.

odontología f. Parte de la medicina que se ocupa del estudio y tratamiento de las enfermedades de los dientes. || FAM. odontalgia, odontológico, odontólogo.

odontólogo, ga m. y f. Especialista en odontología, dentista.

odorífero, ra adj. Que huele bien, que tiene buen olor o fragancia.

odre m. Cuero, generalmente de cabra que, cerrado por todas partes menos por la correspondiente al cuello del animal, sirve para contener líquidos, como vino o aceite. || *col.* Persona borracha o muy bebedora. || FAM. odrería, odrero.

oeste m. Occidente, punto cardinal. Su abreviatura es *O.* || Viento que sopla de allí. || FAM. oestenoroeste, oestenorueste, oestesuroeste, oestesurueste.

ofender tr. Injuriar de palabra, agraviar. || Fastidiar, molestar. || prnl. Molestarse, enfadarse. || FAM. ofendedor, ofendido, ofensa, ofensiva, ofensivo, ofensor.

ofensa f. Acción y resultado de ofender. || Agravio, injuria.

ofensiva f. Acción y resultado de atacar.

ofensivo, va adj. Que ofende o puede ofender: *palabras ofensivas*. || Que sirve para atacar: *armas ofensivas*. || FAM. ofensivamente.

ofensor, ra adj. y s. Que ofende, molesta o muestra desprecio.

oferta f. Propuesta que se hace de dar, cumplir o ejecutar algo. || Propuesta para contratar: *oferta de empleo*. || Cantidad de bienes o servicios que se ofrecen al mercado a un precio dado: *la oferta es superior a la demanda*. || Puesta en venta de un producto a precio rebajado. || Este mismo producto. || FAM. ofertante, ofertar.

ofertar tr. Ofrecer en venta un producto. || *amer.* Ofrecer, prometer algo. || *amer.* Ofrecer, dar voluntariamente una cosa.

ofertorio m. Parte de la misa en la que se ofrece a Dios el pan y el vino antes de consagrarlos. || Oración que dice el sacerdote antes de ofrecerlos.

off (voz en) loc. Voz que se escucha de fondo, sin que se vea al hablante.

office (voz i.) m. Pieza o cuarto al lado de la cocina, antecocina.

offset (voz i.) m. En impr., técnica de impresión indirecta que tiene como base la litografía. || adj. Se apl. a la máquina que emplea esta técnica. También f. ◆ pl. *offsets*.

off the record (voz i.) loc. adj. o adv. Se apl. al aspecto de una entrevista o conversación que no debe hacerse público.

oficial, la adj. Que procede del Estado o de un organismo público. || Reconocido y autorizado por quien

oficialía

tiene facultad para ello: *enseñanza oficial.* || m. y f. Persona que en un oficio manual ha terminado el aprendizaje y no es maestro todavía. || Persona que se ocupa en un oficio o empleo. || m. (usado como com.) Militar que posee un grado o empleo, desde alférez o segundo teniente en adelante, hasta capitán, inclusive. || m. Juez eclesiástico diocesano, provisor. || FAM. oficiala, oficialía, oficialidad, oficialismo, oficializar, oficialmente.

oficialía f. Categoría o cargo de oficial en el ejército o en los cuerpos administrativos del Estado.

oficialidad f. Calidad de oficial. || Conjunto de oficiales del ejército o de parte de él.

oficialismo m. Conjunto de personas relacionadas con el gobierno de un Estado. || Conjunto de tendencias o fuerzas políticas que apoyan al gobierno. || FAM. oficialista.

oficializar tr. Dar carácter o validez oficial a lo que antes no lo tenía.

oficiante adj. Que oficia. || com. Persona que dirige las prácticas religiosas en una iglesia.

oficiar tr. Celebrar o ayudar a la celebración de una misa. || Comunicar una cosa oficialmente y por escrito. || intr. Desarrollar la función que se expresa. ◆ Se construye con la prep. *de: oficiar de maestro de ceremonias.* || FAM. oficiante.

oficina f. Lugar de trabajo, generalmente de carácter administrativo o burocrático, tanto estatal como privado. || Departamento en el que trabajan empleados públicos o privados: *oficina de correos.* || FAM. oficinal, oficinesco, oficinista, ofimática.

oficinista com. Persona que trabaja en una oficina.

oficio m. Ocupación habitual. || Trabajo físico o manual para el que no se requieren estudios teóricos. || Función propia de alguna cosa. || Comunicación escrita, referente a los asuntos del servicio público en las dependencias del Estado. || P. ext., comunicación que se intercambia entre individuos de varias corporaciones particulares sobre asuntos concernientes a ellas. || Servicio religioso, especialmente los de Semana Santa. Más en pl. || **oficio de difuntos** Ceremonia religiosa en la que se ruega por los muertos. || **de oficio** loc. adj. En der., se dice de la diligencia practicada sin instancia de parte. || En der., se apl. al abogado que recibe del Estado una cantidad para defender a los procesados en un juicio que carecen de medios económicos para costearse un defensor particular. || **sin oficio ni beneficio** loc. col. Sin ocupación ni empleo. || FAM. oficial, oficiar, oficina, oficionario, oficioso.

oficioso, sa adj. Que carece de reconocimiento oficial, aunque proceda de una autoridad. || Se apl. a la intervención diplomática que media entre dos países en conflicto, y a la persona que la lleva a cabo. || Se dice del periódico al que se atribuye cierta conexión con organismos oficiales. || FAM. oficiosamente, oficiosidad.

ofidio adj. y m. De los ofidios o relativo a este suborden de reptiles. || m. pl. Suborden de reptiles que carecen de extremidades, con boca dilatable y cuerpo largo y estrecho revestido de epidermis escamosa que mudan todos los años; algunos tienen en su mandíbula superior uno o varios dientes provistos de un canal que da paso a un humor venenoso.

ofimática f. Utilización de la informática en los trabajos de oficina. || Conjunto de equipos y programas informáticos utilizados en estos trabajos. || FAM. ofimático.

ofiura f. Equinodermo marino de la clase de los ofiuroideos.

ofiuroideo adj. y m. De los ofiuroideos o relativo a esta clase de animales marinos. || m. pl. Clase de animales marinos perteneciente al filo de los equinodermos, que tienen un disco central bien diferenciado y cinco brazos largos, delgados y cilíndricos, como la ofiura.

ofrecer tr. Prometer, obligarse uno a dar, hacer o decir algo. || Presentar y dar voluntariamente algo a alguien para que disponga de ello. || Presentar, manifestar algo o alguien un aspecto determinado. También prnl. || Dedicar algo a alguien. || Dedicar o consagrar algo a un santo o a una divinidad. || Exponer la cantidad de dinero que se está dispuesto a pagar por algo. || prnl. Presentarse alguien voluntariamente a otra persona para realizar algún servicio. || Ocurrir, suceder. ◆ Irreg. Se conj. como *agradecer.* || FAM. oferente, oferta, ofertorio, ofrecedor, ofrecimiento, ofrenda.

ofrecimiento m. Propuesta, oferta, proposición. || Promesa de hacer o de dar algo. || Consagración de algo a un santo o divinidad.

ofrenda f. Dádiva o presente que se ofrece con respeto, gratitud o amor, especialmente las que poseen un carácter religioso. || FAM. ofrendar.

ófrico, ca adj. *amer.* Oscuro, lóbrego.

oftalmia u **oftalmía** f. Inflamación de los ojos.

oftálmico, ca adj. De los ojos o relativo a ellos. || De la oftalmia o relativo a ella. || FAM. oftalmia, oftalmología.

oftalmología f. Parte de la medicina que estudia los ojos y trata sus enfermedades y los defectos de visión. || FAM. oftalmológico, oftalmólogo, oftalmoscopia, oftalmoscopio.

oftalmólogo, ga m. y f. Médico especialista en oftalmología, oculista.

ofuscación f. Confusión o trastorno del entendimiento.

ofuscar tr. y prnl. Impedir algo pensar con claridad. || Deslumbrar la luz, impidiendo la visión. También prnl. || FAM. ofuscación, ofuscador, ofuscamiento.

ogro, esa m. y f. Ser mitológico y fantástico de tamaño gigante que se alimentaba de carne humana. || m. col. Persona cruel o de mal carácter.

¡oh! interj. que se usa para manifestar diversos estados de ánimo, particularmente asombro, pena o alegría.

ohmio m. Unidad de resistencia eléctrica en el sistema internacional de Unidades, equivalente a la resistencia eléctrica que da paso a una corriente de un amperio cuando entre sus extremos existe una diferencia de potencial de un voltio. Su símbolo es Ω.

oído m. Sentido que permite percibir los sonidos. || Órgano de la audición. || Aptitud para percibir y reproducir los sonidos musicales. || **abrir los oídos** loc. Escuchar con atención. || **al oído** loc. adv. Forma de hablar confidencialmente, acercándose mucho al oyente y susurrando. ‖ **de oído** loc. adv. Indica que algo se aprende solo escuchando y sin realizar estudios especiales: *toca la guitarra de oído.* ‖ **duro de oído** loc. adj. Que no oye bien, que es algo sordo. ‖ **entrarle** algo a alguien **por un oído y salirle por el otro** loc. No afectarle lo que oye, traerle sin cuidado. ‖ **hacer oídos sordos** loc. No atender una petición o un ruego. ‖ **llegar** algo **a oídos de** alguien loc. Enterarse, llegar a saberlo. ‖ **prestar** o **dar oídos** loc. Poner interés en lo que se oye. ‖ **regalar el oído** a alguien loc. *col.* Decir halagos y cosas que agraden a quien escucha. ‖ **ser** uno **todo oídos** loc. Escuchar con atención y curiosidad.

oidor m. Juez o magistrado que en las audiencias del reino oía y sentenciaba las causas y los pleitos.

oír tr. Percibir los sonidos a través del oído, escuchar. ‖ Atender los ruegos, súplicas o consejos de alguien. ‖ Entender lo que otro dice. ‖ En der., atender un juez las peticiones, razonamientos o pruebas de las partes antes de dar su resolución. ‖ **como lo oye** o **lo oyes** loc. *col.* Se usa para afirmar algo que resulta difícil de creer. ‖ **como el que/quien oye llover** loc. *col.* Sin interés, sin prestar atención. ‖ **lo que oye, lo que oyes,** etc. loc. *col.* Como lo oye. ‖ **me/te,** etc. **va/van/vas,** etc. **a oír** loc. *col.* Se usa como advertencia para expresar enojo o irritación. ‖**¡oiga!** u **¡oye!** interj. Expresión empleada para llamar la atención de alguien e indicar extrañeza, sorpresa, admiración o disgusto. ‖ **oír, ver y callar** loc. Se usa para advertir o aconsejar a alguien que no se entrometa en lo que no le concierne, ni hable cuando no le pidan consejo. ‖ FAM. oíble, oída, oído, oidor, oimiento, oyente. ◆ **Irreg.** Conjugación modelo:

Indicativo
    Pres.: oigo, oyes, oye, oímos, oís, oyen.
    Imperf.: oía, oías, oía, *etc.*
    Pret. perf. simple: oí, oíste, oyó, oímos, oísteis, oyeron.
    Fut. simple: oiré, oirás, oirá, *etc.*
    Condicional simple: oiría, oirías, oiría, *etc.*
Subjuntivo
    Pres.: oiga, oigas, oiga, oigamos, oigáis, oigan.
    Imperf.: oyera u oyese, oyeras u oyeses, *etc.*
    Fut. simple: oyere, oyeres, oyere, *etc.*
Imperativo: oye, oíd.
Participio: oído.
Gerundio: oyendo.

---

ojal m. Pequeña abertura reforzada en sus bordes que tienen algunas prendas y que sirve para abrochar un botón. ‖ FAM. ojaladura, ojalar.

¡ojalá! interj. Expresa fuerte deseo de que suceda algo.

ojeada f. Mirada rápida y superficial.

ojeador, ra m. y f. Persona que ojea o espanta con gritos la caza.

ojear¹ tr. Dirigir la mirada con atención hacia algún sitio. ‖ *amer.* Echar mal de ojo. ◆ No confundir con *hojear.* ‖ FAM. ojeada.

ojear² tr. Espantar la caza, acosándola hasta que llega adonde esperan los cazadores. ‖ FAM. ojeador, ojeo.

ojén m. Aguardiente preparado con anís y azúcar.

ojera f. Coloración amoratada alrededor del párpado inferior. Más en pl. ‖ FAM. ojeroso.

ojeriza f. Aversión o antipatía hacia uno.

ojete m. Especie de ojal redondo, usado como adorno o para pasar por él una cinta o cordón. ‖ *vulg.* Ano. ‖ FAM. ojetear.

ojímetro (a) loc. *col.* Mediante un cálculo aproximado.

ojiva f. En arquit., figura formada por dos arcos de círculo iguales que se cortan en ángulo. ‖ Arco así formado. ‖ Carga de los cohetes atómicos. ‖ FAM. ojival.

ojo m. Órgano de la vista. ‖ Parte visible de este órgano en la cara. ‖ Abertura o agujero que atraviesa de parte a parte alguna cosa. ‖ Atención, cuidado. ‖ Expresión para llamar la atención de algo: ¡ojo, que me toca a mí! ‖ Cada uno de los huecos o cavidades que tienen el pan, el queso y otras cosas esponjosas. ‖ Núcleo o parte central de algo: *ojo de un huracán.* ‖ Manantial o corriente de agua que brota en un llano: *ojos del Guadiana.* ‖ Perspicacia: *tiene buen ojo para los negocios.* ‖ **cuatro ojos** col. Persona que lleva gafas. ‖ **ojo de buey** Ventana o claraboya circular. ‖ **ojo del culo** *vulg.* Ano. ‖ **a ojo** loc. adv. Sin medida, sin precisión: *lo calculó a ojo.* ‖ **abrir los ojos** loc. Ver la realidad tal y como es. ‖ **cerrar los ojos** loc. Negarse a reconocer o a aceptar una realidad. ‖ **clavar** uno **los ojos en** alguien o algo loc. Mirarlo con particular cuidado y atención. ‖ **comerse con los ojos** a alguien o algo loc. Desearlo. ‖ **dichosos los ojos** loc. Expresión con que se manifiesta la alegría de ver a alguien después de mucho tiempo. ‖ **echar el ojo** a alguien o algo loc. Mirarlo con atención, deseando conseguirlo. ‖ **en un abrir y cerrar de ojos** loc. *col.* En un momento, al instante. ‖ **mirar con buenos** o **malos ojos** loc. Mirar con cariño, o al contrario. ‖ **no pegar ojo** loc. No poder dormir. ‖ **no quitar el ojo** o **los ojos** loc. Poner atención. ‖ Mirar a alguien o algo con insistencia. ‖ **ojo avizor** loc. Alerta, con cuidado. ‖ **ser** una persona **el ojo derecho de** otra loc. *col.* Gozar de su estima o de su confianza. ‖ FAM. ocelo, ocular, ojal, ojear, ojera, ojeriza, ojete, ojímetro, ojoso.

ojota f. *amer.* Calzado semejante a las sandalias, hecho de cuero o de filamento vegetal.

ok (voz i.) loc. adv. Está bien, vale, de acuerdo. ◆ Suele escribirse con mayúscula.

okapi m. Mamífero artiodáctilo rumiante de pelaje pardo rojizo, con la cabeza blanquecina y los muslos con franjas horizontales; es de costumbres nocturnas y vive en bosques del África ecuatorial.

okupa com. *col.* Persona que vive ilegalmente en una vivienda deshabitada.

ola f. Onda formada por el viento en la superficie del mar o de un lago. ‖ Fenómeno atmosférico que produce variación repentina en la temperatura de un lugar: *ola de frío.* ‖ Afluencia repentina de gran cantidad de personas o cosas, oleada. ‖ FAM. oleada, oleaje.

¡olé! interj. Expresión con que se anima y aplaude. También m.

oleáceo, a adj. y f. De las oleáceas o relativo a esta familia de plantas. ‖ f. pl. Familia de plantas angiospermas dicotiledóneas, arbóreas o arbustivas, que tienen hojas simples o compuestas, flores bisexuales y fruto en drupa o en baya, como el olivo y el fresno.

oleada f. Ola grande. ‖ Embate y golpe de la ola. ‖ Movimiento impetuoso de gente. ‖ Cantidad grande e indeterminada de cosas o sucesos que se imponen de forma arrolladora.

oleaginoso, sa adj. Aceitoso. ‖ FAM. oleaginosidad.

oleaje m. Sucesión continuada de olas.

oleico, ca adj. Se apl. al ácido graso que se encuentra combinado con la glicerina en la mayoría de las grasas animales y vegetales, especialmente en los aceites.

oleicultura f. Conjunto de técnicas destinadas al cultivo del olivo y a mejorar la producción del aceite. ‖ FAM. oleícola, oleicultor.

óleo m. Pintura que se obtiene disolviendo ciertos pigmentos en una solución aceitosa. ‖ Técnica pictórica que utiliza este tipo de pintura. ‖ Obra pictórica así obtenida. ‖ Aceite consagrado que utiliza la Iglesia para ciertos sacramentos y ceremonias. Más en pl.: *santos óleos.* ‖ FAM. oleácea, oleaginoso, oleicultura, oleífero, oleoducto, oleografía, oleómetro, oleosidad, oleoso.

oleoducto m. Tubería destinada a conducir el petróleo a larga distancia.

oler tr. Percibir los olores. ‖ Procurar percibir o identificar un olor. También intr. ‖ Sospechar una cosa. También prnl.: *me huelo que va a decir que no.* ‖ Curiosear. ‖ intr. Despedir olor. ‖ Ofrecer alguien o algo determinado aspecto, generalmente negativo. ‖ FAM. oledor, oliscar, olisquear. ◆ Irreg. Conjugación modelo:

Indicativo
Pres.: huelo, hueles, huele, olemos, oléis, huelen.
Imperf.: olía, olías, olía, *etc.*
Pret. perf. simple: olí, oliste, olió, olimos, olisteis, olieron.
Fut. simple: oleré, olerás, olerá, *etc.*
Condicional simple: olería, olerías, olería, *etc.*
Subjuntivo
Pres.: huela, huelas, huela, olamos, oláis, huelan.
Imperf.: oliera u oliese, olieras u olieses, *etc.*
Fut. simple: oliere, olieres, oliere, *etc.*
Imperativo: huele, oled.
Participio: olido.
Gerundio: oliendo.

olfa adj. *amer.* Servil o adulador.

olfatear tr. Oler con atención, aplicando el olfato repetidas veces. ‖ Intentar alguien enterarse de algo que, por lo general, no es de su incumbencia. ‖ FAM. olfateo.

olfativo, va adj. Del sentido del olfato o relativo a él.

olfato m. Sentido con el que se perciben los olores. ‖ Perspicacia para descubrir algo. ‖ FAM. olfativo, olfatorio.

oligarca com. Miembro de una oligarquía.

oligarquía f. Forma de gobierno según la cual el poder es ejercido por un reducido grupo de personas. ‖ P. ext., autoridad que ejercen en su provecho un pequeño número de personas. ‖ Conjunto de poderosos negociantes que se aúnan para que todos los negocios dependan de su arbitrio. ‖ FAM. oligarca, oligárquico.

oligo- pref. que significa 'poco' o 'insuficiente': *oligofrenia.*

oligoceno, na adj. y m. Del periodo terciario, que sigue al eoceno y con el que finaliza el terciario antiguo o paleógeno, o relacionado con él.

oligoclasa f. Variedad de feldespato de calcio y sodio, utilizada en la fabricación de cerámica.

oligoelemento m. Elemento químico que representa un porcentaje ínfimo en los organismos vivos, pero cuya presencia es indispensable para la vida y el crecimiento de los animales y plantas.

oligofrenia f. Deficiencia mental congénita, caracterizada por alteración del sistema nervioso, deficiencias intelectuales y perturbaciones afectivas. ‖ FAM. oligofrénico.

oligofrénico, ca adj. De la oligofrenia o relativo a ella. ‖ adj. y s. Se apl. a la persona que padece oligofrenia.

oligopolio m. Mercado en el cual un número reducido de vendedores ejerce control sobre el precio y acapara la venta de un producto. ‖ FAM. oligopolista.

oligoqueto, ta adj. y m. De los oligoquetos o relativo a esta clase de gusanos anélidos. ‖ m. pl. Clase de gusanos anélidos con quetas o sedas poco numerosas, de cuerpo cilíndrico, con la boca en un extremo y el ano en el otro, sin tentáculos ni ojos y de reproducción hermafrodita; la especie más conocida es la lombriz de tierra.

olimpiada u **olimpíada** f. Juegos que se hacían cada cuatro años en la ciudad griega de Olimpia. ‖ Competición deportiva internacional que se celebra cada cuatro años. Más en pl. ‖ FAM. olímpico, olimpismo.

olímpico, ca adj. De las olimpiadas o relativo a ellas. ‖ Del Olimpo o relativo a este monte. ‖ De Olimpia o relativo a esta ciudad griega. ‖ Altanero, soberbio: *desprecio olímpico.* ‖ adj. y s. Se apl. al deportista que ha participado en alguna olimpiada. ‖ FAM. olímpicamente.

olimpo m. En mit., morada de los dioses griegos. ‖ Conjunto de todos los dioses de la mitología griega. ◆ Suele escribirse con mayúscula.

oliscar u **olisquear** tr. Olfatear. ‖ Husmear, curiosear.

oliva f. Fruto del olivo, de forma redondeada y color verde o negro, del que se extrae aceite; aceituna. ‖ Olivo. ‖ FAM. oliváceo, olivero.

olivar m. Terreno plantado de olivos.

olivarero, ra adj. Relacionado con el cultivo del olivo y con sus industrias derivadas. ‖ m. y f. Persona que se dedica a este cultivo.

olivicultura f. Técnica para el cultivo y mejoramiento del olivo. ‖ FAM. olivícola, olivicultor.

olivino m. Mineral de color verde amarillento, translúcido y pesado.

olivo m. Árbol oleáceo de 6 a 10 m de altura, de hojas persistentes y opuestas, tronco nudoso y retorcido, flores blancas, pequeñas, en ramitos axilares, y cuyo fruto, en drupa ovalada, es la aceituna. ‖ Madera de este árbol. ‖ FAM. oliva, olivar, olivarero, olivera, olivino, olivicultura, olivino.

olla f. Recipiente redondeado de barro o metal que sirve para cocinar alimentos, calentar agua, etc. ‖ Guiso preparado con carne, tocino, legumbres y hortalizas. ‖ Remolino que forman las aguas de un río. ‖ **olla a presión** La que se cierra herméticamente para que el vapor producido en el interior, regulado por una válvula, cueza los alimentos rápidamente. ‖ FAM. ollería, ollero.

olmeca adj. y com. De un pueblo amerindio que habitó el sur del golfo de México, o relacionado con él.

olmeda u **olmedo** f. o m. Terreno plantado de olmos.

olmo m. Árbol de la familia de las ulmáceas que puede alcanzar los 20 m de altura, de tronco robusto y corteza gruesa, copa ancha y espesa, hojas elípticas, aserradas por el margen, flores de color blanco rojizo y frutos secos con una semilla ovalada. ‖ FAM. olma, olmeda, olmedo.

olor m. Impresión que producen en el olfato las emanaciones que despiden los cuerpos. ‖ Lo que es capaz de producir esa impresión. ‖ Olfato, sentido corporal. ‖ **al olor de** loc. adv. Atraído por. ‖ **morir** o **vivir en olor de santidad** loc. adv. Con fama de santo. ‖ FAM. oler, oloroso.

oloroso, sa adj. Que despide cierto olor, especialmente si es agradable. ‖ m. Vino de Jerez, de color dorado oscuro y mucho aroma.

olote m. *amer.* Corazón de la mazorca de maíz una vez desgranada.

olvidadizo, za adj. Que olvida con facilidad.

olvidar tr. Dejar de retener algo en la memoria. También prnl. ‖ Dejar de sentir afecto o interés por alguien o por algo. ‖ Dejarse algo en algún sitio. ‖ Dejar de hacer una cosa por descuido. ‖ No tener en cuenta una cosa. ‖ FAM. olvidable, olvidadizo, olvidado, olvido.

olvido m. Pérdida de memoria. ‖ Pérdida del afecto o cariño que se tenía. ‖ Descuido de algo que debía atenderse o tenerse presente.

ombligo m. Cicatriz redonda y arrugada que queda en medio del vientre después de desprenderse el cordón umbilical. ‖ Medio o centro de cualquier cosa: *se cree que es el ombligo del mundo.* ‖ FAM. ombliguero.

ombú m. Árbol de América meridional de la familia de las fitolacáceas, con la corteza gruesa y blanda, copa densa, hojas alternas, elípticas, con peciolos largos y flores en racimos más largos que las hojas. ◆ pl. *ombús* u *ombúes.*

omega f. Última letra del alfabeto griego, que se corresponde con nuestra *o*. Su grafía mayúscula es Ω y la minúscula, ω. ‖ Símbolo del ohmio.

omeya adj. y com. De los descendientes del jefe árabe de este nombre, fundadores del Califato de Damasco, o relacionado con este linaje y dinastía.

ómicron f. Decimoquinta letra del alfabeto griego, que se corresponde con nuestra *o*. Su grafía mayúscula es *O*, y la minúscula, *o*.

ominoso, sa adj. Abominable, despreciable.

omisión f. Abstención de hacer o decir algo. ‖ Falta en la que se incurre por haber dejado de hacer algo necesario o conveniente. ‖ Descuido del que está encargado de un asunto.

omiso (hacer caso) loc. No hacer caso: *hizo caso omiso de mis advertencias.*

omitir tr. Dejar de hacer una cosa. ‖ Callar algo voluntariamente. También prnl. ◆ Tiene doble p. p.: uno reg., *omitido*, y otro irreg., *omiso*. ‖ FAM. omisible, omisión, omiso.

ómnibus m. Vehículo de gran capacidad para el transporte público. ◆ No varía en pl.

omnímodo, da adj. Que lo abarca y comprende todo. ‖ FAM. omnímodamente.

omnipotencia f. Poder absoluto o muy grande: *omnipotencia divina.* ‖ FAM. omnipotente, omnipotentemente.

omnipotente adj. Que lo puede todo.

omnipresencia f. Presencia en todas partes a la vez, ubicuidad. ‖ FAM. omnipresente.

omnipresente adj. Que está presente en todas partes a la vez, ubicuo. ‖ Que está siempre presente.

omnisciencia f. Conocimiento de todas las cosas reales y posibles: *omnisciencia divina.* ‖ FAM. omnisciente.

omnisciente adj. Que conoce todas las cosas reales y posibles. ‖ Se apl. al narrador que sabe lo que piensan y hacen los personajes en todo momento.

omnívoro, ra adj. y s. Que se alimenta de toda clase de sustancias orgánicas, tanto animales como vegetales.

omóplato u **omoplato** m. Cada uno de los dos huesos anchos, casi planos y de forma triangular, situados a uno y otro lado de la espalda y articulados a los brazos.

on (voz i.) Palabra que aparece en los interruptores de algunos aparatos eléctricos y que indica que están conectados.

on line (voz i.) loc. En inform., que es accesible en cualquier momento: *este curso a distancia presta un servicio de información on line.*

onagro m. Mamífero perisodáctilo de la familia de los équidos, de 1 m de altura y pelaje pardo con una raya oscura sobre el lomo.

onanismo m. Masturbación. ‖ Interrupción del acto sexual antes de que se produzca la eyaculación. ‖ FAM. onanista.

onanista adj. Del onanismo o relativo a él.

once adj. y pron. num. card. Diez más uno. ‖ adj. num. ord. Que ocupa el lugar número once en una serie ordenada de elementos, undécimo. También m., aplicado a los días del mes. ‖ m. Conjunto de signos con que se representa este número: *11.* ‖ FAM. onceavo, onceno, onzavo.

oncología f. Parte de la medicina que trata de los tumores. ‖ FAM. oncológico, oncólogo.

oncólogo, ga m. y f. Especialista en oncología.

onda f. Cada una de las elevaciones que se forman en la superficie de un líquido. ‖ Cada una de las ondulaciones que se forman en el pelo, las telas, etc. ‖ Oscilación periódica que produce un medio físico como la luz o el sonido. ‖ **captar la onda** loc. *col.* Captar una indirecta. ‖ **estar en la misma onda** loc. *col.* Coincidir dos o más personas en algo. ‖ **estar en la onda** loc. *col.* Estar al día o a la última de algo. ‖ FAM. ondear, ondular.

ondear intr. Hacer ondas el agua. ‖ Moverse otras cosas en el aire formando ondas. ‖ Formar ondas una cosa. ‖ FAM. ondeado, ondeante, ondeo.

ondina f. En mit., ser fantástico o espíritu elemental que habitaba en las aguas.

ondulación f. Acción y resultado de ondular. ‖ En fís., movimiento que se propaga en un fluido o en un medio elástico sin que sus partículas se desplacen en la dirección de la propagación. ‖ Relieve de un terreno en el que se suceden elevaciones y depresiones.

ondulado, da adj. Que tiene ondas.

ondular intr. Moverse una cosa formando ondas. ‖ tr. Hacer ondas con algo. También prnl. ‖ FAM. ondulación, ondulado, ondulante, ondulatorio.

ondulatorio, ria adj. Que se extiende o propaga en forma de ondas.

oneroso, sa adj. Pesado, molesto. ‖ Que no es gratuito, que exige una contraprestación, económica o personal. ‖ P. ext., muy costoso.

ónice f. Mineral de cuarzo, variedad de ágata listada que se emplea en joyería, ónix.

onírico, ca adj. De los sueños o relativo a ellos. ‖ FAM. onirismo, oniromancia.

ónix m. Ágata listada que se emplea en joyería, ónice. ◆ No varía en pl.

onomástica f. Día en que una persona celebra su santo. ‖ Ciencia que trata de la catalogación y estudio de los nombres propios. ‖ FAM. onomástico.

onomástico, ca adj. Relativo a los nombres y especialmente a los propios.

onomatopeya f. Imitación de sonidos reales por medio del lenguaje. ‖ Palabra resultante de la imitación de sonidos y que ha terminado utilizándose para designarlos. ‖ FAM. onomatopéyico.

ontogenia u **ontogénesis** f. Formación y desarrollo del individuo, referido en especial al periodo embrionario. ◆ La segunda forma no varía en pl. ‖ FAM. ontogénico.

ontología f. Parte de la metafísica que trata del ser en general y de sus propiedades trascendentales. ‖ FAM. ontológico, ontologismo.

onza[1] f. Medida de peso empleada por el sistema inglés, equivalente a 28,7 g o a la decimosexta parte del peso de la libra. ‖ Antigua moneda española que valía 320 reales.

onza[2] f. Guepardo.

oosfera f. Célula sexual femenina que se produce en el óvulo de los vegetales.

opa[1] adj. y com. *amer. col. desp.* Tonto, idiota. ‖ FAM. opería.

opa[2] f. Oferta pública dirigida a los socios de una compañía cotizada en Bolsa proponiéndoles la adquisición de sus acciones en plazos y condiciones determinadas.

opacar tr. y prnl. *amer.* Oscurecer.

opacidad f. Cualidad de opaco.

opaco, ca adj. Se apl. al cuerpo a través del cual no pasa la luz. ‖ Que no tiene brillo. ‖ Que no destaca, mediocre. ‖ FAM. opacamente, opacar, opacidad.

opal m. Tejido de algodón.

ópalo m. Mineral silíceo, duro y de colores diversos. ‖ FAM. opalescencia, opalescente, opalino.

opción f. Elección, posibilidad de elegir entre varias cosas. ‖ Cada una de las cosas que pueden elegirse. ‖ Derecho que se tiene a obtener algo bajo ciertas condiciones. ‖ FAM. opcional.

opcional adj. Que no es obligatorio, facultativo: *respuesta opcional.*

open (voz i.) m. Competición deportiva abierta a todas las categorías: *open de tenis.* ◆ No varía en pl.

ópera f. Obra musical con acción dramática escrita para ser cantada y representada con acompañamiento de música. ‖ Género musical formado por este tipo de obras. ‖ Teatro dedicado a la representación de óperas. ‖ **ópera prima** Primera obra artística de un autor. ‖ FAM. opereta, operístico.

operación f. Realización de algo. ‖ Intervención quirúrgica. ‖ Intercambio comercial de cualquier tipo: *operación bursátil.* ‖ En mat., conjunto de reglas que permiten obtener otras cantidades o expresiones. ‖ Acción o conjunto de acciones militares realizadas según unos planes previos. ‖ FAM. operacional.

operador, ra adj. y s. Que realiza operaciones quirúrgicas, cirujano. ‖ m. y f. Persona que maneja una centralita telefónica. ‖ Técnico encargado del sonido o de la fotografía durante el rodaje en cine y televisión. ‖ m. Símbolo matemático que señala las operaciones que van a realizarse.

operar tr. Hacer, producir, llevar a cabo. También prnl. ‖ Aplicar las técnicas de la cirugía sobre el cuerpo vivo de una persona o animal con propósitos curativos. También prnl. ‖ intr. Producir las cosas el efecto para el que se destinan. ‖ Obrar, trabajar. ‖ Llevar a cabo acciones mercantiles: *operar en Bolsa.* ‖ Llevar a cabo acciones militares. ‖ Realizar operaciones matemáticas: *operar con números binarios.* ‖ FAM. operabilidad, operable, operación, operador, operando, operante, operario, operativo, operatorio.

operario, ria m. y f. Obrero.

operativo, va adj. Que produce el efecto que se pretendía. ‖ Que funciona o está en activo. ‖ FAM. operatividad.

opérculo m. Pieza, generalmente redonda, que sirve para tapar y cerrar ciertas aberturas en los seres vivos. ‖ FAM. operculado, opercular.

opereta f. Obra de teatro musical, de asunto ligero y carácter alegre.

opería f. *amer.* Tontería, dicho o hecho tonto.

operístico, ca adj. De la ópera o relativo a ella.

opiáceo, a adj. Se apl. al compuesto y al derivado del opio. ‖ Que calma, como el opio: *infusión opiácea.*

opinar intr. Formar o tener una idea, juicio o concepto sobre alguien o algo. ‖ Expresarlo de palabra o por escrito. ‖ FAM. opinable, opinión.

opinión f. Idea, juicio o concepto que se tiene sobre alguien o algo. ‖ Fama o concepto en que se tiene a una persona o cosa. ‖ **opinión pública** Parecer en el que coincide la mayoría de las personas acerca de asuntos determinados.

opio m. Sustancia desecada que se extrae de la adormidera verde y que se emplea como narcótico. ‖ FAM. opiáceo, opiómano.

opíparo, ra adj. Se apl. a la comida muy abundante, sabrosa y de calidad. ‖ FAM. opíparamente.

oploteca f. Museo o colección de armas, especialmente de las antiguas o raras.

oponente adj. y com. Se apl. a la persona que se opone a otra u otras en cualquier materia.

oponer tr. Utilizar algo para que impida o dificulte la acción de una persona o el efecto de una cosa. También prnl. ‖ Proponer una razón o argumento contra lo que otro dice. ‖ prnl. Ser una cosa contraria a otra. ◆ **Irreg.** Se conj. como *poner*. p. p. irreg.: *opuesto*. ‖ FAM. oponente, oponible, oposición, opuesto.

oporto m. Vino tinto de sabor ligeramente dulce, fabricado principalmente en Oporto, ciudad de Portugal.

oportunidad f. Momento propicio para algo. ‖ Venta de artículos de consumo a bajo precio. Más en pl.

oportunismo m. Actitud que aprovecha las circunstancias momentáneas para el propio interés. ‖ FAM. oportunista.

oportunista adj. Del oportunismo o relativo a él. ‖ adj. y com. Que pone en práctica esta actitud.

oportuno, na adj. Que se hace en el momento apropiado. ‖ Ocurrente, gracioso, ingenioso. ‖ FAM. oportunamente, oportunidad, oportunismo.

oposición f. Acción y resultado de oponer u oponerse. ‖ Contradicción de una cosa o de un concepto respecto a otra u otro. ‖ Resistencia a lo que otros hacen o dicen. ‖ Grupo que representa una postura contraria a la de los que se encuentran en el poder o dirigen un gobierno, partido, empresa, etc. ‖ Procedimiento selectivo para cubrir ciertos cargos o puestos de trabajo consistente en una serie de exámenes con los aspirantes deben demostrar su respectiva competencia, juzgada por un tribunal. Más en pl. ‖ Situación relativa de dos o más planetas u otros cuerpos celestes cuando tienen longitudes que difieren en dos ángulos rectos. ‖ FAM. oposicionalista, opositar, opositor.

opositar intr. Hacer oposiciones para acceder a un cargo o empleo.

opositor, ra m. y f. Persona que se opone a otra en cualquier materia. ‖ Persona que aspira a un empleo, cargo o destino que se provee por oposición o concurso. ‖ *amer.* Partidario de la oposición política.

opresión f. Sensación molesta producida por algo que oprime. ‖ Privación de las libertades a una persona o a una colectividad.

opresivo, va adj. Que oprime.

opresor, ra adj. y s. Que abusa de su poder.

oprimir tr. Hacer presión. ‖ Someter a una persona o a una colectividad privándola de sus libertades o por medio de la fuerza y la violencia. ‖ Producir algo una sensación de angustia. ‖ FAM. opresión, opresivo, opresor.

oprobio m. Ignominia, afrenta, deshonra pública. ‖ FAM. oprobiar, oprobiosamente, oprobioso.

optar tr. Escoger una cosa entre varias. También intr. ‖ Aspirar a algo a lo que se tiene derecho según determinadas condiciones. ‖ FAM. opción, optativo.

optativo, va adj. Que puede ser escogido entre varias cosas. ‖ adj. y f. En ling., se apl. a la oración que expresa deseo.

óptica f. Parte de la física que estudia las leyes y los fenómenos de la luz. ‖ Conjunto de estudios y técnicas para construir aparatos que permiten la mejora y corrección de la visión (lentes correctoras, lupas, etc.). ‖ Modo de considerar un asunto, punto de vista. ‖ Establecimiento donde se comercia con instrumentos de óptica. ‖ FAM. óptico.

óptico, ca adj. De la óptica o relativo a ella. ‖ m. y f. Persona con titulación oficial para trabajar en lo relativo a la óptica.

optimismo m. Tendencia a ver y juzgar las cosas considerando su aspecto más favorable. ‖ FAM. optimista.

optimista adj. y com. Que tiende a ver y juzgar las cosas considerando su aspecto más favorable.

optimizar tr. Buscar la mejor manera de realizar una actividad. ‖ FAM. optimización.

óptimo, ma adj. sup. de *bueno*. ‖ Muy bueno, que no puede ser mejor. ‖ FAM. optimación, óptimamente, optimar, optimismo, optimizar.

optómetro m. Instrumento para medir el límite o la capacidad de la visión. ‖ FAM. optometría.

opuesto, ta adj. Se apl. a la persona o a la cosa que es muy diferente de otra. ‖ Se dice de la persona que por sus ideas o actitudes difiere o se enfrenta a otra persona o cosa. ‖ Situado enfrente. ‖ FAM. opuestamente.

opulencia f. Abundancia o riqueza excesiva de bienes. ‖ Exceso de cualquier cosa. ‖ FAM. opulentamente, opulento.

opulento, ta adj. Que tiene abundancia o riqueza excesiva de bienes. ‖ Que tiene exceso de cualquier cosa.

opus m. En mús., voz que significa 'obra' y que se utiliza acompañada de un número que indica la posición de esta en la producción de un compositor. ◆ No varía en pl.

opúsculo m. Obra científica o literaria de poca extensión.

oquedad f. Espacio que en un cuerpo sólido queda vacío. ‖ FAM. oquedal.

oquedal m. Monte que tiene solo árboles, limpio de hierbas y matas.

ora conj. dist. Expresa alternancia: *ora reían, ora lloraban*. ◆ Su uso es literario.

oración f. Palabra o conjunto de palabras con sentido gramatical completo. ‖ Súplica, ruego que se hace a una divinidad, a un santo, etc. ‖ **oración activa** Aquella en que el sujeto realiza la acción del verbo. ‖ **oración adjetiva** La subordinada que funciona como complemento del sujeto o de otro complemento de la principal. ‖ **oración adverbial** La subordinada que funciona como complemento circunstancial de la principal. ‖ **oración compuesta** La que está formada por dos o más oraciones simples enlazadas gramaticalmente. ‖ **oración coordinada** La compuesta en que la unión de los componentes se realiza por coordinación. ‖ **oración de relativo** Oración adjetiva. ‖ **oración pasiva** Aquella en que el sujeto gramatical no realiza la acción del verbo, sino que la recibe. ‖ **oración principal** Aquella que en las oraciones compuestas expresa el juicio fundamental. ‖ **oración simple** La que tiene un solo predicado. ‖ **oración subordinada** La que en las oraciones compuestas adjetivas, adverbiales y sustantivas depende de la principal. ‖ **oración sustantiva** La subordinada que hace el oficio de sujeto, complemento directo o indirecto. || FAM. oracional.

oráculo m. En la Antigüedad, respuesta que daban los dioses a las cuestiones que se les planteaban. || Divinidad que daba esas respuestas. || Lugar, estatua o simulacro que representaba la deidad cuyas respuestas se pedían: *oráculo de Delfos*. || Persona a quien todos escuchan con respeto y veneración por su gran autoridad y sabiduría.

orador, ra m. y f. Persona que habla en público.

oral adj. Relativo a la boca. || Expresado con la palabra, a diferencia de escrito: *tradición oral*. || FAM. oralmente.

orangután m. Mamífero primate que llega a alcanzar 2 m de altura, de cabeza alargada, frente estrecha, nariz chata, hocico saliente, cuerpo robusto, brazos y manos más desarrollados que las extremidades inferiores, de piel negra y pelaje espeso y rojizo; vive en las selvas de Sumatra y Borneo.

orar intr. Hacer oración. || Hablar en público para persuadir y convencer a los oyentes. || FAM. oración, orador, orante, oratoria, oratorio.

orate com. *col.* Persona de poco juicio y prudencia.

oratoria f. Arte de servirse de la palabra para deleitar, persuadir y conmover. || FAM. oratorio.

oratorio[1] m. Sala de una casa particular o un edificio donde se reza y puede decirse misa. || Composición dramática musical de tema religioso para coro y orquesta.

oratorio[2]**, ria** adj. De la oratoria o del orador, o relativo a ellos.

orbe m. Esfera celeste o terrestre. || Conjunto de todas las cosas creadas. || FAM. orbicular, órbita.

órbita f. Trayectoria que, en el espacio, recorre un cuerpo alrededor de otro de masa mayor sometido a la acción de la gravedad. || En fís., trayectoria que recorren las partículas sometidas a campos electromagnéticos en los aceleradores de partículas. || En fís., trayectoria que recorre un electrón alrededor del núcleo del átomo. || Cada uno de los orificios situados debajo de la frente en que se sitúan los ojos. || Área que abarca la actividad o influencia de alguien o algo. || FAM. orbital, orbitar.

orbitar intr. Moverse describiendo órbitas.

orca f. Mamífero cetáceo de la familia del delfín, cuyos machos llegan a alcanzar 9 m de longitud, de cabeza pequeña y redonda, dientes grandes y cónicos, la aleta dorsal muy alta, la caudal muy ancha y las pectorales anchas y cortas.

órdago m. En el juego del mus, envite de los tantos restantes. || **de órdago** loc. adj. *col.* Excelente, de superior calidad. || *col.* Desmesurado.

orden m. Colocación de las cosas en el lugar que les corresponde. || Forma coordinada y regular de funcionar o desarrollarse algo. || Método que se sigue para hacer algo. || Forma y estilo arquitectónico de los cuerpos principales que componen un edificio, columna, etc.: *orden dórico, jónico, corintio*. || Categoría taxonómica situada entre la clase y la familia. || En determinadas épocas, grupo o categoría social: *orden senatorial*. || En la religión católica, sacramento por el cual son instituidos los sacerdotes. || f. Mandato que se debe

obedecer: *orden de ataque*. || Cada una de las instituciones religiosas aprobadas por el papa y cuyos individuos viven bajo las reglas establecidas por su fundador o reformador: *Orden de San Francisco*. || Cada una de las instituciones civiles o militares creadas para condecorar a ciertas personas, y condecoración que ofrecen: *Orden de Carlos III*. || Cada una de las instituciones de carácter religioso y militar formadas por caballeros y sometidas a regla: *Orden de Alcántara*. || **orden compuesto** El que tiene los capiteles de sus columnas decorados con volutas del jónico y hojas de acanto del corintio. || **orden corintio** El que tiene los capiteles de sus columnas decoradas con hojas de acanto. || **orden de caballería** Dignidad o título que se concedía a los hombres nobles que se comprometían a vivir honestamente y a defender la justicia, a su rey, la patria y a los menesterosos. || **orden del día** Relación de los asuntos que se van a tratar en una reunión o asamblea. || **orden dórico** El que tiene el capitel de sus columnas sencillo y el friso adornado con triglifos y metopas. || **orden jónico** El que tiene el capitel de sus columnas decorado con volutas. || **orden público** Situación de normalidad en que los ciudadanos respetan las normas establecidas por las autoridades. || **del orden de** loc. adv. Delante de expresiones de cantidad, aproximadamente. || **estar** algo **a la orden del día** loc. Ser muy frecuente. || **llamar** a alguien **al orden** loc. Advertirle que se comporte adecuadamente. || **sin orden ni concierto** loc. adv. Desordenadamente. || FAM. ordenada, ordenancismo, ordenanza, ordenar, ordenado, ordinario.

ordenación f. Disposición habitual de personas o cosas. || Ceremonia religiosa en la cual se administran las órdenes sagradas para ser instituido sacerdote.

ordenada f. En mat., coordenada vertical en el sistema cartesiano.

ordenador, ra adj. Que ordena. || m. Máquina o sistema de tratamiento de la información que realiza operaciones automáticas para las cuales ha sido previamente programada.

ordenamiento m. En der., ley o conjunto de leyes que regula el funcionamiento de una cosa.

ordenanza f. Conjunto de preceptos referentes a una materia. Más en pl.: *ordenanzas de tráfico*. || Conjunto de preceptos que rigen una institución. || com. Soldado que asiste a un superior. || Persona que realiza tareas subalternas en ciertas oficinas.

ordenar tr. Poner en orden una cosa. || Mandar. || Encaminar y dirigir a un fin. || Conferir las órdenes sagradas a alguien. || prnl. Recibir alguien las órdenes sagradas. || FAM. ordenación, ordenadamente, ordenado, ordenador, ordenamiento, ordenado.

ordeñar tr. Extraer la leche a las hembras de los mamíferos exprimiendo sus ubres. || Recoger la aceituna, llevando la mano alrededor del ramo y deslizándola para que este las vaya soltando. || FAM. ordeñadero, ordeñador, ordeñadora, ordeño.

ordeño m. Extracción de la leche de las hembras de los mamíferos exprimiendo sus ubres. || Recogida de la aceituna, llevando la mano alrededor del ramo y deslizándola para que este las vaya soltando.

ordinal adj. y m. Se apl. al numeral que expresa la idea de orden o sucesión.

ordinariez f. Falta de delicadeza o educación. ‖ Acción o expresión grosera.

ordinario, ria adj. Común, habitual, frecuente. ‖ De mal gusto, poco refinado. ‖ Realizado sin cuidado o con materiales de baja calidad. ‖ Se apl. al correo que se despacha por tierra o por mar, para diferenciarlo del correo aéreo y del certificado. ‖ adj. y s. Que demuestra mala educación. ‖ **de ordinario** loc. adv. Habitualmente o con frecuencia. ‖ FAM. ordinariamente, ordinariez.

ordovícico, ca adj. y m. Del segundo de los seis periodos geológicos en que se divide la era paleozoica o relacionado con él.

orear tr. Secar o quitar la humedad o el olor que ha contraído algo haciendo que le dé el aire. También prnl. ‖ intr. *amer.* Buscar oro en los ríos de forma artesanal. ‖ prnl. Salir uno a tomar el aire. ‖ FAM. oreo.

orégano m. Planta herbácea de la familia de las labiadas, con tallos erguidos, vellosos, hojas pequeñas, ovaladas, de flores purpúreas en espigas terminales y fruto seco y globoso; es aromático, y las hojas y flores se usan en perfumería y como condimento.

oreja f. Órgano de la audición. ‖ Sentido de la audición. ‖ Ternilla que en el hombre y en muchos animales forma la parte externa del órgano del oído. ‖ Cada una de las dos piezas simétricas en forma de oreja que tienen algunos objetos. Más en pl.: *orejas de un sillón.* ‖ **orejas de soplillo** *col.* Las que están muy separadas de la cabeza. ‖ **agachar** o **bajar** uno **las orejas** loc. *col.* Ceder en una disputa. ‖ **con las orejas gachas** loc. adv. *col.* Triste y frustrado por no haber conseguido lo que pretendía. ‖ **ver** uno **las orejas al lobo** loc. *col.* Darse cuenta de que hay un peligro muy cerca. ‖ FAM. orejear, orejera, orejón, orejudo, orejuela.

orejera f. Cada una de las dos piezas de la gorra que sirven para proteger las orejas del frío. Más en pl.

orejón m. Pedazo de melocotón o de otra fruta, secado al aire y al sol.

orfanato m. Institución y edificio que recoge a niños cuyos padres han muerto o que no pueden hacerse cargo de ellos.

orfandad f. Estado del niño que ha perdido a uno o ambos padres. ‖ Pensión que, por derecho, disfrutan algunos huérfanos. ‖ Falta de afecto o ayuda. ‖ FAM. orfanato, orfelinato.

orfebre com. Persona que labra objetos artísticos de oro, plata y otros metales preciosos, o aleaciones de ellos. ‖ FAM. orfebrería.

orfebrería f. Arte de labrar objetos artísticos de oro, plata y otros metales preciosos, o aleaciones de ellos.

orfelinato m. Orfanato.

orfeón m. Grupo de personas que cantan en un coro. ‖ FAM. orfeonista.

organdí m. Tela blanca de algodón, muy fina y transparente. ◆ pl. *organdíes* u *organdís.*

orgánico, ca adj. Se apl. al organismo vivo, y p. ext., al órgano de este organismo y al cuerpo organizado. ‖ Que tiene armonía y orden. ‖ Se dice del síntoma o trastorno en el cual la alteración patológica de los órganos va acompañada de lesiones duraderas. ‖ En quím., se apl. a la sustancia cuyo componente constante es el carbono. ‖ **ley orgánica** Ley que desarrolla la Constitución de una nación en sus aspectos básicos. ‖ FAM. orgánicamente.

organigrama m. Sinopsis o esquema de la organización de una entidad, de una empresa o de una tarea.

organillo m. Pequeño piano portátil que se hace sonar por medio de un cilindro con púas movido por un manubrio. ‖ FAM. organillero.

organismo m. Ser vivo. ‖ Conjunto de órganos del cuerpo animal o vegetal. ‖ Entidad pública o privada que se ocupa de funciones de interés general.

organista com. Músico que toca el órgano.

organización f. Acción y resultado de organizar u organizarse. ‖ Formación social o grupo institucionalmente independiente.

organizar tr. Planificar o estructurar la realización de algo, distribuyendo convenientemente los medios materiales y personales con los que se cuenta y asignándoles funciones determinadas. También prnl. ‖ Poner orden. ‖ Hacer o producir algo. ‖ FAM. organización, organizadamente, organizado, organizador, organizativo.

órgano m. Cualquiera de las partes del cuerpo de un ser vivo que desempeñan una función diferenciada. ‖ P. ext., parte de un conjunto que realiza una función diferenciada dentro del mismo. ‖ Instrumento musical de viento compuesto de muchos tubos, donde se produce el sonido, unos fuelles que impulsan el aire, un teclado y varios registros ordenados para modificar el timbre de las voces. ‖ FAM. organicismo, orgánico, organigrama, organillo, organismo, organista, organístico, organizar, organogénesis, organogenia, organografía, organoléptico, organología, organopatía, organulo.

organogénesis f. Proceso en el que se forman y desarrollan los órganos de un ser vivo. ◆ No varía en pl.

organogenia f. Estudio de la formación y desarrollo de los órganos de un ser vivo. ‖ FAM. organogénesis.

organulo m. Parte de una célula que desempeña la función de un órgano.

organza f. Organdí.

orgasmo m. Momento de máxima excitación de los órganos sexuales en el que se experimenta un placer intenso, y que va seguido de una relajación. ‖ FAM. orgásmico.

orgía f. Fiesta en la que se busca experimentar todo tipo de placeres sensuales, especialmente en lo relativo a la comida, la bebida y el sexo. ‖ Satisfacción desenfrenada de los deseos. ‖ FAM. orgiástico.

orgullo m. Autoestima. ‖ Exceso de estimación propia, arrogancia. ‖ Satisfacción personal que se experimenta por algo propio o relativo a uno mismo y que se considera valioso. ‖ FAM. orgullosamente, orgulloso.

orgulloso, sa adj. y s. Que tiene orgullo.

orientación f. Colocación de una cosa en una posición determinada respecto a los puntos cardinales. ‖ Información que se da a alguien que ignora algo acerca de un asunto o negocio, o consejo sobre la forma más acertada de llevarlo a cabo. ‖ Tendencia.

oriental adj. Del Este u Oriente. ‖ adj. y com. Natural de Asia o relativo a los países asiáticos. ‖ Se apl. a

la persona perteneciente a la raza asiática o amarilla. ||
amer. De Uruguay. || FAM. orientalismo.

orientalismo m. Conocimiento de la civilización
y costumbres de los pueblos orientales. || Afición e interés por la cultura oriental. || Carácter oriental. || FAM.
orientalista, orientalizar.

orientalista adj. Del orientalismo o relativo a él. ||
adj. y com. Experto en orientalismo.

orientar tr. Colocar una cosa en una posición determinada respecto a los puntos cardinales. || Determinar
la posición o dirección de una cosa respecto a un punto
cardinal. || Informar a uno de lo que ignora acerca de un
asunto o negocio, o aconsejarle sobre la forma más acertada de llevarlo a cabo. También prnl. || Dirigir alguien
su interés, su conducta o sus acciones hacia un objetivo
determinado. También prnl. || FAM. orientable, orientación, orientador, orientativo.

orientativo, va adj. Que da una idea aproximada de algo: *precio orientativo.*

oriente m. Punto del horizonte por donde sale el
Sol. || Lugar de la Tierra que, respecto de otro en el cual
se compara, está más próximo al lugar de donde sale el
Sol, Este, levante. || Asia y las regiones inmediatas a ella
de Europa y África. ◆ Se escribe con mayúscula. || Brillo especial de las perlas. || FAM. oriental, orientar.

orificio m. Agujero, especialmente el de pequeño tamaño. || Cada una de las aberturas del cuerpo que comunican los órganos con el exterior.

oriflama f. Estandarte, pendón o bandera de colores.

origen m. Principio, nacimiento o causa de algo. ||
Lugar de procedencia de una persona o cosa. || Medio
económico y social en el que nace una persona: *origen humilde.* || FAM. original, originar.

original adj. Del origen o relativo a él. || Se apl. a la
lengua en que se compuso una obra, a diferencia del idioma al que se ha traducido. || Se dice del artista, escritor,
pensador, etc., que aporta con sus creaciones algo novedoso, y también se dice de esas creaciones. || En general,
que sorprende por su carácter poco habitual: *peinado,
ocurrencia original.* || adj. y m. Se apl. a la obra científica, artística o literaria producida directamente por su autor sin ser copia, imitación o traducción de otra. || m.
Ejemplar que se da a la imprenta para que con arreglo a
él se imprima una obra. || Cualquier escrito que se tiene
a la vista para sacar de él una copia. || FAM. originalidad,
originalmente.

originalidad f. Calidad de original. || Dicho o hecho original.

originar tr. Ser instrumento, motivo, principio u
origen de algo. || prnl. Iniciarse una cosa. || FAM. originario.

originario, ria adj. Que da origen a una persona
o cosa. || Que procede de algún lugar. || FAM. originariamente.

orilla f. Faja de tierra más inmediata al agua del mar,
de un lago, río, etc. || Senda que en las calles se toma
para poder andar por ella, arrimado a las casas. || Término, límite o extremo de la extensión de algunas cosas. ||
pl. *amer.* Arrabales, afueras de una población. || FAM. orillar, orillero, orillo.

orín m. Óxido rojizo que se forma en la superficie
del hierro por la acción del aire húmedo. || Orina. Más
en pl.

orina f. Líquido de desecho que resulta de la acción
filtrante de la sangre en los riñones y es expulsado fuera
del cuerpo a través de la uretra. || FAM. orín, orinal, orinar.

orinal m. Recipiente para recoger la orina.

orinar intr. Expeler la orina. También prnl. || tr. Expeler por la uretra algún otro líquido: *orinar sangre.*

oriol m. Oropéndola.

oriundo, da adj. Que tiene su origen en algún lugar. || FAM. oriundez.

órix m. Nombre común de varias especies de mamíferos artiodáctilos rumiantes africanos de la familia de
los bóvidos, de hasta 1,20 m de altura, con el tronco robusto, las patas cortas y la cabeza grande y con grandes
cuernos. ◆ No varía en pl.

orla f. Motivo decorativo que se pone en el borde de
algo. || Retrato colectivo adornado por una franja decorativa que se hacen los alumnos de una misma promoción
académica con sus profesores como recuerdo de la misma. || FAM. orlador, orladura, orlar.

orlar tr. Adornar el borde de una cosa con algún motivo decorativo.

ornamentación f. Colocación de adornos para
embellecer algo. || Lo que se coloca para embellecer algo.

ornamental adj. Que sirve para adornar. || Que
no es real o práctico, sino secundario o superfluo.

ornamentar tr. Embellecer algo con adornos, adornar. || FAM. ornamentación.

ornamento m. Adorno. || Conjunto de cualidades
morales de una persona. || pl. Vestiduras sagradas y adornos del altar. || FAM. ornamental, ornamentar, ornar.

ornar tr. y prnl. Embellecer con adornos, adornar. ||
FAM. ornato.

ornato m. Adorno.

ornitología f. Parte de la zoología que se ocupa del
estudio de las aves, tanto actuales como fósiles. || FAM. ornitológico, ornitólogo.

ornitólogo, ga m. y f. Especialista en ornitología.

ornitorrinco m. Mamífero australiano del orden
de los monotremas, ovíparo, de unos 50 cm de longitud,
patas cortas (en el macho presentan una glándula que segrega veneno), cabeza pequeña, hocico largo, plano y ancho, en forma de pico de pato, y pelaje gris en el dorso y
amarillento en el vientre; es de costumbres nocturnas
y anfibias.

oro m. Elemento químico metálico de color amarillo, muy dúctil y maleable y uno de los más pesados; es
uno de los metales preciosos, y se emplea en joyería, odontología, acuñaciones, artes decorativas, electrónica, etc. Su
símbolo es *Au*, y su número atómico, *79.* || Joyas u otros
adornos de esta especie. || Caudal, riquezas. || Color amarillo como el de este metal. || Cualquiera de los naipes
del palo de oros. || Uno de los cuatro palos de la baraja española. || Medalla hecha con este metal que se entrega como primer premio en una competición deportiva. || **oro blanco** Aleación de oro con níquel o paladio
que le dan un color plateado. || **oro negro** *col.* Petróleo.
|| **como oro en paño** *loc.* Que se trata con mucho cui-

dado. || **de oro** loc. adj. Muy bueno, inmejorable. || **el oro y el moro** loc. *col.* Expresión que se utiliza para exagerar el valor o la cantidad de algo. || **hacerse de oro** loc. Enriquecerse. || FAM. orificar, orífice, oriflama.

oro- pref. que significa 'montaña': *orografía*.

orobanca f. Planta herbácea de la familia de las orobancáceas que carece de clorofila, con flores en racimo, y que vive parásita en las raíces de otras plantas.

orobancáceo, a adj. y f. De las orobancáceas o relativo a esta familia de plantas. || f. pl. Familia de plantas herbáceas angiospermas dicotiledóneas, que viven parásitas sobre las raíces de otras plantas. Son algo carnosas, con escamas en lugar de hojas, flores terminales solitarias o en espiga y fruto capsular, como la orobanca.

orogénesis f. Proceso de formación de las montañas. || Conjunto de movimientos acaecidos en una época determinada y que han dado origen a los sistemas montañosos. ◆ No varía en pl. || FAM. orogenia.

orogenia f. Parte de la geología que estudia los procesos de formación de las montañas. || FAM. orogénico.

orografía f. Parte de la geografía física que describe el relieve. || Conjunto de montes de una región, país, etc. || FAM. orográfico.

orondo, da adj. *col.* Gordo. || *col.* Que se muestra muy satisfecho de sí mismo.

oronimia f. Parte de la toponimia que estudia el origen y significación de los orónimos. || FAM. oronímico, orónimo.

orónimo m. Nombre de cordillera, montaña, colina, etc.

oronja f. Hongo basiciomiceto comestible, de sombrerillo anaranjado y láminas amarillas, amanita comestible.

oropel m. Lámina de latón muy fina que imita el oro. || Cosa de poco valor y mucha apariencia.

oropéndola f. Nombre común de diversas aves del orden de las paseriformes, de unos 25 cm de largo, plumaje amarillo, con las alas, las patas y la cola negras; se alimentan de insectos, gusanos y frutas, y hacen sus nidos colgándolos en las ramas horizontales de los árboles.

oropimente m. Mineral compuesto de arsénico y azufre, de color amarillo intenso, que se utiliza en pintura y tintorería.

oroya f. *amer.* Cesta que se utiliza para trasladar cosas a través de un río o un barranco, deslizándola por un alambre.

orquesta f. Conjunto de instrumentistas e instrumentos que ejecutan una obra musical. || En un teatro, lugar destinado para los músicos y comprendido entre el escenario y el patio de butacas. || FAM. orquestal, orquestar, orquestina.

orquestación f. Arreglo de una pieza musical para que pueda ser tocada por varios instrumentos.

orquestal adj. De la orquesta o relativo a ella.

orquestar tr. Arreglar una pieza musical para tocarla con varios instrumentos. || Organizar o dirigir algo, coordinando sus distintos elementos: *orquestar un proyecto*. || FAM. orquestación.

orquestina f. Orquesta de pocos y variados instrumentos dedicada, por lo general, a tocar música bailable.

orquidáceo, a adj. y f. De las orquidáceas o relativo a esta familia de plantas. || f. pl. Familia de plantas angiospermas monocotiledóneas que se caracterizan por sus flores de forma y coloración raras y por su raíz con dos tubérculos elipsoidales y simétricos, como la vainilla y la orquídea.

orquídea f. Nombre común de varias plantas de la familia de las orquidáceas con flores de formas curiosas y colores variados. || Flor de estas plantas. || FAM. orquidáceo, orquídeo.

orquitis f. Inflamación del testículo. ◆ No varía en pl.

ortega f. Ave columbiforme de unos 35 cm de longitud, con alas cortas y puntiagudas y el plumaje de color gris rojizo en el macho y amarillo en la hembra; habita en terrenos pedregosos de la península ibérica.

ortiga f. Planta herbácea de la familia de las urticáceas que alcanza de 60 a 80 cm de altura, de hojas lanceoladas y cubiertas de pelos que segregan un líquido que produce irritación y picor con el contacto; se le atribuyen propiedades diuréticas y hemostáticas. || FAM. ortigal.

orto m. Salida o aparición del Sol o de otro astro por el horizonte.

orto- pref. que significa 'cualidad de recto', 'directo', 'correcto', 'perpendicular', etc.: *ortodoxo, ortofonía*.

ortodoncia f. Rama de la odontología que se ocupa del estudio y corrección de las malformaciones y defectos de la dentadura. || Tratamiento de corrección de las malformaciones y defectos de la dentadura. || FAM. ortodoncista.

ortodoxia f. Conjunto de dogmas de una religión o de principios de una ideología. || Conformidad con la doctrina tradicional en cualquier rama del saber. || Conjunto de las iglesias cristianas ortodoxas.

ortodoxo, xa adj. y s. Conforme con la doctrina tradicional en cualquier rama del saber. || Conforme con los dogmas de una religión o los principios de una ideología que considera verdaderos. || De la religión cristiana de ciertos países de Europa oriental, como la griega, la rumana y la rusa, que obedecen al patriarca de Constantinopla. || FAM. ortodoxia.

ortofonía f. Corrección de los defectos de la voz y de la pronunciación. || FAM. ortofónico, ortofonista.

ortogonal adj. Que está en ángulo recto.

ortografía f. Parte de la gramática que se ocupa de dictar normas para la adecuada escritura de una lengua. || Escritura correcta de una lengua. || FAM. ortográfico.

ortográfico, ca adj. De la ortografía o relativo a ella.

ortopeda com. Especialista en ortopedia.

ortopedia f. Parte de la medicina que estudia las deformaciones del cuerpo humano y su corrección por medios fisioterapéuticos, quirúrgicos o protésicos. || Establecimiento donde se fabrican y venden aparatos y prótesis para corregir las deformidades físicas. || FAM. ortopeda, ortopédico, ortopedista.

ortopédico, ca adj. De la ortopedia o relativo a ella.

ortopedista com. Ortopeda.

ortóptero, ra adj. y m. De los ortópteros o relativo a este orden de insectos. || m. pl. Orden de insectos masticadores de metamorfosis sencillas, con un par de élitros consistentes y otro de alas membranosas plegadas longitudinalmente, y con las patas posteriores adaptadas al salto, como los saltamontes, las langostas y los grillos.

ortosa f. Mineral feldespato potásico de color blanco, gris amarillento o rojizo, opaco y muy abundante en las rocas ígneas.

oruga f. Larva de los insectos lepidópteros que tiene forma de gusano, con el cuerpo dividido en segmentos, apéndices abdominales con función locomotora y a veces con pelos urticantes; es herbívora y muy voraz. || Planta herbácea anual de la familia de las crucíferas que alcanza 60 cm de altura, de hojas lanceoladas, tallo velloso y flores blancas con venillas moradas; sus hojas se usan como condimento por su sabor picante. || Llanta articulada de forma continua que se aplica a las ruedas de cada lado del vehículo y permite avanzar a este por terreno escabroso.

orujo m. Residuo de pieles y pepitas que quedan de la uva, la aceituna u otros frutos después de haber sido prensados y que todavía puede ser aprovechado para otros usos. || Aguardiente de alta graduación que se obtiene del residuo de la uva por destilación.

orvallo m. Lluvia muy fina y constante.

orza f. Vasija de barro alta y sin asas.

orzaga f. Planta herbácea de la familia de las quenopodiáceas que alcanza hasta 1,5 m de altura, de hojas elípticas algo arrugadas de color blanquecino, flores pequeñas verdosas y fruto esférico.

orzar intr. Inclinar la proa de una embarcación hacia la parte de donde viene el viento. || FAM. orza.

orzuelo m. Inflamación molesta y dolorosa de alguna glándula aislada de los párpados.

os pron. Forma átona del pron. pers. com. de segunda persona pl., de los denominados clíticos, que en la oración desempeña la función de complemento directo o indirecto. También reflexivo con verbos pronominales: os vestís y nos vamos. ◆ Se usa como enclítico con las formas no personales del verbo: saliros, volviéndoos. Cuando se une al imperativo, este pierde la d final, a excepción del verbo ir: miraos, idos.

osadía f. Atrevimiento, audacia, imprudencia. || Descaro, falta de respeto.

osado, da adj. y s. Que tiene osadía.

osamenta f. Esqueleto del hombre y de los animales vertebrados. || Los huesos sueltos del esqueleto.

osar intr. Atreverse. También tr. || FAM. osadía, osado.

osario m. Lugar destinado en las iglesias o los cementerios para reunir los huesos que se sacan de las sepulturas. || Cualquier lugar donde se hallan huesos.

Óscar m. Galardón cinematográfico que concede anualmente la Academia de Ciencias y Artes Cinematográficas de Hollywood (EE. UU.) a la mejor película, interpretación, dirección, etc.

oscilación f. Movimiento alternativo de un lado para otro de un cuerpo que está colgado o apoyado en un solo punto. || Crecimiento y disminución alternativos de la intensidad de algunas manifestaciones o fenómenos.

oscilar intr. Moverse alternativamente de un lado para otro un cuerpo que está colgado o apoyado en un solo punto. || Crecer y disminuir alternativamente la intensidad de algunas manifestaciones o fenómenos. || Titubear, vacilar. || FAM. oscilación, oscilador, oscilatorio, oscilatriz, oscilógrafo, oscilómetro, osciloscopio.

oscilatorio, ria adj. Se apl. al movimiento de los cuerpos que oscilan.

ósculo m. Beso.

oscurantismo m. Oposición a que se difunda la cultura y la educación entre las clases populares. || Ocultación de información. || FAM. oscurantista.

oscurantista adj. Del oscurantismo o relativo a él. || adj. y com. Partidario o seguidor del oscurantismo.

oscurecer tr. Reducir la cantidad de luz o claridad de algo. || Hacer que algo sea menos valioso o estimable. || Dificultar o impedir la comprensión de algo. || intr. impers. Anochecer. || prnl. Nublarse el día, la mañana, el cielo, etc. ◆ **Irreg.** Se conj. como agradecer. || FAM. oscurecida, oscurecimiento.

oscuridad f. Falta de luz o claridad que dificulta la percepción de las cosas. || Falta de claridad en lo escrito o en lo hablado que dificulta la comprensión de algo que se comunica. || Falta de información sobre un hecho, sus causas o circunstancias. || Falta de claridad mental, por escasez de inteligencia o por confusión de las ideas.

oscuro, ra adj. Que carece de luz o claridad. || Se apl. al color que casi llega a ser negro, y también al que se contrapone a otro más claro de su misma gama. || Desconocido o poco conocido, y por ello generalmente dudoso: el origen de su fortuna es oscuro. || Confuso, falto de claridad, poco comprensible: razonamiento oscuro. || Incierto: porvenir oscuro. || **a oscuras** loc. adv. Sin luz. || Sin conocimiento o comprensión de algo. || FAM. oscuramente, oscurantismo, oscurecer, oscuridad.

óseo, a adj. De hueso. || De naturaleza parecida a la del hueso. || FAM. osamente, osario, oseína, osificarse, ososo, osteína.

osera f. Cueva donde vive el oso.

osezno m. Cachorro del oso.

osificarse prnl. Convertirse en hueso un tejido del organismo. || Adquirir una materia la consistencia y textura del hueso. || FAM. osificación.

osmio m. Elemento químico metálico semejante al platino, de gran dureza, atacable por los ácidos y que forma con el oxígeno un ácido de olor muy fuerte y desagradable. Su símbolo es Os, y su número atómico, 76.

ósmosis u **osmosis** f. En fís., fenómeno que consiste en el paso recíproco de líquidos de distinta densidad a través de una membrana semipermeable que los separa. || Influencia mutua. ◆ No varía en pl. || FAM. osmótico.

oso, sa m. y f. Nombre común de diversas especies de mamíferos carnívoros que llegan a tener entre 1 y 3 m de altura según las especies, de pelaje fuerte, abundante y lacio, cabeza grande, ojos pequeños, extremidades fuertes y gruesas de cinco dedos cada una, con uñas recias y cola corta; su alimentación es omnívora. || **oso hormiguero** Nombre común de diversos mamíferos del orden desdentados de más de 1 m de largo, de pelo áspero y de color gris con listas negras, hocico sin dientes y lengua larga y cilíndrica, con la que recogen las hormigas de las que se alimentan. || **oso marino** Nombre común de diversas especies de mamíferos pinnípedos marinos parecidos a la foca, de 2 m de largo, cabeza semejante a la del oso, ojos salientes, orejas puntiagudas y pelo pardo rojizo. || **Osa Mayor** Constelación siempre visible en el hemisferio norte y fácil de conocer por el brillo de siete de sus estrellas: cuatro forman un cuadrilátero, y las otras tres, un arco de círculo que parte de uno de los vértices del mismo cuadrilátero, conformando en conjunto un carro sin ruedas. || **Osa Menor** Constelación del hemisferio norte de forma parecida a la de la Osa Mayor, pero más pequeña y con una disposición inversa y con estrellas menos brillantes, una de las cuales, la más alejada del cuadrilátero, es la polar, que está a menos de un grado y medio del polo ártico. || **¡anda la osa!** loc. *col.* Se utiliza para expresar sorpresa. || **hacer** uno **el oso** loc. *col.* Decir o hacer tonterías para hacer reír a los demás. || FAM. osera, osezno, osuno.

ososo, sa adj. Del hueso o relativo a él. || De hueso o de la naturaleza del hueso.

osobuco m. Comida italiana hecha con pierna de vaca o ternera cortada en rodajas, que se sirve normalmente acompañada de arroz y tomate.

ostealgia f. Dolor de huesos.

osteíctio, a u **osteictio, a** adj. y m. De los osteíctios o relativo a esta clase de peces. || m. pl. Clase de peces que tienen el esqueleto parcial o totalmente osificado, y algunas veces el cuerpo cubierto de escamas.

osteítis f. Inflamación de los huesos. ◆ No varía en pl.

ostensible adj. Que puede manifestarse o mostrarse. || Claro, manifiesto, visible. || FAM. ostensiblemente.

ostensivo, va adj. Que muestra u ostenta una cosa claramente.

ostentación f. Exhibición o alarde de riqueza y poder. || Presunción.

ostentar tr. Mostrar algo que se posee de forma que se haga visible a los demás, por orgullo, vanidad o complacencia. || Poseer algo que se hace visible por sí mismo. || Poseer algo que da derecho a ciertas ventajas. || FAM. ostensible, ostensivo, ostensorio, ostentación, ostentador, ostentoso.

ostentoso, sa adj. Que se muestra de forma clara para que se haga visible a los demás. || Magnífico, suntuoso. || FAM. ostentosamente.

osteología f. Parte de la anatomía que trata de los huesos. || FAM. osteológico, osteólogo.

osteoma m. Tumor de naturaleza ósea o con elementos de tejido óseo.

osteópata com. Especialista en osteopatía.

osteopatía f. Término general para las enfermedades óseas. || FAM. osteópata.

osteoporosis f. Enfermedad que consiste en la pérdida de tejido óseo en los huesos por descalcificación. ◆ No varía en pl.

ostra f. Nombre común de diversos moluscos bivalvos marinos con concha de valvas desiguales, ásperas, de color pardo verdoso por fuera, lisas, blancas y algo ana-

caradas por dentro, que se adhiere a las rocas; es comestible muy apreciado. || **aburrirse como una ostra** loc. *col.* Aburrirse extraordinariamente. || FAM. ostracismo, ostrera, ostrero, ostrícola, ostricultura, ostrífero.

ostracismo m. En la antigua Grecia, destierro político al que se condenaba a algunos ciudadanos. || Exclusión voluntaria o forzosa de los cargos políticos. || P. ext., aislamiento al que se somete a una persona, generalmente por no resultar grata.

¡ostras! interj. Expresión que se utiliza para expresar sorpresa o disgusto.

ostrero, ra adj. De las ostras o relativo a ellas. || m. y f. Persona que vende ostras. || m. Lugar donde se crían y conservan vivas las ostras. || Lugar en que se crían las perlas.

ostricultura f. Conjunto de técnicas para la cría de ostras.

ostrogodo, da adj. y s. De un antiguo pueblo germánico que constituía la rama oriental del pueblo godo, o relacionado con él.

otalgia f. Dolor de oídos.

otario, ria adj. y s. *amer. col.* y *desp.* Tonto, fácil de engañar.

oteador, ra adj. y s. Que otea.

otear tr. Mirar a lo lejos desde un sitio elevado. || Mirar con atención para descubrir algo. || FAM. oteador.

otero m. Cerro aislado que domina un llano. || FAM. otear.

otitis f. Inflamación del oído. ◆ No varía en pl.

otología f. Parte de la medicina que estudia las enfermedades del oído. || FAM. otológico, otólogo.

otomana f. Sofá alargado para sentarse o tumbarse, parecido a los que usan los turcos o los árabes.

otomano, na adj. y s. De Turquía o relativo a este país europeo y asiático, turco.

otoño m. Una de las cuatro estaciones del año, que transcurre entre el verano y el invierno; en el hemisferio norte comienza el 21 de septiembre y termina el 21 de diciembre, y en el hemisferio sur comienza el 21 de marzo y termina el 21 de junio. || Edad madura, próxima a la vejez. || FAM. otoñada, otoñal, otoñar.

otorgamiento m. Permiso, consentimiento. || Acción de otorgar un documento.

otorgar tr. Consentir o conceder. || Ofrecer algo. || Establecer o estipular algo, especialmente cuando se realiza ante notario: *otorgar un poder notarial.* || FAM. otorgador, otorgamiento, otorgante.

otorrino com. *col.* Otorrinolaringólogo.

otorrinolaringología f. Parte de la medicina que trata de las enfermedades del oído, nariz y laringe. || FAM. otorrino, otorrinolaringólogo.

otorrinolaringólogo, ga m. y f. Especialista en otorrinolaringología.

otoscopio m. Instrumento para examinar el órgano del oído. || FAM. otoscopia.

otro, tra indef. Distinto a la persona que habla o a lo mencionado anteriormente. || Uno más: *necesito otro folio.* || Un poco anterior: *el otro día fuimos al cine.* || Un poco posterior, siguiente: *nos vemos esta semana no, la otra.* || Semejante o parecido: *ese pintor es otro Veláz-*

quez. || **otro** u **otra que tal baila** loc. *col.* Denota semejanza de defectos entre dos personas o cosas. || FAM. otrora, otrosí.

otrora adv. m. En otro tiempo. ◆ Su uso es literario.

otrosí adv. c. En der., además. || m. En der., cada una de las pretensiones o peticiones que se ponen después de la principal.

ouija u **oui-ja** f. Tablero usado en espiritismo que tiene las letras del alfabeto alrededor del centro, sobre el que se desliza un vaso u otro objeto que se va deteniendo en cada letra para transmitir así un mensaje del más allá.

out (voz i.) adj. *col.* Pasado de moda. ◆ No varía en pl.

output (voz i.) m. Producto que resulta de la combinación de los diversos factores o *inputs* de producción. || Cualquier sistema de salida de información de un ordenador. ◆ pl. *outputs*.

ova f. Alga unicelular de color verde y tallo filamentoso.

ovación f. Aplauso entusiasta que se ofrece colectivamente. || FAM. ovacionar.

ovacionar tr. Aclamar, tributar una ovación.

oval adj. Ovalado. || FAM. ovalado, ovado, ovoide, ovoídeo.

ovalado, da adj. En forma de óvalo.

ovalar tr. Dar figura de óvalo.

óvalo m. Curva cerrada, con la convexidad vuelta hacia la parte de afuera y simétrica respecto de uno o dos ejes, como la elipse o la sección longitudinal de un huevo. || FAM. oval, ovalar.

ovario m. Parte inferior del pistilo, donde están los óvulos. || Órgano esencial femenino de la reproducción sexual, en el que se origina el óvulo. || FAM. ovárico, ovariectomía, ovariotomía, ovaritis.

oveja f. Hembra del carnero, generalmente sin cuernos y de menor peso y tamaño que este. || **oveja negra** Persona que en una familia o colectividad difiere negativamente de las demás. || FAM. ovejería, ovejero, ovejuno, óvido, ovino.

ovejería f. *amer.* Ganado ovejuno y hacienda destinada a su crianza.

ovejero, ra adj. y s. Que cuida de las ovejas.

ovejuno, na adj. De la oveja o relativo a ella.

overbooking (voz i.) m. Reserva de un número mayor de plazas de las disponibles en hoteles y transportes. Sobreventa. ◆ pl. *overbookings*.

overol m. *amer.* Mono, traje de faena de una sola pieza.

óvido, da adj. y m. De los óvidos o relativo a este grupo de mamíferos. || m. pl. Grupo de mamíferos rumiantes de la familia de los bóvidos, muchos de ellos cubiertos de abundante lana, con cuernos de sección triangular y retorcidos en espiral o encorvados hacia atrás, como la cabra o el carnero.

oviducto m. Conducto por el que los óvulos de los animales salen del ovario para ser fecundados.

oviforme adj. Que tiene forma de huevo.

ovillar intr. Hacer ovillos. || prnl. Encogerse haciéndose un ovillo.

ovillo m. Bola que se forma al devanar una fibra textil. || Cosa enredada y de figura redonda. || Montón confuso de cosas. || **hacerse** uno **un ovillo** loc. *col.* Encogerse, acurrucarse. || FAM. ovillado, ovilladora, ovillar, ovillejo.

ovino, na adj. y m. Se apl. al ganado lanar. || De los ovinos o relativo a esta subfamilia de mamíferos. || m. pl. Subfamilia de mamíferos rumiantes de la familia de los bóvidos. || FAM. ovicultura.

ovíparo, ra adj. y s. Se apl. a la especie animal cuyas hembras ponen huevos, desarrollándose el embrión fuera del cuerpo de la madre.

ovni m. Objeto volador observado desde la Tierra, de origen desconocido. ◆ El nombre proviene de las siglas de *O*bjeto *V*olador *N*o *I*dentificado.

ovocito m. Célula sexual femenina que se forma en el proceso de ovogénesis y que da lugar a los óvulos.

ovogénesis f. Proceso de formación de los óvulos a partir de las células germinales. ◆ No varía en pl.

ovogonia f. Célula germinal femenina a partir de la cual tiene lugar la ovogénesis.

ovoide adj. y com. Que tiene forma de huevo.

ovoídeo, a adj. Ovoide.

ovovivíparo, ra adj. Se apl. animal que se reproduce por huevos, pero que no salen del cuerpo materno hasta que está muy adelantado su desarrollo embrionario.

ovulación f. Desprendimiento natural de un óvulo del ovario para que pueda recorrer su camino y ser fecundado.

ovular intr. Realizar la ovulación.

óvulo m. Gameto o célula reproductora femenina en los animales. || En las plantas, corpúsculo que nace sobre la placenta o sobre el carpelo y que, después de la fecundación, se convertirá en semilla. || Variedad de supositorio que se administra por vía vaginal. || FAM. ovulación, ovular, ovulatorio.

oxalidáceo, a adj. y f. De las oxalidáceas o relativo a estas familias de plantas. || f. pl. Familia de plantas herbáceas angiospermas dicotiledóneas de hojas alternas, simples o compuestas, flores solitarias o en umbela y fruto en cápsula, como la oca.

oxiácido m. Ácido que contiene oxígeno.

oxidante adj. y m. Que oxida o sirve para oxidar.

oxidar tr. En quím., transformar un cuerpo por la acción del oxígeno o de un oxidante. También prnl. || *col.* Dejar de funcionar bien algo o alguien. También prnl. || FAM. oxidable, oxidación, oxidante.

óxido m. Compuesto que resulta de la combinación de un elemento metal o un metaloide con el oxígeno. || Capa de este compuesto, de color pardo rojizo, que se forma sobre los metales expuestos al aire o a la humedad. || FAM. oxidar.

oxigenación f. En quím., combinación del oxígeno con algún elemento.

oxigenado, da adj. Que contiene oxígeno. || Se apl. al cabello que se ha decolorado con agua oxigenada: *rubia oxigenada*.

oxigenar tr. En quím., combinar el oxígeno con algún elemento. También prnl. || Decolorar el cabello con agua oxigenada. || prnl. Airearse, respirar el aire libre. || FAM. oxigenable, oxigenación, oxigenado.

oxígeno m. Elemento químico gaseoso, esencial en la respiración, algo más pesado que el aire y parte integrante de este, del agua y de la mayoría de las sustancias orgánicas. Su símbolo es *O,* y su número atómico, *8.* ‖ FAM. óxido, oxigenar.

oxítono, na adj. En gram., se apl. a la palabra que carga el acento en la última sílaba, agudo. ‖ FAM. paroxítono.

oxiuro m. Gusano nematodo filiforme que habita en el intestino del hombre y de varios animales, y que se conoce comúnmente como *lombriz intestinal.*

oyamel m. Árbol de la familia de las abietáceas, de América Central, cuya madera se aprovecha sobre todo para fabricar papel.

oyente adj. y com. Que oye. ‖ com. Persona que asiste a un curso sin estar matriculada como alumno. ‖ FAM. radioyente.

ozono m. Gas de color azul, muy oxidante, cuya molécula está formada por tres átomos de oxígeno y que se produce, mediante descargas eléctricas, en las capas bajas y altas de la atmósfera. ‖ FAM. ozonosfera, ozonoterapia.

ozonosfera f. Zona de la atmósfera caracterizada por la presencia de ozono, comprendida entre los 15 y 40 km de altura, y que tiene un papel muy importante en el equilibrio de las radiaciones.

p

p f. Decimoséptima letra del abecedario español, y decimotercera de sus consonantes, que representa un sonido de articulación bilabial, oclusiva y sorda. Su nombre es *pe*.

pabellón m. Edificio, generalmente aislado, pero que forma parte de otro o está contiguo a él. ‖ Cada una de las construcciones que forman parte de un conjunto. ‖ Tienda de campaña en forma de cono. ‖ Colgadura de una cama, un trono, un altar, etc. ‖ Ensanchamiento cónico en que termina la boca de algunos instrumentos de viento. ‖ Bandera de un país, de una región o de una institución. ‖ Nación a la que pertenece un barco mercante.

pabilo o **pábilo** m. Mecha de una vela. ‖ Parte quemada de esta mecha.

pábulo m. Comida, alimento necesario para vivir. ‖ Cualquier cosa que sirve para alimentar o fomentar otra: *dar pábulo a un rumor*.

paca[1] f. Mamífero roedor de unos 60 cm de largo, con pelaje espeso y lacio, pardo por el lomo y rojizo por el cuello, vientre y costados, cola y pies muy cortos, hocico agudo y orejas pequeñas y redondas; su carne es muy estimada. ‖ FAM. paco.

paca[2] f. Fardo o lío, especialmente de lana o de algodón en rama. ‖ FAM. pacotilla, paquete.

pacato, ta adj. Pacífico, tranquilo. ‖ Insignificante, de poco valor. ‖ Timorato, mojigato.

pacay m. *amer.* Árbol americano leguminoso que se planta junto al café, para darle sombra. ‖ Fruto de este árbol. ◆ pl. *pacayes* o *pacais*.

pacer intr. Comer el ganado la hierba del campo. ◆ Irreg. Se conj. como *agradecer*. ‖ FAM. pacedero.

pachá m. Bajá. ‖ **como un pachá** loc. adv. Con lujo y opulencia.

pachacho, cha adj. *amer.* Rechoncho y paticorto.

pachaco, ca adj. *amer.* Aplastado. ‖ Enfermizo, enclenque. También s.

pachamanca f. *amer.* Carne condimentada con ají que se asa entre piedras caldeadas o en un agujero que se abre en la tierra cubierto con piedras calientes.

pachanga f. *amer.* Danza originaria de Cuba. ‖ *amer.* Alboroto, fiesta, diversión bulliciosa. ‖ Partido informal de fútbol o baloncesto que se juega en una sola portería o canasta. Más en dim. ‖ FAM. pachanguero.

pachanguero, ra adj. Se apl. al espectáculo, el baile o la fiesta alegres y bulliciosos. ‖ Se dice de la música fácil, alegre y pegadiza que se escucha en estas fiestas. A veces *desp.*

pacharán m. Licor obtenido por maceración de endrinas en aguardiente anisado, característico de la región española de Navarra. ‖ Cantidad de este licor que cabe en una copa o vaso.

pachas (a) loc. adv. *col.* A medias, cada cual su parte.

pachiche adj. y com. *amer.* Se apl. a la persona de mala salud, estropeada, o de aspecto avejentado.

pacho, cha adj. *amer.* Indolente, flemático. ‖ *amer.* Flaco, aplastado. ‖ FAM. pachocha, pachorra.

pachocha f. *amer.* Indolencia, pachorra.

pachón, ona adj. Se apl. a un perro parecido al perdiguero, de patas más cortas y torcidas. A veces s. ‖ *amer.* Peludo, lanudo. ‖ *col.* Se dice de la persona pausada y tranquila. También s.

pachorra f. *col.* Tranquilidad y calma excesivas, indolencia. ‖ FAM. pachorrear, pachorrudo.

pachotada f. *amer.* Expresión grosera, inapropiada o inoportuna. ‖ FAM. pachotear.

pachucho, cha adj. Flojo, alicaído, algo enfermo. ‖ Se apl. al fruto demasiado maduro o a la flor poco fresca.

pachuco, ca m. y f. *amer.* Persona que viste de manera extravagante y con mal gusto. ‖ *amer.* Se apl. a los sudamericanos que se han contagiado de los usos y costumbres estadounidenses.

pachulí o **pachuli** m. Planta labiada procedente de Asia y de Oceanía, de la que por destilación de sus tallos y hojas se obtiene un perfume de aroma intenso. ‖ Ese mismo perfume. ◆ pl. de la primera forma: *pachulís* o *pachulíes* o *pachulis*.

paciencia f. Capacidad para soportar con resignación desgracias, trabajos, ofensas, etc. ‖ Tranquilidad para esperar. ‖ Calma para hacer trabajos minuciosos o entretenidos. ‖ Lentitud excesiva. ‖ Pasta redonda y muy pequeña hecha con harina, huevo, almendra y azúcar. ‖ **acabar, consumir o gastar** a uno **la paciencia** loc. Irritarlo, alterarlo, enfadarlo. ‖ FAM. paciente, pacienzudo.

paciente adj. Que tiene paciencia. ‖ En gram., se apl. al sujeto de una oración pasiva. También m. ‖ com. Enfermo que sigue un tratamiento respecto al médico. ‖ P. ext., quien es o va a ser reconocido médicamente. ‖ FAM. pacientemente.

pacificar tr. Establecer la paz o la calma donde no la había. || Reconciliar a quien estaba enemistado. || prnl. Sosegarse, tranquilizarse. || FAM. pacificación, pacificador.

pacífico, ca adj. Partidario de la paz y enemigo de enfrentamientos y discordias. || Tranquilo, no alterado por luchas o disturbios. || FAM. pacíficamente.

pacifismo m. Doctrina que se opone a la guerra y a cualquier tipo de violencia y defiende el uso de la serenidad y el raciocinio para el logro de la paz. || FAM. pacifista.

pacifista adj. Del pacifismo o relativo a él. || adj. y com. Partidario o seguidor del pacifismo.

pack (voz i.) m. Envase que reúne varias unidades de un mismo producto comercial: *pack de tres latas.* ◆ pl. *packs.*

paco, ca adj. y m. Rojizo, bermejo. || m. Paca, roedor. || *amer.* Mineral de plata con ganga ferruginosa. || Llama, rumiante andino. || *amer.* col. Policía uniformado.

pacota f. *amer.* Grupo de gente que acompaña a alguien. || *amer.* Persona o cosa insignificante y de escaso valor.

pacotilla f. Conjunto de mercancías que la tripulación de un buque puede embarcar libre de flete. || **de pacotilla** loc. adj. De poca importancia o de mala calidad. || FAM. pacota, pacotillero.

pacotillero, ra m. y f. *amer.* Buhonero o mercader ambulante.

pactar tr. Llegar a un acuerdo personas o entidades para concluir un negocio o cualquier otra cosa, obligándose a cumplirlo: *pactar una tregua.* || Ceder una autoridad: *el director ha pactado un aumento.*

pacto m. Tratado o acuerdo entre personas o entidades, en el que se obligan a cumplir alguna cosa. || FAM. pactar, pactismo.

paddock (voz i.) m. Lugar donde se exhiben los animales que van a participar en una carrera canina o hípica. || Lugar donde se instalan los participantes de una carrera automovilística, separados del público. ◆ pl. *paddocks.*

padecer tr. Sentir un daño, dolor, enfermedad o pena. También intr. ◆ Se construye con la prep. *de: padecer de reúma.* || Soportar, sufrir algo nocivo o dañino. También intr. || Recibir daño las cosas. ◆ Irreg. Se conj. como *agradecer.* || FAM. padecimiento.

padecimiento m. Sufrimiento físico, psíquico o sentimental.

pádel m. Juego semejante al tenis que consiste en lanzar con una raqueta maciza una pelota de una a otra parte del campo, separadas por una red.

padrastro m. Marido de la madre respecto de los hijos que ella tuvo en un matrimonio anterior. || Mal padre. || Pedacito de pellejo que se levanta de la carne inmediata a las uñas de las manos.

padrazo m. *col.* Padre bueno, tolerante y comprensivo con sus hijos.

padre m. Hombre respecto de sus hijos o animal macho respecto de sus crías. || Macho destinado a la procreación, semental. || Cabeza de una descendencia, familia o pueblo. || Tratamiento que se da a ciertos religiosos o sacerdotes. || Con mayúscula, primera persona de la Trinidad. || Autor o inventor respecto de lo creado o inventado. || Persona que ha creado una ciencia o idea o ha influido notablemente en ella. || pl. El padre y la madre. || Los antepasados de cada uno. || adj. Muy grande o importante: *se armó el escándalo padre.* || **padre de familia** Cabeza de una casa o familia. || **padre de la patria** Título de honor dado a alguien por los especiales servicios prestados al pueblo. || *irón.* Conjunto de los diputados o de los senadores. || **padre espiritual** Confesor que cuida y dirige el espíritu y la conciencia del penitente. || **Padre nuestro** Padrenuestro. || **Padre Santo** o **Santo Padre** Tratamiento que se le da al papa. || **de padre y muy señor mío** loc. adj. *col.* Expresión con que se encarece la gran intensidad o magnitud de una cosa. || **¡tu padre!** interj. *col.* y *desp.* Expresa ira, irritación o enojo. || FAM. padrastro, padrazo, padrear, padrenuestro, padrillo, padrino, padrote, parricida, páter, paterno, patrilineal, patrística, patrología.

padrenuestro m. Oración que empieza con estas palabras. ◆ pl. *padrenuestros.*

padrillo m. *amer.* Caballo semental, padrote.

padrinaje m. *amer.* Conjunto de padrinos. || *amer.* Condición de padrino.

padrinazgo m. Función que hace una persona que actúa como padrino de otra. || Protección que se da a una persona. || Título o cargo de padrino.

padrino m. Persona que presenta o asiste a otra en algunos sacramentos, como el bautismo o el matrimonio, o en otros actos y ceremonias, p. ej., en un certamen literario. || Persona que protege a otra o la ayuda a triunfar. || pl. El padrino y la madrina. || FAM. padrinaje, padrinazgo.

padrón m. Lista de los habitantes de una población hecha por las autoridades.

padrote m. *amer.* Macho destinado en el ganado para la generación y procreación.

paella f. Plato de arroz seco con carne, pescado, mariscos, legumbres y azafrán, típico del levante español. || Sartén en que se prepara este plato, paellera. || **paella mixta** La que lleva carne de pollo y marisco. || FAM. paellera.

paellera f. Recipiente de hierro a modo de sartén, de poco fondo y con dos asas, que sirve para hacer la paella.

paga f. Cantidad de dinero que se da como pago, especialmente por el trabajo realizado. || Dinero que los padres dan a sus hijos para sus gastos personales. || **paga extraordinaria** La que recibe un trabajador aparte de su sueldo.

pagadero, ra adj. Que se ha de pagar y satisfacer en un plazo determinado: *letras pagaderas trimestralmente.* || Que puede pagarse fácilmente. || m. Tiempo, ocasión o plazo en que uno ha de pagar lo que debe, o satisfacer con la pena lo que ha hecho.

pagado, da adj. Satisfecho, ufano de alguna cosa: *está pagado de sí mismo.*

pagador, ra adj. y s. Que paga. || m. y f. Persona encargada por el Estado, una corporación o un particular, de satisfacer sueldos, pensiones, créditos, etc.

pagaduría f. Oficina donde se paga.

paganini com. *col.* El que siempre paga o invita a los demás, sobre todo si otros abusan de él o se ve perjudicado por culpa ajena aun cuando no desembolse dinero.

paganismo m. Conjunto de las religiones, ideologías y comportamientos ajenos al cristianismo. || Los no cristianos, para los que lo son.

pagano, na adj. Calificativo dado por los cristianos a los creyentes en religiones anteriores y distintas de la suya, especialmente a los politeístas, y a las personas que las profesaban. || No religioso: *fiestas paganas.* || FAM. paganismo, paganizar.

pagar tr. Dar a alguien el dinero que se le debe o le corresponde. || Cumplir el castigo por un delito o falta, o sufrir las consecuencias de algo malo que se ha hecho: *pagar las culpas.* || prnl. Enorgullecerse, ufanarse de una cosa: *se paga de astuto.* || Prendarse, aficionarse. || **pagarla** o **pagarlas** loc. Sufrir alguien el castigo que le corresponde o las consecuencias de algo; se usa en tono de amenaza: *me las pagarás.* || FAM. paga, pagable, pagadero, pagado, pagador, pagaduría, paganini, pagano, pagaré, pago.

pagaré m. Documento por el que alguien se obliga a pagar cierta cantidad de dinero en un momento determinado.

pagel m. Breca.

página f. Cada una de las dos caras de una hoja de un libro o cuaderno. || Lo escrito o impreso en una página. || Suceso o episodio en la vida de alguien o en la historia de algo. || **página web** Documento situado en una red informática, al que se accede mediante enlaces de hipertexto. || **páginas amarillas** Guía telefónica de las empresas, los profesionales y los servicios, con sus correspondientes direcciones, ordenados por actividades o sectores. || FAM. paginar.

paginación f. Numeración de las páginas de un escrito o impreso.

paginante m. *amer.* Obrero, cargador.

paginar tr. Poner el número de página correspondiente en cada plana de un libro o documento. || FAM. paginación.

pago¹ m. Entrega de un dinero o especie que se debe. || **en pago** loc. adv. En satisfacción, descuento o recompensa.

pago² m. División de un término municipal, especialmente si está plantado de viñas u olivares. || Pueblecito o aldea. || Lugar en que ha nacido o está arraigada una persona, y p. ext., lugar, pueblo o región. Más en pl.: *de mayor, volvió a sus pagos.*

pagoda f. Templo, propio del budismo, de varios pisos superpuestos, que construyen algunos pueblos orientales en honor de sus divinidades.

pagro m. Pez osteíctio perciforme de unos 75 cm de longitud, con el dorso rosa y los flancos plateados, carnívoro y de carne apreciada.

paico m. *amer.* Planta herbácea americana, que se usa como vermífugo.

paila f. Vasija grande de metal, redonda y poco profunda. || *amer.* Sartén, vasija.

pailebot o **pailebote** m. Goleta pequeña, sin gavias y muy fina.

paipái o **paipay** m. Abanico en forma de pala y con mango, generalmente de palma o tela. ◆ pl. *paipáis.*

pairo m. Modo de estar un barco, quieto y con las velas extendidas. || **al pairo** loc. adv. *col.* Estar a la expectativa, para actuar cuando sea necesario, sin hacer nada ni tomar una decisión: *quedarse al pairo.*

país m. Territorio que forma una unidad geográfica, política y cultural. || Estado independiente. || Papel, tela, etc., que cubre la parte superior del varillaje del abanico. || FAM. paisa, paisaje, paisano.

paisa com. *col.* Compatriota, paisano.

paisaje m. Extensión de terreno que se ve desde un sitio. || Porción de terreno considerada en su aspecto artístico. || Pintura, fotografía, etc., que representa una porción de campo, bosque o ciudad y en la que las figuras humanas no aparecen o bien ocupan un papel secundario. || FAM. paisajismo, paisajista, paisajístico.

paisajista adj. y com. Se apl. al pintor de paisajes. || Se dice del especialista en la creación de parques y jardines y en la planificación y conservación del entorno natural.

paisanada f. *amer.* Conjunto o grupo de campesinos.

paisanaje m. Conjunto de paisanos, de personas no militares. || Circunstancia de ser de un mismo país dos o más personas y relación que existe entre ellas.

paisano, na adj. Del mismo país, provincia o lugar que otra persona. También s. || m. y f. Campesino, habitante del campo. || Persona no militar. || **de paisano** loc. adv. Se apl. al militar o al eclesiástico cuando no viste uniforme o hábito. || FAM. paisanada, paisanaje.

paja f. Caña de los cereales, seca y separada del grano. || Conjunto de estas cañas, empleado como pienso, para fabricar objetos, etc. || Canuto delgado, generalmente de plástico, para sorber líquidos. || Brizna de hierba. || Lo inútil o innecesario, p. ej., en un escrito. || *vulg.* Masturbación. || **hacerse una paja** loc. *vulg.* Masturbarse. || **un quítame allá esas pajas** loc. *col.* Nimiedad, nadería, cosa de poca dificultad o poca importancia. || FAM. pajada, pajar, pajilla, pajillero, pajita, pajizo, pajolero, pajón, pajoso.

pajar m. Sitio cubierto donde se guarda la paja.

pájara f. Desfallecimiento que sufre un deportista. || Pajarita de papel.

pajarear intr. Cazar pájaros. || Andar vagando, sin trabajar o sin ocuparse en cosa útil. || *amer.* Intentar oír o enterarse de algo con disimulo. || prnl. *amer.* Equivocarse, errar.

pajarera f. Jaula grande o sitio destinado a la cría de pájaros.

pajarería f. Tienda donde se venden pájaros y otros animales domésticos. || FAM. pajarero.

pajarero, ra adj. De los pájaros o relativo a ellos. || *col.* Alegre y festivo. || *col.* Abigarrado y de colores chillones, hablando de telas, adornos, pinturas, etc. || *amer.* Se apl. a las caballerías espantadizas. || m. y f. Persona que se dedica a la caza, cría o venta de pájaros. || *amer.* Joven encargado de espantar a los pájaros en los sembrados.

pajarita f. Papel doblado en forma de pájaro. || Tipo de corbata que se anuda en forma de mariposa.

pajarito (quedarse) uno) loc. *col.* Morir con sosiego, sin hacer gestos ni ademanes. ‖ *col.* Tener mucho frío.

pájaro, ra m. y f. Cualquiera de las aves terrestres voladoras con pico recto no muy fuerte y tamaño generalmente pequeño. ‖ Ave paseriforme. ‖ Persona astuta o de malas intenciones. ‖ **pájaro bobo** Nombre dado al pingüino. ‖ **pájaro carpintero** Nombre común de diversas especies de aves piciformes cuyo tamaño varía de 15 a 45 cm, trepadoras, de plumaje variado, negro o verde manchado de blanco y rojo, pico largo, delgado y fuerte, que se alimentan de los insectos que cazan entre las cortezas de los árboles. ‖ **matar dos pájaros de un tiro** loc. *col.* Conseguir dos objetivos de una sola vez. ‖ FAM. pájara, pajarear, pajarera, pajarería, pajarero, pajarita, pajarito, pajarraco.

pajarota o **pajarotada** f. *col.* Infundio, calumnia.

pajarraco, ca m. y f. *col.* Persona astuta o malintencionada. ‖ m. *desp.* Pájaro grande, o cuyo nombre se desconoce.

paje m. Criado joven que acompañaba a sus amos o servía como criado en la casa. ‖ Mueble formado por un espejo con pie alto y una mesilla para utensilios de tocador.

pajillero, ra m. y f. *vulg.* Persona que se masturba o masturba a otra.

pajita f. Caña delgada de avena, centeno u otras plantas gramíneas, o tubo artificial de forma semejante, que sirve para sorber líquidos, especialmente refrescos.

pajizo, za adj. De color beige o amarillo parecido a la paja. ‖ Hecho y cubierto de paja.

pajolero, ra adj. y s. Molesto, impertinente. ◆ Como intensificador de un sustantivo, tiene un sentido desp.: *esto no tiene pajolera gracia.*

pajón m. Caña alta y gruesa de las tierras que han quedado de rastrojo. ‖ *amer.* Gramínea silvestre, muy nutritiva, que sirve de alimento al ganado. ‖ FAM. pajonal.

pajudo, da adj. *amer.* Mentiroso, embustero.

pajuerano, na m. y f. *amer. desp.* Persona procedente del campo o de una pequeña población que ignora la costumbres de la ciudad.

pakistaní adj. y com. De Pakistán o relativo a este país asiático. ◆ pl. *pakistaníes* o *pakistanís.*

pala f. Utensilio formado por una tabla o plancha rectangular o redondeada y un mango, que sirve para diversos usos, p. ej., para cavar la tierra. ‖ Parte ancha de diversos objetos, siempre que tenga alguna semejanza con las palas de madera o hierro usadas en la industria: *pala de una excavadora, de un remo.* ‖ Especie de raqueta de madera con que se lanza la pelota en algunos juegos. ‖ Parte delantera del esquí, de forma curva y menor espesor. ‖ Cada una de las aletas o partes activas de una hélice. ‖ En los instrumentos de viento, parte ancha y redondeada de las llaves que tapan los agujeros del aire. ‖ Parte superior del calzado que cubre el empeine del pie. ‖ Diente incisivo superior. ‖ Cuchillo especial para comer el pescado. ‖ FAM. palada, palamenta, palastro, palazo, palear, palero, paleto, palista.

palabra f. Sonido o conjunto de sonidos articulados que expresan una idea. ‖ Representación gráfica de estos sonidos. ‖ Facultad de hablar. ‖ Capacidad o aptitud para hablar o expresarse. ‖ Lo que dice alguien o está escrito en algún texto. Más en pl.: *según las palabras del autor.* ‖ Promesa o compromiso de hacer algo: *cumplió su palabra.* ‖ Derecho, turno para hablar: *pedir, conceder la palabra.* ‖ Con verbos de lengua y entendimiento, con *decir, entender,* etc., nada en absoluto: *no entiendo ni palabra.* ‖ pl. Palabrería, expresión vacía e inútil: *eso son más que palabras.* ‖ **palabra clave** Entre las palabras que forman un título o entran en un documento, las más significativas e informativas sobre su contenido. ‖ Expresión abreviada de una sentencia. ‖ Palabra específica cuyo uso es esencial para el significado y la estructura de una oración o un programa. ‖ **palabra de Dios** Cualquiera de los textos que forman el Evangelio, la Escritura, los sermones y la doctrina de los predicadores evangélicos. ‖ **buenas palabras** Promesas o esperanzas en cuyo cumplimiento no se confía. ‖ *irón.* Palabras afables y cariñosas. ‖ **palabras mayores** Insultos, palabras ofensivas. ‖ Asunto o aspecto de gran importancia. ‖ **comerse las palabras** loc. *col.* Hablar precipitada o confusamente omitiendo sílabas o letras. ‖ Omitir en lo escrito alguna palabra o parte de ella. ‖ **cuatro palabras** loc. Conversación corta. ‖ **de palabra** loc. adv. Por medio de la expresión oral: *acuerdo de palabra.* ‖ **dejar** a alguien **con la palabra en la boca** loc. No dejarlo terminar de hablar. ‖ **dirigir a alguien la palabra** loc. Hablarle. Más en frases negativas. ‖ **en una, en dos,** o **en pocas palabras** locs. advs. Brevemente, a modo de resumen, de forma concisa y escueta. ‖ **faltar palabras** a alguien loc. Resultar difícil expresar una cosa. ‖ **medir** uno **las palabras** loc. Hablar con cuidado para no decir sino lo que convenga. ‖ **no tener** uno **palabra** loc. Faltar fácilmente a lo que ofrece o promete. ‖ **palabra por palabra** loc. adv. Al pie de la letra. ‖ **tener** con alguien **unas palabras** o **más que palabras** loc. Discutir o decirse cosas desagradables. ‖ **última palabra** loc. Decisión que se da como definitiva e inalterable. ‖ FAM. palabrear, palabreja, palabrería, palabrero, palabro, palabrota.

palabrear intr. *amer.* Hablar con intención de convencer.

palabrería f. Abundancia o exceso de palabras inútiles.

palabrota f. Palabra soez, grosera o malsonante. ‖ FAM. palabrotero.

palacete m. Casa de recreo construida y decorada como un palacio, pero más pequeña.

palaciego, ga adj. Relativo a palacio. ‖ Se apl. a la persona que servía o asistía en palacio. También s. ‖ Cortesano, de la corte.

palacio m. Casa grande y ricamente decorada destinada para residencia de los reyes. ‖ Cualquier casa suntuosa, destinada a la habitación de grandes personajes, o para las juntas de corporaciones elevadas. ‖ Nombre dado a ciertos edificios públicos: *palacio de exposiciones y congresos.* ‖ FAM. palacete, palaciego, palatino.

paladar m. Parte interior y superior de la boca. ‖ Gusto con que se percibe el sabor de los alimentos. ‖ Sensibilidad para discernir o valorar una cosa. ‖ FAM. paladear, paladial, palatal.

paladear tr. Mantener un alimento en la boca para apreciar su sabor. También prnl. || Disfrutar, recrearse con algo. || FAM. paladeo.

paladín m. Caballero que se distinguía en la guerra por sus hazañas. || Defensor a ultranza de una persona o cosa: *paladín de la justicia.*

paladino, na adj. Público, claro, evidente. || FAM. paladinamente.

paladio m. Elemento químico metálico perteneciente al grupo del platino, de color blanco y brillo fuerte, maleable y dúctil que se emplea en joyería y en la industria como catalizador. Su símbolo es *Pd*, y su número atómico, *46.*

palafito m. Vivienda primitiva construida sobre una superficie acuática, a partir de un armazón de estacas.

palafrén m. Caballo manso en que solían montar las damas y a veces los reyes y príncipes. || Caballo en que iba montado el criado cuando acompañaba a su amo. || FAM. palafrenero.

palafrenero, ra m. y f. Criado que lleva del freno al caballo. || Persona que cuida de caballos ajenos.

palanca f. Máquina simple, generalmente una barra que, apoyada sobre un punto, sirve para levantar un peso con uno de sus extremos al aplicar una fuerza sobre el opuesto. || Dispositivo para accionar algunos mecanismos: *palanca del cambio de marchas.* || Plataforma desde la cual los nadadores saltan al agua. || Influencia o recurso que se emplea para lograr algún fin. || **hacer palanca** loc. Ejercer fuerza sobre una palanca. || FAM. palancada, palanquear, palanquero, palanqueta, palanquín.

palangana f. Recipiente bajo y de boca muy ancha que se emplea para lavar o lavarse. || com. *amer.* Fanfarrón, pedante. También adj. || FAM. palanganear, palanganero.

palangre m. Aparejo de pesca que consiste en un cordel largo y grueso del que cuelgan a trechos unos ramales con anzuelos en sus extremos. || FAM. palangrero.

palanqueta f. Palanca pequeña que se usa para forzar puertas o cerraduras. || *amer.* Dulce mexicano compuesto de frutos secos tostados con caramelo.

palanquín m. Especie de silla o litera usada en Oriente para llevar en ellas a las personas importantes.

palapa f. *amer.* Danza popular argentina.

palatal adj. Del paladar. || En fon., se apl. al sonido que se articula acercando el dorso de la lengua al paladar duro, como la *i* y la *ñ.* || En fon., se dice de la letra que representa este sonido. También f. || FAM. palatabilidad, palatalización, palatalizar.

palatino, na adj. Del paladar: *velo palatino.* || Se apl. al hueso par que contribuye a formar la bóveda del paladar. También m. || m. Cielo de la boca, paladar.

palco m. Habitación independiente a modo de balcón, con varios asientos, que hay en teatros y en otros espectáculos. || Pequeño tablado donde se coloca la gente para ver un espectáculo. || **palco escénico** Escenario, lugar del teatro en que se representa la escena.

palé m. Plataforma hecha con palos de madera para apoyar las mercancías empaquetadas durante su transporte.

paleal adj. Del manto o capa que recubre las vísceras de los moluscos, o relativo a él. || Se apl. al espacio prácticamente cerrado, formado por un repliegue libre del manto de los moluscos, donde se sitúan las branquias.

palenque m. Valla de madera o estacada que se hace para delimitar, cerrar o defender un terreno. || Terreno cercado por una estacada para celebrar algún acto solemne. || *amer.* Poste liso y fuerte clavado en tierra que sirve para atar animales. || FAM. palenquear.

paleo- pref. que significa 'antiguo' o 'primitivo': *paleografía, Paleozoico.*

paleoceno, na adj. y m. Del periodo más antiguo de los cinco en que se divide la era terciaria o cenozoica o relacionado con él.

paleocristiano, na adj. De las primitivas comunidades cristianas o relacionado con ellas. || Se apl. a las manifestaciones artísticas de estas comunidades hasta los siglos V y VI.

paleografía f. Disciplina auxiliar de la historia que estudia la escritura y signos de los libros y documentos antiguos. || FAM. paleográfico, paleógrafo.

paleógrafo, fa m. y f. Persona que se dedica a la paleografía o tiene en ella especiales conocimientos.

paleolítico, ca adj. y m. Del periodo más antiguo de la prehistoria, conocido también como el periodo de la piedra tallada, o relacionado con él. ◆ Se escribe con mayúscula.

paleología f. Estudio de las lenguas antiguas. || FAM. paleólogo.

paleólogo, ga m. y f. Persona que conoce las lenguas antiguas.

paleontografía f. Descripción de los seres orgánicos cuyos restos o vestigios se encuentran solo en forma de fósiles. || FAM. paleontográfico.

paleontología f. Ciencia que estudia los fósiles de especies animales y vegetales desaparecidas. || FAM. paleontológico, paleontólogo.

paleontólogo, ga m. y f. Persona que profesa la paleontología o tiene en ella especiales conocimientos.

paleozoico, ca adj. y m. De la era primaria, primera de las tres geológicas, o relacionado con ella. ◆ Se escribe en mayúscula.

palestino, na adj. y s. De Palestina o relativo a este país mediterráneo de Asia.

palestra f. Lugar donde se celebraban luchas y combates. || *poét.* Esta misma lucha. || Lugar donde se compite o se discute sobre cualquier asunto. || **saltar** o **salir a la palestra** loc. Darse a conocer al público.

paleta f. Tabla pequeña, ovalada o rectangular, donde el pintor ordena sus colores. || Conjunto de colores, colorido característico de un pintor. || Pala pequeña utilizada para muy distintos usos. || Utensilio de forma triangular, con un mango de madera, que usan los albañiles para coger y extender la mezcla o mortero. || Cada una de las tablas planas o curvas que se fijan en las ruedas hidráulicas para recibir la acción del agua. || Pieza de los ventiladores, hélices, etc., que recibe y utiliza el choque o la resistencia del aire. || Tabla redondeada con un mango que se utiliza para jugar a la pelota. || Parte delantera externa del asta del toro. || *amer.* Polo, helado. || FAM. paletada, paletazo.

paletada[1] f. Cantidad que se coge de una vez con la paleta. || Golpe que se da con la paleta.

paletada² f. Acción propia de un paleto.

paletería *amer.* Heladería. || FAM. paletero.

paletilla f. Omóplato, cada uno de los dos huesos anchos de la espalda. || Carne que rodea a este hueso. || Ternilla en que termina el esternón y que corresponde a la región llamada boca del estómago.

paletó m. Gabán de paño grueso, largo y entallado, pero sin faldas. ◆ pl. *paletós.*

paleto, ta adj. *desp.* Se apl. a la persona ordinaria e ignorante que vive en el campo o procede de un pueblo pequeño. También s. || *desp.* Poco refinado o de mal gusto. || m. *col.* Diente incisivo superior. También f. Más en pl. || FAM. paleta, paletada, paletería, paletilla.

paletón m. Parte de la llave donde están los dientes y las guardas.

pali adj. y m. Se apl. a una lengua indoeuropea, hermana de la sánscrita, pero más moderna, que empezó a usarse en la provincia de Magada.

palia f. Tela que se pone sobre el cáliz. || Cortina o mampara exterior que se pone delante del sagrario en que está reservado el Santísimo.

paliacate m. *amer.* Pañuelo grande de algodón estampado de vivos colores, usado por la gente del campo para protegerse del sol.

paliar tr. Disminuir la intensidad de un dolor o los efectos dañinos de algo: *paliar la sequía, el dolor.* || Mitigar, suavizar, atenuar, quitarle importancia a algo. || FAM. paliación, paliativo, paliatorio.

palidecer intr. Ponerse pálido. || Disminuir la importancia o el esplendor de algo. ◆ *Irreg.* Se conj. como *agradecer.*

palidez f. Pérdida de color de la piel humana y, p. ext., de otros objetos, cuando su color natural o más característico es o parece desvaído.

pálido, da adj. Que no tiene o ha perdido el color rosado de la cara. || Descolorido, desvaído. || Se apl. al color o tono poco vivo o apagado. || Que no tiene expresión ni colorido. || FAM. palidecer, palidez, paliducho.

palier m. En algunos vehículos automóviles, cada una de las dos mitades en que se divide el eje de las ruedas tractoras. || *amer.* Rellano o descansillo de las escaleras al que se abren diversos departamentos o pisos y, actualmente, el ascensor.

palillero m. Cajita o recipiente en que se guardan los palillos para limpiarse los dientes.

palillo m. Palo pequeño o varita empleados para muy diversos usos, como, p. ej., el que utilizan los orientales para comer. Más en pl. || *col.* Mondadientes de madera. || Cada una de las dos varitas rematadas en forma redonda que sirven para tocar el tambor. || Bolillo para hacer encajes y pasamanería. || *col.* Persona muy delgada. || *amer.* Pinza para sujetar la ropa tendida. || FAM. palillero.

palimpsesto m. Manuscrito antiguo que conserva huellas de una escritura anterior que fue borrada. || Tablilla antigua en que se podía borrar lo escrito para volver a escribir.

palíndromo m. Palabra o frase que se lee igual de izquierda a derecha que de derecha a izquierda, como *anilina* o *kayak.*

palinodia f. Rectificación pública de lo que se ha dicho. Más en la loc. *cantar la palinodia.*

palio m. Dosel rectangular de rica tela que, colocado sobre cuatro o más varas largas, se utiliza en ciertos actos religiosos para cubrir con él al sacerdote que lleva las hostias consagradas, a una imagen o a algunas personalidades, como el papa. || FAM. palia.

palique m. *col.* Conversación, charla sobre temas intrascendentes y cotidianos: *estuvimos de palique hasta las tantas.*

palisandro m. Madera de ciertos árboles tropicales, compacta y de color rojo oscuro, muy estimada en ebanistería.

palista com. Jugador de pelota con pala.

palito m. *amer.* Danza popular de la región argentina de La Pampa.

palitroque m. Palo pequeño, tosco e irregular. || Banderilla.

paliza f. Tunda o zurra de golpes que se dan a una persona o animal. || Trabajo o esfuerzo muy grandes. || Derrota estrepitosa. || m. y f. Persona muy pesada. || **dar la paliza** loc. Aburrir a alguien, darle la lata.

pallada f. *amer.* Canto del pallador.

pallador m. *amer.* Cantor popular errante.

pallar¹ m. Judía de Perú, gruesa como una haba, casi redonda y muy blanca. || *amer.* Lóbulo de la oreja.

pallar² tr. Entresacar o escoger la parte metálica o más rica de los minerales. || intr. *amer.* Improvisar coplas, en controversia con otro cantor. || FAM. pallada, pallador.

pallaza o **palloza** f. Construcción en piedra, normalmente de planta redonda y con una cubierta de paja, destinada en parte a vivienda y en parte al ganado.

palma f. Nombre común de las plantas de la familia de las palmas. || Árbol de la palmera. || Hoja de la palmera con la que se hacen cestas y otros objetos. || Parte interior y algo cóncava de la mano, desde la muñeca hasta los dedos. || Gloria, triunfo, victoria: *se llevó la palma.* || pl. Palmadas de aplauso. || Familia de diversas plantas angiospermas monocotiledóneas de tallo leñoso y sin ramas, recto y coronado por un penacho de grandes hojas, como la palmera, el cocotero y el palmito. || adj. y f. De las palmas o relativo a esta familia de plantas. || **batir palmas** loc. Aplaudir. || FAM. palmáceo, palmada, palmado, palmar, palmear, palmera, palmeral, palmero, palmeta, palmípedo, palmita, palmito, palmo, palmotear, palmoteo.

palmáceo, a adj. y f. Se apl. a las plantas de la familia de las palmas.

palmada f. Golpe que se da con la palma de la mano. || Golpe dado con las palmas de las manos, una contra otra, y sonido que produce. Más en pl.

palmar¹ adj. De la palma de la mano o la palma del casco de los animales: *huella palmar.* || Del palmo o que consta de un palmo. || Claro, patente, palmario: *error palmar.* || m. Sitio o lugar donde se crían palmas, palmeral. || FAM. palmeral.

palmar² intr. *col.* Morirse.

palmarés m. Lista de ganadores en una competición o concurso. || Historial o currículum de una persona. ◆ No varía en pl.

palmatoria f. Utensilio con forma de platillo y un asa para agarrarlo que sirve para sostener una vela. ‖ Palmeta, vara.

palmeado, da adj. Que tiene forma de palma. ‖ Se apl. a la hoja, raíz, etc., que semeja una mano abierta. ‖ Se dice del dedo de los animales cuando aparece ligado a los demás por una membrana.

palmear intr. Dar palmadas. ‖ tr. Trasladar una embarcación tirando con las manos de un cable fijo a un punto. ‖ FAM. palmeado, palmeo.

palmeo m. Medida por palmos. ‖ Aplauso, palmadas que se dan especialmente por regocijo o aplauso, o para acompañamiento del cante flamenco. ‖ En dep., golpe dado al balón con la palma de la mano.

palmera f. Árbol palmáceo, característico de regiones intertropicales y subtropicales, de hasta 30 m de altura, con tallo erguido rematado por un penacho de hojas pecioladas, flores blancas y olorosas y fruto carnoso. ‖ Bollo de repostería con forma de corazón. ‖ FAM. palmiforme.

palmeral m. Bosque de palmeras.

palmero, ra m. y f. Persona que acompaña con palmas los bailes y ritmos flamencos.

palmeta f. Vara que usaban los maestros de escuela para golpear la palma de la mano a sus alumnos como castigo. ‖ Golpe dado con esta vara. ‖ FAM. palmetazo.

palmípedo, da adj. y m. De los palmípedos relativo a este orden de aves. ‖ m. pl. Orden ya en desuso de las aves acuáticas que tienen las patas palmeadas por una membrana interdigital, como el ganso, la gaviota, etc.; se corresponde con el orden actual de las anseriformes.

palmitas (llevar, recibir, tener o **traer** a uno **en)** loc. Complacerlo, tratarlo bien, agasajarlo.

palmito m. Planta de la familia de las palmas, con tronco subterráneo o apenas saliente que se alza a 2 y 3 m de altura; tiene hojas en figura de abanico y con 30 cm, que parten de un peciolo largo y casi leñoso, flores amarillas en panoja y fruto rojizo, comestible y con hueso muy duro. Es común en el sur y el Levante españoles, donde se aprovechan las hojas para hacer escobas, esteras y otros utensilios. ‖ Cogollo blanco, casi cilíndrico y comestible de esta planta.

palmito m. col. Cara y talle de mujer.

palmo m. Medida de longitud equivalente a unos 21 cm, que es aproximadamente la distancia que existe entre el dedo pulgar y el meñique con la mano extendida. ‖ **dejar** a uno **con un palmo de narices** loc. col. Decepcionarlo, chasquearlo, privándolo de lo que esperaba conseguir. ‖ **palmo a palmo** loc. adv. En su totalidad, completamente. ‖ FAM. palmito.

palo m. Trozo de madera mucho más largo que grueso y generalmente cilíndrico: *palo de la escoba*. ‖ Golpe dado con este trozo de madera: *moler a palos*. ‖ Madera. ‖ Cada uno de los maderos redondos fijos y verticales de una embarcación a los que van sujetas las velas: *palo mayor*. ‖ Cada una de las cuatro series en que se divide la baraja de cartas y que en la española se denominan oros, copas, espadas y bastos. ‖ Trazo de algunas letras que sobresale de las demás por arriba o por abajo, como el de la *d* o la *p*. ‖ col. Daño o perjuicio. ‖ col. Experien-

cia desagradable y penosa. ‖ Instrumento con que se golpea la pelota en ciertos deportes: *palo de hockey, de golf*. ‖ Travesaño, poste de una portería. ‖ Nombre que se da a diversos árboles o arbustos, generalmente de América del Sur: *palo santo, de la canela*. ‖ Cada una de las variedades tradicionales del cante flamenco. ‖ **palo cajá** Árbol silvestre de la familia de las sapindáceas, de madera de color anaranjado. ‖ **palo mayor** El más alto del buque y que sostiene la vela principal. ‖ **andar a palos** loc. col. Estar riñendo siempre. ‖ **a palo seco** loc. adv. Sin algo que acompañe a alguna cosa, y especialmente comer sin tomar bebidas. ‖ **caérsele** a uno **los palos del sombrajo** loc. col. Abatirse, desanimarse. ‖ **dar palos de ciego** loc. col. Intentar varias cosas sin saber si alguna de ellas logrará el efecto que se pretende. ‖ **de tal palo, tal astilla** loc. proverb. Expresión que da a entender que comúnmente todos tienen las propiedades o inclinaciones conforme a su principio u origen. ‖ **no dar palo al agua** o **no dar ni palo** loc. col. Haraganear, permanecer ocioso. ‖ **que cada palo aguante su vela** loc. col. Expresión que indica que cada cual debe cargar con sus obligaciones y con las consecuencias derivadas de sus actos. ‖ FAM. palenque, paletón, palillo, palique, palitroque, paliza, paloduz, palosanto, palote.

paloduz m. Raíz de regaliz que se chupa o se mastica como dulce.

paloma f. Ave domesticada que provino de la paloma silvestre, de la que hay muchas variedades o castas que se diferencian principalmente por el tamaño o el color. ‖ Cualquiera de las aves del orden columbiformes que tienen la mandíbula superior abovedada en la punta y los dedos libres, como la paloma propiamente dicha y la tórtola. ‖ col. Bebida compuesta de agua y aguardiente anisado. ‖ Ondas espumosas que se forman en el mar cuando empieza a soplar viento fresco. ‖ **paloma mensajera** Variedad que se distingue por su instinto de volver al palomar desde largas distancias, por lo cual se utiliza para enviar de una parte a otra mensajes cortos. ‖ **paloma torcaz** Paloma silvestre del orden de las columbiformes, de tamaño grande, con manchas blancas en el cuello y las alas. Vive en los bosques y parques de Europa. ‖ FAM. palomar, palomero, palomilla, palomina, palomino, palomita, palomo.

palomar m. Lugar donde se crían palomas.

palometa f. Pez osteíctio perciforme de unos 65 cm de longitud, de color plomizo, con escamas regulares y romboidales, cola en forma de media luna y aleta pectoral muy larga; habita en el Atlántico y el Mediterráneo y su carne es apreciada como alimento. ‖ Palomilla, armazón triangular. ‖ Palomilla, tuerca.

palomilla[1] f. Insecto lepidóptero nocturno y grisáceo de alas horizontales y estrechas y antenas verticales, que habita en los graneros y causa en ellos grandes daños. ‖ Cualquier mariposa muy pequeña. ‖ Ninfa de un insecto. ‖ Parte anterior de la grupa de las caballerías. ‖ Caballo de color muy blanco. ‖ Armazón de tres piezas en forma de triángulo rectángulo que sirve para sostener tablas, estantes u otras cosas a la pared. ‖ Tuerca con dos alas metálicas laterales que se usan para enroscarla con los dedos. ‖ Pieza con una muesca en que descansa y gira cualquier eje de maquinaria. ‖ Grano de maíz tostado, palomita. ‖ pl. Ondas espumosas del mar.

palomilla² f. *amer. col.* Plebe, gentuza, pandilla de vagabundos o matones. ‖ com. *amer.* Pilluelo, muchacho travieso y callejero. ‖ FAM. palomillada.

palomino m. Pollo de la paloma. ‖ *col.* Persona torpe o tonta. ‖ Mancha de excremento en la ropa interior.

palomita f. Grano de maíz tostado o reventado, que se sala o se endulza para comerlo como aperitivo o como golosina. ‖ Refresco de agua con algo de anís. ‖ Estirada espectacular que hace el portero con el fin de atrapar la pelota que se dirige hacia el interior de la portería.

palomo m. Macho de la paloma. ‖ Persona inocente a la que resulta fácil engañar: *los timadores buscaban un palomo al que estafar.*

palosanto m. Madera del guayacán. ‖ Árbol de la familia de las cigofiláceas, cuya madera, muy dura, se emplea en ebanistería y tornería y tiene aplicaciones medicinales.

palote m. Palo mediano, como las baquetas. ‖ Trazo que los niños hacen en el papel pautado para aprender a escribir.

palpable adj. Que puede tocarse con las manos. ‖ Claro, evidente: *prueba palpable.* ‖ FAM. palpablemente.

palpar tr. Tocar con las manos una cosa para examinarla, reconocerla o para orientarse. ‖ Notar algo claramente: *palpar el descontento.* ‖ Emplear el tacto para orientarse en la oscuridad. ‖ FAM. palpable, palpación, palpadura, palpamiento.

palpitación f. Acción y resultado de palpitar. ‖ Movimiento interior, involuntario y trémulo de algunas partes del cuerpo. ‖ Latido del corazón sensible e incómodo para el enfermo y más frecuente que el normal. Más en pl.: *los nervios me producen palpitaciones.*

palpitante adj. Que palpita. ‖ Vivo, interesante, de actualidad.

palpitar intr. Contraerse y dilatarse alternativamente el corazón. ‖ Aumentar la frecuencia de los latidos del corazón. ‖ Moverse involuntariamente un órgano o músculo. ‖ Manifestarse intensamente un sentimiento u otra cosa. ‖ FAM. palpitación, palpitante, pálpito, palpo.

pálpito m. Presentimiento, corazonada.

palpo m. Apéndice articulado que tienen los artrópodos alrededor de la boca y que utilizan para palpar y sujetar los alimentos. Más en pl.

palta f. *amer.* Aguacate, fruto. ‖ FAM. palto.

palto m. *amer.* Aguacate, árbol.

palucha f. *amer. col.* Charla frívola y sin sustancia.

paludismo m. Enfermedad causada por un protozoo, que se transmite al hombre por la picadura del mosquito anofeles y produce fiebres muy intensas. También se denomina *malaria.* ‖ FAM. palúdico, palustre.

palurdo, da adj. y s. *desp.* Tosco, ignorante, paleto.

palustre adj. Relativo a la laguna o al pantano.

pambacear tr. *amer.* Dar una paliza.

pamela f. Sombrero de mujer con la copa baja y las alas anchas.

pamema f. Tontería, estupidez. ‖ Remilgo, melindre, delicadeza afectada y excesiva. ‖ *col.* Hecho o dicho fútil y de poca entidad al que se ha querido dar importancia. ‖ Fingimiento, falsedad.

pampa f. Llanura extensa de América Meridional sin vegetación arbórea. ‖ FAM. pampeano, pampear, pampero, pámpido.

pámpano m. Brote verde, tierno y delgado de la vid. ‖ FAM. pámpana, pampanaje, pampanoso.

pampeano, na adj. y s. De las pampas o relativo a esta región argentina. ‖ De La Pampa o relativo a esta provincia argentina.

pampear intr. *amer.* Recorrer la pampa.

pampero, ra adj. Pampeano. ‖ Se apl. al viento impetuoso procedente de la pampa, que suele soplar en el Río de la Plata. También m.

pamplina f. Planta herbácea anual cariofilácea de hojas opuestas y flores amarillas agrupadas en inflorescencias, que crece en los sembrados de suelos areniscos en la región mediterránea. ‖ *col.* Tontería, cosa de poca importancia. También pl. ‖ FAM. pamplinero, pamplinoso.

pamplona f. *amer.* Carne sazonada, arrollada y envuelta en tripa, que se come asada.

pan m. Alimento hecho con harina mezclada con agua y sal que, después de amasada y fermentada por la acción de la levadura, se cuece al horno con diversas formas y tamaños. ‖ Masa hecha con otros alimentos, generalmente de forma redondeada. ‖ Todo lo que en general sirve para el alimento diario: *ganarse el pan.* ‖ Trigo. ‖ Lámina muy fina de oro o plata con que se cubre una superficie. ‖ pl. Cereales, desde que nacen hasta que se siegan. ‖ **pan ázimo** El que se hace sin levadura. ‖ **pan de molde** El que se hace en un molde de forma rectangular y después se corta en rebanadas. ‖ **pan francés** El esponjoso hecho con harina de trigo. ‖ **pan integral** El fabricado con harina que conserva todos los componentes del trigo, previamente limpiado. ‖ **al pan, pan, y al vino, vino** Expresión para dar a entender que alguien ha dicho a otra persona algo llanamente, sin rodeos y con claridad. ‖ **con su pan se lo coma** loc. Indica indiferencia hacia lo que le ha ocurrido a otra persona. ‖ **contigo, pan y cebolla** Expresión con que ponderan su desinterés económico los enamorados. ‖ **ser** algo **pan comido** loc. *col.* Ser muy fácil de conseguir. ‖ FAM. panadería, panadero, panecillo, panero, paniaguado, paniego, panificar, panoli.

pan- pref. que significa 'totalidad': *panteísmo, paneslavo.*

pana f. Tela gruesa, generalmente de algodón, semejante en el tejido al terciopelo y que va formando surcos. ‖ *amer.* Avería de un vehículo.

panacea f. Medicamento al que se atribuye eficacia para curar diversas enfermedades. ‖ Remedio para cualquier problema.

panaché f. Ensalada de verduras cocidas y rehogadas.

panadería f. Oficio de panadero. ‖ Establecimiento o lugar donde se hace o vende el pan.

panadero, ra m. y f. Persona que se dedica profesionalmente a hacer o vender pan.

panadizo m. Inflamación aguda del tejido celular de los dedos, principalmente en su tercera falange.

panafricanismo m. Ideología y actitud que defiende la unidad de todos los pueblos y países africanos. ‖ FAM. panafricano.

panal m. Conjunto de celdillas de cera que las abejas forman dentro de la colmena para depositar la miel. ‖ Estructura semejante que fabrican las avispas y otros animales.

panamá m. Sombrero de hombre, flexible y con el ala recogida, hecho de pita. ‖ Tela de algodón de hilos gruesos empleada para bordar y para confeccionar prendas.

panameño, ña adj. y s. De Panamá o relativo a esta república de América. ‖ FAM. panameñismo.

panamericanismo m. Tendencia a fomentar las relaciones de todo orden entre los países del hemisferio occidental, principalmente entre Estados Unidos y los países hispanoamericanos. ‖ FAM. panamericanista, panamericano.

panarabismo m. Tendencia a fomentar las relaciones de todo orden, e incluso la unión política y económica entre los pueblos de origen árabe. ‖ FAM. panárabe, panarabista.

pancarta f. Cartel informativo o propagandístico, generalmente de carácter reivindicativo, que se muestra en manifestaciones populares o protestas públicas.

panceta f. Tocino de cerdo con vetas de carne, fresco o ahumado.

panchito m. Cacahuete frito y salado que se toma como aperitivo.

pancho, cha adj. Tranquilo, satisfecho: *quedarse tan pancho.*

pancismo m. Actitud de la persona que acomoda su comportamiento a lo que cree más conveniente y menos arriesgado para su provecho y tranquilidad. ‖ FAM. pancista.

pancista com. Persona que busca su provecho material y su comodidad como conducta habitual.

pancit m. *amer.* Fideo hecho de harina de arroz. ‖ FAM. pancitería.

páncreas m. Glándula asociada al aparato digestivo de los vertebrados, situada junto al duodeno, que segrega el jugo pancreático y la insulina y que participa en la digestión. ♦ No varía en pl. ‖ FAM. pancreático, pancreatina, pancreatitis.

panda[1] f. Grupo de amigos. ‖ Pandilla que forman algunos para hacer daño.

panda[2] m. Nombre común con el que se conocen dos especies de mamíferos, el panda gigante, que mide más de 1 m de longitud y tiene pelaje blanco y negro, y el panda menor, que mide unos 60 cm de longitud, de larga cola y pelaje pardo rojizo; su alimentación es prácticamente vegetariana. A veces adj.: *oso panda.*

pandemia f. Enfermedad epidémica que se extiende a muchos países o que ataca a la mayoría de los habitantes de una población. ‖ FAM. pandémico.

pandemónium m. Lugar en que hay mucho ruido y confusión.

pandereta f. Pandero con sonajas o cascabeles. ‖ FAM. panderetazo.

pandero m. Instrumento de percusión formado por uno o dos aros superpuestos provistos de sonajas y sobre cuyos bordes se ajusta un trozo de piel muy lisa y estirada. ‖ *col.* Trasero, posaderas, sobre todo si es grueso. ‖

FAM. panderada, panderazo, pandereta, panderete, panderetear, pandereteo.

pandilla f. Grupo de amigos, panda. ‖ *desp.* Grupo de gente. ‖ Liga o unión que forman algunos para engañar a otros o hacerles daño. ‖ FAM. pandillaje, pandillero.

panegírico, ca adj. Que alaba. ‖ m. Discurso en alabanza de una persona y, p. ext., elogio. ‖ FAM. panegirista.

panel[1] m. Cada una de las piezas o separaciones en que se divide una pared, la hoja de una puerta u otra superficie. ‖ Elemento prefabricado para hacer divisiones en los edificios. ‖ Tablero para avisos, propaganda, etc. ‖ Parte de un mecanismo, vehículo, etc., donde aparecen los indicadores o los controles.

panel[2] m. *amer.* Grupo que compone el jurado de un concurso. ‖ Grupo de personas que discuten un asunto en público. ‖ FAM. panelista.

panera f. Recipiente, generalmente de madera y con una puerta corredera, donde se guarda el pan en las casas. ‖ Cestillo para colocar el pan en la mesa. ‖ Cámara donde se guardan los cereales, el pan o la harina.

paneslavismo m. Tendencia política que aspira a la confederación de todos los pueblos de origen eslavo. ‖ FAM. paneslavista.

paneuropeísmo m. Tendencia o doctrina que aspira a la aproximación o a la unidad política, económica y cultural de los países de Europa. ‖ FAM. paneuropeísta, paneuropeo.

pánfilo, la adj. Bobo, poco avispado, que tarda en comprender. ‖ Lento, calmoso.

panfleto m. Folleto de propaganda política. ‖ P. ext., libro o escrito que encierra una propaganda política. ‖ FAM. panfletario, panfletista.

pangaré adj. *amer.* Se apl. al caballo del color rojizo característico de los venados.

pangermanismo m. Doctrina que proclama la unión de todos los pueblos de origen germánico. ‖ FAM. pangermánico, pangermanista, pangermano.

pangolín m. Nombre común de diversas especies de mamíferos folidotos de cuerpo cubierto por escamas duras y puntiagudas, de hasta 1,50 m de longitud, según las especies, con el hocico alargado y una lengua retráctil que proyectan al exterior para capturar insectos; son de costumbres nocturnas y habitan en África y Asia.

pangue o pangui m. *amer.* Planta gunnerácea de zonas húmedas, de grandes hojas de más de 1 m de largo y cerca de medio de ancho, con fruto de cáliz carnoso, cuyo rizoma, que es astringente, se usa en medicina y para teñir y curtir.

panhelenismo m. Movimiento y doctrina política que pretende la unión en un solo estado de todos los pueblos griegos. ‖ FAM. panhelénico.

pánico adj. En mit. se apl. a lo referente al dios Pan: *metamorfosis pánicas.* ‖ m. Miedo grande o temor muy intenso. También adj.

panícula f. Espiga de flores, ramas o frutos que nacen de un mismo eje.

panículo m. Capa situada debajo de la piel de los vertebrados, formada por tejido adiposo. ‖ FAM. panicular.

panificadora f. Tahona, instalación industrial para la elaboración de pan. ‖ FAM. panificable, panificación, panificar.

panislamismo m. Tendencia de los pueblos musulmanes a lograr, mediante su unión, la independencia política, religiosa y cultural. ‖ FAM. panislámico, panislamista.

panizo m. Planta angiosperma monocotiledónea anual originaria de Oriente, de cuya raíz salen varios tallos redondos como de 1 m de altura, con hojas planas y ásperas y flores en espigas grandes y apretadas. ‖ Grano redondo y anaranjado de esta planta que se emplea para alimento del hombre y de los animales, especialmente de las aves. ‖ Maíz.

panocha f. Panícula. ‖ Mazorca del maíz, del panizo o del mijo. ‖ adj. Se apl. al color rojizo propio de la panocha de maíz. ‖ adj. y com. *col.* Se dice de la persona que tiene el pelo de este color.

panoja f. Panícula. ‖ Racimo de uvas o de otra fruta. ‖ Conjunto de tres o más boquerones u otros pescados pequeños, que se fríen pegados por las colas.

panol m. Cualquier compartimiento del buque que sirve para depósito o almacén.

panoli adj. y com. *col.* Bobo, simple.

panoplia f. Tabla, generalmente en forma de escudo, donde se colocan floretes, sables y otras armas de esgrima. ‖ Armadura completa. ‖ Colección de armas. ‖ Parte de la arqueología que estudia las armas y las armaduras antiguas.

panorama m. Vista que se contempla desde un lugar. ‖ Aspecto general de algo: *panorama europeo.* ‖ Pintura realizada dentro de un gran cilindro hueco que se contempla desde su centro. ‖ FAM. panorámica, panorámico.

panorámica f. Fotografía o toma filmográfica que muestra un amplio sector del campo visible desde un único punto.

panorámico, ca adj. Del panorama o relativo a él. ‖ Hecho o visto a una distancia que permite contemplar el conjunto de lo que se quiere abarcar: *vista panorámica.*

panqué o **panqueque** m. *amer.* Torta de harina, leche y azúcar que se come rellena con alimentos dulces o salados.

pantagruélico, ca adj. Se apl. a la comida muy abundante.

pantalán m. Muelle o embarcadero pequeño para barcos de poco tonelaje.

pantaleta f. *amer.* Braga, ropa interior femenina. Más en pl.

pantalla f. Lámina que se coloca delante o alrededor de la luz artificial para debilitarla. ‖ Superficie sobre la que se proyectan las imágenes cinematográficas. ‖ Parte de un televisor, del monitor de un ordenador o de otros aparatos electrónicos que permite visualizar imágenes o caracteres. ‖ Mampara que se pone delante de un foco de calor, ruido o radiación como protección. ‖ P. ext., mundo que rodea a la televisión o al cine. ‖ Persona o cosa que, puesta delante de otra, la oculta, le hace sombra o no le permite pasar. ‖ *amer.* Paipái. ‖ **pequeña pantalla** Televisión, medio de comunicación. ‖ FAM. pantallazo.

pantalón m. Prenda de vestir con dos perneras que, generalmente, cubre desde la cintura hasta los tobillos. También pl. ‖ Prenda interior femenina, más ancha y corta que el pantalón de los hombres. ‖ **pantalón bermuda** El que solo llega a la rodilla. ‖ **pantalón bombacho** Pantalón ancho cuyos perniles terminan en forma de campana abierta por el costado y con botones y ojales para cerrarla, ajustándolo a la pierna. ‖ Pantalón ancho, ceñido a los tobillos. ‖ **bajarse los pantalones** loc. *vulg.* Ceder por la fuerza o por intimidación. ‖ **llevar o tener bien puestos** alguien **los pantalones** loc. *col.* Tener fuerza de carácter, valentía o capacidad de mando. ‖ FAM. pantalonero.

pantano m. Hondonada donde se detienen las aguas, con el fondo cubierto de barro. ‖ Depósito artificial de agua. ‖ FAM. pantanal, pantanoso.

pantanoso, sa adj. Se apl. al terreno donde hay pantanos. ‖ Se dice del terreno donde abundan charcos y cenagales. ‖ Lleno de inconvenientes, dificultades u obstáculos: *investigación pantanosa.*

panteísmo m. Doctrina filosófico-religiosa que afirma la identidad sustancial de Dios y el mundo. ‖ FAM. panteísta, panteístico, panteón.

panteón m. Monumento destinado al enterramiento de varias personas. ‖ *amer.* Cementerio. ‖ FAM. panteonero.

panteonero, ra m. y f. *amer.* Sepulturero, enterrador.

pantera f. Leopardo negro o de pelaje oscuro. ‖ Ágata amarilla, moteada de pardo o rojo, que imita la piel de la pantera. ‖ *amer. col.* Atrevido, audaz. También adj. ‖ **pantera negra** Variedad de leopardo de pelaje negro.

panti m. Leotardo de seda, nailon o material semejante que utilizan las mujeres para cubrirse las piernas. Más en pl.

pantocrátor m. Representación del Salvador sentado, bendiciendo, y encuadrado en una curva cerrada en forma de almendra.

pantomima f. Género teatral basado en gestos y movimientos, sin utilizar la palabra. ‖ Comedia que se hace para simular algo. ‖ FAM. pantomímico, pantomimo.

pantorrilla f. Parte carnosa y abultada de la pierna, por debajo de la corva. ‖ FAM. pantorra, pantorrilludo.

pantufla f. Zapatilla sin orejas ni talón para andar por casa. Más en pl. ‖ FAM. pantuflo.

panty (voz i.) m. Panti.

panza f. Barriga, vientre de las personas, sobre todo cuando es prominente. ‖ Parte más saliente de algunos recipientes u objetos. ‖ Primera de las cuatro cavidades en que se divide el estómago de los rumiantes. ‖ FAM. panceta, pancho, pancismo, panzada, panzazo, panzón, panzudo.

panzada f. Golpe que se da con la panza. ‖ *col.* Exceso en una acción, hartazgo o atracón: *darse una panzada a trabajar/de trabajo.*

pañal m. Trozo de tela o de un material absorbente que se pone a los bebés como si fuera una braga para empapar la orina. ‖ **en pañales** loc. adv. *col.* En un estado de poco desarrollo, en el principio.

papel

pañería f. Comercio o tienda de paños. ‖ Conjunto de los mismos paños. ‖ Industria del paño.

pañete m. Paño fino o de inferior calidad a la normal. ‖ *amer.* Capa o enlucido de yeso, estuco, etc., que se da a las paredes. ‖ pl. Lienzo o paño ceñido que ponen a las imágenes de Cristo desnudo en la cruz. ‖ FAM. pañetar.

pañito m. Trozo de tela adornado o labor hecha de encaje, ganchillo, etc., que se usa para cubrir o embellecer bandejas, sillones, mesas y otros objetos.

paño m. Tela de lana fuerte y tupida. ‖ Cualquier pedazo de tela. ‖ Trapo que se utiliza en la cocina y para otras tareas domésticas. ‖ Pieza de una prenda que cosida al lado de otra forma el ancho de la tela. ‖ Mancha oscura en la piel, especialmente en la cara. ‖ Mancha que disminuye el brillo o la transparencia de algunas cosas. ‖ Parte continua de una pared. ‖ Velas que lleva desplegadas el navío. ‖ pl. Ropas, vestiduras. ‖ **paño de lágrimas** Persona en quien se encuentra frecuentemente atención, consuelo o ayuda. ‖ **paños calientes** *col.* Remedios paliativos e ineficaces. ‖ **paños menores** Ropa interior. ‖ **conocer** alguien **el paño** loc. *col.* Estar bien enterado del asunto del que se trata. ‖ FAM. pañal, pañería, pañero, pañetar, pañete, pañito, pañolería, pañolero, pañoleta, pañosa, pañuelo.

pañol m. Panol.

pañoleta f. Chal triangular que usan las mujeres como abrigo o adorno. ‖ Corbata estrecha de nudo que llevan los toreros con el traje de luces.

pañuelo m. Trozo de tela o papel cuadrado, utilizado para diferentes usos, p. ej., para limpiarse la nariz. ‖ Trozo de tela de mayor tamaño que el anterior que se utiliza para abrigarse el cuello o como complemento de la ropa.

papa¹ m. Máxima autoridad de la Iglesia católica, obispo de Roma y jefe de Estado de Ciudad del Vaticano. ‖ *vulg.* Padre. ‖ **ser** uno **más papista que el papa** loc. Mostrar en un asunto más interés o empeño que la persona directamente interesada en el mismo. ‖ FAM. papable, papado, papal, papalina, papamóvil, papisa, papismo, papista.

papa² f. Patata, tubérculo comestible. ‖ FAM. papal.

papa³ f. *col.* Tontería, vaciedad, paparrucha. ‖ pl. Sopas de harina y leche que se dan a los niños. ‖ Masa blanda de barro o de otra cosa. ‖ **ni papa** loc. adv. *col.* Con verbos de entendimiento como *saber* o *entender,* y en frases negativas, 'nada': *no he sabido ni papa de él.* ‖ FAM. papada, papamoscas, papanatas, paparrucha, paparruchada, papear, papera, papilla, papo, pápula.

papá m. Familiarmente, padre. ‖ pl. El padre y la madre. ◆ pl. *papás.*

papacho m. *amer.* Mimo, dulzura, caricia. ‖ FAM. papachar.

papada f. Abultamiento carnoso anormal que se forma debajo de la barbilla. ‖ Pliegue que forma la piel en el borde inferior del cuello de ciertos animales, como el toro, y se extiende hasta el pecho. ‖ FAM. papadilla.

papado m. Dignidad de papa y tiempo que dura su mandato.

papagayo m. Nombre común que se da a distintas especies de aves psitaciformes trepadoras de plumaje muy distinto, pero siempre de colores brillantes, propias de los países tropicales, pero que en domesticidad viven en los climas templados y aprenden a repetir palabras y frases enteras. ‖ Pez marino osteíctio perciforme, que llega a tener 40 cm de largo, de hocico saliente, cuerpo oblongo, cubierto de escamas delgadas y de varios colores, vientre plateado, una sola aleta dorsal y cola rojiza; vive entre las rocas de las costas y su carne es comestible. ‖ Planta amarantácea con hojas de color verde, amarillo y rojo, originaria de China, que se cultiva como adorno en jardines. ‖ m. *amer.* Botella de forma especial que se usa para recoger la orina del varón que guarda cama. ‖ **como un papagayo** loc. Con verbos de lengua, como *hablar* o *chapurrear,* sin entender lo que se dice, repitiendo las palabras de otro. ‖ loc. Con verbos de lengua, mucho, en exceso.

papal¹ adj. Del papa o relativo a este cargo máximo de la Iglesia católica; papanatismo.

papal² m. *amer.* Terreno sembrado de papas.

papalote m. *amer.* Cometa de papel: *volar un papalote.*

papamoscas m. Nombre común de diversas especies de aves paseriformes de 10 a 15 cm de longitud, con plumaje gris pardusco y el pecho listado, que se alimentan de moscas y habitan en bosques y parques de Eurasia y del norte de África. ‖ *col.* Papanatas. ◆ No varía en pl.

papanatas com. *col.* y *desp.* Persona simple, inocente o muy crédula. ◆ No varía en pl. ‖ FAM. papanatería, papanatismo.

paparazzi (voz it.) m. pl. Reportero o fotógrafo de la prensa sensacionalista que se dedica a perseguir a los personajes públicos en busca de un artículo o una fotografía más o menos únicos o escandalosos. ◆ Se usa como sustantivo com. y también con valor de sing.

paparrucha o **paparruchada** f. *col.* Noticia falsa y desatinada de un suceso, esparcida entre la gente. ‖ *col.* Tontería, estupidez, cosa que se dice sin ningún sentido.

papaveráceo, a adj. y f. De las papaveráceas o relativo a esta familia de plantas. ‖ f. pl. Familia de plantas angiospermas dicotiledóneas con fruto capsular con muchas semillas oleaginosas y de albumen carnoso, como la amapola o la adormidera, de cuyo fruto se sintetiza la morfina. ‖ FAM. papaverina.

papaya f. Fruto del papayo semejante al melón, cuya carne es amarilla y dulce; cuando aún está verde, de él se hace una confitura muy estimada.

papayo m. Árbol caricáceo de unos 8 m de altura, propio de los países cálidos, cuyo fruto comestible es la papaya. ‖ FAM. papaya.

papear intr. Balbucir, tartamudear, hablar sin sentido. ‖ *col.* Comer. ‖ FAM. papeo.

papel m. Material hecho con pasta vegetal molida y blanqueada que se dispone en finas láminas y se usa para escribir, dibujar, etc. ‖ Hoja o trozo de este material. ‖ Impreso que no llega a formar libro. ‖ Documento, título o manuscrito de cualquier clase. ‖ En teatro, cine, etc., parte de la obra y personaje que le corresponde representar a un actor. ‖ Función que desempeña una persona o cosa: *tiene un papel fundamental en la empresa.* ‖ Documento que contiene la obligación del pago de una cantidad. ‖ Conjunto de valores de bolsa. ‖ pl. Documentos con que se acredita el estado civil o la calidad de una persona. ‖ **papel biblia** El que es muy delgado pero resistente y de buena calidad, propio para imprimir obras muy extensas. ‖ **papel carbón** El fino y entintado por una de sus caras que sirve para la obtención de copias a mano o a máquina. ‖ **papel cebolla** El de escribir, muy delgado, que suele emplearse para copias. ‖ **papel celo** Celo. ‖ **papel continuo** El que se hace a máquina en piezas de mucha longitud. ‖ **papel cuché** El muy satinado y barnizado que se emplea principalmente en revistas y obras que llevan grabados o fotografiados. ‖ **papel de aluminio** Lámina muy fina de aluminio o estaño aleado utilizada para envolver alimentos y en la fabricación de condensadores eléctricos. ‖ **papel de estraza** Papel áspero y sin blanquear. ‖ **papel de fumar** El que se usa para liar cigarrillos. ‖ **papel de lija** Hoja de papel fuerte con vidrio molido, arena cuarzosa o polvos de esmeril encolados en una de sus caras que se emplea para lijar. ‖ **papel de plata** Papel de aluminio. ‖ **papel higiénico** El que se usa para la higiene personal. ‖ **papel mojado** Documento de poca o ninguna importancia. ‖ Cosa inútil o inconsistente. ‖ **papel moneda** Billete de curso legal. ‖ **papel vegetal** El satinado y transparente que usan los dibujantes, arquitectos, etc., para hacer planos y dibujos. ‖ **hacer uno buen** o **mal papel** loc. Estar o salir lucida o deslucidamente en algún acto o negocio. ‖ FAM. papela, papeleo, papelera, papelería, papelerío, papelero, papeleta, papelillo, papelina, papelista, papelón, papelorio, papelote, papelucho, papelujo, papiro, papiroflexia, papirola, pisapapeles.

papela f. col. Documento de identidad. ‖ argot Papelina.

papeleo m. Conjunto de trámites y documentos que se requieren para resolver un asunto. ‖ FAM. papelear.

papelera f. Fábrica de papel. ‖ Cesto para echar los papeles inútiles.

papelería f. Establecimiento donde se venden objetos de escritorio.

papeleta f. Papel que contiene algunos datos o acredita alguna cosa. ‖ Asunto comprometido o difícil de resolver: *¡menuda papeleta decirle que está despedido!* ‖ Cédula, pedazo de papel escrito o para escribir. ‖ Papel en que un estudiante, generalmente universitario, recibe la notificación de la calificación obtenida. ‖ Papel en el que figura cierta candidatura o dictamen, y con el que se emite el voto en unas elecciones. ‖ FAM. papeletear.

papelillo m. Papel de fumar.

papelina f. argot Paquete de papel que contiene una pequeña dosis de droga.

papelón m. col. Papel ridículo o desafortunado que desempeña una persona. ‖ amer. Pan de azúcar sin refinar.

papelote m. Desperdicios de papel y papel usado que se emplean para fabricar nueva pasta.

papeo m. col. Comida.

papera f. Inflamación del tiroides, bocio. ‖ Inflamación de las glándulas de la saliva. ‖ pl. Enfermedad infecciosa propia de los niños que produce una inflamación de la glándula parótida.

papila f. Cada una de las pequeñas prominencias cónicas de la piel, las mucosas y ciertos órganos de algunos vegetales y, en especial, las que existen en la lengua, a través de las cuales captamos el sentido del gusto: *papila olfativa, gustativa.* ‖ Prominencia que forma el nervio óptico en el fondo del ojo. ‖ FAM. papilar, papiloma.

papilionáceo, a adj. y f. Leguminoso, fabáceo.

papilla f. Especie de puré hecho con leche, cereales, etc., que se da a los niños pequeños. ‖ **echar** uno **la primera papilla** loc. col. Vomitar mucho. ‖ **hecho papilla** loc. col. En muy mal estado físico o moral.

papiloma m. Tumor pediculado benigno que se forma en las papilas de la piel o de las mucosas.

papión m. Nombre común de diversas especies de mamíferos primates de mandíbula prominente, pelaje gris o pardo claro, con larga cola y callosidades rojas en las nalgas, que habitan en África formando grupos jerarquizados.

papiro m. Planta ciperácea de 2 a 3 m de altura, con tallo en caña rematado por un penacho de flores y largas brácteas que crece junto a los ríos y lagos. En la Antigüedad se usó como material de escritura. ‖ Lámina sacada del tallo de esta planta que se empleaba para escribir o dibujar sobre ella. ‖ FAM. papirología.

papiroflexia f. Arte y habilidad de dar a un trozo de papel la figura de determinados seres u objetos, doblándolo convenientemente.

papirología f. Ciencia auxiliar de la historia que se dedica al estudio de los papiros. ‖ col. P. ext., papiroflexia.

papisa f. Mujer papa: *la papisa Juana.*

papista adj. Nombre que los protestantes dan a los católicos. También s. ‖ Partidario de la rigurosa observancia de las disposiciones del papa. ‖ **ser** uno **más papista que el papa** loc. Mostrar en un asunto más interés o empeño que la persona directamente interesada en el mismo.

papo[1] m. Papada. ‖ Buche de las aves. ‖ Nombre vulgar del bocio. ‖ col. vulg. Genitales externos femeninos. ‖ FAM. papudo.

papo[2] m. col. Tranquilidad o lentitud excesiva.

paporreta f. amer. desp. Repetición mecánica de lo que se ha aprendido de memoria sin entenderlo o entendiéndolo a medias. ‖ **de paporreta** loc. adv. amer. De memoria. ‖ amer. Sin conciencia de lo que se dice, como los loros.

páprika o **paprika** f. Especie de pimentón característico de la cocina eslava.

papú o **papúa** adj. y com. De Papuasia o relativo a esta región melanesia de Nueva Guinea y de las islas Fiji. ‖ m. Lengua hablada por los papúes. ◆ pl. de la primera forma: *papúes.*

pápula f. Pequeño tumor eruptivo que se presenta en la piel, sin que tenga pus ni serosidad.

paquebote m. Embarcación que lleva el correo y, generalmente, también pasajeros de un puerto a otro. ◆ pl. *paquebotes.*

paquete[1] m. Lío o envoltorio que se hace con algo, generalmente para transportarlo. ‖ Embalaje comercial o envase de un producto. ‖ Conjunto de cosas agrupadas. ‖ *col.* Persona torpe o molesta. ‖ Persona que va en una moto de acompañante. ‖ *col.* Castigo o sanción: *te va a caer un paquete por indisciplinado.* ‖ En inform., conjunto de programas o de datos. ‖ *vulg.* Órganos genitales externos masculinos. ‖ FAM. paquetería, paquetero.

paquete[2]**, ta** adj. y s. *amer.* Que va muy arreglado o elegante. ‖ FAM. paquetear.

paquidermos m. pl. Grupo de mamíferos que agrupaba a los actuales proboscídeos y a algunos artiodáctilos y perisodáctilos que se caracterizan por tener la piel gruesa y gran tamaño, como el elefante, el hipopótamo y el rinoceronte. ‖ FAM. paquidérmico.

paquistaní adj. y com. Pakistaní.

par adj. Se apl. al órgano que corresponde simétricamente a otro órgano igual. ‖ adj. y m. En mat., se dice del número que es exactamente divisible por dos. ‖ m. Conjunto de dos personas o dos cosas de una misma especie: *par de zapatos.* ‖ A veces designa un número impreciso, pero reducido: *estuvo aquí un par de veces.* ‖ Igualdad o semejanza con alguna cosa. ‖ Número de golpes que se tiene como referencia para terminar el recorrido de un campo de golf. ‖ Dignidad que los reyes concedían a alguno de sus vasallos. ‖ En el Reino Unido, miembro de la Cámara de los Lores. ‖ **a la par** loc. adv. Juntamente, a la vez. ‖ **a pares** loc. adv. De dos en dos. ‖ **de par en par** loc. adv. Manera de estar abiertas completamente las puertas o las ventanas. ‖ **sin par** loc. adj. Singular, que no tiene igual o semejante: *belleza sin par.* ‖ FAM. parear, pareja, parejo, parias, paridad, paritario.

para prep. Indica finalidad o uso: *te lo doy para que te calles; dulces para merendar.* ‖ Expresa destino o destinatario: *esto es para ti.* ‖ Expresa duración o límite temporal, aunque a veces de manera imprecisa: *amigo para siempre, deberes para mañana.* ‖ Indica dirección: *se fue para casa; tren para Cuenca.* ‖ Desde el punto de vista o según la opinión de alguien: *para la mayoría de la gente eso no es importante.* ‖ Expresa el motivo o causa de una cosa: *¿para qué lo has hecho?* ‖ Significa la aptitud y capacidad de algo o de alguien: *no vale para nada.* ‖ Denota la particularidad de la persona, o que la acción del verbo es íntima, secreta y no se comunica a otro: *se dijo para sí que no volvería a enamorarse.* ‖ Forma parte de algunas frases con sentido comparativo que expresan desproporción entre dos cosas o acciones: *para lo que ha llovido, el campo no está verde.* ‖ **para con** loc. prep. Respecto de, en relación con alguien: *es bueno para con sus hijos.*

para- o **pará-** pref. que significa 'semejanza' o 'contigüidad': *paráfrasis, paranormal.*

parabién m. Felicitación, enhorabuena. Más en pl.

parábola f. Narración de un suceso inventado de la que se saca una enseñanza moral. ‖ En geom., curva abierta simétrica respecto de un eje, con un solo foco y que resulta de cortar un cono circular recto por un plano paralelo a una de sus generatrices. ‖ FAM. parabólico, parabolizar, paraboloide.

parabólico, ca adj. De la parábola, que la encierra o incluye. ‖ Se apl. a la antena de televisión que permite captar emisoras situadas a gran distancia. También f. ‖ En geom., de la parábola o que tiene su figura.

parabrisas m. Cristal que lleva un automóvil en su parte delantera. ◆ No varía en pl.

paracaídas m. Utensilio hecho con tela resistente que, al extenderse en el aire, toma la forma de una sombrilla grande, y que se usa para moderar la velocidad de caída de los cuerpos. ‖ P. ext., lo que sirve para evitar o disminuir el golpe de un descenso desde un sitio elevado. ◆ No varía en pl. ‖ FAM. paracaidismo.

paracaidismo m. Actividad deportiva o militar que consiste en lanzarse en paracaídas desde una aeronave. ‖ FAM. paracaidista.

paracaidista com. Soldado especialmente adiestrado que desciende con paracaídas. ‖ Persona diestra en el manejo del paracaídas.

paracetamol m. Compuesto químico que se utiliza como analgésico y como antipirético.

parachoques m. Pieza de los automóviles y otros vehículos para amortiguar los efectos de un choque. ◆ No varía en pl.

parada f. Acción de parar o pararse. ‖ Lugar o sitio donde se para: *parada de autobús.* ‖ Detención del balón por parte del portero. ‖ En deportes de lucha, movimiento defensivo para contrarrestar un ataque. ‖ Formación de tropas para pasar revista o desfilar: *parada militar.*

paradero m. Lugar o sitio donde se para o se va a parar.

paradigma m. Ejemplo o ejemplar: *ella es el paradigma de la paciencia.* ‖ En ling., cada uno de los esquemas formales a que se ajustan las palabras, según sus respectivas flexiones. ‖ En ling., conjunto de elementos de una misma clase gramatical que pueden aparecer en un mismo contexto. ‖ FAM. paradigmático.

paradisíaco, ca o **paradisiaco, ca** adj. Relativo al paraíso o de características similares a las que se le atribuyen.

parado, da adj. Tímido, poco atrevido. ‖ Desocupado o sin empleo. También s. ‖ *amer.* Derecho o en pie. ‖ *amer.* Orgulloso, engreído. ‖ **quedar** o **salir bien** o **mal parado** loc. adv. Quedar en buena o mala situación en un asunto: *salió mal parado del accidente.*

paradocente adj. y com. *amer.* Del personal auxiliar de la docencia o relativo a él.

paradoja f. Idea extraña o irracional que se opone al sentido común y a la opinión general. ‖ Contradicción, al menos aparente, entre dos cosas o ideas. ‖ Aserción inverosímil o absurda que se presenta con apariencias de verdadera. ‖ Figura de pensamiento que consiste en emplear expresiones o frases que expresan contradicción. ‖ FAM. paradójico.

paradójico, ca adj. Que incluye paradoja o que usa de ella.

parador m. Mesón, restaurante. ‖ **parador nacional de turismo** En España, cierto tipo de establecimiento hotelero dependiente de organismos oficiales. ◆ A menudo se escribe con mayúscula.

paraestatal adj. Se apl. a las instituciones, organismos y centros que, por delegación del Estado o con su subvención o beneplácito, cooperan a los fines de este sin formar parte de la Administración pública.

parafernales adj. pl. Se apl. a los bienes que aporta la mujer al matrimonio fuera de la dote o que han sido adquiridos por ella posteriormente.

parafernalia f. Excesivo lujo o aparato con que se desarrolla un acto o con que se acompaña una persona.

parafina f. Sustancia compuesta por hidrocarburos, sólida, opalina, inodora, menos densa que el agua y fácilmente fusible, que se obtiene normalmente como subproducto de la fabricación de aceites lubrificantes derivados del petróleo y tiene múltiples aplicaciones industriales y farmacéuticas. || FAM. parafinado, parafinar, parafínico.

parafrasear tr. Hacer la paráfrasis de un texto o escrito.

paráfrasis f. Explicación o interpretación de un texto. || Traducción libre, en verso, de un texto. ◆ No varía en pl. || FAM. parafraseador, parafrasear, parafrástico.

paragoge f. Figura de dicción que consiste en la adición de algún sonido al final de un vocablo, como la que hay en *fraque* con respecto a *frac*. || FAM. paragógico.

paragolpes m. Parachoques. ◆ No varía en pl.

parágrafo m. Párrafo.

paraguas m. Utensilio portátil para resguardarse de la lluvia, compuesto por un bastón y un varillaje cubierto de tela que puede extenderse o plegarse. ◆ No varía en pl. || FAM. paraguazo, paragüería, paragüero.

paraguaya f. Fruta muy jugosa, de sabor y forma semejantes a los del melocotón, pero como aplastada.

paraguayo, ya adj. y s. De Paraguay o relativo a este país sudamericano. || FAM. paraguayismo.

paragüero m. Mueble dispuesto para colocar los paraguas y bastones.

paraíso m. Lugar donde, según la Biblia, vivieron Adán y Eva. ◆ Suele escribirse con mayúscula. || Lugar donde se goza de la presencia de Dios, y, por tanto, al que aspiran a llegar los cristianos tras su muerte. ◆ Suele escribirse con mayúscula. || Lugar muy hermoso y agradable. || Lugar idóneo para el ejercicio de una actividad: *paraíso fiscal, del esquí.* || Conjunto de asientos del piso más alto de algunos teatros. || FAM. paradisíaco.

paraje m. Lugar, sitio, sobre todo si está alejado o aislado. || Estado, ocasión y disposición de una cosa.

paralaje f. Diferencia entre las posiciones aparentes que tiene un astro en el cielo, según el punto desde donde se observa. || FAM. paraláctico.

paralelas f. pl. Barras paralelas en que se hacen ejercicios gimnásticos. || **paralelas asimétricas** Barras paralelas colocadas a diferente altura.

paralelepípedo m. Prisma de seis caras cuyas bases son paralelogramos, iguales y paralelos dos a dos.

paralelismo m. Calidad de paralelo o continuada igualdad de distancia entre líneas o planos. || Correspondencia, semejanza. || Figura que consiste en repetir, salvo mínimas variaciones, una misma frase, sintagma o palabra en un texto.

paralelo, la adj. Se apl. a la línea o plano equidistante de otra línea o plano, de manera que por más que se prolonguen no pueden cortarse. || Correspondiente, semejante o desarrollado a un mismo tiempo. || m. Cotejo o comparación de una cosa con otra. || Cada uno de los círculos imaginarios horizontales que rodean la Tierra. || Operación que se efectúa en las ruedas delanteras de un vehículo para que rueden y giren de manera paralela. || FAM. paralelamente, paralelas, paralelepípedo, paralelismo, paralelogramo.

paralelogramo m. Polígono de cuatro lados paralelos entre sí dos a dos.

paralimpiada f. Paraolimpiada. || FAM. paralímpico.

paralipómenos m. pl. Suplemento o adición a algún escrito.

parálisis f. Privación o disminución del movimiento de una o varias partes del cuerpo. || Estancamiento, inactividad. ◆ No varía en pl. || FAM. paralítico, paralizar.

paralítico, ca adj. y s. Enfermo de parálisis.

paralización f. Pérdida de la capacidad de movimiento de un miembro del cuerpo. || Detención que experimenta una cosa dotada de acción o movimiento.

paralizador, ra adj. Que paraliza.

paralizante adj. Paralizador.

paralizar tr. Causar parálisis. || Detener, impedir la acción y movimiento de una persona o cosa: *le paralizó el miedo.* También prnl. || FAM. paralización, paralizador, paralizante.

paralogismo m. Razonamiento erróneo o falso. || FAM. paralogizar.

paramar intr. impers. *amer.* Llloviznar.

paramecio m. Nombre de un género de protozoos ciliados con especies muy comunes en las aguas dulces de charcas y estanques; algunas son grandes y alcanzan hasta 2 mm de longitud, con forma típica de zapatilla. Sus cultivos se utilizan en biología experimental.

paramento m. Adorno o atavío con que se cubre una cosa. || Sobrecubiertas o mantillas del caballo. || En arquit., cualquiera de las dos caras de una pared, de un muro o de un sillar labrado.

parámetro m. En mat., variable que, incluida en una ecuación, modifica el resultado de esta. || Valor numérico o dato fijo que se considera en el estudio o análisis de una cuestión. || FAM. paramétrico.

paramilitar adj. Se apl. a la organización civil con estructura o disciplina de tipo militar.

páramo m. Terreno yermo, sin vegetación. || Superficie de terreno llano, de altitud elevada y de suelo rocoso y pobre en vegetación. || FAM. paramera.

parangón m. Comparación, relación de igualdad o semejanza: *calidad sin parangón.* || FAM. parangonar.

parangonar tr. Comparar una cosa con otra. || En impr., justificar o ajustar en una línea las letras, adornos, etc., de cuerpos o tamaños desiguales.

paraninfo m. Salón de actos académicos de algunas facultades o universidades.

paranoia f. Conjunto de perturbaciones mentales que provocan un estado de delirio y que se caracterizan por ideas o ilusiones fijas, sistematizadas y lógicas. También suele usarse en sentido figurado: *le ha entrado la paranoia de que todos estamos en su contra.* ‖ FAM. paranoico.

paranoico, ca adj. y s. Relativo a la paranoia, que la muestra o la padece.

paranomasia f. Paronomasia.

paranormal adj. Se apl. al fenómeno que, por no tener explicación racional o científica, estudia la parapsicología.

paraolimpiada o **paraolimpíada** f. Olimpiada en la que participan exclusivamente deportistas discapacitados. ‖ FAM. paraolímpico.

parapente m. Actividad que consiste en lanzarse al vacío desde una pendiente pronunciada con un paracaídas de forma rectangular y ya abierto para volar aprovechando los vientos y las corrientes. ‖ Paracaídas de forma rectangular que se utiliza en esta actividad. ‖ FAM. parapentista.

parapetar tr. y prnl. Resguardar con parapetos u otra cosa que supla la falta de estos. ‖ Precaverse de un riesgo por algún medio de defensa.

parapeto m. Barrera hecha con piedras, sacos de arena, etc., para protegerse detrás de ella en un combate. ‖ Pared o barandilla que se pone para evitar caídas. ‖ FAM. parapetar.

paraplejia o **paraplejía** f. Parálisis de la mitad inferior del cuerpo. ‖ FAM. parapléjico.

parapléjico, ca adj. Relativo a la paraplejia. ‖ Que la padece. También s.

parapsicología f. Estudio de los fenómenos y comportamientos psicológicos cuya naturaleza y efectos no tienen una explicación científica, como la telepatía, la levitación, etc. ‖ FAM. parapsicológico, parapsicólogo.

parapsicólogo, ga adj. y s. Que cultiva o conoce la parapsicología.

parar intr. Cesar o interrumpirse un movimiento o acción. También prnl. ‖ Llegar a cierto estado, condición, etc., después de haber pasado por distintos sucesos: *el escrito fue a parar a mi mesa.* ‖ Estar en un lugar o frecuentarlo: *suele parar en este hotel.* ‖ Recaer, venir a estar en dominio o propiedad: *los bienes fueron a parar a su hermano.* ‖ tr. Detener o impedir un movimiento o acción: *el policía lo paró a la entrada.* ‖ Interceptar el balón para que no entre en la portería. ‖ En una lucha, interceptar el golpe del contrario. ‖ Detener la embestida del toro. ‖ prnl. Construido con la prep. *a* y el infinitivo de algunos verbos que expresan entendimiento, realizar dicha acción con atención y calma: *pararse a pensar.* ‖ *amer.* Estar de pie o levantarse. ‖ **¡dónde va a parar!** loc. Expresión con la que se magnifican las excelencias de una cosa en comparación con otra. ‖ **dónde vamos, iremos,** etc., **a parar** loc. Expresión de asombro o consternación ante nuevas cosas o situaciones. ‖ **no parar en** loc. *col.* Seguido de un nombre de lugar, no aparecer mucho por él: *no parar mucho en casa.* ‖ **quedar** o **salir bien** o **mal parado** loc. Tener éxito o no en un asunto o salir de él sin daño o no. ‖ **y pare usted de contar** loc. Expresión con que se pone fin a una cuenta, narración o enumeración. ‖ FAM. parabrisas, paracaídas, parachoques, parada, paradero, parado, pa-

ragolpes, paraguas, paraje, paramento, papapeto, pararrayos, parasol, paro.

pararrayos m. Dispositivo que se coloca sobre edificios, barcos, etc., para preservarlos de los efectos de las descargas eléctricas producidas en la atmósfera. ◆ No varía en pl.

parasimpático, ca adj. y m. Se apl. al sistema nervioso vegetativo cuyas funciones antagonizan con las del sistema nervioso simpático.

parasíntesis f. En gram., formación de vocablos en que intervienen la composición y la derivación, como la originada en las palabras *ensuciar* o *encañonar.* ◆ No varía en pl. ‖ FAM. parasintético.

parasitar tr. Vivir a costa de otro, ser su parásito.

parasitario, ria adj. De los parásitos, relacionado con ellos o provocado por su acción.

parasitismo m. Modo de vida y tipo de asociación propia de los organismos parásitos. ‖ Costumbre o hábito de los que viven a costa de otros y se aprovechan de ellos, como los parásitos.

parásito, ta adj. Se apl. al organismo vegetal o animal que vive a costa de otro organismo de distinta especie, alimentándose de las sustancias que este elabora y perjudicándole, aunque sin llegar a producirle la muerte; se clasifican en endoparásitos y ectoparásitos, según habiten en el interior o el exterior de sus huéspedes. También m. ‖ Se dice del ruido que perturba las transmisiones radioeléctricas. ‖ m. y f. Persona que vive a costa de otra. ‖ FAM. parasitar, parasitario, parasiticida, parasitismo, parasitología, parasitosis.

parasitología f. Parte de la biología que estudia los seres parásitos.

parasol m. Sombrilla, quitasol. ‖ Objeto o dispositivo que se coloca en ciertos sitios para protegerlos de los rayos del sol.

parataxis f. En gram., coordinación de elementos del mismo tipo gramatical o igual función sintáctica. ◆ No varía en pl.

paratifoideo, a adj. y f. Se apl. a la infección intestinal que ofrece la mayoría de los síntomas de la fiebre tifoidea, a pesar de originarse por un microbio distinto. ‖ FAM. paratífico.

paratiroides adj. y f. Se apl. a la glándula de secreción interna de las situadas en torno al tiroides, de muy pequeño tamaño y cuya lesión produce la tetania. ◆ No varía en pl.

parca f. En mit., cada una de las tres deidades infernales hermanas, Cloto, Láquesis y Átropos, representadas con figura de viejas, de las cuales la primera hilaba, la segunda devanaba y la tercera cortaba el hilo de la vida del hombre. ‖ *poét.* La muerte.

parcasé m. *amer.* Parchís.

parcela f. Pequeña porción o partición de terreno. ‖ En el catastro, cada una de las tierras de distinto dueño que constituyen un pago o término. ‖ Parte de una cosa. ‖ FAM. parcelar, parcelario.

parcelar tr. Dividir una finca grande en porciones más pequeñas. ‖ Partir o dividir una materia o un asunto en partes. ‖ FAM. parcelable, parcelación.

parche m. Trozo de tela u otra cosa que se pone sobre algo para tapar un agujero, un roto o una falta. || Venda u otra cosa que se pone en una herida o parte enferma del cuerpo. || Cosa que se añade a otra y desentona. || Arreglo o solución provisional. || Cada una de las dos pieles del tambor. || Tambor, instrumento musical. || FAM. parchar, parchear.

parchear tr. Poner parches en una cosa. || *amer.* Sobar o manosear a una persona.

parchís m. Juego que se practica en un tablero con cuatro salidas y en el que cada jugador, provisto de cuatro fichas del mismo color, trata de hacerlas llegar a la casilla central, desplazándolas el número de casillas que indica un dado. ◆ pl. *parchises.*

parcial adj. Solo de una parte: *examen parcial.* || No total o completo: *eclipse parcial.* || Que no es justo o equitativo: *opinión parcial.* || m. Examen que el alumno hace de una parte de la asignatura. || Resultado a que ha llegado en un momento intermedio de una competición o un partido. || FAM. parcialidad, parcialmente.

parcialidad f. Amistad, estrechez, familiaridad en el trato. || Designio anticipado, prejuicio o prevención en favor o en contra de personas o cosas que conlleva la falta de neutralidad o la injusticia en el modo de juzgar o de proceder. || Bando, partido.

parco, ca adj. Sobrio y moderado en cualquier aspecto: *parco en la bebida.* || FAM. parcamente, parquedad.

pardal m. Gorrión. || Pardillo, ave.

pardillo, lla adj. Rústico, palurdo. También s. || Se apl. a la persona simple e inocente a la que es fácil engañar. || m. Nombre común de diversas especies de aves paseriformes de unos 13 cm de longitud, con el plumaje de color pardo rojizo en el dorso, que se alimentan de semillas, cantan bien y se domestican con facilidad.

pardo, da adj. De color marrón rojizo. También m. || Oscuro. || Se apl. a la voz que no tiene el timbre claro y que es poco vibrante. || *amer.* Se decía del mulato, mestizo de negra y blanco o al contrario. || FAM. pardal, pardear, pardillo, pardusco.

pardusco, ca o **parduzco, ca** adj. De color cercano al pardo.

pareado, da adj. Se dice de los dos versos que van seguidos y riman entre sí. || adj. y m. Se apl. a la construcción adosada a otra. || m. Estrofa formada por dos versos seguidos y que riman entre sí. || FAM. parear, pareo.

parecer[1] m. Opinión, juicio. || Aspecto físico de una persona.

parecer[2] v. copul. Tener determinada apariencia o aspecto o causar cierta impresión. || intr. Opinar, creer: *me parece bien que lo hagas.* || intr. impers. Existir indicios de lo que se dice: *parece que ya se han ido.* || prnl. Tener semejanza, asemejarse: *los dos hermanos se parecen.* || **a lo que parece, al parecer** locs. conjunts. Según lo que se muestra, da a entender o aparenta: *al parecer, está enfadada.* ◆ **Irreg.** Se conj. como *agradecer.* || FAM. parecer, parecido.

parecido, da adj. Que se parece a otra persona o cosa. || Que tiene buen o mal aspecto físico. ◆ Solo se usa con los advs. *bien* o *mal: su novia es muy bien parecida.* || m. Semejanza, similitud.

pared f. Obra de albañilería levantada en posición vertical para cerrar un espacio o sostener el techo. || Tabique. || Placa o lámina de una cosa considerada o limitado un espacio. || Cara o superficie lateral de un cuerpo. || Cara lateral de una montaña o de una excavación. || **de pared** loc. adj. Se apl. al objeto destinado a estar adosado a una pared o a colgar de ella: *piano, reloj de pared.* || **entre cuatro paredes** loc. adv. Encerrado en algún lugar. || **subirse por las paredes** loc. *col.* Mostrarse extraordinariamente irritado. || FAM. paredaño, paredón, parietal.

paredón m. Pared que queda en pie como ruina de un edificio antiguo. || Muro contra el que se lleva a cabo un fusilamiento.

pareja f. Conjunto de dos personas o cosas que tienen alguna correlación o semejanza. || Cada una de estas personas o cosas considerada en relación con la otra. || Compañero o compañera. || pl. En el juego de los dados, los dos números o puntos iguales que salen de una tirada. || En los naipes, dos cartas con el mismo valor o figura. || **por parejas** loc. adv. De dos en dos.

parejero, ra adj. y s. *amer.* Se apl. al caballo de carreras y, en general, a todo caballo excelente y veloz. || *amer.* Vanidoso, presumido.

parejo, ja adj. Igual o semejante. || Liso, llano.

paremia f. Refrán, proverbio, dicho popular que contiene una moraleja o un consejo. || FAM. paremiología, paremiológico, paremiólogo.

paremiología f. Ciencia que estudia los refranes. || Tratado que los contiene.

parénquima m. Tejido vegetal esponjoso con grandes vacuolas y fuerte pared celular, que realiza funciones de fotosíntesis y de almacenamiento. || Tejido de los órganos glandulares. || Tejido de tipo conjuntivo que recuerda al parénquima vegetal. || FAM. parenquimático, parenquimatoso.

parental adj. De los padres o parientes o relativo a ellos. || Que se refiere a uno o a ambos progenitores. También s.

parentela f. Conjunto de parientes de una persona.

parenteral adj. Se apl. a la forma de administración de un medicamento cuando no es digestiva.

parentesco m. Unión o vínculo que existe entre los parientes. || Relación o semejanza que existe entre las cosas.

paréntesis m. Signo ortográfico ( ) en que suele encerrarse una palabra, expresión o frase que se intercala en el discurso. || Esta palabra, expresión o frase intercalada en el discurso. || Parada o interrupción. || Signo igual al anterior utilizado en matemáticas. ◆ No varía en pl. || FAM. parentético.

pareo[1] m. Emparejamiento, unión.

pareo[2] m. Pañuelo grande que, anudado a la cintura o bajo los brazos, se usa generalmente sobre el bañador para cubrir el cuerpo.

parestesia f. Sensación o conjunto de sensaciones anormales y especialmente el hormigueo, adormecimiento o calor que se experimenta en la piel producto de algunas enfermedades del sistema nervioso o circulatorio.

paria com. Persona de la casta ínfima de los hindúes. || Persona insignificante.

parida f. *col.* Tontería, estupidez, sandez. || adj. y f. Se apl. a la hembra que ha parido hace poco.

paridad f. Igualdad de las cosas entre sí. || Relación de una moneda con el patrón monetario internacional vigente.

pariente, ta adj. Se apl. a la persona que pertenece a la misma familia que otra. Más como s. ◆ Se usa más en el m. para referirse al f. || *col.* Semejante o parecido. ◆ Se usa más en el m. para referirse al f. || m. y f. *col.* El marido respecto de la mujer, y la mujer respecto del marido. || FAM. parental, parentela, parentesco.

parietal adj. y m. Se apl. a cada uno de los huesos situados en las partes medias y laterales del cráneo.

pariguayo, ya m. y f. *amer.* Persona que hace el ridículo por no estar a la altura de las circunstancias.

parihuela f. Utensilio para transportar pesos entre dos personas, formado por dos barras entre las que se sostiene una plataforma. Más en pl. || Cama portátil o camilla. También pl.

paripé m. *col.* Simulación, fingimiento: *hacer el paripé.*

parir intr. Expulsar la hembra el feto que tenía en su vientre. También tr. || *col.* Vomitar. || tr. Producir o causar una cosa. || Hacer salir a la luz o al público. || **poner a parir** a alguien loc. *col.* Criticarlo, amonestarlo, insultarlo. || FAM. parida, paridera, pariente, paritorio, parto.

parisílabo, ba o **parisilábico, ca** adj. Se apl. al vocablo o al verso que consta de igual número de sílabas que otro.

paritario, ria adj. Proporcional, justo. || Se apl. principalmente a los organismos de carácter social constituidos por representantes de patronos y obreros en número igual y con los mismos derechos.

paritorio m. Sala de una maternidad donde tiene lugar el parto.

parka f. Chaquetón de abrigo con capucha e impermeable.

parking (voz i.) m. Aparcamiento público o privado. ◆ pl. *parkings.*

párkinson m. Enfermedad neurológica degenerativa que se caracteriza por la rigidez muscular y el temblor permanente de las manos.

parlache m. *amer.* Jerga surgida y desarrollada en los sectores populares y marginados de Medellín, en Colombia, que se ha extendido en otros estratos sociales del país.

parlamentar intr. Hablar o conversar para llegar a un acuerdo o solución. || FAM. parlamento.

parlamentario, ria adj. Del parlamento, del parlamentarismo o relativo a ellos. || m. y f. Persona que va a parlamentar. || Miembro de un parlamento. Más en pl. || FAM. parlamentariamente.

parlamentarismo m. Sistema político e ideología que defiende que el poder legislativo esté confiado al parlamento, ante el cual es responsable el Gobierno.

parlamento m. Cámara o asamblea legislativa, nacional o provincial. || Acción de parlamentar. || Discurso largo en verso o prosa dentro de una obra dramática. || FAM. parlamentario, parlamentarismo.

parlanchín, ina adj. y s. *col.* Que habla mucho.

parlar intr. Hablar, conversar mucho y sin sustancia. || Hacer algunas aves sonidos que se asemejan a la locución humana. || FAM. parla, parlache, parlamentar, parlanchín, parlante, parlero, parleta, parlotear.

parlotear intr. *col.* Hablar mucho y sin sustancia unos con otros, por diversión o pasatiempo. || FAM. parloteo.

parnasianismo m. Movimiento poético desarrollado en Francia entre 1866-1876 como reacción contra el Romanticismo y que se caracterizó por una lírica despersonalizada y positivista. || FAM. parnasiano.

parnasiano, na adj. y com. Del parnasianismo o relativo a esta escuela poética.

parnaso m. Conjunto de los poetas de un lugar o época determinados. || Colección de poesías, antología de varios autores de un lugar y época determinados. || FAM. parnasianismo.

parné m. *col.* Dinero.

paro m. Cesación de un movimiento o una acción. || Interrupción en el trabajo. || Huelga, cesación voluntaria en el trabajo por común acuerdo de obreros o empleados. || Situación del que se encuentra privado de trabajo. || Conjunto de las personas que no tienen trabajo y situación de las mismas.

parodia f. Imitación que se hace de alguien o algo como burla. || FAM. parodiador, parodiar, paródico, parodista.

parodiar tr. Hacer una parodia. || Remedar, imitar.

paródico, ca adj. Relativo a la parodia, que la contiene o la incluye.

paronimia f. Circunstancia de ser parónimos dos o más vocablos.

parónimo, ma adj. Se apl. a la palabra que parece a otra en su forma o pronunciación. También m. || Se dice del vocablo que tiene relación o semejanza con otro por su etimología, como *cálido* con *caldo*, o solamente por su forma o sonido, como *queso* con *peso*. || FAM. paronimia, paronomasia.

paronomasia f. Semejanza entre dos o más vocablos que no se diferencian sino por la vocal tónica en cada uno de ellos, como *cabello* y *caballo* o *caso* y *coso*. || Relación de semejanza fónica que tienen entre sí ciertas palabras, como *relevar* y *rebelar*. || Conjunto de dos o más vocablos que forman paronomasia. || Figura que consiste en el uso de parónimos con el fin de producir un efecto de estilo. || FAM. paronomástico.

parótida f. Cada una de las dos glándulas salivales mayores, situadas en la parte posterior de la boca del hombre y de los animales mamíferos, que segregan una saliva fluida y rica en albúmina. || Tumor inflamatorio en esta glándula. || FAM. parotiditis.

paroxismo m. Empeoramiento o acceso violento de una enfermedad. || Exaltación extrema de los sentimientos y pasiones. || FAM. paroxístico.

paroxítono, na adj. En fon., se apl. a la palabra llana o grave, que lleva su acento tónico en la penúltima sílaba. También s. || Se dice del verso que termina en palabra llana o grave. || FAM. oxítono, proparoxítono.

parpadear intr. Abrir y cerrar repetidamente los párpados. ‖ Titilar una luz. ‖ FAM. parpadeante, parpadeo.

parpadeo m. Apertura y cierre repetido de los párpados. ‖ Oscilación o cambio de la intensidad de la luz de un cuerpo: *parpadeo de una estrella.*

párpado m. Cada una de las membranas movibles que sirven para resguardar el ojo en el hombre y en muchos animales. ‖ FAM. parpadear.

parque m. Terreno o sitio cercado y con plantas, para caza o para recreo. ‖ Terreno arbolado y ajardinado situado en el interior de una población como lugar de recreo. ‖ Conjunto de instalaciones, medios, instrumentos o materiales destinados a un servicio público: *parque de bomberos.* ‖ Pequeño recinto protegido de diversas formas donde se deja a los niños que aún no andan para que jueguen. ‖ **parque móvil** Conjunto de vehículos propiedad del Estado o de algún ministerio u organismo político. ‖ **parque nacional** Paraje extenso y agreste que el Estado acota para que en él se conserve la fauna y la flora. ‖ **parque zoológico** Lugar en que se crían y se cuidan fieras y otros animales no comunes para el conocimiento público de la zoología. ‖ FAM. parquear.

parqué m. Pavimento para suelos de interior formado por listones muy pequeños de madera dispuestos en formas geométricas. ‖ Conjunto de valores bursátiles. ◆ pl. *parqués.*

parqueadero m. *amer.* Aparcamiento, garaje.

parquear tr. *amer.* Aparcar, estacionar un vehículo. ‖ FAM. parqueadero.

parquedad f. Moderación económica o prudencia en el uso de las cosas. ‖ Moderación, sobriedad: *comer con parquedad.*

parquet (voz fr.) m. Parqué. ◆ pl. *parquets.*

parquímetro m. Aparato destinado a regular el tiempo de estacionamiento de los vehículos en un determinado lugar.

parra f. Vid de tronco leñoso, sobre todo si está levantada sobre un armazón artificial por la que extender sus ramas. ‖ *amer.* Especie de bejuco. ‖ **subirse** uno **a la parra** loc. *col.* Irritarse, enfadarse airadamente. ‖ Darse importancia, enorgullecerse. ‖ Tomarse alguno atribuciones o confianzas que no le corresponden. ‖ FAM. parral, parrar.

parrafada f. *col.* Conversación serena y confidencial. ‖ *col.* Trozo largo y pesado de charla o conversación.

párrafo m. Cada una de las divisiones de un escrito señaladas por letra mayúscula al principio del renglón y punto y aparte al final del tramo de escritura. ‖ Signo ortográfico § con que a veces se señala cada una de estas divisiones. ‖ FAM. parrafada, parrafear, parrafeo.

parranda f. *col.* Juerga, jarana. ‖ Cuadrilla de músicos o aficionados que salen de noche tocando instrumentos de música o cantando para divertirse. ‖ FAM. parrandear, parrandeo, parrandero.

parricida com. Persona que comete parricidio. También adj. ‖ P. ext., persona que mata a alguno de sus parientes.

parricidio m. Delito cometido por el que mata a su ascendiente o descendiente, directos o colaterales, o a su cónyuge. ‖ FAM. parricida.

parrilla f. Rejilla de hierro provista de mango y pies que se pone sobre la lumbre para asar o tostar alimentos. ‖ Restaurante en que se preparan asados a la vista de la clientela y, p. ext., cualquier restaurante de cierta categoría. ‖ **parrilla de salida** Espacio señalado al principio de un circuito de carrera, en que se sitúan los vehículos para comenzar la competición. ‖ FAM. parrillada.

parrillada f. Plato compuesto de diversos pescados o mariscos asados a la parrilla. ‖ Plato compuesto de carne de vaca, chorizo, morcilla, etc., asados a la parrilla.

párroco m. Cura que tiene a su cargo una parroquia. También adj.

parroquia f. Iglesia en que se administran los sacramentos a los fieles de un determinado territorio o distrito. ‖ Conjunto de feligreses. ‖ Territorio que está bajo la jurisdicción de una determinada iglesia. ‖ Conjunto de personas que compran en un comercio, clientela. ‖ FAM. párroco, parroquial, parroquiano.

parroquiano, na adj. De una determinada parroquia o que pertenece a ella. También s. ‖ m. y f. Persona que acostumbra a ir siempre a un mismo establecimiento público, cliente.

parsec o **pársec** m. Unidad de longitud que equivale a 3,26 años luz, igual a la distancia de un cuerpo celeste cuya paralaje anual es de un segundo. ◆ *parsecs* o *pársecs.*

parsi com. Pueblo procedente de la antigua Persia y seguidor de la religión de Zoroastro, que habita actualmente en la India. ‖ m. Idioma hablado por los parsis. ‖ FAM. parsismo.

parsimonia f. Calma, cachaza o lentitud excesivas. ‖ Moderación en los gastos. ‖ FAM. parsimonioso.

parte f. Porción indeterminada de un todo. ‖ Porción que le corresponde a alguien en un reparto, cuota, etc. ‖ Sitio o lugar. ‖ Lado de una cosa. ‖ Cada una de las divisiones principales, comprensivas de otras menores, que suele haber en una obra científica o literaria. ‖ Cada una de las personas que han hecho un contrato o que tienen participación o interés en un mismo negocio. ‖ Cada una de las personas o grupos de ellas enfrentadas en una disputa, pleito, etc. ‖ Con la preposición *a* y el demostrativo *esta*, significa 'el tiempo presente' o 'la época de la que se trata', con relación al tiempo pasado: *ha habido cambios de un tiempo a esta parte.* ‖ Cada uno de los aspectos que pueden considerarse en una persona o cosa. ‖ m. Escrito, ordinariamente breve, que se envía por correo o por otro medio cualquiera a una persona para darle un aviso o noticia urgente. ‖ Comunicación de cualquier clase: *parte meteorológico, médico.* ‖ Noticiario radiofónico o televisivo. ‖ f. pl. *col.* Con el adj. pos., órganos genitales. ‖ **parte de la oración** En gram., cada una de las distintas clases de palabras que tienen diferente función en la oración: artículo, nombre, adjetivo, pronombre, verbo, adverbio, preposición, conjunción e interjección. ‖ **dar parte** loc. Notificar alguna cosa. ‖ **de parte a parte** loc. adv. Desde un lado al opuesto. ‖ **de parte de** alguien loc. adv. En su nombre. ‖ **en parte** loc. adv. Parcialmente, solo en algunos aspectos. ‖ **no llevar**, o **ir**, o **conducir** algo **a ninguna parte** loc. No tener consecuencia alguna, ser inútil. ‖ **poner** alguien **de**

su parte algo loc. Favorecer algo, hacer lo posible por lograr un objetivo. ‖ **ponerse de parte de** alguien loc. Adherirse a su opinión, ser solidario con él. ‖ **por partes** loc. adv. Con distinción y separación de los puntos o circunstancias de la materia que se trata. ‖ **tomar parte** en algo loc. Participar en ello. ‖ FAM. parcela, parcial, participar, partícula, partir.

parteluz m. Columna delgada que divide en dos un hueco de ventana.

partenaire (voz fr.) com. Compañero, pareja.

partenogénesis f. Modo de reproducción de algunos animales y plantas que consiste en la formación de un nuevo ser por división de células femeninas que no se han unido con gametos masculinos. ◆ No varía en pl. ‖ FAM. partenogenético.

partero, ra m. y f. Persona que asiste a una mujer en un parto.

parterre m. Jardín o parte de él con césped y flores.

partición f. División o reparto que se hace entre varios.

participación f. Intervención en algún asunto. ‖ Proporción o cantidad de dinero con la que se participa en un negocio o asunto. ‖ Aviso, parte o noticia que se da a uno. ‖ Parte que se juega en un décimo de la lotería, y billete en que consta.

participante adj. Que participa en alguna cosa. ‖ Se apl. al jugador o al deportista que toma parte en una competición deportiva.

participar intr. Entrar junto con otros en un asunto o negocio. ◆ Se construye con la prep. *en: participar en una carrera.* ‖ Compartir la opinión, sentimientos o cualidades de otra persona o cosa. ◆ Se construye con la prep. *de: participo de su opinión.* ‖ tr. Dar parte, comunicar: *le participaron la sentencia.* ‖ FAM. participación, participacionismo, participante, participativo, partícipe, participio.

partícipe adj. y com. Que participa o interviene en una cosa. ‖ **hacer** a alguien **partícipe de algo** loc. Comunicar, informar.

participio m. En gram., forma no conjugable del verbo que desempeña generalmente la función de adjetivo; es regular el que acaba en *-ado* o en *-ido*, como *amado*, de *amar*, y *temido* y *partido*, de *temer* y *partir*; es irregular el que tiene cualquier otra terminación, como *escrito*, *impreso* o *abierto*. ‖ FAM. participial.

partícula f. Cuerpo muy pequeño o parte pequeña de algo. ‖ En gram., término con que suelen designarse las partes invariables de la oración o las que sirven para expresar las relaciones que se establecen entre las distintas frases, o especialmente el elemento que entra en la formación de ciertos vocablos. ‖ FAM. particular.

particular adj. Propio y privativo de una persona o cosa: *profesor, secretaria particular.* ‖ Especial, extraordinario o poco corriente: *tiene un particular modo de ver las cosas.* ‖ Singular o individual en oposición a universal o general: *caso particular.* ‖ Privado, que no es público: *camino, médico particular.* ‖ Se dice del acto que no es oficial y se realiza al margen del cargo que desempeñe una persona. ‖ Se apl. a la persona que no tiene un cargo oficial y no trabaja en la oficina o centro del que se tra-

te. También com. ‖ m. Punto o materia de los que se trata: *hablemos de este particular.* ‖ **en particular** loc. adv. Especialmente. ‖ **sin otro particular** loc. adv. Sin más cosas que decir o añadir. ‖ FAM. particularidad, particularismo, particularizar, particularmente.

particularidad f. Característica, singularidad peculiaridad que distingue una cosa de otra de su misma clase o especie.

particularismo m. Preferencia excesiva que se da al interés particular sobre el general. ‖ FAM. particularista.

particularizar tr. Concretar, detallar. ‖ Referirse a algo concreto. ‖ prnl. Distinguirse, singularizarse en algo. ‖ FAM. particularización.

partida f. Ida o marcha de un lugar. ‖ Cantidad que se anota en una cuenta. ‖ Mercancía que se envía o entrega de una vez. ‖ Anotación que se hace en un registro sobre ciertos datos de una persona. ‖ Copia certificada de alguno de estos registros o anotaciones: *partida de nacimiento, de defunción.* ‖ Cada una de las jugadas o manos de que consta un juego, o conjunto de ellas previamente convenido. ‖ Número de jugadas de un mismo juego necesarias para que cada uno de los jugadores gane o pierda definitivamente. ‖ Conjunto de personas reunidas con un determinado fin: *partida de caza, de malhechores.*

partidario, ria adj. y s. Que defiende o apoya una idea o a una persona o un bando o forma parte de él: *partidario de hacerlo, de la reforma.*

partidero m. *amer.* Lugar desde el que parte un camino en varias direcciones.

partidismo m. Adhesión o sometimiento a las opiniones de un partido con preferencia a los intereses generales. ‖ P. ext., tendencia a favorecer o apoyar a una persona o una idea, cuando se debería ser imparcial. ‖ FAM. partidista.

partidista adj. Del partidismo o relativo a él. ‖ adj. y com. Defensor de esta actitud.

partido, da adj. Dividido, roto. ‖ m. Organización o asociación política estable que, apoyada en una ideología afín entre sus afiliados, aspira a ejercer el poder para desarrollar su programa. ‖ Provecho, ventaja: *sacar partido.* ‖ Territorio de una jurisdicción o administración que tiene por cabeza un pueblo principal: *partido judicial, cabeza de partido.* ‖ Competición deportiva. ‖ **partido judicial** Distrito o territorio que comprende varios pueblos de una provincia, en que, para la administración de justicia, ejerce jurisdicción un juez de primera instancia. ‖ **un buen partido** *col.* Se apl. a la persona casadera que disfruta de una buena posición. ‖ **tomar partido** loc. Determinarse o decidirse una persona entre varias posibilidades. ‖ FAM. partidario, partidismo.

partir tr. Dividir algo en dos o más partes. ‖ Hender, rajar, romper. También prnl. ‖ Repartir un todo entre varios. ‖ Sacar o separar una parte de un todo. ‖ En mat., dividir, hallar cuántas veces una cantidad está contenida en otra. ‖ intr. Tomar un hecho, una fecha o cualquier otro antecedente como base para un razonamiento o cómputo. ◆ Se construye con la prep. *de: partir de un supuesto falso.* ‖ Irse, ponerse en camino. ‖ *col.* Perjudicar, molestar mucho: *me ha partido al pedirme que trabaje el fin de semana.* ◆ Se construye con la prep. *de: la idea partió de mí.* ‖ prnl. *col.* Reírse mucho. ‖ **a partir de** loc. adv. Desde. ‖ Tomando algo como base. ‖ FAM. partaluz, partible, partición, partida, partidero, partido, partitivo.

partisano, na adj. y s. Se apl. al guerrillero que combate a un ejército invasor o apoyado por un gobierno ilegítimo, especialmente referido a los que lucharon durante la Segunda Guerra Mundial contra los ejércitos de ocupación.

partitivo, va adj. Que puede partirse o dividirse. ‖ adj. y m. En gram., se apl. al nombre y al adjetivo numeral que expresa división de un todo en partes, como *mitad, medio* o *doceavo.*

partitura f. Texto completo de una obra musical para varias voces o instrumentos.

parto m. Salida del feto del cuerpo materno dando por finalizado el embarazo. ‖ El ser que ha nacido. ‖ Cualquier producción física o intelectual. ‖ FAM. partero, parturienta.

parturienta adj. y f. Se apl. a la mujer que está de parto o acaba de parir.

parva f. Mies extendida en la era para trillarla.

parvo, va adj. Pequeño, escaso. ‖ FAM. parvedad, parvificar, párvulo.

parvulario m. Lugar donde se cuida y educa a los niños pequeños. ‖ Conjunto de los niños que reciben educación preescolar, hoy denominada Educación Infantil.

párvulo, la adj. De corta edad. ‖ adj. y s. Se apl. al niño que recibe educación preescolar, hoy denominada Educación Infantil. ‖ Inocente o ignorante. ‖ FAM. parvulario, parvulez, parvulista.

pasa f. Uva que se ha secado de forma natural en la vid, o artificialmente. ‖ **estar** uno **hecho una pasa,** o **quedarse una pasa** loc. *col.* Tener muchas arrugas, estar muy avejentado. ‖ FAM. paso.

pasable adj. Que se puede pasar por resultar aceptable o tolerable.

pasabocas f. *amer.* Pequeña cantidad de comida que se toma como aperitivo con una bebida, tapa. ◆ No varía en pl.

pasacalle m. Marcha popular de compás muy vivo.

pasada f. Paso de una cosa a otro. ‖ Último repaso o retoque antes de dar una cosa por terminada. ‖ Limpieza, plancha o costura superficiales. ‖ Vuelo o recorrido realizado por una aeronave o por un vehículo en un lugar. ‖ *col.* Acción inmoderada, excesiva o muy buena: *esa jugada ha sido una pasada.* ‖ **mala pasada** *col.* Faena, jugarreta, mal comportamiento de una persona con otra. ‖ **de pasada** loc. adv. Sin detalle, ni detenimiento: *lo saludé de pasada.*

pasadiscos m. *amer.* Tocadiscos.

pasadizo m. Paso estrecho que en las casas o calles sirve para ir de una parte a otra atajando camino.

pasado, da adj. Que ha ocurrido en un tiempo anterior al presente. ‖ Que está estropeado, gastado o muy cocido. ‖ *col.* Que está bajo los efectos de la droga o del alcohol: *ir pasado.* ‖ m. Tiempo anterior al presente. ‖ En gram., pretérito, tiempo verbal.

pasador, ra adj. y s. Que pasa de una parte a otra; sobre todo, se apl. al que pasa contrabando. ‖ m. Broche u horquilla para sujetar algo: *pasador de corbata, de pelo.* ‖ Pestillo de puertas y ventanas. ‖ Nombre dado a diferentes utensilios que se colocan pasando de un lado a otro para sujetar alguna cosa. ‖ Utensilio de cocina que se utiliza para pasar o colar los alimentos.

pasaje m. Derecho que se paga por pasar por un lugar. ‖ Billete de barco o avión. ‖ Conjunto de pasajeros de un barco o avión. ‖ Calle estrecha y corta o pasadizo. ‖ Paso público entre dos calles, algunas veces cubierto. ‖ Fragmento de una obra con sentido completo: *pasaje de la Biblia.* ‖ FAM. pasajero.

pasajero, ra adj. Que pasa pronto o dura poco: *dolor pasajero.* ‖ m. y f. Persona que viaja en un vehículo, especialmente un avión, barco o tren, sin conducirlo. ‖ FAM. pasajeramente.

pasamanería f. Obra o trabajo de pasamano. ‖ Establecimiento donde se fabrican o venden pasamanos.

pasamano m. Listón que se coloca sobre las barandillas. ‖ Trabajo hecho con cordones trenzados, borlas, galones, etc., que se usa para adornar ropas y otras cosas. ‖ FAM. pasamanería.

pasamanos m. pl. Pasamano, listón.

pasamontañas m. Gorro para defenderse del frío que suele cubrir toda la cabeza excepto los ojos y la nariz. ◆ No varía en pl.

pasante com. Persona que ayuda y acompaña al maestro de una facultad en el ejercicio de ella, para aprender su práctica. ‖ Ayudante de un abogado. ‖ FAM. pasantía.

pasantía f. Oficio y cargo del pasante en las facultades y profesiones. ‖ Tiempo que dura este ejercicio.

pasaportar tr. Dar o expedir pasaporte. ‖ *col.* Despedir a alguien, echarlo de donde está. ‖ *col.* Asesinar.

pasaporte m. Documento en que consta la identidad de una persona, necesario para viajar por algunos países. ‖ **dar el pasaporte** loc. *col.* Pasaportar. ‖ FAM. pasaportar.

pasapurés m. Utensilio de cocina para colar y homogeneizar mediante presión patatas, verduras, legumbres, etc., después de cocidas. ◆ No varía en pl.

pasar tr. Llevar, trasladar, conducir de un lugar o situación a otro. También intr. y prnl.: *pasarse al enemigo.* ‖ Cruzar de una parte a otra: *pasar la frontera, un río.* ‖ Introducir o extraer mercancías, especialmente de manera ilegal: *pasar droga, contrabando.* ‖ Ir más allá de un punto, traspasarlo: *pasar el límite, la raya.* ‖ Enviar, transmitir: *pasar información.* ‖ Dar, transferir o entregar algo a alguien: *te pasaré esos libros.* ‖ Estar en un lugar o en cierta situación durante un tiempo: *pasó el verano en la playa.* ‖ Superar, exceder: *pasar una prueba.* ‖ Sufrir, padecer: *pasar una enfermedad.* ‖ Tolerar o permitir: *ya te he pasado muchas faenas.* ‖ Tragar comida o bebida: *no puedo pasar esta carne tan seca.* ‖ Llevar una cosa por encima de otra, de modo que la vaya tocando: *pasar la fregona al suelo.* ‖ Introducir, meter una cosa por el hueco de otra. ◆ Se construye con la prep. *por: pasar el hilo por la aguja.* ‖ Colar, cribar, tamizar: *pasar por el cedazo.* ‖ Proyectar una película cinematográfica. ‖ Entregar un jugador el balón a otro. ‖ Transcribir. ◆ Se construye con la prep. *a: pasar a limpio, a máquina.* ‖ Correr sucesivamente los elementos de una serie: *pasar las páginas.* ‖ intr. Transitar por un lugar, entrar en él o atravesarlo: *pasar al interior.* ‖ Cesar, acabarse algo. También prnl.: *¿se te ha pasado el dolor?* ‖ Con referencia al tiempo, ocuparlo: *pasamos la tarde charlando.* ‖ Experimentar una situación. ◆ Se construye con la prep. *por: pasa por un mal momento.* ‖ Ser tenido, ser considerado por algo. ◆ Se construye con la prep. *por* seguida de un calificativo: *pasa por tonto.* ‖ Con la prep. *sin* y algunos nombres, no necesitar lo significado por ellos: *pasamos sin coche.* También prnl. ‖ *col.* No intervenir en algo o mostrar desinterés: *paso de discusiones.* ‖ intr. impers. Ocurrir, suceder: *¿qué pasa?* ‖ prnl. Estropearse o caducar un alimento, medicamento, etc. ‖ Olvidarse de algo: *se me pasó llamarte.* ‖ Excederse en algo: *se pasa de listo.* ‖ En ciertos juegos, hacer más puntos de los que se han fijado para ganar, y en consecuencia perder la partida. ‖ **pasar de largo** loc. Ir por un lugar sin detenerse. ‖ **pasarlo** o **pasárselo** loc. Con advs. ponderativos como *bien, mal,* etc., estar o vivir como expresan: *lo estamos pasando en grande.* ‖ **pasar** alguna cosa **por alto** loc. Omitirla, dejar de considerarla, prescindir de ella deliberadamente. ‖ FAM. pasable, pasablemente, pasabola, pasacalle, pasada, pasadera, pasadero, pasadizo, pasado, pasador, pasaje, pasajero, pasamano, pasamontañas, pasante, pasaporte, pasapurés, pasatiempo, pase, pasear, paso, pasota.

pasarela f. Puente pequeño o provisional. ‖ Pasillo estrecho y algo elevado por donde desfilan los modelos. ‖ Lugar donde tiene lugar un desfile de modelos.

pasatiempo m. Entretenimiento o juego para pasar el rato. Más en pl.

pascal m. Unidad de medida equivalente a la presión uniforme que ejerce la fuerza de un *newton* sobre la superficie plana de un metro cuadrado. Su abrev. es *Pa.*

pascana f. *amer.* Etapa o parada en un viaje. ‖ *amer.* Posada, mesón.

pascua f. Fiesta que celebran los hebreos en marzo, en memoria de la libertad del cautiverio de Egipto. ‖ En la Iglesia católica, fiesta de la resurrección de Cristo, que se celebra el domingo siguiente al plenilunio posterior al 20 de marzo. ‖ P. ext., cualquiera de las celebraciones del nacimiento de Cristo, de la adoración de los Reyes Magos y de la venida del Espíritu Santo sobre los apóstoles. ◆ Se escribe con mayúscula. ‖ **de Pascuas a Ramos** loc. adv. *col.* Muy de tarde en tarde. ‖ **estar** alguien **como unas pascuas** loc. *col.* Estar muy contento. ‖ **hacer la pascua** a alguien loc. Fastidiarlo, perjudicarlo. ‖ **santas pascuas** loc. *col.* Expresión con que se da por finalizada una discusión u otra cosa. ‖ FAM. pascual.

pase[1] m. Acción y resultado de pasar. ‖ Cambio de lugar o situación. ‖ Proyección de una película. ‖ Desfile de modelos de ropa. ‖ Movimiento que hace con las manos el mago o el magnetizador sobre el objeto o la persona que quiere someter a su influencia. ‖ Hacer llegar o entregar la pelota a un compañero de juego. ‖ En esgrima, finta, amago de golpe. ‖ Cada una de las veces que el torero, después de haber llamado o citado al toro

con la muleta, lo deja pasar, sin intentar clavarle la espada. ‖ **tener pase** o **tener un pase** una cosa loc. Ser tolerable o disculpable, poderse pasar.

pase[2] m. Permiso que da un tribunal o superior para que use de un privilegio, licencia o gracia. ‖ Documento con que se le da a una persona un permiso o licencia, p. ej., para transitar por algún sitio, para penetrar en un local, para viajar gratuitamente, etc.

paseante adj. y com. Que pasea o se pasea.

pasear intr. Ir andando por un lugar como distracción, ejercicio, etc. También tr. y prnl. ‖ Hacerlo igualmente en un vehículo, sobre un caballo, etc. También prnl. ‖ tr. Llevar de paseo. ‖ Llevar una cosa de una parte a otra, o hacerla ver acá y allá. ‖ FAM. paseador, paseandero, paseante, paseíllo, paseo.

paseíllo m. Desfile de las cuadrillas por el ruedo, antes de comenzar la corrida.

paseo m. Acción de pasear. ‖ Lugar o sitio público para pasearse. ‖ Distancia corta que se puede recorrer andando. ‖ **a paseo** loc. adv. *col.* Manifiesta el desagrado o desaprobación de lo que alguien propone, dice o hace: *nos mandaron a paseo cuando pedimos un aumento.*

paseriforme adj. Que tiene aspecto de pájaro. ‖ adj. y f. De las paseriformes o relativo a este orden de aves. ‖ f. pl. de aves, generalmente de pequeño tamaño, que tienen dispuestos los dedos de forma que tres están dirigidos hacia delante y uno hacia atrás. Comúnmente, pájaro.

pasifloráceo, a adj. y f. De las pasifloráceas o relativo a esta familia de plantas. ‖ f. pl. Familia de hierbas o arbustos angiospermos dicotiledóneos, trepadores, originarios de países cálidos, con hojas alternas, sencillas o compuestas, flores regulares, casi siempre hermafroditas y pentámeras, solitarias o en racimos, y fruto en baya, como la pasionaria.

pasillo m. Pieza larga y estrecha a través de la cual se accede a las distintas salas de cualquier piso. ‖ Paso estrecho que se abre entre un conjunto de personas o cosas. ‖ Camino aéreo que se asigna a los aviones en sus trayectorias regulares. ‖ *amer.* Composición musical de compás 3 por 4, y baile que con esta música se ejecuta.

pasión f. Inclinación, preferencia o deseo muy ávidos por alguna persona. ‖ Inclinación o preferencia muy viva por cosa. ‖ P. ant., Padecimiento, sufrimiento. ‖ P. ant., padecimientos que sufrió Jesucristo antes de morir en la cruz. ◆ Se escribe con mayúscula. ‖ FAM. pasional, pasionaria, pasivo.

pasional adj. De la pasión, nacido de ella o relacionado con ella.

pasionaria f. Planta herbácea de la familia de las pasifloráceas, trepadora, de unos 20 m de longitud, originaria de América del Sur y extendida por todo el mundo, con flores blancas y moradas con forma de estrella, hojas pecioladas y partidas y fruto aovado de color amarillo que se cultiva para uso ornamental y por su fruto comestible. ‖ Flor de esta planta.

pasiva f. En gram., se aplica a la voz o forma de conjugación que sirve para significar que el sujeto del verbo no es el que realiza la acción, sino el que la recibe o experimenta (sujeto paciente). ‖ **pasiva refleja** Construcción oracional de significado pasivo, cuyo verbo, en 3.ª pers., aparece en forma activa precedido de *se* y sin complemento agente, como en «*esos terrenos se vendieron ya*».

pasividad f. Apatía, indiferencia, actitud y cualidad del que deja que los demás hagan las cosas que a él le corresponden o afectan.

pasivo, va adj. Se apl. al sujeto que recibe una acción en la que no interviene. ‖ Que deja actuar a otros sin hacer por sí ninguna cosa. ‖ Se dice del haber o pensión que disfrutan algunas personas por los servicios que prestaron, o del derecho ganado con ellos y que les fue transmitido: *el Estado abona las pensiones de las clases pasivas.* ‖ En gram., se apl. a la construcción o elemento gramatical que indica que el sujeto es el que recibe la acción y no el que la efectúa. ‖ m. Importe total de las deudas y cargas que tiene una persona o entidad, lo cual se considera como disminución de su activo. ‖ FAM. pasiva, pasivamente, pasividad.

pasma f. *argot* Policía.

pasmado, da adj. Aterido, helado. ‖ Atónito, sorprendido. ‖ Alelado, tonto.

pasmar tr. Dejar a una persona totalmente sorprendida. También prnl. ‖ Helar de frío. Más como prnl.: ‖ Empañarse los colores o los barnices. ‖ FAM. pasmado, pasmarote.

pasmarote com. *col.* Persona que se queda inmóvil, embobada o pasmada por alguna cosa.

pasmo m. Admiración y asombro extremos, que dejan como paralizado. ‖ Efecto de un enfriamiento que se manifiesta por catarro, dolor de huesos y otras molestias. ‖ FAM. pasmar, pasmosamente, pasmoso.

pasmoso, sa adj. Que causa pasmo, admiración o asombro.

paso m. Movimiento de cada uno de los pies con que se avanza al andar. ‖ Al hacer este movimiento, espacio que queda entre la punta de un pie y el talón del otro. ‖ Modo de andar: *paso firme, ligero.* ‖ Movimiento regular con que caminan los cuadrúpedos, en especial las caballerías, levantando sus extremidades una a una y sin saltar. ‖ Pisada, huella que queda impresa al andar. ‖ Cada uno de los cambios que se hacen en los bailes y los distintos movimientos que se hacen con los pies. ‖ Permiso o concesión de poder pasar sin estorbo ni impedimento: *pedir paso, ceder el paso.* ‖ Acción de pasar: *paso del tren, prohibido el paso.* ‖ Sitio por donde se pasa de una parte a otra: *paso de peatones.* ‖ Imagen o grupo escultórico que representa un suceso de la pasión, muerte o resurrección de Cristo, y que se saca en procesión en Semana Santa. ‖ Acto de la vida o conducta de alguien: *vigilaremos sus pasos.* ‖ Pieza dramática muy breve. ‖ Estrecho de mar. ‖ pl. En baloncesto, falta en que incurre el jugador que da más de dos pasos llevando la pelota en la mano. ‖ adv. En voz baja. ‖ Despacio. ‖ **paso a nivel** Sitio en que un ferrocarril se cruza con una carretera o camino, a la misma altura. ‖ **paso de cebra** Paso de peatones señalizado mediante franjas blancas paralelas pintadas en el suelo, y en los que los viandantes tienen preferencia sobre los vehículos. ‖ **paso del ecuador** Fiesta, y a veces viaje, que celebran los estudiantes universitarios cuando están a mitad de carrera. ‖

abrir paso loc. Abrir camino, dejar pasar. ‖ **a buen paso** loc. adv. Aceleradamente, deprisa. ‖ **a cada paso** loc. adv. Repetida, continuada, frecuentemente, a menudo. ‖ **a dos** o **a pocos pasos** loc. adv. Muy cerca. ‖ **a ese** o **a este paso** loc. adv. Según eso, de ese modo. ‖ **a paso de tortuga** loc. adv. *col.* Despacio, con lentitud. ‖ **a pasos agigantados** loc. adv. Muy deprisa. ‖ **apretar el paso** loc. Acelerar, ir más rápido. ‖ **dar paso** loc. Dejar pasar, permitir el acceso. ‖ **dar un mal paso** o **un paso en falso** loc. Sufrir un fallo al andar o al correr, y hacerse daño. ‖ Hacer algo malo o con malas consecuencias. ‖ **de paso** loc. adv. Aprovechando las circunstancias o la ocasión. ‖ **paso por paso** loc. adv. Exacta y lentamente. ‖ **salir** uno **al paso** de algo loc. Desmentir una información. ‖ **salir** uno **del paso** loc. Librarse con bien de un compromiso, dificultad, apuro o trabajo. ‖ **seguir los pasos de** uno loc. Imitarlo en sus acciones. ‖ **volver** uno **sobre sus pasos** loc. Desdecirse, rectificar. ‖ FAM. pasillo, pasito, pasodoble.

pasodoble m. Marcha a cuyo compás puede llevar la tropa el paso ordinario. ‖ Composición musical de ritmo rápido y compás de cuatro tiempos, y baile en pareja que se ejecuta a su son.

pasota adj. y com. *col.* Se apl. a la persona generalmente joven que rechaza las normas o principios de la sociedad establecida, adoptando una postura de total desinterés. ‖ FAM. pasotismo.

pasotismo m. Actitud del que no siente más que desinterés e indiferencia y no se preocupa por hacer o solucionar cosa alguna.

paspadura f. *amer.* Grieta que el frío, el sudor u otros agentes causan en la piel. ‖ FAM. paspar.

paspartú m. Orla o recuadro de cartón o de tela que se coloca entre un dibujo, pintura, fotografía, etc., y su marco. ◆ pl. *paspartús.*

pasquín m. Escrito que contiene una crítica contra un gobierno, una institución o persona y se coloca en un lugar público. ‖ Escrito con fines de propaganda política.

password (voz i.) f. En inform., clave secreta o personal con que se accede a la información contenida en un ordenador o en una red informática. ◆ Se usa mucho como m. pl. *passwords.*

pasta f. Masa moldeable hecha con cualquier material. ‖ Masa de harina con manteca o aceite que sirve para preparar tartas, empanadas, etc. ‖ Pequeña pieza hecha con esta masa de pastelería y cubierta de azúcar, almendras, chocolate, etc. ‖ Masa hecha con harina de la parte exterior del grano de trigo, porque contiene la mayor cantidad de gluten, y agua de la que se hacen los fideos, los tallarines, los macarrones, etc. ‖ Designación genérica de estas variedades. ‖ Cartón que se hace de papel deshecho y machacado: *pasta de papel.* ‖ Cubierta dura de los libros. ‖ Carácter de una persona: *es de buena pasta.* ‖ *col.* Dinero, parné. ‖ **pasta de dientes** Dentífrico. ‖ FAM. pastaflora, pastel, pastilla, pastizal, pastón, pastoso.

pastaflora f. Pasta hecha con harina, azúcar y huevo, tan delicada que se deshace en la boca.

pastar tr. Conducir el ganado a los prados para que coma. ‖ intr. Comer el ganado hierba en los prados. ‖ FAM. pastenco, pasto, pastor, pastorear, pastoreo.

pastel m. Dulce hecho con masa de harina, huevos y otros ingredientes, cocido al horno, que suele rellenarse con crema, nata, etc. || Nombre que se da a algunos platos de carne, pescado o verduras, picados y envueltos en una capa fina de masa, o preparados en un molde. || *amer.* Tarta. || Lápiz para pintar, compuesto de una materia colorante y agua de goma. || Técnica de pintura que utiliza estos lápices. || Obra pictórica realizada con esta técnica. || Se apl. al color o al tono pálido, claro, tenue. || Asunto ilegal o poco claro: *descubrir el pastel.* || FAM. pastelear, pasteleo, pastelería, pastelero, pastelillo, pastelista, pastelón.

pastelería f. Establecimiento donde se hacen o se venden pasteles y pastas. || Arte y técnica de hacer pasteles, pastas, tartas, etc. || Conjunto de pasteles o pastas.

pastelero, ra adj. De la pastelería, los pasteleros o los pasteles: *crema pastelera.* || m. y f. Persona que hace o vende pasteles y otros dulces.

pastelón m. *amer.* Loseta grande de cemento que se utiliza para pavimentar.

pasterizar tr. Pasteurizar. || FAM. pasterización.

pasteurización f. Esterilización de la leche y de otros alimentos líquidos mediante la elevación de su temperatura a un nivel inferior al de su punto de ebullición durante un corto tiempo, enfriándolo después rápidamente, con el fin de destruir los microorganismos sin alterar la composición y cualidades del líquido.

pasteurizar tr. Esterilizar por medio de la pasteurización. || FAM. pasteurización, pasteurizado, pasteurizador.

pastiche m. Plagio que consiste en tomar determinados elementos característicos de la obra de un artista o de las de varios y combinarlos de forma que parezcan una creación original. || Mezcla desordenada, mezcolanza.

pastilla f. Porción muy pequeña de pasta compuesta de azúcar y alguna sustancia agradable. || Porción de pasta de diferentes formas y tamaños, ordinariamente pequeña y cuadrangular o redonda: *pastilla de jabón.* || Porción pequeña de medicamento de forma redondeada para poderla tragar con facilidad. || Pieza de pequeño tamaño, generalmente cuadrangular, como las que forman parte del mecanismo de frenado de algunos vehículos. || Pieza electrónica de diferentes formas y tamaños que se usa para amplificar el sonido de algunos instrumentos musicales, sobre todo las guitarras y bajos eléctricos. || **a toda pastilla** loc. adv. *col.* Muy rápido, excesivamente veloz. || FAM. pastillero.

pastillero, ra m. y f. *col.* Persona que es aficionada o adicta al consumo de pastillas estupefacientes o alucinógenas. || m. Estuche pequeño destinado a guardar pastillas.

pastines m. pl. *amer.* Pasta alimenticia cortada en porciones menudas de diversas formas, tales como estrellas, dedales, semillas, letras, cabello de ángel, etc., que se emplea en sopas.

pastizal m. Extensión de terreno de pasto abundante. || *col.* Pastón.

pasto m. Acción de pastar. || Hierba que come el ganado en el mismo terreno donde se cría. || Cualquier otro alimento que se da al ganado. || Lugar donde pasta el ganado. Más en pl. || Cualquier cosa o material que alimenta una acción o actividad: *el edificio fue pasto de las llamas.* || Hecho o noticia que sirve para fomentar alguna cosa: *dar pasto al cotilleo.* || *amer.* Césped, hierba. || **a todo pasto** loc. adv. *col.* Expresión con que se da a entender que el uso de una cosa se puede hacer copiosamente y sin restricciones. || FAM. pastizal, pastoso, pastura, pasturaje.

pastón m. Dineral, abundancia de bienes.

pastor, ra m. y f. Persona que guarda, guía y apacienta el ganado. || m. Prelado o cualquier otro eclesiástico que tiene a su cargo un grupo de fieles, sobre todo en las Iglesias reformadas. || Nombre dado a diferentes razas de perros que, en origen, se utilizaban para el pastoreo. ◆ También se usa en aposición: *perro pastor.* || FAM. pastoral, pastorear, pastorela, pastoreo, pastoril.

pastoral adj. Del pastor de ganado o relacionado con él. || De los pastores eclesiásticos o relacionado con ellos. || Se apl. a la carta que un prelado dirige a sus feligreses. También f. || f. Obra literaria o musical en que se describe la vida de los pastores y cuyos interlocutores son también pastores y pastoras.

pastorear tr. Llevar los ganados al campo y cuidar de ellos mientras pacen. || Atender, dirigir y gobernar los prelados a sus fieles. || *amer. col.* Cortejar a una mujer.

pastoril adj. De los pastores de ganado o relativo a ellos. || Se apl. a la obra literaria o musical que describe la vida idílica o amorosa de los pastores: *oda, poema pastoril.*

pastoso, sa adj. Suave, viscoso, maleable o blando como la masa. || Que tiene las características propias de la pasta. || Se apl. a la voz agradable, sin resonancias metálicas. || FAM. pastosidad.

pastoso, sa adj. *amer.* Se apl. al terreno que tiene buenos pastos.

pasudo, da adj. y s. *amer.* Se apl. al pelo rizado y fuerte, como el de los negros, y a la persona que tiene este pelo.

pata f. Extremidad anterior y posterior de los animales. || Pie de un mueble. || *col.* Pierna de una persona. || Parte de las prendas de vestir que cubre las piernas. || **mala pata** *col.* Mala suerte. || **pata de gallo** Arruga con tres surcos divergentes que se forma en el ángulo externo de cada ojo. Más en pl. || **pata de palo** Pieza de madera convenientemente adaptada con que se suple la falta de la pierna de una persona. || **a cuatro patas** loc. adv. *col.* A gatas. || **a la pata coja** loc. adv. Forma de andar, por juego o por necesidad, que consiste en llevar un pie en el aire y avanzar saltando con el otro. || **estirar la pata** loc. *col.* Morirse. || **meter** uno **la pata** loc. *col.* Equivocarse o actuar de una manera poco oportuna. || **patas arriba** loc. adv. Al revés. || Sin orden ni concierto. || **poner** a uno **de patas** o **de patitas en la calle** loc. *col.* Expulsarlo, despedirlo, echarlo. || **salir por patas** loc. *col.* Escaparse corriendo de un sitio. || FAM. patada, patalear, pataleta, patán, patatús, patear, paticojo, patidifuso, patilla, patitieso, patinuerto, patizambo, patojo, patoso, patudo, patulea.

patacón m. Moneda antigua de plata. || Antigua moneda de cobre de poco valor. || *amer.* Rebanada de plátano verde, espachurrado y frito.

patada f. Golpe dado con el pie. ‖ **a patadas** loc. adv. *col.* Con excesiva abundancia y por todas partes: *salieron voluntarios a patadas.* ‖ *col.* De malas maneras, con malas formas o violentamente. ‖ **dar la patada** loc. *col.* Dejar en la estacada, despedir sin miramientos. ‖ **en dos patadas** loc. adv. *col.* Con facilidad, rápidamente. ‖ FAM. patadón.

patalear intr. Mover las piernas o las patas violentamente, para patear con ellas por nervios o por dolor. ‖ Dar patadas en el suelo, en actitud de enfado o protesta. ‖ FAM. pataleo.

pataleo m. Acción y resultado de patalear. ‖ Ruido hecho con las patas o los pies. ‖ *col.* Última y vana actitud de protesta que adopta o puede adoptar el que se siente defraudado en sus derechos.

pataleta f. *col.* Demostración de ira o enfado exagerada, propia de los niños.

patán m. Hombre zafio y ordinario. También adj. ‖ Aldeano, hombre rústico. ‖ FAM. patanería.

patango, ga adj. *amer.* Regordete.

patantaca com. *amer.* Persona con dificultades para caminar.

patata f. Planta herbácea solanácea anual originaria de América, de unos 50 cm de altura, con flores blancas, fruto esférico de color verde y raíces que tienen en sus extremos gruesos tubérculos redondeados y carnosos. ‖ Tubérculo comestible de esta planta. ‖ *col.* Cosa muy mal hecha o de muy baja calidad. ‖ **ni patata** loc. adv. *col.* Nada en absoluto: *no veo ni patata.* ‖ FAM. patatal, patatar, patatero.

patatero, ra adj. De la patata o relativo a ella. ‖ *col.* Zafio, vulgar, mal hecho.

patatín que si patatán (que si) o **que patatín que patatán** loc. *col.* Expresa la acción de hablar con argucias y argumentos sin relevancia, ininterrumpidamente, de cosas vanas u ociosas, sin tratar el meollo de la cuestión.

patatús m. *col.* Mareo o desmayo que sufre una persona por una impresión muy fuerte o por un estado de nervios anormal. ◆ No varía en pl.

patay m. *amer.* Pasta seca hecha de algarroba.

paté m. Pasta de carne o hígado, sobre todo de cerdo y aves, que se consume fría y generalmente untada en pan.

patear tr. Dar patadas. ‖ tr. e intr. Dar patadas en señal de enojo, dolor o desagrado. ‖ Andar mucho, haciendo muchas gestiones para conseguir algo. También prnl. ‖ FAM. pateadura, pateamiento, pateo.

patena f. Platillo de metal, generalmente de oro o plata, en el cual se ponen las hostias consagradas de la eucaristía durante la misa. ‖ **limpio como una patena** loc. *col.* Muy limpio.

patentar tr. Obtener o conceder una patente.

patente adj. Claro, evidente. ‖ f. Documento en que una autoridad concede un derecho o permiso. ‖ Documento expedido por la hacienda pública, que acredita haber satisfecho determinada persona la cantidad que la ley exige para el ejercicio de algunas profesiones o industrias. ‖ Documento en que oficialmente se otorga un privilegio de invención y propiedad industrial de lo que el documento acredita. ‖ *amer.* Matrícula de un vehículo. ‖ **patente de corso** Cédula con que el Gobierno de un Estado autoriza a un sujeto para hacer el corso contra los enemigos de la nación. ‖ Autorización que se tiene o se supone para realizar actos prohibidos a los demás. ‖ FAM. patencia, patentable, patentar, patentemente, patentización, patentizar.

páter m. Sacerdote, sobre todo aquel cuyos feligreses son militares. ◆ No varía en pl.

patera f. Embarcación rústica de muy poco calado.

pátera f. Plato o cuenco de poco fondo que se usaba en los sacrificios antiguos.

paternal adj. Se apl. a la actitud y al sentimiento propio del padre hacia sus hijos. ‖ FAM. paternalismo, paternalmente.

paternalismo m. Tendencia a aplicar las formas de autoridad y protección propias del padre en la familia tradicional a relaciones sociales de otro tipo, políticas, laborales, económicas, etc. ‖ FAM. paternalista.

paternalista adj. Del paternalismo o relativo a él. ‖ adj. y com. Que se comporta de acuerdo con los modos del paternalismo.

paternidad f. Estado y cualidad del hombre por el hecho de ser padre. ‖ Tratamiento que dan algunos religiosos a sus superiores.

paterno, na adj. Del padre o relativo a él. ‖ Relacionado con la familia del padre. ‖ FAM. paternal, paternidad.

patético, ca adj. Que produce o manifiesta de una manera muy viva los sentimientos, sobre todo de pena, tristeza o melancolía. ‖ Grotesco, que produce vergüenza ajena o pena. ‖ FAM. patéticamente, patetismo.

patetismo m. Cualidad de lo es patético.

patí m. *amer.* Pez osteíctio siluriforme de río, sin escamas, de color gris azulado, de carne comestible muy apreciada. ◆ pl. *patís* o *paties.*

patibulario, ria adj. Del patíbulo o relativo a él. ‖ De cara, aspecto o gestos desagradables, como los de los que eran condenados al patíbulo.

patíbulo m. Tablado o lugar para ejecutar la pena de muerte. ‖ P. ext., esta pena. ‖ FAM. patibulario.

patidifuso, sa adj. *col.* Que se queda parado y como alelado por asombro o extrañeza: *me quedé patidifusa al saberlo.*

patilla f. Mechón de pelo que crece por delante de las orejas, junto a las mejillas. ‖ Parte de la barba que se deja crecer en cada uno de los carrillos. ‖ Varilla de las gafas para sujetarlas a las orejas. ‖ Nombre que se da a distintas piezas cuya función es sujetarse en otras. ‖ *amer.* Sandía, fruta. ‖ **por la patilla** loc. *col.* Por el morro. ‖ FAM. patilludo.

patín m. Plancha que se adapta a la suela del calzado, o que va incorporada a una bota, provista de una especie de cuchilla o de ruedas, según sirva para ir sobre el hielo o sobre un pavimento duro, liso y muy llano. ‖ Patinete. ‖ FAM. patinar, patinete.

pátina f. Capa de óxido de color verdoso que, por la acción de la humedad, se forma en los objetos de metal, y especialmente en los de bronce y cobre. ‖ Tono menos vivo que da el tiempo a las pinturas al óleo y a algunos objetos antiguos. || Este mismo tono obtenido artificialmente. || FAM. patinado, patinar, patinoso.

patinador, ra adj. Que patina. || m. y f. Persona que por afición o profesión se dedica al patinaje.

patinaje m. Acción de patinar. || Deporte que consiste en deslizarse con patines sobre una superficie de manera especialmente artística o veloz.

patinar intr. Deslizarse con patines sobre el hielo o sobre el pavimento. || Perder la dirección o la estabilidad una persona o un vehículo al deslizarse o resbalar, por falta de adherencia con el suelo o por ser este muy liso o resbaladizo. || *col.* Equivocarse, meter la pata. || FAM. patinador, patinaje, patinazo, patinódromo.

patinazo m. Resbalón, derrape brusco e imprevisto de un coche. || *col.* Equivocación, despiste, indiscreción que se comete de manera involuntaria.

patineta f. *amer.* Monopatín.

patinete m. Juguete que consiste en una plancha montada sobre dos o tres ruedas y una barra terminada en un manillar; para avanzar se pone un pie sobre la plancha y se da impulso con el otro contra el suelo.

patio m. Espacio limitado por paredes o galerías, que en las casas y otros edificios se deja al descubierto. || Patio de butacas. || **patio de butacas** En los teatros, planta baja que ocupan las butacas.

patitieso, sa adj. *col.* Que, por un accidente repentino o por frío, se queda sin sentido ni movimiento en las piernas o pies. || *col.* Que se queda sorprendido por la novedad o extrañeza que le causa una cosa.

patizambo, ba adj. y s. Que tiene las piernas torcidas hacia fuera y junta mucho las rodillas.

pato, ta m. y f. Nombre común de diversas especies de aves anseriformes acuáticas de pico aplanado, más ancho en la punta que en la base, cuello corto y patas también cortas y palmeadas, que suelen presentar un acusado dimorfismo sexual; se encuentran en abundancia en estado salvaje y se domestican con facilidad. || m. Persona sosa o torpe. También adj. || *amer.* Hombre afeminado.

pato (pagar alguien el) loc. *col.* Soportar un castigo inmerecido o padecer las consecuencias de algo sin merecerlo.

pato- pref. que significa 'dolencia', 'enfermedad' o 'afección': *patología, patógeno.*

patochada f. Disparate, dicho o hecho estúpido o grosero.

patógeno, na adj. Se apl. al elemento o al medio que origina y desarrolla las enfermedades: *gérmenes patógenos.* || FAM. patogenia, patogénico.

patología f. Parte de la medicina que estudia las enfermedades. || Enfermedad, dolencia. || FAM. patológico, patólogo.

patológico, ca adj. De la patología o relativo a esta ciencia. || Que constituye una enfermedad o es síntoma de ella: *miedo patológico.*

patólogo, ga m. y f. Médico especialista en patología.

patoso, sa adj. y s. Torpe. || Se apl. a la persona que pretende ser chistosa y aguda, pero resulta pesada o grosera.

patota f. *amer.* Pandilla de jóvenes groseros y violentos. || FAM. patotear, patotero.

patraña f. Mentira, noticia inventada, farsa. || FAM. patrañero.

patria f. Tierra natal o adoptiva ordenada como nación o país, a la que se pertenece por vínculos afectivos, históricos o jurídicos. || Lugar, ciudad o país en que se ha nacido. || **patria chica** Lugar, pueblo, ciudad o región en que se ha nacido. || **patria potestad** En der., autoridad y obligaciones que los padres tienen según las leyes sobre los hijos no emancipados. || FAM. patriada, patrio, patriota.

patriada f. *amer.* Campaña que se hace invocando la necesidad de salvar a la patria. || Cualquier acción en que se arriesga algo, hecha en bien de los demás.

patriarca m. Nombre que se da a algunos personajes del Antiguo Testamento por haber sido cabezas de numerosas familias. || Título de algunos obispos de Iglesias orientales, como las de Alejandría, Jerusalén y Antioquía. || Cualquiera de los fundadores de las órdenes religiosas. || Persona que por su edad y sabiduría ejerce autoridad moral en una familia o colectividad. || FAM. patriarcado, patriarcal.

patriarcado m. Dignidad y autoridad de patriarca. || Territorio de la jurisdicción de un patriarca y tiempo que esta dura. || Organización social primitiva en que la autoridad es ejercida por un varón jefe de cada familia. || Periodo de tiempo en que predomina este sistema.

patricio, cia adj. Perteneciente a un orden social de la antigua Roma, cuyos miembros procedían de las familias fundadoras o más antiguas de la ciudad. También s. || Relativo a este poderoso grupo social. || m. y f. Individuo que por su nacimiento, riqueza o virtudes descuella entre sus congéneres. || FAM. patriciado.

patrimonial adj. Del patrimonio o relativo a él. || Que pertenece a uno por razón de su patria, padre o antepasados. || En ling., se apl. a la palabra de un idioma que, en su evolución, ha seguido las leyes fonéticas correspondientes a esa lengua.

patrimonio m. Conjunto de bienes que una persona ha heredado de sus ascendientes. || Bienes propios de una persona o institución. || En der., conjunto de bienes pertenecientes a una persona natural o jurídica, o afectos a un fin, y que son susceptibles de estimación económica. || **patrimonio histórico artístico** Conjunto de los edificios y los edificios de valor histórico o artístico pertenecientes a un país. || **patrimonio nacional** Suma de los valores asignados para un momento de tiempo a los recursos disponibles de un país, que se utilizan para la vida económica. || FAM. patrimonial.

patrio, tria adj. De la patria o relativo a ella. || Perteneciente al padre o que proviene de él.

patriota com. Persona que ama a su patria y se esfuerza por lograr su bien. || FAM. patriotero, patriótico, patriotismo.

patriotero, ra adj. y s. *col.* Que alardea excesiva e inoportunamente de patriotismo. || FAM. patriotería, patrioterismo.

patriótico, ca adj. Del patriota, de la patria o relativo a ellos. || Que ensalza, alaba y respeta a la patria o lo demuestra con sus actos.

patriotismo m. Amor a la patria. || Sentimiento y conducta propios del patriota.

patrística f. Rama de la teología que tiene por objeto el conocimiento de la doctrina, obra y vida de los Santos Padres de la Iglesia católica. || Colección de los escritos de los Santos Padres de la Iglesia. || FAM. patrístico.

patrocinador, ra adj. y s. Se apl. a la persona o entidad que patrocina, protege o sufraga las actividades de otra persona o entidad.

patrocinar tr. Proteger, amparar, favorecer. || Sufragar una empresa los gastos de un programa de radio o televisión, de una competición deportiva, etc., con fines publicitarios. || FAM. patrocinador, patrocinante, patrocinio.

patrocinio m. Amparo, protección. || Ayuda económica o de otro tipo que, generalmente con fines publicitarios o fiscales, se otorga a una persona o a una entidad para que realice la actividad a que se dedica.

patrología f. Patrística.

patrón, ona m. y f. Protector, defensor. || Miembro de un patronato. || Santo, Virgen o Cristo titular de una iglesia, de un pueblo o de una congregación. || Dueño de la casa o pensión donde uno se hospeda. || Amo o señor de una finca o una heredad. || Persona que emplea obreros, patrono. || El que manda y dirige un pequeño buque mercante. || Modelo que sirve de muestra para sacar otra cosa igual. || Unidad que se toma como referencia para la evaluación de la moneda en un sistema monetario: *patrón oro.* || Planta en que se hace un injerto. || **cortado por el mismo patrón** loc. adj. Se apl. a la persona o cosa en la que se advierte gran semejanza con otra persona o cosa. || FAM. patronear, patrono.

patronal adj. Del patrono, del patronato o relativo a ellos: *fiestas patronales.* || f. Colectividad de los empresarios o patronos, normalmente asociados.

patronato m. Derecho, poder o facultad que tiene el patrono o los patronos. || Corporación que forman los patronos o empresarios. || Fundación de una obra benéfica. || Consejo formado por varias personas que ejercen funciones rectoras asesoras y de control en una fundación para que cumpla debidamente sus fines.

patronear tr. Ejercer el cargo de patrón en una embarcación.

patronímico, ca adj. Entre los griegos y romanos, se aplicaba al nombre que, derivado del perteneciente al padre u otro antecesor y aplicado al hijo u otro descendiente, indicaba la pertenencia a cierta familia. || adj. y m. Se apl. al apellido derivado del nombre de los padres, como *González,* de *Gonzalo.*

patrono, na m. y f. Defensor, protector. || El que tiene derecho o cargo de patronato. || Santo, Virgen o Cristo titular de una iglesia, de un pueblo o de una congregación religiosa o laica. || Amo, señor. || Dueño de la casa donde uno se hospeda. || Empresario, persona que emplea obreros. || FAM. patronal, patronato, patronazgo.

patrulla f. Grupo de soldados o gente armada que ronda para mantener el orden y la seguridad. || Conjuntos de personas y recursos que prestan un servicio social. || Grupo de barcos o aviones que prestan servicio de vigilancia. || Servicio que presta este grupo de personas,

barcos o aviones. || FAM. patrullaje, patrullar, patrullera, patrullero.

patrullar tr. e intr. Recorrer un lugar una patrulla de personas para vigilarlo, cuidarlo y mantener el orden. || Prestar servicio de patrulla los buques o aviones.

patrullera f. Embarcación rápida que se usa para vigilar las costas.

patrullero, ra adj. Se apl. al buque o al avión destinado a patrullar. || m. *amer.* Vehículo que usa la Policía para la vigilancia pública.

patuco m. Calzado suave de punto u otro tejido que usan los niños que apenas andan.

patudo, da *amer.* Desvergonzado, caradura. También s.

patulea f. *col.* Gente desbandada, desordenada y maleante. || *col.* Muchedumbre de chiquillos.

patuleco, ca adj. y s. *amer.* Se apl. a la persona que tiene un defecto físico en los pies o en las piernas o camina con los pies hacia fuera.

paular m. Pantano o atolladero. || FAM. paúl.

paulatino, na adj. Que procede o actúa despacio y de forma gradual: *crecimiento paulatino.* || FAM. paulatinamente.

pauperizar tr. Empobrecer un país o un territorio, depauperar. || FAM. pauperización.

paupérrimo, ma adj. sup. de *pobre,* muy pobre. || FAM. pauperismo, pauperizar.

pausa f. Breve interrupción de un movimiento, proceso, acción, etc. || Tardanza, lentitud. || En ling., silencio de duración variable que delimita un grupo fónico o una oración, y signo ortográfico que lo representa. || En mús., intervalo breve y signo que lo representa. || FAM. pausadamente, pausado, pausar.

pausado, da adj. Que obra con pausa, sin precipitación. || Que se ejecuta o acaece de este modo. || adv. m. Con lentitud, tardanza o pausa.

pauta f. Regla para hacer rayas paralelas en un papel y evitar torcerse al escribir. || Conjunto de rayas horizontales hechas con esta regla. || Norma de conducta. || Modelo, patrón. || FAM. pautado, pautar.

pava f. *amer.* Sombrero de pajilla, de ala ancha. || Colilla de un cigarrillo. || *amer.* Recipiente de metal o hierro esmaltado, con asa en la parte superior, tapa y pico, que se usa para calentar agua. || **pelar la pava** loc. *col.* Conversar los enamorados.

pavana f. Danza propia de la corte española del siglo XVI, grave y seria y de movimientos pausados, y música con que se baila.

pavear tr. *amer.* Hacer o decir cosas sin gracia ni sentido.

pavés m. Escudo ovalado medieval que cubría casi todo el cuerpo del combatiente. || Pieza de vidrio moldeado que se utiliza para la construcción de techos o de paredes transparentes.

pavesa f. Pedacito que salta de un cuerpo en combustión inflamada y se convierte en ceniza.

pavimentar tr. Poner el pavimento. || FAM. pavimentación, pavimentador, pavimento.

pavimento m. Superficie artificial que se hace para que el piso esté sólido y llano, suelo. || Materiales como cemento, asfalto, madera, etc., utilizados para pavimentar. || FAM. pavimentar.

pavipollo m. Pollo del pavo.

pavisoso, sa adj. Bobo, sin gracia.

pavo, va m. y f. Nombre común de diversas especies de aves galliformes de más de 1 m de longitud, con la cabeza y el cuello desprovistos de plumas y cubiertos de carúnculas rojas y con una membrana eréctil en la parte superior del pico, que se crían para el consumo de su carne. || Edad del pavo. || Persona sosa o simple. También adj. || m. *col.* Antiguas cinco pesetas, duro. || *amer.* Pasajero clandestino, polizón. || **pavo real** Ave del orden de las galliformes oriunda de Asia, de unos 70 cm de largo sin contar la cola, que alcanza 1,5 m en el macho, que tiene el plumaje azul y verde con irisaciones doradas y un penacho sobre la cabeza; en época de celo despliega en abanico su larga y vistosa cola para atraer a las hembras, que son más pequeñas, de color ceniciento y cola reducida. || **ser** o **no ser** algo **moco de pavo** loc. *col.* Tener o no tener relevancia o importancia. || **subírsele** a uno el **pavo** loc. *col.* Ruborizarse, ponerse rojo de vergüenza. || FAM. pava, pavada, pavear, pavero, pavipollo, pavisoso, pavón.

pavón m. Pavo real. || Nombre común de dos especies de insectos lepidópteros, uno diurno y otro nocturno, de unos 7 cm de longitud, cuyas alas presentan unas manchas redondeadas de vistosos colores. || Capa superficial de óxido abrillantado de color azulado, negro o marrón, con que se cubren las piezas de acero para embellecerlas y protegerlas. || FAM. pavonado, pavonador, pavonar, pavonear.

pavonear intr. Alardear, presumir de una cualidad o una posesión. También prnl. || *col.* Hacer desear a alguno una cosa. || FAM. pavoneo.

pavor m. Temor, miedo, con susto o sobresalto. || FAM. pávido, pavorido, pavorosamente, pavoroso.

pavoroso, sa adj. Que infunde miedo o provoca un susto o sobresalto.

payada f. *amer.* Canción improvisada y a menudo dialogada, propia de la zona rioplatense, que canta el payador. || *amer.* Competencia o contrapunto de dos o más payadores. || FAM. payador, payar.

payador, ra m. y f. *amer.* Cantor popular que, acompañándose con una guitarra, y generalmente en contrapunto con otro, improvisa sobre temas variados.

payaguá adj. y com. De los indios del grupo guaycurú, que habitaron el Chaco paraguayo frente a la Asunción, o relativo a ellos o a su dialecto. || m. Dialecto hablado por estos indios.

payasada f. Hecho o dicho hilarante o divertido, propio de un payaso. || Acción ridícula o carente de oportunidad.

payaso, sa m. y f. Artista de circo que hace de gracioso, con trajes, ademanes, dichos y gestos apropiados. || adj. y s. Se apl. a la persona de poca seriedad, propensa a hacer reír con sus dichos o hechos. ◆ A veces se usa con sentido despectivo. || FAM. payasada.

payo, ya adj. Campesino, aldeano. También s. || m. y f. Para los gitanos, persona que no pertenece a su raza.

paz f. Situación y relación mutua de quienes no están en guerra, no están enfrentados ni tienen riñas pendientes. || Pública tranquilidad y quietud de los Estados, en contraposición a la guerra o a la revolución. || Tratado o convenio que se concuerda entre las partes beligerantes para poner fin a una guerra. || Reconciliación, vuelta a la concordia. Más en pl.: *hacer las paces.* || Tranquilidad, calma, sosiego del espíritu. || **dejar en paz** loc. Dejar de molestar a una persona o de tocar una cosa. || **descansar en paz** loc. Morir en gracia de Dios; se apl. a todos los que mueren en la religión católica. || **estar en paz** con alguien loc. No tener deudas con él o estar en igualdad de condiciones. || **y en paz** loc. adv. Expresión usada para indicar que se da por terminado un asunto. || FAM. pacificar, pacífico, pacifismo.

pazguato, ta adj. y s. Persona simple o que se sorprende con facilidad. || FAM. pazguatería.

pazo m. Casa solariega gallega, y especialmente la edificada en el campo: *pazo gallego.*

pe m. Nombre de la letra *p.* || **de pe a pa** loc. adv. *col.* Desde el principio hasta el final, enteramente.

peaje m. Derecho que debe pagarse por transitar por un lugar.

peal m. *amer.* Lazo con que se atan las patas de un animal para derribarlo.

peana f. Basa o apoyo para colocar encima una figura u otra cosa. || Tarima del altar. || *col.* Pie muy grande.

peatón, ona m. y f. Persona que camina o anda a pie, en contraposición a quien va en vehículo. || Cartero que lleva la correspondencia desde lugares cercanos. || FAM. peatonal, peatonalización, peatonalizar.

peatonal adj. Del peatón o para su servicio: *calle peatonal.*

pebete, ta m. y f. *amer. col.* Niño, chiquillo. || m. *amer.* Pan de forma ovalada que se amasa con harina de trigo candeal, de miga esponjosa, corteza fina y tostada.

pebetero m. Vaso que se utiliza para quemar perfumes, sobre todo si tiene la cubierta agujereada.

peca f. Mancha parda o rojiza que aparece en el cutis, sobre todo por efecto del sol o del aire. Más en pl. || FAM. pecoso.

pecado m. Acción, conducta, pensamiento, etc., condenado por la ley divina o eclesiástica. || P. ext., cualquier falta, exceso o defecto. || Estado de la persona que ha pecado. || **pecado mortal** El muy grave que causa la condenación. || **pecado original** Aquel en que es concebido el hombre por descender de Adán y que se borra con el bautismo. || **pecado venial** El que es leve. || FAM. pecaminoso.

pecador, ra adj. y s. Que ha faltado o cometido algún pecado. || Se apl. a la persona que puede cometerlo.

pecaminoso, sa adj. Del pecado, del pecador, o relativo a ellos. || Se apl. a la cosa reprobable, que está o parece contaminada de pecado.

pecar intr. Cometer un pecado contra las leyes divinas o religiosas. || P. ext., cometer cualquier otra falta. || Tener muy marcado un defecto o una cualidad que se considera despectivamente. ◆ Se construye con la prep. *de: peca de confiado.* || FAM. pecado, pecador.

pecarí m. Mamífero artiodáctilo de América del Sur y Central, de 80 cm a 1,20 m de longitud, con pelaje de color pardo con una banda blanca en el cuello, fuertes colmillos que sobresalen de su boca y una glándula cerca del ano que segrega una sustancia de olor fétido e intenso. ◆ pl. *pecaríes* o *pecarís*.

pecblenda f. Pechblenda.

peccata minuta expr. lat. Se usa para referirse a algo sin importancia o de poco valor.

pecera f. Recipiente de cristal que se llena de agua y sirve para tener a la vista uno o varios peces vivos.

pechada[1] f. *amer.* Acto de sacar dinero a uno, sablazo. || Panzada, hartón. || FAM. pechador, pechar.

pechada[2] f. *amer.* Golpe, encontrón dado con el pecho o con los hombros. || *amer.* Golpe que da el jinete con el pecho del caballo.

pechblenda f. Mineral de uranio, variedad de la uraninita, compuesto de radio y otros elementos, de color negro, gris, pardo o verdoso, que posee propiedades radiactivas.

pechera f. Parte de la camisa y otras prendas de vestir que cubre el pecho. || Chorrera o adorno que la camisa lleva en la parte del pecho. || Pieza acolchada que se pone en el pecho a las caballerías de tiro. || *col.* Parte exterior del pecho, especialmente en las mujeres.

pechina f. Concha vacía de un molusco. || En arquit., cada uno de los cuatro triángulos curvilíneos que forman el anillo de la cúpula con los arcos sobre los que se apoya.

pecho m. Parte del cuerpo humano que se extiende desde el cuello hasta el vientre y en cuya cavidad se contienen el corazón y los pulmones. || Exterior de esta misma parte. || Aparato respiratorio. || Cada una de las mamas de la mujer o su conjunto. || Parte anterior del tronco de los cuadrúpedos, entre el cuello y las patas anteriores. || **a pecho descubierto** loc. adv. Sin armas defensivas ni resguardo. || **dar el pecho** loc. Dar de mamar. || **entre pecho y espalda** loc. *col.* En el estómago, con referencia a comida o bebida copiosa: *se metió dos litros de zumo entre pecho y espalda*. || **tomar** algo **a pecho** loc. Darle mucha importancia o hacer una cosa con gran empeño. || FAM. pechada, pechera, pechuga, pechugón, pechuguera, pectoral, peto.

pechón, ona adj. y s. *amer.* Gorrón, abusón.

pechoño, ña adj. y s. *amer.* Santurrón, exagerado en los actos de devoción.

pechuga f. Pecho de ave. Más en pl. || Cada una de las dos partes del pecho del ave. || *vulg.* Pecho de una persona, y particularmente de una mujer.

pechugón, ona adj. y s. Que tiene el pecho o los pechos de gran tamaño, especialmente referido a las mujeres. || *amer.* Se apl. a las personas valientes y decididas. || m. Golpe que se da en el pecho.

pecio m. Fragmento de la nave que ha naufragado o porción de lo que ella contiene.

peciolado, da adj. Se apl. a la hoja que tiene peciolo.

peciolo o **pecíolo** m. Pedúnculo o especie de rabito de la hoja mediante el cual se une a un tallo. || FAM. peciolado.

pécora f. Res o cabeza de ganado lanar. || amb. Persona astuta y de malas intenciones: *tu jefe es una mala pécora*.

pecoso, sa adj. Que tiene abundantes pecas.

pectina f. Polisacárido vegetal que se halla disuelto en el jugo de muchos frutos maduros y que, tratado químicamente, se utiliza en la industria alimentaria para dar consistencia a mermeladas y gelatinas.

pectíneo adj. y m. Se apl. al músculo del muslo que hace girar el fémur. || FAM. pectiniforme.

pectoral adj. Del pecho o relativo a él. || adj. y m. Se apl. al músculo que protege cada una de las glándulas mamarias y mantiene firme y duro el pecho. || Se dice de la sustancia beneficiosa para el pecho y el aparato respiratorio. || m. Cruz que los obispos y el papa llevan sobre el pecho.

pectosa f. Sustancia contenida en los frutos sin madurar, a la que se atribuye su sabor áspero, y que por medio de fermentos y del agua hirviendo se convierte en pectina.

pecuario, ria adj. Del ganado o relativo a él: *vía pecuaria*.

peculiar adj. Propio o característico de cada persona o cosa. || Especial, poco frecuente. || FAM. peculiaridad.

peculiaridad f. Propiedad, característica privativa de una cosa o de una persona.

peculio m. Dinero de que dispone una persona.

pecuniario, ria adj. Del dinero efectivo o relativo a él. || FAM. pecuniariamente.

pedagogía f. Ciencia que se ocupa de la educación y la enseñanza. || P. ext., método para la enseñanza. || FAM. pedagógico, pedagógicamente, pedagogo.

pedagógico, ca adj. De la pedagogía o relativo a esta ciencia. || Expuesto con claridad y sencillez, de manera que sirve para educar o enseñar.

pedagogo, ga m. y f. Persona especializada en pedagogía. || Persona que tiene la habilidad y la cualidad de hacerse entender de manera amable y eficaz. || Persona que anda siempre con otra, y la lleva a donde quiere o le dice lo que ha de hacer.

pedal m. Palanca que al ser oprimida o pisada por el pie pone en movimiento un mecanismo. || Palanca o sistema de algunos instrumentos musicales que se mueve con los pies para reforzar o debilitar la intensidad del sonido. || En mús., sonido prolongado sobre el cual se suceden diferentes acordes. || *col.* Borrachera, curda. || FAM. pedalada, pedalear, pedaleo, pedalero.

pedalada f. Cada uno de los impulsos dados a un pedal con el pie y efecto que produce.

pedalear intr. Poner en movimiento un pedal, sobre todo el de los velocípedos y bicicletas.

pedaleo m. Movimiento de los pies o las piernas sobre los pedales.

pedalero, ra adj. *amer.* Perteneciente o relativo al ciclismo. || m. y f. *amer.* Ciclista, persona que practica el ciclismo.

pedaliáceo, a adj. y f. De las pedaliáceas o relativo a esta familia de plantas. || f. pl. Familia de hierbas angiospermas dicotiledóneas con raíz blanca y fusifor-

727

pedregoso

me, hojas opuestas o alternas, casi siempre sencillas, flores solitarias y fruto capsular, como el sésamo.

pedanía f. Lugar anejo a un municipio y regido por un alcalde propio.

pedante adj. y com. Engreído, que hace alarde inoportuno de sus conocimientos. || FAM. pedantería, pedantesco.

pedantería f. Actitud del que presume de su sabiduría. || Dicho o hecho pedante.

pedazo m. Parte o porción de una cosa. || Se usa en diversas expresiones como intensificador de un calificativo, generalmente despectivo: *¡eres un pedazo de bruto!* || **a pedazos** loc. adv. Por partes, en trozos. || **estar** uno **hecho pedazos** loc. Estar muy cansado o decaído. || loc. Estar desesperado por la pena o la tristeza. || **ser un pedazo de pan** loc. Ser alguien muy bondadoso y amable.

pederasta adj. y com. Se apl. a la persona que practica la pederastia.

pederastia f. Abuso deshonesto cometido por un adulto hacia los niños. || FAM. pederasta.

pedernal m. Sílex, variedad de cuarzo de color gris amarillento más o menos oscuro que produce chispas al golpearlo con el eslabón. || Cosa de gran dureza.

pedestal m. Base que sostiene una columna, estatua, etc., peana. || Fundamento o soporte de algo no material. || **tener** a alguien **en un pedestal** loc. Admirarlo y respetarlo mucho.

pedestre adj. Que anda a pie. || Se apl. al deporte que consiste en realizar carreras a pie, andando o corriendo. || Vulgar, zafio, poco cuidado: *poema pedestre.* || FAM. pedestrismo.

pediatra com. Médico especialista en pediatría.

pediatría f. Rama de la medicina que estudia las enfermedades características de los niños y su tratamiento. || FAM. pediatra, pediátrico.

pedicelo m. Columna carnosa que sostiene el sombrerillo de las setas.

pediculado, da adj. Que contiene pedículo.

pedículo m. Pedúnculo de la hoja, flor o fruto. || Tallo más o menos delgado que une una formación anormal, por ejemplo, una verruga o un cáncer, al órgano o tejido correspondiente. || Piojo. || FAM. pediculado, pediculosis.

pedicura f. Cuidado y embellecimiento de los pies y sus uñas. || FAM. pedicuro.

pedicuro, ra m. y f. Persona que se dedica profesionalmente a cuidar de los pies, extirpando o curando callos, uñeros, etc.

pedida f. Petición de mano.

pedido m. Acción y resultado de pedir. || Encargo hecho a un fabricante o vendedor de géneros con los que comercia.

pedigrí m. Genealogía de un animal de raza: *su perro tiene pedigrí.* || Documento en que consta. ◆ pl. *pedigríes* o *pedigrís.*

pedigüeño, ña adj. y s. Que pide con frecuencia, insistencia e importunidad. || FAM. pedigüeñería.

pediluvio m. Baño de pies tomado con fines terapéuticos. Más en pl. || Surco lleno de agua que se pone

alrededor de la piscina para que los bañistas laven sus pies antes de entrar en ella.

pedinche adj. y s. *amer.* Pedigüeño.

pedipalpo m. Cada uno de los dos apéndices sensoriales que poseen los arácnidos en el cefalotórax y que están simétricamente dispuestos.

pedir tr. Rogar a alguien que dé o haga una cosa. || Poner precio a algo. || Requerir una cosa, exigirla. || Querer, desear o apetecer. || En der., exponer alguien ante el juez su derecho o acción contra otro. || intr. Mendigar, solicitar limosna. || Solicitar a la divinidad una gracia o un don. || **pedir la mano** loc. Proponer uno a los padres o parientes de una mujer que se la concedan por esposa. || FAM. pedida, pedido, pedigüeño, pedimento, pedinche, petición, pidón. ◆ **Irreg.** Conjugación modelo:

Indicativo
Pres.: pido, pides, pide, pedimos, pedís, piden.
Imperf.: pedía, pedías, pedía, *etc.*
Pret. perf. simple: pedí, pediste, pidió, pedimos, pedisteis, pidieron.
Fut. simple: pediré, pedirás, pedirá, *etc.*
Condicional simple: pediría, pedirías, pediría, *etc.*
Subjuntivo
Pres.: pida, pidas, pida, pidamos, pidáis, pidan.
Imperf.: pidiera o pidiese, pidieras o pidieses, *etc.*
Fut. simple: pidiere, pidieres, pidiere, *etc.*
Imperativo: pide, pedid.
Participio: pedido.
Gerundio: pidiendo.

pedo m. Ventosidad que se expulsa del intestino por el ano. || *argot* Borrachera. || *argot* Estado similar al de la borrachera producido por alguna droga. || FAM. peder, pedorrear, pedorrera, pedorrero, pedorreta, pedorro, peer, petardo.

pedofilia f. Trastorno sexual del que se siente atraído físicamente hacia los niños de igual o distinto sexo. || FAM. pedófilo.

pedorrear intr. Tirarse pedos repetidamente. || Hacer pedorretas con la boca.

pedorreo m. Expulsión de pedos de manera repetida. || *amer.* Burla, mofa.

pedorrera f. Frecuencia de ventosidades. || FAM. pedorrear, pedorreo, pedorro.

pedorreta f. Sonido que se hace con la boca, imitando el pedo.

pedorro, rra adj. Que echa pedos repetidos o tiene tendencia a padecer de gases. También s. || *col.* Molesto, irritante, desagradable.

pedrada f. Acción de arrojar con impulso una piedra. || Golpe que se da con la piedra tirada. || Expresión dicha con intención de molestar o herir a alguien.

pedrea f. Acción de apedrear. || Combate a pedradas. || Granizo. || Conjunto de los premios menores de la lotería nacional.

pedregal m. Terreno cubierto de piedras.

pedregoso, sa adj. Se apl. al terreno cubierto de piedras.

pedregullo m. *amer.* Grava, conjunto de pedrezuelas para hacer rellenos o mortero.

pedrería f. Conjunto de piedras preciosas o de bisutería.

pedrisco m. Granizo grueso y abundante. ‖ Conjunto de piedras sueltas. ‖ FAM. pedrisca.

pedro (por su casa, como) loc. *col.* Con entera libertad, sin miramiento alguno; sobre todo se apl. cuando alguien entra o se mete de este modo en alguna parte, sin permiso ni razón para ello.

pedrusco m. Pedazo de piedra sin labrar.

pedunculado, da adj. Se apl. a la flor y al fruto que tienen pedúnculo.

pedúnculo m. Rabillo de la hoja, flor o fruto con que se une al tallo. ‖ Prolongación del cuerpo de algunos animales de vida sedentaria, como los percebes, mediante la cual se mantienen fijos a las rocas. ‖ FAM. pedunculado.

peer intr. y prnl. *col.* Expulsar ventosidades por el ano.

pega f. Obstáculo, impedimento. ‖ *amer.* Periodo en que se transmiten las enfermedades contagiosas. ‖ **de pega** loc. adj. De mentira, falso, fingido: *moneda de pega*.

pegada f. Potencia que el deportista puede imprimir a sus puños, golpes o tiros.

pegadizo, za adj. Que se pega o adhiere con facilidad. ‖ Que se comunica o se graba en la memoria con facilidad: *canción pegadiza*. ‖ Fácilmente contagioso: *catarro pegadizo*.

pegajoso, sa adj. Que se pega con facilidad. ‖ *amer.* Que se contagia o se comunica fácilmente: *música pegajosa*. ‖ Meloso, demasiado dulce o cariñoso: *ese novio tuyo es muy pegajoso*. ‖ FAM. pegajosidad.

pegamento m. Sustancia química de propiedades aglutinantes que se utiliza para pegar.

pegamín m. Pegamento. ◆ Es la extensión del nombre de una marca registrada.

pegar tr. Unir una cosa a otra con una sustancia adherente. ‖ Transmitir, contagiar una enfermedad, un vicio, etc. También prnl. ‖ Maltratar con golpes o darlos. ‖ Arrimar o juntar una cosa a otra de forma que no quede espacio entre ellas. ‖ Junto a ciertos nombres que expresan acción, efectuarla: *pegar gritos, saltos*. ‖ intr. Ir bien, armonizar una cosa con otra o ser adecuada para una ocasión. ‖ Rimar un verso con otro. ◆ Se construye con la prep. *con*. ‖ Estar una cosa próxima o contigua a otra. ‖ Estar una cosa de moda: *esta canción ha pegado fuerte*. ‖ prnl. Reñir o pelearse dos o más personas. ‖ Tropezar o chocar una cosa con otra. ◆ Se construye con la prep. *contra: se pegó contra una farola*. ‖ Quemarse la comida en el recipiente en que se prepara. ‖ Unirse a una persona o a un grupo sin haber sido invitado y resultando pesado: *se nos ha pegado un pelma*. ‖ Grabarse algo con facilidad en la memoria: *se me pegó aquella música*. ‖ **pegarle** a algo loc. Consumirlo con frecuencia: *pegarle a la cerveza*. ‖ **pegársela** a uno loc. *col.* Engañarlo, burlar su confianza, su buena fe o su fidelidad. ‖ FAM. pega, pegada, pegadizo, pegado, pegadura, pegajoso, pegamento, pegamiento, pegamín, pegamoscas, pegatina, pego, pegón, pegote, peguijón, pegullón.

pegatina f. Trozo de papel, plástico, etc., con un dibujo, fotografía o escrito, y adherente por uno de sus lados.

pego m. Trampa en los juegos de cartas. ‖ **dar el pego** loc. Engañar, parecer algo lo que no es: *este anillo no es de oro, pero da el pego*.

pegote m. Pasta de pez u otra cosa pegajosa. ‖ *col.* Cualquier sustancia espesa que se pega. ‖ Cosa que se pone sobre otra o se añade a ella y resulta antiestética o inadecuada. ‖ *col.* Parche, cualquier cosa sobrepuesta. ‖ Persona pesada e impertinente que no se aparta de otra: *ha venido su prima de pegote*. ‖ *col.* Mentira, farol. ‖ FAM. pegotear, pegotero.

pegual m. *amer.* Cincha con argollas para sujetar los animales cogidos con lazo o para transportar objetos pesados.

pehuén m. *amer.* Araucaria, árbol.

pehuenche adj. y com. De un pueblo indígena de la parte occidental de la cordillera andina o relativo a él.

peinado, da adj. Se apl. al estilo excesivamente cuidado. ‖ m. Cada una de las diversas formas de arreglarse el cabello: *peinado afro*. ‖ En la industria textil, operación que tiene por objeto depurar y enderezar paralelamente fibras textiles. ‖ Rastreo de una zona en busca de algo específico.

peinadora f. *amer.* Mueble de tocador.

peinar tr. Desenredar y arreglar el cabello. También prnl. ‖ Desenredar y limpiar el pelo o la lana de algunos animales. ‖ Rastrear una zona en busca de alguien o algo. ‖ FAM. peinado, peinador, peinadora.

peinazo m. Listón o madero que se atraviesa entre los largueros de puertas y ventanas para formar los cuarterones.

peine m. Utensilio formado por una barra con púas o dientes que se usa para peinar el cabello. ‖ Instrumento que se usa para cardar. ‖ Barra con púas entre las cuales pasan en el telar los hilos de la urdimbre. ‖ Pieza metálica que, en algunas armas de fuego, contiene los proyectiles. ‖ FAM. peinar, peinazo, peinecillo, peineta, peinilla.

peineta f. Especie de peine curvado y más corto que usan las mujeres como adorno para sujetar el peinado o el velo.

peinilla f. *amer.* Peine alargado y estrecho que consta de una sola hilera de dientes. ‖ *amer.* Cuchillo de campo, machete.

pejesapo m. Rape, pez.

pejiguero, ra adj. y s. Se apl. a la persona pesada y molesta que a todo le pone faltas. ‖ FAM. pejiguera.

pekinés, esa adj. y s. de Pekín o relativo a esta ciudad de China, país del que es capital. ‖ Se apl. al perro faldero originario de China, de 4 a 8 kg de peso, cabeza redonda, orejas chata y pelaje abundante.

pela f. *col.* Antigua peseta y, p. ext., dinero. Más en pl. ‖ *amer.* Tunda, azotaina.

peladilla f. Almendra recubierta de una gruesa capa de azúcar. ‖ Canto rodado pequeño.

pelado, da adj. Se apl. a la cosa que carece de lo que la reviste o adorna: *monte pelado*. ‖ Se dice del número que consta de decenas, centenas o millares justos: *ha salido el veinte pelado*. ‖ Se apl. a la cantidad que cumple con lo necesario pero no es sobresaliente: *he sacado un cinco pelado*. ‖ Se dice de la persona pobre o de poco dinero. También s. ‖ m. y f. *amer.* Persona de las capas sociales más bajas. || m. *col.* Acción y resultado de pelar o cortar el cabello al máximo.

peladura f. Acción y resultado de pelar o descortezar una cosa. || Cáscara, mondadura o corteza de algo.

pelagatos com. *col.* Persona socialmente insignificante, sin posición económica. ◆ No varía en pl.

pelágico, ca adj. Relativo al piélago. || Se apl. al animal o vegetal marino que vive en zonas alejadas de la costa. || P. ext., se dice del organismo que vive en las aguas de los lagos grandes.

pelagra f. Enfermedad crónica con manifestaciones cutáneas y perturbaciones digestivas y nerviosas, producida por deficiencia de ciertas vitaminas.

pelaje m. Naturaleza o calidad del pelo o de la lana de un animal, y este mismo pelo o lana. || *desp.* Aspecto exterior de alguien o algo. || Abundancia de pelo, melena.

pelambre amb. Conjunto de las pieles que se han pelado. || Conjunto de pelo abundante en todo el cuerpo. || Mezcla de agua y cal con que se pelan las pieles de los animales. || Falta de pelo donde se suele tener. || FAM. pelambrera.

pelambrera f. Cabellera abundante y espesa o desarreglada y enredada.

pelanas m. *desp.* Persona perezosa, inútil y torpe. ◆ No varía en pl.

pelandusca f. *col.* y *desp.* Prostituta.

pelar tr. Cortar, raer o quitar el pelo. También prnl. || Quitar las plumas a las aves. || Quitar la monda, corteza o cáscara. || *col.* Dejar a uno sin dinero. || *col.* Criticar, despellejar. || prnl. Perder el pelo. || Desprenderse la piel por tomar con exceso el sol, por rozadura, etc. || **duro de pelar** loc. adj. Difícil de conseguir, hacer, satisfacer o vencer. || **pelárselas** loc. *col.* Ejecutar alguna cosa con rapidez o intensidad: *corre que se las pela.* || **que pela** loc. *col.* Dicho de cosas calientes o frías, que producen una sensación extremada: *hace un frío que pela.* || FAM. pela, peladilla, pelado, pelador, peladura, pelagatos, pelanas, pelandusca.

peldaño m. Parte de una escalera o de uno de sus tramos en que se apoya el pie al subir o bajar por ella.

pelea f. Combate, batalla, riña. || Esfuerzo o afán para hacer algo.

pelear intr. Combatir, contender, batallar. También prnl. || Reñir dos o más personas. También prnl. || Luchar para conseguir una cosa. || prnl. Enemistarse, desavenirse. || FAM. pelea, peleador, peleón, peleonero.

pelecaniforme adj. y f. De las pelecaniformes o relativo a este orden de aves. || f. pl. Orden de aves acuáticas, generalmente de gran tamaño, cuyos cuatro dedos están dirigidos hacia delante y unidos por una robusta y extensa membrana, de alas grandes y fuertes y pico largo y grueso, como el pelícano, el alcatraz y el cormorán.

pelechar intr. Echar o cambiar el pelo o la pluma los animales. || *col.* Empezar a mejorar la suerte, la fortuna o la salud. || prnl. Empobrecerse, avejentarse, perder el lustre o el pelo un tejido. || FAM. pelecho.

pelecípodo, a adj. Bivalvo.

pelele m. Muñeco de paja o trapo con figura humana que se hace con ocasión de algunas fiestas populares. || *col.* Persona que se deja manejar por otras. || Traje de punto de una pieza que se pone a los niños pequeños para dormir.

peleón, ona adj. Pendenciero, camorrista, que busca pelear o discutir. || *col.* Se apl. al vino ordinario y basto. También m.

peleonero, ra adj. y s. *amer.* Peleón, camorrista.

peletería f. Oficio y técnica de preparar las pieles finas de los animales y confeccionar con ellas prendas de abrigo y otras cosas. || Comercio de estas pieles. || Conjunto o surtido de estas pieles. || Tienda donde se venden. || FAM. peletero.

peletero, ra m. y f. Persona que se dedica a trabajar o a vender pieles finas de animales.

peliagudo, da adj. Se apl. al animal de pelo largo. || *col.* Difícil, enrevesado: *negocio peliagudo.*

pelícano o **pelicano** m. Nombre común de diversas especies de aves pelecaniformes de 1,50 a 1,80 m de longitud, con plumaje blanco, pico largo, ancho y con un pliegue en forma de saco en su parte inferior que utilizan para almacenar alimentos; habitan en regiones acuáticas de Europa, Asia y África.

película f. Piel o capa delgada que cubre y protege alguna cosa. || Cinta de celuloide dispuesta para ser impresionada fotográficamente. || Cinta de celuloide que contiene una serie continua de imágenes fotográficas para reproducirlas proyectándolas en la pantalla del cinematógrafo o en otra superficie adecuada. || Obra cinematográfica. || **de película** loc. adj. Muy bueno, extraordinario. || Muy lujoso. || loc. adv. Muy bien, extraordinariamente. || FAM. peliculero, película.

peliculero, ra adj. De una película de cine, relacionado con ella o propio de ella. || *col.* Fantasioso, imaginativo. || adj. y s. Se apl. a la persona a la que le gustan las películas y va al cine con frecuencia.

peligrar intr. Estar en peligro.

peligro m. Circunstancia en la que es posible que suceda algún mal. || Lugar, paso, obstáculo, persona o situación que aumenta la inminencia del daño. || **correr peligro** loc. Estar expuesto a él. || FAM. peligrar, peligroso.

peligrosidad f. Riesgo o posibilidad de un daño o un mal.

peligroso, sa adj. Que ofrece peligro o puede ocasionar daño. || Se apl. a la persona que puede causar daño o cometer actos delictivos. || Arriesgado. || FAM. peligrosamente, peligrosidad.

pelillos a la mar loc. Expresión para indicar que se han de olvidar los agravios y restablecer el trato amistoso: *¡pelillos a la mar, olvídalo!*

pelín (un) loc. adv. cant. *col.* Un poco: *un café con un pelín de leche.*

pelirrojo, ja adj. y s. Que tiene el pelo de color rojizo.

pella f. Porción redondeada de cualquier masa o sustancia blanda. || Conjunto apretado de alguna cosa, como los tallitos de la coliflor o las hojas de la alcachofa. || Masa de los metales fundidos o sin labrar. || *col.* Cantidad de dinero, sobre todo si se debe o defrauda. || **hacer pellas** loc. *col.* Hacer novillos, dejar uno de asistir a donde debe. || FAM. pellada.

pellejo, ja adj. y s. Se apl. a la persona astuta o malintencionada. || m. y f. Persona borracha. || Piel quitada del cuerpo del animal. || m. Piel de los animales. || Odre, recipiente hecho de piel de cabra que se usa para contener líquidos. || Piel de algunas frutas y hortalizas: *pellejo de las uvas.* || **dejar** o **perder** uno **el pellejo** loc. Morir. || **jugarse el pellejo** loc. Arriesgar la vida. || FAM. pelleja, pellejería, pellejero, pellejudo.

pelliza f. Prenda de abrigo hecha o forrada de piel. || Chaqueta de abrigo con el cuello y el borde de las mangas reforzadas de otra tela o con piel.

pellizcar tr. Coger entre los dedos una pequeña porción de piel y carne y apretarla o retorcerla de forma que cause dolor. También prnl. || Tomar una pequeña cantidad de algo. || FAM. pellizco.

pellizco m. Acción y resultado de pellizcar. || Señal que dejan los pellizcos en la carne o en la piel. || Porción pequeña de una cosa.

pelma com. *col.* Persona tarda en sus acciones. || *col.* Persona fastidiosa, molesta e inoportuna.

pelmazo, za m. y f. Persona excesivamente lenta. También adj. || Persona pesada y molesta. || FAM. pelma.

pelo m. Filamento cilíndrico, delgado, de naturaleza córnea, que nace y crece entre los poros de la piel de casi todos los mamíferos. || Conjunto formado por estos filamentos. || Cabello de la cabeza humana. || Vello que tienen algunas frutas y plantas. || En lanas y tejidos, hilillos muy finos que quedan en la superficie, cubriéndola. || Raya opaca en las piedras preciosas. || Raya o grieta por donde con facilidad se rompen las piedras, el vidrio y los metales. || Enfermedad que padecen las lactantes en los pechos, por obstrucción de los conductos de la leche. || Cosa mínima o de poca importancia: *se salvó por un pelo.* || **a pelo** loc. adv. Sin protección y, referido a caballerías, sin montura. || **al pelo** loc. adv. *col.* A punto, a medida de lo deseado: *le ha venido al pelo que lo ayudes.* || **con pelos y señales** loc. *col.* Con todos los detalles y pormenores. || **caérsele** a uno **el pelo** loc. *col.* Recibir una reprimenda, castigo o sanción una persona si se descubre que ha hecho una cosa mal. || **dar** a uno **para el pelo** loc. *col.* Darle una tunda o azotaina. Sobre todo en tono de amenaza. || **de medio pelo** loc. adj. *desp.* Que quiere aparentar más de lo que es o de las cosas de poco mérito o importancia. || **de pelo en pecho** loc. adj. *col.* Se apl. a la persona fuerte y robusta o valiente. || **estar** uno **hasta los pelos** loc. *col.* Estar harto o cansado de alguien o de algo. || **no tener** uno **un pelo de tonto** loc. *col.* Ser listo y avispado. || **no tener** uno **pelos en la lengua** loc. *col.* Decir sin reparos lo que se piensa. || **no ver** o **no vérsele el pelo** a uno loc. *col.* Notar la ausencia de una persona en los lugares a donde solía acudir. || **ponérsele** a uno **los pelos de punta** loc. *col.* Erizársele el cabello por miedo o asombro. || **por los pelos** loc. *col.* Por muy poco, en el último instante. || **tirarse** uno **de los pelos** loc. *col.* Arrepentirse de algo. || *col.* Estar muy furioso. || **tomar el pelo** a uno loc. *col.* Burlarse de él. || FAM. pelaje, pelambre, pelamen, pelar, pelechar, peliagudo, pelicorto, pelillo, pelirrojo, pelón, pelonía, pelote, peluca, peludo, pelusa, piloso.

pelón, ona adj. Que no tiene pelo o tiene muy poco. || Que lleva cortado el pelo al rape. También s. || *col.* Que tiene muy escasos recursos económicos.

pelota f. Bola, generalmente de material flexible, hueca o maciza, que se utiliza en distintos juegos. || Juego que se realiza con ella. || Bola de materia blanda, como nieve, barro, etc., que se amasa fácilmente. || com. *col.* Persona aduladora: *es el pelota de la clase.* || f. pl. *vulg.* Testículos. || **pelota vasca** Juego en que los jugadores lanzan la pelota contra un frontón valiéndose de una pala, de una cesta o de las propias manos. || **en pelotas,** en **pelota picada** o **en pelota viva** loc. adv. *col.* Desnudo, sin ropa. || Sin nada. || **devolver la pelota** loc. *col.* Responder o rebatir a otro con sus mismas argumentaciones o armas. || **estar hasta las pelotas** loc. *vulg.* Estar muy harto de algo. || **hacer la pelota** loc. *col.* Adular a alguien para conseguir algo. || **tocarse** o **estar tocándose** uno **las pelotas** loc. *vulg.* No trabajar nada, estar holgazaneando. || FAM. pelotari, pelotazo, pelotear, pelotera, pelotero, pelotilla, pelotón.

pelotari (voz euskera) com. Persona que se dedica a jugar a la pelota vasca.

pelotazo m. Golpe dado con una pelota. || *col.* Lingotazo, trago de bebida alcohólica. || *col.* Negocio de dudosa legalidad con el que se gana mucho dinero de una manera rápida: *dar un pelotazo.*

pelotear tr. Repasar y señalar las partidas de una cuenta cotejándolas con sus respectivos justificantes. || intr. Jugar a la pelota por entretenimiento, sin hacer partido o competición. || Reñir dos o más personas entre sí. || Adular a alguien. || FAM. peloteo.

pelotera f. *col.* Riña, contienda.

pelotilla f. Bolita que se hace con alguna cosa o que se forma en algunos tejidos. || com. *col.* Pelota, persona aduladora. || FAM. pelotillero.

pelotón[1] m. Conjunto de personas sin orden y como en tropel. || En ciclismo, conjunto de corredores que marchan en grupo.

pelotón[2] m. Pequeña unidad de infantería que suele estar a las órdenes de un sargento o un cabo: *pelotón de fusilamiento.*

pelotudo, da adj. *amer. vulg.* Tonto, imbécil.

peltre m. Aleación de cinc, plomo y estaño.

peluca f. Cabellera o melena postiza. || FAM. pelucón, peluchina, peluquear, peluquería, peluquero, peluquín.

peluche m. Tejido con pelo largo y suave por uno de sus lados. || Muñeco forrado con este tejido.

peluco m. *argot* Reloj de pulsera.

pelucón, ona adj. *amer.* Que tiene el pelo muy largo.

peludo, da adj. Que tiene mucho pelo. || *amer.* Difícil, costoso. || m. *amer.* Armadillo, animal. || *amer. col.* Borrachera, curda. || FAM. peludear.

peluquear tr. y prnl. *amer.* Cortar el pelo a una persona.

peluquería f. Establecimiento donde se corta y arregla el cabello. || Técnica y arte del oficio del peluquero.

peluquero, ra m. y f. Persona que se dedica profesionalmente a peinar, cortar el pelo o hacer y vender pelucas, postizos, etc. || FAM. peluquería.

peluquín m. Peluca pequeña, generalmente de caballero, que se utiliza para tapar la zona de la cabeza que carece de pelo. || Peluca con bucles y coleta que se usó a fines del siglo XVIII y a principios del XIX. || **ni hablar del peluquín** loc. col. De ninguna manera, nunca, en forma alguna.

pelusa f. Pelillo de algunas frutas. || Pelo menudo que con el uso se desprende de las telas. || Vello tenue que aparece en la cara de las personas. || Polvo y suciedad que se van acumulando en los lugares que se limpian con menor frecuencia. || Envidia propia de los niños.

peluso m. col. Soldado, recluta.

pelvis f. Cavidad del esqueleto de los vertebrados superiores, en la parte inferior del tronco, compuesta por los huesos coxales, sacro y coxis, que contiene la terminación del tubo digestivo, la vejiga urinaria y la parte interna de los órganos genitales. || Cavidad en forma de embudo situada en cada uno de los riñones de los mamíferos, que termina con el uréter. ◆ No varía en pl. || FAM. pelviano, pélvico, pelvímetro.

pena[1] f. Castigo impuesto por la autoridad a quien ha cometido un delito: pena de arresto, de muerte. || Aflicción, tristeza. || Causa que motiva estos sentimientos. || Dificultad o trabajo. || amer. Vergüenza, timidez. || **pena capital** o **de muerte** Condena en la que el reo es ejecutado. || **a duras penas** loc. adv. Con gran dificultad o trabajo. || **de pena** loc. adv. o adj. Muy mal o muy malo. || **estar hecho una pena** loc. col. Estar en malas condiciones, estropeado, roto o cansado. || **valer** o **merecer la pena** una cosa loc. Dar por bien empleado el trabajo que cuesta. || **sin pena ni gloria** loc. adv. Sin resultar brillante, ni destacar. || FAM. penal, penalidad, penalizar, penar, penoso.

pena[2] f. Cada una de las plumas mayores del ave, situadas en las extremidades de las alas o en el arranque de la cola, que sirven principalmente para dirigir el vuelo. || FAM. penacho.

penacho m. Grupo de plumas que tienen algunas aves en la parte superior de la cabeza. || Adorno de plumas que se pone en ciertos sombreros, tocados o cascos. || Cualquier cosa con esta forma.

penado, da m. y f. Delincuente condenado a una pena.

penal adj. De la pena o relativo a las leyes, instituciones o acciones destinadas a perseguir crímenes o delitos: derecho penal. También m. || m. Lugar en que los condenados cumplen condenas superiores a las del arresto, cárcel. || amer. Penalti. || FAM. penalista.

penalidad f. Trabajo que causa sufrimiento. Más en pl. || Cualidad de lo que puede ser penado o castigado. || Sanción impuesta por la ley penal, las ordenanzas, etc.

penalista adj. y com. Se apl. a la persona especializada en derecho penal o que lo ejerce.

penalización f. Imposición de una pena, sanción o castigo. || Castigo o sanción que se impone.

penalizar tr. Imponer una sanción o castigo, especialmente en competiciones deportivas. || FAM. penalización.

penalti m. Falta contra un contrario cometida por un jugador dentro su propia área, que se castiga con un tiro directo contra su portería. || **casarse de penalti** loc. col. Casarse una pareja por haber quedado embarazada la mujer.

penar tr. Imponer una pena o una sanción. || En der., señalar la ley castigo para un acto u omisión. || intr. Padecer un dolor o pena. || Padecer las almas en el purgatorio. || FAM. penable, penado.

penates m. pl. En la Roma antigua, dioses que protegían el hogar, sobre todo del hambre y del frío.

penca f. Hoja carnosa o tallo en forma de hoja de algunas plantas. || Nervio principal y peciolo de las hojas de ciertas plantas comestibles. || amer. Racimo. || Látigo con que se azotaba a los delincuentes. || Tronco de la cola de algunos cuadrúpedos. || adv. m. amer. De forma o aspecto desagradable o desdeñable. || FAM. pencar, penco.

penco m. Caballo flaco y de mala estampa. || amer. Penca de ciertas plantas. || Persona tosca, rústica o torpe.

pendejada f. amer. Tontería, estupidez.

pendejear intr. amer. col. Hacer o decir necedades o tonterías. || amer. Perder el tiempo, holgazanear.

pendejo, ja m. y f. desp. Pendón, persona de vida disoluta. || col. Persona cobarde y pusilánime. || col. Persona boba. || col. Persona joven o que, por su inmadurez, parece serlo. || m. Pelo que nace en el pubis y en las ingles. || FAM. pendejada, pendejear.

pendencia f. Contienda, riña. || En der., estado del juicio que está pendiente de resolución. || FAM. pendenciar, pendenciero.

pendenciero, ra adj. y s. Aficionado o propenso a participar o provocar riñas o peleas.

pender intr. Estar colgada o suspendida una cosa. || Estar algo en espera de solución. || Existir un peligro o amenaza sobre alguien o algo. || FAM. pendiente, péndola, péndulo, pensil, perpendicular.

pendiente adj. Que pende. || Inclinado, en declive. || Que está por hacerse o resolverse: asignaturas pendientes. || Sumamente atento, preocupado por algo que se espera o sucede. || m. Joya o adorno que se pone en el lóbulo de la oreja. Más en pl. || f. Cuesta o declive de un terreno. || Inclinación de los tejados para el desagüe.

péndola f. Varilla o varillas metálicas que, con sus oscilaciones, regulan el movimiento de algunos relojes. || Reloj de péndulo. || Cualquiera de las varillas verticales que sostienen el piso de un puente colgante o de otras obras. || Pluma de escribir. || FAM. pendolario, pendolista.

pendón[1] m. Bandera militar más larga que ancha. || Divisa o insignia de iglesias y cofradías que se lleva en las procesiones y que consiste en una bandera terminada en dos puntas. || Vástago que sale del tronco principal del árbol.

pendón[2]**, ona** adj. col. Se apl. a la persona de vida irregular y desordenada. || FAM. pendonear, pendoneo.

péndulo, la adj. Que pende, pendiente. || m. Cuerpo pesado que puede oscilar suspendido en un punto que está encima de su centro de gravedad por un hilo o varilla. || Este mismo objeto como pieza de un reloj. || FAM. pendular.

pene m. Órgano sexual masculino que permite al macho efectuar la cópula y constituye la parte terminal del aparato urinario. || FAM. peniano.

penetración f. Introducción o infiltración de alguna cosa dentro de otra. ‖ Perspicacia de ingenio, agudeza. ‖ En dep., avance de los jugadores hacia la zona de la portería contraria. ‖ Introducción del pene en la vagina o en el ano.

penetrante adj. Que penetra o se introduce en el interior de algo. ‖ Se apl. a la sensación intensa o fuerte: *olor, alarido penetrante.* ‖ Se dice de la expresión o acción que muestra ingenio o agudeza.

penetrar tr. Introducir un cuerpo en otro. ‖ Hacerse sentir con violencia o intensidad una cosa, como el frío, los gritos o el dolor. ‖ Comprender bien algo. También intr. y prnl. ‖ intr. Introducirse, acceder al interior de un espacio, aunque haya dificultad. ◆ Se construye con la prep. *en: penetró en la jungla.* ‖ FAM. penetrabilidad, penetrable, penetración, penetrante.

penicilina f. Sustancia antibiótica extraída de los cultivos del moho *Penicillium,* que fue descubierta por el bacteriólogo inglés Alexander Fleming en 1928.

penillanura f. Meseta producida por la erosión de una región montañosa.

península f. Porción de tierra rodeada de agua por todas partes excepto por una, que se denomina istmo y la une a otra tierra de extensión mayor, generalmente el continente. ‖ FAM. peninsular.

peninsular adj. De una península o relativo a ella. También com. ‖ P. ant., relativo a la península ibérica. ‖ *amer.* Español.

penique m. Moneda inglesa que equivale a la centésima parte de la libra esterlina.

penitencia f. Sacramento por el cual, gracias a la absolución del sacerdote, los pecados son perdonados. ‖ Arrepentimiento por haber pecado y propósito de no pecar más. ‖ Pena que impone el confesor al penitente. ‖ Cualquier acto de mortificación interior o exterior. ‖ Cosa molesta que debe soportarse. ‖ FAM. penitenciado, penitencial, penitenciaría, penitenciario, penitente.

penitenciaría f. Cárcel, penal.

penitenciario, ria adj. De la penitenciaría o relativo a ella. ‖ Se apl. al sistema adoptado para castigo y corrección de los penados y al régimen o al servicio de los establecimientos destinados a este objeto.

penitente adj. De la penitencia o relativo a ella. ‖ com. Persona que hace penitencia. ‖ Persona que recibe el sacramento de la penitencia. ‖ Persona que en las procesiones va vestida con una túnica en señal de penitencia.

penol m. Punta o extremo de las vergas de un barco de vela.

penoso, sa adj. Trabajoso, cansado, que implica mucho esfuerzo. ‖ Que padece una aflicción o pena. ‖ Que causa pena o desagrado. ‖ FAM. penosamente.

pensado, da adj. Se apl. a la decisión, argumentación, escrito, etc., que han sido detenidamente meditados. ‖ Con los advs. *mal* o *peor,* propenso a desestimar o interpretar desfavorablemente las acciones, intenciones o palabras ajenas: *ser un mal pensado.*

pensador, ra adj. Que piensa. ‖ m. y f. Persona que se dedica a estudios muy elevados y profundiza mucho en ellos.

pensamiento m. Facultad o capacidad de pensar. ‖ Acción de pensar y lo que se piensa. ‖ Idea inicial o capital de un escrito, discurso, etc. ‖ Conjunto de ideas propias de una persona o colectividad. ‖ Intención, proyecto: *tiene pensamiento de ir.* ‖ Planta herbácea anual de la familia de las violáceas, con muchos ramos delgados de 30 a 40 cm de altura, hojas sentadas, flores con cinco pétalos redondeados de tres colores y fruto seco capsular que se utiliza como ornamento de jardín y es muy común en España. ‖ Flor de esta planta.

pensante adj. Que piensa de manera razonable y acordada al sentido común: *cabeza pensante.*

pensar tr. Formarse y relacionar ideas en la mente. ◆ Se construye con las preps. *en* y *sobre: pensaba en/sobre la forma de hacerlo.* ‖ Examinar algo en la mente antes de tomar una decisión o darle una solución. ‖ Concebir un plan, procedimiento o medio para algo. ‖ Tener intención de lo que se expresa: *hoy no pienso salir.* ‖ Tener alguien una opinión sobre algo o manifestarla. ‖ **ni pensarlo** loc. De ninguna manera, rotundamente ni en forma alguna. ‖ **pensar mal** o **bien** loc. Interpretar negativa o positivamente las acciones o las palabras de una persona, desconfiando de ellas o no. ‖ **sin pensar** loc. adv. De improviso o inesperadamente. ◆ **Irreg.** Se conj. como *acertar.* ‖ FAM. pensable, pensado, pensador, pensamiento, pensante, pensativo.

pensativo, va adj. Que medita intensamente y está absorto y como distraído.

pensil o **pénsil** adj. Pendiente o colgado en el aire. ‖ m. *poét.* Jardín muy agradable.

pensión f. Asignación que recibe periódicamente una persona por servicios que ha prestado anteriormente, por méritos o por cualquier otra razón: *pensión de invalidez, de jubilación.* ‖ Beca o subvención que se concede para ampliar estudios, para continuar un trabajo de investigación, etc. ‖ Casa o establecimiento de poca categoría donde se reciben huéspedes a cambio de un precio convenido. ‖ Precio que se paga por alojarse en estos lugares. ‖ *amer.* Pena, pesar. ‖ **media pensión** Sistema de alojamiento en que se tiene derecho a una habitación y a una comida diaria. ‖ En ciertos centros de enseñanza, situación de los que asisten a clase y reciben también la comida del mediodía. ‖ **pensión completa** Régimen de hospedaje que incluye la habitación y todas las comidas del día. ‖ FAM. pensionado, pensionar, pensionista.

pensionado, da adj. Que tiene o cobra una pensión. También s. ‖ m. Internado, establecimiento donde los alumnos u otras personas viven en régimen de pensión.

pensionista com. Persona que tiene derecho a percibir y cobrar una pensión. ‖ Persona que paga cierta cantidad por sus alimentos y alojamiento. ‖ Alumno de un pensionado.

pentágono, na adj. y m. Se apl. al polígono de cinco ángulos y cinco lados. ‖ FAM. pentagonal.

pentagrama o **pentágrama** m. Conjunto de cinco líneas rectas paralelas y equidistantes, sobre el que se escriben las notas y signos musicales.

pentámero, ra adj. Se apl. al verticilo que consta de cinco piezas, o a la flor que tiene corola y cáliz con este carácter. ‖ adj. y m. De los pentámeros o relativo a este suborden de insectos. ‖ m. pl. Suborden de los insectos coleópteros que tienen cinco artejos en cada pata.

pentatlón m. Conjunto de cinco pruebas atléticas clásicas: carreras de 200 y de 1500 m, lanzamientos de jabalina y disco y salto de longitud. ‖ **pentatlón moderno** Modalidad olímpica que consta de cinco pruebas: tiro, natación, esgrima, hípica y carrera campo a traviesa.

Pentecostés n. p. m. Festividad del cristianismo que se celebra cincuenta días después de la Pascua y conmemora la venida del Espíritu Santo sobre los apóstoles. ‖ Fiesta de los judíos instituida en memoria de las doce tablas de la ley que Dios dio a Moisés en el monte Sinaí. ◆ No varía en pl.

pentotal m. Droga cuyo origen es el ácido barbitúrico, empleada generalmente como anestésico y que por sus propiedades es conocida también como *suero de la verdad.*

penúltimo, ma adj. y s. Inmediatamente anterior al último.

penumbra f. Sombra débil entre la luz y la oscuridad. ‖ FAM. penumbroso.

penuria f. Escasez, carencia de algo, sobre todo de lo necesario para vivir: *penuria económica.*

peña f. Piedra grande sin labrar. ‖ Monte o cerro peñascoso. ‖ col. Grupo de amigos. ‖ Asociación de personas que se unen generalmente para animar y defender una institución deportiva. ‖ FAM. peñazo, peñista, peñón.

peñasco m. Peña grande y elevada. ‖ Parte del hueso temporal de los mamíferos que encierra el oído interno. ‖ FAM. peñascal, peñascoso.

peñazo m. col. Latazo, cosa aburrida. A veces adj.: *conferencia peñazo.*

peñiscar tr. amer. Pellizcar.

peñón m. Monte donde hay muchas peñas.

peón m. Obrero que realiza trabajos no especializados o trabaja como ayudante en algunos oficios. ‖ Soldado de a pie. ‖ Peonza. ‖ En el juego del ajedrez, cada una de las ocho piezas de menor valor que al comienzo están situadas en primera línea. ‖ **peón caminero** Obrero cuyo trabajo consistía en la conservación y la reparación de los caminos públicos. ‖ **peón de brega** Subalterno que ayuda al matador durante la lidia. ‖ FAM. peonada, peonaje, peonía, peonza.

peonada f. Conjunto de peones que trabajan en una obra. ‖ Obra o trabajo que un peón hace en un día.

peonía f. Planta herbácea de la familia de las peoniáceas, de 30 a 90 cm de altura y con grandes flores rojas o rosáceas, que crece en terrenos húmedos y laderas montañosas y se cultiva como planta ornamental. ‖ Flor de esta planta. ‖ amer. Planta leguminosa, especie de bejuco trepador, de uso medicinal.

peoniácea, a adj. y f. De las peoniáceas o relativo a esta familia de plantas. ‖ f. pl. Familia de plantas angiospermas dicotiledóneas, de flores grandes y vistosas y fruto en folículo, como la peonía.

peonza f. Juguete de madera de forma cónica al cual se enrolla una cuerda para lanzarlo y hacerlo bailar.

peor adj. comp. De inferior calidad, más malo. ‖ adv. comp. Más mal, de más mala manera. ‖ FAM. peyorativo.

pepa f. amer. Pepita, semilla o simiente de algunos frutos.

pepe m. col. Melón poco maduro, de sabor como de pepino. ‖ amer. Petimetre, pisaverde, hombre excesivamente presumido.

pepenar tr. amer. Recoger del suelo, rebuscar. ‖ amer. Lograr algo de manera ilícita.

pepinazo m. col. Disparo o estallido estruendoso de una bomba, de un arma de fuego de gran tamaño, etc. ‖ col. Patada muy fuerte que se da a un balón.

pepinillo m. Variedad de pepino de pequeño tamaño que se conserva en vinagre para su consumición.

pepino m. Planta herbácea de la familia de las cucurbitáceas, de tallos rastreros, hojas pecioladas, flores amarillas y fruto carnoso, que se cultiva en las huertas. ‖ Fruto de esta planta, que se suele comer crudo. ‖ col. Melón poco maduro. ‖ **un pepino** loc. col. Con verbos que expresan cantidad o valoración, 'nada': *me importa un pepino.* ‖ FAM. pepinar, pepinazo, pepinillo, pepón, pepónida, pepónide.

pepita¹ f. Enfermedad que las gallinas suelen tener en la lengua, que se muestra con un tumorcillo que no las deja cacarear.

pepita² f. Semilla de algunas frutas, como el melón, la pera, etc. ‖ Trozo redondeado y pequeño de oro y otros metales. ‖ FAM. pipa.

pepitazo m. amer. Golpe dado con algún objeto. ‖ amer. Disparo de un arma de fuego.

pepito m. Bocadillo hecho con un filete de carne. ‖ Bollo alargado que suele estar relleno de crema y cubierto de azúcar, de chocolate o de moka.

pepitoria f. Guiso de ave cuya salsa tiene, entre otros componentes, piñones y yema de huevo.

peplo m. Vestidura exterior propia de las mujeres de la Grecia antigua, que bajaba de los hombros a la cintura, a modo de túnica sin mangas, formando caídas en punta por delante.

pepona f. Muñeca grande. ‖ col. Mujer grande y de aspecto saludable.

pepónida o **pepónide** f. Tipo de fruto carnoso y unido al cáliz, con una sola celda y muchas semillas dispersas en la pulpa, como la calabaza o el melón.

pepsina f. Fermento presente en el jugo gástrico, segregado por las glándulas gástricas, que participa en la digestión de las proteínas. ‖ FAM. péptido, peptona.

péptido m. Compuesto polímero o proteína formado por la unión de dos o más moléculas de aminoácidos.

pequeñez f. Cualidad de pequeño. ‖ Cosa de poca importancia. ‖ Mezquindad, bajeza.

pequeño, ña adj. De poco tamaño o estatura con respecto a los de su clase o especie. ‖ De muy poca edad. ‖ De poca importancia, intensidad, duración, etc. ‖ Bajo, de poca categoría o poder. ‖ m. y f. Niño, chiquillo. ‖ **en pequeño** loc. adv. Igual o parecido a otra cosa, pero con proporciones reducidas, de menor tamaño. ‖ FAM. pequeñarra, pequeñez, pequeñoburgués.

pequinés, esa adj. y s. Pekinés.

pera f. Fruto del peral, con forma ovalada, color verdoso, piel fina y carne dulce y jugosa. || Recipiente de goma con forma parecida a la de este fruto que se usa para impulsar líquidos, aire, etc. || Llamador de timbre o interruptor de luz de forma parecida a la de este fruto. || adj. Cursi, atildado, excesivamente fino y elegante: *niño pera.* || **pedir peras al olmo** loc. col. Pedir o pretender imposibles. || **ser algo la pera, la pera en bote** o **la pera limonera** loc. col. Ser lo más que se puede concebir, positiva o negativamente. || **ser algo una perita** o **una pera en dulce** loc. col. Ser muy apetecible por su gran valor o sus buenas cualidades. || FAM. perada, peral, periforme, perilla, piriforme.

peral m. Árbol frutal de la familia de las rosáceas, de ramas espinosas, flores blancas y fruto en pomo comestible, cuya recia madera se emplea en ebanistería. || FAM. peraleda.

peralte m. Lo que en la altura de un arco o una estructura excede al semicírculo. || En las carreteras, vías férreas, etc., mayor elevación de la parte exterior de una curva en relación con la interior. || FAM. peraltado, peraltar, peralto.

perborato m. Sal producida por la oxidación del borato, que se emplea en farmacia.

perca f. Pez osteíctio perciforme fluvial que llega a tener 60 cm de largo, de cuerpo oblongo, cubierto de escamas duras y ásperas, verdoso en el vientre, plateado en el vientre y dorado, con seis o siete fajas negruzcas en los costados y de carne comestible y delicada.

percal m. Tela de algodón de poca calidad. || Calidad o condición de una persona o cosa: *no me expliques, ya conozco el percal.* || FAM. percalina.

percance m. Contratiempo, daño o perjuicio imprevistos.

per capita loc. lat. Por cabeza, para cada una de las personas o cosas.

percatarse prnl. Darse cuenta clara de algo, tomar conciencia de ello. ◆ Se construye con la prep. *de: percatarse de un engaño.* || FAM. percatación.

percebe m. Crustáceo marino cilíndrico que tiene un caparazón compuesto de cinco piezas y un pedúnculo rematado en una uña calcárea con el que se adhiere a las rocas de las costas atlánticas; su carne es comestible y muy apreciada. || Persona torpe e ignorante.

percentil m. En mat., cada uno de los noventa y nueve segmentos que resultan de dividir algo en cien partes de igual frecuencia.

percepción f. Recepción, cobro, apropiación: *percepción del salario.* || Sensación interior que resulta de una impresión material, captación realizada a través de los sentidos. || Conocimiento, aprehensión de conceptos e ideas. || **percepción extrasensorial** La que se produce sin mediación normal de los sentidos.

perceptible adj. Que puede ser percibido por los sentidos o comprendido con el raciocinio. || Que se puede recibir, cobrar o hacer efectivo.

perceptor, ra adj. y s. Que percibe, recibe o cobra algo.

percha f. Soporte de forma triangular con un gancho en su parte superior que se utiliza para colgar ropa.

|| Mueble con colgaderos para dejar la ropa, y cada uno de estos colgaderos. || Madero o estaca larga y delgada que se atraviesa en otras para sostener una cosa. || Tronco de árbol que sirve para la construcción de piezas de arboladura. || Palo horizontal que se dispone para que descansen en él las aves. || **tener buena percha** loc. col. Ser esbelto y bien formado. || FAM. perchar, perchel, perchero.

perchero m. Conjunto de perchas o lugar en que las hay. || Pieza o mueble para colgar ropa o sombreros. A veces adj.

percherón, ona adj. y s. Se apl. al caballo de raza francesa de gran fuerza y corpulencia.

percibir tr. Recibir una cosa. || Recibir sensaciones a través de los sentidos. || Comprender o conocer una cosa. || FAM. percepción, perceptible, perceptivo, perceptor, percibo.

perciforme adj. y m. De los perciformes o relativo a este orden de peces. || m. pl. Orden de peces osteíctios con una o dos aletas dorsales, la primera con fuertes radios espinosos, como la perca, la caballa, la lubina o el besugo.

percusión f. Golpe o choque repetido. || Familia de instrumentos musicales que se tocan al golpearlos con mazas, baquetas, etc., o al hacerlos chocar entre sí, como el tambor, los platillos, etc. || Método de exploración médica que consiste en golpear con los dedos una parte del cuerpo para observar los cambios de sonoridad que se producen. || FAM. percusionista, percutir, percutor.

percusionista com. Músico que toca instrumentos de percusión.

percutor m. Pieza que golpea en cualquier máquina, y especialmente el martillo o la aguja con que se hace detonar el cebo del cartucho en las armas de fuego.

perdedor, ra adj. y s. Que pierde o fracasa en un juego o empeño.

perder tr. Dejar de tener o no encontrar alguna cosa que se poseía. También prnl. || Malgastar, desperdiciar una cosa. || No lograr lo que se esperaba o se necesitaba. || Verse separado de una persona querida, especialmente si ha muerto. || Resultar vencido o no obtener lo que se disputa en juegos, batallas, oposiciones, pleitos, etc. También intr. || Junto con algunos nombres, faltar a la obligación de lo que significan: *perder el respeto.* || Dejar salir un recipiente lo que contiene en pequeñas cantidades: *perder aceite un motor.* También intr.: *este grifo pierde.* || intr. Empeorar una persona o cosa. || prnl. Errar uno el camino o rumbo que llevaba. || No encontrar el tino o la salida. || Entregarse a un vicio o a una pasión: *el alcohol le pierde.* || No saber seguir un discurso o razonamiento: *con tantas citas me pierdo.* || No aprovecharse de una cosa que podía ser útil o no disfrutar de ella. También tr. || Querer mucho a una persona o tener mucha afición por algo. ◆ Se construye con la prep. *por: se pierde por los dulces.* También tr. || **no habérsele perdido nada** a alguien **en** algún lugar loc. col. Se usa para justificar la ausencia de alguien o reprocharle su presencia. || **perder los nervios** loc. Ponerse muy nervioso y actuar de manera irracional. || **perder los papeles** loc. Perder los nervios. || **tener** alguien **buen** o **mal perder**

loc. Mostrarse tranquilo o molesto e irritado el que ha tenido alguna pérdida en el juego, en las apuestas, etc. ◆ **Irreg.** Se conj. como *entender*. ‖ FAM. perdedor, perdición, pérdida, perdidizo, perdido, perdulario.

perdición f. Ruina o daño graves. ‖ Pasión desenfrenada, especialmente de amor. ‖ Condenación eterna. ‖ Lo que ocasiona un grave daño.

pérdida f. Carencia, privación de lo que se poseía. ‖ Cantidad, cosa o persona que se ha perdido. ‖ Escape de un líquido o de un gas. ‖ Daño o perjuicio que se recibe en una cosa. ‖ Mal uso o desperdicio de algo. ‖ **no tener pérdida** una cosa loc. Ser muy fácil de encontrar.

perdido, da adj. Que no tiene dueño conocido o destino determinado. ‖ *desp.* Se apl. a la persona viciosa o libertina. También s. ‖ En grado sumo: *tonto perdido*. ‖ **poner** o **ponerse perdido** loc. *col.* Ensuciarse sobremanera. ‖ FAM. perdidamente.

perdigón m. Pollo de la perdiz. ‖ Cada uno de los granos de plomo que forman la munición de ciertas armas de aire comprimido. Más en pl. ‖ *col.* Pequeña gota de saliva que se despide al hablar. ‖ FAM. perdigonada.

perdiguero, ra adj. Que caza perdices. ‖ adj. y m. Se apl. al perro de caza. ‖ m. y f. Comerciante que compra las piezas a los cazadores para revenderlas.

perdiz f. Nombre común de diversas especies de aves galliformes de cuerpo grueso, de 30 a 35 cm de longitud, cuello corto, cabeza pequeña, pico y patas encarnados y plumaje de color pardo rojizo que, por ser comestibles, son muy estimadas como piezas de caza. ‖ **marear la perdiz** loc. *col.* Retrasar con circunloquios o demoras innecesarias e inútiles el desarrollo de algo. ‖ FAM. perdigar, perdigón, perdiguero.

perdón m. Acción y resultado de perdonar una pena, ofensa, deuda, etc. ‖ Indulgencia, remisión de los pecados. ‖ Se usa también como expresión de disculpa: *perdón, ¿puedo pasar?*

perdonar tr. No tener en cuenta la ofensa o falta que otro ha cometido. ‖ Librar a alguien de una obligación o castigo. ‖ Renunciar a un derecho, goce o disfrute: *no perdona su paseo diario*. ‖ FAM. perdón, perdonable, perdonador, perdonavidas.

perdonavidas com. *col.* Bravucón, persona que presume de fuerte y valiente sin serlo. ◆ No varía en pl.

perdulario, ria adj. Que pierde las cosas frecuentemente. ‖ Descuidado, olvidadizo. ‖ Vicioso, incorregible. También s.

perdurable adj. Que se extiende largamente en el tiempo, muy duradero, eterno.

perdurar intr. Durar mucho, subsistir, mantenerse en el mismo estado. ‖ FAM. perdurabilidad, perdurable, perdurablemente, perduración.

perecedero, ra adj. De poca duración. ‖ Se apl. al alimento que conserva sus propiedades solo durante un espacio de tiempo determinado.

perecer intr. Morir, dejar de existir. ‖ Acabarse una cosa. ◆ **Irreg.** Se conj. como *agradecer*. ‖ FAM. perecedero.

peregrinación f. Viaje que se hace por motivos religiosos a un santuario o a un lugar sagrado. ‖ *col.* Recorrido de un lado a otro que se hace para resolver o buscar algo.

peregrinar intr. Andar por tierras extrañas. ‖ Ir en romería a un santuario. ‖ *col.* Deambular de un lado a otro con el fin de buscar alguna cosa o resolver algún asunto. ‖ FAM. peregrinación, peregrinaje, peregrino.

peregrino, na adj. Se apl. a la persona que va por tierras extrañas. ‖ Se apl. a la persona que por devoción o por voto va a visitar un santuario. Más como m. ‖ Se apl. al animal que migra de un lugar a otro. ‖ Extraño, extranjero, raro. ‖ Absurdo y sin sentido: *qué ideas más peregrinas*. ‖ *poét.* Hermoso, perfecto. ‖ FAM. peregrinamente.

perejil m. Planta herbácea umbelífera con hojas lustrosas de color verde oscuro partidas en tres gajos dentados y muy aromáticas, que se cultiva para su uso en cocina como condimento.

perendengue m. Pendiente, adorno para las orejas. ‖ P. ext., cualquier otro adorno de poco valor. Más en pl.

perengano, na m. y f. Voz que se usa para referirse a una persona cuyo nombre se ignora o no se quiere expresar después de haber aludido a otra u otras con palabras de igual indeterminación, como *fulano, mengano, zutano*.

perenne adj. Permanente, que no muere. ‖ Se apl. a la planta que vive más de dos años. ‖ FAM. perennidad, perennifolio, perennizar.

perentorio, ria adj. Se apl. al último plazo que se concede en cualquier asunto, imposible de prórroga o aplazamiento. ‖ Concluyente, decisivo, inmutable: *orden perentoria*. ‖ Urgente, apremiante: *necesidad perentoria*. ‖ FAM. perentoriamente, perentoriedad.

pereza f. Negligencia, falta de ganas o disposición para hacer las cosas. ‖ Descuido o tardanza en las acciones. ‖ FAM. perezoso.

perezoso, sa adj. Descuidado, flojo. También s. ‖ Que por demasiada afición a dormir se levanta de la cama tarde, con lentitud o con mal humor. ‖ Lento o pesado en el movimiento o en la acción. ‖ m. Nombre común de diversas especies de mamíferos desdentados propios de la América tropical, de extremidades muy largas, manos rematadas en dos o tres dedos y pelaje tupido, que se caracterizan por la lentitud de sus movimientos y por vivir en los árboles. ‖ FAM. perezosamente.

perfección f. Acción de perfeccionar, terminación completa. ‖ Completa ausencia de error o defecto. ‖ Cosa perfecta. ‖ **a la perfección** loc. adv. De manera completa y perfecta. ‖ FAM. perfeccionar, perfeccionismo.

perfeccionar tr. Acabar enteramente una obra, dándole el mayor grado posible de calidad y detalle. También prnl. ‖ FAM. perfeccionador, perfeccionamiento.

perfeccionismo m. Tendencia a mejorar indefinidamente un trabajo sin decidirse a considerarlo nunca totalmente acabado. ‖ FAM. perfeccionista.

perfeccionista adj. y com. Se apl. a la persona que tiende al perfeccionismo.

perfectivo, va adj. Que da o puede dar perfección. ‖ adj. y m. En gram., se apl. al tiempo verbal que expresa una acción acabada, como el indefinido y los tiempos compuestos. ‖ En gram., se dice del aspecto de los verbos que significan acciones que se acaban cuando se efectúan, como *construir* o *saltar*.

perfecto, ta adj. Que tiene el mayor grado posible de bondad o calidad en su línea. ‖ Que está en buenas condiciones, sin mella ni defecto. ‖ Antepuesto a un sustantivo al que califica, significa que posee el grado máximo de una determinada cualidad o defecto: *eres un perfecto imbécil*. ‖ En gram., tiempo verbal compuesto de aspecto perfectivo. Más en pl. ‖ En mat., se apl. al número que es igual a la suma de sus partes proporcionales. ‖ FAM. perfección, perfectamente, perfectibilidad, perfectible, perfectivo.

perfidia f. Deslealtad, traición. ‖ Maldad. ‖ FAM. pérfidamente, pérfido.

perfil m. Postura en que solo se deja ver una de las dos mitades laterales del cuerpo. ‖ Línea que dibuja el contorno o la silueta de una cosa. ‖ Conjunto de rasgos peculiares que caracterizan a una persona o cosa. ‖ pl. Complementos y retoques con que se remata una obra o una cosa. ‖ **de perfil** loc. adv. De lado. ‖ FAM. perfilar.

perfilador m. Lápiz de punta muy fina que sirve para maquillar los labios o los ojos marcando sus contornos.

perfilar tr. Sacar los perfiles a una cosa. ‖ Afinar, rematar una cosa. ‖ prnl. Empezar una cosa a tomar forma o cuerpo definido. ‖ FAM. perfilado, perfilador.

perforación f. Realización de un agujero de forma que atraviese la superficie en que se hace. ‖ Rotura o ulceración de las paredes de un órgano o de una víscera hueca: *perforación de estómago*.

perforar tr. Hacer un agujero en algo de forma que lo atraviese total o parcialmente. ‖ FAM. perforación, perforado, perforador, perforadora, perforista.

perfumar tr. y prnl. Dar o esparcir un olor agradable. ‖ FAM. perfumado, perfumador.

perfume m. Sustancia líquida o sólida elaborada para que desprenda un olor agradable. ‖ Cualquier olor bueno o muy agradable. ‖ FAM. perfumar, perfumería, perfumero, perfumista.

perfumería f. Tienda donde se venden perfumes y productos cosméticos y de aseo. ‖ Arte de fabricar perfumes y fragancias. ‖ Industria dedicada a este tipo de productos. ‖ Conjunto de productos y materias de esta industria.

perfusión f. Administración de un medicamento. ‖ Baño, sobre todo cuando es terapéutico o relajante.

pergamino m. Piel de res limpia y estirada que se utilizaba sobre todo para escribir sobre ella. ‖ Título o documento escrito en pergamino.

pergeñar tr. col. Idear, disponer o ejecutar una cosa con más o menos habilidad y rapidez: *pergeñar un plan*. ‖ FAM. pergeño.

pérgola f. Armazón para sostener una o más plantas. ‖ Jardín que tienen algunas casas sobre la techumbre.

peri- pref. que significa 'alrededor': *pericarpio*, *perímetro*.

periantio o **perianto** m. Envoltura característica de la flor de las plantas fanerógamas, formada por dos verticilos de hojas florales, el cáliz y la corola.

pericardio m. Bolsa de tejido conjuntivo que envuelve el corazón y está formada por dos membranas, una externa y fibrosa llamada epicardio y otra interna y serosa denominada miocardio. ‖ FAM. pericarditis.

pericarpio o **pericarpo** m. Parte exterior del fruto de las plantas, que cubre las semillas.

pericia f. Sabiduría, experiencia y habilidad en una ciencia o arte. ‖ FAM. pericial, pericialmente.

pericial adj. Del perito o relativo a él: *prueba pericial*.

perico m. Nombre común de diversas especies de aves psitaciformes trepadoras, como el papagayo, de unos 25 cm de altura, con pico róseo, ojos encarnados de contorno blanco y plumaje multicolor, generalmente verde, azul o blanco; son originarias de Cuba, América Meridional y Australia y viven en los bosques y en las tierras cultivadas. ◆ A menudo se llama *periquito*. ‖ Abanico grande. ‖ Orinal. ‖ Espárrago de gran tamaño. ‖ Persona a la que le gusta callejear y zascandilear. ‖ *amer.* Café cortado o con un poco de leche. ‖ argot En lenguaje de la droga, cocaína. ‖ **Perico de** o **el de los palotes** loc. col. Persona indeterminada, un sujeto cualquiera. ‖ FAM. pericón, periquete.

pericón m. amer. Baile popular que ejecutan con acompañamiento de guitarras varias parejas, y que se suele interrumpir con pausas para que un bailarín diga una copla, o un dicho, al que replica su compañero de pareja.

pericote m. amer. Ratón, roedor pequeño. ‖ amer. Ladronzuelo, ratero.

perieco, ca adj. y s. Se apl. al habitante de la Tierra que, con respecto a otro, ocupa un punto del mismo paralelo y diametralmente opuesto a él.

periferia f. Circunferencia. ‖ Contorno de una figura curvilínea. ‖ Espacio que rodea un núcleo cualquiera. ‖ FAM. periférico.

periférico, ca adj. De la periferia y relativo a ella. ‖ Secundario, de menor importancia que lo principal. ‖ m. En inform., cada uno de los elementos externos de un sistema informático que permiten la entrada o salida de datos.

perifollo m. Planta herbácea umbelífera originaria de Europa oriental, de 50 cm a 1 m de altura, con flores pequeñas de color blanco y hojas aromáticas que se usan en cocina como condimento y en ensalada. ‖ pl. col. Adornos o complementos de alguna cosa, especialmente cuando son excesivos o de mal gusto.

perífrasis f. Figura que consiste en expresar por medio de un rodeo de palabras algo que hubiera podido decirse con menos o con una sola. ‖ Perífrasis verbal. ‖ **perífrasis verbal** Frase verbal compuesta por un auxiliar u otro verbo que desempeña esa función, y un infinitivo, un gerundio o un participio, que suelen unirse frecuentemente por medio de una preposición, una conjunción, etc., como, p. ej., *tener que* o *ir + gerundio*. ◆ No varía en pl. ‖ FAM. perifrasear, perifrástico.

perigeo m. Punto en que la Luna o un satélite artificial se hallan más próximos a la Tierra.

perigonio m. Envoltura de las flores homoclamídeas, formada generalmente por un verticilo simple de hojas florales coloreadas o tépalos, como el de los lirios.

perihelio m. Punto en que un planeta se halla más cerca del Sol.

perilla f. Adorno en figura de pera. || Pelo que se deja crecer en la punta de la barbilla. || Extremo por donde se fuma el cigarro puro. || **de perilla** loc. adv. A propósito o a tiempo.

perillán, ana m. y f. col. Persona pícara y astuta. También adj.

perímetro m. Contorno de una superficie. || Contorno de una figura. || Longitud del contorno de una figura o superficie. || FAM. perimétrico.

periné o **perineo** m. Espacio que media entre el ano y las partes sexuales. || FAM. perineal.

perinola f. Peonza pequeña que baila cuando se hace girar rápidamente con dos dedos el mango que tiene en la parte superior.

periódico, ca adj. Que ocurre o tiene lugar cada cierto periodo de tiempo. || En mat., se apl. al número cuya fracción decimal se repite de forma periódica. || En fís., se dice del fenómeno cuyas fases se repiten todas permanentemente y con regularidad. || m. Diario, publicación de carácter informativo que se edita diariamente. || FAM. periódicamente, periodicidad, periodicucho, periodismo.

periodismo m. Actividad que consiste en la recogida, clasificación y elaboración de la información, especialmente la que refiere a las noticias de actualidad, para difundirla en los diferentes medios de comunicación, prensa, radio y televisión principalmente. || Carrera destinada a formar a los profesionales dedicados a esta actividad. || FAM. periodista, periodístico.

periodista com. Persona que compone, escribe o edita un periódico. || Persona que, profesionalmente, prepara o presenta las noticias en un periódico o en otro medio de difusión.

periodístico, ca adj. Del periódico o relativo a este tipo de publicaciones y sus autores.

período o **periodo** m. Tiempo que una cosa tarda en volver al estado o posición que tenía al principio, como, p. ej., el de la revolución de los astros. || Espacio de tiempo que incluye toda la duración o el proceso de una cosa. || Ciclo de tiempo. || Menstruación de las mujeres y de las hembras de ciertos animales. || En mat., cifra o grupo de cifras que se repiten indefinidamente, después del cociente entero, en las divisiones inexactas. || En gram., conjunto de oraciones que, enlazadas unas con otras gramaticalmente, forman una unidad de sentido. || FAM. periódico, periodización.

periostio m. Membrana fibrosa que rodea los huesos y sirve para su nutrición y renovación. || FAM. periostitis.

peripatético, ca adj. Del peripato o relativo a la escuela o la filosofía aristotélica. || Ridículo o extravagante. || adj. y s. Partidario de esta filosofía o doctrina. || FAM. peripato.

peripecia f. En el argumento de una obra literaria, suceso o circunstancia repentina que cambia el estado de las cosas. || Suceso o circunstancia semejante en la vida real.

periplo m. Navegación que se efectúa alrededor de algún lugar. || Obra antigua en que se cuenta un viaje de navegación. || Viaje muy largo o en el que se recorren varios países.

peripuesto, ta adj. col. Que se arregla y viste con esmero y afectación rayanos en lo excesivo.

periquete m. col. Brevísimo espacio de tiempo.

periquito m. Perico.

periscopio m. Tubo provisto de una lente que sirve para observar desde un lugar oculto o sumergido. || FAM. periscópico.

perisodáctilo, la adj. y m. De los perisodáctilos o relativo a este orden de mamíferos. || m. pl. Orden de mamíferos ungulados que se caracterizan por tener los dedos en número impar y terminados en una pezuña fuerte y gruesa llamada casco, como el rinoceronte, el caballo o el tapir.

perista com. Comprador de objetos robados.

peristáltico, ca adj. Que tiene la propiedad de contraerse. || Se apl. al movimiento de contracción que hacen los intestinos para impulsar los materiales de la digestión y expeler los excrementos. || FAM. perístole.

peristilo m. Lugar o sitio rodeado de columnas por la parte interior, como los atrios. || Galería de columnas que rodea un edificio o parte de él.

perito, ta adj. Hábil y experto en una ciencia o arte. También s. || m. y f. Persona que tiene el grado de ingeniero técnico: *perito químico*. || Persona experta en alguna cosa y que informa al juez sobre determinados hechos. || En una compañía de seguros, persona encargada de valorar los daños materiales ocasionados en alguna propiedad del asegurado. || FAM. peritación, peritaje, peritar.

peritoneo m. Membrana serosa que reviste la cavidad abdominal de los vertebrados y otros animales y forma pliegues que envuelven las vísceras situadas en esta cavidad. || FAM. peritoneal, peritonitis.

peritonitis f. Inflamación del peritoneo. ◆ No varía en pl.

perjudicar tr. y prnl. Ocasionar daño material o moral. || FAM. perjudicado, perjudicial, perjudicialmente, perjuicio.

perjudicial adj. Que perjudica o puede perjudicar.

perjuicio m. Daño material, físico o moral. || En der., ganancia lícita que deja de obtenerse o gastos en que se incurre por acto u omisión de otro y que este debe indemnizar, además del detrimento material causado de manera directa: *pagar daños y perjuicios*. || **sin perjuicio** loc. adv. Dejando a salvo.

perjurar intr. Jurar en falso. También prnl. || Faltar al juramento. || tr. Jurar insistentemente por añadir fuerza al juramento: *juraba y perjuraba que él no había sido*. || FAM. perjurio, perjuro.

perjurio m. Juramento en falso. || En der., delito que comete el que miente en un juicio o una vista habiendo dado promesa de no faltar a la verdad. || Quebrantamiento de la fe jurada.

perjuro, ra adj. y s. Que jura en falso. || Que quebranta maliciosamente el juramento que ha hecho.

perla f. Concreción nacarada, generalmente de color blanco agrisado, con reflejos brillantes y forma más o menos esférica, que se forma en el interior de las conchas de diversos moluscos, especialmente en las madreperlas, como reacción a la penetración de un corpúsculo extraño en su interior. || Concreción parecida conseguida artificialmente. || Persona de excelentes cualidades, o cosa muy apreciada en su clase. || **de perlas** loc. adv. Perfectamente, muy bien: *venir algo de perlas.* || FAM. perlado, perlar, perlería, perlero, perlífero, perlino.

perlé m. Fibra de algodón brillante más o menos gruesa que se utiliza para bordar, hacer ganchillo, etc.

permanecer intr. Mantenerse sin cambios en un mismo lugar, estado o condición. || Estar en un sitio durante cierto tiempo. ◆ **Irreg.** Se conj. como *agradecer.* || FAM. permanencia, permanente.

permanencia f. Duración firme, perseverancia, estabilidad, inmutabilidad. || Estancia en un lugar o sitio.

permanente adj. Que permanece o dura. || Se apl. a la ondulación artificial del cabello. También f. || FAM. permanentemente.

permanganato m. Sal formada por la combinación del ácido derivado del manganeso con una base: *permanganato de sodio.*

permeable adj. Que puede ser penetrado por el agua u otro fluido. || Que se deja influir demasiado por las acciones u opiniones de los demás. || FAM. permeabilidad, permeabilizar.

pérmico, ca adj. y m. Del sexto y último periodo geológico de la era paleozoica, que sigue al carbonífero, o relativo a él.

permisible adj. Que se puede permitir: *error, retraso permisible.*

permisividad f. Tolerancia excesiva. || En fís., en el campo eléctrico, cociente de dividir la inducción entre la intensidad.

permisivo, va adj. Excesivamente tolerante, que concede con facilidad.

permiso m. Licencia o consentimiento para hacer o decir una cosa. || Tiempo libre de obligaciones, de vacaciones. || Documento en el que consta la autorización para hacer algo: *permiso de conducir.* || En las monedas, diferencia consentida entre su ley o peso efectivo y el que exactamente se les supone.

permitir tr. Consentir, normalmente quien tiene autoridad para ello, que otros hagan o dejen de hacer una cosa. También prnl. || No impedir lo que se pudiera y debiera evitar. || Hacer algo posible. || prnl. Tomarse la libertad o atreverse a hacer o decir algo. ◆ Tiene doble p. p.: uno reg., *permitido,* y otro irreg., *permiso.* || FAM. permisible, permisión, permisionario, permisividad, permisivo, permiso.

permutar tr. Cambiar una cosa por otra. || Variar la disposición u orden en que estaban dos o más cosas. || FAM. permuta, permutabilidad, permutable, permutación.

pernera f. Parte del pantalón que cubre cada pierna.

pernicioso, sa adj. Muy dañino o perjudicial.

pernil m. Anca y muslo del animal y, p. ant., los del cerdo. || Pernera del pantalón.

pernio m. Gozne o bisagra de una puerta o ventana que se pone para que giren las hojas.

perno m. Pieza de hierro cilíndrica, con cabeza redonda por un extremo y asegurada con una tuerca por el otro, que se usa para sujetar piezas de gran peso o volumen.

pernoctar intr. Pasar la noche en determinado lugar, especialmente si es fuera del propio domicilio. || FAM. pernocta.

pero conj. advers. Enlace que une dos oraciones o sintagmas cuyos significados se contraponen, se restringen o se limitan: *es guapo, pero antipático.* || Al comienzo de una frase, tiene valor de intensificador: *¡pero qué forma de llover!* || m. Defecto, dificultad u objeción: *poner peros.* || **pero que muy...** Cuantificador de frases adjetivas y adverbiales que intensifica lo que expresan: *lo hizo pero que muy bien.*

perogrullada f. Afirmación de veracidad y certeza tan evidente que resulta boba. || FAM. perogrullesco, Perogrullo.

perogrullesco, ca adj. De la perogrullada o relativo a ella.

perol m. Recipiente de metal de forma semiesférica con dos asas que sirve para cocinar alimentos. || FAM. perola.

perola f. Perol más pequeño que el ordinario.

peroné m. Hueso largo y delgado de la pierna detrás de la tibia, con la cual se articula.

peronismo m. Movimiento político e ideología surgidos en Argentina tras la subida al poder de Juan Domingo Perón en 1945. || FAM. peronista.

peronista adj. Relativo al peronismo. || adj. y com. Partidario de ese movimiento.

perorata f. Discurso o charla muy largos y aburridos. || FAM. peroración, perorar.

peróxido m. Óxido que tiene la mayor cantidad posible de oxígeno de los de su serie. || **peróxido de hidrógeno** Líquido incoloro e inestable, soluble en el agua y en el alcohol. Se conoce comúnmente con el nombre de *agua oxigenada.*

perpendicular adj. En geom., se apl. a la línea o al plano que forma ángulo recto con otra línea o con otro plano. Referido a una línea, también f. || FAM. perpendicularidad, perpendicularmente.

perpetrar tr. Cometer o consumar un acto delictivo. || FAM. perpetración, perpetrador.

perpetua f. Planta herbácea anual con tallo derecho ramoso, hojas aovadas y vellosas, fruto en forma de caja que encierra una sola semilla y flores con tres estambres, que por su larga duración sirven para hacer guirnaldas, coronas y otros adornos semejantes. || Flor de esta planta.

perpetuar tr. Hacer perpetua o duradera una cosa: *perpetuar el apellido.* || Dar a las cosas una larga duración. También prnl. || FAM. perpetuación, perpetuidad.

perpetuidad f. Duración sin fin. || Duración muy larga o incesante. || **a perpetuidad** loc. adv. Durante toda la vida, para siempre.

perpetuo, tua adj. Que dura y permanece para siempre: *cariño perpetuo, cadena perpetua.* || Se apl. al cargo que es vitalicio. || FAM. perpetua, perpetuamente, perpetuar.

perplejidad f. Irresolución, confusión o duda nacidas del asombro o la sorpresa. || FAM. perplejo.

perplejo, ja adj. Dudoso, incierto, confuso. || FAM. perplejamente.

perra f. Rabieta de niño. || *col.* Deseo muy grande, manía u obsesión: *qué perra le ha dado con ir al cine.* || *col.* Dinero, riqueza. Más en pl. || *desp.* Ramera, prostituta.

perrera f. Lugar donde se tiene a los perros. || Lugar donde se recoge a los perros callejeros. || Coche municipal destinado a la recogida de perros vagabundos o abandonados. || Departamento que hay en los trenes o en otros vehículos destinado para llevar perros.

perrería f. Jugarreta o molestia que se causa a alguien.

perrero, ra m. y f. Empleado municipal encargado de recoger los perros abandonados o callejeros. || Persona que cuida los perros de caza.

perreta f. *amer.* Orzuelo.

perrito caliente m. Bocadillo de pan blando y alargado con una salchicha dentro, generalmente aderezada con *ketchup* y mostaza.

perro¹, rra adj. *col.* Muy malo, indigno: *mentira perra.* || FAM. perramente.

perro², rra m. y f. Mamífero carnívoro doméstico de la familia de los cánidos, de tamaño, forma y pelaje muy diversos, producto de las distintas razas obtenidas por hibridación, que está adaptado a todas las regiones de la Tierra y que se caracteriza por su fidelidad a los humanos. || *desp.* Nombre que se dio despectivamente a los fieles de otras religiones: *perro judío, perra infiel.* || Persona despreciable. || **perro faldero** El pequeño, que se tiene como animal de compañía. || **perro policía** El adiestrado para descubrir y perseguir aquello que se desea capturar. || **perro pastor** Nombre dado a diferentes razas de perros que, en origen, se utilizaban para el pastoreo. || **a otro perro con ese hueso** loc. *col.* Se emplea para rechazar una proposición o mostrar desconfianza. || **como el perro y el gato** loc. adv. *col.* Expresión con que se explica el aborrecimiento mutuo que se tienen algunos: *se llevan como el perro y el gato.* || **de perro o perros** loc. adj. Que es sumamente molesto y desagradable. || **echar** o **soltar los perros** a alguien loc. *col.* Regañarlo, echarle una bronca. || **morir** uno **como un perro** loc. Morir sin dar señales de arrepentimiento. || Morir solo, abandonado, sin ayuda alguna. || **muerto el perro, se acabó la rabia** loc. *col.* Expresión que indica que cuando acaba la causa de algo, también lo hacen sus efectos. || **tratar** a alguien **como a un perro** loc. *col.* Maltratarlo, despreciarlo. || FAM. perra, perrada, perrera, perrería, perrero, perrezno, perrillo, perrito, perruno.

persa adj. y com. De Persia o relativo a esta antigua nación de Asia, hoy Irán. || m. Idioma que se habla en dicha nación. || FAM. persiano, pérsico.

per se loc. lat. De por sí, por sí mismo.

persecución f. Seguimiento constante y molesto a alguien. || Intento de alcanzar lo que huye o se escapa. || Intento de lograr lo que se pretende, o de acabar con lo que se rechaza. || Seguimiento, acoso y maltrato a los miembros de un grupo social, político o religioso por razones ideológicas.

persecutorio, ria adj. Que implica persecución o se refiere a ella: *manía persecutoria.*

perseguidor, ra adj. Que persigue al que se escapa o al que huye. También s.

perseguidora f. *amer.* Resaca, malestar después de haber bebido y festejado.

perseguir tr. Seguir a la persona o animal que va huyendo con ánimo de alcanzarle. || Molestar, fatigar, hostigar. || Tratar de conseguir o de alcanzar algo. || Solicitar o pretender con frecuencia. || Acompañar a alguien algo negativo o molesto. || Proceder judicialmente, castigar: *perseguir el crimen.* ◆ **Irreg.** Se conj. como *pedir.* || FAM. persecución, persecutor, persecutorio, perseguible, perseguidor, perseguidora.

perseverancia f. Constancia, firmeza o tesón en la realización de algo.

perseverante adj. Constante, obstinado, que persevera. || FAM. perseverantemente.

perseverar intr. Continuar con constancia lo que se ha empezado: *perseverar en el empeño.* || Durar permanentemente o por largo tiempo. || FAM. perseverancia, perseverante.

persiana f. Especie de celosía que se coloca entre las ventanas y el exterior y está formada por tablillas o láminas fijas o movibles, dispuestas de diversas formas, y que permite graduar el paso de la luz. || **persiana veneciana** Persiana formada por diversas tiras de aluminio, madera u otro material opaco modulables mediante una varilla, que se pone en la parte interior de la ventana. || FAM. persianero, persianista.

persianista com. Persona que se dedica a la construcción, colocación o arreglo de persianas.

pérsico, ca adj. y s. De Persia, persa. || m. Árbol de la familia de las rosáceas, originario de Persia, de hojas aovadas y aserradas, flores de color rosa claro y fruto en drupa, con el hueso lleno de arrugas. || Fruto de este árbol.

persignar tr. y prnl. Hacer la señal de la cruz, especialmente cuando se hace tres veces, una en la frente, otra en la boca y otra en el pecho.

persistencia f. Insistencia, firmeza, empeño en la ejecución de algo. || Duración, permanencia de una actividad o suceso.

persistente adj. Insistente, firme y constante. || Duradero, permanente. || FAM. persistentemente.

persistir intr. Mantenerse firme o constante en una cosa. || Durar por largo tiempo. || FAM. persistencia, persistente.

persona f. Individuo de la especie humana. || Hombre o mujer cuyo nombre se ignora o se omite: *había varias personas esperando.* || En der., sujeto de derecho. || Accidente gramatical del verbo y del pronombre que designa las personas que intervienen en el discurso o la conversación. || El Padre, el Hijo o el Espíritu Santo, de quienes se afirma que son tres personas distintas con una misma esencia. || **persona física** En der., cualquier individuo con derechos y obligaciones. || **persona grata** o **non grata** La que es bien o mal aceptada o recibida en una comunidad o grupo. || **persona jurídica** En der., ser o entidad capaz de derechos y obligaciones que no tiene existencia individual física, como las asociaciones, sociedades y fundaciones. || **persona pública** Hombre o mujer famosos o conocidos por su profesión, acciones o abolengo. || **primera persona** En gram., la que habla de sí misma en el discurso. || **segunda persona** En gram., aquella a quien se dirige el discurso. || **tercera persona** En gram., la persona o cosa de la que se habla. || La que media entre otras. || Tercero, intermediario. || **de persona a persona** loc. adv. Estando uno solo con otro, entre ambos y sin intervención de tercero. || **en persona** loc. adv. Por uno mismo o estando presente: *no lo conozco en persona.* || **ser buena persona** o **muy buena persona** loc. Tener uno excelentes virtudes o cualidades humanas. || FAM. personaje, personal, personalidad, personalismo, personalizar, personarse, personificar, personilla.

personaje m. Persona ilustre, sobresaliente en cualquier actividad. || Cada uno de los seres que toman parte en la acción de una obra literaria, teatral, cinematográfica, etc.

personal adj. De la persona o relativo, propio o particular de ella. || De una o para una sola persona. || Que hace referencia o tiene relación con las personas gramaticales. || m. Conjunto de personas que trabajan en un mismo organismo, dependencia, fábrica, taller, etc. || *col.* Grupo de personas, gente. || f. En baloncesto, falta que comete un jugador al tocar o empujar a otro del equipo contrario para impedir una jugada, y tiro libre con que se castiga. || FAM. personalmente.

personalidad f. Conjunto de las características y diferencias individuales que distingue a una persona de otra. || Cualidad de las personas que tienen muy marcada dicha diferencia. || Persona que destaca en una actividad o ambiente, personaje.

personalismo m. Adhesión a una persona o a las tendencias que ella representa, especialmente en política. || Tendencia a subordinar el interés común a miras personales. || FAM. personalista.

personalizar tr. Referirse o hacer alusión a una persona o a un grupo de personas en particular. || Dar carácter personal a algo. || FAM. personalizado.

personarse prnl. Presentarse personalmente en un lugar. || En der., comparecer como parte interesada en un juicio o pleito. || FAM. personación.

personificar tr. Atribuir acciones o cualidades propias del hombre a los animales o a las cosas inanimadas o abstractas. || Representar en una persona, o representar ella misma una cualidad, opinión, sistema, etc. || Representar en los discursos o escritos, bajo alusiones o nombres supuestos, a personas determinadas. También prnl. || FAM. personificación.

perspectiva f. Técnica de representar en una superficie plana, como un papel o un lienzo, la tercera dimensión de los objetos, dando sensación de profundidad y volumen. || Obra o representación ejecutada con esta técnica. || Conjunto de objetos lejanos que se presentan a la vista del espectador. || Posible desarrollo que puede preverse en algo. Más en pl.: *perspectivas de negocio.* || Punto de vista, forma de considerar algo. || Lejanía o distancia desde donde se observa o estudia algo. || FAM. perspectivismo.

perspicacia f. Capacidad para entender las cosas con claridad y rapidez. || Agudeza de la vista. || FAM. perspicaz.

perspicaz adj. Se dice de la vista, la mirada, etc., muy aguda y que alcanza mucho. || Se apl. al ingenio agudo, capaz de percatarse con facilidad de hasta las cosas más difíciles, y a la persona que lo posee.

persuadir tr. y prnl. Convencer a alguien para que haga o deje de hacer algo. || FAM. persuadidor, persuasible, persuasión, persuasiva, persuasivo, persuasor, persuasorio.

persuasivo, va adj. Que tiene fuerza y eficacia para persuadir.

pertenecer intr. Ser propia de uno una cosa, ser de su propiedad. || Ser parte integrante de algo. || Ser una cosa competencia u obligación de alguien. ◆ **Irreg.** Se conj. como *agradecer.* || FAM. perteneciente, pertenencia, pertinente.

perteneciente adj. y com. Que pertenece a algo o forma parte de ello.

pertenencia f. Cosa que pertenece a alguien determinado. Más en pl. || Integración en un conjunto, grupo o asociación: *pertenencia a banda armada.*

pértiga f. Vara larga. || Vara larga fuerte y flexible que utiliza el deportista para apoyarse en la práctica de una modalidad atlética. || Tubo largo con un micrófono en su extremo que se usa en cine y televisión. || FAM. pertiguista.

pertinacia f. Obstinación, terquedad. || Persistencia, duración.

pertinaz adj. Obstinado, terco. || Duradero, que se mantiene sin cambios: *lluvias pertinaces.* || FAM. pertinacia, pertinazmente.

pertinencia f. Oportunidad, adecuación y conveniencia de una cosa.

pertinente adj. Que pertenece o se refiere a una cosa. || Que viene a propósito o procede. || En ling., se apl. al rasgo que sirve para distinguir un elemento de otro. || FAM. pertinencia.

pertrechar tr. Abastecer de pertrechos o proporcionarlos. || Disponer o preparar lo necesario para la ejecución de una cosa. También prnl.

pertrechos m. pl. Municiones, armas y demás instrumentos, máquinas, etc., necesarios para los soldados y la defensa de las fortificaciones. También sing. || P. ext., instrumentos necesarios para cualquier operación. || FAM. pertrechar.

perturbación f. Alteración del orden o del desarrollo normal de algo. || Trastorno de las facultades o capacidades psíquicas o mentales.

perturbado, da adj. y s. Se apl. a la persona que tiene alteradas sus facultades mentales.

perturbar tr. Trastornar el orden y el estado de las cosas. También prnl. || Quitar la paz o tranquilidad a alguien. || Hacer perder el juicio a una persona. También prnl. || FAM. perturbable, perturbación, perturbado, perturbador.

peruano, na adj. y s. De Perú o relativo a este país de América. || FAM. peruanismo.

perversidad f. Malignidad, maldad muy grande e intencionada.

perversión f. Envilecimiento o corrupción, sobre todo si son causados por malos ejemplos o enseñanzas.

perverso, sa adj. Sumamente malo, que causa daño intencionadamente. También s. || Que contiene maldad o perversión. || Que corrompe las costumbres o el orden y estado habitual de las cosas. || FAM. perversamente.

pervertido, da adj. y s. *desp.* Se apl. a la persona cuyo comportamiento sexual es considerado inmoral o negativo.

pervertir tr. Hacer malo a alguien o algo, o provocar que falte a la moral o a la legalidad: *pervertir a un menor.* También prnl. || Perturbar el orden o estado de las cosas. ♦ **Irreg.** Se conj. como *sentir.* || FAM. perversidad, perversión, perverso, pervertido, pervertidor.

pervivencia f. Permanencia, duración de una cosa.

pervivir intr. Seguir viviendo, continuar, permanecer. || FAM. pervivencia.

pesa f. Pieza de determinado peso que sirve de medida para pesar objetos. || Pieza de peso suficiente que se emplea para dar movimiento a ciertos relojes, de contrapeso para subir o bajar lámparas, etc. || Pieza de diferentes pesos que se utiliza para ejercitar los músculos. Más en pl. || **hacer pesas** loc. *col.* Realizar ejercicios con estas piezas para ejercitar los músculos. || FAM. pesillo.

pesadez f. Cualidad de lo que es lento o aburrido. || Cosa que resulta pesada, aburrida y molesta. || Sensación de cargazón o cansancio que se experimenta, p. ej., en alguna parte del cuerpo: *pesadez de estómago.*

pesadilla f. Sueño que produce angustia y temor. || Preocupación grave y continua: *su situación laboral es una pesadilla.*

pesado, da adj. Que pesa mucho. || Se apl. al sueño profundo. || Recargado, lleno de cosas o de adornos. || Muy lento o poco ágil. || Molesto, aburrido o impertinente: *tarea, broma pesada.* || Se dice del alimento opulento, grasiento. || Se apl. a la parte del cuerpo que está cargada, cansada: *cabeza pesada.* || Se apl. al boxeador profesional que pesa más de 79,378 kg, y al no profesional que rebasa los 80 kg. || FAM. pesadamente, pesadez, pesadilla.

pesador, ra adj. y s. Que pesa. || m. y f. *amer.* Carnicero, vendedor de carne.

pesadumbre f. Calidad de lo que es pesado, cargante o aburrido. || Sentimiento de tristeza, disgusto o desazón. || Motivo o causa del pesar, desazón o sentimiento en acciones o palabras.

pésame m. Expresión con que se manifiesta a alguien el sentimiento que se tiene de su pena o aflicción, especialmente por la muerte de una persona.

pesar¹ m. Sentimiento de pena o dolor interior. || Dicho o hecho que provoca este sentimiento de tristeza o disgusto. || Arrepentimiento o dolor de alguna cosa mal hecha. || **a pesar** o **a pesar de** loc. conj. conc. En contra de la voluntad o gusto de las personas, y, p. ext., contra la fuerza o resistencia de las cosas: *lo haré a pesar suyo.* ♦ Se construye con la prep. *de* cuando la palabra a la que antecede no es un pron. pos.: *vendrá a pesar de lo que digas.* || **a pesar de los pesares** loc. adv. Pese a todas las cosas u obstáculos. || FAM. pesadumbre, pésame, pesaroso.

pesar² intr. Tener gravedad o peso. || Tener determinado peso. || Tener mucho peso. || Tener una persona o cosa estimación o valor: *su opinión pesa mucho en la junta.* || Causar algo arrepentimiento o tristeza. ♦ Solo se usa como prnl. en las terceras personas de todos los tiempos: *me pesa haberos tratado así.* || Hacer fuerza en el ánimo la razón o el motivo de una cosa: *su opinión no pesará en mi decisión.* || tr. Determinar el peso o, más propiamente, la masa de una cosa por medio de la balanza o de otro instrumento equivalente. || Examinar con atención o considerar con prudencia las razones de una cosa para hacer juicio de ella. || Ponderar. || FAM. pesa, pesacartas, pesada, pesado, pesador, pesaje, pesar, peso.

pesaroso, sa adj. Que siente pesadumbre o tristeza por lo dicho o hecho o por causa ajena.

pesca f. Acción que consiste en coger o sacar de su medio natural animales acuáticos. || Oficio de pescar. || Lo que se pesca. || **pesca costera** o **litoral** La que se efectúa por embarcaciones de tamaño medio a una distancia máxima de sesenta millas del litoral. || **pesca de altura** La que se efectúa en aguas lejanas al litoral. || **pesca de arrastre** La que se hace arrastrando redes. || **pesca de bajura** La que se efectúa por pequeñas embarcaciones en las proximidades de la costa. || **y toda la pesca** loc. *col.* Y todo lo que conlleva, y todo lo demás. ♦ Se añade al final de una enumeración, para evitar detallarla: *vinieron mis primos, mis tíos, los suyos, y toda la pesca.* || FAM. pescadería, pescadero, pescadilla, pesquería, pesquero.

pescadería f. Establecimiento donde se vende pescado.

pescadero, ra m. y f. Persona que vende pescado, especialmente al por menor.

pescadilla f. Cría de la merluza. || Pez comestible semejante a la merluza, pero de menor tamaño. || **ser algo la pescadilla que se muerde la cola** loc. proverb. Tratarse de un problema sin solución de continuidad por tener siempre como resultado un círculo vicioso.

pescado m. Pez sacado del agua por medio de la pesca y considerado alimento. || **pescado azul** El abundante en grasa, como la sardina. || **pescado blanco** El poco graso, como la merluza y el lenguado, y que, por esta razón, suele recomendarse para ciertos regímenes alimenticios.

pescador, ra adj. Que pesca. Más como s. || m. y f. Persona que pesca por oficio o por afición.

pescante m. Brazo de una grúa. || En los coches de caballos y otros carruajes, asiento del cochero. || En los teatros, tramoya para hacer bajar o subir en el escenario personas o figuras.

pescar tr. Sacar del agua peces o animales útiles al hombre. || Sacar del agua alguna otra cosa. || *col.* Contraer una enfermedad o coger otra cosa, como una borrachera. || *col.* Coger, agarrar. || *col.* Captar, comprender, enterarse de algo. || *col.* Sorprender a alguien haciendo algo malo o que no quería que se supiera. || FAM. pesca, pescada, pescado, pescador, pescante.

pescozón m. Golpe que se da con la mano en el pescuezo o en la cabeza.

pescuezo m. Parte del cuerpo animal o humano desde la nuca hasta el tronco. || **retorcer** o **romper el**

pescuezo loc. *col.* Dicho en son de jocosa amenaza, matar. ‖ FAM. pescozón.

pese a loc. prep. A pesar o a pesar de.

pesebre m. Especie de cajón donde se echa la comida a los animales para que coman. ‖ Sitio destinado para este fin. ‖ Belén, representación escultórica del Nacimiento de Jesucristo.

pesero, ra m. y f. *amer.* Carnicero, vendedor de carne.

peseta f. Antigua unidad monetaria de España. ‖ Moneda con el valor de esta unidad. ‖ *col.* Dinero, riqueza. Más en pl. ‖ **mirar la peseta** loc. Ser ahorrativo o calculador con el gasto. ‖ FAM. pesetero.

pesetero, ra adj. *desp.* Tacaño, avaricioso. También s. ‖ *desp.* Que no piensa más que en el dinero o en los beneficios.

pesimismo m. Tendencia a ver las cosas en su aspecto más desfavorable y negativo. ‖ FAM. pesimista.

pesimista adj. y com. Que propende a ver y juzgar las cosas por el lado más desfavorable y negativo.

pésimo, ma adj. sup. irreg. de *malo.* ‖ Muy malo, que no puede ser peor. También adv. m.: *se portó pésimo conmigo.* ‖ FAM. pésimamente, pesimismo.

peso m. Fuerza con que atrae la Tierra o cualquier otro cuerpo celeste a un cuerpo. ‖ Cantidad que por ley o convenio debe pesar una cosa. ‖ Cosa pesada. ‖ Utensilio para pesar personas u objetos. ‖ El que arroja en la báscula cada deportista antes de una competición y con arreglo al cual se le clasifica en la categoría que le corresponde. ‖ Cada una de estas categorías: *peso pluma.* ‖ Antigua moneda de plata española que tuvo diversos valores. ‖ Unidad monetaria de Argentina, Bolivia, Colombia, Cuba, México, República Dominicana, Chile y otros países. ‖ Importancia o influencia de una cosa. ‖ Carga, preocupación o disgusto: *me quitas un peso de encima.* ‖ Bola metálica que se lanza en ciertas pruebas atléticas. ‖ **peso atómico** Relación entre la masa media por átomo de la composición nuclear natural de un elemento y 1/12 de la masa de un átomo del carbono doce. ‖ **peso bruto** El total, incluida la tara. ‖ **peso específico** El de un cuerpo en comparación con el de otro de igual volumen tomado como unidad. ‖ Especial valor o influencia que se reconoce a una persona en un entorno determinado. ‖ **peso gallo** En categoría inferior a la de pluma, el boxeador profesional que pesa menos de 53,524 kg, y el no profesional que no pasa de los 54 kg. ‖ **peso ligero** En categoría superior a la de pluma, el boxeador profesional que pesa menos de 61,235 kg, y el no profesional que no pasa de los 62 kg. ‖ **peso molecular** Suma de los pesos atómicos que entran en la fórmula molecular de un compuesto. ‖ **peso mosca** El boxeador profesional que pesa menos de 50,802 kg, y el no profesional que no pasa de los 51 kg. ‖ **peso neto** El que resta del peso bruto deducida la tara. ‖ **peso pesado** El boxeador profesional que pesa más de 79,378 kg, y el no profesional que rebasa los 80 kg. ‖ Persona de gran relieve e influencia en un determinado ámbito o actividad. ‖ **peso pluma** En categoría inferior a la de gallo, el boxeador profesional que pesa menos de 57,152 kg, y el no profesional que no pasa de los 58 kg. ‖ **peso semipesado** El

boxeador profesional que pesa 72 y 80 kg. ‖ **peso wélter** El boxeador profesional que pesa de 66,678 kg hasta menos de 69,853 kg, y el no profesional que pesa entre 67 y 71 kg. ‖ **caer** una cosa **de** o **por su (propio) peso** loc. Ser cierta y evidente. ‖ FAM. pesa, peseta.

pespunte m. Costura que se efectúa mediante puntadas unidas, volviendo la aguja hacia atrás después de cada punto, para meter la hebra o el hilo en el mismo sitio por donde pasó antes. ‖ FAM. pespuntar, pespuntear.

pesquero, ra adj. De la pesca o relativo a esta actividad. ‖ *col.* Se apl. al pantalón cuyas perneras quedan excesivamente cortas. ‖ m. Barco de pesca.

pesquisa f. Investigación o indagación encaminadas a descubrir alguna cosa. Más en pl. ‖ FAM. pesquis.

pestaña f. Cada uno de los pelos que hay en los bordes de los párpados para defensa de los ojos. ‖ Parte saliente y estrecha en el borde de alguna cosa. ‖ pl. Pelos rígidos colocados en el borde de dos superficies opuestas de una planta sin formar parte de una ni de otra. ‖ **pestaña vibrátil** Filamento del cuerpo de células y protozoos que les sirve para moverse, cilio. ‖ **quemarse las pestañas** loc. *col.* Estudiar o leer con mucho empeño y ahínco. ‖ FAM. pestañazo, pestañear.

pestañazo m. *amer.* Sueño breve.

pestañear intr. Mover los párpados. ‖ Tener vida. ‖ **sin pestañear** loc. adv. Con mucha atención y dedicación. ‖ Sin conmoverse, sin mostrar sorpresa ni indignación. ‖ Rápidamente, sin dudar. ‖ FAM. pestañeo.

pestañeo m. Movimiento rápido y repetido de los párpados.

peste f. Enfermedad contagiosa y grave que produce mucha mortandad: *peste bubónica, equina.* ‖ Hedor, olor intenso y fétido: *¡vaya peste que hay aquí!* ‖ Cualquier enfermedad mortal. ‖ Cosa mala, perjudicial o enojosa. ‖ *col.* Excesiva abundancia de cosas consideradas negativas. ‖ pl. Palabras de enojo o amenaza: *echar pestes de alguien.* ‖ **peste bubónica** o **levantina** Enfermedad infecciosa epidémica y febril, caracterizada por bubones en diferentes partes del cuerpo y que produce con frecuencia la muerte. ‖ **decir** o **hablar pestes de** una persona loc. *col.* Hablar mal de ella. ‖ FAM. pesticida, pestífero, pestilencia, pestilente.

pesticida adj. y m. Se apl. al producto químico que se destina a combatir animales o plantas perjudiciales.

pestilencia f. Peste, enfermedad que ocasiona gran mortandad. ‖ Olor fétido y desagradable. ‖ Cualquier cosa mala que puede originar daño grave, plaga.

pestilente adj. Que origina o puede causar una peste. ‖ Que da mal olor.

pestillo m. Pasador con que se asegura una puerta o una ventana. ‖ Pieza prismática que sale de la cerradura por la acción de la llave o a impulso de un muelle y entra en el cerradero. ‖ P. ext., nombre dado a algunos cerrojos.

pestiño m. Dulce hecho con masa de harina y huevos batidos, que después de frita se baña con miel. ‖ *col.* Pesadez, rollo, persona o cosa aburrida.

petaca f. Estuche para llevar cigarros o tabaco picado. ‖ Especie de botella pequeña ancha y plana que se usa para llevar algún licor. ‖ *amer.* Maleta.

pétalo m. Cada una de las piezas planas que forman la corola de la flor, generalmente de colores vistosos.

petanca f. Juego en que cada jugador tira una serie de bolas, intentando acercarse a una más pequeña que se ha tirado anteriormente llamada *boliche*.

petardo, da m. y f. Persona o cosa pesada y aburrida. || Persona o cosa fea o aburrida. || m. Tubo de cualquier materia no muy resistente que se rellena de pólvora u otro explosivo y se liga y ataca convenientemente para que, al darle fuego, se produzca una detonación considerable. || *argot* Cigarrillo de hachís, marihuana u otra droga generalmente mezclado con tabaco. Coloquialmente se dice *peta*. || Estafa que consiste en pedir prestada una cosa con ánimo de no devolverla. || FAM. petardazo, petardear.

petate m. Bolsa grande que se cuelga al hombro para llevar ropa y otras cosas. || Lío de la cama y la ropa de cada marinero, soldado en el cuartel o penado en su prisión. || Esterilla de palma que se usa en algunos lugares tropicales para dormir sobre ella. || Tejido de palma. || **liar uno el petate** loc. *col.* Mudar uno de vivienda, especialmente cuando se es despedido.

petenera f. Cante flamenco popular, semejante a la malagueña, formado por coplas de cuatro versos octosílabos. || **salir** o **salirse por peteneras** loc. *col.* Decir algo que no tiene nada que ver con lo anterior.

peteribí m. Árbol tropical borragináceo de madera muy apreciada en ebanistería. ◆ pl. *peteribís* o *peteribíes.*

petición f. Ruego o solicitud, especialmente si se efectúa por escrito. || Cosa que se pide. || En der., escrito que se presenta ante el juez con el fin de obtener alguna cosa: *petición de indulto.* || FAM. peticionar, peticionario, petitorio.

peticionar tr. *amer.* Presentar una petición o súplica, especialmente si se formula por escrito a alguna autoridad.

petimetre, tra m. y f. Persona que cuida demasiado de su aspecto y se preocupa demasiado por seguir la moda.

petirrojo m. Ave paseriforme de unos 15 cm de longitud, con el cuerpo rechoncho, plumaje pardo en el dorso y rojo en el cuello, frente, garganta y pecho, que habita en Europa, Asia y África.

petiso, sa adj. *amer.* Petizo.

petisú m. Pastelillo hueco relleno de crema o de nata. ◆ pl. *petisús* o *petisúes.*

petit comité (expr. fr.) m. Grupo pequeño de personas. || **en petit comité** loc. adv. Con la presencia o la anuencia de muy pocas personas.

petit point (expr. fr.) m. Bordado de punto que se realiza sobre un cañamazo litografiado con el dibujo o imagen que se pretende obtener.

petizo, za adj. *amer.* Pequeño, de poca estatura o alzada. || m. *amer.* Caballo de poca alzada. || m. y f. *amer.* Persona de baja estatura.

peto m. Parte superior de algunas prendas de vestir que cubren el pecho. || Prenda que lleva esta pieza. || Protección acolchada que llevan los caballos de los picadores. || Armadura del pecho. || Parte inferior de la coraza de los quelonios. || *amer.* Pez osteíctio perciforme mari-

no comestible. || FAM. petirrojo.

petrel m. Nombre común de diversas especies de aves procelariformes palmípedas de 15 a 90 cm de longitud, según las especies, con el cuerpo robusto y largas alas, muy comunes en todos los mares del hemisferio austral.

pétreo, a adj. De piedra. || Pedregoso, lleno de piedras. || De características semejantes a las de la piedra.

petrificar tr. Convertir en piedra. También prnl. || Dejar inmóvil de asombro o de miedo. || FAM. petrificación, petrificante, petrífico.

petrodólar m. Cada uno de los dólares obtenidos por los países productores de petróleo por la venta de este producto, especialmente los depositados en bancos europeos.

petrogénesis f. Parte de la petrología que trata de los procesos de formación de las rocas. ◆ No varía en pl.

petroglifo m. Grabado sobre roca propio de los pueblos prehistóricos de época neolítica.

petrografía f. Parte de la petrología que trata del estudio de la composición, estructura y clasificación de las rocas.

petróleo m. Líquido natural oleaginoso e inflamable, constituido por una mezcla de hidrocarburos, que se extrae de lechos geológicos continentales y marítimos y tiene múltiples aplicaciones químicas e industriales. || FAM. petrodólar, petrolear, petroleología, petroquímica, petrolero, petrolífero, petroquímico.

petrolero, ra adj. Relativo al petróleo. || m y f. Persona que vende petróleo al por menor. || m. Barco de grandes dimensiones especialmente acondicionado para el transporte de petróleo.

petrolífero, ra adj. Que contiene o produce petróleo: *pozo petrolífero.*

petrología f. Ciencia que estudia las rocas. || FAM. petrológico.

petroquímica f. Rama moderna de la química que estudia la obtención de productos sintéticos a partir del petróleo. || FAM. petroquímico.

petulancia f. Insolencia, arrogancia, presunción excesiva del que está convencido de su propia superioridad. || FAM. petulante.

petulante adj. y com. Arrogante, que se cree superior a los demás. || FAM. petulantemente.

petunia f. Planta solanácea originaria de América del Sur, de hasta 2 m de altura, muy ramosa, con las hojas aovadas y enteras y las flores grandes y en forma de embudo, olorosas y de diversos colores obtenidos por hibridación. || Flor de esta planta.

peyorativo, va adj. Se apl. a la palabra o modo de expresión que indica una idea desfavorable o despectiva, como *medicucho* o *mujerzuela.*

peyote m. Planta cactácea originaria de Centroamérica, de unos 15 cm de altura, con tallo cilíndrico, sin púas y con flores de color rosa, de la que se extrae el alcaloide llamado *mezcalina* o *mescalina*, usado como droga alucinógena.

pez¹ m. Animal vertebrado acuático de respiración branquial y temperatura variable, generalmente ovíparo, con extremidades en forma de aletas aptas para la natación y piel cubierta por lo común de escamas. || Pescado de río que sirve como alimento. || pl. Clase de los peces. || **pez espada** Pez osteíctio perciforme marino que llega a tener 4 m de longitud, de piel áspera sin escamas y cuerpo rollizo, que se alimenta de plantas marinas y cuya carne es muy estimada. También se llama *emperador*. || **pez gordo** col. Persona de mucha importancia o muy acaudalada. || **estar** alguien **como (el/un) pez en el agua** loc. col. Disfrutar de comodidades y cuidados. || **estar** alguien **pez** loc. col. Ignorar, desconocer por completo. || FAM. pecera, peje, pescar, piscicultura, pisciforme, piscina, piscívoro.

pez² f. Sustancia resinosa, sólida, lustrosa, quebradiza y de color pardo amarillento, que se obtiene echando en agua fría el residuo que deja la trementina o el alquitrán al acabar de sacarle el aguarrás y se utiliza como impermeabilizante. || FAM. pecina.

pezón m. Botoncillo eréctil que sobresale en los pechos de las hembras de los mamíferos, a través del cual sale la leche con que se alimentan sus crías. || Ramita que sostiene la hoja, la inflorescencia o el fruto en las plantas. || Extremo o cabo de algunas cosas. || FAM. pezonera.

pezonera f. Pieza redonda de distintas materias, con un hueco en el centro, que usan las mujeres para proteger los pezones cuando crían y facilitar al bebé la succión de la leche. || amer. Aparato para succionar la leche de los pechos de las madres lactantes.

pezuña f. Conjunto de los dedos de una misma pata en los animales cuadrúpedos de pata hendida.

pH m. En quím., símbolo convencional que expresa el número de iones de hidrógeno libres, entre 1 y 14, en una solución.

phi f. Fi.

pi f. Decimosexta letra del alfabeto griego, que se corresponde con nuestra *p*. Su grafía mayúscula es Π, y la minúscula, π. || En mat., nombre del número que resulta de dividir la longitud de una circunferencia entre su diámetro. Se representa con la grafía minúscula de esta letra griega π: *pi es el número 3,141592*.

piadoso, sa adj. Que actúa con piedad, bondadoso y compasivo. || Se apl. a la cosa que se hace por compasión. || Religioso, devoto. || FAM. piadosamente.

piafar intr. Alzar el caballo primero una mano y después otra, dejándolas caer con fuerza.

pial m. amer. Lazo que se arroja a un animal para derribarlo.

piamadre o **piamáter** f. La más interna de las tres meninges que envuelven el sistema nervioso central de los mamíferos, adherida a la superficie del encéfalo y la médula espinal.

pianista com. Persona que toca el piano. || Persona que fabrica pianos.

piano m. Instrumento musical de cuerda percutida, cuya caja de resonancia contiene una serie de cuerdas de diferente longitud y diámetro que son golpeadas por macillos accionados por resortes articulados con el teclado, y producen sonidos claros y vibrantes. || adv. m. Con sonido suave y poco intenso. || **piano de cola** El que tiene las cuerdas extendidas horizontalmente. || **piano de**

pared Piano que tiene las cuerdas tendidas verticalmente. || FAM. pianista, pianístico, pianobar, pianoforte, pianola.

pianoforte m. Piano.

pianola f. Mueble y aparato que se acopla al piano y sirve para ejecutar mecánicamente las piezas impresionadas a base de perforaciones en un rollo de papel. || Aparato que ejecuta estas piezas de manera independiente.

piar intr. Emitir algunas aves, y especialmente el pollo, su sonido característico. || FAM. piada, piador, piante.

piara f. Manada de cerdos y, p. ext., la de yeguas, mulas, etc.

piastra f. Moneda fraccionaria usada en varios países (Egipto, Siria, Turquía, etc.). || Unidad monetaria de Vietnam.

pibe, ba m. y f. amer. Muchacho. || FAM. pebete.

pica f. Especie de lanza larga compuesta de un asta con un hierro pequeño y agudo en el extremo superior. || Garrocha del picador de toros. || Uno de los palos de la baraja francesa. Más en pl. || Martillo para labrar piedra. || FAM. picazo.

picadero m. Lugar donde se adiestra a los caballos y se aprende a montar. || col. Casa o piso que se usa para mantener relaciones amorosas, generalmente secretas u ocultas.

picadillo m. Guisado que se hace friendo carne picada, tocino y otros ingredientes y especias. || Lomo de cerdo para hacer chorizos.

picado, da adj. Que tiene señales, marcas o pequeños agujeros. || col. Se apl. a la persona que está enfadada o molesta con otra persona. || m. Bajada rápida y muy pronunciada. || Golpe dado en la parte baja de una bola de billar. || Toma que se hace en cine con la cámara inclinada de arriba hacia abajo. || **en picado** loc. adv. Que desciende rápidamente.

picador, ra m. y f. Persona que doma y adiestra caballos. || Minero que arranca el mineral por medio del pico. || m. Torero que pica con garrocha a los toros montado a caballo.

picadora f. Máquina para picar alimentos.

picadura f. Acción y resultado de picar. || Mordedura de un ave, de un insecto o de ciertos reptiles. || Tabaco picado para fumar. || Principio de caries en la dentadura. || Agujero, grieta, etc., producidos por la herrumbre en una superficie metálica.

picaflor m. Colibrí.

picajoso, sa adj. y s. col. Que se pica o se ofende fácilmente.

picana f. amer. Vara larga para picar. || amer. Porra de alto voltaje que se usa como arma defensiva. || amer. Tortura realizada con estas porras. || FAM. picanear.

picante adj. Que pica en el paladar. También m. || Malicioso o atrevido en lo que respecta a temas sexuales: *chiste picante*. || FAM. picantería.

picantería f. amer. Establecimiento en el que se venden comidas picantes y bebidas.

picapedrero, ra m. y f. Cantero, persona que se dedica a picar piedras.

picapica f. Sustancia que causa un gran picor o que provoca estornudos.

picapleitos com. desp. Abogado. ◆ No varía en pl.

picaporte m. Llamador, aldaba. ‖ Manilla de puertas y ventanas. ‖ Instrumento para cerrar de golpe las puertas y las ventanas.

picar tr. Pinchar superficialmente. También prnl. ‖ Punzar o morder las aves, los insectos y ciertos reptiles. ‖ Dividir en trozos muy menudos. ‖ Morder el pez el cebo. También intr. ‖ Herir el picador al toro en el morrillo con la garrocha. ‖ En los transportes públicos, taladrar un billete, bono, etc., para indicar que se ha utilizado. ‖ Golpear con pico, piqueta, etc., una superficie dura; p. ej., piedra o ladrillo. ‖ Espolear una cabalgadura. ‖ Corroer, horadar un metal por efecto de la oxidación. También prnl. ‖ Enojar o provocar. También prnl. ‖ Desazonar, inquietar: *nos pica la curiosidad.* ‖ intr. Sentir picor o escozor en alguna parte del cuerpo. ‖ Picar el paladar ciertas cosas: *este pimiento pica.* ‖ Tomar pequeñas cantidades de diferentes alimentos o comer entre horas. ‖ Caer en un engaño: *les hicimos una broma y picaron.* ‖ Descender rápidamente hacia la tierra un ave o un avión. ‖ prnl. Dañarse una cosa por diversas causas: *picarse el vino.* También tr. ‖ Cariarse un diente. También tr. ‖ Agitarse la superficie del mar. ‖ *argot* Inyectarse alguna droga. ‖ FAM. pica, picadero, picadillo, picado, picador, picadura, picaflor, picajón, picajoso, picamaderos, picana, picante, picapedrero, picapica, picapleitos, picatoste, picazón, pico, picón, picor, picoso, pique, piquera, piqueta, piquete.

picardía f. Astucia o habilidad en la que hay cierta malicia. ‖ Gracia maliciosa, especialmente en lo relativo a lo sexual. ‖ Dicho o acción en que se manifiesta. ‖ Travesura de niños. ‖ m. pl. Prenda femenina formada por un conjunto de camisón muy corto y bragas. ‖ FAM. picardear.

picaresca f. Reunión de pícaros. ‖ Actividad de los pícaros. ‖ **novela picaresca** Género de novela española que narra en forma autobiográfica y con intención crítica las aventuras de un pícaro o antihéroe. ‖ FAM. picaresco.

picaresco, ca adj. De los pícaros o relativo a ellos. ‖ FAM. picarescamente.

pícaro, ra adj. y s. Que tiene picardía. ‖ m. y f. Tipo de persona astuta, procedente de los bajos fondos y que vive de engaños y acciones semejantes, que figura en obras del género de la novela picaresca y de otros de la literatura española. ‖ FAM. pícaramente, picardía, picaresca, picarón.

picatoste m. Rebanada de pan tostada o frita.

picaza f. Urraca.

picazón f. Desazón y molestia que causa una cosa que pica en alguna parte del cuerpo. ‖ Enojo, desazón o disgusto.

pícea f. Árbol gimnospermo conífero parecido al abeto común, de hojas puntiagudas, cuyas piñas, más delgadas que las del abeto, penden de las ramas superiores.

picha f. *vulg.* Pene.

pichacha m. *amer.* Vasija de barro con agujeros que se usa como colador. ‖ **hecho pichacha** loc. adj. *amer. col.* Dicho de una persona, arruinada económicamente. ‖ *amer. col.* Dicho de una persona, que ha sufrido una paliza.

pichanga f. *amer.* Escoba de barrer. ‖ *amer.* Vino que no ha terminado de fermentar.

pichi m. Vestido sin mangas que se lleva encima de una blusa o jersey.

pichí o **pichín** m. *amer. col.* Pipí, orina. ◆ pl. de la primera forma: *pichís.*

pichichi m. Premio que se otorga al máximo goleador de la liga española de fútbol. ‖ com. Jugador de fútbol que mete más goles en la liga española.

pichincha f. *amer.* Ganga, ocasión.

pichiruche m. *amer.* Persona insignificante.

pichón m. Pollo de paloma. ‖ Se usa como apelativo cariñoso.

pichulear tr. *amer.* Engañar. ‖ *amer.* Hacer negocios de poca importancia o de escaso beneficio. ‖ *amer.* Regatear.

piciforme adj. y f. De las piciformes o relacionado con este orden de aves. ‖ f. pl. Orden de aves que se caracterizan por tener dos dedos dirigidos hacia delante y dos hacia atrás, y un pico altamente especializado, como el tucán y el pájaro carpintero.

Picio (más feo que) loc. adj. *col.* Se apl. a la persona que tiene un aspecto físico muy desagradable.

pícnic (voz i.) m. Comida campestre, al aire libre. ◆ pl. *picnics.*

pícnico, ca adj. Se apl. a un tipo morfológico humano de constitución corpulenta y rechoncha.

pico m. Parte saliente de la cabeza de las aves, compuesta de dos piezas córneas que terminan generalmente en punta y les sirven para tomar el alimento. ‖ Parte puntiaguda que sobresale de algunas cosas. ‖ Herramienta puntiaguda para picar o cavar. ‖ Cúspide aguda de una montaña. ‖ Montaña de cumbre puntiaguda. ‖ Parte en que una cantidad excede a un número redondo: *le costó diez euros y pico.* ‖ Cantidad indeterminada de dinero, generalmente abundante: *eso te saldrá por un pico.* ‖ Facilidad de palabra: *qué pico tiene este chico.* ‖ Pinza de las patas delanteras de los crustáceos. ‖ Órgano chupador de los hemípteros. ‖ *col.* Boca de la persona: *mantener el pico cerrado.* ‖ *col.* Aprecio por la buena comida. ‖ Pañal triangular de bebé, generalmente de tejido afelpado. ‖ *argot* En el lenguaje de la droga, dosis que se inyecta. ‖ *col.* Beso, especialmente el que se da en la boca. ‖ **pico de oro** *col.* Persona que tiene facilidad de palabra. ‖ **abrir el pico** loc. *col.* Hablar. ‖ **andar** o **irse de picos pardos** loc. *col.* Ir de juerga o diversión, especialmente a sitios de mala fama. ‖ **cerrar el pico** loc. *col.* Callarse. ‖ FAM. picacho, picotada, picotazo, picotear, picudo.

picón m. Carbón vegetal muy menudo utilizado para los braseros. ‖ FAM. piconero.

picor m. Sensación de desazón en alguna parte del cuerpo. ‖ Escozor en el paladar por haber comido alguna cosa picante.

picoso, sa adj. *amer.* Se dice de la comida que tiene exceso de picante.

picota f. Antiguamente, columna de piedra o ladrillo que había a la entrada de algunos lugares y donde se exponían las cabezas de los ajusticiados, o los reos, a la vergüenza pública. ‖ Parte superior de una torre o montaña. ‖ Especie de cereza muy oscura y carnosa. ‖ **poner**

en la picota loc. Descubrir o señalar públicamente los defectos o faltas de alguien o de algo.

picotazo m. Mordedura o picadura de un ave, de un insecto o de un reptil.

picotear tr. Golpear las aves con el pico. || Picar, comer poco de distintos alimentos. También intr. || FAM. picoteo.

picoteo m. Golpeteo de las aves con el pico. || Comida ligera compuesta de distintos alimentos.

pictografía f. Tipo de escritura por medio de signos gráficos que no representan sonidos, sino objetos. || FAM. pictográfico.

pictograma m. Signo de la escritura de figuras o símbolos, ideograma.

pictórico, ca adj. De la pintura o relativo a ella. || FAM. pictografía, pictograma.

picudo, da adj. Que tiene pico. || Que tiene forma de pico. || *amer.* Persona muy influyente o destacada en algún ámbito. También s.

pidgin m. Lengua consistente en una mezcla de diferentes lenguas, p. ej., la que surgió en el Extremo Oriente como lenguaje comercial entre el chino y el inglés.

pídola f. Juego de niños que consiste en ir saltando por encima de uno que está agachado.

pie m. Extremidad de los miembros inferiores del hombre y de muchos animales que les permite andar. || Parte del cuerpo de algunos animales sobre la que se mueven o desplazan. || En las medias, botas, etc., parte que cubre esta extremidad. || Base o parte inferior de algunas cosas: *pie de una columna*. || Parte final de un escrito y espacio en blanco que queda en la parte inferior del papel. || Comentario breve que aparece debajo de un grabado, dibujo, fotografía, etc. || Tallo y tronco de las plantas. || Parte de dos, tres o más sílabas con que se miden los versos en aquellas poesías que atienden a la cantidad, como la griega o la latina. || Metro para versificar en la poesía castellana. || Medida de longitud en varios países; en Castilla equivale aproximadamente a 28 cm. || Parte opuesta a la cabecera de algo: *pies de la cama*. || Ocasión o motivo para algo: *dar pie a las murmuraciones*. || **al pie de la letra** loc. adv. Literalmente. || **a pie** loc. adv. Caminando. || **a pie** o **a pies juntillas** loc. adv. Firmemente. || **buscarle tres pies al gato** loc. *col.* Buscar explicaciones o razones faltas de fundamento o que no tienen sentido. || **con buen pie** o **con el pie derecho** loc. adv. Con dicha o fortuna. || **con mal pie** o **con el pie izquierdo** loc. adv. Con desdicha o mala suerte. || **con pies de plomo** loc. adv. *col.* Despacio, con mucho cuidado y prudencia. || **de pie** o **en pie** loc. adv. En posición vertical, erguido sobre los pies. || **hacer** una cosa **con los pies** loc. Hacerla mal, sin haberla pensado antes. || **hacer pie** loc. Alcanzar con los pies el fondo cuando se está en el agua. || **nacer de pie** loc. *col.* Tener buena suerte. || **no dar pie con bola** loc. No acertar. || **no tener** algo **ni pies ni cabeza** loc. *col.* Ser absurdo, no tener sentido. || **parar los pies** a alguien loc. *col.* Detener o interrumpir la acción del que procede de manera inconveniente. || **poner pies en polvorosa** loc. *col.* Escapar o marcharse con mucha prisa. || **por pies** loc. adv. Corriendo, alejándose rápidamente. || **sa-**

ber de qué pie cojea alguien loc. Conocer los defectos o debilidades de una persona. || **sacar** alguien **los pies del tiesto** o **del plato** loc. *col.* Actuar con desvergüenza. || FAM. peaje, peal, peana, peatón, pedal, pedestre, pedicuro, pezuña, piedemonte, puntapié.

piedad f. Fervor y fe religiosos. || Compasión hacia los demás. || Representación en pintura o escultura de la Virgen mientras sostiene el cadáver de su Hijo descendido de la cruz.

piedra f. Sustancia mineral más o menos dura y compacta que no es terrosa ni de aspecto metálico. || Cálculo de la orina. || Granizo grueso. || Material que se usa en los mecheros para producir la chispa. || **piedra angular** Piedra que hace esquina en un edificio y sobre la que se apoyan dos paredes. || Base o fundamento principal de una cosa. || **piedra filosofal** Materia con que los alquimistas pretendían hacer oro artificialmente. || **piedra pómez** Roca volcánica, esponjosa, frágil, de color agrisado y textura fibrosa. || **piedra preciosa** Piedra fina, dura, rara y por lo común transparente, o al menos translúcida, que tallada se emplea en adornos de lujo. || **de piedra** loc. adj. Muy sorprendido, atónito: *me quedé de piedra tras el notición*. || Que no tiene sentimientos. || **no ser** alguien **de piedra** loc. *col.* No ser insensible. || **tirar la piedra y esconder la mano** loc. Hacer daño a otro, ocultando que se lo hace. || **tirar** uno **piedras sobre su propio tejado** loc. *col.* Conducirse de modo perjudicial a sus intereses. || FAM. pedernal, pedrada, pedrea, pedregal, pedregoso, pedregullo, pedrera, pedrería, pedrisco, pedrusco, pétreo, petrificar, petrogénesis, petroglifo, petrografía, petrolero, petrología, petroso.

piel f. Tegumento externo que cubre y protege el cuerpo del hombre y de los animales. || Cuero curtido. || Cuero curtido de modo que se conserve por fuera su pelo natural. || Epicarpio de ciertos frutos, como ciruelas, peras, etc. || **piel roja** Indio indígena de América del Norte. || FAM. pelagra, peletería, pellejo, pellica, pellico, pelliza, pellón.

piélago m. Parte del mar muy alejada de la tierra, y p. ext., mar, océano. || FAM. pelágico, pelagoscopio.

pienso m. Alimento seco que se da al ganado. || En general, cualquier alimento para el ganado.

pierna f. En las personas, parte del miembro inferior comprendida entre la rodilla y el pie. || P. ext., todo el miembro inferior. || Muslo de los cuadrúpedos y las aves. || **dormir a pierna suelta** loc. *col.* Dormir muy bien y profundamente. || **estirar las piernas** loc. *col.* Moverse para desentumecerlas después de haber estado sentado mucho tiempo. || FAM. pernada, pernear, pernera, pernil, pernio, perniquebrar, perno.

pierrot m. Personaje cómico de teatro que lleva un pantalón amplio y camisola blanca amplia con botones grandes. ◆ pl. *pierrots*.

pieza f. Pedazo de algo o elemento que forma parte de una cosa y tiene una función determinada. || Cada unidad de ciertas cosas que pertenecen a una misma especie. || Moneda de metal. || Cualquier sala o habitación de una casa. || Animal de caza o pesca. || Ficha o figura que sirve para jugar a las damas, ajedrez u otros juegos. || Obra dramática, y particularmente la que no tiene más que un acto. ‖ Composición suelta de música vocal o instrumental. ‖ Porción de tejido que se fabrica de una vez. ‖ Se usa como calificativo despectivo: *su marido es una buena pieza.* ‖ **de una pieza** loc. adv. Sorprendido o admirado: *me quedé de una pieza tras la noticia.*

piezoelectricidad f. Conjunto de fenómenos eléctricos que se manifiestan en algunos cuerpos sometidos a presión u otra acción mecánica. ‖ FAM. piezoeléctrico.

piezometría f. Parte de la física que estudia la compresibilidad de los líquidos. ‖ FAM. piezómetro.

pífano m. Flautín de tono muy agudo usado en las bandas militares. ‖ com. Persona que toca este instrumento musical.

pifia f. Golpe falso que se da con el taco en la bola de billar. ‖ Error, descuido, paso o dicho desacertado. ‖ FAM. pifiar.

pifiar intr. Cometer un error o un desacierto.

pigmentación f. Coloración.

pigmentar tr. Colorar, dar color a algo. ‖ Producir coloración anormal y prolongada en la piel y otros tejidos por diversas causas. También prnl. ‖ FAM. pigmentación.

pigmento m. Materia colorante que, disuelta o en forma de gránulos, se encuentra en el protoplasma de muchas células vegetales o animales. ‖ Sustancia colorante natural o artificial. ‖ FAM. pigmentar, pigmentario.

pigmeo, a adj. y s. De un conjunto de pueblos negros de África y Asia, de baja estatura y cabello crespo, o relacionado con ellos.

pignorar tr. Dejar en prenda una cosa, empeñarla. ‖ FAM. pignoración, pignoraticio.

pijada f. *vulg.* Cosa insignificante: *no vamos a discutir por esa pijada.* ‖ *vulg.* Dicho o hecho inoportuno, impertinente o molesto: *estoy aburrido de sus pijadas.* ‖ *col.* Cosa, dicho o hecho propio de un pijo: *ese coche es una pijada.*

pijama m. Prenda ligera para dormir, compuesta de chaqueta o blusa y pantalón: *guardo el pijama debajo de la almohada.* En algunos países de América, también f. ◆ También se dice *piyama.*

pijo, ja m. y f. *col.* y *desp.* Joven, generalmente de posición social elevada, que sigue la última moda y tiene unos modales y una forma de hablar afectados y muy característicos. También adj. ‖ *vulg.* Pene. ‖ FAM. pijada, pijería, pijerío, pijez, pijotada, pijotería.

pijota f. Cría de la merluza, pescadilla.

pijotada o **pijotería** f. Cosa insignificante, menudencia. ‖ Exigencia o pretensión fastidiosa e infundada. ‖ FAM. pijotero.

pijotero, ra adj. *desp.* Se apl. a la persona que suele tener exigencias o pretensiones fastidiosas e infundadas.

pila[1] f. Montón o cúmulo que se hace poniendo una sobre otra las piezas o porciones de que consta algo. ‖ FAM. pilada, pilar, pilastra, pilón, pilono, pilote.

pila[2] f. Pieza grande de piedra u otra materia, cóncava y profunda, donde cae o se echa el agua para varios usos. ‖ Pieza de piedra, cóncava, con pedestal, que hay en las iglesias parroquiales para administrar el sacramento del bautismo. ‖ Generador de corriente eléctrica que transforma energía química en eléctrica. ‖ FAM. pilada, pileta, pilón.

pilar m. En arquit., elemento de soporte, por lo común exento, de sección poligonal, generalmente cuadrangular. ‖ Persona o cosa que sirve de base o fundamento para algo: *pilares de la ciencia.*

pilastra f. En arquit., elemento adosado al muro, de sección poligonal, generalmente rectangular o cuadrado, con función por lo común de soporte.

pilca f. *amer.* Pared de piedra en seco.

pilcha f. *amer.* Prenda de vestir o de uso personal, especialmente la pobre y gastada.

pilche m. Recipiente elaborado con la cáscara de un fruto.

píldora f. Porción de medicamento que se presenta en piezas de forma más o menos redondeada. ‖ Anovulatorio con esa presentación. ‖ **dorar la píldora** loc. *col.* Suavizar una mala noticia o la contrariedad que se le causa a alguien. ‖ *col.* Adular.

pileta f. *amer.* Pila de cocina o de lavar. ‖ *amer.* Abrevadero.

pilila f. *col.* Pene.

pilipino, na adj. y s. *amer.* Tagalo, frente a otros grupos étnicos de Filipinas.

pilixte adj. *amer.* Pequeño, encogido, que no ha crecido según lo esperado.

pillaje m. Hurto, rapiña.

pillar tr. Coger, agarrar o aprehender a una persona o cosa. ‖ Atropellar o embestir. ‖ Atrapar o quedar atrapado entre algo. ‖ *col.* Sorprender a alguien en un engaño o haciendo algo. ‖ *col.* Contraer una enfermedad o llegar a tener algo. ‖ *col.* Hallar o encontrar a uno en determinada situación, temple, etc.: *me pillas de buen humor.* ‖ Hallarse o encontrarse un lugar en determinada situación o cierta distancia con respecto a una persona o cosa: *tu casa me pilla de camino.* También intr. ‖ *col.* Robar una cosa o hacerse con algo. ‖ *col.* Entender, comprender: *no he pillado ese chiste.* ‖ FAM. pillo.

pillería f. Pillada, acción propia de un pillo.

pillo, lla adj. y s. Astuto, pícaro. ‖ FAM. pillada, pillaje, pillastre, pillería, pillín, pilluelo.

pilón m. Pila grande. ‖ Receptáculo de piedra que se construye en las fuentes para que, cayendo el agua en él, sirva de abrevadero, de lavadero o para otros usos.

piloncillo m. *amer.* Azúcar sin refinar, de figura cónica. ‖ *amer.* Persona tierna y amable.

pilongo, ga adj. y f. Se apl. a la castaña que se ha secado al humo y se guarda todo el año.

pilono m. Portada de los templos del antiguo Egipto, formada por dos grandes bloques trapezoidales que enmarcan el acceso.

píloro m. Abertura inferior del estómago, válvula que comunica este con el intestino delgado, a través de la cual pasan los alimentos tras la digestión. ‖ FAM. pilórico.

piloso, sa adj. De mucho pelo. ‖ Del pelo o relativo a él: *bulbo piloso.* ‖ FAM. pilosidad.

pilotaje m. Acción y resultado de pilotar. ‖ Ciencia que enseña el oficio de piloto. ‖ Cierto derecho que pagan las embarcaciones en algunos puertos y entradas de ríos en que se necesitan pilotos prácticos.

pilotar tr. Dirigir un buque, especialmente a la entrada o salida de puertos, barras, etc.. || Dirigir un automóvil, un avión u otro vehículo. || FAM. pilotaje.

pilote m. Pieza a modo de estaca que se hinca en el terreno para soportar una carga o para hacer que el terreno en que se clava sea más compacto.

pilotear tr. Pilotar.

piloto m. Persona que dirige un buque, un avión u otro vehículo. || El segundo de un buque mercante. || Avisador o indicador, generalmente luminoso. || Construido en aposición, indica que la cosa designada por el nombre que le precede funciona como modelo o con carácter experimental: *piso piloto.* || **piloto automático** Dispositivo que sustituye al piloto en el gobierno de una aeronave. || FAM. pilotar, pilotear.

piltra f. *col.* Cama.

piltrafa f. Parte de carne flaca, que casi no tiene más que el pellejo. || Persona o cosa en muy mal estado. || P. ext., residuos de alimentos o desechos de otras cosas.

pilucho, cha adj. *amer.* Desnudo, sin vestido.

pimentero m. Planta arbustiva piperácea trepadora de flores verdosas y fruto en baya, denominado pimienta y usado como condimento; se cultiva en regiones de clima cálido. || Recipiente donde se guarda la pimienta molida.

pimentón m. Polvo que se obtiene moliendo pimientos encarnados secos. || En algunas partes, pimiento, fruto. || FAM. pimentonero.

pimienta f. Fruto del pimentero, que contiene una semilla esférica de gusto picante, aromática y muy usada como condimento. || FAM. pimentero, pimiento.

pimiento m. Planta herbácea solanácea con flores blancas y cuyo fruto es en baya hueca, muy variable en forma y tamaño, pero generalmente cónico, terso en la superficie, primeramente verde y después rojo o amarillo. || Fruto de esta planta, muy usado como alimento. || Arbusto de la pimienta, pimentero. || **pimiento morrón** Variedad que se diferencia en ser más gruesa y dulce. || **importar un pimiento** loc. *col.* No importar nada. || **no valer un pimiento** loc. *col.* No tener ningún valor. || FAM. pimental, pimentón.

pimpampum m. Juego en que se procura derribar a pelotazos muñecos puestos en fila.

pimpante adj. Ufano, satisfecho. || Insensible o poco afectado por algo.

pimpinela f. Planta herbácea de la familia de las rosáceas, de 40 cm a 1,20 m de altura, con flores de color púrpura; sus hojas pueden comerse en ensalada.

pimplar tr. y prnl. *col.* Beber, especialmente alcohol. || FAM. pimple.

pimpollo m. Vástago o tallo nuevo de las plantas. || Árbol nuevo. || Rosa por abrir. || Niño o niña, y también joven, que se distingue por su belleza. || FAM. pimpollada, pimpollar.

pimpón m. Juego semejante al tenis que se juega sobre una mesa con pelota pequeña y ligera y con palas pequeñas a modo de raquetas.

pin (voz i.) m. Insignia que se sujeta con un alfiler o broche a las prendas de vestir. || En inform., patilla para conexiones eléctricas. ◆ pl. *pines.*

pinacate m. *amer.* Insecto coleóptero de color negruzco y olor hediondo que suele criarse en lugares húmedos.

pináceo, a adj. y f. De las pináceas o relativo a esta familia de plantas. || f. pl. Familia de plantas gimnospermas coníferas, con las hojas perennes aciculares y las semillas en piña, como el pino.

pinacle m. Juego de cartas de origen inglés en el que hay dos comodines.

pinacoteca f. Galería o museo de pinturas.

pináculo m. Parte más alta de un edificio monumental o templo. || Adorno arquitectónico en forma de cono o pirámide. || Parte más sublime o importante de algo inmaterial.

pinar m. Bosque de pinos.

pinball (voz i.) m. Máquina de recreo en que hay que recorrer un circuito con una bola impulsada por dos palancas. ◆ pl. *pinballs.*

pincel m. Instrumento para pintar que consiste en un conjunto de pelos sujetos a un mango. || Modo de pintar. || FAM. pincelada.

pincelada f. Trazo que el pintor da con el pincel. || Rasgo, aspecto o característica.

pinchadiscos com. Persona encargada del equipo de sonido de una discoteca y de la selección de las piezas. ◆ No varía en pl.

pinchar tr. Clavar en algo una cosa punzante. También prnl. || Poner inyecciones. || *col.* Estimular. || *col.* Enojar. || *col.* Poner discos en un equipo reproductor de sonido. También intr. || intr. Sufrir un vehículo un pinchazo en una rueda. || prnl. Inyectarse droga. || FAM. pinchadiscos, pinchadura, pincháuvas, pinchazo, pinche, pincho, pinchudo.

pincháuvas com. *col.* Persona despreciable. ◆ No varía en pl.

pinchazo m. Herida, agujero, etc., que se produce al pinchar o pincharse alguien o algo. || Agujero que causa en un neumático, balón, etc., pérdida de aire. || Dolor agudo y repentino.

pinche com. Persona que presta servicios auxiliares en la cocina.

pincho m. Aguijón o punta aguda de cualquier materia. || Varilla de metal con mango en un extremo y punta a veces dentada en el otro. || Porción de comida que se toma como aperitivo y que a veces se atraviesa con un palillo: *pincho de tortilla.* || **pincho moruno** Varios trozos de carne asada que se presentan ensartados en una varilla metálica o de madera.

pincullo m. *amer.* Quena gigante, instrumento de viento.

pindonguear intr. *col.* Estar fuera de casa sin necesidad ni provecho, callejear. || FAM. pindonga, pindongueo.

pineal adj. Se apl. a la glándula epífisis.

pinedo m. *amer.* Pinar.

pingajo m. *col.* Trozo roto que cuelga de la ropa. || **estar** alguien **hecho un pingajo** loc. adj. *col.* Estar muy cansado o enfermo.

pingar intr. Pender, colgar. || Gotear un cuerpo mojado. || FAM. pinga, pingajo, pingo, pingonear, pingoneo.

pingo m. *col.* Harapo o jirón que cuelga. || com. *col.* Persona a la que le gusta mucho salir y divertirse. || m. pl. *col.* Prendas de vestir de poco precio y mala calidad. || FAM. pingonear, pingoneo.

ping-pong (voz i.) m. Pimpón ◆ Es la extensión del nombre de una marca registrada.

pingüe adj. Grande, abundante: *pingües beneficios.*

pingüino m. Ave caradriforme extinguida a mediados del siglo XIX, víctima de la caza masiva, que medía entre 90 cm y 1 m de longitud, tenía un denso plumaje negro, con el vientre blanco, alas no aptas para el vuelo y patas palmeadas; habitaba en las costas del Atlántico Norte. || Nombre que se da, p. ext., a las aves esfenisciformes del hemisferio norte. || Pájaro bobo. || FAM. pingüinera.

pinito m. Cada uno de los primeros pasos que da el niño o el convaleciente. Más en pl. || pl. Primeros pasos que se dan en algún arte o actividad.

pinnado, da adj. Se apl. a la hoja compuesta de hojuelas insertas a uno y otro lado del peciolo, como las barbas de una pluma.

pinnípedo, da adj. y m. De los pinnípedos o relativo a este orden de mamíferos. || m. pl. Orden de mamíferos marinos de cuerpo fusiforme y extremidades transformadas en aletas, con respiración pulmonar y piel gruesa con una capa de grasa que les preserva del frío, como la morsa y la foca.

pino[1] m. Nombre común de diversas especies de árboles gimnospermos coníferos de tronco resinoso, altos y rectos, hojas en forma de aguja, flores masculinas y femeninas separadas en distintas ramas y fruto en piña, con semillas llamadas piñones. || Madera de este árbol. || **en el quinto pino** loc. adv. *col.* Muy lejos. || **hacer el pino** loc. Hacer un ejercicio que consiste en poner el cuerpo verticalmente con los pies hacia arriba, apoyando las manos en el suelo. || FAM. pinabete, pináceo, pinada, pinar, pinariego, pinatar, pinaza, pineda, pinedo, pinífero, pinillo, pinocha, pinoso, pinsapo, piña, piñón.

pino[2], **na** adj. Muy pendiente o muy derecho. || FAM. pinito.

pinol m. *amer.* Harina de maíz tostado. || FAM. pinolate, pinole.

pinolate m. *amer.* Bebida de pinol, agua y azúcar.

pinrel m. *col.* Pie de las personas. Más en pl.

pinsapo m. Árbol gimnospermo conífero del grupo del abeto, de 20 a 25 m de altura, corteza blanquecina, flores monoicas, hojas cortas, esparcidas y casi punzantes, que persisten durante muchos años, y piñas derechas, más gruesas que las del abeto. || FAM. pinsapar.

pinta[1] f. Mancha o lunar en la piel o plumaje de un animal, en un tejido, etc. || Carta que se descubre al comienzo de un juego de naipes y que designa el palo de triunfos. || Aspecto exterior de una persona o cosa. || com. Sinvergüenza, desaprensivo. También adj.

pinta[2] f. Medida de capacidad para líquidos que varía según el país o región.

pintada f. Letrero o escrito en las paredes, preferentemente de contenido político o social.

pintado, da adj. Que tiene un color determinado. || Que es muy parecido a otra persona o cosa. || **el más pintado** loc. *col.* El más hábil, el más experto. || **que ni pintado** loc. adj. *col.* Muy a propósito, adecuado.

pintalabios m. Cosmético usado para colorear los labios, que se presenta generalmente en forma de barra guardada en un estuche. ◆ No varía en pl.

pintamonas com. *col.* Pintor de mala calidad. || *col.* Persona insignificante. ◆ No varía en pl.

pintar tr. Representar algo en una superficie con las líneas y colores convenientes. || Cubrir con una capa de color una superficie. || Describir con gran exactitud personas o cosas por medio de la palabra. || intr. En los juegos de naipes, ser un determinado palo de la baraja el de los triunfos. || En frases negativas o interrogativas, 'importar', 'significar', 'valer': *¿qué pintas tú aquí?* || prnl. Maquillarse la cara. || FAM. pinta, pintada, pintado, pintalabios, pintamonas, pintarrajar, pintarrajear, pintarroja, pintaúñas, pintiparado, pinto, pintón, pintor, pintoresco, pintura, pinturero.

pintarrajear tr. *col.* Manchar de varios colores y sin cuidado una cosa. || prnl. Pintarse o maquillarse mucho y mal. || FAM. pintarrajo.

pintarroja f. Pez condrictio de unos 80 cm de longitud, con el cuerpo esbelto de color gris amarillento o rojizo con manchas pardas, la cabeza aplanada y dientes pequeños y numerosos.

pintaúñas m. Cosmético de laca, de secado rápido, usado para dar color o brillo a las uñas. ◆ No varía en pl.

pintiparado, da adj. Que es adecuado a otra cosa, o a propósito para el fin propuesto. || Parecido, semejante a otro. || FAM. pintiparar.

pinto, ta adj. De diversos colores: *pájaro pinto.*

pintón, ona adj. *col.* De aspecto agradable.

pintor, ra m. y f. Persona que ejercita el arte de la pintura. || Persona que se dedica profesionalmente a pintar paredes, puertas, etc.

pintoresco, ca adj. Se apl. al paisaje, escena, tipo, etc., que resulta característico y típico de un lugar. || Curioso, atractivo, expresivo. || Estrafalario, chocante. || FAM. pintoresquismo.

pintura f. Arte de pintar. || Tabla, lámina o lienzo en que está pintado algo. || La misma obra pintada. || Color preparado para pintar. || Descripción de alguien o algo.

pinturero, ra adj. y s. Se apl. a la persona que presume de guapa, fina y elegante.

pinyin o **pinyin zimu** m. Sistema de transcripción fonética de los caracteres chinos a los latinos.

pinza f. Instrumento de diversas formas y materias cuyos extremos se aproximan para sujetar algo. || Apéndice prensil de ciertos artrópodos como el cangrejo, el alacrán, etc. || Pliegue de una tela terminado en punta, que sirve para estrecharla o como adorno. || pl. Instrumento, generalmente de metal y parecido a unas tenacillas que sirve para coger, sujetar o arrancar cosas menudas. || FAM. pinzamiento, pinzar.

pinzamiento m. Compresión de un músculo, nervio u órgano, generalmente entre dos superficies articulares.

pinzón m. Nombre común de diversas especies de aves paseriformes de unos 15 cm de longitud, que presentan dimorfismo sexual en la coloración del plumaje, más vistoso en los machos, y tienen las alas puntiagudas y la cola larga; su canto es armonioso y habitan en Europa y Asia.

piña f. Fruto del pino y otros árboles, de forma ovalada y compuesto por numerosas piezas leñosas, triangulares, colocadas en forma de escama a lo largo de un eje común, cada una con dos piñones. || Ananás, planta y fruto. || Conjunto de personas o cosas unidas estrechamente. || *amer.* Trompada, puñetazo. || FAM. piñata, piñón, piñuela.

piñata f. Recipiente o figura de papel lleno de dulces y regalos que ha de romperse con un palo llevando los ojos vendados.

piño m. Diente. Más en pl.

piñón m. Simiente del pino, de tamaño variable. || Almendra blanca y comestible del pino piñonero. || En las armas de fuego, pieza en que estriba la patilla de la llave cuando está preparada para disparar. || FAM. piñonero.

piñón m. Rueda pequeña y dentada que engrana con otra mayor en un mecanismo: *piñón de la bicicleta.*

pío[1] m. Voz que imita la de las crías de cualquier ave y el sonido que hacen algunos pájaros. || **no decir ni pío** loc. *col.* No decir nada, no replicar. || FAM. piar.

pío[2], **a** adj. Devoto, inclinado a la piedad. || Misericordioso, compasivo. || FAM. piadoso, piedad.

piojo m. Nombre que se apl. tanto a los insectos anopluros como a los malófagos, de 2 a 6 mm de largo, con el cuerpo aplanado, sin alas y con los órganos de los sentidos muy rudimentarios; pueden transmitir enfermedades infecciosas. || **como piojo** o **piojos en costura** loc. adv. *col.* Con muchas estrecheces, muy apretados. || FAM. piojoso, piojuelo, pipi.

piola f. Cuerda delgada, cordel. || *amer.* Soga, maroma.

piolet m. Pico poco pesado que se usa en alpinismo. ◆ pl. *piolets.*

piolín m. *amer.* Cordel delgado de cáñamo, algodón u otra fibra.

pion m. Partícula elemental cuya masa es unas 270 veces la del electrón.

pionero, ra m. y f. Persona que inicia la exploración de nuevas tierras. || Persona que da los primeros pasos en alguna actividad humana. || Grupo de organismos animales o vegetales que inician la colonización de un nuevo territorio.

piorrea f. Enfermedad de la boca que se caracteriza por la aparición de flujo de pus en las encías.

pipa[1] f. Utensilio para fumar tabaco picado. || Tonel para transportar o guardar vino u otros licores. || Lengüeta de las chirimías, por donde se echa el aire. || *argot* Pistola, arma de fuego. || FAM. pipeta.

pipa[2] f. Semilla de algunos frutos. || Semilla de girasol. || adv. m. *col.* Muy bien: *lo pasamos pipa.* || FAM. pepita, pipero, pipa.

pipencia f. *amer.* Amistad muy estrecha.

piperáceo, a adj. y f. De las piperáceas o relativo a esta familia de plantas. || f. pl. Familia de plantas angiospermas dicotiledóneas, herbáceas o leñosas, de hojas gruesas, enteras o aserradas, flores hermafroditas en espigas o en racimos y fruto en baya, cápsula o drupa, como el pimentón.

pipermín m. Licor de menta que se obtiene mezclando alcohol, menta y agua azucarada.

pipeta f. Tubo de cristal ensanchado en su parte media, que sirve para trasladar pequeñas porciones de líquido de un vaso a otro. || Tubo de varias formas, cuyo orificio superior se tapa a fin de que la presión atmosférica impida la salida del líquido.

pipi m. *col.* Piojo. || *col.* Pájaro, en lenguaje infantil.

pipí m. *col.* Orina, pis, en lenguaje infantil. ◆ pl. *pipís.*

pipiolo, la m. y f. *col.* Persona principiante, novata o inexperta, especialmente el joven.

pipirigallo m. Planta herbácea vivaz de la familia de las leguminosas, de hasta 60 cm de altura, con flores rojas olorosas y que se cultiva como planta para forraje.

pipo m. Grano o semilla de ciertas legumbres y frutas.

pipón, ona adj. y m. *amer.* Barrigón, que tiene la barriga muy grande. || *amer.* Que cobra un sueldo fijo sin trabajar. || m. y f. *amer. col.* Niño.

pique m. Resentimiento o enfado entre dos o más personas. || Empeño en hacer algo por amor propio o por rivalidad. || **echar a pique** loc. Hacer que un buque se hunda. || Destruir algo o hacer que fracase. || **irse a pique** loc. Hundirse un buque. || *col.* Fracasar alguna cosa.

piqué m. Tela de algodón con diversos tipos de labor que se emplea en prendas de vestir y en otras cosas.

piquera f. Agujero o puertecita que se hace en las colmenas para que las abejas puedan entrar y salir. || Agujero que tienen en uno de sus dos frentes los toneles y alambiques, para que, abriéndolo, pueda salir el líquido. || Agujero que en la parte inferior de los altos hornos sirve para dar salida al metal fundido.

piqueta f. Zapapico, herramienta de cantero. || Herramienta de albañilería con mango de madera y dos bocas opuestas, una plana como de martillo y otra aguzada como de pico. || FAM. piquetilla.

piquete m. Grupo de personas que, pacífica o violentamente, intenta imponer o mantener una consigna de huelga. || Grupo poco numeroso de soldados que se emplea en diferentes servicios extraordinarios.

piquituerto m. Nombre común de diversas especies de aves paseriformes que tienen la cabeza grande, con un pico característico cuyas mandíbulas se cruzan, con las cuales separan las escamas de las piñas, sacan los piñones y los parten.

pira f. Hoguera para quemar un cadáver, o aquella en la que antiguamente se quemaban las víctimas de los sacrificios. || Hoguera.

pirado, da adj. y s. *col.* Loco, alocado.

piragua f. Embarcación larga y estrecha, mayor que la canoa, hecha generalmente de una pieza o con bordas de tabla o cañas. || Planta trepadora sudamericana de la familia de las aráceas, de grandes hojas muy verdes. || FAM. piragüero, piragüismo.

piragüismo m. Deporte náutico que se practica sobre una piragua. || FAM. piragüista.

piragüista com. Persona que practica el piragüismo.

piramidal adj. Que tiene forma de pirámide.

pirámide f. Sólido que tiene por base un polígono cualquiera; sus caras (tantas en número como los lados de aquel) son triángulos que se juntan en un solo punto llamado vértice. ‖ Monumento que tiene esta forma: *pirámides de Egipto.* ‖ FAM. piramidal, piramidalmente.

piramidón m. Medicamento utilizado para combatir la fiebre.

piraña f. Nombre común de diversas especies de peces osteíctios cipriniformes de hasta 30 cm de longitud, con el cuerpo aplanado y la boca con dientes cónicos; habitan en los grandes ríos de América del Sur, especialmente en el Amazonas y el Orinoco, formando bancos que atacan a los mamíferos que caen en las aguas.

pirarse prnl. *col.* Marcharse de un lugar. ‖ FAM. pirado, piro.

pirata adj. Se apl. al navegante que se dedicaba a asaltar otros barcos o a hacer incursiones en la costa, así como a sus naves y a su actividad. También com. ‖ Ilegal: *copia pirata.* ‖ FAM. piratear, pirateo, piratería.

pirca f. *amer.* Pared de piedra en seco.

pireca f. *amer.* Piel que cubre la carne asada y, por ext., la de las frutas.

pírex m. Pyrex.

piripi adj. *col.* Borracho.

pirita f. Mineral sulfuro de hierro de color amarillo y brillo metálico, duro y pesado; es mena del hierro y se usa para la obtención del azufre. ‖ FAM. piritoso.

piro (darse el) loc. *col.* Marcharse de un sitio.

piro- pref. que significa 'fuego': *pirotecnia, pirograbado.*

piroclástico, ca adj. Se apl. al depósito o a la roca formado por materiales volcánicos fragmentarios.

pirogénesis f. Producción de calor. ◆ No varía en pl. ‖ FAM. pirógeno.

pirograbado m. Procedimiento para grabar o tallar superficialmente en madera por medio de una punta de platino incandescente. ‖ Talla o grabado así obtenido. ‖ FAM. pirograbador, pirograbar, pirografía.

pirólisis o **pirolisis** f. En quím., descomposición de una sustancia por elevación de la temperatura. ◆ No varía en pl.

pirómano, na adj. y s. Que tiene una tendencia patológica a provocar incendios. ‖ FAM. piromanía.

piropear tr. *col.* Decir piropos.

piropo m. *col.* Cumplido, requiebro. ‖ FAM. piropear, piropeo.

pirotecnia f. Arte de los explosivos, tanto para fines militares como artísticos (fuegos artificiales). ‖ FAM. pirotécnico.

pirotécnico, ca adj. De la pirotecnia o relativo a ella. ‖ m. y f. Persona experta en pirotecnia.

piroxeno m. Mineral silicato de hierro y magnesio de color verde oscuro o negro, con brillo vítreo, presente en rocas volcánicas.

pirquinero m. *amer.* Minero que trabaja de manera particular, pagando un tanto al dueño de la mina.

pirrarse prnl. *col.* Desear con vehemencia una cosa, gustar mucho: *se pirra por los bombones.*

pírrico, ca adj. Se apl. al triunfo obtenido con más daño para el vencedor que para el vencido.

pirueta f. Salto o movimiento ágil y difícil. ‖ Voltereta, giro dado en el aire o sobre una superficie. ‖ FAM. piruetear.

pirula f. *col.* Faena, mala pasada. ‖ *col.* Trampa, infracción.

piruleta f. Caramelo con forma de círculo plano, con un palito que sirve de mango.

pirulí m. Caramelo, generalmente de forma cónica, con un palito que sirve de mango. ◆ pl. *pirulís* o *pirulíes.*

pis m. *col.* Orina. ◆ pl. *pises.* ‖ FAM. pipí.

pisada f. Acción y resultado de pisar. ‖ Huella o señal que deja estampada el pie al pisar.

pisado, da adj. y s. *amer.* Que está dominado por su pareja.

pisapapeles m. Utensilio que en las mesas de escritorio, mostradores, etc., se pone sobre los papeles para que no se muevan. ◆ No varía en pl.

pisar tr. Poner el pie sobre alguien o algo. ‖ Apretar algo con los pies o darle golpes. ‖ No respetar los derechos de los demás: *ascendió pisando a sus colegas.* ‖ *col.* Anticiparse a otro con habilidad o audacia en el logro o disfrute de algo: *le ha pisado la idea.* ‖ Ir o presentarse en un lugar: *hace meses que no piso la universidad.* ‖ FAM. pisada, pisado, pisador, pisadora, pisadura, pisapapeles, pisaverde, piso, pisotear, pisotón.

pisaverde m. *col.* Hombre presumido y ocioso.

pisca f. *amer.* Pava, hembra del pavo.

piscícola adj. De la piscicultura o relativo a ella.

piscicultor, ra m. y f. Persona que se dedica a la piscicultura.

piscicultura f. Arte de repoblar de peces los ríos y los estanques o de dirigir y fomentar la reproducción de los peces y mariscos. ‖ FAM. piscícola, piscicultor.

piscifactoría f. Instalación donde se crían diversas especies de peces y mariscos con fines comerciales.

pisciforme adj. Que tiene forma de pez.

piscina f. Estanque destinado al baño, a la natación o a otros ejercicios y deportes acuáticos. ‖ Estanque para peces u otros animales acuáticos.

piscis m. Uno de los signos del Zodiaco, al que pertenecen las personas que han nacido entre el 22 de febrero y el 22 de marzo. ◈ Se escribe con mayúscula. ‖ adj. y com. Se apl. a la persona que ha nacido bajo este signo. ◆ No varía en pl.

piscívoro, ra adj. y s. Que se alimenta de peces.

pisco m. Aguardiente de uva fabricado originariamente en Pisco, Perú.

piscolabis m. *col.* Comida ligera que se hace a cualquier hora del día. ◆ No varía en pl.

piso m. Cada una de las viviendas en una casa de varias plantas. ‖ Cada una de las plantas de un edificio o de otra cosa. ‖ Pavimento natural o artificial de habitaciones, calles, caminos, etc. ‖ Suela, parte del calzado que toca el suelo. ‖ Unidad estratigráfica básica cuyos materiales se han constituido en una misma edad.

pisotear tr. Pisar repetidamente algo, para estropearlo o romperlo. ‖ Humillar o despreciar a alguien. ‖ FAM. pisoteo.

pisotón m. Pisada fuerte sobre el pie de otro o sobre alguna cosa.

pispajo m. Persona pequeña y muy viva. || Cosa insignificante o de poco valor.

pispar o **pispiar** tr. *amer. col.* Indagar, oír u observar curioseando.

pispás (en un) loc. adv. *col.* En un momento, rápidamente.

pista f. Rastro que dejan los animales o personas en la tierra por donde han pasado. || Conjunto de señales que pueden conducir a la averiguación de algo. || Sitio acondicionado para deportes u otras actividades: *pista de patinaje.* || Terreno especialmente acondicionado para el despegue y aterrizaje de aviones. || Sitio acondicionado para bailar. || Sitio donde se representan espectáculos y funciones de circo. || Autopista. || Camino de tierra por el que pueden transitar vehículos. || Cada uno de los espacios paralelos de una cinta magnética en que se registran grabaciones independientes.

pistachero m. Árbol de la familia de las anacardiáceas, de unos 3 m de altura, hojas compuestas y de color verde oscuro, cuyo fruto es el pistacho.

pistacho m. Fruto seco con cáscara dura y almendra pequeña de color verdoso, oleaginosa, dulce y comestible. || FAM. pistache, pistachero.

pistilo m. Gineceo, órgano femenino de la flor de las plantas fanerógamas, formado por uno o más carpelos, que generalmente consta de ovario, estilo y estigma.

pisto m. Guiso de pimientos, tomates, cebolla, calabacín y otros alimentos picados y revueltos, que se fríen lentamente. || Desorden, mezcolanza. || *amer.* Dinero. || **darse pisto** loc. *col.* Darse importancia.

pistola f. Arma de fuego, corta y en general semiautomática, que se apunta y dispara con una sola mano. || Utensilio que proyecta pintura pulverizada. || Barra de pan. || FAM. pistolera, pistolero, pistoletazo.

pistolera f. Estuche o funda donde se guarda la pistola.

pistolero, ra m. y f. Persona que utiliza la pistola para atracar, asaltar o realizar atentados personales. || FAM. pistolerismo.

pistoletazo m. Disparo de pistola.

pistón m. Émbolo de un cilindro en un motor de explosión. || Parte o pieza central de la cápsula de los proyectiles de las armas de fuego, donde está colocado el fulminante. || Llave de ciertos instrumentos de viento.

pistonudo, da adj. *col.* Muy bueno o estupendo.

pita f. Planta de la familia de las amarilidáceas, vivaz, oriunda de México, de gran tamaño, con hojas o pencas radicales, carnosas y muy grandes. || Fibra que se obtiene de la hoja de esta planta. || FAM. pitera.

pitada f. Sonido de un pito. || Muestra de desaprobación que se expresa mediante pitos y silbidos.

pitagorín com. *col.* Estudiante muy aplicado que siempre sabe las respuestas.

pitanza f. Alimento diario.

pitaña f. Legaña. || FAM. pitañoso.

pitar intr. Tocar el pito. || *col.* Funcionar o dar resultado: *este cacharro ya no pita.* || intr. y tr. Arbitrar una competición deportiva. || tr. Manifestar desagrado contra una persona pitándole o silbándole en una reunión o espectáculo público. || *amer.* Fumar cigarrillos. || **salir** o **irse pitando** loc. *col.* Hacerlo muy deprisa. || FAM. pitada, pitear, pitido.

pitarra f. Vino de elaboración casera.

pitcher (voz i.) com. Jugador de béisbol que lanza la pelota al bateador.

pitear intr. *amer. col.* Protestar, reclamar.

pitecántropo m. Mamífero antropoide homínido fósil que vivió en el pleistoceno y ya utilizaba el fuego.

pitido m. Silbido.

pitillera f. Petaca para guardar pitillos.

pitillo m. Cigarrillo. || FAM. pitillera.

pitimini (de) loc. adj. Se apl. al rosal de tallos trepadores, que echa muchas rosas muy pequeñas, y también a la rosa de este rosal. || Muy pequeño y gracioso.

pito m. Instrumento pequeño que, al soplar por él, produce un sonido muy agudo. || Claxon de un vehículo. || Voz aguda y desagradable. || Pitillo, cigarrillo. || *col.* Pene. || **importar** algo **un pito** loc. *col.* Importar muy poco. || **por pitos o por flautas** loc. *col.* Por un motivo u otro. || FAM. pitar, pitillo, pitón, pitorro.

pitón[1] m. Cuerno incipiente en los animales. || Punta del cuerno de los toros. || Tubo recto o curvo que arranca de la parte inferior del cuello en los botijos y porrones. || FAM. pitonazo.

pitón[2] f. Nombre común de diversas especies de reptiles escamosos ofidios de gran tamaño, entre 1 y 10 m de longitud, y coloración diversa. Son carnívoros y cazan al acecho, envolviendo y asfixiando a sus víctimas. Habitan en regiones ecuatoriales.

pitonazo m. Herida producida por el cuerno de un animal.

pitonisa f. Mujer que adivina el futuro a través de las cartas, bolas de cristal, etc.

pitorrearse prnl. Burlarse de alguien. || FAM. pitorreo.

pitorreo m. Burla, risa a costa de una persona.

pitorro m. Pitón de botijos y porrones.

pitote m. *col.* Barullo, desorden, alboroto.

pituco, ca adj. y s. *amer.* Que cuida mucho la apariencia física y las modas.

pituita f. Secreción de las mucosas y especialmente de la nariz, moco. || FAM. pituitaria, pituitoso.

pituitaria adj. y f. Se apl. a la membrana de la nariz que segrega el moco.

pituso, sa adj. y s. Se apl. al niño gracioso o lindo.

pívot com. En baloncesto, jugador generalmente de gran estatura que actúa en las proximidades de los tableros y cuya misión principal es recoger los rebotes y encestar desde posiciones cercanas a canasta. ◆ pl. *pívots.*

pivotar intr. Girar sobre un pivote. || En baloncesto y balonmano, girar sobre un pie para esquivar al contrario. || FAM. pívot, pivotante.

pivote m. Extremo de una pieza en la que se mete o se apoya otra. || Objeto cilíndrico fijo en el suelo. || FAM. pivotar.

píxel o **pixel** m. En inform., punto mínimo de luz que entra a formar parte de una imagen. ◆ pl. *píxeles* o *pixeles.*

pixtón m. *amer.* Tortilla gruesa de harina de maíz.

piyama m. Pijama.

pizarra f. Roca metamórfica homogénea de color negro azulado que se exfolia fácilmente en láminas y se usa como material de construcción, principalmente para cubiertas y solados. ‖ Trozo de pizarra oscura y pulimentada en que se escribe o dibuja con tiza o yeso, encerado. ‖ P. ext., superficie sobre la que se escribe o dibuja de modo que lo escrito pueda ser visto por varias personas a la vez. ‖ FAM. pizarral, pizarreño, pizarrería, pizarrero, pizarrín, pizarrón, pizarroso.

pizarrón m. *amer.* Pizarra, superficie para escribir o dibujar.

pizca f. *col.* Porción mínima o muy pequeña de una cosa. ‖ **ni pizca** loc. adv. *col.* Nada: *no me gusta ni pizca.* ‖ FAM. pizcar, pizco.

pizpireta adj. *col.* Se apl. a la mujer viva, aguda y coqueta.

pizza (voz it.) f. Torta elaborada con masa de pan sobre la que se pone tomate, queso y otros ingredientes. ‖ FAM. pizzería, pizzero.

pizzería f. Establecimiento en el que se elaboran y se venden *pizzas.* ‖ Restaurante especializado en *pizzas* y en comida italiana.

pizzicato (voz it.) adj. En mús., se apl. al sonido que se obtiene en los instrumentos de arco pellizcando las cuerdas con los dedos. ‖ m. Fragmento de música que se ejecuta de esta forma.

placa f. Plancha de metal u otra materia, en general rígida y poco gruesa. ‖ La que se coloca en algún lugar público con carácter conmemorativo o informativo. ‖ Insignia o distintivo que llevan los agentes de policía para acreditar que lo son. ‖ Matrícula de los vehículos. ‖ Parte superior de las cocinas. ‖ Película o lámina que recubre una superficie. ‖ Zona blanquecina o amarillenta que se encuentra en la boca o en la garganta a causa de una infección. ‖ Vidrio cubierto en una de sus caras por una capa de sustancia alterable por la luz y en la que puede obtenerse una prueba negativa. ‖ Cada una de las unidades en que se divide la litosfera. ‖ FAM. plaqué, plaqueta.

placaje m. En el *rugby,* detención de un ataque que se realiza sujetando al contrario.

placar tr. En el *rugby,* detener un ataque sujetando con los brazos al contrario e intentando impedir que continúe su avance. ‖ FAM. placaje.

placebo m. Sustancia inocua que carece de valor terapéutico directo, pero se administra a los enfermos por su efecto sugestivo benéfico.

placenta f. Órgano intermediario entre la madre y el feto durante la gestación de los mamíferos placentarios. ‖ Parte vascular del fruto a la que están unidas las semillas. ‖ Borde del carpelo, en el que se insertan los óvulos. ‖ FAM. placentación, placentario.

placentario, ria adj. De la placenta o relativo a ella. ‖ adj. y m. De los placentarios o relativo a este grupo de mamíferos. ‖ m. pl. Grupo de mamíferos cuyas hembras poseen placenta, por lo que el desarrollo intrauterino del embrión puede prolongarse hasta una fase relativamente avanzada.

placentero, ra adj. Agradable, apacible. ‖ FAM. placenteramente.

placer[1] m. Banco de arena o piedra en el fondo del mar. ‖ Arenal donde la corriente de las aguas depositó partículas de oro. ‖ Pesquería de perlas en las costas de América.

placer[2] m. Gusto, satisfacción, sensación agradable. ‖ Diversión, entretenimiento. ‖ **a placer** loc. adv. Con total satisfacción, sin impedimento alguno.

placer[3] intr. Producir gusto o satisfacción, gustar, apetecer. ◆ **Irreg.** Se conj. como *agradecer.* ‖ FAM. placebo, pláceme, placentero, placer, plácet, plácido.

plácet m. Aprobación, especialmente la respuesta favorable que da un Gobierno cuando otro le propone como representante diplomático a determinada persona.

placidez f. Quietud, tranquilidad, paz. ‖ Agrado y bienestar que se experimenta.

plácido, da adj. Quieto, tranquilo. ‖ Grato, apacible. ‖ FAM. plácidamente, placidez.

plafón m. Plano inferior del saliente de una cornisa. ‖ Tablero o placa con que se cubre algo. ‖ Lámpara plana que se coloca pegada al techo para disimular la o las bombillas.

plaga f. Calamidad grande que afecta a un pueblo. ‖ Abundancia de algo perjudicial, p. ej., de animales y organismos que afectan gravemente a la agricultura. ‖ Gran abundancia de personas o cosas: *plaga de turistas.* ‖ FAM. plagado, plagar, plaguicida.

plagado, da adj. Lleno, atestado.

plagar tr. y prnl. Llenar o cubrir a alguna persona o cosa de algo nocivo o no conveniente.

plagiar tr. Copiar en lo sustancial obras ajenas, dándolas como propias. ‖ *amer.* Apoderarse de una persona para obtener rescate por su libertad. ‖ FAM. plagiario, plagio.

plagio m. Copia de una obra ajena que se presenta como propia.

plagioclasa f. Variedad de feldespato, presente en numerosas rocas, de color blanco o gris y brillo nacarado y compuesta de sodio y calcio.

plaguear intr. *amer.* Negar o dificultar la dádiva de algo. ‖ *amer.* Refunfuñar. ‖ *amer.* Hablar interminablemente de las desdichas propias. ‖ FAM. plagueo.

plaguicida adj. y m. Que combate las plagas del campo.

plan m. Proyecto, programa de las cosas que se van a hacer y de cómo hacerlas. ‖ Intención: *nuestro plan era ir al cine.* ‖ Relación amorosa pasajera y persona con quien se tiene esta relación. ‖ **plan de estudios** Conjunto de enseñanzas y prácticas que, con determinada disposición, han de cursarse para cumplir un ciclo de estudios u obtener un título. ‖ **plan de pensiones** Modalidad de ahorro por la cual se consigue una pensión en el futuro. ‖ **en plan de** loc. *col.* En actitud o con intención de. ‖ **no ser plan** loc. *col.* No ser agradable o conveniente. ‖ FAM. planear, planificar.

plana f. Cada una de las dos caras de una hoja de papel. ‖ Escrito que hacen los niños en una cara del papel en que aprenden a escribir. ‖ En impr., conjunto de líneas ya ajustadas de las que se compone cada página. ‖ **pla-**

na mayor Conjunto y agregado de los jefes y otros individuos de un batallón o regimiento que no pertenecen a ninguna compañía. ‖ Directiva de una organización, empresa, etc. ‖ FAM. planilla.

planaria f. Nombre común de diversos gusanos platelmintos de cuerpo aplanado y segmentado, de unos 2 cm de longitud, que habitan en aguas marinas y dulces.

plancha f. Lámina de metal plano y delgado. ‖ Utensilio, generalmente electrodoméstico, que sirve para planchar. ‖ Acción y resultado de planchar la ropa. ‖ Conjunto de ropa planchada. ‖ Placa de metal sobre la que se asan o cocinan alimentos. ‖ En impr., reproducción estereotípica o galvanoplástica preparada para la impresión. ‖ col. Desacierto, error que deja en ridículo a la persona que lo comete. ‖ FAM. planchar, planchazo, planchista.

planchado, da adj. col. Que está muy sorprendido. ‖ m. Acción y resultado de planchar la ropa.

planchar tr. Pasar la plancha caliente sobre la ropa para quitarle las arrugas. ‖ Quitar las arrugas por otros procedimientos. ‖ FAM. planchado, planchador, planchadora.

planchazo m. col. Plancha, desacierto, error. ‖ Golpe en el vientre que se sufre al caer al agua de plano.

plancton m. Conjunto de seres minúsculos de origen animal (zooplancton) o vegetal (fitoplancton) presentes en aguas marinas y de lagos, que constituyen el alimento básico de diversos animales superiores. ‖ FAM. planctónico.

planeador m. Aeronave sin motor que se sustenta y avanza aprovechando solamente las corrientes atmosféricas.

planeadora f. Barca con motor fueraborda que se desplaza a gran velocidad.

planear tr. Trazar o formar el plan de una obra. ‖ Hacer planes o proyectos. ‖ intr. Moverse o descender sin motor un avión, valiéndose de las corrientes de aire. ‖ Moverse o descender un ave de esta misma manera. ‖ FAM. planeador, planeadora, planeamiento, planeo.

planeta m. Cuerpo sólido celeste que gira alrededor de una estrella y que se hace visible por la luz que refleja. ‖ FAM. planetario, planetoide.

planetario, ria adj. De los planetas o relativo a ellos. ‖ m. Aparato que representa los planetas del Sistema Solar y reproduce sus movimientos respectivos. ‖ Lugar donde está instalado este aparato.

planicie f. Terreno llano.

planificación f. Acción y resultado de planificar. ‖ Plan general, científicamente organizado y frecuentemente de gran amplitud, para obtener un objetivo determinado.

planificar tr. Trazar los planos para la ejecución de una obra. ‖ Hacer plan de una acción. ‖ FAM. planificación.

planilla f. Impreso o formulario con espacios en blanco para rellenar que se presenta ante la administración pública. ‖ amer. Estado de cuentas, liquidación, ajuste de gasto.

planimetría f. Parte de la topografía que se ocupa de la representación de la superficie terrestre sobre un plano. ‖ FAM. planímetro.

planisferio m. Mapa en que la esfera celeste o la terrestre está representada en un plano.

planning (voz i.) m. Conjunto de técnicas para conseguir el máximo aprovechamiento de los medios de producción de que dispone una empresa.

plano, na adj. Llano, liso. ‖ m. Representación gráfica en una superficie y mediante procedimientos técnicos, de un terreno, de la planta de un edificio, etc. ‖ En geom., superficie imaginaria formada por puntos u objetos situados a una misma altura. ‖ Posición social de las personas. ‖ Punto de vista. ‖ Superficie imaginaria que ocupan las personas y objetos que forman una imagen. ‖ Sucesión de fotogramas rodados sin interrupción. ‖ **de plano** loc. adv. Entera, clara y manifiestamente. ‖ FAM. plana, planear, planicie, planimetría, planisferio.

planta f. Vegetal, ser orgánico que se caracteriza por crecer y vivir fijo en un lugar determinado, realizar la fotosíntesis y tener células complejas agrupadas en tejidos, órganos, aparatos y sistemas. ‖ Parte inferior del pie. ‖ Cada una de las diferentes alturas que se distinguen en un edificio. ‖ En arquit., figura que forman sobre el terreno los cimientos o un edificio o la sección horizontal de las paredes en cada uno de los diferentes pisos. ‖ Aspecto exterior: hombre de buena planta. ‖ Instalación industrial: planta de reciclaje. ‖ FAM. plantar, plantear, plantel, plantígrado, plantilla, plantón, plántula.

plantación f. Acción de plantar. ‖ Conjunto de vegetales de la misma clase que se han plantado en un terreno.

plantado, da (bien) loc. adj. Que tiene buena presencia.

plantagináceo, a adj. y f. De las plantagináceas o relativo a esta familia de plantas. ‖ f. pl. Familia de herbáceas angiospermas dicotiledóneas, con hojas sencillas, enteras o dentadas, flores hermafroditas o monoicas y fruto en caja, como el llantén.

plantar tr. Meter en tierra una planta o un vástago, esqueje, etc., para que arraigue. ‖ Poblar de plantas un terreno. ‖ Clavar y poner derecha una cosa. ‖ Colocar una cosa en un lugar. ‖ col. Dejar o abandonar a alguien: plantó a su novia. ‖ prnl. col. Ponerse de pie firme ocupando un lugar o sitio: se plantó delante de su casa. ‖ col. Llegar con brevedad a un lugar: nos plantamos allí en dos horas. ‖ col. En algunos juegos de cartas, no querer más de las que se tienen. ‖ col. Decidir no hacer algo o resistirse a alguna cosa: se plantó en su decisión. ‖ FAM. plantación, plantado, plantar, plante, plantío.

plante m. Protesta colectiva con abandono de su trabajo o labores, de personas que viven agrupadas bajo una misma autoridad o trabajan en común, para exigir o rechazar alguna cosa.

planteamiento m. Exposición de un tema, problema, etc. ‖ Enfoque, punto de vista.

plantear tr. Exponer un tema, problema, duda, dificultad, etc. ‖ Dar un enfoque o un punto de vista. ‖ prnl. Pararse a considerar algo. ‖ FAM. planteamiento, planteo.

plantel m. Criadero de plantas. ‖ Conjunto de personas que forman un grupo, especialmente cuando se caracteriza por alguna habilidad especial: plantel de abo-

platelminto

gados. || *amer.* Plantilla, personal con el que cuenta una institución, empresa, organización, etc.

planteo m. Planteamiento. || *amer.* Protesta, exigencia, colectiva o individual.

plantificar tr. *col.* Tratándose de golpes, darlos. || *col.* Colocar una cosa en un lugar, especialmente si es molesta o estorba. || prnl. *col.* Plantarse, llegar pronto a un lugar. || FAM. plantificación.

plantígrado, da adj. y m. Se apl. al cuadrúpedo que al andar apoya en el suelo toda la planta de los pies y las manos.

plantilla f. Pieza de tela, gomaespuma, etc., que interiormente cubre la planta del calzado o que se coloca sobre ella. || Suela sobre la cual los zapateros arman el calzado. || Patrón que sirve como modelo para hacer otras piezas y labrarlas o recortarlas. || Relación ordenada por categorías de las dependencias y empleados de una oficina, servicios públicos o privados, etc. || Conjunto de los empleados de una empresa. || P. ext., conjunto de los jugadores de un equipo. || FAM. plantillazo.

plantío, a adj. y m. Que está plantado o que se puede plantar. || m. Conjunto de plantas.

plantón m. Árbol joven que ha de ser trasplantado. || Rama de árbol plantada para que arraigue. || Hecho de no acudir a una cita.

plañidera f. Mujer a la que se pagaba por ir a llorar a los entierros. || FAM. plañidero, plañido, plañir.

plañido m. Queja o lamento acompañado de llanto.

plañir intr. Llorar. ♦ **Irreg.** Se conj. como *mullir.*

plaqueta f. Elemento de la sangre de los vertebrados, con forma de disco oval o redondo, que carece de núcleo y hemoglobina e interviene en la coagulación. || Placa pequeña: *suelo de plaqueta.*

plasma m. Cuarto estado de la materia, que adquiere cualquier sustancia sometida a temperaturas elevadísimas. || Medio líquido de la sangre, en el que se hallan suspensos los elementos sólidos (glóbulos rojos, glóbulos blancos y plaquetas). || FAM. plasmático.

plasmación f. Acción y resultado de plasmar o plasmarse.

plasmar tr. Dar forma a algo. || Reflejar o representar una idea o un sentimiento en un medio físico. También prnl. || FAM. plasmación.

plasmodio m. Masa de citoplasma que contiene varios núcleos no separados por membranas. || Protozoo parásito que produce la enfermedad del paludismo.

plasta f. Masa blanda y espesa. || *col.* Excremento blando y redondeado. || Cosa aplastada. || adj. y com. *col.* Se apl. a la persona pesada.

plastia f. Operación quirúrgica con la cual se pretende restablecer, mejorar o embellecer la forma de una parte del cuerpo.

plástica f. Arte y técnica de modelar.

plasticidad f. Propiedad de lo que puede cambiar de forma y conservar esta de modo permanente. || Expresividad, fuerza expresiva.

plástico, ca adj. Relacionado con el arte y la técnica de modelar: *artes plásticas.* || Se apl. al material que puede cambiar de forma y conservar esta de modo permanente, a diferencia de los cuerpos elásticos. || Se dice del material sintético, polímero del carbono, que puede modelarse fácilmente. También m.: || Se apl. a la rama de la cirugía que se ocupa de corregir ciertos defectos físicos o rasgos antiestéticos, y al médico que la practica: *cirujano plástico.* || Se dice del estilo, lenguaje, imagen, etc., muy expresivo. || FAM. plástica, plasticidad, plastificar, plastilina.

plastificado m. Acción y resultado de plastificar.

plastificar tr. Recubrir con una lámina fina de plástico papeles, documentos, telas, etc. || FAM. plastificación, plastificado.

plastilina f. Material sintético blando y modelable, de varios colores, que utilizan los niños para jugar. ♦ Es la extensión del nombre de una marca registrada.

plasto m. Orgánulo de las plantas verdes que realizan la fotosíntesis.

plata f. Elemento químico metálico blanco, brillante, dúctil y maleable, más pesado que el cobre y menos que el plomo; se emplea en joyería, en la acuñación de monedas, como catalizador eléctrico y, sus sales, en fotografía. Su símbolo es *Ag,* y su número atómico, *47.* || Conjunto de objetos de plata. || Dinero en general, riqueza. || FAM. platal, platear, platero, platería, platino, platudo.

platabanda f. *amer.* Techo plano de casas y edificios hecho básicamente de hormigón.

plataforma f. Tablero horizontal descubierto y elevado sobre el suelo. || Lugar llano más elevado que lo que le rodea. || Suelo superior, a modo de azotea, de las torres y otras obras. || Vagón descubierto con bordes de poca altura en sus cuatro lados. || Parte anterior y posterior de autobuses, tranvías y otros medios de transporte. || Organización de personas que tienen intereses comunes: *plataforma contra la droga.* || Conjunto de quejas y reivindicaciones que presenta un grupo o colectivo.

platanáceo, a adj. y f. De las platanáceas o relativo a esta familia de plantas. || f. pl. Familia de plantas angiospermas dicotiledóneas formada únicamente por un género de árboles, con hojas palmeadas de disposición alterna, flores en inflorescencias esféricas y fruto en aquenio, cuya principal aplicación es la ornamentación, como el plátano de sombra.

plátano m. Planta herbácea de la familia de las musáceas, de 3 a 4 m de altura, con el tallo rodeado por las vainas de las hojas, y cuyo fruto es una baya que crece en racimos, muy apreciado como alimento. || Fruto de esta planta, alargado y de color amarillo, que también se conoce con el nombre de *banana.* || Árbol de la familia de las platanáceas, de gran altura, ancho tronco y flores en inflorescencias globosas; se utiliza como planta ornamental en calles y paseos. También se llama *plátano de sombra.* || FAM. platanáceo, platanal, platanar, platanero, platanero.

platea f. Patio o parte baja de los teatros: *butacas de platea.*

plateado, da adj. Bañado en plata. || De color semejante al de la plata. || FAM. plateador, plateadura.

platear tr. Cubrir de plata una cosa. || FAM. plateado.

platelminto, a adj. y m. De los platelmintos o relativo a este filo de gusanos. || m. pl. Filo de gusanos de cuerpo plano no segmentado, parásitos en su mayoría y casi todos hermafroditas, como la tenia y la duela; habitan en aguas dulces o parasitando a otros animales.

plateresco, ca adj. y m. Del estilo arquitectónico surgido en España a finales del siglo XV y en la primera mitad del XVI, caracterizado por la asimilación y adaptación hispana de los principios del Renacimiento italiano fusionados con elementos decorativos góticos, o relacionado con él.

plática f. Conversación. ‖ Razonamiento o discurso que hacen los predicadores. ‖ FAM. platicar.

platicar intr. y tr. Conversar, hablar.

platija f. Pez osteíctio pleuronectiforme marino de 40 a 50 cm de longitud, con el cuerpo aplanado y la piel rugosa; tiene los dos ojos en el mismo costado, pues reposa en los fondos marinos sobre el opuesto, y habita en el Atlántico Norte y el Mediterráneo.

platillo m. Cada una de las dos piezas en forma de plato o disco que tiene la balanza. ‖ pl. Instrumento de percusión formado por dos chapas metálicas circulares que se hacen chocar entre sí. ‖ **platillo volador** o **volante** Ovni, objeto volante no identificado. ‖ FAM. platillero.

platina f. Parte del microscopio en que se coloca el objeto que se quiere observar. ‖ Disco de vidrio deslustrado o de metal, perfectamente plano para que ajuste en su superficie el borde del recipiente de la máquina neumática. ‖ Superficie plana de la prensa o máquina de imprimir. ‖ Pletina.

platino m. Elemento químico metálico de color de plata, aunque menos vivo y brillante, muy pesado, difícilmente fusible e inatacable por los ácidos, excepto el agua regia; se utiliza como catalizador químico para la fabricación de instrumental de precisión, empastes dentales y componentes electrónicos. Su símbolo es *Pt*, y su número atómico, *78*. ‖ Cada una de las piezas que establecen contacto en el ruptor del sistema de encendido de un motor de explosión. Más en pl. ‖ FAM. platinado, platinar, platinífero.

platirrino adj. y m. De los platirrinos o relativo a esta superfamilia de mamíferos. ‖ m. pl. Superfamilia de mamíferos primates caracterizados por tener los orificios nasales muy separados; de pequeño o mediano tamaño, poseen extremidades largas y cola generalmente prensil y habitan en América del Sur.

plato m. Recipiente bajo y generalmente redondo, con una concavidad en medio, que se emplea en las mesas para servir los alimentos y comer en él. ‖ Alimento ya cocinado: *plato típico de la región.* ‖ Nombre dado a algunos objetos planos y redondos: *plato de la ducha.* ‖ Platillo de la balanza. ‖ En los tocadiscos, superficie giratoria sobre la que se coloca el disco. ‖ Rueda dentada de las bicicletas que, combinada con el piñón, permite obtener un determinado desarrollo. ‖ **plato combinado** Comida formada por varios alimentos en un solo plato. ‖ **plato fuerte** El más importante de la comida. ‖ *col.* Lo más importante, la parte principal de algo. ‖ **no haber roto** uno **(nunca) un plato** loc. *col.* Tener el aspecto o dar la impresión de no haber cometido ninguna falta. ‖ **no ser plato de gusto** loc. *col.* No resultar agra-

dable. ‖ **pagar los platos rotos** loc. *col.* Ser culpado de una falta de la que no se es responsable o al menos no el único responsable. ‖ **ser plato de segunda mesa** loc. *col.* Ser o sentirse uno postergado o despreciado. ‖ FAM. platillo, platina, plató, platón.

plató m. Cada uno de los recintos cubiertos de un estudio cinematográfico.

platón m. *amer.* Recipiente de gran tamaño.

platónico, ca adj. Que sigue la escuela y filosofía de Platón. También s. ‖ De esta escuela o relativo a ella. ‖ Ideal y desinteresado: *amor platónico.* ‖ FAM. platónicamente, platonismo.

platudo, da adj. y s. *amer.* Adinerado, rico.

plausible adj. Digno o merecedor de aplauso. ‖ Admisible, recomendable: *hipótesis plausible.* ‖ FAM. plausibilidad.

play (voz i.) m. Tecla de un aparato reproductor que, al ser pulsada, pone en marcha la reproducción de la grabación.

playa f. Ribera del mar o de un río grande, formada de arenales en superficie casi plana. ‖ Porción de mar contigua a esta ribera. ‖ FAM. playera, playero playo.

play-back (voz i.) m. Técnica en la que el sonido se graba previamente y se reproduce acompañando bien a una imagen grabada independientemente, bien a una interpretación.

playboy (voz i.) m. Hombre generalmente atractivo y rico que tiene frecuentes aventuras amorosas, acude a los lugares de moda y se relaciona con las clases altas de la sociedad. ‖ Hombre seductor.

playera f. Zapatilla de lona con suela de goma.

playo, ya adj. *amer.* Que tiene poco fondo.

play-off (voz i.) En dep., fase final o segunda fase de desempate. ◆ No varía en pl.

plaza f. Lugar ancho y espacioso dentro de una población. ‖ Mercado, lugar con pequeños puestos de venta, especialmente de comestibles. ‖ Lugar fortificado con muros, baluartes, etc. ‖ Sitio determinado para una persona o cosa: *buscaba una plaza en el colegio.* ‖ Espacio, sitio o lugar: *plaza de garaje.* ‖ Puesto o empleo. ‖ **plaza de toros** Lugar acondicionado para lidiar toros. ‖ FAM. plazoleta, plazuela.

plazo m. Término o tiempo señalado para una cosa. ‖ Vencimiento de ese espacio de tiempo. ‖ Cada parte de una cantidad pagadera en dos o más veces: *lo compré a plazos.*

plazoleta f. Espacio abierto en una población, más pequeño que una plaza.

pleamar f. Marea alta. ‖ Tiempo que esta dura.

plebe f. Clase social más baja, fuera de los nobles, eclesiásticos y militares; estado llano. ‖ FAM. plebeyo, plebiscito.

plebeyo, ya adj. De la plebe o propio de ella. ‖ Se apl. a la persona que no es noble ni hidalga. También s. ‖ Grosero o innoble. ‖ FAM. plebeyez.

plebiscito m. Consulta en la que se somete una propuesta a votación para que los ciudadanos se manifiesten en contra o a favor. ‖ FAM. plebiscitar, plebiscitario.

plectro m. Palillo o púa que se usaba para tocar instrumentos de cuerda.

plegable adj. Que se puede plegar o doblar: *silla plegable*.

plegador m. *amer.* Persona que recoge la limosna para una cofradía o comunidad.

plegamiento m. Efecto producido en la corteza terrestre por el movimiento conjunto de rocas sometidas a una presión lateral. || Acción y resultado de plegar o plegarse.

plegar tr. Hacer pliegues en una cosa. También prnl. || Doblar e igualar los pliegos de un libro. || prnl. Ceder, someterse. ◆ **Irreg.** Se conj. como *acertar*. || FAM. plegable, plegadera, plegadizo, plegado, plegador, plegadura, plegamiento, pliego, pliegue.

plegaria f. Súplica que se hace a Dios, a la Virgen o a los santos.

pleistoceno, na adj. y m. De la primera de las dos épocas en que se divide el periodo cuaternario o relacionado con ella.

pleitear tr. Litigar o contender judicialmente sobre una cosa. || FAM. pleiteador, pleiteante, pleiteo.

pleitesía f. Rendimiento, muestra reverente de cortesía.

pleito m. Litigio judicial entre partes. || Riña doméstica o privada. || Proceso o cuerpo de autos sobre cualquier causa. || FAM. pleitear, pleitesía, pleitista.

plenario, ria adj. Se apl. a la junta o reunión a la que acuden todos los miembros de una corporación. || m. Pleno, reunión o junta general de una corporación.

plenilunio m. Luna llena.

plenipotenciario, ria adj. y s. Se apl. a la persona que envían los jefes de Estado a organizaciones o a otros Estados, con plenos poderes para resolver los asuntos. || FAM. plenipotenciado.

plenitud f. Totalidad, integridad o cualidad de pleno. || Mejor momento de algo.

pleno, na adj. Completo, lleno. Se apl. especialmente al momento de máximo apogeo de algo: *estoy en plenos exámenes finales*. || m. Reunión o junta general de una corporación. || **en pleno** loc. adj. Al completo, con todos los miembros de la colectividad a que se refiere: *el jurado en pleno votó en contra*. || FAM. plenamente, plenario, plenitud.

pleonasmo m. Figura de construcción que consiste en emplear en la oración uno o más términos que resultan innecesarios para el sentido de la frase, pero que la refuerzan o le dan expresividad, como en *lo vi con mis propios ojos*. || Excesiva abundancia o redundancia de palabras. || FAM. pleonásticamente, pleonástico.

pletina f. Pieza metálica de forma rectangular y de espesor reducido. || Aparato reproductor y grabador de cintas magnetofónicas.

plétora f. Exceso de sangre o de otros humores en el cuerpo. || Abundancia excesiva de alguna cosa. || FAM. pletórico.

pletórico, ca adj. Que tiene abundancia de alguna cosa: *estoy pletórico de contento*.

pleura f. Cada una de las membranas serosas de tejido conjuntivo que cubren las paredes de la cavidad torácica y la superficie de los pulmones. || FAM. pleural, pleuresía, pleurítico, pleuritis, pleuronectiforme.

pleuronectiforme adj. y m. De los pleuronectiformes o relativo a este orden de peces. || m. pl. Orden de peces de cuerpo plano y asimétrico, con los dos ojos en el mismo costado, que viven en el fondo del mar tendidos sobre uno de sus flancos, al acecho de sus presas, como el lenguado, el rodaballo y la platija.

plexiglás m. Resina sintética que tiene el aspecto del vidrio. || Material transparente y flexible del que se hacen telas, tapices, etc. ◆ No varía en pl. El nombre proviene de la extensión de una marca registrada.

plexo m. Red formada por varios filamentos nerviosos o vasculares entrelazados.

pléyade f. Grupo de personas contemporáneas reconocidas y destacadas, especialmente en las letras.

plica f. Sobre cerrado en que se reserva algún documento que no debe publicarse hasta fecha u ocasión determinada.

pliego m. Porción o pieza de papel de forma cuadrangular, doblada por la mitad. || P. ext., hoja de papel sin doblar. || Papel o memorial que contiene las condiciones o cláusulas que se proponen o se aceptan en un contrato, una concesión gubernativa, una subasta, etc.

pliegue m. Doblez en la ropa o en cualquier cosa flexible. || Plegamiento.

plim o **plin (a mí)** loc. *col.* Expresión que indica la falta total de interés o de preocupación por un asunto: *si se enfada conmigo, a mí plim*.

plinto m. Parte cuadrada inferior a la basa de una columna. || Base cuadrada de poca altura. || Aparato usado en gimnasia para la práctica de saltos y volteretas.

plioceno, na adj. y m. De la quinta y última época de las que se componen el periodo terciario o relacionado con ella.

plis-plas (en un) loc. adv. *col.* Rápidamente, en un momento.

plisar tr. Hacer que una tela quede formando pliegues iguales y muy estrechos. || FAM. plisado, plisador.

plomada f. Pesa de plomo o de otro metal, cilíndrica o cónica, colgada de una cuerda, que sirve para señalar la línea vertical. || Sonda para medir la profundidad de las aguas.

plomazo m. Golpe o herida que causa el perdigón disparado con arma de fuego. || *col.* Persona o cosa pesada y molesta.

plomería f. Cubierta de plomo que se pone en los edificios. || *amer.* Fontanería.

plomero, ra m. y f. Persona que trabaja con el plomo o fabrica objetos de plomo. || *amer.* Fontanero.

plomizo, za adj. Que contiene plomo. || De color de plomo.

plomo m. Elemento químico metálico, pesado, dúctil, maleable, blando, fusible, de color gris azulado, que reacciona con el ácido nítrico formando sales venenosas y se obtiene principalmente de la galena; se usa para fabricar acumuladores, tuberías, revestimientos, pinturas y como antidetonante de la gasolina. Su símbolo es Pb, y su número atómico, 82. || Cualquier pieza o trozo de este metal. || Bala de las armas de fuego. || *col.* Persona pesada y molesta. || Cortacircuitos, fusible. Más en pl. || **a plomo** loc. adv. Verticalmente. || FAM. plomada, plomazo, plomería, plomero, plomífero, plomizo, plomoso, plúmbeo.

pluma f. Cada una de las piezas de que está cubierto el cuerpo de las aves. || Conjunto formado por estas piezas: *el canario está mudando la pluma*. || La de ave servía para escribir. || Instrumento para escribir realizado en distintos materiales. || Escritor, autor de libros u otros escritos. || Estilo o manera de escribir. || Mástil de una grúa. || *col.* Amaneramiento o afeminamiento en un hombre. || En categoría inferior a la de gallo, se apl. al boxeador profesional que pesa menos de 57,152 kg, y el no profesional que no pasa de los 58 kg. || **pluma estilográfica** Instrumento para escribir que tiene una carga de tinta en el interior. || **pluma fuente** *amer.* Pluma estilográfica. || FAM. plumada, plumado, plumaje, plumas, plumazo, plumero, plumier, plumífero, plumilla, plumín, plumón, plumoso, plúmula.

plumaje m. Conjunto de plumas del ave. || Penacho de plumas que se pone por adorno en los sombreros, cascos, etc.

plumas m. Plumífero. ◆ No varía en pl.

plumazo m. Trazo fuerte de pluma. || **de un plumazo** loc. adv. *col.* Indica la manera rápida y expeditiva de abolir o suprimir una cosa.

plúmbeo, a adj. De plomo. || Que pesa como el plomo. || Aburrido: *discurso plúmbeo*. || FAM. plúmbico.

plum-cake o **plumcake** (voz i.) m. Bizcocho con trozos de frutas confitadas y pasas.

plumero m. Utensilio formado por un conjunto de plumas atadas a un mango que sirve para quitar el polvo. || Penacho de plumas. || **vérsele** a alguien **el plumero** loc. *col.* Advertirse los pensamientos, ideas o intenciones de alguien.

plumier m. Estuche, generalmente en forma de caja, para guardar plumas, lápices, gomas, etc.

plumífero, ra adj. Cubierto de plumas. || m. *col.* Anorak relleno de plumas o acolchado con otro material.

plumilla f. Pieza metálica de la pluma de escribir que se moja en la tinta para hacer los trazos.

plumín m. Pequeña lámina de metal que se inserta en el portaplumas o está fija en el extremo de las plumas estilográficas para poder escribir o dibujar.

plumón m. Pluma muy delgada y suave que tienen las aves debajo del plumaje exterior.

plural adj. Se apl. al número gramatical que se refiere a dos o más personas o cosas. También m. || Múltiple, que tiene más de un aspecto. || FAM. pluralidad, pluralismo, pluralizar.

pluralidad f. Multitud, número grande de algunas cosas. || Cualidad o condición de ser más de uno.

pluralismo m. Sistema por el cual se acepta o reconoce la pluralidad de doctrinas o métodos en materia política, económica, etc. || FAM. pluralista.

pluralizar tr. Dar número plural a palabras que ordinariamente no lo tienen. || Referir o atribuir una cosa que es peculiar de uno a dos o más sujetos: *esa es tu opinión, no pluralices.*

pluri- pref. que significa 'pluralidad': *pluricelular, pluriempleo.*

pluricelular adj. Se apl. al organismo cuyo cuerpo está formado por muchas células.

pluriempleado, da adj. y s. Que desempeña varios cargos o empleos.

pluriempleo m. Situación social caracterizada por el desempeño de varios cargos, empleos, oficios, etc., por la misma persona. || FAM. pluriempleado.

plurilingüe adj. Que habla varias lenguas. También com. || Escrito en diversos idiomas: *edición plurilingüe.*

pluripartidismo m. Sistema político basado en la existencia de varios partidos. || FAM. pluripartidista.

plus m. Gratificación o sobresueldo. || FAM. plural.

pluscuamperfecto adj. y m. En gram., se apl. al tiempo del verbo que expresa una acción pasada anterior a otra ya pretérita.

plusmarca f. Récord deportivo. || FAM. plusmarquista.

plusvalía f. Acrecentamiento del valor de una cosa por causas extrínsecas a ella.

plutocracia f. Régimen político en el que hay preponderancia de los ricos en el gobierno del Estado. || Predominio de la clase más rica de un país. || FAM. plutócrata, plutocrático.

plutonio m. Elemento químico radiactivo artificial, formado por desintegración del neptunio, cuyas características son similares a las del uranio; uno de sus isótopos se utiliza como combustible nuclear. Su símbolo es *Pu*, y su número atómico, *94*.

plutonismo m. Teoría geológica que atribuye la formación del globo terráqueo a la solidificación del magma interior. || FAM. plutónico.

pluvial adj. De la lluvia o relativo a ella. || Se apl. a una clase de régimen fluvial en el que la mayor parte del caudal procede de las aguas de lluvia. || FAM. pluviometría, pluviosidad, pluvioso.

pluviometría f. Parte de la meteorología que estudia la distribución geográfica y estacional de las precipitaciones acuosas. || FAM. pluviométrico, pluviómetro.

pluviómetro m. Aparato que sirve para medir la lluvia que cae.

pluviosidad f. Cantidad de lluvia que recibe un sitio en un periodo determinado de tiempo.

poblacho m. *desp.* Pueblo pequeño y destartalado.

población f. Acción y resultado de poblar. || Conjunto de personas que habitan la Tierra o cualquier división geográfica de ella. || Conjunto de edificios y espacios habitados, especialmente una ciudad. || Conjunto de seres de una misma especie que habitan un espacio determinado. || **población activa** Parte de la población de un país ocupada en una actividad laboral remunerada.

poblado m. Población, conjunto de edificios y espacios habitados.

poblador, ra adj. Que habita en un lugar o se establece en él.

poblano, na adj. y s. *amer.* Campesino.

poblar tr. e intr. Ocupar con personas un lugar. || P. ext., hacerlo con animales y cosas. || Habitar, vivir en un lugar. || prnl. Crecer y desarrollarse rápida y abundantemente los árboles u otras cosas capaces de ello. ◆ Irreg.

Se conj. como *contar*. || FAM. población, poblado, poblador, poblamiento, poblano.

pobre adj. Que no tiene lo que necesita para vivir o desarrollarse o tiene muy poco. También com. || Escaso de algo. || De poco valor o entidad. || Infeliz, desdichado y triste; se usa sobre todo para compadecer a alguien: *pobre chico, lo que ha sufrido*. || com. Mendigo. || **pobre de mí** loc. Expresión de lamento que indica lo desgraciada que se siente una persona. || **pobre de ti, de él,** etc. loc. Expresión de amenaza que indica que le sucederá algo malo a una persona si no hace o deja de hacer algo para evitarlo: *pobre de ti como no termines a tiempo*. ♦ Como adj., su sup. culto es *paupérrimo*. || FAM. pobremente, pobrete, pobretería, pobretón, pobreza, pobrísimo.

pobreza f. Necesidad, estrechez, carencia de lo necesario para vivir. || Falta, escasez. || Renuncia voluntaria de todo lo que se posee: *voto de pobreza*.

pocero, ra m. y f. Persona que hace pozos o trabaja en ellos. || Persona que limpia los pozos ciegos y alcantarillas.

pocho, cha adj. Que está podrido o empieza a pudrirse. || Que no tiene buena salud. || FAM. pochez.

pocholada f. *col.* Cosa bonita, atractiva o graciosa. || FAM. pocholo.

pocilga f. Establo para ganado de cerda. || *col.* Cualquier lugar muy sucio.

pocillo m. Vasija o recipiente empotrado en el suelo para recoger o contener un líquido, como el aceite o el vino en los lagares. || *amer.* Taza pequeña.

pócima f. Cocimiento medicinal de materias vegetales. || Cualquier bebida medicinal.

poción f. Cualquier líquido que se bebe, especialmente el medicinal.

poco, ca adj. Escaso en cantidad o calidad. || m. Cantidad corta o escasa. || adv. c. Con escasez. || adv. t. Denota corta duración o expresa un tiempo aún cercano. || adv. t. Se antepone a otros adverbios, denotando idea de comparación: *poco antes*. || **poco a poco** loc. adv. Despacio, con lentitud. || **poco más o menos** loc. adv. Con corta diferencia. || **por poco** loc. adv. Indica que apenas faltó nada para que sucediese una cosa. || FAM. poquedad, poquito.

poda f. Acción y resultado de podar.

podar tr. Cortar o quitar las ramas superfluas de los árboles, vides y otras plantas. || FAM. poda, podadera, podador, podón.

podenco, ca adj. y s. Se apl. al perro de cuerpo menor que el del lebrel, pero más robusto, con la cabeza redonda, las orejas tiesas, el lomo recto y el pelo medianamente largo, que es adecuado para la caza.

poder[1] m. Dominio, facultad y jurisdicción que uno tiene para mandar o ejecutar una cosa. || Fuerza, vigor, capacidad: *poder de convicción*. || Posesión actual o tenencia de una cosa: *tiene las llaves en su poder*. || Suprema potestad rectora y coactiva del Estado. || Facultad que alguien da a otra persona para que, en lugar suyo y representándole, pueda ejecutar una cosa. Más en pl. || pl. Facultades, autorización para hacer una cosa. || **poder absoluto** Despotismo. || **poder adquisitivo** Posibili-

dades económicas de una persona, capacidad que tiene para adquirir bienes o servicios. || FAM. poderdante, poderhabiente, poderío.

poder[2] tr. Tener capacidad para hacer algo. || Tener facilidad, tiempo o lugar de hacer una cosa. || Ser lícito hacer una cosa. Más en frases neg. || Vencer a una persona, ser más fuerte que ella. || intr. impers. Ser contingente o posible que suceda una cosa: *puede que vaya*. || **a** o **hasta más no poder** loc. adv. Todo lo posible. || **no poder más** loc. Estar sumamente fatigado o no tener tiempo y lugar suficientes para abarcar lo que se está haciendo. || **poderle** algo a alguien loc. Ser alguna cosa demasiado intensa para poder vencerla. || **¿se puede?** loc. Expresión con que se pide permiso para entrar en un lugar. || FAM. poder, poderoso, posible, potencia, potestad, pudiente. ♦ **Irreg.** Conjugación modelo:

Indicativo

Pres.: puedo, puedes, puede, podemos, podéis, pueden.

Imperf.: podía, podías, podía, *etc.*

Pret. perf. simple: pude, pudiste, pudo, pudimos, pudisteis, pudieron.

Fut. simple: podré, podrás, podrá, *etc.*

Condicional simple: podría, podrías, podría, *etc.*

Subjuntivo

Pres.: pueda, puedas, pueda, podamos, podáis, puedan.

Imperf.: pudiera o pudiese, pudieras o pudieses, *etc.*

Fut. simple: pudiere, pudieres, pudiere, *etc.*

Imperativo: puede, poded.

Participio: podido.

Gerundio: pudiendo.

---

poderío m. Poder, dominio, señorío. || Gran fuerza y vigor. || Hacienda, bienes y riquezas.

poderoso, sa adj. Que tiene poder. También s. || Muy rico. También s. || Grande o magnífico en su línea: *motor poderoso*. || Activo, eficaz: *remedio poderoso*. || FAM. poderosamente.

podiatra com. *amer.* Médico especialista en las enfermedades de los pies.

podicipediforme adj. y f. De las podicipediformes o relativo a este orden de aves. || f. pl. Orden de aves buceadoras de patas cortas, con los dedos lobulados, que se alimentan de peces y artrópodos acuáticos, como el somormujo.

podio m. Pedestal largo en que estriban varias columnas. || Plataforma o tarima sobre la que se coloca a una persona para ponerla en lugar preeminente por alguna razón.

pódium m. Podio, plataforma. ♦ pl. *pódiums*.

podología f. Rama de la medicina que trata la afecciones y deformidades de los pies. || FAM. podólogo.

podólogo, ga m. y f. Médico especialista en podología.

podómetro m. Aparato en forma de reloj de bolsillo, para contar el número de pasos que da la persona que lo lleva y la distancia recorrida.

podredumbre f. Putrefacción de las cosas. || Corrupción moral.

podrido, da adj. Corrompido por el vicio. ‖ **estar podrido de** algo loc. *col.* Tener una cosa o una característica en abundancia: *están podridos de dinero.*

podrir tr. Pudrir. ◆ Solo se usa en infinitivo y participio.

poema m. Obra en verso, o perteneciente por su género a la esfera de la poesía aunque esté escrita en prosa. ‖ *col.* Cosa o situación que se considera ridícula: *verle bailar es todo un poema.* ‖ FAM. poemario, poemático.

poemario m. Conjunto o colección de poemas.

poesía f. Expresión artística por medio del verso y en ocasiones a través de la prosa. ‖ Cada uno de los géneros que la componen: *poesía lírica, épica, dramática.* ‖ Composición perteneciente a cualquiera de estos géneros. ‖ Capacidad expresiva, estética, sensibilidad y encanto que tiene una obra, persona, imagen, etc.: *paisaje lleno de poesía.* ‖ FAM. poeta, poético, poetizar.

poeta com. Persona que compone obras poéticas. ‖ Persona que tiene sensibilidad poética. ◆ También existe el f. *poetisa.* ‖ FAM. poetastro, poetisa.

poética f. Poesía, arte de componer obras poéticas. ‖ Ciencia que se ocupa del lenguaje poético y, en general, literario. ‖ Obra o tratado sobre los principios y reglas de la poesía.

poético, ca adj. De la poesía o relativo a ella. ‖ Que manifiesta cualidades propias de la poesía: *prosa, visión poética.*

poetisa f. Mujer que compone obras poéticas. ‖ Mujer que tiene sensibilidad poética. ◆ También se dice *poeta.*

poetizar intr. Componer versos o poemas. ‖ tr. Dar carácter poético a algo. ‖ FAM. poetización.

pogromo m. Matanza y robo de gente indefensa por una multitud. ‖ Persecución de judíos.

pointer (voz i.) adj. y com. Se apl. al perro de caza de cuerpo estilizado, pelo corto y orejas caídas. ◆ pl. *pointers.*

póker m. Juego de naipes en el que cada jugador recibe cinco cartas y puede descartarse hasta un máximo de cuatro, y en el que gana el que reúne la combinación superior de las establecidas. ‖ En este juego, combinación de cuatro cartas iguales: *póker de ases.*

polaco, ca adj. y s. De Polonia o relativo a este país europeo. ‖ m. Lengua eslava hablada en Polonia.

polaina f. Especie de media calza que cubre la pierna hasta la rodilla: *lleva polainas para protegerse las piernas del frío.*

polaquear intr. *amer.* Dicho de una persona, vender algo de casa en casa, generalmente a crédito.

polar adj. De los polos de la Tierra o relativo a ellos.

polaridad f. En fís., tendencia de las moléculas a ser atraídas o repelidas por cargas eléctricas. ‖ Condición de lo que tiene propiedades o potencias opuestas: *polaridad de opiniones.*

polarizar tr. En fís., modificar las ondas luminosas por medio de refracción y reflexión, de tal manera que pasen a propagarse en un determinado plano. También prnl. ‖ intr. Suministrar una tensión fija a una parte de un aparato electrónico. ‖ prnl. En las pilas eléctricas, disminuir la corriente que producen al aumentar la resistencia del circuito por depositarse una capa de hidrógeno sobre uno de los electrodos. ‖ Concentrar la atención o el interés en una cosa. ‖ FAM. polarización, polarizador.

polca f. Danza de origen polaco de movimiento rápido y en compás de dos por cuatro. ‖ Música de esta danza.

pólder m. En los Países Bajos, terreno pantanoso ganado al mar y que una vez desecado se dedica al cultivo. ◆ pl. *pólderes.*

polea f. Máquina simple que consiste en una rueda móvil alrededor de un eje, acanalada en su circunferencia, por donde pasa una cuerda o cadena en cuyos dos extremos actúan, respectivamente, la potencia y la resistencia. ‖ Rueda metálica de llanta plana que se usa en las transmisiones por correas.

polémica f. f. Controversia, discusión. ‖ FAM. polémico, polemista, polemizar.

polémico, ca adj. Que provoca controversia o discusión.

polemista com. Persona que tiende a mantener polémicas.

polemizar intr. Mantener o entablar una polémica.

polen m. Conjunto de células masculinas producidas en los estambres de las flores, que contienen los gametos que realizan la fecundación. ‖ FAM. polínico, polinización, polinosis.

polenta f. Gachas de harina de maíz.

poleo m. Planta herbácea anual de la familia de las labiadas, de 10 a 30 cm de altura y con flores azuladas o moradas de olor agradable, con la que se hacen infusiones. ‖ Infusión hecha con las hojas ovales de esta planta.

pole position (expr. i.) f. Primera posición en la salida de una carrera de coches o de motos.

poli com. *col.* Policía.

poli- pref. que significa 'pluralidad' o 'abundancia': *polideportivo, polígono.*

poliamida f. Compuesto formado por condensación múltiple de ácidos y amidas que se utiliza como fibra o plástico.

poliandria m. Estado de la mujer casada simultáneamente con dos o más hombres. ‖ Condición de la flor que tiene muchos estambres.

polichinela m. Personaje burlesco de las farsas.

policía f. Cuerpo encargado de velar por el mantenimiento del orden público y la seguridad de los ciudadanos, a las órdenes de las autoridades políticas. ◆ Se escribe con mayúscula. ‖ com. Agente que pertenece a este cuerpo.

policíaco, ca o **policiaco, ca** adj. De la policía o de los policías o relativo a ellos. ‖ Se apl. a la obra literaria o cinematográfica cuyo tema es la búsqueda del culpable de un delito.

policlínica f. Centro médico, generalmente privado, con distintas especialidades médicas y quirúrgicas. ‖ FAM. policlínico.

policromado, da adj. Que está pintado de varios colores, especialmente las esculturas.

policromía f. Cualidad de lo que tiene varios colores. ‖ FAM. policromado, policromar, policromo.

polícromo, ma o **policromo, ma** adj. De varios colores: *talla policroma*.

polideportivo, va adj. y m. Se apl. al lugar, las instalaciones, etc., destinados al ejercicio de varios deportes.

poliedro m. Sólido limitado por diversos polígonos. ‖ FAM. poliédrico.

poliéster m. En quím., denominación genérica de los polímeros cuya cadena está formada por monómeros unidos por funciones éster. ‖ Materia plástica que se obtiene por condensación de poliácidos con polialcoholes o glicoles y que se usa en la fabricación de pinturas, fibras textiles, películas, etc.

poliestireno m. Materia plástica que se obtiene por polimerización del estireno, muy utilizada industrialmente para fabricar lentes y aislantes térmicos.

polietileno m. Polímero preparado a partir de etileno. Se emplea en la fabricación de envases, tuberías, recubrimientos de cables, etc.

polifacético, ca adj. Que ofrece varias facetas o aspectos. ‖ Se apl. a la persona que se dedica a actividades muy distintas y tiene múltiples aptitudes: *artista polifacético*.

polifásico, ca adj. De varias fases. ‖ Se apl. a la corriente eléctrica alterna, constituida por la combinación de varias corrientes monofásicas cuyas fases no concuerdan.

polifonía f. En mús., conjunto de sonidos ejecutados simultáneamente, cada uno con su propia línea melódica, pero que se combinan formando un todo armónico. ‖ FAM. polifónico.

polifónico, ca adj. De la polifonía o relativo a ella: *coral polifónica*.

poligamia f. Estado o condición del hombre casado con varias mujeres. ‖ Régimen familiar en el que se admiten los matrimonios múltiples, un hombre con dos o más mujeres o una mujer con dos o más hombres. ‖ FAM. polígamo.

polígamo, ma adj. De la poligamia o relativo a ella. ‖ Se apl. a la planta que tiene flores masculinas, femeninas y hermafroditas. ‖ Se dice del animal que se junta con varias hembras de su especie. ‖ adj. y s. Se apl. a la persona que está casada con más de una persona a la vez.

polígloto, ta o **poligloto, ta** adj. y s. Se apl. a la persona que habla varios idiomas. ‖ Que está escrito en varios idiomas: *Biblia políglota*. ‖ FAM. poliglotía, poliglotismo.

poligonáceo, a adj. y f. De las poligonáceas o relativo a esta familia de plantas. ‖ f. pl. Familia de plantas angiospermas dicotiledóneas, arbustos o hierbas, de tallos y ramos nudosos, hojas sencillas y alternas, flores generalmente hermafroditas y frutos de una sola semilla, como el alforfón, el ruibarbo y la acedera.

polígono m. Figura geométrica plana limitada por segmentos rectos consecutivos no alineados, llamados lados. ‖ Unidad urbanística constituida por una superficie delimitada de terreno para fines de valoración catastral, ordenación urbana, planificación industrial, comercial, residencial, etc. ‖ **polígono de tiro** Campo de tiro destinado a prácticas de artillería. ‖ FAM. poligonal.

poligrafía f. Arte de escribir y descifrar los escritos secretos. ‖ FAM. poligráfico, polígrafo.

polígrafo, fa m. y f. Persona que se dedica al estudio y cultivo de la poligrafía. ‖ Autor que ha escrito sobre materias diferentes. ‖ m. Instrumento que registra simultáneamente una serie de constantes fisiológicas. ‖ Detector de mentiras.

polilla f. Nombre común de diversas especies de insectos lepidópteros nocturnos de pequeño tamaño cuya larva destruye la lana, tejidos, pieles, papel, etc.

polimerización f. Proceso químico por el cual mediante el calor, la luz o un catalizador se unen varias moléculas de un compuesto para formar una cadena de múltiples eslabones de estas y obtener una macromolécula.

polímero m. Compuesto químico de elevada masa molecular obtenido mediante un proceso de polimerización. ‖ FAM. polimerización.

polimorfismo m. En quím., propiedad de ciertos cuerpos que pueden cambiar de forma sin variar su naturaleza. ‖ Propiedad de algunas especies de presentar un aspecto morfológico distinto, como, p. ej., las especies que tienen dimorfismo sexual. ‖ FAM. polimorfo.

polimorfo, fa adj. En quím., que puede tener varias formas sin cambiar su naturaleza. ‖ Se apl. a la especie en la que se presentan individuos de varias formas o aspectos, como en los insectos sociales, o cuyos individuos varían notablemente de forma a lo largo de su vida. ‖ Se dice de la enzima o proteína en general que se presenta bajo varias formas moleculares.

polinesio, sia adj. y s. De la Polinesia o relativo a estas islas de Oceanía. ‖ m. Grupo de lenguas habladas por los polinesios.

polinización f. Paso del polen desde el estambre en que se ha producido hasta el pistilo de la misma flor o de otra distinta, donde se produce la fecundación de los óvulos. ‖ FAM. polinizar.

polinizar tr. Efectuar la polinización.

polinomio m. En mat., expresión algebraica compuesta de dos o más términos llamados monomios unidos por los signos más o menos.

polio f. *col*. Poliomielitis.

poliomielítico, ca adj. Enfermo de poliomielitis.

poliomielitis f. Enfermedad producida por un virus y caracterizada por la inflamación de la astas anteriores de la médula y la parálisis y atrofia de los grupos musculares correspondientes. ◆ No varía en pl. ‖ FAM. polio, poliomielítico.

polipero m. Masa de naturaleza calcárea, generalmente ramificada, producida por los pólipos de una misma colonia de antozoos y en el cual están implantados aquellos.

polipétalo, la adj. Se apl. a la corola con muchos pétalos y a la flor cuya corola tiene este carácter.

poliplacóforo, ra adj. y m. De los poliplacóforos o relativo a esta clase de moluscos. ‖ m. pl. Clase de moluscos aplanados provistos de un pie carnoso mediante el cual se arrastran, con el dorso cubierto de ocho placas calcificadas y articuladas y que viven en zonas intermareales alimentándose de las algas pegadas a las rocas, como el quitón.

pólipo m. Tumor que se forma en algunas mucosas y que se sujeta a ellas por medio de un pedúnculo. ‖ Nombre con que se designa la fase sedentaria y fija de numerosos cnidarios; son animales marinos de cuerpo tubular rematado por tentáculos urticantes, que viven sujetos al fondo marino por un pedúnculo. ‖ FAM. polípero.

polipodio m. Helecho de hojas ramificadas.

políptico m. Retablo formado por varias hojas o postigos que se doblan unos sobre otros.

poliqueto, ta adj. y m. De los poliquetos o relativo a esta clase de gusanos. ‖ m. pl. Clase de gusanos anélidos, predominantemente marinos y unisexuales, de cuerpo cilíndrico, con branquias, anillos provistos de numerosas cerdas llamadas quetas y una región cefálica diferenciada con ojos o tentáculos.

polis f. Ciudad Estado de la antigua Grecia y forma de organización política basada en esta. ◆ No varía en pl.

polisacárido m. Polímero formado por condensación de numerosas moléculas de monosacáridos.

polisario, ria adj. y s. De la organización política y militar que defiende la independencia del antiguo Sáhara español o relativo a ella.

polisemia f. En ling., pluralidad de significados de una palabra. ‖ FAM. polisémico.

polisémico, ca adj. En ling., se apl. a la palabra que tiene varios significados.

polisépalo, la adj. Que tiene muchos sépalos.

polisílabo, ba adj. y m. Se apl. a la palabra que consta de varias sílabas.

polisíndeton m. Figura que consiste en emplear repetidamente las conjunciones. ◆ No varía en pl.

polisíntesis f. En ling., procedimiento morfológico que consiste en añadir los complementos al término principal por medio de abreviaturas y contracciones. ◆ No varía en pl. ‖ FAM. polisintético.

polisón m. Armazón que ponían las mujeres bajo la falda para que abultasen los vestidos por detrás.

polispasto m. Aparejo de dos grupos de poleas, uno fijo y otro móvil. ◆ También se dice *polipasto*.

polista com. Jugador de polo.

politécnico, ca adj. Que abarca muchas ciencias o técnicas.

politeísmo m. Religión o doctrina religiosa que admite la existencia de diversos dioses. ‖ FAM. politeísta.

politeísta adj. Del politeísmo o relativo a él. ‖ adj. y com. Que profesa o sigue esta doctrina.

política f. Arte, doctrina u opinión referente al gobierno de los Estados, comunidades, regiones, etc. ‖ Actividad de las personas que gobiernan o aspiran a regir los asuntos públicos. ‖ Técnica y métodos con que se conduce un asunto: *política de mano dura*. ‖ Habilidad para tratar con la gente o dirigir un asunto. ‖ Orientación, directriz: *política de empresa*. ‖ FAM. político, politiquear, politiqueo, politología, politólogo.

político, ca adj. De la doctrina o actividad política o relativo a ellas. ‖ Se apl. a la persona que interviene en la política de un Estado, comunidad, región, etc. También s. ‖ Hábil para tratar a la gente o dirigir un asunto. ‖ Aplicado a un nombre de parentesco por consanguinidad, denota el correspondiente por afinidad: *padre polí-tico* (= suegro); *hermano político* (= cuñado); *hijo político* (= yerno); *hija política* (= nuera). ‖ FAM. políticamente, politicastro, politicón, politizar.

politizar tr. y prnl. Dar orientación o contenido político a acciones, pensamientos o personas que no lo tenían. ‖ FAM. politización.

politraumatismo m. Lesión múltiple provocada por varios golpes.

poliuretano m. Polímero que resulta de la polimerización de un polialcohol con un poliisocianato; es un producto plástico muy utilizado en la industria.

polivalente adj. Que posee varios valores o que tiene varias aplicaciones, usos, etc. ‖ Se apl. al medicamento dotado de varias valencias o eficacias: *vacuna polivalente*. ‖ En quím., se dice del elemento que tiene varias valencias. ‖ FAM. polivalencia.

polivinilo m. Polímero que resulta de la polimerización de moléculas del radical vinilo, hidrocarburo no saturado que por medio de agentes catalíticos, como algunos metales, se solidifica dando una materia plástica.

póliza f. Documento justificativo del contrato de seguros, operaciones de Bolsa, etc. ‖ Sello con que se satisface el impuesto del timbre en determinados documentos.

polizón m. Persona que se embarca clandestinamente para viajar sin pagar el pasaje.

polizonte m. *desp.* Agente de policía.

polla f. Gallina joven. ‖ *vulg.* Pene. ‖ *amer.* Apuesta, especialmente en carreras y caballos. ‖ **polla de agua** Ave gruiforme de unos 33 cm de longitud, con plumaje oscuro, pico rojo y patas verdes de dedos largos, que habita en zonas pantanosas de Europa, África y América.

pollera f. *amer.* Falda, prenda femenina.

pollería f. Establecimiento en el que se venden gallinas, pollos y otras aves comestibles.

pollero, ra m. y f. Persona que se dedica a criar o vender pollos.

pollino, na m. y f. Asno joven que aún está sin domar. ‖ P. ext., asno. ‖ Persona simple, ignorante o tosca. También adj.

pollo[1] m. Cría de las aves, y particularmente de las gallinas. ‖ Gallo o gallina joven, especialmente el destinado al consumo. ‖ Cría de las abejas. ‖ *col.* Joven. ‖ FAM. polla, pollada, pollastre, pollear, pollería, pollero, pollito, polluelo.

pollo[2] m. *col.* Escupitajo, esputo.

polo[1] m. Cualquiera de los dos extremos del eje de rotación de una esfera o cuerpo redondeado, especialmente los de la Tierra. ‖ Región contigua a un polo terrestre. ‖ Tipo de helado que va metido en un palito que sirve de mango. ◆ Es la extensión del nombre de una marca registrada. ‖ Prenda de vestir parecida a un jersey, con cuello abierto. ‖ Centro de atención o de interés. ‖ Cada uno de los dos extremos del circuito de una pila o de ciertas máquinas eléctricas. ‖ En fís., cualquiera de los dos puntos opuestos de un cuerpo, en los cuales se acumula en mayor cantidad la energía de un agente físico. ‖ En geom., en las coordenadas polares, punto que se escoge para trazar desde él los radios vectores. ‖ FAM. polar, polaridad, polarización, polarizar.

polo² m. Juego entre dos equipos de cuatro jinetes que, con mazas de astiles largos, lanzan una bola sobre el césped del terreno. ‖ FAM. polista.

polola f. *amer.* Muchacha coqueta.

pololear tr. *amer.* Molestar, importunar. ‖ *amer.* Galantear, tratar de conquistar.

pololo m. Pantalón corto, generalmente bombacho, que usan los niños pequeños. Más en pl. ‖ pl. Antigua prenda interior femenina en forma de pantalones bombachos cortos que se ponían debajo de la falda y la enagua. ‖ FAM. pololear.

polonesa f. Composición que imita cierta danza y canto polacos, y se caracteriza por sincopar las dos primeras notas de cada compás.

polonio m. Elemento químico metálico, plateado y mucho más radiactivo que el uranio; se usa como fuente de neutrones y partículas alfa en reacciones nucleares. Su símbolo es *Po*, y su número atómico, *84*.

poltergeist (voz al.) m. Fenómeno extraño o paranormal inexplicable por las leyes de la naturaleza. ◆ No varía en pl.

poltrón, ona adj. Perezoso, haragán. ‖ Se apl. a un tipo de silla más baja, amplia y cómoda que la común. También f. ‖ FAM. poltronería.

polución f. Contaminación intensa del agua o del aire, producida por los residuos de procesos industriales o biológicos. ‖ Expulsión de semen: *polución nocturna.* ‖ FAM. polucionar, poluto.

polvareda f. Cantidad de polvo que se levanta de la tierra. ‖ Alteración que un hecho, rumor, etc., produce entre la gente.

polvera f. Recipiente que sirve para contener los polvos cosméticos y borla o almohadilla con que se aplican.

polvillo m. *amer.* Hongo que ataca a los cereales.

polvo m. Parte muy menuda y deshecha de la tierra que fácilmente se levanta en el aire. ‖ Partículas de sólidos que flotan en el aire y se posan sobre los objetos. ‖ Sustancia sólida molida en partículas muy pequeñas: *leche en polvo.* ‖ En lenguaje de la droga, heroína. ‖ *vulg.* Acto sexual. ‖ pl. Los que se usan como cosmético. ‖ Los empleados como medicamento. ‖ **echar un polvo** loc. *vulg.* Realizar el acto sexual. ‖ **estar** uno **hecho polvo** loc. *col.* Estar muy cansado o abatido. ‖ **hacerle** a uno **polvo** loc. *col.* Causarle mucho perjuicio o trastorno. ‖ **hacer polvo** loc. *col.* Romper o estropear. ‖ FAM. polvareda, polvera, polvillo, pólvora, polvorera, polvoriento, polvorilla, polvorón, pulverizar.

pólvora f. Compuesto muy inflamable que, en determinadas circunstancias y bajo ciertas acciones mecánicas, deflagra o hace explosión. ‖ Conjunto de fuegos artificiales que se disparan en una celebración. ‖ FAM. polvorín.

polvoriento, ta adj. Que tiene mucho polvo.

polvorín m. Lugar o edificio para guardar la pólvora y otros explosivos. ‖ Pólvora menuda y otros explosivos, que sirven para cebar las armas de fuego. ‖ Situación que por su conflictividad puede estallar en cualquier momento.

polvorón m. Dulce hecho con harina, manteca y azúcar, que se deshace en polvo al comerlo y es típico de Navidad.

pom m. *amer.* Especie de incienso usado por los indígenas.

poma f. Manzana, especialmente la pequeña, chata y de color verdoso. ‖ FAM. pomar, pomarada, pomarrosa.

pomáceo, a adj. Que tiene fruto en pomo.

pomada f. Mezcla de una sustancia grasa y otros ingredientes que se emplea como cosmético o medicamento.

pomarada f. Sitio poblado de manzanos.

pomarrosa f. Fruto del yambo, semejante en su forma a una manzana pequeña, de color amarillento con partes rosadas, sabor dulce, olor de rosa y una sola semilla.

pomelo m. Árbol rutáceo de unos 10 m de altura, con flores blancas y fruto en hesperidio apreciado como alimento. ‖ Fruto de este árbol, cítrico redondeado de color amarillento y sabor agrio.

pomo m. Agarrador de una puerta, mueble, etc., de forma redondeada. ‖ Fruto con mesocarpio carnoso de abundante pulpa y endocarpio coriáceo, como la manzana y la pera. ‖ Frasco de perfumes. ‖ Extremo de la guarnición de la espada. ‖ FAM. poma, pomáceo, pómulo.

pompa f. Lujo, grandeza, esplendor. ‖ Burbuja que forma el agua u otro líquido por el aire que se le introduce, especialmente cuando es una mezcla de agua y jabón. ‖ **pompas fúnebres** Ceremonias y entierro solemne que se hacen en honor de un difunto. ‖ Empresa que se encarga de ello. ‖ FAM. pompis, pomposo.

pompis m. *col.* Culo. ◆ No varía en pl.

pompón m. Bola de lana o de otro género con que se adornan extremos de cordones, gorros, etc. ‖ FAM. componearse.

pomposidad f. Calidad de pomposo.

pomposo, sa adj. Que tiene gran pompa, lujo o esplendor. ‖ Excesivamente adornado, aparatoso. ‖ Se apl. al lenguaje, estilo, etc., excesivamente adornado. ‖ FAM. pomposamente, pomposidad.

pómulo m. Hueso y prominencia de cada una de las mejillas. ‖ Parte del rostro correspondiente a este hueso.

ponchada f. *amer.* Lo que cabe en un poncho. ‖ *amer.* Gran cantidad de cosas.

ponchar tr. *amer.* Perforar un billete o entrada. ‖ tr. y prnl. *amer.* Pinchar. ‖ prnl. *amer.* Equivocarse, fracasar.

ponche m. Bebida caliente consistente en una mezcla de ron u otro licor con agua, limón y azúcar. ‖ **ponche de huevo** El que se hace mezclando ron con leche, huevo batido y azúcar. ‖ FAM. ponchera.

ponchera f. Recipiente semiesférico con pie en el que se prepara o sirve el ponche.

poncho m. Prenda de abrigo originaria de América Meridional que consiste en una manta cuadrada o rectangular con una abertura en el centro para pasar la cabeza. ‖ Capote de monte. ‖ Capote militar con mangas y esclavina, ceñido al cuerpo con cinturón. ‖ **alzar el poncho** loc. *amer.* Rebelarse contra la autoridad. ‖ **pisar el poncho** a alguien loc. *amer.* Provocarle, desafiarle. ‖ FAM. ponchada.

ponderado, da adj. Que se comporta con tacto y prudencia. ‖ FAM. ponderadamente.

ponderar tr. Determinar el peso o el valor de algo. ‖ Examinar y sopesar con cuidado algún asunto. ‖ Alabar exageradamente, encarecer. || Contrapesar, equilibrar. || FAM. ponderable, ponderación, ponderado, ponderador, ponderal, ponderativo.

ponededo m. *amer.* Delator.

ponedero, ra adj. Se apl. al ave que pone huevos. || m. Lugar donde ponen sus huevos las aves. || Lugar en que se halla el nidal de la gallina.

ponedor, ra adj. Se apl. al ave que pone huevos. || Se apl. a la caballería que levanta las manos sosteniéndose sobre las patas traseras. || m. Postor.

ponencia f. Comunicación o exposición pública de un tema. || Cargo de ponente. || Persona o comisión que realiza una ponencia.

ponente adj. y com. Se apl. al autor de una ponencia. || Se dice del miembro de una asamblea o de un cuerpo colegiado a quien toca hacer relación de un asunto y proponer la resolución.

poner tr. Colocar en un sitio o lugar. También prnl. || Disponer para un fin: *poner la mesa.* || Añadir, echar. || Encender, hacer que funcione un aparato. || Instalar o montar. || Admitir un supuesto o hipótesis: *pongamos que hablo de Madrid.* || Dejar una cosa a la resolución o disposición de otro: *lo pongo a tu arbitrio.* || Soltar el huevo las aves. || Representar una obra de teatro, proyectar una película, etc. || Escribir en papel. || Decir, expresar un escrito. || Mandar o imponer: *poner una multa.* || Exponer a una persona o cosa a cierta acción o circunstancia: *puso a su familia en peligro.* También prnl. || prnl. Vestirse o ataviarse: *ponerse un sombrero.* || Ocultarse los astros tras el horizonte, especialmente el Sol. || Llegar a un lugar determinado: *me pongo allí en dos minutos.* || Mancharse: *se puso buena la camisa.* || col. Llegar a un punto alto en los efectos del alcohol, la droga o la excitación sexual. || **poner a parir** o **poner verde** loc. col. Hablar muy mal de alguien. || **poner** o **ponerse colorado** loc. col. Avergonzar. || **ponerse a** loc. Seguido de un infinitivo, comenzar la acción que este expresa: *se puso a leer.* || FAM. ponedero, ponedor, ponencia, ponente, poniente, posición, pósito, posponer, postor, postura, proponer, puesto. ◆ **Irreg.** Conjugación modelo:

Indicativo
Pres.: pongo, pones, pone, ponemos, ponéis, ponen.
Imperf.: ponía, ponías, ponía, *etc.*
Pret. perf. simple: puse, pusiste, puso, pusimos, pusisteis, pusieron.
Fut. simple: pondré, pondrás, pondrá, *etc.*
Condicional simple: pondría, pondrías, pondría, *etc.*
Subjuntivo
Pres.: ponga, pongas, ponga, pongamos, pongáis, pongan.
Imperf.: pusiera o pusiese, pusieras o pusieses, *etc.*
Fut. simple: pusiere, pusieres, pusiere, *etc.*
Imperativo: pon, poned.
Participio: puesto.
Gerundio: poniendo.

---

póney m. Poni. ◆ pl. *póneis.*

póngido, da adj. y m. De los póngidos o relativo a esta familia de primates. || m. pl. Familia de primates

arbóreos que incluye a los monos antropomorfos, de cerebro muy desarrollado, complexión robusta, carentes de cola y con extremidades anteriores muy desarrolladas con manos de pulgar oponible, como el orangután.

pongo m. *amer.* Criado indio. || *amer.* Indio que trabaja una semana en una finca a cambio del usufructo de una fracción de tierra. || *amer.* Paso angosto y peligroso de un río.

poni m. Caballo de raza de pequeña alzada, pelo largo y gran fortaleza. ◆ También se escribe *póney.*

poniente m. Occidente, punto cardinal. || Viento que sopla del oeste.

ponqué m. *amer.* Tarta.

pontificado m. Dignidad y cargo de pontífice. || Tiempo durante el que un pontífice ejerce su cargo.

pontífice m. Obispo o arzobispo de una diócesis. || Prelado supremo de la Iglesia católica romana. || Magistrado sacerdotal que presidía los ritos y ceremonias en la antigua Roma. || FAM. pontificado, pontifical, pontificar, pontificial, pontificio.

pontificio, cia adj. Del pontífice o relativo a él.

ponto m. *poét.* Mar.

pontón m. Puente formado por maderos o por una sola tabla. || Barco de fondo chato usado en ríos y puertos, así como para la construcción de puentes. || Buque viejo amarrado en un puerto, usado como almacén, hospital o cárcel. || **pontón flotante** Barca hecha de flotadores unidos con tablas, usada para cruzar ríos. || FAM. pontonero.

ponzoña f. Sustancia venenosa o nociva para la salud. || Lo que resulta perjudicial para la moral y las buenas costumbres. || FAM. ponzoñosamente, ponzoñoso.

ponzoñoso, sa adj. Que tiene ponzoña.

pop adj. Del pop o relativo a este tipo de música. ◆ pl. *pops.* || m. Estilo musical surgido en los países anglosajones en los años cincuenta, que combina el *rock* y el *folk.*

popa f. Parte posterior de una embarcación.

pop-art (expr. i.) m. Movimiento artístico surgido en la década de 1960 tanto en EE. UU. como en Inglaterra, caracterizado por el uso de objetos cotidianos y urbanos, carteles publicitarios, cómics, etc., como aprovechamiento de la cultura de masas.

pope m. Sacerdote de la Iglesia ortodoxa griega. || Persona de gran poder e influencia.

popelín m. Tela delgada de algodón o de seda, o de la mezcla de ambos, ligeramente brillante.

popote m. Planta gramínea similar al bálago, de tallo hueco y corto que se usa para hacer escobas. || *amer.* Pajita para beber.

populacho m. Clase popular más baja. || Masa de gente revuelta o desordenada. || FAM. populachería, populachero.

popular adj. Del pueblo o relativo a él. || De las clases sociales más bajas o relativo a ellas. || Que está al alcance de los menos dotados económica o culturalmente: *precios populares.* || Conocido o querido del público en general. || Se apl. a la forma de cultura tradicional que el pueblo considera propia: *cantar popular.* || FAM. popularidad, popularismo, popularista, popularizar, popularmente, populismo.

popularidad f. Fama y aceptación que se tiene del pueblo en general.

popularización f. Acción y resultado de popularizar.

popularizar tr. y prnl. Hacer popular. ‖ Dar carácter popular a una cosa. ‖ FAM. popularización.

populismo m. Movimiento político ruso de finales del siglo XIX que aspiraba a la formación de un estado socialista de tipo campesino, contrario a la industrialización occidental. ‖ Doctrina política que se presenta como defensora de los intereses y aspiraciones del pueblo para conseguir su favor. ‖ FAM. populista.

populista adj. Del populismo o relativo a este movimiento ruso. ‖ Del populismo o relativo a esta doctrina. ‖ adj. y com. Partidario o seguidor del populismo.

populoso, sa adj. Se apl. al lugar muy poblado.

popurrí m. Mezcla de cosas diversas y heterogéneas. ‖ En mús., composición formada por fragmentos o temas de obras diversas, o autores diversos: *popurrí de tangos.* ◆ pl. *popurrís.*

póquer m. Póker.

poquitero, ra m. y f. *amer.* Comerciante que vende al menudeo cosas de poco valor.

por prep. Introduce el complemento agente en las oraciones en pasiva. ‖ Con nombres de lugar, denota tránsito por ellos: *ir a Toledo por Illescas.* ‖ Expresa tiempo aproximado: *por agosto.* ‖ Expresa lugar aproximado: *está por la mesa.* ‖ Indica la fase o etapa en que se encuentra alguien o algo: *¿por qué capítulo vas?* ‖ Denota la causa o el motivo: *se ríe por todo.* ‖ Denota el medio: *hablar por señas.* ‖ Indica el modo: *se llevaron por la fuerza.* ‖ Indica el precio, intercambio o sustitución: *lo compré por diez euros; cambió las manzanas por peras.* ‖ A favor o en defensa de alguien: *por él daría la vida.* ‖ En lugar de: *me tomaron por mi hermana.* ‖ En calidad de, en juicio de: *le tienen por tonto.* ‖ Denota multiplicación de números: *tres por cuatro.* ‖ Indica proporción o distribución: *dos artículos por persona; las peiné una por una.* ‖ Sin: *está por pulir.* ‖ **por demás** loc. adv. Precedido de adjetivo, muy: *es espabilado por demás.* ‖ **por qué** loc. adv. interr. Por qué razón, causa o motivo.

porcelana f. Loza fina, transparente, clara y brillante que se obtiene por cocimiento de caolín, cuarzo y feldespato. ‖ Vasija o figura hechas de porcelana. ‖ Esmalte blanco con una mezcla de azul, que usan los plateros. ‖ Color blanco azulado. ‖ *amer.* Platillo de la taza de café. ‖ *amer.* Vaso de noche.

porcentaje m. Tanto por ciento, cantidad que corresponde proporcionalmente a una parte de cien. ‖ FAM. porcentual.

porcentual adj. Expresado en tantos por ciento.

porche m. Entrada a un edificio o zona lateral del mismo cubierta por una techumbre adosada a él. ‖ Soportal, cobertizo.

porcino, na adj. Del cerdo o relativo a este animal. ‖ m. Cerdo pequeño. ‖ Chichón. ‖ FAM. porcicultura.

porción f. Cantidad que se separa de otra mayor. ‖ Parte o cantidad que corresponde a cada uno en un reparto. ‖ Número considerable e indeterminado de personas o cosas. ‖ FAM. proporción.

pordiosero, ra adj. y s. Que pide limosna. ‖ FAM. pordiosear, pordioseo, pordiosería.

porfía f. Disputa o discusión que se mantiene obstinadamente y con tenacidad. ‖ Insistencia excesiva en pedir o intentar lograr algo. ‖ Empeño e insistencia en una acción para cuyo logro se halla resistencia. ‖ FAM. porfiado, porfiar.

porfiado, da adj. y s. Obstinado, terco. ‖ m. *amer.* Tentetieso. ‖ FAM. porfiadamente.

porfiar intr. Disputar obstinadamente y con tenacidad. ‖ Ser demasiado insistente al pedir o intentar lograr algo. ‖ Continuar insistentemente una acción para cuyo logro se halla resistencia.

pórfido m. Roca volcánica, compacta y dura, formada por una pasta vítrea oscura y granulada en la que se incrustan grandes cristales de feldespato y cuarzo. ‖ FAM. porfídico.

porífero, ra adj. y m. De los poríferos o relativo a este filo de invertebrados. ‖ m. pl. Filo de invertebrados formado fundamentalmente por las esponjas, de cuerpo en forma de tubo o saco cubierto de poros conectados a canales que lo atraviesan y por los que fluye el agua.

pormenor m. Detalle secundario o circunstancia particular de un asunto. ‖ FAM. pormenorizadamente, pormenorizar.

pormenorizar tr. Describir o detallar minuciosamente.

porno adj. apóc. de *pornográfico.* ‖ m. apóc. de *pornografía.* ◆ Como adj. es invariable y se usa siempre en aposición a nombres.

pornografía f. Género artístico que muestra con detalle escenas de carácter sexual para excitación de quien las contempla. ‖ FAM. porno, pornográfico.

pornográfico, ca adj. De la pornografía o relativo a ella.

poro m. Orificio, imperceptible a simple vista, de la piel de los animales y de los vegetales. ‖ Intersticio, pequeña cavidad entre las partículas o moléculas que constituyen un cuerpo sólido. ‖ Pequeña mancha oscura situada en la superficie solar. ‖ FAM. porífero, porosidad, poroso.

porongo m. Planta cucurbitácea herbácea anual de hojas grandes y frutos blancos o amarillentos que se emplean como recipientes para diversos usos. ‖ *amer.* Vasija hecha con el fruto de esta planta, o con barro cocido. ‖ *amer.* Recipiente de hojalata con asa, y cuello estrecho con tapa, usado para la venta de leche. ‖ *amer.* Recipiente de barro para agua o chicha. ‖ *amer.* Tipo pequeño y despreciable.

pororó m. *amer.* Palomita de maíz.

porosidad f. Propiedad de los organismos y los cuerpos sólidos de tener poros.

poroso, sa adj. Que tiene poros.

poroto m. *amer.* Nombre común de la alubia. ‖ *amer.* Persona insignificante. ‖ m. pl. *amer.* Comida diaria, sustento.

porque conj. causal. Por causa o razón de que: *llegará tarde porque ha pinchado.* ‖ conj. final. Para que: *haz lo posible porque no se den cuenta.*

porqué m. Causa, razón o motivo: *el porqué solo él lo sabe.*

porquería f. *col.* Suciedad, basura. || *col.* Cosa vieja, inútil o de poco valor. || *col.* Acción indecente o contraria a la moral. || *col.* Golosina, alimento poco nutritivo o perjudicial para la salud.

porqueriza f. Pocilga, lugar donde se crían y recogen los puercos.

porquerizo, za m. y f. Porquero.

porquero, ra m. y f. Persona que cuida y guarda los puercos.

porra f. Cachiporra. || Instrumento semejante a la cachiporra usado por los miembros de algunos cuerpos de seguridad. || Porción alargada de masa frita semejante al churro, pero más gruesa. || Rifa o apuesta que se hace entre varias personas, en la que la persona que gana se lleva todo el dinero apostado. || *amer.* Mechón de pelos enredados. || *amer.* Claque política. || *amer.* Claque teatral. || **mandar a la porra** loc. *col.* Echar a alguien con cajas destempladas. || *col.* Echar algo a perder o desistir de ello. || FAM. porrada, porrazo, porro.

porrada f. Porrazo. || Conjunto abundante, gran cantidad de cosas.

porrazo m. Golpe dado con una porra o con la mano. || Golpe que se recibe al caer o chocar con algo duro. || *amer.* Porrada, abundancia de cosas.

porreta o **porretas (en)** loc. adv. *col.* Desnudo, en cueros.

porrillo (a) loc. adv. *col.* En abundancia, en cantidad.

porro[1] m. Cigarrillo de hachís o marihuana mezclado con tabaco. || FAM. porrero.

porro[2] m. *amer.* Tambor de forma cónica, de un solo parche. || *amer.* Jarana en que se baila al son de dicho tambor.

porrón m. Recipiente generalmente de cristal, de cuello largo y panza ancha, con un pitorro para beber a chorro. || Porrada, abundancia de cosas.

portaviones m. Buque de guerra con las instalaciones necesarias para el transporte, aterrizaje y despegue de aviones. ◆ No varía en pl.

portacomidas f. *amer.* Fiambrera. ◆ No varía en pl.

portada f. Primera página de los libros impresos, en la que figura el título, el nombre del autor y el lugar y año de la impresión. || Primera página de un diario o revista. || Tapa o cubierta de un libro. || Adorno arquitectónico situado en las fachadas principales de los edificios suntuosos. || En el arte de la seda, división de cierto número de hilos se hace para formar la urdimbre. || FAM. portadilla.

portadilla f. En impr., anteportada. || En impr., en una obra dividida en varias partes, hoja en la que solo se pone el título de la parte siguiente.

portador, ra adj. y s. Que lleva o trae una cosa. También s. || m. y f. Persona que porta el germen de una enfermedad y es transmisora de ella. || Persona que posee efectos públicos o valores comerciales emitidos de modo no nominativo en favor de quien lo posea: *cheque al portador.*

portaequipaje o **portaequipajes** m. Maletero, espacio de los automóviles destinado a guardar el equipaje y otros utensilios. || Baca, soporte metálico que se coloca en la parte superior del automóvil para llevar el equipaje. ◆ La segunda forma no varía en pl.

portaesquíes o **portaesquís** m. Soporte metálico adaptado para el transporte de esquís que se coloca en la parte superior del automóvil. ◆ No varía en pl.

portafolio o **portafolios** m. Carpeta o maletín de mano usado para llevar documentos, libros, etc. ◆ La segunda forma no varía en pl.

portahelicópteros m. Buque de guerra con las instalaciones necesarias para el transporte, aterrizaje y despegue de helicópteros. ◆ No varía en pl.

portal m. Entrada principal de un edificio. || Soportal, atrio cubierto. || Pórtico de un templo o edificio principal. || Puerta de acceso a una ciudad. || Nacimiento, belén. || En inform., sitio web que permite la interacción por la red Internet. || FAM. portalada, portalón.

portalámpara o **portalámparas** m. Pieza metálica en que se introduce el casquillo de la lámpara para asegurar su conexión con el circuito eléctrico. ◆ La segunda forma no varía en pl.

portaligas m. *amer.* Liguero, prenda femenina. ◆ No varía en pl.

portallaves m. *amer.* Llavero. ◆ No varía en pl.

portalón m. Puerta grande que cierra un patio descubierto. || Abertura situada en el costado del buque que se utiliza como puerta.

portaminas m. Instrumento para escribir consistente en un soporte cilíndrico que contiene minas recargables de grafito en su interior. ◆ No varía en pl.

portamonedas m. Monedero, saquito o cartera en cuyo interior se lleva dinero en metálico. ◆ No varía en pl.

portante adj. Se apl. a la persona que lleva las imágenes en andas en las procesiones. || adj. y m. Se apl. a los cuadrúpedos que andan moviendo simultáneamente la mano y el pie de un mismo lado. || Se dice de esta forma de andar. || **coger** o **tomar el portante** loc. *col.* Irse, marcharse.

portañuela f. *amer.* Puerta de carruaje. || *amer.* Armazón en la parte posterior de ciertos vehículos que sirve para asegurar la carga.

portaobjeto o **portaobjetos** m. Pieza o lámina rectangular de cristal en que se coloca el objeto o preparación que va a ser observado en el microscopio. ◆ La segunda forma no varía en pl.

portar tr. Llevar o traer. || prnl. Conducirse, comportarse. ◆ Suele ir acompañado de adverbios de modo: *si te portas bien, te llevaré al cine.* || No defraudar una persona a los que se esperaba de él: *creí que no nos ayudaría, pero al final se portó.* || FAM. portaviones, portabebés, portador, portaequipaje, portaestandarte, portahelicópteros, portaligas, portamantas, portaminas, portamonedas, portante, portaobjeto, portaplumas, portarretrato, portátil, portavoz, porte, portear.

portarretrato o **portarretratos** m. Marco o soporte en que se colocan retratos y fotos. ◆ La segunda forma no varía en pl.

portátil adj. Que se puede mover o transportar con facilidad. ‖ m. Ordenador portátil.

portavoz com. Persona autorizada para hablar en nombre de una colectividad, difundir información y responder a ciertas preguntas. ‖ Funcionario autorizado para hacer público lo que piensa un gobierno.

portazgo m. Derechos que se pagan por pasar por un sitio determinado de un camino. ‖ Edificio donde se cobran.

portazo m. Golpe fuerte que da una puerta al cerrarse. ‖ Golpe fuerte que se da cerrando una puerta para mostrar disgusto o desairar a alguien.

porte m. Transporte de una mercancía. ‖ Cantidad que se paga por ello. ‖ Aspecto físico y forma de moverse o desenvolverse una persona. ‖ Grandeza o capacidad de una cosa. ‖ *amer.* Regalo que se hace el día del santo de una persona.

porteador, ra adj. y s. Se apl. a la persona que se dedica a portear equipajes o mercancías.

portear tr. Conducir o transportar de un lugar a otro por el precio o porte convenido. ‖ intr. *amer.* Salir. ‖ FAM. porteador, porteo.

portento m. Suceso o cosa admirable o extraña. ‖ Persona admirable por sus cualidades. ‖ FAM. portentoso.

portentoso, sa adj. Extraño, singular, que causa admiración o asombro. ‖ FAM. portentosamente.

porteño, ña adj. y s. De una de las diversas ciudades de España y América en las que hay puerto o tienen esta voz en su nombre, o relativo a ellas. ‖ De Buenos Aires o relativo a esta ciudad de Argentina, país del que es capital. ‖ De Valparaíso o relativo a esta ciudad chilena.

portera f. *amer.* Puerta del campo.

portería f. Garita, pieza del portal o habitación de un edificio destinada al portero. ‖ Vivienda del portero. ‖ Empleo de portero. ‖ En determinados juegos, armazón rectangular formada por dos postes y un larguero, por donde tiene que entrar la pelota para marcar un gol o anotar tantos.

portero, ra m. y f. Persona que vigila el portal o la entrada de un edificio. ‖ Jugador que defiende la portería de su equipo. ‖ **portero automático** Mecanismo eléctrico para abrir los portales en las casas de vecinos desde el interior de las viviendas. ‖ FAM. portera, portería, porteril.

portezuela f. Puerta pequeña, en especial la de un carruaje. ‖ *amer.* Puerta de un automóvil.

portezuelo m. *amer.* Camino entre cerros.

porticado, da adj. Se apl. a la construcción que tiene soportales.

pórtico m. Espacio cubierto y con columnas que se construye delante de los templos y otros edificios. ‖ Galería con arcadas o columnas a lo largo de un muro de fachada o de patio. ‖ FAM. porticado.

portillo m. Abertura o paso de una muralla, pared o tapia. ‖ Postigo o puerta pequeña en otra mayor. ‖ Camino estrecho entre alturas. ‖ Mella o hueco en una cosa quebrada.

portón m. Puerta que divide el zaguán del resto de la casa. ‖ Puerta del toril que da a la plaza.

portor, ora m. y f. Acróbata circense que sostiene o recibe a sus compañeros, tanto en el trapecio como en los ejercicios de pista.

portuario, ria adj. Del puerto de mar o relativo a él.

portugués, esa adj. y s. De Portugal o relativo a esta nación europea. ‖ m. Lengua portuguesa. ‖ FAM. portuguesismo.

portulacáceo, a adj. y f. De las portulacáceas o relativo a esta familia de plantas. ‖ f. pl. Familia de plantas herbáceas angiospermas dicotiledóneas, con hojas carnosas provistas de estípulas que a veces están transformadas en manojitos de pelos, flores hermafroditas y fruto en cápsula, como la verdolaga.

portulano m. Colección de planos y cartas marinas en los que figuran varios puertos de importancia, encuadernada en forma de atlas.

porvenir m. Suceso o tiempo futuro. ‖ Desarrollo o situación futura en la vida de algo o alguien.

pos (en) loc. adv. Detrás o después de: *salió en pos de ti.*

pos- pref. que significa 'detrás de' o 'después de'. Cuando la palabra a la que se une empieza por vocal, se prefiere la forma *post-: posguerra, postimpresionismo.*

posada f. Lugar destinado a hospedar o albergar viajeros. ‖ Hospedaje, alojamiento que se da a alguien. ‖ Estuche de viaje compuesto de cuchara, tenedor y cuchillo. ‖ *amer.* Fiesta popular que se celebra del 16 al 24 de diciembre. ‖ *amer.* Música que se brinda a un amigo en su casa durante la Navidad. ‖ FAM. posaderas, posadero.

posaderas f. pl. *col.* Nalgas.

posadero, ra m. y f. Persona que posee o regenta una posada.

posar¹ intr. Alojarse en una posada o casa particular. ‖ Descansar, asentarse, reposar. ‖ tr. Colocar algo con suavidad sobre una superficie. ‖ prnl. Detenerse en un lugar con suavidad después de haber volado. ‖ Depositarse las partículas sólidas que están en suspensión en un líquido o fluido. ‖ FAM. posada, posavasos, poso.

posar² intr. Permanecer inmóvil en determinada postura para una fotografía o para servir de modelo a un artista. ‖ FAM. posado, pose.

posavasos m. Soporte que se coloca bajo los vasos para proteger la mesa y que no dejen huella en ella. ◆ No varía en pl.

posdata f. Texto que se añade al final de una carta ya concluida y firmada. Se abrevia P.D.

pose f. Posición o postura inmóvil o poco natural. ‖ Comportamiento, actitud o modo de expresarse estudiado o fingido.

poseer tr. Tener algo en propiedad. ‖ Contar con algo, disponer de ello. ‖ Realizar el acto sexual con una mujer. ‖ **estar poseído** loc. Estar dominado por una idea o pasión. ◆ **Irreg.** Se conj. como *leer.* Tiene doble p.p.: uno reg., *poseído,* y otro irreg., *poseso.* ‖ FAM. poseedor, poseído, posesión, poseso.

poseído, da adj. y s. Poseso. ‖ Que actúa con furia o maldad.

posesión f. Tenencia o propiedad de algo. || Lo que se posee. || Dominio del espíritu del hombre por otro espíritu: *posesión diabólica*. || **tomar posesión de** algo loc. Ejecutar algún acto que muestre ejercicio del derecho, uso o libre disposición de la cosa que se entra a poseer: *tomó posesión de su cargo*. || FAM. posesionar, posesivo, posesor, posesorio.

posesivo, va adj. De la posesión o relativo a ella. || Se apl. a la persona con un fuerte sentido de la posesión. || adj. y m. En gram., se apl. al adj. o pron. que indica posesión o pertenencia.

poseso, sa adj. y s. Se apl. a la persona poseída por algún espíritu.

posfijo, ja adj. y m. En gram., sufijo.

posgrado m. Ciclo de estudios posterior a la obtención de una licenciatura.

posguerra f. Periodo inmediatamente posterior a una guerra, en el que aún son notables sus repercusiones.

posibilidad f. Aptitud, potencia u ocasión para que algo exista o suceda. || Aptitud o facultad para hacer o no hacer una cosa. || Medios económicos, caudal de cada persona.

posibilitar tr. Facilitar o hacer posible la realización de algo.

posible adj. Que puede suceder o existir. || Factible, que se puede realizar. || m. pl. Bienes, rentas o medios que uno posee. || **hacer (todo) lo posible** loc. Poner todos los esfuerzos o medios para conseguir una cosa. || FAM. posibilidad, posibilismo, posibilista, posibilitar, posiblemente.

posición f. Manera de estar colocada una persona o cosa. || Lugar en que está situada, especialmente dentro de una serie u orden. || Situación económica o social de una persona. || Punto fortificado o ventajoso en una batalla. || FAM. posicional, posicionamiento, posicionar, positivo.

positivar tr. Revelar, tratar una película fotográfica o cinematográfica para obtener un positivo a partir de un negativo.

positivismo m. Tendencia a buscar lo práctico, cómodo o útil. || Sistema filosófico formulado por A. Comte en el siglo XIX que considera que el conocimiento humano se basa en la experiencia, y la ciencia solo puede basarse en los sentidos. || FAM. positivista.

positivo, va adj. Cierto, que no ofrece duda. || Que se atiene únicamente a los hechos, a los resultados de la experiencia, sujeto a comprobación científica: *razonamiento positivo*. || Bueno o favorable. || Pragmático, que busca el aspecto práctico de la realidad. || Optimista. || En fís., se apl. al polo o electrodo hacia el que se produce un flujo de electrones. || En mat., se dice de todo número mayor que cero. || En gram., se apl. al grado de significación simple del adjetivo. || adj. y m. Se dice de la copia fotográfica que se obtiene a partir del negativo, y en la que los colores no están invertidos. || FAM. positivamente, positivar, positivismo, positrón.

positrón o **positón** m. Partícula elemental de antimateria de masa igual a la del electrón, pero de carga positiva.

posmeridiano, na adj. Posterior al mediodía o relativo a la tarde. || m. Punto del paralelo de declinación de un astro, a occidente del meridiano del observador.

posmodernidad f. Movimiento cultural surgido en Europa en la década de 1980, que se caracteriza por una excesiva atención a las formas y por no presentar una ideología marcada ni compromiso social. || FAM. posmoderno.

posmodernismo m. Movimiento surgido en EE. UU. en la década de 1970, que recupera la arquitectura del pasado en contraposición al funcionalismo. || FAM. posmoderno.

posmoderno, na adj. y s. De la posmodernidad o relativo a este movimiento. || Del posmodernismo o relativo a este movimiento.

posnominal adj. y com. En gram., se apl. a la palabra que deriva de un sustantivo o un adjetivo.

poso m. Sedimento que se deposita del líquido contenido en un recipiente. || Resto, huella que una experiencia deja en la memoria o el carácter.

posología f. Parte de la terapéutica y farmacología que trata de las dosis en que deben administrarse los medicamentos.

posoperatorio, ria adj. Que se produce o sucede tras una intervención quirúrgica. || m. Periodo que sigue a una intervención quirúrgica, en que se produce el proceso de recuperación.

posparto m. Periodo inmediatamente posterior al parto. || Estado de debilidad que caracteriza a este periodo: *depresión posparto*.

posponer tr. Colocar a una persona o cosa después de otra. || Dejar para más tarde. || Conceder menos aprecio o estimación a una persona o cosa que a otra. ◆ **Irreg.** Se conj. como *poner* p. p. irreg.: *pospuesto*. || FAM. posposición, pospositivo.

posproducción f. Conjunto de procedimientos técnicos y artísticos que se siguen tras la grabación de un programa o filmación de una película hasta llegar a su aspecto final.

post- pref. Pos-.

posta f. Conjunto de caballerías que estaban preparadas o apostadas en los caminos a determinadas distancias para que pudiesen cambiarlas los correos, las diligencias, etc. || Casa o lugar donde estaban estas caballerías. || Distancia que hay de una a otra. || Bala pequeña de plomo que sirve de munición para cargar las armas de fuego. || *amer.* Casa de socorro. || **a posta** loc. adv. Aposta. || FAM. postillón.

postal adj. Del servicio de correos o relativo a él: *oficina postal*. || f. Tarjeta rectangular con una cara ilustrada y un espacio destinado a la escritura en el revés, homologada para ser utilizada como carta.

postdata f. Posdata.

poste m. Madero, piedra o columna colocado verticalmente para servir de apoyo o de señal. || Cada uno de los dos palos verticales de la portería de fútbol y de otros deportes.

póster m. Cartel que se coloca en las paredes como decoración. ◆ pl. *pósteres*.

postergar tr. Dejar atrasado en el espacio o en el tiempo. ‖ Menospreciar, tener una cosa en menos que a otra. ‖ FAM. postergación.

posteridad f. Generaciones, descendencia o futuro que tendrán lugar después de un momento o persona concreta. ‖ Fama que se obtiene después de la muerte.

posterior adj. Que sucede o va después de otra cosa. ‖ Que está detrás o en la parte de atrás. ‖ FAM. posteridad, posterioridad, posteriormente, postrero, póstumo.

posterioridad f. Calidad o situación de posterior.

postigo m. Puerta pequeña abierta en otra mayor. ‖ Cada una de las puertecillas o tableros sujetos con bisagras en el marco de una puerta, ventana o un balcón usados para cubrir la parte acristalada. ‖ Puerta secundaria de una villa o ciudad.

postilla f. Costra que se forma en la cicatrización.

postillón m. Joven guía que iba a caballo delante de los que corrían la posta o delante del tiro de un carruaje para conducir al caballo.

postín m. Vanidad, presunción de riqueza o importancia sin fundamento. ‖ **darse postín** loc. Darse tono o importancia. ‖ **de postín** loc. adj. Lujoso y elegante. ‖ FAM. postinear, postinero.

postizo, za adj. Que no es natural, sino agregado o fingido para reemplazarlo. ‖ m. Añadido de pelo que supple la falta de este o permite realizar ciertos peinados.

post meridiem (loc. adv. lat.) loc. adv. Se emplea en los países anglosajones posponiendo su abreviatura *(p. m.)* a cualquiera de las doce horas después de la primera mitad del día. ◆ Se usa en lenguaje formal.

post mortem loc. adv. lat. Después de la muerte: *rigidez post mortem.*

postoperatorio, ria adj. y m. Posoperatorio.

postor m. El que ofrece precio en una subasta. ‖ **el mejor postor** El que propone la oferta más ventajosa.

postración f. Enflaquecimiento, debilidad que sobreviene a una enfermedad o aflicción.

postrar tr. Rendir, derribar. ‖ Debilitar, restar vigor y fuerza. ‖ prnl. Arrodillarse o humillarse a los pies de otro en señal de respeto o ruego. ‖ FAM. postración, postrado.

postraumático, ca adj. Posterior a un trauma o conmoción.

postre m. Fruta o dulce que se sirve al final de una comida. ‖ **a la postre** loc. adv. Al fin: *a la postre le darás la razón.*

postrer adj. apóc. de *postrero.* ◆ Solo se usa delante de sustantivos m. en sing.: *postrer aliento.*

postrero, ra adj. Último de una serie de elementos. ◆ Ante sustantivos m. en sing. toma la forma *postrer.*

postrimería f. Periodo último de la duración de algo. Más en pl. ‖ FAM. postrimerio.

postulación f. Petición de donativos con fines benéficos.

postulado m. Proposición que se toma como base para un razonamiento o demostración, cuya verdad se admite sin pruebas. ‖ Idea o principio que se defiende.

postulante adj. y com. Que postula. ‖ com. Aspirante a formar parte de una congregación religiosa.

postular tr. Pedir o solicitar donativos con fines benéficos. ‖ Defender, afirmar una idea o principio. ‖ FAM. postulable, postulación, postulado, postulador, postulante.

póstumo, ma adj. Que nace o se da a conocer después de la muerte del padre o autor: *hijo póstumo.* ‖ Se apl. a los elogios y honores que se tributan a un difunto.

postura f. Situación o modo en que está puesta una persona, animal o cosa. ‖ Actitud, inclinación o pacto que mantiene una persona. ‖ Precio que el comprador ofrece por una cosa que se vende, subasta o arrienda. ‖ En los juegos de azar, cantidad que apuesta un jugador. ‖ Acción de plantar árboles tiernos o plantas. ‖ Planta o árbol tierno que se trasplanta. ‖ Acción de poner huevos un ave. ‖ Huevo del ave. ‖ Puesto de cazador durante una batida.

posventa f. Plazo posterior a la compra durante el cual el vendedor o fabricante garantiza asistencia, mantenimiento o reparación de lo comprado.

pota f. Calamar basto.

pota f. *argot* Vómito. ‖ **echar la pota** loc. *vulg.* Vomitar. ‖ FAM. potar.

potabilizar tr. Hacer potable un líquido.

potable adj. Que se puede beber sin peligro para la salud: *agua potable.* ‖ col. Aceptable, bueno. ‖ FAM. potabilidad, potabilizar.

potaje m. Guiso o caldo hecho con legumbres, verduras y otros ingredientes, como el bacalao. ‖ Mezcla o conjunto de varias cosas inútiles.

potasa f. Hidróxido de potasio, compuesto químico sólido, soluble, blanco y muy básico que se usa como reactivo y en la saponificación de las grasas.

potásico, ca adj. Del potasio, relativo a este elemento o que lo contiene.

potasio m. Elemento químico metálico alcalino, blando, plateado, cuyos compuestos son muy importantes para uso industrial. Su símbolo es K, y su número atómico, *19.* ‖ FAM. potasa, potásico.

pote m. Vaso alto de barro. ‖ Maceta o tiesto de barro en forma de jarra. ‖ Puchero o vasija de hierro barriguda, con tres pies y una asa que se usa para guisar. ‖ Plato típico de Galicia y Asturias, elaborado con judías blancas, grelos o repollo, jamón, tocino, patatas y otros ingredientes. ‖ *amer.* Bote, recipiente. ‖ **darse pote** loc. col. Darse tono o importancia. ‖ FAM. potaje, potingue.

potencia f. Capacidad para ejecutar algo o producir un efecto. ‖ Fuerza, poder, energía. ‖ Capacidad de crear o generar. ‖ Estado o nación de gran fuerza y poder. ‖ Persona o entidad poderosa o influyente. ‖ Capacidad de llegar a ser o producirse. ‖ Lo que está en calidad de posible y no en acto. ‖ En fís., cantidad de trabajo que se realiza en una unidad de tiempo. ‖ En mat., producto que resulta de multiplicar una cantidad por sí misma tantas veces como indique su exponente. ‖ **elevar a potencia** loc. En mat., multiplicar una cantidad por sí misma tantas veces como su exponente indica. ‖ **en potencia** loc. adv. En situación de que algo pueda realizarse o llegar a ser. ‖ FAM. potencial, potenciar, potenciómetro, potente.

potencial adj. De la potencia o relativo a ella. ‖ Que puede suceder o existir, en contraposición de lo que ya existe. ‖ adj. y m. En gram., se apl. al modo verbal que enuncia la acción como posible. ‖ m. Fuerza o poder disponibles de determinado orden: *potencial bélico, humano.* ‖ Capacidad material o energética cuya variación origina un fenómeno. ‖ Energía eléctrica acumulada en un cuerpo conductor y que se mide en unidades de trabajo. ‖ FAM. potencialidad, potencialmente.

potenciar tr. y prnl. Comunicar potencia, impulso o eficacia a algo o incrementar la que ya tiene. ‖ FAM. potenciación, potenciador.

potenciómetro m. En fís., aparato que se emplea para medir las diferencias de potencial. ‖ Resistencia graduable que regula las funciones de algunos aparatos eléctricos.

potentado, da m. y f. Persona que goza de gran poder, influencia y riqueza. ‖ m. Príncipe o soberano que domina una provincia o estado, pero toma investidura de otro príncipe superior.

potente adj. Que tiene fuerza o capacidad para realizar algo. ‖ Que tiene poder o grandes riquezas. ‖ *col.* Grande, desmesurado o sorprendente. ‖ FAM. potentado, potentemente, prepotente.

potestad f. Dominio, poder o facultad que se tiene sobre una cosa. ‖ **patria potestad** Autoridad legal de los padres sobre sus hijos no emancipados. ‖ FAM. potestativo.

potestativo, va adj. Se apl. al hecho sujeto a la libre facultad o potestad de cada uno: *la firma de la encuesta es potestativa.*

potingue m. *col.* Alimento o bebida de aspecto y sabor desagradables. ‖ *col.* Producto cosmético.

potito m. Alimento para niños de corta edad, precocinado en forma de puré y envasado herméticamente. ◆ Es la extensión del nombre de una marca registrada. ‖ *amer.* Trasero, nalgas.

poto m. Nombre común de diversas especies de plantas aráceas, colgantes o trepadoras, de interior, de fuertes hojas verdes en forma de corazón.

potosí m. Riqueza extraordinaria. ‖ **valer** algo o alguien **un Potosí** loc. *col.* Valer mucho.

potra f. *col.* Hernia de una víscera o parte blanda. ‖ *col.* Hernia en el escroto. ‖ *col.* Buena suerte. ‖ FAM. potroso.

potranco, ca m. y f. Caballo o yegua que no tiene más de tres años.

potrero m. Encargado del cuidado de los potros en la dehesa. ‖ Lugar destinado a la cría y pasto de ganado caballar. ‖ *amer.* Finca rústica dedicada a la cría de ganado. ‖ *amer.* Descampado donde suelen jugar los niños. ‖ *amer.* Llanura. ‖ *amer.* Lugar estrecho donde solo cabe una res para sellarla.

potrillo m. Potro que no tiene más de tres años. ‖ *amer.* Vaso largo para beber licores.

potro, tra m. y f. Caballo desde que nace hasta que muda los dientes de leche. ‖ m. Aparato de madera en que se inmovilizaba al reo para torturarle y obligarle a declarar. ‖ Máquina de madera para sujetar a los caballos cuando se resisten a dejarse curar o herrar. ‖ Hoyo que los

colmeneros abren en tierra para partir las colmenas. ‖ Aparato de gimnasia formado por cuatro patas y un cuerpo paralelepípedo forrado en cuero, que se usa para efectuar diferentes saltos. ‖ FAM. potrada, potranco, potrero, potrillo.

poyete m. Poyo.

poyo m. Banco de piedra u otro material que se construye pegado a una pared. ‖ FAM. poyata, poyato, poyete.

poza f. Charca o concavidad en que hay agua estancada. ‖ Zona de un río donde hay más profundidad.

pozo m. Excavación que se hace en la tierra ahondando hasta encontrar una vena de agua aprovechable. ‖ Excavación profunda. ‖ Sitio en donde los ríos tienen mayor profundidad. ‖ Cosa llena, profunda o completa en su línea: *ser un pozo de ciencia.* ‖ Parte de un buque que corresponde a la caja de bombas o verticalmente a cada escotilla. ‖ *amer.* Poza, charca. ‖ *amer.* Nacimiento o mantial. ‖ **pozo negro** El que sirve para depósito de las aguas fecales de una casa. ‖ **pozo sin fondo** Persona o negocio en los que se invierte mucho dinero sin obtener resultados aparentes. ‖ *col.* Persona que come mucho. ‖ FAM. pocero, poza, pozal.

pozol m. *amer.* Pozole. ‖ *amer.* Maíz molido para alimentar aves de corral. ‖ *amer.* Residuo, hez, sedimentos.

pozole m. *amer.* Guiso caldoso de maíz tierno entero, carne de cerdo y chile colorado. ‖ *amer.* Refresco de maíz morado y azúcar.

práctica f. Ejercicio de cualquier arte o actividad. ‖ Destreza adquirida con este ejercicio. ‖ Ejercicio realizado con el fin de adquirir la habilitación en una profesión. ‖ Aplicación real y experimental de una ciencia o teoría. ‖ Costumbre, método de comportamiento o actuación. ‖ **en la práctica** loc. adv. En la realidad. ‖ **llevar a la práctica** o **poner en práctica** loc. Llevar a cabo, realizar. ‖ FAM. practicar, práctico.

practicable adj. Que se puede practicar o poner en práctica. ‖ Se apl. al lugar transitable, por el que se puede pasar sin dificultad. ‖ En teatro, se dice de los objetos de decorado que se pueden usar y no son simulados.

practicante adj. y com. Que practica. ‖ Se apl. a la persona que cumple los ritos y prácticas de una religión: *es creyente, pero no practicante.* ‖ com. Sanitario encargado de las curaciones, administración de medicamentos o inyecciones. ◆ También existe la forma f. *practicanta.*

practicar tr. Poner en práctica algo que se ha aprendido o se conoce. ‖ Ensayar, entrenar una actividad o conocimiento que se quiere perfeccionar. ‖ Ejercer continuada o habitualmente. ‖ Profesar y cumplir los ritos y prácticas de una religión. ‖ Realizar las prácticas requeridas para habilitarse en una profesión. ‖ Ejecutar, realizar. ‖ FAM. practicable, practicante.

práctico, ca adj. De la práctica o relativo a ella. ‖ Que es útil o produce provecho inmediato. ‖ Se apl. a la persona muy práctica, que piensa siempre en la utilidad de las cosas. ‖ m. En el puerto, el que dirige el rumbo de una embarcación para entrar en el mismo. ‖ FAM. prácticamente, practicón.

pradera f. Conjunto de prados. ‖ Prado de gran extensión. ‖ Llanura cubierta de hierba.

prado m. Tierra húmeda o de regadío en la que se deja crecer o se siembra hierba como pasto para el ganado. ‖ Lugar llano, verde y agradable que sirve de paseo. ‖ FAM. pradera, pradería, pratense, praticultura.

pragmática f. Disciplina que estudia el lenguaje en relación con el acto de habla, el conocimiento del mundo y uso de los hablantes y las circunstancias de la comunicación.

pragmático, ca adj. Del pragmatismo o relativo a él. ‖ De la pragmática o relativo a esta disciplina. ‖ FAM. pragmática, pragmáticamente, pragmatismo.

pragmatismo m. Actitud y pensamiento que valora sobre todo la utilidad y el valor práctico de las cosas. ‖ Movimiento filosófico norteamericano de carácter empirista que considera los efectos prácticos de una teoría como el único criterio válido para juzgar su verdad. ‖ FAM. pragmática, pragmatismo.

praliné m. Crema de chocolate y almendra o avellana. ‖ Chocolate o bombón relleno de esta crema o con trocitos de almendra o avellana.

praseodimio m. Elemento químico metálico del grupo de los lantánidos, de aspecto ferroso, con sales de color verde, que se usa como colorante en la fabricación de cerámica, vidrios y esmaltes, y en la fabricación de equipos electrónicos. Se oxida rápidamente en contacto con aire húmedo. Su símbolo es *Pr,* y su número atómico, 59.

praxis f. Práctica, en oposición a teoría: *sus ideas son imposibles de llevar a la praxis.* ‖ En la filosofía marxista, conjunto de actividades cuya finalidad es la transformación del mundo. ◆ No varía en pl.

pre- pref. Indica anterioridad en el espacio o en el tiempo: *prenatal, prerrafaelista.* ‖ pref. Indica superioridad o grado máximo: *preclaro, preeminente.*

preámbulo m. Lo que se dice antes de dar principio a la materia principal. ‖ Rodeo o digresión con que se evita decir claramente una cosa.

prebenda f. Ventaja o beneficio que recibe arbitrariamente una persona. ‖ Trabajo o cargo lucrativo y que exige poco esfuerzo. ‖ Renta aneja a algunas dignidades y oficios eclesiásticos. ‖ Cualquiera de los beneficios eclesiásticos superiores de las iglesias catedrales y colegiatas.

prebiótico, ca adj. Anterior a la aparición a los seres vivos.

preboste m. Persona que preside o gobierna una comunidad, o de gran influencia en un grupo: *prebostes del partido.*

precalentamiento m. Ejercicio que realiza el deportista para preparar los músculos para el esfuerzo que han de realizar. ‖ Calentamiento de un motor, aparato o mecanismo antes de someterlo a la función que debe desempeñar.

precámbrico, ca adj. y m. De la era más antigua que abarca el periodo que media entre la formación de la Tierra y la aparición de los primeros seres vivos de los que se han hallado restos fósiles, o relacionado con ella.

precariedad f. Falta de estabilidad, seguridad o duración. ‖ Falta de los recursos y medios económicos suficientes.

precario, ria adj. Con escasa estabilidad, seguridad o duración: *equilibrio precario.* ‖ Que carece de los recursos y medios económicos suficientes. ‖ FAM. precariamente, precariedad, precarización.

precaución f. Reserva, cautela con que se actúa para evitar posibles daños o dificultades. ‖ FAM. precautorio, precaver.

precaver tr. y prnl. Prevenir, evitar un riesgo o peligro tomando todas las medidas necesarias para ello. ‖ FAM. precavido.

precavido, da adj. Cauteloso, que actúa con precaución y sabe precaver los riesgos. ‖ FAM. precavidamente.

precedente adj. Que precede o es anterior. ‖ Antecedente, circunstancia, resolución o práctica que se toma como referencia para hechos posteriores.

preceder tr. Anteceder, ir delante en tiempo, orden o lugar. También intr. ‖ Tener preferencia, primacía o superioridad. ‖ FAM. precedencia, precedente.

preceptiva f. Conjunto de preceptos y normas aplicables a determinada materia.

preceptivo, va adj. Que contiene preceptos, es obligatorio o debe ser obedecido: *reglamento preceptivo.*

precepto m. Disposición o mandato superior que se debe cumplir. ‖ Cada una de las instrucciones o reglas que se dan o establecen para el conocimiento de un arte o facultad. ‖ FAM. preceptista, preceptiva, preceptivo, preceptor, preceptuado, preceptuar.

preceptor, ra m. y f. Persona que educa a uno o varios niños de modo privado.

preces f. pl. Oraciones que se dirigen a la divinidad como ruego o súplica.

preciado, da adj. Precioso, de gran estimación.

preciar tr. Apreciar. ‖ prnl. Gloriarse, jactarse. ◆ Se usa seguido de la prep. *de: se precia de ser muy listo.*

precintar tr. Colocar un precinto en un objeto o lugar para evitar que sean abiertos antes de tiempo o por una persona indebida. ‖ FAM. precinta, precintado, precinto.

precinto m. Señal sellada que se coloca en un paquete, producto o lugar para mantenerlos cerrados hasta llegar la persona o el momento adecuados. ‖ Colocación de esta señal.

precio m. Valor monetario en que se estima algo. ‖ Estimación, importancia o crédito. ‖ Esfuerzo, pérdida o sufrimiento que se concede para conseguir algo. ‖ **no tener precio** algo o alguien loc. *col.* Valer mucho. ‖ FAM. preciado, preciar, precioso.

preciosidad f. Cualidad de lo que es precioso. ‖ Lo que es precioso.

preciosismo m. Excesiva sutileza, refinamiento y perfección en el estilo. ‖ Estilo literario que se desarrolló en Francia durante el siglo XVII, y que se caracterizó por la búsqueda de lo sublime y el uso de un lenguaje refinado hasta la afectación. ‖ FAM. preciosista.

precioso, sa adj. Excelente, de gran calidad, valor y elevado coste. ‖ Muy hermoso, que resulta bello o agradable. ‖ FAM. preciosamente, preciosidad, preciosismo, preciosura.

precipicio m. Despeñadero, barranco con un corte profundo con peligro de caída. ‖ Caída precipitada y violenta.

precipitación f. Descenso, caída. ‖ Rapidez, anticipación, premura. ‖ Agua procedente de la atmósfera y que en forma sólida o líquida se deposita sobre la superficie de la tierra. ‖ Reacción química que separa una sustancia sólida que resulta indisoluble al superar la disolución: *decantamiento por precipitación.*

precipitado, da adj. Atropellado, alocado, que se realiza con mucha prisa. ‖ m. En quím., sustancia que se separa de una disolución en forma sólida cuando su concentración supera la disolución saturada.

precipitar tr. y prnl. Arrojar o derribar de un lugar alto. ‖ Acelerar una cosa. ‖ tr. En quím., obtener un precipitado de una disolución. ‖ prnl. Hablar o actuar rápidamente y sin reflexión. ‖ Lanzarse hacia un lugar. ‖ FAM. precipicio, precipitación, precipitado, precipitoso.

precisado, da adj. *amer.* Obligado, urgido.

precisar tr. Fijar o determinar con precisión. ‖ Necesitar o ser necesario o imprescindible. ‖ FAM. precisado, precisión, preciso.

precisión f. Exactitud, puntualidad. ‖ Referido al lenguaje, exactitud y concisión en el uso de los términos.

preciso, sa adj. Necesario, imprescindible. ‖ Puntual, fijo y exacto. ‖ Referido al lenguaje, exacto y conciso. ‖ Que se distingue con claridad. ‖ *amer.* Engreído, presuntuoso. ‖ FAM. precisamente.

preclaro, ra adj. Ilustre, digno de admiración y respeto. ‖ FAM. preclaramente.

precocidad f. Anticipación, carácter prematuro de una etapa o edad.

precocinado, da adj. y m. Se apl. al producto ya cocinado y listo para comer.

precognición f. Conocimiento anterior. ‖ Percepción extrasensorial que permite el conocimiento de los hechos futuros.

precolombino, na adj. Anterior a los viajes y descubrimientos de Cristóbal Colón, en especial referido al arte, la literatura y la cultura americanos.

preconcebido, da adj. Prejuzgado o prefijado antes de tener conocimiento de ello: *idea preconcebida.*

preconcebir tr. Establecer previamente y con todo detalle una idea o proyecto que ha de ejecutarse. ◆ **Irreg.** Se conj. como *pedir.* ‖ FAM. preconcebidamente, preconcebido.

preconizar tr. Alabar o apoyar públicamente. ‖ Anunciar. ‖ Designar el papa a un nuevo obispo. ‖ FAM. preconización, preconizador.

precoz adj. Temprano, prematuro, que sucede antes de lo previsto o lo usual. ‖ Se apl. al niño que muestra cualidades y actitudes propias de una edad más madura y, p. ext., a la cualidad y actitud de este niño. ‖ Que se produce en las primeras etapas de una enfermedad. ‖ FAM. precocidad, precozmente.

precursor, ra adj. y s. Que precede o va delante. ‖ Que comienza o anuncia doctrinas, ideas o empresas que tendrán acogida y desarrollo completo en el futuro.

predador, ra adj. y s. Se apl. al animal que mata a otros de especie diferente para alimentarse. ‖ FAM. predar, predatorio.

predecesor, ra m. y f. Persona que precedió a otra en una dignidad o cargo. ‖ Antecesor, ascendiente de una persona.

predecir tr. Anunciar de antemano algo que va a suceder. ◆ **Irreg.** Se conj. como *decir,* excepto la segunda persona sing. del imperativo, que es *predice.* p. p. irreg.: *predicho.* ‖ FAM. predecible, predicción.

predestinar tr. Destinar anticipadamente una cosa para un fin. ‖ P. ant., elegir Dios desde la eternidad a los que han de salvarse por su gracia. ‖ FAM. predestinación, predestinado.

predeterminar tr. Determinar o resolver con anticipación. ‖ FAM. predeterminación.

prédica f. Sermón. ‖ P. ext., perorata, discurso vehemente o moralizante.

predicado m. En gram., parte de la oración cuyo núcleo es el verbo. ‖ Lo que se afirma o niega del sujeto en una proposición. ‖ **predicado nominal** Aquel cuyo núcleo es un verbo copulativo. ‖ **predicado verbal** Aquel cuyo núcleo es un verbo no copulativo. ‖ FAM. predicativo.

predicador, ra adj. y s. Que predica. ‖ m. y f. Orador que predica la palabra de Dios.

predicamento m. Buena opinión, prestigio o estimación que se tiene entre la gente.

predicar tr. Pronunciar un sermón. ‖ Extender o defender una doctrina o unas ideas. ‖ Afirmar, negar o atribuir algo al sujeto. ‖ FAM. prédica, predicable, predicación, predicado, predicador, predicamento, predicativo.

predicativo, va adj. Del predicado o relativo a él. ‖ En gram., se apl. al verbo no copulativo y a la oración que lo tiene. ‖ adj. y m. En gram., se apl. al complemento que se adjunta a un verbo para calificar al referente de su objeto o de su sujeto.

predicción f. Anuncio o aviso previo de un hecho que va a suceder.

predilección f. Preferencia o estimación especial que se tiene por alguien o algo. ‖ FAM. predilecto.

predilecto, ta adj. Preferido, distinguido por un cariño especial.

predio m. Heredad, hacienda, tierra o posesión inmueble. ‖ FAM. predial.

predisponer tr. Preparar o disponer con anticipación. ‖ tr. y prnl. Prevenir o preparar el ánimo de las personas para que muestren determinada inclinación, en especial negativa. ◆ **Irreg.** Se conj. como *poner.* p. p. irreg.: *predispuesto.* ‖ FAM. predisponible, predisposición, predispuesto.

predisposición f. Inclinación especial a algo.

predominante adj. Que predomina.

predominar tr. e intr. Prevalecer, preponderar o sobresalir. ‖ Ser numeroso o abundante. ‖ FAM. predominante, predominantemente, predominio.

predominio m. Superioridad, poder que se tiene sobre algo o alguien. ‖ Abundancia o cuantía.

preeminencia f. Privilegio, ventaja o preferencia de que goza una persona respecto de otra por razón o mérito especial. ‖ FAM. preeminente.

preeminente adj. Sublime, muy elevado e importante.

preescolar adj. y m. Antigua denominación para la educación infantil, etapa de escolarización anterior a la enseñanza o educación primaria.

preestablecido, da adj. Que está establecido con anterioridad.

preestreno m. Pase de una película inmediatamente anterior a su estreno público.

preexistente adj. Que existe antes de un determinado momento.

preexistir intr. Existir antes de un determinado momento o circunstancia. || Existir antes de tener realidad. || FAM. preexistencia, preexistente.

prefabricado, da adj. Se apl. al elemento o pieza que han sido fabricados en serie para facilitar el montaje o construcción en el lugar de destino. || FAM. prefabricar.

prefacio m. Prólogo o introducción de un libro || Parte de la misa que precede al canon.

prefecto, ta m. y f. Ministro que preside y manda en un tribunal, junta o comunidad eclesiástica. || En Francia, gobernador de un departamento. || *amer.* Bedel de un centro. || m. En la antigua Roma, título de diversos jefes militares y magistrados civiles. || FAM. prefectura.

preferencia f. Primacía o ventaja que una persona o cosa tienen sobre otra por su valor o importancia. || Inclinación, predilección o elección de una cosa o persona entre varias. || FAM. preferencial.

preferente adj. Que tiene preferencia sobre el resto: *vía preferente.*

preferible adj. Que se prefiere o es digno de preferirse. || FAM. preferiblemente.

preferir tr. Conceder o mostrar preferencia por una persona o cosa. || Elegir una persona o cosa entre varias. ◆ Irreg. Se conj. como *sentir.* || FAM. preferencia, preferente, preferentemente, preferible.

prefijar tr. Determinar, señalar o fijar anticipadamente. || En gram., anteponer un afijo a una palabra. || FAM. prefijación.

prefijo, ja adj. y m. En gram., se apl. al afijo que va antepuesto. || m. Cifras o letras que indican la ciudad, la provincia o el país que hay que marcar antes del número del abonado para establecer comunicación. || FAM. prefijar.

pregón m. Promulgación o publicación que se hace en voz alta de un asunto de interés general. || Discurso público con que se anuncia e inicia la celebración de una festividad y se invita a participar en ella. || FAM. pregonar.

pregonar tr. Publicar en voz alta un asunto de interés público. || Anunciar a voces la mercancía para venderla. || Alabar en público las cualidades de una persona. || Revelar o dar a conocer lo que era secreto o debía callarse. || FAM. pregonero.

pregonero, ra adj. y s. Que publica o divulga una cosa que se ignoraba. || m. y f. Oficial público que da en voz alta los pregones. || Persona encargada de leer el pregón de inicio de una festividad.

pregunta f. Petición o demanda de información, interrogación. || Cada uno de los puntos de un examen o cuestionario. || FAM. preguntador, preguntar, pregunteo, preguntón.

preguntar tr. Hacer preguntas. || Demandar e interrogar por cierta información. || Exponer en forma de interrogación para marcar la duda o énfasis sobre la cuestión: *se preguntaba si algo tenía sentido.*

prehelénico, ca adj. De la Grecia anterior a la civilización de los antiguos helenos o relativo a ella.

prehispánico, ca adj. Se apl. a la América anterior a la conquista y colonización españolas, y en especial al pueblo, la lengua y la civilización americanos de esta época.

prehistoria f. Periodo de las sociedades humanas que comprende desde la aparición del hombre hasta la de los primeros documentos escritos. || Ciencia y estudio de este periodo. || Periodo en que se gesta un movimiento o que es previo a un momento de importancia destacada. || FAM. prehistórico.

prehistórico, ca adj. De la prehistoria o relativo a este periodo. || *col.* Muy anticuado, viejo.

prejuicio m. Juicio u opinión, generalmente negativo, que se forma inmotivadamente de antemano y sin el conocimiento necesario.

prejuzgar tr. Juzgar antes de tiempo o con desconocimiento. || FAM. prejuicio.

prelación f. Preferencia o antelación con que un asunto debe ser atendido respecto de otro. || FAM. prelado.

prelado m. Superior eclesiástico. || Superior de un convento o comunidad eclesiástica. || FAM. prelacía, prelaticio, prelatura.

prelavado m. Lavado previo de preparación para ropa muy sucia.

preliminar adj. y m. Que sirve de preámbulo o introducción para entrar en materia. || Que antecede a una acción. || m. Artículo general que sirve de fundamento para el ajuste y tratado de paz definitivo entre las potencias contratantes o sus ejércitos. También en pl. || FAM. preliminarmente.

preludio m. Lo que precede y sirve de entrada, preparación o principio de algo. || Lo que se toca o canta para ensayar la voz o probar los instrumentos antes de comenzar la ejecución de una obra musical. || Composición instrumental de gran libertad formal, ejecutada antes de una obra, una representación o una ceremonia. || FAM. preludiar.

premamá adj. Se apl. a la ropa y los accesorios para mujeres embarazadas.

prematrimonial adj. Que se realiza antes del matrimonio.

prematuro, ra adj. Que ocurre o se desarrolla antes de tiempo. || adj. y s. Se apl. al niño que nace antes de los nueve meses de gestación. || FAM. prematuramente.

premeditación f. Reflexión y valoración de un asunto antes de llevarlo a cabo. || En der., circunstancia agravante de la responsabilidad criminal de los delincuentes al preparar con antelación la realización de un delito.

premeditado, da adj. Intencionado, con premeditación. || FAM. premeditadamente.

premeditar tr. Reflexionar y sopesar un asunto antes de llevarlo a cabo. || En der., decidir la ejecución de un delito y prepararse para ello. || FAM. premeditación, premeditado.

premenstrual adj. Que sucede o tiene lugar antes de la menstruación.

premiar tr. Remunerar o galardonar con un premio.

premier (voz i.) com. En algunos países, primer ministro o jefe de Gobierno: *premier británico.*

première (voz fr.) f. Estreno de una obra cinematográfica o teatral.

premio m. Recompensa o galardón que se da por algún mérito o servicio. || Cada uno de los lotes sorteados en la lotería nacional. || Lote o recompensa sorteada en juegos o concursos. || FAM. premiar, premiar.

premioso, sa adj. Gravoso, molesto. || Lento, dificultoso, falto de soltura. || FAM. premiosamente, premiosidad.

premisa f. Cada proposición del silogismo, de la que se infiere la conclusión. || Idea que se toma de base para un razonamiento. || Señal o indicio por el que se deduce o conoce algo.

premolar adj. Se apl. a cada una de las piezas dentales situadas entre los caninos y los molares, de raíz más sencilla que el resto de los molares. Más como m.

premonición f. Presentimiento, presagio de algo que va a suceder. || FAM. premonitorio.

premonitorio, ria adj. Que anuncia o presagia un hecho futuro.

premura f. Apuro, urgencia, prisa.

prenatal adj. Anterior al nacimiento.

prenda f. Ropa, cada una de las vestimentas de una persona. || Cosa que garantiza la seguridad o el cumplimiento de una obligación. || Lo que se da o hace en señal de algo: *lo hizo como prenda de su integridad.* || Cada una de las buenas cualidades que tiene una persona. || Lo que se aprecia intensamente. Se usa también como apelativo cariñoso: *lo que tú quieras, prenda.* || pl. Juego en el que, cada vez que se pierde, hay que desprenderse de un objeto que se lleva encima o realizar una acción que decidan los demás jugadores. || **soltar prenda** uno loc. col. Decir alguna cosa, especialmente algo comprometido: *no soltó prenda de lo tratado en la reunión.* || FAM. prendar, prendería, prendero.

prendar tr. Gustar o agradar muchísimo. || prnl. Entusiasmarse o enamorarse: *se ha prendado de su compañera de oficina.*

prendedor m. Objeto que sirve para prender o sujetar algo. || Broche que se usa como adorno o para sujetar alguna prenda.

prender tr. Asir, agarrar o sujetar. || Detener o capturar a alguien. || Hablando del fuego, de la luz o de cosas combustibles, encender o incendiar. También intr. || intr. Arraigar la planta en la tierra. || Tener algo aceptación entre la gente. || FAM. prendedor, prendido, prendimiento, prensil, prensor, presa, presilla, preso, prisión.

prendido, da adj. *amer.* Estreñido. || *amer.* Acicalado, arreglado. || *amer.* Ebrio. || m. Adorno que se prende de algo y, en especial, del pelo. || Patrón o dibujo picado para hacer los encajes. || Parte del encaje hecha sobre lo que ocupa el dibujo.

prendimiento m. Captura o detención de una persona. || *amer.* Acaloramiento, fiebre.

prensa f. Máquina hidráulica provista de dos planchas que sirven para comprimir. || Imprenta. || Conjunto de las publicaciones periódicas, especialmente las diarias. || Conjunto de los periodistas que trabajan en estas publicaciones. || **prensa amarilla** Prensa sensacionalista. || **prensa del corazón** La que se ocupa de la vida privada de personajes famosos. || **dar a la prensa** loc. Imprimir o publicar una obra. || **tener buena** o **mala prensa** loc. Gozar uno de buena o mala fama. || FAM. prensar, prensista.

prensar tr. Apretar o comprimir algo en la prensa. || FAM. prensado, prensador, prensadura.

prensil adj. Que sirve para asir o coger.

prensor, ra adj. Que prende o agarra. || adj. y f. apl. al ave tropical que tiene las patas con dedos dirigidos hacia atrás y el pico robusto, de mandíbula superior curvada desde la base, como el papagayo.

preñar tr. Fecundar o hacer concebir a la hembra. || Llenar, colmar. || FAM. preñado, preñez.

preocupación f. Intranquilidad, inquietud o temor que produce alguna cosa. || Lo que provoca interés o atención.

preocupante adj. Alarmante, que preocupa.

preocupar tr. Causar intranquilidad, inquietud o angustia. || tr. y prnl. Interesarse, prestar especial atención a algo. || FAM. preocupación, preocupadamente, preocupado, preocupante.

preoperatorio, ria adj. Que se produce antes de una intervención quirúrgica. || m. Periodo anterior a una intervención quirúrgica, en que el organismo se acondiciona para ella.

preparación f. Disposición para un fin determinado. || Estudio, enseñanza. || Entrenamiento. || Porción de un tejido o de otra sustancia orgánica dispuesto sobre el portaobjetos para su observación microscópica. || Preparado, medicamento.

preparado, da adj. y m. Se apl. al producto ya dispuesto para su uso: *preparado antitusígeno.*

preparador, ra m. y f. Entrenador de un equipo o responsable del rendimiento de un deportista.

preparar tr. Disponer algo para una finalidad. || Prevenir o disponer a una persona para un hecho futuro. || tr. y prnl. Enseñar, educar, entrenar. || Realizar las transformaciones necesarias para obtener un producto. || FAM. preparación, preparado, preparador, preparativo, preparatoria, preparatorio.

preparativo, va adj. Que prepara o dispone. || m. Lo que se prepara o se hace para preparar algo. Más en pl.: *preparativos de una boda.*

preparatoria f. *amer.* Bachillerato.

preponderancia f. Influjo, dominio o superioridad de una cosa sobre otra.

preponderante adj. Que prevalece o tiene mayor importancia.

preponderar intr. Prevalecer, mostrar superioridad o ejercer más influencia una cosa que otra. || FAM. preponderancia, preponderante.

preposición f. Parte invariable de la oración cuyo oficio es denotar el régimen o relación que entre sí tienen dos palabras o términos a los que sirve de nexo. ‖ FAM. preposicional, prepositivo.

prepotencia f. Dominio, poder superior al de otros y, en especial, abuso de ese poder. ‖ FAM. prepotente.

prepotente adj. y com. Que tiene más poder que otros. ‖ Que abusa de su poder.

prepucio m. Capa cutánea retráctil que recubre el glande. ‖ FAM. prepucial.

prerrafaelismo m. Arte y estilo pictóricos anteriores a Rafael de Urbino. ‖ Movimiento pictórico surgido en el Reino Unido en la segunda mitad del siglo XIX como reacción contra el convencionalismo realista y materialista del arte victoriano y cuyos postulados estéticos se basan en la obra de los pintores italianos anteriores a Rafael. ‖ FAM. prerrafaelista.

prerrogativa f. Privilegio, gracia o exención que se concede a alguien por su situación o cargo. ‖ Facultad que tiene una autoridad o alguno de los poderes supremos del Estado.

presa f. Persona, animal o cosa apresada o que se intenta apresar. ‖ Acequia o zanja de regar. ‖ Lugar donde las aguas están detenidas o almacenadas. ‖ Conducto por donde se lleva el agua para mover las ruedas de los molinos, etc. ‖ *amer.* En una pelea de gallos, el que pierde. ‖ *amer.* Gallo lisiado con que se ejercitan los gallos de pelea.

presagiar tr. Anunciar o anticipar algo que va a suceder a través de señales o presagios.

presagio m. Indicio, señal que anuncia un suceso futuro. ‖ Adivinación de sucesos futuros por intuición o interpretación de señales. ‖ FAM. presagiar.

presbiterianismo m. Doctrina protestante surgida en Escocia en el siglo XVI, derivada del calvinismo y cuyo gobierno se equilibra entre clérigos y laicos representados en el presbiterio. ‖ FAM. presbiteriano.

presbiteriano, na adj. Del presbiterianismo o relativo a esta doctrina. ‖ adj. y s. Seguidor del presbiterianismo.

presbiterio m. Espacio que rodea el altar mayor de las iglesias hasta el pie de las gradas por donde se sube a él, que suele estar cercado por una reja o cancela. ‖ Reunión de los presbíteros con el obispo.

presbítero m. Sacerdote o clérigo ordenado para decir misa. ‖ FAM. presbiterado, presbiteral, presbiterianismo, presbiterio.

prescindir intr. Omitir, no contar con algo o con alguien. ‖ Privarse, abstenerse de lo que se considera necesario. ‖ FAM. prescindible.

prescribir tr. Ordenar, determinar. ‖ Recetar el uso de un medicamento o remedio. ‖ intr. Extinguirse un derecho, deuda, acción o responsabilidad por el transcurso del tiempo especificado para ello: *¿las multas de tráfico prescriben?* ◆ p. p. irreg.: *prescrito.* ‖ FAM. prescripción, prescriptible, prescriptivo, prescrito.

prescripción f. Orden, mandato. ‖ Extinción de un derecho, una deuda, acción o responsabilidad por el transcurso del tiempo especificado para ello.

presencia f. Estado o hecho de encontrarse una persona en el mismo lugar que otras. ‖ Existencia de algo en un lugar o momento determinado. ‖ Apariencia,

aspecto físico. ‖ **presencia de ánimo** Serenidad y tranquilidad tanto en la buena como en la mala fortuna. ‖ FAM. presencial, presencialmente, presenciar, presente.

presencial adj. De la presencia o relativo a ella: *testigo presencial.*

presenciar tr. Hallarse presente o contemplar un acontecimiento.

presentable adj. Que es digno o está en condiciones de presentarse o ser presentado.

presentación f. Manifestación, exposición, proposición. ‖ Aspecto exterior de algo, manera de presentarse. ‖ *amer.* Demanda, súplica, memorial.

presentador, ra adj. y s. Que presenta. ‖ m. y f. Persona que presenta un acto público o un programa de radio o televisión.

presentar tr. Mostrar, poner en presencia de alguien. También prnl. ‖ Con determinados sustantivos, dar, ofrecer: *te presento mis respetos.* ‖ Proponer a una persona para una dignidad o cargo. Más como prnl.: *se presenta como candidato.* ‖ Dirigir y comentar un espectáculo o un programa de radio o televisión. ‖ Dar a conocer una persona a otra, ofreciéndole los datos necesarios: *te voy a presentar a mi madre.* También prnl. ‖ prnl. Aparecer, mostrarse inesperadamente. ‖ Ofrecerse voluntariamente para algo. ‖ Comparecer ante alguien o asistir a algún acto o lugar. ‖ FAM. presentable, presentación, presentado, presentador.

presente adj. y com. Que está delante o en presencia de alguien o de algo, o que coincide en el mismo sitio. ‖ adj. y m. Se apl. al tiempo en que se sitúa actualmente el hablante o la acción. ‖ En gram., tiempo del verbo que denota que la acción sucede en el mismo momento en que se expresa. ‖ Obsequio, regalo que una persona da a otra. ‖ **mejorando lo presente** loc. Expresión de cortesía para alabar a una persona en su presencia. ‖ **por el presente** o **por la presente** loc. adv. A través del presente escrito o carta. ‖ **tener presente** algo loc. Recordar, tener en cuenta. ‖ FAM. presentar.

presentimiento m. Intuición, sensación de saber que algo va a suceder.

presentir tr. Intuir o tener la sensación de que algo va a suceder. ‖ Prever o adivinar lo que va a ocurrir por indicios anteriores.. ◆ **Irreg.** Se conj. como *sentir.* ‖ FAM. presentimiento.

preservar tr. Conservar, resguardar o proteger de un daño o peligro. ‖ FAM. preservación, preservador, preservante, preservativo.

preservativo, va adj. Que tiene capacidad o eficacia para preservar. ‖ m. Funda fina y elástica, de goma o látex, que cubre el pene durante las relaciones sexuales a fin de recoger el semen y prevenir la transmisión de enfermedades venéreas.

presidencia f. Dignidad o cargo de presidente. ‖ Persona o personas que la tienen. ‖ Tiempo que dura este cargo. ‖ Edificio u oficina que ocupa el presidente. ‖ FAM. presidencial, presidencialismo.

presidencialismo m. Sistema de organización política en que el presidente de la república es también jefe del poder ejecutivo. ‖ FAM. presidencialista.

presidente, ta m. y f. Persona que preside. ‖ Persona que ocupa el puesto más importante de una colectividad u organismo. ‖ En los regímenes republicanos, el jefe del Estado.

presidiario, ria m. y f. Persona que cumple su condena en prisión.

presidio m. Establecimiento penitenciario en el que cumplen condena los reos penados con privación de libertad. ‖ Pena de privación de libertad con diversos grados de rigor y de tiempo. ‖ FAM. presidiario.

presidir tr. Ocupar el primer lugar o puesto más importante en una colectividad u organismo. ‖ Predominar, tener algo especial influjo u ocupar un lugar destacado. ‖ FAM. presidencia, presidente.

presilla f. Cordón pequeño en forma de anilla que sirve para prender o asegurar un botón, corchete, etc. ‖ Costura de puntos unidos que se pone en los ojales y bordes de la tela para que no se abra o deshilache.

presión f. Opresión o compresión que se ejerce sobre un objeto. ‖ Coacción que se hace sobre una persona o colectividad. ‖ Defensa o control insistente sobre un jugador para dificultar su ataque. ‖ En fís., fuerza que ejerce un gas, líquido o sólido sobre una unidad de superficie de un cuerpo. ‖ **presión arterial** o **sanguínea** La ejercida por la sangre sobre las paredes de las arterias. ‖ **presión atmosférica** Fuerza que ejerce una columna de aire de la altura de la atmósfera sobre una unidad de superficie de la Tierra. ‖ FAM. presionar, presurizar.

presionar tr. Oprimir, ejercer presión sobre un objeto. ‖ Ejercer presión o coacción sobre alguien. ‖ En dep., defender o atacar con insistencia.

preso, sa adj. y s. Que está en prisión o privado de libertad. ‖ m. y f. Persona dominada por un sentimiento, o que padece lo que se expresa: *vive preso de su pasado*. ‖ **preso político** o **preso de conciencia** El que lo está a causa de su ideología política o religiosa.

presocrático, ca adj. y m. Se apl. al filósofo del primer periodo de la filosofía griega, anterior a Sócrates.

pressing (voz i.) m. En dep., presión.

prestación f. Servicio que la autoridad o un contratante ofrece o exige a otro. ‖ pl. Rendimiento o características técnicas de una máquina. ‖ **prestación social** Servicios que el Estado, las instituciones públicas o las empresas privadas deben dar a sus empleados.

prestado (de) loc. adv. Con cosas prestadas. ‖ De modo precario o inestable.

prestamista com. Persona que se dedica al préstamo de dinero.

préstamo m. Cesión o entrega de un bien que se hace a condición de devolución. ‖ Crédito, dinero que se toma prestado de una entidad con garantía de devolución y pago de intereses. ‖ En ling., elemento, usualmente léxico, que una lengua toma de otra.

prestancia f. Aspecto de distinción, elegancia y finura. ‖ Excelencia o calidad superior entre los de su clase.

prestar tr. Entregar algo a alguien, a condición de que lo devuelva, para que lo disfrute por un tiempo. ‖ Con determinados sustantivos, ofrecer, conceder o dar: *prestar ayuda, atención*. ‖ prnl. Ofrecerse a algo, acceder a

alguna cosa. ‖ Dar ocasión o motivo para algo: *su aspecto se presta a todo tipo de bromas*. ‖ FAM. prestación, prestado, prestador, prestamista, préstamo, prestancia, prestatario, presto.

presteza f. Rapidez, prontitud en la realización de algo.

prestidigitación f. Arte o habilidad para hacer juegos de manos y otros trucos de magia.

prestidigitador, ra m. y f. Persona que se dedica a la prestidigitación. ‖ FAM. prestidigitación.

prestigiar tr. Dar prestigio, autoridad o importancia. ‖ FAM. prestigiador.

prestigio m. Renombre, buen crédito e influencia. ‖ FAM. prestigiar, prestigioso.

prestigioso, sa adj. Que da prestigio. ‖ Que tiene prestigio.

presto, ta adj. Rápido, ligero en la ejecución de algo. ‖ Preparado, dispuesto. ‖ adv. t. Al instante, rápido. ‖ FAM. prestamente, presteza.

presumible adj. Que se puede deducir o conjeturar.

presumido, da adj. y s. Orgulloso, vanidoso, que presume de sí mismo. ‖ Coqueto, que se arregla mucho.

presumir tr. Sospechar, juzgar o conjeturar: *presumo que llegará hoy*. ‖ intr. Vanagloriarse, tenerse en alto concepto. ◆ Suele construirse con la prep. *de*: *presume de ser inteligente*. ‖ *amer.* Cortejar a una mujer. ◆ Tiene doble p. p.: uno reg., *presumido*, y otro irreg., *presunto*. ‖ FAM. presumible, presumido, presunción, presunto, presuntuoso.

presunción f. Vanagloria, jactancia. ‖ Sospecha, conjetura. ‖ En der., afirmación que la ley da por cierta si no existe prueba en contra: *presunción de inocencia*.

presunto, ta adj. Supuesto, que se supone o sospecha: *presunto criminal*. ‖ FAM. presuntamente.

presuntuoso, sa adj. y s. Orgulloso, vanidoso, lleno de presunción. ‖ Que finge una elegancia o lujo que no tiene. ‖ FAM. presuntuosamente, presuntuosidad.

presuponer tr. Dar por cierto o sabido sin tener fundamento ni motivos suficientes para ello. ‖ Requerir una condición previa. ◆ **Irreg.** Se conj. como *poner*. p. p. irreg.: *presupuesto*. ‖ FAM. presuposición, presupuesto.

presupuestar tr. Establecer el cómputo de los ingresos y gastos de un negocio. ‖ Incluir una partida en un presupuesto público.

presupuestario, ria adj. Del presupuesto o relativo a él.

presupuesto m. Cálculo o cómputo anticipado de los ingresos y gastos de un negocio o actividad pública. ‖ Cantidad de dinero que se calcula o se dispone para un fin. ‖ Hipótesis o suposición. ‖ FAM. presupuestar, presupuestario.

presura f. Prisa, prontitud. ‖ Durante los siglos IX y X, forma legal de ocupación y explotación de tierras despobladas conquistadas por los reinos cristianos a los musulmanes. ‖ FAM. presurizar.

presurizar tr. Mantener la presión atmosférica de un recinto a niveles normales para los humanos, independientemente de la presión exterior. ‖ FAM. presurización.

presuroso, sa adj. Ligero, rápido, veloz.

prêt à porter o **prêt-à-porter** (loc. fr.) adj. y m. Se apl. a la ropa de vestir que se vende ya confeccionada con arreglo a unas tallas y medidas establecidas.

pretencioso, sa adj. Presuntuoso, que pretende tener más cualidades o ser más de lo que es. || FAM. pretenciosamente, pretenciosidad.

pretender tr. Querer conseguir algo o aspirar a ello. || Afirmar algo de cuya veracidad se duda. || Cortejar un hombre a una mujer para casarse con ella. || FAM. pretencioso, pretendido, pretendiente, pretensión.

pretendido, da adj. Supuesto, aparentado.

pretendiente adj. y com. Que pretende o solicita algo: *pretendientes al puesto.* || com. Persona que pretende o corteja a otra. || Persona que aspira a un trono, vacante o no, sobre el que alega derechos.

pretensión f. Aspiración, deseo o propósito. || Ambición pretenciosa o desmedida. || Derecho que alguien juzga tener sobre algo: *tiene pretensiones a la presidencia.*

preterir tr. Hacer caso omiso de una persona o cosa. || En der., omitir en el testamento a los herederos forzosos sin desheredarlos expresamente. ◆ **Defect.** Se conj. como *abolir.* || FAM. preterición.

pretérito, ta adj. Que ya ha pasado o sucedido. || adj. y m. En gram.; se apl. al tiempo del verbo que denota que la acción ha finalizado. || **pretérito anterior** Tiempo compuesto del verbo que denota que la acción es anterior a otra pasada. || **pretérito imperfecto** Tiempo del verbo que expresa continuidad de una acción en el pasado. || **pretérito indefinido** o **pretérito perfecto** Tiempo del verbo que expresa que la acción está finalizada. || **pretérito pluscuamperfecto** Tiempo compuesto del verbo que indica una acción pasada y terminada antes de otra que también ha pasado y terminado. || FAM. preterir.

preternatural adj. Que excede las capacidades de la naturaleza humana.

pretextar tr. Usar como pretexto o valerse de uno.

pretexto m. Motivo que se alega como excusa para hacer o no haber hecho algo. || FAM. pretextar.

pretil m. Muro pequeño o barandilla que se coloca en puentes y otros lugares altos para evitar las caídas. || *amer.* Atrio construido ante un templo o monumento. || *amer.* Poyo de ladrillo o piedra. || *amer.* Borde de la acera o pavimento.

pretina f. Correa o cinta con hebilla o broche para sujetar en la cintura ciertas prendas de vestir. || Lo que ciñe o rodea una cosa.

pretor m. Magistrado romano que ejercía jurisdicción en todo tipo de pleitos tanto en Roma como en las provincias. || FAM. pretoría, pretorial, pretorialismo, pretoriano, pretorio.

pretoriano, na adj. Del pretor o relativo a este cargo. || adj. y s. Se apl. al soldado de la guardia de los emperadores romanos.

prevalecer intr. Sobresalir, tener superioridad o ventaja. || Mantenerse, continuar existiendo. ◆ **Irreg.** Se conj. como *agradecer.* || FAM. prevaleciente.

prevaricación f. Delito que cometen los funcionarios públicos al faltar, a sabiendas o por ignorancia inexcusable, a las obligaciones y deberes de su cargo.

prevaricar intr. Delinquir un funcionario público por faltar a sabiendas o por ignorancia inexcusable a las obligaciones y deberes de su cargo. || FAM. prevaricación, prevaricador.

prevención f. Preparación y disposición para evitar un riesgo o ejecutar una cosa. || Concepto desfavorable que se tiene de una persona o cosa. || Puesto de policía donde se lleva preventivamente a las personas que han cometido algún delito o falta. || Guardia del cuartel que vela por el orden de la tropa. || Lugar donde está.

prevenir tr. Prever, conocer de antemano un daño o perjuicio o tomar las medidas necesarias. || Advertir de alguna cosa. || Influir en la voluntad de uno predisponiéndole contra alguien o algo. || En der., ordenar y ejecutar un juzgado las diligencias iniciales de un juicio. || En der., instruir las primeras diligencias para asegurar los bienes y las resultas de un juicio. || prnl. Prepararse de antemano para una cosa. ◆ **Irreg.** Se conj. como *venir.* || FAM. prevención, prevenido, preventivo.

preventivo, va adj. Que previene un mal o peligro: *medicina preventiva.*

prever tr. Conocer o saber algo con anticipación por medio de ciertas señales o indicios. || Disponer los medios necesarios para prevenir posibles males o daños. ◆ **Irreg.** Se conj. como *ver.* P. p. irreg.: *previsto.* || FAM. previsible, previsión, previsor, previsto.

previo, via adj. Que acontece o se realiza antes que otra cosa como preparación para ella. || m. En cine, grabación del sonido realizada antes de impresionar la imagen. || Preestreno de una película o programa piloto. || FAM. previamente.

previsible com. Que puede ser previsto o está en las previsiones normales.

previsión f. Suposición o conocimiento anticipado de algo a través de ciertas señales o indicios. || Preparación de los medios necesarios para prevenir posibles males o daños.

previsor, ra adj. y s. Que prevé posibles contingencias.

prez amb. Honor, estima o consideración que se gana con una acción gloriosa.

priapismo m. Erección continua y dolorosa del pene que sucede sin apetito sexual.

prieto, ta adj. Ajustado, estrecho o ceñido. || Muy oscuro, cercano al negro. || Duro, macizo.

prima¹ f. Primera de las cuatro partes iguales en que los romanos dividían el día. || Una de las siete horas canónicas, que se canta a primeras horas de la mañana.

prima² f. Cantidad que se paga como gratificación o indemnización en ciertos casos. || Precio que el asegurado paga al asegurador.

primacía f. Superioridad, ventaja o excelencia que tiene una persona o cosa sobre otra. || Dignidad o empleo de primado. || FAM. primar.

primado m. Primero y más preeminente de todos los obispos y arzobispos de un país o una región.

prima donna f. Cantante que interpreta el papel principal de una ópera.

primar tr. Conceder una prima como recompensa. || intr. Sobresalir, prevalecer, predominar.

primario, ria adj. Principal o primero en orden o grado. || Fundamental, básico. || Primitivo, poco civilizado o desarrollado. || Respecto de una bobina de inducción, se apl. a la corriente inductora y al circuito por donde fluye. || adj. y m. De la era paleozoica, que sigue a la precámbrica y precede a la secundaria o mezozoica, o relacionado con ella. || FAM. primariamente.

primate adj. y m. De los primates o relacionado con este orden de mamíferos. || m. pl. Orden de mamíferos placentarios de organización superior, caracterizados por ser plantígrados, tener cuatro extremidades terminadas en cinco dedos provistos de uñas, pulgar oponible, cerebro lobulado de gran desarrollo, dentadura completa, ojos en posición anterior, mamas en situación pectoral y cuerpo cubierto de pelo.

primavera f. Una de las cuatro estaciones del año, que transcurre entre el invierno y el verano; en el hemisferio norte comienza el 21 de marzo y termina el 21 de junio, y en el hemisferio sur comienza el 21 de septiembre y termina el 21 de diciembre. || Tiempo en que algo tiene su mayor hermosura y esplendor. || Planta primulácea perenne de hojas anchas, largas y tendidas en tierra, de las que se elevan tallos de flores amarillas en figura de parasol. || Años de una persona, sobre todo si es joven. Más en pl. || FAM. primaveral.

primaveral adj. De la primavera o con características propias de esta estación: *astenia primaveral*.

primer adj. apóc. de *primero*. ◆ Solo se usa delante de sustantivos m. en sing.

primera f. Marcha de menor velocidad de un vehículo. || **de primera** loc. adj. y adv. *col.* Muy bueno, de gran calidad: *deportista de primera*.

primerizo, za adj. y s. Que hace algo por primera vez, en especial aplicado a las hembras que paren por primera vez.

primero, ra adj. Que precede a los demás de su especie en orden, tiempo, lugar, situación, clase, etc. || Excelente, grande, que sobresale y excede a otros. || Antiguo, anterior. || adj. num. ord. Que ocupa el lugar número uno en una serie ordenada de elementos. || adv. t. Antes que cualquier otra cosa. || FAM. prima, primacía, primado, primal, primar, primario, primer, primera, primeramente, primerizo, primicia, primigenio, primitivo, primo, primogénito, primordial.

primicia f. Primer fruto de cualquier cosa. || Noticia que se hace pública por primera vez: *un diario sensacionalista publicó la primicia*.

primigenio, nia adj. Primitivo, originario.

primitiva f. Lotería primitiva.

primitivismo m. Características y cualidades propias de los pueblos primitivos. || Tosquedad, rudeza. || Características propias de las obras que preceden a la instauración de una época clásica.

primitivo, va adj. De los orígenes o primeros tiempos de alguna cosa. || Se apl. al pueblo o al individuo aborigen o de industria poco desarrollada. || Rudimentario,

elemental, tosco. || adj. y m. Se dice del artista y de la obra artística perteneciente a épocas anteriores a las clásicas dentro de una civilización o ciclo, en especial los anteriores al Renacimiento europeo. || FAM. primitiva, primitivamente, primitivismo.

primo, ma adj. Primero, básico: *materia prima*. || Primoroso, excelente. || m. y f. En relación con una persona, el hijo de su tío o tía. || *col.* Persona incauta que se deja engañar fácilmente. || **primo hermano** o **carnal** El hijo del tío carnal. || **hacer el primo** loc. *col.* Dejarse engañar fácilmente. || *col.* Hacer un esfuerzo que no será valorado. || FAM. prima, primada, primazgo.

primogénito, ta adj. y s. Se apl. al hijo que nace en primer lugar. || FAM. primogenitura.

primor m. Destreza, habilidad, esmero y cuidado que se pone al realizar algo. || Lo que se realiza de este modo. || Cosa hermosa o de buenas cualidades. || FAM. primoroso.

primordial adj. Muy importante o necesario, fundamental. || Primitivo, primero o esencial.

primoroso, sa adj. Hecho con primor. || Diestro, hábil, que realiza las cosas con cuidado y esmero.

prímula f. Primavera, planta.

primuláceo, a adj. y f. De las primuláceas o relacionado con esta familia de plantas. || f. pl. Familia de plantas herbáceas dicotiledóneas de hojas radicales o sobre el tallo, flores hermafroditas de cáliz persistente y fruto capsular con muchas semillas, como el ciclamen.

prínceps adj. Se apl. a la primera de una serie de ediciones de una obra de cierta antigüedad.

principado m. Título o dignidad de príncipe. || Territorio sobre el que recae este título. || Territorio o lugar sujeto a la potestad del príncipe.

principal adj. Que tiene el primer lugar en estimación o importancia. || Esencial o fundamental. || En gram., se apl. a la oración de la que dependen sintácticamente una o más oraciones subordinadas. || m. Piso situado encima del entresuelo. || Capital de una obligación o censo, en oposición a rédito, pensión o canon. || FAM. principalmente, príncipe.

príncipe, princesa m. y f. Hijo primogénito del rey y heredero de la corona. || Título dado a algunos individuos de familia real e imperial. || adj. m. Se apl. a la primera edición de una obra. || **príncipe azul** *col.* El supuesto hombre ideal de una mujer. || **príncipe de Gales** Tela de cuadros formados por líneas finas y de colores suaves. || **príncipe de las tinieblas** El demonio. || FAM. principado, principesco.

principiante adj. y com. Que empieza a estudiar o ejercer una actividad u oficio.

principio m. Primer momento de la existencia de una cosa. || Punto inicial o primera etapa de algo extenso. || Causa primitiva o primera de algo. || Rudimento de una ciencia o un arte. También en pl. || Componente de un cuerpo. || Fundamento, aseveración fundamental que permite el desarrollo de un razonamiento o estudio científico. || Máxima, idea o norma personal que rige el pensamiento o la conducta. También en pl.: *ser fiel a sus principios*. || **en principio** loc. adv. Se usa cuando no se tiene entera conformidad con lo que se expresa. ‖ FAM. principal, principiador, principiante, principiar.

pringado, da m. y f. *col.* Ingenuo, incauto, que se deja engañar con facilidad. ‖ *col.* Persona que hace el peor trabajo o se lleva la peor parte.

pringar tr. Empapar con pringue o salsa el pan u otro alimento. ‖ Manchar con pringue o con otra sustancia similar. También prnl. ‖ *col.* Infamar, involucrar a alguien en un asunto poco lícito: *le pringaron en el robo.* ‖ intr. *col.* Tomar parte en uno o varios asuntos. ‖ *col.* Trabajar en exceso. ‖ prnl. *col.* Apropiarse uno indebidamente de parte del caudal que maneja. ‖ intr. impers. *amer.* Lloviznar. ‖ **pringarla** loc. *col.* Malograr un asunto, hacer o decir algo inoportuno. ‖ *col.* Morir. ‖ FAM. pringada, pringado, pringotear.

pringoso, sa adj. Grasiento, pegajoso, con pringue.

pringue amb. Grasa que sueltan determinados alimentos al cocinarlos. ‖ Suciedad o grasa que se pega a la ropa o a otra cosa. ‖ FAM. pringar.

prior, ra m. y f. Superior o prelado ordinario del convento. ‖ En algunas religiones, segundo prelado después del abad o la superiora. ‖ FAM. priorato, priorazgo, prioridad, priorizar.

prioridad f. Anterioridad en orden o en el tiempo de una cosa respecto de otra. ‖ Precedencia o superioridad de una cosa respecto de otra. ‖ FAM. prioritariamente, prioritario.

prioritario, ria adj. Que tiene prioridad o preferencia.

priorizar tr. Dar prioridad o preferencia.

prisa f. Prontitud, rapidez con que se ejecuta algo. ‖ Necesidad o deseo de ejecutar algo con urgencia. ‖ **a prisa** loc. adv. Aprisa. ‖ **a toda prisa** o **deprisa y corriendo** loc. adv. Con la mayor prontitud posible. ‖ **correr** algo **prisa** loc. Ser urgente. ‖ **darse** alguien **prisa** loc. Apresurarse en la ejecución de una cosa. ‖ **meter prisa** loc. Apresurar las cosas. ‖ FAM. presura.

prisión f. Cárcel o dependencia donde se encierra a los presos. ‖ Lo que ata, sujeta o limita la libertad. ‖ En der., pena de privación de libertad inferior a la reclusión y superior a la de arresto. ‖ pl. Lo que se coloca al reo para retenerle, como grillos, cadenas, etc. ‖ **prisión mayor** La que dura desde seis años y un día hasta doce años. ‖ **prisión menor** La de seis meses y un día hasta seis años. ‖ **prisión preventiva** La que sufre el procesado durante la sustanciación del juicio. ‖ FAM. prisionero.

prisionero, ra m. y f. Militar u otra persona que en guerra cae en poder del enemigo. ‖ Persona privada de libertad por causas que no son delitos. ‖ adj. y s. Se apl. a la persona dominada por un sentimiento o pasión: *prisionero de tus ojos.*

prisma m. Poliedro formado por dos polígonos planos e iguales, llamados bases, y por tantos paralelogramos como lados tenga cada base. ‖ Prisma triangular de cristal transparente que desvía y descompone la luz en sus siete colores básicos por refracción o por reflexión. ‖ Punto de vista, perspectiva. ‖ FAM. prismático.

prismático, ca adj. Que tiene forma de prisma. ‖ m. pl. Instrumento óptico formado por dos cilindros en cuyo interior se sitúan las lentes que permiten ver ampliados objetos lejanos.

prístido adj. y m. De los prístidos o relativo a esta familia de peces. ‖ m. pl. Familia de peces cartilaginosos de cuerpo deprimido, que miden entre 4 y 6 m de longitud, tienen color gris amarillento y presentan una lámina rostral en forma de sierra, como el pez sierra.

prístino, na adj. Antiguo, primitivo, original.

priva f. *argot* Consumo de bebidas alcohólicas.

privacidad f. Derecho y propiedad de la propia intimidad y vida privada.

privación f. Pérdida de lo que se poseía o gozaba. ‖ Pena con que se desposee a uno del empleo, derecho o dignidad que tenía por un delito que ha cometido: *privación de libertad.* ‖ Carencia o escasez de los bienes más elementales.

privado, da adj. Que pertenece al ámbito personal o familiar: *vida privada.* ‖ Que se realiza para un pequeño grupo, sin formalidad ni ceremonia. ‖ De propiedad o actividad no estatal: *enseñanza privada.* ‖ m. Persona que goza de la confianza y trato de favor del rey. ‖ FAM. privacidad, privadamente, privanza, privatizar.

privar tr. Despojar a alguien de lo que poseía o gozaba. ‖ tr. y prnl. Perder el sentido. ‖ intr. Gustar extraordinariamente. ‖ *col.* Tomar alcohol con frecuencia o en exceso. ‖ prnl. Renunciar voluntariamente a algo que resulta agradable. ‖ FAM. priva, privación, privado, privativo.

privativo, va adj. Que causa o supone privación. ‖ Propio y exclusivo de una cosa o persona: *el control de personal es privativo del administrador.*

privatizar tr. Convertir o hacer pasar una empresa, un bien o una actividad del sector público al sector privado. ‖ FAM. privatización.

privilegiado, da adj. Extraordinario, destacado: *inteligencia privilegiada.* ‖ Que goza de un privilegio, en especial económico.

privilegio m. Ventaja, gracia o prerrogativa especial de que goza una persona. ‖ Situación o hecho agradable. ‖ Documento con que se concede un privilegio. ‖ FAM. privilegiado, privilegiar.

pro amb. Provecho, ventaja o aspecto favorable de un asunto. ‖ prep. A favor de. ◆ Se usa ante sustantivos sin artículo: *colecta pro afectados.* ‖ **de pro** loc. adj. Se apl. a la persona considerada de bien: *científico, estudiante de pro.* ‖ **en pro de** loc. adv. En favor de.

pro- pref. que significa 'por' o 'en vez de': *pronombre;* 'ante' o 'delante de': *progenitor;* 'a favor de': *proaborto,* o que indica continuidad de acción, impulso o movimiento hacia delante: *promover, propulsar,* o negación: *proscribir.*

proa f. Parte delantera de una embarcación y otros vehículos. ‖ FAM. proel.

probabilidad f. Cualidad o posibilidad verosímil y fundada de que algo pueda suceder. ‖ En mat., cálculo o determinación cuantitativa de la posibilidad de que se verifique un suceso. ‖ FAM. probabilismo, probabilístico.

probable adj. Que es bastante posible que suceda. ‖ Que se puede probar. ‖ Que tiene apariencia de verosimilitud. ‖ FAM. probabilidad, probablemente.

probado, da adj. Que está acreditado y confirmado por la experiencia.

probador m. Lugar o habitación pequeña que hay en las tiendas de ropa o talleres de costura para que el cliente pueda probarse la ropa.

probar tr. Experimentar las cualidades de personas, animales o cosas. || Poner a prueba el funcionamiento de un mecanismo. || Catar, tomar una pequeña porción de una comida. || Ponerse una prenda para ver cómo sienta o si está arreglada a la medida. También prnl. || Manifestar o hacer patente la certeza de un hecho o la verdad de una cosa. || intr. Experimentar e intentar una cosa. ◆ Irreg. Se conj. como *contar.* || FAM. probable, probado, probador, probativo, probatorio, probatura, probo.

probeta f. Tubo de cristal alargado y graduado, cerrado por un extremo, usado como recipiente de líquidos o gases. || Recipiente rectangular que se usa en fotografía para el revelado de la película y tratamiento de la impresión.

problema m. Cuestión o punto discutible que se intenta resolver. || Situación de difícil solución. || Conjunto de hechos o circunstancias que dificultan la consecución de algún fin. || pl. Dificultades de orden personal o afectivo. || En mat., proposición dirigida a averiguar el modo de obtener un resultado cuando ciertos datos son conocidos. || FAM. problemática, problemático, problematizar.

problemática f. Conjunto de problemas o dificultades pertenecientes a una determinada ciencia, disciplina o actividad.

problemático, ca adj. Dudoso, incierto. || Que causa o implica problemas. || FAM. problemáticamente, problematización, problematizar.

probo, ba adj. Honesto, honrado, íntegro. || FAM. probidad.

probóscide f. Prolongación del aparato bucal o la nariz en forma de trompa o pico, propia de algunos insectos y mamíferos, como el elefante, adaptada para la succión. || FAM. proboscídeo.

proboscidio, a o **proboscídeo, a** adj. y m. De los proboscidios o relativo a este orden de mamíferos. || m. pl. Orden de mamíferos de gran tamaño, ungulados, de piel gruesa desprovista de pelo, con un apéndice nasal en forma de trompa prensil y grandes incisivos que sobresalen de su boca, como el elefante y fósiles como el mamut.

procacidad f. Desvergüenza, insolencia, atrevimiento.

procarionte o **procariota** adj. y m. Se apl. al organismo o a la célula que carece de núcleo verdadero al no tener membrana que separe el material genético del citoplasma.

procaz adj. Desvergonzado, atrevido o insolente. || FAM. procacidad.

procedencia f. Origen, principio del que algo procede. || Punto de partida. || Calidad de ser procedente, razonable, conveniente o justo. || En der., fundamento legal y oportunidad de una demanda, petición o recurso.

procedente adj. Que procede de un origen o lugar. || Ajustado o conforme a la razón, la conveniencia o la justicia. || En der., conforme a derecho, práctica o conveniencia.

proceder[1] m. Comportamiento, modo o forma de actuar.

proceder[2] intr. Originarse, nacer una cosa de otra. || Venir de cierto lugar o punto de partida. || Empezar o pasar a realizar algo. || Portarse y gobernar uno sus acciones bien o mal. || Ser algo razonable, justo o conveniente. || FAM. procedencia, procedente, preceder, procedimiento, procesión, proceso.

procedimiento m. Método o sistema estructurado para ejecutar algunas cosas. || En der., actuación por trámites judiciales o administrativos. || FAM. procedimental.

procelariforme adj. y f. De las procelariformes o relacionado con este orden de aves. || f. pl. Orden de aves marinas con picos tubulares y ganchudos, de gran envergadura alar, como el albatros.

proceloso, sa adj. Tormentoso, tempestuoso.

prócer com. Persona respetable, elevada y de la más alta distinción social: *próceres de la patria.*

procesado, da adj. y s. Se apl. a la persona declarada reo en un auto de procesamiento criminal.

procesador m. En inform., circuito integrado de un ordenador capaz de efectuar el tratamiento completo de una serie de datos. || **procesador de textos** En inform., aplicación usada para tratar y manipular documentos o información con formato de texto.

procesal adj. Del proceso judicial o relativo a él: *derecho procesal.*

procesamiento m. En der., sometimiento a proceso judicial: *auto de procesamiento.* || Proceso de elaboración o transformación de una sustancia: *procesamiento del papel.* || En inform., tratamiento de la información. || **procesamiento de datos** En inform., conjunto de operaciones que un ordenador realiza partiendo de un programa.

procesar tr. En der., someter a proceso penal dictando auto contra un reo. || Someter una sustancia a un proceso de elaboración o transformación. || En inform., realizar un ordenador una serie operaciones para gestionar los datos suministrados. || FAM. procesado, procesador, procesal, procesamiento.

procesión f. Acto de carácter religioso y solemne en que un conjunto de personas siguen un recorrido trazado. || Conjunto de estas personas. || *col.* Conjunto de personas o animales que van en hilera de un lugar a otro. || **la procesión va por dentro** loc. *col.* Indica que no se exteriorizan fuertes sentimientos. || FAM. procesional, procesionalmente, procesionaria.

procesionaria f. Nombre común de diversos insectos lepidópteros cuyas orugas constituyen una plaga para los árboles y que se desplazan formando hileras.

proceso m. Conjunto de las fases sucesivas de un fenómeno natural o de una operación artificial. || Transcurso de tiempo. || En der., conjunto de actuaciones, autos y demás escritos en cualquier causa civil y criminal. || En der., causa criminal. || En inform., conjunto de operaciones lógicas y aritméticas ordenadas cuyo fin es la obtención de unos resultados determinados. || FAM. procesal, procesar.

proclama f. Anuncio o notificación pública. || Discurso, alocución política o militar, ya sea hablada o escrita.

proclamación f. Publicación de un asunto oficial para que sea de todos conocido. || Acto o ceremonia que da comienzo a un reinado o forma de gobierno.

proclamar tr. Hacer público, publicar en voz alta. || Declarar solemnemente el comienzo de un reinado o forma de gobierno. || Otorgar un título o cargo por unanimidad. || Mostrar claramente un sentimiento. || prnl. Declararse uno investido de un cargo, una autoridad o un mérito. || FAM. proclama, proclamación.

proclítico, ca adj. y m. En gram., se apl. a la palabra átona que se une a la que le sigue como apoyo para su pronunciación. || FAM. proclisis.

proclive adj. Propenso o inclinado hacia lo que se considera negativo: *carácter proclive a la irritación.* || FAM. proclividad.

procónsul m. En la antigua Roma, gobernador de una provincia con jurisdicción y poder militar igual a la de un cónsul.

procordado, da adj. y m. De los procordados o relativo a este grupo de animales. || m. pl. Grupo que incluye a los urocordados y cefalocordados, de respiración branquial, sin esqueleto ni encéfalo, y en cuyo lugar presentan un notocordio o cordón que agrupa el sistema nervioso.

procrear tr. Reproducir, engendrar y multiplicar la propia especie. || FAM. procreación, procreador.

proctología f. Parte de la medicina que se ocupa de las enfermedades del recto y su tratamiento. || FAM. proctológico, proctólogo, proctoscopia, proctoscopio.

procurador, ra adj. y s. Que procura. || m. y f. Persona que tiene facultad legal para ejecutar gestiones económicas y diligencias legales en nombre de otra. || FAM. procuraduría.

procurar tr. Esforzarse en tratar de conseguir algo: *procura calmarte.* || tr. y prnl. Proporcionar, conseguir. || FAM. procurador.

prodigalidad f. Gasto o consumo excesivo de los propios bienes. || Abundancia, multitud.

prodigar tr. Dar algo en abundancia. || Disipar, gastar sin moderación. || prnl. Frecuentar un lugar, dejarse ver. || FAM. pródigo.

prodigio m. Suceso extraordinario o sobrenatural que no tiene explicación razonable. || Lo que es extraordinario o causa especial admiración. || Milagro. || FAM. prodigiosamente, prodigiosidad, prodigioso.

prodigioso, sa adj. Extraordinario, maravilloso. || Extraño, destacado o admirable.

pródigo, ga adj. Productivo, abundante. || Dadivoso, generoso. || Disipador, gastador, que desperdicia su hacienda en gastos inútiles. || FAM. prodigalidad, pródigamente.

pródromo m. Malestar o conjunto de síntomas que preceden a una enfermedad. || FAM. prodrómico.

producción f. Obtención de frutos o bienes de la naturaleza. || Fabricación o elaboración de un producto. || Suma de los productos del suelo o de la industria. ||

Realización material de una película de cine o de un programa de radio y televisión. || P. ext., esta película o programa. || Organización o departamento encargado de su realización.

producir tr. Dar fruto o bienes la naturaleza. || Fabricar, elaborar. || Rentar, dar beneficios una cosa. También intr. || Causar, ocasionar, originar. También prnl. || Proporcionar los medios económicos y equipo necesarios para realizar una película, programa, grabación, etc. ◆ **Irreg.** Se conj. como *conducir.* Tiene dos p. p.: uno reg., *producido*, y otro irreg., *producto.* || FAM. producción, producible, productividad, productivismo, productivo, producto, productor, productora.

productividad f. Capacidad de producir, ser útil o provechoso. || Capacidad de producción por unidad de trabajo, superficie de tierra cultivada, etc. || Incremento o disminución de los rendimientos finales en función de los factores productivos.

productivo, va adj. Que tiene capacidad de producir. || Que es útil o provechoso. || Que arroja un resultado favorable de valor entre precios y costes.

producto m. Lo que se produce o elabora. || Consecuencia, resultado. || Beneficio o ganancia. || En mat., resultado, cantidad obtenida de una multiplicación.

productor, ra adj. y s. Que produce. || m. y f. En la organización sindical del trabajo, persona que interviene en la producción. || Persona con responsabilidad económica que organiza y financia la realización de una obra artística.

productora f. Sociedad financiera dedicada a la producción de obras cinematográficas, discográficas o televisivas.

proel adj. Se apl. a la parte más cercana a la proa de cualquier componente de una embarcación. || com. Marinero que se sitúa en la proa en las embarcaciones menores y sustituye al patrón cuando falta.

proemio m. Prólogo, discurso que precede al texto de un libro. || FAM. proemial.

proeza f. Hazaña, acción valerosa.

profanación f. Trato irrespetuoso o uso profano de lo sagrado. || Deshonra, uso indigno de lo que se considera respetable.

profanar tr. Tratar algo sagrado sin el debido respeto o con usos profanos. || Deshonrar, hacer uso indigno de lo que se considera respetable. || FAM. profanación, profanador, profanamiento.

profano, na adj. Que no es sagrado ni tiene relación con las cosas sagradas. || Irrespetuoso o irreverente con las cosas sagradas. || adj. y s. Que carece de conocimientos y autoridad en una materia. || FAM. profanamente, profanar.

profecía f. Don sobrenatural de origen divino que permite el conocimiento de hechos futuros. || Predicción hecha por un profeta. || Conjetura basada en indicios o señales. || Cada uno de los libros canónicos del Antiguo Testamento en que se contiene los escritos de cualquiera de los profetas mayores.

proferir tr. Pronunciar, articular palabras o sonidos: *proferir insultos.* ◆ **Irreg.** Se conj. como *sentir.*

profesar tr. Manifestar o aceptar una creencia religiosa. || Ejercer una profesión o actividad. || Demostrar un afecto o sentimiento: *le profesa un gran respeto.* || intr. Ingresar en una orden religiosa: *ha profesado en las clarisas.* || FAM. profesante, profesión, profeso, profesor.

profesión f. Empleo, oficio o actividad que se realiza habitualmente a cambio de un salario. || Ceremonia eclesiástica en que alguien ingresa en una orden religiosa. || Manifestación pública de una creencia, costumbre o habilidad. || FAM. profesional, profesionista.

profesional adj. Relativo a la profesión. || Que se practica como profesión y no como afición. || adj. y com. Que ejerce una profesión o actividad como medio de vida. || com. Persona que ejerce su profesión eficientemente y con destacada capacidad. || FAM. profesionalidad, profesionalizar.

profesionalidad f. Ejercicio habitual de una profesión o actividad. || Ejercicio de la profesión con capacidad y eficacia.

profesionista com. *amer.* Profesional que posee titulación académica. || *amer.* Ejecutivo, profesional bien remunerado.

profeso, sa adj. y s. Se apl. al religioso o religiosa que ha profesado.

profesor, ra m. y f. Persona que se dedica a la enseñanza. || FAM. profesorado, profesoral.

profesorado m. Conjunto de profesores. || Cargo de profesor.

profeta com. Persona que posee el don de profecía. || *col.* Persona que conjetura o predice hechos futuros por señales o indicios. ◆ También se usa el f. *profetisa.* || FAM. profecía, proféticamente, profético, profetizar.

profético, ca adj. De la profecía, del profeta o relativo a ellos.

profetizar tr. Anunciar o predecir hechos futuros en virtud del don de profecía. || Conjeturar o hacer juicios a través de indicios o señales: *le profetizó una gran carrera.* || FAM. profetizador.

profiláctico, ca adj. Que sirve para proteger de una enfermedad. || m. Preservativo, condón.

profilaxis f. Prevención o conjunto de medidas para evitar una enfermedad. ◆ No varía en pl. || FAM. profiláctica, profiláctico.

profiterol m. Bollito relleno de helado o crema fría y cubierto de chocolate caliente.

prófugo, ga adj. y s. Se apl. a la persona que huye de la justicia o la autoridad. || m. Joven que se ausenta o se oculta para eludir el servicio militar.

profundidad f. Hondura. || Parte más honda de algo. || Dimensión de los cuerpos perpendiculares a una superficie plana. || Intensidad, fuerza. || Hondura y penetración del pensamiento y de las ideas.

profundizar tr. Hacer más profundo algo que lo era. || tr. e intr. Analizar o examinar algo con detenimiento para llegar a su perfecto conocimiento. || FAM. profundización.

profundo, da adj. Que tiene el fondo muy distante de la superficie. || Más hondo que lo regular. || Extendido a lo largo. || Que penetra mucho. || Intenso, penetrante. || Elevado, difícil de comprender. || FAM. profundamente, profundidad, profundizar.

profusión f. Gran abundancia o cantidad de algo. || Prodigalidad, abundancia excesiva. || FAM. profuso.

profuso, sa adj. Muy abundante o excesivo.

progenie f. Linaje o familia de la que desciende una persona. || Descendencia o conjunto de hijos de una persona.

progenitor, ra m. y f. Antepasado directo de una persona, y en especial el padre y la madre. || FAM. progenie, progenitura.

progesterona f. Hormona sexual femenina producida por los ovarios, cuya función es la preparación de la mucosa del útero para la implantación del óvulo fecundado.

prognatismo m. Abultamiento e inclinación marcada de la mandíbula inferior. || FAM. prognato.

prognato, ta adj. y s. Que presenta mandíbulas salientes.

programa m. Plan, proyecto o declaración de lo que se piensa realizar. || Sistema de distribución de las materias de un curso o asignatura. || Anuncio de las partes, reparto y cuadro técnico de ciertos actos o espectáculos. || Impreso con ese anuncio. || Cada uno de los bloques temáticos en que se divide una emisión de radio o de televisión. || Conjunto de instrucciones preparadas para que un aparato automático pueda efectuar una sucesión de operaciones determinadas. || En inform., secuencias de instrucciones detalladas y codificadas que sirven para dirigir la actuación y realización de operaciones de un computador electrónico. || Tema para un discurso, cuadro, obra musical. || FAM. programar, programático.

programación f. Programa. || Elaboración de un programa. || Conjunto de los programas de radio o televisión. || Anticipación y preparación de las funciones de un mecanismo. || En inform., codificación de las órdenes y datos que permiten la creación de un programa o aplicación.

programador, ra adj. y s. Se apl. al profesional que se dedica a la realización de programas informáticos. || m. Dispositivo o aparato que ejecuta un programa automáticamente.

programar tr. Elaborar o preparar un programa. || Idear y ordenar las acciones necesarias para realizar algo. || Preparar un dispositivo de antemano para que realice una función. || En inform., elaborar un programa informático codificando las órdenes y datos que permiten su funcionamiento. || FAM. programable, programación, programador.

progre adj. y com. *col.* Progresista.

progresar intr. Avanzar, realizar mejoras o adelantos. || FAM. progresión, progresivamente, progresividad, progresivo.

progresión f. Avance o evolución ininterrumpida. || Mejora, perfeccionamiento. || En mat., sucesión o serie de números o de términos algebraicos cuyos elementos están en relación y proporción constante. || **progresión aritmética** Aquella en que cada término es igual al anterior más una cantidad constante. || **progresión geométrica** Aquella en que cada término es igual al anterior multiplicado por una cantidad constante.

progresismo m. Doctrina o ideas de carácter avanzado e innovador. ‖ Corriente o partido político que defiende estas ideas. ‖ FAM. progresista.

progresista adj. Se apl. al partido liberal de España que buscaba un más rápido desenvolvimiento de las libertades públicas. ‖ adj. y com. Del partido progresista o relativo a él. ‖ De ideas políticas y sociales avanzadas enfocadas a la mejora y adelanto de la sociedad.

progresivo, va adj. Que progresa o favorece el avance. ‖ Que aumenta o se desarrolla continuamente.

progreso m. Avance hacia delante. ‖ Mejora, adelanto, en especial referido al adelanto cultural y técnico de una sociedad. ‖ FAM. progre, progresar, progresía, progresismo.

prohibición f. Veto, impedimento del uso o ejecución de algo. ‖ FAM. prohibicionista.

prohibir tr. Vetar o impedir el uso o ejecución de una cosa. ‖ FAM. prohibición, prohibitivo, prohibitorio.

prohibitivo, va adj. Que prohíbe. ‖ *col.* Demasiado caro o de precio elevado en proporción con la economía.

prohijar tr. Adoptar por hijo. ‖ Acoger como propias opiniones o doctrinas ajenas. ‖ FAM. prohijamiento.

prohombre m. Personaje ilustre, respetado y de gran consideración entre los de su clase.

prójimo, ma m. y f. Persona desconocida o de reputación dudosa. ‖ Cualquier persona respecto de otra en la colectividad humana.

prolapso m. Caída o desprendimiento de una víscera o un órgano.

prole f. Hijos o descendencia. ‖ *col.* Conjunto numeroso de personas que tienen algo en común. ‖ FAM. proletario, proliferar.

prolegómeno m. Tratado que precede a una obra y recoge los fundamentos generales de la materia sobre la que versa el escrito. Más en pl. ‖ Preparación, introducción excesiva o innecesaria. Más en pl.

proletariado m. Clase social constituida por aquellas personas que, al no poseer los medios de producción, ofrecen su trabajo a cambio de un salario.

proletario, ria adj. Del proletariado o relativo a esta clase social. ‖ m. y f. Persona que ofrece su trabajo a cambio de un salario por no poseer los medios de producción. ‖ FAM. proletariado.

proliferación f. Multiplicación abundante de alguna cosa.

proliferar intr. Multiplicarse abundantemente el número o la cantidad de alguna cosa. ‖ Reproducirse por división. ‖ FAM. proliferación, proliferante, prolífero, prolífico.

prolífico, ca adj. Se apl. al creador que tiene una amplia producción. ‖ Que se reproduce con mucha facilidad.

prolijo, ja adj. Largo, dilatado con exceso. ‖ Cuidadoso, esmerado. ‖ FAM. prolijamente, prolijidad.

prólogo m. Introducción a ciertas obras para explicarlas al lector o comentar algún aspecto de las mismas. ‖ Lo que sirve para introducir alguna cosa, a modo de presentación o preparación. ‖ FAM. prologal, prologar, prologuista.

prolongación f. Extensión, duración en el espacio o en el tiempo. ‖ Parte que se prolonga en alguna cosa.

prolongar tr. Alargar, dilatar en cuanto al espacio. También prnl. ‖ Hacer que dure una cosa más tiempo de lo normal. ‖ FAM. prolongable, prolongación, prolongadamente, prolongado, prolongador, prolongamiento.

promecio m. Elemento químico metálico radiactivo del grupo de los lantánidos; se utiliza en la fabricación de fuentes de rayos X, pinturas luminiscentes, baterías de semiconductores y generadores de potencia. Su símbolo es *Pm*, y su número atómico, 61.

promediar tr. Calcular el promedio de alguna cosa. ‖ Repartir en dos partes iguales. ‖ intr. Hacer de intermediario entre dos o más personas. ‖ Llegar a su mitad un espacio de tiempo determinado.

promedio m. Cantidad o valor medio que resulta de dividir la suma de todos los valores entre el número de estos. ‖ FAM. promediar.

promesa f. Expresión de la voluntad que alguien se impone de cumplir algo. ‖ Ofrecimiento solemne de cumplir con las obligaciones de un cargo. ‖ Augurio, señal, particularmente cuando es buena. ‖ Ofrecimiento religioso que suele hacerse junto a la petición de una gracia. ‖ Persona que por sus aptitudes puede lograr el triunfo en alguna actividad. ‖ FAM. promesante, promesar.

promesar tr. *amer.* Hacer una promesa, especialmente de carácter piadoso.

prometedor, ra adj. Que ofrece buenas perspectivas para lograr algo positivo: *trayectoria prometedora*.

prometer tr. Obligarse a realizar una determinada acción. ‖ Asegurar la certeza de lo que se dice. ‖ Ofrecer solemnemente el cumplimiento de las obligaciones de un cargo. ‖ intr. Dar muestras de capacidad en alguna materia o actividad: *este chico promete*. ‖ prnl. Mostrar esperanzas de lograr una cosa positiva: *se prometían unas vacaciones agradables*. ‖ Darse mutuamente palabra de casamiento. ‖ FAM. promesa, prometedor, prometido, promisión.

prometido, da m. y f. Persona que ha hecho y recibido promesa de matrimonio.

prominencia f. Abultamiento, elevación de una cosa con respecto a lo que está a su alrededor. ‖ FAM. prominente.

prominente adj. Que sobresale con respecto a lo que está a su alrededor: *mandíbula prominente*. ‖ Que destaca por sus cualidades.

promiscuidad f. Convivencia y relaciones sexuales desordenadas de una persona con muchas otras. ‖ Mezcla desordenada de elementos diversos.

promiscuo, cua adj. Se apl. a la persona que mantiene relaciones sexuales con varias personas. ‖ Mezclado confusamente y sin orden. ‖ FAM. promiscuamente, promiscuidad.

promisión f. Promesa de cumplir con algo. ‖ FAM. promisorio.

promoción f. Preparación de las condiciones óptimas para dar un artículo a conocer o para incrementar las ventas. ‖ Conjunto de individuos que al mismo tiempo han obtenido un título, grado o empleo. ‖ Elevación o mejora de las condiciones de vida, de productividad o de trabajo. || Torneo en que se compite por el ascenso a una categoría superior. || FAM. promocional, promocionar.

promocionar tr. Elevar o preparar las condiciones óptimas para dar algo a conocer o para incrementar sus ventas. || Elevar o mejorar las condiciones de vida, de productividad o de trabajo. También prnl. || Competir un equipo con otro para ascender de categoría. También prnl.

promontorio m. Elevación rocosa de altura considerable que avanza hacia el mar. || Parte elevada en un terreno.

promotor, ra adj. y s. Que promueve una cosa. || m. y f. Persona que promueve o promociona profesionalmente la labor de otra.

promover tr. Iniciar o activar una cosa procurando su realización. || Elevar a una persona a una dignidad o empleo superior al que tenía. || col. Provocar, producir, causar. ◆ Irreg. Se conj. como *mover*. || FAM. promoción, promotor, promovedor.

promulgar tr. Publicar oficialmente una ley u otra disposición. || Publicar solemnemente alguna cosa. || FAM. promulgación, promulgador.

pronombre m. En gram., clase de palabra que ejerce las mismas funciones gramaticales que el sustantivo. || **pronombre demostrativo** Aquel con que se muestran o señalan personas, animales o cosas. Son esencialmente tres: *este, ese, aquel*, y sus variantes. || **pronombre indefinido** El que alude de manera vaga e indeterminada a personas o cosas o expresa alguna noción cuantificativa; p. ej., *alguien, algo, nadie, uno*. || **pronombre personal** El que directamente designa personas, animales o cosas mediante cualquiera de las tres personas gramaticales. En general, desempeña las mismas funciones del sujeto o del grupo nominal; p. ej., *yo, tú, él*. || **pronombre posesivo** El que denota posesión o pertenencia; p. ej., *mío, tuyo, suyo, cuyo*. || **pronombre relativo** El que se refiere a persona, animal o cosa de que anteriormente se ha hecho mención. || FAM. pronominal.

pronominal adj. En gram., del pronombre o relativo a esta clase de palabra, o que desempeña su función. || En gram., se apl. al verbo que se conjuga en todas sus formas con los pronombres personales.

pronosticar tr. Aventurar lo que sucederá en un futuro a partir de ciertos indicios.

pronóstico m. Conocimiento anticipado de lo que sucederá en un futuro a través de ciertos indicios. || Señal a través de la cual se adivina una cosa futura. || Calendario en que se incluyen los fenómenos astronómicos y meteorológicos. || Juicio que forma el médico, a partir de los síntomas, del desarrollo previsible de una enfermedad. || FAM. pronosticar.

prontitud f. Rapidez, velocidad con que se realiza algo.

pronto, ta adj. Veloz, ligero. || Dispuesto para la ejecución de una cosa. ◆ Como adj., se suele anteponer al nombre. || m. col. Forma de reaccionar ante algo, muy rápida y a veces violenta: *le dio un pronto y se fue*. || adv. t. En seguida, en un corto espacio de tiempo. || Con anticipación al momento fijado: *si llegas pronto, espérame*. || **al pronto** loc. adv. En un primer momento, a primera vista. || **de pronto** loc. adv. Apresuradamente, de repente. || **por lo pronto** loc. adv. Por el momento, por ahora. || FAM. prontamente, prontitud, prontuario.

prontuario m. Compendio de las reglas de una ciencia o un arte.

pronunciación f. Emisión y articulación de un sonido en el habla. || Manera de pronunciar los sonidos de una lengua. || Exposición pública en voz alta. || Manifestación a favor o en contra de alguna cosa. || En der., publicación de una sentencia u otra resolución judicial.

pronunciado, da adj. Muy acusado, fácilmente perceptible.

pronunciamiento m. Rebelión militar para derrocar un gobierno. || Manifiesto público a favor o en contra de alguna cosa. || En der., cada una de las declaraciones, sentencias o mandatos de un juez o un tribunal.

pronunciar tr. Emitir y articular un sonido para hablar. || Exponer algo en público y en voz alta. || En der., dictar una sentencia u otra resolución judicial. || Destacar, hacer más perceptible. También prnl. || prnl. Sublevarse, rebelarse contra un gobierno. || Manifestarse alguien en favor o en contra de algo. || FAM. pronunciable, pronunciación, pronunciado, pronunciamiento.

propagación f. Extensión o difusión de algo a muchos lugares o a muchas personas. || Multiplicación por vía de reproducción.

propaganda f. Actividad que da a conocer alguna cosa intentando convencer al público de las cualidades y ventajas que reporta. || Material o trabajo empleado para este fin. || FAM. propagandismo, propagandista, propagandístico.

propagar tr. Extender o difundir algo a muchos lugares o a muchas personas. También prnl. || Multiplicar por vía de reproducción: *propagar la especie*. || FAM. propagación, propagador, propaganda.

propalar tr. Divulgar, difundir algo oculto. || FAM. propalador.

propano m. Hidrocarburo gaseoso incoloro e inodoro procedente del petróleo que se emplea como combustible.

proparoxítono, na adj. En fon., esdrújulo. || Se apl. al verso que termina con una de estas palabras.

propasar tr. Pasar más adelante de lo debido, hacer alguna cosa más allá de lo tolerable. || prnl. Excederse en atrevimiento con una persona hasta llegar a la falta de respeto.

propedéutica f. Enseñanza preparatoria para el estudio de una disciplina. || FAM. propedéutico.

propender intr. Inclinarse por alguna cosa, tener tendencia hacia algo. ◆ Se usa seguido de la prep. *a*: *durante el embarazo las caderas propenden a ensanchar*. Tiene doble p. p.: uno reg., *propendido*, y otro irreg., *propenso*.

propensión f. Tendencia o atracción hacia algo. || FAM. propender, propenso.

propenso, sa adj. Que tiene propensión a algo: *propenso a las infecciones*.

propiciar tr. Favorecer o facilitar la ejecución de algo. || Atraer la benevolencia de alguien. || FAM. propiciación, propiciador.

propiciatorio, ria adj. Que vuelve algo propicio o favorable: *víctima propiciatoria*.

propicio, cia adj. Favorable o apropiado para alguna cosa: *clima propicio*. ‖ FAM. propiciamente, propiciar, propiciatorio.

propiedad f. Derecho o facultad de poseer alguna cosa y disponer de ella dentro de los límites de la legalidad. ‖ Lo que se posee, especialmente si se trata de un bien inmueble. ‖ Atributo, cualidad esencial. ‖ Precisión y exactitud al utilizar las palabras y el lenguaje: *hablar con propiedad*. ‖ FAM. propietario.

propietario, ria adj. y s. Que tiene derecho de propiedad sobre alguna cosa, especialmente sobre bienes inmuebles. ‖ Que tiene titularidad permanente sobre un cargo o empleo.

propileno m. Hidrocarburo gaseoso no saturado de la serie de los alquenos, incoloro, que se obtiene en la refinación del petróleo y se emplea en la elaboración de acetona y plásticos industriales.

propina f. Dinero que se da voluntariamente aparte del precio convenido por algún servicio. ‖ *col.* Pieza musical que se ofrece en un concierto fuera de programa como cortesía hacia el público. ‖ **de propina** loc. adv. *col.* Por añadidura, además de otra cosa. ‖ FAM. propinar.

propinar tr. Dar o infligir un golpe, una paliza o algo que causa dolor.

propincuo, cua adj. Allegado, cercano, próximo. ‖ FAM. propincuidad.

propio, pia adj. Perteneciente a una persona, de su propiedad. ‖ Característico, peculiar de cada persona o cosa. ‖ Conveniente, adecuado. ‖ Natural, auténtico, en contraposición a postizo o accidental. ‖ De la persona que habla o de la que se habla: *en defensa propia*. ‖ Se apl. a la imagen o a la reproducción de alguna cosa hecha con exactitud y precisión: *en el retrato estás muy propia*. ‖ m. Persona que expresamente se envía de un punto a otro con una carta o recado. ‖ FAM. propiamente, propiedad.

proponer tr. Manifestar o exponer una idea o un plan para que se conozca y se acepte. ‖ Presentar a una persona para un empleo o cargo. ‖ Enunciar un ejercicio, un problema o una actividad para que sean resueltos. ‖ prnl. Determinar o hacer propósito de cumplir un objetivo. ◆ **Irreg.** Se conj. como *poner*. p. p. irreg.: *propuesto*. ‖ FAM. proponente, proposición, propósito, propuesta.

proporción f. Disposición o correspondencia de las partes con el todo o entre cosas relacionadas entre sí. ‖ Dimensión de algo, tamaño. ‖ Importancia o trascendencia de algo. Más en pl.: *escándalo de grandes proporciones*. ‖ En mat., igualdad de dos razones: *proporción aritmética*. ‖ FAM. proporcional, proporcionar.

proporcionado, da adj. De dimensiones armónicas y equilibradas.

proporcional adj. Conforme a una proporción, en relación equilibrada. ‖ En mat., se apl. a la cantidad que aumenta o disminuye de igual forma o de manera inversa a otra cantidad con que se relaciona. ‖ FAM. proporcionalidad, proporcionalmente.

proporcionar tr. Poner a disposición de uno lo que necesita o le conviene. ‖ Causar, producir. ‖ Disponer y ordenar una cosa con la debida correspondencia entre sus partes. ‖ FAM. proporcionable, proporcionado.

proposición f. Exposición de una idea o un plan para que se conozca y se acepte. ‖ Recomendación de una persona para un puesto. ‖ En ling., unidad de estructura oracional constituida por sujeto y predicado, que se une mediante coordinación o subordinación a otra u otras proposiciones para formar una oración compuesta. ‖ Enunciado susceptible de ser verdadero o falso. ‖ En mat., enunciación de una verdad demostrada o que se trata de demostrar. ‖ **proposición deshonesta** La que lleva implícita una insinuación sexual.

propósito m. Intención o voluntad de hacer algo. ‖ Objetivo, fin o aspiración que se desea lograr. ‖ **a propósito** loc. adv. Adrede, con intención. ‖ Expresión que introduce algo que tiene relación con lo que se estaba diciendo.

propuesta f. Exposición de una idea o proyecto con un propósito determinado. ‖ Recomendación de una persona para un empleo o cargo.

propugnar tr. Defender o apoyar una postura o idea por juzgarse conveniente. ‖ FAM. propugnación, propugnador.

propulsar tr. Dar impulso hacia delante. ‖ FAM. propulsión, propulsor.

propulsión f. Impulso, empuje hacia delante. ‖ **propulsión a chorro** Procedimiento empleado en motores de aviones, cohetes y proyectiles que se basa en producir movimiento por la expulsión a gran velocidad de los gases que se originan.

propulsor, ra adj. y m. Que propulsa.

prorrata f. Cuota o porción que toca pagar o recibir a cada uno de los participantes en un reparto. ‖ FAM. prorratear, prorrateo.

prorratear tr. Repartir una cantidad proporcionalmente entre varios.

prórroga f. Alargamiento de un plazo o de la duración de alguna cosa. ‖ En dep., tiempo suplementario que se añade a un partido para deshacer un empate en el resultado. ‖ Aplazamiento temporal en la incorporación al servicio militar que se concede a los llamados a filas.

prorrogar tr. Ampliar, alargar la duración de alguna cosa por tiempo determinado. ‖ Aplazar, suspender. ‖ FAM. prórroga, prorrogable, prorrogación.

prorrumpir intr. Proferir repentinamente y con intensidad un sonido o un gesto que manifiesta un sentimiento. ◆ Se construye con la prep. *en*: *prorrumpir en sollozos*.

prosa f. Estructura o forma natural de la expresión lingüística no sujeta a las exigencias de rima y medida de los versos. ‖ *col.* Verborrea excesiva para expresar ideas banales y sin importancia. ‖ Aspecto de la realidad más vulgar o más lejano del ideal. ‖ FAM. prosado, prosador, prosaico, prosaísmo, prosear, prosificación, prosificar, prosista, prosístico.

prosaico, ca adj. De la prosa o relativo a ella, o escrito en prosa. ‖ Insulso, vulgar, anodino, muy apegado a lo convencional. ‖ FAM. prosaicamente.

prosapia f. Ascendencia, linaje o generación de una persona, especialmente si es ilustre o elevado.

proscenio m. Parte del escenario más inmediata al público. || En el antiguo teatro griego y latino, lugar situado entre la escena y la orquesta. || FAM. proscénico.

proscribir tr. Expulsar a una persona del territorio de su patria, especialmente por motivos políticos. || Excluir, prohibir. ◆ p. p. irreg.: *proscrito*. || FAM. proscripción, proscriptor, proscrito.

proscrito, ta adj. y s. Desterrado.

prosear intr. *amer.* Conversar.

proseguir tr. Seguir, continuar alguna cosa ya iniciada. ◆ Irreg. Se conj. como *pedir*. || FAM. prosecución, proseguible, proseguimiento.

proselitismo m. Empeño que se pone en ganar prosélitos para una causa. || FAM. proselitista.

prosélito m. Persona ganada para una causa, sea una religión, un partido, una doctrina o incluso una opinión. || FAM. proselitismo.

prosimio, a adj. y m. De los prosimios o relacionado con este suborden de primates. || m. pl. Suborden de mamíferos primates que se caracterizan por sus hocicos prominentes y largas colas, así como, en las especies más primitivas, por una tendencia a la disposición lateral de los ojos, como el lémur.

prosista com. Escritor o escritora de obras en prosa.

prosodia f. Parte de la gramática que enseña la correcta pronunciación y acentuación. || Estudio de los rasgos fónicos que afectan a la métrica, especialmente de los acentos y de la cantidad. || Parte de la fonología dedicada al estudio de los rasgos fónicos que afectan a unidades inferiores o superiores al fonema. || FAM. prosódico.

prosódico, ca adj. De la prosodia, de la pronunciación o relativo a alguna de ellas.

prosopopeya f. Figura que consiste en atribuir a las cosas inanimadas o abstractas acciones y cualidades propias de los seres animados, o bien cualidades propias del ser humano a los seres irracionales. || *col.* Afectación excesiva, solemnidad artificiosa al expresarse o al actuar.

prospección f. Exploración del subsuelo encaminada a descubrir yacimientos minerales, petrolíferos, arqueológicos o la existencia de aguas subterráneas. || Exploración de posibilidades futuras basada en indicios presentes. || FAM. prospectiva, prospectivo, prospecto.

prospecto m. Folleto explicativo que llevan algunos productos, especialmente los medicamentos, donde se informa sobre su modo de uso, su composición, sus funciones y otros datos útiles. || Impreso de pequeño tamaño o anuncio breve de una obra, un escrito, un espectáculo o algún producto que se promociona.

prosperar intr. Mejorar, avanzar. || Tener aceptación o éxito.

prosperidad f. Bienestar, mejora de la situación económica o social. || Éxito o desarrollo favorable de alguna cosa.

próspero, ra adj. Favorable, propicio, afortunado. || Que mejora y se enriquece progresivamente. || FAM. prósperamente, prosperar, prosperidad.

próstata f. Glándula sexual masculina de los mamíferos, situada en la base de la vejiga de la orina, alrededor de la uretra, que segrega un líquido blanquecino y viscoso que, al unirse a los espermatozoides producidos

por los testículos, constituye el semen. || FAM. prostático, prostatitis.

prosternarse prnl. Arrodillarse o inclinarse como muestra de respeto o adoración, postrarse. || FAM. prosternación.

prostíbulo m. Casa donde se ejerce la prostitución: *regenta un prostíbulo clandestino*. || FAM. prostibulario.

prostitución f. Actividad en la que una persona admite contactos sexuales a cambio de dinero. || Envilecimiento, degradación, generalmente por interés: *prostitución de ideas*.

prostituir tr. y prnl. Hacer que una persona se dedique a mantener contactos sexuales a cambio de dinero. || Corromper, pervertir o degradar por interés o adulación. ◆ Irreg. Se conj. como *huir*. Tiene doble p. p.: uno reg., *prostituido*, y otro irreg., *prostituto*. || FAM. prostíbulo, prostitución, prostituto.

prostituto, ta m. y f. Persona que ejerce la prostitución. Más como f.

protactinio m. Elemento químico metálico de color blanco grisáceo, radiactivo, que se encuentra en los minerales de uranio. Su símbolo es *Pa*, y su número atómico, 91.

protagonismo m. Condición de protagonista. || Afán de destacar como persona muy cualificada e imprescindible para una actividad.

protagonista m. Personaje principal de la acción en una obra literaria o cinematográfica. || Lo que en cualquier asunto desempeña el papel principal. || FAM. protagonismo, protagonizar.

protagonizar tr. Desempeñar el papel de protagonista. || Poseer el papel más importante o destacado en un asunto.

prótasis f. En gram., parte de la oración subordinada condicional donde se expresa la condición. ◆ No varía en pl.

protección f. Amparo, ayuda, apoyo. || Defensa que se hace de alguna cosa para evitar un daño o perjuicio. || **protección civil** Servicio público de ayuda. || FAM. proteccionismo.

proteccionismo m. Política económica que protege la producción y el comercio nacionales gravando la entrada en el país de productos extranjeros. || Doctrinas que fundamentan esta política. || FAM. proteccionista.

proteccionista adj. Del proteccionismo o relativo a él. || adj. y com. Partidario del proteccionismo.

protector, ra adj. y s. Que protege. || m. En dep., pieza que protege algunas partes del cuerpo más expuestas durante la práctica de algunos deportes: *protector dental*.

protectorado m. Soberanía parcial que un Estado ejerce sobre un territorio que conserva autoridades propias. || Territorio en que se ejerce esta soberanía compartida.

proteger tr. Resguardar a alguien o algo de peligro o daño. || Apoyar, favorecer, defender. || FAM. protección, protector, protegido.

protegido, da m. y f. Persona acogida a la protección de otra.

proteico, ca adj. Proteínico. || Que cambia de formas, ideas o aspecto. || FAM. proteo.

proteína f. Cualquiera de las numerosas sustancias químicas formadas por aminoácidos que forman parte de la materia fundamental de las células y de las sustancias vegetales y animales. || FAM. proteico, proteínico, prótido.

proteínico, ca adj. De las proteínas o relativo a ellas.

protésico, ca adj. De la prótesis o relativo a este procedimiento. || m. y f. Persona que se dedica profesionalmente a la fabricación e implantación de prótesis: *protésico dental.*

prótesis f. Procedimiento para sustituir un órgano o parte de él por una pieza o un aparato artificial. || Esta misma pieza o aparato artificial que sustituye un órgano o una parte del cuerpo humano. ◆ No varía en pl. || FAM. protésico.

protesta f. Muestra de disconformidad o descontento. || Documento, acto o palabra con que se protesta.

protestante adj. Del protestantismo o relativo a esta doctrina religiosa. || com. Partidario del protestantismo.

protestantismo m. Conjunto de comunidades religiosas cristianas surgidas de la Reforma protestante de Lutero en el siglo XVI. || Doctrina religiosa de estas comunidades. || FAM. protestante.

protestar intr. Mostrar disconformidad, descontento u oposición. || tr. Negar la aceptación o el pago de una letra de cambio o un cheque. || FAM. protesta, protestable, protestantismo, protesto, protestón.

prótido m. Proteína.

protista o **protisto** adj. y m. Protoctisto.

proto- pref. que significa 'prioridad', 'preeminencia' o 'superioridad': *prototipo.*

protoactinio m. Protactinio.

protocolario, ria adj. Del protocolo o relativo a este conjunto de reglas y ceremoniales. || Que se lleva a cabo con innecesaria solemnidad, por cumplir con la cortesía o por respeto a las costumbres.

protocolo m. Conjunto de reglas y ceremoniales que deben seguirse en ciertos actos o con ciertas personalidades. || Serie ordenada de escrituras y otros documentos que un notario o escribano autoriza y custodia con ciertas formalidades. || Acta o cuaderno de actas relativas a un acuerdo, conferencia o congreso diplomático. || En inform., conjunto de normas y procedimientos útiles para la transmisión de datos, conocido por el emisor y el receptor. || FAM. protocolar, protocolario, protocolizar.

protoctisto, a adj. y m. De los protoctistas o relativo a este reino de seres vivos. || m. pl. Reino de seres vivos de pequeño tamaño que incluye los protozoos y las algas, constituidos por células eucariotas y que no presentan tejidos u órganos diferenciados, pero sí formas pluricelulares macroscópicas. ◆ Antiguamente se denominaban *protistas* o *protistos.*

protohistoria f. Periodo de la historia de la humanidad posterior a la prehistoria, del que no se poseen documentos, pero sí testimonios de tradiciones originariamente orales. || Estudio de ese periodo. || FAM. protohistórico.

protón m. Partícula elemental presente en el núcleo de los átomos, de carga igual a la del electrón, pero de signo positivo e indivisible. || FAM. protónico.

protoplasma m. Sustancia de composición química compleja y abundante contenido de agua que constituye la parte esencial y viva de la célula. || FAM. protoplasmático.

protórax m. Primero de los tres segmentos que forman el tórax de los insectos. ◆ No varía en pl.

prototipo m. Primer ejemplar de alguna cosa que se toma como modelo para crear otros de la misma clase. || Persona o cosa en la que destacan ciertas cualidades, por las que se toma como modelo. || FAM. prototípico.

protozoo adj. y m. Se apl. al protoctista eucariota unicelular que vive en aguas dulces y saladas o en líquidos internos de los organismos superiores, muchos de ellos como parásitos, como la vorticela. || m. pl. Grupo de estos seres vivos.

protuberancia f. Parte saliente o abultamiento, de forma más o menos redondeada. || Erupción de vapores muy calientes alrededor del Sol. Más en pl. || FAM. protuberante.

provecho m. Beneficio, utilidad. || Aprovechamiento, buen rendimiento en alguna materia. || Efecto alimenticio que produce en el organismo una comida o bebida. || Eructo. || **buen provecho** loc. *col.* Expresión de cortesía para mostrar el deseo de que una cosa resulte útil o conveniente para la salud o el bienestar de alguien, especialmente la comida. || **de provecho** loc. adj. Útil, beneficioso. || De pro. || FAM. provechosamente, provechoso.

provechoso, sa adj. Que causa provecho, beneficioso, útil.

provecto, ta adj. Viejo, caduco, de edad avanzada.

proveedor, ra m. y f. Persona o empresa que abastece de algunos artículos necesarios.

proveer tr. Suministrar o facilitar lo necesario o conveniente para un fin. También prnl. || Prevenir, reunir o preparar las cosas necesarias para un fin. También prnl. || Conferir una dignidad, empleo o cargo. || Dictar un juez o tribunal una resolución. ◆ Irreg. Se conj. como *leer.* Tiene doble p. p., uno reg., *proveído,* y otro irreg., *provisto.* || FAM. proveedor, proveimiento, providencia, providente, próvido, provisión, provisor, provisto.

proveniencia f. Procedencia, origen.

proveniente adj. Que proviene de algún lugar.

provenir intr. Proceder, nacer, tener origen en algo. ◆ Irreg. Se conj. como *venir.* || FAM. proveniencia, proveniente, proviniente, proviniente.

provenzal adj. y com. De Provenza o relativo a esta antigua región francesa. || m. Lengua románica de esta región. || Lengua que en la época medieval se hablaba en el sur de Francia y cultivaron los trovadores, llamada también *lengua de oc* y *lemosín.* || FAM. provenzalismo.

proverbial adj. Del proverbio, relativo a él o que lo incluye. || Muy notorio, conocido de siempre: *su amabilidad es proverbial.* || FAM. proverbialmente.

proverbio m. Sentencia o refrán de origen popular que contiene un consejo o una enseñanza moral. || FAM. proverbial.

providencia f. Disposición anticipada, prevención que se toma para lograr un fin o remediar un daño. ‖ Suprema sabiduría de Dios que rige el mundo y a los hombres y cuida de ellos. ◆ Se escribe con mayúscula. ‖ En der., resolución judicial que decide cuestiones de trámite. ‖ FAM. providencial, providencialismo, providencialista.

providencial adj. De la providencia, especialmente la de Dios, o relativo a ella. ‖ Se apl. al suceso que se produce de forma casual o inesperada y evita un daño o un perjuicio inminentes. ‖ FAM. providencialmente.

próvido, da adj. Dispuesto a proveer de lo necesario con generosidad.

provincia f. División administrativa del territorio de un Estado, sujeta por lo común a una autoridad administrativa. ‖ En la antigua Roma, territorio conquistado fuera de Italia, sujeto a las leyes romanas y administrado por un gobernador. ‖ Cada uno de los distritos en que dividen un territorio las órdenes religiosas. ‖ pl. Las ciudades de un país que no son la capital. ‖ FAM. provincial, provincialismo, provinciano.

provincial[1] adj. De la provincia o relativo a ella: *diputación provincial.*

provincial[2]**, la** m. y f. Religioso que gobierna las casas de su orden en alguna provincia. ‖ FAM. provincialato.

provinciano, na adj. De la provincia o relativo a ella. ‖ De gustos poco refinados y exigentes, pasado de moda. ‖ De mentalidad y costumbres poco avanzadas o modernas, propias de un pueblo o de una pequeña provincia. ‖ FAM. provincianismo.

provisión f. Abastecimiento y suministro de las cosas necesarias. ‖ Conjunto de alimentos y otros artículos que se almacenan y reservan para cubrir necesidades. Más en pl. ‖ En der., nombramiento de un juez o un tribunal. ‖ Asignación de un empleo o unas obligaciones. ‖ **provisión de fondos** Cantidad de dinero que se adelanta para cubrir los gastos de ciertos servicios administrativos. ‖ FAM. provisional.

provisional adj. Que no es definitivo, sino solo por un tiempo. ‖ FAM. provisionalmente, provisor, provisorio.

provisorio, ria adj. *amer.* Provisional.

provocación f. Producción, causa de alguna causa. ‖ Acción o palabra que provoca irritación o enfado. ‖ Excitación del deseo sexual de manera intencionada.

provocador, ra adj. y s. Que provoca.

provocar tr. Producir, causar. ‖ Irritar a alguien, incitarle para que discuta o pelee. ‖ Excitar el deseo sexual de manera intencionada. También intr. ‖ *amer. col.* Apetecer. ‖ FAM. provocación, provocador, provocante, provocativo.

provocativo, va adj. Que provoca o incita a alguna cosa: *escote provocativo.* ‖ FAM. provocativamente.

proxeneta com. Persona que induce a la prostitución a otra persona y obtiene beneficios de ella. ‖ FAM. proxenético, proxenetismo.

proximidad f. Cercanía en el espacio o en el tiempo. ‖ Lugar cercano. Más en pl.: *hay un campo de golf en las proximidades del hotel.*

próximo, ma adj. Cercano, que dista poco en el espacio o en el tiempo. ‖ Inmediatamente posterior, siguiente. ‖ FAM. próximamente, proximidad.

proyección f. Lanzamiento, impulso hacia delante o a distancia. ‖ Formación de un plan para lograr un objetivo. ‖ Imagen proyectada por medio de un foco luminoso sobre una superficie. ‖ Repercusión, trascendencia. ‖ En psicoanálisis, atribución a otra persona o a algún objeto de los defectos o intenciones que no se quieren reconocer en uno mismo. ‖ En geom., figura que resulta en una superficie al proyectar en ella todos los puntos de un sólido u otra figura.

proyectar tr. Lanzar, dirigir hacia delante o a distancia. ‖ Idear, proponer, disponer. ‖ Hacer visible sobre un cuerpo o una superficie la figura o la sombra de otro. También prnl. ‖ Formar sobre una pantalla la imagen óptica amplificada de diapositivas, películas u objetos opacos. ‖ Hacer un proyecto de arquitectura o ingeniería. ‖ En psicoanálisis, atribuir a otra persona o a algún objeto los defectos o intenciones que no se reconocen en uno mismo. ‖ En geom., trazar líneas rectas desde todos los puntos de un sólido u otra figura, según determinadas reglas, hasta que encuentren una superficie por lo común plana. ‖ FAM. proyección, proyectil, proyectista, proyectivo, proyector.

proyectil m. Cualquier cuerpo arrojadizo, especialmente los lanzados con armas de fuego.

proyecto m. Plan y disposición detallados que se forman para la ejecución de una cosa. ‖ Propósito o pensamiento de hacer una cosa. ‖ Conjunto de instrucciones, cálculos y dibujos necesarios para ejecutar una obra de arquitectura o de ingeniería. ‖ **proyecto de ley** Propuesta de ley elaborada por el Gobierno y sometida al parlamento para su aprobación. ‖ FAM. proyectar, proyectista.

proyector m. Aparato que proyecta imágenes ópticas sobre una superficie. ‖ Aparato óptico con el que se obtiene un haz luminoso de gran intensidad.

prudencia f. Cualidad que consiste en actuar con reflexión y precaución para evitar posibles daños. ‖ Moderación al hablar o actuar. ‖ FAM. prudencial, prudencialmente, prudente.

prudencial adj. De la prudencia o relativo a ella. ‖ Que no es exagerado o excesivo: *precio prudencial.*

prudente adj. Que muestra prudencia y cautela. ‖ Moderado, razonable: *cantidad prudente.* ‖ FAM. prudentemente.

prueba f. Examen o experimentación para comprobar el buen funcionamiento de alguna cosa o su adecuación a un determinado fin. ‖ Demostración de la verdad de alguna cosa o de su existencia. ‖ Razón o argumento con que se demuestra la verdad o falsedad de una cosa. ‖ Indicio, muestra que se da de una cosa. ‖ Ensayo o experiencia que se hace de una cosa. ‖ Experimento o ensayo para saber cómo resultará finalmente alguna cosa. ‖ Examen para demostrar conocimientos o aptitudes. ‖ Situación triste o difícil. ‖ Análisis médico. ‖ Degustación de un alimento o una bebida. ‖ Parte pequeña o muestra de un todo que se analiza para comprobar su calidad. ‖ Operación que se ejecuta para averiguar la exactitud de otra ya hecha. ‖ En impr., muestra de la composición tipográfica que se saca para corregir las erratas que tiene. ‖ Competición deportiva. ‖ **prueba de fuego** Demostración difícil y decisiva. ‖ **a prueba** loc. adv. De forma provisional, hasta que se demuestre la calidad y valía de alguna cosa. ‖ loc. adj. Se apl. al periodo de tiempo en el que un trabajador debe demostrar su valía antes de firmar un contrato laboral. ‖ **a prueba de** loc. adj. y adv. Que puede resistir la acción de aquello que se expresa: *blindaje a prueba de balas.*

prurito m. Comezón, picazón que se produce en el cuerpo. ‖ Deseo de perfección, generalmente excesivo: *prurito profesional.* ‖ FAM. prurigo.

pseudo- pref. Seudo-.

psi f. Vigesimotercera letra del alfabeto griego, que se corresponde con el grupo consonántico *ps.* Su grafía mayúscula es Ψ y, la minúscula, ψ.

psico- pref. que significa 'alma' o 'actividad mental': *psicología.*

psicoanálisis m. Método terapéutico de determinadas enfermedades mentales desarrollado por Sigmund Freud, basado en el análisis retrospectivo de las causas morales y afectivas que determinan las dolencias del paciente y que da gran importancia a los impulsos reprimidos que quedan en el subconsciente. ‖ Doctrina que sirve de base a este tratamiento. ‖ FAM. psicoanalista, psicoanalítico, psicoanalizar.

psicoanalista com. Persona que se dedica a practicar el psicoanálisis, sobre todo si es de forma profesional.

psicoanalizar tr. y prnl. Aplicar el psicoanálisis a una persona.

psicodélico, ca adj. De la manifestación de experiencias y estados psíquicos caracterizados por una alteración de la sensibilidad y que en condiciones normales están ocultos, y que se suelen manifestar en forma de alucinaciones, euforia o depresión. ‖ Causante de esta manifestación o estimulación, como los alucinógenos. ‖ *col.* Que es raro o extravagante, con características propias de lo que se percibe en las alucinaciones. ‖ FAM. psicodelia.

psicodrama m. Representación teatral con fines psicoterápicos en la que los pacientes representan situaciones dramáticas relacionadas con sus problemas patológicos.

psicofármaco m. Medicamento que influye sobre la actividad mental.

psicología f. Ciencia que estudia la actividad psíquica y la conducta humana. ‖ Manera de sentir de una persona o grupo. ‖ Capacidad para captar los sentimientos de los demás y saber tratarlos. ‖ Lo que tiene que ver con el comportamiento de los animales. ‖ FAM. psicológico, psicólogo.

psicológico, ca adj. De la psicología o relativo a ella. ‖ De la psique o relativo a la mente humana. ‖ *col.* Muy oportuno: *gol psicológico.*

psicólogo, ga m. y f. Persona que se dedica profesionalmente a la psicología. ‖ Persona con gran capacidad para conocer el temperamento y las reacciones del resto.

psicomotor, ra adj. De la psicomotricidad o relativo a ella. ◆ El f. también puede ser *psicomotriz.*

psicomotricidad f. Relación que existe entre la mente y la capacidad de realizar movimientos del cuerpo. ‖ FAM. psicomotor, psicomotriz.

psicópata com. Enfermo mental que padece una psicopatía.

psicopatía f. Enfermedad mental, en especial la anomalía psíquica por obra de la cual, a pesar de la integridad de las funciones perceptivas y mentales, se halla patológicamente alterada la conducta social del individuo que la padece como consecuencia de una adaptación al medio. ‖ FAM. psicópata, psicopático.

psicosis f. Nombre genérico de las enfermedades mentales. ‖ Obsesión muy persistente. ◆ No varía en pl. ‖ FAM. psicótico.

psicosomático, ca adj. Que afecta a la psique o implica una acción de la psique sobre el cuerpo, o viceversa.

psicotecnia f. Rama de la psicología que trata de medir y clasificar las aptitudes de los individuos mediante la realización de pruebas adecuadas, con el fin de la orientación y la selección. ‖ FAM. psicotécnico.

psicoterapeuta com. Persona que se dedica profesionalmente a la aplicación de la psicoterapia.

psicoterapia f. Tratamiento de las enfermedades, especialmente de las nerviosas, por medio de la sugestión o persuasión o por otros procedimientos psíquicos. ‖ FAM. psicoterapeuta, psicoterapéutico, psicoterápico.

psicótico, ca adj. Que padece o manifiesta una psicosis.

psicotrópico, ca, psicótropo, pa o **psicotropo, pa** adj. y s. Se apl. a la sustancia o medicamento que influye en el organismo alterando sus condiciones y funciones psicológicas.

psique f. Conjunto de actos y funciones de la mente. ‖ FAM. psicastenia, psicoanálisis, psicodrama, psicofisiología, psicogénico, psicógeno, psicokinesis, psicolingüística, psicología, psicometría, psicomotricidad, psiconeurosis, psicopatía, psicosis, psicosomático, psicotecnia, psicoterapia, psicotrópico, psicótropo o psicotropo, psiquiatría, psíquico, psiquis, psiquismo.

psiquiatra com. Médico especializado en psiquiatría.

psiquiatría f. Parte de la medicina que trata de las enfermedades mentales. ‖ FAM. psiquiatra, psiquiátrico.

psiquiátrico, ca adj. De la psiquiatría o relativo a ella. ‖ m. Hospital para enfermos mentales.

psíquico, ca adj. De la psique o mente humana.

psiquis f. Psique. ◆ No varía en pl.

psitaciforme adj. y m. De las psitaciformes o relativo a este orden de aves. ‖ m. pl. Orden de aves provistas de patas prensoras, plumaje de vivos colores y pico corto, alto y muy encorvado, casi todas originarias de países tropicales, como el loro y el papagayo.

psoriasis f. Enfermedad de la piel, generalmente crónica, que se caracteriza por el enrojecimiento de la misma y la aparición de escamas o costras. ◆ No varía en pl.

pteridofito, ta adj. y f. De las pteridofitas o relativo a este grupo de plantas. ‖ f. pl. Grupo de plantas metafitas criptógamas, caracterizadas por reproducirse mediante alternancia de generaciones, como los helechos.

pterodáctilo m. Reptil fósil volador caracterizado por presentar una membrana entre las extremidades anteriores y el cuerpo, que le posibilitaba el vuelo; vivió en el periodo jurásico.

púa f. Cuerpo delgado y rígido que acaba en punta aguda. || Pincho o espina que cubre el cuerpo de algunos animales. || Diente de un peine o de un cepillo. || Pequeña lámina triangular para tocar la guitarra y otros instrumentos semejantes.

pub (voz i.) m. Establecimiento hostelero al estilo inglés donde se sirven bebidas y se puede escuchar música. ◆ pl. *pubs* o *pubes*.

púber adj. y com. Que ha llegado a la pubertad.

pubertad f. Época de la vida en que comienzan a manifestarse los caracteres de la madurez sexual. || FAM. púber.

pubis m. Parte inferior del vientre que en la especie humana se cubre de vello en la pubertad. || Hueso par, situado en la parte delantera de la pelvis. ◆ No varía en pl. || FAM. pubertad, pubescente, pubiano.

publicación f. Obra literaria o artística publicada. || Difusión o comunicación de cualquier información para que sea conocida. || Difusión de algo por medio de la imprenta o cualquier otro procedimiento técnico.

publicar tr. Hacer patente o manifiesta al público una cosa. || Revelar o decir lo que estaba secreto u oculto. || Difundir por medio de la imprenta o de cualquier otro procedimiento técnico. || Correr las amonestaciones para el matrimonio y las órdenes sagradas. || FAM. publicable, publicación, publicidad.

publicidad f. Conjunto de medios que se emplean para divulgar o extender noticias o hechos. || Divulgación de noticias o anuncios de carácter comercial para vender un servicio, un producto o una idea. || Divulgación de algo que pasa a ser de conocimiento público. || FAM. publicista, publicitar, publicitario.

publicista com. Persona que se dedica profesionalmente a la publicidad.

publicitario, ria adj. De la publicidad o relativo a ella.

público, ca adj. Sabido o conocido por todos. || Para todos los ciudadanos o para la gente en general, se opone a privado. || Del Estado o de sus instituciones o que está controlado por ellos. || Se apl. a la persona que se dedica a actividades por las cuales es conocida por el común de la gente. || m. Conjunto de personas que participan de unas mismas aficiones, concurren a un lugar determinado para asistir a un espectáculo o con otro fin semejante, utilizan iguales servicios o tienen aficiones comunes. || **el gran público** Conjunto de personas sin ninguna formación específica sobre un tema. || **en público** loc. adv. De manera que todos puedan verlo u oírlo. || FAM. públicamente, publicano, publicar.

publirreportaje m. Reportaje publicitario con una duración superior a la normal.

¡pucha! interj. *amer.* Indica sorpresa, disgusto, rabia.

pucherazo m. Fraude electoral que consiste en alterar de diversos modos el resultado del escrutinio de votos.

puchero m. Recipiente para guisar, de barro u otro material, más alto que ancho y algo abombado. || Nombre dado a diferentes guisos parecidos al cocido. || Alimento diario y regular. || Gesto o movimiento que precede al llanto. || FAM. pucherazo.

¡puchis! interj. *amer.* Expresa sorpresa o susto.

pucho m. *amer.* Colilla del cigarro. || *amer.* Resto o pequeña cantidad que queda de algo.

pudding (voz i.) m. Pudin o pudín.

pudendo, da adj. Que causa pudor o vergüenza o que puede causarlos.

pudibundo, da adj. Que finge pudor o muestra un pudor excesivo. || FAM. pudibundez.

púdico, ca adj. Que tiene pudor o lo demuestra.

pudiente adj. y com. Poderoso, rico.

pudin o **pudín** m. Dulce hecho con bizcocho o pan deshecho en leche, con azúcar, huevos y frutos secos. || Plato semejante, pero salado.

pudinga f. Conjunto de rocas sedimentarias formadas por el conglomerado de otras redondeadas.

pudor m. Honestidad, recato. || Sentimiento de vergüenza hacia lo relativo al sexo o la desnudez. || Timidez, modestia. || FAM. pudendo, pudibundo, pudicia, púdico, pudoroso.

pudoroso, sa adj. Que tiene pudor o lo demuestra.

pudridero m. Lugar donde se colocan los desperdicios para que se pudran. || Cámara de los cementerios donde se coloca a los cadáveres antes de enterrarlos en el panteón.

pudrir tr. Corromper, descomponer la materia orgánica. También prnl. || Provocar la degradación de algo o alguien. || prnl. Consumirse de tristeza o abandono en un determinado lugar o circunstancia. || FAM. pudrición, pudridero, pudrimiento, putrefacción. ◆ También se dice *podrir*. **Irreg.** Conjugación modelo:

Indicativo
Pres.: pudro, pudres, pudre, pudrimos, pudrís, pudren.
Imperf.: pudría, pudrías, pudría, *etc.*
Pret. perf. simple: pudrí, pudriste, pudrió, pudrimos, pudristeis, pudrieron.
Fut. simple: pudriré, pudrirás, pudrirá, *etc.*
Condicional simple: pudriría, pudrirías, pudriría, *etc.*
Subjuntivo
Pres.: pudra, pudras, pudra, pudramos, pudráis, pudran.
Imperf.: pudriera o pudriese, pudrieras o pudrieses, *etc.*
Fut. simple: pudriere, pudrieres, pudriere, *etc.*
Imperativo: pudre, pudrid.
Participio: podrido.
Gerundio: pudriendo.

pudú m. *amer.* Mamífero artiodáctilo parecido a un ciervo pequeño que vive en las faldas del sur de los Andes. ◆ pl. *pudúes* o *pudús.*

pueblerino, na adj. y s. De un pueblo pequeño o aldea o relativo a ellos. || Rústico, paleto.

pueblero, ra adj. y s. *amer.* Se apl. a la persona que vive en un pueblo o ciudad, o a lo que está relacionado con estos.

pueblo m. Población pequeña. ‖ Conjunto de personas de un lugar, región o país. ‖ Conjunto de personas que tienen un mismo origen o comparten una misma cultura. ‖ Gente común y humilde de una población. ‖ País con gobierno independiente. ‖ FAM. poblacho, poblano, poblar, populacho, popular, populoso, pueblerino, pueblero.

puelche adj. y com. *amer.* De un pueblo indígena que habitó en la Pampa argentina y que fue exterminado en el siglo XIX, o relacionado con él. ‖ m. *amer.* Viento que sopla desde la cordillera de los Andes hacia poniente.

puente m. Construcción sobre un río, foso o cualquier depresión del terreno que permite pasar de una orilla a otra de los mismos. ‖ Tablilla colocada perpendicularmente en la tapa de los instrumentos de arco para mantener levantadas las cuerdas. ‖ Pieza metálica que usan los dentistas para sujetar en los dientes naturales los artificiales. ‖ Parte central de la montura de las gafas, que une los dos cristales. ‖ Día o días que entre dos festivos o sumándose a uno festivo se aprovechan para vacación. ‖ Dispositivo eléctrico para medir resistencias, capacidades, inductancias o tensiones o para regulaciones automáticas de precisión. ‖ Conexión mediante cables de dos cosas de forma que se permita el paso de corriente de una a otra. ‖ Lo que sirve de elemento de comunicación entre dos personas o cosas, sobre todo si están alejadas o enfrentadas. ‖ Cada una de las cubiertas que llevan batería en los buques de guerra. ‖ **puente aéreo** Comunicación frecuente y continua por avión entre dos lugares. ‖ **puente colgante** El que está sujeto por cables o cadenas de hierro o acero. ‖ FAM. pontaje, pontazgo, pontón, puentear, puenteo, puenting.

puentear tr. Realizar un puente en un circuito eléctrico. ‖ *col.* No respetar la cadena jerárquica en una institución, no contando con una persona y saltándosela para llegar a otra en un escalón inmediatamente superior.

puenting m. Deporte que consiste en tirarse al vacío desde un puente al que se está sujeto por una cuerda elástica.

puerco, ca m. y f. Cerdo, animal. ‖ adj. Sucio o grosero. También s. ‖ **puerco espín** Puercoespín. ‖ FAM. porcino, porquería, porquerizo, puercada, puercamente.

puercoespín m. Mamífero roedor de Europa y norte de África, de unos 70 cm de longitud, con el cuerpo rechoncho y el lomo y los costados cubiertos de púas córneas.

puericultor, ra m. y f. Persona que se dedica de forma profesional a la puericultura.

puericultura f. Disciplina médica y actividad que se ocupa de prestar cuidados a los niños para su mejor desarrollo durante los primeros años de vida. ‖ FAM. puericultor.

pueril adj. Del niño o con alguna de sus características. ‖ Carente de importancia o fundamento. ‖ FAM. puericultura, puerilidad, puerilmente.

puerilidad f. Lo que se considera propio de un niño. ‖ Lo que apenas tiene importancia o valor.

puerperio m. Tiempo que sigue inmediatamente al parto. ‖ FAM. puérpera, puerperal.

puerro m. Planta herbácea de la familia de las liliáceas, de aproximadamente 1,20 m de altura, con flores en umbela de color rosa y con un bulbo comestible. ‖ Bulbo de esta planta. ‖ **puerro silvestre** Planta de la misma familia que la anterior y semejante a ella, pero de hojas semicilíndricas, flores rojizas y estambres violáceos, que se da en los terrenos sin cultivar de España. ‖ FAM. porreta.

puerta f. Vano de forma regular abierto en pared, cerca o verja, desde el suelo hasta la altura conveniente, para entrar y salir. ‖ Plancha de madera, hierro u otro material que se coloca en dicho vano de forma que pueda abrirse y cerrarse. ‖ Cualquier agujero o abertura que sirve para entrar y salir de un lugar. ‖ Entrada monumental que se abre en la muralla de una ciudad o población. ‖ Portería de algunos deportes. ‖ **a las puertas** loc. adv. De forma inmediata o inminente. ‖ loc. adv. Muy cerca de algo: *a las puertas de la muerte.* ‖ **a puerta cerrada** loc. adj. y adv. En secreto. ‖ **dar** a alguien **con la puerta en las narices** loc. *col.* Negar, rechazar de forma brusca algo. ‖ **de puertas adentro** loc. adv. En privado. ‖ **en puertas** loc. adv. A punto de que algo comience. ‖ **puerta a puerta** loc. adj. y adv. Se apl. a la forma de venta que se realiza casa por casa, sin concertar citas previas. ‖ Forma de transporte que lleva las mercancías directamente del remitente al destinatario. ‖ FAM. porta, portada, portal, portalada, portalón, portazgo, portazo, portero, portezuela, pórtico, portilla, portillo, portón.

puerto m. Lugar en la costa, defendido de los vientos y dispuesto para la seguridad de las naves y para las operaciones de tráfico y armamento. ‖ Localidad o barrio en que está situado. ‖ Depresión, garganta que da paso entre montañas. ‖ En inform., componente por donde se realiza la entrada y salida de datos de un ordenador. ‖ FAM. puertochuelo, portuario, portulano.

puertorriqueño, ña adj. y s. De Puerto Rico y relativo a este país centroamericano. ‖ FAM. puertorriqueñismo.

pues conj. Tiene valor causal y denota causa, motivo o razón: *sufre la pena, pues cometió la culpa.* ‖ Toma a veces carácter de condicional: *pues el mal es ya irremediable, llévalo con paciencia.* ‖ Se usa también como continuativa: *repito, pues, que hace lo que debe.* ‖ Se emplea igualmente como ilativa o consecutiva: *¿no quieres oír mis consejos?, pues atente a las consecuencias.* ‖ Se emplea a principio de cláusula, como apoyo o para reforzar lo que se dice en ella: *pues como iba diciendo...*

puesta f. Colocación de algo en un lugar o de la forma adecuada. ‖ Ocultación de un astro tras el horizonte. ‖ Producción de huevos de un ave y cantidad de ellos que pone de una vez. ‖ **puesta al día** Actualización. ‖ **puesta a punto** Comprobación y ajuste de un mecanismo o dispositivo. ‖ **puesta de largo** Fiesta en la que se presenta una joven en sociedad y en la que viste su primer traje largo. ‖ **puesta en escena** Montaje y realización que se hace de una obra de teatro o de una película. ‖ **puesta en marcha** Mecanismo que en un coche se utiliza para arrancar.

puestero, ra m. y f. *amer.* Dueño o encargado de un puesto de venta en un mercado. ‖ *amer.* Persona que vive en una zona determinada de la estancia y que se encarga de cuidar los animales y la tierra de esa área.

puesto, ta adj. *col.* Bien vestido o arreglado. || m. Sitio o espacio que ocupa una persona o cosa. || Tiendecilla en que se vende al por menor. || Empleo, oficio. || Lugar o sitio designado para la realización de una actividad, como la de los policías o soldados encargados de realizar un servicio: *puesto de guardia, de la Cruz Roja*. || Destacamento permanente de la Guardia Civil cuyo jefe inmediato tiene grado inferior al de oficial. || Lugar donde se aposta un cazador para disparar a la caza. || **puesto que** loc. conj. Tiene valor causal y equivale a *pues*. || FAM. posta, postal, postillón, postizo, puesta, puestero.

puf m. Asiento en forma de cilindro y acolchado que no tiene ni respaldo ni patas.

¡puf! interj. con que se denota cansancio, molestia o repugnancia, sobre todo si estas últimas están causadas por malos olores o cosas nauseabundas: *¡puf, qué peste!*

pufo m. *col.* Estafa, engaño en un negocio.

púgil com. Boxeador. || m. En la antigua Roma, gladiador que luchaba con los puños. || FAM. pugilato, pugilismo, pugilista, pugilístico.

pugilato m. Contienda o pelea a puñetazos entre dos o más personas. || Disputa, diferencia de puntos de vista entre dos personas o instituciones.

pugilismo m. Técnica y organización de los combates de boxeo. || FAM. pugilista, pugilístico.

pugilista com. Púgil.

pugna f. Pelea, contienda. || Oposición, rivalidad entre personas o instituciones.

pugnar intr. Pelear, luchar, contender. || Luchar por el logro de algo, intentando superar todos los obstáculos. || FAM. pugna, pugnante, pugnaz.

puja[1] f. Lucha por la consecución de algo, superando todos los obstáculos que se oponen a ello.

puja[2] f. Ofrecimiento de una cantidad de dinero por algo, especialmente en una subasta.

pujante adj. Que tiene pujanza.

pujanza f. Fuerza, brío, vigor. || FAM. pujante, pujantemente.

pujar[1] tr. e intr. Luchar, hacer fuerza para conseguir algo, superando todos los obstáculos que se oponen a ello. || FAM. puja, pujanza, pujo.

pujar[2] tr. Ofrecer dinero por algo, especialmente en una subasta. || FAM. pujador.

pulcritud f. Limpieza muy grande.

pulcro, cra adj. Limpio y aseado. || Delicado, esmerado. ◆ sup. irreg.: *pulquérrimo*. || FAM. pulcritud, pulquérrimo.

pulga f. Nombre común de diversas especies de insectos sifonápteros parásitos que miden de 1 a 3 mm de longitud; de cuerpo negro rojizo, se alimentan chupando la sangre de sus huéspedes, a los que pueden transmitir enfermedades contagiosas. || **pulga de agua** Nombre común de diversas especies de crustáceos que forman parte del plancton marino. || *col.* Bocadillo pequeño de forma redondeada. || **tener** alguien **malas pulgas** loc. *col.* Tener mal carácter, estar de mal humor. || FAM. pulgón, pulgoso, pulguero, pulguillas.

pulgada f. Medida inglesa de longitud equivalente a 25,4 mm.

pulgar adj. y m. Se apl. al dedo primero y más grueso de la mano y del pie. || Parte del sarmiento que se deja en las vides para que broten los vástagos. || FAM. pulgada, pulgarada.

pulgarada f. Cantidad de algo, que se encuentra en polvo o en granos, que puede tomarse con el dedo pulgar y otro. || Golpe que se da apretando el dedo pulgar.

pulgón m. Nombre común de diversas especies de insectos hemípteros de 1 a 3 mm de longitud, con el cuerpo pardo verdoso, dos pares de alas y boca chupadora; elaboran una sustancia azucarada que es aprovechada por las hormigas.

pulgoso, sa adj. Que tiene pulgas.

pulguero, ra adj. Pulgoso. || m. y f. Lugar donde abundan las pulgas. || m. *amer.* Calabozo.

pulido, da adj. Pulcro, primoroso. || m. Pulimento. || FAM. pulidamente.

pulimentar tr. Alisar o dar brillo y tersura a una superficie. || FAM. pulimentación, pulimento.

pulimento m. Operación que consiste en alisar o dar tersura y brillo a una superficie.

pulique m. *amer.* Carne de res o de pollo aderezada con varios condimentos, en un caldo espesado con maíz o con pan.

pulir tr. Alisar o dar tersura y lustre a una cosa. || Adornar, aderezar. Más como prnl. || *col.* Robar, quitarle a alguien algo. || *col.* Derrochar, dilapidar: *se ha pulido el sueldo*. || Hacer más refinado o educado. También prnl. || Revisar, corregir algo, perfeccionándolo: *pulir un escrito*. || FAM. pulido, pulidor, pulimentado, pulimentar.

pulla f. Palabra o dicho con que se intenta indirectamente molestar o herir a alguien. ◆ No confundir con *puya*.

pullover (voz i.) m. Jersey con el cuello redondo que se mete por la cabeza. ◆ pl. *pullovers*.

pulmón m. Cada uno de los órganos de respiración aérea del hombre y la mayor parte de los vertebrados, en los que se verifica el intercambio gaseoso de la sangre. || Órgano respiratorio de algunos arácnidos y de los moluscos terrestres. || FAM. pulmonado, pulmonar, pulmonaria, pulmonía.

pulmonado adj. y m. De los pulmonados o relativo a esta subclase de moluscos. || m. pl. Subclase de moluscos gasterópodos, como la babosa y el caracol, que respiran por medio de un pulmón que se comunica con el exterior a través de un conducto llamado neumostoma.

pulmonar adj. Del pulmón o relativo a él.

pulmonaria f. Planta de la familia de las borragináceas con tallos de 20 a 40 cm de altura, hojas de color verde con manchas blancas, flores rojas en racimos terminales y fruto seco. || Liquen coriáceo que vive parásito sobre los troncos de diversos árboles, y cuya superficie se asemeja por su aspecto a la de un pulmón cortado.

pulmonía f. Inflamación del pulmón o de una parte de él.

pulpa f. Masa carnosa y tierna de las frutas o legumbres, parte interior comestible de estas. || Carne de los animales, limpia de huesos y ternillas, molla. || Parte esponjosa que se encuentra en los troncos o tallos de las plantas leñosas. || Cualquier materia vegetal reducida al estado de pasta. || FAM. pulpación, pulpejo, pulpeta, pulposo.

pulpejo m. Parte carnosa de un miembro pequeño: *pulpejo de la oreja*. || Parte blanda y flexible que tienen los cascos de las caballerías en la parte inferior y posterior.

pulpería f. *amer.* Tienda donde se venden artículos de alimentación, limpieza y mercería y otros necesarios para la casa.

púlpito m. Tribuna elevada que suele haber en las iglesias, desde donde se predica, se canta o se realizan otros oficios religiosos.

pulpo m. Nombre común de diversas especies de moluscos cefalópodos que tienen el cuerpo en forma de saco, con ocho brazos de gran longitud, y poseen un sifón por el que expulsan agua para propulsarse o tinta para enturbiar el agua cuando se sienten amenazados; su carne es apreciada como comestible. || Cinta elástica terminada en ganchos metálicos por ambos lados que sirve para sujetar objetos. || *col.* Persona que aprovecha cualquier ocasión para tocar con intenciones sexuales a otra persona. ◆ Se usa en sentido peyorativo. || FAM. pulpería, pulpero.

pulque m. *amer.* Bebida alcohólica mexicana, blanca y espesa, que se obtiene haciendo fermentar el aguamiel o jugo extraído del maguey. || FAM. pulquear, pulquería, pulquero.

pulsación f. Cada uno de los golpes o toques que se dan en el teclado de una máquina de escribir u ordenador con la yema de los dedos. || Cada uno de los latidos de una arteria. || Movimiento periódico de un fluido.

pulsador, ra adj. Que pulsa. También s. || m. Llamador o botón de un timbre eléctrico o de cualquier otro aparato.

pulsar[1] tr. Dar un toque o golpe a teclas o cuerdas de instrumentos o a los mandos de alguna máquina. || Reconocer el estado del pulso o latido de las arterias. || Tantear un pensamiento o la opinión de alguien. || FAM. pulsación, pulsador, pulsante, pulsátil, pulsatila, pulsativo, pulsión, pulso.

púlsar o **pulsar**[2] m. Estrella de neutrones que se caracteriza por emitir a intervalos regulares y cortos una gran cantidad de energía. ◆ pl. *púlsares* o *pulsares*.

pulseada f. *amer.* Competición de fuerza entre dos personas, que cogidas por la mano derecha y con el codo apoyado en una superficie, intentan tumbar el brazo del contrario.

pulsera f. Joya u otra cosa que se lleva alrededor de la muñeca, generalmente como adorno. || Correa o cadena que sujeta el reloj a la muñeca.

pulsímetro m. Instrumento que sirve para medir el número y la frecuencia de los movimientos del pulso.

pulsión f. Estímulo, fuerza biológica que provoca ciertas conductas.

pulso m. Latido intermitente de las arterias, que se siente en varias partes del cuerpo y se observa especialmente en la muñeca. || Parte de la muñeca donde se siente el pulso. || Seguridad o firmeza en la mano para hacer algo con precisión. || **a pulso** loc. adv. Levantando o sosteniendo una cosa con la mano sin apoyar el brazo en ninguna parte. || **echar un pulso** loc. Cogerse dos personas por la mano derecha, y apoyando los codos en algún sitio, hacer fuerza intentando tumbar el brazo del contrario. || loc. Medir una persona las fuerzas con otra, enfrentándose u oponiéndose a ella. || **tomar el pulso** loc. Poner la mano en la muñeca de alguien para comprobar el ritmo y la frecuencia de sus pulsaciones. || FAM. pulseada, pulsar, pulsera, pulsímetro.

pulular intr. Moverse de un lado para otro, bullir en algún lugar personas, animales o cosas. || Abundar, multiplicarse insectos y animales semejantes. || FAM. pululación, pululante.

pulverizador m. Utensilio que sirve para esparcir un líquido en gotas muy finas.

pulverizar tr. Reducir a polvo una cosa. También prnl. || Esparcir un líquido en gotas muy pequeñas por algún sitio. También prnl. || *col.* Vencer de forma total. || FAM. pulverizable, pulverización, pulverizador.

¡pum! interj. Voz que se emplea para imitar un ruido o golpe. || **ni pum** loc. *col.* Nada en absoluto: *no sabes ni pum*.

puma m. Mamífero carnívoro félido de unos 2,20 m de longitud, incluida la larga cola; tiene pelaje pardo rojizo y habita en América.

puna f. Tierra alta próxima a la cordillera de los Andes. || *amer.* Extensión grande de terreno raso y yermo. || *amer.* Angustia que se sufre en ciertos lugares elevados.

punching-ball (voz i.) m. Pelota de gran tamaño, sujeta a un soporte flexible, que utilizan los boxeadores para entrenarse.

punción f. Operación quirúrgica que consiste en abrir los tejidos con un instrumento punzante y cortante con el fin de diagnosticar una enfermedad o administrar un medicamento. || Dolor intenso y breve. || FAM. puncionar.

pundonor m. Amor propio, sentimiento que lleva a una persona a quedar bien ante los demás y ante sí mismo. || FAM. pundonorosamente, pundonoroso.

punible adj. Que debe ser castigado: *conducta punible*. || FAM. punición, punir, punitivo.

punicáceo, a adj. y f. De las punicáceas o relativo a esta familia de plantas. || f. pl. Familia de árboles pequeños angiospermos dicotiledóneos, oriundos de Oriente, que tienen hojas pequeñas, flores vistosas y fruto que contiene muchas semillas alojadas en celdas, como el granado.

púnico, ca adj. De Cartago o relativo a esta antigua ciudad norteafricana: *guerras púnicas*.

punk o **punki** adj. y com. Del punk o relativo a este movimiento musical y juvenil. || m. Movimiento musical juvenil que se originó en Londres a mediados de la década de 1970 como protesta ante las conductas y comportamientos convencionales y que se caracteriza por una indumentaria antiestética y una actitud violenta de sus miembros. ◆ pl. de la primera forma: *punks*.

punta f. Extremo agudo o afilado de algo, generalmente alargado. || Extremo de una cosa: *el balón le* *golpeó en la punta del dedo.* ‖ Ángulo externo de algunos objetos. ‖ Colilla de un cigarro. ‖ Clavo pequeño y delgado. ‖ Pequeña cantidad de algo: *punta de sal.* ‖ Lengua de tierra generalmente baja y de poca extensión que se mete en el mar. ‖ Asta de toro o cada una de las ramificaciones de la cornamenta de los ciervos. ‖ *amer.* Puntilla. ‖ En el fútbol, posición avanzada o de ataque, y jugador que la ocupa. ◆ Cuando se refiere al jugador es com. ‖ f. pl. Zapatillas de ballet con un refuerzo en el extremo. ‖ **a punta pala** loc. adv. *col.* En gran abundancia. ‖ **de punta** loc. adj. y adv. Tieso, rígido. ‖ **de punta en blanco** loc. adv. *col.* Vestido con el mayor esmero. ‖ **sacar punta a** una cosa loc. *col.* Sacarle defectos, ponerle peros. ‖ **tener** algo **en la punta de la lengua** loc. *col.* Estar a punto de decir o recordar algo. ‖ FAM. puntal, puntapié, puntazo, puntería, puntero, puntiagudo, puntiforme, puntilla.

puntada f. Cada una de las pasadas que se dan en una tela u otro material al coser. ‖ Espacio que queda entre cada una de estas pasadas. ‖ Porción de hilo que ocupa este espacio. ‖ Dolor penetrante y breve.

puntal m. Madero hincado en firme para sostener la pared que está desplomada. ‖ Apoyo, fundamento. ‖ *amer.* Tentempié, refrigerio.

puntapié m. Golpe que se da con la punta del pie.

puntazo m. *col.* Algo que se considera muy bueno.

punteado, da adj. Marcado con puntos o manchitas. ‖ *amer.* Se apl. a la persona que está ligeramente ebria, achispada. ‖ m. Dibujo, pintura o grabado hecho a base de puntos. ‖ Modo de tocar la guitarra tañendo determinadas cuerdas, cada una con un dedo.

puntear tr. Marcar puntos en una superficie. ‖ Dibujar o pintar con puntos. ‖ Tocar la guitarra u otro instrumento semejante pulsando las cuerdas cada una con un dedo. ‖ Comprobar una por una las partes o nombres de una cuenta o lista. ‖ intr. *amer.* Marchar a la cabeza de un grupo de personas o animales. ‖ FAM. punteado, punteador, punteo.

puntera f. Parte del calzado, de los calcetines o las medias que cubre la punta del pie. ‖ Refuerzo o remiendo en el calzado, los calcetines y las medias en la parte que cubre la punta del pie. ‖ FAM. punterazo.

puntería f. Acción de apuntar un arma arrojadiza o de fuego de forma que al dispararla alcance el objetivo deseado. ‖ Dirección del arma apuntada. ‖ Destreza del tirador para dar en el blanco.

puntero, ra adj. Destacado, sobresaliente. También s. ‖ m. y f. En dep., delantero. ‖ m. Punzón, palito o vara con que se señala una cosa. ‖ Cincel con el cual labran los canteros las piedras muy duras.

puntiagudo, da adj. Que tiene aguda la punta.

puntilla f. Encaje o adorno estrecho que se pone en los bordes de las prendas finas de lencería o en la ropa de casa. ‖ Especie de puñal corto y agudo que se utiliza para rematar las reses. ‖ **dar la puntilla** loc. Matar el puntillero al toro. ‖ loc. *col.* Causar la ruina total de algo, rematar. ‖ **de puntillas** loc. adv. Se apl. al modo de andar pisando con la punta de los pies. ‖ FAM. puntillero.

puntillismo m. Escuela pictórica neoimpresionista surgida en Francia a finales del siglo XIX, cuya técnica consiste en la aplicación de colores puros en pequeñas pinceladas. ‖ FAM. puntillista.

puntilloso, sa adj. Que se enfada con facilidad por cosas que no tienen importancia. ‖ Que tiene un gran amor propio y pone mucho cuidado en lo que hace.

punto m. Señal de dimensiones pequeñas que, por contraste de color o de relieve, es perceptible en una superficie. ‖ Signo ortográfico (.) con que se indica el fin del sentido gramatical y lógico de un periodo o de una sola oración. ‖ Signo que se pone después de las abreviaturas. ‖ Signo ortográfico que se pone sobre la *i* y la *j*, y con el que se forma la diéresis *(ü)*. ‖ En geom., lugar de una recta, superficie o espacio al que se puede asignar una posición pero que no tiene dimensiones. ‖ Cada una de las puntadas que en las obras de costura se van dando para hacer una labor sobre la tela. ‖ Cada una de las diversas maneras de trabar y enlazar entre sí los hilos que forman ciertas telas y tejidos: *punto de cruz.* ‖ Tipo de tejido que se hace al enlazar con un tipo especial de agujas o por otros sistemas, hilos de lana o algodón. ‖ Rotura que se produce en un tejido al soltarse los nudos o lazadas que lo forman. ‖ Puntada con que se unen los bordes de un corte o herida. ‖ En mat., signo que se utiliza para indicar la multiplicación. ‖ Unidad con que se computan los tantos obtenidos en un juego o competición, o con que se mide el valor de algo. ‖ Valor que tiene una carta de la baraja o cada una de las caras de un dado. ‖ Parte por la que sale la tinta en una pluma de escribir. ‖ Dolor agudo y de corta duración. ‖ Grado de intensidad en una escala. ‖ Sitio, lugar. ‖ Cosa muy corta, parte mínima de una cosa: *punto de sol.* ‖ Instante, porción pequeña de tiempo. ‖ Cada uno de los asuntos o aspectos de que trata algo. ‖ Estado perfecto que llega a tomar algo que se elabora al fuego, y p. ext., cualquier otra cosa. ‖ Temperatura necesaria para que se produzcan determinados fenómenos físicos: *punto de ebullición.* ‖ En las armas de fuego, piñón. ‖ Medida longitudinal, duodécima parte de la línea. ‖ *col.* Hecho o dicho que resulta acertado o favorable. ‖ *col.* Borrachera leve. ‖ **dos puntos** Signo ortográfico (:) que introduce una explicación o enumeración. ‖ En mat., signo que se utiliza para indicar la división. ‖ **punto cardinal** Cada uno de los cuatro que dividen el horizonte en otras tantas partes iguales. ‖ **punto crítico** Momento muy difícil. ‖ **punto de vista** Forma de enfocar cualquier tema. ‖ **punto final** El que acaba un escrito o una división importante del texto. ‖ **punto muerto** Posición de la caja de cambios de un vehículo en la que no está engranada ninguna marcha. ‖ Situación en la que por cualquier motivo no se puede seguir adelante. ‖ **punto negro** Lugar especialmente peligroso o conflictivo, generalmente referido al tráfico. ‖ **punto neurálgico** Aspecto delicado o de gran importancia. ‖ **puntos suspensivos** Signo ortográfico (...) que denota que se ha dejado incompleto el sentido de una oración o cláusula. ‖ **punto y aparte** El que se pone cuando termina el párrafo y el texto continúa en otro renglón. ‖ **punto y coma** Signo ortográfico (;) con que se indica pausa mayor que en la coma y menor que con el punto y seguido. ‖ **punto y seguido** El que se pone cuando termina un periodo y el texto continúa inmediatamente después del punto en el mismo renglón. ‖ **a punto** loc. adj. y adv. Listo, preparado. También, en momento oportuno. ‖ **a punto de** loc. prep. Se utiliza para expresar que queda poco para realizar una acción: *estaba a punto de salir.* ‖ **a punto de caramelo** loc. adj. col. Preparado o dispuesto para algún fin. ‖ **al punto** loc. adv. Rápidamente. ‖ **en punto** loc. adv. De forma exacta. ‖ **en su punto** loc. adv. Se apl. a la cosa en su mayor grado de perfección. ‖ **ganar** o **perder puntos** loc. Ganar o perder prestigio. ‖ **hasta cierto punto** loc. adv. En alguna medida, no del todo. ‖ **poner los puntos sobre las íes** loc. col. Poner en claro una situación o la forma de hacer algo. ‖ **punto por punto** loc. adv. Con detalle. ‖ FAM. punta, puntada, puntazo, puntear, puntera, puntero, puntillo, puntilloso, puntual, puntualizar, puntuar, puntudo.

puntuación f. Colocación en la escritura de los signos ortográficos necesarios para la correcta lectura e interpretación de un texto. ‖ Calificación con puntos de un ejercicio o prueba. ‖ Conjunto de signos ortográficos que sirven para puntuar. ‖ Conjunto de reglas para puntuar ortográficamente.

puntual adj. Que llega a tiempo y hace las cosas a tiempo. ‖ Exacto, preciso. ‖ Que solo atañe a un determinado punto o aspecto. ‖ FAM. puntualidad, puntualmente.

puntualidad f. Característica de lo que se produce en el momento adecuado o acordado.

puntualización f. Explicación que se da de algo concreto bien porque esté incompleto o porque sea necesario aclarar su interpretación.

puntualizar tr. Precisar, matizar una opinión o algo que se ha dicho. ‖ Proporcionar los datos precisos sobre algo para completarlo o evitar errores. ‖ FAM. puntualización.

puntuar tr. Poner en la escritura los signos ortográficos necesarios para la correcta lectura e interpretación de un texto. ‖ Ganar u obtener puntos en algunos juegos. ‖ Calificar con puntos un ejercicio o prueba. ‖ Entrar el resultado de un ejercicio o prueba en la puntuación final de un examen o competición. ‖ FAM. puntuable, puntuación.

puntudo, da adj. *amer.* Que se enfada con facilidad, agresivo.

punzada f. Herida pequeña hecha con un objeto afilado. ‖ Dolor agudo, repentino e intermitente. ‖ Sentimiento interior de dolor que causa alguna cosa: *punzada de pena, de celos.*

punzante adj. Que pincha. ‖ Se apl. al estilo o la palabra que molesta por ser irónico y mordaz: *crítica punzante.*

punzar tr. Herir con un objeto afilado. ‖ Pinchar, provocar o molestar. ‖ intr. Manifestarse un dolor agudo cada cierto tiempo. ‖ Producir algo un sentimiento de dolor. ‖ Producir un pinchazo. ‖ FAM. punción, punzada, punzador, punzadura, punzante, punzón.

punzón m. Instrumento de hierro que remata en punta. ‖ Buril, instrumento para grabar metales. ‖ Instrumento de acero durísimo que sirve para hacer tro-

queles, cuños o piezas semejantes. ‖ Pitón, cuerno que les empieza a salir a los animales.

puñado m. Porción de una cosa que cabe en el puño. ‖ Poca cantidad de algo. ‖ col. Mucho: *me gustó un puñado.* ‖ **a puñados** loc. adv. En gran cantidad.

puñal m. Arma ofensiva de acero y de corto tamaño que solo hiere de punta. ‖ **poner un puñal en el pecho** loc. col. Obligar a alguien a hacer una cosa porque no queda más remedio. ‖ FAM. puñalada.

puñalada f. Golpe que se da de punta con el puñal u otra arma semejante, y herida resultante. ‖ Pena, disgusto o traición. ‖ **puñalada trapera** col. Traición, mala pasada. ‖ **coser a puñaladas** a alguien loc. col. Darle muchas puñaladas.

puñeta f. Puntilla que se pone en la bocamanga de una prenda de vestir. ‖ col. Cosa molesta o fastidiosa. ‖ col. Cosa de poco valor. Más en pl. ‖ interj. col. Denota enfado, irritación. Más en pl. ‖ **hacer la puñeta** loc. col. Molestar, fastidiar. ‖ **irse a hacer puñetas** loc. col. Fracasar. ‖ **mandar a hacer puñetas** loc. col. Se usa en algunas construcciones para despedir bruscamente a alguien. ‖ FAM. puñetero, puñetería, puñetita.

puñetazo m. Golpe dado con la mano cerrada.

puñete m. *amer.* Puñetazo.

puñetero, ra adj. Que molesta o fastidia. ‖ Que es difícil o complicado. ‖ adj. y s. Que resulta difícil de satisfacer. ‖ Que obra con mala intención. ‖ FAM. puñetería.

puño m. Mano cerrada. ‖ Lo que cabe en la mano cerrada. ‖ Parte de la manga de las prendas de vestir que rodea la muñeca. ‖ Mango de algunos utensilios o herramientas, como algunas armas blancas, el bastón o el paraguas. ‖ **como puños** loc. adj. col. Muy grandes: *verdades como puños.* ‖ **de puño y letra** loc. adj. Escrito por quien se indica, autógrafo. ‖ FAM. puñada, puñado, puñal, puñeta, puñete, puñetazo.

pupa f. Erupción en los labios. ‖ Costra que queda cuando se seca un grano. ‖ En el lenguaje infantil, cualquier daño o dolor corporal. ‖ Fase de desarrollo de un insecto posterior al estado de larva y anterior al de adulto. ‖ **ser un pupas** loc. col. Tener muy mala suerte: *ese equipo es el pupas de la liga.* ‖ f. Prostituta.

pupila f. Abertura circular o en forma de rendija que el iris del ojo tiene en su parte media y que da paso a la luz.

pupilo, la m. y f. Huérfano o huérfana menor de edad respecto de su tutor. ‖ Alumno o alumna con respecto al profesor. ‖ FAM. pupilaje, pupilar.

pupitre m. Mueble con tapa en forma de plano inclinado para escribir sobre él.

pupo m. *amer.* Ombligo.

puquio m. *amer.* Fuente, manantial de agua.

purasangre m. Caballo de una raza que es producto del cruce de la árabe con las del norte de Europa. También adj.

puré m. Crema espesa hecha con legumbres, patatas u otros alimentos una vez cocidos y triturados. ‖ FAM. pasapurés.

pureta m. col. Anciano.

pureza f. Ausencia de mezcla con otra cosa. ‖ Ausencia de imperfecciones. ‖ Virginidad. ‖ Inocencia en todo lo relativo al sexo.

purga f. Medicina que se usa como laxante. || Expulsión o eliminación por motivos políticos o ideológicos de funcionarios o miembros de una organización. || **la purga de Benito** col. Remedio del que se esperan unos resultados desmedidos.

purgante adj. y m. Se apl. a la medicina que sirve para purgar.

purgar tr. Limpiar o purificar una cosa, eliminar lo que se considera malo o perjudicial. || Dar a alguien un medicamento o infusión para que evacue el vientre. También prnl. || Satisfacer con una pena en todo o en parte lo que uno merece por su culpa o delito. || FAM. purga, purgable, purgación, purgante, purgativo, purgatorio.

purgatorio m. Para los católicos, lugar donde los justos deben purificar sus imperfecciones antes de poder gozar de la gloria eterna. || Cualquier lugar donde se pasan penalidades. || Esta misma penalidad.

purificación f. Eliminación de impurezas e imperfecciones. || Fiesta católica que celebra la presentación de Jesús en el Templo. ◆ Se escribe con mayúscula.

purificador, ra adj. Que purifica.

purificar tr. Eliminar lo que es extraño a alguna cosa, devolviéndola a su estado original. || Limpiar de toda imperfección algo no material. También prnl. || FAM. purificación, purificador, purificante, purificatorio.

purismo m. Actitud que defiende la pureza de la lengua frente a la introducción de neologismos y voces extranjeras innecesarias. || Actitud que pretende mantener un arte, doctrina o técnica dentro una estricta ortodoxia, sin cambios fundamentales.

purista adj. Del purismo o relativo a él. || adj. y com. Que escribe o habla con pureza, cuidando a veces exageradamente el uso de la lengua. || FAM. purismo.

puritanismo m. Movimiento político y religioso surgido en Inglaterra en el siglo XVII, que defendía una concepción extremada y rigurosa de la religión anglicana. || Actitud de aquel que se comporta de acuerdo con una gran rigurosidad moral.

puritano, na adj. Del puritanismo o relativo a él. || adj. y s. Se apl. a la persona que sigue las normas morales con una gran rigurosidad, particularmente cuando es exagerada o se hace como ostentación. || Partidario o seguidor del puritanismo. || FAM. puritanismo.

puro, ra adj. Que no está mezclado con otra cosa. || Limpio de suciedad o impurezas. || Casto, honesto en el terreno sexual. || Honrado. || Se apl. al lenguaje o estilo correcto, que respeta todas las reglas gramaticales. || Único: *es la pura verdad.* || m. Cigarro hecho con una hoja de tabaco enrollada. || col. Castigo, sanción. || FAM. puramente, purera, pureza, puridad, purificar, purismo, puritano.

púrpura adj. Se apl. al color rojo subido que tira a violeta. También m. || f. Nombre común de diversas especies de moluscos gasterópodos marinos que segregan una tinta que se usa para teñir los tejidos de rojo vivo. || Tinte que antiguamente se preparaba con la tinta de este molusco. || Dignidad imperial, real, consular, cardenalicia o de otro tipo, por ser este el color de sus vestiduras. || FAM. purpurado, purpúreo.

purpurado m. Cardenal de la Iglesia católica.

purpurina f. Polvo finísimo de bronce o de metal blanco, que se apl. a las pinturas para obtener tonos dorados o plateados. || Pintura preparada con este polvo.

purrela f. Lo que queda de algo después de haber seleccionado lo mejor. || Vino de mala calidad.

purrete, ta adj. amer. Chiquito, niño.

purrusalda f. Guiso hecho con puerros, patatas y bacalao hecho migas, típico del País Vasco.

purulento, ta adj. Que tiene o segrega pus. || FAM. purulencia.

pus m. Líquido denso de color amarillento que segregan accidentalmente los tejidos inflamados. || FAM. purulento.

pusilánime adj. y com. Falto de ánimo y valor para soportar las desgracias o hacer frente a grandes empresas. || FAM. pusilanimidad.

pusilanimidad f. Falta de ánimo o valor para soportar las desgracias o hacer frente a grandes empresas.

puspo, pa adj. amer. Pálido, macilento.

pústula f. Vejiga inflamatoria de la piel que está llena de pus. || Cualquier herida que presenta pus o costra. || FAM. pustuloso.

puta f. col. Prostituta. || **de puta madre** loc. adj. y adv. vulg. Muy bien, estupendo. || **de puta pena** loc. adj. y adv. vulg. Muy mal, fatal. || **pasarlas putas** loc. vulg. Estar en una situación complicada o muy apurada.

putada f. vulg. Acción injusta y dañina hecha con mala idea. || vulg. Situación desagradable sin remedio.

putanga f. vulg. Prostituta.

putativo, va adj. Que se tiene por padre, hermano o cualquier otro familiar, sin serlo: *padre putativo.*

puteada f. vulg. amer. Taco, palabra soez, palabrota.

putear intr. vulg. Dedicarse a la prostitución. || amer. Injuriar, dirigir palabras soeces a alguien. || tr. vulg. Fastidiar, perjudicar a alguien. || FAM. puteo.

puteo m. vulg. Fastidio, perjuicio que se causa a alguien.

puterío m. vulg. Prostitución.

putero adj. y m. vulg. Que le gusta tratar o tener relación con prostitutas.

puticlub m. vulg. Establecimiento público donde las camareras alternan con los clientes, club nocturno. || vulg. Prostíbulo.

puto, ta m. y f. vulg. Persona que ejerce la prostitución. Más com f. || adj. vulg. Se apl. a la persona que obra con malicia y doblez. También s. || vulg. Despreciable. || Muy molesto o difícil. || FAM. putada, putanga, putañear, putañero, puteada, putear, putería, puterío, putero, puticlub, putilla, putón.

putón, ona m. y f. vulg. Persona que se comporta a los ojos de los demás con excesiva libertad sexual. || **putón verbenero** vulg. Putón. ◆ Se usa en sentido humorístico e intensificador.

putrefacción f. Descomposición de la materia orgánica. || FAM. putrefacto, putrescencia, putrescente, putrecible, putridez, pútrido.

putrefacto, ta adj. Podrido.

pútrido, da adj. Podrido.

putt (voz i.) m. En el juego del golf, golpe corto. ◆ pl. *putts.*

putter (voz i.) m. En el juego del golf, palo con el que se juegan los últimos golpes ante el hoyo. ◆ pl. *putters.*

pututo o **pututu** m. *amer.* Especie de trompeta hecha de cuerno de buey con la que los campesinos convocan a reunión.

puya f. Punta de las varas y garrochas con la que los vaqueros o picadores castigan a las reses. ‖ FAM. puyazo.

puyazo m. Herida hecha con la puya.

puyo m. *amer.* Poncho grande de lana.

puzle m. Juego consistente en formar una determinada figura con piezas sueltas; rompecabezas.

PVC m. Materia termoplástica obtenida por polimerización del cloruro de vinilo, usada frecuentemente para aislamientos. ◆ La sigla proviene del inglés *p*oly*v*inyl *c*hloride.

pyme f. Empresa pequeña o mediana. ◆ El nombre proviene de las siglas de *P*equeña *Y M*ediana *E*mpresa.

pyrex m. Tipo de vidrio capaz de resistir temperaturas muy altas. ◆ No varía en pl. El nombre proviene de la extensión de una marca comercial.

q

q f. Decimoctava letra del abecedario español, y decimocuarta de sus consonantes. Fonéticamente representa un sonido oclusivo, velar sordo. Su nombre es *cu*. ◆ En español se usa solamente ante la *e* o la *i*, mediante interposición gráfica de una *u*, que no suena: *quesera, quiteño*.

quark m. Tipo teórico de partículas elementales con las que se forman otras partículas, como son el protón y el neutrón. ◆ pl. *quarks*.

quásar m. Cuerpo celeste de apariencia estelar, sin un origen aún definido, situado a gran distancia de la Tierra, que tiene una velocidad casi igual a la de la luz y una potencia de radiación varios millones de veces mayor que la del Sol. ◆ pl. *quásares*.

que pron. relat. Pronombre invariable que sustituye a un nombre o a otro pronombre que constituyen su antecedente dentro de la oración principal. ◆ Equivale a 'el, la, lo cual'; 'los, las cuales'. || conj. subordinante que introduce oraciones subordinadas sustantivas. || conj. subordinante de valor causal: *coge el paraguas, que llueve a cántaros*. || conj. subordinante de valor comparativo: *me gusta más el pescado que la carne*. || conj. subordinante de valor final: *llama a mi madre, que me prepare la comida*. || conj. subordinante de valor consecutivo: *llovió tanto que se inundó el garaje*. || conj. coordinante de valor copulativo: *llora que llora*. || conj. coordinante de valor distributivo que introduce dos o más posibilidades que se excluyen mutuamente: *que vengas, que no vengas, ya me da igual*. || conj. de valor expletivo, empleada como refuerzo de afirmaciones y negaciones o como mero introductor discursivo: *que sí, que yo iré*. || **el que más y el que menos** loc. Cada cual, todos sin excepción. || **ni que decir tiene** loc. No hace falta, huelga decirlo.

qué pron., adj. y adv. interrog. y excl. Introduce oraciones interrogativas y exclamativas, preguntando o ponderando la naturaleza, la cantidad o la intensidad de alguna cosa; cuando funciona como pron., pregunta por cosas: *¿qué castillos son aquellos?*; cuando funciona como adj., pregunta por personas o cosas: *¿qué amigos has invitado?; ¿qué película has elegido?*; cuando funciona como adv. de cant., se usa como exclamativo: *¡qué lejos vivís!* || **¿qué tal?** loc. Expresión que se emplea a modo de saludo. || loc. Expresión adverbial equivalente a *cómo: ¿qué tal ha sido la travesía?* || **¿y qué?** loc. Expresión que

denota que lo dicho o hecho por otro no interesa o no importa: *¿y qué, que me llame?, no pienso ir*.

quebracho m. *amer*. Conjunto de árboles de mucha altura, ramosos y de madera rojiza de gran dureza, que se emplean para la construcción.

quebrada f. Hendidura de una montaña. || Paso estrecho entre montañas. || *amer*. Arroyo, riachuelo. || *amer*. En el tango, movimiento del que baila, cuando se dobla por la cintura.

quebradero de cabeza m. *col*. Preocupación.

quebradizo, za adj. Fácil de quebrarse. || Que tiende a estar delicado de salud. || Se dice de la voz ágil para hacer quiebros en el canto. || Se apl. a la persona de poca entereza moral.

quebrado, da adj. Que ha hecho quiebra. También s. || Debilitado. || Se apl. al terreno accidentado, desigual. || Se dice de la línea formada por segmentos con distinta dirección. || En mat., se apl. al número que expresa las partes en que se divide la unidad. También m.

quebrandoso, sa adj. *amer*. Achacoso.

quebrantado, da adj. Muy dolorido.

quebrantahuesos m. Ave falconiforme de plumaje negruzco en el dorso, alas y cola, anaranjado o blanco en el vientre y con unas plumas negruzcas que le rodean los ojos llegando hasta el pico. Se alimenta de carroña y del tuétano de los huesos, los cuales rompe tirándolos contra las rocas. ◆ No varía en pl.

quebrantamiento m. Violación de una ley y obligación. || Debilitamiento o disminución de la salud o de la fortaleza de alguien.

quebrantar tr. Romper, deteriorar algo. || Violar una ley, no cumplir una obligación. || Debilitar la salud o la fortaleza de alguien. También prnl. || Profanar un lugar sagrado o entrar en él sin permiso. || FAM. quebrantable, quebrantado, quebrantador, quebrantahuesos, quebrantamiento, quebrantante, quebranto.

quebranto m. Quebrantamiento. || Desaliento, decaimiento físico o moral de alguien. || Gran pérdida o daño. || Aflicción, pena grande.

quebrar tr. Romper algo duro o rígido en varios trozos. También prnl. || Doblar, torcer. También prnl. || Interrumpir la continuación de algo no material. || Disminuir la fuerza de algo. || intr. Arruinarse una empresa o un negocio. || prnl. Formársele una hernia a alguien. || Hablando de un terreno o cordillera, interrumpirse su continuidad. ◆ **Irreg.** Se conj. como *acertar*. || FAM. quebrada, quebradero, quebradizo, quebrado, quebradura, quebrandoso, quebrantar, quebrazón, quiebra, quiebro.

quebrazón m. *amer.* Destrozo grande de objetos de loza o vidrio.

quechemarín m. Embarcación pequeña de dos palos, provista generalmente de cubierta. || FAM. queche.

quechua adj. y com. Del pueblo amerindio que abarca las zonas andinas de Ecuador, Perú, Bolivia y norte de Argentina, o relativo a él o a su lengua. || Lengua hablada por los miembros de este pueblo, extendida por los incas a todo el territorio de su imperio. || FAM. quechuismo.

queco m. *amer.* Prostíbulo.

queda f. Hora de la tarde o de la noche, señalada en algunos pueblos con una campana para que todos se recojan en sus casas. || Campana destinada a este fin. || Toque que se da con ella.

quedada f. Parada en un lugar para permanecer en él. || *col.* Engaño, burla. || *amer.* Solterona.

quedado, da adj. y s. *amer.* Perezoso, indolente, sin iniciativa. || *amer.* Tímido.

quedar intr. Estar, permanecer en un sitio. También prnl. || Subsistir, permanecer o restar parte de una cosa. || Permanecer una persona o cosa en su estado, o pasar a otro más o menos estable: *quedó herido*. También prnl. || Encontrarse en una situación como consecuencia de algo: *después de aquello, quedó como el tonto de la clase*. || Resultar, terminar, acabar: *quedó aquí la conversación*. || Manifestar una decisión, ponerse de acuerdo, convenir en algo. ◆ Se construye con la prep. *en: quedamos en comprar la finca*. || Concertar una cita: *quedamos a las 8*. || Faltar para llegar a una situación o lugar: *quedan dos kilómetros hasta tu casa*. || Estar situado. || prnl. *col.* Morirse. || Retener alguien en su poder una cosa, o adquirirla. ◆ Se construye con la prep. *con: yo me quedaré con los libros*. || Retener en la memoria. ◆ Se construye con la prep. *con: se quedó con su cara*. || *col.* Burlarse de alguien engañándole. ◆ Se construye con la prep. *con: te estás quedando conmigo*. || **quedar** alguien **bien** o **mal** loc. Producir una impresión buena o mala. || FAM. quedada, quedado, quedón.

quedo, da adj. Quieto, silencioso. || adv. m. Con voz baja o que apenas se oye. || FAM. queda, quedadamente, quedar.

quegua (voz quechua) adj. y com. *amer.* Cobarde, pusilánime.

quehacer m. Ocupación, tarea que hay que realizar.

queimada f. Bebida caliente originaria de Galicia que se prepara quemando aguardiente de orujo con limón y azúcar.

queja f. Expresión de dolor, pena o sentimiento. || Expresión de disgusto, disconformidad o enfado. || En der., acusación ante un juez.

quejarse prnl. Expresar o presentar quejas por un dolor o desgracia. || Expresar o exponer quejas sobre algo. || En der., presentar una querella. || **quejarse de vicio** loc. *col.* Exponer quejas sin motivo. || FAM. queja, quejica, quejido, quejoso, quejumbroso.

quejica adj. y com. *col.* Que se queja con frecuencia o exageradamente. || FAM. quejicoso.

quejido m. Voz que expresa dolor o pena.

quejigo m. Árbol fagáceo de unos 20 m de altura, con tronco grueso y copa recogida, hojas grandes, duras, flores muy pequeñas, y fruto en bellotas parecidas a las del roble.

quejoso, sa adj. Que tiene queja de alguien o de algo.

quejumbroso, sa adj. Que manifiesta dolor, pena o sentimiento. || Que se queja con frecuencia y sin gran motivo. || FAM. quejumbrar, quejumbre.

quelícero m. Apéndice utilizado para la defensa y el ataque que tienen algunos artrópodos delante de la boca.

quelonio adj. y m. De los quelonios o relativo a este orden de reptiles. || m. pl. Orden de los reptiles que tienen cuatro extremidades cortas, mandíbulas córneas, sin dientes y con el cuerpo protegido por un caparazón duro que cubre la espalda y el pecho, con aberturas para sacar la cabeza, las patas y la cola, como el galápago.

queltehue m. Ave caradriforme de Chile parecida al fraileclillo, que habita en los campos húmedos y que se domestica ya tiene en los jardines porque destruye los insectos nocivos.

quema f. Acción y resultado de quemar. || Incendio, destrucción por causa del fuego. || **huir** uno **de la quema** loc. Apartarse, alejarse de un peligro. || Esquivar compromisos con habilidad.

quemado, da adj. Se apl. a la persona o cosa que ha sufrido quemaduras. También s. || *col.* Enojado, molesto, resentido. || adj. y s. *amer.* Que es o está moreno. || m. *col.* Parte quemada de una comida.

quemador m. Dispositivo que regula la salida de combustible en las cocinas de gas o calderas y sirve para facilitar y controlar la combustión.

quemadura f. Herida producida por el fuego o algo que quema. || **quemadura de primer grado** Quemadura leve. || **quemadura de segundo grado** Quemadura de gravedad moderada. || **quemadura de tercer grado** Quemadura de máxima gravedad.

quemar tr. Abrasar o consumir con fuego. || Calentar mucho una cosa. || Estropear un alimento por cocinarlo demasiado. || Secar una planta el excesivo calor o frío. || Causar una sensación de ardor, especialmente en la boca, una cosa caliente, picante o urticante. También intr. || Hacer señal, llaga o ampolla una cosa cáustica o muy caliente. || Gastar o usar una cosa sin sacar provecho de ella: *ha quemado toda la herencia*. || Producir el sol heridas en la piel. || Destilar los vinos en alambiques. || Impacientar o desazonar a uno: *esta espera me quema*. También prnl. || *amer. col.* Descubrir el secreto de otra persona, poner en evidencia. || *amer. col.* Matar a alguien con un arma de fuego. || intr. Estar demasiado caliente una cosa. || prnl. Producir heridas el fuego o algo caliente. || *col.* Desgastarse, desprestigiarse en el desempeño de una actividad. || Padecer o sentir mucho calor. || Padecer la fuerza de una pasión o afecto: *se quema de celos*. || Estar muy cerca de acertar o de hallar una cosa: *se quemaba, pero no dio con ello*. || FAM. quema, quemadero, quemado, quemador, quemadura, quemarropa, quemazón.

quemarropa (a) loc. adv. Modo de disparar con arma de fuego, desde muy cerca del objetivo. ‖ De forma brusca, sin rodeos.

quemazón f. Calor, picor o ardor excesivo. ‖ Sentimiento desagradable de molestia o incomodidad ante las burlas o críticas de otras personas.

quena f. Flauta o caramillo que usan los indios de algunas comarcas de América para acompañar sus cantos y bailes.

quenopodiáceo, a adj. y f. De las quenopodiáceas o relativo a esta familia de plantas. ‖ f. pl. Familia de plantas angiospermas dicotiledóneas, herbáceas, rara vez leñosas, de hojas esparcidas, flores pentámeras y fruto en aquenio, como la acelga.

quepis m. Gorra militar cilíndrica, ligeramente cónica y con la visera horizontal. ◆ No varía en pl.

queratina f. Sustancia albuminoidea, muy rica en azufre, que constituye la parte fundamental de las capas más externas de la epidermis de los vertebrados y de los órganos derivados de esta membrana, como plumas, pelos, cuernos, uñas o pezuñas.

querella f. Discordia, pelea. ‖ En der., acusación ante la justicia en la que una persona le imputa a alguien la comisión de un delito, constituyéndose como parte en el procedimiento. ‖ FAM. querellarse.

querellarse prnl. En der., presentar una querella ante la justicia. ‖ FAM. querellado, querellador, querellante.

querencia f. Tendencia o inclinación de una persona o un animal hacia un lugar conocido. ‖ Preferencia del toro por algunos lugares determinados de la plaza.

querendón, ona adj. *amer. col.* Se apl. a la persona muy mimosa.

querer[1] m. Amor, cariño.

querer[2] tr. Desear, apetecer. ‖ Amar, tener cariño, voluntad o inclinación a una persona o cosa. ‖ Tener voluntad o determinación de ejecutar una acción. ‖ Pedir una cantidad por algo. ‖ Aceptar una apuesta. ‖ Dar motivo una persona con sus acciones o palabras a que suceda algo que puede perjudicarla: *tú lo que quieres es que perdamos el tren.* ‖ Ser algo conveniente: *esta pared quiere una mano de pintura.* ‖ Pretender, intentar, procurar. ‖ Conformarse o avenirse uno al intento o deseo de otro: *¿quieres acompañarnos?* ‖ intr. impers. Estar próxima a ser o verificarse una cosa: *parece que quiere llover.* ‖ **como quiera que** loc. conjunt. De cualquier manera, de cualquier modo. ‖ **cuando quiera** loc. adv. En cualquier momento. ‖ **donde quiera** loc. adv. Dondequiera. ‖ **sin querer** loc. adv. Sin intención. ‖ FAM. querencia, querendón, querer, querido, querindongo. ◆ **Irreg.** Conjugación modelo:

Indicativo
Pres.: quiero, quieres, quiere, queremos, queréis, quieren.
Imperf.: quería, querías, quería, *etc.*
Pret. perf. simple: quise, quisiste, quiso, quisimos, quisisteis, quisieron.
Fut. simple: querré, querrás, querrá, *etc.*
Condicional simple: querría, querrías, querría, *etc.*

Subjuntivo
Pres.: quiera, quieras, quiera, queramos, queráis, quieran.
Imperf.: quisiera o quisiese, quisieras o quisieses, *etc.*
Fut. simple: quisiere, quisieres, quisiere, *etc.*
Imperativo: quiere, quered.
Participio: querido.
Gerundio: queriendo.

querido, da m. y f. Amante.

quermes m. Insecto hemíptero parecido a la cochinilla, que vive en la coscoja y cuya hembra forma las agallitas que dan el color de grana. ◆ No varía en pl.

quermés f. Kermés.

querosén m. *amer.* Queroseno.

queroseno m. Una de las fracciones del petróleo natural, que se obtiene por refinación y destilación.

querubín m. Ángel perteneciente al segundo coro. ‖ Persona de singular belleza. ‖ FAM. querube, querúbico.

quesadilla f. Pastel hecho con masa de harina y queso. ‖ *amer.* Pastelillo relleno de almíbar o fruta en conserva. ‖ FAM. quesada.

quesera f. Recipiente para guardar o servir queso.

quesito m. Cada una de las partes individuales y envueltas en que se sirve un queso cremoso.

queso m. Producto que se obtiene de la leche cuajada. ‖ *col.* Pie. ‖ **queso de bola** El que tiene forma esférica y corteza roja. ‖ **queso de Burgos** Variedad de queso fresco de leche de vaca, originario de esta ciudad española. ‖ **queso manchego** Variedad de queso de leche de oveja, típico de La Mancha. ‖ **queso parmesano** Variedad de queso de sabor fuerte, propio de la región de la Lombardía. ‖ **dársela con queso** a alguien loc. *col.* Engañarle, burlarse de él. ‖ FAM. quesada, quesería, quesera, quesero, quesito.

quesquémil o quesquemil m. *amer.* Especie de chal que utilizan las mujeres para cubrirse el pecho y la espalda.

queta f. Cerda de los anélidos.

quetzal m. Ave trogoniforme trepadora de unos 35 cm de longitud, propia de la América tropical, de plumaje suave, color verde tornasolado y muy brillante en las partes superiores del cuerpo y rojo en el pecho y abdomen, cabeza gruesa, con un moño sedoso y verde; su cola puede alcanzar hasta 1 m de longitud. ‖ Moneda guatemalteca.

quevedos m. pl. Lentes de forma circular con armadura a propósito para que se sujete en la nariz.

quiasmo m. Figura de dicción que consiste en presentar en órdenes inversos los miembros de dos secuencias.

quiche f. Pastel caliente y salado relleno de ingredientes variados, principalmente cebolla, huevo, queso, carne o verdura.

quiché adj. y com. De un pueblo amerindio de origen maya que habita en el oeste de Guatemala. ‖ m. Lengua de la familia maya hablada por este pueblo.

quichua adj. y com. Quechua.

quicio m. Parte de la puerta o ventana en que se asegura la hoja, donde están los goznes o bisagras. ‖ **sacar**

de quicio loc. Violentar, sacar algo de su natural curso o estado. ‖ Exasperar, hacer perder el tino.

quico m. Maíz tostado.

quid (voz lat.) m. Esencia, causa, razón: *el quid de la cuestión.*

quid pro quo loc. lat. Una cosa por otra.

quiebra f. Interrupción de la actividad comercial por no poder hacer frente a las deudas u obligaciones contraídas, bancarrota. ‖ Grieta, abertura de una cosa por alguna parte. ‖ Hendidura de la tierra. ‖ Pérdida, menoscabo, disminución de una cosa.

quiebro m. Ademán de doblar el cuerpo por la cintura. ‖ En mús., nota o grupo de notas de adorno que acompañan a una principal. ‖ Elevación repentina del tono de la voz, gorgorito. ‖ Lance con que el torero hurta el cuerpo, con rápido movimiento de la cintura, al embestirle el toro.

quien pron. relat. Hace referencia siempre a una persona ya mencionada o sobreentendida. ‖ Con antecedente implícito, equivale a 'la persona que' o 'aquel que': *quien bien te quiere te hará llorar.* ‖ Cuando depende de un verbo con negación equivale a 'nadie que': *no hay quien pueda con él.* ‖ FAM. quienquiera.

quién pron. interrog. y excl. Introduce oraciones interrogativas y exclamativas, preguntando o ponderando la identidad de una persona: *dime con quién andas y te diré quién eres; ¡quién fuera tú!* ‖ En oraciones negativas, funciona como predicativo con el significado de 'nadie adecuado o autorizado': *él no es quién para decirte lo que tienes que hacer.* ‖ **quién más, quién menos** loc. Cada cual, todos sin excepción. ◆ Es frecuente pronunciar átonos los pronombres en esta loc., por lo que es habitual encontrarlos así escritos.

quienquiera pron. indef. Alguno, cualquiera; se emplea seguido de *que: quienquiera que lo tenga, que lo devuelva.* ◆ pl. *quienesquiera.*

quieto, ta adj. Inmóvil. ‖ Tranquilo, sosegado. ‖ FAM. quietamente, quietar, quietismo, quietud.

quietud f. Carencia de movimientos. ‖ Sosiego, reposo, descanso.

quif m. Kif.

quijada f. Cada una de las dos grandes mandíbulas de los vertebrados.

quijotada f. Acción noble y desinteresada, propia de un quijote.

quijote[1] m. Pieza de la armadura destinada a cubrir el muslo.

quijote[2] m. Hombre idealista y defensor de causas ajenas en nombre de la justicia. ‖ Hombre muy puntilloso. ‖ FAM. quijotada, quijotería, quijotesa, quijotescamente, quijotesco, quijotismo.

quila f. Variedad de planta gramínea muy abundante en Chile.

quilate m. Unidad de peso de las piedras preciosas equivalente a 0,2 gramos. ‖ Cada una de las veinticuatroavas partes en peso de oro puro que contiene cualquier aleación de este metal. ‖ Grado de perfección de cualquier cosa no material. Más en pl.

quilla f. Pieza de madera o hierro que va de popa a proa por la parte inferior de una embarcación, y en la que se asienta todo su armazón. ‖ Parte saliente y afilada del esternón de las aves y murciélagos. ‖ Cada una de las partes salientes y afiladas que tiene la cola de algunos peces.

quillango m. *amer.* Manta compuesta de pieles cosidas que usaban los indígenas.

quilo[1] m. Líquido de aspecto lechoso con gran contenido en grasas que resulta de la digestión de los alimentos en el intestino delgado. ‖ FAM. quilífero, quilificar.

quilo[2] m. Kilo.

quilombera f. *amer.* Prostituta.

quilombo m. *amer.* Prostíbulo. ‖ *amer.* Follón, lío, desorden. ‖ FAM. quilombear, quilombera.

quiltro m. *amer.* Perro callejero, sin raza conocida.

quimbambas f. pl. Lugar lejano e indeterminado.

quimera f. Monstruo imaginario con cabeza de león, cuerpo de cabra y cola de dragón. ‖ Ilusión, fantasía que se cree posible, pero que no lo es. ‖ Pez cartilaginoso marino que tiene un aspecto monstruoso. En vez de dientes, cuenta con placas anchas y lisas, y no tiene escamas. ‖ FAM. quimérico, quimerista, quimerizar.

quimérico, ca adj. Que es ilusorio, imaginado, sin fundamento.

química f. Ciencia que estudia la composición de los cuerpos simples y sus reacciones, y la creación de productos artificiales a partir de ellos. ‖ Alimento que contiene compuestos o aditamentos artificiales en abundancia. ‖ **química inorgánica** Parte de la química que estudia los cuerpos simples y compuestos que no tienen el carbono en sus moléculas. ‖ **química orgánica** Parte de la química que estudia los compuestos que tienen carbono en sus moléculas. ‖ FAM. químicamente, químico, quimioterapia.

químico, ca adj. De la química o relativo a ella. ‖ m. y f. Especialista en química.

quimioterapia f. Método curativo de las enfermedades, especialmente de las infecciosas, por medio de productos químicos.

quimo m. Masa ácida resultante de la digestión de los alimentos en el estómago. ‖ FAM. quimificar.

quimono m. Túnica japonesa de mangas largas y anchas, abierta por delante y ceñida con un cinturón. ‖ Prenda deportiva formada por una chaqueta y un pantalón amplios, utilizada para practicar artes marciales.

quina f. Corteza del quino. ‖ Licor preparado con esta y otras sustancias que se usa como aperitivo. ‖ **ser más malo que la quina** loc. *col.* Ser una persona muy mala. ‖ **tragar quina** loc. *col.* Soportar o aguantar una situación desagradable disimulando el disgusto. ‖ FAM. quinado, quinina.

quincalla f. Conjunto de objetos de metal de poco valor. ‖ Cosa de poco valor. ‖ FAM. quincallería, quincallero, quinqui.

quincallería f. Lugar donde se hace o vende quincalla. ‖ Conjunto de quincalla.

quincallero, ra m. y f. Persona que se dedica a la fabricación o venta de quincalla.

quince adj. y pron. num. card. Diez más cinco. ‖ adj. num. ord. Que ocupa el lugar número quince en una serie ordenada de elementos, decimoquinto. También m., aplicado a los días del mes. || m. Conjunto de signos con que se representa este número: *15*. || FAM. quinceañero, quinceavo, quincena, quindécimo, quinzavo.

quincena f. Periodo de quince días seguidos. || Paga que se recibe cada quince días. || FAM. quincenal.

quincenal adj. Que sucede o se repite cada quince días. || Que dura una quincena.

quincha f. *amer.* Entramado de juncos con que se refuerza un techo o una pared de paja, cañas u otro material semejante. || Pared que se hace de cañas u otro material semejante que se recubre de barro.

quincho m. *amer.* Construcción utilizada como resguardo para las comidas al aire libre.

quincuagenario, ria adj. Que consta de cincuenta unidades. || adj. y s. Se apl. a la persona que tiene más de cincuenta años y aún no ha cumplido sesenta. || FAM. quincuagena.

quincuagésimo, ma adj. num. ord. Que ocupa el lugar número cincuenta en una serie ordenada de elementos. || adj. num. frac. Se apl. a cada una de las cincuenta partes iguales en que se divide un todo. También m.

quingentésimo, ma adj. num. ord. Que ocupa el lugar número quinientos en una serie ordenada de elementos. || adj. num. frac. Se apl. a cada una de las quinientas partes iguales en que se divide un todo. También m.

quiniela f. Sistema de apuestas mutuas en la que los apostantes pronostican el resultado de los partidos de fútbol, carreras de caballos y otras competiciones. || Boleto en que se escribe la apuesta. || *col.* Pronóstico que se hace sobre algo. || FAM. quinielista, quinielístico.

quinientos, tas adj. y pron. num. card. Cinco veces cien. || adj. num. ord. Que ocupa el lugar número quinientos en una serie ordenada de elementos, quingentésimo. || m. Conjunto de signos con que se representa este número: *500*. ◆ No varía en pl. || FAM. quingentésimo.

quinina f. Alcaloide que se extrae de la quina o corteza del quino, amargo y de color blanco, y que se usa en el tratamiento de enfermedades infecciosas.

quino m. Árbol americano perteneciente a la familia de las rubiáceas, con hojas opuestas, ovales y apuntadas y fruto seco. || FAM. quina.

quinqué m. Lámpara portátil de petróleo o aceite con un tubo de cristal para resguardar la llama.

quinquenal adj. Que dura un quinquenio. || Que sucede o se repite cada cinco años.

quinquenio m. Periodo de cinco años. || Incremento salarial al cumplirse cinco años de antigüedad en un puesto de trabajo. || FAM. quinquenal.

quinqui com. *col.* Persona de un grupo social marginado que, con frecuencia, recurre a la delincuencia. ◆ Se usa en sentido peyorativo.

quinta f. Finca de recreo en el campo, con una casa para sus propietarios. || Reemplazo anual de soldados. || En mús., intervalo que consta de tres tonos y un semitono mayor. || Conjunto de personas que nacieron en el mismo año. || En algunos vehículos de motor, marcha o velocidad con mayor recorrido. || pl. Operaciones o actos administrativos del reclutamiento. || FAM. quintana, quintero.

quintaesencia f. Lo más puro, perfecto. || FAM. quintaesenciar.

quintal m. Unidad de peso castellana equivalente a 46 kg o 100 libras. || **quintal métrico** En el sistema métrico decimal, unidad de peso que equivale a 100 kg.

quinteto m. Estrofa de cinco versos de arte mayor que riman en consonante de forma que no haya tres versos seguidos con la misma rima, los dos últimos no formen un pareado y no quede ninguno libre. || Composición musical para cinco voces o instrumentos. || Conjunto musical formado por cinco voces o instrumentos. || Conjunto de cinco elementos.

quintilla f. Estrofa de cinco versos de arte menor que riman en consonante de forma que no haya tres versos seguidos con la misma rima, los dos últimos no formen un pareado y no quede ninguno libre. || Combinación de cinco versos de cualquier medida con dos distintas consonancias.

quintillizo, za adj. y s. Se apl. a cada uno de los hermanos nacidos de un parto quíntuple.

Quintín (la de san) loc. *col.* Expresión que indica la existencia de una riña o pelea o que se está provocando: *en el terreno de juego se formó la de san Quintín*.

quinto, ta adj. num. ord. Que ocupa el lugar número cinco en una serie ordenada de elementos. || adj. num. frac. Se apl. a cada una de las cinco partes iguales en que se divide un todo. También m. || m. Joven que ha sido sorteado pero todavía no se ha incorporado al servicio militar o lo ha hecho recientemente. || *col.* Botellín de cerveza. || *amer.* Moneda de cinco centavos. || FAM. quinta, quincuagésimo, quintar, quintero.

quintral m. *amer.* Muérdago de flores rojas, cuyo fruto se emplea para teñir.

quíntuple adj. num. mult. Que contiene un número cinco veces exactamente. También m.

quintuplicar tr. y prnl. Hacer cinco veces mayor una cantidad, multiplicar por cinco. || FAM. quíntuple, quintuplicación, quíntuplo.

quíntuplo, pla adj. Quíntuple.

quiñazo m. *amer. col.* Encontronazo, empujón.

quiñón m. Porción de tierra de cultivo, de dimensión variable. || Parte que uno tiene con otros en una cosa productiva y que se usa regularmente hablando de las tierras que se reparten para sembrar.

quiosco m. Construcción pequeña que se instala en la calle o lugares públicos para vender en ella periódicos, flores u otras mercancías. || Caseta de estilo oriental, generalmente abierta por todos los lados, que se construye en parques o jardines. || FAM. quiosquero.

quiosquero, ra m. y f. Persona que es propietaria de un quiosco o que trabaja en él.

quipo o **quipu** m. Cada uno de los nudos de colores que constituía el sistema de escritura y contabilidad de los incas. Más en pl.

quiquiriquí m. Sonido que hace el gallo al cantar. ◆ pl. *quiquiriquíes* o *quiquiriquís*.

quirguiz adj. y com. De un pueblo de etnia tártara que vive entre el Ural y el Irtich o relacionado con él. || m. Lengua hablada por los habitantes de este pueblo, emparentada con el turco.

quirófano m. Sala acondicionada para hacer operaciones quirúrgicas.

quiromancia o **quiromancía** f. Forma de adivinar el futuro mediante la interpretación de las rayas de la mano. || FAM. quiromante, quiromántico.

quiromasaje m. Masaje corporal que se da con las manos. || FAM. quiromasajista.

quiropráctico, ca m. y f. Persona que cura enfermedades óseas con las manos. || FAM. quiropráctica.

quiróptero, ra adj. y m. De los quirópteros o relativo a este orden de mamíferos. || m. pl. Orden de mamíferos que vuelan, con alas formadas por una extensa y delgada membrana o repliegue cutáneo que, partiendo de los lados del cuerpo, se extiende sobre cuatro de los dedos de las extremidades anteriores, y que se orientan en la oscuridad por medio de unas ondas que emiten, como el murciélago.

quirquincho m. *amer.* Mamífero del orden de los desdentados, parecido al armadillo, de cuyo caparazón se sirven los indios para hacer charangos.

quirúrgico, ca adj. De la cirugía o relativo a ella.

quísame m. *amer.* Techo falso que se coloca por debajo del de una habitación.

quisco m. *amer.* Cactus con tallos gruesos que crecen en forma de cirios cubiertos de espinas y flores rojas muy vistosas.

quisque o **quisqui (cada o todo)** loc. *col.* Cada uno, cualquiera, cada cual: *aquí trabaja todo quisque.*

quisquilla f. Camarón. || Reparo, dificultad pequeña. || com. *col.* Que se ofende con facilidad, normalmente por cosas sin importancia. || FAM. quisquilloso.

quisquilloso, sa adj. y s. Susceptible, que se ofende con facilidad por cosas sin importancia. || Que da importancia a pequeñeces. || FAM. quisquilla, quisquillosidad.

quiste m. Tumor formado por una cavidad rellena de diversas sustancias que se desarrolla en organismos vivos por alteración de los tejidos. || Membrana resistente e impermeable que envuelve a un animal o vegetal, manteniéndolo completamente aislado del medio. || Cuerpo formado por una membrana resistente e impermeable y el pequeño animal o vegetal al que envuelve. || FAM. quístico.

quitaesmalte m. Líquido con acetona que se emplea para eliminar el esmalte de las uñas.

quitamanchas m. Producto químico para quitar manchas. ◆ No varía en pl.

quitamiedos m. Barra, barandilla o cuerda que se coloca a modo de pasamanos como protección o seguridad en algunos lugares peligrosos o elevados. ◆ No varía en pl.

quitanieves f. Máquina que se emplea para quitar la nieve que se acumula en un camino o vía. ◆ No varía en pl.

quitapenas m. *col.* Licor. ◆ No varía en pl.

quitar tr. Tomar una cosa apartándola de otras, o del lugar en que estaba. || Hurtar, dejar a una persona sin algo que tenía. || Impedir, prohibir: *el médico le ha quitado la sal.* || Librar, privar, hacer desaparecer: *estas pastillas te quitarán el dolor.* || Suprimir un empleo u oficio: *han quitado a los serenos.* || Ser un obstáculo o impedimento: *esto no quita para que sigamos siendo amigos.* || prnl. Dejar una cosa o apartarse totalmente de ella: *se ha quitado del tabaco.* || Irse, separarse de un lugar: *quítate de ahí.* || **de quita y pon** loc. adj. Que se puede quitar y poner. || **quitar de en medio** o **de encima** loc. Librar de algo desagradable o peligroso. || FAM. quita, quitación, quitaipón, quitamanchas, quitamiedos, quitanieves, quitanza, quitapenas, quitapón, quitasol, quite, quito.

quitasol m. Especie de sombrilla usada para resguardarse del sol.

quite m. Movimiento defensivo con que se esquiva un golpe o ataque. || Movimiento que hace un torero para librar a otro de la acometida del toro. || **estar al quite** loc. Estar preparado para acudir en defensa de alguien. || **ir** o **salir al quite** loc. Acudir rápidamente en defensa de alguien.

quitina f. Polisacárido de color blanco, insoluble en el agua y en los líquidos orgánicos, que se encuentra en el esqueleto de los artrópodos. || FAM. quitinoso.

quitón m. Molusco poliplacóforo marino que mide entre 2 y 5 cm, con la concha ovalada de ocho piezas, que vive pegado a las rocas de la costa.

quivi m. Kiwi.

quizá o **quizás** adv. Indica la posibilidad de algo: *quizá llegue tarde.*

quorum m. (voz lat.) Número mínimo de miembros que tienen que estar presentes en ciertas asambleas o reuniones para que estas tengan validez. || Proporción de votos favorables para que haya acuerdo. ◆ No varía en pl.

r

r f. Decimonovena letra del abecedario español y decimoquinta de sus consonantes. Fonéticamente representa dos sonidos: uno simple, de una sola vibración apicoalveolar sonora, como en *para,* y otro múltiple, o con dos o más vibraciones, como en *parra.* Para el primero se emplea una sola *r: amor, jara.* Para el segundo se emplea también una sola *r* a principio de palabra: *raro, reloj;* siempre que va después de *b,* sin formar sílaba: *subrogar,* o detrás de *l, n* o *s: malrotar, enriquecer, Israel;* o doble *r* en cualquier otro caso: *carro, perro.* Su nombre es *erre,* aunque también se llama *ere* cuando se quiere hacer notar que representa el sonido simple.

raba f. Cebo que emplean los pescadores, hecho con huevas de bacalao. ‖ En algunas regiones, calamar frito.

rabadán m. Mayoral que cuida y gobierna todos los hatos de ganado de una cabaña. ‖ Pastor que gobierna uno o más hatos de ganado, a las órdenes del mayoral de una cabaña.

rabadilla f. Extremidad del espinazo, formada por el hueso coxis y la última pieza del hueso sacro. ‖ Extremidad movible de las aves en la que están las plumas de la cola. ‖ Pieza de carne de las ancas de una res, situada entre la tapa y el lomo, destinada al consumo.

rabanero, ra adj. y s. *col.* Descarado y ordinario, grosero. ‖ m. y f. Persona que vende rábanos. ‖ f. Recipiente en que se sirven los rábanos en la mesa.

rábano m. Planta herbácea crucífera de hojas ásperas, flores blancas y una raíz carnosa blanca, roja, amarillenta o negra de sabor picante, muy utilizada en alimentación. ‖ Raíz de esta planta. ‖ **importar** o **no importar** algo **un rábano** loc. *col.* Importar poco o nada. ‖ **¡un rábano!** o **¡y un rábano!** loc. *col.* Se usa para rehusar una cosa. ‖ FAM. rabanal, rabanera, rabanero, rabanillo, rabaniza.

rabel m. Instrumento musical pastoril parecido al laúd, con tres cuerdas, que se toca con arco. ‖ FAM. rabelero.

rabí m. Rabino. ◆ pl. *rabíes* o *rabís.*

rabia f. Enfermedad vírica de algunos animales, especialmente en el perro, que se transmite por mordedura a otros animales o a los humanos y que ataca al sistema nervioso: *si te ha mordido un perro salvaje, tendrás que vacunarte contra la rabia.* ◆ Es sinónimo de *hidrofobia.* ‖ Ira, enfado grande: *después de que le marcaran el gol, el portero golpeó el suelo con rabia.* ‖ Odio o antipatía

que se tiene a alguien: *le tengo mucha rabia a ese tipo.* ‖ **con rabia** loc. adv. En exceso, demasiado, aplicado sobre todo a cualidades negativas: *es feo con rabia.* ‖ **¡qué rabia!** loc. Expresión que se utiliza para mostrar enfado grande: *¡qué rabia, he perdido el tren!* ‖ FAM. rabiar, rábico, rabieta, rabioso.

rabiar intr. Padecer la enfermedad de la rabia. ‖ Sufrir un dolor muy fuerte. ‖ Desear mucho una cosa: *rabiaba por decírtelo.* ‖ Impacientarse o enfadarse: *no le hagas rabiar.* ‖ **a rabiar** loc. adv. Mucho, con exceso: *me gusta la nata a rabiar.*

rabicorto, ta adj. Se apl. al animal que tiene corto el rabo.

rábida f. Fortaleza militar y religiosa musulmana que se erigía en la frontera con los reinos cristianos.

rabieta f. *col.* Berrinche, enfado que suele durar poco y estar motivado por cosas sin importancia.

rabihorcado m. Fragata, nombre común de diversas aves pelecaniformes marinas.

rabilargo, ga adj. Se apl. al animal que tiene largo el rabo. ‖ m. Ave paseriforme de la familia del cuervo, de plumaje pardo, cabeza negra y alas azules.

rabillo m. Pezón o pedúnculo que sostiene la hoja o el fruto. ‖ Prolongación de una cosa en forma de rabo. ‖ Mancha negra que se advierte en las puntas de los granos de los cereales cuando empiezan a estar atacados por el tizón. ‖ Trabilla del chaleco y del pantalón. ‖ **rabillo del ojo** Ángulo externo del ojo. ‖ **mirar con** o **por el rabillo del ojo** loc. *col.* Mirar con disimulo.

rabino m. Doctor de la ley judía, encargado de interpretar las Sagradas Escrituras. ‖ Jefe espiritual de una comunidad judía. ‖ FAM. rabí, rabínico.

rabión m. Corriente del río en los lugares en que por su estrechez o por la inclinación del cauce se hace muy violenta e impetuosa.

rabioso, sa adj. Intenso, enorme, violento. ‖ Que padece de la rabia. También s. ‖ Enojado, airado, que está furioso por algo. ‖ FAM. rabiosamente.

rabiza f. Punta de la caña de pescar en la que se pone el sedal. ‖ *vulg.* Ramera. ‖ Cabo corto y delgado unido por un extremo a un objeto cualquiera, para facilitar su manejo o sujeción.

rabo m. Cola de algunos animales. ‖ Rama con las hojas y los frutos. ‖ Cualquier cosa que cuelga a semejanza de la cola de un animal. ‖ *vulg.* Pene. ‖ **con el rabo en-**

tre las piernas loc. adj. y adv. *col.* Abochornado, humillado. || FAM. rabada, rabadilla, rabear, rabiatar, rabicorto, rabihorcado, rabilargo, rabillo, rabisalsera, rabiza, rabón, rabona, rabotada, rabudo.

rabón, ona[1] adj. Se apl. al animal que tiene el rabo más corto que lo ordinario en su especie, o que no lo tiene. || *amer.* Que es más corto de lo ordinario o de menor importancia de la pertinente. || *amer.* Que no cubre suficientemente la superficie que debe tapar. || *amer.* Se dice del cuchillo que ha perdido las cachas o el mango y tiene las hojas muy gastadas. || *amer.* Mezquino, ruin.

rabona[2] f. *amer.* Mujer que acompaña a los soldados en las marchas y en campaña.

rabonear intr. *amer.* Hacer novillos, no asistir a clase.

racanear intr. *col.* Comportarse alguien con tacañería. || *col.* Trabajar lo menos posible.

racanería f. *col.* Propensión a dar la menor cantidad de dinero posible. || *col.* Holgazanería, vagancia en el trabajo.

rácano, na adj. y s. *col.* Tacaño, avaro. || *col.* Holgazán, vago. || FAM. racanear, racaneo, racanería.

racha f. Ráfaga, golpe de viento fuerte y de poca duración. || Periodo breve de fortuna o desgracia. || FAM. racheado, rachear.

racheado, da adj. Se apl. al viento que sopla a rachas.

racial adj. De la raza o relativo a ella.

racimo m. Conjunto de frutos que cuelgan de un mismo tallo, especialmente en la vid. || Conjunto de flores o frutos sostenidos por un eje común y con rabillos casi iguales, más largos que las mismas flores. || Conjunto de cosas pequeñas dispuestas a modo de racimo. || FAM. racimado, racimar, racimoso.

raciocinio m. Facultad de pensar. || Ideas o razonamiento pensados por una persona. || FAM. raciocinar.

ración f. Porción de alimento que se reparte a cada persona. || Cantidad de comida que se vende a un determinado precio. || Cantidad o porción de cualquier otra cosa. || FAM. racionado, racionar.

racional adj. De la razón o relativo a ella. || Conforme a la razón. || Dotado de razón: *animal racional.* También com. || FAM. racionalidad, racionalismo, racionalizar, racionalmente.

racionalismo m. Doctrina filosófica que sostiene que la realidad es racional y, por tanto, comprensible a través de la razón. || Sistema filosófico que funda las creencias religiosas sobre la razón. || Tendencia a colocar la razón por encima de los sentimientos y las emociones. || Corriente constructiva desarrollada en Europa en la década de 1930 que conjuga lo estético con lo funcional. || FAM. racionalista.

racionalista adj. Del racionalismo o relativo a él. || adj. y com. Que coloca la razón por encima de los sentimientos y las emociones. || com. Partidario de la doctrina o sistema del racionalismo.

racionalizar tr. Reducir a normas o conceptos racionales. || Organizar la producción o el trabajo de manera que aumenten los rendimientos o se reduzcan los costos con el mínimo esfuerzo. || FAM. racionalización.

racionamiento m. Reparto controlado de algo, especialmente cuando es escaso. || Control del consumo de algo.

racionar tr. Repartir raciones de algo, generalmente cuando es escaso. || Someter los artículos de primera necesidad a una distribución establecida por la autoridad. || Controlar el consumo de algo con un determinado fin. || FAM. racionamiento.

racismo m. Doctrina que exalta la superioridad de la propia raza frente a las demás, basándose en caracteres biológicos. || Sentimiento de rechazo hacia las razas distintas a la propia. || FAM. racista.

racista adj. Del racismo o relativo a él. || adj. y com. Partidario de esa doctrina o que profesa ese sentimiento.

racor m. Pieza metálica con dos roscas internas en sentido inverso que sirve para unir tubos y otros perfiles cilíndricos. || P. ext., pieza de otra materia que se enchufa sin rosca para unir dos tubos.

rada f. Bahía, ensenada.

radar m. Sistema que permite descubrir la presencia y posición en el espacio de un cuerpo que no se ve mediante la emisión de ondas radioeléctricas que, al chocar con dicho objeto, vuelven al punto de observación, donde son detectadas por un aparato adecuado. || Aparato para aplicar este sistema. ◆ Es el acrónimo del inglés *radio detecting and ranging.* || FAM. radárico, radarista.

radiación f. Emisión de luz, calor o cualquier otro tipo de energía por parte de un cuerpo. || Exposición a una radiación. || Transmisión o propagación de algo, especialmente de ideas o elementos culturales.

radiactividad f. Propiedad de diversos núcleos atómicos de emitir radiaciones cuando se desintegran espontáneamente. || FAM. radiactivo.

radiactivo, va adj. De la radiactividad, que posee esta propiedad o está relacionado con ella.

radiado, da adj. Que tiene sus diversas partes dispuestas alrededor de un punto o de un eje, como los radios de una circunferencia. || adj. y m. Se apl. al animal invertebrado cuyas partes interiores y exteriores están dispuestas a manera de radios alrededor de un punto o de un eje central, como la estrella de mar.

radiador m. Aparato de calefacción compuesto de varios tubos por los que circula vapor, aceite o agua caliente. || Refrigerador de los cilindros en algunos motores de explosión.

radial adj. Que tiene sus diversas partes dispuestas alrededor de un punto o de un eje, como los radios de una circunferencia, radiado. || Del radio geométrico o relativo a él. || Se apl. al neumático que tiene surcos profundos perpendiculares al sentido de la marcha para facilitar la adherencia a la carretera. || *amer.* Que se emite por radio.

radián m. Unidad de medida de ángulos que se define como el ángulo central de una circunferencia en el que la longitud del arco y del radio son iguales. Su símbolo es *rad.*

radiante adj. Resplandeciente, brillante. || Muy contento o satisfecho por algo: *estaba radiante después de su triunfo.* || FAM. radiantemente.

radiar tr. Transmitir o difundir por medio de la radio. || Despedir radiaciones. También intr. || Tratar una lesión con rayos X. ‖ FAM. radiación, radiado, radiador, radiante.

radical adj. De la raíz o relativo a ella. ‖ Fundamental, que se produce de forma total: *cambio radical.* ‖ Partidario o defensor del radicalismo. También com. ‖ Tajante, que no admite términos medios: *ha sido radical en sus declaraciones.* ‖ Se apl. a la parte de una planta que nace directamente de la raíz. ‖ En mat., se dice del signo con que se indica la operación de extraer raíces. También m. ‖ m. En ling., parte que queda en las palabras variables al quitarles la desinencia, y que es común a todas las palabras de la misma familia. ‖ En quím., grupo de átomos que sirve de base para la formación de combinaciones. ‖ FAM. radicalismo, radicalización, radicalizar, radicalmente, radicando.

radicalismo m. Conjunto de ideas y doctrinas que pretenden una reforma total o muy profunda en el orden político, moral, religioso, científico, o en cualquier otro aspecto de la vida. ‖ Modo extremado de enfocar o tratar algo, en el que no hay término medio. ‖ FAM. radicalista.

radicar intr. Estar en determinado lugar. ‖ Hallarse algo en un determinado aspecto, ser ese su origen. ‖ Echar raíces, arraigar. También prnl. ‖ FAM. radicación.

radicícola adj. y com. Se apl. al animal o al vegetal que vive parásito sobre las raíces de las plantas.

radícula f. Parte del embrión de las plantas que origina la raíz. ‖ FAM. radicular.

radio[1] m. Línea recta desde el centro del círculo a la circunferencia. ‖ Extensión circular de terreno que viene determinada por la longitud de un determinado radio. ‖ Varilla que une el centro de una rueda con la llanta. ‖ Hueso contiguo al cúbito con el cual forma el antebrazo. ‖ Pieza larga, delgada y puntiaguda que sostiene la parte membranosa de las aletas de los peces. ‖ **radio de acción** Máximo alcance o eficacia de un agente o instrumento. ‖ Distancia máxima que puede recorrer un vehículo, regresando al lugar de partida, sin repostar. ‖ FAM. radiado, radial, radián, radio.

radio[2] m. Elemento químico metálico de color blanco brillante parecido al bario y de elevada radiactividad. Su símbolo es *Ra*, y su número atómico, *88.* ‖ FAM. radón.

radio[3] f. Empleo de las ondas hercianas para transmitir información. ‖ Emisión destinada al público que se realiza por medio de ondas hercianas. ‖ Conjunto de instrumentos e instalaciones utilizados para realizar este tipo de emisiones. ‖ Medio de comunicación que utiliza este tipo de emisiones. ‖ Aparato capaz de recibir este tipo de emisiones y transformarlas en señales o sonidos. ‖ **radio macuto** *col.* Emisora de radio imaginaria a la que se atribuyen noticias y rumores sin confirmar. ‖ **radio pirata** *col.* Emisora de radio que emite sin licencia legal.

radio- pref. que significa 'radiación' o 'radiactividad', o que indica relación con la radio: *radioterapia, radiodifusión.*

radioaficionado, da m. y f. Persona autorizada para emitir y recibir mensajes radiados privados usando bandas de frecuencia jurídicamente establecidas.

radiobaliza f. Instalación que señala la posición o situación de algo enviando información por medio de señales radioeléctricas. ‖ FAM. radiobalizar.

radiocasete m. Aparato constituido por una radio y un magnetófono.

radiocomunicación f. Telecomunicación efectuada por medio de ondas de radio.

radiodifusión f. Emisión a través de ondas hercianas. ‖ Conjunto de los procedimientos o instalaciones destinados a esta emisión. ‖ FAM. radiodifundir.

radioelectricidad f. Técnica de producción, transmisión y recepción de sonidos e imágenes por medio de ondas electromagnéticas. ‖ Rama de la física que se ocupa de estas materias. ‖ FAM. radioeléctrico.

radioeléctrico, ca adj. De la radioelectricidad o relativo a ella.

radioemisor, ra m. y f. Aparato para transmitir radiocomunicaciones.

radioescucha com. Persona que oye las emisiones radiotelefónicas y radiotelegráficas.

radiofaro m. Estación radioeléctrica que produce ondas hercianas destinadas a orientar a los aviones y a los barcos mediante la emisión de cierta clase de señales.

radiofonía f. Sistema de comunicación telefónica a través de las ondas hercianas, radiofonía. ‖ FAM. radiofónico, radiofonista.

radiofónico, ca adj. De la radiofonía o relativo a ella. ‖ Que se difunde a través de ondas hercianas: *programa radiofónico.*

radiofrecuencia f. Cualquiera de las frecuencias de las ondas electromagnéticas empleadas en la radiocomunicación.

radiografía f. Procedimiento fotográfico por medio de rayos X. ‖ Fotografía obtenida por este procedimiento. ‖ FAM. radiografiar, radiográfico.

radiolario adj. y m. De los radiolarios o relativo a estos protozoos. ‖ m. pl. Nombre común a cuatro clases de protozoos marinos de tamaño microscópico, cuyo esqueleto está compuesto por pequeñas espinas de sílice y que suelen habitar en colonias.

radiología f. Parte de la medicina que estudia las aplicaciones médicas de las radiaciones, especialmente de los rayos X. ‖ FAM. radiológico, radiólogo.

radiólogo, ga m. y f. Médico especialista en radiología.

radionovela f. Narración emitida por radiodifusión, generalmente en forma de capítulos seriados.

radiorreceptor m. Aparato empleado en radiotelegrafía y radiotelefonía para recoger y transformar en señales o sonidos las ondas emitidas por el radiotransmisor.

radioscopia f. Examen de un cuerpo opaco por medio de la imagen que proyecta en una pantalla al ser atravesado por los rayos X. ‖ FAM. radioscópico.

radiosonda m. Aparato que se lanza al espacio mediante un globo para que capte datos meteorológicos y los transmita por radio a una estación receptora.

radiotaxi m. Aparato de radio que mantiene al taxista en comunicación con una centralita que le informa de la localización de los clientes.

radiotecnia f. Técnica que se ocupa de la telecomunicación por radio y todo lo relativo a los aparatos receptores o emisores de radio. || FAM. radiotécnico.

radiotelecomunicación f. Comunicación a larga distancia a través de ondas electromagnéticas.

radiotelefonía f. Transmisión telefónica por medio de ondas hercianas. || FAM. radiotelefónico, radiotelefonista, radioteléfono.

radioteléfono m. Teléfono sin cables en el que la comunicación se establece por ondas electromagnéticas.

radiotelegrafía f. Sistema de comunicación telegráfica por medio de ondas hercianas. || FAM. radiotelegráfico, radiotelegrafista, radiotelégrafo.

radiotelevisión f. Transmisión de imágenes y sonidos a distancia por medio de ondas electromagnéticas.

radioterapia f. Aplicación de los rayos X al tratamiento de enfermedades. || P. ext., tratamiento de enfermedades con cualquier clase de radiaciones. || FAM. radioterapeuta.

radiotransmisor m. Aparato que se emplea en radiotelegrafía y radiotelefonía para producir y enviar ondas portadoras de señales o de sonidos.

radioyente com. Persona que oye transmisiones de radio.

radón m. Elemento químico, gas noble radiactivo que se origina en la desintegración del radio y se halla presente en cantidades mínimas en el aire, suelo y agua. Su símbolo es *Rn*, y su número atómico, *86*.

rádula f. Placa dura y alargada con abundantes dientecillos situada en la boca de algunos moluscos, que la emplean para desmenuzar su alimento.

raer tr. Raspar una superficie con un instrumento cortante. || Desgastar una superficie, especialmente por el uso. || Igualar la medida de los áridos, como el trigo o la cebada. ◆ Irreg. Se conj. como *caer*, excepto en la 1.ª persona del pres. de indicat., que es *raigo* o *rayo*, y el pres. de subj., que es *raiga* o *raya*, *raigas* o *rayas*, etc. || FAM. raedera, raedizo, raedor, raedura, raíble, raído.

ráfaga f. Golpe de viento fuerte, repentino y de corta duración. || Destello de luz. || Sucesión rápida de proyectiles que dispara un arma automática.

rafia f. Nombre que se apl. a una serie de palmeras de África y América que producen una fibra muy resistente y flexible. || Esta misma fibra.

rafting (voz i.) m. Deporte que consiste en descender por los rápidos de los ríos en una balsa neumática.

raglán m. Gabán de hombre, holgado y con una especie de esclavina corta, que se usaba en el siglo XIX. || adj. Se apl. al tipo de manga de las prendas que empieza en el cuello y cubre el hombro.

ragtime o **rag-time** (voz i.) m. Género musical afroamericano, pianístico, muy melódico y sincopado, que constituye una de las bases del *jazz*.

ragú m. Guiso a base de carne troceada y guarnecida con patatas y verduras. ◆ pl. *ragús* o *ragúes*.

raicilla f. Cada una de las fibras o filamentos que nacen del cuerpo principal de la raíz de una planta. || Órgano del embrión de la planta, del que se forma la raíz.

raid m. Incursión militar rápida en terreno enemigo, especialmente la llevada a cabo por la aviación. ◆ pl. *raides* o *raids*.

raído, da adj. Se apl. a la tela que está muy gastada por el uso.

raigambre f. Conjunto de antecedentes o tradiciones que hacen algo firme y estable. || Origen o raíz que ligan a alguien a un lugar. || Conjunto de raíces de los vegetales unidas entre sí.

raíl m. Carril de las vías férreas. || Guía o carril por el que corre o se desliza algo.

raíz f. Órgano de las plantas que crece hacia el interior de la tierra, por el que se fijan al suelo y absorben las sustancias necesarias para su crecimiento. || Parte oculta de algo, de la que procede la parte visible: *raíz del pelo*. || Origen o causa de algo: *raíz de un problema*. || En gram., base mínima e irreductible que comparten las palabras de una misma familia. || En mat., cantidad que ha de multiplicarse por sí misma una o más veces para obtener un número determinado. || Parte de los dientes de los vertebrados engastada en los alveolos. || **raíz cuadrada** Cantidad que se ha de multiplicar por sí misma una vez para obtener un número determinado. || **raíz cúbica** Cantidad que se ha de multiplicar por sí misma dos veces para obtener un número determinado. || **a raíz de** loc. adv. Como consecuencia de. || **de raíz** loc. adv. Enteramente. || **echar raíces** loc. Afincarse o establecerse en un lugar. || FAM. radical, radicando, radicar, radicícola, radícula, raicilla, raigambre, raigón.

raja f. Hendidura, corte, grieta. || Rebanada, rodaja, porción de alimento. || FAM. rajar, rajuela.

rajá m. Soberano de la India. ◆ pl. *rajás*.

rajado, da adj. y s. *col.* Cobarde, que se echa atrás en el último momento.

rajadura f. Acción y resultado de rajar o rajarse. || *amer.* Grieta.

rajar¹ tr. Partir en rajas. || Partir, abrir, hender. También prnl. || *col.* Herir con arma blanca. || prnl. *col.* Echarse atrás, dejar de hacer algo en el último momento. || FAM. rajadizo, rajado, rajadura.

rajar² intr. *col.* Hablar mucho o sin discreción. || *amer.* Hablar mal de uno, desacreditarlo.

rajatabla (a) loc. adv. *col.* Sin contemplaciones, cueste lo que cueste: *cumplió el reglamento a rajatabla*.

rajuela f. Piedra delgada y sin labrar que se emplea en obras de poca importancia.

ralea f. *desp.* Condición, linaje de las personas, estofa. || *desp.* Clase o género, normalmente malo.

ralentí m. Número de revoluciones por minuto a las que debe funcionar un motor de explosión cuando no está acelerado. ◆ Más en la loc. *al ralentí*. pl. *ralentís* o *ralentíes*. || FAM. ralentizar.

ralentizar tr. Hacer más lento un proceso o una actividad, lentificar. || FAM. ralentización.

rallador m. Utensilio de cocina que consiste en una chapa metálica curvada y con agujeros de borde en relieve, que sirve para desmenuzar ciertos alimentos por frotación.

ralladura f. Conjunto de pedazos pequeños obtenidos al rallar algo: *ralladura de naranja*.

rallar tr. Desmenuzar algo frotándolo con el rallador, especialmente alimentos: *rallar pan.* || FAM. rallador, ralladura, rallo.

rally (voz i.) m. Prueba automovilística por etapas que se realiza en carreteras y caminos irregulares y dificultosos. ◆ pl. *rallys* o *rallies.*

ralo, la adj. Que sus componentes, partes o elementos están más separados de lo normal: *barba rala.* || FAM. ralear, raleza.

rama f. Cada una de las partes de una planta que nacen del tronco o tallo principal y en las que, generalmente, brotan las hojas, flores y frutos. || Cada una de las áreas en que se divide una ciencia o disciplina. || Serie de personas con un mismo origen o tronco. || Parte secundaria de otra principal. || **andarse** o **irse por las ramas** loc. col. Detenerse en lo menos sustancial de un asunto, descuidando lo principal del mismo. || FAM. ramada, ramaje, ramal, ramificarse, ramonear, ramoso.

rama (en) loc. adv. Se apl. al producto al que todavía no se le ha aplicado la última elaboración o transformación: *canela en rama.*

ramada f. *amer.* Cobertizo de ramas. || *amer.* Caseta de feria.

ramadán m. Noveno mes del año lunar de los musulmanes, durante el cual deben observar riguroso ayuno desde el amanecer hasta el ocaso.

ramaje m. Conjunto de ramas o ramos.

ramal m. Cada uno de los cabos de los que se componen las cuerdas, sogas, etc. || Ronzal que se sujeta a la cabeza de las caballerías. || Cada uno de los tramos que concurren en el mismo rellano de escalera. || Bifurcación de una vía principal. || FAM. ramalazo.

ramalazo m. Golpe que se da con el ramal. || Dolor agudo y repentino en una parte del cuerpo. || Acto inesperado y no premeditado. || *col.* Comportamiento y gestos amanerados.

rambla f. Calle ancha y arbolada, generalmente con un paseo central. || Lecho natural de las aguas pluviales cuando caen copiosamente.

ramera f. Prostituta.

ramificación f. Acción y resultado de dividirse algo en ramas. || Consecuencia necesaria de algún hecho. || División y extensión de venas, arterias o nervios.

ramificarse prnl. Dividirse algo en ramas. || Extenderse las consecuencias de algo. || FAM. ramificación.

ramillete m. Ramo pequeño de flores o hierbas. || Colección de cosas selectas o útiles: *ramillete de canciones.*

ramnáceo, a adj. y f. De las ramnáceas o relativo a esta familia de plantas. || f. pl. Familia de árboles y arbustos dicotiledóneos, a veces espinosos, de hojas sencillas, alternas u opuestas, con estípulas caducas o aguijones persistentes, flores pequeñas, solitarias o en racimo y fruto en drupa, como la aladierna.

ramo m. Manojo de flores, hierbas y ramas. || Rama de segundo orden. || Rama cortada del árbol. || Cada una de las partes en que se divide una actividad o una ciencia. || Ristra de ajos o cebollas. || FAM. ramada, rameado, ramera, ramillete, ramón.

ramón m. Ramas pequeñas y delgadas que cortan los pastores para apacentar los ganados en tiempo de mu-

chas nieves o de rigurosa sequía. || Ramaje que resulta de la poda de algunos árboles.

ramonear intr. Cortar las puntas de las ramas de los árboles. || Comerse los animales las hojas y las puntas de los ramos de los árboles. || FAM. ramoneo.

rampa f. Plano o terreno inclinado para subir o bajar. || FAM. rampante.

rampante adj. Se apl. al animal que aparece en los escudos de armas con la mano abierta y las garras tendidas en ademán de agarrar o asir. || Construcción en declive, especialmente un arco o una bóveda. También m. || *col.* Ambicioso sin escrúpulos, trepador.

ramplón, ona adj. Vulgar, chabacano o poco cuidado. || FAM. ramplonería.

ramplonería f. Vulgaridad, simpleza, falta de calidad. || Hecho o dicho vulgar.

rana f. Anfibio anuro de cuerpo rechoncho, ojos prominentes, lengua incisa y extremidades posteriores fuertes adaptadas al salto, con el dorso generalmente de color verdoso y el abdomen claro. || Prenda para niños muy pequeños que está formada por una sola pieza. || Juego que consiste en introducir desde cierta distancia una chapa o moneda por la boca abierta de una figura metálica con forma de rana, o por otras ranuras. || **cuando las ranas críen pelo** loc. adv. *col.* Jamás. || **salir rana** loc. *col.* Decepcionar, defraudar. || FAM. ránula, renacuajo.

ranchera f. Canción y baile populares de varios países de Hispanoamérica. || Automóvil que tiene la parte trasera adaptada para llevar carga o pasajeros.

ranchero, ra adj. Del rancho o relativo a él. || m. y f. Persona que habita o trabaja en un rancho.

rancho m. Comida, normalmente de un solo guiso, que se hace para muchos en común. || *col.* Comida mal guisada o de mala calidad. || Lugar fuera de una población, donde se albergan diversas personas. || Choza con techumbre de ramas o paja situada fuera de una población. || Granja característica de América donde se crían caballos y otros cuadrúpedos. || *amer.* Vivienda de campesinos. || FAM. ranchera, ranchería, ranchero.

rancio, cia adj. Se apl. al comestible que con el tiempo adquiere sabor y olor más fuerte, mejorándose o estropeándose. || Muy antiguo o apegado a ello: *rancio abolengo.* || Se dice de la persona que resulta poco simpática o de carácter adusto. También s. || FAM. ranciar, ranciedad.

randa f. Encaje con que se adornan los vestidos, la ropa blanca y otras prendas. || Encaje de bolillos. || m. *col.* Ratero, granuja.

ranglan adj. Raglán.

rango m. Clase o categoría profesional o social de alguien. || Amplitud de la variación de un fenómeno entre un mínimo y un máximo claramente especificados. || *amer.* Situación social elevada. || *amer.* Esplendidez, desprendimiento.

ranking (voz i.) m. Clasificación de mayor a menor, útil para establecer criterios de valoración. ◆ pl. *rankings.*

ranunculáceo, a adj. y f. De las ranunculáceas o relativo a esta familia de plantas. || f. pl. Familia de plantas angiospermas dicotiledóneas, arbustivas o herbáceas, anuales o vivaces, con flores de colores brillantes dispuestas en inflorescencias terminales y fruto en cápsula o aquenio, como la anémona, el acónito y la peonía. || FAM. ranúnculo.

ranura f. Hendidura estrecha en la superficie de un cuerpo sólido. || FAM. ranurar.

rap m. Composición musical de ritmo marcado que se canta y cuya letra es en gran parte recitada. || Baile que se ejecuta al compás de esta música. ◆ pl. *raps.* || FAM. rapero.

rapacidad f. Condición de las personas inclinadas al robo o al hurto.

rapapolvo m. *col.* Reprimenda severa.

rapar tr. Afeitar la barba, rasurar. También prnl. || Cortar el pelo al rape. || FAM. rapado, rapador, rapadura, rapapolvo, rape.

rapaz[1] adj. Inclinado al robo. || adj. y f. De las rapaces o relativo a este grupo de aves. || f. pl. Grupo de aves que incluye los órdenes falconiformes y estrigiformes. || FAM. rapacería, rapacidad, rapaza.

rapaz[2]**, za** m. y f. Muchacho de corta edad.

rape[1] m. *col.* Afeitado de la barba hecho deprisa y sin cuidado. || *col.* Corte de pelo, especialmente cuando este se deja muy corto.

rape[2] m. Pez osteíctio lofiiforme marino de 90 cm a 2 m de longitud, comestible, de color pardo violáceo, con una gran cabeza redonda y aplastada, boca con dientes y el primer radio de su aleta dorsal prolongado en forma de antena. También se llama *pejesapo.*

rapé adj. y m. Se apl. al tabaco en polvo que se aspira por la nariz.

rápel m. En alpinismo, sistema de descenso a través de una cuerda doble que se apoya en un punto y por la que el escalador se desliza rápidamente. || Descuento aplicado a un gran volumen de compras o a clientes habituales de una empresa.

rapidez f. Velocidad o movimiento acelerado. || Cualidad de rápido.

rápido, da adj. Veloz, que ocurre, se mueve o actúa muy deprisa. || m. Corto, breve. || adv. t. Deprisa. || m. Río o torrente que cae con violencia. || Tren que solo se detiene en las estaciones más importantes de su recorrido. || FAM. rápidamente, rapidez, raudo.

rapiña f. Robo, saqueo con violencia. || **ave de rapiña** Ave rapaz. || FAM. rapiñar.

raposo, sa m. y f. Zorro, animal. || adj. y s. *col.* Se apl. a la persona taimada, astuta. || FAM. raposear, raposera, raposería.

rappel (voz fr.) m. Rápel.

rapsoda com. Recitador de versos. || m. En la Grecia antigua, poeta o cantor popular que iba de pueblo en pueblo recitando fragmentos de poemas heroicos. || P. ext., poeta. || FAM. rapsodia, poeta.

rapsodia f. Fragmento de un poema homérico y, p. ext., fragmento de cualquier poema. || Pieza musical compuesta por fragmentos de otras obras o de composiciones populares.

raptar tr. Llevarse a una persona por la fuerza o mediante engaño y retenerla contra su voluntad, generalmente con la intención de pedir un rescate. || FAM. rapto, raptor.

rapto m. Retención de una persona contra su voluntad, secuestro. || Impulso, arrebato: *rapto de generosidad.* || Emoción o sentimiento tan intenso que priva de sentido: *rapto místico.*

raptor, ra m. y f. Persona que rapta o secuestra a alguien.

raqueta f. Bastidor provisto de mango que sujeta unas cuerdas tensadas y cruzadas en forma de red, y se emplea como pala para golpear la pelota en algunos deportes o juegos. || Juego de pelota en el que se emplea dicho instrumento. || Objeto parecido al descrito sobre el que se coloca y sujeta el pie para poder caminar por la nieve. || Especie de plazoleta o desvío con forma semicircular que en carreteras y calles se utiliza para cambiar de sentido. || FAM. raquetazo.

raquídeo, a adj. Del raquis o relativo a él: *bulbo raquídeo.*

raquis m. Columna vertebral. || Eje de una espiga o de la pluma de una ave. ◆ No varía en pl. || FAM. raquialgia, raquídeo, raquitismo.

raquítico, ca adj. Que padece raquitismo. También s. || *col.* Demasiado delgado, endeble. || *col.* Escaso, pequeño.

raquitismo m. Enfermedad crónica infantil producida por deficiencias nutricionales o trastornos del metabolismo del calcio, que se caracteriza por la mala calcificación, encorvadura y debilidad de los huesos. || FAM. raquítico.

rarefacción f. Disminución de la densidad de un cuerpo gaseoso. || FAM. rarefacer.

rareza f. Cualidad de raro. || Lo que resulta raro. || Cualidad o acción característica de la persona rara o extravagante.

raro, ra adj. Extraordinario, singular, poco común o frecuente. || Escaso en su clase o especie. || De comportamiento e ideas extravagantes. También s. || Que tiene poca densidad y consistencia, aplicado especialmente a los gases enrarecidos. || FAM. raramente, rareza, rarificar.

ras m. Igualdad en la altura o en la superficie de las cosas. || **a o al ras** loc. adv. Casi tocando, casi al nivel de algo. || FAM. rasar.

rasante adj. Se apl. al cuerpo que pasa rozando ligeramente otro. || Se dice del vuelo en que la trayectoria se mantiene casi a ras del suelo. || f. Línea de una calle, camino o carretera, considerada en su inclinación o paralelismo respecto del plano horizontal: *cambio de rasante.*

rasar tr. Igualar la medida de algo con el rasero u otro instrumento semejante. || Pasar un cuerpo rozando ligeramente otro. || FAM. rasado, rasadura, rasante.

rasca f. *col.* Frío intenso. || *amer. col.* Borrachera. || adj. *amer. col.* Ordinario, vulgar.

rascacielos m. Edificio muy alto y de muchos pisos. ◆ No varía en pl.

rascado, da adj. y s. *amer.* Ebrio, borracho.

rascador m. Utensilio empleado para rascar.

rascar tr. Frotar una superficie con algo duro o áspero. También prnl. || Limpiar algo con rascador o rasqueta. || Producir un sonido estridente al tocar con el arco un instrumento de cuerda. || *col.* Resultar una bebida áspera al beberla. || *col.* Obtener un beneficio de algo. || intr. Resultar algo áspero y desagradable en contacto con la piel. || **rascarse el bolsillo** loc. *col.* Aportar dinero. || FAM. rasca, rascacielos, rascado, rascador, rascadura, rascamiento, rascatripas, rascón, rasqueta.

rascatripas com. Persona que toca un instrumento de arco con poca habilidad, especialmente el violín. ♦ No varía en pl.

rasero m. Palo cilíndrico que sirve para igualar las medidas de los áridos. || **por el mismo rasero** loc. adv. Con rigurosa igualdad, sin hacer la menor diferencia.

rasgado, da adj. Se apl. a los ojos o a la boca más alargados o estirados de lo normal.

rasgar tr. y prnl. Romper o hacer pedazos, sin la ayuda de ningún instrumento, cosas de poca consistencia. || FAM. rasgado, rasgadura, rasgo, rasgón, rasguear, rasguñar.

rasgo m. Cada uno de los trazos que se hacen al escribir, especialmente los que adornan las letras. || Facción del rostro. Más en pl. || Acción noble y generosa. || Característica, peculiaridad. || **a grandes rasgos** loc. adv. De modo general.

rasgón m. Rotura de un vestido o tela.

rasguear tr. Tocar la guitarra u otro instrumento rozando varias cuerdas a la vez con las puntas de los dedos. || intr. Escribir haciendo rasgos.

rasguño m. Arañazo leve. || FAM. rasguñar.

rasilla f. Tela de lana delgada y parecida a la lamparilla. || Ladrillo hueco y delgado.

raso, sa adj. Plano y liso. También m. || Que no tiene un título o categoría que lo distinga: *soldado raso.* || Se apl. al cielo libre de nubes y nieblas. || Se dice del recipiente lleno hasta los bordes. || Que pasa o se mueve a poca altura del suelo: *vuelo raso.* || m. Tela de seda lisa y brillante. || **al raso** loc. adv. A la intemperie, sin techo ni resguardo. || FAM. ras, rasear, rasera, rasero, rasilla, rasurar.

raspa f. Espina de algunos pescados. || Arista del grano de trigo y de otras gramíneas. || Eje o nervio de los racimos o espigas. || *amer.* Reproche, reprimenda. || *col.* Persona antipática o con mal humor. También adj.

raspar tr. Rallar ligeramente una superficie. || Tener algo un tacto áspero. || Pasar rozando. || Resultar una bebida áspera al beberla. || FAM. raspa, raspado, raspadura, raspamiento, raspón, rasponazo, rasposo.

raspón m. Rasponazo. || *amer.* Sombrero de paja que usan los campesinos.

rasponazo m. Lesión o erosión superficial causada por un roce violento.

rasposo, sa adj. Que tiene abundantes raspas. || Áspero al tacto o al paladar. || *col.* De mal carácter. || *amer.* Se apl. a la prenda de vestir miserable, raída, en mal estado, y a la persona que la lleva. || *amer.* Roñoso, mezquino, tacaño, cicatero. También s.

rasqueta f. Plancha de hierro de cantos afilados y con mango de madera que se usa para raer y limpiar diversas superficies. || Chapa dentada para limpiar el pelo de las caballerías. || FAM. rasquetear.

rastacuero m. Vividor, advenedizo. || com. *amer.* Persona inculta, adinerada y jactanciosa.

rastra f. Rastrillo. || Cajón de carro para llevar arrastrando cosas de gran peso. || Grada para allanar la tierra después de arada. || Cualquier objeto que va colgando y arrastrando. || Seno de cabo que se arrastra por el fondo del mar para buscar y sacar objetos sumergidos. || **a rastras** loc. adv. Arrastrando. || De mal grado, obligado o forzado.

rastrear tr. Buscar algo o a alguien siguiendo su rastro. || Averiguar algo haciendo preguntas o investigando. || Llevar arrastrando por el fondo del agua un aparejo de pesca o una rastra. || intr. Trabajar con el rastrillo. || Volar a ras de suelo. || FAM. rastreador, rastreo.

rastrero, ra adj. Vil, despreciable. || Que se arrastra. || Se apl. al tallo de una planta que se desarrolla sobre la superficie del suelo. || Que vuela a ras de suelo. || FAM. rastreramente.

rastrillada f. Lo que se recoge de una sola vez con el rastrillo. || *amer.* Surco que dejan los cascos de los animales en el terreno.

rastrillar tr. Limpiar un terreno con el rastrillo. || *amer.* Batir la policía o la milicia un territorio para reconocerlo o registrarlo.

rastrillo m. Instrumento que consiste en un mango largo cruzado por un travesaño con púas o dientes por su cara inferior, y que se emplea para barrer paja, hierba, hojas, etc. || Instrumento dentado para limpiar el lino o el cáñamo. || Mercadillo que suele tener fines benéficos. || *amer.* Maquinilla de afeitar. || FAM. rastrillada, rastrillador, rastrilladora, rastrillar.

rastro m. Huella o señal que deja algo o alguien a su paso. || Vestigio, huella. || Mercado callejero, especialmente si se comercia con mercancías de segunda mano, que se instala en días determinados. || *amer.* Matadero. || FAM. rastra, rastrear, rastrero, rastrillo.

rastrojo m. Residuo de la mies después de segada. || El campo después de esa labor. || FAM. rastroja, rastrojar, rastrojera.

rasuradora f. *amer.* Máquina de afeitar eléctrica.

rasurar tr. y prnl. Cortar a ras de piel el pelo de alguna parte del cuerpo, especialmente de la barba y el bigote. || FAM. rasura, rasuración, rasuradora.

rata¹ f. Nombre común de diversas especies de mamíferos roedores de unos 50 cm, de los cuales la mitad corresponden a la cola, anillada y desprovista de pelo; tienen la cabeza pequeña, orejas tiesas, hocico puntiagudo, patas cortas y pelaje pardo claro o grisáceo, y son muy fecundos y voraces. || com. *col.* Persona tacaña. También adj. || *col.* Persona despreciable. || m. Ratero, ladrón. || FAM. ratear, ratería, ratero, raticida, ratón.

rata² f. Parte proporcional. || En fís., variación por unidad de tiempo. || *amer.* Porcentaje. || FAM. ratear.

ratero, ra adj. y s. Se apl. al ladrón que hurta con maña cosas de poco valor.

raticida m. Sustancia que se emplea para exterminar ratas y ratones, matarratas.

ratificar tr. y prnl. Aprobar o confirmar actos, palabras o escritos dándolos por valederos y ciertos. || FAM. ratificación, ratificatorio.

ratio f. Relación o proporción que se establece entre dos cantidades o medidas. ♦ A veces se usa como m.

rato m. Porción indeterminada de tiempo, generalmente breve. || **ratos perdidos** Tiempo libre que dejan las obligaciones. || **a ratos** loc. adv. De vez en cuando, de forma intermitente. || **para rato** loc. adv. Por mucho tiempo. || **pasar el rato** loc. col. Distraerse, entretenerse. || **un rato largo** loc. adv. col. Mucho.

ratón, ona m. y f. Nombre común de diversas especies de mamíferos roedores de pelaje gris, de unos 20 cm, muy fecundos y ágiles, que generalmente viven en las casas o en el campo. || m. En inform., dispositivo periférico del ordenador que rueda sobre una plantilla y cuyos movimientos son reproducidos por un cursor en la pantalla del monitor, permitiendo introducir y ejecutar órdenes en los programas. || amer. Bíceps. || **ratón de biblioteca** Erudito que con asiduidad escudriña muchos libros. ◆ Suele usarse con matiz peyorativo. || FAM. ratona, ratonera, ratonero, ratonil.

ratona f. amer. Ave paseriforme de unos 10 cm de longitud y con plumaje de coloración pardusca, que se alimenta de insectos y anida en cavidades de paredes y cornisas.

ratonera f. Trampa para cazar ratones. || Madriguera de ratones. || Celada, engaño. || col. Lugar muy pequeño.

ratonero, ra adj. De los ratones o relativo a ellos. || Se apl. al animal que caza ratones o es apto para ello. || col. Vulgar y de poca calidad: música ratonera. || m. Nombre común de diversas especies de aves falconiformes de unos 55 cm de longitud, cuello corto, alas anchas, plumaje oscuro con manchas blancas en la parte inferior y cola amplia de colores gris y pardo.

raudal m. Gran cantidad de agua que corre con rapidez. || Gran cantidad de cosas que llegan o suceden rápidamente y de golpe. || **a raudales** loc. adv. En abundancia: en el casino circulaba el dinero a raudales.

raudo, da adj. Rápido, veloz. || FAM. raudal, raudamente.

raulí m. amer. Árbol de la familia de las fagáceas, de hojas oblongas y aserradas y fruto erizado, cuya madera se emplea en ebanistería y arquitectura. ◆ pl. raulís o raulíes.

raviol m. amer. Papelina.

ravioli m. Pasta alimenticia fina que se corta en pequeños trozos rectangulares rellenos de carne, verduras u otros ingredientes. Más en pl.

raya¹ f. Trazo o señal larga y estrecha en una superficie. || Límite de una división territorial. || Término o límite que se pone a algo. || Señal que queda en la cabeza al dividir los cabellos con el peine. || Doblez vertical que se marca con la plancha en ciertas prendas de vestir. || Dosis de una droga en polvo, especialmente de cocaína, que se aspira por la nariz. || Guion largo que se emplea para separar oraciones incidentales o indicar el diálogo en los escritos. || amer. Salario o paga. || **tres en raya** Juego en el que cada jugador trata de colocar sus tres fichas en línea recta sobre alguna de las cuatro que constituyen un cuadrado o de otras cuatro trazadas de lado a lado y de ángulo a ángulo, pasando por su centro. || **a raya** loc. adv. Dentro de los límites establecidos: mantener a raya. || **pasar** o **pasarse de la raya** loc. Propasarse,

excederse en cualquier límite. || FAM. rayadillo, rayano, rayar, rayuela.

raya² f. Pez cartilaginoso con el cuerpo aplanado, de color pardusco, rojizo o gris según las especies, y aletas pectorales extendidas en forma de manto. Habita en mares cálidos o templados y su carne es comestible.

rayador m. amer. Ave caradriforme que se caracteriza por tener el pico aplanado y delgado y la mandíbula superior mucho más corta que la inferior.

rayano, na adj. Próximo, contiguo. || Que está en la raya o frontera que divide dos territorios. || Muy parecido o semejante.

rayar tr. Hacer rayas. || Tachar con rayas lo manuscrito o impreso. || Marcar una superficie lisa o pulida con rayas o incisiones. También prnl. || intr. Compartir límites o fronteras dos o más cosas: las dos poblaciones rayan con el país vecino. || Con las voces alba, día, luz, sol, etc., amanecer, alborear. || Asemejarse o estar una cosa muy próxima a otra: su simpatía raya en el descaro. || FAM. rayado.

rayo m. Línea de luz que procede de un cuerpo luminoso. || Chispa eléctrica producida entre las nubes o entre una nube y la tierra. || Cada una de las líneas, generalmente rectas, que parten del punto en que se origina una determinada forma de energía y señalan la dirección en que esta se propaga: rayo láser. || Persona muy lista o habilidosa. || Lo que resulta muy rápido o eficaz. || **rayos gamma** Ondas electromagnéticas muy penetrantes, que se originan en las transiciones nucleares o en la aniquilación de partículas. || **rayos UVA** Rayos ultravioletas. || **rayos X** Ondas electromagnéticas muy penetrantes que atraviesan ciertos cuerpos opacos, originan impresiones fotográficas y se utilizan en medicina como medio de investigación y de tratamiento. || **a rayos** loc. adv. Muy mal.

rayón m. Fibra textil obtenida artificialmente a partir de la celulosa y cuyas propiedades son parecidas a las de la seda. || Tela fabricada con esta fibra.

rayuela f. Juego en el que, tirando monedas o tejos a una raya hecha en el suelo y a cierta distancia, gana el que la toca o se acerca más a ella. || Juego que consiste en sacar de varias divisiones trazadas en el suelo, y sin pisarlas, un tejo al que se desplaza con un pie, mientras se sostiene el otro en el aire.

raza f. Cada uno de los grupos en que se subdividen algunas especies zoológicas y cuyos caracteres diferenciales se perpetúan por herencia: raza negra, blanca. || Casta o condición de origen, linaje. || **de raza** loc. adj. Se apl. al animal de origen genético seleccionado: perro de raza. || FAM. racial, racismo.

razia f. Incursión rápida en territorio enemigo, especialmente con fines destructivos o de saqueo. || Batida, redada: razia policial.

razón f. Facultad del hombre de pensar o discurrir. || Argumento o demostración que se aduce en apoyo de algo. || Motivo o causa. || Acierto o verdad en lo que alguien hace o dice. || Palabras o frases con que se expresa un pensamiento. || Cuenta, relación, cómputo: a razón de doscientos euros al mes. || En mat., cociente de dos números o de dos cantidades comparables entre sí. || **ra-**

zón de Estado Regla de actuación política que se rige por el interés del Estado como suprema institución pública. ‖ **razón social** Nombre y firma por los que es conocida una compañía mercantil de forma colectiva, comanditaria o anónima. ‖ **atender a razones** loc. Quedar convencido por los argumentos que alguien expone. ‖ **dar la razón** a alguien loc. Reconocer y aceptar que está en lo cierto. ‖ **entrar en razón** loc. Comprender y aceptar lo que es razonable. ‖ **perder la razón** loc. Volverse loco. ‖ FAM. raciocinio, ración, racional, razonable, razonar.

razonable adj. Justo, lógico, conforme a la razón. ‖ Bastante, suficiente en cantidad o calidad. ‖ FAM. razonablemente.

razonamiento m. Hecho de pensar, ordenando ideas y conceptos para llegar a una conclusión. ‖ Serie de conceptos y argumentos encaminados a demostrar algo.

razonar intr. Pensar, ordenando ideas y conceptos para llegar a una conclusión. ‖ tr. Exponer razones para probar algo: *razonó su conclusión*. ‖ FAM. razonadamente, razonado, razonador, razonamiento.

razzia (voz fr.) f. Razia.

re m. Segunda nota de la escala musical de do mayor.
◆ No varía en pl.

re- pref. que significa 'repetición': *releer*; 'movimiento hacia atrás': *reflujo*; 'oposición o resistencia': *refrenar*; 'negación o inversión del significado del radical': *reprobar* o 'intensificación': *relimpio*. Con este último significado aparece unido al suf. *-quete* en adjs. y advs.: *requetelisto*, *requetemal*.

reabrir tr. y prnl. Volver a abrir lo que se había cerrado. ◆ p. p. irreg.: *reabierto*.

reacción f. Respuesta a un estímulo. ‖ Acción que resiste o se opone a otra. ‖ Actitud de oposición ante cualquier innovación, especialmente en el ámbito de la política. ‖ En quím., combinación de dos sustancias para dar otra nueva. ‖ **reacción en cadena** En fís. y quím., la que da origen a sustancias que ocasionan sucesivamente reacciones iguales a la primera. ‖ Sucesión de acontecimientos en la que cada uno es provocado por el anterior. ‖ FAM. reaccionar, reaccionario, reactivo, reactor.

reaccionar intr. Responder a un estímulo. ‖ Recobrar una persona la actividad fisiológica que había perdido. ‖ Recuperar la actividad, reactivar. ‖ Rechazar un ataque o agresión. ‖ En quím., actuar una sustancia en combinación con otra para generar una nueva.

reaccionario, ria adj. y s. Conservador, contrario a las innovaciones, especialmente en política.

reacio, cia adj. Contrario a algo: *reacia a los compromisos*.

reactancia f. Resistencia que opone al paso de una corriente alterna un condensador o una bobina. ‖ FAM. reactante.

reactivar tr. Volver a activar. ‖ FAM. reactivación.

reactivo, va adj. y m. Que produce reacción. ‖ m. En quím., sustancia que se emplea para descubrir la presencia de otra.

reactor m. Motor de reacción. ‖ Avión que funciona con él. ‖ Instalación dentro de la cual se provoca y controla una serie de reacciones nucleares en cadena: *reactor nuclear*.

readmitir tr. Volver a admitir. ‖ FAM. readmisión.

reafirmar tr. y prnl. Afirmar de nuevo. ‖ FAM. reafirmación, reafirmante.

reagrupar tr. Agrupar de nuevo o de modo diferente lo que ya estuvo agrupado. ‖ FAM. reagrupación, reagrupamiento.

reajustar tr. Volver a ajustar. ‖ Aumentar o disminuir los precios, salarios, impuestos, etc., por motivos coyunturales, económicos o políticos. ‖ FAM. reajuste.

reajuste m. Hecho de volver a ajustar algo: *reajuste presupuestario*.

real[1] adj. Que tiene existencia verdadera y efectiva. ‖ FAM. realidad, realismo, realizar, realmente.

real[2] adj. Del rey, de la realeza o relativo a ellos. ‖ m. Antigua moneda española. ‖ *amer*. Moneda fraccionaria. ‖ **no valer** algo o alguien **ni un real** loc. *col*. Valer muy poco o no valer nada. ‖ **por cuatro reales** loc. adv. Por muy poco dinero. ‖ FAM. realengo, realero, realeza, realismo.

real[3] m. Campamento de un ejército y especialmente donde se halla la tienda del rey o general. También en pl.: *el soberano abandonó sus reales*. ‖ Campo donde se celebra una feria.

realce m. Adorno o labor que sobresale en la superficie de algo. ‖ Relieve, importancia, estimación.

realengo, ga adj. Se apl. a la extensión de terreno que durante la Edad Media y la Moderna no pertenecía a la Iglesia ni a la nobleza, sino a la corona: *bienes realengos*. ‖ *amer*. Vago, desocupado. ‖ *amer*. Que no tiene dueño, especialmente referido a los animales.

realera f. *amer*. Machete recto, largo y estrecho.

realero, ra adj. *amer*. Lo que vale un real. ‖ m. *amer. col*. Mucho dinero, dineral.

realeza f. Dignidad o soberanía real, del rey: *los soberanos aparecieron revestidos de toda su realeza*. ‖ Conjunto de familiares del rey: *la celebración de los esponsales de la princesa reunió a toda la realeza*.

realidad f. Existencia real y efectiva. ‖ Todo lo que constituye el mundo real. ‖ Verdad, lo que ocurre verdaderamente. ‖ **realidad virtual** La creada y a veces también percibida por medios cibernéticos. ‖ **en realidad** loc. adv. Efectivamente, sin duda alguna.

realismo[1] m. Forma de presentar o concebir la realidad tal como es. ‖ Modo práctico de pensar y actuar. ‖ Doctrina filosófica según la cual las cosas existen aparte e independientemente de la conciencia. ‖ Tendencia artística y literaria que tiende a representar el mundo tal como es. ‖ **realismo mágico** Movimiento literario hispanoamericano de mediados del siglo XX que presenta una realidad en la cual lo fantástico es algo cotidiano. ‖ FAM. realista.

realismo[2] m. Movimiento político partidario de la monarquía, especialmente de la absoluta.

realista adj. Del realismo, de sus partidarios o relativo a ellos. ‖ adj. y com. Partidario del realismo. ‖ Que posee sentido práctico o trata de ajustarse a la realidad.

reality show (expr. i.) m. Programa televisivo que muestra como espectáculo los aspectos más morbosos o marginales de la realidad. ◆ pl. *reality shows*.

realización f. Hecho de efectuar o hacer algo real o efectivo. || En medios audiovisuales, dirección de un trabajo.

realizador, ra m. y f. Persona que realiza o ejecuta una obra, autor. || En medios audiovisuales, profesional que dirige la ejecución de una película o de un programa.

realizar tr. Efectuar, hacer algo real y efectivo. || En medios audiovisuales, dirigir un trabajo. || prnl. Sentirse una persona plenamente satisfecha por la consecución de sus aspiraciones: *realizarse profesionalmente*. || FAM. realizable, realización, realizador.

realquilar tr. Alquilar algo ya alquilado. || Tomar algo en alquiler a otro arrendatario, no a su dueño. || FAM. realquilado.

realzar tr. Destacar, poner de relieve. También prnl. || Levantar una cosa más de lo que estaba. || Labrar de realce. || FAM. realce.

reanimación f. Restablecimiento de las fuerzas o el vigor. || Conjunto de medidas terapéuticas aplicadas para recuperar o mantener las constantes vitales del organismo.

reanimar tr. y prnl. Restablecer las fuerzas o el vigor. || Hacer que alguien recupere el conocimiento. || Infundir ánimo al que está triste o deprimido. || FAM. reanimación.

reanudación f. Hecho de retomar o continuar lo que se había interrumpido.

reanudar tr. y prnl. Retomar o continuar lo que se había interrumpido. || FAM. reanudación.

reaparecer intr. Volver a aparecer. ◆ Irreg. Se conj. como *agradecer*. || FAM. reaparición.

reaparición f. Hecho de volver a aparecer alguien o algo.

reaseguro m. Contrato por el cual un asegurador toma a su cargo un riesgo ya cubierto por otro asegurado. || FAM. reasegurar.

reasumir tr. Asumir de nuevo un cargo, una función o una responsabilidad. || FAM. reasunción.

reata f. Cuerda o correa que ata y une dos o más caballerías para que vayan en hilera una detrás de otra. || Hilera de caballerías que van unidas así. || *amer.* Cuerda, soga. || FAM. reatar.

reavivar tr. y prnl. Volver a avivar o avivar intensamente. || FAM. reavivación.

rebaba f. Porción de materia sobrante que se acumula en los bordes o en la superficie de un objeto cualquiera.

rebaja f. Disminución, reducción o descuento, especialmente hablando de precios. || pl. Hecho de rebajar los comerciantes los precios de sus productos durante determinados periodos de tiempo. || Estos mismos periodos: *rebajas de enero*.

rebajar tr. Hacer más bajo el nivel o superficie horizontal de un terreno u otro objeto. También prnl. || Hacer una rebaja en los precios o en la cantidad de algo. || Hacer algo menos denso, intenso o fuerte: *rebajar el color, la luz, el whisky con soda*. || Humillar, menospreciar. También prnl.: *no pienso rebajarme ante él*. || FAM. rebaja, rebajado, rebajamiento, rebaje, rebajo.

rebalsar tr. Detener y recoger el agua u otro líquido, de manera que haga balsa. Más como intr. y prnl.|| *amer.* Rebosar, desbordar. || FAM. rebalse.

rebanada f. Loncha, rodaja, especialmente de pan. || FAM. rebanar.

rebanar tr. Hacer rebanadas. || Cortar o dividir una cosa de una parte a otra: *le rebanó el cuello con una navaja*.

rebañar tr. Juntar y recoger los restos de comida que quedan en un recipiente. || Quedarse con los últimos restos de algo. || FAM. rebañadura.

rebaño m. Conjunto o grupo de ganado, especialmente del lanar. || Grupo de personas, especialmente si es dócil y dirigible. || FAM. rebañego.

rebasar tr. Desbordar, exceder. || Adelantar, dejar atrás.

rebatir tr. Rechazar con argumentos las razones u opiniones de otra persona. || Volver a batir. || En esgrima, desviar la espada o el sable del contrario, haciéndole bajar la punta, para evitar la herida. || FAM. rebatible.

rebato m. Llamamiento a los vecinos de una población, por medio de una campana u otra señal, con el fin de defenderse en caso de peligro. || **tocar a rebato** loc. Dar la alarma ante cualquier peligro. || rebatiña.

rebeca f. Chaquetilla de punto sin cuello, abotonada por delante.

rebeco m. Gamuza, animal.

rebelarse prnl. Sublevarse en contra de la obediencia debida. También tr. || Resistirse a algo. || FAM. rebelde, rebeldía.

rebelde adj. Que se rebela contra algo o alguien. También com. || Difícil de dirigir o doblegar. || Referido a una enfermedad, que no responde a los tratamientos. || FAM. rebeldía.

rebeldía f. Cualidad o condición de rebelde. || Acción propia del rebelde. || Estado procesal de la persona que, siendo parte en un juicio, no acude al llamamiento que formalmente le hace el juez o no sigue sus indicaciones.

rebelión f. Sublevación o resistencia ante alguien o algo.

rebenque m. Cuerda o cabo corto y grueso. || *amer.* Látigo recio de jinete.

reblandecer tr. y prnl. Ablandar, poner tierna una cosa. ◆ Irreg. Se conj. como *agradecer*. || FAM. reblandecedor, reblandecimiento.

rebobinar tr. Desenrollar una cinta magnética o una película de una bobina y enrollarla en otra. || Volver a enrollar el hilo de una bobina. || FAM. rebobinado.

rebollo m. Árbol de la familia de las fagáceas, con tronco grueso de corteza cenicienta, copa ancha, hojas oblongas, flores en amento y bellotas sobre un pedúnculo corto. || FAM. rebollar, rebolledo.

reborde m. Franja estrecha que sobresale del borde de algo. || FAM. rebordear.

rebosar intr. Derramarse un líquido por encima de los bordes de un recipiente. También prnl. || Referido a un recipiente, que no puede contener el líquido que lo llena y se sale por encima de sus bordes. También prnl. || Haber o tener mucho de algo. También tr.: *rebosa salud.* ‖ Estar invadido por un sentimiento o estado de ánimo de tal intensidad que se manifiesta externamente. También tr.: *rebosaba felicidad.* ‖ FAM. rebosadero, rebosante.

rebotado, da adj. Que abandona una actividad y se dedica a otra diferente, especialmente si lo hace por decepción o fracaso. También s. ‖ Se dice del sacerdote o religioso que ha abandonado sus hábitos. También s. ‖ *col.* Enfadado, enojado. ‖ *col.* Se apl. a la persona que se halla desplazada en un determinado ambiente.

rebotar intr. Retroceder o cambiar de dirección un cuerpo en movimiento por haber chocado con un obstáculo. ‖ Botar repetidamente un cuerpo elástico. ‖ prnl. *col.* Enfadarse o molestarse por algo. ‖ FAM. rebotado, rebotador, rebote.

rebote m. Acción y resultado de rebotar un cuerpo elástico. ‖ Cada uno de los botes que después del primero da el cuerpo que rebota. ‖ En baloncesto, pelota que rebota contra el tablero o la canasta y vuelve a la cancha. ‖ *col.* Enfado, enojo. ‖ **de rebote** loc. adv. De rechazo o como consecuencia de algo. ‖ FAM. reboteador, rebotear.

rebotica f. Trastienda o cuarto trasero de una botica o farmacia. ‖ P. ext., trastienda de cualquier establecimiento.

rebozar tr. Bañar un alimento en huevo y harina o pan rallado, para freírlo después. ‖ Manchar mucho a alguien. También prnl. ‖ Cubrir casi todo el rostro con la capa o manto. También prnl. ‖ Disimular un propósito, idea, etc. ‖ FAM. rebozado.

rebozo m. Modo de llevar la capa o el manto cuando con él se cubre casi todo el rostro. ‖ Simulación, pretexto, excusa. ‖ *amer.* Prenda de vestir femenina, semejante a una toquilla, que cubre hombros, espalda, y pecho. ‖ **sin rebozo** loc. adv. Abiertamente, con franqueza. ‖ FAM. rebozar.

rebudio m. Ronquido del jabalí. ‖ FAM. rebudiar.

rebufo m. Expansión del aire alrededor de la boca del arma de fuego, o por su parte trasera al salir el tiro. ‖ *col.* Estela que origina un fluido en un cuerpo que avanza: *rebufo del motor de un autobús.*

rebujo m. Envoltorio que se hace sin cuidado, generalmente con papel o trapos, tela. ‖ FAM. rebujar.

rebullir intr. y prnl. Empezar a moverse. ‖ Alborotar, bullir. ◆ **Irreg.** Se conj. como *mullir.*

rebuscado, da adj. Excesivamente elaborado y falto de naturalidad. ‖ Demasiado complicado o enrevesado: *razonamiento rebuscado.*

rebuscar tr. Buscar mucho y con cuidado. ‖ Mirar en algún sitio para sacar algo o para seleccionar lo mejor. ‖ Recoger el fruto que queda en los campos después de alzadas las cosechas. ‖ **rebuscársela** *amer. col.* Ingeniárselas para superar dificultades cotidianas. ‖ FAM. rebusca, rebuscado, rebuscador, rebuscamiento, rebusque.

rebuznar intr. Dar rebuznos.

rebuzno m. Voz del burro y otros animales semejantes. ‖ FAM. rebuznar.

recabar tr. Conseguir con ruegos y súplicas lo que se desea: *recabar información.* ‖ Pedir, reclamar algo alegando o suponiendo un derecho.

recadero, ra m. y f. Persona que se dedica a hacer recados.

recado m. Mensaje o respuesta que se da o se envía a otro. ‖ Envío que se manda a alguien. ‖ Encargo o gestión que debe hacer una persona. ‖ Conjunto de objetos necesarios para hacer ciertas cosas. ‖ *amer.* Conjunto de piezas que componen el apero de montar. ‖ FAM. recadero.

recaer intr. Volver a caer. ‖ Caer nuevamente enfermo de una dolencia de la que se estaba convaleciente o restituido. ‖ Reincidir en los mismos vicios, errores, etc. ‖ Venir a parar en alguien beneficios o gravámenes. ◆ **Irreg.** Se conj. como *caer.* ‖ FAM. recaída.

recaída f. Acción y resultado de recaer un enfermo en una dolencia de la que acababa de salir.

recalar intr. Acercarse el buque a un punto de la costa para reconocerlo o para atracar en él. ‖ Llegar el viento o la mar a un lugar determinado. ‖ *col.* Aparecer o pasarse por un sitio una persona. ‖ tr. Penetrar poco a poco un líquido por los poros de un cuerpo seco, dejándolo húmedo o mojado. También prnl. ‖ FAM. recalada.

recalcar tr. Decir palabras con lentitud y exagerada fuerza de expresión, para que se entiendan bien. ‖ Destacar algo por considerarlo importante. ‖ intr. Aumentar el buque su escora sobre la máxima de un balance.

recalcitrante adj. Terco, obstinado. ‖ Aferrado a una opinión o conducta.

recalentar tr. Volver a calentar. ‖ Calentar demasiado. ‖ prnl. Tomar una cosa más calor del que sería conveniente. ◆ **Irreg.** Se conj. como *acertar.* ‖ FAM. recalentamiento, recalentón.

recalificar tr. Cambiar la calificación de un terreno de rústico a urbano o viceversa. ‖ FAM. recalificación.

recalmón m. Repentina y considerable disminución en la fuerza del viento, y en ciertos casos, de la marejada.

recalzar tr. Arrimar tierra alrededor de las plantas o árboles. ‖ Hacer un recalzo. ‖ FAM. recalce.

recalzo m. Reforzamiento que se hace en los cimientos de un edificio ya construido. ‖ FAM. recalzar.

recamado m. Bordado de realce que sobresale de la tela. ‖ FAM. recamar.

recámara f. En las armas de fuego, lugar del cañón opuesto a la boca, donde se coloca el cartucho o la bala que se va a disparar. ‖ Cuarto que sigue a la cámara, normalmente destinado a guardar ropa y joyas. ‖ *col.* Reserva, cautela, segunda intención. ‖ *amer.* Alcoba o aposento.

recambiar tr. Hacer un segundo cambio o trueque. ‖ Sustituir una pieza por otra de su misma clase. ‖ FAM. recambiable, recambio.

recambio m. Acción y resultado de recambiar. ‖ Pieza de repuesto.

recapacitar intr. y tr. Reconsiderar, reflexionar sobre ciertas cuestiones: *recapacita antes de actuar.*

recapitular tr. Resumir y ordenar lo que previamente se ha manifestado con mayor extensión. ‖ FAM. recapitulación.

recargar tr. Volver a cargar. ‖ Aumentar la carga o el trabajo. ‖ Adornar con exceso. ‖ Aumentar la cantidad que ha de pagarse por un impuesto, deuda u otra prestación. ‖ FAM. recarga, recargable, recargador, recargamiento, recargo.

recargo m. Cantidad adicional de dinero que debe pagarse por una deuda, generalmente por no haberla satisfecho en el plazo establecido.

recatado, da adj. Honesto, decente. ‖ Circunspecto, cauto.

recatar tr. y prnl. Ocultar o disimular lo que no se quiere que se vea o se sepa. ‖ prnl. Mostrar recelo en tomar una resolución. ‖ Comportarse con recato. ‖ FAM. recatadamente, recatado, recato.

recato m. Honestidad, decencia. ‖ Cautela, prudencia, reserva.

recauchutar tr. Volver a cubrir de caucho una llanta o cubierta desgastada. ‖ FAM. recauchar, recauchutado.

recaudación f. Cobro o recogida de dinero. ‖ Cantidad recaudada.

recaudador, ra m. y f. Persona encargada de recaudar dinero, especialmente los del Estado: *recaudador de impuestos*.

recaudar tr. Cobrar o percibir dinero. ‖ FAM. recaudación, recaudador, recaudamiento, recaudatorio, recaudo.

recaudo m. Acción de recaudar. ‖ **a buen recaudo** loc. adv. Bien custodiado, con seguridad.

recebo m. Arena o piedra muy menuda que se extiende sobre el firme de una carretera para igualarlo y consolidarlo. ‖ Cantidad de líquido que se echa en los toneles que han sufrido alguna merma. ‖ Variedad de cerdos ibéricos cuya alimentación en los meses anteriores a la matanza se realiza a base de pienso en lugar de bellota, lo que hace que luego sus jamones sean de inferior calidad. ‖ FAM. recebar.

recelar tr. Desconfiar, sospechar, temer. ◆ Se construye con la prep. *de: recelo de sus intenciones*. También prnl. ‖ FAM. recelo, receloso.

recelo m. Desconfianza, sospecha, temor.

receloso, sa adj. Que recela o tiene recelo.

recensión f. Noticia o reseña, generalmente breve, de una obra literaria o científica.

recental adj. y m. Se apl. al cordero o al ternero que aún se alimenta de leche.

recepción f. Acción y resultado de recibir. ‖ Acto solemne y festivo en que se recibe a alguien. ‖ En hoteles y centros de reunión, lugar de inscripción e información. ‖ Captación de las ondas electromagnéticas por medio de un receptor. ‖ FAM. recepcionista.

recepcionista com. Persona encargada de atender al público de un hotel o de un centro de reunión.

receptáculo m. Cavidad en la que puede contenerse cualquier sustancia. ‖ Extremo del pedúnculo donde se asientan las hojas o verticilos de la flor.

receptivo, va adj. Que recibe o es capaz de recibir, particularmente sensaciones y estímulos. ‖ FAM. receptividad.

receptor, ra adj. Que recibe. También s. ‖ Se apl. al motor que recibe la energía de un generador instalado a distancia. También m. ‖ m. y f. En Ling., persona que recibe el mensaje en un acto de comunicación. ‖ m. Apa-

rato que recibe señales electromagnéticas. ‖ FAM. radiorreceptor.

recesar intr. *amer.* Cesar temporalmente en sus actividades una corporación. ‖ tr. *amer.* Clausurar una cámara legislativa.

recesión f. Retirada, retroceso. ‖ Disminución de las actividades económicas, comerciales e industriales. ‖ FAM. recesivo, receso.

recesivo, va adj. Que tiende a la recesión o la provoca. ‖ Se apl. al carácter hereditario que no se manifiesta en el fenotipo del individuo que lo posee, pero que puede aparecer en su descendencia: *gen recesivo*.

receso m. Separación, desvío. ‖ Intermedio, descanso. ‖ *amer.* Vacación, suspensión temporal de actividades. ‖ *amer.* Tiempo que dura esta suspensión de actividades.

receta f. Prescripción médica. ‖ Nota escrita de esta prescripción. ‖ Nota que comprende aquello de que debe componerse una cosa, y el modo de hacerla. ‖ Método para conseguir algo: *receta del éxito*. ‖ *col.* Multa, especialmente la de tráfico. ‖ FAM. recetar, recetario.

recetar tr. Prescribir el médico un medicamento, indicando su dosis y periodo de administración.

recetario m. Conjunto de recetas, generalmente de las que dan instrucciones: *recetario de cocina*. ‖ Libro que recoge los medicamentos usuales y su composición.

rechazar tr. No aceptar. ‖ Resistir un cuerpo a otro obligándolo a retroceder en su movimiento. ‖ Resistir. ‖ FAM. rechace, rechazable, rechazo.

rechazo m. No aceptación, no admisión o resistencia a algo. ‖ Reacción de incompatibilidad del organismo hacia los tejidos u órganos que le son trasplantados.

rechifla f. Burla, pitorreo. ‖ FAM. rechiflar.

rechinar intr. y tr. Crujir, chirriar. ‖ FAM. rechinamiento, rechinido.

rechistar intr. Responder, empezar a hablar para protestar.

rechoncho, cha adj. *col.* Grueso y de corta estatura.

rechupete (de) loc. *col.* Muy bueno, exquisito.

reciario m. Gladiador del circo romano cuya arma principal era una red que arrojaba sobre su adversario para impedirle la movilidad.

recibí m. Documento o parte de él que se firma y acredita que se ha recibido lo que en él se indica. ◆ pl. *recibís*.

recibidor m. Antesala, vestíbulo.

recibimiento m. Acción y resultado de recibir. ‖ Acogida que se dispensa a alguien. ‖ Aceptación de algo. ‖ Recibidor.

recibir tr. Tomar alguien lo que le dan o le envían. ‖ Admitir, aceptar, aprobar una cosa. ‖ Admitir visitas una persona. También intr. ‖ Salir a encontrarse con alguien que viene de fuera para celebrar su llegada. ‖ Sufrir o experimentar algo: *recibir un disgusto*. ‖ Captar una señal, onda a frecuencia. ‖ Cuadrarse el diestro en la suerte de matar para citar al toro, conservando esta postura sin mover los pies al esperar la embestida para dar la estocada. ‖ prnl. *amer.* Tomar alguien la investidura o el título conveniente para ejercer alguna facultad o profesión. || FAM. recepción, receptáculo, receptivo, receptor, recibí, recibidero, recibidor, recibimiento, recibo, recipiendario, recipiente.

recibo m. Escrito o resguardo, a veces firmado, en que se declara haber recibido algo. || **ser de recibo** loc. Ser aceptable o admisible.

reciclable adj. Que se puede reciclar: *envase reciclable.*

reciclado, da adj. Elaborado a partir de materiales sometidos a un proceso de reciclaje: *papel reciclado.* || m. Acción y resultado de reciclar o reciclarse: *reciclado de vidrio.*

reciclaje o **reciclamiento** m. Reciclado.

reciclar tr. Someter una materia a un determinado proceso para que pueda volver a ser utilizable: *reciclar papel, vidrio.* || Someter repetidamente una materia a un mismo ciclo, para incrementar los efectos de este. || tr. y prnl. Actualizar alguien sus conocimientos, ponerlos al día. || Modernizar o actualizar una cosa. || FAM. reciclado, reciclaje, reciclamiento.

recidiva f. Reaparición de una enfermedad poco después del periodo de convalecencia. || FAM. recidivar.

reciedumbre f. Fuerza, fortaleza o vigor.

recién adv. t. Hace poco, recientemente. || *amer.* Apenas.

reciente adj. Acabado de hacer, nuevo, fresco: *pan, huella reciente.* ◆ sup. irreg.: *recentísimo.* || FAM. recental, recentísimo, recién, recientemente.

recinto m. Espacio comprendido dentro de ciertos límites.

recio, cia adj. Fuerte, robusto. || Duro, difícil de soportar. || adv. m. Con dureza y firmeza. || FAM. reciamente, reciedumbre, reciura.

recipiendario, ria m. y f. Persona recibida solemnemente en una corporación para ser miembro de ella.

recipiente m. Utensilio o cavidad para guardar o contener alguna cosa.

reciprocidad f. Correspondencia mutua entre dos personas o cosas.

recíproco, ca adj. Se apl. a la acción o al sentimiento que se recibe en la misma medida en que se da: *cariño recíproco, ayuda recíproca.* || En gram., se dice del verbo, pronombre u oración que expresa una acción que se ejerce simultáneamente entre dos sujetos. || Se apl. a la proposición cuyo sujeto es el atributo de otra y viceversa. || En mat., se dice del número que multiplicado por otro número da la unidad. || FAM. recíprocamente, reciprocidad.

recital m. Concierto de un solo artista, cantante o instrumentista, que ejecuta varias obras musicales. || Lectura de composiciones literarias, especialmente de poemas.

recitar tr. Decir algo en voz alta, especialmente versos. || Decir algo de memoria en voz alta. || FAM. recitación, recitado, recitador, recital, recitativo.

recitativo, va adj. y m. Se apl. a la composición musical a medio camino entre la recitación y el canto.

reclamación f. Protesta contra algo, oposición a ello.

reclamar intr. Protestar contra algo, oponerse a ello. || tr. Llamar a una persona para que haga algo o se presente en un lugar. || Pedir o exigir algo por derecho, reivindicar: *reclamar un salario justo.* || En der., llamar una autoridad a un prófugo, o pedir el juez competente que sea puesta a su disposición una persona o causa. || Llamar a las aves con el reclamo. || FAM. reclamación, reclamante, reclame, reclamo.

reclame com. *amer.* Publicidad de carácter general.

reclamo m. Ave amaestrada que atrae a otras con su canto. || Instrumento que imita dicho canto. || Señal o llamada que se coloca en un texto para atraer la atención del lector. || Atractivo, aliciente. || Publicidad, propaganda. || Reclamación.

reclinar tr. y prnl. Inclinar sobre algo que sirve de apoyo. || FAM. reclinación, reclinatorio.

reclinatorio m. Mueble para arrodillarse. || Mueble u objeto dispuesto para reclinarse sobre él.

recluir tr. y prnl. Encerrar, someter a prisión voluntaria o forzada. ◆ **Irreg.** Se conj. como *huir.* Tiene doble p. p.: uno reg., *recluido,* y otro irreg., *recluso.* || FAM. reclusión, recluso.

reclusión f. Encierro o prisión voluntaria o forzada. || Lugar en el que se está recluido.

recluso, sa adj. y s. Que está encarcelado.

recluta com. Persona alistada para el servicio militar, hasta que finaliza su periodo de instrucción básica. || f. Reclutamiento.

reclutamiento m. Alistamiento de reclutas. || Conjunto de los reclutas de un año. || Reunión de gente para un propósito determinado.

reclutar tr. Alistar reclutas. || Reunir gente para un propósito determinado. || FAM. recluta, reclutador, reclutamiento.

recobrar tr. Recuperar lo que se había perdido. || prnl. Recuperarse de un daño, ponerse bien. || Volver en sí después de haber perdido la consciencia. || FAM. recobro.

recochineo m. Burla o ensañamiento que se añade a una acción con que se molesta o perjudica a alguien. || FAM. recochinearse.

recodo m. Ángulo o vuelta que se forma al cambiar de dirección.

recogedor m. Utensilio semejante a una pala que se emplea para recoger especialmente la basura después de barrer. || Instrumento de labranza para recoger la parva de la era.

recogemigas m. Instrumento o aparato eléctrico para recoger las migas que quedan sobre el mantel. ◆ No varía en pl.

recogepelotas com. Persona que en las pistas de tenis recoge las pelotas perdidas por los jugadores. ◆ No varía en pl.

recoger tr. Coger algo que se ha caído. || Guardar. || Juntar, reunir. || Disponer con orden lo que está desordenado. || Coger la cosecha y, p. ext., el fruto o provecho de cualquier otra cosa. || Estrechar, ceñir. También prnl. || Dar asilo o alojamiento. || Ir a buscar a una persona o cosa para llevársela. || Tomar en cuenta lo que otro ha dicho para aceptarlo, rebatirlo o transmitirlo. || prnl. Retirarse a un lugar, generalmente para descansar o estar solo. || Remangarse una prenda que cuelga cerca del suelo. ‖ Abstraerse del exterior para reflexionar o meditar. ‖ FAM. recogedor, recogida, recogido, recogimiento.

recogimiento m. Retiro, apartamiento de cualquier distracción externa a uno.

recolección f. Cosecha de frutos. ‖ Tiempo en que se lleva a cabo. ‖ Recopilación, compilación.

recolectar tr. Recoger la cosecha. ‖ Reunir, juntar. ‖ FAM. recolección, recolector.

recolector, ra adj. y s. Que recolecta.

recoleto, ta adj. Se apl. al lugar apartado, solitario y tranquilo. ‖ Se dice del religioso que lleva una vida de aislamiento y meditación, y del convento que la practica. También s.

recomendable adj. Digno de recomendación o estima.

recomendación f. Consejo, advertencia. ‖ Trato de favor, influencia y ventaja para conseguir algo.

recomendado, da m. y f. Persona en cuyo favor se ha hecho una recomendación. ‖ adj. amer. Se apl. al correo certificado.

recomendar tr. Advertir, aconsejar. ‖ Hablar en favor de alguien. ◆ Irreg. Se conj. como acertar. ‖ FAM. recomendable, recomendablemente, recomendación, recomendado, recomendante, recomendatorio.

recomenzar tr. Volver a comenzar. ◆ Irreg. Se conj. como acertar.

recompensa f. Compensación, remuneración, premio.

recompensar tr. Compensar, valer algo la pena. ‖ Remunerar un servicio o trabajo. ‖ Premiar. ‖ FAM. recompensa, recompensable.

recomponer tr. Componer de nuevo algo, arreglarlo. ◆ Irreg. Se conj. como poner. p. p. irreg. recompuesto. ‖ FAM. recomposición.

recompra f. Compra de algo por segunda vez: recompra de acciones.

reconcentrar tr. Disminuir el volumen de algo, haciéndolo más denso. ‖ tr. y prnl. Reunir en un punto central lo que estaba disperso. ‖ prnl. Abstraerse, ensimismarse. ‖ FAM. reconcentración, reconcentramiento.

reconciliación f. Restablecimiento de la concordia y la amistad entre varias partes enemistadas.

reconciliar tr. y prnl. Restablecer la concordia o la amistad entre varias partes que estaban enemistadas. ‖ FAM. reconciliable, reconciliación, reconciliador.

reconcomerse prnl. Impacientarse y sentir desazón o disgusto. ‖ FAM. reconcomio.

recóndito, ta adj. Muy escondido, reservado u oculto. ‖ FAM. reconditez.

reconducir tr. Volver a llevar o conducir algo al lugar o punto en que se encontraba. ‖ En der., prorrogar un arrendamiento. ◆ Irreg. Se conj. como conducir. ‖ FAM. reconducción.

reconfigurar tr. Volver a configurar, especialmente una aplicación o un programa informático.

reconfortante adj. y m. Que reconforta.

reconfortar tr. Confortar de nuevo, hacer volver la fuerza, la energía o el ánimo. ‖ FAM. reconfortante.

reconocer tr. Distinguir de las demás a una persona o cosa por sus rasgos o características. También prnl.

‖ Examinar a una persona o animal para determinar su estado de su salud. ‖ Examinar con cuidado y detenimiento. ‖ En las relaciones internacionales, aceptar un nuevo estado de cosas. ‖ Admitir la certeza ajena o el propio error. ‖ Demostrar gratitud por algún beneficio o favor. ‖ Dar por suya, confesar como legítima una obligación: reconocer una firma. ‖ Conceder a uno la relación de parentesco que tiene con él: reconocer como hijo. ‖ Acatar como legítima la autoridad: reconocer por soberano. ‖ prnl. Tenerse uno a sí mismo por lo que es en realidad. ‖ Aceptar la culpabilidad. ‖ Interaccionar dos moléculas o agrupaciones moleculares dando origen a funciones biológicas determinadas, como la acción hormonal, la transmisión nerviosa, la inmunidad, etc. ◆ Irreg. Se conj. como agradecer. ‖ FAM. reconocedor, reconocible, reconocido, reconocimiento.

reconocimiento m. Distinción de una persona o cosa entre las demás por sus rasgos o características. ‖ Examen cuidadoso y detenido. ‖ Admisión de la certeza ajena o el propio error. ‖ Gratitud que se siente por algún beneficio o favor concedido. ‖ **reconocimiento médico** Examen o exploración del estado de salud de una persona.

reconquista f. Recuperación de lo ya conquistado y perdido.

reconquistar tr. Volver a conquistar. ‖ Recuperar lo perdido. ‖ FAM. reconquista, reconquistador.

reconsiderar tr. Volver a considerar.

reconstituir tr. y prnl. Volver a constituir. ‖ Devolver al organismo o a alguna de sus partes las condiciones normales. ◆ Irreg. Se conj. como huir. ‖ FAM. reconstitución, reconstituyente.

reconstituyente adj. Que reconstituye. ‖ Se apl. al medicamento que fortalece el organismo. También m.

reconstrucción f. Hecho de volver a construir.

reconstruir tr. Volver a construir. ‖ Reproducir unas circunstancias determinadas mediante recuerdos e ideas. ◆ Irreg. Se conj. como huir. ‖ FAM. reconstrucción.

recontar tr. Volver a contar. ‖ Referir, narrar. ◆ Irreg. Se conj. como contar. ‖ FAM. recuento.

reconvención f. Regañina, censura.

reconvenir tr. Reprender, reñir. ‖ En der., ejercitar el demandado una acción contra el que ha promovido el juicio. ◆ Irreg. Se conj. como venir. ‖ FAM. reconvención.

reconversión f. Proceso de reestructuración o modernización de un sector.

reconvertir tr. Hacer que vuelva a su estado, ser o creencia lo que había experimentado un cambio. ‖ Reestructurar o modernizar un determinado sector, adaptándolo a las nuevas necesidades. ◆ Irreg. Se conj. como sentir. ‖ FAM. reconversión, reconvertido.

recopilación f. Colección de escritos diversos. ‖ Compendio, resumen.

recopilar tr. Reunir, recoger diversas cosas utilizando un criterio que les conceda cierta unidad. ‖ FAM. recopilación, recopilado, recopilador, recopilatorio.

recopilatorio, ria adj. Que sirve para recopilar o que contiene una recopilación: edición recopilatoria.

récord adj. Que constituye una cota máxima en alguna actividad. ‖ m. Nivel o resultado que supera cualquier otro anterior. || En dep., marca o mejor resultado en una competición. || **en (un) tiempo récord** loc. adv. En muy poco tiempo. || FAM. recordman, recordwoman.

recordar tr. e intr. Traer algo a la memoria. || Hacer que alguien tenga presente una cosa. También prnl. || Encontrar parecido entre dos o más personas o cosas, guardar semejanza. || intr. y prnl. *amer.* Despertar el que estaba dormido. ♦ **Irreg.** Se conj. como *contar*. || FAM. recordable, recordativo, recordatorio, recuerdo.

recordatorio, ria adj. Que hace recordar algo. || m. Tarjeta o impreso breve en que se recuerda la fecha de algún acontecimiento religioso.

recordman (voz i.) m. Plusmarquista, hombre que consigue un récord.

recordwoman (voz i.) f. Plusmarquista, mujer que consigue un récord.

recorrer tr. Ir o transitar por un espacio o lugar. || Registrar, mirar con cuidado para averiguar lo que se desea saber o hallar. || En impr., pasar letras de una línea a otra, o de una página a otra, por correcciones o variación en la medida de las páginas de una obra. || FAM. recorrida, recorrido.

recorrido m. Paso por un lugar. || Espacio que se ha recorrido, se recorre o se ha de recorrer. || Ruta, itinerario. || En impr., paso de letras de una línea a otra, o de una página a otra, por correcciones o variación en la medida de las páginas de una obra.

recortable adj. Que se puede cortar. || m. Hoja de papel o cartulina con figuras que se recortan como juego o enseñanza.

recortar tr. Cortar lo que sobra de una cosa. || Cortar dando forma. || Acortar, disminuir. || Señalar los perfiles de una figura. || prnl. Dibujarse el perfil de una cosa sobre otra: *el Sol se recortaba en el horizonte*. || FAM. recortable, recortado, recortadura, recorte.

recorte m. Acción y resultado de recortar. || Lo recortado: *recorte de prensa*. || Regate para evitar la embestida del toro. || pl. Porciones sobrantes que se separan de cualquier material que se ha recortado.

recoser tr. Volver a coser: *recoser un botón, recoser el bajo de una falda*.

recostar tr. y prnl. Reclinar la parte superior del cuerpo. || Inclinar una cosa apoyándola sobre otra. || prnl. Acostarse durante un periodo breve. ♦ **Irreg.** Se conj. como *contar*.

recoveco m. Vuelta o entrante que se forma al cambiar de dirección. || Rincón escondido. || pl. Aspectos poco claros del carácter de una persona. || Rodeo al hablar.

recreación f. Imitación o reproducción de un modelo. || Diversión. || Hecho de alegrar o entretener.

recrear tr. Imitar o reproducir un modelo. || Alegrar, entretener. También prnl. || FAM. recreación, recreativo, recreo.

recreativo, va adj. Que divierte o entretiene.

recreo m. Acción de recrearse o divertirse. || Periodo de descanso y juego entre horas lectivas. || Sitio o lugar apto para la diversión.

recriminación f. Reprensión o censura de una persona por su comportamiento.

recriminar tr. Reprender, censurar a una persona su comportamiento. || Responder a ciertos cargos o acusaciones con otros. También prnl. || FAM. recriminación, recriminador, recriminatorio.

recrudecer intr. y prnl. Hacer algo más difícil, duro o intenso. ♦ **Irreg.** Se conj. como *agradecer*. || FAM. recrudecimiento.

recta f. En geom., línea recta. || **recta final** Última etapa de una situación.

rectángulo, la adj. Que tiene ángulos rectos. || m. Paralelogramo que tiene los cuatro ángulos rectos y los lados contiguos desiguales. || FAM. rectangular.

rectificar tr. Corregir o perfeccionar. || Modificar alguien sus propias opiniones o conducta. También prnl. || En geom., determinar la longitud de una línea curva. || En quím., purificar los líquidos. || FAM. rectificable, rectificación, rectificador, rectificadora, rectificativo.

rectilíneo, a adj. Que se compone de líneas rectas o se desarrolla en línea recta. || Se apl. al carácter de algunas personas cuando es excesivamente recto o severo.

rectitud f. Cualidad de recto, que no tiene curvas ni ángulos. || Integridad, severidad.

recto, ta adj. Que no se inclina hacia los lados ni tiene curvas ni ángulos, derecho. || Que se dirige a un punto sin desviarse. || Moralmente justo, íntegro. || Se apl. al sentido literal y primitivo de las palabras. || Se dice del folio o plana de un libro que, abierto, cae a la derecha del que lee. || En geom., se apl. al ángulo de 90°. || m. Última porción del intestino grueso de los vertebrados y otros animales, que termina en el ano. || FAM. recta, rectal, rectamente, rectángulo, rectificar, rectilíneo, rectitud, rectoscopia, rectoscopio.

rector, ra adj. y s. Que rige o gobierna. || m. y f. Persona a cuyo cargo está el gobierno y mando de una comunidad o de una institución, especialmente de una universidad o centro de estudios superiores. || m. Cura párroco. || FAM. rectorado, rectoral, rectoría.

rectorado m. Cargo de rector. || Despacho del rector. || Tiempo durante el cual ejerce su cargo el rector.

rectoría f. Empleo o jurisdicción del rector. || Oficina del rector. || Casa que habita el rector o párroco.

recua f. Conjunto de animales de carga, especialmente de mulas. || col. Conjunto de personas o cosas que siguen unas detrás de otras. || FAM. recuero.

recuadro m. División en forma de cuadro. || En los periódicos, espacio encerrado por líneas para hacer resaltar una noticia. || FAM. recuadrar.

recubrir tr. Volver a cubrir. || Cubrir por completo. ♦ p. p. irreg.: *recubierto*. || FAM. recubrimiento.

recuelo m. Café cocido por segunda vez.

recuento m. Comprobación del número de personas o cosas que forman un conjunto. || Hecho de volver a contar algo.

recuerdo m. Imagen del pasado que se tiene en la memoria. || Lo que sirve para recordar algo o a alguien. || pl. Saludo afectuoso que se envía a alguien: *dale recuerdos de mi parte*.

recular intr. Retroceder. || col. Ceder uno en su opinión. || FAM. reculón.

recuperación f. Hecho de recuperar o recuperarse. || Examen que se realiza de una materia suspendida con anterioridad.

recuperar tr. Volver a tomar o adquirir lo que se había perdido. || Volver a poner en servicio lo que ya estaba inservible. || Aprobar un examen o asignatura que se había suspendido. || Trabajar durante un determinado periodo para compensar lo que dejó de hacerse por algún motivo. || prnl. Volver en sí. || Volver a la normalidad después de una crisis. || FAM. recuperable, recuperación, recuperador.

recurrencia f. Manifestación o aparición repetida de algo. || En mat., propiedad de las secuencias en las que cualquier término se puede calcular conociendo los precedentes.

recurrente adj. Que vuelve a ocurrir o aparecer, especialmente después de un intervalo: *fiebre recurrente*. || Se apl. al vaso o nervio que en algún lugar de su trayecto vuelve a su origen. || En mat., se dice del proceso que se repite. || com. Persona que entabla o tiene entablado un recurso.

recurrir intr. Acudir a alguien o emplear medios extremos para conseguir algo necesario. || En der., entablar recurso contra una resolución. || Reaparecer una enfermedad o sus síntomas después de intermisiones. || FAM. recurrencia, recurrente, recurrible, recursivo, recurso.

recurso m. Procedimiento o medio del que se dispone para satisfacer una necesidad, llevar a cabo una tarea o conseguir algo. || En der., acción que concede la ley al interesado en un juicio para reclamar contra las resoluciones, ante el juez que las dictó o ante otro. || pl. Bienes, medios o riqueza: *recursos naturales*. || **recurso de amparo** En der., el que se tramita ante un alto tribunal de justicia cuando los derechos asegurados por la ley fundamental no sean respetados por otros tribunales o autoridades. || **recurso de casación** En der., el que se interpone ante el Tribunal Supremo contra fallos definitivos de otro tribunal, cuando se suponen quebrantadas las garantías esenciales del procedimiento.

recusar tr. Rechazar o no admitir algo. || En der., impedir legítimamente la actuación de un tribunal, juez, perito, etc., en un procedimiento o juicio. || FAM. recusable, recusación, recusante.

red f. Tejido de mallas realizado para diversos usos: *red de pesca, de una pista de tenis*. || Objetos realizados con este tejido. || Engaño, trampa: *caer en la red*. || Conjunto sistemático de vías de comunicación o servicios: *red telefónica, de carreteras*. || Conjunto estructurado de personas y medios con un mismo fin: *red de distribución, de espionaje*. || Conjunto de establecimientos e instalaciones distribuidas por varios lugares y pertenecientes a una sola empresa o bajo una sola dirección, cadena: *red de sucursales bancarias*. || En inform., conexión simultánea de distintos equipos informáticos a un sistema principal. || FAM. redada, redaño, redar, redecilla, redil.

redacción f. Composición escrita sobre un tema. || Conjunto de redactores de una publicación. || Lugar u oficina donde se redacta.

redactar tr. Expresar por escrito lo que se ha pensado previamente: *redactar un informe*. || FAM. redacción, redactor.

redactor, ra adj. y s. Que redacta. || Se apl. a la persona que se dedica a la redacción.

redada f. Hecho de lanzar la red. || Operación policial para atrapar a la vez a un conjunto de personas. || col. Conjunto de personas o cosas que se atrapan de una vez: *redada de delincuentes*.

redaño m. Mesenterio, repliegue membranoso del peritoneo que une el intestino con la pared abdominal. || pl. Fuerzas, bríos, valor.

redecilla f. Prenda de malla con forma de bolsa para recoger el pelo o como adorno. || Segunda cavidad de las cuatro en que se divide el estómago de los mamíferos rumiantes.

redención f. Resultado de redimir o librar a alguien de una mala situación o dolor: *redención de los pecados*. || Rescate del que está cautivo pagando una cantidad por ello. || FAM. redentor.

redentor, ra adj. y s. Que redime. || m. Para los cristianos, Jesucristo. ◆ Se escribe con mayúscula. || FAM. redentorista.

redentorista adj. De la congregación religiosa fundada por san Alfonso María de Ligorio o relativo a ella. || adj. y com. Miembro de esa congregación.

redescuento m. Descuento aplicado por el banco central de un país a efectos presentados por un banco privado y ya descontados por él.

redicho, cha adj. col. Se apl. a la persona que habla con una perfección y exactitud afectada o que resulta ridícula para la ocasión.

redil m. Aprisco cercado para el ganado.

redimir tr. Librar a alguien de una mala situación o dolor. También prnl.: *redimirse de sus pecados*. || Para los cristianos, salvar Jesucristo a los hombres con su muerte. || Rescatar al que está cautivo pagando una cantidad por ello. También prnl. || Comprar de nuevo una cosa que se había vendido o empeñado. || Dejar libre una cosa hipotecada o empeñada. || FAM. redención, redentor, redimible.

redistribución f. Hecho de distribuir algo de nuevo, o de forma diferente a como estaba.

redistribuir tr. Distribuir algo de nuevo. || Distribuir algo de forma diferente a como estaba. ◆ Irreg. Se conj. como *huir*. || FAM. redistribución.

rédito m. Renta de un capital. || FAM. redituar.

redituar tr. Rendir, producir utilidad, periódica o renovadamente.

redivivo, va adj. Aparecido, resucitado.

redoblar tr. Aumentar una cosa el doble. También prnl. || Volver la punta de una cosa sobre sí misma. || intr. Tocar redobles en el tambor. || FAM. redoblado, redoblamiento, redoble.

redoble m. Toque vivo y sostenido de tambor. || Práctica de este toque.

redoma f. Vasija de vidrio ancha en su fondo que va estrechándose hacia la boca.

redomado, da adj. Incorregible, recalcitrante: *mentiroso redomado*. || Muy cauteloso. || FAM. redomadamente, redomón.

redomón, ona adj. amer. Se apl. a la caballería que no está domada por completo.

redonda f. En mús., nota que dura cuatro negras y que se representa con un círculo no relleno.

redondeado, da adj. De forma cercana a lo redondo.

redondear tr. Hacer redondo algo. También prnl. ‖ Convertir una cantidad en un número completo de unidades, prescindiendo de las fracciones. ‖ Terminar, rematar, perfeccionar: *redondear un trabajo*. ‖ FAM. redondeado, redondeamiento, redondeo.

redondel m. Circunferencia y superficie delimitada por ella. ‖ Terreno circular destinado a la lidia de toros, ruedo.

redondeo m. Dotación de forma redonda. ‖ Conversión de una cantidad en un número completo de unidades, prescindiendo de las fracciones.

redondilla f. Estrofa de cuatro versos octosílabos en que riman los versos primero y cuarto, tercero y segundo. ‖ En impr., tipo de letra de forma redondeada.

redondo, da adj. De forma circular o esférica. ‖ Completo, perfecto o muy provechoso: *negocio redondo*. ‖ Se apl. a la cantidad en la que se ha prescindido de pequeñas diferencias en más o en menos, para dar un número completo: *son quinientos con siete, en números redondos, quinientos*. ‖ En impr., se dice de un tipo de letra de trazo y grueso normal. También f. ‖ Se apl. al pase natural en que el torero, girando sobre sus pies, saca la muleta por delante de la cara del toro. ‖ m. Pieza de carne de forma más o menos cilíndrica: *redondo de ternera*. ‖ **en redondo** loc. adv. En circunferencia, alrededor. ‖ Clara o categóricamente: *negarse en redondo*. ‖ FAM. redonda, redondamente, redondear, redondel, redondez, redondilla.

reducción f. Disminución, acortamiento, debilitamiento: *reducción de salarios, de peso*. ‖ Sometimiento a obediencia: *se necesitaron varios policías para la reducción del sospechoso*. ‖ En un vehículo, cambio de una velocidad larga a otra más corta. ‖ En mat., método para resolver sistemas de ecuaciones lineales reduciendo dos ecuaciones a una de una sola incógnita. ‖ Pueblo de indígenas convertidos al cristianismo.

reducido, da adj. Estrecho, pequeño, limitado.

reducidor, ra m. y f. *amer.* Perista, persona que comercia con objetos robados.

reducir tr. Disminuir, acortar, debilitar. ‖ Someter a obediencia: *la policía redujo al atracador*. ‖ Transformar una cosa en otra, particularmente si es más pequeña o menos importante: *reducir a polvo*. ‖ Resumir, abreviar. ‖ En mat., expresar el valor de una cantidad en unidades de otro tipo: *reducir libras a euros*. ‖ En mat., convertir una expresión matemática en otra más sencilla: *reducir una fracción*. ‖ En quím., descomponer una sustancia en sus elementos. ‖ Restablecer en su situación natural los huesos dislocados o rotos. ‖ intr. En los vehículos, cambiar de una velocidad larga a otra más corta. ‖ prnl. Carecer de importancia. ‖ Limitar, ceñir: *su dieta se reduce a vegetales*. ◆ **Irreg.** Se conj. como *conducir*. ‖ FAM. reducción, reducible, reducido, reductible, reducto, reductor.

reducto m. Lugar o fortificación muy seguro y apropiado para la defensa. ‖ Lugar de refugio. ‖ Lugar donde se conservan ideas o costumbres pasadas.

redundancia f. Repetición inútil de un concepto. ‖ Demasiada abundancia.

redundar intr. Resultar una cosa en beneficio o daño de alguien. ‖ FAM. redundancia, redundante, redundantemente.

reduplicar tr. Aumentar al doble. ‖ Aumentar, multiplicar. ‖ FAM. reduplicación.

reedición f. Hecho de volver a editar. ‖ Nueva edición de una publicación.

reedificar tr. Volver a edificar lo que estaba derruido. ‖ FAM. reedificación, reedificador.

reeditar tr. Volver a editar. ‖ FAM. reedición.

reeducar tr. Volver a educar. ‖ Adiestrar los miembros u órganos dañados por alguna enfermedad o accidente. ‖ FAM. reeducación.

reelección f. Hecho de volver a elegir.

reelegir tr. Volver a elegir: *los votantes reeligieron al presidente*. ◆ **Irreg.** Se conj. como *pedir*. Tiene doble p. p.: el reg., *reelegido*, y el irreg., *reelecto*. ‖ FAM. reelección, reelecto, reelegible.

reembolsar tr. y prnl. Devolver una cantidad al que la había desembolsado: *si no queda satisfecho, le reembolsamos su dinero*. ‖ FAM. reembolsable, reembolso, reembolsar.

reembolso m. Recuperación de una cantidad o mercancía. ‖ Dinero que se reembolsa. ‖ Pago que hace el destinatario de una mercancía en el momento de la entrega: *pago contra reembolso*.

reemplazar tr. Sustituir una cosa por otra. ‖ Suceder a alguien en un empleo o cargo. ‖ FAM. reemplazable, reemplazante, reemplazo, remplazar.

reemplazo m. Sustitución de una cosa por otra. ‖ Renovación parcial del contingente del ejército activo en los plazos establecidos por la ley.

reencarnación f. Hecho de volver a tomar forma material un espíritu.

reencarnar intr. y prnl. Volver un espíritu a tomar forma material. ‖ FAM. reencarnación.

reencauchar tr. *amer.* Recauchutar. ‖ FAM. reencauchadora, reencauche.

reencontrar tr. y prnl. Volver a encontrar. ‖ Recobrar una persona cualidades o hábitos que había perdido. ◆ **Irreg.** Se conj. como *contar*. ‖ FAM. reencuentro.

reencuentro m. Hecho de volver a encontrar o a encontrarse. ‖ Encuentro de dos cosas que se chocan.

reenganchar tr. y prnl. Hacer que alguien se quede en el ejército cuando ha terminado el servicio militar, ofreciéndole un sueldo. ‖ Realizar de nuevo una actividad. ‖ FAM. reenganchado, reenganchamiento, reenganche.

reenviar tr. Volver a enviar: *reenviar un correo electrónico*. ‖ FAM. reenvío.

reescribir tr. Volver a escribir, corrigiendo lo escrito con anterioridad. ◆ p. p. irreg.: *reescrito*. ‖ FAM. reescritura.

reestrenar tr. Volver a estrenar, especialmente películas u obras teatrales cuando vuelven a proyectarse o representarse algún tiempo después de su estreno. ‖ FAM. reestreno.

reestreno m. Hecho de volver a estrenar, especialmente películas u obras teatrales cuando vuelven a proyectarse o representarse algún tiempo después de su estreno.

reestructuración f. Modificación de la estructura de algo.

reestructurar tr. Modificar la estructura de algo. ‖ FAM. reestructuración.

refacción f. Alimento moderado que se toma para reparar las fuerzas. ‖ *amer.* Reparación, restauración. ‖ *amer.* Gasto que ocasiona al propietario el mantenimiento de una finca. ‖ FAM. refaccionar, refaccionario.

refaccionar tr. *amer.* Restaurar o reparar, sobre todo hablando de edificios.

refajo m. Falda interior que usaban las mujeres como prenda de abrigo.

refanfinflar tr. *vulg.* y *desp.* Traer sin cuidado.

refectorio m. Sala reservada en algunas comunidades y colegios para reunirse a comer. ‖ FAM. refacción, refectolero.

referee (voz i.) com. *amer.* Referí.

referencia f. Relato, noticia. ‖ Remisión en un escrito de un lugar a otro. ‖ Informe sobre una persona. Más en pl. ‖ Indicación insertada generalmente en una carta o en un anuncio, a la que hay que referirse en la respuesta. ‖ Obra de información o consulta. ‖ FAM. referencial, referenciar.

referendo m. Referéndum.

referéndum m. Procedimiento jurídico por el que se someten al voto popular leyes o actos administrativos. ‖ Despacho o escrito por el que un agente diplomático solicita a su gobierno instrucciones sobre un asunto de importancia. ◆ pl. *referendums*.

referente adj. Que refiere o que hace relación a algo: *he recibido un informe referente a tu mal comportamiento*. ‖ m. En ling., aquello a lo que se refiere el signo lingüístico: *«yo» es el referente de la persona que habla*.

referí o **referí** com. *amér.* Árbitro de fútbol. ◆ pl. *réferis, referís*.

referir tr. Relatar, narrar. ‖ Dirigir, encaminar algo a un determinado fin. También prnl. ‖ Poner en relación. También prnl. ‖ Aludir o hacer mención. ◆ Irreg. Se conj. como *sentir*. ‖ FAM. referencia, referéndum, referente, referible.

refilón (de) loc. adv. De soslayo. ‖ loc. adv. De pasada, de paso.

refinado, da adj. Elegante, de buen gusto, esmerado. ‖ Muy ingenioso, agudo y sutil. ‖ Extremado en la maldad, que se recrea en ella: *tortura refinada*. ‖ m. Proceso por el cual se hace más fina o más pura una sustancia o materia, eliminando impurezas y mezclas.

refinamiento m. Esmero, cuidado. ‖ Crueldad refinada.

refinar tr. Hacer más fina o más pura una sustancia o materia, eliminando impurezas y mezclas. ‖ Perfeccionar o educar. También prnl. ‖ FAM. refinación, refinado, refinador, refinamiento, refinería, refino.

refinería f. Instalación industrial para refinar un producto.

refitolero, ra adj. y s. *col.* Entremetido, curioso. ‖ Afectado o redicho. ‖ Que está al cuidado del refectorio. ‖ FAM. refitolear.

reflectante adj. Que refleja.

reflectar tr. Reflejar una superficie la luz, el calor o el sonido. ‖ FAM. reflectante, reflector.

reflector, ra adj. y s. Que refleja. ‖ m. Aparato de superficie lisa y brillante para reflejar los rayos luminosos. ‖ Foco luminoso de gran potencia.

reflejar intr. Devolver una superficie lisa y brillante la imagen de un cuerpo. También prnl. ‖ En fís., hacer retroceder o cambiar de dirección a la luz, al calor, o al sonido, oponiéndoles una superficie lisa. También prnl. ‖ Manifestar o hacer patente una cosa. ‖ prnl. Sentirse un dolor en una parte del cuerpo distinta a aquella en que se originó. ‖ FAM. reflectar, reflejo.

reflejo, ja adj. Que ha sido reflejado. ‖ Se apl. a la respuesta involuntaria a un estímulo: *movimiento, acto reflejo*. ‖ Se dice del dolor que se siente en una parte del cuerpo distinta a aquella en que se originó. ‖ m. Luz reflejada. ‖ Representación, muestra: *la película era un reflejo de la sociedad*. ‖ pl. Capacidad para reaccionar con rapidez ante un imprevisto. ‖ Efecto de una especie tinte para el cabello, que lo dota de unas tonalidades distintas a su color natural.

réflex adj. y f. Se apl. a la cámara fotográfica que tiene un visor para ver la misma imagen que saldrá en la fotografía.

reflexión f. Hecho de considerar detenidamente algo. ‖ Advertencia o consejo con que se trata de convencer a alguien. ‖ En fís., cambio en la dirección o en el sentido de la propagación de una onda. ‖ FAM. reflejar, reflexionar, reflexivo.

reflexionar intr. y tr. Considerar detenidamente algo.

reflexivo, va adj. Que refleja o reflecta. ‖ Que habla y obra con reflexión. ‖ En gram., que expresa una acción realizada y recibida al mismo tiempo por el sujeto. También m. ‖ FAM. reflexivamente.

reflexoterapia f. Tratamiento de las enfermedades por medio de masajes sobre las zonas reflejas de manos y pies. ‖ FAM. reflexología.

reflotar tr. Volver a poner a flote la nave sumergida o encallada. ‖ Poner en marcha algo que había fracasado: *reflotar un negocio*. ‖ FAM. reflotamiento.

reflujo m. Movimiento de descenso de las mareas. ‖ Irrupción de sangre a contracorriente en el sistema venoso de los enfermos con problemas circulatorios. ‖ FAM. refluir.

refocilar tr. y prnl. Recrear, alegrar. ‖ Regodearse, complacerse con malicia. ‖ FAM. refocilación, refocilo.

reforestación f. Repoblación de un terreno con plantas forestales.

reforestar tr. Repoblar un terreno con plantas forestales. ‖ FAM. reforestación.

reforma f. Cambio de algo para su innovación y mejora. ‖ Movimiento religioso iniciado en la primera mitad del siglo XVI que dio origen a las Iglesias protestantes. ◆ Se escribe con mayúscula.

reformado, da adj. De la religión que ha vuelto a sus normas primigenias o relativo a ella: *Iglesia reformada*. ‖ adj. y s. Partidario o seguidor de esta religión.

reformar tr. Cambiar algo para innovarlo y mejorarlo. ‖ Arreglar, corregir, enmendar. También prnl. ‖

FAM. reforma, reformable, reformado, reformador, reformatorio, reformismo.

reformatorio, ria adj. Que reforma, corrige o enmienda. || m. Establecimiento donde se intenta corregir y educar a menores de edad que han cometido algún delito.

reformismo m. Tendencia o doctrina que procura cambios y mejoras en una situación, sin soluciones radicales. || FAM. reformista.

reformista adj. Del reformismo o relativo a él. || adj. y com. Partidario o ejecutor de reformas.

reforzar tr. Hacer más fuerte o resistente. || Aumentar, intensificar. También prnl. ◆ **Irreg.** Se conj. como *contar*. || FAM. reforzado, reforzador, reforzante, refuerzo.

refracción f. En fís., modificación en la dirección y velocidad de una onda al cambiar el medio en que se propaga. || FAM. refractante, refractar, refractario, refrangible, refringir.

refractante adj. Que refracta la luz.

refractar tr. y prnl. En fís., hacer que cambie de dirección el rayo de luz que pasa oblicuamente de un medio a otro de diferente densidad.

refractario, ria adj. En fís. y quím., se apl. al material que resiste el fuego o el calor sin cambiar de estado ni descomponerse. || Contrario, reacio.

refrán m. Dicho popular agudo y sentencioso que suele contener un consejo o una moraleja. || FAM. refranero, refranesco.

refranero m. Colección de refranes.

refrenar tr. Contener, aplacar. También prnl. || Sujetar y reducir el caballo con el freno. || FAM. refrenable, refrenada, refrenamiento.

refrendar tr. Legalizar un documento por medio de la firma de una persona autorizada. || Confirmar y corroborar algo. || FAM. refrendación, refrendario, refrendo.

refrendo m. Legalización de un documento por medio de la firma de una persona autorizada. || Testimonio que acredita haber sido refrendada una cosa. || Firma que refrenda un documento. || Confirmación o corroboración de algo.

refrescante adj. Que refresca.

refrescar tr. Moderar o disminuir el calor. También prnl. || Recordar o traer a la mente: *refrescar la memoria.* || intr. Tomar fuerzas. También prnl. || FAM. refrescador, refrescamiento, refrescante, refresco, refresquería.

refresco m. Bebida que se toma para saciar la sed y refrescarse, especialmente si no contiene alcohol. || **de refresco** loc. adj. De reserva, como suplente: *caballos de refresco.*

refresquería f. *amer.* Venta de refrescos. || *amer.* Lugar donde se venden refrescos, helados y bocados ligeros.

refriega f. Combate o riña de poca importancia.

refrigeración f. Acción y resultado de hacer más frío un lugar. || Producción artificial de frío por medio de aparatos, con muy diversas aplicaciones.

refrigerador, ra adj. Se apl. al aparato o a la instalación para refrigerar. || m. Electrodoméstico que enfría y conserva los alimentos, nevera, frigorífico.

refrigerar tr. y prnl. Hacer más frío un lugar. || Enfriar en cámaras especiales ciertos productos, especialmente alimentos, para su conservación. || FAM. refrigeración, refrigerador, refrigerante, refrigerativo, refrigerio.

refrigerio m. Alimento ligero para reponer fuerzas.

refrito, ta adj. Que se ha vuelto a freír o se ha frito demasiado. || m. Aceite frito con ajo, cebolla, pimentón y otros ingredientes. || *desp.* Lo que se ha rehecho, especialmente con mezcla de otras cosas: *hizo un refrito de todas sus obras anteriores.* || FAM. refreír.

refucilo m. *amer.* Relámpago.

refuerzo m. Acción y resultado de hacer más fuerte o resistente. || Lo que refuerza o vuelve más resistente. || Cosa que sirve como ayuda o complemento de otra. || Conjunto de personas o cosas que acuden como socorro o ayuda de otras. Más en pl.: *el general envió refuerzos.*

refugiado, da m. y f. Persona que por causa de una guerra, catástrofe o persecución, busca refugio fuera de su país.

refugiar tr. y prnl. Amparar, dar asilo, proteger. || FAM. refugiado, refugio.

refugio m. Asilo, amparo. || Lugar adecuado para refugiarse.

refulgente adj. Que resplandece.

refulgir intr. Resplandecer, emitir fulgor. || FAM. refulgencia, refulgente.

refundir tr. Fundir de nuevo los metales. || Incluir varias cosas en una sola. También prnl. || Reformar una obra literaria. || FAM. refundición, refundidor.

refunfuñar intr. Hablar entre dientes o gruñir en señal de enfado. || FAM. refunfuñador, refunfuño, refunfuñón.

refutar tr. Contradecir con argumentos y razones lo que otros dicen. || FAM. refutable, refutación, refutatorio.

regadera f. Recipiente portátil para regar, compuesto por un depósito del que sale un tubo terminado en una boca con orificios por donde se esparce el agua. || **estar** alguien **como una regadera** loc. *col.* Estar loco, ser extravagante.

regadío m. Terreno dedicado a cultivos que se fertilizan con riego.

regador m. *amer.* Unidad de medida para aforar las aguas de riego.

regalado, da adj. Placentero, muy cómodo: *vida regalada.* || Muy barato.

regalar tr. Dar algo como regalo. || Halagar, alabar. || Recrear, deleitar. También prnl. || prnl. Procurarse alguien las máximas comodidades posibles. || **regalar** a alguien **los oídos** loc. *col.* Adular. || FAM. regalado, regalamiento, regalo, regalón.

regalía f. Prerrogativa o privilegio de que goza un soberano, especialmente el que la Santa Sede concede en asuntos relacionados con la Iglesia. Más en pl. || Cualquier tipo de privilegio. || Beneficio o cuantía que se paga al propietario de un derecho a cambio del uso que se hace de él. || FAM. regalismo.

regalismo m. Sistema en que se concedían regalías eclesiásticas a los soberanos. || FAM. regalista.

regaliz m. Planta herbácea leguminosa de tallos leñosos, flores azuladas y fruto con pocas semillas. Tiene un rizoma aromático cuyo jugo dulce se emplea en farmacia. || Pedazo seco de este rizoma que se chupa. || Pasta negra que se hace con el jugo de este rizoma y que se toma como golosina.

regalo m. Lo que se da a alguien sin esperar nada a cambio, como muestra de afecto o agradecimiento, obsequio. || Gusto o complacencia que se recibe. || Comodidad y descanso que una persona procura para sí. || Algo muy barato.

regañadientes (a) loc. adv. A disgusto, de mala gana.

regañar intr. Dar a alguien muestras de enfado o disgusto, con palabras y gestos, por algo que ha hecho. || Disputar, reñir con otro. || Gruñir, refunfuñar. || FAM. regañado, regañina, regaño, regañón.

regañina f. Reprimenda.

regar tr. Esparcir agua sobre una superficie. || Atravesar un río o canal una comarca o territorio. || Recibir sangre de una arteria una parte del cuerpo. || Esparcir, desparramar. ◆ **Irreg.** Se conj. como *acertar*. || FAM. regable, regadera, regadío, regador, regante, regato, reguera, reguero, riego.

regata f. Competición deportiva en la que varias embarcaciones ligeras deben realizar un recorrido establecido en el menor tiempo posible. || FAM. regatear.

regate m. Movimiento rápido y brusco hecho con el cuerpo para esquivar algo. || En dep., finta que hace un jugador para no dejarse arrebatar el balón. || *col.* Escape o pretexto.

regatear tr. Discutir el comprador y el vendedor el precio de algo. || *col.* Evitar la ejecución de una cosa. || intr. Hacer regates. || FAM. regate, regateador, regateo.

regatear intr. Disputar una regata varias embarcaciones. || FAM. regatista.

regateo m. Discusión entre el comprador y el vendedor por el precio de algo.

regatista com. Persona que participa en regatas.

regato m. Arroyo pequeño. || Remanso poco profundo. || Acequia, cauce para regar.

regatón m. Puntera que se coloca en el extremo de ciertos objetos para darles mayor firmeza. || Hierro con forma de ancla o de gancho y punta que tienen los bicheros en uno de sus extremos.

regazo m. Parte del cuerpo entre la cintura y las rodillas al estar sentada una persona. || Amparo, cobijo.

regencia f. Gobierno, dirección. || Cargo de regente. || Gobierno de un Estado monárquico durante la minoría de edad, ausencia o incapacidad del heredero de la corona. || Tiempo que dura tal gobierno.

regeneración f. Restablecimiento o mejora de algo que degeneró. || Mecanismo de recuperación de los organismos vivos, por reconstrucción de las partes perdidas o dañadas.

regeneracionismo m. Movimiento ideológico que tuvo lugar en España a partir de 1898, que defendía una reforma política urgente para solucionar los problemas del país. || FAM. regeneracionista.

regenerar tr. y prnl. Restablecer o mejorar algo que degeneró. || Hacer que alguien se corrija o enmiende. ||

FAM. regeneración, regeneracionismo, regenerado, regenerador, regenerativo.

regentar tr. Dirigir un negocio. || Desempeñar temporalmente ciertos cargos o empleos: *el subdirector regenta la empresa en ausencia del director general.*

regente com. Persona que gobierna un Estado monárquico durante la minoría de edad del heredero o por otro motivo. || Encargado de ciertos negocios. || FAM. regenta, regentar.

reggae (voz i.) m. Estilo musical popular de origen jamaicano, de ritmo simple y repetitivo.

regicida adj. y com. Que mata a un rey, una reina, al príncipe heredero o al regente, o que lo intenta.

regicidio m. Muerte violenta de un monarca, de su consorte, del príncipe heredero o del regente. || FAM. regicida.

regidor, ra adj. y s. Que rige o gobierna. || m. y f. Concejal que no ejerce ningún otro cargo municipal. || En teatro y televisión, ayudante del realizador, que se encarga del orden y realización de los movimientos y efectos escénicos dispuestos por el director. || FAM. regiduría, regiduría.

régimen m. Modo de gobernarse o regirse en algo. || Forma o gobierno de un Estado: *régimen monárquico.* || Conjunto de reglas que regulan la alimentación. || En gram., dependencia que tienen entre sí las palabras en la oración. || En gram., preposición que pide cada verbo, adjetivo, sustantivo, etc. || Funcionamiento de un motor en condiciones de máximo rendimiento. ◆ pl. *regímenes.*

regimentación f. *amer.* Régimen, modo de gobernarse o regirse algo.

regimiento m. Unidad militar compuesta de varios batallones. || *col.* Grupo muy numeroso de personas.

regio, gia adj. Del rey, la reina o la realeza, o relativo a ellos. || Suntuoso, grandioso. || FAM. regalía, regiamente.

región f. Cualquier extensión de terreno, homogénea en un determinado aspecto. || Cada una de las grandes divisiones territoriales de una nación, definida por características geográficas o histórico-sociales. || Cada una de las partes en que se puede dividir un país a efectos militares. || Espacio determinado de la superficie del cuerpo humano: *región abdominal.* || FAM. regional, regionalismo, regionalización, regionalizar.

regional adj. De la región o relativo a ella: *gobierno regional.*

regionalismo m. Doctrina política según la cual en el gobierno de un Estado se debe prestar atención al modo de ser de cada región. || Apego a determinada región. || En ling., vocablo o giro propio de una región determinada. || FAM. regionalista.

regir tr. Gobernar, dirigir. || Guiar o conducir una cosa. También prnl. || En gram., tener una palabra bajo su dependencia a otra palabra de la oración. || En gram., exigir un verbo una determinada preposición o complemento. || intr. Estar vigente: *esa ley ya no rige en este país.* || Funcionar bien una máquina, organismo y, particularmente, las facultades mentales. ◆ **Irreg.** Se conj. como *pedir.* || FAM. rector, regencia, regentar, regente, regidor, régimen, regimentación, regimiento.

registrado, da adj. Se apl. al modelo o a la marca que ha sido inscrito en el registro.

registrador, ra adj. Que registra: *máquina registradora*. || m. y f. Funcionario que tiene a su cargo algún registro público: *registrador de la propiedad*.

registrar tr. Examinar algo o a alguien para encontrar algo que puede estar oculto. || Inscribir en el registro una marca comercial o una propiedad. || Anotar, señalar. También prnl.: *registrarse en un hotel.* || Inscribir en una oficina determinados documentos públicos, instancias, etc.: *registrar un nacimiento.* || Grabar la imagen o el sonido. También prnl. || Marcar un aparato ciertos datos propios de su función. || prnl. Suceder: *no se han registrado lluvias.* || FAM. registrado, registrador, registro.

registro m. Examen de algo o a alguien para encontrar algo que puede estar oculto. || Libro, a manera de índice, donde se apuntan noticias o datos. || Lugar y oficina en donde se registra. || Asiento o anotación que queda de lo que se registra. || Padrón. || Pieza del reloj y de otros aparatos que sirve para modificar su movimiento. || Abertura con su tapa o cubierta para examinar, conservar o reparar lo que está subterráneo o empotrado en un muro, pavimento, etc. || Cada uno de los tres grandes grupos que pueden distinguirse en la escala musical: *registro grave, medio y agudo.* || En el piano, clave, etc., mecanismo para regular los sonidos. || En inform., conjunto de informaciones relacionadas entre sí que constituyen la unidad de tratamiento lógico de ficheros o memoria. || En ling., variedad lingüística que se utiliza en función de la situación comunicativa en que se encuentra el hablante: *registro coloquial.*

regla f. Instrumento de forma rectangular que sirve principalmente para trazar líneas rectas. || Lo que se debe obedecer o seguir por estar así establecido. || Ley o norma de una orden religiosa. || Conjunto de instrucciones que indican cómo hacer algo o cómo comportarse. || Orden y concierto invariable que guardan las cosas naturales y por el que se desarrollan de un determinado modo. || *col.* Menstruación de las hembras. || En mat., método de hacer una operación. || **las cuatro reglas** Las cuatro operaciones básicas de sumar, restar, multiplicar y dividir. || *col.* Los principios básicos de algo. || **regla de tres** Método para calcular el valor de una cantidad comparándola con otras tres cantidades conocidas. || **en regla** loc. adv. Como es debido. || **por regla general** loc. adv. Normalmente. || FAM. reglamento, reglaje, reglar, regleta, renglón, regular.

reglaje m. Reajuste de las piezas de un mecanismo para mantenerlo en perfecto funcionamiento.

reglamentación f. Sujeción a un reglamento. || Conjunto de reglas.

reglamentar tr. Sujetar a un reglamento. || FAM. reglamentación.

reglamentario, ria adj. De un reglamento o preceptuado por él: *uniforme reglamentario.* || FAM. reglamentariamente.

reglamento m. Colección ordenada de reglas o preceptos. || En der., disposición administrativa para el desarrollo de una ley. || FAM. reglamentar, reglamentario, reglamentista.

regleta f. Soporte aislante sobre el que se colocan los componentes de un circuito eléctrico. || En impr., plancha de metal que sirve para espaciar.

regocijar tr. y prnl. Alegrar, causar gusto o placer. || FAM. regocijador, regocijante.

regocijo m. Alegría, júbilo. || FAM. regocijadamente, regocijar.

regodearse prnl. *col.* Deleitarse, complacerse. || *col.* Sentir placer o satisfacción por algo que resulta perjudicial para otros. || FAM. regodeo.

regodeo m. *col.* Placer que se siente por algo que gusta o resulta agradable. || *col.* Placer o satisfacción que se experimenta por algo que resulta perjudicial para otros. || *col.* Diversión, fiesta.

regoldar intr. Expulsar por la boca con ruido los gases que se producen en el estómago, eructar. ◆ Irreg. Se conj. como *contar.* || FAM. regüeldo.

regolfar intr. y prnl. Retroceder el agua contra su corriente, haciendo un remanso. || Cambiar la dirección del viento por la oposición de alguna pared u otro obstáculo.

regolfo m. Vuelta o retroceso del agua o del viento contra su curso. || Seno o cala en el mar, comprendido entre dos cabos o puntas de tierra. || FAM. regolfar.

regordete, ta adj. y s. *col.* Se apl. a la persona pequeña y gruesa, o a la parte de su cuerpo con esas características.

regresar intr. Volver al lugar de donde se partió. En América, también prnl. || tr. *amer.* Devolver o restituir algo a su dueño. || FAM. regresión, regresivo, regreso.

regresión f. Retroceso, acción de volver hacia atrás, especialmente en una actividad o proceso: *regresión económica.*

regreso m. Retorno, vuelta.

regüeldo m. Expulsión por la boca con ruido de los gases que se producen en el estómago, eructo.

reguera f. Canal que se hace en la tierra para conducir el agua del riego.

reguero m. Chorro o arroyo pequeño. || Señal continuada que deja una cosa que se va derramando, sea líquida o no. || Reguera.

regulable adj. Que se puede regular.

regulación f. Puesta de algo en estado de normalidad. || Ajuste. || Determinación de unas normas.

regulador, ra adj. Que regula. || m. Mecanismo para ordenar o modificar el funcionamiento de una máquina o de alguna de sus piezas.

regular¹ adj. Ajustado y conforme a regla. || De tamaño, calidad o intensidad media o inferior a ella. || Ordenado y sin excesos. || Sin cambios ni interrupciones. || En geom., se apl. al polígono cuyos lados y ángulos son iguales entre sí, y al poliedro cuyas caras y ángulos sólidos son también iguales. || En gram., se dice de la palabra que se forma siguiendo las reglas morfológicas normales. || adj. y com. Se apl. a la persona que vive bajo una regla o instituto religioso, y a la que pertenece a su estado: *clérigo regular.* || m. pl. Unidades militares constituidas por soldados españoles y nativos en el antiguo protectorado español en Marruecos. || adv. m. Medianamente, no muy bien. || **por lo regular** loc. adv. Generalmente, por lo común. ‖ FAM. regularidad, regularizar, regularmente.

regular² tr. Ordenar, controlar o poner en estado de normalidad. ‖ Ajustar. ‖ Precisar o determinar las normas. ‖ FAM. regulable, regulación, regulador, regulativo.

regularidad f. Cualidad de regular.

regularización f. Regulación, normalización.

regularizar tr. Regular, normalizar. ‖ FAM. regularización, regularizador.

régulo m. En quím., parte más pura de los minerales después de separadas las impuras. ‖ Señor de un Estado pequeño. ‖ Basilisco, animal fabuloso que podía matar con la mirada. ‖ Reyezuelo, pájaro.

regurgitar intr. Expulsar por la boca, sin vómito, sustancias sólidas o líquidas contenidas en el estómago o en el esófago. ‖ FAM. regurgitación.

regusto m. Gusto o sabor que queda de la comida o bebida. ‖ Sensación placentera o dolorosa que dejan algunas experiencias. ‖ Impresión de analogía, semejanza, etc., que evocan algunas cosas.

rehabilitación f. Habilitación de nuevo o restablecimiento de una persona o cosa en su antiguo estado. ‖ En der., reintegración legal a alguien de lo que había sido privado. ‖ Conjunto de técnicas cuyo fin es recuperar la actividad o función perdida o disminuida después de un traumatismo o una enfermedad.

rehabilitar tr. y prnl. Habilitar de nuevo o restablecer a una persona o cosa en su antiguo estado. ‖ FAM. rehabilitación.

rehacer tr. Volver a hacer. ‖ Reparar, reformar. ‖ prnl. Fortalecerse, recuperarse. ‖ Serenarse, dominar una emoción. ◆ **Irreg.** Se conj. como *hacer.* p. p. irreg.: *rehecho.*

rehala f. Rebaño de ganado lanar formado por animales de diversos dueños y conducido por un solo mayoral. ‖ Jauría o agrupación de perros de caza mayor.

rehén com. Persona que queda en poder de alguien como prenda o garantía mientras se llega a un acuerdo o pacto con un tercero.

rehilete m. Flecha pequeña con papel o plumas en un extremo, que se utiliza para tirar al blanco. ‖ Banderilla de los toreros. ‖ Volante de madera o corcho con plumas que se utiliza para jugar con raqueta. ‖ *amer.* Molinillo de viento.

rehogar tr. Freír un alimento, generalmente hortalizas, ligeramente y a fuego lento.

rehuir tr. Evitar una situación, obligación o el trato con otra persona. ◆ **Irreg.** Se conj. como *huir.* ‖ FAM. rehuida.

rehusar tr. No aceptar, renunciar: *rehúso responder.*

reiforme adj. y f. De las reiformes o relativo a este orden de aves. ‖ f. pl. Orden de aves no voladoras, parecidas a los avestruces, con tres dedos con uñas muy robustas adaptadas a la carrera y de hábitos omnívoros, como el ñandú.

reimplantar tr. Volver a implantar. ‖ Colocar por medios quirúrgicos un órgano o miembro que había sido separado del cuerpo en el lugar que le corresponde. ‖ FAM. reimplantación.

reimpresión f. Repetición de la impresión de una obra o escrito.

reimprimir tr. Repetir la impresión de una obra o escrito. ◆ Tiene doble p. p.: uno reg., *reimprimido,* y otro irreg., *reimpreso.* ‖ FAM. reimpresión.

reina f. Mujer que ejerce la potestad real por derecho propio. ‖ Esposa del rey. ‖ Pieza del juego de ajedrez, la más importante después del rey. ‖ Mujer, animal o cosa del género femenino que destaca de las demás de su clase o especie. ‖ Mujer que preside algunos actos y festejos. ‖ Hembra de algunas comunidades de insectos cuya principal función es la reproductora: *abeja reina.*

reinado m. Tiempo de gobierno de un rey o una reina. ‖ Tiempo en que predomina o está en auge alguna cosa: *reinado de una moda.*

reinar intr. Regir un rey o príncipe un Estado. ‖ Dominar o tener predominio una persona o cosa sobre otra. ‖ Prevalecer o persistir una cosa: *en su casa reina la paz.* ‖ FAM. reinado, reinante, reino.

reincidir intr. Volver a caer o incurrir en un error, falta o delito. ‖ FAM. reincidencia, reincidente.

reincorporación f. Hecho de volver a incorporar, agregar o unir.

reincorporar tr. y prnl. Volver a incorporar, agregar o unir. ‖ FAM. reincorporación.

reineta f. Se apl. a un tipo de manzana gruesa, de color dorado, sabor ácido y muy aromática.

reinicializar o **reiniciar** tr. En inform., volver a iniciar. ‖ FAM. reinicio.

reino m. Estado o territorio gobernado por un rey. ‖ Espacio real o imaginario en que actúa algo material o inmaterial: *reino de los sueños.* ‖ Cada uno de los cinco grupos de la primera clasificación taxonómica en que se consideran divididos los seres vivos: moneras, protoctistas, hongos, metafitas y metazoos. ‖ Cada uno de los tres grandes grupos en que se divide la naturaleza: animal, vegetal y mineral.

reinserción f. Hecho de integrarse en la sociedad quien vivía al margen de ella. ‖ FAM. reinsertar, reinsertado.

reinsertar tr. y prnl. Volver a integrar en la sociedad a una persona que vivía al margen de ella.

reinstalar tr. y prnl. Volver a instalar. ‖ FAM. reinstalación.

reintegrar tr. Restituir o satisfacer íntegramente una cosa. ‖ Poner una póliza o estampilla en un documento. ‖ tr. y prnl. Hacer que alguien vuelva a ejercer una actividad o se incorpore de nuevo a una colectividad o situación social o económica. ◆ Se construye con la prep. *a: reintegrarse al trabajo.* ‖ FAM. reintegrable, reintegración, reintegro.

reintegro m. Restitución o satisfacción íntegra de una cosa: *reintegro de una deuda.* ‖ Vuelta a una actividad o incorporación de nuevo a una colectividad o situación social o económica. ‖ En la lotería, premio igual a la cantidad jugada.

reír intr. y prnl. Manifestar alegría con ciertos movimientos del rostro y sonidos característicos. ‖ tr. Celebrar con risa alguna cosa. ‖ prnl. Burlarse de alguien o algo. ‖ FAM. reidor, riente, risa. ◆ **Irreg.** Conjugación modelo:

Indicativo
Pres.: río, ríes, ríe, reímos, reís, ríen.
Imperf.: reía, reías, reía, *etc.*
Pret. perf. simple: reí, reíste, rio, reímos, reísteis, rieron.
Fut. simple: reiré, reirás, reirá, *etc.*
Condicional simple: reiría, reirías, reiría, *etc.*
Subjuntivo
Pres.: ría, rías, ría, riamos, riais, rían.
Imperf.: riera o riese, rieras o rieses, *etc.*
Fut. simple: riere, rieres, riere, *etc.*
Imperativo: ríe, reíd.
Participio: reído.
Gerundio: riendo.

reiteración f. Repetición de una cosa que se ha dicho o ejecutado antes.

reiterado, da adj. Que sucede repetidamente.

reiterar tr. y prnl. Volver a decir o ejecutar, repetir una cosa. ‖ FAM. reiteración, reiteradamente, reiterado, reiterante, reiterativo.

reiterativo, va adj. Que se reitera o indica reiteración.

reivindicación f. Reclamación de lo que le pertenece a uno. ‖ Adjudicación de la autoría de un hecho por parte de alguien. ‖ Intento de rescatar la buena fama o reputación de alguien o algo.

reivindicar tr. Reclamar uno lo que le pertenece: *reivindicó su derecho al trono.* ‖ Adjudicarse alguien la autoría de un hecho: *ha reivindicado la autoría del robo.* ‖ Intentar rescatar la buena fama o reputación de alguien o algo: *reivindicó su inocencia.* ‖ FAM. reivindicable, reivindicación, reivindicativo, reivindicatorio.

reja[1] f. Pieza de hierro del arado que sirve para romper y revolver la tierra. ‖ FAM. rejería, rejilla.

reja[2] f. Conjunto de barrotes metálicos o de madera que se ponen en las ventanas y otras aberturas de los muros para seguridad o adorno. ‖ FAM. rejería, rejilla.

rejalgar m. Mineral de color rojo, lustre resinoso y fractura concoidea, que se raya con la uña y es una combinación muy venenosa de arsénico y azufre.

rejego, ga adj. *amer. col.* Testarudo, rebelde.

rejería f. Arte de construir rejas o verjas. ‖ Conjunto de obras realizadas con este arte.

rejilla f. Celosía fija o móvil, red de alambre, tela metálica, etc., que sirve para cubrir algunas aberturas. ‖ Tejido de tallos vegetales para respaldo y asiento de sillas. ‖ Redecilla que se coloca sobre los asientos en los trenes, autocares, etc., para depositar el equipaje o guardar alguna cosa.

rejo m. Punta de hierro. ‖ P. ext., aguijón de la abeja. ‖ *amer.* Látigo. ‖ FAM. rejón.

rejón m. Barra de hierro cortante que remata en punta. ‖ Asta de madera con una cuchilla en la punta que sirve para rejonear. ‖ FAM. rejonazo, rejonear.

rejoneador, ra m. y f. Persona que rejonea.

rejonear tr. En el toreo a caballo, herir con el rejón al toro. ‖ Torear a caballo. ‖ FAM. rejoneador, rejoneo.

rejoneo m. Acción de herir al toro con el rejón. ‖ Toreo a caballo.

rejuvenecer tr., intr. y prnl. Dar el vigor o el aspecto propios de la juventud. ‖ tr. Renovar, modernizar. ◆ Irreg. Se conj. como *agradecer.* ‖ FAM. rejuvenecedor, rejuvenecimiento.

rejuvenecimiento m. Recuperación del vigor o el aspecto propios de la juventud. ‖ Renovación, modernización.

relación f. Conexión, correspondencia de una cosa con otra. ‖ Trato, comunicación de una persona con otra. ‖ Referencia que se hace de un hecho. ‖ Lista o serie escrita de personas o cosas. ‖ En gram., conexión o enlace entre dos términos de una misma oración o entre dos oraciones. ‖ pl. Las amorosas o sexuales. ‖ Amigos o contactos de una persona. ‖ **relaciones públicas** Actividad profesional que consiste en informar sobre personas, empresas, etc., tratando de prestigiarlas o promocionarlas. ‖ com. Persona que desempeña esta actividad. ‖ FAM. relacional, relacionadamente, relacionista, relativo.

relacionar tr. Referir, relatar. ‖ Poner en relación personas o cosas. También prnl.: *se relaciona con mucha gente.*

relajación f. Disminución de la tensión de algo. ‖ Disminución de la rigurosidad o severidad en el cumplimiento de leyes, reglas, etc. ‖ Estado de reposo físico y mental. ‖ Caída en vicios y malas costumbres. ‖ Técnica a base de ejercicios corporales y respiratorios para conseguir la distensión muscular y nerviosa.

relajado, da adj. Flojo, sin tensión. ‖ *amer.* Vicioso. ‖ *amer.* Que tiene tendencia a tomar las cosas por su lado chistoso.

relajante adj. y m. Que relaja: *infusión, masaje relajante.*

relajar tr. y prnl. Aflojar, hacer que algo esté flojo o menos tenso. ‖ Esparcir, distraer la mente de problemas y preocupaciones. ‖ Hacer menos severo o riguroso el cumplimiento de leyes, reglas, etc. ‖ prnl. Conseguir un estado de reposo físico y mental. ‖ Caer en vicios y malas costumbres. ‖ FAM. relajación, relajado, relajador, relajamiento, relajante, relajo.

relajo m. Desorden, falta de seriedad, barullo. ‖ Relajación en las costumbres o en el cumplimiento de las normas. ‖ Tranquilidad, bienestar.

relamer tr. Volver a lamer. ‖ prnl. Lamerse los labios. ‖ Encontrar gran satisfacción o gusto en una cosa. ‖ FAM. relamido.

relamido, da adj. y s. Afectado, excesivamente pulcro o aseado. Suele usarse con sentido desp.

relámpago m. Resplandor vivo e instantáneo producido entre las nubes por una descarga eléctrica. ‖ Resplandor repentino. ‖ Persona o cosa ligera y fugaz. ‖ En aposición, denota la rapidez o brevedad con que se desarrolla algo: *guerra, cierre relámpago.* ‖ FAM. relampaguear.

relampaguear intr. impers. Haber relámpagos. ‖ intr. Arrojar luz o brillar mucho de forma intermitente, especialmente hablando de los ojos muy vivos o iracundos. ‖ FAM. relampagueante, relampagueo.

relanzamiento m. Nuevo lanzamiento o promoción de una cosa.

relanzar tr. Volver a lanzar una cosa, volver a promocionarla. ‖ FAM. relanzamiento.

relapso, sa adj. y s. Que reincide en un pecado del que ya había hecho penitencia o en una herejía a la que había renunciado.

relatar tr. Referir, contar, narrar. ‖ FAM. relato, relator.

relatividad f. Cualidad de relativo. ‖ **teoría de la relatividad** Teoría formulada por Albert Einstein en 1905, que establece que el tiempo y el espacio son conceptos relativos por la imposibilidad de encontrar un sistema de referencia absoluto. ‖ FAM. relativista.

relativismo m. Doctrina filosófica que propugna que el conocimiento humano es incapaz de alcanzar verdades absolutas y universalmente válidas. ‖ FAM. relativista.

relativizar tr. Dar menos importancia a un asunto al relacionarlo con otros aspectos.

relativo, va adj. Que se refiere a algo y es condicionado por ello. ‖ No absoluto: *verdad relativa*. ‖ No mucho, poca cantidad o intensidad: *coste relativo*. ‖ En gram., se apl. al pronombre que se refiere a una persona o cosa ya mencionada. También m. ‖ FAM. relativamente, relatividad, relativismo, relativizar.

relato m. Narración breve, cuento. ‖ Acción de relatar algo detalladamente.

relax m. Relajamiento muscular producido por ejercicios adecuados y, p. ext., el producido por comodidad, bienestar, etc. ◆ No varía en pl.

relé m. Dispositivo que, intercalado en un circuito, produce determinadas modificaciones en el mismo o en otro conectado con él.

releer tr. Leer algo de nuevo. ◆ Irreg. Se conj. como *leer*.

relegar tr. Apartar, posponer. ‖ FAM. relegación, relegado, relegamiento.

relente m. Humedad que se nota en la atmósfera en las noches calmadas.

relevancia f. Importancia.

relevante adj. Importante, significativo. ‖ Sobresaliente, excelente. ‖ FAM. relevancia.

relevar tr. Librar de un peso o gravamen, y también de un empleo o cargo. ‖ Sustituir a alguien en cualquier actividad. ‖ Cambiar un cuerpo de guardia. ‖ En dep., remplazar a una persona con otra del mismo equipo en una carrera de relevos o durante una prueba. ‖ FAM. relevación, relevante, relevo, relieve.

relevista adj. y com. Se apl. al deportista que participa en una carrera o prueba de relevos.

relevo m. Hecho de sustituir una persona a otra en un empleo, cargo o en cualquier actividad. ‖ Persona o grupo que releva a otras. ‖ Cambio de un cuerpo de guardia. ‖ En dep., corredor o nadador que releva a otro. ‖ pl. En dep., competición deportiva en la que los participantes se van relevando después del recorrido parte del trayecto. ‖ FAM. relevista.

relicario m. Lugar en el que están guardadas las reliquias. ‖ Caja o estuche para custodiar reliquias.

relieve m. Lo que resalta sobre un plano. ‖ Figura levantada sobre una superficie lisa de la que la parte esculpida forma cuerpo. ‖ Mérito, renombre. ‖ Conjunto de accidentes geográficos de un país, región, etc. También

pl. ‖ **alto relieve** Altorrelieve. ‖ **bajo relieve** Bajorrelieve. ‖ **dar relieve** a una cosa loc. Darle importancia. ‖ **poner de relieve** una cosa loc. Subrayarla, destacarla.

religión f. Conjunto de dogmas, normas y prácticas relativas a una divinidad. ‖ Cada una de las diferentes doctrinas según dichas creencias: *religión católica, ortodoxa, budista*. ‖ FAM. religiosidad, religioso.

religiosidad f. Cuidado y rigurosidad en el cumplimiento de las obligaciones religiosas. ‖ Puntualidad, exactitud a la hora de hacer o cumplir algo.

religioso, sa adj. De la religión, de los que la profesan o relativo a ellos. ‖ Piadoso, que cumple con las obligaciones de una religión. ‖ Fiel y exacto en el cumplimiento del deber: *puntualidad religiosa*. ‖ adj. y s. Que ha profesado en una orden o congregación religiosa regular. ‖ FAM. religiosamente, religiosidad.

relinchar intr. Emitir su voz el caballo. ‖ FAM. relincho.

relincho m. Voz del caballo.

relinga f. Cada una de las cuerdas o sogas donde se colocan los plomos y corchos para que se sostengan las redes en el agua. ‖ Cabo con que se refuerzan los bordes de las velas.

reliquia f. Parte del cuerpo u objeto de un santo digno de veneración. ‖ Vestigio del pasado. ‖ Persona o cosa muy viejas. ‖ Cosa que se conserva de alguien muy querido. ‖ FAM. relicario.

rellano m. Descansillo de escalera. ‖ Llano que interrumpe la pendiente de un terreno.

rellenar tr. y prnl. Volver a llenar una cosa. ‖ Llenar enteramente. ‖ tr. Llenar de carne picada u otros ingredientes un ave o cualquier otro alimento. ‖ Llenar con algo un hueco o una cosa vacía. ‖ Cubrir con los datos necesarios espacios en blanco en un impreso. ‖ FAM. llenito, relleno.

rellenito m. *amer.* Plato preparado con masa de plátano con canela y rellena con fríjol refrito o con crema.

relleno, na adj. Que tiene lleno su interior. ‖ *col.* Se apl. a la persona que está un poco gorda. ‖ m. Picadillo de carne para rellenar. ‖ Hecho de rellenar algo. ‖ Cualquier material con que se rellena algo. ‖ Parte superflua que alarga una oración o un escrito. ‖ Mezcla de miga de pan, ajo, perejil y huevo, a la que se le da forma redondeada u ovalada y que se echa al cocido. ‖ **de relleno** loc. adj. *col.* Se apl. a la palabra o a la frase innecesaria que se introduce en las oraciones o en los escritos para alargarlos.

reloj m. Máquina que sirve para medir el tiempo o dividir el día en horas, minutos y segundos. ‖ **contra reloj** loc. En dep., modalidad de carrera ciclista en que los corredores toman la salida de uno en uno, con un intervalo de tiempo determinado, y vence el que realice mejor tiempo. ‖ loc. Modo de hacer una cosa en un plazo de tiempo mínimo. ‖ **ser** uno **un reloj** o **como un reloj** loc. *col.* Ser muy puntual y exacto. ‖ *col.* Evacuar normalmente a una hora fija. ‖ FAM. relojería, relojero.

relojería f. Técnica de hacer y arreglar relojes. ‖ Taller donde se hacen o arreglan relojes. ‖ Tienda donde se venden.

relojero, ra m. y f. Persona que hace, arregla o vende relojes.

reluciente adj. Que reluce.

relucir intr. Brillar mucho, resplandecer. ‖ Sobresalir uno por alguna cualidad. ‖ **sacar** o **salir a relucir** loc. *col.* Revelar algo inesperadamente. ◆ **Irreg.** Se conj. como *lucir.* ‖ FAM. reluciente.

reluctancia f. En fís., resistencia que ofrece un circuito al flujo magnético. ‖ FAM. reluctante.

reluctante adj. Reacio, opuesto.

relumbrar intr. Dar algo mucha luz, resplandecer. ‖ FAM. relumbrante, relumbrón.

relumbrón m. Rayo de luz vivo y pasajero. ‖ *col.* Cosa deslumbrante, pero de poco valor. ‖ **de relumbrón** loc. *col.* De apariencia deslumbrante, pero de escaso valor real: *joyas de relumbrón.*

rem m. En fís., unidad de absorción de radiaciones ionizantes que tiene en cuenta el efecto biológico. ◆ El nombre proviene de las siglas del inglés *R*oentgen *E*quivalent in *M*an.

remachar tr. Machacar la punta o la cabeza del clavo ya clavado. ‖ Sujetar o adornar con remaches. ‖ Afianzar, recalcar. ‖ FAM. remachado, remachador, remache.

remache m. Acción y efecto de remachar. ‖ Clavo remachado.

remake (voz i.) m. Nueva versión de una obra.

remanente m. Residuo o reserva de una cosa.

remangar tr. y prnl. Levantar o recoger hacia arriba las mangas o la ropa. ‖ FAM. remango.

remanguillé (a la) loc. adv. *col.* Estropeado. ‖ *col.* Completamente desordenado. ‖ *col.* Sin cuidado.

remanso m. Detención o suspensión de una corriente de agua. ‖ Lugar en que se detiene o suspende esta corriente. ‖ **remanso de paz** Lugar tranquilo. ‖ FAM. remansarse.

remar intr. Mover el remo o los remos para hacer avanzar la embarcación.

remarcar tr. Insistir en algo, hacer que se note especialmente.

rematado, da adj. Se apl. a la persona que se halla en tan mal estado, que es irremediable: *loco, idiota rematado.* ‖ FAM. rematadamente.

rematador, ra adj. y s. Que remata. ‖ m. y f. *amer.* Subastador.

rematar tr. Concluir, terminar. ‖ Poner fin a la vida de una persona o animal agonizante. ‖ Afianzar una costura. ‖ Consumir por completo lo que queda de una cosa. ‖ En dep., dar término a una serie de jugadas lanzando el balón hacia la meta contraria. ‖ *col.* Terminar de estropear algo que estaba mal. ‖ *amer.* Adjudicar algo en una subasta. ‖ FAM. rematado, rematador, rematante, remate.

remate m. Fin, conclusión de algo. ‖ Extremo. ‖ Lo que se hace para afianzar una costura. ‖ En dep., lanzamiento del balón hacia la meta contraria tras dar término a una serie de jugadas. ‖ *amer.* Subasta. ‖ **de remate** loc. adv. *col.* Absolutamente, sin remedio: *tonto de remate.* ‖ **para remate** o **como remate** loc. *col.* Como final que termina de estropear algo que ya estaba mal.

rembolso m. Reembolso. ‖ FAM. rembolsable, rembolsar.

remedar tr. Imitar una cosa. ‖ Hacer burla a alguien, repitiendo sus gestos y palabras. ‖ Seguir uno las mismas huellas y ejemplos de otro. ‖ FAM. remedable, remedador, remedo.

remediar tr. y prnl. Poner remedio, reparar, corregir. ‖ Socorrer, ayudar a alguien. ‖ tr. Evitar que ocurra algo peligroso o molesto. ‖ FAM. remediable, remediador, remedio.

remedio m. Medio para evitar o reparar un daño. ‖ Enmienda o corrección. ‖ Recurso, auxilio o refugio. ‖ Medicamento para prevenir o atajar una enfermedad.

remedo m. Imitación de una cosa, especialmente si la semejanza no es perfecta o resulta grotesca.

remembranza f. Recuerdo de algo pasado.

rememorar tr. Recordar, traer a la memoria. ‖ FAM. remembranza, rememoración, rememorativo.

remendar tr. Reforzar con remiendos o con puntadas algo que está estropeado o roto, especialmente la ropa. ‖ Corregir o enmendar. ◆ **Irreg.** Se conj. como *acertar.* ‖ FAM. remendado, remendón, remiendo.

remendón, ona adj. y s. Se apl. a la persona que se dedica a remendar, especialmente referido a los sastres y zapateros de viejo.

remero, ra adj. y f. Se apl. a cada una de las plumas grandes con que terminan las alas de las aves. ‖ m. y f. Persona que rema o que trabaja al remo.

remesa f. Envío de un conjunto de cosas de una vez. ‖ FAM. remesar.

remesero, ra m. y f. *amer.* Persona que transporta remesas de dinero o de valores.

remeter tr. Volver a meter. ‖ Empujar los bordes de una cosa para meterlos en un lugar: *remeter las sábanas.*

remezón m. *amer.* Terremoto ligero o sacudimiento breve de la tierra.

remiendo m. Pedazo de tela que se cose a lo que está viejo o roto. ‖ *col.* Reparación imperfecta o provisional que se hace en caso de urgencia.

rémige adj. y f. Remera, pluma de las alas de las aves.

remilgado, da adj. Excesivamente delicado o escrupuloso.

remilgo m. Afectación, delicadeza o escrúpulo excesivo que se manifiesta con gestos y ademanes. ‖ FAM. remilgadamente, remilgado, remilgarse.

reminiscencia f. Recuerdo de una cosa casi olvidada. ‖ Lo que es idéntico o muy semejante a lo compuesto anteriormente por otro autor o en otro estilo. Más en pl.: *novela de reminiscencias cervantinas.*

remirado, da adj. Que reflexiona mucho sobre sus acciones. ‖ Melindroso.

remirar tr. Volver a mirar o reconocer con reflexión y cuidado lo que ya se había visto. ‖ FAM. remirado.

remisión f. En un libro, indicación para acudir a otro lugar del mismo. ‖ Perdón. ‖ Pérdida de parte de la intensidad de una cosa.

remiso, sa adj. Indeciso, reacio. ‖ FAM. remisamente.

remite m. En una carta, paquete, etc., indicación del nombre y señas del que realiza el envío.

remitente com. Persona que envía una carta, paquete, etc., con su nombre y señas en el remite.

remitido m. Artículo o noticia que alguien envía a un periódico para que se publique mediante pago.

remitir tr. Enviar. || Perdonar. || Perder una cosa parte de su intensidad. También intr. y prnl. || Indicar en un escrito otro que puede consultarse. || prnl. Atenerse a lo dicho o hecho. || FAM. remisible, remisión, remisivo, remiso, remisorio, remite, remitente, remitido.

remo m. Pala de madera para impulsar las embarcaciones por el agua. || Brazo o pierna en personas y animales. Más en pl. || Ala de las aves. Más en pl. || En dep., competición deportiva de embarcaciones de remo. || FAM. remar, remera, remero.

remodelar tr. Cambiar la estructura o la forma de una obra arquitectónica. || Cambiar la composición de algo. || FAM. remodelación.

remojar tr. Empapar una cosa o ponerla en agua para que se ablande. También prnl. || col. Beber con los amigos para celebrar algún suceso feliz. || FAM. remojo, remojón.

remojo m. Introducción de una cosa en agua para que, al empaparse, se ablande. || **a o en remojo** loc. Dentro del agua u otro líquido.

remojón m. Chapuzón, baño rápido.

remolacha f. Planta herbácea de la familia de las quenopodiáceas, de tallo grueso, hojas grandes, flores verdosas en espiga y raíz carnosa, comestible y de la cual se extrae azúcar. || Raíz de esta planta. || FAM. remolachero.

remolcador, ra adj. y m. Que sirve para remolcar, especialmente referido a la embarcación que ayuda a los barcos en los puertos.

remolcar tr. Arrastrar una embarcación, un vehículo, etc. || FAM. remolcador, remolque.

remoler tr. Moler mucho una cosa. || intr. amer. Parrandear, jaranear, divertirse. ◆ Irreg. Se conj. como mover. || FAM. remolienda.

remolienda f. amer. Juerga.

remolinear intr. amer. col. Pensar mucho algo antes de tomar una decisión.

remolino m. Movimiento giratorio y rápido del aire, el agua, el polvo, el humo, etc. || Conjunto de pelos tiesos y difíciles de moldear. || Aglomeración de gente. || Disturbio, alteración. || FAM. remolinear.

remolón, ona adj. y s. Que evita trabajar o realizar algo. || FAM. remolonear.

remolonear intr. y prnl. Rehusar hacer una cosa por pereza.

remolque m. Desplazamiento de una embarcación o de un vehículo, arrastrándolos. || Vehículo sin motor que es remolcado por otro. || Cabo o cuerda con que se remolca. || **a remolque** loc. adv. Remolcando o remolcado. || Se apl. a la acción que se realiza por impulso de otra persona.

remonta f. Compra, cría y cuidado de los caballos o mulas destinados a cada cuerpo del ejército. || Establecimiento destinado a esta actividad.

remontada f. Subida o ascenso tras superar algún obstáculo o dificultad.

remontar tr. Subir una pendiente. || Navegar aguas arriba en una corriente. || Superar algún obstáculo o dificultad. || Elevar en el aire. || prnl. Subir, especialmente volar muy alto las aves, los aviones, etc. || Retroceder a una época pasada. || Pertenecer a una época muy lejana. || Ascender una cantidad a la cifra indicada. || FAM. remonta, remontada, remonte.

remonte m. Subida de una pendiente. || Navegación aguas arriba en una corriente. || Superación de algún obstáculo o dificultad. || Aparato utilizado para remontar o subir una pista de esquí, como el telesilla. || En dep., variedad del juego de pelota en la que se usa una cesta especial.

rémora f. Pez osteíctio perciforme marino con un disco oval encima de la cabeza, con el cual se adhiere a los objetos flotantes y a otros peces con los que establece relaciones de comensalismo. || Obstáculo que detiene o entorpece.

remorder tr. Producir remordimientos. || Inquietar, desasosegar interiormente una cosa: le remuerden los celos. ◆ Irreg. Se conj. como mover. || FAM. remordimiento.

remordimiento m. Inquietud tras una acción propia censurable.

remoto, ta adj. Distante en el espacio o en el tiempo. || Improbable. || Impreciso, vago: idea remota. || FAM. remotamente, remotidad.

remover tr. Mover repetidamente, agitar. También prnl. || Cambiar una cosa de un lugar a otro. || Revolver o tratar un asunto que estaba olvidado o detenido. También prnl. || Apartar a uno de su cargo o empleo. || intr. Investigar, indagar. ◆ Irreg. Se conj. como mover. || FAM. remoción, removimiento.

remozar tr. y prnl. Dar un aspecto más nuevo o moderno a algo. || FAM. remozamiento.

remplazar tr. Reemplazar. || FAM. remplazable, remplazante, remplazo.

remuneración f. Pago de un trabajo, servicio, etc. || Lo que se da como remuneración.

remunerar tr. Pagar, recompensar un trabajo o servicio. || FAM. remuneración, remunerado, remunerador, remunerativo, remuneratorio.

renacentista adj. Del Renacimiento o relativo a él. || adj. y com. Que cultiva el arte o los estudios propios del Renacimiento.

renacer intr. Volver a nacer. || Volver a tomar fuerzas o energía. ◆ Irreg. Se conj. como agradecer. || FAM. renaciente, renacimiento.

renacimiento m. Hecho de volver a nacer o a tomar fuerzas o energía. || Movimiento artístico, literario y científico que nace a mediados del siglo XV y se prolonga durante todo el XVI, inspirado en las obras de la Antigüedad clásica, sobre todo de Roma. ◆ Se escribe con mayúscula. || FAM. renacentista.

renacuajo m. Larva de la rana y, p. ext., de cualquier anfibio, que tiene cola, carece de patas y respira por branquias. || col. Calificativo cariñoso con que se suele motejar a las personas de poca edad o estatura.

renal adj. De los riñones o relativo a ellos.

renano, na adj. y s. De los territorios situados en las orillas del Rin o relativo a ellos. || FAM. renio.

rencilla f. Disputa o riña que crea enemistad. Más en pl. || FAM. rencilloso.

renco, ca adj. y s. Rengo, cojo.

rencor m. Resentimiento arraigado y persistente. ‖ FAM. rencorosamente, rencoroso.

rencoroso, sa adj. y s. Que tiene o guarda rencor.

rendibú m. Acatamiento, agasajo que se hace por adulación: *hace el rendibú a su jefe.* ◆ pl. *rendibús* o *rendibúes.*

rendición f. Sometimiento al dominio o a la voluntad de alguien.

rendido, da adj. Agotado, muy cansado. ‖ Totalmente sumiso a alguien: *rendido enamorado.* ‖ FAM. rendidamente.

rendija f. Hendidura o abertura larga y estrecha que se produce en un objeto sólido. ‖ Espacio estrecho entre dos cosas que están muy juntas.

rendimiento m. Producto o utilidad que rinde o da una persona o cosa. ‖ Amabilidad excesiva que se muestra a una persona para complacerla y servirla, sumisión.

rendir tr. Obligar al enemigo a entregarse, vencerlo. ‖ Sujetar, someter una cosa al dominio de uno. También prnl. ‖ Dar, entregar, restituir: *rendir culto.* ‖ Dar producto o utilidad una persona o cosa. También intr.: *rendir en el trabajo.* ‖ Cansar, fatigar. También prnl.: *me ha rendido subir las escaleras.* ‖ Hacer actos de sumisión y respeto: *rendir armas.* ‖ prnl. Tener que admitir o aceptar algo: *se rindió ante las pruebas.* ◆ **Irreg.** Se conj. como *pedir.* ‖ FAM. rendibú, rendición, rendido, rendimiento.

renegado, da adj. y s. Que ha abandonado su religión o sus creencias.

renegar tr. Negar con insistencia una cosa. ‖ intr. Rechazar y negar alguien su religión, creencias, raza, familia, etc. ‖ *col.* Protestar, refunfuñar continuamente. ◆ **Irreg.** Se conj. como *acertar.* ‖ FAM. renegado, renegón, reniego.

renegrido, da adj. Sucio u oscurecido. ‖ Se apl. al color oscuro, especialmente de la piel.

renglón m. Serie de caracteres escritos en línea recta. ‖ Cada una de las líneas dispuestas en un cuaderno, hoja, impreso, etc., para escribir sin torcerse. ‖ pl. Cualquier escrito o impreso: *escríbeme unos renglones de cuando en cuando.* ‖ **a renglón seguido** loc. *col.* A continuación, inmediatamente.

rengo, ga adj. y s. Cojo por una lesión de las caderas. ‖ FAM. renguear, renguera.

renio m. Elemento químico metálico blanco, brillante, muy denso y difícilmente fusible, cuyos compuestos son parecidos a los del manganeso. Su símbolo es *Re*, y su número atómico, *75.*

reno m. Mamífero artiodáctilo cérvido de pelaje grisáceo, con una crin espesa de color blanco y amplia cornamenta; habita en la región ártica y ha sido domesticado como animal de tiro.

renombre m. Fama, celebridad. ‖ FAM. renombrado.

renovación f. Restauración, modernización. ‖ Cambio de una cosa vieja o sin validez por otra nueva. ‖ Reanudación de algo.

renovador, ra adj. y s. Que renueva.

renovar tr. Hacer que algo recupere la fuerza o la energía. ‖ Restaurar, remozar, modernizar. También prnl. ‖ Cambiar una cosa vieja o sin validez por otra nueva. ‖ Reanudar. ◆ **Irreg.** Se conj. como *contar.* ‖ FAM. renovable, renovación, renovador, renuevo.

renquear intr. Andar como cojo o dando bandazos. ‖ Marchar con dificultades. ‖ FAM. renqueante, renqueo, renquera.

renta f. Beneficio o utilidad que produce algo periódicamente. ‖ Lo que se paga por el alquiler de algo. ‖ **renta nacional** Conjunto de los ingresos derivados de la participación en el proceso productivo durante un año, y referido a una entidad nacional. ‖ **renta per cápita** La que resulta de dividir la renta nacional de un país entre su número de habitantes. ‖ **vivir de las rentas** loc. *col.* Aprovecharse de lo que se ha hecho o conseguido en el pasado. ‖ FAM. rentado, rentar, rentero, rentista.

rentabilidad f. Capacidad de rentar o producir un beneficio suficiente. ‖ FAM. rentabilización.

rentabilizar tr. Hacer que algo produzca renta o beneficio suficiente.

rentable adj. Que produce renta o beneficio suficiente: *negocio rentable.* ‖ FAM. rentabilidad, rentabilizar.

rentado, da adj. *amer.* Que trabaja a cambio de un sueldo.

rentar tr. e intr. Producir algo periódicamente un beneficio o ganancia. ‖ FAM. rentable.

rentero, ra m. y f. Persona que tiene en arrendamiento una finca rural.

rentista com. Persona que percibe una renta, principalmente si vive de ella.

renuencia f. Resistencia a hacer una cosa. ‖ FAM. renuente.

renuente adj. Que se resiste a hacer una cosa.

renuevo m. Vástago que echan el árbol o la planta después de podados o cortados.

renuncia f. Abandono voluntario de algo que se posee o a lo que se tiene derecho. ‖ Documento que contiene este abandono. ‖ Abandono de algo por sacrificio o necesidad.

renunciar tr. Dejar voluntariamente algo que se posee o a lo que se tiene derecho: *renunció a su cargo.* ‖ No querer admitir o aceptar una cosa: *renuncio a entenderlo.* ‖ Dejar de hacer una cosa por sacrificio o necesidad: *debes renunciar al azúcar.* ◆ Se construye con la prep. *a.* ‖ FAM. renuncia, renunciable, renunciación, renunciamiento, renunciante, renuncio.

renuncio m. Hecho de no seguir el palo o echar una carta más baja en los juegos de naipes. ‖ *col.* Mentira o contradicción en que se coge a alguien.

renvalso m. Rebajo que se hace en el canto de las hojas de puertas y ventanas para que encajen en el marco unas con otras.

reñidero m. Lugar destinado a la pelea de algunos animales, principalmente a la de los gallos.

reñido, da adj. Enemistado. ‖ Se apl. a la competición cuyos participantes están muy igualados. ‖ Opuesto, incompatible: *sus intereses están reñidos.* ‖ FAM. reñidamente.

reñir tr. Reprender, corregir. ‖ Tratándose de desafíos, batallas, etc., ejecutarlos, llevarlos a efecto. ‖ intr. Contender, disputar. ‖ Desavenirse, enemistarse. ◆ **Irreg.** Se conj. como *ceñir.* ‖ FAM. reñidero, reñido, riña.

reo, a m. y f. Persona acusada de un delito o declarada culpable.

reoca (ser la) loc. *col.* Se apl. a la persona o cosa fuera de lo común.

reojo (mirar de) loc. Mirar con disimulo o con prevención.

reorganización f. Nueva organización de una cosa de forma diferente.

reorganizar tr. y prnl. Volver a organizar una cosa de forma diferente. || FAM. reorganización, reorganizador.

reóstato m. Resistencia variable que se coloca en los circuitos eléctricos para modificar la intensidad de la corriente que circula.

repajolero, ra adj. *col.* Pajolero.

repanchigarse o **repanchingarse** prnl. Repantigarse.

repanocha (ser la) loc. *col.* Ser algo extraordinario por bueno, malo, absurdo o fuera de serie.

repantigarse o **repantingarse** prnl. Sentarse en el asiento extendiendo el cuerpo para mayor comodidad.

reparación f. Arreglo de una cosa. || Desagravio, satisfacción de una ofensa o un perjuicio.

reparador, ra adj. y s. Que repara o mejora. || Que sirve para recuperar las fuerzas: *siesta reparadora.*

reparar tr. Componer, arreglar una cosa. || Enmendar, corregir, remediar: *reparar una falta.* || Desagraviar a quien se ha ofendido o perjudicado: *reparar a alguien con una indemnización.* || Restablecer las fuerzas, dar ánimo o vigor: *reparar energías.* || intr. Fijarse, notar, advertir: *no reparé en su peinado.* || Considerar, reflexionar: *hay que reparar en los pros y los contras.* || FAM. reparable, reparación, reparador, reparo.

reparo m. Advertencia, observación. || Duda, dificultad, inconveniente o vergüenza para hacer o decir algo.

repartición f. Acción y resultado de repartir. || *amer.* Cada una de las dependencias de una organización administrativa.

repartidor, ra m. y f. Persona que se dedica a repartir o distribuir algo.

repartija f. *amer. col.* y *desp.* Reparto desordenado.

repartimiento m. Acción y resultado de repartir. || Documento en que figura lo que se ha repartido a cada uno. || Sistema de repoblación empleado después de la Reconquista a los musulmanes en la Edad Media, consistente en el reparto de tierras y viviendas entre los hombres de armas que habían intervenido en la ocupación.

repartir tr. Distribuir una cosa dividiéndola en partes. || Distribuir por lugares distintos o entre personas diferentes. También prnl. || Entregar algo a su destinatario. || Extender o distribuir una materia sobre una superficie. || Adjudicar los papeles de una película, obra dramática, etc., a los actores que han de representarla. || FAM. repartición, repartidor, repartija, repartimiento, reparto.

reparto m. Acción y resultado de repartir. || Relación de personajes y actores de una obra dramática.

repasador m. *amer.* Paño de cocina.

repasar tr. Volver a mirar o examinar una cosa, particularmente para corregir imperfecciones o errores. || Recorrer lo que se ha estudiado para refrescar la memoria. || Volver a explicar la lección. || Leer o recorrer muy por encima un escrito. || Recoser la ropa. || intr. Volver a pasar por un mismo sitio o lugar. || FAM. repasador, repaso.

repaso m. Acción y resultado de repasar. || **dar un repaso** a alguien loc. *col.* Regañarle. || *col.* Demostrar superioridad en conocimientos, habilidad, etc.

repatear tr. e intr. *col.* Molestar o disgustar muchísimo.

repatriación f. Devolución de alguien a su patria.

repatriado, da m. y f. Persona que es devuelta a su patria.

repatriar tr. y prnl. Hacer que uno regrese a su patria. || FAM. repatriación, repatriado.

repechaje m. *amer.* En el fútbol, última oportunidad que se da a un equipo para que continúe en una competición.

repechar intr. *amer. col.* Recuperarse poco a poco.

repecho m. Cuesta bastante empinada, aunque corta.

repeinar tr. y prnl. Volver a peinar o hacerlo con mucho cuidado y perfección. || FAM. repeinado.

repelente adj. Repulsivo, repugnante. || *col.* Redicho, pedante. || m. Sustancia que se utiliza para alejar ciertos animales.

repeler tr. y prnl. Arrojar, echar de sí a una persona o cosa: *repeler un ataque.* || tr. Causar repugnancia algo o alguien. || No admitir una cosa a otra en su composición: *estos guantes repelen la electricidad.* || FAM. repelencia, repelente, repulsión.

repelo m. Parte pequeña de cualquier cosa que está un poco levantada o arrancada. || *col.* Repugnancia que se muestra al ejecutar una cosa.

repeluco, repelús o **repeluzno** m. Temor indefinido o repugnancia que inspira algo. || Escalofrío producido por esa sensación.

repensar tr. Volver a pensar algo con detenimiento. ◆ Irreg. Se conj. como *acertar.*

repente m. *col.* Impulso rápido, inesperado. || **de repente** loc. adv. Brusca e inesperadamente, sin pensar. || FAM. repentino, repentista, repentizar.

repentino, na adj. Súbito, imprevisto. || FAM. repentinamente.

repentizar tr. e intr. Improvisar al hablar. || Interpretar a primera vista una pieza de música. || FAM. repentización.

repera (ser la) loc. *col.* Salirse de lo normal.

repercusión f. Trascendencia, importancia. || Resonancia, eco.

repercutir intr. Trascender, causar efecto una cosa en otra posterior. || Producir eco el sonido, resonar. || FAM. repercusión.

reperpero m. *amer. col.* Confusión, desorden, trifulca.

repertorio m. Índice de materias ordenadas para su mejor localización. || Colección de obras de una misma clase. || Conjunto de obras preparadas para ser interpretadas por un artista o compañía. || FAM. repertoriar.

repesca f. Nueva admisión de alguien que había sido eliminado en un examen, en una competición, etc.

repescar tr. Admitir nuevamente al que ha sido eliminado en un examen, en una competición, etc. || *col.* Recuperar algo viejo, olvidado, etc. || FAM. repesca.

repetición f. Acción y resultado de repetir. || Figura que consiste en repetir palabras o conceptos. || **de repetición** loc. adj. Se apl. al mecanismo o al aparato que repite mecánicamente al proceso: *fusil de repetición*.

repetido, da adj. Que hay dos o más iguales. || FAM. repetidamente.

repetidor, ra adj. y s. Se apl. al alumno que repite un curso o una asignatura. || m. Aparato electrónico que recibe una señal electromagnética y la transmite amplificada.

repetir tr. Volver a hacer o decir lo ya hecho o dicho. También prnl. || Volver un estudiante a hacer un curso o una asignatura por haber suspendido. También intr. || intr. Venir a la boca el sabor de algo comido: *me repite el ajo*. || Servirse de nuevo de algo que se está comiendo. || intr. y prnl. Volver a suceder algo. ♦ **Irreg.** Se conj. como *pedir*. || FAM. repetición, repetido, repetidor, repetitividad, repetitivo.

repetitivo, va adj. Que se repite.

repicar tr. e intr. Tañer o sonar repetidamente las campanas en señal de fiesta o de regocijo. || FAM. repique, repiquetear.

repintar tr. Pintar sobre lo ya pintado. || prnl. Maquillarse en exceso. || FAM. repinte.

repipi adj. y com. Pedante, redicho.

repiquetear tr. e intr. Repicar con fuerza las campanas o cualquier otro instrumento de percusión. || Golpear repetidamente sobre algo produciendo ruido. || FAM. repiqueteante, repiqueteo.

repiqueteo m. Repique fuerte de las campanas o de cualquier otro instrumento de percusión. || Golpeteo sobre algo que produce ruido.

repisa f. Plancha o tabla que se sujeta horizontalmente a la pared para colocar objetos sobre ella. || Elemento arquitectónico que sobresale de un muro para asentar un balcón, o el propio para un adorno.

replantar tr. Volver a plantar en un sitio que ya ha estado plantado. || Trasladar una planta desde el lugar en que está plantada a otro. || FAM. replantación.

replantear tr. Plantear de nuevo un asunto. || FAM. replanteamiento, replanteo.

replay (voz i.) m. En televisión, repetición de determinados fragmentos. || Aparato con que se realizan estas repeticiones.

replegar tr. Plegar o doblar muchas veces. || tr. y prnl. Retirarse las tropas con orden. || **replegarse** una persona **en sí misma** loc. Encerrarse en sí misma. ♦ **Irreg.** Se conj. como *acertar*. || FAM. repliegue.

repleto, ta adj. Muy lleno.

réplica f. Argumento con que se replica. || Copia exacta de una obra artística.

replicar intr. Contradecir o argüir contra una respuesta o un argumento. || intr. y tr. Contestar de malos modos o quejarse por algo que se dice o manda: *obedeció sin replicar*. || FAM. réplica, replicón.

repliegue m. Pliegue doble o irregular. || Retirada de las tropas de forma ordenada.

repoblación f. Hecho de volver a poblar algo. || Conjunto de árboles o plantas en terrenos repoblados. || En la Edad Media española, acción de poblar con habitantes de los reinos cristianos las tierras reconquistadas al islam.

repoblador, ra adj. y s. Que repuebla.

repoblar tr. y prnl. Volver a poblar. || Plantar árboles u otras especies vegetales. ♦ **Irreg.** Se conj. como *contar*. || FAM. repoblación, repoblado, repoblador.

repollo m. Variedad de col con hojas apretadas. || Cabeza más o menos redonda que forman algunas plantas, como la lombarda y cierta especie de lechugas. || FAM. repolludo.

repolludo, da adj. Se dice de la planta que forma repollo. || Se apl. a la persona gruesa y bajita.

reponer tr. Volver a poner algo o a alguien en el lugar que ocupaba. || Reemplazar. || Volver a representar o a proyectar una obra dramática o película, o repetir un programa de radio o de televisión. || Responder, replicar. ♦ Se usa solo en pretérito indefinido y en pretérito imperfecto de subjuntivo: *repuso que no estaba de acuerdo*. || prnl. Recobrar la salud. ♦ **Irreg.** Se conj. como *poner*. p. p. irreg.: *repuesto*. || FAM. reposición, repuesto.

reportaje m. Trabajo periodístico, cinematográfico o televisivo que informa sobre un personaje, un suceso o cualquier otro tema. || **reportaje gráfico** Conjunto de fotografías sobre un suceso o un tema que aparece en un periódico o revista. || FAM. reportero.

reportar tr. y prnl. Reprimir, moderar un sentimiento. || tr. Retribuir, proporcionar, recompensar: *reportar beneficios*. || FAM. reportaje.

reporte m. Noticia, informe.

reportear tr. *amer.* Entrevistar a una persona para hacer un reportaje. || *amer.* Hacer fotografías para realizar un reportaje gráfico.

reportero, ra adj. y s. Se apl. al periodista que elabora las noticias y, sobre todo, al que hace reportajes. || FAM. reportear, reporte, reporteril, reporterismo.

reposabrazos m. Pieza de un asiento que sirve para apoyar los brazos. ♦ No varía en pl.

reposacabezas m. Pieza que llevan los asientos de los automóviles en la parte superior, que sirve para apoyar la cabeza. ♦ No varía en pl.

reposado, da adj. Sosegado, quieto, tranquilo. || FAM. reposadamente.

reposapiés m. Especie de estribo situado a ambos lados de las motocicletas para apoyar los pies. ♦ No varía en pl.

reposar intr. Descansar. || Dormir un breve sueño. || Permanecer algo o alguien en calma y quietud. || Estar enterrado, yacer. || Posarse las partículas sólidas de los líquidos. || FAM. reposabrazos, reposacabezas, reposado, reposapiés, reposavasos, reposera.

reposera f. *amer.* Tumbona.

reposición f. Colocación de algo o alguien en el lugar que ocupaba. || Reemplazo. || Repetición de una obra dramática, película o programa de radio o televisión.

reposo m. Descanso. || Calma y quietud. || En fís., inmovilidad de un cuerpo respecto de un sistema de referencia.

repostar tr. e intr. Abastecer de provisiones o combustible.

repostería f. Arte y oficio de elaborar pasteles, dulces, etc. || Productos de este arte. || Establecimiento donde se hacen y venden estos productos, y a veces también fiambres, embutidos y algunas bebidas. || FAM. repostero.

repostero, ra m. y f. Persona cuyo oficio es hacer pasteles, tartas, pastas y otros dulces. || m. Paño cuadrado o rectangular con emblemas heráldicos que se cuelga de un muro. || *amer.* Despensa.

reprender tr. Reñir, amonestar. || FAM. reprensible, reprensión, reprensor.

reprensible adj. Digno de ser reprendido.

reprensión f. Amonestación.

reprensor, ra adj. y s. Que reprende.

represa f. Obra generalmente de cemento armado para contener o regular el curso de las aguas. || Lugar donde las aguas están detenidas o almacenadas natural o artificialmente. || FAM. represar.

represalia f. Mal que una persona causa a otra en venganza o satisfacción de un agravio. || Medida o trato de rigor que adopta un Estado contra otro para responder a los actos o las determinaciones adversos de este. Más en pl.

representación f. Actuación en nombre de otra persona o de una entidad. || Conjunto de personas que representan a una persona o entidad. || Función de teatro. || Idea o imagen de la realidad.

representante adj. y com. Que actúa en nombre de otra persona o de una entidad. || com. Persona que promueve y vende los productos de una firma comercial. || Persona que gestiona los contratos y asuntos profesionales a actores, artistas de todas clases, compañías teatrales, etc.

representar tr. Hacer presente algo en la imaginación con palabras o figuras. También prnl. || Ejecutar públicamente una obra dramática. || Sustituir a otra persona o a una entidad. || Ser imagen o símbolo de una cosa, o imitarla perfectamente. || Aparentar una persona determinada edad. || Importar mucho o poco una persona o cosa. || FAM. representable, representación, representador, representante, representativo.

representativo, va adj. Que sirve para representar otra cosa. || Característico, ejemplar. || FAM. representatividad.

represión f. Contención de un impulso o de un sentimiento. || Acción que parte generalmente del poder para contener, detener o castigar con violencia actuaciones políticas o sociales.

represivo, va adj. Que reprime: *medidas represivas.*

represor, ra adj. y s. Que reprime.

reprimenda f. Represión fuerte.

reprimido, da adj. y s. Que contiene sus impulsos o sus sentimientos, especialmente en relación con el sexo.

reprimir tr. Contener, refrenar un impulso o un sentimiento. También prnl. || Contener por la fuerza el desarrollo de algo. || FAM. represa, represión, represivo, represor, reprimenda, reprimido.

reprise (voz fr.) m. En automovilismo, capacidad del motor de pasar de un número de revoluciones a otro superior en poco tiempo.

reprobable adj. Digno de reprobación o censura: *conducta reprobable.*

reprobación f. Censura, no aprobación de una persona o de su conducta.

reprobar tr. No aprobar, censurar a una persona o su conducta. ◆ Irreg. Se conj. como *contar.* || FAM. reprobable, reprobación, reprobador, reprobatorio, réprobo.

reprobatorio, ria adj. Que reprueba o sirve para reprobar.

réprobo, ba adj. En el catolicismo, condenado a las penas eternas. || Se apl. a las personas apartadas de la convivencia en comunidad. || Malvado.

reprochable adj. Que se puede reprochar.

reprochar tr. y prnl. Criticar, censurar la conducta de alguien. || FAM. reprochable, reproche.

reproche m. Censura, crítica, reprimenda.

reproducción f. Acción y resultado de reproducir o reproducirse. || Cosa que reproduce o copia un original.

reproducir tr. Volver a producir. También prnl. || Copiar, imitar. || Sacar copia, en uno o muchos ejemplares, por diversos procedimientos. || prnl. Procrear los seres vivos. ◆ Irreg. Se conj. como *conducir.* || FAM. reproducción, reproductivo, reproductor.

reproductor, ra adj. y s. Que reproduce.

reprografía f. Reproducción de los documentos por medios mecánicos. || FAM. reprográfico, reprógrafo.

reptar intr. Andar o moverse arrastrando el cuerpo. || FAM. reptación, reptador, reptante, reptil.

reptil adj. y m. De los reptiles o relativo a esta clase de vertebrados. || m. pl. Clase de animales vertebrados generalmente ovíparos de temperatura variable y respiración pulmonar, con la piel cubierta de escamas, que avanzan rozando la tierra con el vientre, como la culebra.

república f. Sistema de gobierno en que el poder reside en el pueblo, personificado por un jefe supremo llamado presidente. || Nación o Estado que posee esta forma de gobierno. || FAM. republicanismo, republicano.

republicano, na adj. De la república o relativo a ella. || adj. y s. Partidario de este sistema de gobierno.

repudiar tr. Rechazar, desechar. || Rechazar por ley el marido a su mujer. || FAM. repudiable, repudio.

repudio m. Rechazo. || Rechazo por ley del marido a su mujer.

repuesto, ta adj. Restablecido, recuperado de una enfermedad. || m. Pieza de recambio. || Provisión de comestibles u otras cosas para cuando sean necesarias. || **de repuesto** loc. adj. De reserva.

repugnancia f. Aversión que se siente hacia determinada persona o cosa. || Malestar en el estómago que puede provocar náuseas o vómitos, producido por algo que resulta desagradable. || Aversión que se siente o resistencia que se opone a consentir o hacer una cosa. || Incompatibilidad entre dos atributos o cualidades de una misma cosa.

repugnante adj. Que causa repugnancia.

repugnar intr. Causar repugnancia. || tr. y prnl. Ser opuesta una cosa a otra. || FAM. repugnancia, repugnante, repugnantemente.

repujado m. Labrado de un objeto de metal o cuero con martillo, haciendo en él figuras en relieve. || Obra repujada.

repujador, ra m. y f. Persona que tiene como profesión repujar.

repujar tr. Labrar con martillo un objeto de metal o cuero, haciendo en él figuras en relieve. || FAM. repujado, repujador.

repulgo m. Pliegue que se hace en los bordes de la ropa como remate, y punto prieto con que se cose. || Borde labrado que se hace como adorno a las empanadas o pasteles alrededor de la masa. || Cicatriz que se forma en el borde de las heridas o en los cortes de los árboles. || pl. col. Escrúpulos ridículos.

repulir tr. Volver a pulir una cosa. || tr. y prnl. Acicalar, componer con demasiada afectación. || FAM. repulido.

repulsa f. Condena enérgica de algo.

repulsión f. Repugnancia, asco o aversión. || Repulsa. || FAM. repulsa, repulsivo.

repulsivo, va adj. Que produce repulsión.

repuntar intr. Empezar a subir o a bajar la marea. || amer. Subir de nuevo las aguas de un río. || amer. Empezar a manifestarse algo.

repunte m. Subida o bajada de la marea. || Subida de los índices económicos: *repunte de la Bolsa.* || FAM. repuntar.

reputación f. Opinión que se tiene de alguien o algo. || Fama, prestigio. || FAM. reputado, reputar.

reputado, da adj. Reconocido públicamente por ser muy bueno en una profesión.

reputar tr. y prnl. Considerar, juzgar el estado o calidad de una persona o cosa. ◆ Se construye con *de* y *como: sus compañeros le reputan de/como excelente.*

requebrar tr. Cortejar a una mujer piropeándola. ◆ Irreg. Se conj. como *acertar.* || FAM. requiebro.

requemar tr. y prnl. Volver a quemar o tostar algo en exceso. || Privar de jugo a las plantas, haciéndoles perder su verdor. || tr. Causar algún alimento picor o ardor en la boca o en la garganta. || Excitar, poner frenético a alguien. || prnl. Sentir dolor interior y disimularlo. || FAM. requemado.

requerimiento m. Necesidad o solicitud. || En der., acto judicial por el que se obliga a hacer o dejar de hacer algo.

requerir tr. Necesitar. || En der., notificar algo a alguien con autoridad pública. ◆ Irreg. Se conj. como *sentir.* || FAM. requerimiento, requirente, requisar, requisito.

requesón m. Masa blanca y mantecosa que se hace cuajando la leche y escurriendo el suero sobrante. || Cuajada que se saca de los residuos de la leche después de hecho el queso.

requeté m. Cuerpo de voluntarios que, distribuidos en tercios, lucharon en las guerras civiles españolas de los siglos XIX y XX en defensa de la tradición religiosa y monárquica. || com. Individuo afiliado a este cuerpo.

requete- pref. col. Re-.

requiebro m. Piropo, galantería.

réquiem m. Oración que se reza en memoria de un difunto. || Composición musical que se canta con el texto litúrgico de la misa de difuntos, o parte de él. ◆ pl. *réquiems.*

requisa f. En der., expropiación por parte de la autoridad competente de ciertos bienes que se consideran aptos para las necesidades de interés público. || amer. Registro.

requisar tr. En der., expropiar la autoridad competente ciertos bienes considerados aptos para las necesidades de interés público. || FAM. requisa.

requisito m. Condición necesaria para algo. || FAM. requisitorio.

requisitorio, ria adj. En der., se apl. al oficio en que un juez requiere a otro para que ejecute un mandamiento suyo. También f. y a veces m.

res f. Cualquier animal cuadrúpedo de ciertas especies domésticas o de algunas salvajes.

resabiado, da adj. Se apl. al animal que tiene un vicio difícil de eliminar. || Se dice de la persona que, por sus experiencias, ha perdido su ingenuidad y se ha vuelto desconfiada o agresiva. || Se apl. al toro que embiste al torero en lugar de al capote.

resabiar tr. y prnl. Hacer que algo adquiera un vicio o mala costumbre, o que alguien pierda su ingenuidad. || FAM. resabiado, resabio.

resabio m. Sabor desagradable. || Mala costumbre, vicio que se ha adquirido.

resaca f. Movimiento de retroceso de las olas cuando llegan a la orilla. || Malestar que se siente tras una borrachera. || FAM. resacoso.

resacoso, sa adj. col. Que tiene resaca tras una borrachera.

resalado, da adj. col. Que tiene mucha gracia.

resaltar intr. y tr. Distinguirse o destacarse mucho una cosa de otra. || Sobresalir una cosa entre otras. || FAM. resalte, resalto.

resalte o **resalto** m. Parte que sobresale de la superficie de una cosa.

resarcir tr. y prnl. Indemnizar, reparar un daño, perjuicio o agravio. || FAM. resarcible, resarcimiento.

resbalada f. amer. col. Resbalón.

resbaladizo, za adj. Que se resbala o hace resbalar con facilidad. || Comprometido.

resbalar intr. y prnl. Escurrirse, deslizarse. || intr. Cometer un error. || **resbalarle** a uno algo. Serle indiferente, no afectarle. || FAM. resbalada, resbaladero, resbaladizo, resbaladura, resbalamiento, resbalante, resbalón, resbaloso.

resbalón m. Movimiento rápido y brusco al deslizarse por una superficie. || Pestillo que tienen algunas cerraduras y que queda encajado en el cerradero por la presión de un resorte. || col. Metedura de pata.

resbaloso, sa adj. Resbaladizo.

rescatar tr. Recuperar mediante pago o por la fuerza algo que estaba en poder ajeno. || Salvar, sacar de un peligro. || Recobrar algo perdido u olvidado. || FAM. rescatado, rescate.

rescate m. Recuperación mediante pago o por la fuerza de algo que estaba en poder ajeno. || Dinero con que se rescata o que se pide para ello. || Liberación de un peligro. || Juego infantil en el que participan dos equipos elegidos por dos capitanes; los de un equipo intentan atrapar a los del otro, pudiendo ser rescatados los atrapados por los de su propio bando.

rescindir tr. Dejar sin efecto un contrato, obligación, etc. ‖ FAM. rescindible, rescisión, rescisorio.

rescisión f. Anulación de un contrato, obligación, etc.

rescoldo m. Brasa menuda resguardada por la ceniza. ‖ Resto que se conserva de algún sentimiento de pasión o rencor.

resecar[1] tr. Efectuar la resección de un órgano.

resecar[2] tr. y prnl. Secar mucho. ‖ FAM. resecación, resecamiento.

resección f. Extirpación quirúrgica de parte o de la totalidad de un órgano. ‖ FAM. resecar.

reseco, ca adj. Muy seco. ‖ Flaco. ‖ FAM. resecar.

reseda f. Planta herbácea de la familia de las resedáceas, con tallos ramosos, hojas enteras o partidas en tres gajos y flores amarillentas. ‖ Flor de esta planta.

resedáceo, a adj. y f. De las resedáceas o relativo a esta familia de plantas. ‖ f. pl. Familia de plantas herbáceas angiospermas dicotiledóneas, de hojas alternas y enteras, flores en espigas y fruto capsular, como la reseda.

resentido, da adj. y s. Que muestra o tiene algún resentimiento.

resentimiento m. Enojo o enfado por algo.

resentirse prnl. Empezar a flaquear. ‖ Sentir dolor o molestia por alguna dolencia pasada. ‖ Estar ofendido o enojado por algo. ◆ **Irreg.** Se conj. como *sentir*. ‖ FAM. resentido, resentimiento.

reseña f. Artículo o escrito breve, generalmente de una publicación, en que se describe de forma sucinta una noticia, un trabajo literario, científico, etc. ‖ Nota de los rasgos distintivos de una persona, animal o cosa. ‖ Narración breve. ‖ FAM. reseñar.

reseñar tr. Hacer una reseña. ‖ Describir brevemente. ‖ FAM. reseñador.

reserva f. Acción de reservar una plaza o localidad para un transporte público, hotel, espectáculo, etc. ‖ Guarda, custodia o prevención que se hace de algo. ‖ Discreción, comedimiento. ‖ Territorio reservado a los indígenas en algunos países: *reservas indias*. ‖ Parte del ejército que no está en servicio activo. ‖ pl. Recursos, elementos disponibles para resolver una necesidad o llevar a cabo una empresa: *reservas energéticas*. ‖ m. Vino o licor que posee una crianza mínima de tres años en envase de roble o en botella. ‖ com. En dep., jugador que no figura entre los titulares de un equipo, pero puede sustituirlos. ‖ **reserva nacional** Parque nacional. ‖ **de reserva** loc. adj. Que se tiene preparado para utilizarlo en caso de necesidad. ‖ **sin reservas** loc. adv. Sinceramente.

reservado, da adj. Tímido, discreto, circunspecto. ‖ Que se oculta o debe ser ocultado: *información reservada*. ‖ m. Compartimiento o estancia que se destina solo a personas o a usos determinados. ‖ FAM. reservadamente.

reservar tr. Hacer la reserva de algo. ‖ Dejar algo para más adelante. ‖ Destinar una cosa para un uso determinado. ‖ tr. y prnl. Ocultar algo: *se reservó su opinión*.

‖ prnl. Conservarse para mejor ocasión: *se reserva para la final*. ‖ FAM. reserva, reservable, reservación, reservado, reservista, reservón.

reservista adj. y com. Se apl. al militar perteneciente a la reserva.

resfriado m. Enfermedad vírica de poca importancia que se caracteriza por la inflamación de las mucosas respiratorias.

resfriar intr. impers. Empezar a hacer frío. ‖ prnl. Coger un resfriado. ‖ FAM. resfriado, resfriamiento, resfrío.

resguardar tr. y prnl. Defender, proteger. ‖ FAM. resguardo.

resguardo m. Defensa, protección. ‖ Documento en que consta que se ha hecho un pago, una entrega, etc.

residencia f. Hecho de vivir en un lugar determinado. ‖ Lugar donde se reside. ‖ Casa o establecimiento donde residen y conviven en régimen de pensión personas que tienen algo en común: *residencia de ancianos, de estudiantes*. ‖ Establecimiento hostelero de categoría inferior a la del hotel. ‖ Casa, domicilio, especialmente de lujo, que ocupa un edificio entero. ‖ Hospital. ‖ FAM. residencial.

residencial adj. Se apl. a la zona destinada exclusivamente a viviendas, y en especial cuando son de lujo.

residente adj. y com. Que reside o vive en un lugar determinado. ‖ Se apl. al funcionario o al empleado que vive en el mismo lugar donde trabaja: *médico residente*.

residir intr. Vivir en un lugar determinado. ‖ Hallarse en una persona una cualidad o corresponderle un derecho, responsabilidad, etc. ‖ Estar o radicar algo en una cosa o en un aspecto de ella: *el problema reside en este punto*. ◆ Se construye con la prep. *en*. ‖ FAM. residencia, residente.

residual adj. Del residuo o relativo a él: *aguas residuales*.

residuo m. Parte que queda de un todo. ‖ Lo que resulta de la descomposición o destrucción de una cosa. ‖ En mat., resultado de una resta. ‖ pl. Materiales que quedan como inservibles en cualquier trabajo u operación: *residuos industriales*. ‖ FAM. residual.

resignación f. Capacidad de aceptación de las adversidades.

resignar tr. Renunciar a un beneficio o a una autoridad, traspasándolos a otra persona. ‖ prnl. Conformarse, someterse. ‖ FAM. resignación, resignadamente.

resina f. Sustancia sólida o de consistencia viscosa y pegajosa que fluye de ciertas plantas. Es soluble en alcohol y se utiliza en la fabricación de plásticos, gomas y lacas. ‖ FAM. resinar, resinero, resinífero, resinoso.

resistencia f. Capacidad para resistir, aguante. ‖ Oposición a la acción de una fuerza. ‖ Dificultad que opone un conductor al paso de la corriente eléctrica. ‖ Elemento de un circuito eléctrico que dificulta el paso de la corriente produciendo calor. ‖ Movimiento u organización, generalmente clandestino, de los habitantes de un país ocupado para luchar contra el invasor.

resistir intr. Oponerse un cuerpo o una fuerza a la acción o violencia de otro. También prnl. ‖ tr. Aguantar, soportar. También intr. || Tolerar. || Combatir las pasiones, deseos, etc. || prnl. Oponerse con fuerza a hacer algo. || Ofrecer algo dificultades para su comprensión, realización, etc. || FAM. resistencia, resistente, resistible, resistividad.

resma f. Conjunto de quinientos pliegos de papel. || FAM. resmilla.

resol m. Reverberación o reflejo del sol. || Luz y calor provocados por la reverberación del sol.

resolí o **resolí** m. Aguardiente con canela, azúcar y otros ingredientes olorosos. ♦ pl. de la segunda forma: *resolís* o *resolíes*.

resollar intr. Respirar fuertemente y con ruido. ♦ **Irreg.** Se conj. como *contar*. || FAM. resuello.

resoluble adj. Que se puede resolver: *problema resoluble*.

resolución f. Solución de un problema. || Determinación o decisión de algo. || Ánimo, valor. || En der., decreto, decisión o fallo de una autoridad gubernativa o judicial. || Calidad de la imagen de una pantalla que depende del número de columnas de puntos de luz que se pueden mostrar.

resolutivo, va adj. Que resuelve rápida y eficazmente. || adj. y m. Se apl. al medicamento de poder muy efectivo. || FAM. resolutivamente.

resoluto, ta adj. Que actúa con firmeza.

resolutorio, ria adj. Que tiene, motiva o denota resolución. || FAM. resolutoriamente.

resolver tr. Solucionar una duda. || Hallar la solución a un problema. || Tomar una determinación fija y decisiva. || Hacer, gestionar, tramitar. || prnl. Decidirse a decir o hacer una cosa. || Terminar o solucionarse una cosa. ♦ **Irreg.** Se conj. como *mover* excepto su p. p., que es irreg.: *resoluto* y *resuelto*. || FAM. resoluble, resolución, resolutivo, resoluto, resolutorio, resuelto.

resonancia f. Sonido producido por repercusión de otro. || Prolongación del sonido que va disminuyendo gradualmente. || Gran divulgación o importancia que adquiere un hecho.

resonar intr. y tr. Producir resonancia. || Sonar mucho. ♦ **Irreg.** Se conj. como *contar*. || FAM. resonación, resonador, resonancia, resonante.

resondrar tr. *amer.* Reñir, reprender.

resoplar intr. Echar ruidosamente el aire por la boca o la nariz. || FAM. resoplido.

resoplido m. Sonido que se hace al echar el aire con fuerza por la boca o la nariz.

resorte m. Muelle, pieza que después de ser movida o experimentar una fuerza puede recobrar su posición inicial. || Medio de que uno se vale para lograr un fin.

respaldar tr. y prnl. Proteger, amparar, apoyar, garantizar. || prnl. Inclinarse o apoyarse de espaldas. || FAM. respaldo.

respaldo m. Parte de la silla o banco en que se apoya la espalda. || Apoyo moral, garantía.

respe m. Lengua de la culebra o víbora. || Aguijón de la abeja o avispa.

respecta a (por lo que) loc. prepos. En lo que toca o atañe a.

respectivo, va adj. Correspondiente. || FAM. respectivamente.

respecto m. Se usa en las locs. advers. *al respecto,* que significa 'en relación con aquello de lo que se trata', y *con respecto* o *respecto a* o *de,* que significa 'por lo que se refiere a'. || FAM. respectar, respectivo.

résped o **réspede** m. Respe.

respetable adj. Digno de respeto. || Considerable, enorme. || m. Público de un espectáculo. || FAM. respetabilidad.

respetar tr. Tener respeto, miramiento o consideración. || Cumplir, acatar. || Cuidar, conservar. || FAM. respetable, respeto, respetoso, respetuoso.

respeto m. Miramiento, consideración. || Miedo o prevención que se tiene a alguien o algo. || pl. Manifestaciones de acatamiento que se hacen por cortesía: *preséntele mis respetos.* || **campar** uno **por** su **respeto** o **por** sus **respetos** loc. *col.* Hacer uno lo que quiere sin mostrar obediencia o consideración a nadie.

respetuoso, sa adj. Que guarda o demuestra respeto.

réspice m. *col.* Respuesta seca y áspera. || *col.* Reprensión breve, pero fuerte.

respingar intr. Sacudirse y gruñir un animal. || *col.* Levantarse el borde de una prenda de vestir por estar mal hecha o mal colocada. || *col.* Protestar por no querer hacer una cosa. || FAM. respingado, respingo, respingón.

respingo m. Sacudida violenta del cuerpo.

respingón, ona adj. Se apl. a la nariz que tiene la punta hacia arriba. || Se dice de la prenda de vestir que tiene el borde levantado por estar mal hecha o mal colocada.

respiración f. Proceso por el cual los seres vivos absorben y expulsan el aire tomando parte de las sustancias que lo componen. || Entrada y salida libre del aire en una habitación u otro lugar cerrado. || **respiración artificial** Conjunto de técnicas que se utilizan para que una persona que ha dejado de respirar vuelva a hacerlo por sí misma.

respiradero m. Abertura por donde entra y sale el aire en algunos espacios cerrados. || Abertura de las cañerías para dar salida al aire.

respirador m. Aparato que se utiliza en la práctica de la respiración artificial.

respirar intr. Absorber y expulsar el aire los seres vivos tomando parte de las sustancias que lo componen. También tr.: *respirar aire puro.* || Sentirse aliviado después de haber pasado un problema, haber realizado una dura tarea, etc. || Entrar y salir aire en una habitación u otro lugar cerrado. || tr. Mostrar alguien una cualidad o estado o percibirse en un lugar determinado ambiente. || FAM. respirable, respiración, respiradero, respirador, respiratorio, respiro.

respiratorio, ria adj. Que sirve para la respiración o la facilita. || **aparato respiratorio** Conjunto de órganos de los seres vivos que realizan la respiración, es decir, la absorción de oxígeno del aire y la emisión de dióxido de carbono.

respiro m. Rato de descanso en un trabajo o en una actividad. || Alivio, descanso en medio de una fatiga, pena o dolor.

resplandecer intr. Despedir rayos de luz o brillar mucho una cosa. ‖ Sobresalir, aventajarse a otras cosas. ‖ Mostrar alegría o satisfacción la cara de alguien. ◆ **Irreg.** Se conj. como *agradecer*. ‖ FAM. resplandeciente, resplandecimiento.

resplandeciente adj. Que resplandece.

resplandor m. Luz muy clara que arroja o despide el sol u otro cuerpo luminoso. ‖ Brillo de algunas cosas. ‖ FAM. resplandecer.

responder tr. e intr. Contestar, satisfacer a lo que se pregunta o propone. ‖ Contestar alguien cuando le llaman o tocan a la puerta. ‖ Contestar a una carta, saludo, etc., que se ha recibido. ‖ Corresponder con su voz los animales o aves a la de los otros de su especie o al reclamo artificial que la imita. ‖ Replicar a una acusación, argumentación, etc. ‖ intr. Corresponder, mostrarse agradecido. ‖ Corresponder con una acción a la realizada por otro. ‖ Replicar o contestar de malos modos. ‖ Reaccionar alguien o algo ante una determinada acción o experimentar sus efectos: *los frenos no respondieron.* ‖ Volver en sí o salir alguien o algo de la situación de postración en que se encontraba. ‖ Asegurar una cosa garantizando su verdad y cumplimiento: *respondo de su lealtad.* ‖ Hacerse responsable de algo: *responderás de lo que hiciste.* ‖ **responder por uno** loc. Salir fiador por él. ‖ FAM. respondón, responsable, responsorio, respuesta.

respondón, ona adj. y s. *col.* Que replica irrespetuosamente por cualquier cosa.

responsabilidad f. Cumplimiento de las obligaciones o cuidado al hacer o decidir algo. ‖ Hecho de ser responsable de alguna persona o cosa. ‖ Obligación de responder ante ciertos actos o errores.

responsabilizar tr. y prnl. Hacer o hacerse responsable de algo.

responsable adj. Obligado a responder de alguna cosa o por alguna persona. ‖ Culpable de alguna cosa. ‖ Que cumple sus obligaciones o pone cuidado y atención en lo que hace o decide. ‖ com. Persona que tiene a su cargo la dirección en una actividad. ‖ FAM. responsabilidad, responsabilizar, responsablemente.

responso m. Rezos que se dicen por los difuntos. ‖ *col.* Reprimenda. ‖ FAM. responsorial, responsorio, responso.

respuesta f. Hecho de responder. ‖ Reacción ante un estímulo.

resquebrajar tr. y prnl. Producirse una grieta superficial o poco profunda en algunos cuerpos duros. ‖ FAM. resquebradura, resquebrajadura, resquebrajadizo, resquebrajamiento, resquebrajoso.

resquebrar intr. y prnl. Empezar a quebrarse una cosa. ◆ **Irreg.** Se conj. como *acertar*. ‖ FAM. resquebrajar.

resquemor m. Sentimiento de amargura o rencor que causa alguna cosa.

resquicio m. Abertura que hay entre el quicio y la puerta. ‖ P. ext., cualquier otra abertura pequeña. ‖ Ocasión para que ocurra algo.

resta f. En mat., operación que consiste en hallar la diferencia entre dos cantidades. ‖ En mat., resultado de la operación de restar.

restablecer tr. Volver a establecer una cosa o ponerla en el estado que antes tenía. ‖ prnl. Recuperarse de una dolencia, enfermedad u otro daño. ◆ **Irreg.** Se conj. como *agradecer*. ‖ FAM. restablecido, restablecimiento.

restablecimiento m. Establecimiento de nuevo de una cosa o puesta en su estado anterior. ‖ Recuperación de una dolencia, enfermedad u otro daño.

restallar tr. e intr. Chasquear, crujir, hacer un fuerte ruido: *restallar un látigo*. ‖ FAM. restallante, restallido.

restallido m. Ruido que produce algo al restallar.

restante adj. Que resta: *con la tela restante hizo cojines*.

restañar tr. Detener la salida de un líquido, particularmente de la sangre. También intr. y prnl. ‖ Curar las heridas, aliviar el dolor, en sentido moral.

restar tr. Disminuir, rebajar. ‖ En mat., hallar la diferencia entre dos cantidades. ‖ En algunos juegos de pelota, devolver el saque del contrario. ‖ intr. Faltar o quedar: *en lo que resta de año.* ‖ FAM. resta, restante, resto.

restauración f. Vuelta de una cosa al estado o circunstancia en que se encontraba antes. ‖ Reparación de una pintura, escultura, edificio, etc. ‖ Restablecimiento en un país del régimen político o de una casa reinante que existían y que habían sido sustituidos por otro. ‖ Periodo histórico que comienza con este restablecimiento. ‖ Actividad hostelera que corresponde a los restaurantes.

restaurador, ra adj. Que restaura. ‖ m. y f. Persona que se dedica profesionalmente a restaurar pinturas, esculturas, encuadernaciones, etc. ‖ Persona que tiene o dirige un restaurante.

restaurante m. Establecimiento público donde se sirven comidas y bebidas para ser consumidas en el mismo local.

restaurar tr. Volver a poner una cosa en el estado o circunstancia en que se encontraba antes. ‖ Reparar una pintura, escultura, edificio, etc. ‖ Restablecer en un país el régimen político o la casa reinante que existían y que habían sido sustituidos por otro. ‖ FAM. restauración, restaurador, restaurante, restaurativo.

restitución f. Devolución de una cosa a quien la tenía antes. ‖ Restablecimiento o vuelta de una cosa al estado que tenía antes.

restituir tr. Devolver una cosa a quien la tenía antes. ‖ Restablecer o poner una cosa en el estado que tenía antes. ◆ **Irreg.** Se conj. como *huir*. ‖ FAM. restitución, restituible, restitutorio.

resto m. Parte que queda de un todo. ‖ En mat., resultado de la operación de restar. ‖ Cantidad que en los juegos de envite se considera para jugar y envidar. ‖ Acción de restar, en algunos juegos de pelota, y jugador que devuelve la pelota al saque. ‖ pl. Sobras de comida. ‖ **restos mortales** Cuerpo de una persona después de muerta, o parte de él. ‖ **echar el resto** loc. *col.* Esforzarse todo lo posible para conseguir algo.

restregar tr. y prnl. Pasar una cosa, con fuerza y varias veces, sobre una superficie. ◆ **Irreg.** Se conj. como *acertar*. ‖ FAM. restregadura, restregamiento, restregón.

restricción f. Reducción, limitación de algo. ‖ Limitación impuesta en el suministro de productos de consumo, generalmente por escasez de estos. Más en pl.

restrictivo, va adj. Que restringe o limita: *norma restrictiva.*

restringir tr. Reducir, limitar, acotar: *restringir el consumo.* || FAM. restricción, restrictivamente, restrictivo, restringible.

resucitar tr. Volver la vida a un muerto. También intr. || *col.* Restablecer, renovar, dar nuevo ser o ímpetu a alguien o algo: *resucitar una moda.* || FAM. resucitación, resucitado, resucitador.

resuello m. Aliento o respiración, especialmente el dificultoso o violento. || *col.* Fuerza.

resuelto, ta adj. Muy decidido, valiente y audaz. || FAM. resueltamente.

resultado m. Efecto y consecuencia de un hecho, operación o deliberación.

resultando m. En der., cada uno de los fundamentos de hecho enumerados en sentencias o autos judiciales, o en resoluciones gubernativas.

resultar intr. Venir a parar una cosa en provecho o daño de una persona o de un fin. || Nacer, originarse o venir una cosa de otra. || Ser o llegar a ser lo que se expresa. || Tener alguien o algo cierto resultado. || Aparecer, manifestarse o comprobarse una cosa. || *col.* Ser atractiva una persona. || FAM. resulta, resultado, resultando, resultante, resultón.

resultón, ona adj. *col.* Atractivo.

resumen m. Exposición breve de lo esencial de un asunto o materia. || **en resumen** loc. adv. Resumiendo, recapitulando.

resumidero m. *amer.* Sumidero, alcantarilla.

resumir tr. y prnl. Reducir a términos breves y precisos lo esencial de un asunto o materia. || prnl. Convertirse, comprenderse, resolverse una cosa en otra. || FAM. resumen, resumidamente, resumido.

resurgimiento m. Hecho de surgir de nuevo o de volver a aparecer.

resurgir intr. Surgir de nuevo, volver a aparecer. || Recobrar fuerzas o ánimos. || FAM. resurgencia, resurgente, resurgimiento, resurrección.

resurrección f. Vuelta a la vida de un muerto. || *col.* Recuperación o vuelta a la actualidad de una cosa.

retablo m. Conjunto o colección de figuras pintadas o talladas que representan en serie una historia o suceso. || Obra compuesta por tallas escultóricas o cuadros que constituye la decoración de un altar.

retaco, ca adj. y s. *col.* Se apl. a la persona baja de estatura y, en general, a la persona rechoncha. || m. En el juego de billar, taco más corto que el normal.

retador, ra adj. y s. Que reta o desafía: *actitud retadora.*

retaguardia f. Hablando de una fuerza desplegada o en columna, parte más alejada del enemigo. || En tiempo de guerra, la zona no ocupada por los ejércitos. || *col.* Parte de atrás de algo.

retahíla f. Serie de muchas cosas que están, suceden o se mencionan por su orden.

retal m. Pedazo sobrante de una tela, piel, metal, etc.

retama f. Planta arbustiva de la familia de las leguminosas de 30 cm a 2 m de altura, con ramas delgadas, largas y flexibles y flores amarillas o blancas en racimos laterales. || FAM. retamal, retamar, retamo.

retamo m. *amer.* Retama.

retar tr. Desafiar, provocar a duelo, lucha o combate. || FAM. retador, reto.

retardar tr. y prnl. Retrasar o dilatar. || FAM. retardación, retardado, retardador, retardamiento, retardatorio, retardo.

retardo m. Demora, tardanza, retraso.

retazo m. Retal o trozo de una tela. || Trozo o fragmento de un razonamiento o discurso. || P. ext., fragmento de cualquier otra cosa. || FAM. retacero, retazar.

retén m. Repuesto o reserva que se tiene de una cosa. || Tropa para reforzar los puestos militares. || P. ext., conjunto de personas dispuestas para intervenir en caso de necesidad: *retén de bomberos.*

retención f. Conservación de una cosa en la memoria. || Hecho de impedir que alguien se vaya. || Cantidad retenida de un sueldo, salario u otro haber. || Detención o depósito que se hace en el cuerpo humano de un líquido que debería expulsarse. || Detención del tráfico o circulación muy lenta.

retener tr. Conservar, guardar en sí. || Conservar en la memoria una cosa. || Detener o dificultar la marcha o el desarrollo de algo. || No dejar que alguien se vaya. || Imponer prisión preventiva, arrestar. || Suspender en todo o en parte el pago del sueldo, salario u otro haber que uno ha devengado, por disposición judicial o gubernativa. || Descontar para cierto fin parte de un salario o de otro cobro. || tr. y prnl. Contener un sentimiento. ◆ **Irreg.** Se conj. como *tener.* || FAM. retén, retención, retenedor, retenido, retentiva, retentivo.

retentiva f. Capacidad para retener las cosas en la memoria.

reticencia f. Reparo, duda, reserva. || Figura que consiste en dejar incompleta una frase dando a entender, sin embargo, el sentido de lo que no se dice. || FAM. reticente.

reticente adj. Desconfiado, reservado. || FAM. reticentemente.

retícula f. Conjunto de hilos o líneas que se ponen en un instrumento óptico para precisar la visión. || Red de puntos que, en cierta clase de fotograbado, reproduce las sombras y los claros de la imagen. || Placa de cristal dividida en pequeños cuadrados que se utiliza para determinar el área de una figura. || FAM. reticular, retículo.

retina f. Membrana interior del ojo de los vertebrados y de otros animales, donde las sensaciones luminosas se transforman en impulsos nerviosos. || FAM. retiniano, retiniano, retinoblastoma, retinopatía.

retintín m. *col.* Tonillo y modo de hablar irónico y malicioso con el que se pretende molestar a alguien. || Sonido que deja en los oídos la campana u otro objeto sonoro.

retirada f. Separación de una persona o cosa de otra o de un lugar. || Abandono de un trabajo o de una actividad. || Acción de retroceder en orden los soldados, apartándose del enemigo. || Toque militar que indica esta acción.

retirado, da adj. Distante, apartado. || adj. y s. Se apl. a la persona que deja de trabajar o de prestar servicio, conservando algunos derechos, como cobrar una pensión. || FAM. retiradamente.

retirar tr. y prnl. Apartar o separar a una persona o cosa de otra o de un lugar. || tr. Afirmar que no es cierto lo que se ha dicho, desdecirse. || prnl. Abandonar un trabajo, una actividad, etc. || Apartarse o separarse del trato, comunicación o amistad. || Irse a dormir. || Irse a casa. || Emprender un ejército la retirada. || FAM. retirada, retirado, retiro.

retiro m. Abandono de un trabajo, una actividad, etc. || Situación de las personas que han dejado de trabajar. || Pensión que reciben estas personas. || Lugar apartado del bullicio de la gente.

reto m. Desafío. || Cosa difícil que alguien se propone como objetivo.

retobado, da adj. *amer.* Respondón. || *amer.* Rebelde, obstinado. || *amer.* Enfadado.

retobar tr. *amer.* Forrar un objeto con cuero. || *amer.* Envolver los fardos con cuero, arpillera u otro material. || *amer.* Protestar a lo que se manda, haciéndolo de mala gana. || FAM. retobado, retobo.

retobo m. *amer.* Desecho, cosa inútil. || *amer.* Acción y resultado de retobar. || *amer.* Material que se utiliza para retobar.

retocar tr. Volver a tocar o hacerlo repetidas veces. || Recorrer algo ya acabado para corregir algunas imperfecciones. || FAM. retocado, retocador, retoque.

retomar tr. Volver sobre un tema, conversación o actividad que se había interrumpido.

retoñar intr. Volver a echar vástagos la planta. || Reproducirse, volver de nuevo lo que había dejado de ser o estaba amortiguado.

retoño m. Vástago o tallo que echa de nuevo la planta. || *col.* Hijo de una persona, especialmente si es pequeño. || FAM. retoñar.

retoque m. Corrección o revisión que se da a algo ya terminado para quitar sus faltas o componer ligeros desperfectos.

retorcer tr. Torcer mucho una cosa, dándole vueltas alrededor de sí misma. || *col.* Interpretar algo dándole un sentido diferente del que tiene y generalmente malo. || prnl. Hacer movimientos o contorsiones de dolor o risa. ◆ **Irreg.** Se conj. como *mover.* || FAM. retorcedura, retorcimiento, retorsión, retortijón.

retorcido, da adj. *col.* Se apl. a la persona de intenciones y sentimientos poco claros y maliciosos, y también a la actitud y a la obra de esta persona. || Difícil de comprender, excesivamente complicado.

retórica f. Arte de expresarse con corrección y eficacia, embelleciendo la expresión de los conceptos y dando al lenguaje escrito o hablado el efecto necesario para deleitar, persuadir o conmover. || Tratado sobre este arte. || Lenguaje afectado y pomposo. || f. pl. *col.* Argumentos o razones que no vienen al caso. || FAM. retórico.

retórico, ca adj. De la retórica o relativo a ella: *figura retórica.* || adj. y s. Versado en retórica. || FAM. retóricamente.

retornable adj. Se apl. al envase que se puede recuperar o volver a utilizar.

retornar tr. Devolver, restituir. || intr. Volver al lugar o a la situación en que se estuvo. || FAM. retornable, retorno.

retorno m. Vuelta al lugar o a la situación en que se estuvo.

retorta f. Vasija con cuello largo y encorvado, utilizada para diversas operaciones químicas.

retortero (al) loc. adv. *col.* En total desorden; también en un lado para otra.

retortijón m. Dolor fuerte y brusco en el estómago o en el vientre.

retozar intr. Saltar y brincar alegremente. || Practicar juegos amorosos. || FAM. retozante, retozo, retozón.

retozón, ona adj. Que tiende a retozar o que lo hace con frecuencia.

retractar tr. y prnl. Rectificar lo que se había afirmado, desdecirse de ello. || FAM. retractación, retracto.

retráctil adj. Se apl. a la parte del cuerpo de los animales que puede retraerse, quedando oculta en una cavidad o pliegue. || FAM. retractilidad.

retraer tr. Llevar hacia dentro o hacia atrás, ocultar o apartar: *el gato retrajo sus uñas.* || Convencer o disuadir de algo. || prnl. Apartarse del trato con los demás. || No exteriorizar alguien sus sentimientos. ◆ **Irreg.** Se conj. como *traer.* || FAM. retracción, retráctil, retraído, retraimiento.

retraído, da adj. Se apl. a la persona a la que le gusta la soledad. || adj. y s. Poco comunicativo, corto, tímido.

retranca f. Correa ancha que rodea las ancas de las caballerías y ayuda a frenar el carro o lo hace retroceder. || *col.* Intención maliciosa que se disimula u oculta: *no te fíes de ella, dice las cosas con retranca.*

retransmisión f. Transmisión desde una emisora de radio o televisión de lo que se ha transmitido a ella desde otro lugar.

retransmitir tr. Transmitir desde una emisora de radio o televisión lo que se ha transmitido a ella desde otro lugar. || FAM. retransmisión, retransmisor.

retrasado, da adj. Se apl. a la persona, animal o planta que no ha llegado al desarrollo normal de su edad. || adj. y s. Se dice de la persona que sufre un retraso mental.

retrasar tr. Atrasar o diferir la ejecución de una cosa. También prnl. || Dar marcha atrás a un reloj. || Hacer que algo vaya más lento. También intr. y prnl. || intr. Marchar un reloj más despacio de lo normal. || prnl. Llegar tarde. || Ir por detrás del resto en alguna cosa. || FAM. retrasado, retraso.

retraso m. Atraso o demora en la ejecución de una cosa. || Llegada a un lugar tarde. || Desarrollo físico o mental inferior al normal.

retratar tr. Copiar, dibujar o fotografiar la figura de alguna persona o cosa. || Describir, reflejar. || prnl. Posar alguien para que le hagan un dibujo o una fotografía. || FAM. retratista, retrato.

retratista com. Persona que hace retratos.

retrato m. Pintura, dibujo, fotografía, etc., que representa alguna persona o cosa. || Técnica pictórica o fotográfica basada en esta representación. || Descripción minuciosa del aspecto físico y las cualidades morales de una persona. || Persona o cosa que se asemeja mucho a otra. || **retrato robot** Dibujo de la cara de una persona que se hace a partir de la descripción aportada por otra.

retreparse prnl. Echar hacia atrás la parte superior del cuerpo. || Recostarse en la silla de tal modo que esta se incline también hacia atrás.

retreta f. Toque militar que se usa para marchar en retirada y avisar a la tropa que se recoja por la noche en el cuartel.

retrete m. Recipiente con una cañería de desagüe, dispuesto para orinar y defecar. || Habitación donde está instalado este recipiente.

retribución f. Recompensa o pago por un servicio o trabajo.

retribuir tr. Recompensar o pagar por un servicio o trabajo. || *amer.* Corresponder al favor o al obsequio que uno recibe. ◆ **Irreg.** Se conj. como *huir.* || FAM. retribución, retribuidamente, retributivo, retribuyente.

retributivo, va adj. Que tiene virtud o facultad de retribuir.

retro adj. *col.* De un tiempo pasado, o que lo evoca. ◆ Es invariable, se usa siempre en aposición a nombres: *moda retro.*

retro- pref. que significa 'hacia atrás': *retrovisor, retroactivo.*

retroactivo, va adj. Que obra o tiene fuerza y validez sobre lo pasado. || FAM. retroactividad.

retroceder intr. Volver hacia atrás. || Detenerse ante un peligro o un obstáculo. || FAM. retroceso.

retroceso m. Vuelta hacia atrás. || Empeoramiento de una enfermedad que había empezado a ceder.

retrógrado, da adj. y s. *desp.* Partidario de ideas, actitudes, etc., propias exclusivamente de tiempos pasados, y enemigo de cambios e innovaciones.

retropropulsión f. Sistema de propulsión de un móvil en que la fuerza que produce el movimiento se origina por la expulsión hacia atrás de un chorro, generalmente de gas, lanzado por el propio móvil.

retroproyector m. Proyector que, mediante un espejo, dirige hacia una pantalla vertical la imagen de un objeto o una transparencia colocados horizontalmente.

retrospectivo, va adj. Que se refiere a un tiempo pasado. || FAM. retrospección.

retrotraer tr. y prnl. Evocar tiempos y escenas pasados. ◆ **Irreg.** Se conj. como *traer.*

retrovisor m. Pequeño espejo colocado en la parte anterior de los automóviles o a los lados de estos, que permite ver al conductor lo que viene o está detrás de él.

retrucar intr. Volver una bola de billar después de dar en la banda, y golpear a la que la impulsó. || *col. amer.* Contestar con acierto y energía. || FAM. retruque.

retruécano m. Figura que consiste en cambiar el orden de los términos de una frase para construir otra que contraste con la anterior. || Juego de palabras.

retumbar intr. Resonar mucho o hacer gran ruido o estruendo una cosa. || FAM. retumbante, retumbo.

reubicar tr. Ubicar o colocar de nuevo a una persona o una cosa en un lugar. || FAM. reubicación.

reuma o **reúma** amb. *col.* Reumatismo. Más como m.

reumático, ca adj. Del reumatismo o relativo a él. || adj. y s. Que padece reumatismo.

reumatismo m. Enfermedad del tejido conjuntivo que se manifiesta generalmente por inflamaciones dolorosas en las partes musculares y fibrosas del cuerpo. || FAM. reuma, reumático, reumatoide, reumatología, reumatólogo.

reunión f. Congregación de personas o de cosas. || Acto en que se reúnen un conjunto de personas, particularmente para tratar algún asunto. || Conjunto de personas reunidas.

reunir tr. Juntar, congregar, amontonar. También prnl. || Tener algo las cualidades que se expresan. || prnl. Juntarse varias personas para tratar un asunto. || FAM. reunión.

reutilizar tr. Utilizar de nuevo algo. || FAM. reutilizable, reutilización.

reválida f. Examen que se hacía al acabar ciertos estudios.

revalidar tr. Ratificar, confirmar o dar nuevo valor y firmeza a algo. || FAM. reválida, revalidación.

revalorizar tr. Devolver a algo el valor o estimación que había perdido. También prnl. || Aumentar el valor de algo: *revalorizar una moneda.* || FAM. revalorización, revalorizador.

revaluar tr. Volver a evaluar. || tr. y prnl. Elevar el valor de una moneda o de otra cosa; se opone a *devaluar.* || FAM. revaluación.

revancha f. Desquite o venganza. || FAM. revanchismo.

revanchismo m. Actitud de quien mantiene un espíritu de revancha o de venganza. || FAM. revanchista.

revanchista adj. Del revanchismo o relativo a él. || adj. y com. Partidario del revanchismo.

revelación f. Descubrimiento de algo secreto. || Manifestación de Dios a los hombres de lo futuro u oculto.

revelado m. Conjunto de operaciones necesarias para revelar una imagen fotográfica.

revelador, ra adj. y s. Que revela. || m. Líquido que sirve para revelar la placa fotográfica.

revelar tr. Descubrir lo secreto. || Proporcionar indicios o certidumbre de algo: *su conducta revela falta de madurez.* || Manifestar Dios a los hombres lo futuro u oculto. || Hacer visible la imagen latente impresa en la placa, la película o el papel fotográfico. || prnl. Tener algo cierto efecto o resultado: *su gestión se reveló productiva.* || FAM. revelable, revelación, revelado, revelador, revelamiento.

revender tr. Volver a vender lo que se ha comprado al poco tiempo o para sacarle mayor beneficio: *revender entradas.* || FAM. revendedor, reventa.

revenirse prnl. Ponerse una masa, pasta o fritura blanda y correosa con la humedad o el calor. || Encogerse, consumirse una cosa poco a poco. || Estropearse un vino o una conserva. ◆ **Irreg.** Se conj. como *prevenir.* || FAM. revenido, revenimiento.

reventa f. Venta de algo que se ha comprado al poco tiempo o para sacarle mayor beneficio. || Centro autorizado para vender, con un recargo sobre su precio original, entradas y localidades para espectáculos públicos. || *col.* Conjunto de revendedores de entradas y localidades para espectáculos públicos, que no están autorizados para ello. || com. *col.* Persona que revende entradas sin autorización.

reventado, da adj. *col.* Muy cansado. || *col. amer.* Malintencionado e intratable.

reventador, ra m. y f. Persona que asiste a espectáculos o reuniones públicas para mostrar desagrado de modo ruidoso o para provocar el fracaso de dichas reuniones.

reventar intr. Abrirse bruscamente una cosa por impulso interior. También prnl. || Deshacerse una cosa al aplastarla con violencia. También tr. y prnl. || Tener deseo grande de algo: *revienta de ganas por venir.* || *col.* Sentir y manifestar un sentimiento o impulso, especialmente de ira: *estoy que reviento de rabia.* || *col.* Desagradar muchísimo: *me revientan ese tipo de bromas.* || *col.* Morir. || tr. *col.* Estropear o hacer fracasar: *reventar una huelga.* || tr. y prnl. Fatigar, cansar mucho: *se revienta a trabajar.* || Hacer enfermar o morir un animal, especialmente una caballería, por exceso de cansancio. ◆ **Irreg.** Se conj. como *acertar.* || FAM. reventado, reventador, reventón.

reventón, ona adj. Que revienta o parece que va a reventar: *clavel reventón.* || m. Abertura brusca de una cosa por impulso interior: *reventón de un neumático.*

reverberación f. Reflejo de la luz en una superficie brillante. || Permanencia del sonido en un espacio más o menos cerrado, tras cesar la fuente sonora.

reverberar intr. Reflejarse la luz en una superficie brillante, o el sonido en una superficie que no lo absorba. || FAM. reverberación, reverberante, reverbero.

reverbero m. Reflejo de la luz en una superficie brillante, o del sonido en una superficie que no lo absorba. || *amer.* Infiernillo.

reverdecer intr. Ponerse verdes otra vez los campos o plantíos que estaban mustios o secos. También tr. || Renovarse o tomar nuevas fuerzas. ◆ **Irreg.** Se conj. como *agradecer.* || FAM. reverdeciente, reverdecimiento.

reverencia f. Respeto o veneración que se tiene a una persona o cosa. || Inclinación del cuerpo en señal de respeto, veneración o cortesía. || Tratamiento que a veces se da a algunos religiosos o eclesiásticos: *su reverencia.* || FAM. reverencial, reverencialmente, reverenciar, reverencioso, reverendo, reverente.

reverenciar tr. Respetar o venerar. || FAM. reverenciador.

reverendo, da adj. y s. Se apl. al tratamiento que a veces se da a algunos religiosos o eclesiásticos. || FAM. reverendísimo.

reverente adj. Que muestra reverencia o respeto.

reversible adj. Que puede volver a un estado o condición anterior. || Se apl. a la prenda de vestir que puede usarse por el derecho o por el revés, según convenga. || FAM. reversibilidad.

reverso m. Parte opuesta al frente de una cosa, revés. || En las monedas y medallas, cara opuesta al anverso.

revertir intr. Volver una cosa al estado o condición que tuvo antes. || Venir a parar una cosa en otra. || En der., volver una propiedad a su antiguo dueño o pasar a otro nuevo. ◆ **Irreg.** Se conj. como *sentir.* || FAM. reversa, reversible, reversión, revés.

revés m. Lado o parte opuesta de una cosa. || Golpe que se da con la mano vuelta. || En tenis y otros juegos similares, golpe que se da a la pelota llevando el brazo que sostiene la raqueta al lado opuesto del cuerpo antes de golpear. || Infortunio, contratiempo: *sufrir un revés.* || **al revés** loc. adv. Al contrario, o invirtiendo el orden.

revestimiento m. Colocación de una capa de cualquier material para proteger o adornar una superficie. || Capa que se coloca para esto.

revestir tr. Cubrir con un revestimiento. || Presentar una cosa determinado aspecto, cualidad o carácter: *revestir gravedad.* || Afectar o simular una cosa. || Ponerse el sacerdote las vestiduras y ornamentos adecuados para la celebración de un acto litúrgico. Más como prnl. || prnl. Llenarse o cubrirse de alguna cosa. || Tomar la actitud necesaria para algo, especialmente en un trance difícil: *revestirse de paciencia.* ◆ **Irreg.** Se conj. como *pedir.* || FAM. revestido, revestimiento.

revirar intr. Volver a virar una embarcación. || tr. *amer.* En ciertos juegos, doblar la apuesta del contrario. || FAM. revirado.

revisación f. *amer.* Revisión.

revisada f. *amer.* Revisión.

revisar tr. Examinar una cosa con atención y cuidado. || Someter una cosa a un nuevo examen para corregirla, repararla o comprobar su funcionamiento y validez. || FAM. revisable, revisación, revisada, revisión, revisionismo, revisor, revista.

revisión f. Examen cuidadoso de una cosa. || Sometimiento de una cosa a un nuevo examen para corregirla, repararla o comprobar su funcionamiento y validez.

revisionismo m. Tendencia a someter a revisión doctrinas o prácticas establecidas para actualizarlas. || FAM. revisionista.

revisor, ra adj. Que revisa algo. || m. y f. Persona encargada de revisar y marcar los billetes de los viajeros en los medios de transporte públicos.

revista f. Publicación periódica por cuadernos, con artículos y a veces fotografías sobre varias materias o sobre una sola especialmente. || Espectáculo teatral de carácter desenfadado, en el que alternan números dialogados y musicales. || Inspección o revisión que se hace de algo. || Formación de las tropas para las que las inspeccione un superior. || **revista del corazón** La que trata de acontecimientos de la vida de personas famosas. || **pasar revista** loc. Ejercer un jefe las funciones de inspección que le corresponden sobre las personas o cosas sujetas a su autoridad. || Pasar una autoridad ante las tropas para que le rindan honores. || Examinar algo con cuidado. || FAM. revistar, revistero.

revistero m. Mueble para colocar revistas y periódicos.

revitalizar tr. Dar más fuerza y consistencia. || FAM. revitalización, revitalizador, revitalizante.

revival (voz i.) m. Movimiento artístico, sociológico y, p. ext., de cualquier otro género, que tiende a revalorizar modas o estilos del pasado.

revivir intr. Volver a la vida. || Volver en sí un ser que parecía muerto. || Renovarse o reproducirse algo. || Recordar.

revocación f. Anulación de una concesión, mandato o resolución. || En der., anulación, sustitución o enmienda de una orden o fallo por una autoridad distinta de la que los había dictado. || En der., acto jurídico por el que una persona deja sin efecto otro realizado anteriormente: *revocación de un contrato.*

revocar tr. Dejar sin efecto una concesión, mandato o resolución: *revocar una ley.* || Arreglar o pintar de nuevo por la parte exterior las paredes de un edificio. || FAM. revocabilidad, revocable, revocación, revocador, revocadura, revocante, revocatorio, revoque.

revolcar tr. Derribar a alguien y maltratarlo, pisotearlo o revolverlo, especialmente el toro al torero. || prnl. Echarse sobre una cosa, restregándose en ella. || *vulg.* Tener relaciones sexuales dos personas. ◆ **Irreg.** Se conj. como *contar.* || FAM. revolcón.

revolcón m. Acción y resultado de revolcar o revolcarse. || *col.* Acción y resultado de vencer al adversario. || *vulg.* Relación sexual.

revolear tr. *amer.* Hacer girar una correa, cuerda, lazo, etc.

revolotear intr. Volar haciendo giros rápidos en poco espacio. || Venir una cosa por el aire dando vueltas. || *col.* Moverse continuamente una persona alrededor de otra. || FAM. revoloteo.

revoloteo m. Vuelo con giros rápidos en poco espacio. || *col.* Movimiento continuo de una persona alrededor de otra.

revoltijo o **revoltillo** m. Conjunto o compuesto de muchas cosas sin orden ni método. || Confusión o enredo. || *amer.* Guiso parecido al pisto.

revoltoso, sa adj. y s. Que causa alboroto, travieso.

revolución f. Cambio violento en las instituciones políticas de una nación: *revolución francesa, rusa.* || P. ext., inquietud, alboroto. || Cambio importante en el estado o gobierno de las cosas. || Giro completo que da un astro en todo el curso de su órbita. || Giro o vuelta completa que da una pieza sobre su eje. || FAM. revolucionar, revolucionario.

revolucionar tr. Provocar un estado de revolución. || Producir cambios profundos. || Imprimir más o menos revoluciones en un tiempo determinado a un cuerpo que gira o al mecanismo que produce el movimiento.

revolucionario, ria adj. De la revolución o relativo a este cambio violento en las instituciones políticas de una nación: *movimiento, manifiesto revolucionario.* || adj. y s. Partidario de la revolución. || Que produce cambios profundos: *producto revolucionario contra la caída del cabello.*

revolvedora f. *amer.* Hormigonera.

revolver tr. Mover una cosa de un lado a otro o de arriba abajo. || Mirar o registrar algo moviendo y separando algunas cosas. También intr. || Alterar el buen orden y disposición de las cosas. || Inquietar, causar alteraciones. || Producir náuseas o malestar en el estómago. || prnl. Moverse de un lado a otro, generalmente por inquietud. || En una lucha o pelea, volverse rápidamente hacia el contrario para atacarle o embestirle. || Volverse en contra de alguien. || Ponerse el tiempo borrascoso. ◆ **Irreg.** Se conj. como *mover.* p. p. irreg.: *revuelto.* || FAM. revoltijo, revoltillo, revoltoso, revolvedor, revolvedora, revolución, revuelta, revuelto.

revólver m. Arma de fuego de corto alcance, provista de un tambor en el que se colocan los proyectiles, que se puede usar con una sola mano.

revoque m. Enlucido de las paredes de un edificio o de un paramento. || Capa o mezcla de cal y arena u otros materiales semejantes que se utiliza para revocar.

revuelo m. Turbación, confusión, agitación. || Hecho de revolotear muchas aves o cosas que mueve el aire.

revuelta f. f. Alboroto, insurrección, motín. || Punto en que algo empieza a torcer su dirección o a tomar otra. || Este mismo cambio de dirección.

revuelto, ta adj. Enredador, travieso. || Turbio. Se apl. al tiempo inseguro. || m. Guiso que se hace revolviendo huevos en una sartén y mezclándolos con otros alimentos. || FAM. revueltamente.

revulsivo, va adj. y m. Se apl. al medicamento o al agente que produce el vómito o sirve para purgar el estómago. || Que produce una reacción profunda y rápida. || FAM. revulsión.

rey m. Monarca o soberano de un reino. || Pieza principal del juego de ajedrez, de movimiento muy limitado, cuya pérdida supone el final de la partida. || Carta duodécima de cada palo de la baraja, con la figura de un rey representada. || Hombre, animal o cosa del género masculino que sobresale entre los demás de su clase o especie por sus cualidades superiores. || pl. Regalo que se recibe con motivo de la fiesta de los Reyes Magos. || **Reyes Magos** Reyes de Oriente que acudieron a adorar a Jesucristo recién nacido, cuya festividad se conmemora el día de la Epifanía. || FAM. real, regicida, regio, régulo, reina, reinar, reyezuelo.

reyerta f. Disputa, lucha, enfrentamiento violento.

reyezuelo m. Nombre común de diversas especies de aves paseriformes de unos 10 cm de longitud, comunes en Europa, de alas cortas y redondeadas y plumaje vistoso por la variedad de sus colores.

rezagar tr. Retrasar por un tiempo la ejecución de alguna cosa. || prnl. Quedarse atrás. || FAM. rezagado.

rezar tr. Decir oraciones religiosas. También intr. || Recitar la misa o una oración, en contraposición a cantarla. || Dirigir alabanzas o peticiones en señal de culto. También intr. || Decir un escrito una cosa: *la pancarta rezaba «libertad de expresión».* || FAM. rezado, rezador, rezo.

rezo m. Elevación de oraciones religiosas, alabanzas o peticiones en señal de culto. || Oración que se reza.

rezongar intr. *col.* Gruñir, refunfuñar a lo que se manda, u obedecer de mala gana. || FAM. rezongador, rezongo, rezongón.

rezongón, ona adj. y s. *col.* Que rezonga con frecuencia.

rezumar tr. Dejar pasar un cuerpo gotitas de algún líquido a través de sus poros. También prnl. || Salir al exterior un líquido en forma de gotas a través de los poros o intersticios de un cuerpo. También prnl. || Manifestarse en alguien cierta cualidad o sentimiento en grado sumo: *rezumaba alegría*. || FAM. rezumante.

rhesus m. Mamífero primate de unos 50 cm de longitud, con una larga cola de aproximadamente 25 cm, que habita en los bosques asiáticos. Como animal de experimentación, fue el que permitió descubrir el factor Rh de la sangre humana. ◆ No varía en pl.

ría f. Penetración que forma el mar en la desembocadura de algunos ríos. || Balsa de agua que se pone como obstáculo detrás de una valla en determinadas competiciones deportivas.

riachuelo m. Río pequeño y poco caudaloso.

riada f. Avenida, inundación, crecida.

ribazo m. Porción de tierra con una elevación y un declive pronunciado. || FAM. ribera.

ribera f. Orilla del mar o de un río. || Franja de tierra que baña un río o se encuentra cercana a este. || FAM. ribereño, ribero.

ribereño, ña adj. De la ribera y relativo a ella. || m. y f. Habitante de la zona de la ribera.

ribete m. Cinta o tira de tela o piel con que se adorna y refuerza la orilla del vestido y el calzado. || Adorno o franja que rodea una cosa. || pl. Asomo, indicio, detalles que se intuyen. || FAM. ribeteado, ribetear.

ribetear tr. Aplicar ribetes a una prenda de ropa o de calzado.

ribonucleico, ca adj. Se apl. a un grupo de ácidos nucleicos situados en el nucléolo y en el citoplasma, que desempeñan una función importante en la síntesis de proteínas. || **ácido ribonucleico** Biopolímero que constituye el material genético de las células, en cuyo citoplasma se encuentra preferentemente. Sus siglas son *ARN*.

ribosoma m. Cada uno de los orgánulos de las células vivas encargados de la síntesis de las proteínas, compuestos de ácido ribonucleico y proteínas. || FAM. ribosómico.

ricachón, ona m. y f. *desp.* Persona adinerada, especialmente si es de trato y apariencia vulgares.

ricino m. Planta arbustiva de la familia de las euforbiáceas, con grandes hojas palmeadas y dentadas, originaria de climas cálidos y templados, de cuyas semillas se extrae un aceite purgante.

rico, ca adj. Adinerado, acaudalado. También s. || Que tiene muchos recursos. || Abundante en lo que se expresa: *dieta rica en hidratos*. || De gran calidad o perfección: *lenguaje rico*. || De sabor muy agradable. || *col.* Bonito, simpático, agradable, gracioso. || *col.* Se apl. irónicamente a las personas como muestra de enfado o molestia: *¡desde luego, rico, qué poca gracia tienes!* || **nuevo rico** Persona que hace ostentación de su riqueza, conseguida de forma rápida. || FAM. ricacho, ricachón, ricamente, ricohombre, ricura, riqueza.

ricohombre m. El que pertenecía a la primera nobleza española.

ricota f. *amer.* Pasta cremosa que se prepara con el cuajo de la leche y el suero del queso.

rictus m. Contracción de los labios que deja al descubierto los dientes y da a la boca el aspecto de la risa. || Gesto de la cara con que se manifiesta un sentimiento de tristeza o amargura. ◆ No varía en pl.

ricura f. *col.* Cualidad de lo que resulta simpático, bonito y agradable.

ridiculez f. Hecho o dicho absurdo, ridículo y extravagante. || Nimiedad, cosa pequeña y sin importancia.

ridiculizar tr. Burlarse de una persona o cosa, poniendo de manifiesto sus defectos y manías para hacer que parezcan ridículos. || FAM. ridiculización.

ridículo, la adj. Que por su rareza o extravagancia produce risa. || Escaso, insuficiente. || Absurdo, falto de lógica. || m. Situación humillante que sufre una persona y provoca la risa y la burla de los demás. || **en ridículo** loc. adv. Expuesto a la burla o al menosprecio de los demás: *la dejó en ridículo delante de todos*. || FAM. ridículamente, ridiculez, ridiculizar.

riego m. Derramamiento de agua sobre una superficie. || Agua disponible para regar. || **riego sanguíneo** Aporte de sangre para nutrir los órganos o la superficie del cuerpo.

riel m. Carril de una vía férrea. || Carril o pieza por la que corre o se desliza una pieza que va acoplada. || FAM. rielera.

rielar intr. Brillar con luz trémula y reflejarse así en una superficie.

rienda f. Cada una de las dos correas que, unidas por uno de sus extremos al freno, permiten dirigir una caballería. Más en pl. || Sujeción o moderación en acciones o palabras. Más en pl. || pl. Gobierno, dirección de algo. || **a rienda suelta** loc. adv. Sin moderación ni medida, descontroladamente. || **dar rienda suelta** loc. Permitir, autorizar, no poner trabas.

riesgo m. Proximidad de un daño o peligro. || Cada uno de los accidentes o contingencias que pueden ser objeto de un contrato de seguro. || **correr riesgo** loc. Estar algo expuesto a un peligro. || FAM. riesgoso.

riesgoso, sa adj. *amer.* Peligroso, arriesgado.

rifa f. Juego que consiste en sortear algo entre varios, a los que se reparte o vende papeletas. || FAM. rifar.

rifar tr. Sortear algo mediante una rifa. || *amer.* Vender una mercancía por debajo de su precio. || prnl. *col.* Disputarse entre varios alguna cosa muy deseada. || **rifársela** loc. *amer. col.* Arriesgarse.

rifirrafe m. *col.* Pelea o discusión ruidosa, pero ligera y sin trascendencia.

rifle m. Fusil de procedencia estadounidense de cañón estriado en espiral.

rigidez f. Incapacidad o gran dificultad para doblarse o torcerse. || Rigor, severidad, inflexibilidad.

rígido, da adj. Que no se puede doblar o torcer. || Riguroso, severo. || Que no admite cambios ni se adapta a otras cosas. || FAM. rígidamente, rigidez.

rigodón m. Danza de origen provenzal y carácter ligero que estuvo muy de moda en el siglo XVIII.

rigor m. Severidad excesiva. || Intensidad, vehemencia: *rigor del verano*. || Propiedad y precisión: *hablar con rigor*. || **rigor mortis** loc. lat. Estado de rigidez e inflexibilidad que adquiere un cadáver pocas horas después de la muerte. || **de rigor** loc. adj. Indispensable, obligatorio por ser requerido por la costumbre, la moda o la etiqueta. || **en rigor** loc. adv. Estrictamente, en realidad. || **ser** alguien **el rigor de las desdichas** loc. *col.* Padecer muchos males, desgracias y contratiempos. || FAM. rigorismo, rigorista, rigoroso, riguroso.

rigurosidad f. Severidad extrema, dureza, crudeza. || Exactitud, precisión.

riguroso, sa adj. Muy severo, cruel. || Austero, rígido: *luto riguroso.* || Extremado, duro: *invierno riguroso.* || Exacto, muy preciso: *es muy rigurosa en el cumplimiento de sus obligaciones.* || FAM. rigurosidad.

rijoso, sa adj. Se apl. al animal que da muestras de excitación sexual ante la hembra. || Que siente o muestra excitación sexual, lascivo. También s. || Propenso a riñas y pendencias. También s. || FAM. rija, rijosidad.

rilar intr. Temblar, tiritar. || prnl. *col.* Acobardarse, echarse atrás.

rima f. Igualdad completa o parcial entre los sonidos de dos o más palabras a partir de la última sílaba acentuada. || Composición en verso del género lírico. Más en pl. || **rima asonante** Igualdad entre los sonidos vocálicos de dos o más palabras a partir de la última sílaba acentuada. || **rima consonante** Igualdad entre todos los sonidos de dos o más palabras a partir de la última sílaba acentuada. || FAM. rimador, rimar.

rimar intr. Tener una palabra rima consonante o asonante con otra. || tr. Hacer una persona que haya rima entre las palabras.

rimbombante adj. Ostentoso, llamativo. || FAM. rimbombancia.

rímel m. Cosmético utilizado para colorear y resaltar las pestañas.

rimero m. Pila de objetos puestos unos sobre otros.

rimmel® m. Rímel. ◆ Es marca registrada.

rincocéfalo, a adj. y m. De los rincocéfalos o relativo a este orden de reptiles. || m. pl. Orden de reptiles con un único representante, la tuátara.

rincón m. Ángulo entrante que se forma en el encuentro de dos paredes o de dos superficies: *en ese rincón quedaría perfecta una planta.* || Escondrijo o lugar discreto y apartado: *su rincón favorito está junto al lago.* || Lugar o espacio pequeño: *déjame un rincón para mis libros.* || *col.* Lugar donde se vive o se pasa gran parte del tiempo: *no cambiaría mi rincón por ninguna otra casa del mundo.* || FAM. rinconada, rinconera.

rinconada f. Ángulo entrante que se forma en la unión de dos casas, calles u otra superficie semejante.

rinconera f. Mesita, armario o estante pequeños, con la forma apropiada para que sean colocados en un rincón.

ring (voz i.) m. Cuadrilátero sobre el que combaten boxeadores u otro tipo de luchadores. ◆ pl. *rings.*

ringlera f. Fila o línea de cosas puestas en orden unas tras otras. || FAM. ringla, ringle, ringlero.

ringlero m. Cada una de las líneas del papel pautado en que aprenden a escribir los niños.

ringorrango m. *col.* Cualquier adorno superfluo y extravagante. Más en pl.

rinitis f. Inflamación de la mucosa de las fosas nasales. ◆ No varía en pl.

rinoceronte m. Nombre común de diversas especies de mamíferos perisodáctilos propios de África y el sudeste asiático, que miden hasta 3,50 m de largo y 1,50 m de altura en la cruz, de patas cortas y fuertes, piel gruesa desnuda y uno o dos cuernos corvos sobre la línea media de la nariz.

rinofaringe f. Porción de la faringe contigua a las fosas nasales. || FAM. rinofaríngeo, rinofaringitis.

rinología f. Parte de la medicina que se ocupa del estudio de las fosas nasales, de sus enfermedades y tratamiento. || FAM. rinólogo.

rinoplastia f. Operación quirúrgica de la nariz.

rinoscopia f. Exploración de las cavidades nasales con un aparato óptico específico.

riña f. Discusión, pelea.

riñón m. Cada uno de los dos órganos de los vertebrados, situados en el abdomen y pertenecientes al aparato excretor, cuya función es limpiar la sangre de impurezas y elaborar la orina, que se expulsa a través de los uréteres. || pl. Parte del cuerpo que corresponde a la pelvis. || **riñón artificial** Aparato que depura artificialmente la sangre en casos de insuficiencia renal aguda o crónica. || **costar** o **salir** algo **por un riñón** loc. *col.* Costar mucho dinero. || **tener cubierto** o **bien cubierto el riñón** loc. *col.* Tener bastante dinero. || FAM. riñonada, riñonera.

riñonera f. Faja que protege los riñones. || Pequeña palangana en forma de riñón que se usa en las curas médicas. || Bolsa pequeña con correas que se lleva atada a la cintura.

río m. Corriente de agua continua y más o menos caudalosa que va a desembocar en otra, en un lago o en el mar. || Gran abundancia de una cosa líquida y, p. ext., de cualquier otra. || Gran afluencia de personas. || FAM. ría, riachuelo, riada.

rioja m. Vino que se cría y elabora en La Rioja.

rioplatense adj. y com. Del Río de la Plata o relativo a este estuario situado entre Argentina y Uruguay.

ripio m. Palabra innecesaria que se emplea únicamente para completar un verso o conseguir la rima. || Conjunto de piedras, ladrillos y materiales de desecho que se emplean para rellenar huecos. || *amer.* Piedrecita o guijarro que se usa para pavimentar. || **no perder ripio** loc. *col.* Estar muy atento para no perder detalle. || FAM. ripioso.

riqueza f. Abundancia de bienes y objetos valiosos. || Abundancia de cualidades o atributos que se consideran valiosos: *riqueza espiritual.* || Abundancia o diversidad de cualquier cosa: *riqueza de vocabulario.* || Cosa rica o muy apreciada. Más en pl.: *riquezas naturales.*

risa f. Movimiento de la boca y otras partes del rostro que demuestra alegría o diversión. || Sonido característico que se hace al reír. || Lo que hace reír: *esa película es una risa.* || **de risa** loc. adj. Cómico. || Increíble, ridículo. || **desternillarse, mearse, morirse, partirse, troncharse**, etc., **de risa** locs. *col.* Reírse muchísimo. || **muerto de risa** loc. *col.* Muy divertido. || *col.* Olvidado, en desuso. || FAM. risibilidad, risible, risión, risorio, risotada, risueño.

risco m. Peñasco alto y escarpado. ‖ FAM. riscal, riscoso.

risible adj. Que causa risa o es digno de ella.

risotada f. Carcajada, risa ruidosa y algo vulgar. ‖ FAM. risotear.

ristra f. Trenza hecha con los tallos de ajos o cebollas. ‖ *col.* Conjunto de ciertas cosas colocadas unas tras otras.

ristre m. Hierro del peto de la armadura donde se afianzaba la lanza. ‖ **en ristre** loc. adv. Dispuesto para ser utilizado.

risueño, ña adj. Que muestra risa en el semblante o ríe con facilidad. ‖ Próspero, favorable: *porvenir risueño.*

rítmico, ca adj. Del ritmo o relativo a él. ‖ Sujeto a un ritmo o compás.

ritmo m. Orden al que se sujeta la sucesión de los sonidos en la música. ‖ Ordenación armoniosa y regular, basada en los acentos y el número de sílabas, que puede establecerse en el lenguaje. ‖ Orden acompasado en la sucesión o acaecimiento de las cosas. ‖ Velocidad a que se desarrolla algo: *andar a buen ritmo.* ‖ FAM. ritmar, rítmico.

rito m. Costumbre o ceremonia que siempre se repite de la misma manera. ‖ Conjunto de reglas establecidas para el culto y ceremonias religiosas: *rito matrimonial.* ‖ FAM. ritual, ritualidad, ritualismo.

ritual adj. Del rito o relativo a el: *ceremonia ritual.* ‖ m. Conjunto de ritos de una religión o de una iglesia: *ritual católico.*

rival com. Persona que compite con otra, luchando por obtener un mismo fin o por superarlo. ‖ FAM. rivalidad, rivalizar.

rivalidad f. Competencia entre dos o más personas por conseguir un mismo fin o superarlo.

rivalizar intr. Competir, luchar contra una o más personas por conseguir algo o superarlo.

rivera f. Pequeño cauce de agua que corre por la tierra.

rizador m. Sustancia o aparato que se emplea para rizar el cabello.

rizar tr. Formar en el pelo rizos, ondas o tirabuzones. También prnl. ‖ Formar olas pequeñas en el mar por efecto del viento. También prnl. ‖ Hacer dobleces menudos en las telas, papel o materiales semejantes. ‖ FAM. rizado, rizador, rizapestañas, rizo, rizoso.

rizo m. Mechón de pelo que artificial o naturalmente tiene forma ensortijada, de onda o de tirabuzón. ‖ Pirueta aérea que consiste en hacer un giro vertical. ‖ **rizar el rizo** loc. *col.* Hacer aún más difícil algo que ya es de por sí complicado. ‖ FAM. rizoso.

rizófago, ga adj. y m. Se apl. al animal que se alimenta de raíces.

rizoforáceo, a adj. y f. De las rizoforáceas o relativo a esta familia de plantas. ‖ f. pl. Familia de árboles o arbustos angiospermos dicotiledóneos que viven en las costas de las regiones intertropicales, con muchas raíces, hojas sencillas, opuestas y con estípulas, flores hermafroditas o unisexuales y fruto indehiscente, como el mangle.

rizoma m. Tallo horizontal y subterráneo que contiene yemas y del que nacen las raíces, propio de plantas de montaña y de clima frío, como el lirio común.

rizópodo, da adj. y m. De los rizópodos o relativo a esta clase de protozoos. ‖ m. pl. Clase de protozoos de medio acuático caracterizados por su aparato locomotor compuesto por seudópodos que les sirven para moverse y alimentarse, como el protozoo sarcodino o las amebas.

ro f. Decimoséptima letra del alfabeto griego, que se corresponde con nuestra erre. Su grafía mayúscula es **P** y, la minúscula, ρ.

roastbeef (voz i.) m. Rosbif.

robalo o **róbalo** m. Lubina. ‖ FAM. robaliza.

robar tr. Apropiarse de algo ajeno contra la voluntad de su dueño, generalmente utilizando la violencia. ‖ Atraer fuertemente algo no material: *robar el corazón.* ‖ Tomar una parte de un todo: *con la obra le robaremos unos metros al pasillo.* ‖ En ciertos juegos de cartas, tomar naipes del mazo, o fichas en el juego del dominó. ‖ FAM. robo.

robinsón m. Persona que puede llegar a ser autosuficiente en soledad. ‖ FAM. robinsoniano, robinsonismo.

roble m. Árbol de la familia de las fagáceas, de gran tamaño, hojas perennes, flores unisexuales y fruto amargo, llamado bellota, cuya madera es muy apreciada en carpintería por ser dura y compacta. ‖ Madera de este árbol. ‖ Persona o cosa fuerte, de gran resistencia: *a sus 91 años está hecha un roble.* ‖ FAM. robleda, robledal, robledo.

roblón m. Clavo que se remacha por el extremo opuesto a la cabeza. ‖ FAM. roblonado, roblonar.

robo m. Apropiación indebida de algo ajeno, contra la voluntad de su poseedor, especialmente si se hace con violencia. ‖ Cosa robada. ‖ Perjuicio, abuso injusto: *el arbitraje del partido fue un robo.*

robot m. Máquina electrónica que puede ejecutar automáticamente distintas operaciones o movimientos. ‖ Persona que hace las cosas de forma automática, sin pensar. ◆ pl. *robots.* ‖ FAM. robótica, robotización, robotizar.

robótica f. Parte de la ingeniería que se ocupa de la aplicación de la informática al diseño y uso de máquinas que sustituyan a las personas en la realización de diferentes tareas o funciones.

robustecer tr. Hacer algo o a alguien robusto y resistente. También prnl. ◆ Irreg. Se conj. como *agradecer.* ‖ FAM. robustecimiento.

robusto, ta adj. Fuerte, de aspecto saludable. ‖ FAM. robustamente, robustecer, robustez.

roca f. Material formado por un conjunto, consolidado o no, de minerales definidos, que forma parte de la corteza o manto terrestres. ‖ Fragmentos de este material. ‖ Peñasco que se levanta en la tierra o en el mar. ‖ Persona, animal o cosa muy dura, firme y constante. ‖ **roca plutónica** La formada por el enfriamiento lento del magma en el interior de la corteza terrestre. ‖ **roca subvolcánica** o **filoniana** La originada por el enfriamiento lento del magma en zonas próximas a la superficie terrestre. ‖ **roca volcánica** La originada por el enfriamiento rápido del magma en la superficie terrestre. ‖ FAM. rocalla, rocoso, roqueda, roquedal, roquedo, roqueño, roquero.

rocalla f. Conjunto de piedrecillas desprendidas de las rocas por la acción del tiempo o del agua, o que han saltado al labrar las piedras. ‖ Decoración disimétrica inspirada en el arte chino, que imita contornos de piedras y de conchas.

rocambolesco, ca adj. Se apl. a la acción audaz, apasionante, espectacular e inverosímil.

rocanrol m. Estilo musical ligero que hizo su aparición en Estados Unidos hacia mediados de los años cincuenta, cuyo ritmo se deriva fundamentalmente del *jazz* y del *blues*. ‖ Baile que acompaña este ritmo.

roce m. Presión ligera entre dos superficies, que se produce cuando se desliza una sobre otra. ‖ Señal que queda al rozar una cosa con otra. ‖ Trato o comunicación frecuente con algunas personas. ‖ Discusión pequeña.

rochela f. *amer.* Algazara, bullicio.

rociada f. Esparcimiento del agua u otro líquido en gotas menudas. ‖ Conjunto de cosas que se esparcen al arrojarlas. ‖ Represión fuerte.

rociar tr. Esparcir en gotas menudas el agua u otro líquido. ‖ Arrojar algunas cosas de modo que caigan diseminadas. ‖ Acompañar una comida de alguna bebida. ‖ intr. Caer sobre la tierra el rocío o la lluvia menuda. ‖ FAM. rociada, rociado, roción.

rocín m. Caballo de mala figura y poca alzada. ‖ Caballo de trabajo. ‖ *col.* Hombre tosco e ignorante. ‖ FAM. rocinante.

rocío m. Vapor que con el frío de la noche se condensa en la atmósfera en gotas muy menudas, las cuales aparecen luego sobre la superficie de la tierra, las plantas o cualquier otra superficie. ‖ Las mismas gotas perceptibles a la vista. ‖ Lluvia corta y pasajera. ‖ FAM. rociar.

rock (voz i.) m. abrev. de *rock and roll*. ‖ Nombre que designa varios ritmos musicales derivados del *rock and roll*. ‖ adj. Del *rock and roll* o relativo a este estilo musical. ◆ Como adj. no varía en pl. ‖ FAM. *rockabilly*, rocanrolero, rocódromo, rocola, roquero.

rock and roll (voz i.) m. Rocanrol.

rococó adj. Del rococó, con rasgos propios de este estilo o relativo a él. ‖ m. Estilo artístico surgido en Francia en el siglo XVIII como renovación del barroco y que precedió al neoclasicismo, caracterizado por una abundancia de la decoración y un gusto muy refinado.

rocódromo m. Lugar al aire libre en el que se celebran actuaciones musicales, especialmente de *rock*.

rocola f. *amer.* Máquina de discos en un lugar público que funciona con monedas.

rocoso, sa adj. Se apl. al lugar que está lleno de rocas.

rocoto m. *amer.* Ají poco picante. ‖ FAM. rocote.

roda f. Pieza gruesa y curva que forma la proa de la nave.

rodaballo m. Pez osteíctio pleuronectiforme marino que mide unos 50 cm de longitud, aunque algunos ejemplares alcanzan hasta 1 m, con el cuerpo aplanado, de color pardo jaspeado, tubérculos óseos en el dorso y los dos ojos en el mismo lado; habita en el Atlántico y el Mediterráneo y su carne es muy estimada.

rodada f. Rodera.

rodado, da adj. Del transporte y el tránsito con vehículos de ruedas o relativo a ellos: *tráfico rodado*. ‖ Que se hace o se dice con facilidad y fluidez. ‖ m. *amer.* Vehículo de ruedas.

rodador, ra adj. Que rueda o cae rodando. ‖ m. y f. En dep., llaneador, buen corredor en terreno llano, especialmente referido al ciclista.

rodaja f. Pieza circular y plana de madera, metal u otra materia. ‖ Tajada circular de algunos alimentos. ‖ Estrella de la espuela.

rodaje m. Filmación de una película cinematográfica. ‖ Situación en que se halla un automóvil mientras no ha rodado la distancia inicial prescrita por el fabricante. ‖ Experiencia, práctica que tiene alguien en una determinada actividad. ‖ Conjunto de ruedas.

rodal m. Mancha o espacio más o menos redondo que por alguna circunstancia se distingue de lo que le rodea.

rodamiento m. Cojinete formado por dos cilindros concéntricos, entre los que se intercala una corona de bolas o rodillos.

rodapié m. Zócalo de una pared de madera o cerámica que se coloca en la parte inferior de las paredes como adorno o protección. ‖ Paramento con que se cubren alrededor los pies de las camas, mesas y otros muebles. ‖ Tabla, celosía o enrejado que se pone en la parte inferior de la barandilla de los balcones para que no se vean los pies.

rodar intr. Dar vueltas un cuerpo alrededor de su eje. ‖ Caer dando vueltas. ‖ Moverse una cosa por medio de ruedas. ‖ Ir de un lado para otro sin establecerse en sitio determinado. ‖ Desarrollarse, transcurrir, funcionar algo. ‖ tr. Hacer que rueden ciertas cosas. ‖ Filmar o proyectar películas cinematográficas. ‖ Interpretar un papel un actor. ‖ Hacer funcionar un vehículo en rodaje. ◆ Irreg. Se conj. como *contar*. ‖ FAM. rodada, rodado, rodador, rodadura, rodaje, rodamiento, rodante, rodillo.

rodear intr. Andar alrededor de algo. También tr. ‖ Ir por un camino más largo que el ordinario. ‖ Utilizar rodeos al hablar para evitar cierto asunto. ‖ Funcionar. ‖ tr. Poner una o varias cosas alrededor de otra o estar alrededor de ella. ‖ *amer.* Reunir el ganado mayor en un sitio determinado. ‖ prnl. Reunir una persona a su alrededor a ciertas personas o cosas: *rodearse de amigos*. ‖ FAM. rodeo.

rodela f. Escudo redondo y delgado que protegía el pecho del que luchaba con espada.

rodeno, na adj. Se apl. a las tierras o rocas que tiran a rojo.

rodeo m. Camino más largo o desvío del camino derecho. ‖ Manera indirecta de hacer alguna cosa, a fin de eludir las dificultades que presenta. ‖ Manera de decir una cosa valiéndose de circunloquios. ‖ Reunión del ganado mayor para reconocerlo, contarlo, etc. ‖ Sitio donde se reúne. ‖ *amer.* Deporte que consiste en montar potros salvajes o reses vacunas bravas y hacer otros ejercicios como arrojar el lazo.

rodera f. Surco o marca que dejan a su paso las ruedas de un vehículo.

rodete m. Rosca que se hace en el pelo enrollándolo sobre sí mismo para tenerlo recogido o como adorno.

|| Almohadilla de tela en forma de rosca que se pone en la cabeza para llevar peso.

rodilla f. Conjunto de partes blandas y duras que forman la unión del muslo con la pierna. || En los cuadrúpedos, parte del antebrazo con la caña. || Paño basto que sirve para limpiar, especialmente en la cocina. || **de rodillas** loc. adv. Con las rodillas dobladas y apoyadas en el suelo. || Con tono o actitud suplicante: *te suplico de rodillas que no lo hagas.* || FAM. rodillada, rodillazo, rodillera.

rodillera f. Cualquier cosa que se pone para comodidad, defensa o adorno de la rodilla. || Remiendo o parche en la ropa en la parte correspondiente a la rodilla. || Convexidad o bolsa que llega a formar el pantalón en la parte que cae sobre la rodilla.

rodillo m. Madero cilíndrico con dos mangos en sus extremos, utilizado para trabajar la masa del pan o pastelera. || Cilindro cubierto de pelillo o de material especial para empapar la pintura, y empleado para pintar superficies. || Cilindro muy pesado que se hace rodar para allanar y apretar la tierra. || Cilindro que se emplea para dar tinta en las imprentas o litografías. || Pieza de metal cilíndrica y giratoria que forma parte de diversos mecanismos. || *col.* Forma de actuar de un contendiente, venciendo a su adversario sin darle ninguna oportunidad.

rodio m. Elemento químico metálico de color blanco, dúctil, maleable y muy resistente. Su símbolo es *Rh*, y su número atómico, *45.*

rododendro m. Planta arbustiva de la familia de las ericáceas, de aproximadamente 1 m de altura, con hojas lanceoladas coriáceas y flores tubulares o acampanadas.

rodofíceo, a adj. y f. De las rodofíceas o relativo a este grupo de algas. || f. pl. Grupo de las algas rojas que son en su mayor parte marinas.

rodrigón m. Vara que se clava al pie de una planta para sujetarla.

rodríguez m. *col.* Marido que permanece en la ciudad trabajando, y generalmente divirtiéndose, mientras la familia está de vacaciones. ◆ No varía en pl.

roedor, ra adj. Que roe. || adj. y m. De los roedores o relativo a este orden de mamíferos. || m. pl. Orden de mamíferos caracterizados por poseer un único par de dientes incisivos de gran tamaño, de crecimiento continuo; son generalmente de pequeña envergadura, con el cuerpo cubierto de pelo y vegetarianos, como el ratón y la rata.

roedura f. Acción o resultado de roer. || Porción que se corta royendo. || Señal que queda en la parte roída.

roel m. Pieza redonda que aparece en los escudos de armas. || FAM. roela.

roentgen o **roentgenio** m. Unidad de radiación equivalente a la cantidad de radiación que es capaz de ionizar un metro cúbico de aire.

roer tr. Cortar en trozos muy menudos y superficialmente con los dientes parte de una cosa dura. || Quitar con los dientes a un hueso la carne que tiene pegada. || Gastar superficialmente, poco a poco, una cosa. || Atormentar, afligir: *le roe la envidia.* || FAM. roedor, roedura. ◆ **Irreg.** Conjugación modelo:

Indicativo
Pres.: roo (roigo o royo), roes, roe, roemos, roéis, roen.
Imperf.: roía, roías, roía, *etc.*
Pret. perf. simple: roí, roíste, royó, roímos, roísteis, royeron.
Fut. simple: roeré, roerás, roerá, *etc.*
Condicional simple: roería, roerías, roería, *etc.*
Subjuntivo
Pres.: roa (roiga o roya), roas (roigas o royas), *etc.*
Imperf.: royera o royese, royeras o royeses, *etc.*
Fut. simple: royere, royeres, royere, *etc.*
Imperativo: roe, roed.
Participio: roído.
Gerundio: royendo.

rogar tr. Solicitar algo formalmente. || Pedir algo con súplicas o con mucha humildad. || **hacerse de rogar** loc. Resistirse una persona a hacer algo porque le guste que se le ruegue que lo haga. ◆ **Irreg.** Se conj. como *contar.* || FAM. rogativa, rogativo, rogatorio, ruego.

rogativa f. Oración pública hecha a Dios, la Virgen o los santos para conseguir el remedio de una grave necesidad. Más en pl.

rojez f. Propiedad de ser o estar rojo. || Mancha de color rojo en la piel.

rojizo, za adj. Que tira a rojo.

rojo, ja adj. Primer color del espectro solar, de tono encarnado muy vivo. También m. || De color parecido al oro. || Se apl. al pelo de un rubio muy vivo, casi colorado. || De ideas especialmente de izquierdas, radical, revolucionario. También s. || **al rojo vivo** loc. adj. y adv. Incandescente o muy caliente. || Se apl. a la situación muy apurada o en un momento crítico. || **poner rojo** loc. *col.* Hacer que alguien se avergüence. || FAM. rojear, rojeras, rojez, rojizo.

rol m. Papel que desempeña una persona o grupo en cualquier actividad. || Lista o nómina. || Licencia que da el comandante de una provincia marítima al capitán de un buque, y en la cual consta la lista de la tripulación. || Conducta que un grupo espera de un miembro en una situación determinada.

rolar intr. Dar vueltas en círculo. || Ir variando de dirección el viento.

rollizo, za adj. Robusto y grueso. || Redondo en figura de rollo. || m. Madero en rollo.

rollo m. Cualquier materia que toma forma cilíndrica. || Cilindro de materia dura que sirve para labrar en ciertos oficios. || Madero redondo descortezado, pero sin labrar. || Película fotográfica enrollada en forma cilíndrica. || Persona, cosa o actividad pesada y fastidiosa. || Conversación larga y aburrida y capacidad que tiene alguien para hablar en exceso. || *col.* Sensación o sentimiento: *esta casa me da mal rollo.* || *col.* Asunto, tema, negocio. || *col.* Ambiente: *este bar tiene buen rollo.* || *col.* Relación amorosa o sexual y persona con la que se tiene. || FAM. rollista, rollizo, rollazo.

rolo m. *amer.* Rodillo de imprenta.

romadizo m. Catarro de la membrana pituitaria.

romaico, ca adj. De la lengua griega moderna. || m. Lengua griega moderna.

romana f. Instrumento que sirve para pesar, compuesto de una palanca de brazos muy desiguales, con el fiel sobre el punto de apoyo.

romance adj. y m. Se apl. a la lengua moderna derivada del latín, como el español, el italiano, el francés, etc. || m. Composición poética de origen español, generalmente en versos octosílabos en la que los pares repiten una misma asonancia, quedando libres los impares. || Relación amorosa pasajera. || FAM. romancear, romancero, romancillo, romancista, romanza, romanzar.

romancero, ra m. y f. Persona que canta romances. || m. Colección de composiciones épicas o épico-líricas destinadas al canto.

romaní m. Lengua indoeuropea hablada por los gitanos.

románico, ca adj. Del estilo románico o relativo a él. || Se apl. a la lengua procedente del latín. || adj. y m. Del estilo artístico que se desarrolló en el occidente de Europa desde fines del siglo X hasta principios del XIII, o relacionado con él.

romanista adj. y com. Que se dedica de forma profesional al derecho romano o que es especialista en él. || Se apl. al especialista en las lenguas y literaturas romances.

romanizar tr. Difundir la civilización romana o la lengua latina. || intr. Adoptar la civilización romana o la lengua latina. Más como prnl. || FAM. romanización.

romano, na adj. De la religión católica o relativo a ella. || adj. y s. De Roma, ciudad de Italia o de cada uno de los Estados antiguos y modernos de que ha sido metrópoli. || De cualquiera de los países que componían el antiguo Imperio romano. || adj. y m. Se apl. a la lengua latina. || FAM. romaico, romana, románico, romanismo, romanista, romanística, romanizar.

romanticismo m. Movimiento literario, artístico e ideológico de la primera mitad del siglo XIX, en que prevalece la imaginación y la sensibilidad sobre la razón y el examen crítico. || Época de la cultura occidental en que prevaleció tal movimiento. || Carácter romántico, sentimental y soñador. || FAM. romántico.

romántico, ca adj. Del Romanticismo o relativo a este movimiento cultural. || Se apl. a la persona que defiende o sigue este movimiento cultural. También s. || Apropiado para el amor o que lo produce. || Sentimental, generoso y soñador. También s.

romanza f. Aria de carácter sencillo y tierno. || Composición musical del mismo carácter.

rombo m. Paralelogramo que tiene cuatro lados iguales y dos de sus ángulos mayores que los otros dos. || FAM. rombal, rómbico, romboedro, romboide.

romboedro m. Paralelepípedo cuyas seis caras son rombos iguales. || FAM. romboédrico.

romboide m. Paralelogramo cuyos lados contiguos son desiguales y dos de sus ángulos mayores que los otros dos. || FAM. romboidal.

romería f. Viaje que se hace por devoción a un santuario. || Fiesta popular que se celebra en el campo inmediato a alguna ermita o santuario. || Gran número de personas que acuden a un sitio. || FAM. romero.

romero[1] m. Arbusto labiado de hojas muy aromáticas de color azul; se utiliza en medicina y perfumería. || FAM. romeral.

romero[2]**, ra** adj. y s. Se apl. a la persona que va en romería o participa en una romería.

romo, ma adj. Obtuso y sin punta. || Poco inteligente, sin agudeza intelectual. || De nariz pequeña y poco puntiaguda.

rompecabezas m. Juego que consiste en componer determinada figura combinando cierto número de piezas o pedacitos en cada uno de los cuales hay una parte de la figura. || col. Problema o acertijo de difícil solución. || Arma ofensiva compuesta de dos bolas de hierro o plomo sujetas a los extremos de un mango corto y flexible. ◆ No varía en pl.

rompecorazones com. col. Persona con un gran atractivo y capaz de enamorar fácilmente. ◆ No varía en pl.

rompehielos m. Buque de formas, resistencia y potencia adecuadas para abrir camino en los mares helados. ◆ No varía en pl.

rompehuelgas com. col. y desp. Persona que, prescindiendo del interés gremial, se presta a reemplazar a un huelguista. ◆ No varía en pl.

rompenueces m. amer. Cascanueces. ◆ No varía en pl.

rompeolas m. Dique avanzado en el mar, para procurar abrigo a un puerto o rada. ◆ No varía en pl.

rompepiernas adj. y com. col. Se apl. a la carrera ciclista que tiene continuas subidas y bajadas. ◆ No varía en pl.

romper tr. Separar con violencia las partes de un todo, deshaciendo su unión. También prnl. || Quebrar o hacer pedazos una cosa. También prnl. || Hacer una raja o hendidura. || Estropear, destrozar, gastar. También prnl. || Interrumpir la continuidad de algo no material: romper la amistad. || No cumplir un compromiso o una norma: ha roto su promesa. || Deshacer, desbaratar un grupo o cuerpo de gente armada. || intr. Deshacerse en espuma las olas. || Empezar, comenzar: romper el día, romper a llorar. || Abrirse las flores. || Tener un gran éxito, destacar. || **de rompe y rasga** loc. adj. col. De mucho carácter, decisión y desembarazo. || **romper con** loc. Dejar de relacionarse o tratar con alguna persona o dejar de seguir determinada tendencia o costumbre. ◆ p. p. irreg.: roto. || FAM. rompecabezas, rompecorazones, rompedizo, rompedor, rompehielos, rompehuelgas, rompenueces, rompeolas, rompepiernas, rompetechos, rompible, rompiente, rompimiento, roto, rotura, ruptura.

rompetechos com. col. Persona de baja estatura. || col. Persona que ve poco. ◆ No varía en pl.

rompible adj. Que se puede romper.

rompiente adj. Que rompe. || m. Bajo, escollo o costa donde, cortando el curso de la corriente de un río o el de las olas, rompe y se levanta el agua.

rompope m. amer. Bebida que se confecciona con aguardiente, leche, huevos, azúcar y canela.

ron m. Bebida alcohólica de olor y sabor fuertes, que se elabora con una mezcla fermentada de melazas y zumo de caña de azúcar.

roncar intr. Hacer ruido ronco con la respiración cuando se duerme. ‖ Llamar el gamo a la hembra cuando está en celo. ‖ FAM. ronca, roncador, ronquido.

roncha f. Grano o marca enrojecida que produce picor y que se forma en la piel por la picadura de un insecto o por alguna alergia. ‖ Cardenal, moradura. ‖ FAM. ronchar, ronchón.

ronchón m. Roncha abultada en la piel.

ronco, ca adj. Que tiene ronquera. ‖ Se apl. a la voz o al sonido fuerte y grave. ‖ FAM. ronquear, ronquedad, ronquera.

ronda f. Conjunto de personas o patrulla destinada a rondar las calles o a recorrer los puestos exteriores de una plaza. ‖ Recorrido que se hace de un lugar para vigilarlo. ‖ Conjunto de jóvenes que se reúnen por la noche tocando instrumentos y cantando a las jóvenes. ‖ Conjunto de cosas que suceden en serie y de forma ordenada. ‖ Paseo o calle que circunda una ciudad o la parte antigua de ella. ‖ En varios juegos de naipes, vuelta o suerte de todos los jugadores. ‖ col. Conjunto de las consumiciones que hacen cada vez un grupo de personas. ‖ Carrera ciclista en etapas. ‖ amer. Juego del corro. ‖ FAM. rondalla.

rondalla f. Pequeño conjunto musical de instrumentos de cuerda que suele actuar en veladas y fiestas. ‖ amer. Ronda de jóvenes.

rondana f. amer. Arandela.

rondar tr. e intr. Andar de noche por las calles, paseando o vigilando una población. ‖ Pasear los mozos las calles donde viven las mozas a quienes galantean. ‖ Andar por un lugar o ir frecuentemente por él. ‖ Pasarle a alguien algo por la mente o la imaginación. ‖ tr. Andar alrededor de uno para conseguir de él una cosa. ‖ Intentar agradar y atraer a alguien. ‖ Amagar, estar a punto de atacarle a alguien una enfermedad o el sueño. ‖ FAM. ronda, rondador, rondín.

rondín m. amer. Vigilante nocturno.

rondó m. Composición musical, popular entre los siglos XVIII y XIX, cuyo tema se repite en veces sucesivas.

rondón (de) loc. col. Sin permiso, sin avisar o sin reparo: colarse de rondón.

ronquera f. Afección de la laringe que cambia el timbre de la voz haciéndolo ronco.

ronquido m. Ruido o sonido que se hace roncando. ‖ Ruido o sonido ronco.

ronronear intr. Producir el gato una especie de ronquido, demostrando que está a gusto o contento. ‖ Hacer un ruido parecido las máquinas o los motores. ‖ FAM. ronroneo.

ronroneo m. Ruido parecido al ronquido que hace el gato para demostrar que se siente a gusto o contento.

ronzal m. Cuerda que se ata a la cabeza o al cuello de las caballerías para conducirlas o sujetarlas.

roña f. Suciedad pegada fuertemente. ‖ Orín de los metales. ‖ col. Mezquindad, tacañería. ‖ Sarna del ganado lanar. ‖ amer. Irritación, rabia. ‖ adj. y com. col. Se apl. a la persona tacaña. ‖ FAM. roñoso.

roñica com. col. Persona roñosa y avara.

roñoso, sa adj. Sucio, cubierto de roña. ‖ Oxidado o cubierto de orín. ‖ col. Miserable, tacaño. También s. ‖ FAM. roñería, roñica, roñosería.

ropa f. Cualquier prenda de tela que sirve para vestir. ‖ Todo género de tela que sirve para el uso o adorno de las personas o las cosas. ‖ **ropa blanca** Conjunto de prendas de uso doméstico, como sábanas y manteles y también la ropa interior. ‖ **ropa interior** La que se lleva debajo del vestido y otras prendas de uso exterior. ‖ **ropa vieja** Guiso que se hace con lo que ha sobrado de otras comidas. ‖ **a quema ropa** loc. adv. Tratándose del disparo de un arma de fuego, desde muy cerca. ‖ De improviso. ‖ FAM. ropaje, ropavejería, ropavejero, ropería, ropero, ropón.

ropaje m. Vestido, sobre todo el que es vistoso o lujoso. ‖ Conjunto de ropas.

ropero m. Armario o cuarto donde se guarda ropa. ‖ Ropa, conjunto de vestidos que tiene una persona. ‖ Asociación benéfica destinada a distribuir ropa entre los necesitados.

ropón m. Prenda de vestir larga y suelta que se coloca sobre las demás.

roque[1] m. Torre del ajedrez.

roque[2] adj. col. Que está o se ha quedado dormido.

roqueda f. Roquedal.

roquedal m. Lugar abundante en rocas.

roquedo m. Peñasco o roca.

roquefort m. Queso de oveja de sabor y olor fuertes, con zonas de color verdoso debido a un moho que se produce durante su elaboración.

roqueño, ña adj. Se apl. al lugar que tiene muchas rocas. ‖ Duro como roca.

roquero, ra adj. De la música rock o relativo a ella. ‖ adj. y s. Se apl. a la persona aficionada o seguidora de este tipo de música. ‖ m. y f. Músico o cantante de rock.

roquete m. Sobrepelliz cerrada y con mangas cortas.

rorcual m. Mamífero cetáceo marino semejante a la ballena, provisto de aleta dorsal y pliegues en la garganta.

rorro m. col. Niño pequeño.

ros m. Gorro militar con visera, de forma cilíndrica y más alto por delante que por detrás.

rosa f. Flor del rosal, de mucho colorido y muy aromática. ‖ Lazo u otra cosa hecha en forma de rosa. ‖ adj. y m. Se apl. al color que resulta de mezclar el blanco y el rojo. ‖ **rosa de los vientos** o **náutica** Círculo que tiene marcados alrededor los 32 rumbos en que se divide la vuelta del horizonte. ‖ **como una rosa** loc. adv. De aspecto muy saludable, muy bien de salud. ‖ **de color de rosa** loc. adj. y adv. Muy halagüeño u optimista. ‖ FAM. rosáceo, rosado, rosal, rosario, rosedal, roséola, roseta, rosita.

rosáceo, a adj. De color rosa o parecido a él. ‖ adj. y f. De las rosáceas o relativo a esta familia de plantas. ‖ f. pl. Familia de plantas dicotiledóneas herbáceas, arbustivas o arbóreas, que presentan flores hermafroditas, generalmente reunidas en inflorescencias, y frutos en pomo, folículo, aquenio o drupa, muchos de ellos comestibles, como el almendro y el peral.

rosado, da adj. De color rosa o que tiende a él. ‖ adj. y m. Se apl. a un tipo de vino más claro que el tinto.

rosal m. Planta arbustiva de la familia de las rosáceas, con tallos ramosos que presentan espinas y flores perfumadas muy apreciadas en ornamentación. ‖ FAM. rosaleda.

rosaleda f. Sitio en que hay muchos rosales.

rosariazo m. *amer.* Gran tempestad que suele desatarse en octubre, en la proximidad de la fiesta de la Virgen del Rosario.

rosario m. Rezo de la Iglesia en que se conmemoran los 15 misterios principales de la vida de Jesucristo y de la Virgen, recitando después de cada uno un padrenuestro, diez avemarías y un gloria. ‖ Conjunto de cuentas, separadas de diez en diez por otras de distinto tamaño que sirve para hacer ordenadamente el rezo del mismo nombre. ‖ Serie, sarta de sucesos especialmente larga: *rosario de desgracias.* ‖ FAM. rosariazo.

rosbif m. Carne de vaca asada ligeramente.

rosca f. Conjunto formado por tornillo y tuerca. ‖ Cualquier cosa redonda y cilíndrica que, cerrándose, deja en medio un espacio vacío. ‖ Pan o bollo de esta forma. ‖ Cada una de las vueltas de una espiral, o el conjunto de ellas, particularmente las de los tornillos, tuercas y las de algunos cierres: *tapón de rosca.* ‖ **hacer la rosca** loc. *col.* Halagar, adular para conseguir algo. ‖ **no comerse una rosca** loc. *col.* No tener éxito en algo, no lograr lo que se desea, especialmente si se trata de una conquista amorosa. ‖ **pasarse de rosca** loc. No encajar bien un tornillo, resbalar. ‖ Excederse, cometer una imprudencia o hacer algo no permitido o aceptable. ‖ FAM. roscado, roscar, rosco, roscón, rosquete, rosquilla.

rosco m. Rosca de pan. ‖ *col.* Cero: *sacó un rosco en el examen.*

roscón m. Bollo en forma de rosca grande: *roscón de Reyes.*

rosedal m. *amer.* Rosaleda.

roséola f. Erupción cutánea que se caracteriza por la aparición de pequeñas manchas rosáceas.

roseta f. Mancha rosada en las mejillas. ‖ Pieza de la regadera llena de agujeros que sirve para dispersar el agua. ‖ Sortija o zarcillo adornado con una piedra preciosa a la que rodean otras pequeñas. ‖ FAM. rosetón.

rosetón m. Ventana circular calada, con adornos, típica de las iglesias góticas. ‖ Adorno circular que se coloca en los techos.

rositas (de) loc. adv. *col.* De balde, sin esfuerzo.

rosquete adj. y m. *amer. col.* Homosexual. ‖ m. Rosquilla de mayor tamaño que las habituales. ‖ FAM. rosquetón.

rosquilla f. Masa dulce en forma de pequeña rosca, elaborada con harina, frita en aceite y aromatizada. ‖ FAM. rosquillero.

rosticería f. *amer.* Establecimiento donde se asan y venden pollos. ‖ FAM. rostizado.

rostizado, da adj. *amer.* Asado: *pollo rostizado.*

rostro m. Cara de las personas. ‖ Pico del ave. ‖ Espolón de la nave. ‖ *col.* Cara dura. ‖ FAM. rostrado, rostral.

rotación f. Movimiento de un cuerpo que da vueltas especialmente alrededor de su eje. ‖ Alternancia, variación. ‖ **rotación de cultivos** Variedad de siembras alternativas o simultáneas para evitar que el terreno se agote en la exclusiva alimentación de una sola especie vegetal.

‖ FAM. rotacional.

rotacismo m. En fon., conversión de *s* en *r* en posición intervocálica.

rotar intr. Rodar, dar vueltas, especialmente alrededor de un eje. ‖ Ir turnándose varias personas en un trabajo o actividad. ‖ Alternar los cultivos en un terreno para evitar que la tierra se agote. ‖ FAM. rotación, rotativo, rotatorio.

rotativo, va adj. y f. Se apl. a la máquina de imprimir de movimiento continuo y gran velocidad, que únicamente puede imprimir en papel de bobina. ‖ m. Periódico impreso en estas máquinas.

rotatorio, ria adj. Que tiene movimiento circular.

rotífero, ra adj. y m. De los rotíferos o relativo a este filo de invertebrados. ‖ m. pl. Filo de invertebrados acuáticos cuyo tamaño no excede de 1 mm de longitud, con simetría bilateral y el cuerpo separado en dos regiones: cabeza, con cilios vibrátiles, y cola, con la que se fijan a los objetos sobre los que viven.

rotisería f. *amer.* Tienda donde se venden alimentos preparados.

roto, ta adj. Que está quebrado o partido en dos o más partes. ‖ Averiado, que ha dejado de funcionar. ‖ Andrajoso, que lleva la ropa rota. También s. ‖ *col.* Muy cansado, agotado. ‖ m. Rotura, raja o agujero, especialmente en la ropa. ‖ *amer. col.* Persona de las clases sociales más bajas. ‖ *amer. col.* Individuo, tipo. ‖ FAM. rotoso.

rotonda f. Plaza circular. ‖ Edificio o sala de planta circular.

rotor m. Parte giratoria de una máquina electromagnética o de una turbina.

rotoso, sa adj. *amer.* Desarrapado, roto, harapiento.

rótula f. Hueso de la rodilla, en la parte anterior de la articulación de la tibia con el fémur. ‖ Pieza situada entre otras dos y que permite el movimiento de estas. ‖ FAM. rotular, rotuliano.

rotulador, ra adj. Que rotula o sirve para rotular. ‖ m. Utensilio para rotular, escribir o dibujar provisto de una carga de tinta y una punta de material absorbente.

rotular tr. Poner un rótulo, leyenda o inscripción. ‖ FAM. rotulación, rotulado, rotulador, rotuladora.

rótulo m. Título de un escrito o de una parte de él. ‖ Letrero, leyenda o inscripción. ‖ Cartel con el que se avisa o anuncia algo. ‖ FAM. rotular, rotulista.

rotundidad f. Precisión, firmeza, sin posibilidad de mostrar duda. ‖ Sonoridad y claridad del lenguaje. ‖ Redondez de las formas del cuerpo.

rotundo, da adj. Se apl. al lenguaje lleno y sonoro. ‖ Preciso y terminante: *negativa rotunda.* ‖ Redondo o redondeado: *formas rotundas.* ‖ FAM. rotundamente, rotundidad, rotundidez.

rotura f. Separación de un cuerpo en trozos, de forma más o menos violenta, o producción de grietas o agujeros en el mismo. ‖ Raja, quiebra o desgarradura en un cuerpo sólido. ‖ FAM. roturar.

roturar tr. Arar o labrar por primera vez las tierras eriales para ponerlas en cultivo. ‖ FAM. roturación, roturador.

roulotte (voz fr.) f. Pequeña vivienda que se engancha como remolque a un vehículo. Caravana.

round (voz i.) m. Cada uno de los asaltos de un combate de boxeo. ◆ pl. *rounds*.

router (voz i.) m. En inform., dispositivo encargado de encaminar y transmitir paquetes de información entre diferentes redes informáticas. ◆ pl. *routers*.

roya f. Hongo parásito basidiomiceto que vive en algunos vegetales y que suele producir manchas amarillas o negras en las hojas de las plantas atacadas.

royalty (voz i.) m. Canon o tasa que se paga al titular de una patente, invento o algo semejante por la cesión de uso que hace de ellos a otra persona o entidad. ◆ pl. *royalties*.

roza f. Surco o canal abierto en una pared para empotrar tuberías o cables. || Tierra roturada y limpia para sembrar en ella.

rozadura f. Herida que queda en la piel por haberse rozado con alguna cosa. || Marca que queda en algo después de haberse rozado.

rozagante adj. Orgulloso, satisfecho. || Con muy buen aspecto, saludable: *jardín rozagante*.

rozamiento m. Roce. || Fuerza que se produce entre dos superficies en contacto y que se opone al resbalamiento de un cuerpo sobre otro.

rozar intr. Pasar una cosa tocando ligeramente la superficie de otra. También tr. || Tener una cosa semejanza o conexión con otra: *su valor roza la temeridad*. || tr. Dejar en una superficie una marca o señal al frotarla o ponerla en contacto con otra. || Gastar algo por el uso. También prnl. || Limpiar las tierras de las matas y hierbas inútiles antes de labrarlas. || Abrir algún hueco o canal en un paramento. || prnl. Tener entre sí dos personas familiaridad o confianza. || FAM. roce, roza, rozadura, rozamiento.

ruana f. Tejido de lana. || *amer.* Especie de poncho o capote de monte.

ruandés, esa adj. y s. De Ruanda o relativo a este país africano. || m. Lengua bantú que se habla principalmente en este país.

rubefacción f. Enrojecimiento que se produce en la piel por la acción de un medicamento o por alteraciones de la circulación de la sangre, debidas a inflamación u otras enfermedades. || FAM. rubefaciente.

rubeola o **rubéola** f. Enfermedad infecciosa de origen vírico, caracterizada por la aparición de unas pequeñas manchas rosáceas parecidas a la del sarampión y por la presencia de ganglios. || FAM. rubeólico.

rubí m. Mineral variedad del corindón, de gran dureza, color rojo y brillo intenso. ◆ pl. *rubíes* o *rubís*.

rubiáceo, a adj. y f. De las rubiáceas o relativo a esta familia de plantas. || f. pl. Familia de plantas dicotiledóneas con hojas simples, el cáliz pegado al ovario y fruto en forma de baya, con una semilla de albumen duro o carnoso, como el café.

rubiales adj. y com. *col.* Que tiene el pelo rubio. ◆ No varía en pl.

rubicundo, da adj. Rubio que tira a rojo. || Se apl. a la persona de buen color y aspecto saludable. || FAM. rubicundez.

rubidio m. Elemento químico metálico del grupo de los alcalinos, aunque más blando y pesado; se emplea en la fabricación de células fotoeléctricas, válvulas de vacío y en la elaboración de vidrios especiales. Su símbolo es *Rb*, y su número atómico, 37.

rubiera f. *amer.* Diversión.

rubio, bia adj. De color parecido al del oro, aplicado particularmente al pelo y a la persona que lo tiene así. También s. || Se apl. a un tipo de tabaco de color y sabor suaves. También m. || m. Pez osteíctio marino escorpeniforme de color rosado y escamas duras, de carne poco estimada. || FAM. rubefacción, rubéola, rubí, rubia, rubial, rubiales, rubicundo, rubidio, rubión.

rublo m. Unidad monetaria de la Rusia zarista, la antigua URSS y, en la actualidad, de la Federación de Rusia, Ucrania, Bielorrusia, Moldavia y otras repúblicas que la formaban.

rubor m. Color que toma el rostro a causa de la vergüenza. || Vergüenza. || Color rojo muy encendido. || FAM. ruborizar, ruboroso.

ruborizar tr. Causar rubor. También prnl. || prnl. Sentir vergüenza.

rúbrica f. Rasgo o conjunto de rasgos de figura determinada que, como parte de la firma, pone cada cual después de su nombre. || Título, epígrafe, rótulo. || FAM. rubricar, rubro.

rubricar tr. Poner uno su rúbrica. || Suscribir, dar testimonio de una cosa: *rubrico lo que ha dicho*.

rubro m. *amer.* Título, rótulo.

ruca f. *amer.* Especie de choza de los indios.

rucio, cia adj. y s. De color pardo claro. || m. Burro, asno.

rudeza f. Tosquedad. || Falta de educación o cortesía. || Violencia, rigurosidad. || Dificultad para ser aguantado o realizado.

rudimentario, ria adj. Simple y elemental.

rudimento m. Embrión de un ser orgánico. || Parte de un ser orgánico imperfectamente desarrollada. || pl. Primeros estudios o conocimientos básicos de cualquier ciencia o profesión. || FAM. rudimentario.

rudo, da adj. Tosco, basto. || Descortés, grosero. || Riguroso, violento. || Difícil de soportar o de realizar. || FAM. rudamente, rudeza, rudimento.

rúe f. *col.* Calle. || FAM. rúa.

rueca f. Antiguo utensilio que se usaba para hilar, formado por una vara donde se ponía la materia textil y un huso.

rueda f. Máquina elemental, en forma circular y de poco grueso respecto a su radio, que puede girar sobre un eje. || Círculo formado por algunas personas o cosas: *rueda de aperitivos*. || Tajada circular de las frutas, carnes o pescados. || Turno, vez, orden sucesivo. || **rueda de prensa** Coloquio que una personalidad sostiene con periodistas. || **chupar rueda** loc. Aprovecharse del esfuerzo de otro. || **sobre ruedas** loc. adv. Sin problemas: *el negocio va sobre ruedas*. || FAM. roda, rodada, rodado, rodaja, rodal, rodar, rodear, rodela, rodero, rodete, ruedo.

ruedo m. Redondel de la plaza de toros, cubierto de arena, donde tiene lugar la lidia. || Contorno de una cosa redonda: *ruedo de una falda*. || *amer.* Dobladillo.

ruego m. Súplica, petición.

rufián m. Hombre despreciable que vive de engaños y estafas. || Proxeneta. || FAM. rufianería, rufianesca, rufianesco.

rufo, fa adj. Rubio o bermejo. || Que tiene el pelo ensortijado. || Muy orgulloso, rozagante.

rugby (voz i.) m. Deporte de origen inglés que se practica entre dos equipos de 15 jugadores, con un balón de forma ovalada, y en el que se suman tantos llevando el balón cogido con las manos hasta más allá de la línea de ensayo, o introduciéndolo con el pie por encima del travesaño horizontal de la portería.

rugido m. Voz del león y otros animales salvajes. || Grito de una persona muy enojada. || Ruido muy fuerte. || Sonido que hacen las tripas.

rugir intr. Emitir su voz el león y otros animales salvajes. || Gritar una persona enojada. || Crujir y hacer ruido fuerte. || Sonar las tripas. || FAM. rugido, rugidor.

rugosidad f. Arruga, pliegue de una superficie.

rugoso, sa adj. Que tiene arrugas, de superficie no regular. || FAM. rugosidad.

ruibarbo m. Planta herbácea de la familia de las poligonáceas, de 1 a 2 m de altura, con hojas grandes y ásperas, flores amarillas en espiga y fruto seco; su raíz se usa en medicina como purgante. || Raíz de esta planta.

ruido m. Sonido inarticulado y confuso más o menos fuerte. || Alboroto. || Novedad, extrañeza o revuelo que provoca algo: *su dimisión va a armar mucho ruido.* || Perturbación o señal anómala que se produce en un sistema de transmisión y que impide que la información llegue con claridad. || **mucho ruido y pocas nueces** loc. *col.* Expresión que indica una gran decepción por algo de lo que se esperaba mucho más. || FAM. ruidosamente, ruidoso.

ruidoso, sa adj. Que causa mucho ruido.

ruin adj. Vil, bajo y despreciable. || Mezquino y avariento. || Pequeño: *sueldo ruin.* || FAM. ruindad.

ruina f. Pérdida grande de fortuna. || Decadencia, destrucción muy grande. || Causa de esta decadencia. || Persona o cosa en muy mal estado. || pl. Restos de uno o más edificios destruidos. || FAM. ruin, ruinoso.

ruindad f. Vileza, bajeza, maldad. || Aquello que resulta ruin.

ruinoso, sa adj. Que amenaza ruina. || Que produce ruina: *negocio ruinoso.*

ruiseñor m. Nombre común de diversas aves paseriformes de cuerpo rechoncho, de unos 15 cm de longitud, con plumaje pardo rojizo y de canto melodioso.

rular intr. Moverse una cosa de un lugar a otro dando vueltas. || *col.* Funcionar algo: *este reloj no rula.* || FAM. rulero, rulo.

rulero m. *amer.* Rulo del pelo.

ruleta f. Juego de azar para el que se usa una rueda horizontal giratoria numerada por la que se mueve una bolita que al detenerse indica el número que ha ganado la apuesta. || Rueda que se usa en el juego de la ruleta. ||

ruleta rusa Práctica suicida que consiste en que varias personas se disparen a la sien, alternativamente, un revólver en cuyo tambor solo hay una bala.

ruletear intr. *amer.* Conducir un taxi. || *amer.* Llevar de un sitio a otro a alguien de forma innecesaria. || FAM. ruletero.

ruletero, ra m. y f. *amer.* Taxista. || *amer.* Conductor de coches ilegales de alquiler.

rulo m. Pequeño cilindro hueco y perforado al que se enrolla un mechón de cabello para rizarlo. || Rizo del cabello. || Rodillo para allanar el suelo.

ruma f. *amer.* Montón.

rumano, na adj. y s. De Rumanía o relativo a esta nación europea. || m. Lengua procedente del latín que se habla en Rumanía.

rumba f. Cierto baile popular cubano y música que lo acompaña. || Música y baile gitanos con elementos del anterior. || FAM. rumbero.

rumbar o **rumbear** intr. *amer.* Orientarse, encaminarse hacia un lugar.

rumbo m. Dirección considerada o trazada en el plano del horizonte. || Camino que se propone seguir. || Forma en que algo se conduce o desarrolla: *rumbo de unas negociaciones.* || *col.* Generosidad. || *col.* Lujo, ostentación. || FAM. rumbar, rumbear, rumboso.

rumboso, sa adj. *col.* Desprendido, generoso. || *col.* Pomposo, ostentoso.

rumiante adj. Que rumia. || adj. y m. Se apl. al animal que regurgita el alimento desde el estómago y lo vuelve a masticar, como la vaca. || De los rumiantes o relativo a este suborden de mamíferos. || m. pl. Suborden de mamíferos ungulados artiodáctilos que carecen de dientes incisivos en la mandíbula superior y tienen el estómago compuesto de cuatro cavidades y adaptado a la alimentación herbívora.

rumiar tr. Masticar por segunda vez, devolviéndolo a la boca, el alimento que ya estuvo en el estómago. || *col.* Considerar despacio y pensar con reflexión: *rumiar una venganza.* || *col.* Rezongar, refunfuñar. || FAM. rumia, rumiador, rumiante.

rumor m. Noticia vaga que corre entre la gente. || Ruido confuso de voces. || Ruido sordo, vago y continuado. || FAM. rumorar, rumorear, rumorología, rumoroso.

rumorar intr. y prnl. *amer.* Rumorear.

rumorear intr. Sonar tenuemente y de manera continua. || prnl. e impers. Difundirse entre la gente un rumor.

rumorología f. *col.* Difusión de rumores. || *col.* Conjunto de rumores.

rumoroso, sa adj. *poét.* Que produce rumor: *río rumoroso.*

runa[1] f. Cada uno de los caracteres que empleaban en la escritura los antiguos escandinavos. || FAM. rúnico.

runa[2] com. *amer.* Persona india. A veces se usa en sentido despectivo.

runrún m. Zumbido, ruido o sonido continuado y bronco. || Ruido confuso de voces. || *col.* Rumor, noticia vaga que corre entre la gente. || FAM. runrunear, runruneo.

runrunear intr. Hacer un ruido suave, susurrar. ‖ Hacer correr un rumor o murmullo.

runruneo m. Ruido confuso y continuado.

ruñir tr. *amer.* Agujerear.

rupestre adj. De las rocas o relativo a ellas. ‖ Especialmente, se apl. a la pintura y al dibujo prehistórico existente en algunas rocas y cavernas.

rupia f. Unidad monetaria de la India, Indonesia, Maldivas, Mauricio, Nepal, Pakistán, Seychelles y Sri Lanka. ‖ *col.* Peseta, antigua moneda española.

ruptor m. Dispositivo electromagnético o mecánico que cierra o abre sucesivamente un circuito eléctrico. ‖ Dispositivo que, al funcionar, produce la chispa en la bujía de un motor de explosión.

ruptura f. Hecho de romper sus relaciones personas o entidades. ‖ FAM. ruptor, ruptural.

rural adj. Del campo, sus labores o sus gentes o relativo a ellos: *turismo rural.* ‖ FAM. ruralismo, ruralista.

rusiente adj. Que se pone rojo o candente con el fuego.

ruso, sa adj. y s. De la antigua URSS o la actual Federación de Rusia o relativo a este país europeo. ‖ m. Lengua eslava que se habla en la Federación de Rusia y Bielorrusia. ‖ FAM. rusificar.

rusticidad f. Falta de refinamiento.

rústico, ca adj. Del campo o de sus gentes o relativo a ellos. ‖ Tosco, grosero. ‖ m. y f. Campesino. ‖ **en rústica** loc. adv. Encuadernación con cubierta de papel. ‖ FAM. rústicamente, rusticidad.

ruta f. Camino o itinerario de un viaje: *ruta marítima, aérea.* ‖ Dirección u orientación que se toma para un propósito. ‖ FAM. rutero, rutina.

rutáceo, a adj. y f. De las rutáceas o relativo a esta familia de plantas. ‖ f. pl. Familia de plantas angiospermas dicotiledóneas, con hojas alternas u opuestas, simples o compuestas, flores pentámeras o tetrámeras y fruto en cápsulas o drupas con semillas menudas, como el naranjo.

rutenio m. Elemento químico metálico muy parecido al osmio y del que se distingue por tener óxidos de color rojo. Su símbolo es *Ru,* y su número atómico, *44.*

rutherfordio m. Elemento químico transuránico, obtenido artificialmente y primer elemento posterior al grupo de los actínidos. Su símbolo es *Rt,* y su número atómico, *104.*

rutilante adj. Que brilla o resplandece mucho. ‖ Que destaca por algún motivo.

rutilar intr. *poét.* Brillar intensamente, despedir rayos. ‖ FAM. rutilancia, rutilante, rutilo.

rutina f. Costumbre inveterada, hábito adquirido de hacer las cosas sin pensarlas. ‖ En inform., conjunto de instrucciones que en un ordenador sirven para controlar una función o realizar una operación que se repite con mucha frecuencia. ‖ FAM. rutinario.

rutinario, ria adj. Que se hace por rutina. ‖ adj. y s. Que actúa por rutina. ‖ FAM. rutinariamente.

rhythm and blues (voz i.) m. Estilo musical desarrollado a partir del blues en la década de 1940 con instrumentos electrónicos. ◆ No varía en pl.

S

s f. Vigésima letra del alfabeto castellano y decimosexta de sus consonantes. Fonéticamente representa un sonido fricativo alveolar sordo, aunque con muchas variedades de pronunciación: las dos principales son la apicoalveolar, que domina en la mayor parte de España, y la predorsal con salida de aire por los dientes, que es la más usual en las zonas meridionales de España y en Hispanoamérica. Su nombre es *ese*. || **s líquida** La inicial de palabra seguida de consonante, como en *status*.

sábado m. Día de la semana, entre el viernes y el domingo. || FAM. sabático, sabatino, sabbat.

sábalo m. Pez osteíctio clupeiforme marino de 20 a 50 cm de longitud que habita en el Atlántico, de cuerpo comprimido de color azulado y lomos plateados, con una gran mancha negra en la espalda.

sabana f. Meseta o llanura extensa con gran abundancia de vegetación herbácea, fundamentalmente gramíneas, con arbustos y árboles aislados, como los baobabs y las acacias. || FAM. sabanear, sabanero.

sábana f. Cada una de las dos piezas de tela que se colocan en la cama para dormir entre ellas. || Sabanilla. || Manto de los hebreos y otros pueblos de Oriente. || **pegársele** a uno **las sábanas** loc. *col.* Levantarse más tarde de lo que debe o acostumbra. || FAM. sabanilla.

sabandija f. Cualquier reptil o insecto particularmente molesto o perjudicial. || Persona despreciable y ruin.

sabanear intr. *amer.* Recorrer la sabana para buscar y reunir el ganado, o para vigilarlo. || tr. *amer.* Coger, prender, asir. || *amer.* Lisonjear. || *amer.* Seguir o perseguir a una persona.

sabanilla f. *amer.* Tejido fino de lana que se coloca sobre la sábana como cobertor.

sabañón m. Hinchazón y enrojecimiento de la piel causado por el contraste entre un frío excesivo y un rápido calentamiento, que va acompañado de ardor y picor principalmente de las manos, pies y orejas.

sabático, ca adj. Del sábado o relativo a él. || Se apl. al séptimo año en que los hebreos dejaban descansar sus tierras. || Se apl. al año de licencia con sueldo que algunas universidades conceden a su personal cada siete años.

sabbat m. Día santo del judaísmo dedicado a Dios, en que se prohíbe todo trabajo o actividad.

sabedor, ra adj. Que conoce algo o está instruido en ello.

sabelotodo com. *col.* Que presume de saberlo todo o saber más de lo que sabe.

saber¹ m. Sabiduría, conocimiento o ciencia.

saber² tr. Conocer, tener noticia de algo. || Tener la certeza de algo. || Ser docto en alguna cosa. También intr. || Tener habilidad o capacidad para hacer algo. || Acomodarse, aceptar algo de una determinada manera: *hay que saber resignarse*. || intr. Tener noticias sobre una persona o cosa. || Ser muy astuto. || Tener sabor. || Tener una cosa semejanza o apariencia de otra: *tus besos me saben a gloria*. || **a saber** loc. Esto es, es decir. || En exclamación, equivale a «vete a saber»: *¡a saber cuándo vendrá!* || **no saber** uno **dónde meterse** loc. Sentir gran vergüenza por algo. || **no saber** uno **por dónde se anda** loc. *col.* Estar muy despistado. || No ser capaz de solucionar o desempeñar una tarea. || **saber latín** loc. *col.* Ser muy vivo y perspicaz. || **vete a saber** o **vaya usted a saber** loc. Se usa para decir que algo es difícil de averiguar. || FAM. sabedor, sabelotodo, saber, sabidillo, sabido, sabiduría, sabiendas, sabihondo, sabiondo, sabio, sabor. ◆ **Irreg.** Conjugación modelo:

Indicativo
   Pres.: sé, sabes, sabe, sabemos, sabéis, saben.
   Imperf.: sabía, sabías, sabía, *etc.*
   Pret. perf. simple: supe, supiste, supo, supimos, supisteis, supieron.
   Fut. simple: sabré, sabrás, sabrá, *etc.*
   Condicional simple: sabría, sabrías, sabría, *etc.*
Subjuntivo
   Pres.: sepa, sepas, sepa, sepamos, sepáis, sepan.
   Imperf.: supiera o supiese, supieras o supieses, *etc.*
   Fut. simple: supiere, supieres, supiere, *etc.*
Imperativo: sabe, sepa, sabed, sepan.
Participio: sabido.
Gerundio: sabiendo.

---

sabicú m. *amer.* Árbol papilionáceo de gran tamaño, con flores blancas o amarillas, legumbre aplanada, oblonga y madera dura, pesada y compacta, de color amarillo pardo o rojo vinoso. ◆ pl. *sabicúes* o *sabicús*.

sabidillo, lla adj. y s. *desp.* Que presume de ser un entendido o tener sabiduría sin ser cierto o sin venir a cuento.

sabido, da adj. Que sabe o entiende mucho. ‖ Público, conocido, habitual. ‖ *amer.* Vivaracho, despabilado.

sabiduría f. Conocimiento profundo que se adquiere a través del estudio o de la experiencia. ‖ Prudencia, cuidado en el comportamiento y modo de conducirse en la vida.

sabiendas (a) loc. adv. Intencionadamente, con pleno conocimiento y deliberación.

sábila f. *amer.* Aloe.

sabina f. Nombre común de varios árboles y arbustos cupresáceos perennes de hasta 2 m de alto, con hojas carnosas, pequeñas y fuertes, fruto en bayas globulosas y madera olorosa. ‖ com. *amer.* Entrometido, metomentodo.

sabio, bia adj. Que implica sabiduría. ‖ Se dice de los animales amaestrados que han aprendido muchas habilidades: *perro sabio*. ‖ adj. y s. Se apl. a la persona que posee sabiduría. ‖ Juicioso, prudente. ‖ FAM. sabiamente.

sabiondo, da adj. y s. *col.* Que presume de saber más de lo que sabe. ‖ FAM. sabiondez.

sablazo m. Golpe que se da con un sable. ‖ Herida hecha con él. ‖ *col.* Obtención de dinero de alguien con habilidad e insistencia, y sin intención de devolverlo.

sable m. Arma blanca larga y curva, semejante a la espada, que se pone de un solo filo. ‖ *col.* Habilidad para sacar dinero a otro o vivir a su costa. ‖ *amer.* Pez osteíctio perciforme en forma de anguila, de cuerpo largo y aplastado como la hoja de un sable. ‖ FAM. sablazo, sablear, sablista.

sablear intr. *col.* Sacar dinero a una persona con habilidad o subterfugios, sin intención de devolvérselo.

saboneta f. Reloj de bolsillo con una tapa de metal que cubre la esfera, que se acciona con un muelle o resorte.

sabor m. Propiedad de determinadas sustancias que se percibe a través del gusto. ‖ Impresión que algo nos produce. ‖ Parecido, similitud o regusto a algo. ‖ Cuenta que se pone en el freno, junto al bocado, para refrescar la boca del caballo. Más en pl. ‖ FAM. saborear, saborizante, sabroso.

saborear tr. y prnl. Percibir detenida y placenteramente el sabor de un alimento o bebida. ‖ Apreciar detenidamente y con placer cualquier otra cosa. ‖ FAM. saboreador, saboreo.

sabotaje m. Destrucción o deterioro de productos o maquinaria e instalaciones como medio de lucha contra el poder establecido. ‖ Oposición u obstrucción disimulada. ‖ FAM. sabotear.

sabotear tr. Realizar actos de sabotaje. ‖ FAM. saboteador.

sabroso, sa adj. Con sabor agradable al paladar. ‖ Sustancioso, importante: *sabrosa comisión*. ‖ FAM. sabrosamente, sabrosón, sabrosura.

sabrosón, ona adj. *amer.* Hablador, expresivo, simpático. ‖ *amer.* Marchoso, animado: *ritmo sabrosón*.

sabrosura f. *amer.* Calidad de sabroso. ‖ Dulzura, deleite.

sabueso, sa adj. y s. Se apl. al perro podenco de una raza caracterizada por ser de gran tamaño, tener pelo corto, orejas largas y poseer gran habilidad para la caza.

‖ m. y f. Persona hábil para investigar o seguir el rastro de alguien o algo.

saburra f. Secreción mucosa espesa que se acumula en las paredes del estómago. ‖ Capa blanquecina que cubre la lengua por efecto de dicha secreción. ‖ FAM. saburroso.

saca[1] f. Acción y resultado de sacar. ‖ Exportación de géneros de un país a otro. ‖ Copia autorizada de un documento protocolizado.

saca[2] f. Saco grande de tela fuerte, más largo que ancho.

sacabocado o **sacabocados** m. Instrumento con boca hueca y cortes afilados que sirve para taladrar. ◆ La segunda forma no varía en pl.

sacacorchos m. Instrumento con una espiral que se introduce en el corcho de las botellas a fin de extraerlo. ◆ No varía en pl.

sacacuartos o **sacadineros** m. *col.* Que hace malgastar dinero o que produce excesivos gastos. ‖ com. *col.* Persona hábil para sacar el dinero a otra. ◆ No varían en pl.

sacamantecas com. *col.* Criminal legendario que mataba a sus víctimas y les sacaba las vísceras. ◆ No varía en pl.

sacamuelas com. Dentista. Suele usarse con sentido desp. ‖ Persona que habla mucho, rápido y sin sentido. ‖ Embaucador. ◆ No varía en pl.

sacaperras adj. y m. *col.* Que hace malgastar dinero o produce excesivos gastos. ◆ No varía en pl.

sacapuntas m. Instrumento dotado de una cuchilla para afilar lápices. ◆ No varía en pl.

sacar tr. Poner algo o a alguien fuera del lugar o condición en que estaba. ‖ Extraer una cosa de otra. ‖ Averiguar: *saca tus conclusiones*. ‖ Conocer, descubrir: *sacó que era el culpable por sus huellas*. ‖ Mostrar, manifestar una cosa: *sacar defectos*. ‖ Hacer que alguien dé o diga algo con persuasión o por la fuerza: *no pude sacarle cuándo se casa*. ‖ Conseguir, lograr: *saca más entradas*. ‖ Ganar por medio de la suerte: *sacar un premio de la lotería*. ‖ Hacer las gestiones necesarias para obtener un documento: *sacarse el carné de conducir*. ‖ Superar con éxito: *sacar una carrera*. ‖ Poner en uso o circulación: *sacar una moda*. ‖ Aventajar: *le saca un cuerpo de distancia*. ‖ Adelantar una cosa: *sacar el pecho al andar*. ‖ Ensanchar o alargar: *hay que sacar las mangas*. ‖ Hacer una fotografía o retrato o filmar a una persona o cosa: *¡sácame guapa!* ‖ Citar, mencionar: *siempre saca el mismo tema*. ‖ En dep., poner en juego la pelota o el balón. ‖ **sacar de quicio** o **de sus casillas** loc. *col.* Hacer que una persona pierda el dominio de sí misma. ‖ **sacar en claro** o **en limpio**. Deducir, obtener por conclusión. ‖ FAM. saca, sacón, saque, sonsacar.

sacárido m. Denominación genérica de los hidratos de carbono. ‖ FAM. sacarífero, sacarificar, sacarígeno, sacarina, sacarino, sacarosa.

sacarina f. Sustancia blanca en polvo, con un poder edulcorante 375 veces mayor que el azúcar.

sacarosa f. Azúcar.

sacerdocio m. Dignidad y cargo de sacerdote. ‖ Ejercicio y ministerio del sacerdote. ‖ Dedicación y entrega a una actividad o tarea noble.

sacerdotal adj. Del sacerdote o relativo a él.

sacerdote m. Hombre dedicado a los ritos y ofrecimientos de sacrificios a ciertas deidades, así como al cuidado de sus templos: *sacerdote budista*. || En el cristianismo, religioso ordenado para celebrar y oficiar el rito de la misa. || FAM. sacerdocio, sacerdotal, sacerdotisa.

sacerdotisa f. Mujer dedicada a los ritos y ofrecimientos de sacrificios a ciertas deidades, así como al cuidado de sus templos.

sachar tr. Escardar la tierra sembrada para quitar las malas hierbas. || FAM. sachadura.

saciar tr. y prnl. Satisfacer por completo una necesidad o deseo de alimento o bebida. || Satisfacer por completo una necesidad o deseo: *saciar el ansia de saber*. || FAM. saciable, saciante, saciedad.

saciedad f. Hartura, satisfacción excesiva de un deseo o necesidad. || **hasta la saciedad** loc. adv. Hasta no poder más, plena o excesivamente.

saco m. Receptáculo o bolsa de tela abierta por uno de los lados. || Lo contenido en él. || Órgano o cavidad orgánica con forma de saco o bolsa. || Saqueo. || Bahía, ensenada, entrada del mar en tierra. || Gabán, vestidura holgada en general. || *amer.* Chaqueta, americana. || *amer.* Bolso femenino. || **saco de dormir** Saco almohadillado o forrado que sirve para dormir dentro de él al aire libre o en tiendas de campaña. || **saco terrero** El que se llena de tierra y se emplea en defensa contra los proyectiles. || **saco vitelino** Bolsa llena de vitelo, del que se alimentan ciertos embriones animales durante las primeras fases de su desarrollo. || **no echar** algo **en saco roto** loc. *col.* Tener algo presente, no olvidarlo. || FAM. saca, sacoleva, sacolevita, sáculo, saquear, saquero.

sacoleva o **sacolevita** m. *amer.* Chaqué.

sacón, ona adj. y s. *amer.* Acusón, delator.

sacralizar tr. Dar carácter sagrado a lo que no lo tenía. || FAM. sacralización.

sacramental adj. De los sacramentos o relativo a ellos. || Consagrado por la ley o la costumbre. adj. y m. pl. Se apl. al remedio de la Iglesia para sanar el alma. || f. Cofradía dedicada al culto del Santísimo Sacramento. || FAM. sacramentalmente.

sacramento m. En el catolicismo, signo sensible de un efecto interior y espiritual que Dios obra en las almas y es causante de gracia. || Cristo sacramentado en la hostia. || **últimos sacramentos** Los de la penitencia, eucaristía y extremaunción que se administran a los enfermos graves. || FAM. sacramentado, sacramental, sacramentación, sacramentar.

sacrificar tr. Hacer y ofrecer sacrificios a la divinidad. || Matar, degollar las reses para el consumo. || Matar un animal enfermo que no puede ser curado. || Renunciar a algo en provecho de otra cosa o de una persona. || prnl. Privarse voluntariamente de algo en beneficio de algo o alguien. || FAM. sacrificador, sacrificio.

sacrificio m. Ofrenda que se hace a la divinidad. || En el cristianismo, acto del sacerdote al ofrecer en la misa el cuerpo de Cristo bajo las especies de pan y vino. || Abnegación, renuncia o privación que se hace en favor de algo o de alguien.

sacrilegio m. Profanación e irreverencia con lo sagrado o lo que se tiene por sagrado. || FAM. sacrílegamente, sacrílego.

sacrílego, ga adj. Del sacrilegio o relativo a él. || adj. y s. Se apl. a la persona que comete sacrilegio.

sacristán m. Persona que ayuda al sacerdote en la misa y tiene a su cuidado los ornamentos y la limpieza y aseo de la iglesia y sacristía. || Dignidad eclesiástica a cuyo cargo estaba la custodia y guarda de los vasos, vestiduras y libros sagrados. || Tontillo, aro para ahuecar las faldas. || *amer. col.* Entrometido. || FAM. sacristana, sacristanía.

sacristía f. Lugar en las iglesias donde se revisten los sacerdotes y están guardados los objetos necesarios para el culto. || FAM. sacristán.

sacro, cra adj. Sagrado. || De la región del cuerpo en que está situado el hueso sacro o relativo a ella. || adj. y m. Se apl. al hueso situado en la parte inferior de la columna vertebral, formado por cinco vértebras soldadas entre sí. || FAM. sacrosanto.

sacrosanto, ta adj. Que reúne las cualidades de sagrado y santo.

sacudida f. Movimiento violento de uno a otro lado. || Conmoción, fuerte impresión que produce algo.

sacudir tr. Mover algo violentamente de un lado a otro. También prnl. || Golpear una cosa para quitarle el polvo. || Impresionar, conmocionar. || tr. y prnl. Golpear, dar golpes. || Apartar violentamente, rechazar. || FAM. sacudida, sacudidor, sacudimiento, sacudón.

sacudón m. *amer.* Sacudida súbita y brusca.

sáculo m. Cavidad inferior de las dos que forman el vestíbulo membranoso del oído interno de los vertebrados.

sádico, ca adj. Del sadismo o relativo a él. || adj. y s. Se apl. a la persona que disfruta con la crueldad.

sadismo m. Inclinación sexual en la que se recibe placer cometiendo actos de crueldad contra otra persona. || Crueldad refinada. || FAM. sádico, sadomasoquismo.

sadomasoquismo m. Práctica sexual que aúna el sadismo y el masoquismo. || FAM. sadomasoquista.

sadomasoquista adj. Del sadomasoquismo o relativo a él. || adj. y com. Que practica el sadomasoquismo.

saduceo, a adj. y s. De los miembros de una secta de la aristocracia judía, opuesta a los fariseos, que solo observaba las normas de la Torá y negaba la inmortalidad del alma y la resurrección, o relacionado con ellos.

saeta f. Flecha, arma arrojadiza compuesta de una varilla con punta triangular que se dispara con el arco. || Manecilla del reloj y de la brújula. || Copla breve, ferviente y devota, que se canta en ciertas solemnidades religiosas. || FAM. saetera, saetero, sagita, sagital.

saetera f. Ventana muy estrecha practicada en un muro para disparar saetas.

safari m. Expedición de caza mayor que se realiza en algunas regiones de África. || Parque zoológico en cuyo recinto los animales están en libertad. || **safari fotográfico** Expedición a un lugar para fotografiar a los animales en su ambiente natural.

safena adj. y f. Se apl. a cada una de las dos venas que van a lo largo de la pierna llevando la sangre de la femoral al pie.

sáfico, ca adj. y s. Se apl. al verso clásico compuesto por once sílabas distribuidas en cinco pies. || Se dice de la estrofa formada por tres versos sáficos y uno adónico, y de la composición que consta de estrofas de esta clase.

saga f. Leyenda poética perteneciente a una de las dos colecciones de primitivas tradiciones heroicas y mitológicas de la antigua Escandinavia. || Relato de la historia de dos o más generaciones de una familia. || Dinastía familiar.

sagacidad f. Capacidad de previsión, astucia y prudencia.

sagaz adj. Astuto y prudente, que prevé y previene las cosas. || FAM. sagacidad, sagazmente.

sagita f. En geom., segmento de recta comprendido entre el punto medio de un arco de círculo y el de su cuerda. || FAM. sagitado, sagital, sagitario.

sagitario m. Uno de los signos del Zodiaco, al que pertenecen las personas que han nacido entre el 22 de noviembre y el 21 de diciembre. ◆ Se escribe con mayúscula. || adj. y com. Se apl. a la persona que ha nacido bajo este signo. ◆ No varía en pl.

sagrado, da adj. De la divinidad, de su culto o relativo a ellos. || Que inspira veneración y respeto. || m. Asilo, lugar que sirve de refugio contra el peligro. ◆ sup. irreg.: *sacratísimo*. || FAM. sacralizar, sacrilegio, sacristía, sacro, sagrario.

sagrario m. En el rito católico, urna donde se guarda la hostia consagrada. || Parte interior del templo en que se guardan las cosas sagradas. || En algunas catedrales, capilla que sirve de parroquia.

saguaipé m. *amer.* Gusano platelminto parásito que se aloja en el hígado, de forma ovalada y con una ventosa para adherirse al animal. || *amer.* Enfermedad causada por este parásito.

saguaro m. Planta cactácea americana de hasta 18 m de altura, con un tronco solitario con ramas a modo de brazos y flores blancas que se abren solo de noche para dar un fruto rojo.

sah m. Título del antiguo soberano de Persia que llevaron también, en otro tiempo, algunos monarcas de la India.

saharaui adj. y com. Sahariano. ◆ Suele pronunciarse con *h* aspirada.

sahariana f. Chaqueta de lino o algodón propia de climas cálidos, con forma de camisa, cinturón y bolsillos de parche. ◆ Suele pronunciarse con *h* aspirada.

sahariano, na adj. y s. Del Sáhara o relativo a este desierto y territorio de África. ◆ Suele pronunciarse con *h* aspirada. || FAM. saharaui, sahariana.

sahib (voz hindi) m. Tratamiento que daban los habitantes de la India a los colonizadores blancos.

sahumar tr. y prnl. Dar humo aromático para purificar o perfumar algo. || FAM. sahumador, sahumerio.

sahumerio m. Purificación o perfume mediante humo aromático. || Humo que produce una materia aromática que se quema para sahumar. || Materia que se usa para producirlo.

saiga m. Mamífero artiodáctilo europeo de pelaje amarillento, cuernos marrones y hocico alargado e hinchado, terminado en una especie de trompa.

sainete m. Pieza teatral en un acto, de carácter jocoso, que se representaba en el intermedio o al final de una función. || Obra teatral de carácter cómico y personajes populares. || *amer. col.* Situación grotesca y ridícula. || FAM. sainetero, sainetesco, sainetista.

sajar tr. Hacer una incisión en una zona infectada o afectada de quistes. || FAM. saja, sajadura.

sajón, ona adj. y s. Del pueblo germánico de la zona del Elba que se estableció en Gran Bretaña en el siglo V o relativo a él. || De Sajonia o relativo a este estado alemán.

sajurín, na adj. *amer.* Dicho de una persona, traviesa, inquieta.

sake o **saki** m. Bebida alcohólica japonesa que se obtiene por la fermentación del arroz.

sal f. Nombre común del cloruro de sodio, sustancia blanca, cristalina, de sabor acre y muy soluble en agua, que se emplea como condimento. || En quím., compuesto resultante de la sustitución de los átomos de hidrógeno de un ácido por radicales básicos: *sal amónica*. || Agudeza, gracia, garbo en el modo de hablar o actuar. || *amer.* Mala suerte, desgracia. || pl. Pequeños cristales de una sustancia perfumada que se usan disueltos en el agua del baño. || Sustancia salina que contiene amoniaco, utilizada para reanimar a alguien. || FAM. saladar, salar, salcochar, salero, salífero, salificar, salina, salino, salitre, salmuera, salobre.

sala f. Habitación de la casa donde se hace vida. || Aposento de grandes dimensiones. || Pieza donde se constituye un tribunal de justicia para celebrar audiencia y despachar los asuntos a él sometidos. || Conjunto de magistrados o jueces que tiene atribuida jurisdicción privativa sobre determinadas materias: *sala de lo penal*. || **sala de fiestas** Local de espectáculos con pista de baile, donde se sirven bebidas y cenas. || FAM. salón.

salacot m. Sombrero en forma de casco esférico con un pequeño saliente alrededor, tejido de tiras de caña para permitir el paso del aire. ◆ pl. *salacots*.

saladar m. Salina formada por la sal de las marismas. || Terreno estéril para la agricultura por abundar en él las sales.

saladero m. Lugar destinado a salar carnes o pescados. || *amer.* Lugar donde se da sal al ganado. || *amer.* Matadero de grandes dimensiones.

saladillo, lla adj. y m. Se apl. al tocino fresco a media sal.

saladito m. *amer.* Canapé. || m. pl. Conjunto de aperitivos salados que se sirven en una fiesta.

salado, da adj. Que tiene sal o más sal de la necesaria. || Gracioso, garboso, con salero. || *amer.* Caro, costoso. || m. Acto de salar: *salado del bacalao*. || FAM. saladamente, saladillo, saladito.

salamandra f. Nombre común de diversos anfibios urodelos de unos 20 cm de largo, la mitad aproximadamente para la cola, con aspecto de lagarto y piel lisa. || Estufa de carbón de combustión lenta. || **salamandra acuática** Tritón. || FAM. salamanquesa.

salamanquesa f. Nombre común de diversos reptiles saurios de unos 15 cm de longitud, cuerpo aplastado y ceniciento, de color pardo o rosado y largas patas terminadas en dedos con discos adhesivos, que viven en las grietas de los edificios y debajo de las piedras. || **salamanquesa de agua** Tritón.

salame m. *amer.* Salami. || *amer.* Tonto, mentecato.

salami m. Embutido de carne vacuna y de cerdo, similar al salchichón pero de mayor tamaño.

salangana f. Pájaro apodiforme insectívoro asiático de plumaje pardusco con reflejos metálicos, alas grandes y cola corta y rectangular, que construye sus nidos con una sustancia gelatinosa que se endurece en contacto con el aire.

salar tr. Curar o conservar un alimento con sal. || Sazonar con sal. || tr. y prnl. *amer.* Manchar, deshonrar. || *amer.* Desgraciar, echar a perder. || *amer.* Gafar, dar o atraer mala suerte. || FAM. saladero, salado, salador, saladura, salazón.

salarial adj. Del salario o relativo a él: *incremento salarial.*

salario m. Remuneración que percibe una persona por su trabajo. || **salario base** El salario sin aumentos de primas o antigüedad ni descuentos de impuestos. || **salario mínimo** Cantidad fijada por ley que debe ser pagada como mínimo a todo trabajador en activo. || FAM. salariado, salarial.

salaz adj. Excesivamente lujurioso o lascivo. || FAM. salacidad.

salazón f. Conservación de carnes y pescados en sal. || Conjunto de carnes o pescados salados. || FAM. salazonero.

salchicha f. Embutido consistente en una tripa larga y delgada rellena de carne de cerdo picada y sazonada, o de otros tipos de carne. || **perro salchicha** Teckel. || FAM. salchichería, salchichero, salchichón.

salchichón m. Embutido de jamón, tocino y pimienta en grano, prensado y curado.

salcochar tr. Cocer algún alimento solo con agua y sal para condimentarlo después.

saldar tr. Liquidar una cuenta por completo. || Dar algo por terminado. || Vender a bajo precio una mercancía para deshacerse pronto de ella. || FAM. saldista, saldo.

saldo m. Pago o finiquito de una deuda u obligación: *saldo de una hipoteca.* || Cantidad que de una cuenta resulta a favor o en contra del titular. || Resultado final de una actividad o asunto. || Resto de mercancías que el comerciante vende a bajo precio. Más en pl. || Liquidación de estas mercancías. Más en pl.

saledizo, za adj. Saliente, que sobresale. || m. En arquit., parte que sobresale de la fachada de un edificio o de un muro.

salero m. Recipiente usado para guardar la sal o servirla en la mesa. || Depósito o lugar donde se guarda la sal. || *col.* Gracia, donaire. || *amer.* Salina. || FAM. saleroso.

saleroso, sa adj. y s. *col.* Que tiene salero, gracia y donaire.

salesa adj. y f. Se apl. a la religiosa de la Orden de la Visitación de Nuestra Señora, de origen francés.

salesiano, na adj. De la congregación religiosa Sociedad de San Francisco de Sales, fundada por san Juan Bosco, o relativo a ella. || adj. y s. Miembro de esta congregación.

saleta com. *amer.* Persona voluble, informal.

salicáceo, a adj. y f. De las salicáceas o relativo a esta familia de plantas. || f. pl. Familia de plantas angiospermas dicotiledóneas formada por árboles y arbustos de hojas simples, flores en amento y fruto en cápsula, que crecen en terrenos húmedos de todo el mundo, como el chopo.

salicílico, ca adj. y m. En quím., se apl. al ácido contenido en la corteza del sauce, sólido, cristalino, incoloro y poco soluble en agua, usado como conservante alimentario, antiséptico, antipirético y antirreumático. || FAM. salicilato.

sálico, ca adj. De los salios o relativo a este pueblo franco. || Se apl. a la ley que excluía del trono de Francia a las mujeres y a sus descendientes, que se introdujo en España después del establecimiento de la casa de Borbón, pero que fue derogada en 1830. || FAM. salio.

salida f. Paso de dentro a fuera. || Lugar por donde se sale. || Partida de un lugar. || Punto de partida. || Acción de salir un astro y momento en que se produce. || Pretexto, recurso: *tiene salidas para todo.* || Medio con que se soluciona una dificultad o se vence un peligro: *halló la salida a sus problemas.* || Dicho agudo, ocurrencia. || Posibilidad de venta de un producto: *estos nuevos bolígrafos tendrán buena salida.* || Futuro, posibilidad favorable que ofrece algo. Más en pl.: *estudió una carrera sin salidas.* || **salida de tono** *col.* Dicho inconveniente.

salido, da adj. Que sobresale en un cuerpo más de lo regular. || Se apl. a los animales en celo. || *vulg.* Se apl. a la persona que siente gran deseo sexual.

salidor, ra adj. *amer.* Andariego. || *amer.* Brioso, animoso.

saliente adj. Que sale: *ministro saliente.* || m. Parte que sobresale en una cosa. || Oriente, levante.

salina f. Mina o yacimiento de sal. || Instalación poco profunda para la obtención de sal por precipitación y evaporación de aguas salobres. || FAM. salicultura, salinero.

salinidad f. Cualidad de salino. || Cantidad proporcional de sales que contiene el agua del mar.

salino, na adj. Que contiene sal o tiene características propias de ella. || Se apl. a la res vacuna que tiene pintas blancas. || FAM. salinidad.

salir tr. Pasar de dentro a fuera. También prnl. || Desencajarse una cosa. También prnl. || Partir de un lugar a otro. || Ir a tomar el aire, pasear, distraerse. || Librarse de un lugar o situación peligrosos. || Aparecer: *ya ha salido la Luna.* || Brotar, nacer. || Aparecer alguien en una foto, filmación, libro, etc. || Mantener con alguien una relación amorosa: *empezaron a salir muy jóvenes.* || Apartarse, separarse. También prnl.: *salirse de la carretera.* || Descubrirse el carácter de alguien o las características de algo: *el crío salió muy travieso.* || Decir o hacer algo inesperado o que causa extrañeza: *salió con que la culpa fue nuestra.* || Ocurrir, sobrevenir: *me ha salido otro encargo.* || Costar una cosa: *ese hotel sale muy caro.* || Resultar una cuenta. || Corresponder a cada uno una cantidad: *salimos a treinta euros por persona.* || Quedar, venir a ser: *salir vencedor.* || Tener buen y mal éxito: *salió bien del examen.* || Conseguir hacer bien una cosa: *los guisos le salen estupendos.* || Parecerse, asemejarse: *ha salido a su madre.* || Ser elegido en un sorteo, votación, etc. || Ir a parar: *esta calle sale a la plaza.* || prnl. Derramarse por una rendija un líquido. || Rebosar un líquido al hervir. || **sa-**

lir adelante loc. Llegar a feliz término en algo. || **salir uno pitando** loc. *col.* Echar a correr o salir muy deprisa. || **salirle cara** una cosa a uno loc. Resultar perjudicado en algo. || **salirse con la suya** loc. Hacer su voluntad. || FAM. saledizo, salida, salidizo, salido, salidor, saliente. ◆ **Irreg.** Conjugación modelo:

Indicativo
   Pres.: salgo, sales, sale, salimos, salís, salen.
   Imperf.: salía, salías, salía, *etc.*
   Pret. perf. simple: salí, saliste, salió, salimos, salisteis, salieron.
   Fut. simple: saldré, saldrás, saldrá, *etc.*
   Condicional simple: saldría, saldrías, saldría, *etc.*
Subjuntivo
   Pres.: salga, salgas, salga, salgamos, salgáis, salgan.
   Imperf.: saliera o saliese, salieras o salieses, *etc.*
   Fut. simple: saliere, salieres, saliere, *etc.*
Imperativo: sal, salid.
Participio: salido.
Gerundio: saliendo.

---

salitre m. En quím., nitrato potásico. || Cualquier sustancia salina, en especial la que aflora en tierras y paredes. || *amer.* En quím., nitrato de Chile. || FAM. salitrado, salitral, salitrero, salitroso.

saliva f. Líquido alcalino, algo viscoso, producido por las glándulas salivales para reblandecer los alimentos y facilitar su masticación, deglución y digestión. || **gastar saliva** loc. *col.* Hablar inútilmente. || **tragar saliva** loc. *col.* Soportar algo que es desagradable, molesto u ofensivo. || FAM. salivadera, salivajo, salival, salivar, salivazo, salivoso.

salivadera f. *amer.* Escupidera, recipiente para escupir.

salivajo m. Salivazo.

salivar intr. Segregar saliva. || FAM. salivación.

salivazo m. Porción de saliva que se escupe de una vez.

salmer m. En arquit., piedra del muro cortada en plano inclinado, de donde arranca un arco adintelado.

salmo m. Composición o canto de alabanzas a Dios y, en especial, los del rey David. || FAM. salmista, salmodia, salmodiar.

salmodia f. Música con que se acompañan los salmos. || *col.* Canto monótono y sin expresividad. || *col.* Cosa molesta e insistente.

salmodiar intr. Cantar salmos. || tr. Cantar con cadencia monótona.

salmón m. Nombre común de diversos peces osteíctios salmoniformes de hasta 1,50 m de largo, con el cuerpo de color gris azulado con una segunda aleta adiposa en su dorso, de carne rojiza y sabrosa, muy apreciada, que realizan migraciones en otoño para desovar en los ríos. || adj. y m. Se apl. al color rosa anaranjado, como la carne de este pez. || FAM. salmonera, salmonero, salmonete, salmoniforme.

salmonella f. Género de bacterias que provocan la salmonelosis. || FAM. salmonelosis.

salmonelosis f. Infección intestinal grave de origen bacteriano que se transmite a través de los alimentos

y se manifiesta con fiebre alta, vómitos y gastroenteritis. ◆ No varía en pl.

salmonete m. Nombre común de diversos peces osteíctios perciformes marinos de cuerpo comprimido de color rojo en el lomo y blanco sonrosado en el vientre, con dos largas barbillas en la mandíbula y cola en forma de horquilla.

salmoniforme adj. y m. De los salmoniformes o relativo a este orden de peces. || m. pl. Orden de peces osteíctios de cuerpo alargado, cubierto de escamas muy adherentes, que viven en agua salada y se trasladan a las aguas frías de los ríos para desovar, como el salmón o el tímalo.

salmorejo m. Salsa compuesta de agua, vinagre, aceite, sal y pimienta. || Especie de gazpacho espeso, con textura de puré, cuyos ingredientes son pan, huevo, tomate, pimiento, ajo, sal, agua, vinagre y aceite. || Reprimenda, escarmiento.

salmuera f. Agua muy salada. || Líquido salobre que sueltan las cosas saladas. || Líquido preparado con sal y, a veces, otros condimentos, en el que se conservan alimentos.

salobre adj. Que contiene sal o sabe a ella. || FAM. salobreño, salobridad.

salomónico, ca adj. De Salomón o relativo a este antiguo rey de Israel: *salmos salomónicos.* || Se apl. al juicio o decisión que se resuelve dando parte de razón a las dos partes implicadas: *castigo salomónico.* || En arquit., se apl. a la columna que tiene el fuste contorneado en espiral. || FAM. salomón.

salón m. Habitación principal de una casa, usada para recibir visitas y celebrar reuniones. || Mobiliario de esta habitación. || En un edificio, estancia de grandes dimensiones donde se celebran actos públicos: *salón de actos.* || Nombre de algunos locales o establecimientos: *salón de té, de baile.* || Exposición, feria comercial: *salón del automóvil.* || Establecimiento lujoso donde se venden dulces, licores y refrescos. || **salón de belleza** Establecimiento donde se prestan servicios diversos de peluquería, depilación, manicura, cosmética, etc. || **de salón** loc. adj. Se apl. al toreo que se ejercita frente a un toro imaginario. || *col.* Sin riesgo ni compromiso.

salpicadera f. *amer.* Guardabarros.

salpicadero m. Panel con el tablero de mandos situado enfrente de los asientos delanteros de un automóvil. || Tablero colocado en la parte delantera de algunos carruajes para preservar al conductor de las salpicaduras.

salpicadura f. Salto de un líquido en pequeñas gotas. || Mancha que produce. || f. pl. Consecuencias indirectas de un hecho.

salpicar tr. e intr. Saltar o esparcir un líquido en gotas menudas. || tr. Esparcir, diseminar varias cosas sobre una superficie. || Causar un perjuicio o reacción negativa sobre alguien. || tr. y prnl. Mojar o manchar con un líquido que salpica. || FAM. salpicadera, salpicadero, salpicadura, salpicón.

salpicón m. Salpicadura. || Plato elaborado con trozos de carne, pescado o marisco condimentados con cebolla, pimienta, vinagre, aceite y sal. || *amer.* Bebida fría hecha de zumo de frutas. || **salpicón de frutas** *amer.* Bebida o refresco hecho de trozos de frutas en su propio zumo.

salpimentar tr. Condimentar con sal y pimienta. || Amenizar, contar algo con chispa y buen humor. ◆ Irreg. Se conj. como *acertar.*

salsa f. Mezcla de varias sustancias desleídas con que se aderezan las comidas. || Jugo que suelta un alimento al cocinarlo. || Cualquier cosa que anima, da gracia o interés a algo: *fue la salsa de la reunión.* || Música y baile caribeños de mucho ritmo. || **salsa bearnesa** La que se hace al baño María, mezclando mantequilla, huevos, vino blanco, perejil, etc., y se utiliza para acompañar carnes y pescados. || **salsa mahonesa** o **mayonesa** Mayonesa. || **salsa tártara** La que se hace con yemas de huevo, aceite, vinagre o limón y diversos condimentos. || **salsa verde** La hecha con perejil, usada especialmente para acompañar pescados. || **en su salsa** loc. adv. *col.* A gusto, rodeado de las circunstancias que muestran lo más característico de alguien. || FAM. salsera, salsería, salsero, salsina, salsoteca.

salsamentaría f. *amer.* Tienda de comestibles donde se venden diversas variedades de embutidos.

salsera f. Recipiente en que se sirve la salsa. || Recipiente pequeño para mezclar colores.

saltador, ra adj. Que salta. || m. y f. Deportista que realiza cualquiera de las modalidades de salto. || m. Cuerda para saltar a la comba.

saltamontes m. Nombre común de diversos insectos ortópteros propios de climas cálidos, de cuerpo cilíndrico, color pardo, verdoso o negruzco, cabeza gruesa de ojos saltones con finas antenas, las patas anteriores cortas y las posteriores muy robustas y largas, aptas para saltar. ◆ No varía en pl.

saltar intr. Levantarse del suelo con impulso y agilidad para elevarse y volver a caer. || Arrojarse desde una altura. || Salir un líquido hacia arriba con ímpetu, como el agua en el surtidor. || Romperse o abrirse violentamente una cosa: *saltar una costura.* || Desprenderse una cosa de donde estaba unida o fija: *saltar un botón.* || Lanzarse en ataque sobre alguien o algo: *los atracadores saltaron sobre él.* || Manifestar algo bruscamente, por lo general como reacción a alguna cosa: *saltas a la mínima observación.* || Ascender a un puesto más alto sin haber ocupado este. || Destacar por la limpieza. || En dep., salir los jugadores al terreno de juego. || En salto. Salvar de un salto un espacio o distancia. || Pasar de una cosa a otra, dejándose las intermedias. || No cumplir una ley, reglamento, etc. También prnl.: *saltarse un stop.* || **saltar a la vista** loc. Destacar o sobresalir mucho. || FAM. saltable, saltadizo, saltador, saltamontes, saltarín, saltear, saltimbanqui, salto, saltón.

saltarín, ina adj. y s. Que salta o baila. || Inquieto, bullicioso, que se mueve mucho.

salteador, ra m. y f. Persona que saltea y roba en los despoblados o caminos.

saltear tr. Asaltar, salir a los caminos para robar a los viajeros. || Realizar una actividad sin seguir su curso, de manera discontinua, o dejarla sin terminar. || Sofreír un alimento en mantequilla o aceite a fuego vivo. || FAM. salteador.

salterio m. Libro de la Biblia. || Libro de coro que contiene solo los salmos. || Parte del breviario que tiene las horas canónicas de toda la semana. || Antiguo instrumento de cuerda consistente en una caja prismática de madera, más estrecha en su parte superior, provista de cuerdas metálicas que se hacen sonar.

saltimbanqui com. Equilibrista, acróbata.

salto m. Elevación a determinada altura o lanzamiento desde ella. || Despeñadero muy profundo. || Caída de un caudal importante de agua a gran desnivel, en especial en una instalación industrial. || Distancia que se ha saltado. || Interrupción, discontinuidad, omisión voluntaria o involuntaria: *salto narrativo.* || Progreso importante: *el descubrimiento supuso un salto en la ciencia.* || Palpitación violenta del corazón. || Pruebas atléticas en que se salta una determinada altura o longitud: *salto con pértiga.* || En natación, saltos de trampolín. || En esquí, salto de longitud desde una pista en trampolín. || **salto de cama** Bata amplia femenina para salir de la cama. || **salto mortal** Salto acrobático que da una vuelta completa en el aire. || **a salto de mata** loc. adv. Aprovechando las ocasiones que depara la casualidad. || Sin seguir ningún orden o plan, según se vayan desarrollando las cosas.

saltón, ona adj. Que anda a saltos o salta mucho. || Que sobresale más de lo regular. || *amer.* A media cocción. || *amer.* Vivaz, avispado.

salubre adj. Bueno para la salud, saludable. || FAM. salubridad.

salud f. Estado en que el organismo ejerce normalmente sus funciones. || Estado general del organismo. || Buen estado y funcionamiento de un colectivo o una actividad. || interj. Se usa como fórmula de saludo y al brindar. || **salud mental** Estado de equilibrio psíquico y emocional. || **curarse uno en salud** loc. Precaverse de un daño ante la más leve amenaza. ◆ No se usa en pl. || FAM. salubre, saludable, saludar, salutífero.

saludable adj. Que sirve para conservar o restituir la salud. || Que tiene un aspecto que muestra buena salud. || Provechoso para un fin.

saludar tr. Dirigirse a alguien al encontrarse o despedirse con ciertos gestos o fórmulas de cortesía. || Transmitir a alguien por carta o a través de otra persona palabras de afecto o respeto. || Mostrar a alguien respeto mediante señales formularias. || FAM. saluda, saludador, saludo, salutación.

saludo m. Pronunciación y transmisión de fórmulas y gestos de cortesía. || Palabra, gesto o fórmula para saludar. || pl. Expresiones corteses.

salutación f. Saludo. || Parte del sermón en que se saluda a la Virgen María.

salutífero, ra adj. Saludable.

salva f. Saludo o demostración de respeto y honores que se hace en el ejército disparando armas de fuego. || **salva de aplausos** Aplausos en que prorrumpe una concurrencia. || **probar la sal parte** Eufemismo por *culo.*

salvación f. Liberación de un peligro, un daño o un obstáculo. || Consecución de la gloria y bienaventuranza eternas.

salvado m. Cáscara del grano de los cereales desmenuzada al molerlo.

salvador, ra adj. y s. Que salva. || m. Uno de los nombres que recibe Jesucristo. ◆ Se escribe con mayúscula.

salvadoreño, ña adj. y s. De El Salvador o relativo a este país de Centroamérica. || FAM. salvadoreñismo.

salvaguarda f. Custodia, amparo, protección. || Salvoconducto.

salvaguardar tr. Defender, proteger, amparar. || FAM. salvaguarda, salvaguardia.

salvaguardia f. Salvaguarda.

salvajada f. Acción o dicho propios de un salvaje. || col. Abundancia, gran cantidad: *gana una salvajada de dinero.*

salvaje adj. Se apl. a la planta silvestre. || Se dice del animal que no es doméstico ni ha sido domesticado. || Se apl. al terreno abrupto que no ha sido cultivado. || Incontrolado, violento o fuera de las normas establecidas: *hambre, odio salvaje.* || adj. y com. Se dice del pueblo que no ha adoptado el desarrollo, cultura y costumbres de la civilización occidental. || Necio, rudo, sin educación. || Muy cruel. || FAM. salvajada, salvajismo.

salvajismo m. Comportamiento y manera de actuar propia de los salvajes. || Crueldad.

salvamanteles m. Pieza de diversos materiales sobre la que se colocan los objetos y recipientes que podrían quemar el mantel. ◆ No varía en pl.

salvamento m. Liberación de un riesgo, un peligro o un inconveniente.

salvar tr. Poner a salvo, librar de un riesgo o peligro. También prnl. || En religión, dar o alcanzar la gloria y bienaventuranza eternas. También prnl. || Evitar un inconveniente, impedimento, dificultad o riesgo. || Exceptuar, excluir una cosa de lo que se dice o se hace de otras u otras. || Vencer un obstáculo, pasando por encima o a través de él. || Recorrer la distancia que media entre dos lugares. || Rebasar una altura elevándose por encima de ella. || FAM. salva, salvable, salvación, salvador, salvaguardar, salvamento, salvavidas, salvedad, salvo, salvoconducto.

salvavidas m. Flotador o cualquier otro utensilio insumergible empleado para mantener a flote a los náufragos o personas que no saben nadar. || com. amer. Socorrista. ◆ No varía en pl.

salve f. Oración dirigida a la Virgen María. || Composición musical y canto de esta oración. || interj. Fórmula latina de saludo. || FAM. salva.

salvedad f. Advertencia, excepción que se emplea como excusa, descargo o limitación de lo que se expresa o se hace.

salvia f. Planta herbácea perenne de la familia de las labiadas, medicinal y peluda, con tallos de color verde blanquecino, hojas estrechas y onduladas y flores azules, violáceas o amarillas.

salvilla f. Bandeja con varias encajaduras para asentar las tazas, copas o recipientes que se sirven en ella. || amer. Vinagreras.

salvo¹ prep. Fuera de, excepto.

salvo², va adj. Ileso, libre de peligro. Se usa sobre todo en la loc. *sano y salvo.* || Exceptuado, omitido: *sal-*

vas las introducciones, pasemos al tema que nos ocupa. || **a salvo** loc. adv. Fuera de peligro. || FAM. salve.

salvoconducto m. Documento expedido por la autoridad para permitir el tránsito libre y sin riesgo de su portador. || Libertad para hacer algo sin temor de castigo.

sámara f. Fruto seco, indehiscente, de pocas semillas y pericarpio extendido como un ala.

samario m. Elemento químico metálico del grupo de los lantánidos, de color amarillo pálido y gran dureza, que se inflama a los 150 °C. Se utiliza en la fabricación de vidrios especiales que absorban neutrones en reactores nucleares. Su símbolo es *Sm* y su número atómico, 62.

samaritano, na adj. y s. De Samaria o relativo a esta región y ciudad de Asia antigua. || m. y f. Persona compasiva que ayuda a otra. || m. Lengua hablada en Samaria.

samba f. Música y danza brasileña de origen africano, de compás binario y ritmo rápido.

sambenito m. Descrédito y mal nombre que pesa sobre alguien en la opinión general. || Esclavina o escapulario que se ponía a los penitentes reconciliados por el tribunal de la Inquisición. || Letrero que se ponía en las iglesias en que figuraban tanto el nombre del penitenciado como su falta.

samoano, na adj. y s. De Samoa o relativo a este archipiélago del Pacífico.

samotana f. amer. Bulla, algazara.

samovar m. Recipiente metálico en forma de cafetera alta, dotado de una chimenea interior con infernillo, usado para calentar el agua del té.

samoyedo, da adj. y s. De un pueblo mongol que habita las costas del mar Blanco y el norte de Siberia, o relacionado con él. || Se apl. al perro propio de las regiones boreales, de complexión fuerte y pelo abundante, generalmente blanco. || m. Conjunto de lenguas urálicas habladas por los samoyedos.

sampablera f. amer. Discusión o disputa acompañada de ruido.

sampán m. Embarcación ligera a remo dotada de un toldo, usada en el sureste de Asia para navegar por aguas costeras y fluviales y como vivienda flotante.

samplegorio m. amer. Jaleo, confusión.

samurái o **samuray** m. Guerrero de una clase de la antigua jerarquía feudal japonesa, inferior a los nobles, que servía a un *shogun* o señor feudal. || adj. De este guerrero o relativo a él. ◆ pl. *samuráis.*

san adj. apóc. de *santo.* ◆ Se usa ante nombre propio m. sing., excepto Tomás o Tomé, Toribio y Domingo. || m. amer. Juego de azar en el que los jugadores ingresan periódicamente una suma de dinero, y el total corresponde a uno de ellos, por turno, según el número que se le haya adjudicado.

sanador, ra adj. y s. Que sana. || m. y f. Persona capaz de curar por medicina tradicional o supuestos dones.

sanano, na adj. amer. Tonto, de escaso juicio y entendimiento.

sanar tr. Restituir a uno la salud que había perdido. || intr. Recobrar la salud. || FAM. sanable, sanador, sanamente, sanatorio.

sanatorio m. Centro sanitario habilitado para la estancia de enfermos que necesitan someterse a tratamientos médicos o quirúrgicos.

san bernardo adj. y m. Se apl. al perro de gran tamaño, de hasta 90 kg de peso, pelo largo, hocico achatado y orejas caídas, originalmente criado por los monjes del hospicio de San Bernardo para rescatar a los viajeros perdidos en la nieve.

sanción f. Pena que la ley establece para el que la infringe. || Castigo que se da al que no cumple una norma establecida o tiene un comportamiento incorrecto. || Autorización o aprobación que se da a cualquier acto, uso o costumbre. || Acto solemne por el que el jefe del Estado confirma una ley o estatuto. || FAM. sancionar.

sancionar tr. Aplicar una sanción o castigo. || Autorizar o aprobar cualquier acto, uso o costumbre. || Dar fuerza de ley a una disposición. || FAM. sancionable, sancionador.

sanco m. *amer.* Gachas espesas que se hacen de harina de maíz, harina de trigo o yuca rallada, cocida con agua, grasa y sal. || *amer.* Guiso hecho con harina de maíz o maíz tierno, con sangre de res y un sofrito de cebolla y ajo.

sancochar tr. Cocinar un alimento a medio punto y sin sazonar.

sancocho m. Alimento a medio cocer. || *amer.* Guiso de carne, yuca, plátano y otros ingredientes, y que suele tomarse en el almuerzo. || *amer.* Restos de la comida con que se alimenta a los cerdos. || *amer.* Lío, follón. || FAM. sancochar.

sanctasanctórum m. Lugar más reservado y secreto. || Lo que para una persona merece el máximo aprecio y estima. || Parte interior y más sagrada del tabernáculo de los judíos. ◆ No varía en pl.

sandalia f. Calzado compuesto de una suela que se sujeta al pie con correas o cintas. || Zapato ligero y muy abierto.

sándalo m. Menta. || Árbol santaláceo similar al nogal, de fuertes hojas elípticas, flores en ramos, frutos carnosos y globosos, de madera amarilla olorosa. || Madera de este árbol. || En perfumería, esencia obtenida por destilación de la madera de dicho árbol. || **sándalo rojo** Árbol leguminoso tropical de tronco recto, copa amplia y madera tintórea de color rojo.

sandez f. Necedad, simpleza. || Despropósito, hecho o dicho necio. || FAM. sandio.

sandía f. Planta cucurbitácea anual de tallo velloso, flexible y rastrero, con zarcillos, hojas lobuladas y gran fruto casi esférico de piel verde y pulpa roja, dulce y jugosa llena de pepitas negras, muy apreciado como alimento. || Fruto de esta planta. || FAM. sandial, sandiar.

sandinismo m. Movimiento político nicaragüense que recupera y defiende las ideas de Augusto César Sandino.

sandinista adj. Del sandinismo o relativo a este movimiento. || adj. y com. Partidario del sandinismo. || Miembro del Frente Sandinista de Liberación Nacional. || FAM. sandinismo.

sandio, dia adj. y s. Necio, ignorante, simple.

sánduche m. *amer.* Sándwich.

sandunga f. *col.* Gracia, donaire, salero. || *amer.* Jarana, parranda. || FAM. sandunguero.

sandunguero, ra adj. *col.* Que tiene sandunga y gracejo.

sándwich m. Emparedado, bocadillo hecho con dos rebanadas de pan de molde rellenas de fiambre, queso o vegetales. || *amer.* Bocadillo. ◆ pl. *sándwiches.* || FAM. sandwichera, sandwichería.

sandwiche m. *amer.* Sándwich.

sandwichera f. Electrodoméstico de cierre hermético que sirve para elaborar sándwiches calientes.

saneado, da adj. Se apl. al bien, la renta o el haber libre de cargas o descuentos.

saneamiento m. Conjunto de procedimientos para dotar a un edificio de las condiciones de salubridad necesarias para preservarlo de la humedad y vías de agua. || Conjunto de acciones destinadas a la mejora de una situación económica. || m. pl. Mobiliario destinado al aseo e higiene personal.

sanear tr. Dotar a un lugar o edificio de las condiciones de salubridad necesarias para preservarlo de la humedad y vías de agua. || Reparar, remediar o hacer que una situación mejore. || FAM. saneado, saneamiento.

sanedrín m. Consejo supremo de los judíos con potestad sobre los asuntos de Estado y de religión. || Lugar donde se reunía este consejo.

sanfermines m. pl. Festejos populares en honor de san Fermín que se celebran del 7 al 14 de julio en la ciudad española de Pamplona, en la Comunidad Foral de Navarra.

sanfrancisco m. Combinado sin alcohol compuesto de varios zumos de frutas, como grosella o granadina.

sangradera f. Caz o acequia de riego que se deriva de otra corriente de agua. || Compuerta por donde se da salida al agua sobrante de un caz. || Lanceta para hacer una sangría. || Vasija que sirve para recoger la sangre cuando se hace una sangría. || *amer.* Sangría del brazo.

sangrado m. En impr., sangría, comienzo de una línea más interior que el resto.

sangrante adj. y s. Que sangra. || Indignante, lacerante o desgarrador.

sangrar intr. Manar sangre. || tr. Abrir o punzar una vena y dejar salir determinada cantidad de sangre. || Dar salida a todo o a parte de un líquido, abriendo un conducto en el recipiente que lo contiene. || Hacer una incisión en un árbol para obtener resina u otra sustancia. || *col.* Aprovecharse de una persona, generalmente sacándole dinero. || *col.* Hurtar, sisar. || En impr., comenzar una línea más interiormente que el resto. || FAM. sangrado, sangradura, sangrante, sangría.

sangre f. Fluido rojo compuesto por plasma y células en suspensión que circula por las arterias y las venas. || Linaje o parentesco. || **sangre azul** Linaje noble. || **sangre de horchata** Se apl. a la persona que no se altera con nada. || **sangre fría** Serenidad. || **sangre ligera** *amer.* Se apl. a la persona simpática. || **sangre pesada** *amer.* Se dice de la persona antipática, chinchosa. || **a sangre fría** loc. adv. Con premeditación y cálculo, una vez pasado el arrebato de la cólera. || **buena** o **mala**

sangre loc. *col.* Buena o mala intención. ‖ **chupar la sangre** loc. *col.* Ir quitando los beneficios ajenos en provecho propio. ‖ **de sangre caliente** loc. adj. Se apl. al animal cuya temperatura no depende de la del ambiente y suele ser superior a la de este. ‖ **de sangre fría** loc. adj. Se apl. al animal cuya temperatura es la del ambiente. ‖ **llevar** algo **en la sangre** loc. Ser innato o hereditario. ‖ **no llegar la sangre al río** loc. *col.* No tener algo consecuencias graves. ‖ **no tener sangre en las venas** loc. *col.* Tener sangre de horchata. ‖ **sudar sangre** loc. *col.* Hacer un gran esfuerzo para lograr algo. ‖ FAM. sangradera, sangrar, sangrero, sangriento, sangrón, sanguijuela, sanguina, sanguino, sanguinario, sanguíneo, sanguinolento.

sangría f. Punción para la extracción de cierta cantidad de sangre. ‖ Pérdida de caudal, gasto o hurto progresivo y en pequeñas porciones. ‖ Bebida refrescante hecha con vino, agua, limón, azúcar y frutas. ‖ Salida que se da a las aguas de un río o canal. ‖ Pequeño corte que se hace en la corteza de un árbol para que fluya la resina. ‖ En impr., comienzo de una línea más interior que el resto.

sangriento, ta adj. Manchado, teñido en sangre o mezclado con ella. ‖ Muy cruel, despiadado. ‖ Que causa efusión y derramamiento de sangre. ‖ FAM. sangrientamente.

sangrón, ona adj. *amer.* Antipático, repelente.

sanguaraña f. *amer.* Baile popular. ‖ *amer.* Circunloquio, rodeo de palabras. Más en pl.

sánguche m. *amer.* Sándwich.

sangüiche m. *amer.* Sándwich.

sanguijuela f. Gusano anélido hirudíneo de agua dulce, de cuerpo anillado, boca chupadora y con una ventosa en cada extremo con que se adhiere a otros animales para alimentarse de su sangre. ‖ *col.* Persona que se aprovecha de otra y obtiene sus bienes poco a poco.

sanguinario, ria adj. Muy cruel, iracundo, sangriento. ‖ f. Piedra semejante al ágata, de color sangre, a la que se atribuía la virtud de contener las hemorragias.

sanguíneo, a adj. De la sangre o relativo a ella. ‖ Que contiene sangre o abunda en ella. ‖ Se apl. a la complexión y carácter de rasgos violentos e irritables.

sanguinolento, ta adj. Que expulsa sangre. ‖ Manchado o mezclado con sangre. ‖ FAM. sanguinolencia.

sanidad f. Calidad de sano, buena salud. ‖ Calidad de saludable. ‖ Conjunto de servicios, personal e instalaciones del Estado para preservar la salud pública.

sanitario, ria adj. De la sanidad o relativo a estos servicios. ‖ adj. y m. Se apl. al aparato o a la instalación apto para el aseo e higiene personal. ‖ m. y f. Profesional que trabaja en los cuerpos de sanidad. ‖ m. *amer.* Escusado, retrete.

sanjacobo m. Filete empanado compuesto de dos lonchas de jamón cocido o lomo con una de queso en medio.

sanmartín m. Época cercana a las fiestas de san Martín, que se celebran el 11 de noviembre, a partir de la cual suele hacerse la matanza del cerdo. ‖ Esta matanza. ‖ **llegar, venir** o **tener cada uno su sanmartín**

loc. *col.* Expresa que cada persona tiene marcado un tiempo en que le tocará sufrir o rendir cuentas.

sano, na adj. Que goza de perfecta salud. ‖ Saludable, bueno para la salud. ‖ Sin daño, lesión o defecto. ‖ Entero, no roto o estropeado. ‖ De buena moral e intención, sincero. ‖ **cortar por lo sano** loc. *col.* Emplear el procedimiento más expeditivo para remediar algo. ‖ **sano y salvo** loc. Sin lesión, enfermedad ni peligro. ‖ FAM. sanamente, sanar, sanear, sanidad, sanitario.

sánscrito, ta adj. y m. De la antigua lengua indoeuropea de los brahmanes y de lo referente a ella.

sanseacabó interj. *col.* Expresión con que se da por terminado un asunto.

sansón m. Hombre muy forzudo.

santabárbara f. Pañol o lugar destinado en las embarcaciones para guardar la pólvora. ‖ Cámara que lleva a este compartimento.

santaláceo, a adj. y f. De las santaláceas o relativo a esta familia de plantas. ‖ f. pl. Familia de plantas angiospermas dicotiledóneas, árboles, matas o hierbas, que tienen hojas verdes, gruesas, sin estípulas y por lo común alternas, flores pequeñas, sin pétalos y con el cáliz colorido, y fruto en drupa, como el sándalo.

santería f. Superstición, culto exagerado a las imágenes religiosas. ‖ *amer.* Tienda de imágenes de santos y objetos de culto. ‖ *amer.* Brujería. ‖ *amer.* En el Caribe, sincretismo religioso que aúna los santos cristianos con los dioses de origen africano con los que creen estar en contacto los creyentes. ‖ FAM. santero.

santero, ra adj. Que tributa a las imágenes un culto exagerado o supersticioso. ‖ m. y f. Persona que cuida de un santuario. ‖ Persona que pide limosna llevando de casa en casa la imagen de un santo. ‖ Persona que pinta, esculpe o vende santos. ‖ Sanador, curandero que invoca a los santos.

santiamén (en un) loc. *col.* En un instante, en un periquete.

santidad f. Estado o calidad de santo. ‖ Tratamiento honorífico que se da al papa.

santificar tr. Hacer santo a alguien y honrarlo como tal. ‖ Reconocer y honrar lo que es santo o sagrado. ‖ Dedicar a Dios. ‖ Hacer venerable por el contacto con lo sagrado. ‖ FAM. santificable, santificación, santificador, santificante.

santiguar tr. y prnl. Hacer la señal de la cruz desde la frente al pecho y desde el hombro izquierdo al derecho. ‖ prnl. Hacerse cruces, extrañándose o escandalizándose de algo.

santísimo, ma adj. Se apl. al papa, como tratamiento honorífico. ‖ **el Santísimo** Nombre que recibe Cristo en la eucaristía. ◆ Se escribe con mayúscula.

santo, ta adj. Perfecto y libre de toda culpa: *santa María.* ‖ Canonizado por la Iglesia: *santo Tomás de Aquino.* También s. ‖ Se apoca en la forma *san* ante los nombres propios m. sing., excepto Tomás o Tomé, Toribio y Domingo. ‖ Bondadoso, de especial virtud, abnegación y ejemplo. También s. ‖ Se apl. a la semana que sigue al Domingo de Ramos, y al día de esta semana. ◆ Se escribe con mayúscula. ‖ Sagrado, inviolable: *no te* *metas con mi santa madre.* || Con ciertos sustantivos, encarece el significado de estos: *esperó todo el santo día.* || m. Imagen de un santo. || Respecto de una persona, festividad del santo cuyo nombre lleva. || **santo y seña** Contraseña que permite pasar por un puesto de guardia. || **a santo de qué** loc. adv. Con qué motivo, a fin de qué, con qué pretexto. || **desnudar a un santo para vestir a otro** loc. *col.* Quitar algo de donde es preciso para colocarlo en otro lugar. || **írsele** a uno **el santo al cielo** loc. *col.* Olvidársele algo, descuidarse. || **llegar y besar el santo** loc. Conseguir rápidamente lo que se pretende. || **quedarse para vestir santos** loc. *col.* Quedarse soltero. || FAM. san, sanctasanctórum, santamente, santería, santidad, santificar, santiguar, santísimo, santón, santoral, santuario, santurrón.

santón m. Anacoreta no cristiano que lleva una vida austera y llena de penitencias. || *col.* Santurrón, hipócrita. || *col.* Persona muy autorizada e influyente en una colectividad: *santón de las finanzas.*

santoral m. Libro que contiene la vida y los hechos de los santos. || Lista de los santos cuya festividad se celebra en cada uno de los días del año.

santuario m. Templo en que se venera la imagen o reliquia de un santo. || Lugar sagrado, o importante y valioso. || Lugar usado como refugio, protección o asilo.

santurrón, ona adj. y s. Que muestra hipócritamente una devoción y una santidad exageradas o fingidas. || FAM. santurronería.

saña f. Intención rencorosa y cruel con que se intenta causar daño. || Furor, ira, enojo. || FAM. sañudamente, sañudo.

sañudo, da adj. Que tiene saña o es propenso a ella.

saó m. *amer.* Palmera del Oriente. || *amer.* Sombrero fabricado con la fibra que da dicha palmera.

sapear tr. *amer.* Espiar, acechar. || *amer.* Delatar. || *amer.* Prostituirse. || *amer.* Buscar y frecuentar prostitutas. || FAM. sapeada.

sapelli m. Árbol meliáceo tropical de hasta 30 m de altura, cuya madera es muy apreciada en ebanistería. || Madera de este árbol.

sapiencia f. Sabiduría. || FAM. sapiencial, sapiente.

sapindáceo, a adj. y f. De las sapindáceas o relativo a esta familia de plantas. || f. pl. Familia de plantas leñosas angiospermas dicotiledóneas formada por árboles o arbustos tropicales de hojas casi siempre alternas, flores en espiga con zarcillos y fruto capsular, como el farolillo.

sapo m. Anfibio anuro similar a la rana, de mayor tamaño, cuerpo rechoncho, piel gruesa y verrugosa, patas posteriores fuertes y ojos saltones. || **sapos y culebras** loc. *col.* Todo tipo de insultos, blasfemias, juramentos y maldiciones.

saponificar tr. y prnl. Convertir en jabón un cuerpo graso mediante la combinación de sus ácidos con álcalis u óxidos metálicos. || FAM. saponáceo, saponificable, saponificación.

sapotáceo, a adj. y f. De las sapotáceas o relativo a esta familia de plantas. || f. pl. Familia de plantas angiospermas dicotiledóneas formada por arbustos y árboles de hojas alternas, provistos de tubos que contienen látex, flores axilares y frutos en baya, como el zapote.

saprófago, ga adj. Se apl. al ser vivo que se alimenta de materias en descomposición.

saprofito, ta adj. Se apl. a la planta o al microorganismo que se alimenta de materias orgánicas en descomposición. || Se dice del microorganismo que se aloja en el cuerpo, en especial en el tubo digestivo, y se alimenta de materias en putrefacción.

saque m. Puesta en juego de la pelota. || Lugar desde el que se saca la pelota. || **saque de banda** En fútbol, el que se realiza desde los lados más largos del campo. || **saque de esquina** En fútbol, el que se hace desde una esquina por haber salido la pelota del campo por la línea de fondo después de tocarla un jugador del equipo contrario. || **tener buen saque** loc. *col.* Ser buen comedor o bebedor.

saqueador, ra adj. y s. Que saquea.

saquear tr. Apoderarse violentamente un grupo de gente o soldados de lo que hallan en un lugar o plaza tomada. || Robar o apoderarse de cuanto hay en un lugar. || FAM. saqueador, saqueo.

saqueo m. Apropiación violenta por parte de un grupo de gente o soldados de lo que se halla en un lugar o plaza tomada. || Robo o apropiación de cuanto hay en un lugar.

saquero, ra *amer.* Tratante de ganado.

sarampión m. Enfermedad vírica contagiosa que se manifiesta con fiebre y síntomas catarrales, seguidos de la aparición de numerosas manchas rojas en la piel.

sarandí (voz guaraní) m. *amer.* Arbusto euforbiáceo de ramas largas y flexibles que abunda en los terrenos húmedos. ◆ pl. *sarandís* o *sarandíes.*

sarao m. Fiesta o reunión nocturna con baile y música. || Embrollo, lío, situación confusa.

sarape m. *amer.* Especie de poncho mexicano de lana o algodón generalmente de colores vivos, con una abertura para meter la cabeza.

sarasa m. *col.* Hombre afeminado.

saraviado, da adj. *amer.* Se apl. a las aves que tienen pintas o manchas.

sarazo, za adj. *amer.* Se apl. al fruto que empieza a madurar, en especial al maíz. || *amer.* Se apl. al agua de coco maduro y, p. ext., a este mismo fruto. || *amer.* Casi borracho.

sarcasmo m. Burla o ironía mordaz, hiriente y humillante. || Figura que consiste en emplear esta ironía o burla. || FAM. sarcásticamente, sarcástico.

sarcástico, ca adj. y s. Que implica o denota sarcasmo. || Que tiende a hacer uso de él.

sarcodino, na adj. y m. Se apl. al protozoo del grupo de los rizópodos.

sarcófago m. Féretro o sepulcro de piedra a nivel del suelo en que se entierra a un cadáver.

sarcoma m. Tumor maligno de tejido conjuntivo embrionario que se desarrolla rápidamente.

sardana f. Música y baile en corro tradicionales de Cataluña. || FAM. sardanista.

sardina f. Pez osteíctio clupeiforme marino de unos 25 cm de longitud, similar al arenque, de cuerpo alargado de color negro azulado por encima, con costados y vientre plateados y cabeza dorada con la mandíbula inferior sobresaliente. ‖ **sardina arenque** Arenque. ‖ **como sardinas en lata** loc. adv. Con apretura o en grandes masas. ‖ FAM. sardinada, sardinel, sardinero, sardineta.

sardinel m. En arquit., obra hecha de ladrillos sentados de canto y de modo que la cara de uno coincida en toda su extensión con la del otro. ‖ amer. Bordillo y, p. ext., acera de la calle.

sardineta f. Golpe rápido que se da con los dedos corazón e índice juntos. ‖ Adorno formado por dos galones apareados y terminados en punta que se usa en ciertos uniformes militares.

sardo, da adj. y s. De Cerdeña o relativo a esta isla italiana. ‖ Se apl. al ganado vacuno cuya capa tiene mezcla de negro, blanco y colorado. ‖ m. Lengua romance hablada en Cerdeña.

sardónico, ca adj. Se apl. a la risa afectada y que no nace de alegría interior.

sarga[1] f. Tela cuyo tejido forma líneas diagonales. ‖ Tela pintada para adornar o decorar las paredes de las habitaciones.

sarga[2] f. Arbusto salicáceo de 3 a 5 m de altura, con tronco delgado, ramas mimbreñas, hojas estrechas y lanceoladas, flores verdosas y fruto capsular, muy común en España a orillas de los ríos. ‖ FAM. sargal.

sargazo m. Nombre común de diversas algas marinas de talo diferenciado en una parte que tiene aspecto de raíz y otra que se asemeja a un tallo, de estructura laminar y color pardo, que se halla en mares cálidos y templados de todo el mundo, en ocasiones formando grandes colonias.

sargento com. Individuo de la clase de tropa, de rango superior al de cabo y que, bajo la inmediata dependencia de los oficiales, cuida del orden, administración y disciplina de una compañía o parte de ella. ‖ col. Persona mandona y excesivamente rígida. ‖ **sargento primero** Suboficial de categoría comprendida entre la de sargento y brigada. ‖ FAM. sargenta, sargentón, sargentona.

sargo m. Nombre común de diversos peces osteíctios perciformes marinos, plateados, de labios dobles, dientes robustos y cortantes, aletas pectorales redondas y cola ahorquillada.

sari m. Vestido típico de las mujeres indias. ‖ Tela de seda o algodón con la que se confeccionan estos vestidos.

sarmiento m. Vástago de la vid, largo, delgado, flexible y nudoso, de donde brotan las hojas y los racimos. ‖ FAM. sarmentar, sarmentera, sarmentoso.

sarna f. Enfermedad contagiosa provocada por el ácaro arador de la sarna, caracterizada por la aparición de pústulas en la piel y por un intenso picor. ‖ **sarna con gusto no pica** loc. proverb. que señala que las molestias o el daño ocasionado por cosas voluntarias no incomodan. ‖ FAM. sarnoso.

sarnoso, sa adj. y s. Que tiene sarna.

sarong m. Trozo de tela de forma rectangular que enrollada al cuerpo sirve como vestido. ◆ pl. sarongs.

sarpullido m. Erupción leve y pasajera en la piel, formada por muchos granitos o ronchas. ‖ FAM. sarpullir.

sarraceno, na adj. y s. De una tribu que habitó en el norte de África o relativo a ella. ‖ Mahometano, musulmán. ‖ FAM. sarracina.

sarro m. Sedimento o poso que dejan en las vasijas algunos líquidos. ‖ Sustancia calcárea que se adhiere al esmalte de los dientes. ‖ Saburra, capa blanquecina que cubre la lengua. ‖ FAM. sarroso.

sarta f. Serie de cosas metidas por orden en un hilo, cuerda, etc. ‖ Serie de sucesos o cosas no materiales iguales o análogas: sarta de disparates.

sartén f. Recipiente, generalmente metálico, de fondo plano y con mango, que sirve para freír, tostar o guisar algo. ‖ Sartenada. ‖ **tener** uno **la sartén por el mango** loc. col. Tener el dominio o la autoridad en algún asunto. ‖ FAM. sartenada, sartenazo, sarteneja.

sartenada f. Lo que se fríe de una vez en la sartén, o lo que cabe en ella.

sarteneja f. amer. Grieta que se forma con la sequía en algunos terrenos. ‖ amer. En los terrenos lodosos, huellas que deja el ganado.

sartorio adj. y m. Se apl. al músculo de la pierna que se extiende por la cara interna del muslo, desde el ilion hasta la tibia.

sasánida adj. y com. De una dinastía persa que reinó desde el año 227 hasta el 651. Más en pl. ‖ adj. De la dinastía de los sasánidas o relativo a ella.

sastre, tra m. y f. Persona que se dedica profesionalmente a cortar y coser trajes, especialmente de caballero. ‖ Persona que cuida del vestuario que usan los actores y actrices. ‖ m. En aposición, se apl. a la prenda de mujer de diseño masculino: traje, camisa sastre. ‖ FAM. sastrería.

sastrería f. Oficio de sastre. ‖ Establecimiento donde se cosen, arreglan o venden trajes de caballero.

satán o **satanás** m. Lucifer, el demonio. ◆ Se escribe con mayúscula. ‖ col. Persona perversa. ‖ FAM. satánico.

satánico, ca adj. Del diablo o relativo a él. ‖ Extremadamente perverso. ‖ FAM. satanismo, satanización.

satanismo m. Perversidad, maldad satánica. ‖ Conjunto de ritos, prácticas y creencias de los que rinden culto a Satanás. ‖ FAM. satanista.

satélite m. Astro que gira en torno a un planeta, describiendo una órbita sometida a la fuerza de gravitación. ‖ Persona o cosa que depende de otra y la sigue o acompaña continuamente. ‖ Satélite artificial: retransmisión vía satélite. ‖ Estado independiente dominado política y económicamente por otro más poderoso. ◆ Se usa también en aposición a otro nombre: país satélite. ‖ Población situada fuera del recinto de una ciudad importante, pero vinculada a esta de algún modo. ◆ Se usa también en aposición a otro nombre: ciudad satélite. ‖ **satélite artificial** Vehículo espacial, tripulado o no, que se coloca en órbita alrededor de un planeta y que lleva aparatos apropiados para recoger información y retransmitirla a la Tierra. ‖ FAM. satelización.

sazonar

satén m. Tejido de seda o de algodón, de brillo y textura parecidos al raso, pero de menor calidad. || FAM. satinar.

satín m. Madera americana semejante al nogal. || *amer.* Satén.

satinar tr. Dar al papel o a la tela tersura y lustre mediante presión. || FAM. satín, satinado, satinador, satinadora.

sátira f. Escrito donde se censura o pone en ridículo algo o a alguien. || Obra o dicho agudo, picante o mordaz. || FAM. satiriasis, satírico, satirizar.

satírico, ca adj. y s. De la sátira, que la cultiva o la contiene o está relacionado con ella. || FAM. satíricamente.

satirizar tr. Humillar, mortificar, motejar. || intr. Escribir sátiras acerca de algo o de alguien. || FAM. satirizante.

sátiro, ra adj. Mordaz, propenso a zaherir. También s. || m. En mit., divinidad representada por un cuerpo mitad hombre, mitad cabra, que personificaba el culto a la naturaleza. || Hombre lascivo. || FAM. satírico.

satisfacción f. Alegría, placer, gusto. || Razón, acción o modo con que se repara una ofensa o un daño. || Cumplimiento de una necesidad, deseo, pasión, etc.

satisfacer tr. Saciar una necesidad, deseo, pasión, etc. || Cumplir o lograr un deseo. || Pagar una deuda por completo. || Dar solución a una duda o a una dificultad. || Deshacer, compensar o reparar un agravio u ofensa. || Cumplir alguien o algo ciertas condiciones o exigencias. || intr. Complacer, producir gusto o ilusión. || prnl. Vengarse de un agravio. ◆ Se construye con la prep. *de: satisfacerse de una ofensa.* || Convencerse o conformarse. ◆ Irreg. Se conj. como *hacer*, excepto en la segunda persona sing. del imperativo, que puede ser *satisfaz* o *satisface.* p. p. irreg.: *satisfecho.* || FAM. satisfacción, satisfactorio, satisfecho.

satisfactorio, ria adj. Que satisface o puede satisfacer. || Grato, próspero, propicio. || FAM. satisfactoriamente.

satisfecho, cha adj. Complacido, contento. || Orgulloso, pagado de sí mismo.

sátrapa m. Gobernador de una provincia de la antigua Persia. || adj. y com. *col.* Que abusa de su poder o de su autoridad. || Que vive con mucho lujo y ostentación. || com. Persona ladina y que sabe actuar con astucia.

saturación f. En quím., estado de una disolución que ya no admite más cantidad de la sustancia que disuelve. || Hartazgo, hastío.

saturado, da adj. En quím., se apl. al compuesto químico orgánico cuyos enlaces covalentes, por lo general entre átomos de carbono, son de tipo sencillo.

saturar tr. Hartar, saciar. También prnl. || Llenar, ocupar completamente o utilizar una cosa hasta el límite de su capacidad: *saturar un armario, el mercado.* También prnl. || En quím., combinar dos o más cuerpos en las proporciones atómicas máximas en que pueden unirse. || En fís., impregnar un cuerpo de un fluido hasta el punto de no poder, en condiciones normales, admitir mayor cantidad de él. También prnl. || FAM. saturable, saturación, saturado.

saturnal adj. De Saturno o relativo a este planeta. || Del dios mitológico Saturno o relativo a él. || f. Fiesta en honor del dios Saturno que celebraban en la antigua Roma en el décimo mes. Más en pl. || Orgía desenfrenada. || FAM. saturnismo.

saturnismo m. Enfermedad crónica producida por intoxicación con sales de plomo. || FAM. saturnino.

sauce m. Planta arbórea o arbustiva salicácea de hojas lanceoladas, con el envés cubierto de vello blanquecino, que crece en las orillas de los ríos. || FAM. sauceda, saucedal.

saúco m. Arbusto grande de la familia de las caprifoliáceas, de hojas aserradas, acres y maloliente, fruto en baya de color negruzco o rojo, que crece en regiones montañosas de Europa y cuyas flores en inflorescencias se usan en medicina para favorecer la transpiración. || Segunda tapa de los cascos de las caballerías.

saudade (voz gallega) f. Soledad, nostalgia, añoranza.

saudí o **saudita** adj. y com. De Arabia Saudí o Saudita o relativo a este país asiático del Mediterráneo. ◆ pl. de la primera forma: *saudíes* o *saudís.*

sauna f. Baño de calor que produce una rápida y abundante sudoración y que se toma con fines medicinales, relajantes o adelgazantes. || Local en que se pueden tomar estos baños.

saurio, ria adj. y m. De los saurios o relativo a este suborden de reptiles. || m. pl. Suborden de los reptiles caracterizados por tener cuatro patas cortas y cola, el cuerpo cubierto por escamas epidérmicas, mandíbulas con dientes, sangre fría y respiración pulmonar, como los lagartos o los camaleones. || FAM. saurópodo.

savia f. Líquido espeso que circula por los vasos conductores de las plantas superiores y cuya función es la de nutrir la planta. || Persona o elemento que comunica energía y vitalidad.

saxifragáceo, a adj. y f. De las saxifragáceas o relacionado con esta familia de plantas. || f. pl. Familia de plantas angiospermas dicotiledóneas herbáceas o leñosas, con hojas simples y alternas, flores de cinco pétalos y frutos en cápsula, como la hortensia y el grosellero.

saxo o **saxofón** m. Instrumento musical de viento formado por un tubo de metal cónico, curvado en su parte final, con boquilla de madera y varias llaves: *tocar el saxo.* || com. Saxofonista. || FAM. saxofonista, saxófono.

saxofonista com. Músico que toca el saxofón.

saya f. Falda, prenda de vestir femenina. || Vestidura talar antigua, especie de túnica, que usaban los hombres. || FAM. sayal, sayo.

sayal m. Tela basta de lana burda. || Prenda de vestir hecha con este tejido.

sayo m. Prenda de vestir holgada y sin botones que cubría el cuerpo hasta la rodilla. || Cualquier prenda muy amplia.

sazón f. Punto o estado de madurez de las cosas. || Gusto y sabor de los manjares. || Ocasión, coyuntura. || **a la sazón** loc. adv. Por entonces, en aquel tiempo u ocasión. || FAM. sazonar.

sazonar tr. Condimentar los alimentos. || Poner algo en la sazón y madurez que debe tener. También prnl. || FAM. sazonado, sazonador.

scalextric m. Escaléxtric. ◆ pl. *scalextrics*. Es la extensión del nombre de una marca registrada.

scanner (voz i.) m. Escáner. ◆ pl. *scanners.*

scherzo (voz it.) m. Composición instrumental de ritmo vivo y carácter alegre que constituye uno de los movimientos de la sinfonía o de una sonata clásicas.

schop m. *amer.* Cerveza de barril que se toma en jarra. || FAM. schopería.

scooter (voz i.) m. Motocicleta pequeña y ligera en la que el conductor va sentado y no a horcajadas. ◆ pl. *scooters.*

score (voz i.) m. *amer.* Tanteo, resultado de un encuentro o una competición deportiva.

scout (voz i.) adj. y com. Escultista.

script (voz i.) m. Guion cinematográfico en el que constan todos los detalles de cada escena filmada. || com. Persona encargada de ayudar al director en un rodaje cinematográfico, anotando los pormenores de cada escena. ◆ pl. *scripts.*

se¹ pron. Forma átona del pron. pers. reflexivo com. de tercera persona sing. y pl., de los denominados clíticos, que en la oración desempeña la función de complemento directo: *se arregla*, o de complemento indirecto: *se arregla el peinado, y se* admite prep. ◆ Puede usarse como enclítico del verbo: *lavarse*, aunque en las formas verbales personales este uso está anticuado: *quemose.* || Marca la voz media de los verbos pronominales, como en *arrepentirse o jactarse.* || Se utiliza para expresar la impersonalidad en las oraciones impersonales: *se vive bien aquí.* || Se utiliza para marcar la carencia de agente en las oraciones pasivas reflejas: *se oyen voces.*

se² pron. Forma átona del pron. pers. m. y f. sing. y pl. de tercera persona, de los denominados clíticos, que en la oración desempeña la función de complemento indirecto. ◆ Siempre se usa antepuesto a los prons. de complemento directo *lo, la, los* o *las*, porque sustituye a los prons. *le, les: se los compró* (*le los compró).

sebáceo, a adj. De sebo, con propiedades semejantes al sebo, o que lo contiene: *quiste sebáceo.* || Se apl. a la glándula secretora de la sustancia grasa que cubre el pelo y la piel.

sebo m. Grasa sólida y dura que se extrae de algunos animales y se utiliza para hacer velas, jabones, etc. || Cualquier gordura o exceso de grasa. || Suciedad grasienta. || Grasa secretada por las glándulas sebáceas. || FAM. sebáceo, seborragia, seborrea, seboso.

seborrea o **seborragia** f. Aumento patológico de la secreción de las glándulas sebáceas de la piel. || FAM. seborreico.

seboso, sa adj. Que tiene sebo, especialmente si es mucho. || Untado de sebo o de otra materia mantecosa o grasa.

sebucán m. *amer.* Especie de colador de tejido muy basto.

secadero, ra adj. Se apl. a las frutas o a las plantas aptas para conservarse secas. || m. Lugar para secar natural o artificialmente ciertos frutos o productos. || *amer.* Tendedero para secar la ropa.

secado m. Eliminación del líquido o la humedad.

secador, ra adj. Que seca. || m. y f. Aparato o máquina que sirve para secar: *secador de manos, de pelo, secadora de ropa.*

secano m. Tierra de labor que no tiene riego y solo recibe el agua de lluvia.

secante¹ adj. y m. Que seca. || Se apl. a un tipo de papel esponjoso para secar lo escrito.

secante² adj. y f. En un triángulo rectángulo, se apl. a la relación entre la hipotenusa y uno de los catetos con respecto al ángulo agudo adyacente a ese cateto. La relación inversa es el *coseno.* || Se dice de la función matemática periódica que generaliza este concepto a cualquier valor del ángulo.

secar tr. Hacer que algo o alguien quede sin humedad o seco. También prnl.: *se ha secado el río.* || *amer.* Molestar, incordiar. || prnl. Marchitarse, perder el verdor las plantas. || Perder fuerza, energía o peso alguna cosa. || FAM. secado, secador, secamiento, secante.

sección f. Separación que se hace en un cuerpo sólido con un instrumento cortante. || Cada una de las partes en que se divide un todo o un conjunto de personas. || Dibujo del perfil o figura que resultaría si se cortara un terreno, edificio, etc., por un plano. || En geom., figura que resulta de la intersección de una superficie o un sólido con otra superficie. || Unidad militar homogénea que forma parte de una compañía o de un escuadrón. || **sección cónica** En geom., cualquiera de las curvas, círculos, elipses, hipérbolas o parábolas que resultan de cortar la superficie de un cono circular por un plano. || FAM. seccionar.

seccionar tr. Dividir en secciones, cortar. || FAM. seccionador.

secesión f. Separación o independización de una nación de parte de su pueblo o de su territorio. || Separación de un grupo de personas del conjunto al que pertenecía. || FAM. secesionismo, secesionista.

seco, ca adj. Que carece de jugo o humedad. || Falto de agua. || Se apl. al guiso sin caldo. || Se dice del tiempo en que no llueve. || Falto de verdor o lozanía. || Se apl. a la fruta, especialmente a la cáscara dura, como las avellanas, nueces, etc., y también a la fruta a la que se le quita la humedad excesiva para que se conserve, como los higos, las pasas, etc. || Flaco, delgado. || Poco abundante o estéril. || Áspero, antipático, poco cariñoso. || Árido, poco ameno. || Se dice de la bebida alcohólica amarga o que no tiene azúcar. || Se apl. al sonido ronco y áspero: *tos seca.* || Se apl. al golpe fuerte, rápido y que no resuena. || *col.* Muerto. || *col.* Atónito, totalmente sorprendido. || *col.* Que tiene mucha sed. || *amer.* Hábil y diestro en algo. || m. *amer.* Golpe, coscorrón. || **a secas** o **a palo seco** loc. adv. Solamente, sin otra cosa. || **en seco** loc. adv. Fuera del agua o de un lugar húmedo. || De repente, bruscamente: *frenar en seco.* || FAM. seca, secadero, secamente, secano, secar, secarral, secasedad, sequedad, sequía, sequillo.

secreción f. Apartamiento, separación. || Segregación de las glándulas y sustancia que segregan. || **secreción interna** Conjunto de hormonas elaboradas en las glándulas endocrinas.

secretar tr. Segregar. || FAM. secreción, secretor, secretorio.

secretaría f. Destino o cargo de secretario. ‖ Oficina donde trabaja. ‖ Sección de un organismo, institución, empresa, etc., ocupada de las tareas administrativas. ‖ *amer.* Ministerio. ‖ **secretaría de Estado** Destino, cargo y oficina del secretario de Estado.

secretariado m. Profesión de secretario y conjunto de estudios y conocimientos necesarios para esta profesión. ‖ Cuerpo o conjunto de secretarios. ‖ m. Secretaría, destino y oficina del secretario.

secretario, ria m. y f. Persona encargada de escribir la correspondencia, extender las actas, dar fe de los acuerdos y custodiar los documentos de una oficina, asamblea o corporación. ‖ **secretario** o **secretaria de Estado** Persona que, bajo las órdenes directas del ministro, se encarga de la dirección de una sección del ministerio. ‖ FAM. secretaría, secretariado.

secretear intr. *col.* Hablar en secreto una persona con otra. ‖ FAM. secreteo.

secreteo m. *col.* Cuchicheo, acción de secretear.

secreter m. Mueble utilizado como escritorio con pequeños cajones para guardar papeles y algunos utensilios de escribir.

secretismo m. Tendencia a actuar ocultamente o en secreto.

secreto, ta adj. Oculto, ignorado, escondido. ‖ Callado, silencioso, reservado. ‖ m. Lo que cuidadosamente se tiene reservado y oculto. ‖ Reserva, sigilo. ‖ Misterio, cosa que no se puede comprender. ‖ Conocimiento que alguno posee exclusivamente de algo. ‖ Escondrijo que suelen tener algunos muebles. ‖ Mecanismo oculto de una cerradura, cuyo manejo es preciso conocer de antemano para poder abrirla. ‖ **secreto profesional** Obligación y derecho a guardar silencio sobre lo que se conoce en el ejercicio de un cargo o profesión. ‖ FAM. secretamente, secretear, secretismo.

secretor, ra o **secretorio, ria** adj. Se apl. al órgano del cuerpo que tiene la facultad de secretar: *glándulas secretoras.*

secta f. Doctrina religiosa o ideológica que se diferencia o independiza de otra. ‖ Conjunto de seguidores de una parcialidad religiosa o ideológica. ‖ Conjunto de creyentes en una doctrina particular o de fieles a una religión que se considera falsa. ‖ FAM. sectario.

sectario, ria adj. Que profesa en una secta y sigue sus directrices. También s. ‖ Intransigente, fanático. ‖ FAM. sectarismo.

sectarismo m. Celo o dogmatismo propio de un sectario.

sector m. Parte de una clase o de una colectividad que presenta caracteres peculiares. ‖ Parte de un espacio, territorio, etc. ‖ Cada una de las distintas actividades económicas o productivas: *sector servicios, metalúrgico.* ‖ En geom., porción de círculo comprendida entre un arco y los dos radios que pasan por sus extremidades. ‖ **sector cuaternario** El que comprende las actividades relacionadas con el ocio y la cultura. ‖ **sector primario** El que comprende las actividades relacionadas con las materias primas, como la agricultura, la pesca o la minería. ‖ **sector secundario** El que comprende las actividades relacionadas con la industria y la construcción. ‖ **sector ter-**

ciario El que atiende a los servicios, como el transporte, la sanidad o el comercio. ‖ FAM. sectorial.

secuaz adj. y com. Partidario de una persona, partido, doctrina u opinión. Suele tener sentido desp.

secuela f. Consecuencia, generalmente negativa, de una cosa. ‖ Trastorno o lesión que queda tras la curación de una enfermedad o un traumatismo, como consecuencia de los mismos.

secuencia f. Serie o sucesión de cosas que guardan cierta relación entre sí. ‖ En cine, sucesión no interrumpida de planos o escenas que integran una etapa descriptiva, una jornada de la acción o un tramo coherente y concreto del argumento. ‖ En mat., conjunto de cantidades u operaciones ordenadas de tal modo que cada una determina la siguiente. ‖ FAM. secuencial, secuenciar.

secuenciar tr. Ordenar sucesivamente una serie de cosas que guardan entre sí cierta relación. ‖ FAM. secuenciación.

secuestrador, ra adj. y s. Que comete un secuestro.

secuestrar tr. Detener y retener por la fuerza a una o a varias personas para exigir dinero u otra contraprestación a cambio de su liberación. ‖ Tomar el mando de un vehículo o nave por la fuerza, reteniendo a sus pasajeros o a su tripulación, con el fin de obtener un beneficio a cambio de su rescate. ‖ Ordenar el juez el embargo o retirada de la circulación de una cosa. ‖ FAM. secuestrado, secuestrador, secuestro.

secuestro m. Acción y resultado de secuestrar.

secular adj. Seglar, no religioso. ‖ Se apl. al clero o al sacerdote que no vive en un convento ni pertenece a ninguna orden religiosa. También m. ‖ Que se repite cada siglo, dura un siglo o desde hace siglos. ‖ FAM. secularidad, secularizar, secularmente.

secularizar tr. y prnl. Hacer secular o laico lo que era eclesiástico. ‖ Conceder permiso a un miembro del clero para que lo abandone. ‖ Hacer que se abandonen los principios y comportamientos religiosos más tradicionales. ‖ FAM. secularización, secularizado.

secundar tr. Ayudar, favorecer a una persona para que logre su objetivo. ‖ FAM. secundario.

secundario, ria adj. Segundo en orden. ‖ No principal, accesorio. ‖ adj. y m. De los terrenos triásico, jurásico y cretácico o relativo a estos periodos de la segunda era de la Tierra. ‖ Mesozoico. ‖ FAM. secundariamente.

secuoya f. Árbol gimnospermo conífero de copa estrecha, tronco muy lignificado y hojas persistentes, que puede llegar hasta los 100 m debido a la extensa duración de su vida.

sed f. Gana y necesidad de beber. ‖ Necesidad de agua o de humedad que tienen ciertas cosas, especialmente las plantas o los campos. ‖ Deseo ardiente de una cosa: *sed de justicia, de amor.* ‖ **apagar** o **matar la sed** Aplacarla bebiendo. ‖ FAM. sediento.

seda f. Líquido viscoso segregado por ciertas glándulas de algunos artrópodos, que se solidifica en contacto con el aire formando hilos finísimos y flexibles. ‖ Hilo formado con varias de estas hebras producidas por el gusano de seda. ‖ Tejido elaborado con estos hilos. ‖ Cualquier obra o tela hecha de seda. ‖ **como una** o **la seda** loc. *col.* Muy suave al tacto. ‖ *col.* Dócil y de suave condición. ‖ *col.* Que se consigue sin tropiezo ni dificultad. ‖ FAM. sedal, sedería, sedoso.

sedación f. Calma o relajación llevada a cabo con fármacos calmantes.

sedal m. Hilo fino y muy resistente que se utiliza para pescar.

sedán m. Vehículo automóvil de origen francés, cerrado, de capacidad para al menos cuatro personas.

sedante adj. y m. Que seda, duerme o tranquiliza. ‖ Se apl. al fármaco que disminuye la agitación nerviosa e induce al sueño.

sedar tr. Apaciguar, sosegar, calmar, particularmente si se efectúa mediante la administración de algún fármaco. ‖ FAM. sedación, sedante, sedativo.

sede f. Lugar donde tiene su domicilio una entidad económica, literaria, deportiva, etc. ‖ Capital de una diócesis. ‖ Territorio de la jurisdicción de un prelado. ‖ Asiento o trono de un prelado. ‖ **Santa Sede** El Vaticano. ‖ Jurisdicción y potestad del papa. ‖ FAM. sedentario, sedente, sedimento.

sedentario, ria adj. Se apl. a la comunidad o tribu que vive asentada en algún lugar, por oposición a la comunidad o tribu nómada. ‖ Se dice del oficio o de la vida de poca agitación o movimiento, y de la persona que lo ejerce o la lleva. ‖ Se apl. al animal que carece de órganos de locomoción durante toda su vida y permanece siempre en el mismo lugar en que ha nacido, y también al animal que pierde en el estado adulto los órganos locomotores larvarios y se fija de por vida en un sitio determinado. ‖ FAM. sedentarismo.

sedente adj. Que está o se representa sentado: *estatua sedente.*

sedería f. Conjunto de tejidos de seda. ‖ Industria de la seda. ‖ Tienda donde se venden géneros de seda y, p. ext., otras telas y artículos de mercería. ‖ FAM. sedero.

sediciente adj. Se apl. a la persona que se da a sí misma un nombre o título que no le corresponde. Suele usarse con sentido irón.

sedición f. Alzamiento colectivo y violento contra un poder establecido. ‖ FAM. sedicioso.

sedicioso, sa adj. Se apl. a la persona que promueve una sedición o toma parte en ella. También s. ‖ Se dice de los actos o la palabra de esta persona. ‖ FAM. sediciosamente.

sediento, ta adj. Que tiene sed. También s. ‖ Se apl. al campo o a la planta que necesita agua. ‖ Que desea una cosa con ansia: *sediento de venganza.*

sedimentar tr. Depositar sedimento un líquido. También intr. ‖ prnl. Formar sedimento las materias suspendidas en un líquido. ‖ Afianzarse y consolidarse cosas inmateriales, como los conocimientos. ‖ FAM. sedimentación.

sedimentario, ria adj. Del sedimento, relacionado con él o que tiene su origen en él: *cuenca, roca sedimentaria.*

sedimento m. Materia que tras haber estado suspensa en un líquido se posa en el fondo del recipiente que la contiene. ‖ Depósito o acumulación de materiales arrastrados mecánicamente por las aguas o el viento.

‖ Poso, marca o mella que deja un hecho o experiencia en una persona. ‖ FAM. sedimentar, sedimentario.

sedoso, sa adj. Parecido a la seda o suave como ella: *cabello sedoso.*

seducción f. Fascinación o atracción de una cosa o una persona que provoca su deseo o su afecto.

seducir tr. Atraer enormemente, ejercer alguna persona o cosa una gran atracción sobre alguien. ‖ Convencer, persuadir sutilmente, en especial con el fin de que se obre mal. ‖ Persuadir una persona a otra para que tenga relaciones sexuales con ella, sobre todo si se vale de argucias o artimañas. ◆ **Irreg.** Se conj. como *conducir.* ‖ FAM. seducción, seductor.

seductor, ra adj. y s. Que seduce, atrae o provoca fascinación.

sefardí o **sefardita** adj. y com. Se apl. al judío originario de España. ‖ m. Dialecto judeoespañol. ◆ pl. de la primera forma: *sefardíes* o *sefardís.*

segador, ra m. y f. Persona que siega.

segadora f. Máquina o aparato que sirve para segar. También adj.

segar tr. Cortar mieses o hierba para recolectarlas. ‖ Cortar, cercenar. ‖ Impedir bruscamente el desarrollo de algo. ◆ **Irreg.** Se conj. como *acertar.* ‖ FAM. segador, segadora, segueta, seguir, siega.

seglar adj. y com. Que no es religioso, eclesiástico o monacal. ‖ Secular, de la vida, estado o costumbre del mundo no religioso o civil: *matrimonio, asociación seglar.* ‖ FAM. seglarmente.

segmentación f. División de algo en segmentos. ‖ División reiterada de la célula huevo de animales y plantas, a partir de la cual se constituye la blástula: *segmentación del óvulo.*

segmentado, da adj. Partido en segmentos, seccionado. ‖ Se apl. al animal cuyo cuerpo consta de partes o segmentos dispuestos en serie lineal, como la solitaria o el cangrejo.

segmentar tr. Cortar o partir en segmentos. ‖ FAM. segmentación, segmentado.

segmento m. Pedazo o parte cortada de una cosa. ‖ En geom., parte de una recta que está entre dos puntos. ‖ En geom., parte del círculo comprendida entre un arco y su cuerda. ‖ Cada una de las partes dispuestas en serie lineal de las que está formado el cuerpo de los gusanos y artrópodos. ‖ En ling., signo o conjunto de signos que pueden aislarse en la cadena oral. ‖ Cada uno de los aros elásticos de metal que encajan en ranuras circulares del émbolo y que, por tener un diámetro algo mayor que este, se ajustan perfectamente a las paredes del cilindro. ‖ FAM. segmentar.

segregación f. Separación, marginación de un grupo social por razón de su sexo, raza, cultura o ideología. ‖ Secreción.

segregacionismo m. Doctrina social o práctica política que se basa en la segregación o marginación de ciertos grupos raciales, sociales, etc. ‖ FAM. segregacionista.

segregar tr. Separar o apartar una cosa de otra de la que forma parte. ‖ Apartar o marginar grupos raciales, sociales, religiosos, etc. ‖ Manar de las glándulas las sustancias elaboradas por ellas y que el organismo utiliza en alguna de sus funciones, como el jugo gástrico o la saliva. || FAM. segregación, segregacionismo.

segueta f. Sierra de marquetería. || FAM. seguetear.

seguidilla f. Composición métrica de versos de arte menor en la que riman los pares, muy usada en los cantos populares y en el género jocoso. || *amer.* Sucesión de hechos u objetos que se perciben como semejantes y próximos en el tiempo. || pl. Música, canción y baile populares españoles, de ritmo vivo y alegre.

seguido, da adj. Continuo, sucesivo, sin intermisión de lugar o tiempo. || Que está en línea recta. || **de seguida** loc. adv. Consecutiva o continuamente, sin interrupción. || Inmediatamente. || **en seguida** loc. adv. Enseguida. || FAM. seguidamente.

seguidor, ra adj. y s. Que sigue a una persona o cosa. || Partidario, admirador, adepto.

seguimiento m. Persecución, acción de seguir. || Vigilancia, observación detallada.

seguir tr. Ir después o detrás de una persona o cosa. || Ir por un determinado camino o dirección. || Acompañar con la vista a un objeto que se mueve. || Ir en compañía de uno. || Proseguir o continuar lo empezado. || Ejercer una ciencia, arte o empleo o dedicarse a ello: *seguir una carrera, un curso*. || Observar algo con atención, estar atento a ello. || Perseguir, molestar, acosar a uno yendo en su busca o alcance. || Entender lo que otro dice. || Convenir con una opinión o ideología, ser partidario de ella. || Actuar haciendo caso del ejemplo de otro, de consejos o normas, etc. || prnl. Inferirse o deducirse una cosa de otra: *de su teoría se siguen dos conclusiones*. || Extenderse o llegar algo hasta algún sitio. || Permanecer en una actitud o en un estado: *¿sigues enfadado?* ◆ **Irreg.** Se conj. como *pedir*. || FAM. secuaz, secuela, secuencia, seguida, seguidilla, seguido, seguidor, seguimiento, seguiriya, siguiente, séquito.

seguiriya f. Copla flamenca de tono triste cuyo tercer verso es endecasílabo.

según prep. Conforme o con arreglo a: *según la ley*. || Precediendo inmediatamente a nombres o pronombres personales, significa 'con arreglo' o 'conformemente' a lo que opinan o dicen las personas de las que se trate: *según él, todo es cierto; Evangelio según san Pablo*. || adv. Progresivamente, con proporción, correspondencia a: *nos daban el examen según íbamos entrando en el aula*. || A juzgar por la forma o por el modo en que: *según nos mira, parece que está enfadada*. || De la misma manera que, de igual suerte: *hazlo según te dice*. || Dependiendo de, en función de: *iré o me quedaré, según me levante*. || **según y cómo** o **según y conforme** loc. conjunt. De igual suerte o manera que. || Dependiendo de.

segunda f. Segunda marcha de los vehículos con motor. || pl. *col.* Segunda intención: *eso lo dijo con segundas*. || **de segunda** loc. adj. Regular, de categoría mediocre.

segundero, ra adj. Se apl. al segundo fruto que dan ciertas plantas dentro del año. || m. Manecilla que señala los segundos en el reloj.

segundo, da adj. num. ord. Que ocupa el lugar número dos en una serie ordenada de elementos. || adj. Se

apl. al familiar no carnal o colateral: *primo, tío segundo*. || Se dice de la intención oculta o maliciosa. || m. y f. Persona que sigue en jerarquía al jefe o principal: *segundo de a bordo*. || m. Cada una de las sesenta partes en que se divide el minuto de tiempo. || Tiempo muy breve, instante. || En geom., cada una de las sesenta partes en que se divide el minuto de circunferencia. || adv. En segundo lugar. || FAM. según, segunda, segundero, segundogénito, segundón.

segundogénito, ta adj. y s. Se apl. al hijo nacido después del primogénito.

segundón, ona m. y f. *col.* Persona que desempeña un papel por debajo del más importante. || Hijo segundo de la casa. || P. ext., cualquier hijo no primogénito.

seguridad f. Calidad de lo que es o está seguro. || Certeza, garantía de que algo va a cumplirse. || **Seguridad Social** Conjunto de organismos, servicios e instalaciones dependientes del Estado que cubren algunas necesidades de la población, como la sanidad, las pensiones, los subsidios, etc. || **de seguridad** loc. adj. Se apl. al mecanismo que previene algún riesgo o asegura el buen funcionamiento de alguna cosa, precaviendo que falle: *puerta, cinturón de seguridad*.

seguro, ra adj. Libre y exento de todo peligro o daño. || Cierto, indudable. || Que no falla. || Firme, constante. || m. Lugar o sitio libre de todo peligro. || Contrato por el cual una persona, natural o jurídica, se obliga a reparar las pérdidas o daños que ocurran a determinadas personas o cosas mediante el pago de una prima: *seguro de vida, a todo riesgo*. || Salvoconducto o permiso especial. || Dispositivo que impide que una máquina u objeto se ponga en funcionamiento o falle. || adv. m. Sin aventurarse a ningún riesgo. || Con certeza. || **a buen seguro** o **de seguro** loc. adv. Ciertamente, en verdad. || **sobre seguro** loc. adv. Manteniendo la seguridad, sin correr riesgos. || FAM. seguramente, seguridad.

seibó m. *amer.* Mueble aparador.

seis adj. y pron. num. card. Cinco más uno. *seis*. || adj. num. ord. Que ocupa el lugar número seis en una serie ordenada de elementos, sexto. También m., aplicado a los días del mes. || m. Signo con que se representa el número seis: 6. || Naipe que tiene seis señales. || *amer.* Especie de zapateado popular. || FAM. seisavo, seiscientos, seise, seisillo, senario, sesenta, sexenio, sextante, sexteto, sextilla, sextina, sexto, sextuplicar.

seiscientos, tas adj. y pron. num. card. Seis veces cien. || adj. num. ord. Que ocupa el lugar número seiscientos en una serie ordenada de elementos, sexcentésimo. || m. Conjunto de signos con los que se representa este número: 600. || *col.* Automóvil utilitario español que se puso muy de moda en las décadas de 1960 y de 1970. || FAM. sexcentésimo.

seísmo m. Terremoto.

seláceo, cea o **selacio, cia** adj. y m. De los seláceos o relativo a esta subclase de peces. || m. pl. Subclase de peces marinos de esqueleto cartilaginoso, cuerpo fusiforme, piel recubierta de escamas placoideas, branquias al descubierto y sin vejiga natatoria, como el tiburón, la tintorera y la raya, entre otros. También se dice *elasmobranquio*.

selección f. Elección de una persona o de una cosa entre otras varias. || Conjunto de las personas o cosas seleccionadas. || En dep., conjunto de deportistas seleccionados para participar en un torneo o competición, generalmente representando a un país. || Elección de los animales destinados a la reproducción. || **selección natural** Teoría establecida por el naturalista inglés Charles Darwin, que pretende explicar la desaparición, por la acción continuada del tiempo y del medio, de determinadas especies animales o vegetales y su sustitución por otras mejor adaptadas.

seleccionado m. *amer.* Selección deportiva.

seleccionador, ra adj. Que selecciona. || m. y f. Persona que se encarga de elegir a los jugadores o atletas que han de intervenir en un partido o en una competición.

seleccionar tr. Elegir, escoger a personas o cosas entre todas las de su especie por considerarlas más adecuadas. || FAM. selección, seleccionado, seleccionador, seleccionismo, selectivo, selecto, selector.

selectividad f. Cualidad de selectivo. || Propiedad de los aparatos de radio para aislar una banda de frecuencia. || En España, examen de acceso a la universidad.

selectivo, va adj. Que implica selección o selecciona. || Se apl. al aparato radiorreceptor que permite escoger una onda de longitud determinada sin que perturben la recepción otras ondas muy próximas. || FAM. selectividad.

selecto, ta adj. Que es o se tiene por mejor entre otras cosas de su especie: *club, público selecto*. || Que tiene capacidad para seleccionar lo mejor: *gusto selecto*.

selector, ra adj. Que selecciona o escoge. || m. Dispositivo que en un aparato o sistema permite elegir sus distintas funciones: *selector de velocidad*.

selénico, ca adj. De la Luna o relativo a ella. || FAM. selenio, selenita, selenitoso, seleniuro, selenografía, selenógrafo, selenosis.

selenio m. Elemento no metálico, sólido, de brillo metálico, que se halla en la naturaleza en composición con plomo y cobre, se utiliza en la industria del vidrio y la cerámica y, por sus propiedades fotoeléctricas, en cinematografía y televisión. Su símbolo es *Se*, y su número atómico, *34*. || FAM. selenuro.

selenita com. Supuesto habitante de la Luna. || f. Yeso cristalizado en láminas brillantes. || FAM. selenitoso.

self-service (voz i.) m. Autoservicio.

sellado m. Estampación o impresión hechas con un sello. || Acción de sellar alguna cosa para cerrarla o taponarla.

sellar tr. Imprimir o estampar un sello. || Marcar, dejar huella, comunicar a una cosa determinado carácter. || Concluir, poner fin a una cosa. || Cubrir, taponar, cerrar una cosa de modo que no se abra o que no se salga lo que contiene. || FAM. sellado, sellador, sellante.

sello m. Utensilio de metal o caucho que sirve para estampar divisas o cifras grabadas en él. || Lo que queda estampado, impreso y señalado con el sello. || Disco de metal, cera, lacre, etc., con que se cierran cartas y paquetes, impidiendo que sean abiertos. || Trozo pequeño de papel, con timbre oficial de figuras o signos grabados, que se pega a ciertos documentos para darles valor o eficacia y a las cartas para franquearlas o certificarlas: *sello de correos*. || Sortija que tiene grabada en su parte superior las iniciales de una persona, su escudo, etc. || Carácter distintivo comunicado a una obra u otra cosa. || *amer.* Cruz o envés de una moneda. || FAM. sellar.

seltz m. Agua de Seltz, agua carbónica.

selva f. Terreno extenso, sin cultivar y muy poblado de árboles. || Tipo de bosque ecuatorial y tropical. || Lugar lleno de dificultades y peligros en el que impera la ley del más fuerte. || FAM. selvático, silva, silvano, silvestre, silvícola, silvicultura.

sema m. En Ling., rasgo semántico mínimo o diferencia por la cual se distinguen los significados de las palabras o estas adquieren distintos matices. || FAM. semáforo, semantema, semántica, semasiología, semasiológico, semema.

semáforo m. Aparato eléctrico de señales luminosas que se utiliza para regular la circulación. || Aparato óptico situado en las costas que se usa para permitir la comunicación con los buques por medio de señales. || Cualquier sistema de señales ópticas.

semana f. Serie de siete días naturales consecutivos, empezando por el lunes y acabando por el domingo, aunque en algunos países empieza el domingo y termina el sábado. || Periodo de siete días. || Salario ganado en una semana. || **Semana Santa** Última semana de Cuaresma, desde el Domingo de Ramos hasta el de Resurrección. ◆ Se escribe con mayúscula. || **entre semana** loc. adv. En cualquier día de ella, exceptuando el fin de semana. || FAM. semanada, semanal, semanario, semaneo.

semanal adj. Que sucede o se repite cada semana. || Que dura una semana o corresponde a ella. || FAM. semanalmente.

semanario, ria adj. Que sucede o se repite cada semana. || m. Publicación semanal. || Conjunto de siete objetos iguales o relacionados.

semántica f. Parte de la lingüística que estudia el significado de los signos lingüísticos y de sus combinaciones, desde un punto de vista sincrónico o diacrónico. || En la teoría lingüística generativa, componente de la gramática que interpreta la significación de los enunciados generados por la sintaxis y el léxico. || **semántica generativa** Teoría lingüística que se aparta de la gramática generativa, al establecer que toda oración realizada procede, por transformaciones, de una estructura semántica y no sintáctica. || FAM. semántico, semantista.

semántico, ca adj. De la semántica o relativo a ella: *campo semántico*.

semblante m. Cara o rostro humano, especialmente cuando expresa algún sentimiento. || Apariencia de las cosas, cariz. || **componer** uno **el semblante** loc. Mostrar seriedad o modestia. || loc. Serenar la expresión del rostro. || **mudar de semblante** loc. Demudarse o alterarse una persona, dándolo a entender en el rostro. || FAM. semblantear, semblanza.

semblantear tr. e intr. *amer.* Mirar a uno cara a cara para penetrar sus sentimientos o intenciones.

semblanza f. Breve biografía de una persona o descripción de sus rasgos físicos o espirituales.

sembrado, da adj. y s. Se apl. a la tierra cultivada. ‖ m. Tierra sembrada, hayan o no germinado y crecido las semillas. ‖ **estar** uno **sembrado** loc. Estar ingenioso, ocurrente. Suele usarse con sentido irón.

sembrador, ra adj. y s. Que siembra.

sembradora f. Máquina agrícola que se utiliza para sembrar.

sembrar tr. Arrojar y esparcir las semillas en la tierra preparada para este fin. ‖ Desparramar, esparcir. ‖ Dar motivo, causa o principio a una cosa: *sembrar la duda*. ◆ **Irreg.** Se conj. como *acertar*. ‖ FAM. sembradío, sembrado, sembrador, sembradora, siembra.

semejante adj. Que se parece a una persona o cosa. ‖ De tal clase, de tal forma: *no es lícito valerse de semejantes medios*. ‖ m. Cualquier hombre respecto a uno, prójimo. Más en pl. ‖ FAM. semejantemente, semejanza, semejar.

semejanza f. Característica de lo que es semejante o parecido. ‖ Símil, comparación retórica.

semejar tr. y prnl. Parecerse dos o más personas o cosas.

semema m. En ling., unidad de significado completo formada por un conjunto de semas.

semen m. Líquido espeso y blanquecino que segregan las glándulas genitales de los animales del sexo masculino. ‖ FAM. seminal, seminífero.

semental adj. y m. Se apl. al animal macho que se destina a la reproducción.

sementera f. Acción y resultado de sembrar. ‖ Tierra sembrada. ‖ Cosa sembrada. ‖ Tiempo a propósito para sembrar.

semestral adj. Que sucede o se repite cada semestre. ‖ Que dura un semestre. ‖ FAM. semestralmente, semestre.

semestre m. Espacio o periodo de tiempo que dura seis meses: *primer semestre de este año*. ‖ Cantidad de dinero que se cobra o se paga cada seis meses: *se niega a pagarme el semestre completo*. ‖ Conjunto de los números de un periódico o revista publicados durante un semestre: *me faltan varios números de este semestre*. ‖ FAM. semestral.

semi- pref. que significa 'medio': *semivocal, semitono, semirrecta*.

semicilindro m. En geom., cada una de las dos mitades del cilindro separadas por un plano que pasa por el eje. ‖ FAM. semicilíndrico.

semicírculo m. En geom., cada una de las dos mitades del círculo separadas por un diámetro. ‖ FAM. semicircular.

semicircunferencia f. En geom., cada una de las dos mitades o arcos de la circunferencia separados por un diámetro.

semiconductor, ra adj. y m. Se apl. al material cuya capacidad de permitir el paso de la corriente eléctrica disminuye al aumentar la temperatura, y al cuerpo cuyas propiedades eléctricas tienen un valor intermedio entre el de los metales y los aislantes.

semiconserva f. Alimento de origen vegetal o animal envasado en recipientes cerrados, sin previa esterilización, que se conserva por tiempo limitado gracias a la adición de sal común, vinagre, aceite, almíbar, o por el ahumado o la deshidratación.

semiconsonante adj. y f. En fon., se apl. a la vocal en principio de diptongo o triptongo, como en *piedra, hielo, huerto, apreciáis*, y más propiamente cuando su pronunciación se acerca a la de las consonantes, como en *hierro, hueso*. En español son la *i* y la *u*, que, como semiconsonantes, se llaman *yod* y *wau*, respectivamente. ‖ FAM. semiconsonántico.

semicorchea f. Nota musical cuyo valor es la mitad de la corchea.

semidesnatado, da adj. Se apl. al alimento, especialmente lácteo, que ha sido liberado de parte de su grasa, pero no de toda.

semidiós, osa m. y f. En mit., hijo nacido de la unión de un dios con un humano. ‖ Héroe o heroína que, por la grandeza de sus hazañas, pasaba a constituirse como divinidad en la mitología griega y romana.

semieje m. En geom., cada una de las dos mitades de un eje separadas por el centro.

semiesfera f. En geom., cada una de las dos mitades de una esfera dividida por un plano que pasa por su centro. ‖ FAM. semiesférico.

semifinal f. Cada una de las dos penúltimas competiciones de un campeonato o concurso. ‖ FAM. semifinalista.

semifinalista adj. De la semifinal o relativo a ella. ‖ adj. y com. Se apl. al participante de una semifinal.

semifusa f. Nota musical cuyo valor es la mitad de una fusa.

semigrupo m. En mat., nombre que se da a la estructura de un conjunto cuando se cumple la propiedad asociativa entre sus elementos.

semilla f. Parte del fruto de los vegetales que contiene el germen de una nueva planta. ‖ Cosa que es causa u origen de otra. ‖ pl. Granos que se siembran. ‖ FAM. semental, sementera, semillero, seminívoro, simiente.

semillazo m. *amer.* Golpe, porrazo.

semillero m. Sitio donde se siembran y desarrollan los vegetales que después han de trasplantarse. ‖ Sitio donde se guardan y conservan colecciones de semillas. ‖ Origen y principio de algunas cosas.

semimetal o **semimetálico, ca** adj. y m. En quím., se apl. al elemento que tiene propiedades de metal y de no metal, como el boro, el galio, el germanio y el bismuto.

seminal adj. Del semen o relativo a él. ‖ De la semilla o relativo a ella.

seminario m. Semillero de plantas. ‖ Establecimiento para la formación de jóvenes eclesiásticos. ‖ En las universidades, curso práctico de investigación, anejo a la cátedra, y local donde se realiza. ‖ P. ext., prácticas educativas y de investigación realizadas en otros centros de enseñanza. ‖ FAM. seminarista.

seminarista m. Alumno de un seminario eclesiástico.

seminífero, ra adj. Que produce o contiene semen: *glándula seminífera*.

semínola o **seminola** adj. y com. De un grupo de pueblos amerindios del grupo lingüístico muscogi que vivían en la península de Florida, o relativo a él.

semiología f. Semiótica, estudio de los signos. ‖ Sintomatología. ‖ FAM. semiológico, semiólogo.

semiótica f. Teoría general y ciencia que estudia los signos, sus relaciones y su significado. || Ciencia que trata de los signos de las enfermedades desde el punto de vista del diagnóstico y del pronóstico. || Ciencia que se ocupa del estudio de los signos en una comunidad, de la cual forma parte la lingüística. || FAM. semiótico.

semipiso m. *amer.* En edificios de varias alturas, departamento que ocupa con otro análogo la totalidad de una planta.

semiplano m. En geom., cada una de las dos porciones de plano limitadas por cualquiera de sus rectas.

semiprecioso, sa adj. Se apl. a la piedra que, sin ser mineral apreciadísimo, se utiliza por su belleza o por alguna de sus características, como el jade o el lapislázuli.

semirrecta f. En geom., cada una de las dos porciones en que puede quedar dividida una recta.

semisótano m. Conjunto de locales situados parcialmente bajo el nivel de la calle.

semisuma f. En mat., resultado de dividir entre dos una suma.

semita adj. y com. Descendiente de Sem y, p. ext., hebreo, judío. || Del grupo de pueblos establecidos en la Antigüedad en el Oriente Próximo, de lengua, cultura y religión nacidas de un tronco común, o relativo a ellos. || FAM. semítico, semitismo, semitista.

semítico, ca adj. De los semitas o relativo a ellos. || Por su origen común, se apl. a las lenguas árabe, hebrea y aramea. También f. pl.

semitono m. En mús., cada una de las dos partes desiguales en que se divide el intervalo de un tono.

semivocal adj. En fon., se apl. a la vocal *i* o *u* cuando aparece al final de un diptongo, como en *aire*, *pausa* o *leucocito*. También f. En fon., se apl. a la consonante que puede pronunciarse sin que se perciba directamente el sonido de una vocal, como la *f*, la *m* o la *z*.

sémola f. Pasta alimenticia en forma de granos pequeños que se usa para sopa.

sempiterno, na adj. Que durará siempre. || Que sucede siempre de la misma forma: *lleva su sempiterno gabán.* || FAM. sempiterna, sempiternamente.

senado m. Órgano territorial colegislador formado por personas elegidas por sufragio o designadas por razón de su cargo, título, etc., cuya función es la de ratificar, modificar o rechazar lo aprobado en el Congreso de los Diputados. || Edificio donde se reúne. || Asamblea de patricios que formaba el Consejo de la antigua Roma. ◆ Se escribe con mayúscula. || FAM. senadoconsulto, senador, senatorial.

senador, ra m. y f. Persona que es miembro del Senado. || FAM. senaduría.

senatorial o **senatorio, ria** adj. Del Senado o del senador o relativo a ellos.

sencillez f. Ausencia de adornos y composturas. || Facilidad, ausencia de dificultad o complicación.

sencillo, lla adj. Que no tiene complicación, fácil. || Formado por un elemento o por pocos. || *col.* Natural, espontáneo, no presuntuoso: *carácter sencillo, gentes sencillas.* || Ingenuo, que obra sin doblez ni engaño. || Que carece de ostentación y adornos. || Que tiene menos cuerpo que otras cosas de su especie. || Se apl. al disco grabado por lo común en 45 revoluciones por minuto, que contiene una o dos grabaciones en cada cara. También m. || m. *amer.* Dinero suelto, calderilla. || FAM. sencillamente, sencillez.

senda f. Camino más estrecho que la vereda, abierto para el paso de personas o de ganado. || Cualquier camino pequeño. || Procedimiento o medio para hacer o lograr algo: *la senda del éxito.* || FAM. sendero.

senderismo m. Actividad deportiva o de tiempo libre que consiste en caminar por el monte o la montaña. || FAM. senderista.

sendero m. Senda, camino pequeño y estrecho. || FAM. senderismo.

sendo, da adj. *amer.* Importante, esencial.

sendos, das adj. distr. pl. Uno o una para cada cual de dos o más personas o cosas: *tu casa y la mía tienen sendos garajes.*

senectud f. Último periodo natural de la vida humana, vejez. || FAM. senescencia, senescente, senil.

senegalés, esa adj y s. De Senegal o relativo a este país africano.

senequismo m. Doctrina ética del filósofo Séneca, que defiende el estoicismo y la templanza. || FAM. séneca, senequista.

senescal m. Mayordomo mayor de la Casa Real. || Jefe o cabeza principal de la nobleza. || FAM. senescalado, senescalía.

senil adj. De los ancianos o la vejez o relativo a ellos. || Que presenta decadencia física o psíquica. || FAM. senilidad.

senilidad f. Ancianidad, edad senil. || Degeneración progresiva de las facultades físicas y psíquicas debida a la alteración producida por el paso del tiempo en los tejidos.

sénior com. Deportista que, por su edad, ha sobrepasado la categoría de júnior. || m. Categoría en la que compite. || Voz con la que se distingue a la mayor de dos personas que se llaman igual, generalmente padre e hijo. ◆ pl. *séniores.* Su abrev. es *sr.*

seno m. Pecho, mama. || Espacio o hueco que queda entre el vestido y el pecho de las mujeres. || Matriz de la mujer y de las hembras de los mamíferos. || Concavidad, hueco: *pila de dos senos.* || Golfo, porción de mar que se interna en la tierra. || Amparo, abrigo, protección y cosa que los presta: *se crio en el seno de una familia acomodada.* || Parte interna de alguna cosa. || Cavidad existente en el espesor de un hueso o formada por la reunión de varios huesos: *seno maxilar, frontal.* || En arquit., espacio comprendido entre los trasdoses de arcos o bóvedas contiguas. || En un triángulo rectángulo, relación entre uno de los catetos y la hipotenusa con respecto al ángulo agudo opuesto a ese cateto. La relación opuesta es la *cosecante.* || Función matemática periódica que generaliza este concepto a cualquier valor del ángulo. || FAM. senología, sinuoso, sinusitis.

sensación f. Impresión que las cosas producen en la mente por medio de los sentidos: *sensación de frío, de oscuridad.* || Emoción producida en el ánimo por un suceso o noticia: *la novela causará sensación.* || Presentimiento, intuición: *me da/tengo la sensación de que vol-*

verá pronto. || FAM. sensacional, sensible, sensitivo, sensual.

sensacional adj. Que llama poderosamente la atención o que la causa. || Que gusta mucho. || FAM. sensacionalismo.

sensacionalismo m. Tendencia de los medios de comunicación a producir sensación o emoción en el ánimo con noticias, sucesos, etc., de impacto. || FAM. sensacionalista.

sensacionalista adj. Del sensacionalismo o de los medios de comunicación, las noticias o los artículos periodísticos que buscan emocionar o producir sensación a su público: *prensa sensacionalista.*

sensatez f. Prudencia, buen juicio, sentido común.

sensato, ta adj. Prudente, que se muestra o actúa con serenidad e inteligencia. || FAM. sensatamente, sensatez.

sensibilidad f. Capacidad propia de los seres vivos de percibir sensaciones y de responder a muy pequeñas excitaciones, estímulos o causas: *sensibilidad al calor, a la luz.* || Tendencia natural del hombre a sentir emociones, sentimientos. || Capacidad de entender y sentir ciertas cosas, como el arte. || Capacidad de las cosas de responder a estímulos externos. || Grado o medida de la capacidad de una película de ser impresionada por la luz. || Grado o medida de la eficacia o precisión de ciertos aparatos científicos, electrónicos, ópticos, etc.

sensibilización f. Aumento de la capacidad de sentir o de experimentar sensaciones. || Concienciación e influencia sobre una persona para que recapacite y perciba el valor o la importancia de algo. || Mecanismo por el que la respuesta inmune provocada por un antígeno aparece con mayor intensidad tras una administración inicial.

sensibilizar tr. Hacer sensible o más sensible. || Representar alguna cosa de forma sensible. || Despertar sentimientos morales, estéticos, etc. También prnl. || Hacer sensibles a la acción de la luz ciertas materias usadas en fotografía. || FAM. sensibilización, sensibilizado, sensibilizador.

sensible adj. Que tiene sensibilidad o capacidad de percibir sensaciones o de sentir emociones. || Perceptible, que puede ser conocido por medio de los sentidos: *olor sensible.* || Patente, manifiesto: *descenso sensible del turismo.* || Que conmueve o causa sentimientos de tristeza o de dolor. || Se apl. a la persona que se deja llevar con facilidad por sus sentimientos y a la que es fácil herir. || Capaz de descubrir la belleza, el valor y la perfección de las cosas. || Se dice de la cosa que cede fácilmente a la acción de ciertos agentes naturales: *placa sensible a la luz.* || En mús., se apl. a la séptima nota de la escala diatónica. También f. || FAM. sensibilidad, sensibilizar, sensiblemente, sensiblería, sensor, sensorial.

sensiblería f. Sentimentalismo o sensibilidad exagerados. || FAM. sensiblero.

sensiblero, ra adj. Excesivamente tierno, conmovible o sensible. || Que pretende causar excesiva sensibilidad: *película sensiblera.*

sensitiva f. Planta mimosácea americana con tallo espinoso, hojas pecioladas, flores pequeñas de color rojo oscuro y fruto en vainillas que presenta el fenómeno de

que si se la toca, los folíolos se aproximan unos a otros, al tiempo que el peciolo principal se dobla y queda la hoja pendiente como si estuviera marchita, hasta que pasado algún tiempo todo vuelve a su estado normal.

sensitivo, va adj. De las sensaciones producidas en los sentidos, y especialmente en la piel, o relativo a ellas. || Capaz de experimentar sensaciones. || Que estimula la sensibilidad. || Que siente o se impresiona fácilmente. || FAM. sensitiva.

sensor m. Dispositivo formado por células sensibles que detecta variaciones en una magnitud física y las convierte en señales útiles para un sistema de medida o control: *sensor acústico, de temperatura.*

sensorial adj. De los sentidos o relativo a ellos. || FAM. sensorio, sensorizado.

sensual adj. De los sentidos o de las sensaciones que suscitan. || Se apl. al gusto o placer de los sentidos, a la cosa que lo incita o satisface y a la persona aficionada a él. || Del deseo sexual, que lo provoca o relativo a él. || FAM. sensualidad, sensualismo, sensualista, sensualmente.

sensualidad f. Calidad de lo que es sensual o capacidad para serlo. || Sensualismo, propensión o gusto exagerados por los placeres de los sentidos.

sentada f. Tiempo que está sentada una persona sin interrupción. || Manifestación de protesta o forma de presión para apoyar una petición que consiste en permanecer sentado en el suelo durante mucho tiempo. || **dar** una cosa **por sentada** loc. Dar por supuesta o por cierta alguna cosa. || **de una sentada** loc. adv. De una vez, de un tirón.

sentado, da adj. Que no está de pie ni tumbado. || Cuerdo, juicioso. || Se apl. al órgano u organismo que no tiene pedúnculo.

sentador, ra adj. *amer.* Se apl. al adorno o prenda de vestir que sienta bien o favorece. || *col.* Se apl. a la cosa que sienta bien o favorece.

sentar tr. Poner o colocar a uno de manera que quede apoyado y descansando sobre las nalgas. También prnl. || Establecer las bases o los fundamentos de una teoría, una doctrina, etc.: *sentar un precedente.* || Dejar una cosa asegurada o ajustada. También intr. || intr. *col.* Hacer algo provecho o daño. ◆ Se construye con los advs. *bien* o *mal*: *le ha sentado mal la comida.* || *col.* Agradar o molestar a uno una cosa. ◆ Se construye con los advs. *bien, mal* y similares: *le sentó fatal que no lo invitaras.* || Cuadrar, convenir, resultar adecuada una cosa para otra: *te sienta mejor el pelo recogido.* || prnl. Posarse un líquido. También prnl. ◆ **Irreg.** Se conj. como *acertar.* || FAM. sentada, sentado, sentador.

sentencia f. Frase o dicho que implica un juicio, una enseñanza, etc. || Dictamen o resolución de un juez, un tribunal o un jurado. || P. ext., dictamen o resolución dados por otra persona. || En ling., oración o periodo gramatical. || FAM. sentenciar, sentencioso.

sentenciar tr. Dar o pronunciar sentencia. || Condenar por sentencia. || Expresar un parecer, juicio o dictamen. || intr. *col.* Estar una cosa condenada al fracaso. || FAM. sentenciador.

sentencioso, sa adj. Que encierra una moralidad o una sentencia. || Que se expresa con afectada gravedad o seriedad. || FAM. sentenciosamente.

sentido, da adj. Que incluye o explica con since-ridad un sentimiento: *discurso sentido*. || Se apl. a la persona que se ofende con facilidad. || *amer.* Que tiene dolorida una parte del cuerpo. || m. Cada una de las facultades que tienen las personas y los animales para percibir las impresiones del mundo exterior: *los cinco sentidos, sentido del olfato*. || Capacidad para apreciar alguna cosa: *sentido del ritmo*. || Conciencia, percepción del mundo exterior: *perder el sentido*. || Entendimiento, inteligencia: *habla sin sentido*. || Modo particular de entender una cosa, juicio que se hace sobre ella. || Razón de ser o finalidad. || Significado, cada una de las acepciones de las palabras: *sentido figurado, recto*. || Cada una de las interpretaciones que puede admitir un escrito, comentario, etc. || Cada una de las dos formas opuestas en que puede orientarse una línea, una dirección u otra cosa: *sentido de las agujas del reloj*. || **sentido común** Facultad de juzgar razonablemente las cosas. || **hacer perder** o **quitar el sentido** loc. *col.* Gustar o agradar mucho. || FAM. sentidamente.

sentimental adj. De los sentimientos, y específi-camente del amor, o relativo a ellos. || Que produce o incita sentimientos afectivos y tiernos: *novela sentimental*. || Que se emociona con facilidad. || Que afecta sensibilidad de un modo exagerado. || FAM. sentimentalismo, sentimentalmente, sentimentaloide.

sentimentalismo m. Carácter o cualidad de lo que muestra demasiada sensibilidad o sensiblería.

sentimiento m. Impresión que causan en el alma las cosas espirituales: *sentimiento del amor, de tristeza*. || Intuición o presentimiento confuso e irracional. || Parte del ser humano opuesta a la inteligencia o razón. Más en pl. || Estado del ánimo, especialmente el afligido por un suceso triste: *le acompaño en el sentimiento*. || FAM. sentimental.

sentina f. Lugar sucio y pestilente, lleno de basuras. || Lugar donde abundan los vicios. || Cavidad inferior de la nave en la que se reúnen las aguas que se filtran por sus costados y por cubierta que después se expulsan mediante una bomba de agua.

sentir m. Sentimiento. || Opinión, parecer: *soy de tu mismo sentir*.

sentir tr. Experimentar o percibir sensaciones producidas por causas externas o internas a través de los sentidos. || Oír, percibir por el oído. || Experimentar una impresión, placer o dolor corporal. || Experimentar una impresión o un sentimiento. || Lamentar, compadecerse. || Intuir, barruntar, presentir. || Juzgar, opinar: *digo lo que siento*. || prnl. Notarse, hallarse en determinado estado. ◆ Se usa seguido de algunos adjetivos: *me siento cansado*. || Considerarse, reconocerse: *sentirse muy obliga-do*. || **sin sentir** loc. adv. Inadvertidamente, sin darse cuenta de ello. || FAM. sensación, sentido, sentimiento, sentir. ◆ **Irreg.** Conjugación modelo:

Indicativo
Pres.: siento, sientes, siente, sentimos, sentís, sienten.
Imperf.: sentía, sentías, sentía, *etc.*
Pret. perf. simple: sentí, sentiste, sintió, sentimos, sentisteis, sintieron.
Fut. simple: sentiré, sentirás, sentirá, *etc.*

Condicional simple: sentiría, sentirías, sentiría, *etc.*
Subjuntivo
Pres.: sienta, sientas, sienta, sintamos, sintáis, sientan.
Imperf.: sintiera o sintiese, sintieras o sintieses, *etc.*
Fut. simple: sintiere, sintieres, sintiere, *etc.*
Imperativo: siente, sentid.
Participio: sentido.
Gerundio: sintiendo.

seña f. Indicio para dar a entender una cosa. || Gesto, signo, etc., determinado entre dos o más personas para entenderse. || Señal que se emplea para luego acordarse de algo. || *amer.* Anticipo, señal. || Indicación del domicilio de una persona, empresa, etc. || pl. **hacer señas** loc. Indicar uno con gestos o ademanes lo que piensa o quiere. || **por señas** loc. adv. Por medio de ademanes, mediante gestos. || FAM. señal, señuelo.

señal f. Marca que se pone o hay en las cosas para distinguirlas de otras. || Hito o mojón que se pone para marcar un término. || Signo, cualquier cosa que por su naturaleza o convencionalmente evoca idea de otra. || Signo, gesto o medio convenido de antemano que se emplea para hacer o reconocer algo. || Objeto, sonido, luz, etc., cuya función es avisar o informar sobre algo: *señal de tráfico*. || Indicio de una cosa, por el que se tiene conocimiento de ella. || Cicatriz o marca en la piel y, p. ext., en cualquier superficie. || Cantidad sobre el total que se adelanta o anticipa en algunos contratos, compras, etc.: *dejó veinte euros de señal*. || Sonido característico que da el teléfono al descolgarlo y, p. ext., de otros aparatos. || **señal de la cruz** Cruz que se representa al mover la mano sobre el cuerpo de una persona, sobre el propio cuerpo o en el aire, en conmemoración de aquella en la que murió Cristo. || **en señal** loc. adv. En prueba o prenda de una cosa: *regalo en señal de gratitud*. || FAM. señalar, señalizar, señar, señera, señero.

señalado, da adj. Insigne, famoso. || Especial, singular: *hoy es un día señalado*. || FAM. señaladamente.

señalar tr. Poner o marcar con una señal una cosa para distinguirla de otra. || Llamar la atención hacia una persona o cosa, designándola con la mano. || Mostrar, demostrar, indicar. || Ser algo señal o indicio de alguna cosa. || Determinar la persona, día, hora o lugar para algún fin. || Fijar la cantidad que debe pagarse para atender determinados servicios. || prnl. Distinguirse o singularizarse. || FAM. señalado, señalador, señalamiento, señalero.

señalero, ra m. y f. *amer.* Técnico responsable de una cabina de señalización ferroviaria. || m. *amer.* Intermitente de un vehículo.

señalización f. Acción y resultado de señalizar. || Conjunto de señales, indicaciones o advertencias de carácter informativo o admonitorio.

señalizar tr. Colocar en las vías de comunicación las señales que sirvan de guía a los usuarios. || Indicar algo con señales. || FAM. señalización.

señera f. Bandera de las comunidades que constituyeron la Corona de Aragón.

señero, ra adj. Destacado, ilustre. || *poét.* Solo, solitario. || FAM. señeramente.

señor, ra adj. *col.* Noble, elegante, propio de señores. || *col.* Enorme, grande. ◆ Suele anteponerse al nombre al que se adjunta: *me dio un señor disgusto*. || m. y f. Persona madura. || Término de cortesía que se apl. a cualquier persona adulta. ◆ Se antepone al apellido o al nombre completo. Su abreviatura es *Sr.* y *Sra.* || Tratamiento que se da a una persona para dirigirse a ella de palabra o por escrito. || Dueño de una cosa o amo con respecto a los criados, y tratamiento que estos le dan. || Persona elegante, educada y de nobles sentimientos. || m. Hombre, en oposición a mujer. || Dios. ◆ Se escribe con mayúscula. || **señor** o **señora mayor** Persona de avanzada edad. || FAM. señorear, señoría, señorial, señorío, señorito, señorón.

señora f. Mujer, en oposición a hombre. || *col.* Esposa. || FAM. señorita.

señorear tr. Dominar o mandar en una cosa como su dueño. También prnl. || Estar una cosa en situación superior o en mayor altura del lugar que ocupa otra. || Contener alguien sus pasiones y sentimientos y mostrarse mesurado y elegante. También prnl.

señoría f. Tratamiento que se da a las personas a quienes compete por su dignidad: *su señoría el juez, sus señorías los diputados*. || Persona a quien se da este tratamiento. || Forma de gobierno de determinadas ciudades de Italia en la Baja Edad Media, en la que el poder era ejercido por una dinastía o familia que establecía una forma de principado, y ciudad en que se practicaba.

señorial adj. Del señorío o relativo a él. || Majestuoso, noble, elegante: *porte señorial*.

señorío m. Dominio sobre una cosa. || Territorio perteneciente al señor feudal. || Elegancia, educación y comportamiento propios de un señor. || Conjunto de personas distinguidas y adineradas.

señorita f. Término de cortesía que se apl. a la mujer soltera. || Tratamiento que se da a algunas mujeres en el desempeño de su oficio o profesión. ◆ Su abreviatura es *Srta.* || *amer.* Polea, garrocha.

señoritingo, ga m. y f. *desp.* Persona joven, de familia acomodada, que se comporta con presunción y altanería.

señorito, ta m. y f. Hijo de un señor o de una persona importante. || Amo, con respecto a los criados. || *desp.* Persona excesivamente fina y remilgada. También adj. || m. *col. desp.* Joven acomodado y ocioso. || FAM. señorita, señoritingo, señoritismo.

señorón, ona adj. y s. *desp.* De aspecto y comportamiento de señor, por serlo en realidad o por parecerlo.

señuelo m. Cualquier cosa que sirve para atraer a las aves. || Ave destinada a atraer a otras. || Cualquier cosa que sirve para atraer. || *amer.* Grupo de cabestros o mansos para conducir el ganado.

seo f. Catedral, iglesia principal en que reside o ejerce su función el obispo.

sépalo m. Cada una de las hojas duras y de color verdoso que forman parte del cáliz de la flor.

separación f. Hecho de separar o separarse dos o más cosas. || Distancia entre las cosas separadas. || Interrupción de la vida conyugal, por voluntad de las partes, con o sin fallo judicial, sin que quede extinguido el vínculo matrimonial.

separado, da adj. Disgregado, distanciado. || Se apl. a la persona casada que ha obtenido la separación matrimonial o que no lleva vida conyugal. También s. || **por separado** loc. adv. De manera separada, cada cual en lo suyo. || FAM. separadamente.

separador, ra adj. Que separa. También m. || m. *amer.* Mediana, cualquier cosa que separa los dos sentidos de una carretera.

separar tr. Establecer distancia o aumentarla entre algo o alguien. ◆ Se construye con la prep. *de: separar una cosa de otra*. También prnl.: *esos amigos nunca se separaban*. || Privar de un empleo, cargo o condición al que los servía u ostentaba. || Formar grupos dentro de un todo. || Distinguir, reconocer como distinto. || Reservar o guardar una cosa. || prnl. Tomar caminos distintos personas, animales o vehículos que iban juntos o por el mismo camino. || Abandonar una creencia o una opinión. || Interrumpir los cónyuges la vida en común sin que se extinga el vínculo matrimonial. || FAM. separable, separación, separado, separador, separata, separatismo, separativo.

separata f. Impresión por separado de un artículo publicado en una revista o libro.

separatismo m. Doctrina política que propugna la separación de algún territorio de un país para alcanzar su independencia o integrarse en otro. || FAM. separatista.

separatista adj. Del separatismo o relativo a esta doctrina. || adj. y com. Partidario o defensor del separatismo.

sepelio m. Entierro y ceremonias laicas o religiosas que lo acompañan.

sepia f. Jibia, molusco cefalópodo marino comestible. || Materia colorante de tono ocre rojizo que se extrae de este animal. || adj. y m. Este mismo color.

sepiolita f. Mineral, silicato de magnesio hidratado, de color blanco, que cristaliza en el sistema rómbico y es muy poroso.

sepsis f. Septicemia. ◆ No varía en pl. || FAM. septicemia, séptico.

septenario, ria adj. Se apl. al número compuesto de siete unidades, o que se escribe con siete guarismos. || En general, se dice de todo lo que consta de siete elementos. También m. || m. Septenio.

septenio m. Periodo de siete años.

septentrión n. p. m. Osa Mayor. || Norte, punto cardinal. || m. Polo Ártico y, p. ext., norte, lugar de la Tierra del lado del Polo Ártico. || Viento del norte. || FAM. septentrional.

septentrional adj. Del septentrión o relativo a él. || Que cae al norte.

septeto m. En mús., composición para siete instrumentos o siete voces. || En mús., conjunto de estos siete instrumentos o voces.

septicemia f. Enfermedad infecciosa producida por el paso a la sangre de gérmenes patógenos con síntomas de extensa intoxicación. || FAM. septicémico.

séptico, ca adj. Que produce putrefacción o es causado por ella. || Que contiene gérmenes patógenos.

septiembre m. Noveno mes del año, entre agosto y octubre, que tiene treinta días. ‖ FAM. septembrina, septembrino, setembrista.

séptimo, ma adj. num. ord. Que ocupa el lugar número siete en una serie ordenada de elementos. ‖ adj. num. frac. Se apl. a cada una de las siete partes iguales en que se divide un todo. También m.

septingentésimo, ma adj. num. ord. Que ocupa el lugar número setecientos en una serie ordenada de elementos. ‖ adj. num. frac. Se apl. a cada una de las setecientas partes iguales en que se divide un todo. También m.

septo m. Tabique que divide de un modo completo o incompleto una cavidad o partes del cuerpo en un animal.

septuagenario, ria adj. y s. Que ha cumplido la edad de setenta años y no llega a ochenta.

septuagésimo, ma adj. num. ord. Que ocupa el lugar número setenta en una serie ordenada de elementos. ‖ adj. num. frac. Se apl. a cada una de las setenta partes iguales en que se divide un todo. También m.

séptuplo, pla adj. y m. Se apl. a la cantidad que incluye en sí siete veces a otra cantidad. ‖ FAM. septuplicación, septuplicar.

sepulcral adj. Del sepulcro, propio de él o relativo a él: *inscripción, silencio sepulcral*.

sepulcro m. Construcción en que se da sepultura al cadáver de una persona. ‖ Urna donde se depositan las reliquias y hueco del altar en que permanece cerrada y sellada. ‖ FAM. sepulcral.

sepultar tr. Poner en la sepultura a un difunto. ‖ Cubrir algo de manera que quede completamente tapado. ‖ Esconder, ocultar alguna cosa. También prnl. ‖ Sumergir, abismar, dicho del ánimo. También prnl. ◆ Tiene doble p. p.: uno reg., *sepultado*, y otro irreg., *sepulto*. ‖ FAM. sepelio, sepulcro, sepultador, sepultura, sepulturero.

sepultura f. Acción y resultado de sepultar. ‖ Hoyo que se hace en la tierra para enterrar un cadáver. ‖ Lugar en que está enterrado un cadáver.

sepulturero, ra m. y f. Persona que se dedica profesionalmente a sepultar a los muertos.

sequedad f. Carencia o falta de humedad. ‖ Dicho, expresión o ademán áspero y duro: *nos trató con sequedad*.

sequía f. Largo periodo de tiempo seco. ‖ *amer.* Sequedad de la boca.

séquito m. Conjunto de gente que acompaña a una personalidad. ‖ Conjunto de consecuencias ocasionadas por una acción: *su declaración ha suscitado un séquito de críticas*.

ser¹ m. Esencia y naturaleza. ‖ Vida, existencia. ‖ Cualquier cosa creada, especialmente si está dotada de vida. ‖ El ser humano. ◆ Se construye generalmente acompañado de adjetivos calificativos: *ser infecto, maravilloso*.

ser² v. cop. Tener alguien o algo una determinada cualidad: *él es mi hermano; es bueno, alto y de ciudad.* ‖ Tener alguien una determinada profesión, oficio o cargo: *es el alcalde.* ‖ Pertenecer, formar parte. ◆ Se construye con la prep. *de: este jardín es de la comunidad.* ‖ Te-

ner origen, principio o nacionalidad: *es portugués.* ‖ Estar constituido, compuesto o formado de cierta materia: *es de goma, de madera.* ‖ Constituir el resultado de una operación matemática: *tres por dos son seis.* ‖ Consistir, ser la causa de lo que se expresa: *eso es delito.* ‖ v. aux. Sirve para formar la conjugación de la voz pasiva: *fueron olvidados.* ‖ intr. Haber o existir: *seremos cuatro para cenar; érase una vez un niño.* ‖ Servir, ser adecuado o estar destinado para la persona o cosa que se expresa. ◆ Se construye con la prep. *para: ese recipiente no es para líquidos.* ‖ Valer, costar: *son 20 euros.* ‖ Corresponder, tocar. ◆ Se construye con complementos adjetivos en pl. o de significado general o colectivo: *eso es de tontos; este proceder no es de un hombre honrado.* ‖ intr. impers. Acontecer, ocurrir, tener lugar: *¿cómo fue el accidente?; mañana es mi cumpleaños.* ‖ Introduce expresiones de tiempo: *es tarde; es de noche; ¿qué hora es?* ‖ **a no ser** o **a no ser que** loc. Expresa una condición. ‖ **no ser para menos** loc. Ser algo digno de la vehemencia con que se admira, se celebra o se siente. lo que se considera accesorio, circunstancial o carente de importancia, al tratar la cuestión que se considera principal. ‖ **ser** alguien **muy suyo** loc. *col.* Ser muy especial, muy independiente y reservado. ‖ **ser de lo que no hay** loc. *col. irón.* No tener parangón, ser incomparable. ‖ FAM. ser. ◆ Irreg. Conjugación modelo:

Indicativo
Pres.: soy, eres, es, somos, sois, son.
Imperf.: era, eras, era, éramos, erais, eran.
Pret. perf. simple: fui, fuiste, fue, fuimos, fuisteis, fueron.
Fut. simple: seré, serás, será, *etc.*
Condicional simple: sería, serías, sería, *etc.*
Subjuntivo
Pres.: sea, seas, sea, seamos, seáis, sean.
Imperf.: fuera o fuese, fueras o fueses, *etc.*
Fut. simple: fuere, fueres, fuere, *etc.*
Imperativo: sé, sed.
Participio: sido.
Gerundio: siendo.

sera f. Espuerta grande, redonda y sin asas. ‖ FAM. serón.

seráfico, ca adj. De los serafines, semejante a estos ángeles o relativo a ellos: *bondad seráfica.* ‖ De San Francisco de Asís, de la orden religiosa que fundó o relativo a ellos. ‖ De carácter y aspecto bondadoso y tranquilo. ‖ FAM. seráficamente.

serafín m. Cada uno de los espíritus bienaventurados que forman el segundo coro de los ángeles, prevaleciendo sobre los querubines. ‖ Persona de gran hermosura. ‖ FAM. seráfico.

serbal m. Árbol rosáceo mediterráneo que mide entre 10 y 20 m de altura y tiene hojas pinnadas y fruto comestible. ‖ FAM. serba.

serbio, bia adj. y s. De Serbia o relativo a este país balcánico. ‖ m. Dialecto de la lengua serbocroata que se habla en Serbia.

serbobosnio, nia adj. y s. De Serbia y Bosnia o relativo a estos países balcánicos.

serbocroata adj. y com. De Serbia y Croacia o relativo a estos países balcánicos. || m. Lengua eslava que se habla en Serbia, Croacia y en gran parte de las regiones balcánicas.

serenar tr. Sosegar, tranquilizar a alguien o alguna cosa. También intr. y prnl. || Apaciguar disturbios o tumultos. || Templar, moderar el enojo u otro sentimiento que domina a alguien. También prnl.

serenata f. Música que se interpreta en la calle y durante la noche, para festejar a una persona. || Composición poética o musical destinada a este objeto. || *col. desp.* Murga, charla, música o ruido intenso, continuado y molesto.

serenidad f. Tranquilidad, calma, apacibilidad. || Título de honor de algunos príncipes.

sereno¹ m. Humedad que hay por la noche en la atmósfera. || Encargado de rondar de noche por las calles para velar por la seguridad del vecindario. || **al sereno** loc. adv. En la intemperie de la noche: *dormir al sereno.* || FAM. serena.

sereno², na adj. Claro, despejado de nubes. || Apacible, sosegado. || Sobrio, que no está bebido. || FAM. serenar, serenidad, serenísimo.

serial adj. De una serie o relativo a ella. || m. Serie televisiva o de radio de carácter sensiblero y argumento enredado. || Episodio de estas características.

seriar tr. Poner en serie, formar series. || FAM. serialización.

sericicultura o **sericultura** f. Industria que tiene por objeto la producción de la seda. || FAM. sericícola, sericicultor, sericultor.

serie f. Conjunto de cosas relacionadas entre sí y que se suceden unas a otras: *serie de números.* || P. ext., conjunto de personas o cosas aunque no guarden relación entre sí: *serie de preguntas.* || Conjunto de cosas hechas o fabricadas de una vez, por ejemplo, los sellos, billetes, etc., de una misma emisión, y esta misma emisión. || Serial, programa de radio o televisión que se emite por capítulos. || En la lotería, cada una de las emisiones de los números correspondientes a un mismo sorteo. || En ling., conjunto de fonemas de una lengua caracterizados por un mismo modo de articulación. || En mat., sucesión de cantidades que se derivan unas de otras según una ley determinada. || **en serie** loc. adj. y adv. Se apl. a la fabricación de muchos objetos iguales entre sí. || **fuera de serie** loc. adj. Que se considera extraordinario sobresaliente en su línea. También com. || FAM. serial, seriar.

seriedad f. Sobriedad, carencia de alegría, de color, de broma, etc. || Rigor, exactitud, esmero en el trabajo.

sérif com. Sheriff.

serigrafía f. Procedimiento de impresión que consiste en copiar sobre cualquier material el dibujo o imagen grabado en una matriz de hilos de seda, metal o nailon, tamizando tintas y barnices especiales. || FAM. serigrafiado, serigrafiar.

seringa f. *amer.* Caucho, goma elástica.

serio, ria adj. Severo, poco alegre, grave en el semblante, en actitud y comportamiento. || Enfadado o preocupado. || Formal y cumplidor. || Digno de confianza. || Que no se destina a hacer reír o divertir, sino a infor-

mar, educar, etc. || Importante, grave. || Se apl. a la ropa, decoración, etc., de líneas y colores sobrios y poco llamativos. || **en serio** loc. adv. Sin asomo de burla o broma. || FAM. seriamente, seriedad.

sermón m. Discurso religioso u oración evangélica que se predica para la enseñanza de la buena doctrina. || Amonestación o represión insistente o larga. || FAM. sermonario, sermonear.

sermonear tr. Predicar, decir un sermón. También intr. || Amonestar o reprender a alguien con sermones. || FAM. sermoneador, sermoneo.

serología f. Estudio de la naturaleza y producción de los antígenos y los anticuerpos presentes en el suero. || Análisis del suero para determinar la presencia de gérmenes patógenos en él. || FAM. seroconversión, serodiagnóstico, serodiagnosis, serológico, seronegativo, seropositivo, seroso, seroterapia, serotipo, serotonina.

serón m. Especie de sera más larga que ancha, que normalmente se utiliza para llevar la carga en una caballería.

seronegativo, va adj. y s. Se apl. al paciente o a la prueba en los que no se detectan anticuerpos de una enfermedad infecciosa.

seropositivo, va adj. Se apl. al paciente o a la prueba en los que se detectan anticuerpos de una enfermedad infecciosa. || P. ext., que tiene en su cuerpo anticuerpos de sida. También s.

serosidad f. Líquido que segregan ciertas membranas. || Líquido que se acumula en las ampollas de la epidermis.

seroso, sa adj. Del suero o la serosidad o relativo a ellos. || Que produce serosidad. || Se apl. a la membrana que recubre diversas cavidades del organismo. También f. || FAM. serosidad.

seroterapia f. Administración de sueros medicinales para el tratamiento de algunas enfermedades.

serpentear intr. Andar o moverse formando vueltas y ondas como la serpiente. || FAM. serpenteado, serpenteante, serpenteo.

serpentín m. Tubo largo en espiral que sirve para facilitar el enfriamiento de los líquidos o vapores.

serpentina f. Tira de papel arrollada que en las fiestas se arrojan unas personas a otras de modo que se desenrolle en el aire. || Mineral silicato de magnesio, de forma laminar o fibrosa y color verdoso que se usa como aislante y en decoración por su gran dureza.

serpiente f. Nombre que se da vulgarmente a todos los reptiles del suborden de los ofidios, de cuerpo cilíndrico, escamoso y muy alargado que, por carecer de extremidades, se mueven arrastrándose. || FAM. serpear, serpentear, serpentígero, serpentín, serpentina, serpentino, serpentón, sierpe.

serrado, da adj. Que tiene dientes semejantes a los de una sierra.

serradura f. Partícula de madera que se desprende al serrar. Más en pl.

serrallo m. Parte de la vivienda musulmana donde habitan las mujeres. || Conjunto de todas las mujeres que viven bajo la dependencia de un jefe de familia entre los musulmanes.

serrana f. Composición poética parecida a la serranilla. ‖ Variedad del cante hondo propia de la sierra malagueña.

serranía f. Espacio de terreno cruzado por montañas y sierras.

serranilla f. Composición lírica escrita por lo general en versos de arte menor, cuyo tema es el encuentro de un caballero y una serrana.

serrano, na adj. Que habita en una sierra o ha nacido en ella. También s. ‖ De la sierra o relativo a ella. ‖ Lozano y hermoso: *cuerpo serrano.* ‖ m. Jamón serrano. ‖ FAM. serrana, serranilla.

serrar tr. Cortar madera u otra cosa con la sierra. ◆ Irreg. Se conj. como *acertar.* ‖ FAM. serrado, serrador, serradora, serradura, serrería, serrín.

serrato adj. y m. Se apl. al músculo de los tres del tórax y el dorso del cuerpo humano que son dentados como las sierras.

serrería f. Taller mecánico para serrar maderas.

serreta f. Ave anseriforme con el plumaje de la cabeza y el cuello de color verde en el macho, y pico recto, largo, terminado en una uña ancha y curva y aserrado.

serrín m. Conjunto de partículas que se desprenden de la madera cuando se sierra.

serrote m. *amer.* Serrucho.

serrucho m. Sierra de hoja ancha y de un solo mango. ‖ *amer. col.* Ganancia ilícita de un funcionario. ‖ FAM. serruchar.

serventesio m. Composición de la poética provenzal, de tema moral o político y de tendencia satírica. ‖ Cuarteto en que riman el primer verso con el tercero y el segundo con el cuarto. ‖ FAM. sirventés.

servicial adj. Que siempre está dispuesto a complacer y servir a otros. ‖ Que sirve con cuidado y diligencia. ‖ FAM. servicialmente.

servicio m. Labor o trabajo que se hace sirviendo al Estado o a otra entidad o persona: *prestación de servicios, servicio público.* ‖ Organización y personal destinados a satisfacer necesidades del público: *servicio médico, de limpieza, de atención al cliente.* ‖ Servicio doméstico. ‖ Conjunto de criados. ‖ Favor en beneficio de alguien. ‖ Utilidad o provecho. ‖ Cubierto que se pone a cada comensal. ‖ Conjunto de alimentos que se ponen en la mesa. ‖ Conjunto de vajilla y otras cosas para servir los alimentos: *servicio de café.* ‖ Retrete, aseo. ‖ Saque de pelota en juegos como el tenis. ‖ **servicio activo** El que corresponde al que trabaja y se está prestando de hecho, actual y positivamente. ‖ **servicio discrecional** El que una empresa, autorizada para prestar un determinado servicio público, realiza en función de sus propios intereses y de los de los usuarios. ‖ **servicio doméstico** Sirviente o sirvientes de una casa y trabajos que llevan a cabo. ‖ **servicio militar** El que presta un ciudadano siendo soldado durante cierto tiempo. ‖ **servicio posventa** o **postventa** Organización y personal destinados por una empresa o un comercio al mantenimiento de aparatos, coches, etc., después de haberlos vendido. ‖ **de servicio** loc. adv. Desempeñando activamente un cargo o función o un turno de trabajo. ‖ **hacer el servicio** loc. Cumplir el servicio militar obligatorio.

‖ **prestar servicios** loc. Trabajar, hacer alguna labor para alguien. ‖ FAM. servicial.

servidor, ra m. y f. Persona que sirve como criado. ‖ Persona adscrita al manejo de un arma o de otro artefacto. ‖ Nombre que por cortesía se da a sí misma una persona respecto de otra: *servidora hará lo que le manden.* ‖ m. En inform., ordenador que es compartido, en una red informática, por múltiples usuarios.

servidumbre f. Conjunto de criados que sirven a la vez en una casa. ‖ Condición de siervo y trabajo que realiza. ‖ Obligación inexcusable de hacer una cosa. ‖ Sujeción a una pasión, vicio, afición, etc., que coarta la libertad. ‖ En der., obligación o derecho que grava una finca, propiedad, etc., con relación a otra y que limita el dominio de esta.

servil adj. De los siervos o de los criados o relativo a ellos. ‖ Bajo, humilde y de poca estimación. ‖ Adulador, rastrero. ‖ FAM. servilismo, servilmente.

servilismo m. Ciega y baja obediencia y adulación a la autoridad.

servilleta f. Pequeño trozo de paño o papel que se utiliza en la mesa para limpiarse los labios y las manos. ‖ FAM. servilletero.

servilletero m. Aro en que se pone arrollada la servilleta. ‖ Utensilio para poner las servilletas de papel.

servio, via adj. y s. Serbio.

servir tr. Trabajar para alguien como criado o sirviente. También intr. ‖ Trabajar para una persona o entidad. También intr.: *sirvió en el ejército.* ‖ Atender al público en un restaurante, comercio, etc. ‖ Suministrar o repartir mercancías. También prnl. ‖ Llenar el vaso o plato del que va a beber o comer. También prnl. ‖ Dar culto o adoración a Dios. ‖ intr. Ser algo o alguien apropiado para cierta tarea, actividad, etc. ◆ Se construye con la prep. *para: no sirve para nada; sirve para rallar el queso.* ‖ Ayudar, trabajar por otro, aunque sea voluntariamente, haciendo lo que quiere o dispone: *¿en qué puedo servirte?* ‖ Aprovechar, valer, ser de uso o utilidad. ‖ Asistir con un naipe del mismo palo. ‖ Sacar la pelota en el tenis. ‖ prnl. Valerse de una persona o cosa para conseguir algo. ◆ Se construye con la prep. *de: se sirvió de sus contactos para ascender.* ‖ **ir servido** loc. *irón.* Tener ya bastante. ‖ loc. En los juegos de naipes, no desear descartarse. ◆ Irreg. Se conj. como *pedir.* ‖ FAM. serventía, servible, servicio, servidor, servidumbre, servil, siervo, sirviente.

servobosnio, nia adj. y s. Serbobosnio.

servocroata adj. y com. Serbocroata.

servodirección f. Mecanismo de un vehículo que hace más suave y manejable la dirección al multiplicar su acción.

servofreno m. Freno cuya acción es ampliada por un dispositivo eléctrico o mecánico.

sésamo m. Planta pedaliácea originaria de la India, semejante al ajonjolí. ‖ Semilla de esta planta que se utiliza en cocina y repostería. ‖ Pasta de nueces, almendras o piñones con ajonjolí.

sesear intr. Pronunciar o articular la *z* o la *c* como *s* ante *e* o *i.* ‖ FAM. seseante, seseo.

sesenta adj. y pron. num. card. Seis veces diez. ‖ adj. num. ord. Que ocupa el lugar número sesenta en una serie ordenada de elementos, sexagésimo. ‖ m. Conjunto de signos con que se representa este número: 60. ‖ m. pl. Década de los años entre 1960 y 1969. ‖ Edad de sesenta años. ‖ FAM. sesentavo, sesentón, sexagenario, sexagésimo.

sesentón, ona adj. y s. *col.* Que ha cumplido los sesenta años y no llega a setenta.

seseo m. Pronunciación o articulación de la *z* o la *c* como *s* ante *e* o *i.*

sesera f. Parte de la cabeza en que están los sesos. ‖ Los mismos sesos. ‖ *col.* Prudencia, juicio.

sesgado, da adj. Oblicuo, torcido, en diagonal. ‖ Parcial, subjetivo: *opinión sesgada.* ‖ FAM. sesgadamente.

sesgar tr. Cortar o partir en sesgo o en diagonal. ‖ Torcer a un lado una cosa: *sesgar la boca.* ‖ FAM. sesgado, sesgo.

sesgo, ga adj. Cortado o situado oblicuamente. ‖ m. Hecho de ser oblicua una cosa o estar torcida hacia un lado. ‖ P. ext., curso o rumbo que toma un asunto, negocio, etc.: *sesgo de los acontecimientos.* ‖ Diferencia entre el valor esperado de un estimador y el verdadero valor del parámetro. ‖ **al sesgo** loc. adv. Oblicuamente, en diagonal.

sesión f. Junta o reunión de un concilio, congreso u otra corporación. ‖ Conferencia o consulta entre varios para determinar una cosa. ‖ Cada uno de los actos, proyecciones o representaciones que se realizan para el público en cierto espacio de tiempo. ‖ Tiempo durante el cual se desarrolla cierta actividad, se somete a un tratamiento, etc. ‖ **sesión continua** Sesión de cine en que se proyecta repetidamente la misma película, de modo que el espectador puede presenciarla de principio a fin, o completar la parte que no ha visto aguardando a la proyección siguiente, sin tener que abandonar la sala ni pagar otra vez por ello. ‖ **abrir la sesión** loc. Comenzarla. ‖ **levantar** o **cerrar la sesión** loc. Concluirla.

seso m. Cerebro, masa de tejido nervioso contenida en la cavidad del cráneo. Más en pl. ‖ Prudencia, madurez: *tener poco seso.* ‖ **calentarse** o **devanarse** uno **los sesos** loc. *col.* Meditar mucho sobre una cosa. ‖ **perder** uno **el seso** loc. Perder el juicio o privarse. ‖ **tener sorbido** o **sorberle el seso** a uno loc. *col.* Ejercer sobre él una gran influencia o atracción. ‖ FAM. sesada, sesera, sesudo.

sestear intr. Pasar la hora de la siesta durmiendo o descansando. ‖ Recogerse el ganado durante el día en un lugar sombrío para librarse del calor del sol. ‖ FAM. sesteadero, sesteo.

sestercio m. Antigua moneda romana de plata.

sesudo, da adj. Prudente, sensato, que tiene seso. ‖ FAM. sesudamente, sesudez.

set m. Cada una de las etapas que componen un partido de tenis, de voleibol, etc. ‖ Conjunto o juego formado por varios elementos con función común: *set de manicura, de herramientas.* ‖ Plató cinematográfico. ◆ pl. *sets.*

seta f. Cualquier especie de hongo con forma de sombrero sostenido por un pedicelo.

setecientos, tas adj. y pron. num. card. Siete veces cien. ‖ adj. num. ord. Que ocupa el lugar número setecientos en una serie ordenada de elementos, septin-

gentésimo. ‖ m. Conjunto de signos con los que se representa este número: 700. ‖ FAM. septingentésimo.

setenta adj. y pron. num. card. Siete veces diez. ‖ adj. num. ord. Que ocupa el lugar número setenta en una serie ordenada de elementos, septuagésimo. ‖ m. Conjunto de signos con los que se representa este número: 70. ‖ m. pl. Década de los años entre 1970 y 1979. ‖ Edad de setenta años. ‖ FAM. setentavo, setentón, septuagenario, septuagésimo.

setentón, ona adj. y s. *col.* Que ha cumplido los setenta años y no llega a los ochenta.

setiembre m. Septiembre.

sétimo, ma adj. num. ord. Séptimo.

seto m. Cercado hecho de palos o varas entretejidas. ‖ **seto vivo** Cercado de plantas o arbustos vivos.

setter (voz i.) adj. y com. Se apl. al perro de caza de origen inglés, de pelo largo y ondulado, que llega a alcanzar unos 60 cm.

seudo- pref. que significa 'supuesto': *seudópodo,* o 'falso': *seudónimo.*

seudohermafrodita adj. y com. Se apl. al individuo que tiene la apariencia del sexo contrario, conservando la gónada de su sexo verdadero. ‖ FAM. seudohermafroditismo.

seudónimo, ma adj. Se apl. a la persona y, especialmente, al autor que oculta con un nombre falso el suyo verdadero. ‖ Se dice de la obra de este autor. ‖ m. Nombre empleado por una persona, especialmente un autor, en lugar del suyo verdadero.

seudópodo m. Extensión protoplasmática del citoplasma de ciertas células y seres unicelulares, a los que sirve para desplazarse y para apresar alimentos.

severidad f. Rigor, falta de tolerancia. ‖ Rigidez y exactitud en el cumplimiento de una regla, una norma o una ley.

severo, ra adj. Que actúa con severidad. ‖ Áspero, seco, duro en el trato. ‖ Que no muestra o contiene tolerancia o indulgencia. ‖ Grave, serio. ‖ Se apl. al tiempo o al clima inclemente y duro. ‖ FAM. severamente, severidad.

sevicia f. Crueldad excesiva. ‖ Trato cruel.

sevillana f. *amer.* Navaja, arma blanca. ‖ f. pl. Aire musical propio de Sevilla, y danza que se baila con esta música. ‖ FAM. sevillano.

sex-appeal (voz i.) m. Atractivo físico y sexual de una persona.

sex shop o **sex-shop** (voz i.) m. Tienda donde se venden artículos eróticos o relacionados con el placer sexual. ◆ pl. *sex shops* o *sex-shops.*

sex symbol o **sex-symbol** (voz i.) com. Persona que representa el ideal del atractivo erótico y sexual. ◆ pl. *sex symbols* o *sex-symbols.*

sexagenario, ria adj. y s. Sesentón, que tiene más de sesenta años pero aún no ha cumplido los setenta.

sexagesimal adj. Se apl. al sistema de numeración de base 60, usado sobre todo en la medida de ángulos.

sexagésimo, ma adj. num. ord. Que ocupa el lugar número sesenta en una serie ordenada de elementos. ‖ adj. num. frac. Se apl. a cada una de las sesenta partes iguales en que se divide un todo. También m.

sexenio m. Tiempo de seis años.

sexi adj. Se aplica a la persona que tiene gran atractivo físico y a la cosa con carácter erótico.

sexismo m. Tendencia discriminatoria que valora a las personas en razón de su sexo, sin atender a otras consideraciones, como su trabajo o sus aptitudes. || FAM. sexista.

sexista adj. Del sexismo o relativo a él. || adj. y com. Partidario o defensor de esta tendencia.

sexo m. Condición orgánica que distingue al macho de la hembra en los seres humanos, los animales y las plantas: *sexo masculino, femenino.* || Conjunto de seres pertenecientes a un mismo sexo: *sexo débil, fuerte.* || Órganos genitales externos. || Sexualidad, atracción o placer sexual. || FAM. sexismo, sexofobia, sexoholismo, sexología, sexuado, sexual, sexy.

sexología f. Estudio del comportamiento sexual y de las cuestiones relacionadas con el sexo. || FAM. sexológico, sexólogo.

sexólogo, ga m. y f. Especialista en sexología.

sextante m. Instrumento portátil formado por un sector de un sexto de círculo empleado en navegación para medir la altura de los astros y los ángulos horizontales.

sexteto m. En mús., composición para seis instrumentos o seis voces. || En mús., conjunto de estos seis instrumentos o voces. || Estrofa de seis versos de arte mayor.

sextilla f. Combinación de seis versos de arte menor.

sextina f. Composición poética que consta de seis estrofas de seis versos endecasílabos cada una y de otra que solo se compone de tres. || Cada una de las estrofas de seis versos endecasílabos que forman esta composición.

sexto, ta adj. num. ord. Que ocupa el lugar número seis en una serie ordenada de elementos. || adj. num. frac. Se apl. a cada una de las seis partes iguales en que se divide un todo. También m. || m. Libro en que están juntas algunas constituciones y decretos canónicos.

sextuplicar tr. y prnl. Multiplicar por seis una cantidad. || Hacer una cosa seis veces mayor de lo que era. || FAM. sextuplicación, séxtuplo.

séxtuplo, pla adj. num. mult. Se apl. al número o cantidad que incluye en sí exactamente seis veces otro número o cantidad. También m.

sexuado, da adj. Se apl. a la planta o al animal que tiene órganos sexuales.

sexual adj. Del sexo o la sexualidad o relativo a ellos. || FAM. sexualidad, sexualmente.

sexualidad f. Conjunto de condiciones anatómicas y fisiológicas que caracterizan a cada sexo. || Conjunto de prácticas, comportamientos, etc., relacionados con la búsqueda del placer sexual y la reproducción.

sexy (voz i.) adj. Sexi.

sfumato (voz it.) m. Esfumado.

sha m. Sah.

sheriff com. En ciertas circunscripciones y condados de EE. UU., representante de la justicia que se encarga de hacer cumplir la ley. || m. En la antigua Inglaterra y en el Reino Unido, representante de la corona en los condados, con poder administrativo y judicial. ◆ pl. *sheriffs.*

sherpa (voz i.) adj. y com. De un pueblo nepalí de origen mongol que habita en las vertientes altas del Himalaya, cuyos habitantes se han especializado como guías y porteadores en las expediciones alpinistas y científicas, o relativo a él.

sherry (voz i.) m. Nombre inglés del vino oloroso de Jerez.

shiatsu m. Técnica terapéutica oriental que sana mediante la presión dactilar en determinados puntos del cuerpo humano.

shock (voz i.) m. Choque nervioso o circulatorio producido por una impresión, una descarga eléctrica, etc. ◆ pl. *shocks.*

shogún m. Sogún. || FAM. shogunado, shogunato.

short (voz i.) m. Pantalón corto, sobre todo el femenino. ◆ pl. *shorts.*

shoshone adj. y com. De un grupo de tribus amerindias que habitaban un amplio territorio de EE. UU., entre las Montañas Rocosas y la sierra Nevada, o relativo a él. || m. Grupo lingüístico de los shoshones, rama de la familia uto-azteca.

show (voz i.) m. Espectáculo musical o artístico o parte de él. || col. Situación escandalosa en la que se llama mucho la atención. ◆ pl. *shows.* || FAM. showman, showoman.

show-bussiness (voz i.) m. Negocio del mundo del cine, la televisión o el espectáculo. ◆ No varía en pl.

showman (voz i.) m. Presentador, protagonista o animador de un espectáculo. ◆ A veces se usa el f. *showoman.*

si[1] conj. cond. que introduce la prótasis de la cláusula condicional: *si sales ahora, llegarás a tiempo.* || A veces expresa una aseveración terminante: *si ayer lo aseguraste, ¿cómo lo niegas hoy?* || Introduce expresiones que indican deseo: *¡si yo pudiera ayudarte!* || conj. adv. Aunque: *si me mataran no lo haría.* || conj. dist. Se usa para contraponer un término a otro. Sobre todo, se emplea repetida: *si uno habla, malo; si se calla, peor.* || conj. enunciativa Introduce oraciones subordinadas sustantivas interrogativas indirectas totales: *te pregunto si te vienes de excursión o no.* || Ante el adv. *no*, introduce expresiones que equivalen a 'de otra suerte' o 'en otro caso': *sé bueno, si no, te castigaré; llega puntual, si no, avísalos.* || FAM. sino.

si[2] m. Séptima nota de la escala musical. ◆ No varía en pl.

sí[1] pron. Forma tónica del pron. pers. reflex. de tercera persona, que en la oración desempeña la función de complemento con prep.: *se hizo daño a sí mismo.* ◆ Al unirse con la prep. *con*, forma la voz *consigo*. || **de por sí** loc. adv. Separadamente de otras cosas o circunstancias, por sí mismo. || **fuera de sí** loc. adv. Muy alterado o irritado. || **para sí** loc. adv. Mentalmente o sin dirigir a otro la palabra.

sí[2] adv. afirm. Se emplea para responder a una pregunta afirmativamente: *me contestó que sí.* || A veces se usa como intensificador: *esto sí que es un coche.* || m.

Consentimiento o permiso: *ya tengo el sí de mi padre.* ◆ pl. *síes.* || **dar** uno **el sí** loc. Conceder una cosa, convenir en ella. Más hablando del matrimonio. || **porque sí** loc. Sin causa justificada, por simple voluntad o capricho: *lo hago porque sí y punto.*

sial m. Capa de la litosfera que forma la costra superficial de la Tierra, compuesta fundamentalmente por sílice y aluminio.

siamés, esa adj. y s. De Siam, antiguo nombre de Tailandia, o relativo a este país asiático. || Se apl. al hermano gemelo que nace unido por alguna parte de su cuerpo a otro. Más en pl. || Se dice del gato muy estilizado, de pelaje oscuro en las extremidades y beige claro en el resto del cuerpo. || m. Lengua hablada en Tailandia.

sibarita adj. y com. Aficionado al lujo y a los placeres refinados. || FAM. sibaritismo.

sibila f. Mujer sabia a quien los antiguos griegos y romanos atribuyeron espíritu profético. || FAM. sibilino, sibilítico.

sibilante adj. En fon., se apl. al sonido que se pronuncia como una especie de silbido, como el de la *s.* || En fon., se dice de la letra que representa este sonido, como la *s.* También f.

sibilino, na adj. De la sibila o relativo a ella. || Misterioso, oscuro.

siboney adj. y com. De un pueblo prehispánico que se considera el más antiguo de los que habitaron en Cuba o relativo a él.

sic adv. lat. Así, tal y como se reproduce. ◆ Se usa en impresos y manuscritos para dar a entender que una palabra o frase empleada en ellos es cita textual.

sicalíptico, ca adj. Erótico, sensual, libidinoso. || FAM. sicalipsis.

sicario, ria m. y f. Asesino a sueldo. || P. ext., compinche, matón que trabaja para otro.

sicofanta o **sicofante** m. Calumniador, perjuro, impostor.

sicomoro o **sicómoro** m. Árbol moráceo originario de Egipto, de tronco amarillento y fruto en sicono que crece en la región mediterránea y cuya madera es muy apreciada en ebanistería por su dureza y resistencia.

sida m. Grave enfermedad contagiosa de transmisión sexual y sanguínea que destruye las defensas inmunológicas del organismo. ◆ El nombre proviene de las siglas de Síndrome de Inmuno-Deficiencia Adquirida. A veces se escribe *SIDA.* || FAM. sidoso.

sidecar m. Especie de coche pequeño, de una única rueda, que se adosa al costado de una motocicleta.

sideral o **sidéreo, a** adj. De las estrellas o los astros o relativo a ellos.

siderita f. Mineral de carbonato ferroso, de color grisáceo y brillo vítreo, más duro que el mármol y quebradizo, que se usa en siderurgia para obtener hierro. || FAM. siderolito, siderosa, siderosis.

siderolito m. Tipo de meteorito compuesto fundamentalmente por hierro y níquel.

siderometalúrgico, ca adj. De la siderurgia y la metalurgia consideradas conjuntamente, o relativo a ambas: *sector siderometalúrgico.*

siderurgia f. Técnica metalúrgica, o conjunto de ellas, que se apl. en la extracción y la transformación del hierro. || Conjunto de empresas e instalaciones dedicadas a esta industria. || FAM. siderometalúrgico, siderúrgico.

siderúrgico, ca adj. De la siderurgia o relativo a ella.

sidra f. Bebida alcohólica espumosa que se obtiene por la fermentación del zumo de las manzanas. || FAM. sidrería, sidrero.

sidrería f. Establecimiento donde se fabrica, almacena o se sirve sidra.

siega f. Corte y recolección del cereal o de la hierba maduros. || Tiempo en que se siega. || Mieses segadas.

siembra f. Colocación o esparcimiento de las semillas en la tierra para que germinen. || Tiempo en que se siembra. || Tierra sembrada.

siempre adv. t. En todo o en cualquier tiempo o momento. || Cada vez que ocurre cierta cosa o se da determinada circunstancia. || En todo caso, cuando menos. || **de siempre** loc. adj. y adv. Habitualmente, desde hace mucho tiempo o desde que se tiene conocimiento de algo. || **¡hasta siempre!** loc. que se utiliza para despedirse por largo tiempo. || **para siempre** loc. adv. Por todo el tiempo, para toda la vida. || **por siempre** loc. adv. Eternamente, por los siglos de los siglos. || **siempre que** loc. conjunt. cond. Con tal de que. ◆ Se construye con el verbo en subjuntivo. || **siempre y cuando** loc. conjunt. cond. Siempre que, con tal de que. || FAM. siempretieso, siempreviva, sempiterno.

siempreviva f. Planta herbácea de la familia de las crasuláceas, de 5 a 25 cm de altura, con hojas en roseta rodeadas de vello y flores rojas, que crece en regiones montañosas de Europa. || Flor de esta planta.

sien f. Cada una de las dos partes laterales de la cabeza comprendidas entre la frente, la oreja y la mejilla.

siena adj. y m. Se apl. al color castaño claro y amarillento.

sienita f. Roca ígnea de composición parecida a la del granito, de color grisáceo rojizo y textura granulosa, que se usa en la construcción.

sierpe f. *poét.* Serpiente, culebra. || Persona muy enfadada o muy irritable. || Cualquier cosa que se mueve como si fuera una serpiente.

sierra f. Herramienta con una hoja de acero dentada que sirve para cortar madera u otros cuerpos duros. || Cordillera de poca extensión de montañas escarpadas y de cimas picudas. || P. ext., región montañosa. || FAM. serranía, serrano, serrar, serrato, serreta, serrucho.

siervo, va m. y f. Esclavo de un señor. || Persona sometida totalmente a la autoridad de otra o de alguna cosa. || Persona que profesa en orden o comunidad religiosa. || **siervo de Dios** Persona que sirve a Dios y guarda sus preceptos. || FAM. servil, servir.

sieso m. El ano junto con la porción inferior del intestino recto. || adj. *col.* Se apl. a la persona desabrida, arisca y poco amable.

siesta f. Tiempo después del mediodía, en que aprieta más el calor. || Tiempo destinado para dormir o descansar después de comer. || FAM. sestear.

siete adj. y pron. num. card. Seis más uno. || adj. num. ord. Que ocupa el lugar número siete en una serie ordenada de elementos, séptimo. También m., aplicado a los días del mes. || m. Signo con que se representa este número: *7.* || Naipe que tiene siete señales. || *col.* Rasgón en forma de ángulo que se hace en la ropa. || Instrumento de carpintería para sujetar en el banco los materiales. || **siete y media** Juego de naipes que consiste en sumar, sin pasarse, esta cantidad. || FAM. septenario, septenio, septeno, septeto, séptimo, septuplicar, setecientos, setenta, sietemachos, sietemesino.

sietemesino, na adj. y s. Se apl. al niño que nace a los siete meses de gestación, y no a los nueve, como resulta habitual. || *desp.* Se dice de la persona poco agraciada y como encanijada.

sífilis f. Enfermedad venérea infecciosa que se transmite por contacto sexual o por herencia. ◆ No varía en pl. || FAM. sifilítico.

sifilítico, ca adj. De la sífilis o relativo a esta enfermedad. || adj. y s. Que padece sífilis.

sifón m. Tubo encorvado que sirve para sacar líquidos del vaso que los contiene, haciéndolos pasar por un punto superior a su nivel. || Botella cerrada herméticamente y llena de agua carbónica que deja pasar el líquido a presión por un tubo central que se abre pulsando el tapón. || Agua carbónica contenida en esta botella. || Tubo doblemente acodado en que el agua detenida dentro de él impide la salida de los gases de las cañerías al exterior. || Órgano en forma de tubo largo que tienen ciertos moluscos bivalvos para absorber el agua. || *amer.* Cerveza de barril. || FAM. sifonado.

sifonáptero, ra adj. y m. De los sifonápteros o relativo a este orden de insectos. || m. pl. Orden de pequeños insectos sin alas, con el cuerpo aplastado lateralmente, patas adaptadas para el salto, sin ojos y ectoparásitos de aves y mamíferos, como la pulga.

sifrino, na adj. y s. *amer.* Se apl. a la persona de usos y modales afectados y extranjeros.

sigilo m. Secreto con que se hace algo o se guarda una noticia. || Silencio, cuidado para no hacer ruido. || FAM. sigilosamente, sigiloso.

sigiloso, sa adj. Que actúa con sigilo, discreción o silencio.

sigla f. Letra inicial, o conjunto de ellas, que se emplea como abreviatura. || Palabra o rótulo formado con estas iniciales, como *ONU* o *UE.*

siglo m. Espacio de cien años. || Seguido de la prep. *de,* época en que se ha desarrollado o ha tenido lugar lo que este expresa: *Siglo de las Luces.* || Espacio largo de tiempo. || Vida civil en oposición a la religiosa. || **Siglo de Oro** Tiempo en que las letras, las artes, la política, etc., han tenido mayor incremento y esplendor en un pueblo o país. || **del siglo** loc. adj. Que destaca llamativamente entre los de su especie: *robo, boda del siglo.* || **por los siglos de los siglos** loc. adv. Eternamente, por siempre. || FAM. secular.

sigma f. Decimoctava letra del alfabeto griego, que se corresponde con nuestra *s.* Su grafía mayúscula es Σ y, las minúsculas, σ y ς.

signatario, ria adj. y s. Se apl. a la persona que firma un documento, acuerdo, etc. || FAM. signar.

signatiforme adj. y m. De los signatiformes o relacionado con este orden de peces. || m. pl. Orden de peces osteíctios que se caracterizan por sus formas curiosas, como la del caballito de mar o la aguja. Presentan el cuerpo encerrado en una coraza de placas óseas, hocico largo y tubular, sin dientes y cola generalmente prensora.

signatura f. Marca o nota puesta en las cosas para distinguirlas de otras. || Código de números y letras que se pone a un libro o a un documento para indicar su colocación dentro de una biblioteca o un archivo. || En impr., señal con letras o números que se pone al pie de la primera plana de cada pliego, para que sirva de guía al encuadernador.

significación f. Sentido, significado de una palabra, una frase, un símbolo, etc. || Objeto que se significa. || Importancia, valor, relevancia.

significado, da adj. Conocido, importante, famoso. || m. Sentido o concepto que representa una cosa, una palabra, un signo, etc. || En ling., elemento que, unido al de significante, constituye y conforma el signo lingüístico.

significante m. En ling., fonema o sucesión de fonemas que, junto con el significado, constituye el signo lingüístico.

significar tr. Ser una cosa signo de otra o representarla. || Ser una palabra o frase expresión de una idea. || Manifestar, señalar una cosa. || intr. Tener importancia: *tu amistad significa mucho para mí.* || prnl. Distinguirse por alguna cualidad o circunstancia. || Manifestarse la opinión o postura de alguien. || FAM. significación, significado, significante, significativo.

significativo, va adj. Que da a entender o conocer con propiedad una cosa. || Que tiene importancia, valor o relevancia. || FAM. significativamente.

signo m. Objeto, fenómeno o acción material que, natural o convenientemente, representa y sustituye a otro objeto, fenómeno o señal. || Cualquiera de los caracteres que se emplean en la escritura y en la imprenta. || Indicio, síntoma o señal de algo. || Señal que se hace a través de un gesto o movimiento. || Cada una de las doce partes iguales en que se considera dividido el Zodiaco. || Señal o figura que se usa en matemáticas para indicar la naturaleza de las cantidades o las operaciones que se han de ejecutar con ellas. || **signo lingüístico** Unidad mínima de la oración constituida por un significante (forma) y un significado (concepto). || FAM. signar, signatario, signatura, significar.

sigüí com. *amer. col.* Adulador, pelota. ◆ pl. *sigüís* o *sigüíes.*

siguiente adj. Posterior, que va después. También m. || Que va a decirse a continuación.

sij adj. y com. De una religión monoteísta mezcla del hinduismo y el islamismo o relativo a ella. ◆ pl. *sijes* o *sijs.*

sílaba f. Sonido o sonidos articulados que constituyen un solo núcleo fónico entre dos depresiones sucesivas de la emisión de voz. || **sílaba abierta** o **libre** La que termina en vocal, como las de *cama.* || **sílaba aguda** o **tónica** La acentuada o en que carga la pronunciación. || **sílaba breve** La de menor duración en las lenguas que, como el latín y el griego, usan dos medidas de cantidad silábica. ‖ **sílaba cerrada** o **trabada** La que termina en consonante, como las de *silbar*. ‖ **sílaba larga** La de mayor duración en lenguas que, como el latín y el griego, usan dos medidas de cantidad silábica. ‖ **sílaba postónica** La átona que en la palabra va detrás de la tónica. ‖ **sílaba protónica** La átona que en la palabra precede a la tónica. ‖ FAM. silabación, silabario, silabear, silábico, sílabo.

silabario m. Librito con sílabas sueltas y palabras divididas en sílabas, que sirven para enseñar a leer.

silabear intr. y tr. Ir pronunciando separadamente cada sílaba. ‖ FAM. silabeo.

silbante adj. Que silba o suena como un silbido. ‖ En fon., sibilante.

silbar intr. Dar o producir silbidos. ‖ Agitar el aire produciendo un sonido como de silbido. ‖ Manifestar desagrado y desaprobación el público mediante silbidos. También tr. ‖ FAM. sibilante, silba, silbador, silbante, silbatina, silbato, silbido, silbo, silbotear.

silbatina f. *amer.* Silba de desaprobación prolongada.

silbato m. Instrumento pequeño y hueco que suena como un silbido al soplar con fuerza en él.

silbido o **silbo** m. Sonido agudo que resulta de hacer pasar con fuerza el aire por la boca con los labios fruncidos o al colocar de cierta manera los dedos en la boca. ‖ Sonido agudo que hace el aire. ‖ Sonido parecido que se hace soplando con fuerza un silbato. ‖ Voz aguda de algunos animales, como la de la serpiente.

silenciador m. Dispositivo que se pone en el tubo de escape de los motores de explosión, o en el cañón de algunas armas de fuego, para amortiguar el ruido producido por la expulsión de gases.

silenciar tr. Callar. ‖ Acallar, imponer silencio. ‖ FAM. silenciador.

silencio m. Abstención de hablar. ‖ Falta de ruido. ‖ Efecto de no hablar o no manifestar algo por escrito. ‖ Pausa musical. ‖ **silencio administrativo** En der., desestimación tácita de una petición o recurso por el mero vencimiento del plazo que la administración pública tiene para resolver. ‖ **¡silencio!** interj. Se usa para mandar callar. ‖ **en silencio** loc. adv. Calladamente, sin hacer ruido ni decir nada. ‖ FAM. silenciar, silencioso, silente.

silencioso, sa adj. Que calla o tiene hábito de callar. ‖ Se apl. al lugar o tiempo en que hay o se guarda silencio. ‖ Que no hace ruido. ‖ m. Silenciador. ‖ FAM. silenciosamente.

silente adj. *poét.* Silencioso, tranquilo, sosegado.

sílex m. Variedad sedimentaria del cuarzo, muy dura y amarillenta, formada principalmente por sílice, pedernal. ‖ Herramienta prehistórica realizada con este material. ◆ No varía en pl.

sílfide f. Ninfa, ser fantástico o mitológico elemental del aire. ‖ Mujer muy hermosa y esbelta.

silfo m. Ser fantástico o mitológico elemental del aire. ‖ FAM. sílfide.

silicato m. En quím., sal compuesta de ácido silícico y una base, de composición y estructura muy variada: *silicato de aluminio, de boro.* ‖ En quím., grupo de minerales, componentes fundamentales de la corteza

terrestre, que entran a formar parte de la composición de casi todas las rocas.

sílice f. Dióxido de silicio, compuesto químico formado por la combinación de un átomo de silicio y dos de oxígeno. ‖ FAM. sílex, silicato, silíceo, silícico, silicio, silicona, silicosis.

silicio m. Elemento químico metaloide que se extrae de la sílice, infusible e insoluble, de estructura cristalina y de gran dureza, que se utiliza como semiconductor, en paneles fotovoltaicos y en circuitos electrónicos integrados. Su símbolo es *Si*, y su número atómico, *14.*

silicona f. Polímero sintético compuesto por cadenas de silicio, oxígeno y radicales alquílicos, que por ser resistente al calor y a la humedad y tener una gran elasticidad posee numerosas aplicaciones industriales y medicinales.

silicosis f. Enfermedad respiratoria producida por la inhalación de polvo de sílice. ◆ No varía en pl. ‖ FAM. silicótico.

silicua f. Fruto simple, seco, de dos valvas, cuyas semillas se hallan alternativamente adheridas a ellas, como el de la mostaza y el alhelí.

silla f. Asiento con respaldo, por lo general con cuatro patas, y en el que solo cabe una persona. ‖ Silla de montar. ‖ Asiento o trono de un prelado con jurisdicción. ‖ Silla de niño. ‖ *amer.* Silla de la reina. ‖ **silla de brazos** La que tiene brazos en que apoyar las manos y los antebrazos. ‖ **silla de la reina** Especie de asiento que hacen dos personas agarrándose los brazos por las muñecas, para transportar o llevar a otra. ‖ **silla de manos** Vehículo con asiento para una persona que, sostenido en dos varas largas, es llevado por hombres. ‖ **silla de montar** Aparejo para montar a caballo. ‖ **silla de niño** Asiento generalmente reclinable y plegable, provisto de ruedas, para llevar a los niños pequeños. ‖ **silla de ruedas** La que, con ruedas laterales grandes, utilizan ciertos minusválidos físicos para desplazarse. ‖ **silla eléctrica** La dispuesta para electrocutar a los reos de muerte. ‖ **silla plegable** La que puede doblarse o hacerse más pequeña. ‖ **silla turca** Escotadura en forma de silla que presenta el hueso esfenoides. ‖ FAM. sillar, sillazo, sillería, sillero, silleta, silletazo, silletería, sillín, sillón.

sillar m. Cada una de las piedras labradas que forman parte de una construcción. También adj.

sillería f. Conjunto de sillas, sillones, etc., con que se amuebla una habitación. ‖ Conjunto de asientos unidos unos a otros, como los del coro de las iglesias, etc. ‖ Taller donde se fabrican sillas o tienda donde se venden. ‖ Construcción hecha con sillares.

sillín m. Asiento pequeño y estrecho que tiene la bicicleta y otros vehículos análogos.

sillón m. Silla de brazos, mayor y más confortable que la normal. ‖ Silla de montar construida de modo que se pueda ir sentado en ella como en una silla normal.

silo m. Lugar generalmente seco y subterráneo para guardar cereales o forrajes. ‖ Cualquier lugar subterráneo, profundo y oscuro. ‖ P. ext., depósito subterráneo en que se ocultan misiles.

silogismo m. Argumento que consta de tres proposiciones, la última de las cuales, llamada conclusión, se deduce necesariamente de las otras dos, denominadas premisas. ‖ FAM. silogística, silogístico, silogizar.

silueta f. Perfil o contorno de una figura. ‖ Dibujo sacado siguiendo los contornos de la sombra de un objeto. ‖ Forma que presenta a la vista la masa de un objeto más oscuro que el fondo sobre el cual se proyecta. ‖ Figura, tipo de una persona. ‖ FAM. siluetar, siluetear.

siluetear o **siluetar** tr. y prnl. Dibujar, recorrer, etc., algo siguiendo su silueta.

silúrico, ca o **siluriano, na** adj. y m. Del tercer periodo de los seis que conforman la era primaria o paleozoica, en la que se desarrollaron ampliamente los peces, las plantas empezaron a colonizar los continentes y aparecieron los primeros animales terrestres, o relacionado con él.

siluriforme adj. y m. De los siluriformes o relacionado con este orden de peces. ‖ m. pl. Orden de peces osteíctios que presentan una boca con barbillas eréctiles, dientes pequeños y numerosos, piel desnuda o con placas óseas y aletas generalmente sin radios rígidos, como el siluro.

siluro m. Pez osteíctio siluriforme fluvial, parecido a la anguila, de unos 5 m de largo, de color verde oscuro, con la boca muy grande, y muy voraz.

silva f. Estrofa de versos endecasílabos y heptasílabos, que riman sin sujeción a un orden prefijado. ‖ Composición poética escrita con esta combinación. ‖ Colección de escritos diversos que no guardan relación entre sí.

silvano m. En mit., semidiós de las selvas.

silvestre adj. Se apl. a la planta que se cría naturalmente y sin cultivo en selvas o campos. ‖ Inculto, agreste, rústico.

silvícola adj. y com. Que habita en la selva.

silvicultor, ra m. y f. Especialista en silvicultura o persona que la profesa.

silvicultura f. Cultivo y explotación de los bosques o montes. ‖ Ciencia que trata de este cultivo. ‖ FAM. silvicultor.

silvina f. Mineral de cloruro potásico, del grupo de los haluros, soluble, de color rojizo y sabor salado que se utiliza como fertilizante.

sima[1] f. Cavidad o grieta grande y muy profunda en la tierra.

sima[2] m. Subcapa más interna de las dos de que consta la corteza terrestre.

simarubáceo, a o **simarrubáceo, a** adj. y f. De las simarubáceas o relativo a esta familia de plantas. ‖ f. pl. Familia de árboles o arbustos angiospermos dicotiledóneos propios de países cálidos, con flores regulares unisexuales, fruto en drupa y semillas sin albumen, como la cuasia.

simba f. amer. Simpa, trenza.

simbionte adj. y m. Se apl. al individuo asociado en simbiosis con otro individuo: vegetal simbionte.

simbiosis f. Asociación de individuos animales o vegetales de diferentes especies, en la que ambos asociados sacan provecho de la vida en común. ‖ Cualquier asociación en la que sus miembros se benefician unos de otros. ◆ No varía en pl. ‖ FAM. simbionte, simbiótico.

simbiótico, ca adj. De la simbiosis o relativo a ella.

simbólico, ca adj. Del símbolo, que lo contiene o está relacionado con él. ‖ Que no tiene valor sino por lo que significa.

simbolismo m. Sistema de símbolos con que se representan creencias, conceptos o sucesos. ‖ Conjunto de símbolos. ‖ Cualidad de simbólico. ‖ Movimiento literario y artístico surgido en Francia en la segunda mitad del siglo XIX, opuesto al neoimpresionismo, que rechazaba la representación fiel del mundo, para expresar más bien su símbolo. ‖ FAM. simbolista.

simbolista adj. Del simbolismo o relativo a él. ‖ adj. y com. Se apl. al poeta o al partidario de esta escuela poética del siglo XIX.

simbolizar tr. Servir una cosa como símbolo de otra: la paloma simboliza la paz. ‖ Representar alguien alguna cosa mediante un símbolo. También prnl. ‖ FAM. simbolizante, simbolización.

símbolo m. Imagen, figura, etc., con que se representa un concepto moral o intelectual, por analogía o por convención. ‖ En quím., letra o conjunto de letras convenidas con que se designa un elemento simple. ‖ Emblemas o figuras accesorias que se añaden al tipo en las monedas y medallas. ‖ FAM. simbólico, simbólicamente, simbolismo, simbolizar, simbología.

simbología f. Estudio de los símbolos. ‖ Conjunto o sistema de símbolos.

simetría f. Armonía de posición de las partes o puntos similares unos respecto de otros, y con referencia a punto, línea o plano determinado. ‖ Proporción adecuada de las partes de un todo entre sí y con el todo mismo. ‖ FAM. simétricamente, simétrico.

simétrico, ca adj. De la simetría, que la manifiesta o la contiene.

simiente f. Semilla. ‖ poét. Semen.

simiesco, ca adj. Que se asemeja al simio o es propio de él.

símil m. Comparación o semejanza entre dos elementos. ‖ Figura que consiste en comparar expresamente una cosa con otra. ‖ FAM. similar, similicadencia, similitud.

similar adj. Que tiene semejanza o analogía con una cosa.

similicadencia f. Figura que consiste en emplear al final de dos o más cláusulas o miembros del periodo nombres en el mismo caso de la declinación, verbos en igual modo o tiempo y persona o palabras de sonido semejante.

similitud f. Semejanza, parecido.

simio, mia m. y f. Antropoide, mamífero primate. ‖ Mono, nombre común de los primates. ‖ FAM. símico, simiesco.

simón adj. y m. Se apl. al coche de caballos para alquilar. ‖ m. Cochero que lo conduce.

simonía f. Acción de comerciar con cosas espirituales o religiosas, como sacramentos, cargos eclesiásticos, etc. ‖ FAM. simoniaco o simoníaco.

simpa f. amer. Trenza hecha con cualquier material, y especialmente con el cabello.

simpatía f. Inclinación afectiva y amistosa entre personas, generalmente espontánea y mutua. ‖ P. ext., análoga inclinación hacia animales o cosas. ‖ Modo de ser y carácter de una persona que la hacen atractiva o agradable a las demás. ‖ Relación de actividad fisiológica y patológica de algunos órganos que no tienen entre sí conexión directa: *te duelen las piernas por simpatía con tu lesión lumbar.* ‖ Aprobación, apoyo. Más en pl. ‖ FAM. simpático, simpaticón, simpatizar.

simpático, ca adj. Que inspira simpatía o la muestra. ‖ Agradable o gracioso. ‖ Se apl. a la parte del sistema neurovegetativo que rige el funcionamiento visceral interviniendo en la regulación de las funciones automáticas e involuntarias del organismo.

simpatizante adj. y com. Que siente simpatía hacia algo o alguien. ‖ Se apl. a la persona que comparte o se siente atraída por ciertas opiniones, ideas, posturas políticas, etc.

simpatizar intr. Sentir simpatía hacia alguien o algo. ◆ Se construye con la prep. *con: simpatizo con sus ideas.* ‖ FAM. simpatizador, simpatizante.

simpétalo, la adj. Se apl. a la flor cuya corola está formada por pétalos soldados en un tubo único, como la de la petunia.

simple adj. Formado por un solo elemento o por pocos. ‖ Se apl. a la cosa sencilla, por oposición a las que pueden ser dobles o estar duplicadas. ‖ Fácil, sencillo, sin complicación. ‖ Falto de malicia y picardía. También com. ‖ Tonto, bobo. También com. ‖ En gram., se dice de la palabra que no se compone de otras de la lengua a la que pertenece. ‖ En gram., se apl. a la forma verbal que consta de una única palabra. ‖ En der., se dice del traslado o copia de una escritura que se saca sin firmar ni autorizar. ‖ En quím., se apl. a la sustancia formada por un solo tipo de átomos. ◆ sup. irreg.: *simplicísimo.* ‖ FAM. simplemente, simpleza, simplicidad, simplificar, simplismo, simplista, simplón.

simpleza f. Carencia de malicia, picardía o inteligencia. ‖ Cosa poco inteligente o absurda que se comete o se dice. ‖ Cosa sin valor o sin importancia.

simplicidad f. Ingenuidad, candor. ‖ Sencillez, falta de complicación. ‖ Cualidad de ser simple, sin composición.

simplificación f. Transformación de una cosa en otra más sencilla, más fácil o menos complicada. ‖ En mat., reducción de una expresión algebraica o numérica a su forma más simple.

simplificar tr. Hacer más sencilla, más fácil o menos complicada una cosa. ‖ En mat., reducir una expresión, cantidad o ecuación a su forma más breve o menos compleja. ‖ FAM. simplificable, simplificación, simplificador.

simplismo m. Carácter simplista, sobre todo si es excesivo.

simplista adj. y com. Que simplifica o tiende a simplificar.

simplón, ona adj. y s. *col.* Inocente, ingenuo, que no tiene malicia.

simposio m. Conferencia o reunión en que se examina y discute por los especialistas un determinado tema o asunto.

simulación f. Fingimiento, presentación de algo como real.

simulacro m. Imitación fingida que se hace de una cosa como si fuera cierta y verdadera: *simulacro de incendio.* ‖ Acción de guerra fingida para adiestrar las tropas.

simulado, da adj. Fingido, imitado falsamente. ‖ FAM. simuladamente.

simulador, ra adj. Que simula. ‖ m. Dispositivo o sistema diseñado para simular un determinado proceso como si fuera real: *simulador de vuelo.*

simular tr. Representar una cosa fingiendo o imitando lo que no es. ‖ FAM. simulación, simulacro, simulado, simulador.

simultanear tr. Realizar en el mismo espacio de tiempo dos o más operaciones o propósitos: *simultanea el trabajo con los estudios.*

simultaneidad f. Coincidencia en el tiempo de dos o más acciones o hechos.

simultáneo, a adj. Que se hace u ocurre al mismo tiempo que otra cosa. ‖ Se apl. a la traducción que se hace oralmente al mismo tiempo que se está pronunciando un discurso, conferencia, etc. ‖ FAM. simultáneamente, simultanear, simultaneidad.

simún m. Viento muy caliente que suele soplar en los desiertos de África y de Arabia, generalmente acompañado de tempestades de arena.

sin prep. Denota carencia o falta de alguna cosa. ‖ En ausencia, en la presencia de. ‖ Fuera de, aparte de, no incluido: *precio sin el IVA.* ‖ Seguida del infinitivo del verbo, equivale a *no* con su participio o gerundio: *éramos treinta, sin contar a los del otro grupo.* ‖ adj. *col.* Se apl. a la bebida que no contiene alcohol o al alimento que no contiene azúcar: *cerveza, helado sin.*

sinagoga f. Edificio en que se juntan los judíos a orar y a oír la doctrina de Moisés. ‖ Congregación o junta religiosa de los judíos.

sinalefa f. Enlace de sílabas por el cual se forma una sola de la última de un vocablo y de la primera del siguiente, cuando acaban y empiezan respectivamente con vocal, precedida esta última o no de *h* muda.

sinalgia f. Dolor que por reflejo se produce en una zona alejada del punto o lugar donde se ubica la causa que lo produce.

sinapismo m. Cataplasma o emplasto hechos con polvo de mostaza. ‖ *col.* Persona o cosa que molesta o exaspera.

sinapsis f. Región de contacto entre los axones, terminaciones de las neuronas, y las dendritas, o cuerpo celular de otras neuronas. ◆ No varía en pl. ‖ FAM. sináptico.

sinarquía f. Gobierno constituido por varios príncipes o gobernantes, cada uno de los cuales administra una parte del territorio del Estado. ‖ P. ext., influencia de un grupo de empresas comerciales o de personas en los asuntos políticos y económicos de un país. ‖ FAM. sinarca.

sinartrosis f. Articulación no movible, como la de los huesos del cráneo. ◆ No varía en pl.

sincerar tr. Hablar con alguien para contarle algo con plena confianza. Más como prnl. ◆ Se construye con la prep. *con: tienes que sincerarte con tus padres.*

sinceridad f. Verdad, falta de fingimiento o mentira en lo que alguien hace o dice.

sincero, ra adj. Verdadero, sin falsedad o hipocresía. ‖ FAM. sinceramente, sincerarse, sinceridad.

sinclinal adj. Se apl. al plegamiento de las capas del terreno en forma de V en el cual los estratos más antiguos envuelven a los más modernos. Más como m.

síncopa f. Figura de dicción que consiste en la supresión de uno o más sonidos del interior de un vocablo. También se dice *síncope*. ‖ En mús., enlace de dos sonidos iguales, de los cuales el primero se halla en la parte débil del compás, y el segundo en la fuerte. ‖ FAM. sincopar.

sincopado, da adj. En mús., se apl. a la nota que se halla entre dos o más de menos valor, pero que juntas valen tanto como ella. ‖ Se dice del ritmo o canto que tiene notas sincopadas. ‖ FAM. sincopadamente.

sincopar tr. Abreviar. ‖ Hacer sincopada una nota musical o una palabra. ‖ FAM. sincopado.

síncope m. Pérdida repentina del conocimiento debida a la parada súbita y momentánea de la acción del corazón. ‖ En gram., síncopa. ‖ FAM. sincopizar.

sincrético, ca adj. Del sincretismo, relacionado con él o que lo muestra.

sincretismo m. Sistema en que se concilian doctrinas diferentes. ‖ Unión, mezcla. ‖ Fenómeno por el que diversas funciones coinciden en una forma única. ‖ FAM. sincrético.

sincronía f. Coincidencia o simultaneidad de hechos o fenómenos en el tiempo. ‖ Término propuesto por F. de Saussure para designar un estado de lengua en un momento dado. ‖ FAM. sincrónico, sincronismo.

sincrónico, ca adj. Simultáneo, que ocurre o se desarrolla a la vez que otra cosa. ‖ En ling., de la sincronía o relativo a ella. ‖ FAM. sincrónicamente.

sincronismo m. Sincronía o coincidencia en el tiempo de las diferentes partes o funciones de un proceso.

sincronización f. Realización simultánea de dos procesos o fenómenos.

sincronizar tr. Hacer que coincidan en el tiempo dos o más movimientos o fenómenos. ‖ FAM. sincronización, sincronizador.

sincrotrón m. En fís., acelerador de partículas atómicas en el que la trayectoria es única y circular.

sindéresis f. Discreción, capacidad natural para juzgar rectamente. ◆ No varía en pl.

sindicación f. Hecho de entrar a formar parte de un sindicato. ‖ *amer.* En der., acusación.

sindicado, da adj. Se apl. a la persona que pertenece o es miembro de un sindicato. También s. ‖ *amer.* En der., acusado. También s.

sindical adj. Del sindicato o relativo a él. ‖ Del síndico o relativo a él. ‖ FAM. sindicalismo, sindicalización.

sindicalismo m. Sistema de organización obrera o social por medio del sindicato. ‖ Movimiento ideológico o político que lo defiende. ‖ FAM. sindicalista.

sindicalista adj. Del sindicalismo o relativo a este sistema. ‖ adj. y com. Partidario del sindicalismo.

sindicar tr. Formar un sindicato. ‖ Sujetar una cantidad de dinero o cierta clase de valores o mercancías a compromisos especiales para negociarlos o venderlos. ‖

amer. Acusar. ‖ prnl. Entrar a formar parte de un sindicato. ‖ FAM. sindicación, sindicado.

sindicato m. Asociación de trabajadores creada con el fin de defender los intereses económicos y laborales de sus miembros. ‖ Junta de síndicos. ‖ FAM. sindicar, sindical.

síndico m. Persona elegida por una comunidad o corporación para cuidar de sus intereses. ‖ Sujeto que en un concurso de acreedores o en una quiebra es el encargado de liquidar el activo y el pasivo del deudor. ‖ FAM. sindicato, sindicatura.

síndrome m. Conjunto de síntomas característicos de una enfermedad. ‖ P. ext., conjunto de fenómenos que caracterizan una situación determinada: *síndrome de crisis, de Estocolmo.* ‖ **síndrome de abstinencia** Conjunto de alteraciones que se presentan en un sujeto habitualmente adicto a una droga, cuando deja bruscamente de tomarla. ‖ **síndrome de Down** Enfermedad congénita que se caracteriza por la coexistencia de un retraso mental y un conjunto variable de anomalías somáticas, entre las que destaca el pliegue cutáneo entre la nariz y el párpado, que da a la cara un aspecto típico. Está producida por la triplicación total o parcial del cromosoma 21. Antiguamente se denominaba también *mongolismo.* ‖ **síndrome de inmunodeficiencia adquirida** Sida.

sinécdoque f. Tropo que consiste en extender, restringir o alterar de algún modo la significación de las palabras, para designar un todo con el nombre de una de sus partes, o viceversa.

sinecura f. Empleo o cargo retribuido que ocasiona poco o ningún trabajo.

sine die loc. lat. Sin plazo, sin fecha. Se utiliza sobre todo como predicado en expresiones que significan 'referencia' o 'aplazamiento'.

sine qua non loc. lat. Se apl. a la condición sin la cual no se efectuará una cosa o se tomará como no hecha.

sinéresis f. Reducción a una sola sílaba, en una misma palabra, de vocales que normalmente se pronuncian en sílabas distintas, como en *aho-ra* por *a-ho-ra.* ‖ Licencia poética que consiste en esta reducción. ◆ No varía en pl.

sinergia f. Participación activa y concertada de varios órganos para realizar una función. ‖ Unión de varias fuerzas, causas, etc., para lograr una mayor efectividad.

sinestesia f. Sensación secundaria o asociada que se produce en una parte del cuerpo a consecuencia de un estímulo aplicado en otra parte del mismo. ‖ Tropo que consiste en unir dos imágenes o sensaciones procedentes de diferentes dominios sensoriales, como, por ejemplo, cuando se dice del color verde que es «chillón», o de un sonido, que es «blanco».

sinfín m. Infinidad, sinnúmero. ◆ No se usa en pl.

sinfonía f. Conjunto de voces, de instrumentos o de ambas cosas que suenan acordes a la vez. ‖ Composición musical para orquestas que consta de más de un movimiento. ‖ Composición de música instrumental que por lo común precede a las óperas y otras obras teatrales. ‖ Conjunto armónico de varios elementos. ‖ FAM. sinfónico, sinfonista, sinfonola.

sinfónico, ca adj. De la sinfonía o relativo a ella. || Se apl. a la orquesta formada por un gran número de instrumentos y de músicos. También f.

sinfonier m. Chifonier.

sinfonola f. *amer.* Máquina tocadiscos que funciona con monedas.

singalés, esa adj. y s. Cingalés. || m. Lengua hablada en la antigua isla de Ceilán, hoy Sri Lanka.

singladura f. Distancia recorrida por una nave en veinticuatro horas. || Rumbo de la nave. || Rumbo, camino o desarrollo de cualquier cosa o actividad. || FAM. singlar.

singlar intr. Navegar la embarcación con rumbo determinado.

single (voz i.) adj. Se apl. al disco sencillo, con una o dos canciones en cada cara, en oposición al largo o al doble. Más como m. || En dep., se dice del partido individual, disputado entre dos adversarios. También m.

singular adj. Extraordinario, raro o excelente. || Solo, sin otro de su especie. || Número gramatical que se refiere a una sola persona o cosa. Más como m. || FAM. singularidad, singularizar, singularmente.

singularidad f. Cualidad de singular. || Particularidad, distinción o separación de lo común.

singularizar tr. Distinguir o diferenciar una cosa entre otras. || En gram., dar número singular a palabras que ordinariamente no lo tienen. || prnl. Distinguirse, particularizarse o apartarse del común. || FAM. singularización.

sinhueso f. *col.* Lengua, órgano de la palabra.

siniestra f. Mano izquierda.

siniestrabilidad f. Siniestralidad.

siniestrado, da adj. Que ha sufrido un siniestro, una catástrofe o un accidente. También s.

siniestralidad f. Frecuencia o índice de siniestros que se producen en un lugar.

siniestro, tra adj. Que está a mano izquierda. || Perverso, avieso y malintencionado. || Oscuro, tenebroso o de aspecto desagradable. || m. Avería grave, destrucción o pérdida importante que sufren las personas o las cosas por causa de un accidente, catástrofe, etc., que suelen ser indemnizadas por las aseguradoras. || **a diestro y siniestro** loc. adv. Sin orden, discreción ni miramiento. || FAM. siniestra, siniestrabilidad, siniestrado, siniestralidad, siniestramente.

sinnúmero m. Número incalculable de personas o cosas. ◆ No se usa en pl.

sino[1] conj. ad. Contrapone a un concepto negativo otro afirmativo: *no lo hizo Juan, sino Pedro.* || Denota a veces idea de excepción: *nadie lo sabe sino Ana.* || Con la negación que le precede, suele equivaler a *solamente* o *tan solo: no te pido sino que me oigas.* || Precedido de *no solo*, denota adición de otro u otros miembros a la cláusula: *no solo tiene dinero, sino también influencias.*

sino[2] m. Hado, destino, suerte.

sínodo m. Concilio de los obispos. || Junta de ministros protestantes encargados de decidir sobre asuntos eclesiásticos. || Conjunción de dos planetas en el mismo grado de la eclíptica o en el mismo círculo de posición. || FAM. sinodal, sinódico.

sinología f. Estudio de la lengua, la literatura y las instituciones de China. || FAM. sinólogo.

sinólogo, ga m. y f. Persona que se dedica al estudio de la sinología.

sinonimia f. Coincidencia de significados entre dos o más vocablos. || Figura que consiste en usar voces sinónimas o de significado parecido para amplificar o reforzar la expresión de un concepto, como cuando se dice *persona humana.*

sinónimo, ma adj. y m. Se apl. a los vocablos o expresiones que tienen una misma o muy parecida significación. || FAM. sinonimia, sinonímico.

sinopsis f. Exposición general de una materia o asunto, presentada en sus líneas esenciales. || Sumario, esquema o resumen. ◆ No varía en pl. || FAM. sinóptico.

sinóptico, ca adj. De la sinopsis, relacionado con ella o que adopta su forma: *cuadro sinóptico.*

sinovia f. Líquido viscoso y transparente que lubrica las articulaciones de los huesos, compuesto por mucina y sales minerales. || FAM. sinovial, sinovitis.

sinovial adj. De la sinovia, que la secreta o la contiene: *líquido sinovial.*

sinrazón f. Acción injusta o no razonable.

sinsabor m. Pesar, pesadumbre. Más en pl.

sinsentido m. Cosa absurda, ilógica e irracional.

sinsépalo, la adj. Se apl. a la flor cuyo cáliz está formado por sépalos soldados entre sí, como la del tomate.

sinsonte m. Ave paseriforme americana parecida al mirlo, de cuerpo esbelto, cola larga y pico fino, que tiene un canto melodioso.

sintáctico, ca adj. De la sintaxis o relativo a ella. || FAM. sintácticamente.

sintagma m. Unidad gramatical formada por uno, dos o más elementos lingüísticos que, en una oración, ocupan una única posición y ejercen una única función sintáctica: *sintagma adverbial, nominal.* || FAM. sintagmático.

sintasol m. Material plástico que, a modo de moqueta, se utiliza como pavimento de interiores. ◆ Es la extensión del nombre de una marca registrada.

sintaxis f. Parte de la gramática que estudia la forma en que se combinan y relacionan las palabras para formar secuencias mayores, cláusulas y oraciones y la función que desempeñan dentro de estas. || Orden y modo de relacionarse las palabras dentro de la oración o las oraciones dentro de un discurso. || En inform., forma correcta en que deben estar dispuestos los símbolos que componen una instrucción ejecutable por el ordenador. ◆ No varía en pl. || FAM. sintáctico.

síntesis f. Composición de un todo por la reunión de sus partes. || Resumen, sumario. || En quím., formación de una sustancia compuesta mediante la combinación de elementos químicos o de sustancias más sencillas: *síntesis molecular, de proteínas.* || Operación intelectual con la que se realiza la unión de sujeto y predicado en juicio. || **en síntesis** loc. adv. En resumen, en compendio. ◆ No varía en pl. || FAM. sintético, sintetizar.

sintético, ca adj. De la síntesis o relativo a ella. || Que tiene capacidad o aptitud natural para la síntesis. || Que se obtiene mediante síntesis: *aminoácidos sintéticos.*

|| Se apl. al producto obtenido por procedimientos mecánicos, electrónicos o industriales y que imita otro producto natural: *lana sintética, sonido sintético.* || Se dice de la lengua o la forma lingüística cuyos elementos morfológicos se unen a la raíz, como el alemán o el latín. || FAM. sintéticamente.

sintetizador, ra adj. Que sintetiza. También s. || m. Aparato o dispositivo electrónico que permite reproducir sonidos mediante la modificación de su frecuencia, intensidad, etc., simulando sonidos de otros instrumentos o creando otros distintos.

sintetizar tr. Resumir, exponer algo limitándose a sus notas esenciales. || En quím., obtener un compuesto o un producto mediante síntesis. || FAM. sintetizable, sintetizador.

sintoísmo m. Religión tradicional de los japoneses, que se basa en un conjunto de cultos animistas y en el respeto y adoración de sus antepasados. || FAM. sintoísta.

sintoísta adj. Del sintoísmo o relativo a esta religión. || adj. y com. Se apl. a la persona que practica o cree en el sintoísmo.

síntoma m. Fenómeno que revela la existencia de una enfermedad. || Señal, indicio de una cosa que está sucediendo o va a suceder. || FAM. sintomático, sintomatología.

sintomático, ca adj. Del síntoma o que lo constituye.

sintomatología f. Conjunto de síntomas que caracterizan una enfermedad.

sintonía f. Armonía, adaptación o entendimiento entre dos o más personas o cosas. || Hecho de estar sintonizados dos sistemas de transmisión y recepción. || En fís., igualdad de tono o frecuencia entre dos sistemas de vibraciones. || Música que señala el comienzo o el final de una emisión. || FAM. sintónico, sintonizar.

sintonizador m. Mecanismo de que va provisto un aparato receptor para permitir aumentar o disminuir la longitud de onda con el fin de sintonizar con el aparato emisor.

sintonizar tr. Hacer que dos o más circuitos tengan la misma frecuencia. || Adaptar convenientemente las longitudes de onda de un aparato receptor y una estación emisora para captar su señal. || intr. Existir armonía y entendimiento entre las personas. ◆ Se construye con la prep. *con: en cuanto le conocí, sintonicé con él.* || FAM. sintonización, sintonizador.

sinuoso, sa adj. Que forma curvas, ondas o recodos. || Se apl. al carácter o a la acción que trata de ocultar el propósito o fin a que se dirige. || FAM. sinuosidad.

sinusitis f. Inflamación de la mucosa de los senos del cráneo que comunican con la nariz. ◆ No varía en pl.

sinvergüenza adj. Pícaro, bribón. También com. || Desvergonzado, insolente, que carece de vergüenza. || *desp.* Se apl. a la persona que comete actos ilegales en provecho propio o que incurre en inmoralidades o faltas de ética. También com. || FAM. sinvergonzón, sinvergonzada, sinvergonzonería, sinvergüencería, sinvergüenzada.

sinvivir m. *col.* Estado de preocupación, angustia e intranquilidad en que se encuentra una persona.

sionismo m. Ideología y movimiento de los judíos que pretenden recobrar el territorio de Palestina y formar un Estado independiente. || FAM. sionista.

sionista adj. Del sionismo o relativo a él. || adj. y com. Partidario de esta ideología.

sioux adj. y com. De un grupo de pueblos amerindios que vivían en las llanuras del centro de EE. UU. o relativo a ellos. || m. Lengua de los sioux. ◆ No varía en pl.

siquiera conj. ad. Bien que, aunque: *sé valiente, siquiera sea por una vez.* ◆ A veces se omite el verbo *ser: deberías llamarlo, siquiera por gratitud.* || adv. c. y m. Por lo menos, al menos. Se usa en contextos afirmativos: *permíteme siquiera que te lleve una bolsa.* || Ni tan solo. Se usa en contextos negativos, para intensificarlos: *no quiso siquiera mirarme a la cara.* || **ni siquiera** loc. adv. Siquiera.

sir (voz i.) m. Tratamiento honorífico que en ciertos países se da a los que tienen el título de caballero. || Este mismo título.

sirena f. Ninfa marina con busto de mujer y cuerpo de ave o de pez. || Persona del sexo femenino que nada bien. || Sonido que se oye a mucha distancia y se usa como señal de aviso en buques, automóviles, fábricas, etc. || En fís., instrumento que sirve para contar el número de vibraciones de un cuerpo sonoro en tiempo determinado.

sirenio, nia o **sirénido, da** adj. y m. De los sirenios o relativo a este orden de mamíferos marinos. || m. pl. Orden de animales mamíferos marinos que tienen el cuerpo pisciforme, terminado en una aleta caudal horizontal, las aberturas nasales en el extremo del hocico y mamas pectorales, como el manatí.

sirífico, ca adj. *amer.* Mentiroso, que tiene costumbre de mentir.

sirimiri m. Llovizna, calabobos.

siringa f. Instrumento musical de viento compuesto de varios tubos de caña sujetos unos a otros de manera que forman escala musical. || *amer.* Árbol euforbiáceo muy alto del cual se extrae un jugo lechoso que produce la goma elástica. || FAM. siringe.

sirio, ria adj. y s. De Siria o relativo a este país asiático. || m. Dialecto del árabe hablado en Siria.

siroco m. Viento del sureste, seco y cálido. || *col.* Ataque, patatús.

sirope m. Jarabe concentrado muy dulce que se emplea en repostería.

sirtaki m. Baile popular griego.

sirte f. Bajo de arena en el fondo del mar.

sirviente, ta m. y f. Servidor o criado. || Persona adscrita a un arma de fuego, maquinaria, etc.

sisa f. Pequeña cantidad de dinero que se defrauda o se hurta, especialmente en la compra diaria. || Abertura hecha en la tela de las prendas de vestir para que ajusten bien al cuerpo, en especial la que se hace para coser las mangas. || FAM. sisar.

sisar tr. Robar una pequeña parte de algo, obtener sisa. || Hacer sisas en las prendas de vestir. || FAM. sisador, sisón.

sisear intr. y tr. Pronunciar repetidamente el sonido inarticulado de *s* y *ch* para manifestar desaprobación o para hacer callar a alguien. || FAM. siseo.

sisebuta f. *amer.* Mujer muy mandona.

siseo m. Pronunciación repetida del sonido inarticulado de *s* y *ch* para manifestar desaprobación o para hacer callar a alguien.

sísmico, ca adj. Del seísmo o terremoto o relativo a él.

sismo m. Terremoto, seísmo. || FAM. sismicidad, sísmico, sismógrafo, sismología, sismómetro.

sismógrafo m. Instrumento que registra durante un seísmo la dirección y amplitud de las oscilaciones y sacudidas de la tierra.

sismología f. Parte de la geología que trata de los seísmos o terremotos. || FAM. sismológico, sismólogo.

sisón m. Ave gruiforme de unos 45 cm de largo, cabeza pequeña, pico y patas amarillos, plumaje leonado con rayas negras en la espalda y cabeza y blanco en el vientre, en los bordes de las alas y en la cola, que vive en grupos en campos de cereales.

sistema m. Conjunto de reglas o principios sobre una materia estructurados y enlazados entre sí. || Conjunto de elementos que, ordenadamente relacionadas entre sí, contribuyen a determinado objeto: *sistema eléctrico.* || Conjunto de ideas, principios, etc., que conforman una teoría coherente y completa: *sistema filosófico kantiano.* || Conjunto de órganos que intervienen en alguna de las principales funciones vegetativas y animales: *sistema nervioso, digestivo.* || Medio, modo o manera usados para hacer algo o lograr un objetivo: *sistema de vasos comunicantes, de ataque.* || **sistema cristalográfico** Grupo de formas cristalinas que queda definido por sus ejes cristalográficos y por los elementos de simetría que presentan. || **sistema de numeración posicional** En mat., el que permite representar cualquier número con un conjunto limitado de símbolos o dígitos, que toman distinto valor en función de la posición que ocupan; las posiciones correlativas corresponden a sucesivas potencias de la base de numeración del sistema, que es también el número de símbolos distintos que emplea. || **sistema lingüístico** La lengua, en tanto que conjunto de elementos interrelacionados entre sí. || **sistema métrico decimal** El de pesas y medidas que tiene por base el metro. || **sistema montañoso** Cordillera, conjunto de montañas. || **sistema operativo** En inform., conjunto de programas para el funcionamiento y explotación de un ordenador, encargado de controlar la unidad central, la memoria y los dispositivos de entrada y salida. || **sistema periódico** Cuadro en el que están ordenados los elementos químicos según su número atómico, de modo que resultan agrupados los que poseen propiedades químicas análogas. || **sistema solar** Conjunto del Sol y sus planetas, satélites y cometas. || **por sistema** loc. adv. Con obstinación, persistentemente. || FAM. sistemática, sistemático, sistematizar, sistémico.

sistemática f. Ciencia que trata de la clasificación, en especial la que se dedica a la taxonomía biológica. || Método de ordenación, organización o clasificación de elementos.

sistemático, ca adj. Que sigue o se ajusta a un sistema. || Se apl. a la persona metódica, que procede organizadamente en su forma de vida, opiniones, etc. || FAM. sistemáticamente.

sistematizar tr. Organizar, clasificar o reducir a sistema. || FAM. sistematización.

sistémico, ca adj. De la totalidad de un sistema o relativo a ella. || De la circulación general de la sangre o relativo a ella. || Del organismo en su conjunto o relativo a él.

sístole f. Movimiento de contracción del corazón y de las arterias para empujar la sangre por el sistema circulatorio del cuerpo. || Licencia poética que consiste en usar como breve una sílaba larga. || FAM. sistólico.

sitar m. Instrumento musical de cuerda de origen persa, semejante al laúd, pero con más cuerdas.

sitiar tr. Cercar, asediar una plaza o una fortaleza para apoderarse de ella. || Cercar a uno cerrándole todas las salidas para atraparle u obligarle a ceder. || FAM. sitiado, sitiador, sitio.

sitio¹ m. Espacio que ocupa alguien o algo o que puede ser ocupado. || Paraje, lugar o terreno determinado o a propósito para alguna cosa. || Puesto que corresponde en un determinado momento. || Casa de recreo de una personalidad. || **real sitio** Palacio o casa de recreo de los reyes. || **dejar** a uno **en el sitio** loc. *col.* Dejarle muerto en el acto. || **poner** a alguien **en su sitio** loc. *col.* Hacerle ver cuál es su posición, importancia, etc., para que no se exceda en su confianza. || **quedarse** uno **en el sitio** loc. *col.* Morir en el mismo punto y hora en que le ocurre cualquier accidente repentino. || FAM. sitial, sitiar, sitio, situar.

sitio² m. Cerco o asedio al que se somete a una plaza o fortaleza con el fin de apoderarse de ella. || **poner sitio** loc. Sitiar, asediar.

sito, ta adj. Situado, ubicado: *hay una sucursal sita en la plaza.*

situación f. Posición, colocación en un determinado lugar. || Lugar donde está situado alguien o algo. || Disposición o estado de alguien o algo: *no estás en situación de negarte.* || Conjunto de las realidades o circunstancias que se producen en un momento determinado y que determinan la existencia de las personas o de las cosas. || Posición social o económica.

situar tr. Poner a una persona o cosa en determinado sitio o situación. También prnl. || Señalar en un lugar donde se encuentra alguna cosa. || Asignar o determinar fondos para algún pago o inversión. || prnl. Lograr una buena posición en una sociedad, empresa, etc. || FAM. situación, situado.

siútico, ca adj. y s. *amer. col.* Presumido, cursi, petimetre.

skay (voz i.) m. Escay.

sketch (voz i.) m. Historieta, escena o pieza breve independiente, por lo común de carácter humorístico o sarcástico, que forma parte de un espectáculo o de una obra de teatro, cine o televisión. ♦ pl. *sketchs* o *sketches.*

skin o **skin head** (voz i.) adj. y com. Cabeza rapada.

slalom (voz noruega) m. eslalon.

slip (voz i.) m. Calzoncillo o bañador ajustado y sin perneras. ◆ pl. *slips*.

slogan (voz i.) m. Eslogan.

smog (voz i.) m. Nube o masa atmosférica polucionada que cubre algunas grandes ciudades a causa de los humos de las instalaciones industriales y calefacciones, escapes de los vehículos, etc.

smoking (voz i.) m. Esmoquin.

snack (voz i.) m. Aperitivo. ◆ pl. *snacks*. || FAM. snack-bar.

snack-bar (voz i.) m. Establecimiento con bar y restaurante donde se sirven platos rápidos.

snob (voz i.) adj. y com. Esnob. ◆ pl. *snobs*. || FAM. snobismo.

snorkel (voz i.) m. Tubo acodado que se utiliza para bucear a poca profundidad. ◆ pl. *snorkels*.

snowboard (voz i.) m. Modalidad del esquí que se practica con una sola tabla.

snuff movie (voz i.) f. Película pornográfica que muestra el asesinato real de uno de sus personajes. ◆ pl. *snuff movies*.

so¹ interj. Se usa solamente ante adjetivos despectivos reforzando su significación: ¡so bruto!, ¡so idiota!

so² prep. Bajo, debajo de. Actualmente se usa solo con los sustantivos *pena, pretexto, capa* y *color: so pena de delatarme so pena de ser detenido*. || FAM. sota, sótano.

so³ Voz que se emplea para hacer que se paren o detengan las caballerías.

soasar tr. Medio asar o asar ligeramente.

soba f. Tocamiento u opresión repetidos de una cosa. || *col.* Zurra, paliza.

sobaco m. Concavidad que forma el arranque del brazo con el cuerpo. || FAM. sobaquera, sobaquillo, sobaquina.

sobadera f. *amer.* Molestia, incordio.

sobado, da adj. Manido, muy usado. || Se apl. al bollo o a la torta a cuya masa se ha agregado aceite o manteca. También m. ◆ En esta acepción suele escribirse y pronunciarse *sobao*.

sobaquera f. Pieza o abertura que se pone o se deja en algunos vestidos, en la parte que corresponde al sobaco. || Estuche de cuero para las armas de fuego que se coloca bajo la axila.

sobaquina f. Sudor de los sobacos y olor que produce.

sobar tr. Manejar, tocar, oprimir una cosa repetidamente. || Palpar, manosear a una persona. || *col.* Pegar, golpear. || *col.* Dormir. || *amer.* Dar masaje, friccionar. || *amer.* Fastidiar, molestar. || FAM. soba, sobadera, sobadero, sobado, sobajar, sobe, sobeo, sobetear, sobeteo, sobo, sobón.

sobe m. *col.* Manoseo, toqueteo, soba.

soberanía f. Cualidad de soberano. || Autoridad suprema del poder público, sobre un territorio y sus habitantes. || Excelencia, superioridad.

soberano, na adj. Que ejerce o posee la autoridad suprema e independiente. También s. || Se apl. al país o al territorio independiente, libre: *república soberana*. || *col.* Magnífico, excelente, no superado: *soberano*

invento. || *col.* Muy grande o importante. Más como desp.: *soberana tontería*. || m. y f. Monarca. || m. Antigua moneda de oro inglesa. || FAM. soberanamente, soberanía.

soberbia f. Altivez y arrogancia del que por creerse superior desprecia y humilla a los demás. || Cólera o ira expresadas con acciones o palabras altivas e injuriosas. || Magnificencia o suntuosidad excesiva, especialmente hablando de edificios.

soberbio, bia adj. Que tiene soberbia o se deja llevar de ella. || Altivo, arrogante. || Grandioso, magnífico. || Muy grande o importante. || Se apl. al animal fogoso, orgulloso y violento. || FAM. soberbiamente.

sobetear tr. *col.* Tocar o sobar insistente y repetidamente alguna cosa.

sobeteo m. *col.* Toqueteo, manoseo, sobo.

sobo m. Soba.

sobón, ona adj. y s. *col.* Muy aficionado a sobar o palpar.

sobornar tr. Corromper a alguien con dinero o regalos para conseguir de él una cosa, generalmente ilegal o inmoral. || FAM. sobornable, sobornador, soborno.

soborno m. Corrupción de alguien con dinero o regalos para conseguir de él una cosa, generalmente ilegal o inmoral. || Dinero, regalo, etc., con que se soborna. || Cualquier cosa que mueve o incita a complacer a otro.

sobra f. Exceso en cualquier cosa. || pl. Restos de comida que quedan al quitar la mesa. || P. ext., lo que sobra o queda de otras cosas. || Desperdicios o desechos. || **de sobra** loc. adv. Más de lo suficiente, más que bastante. || Por demás, sin necesidad de nada más.

sobrado, da adj. Demasiado, que sobra. || Rico, acomodado. || Atrevido, insolente. || *amer.* Presumido, soberbio. || m. Desván, parte más alta de la casa. || m. pl. *amer.* Sobras, sobrantes. || FAM. sobradamente, sobradillo, sobrador.

sobrador, ra adj. y s. *amer.* Presumido, soberbio, prepotente.

sobrante adj. Que sobra. || m. Cantidad que sobra de algo.

sobrar intr. Haber más de lo que se necesita para una cosa. || Quedar parte de una cosa tras haber consumido o usado lo que se necesitaba. || Estar de sobra, ser alguien o algo innecesario o mal recibido. || tr. *amer.* Burlarse de una persona de manera insolente. || FAM. sobra, sobrado, sobrante, sobrero.

sobrasada f. Embuchado típico de las islas Baleares compuesto de una pasta roja de carne de cerdo muy picada, sal y pimentón.

sobre¹ prep. Encima de. || Acerca de. || Además de. || Aproximadamente, cerca de. || Cerca de otra cosa, con más altura que ella y dominándola. || Con dominio y superioridad. || A o hacia. || Introduce el complemento de los nombres que significan 'carga', 'impuesto' o 'gravamen': *impuesto sobre las personas físicas*. || Precedida y seguida de un mismo sustantivo, denota idea de reiteración o acumulación: *robo sobre robo*. || FAM. sobrar, sobre-.

sobre² m. Envoltorio, por lo común de papel, en que se introduce una carta, comunicación, tarjeta, etc., para entregarla o enviarla por correo. ‖ Lo que se escribe en dicha cubierta o envoltorio. ‖ Cubierta o envoltorio parecido empleado para usos muy distintos: *sobre de té*. ‖ *col.* Cama, piltra. ‖ *amer.* Bolso de mujer, cartera.

sobre- pref. de verbos y sustantivos que significa 'superposición' o 'adición': *sobresueldo, sobrearco*; 'intensificación': *sobrealimentación, sobrehumano*; 'repetición': *sobrearar*, o 'acción repentina': *sobresaltar*.

sobreabundancia f. Abundancia en exceso. ‖ FAM. sobreabundante, sobreabundar.

sobrealimentar tr. Dar a un individuo más alimento del que ordinariamente necesita. También prnl. ‖ Hacer mayor la presión del combustible de un motor de explosión, aumentando su potencia. ‖ FAM. sobrealimentación, sobrealimento.

sobrebota f. *amer.* Especie de media calza de cuero que cubre la pierna hasta la rodilla.

sobrecalentamiento m. Calentamiento excesivo de un aparato, motor o dispositivo, que puede producir su deterioro o avería. ‖ Calentamiento excesivo de la atmósfera producido por la emisión de agentes contaminantes. ‖ FAM. sobrecalentarse.

sobrecarga f. Exceso de carga o de peso. ‖ Hecho de sobrepasar la capacidad de funcionamiento de un aparato, sistema, etc. ‖ Molestia, preocupación, carga que se viene a añadir a las existentes. ‖ FAM. sobrecargar, sobrecargo.

sobrecargar tr. Cargar con exceso. ‖ Adornar excesivamente.

sobrecargo com. Persona que en los buques mercantes lleva a su cuidado y bajo su responsabilidad el cargamento y el pasaje. ‖ Tripulante de avión que tiene a su cargo supervisar diversas funciones auxiliares.

sobrecogedor, ra adj. Que sobrecoge, atemoriza o sobresalta.

sobrecoger tr. Intimidar, impresionar. ‖ Sobresaltar, pillar de repente y desprevenido. ‖ FAM. sobrecogedor, sobrecogimiento.

sobrecubierta f. Segunda cubierta que se pone a una cosa para resguardarla mejor. ‖ En impr., cubierta que se pone sobre las tapas de un libro.

sobrecuello m. Segundo cuello sobrepuesto al de una prenda de vestir. ‖ Alzacuello.

sobredimensionar tr. Hacer que una cosa parezca tener un tamaño, una importancia o un valor superior al que en realidad tiene. ‖ FAM. sobredimensionado.

sobredosis f. Dosis excesiva de un medicamento u otra sustancia, particularmente de alguna droga, que puede causar graves daños en el organismo o provocar la muerte. ◆ No varía en pl. ‖ FAM. sobredosificación, sobredosificar.

sobreentender tr. Sobrentender. ◆ **Irreg.** Se conj. como *entender*. ‖ FAM. sobreentendido.

sobreexcitar tr. Aumentar o exagerar las propiedades vitales de todo el organismo o de una de sus partes. También prnl. ‖ FAM. sobreexcitación.

sobrefusión f. En fís., permanencia de un cuerpo en estado líquido a temperatura inferior a la de su fusión.

sobrehilado m. Serie de puntadas en el borde de una tela para que no se deshilache.

sobrehilar tr. Dar puntadas sobre el borde de una tela cortada, para que no se deshilache. ‖ FAM. sobrehilado, sobrehílo.

sobrehumano, na adj. Que excede a lo humano, a las posibilidades de los hombres; a veces se usa hiperbólicamente: *esfuerzo sobrehumano*.

sobreimprimir tr. En impr., imprimir sobre un texto o imagen ya impresos. ◆ Tiene doble p. p.: uno reg., *sobreimprimido*, y otro irreg., *sobreimpreso*. ‖ FAM. sobreimpresión.

sobrellevar tr. Soportar los trabajos o molestias y resignarse a ellos.

sobremanera adv. m. En extremo, mucho.

sobremesa f. Tiempo que se está a la mesa después de haber comido. ‖ Tapete que se pone sobre la mesa. ‖ **de sobremesa** loc. adv. Inmediatamente después de comer, y sin levantarse de la mesa. ‖ loc. adj. Se apl. al objeto diseñado para colocarse encima de una mesa: *teléfono de sobremesa*.

sobrenadar intr. Mantenerse algo encima del agua o de otro líquido sin hundirse.

sobrenatural adj. Que excede los términos de la naturaleza. ‖ Que no pertenece al mundo terrenal. ‖ P. ext., extraordinario, sobrecogedor. ‖ FAM. sobrenaturalmente.

sobrenombre m. Nombre que se añade a veces al apellido para distinguir a dos personas que tienen el mismo. ‖ Nombre calificativo con que se distingue especialmente a una persona.

sobrentender tr. Entender una cosa que no está expresa, pero que puede deducirse. También prnl. ◆ **Irreg.** Se conj. como *entender*. ‖ FAM. sobrentendido.

sobrentendido, da adj. Que se sobrentiende. ‖ m. Lo que no está expresado, especialmente lo que se da por supuesto.

sobrepasar tr. Rebasar un límite, exceder de él. ‖ Superar, aventajar.

sobrepelliz f. Vestidura de lienzo blanco y fino, con mangas muy anchas o abiertas, que se ponen sobre la sotana los eclesiásticos o quienes ayudan en las ceremonias religiosas.

sobrepeso m. Exceso de peso.

sobreponer tr. Añadir una cosa o ponerla encima de otra. ‖ prnl. Dominar los impulsos y sentimientos. ◆ **Irreg.** Se conj. como *poner*. p. p. irreg.: *sobrepuesto*.

sobreprecio m. Recargo en el precio ordinario.

sobreprotección f. Exceso de protección. ‖ FAM. sobreproteger.

sobrero, ra adj. Que sobra. ‖ Se apl. al toro que se tiene de más por si se inutiliza algún otro de los destinados a una corrida. También m.

sobresaliente adj. Que sobresale. ‖ m. En los exámenes, calificación máxima. ‖ com. Persona destinada a suplir la falta o ausencia de otra, especialmente entre actores y toreros.

sobresalir intr. Exceder en tamaño, altura, etc. ‖ Estar una cosa o una parte de algo más saliente que el resto. ‖ Destacar o distinguirse entre otros por sus cualidades. ◆ **Irreg.** Se conj. como *salir*. || FAM. sobre-saliente.

sobresaltar tr. y prnl. Asustar algo que ocurre o aparece de repente. || FAM. sobresalto.

sobresalto m. Sensación de temor, susto o inquietud que proviene de un acontecimiento repentino e imprevisto.

sobresaturar tr. En quím., saturar una disolución haciendo que su concentración sobrepase las proporciones atómicas máximas. || FAM. sobresaturación, sobresaturado.

sobrescribir tr. Escribir o poner un letrero sobre una cosa. || Poner la dirección en un sobre o pliego. ◆ p. p. irreg.: *sobrescrito*.

sobresdrújulo, la adj. y f. En fon., se apl. a la palabra cuya acentuación carga en la sílaba anterior a la antepenúltima.

sobreseer intr. Desistir de la pretensión o empeño que se tenía. || Cesar en el cumplimiento de una obligación. || En der., cesar en una instrucción sumarial y, p. ext., dejar sin curso ulterior un procedimiento. También tr. ◆ **Irreg.** Se conj. como *leer*. || FAM. sobreseimiento.

sobreseimiento m. Acción y resultado de sobreseer.

sobresfuerzo m. Esfuerzo extraordinario o adicional.

sobrestante com. Persona que dirige a cierto número de obreros y ejecuta determinadas obras bajo la dirección de un técnico. || FAM. sobrestantía.

sobrestimar tr. Estimar una cosa por encima de su valor. || FAM. sobrestimación.

sobresueldo m. Retribución o consignación que se añade al sueldo fijo.

sobretodo m. Prenda de vestir amplia, larga, ligera y con mangas, que se lleva sobre la ropa.

sobrevalorar tr. Conceder a algo o alguien mayor valor del que tiene en realidad.

sobrevenir intr. Acaecer o suceder una cosa además o después de otra. || Venir o suceder improvisadamente. ◆ **Irreg.** Se conj. como *venir*. || FAM. sobrevenida.

sobrevirar intr. Salirse un vehículo por el exterior de una curva al empezar a tomarla.

sobreviviente adj. y com. Superviviente.

sobrevivir intr. Vivir alguien después de la muerte de otro, después de un determinado plazo o de cierto suceso en el que ha habido gran peligro. || Superar una prueba, situación, etc., muy dura o difícil. || FAM. sobreviviente.

sobrevolar tr. Volar sobre un lugar, ciudad, territorio, etc. ◆ **Irreg.** Se conj. como *contar*. || FAM. sobrevuelo.

sobrexceder tr. Exceder, superar, aventajar a otro.

sobrexcitar tr. y prnl. Sobreexcitar. || FAM. sobrexcitación.

sobriedad f. Moderación. || Carencia de adornos superficiales. || Cualidad del que no está borracho.

sobrino, na m. y f. Respecto de una persona, hijo o hija de su hermano o hermana, o de su primo o prima. || FAM. sobrinazgo.

sobrio, bria adj. Moderado en sus palabras, comportamiento, etc., y especialmente en el comer y el beber. || Que carece de adornos superfluos o de otras características que lo hagan llamativo y exagerado. || Que no está borracho. || FAM. sobriamente, sobriedad.

socaire m. Defensa o protección que ofrece una cosa en su lado opuesto a aquel de donde sopla el viento. || **al socaire** loc. *col.* Sirviéndose de la persona o cosa que se expresa: *ascendió al socaire de sus influencias*.

socapa f. Pretexto para disfrazar la verdadera intención con que se hace una cosa. || FAM. socapar.

socapar tr. *amer.* Encubrir faltas ajenas.

socarrar tr. y prnl. Quemar o tostar ligera y superficialmente una cosa.

socarrón, ona adj. y s. Se apl. a la persona que se burla con disimulo e ironía. || FAM. socarronería.

socarronería f. Actitud burlesca disimulada e irónica.

socavar tr. Excavar por debajo alguna cosa, dejándola en falso o sin apoyo. || Ir destruyendo o debilitando a una persona o cosa. || FAM. socavación, socavón.

socavón m. Hundimiento en el suelo. || Cueva que se excava en la ladera de un cerro o monte y a veces se prolonga formando una galería subterránea.

sochantre m. Director del coro en los oficios divinos.

sociable adj. Que de una forma natural tiende a vivir en sociedad. || Se apl. a la persona afable, a la que le gusta relacionarse con las demás. || FAM. sociabilidad, sociabilizar.

social adj. De la sociedad o relativo a ella. || De los problemas de la sociedad o que se interesa por ellos. || De una compañía o sociedad, o de los socios o compañeros, aliados o confederados, o relativo a ellos. || Se apl. al animal que de forma natural tiende a vivir en sociedad. || f. pl. Ciencias sociales, humanidades, como la historia, filosofía, sociología, antropología, etc. || FAM. socialdemocracia, socialismo, socializar.

socialdemocracia f. Doctrina o ideología de los partidos socialistas moderados, que postula el reformismo dentro de una democracia liberal y parlamentaria. || FAM. socialdemócrata.

socialdemócrata adj. De la socialdemocracia o relativo a esta doctrina o ideología. || adj. y com. Partidario de la socialdemocracia.

socialismo m. Sistema de organización social y económico basado en la propiedad y administración colectiva o estatal de los medios de producción y en la progresiva desaparición de las clases sociales. || Movimiento político que intenta establecer, con diversos matices, este sistema. || FAM. socialista, sociata.

socialista adj. Del socialismo o relativo a este sistema y movimiento político. || adj. y com. Partidario del socialismo.

socializar tr. Transferir al Estado u otro órgano colectivo las propiedades, industrias, etc., particulares. || Promover las condiciones sociales que favorezcan en los seres humanos el desarrollo integral de su persona. || FAM. socialización, socializador, socializante.

sociata adj. y com. *desp.* Socialista.

sociedad f. Conjunto de personas que conviven y se relacionan dentro de un mismo espacio y ámbito cultural. ‖ Agrupación natural o pactada de personas o animales, con el fin de cumplir, mediante la mutua cooperación, todos o alguno de los fines de la vida. ‖ La formada por comerciantes, personas de negocios o accionistas de alguna compañía. ‖ Conjunto de personas o instituciones que actúan unidas para conseguir un mismo fin. ‖ **sociedad anónima** Sociedad mercantil cuyo capital está repartido en acciones, pagadas por los socios que las suscriben, con responsabilidad circunscrita al capital que estas representan. ‖ **sociedad de consumo** Forma de sociedad en la que se estimula la adquisición y consumo desmedidos de bienes. ‖ **sociedad limitada** Sociedad mercantil formada por un número limitado de socios, cuyo capital se halla repartido en participaciones de igual valor. ‖ FAM. sociable, social, societario, sociología.

societario, ria adj. De las asociaciones, especialmente de las obreras, o relativo a ellas.

socio, cia m. y f. Persona asociada con otra u otras para algún fin. ‖ Individuo de una sociedad o agrupación de individuos. ‖ col. Amigo o compinche. ‖ FAM. sociedad.

sociobiología f. Ciencia que estudia de una forma sistemática las bases biológicas del comportamiento social de todo tipo de seres, incluido el ser humano. ‖ FAM. sociobiológico.

sociocultural adj. Del estudio cultural de una sociedad o grupo social o relativo a él. ‖ De la cultura y de la sociedad a la vez.

socioeconómico, ca adj. De la sociedad y de la economía a la vez. ‖ FAM. socioeconomía.

sociolingüística f. Disciplina que estudia las relaciones entre la lengua y la sociedad. ‖ FAM. sociolingüístico.

sociología f. Ciencia que estudia las relaciones entre individuos y sus leyes en las sociedades humanas. ‖ FAM. sociológico, sociólogo.

sociólogo, ga m. y f. Especialista en sociología.

sociometría f. Estudio de las formas y tipos de interrelación existentes en un grupo de personas mediante métodos estadísticos. ‖ FAM. sociométrico.

soco m. amer. Muñón.

soconusco m. amer. Chocolate fino y de calidad al que se añadían polvos aromáticos.

socorrer tr. Ayudar, favorecer en un peligro o necesidad. ‖ FAM. socorredor, socorrido, socorrismo, socorro.

socorrido, da adj. Se apl. al recurso que fácilmente y con frecuencia sirven para resolver una dificultad: *excusa socorrida.*

socorrismo m. Organización y entrenamiento para prestar socorro en caso de accidente, especialmente en el agua. ‖ FAM. socorrista.

socorrista com. Persona entrenada para prestar socorro en caso de accidente, especialmente en el agua.

socorro m. Ayuda que se presta en caso de peligro o necesidad. ‖ Dinero, alimento u otra cosa con que se socorre. ‖ **¡socorro!** interj. Se usa para pedir ayuda.

socrático, ca adj. De Sócrates o relacionado con este filósofo griego y con su doctrina. ‖ adj. y s. Partidario de esta doctrina.

soda f. Bebida de agua gaseosa con ácido carbónico.

sódico, ca adj. Del sodio o relativo a él: *bicarbonato sódico.*

sodio m. Elemento químico metálico de color blanco y brillo argentino, blando, muy ligero y que reacciona violentamente al contacto con el agua; sus sales son muy abundantes en la naturaleza. Su símbolo es *Na*, y su número atómico, *11*. ‖ FAM. sódico.

sodomía f. Coito anal. ‖ Relación sexual entre hombres. ‖ FAM. sodomita, sodomítico, sodomizar.

sodomita adj. y com. De Sodoma o relativo a esta antigua ciudad de Palestina. ‖ Que practica la sodomía.

sodomizar tr. Someter a sodomía.

soez adj. Ordinario, grosero.

sofá m. Asiento blando para dos o más personas, que tiene respaldo y brazos. ‖ **sofá cama** Sofá diseñado para convertirse rápidamente en cama. ♦ pl. *sofás cama.*

sofisma m. Razón o argumento aparente con que se quiere defender o persuadir lo que es falso. ‖ FAM. sofista, sofisticar, sofístico.

sofista adj. Que se vale de sofismas. ‖ com. En la Grecia antigua, todo el que se dedicaba a la filosofía, y de manera especial a los problemas antropológicos.

sofisticación f. Refinamiento, elegancia. ‖ Complejidad, complicación, especialmente en un aparato o técnica.

sofisticado, da adj. Muy refinado y elegante y, en ocasiones, falto de naturalidad. ‖ Complejo, completo: *mecanismo sofisticado.* ‖ FAM. sofisticación, sofisticar.

sofisticar tr. Hacer refinado y elegante. También prnl. ‖ Dar o conferir complejidad, especialmente a un aparato o en una técnica. También prnl.

sofístico, ca adj. Aparente, fingido con sutileza: *benevolencia sofística.*

soflama f. desp. Discurso, perorata, especialmente la que se pronuncian con ánimo de enardecer. ‖ Bochorno o ardor que suele subir al rostro por enojo, vergüenza, etc. ‖ FAM. soflamar.

sofocante adj. Que sofoca: *calor sofocante.*

sofocar tr. Ahogar, impedir la respiración. También prnl. ‖ Apagar, extinguir: *sofocar el fuego.* ‖ Abochornar, avergonzar a uno. También prnl. ‖ Acosar, importunar demasiado a alguien. ‖ prnl. Excitarse, enojarse. ‖ FAM. sofocación, sofocador, sofocante.

sofoco m. Sensación de ahogo. ‖ Sensación de calor, muchas veces acompañada de sudor y enrojecimiento de la piel. ‖ Grave disgusto que se da o se recibe. ‖ FAM. sofocar, sofocón, sofoquina.

sofocón m. col. Desazón, disgusto que sofoca o aturde.

sofoquina f. col. Sofoco, por lo común intenso.

sófora f. Árbol de la familia de las leguminosas, con tronco recto y grueso, copa ancha, ramas retorcidas, hojas compuestas de 11 a 13 hojuelas aovadas, flores pequeñas y amarillas y fruto en vainas nudosas.

sofreír tr. Freír un poco o ligeramente una cosa. ♦ Irreg. Se conj. como reír. Tiene doble p. p.: uno reg., *sofreído,* y otro irreg., *sofrito.* ‖ FAM. sofrito.

sofrenar tr. Refrenar una pasión o sentimiento. || FAM. sofrenada.

sofrito m. Condimento que se añade a un guiso, compuesto por diversos ingredientes fritos en aceite.

sofrología f. Disciplina de la psiquiatría que estudia los cambios de conciencia en el ser humano y sus aplicaciones terapéuticas.

software (voz i.) m. En inform., término genérico que se apl. a los componentes no físicos de un sistema informático, como, p. ej., los programas, sistemas operativos, etc., que permiten a este ejecutar sus tareas.

soga f. Cuerda gruesa de esparto. || Parte de un sillar o ladrillo que queda descubierta en el paramento de la fábrica. || **con la soga al cuello** loc. adj. Amenazado de un riesgo grave o en un apuro. || FAM. soguería, soguero, soguilla.

sogún m. Título de los señores de la guerra medievales japoneses, nombrados por el emperador y que constituían una casta de carácter feudal.

soja f. Planta herbácea leguminosa de aproximadamente 1 m de altura, tallo recto, flores en racimo violetas o blancas y fruto en legumbre, de cuya semilla se extrae aceite vegetal; se usa como alimento y como fibra textil.

sojuzgar tr. Dominar, someter con violencia. || FAM. sojuzgador.

soka-tira f. Deporte vasco que consiste en el enfrentamiento de dos equipos que tiran de los extremos opuestos de una soga, y en el que vence el equipo que arrastra al contrario al campo propio.

sol[1] m. Estrella luminosa, centro de nuestro sistema planetario. ◆ Se escribe con mayúscula. || Luz, calor o influjo del sol. || Lugar o parte de un lugar donde da el sol. || Unidad monetaria de Perú hasta 1986. || **arrimarse al sol que más calienta** loc. Servir y adular al más poderoso. || **de sol a sol** loc. adv. Desde que sale el sol hasta que se pone. || **no dejar ni a sol ni a sombra** a alguien o algo loc. *col.* Perseguirlo a todas horas y por todos los sitios de forma inoportuna. || **ser un sol** loc. *col.* Se usa para ponderar afectuosamente las cualidades de una persona y, a veces, de un animal o cosa. || FAM. solana, solanáceo, solanera, solano, solar, solario, solazo, soleado, solear, solsticio.

sol[2] m. Quinta nota de la escala musical. ◆ No varía en pl. || FAM. solfeo.

solado m. Acción y resultado de solar. || Revestimiento de un piso con ladrillo, losas u otro material análogo.

solador, ra m. y f. Persona que se dedica a solar pisos.

solamente adv. m. Únicamente, nada más, sin otra cosa. || Expresamente, sin otra intención. ◆ Equivale a *solo.*

solana f. Sitio donde el sol da de lleno. || Corredor o pieza destinada en la casa para tomar el sol.

solanáceo, a adj. y f. De las solanáceas o relativo a esta familia de plantas. || f. pl. Familia de plantas herbáceas, arbustivas y arbóreas que tienen flores acampanadas, fruto en baya o cápsula y raíz generalmente bulbosa y comestible, como la patata, el tomate, la berenjena o el tabaco; se cultivan en regiones de clima tropical y templado, para su uso en alimentación y como plantas industriales.

solanera f. Efecto que produce en una persona el tomar mucho el sol. || Lugar donde da mucho el sol. || Sol muy fuerte e intenso.

solapa f. Parte del vestido correspondiente al pecho que suele ir doblada hacia fuera sobre la misma prenda de vestir. || Prolongación lateral de la cubierta o camisa de un libro que se dobla hacia dentro y en la que se imprimen algunas advertencias o anuncios. || FAM. solapar.

solapado, da adj. Se apl. a la persona que oculta maliciosa y cautelosamente sus planes y pensamientos. || Se dice del plan y el pensamiento de esta persona: *intenciones solapadas.*

solapar tr. Cubrir una cosa a otra en su totalidad o en parte. || Ocultar maliciosa y cautelosamente la verdad o la intención. || prnl. Coincidir una cosa con otra. || FAM. solapado, solapamiento.

solar[1] m. Porción de terreno donde se ha edificado o que se destina a edificar en él. || Casa, descendencia, linaje noble. || adj. Se apl. a la casa más antigua y noble de una familia. || FAM. solariego, solera.

solar[2] adj. Del sol o relativo a él.

solar[3] tr. Revestir el suelo con ladrillos, losas u otro material. || Poner suelas al calzado. ◆ Irreg. Se conj. como *contar.* || FAM. solado, solador, soladura.

solariego, ga adj. Relacionado con el solar de antigüedad y nobleza. También s. || Antiguo y noble.

solario o **solárium** m. Terraza o lugar dispuesto para tomar baños de sol. ◆ pl. de la segunda forma: *soláriums,* aunque también se usa como invariable.

solaz m. Esparcimiento, ocio. || FAM. solazar.

solazar tr. y prnl. Proporcionar esparcimiento u ocio.

soldada f. Sueldo, salario o estipendio, particularmente el del soldado.

soldadera m. *amer.* Mujer que acompañaba a los soldados o luchaba con ellos durante la revolución mexicana.

soldadesca f. Conjunto de soldados. A veces se usa en sentido desp. || Tropa indisciplinada.

soldadesco, ca adj. De los soldados o relativo a ellos.

soldado com. Persona que sirve en el ejército. || Militar sin graduación. || FAM. soldada, soldadera, soldadesca, soldadesco.

soldador, ra m. y f. Persona que se dedica a soldar. || m. Instrumento con que se suelda: *soldador de estaño.*

soldadura f. Acción y resultado de soldar. || Material que sirve y está preparado para soldar.

soldar tr. Unir sólidamente dos cosas fundiendo sus bordes o alguna sustancia igual o semejante a las que se quiere unir. ◆ Irreg. Se conj. como *contar.* || FAM. soldador, soldadura.

soleá *col.* Tonada, copla y danza andaluzas, en compás de tres por ocho. ◆ pl. *soleares.*

soleado, da adj. Se apl. al tiempo con sol y sin nubes. || Se dice del lugar expuesto al sol.

solecismo m. En ling., incorrección al hablar, particularmente la sintáctica.

soledad f. Carencia de compañía. || Lugar desierto o tierra no habitada. || Pesar y melancolía que se sienten por la ausencia, muerte o pérdida de alguna persona o cosa.

solemne adj. Celebrado públicamente con pompa y esplendor. || Formal, válido, acompañado de todos los requisitos necesarios: *voto solemne*. || Majestuoso, imponente. || Se usa para encarecer en sentido peyorativo la significación de algunos nombres: *solemne disparate*. || FAM. solemnemente, solemnidad, solemnizar.

solemnidad f. Cualidad de solemne. || Acto o ceremonia solemne. || Festividad eclesiástica: *solemnidad de Pascua*.

solenoide m. Circuito formado por un hilo conductor enrollado en espiral, por el que circula una corriente eléctrica y en cuyo interior se crea un campo magnético.

sóleo m. Músculo de la pantorrilla unido a los gemelos por su parte inferior para formar el tendón de Aquiles.

soler intr. Tener costumbre: *suele pasear todas las mañanas*. || Ser frecuente alguna cosa o hecho: *en esta época suele llover.* ◆ Defect. Se conj. como *mover*, y se usa generalmente solo en infinitivo, en presente y en imperfecto.

solera f. Carácter tradicional de las cosas, usos, costumbres, etc. || Antigüedad de los vinos. || Madre o lía del vino. || Madero sobre el que descansan o se ensamblan otros.

solfa f. Solfeo. || Conjunto de signos con que se escribe la música. || Zurra de golpes. || **poner** una cosa **en solfa** loc. *col.* Presentarla bajo un aspecto ridículo o dudar de ella.

solfear tr. Cantar marcando el compás y pronunciando los nombres de las notas: *en la clase de canto solfeábamos las canciones*. || FAM. solfa, solfeador, solfeo, solfista.

solfeo m. Técnica de leer correctamente los textos musicales y estudios que se realizan para adquirirla.

solicitante adj. y com. Que solicita.

solicitar tr. Pedir o pretender una cosa para la que se necesitan ciertas gestiones o formalidades. || Requerir la presencia, amistad, etc., de una persona. || Requerir de amores a una persona. || En fís., atraer una o más fuerzas a un cuerpo, cada cual en su sentido. || FAM. solicitación, solicitado, solicitante, solícito.

solícito, ta adj. Diligente y servicial. || Se apl. a la persona cariñosa y atenta con los demás. || FAM. solícitamente, solicitud.

solicitud f. Documento o memorial en que se solicita algo. || Cualidad de solícito.

solidaridad f. Adhesión circunstancial a la causa o a la empresa de otros. || FAM. solidario.

solidario, ria adj. Adherido o asociado a la causa, empresa u opinión de otro. || FAM. solidariamente, solidarizar.

solidarizar tr. y prnl. Hacer a una persona o cosa solidaria con otra.

solideo m. Casquete que usan algunos eclesiásticos y que cubre la coronilla.

solidez f. Cualidad de sólido.

solidificación f. Paso al estado sólido de un fluido.

solidificar tr. y prnl. Hacer sólido un fluido. || FAM. solidificación.

sólido, da adj. Se apl. al estado de la materia en el que las moléculas poseen el mayor grado de cohesión. También m. || Firme, macizo, denso y fuerte. || Establecido con razones fundamentales: *argumentos sólidos*. || m. En geom., objeto material de tres dimensiones. || FAM. sólidamente, solidario, solidez, solidificar.

solifluxión f. Deslizamiento de la capa superior de un terreno embebido de agua, que se produce al empaparse una capa interior de arcilla.

soliloquio m. Discurso o reflexión en voz alta y sin interlocutor. || Lo que habla de este modo un personaje de obra dramática o de otra semejante, monólogo.

solio m. Trono con dosel.

solípedo, da adj. y m. De los solípedos o relativo a este grupo de cuadrúpedos. || m. pl. Grupo de mamíferos cuadrúpedos provistos de un solo dedo, cuya uña, engrosada, constituye una funda protectora muy fuerte denominada casco, como el caballo, el asno y la cebra.

solipsismo m. Forma radical de subjetivismo según la cual solo existe o solo puede ser conocido el propio yo. || FAM. solipsista.

solista com. En mús., persona que ejecuta un solo de una pieza vocal o instrumental. || Cantante de un conjunto musical.

solitaria f. Tenia, parásito intestinal.

solitario, ria adj. Desamparado, desierto. || Solo, sin compañía. También s. || Retirado, que ama la soledad o vive en ella. También s. || m. Diamante que se engasta solo en una joya. || Juego de naipes que ejecuta una sola persona.

soliviantar tr. Inducir a una persona a adoptar una actitud rebelde u hostil. También prnl. || Agitar, inquietar. || Irritar, disgustar mucho.

solla f. Pez selecífo pleuronectiforme de unos 90 cm de longitud, con el cuerpo aplanado de color gris oscuro y los dos ojos en el mismo lado; es apreciado como alimento.

sollado m. Uno de los pisos o cubiertas inferiores de un buque, en la cual se suelen instalar alojamientos y almacenes.

sollozar intr. Producir, por un movimiento convulsivo, varias inspiraciones bruscas, entrecortadas, seguidas de una espiración; es un fenómeno nervioso que suele acompañar al llanto. || FAM. sollozante, sollozo.

sollozo m. Serie de varias inspiraciones bruscas, entrecortadas, seguidas de una espiración, que suele acompañar al llanto.

solo[1] adv. m. Únicamente, nada más, sin otra cosa: *compramos solo lo imprescindible*. || Expresamente, sin otra intención: *te escribo solo para felicitarte*.

solo[2]**, la** adj. Único en su especie: *es el solo candidato válido*. || Que está sin otra cosa o que se considera separado de ella: *café solo*. || Dicho de personas, sin compañía: *se ha quedado solo en casa*. || Que no tiene quien le ampare o consuele: *me siento solo*. || Desierto: *la plaza estaba sola.* || m. En mús., composición o parte de ella para una única voz o instrumento. || **a solas** loc. adv. Sin ayuda ni compañía de otro. || FAM. solamente, soledad, soliloquio, solipsismo, solista, solitaria, solitario.

solomillo m. En las reses destinadas a la alimentación, capa muscular que se extiende entre las costillas y el lomo. || Filete sacado de esta parte.

solsticio m. Nombre de los dos momentos del año en que se producen sendos cambios estacionales y es máxima la diferencia entre día y noche. || **solsticio de invierno** El que se produce el 21 o 22 de diciembre y da comienzo al invierno en el hemisferio norte y al verano en el hemisferio sur. || **solsticio de verano** El que se produce el 21 o 22 de junio y da comienzo al verano en el hemisferio norte y al invierno en el sur.

soltar tr. Desatar o aflojar lo que estaba atado, unido o sujeto. También prnl. || Dejar de tener cogido. || Dar libertad al que estaba detenido o preso. || Dar salida a lo que estaba detenido o confinado. También prnl. || Romper en una señal de afecto interior, como risa, llanto, etc.: *soltó una carcajada.* || Expulsar, despedir: *soltar mal olor.* || Dar: *soltar un golpe.* || Decir o contar algo pesado o inconveniente: *soltó un taco.* || Con relación al vientre, hacerle evacuar con frecuencia. También prnl. || prnl. Adquirir habilidad o desenvoltura en algo: *ya se va soltando con el coche.* || Dejar de sentir timidez o vergüenza. || Empezar a hacer algunas cosas: *el niño ya se soltó a hablar.* ◆ **Irreg.** Se conj. como *contar.* Tiene doble p. p.: uno reg., *soltado,* y otro irreg., *suelto.* || FAM. soltero, soltura, suelta, suelto.

soltero, ra adj. y s. Que no está casado. || FAM. soltería, solterón.

solterón, ona adj. y s. Soltero ya entrado en años.

soltura f. Habilidad y desenvoltura.

solubilidad f. Cualidad de soluble. || En quím., cantidad de soluto que a una temperatura determinada puede diluirse en un disolvente para formar una disolución saturada.

soluble adj. Que se puede disolver o desleír: *café soluble.* || Que se puede resolver: *tus problemas son solubles.* || FAM. solubilidad.

solución f. Hecho de resolver una duda o dificultad. || Desenlace de la trama o asunto de una obra literaria, película, etc. || Desenlace o término de un proceso, negocio, etc. || En mat., resultado que satisface las condiciones planteadas en un problema o una ecuación. || En quím., acción y resultado de disolver. || En quím., mezcla homogénea que se obtiene al disolver una o más sustancias llamadas solutos en otra llamada disolvente. || **solución de continuidad** Interrupción o falta de continuidad. || FAM. soluble, soluto.

solucionar tr. Satisfacer una duda o acabar con una dificultad o problema. || FAM. solución, solucionable.

soluto m. En quím., sustancia disuelta en un determinado disolvente, cuya proporción en él forma la concentración.

solutrense adj. y m. De un periodo del Paleolítico Superior que se desarrolló entre el año 20000 y el 15000 a. C., o relacionado con él.

solvencia f. Capacidad para satisfacer deudas. || Carencia de deudas.

solventar tr. Arreglar cuentas, pagando la deuda a que se refieren. || Dar solución a algo.

solvente adj. Que tiene recursos suficientes para pagar sus deudas. || Capaz de cumplir con su obligación, cargo, etc., y particularmente, capaz de cumplirlos con eficacia. || FAM. solvencia, solventar.

soma m. Totalidad de las células de un organismo vivo, con excepción de las reproductoras. || FAM. somático.

somalí adj. y com. De Somalia o relativo a este país africano. ◆ pl. *somalíes* o *somalís.*

somanta f. *col.* Tunda, zurra.

somatada f. *amer.* Paliza, serie de golpes.

somatén m. Cuerpo de gente armada no perteneciente al ejército que se reúne para perseguir a los criminales o defenderse del enemigo. || Miembro de este grupo. || En Cataluña, rebato: *tocar a somatén.*

somático, ca adj. Que es material o corpóreo en un ser animado. || Se apl. al síntoma que es eminentemente corpóreo o material, para diferenciarlo del síntoma psíquico. || FAM. somatización, somatizar, somatología.

somatizar tr. Transformar inconscientemente una afección psíquica en orgánica: *somatizar la depresión.*

sombra f. Imagen oscura que proyecta un cuerpo opaco sobre una superficie cualquiera, interceptando los rayos directos de la luz. || Lugar donde no da el sol o se está protegido de él. || Oscuridad, falta de luz. Más en pl. || Representación en una pintura o dibujo de las partes que tienen menos luz mediante tonos oscuros. || Lugar, zona o región a la que, por una u otra causa, no llegan las imágenes, sonidos o señales transmitidos por un aparato o estación emisora. || Espectro o aparición de una persona ausente o difunta. || Ignorancia. || Pequeña cantidad de algo: *me queda una sombra de duda.* || *col.* Persona que sigue a otra por todas partes. || *col.* Clandestinidad, anonimato, desconocimiento público: *luchó en la sombra.* || **mala sombra** *col.* Mala intención. || *col.* Mala suerte. || **sombra de ojos** Cosmético para dar color a los párpados. || **sombras chinescas** Espectáculo que consiste en unas figurillas que se mueven detrás de una cortina de papel o tela blancos, iluminadas por la parte opuesta a los espectadores. || **a la sombra** loc. adv. *col.* En la cárcel. || **hacer sombra** loc. Impedir a alguien prosperar o sobresalir por tener más mérito, habilidad o empeño que él. || FAM. sombraje, sombrajo, sombrear, sombrero, sombrilla, sombrío.

sombrajo o **sombraje** m. Resguardo de ramas, mimbres, esteras, etc., para hacer sombra: *se ha preparado un sombrajo en el huerto para resguardarse del calor.*

sombreado m. Acción y resultado de sombrear una pintura o dibujo.

sombrear tr. Dar o producir sombra. || Poner sombras en una pintura o dibujo. || FAM. sombreado.

sombrerazo m. *col.* Saludo exagerado que se hace quitándose el sombrero.

sombrerería f. Tienda donde se venden sombreros. || FAM. sombrerero.

sombrero, ra m. y f. Persona que se dedica a hacer o a vender sombreros.

sombrerete m. Sombrerillo de los hongos. || Parte superior de una chimenea.

sombrerillo m. Parte abombada de las setas, sostenida por el pedicelo.

sombrero m. Prenda de vestir que sirve para cubrir la cabeza y consta de copa y ala. || Sombrerillo de los hongos. || Techo que cubre el púlpito. || **quitarse** uno **el sombrero** loc. Hacerlo en señal de cortesía y respeto. || Expresa la admiración que produce algo o alguien. || FAM. sombrerazo, sombrerería, sombrerete, sombrerillo.

sombrilla f. Objeto con forma de paraguas utilizado para protegerse del sol.

sombrío, a adj. Se apl. al lugar de poca luz en que frecuentemente hay sombra. || Tétrico, melancólico: *hoy está de un humor sombrío.*

somero, ra adj. Ligero, superficial: *análisis somero.* || Casi encima o muy inmediato a la superficie. || FAM. someramente.

someter tr. Sujetar a dominio o autoridad a una o más personas. También prnl. || Hacer que una persona o cosa reciba o soporte cierta acción: *someter al calor.* También prnl.: *someterse a un tratamiento.* || Subordinar la voluntad o el juicio a los de otra persona. También prnl. || Mostrar a alguien para que dé su opinión sobre ello. || FAM. sometimiento, sumisión, sumiso.

sometimiento m. Acción y resultado de someter o someterse.

somier m. Soporte de muelles, láminas de madera, etc., sobre el que se pone el colchón: *somier de lamas.*

sommelier (voz fr.) com. Sumiller. ◆ pl. *sommeliers.*

somnífero, ra adj. y m. Que da sueño.

somnolencia f. Pesadez y torpeza de los sentidos motivadas por el sueño. || Ganas de dormir. || FAM. somnolientamente, somnoliento.

somnoliento, ta adj. Que tiene sueño o somnolencia.

somontano, na adj. y s. Se apl. al terreno o a la región situado al pie de una montaña.

somonte m. Terreno situado en la falda de una montaña. || FAM. somontano.

somorgujo o **somormujo** m. Nombre común de diversas especies de aves podicipediformes acuáticas de 40 a 50 cm de longitud, con el plumaje castaño y blanco y las patas con dedos lobulados y adaptados al agua.

son m. Sonido agradable, armonioso. || Tenor, modo o manera: *por este son.* || Pretexto. || **¿a qué son?** o **¿a son de qué?** loc. col. ¿Con qué motivo? || **al son de** un instrumento loc. adv. Con acompañamiento de tal instrumento. || **en son de** loc. adv. De tal modo o a manera de; también, con ánimo de: *en son de paz.* || **sin ton ni son** loc. adv. col. Sin razón, sin fundamento.

sonado, da adj. Famoso, célebre: *victoria sonada.* || Se apl. al boxeador que ha perdido facultades mentales como consecuencia de los golpes recibidos en los combates. || col. Loco.

sonaja f. Par o pares de chapas de metal que se colocan en algunos juguetes o instrumentos para que suenen al moverse. || FAM. sonajero.

sonajero m. Juguete con cascabeles u otras cosas que suenan al moverlas, que sirve para entretener a los niños muy pequeños.

sonambulismo m. Estado de la persona que padece sueño anormal, durante el cual se levanta, anda y habla y realiza ciertos actos que no recuerda al despertar.

sonámbulo, la adj. y s. Se apl. a la persona que padece sueño anormal, durante el cual se levanta, anda y habla y realiza ciertos actos que no recuerda al despertar. || FAM. sonambulismo.

sonar¹ intr. Hacer ruido una cosa. || Tener una cosa visos o apariencias de algo: *la proposición sonaba interesante.* || Recordar vagamente a alguna persona o cosa: *no me suena ese apellido.* || Mencionarse, citarse: *su nombre suena mucho en el mundo del teatro.* || Esparcirse o difundirse rumores de algo: *suena por ahí que va a dimitir.* || Tener una letra valor fónico: *la letra «h» en posición inicial no suena.* || *amer. vulg.* Morir o padecer una enfermedad mental. || *amer. col.* Fracasar. || tr. Hacer que algo produzca sonidos o ruido. || Limpiar de mocos las narices, haciéndolos salir con una espiración violenta. Más como prnl. || **como suena** loc. adv. Literalmente, con arreglo al sentido estricto de las palabras. ◆ **Irreg.** Se conj. como *contar.* || FAM. sonado, sonaja, sonajero, sonante, sonata, sonería, sonoro, sonotone.

sonar² m. Aparato de detección submarina que funciona mediante la emisión de ondas ultrasonoras. ◆ Procede del acrónimo inglés de *so*und *na*vigation *a*nd *r*anging.

sonata f. En mús., composición para uno o dos instrumentos, estructurada en tres o cuatro tiempos. || FAM. sonatina.

sonda f. Acción y resultado de sondar. || Cuerda con un peso de plomo que sirve para medir la profundidad de las aguas y explorar el fondo. || Tubo delgado que se introduce en una persona para administrarle alimentos, extraerle líquidos o explorar una cavidad. || Cohete, globo u otro sistema que se envía al espacio para explorar. || Barrena que sirve para abrir taladros de gran profundidad en los terrenos. || FAM. sondar, sondear.

sondar tr. Echar una sonda al agua para averiguar la profundidad y la calidad del fondo. || Averiguar la naturaleza del subsuelo con una sonda. || Introducir una sonda en el cuerpo. || FAM. sondable, sondaje.

sondear tr. Sondar las aguas y el subsuelo. || Hacer preguntas para averiguar la intención de uno o las circunstancias de algo. || FAM. sondeo.

sondeo m. Medición o exploración de las aguas o del subsuelo mediante una sonda. || Realización de preguntas para averiguar algo.

soneto m. Composición poética que consta de 14 versos, generalmente endecasílabos, distribuidos en dos cuartetos y dos tercetos. || FAM. sonetillo, sonetista.

songa f. *amer.* Burla, ironía.

sónico, ca adj. De la velocidad del sonido o relativo a ella. || Se apl. a la vibración producida por un objeto cuya frecuencia está comprendida entre 20 y 20 000 Hz. ‖ FAM. supersónico.

sonidista com. *amer.* Técnico de sonido.

sonido m. Sensación producida en el órgano del oído por el movimiento vibratorio de los cuerpos, transmitido por un medio elástico, como el aire. ‖ Valor y pronunciación de las letras: *sonido fricativo.* ‖ En fís., conjunto de ondas producidas por un cuerpo al vibrar, que crea una variación de presión en el medio que le rodea y pueden ser captadas por el oído. ‖ Conjunto de técnicas y aparatos para grabar y reproducir el sonido: *sonido digital.* ‖ FAM. son, sonar, sónico, sonidista, soniquete, sonómetro, sonsonete.

soniquete m. Sonido repetitivo que resulta aburrido y desagradable. ‖ Tonillo o modo especial en la risa o las palabras que denota desprecio o ironía.

sonómetro m. Instrumento destinado a medir y comparar los sonidos e intervalos musicales.

sonoridad f. Cualidad de sonoro. ‖ Cualidad de la sensación auditiva que permite calificar los sonidos de fuertes y débiles.

sonorizar tr. Incorporar los sonidos, ruidos, etc., a la banda de imágenes previamente dispuesta. ‖ Ambientar una escena, programa, etc., con los efectos sonoros adecuados. ‖ En fon., convertir una consonante sorda en sonora. También prnl. ‖ FAM. sonorización, sonorizador, sonorizante.

sonoro, ra adj. Que suena o puede sonar. ‖ Que suena bien o que suena mucho y agradablemente. ‖ Dotado de sonido. ‖ Aplicado al lenguaje o al estilo, elevado y grandilocuente. ‖ Se dice del fonema o sonido que se articula con vibración de las cuerdas vocales, como la *b.* ‖ FAM. sonoramente, sonoridad, sonorizar.

sonotone m. Audífono. ◆ Es la extensión del nombre de una marca registrada.

sonreír intr. Reírse levemente, sin emitir sonido. También prnl. ‖ Ser favorable o halagüeño para uno algún asunto, suceso, esperanza, etc.: *le sonríe el porvenir.* ◆ Irreg. Se conj. como *reír.* ‖ FAM. sonriente, sonrisa.

sonriente adj. y com. Que sonríe.

sonrisa f. Gesto de curvar suavemente la boca, que indica generalmente alegría, agrado o placer.

sonrojar tr. y prnl. Hacer salir los colores al rostro de vergüenza. ‖ FAM. sonrojo.

sonrojo m. Enrojecimiento del rostro, especialmente cuando se produce por vergüenza.

sonrosado, da adj. De color rosa o parecido a él. ‖ FAM. sonrosar.

sonsacar tr. Procurar obtener algo de alguien con habilidad. ‖ FAM. sonsacador, sonsacamiento, sonsaque.

sonso, sa adj. *amer.* Zonzo. ‖ FAM. sonsear, sonsera.

sonsonete m. Sonido que resulta de los golpes pequeños y repetidos que se dan en una parte, imitando un son de música. ‖ Soniquete.

soñación (ni por) loc. adv. *col.* Expresa que algo es tan difícil que suceda que ni siquiera en sueños puede ocurrir.

soñador, ra adj. y s. Que sueña mucho, que fantasea sin tener en cuenta la realidad.

soñar tr. Representar en la fantasía algo mientras dormimos. También intr. ‖ Imaginar que las cosas son distintas a como son en la realidad. También intr. ‖ intr. Anhelar persistentemente una cosa. ‖ **ni soñarlo** loc. *col.* Se emplea para negar rotundamente. ‖ **soñar despierto** loc. Fantasear, imaginar. ◆ Irreg. Se conj. como *contar.* ‖ FAM. soñación, soñador, soñarrera, soñera, soñolencia.

soñarrera f. *col.* Ganas muy intensas de dormir. ‖ Sueño pesado.

soñera f. Propensión al sueño.

soñolencia f. Somnolencia. ‖ FAM. soñoliento.

soñoliento, ta adj. Somnoliento.

sopa f. Plato compuesto de caldo e ingredientes como verduras, pasta, arroz, etc., cocidos en este caldo. ‖ Pasta que se mezcla con el caldo en el plato de este mismo nombre. ‖ pl. Rebanadas o pedazos de pan que se cortan para echar en el caldo. ‖ Plato compuesto de rebanadas o pedazos de pan y un líquido alimenticio. ‖ **sopa boba** Comida que se da a los pobres en los establecimientos de beneficencia. ‖ Vida holgazana y a expensas de otro: *comer o andar a la sopa boba.* ‖ **sopa de letras** Pasatiempo que consiste en un rectángulo lleno de letras ordenadas en el que hay que buscar determinadas palabras. ‖ **sopa juliana** La que se hace cociendo en caldo verduras cortadas en tiritas y conservadas secas. ‖ **sopas de ajo** Las que se hacen de rebanadas de pan cocidas en agua y aceite frito con ajos, sal y, a veces, pimienta o pimentón. ‖ **como una sopa** o **hecho una sopa** loc. adv. *col.* Muy mojado. ‖ **dar sopas con honda** loc. *col.* Mostrar una superioridad abrumadora. ‖ **estar** o **quedarse sopa** loc. *col.* Dormirse. ‖ **hasta en la sopa** loc. *col.* En todas partes. ‖ FAM. sopar, sopear, sopera, sopero, sopetear, sopicaldo.

sopaipilla f. *amer.* Masa que se bate, fríe y unta con miel para formar una especie de hojuela gruesa.

sopapa f. *amer.* Desatascador de cañerías.

sopapo m. Golpe que se da con la mano en la cara. ‖ FAM. sopapina.

sopera f. Recipiente hondo para servir la sopa en la mesa.

sopero, ra adj. Se apl. al plato hondo que sirve para comer en él la sopa u otras comidas caldosas. También m. ‖ Se dice de la cuchara con más capacidad que la cuchara ordinaria, apropiada para tomar sopa.

sopesar tr. Levantar algo como para tantear el peso que tiene. ‖ Examinar con atención las ventajas e inconvenientes de un asunto.

sopetón m. Golpe fuerte y repentino dado con la mano. ‖ **de sopetón** loc. adv. Impensadamente, de improviso.

sopicaldo m. Caldo con sopas. ‖ Sopa o caldo excesivamente claros.

soplado, da adj. *col.* Demasiado pulido, cuidado y limpio. ‖ *col.* Estirado, engreído, altanero. ‖ m. Acción y resultado de soplar en la pasta de vidrio. ‖ Grieta muy profunda o cavidad grande del terreno.

soplagaitas com. *col.* Persona estúpida y sin gracia. ◆ No varía en pl.

soplamocos m. *col.* Golpe que se da a uno en la cara, especialmente tocándole en las narices. ◆ No varía en pl.

soplapollas com. *vulg.* Soplagaitas. ◆ No varía en pl.

soplar intr. Despedir aire con fuerza por la boca. ‖ Correr el viento, haciéndose sentir. También tr. ‖ *col.* Beber mucho. También prnl. ‖ tr. Apagar algo a soplidos. ‖ Inflar una cosa con aire. ‖ Insuflar aire en la pasta de vidrio para obtener las formas previstas. ‖ Hurtar o quitar una cosa a escondidas. ‖ *col.* Hablando de bofetadas, cachetes y otros golpes semejantes, darlos. ‖ Sugerir a uno la idea, palabra, etc., que debe decir y no acierta o ignora: *le soplaron las respuestas del examen.* ‖ Acusar o delatar. ‖ En algunos juegos, quitar una ficha al contrario por no haberla movido cuando debía haberlo hecho. ‖ FAM. soplado, soplador, sopladura, soplagaitas, soplamocos, soplapollas, soplete, soplido, soplillo, soplo, soplón, soplonaje.

soplete m. Aparato tubular en el que se inyecta por uno de sus extremos una mezcla de oxígeno y un gas combustible, acetileno, hidrógeno, etc., que al salir por la boquilla del extremo opuesto produce una llama de alto potencial calórico, utilizada para soldar o cortar metales.

soplido m. Acción y resultado de soplar o echar el aire por la boca.

soplillo m. Instrumento pequeño, de forma circular, generalmente de esparto y con mango, que se usa para avivar el fuego.

soplo m. Acción y resultado de soplar. ‖ Instante, brevísimo tiempo. ‖ *col.* Información que se da en secreto y con cautela. ‖ Ruido peculiar de algunos órganos, especialmente del corazón, y que puede ser normal o patológico.

soplón, ona adj. y s. *col.* Se apl. a la persona que acusa en secreto a otras o actúa como confidente.

soplonaje m. *amer.* Conjunto de soplones. ‖ *amer.* Costumbre de delatar.

soponcio m. *col.* Desmayo o indisposición producida por un disgusto, angustia o susto.

sopor m. Adormecimiento, somnolencia. ‖ Estado de sueño profundo, provocado por una enfermedad y que precede al coma. ‖ FAM. soporífero.

soporífero, ra adj. Que mueve o inclina al sueño. También m. ‖ Muy aburrido: *espectáculo soporífero.*

soportable adj. Que se puede soportar.

soportal m. Espacio cubierto que en algunas casas precede a la entrada principal. ‖ Pórtico, a manera de claustro, que tienen algunos edificios o manzanas de casas en sus fachadas y delante de las puertas y comercios que hay en ellas. Más en pl.

soportar tr. Sostener o llevar sobre sí una carga o peso. ‖ Aguantar, resistir: *no soporto ese ruido.* ‖ FAM. soportable, soporte.

soporte m. Apoyo o sostén. ‖ Material sobre el que se pinta. ‖ En inform., cinta, disquete, etc., en que se almacena la información.

soprano m. En mús., la más aguda de las voces humanas, tiple. ‖ com. Persona que tiene esta voz.

sor f. Tratamiento que se da a las monjas.

sorber tr. Beber aspirando. ‖ Aspirar algunas cosas aunque no sean líquidas. También prnl. ‖ Recibir o es-

conder una cosa hueca o esponjosa a otra, dentro de sí o en su concavidad. ‖ Absorber, tragar. ‖ Apoderarse el ánimo con avidez de alguna idea, plan, etc. ‖ FAM. sorbedor, sorbete, sorbeto, sórbido, sorbo.

sorbete m. Refresco de zumo de frutas con azúcar, o de agua, leche o yemas de huevo azucaradas y aromatizadas, al que se da cierto grado de congelación.

sorbeto m. *amer.* Pajita para sorber bebidas.

sorbo m. Acción y resultado de sorber un líquido. ‖ Porción que se sorbe de una vez. ‖ Cantidad pequeña de un líquido.

sordera f. Privación o disminución de la facultad de oír.

sordez f. Sordera. ‖ En fon., cualidad de sordo.

sordidez f. Suciedad, pobreza, miseria. ‖ Mezquindad, avaricia. ‖ Indecencia, inmoralidad, vileza.

sórdido, da adj. Sucio, pobre y miserable. ‖ Mezquino, avariento. ‖ Indecente, inmoral, vil. ‖ FAM. sórdidamente, sordidez.

sordina f. Pieza que sirve para disminuir la intensidad del sonido en ciertos instrumentos musicales. ‖ P. ext., mecanismo que amortigua el sonido en otros aparatos.

sordo, da adj. Que no oye o no oye bien. También s. ‖ Silencioso y sin ruido: *pasos sordos.* ‖ Que suena poco o sin timbre claro: *ruido sordo.* ‖ Insensible a las súplicas o al dolor ajeno, que no hace caso de persuasiones, consejos o avisos: *permaneció sordo a mis peticiones.* ‖ Se apl. al fonema o sonido que se articula sin vibración de las cuerdas vocales, como la *t.* ‖ FAM. sordamente, sordera, sordez, sordina, sordomudo.

sordomudo, da adj. y s. Privado de la facultad de hablar por ser sordo de nacimiento. ‖ FAM. sordomudez.

sorgo m. Planta herbácea de la familia de las gramíneas, de unos 4 m de altura, con la raíz fibrosa, hojas grandes y fruto en espiga, que se cultiva como planta forrajera.

soriasis f. Psoriasis. ◆ No varía en pl.

sorna f. Tono irónico con que se dice algo.

soroche m. *amer.* Mal de la montaña o de las alturas. ‖ *amer.* Galena.

sorprendente adj. Que sorprende o admira. ‖ Raro, extraño. ‖ FAM. sorprendentemente.

sorprender tr. Pillar desprevenido. ‖ Admirar o maravillar con algo imprevisto o raro. También prnl. ‖ Descubrir lo que otro ocultaba o disimulaba. ‖ FAM. sorprendente, sorpresa, sorpresivo.

sorpresa f. Acción y resultado de sorprender. ‖ Cosa que da motivo para que alguien se sorprenda. ‖ **coger** o **pillar** a uno **de** o **por sorpresa** loc. Hallarle desprevenido.

sorpresivo, va adj. Que sorprende, que se produce por sorpresa, inesperado: *noticia sorpresiva.*

sortear tr. Someter a personas o cosas al arbitrio de la suerte. ‖ Evitar con habilidad o eludir un compromiso o dificultad: *sortear un peligro.* ‖ FAM. sorteable, sorteo.

sorteo m. Acción y resultado de sortear.

sortija f. Anillo que se ajusta a los dedos, sobre todo el que tiene algún adorno o piedra preciosa.

sortilegio

sortilegio m. Adivinación que se hace a través de medios mágicos. || Hechizo, embrujo o encanto.

SOS m. Señal internacional de petición de socorro o ayuda urgente.

sosa f. Nombre común del hidróxido de sodio, base de gran importancia industrial y el producto cáustico más conocido.

sosaina com. *col.* Se apl. a la persona sosa, sin gracia. También adj.

sosegado, da adj. Tranquilo, pacífico, reposado. || FAM. sosegadamente.

sosegar tr. Aplacar, calmar, pacificar. También prnl. || intr. Descansar, aquietarse. También prnl. ◆ **Irreg.** Se conj. como *acertar*. || FAM. sosegado, sosegador, sosegate, sosiego.

sosegate m. *amer.* Reprimenda con que se corrige a una persona, generalmente a un niño, para que no continúe en lo que estaba haciendo o no lo repita. Se usa más en la frase *dar* o *pegar un* o *el sosegate*.

sosera f. Sosería.

soseras com. *col.* Se apl. a la persona sosa, sin gracia. También adj. ◆ No varía en pl.

sosería f. Insulsez, falta de gracia y de viveza. || Dicho o hecho insulso y sin gracia.

sosias o **sosia** m. Persona que tiene parecido con otra hasta el punto de ser confundido con ella. ◆ La primera forma no varía en pl.

sosiego m. Quietud, tranquilidad.

soslayar tr. Poner una cosa ladeada, atravesada u oblicua para que pase por un lugar estrecho. || Pasar por alto o de largo, dejando de lado alguna dificultad. || FAM. soslayable, soslayo.

soslayo (de) loc. adv. Oblicuamente: *mirar de soslayo*. || De costado y perfilando bien el cuerpo para pasar por alguna estrechura. || De largo, de pasada o por encima, para esquivar una dificultad: *tocaron el tema de soslayo*.

soso, sa adj. Que no tiene sal o tiene poca. || Se apl. a la persona, acción o palabra que carecen de gracia y viveza. También s. || FAM. sosaina, sosamente, sosedad, sosera, soseras, sosería.

sospecha f. Creencia o suposición hecha a partir de conjeturas. || Desconfianza o recelo hacia una persona, basada en la creencia de que ha hecho algo malo.

sospechar tr. Creer, suponer o imaginar una cosa por conjeturas fundadas en apariencias e indicios. || intr. Desconfiar, dudar, pensar que alguien ha hecho algo malo. || FAM. sospecha, sospechable, sospechoso.

sospechoso, sa adj. Que da motivo para sospechar. || Se apl. a la persona de la que se sospecha. También s. || FAM. sospechosamente.

sostén m. Acción y resultado de sostener. || Persona o cosa que sostiene y sirve de apoyo moral y protección. || Sujetador, prenda interior femenina.

sostener tr. Mantener firme o sujeta una cosa. También prnl. || Defender una proposición, idea u opinión. || Prestar apoyo, dar aliento o auxilio. || Dar a uno lo necesario para su manutención. || Hacer algo de forma continua. || prnl. Mantenerse un cuerpo en un medio, sin caer.

◆ **Irreg.** Se conj. como *tener*. || FAM. sostén, sostenedor, sostenible, sostenido, sostenimiento.

sostenible adj. Que se puede sostener.

sostenido, da adj. En mús., se apl. a la nota cuya entonación excede en un semitono mayor a la que corresponde a su sonido natural. || m. En mús., signo que representa el sostenido musical.

sota f. Décima carta de cada palo de la baraja española, que tiene estampada la figura de un paje o infante.

sotabanco m. Piso habitable colocado por encima de la cornisa general de la casa. || En arquit., hilada que se coloca encima de la cornisa para levantar los arranques de un arco o bóveda.

sotabarba f. Barba que se deja crecer por debajo de la barbilla.

sotana f. Vestidura talar negra, abrochada de arriba abajo, que usan algunos eclesiásticos.

sótano m. Pieza subterránea, entre los cimientos de un edificio.

sotavento m. Costado de la nave opuesto al barlovento. || Parte que cae hacia aquel lado.

soterrado, da adj. Oculto, escondido: *intención soterrada*.

soterrar tr. Enterrar una cosa. || Esconder algo. || Olvidar por completo. ◆ **Irreg.** Se conj. como *acertar*. || FAM. soterrado.

soto m. Sitio que en las riberas o vegas está poblado de árboles y arbustos. || Sitio poblado de árboles, arbustos, matas y malezas. || FAM. sotobosque.

sotobosque m. Vegetación formada por matas y arbustos que crece bajo los árboles de un bosque.

soufflé (voz fr.) m. Suflé.

soul (voz i.) m. Estilo musical surgido en EE. UU. en la década de 1970, derivado de diversas formas de música negra, como el *blues* y el *jazz*. También adj.

soutien (voz fr.) m. *amer.* Sujetador, prenda interior femenina.

souvenir (voz fr.) m. Objeto que se compra como recuerdo de un viaje. ◆ pl. *souvenirs*.

sóviet m. Órgano de gobierno local en la antigua URSS, cuyo poder central dimanaba del Soviet Supremo. || Agrupación de obreros y soldados durante la Revolución Rusa. ◆ pl. *sóviets*. || FAM. soviético, sovietizar.

soviético, ca adj. y s. De la URSS (Unión de Repúblicas Socialistas Soviéticas) o relativo a este antiguo estado euroasiático. || De los sóviets o relativo a ellos.

sovjós (voz r.) m. Modo de explotación agraria en que el terreno, los medios y la producción pertenecen al estado y los campesinos perciben un salario.

spa m. Instalación para el ocio y el descanso terapéutico, acondicionada a modo de balneario.

spaghetti (voz it.) m. Espagueti.

spanglish (voz i.) m. Habla que mezcla el español y el inglés.

spaniel (voz i.) adj. Se apl. a una raza de perros de caza de mediana alzada, grandes orejas y pelaje largo de diversos colores: *cocker spaniel*.

sparring (voz i.) com. Persona que pelea con un boxeador para que este se entrene. ◆ pl. *sparrings*.

speaker (voz i.) com. Locutor de radio. ‖ En el Reino Unido, presidente de la Cámara de los Comunes. ‖ En EE. UU., presidente de la Cámara de Representantes. ◆ pl. *speakers.*

speech (voz i.) m. Discurso breve. ◆ pl. *speeches.*

speed (voz i.) m. Droga sintética estimulante.

spin m. Número cuántico que indica el giro del electrón u otra partícula atómica en torno a su eje. ◆ pl. *spins.*

spinnaker (voz i.) m. Vela suplementaria de forma triangular que se utiliza sobre todo en los veleros de regata. ◆ pl. *spinnakers.*

spinning (voz i.) m. Ejercicio aeróbico que se realiza sobre la bicicleta estática.

spoiler (voz i.) m. Alerón u otro elemento de la carrocería de un automóvil que sirve para hacerlo más aerodinámico. ◆ pl. *spoilers.*

sponsor (voz i.) m. Espónsor. ‖ FAM. sponsorización, sponsorizar.

sport (voz i.) adj. Se apl. a la prenda de vestir cómoda o informal.

spot (voz i.) m. Espacio publicitario en televisión y cine. Anuncio.

spray (voz i.) m. Espray.

sprint (voz i.) m. En una competición de carrera, aceleración final. ‖ Esfuerzo de aceleración que se hace en cualquier actividad. ‖ FAM. sprintar, sprinter.

squash (voz i.) m. Deporte que se practica entre dos jugadores dentro de un espacio cerrado, y que consiste en lanzar una pelota con una raqueta especial, haciéndola rebotar en la pared.

staff (voz i.) m. Conjunto de personas que, en torno y bajo el mando del director de una empresa o institución, coordina su actividad o le asesora en la dirección. ◆ pl. *staffs.*

stand (voz i.) m. En una feria industrial, literaria, etc., o en una exposición de ese tipo, caseta, puesto de venta. ◆ pl. *stands.*

standard (voz i.) adj. y m. Estándar. ‖ FAM. standarización, standardización, standarizado, standardizado, standarizar, standardizar.

stand by (voz i.) m. Crédito de disposición inmediata o de emergencia. ‖ Disposición inmediata para actuar o para ser utilizado.

standing (voz i.) m. Situación social y económica, especialmente si es alta. Nivel, categoría: *vivienda de alto standing.* ◆ pl. *standings.*

starter (voz i.) m. Mecanismo de un vehículo con motor de explosión que regula la entrada de aire al carburador. ◆ pl. *starters.*

statu quo loc. lat. Significa 'en el estado en que' y se usa como m., especialmente en la diplomacia, para designar el estado de cosas en un determinado momento: *el statu quo del país amenaza crisis.*

status (voz lat.) m. Estatus. ◆ No varía en pl.

step (voz i.) m. Gimnasia que se realiza al ritmo de la música y en la que se sube y baja repetidamente un escalón.

stick (voz i.) m. Bastón usado en algunos juegos de origen inglés, como el *hockey.* ◆ pl. *sticks.*

stock (voz i.) m. Conjunto de mercancías en depósito o reserva. Existencias. ◆ pl. *stocks.*

stop (voz i.) m. Señal de tráfico que indica la obligación de detener el vehículo en la intersección de ciertos cruces. ‖ Parada o alto en el camino. ‖ Cada una de las luces traseras de un automóvil que se encienden automáticamente al accionar el freno. ‖ Imperativo de cese de cualquier actividad. ‖ En el curso de un telegrama, punto. ◆ pl. *stops.*

store (voz fr.) m. Estor.

story board o **storyboard** (voz i.) m. Conjunto de viñetas o dibujos que esquematizan la secuencia de imágenes de un anuncio, una película, etc.

stress (voz i.) m. Estrés. ◆ No se usa en pl.

stretching (voz i.) m. Ejercicio físico que consiste en estirar los músculos.

strike (voz i.) m. En béisbol, lanzamiento correcto de la pelota que el bateador no puede devolver o devuelve de manera incorrecta. ◆ pl. *strikes.*

striptease (voz i.) m. Espectáculo en el que una persona se desnuda lenta y sugestivamente, con acompañamiento de música.

stripper (voz i.) com. Persona que se dedica profesionalmente al *striptease.*

su, sus adj. pos. com. sing. y pl. Apócope de *suyo, al suyos, as,* que siempre antecede a sustantivos: *su coche, sus libros.* ‖ pl. A veces tiene carácter indeterminado y equivale a 'aproximadamente': *distará sus dos kilómetros.*

suajili m. Lengua bantú de varios países de África oriental.

suasorio, ria adj. De la persuasión, relacionado con ella o propio para persuadir: *medidas suasorias.*

suave adj. Liso y agradable al tacto. ‖ Esponjoso. ‖ Dulce, agradable para los sentidos. ‖ Tranquilo, manso. ‖ FAM. suavemente, suavidad, suavizar.

suavidad f. Cualidad de suave.

suavizante adj. y m. Que suaviza.

suavizar tr. Hacer suave. También prnl. ‖ FAM. suavizador, suavizante.

sub- pref. que significa 'debajo', en sentido recto o figurado: *subterráneo,* o denota, en acepciones traslaticias, 'acción secundaria', 'inferioridad', 'atenuación' o 'disminución': *subalterno.* ◆ Puede tomar las formas *so-, son-* (o *som-* ante *b* o *p*), *sor-, sos-* o *su-.*

suba f. *amer.* Aumento de los precios, inflación.

subacetato m. En quím., acetato básico de plomo.

subacuático, ca adj. Que tiene lugar bajo el nivel del agua o se desarrolla allí.

subalterno, na adj. y s. Inferior, que está bajo las órdenes de otra persona. ‖ Se apl. al empleado de categoría inferior que realiza servicios que no requieren aptitudes técnicas. ‖ m. y f. Torero que forma parte de la cuadrilla de un matador. ‖ FAM. subalternar.

subarrendar tr. Dar o tomar en arriendo una cosa, no del dueño de ella ni de su administrador, sino de otro arrendatario de la misma. ◆ Irreg. Se conj. como *acertar.* ‖ FAM. subarrendador, subarrendamiento, subarrendatario, subarriendo.

subarriendo m. Acción y resultado de subarrendar. || Contrato por el cual se subarrienda una cosa. || Precio en que se subarrienda.

subasta f. Venta pública de bienes o alhajas que se hace al mejor postor. || Adjudicación de una contrata, generalmente de servicio público, que se hace de la misma forma. || **sacar a pública subasta** una cosa loc. Ofrecerla a quien haga proposiciones más ventajosas en las condiciones prefijadas. || FAM. subastar.

subastar tr. Vender efectos o contratar servicios, arriendos, etc., en pública subasta. || FAM. subastador, subastero.

subatómico, ca adj. De las partículas que componen el átomo o relativo a ellas.

subcampeonato m. Segundo puesto en una competición deportiva. || FAM. subcampeón.

subcelular adj. Que posee una estructura más elemental que la de la célula.

subclase f. Grupo taxonómico inferior a la clase y superior al orden.

subclavio, via adj. Situado debajo de la clavícula. || Se apl. a cada una de las dos arterias que parten, por la derecha, del tronco braquiocefálico y por la izquierda, del cayado de la aorta, y van hacia el hombro respectivo. || Se dice de cada una de las dos venas que van desde la clavícula hasta la vena cava superior.

subconjunto m. Conjunto de elementos que pertenecen a otro conjunto superior.

subconsciente adj. Que no llega a ser consciente. || m. Conjunto de procesos mentales que desarrollan una actividad independiente de la voluntad del individuo. || FAM. subconsciencia.

subcontinente m. Parte de un continente que por su extensión y características tiene entidad propia.

subcontratar tr. Contratar una empresa a otra para realizar parte de los servicios que la empresa ha contratado directamente. || FAM. subcontrata, subcontratación, subcontratista.

subcutáneo, a adj. Que está o que se produce inmediatamente debajo de la piel: *inyección subcutánea.*

subdelegado, da adj. y s. Se apl. a la persona que sirve inmediatamente a las órdenes del delegado o le sustituye en sus funciones. || FAM. subdelegación, subdelegar.

subdelegar tr. Trasladar o ceder el delegado su jurisdicción o potestad a otra persona.

subdesarrollado, da adj. Que sufre subdesarrollo: *país subdesarrollado.*

subdesarrollo m. Falta de desarrollo en cualquier área o actividad. || Situación del proceso de desarrollo de determinadas regiones geográficas, cuya economía se encuentra aún en una etapa preindustrial y sus fuerzas productivas poco aprovechadas. || FAM. subdesarrollado.

subdiácono m. Clérigo que tiene la primera de las órdenes mayores, cuyo principal ministerio era leer la epístola en la misa. || FAM. subdiaconado, subdiaconal, subdiaconato.

subdirección f. Cargo de subdirector. || Oficina del subdirector.

subdirector, ra m. y f. Persona que sirve inmediatamente a las órdenes del director o le sustituye en sus funciones. || FAM. subdirección.

subdistinguir tr. Establecer una distinción dentro de otra. || FAM. subdistinción.

súbdito, ta adj. Sujeto a la autoridad de un superior. También s. || m. y f. Natural o ciudadano de un país en cuanto sujeto a las autoridades políticas de este.

subdividir tr. y prnl. Dividir una parte señalada por una división anterior. || FAM. subdivisión.

subdivisión f. Hecho de dividir subdividir una parte señalada por una división anterior. || Cada una de las partes que se distinguen al subdividir.

subdominante f. En mús., cuarto grado de la escala diatónica.

subduplo, pla adj. En mat., se apl. al número que es mitad exacta de otro número.

subempleo m. Situación económica en que la mano de obra no está aprovechada en su totalidad. || Puesto de trabajo mal remunerado o de categoría inferior a la que correspondería a la persona que lo desempeña.

súber m. Corcho. || FAM. suberificación, suberificarse, suberina, suberosis, suberoso.

suberoso, sa adj. Parecido al corcho o con alguna de sus características.

subespecie f. Cada uno de los grupos en que se subdivide una especie.

subestación f. Conjunto de instalaciones de una red de suministro eléctrico, que se encarga de la distribución y transformación de energía eléctrica en una red. || Edificio o ubicación exterior donde se encuentran estas instalaciones.

subestimar tr. Estimar a alguna persona o cosa por debajo de su valor. || FAM. subestima.

subfamilia f. Categoría taxonómica inferior a la familia y superior al género.

subfusil m. Arma de fuego portátil que puede disparar a ráfagas o tiro a tiro.

subgénero m. Cada uno de los tipos en que se divide un género artístico. || Categoría taxonómica inferior al género y superior a la especie.

subgrupo m. Parte en que se divide un grupo.

subida f. Acción y resultado de subir. || Sitio o lugar en declive, que va subiendo.

subido, da adj. Se apl. al color o al olor muy fuerte o intenso. || Se usa como intensificador: *tener el guapo subido.*

subienda f. *amer.* Época en que los peces remontan el río.

subíndice m. Letra o número que coloca a la derecha y en la parte inferior de un símbolo matemático, químico, etc., para distinguirlo de otros semejantes.

subinspector, ra m. y f. Persona que sirve inmediatamente a las órdenes del inspector o le sustituye en sus funciones. || FAM. subinspección.

subintendente com. Persona que sirve inmediatamente a las órdenes del intendente o le sustituye en sus funciones. || FAM. subintendencia.

subir intr. Pasar de un sitio o lugar a otro superior o más alto. || Crecer en altura ciertas cosas. || Ascender en dignidad o empleo, prosperar económicamente. ‖ Aumentar, incrementar. ‖ Importar una cuenta. ‖ En mús., elevar el sonido de un instrumento o de la voz desde un tono grave a otro más agudo. También tr. ‖ Entrar en un vehículo o montar una caballería. También tr. y prnl. ‖ tr. Recorrer hacia arriba, remontar. ‖ Trasladar a un lugar más alto. También prnl. ‖ Hacer más alta una cosa, o irla aumentando hacia arriba. ‖ Levantar o enderezar. ‖ Dar a las cosas más precio, intensidad o estimación de la que tenían. También intr. ‖ prnl. Provocar aturdimiento o mareo una bebida alcohólica. ‖ FAM. suba, subida, subidero, subido, subienda.

súbito, ta adj. Improvisto, repentino: *muerte súbita.* ‖ Precipitado, impetuoso, violento: *arrebato súbito.* ‖ adv. m. De repente. ‖ **de súbito** loc. adv. De repente. ‖ FAM. súbitamente, subitáneo.

subjefe, fa m. y f. Persona que hace las veces de jefe y sirve a sus órdenes.

subjetividad f. Cualidad de subjetivo.

subjetivismo m. Predominio de lo subjetivo. ‖ Doctrina filosófica que limita la validez del conocimiento al sujeto que conoce. ‖ Actitud que defiende que la realidad es creada en la mente del individuo. ‖ FAM. subjetivista.

subjetivo, va adj. Del sujeto considerado en oposición al mundo externo, o relativo a él. ‖ De nuestro modo de pensar o de sentir, y no del objeto en sí mismo. ‖ Que pertenece al sujeto, en oposición con el término objetivo, que designa lo relativo al objeto. ‖ FAM. subjetividad, subjetivismo.

sub judice loc. adj. lat. En der., pendiente de resolución judicial. ‖ Se apl. a toda cuestión opinable, sujeta a discusión.

subjuntivo, va adj. y m. En gram., se apl. al modo verbal que expresa la acción del verbo con significación de duda, posibilidad o deseo.

sublevación f. Rebelión o motín contra la autoridad.

sublevar tr. y prnl. Alzar en rebelión o motín. ‖ Producir indignación, promover sentimientos de protesta. ‖ FAM. sublevación, sublevamiento.

sublimación f. Engrandecimiento, exaltación. ‖ En fís., paso directo del estado sólido al estado gaseoso.

sublimado m. En quím., sustancia obtenida por sublimación.

sublimar tr. Engrandecer, exaltar. ‖ En fís., pasar un cuerpo directamente del estado sólido al estado de vapor. También prnl. ‖ Transformar ciertos instintos o sentimientos inferiores o primarios en una actividad moral, intelectual y socialmente aceptada. También prnl. ‖ FAM. sublimable, sublimación, sublimado, sublimador, sublimatorio.

sublime adj. Excelente, admirable, lo más elevado en su género. ‖ FAM. sublimar, sublimemente, sublimidad, sublimizar.

sublimidad f. Excelencia, elevación.

subliminal adj. Se apl. a la percepción sensorial, emoción o sensación que el hombre percibe y experimenta sin tener conciencia de ello: *propaganda subliminal.*

submarinismo m. Conjunto de actividades de buceo que se realizan bajo la superficie del mar con fines científicos, deportivos, comerciales, etc. ‖ FAM. submarinista.

submarinista adj. Del submarinismo o relativo a esta actividad. ‖ adj. y com. Que practica el submarinismo.

submarino, na adj. De lo que se encuentra bajo la superficie del mar o relativo a ello. ‖ adj. y s. Miembro de un grupo político infiltrado en otra organización. ‖ m. Buque capaz de navegar en la superficie del mar o sumergido. ‖ col. Bocadillo hecho con una larga barra de pan. ‖ FAM. submarinismo.

submúltiplo, pla adj. y m. En mat., se apl. al número o cantidad contenido de modo exacto dos o más veces en otro número o cantidad.

submundo m. Ambiente o grupo social marginal en que se desarrollan actividades ilícitas.

subnormal adj. y com. Se apl. a la persona afectada de una deficiencia mental de carácter patológico. ‖ FAM. subnormalidad.

subnormalidad f. Deficiencia mental patológica.

suboficial com. Persona con categoría militar inferior a la de oficial y superior a la clase de tropa.

suborden m. Cada uno de los grupos taxonómicos inferiores a los órdenes y superiores a las familias.

subordinación f. Sujeción, dependencia. ‖ Relación gramatical de dependencia entre dos o más oraciones.

subordinado, da adj. y s. Se apl. a la persona que depende de otra. ‖ adj. y f. En gram., se apl. a la oración o elemento lingüístico regido por otro.

subordinante adj. Que subordina. ‖ adj. y m. En gram., se apl. al elemento lingüístico que introduce o rige una oración subordinada.

subordinar tr. Hacer depender o sujetar a dependencia. ‖ tr. y prnl. En gram., supeditar o hacer depender unos elementos gramaticales de otros. ‖ FAM. subordinación, subordinado, subordinante.

subrayar tr. Señalar un texto escrito con una raya por debajo. ‖ Pronunciar con énfasis y fuerza determinadas palabras. ‖ P. ext., Destacar o recalcar. ‖ FAM. subrayable, subrayado.

subreino m. Cada uno de los dos grupos taxonómicos en que se dividen los reinos animal y vegetal.

subrepticio, cia adj. Que se hace ocultamente o a escondidas. ‖ FAM. subrepticiamente.

subrogación f. En der., sustitución de una persona o cosa por otra.

subrogar tr. y prnl. En der., sustituir o poner una persona o cosa en lugar de otra: *una multinacional subrogó la deuda.* ‖ FAM. subrogación.

subsanable adj. Que puede ser subsanado.

subsanar tr. Reparar y resolver un error o resarcir un daño. ‖ FAM. subsanable, subsanación.

subscribir tr. y prnl. Suscribir. ◆ p. p. irreg.: *subscrito.* ‖ FAM. subscripción, subscriptor.

subsecretaría f. Empleo y cargo de subsecretario. ‖ Conjunto de servicios y funciones de un ministerio dirigidos por un subsecretario.

subsecretario, ria m. y f. Persona con cargo directamente inferior al secretario o que realiza sus funciones. || Jefe de un departamento ministerial, cuyo cargo es inmediatamente inferior al de secretario de Estado o al de ministro. || FAM. subsecretaría.

subsidiario, ria adj. Que concede o da en socorro de alguien. || Se apl. a la acción o responsabilidad que suple o refuerza otra principal. || Se dice de la empresa delegada de una multinacional en el extranjero. || FAM. subsidiariamente.

subsidio m. Ayuda o auxilio económico extraordinario concedido por un organismo oficial: *subsidio de invalidez, de desempleo*. || FAM. subsidiar, subsidiariedad, subsidiariedad, subsidiario.

subsiguiente adj. Que sigue inmediatamente a lo expresado o sobreentendido como consecuencia de ello. || FAM. subseguir.

subsistencia f. Permanencia, estabilidad o conservación. || Vida, mantenimiento o conjunto de medios necesarios para su sustento.

subsistir intr. Permanecer, mantenerse o conservarse. || Mantener o conservar la vida. || Existir una sustancia con todas las condiciones propias de su ser y de su naturaleza. || FAM. subsistencia, subsistente.

subsónico, ca adj. Que viaja a una velocidad inferior a la del sonido.

subsuelo m. Capa profunda del terreno situada por debajo de la superficie terrestre. || *amer.* Sótano.

subsumir tr. Incluir algo como componente en una síntesis o clasificación más abarcadora. || Considerar algo parte de un conjunto más amplio o caso particular sometido a un principio o norma general.

subte m. *amer.* Metropolitano, tren de circulación urbana subterránea.

subtender tr. En geom., unir una línea recta los extremos de un arco de curva o de una línea quebrada. ◆ **Irreg.** Se conj. como *entender*. Tiene doble p. p.: uno reg., *subtendido*, y otro irreg., *subtenso*. || FAM. subtensa.

subteniente com. Suboficial con graduación militar inferior a la de alférez y superior a la de brigada. || FAM. subtenencia.

subtensa f. En geom., cuerda de un arco.

subterfugio m. Excusa o pretexto artificioso que se usa para evadir un compromiso.

subterráneo, a adj. Que está debajo de tierra. || Oculto, clandestino. || m. Lugar, espacio o conducto que se realiza por debajo de la tierra. || *amer.* Metropolitano. || FAM. subte, subterráneamente.

subtipo m. Cada uno de los grupos con características propias en que se divide un tipo. || Cada uno de los grupos taxonómicos de animales y plantas que forman una categoría entre el tipo y la clase.

subtitulado, da adj. Con subtítulos, en especial las películas en versión original.

subtitular tr. Escribir o redactar subtítulos. || Añadir subtítulos a una película o filmación.

subtítulo m. Título secundario que se coloca tras el principal. || Letrero o sobreimpresión que aparece en la parte inferior de la proyección cinematográfica y que corresponde a la transcripción o traducción del texto de la versión original. || FAM. subtitulado, subtitular.

subtropical adj. Que se halla o se sitúa por debajo de los trópicos.

suburbano, na adj. Se apl. al lugar cercano a la ciudad. || Suburbial. || m. Tren que comunica los suburbios con la ciudad.

suburbial adj. Del suburbio o relativo a él.

suburbio m. Barrio del extrarradio de una ciudad que pertenece a su jurisdicción. || FAM. suburbano, suburbial.

subvalorar tr. y prnl. Conceder menor importancia o méritos de los que se poseen. || FAM. subvalorado.

subvención f. Ayuda económica, generalmente oficial, para costear o sostener el mantenimiento de una actividad. || FAM. subvencionar.

subvencionar tr. Favorecer o ayudar con una subvención.

subversión f. Inversión, desestabilización o revolución de lo establecido.

subversivo, va adj. Que intenta subvertir el orden social o moral establecido.

subvertir tr. Invertir, desestabilizar o destruir lo establecido. ◆ **Irreg.** Se conj. como *sentir*. || FAM. subversión, subversivo, subversor.

subyacente adj. Que subyace o se encuentra debajo de algo.

subyacer intr. Yacer o hallarse algo debajo de otra cosa. || Hallarse algo oculto tras otra cosa. ◆ **Irreg.** Se conj. como *yacer*. || FAM. subyacente.

subyugar tr. y prnl. Someter, sojuzgar o dominar poderosamente. || FAM. subyugable, subyugación, subyugador, subyugante.

succión f. Extracción de un líquido con los labios. || Extracción o absorción por otro medio.

succionar tr. Chupar, extraer algún líquido con los labios. || Absorber, aspirar. || FAM. succión.

sucedáneo, a adj. y m. Se apl. a la sustancia o elemento que puede reemplazar a otro por tener propiedades similares: *sucedáneo de chocolate*. || Se dice del sustituto de mala calidad.

suceder intr. Acontecer, ocurrir. ◆ Se usa solo en tercera persona: *¿qué sucede aquí?* || Continuar o seguir en el orden: *a marzo sucede abril*. || tr. Ocupar el lugar y funciones que tenía anteriormente otra persona. || Entrar como heredero o legatario en la posesión de los bienes de un difunto. || FAM. sucedáneo, sucedido, sucesión, sucesivo, suceso, sucesor, sucesorio.

sucedido m. *col.* Suceso.

sucesión f. Sustitución de una persona en su lugar o función: *sucesión a un trono*. || Prole, descendencia directa de un progenitor: *murió sin sucesión*. || Conjunto de bienes, derechos y obligaciones transmisibles a un heredero o legatario. || Serie continuada de elementos que se siguen en el tiempo: *sucesión de casualidades*. || En mat., conjunto ordenado de elementos que cumplen una ley.

sucesivo, va adj. Lo que sucede o se sigue a otra cosa: *sucesivas entregas*. || **en lo sucesivo** loc. adv. En el futuro. || FAM. sucesivamente.

suceso m. Lo que sucede cuando reviste cierta importancia. || Hecho desgraciado o delictivo.

sucesor, ra adj. y s. Que sucede a otro y ocupa su lugar y funciones como continuador.

sucesorio, ria adj. De la sucesión o relativo a ella: *línea sucesoria.*

suche¹ adj. *amer.* Agrio, duro, sin madurar. || m. *amer. desp.* Empleado de última categoría, subalterno. En Nicaragua, se usa en lenguaje poét. || *amer.* Cacalichuche.

suche² m. *amer.* Pez osteíctio siluriforme comestible del lago Titicaca y ríos afluentes, de unos 30 cm de longitud.

suciedad f. Mancha, impureza, falta de aseo. || Inmundicia, porquería. || Falta de ética o limpieza en la actuación.

sucinto, ta adj. Breve, conciso y preciso.

sucio, cia adj. Que tiene manchas o impurezas. || Que se ensucia fácilmente. || Que produce suciedad. || Se apl. a la persona que descuida su aseo personal. || Deshonesto, obsceno o poco ético. || adv. m. Sin observar reglas, haciendo trampas: *jugar sucio.* || FAM. suciamente, suciedad.

sucre m. Unidad monetaria de Ecuador hasta 2000.

súcubo adj. Se apl. al espíritu o al demonio con apariencia de mujer que tiene relaciones sexuales con un hombre.

suculento, ta adj. Sabroso, nutritivo o sustancioso. || FAM. suculentamente.

sucumbir intr. Ceder, rendirse, someterse. || Morir, perecer. || En der., perder el pleito.

sucursal adj. y f. Se apl. al establecimiento dependiente de un establecimiento central que desempeña sus mismas funciones. || FAM. sucursalismo.

sud- pref. que significa 'sur': *sudafricano, sudeste.*

sudaca adj. y com. *col.* y *desp.* Sudamericano.

sudación f. Exhalación abundante del sudor, en especial la provocada con fines terapéuticos.

sudadera f. *col.* Sudor copioso. || Prenda deportiva amplia y con mangas que cubre la parte superior del cuerpo.

sudafricano, na adj. y s. Del Sur del continente africano o relativo a esta zona. || De la República de Sudáfrica o relativo a esta nación africana.

sudamericano, na adj. y s. De América del Sur o relativo a este subcontinente americano. || FAM. sudaca.

sudanés, esa adj. y s. De Sudán o relativo a esta región y república africanas.

sudar intr. y tr. Exhalar o expulsar el sudor. || Destilar los árboles, plantas y frutos gotas de su jugo. || *col.* Trabajar o esforzarse para conseguir algo. || intr. Destilar agua a través de sus poros algunas cosas impregnadas de humedad. || tr. Empapar en sudor. || FAM. sudación, sudadera, sudadero, sudario, sudón.

sudario m. Lienzo en que se envuelve un cadáver o con el que se tapa su rostro.

sudeste m. Sureste. || FAM. sudsudeste, sursureste. ◆ Se escribe con mayúscula.

sudista adj. y com. En la guerra de Secesión de EE. UU., partidario de la Federación de Estados del Sur.

sudoeste m. Suroeste. ◆ Se escribe con mayúscula. || FAM. sudsudoeste, sursuroeste.

sudor m. Líquido transparente y salado que segregan las glándulas sudoríparas de la piel de los mamíferos. || Jugo que sudan las plantas. || Gotas que se destilan de las cosas que tienen humedad. || Trabajo, esfuerzo o fatiga. || m. pl. Sensación de angustia. || FAM. sudar, sudoración, sudoral, sudoriento, sudorífero, sudorífico, sudoríparo, sudoroso, sudoso.

sudoración f. Producción y exhalación de sudor.

sudoríparo, ra adj. y f. Se apl. a la glándula que segrega el sudor.

sudoroso, sa adj. Que suda o está lleno de sudor. || Propenso a sudar.

sueco, ca adj. y s. De Suecia o relativo a este país del norte de Europa. || m. Lengua germánica hablada por los suecos. || **sueco, ca (hacerse el o la)** loc. *col.* Desentenderse de algo o fingir que no se comprende.

suegro, gra m. y f. Padre o madre de un cónyuge respecto del otro. || **lo que ve la suegra** loc. *col.* Se apl. a la limpieza ligera que solo asea lo que está a la vista.

suela f. Parte del calzado que cubre la planta del pie y está en contacto con el suelo. || Cuero de vacuno curtido, particularmente el que se utiliza para hacer esta parte del calzado. || *col.* Filete de carne seco y duro. || *argot* Tableta o plancha de hachís. || **media suela** Pieza de cuero que cubre la suela desde la punta hasta su parte más estrecha. || **no llegarle** a uno **a la suela del zapato** loc. *col.* Ser muy inferior a él. || FAM. soleo, soletilla.

suelazo m. *amer.* Batacazo, caída.

sueldo m. Remuneración periódica asignada por el desempeño de un cargo o servicio profesional. || Moneda antigua, de distinto valor según los tiempos y países. || **a sueldo** loc. adv. Mediante retribución, aunque no sea fija: *matón a sueldo.*

suelo m. Superficie de la Tierra. || Terreno en que viven o pueden vivir las plantas. || Superficie artificial que se hace para que el piso esté sólido y llano. || Piso de un cuarto o vivienda. || Terreno edificable. || Territorio de una nación. || Base de un recipiente u otra cosa. || **suelo natal** La patria. || **arrastrarse por el suelo** loc. *col.* Humillarse, actuar con bajeza. || **por los suelos** loc. adv. Muy barato. || Abatido, en una situación lamentable. || FAM. suela, suelazo.

suelta f. Acción y resultado de soltar: *suelta de palomas.*

suelto, ta adj. Poco compacto. || Separado, que no forma conjunto. || Expedito, ágil. || Libre, desenvuelto. || Ancho, amplio. || Estilo o lenguaje de fácil lectura. || *col.* Que padece diarrea. || adj. y m. Se apl. al conjunto de monedas fraccionarias. || FAM. suelta, sueltamente.

sueño m. Acto de dormir. || Representación en la fantasía de sucesos e imágenes mientras se duerme. || Estos mismos sucesos o cosas representados. || Ganas de dormir. || Proyecto, deseo o esperanza sin probabilidad de realizarse. || **sueño dorado** Mayor anhelo de una persona. || **sueño eterno** La muerte. || **ni en sueños** loc. adv. *col.* Muy lejos de suceder o ser como se dice. || **quitar el sueño** a alguien loc. *col.* Preocuparle mucho. || FAM. somnífero, somnolencia, sonambulismo, soñar, soñera.

suero m. Parte acuosa de la sangre o linfa que permanece líquida tras su coagulación. || Parte líquida que se separa tras la coagulación de la leche. ‖ Solución de agua de sales que se inyecta en el organismo para evitar la deshidratación o como alimento. También se llama *suero fisiológico*. ‖ El extraído de un animal inmunizado que se utiliza como vacuna. ‖ FAM. serófilo, serología, seroso, seroterapia, sueroterapia.

suerte f. Encadenamiento de sucesos considerado fortuito o casual. ‖ Circunstancia favorable o adversa. ‖ Suerte favorable. ‖ Azar, casualidad. ‖ Estado, condición. ‖ Hechos venideros en la vida de alguien o de algo. ‖ Género o especie de una cosa. ‖ Manera o modo de hacer una cosa. ‖ Cada uno de los lances o tercios de la lidia. ‖ Parte de la tierra de labor separada de otra por sus lindes. ‖ *amer.* Billete de lotería. ‖ **caer** o **tocar en suerte** loc. Tocar en sorteo. ‖ **de suerte que** loc. conjunt. De manera que. ‖ FAM. sortear, sortilegio, suertudo.

suertudo, da adj. y s. *col.* Afortunado, que tiene buena suerte.

suéter m. Jersey. ◆ Se usa más en América.

suevo, va adj. y s. De un grupo de pueblos germánicos que ocupaban la región de Brandenburgo o relativo a ellos.

sufí adj. y com. Partidario o seguidor del sufismo. ◆ pl. *sufíes* o *sufís*.

suficiencia f. Capacidad, aptitud para la realización de algo. ‖ Presunción, engreimiento del que se cree superior.

suficiente adj. Bastante, adecuado para cubrir lo necesario. ‖ Presumido, engreído. ‖ m. Calificación equivalente al aprobado. ‖ FAM. suficiencia, suficientemente.

sufijación f. En gram., procedimiento de formación de palabras mediante el uso de sufijos.

sufijo, ja adj. y m. En gram., se apl. al afijo que va pospuesto. ‖ En gram., se dice del pronombre clítico, que se une al verbo y forma con él una sola palabra. ‖ FAM. sufijación.

sufismo m. Doctrina mística y ascética del islam surgida en torno al siglo VIII, y finalmente aceptada en torno a los siglos XI y XII. ‖ FAM. sufí.

suflé m. Plato hecho a base de claras de huevo batidas a punto de nieve, a las que se puedan añadir otros ingredientes. También adj.

sufragar tr. Costear, satisfacer. ‖ tr. e intr. *amer.* Votar a un candidato. ‖ FAM. sufragáneo, sufragante, sufragio.

sufragio m. Sistema electoral en que se eligen las personas que ocuparán los cargos públicos mediante votación. ‖ Voto. ‖ Ayuda, favor. ‖ **sufragio universal** Aquel en que tienen derecho a participar todos los ciudadanos mayores de edad y en plenas facultades. ‖ FAM. sufragismo.

sufragismo m. Movimiento feminista del siglo XIX que reclamaba el derecho al voto de las mujeres. ‖ FAM. sufragista.

sufragista adj. Del sufragismo o relativo a él. ‖ adj. y com. Partidario o seguidor del sufragismo.

sufrido, da adj. Que sufre o soporta con resignación. ‖ Se apl. al color que disimula lo sucio.

sufrimiento m. Dolor, padecimiento físico o moral. ‖ Paciencia, conformidad con que se sufre.

sufrir tr. e intr. Sentir un dolor físico o moral. ‖ Recibir con resignación un daño moral o físico. ‖ tr. Resistir, soportar. ‖ Someter a cierta prueba, cambio, fenómeno, etc.: *la Bolsa ha sufrido una baja de dos puntos.* ‖ FAM. sufrible, sufrido, sufridor, sufrimiento.

sugerencia f. Petición, insinuación o proposición de una idea.

sugerente adj. Que sugiere o insinúa.

sugerir tr. Insinuar o inspirar una idea a otra persona de manera sutil. ◆ **Irreg.** Se conj. como *sentir.* ‖ FAM. sugerencia, sugerente, sugeridor, sugestivo.

sugestión f. Dominio, control de la voluntad.

sugestionable adj. Que se puede sugestionar fácilmente.

sugestionar tr. Dominar la voluntad de una persona, haciendo que actúe o se comporte de una determinada manera. ‖ Fascinar, entusiasmar a alguien. ‖ prnl. Obsesionarse. ‖ FAM. sugestión, sugestionable, sugestionador.

sugestivo, va adj. Que sugiere. ‖ Que resulta atractivo o emocionante.

suiche o **suich** m. *amer.* Conmutador o interruptor de un aparato eléctrico. ◆ pl. *suiches.*

suicida adj. Del suicidio o relativo a él. ‖ Hecho arriesgado, imprudente o que daña a quien lo realiza. ‖ adj. y com. Se apl. a la persona que se suicida o lo intenta.

suicidarse prnl. Quitarse voluntariamente la vida.

suicidio m. Privación voluntaria de la vida. ‖ Conducta peligrosa o dañina para quien la realiza. ‖ FAM. suicida, suicidarse.

suido adj. y m. De los suidos o relativo a esta familia de mamíferos. ‖ m. pl. Familia de mamíferos artiodáctilos paquidermos de pequeño cuerpo rechoncho, con patas fuertes y delgadas, piel dura cubierta de cerdas y morro con caninos o colmillos prominentes, como el jabalí.

sui generis loc. adj. lat. Singular, excepcional o extraño en su género.

suite f. En mús., composición que contiene una serie de piezas, secciones breves o movimientos, de modo que puedan interpretarse seguidas en concierto. ‖ En los hoteles, conjunto de habitaciones comunicadas que forman una unidad de alojamiento.

suizo, za adj. y s. De Suiza o relativo a este país centroeuropeo. ‖ m. Bollo ovalado y esponjoso de masa de harina, huevo y azúcar.

sujeción f. Fijación o sustentación de algo. ‖ Lo que se usa para sujetar. ‖ Contención, dominación o dependencia.

sujetador, ra adj. y s. Que sujeta. ‖ m. Prenda femenina que sujeta y realza el pecho.

sujetapapeles m. Objeto de formas variadas, en especial de pinza, que se usa para sujetar papeles. ◆ No varía en pl.

sujetar tr. y prnl. Sostener o asir algo de modo que no se caiga o se mueva. ‖ Someter, dominar. ◆ Tiene dos p. p.: uno reg., *sujetado*, y otro irreg., *sujeto*. ‖ FAM. sujeción, sujetabuelos, sujetador, sujetalibros, sujetapapeles, sujeto.

sujeto, ta adj. Expuesto o propenso a una cosa: *documento sujeto a revisión.* ‖ m. Persona desconocida o que no se quiere nombrar. ‖ Asunto o materia de la que se habla o escribe. ‖ En gram., función oracional realizada fundamentalmente por un sintagma nominal que concuerda en número y persona con el verbo de la oración. ‖ Ser del cual se predica o anuncia alguna cosa. ‖ El espíritu humano considerado en oposición al mundo exterior. ‖ FAM. subjetivo.

sulfamida f. Nombre genérico de los derivados de la sulfonamida usados en el tratamiento de enfermedades infecciosas por amplia acción bacteriostática.

sulfatar tr. y prnl. Impregnar o bañar con un sulfato. ‖ prnl. Inutilizarse las pilas o baterías por acumulación de sulfato. ‖ FAM. sulfatación, sulfatado, sulfatador.

sulfato m. Sal de ácido sulfúrico resultante de la sustitución de átomos de hidrógeno por átomos de un radical mineral u orgánico. ‖ FAM. sulfatar, sulfito.

sulfhídrico, ca adj. En quím., de las combinaciones del azufre con el hidrógeno o relativo a ellas. ‖ En quím., se apl. a un ácido gaseoso incoloro, de fuerte olor, inflamable y tóxico.

sulfito m. Sal o éster derivado del ácido sulfuroso.

sulfonamida f. Sustancia química en cuya composición entran el azufre, el oxígeno y el nitrógeno, que forma el núcleo de la molécula en las sulfamidas. También se usa como sinónimo de *sulfamida.*

sulfurar tr. En quím., combinar un compuesto con azufre. ‖ tr. y prnl. Irritar, encolerizar. ‖ FAM. sulfuración, sulfurado.

sulfúreo, a adj. Del azufre, que lo contiene o está relacionado con él.

sulfúrico, ca adj. Sulfúreo. ‖ *amer.* Irascible, irritable. ‖ En quím., se apl. al ácido en forma de líquido cáustico compuesto de azufre, hidrógeno y oxígeno, de consistencia oleosa, incoloro e inodoro.

sulfuro m. Sal resultante de la combinación de azufre con un metal derivado del ácido sulfhídrico. ‖ FAM. solfatara, sulfato, sulfhídrico, sulfurar, sulfúreo, sulfúrico, sulfuroso.

sulfuroso, sa adj. Sulfúreo. ‖ En quím., se apl. al ácido en forma de líquido incoloro que resulta de la mezcla de anhídrido sulfuroso con agua.

sultán m. Título dado a los soberanos o gobernadores de países islámicos. ‖ Emperador de los turcos. ‖ FAM. sultana, sultanato, sultanía.

sultana f. Madre o mujer de un sultán. ‖ Embarcación principal que usaban los turcos en la guerra. ‖ Pasta o tortita de coco. ‖ *amer.* Infusión preparada con la película del café.

sultanato m. Dignidad de sultán. ‖ Territorio gobernado por un sultán. ‖ Tiempo que dura el gobierno de un sultán.

suma f. Operación matemática que resulta al reunir en una sola varias cantidades. ‖ Cantidad resultante de esta operación. ‖ Conjunto de muchas cosas, y sobre todo de dinero. ‖ Compendio, recopilación o resumen de las partes de una ciencia. ‖ **en suma** loc. adv. En resumen. ‖ FAM. semisuma.

sumaca f. Pequeña embarcación de dos palos usada para la navegación de cabotaje en Suramérica.

sumando m. En mat., en una suma, cada una de las cantidades que deben sumarse para obtener el total.

sumar tr. En mat., efectuar la operación de la suma. ‖ En mat., componer con varias cantidades un total. ‖ Reunir, añadir o incorporar. ‖ prnl. Agregarse, adherirse: *sumarse a una huelga.* ‖ FAM. suma, sumador, sumadora, sumando, sumo.

sumario, ria adj. Breve, sucinto. ‖ m. Resumen, compendio o suma. ‖ En der., conjunto de actuaciones encaminadas a preparar un juicio: *secreto de sumario.* ‖ FAM. sumarial, sumariamente, sumariar, sumarísimo.

sumarísimo, ma adj. En der., se apl. al juicio para el que la ley señala una tramitación muy breve, bien por la urgencia del caso o la gravedad del delito.

sumergible adj. Que se puede sumergir: *reloj sumergible.* ‖ m. Nave o buque que puede navegar bajo el agua.

sumergido, da adj. Clandestino, oculto: *economía sumergida.*

sumergir tr. y prnl. Introducir algo por completo en un medio líquido. ‖ Abstraerse, abismar de lleno. ‖ FAM. sumergible, sumergido, sumergimiento, sumersión.

sumerio, ria adj. y s. De Sumeria o relativo a este pueblo y antigua región mesopotámica. ‖ m. Lengua hablada por los sumerios.

sumidero m. Abertura, conducto o canal que sirve de desagüe. ‖ *amer.* Pozo negro.

sumido, da adj. *amer.* Enflaquecido, muy delgado.

sumiller com. En alta hostelería, persona encargada del servicio de vinos y licores. ‖ m. Jefe o superior en varias oficinas y ministerios de palacio.

suministrar tr. Proveer a alguien de aquello que necesita. ‖ FAM. suministrable, suministración, suministrador, suministro.

suministro m. Abastecimiento de lo que se considera necesario. ‖ Mercancías o productos de primera necesidad que se suministran.

sumir tr. y prnl. Hundir o meter bajo agua o tierra. ‖ Abatir, hundir, hacer caer en determinada situación o estado: *sumirse en la desesperación/en sus pensamientos.* ‖ FAM. sumergir, sumido.

sumisión f. Sometimiento, acatamiento o subordinación. ‖ En der., acto por el que uno se somete a otra jurisdicción, renunciando o perdiendo su domicilio y su fuero.

sumiso, sa adj. Obediente, dócil. ‖ Rendido, subyugado. ‖ FAM. sumisión.

súmmum (voz lat.) m. Lo máximo, lo sumo. ◆ No varía en pl.

sumo¹, ma adj. Supremo, que no tiene superior: *sumo sacerdote.* ‖ Muy grande, enorme: *suma relevancia.* ‖ **a lo sumo** loc. adv. A lo más, como mucho. ‖ loc. adv. Cuando más, si acaso. ‖ FAM. sumamente, sumario.

sumo² m. Modalidad de lucha tradicional japonesa que consiste en derribar al adversario o sacarlo de un círculo trazado en el suelo.

suncho m. Zuncho. || *amer.* Planta herbácea de la familia de las compuestas, de flores amarillas con largos pétalos colocados en forma de estrellas. || *amer.* Chilca.

suní o **sunita** adj. De los musulmanes ortodoxos, en oposición a los chiitas, o relativo a ellos. || adj. y com. Partidario o seguidor de esta rama del islam. ◆ pl. de la primera forma: *suníes* o *sunís*.

sunna f. Conjunto de los relatos de los hechos y enseñanzas de Mahoma. || Comportamiento ejemplar de los fieles del islam. || FAM. sunita, suní, sunnita, sunní.

sunní o **sunnita** adj. y com. Suní. ◆ pl. de la primera forma: *sunníes* o *sunnís*.

suntuario, ria adj. Del lujo o relativo a él.

suntuosidad f. Magnificencia, grandeza, lujo.

suntuoso, sa adj. Lujoso, magnífico, grandioso. || FAM. suntuario, suntuosidad.

supeditación f. Subordinación, dependencia o condicionamiento.

supeditar tr. Subordinar, condicionar una cosa al cumplimiento de otra. || prnl. Someterse o acomodarse a algo. || FAM. supeditación.

súper adj. *col.* Superior, muy bueno. || m. *col.* Supermercado. || f. Gasolina de calidad superior. || adv. m. *col.* Estupendamente, muy bien.

super- pref. que significa 'por encima de', 'grado sumo' o 'preeminencia': *superintendente, superestructura, superconductor.*

superable adj. Que se puede superar o vencer.

superabundancia f. Gran abundancia o exceso de ella. || FAM. superabundante, superabundar.

superación f. Hecho de exceder un límite. || Vencimiento de un obstáculo o dificultad. || Mejora de las propias cualidades o actividad.

superar tr. Aventajar, exceder, ser superior. || Rebasar un límite. || Vencer un obstáculo o dificultad. || prnl. Mejorar las propias cualidades o en cierta actividad. || FAM. superable, superación, superador, superávit.

superávit m. Diferencia favorable de los ingresos y los gastos, o del debe y el haber de una cuenta. || Exceso de lo que se considera beneficioso o necesario. ◆ pl. *superávits*.

superchería f. Engaño o fraude. || Creencia falsa, superstición. || FAM. superchero.

superciliar adj. Se apl. a la zona del hueso frontal situada por encima de las cejas: *arco superciliar.*

superclase f. Grupo de animales que forma una categoría de clasificación entre el subfilo y la clase.

superconductividad f. Propiedad de algunos metales y aleaciones metálicas de perder su resistencia eléctrica al ser enfriados hasta temperaturas próximas al cero absoluto. || FAM. superconducción, superconductor.

superconductor, ra adj. y m. Se apl. al metal que pierde su resistencia eléctrica al ser sometido a muy bajas temperaturas.

superdominante f. En mús., sexta nota de la escala diatónica.

superdotado, da adj. y s. Se apl. a la persona que posee cualidades, en especial intelectuales, que superan los límites normales.

superestrato m. En ling., influencia de una lengua invasora sobre la lengua del territorio invadido. || En ling., cada uno de los rasgos legados por la lengua invasora.

superestructura f. Parte de una construcción que está por encima del nivel del suelo. || Conjunto de los órganos e instituciones de una sociedad que responden a estructuras políticas, jurídicas e ideológicas.

superferolítico, ca adj. *col.* Sutil, excesivamente delicado.

superficial adj. De la superficie o relativo a ella. || Que permanece o está en la superficie. || Basado en las apariencias, frívolo y sin fundamento. || FAM. superficialidad, superficialmente.

superficie f. Parte externa de un cuerpo que sirve de delimitación con el exterior. || Aspecto externo, apariencia. || Extensión de tierra. || En geom., extensión en que solo se consideran dos dimensiones, altura y anchura. || **gran superficie** Establecimiento o centro comercial de grandes dimensiones y amplia oferta. || FAM. superficial.

superfluo, flua adj. Innecesario, sobrante. || FAM. superfluamente, superfluidad.

superhombre m. Hombre de cualidades extraordinarias. || En la filosofía de Nietzsche, ideal superior de hombre hacia el que debe evolucionar la humanidad.

superíndice m. Letra, número o signo de cuerpo menor que se coloca en el extremo superior derecho de una palabra con indicación de elevación a potencia u otro dato.

superintendente com. Persona a cuyo cargo está la dirección y cuidado de una actividad de la que es responsable. || FAM. superintendencia.

superior adj. Que está más alto o situado en una zona alta. || Que excede a otras cosas en calidad o cantidad. || Excelente, muy bueno. || Se apl. al ser vivo de organización más compleja o evolucionada. || adj. y com. Se dice de la persona que tiene autoridad sobre otra. || FAM. superioridad, superiormente.

superior, ra m. y f. Persona que gobierna o dirige una comunidad religiosa: *madre superiora*. || FAM. superiorato.

superioridad f. Preeminencia o ventaja. || Persona o conjunto de personas de autoridad superior.

superlativo, va adj. Muy grande o de alto grado en su género. || adj. y m. En gram., se apl. al grado de significación máxima del adjetivo. || **superlativo absoluto** El que expresa el grado máximo de significación: *el superlativo absoluto de «bueno» es «óptimo»*. || **superlativo relativo** El que expresa el grado máximo de significación en relación con otros elementos de un conjunto: *es el más guapo de los que conozco*. || FAM. superlación, superlativamente.

supermercado m. Establecimiento comercial de todo tipo de artículos, en especial de alimentación, con sistema de autoservicio.

supernova f. Estrella en explosión que libera una gran cantidad de energía y se hace visible nítidamente en el espacio.

supernumerario, ria adj. Que excede o está fuera del número señalado o establecido. || adj. y s. Se apl.

al empleado que trabaja en una oficina pública sin figurar en la plantilla. ‖ Se dice del militar en situación análoga a la de excedencia.

superpoblación f. Exceso de población. ‖ FAM. superpoblado, superpoblar.

superpoblado, da adj. Excesivamente poblado.

superponer tr. Sobreponer, colocar o añadir una cosa sobre otra. ‖ Anteponer una cosa a otra, darle mayor importancia. ◆ **Irreg.** Se conj. como *poner*. p. p. irreg.: *superpuesto.* ‖ FAM. superponible, superposición.

superposición f. Colocación de una cosa sobre otra.

superproducción f. Exceso de producción o producción de cantidades superiores a la demanda del mercado. ‖ Obra cinematográfica o teatral de gran espectacularidad y elevados presupuestos.

superrealismo m. Surrealismo. ‖ FAM. superrealista.

supersónico, ca adj. De velocidad superior a la del sonido.

superstición f. Propensión a la interpretación no racional de los acontecimientos y creencia en su carácter sobrenatural, arcano o sagrado. ‖ FAM. supersticiosamente, supersticioso.

supersticioso, sa adj. De la superstición o relativo a ella. ‖ adj. y s. Que cree en supersticiones o las sigue.

supervalorar tr. y prnl. Conceder a algo más valor del que realmente tienen. ‖ FAM. supervaloración.

superventas m. Libro o disco con gran éxito de ventas. ◆ La segunda forma no varía en pl.

supervisar tr. Inspeccionar un superior un trabajo o actividad. ‖ FAM. supervisión, supervisor.

supervisión f. Inspección de un trabajo o actividad por un superior.

supervisor, ra adj. y s. Que supervisa un trabajo o actividad.

supervivencia f. Prolongación o continuación de la existencia. ‖ FAM. superviviente, supervivir.

superviviente adj. y com. Que sobrevive.

supinación f. Posición de una persona tendida sobre la espalda, o la de la mano con la palma hacia arriba. ‖ Movimiento del antebrazo que permite girar la mano para presentar la palma.

supinador adj. y m. Se apl. al músculo del brazo que permite la supinación.

supino, na adj. Tendido sobre la espalda. ‖ De la supinación o relativo a ella. ‖ Cualidad negativa en grado máximo: *ignorancia supina.* ‖ m. En gram., en las lenguas indoeuropeas, forma nominal del verbo latino y rumano. ‖ FAM. supinación, supinador.

suplantación f. Sustitución ilegal de una persona para obtener algún beneficio.

suplantar tr. Sustituir ilegalmente a una persona u ocupar su lugar para obtener algún beneficio. ‖ Sustituir, reemplazar. ‖ FAM. suplantable, suplantación, suplantador.

suplementario, ria adj. Que sirve para suplir o complementar una cosa.

suplemento m. Lo que suple, amplía o complementa a otra cosa. ‖ Hoja o publicación independiente del número ordinario que se vende junto con un periódico o revista. ‖ En gram., en la escuela funcionalista, complemento preposicional regido por el verbo. ‖ En geom., ángulo que falta a otro para componer dos rectos o 180°. ‖ FAM. suplementario.

suplencia f. Sustitución de una persona en sus funciones y tiempo que dura.

suplente adj. y com. Que suple a otra persona en sus funciones.

supletorio, ria adj. y m. Que suple una falta o complementa a otra cosa. ‖ Se apl. al aparato telefónico conectado a otro aparato principal.

súplica f. Ruego o petición humilde y sumisa. ‖ Documento con que se suplica o ruega alguna cosa. ‖ En der., cláusula final de un escrito dirigido a la autoridad administrativa o judicial en solicitud de una resolución.

suplicante adj. y com. Que suplica.

suplicar tr. Rogar, pedir algo con humildad y sumisión. ‖ En der., recurrir ante el tribunal superior contra un auto o sentencia de vista dictado por él mismo. ‖ FAM. súplica, suplicación, suplicante, suplicatoria, suplicatorio, suplicio.

suplicatorio, ria adj. Que contiene súplica. ‖ m. En der., instancia que un juez o tribunal eleva a un cuerpo legislativo, pidiendo permiso para proceder en justicia contra algún miembro de ese cuerpo. ‖ En der., escrito dirigido a un tribunal superior por uno de grado inferior para que realice las diligencias que exceden su competencia.

suplicio m. Castigo físico o pena de muerte. ‖ Gran sufrimiento físico o moral. ‖ Persona o cosa muy molesta.

suplir tr. Completar algo o remediar sus carencias. ‖ Reemplazar, sustituir a algo o a alguien en sus funciones. ‖ En gram., dar por supuesto lo implícito pero no expreso en la oración o frase. ‖ FAM. suplemento, suplencia, suplente, supletorio, suplido.

suponer[1] m. col. Suposición, conjetura: *no estoy segura, es solo un suponer.*

suponer[2] tr. Considerar o conjeturar algo como cierto o existente. ‖ Traer consigo, implicar. ‖ Tener importancia o valor para alguien. ◆ **Irreg.** Se conj. como *poner*. p. p. irreg.: *supuesto.* ‖ FAM. suponer, suposición, supositorio, supuesto.

suposición f. Consideración o deducción de algo como cierto. ‖ Lo que se supone o da por cierto. ‖ Acepción de un término en lugar de otro.

supositorio m. Preparación farmacéutica sólida de forma cilíndrica o cónica, que se introduce en el recto o en la vagina.

suprarrenal adj. Situado encima de los riñones.

supremacía f. Superioridad, preeminencia. ‖ Grado o categoría superior.

suprema[1] f. Pechuga de pollo o de otras aves cocinada con salsa besamel.

supremo, ma[2] adj. Superior en su clase. ‖ Se apl. al tiempo último y más importante. ‖ m. Tribunal Supremo. ‖ FAM. supremacía, supremamente, suprema.

supresión f. Eliminación, desaparición.

suprimir tr. Eliminar, hacer desaparecer. ‖ Omitir, callar, pasar por alto. ‖ FAM. supresión, supresor.

supuesto, ta adj. Hipotético o no comprobado: *el supuesto estafador fue detenido.* ‖ m. Suposición, hipótesis. ‖ **por supuesto** loc. adv. Ciertamente, sin duda.

supuración f. Producción o expulsión de pus.

supurar intr. Producir o expulsar pus. ‖ FAM. supuración, supurante, supurativo.

suquet m. Plato de pescado que se sirve en cazuela con caldo o salsa.

sur m. Punto cardinal del horizonte opuesto al Norte. ◆ Se escribe con mayúscula. ‖ Lugar de la Tierra o de la esfera celeste que cae del lado del polo antártico. ‖ Viento que sopla de este punto. ‖ FAM. sudeste, sudista, sudoeste, sureño, sureste, suroeste.

sura m. Cada uno de los capítulos en que se divide el Corán.

surafricano, na adj. y s. Sudafricano.

suramericano, na adj. y s. Sudamericano.

surcar tr. Hacer surcos en la tierra al ararla. ‖ Marcar o formar rayas en alguna cosa. ‖ Trasladarse por un fluido, como el agua o el aire, rompiéndolo o cortándolo. ‖ FAM. surcador.

surco m. Hendidura que se hace en la tierra con el arado. ‖ Señal o hendidura que una cosa deja sobre otra. ‖ Arruga profunda sobre el rostro o el cuerpo. ‖ Hendidura o ranura de un disco en que se graba el sonido y por donde pasa la aguja para reproducirlo. ‖ *amer.* Caballón. ‖ FAM. surcar.

surcoreano, na adj. y s. De Corea del Sur o relativo a este país asiático.

sureño, ña adj. Del sur o relativo a él. ‖ adj. y s. Que está situado o procede del sur de un territorio.

sureste m. Punto del horizonte entre el Sur y el Este. ‖ Viento que sopla de esta parte. ◆ Se escribe con mayúscula.

surf m. Deporte náutico que consiste en mantener el equilibrio sobre la cresta de las olas con una tabla especial. ‖ FAM. surfer, surfero, surfing, surfista.

surfero, ra adj. Del surf o *windsurf* o relativo a estos deportes.

surfing (voz i.) m. Surf.

surfista adj. y com. Se apl. al deportista que practica el surf o el *windsurf.*

surgidero m. Lugar donde fondean las naves.

surgimiento m. Aparición o manifestación de un fenómeno.

surgir intr. Manifestarse, aparecer. ‖ Brotar el agua. ‖ FAM. surgente, surgidero, surgimiento.

suricata f. Pequeño mamífero carnívoro africano de pelo grisáceo con bandas oscuras en el lomo, que se alimenta de insectos, reptiles y vegetales.

suroeste m. Punto del horizonte entre el Sur y el Oeste. ‖ Viento que sopla de esta parte. ◆ Se escribe con mayúscula.

surrealismo m. Movimiento artístico que intenta buscar y representar una creación y realidad subconsciente, onírica, imaginaria e irracional más allá de la realidad física. ‖ FAM. surrealista.

surrealista adj. Del surrealismo o relativo a este movimiento artístico. ‖ *col.* Absurdo, sin sentido. ‖ adj. y com. Partidario o seguidor del surrealismo.

sursuncorda m. *col.* Personaje anónimo imaginario de gran importancia y autoridad.

surtidero m. Canal por donde desaguan los estanques. ‖ Surtidor de agua.

surtido, da adj. y s. Se apl. al artículo de comercio que mezcla diversas clases de mismo género: *galletas surtidas.* ‖ m. Conjunto de cosas distintas dentro de una misma gama: *surtido de alfombras.*

surtidor, ra adj. y s. Que surte o provee. ‖ m. Chorro de agua que brota o sale hacia arriba. ‖ En una gasolinera, bomba para extraer el combustible de un depósito subterráneo y repostar.

surtir tr. y prnl. Abastecer, proveer a alguien de algo que necesita. ‖ intr. Brotar o manar el agua hacia arriba. ‖ FAM. surtidero, surtido, surtidor.

susceptibilidad f. Calidad de susceptible.

susceptible adj. Capaz de recibir el efecto o acción que se indica. ◆ Se usa seguido de la prep. *de* y sustantivo: *este proyecto es susceptible de mejora.* ‖ Se apl. a la persona quisquillosa, que se ofende fácilmente. ‖ FAM. susceptibilidad.

suscitar tr. Causar, promover o provocar. ‖ FAM. suscitación.

suscribir tr. Firmar al pie o al final de un escrito. ‖ Convenir, estar de acuerdo con la decisión u opinión de otra persona. ‖ tr. y prnl. Abonarse para recibir una publicación periódica. ‖ prnl. Comprometerse a contribuir a una sociedad, obra o entidad con determinados pagos. ◆ p. p. irreg.: *suscrito.* ‖ FAM. suscripción, suscriptor, suscrito, suscritor.

suscripción f. Contribución a una sociedad o entidad. ‖ Abono a una publicación periódica.

suscriptor, ra m. y f. Persona que realiza una suscripción.

suscritor, ra m. y f. Suscriptor.

susodicho, cha adj. y s. Mencionado o dicho anteriormente.

suspender tr. Levantar, colgar una cosa en algo o en el aire. ‖ Detener, diferir. También prnl. ‖ Causar admiración, maravillar. ‖ Privar temporalmente a uno del sueldo o empleo. ‖ No dar a alguien la puntuación necesaria para pasar un examen. También intr. ◆ Tiene doble p. p.: uno reg., *suspendido,* y otro irreg., *suspenso.* ‖ FAM. suspendedor, suspense, suspensión, suspensivo, suspenso, suspensor, suspensión.

suspense m. Emoción, vivo interés e incertidumbre ante la detención de la acción dramática o la inseguridad de lo que puede suceder. ‖ Género literario y cinematográfico que pretende producir dicho estado en el lector o espectador.

suspensión f. Detenimiento o interrupción de una acción. ‖ Conjunto de piezas y mecanismos destinados a hacer elástico el apoyo de la carrocería de los vehículos sobre los ejes de las ruedas. ‖ En quím., estado de un cuerpo cuyas partículas se mezclan con un fluido sin lograr la disolución. ‖ En mús., prolongación de una nota que forma parte de un acorde, sobre el siguiente, produciendo disonancia. || Figura que consiste en diferir la declaración del concepto. || **en suspensión** loc. adj. y adv. Indica el estado de partículas o cuerpos que se mantienen durante tiempo más o menos largo en el seno de un fluido: *polen en suspensión.*

suspenso, sa adj. Admirado, perplejo. || adj. y s. Se apl. al alumno que ha sido suspendido en un examen. || m. Calificación académica que indica que se ha suspendido un examen. || *amer.* Suspense.

suspensor m. *amer.* Tirante. || *amer.* Suspensorio.

suspensorio, ria adj. Que sirve para suspender o levantar en alto. || m. Vendaje o protección que sirve para sostener un miembro, en especial el escroto.

suspicacia f. Inclinación al recelo y la sospecha. || Idea formada por esta inclinación.

suspicaz adj. Receloso, inclinado a la sospecha y la desconfianza. || FAM. suspicacia, suspicazmente.

suspirar intr. Dar suspiros. || **suspirar por** algo o **por** alguien loc. Desearlo intensamente. || FAM. suspirado, suspirante.

suspiro m. Aspiración profunda y prolongada seguida de una espiración para expresar tristeza, alivio o deseo. || *col.* Brevísimo espacio de tiempo. || *col.* Persona muy delgada. || Dulce de harina, azúcar y huevo. || En mús., pausa breve y signo que la representa. || *amer.* Trinitaria. || *amer.* Nombre genérico de varias especies de enredaderas convolvuláceas de hojas alternas y flores de varios colores. || **último suspiro** El de una persona al morir y, en general, fin y remate de cualquier cosa. || FAM. suspirar.

sustancia f. Esencia, lo que permanece de un ser más allá de sus estados. || Elementos nutritivos de los alimentos. || Parte más importante de una cosa, en la que reside su interés. || Valor y estimación de las cosas. || Juicio, madurez. || Entidad a la que por su naturaleza compete existir en sí y no en otra por inherencia. || FAM. sustancial, sustanciar, sustancioso, sustantivo.

sustancial adj. De la sustancia o relativo a ella. || Esencial, fundamental o de gran relevancia. || Sustancioso. || FAM. sustancialmente.

sustanciar tr. Compendiar, extractar. || En der., tramitar un asunto o juicio por la vía procesal adecuada hasta dejarlo listo para sentencia. || FAM. sustanciación.

sustancioso, sa adj. De gran valor, profundidad o importancia. || Alimenticio, nutritivo: *caldo sustancioso.*

sustantivación f. En gram., adopción del valor y función de sustantivo por una palabra, sintagma u oración.

sustantivar tr. y prnl. En gram., dar a una palabra, sintagma u oración valor y función de sustantivo. || FAM. sustantivación.

sustantivo, va adj. Que tiene existencia real, independiente, individual. || Esencial, de gran importancia. || En gram., del sustantivo o de los elementos gramaticales que desempeñan su función. || m. En gram., parte de la oración con morfemas de género y número y cuya función es ser núcleo del sintagma nominal. || FAM. sustantivar, sustantividad.

sustentable adj. Que se puede sustentar razonadamente.

sustentar tr. Sostener un cuerpo a otro. || Defender, mantener una opinión o teoría. || tr. y prnl. Alimentar, proporcionar lo necesario para vivir. || Basar o fundamentar una cosa en otra. || FAM. sustentable, sustentación, sustentáculo, sustentador, sustentamiento, sustentante, sustento.

sustento m. Alimento y mantenimiento de lo necesario para vivir. || Sostén o apoyo.

sustitución f. Reemplazo o cambio por una persona o cosa que cumpla la misma función. || En der., nombramiento de heredero o legatario que se hace en reemplazo de otro.

sustituible adj. Susceptible de ser sustituido.

sustituir tr. Colocar a una persona o cosa en lugar de otra para la que reemplace. ◆ **Irreg.** Se conj. como *huir.* Tiene doble p. p.: uno reg., *sustituido,* y otro irreg., *sustituto.* || FAM. sustitución, sustituible, sustituidor, sustitutivo, sustituto.

sustitutivo, va adj. y m. Lo que puede reemplazar a otra cosa.

sustituto, ta m. y f. Persona que reemplaza a otra y desempeña sus funciones. También adj. || En der., heredero o legatario designado para cuando falta la sucesión del nombrado con prioridad a él.

susto m. Impresión repentina causada por sorpresa o miedo. || *amer.* Fuerte crisis nerviosa.

sustracción f. Robo, hurto. || En mat., resta, operación que halla la diferencia entre dos cantidades.

sustraendo m. En mat., en una resta, cantidad que debe restarse de otra.

sustraer tr. Hurtar, robar. || En mat., restar, hallar la diferencia entre dos cantidades. || prnl. Desentenderse de una obligación o un compromiso. ◆ **Irreg.** Se conj. como *traer.* || FAM. sustracción, sustraendo.

sustrato m. Sustancia, ser de las cosas. || Terreno o capa de terreno que queda debajo de otra. || En ling., influencia de la lengua de un territorio sobre otra lengua que se asienta en él. || En ling., cada uno de los rasgos legados por la lengua invasora. || Parte o aspecto interior de algo que aflora a la superficie. || Baño aplicado al soporte para permitir la adherencia entre la capa sensible a la luz y el vidrio o las materias plásticas.

susurrar intr. Hablar en voz muy baja. También tr. || Moverse produciendo un ruido suave. || FAM. susurrador, susurrante, susurro.

susurro m. Ruido suave que se produce al hablar en voz baja. || Ruido suave que producen naturalmente otros elementos.

sutil adj. Fino, delicado, tenue. || Agudo, perspicaz, ingenioso. || FAM. sutileza, sutilidad, sutilizar, sutilmente.

sutileza o **sutilidad** f. Finura, tenuidad. || Agudeza, perspicacia e ingenio.

sutura f. Costura con que se unen los dos bordes de una herida. || Línea sinuosa y aserrada que forma la unión de ciertos huesos del cráneo. || Línea de unión de dos márgenes adyacentes en las plantas. || FAM. suturar.

suturar tr. Coser una herida.

suyo, a, os, as adj. y pron. pos. Indica la relación de pertenencia entre lo poseído y un poseedor de tercera persona del singular: *vino a visitarle una prima suya.* ◆ Cuando acompaña a un sustantivo, se usa pospuesto a este: *fue elección suya.* ‖ **la suya** Deseo o intención de la persona de la que se habla: *se ha salido con la suya.* ‖ **los suyos** Las personas más cercanas a otra por parentesco o amistad. ‖ **de las suyas** loc. *col.* Modo característico de actuar de una persona, en especial si tiene connotaciones negativas: *ya ha hecho otra de las suyas.* ‖ **lo suyo** loc. *col.* Lo más característico o propio de una persona: *lo suyo son las matemáticas.* ‖ loc. *col.* Dificultad, mérito o importancia de algo: *conseguir esa beca tiene lo suyo.* ‖ **salirse** alguien **con la suya** loc. Conseguir lo que se proponía a pesar de las dificultades. ‖ FAM. su.

swahili m. Suajili.

swing (voz i.) m. Estilo de *jazz* de ritmo vivo tocado por orquestas con gran improvisación. ‖ Tensión rítmica y melódica propia de la música de *jazz.* ‖ Movimiento oscilatorio del jugador del golf al ir a golpear la pelota. ‖ En boxeo, gancho. ◆ pl. *swings.*

switch (voz i.) m. *amer.* Conmutador o interruptor de un aparato eléctrico. ‖ En inform., dispositivo interno de un ordenador con dos o más posiciones, que bifurca las posibilidades de selección de una variable. ‖ FAM. switchear.

t

t f. Vigesimoprimera letra del alfabeto español y decimoséptima de sus consonantes. Fonéticamente representa un sonido de articulación dental, oclusiva y sorda. Su nombre es *te.* ◆ pl. *tes.*

taba f. Astrágalo, hueso del pie. || Juego en que se tira al aire una taba de carnero o un objeto de esta forma, cuyo resultado depende del lado del que caiga.

tabacalero, ra adj. Del cultivo o la industria del tabaco o relativo a esta actividad. || adj. y s. Que cultiva, fabrica o vende tabaco.

tabaco m. Planta solanácea originaria de las Antillas que llega a alcanzar 2 m de altura, de tallo velloso, grandes hojas lanceoladas y flores de color rojo o amarillo. || Hoja de esta planta secada y curada para elaborar cigarrillos o cigarros y ser mascada o aspirada. || Productos elaborados con las hojas de dicha planta. || Enfermedad de algunos árboles que descompone la parte interior del tronco. || FAM. tabacal, tabacalero, tabacoso, tabaquera, tabaquería, tabaquero, tabaquismo, tabaquista.

tabalear tr. y prnl. Mecer, balancear de una parte a otra. || intr. Golpear con los dedos en una superficie imitando el toque del tambor. || FAM. tabaleo.

tabanco m. *amer.* Desván, buhardilla.

tábano m. Nombre común de diversas especies de insectos dípteros que miden entre 20 y 25 mm de longitud, de boca chupadora, cuyas hembras se alimentan de la sangre de las caballerías. || Persona pesada o molesta. || FAM. tabanera.

tabanque m. Rueda de madera del torno que mueven con el pie los alfareros para hacerlo girar.

tabaquera f. Caja o estuche para guardar tabaco. || Cazoleta de la pipa.

tabaquería f. Establecimiento en que se vende tabaco. || *amer.* Fábrica de tabaco.

tabaquero, ra adj. Del tabaco o relativo a él. || m. y f. Persona que trabaja el tabaco o lo vende.

tabaquismo m. Adicción al tabaco. || Intoxicación crónica producida por el tabaco.

tabardillo m. *col.* Insolación. || *col.* Persona alocada, inquieta y molesta.

tabardo m. Prenda de abrigo ancha y larga, de paño tosco. || Especie de abrigo sin mangas. || Chaquetón del uniforme de invierno de los soldados. || FAM. tabardillo.

tabarra f. Lo que resulta molesto y pesado por su insistencia. || Molestia, pesadez.

tabasco m. Ají cuyo fruto es una guindilla roja muy picante. || Salsa que se prepara con este fruto.

taberna f. Establecimiento público popular donde se sirven bebidas y comidas. || FAM. tabernario, tabernero.

tabernáculo m. Lugar en los que los hebreos guardaron el Arca de la Alianza. || Sagrario donde se guarda el copón con las hostias consagradas. || Tienda en que habitaban los antiguos hebreos.

tabernario, ria adj. Propio de la taberna o de las personas que la frecuentan. || Bajo, grosero: *ambientes tabernarios.*

tabernero, ra m. y f. Propietario o encargado de una taberna.

tabicar tr. Cerrar un vano, puerta o ventana con un tabique. || tr. y prnl. Cerrar, tapar u obstruir.

tabique m. Pared delgada con que se dividen las distintas dependencias de un edificio. || Tejido que separa de manera completa o incompleta dos cavidades: *tabique nasal.* || *amer.* Ladrillo que tiene caras cuadrangulares planas. || FAM. tabicar.

tabla f. Pieza de madera más larga que ancha y de poco grueso. || Pieza plana y de poco espesor de alguna otra materia. || Cara más ancha de un madero u otra cosa semejante. || Doble pliegue ancho y plano de una tela o prenda que deja un exterior liso entre los dobleces. || Índice alfabético o temático de las materias de un libro. || Lista o catálogo: *tabla de precios.* || Cuadro de números, símbolos, etc., dispuestos de forma adecuada para realizar cálculos, comprobar su clasificación, etc.: *tabla de multiplicar.* || En inform., conjunto de informaciones almacenadas de manera sucesiva, en el que se puede identificar cada una de ellas por su posición relativa. || Plancha sobre la que se practican diferentes deportes: *tabla de surf.* || Plancha redondeada y agujereada que se coloca como asiento sobre el inodoro. || Faja de tierra de labor. || Cada uno de los cuadros de tierra que resultan al dividir un campo de labor. || Parte más ancha de un río, por donde las aguas corren con suavidad. || Pintura realizada sobre tabla: *tabla flamenca.* || pl. Estado, en el juego de damas o en el de ajedrez, en el que ninguno de los jugadores puede ganar la partida. || Empate. || El escenario del teatro. || Soltura en cualquier actuación ante el público. || Barrera o valla que rodea la arena del ruedo taurino. || Tercio del ruedo taurino inmediato a la barrera. || **tabla**

de lavar La que tiene sus dos caras llenas de ranuras para restregar y enjabonar la ropa. ‖ **tabla de planchar** La que está provista de patas para planchar la ropa. ‖ FAM. tablada, tablado, tablajería, tablajero, tablao, tablazón, tablear, tablero, tableta, tabletear, tablilla, tablón, tabloncillo, tabular.

tablada f. *amer.* Lugar en las afueras de una población, cercano al matadero, donde se reconoce el ganado.

tablado m. Suelo formado de tablas unidas. ‖ Armazón o entarimado de tablas levantado sobre el suelo. ‖ Pavimento del escenario de un teatro. ‖ Escenario.

tablao m. Tablado o escenario usado para espectáculos flamencos. ‖ Local dedicado a este tipo de espectáculos.

tablazón f. Conjunto de tablas. ‖ Conjunto de las tablas con que se hacen las cubiertas de las embarcaciones.

tablear tr. Dividir un madero en tablas. ‖ Hacer tablas en una tela. ‖ Dividir en tablas el terreno de una huerta. ‖ *amer.* Dar forma plana a los trozos de masa para hacer pan. ‖ FAM. tableado.

tablero m. Tabla o conjunto de tablas unidas. ‖ Tabla de una materia rígida. ‖ Tabla cuadrada dividida en cuadros alternos o con símbolos y figuras para variados juegos de mesa: *tablero de ajedrez, de parchís.* ‖ Panel con alguna información o sobre el que se anotan ciertos datos. ‖ Encerado o pizarra en las escuelas. ‖ Cuadro al que está sujeta la canasta en baloncesto. ‖ Superficie en que se concentran los controles e indicadores de mandos de un sistema o automóvil.

tableta f. Porción de chocolate o turrón. ‖ Pastilla medicinal. ‖ Pequeña porción de madera cortada por la sierra. ‖ *amer.* Pastelillo compuesto de dos obleas o capas de masa unidas por dulce de miel de caña. ‖ FAM. tabletear.

tabletear intr. Chocar con ruido tablas o maderas. ‖ Sonar algo con ruido semejante. ‖ FAM. tableteo.

tablilla f. Pequeña tabla en que se colocan anuncios o informaciones de interés general. ‖ Pequeña tabla barnizada en que se escribía con un punzón. ‖ Llave basculante para el mando de registros en un órgano. ‖ *amer.* Recinto destinado a las peleas de gallos. ‖ *amer.* Matrícula del automóvil.

tabloide adj. y m. Se apl. al periódico de pequeño formato con abundantes fotografías e ilustraciones.

tablón m. Tabla gruesa. ‖ **tablón de anuncios** Tablero o panel en que se colocan avisos e informaciones.

tabloncillo m. *amer.* Madera cortada para entarimar suelos.

tabú (voz polinesia) m. Todo aquello que está prohibido hacer o decir, ya sea por convenciones religiosas, psicológicas o sociales. ◆ pl. *tabúes* o *tabús.*

tabuco m. Habitación pequeña o estrecha. ‖ *amer.* Maleza, matorral.

tabulador m. Función o mecanismo de las máquinas de escribir y ordenadores que permite colocar los márgenes a una distancia regular. ‖ Tecla que lo acciona.

tabular tr. Expresar valores, magnitudes u otros datos por medio de tablas. ‖ Fijar márgenes y espacios por medio del tabulador. ‖ FAM. tabulación, tabulador.

taburete m. Asiento sin brazos ni respaldo. ‖ Silla de respaldo muy estrecho, guarnecida de vaqueta o terciopelo. ‖ Escabel.

tac m. Conjunto de imágenes seriadas de secciones de un órgano o tejido, obtenidas a lo largo de un eje mediante distintas técnicas, y computarizadas. ◆ El nombre procede del acrónimo de *t*omografía *a*xial *c*omputarizada.

tacada f. Golpe dado con la boca del taco a la bola de billar. ‖ Serie de carambolas seguidas sin soltar el taco. ‖ **de una tacada** loc. adv. *col.* De una sola vez.

tacañería f. Mezquindad, inclinación a realizar los menores gastos posibles. ‖ Acción propia de un tacaño.

tacaño, ña adj. y s. Mezquino, que intenta realizar los menores gastos posibles. ‖ FAM. tacañamente, tacañear, tacañería.

tacatá o **tacataca** m. Andador, estructura formada por un asiento y patas con ruedas en la que los niños aprenden a andar. ◆ pl. de la primera forma: *tacatás.*

tacha f. Falta, defecto o imperfección. ‖ Especie de clavo pequeño, mayor que la tachuela común. ‖ En der., motivo legal para desestimar en un pleito la declaración de un testigo. ‖ FAM. tachar, tachón, tachuela.

tachadura f. Acción de tachar un escrito. ‖ Tachón, señal o mancha en un escrito.

tachar tr. Borrar o rectificar lo escrito con rayas o trazos. ‖ Censurar, atribuir una tacha a alguien: *le tachan de severo.* ‖ En der., alegar contra un testigo algún motivo legal para que no sea creído en el pleito. ‖ FAM. tachadura, tachón.

tachines m. pl. *col.* Zapatos. ‖ *col.* Pies.

tacho m. *amer.* Nombre genérico de varios recipientes de gran tamaño, metálicos o de cualquier otro material. ‖ **tacho de la basura** *amer.* Cubo en que se deposita la basura. ‖ FAM. tachero.

tachón[1] m. Raya, conjunto de rayas o señal que se colocan para hacer ilegible o enmendar un escrito.

tachón[2] m. Tachuela metálica grande de cabeza dorada o plateada, usada como ornamento. ‖ FAM. tachonar, tachonear.

tachonar tr. Adornar algo claveteándolo de tachuelas o tachones. ‖ Salpicar, inundar o cubrir una superficie: *las estrellas tachonaban el cielo.* ‖ FAM. tachonado.

tachuela f. Clavo corto de cabeza grande. ‖ *col.* Persona muy baja.

tácito, ta adj. Callado, que no se expresa formalmente, sino que se supone o sobreentiende. ‖ FAM. tácitamente, taciturno.

taciturno, na adj. Callado, silencioso. ‖ Triste, melancólico. ‖ FAM. taciturnidad.

taco m. Pedazo de madera u otra materia, grueso y corto. ‖ Conjunto de hojas de papel superpuestas y colocadas formando un bloque. ‖ En el billar, vara de madera dura y pulimentada usada para impulsar las bolas. ‖ Baqueta para limpiar el cañón de las armas de fuego. ‖ Cada uno de los trozos rectangulares en que se corta un alimento. ‖ *col.* Palabrota, palabra malsonante o juramento. ‖ *col.* Embrollo, lío. ‖ *amer.* En México, tortilla de maíz rellena de carne y otros ingredientes. ‖ *amer.* Tacón. ‖ pl. *col.* Años de edad. ‖ FAM. tacada, tacón, taquear, taquería.

tacómetro m. Dispositivo que indica la velocidad de rotación de un eje o una máquina en revoluciones por minuto.

tacón m. Pieza semicircular que va unida a la suela del zapato en la parte que corresponde al talón. ‖ Esta pieza cuando es alta, así como los zapatos que la tienen. ‖ Talón, corte oblicuo en la quilla de una embarcación. ‖ FAM. taconazo, taconear.

taconazo m. Golpe que se da con el talón.

taconear intr. Pisar haciendo ruido con los tacones. ‖ Golpear rítmicamente el suelo con los tacones, en especial al bailar. ‖ FAM. taconeado, taconeo.

taconeo m. Pisada o golpeo del suelo con los tacones. ‖ Ruido que produce.

táctica f. Sistema o método utilizado para conseguir un fin. ‖ Conjunto de reglas a que se sujetan las operaciones militares en el combate. ‖ FAM. tacticista, táctico.

táctico, ca adj. De la táctica o relativo a ella. ‖ m. y f. Experto en táctica.

táctil adj. Del tacto o relativo a este sentido: *pantalla táctil*.

tacto m. Sentido corporal por el que se aprecia la forma, tamaño, textura y temperatura de los objetos. ‖ Sensación que se experimenta a través de este sentido. ‖ Acción de tocar o palpar. ‖ Exploración de una superficie cutánea o mucosa, con las yemas de los dedos y sin oprimir mucho la parte explorada. ‖ Habilidad o delicadeza para tratar asuntos conflictivos o personas sensibles. ‖ FAM. táctil.

tacuara (voz guaraní) f. *amer.* Guadua.

tacuarembó (voz guaraní) m. *amer.* Planta gramínea de caña fina, larga y flexible. ◆ pl. *tacuarembós.*

tacurú (voz guaraní) m. *amer.* Insecto himenóptero de pequeño tamaño. ‖ *amer.* Hormiguero en forma de montículo cónico de tierra arcillosa, que este insecto construye en terrenos húmedos y anegadizos. ◆ pl. *tacurúes* o *tacurús.*

taekwondo m. Arte marcial coreano de carácter defensivo en el que se usan principalmente los ataques de pierna y salto. ‖ FAM. taekwondista.

tafetán m. Tela delgada de seda muy tupida.

tafia f. *amer.* Aguardiente de caña.

tafilete m. Cuero de piel de cabra, flexible, fino y más delgado que el cordobán.

tagalo, la adj. y s. Del pueblo filipino de origen malayo que constituye el principal grupo étnico indígena de las islas Filipinas, o relativo a él. ‖ m. Lengua indonesia hablada por este pueblo.

tagarnia f. *amer. col.* Hartazgo, atracón. ‖ *amer.* Borrachera.

tahitiano, na adj. y s. De Tahití o relativo a esta isla de Oceanía.

tahona f. Panadería, establecimiento en que se hace y cuece pan. ‖ Molino de harina movido por un animal de tiro. ‖ FAM. tahonero.

tahúr, ra m. y f. Persona aficionada al juego y hábil en él. ‖ Jugador fullero, que hace trampas.

taichí m. Serie de movimientos armónicos, lentos y circulares coordinados con la respiración y meditación.

taifa f. Cada uno de los pequeños reinos independientes surgidos en la España musulmana tras la caída del califato de Córdoba en 1031.

taiga f. Formación vegetal con abundancia de bosques de coníferas propio de los territorios boreales.

tailandés, esa adj. y s. De Tailandia o relativo a este país asiático.

taimado, da adj. Astuto, ladino y engañador. ‖ *amer.* Obstinado, porfiado. ‖ FAM. taimarse.

taimarse prnl. *amer.* Volverse taimado. ‖ *amer.* Obstinarse.

taíno, na adj. y s. De los pueblos amerindios de lengua arahuaca que habitaban las Antillas, o relativo a ellos. ‖ m. Lengua de estos pueblos.

taita m. *amer. col.* Padre, papá. ‖ *amer. vulg.* Matón.

tajada f. Porción cortada de una cosa, en especial de un alimento. ‖ *col.* Embriaguez, borrachera. ‖ *col.* Ventaja, beneficio: *sacar tajada.*

tajamar m. Tablón recortado en la parte exterior de la roda para cortar el agua cuando el buque navega. ‖ En arquit., construcción curva que se añade a los pilares de los puentes para dividir en dos la corriente de los ríos. ‖ *amer.* Malecón, dique. ‖ *amer.* Presa o balsa.

tajante adj. Concluyente, terminante, que no admite discusión. ‖ FAM. tajantemente.

tajar tr. Dividir en dos o más partes con un instrumento cortante. ‖ prnl. *col.* Emborracharse. ‖ FAM. tajada, tajadera, tajado, tajador, tajamar, tajante, tajeadura, tajear, tajo.

tajeadura f. *amer.* Gran cicatriz.

tajear tr. *amer.* Tajar, hacer tajos con un instrumento cortante.

tajín m. Guiso magrebí de trozos de carne y verduras.

tajo m. Corte profundo hecho con un instrumento cortante. ‖ Cortadura en un terreno. ‖ *col.* Tarea, trabajo. ‖ *col.* Lugar de trabajo. ‖ Pedazo de madera grueso que sirve en las cocinas para partir y picar la carne. ‖ Trozo de madera grueso y pesado sobre el que se cortaba la cabeza a los condenados.

tal adj. Igual, semejante: *jamás oí tal cosa.* ‖ Tanto o tan grande: *su avaricia es tal que romperá el saco.* ‖ Se usa también para indicar algo no especificado: *nos dijo que hiciéramos tal y tal.* ‖ Se emplea a veces como demostrativo: *no conozco a tal hombre.* ◆ También con valor de pronombre neutro: *para conocer un pueblo, no hay tal como convivir con sus gentes.* ‖ Aplicado a un nombre propio, da a entender que el sujeto es poco conocido: *Fulano de tal.* ‖ Con el artículo determinado, hace referencia a alguien ya nombrado o conocido: *la tal Marisa llamó anoche.* ‖ adv. m. Se usa como primer término de una comparación de *como, cual: sucedió tal cual/tal como te lo cuento.* ‖ Así, de esta manera: *tal me habló, que no supe qué responderle.* ‖ **con tal de** o **con tal que** loc. conjunt. cond. En el caso de o de que, con la condición de o de que. ‖ **tal cual** loc. adj. y adv. De la misma forma, igual que estaba. ‖ **tal para cual** loc. Denota igualdad o semejanza entre dos personas, generalmente se usa en sentido desp. ‖ FAM. talión, talmente.

tala f. Corte de los árboles por su base. ‖ Defensa formada con árboles cortados por el pie y colocados a modo de barrera.

talabarte m. Cinturón o correa de cuero de que cuelgan el sable o la espada. ‖ FAM. talabartería, talabartero.

talabartero, ra m. y f. Persona que trabaja artesanalmente objetos de cuero.

taladradora f. Máquina utilizada para perforar gracias al taladro o broca de que está provista.

taladrar tr. Horadar o perforar con un taladro o instrumento similar. ‖ Herir los oídos algún sonido agudo. ‖ Provocar un dolor agudo o gran sufrimiento. ‖ amer. Robar a alguien. ‖ FAM. taladrado, taladrador, taladradora, taladrante, taladro.

taladro m. Instrumento punzante o cortante con que se perfora un material. ‖ Taladradora. ‖ Orificio hecho con el taladro u otro instrumento semejante.

tálamo m. poét. Cama de los recién casados o lecho conyugal. ‖ Extremo ensanchado del pedúnculo donde se asientan las flores. ‖ Parte del encéfalo situada en la base del cerebro, formada por dos masas de tejido gris entre los dos hemisferios.

talanquera f. Valla, pared o cualquier lugar que sirve de defensa y protección. ‖ amer. Cerca de maporas, cañas o guaduas entretejidas. ‖ amer. Pértiga en la que descansan los gallos de pelea.

talante m. Actitud o estado de ánimo de una persona. ‖ Modo o disposición con que se realiza algo: respondió de mal talante.

talar¹ adj. Se apl. al traje o a la vestidura que llega hasta los talones.

talar² tr. Cortar un árbol por su base. ‖ Destruir, arrasar campos o poblados. ‖ FAM. tala, talador.

talasocracia f. Hegemonía económica y política de un pueblo o nación sobre los mares. ‖ Pueblo o nación cuyo dominio reside en esta hegemonía.

talasoterapia f. Uso terapéutico de los baños o del aire del mar.

talayote m. Monumento megalítico propio de las islas Baleares, similar a una torre de poca altura. ‖ FAM. talayótico.

talco m. Mineral silicato de magnesio, suave al tacto, de color verde claro, blanco o gris y brillo perlado. ‖ Polvo de este mineral usado en dermatología, para el cuidado de pieles delicadas. ‖ Lámina metálica muy delgada que se emplea en bordados. ‖ FAM. talcoso, talque, talquita.

taled m. Pequeño manto de lana con que se cubren los judíos la cabeza y el cuello en las ceremonias religiosas.

talega f. Saco o bolsa ancha y corta. ‖ Lo que cabe en ella. ‖ col. Caudal monetario, dinero. ‖ col. Pecados que uno tiene que confesar. ‖ FAM. talegada, talegazo, talego, taleguilla.

talego m. Saco de tela basta, largo y estrecho. ‖ Persona poco esbelta y ancha de cintura. ‖ vulg. Cárcel. ‖ vulg. Antiguo billete de mil pesetas. ‖ **talego de dormir** amer. Saco de dormir.

taleguilla f. Calzón o pantalón de traje de lidia de los toreros.

talento m. Conjunto de facultades o capacidades tanto artísticas como intelectuales. ‖ Persona muy inteligente o destacada en alguna ciencia o actividad. ‖ Moneda imaginaria de los griegos y los romanos. ‖ FAM. talentoso, talentudo.

talero m. amer. Látigo corto y grueso con mango de madera.

talgo m. Tren articulado de sistema basado en la reducción de peso, bajo centro de gravedad y ejes dirigidos con ruedas independientes. ♦ El nombre proviene de las siglas de Tren Articulado Ligero Goicoechea Oriol.

talio m. Elemento metálico similar al plomo, pesado, blando y maleable, de brillo plateado, que se oscurece por oxidación al contacto con el aire. Su símbolo es Tl, y su número atómico, 81.

talión m. Pena que consiste en hacer sufrir al delincuente un daño igual al que causó.

talismán m. Objeto, figura o imagen a los que se atribuyen virtudes o poderes sobrenaturales benéficos.

talit (voz hebrea) m. Taled.

talla f. Tallado. ‖ Obra de escultura en madera o en otros materiales. ‖ Estatura, altura. ‖ Importancia, valor, altura moral o intelectual. ‖ Instrumento para medir la estatura. ‖ Medida convencional en fabricación y venta de ropa. ‖ **dar la talla** loc. Tener una persona las cualidades o requisitos que se requieren. ‖ FAM. tallista.

tallado m. Labrado o trabajo para dar forma a un material: tallado del cristal. ‖ Técnica escultórica para trabajar la madera o cualquier otra materia leñosa.

tallar tr. Dar forma o trabajar un material. ‖ Hacer obras de talla, escultura. ‖ Medir la estatura de una persona. ‖ amer. Charlar, conversar. ‖ amer. Molestar a alguien. ‖ prnl. amer. Cortejarse un hombre y una mujer. ‖ FAM. talla, tallado, tallador, talle.

tallarín m. Pasta alimenticia cortada en tiras muy estrechas y planas. Más en pl.

talle m. Disposición, proporción y apariencia del cuerpo humano. ‖ Cintura del cuerpo humano. ‖ Parte del vestido que corresponde a la cintura. ‖ Forma que se da al vestido, cortándolo y proporcionándolo al cuerpo. ‖ Medida tomada para un vestido o traje, comprendida desde el cuello a la cintura, tanto por delante como por detrás. ‖ amer. Talla. ‖ amer. Justillo, prenda interior.

taller m. Lugar en que se realiza un trabajo manual. ‖ Lugar donde se reparan máquinas, en especial automóviles. ‖ Escuela, seminario. ‖ Estudio de un artista. ‖ En bellas artes, conjunto de colaboradores de un maestro.

tallista com. Persona que realiza tallas, especialmente en madera o piedras preciosas.

tallo m. Órgano del aparato vegetativo de las plantas cormofitas que crece en sentido contrario al de la raíz y sirve de sustento a las hojas, flores y frutos. ‖ Renuevo o vástago de una planta. ‖ Germen que ha brotado de una semilla, bulbo o tubérculo. ‖ Trozo confitado de calabaza, melón, etc. ‖ FAM. tallecer, talludo.

talludo, da adj. Se apl. a la persona que ya no es joven, en especial si tiene costumbres marcadas difíciles de cambiar.

talmud m. Colección y recopilación de las tradiciones orales de los rabinos, tanto religiosas como jurídicas. ◆ Se escribe con mayúscula. ‖ FAM. talmúdico, talmudista.

talo m. Cuerpo vegetativo de estructura homogénea e indiferenciada, propio de las talofitas, equivalente al conjunto de raíz, tallo y hojas de las plantas cormofitas. ‖ FAM. talofito.

talofito, ta adj. y f. De las talofitas o relativo a este grupo de plantas. ‖ f. pl. Grupo sin categoría taxonómica que comprende a los vegetales de organización muy sencilla, cuyas células forman un talo no diferenciado en tejidos, fibras y vasos, como las algas y los hongos.

talón[1] m. Parte posterior del pie humano. ‖ Parte del calzado que cubre esta zona. ‖ Pulpejo del casco de una caballería. ‖ Parte del arco del violín inmediata al mango. ‖ Cada uno de los rebordes reforzados de la cubierta del neumático. ‖ Reborde de una teja. ‖ En arquit., moldura sinuosa cuyo perfil se compone de dos arcos de círculo contrapuestos y unidos entre sí. ‖ Corte oblicuo en la extremidad posterior de la quilla de una embarcación, ajustado a otro corte que se hace en el chaflán anterior de la madre del timón. ‖ Ángulo de inclinación de un buque. ‖ **talón de Aquiles** Punto vulnerable. ‖ **pisarle** a uno **los talones** loc. Seguirle de cerca. ‖ FAM. talonar, talonazo, talonear, talonera.

talón[2] m. Cada una de las hojas de un talonario en que queda la correspondiente matriz o resguardo. ‖ FAM. talonario.

talonario m. Libro o cuadernillo de documentos u hojas impresas, que al ser separadas de él dejan una matriz o resguardo para comprobación de su legitimidad: *talonario de cheques.*

talonear intr. Andar con mucha prisa. ‖ tr. En *rugby*, golpear el balón con los talones para sacarlo de la melé. ‖ *amer.* Incitar el jinete a la caballería picándola con el talón. ‖ *amer.* Ejercer la prostitución.

talonera f. *amer.* Parte del calzado que cubre el talón. ‖ *amer.* Pieza de cuero que se pone en el talón de la bota para asegurar la espuela.

talud m. Inclinación de un terreno o del paramento de un muro. ‖ **talud continental** Vertiente submarina que desciende rápidamente desde el borde de la plataforma continental a profundidades de más de 2000.

tamal (voz náhuatl) m. *amer.* Especie de empanada hecha de masa de harina de maíz envuelta en hojas de plátano o de la mazorca del maíz, y rellena de distintos condimentos. ‖ *amer.* Lío, embrollo. ‖ *amer.* Fardo, bulto grande y mal formado. ‖ FAM. tamalero.

tamalero, ra m. y f. *amer.* Persona que hace o vende tamales. ‖ m. *amer.* El que hace trampas en el juego.

tamango m. *amer.* Calzado rústico de cuero. ‖ *amer.* Calzado viejo deformado. ‖ *amer.* Cualquier calzado.

tamaño, ña adj. Semejante, igual; se usa como intensificador: *¿quién iba a creer tamaña idiotez?* ‖ m. Volumen o dimensión de una cosa. ‖ FAM. tamañamente.

tamaricáceo, a adj. y f. De las tamaricáceas o relativo a esta familia de plantas. ‖ f. pl. Familia de árboles o arbustos angiospermos dicotiledóneos, abundantes en los países mediterráneos y en Asia central, con hojas aciculares o escamosas, flores en racimo o en espiga y fruto en cápsula, como el taray.

tamarindo m. Árbol leguminoso de unos 25 m de altura, tronco grueso, gran copa y hojas elípticas, con racimos de flores de color amarillo rojizo y fruto leguminoso con muchas semillas negras de sabor agradable. ‖ Fruto de este árbol.

tamarugo m. *amer.* Árbol leguminoso, especie de algarrobo.

tambache o **tambachi** m. *amer.* Bulto o lío grande de ropas.

tambaleante adj. Que se tambalea.

tambalear intr. y prnl. Moverse una cosa a un lado y a otro por falta de estabilidad o equilibrio. ‖ FAM. tambaleante, tambaleo.

tambero, ra adj. *amer.* Referido al ganado, el que es manso y se deja ordeñar. ‖ m. y f. *amer.* Dueño de un rebaño de vacas lecheras. ‖ *amer.* Posadero.

también adv. m. Se usa para afirmar la igualdad, semejanza, conformidad o relación de una cosa con otra: *si tú estás cansado, yo también.* ‖ Además: *también trae un disco de regalo.*

tambo m. *amer.* Posada que se encuentra en los caminos, en especial para viajeros que transportan animales. ‖ *amer.* Vaquería. ‖ *amer. col.* Burdel. ‖ FAM. tambero.

tambocha f. *amer.* Hormiga carnívora, similar a una avispa sin alas, de cabeza roja y cuerpo amarillo verdoso.

tambor m. Instrumento musical de percusión consistente en una caja de forma cilíndrica, hueca, cubierta en sus dos bases con membranas de piel estirada, que se toca con dos palillos. ‖ Persona que toca este instrumento. ‖ Nombre que se da a algunos objetos o piezas de forma cilíndrica: *tambor del revólver, de detergente.* ‖ Aro de madera sobre el que se tiende una tela para bordarla. ‖ Tímpano del oído. ‖ Tamiz por donde pasan el azúcar los reposteros. ‖ En arquit., muro cilíndrico que sirve de base a una cúpula. ‖ En arquit., cuerpo central cilíndrico del capitel. ‖ Disco de acero acoplado a la cara interior de las ruedas, sobre el que actúan las zapatas del freno. ‖ Rotor de una turbina de reacción. ‖ *amer.* Especie de tamal de yuca con dulce. ‖ *amer.* Somier. ‖ FAM. tambora, tamborear, tamboril, tamborrada.

tambora f. *amer.* Bombo. ‖ *amer.* Mentira, bola.

tamboril m. Tambor pequeño que se cuelga del brazo izquierdo y se toca con un solo palillo. ‖ FAM. tamborilear, tamborilero.

tamborilear intr. Tocar el tamboril. ‖ Repiquetear los dedos sobre una superficie imitando el sonido del tambor. ‖ FAM. tamborileo.

tamborileo m. Toque de tamboril. ‖ Repiqueteo de los dedos sobre una superficie.

tamborilero, ra m. y f. Músico que toca el tambor o el tamboril.

tamborrada f. Fiesta popular callejera con redoble insistente y prolongado de tambores.

tamil adj. y com. De un pueblo drávida que habita en el sudeste de la India y parte de Sri Lanka o relativo a él. ‖ m. Lengua hablada por este pueblo.

tamiz m. Cedazo muy tupido. ‖ **pasar** algo **por el tamiz** loc. *col.* Examinarlo con cuidado. ‖ FAM. tamizar.

tamizar tr. Pasar algo por el tamiz. ‖ Transparentar o suavizar la luz a través de un filtro. ‖ Elegir con cuidado. ‖ FAM. tamización.

tamo m. Pelusa que desprenden el lino, el algodón o la lana. ‖ Polvo o paja muy menuda de varias semillas trilladas. ‖ Pelusilla que se forma bajo los muebles por falta de aseo.

támpax® m. Tampón, rollo de algodón o celulosa. ◆ Es marca registrada.

tampoco adv. neg. Se usa para negar tras otra negación: *si él no va al cine, yo tampoco.*

tampón m. Pequeña caja con una almohadilla empapada en tinta que se emplea para entintar sellos. ‖ Rollo de algodón, celulosa u otro material que se introduce en la vagina para absorber el flujo menstrual.

tamtan m. Tambor africano de gran tamaño que se toca con las manos. ‖ Gong, instrumento asiático de percusión compuesto de un disco de bronce suspendido en el aire que se hace sonar con un mazo.

tamujo m. Planta euforbiácea arbustiva de aproximadamente 1,50 m de altura, con hojas ovaladas, flores verdosas y ramas largas, flexibles y espinosas que se usan para hacer escobas. ‖ FAM. tamujal.

tan adv. c. apóc. de *tanto*. Se emplea como intensificador de adjetivos, participios y adverbios, a los que precede: *no será tan caro.* ‖ En correlación con *como*, establece la igualdad de la comparación: *es tan duro como el hierro.* ‖ En correlación con *que*, establece la consecuencia: *llovió tan fuerte que se desbordaron los ríos.* ‖ **tan siquiera** loc. conjunt. Siquiera.

tanate m. *amer.* Mochila de cuero o de palma. ‖ m. pl. *amer.* Lío, fardo, cachivaches. ‖ **cargar con los tanates** loc. *amer.* Mudarse, marcharse.

tanatorio m. Local o edificio de servicios funerarios, acondicionado con diferentes dependencias para realizar velatorios.

tanda f. Turno. ‖ Grupo de personas, animales o cosas que se alternan en algún trabajo. ‖ Número indeterminado de cosas de un mismo género. ‖ Partida de algunos juegos. ‖ *amer.* Sección de una representación teatral. ‖ Periodo de días en que alternativamente se trabaja o descansa en las minas. ‖ FAM. tandeo.

tándem m. Bicicleta para dos personas que dispone de dos sillines colocados uno detrás del otro. ‖ Tiro de dos caballos enganchados uno tras el otro. ‖ Unión de dos personas para desarrollar una actividad en común aunando esfuerzos. ‖ Conjunto de dos elementos que se complementan. ‖ Conjunto formado por dos o más condensadores variables montados sobre un mismo eje. ◆ pl. *tándemes.*

tanga¹ f. Chito, juego.

tanga² f. Bañador consistente en una pieza inferior de dimensiones muy reducidas. ‖ Braga o calzoncillos muy pequeños.

tangana f. Alboroto, escándalo. ‖ Engaño, fraude. ‖ *amer.* Bronca, discusión violenta.

tangar tr. *col.* Engañar, estafar. ‖ prnl. *col.* Escaquearse, evitar una responsabilidad o trabajo.

tángara f. *amer.* Ave paseriforme canora de cuerpo algo más pequeño que el canario y plumaje de colores muy vivos y vistosos.

tangencial adj. De la tangente o relativo a ella. ‖ En geom., y referido a una línea o superficie, tangente. ‖ Se apl. al asunto o idea que se relaciona lateral y no significativamente con el tema del que se trata.

tangente adj. En geom., se apl. a la línea o superficie que se toca en un punto sin cortarse. ‖ f. En geom., recta que tiene un solo punto común con una curva o una superficie sin cortarla. ‖ En geom., en un triángulo rectángulo, relación entre los dos catetos con respecto al ángulo opuesto al primero de ellos. La relación inversa es la *cotangente.* ‖ Función matemática periódica que generaliza este concepto a cualquier valor del ángulo. ‖ **escaparse, irse** o **salirse por la tangente** loc. *col.* Usar evasivas para salir de un apuro. ‖ FAM. tangencia, tangencial.

tangible adj. Que puede tocarse. ‖ Que se percibe de manera precisa. ‖ FAM. tangente.

tango m. Baile de origen argentino, de compás de cuatro por cuatro, que se baila por parejas. ‖ Música de este baile y letra con que se canta. ‖ *amer.* Instrumento de percusión usado por los indígenas, consistente en un tronco hueco con un extremo cubierto de cuero, donde se golpea. ‖ FAM. tanguear, tanguería, tanguero, tanguillo, tanguista.

tanguear intr. *amer.* Bailar el tango. ‖ *amer.* Caminar haciendo eses por efecto del alcohol.

tanguería f. *amer.* Local donde se bailan tangos.

tanguero, ra adj. *amer.* Aficionado al tango.

tanguillo m. Variedad de cante flamenco originaria de Cádiz, de ritmo vivo y alegre.

tanino m. Sustancia ácida y astringente extraída del tronco de algunos árboles, como el roble y el castaño.

tanjarina f. *amer.* Mandarina.

tano, na adj. y s. *amer. desp.* Aféresis de *napolitano* aplicada a la población de origen italiano. ‖ *desp.* Aféresis de *gitano.*

tanque m. Vehículo blindado de combate, que se desplaza sobre dos cintas o cadenas articuladas que le permiten el acceso a todo tipo de terrenos. ‖ Depósito cerrado de líquido o gases. ‖ Recipiente o depósito de líquido. ‖ Depósito de agua potable de una embarcación. ‖ *col.* Tacones grandes y anchos. ‖ **tanque de cerveza** *col.* Jarra grande de dicha bebida. ‖ FAM. tanqueta.

tanqueta f. Vehículo blindado de menor tamaño que el tanque, dotado de mayor velocidad y movilidad.

tantalio m. Elemento metálico de color gris, pesado, denso, dúctil y maleable, usado como aleación de aceros especiales y como material refractario. Su símbolo es *Ta*, y su número atómico, *73.*

tántalo m. Nombre común de diversas especies de aves ciconiformes tropicales de cerca de 1 m de longitud, plumaje blanco con los extremos de las alas y la cola negros, cuello largo y patas y pico rojos.

tanteada f. *amer.* Mala jugada o broma pesada. ‖ Indagación del ánimo o reacción de una persona.

tanteador, ra m. y f. Persona que tantea, en especial en el juego. ‖ m. Marcador, aparato o tablero en que se contabilizan los tantos de equipo o jugador. ‖ Resultado de un partido.

tantear tr. Reflexionar y considerar detenidamente una asunto antes de llevarlo a cabo. || Intentar averiguar las intenciones, opiniones o cualidades de una persona. || Examinar un objeto con cuidado. || Apuntar los tantos en el juego. También intr. || Comenzar un dibujo. || En der., dar por una cosa el mismo precio en que se va a vender a otra. || Probar al toro con varias suertes antes de empezar la faena. || intr. Andar a tientas. || FAM. tanteada, tanteador, tanteo.

tanteo m. Reflexión, consideración de un asunto antes de realizarlo. || Averiguación de las intenciones, opiniones y cualidades de una persona. || Número de tantos o puntos que se ganan en el juego. || En der., facultad que una persona tiene de adquirir una cosa con preferencia a otro comprador y al mismo precio que él.

tantico m. Poco, escasa cantidad: *no cederemos ni tantico así.*

tanto, ta adj. y pron. Se apl. a una cantidad o número plural, pero indefinido: *me pidió tanto y acepté; había tantos niños que no lo vi.* ◆ Se usa como correlativo de *como* en construcciones comparativas: *conoce tanta gente como tú.* || Tan grande o muy grande: *es tanta su codicia que no se detendrá ante nada.* || pron. dem. Equivale a *eso: ¿a tanto le ha llevado su ambición?* || adv. c. De tal modo, hasta tal punto: *trabaja tanto que caerá enferma.* || En correlación con *tanto* y *como*, expresa equivalencia: *vale tanto como ella.* || m. Cierta cantidad o número determinado de algo. || Unidad de cuenta en muchos juegos o deportes. || pl. Número que se ignora o no se quiere expresar: *debe tener cincuenta y tantos años.* || **al tanto de** algo loc. adv. Al corriente. || **en tanto** o **entre tanto** loc. adv. Mientras, durante. || **las tantas** loc. Cualquier hora muy avanzada del día o de la noche. || **por (lo) tanto** loc. adv. y conjunt. Por consiguiente. || **tanto por ciento** Porcentaje, cantidad en proporción a una parte de cien. || FAM. tan, tantear, tantico.

tantra m. Conjunto de textos hindúes y budistas de carácter religioso, ritual y esotérico. || FAM. tantrismo.

tantrismo m. Doctrina religiosa y esotérica oriental seguida en el hinduismo y el budismo.

tanzano, na adj. y s. De Tanzania o relativo a este país africano.

tañer tr. Tocar un instrumento musical de cuerda o percusión, en especial las campanas. || FAM. tañedor, tañido. ◆ **Irreg.** Conjugación modelo:

Indicativo

Pres.: taño, tañes, tañe, *etc.*

Imperf.: tañía, tañías, tañía, *etc.*

Pret. perf. simple: tañí, tañiste, tañó, tañimos, tañisteis, tañeron.

Fut. simple: tañeré, tañerás, tañerá, *etc.*

Condicional simple: tañería, tañerías, tañería, *etc.*

Subjuntivo

Pres.: taña, tañas, taña, *etc.*

Imperf.: tañera o tañese, tañeras o tañeses, *etc.*

Fut. simple: tañere, tañeres, tañere, *etc.*

Imperativo: tañe, tañed.

Participio: tañido.

Gerundio: tañendo.

---

tañido m. Toque de un instrumento de cuerda o percusión y sonido que produce: *tañido de campanas.*

tao m. En la religión china, principio creador y rector de todo cuanto existe, y también, camino de la virtud. || FAM. taoísmo.

taoísmo m. Doctrina religiosa y filosófica china que concibe el universo como un equilibrio de fuerzas y destaca la íntima relación entre el hombre y la naturaleza. || FAM. taoísta.

taoísta adj. Del taoísmo o relativo a él. || adj. y com. Partidario o seguidor del taoísmo.

tapa f. Pieza que cierra la parte superior de un objeto o recipiente: *tapa del piano, de un bote.* || Capa de suela o de otro material que se coloca en el tacón de un zapato. || Cubierta de un libro encuadernado. || Carne del medio de la pierna trasera de la ternera. || Alimento o aperitivo que se sirve como acompañamiento de una bebida. || Vuelta que cubre el cuello entre las solapas de las chaquetas y abrigos. || **la tapa de los sesos** col. El cráneo. || FAM. tapadera, tapar, tapear, tapeo, tapón.

tapabarro m. *amer.* Guardabarros.

tapacubos m. Pieza metálica o plástica que cubre exteriormente la llanta de la rueda de un vehículo. ◆ No varía en pl.

tapaculo m. *amer.* Pez osteíctio pleuronectiforme similar al lenguado, de cuerpo redondo y algo más pequeño. || *amer.* Ave paseriforme pequeña de color terroso, con una gran mancha blanca en el pecho, de costumbres terrícolas.

tapadera f. Pieza con que se cubre un recipiente al ajustarse a su abertura. || Persona o asunto con que se encubre o disimula algo que no se desea que se conozca: *esta empresa es la tapadera de una red de narcotraficantes.*

tapadillo (de) loc. adv. A escondidas, con disimulo.

tapado, da adj. y s. *amer.* Se apl. al animal de pelaje uniforme y sin manchas. || *amer.* Corto de ingenio. || m. *amer.* Comida indígena de plátano y carne, asados en un hoyo hecho en la tierra. || *amer.* Abrigo o capa de señora o de niño. || *amer.* Tesoro enterrado. || *amer.* Pelea de gallos cuando estos se llevan tapados a la gallera. || *amer.* En los bailes, última pieza que bailan las mujeres con el abrigo ya puesto.

tapapecho m. *amer.* Corte alargado de carne de vacuno, de color rojo oscuro, de grosor variable hacia el extremo, que se obtiene del pecho del animal.

tapar tr. Cubrir o cerrar lo que está descubierto o abierto. || Obturar o rellenar una abertura o hendidura. || Cubrir algo para abrigarlo o protegerlo. También prnl. || Poner algo delante de una cosa de modo que esta quede oculta. || Encubrir, ocultar un defecto. || *amer.* Atascar, atorar. También prnl. || *amer.* Empastar las muelas. || FAM. tapabarro, tapaboca, tapacubos, tapaculo, tapadillo, tapadillo, tapado, tapador, tapadura, tapajuntas, taparrabo, taparrabos, tapujo.

taparrabo o **taparrabos** m. Trozo de tela u otro material con que se tapan los genitales los indígenas de algunas tribus. || Bañador o calzón muy pequeño. ◆ La segunda forma no varía en pl.

tapear tr. Tomar tapas en bares o tabernas.

tapeo m. Consumición de tapas en bares o tabernas.

tapera f. *amer.* Ruinas de un pueblo. || *amer.* Habitación ruinosa y abandonada.

tapete m. Cubierta de varios materiales colocada sobre los muebles como protección o adorno. || Alfombra pequeña. || **tapete verde** *col.* Mesa de juegos de azar. **estar** algo **sobre el tapete** loc. Estar en proceso de discusión o resolución.

tapia f. Pared construida de una sola vez con tierra amasada, que sirve de cerca o límite. || **como una tapia** o **más sordo que una tapia** loc. adj. *col.* Muy sordo. || FAM. tapial, tapiar.

tapiar tr. Cerrar o rodear con tapias. || Cerrar un hueco con un muro o tabique. || FAM. tapiado, tapiador.

tapicería f. Taller donde trabaja un tapicero. || Conjunto de telas y materiales usados para tapizar muebles, hacer cortinas y otras tareas de decoración. || Arte y oficio de quien tapiza o hace tapices. || Conjunto de tapices.

tapicero, ra m. y f. Artesano que teje o restaura tapices. || Persona que se dedica profesionalmente al tapizado y otras tareas de decoración.

tapioca f. Fécula en forma de harina fina se extrae de la raíz de la mandioca o yuca.

tapir m. Nombre común de diversas especies de mamíferos perisodáctilos herbívoros de unos 2 m de longitud, con nariz prolongada en forma de pequeña trompa y pelaje blanco y negro en las especies asiáticas, y con diversas tonalidades de pardo, desde el rojizo al amarillento, en las americanas.

tapisca f. *amer.* Recolección del maíz. || *amer.* Cosecha de café.

tapiz m. Paño grande de lana o seda usado como colgadura mural, tejido manualmente, que suele reproducir cuadros o dibujos. || FAM. tapicería, tapicero, tapizar.

tapizado m. Cubrimiento de un objeto con tela u otro material. || Material empleado para tapizar.

tapizar tr. Forrar o revestir una superficie con tela u otro material que se adapte a ella. || Cubrir las paredes con tapices. || Cubrir por completo. || FAM. tapizado.

tapón m. Pieza, generalmente de corcho, plástico o metal, con que se tapan recipientes de boca estrecha y orificios que dejan salir líquidos. || Acumulación de cerumen en el oído. || Cualquier persona o cosa que produce entorpecimiento u obstrucción. || Embotellamiento de tráfico. || Conjunto de hilas o de algodón con que se tapona una herida. || En baloncesto, intercepción de un balón lanzado hacia la canasta. || *col.* Persona baja y algo gruesa. || FAM. taponador, taponadora, taponamiento, taponar, taponazo, taponería, taponero.

taponamiento m. Obstrucción o cerramiento de un orificio o conducto.

taponar tr. Cerrar un orificio con un tapón. || Obstruir o atascar un conducto o tránsito.

tapujo m. Embozo con que se tapa una persona para no ser conocida. || *col.* Engaño, reserva o disimulo con que se disfraza la verdad.

taqué m. Vástago que transmite la acción del árbol de levas a las válvulas de admisión y de escape de un motor de explosión.

taqueada f. *amer.* Acción y resultado de insultar.

taquear intr. *amer.* Taconear. || *amer.* Jugar al billar. || *amer.* Comer tacos. || tr. Atacar con un arma de fuego. || tr. y prnl. *amer.* Atestar, atiborrar. || prnl. *amer.* Enriquecerse.

taquería f. *amer.* Puesto o lugar donde se venden tacos. || Desenfado, descaro. || Excesiva elegancia o afectación en el vestir.

taquero, ra m. y f. *amer.* Pocero que desatasca cañerías y alcantarillas. || Comisario de policía.

taquete m. *amer.* Taco de madera o plástico.

taquicardia f. Frecuencia del ritmo de las contracciones cardiacas superior a la normal.

taquigrafía f. Método de escritura que permite la transcripción al ritmo del habla, basado en ciertos signos y abreviaturas. || FAM. taquigrafiar, taquigráficamente, taquigráfico, taquígrafo.

taquígrafo, fa m. y f. Persona que ejerce profesionalmente la taquigrafía. || m. Dispositivo que registra la velocidad.

taquilla f. Ventanilla o despacho donde se venden entradas para un espectáculo o billetes de transporte. || Recaudación obtenida en un espectáculo. || Armario, generalmente metálico e individual, en que se guardan ropa y objetos personales. || *amer.* Clavillo pequeño, estaquilla. || *amer.* Taberna, bodega. || FAM. taquillaje, taquillero, taquillón.

taquillero, ra adj. Se apl. al artista o al espectáculo que atrae mucho público y consigue grandes recaudaciones. || *amer.* De moda, juvenil y llamativo. || m. y f. Persona encargada de la taquilla de venta de entradas para un espectáculo o billetes de transporte. || *amer.* Tabernero.

taquillón m. Mueble decorativo de poca altura y de mayor longitud que anchura, que suele colocarse en el recibidor.

taquimecanografía f. Habilidad y conocimiento de taquigrafía y mecanografía. || FAM. taquimecanógrafo.

taquímetro m. Instrumento topográfico similar al teodolito utilizado para medir ángulos y distancias al mismo tiempo. || Tacómetro. || FAM. taquimetría.

tara f. Defecto físico o psíquico de carácter hereditario. || Defecto que resta el valor de algo. || Peso del recipiente o vehículo continente de una mercancía. || FAM. tarado, tarar, tararse.

tarabilla f. Persona que habla mucho y sin orden ni concierto. || Conjunto de palabras dichas de este modo. || Trocito de madera que sirve para cerrar las puertas o ventanas. || *amer.* Juguete que hace zumbar el aire. || Listón de madera que mantiene tirante la cuerda del bastidor de una sierra. || Telera del arado.

tarabita f. *amer.* Maroma tendida entre las dos orillas de un río para guiar la balsa o cesta en que se transportan mercancías o personas. || *amer.* Cesta que corre por esta maroma.

taracea f. Incrustación ornamental en madera de pequeños trozos de otras maderas o materiales, como concha o nácar. || Pieza que se realiza con esta técnica. || Entarimado que forma un dibujo hecho con maderas finas de diversos colores. || FAM. taracear.

tarado, da adj. Que padece una tara física o psíquica. || Tonto, alocado.

taragallo, lla adj. y s. *amer.* Grandullón, niño o joven muy grande para su edad.

tarahumara adj. y com. Se apl. al indio que habita en el estado de Chihuahua. ‖ m. Lengua de la familia yuto-azteca hablada por estos indios.

tarajallo, lla adj. y s. *amer.* Taragallo. ‖ *amer.* Bohordo de algunas plantas.

tarama f. En Andalucía y Extremadura, leña menuda. ‖ *amer.* Empuñadura de sable provista de guardas.

tarambana adj. y com. *col.* Se apl. a la persona alocada, informal y de poco juicio.

taranta f. En Andalucía y Murcia, canto flamenco popular propio de los mineros. Más en pl. ‖ *amer.* Desvanecimiento, aturdimiento pasajero. ‖ *amer.* Repente, locura, vena.

tarantela f. Música y baile napolitano de ritmo muy vivo con compás de seis por ocho, acompañados de castañuelas y panderetas.

tarántula f. Nombre común de diversas especies de arácnidos venenosos de gran tamaño, hasta 30 cm de longitud, tórax velloso, abdomen redondo con dorso de color negro, vientre rojizo y fuertes patas.

tararear tr. Cantar la melodía de una canción sin pronunciar las palabras. ‖ FAM. tarareo.

tararira m. *amer.* Pez osteíctio cipriniforme de río, negruzco, de aproximadamente 1 m de largo, que se mantiene en constante movimiento.

tararse prnl. *amer. col.* Atontarse, aturullarse.

tarasca f. Figura de serpiente monstruosa que se pasea en algunas partes en la procesión del Corpus. ‖ Mujer fea, desenvuelta y de mal carácter. ‖ *amer.* Cometa, juguete. ‖ *amer.* Boca grande. ‖ FAM. tarascada, tarascón.

taray m. Arbusto tamaricáceo de hasta 3 m de altura, ramas de corteza rojiza, hojas menudas, elípticas y puntiagudas, con flores pequeñas en espigas, de cáliz encarnado y pétalos blancos. ‖ Fruto de este árbol, seco y de semillas negras. ◆ pl. *tarayes.*

tarco m. *amer.* Jacarandá.

tardanza f. Detenimiento o retraso en el desarrollo de una acción.

tardar intr. Detenerse o emplear demasiado tiempo en la ejecución de algo. También prnl. ‖ Emplear cierto tiempo en la ejecución de algo. ‖ **a más tardar** loc. adv. Señala el plazo máximo en que ha de suceder algo. ‖ FAM. tardanza, tarde, tardío, tardo, tardón.

tarde f. Espacio de tiempo entre el mediodía y el anochecer. ‖ Últimas horas del día. ‖ adv. t. A hora avanzada del día o de la noche. ‖ A destiempo, después de lo oportuno o en un futuro lejano: *más vale tarde que nunca.* ‖ **buenas tardes** Expresión de saludo usada del mediodía a la noche. ‖ **de tarde en tarde** loc. adv. De vez en cuando, con un lapso de tiempo de una a otra vez.

tardío, a adj. Que tarda en llegar a la madurez algún tiempo más del regular. ‖ Que sucede después del tiempo oportuno en que se necesitaba o esperaba. ‖ Pausado, lento. ‖ Se apl. a la lengua en su última fase de existencia. ‖ FAM. tardíamente.

tardo, da adj. Lento, que actúa o sucede más lentamente o después de lo esperado. ‖ Torpe de entendimiento, lento para la comprensión o explicación.

tardón, ona adj. y s. *col.* Que es muy lento haciendo cualquier cosa o que suele retrasarse.

tarea f. Cualquier obra o trabajo. ‖ Trabajo que debe hacerse en tiempo limitado. ‖ Afán, penalidad por un trabajo o esfuerzo continuo.

tareco m. *amer.* Trasto, cachivache.

target (voz i.) m. Objetivo que se debe cumplir. ◆ pl. *targets.*

tarifa f. Lista o catálogo de los precios, derechos o impuestos que se deben pagar por algo. ‖ Precio fijo estipulado oficialmente por un servicio o trabajo. ‖ FAM. tarifar, tarifario.

tarifar tr. Fijar o aplicar una tarifa. ‖ intr. *col.* Reñir o enemistarse con alguien.

tarima f. Entablado o plataforma colocado a poca altura del suelo. ‖ Suelo de madera similar al parqué, pero de tablas más largas y gruesas.

tarja f. *amer.* Placa conmemorativa. ‖ *amer.* Entre agrimensores, medida de 10 unidades.

tarjeta f. Trozo de cartulina, pequeño y rectangular, en que se consignan datos personales como el nombre, título, profesión o dirección. ‖ Tarjeta de crédito. ‖ Pieza rectangular y plana con usos muy diversos. ‖ En inform., soporte o placa integrada, destinada al montaje de los circuitos de un ordenador: *tarjeta de sonido.* ‖ En golf, cartulina en que se anotan los golpes de un jugador. ‖ **tarjeta amarilla** En dep., la que levanta el árbitro para amonestar a un jugador. ‖ **tarjeta de crédito** Medio de pago que sustituye al dinero en efectivo y, en ocasiones, permite diferir o dividir el pago. ‖ **tarjeta postal** Postal, tarjeta rectangular con una cara ilustrada y un espacio destinado a la escritura en el revés, homologada para ser utilizada como carta. ‖ **tarjeta roja** En dep., la que levanta el árbitro para expulsar a un jugador del terreno de juego. ‖ FAM. tarjetera, tarjetero.

tarjetera f. *amer.* Tarjetero.

tarjetero m. Cartera o clasificador para guardar todo tipo de tarjetas.

tarot m. Baraja de 78 naipes divididos en 22 arcanos mayores y 56 arcanos menores, utilizada en cartomancia. ‖ Práctica de adivinación que se realiza con ella.

tarrajear tr. *amer.* Enlucir con cemento.

tarrina f. Envase pequeño con tapa usado para alimentos que deben conservarse en frío. ‖ FAM. tarro.

tarro[1] m. Recipiente de vidrio o porcelana generalmente cilíndrico, más alto que ancho y provisto de tapa. ‖ *col.* Cabeza. ‖ *amer. col.* Sombrero de copa. ‖ *amer.* Lata metálica para aceite, petróleo o cualquier otro producto. ‖ *amer.* Asunto intrincado. ‖ **comerse el tarro** loc. *col.* Preocuparse. ‖ *col.* Alienar, dominar el pensamiento de alguien.

tarro[2] m. Nombre común de diversas especies de aves anseriformes similares al pato común, de más de 50 cm de longitud, esbeltas, de largas patas rosadas, pico rojo y vistoso plumaje blanco o canelo, con la cabeza y los extremos de las alas negros.

tarso m. Conjunto de los huesos que constituyen el esqueleto de la extremidad posterior de ciertos animales y el pie del hombre, articulados con la tibia, el peroné y los metatarsianos. ‖ Parte más delgada de las patas de las aves que une los dedos con la tibia. ‖ Corvejón. ‖ La última de las cinco piezas o artejos de las que se componen las patas de los insectos.

tarta f. Pastel grande, de forma generalmente redonda, hecho de bizcocho o masa y relleno y cubierto de diversas cremas, mermeladas o frutas. ‖ FAM. tartaleta, tartera.

tartaja adj. y com. *desp.* Tartamudo.

tartajear intr. Tartamudear. ‖ FAM. tartaja, tartajeo, tartajoso.

tartaleta f. Molde en forma de tarta pequeña de pasta de hojaldre cocida. ‖ Pastelillo o canapé formado con este molde.

tartamudear intr. Hablar con entrecortamiento involuntario de la fluidez y con repetición de sílabas o elementos lingüísticos. ‖ FAM. tartamuda, tartamudeante, tartamudeo, tartamudez, tartamudo.

tartamudeo m. Habla con entrecortamiento involuntario de la fluidez y con repetición de sílabas.

tartamudez f. Trastorno o alteración del habla caracterizado por el entrecortamiento involuntario de la fluidez y la repetición de sílabas o elementos lingüísticos. ‖ FAM. tartamudear.

tartamudo, da adj. y s. Que tartamudea.

tartán[1] m. Tela escocesa de lana con cuadros o listas cruzadas de diferentes colores.

tartán[2] m. Material formado de asfalto, caucho y materias plásticas, antideslizante, muy resistente e inalterable al agua, usado como revestimiento de pistas deportivas.

tartana f. Carruaje de dos ruedas con cubierta abovedada y asientos laterales. ‖ Embarcación menor de vela latina y con un solo palo. ‖ Cosa vieja e inútil, en especial referido a los automóviles.

tártaro[1] m. Sal de ácido tartárico que forma costra cristalina en el fondo y paredes de la vasija donde fermenta el mosto. ‖ FAM. tartárico.

tártaro[2] m. *poét.* El infierno.

tártaro, ra[3] adj. y s. Del conjunto de pueblos turcos y mongoles, que en el siglo VIII ocupaban Tartaria (Mongolia oriental), o relativo a ellos. ‖ Se apl. a la salsa que se prepara a base de mayonesa condimentada con huevo duro, cebolleta y pepinillos. ‖ m. Lengua hablada por los tártaros.

tartera f. Fiambrera, recipiente hermético usado para llevar o guardar comida.

tarugo m. Pedazo de madera corto y grueso. ‖ Pedazo grueso de pan. ‖ *col.* Persona ignorante o poco inteligente. ‖ *amer.* Desazón, mal trago. ‖ *amer.* Adulón.

tarumba adj. y com. Loco, atolondrado o confundido. ◆ Se usa mucho en la expresión *volver(se) tarumba.*

tarúpido, da adj. y s. *amer.* Estúpido, majadero.

tas m. Yunque pequeño y cuadrado que usan los plateros, hojalateros y plomeros.

tasa f. Determinación del valor o precio de algo. ‖ Precio máximo o mínimo a que, por disposición de la autoridad, puede venderse una mercancía. ‖ Impuesto o tributo exigido por determinados servicios: *tasa de circulación.* ‖ Medida, relación entre dos magnitudes: *tasa de mortalidad.* ‖ Medida, moderación: *comer sin tasa perjudica tu salud.*

tasación f. Determinación del valor o precio de algo. ‖ Fijación oficial del precio mínimo o máximo de una mercancía.

tasador, ra adj. y s. Que tasa. ‖ m. y f. Persona habilitada para tasar un bien.

tasajo m. Pedazo de carne seco y salado para que se conserve. ‖ Tajada de cualquier alimento.

tasar tr. Determinar el valor o precio de algo. ‖ Fijar oficialmente el precio de una mercancía. ‖ Poner medida o limitaciones a algo. ‖ FAM. tasa, tasación, tasador, taxación, taxativo.

tasca f. Taberna, local modesto de bebidas y comidas. ‖ *amer.* Zona de la orilla en que rompen las olas. ‖ *amer.* Oleaje fuerte que hace difícil el desembarque en las costas. ‖ FAM. tasquear, tasqueo.

tascar[1] tr. Golpear el cáñamo o el lino para separar la fibra del tallo. ‖ Cortar con ruido los animales al pacer la hierba o el pasto. ‖ FAM. tasca.

tascar[2] tr. *amer.* Quebrantar con los dientes algún alimento duro, como una galleta.

tata f. *col.* Niñera o empleada del hogar. ‖ m. *amer.* Padre, papá.

tatami m. Tapiz o colchoneta acolchada que se usa para practicar artes marciales.

tatarabuelo, la m. y f. Padre o madre del bisabuelo o bisabuela de una persona.

tataranieto, ta m. y f. Hijo o hija del bisnieto o bisnieta de una persona.

¡tatay! interj. *amer.* Expresa asco o disgusto.

¡tate! interj. Se usa para avisar de algún peligro. ‖ Denota sorpresa o indica que se acaba de entender o caer en la cuenta de algo.

tatemar tr. *amer.* Soasar carnes, raíces o frutas.

tatetí m. *amer.* Juego de las tres en raya. ◆ pl. *tatetíes* o *tatetís.*

tatú (voz guaraní) m. *amer.* Armadillo. ◆ pl. *tatúes* o *tatús.*

tatuaje m. Grabación de un dibujo mediante materias colorantes indelebles o pequeños cortes en la piel. ‖ El dibujo mismo.

tatuar tr. y prnl. Grabar dibujos sobre la piel humana, introduciendo materias colorantes indelebles bajo la epidermis o infligiendo pequeños cortes para formar cicatrices. ‖ FAM. tatuaje.

tau f. Decimonovena letra del alfabeto griego, que se corresponde con nuestra *t.* Su grafía mayúscula es T, y la minúscula, τ. ‖ m. Última letra del alfabeto hebreo. ‖ En fís., partícula elemental cuya carga es igual a la del electrón pero con una masa 4000 veces menor.

taula (voz cat.) f. Monumento megalítico propio de las islas Baleares, que forma una T con dos grandes losas, una vertical y otra horizontal sobre ella.

taumaturgia f. Facultad de realizar milagros o hechos extraordinarios y prodigiosos. ‖ FAM. taumatúrgico, taumaturgo.

taumaturgo, ga m. y f. Mago, persona capaz de realizar milagros o hechos prodigiosos.

taurino, na adj. Del toro o de las corridas de toros o relativo a ellos. ‖ adj. y s. Aficionado a los toros.

tauro m. Uno de los signos del Zodiaco, al que pertenecen las personas que han nacido entre el 20 de abril y el 20 de mayo. ◆ Se escribe con mayúscula. ‖ adj. y com. Se apl. a la persona que ha nacido bajo este signo. ◆ No varía en pl.

tauromaquia f. Arte y técnica de lidiar toros. ‖ Tratado y reglas de este arte. ‖ FAM. taurómaco, tauromáquico.

tautología f. Repetición de un mismo pensamiento expresado de distintas maneras, pero que son equivalentes. ‖ FAM. tautológico.

tautomería f. En quím., proceso por el que dos compuestos se transforman espontáneamente el uno en el isómero del otro manteniendo el equilibrio químico.

taxativo, va adj. Que no admite discusión. ‖ En der., que limita, circunscribe y reduce un caso a determinadas circunstancias. ‖ FAM. taxativamente.

taxi m. Coche de alquiler provisto de taxímetro y conductor, que presta su servicio dentro de una ciudad. ‖ FAM. taxista, taxímetro.

taxidermia f. Arte y técnica de disecar animales para conservarlos con apariencia de vivos. ‖ FAM. taxidermista.

taxidermista com. Especialista en taxidermia.

taxímetro m. En los taxis, aparato que calcula automáticamente el importe debido en proporción a la distancia recorrida.

taxista com. Persona que se dedica profesionalmente a conducir taxis.

taxón o **taxon** m. Cada una de las subdivisiones de la clasificación biológica, desde la especie, que se toma como unidad, hasta el filo o tipo de organización.

taxonomía f. Ciencia que se ocupa de los principios, métodos y fines de la clasificación. ‖ Clasificación que se realiza según esta ciencia, en especial la que ordena, jerarquiza y nombra, dentro de la biología, los seres vivos. ‖ FAM. taxón, taxonómico, taxonomista, taxónomo.

taza f. Vasija pequeña, con asa, que se usa para tomar líquidos. ‖ Lo que cabe en ella. ‖ Receptáculo del retrete. ‖ Receptáculo redondo donde vacían el agua las fuentes. ‖ *amer.* Tazón. ‖ FAM. tazón.

tazón m. Recipiente mayor que la taza y sin asas, generalmente de forma semiesférica.

te¹ f. Nombre de la consonante *t*.

te² pron. Forma átona del pron. pers. com. de segunda persona singular, de los denominados clíticos, que en la oración desempeña la función de complemento directo o indirecto: *te llama tu madre; te dio un azote por desobediente.* ◆ Siempre va sin preposición y como enclítico de las formas no personales del verbo: *no quiero darte más.* Antecede en la frase a otros prons. átonos salvo a *se: te lo has puesto al revés; se te va a caer.*

té m. Planta arbustiva de la familia de las teáceas, originaria de China, de flores blancas, hojas lanceoladas y fruto capsular. ‖ Hoja de este arbusto, seca, enrollada y tostada ligeramente. ‖ Infusión de las hojas de este arbusto en agua hirviendo. ‖ Reunión de personas que se celebra por la tarde y durante la cual se sirve té. ‖ FAM. teáceo, teína, tetera.

tea f. Astilla o palo de madera impregnados en resina y que, encendidos, sirven para alumbrar o prender fuego.

teáceo, a adj. y f. De las teáceas o relativo a esta familia de plantas. ‖ f. pl. Familia de árboles y arbustos angiospermos dicotiledóneos, siempre verdes, con hojas enteras, flores axilares, hermafroditas o unisexuales, y fruto capsular o indehiscente, como el té.

teatral adj. Del teatro o relativo a él. ‖ Se apl. al gesto o a la actitud afectada y exagerada con que se desea llamar la atención. ‖ FAM. teatralidad, teatralización, teatralizar, teatralmente.

teatrero, ra adj. *col.* Muy aficionado al teatro. ‖ *col.* Afectado y exagerado en sus actuaciones o gestos, teatral.

teatro m. Género literario que comprende las obras concebidas para ser representadas en un escenario, ante un público. ‖ Conjunto de todas las producciones dramáticas de un pueblo, época o autor. ‖ Edificio o lugar destinado a la representación de obras dramáticas o a otros espectáculos escénicos. ‖ Conjunto de espectadores que están viendo una representación teatral. ‖ Actividad de componer, interpretar o poner en escena obras dramáticas. ‖ Lugar donde se ejecuta o sucede alguna cosa. ‖ *col.* Fingimiento, afectación, exageración. ‖ FAM. teatral, teatrero.

tebeo m. Revista infantil de historietas cuyo asunto se desarrolla en series de dibujos. ‖ **estar más visto que el tebeo** loc. *col.* Estar demasiado visto, ser poco original. ‖ FAM. tebeoteca.

teca¹ f. Árbol de la familia de las verbenáceas que llega a alcanzar los 40 m, con hojas opuestas, casi redondas y flores blanquecinas, de madera muy apreciada por su dureza y resistencia.

teca² f. Cada una de las dos mitades de la antera de una flor, formada por dos pequeños sacos que guardan el polen. ‖ Cajita donde se guarda una reliquia.

techado m. Techo.

techar tr. Cubrir una superficie con un techo.

techo m. Parte superior de una construcción, que la cubre y cierra. ‖ Cara inferior del mismo, superficie que cierra en lo alto una habitación o espacio cubierto. ‖ Casa, habitación o domicilio: *dormir bajo techo.* ‖ Altura o límite máximo a que puede llegar y del que no puede pasar un asunto o una negociación. ‖ Altura máxima alcanzable por una aeronave. ‖ **techo solar** Mampara transparente que se instala en el techo de algunos vehículos y puede abrirse como una ventana. ‖ **sin techo** Persona sin hogar que suele vivir de la mendicidad. ‖ FAM. techado, techar, techumbre.

techumbre f. Techo de un edificio. ‖ Conjunto formado por la estructura y elementos de cierre de los techos.

teckel adj. y com. Se apl. al perro de tamaño pequeño, con el cuerpo alargado, las orejas largas y las patas muy cortas, llamado popularmente *perro salchicha.*

tecla f. Pieza que se presiona con los dedos en algunos instrumentos musicales para obtener el sonido. ‖ Pieza que se presiona con los dedos en las máquinas de escribir, ordenadores o aparatos semejantes para obtener un carácter determinado. ‖ Pieza que se pulsa para iniciar el funcionamiento de un mecanismo. ‖ **tocar muchas teclas** loc. *col.* Recurrir a los medios o personas necesarios para resolver un asunto complicado. ‖ FAM. teclado, teclear, teclista.

teclado m. Conjunto ordenado de teclas de un instrumento musical o de una máquina.

teclear intr. Mover o pulsar las teclas de un instrumento musical o de una máquina. || Mover los dedos a la manera del que toca las teclas. || FAM. tecleado, tecleo.

teclista com. Persona que toca un instrumento musical de teclado. || Persona que trabaja tecleando textos.

teclo, cla m. y f. *amer.* Anciano, persona de mucha edad.

tecnecio m. Elemento químico metálico y radiactivo del grupo del manganeso. Su símbolo es *Tc*, y su número atómico, *43*.

técnica f. Conjunto de procedimientos o recursos de los que se sirve una ciencia, un arte o un oficio. || Habilidad para hacer uso de estos procedimientos. || Método, táctica, procedimiento para hacer alguna cosa. || FAM. técnico, tecnología.

tecnicatura f. *amer.* Grado universitario orientado específicamente hacia el área técnica, que se obtiene tras realizar determinados estudios de menor duración que la licenciatura. || *amer.* Estudios necesarios para obtener este grado.

tecnicismo m. Carácter de técnico. || Voz característica de una ciencia, una profesión o un arte.

técnico, ca adj. De la técnica o relativo a ella: *fallo técnico.* || Que conoce muy bien los procedimientos de una ciencia, una arte o los lleva a la práctica con especial habilidad. || Se dice de la palabra o la expresión propia de una ciencia, un arte o un oficio. || Se apl. a ciertas especialidades universitarias de grado medio: *arquitectura técnica.* || m. y f. Persona que posee los conocimientos específicos sobre una ciencia, un arte o un oficio. || Entrenador de un equipo deportivo. || FAM. técnicamente, tecnicatura, tecnicidad, tecnicismo, tenificar, tecnocracia.

tecnicolor m. Nombre comercial de un procedimiento que permite reproducir en la pantalla cinematográfica los colores de los objetos.

tecnificar tr. Introducir procedimientos técnicos en actividades donde no se empleaban. || FAM. tecnificación.

tecno o **tecno-pop** m. Tipo de música pop que se realiza con instrumentos electrónicos de avanzada tecnología.

tecnocracia f. Sistema político que defiende el predominio de los técnicos o de los criterios técnicos en el ejercicio del poder. || Conjunto de técnicos y especialistas de la clase dirigente. || FAM. tecnócrata, tecnocrático.

tecnócrata adj. y com. Partidario de la tecnocracia. || com. Persona que ocupa un cargo público por la preeminencia de sus conocimientos técnicos.

tecnología f. Conjunto de conocimientos específicos de un determinado oficio o arte industrial. || Conjunto de los conocimientos, instrumentos y métodos técnicos empleados en un sector profesional. || FAM. tecnológico, tecnólogo.

tecnológico, ca adj. De la tecnología o relativo a ella.

teco m. *amer.* Teniente coronel.

tecolote m. *amer.* Búho, lechuza. || *amer. col.* Agente de policía. || adj. *amer.* Borracho, ebrio.

tectogénesis f. Conjunto de procesos orogénicos, magmáticos y epirogénicos que modifican la estructura de la corteza terrestre. ◆ No varía en pl.

tectología f. Parte de la biología que estudia la morfología y la estructura de los organismos vivos agrupados en colonias.

tectónica f. Parte de la geología que trata de la estructura de la corteza terrestre y de los movimientos que la han originado. || FAM. tectónico.

tectónico, ca adj. De la estructura de la corteza terrestre o relativo a ella: *fosa tectónica.*

tedeum m. En la Iglesia católica, cántico para dar gracias a Dios. ◆ pl. *tedeums.*

tedio m. Aburrimiento o desgana extremos que produce lo que no aporta ningún interés. || FAM. tedioso.

tedioso, sa adj. Que produce tedio, que aburre.

teflón m. Material plástico de propiedades antiadherentes y muy resistente al calor y a la corrosión, que se usa para fabricar revestimientos y utensilios de cocina. ◆ Es la extensión del nombre de una marca registrada.

tegumento m. Tejido que cubre ciertos órganos de las plantas, en especial los óvulos y las semillas. || Membrana que cubre el cuerpo de ciertos animales o alguno de sus órganos internos. || FAM. tegumentario.

teína f. Alcaloide del té, químicamente análogo a la cafeína.

teísmo m. Doctrina religiosa que afirma la existencia de un Dios, personal, inteligente y libre, que ha creado, conserva y gobierna el mundo. || FAM. teísta, teología.

teja f. Pieza de barro cocido hecha en forma acanalada, y a veces plana, para cubrir por fuera los tejados. || Dulce preparado a base de harina, azúcar y otros ingredientes que forman una pasta muy delgada con forma acanalada. || Sombrero con forma de teja que utilizaban los sacerdotes. || m. Color marrón rojizo semejante al de las tejas de barro. ◆ Suele emplearse solo en singular, como sustantivo en aposición. || **a toca teja** loc. adv. *col.* En dinero contante, y pagándolo todo de una vez. || FAM. tejado, tejar, tejero, tejo.

tejadillo m. Tejado de una sola vertiente adosado a un edificio para cubrir puertas o ventanas.

tejado m. Parte superior de un edificio, cubierta comúnmente por tejas. || FAM. tejadillo.

tejano m. Pantalón vaquero.

tejedor, ra adj. Que teje. || *amer.* Intrigante, enredador. También s. || m. y f. Persona que se dedica profesionalmente a tejer. || m. Nombre común de diversas especies de insectos embiópteros poco conocidos que viven bajo las piedras entre redes y túneles sedosos que ellos mismos construyen. || Nombre común de diversas especies de aves paseriformes de unos 20 a 40 cm de longitud que presentan un plumaje vistoso amarillo y negro o rojo y negro, excepto el macho en fase de reproducción, que es pardo. Son aves sociales que construyen nidos entretejidos que cuelgan de las ramas de las acacias.

tejedora f. Máquina para hacer punto. || Zapatero, insecto hemíptero.

tejemaneje m. *col.* Ajetreo, exceso de movimiento o actividad en la realización de alguna cosa. || Asunto turbio o poco honrado que persigue un fin poco honesto.

tejer tr. Formar en el telar un tejido con la trama y la urdimbre. ‖ Entrelazar hilos, cordones, espartos u otro material flexible para formar diversos tipos de tejidos. ‖ Hacer punto a mano o con tejedora. ‖ Formar ciertos animales sus telas y capullos. ‖ Discurrir, formar planes o ideas. ‖ FAM. tejedor, tejedora, tejedura, tejeduría, tejemaneje, tejera, tejería, tejido.

tejido m. Disposición de los hilos de una tela. ‖ Material que resulta de entrelazar hilos de cualquier clase. ‖ Cada una de las estructuras de células de naturaleza y origen idénticos que desempeñan en conjunto una determinada función en los organismos vivos: *tejido nervioso*. ‖ **tejido conjuntivo** El formado por células de diversos aspectos y por materia homogénea, semilíquida y recorrida por numerosos hacecillos de colágeno, cuya función es unir otros tejidos y órganos del cuerpo.

tejo[1] m. Pedazo redondo de teja, piedra o metal que sirve para lanzarlo en algunos juegos, como el de la chita, el chito, la rayuela o el truque. ‖ Juego que consiste en mover con el pie una de estas piezas pequeñas por un dibujo trazado en el suelo. ‖ **tirar los tejos** loc. *col.* Insinuar a alguien el interés que suscita, especialmente en el plano sentimental. ‖ FAM. tejuelo.

tejo[2] m. Árbol gimnospermo conífero de unos 25 m de altura, siempre verde, con tronco grueso, ramas casi horizontales y copa ancha, que se cultiva por su valor ornamental y por su madera.

tejocote m. *amer.* Planta rosácea que da un fruto parecido a la ciruela.

tejolote m. *amer.* Mano del mortero.

tejón m. Nombre común de diversas especies de mamíferos carnívoros de piel gris, con franjas blancas y negras en la cabeza y hocico largo y puntiagudo, con cuyo pelo se fabrican brochas y pinceles. ‖ FAM. tejonera.

tejuelo m. Pedazo de piel o de papel, generalmente de forma cuadrada o rectangular, que se pega al lomo de un libro para consignar la signatura, el título u otra información semejante. ‖ Información que se consigna en el tejuelo.

tela f. Tejido formado por muchos hilos entrecruzados que forman una especie de hoja o lámina. ‖ Pieza tejida con alambre, hilos de plástico u otro material. ‖ Membrana, tejido de forma laminar de consistencia blanda. ‖ Nata o capa que se forma sobre la superficie de algunos líquidos. ‖ Tejido que forman las arañas y algunos insectos. ‖ Lienzo, tejido fuerte sobre el que se puede pintar. ‖ Pintura, cuadro que se realiza sobre este material. ‖ *col.* Asunto o materia: *ya tienen tela para un buen rato.* ‖ *col.* Dinero, caudal. ‖ adv. *col.* Mucho: *les costó tela encontrarlo.* ‖ **tela adhesiva** *amer.* Esparadrapo. ‖ **tela asfáltica** Tejido plástico fino recubierto de asfalto que se emplea como impermeabilizante. ‖ **tela de carpa** *amer.* Lona. ‖ **tela marinera** *col.* Expresa la abundancia, la importancia o la dificultad de algo: *el problema tiene tela marinera.* ‖ **en tela de juicio** loc. adv. En duda: *hay que poner en tela de juicio sus afirmaciones.* ‖ **haber tela que cortar** loc. *col.* Existir materia abundante para tratar a propósito de cierto asunto. ‖ FAM. telar, telaraña, telilla, telón.

telar m. Máquina para tejer. ‖ Fábrica de tejidos. Más en pl. ‖ Parte superior del escenario de un teatro donde se recogen telones, bambalinas y demás elementos móviles del decorado.

telaraña f. Tela que forma la araña entretejiendo los hilos que ella misma segrega.

tele f. *col.* Apócope de *televisión*. ‖ FAM. teleadicto, telebasura, telecámara, teleclub, telecomedia, teleconsultorio, telediario, teledifusión, telefilm, telefilme, telegenia, telegénico, telemando, telemanía, telemárketing, telenoticias, telenovela, teleñeco, teleocio, teleperiodismo, teleperiodista, teleproducto, teleprompter, teleserie, telespectador, teleteatro, teletexto, teletienda.

tele- pref. que significa 'lejos', 'a distancia': *telequinesia, telegrafía.*

telecabina f. Teleférico de cable único para la tracción y la suspensión, dotado de cabina, que puede salvar diferencias de altitud.

telecomunicación f. Sistema de comunicación a distancia por medio de cables u ondas electromagnéticas.

telediario m. Programa de televisión que informa de los acontecimientos y noticias de actualidad y se emite diariamente.

teledifusión f. Transmisión de imágenes de televisión a través de ondas electromagnéticas.

teledirigido, da adj. Mecanismo que se dirige desde lejos, especialmente por medio de ondas hercianas: *coche teledirigido.* ‖ FAM. teledirección, teledirigir.

telediscado m. *amer.* Servicio telefónico automático.

telefax m. Aparato que permite transmitir por medio del cable telefónico documentos, fotografías y textos. ‖ Documento transmitido por este aparato. ◆ Se usa más la forma apocopada *fax.*

teleférico m. Sistema de transporte por medio de cabinas suspendidas de uno o varios cables de tracción que permite salvar diferencias de altitud.

telefilm o **telefilme** m. Película hecha para televisión o que se emite por este medio.

telefonazo m. *col.* Llamada telefónica, especialmente si esta es breve.

telefonear intr. Llamar a alguien por teléfono para comunicar con él. ‖ tr. Comunicar algo por teléfono.

telefonía f. Técnica de construir, instalar y manejar los teléfonos: *telefonía móvil.* ‖ Servicio público de comunicaciones telefónicas.

telefónico, ca adj. Del teléfono o la telefonía, o relativo a ambos. ‖ FAM. telefónicamente.

telefonillo m. Dispositivo para comunicación oral interior, y particularmente el que hay en cada una de las viviendas de un edificio, conectado al portero automático.

telefonista com. Persona que se ocupa del servicio de los aparatos telefónicos. ‖ Persona que atiende una centralita telefónica.

teléfono m. Medio de comunicación que, a través de un conjunto de aparatos y sistemas conductores, transmite a distancia el sonido como señal electromagnética. ‖ Cualquiera de los aparatos para hablar a través de este medio: *teléfono sin cable.* ‖ Número o letras que se asignan a cada línea telefónica. ‖ **teléfono inalámbrico** Terminal telefónico conectado a su línea mediante una señal de radio de alcance relativamente corto en lugar del cable habitual. || **teléfono móvil** El que se conecta a la red telefónica mediante algún sistema de transmisión por radio que permite el uso de la misma línea en un territorio extenso. || FAM. telefomanía, telefonazo, telefonear, telefonema, telefonía, telefónico, telefonillo, telefonista.

telefotografía f. Sistema que permite transmitir fotografías a distancia mediante ondas electromagnéticas. || Fotografía enviada con este sistema. || Técnica de tomar fotografías de elementos lejanos mediante teleobjetivo. || Fotografía obtenida con esta técnica.

telegrafía f. Técnica de construir, instalar y manejar los telégrafos. || Servicio público de comunicaciones telegráficas.

telegrafiar tr. Comunicar o enviar un mensaje por medio del telégrafo.

telegráfico, ca adj. Del telégrafo o la telegrafía, o relativo a ambos. || Se apl. a la forma de expresión muy concisa y escueta, de frases cortas y pocos nexos. || FAM. telegráficamente.

telegrafista com. Persona que se dedica a la instalación y al servicio de los aparatos telegráficos.

telégrafo m. Sistema de comunicación que permite transmitir con rapidez y a distancia comunicaciones escritas mediante un código. || Aparato utilizado en dicho sistema para enviar y recibir los mensajes. || pl. Administración a la que se adscribe este sistema de comunicación. || FAM. telegrafía, telegrafiar, telegráfico, telegrafista, telegrama.

telegrama m. Mensaje transmitido a través del telégrafo. || Papel normalizado en que se recibe dicho mensaje.

telekinesia o **telekinesis** f. Telequinesia. ◆ La segunda forma no varía en pl.

telele m. col. Ataque de nervios, patatús, soponcio.

telemática f. Ciencia que reúne y combina las posibilidades técnicas y los servicios de la telecomunicación y la informática. || FAM. telemático, telematizar.

telemetría f. Técnica de medir distancias entre objetos lejanos mediante un telémetro. || Sistema de medida de magnitudes físicas en lugares difícilmente accesibles, que permite transmitir el resultado de la medición a un observador lejano. || FAM. telemétrico, telémetro.

telémetro m. Sistema óptico que permite calcular la distancia a que se halla un objeto lejano.

telenovela f. Novela filmada y grabada para ser retransmitida por capítulos a través de la televisión.

teleobjetivo m. Objetivo fotográfico especial capaz de captar objetos distantes.

teleología f. Doctrina filosófica que estudia las causas finales de las cosas. || FAM. teleológico.

teleósteo, a adj. y m. De los teleósteos o relativo a este superorden de peces. || m. pl. Superorden de peces constituido por la mayoría de las especies existentes, de esqueleto totalmente osificado, aleta caudal simétrica, branquias protegidas por un opérculo, mandíbula superior unida al cráneo y, en muchos casos, carentes de vejiga natatoria, como el bacalao.

telepatía f. Fenómeno parapsicológico consistente en la transmisión de pensamientos o sensaciones entre personas generalmente distantes entre sí, sin la intervención de los sentidos. || FAM. telépata, telepáticamente, telepático.

telepático, ca adj. De la telepatía o relativo a este fenómeno.

telequinesia o **telequinesis** f. Desplazamiento de objetos sin intervención de una fuerza o energía observables, por lo general en presencia de un médium. ◆ La segunda forma no varía en pl.

telera f. Cada uno de los dos maderos paralelos que forman las prensas de carpinteros, encuadernadores y otros artesanos. || amer. Pan blanco de forma ovalada con dos hendiduras a lo largo. || amer. Galleta delgada y cuadrada.

telescópico, ca adj. Del telescopio o relativo a él: mira telescópica. || Visible solo a través de un telescopio. || Que está formado por una serie de piezas y tubos alargados que se extienden y recogen al encajar unos en otros: antena telescópica.

telescopio m. Aparato óptico en forma de tubo que permite ver objetos muy lejanos, particularmente cuerpos celestes. || FAM. telescópico.

teleserie f. Serie que se emite por televisión.

telesilla m. Asiento suspendido de un cable de tracción para el transporte de personas a la cumbre de una montaña o a un lugar elevado.

telespectador, ra m. y f. Espectador de televisión.

telesquí m. Tipo de teleférico para esquiadores que permite subir a los lugares más elevados con los esquís puestos. ◆ pl. telesquís o telesquíes.

teletexto m. Sistema de transmisión mediante ondas hercianas como la señal de televisión, o por cable telefónico, que muestra por televisión la información en forma de texto.

teletienda f. Sistema de venta de productos a través de la televisión.

teletipo m. Sistema de transmisión de textos, vía telegráfica, a través de un teclado que permite la emisión, recepción e impresión del mensaje. || Mensaje transmitido por este sistema. ◆ Es la extensión del nombre de una marca registrada. || FAM. teletipia.

televidente com. Persona que contempla las imágenes transmitidas por televisión.

televisar tr. Transmitir imágenes por televisión.

televisión f. Sistema de transmisión de imágenes y sonidos a distancia, mediante ondas hercianas. || col. Televisor. || Empresa dedicada a las transmisiones televisivas. || **televisión por cable** Sistema de televisión que se transmite a través de un cable y no es captada por una antena convencional. || **televisión privada** La que no está financiada por dinero público. || FAM. tele, televidente, televisar, televisivo, televisor, televisual.

televisivo, va adj. De la televisión o relativo a ella. || Que resulta apto y atractivo para ser televisado.

televisor m. Aparato receptor de televisión.

télex m. Sistema telegráfico internacional de comunicación con conexión directa entre los usuarios por teletipos. || Mensaje enviado o recibido por este sistema. ◆ No varía en pl.

telina f. Molusco bivalvo marino del tamaño de una almeja y con concha de colores brillantes, abundante en las costas españolas.

telofase f. Fase final de la división celular por mitosis o por meiosis.

telón m. Cortina de gran tamaño que se pone en el escenario de un teatro o la pantalla de un cine, de modo que pueda bajarse y subirse o correrse y descorrerse. ‖ **telón de acero** Frontera política e ideológica que separaba a los países que pertenecían al bloque soviético de los occidentales. ‖ **telón de fondo** Telón que forma el frente de un decorado teatral. ‖ Asunto que subyace en un tema o acontecimiento. ‖ FAM. telonero.

telonero, ra adj. y s. Se apl. al artista u orador que, en un espectáculo, concierto, mitin o conferencia actúa en primer lugar o entre actuación y actuación, como menos importante. ‖ m. y f. Persona que maneja el telón de un escenario.

telson m. Último segmento del cuerpo de los crustáceos, que suele ser laminar y en ocasiones provisto de dos apéndices.

telúrico, ca adj. De la Tierra como planeta o relativo a ella: *movimientos telúricos.* ‖ Del telurismo o relativo a él. ‖ FAM. telurio, telurismo, teluro.

telurio m. Elemento simple clasificado como metaloide, muy escaso, quebradizo y fácilmente fusible. Su símbolo es *Te,* y su número atómico, *52.*

telurismo m. Influencia de una tierra sobre sus habitantes.

tema m. Asunto, materia o idea sobre los que trata alguna cosa. ‖ *col.* Cuestión, negocio que preocupa o interesa o del que se habla. ‖ Cada una de las lecciones o unidades de estudio de una asignatura u oposición. ‖ En ling., radical que permite la inmediata inserción de los elementos de la flexión. ‖ En mús., fragmento de una composición, con arreglo al cual se desarrolla el resto de ella. ‖ Canción o composición musical. ‖ *col.* Manía o idea fija. ‖ FAM. temar, temario, temática, temático, tematizar.

temar intr. *amer.* Tener una obsesión.

temario m. Conjunto de temas en que se divide una asignatura, oposición, conferencia o semejante.

temática f. Tema o conjunto de temas contenidos en un asunto general.

temático, ca adj. Del tema o relativo a él: *enciclopedia temática.* ‖ En ling., se apl. al elemento que, para la flexión, modifica la raíz de un vocablo: *vocal temática.* ‖ Que está centrado o dedicado a un conjunto de actividades en torno a una idea común: *parque temático.*

tembladeral m. *amer.* Tremedal.

temblar intr. Agitarse con movimiento frecuente e involuntario. ‖ Vacilar, moverse rápidamente una cosa a uno y otro lado. ‖ Tener mucho miedo o estar muy nervioso. ◆ **Irreg.** Se conj. como *acertar.* ‖ FAM. tembladera, tembladeral, temblequear, tembletear, temblón, temblor, tembloroso.

tembleque m. *col.* Temblor intenso del cuerpo. ‖ adj. y com. *amer. col.* Enclenque.

temblequear o **tembletear** intr. *col.* Temblar mucho y repetidamente. ‖ FAM. temblequе.

temblón, ona adj. *col.* Que tiembla mucho.

temblor m. Movimiento involuntario del cuerpo o de una parte de él, repetido y continuado, debido generalmente al frío, al miedo o al nerviosismo. ‖ Movimiento semejante en cualquier otra cosa. ‖ **temblor de tierra** Terremoto.

tembloroso, sa adj. Que tiembla. ‖ Entrecortado, afectado por un fuerte sentimiento.

temer tr. Tener miedo o temor a una persona o cosa. También intr. ‖ Sospechar un daño u otra cosa negativa. ‖ Creer, opinar. También prnl. ‖ FAM. temeroso, temible, temor.

temerario, ria adj. Imprudente, que se expone o expone a otras personas a riesgos innecesarios. ‖ Que se dice, hace o piensa sin fundamento: *juicio temerario.* ‖ FAM. temerariamente, temeridad.

temeridad f. Imprudencia, exposición excesiva a un riesgo innecesario. ‖ Acción o dicho temerarios.

temeroso, sa adj. Que causa temor. ‖ Que siente temor o recelo. ‖ FAM. temerosidad, temerosamente.

temible adj. Que infunde temor o es digno de ser temido.

temor m. Sentimiento de inquietud y miedo que provoca la necesidad de huir ante alguna persona o cosa, evitarla o rechazarla por considerarla peligrosa o perjudicial. ‖ Presunción o sospecha, particularmente de un posible daño o perjuicio. ‖ **temor de Dios** En la religión católica, miedo reverencial y respetuoso que se ha de tener a Dios.

témpano m. Pedazo de cualquier cosa dura, extendida o plana, especialmente de hielo.

témpera f. Tipo de pintura al temple, espesa, que utiliza los colores diluidos en agua. ‖ Obra realizada con este tipo de pintura.

temperamental adj. Del temperamento o relativo a él. ‖ De temperamento fuerte y frecuentes cambios de humor.

temperamento m. Forma de ser de cada persona. ‖ Manera de ser de la persona enérgica, creativa y emprendedora. ‖ Constitución particular de cada individuo que determina su carácter. ‖ FAM. temperamental.

temperante adj. Que posee la virtud de la templanza. ‖ *amer.* Que no bebe alcohol, abstemio.

temperar tr. Moderar, debilitar, suavizar. También prnl. ‖ Calmar el exceso de acción o excitación orgánicas por medio de calmantes y antiespasmódicos. ‖ intr. *amer.* Cambiar temporalmente de clima o aires una persona por razones de salud o de placer. ‖ FAM. temperación, temperado, temperamento, temperancia, temperante, temperatura, tempero.

temperatura f. Magnitud física que mide la sensación subjetiva de calor o frío de los cuerpos o del ambiente. ‖ Grado mayor o menor de calor de un cuerpo o de la atmósfera. ‖ *col.* Fiebre, calentura.

tempestad f. Perturbación atmosférica que se manifiesta por variaciones en la presión ambiente y por fuertes vientos, acompañados a menudo de truenos, lluvia o nieve. ‖ Perturbación de las aguas del mar, causada por la intensidad y violencia de los vientos. ‖ Agitación o excitación grande en el estado de ánimo de las personas. ‖ FAM. tempestuoso.

tempestuoso, sa adj. Se apl. al tiempo que amenaza tempestad o en el que se producen tempestades. || Tenso, agitado, que amenaza una situación violenta. || FAM. tempestuosamente.

templado, da adj. Que no está frío ni caliente en exceso. || Se apl. al clima suave, en el que no hace frío ni calor extremos. || Moderado, tranquilo, que no comete excesos. || Se apl. al material resistente, sin brillo ni transparencia. || *amer.* Enamorado, amartelado. || FAM. templadamente.

templador m. Instrumento para templar algunos instrumentos de cuerda, como el arpa o el piano.

templanza f. En el catolicismo, virtud cardinal que consiste en la moderación en los placeres y pasiones. || Benignidad, suavidad del tiempo atmosférico.

templar tr. Quitar el frío de una cosa, calentarla ligeramente. || Moderar o suavizar la fuerza y la intensidad de alguna cosa. || Enfriar bruscamente en un cuerpo líquido un material calentado por encima de determinada temperatura: *templar el acero.* || Poner en tensión moderada una cosa: *templar una cuerda.* || Sosegar un sentimiento o estado de ánimo violento o excitado: *templar los nervios.* || Afinar un instrumento musical. || Ajustar el movimiento de la capa o la muleta a la embestida del toro. || intr. Empezar a calentarse una cosa. También prnl. || prnl. Contenerse, evitar los excesos. || *amer.* Enamorarse, amartelarse. || FAM. templado, templador, templanza, temple.

templario adj. y m. De la orden religiosa y militar del Temple.

temple m. Carácter o estado de ánimo de una persona. || Capacidad de una persona para enfrentarse con serenidad a situaciones difíciles o peligrosas. || Punto de dureza o elasticidad que se da a un material, como el metal y el cristal, mediante la elevación de su temperatura a cifras muy altas para después enfriarlo bruscamente. || Afinado de un instrumento. || Tipo de pintura que se obtiene al disolver pigmentos en líquidos pegajosos y calientes, como agua con cola. || FAM. templista.

templete m. Armazón pequeña en forma de templo que sirve para resguardar algo, generalmente una imagen. || Quiosco, pabellón pequeño formado por varias columnas que sostienen una cúpula.

templo m. Edificio o lugar público destinado exclusivamente al culto religioso. || Lugar en que se rinde culto a un arte o una ciencia. || FAM. templario, templén, templete.

tempo m. Velocidad a la que se ejecuta una composición musical. || Ritmo de desarrollo de alguna cosa: *tempo narrativo.*

témpora f. Tiempo de ayuno en el comienzo de cada una de las cuatro estaciones del año. Más en pl.

temporada f. Espacio de varios días, meses o años que se consideran aparte formando un conjunto: *temporada de verano.* || Tiempo durante el cual sucede alguna cosa o se realiza habitualmente: *temporada de ópera.* || **temporada alta** Periodo del año que se considera más adecuado para el turismo. || **temporada baja** Periodo del año en que el turismo es más escaso. || **de temporada** loc. adj. Propio de cierta época, no de manera permanente: *alimentos de temporada.*

temporal[1] adj. Del tiempo o relativo a él. || Que dura por algún tiempo, pero no es fijo ni permanente: *empresa de trabajo temporal.* || Que no es eterno: *la riqueza es un bien temporal.* || Secular, profano, frente a lo eclesiástico o religioso. || En gram., que expresa idea de tiempo: *oración subordinada adverbial temporal.* || m. Tormenta muy fuerte en la tierra o en el mar. || Periodo de lluvias persistentes. || **capear el temporal** loc. *col.* Resolver compromisos, trabajos o situaciones difíciles y agobiantes. || FAM. temporalidad, temporalizar, temporalmente, temporario.

temporal[2] adj. De las sienes o relativo a esta parte de la cabeza: *lóbulo temporal.* || adj. y m. Se apl. a cada uno de los huesos del cráneo de los mamíferos, correspondientes a las sienes.

temporalidad f. Transitoriedad de las cosas. || Cualidad de lo que es profano, frente a lo religioso.

temporario, ria adj. *amer.* Temporal, provisional.

temporero, ra adj. y s. Se apl. a la persona destinada temporalmente al ejercicio de un oficio o empleo.

temporizador m. Sistema de control de tiempo que se utiliza para abrir o cerrar un circuito en uno o más momentos determinados, y que conectado a un dispositivo lo pone en acción.

tempranero, ra adj. Que se da antes de su tiempo normal: *frutos tempraneros.* || Que madruga o suele hacerlo: *es muy tempranero, a las siete y media ya está en el trabajo.*

temprano, na adj. Adelantado, que ocurre o se da antes del tiempo normal: *patatas tempranas.* || Se apl. a la primera época o momento de un determinado tiempo: *edad temprana.* || adv. t. En las primeras horas del día o de la noche: *levantarse, acostarse temprano.* || En tiempo anterior al oportuno, convenido o acostumbrado para algún fin, o muy pronto. || FAM. tempranamente, tempranero.

temu m. *amer.* Árbol de la familia de las mirtáceas de madera muy dura y semillas muy amargas.

ten con ten loc. *col.* Tiento, moderación, diplomacia: *si no quieres discutir con él, tendrás que tener un ten con ten.*

tenacidad f. Firmeza, obstinación y constancia para cumplir un objetivo.

tenacillas f. pl. Tenaza pequeña que sirve para coger terrones de azúcar, dulces y otras cosas. || Instrumento con forma de tenaza que sirve para rizar el pelo.

tenaz adj. Firme, constante, obstinado en el cumplimiento de un objetivo. || Que está muy sujeto o adherido a algo, de lo que es difícil separar o quitar: *mancha tenaz.* || Que opone mucha resistencia a romperse o deformarse: *metal tenaz.* || FAM. tenacidad, tenaza, tenazmente.

tenaza f. Instrumento de metal compuesto de dos brazos movibles trabados por un eje, que se emplea para coger o sujetar una cosa, arrancarla o cortarla. Más en pl. || Pinza en que terminan las patas de algunos artrópodos. || FAM. tenacillas.

tenca f. Pez osteíctio cipriniforme de agua dulce, de carne blanca y sabrosa, pero llena de espinas.

tendal m. Cubierta de tela para hacer sombra. || Lienzo que se pone debajo de los olivos para que caigan en él las aceitunas cuando se recogen. || Conjunto de cosas tendidas para que se sequen, especialmente frutos. || *amer.* Tendalada. || FAM. tendalada.

tendalada f. *amer. col.* Conjunto de personas o cosas tendidas desordenadamente en el suelo por alguna causa violenta.

tendedero m. Lugar donde se tiende alguna cosa, especialmente la ropa para que se seque. || Armazón de alambres o cuerdas donde se tiende la ropa. : *tendedero de alas.*

tendencia f. Propensión, inclinación. || Movimiento religioso, económico, político, artístico o semejante, que se orienta en determinada dirección. || FAM. tendencioso.

tendencioso, sa adj. Que manifiesta o incluye tendencia hacia determinados fines o doctrinas. || FAM. tendenciosamente, tendenciosidad.

tendente adj. Que tiende o se inclina hacia algo.

tender tr. Desdoblar, extender, desplegar. || Colocar a una persona o animal sobre una superficie, horizontalmente. También prnl. || Extender o colgar la ropa mojada para que se seque. || Suspender, colocar una cosa apoyándola en dos o más puntos. || intr. Demostrar una determinada tendencia u orientación. ◈ Se construye con la prep. *a: tiende a ensimismarse.* || Parecerse o acercarse a cierta cualidad o característica. ◈ Se construye con la prep. *a: un amarillo que tiende a dorado.* ◆ **Irreg.** Se conj. como *entender.* || FAM. tendal, tendedero, tendedor, tendel, tendencia, tendente, tenderete, tendido, tendón, tienda.

tenderete m. Puesto de venta al por menor, instalado al aire libre. || Conjunto de cosas que se dejan tendidas en desorden.

tendero, ra m. y f. Persona que tiene una tienda o trabaja en ella, particularmente si es de comestibles.

tendido, da adj. Se apl. al galope del caballo o de otro animal cuando es muy fuerte y rápido. || En la lidia de toros, se dice de la estocada algo más horizontal de lo normal. || m. Colocación de alguna cosa apoyándola en dos o más puntos. || Gradería descubierta y próxima a la barrera en las plazas de toros. || Conjunto de cables que constituye una conducción eléctrica.

tendinitis f. Inflamación de un tendón que se manifiesta generalmente después de un golpe. ◆ No varía en pl.

tendón m. Haz de fibras conjuntivas que une los músculos a los huesos. || **tendón de Aquiles** Tendón grueso y fuerte que, en la parte posterior e inferior de la pierna, une el talón con la pantorrilla. || Talón de Aquiles. || FAM. tendinitis, tendinoso.

tenebrismo m. Tendencia pictórica del Barroco, introducida por Caravaggio, que acentúa el fuerte contraste entre la luz y la sombra. || FAM. tenebrista.

tenebrista adj. Del tenebrismo o relativo a esta tendencia pictórica. || adj. y com. Que practica el tenebrismo.

tenebroso, sa adj. Oscuro, cubierto de tinieblas. || Tétrico, cargado de misterio. || FAM. tenebrismo, tenebrosamente, tenebrosidad.

tenedor, ra m. y f. Persona que tiene o posee una cosa, en especial la que posee legítimamente una letra de

cambio u otro valor endosable. || m. Utensilio de mesa formado por un mango con tres o cuatro púas iguales, que sirve para clavarlo en los alimentos sólidos y llevarlos a la boca. || Signo con la forma de este utensilio que en España indica la categoría de los comedores o restaurantes según el número de unidades representadas. || **tenedor de libros** Empleado que tiene a su cargo los libros de contabilidad en una oficina. || FAM. teneduría.

teneduría f. Cargo y oficina del tenedor de libros.

tenencia f. Posesión de una cosa: *tenencia ilícita de armas.* || Cargo u oficio de teniente. || Oficina en que se ejerce este cargo.

tener tr. Poseer una cosa o disfrutar de ella. || Corresponder a alguien una calidad o estado. || Contener o comprender en sí. || Disponer de una persona o una cosa. || Construido con algunos nombres, hacer o experimentar lo que estos expresan: *tener un día aburrido.* || Con los nombres que significan tiempo, expresa duración o edad: *tiene treinta años.* || Asir o mantener asida una cosa. || Mantener, sostener. También prnl. || Dominar, sujetar, detener: *ten la lengua.* También prnl. || Guardar, cumplir: *tener la promesa.* || Hospedar o recibir en su casa: *tienen en casa a los abuelos.* || Estar en disposición de hacer una cosa u ocuparse de ella: *tiene una junta a las seis.* || Juzgar, reputar. También prnl.: *tenerse por sabio.* || Estimar, apreciar. También prnl. || prnl. Hacer asiento un cuerpo sobre otro: *este taburete no se tiene bien.* || aux. Construido con un participio, equivale a *haber: ya lo tengo elegido.* || Construido con la conjunción *que* y el infinitivo de otro verbo, ser preciso algo o estar obligado a algo: *tendré que salir.* || **(conque) esas tenemos** loc. *col.* Denota sorpresa y enfado ante la actitud de otra persona. || **no tener donde caerse muerto** loc. *col.* Estar muy falto de recursos económicos. || **no tenerlas** alguien **todas consigo** loc. *col.* Sentir temor o recelo. || **no tener** alguien o algo **por donde cogerlo** loc. *col.* Ser muy malo. || **quien tuvo, retuvo** loc. Expresa que siempre se conserva algo de lo que en otro tiempo se tuvo, especialmente algunas virtudes. || **tener a bien** loc. Estimar que alguna cosa es buena y conveniente o dignarse a hacerla. || **tener** alguien **para sí** una cosa loc. Tener formada una opinión propia sobre algo. || **tener** algo **presente** loc. Recordar una cosa y tomarla en consideración. || **tener que ver** una persona o cosa **con** otra loc. Haber entre ellas alguna conexión, relación o semejanza. ◈ Se usa mucho en oraciones negativas. || FAM. tenante, tenedor, tenencia, tenida, tenienta, teniente, tenor, tentempié, tentetieso, terrateniente. ◆ **Irreg.** Conjugación modelo:

Indicativo

    Pres.: tengo, tienes, tiene, tenemos, tenéis, tienen.

    Imperf.: tenía, tenías, tenía, *etc.*

    Pret. perf. simple: tuve, tuviste, tuvo, tuvimos, tuvisteis, tuvieron.

    Fut. simple: tendré, tendrás, tendrá, *etc.*

    Condicional simple: tendría, tendrías, tendría, *etc.*

Subjuntivo

    Pres.: tenga, tengas, tenga, tengamos, tengáis, tengan.

Imperf.: tuviera o tuviese, tuvieras o tuvieses, *etc.*
Fut. simple.: tuviere, tuvieres, tuviere, *etc.*
Imperativo: ten, tened.
Participio: tenido.
Gerundio: teniendo.

tenería f. Fábrica donde se curten y trabajan las pieles.

tenguerengue m. *amer.* Cabaña de madera y ramas pobre e inestable. || **en tenguerengue** loc. adv. *col.* En equilibrio inestable.

tenia f. Nombre común de diversas especies de gusanos platelmintos cestodos en forma de cinta que pueden alcanzar hasta 12 m de longitud y viven parásitos en el intestino del hombre o de otros mamíferos. || FAM. teniasis.

tenida f. Sesión de una logia masónica. || *amer. col.* Reunión. || *amer. col.* Traje, vestimenta.

teniente adj. *col.* Que está algo sordo. || com. Persona que ejerce el cargo o ministerio de otro como sustituto: *teniente de alcalde.* || En el ejército y otros cuerpos militarizados, oficial cuyo empleo es el inmediatamente inferior al de capitán y superior al de alférez. ◆ Como sustantivo, la forma f. puede ser también *tenienta.* || FAM. tenientazgo.

tenis m. Deporte que se practica en un terreno llano, rectangular, dividido por una red intermedia, que consiste en golpear la pelota con la raqueta para que vaya de una parte a otra del campo por encima de la red. || *col.* Zapatilla deportiva de lona u otro material. || **tenis de mesa** *Ping-pong.* ◆ No varía en pl. || FAM. tenista, tenístico.

tenista com. Persona que practica el tenis.

tenor[1] m. Contenido literal de un escrito o enunciado. || **a tenor de**, o **de lo que** loc. adv. De la misma manera que, a juzgar por.

tenor[2] m. En mús., voz cuyo registro se encuentra entre el del contralto y el del barítono. || En mús., persona que tiene esta voz. || En mús., instrumento cuyo ámbito corresponde a la tesitura de tenor: *saxo tenor.* || FAM. tenora.

tenora f. Instrumento musical de viento con pabellón de metal, parecido a un oboe, con que se acompaña la sardana.

tenorio m. Hombre seductor de mujeres, audaz y propenso a las riñas.

tensar tr. Poner tensa alguna cosa. ◆ Tiene doble p. p.: uno reg., *tensado,* y otro irreg., *tenso.* || FAM. tensado, tensiómetro, tensión, tenso, tensor.

tensiómetro m. Instrumento que mide la presión arterial.

tensión f. En fís., estado de un cuerpo sometido a la acción de fuerzas que lo estiran. || En fís., fuerza que impide a las partes de un mismo cuerpo separarse unas de otras cuando se halla en dicho estado. || En fís., intensidad de la fuerza con que los gases tienden a dilatarse. || Grado de energía eléctrica que se manifiesta en un cuerpo: *alta tensión.* || Estado anímico de excitación, impaciencia, esfuerzo o exaltación producido por determinadas circunstancias o actividades. || Estado de oposición u hostilidad latente entre personas o grupos humanos.

|| **tensión arterial** Presión que ejerce la sangre sobre la pared de las arterias. || FAM. tensionar.

tenso, sa adj. Se apl. al cuerpo que se encuentra estirado debido a fuerzas contrarias que actúan sobre él. || Que siente angustia, impaciencia o tensión emocional. || Se apl. a la situación en la que se presentan posiciones opuestas de gran hostilidad. || FAM. tieso.

tensor, ra adj. y m. Que tensa u origina tensión: *músculo tensor.* || m. Mecanismo o dispositivo que se utiliza para tensar algo. || En fís., cualquier sistema de magnitudes que se pueden ordenar en filas y columnas en forma de matriz, y sobre el cual es aplicable el cálculo matricial. || FAM. tensorial.

tentación f. Estímulo que induce a obrar mal. || Impulso repentino que excita a hacer una cosa. || Persona o cosa que induce a algo.

tentáculo m. Cualquiera de los apéndices móviles y blandos de muchos animales invertebrados, que actúan principalmente como órganos táctiles y de presión. || m. pl. Medios de los que alguien dispone para extender su influencia o poder sobre algo. || FAM. tentacular.

tentadero m. Corral o sitio cerrado donde se realiza la tienta de los becerros para comprobar su bravura.

tentador, ra adj. Que tienta o hace caer en la tentación.

tentar tr. Palpar, tocar. || Examinar y reconocer por medio del tacto lo que no se puede ver. || Inducir o estimular a alguien, generalmente a algo malo. || Resultar muy atractiva para alguien una cosa. || Probar la bravura de una res brava con el fin de seleccionarla o cruzarla. ◆ Irreg. Se conj. como *acertar.* || FAM. tentación, tentáculo, tentadero, tentado, tentador, tentativa, tienta, tiento.

tentativa f. Acción con que se intenta, prueba a tantea una cosa. || En der., principio de ejecución de un delito que no llega a realizarse.

tentempié m. Refrigerio, piscolabis. || Tentetieso.

tentetieso m. Juguete que, al moverlo, vuelve siempre a su posición inicial, ya que está provisto de un contrapeso.

tenue adj. Débil, delicado, suave, con poca intensidad o fuerza. || Muy fino o poco denso. || FAM. tenuemente, tenuidad.

teñido m. Aplicación sobre algo de un color que antes no tenía.

teñir tr. Dar a una cosa un color distinto del que tenía mediante una sustancia. También prnl. || Comunicar a algo un pensamiento, sentimiento u opinión. || Rebajar o apagar un color con otros más oscuros. ◆ Irreg. Se conj. como *ceñir.* || FAM. teñible, teñido, teñidura, tinta, tinte, tinto, tintorería, tintorero, tintura.

teocracia f. Gobierno ejercido directamente por Dios o sometido a las leyes divinas a través de sus ministros o representantes, como el de los antiguos hebreos. || FAM. teocrático.

teodicea f. Ciencia que trata de Dios y de sus atributos y perfecciones a la luz de los principios de la razón, independientemente de las verdades reveladas.

teodolito m. Instrumento de precisión para medir ángulos en sus planos respectivos.

teogonía f. Origen o nacimiento de los dioses del paganismo y relato en que se expone. ‖ FAM. teogónico.

teologal adj. De la teología o relativo a ella.

teología f. Ciencia que trata sobre Dios y sobre el conocimiento que el hombre tiene de él, mediante la fe o la razón. ‖ FAM. teologal, teológicamente, teológico, teologizar, teólogo.

teológico, ca adj. De la teología o relativo a ella. ‖ FAM. teológicamente.

teólogo, ga m. y f. Persona que se dedica de forma profesional al estudio de la teología.

teorema m. Proposición que afirma una verdad demostrable. ‖ En mat., proposición por medio de la cual, partiendo de un supuesto (*hipótesis*), se afirma una verdad *(tesis)* que no es evidente por sí misma.

teorética f. Estudio del conocimiento.

teorético, ca adj. Que se dirige al conocimiento teórico, no a la acción o a la práctica. ‖ FAM. teorética.

teoría f. Conocimiento especulativo considerado con independencia de toda aplicación. ‖ Serie de leyes que sirven para relacionar determinado orden de fenómenos. ‖ Hipótesis cuyas consecuencias se apl. a toda una ciencia o a parte muy importante de la misma. ‖ Explicación que da una persona de algo, o propia opinión que tiene sobre alguna cosa. ‖ **en teoría** loc. adv. Sin haber sido comprobado en la práctica. ‖ FAM. teorema, teorético, teórica, teórico, teorizar.

teórica f. Teoría, conjunto de conocimientos de una ciencia o arte, independiente de su aplicación práctica.

teórico, ca adj. De la teoría o relativo a ella. ‖ Que conoce las cosas o las considera solo especulativamente. ‖ Sin aplicación práctica. ‖ m. y f. Persona conocedora de la teoría de alguna ciencia o arte, independientemente de su aplicación práctica. ‖ FAM. teóricamente.

teorizar tr. Tratar un asunto solo en teoría, de forma abstracta y no concreta. ‖ intr. Hacer abstracción sobre algo. ‖ FAM. teorizador, teorizante.

teosofía f. Conocimiento profundo de la divinidad mediante la inspiración personal y la iluminación interior. ‖ FAM. teosófico, teósofo.

tepalcate m. *amer.* Trozo o fragmento de un recipiente o utensilio de barro. ‖ *amer.* Utensilio de barro viejo o deteriorado.

tépalo m. Parte del envoltorio floral de algunas plantas que presenta características propias de los pétalos y sépalos.

tepe m. Pedazo de tierra cubierta de césped, con las raíces muy trabadas, y que cortado prismáticamente se emplea para hacer paredes y malecones.

tequila amb. Bebida típica de México, de alta graduación, que se destila de una especie de maguey.

tequio m. *amer.* Molestia, perjuicio. ‖ FAM. tequioso.

tequioso, sa adj. *amer.* Dicho de un niño, travieso, fogoso.

terapeuta com. Persona especialista en terapéutica.

terapéutica f. Parte de la medicina que tiene por objeto el tratamiento de las enfermedades. ‖ FAM. terapeuta, terapéutico, terapia.

terapéutico, ca adj. De la terapéutica o relativo a ella.

terapia f. Parte de la medicina que se ocupa del tratamiento de las enfermedades. ‖ Tratamiento para combatir una enfermedad. ‖ **terapia de grupo** Tratamiento de algunas enfermedades psicológicas en las que se trata a un conjunto de enfermos. ‖ **terapia ocupacional** Tratamiento de algunas enfermedades en las que se intenta la readaptación del paciente a la vida diaria. : *en este centro los drogodependientes siguen una terapia ocupacional.*

teratología f. Estudio de las anomalías y malformaciones del organismo animal o vegetal. ‖ FAM. teratogénico, teratógeno, teratológico, teratoma.

terbio m. Elemento químico del grupo de los lantánidos que, unido a otros, se ha hallado en algunos minerales de Suecia. Es un metal plateado, dúctil y maleable. Su símbolo es *Tb*, y su número atómico, *65*.

tercer adj. num. ord. Apócope de *tercero.* ♦ Se usa siempre antepuesto al nombre: *vivo en el tercer piso.*

tercera f. En el motor de algunos vehículos, marcha que tiene mayor velocidad que la segunda y más potencia que la cuarta. ‖ En mús., intervalo que existe entre una nota y la tercera nota anterior o posterior a ella en la escala, ambas inclusive.

tercermundismo m. Situación en la que se encuentran los países del tercer mundo. ‖ Conjunto de rasgos económicos, culturales o sociales propios del tercer mundo, especialmente cuando se dan en países que no son del tercer mundo. ‖ FAM. tercermundista.

tercermundista adj. De los países del tercer mundo o relativo a ellos. ‖ Que tiene características similares a las que se dan en el tercer mundo.

tercero, ra adj. num. ord. Que ocupa el lugar número tres en una serie ordenada de elementos. También s. ‖ adj. num. frac. Se apl. a cada una de las tres partes iguales en que se divide un todo. ‖ adj. y s. Que media entre dos o más personas para el ajuste o ejecución de una cosa. Más en pl.: *daños a terceros.* ‖ m. y f. Alcahuete. ‖ En geom., cada una de las sesenta partes iguales en que se divide el segundo de círculo. ‖ FAM. tercer, terceramente, tercería, tercerilla, tercerista, tercermundismo, tercerola, terceto.

terceto m. Combinación métrica de tres versos de arte mayor, generalmente endecasílabos, que riman el primero con el tercero. ‖ Composición poética de tres versos de arte menor con rima consonante, dos de cuyos versos riman entre sí. ‖ En mús., composición para tres voces o instrumentos. ‖ En mús., conjunto de estas tres voces o instrumentos.

tercia f. Segunda de las cuatro partes iguales en que dividían los romanos el día. ‖ Una de las horas menores del oficio divino, la inmediata después de la prima.

terciado, da adj. De tamaño mediano. ‖ Que está bastante gastado porque ha quedado reducido a la tercera parte de su volumen o capacidad original.

terciana f. Fiebre intermitente que se repite cada tres días. Más en pl.

terciar intr. Interponerse, mediar en una disputa o pelea para poner de acuerdo a las partes o tomar partido por una de ellas. ‖ Intervenir en algo que ya habían comenzado otros. ‖ tr. Poner una cosa atravesada diagonalmente. ‖ Dividir una cosa en tres partes. ‖ prnl. Venir bien una cosa, disponerse bien: *si se tercia, hablaré con él.* ‖ FAM. terciado, terciador.

terciario, ria adj. Tercero en orden o grado. ‖ En arquit., se apl. al arco de piedra que se hace en las bóvedas formadas con cruceros. ‖ De la época geológica más antigua de la era cenozoica o relacionado con ella. También m. ‖ FAM. terciarizado, terciarizar.

tercio, cia adj. num. frac. Se apl. a cada una de las tres partes iguales en que se divide un todo. También m. ‖ m. Regimiento de infantería española de los siglos XVI y XVII. ‖ Denominación que se da a algunos cuerpos o batallones del ejército. ‖ Cada una de las tres partes en que se considera dividida la lidia de toros. ‖ Cada una de las tres partes concéntricas en que se considera dividido el ruedo taurino, especialmente el comprendido entre las tablas y los medios. ‖ Botella de cerveza que contiene la tercera parte de un litro. ‖ FAM. terciana, terciario, terciopersonal.

terciopelo m. Tela de seda muy tupida y con pelo, formada por dos urdimbres y una trama. ‖ Tela con pelillo, semejante a la anterior, pero tejida con hilos que no son de seda.

terciopersonal adj. En gram., se apl. al verbo que solo se conjuga en tercera persona, generalmente la del singular, en todos los tiempos y modos.

terco, ca adj. Pertinaz, obstinado, que no cambia de actitud o parecer aunque haya argumentos convincentes en su contra. ‖ Animal o cosa difícil de dominar, más que otros de su misma naturaleza. ‖ FAM. tercamente, terquear, terquedad.

terebinto m. Arbusto caducifolio de la familia anacardiáceas, con tronco ramoso y madera dura y compacta, que exuda por la corteza gotitas de trementina blanca muy olorosa.

tereré m. *amer.* Infusión de yerba mate que se suele servir fría.

teresiano, na adj. De santa Teresa de Jesús o relativo a ella. ‖ adj. y f. Se apl. a la religiosa de votos simples, perteneciente a un instituto religioso afiliado a la tercera orden carmelita, que tiene por patrona a santa Teresa.

tergal m. Fibra sintética de poliéster, muy resistente, y tela confeccionada con ella.

tergiversar tr. Desfigurar o interpretar erróneamente palabras o sucesos. ‖ FAM. tergiversable, tergiversación, tergiversar.

termal adj. De las termas o relativo a ellas: *aguas termales.*

termas f. pl. Baños de aguas minerales calientes. ‖ Baños públicos de los antiguos romanos. ‖ FAM. termal.

termes m. Termita. ◆ No varía en pl. ‖ FAM. termita, térmite.

térmico, ca adj. Del calor o la temperatura, o relativo a ellos. ‖ Que conserva la temperatura. ‖ FAM. termas, termo.

terminación f. Conclusión, finalización de algo. ‖ Parte final de una obra o cosa. ‖ En ling., letra o letras que se añaden a la raíz de los vocablos y que forman los morfemas gramaticales o los sufijos.

terminal adj. Final, último. ‖ Que está en el extremo de cualquier parte de la planta. ‖ Se apl. al enfermo que se encuentra en la fase final de una enfermedad incurable. ‖ m. Extremo de un conductor, preparado para facilitar su conexión con un aparato. ‖ En inform., dispositivo de entrada y salida de datos conectado a un procesador de control al que está subordinado. ‖ f. Cada uno de los extremos de una línea de transporte público: *terminal de autobuses.*

terminante adj. Claro, preciso, concluyente, que no admite discusión alguna. ‖ FAM. terminantemente.

terminar tr. Poner término a una cosa, acabarla. ‖ Gastar, agotar. También prnl. ‖ Rematar algo con esmero. ‖ intr. Tener término una cosa. También prnl. ‖ Acabar con algo o destruirlo. ‖ Tener algo determinada forma o remate en su extremo. ‖ **terminar con** alguien loc. Dejar de tratarse con una persona. ‖ FAM. terminable, terminación, terminante.

término m. Extremo, límite o final de una cosa. ‖ Señal que fija los límites de campos y terrenos. ‖ Línea divisoria de Estados, provincias, municipios o distritos. ‖ Paraje señalado para algún fin. ‖ Tiempo determinado. ‖ Palabra o vocablo que expresa una idea, y que generalmente es propia de una actividad o disciplina determinada. ‖ Objeto, fin. ‖ Estado o situación en que se halla una persona o cosa. ‖ Forma o modo de portarse o hablar. Más en pl.: *le dijo que no se dirigiera a él en esos términos.* ‖ En ling., cada uno de los dos elementos necesarios en la relación gramatical. ‖ En ling., palabra o sintagma introducidos por una preposición. ‖ Cada una de las partes que integran una proposición o un silogismo. ‖ Cada una de las partes en que queda dividida una escena en una obra de teatro, cinematográfica o pictórica. ‖ En mat., numerador o denominador de una fracción. ‖ En mat., cada una de las partes de una expresión que se hayan unidas entre sí por las operaciones de suma o resta. ‖ m. pl. Condiciones que se establecen en un contrato o acuerdo. ‖ **término medio** En mat., cantidad que resulta de sumar otras varias y dividir la suma por el número de ellas. ‖ Aspecto o situación intermedios entre dos extremos. ‖ **en último término** loc. adv. Como última solución o último recurso. ‖ FAM. terminal, terminar, terminología.

terminología f. Conjunto de términos o vocablos propios de determinada profesión, ciencia o materia. ‖ FAM. terminológico.

termita¹ f. Mezcla de polvo de aluminio y de diferentes óxidos metálicos que, al inflamarse, produce elevadísima temperatura.

termita² m. Nombre común de las más de 2000 especies de insectos isópteros que no superan los 5 mm, excepto la reina, que alcanza hasta 10 cm, de color blanquecino y vida social organizada en castas, de gran voracidad, que viven en la madera, de la que algunas especies se alimentan, o en nidos bajo tierra. ‖ FAM. termitero.

termitero m. Nido de termitas.

termo m. Recipiente de cierre hermético con dobles paredes, entre las cuales se ha hecho el vacío, que permite conservar la temperatura de las sustancias introducidas en él.

termo- pref. que significa 'calor' o 'temperatura': *termodinámica, termómetro.*

termodifusión f. Fusión nuclear controlada cuyo fin es la obtención de calor.

termodinámica f. Parte de la física que estudia los intercambios de calor y de trabajo que se producen entre un sistema y su entorno y que origina variaciones en la energía interna del mismo. ‖ FAM. termodinámico.

termoelasticidad f. Propiedad de los cuerpos que cambian su forma por la acción del calor.

termoelectricidad f. Energía eléctrica producida por el calor. ‖ Parte de la física que estudia la propiedad que tienen algunos cuerpos de emitir electricidad cuando se calientan. ‖ FAM. termoeléctrico.

termofón m. *amer.* Calentador.

termología f. Parte de la física que trata de todos los fenómenos en los que interviene el calor.

termometría f. Parte de la física que trata de la medición de la temperatura. ‖ Estudio de la acción del calor sobre la atmósfera.

termómetro m. Instrumento que sirve para medir la temperatura. ‖ **termómetro clínico** El de máxima precisión, que se usa para tomar la temperatura a los enfermos y cuya escala está dividida en décimas de grado. ‖ FAM. termometría, termométrico.

termonuclear adj. De la fusión de núcleos ligeros que tiene lugar a muy altas temperaturas y que libera gran cantidad de energía, o relativo a ella.

termoquímica f. Parte de la termodinámica aplicada a la química, que trata del estudio de la energía calorífica absorbida o desprendida en el transcurso de una reacción. ‖ FAM. termoquímico.

termosfera f. Zona de la atmósfera inmediatamente superior a la mesopausa y donde se alcanzan temperaturas de hasta 1500 °C.

termosifón m. Aparato que sirve para calentar agua y distribuirla por medio de tuberías a las distintas partes de una casa. ‖ Aparato de calefacción por medio de agua caliente. Se suele emplear su apócope, *termo.*

termostato o **termóstato** m. Aparato que se conecta a una fuente de calor y que se utiliza para mantener constante la temperatura.

termotanque m. *amer.* Calentador de gas.

termotecnia f. Técnica del tratamiento del calor.

terna f. Conjunto de tres personas, propuestas para que se designe de entre ellas la que haya de desempeñar un cargo o empleo. ‖ Conjunto de tres diestros que intervienen en una corrida.

ternario, ria adj. Compuesto de tres elementos, unidades o guarismos. ‖ m. Espacio de tres días dedicados a una devoción.

ternasco m. Cordero lechal.

terne adj. Que presume de valiente o de guapo. ‖ Perseverante, obstinado. ‖ Fuerte, robusto, que goza de buena salud.

ternero, ra m. y f. Cría de la vaca. ‖ f. Carne de este animal que se toma como alimento.

ternilla f. Cartílago. ‖ FAM. ternilloso.

terno m. Conjunto de tres cosas de una misma especie. ‖ Conjunto de pantalón, chaleco y chaqueta confeccionados con una misma tela. ‖ Conjunto del oficiante y sus dos ministros, diácono y subdiácono, que celebran una misa. ‖ Voto, juramento, amenaza. ‖ *amer.* Aderezo de joyas compuesto de pendientes, collar y alfiler. ‖ FAM. terna, ternario.

ternura f. Cariño, amor, amabilidad o afecto.

terquedad f. Porfía, obstinación, tenacidad excesiva.

terracota f. Arcilla moldeada que ha sido endurecida al horno. ‖ Escultura hecha con esta arcilla.

terrado m. Terraza de una casa, azotea.

terral adj. y m. Se apl. al viento que sopla desde la tierra. ‖ m. *amer.* Polvareda.

terranova adj. y com. Se apl. al perro de gran tamaño que se caracteriza por tener un pelaje largo y espeso.

terraplén m. Macizo de tierra con que se rellena un hueco, o que se levanta para hacer una defensa, un camino u otra obra semejante. ‖ Desnivel de tierra, cortado. ‖ FAM. terraplenar.

terráqueo, a adj. De la tierra o relativo a ella.

terrario o **terrárium** m. Instalación en la que se exhiben, a semejanza del acuario para los animales acuáticos, ciertos animales terrestres, particularmente reptiles y anfibios. ◆ pl. de la segunda forma: *terráriums,* aunque también se usa como invariable.

terrateniente com. Persona propietaria de tierras o terrenos, especialmente si son grandes extensiones agrícolas.

terraza f. Sitio abierto de una casa, a veces semejante a un balcón grande. ‖ Cubierta plana y practicable de un edificio, cubierta de barandas o muros. ‖ Terreno situado delante de un café, bar o restaurante para que los clientes puedan sentarse al aire libre. ‖ Cada uno de los espacios de terreno llano, dispuestos en forma de escalones, en la ladera de una montaña. ‖ *col.* Cabeza.

terrazo m. Pavimento formado por chinas o trozos de mármol aglomerados con cemento y cuya superficie se pulimenta. ‖ Terreno representado en un paisaje.

terremoto m. Temblor o sacudida de la corteza terrestre, ocasionado por desplazamientos internos, que se transmite a grandes distancias en forma de ondas.

terrenal adj. De la tierra y relativo a ella, por oposición a lo celestial: *paraíso terrenal.*

terreno, na adj. Terrenal. ‖ m. Extensión o espacio de tierra. ‖ Campo o esfera de acción en que con mayor eficacia pueden mostrarse el carácter o las cualidades de personas o cosas. ‖ Lugar en que se desarrolla un encuentro deportivo. ‖ Conjunto de sustancias minerales que tienen origen común o cuya formación corresponde a una misma época. ‖ **terreno abonado** *col.* Circunstancia en que se dan condiciones óptimas para que se produzca algo determinado. ‖ **allanar,** o **preparar, el terreno** a alguien loc. *col.* Conseguirle un ambiente favorable. ‖ **ganar** alguien **terreno** loc. Adelantar en una cosa o conseguir ventaja. ‖ **llevar** a alguien **a su terreno** loc. Atraerlo hacia una opinión próxima a la propia para lograr alguna ventaja. ‖ **perder** alguien **terreno** loc. Quedarse en desventaja. ‖ **saber** alguien **el terreno que pisa** loc. Conocer bien el asunto que se tiene entre manos o las personas con quienes se trata. ‖ **sobre el terreno** loc. En los lugares de los que se trata, y p. ext., durante la realización de alguna cosa. ‖ **tantear el**

terreno loc. Estudiar un asunto o negocio, y a las personas implicadas en él.

terrero, ra adj. Se apl. a la cesta o saco que se emplea para transportar tierra. || Se dice del vuelo rastrero de ciertas aves.

terrestre adj. De la tierra o relativo a ella: *órbita terrestre.* || Que sirve o se da en la tierra, en contraposición a *marino* o *aéreo.*

terrible adj. Digno de ser temido, que causa terror. || Difícil de soportar por ser muy intenso. || De muy mal genio y carácter intratable. || Desmesurado, extraordinario, excesivo. || FAM. terriblemente.

terrícola com. Habitante de la Tierra.

terrier (voz fr.) adj. y com. Se apl. a un perro de origen inglés, de talla mediana y pelo duro de extensión variable. ◆ pl. *terriers.*

territorial adj. Del territorio o relativo a él. || FAM. territorialidad, territorialismo.

territorialidad f. Cualidad o condición de territorial. || Privilegio jurídico en virtud del cual los domicilios de los agentes diplomáticos, los barcos y los aviones se consideran, dondequiera que estén, una parte del territorio de la nación a la que pertenecen. || Defensa que los animales hacen de su propio territorio frente a otros de su misma especie.

territorialismo m. Fenómeno por el que ciertas especies animales dividen su hábitat en territorios.

territorio m. Parte de la superficie terrestre delimitada geográfica, administrativa o políticamente. || Término que comprende una jurisdicción administrativa. || Espacio habitado por un animal y que defiende como propio. || Esfera de acción, entorno en que se pueden mostrar las características o la naturaleza de alguna cosa. || FAM. territorial.

terrizo, za adj. De tierra o hecho de ella.

terrón m. Masa pequeña y suelta de tierra compacta. || Masa pequeña y compacta de algunas sustancias en polvo o granos. || pl. Hacienda rústica de tierras labradas de las que se vive. || FAM. terregoso.

terror m. Miedo, espanto, pavor. || Lo que lo produce. || Género literario y cinematográfico cuya finalidad es producir en el lector o el espectador una sensación de miedo o angustia a través del argumento. || FAM. terrible, terrorífico, terrorismo.

terrorífico, ca adj. Que infunde terror. || Terrible, muy grande o intenso.

terrorismo m. Forma violenta de lucha política mediante la cual se persigue la destrucción del orden establecido o la creación de un clima de temor e inseguridad. || FAM. terrorista.

terrorista adj. Del terrorismo o relativo a él. || adj. y com. Que comete actos de terrorismo.

terroso, sa adj. Que participa de la naturaleza y propiedades de la tierra. || Que tiene mezcla de tierra. || FAM. terrosidad.

terruño m. Trozo de tierra. || Comarca o tierra, especialmente el país natal. || Terreno, especialmente hablando de su calidad.

terso, sa adj. Liso, sin arrugas. || Limpio, bruñido, resplandeciente. || Se apl. al lenguaje o estilo puro, claro y natural. || FAM. tersar, tersura.

tersura f. Lisura, ausencia de arrugas. || Limpio, brillante, resplandeciente.

tertulia f. Grupo de personas que se reúnen habitualmente para conversar o recrearse. || Conversación que siguen. || FAM. tertuliano, tertuliante.

tertuliano, na adj. y s. Se apl. a la persona que participa en una tertulia.

teruteru m. *amer.* Ave caradriforme de plumaje blanco con mezcla de negro y pardo, que suele andar en bandadas y emite chillidos agudos al levantar el vuelo.

tesar tr. Poner tirantes los cabos y cadenas, velas, toldos y cosas semejantes.

tesauro m. Diccionario, catálogo, antología ordenada de datos.

tesela f. Cada una de las piezas de cualquier material que forman un mosaico. || FAM. teselado.

tesina f. Trabajo científico monográfico de menor profundidad y extensión que la tesis, que se exigía para obtener el título de licenciado universitario.

tesis f. Conclusión, proposición que se mantiene con razonamientos. || Opinión o teoría que mantiene alguien. || Trabajo científico que presenta en la universidad el aspirante al título de doctor en una facultad. ◆ No varía en pl. || FAM. tesina, tesista.

tesista com. *amer.* Persona que prepara una tesis doctoral.

tesitura f. Situación, circunstancia, coyuntura. || Altura propia de cada voz o de cada instrumento.

tesla m. Unidad de inducción magnética en el sistema basado en el metro, el kilogramo, el segundo y el amperio. Su símbolo es *T*.

teso, sa adj. *amer.* Difícil de lograr, trabajoso. || m. Colina baja que tiene alguna extensión llana en la cima.

tesón m. Firmeza, constancia, inflexibilidad. || FAM. tesonería, tesonero.

tesorería f. Cargo u oficio de tesorero. || Oficina o despacho del tesorero. || Parte del activo de un negocio disponible en metálico o fácilmente realizable.

tesorero, ra m. y f. Persona encargada de custodiar el dinero de una colectividad o de una dependencia pública o particular. || FAM. tesorería.

tesoro m. Cantidad reunida de dinero, valores u objetos preciosos que se guarda en algún lugar. || Erario, conjunto de bienes de un Estado para atender las necesidades de la nación. || Tesauro. || Persona o cosa digna de estimación. ◆ Se usa como apelativo cariñoso: *ven aquí, tesoro.* || **tesoro público** Órgano administrativo del Estado que dirige la política monetaria del país. || FAM. tesorero.

test m. Prueba psicológica para medir las diversas facultades mentales o la capacidad individual de una persona. || Cualquier prueba para comprobar algo o conseguir cierto dato. || Tipo de examen en el que hay que contestar con una palabra o una cruz en la casilla que corresponda a la solución de la pregunta. ◆ pl. *tests.* || FAM. testar, testear.

testa f. Cabeza o frente del hombre y los animales. || **testa coronada** Monarca, soberano de un Estado. || FAM. testáceo, testaferro, testarada, testarazo, testarudo, testera, testero, testuz.

tetralogía

testáceo, a adj. y m. Se apl. al animal que tiene concha interna o externa.

testado, da adj. Se apl. a la persona que ha muerto habiendo hecho testamento. || Comprobado con un test: *producto testado dermatológicamente.*

testador, ra m. y f. Persona que hace testamento.

testaferro m. Persona que presta su nombre en un contrato o negocio que en realidad es de otra persona.

testamentaría f. Ejecución de lo dispuesto en el testamento. || Conjunto de documentos relacionados con el cumplimiento de la voluntad de un testador. || Bienes que constituyen una herencia, desde la muerte del testador hasta que quedan definitivamente en poder de los herederos. || Juicio para inventariar, conservar, liquidar y partir la herencia del testador.

testamentario, ria adj. Del testamento o relativo a él: *albacea testamentario.*

testamento m. Declaración que de su última voluntad hace una persona, disponiendo de bienes y de asuntos que le atañen para después de su muerte. || Documento donde consta en forma legal la voluntad del testador. || Escrito en el que una persona expresa los puntos fundamentales de su pensamiento o las principales características de su arte, en forma que se considera definitiva. || Serie de resoluciones que por interés personal dicta una autoridad cuando va a cesar en sus funciones. || *col.* Escrito excesivamente largo. || FAM. testamentaría, testamentario.

testar ¹ intr. Hacer testamento. || FAM. testado, testador, testamento, testigo, testimonio.

testar ² tr. Someter a test a una persona o cosa para comprobar sus conocimientos o sus propiedades y calidad.

testarazo m. Golpe dado con la cabeza. || *col.* Golpe, porrazo violento.

testarudez f. Terquedad, cabezonería, obstinación.

testarudo, da adj. y s. Obstinado, terco. || FAM. testarudez.

testear tr. *amer.* Someter a una persona o una cosa a un test.

testera f. Frente, parte delantera de una cosa. || Adorno que se coloca en la frente de las caballerías. || Parte anterior y superior de la cabeza del animal.

testero m. Testera.

testículo m. Cada una de las dos gónadas masculinas productoras de espermatozoides y de testosterona. || FAM. testicular.

testificación f. Declaración de un testigo en un acto judicial. || Prueba o demostración de alguna circunstancia.

testificar tr. Declarar como testigo en un acto judicial. || Afirmar o probar una cosa mediante testigos o documentos. || Ser prueba o demostración de algo. || FAM. testificación, testifical, testificativo.

testigo com. Persona que da testimonio de una cosa, especialmente en un acto judicial. || Persona que presencia o adquiere conocimiento directo de una cosa. || m. Aquello que prueba la verdad de un hecho. || Dispositivo que sirve como indicador. || En dep., palo u otro objeto que se transmiten los corredores en las carreras de relevos. || **testigo de cargo** El que declara contra el acusado en un juicio. || **testigo de Jehová** Miembro de una religión cristiana nacida a finales del siglo XIX en Estados Unidos que se caracteriza por la interpretación literal de los textos bíblicos. || FAM. testifical, testificar.

testimonial adj. Que constituye o sirve como testimonio. || f. pl. Documento que asegura y da fe de lo contenido en él.

testimoniar tr. Servir de testigo. || Atestiguar, dar muestra o demostración de alguna cosa.

testimonio m. Declaración en que se afirma o asegura alguna cosa. || Prueba, justificación y comprobación de la certeza o existencia de una cosa. || Documento autorizado por notario en que se da fe de un hecho. || FAM. testimonial, testimoniar.

testosterona f. Hormona sexual masculina que colabora en el desarrollo de los órganos genitales y en la aparición de caracteres sexuales secundarios.

testuz amb. En algunos animales, como el caballo, frente. || En otros, como el toro o el buey, nuca. ◆ Se usa más en femenino.

teta f. Cada uno de los órganos glandulosos que tienen los mamíferos en número par y sirven en las hembras para la secreción de la leche. || *col.* Leche que segregan estos órganos. || adj. *vulg.* Muy bueno, excelente. || adv. m. *vulg.* Muy bien, de maravilla. || **de teta** loc. adj. Que está en periodo de lactancia: *niño de teta.* || FAM. tetamen, tetera, tetilla, tetina, tetón, tetona, tetuda.

tétanos m. Enfermedad grave debida a un bacilo que penetra en el organismo por las heridas; las toxinas que segrega atacan al sistema nervioso central y provocan contracciones permanentes y tónicas en los músculos. || FAM. tetánico.

tête à tête (loc. fr.) loc. adv. A solas, mano a mano.

tetera f. Recipiente que se usa para hacer y servir el té. || *amer.* Tetina.

tetero m. *amer.* Biberón.

tetilla f. Teta de los machos de los mamíferos. || Tetina.

tetina f. Pezón de goma que se pone al biberón para que el niño succione el líquido de él.

tetón m. Pedazo seco de la rama podada que queda unido al tronco. || *vulg.* Pecho femenino grande.

tetra- pref. que significa 'cuatro': *tetragonal.*

tetrabrik m. Envase de cartón impermeabilizado donde se envasan alimentos líquidos y semilíquidos. ◆ pl. *tetrabriks.* Es la extensión del nombre de una marca registrada.

tetraciclina f. Antibiótico de amplio espectro antimicrobiano que se absorbe bien por vía oral y se usa especialmente para combatir infecciones en las vías respiratorias.

tetracordio m. Serie de cuatro sonidos que forman un intervalo de cuarta.

tetraedro m. Cuerpo sólido terminado por cuatro planos o caras.

tetrágono adj. y m. Se apl. al polígono de cuatro ángulos y cuatro lados. || m. Superficie de cuatro ángulos y cuatro lados, cuadrilátero. || FAM. tetragonal.

tetralogía f. Conjunto de cuatro obras trágicas de un mismo autor, presentadas a concurso en los juegos solemnes de la Grecia antigua. || Conjunto de cuatro obras literarias o de otro tipo, creadas por un mismo autor y que tienen entre sí unidad de pensamiento y un tema compartido.

tetrámero, ra adj. Se apl. al verticilo que consta de cuatro piezas, y a la flor que tiene corola y cáliz con este carácter. || adj. y m. De los tetrámeros o relativo a este suborden de insectos. || m. pl. Suborden de los insectos coleópteros que tienen cuatro artejos en cada pata.

tetramorfos m. Representación de los cuatro evangelistas con sus símbolos en la iconografía románica medieval.

tetraplejia o **tetraplejía** f. Parálisis de las cuatro extremidades. || FAM. tetrapléjico.

tetrapléjico, ca adj. y s. Que padece tetraplejia.

tetrápodo, da adj. y m. De los tetrápodos o relativo a este grupo de animales. || m. pl. Grupo de animales vertebrados terrestres que poseen dos pares de extremidades pentadáctilas, que comprende a reptiles, anfibios, aves y mamíferos.

tetrarca m. Nombre que recibía el gobernador de alguna provincia o territorio. || FAM. tetrarquía.

tetrasílabo, ba adj. y s. Que tiene cuatro sílabas.

tetrástrofo, fa adj. Se apl. a la composición que consta de cuatro estrofas. || **tetrástrofo monorrimo** Estrofa que consta de cuatro versos alejandrinos y rima consonante única, propia del mester de clerecía castellano.

tetravalente adj. En quím., que funciona con cuatro valencias.

tétrico, ca adj. Triste, grave, melancólico. || Fúnebre, relacionado con la muerte.

teutón, ona adj. y s. De un antiguo pueblo germánico que habitaba cerca de la desembocadura del Elba o relativo a él. || col. Alemán. || FAM. teutónico.

teutónico, ca adj. De los teutones o relativo a este antiguo pueblo germánico.

textil adj. De la tela, los tejidos y las fibras para tejer, o relativo a ellos. || Se apl. a la materia capaz de reducirse a hilos y ser tejida. || FAM. textura, texturizar.

texto m. Cualquier escrito o documento. || Lo que constituye el cuerpo de la obra, en oposición a las glosas, notas o comentarios que sobre ello se hacen. || Pasaje citado de una obra literaria. || Libro de texto. || FAM. textual.

textual adj. Del texto o relativo a él. || Que reproduce literalmente palabras o textos: cita textual. || FAM. textualmente.

textura f. Disposición y orden de los hilos de una tela. || Disposición que tienen entre sí las partículas de un elemento. || Sensación que produce al tacto una determinada materia. || FAM. textural.

tez f. Cutis, piel de la cara.

tezontle m. amer. Piedra volcánica porosa de color rojizo que se emplea en la construcción.

thailandés, esa adj. y s. Tailandés.

theta f. Octava letra del alfabeto griego, que se corresponde con nuestra t. Su grafía mayúscula es Θ, y la minúscula, θ.

thriller (voz i.) m. Película de terror, policiaca o de suspense con gran carga emocional. ◆ pl. thrillers.

ti pron. Forma tónica del pron. pers. m. y f. de segunda persona singular, que en la oración desempeña la función de complemento con preposición: lo hizo por ti. ◆ Al unirse con la preposición con, forma la voz contigo.

tialina f. Enzima que forma parte de la saliva y actúa sobre el almidón de los alimentos, transformándolo en azúcar. || FAM. tialismo.

tianguis m. amer. Mercadillo de feria con periodicidad semanal. ◆ No varía en pl.

tiara f. Tocado alto con tres coronas, que remata en una cruz sobre un globo, que usaron los papas como símbolo de su autoridad. || Dignidad de sumo pontífice. || Gorro alto, de tela o de cuero, que usaron los antiguos persas.

tiberio m. col. Ruido, confusión, alboroto.

tibia f. Hueso principal y anterior de la pierna, que se articula con el fémur, el peroné y el astrágalo. || Una de las piezas de las patas de los insectos. || FAM. tibial.

tibiera f. amer. col. Incomodidad, enfado silencioso.

tibieza f. Estado intermedio entre el frío y el calor.

tibio, bia adj. Templado, entre caliente y frío. || Poco intenso y apasionado. || **poner tibio** a alguien loc. col. Insultarle o criticarle, ponerle verde. || **ponerse** uno **tibio** loc. col. Darse un hartazgo. || col. Ensuciarse mucho. || FAM. tibiamente, tibiar, tibiera, tibieza.

tibor m. Vaso grande de barro, originario de China o de Japón, de forma de tinaja y decorado exteriormente.

tiburón m. Nombre común de diversos peces condrictios seláceos marinos de cuerpo fusiforme y muy esbelto, con hendiduras branquiales laterales y boca situada en la parte inferior de la cabeza, provista de varias filas de dientes comprimidos, agudos y cortantes. || Intermediario que adquiere solapadamente el número de acciones de una empresa o entidad, necesario para hacerse con su control. || FAM. tiburoneo.

tic m. Movimiento convulsivo producido por la contracción involuntaria de uno o varios músculos. ◆ pl. tics. || FAM. tictac.

ticket (voz i.) m. Tique.

tico, ca adj. y s. amer. col. De Costa Rica o relativo a este país de América Central.

tictac m. Ruido acompasado que produce el reloj.

tiempo m. Duración de las cosas sujetas a cambio o de los seres que tienen una existencia finita. || Periodo tal como se especifica; si no, se entiende que es largo. || Época durante la cual vive alguna persona o sucede alguna cosa. || Estación del año. || Edad, especialmente para referirse a los bebés o crías de animales. || Edad de las cosas desde que empezaron a existir. || Ocasión o coyuntura de hacer algo. || En gram., cada una de las divisiones de la conjugación correspondiente a la época relativa en que se ejecuta o sucede la acción del verbo: tiempos pretérito, presente y futuro. || Cada uno de los actos sucesivos en que se divide la ejecución de una cosa. || En dep., cada una de las partes en que se dividen los partidos de ciertos deportes, como el fútbol o el baloncesto. || Fase de un motor. || En mús., cada una de las partes de igual duración en que se divide el compás. || En mús., cada una de las partes en que se divide una composición. || Estado atmosférico. ‖ **tiempo compuesto** Forma verbal construida por el auxiliar *haber* y el participio pasado del verbo del que se trate. ‖ **tiempo muerto** En baloncesto y otros deportes, espacio de tiempo durante el que se interrumpe el partido, a petición de uno de los entrenadores, para poder reunirse con los jugadores. ‖ **tiempo simple** El constituido por una sola forma verbal. ‖ **a tiempo** loc. adv. En el momento oportuno o puntualmente. ‖ **a tiempo completo** loc. adj. y adv. Se apl. al contrato de trabajo que comprende toda la jornada laboral y que excluye otros posibles trabajos. ‖ **a tiempo parcial** loc. adj. y adv. Se apl. al contrato de trabajo que ocupa solo una parte de la jornada laboral y que puede compatibilizarse con otros. ‖ **a un tiempo** loc. adv. Simultáneamente. ‖ **con tiempo** loc. adv. Anticipadamente. ‖ **dar tiempo** loc. Conceder a alguien el tiempo necesario para hacer algo. ‖ **dar tiempo al tiempo** loc. Esperar el momento oportuno para hacer algo. ‖ **del tiempo** loc. adj. De la temporada. ‖ A temperatura ambiente. ‖ **faltar tiempo** a alguien **para hacer** algo loc. *col.* Hacer algo inmediatamente. ‖ **hacer tiempo** loc. Entretenerse hasta que llegue el momento oportuno para hacer algo. ‖ FAM. tempestad, témpora, temporada, temporal, temporero, temporizador, temporizar, temprano.

tienda f. Establecimiento donde se venden al público artículos al por menor. ‖ *amer.* Establecimiento donde se venden tejidos. ‖ Armazón de palos o tubos clavados o sujetos en la tierra y cubierta a base de telas, pieles o lona, que sirve de alojamiento en el campo. ‖ **tienda de campaña** Tienda para acampar. ‖ FAM. tendero.

tienta f. Prueba que se hace a los becerros y becerras para probar su bravura. ‖ **a tientas** loc. adv. Guiándose con el tacto al moverse en la oscuridad. ‖ Con desconcierto o incertidumbre.

tiento m. Habilidad para actuar o tratar a las personas, de las que se pretende conseguir algo, o con las que se trata sobre temas delicados. ‖ Cordura o sensatez en lo que se hace. ‖ Palo que usan los ciegos a modo de guía. ‖ Balancín de los equilibristas. ‖ Seguridad y firmeza de la mano para ejecutar alguna acción. ‖ En mús., ensayo que hace el músico antes de tocar un instrumento para ver si está bien afinado. ‖ Tentáculo de algunos animales que actúa como órgano táctil o de presión. ‖ *col.* Golpe que se da a alguien. ‖ *col.* Trago que se da de una bebida o bocado a un alimento.

tierno, na adj. Blando, fácil de cortar o doblar. ‖ Se apl. a la edad de la niñez. ‖ Que produce sentimientos de simpatía y dulzura. ‖ Afectuoso, cariñoso o amable. ‖ Inexperto. ‖ m. y f. *amer.* Niño o niña recién nacidos o de pocos meses. ‖ FAM. ternasco, terneza, ternilla, ternura, tiernamente.

tierra f. Tercer planeta del Sistema Solar, habitado por las personas. ◆ Se escribe con mayúscula. ‖ Parte superficial del globo terráqueo no ocupada por el mar. ‖ Materia inorgánica desmenuzable de la que se compone principalmente el suelo natural. ‖ Suelo o piso. ‖ Suelo sobre el que crecen las plantas. ‖ Terreno dedicado a cultivo o propio para ello. ‖ Nación, región o lugar en que se ha nacido. ‖ País, región. ‖ Territorio o distrito constituido por intereses presentes o históricos. ‖ El mundo,

en oposición al cielo o a la vida eterna. ‖ **tierra adentro** En un lugar alejado de la costa. ‖ **tierra de promisión** Tierra Prometida. ‖ Tierra donde alguien va a instalarse, especialmente si es fértil y rica. ‖ **tierra firme** Continente, en oposición a isla. ‖ Terreno sólido y edificable por su consistencia y dureza. ‖ **tierra prometida** La que Dios prometió al pueblo de Israel. ‖ **Tierra Santa** Lugares de Palestina donde nació, vivió y murió Jesucristo. ‖ **tierra rara** En quím., cada uno de los óxidos de los elementos lantánidos, que se llaman así porque son escasísimos en la naturaleza. ‖ **dar en tierra** loc. Destruir o tirar algo. ‖ **de la tierra** loc. adj. Se apl. al fruto o producto propio del país o comarca. ‖ **echar por tierra** loc. *col.* Hacer fracasar algo. ‖ **echar tierra** sobre algo. Hacer que no se vuelva a hablar más sobre algo. ‖ **poner** alguien **tierra de por medio** loc. *col.* Alejarse o desaparecer de un lugar. ‖ **quedarse** alguien **en tierra** loc. No conseguir subir a un medio de transporte o no hacer un viaje planeado. ‖ **tener** alguien **los pies en la tierra** loc. Ser sensato y realista, sin dejarse llevar por la imaginación o la fantasía. ‖ **tomar tierra** loc. Desembarcar o llegar a puerto una embarcación o sus ocupantes. ‖ Posarse una aeronave en tierra y descender sus ocupantes sobre la superficie terrestre. ‖ **trágame tierra** loc. *col.* Expresión con que se demuestra una gran vergüenza por alguna situación y los deseos de salir de la misma. ‖ **venirse a tierra** loc. Fracasar algo. ‖ FAM. terracota, terrado, terral, terraplén, terráqueo, terrario, terrateniente, terraza, terrazo, terremoto, terrenal, terreno, térreo, terrero, terrestre, terrícola, territorio, terrizo, terrón, terroso, terruño, tieral.

tierral m. *amer.* Polvareda, polvo que se levanta de la tierra.

tieso, sa adj. Duro, firme, rígido. ‖ Tenso, tirante. ‖ Excesivamente estirado y orgulloso, que se cree superior a los demás. ‖ *col.* Fuerte, muy saludable. ‖ *col.* Está satisfecho y orgulloso de sí mismo. ‖ *col.* Con mucho frío. ‖ *col.* Muerto en el acto. ‖ *col.* Sin dinero. ‖ FAM. tiesura.

tiesto m. Pedazo de cualquier vasija de barro. ‖ Vaso de barro que sirve para criar plantas. ‖ Conjunto formado por este recipiente, la tierra y la planta que contiene. ‖ *amer.* Vasija de cualquier clase.

tifáceo, a adj. y f. De las tifáceas o relativo a esta familia de plantas. ‖ f. pl. Familia de plantas angiospermas monocotiledóneas, acuáticas y perennes y que se caracterizan por tener los tallos cilíndricos, las hojas reunidas en la base de cada tallo, las flores en forma de espiga y el fruto carnoso.

tifoideo, a adj. Del tifus o que tiene alguna de sus características.

tifón m. Ciclón propio de las costas orientales de Asia, de gran violencia, que va acompañado de vientos muy fuertes y lluvias torrenciales. ‖ Tromba marina.

tifus m. Grupo de enfermedades infecciosas graves, caracterizadas por provocar fiebre alta, diarrea, hemorragias intestinales, delirio o postración, aparición de costras negras en la boca y a veces presencia de manchas punteadas en la piel. ◆ No varía en pl. ‖ FAM. tífico, tifoideo.

tigra f. *amer.* Tigre, jaguar.

tigre, esa m. y f. Mamífero carnívoro de unos 1,80 m de longitud más 1 m de cola, con la piel de color amarillo con rayas negras en el lomo y la cola y el vientre blancos, con gran fuerza muscular y agilidad para el salto y poderosas zarpas y mandíbulas. ‖ Persona cruel y sanguinaria. ‖ m. *col.* Retrete o servicio, especialmente el de un lugar público. ‖ *amer.* Jaguar. ‖ **oler a tigre** loc. *col.* Oler muy mal. ‖ FAM. tigra, tigresa, tigrillo.

tigresa f. *col.* Mujer muy atractiva, provocadora y activa en las relaciones amorosas.

tigrillo m. *amer.* Ocelote.

tijera f. Instrumento para cortar, compuesto de dos hojas de acero de un solo filo que pueden girar alrededor de un eje que las traba. Más en pl. ‖ Aspa que sirve para apoyar un madero que se ha de aserrar o labrar. ‖ En fútbol, patada que se da en el aire haciendo amago con una pierna y golpeando con la otra. ‖ En dep., presa para inmovilizar al contrario sujetándolo con las piernas cruzadas. ‖ En dep., ejercicio que consiste en cruzar las piernas en el aire con la espalda apoyada en el suelo. ‖ **de tijera** loc. adj. Que esta formado por dos partes que se articulan del mismo modo que este utensilio: *silla de tijera.* ‖ **meter la tijera** loc. *col.* Censurar, cortar algo. ‖ FAM. tijeral, tijereta, tijeretada, tijeretazo, tijeretear.

tijeral m. *amer.* Armazón en que se sustenta el techo de una construcción.

tijereta f. Nombre común de diversas especies de insectos dermápteros de unos 2 cm de longitud, con el cuerpo alargado, la boca masticadora, con alas pero no voladoras, y cuyo abdomen termina en dos piezas córneas móviles. ‖ Cada uno de los zarcillos que nacen a pares en los sarmientos de las vides. ‖ Movimiento que se hace en el aire cruzando las piernas como una tijera.

tijeretazo m. Movimiento que se hace con la tijera, de una vez, al cortar. ‖ Corte hecho con la tijera en un solo movimiento.

tijeretear tr. Dar cortes con las tijeras sin ninguna finalidad. ‖ *amer.* Murmurar, criticar a alguien.

tila f. Tilo. ‖ Flor del tilo. ‖ Infusión que se hace con estas flores.

tilapia f. *amer.* Pez osteíctio perciforme muy voraz, parecido a la piraña, de carne blanca comestible.

tílburi m. Carruaje de dos ruedas grandes, ligero y sin cubierta, para dos personas y tirado por una sola caballería.

tildar tr. Señalar a alguien con una nota o calificativo negativos. ‖ Poner tilde a las letras que lo necesitan.

tilde f. Rasgo que se pone sobre algunas letras, como el que lleva la *ñ* o el que denota acentuación. ‖ Tacha, cualidad negativa que tiene alguien o que se le atribuye. ‖ Cosa mínima. ‖ FAM. tildar.

tiliáceo, a adj. y f. De las tiliáceas o relativo a esta familia de plantas. ‖ f. pl. Familia de árboles, arbustos o hierbas angiospermos dicotiledóneos, con hojas alternas, sencillas y de nervios muy señalados, estípulas dentadas y caedizas, flores y fruto capsular, como el tilo.

tiliche m. *amer.* Baratija, cachivache. ‖ FAM. tilichero.

tílico, ca adj. *amer.* Se apl. a la persona enclenque o flacucha. ‖ *amer.* Se dice de la persona apocada o débil.

tilín m. Sonido de la campanilla. ‖ **hacer tilín** loc. *col.* Gustar, agradar.

tilingo, ga adj. *amer.* Se apl. a la persona insustancial, que dice tonterías y suele comportarse con afectación.

tilo m. Árbol de la familia de las tiliáceas que llega a 20 m de altura, con tronco recto y grueso, de corteza lisa algo cenicienta, ramas fuertes, copa amplia, madera blanca y blanda, hojas acorazonadas y serradas por los bordes, flores de cinco pétalos, blanquecinas, olorosas y medicinales, y fruto redondo y velloso.

timador, ra m. y f. Persona que tima.

tímalo m. Pez osteíctio salmoniforme parecido al salmón, del que se distingue por ser más oscuro y tener la aleta dorsal muy larga, alta y de color violado.

timar tr. Quitar o hurtar con engaño. ‖ Engañar a otro en una compra o contrato. ‖ prnl. Entenderse dos personas con la mirada, sobre todo intercambiarse miradas de cariño. ‖ FAM. timador, timo.

timba f. Partida de juego de azar. ‖ Casa de juego, garito. ‖ *amer.* Barriga, vientre. ‖ FAM. timbear, timbero.

timbal m. Especie de tambor de un solo parche, con caja metálica en forma de media esfera. ‖ Tambor, atabal. ‖ Masa de harina y manteca, por lo común en forma de cubilete, que se rellena de carne u otros alimentos. ‖ FAM. timbalero.

timbear intr. *amer.* Participar en juegos de azar.

timbero, ra adj. *amer.* Persona a la que le gusta participar en juegos de azar.

timbó m. *amer.* Árbol muy corpulento de la subfamilia de las mimosáceas. ◆ pl. *timbós* o *timboes.*

timbrado, da adj. Se apl. al papel de cartas que tiene membrete. ‖ Se dice del sonido que tiene un timbre agradable.

timbrar tr. Estampar un timbre, sello o membrete. ‖ Dar el timbre adecuado a la voz. ‖ Poner el timbre en el escudo de armas. ‖ intr. *col.* Tocar el timbre. ‖ FAM. timbrado, timbrazo.

timbrazo m. Toque fuerte de un timbre.

timbre m. Aparato mecánico o eléctrico de llamada o de aviso. ‖ Modo propio y característico de sonar un instrumento músico o la voz de una persona. ‖ Cualidad de los sonidos o de la voz, que diferencia las del mismo tono, y depende de la forma y naturaleza de los elementos que entran en vibración. ‖ Sello, y especialmente el que se estampa en seco. ‖ Sello que en el papel donde se extienden algunos documentos públicos estampa el Estado. ‖ Renta del Tesoro constituida por el importe de los sellos, papel sellado y otras imposiciones. ‖ FAM. timbrar.

timeleáceo, a adj. y f. De las timeleáceas o relativo a esta familia de plantas. ‖ f. pl. Familia de hierbas y arbustos angiospermos dicotiledóneos, que tienen hojas alternas u opuestas, sencillas, enteras y sin estípulas, flores axilares y terminales, sin corola, y fruto en baya o cápsula, como el torvisco.

timidez f. Falta de seguridad en uno mismo, dificultad para hablar en público o relacionarse con otras personas.

tímido, da adj. Se apl. a la persona apocada y vergonzosa. ‖ Ligero, débil, leve. ‖ FAM. tímidamente, timidez.

tiña

timo[1] m. Robo o hurto con engaño, especialmente si es en una compra o contrato, al no cumplir las condiciones previamente pactadas.

timo[2] m. Glándula endocrina propia de los animales vertebrados que estimula el crecimiento de los huesos y favorece el desarrollo de las glándulas genitales.

timón m. Pieza articulada, de madera o de hierro, que sirve para gobernar una embarcación o un avión. ‖ Volante o palanca que sirve para transmitir el movimiento a las piezas que se encargan de controlar la dirección. ‖ Palo derecho que sale de la cama del arado en su extremidad. ‖ Lanza o pértiga del carro. ‖ Varilla del cohete que le sirve de contrapeso y le marca la dirección. ‖ Dirección o gobierno de un negocio. ‖ FAM. timonazo, timonear, timonel, timonera, timonero.

timonear intr. Gobernar el timón. ‖ Dirigir un negocio o asunto.

timonel com. Persona que gobierna el timón de la nave.

timonera adj. y f. Se apl. a la pluma grande de un ave que está situada en la cola y sirve para estabilizar la dirección de vuelo.

timorato, ta adj. Tímido, indeciso, apocado. ‖ De moralidad exagerada, que se escandaliza con facilidad, puritano, mojigato.

tímpano m. Membrana del oído que transmite el sonido al oído medio. ‖ En arquit., espacio triangular que queda entre las dos cornisas inclinadas de un frontón y la horizontal de su base o entre el dintel de la puerta y las arquivoltas. ‖ Instrumento musical compuesto de varias tiras desiguales de vidrio colocadas sobre un marco sobre cuerdas o cintas, que se toca con una especie de macillo. ‖ Tambor, timbal. ‖ FAM. timpánico, timpanizarse.

tina f. Tinaja, vasija grande de barro. ‖ Vasija de madera con forma de media cuba. ‖ Pila para bañarse. ‖ *amer*. Bañera. ‖ FAM. tinaco, tinaja, tinajero.

tinaco m. Tina pequeña de madera. ‖ *amer*. Depósito de agua situado en la azotea de la vivienda.

tinaja f. Vasija grande de barro, mucho más ancha por el medio que por el fondo y por la boca. ‖ Medida de líquido que cabe en esta vasija.

tinamiforme adj. y f. De las tinamiformes o relativo a este orden de aves. ‖ f. pl. Orden de las aves más primitivas, parecidas en su aspecto a las galliformes, con alas cortas y 3 o 4 dedos en los pies, de los cuales el primero está situado alto o falta por completo, como la martineta.

tinca f. *amer. col*. Borrachera.

tincar tr. *amer*. Dar un golpe a algo para lanzarlo con fuerza. ‖ intr. *amer. col*. Presentir, tener una corazonada.

tinción f. Aplicación de un tinte.

tinglado m. Cobertizo. ‖ Tablado, armazón levantado del suelo. ‖ Enredo, intriga, maquinación oscura de dudosa legalidad. ‖ *col*. Alboroto, jaleo. ‖ *col*. Conjunto desordenado de cosas.

tiniebla f. Falta de luz, oscuridad. Más en pl. ‖ pl. Situación de ignorancia y confusión por falta de conocimientos. ‖ FAM. tenebroso.

tino m. Habilidad y destreza para dar en el blanco. ‖ Juicio, prudencia, sentido común. ‖ Facilidad para hacer un cálculo a ojo. ‖ **sin tino** loc. adv. Sin medida, sin moderación.

tinta f. Líquido de color que se emplea para escribir o imprimir. ‖ Sustancia espesa y oscura que arrojan como defensa los cefalópodos. ‖ pl. Matices, degradaciones de color. ‖ **tinta china** Tinta resistente al agua que se prepara con negro de humo y se emplea especialmente para dibujar. ‖ **tinta simpática** Preparación líquida que no permite ver lo que se ha escrito con ella hasta que se le aplica el reactivo conveniente. ‖ **medias tintas** *col*. Hechos, dichos o juicios vagos y ambiguos. ‖ **cargar** o **recargar** alguien **las tintas** loc. *col*. Exagerar el alcance o significación de un dicho o hecho. ‖ **correr ríos de tinta** loc. *col*. Dar lugar un hecho a muchos escritos. ‖ **saber** alguien algo **de buena tinta** loc. adv. *col*. Conocer una noticia o información a través de una fuente fiable. ‖ **sudar** alguien **tinta** loc. *col*. Realizar un trabajo con mucho esfuerzo. ‖ FAM. tintar, tintero, tintóreo.

tintar tr. Aplicar una sustancia para cambiar el color original de una cosa, teñir. ‖ FAM. tinte.

tinte m. Aplicación de una sustancia que varía el color original de una cosa. ‖ Color con que se tiñe. ‖ *col*. Tintorería. ‖ Carácter que comunica a algo determinado aspecto. ‖ Cualidad superficial o falsa apariencia.

tintero m. Recipiente en que se pone la tinta de escribir. ‖ Depósito donde va la tinta en las máquinas de imprimir. ‖ **dejar(se)** algo **en el tintero** loc. *col*. Olvidar u omitir alguna información.

tintín m. Sonido de una campanilla, un timbre, o el que hacen al chocar ligeramente algunos objetos entre sí. ‖ FAM. tintinar, tintinear.

tintinar o **tintinear** intr. Producir un objeto su tintín característico. ‖ FAM. tintineante, tintineo.

tintineo m. Sonido característico que se produce al tintinear algún objeto.

tinto, ta adj. De color rojo oscuro. ‖ Teñido. ‖ Se apl. a un tipo de vino de color oscuro. También m. ‖ m. *amer*. Café solo. ‖ FAM. tintorro.

tintóreo, a adj. Se apl. a la planta de la que se extraen sustancias colorantes.

tintorera f. Pez condrictio seláceo muy semejante al cazón, de dientes triangulares y cortantes y dorso y costados de color azulado o gris pizarra.

tintorería f. Establecimiento donde se tiñe, se limpia y se plancha la ropa. ‖ FAM. tintorero.

tintorero, ra m. y f. Persona que trabaja en una tintorería.

tintorro m. *col*. Vino tinto fuerte o de baja calidad.

tintura f. Aplicación de una sustancia para variar el color original de una cosa. ‖ Sustancia con que se tiñe. ‖ Líquido en que se ha hecho disolver una sustancia que le comunica color. ‖ Solución de cualquier sustancia medicinal en un líquido que disuelve de ella ciertos principios: *tintura de yodo*. ‖ FAM. tinturar.

tiña f. Cualquiera de las enfermedades producidas por diversos parásitos en la piel, especialmente en la del cráneo, que pueden producir costras y ulceraciones o solo la caída del cabello. ‖ Insecto lepidóptero que daña las colmenas y se come la miel de los panales. ‖ *col*. Suciedad, porquería. ‖ *col*. Ruindad, tacañería. ‖ FAM. tiñoso.

tiñoso, sa adj. y s. Que padece tiña. || *col.* Escaso, ruin, mezquino.

tío, a m. y f. Respecto de una persona, hermano o hermana de su padre o madre. || En algunos lugares, tratamiento que se da a la persona casada o entrada ya en edad. || *col.* Persona de quien se pondera algo bueno o malo: *¡vaya cara tiene el tío!* || *col.* Individuo, sujeto: *no conozco a esa tía.* || *col.* Amigo, colega, compañero: *¡tía, no hay otra amiga como tú!* ◆ Se usa como vocativo. || **tío abuelo** o **tía abuela** Respecto de una persona, hermano o hermana de cualquiera de los abuelos. || **tío bueno** o **tía buena** *col.* Persona que posee mucho atractivo físico. || **tío segundo** o **tía segunda** Respecto de una persona, primo o prima de uno de los padres. || **no hay tu tía** loc. *col.* No hay tutía. || FAM. tiorra, tiorro.

tiovivo m. Atracción de feria que consiste en varios asientos, con formas de animales o vehículos diversos que suben y bajan, colocados en una plataforma circular giratoria.

tipa f. Árbol leguminoso sudamericano de tronco grueso, copa amplia, hojas compuestas, flores amarillas y fruto con semillas negras, cuya madera, dura y amarillenta, se emplea en carpintería y ebanistería.

tipache adj. *amer.* Dicho de una persona, de baja estatura.

tiparraco, ca m. y f. *desp.* Persona despreciable o ridícula.

tipear intr. *amer.* Escribir a máquina, mecanografiar.

tipejo, ja m. y f. *col.* Persona ridícula, insignificante o despreciable.

tipi m. Tienda de forma cónica, formada por una armazón de postes de madera y recubierta de pieles, utilizada por los indios de las praderas de Norteamérica.

tipicidad f. Cualidad de típico. || En der., elemento constitutivo de delito, que consiste en la adecuación del hecho que se considera delictivo a la figura o tipo descrito por la ley.

típico, ca adj. Característico o representativo de un tipo o modelo, del que reproduce las características. || Peculiar de un grupo, país, región, cultura o época: *trajes típicos.* || FAM. tipicidad, tipismo.

tipificar tr. Ajustar varias cosas semejantes a un tipo o norma común. || Representar una persona o cosa el tipo de la especie o clase a que pertenece. || FAM. tipificación.

tipismo m. Conjunto de características o rasgos típicos.

tiple m. La más aguda de las voces humanas, soprano. || Pequeño instrumento de cuerda, como una guitarrita pequeña, de sonidos muy agudos. || Instrumento de viento semejante al oboe soprano, más pequeño que la tenora, que se emplea en las coblas de sardanas. || com. Persona que tiene voz de tiple.

tipo, pa m. y f. *col.* Individuo, sujeto. ◆ Tiene frecuentemente matiz despectivo. || Modelo, ejemplar que puede imitarse. || Ejemplar característico que reúne los rasgos propios de una especie o género a los que representa. || Clase, naturaleza de las cosas. || Figura o talle de una persona. || Personaje de una obra de ficción: *encarna el tipo donjuanesco.* || Unidad de clasificación taxonómi-

ca situada entre el reino y la clase. Es sinónimo de *filo* y *división.* || En impr., pieza de metal en que está realzada una letra u otro signo. || En impr., cada una de las clases de letra. || Figura principal de una moneda o medalla. || **jugarse el tipo** loc. *col.* Arriesgarse, ponerse en peligro. || **mantener** alguien **el tipo** loc. *col.* Comportarse con valentía o decisión ante un apuro, dificultad o peligro. || FAM. tipa, tipario, tiparraco, tipazo, tipear, tipejo, típico, tipificar, tipografía, tipología, tipómetro.

tipografía f. Técnica de impresión mediante formas que contienen en relieve los tipos que, una vez entintados, se aplican por presión sobre el papel. || Taller donde se imprime con esta técnica. || FAM. tipográfico, tipógrafo.

tipoi m. *amer.* Túnica larga, generalmente de algodón, con escote cuadrado sin cuello y mangas muy cortas.

tipología f. Estudio o clasificación de tipos que se realiza en cualquier disciplina. || FAM. tipológico.

tipómetro m. Regla graduada que se utiliza en artes gráficas para medir el tamaño de las letras, la separación entre las líneas, las dimensiones de las columnas y demás elementos que intervienen en la composición de una página.

tipoy m. *amer.* Tipoi.

tippex m. Líquido corrector blanco y espeso que se utiliza para cubrir los errores en papel. ◆ Es la extensión del nombre de una marca registrada.

tique m. Resguardo que contiene datos que acreditan ciertos derechos, generalmente obtenidos mediante un pago. || Tarjeta o papel impreso que permite utilizar un servicio o acceder a un espectáculo.

tiquete m. *amer.* Tique.

tiquismiquis com. *col.* Persona muy remilgada, maniática y excesivamente escrupulosa. También adj. ◆ No varía en pl. || m. pl. *col.* Escrúpulos o reparos por algo que no tiene importancia.

tira f. Pedazo largo y estrecho de tela, papel, cuero u otro material delgado y flexible. || Línea de viñetas o dibujos que desarrollan una historia breve. || **tira emplástica** *amer.* Esparadrapo. || **la tira** *col.* Gran cantidad de algo. || FAM. tirilla, tirillas, tirita.

tirabuzón m. Rizo de cabello largo que cae en espiral. || Sacacorchos.

tirachinas m. Horquilla con mango que lleva dos gomas elásticas para lanzar piedras pequeñas. ◆ No varía en pl.

tirada f. *col.* Distancia que hay de un lugar a otro, o de un tiempo a otro. || Cada uno de los movimientos que se realizan en algunos juegos para iniciar una jugada. || Serie de cosas que se dicen o escriben de un tirón. || Reproducción de un texto con una imprenta o un medio semejante. || Número de ejemplares de que consta una edición. || **de** o **en una tirada** loc. adv. *col.* De una vez.

tiradera f. *amer.* Burla insistente.

tirado, da adj. *col.* Muy barato. || *col.* Muy fácil. || *col.* Sin ayuda, abandonado. || Despreciable, bajo, ruin. También s.

tirador, ra m. y f. Persona que tira o dispara, especialmente la que lo hace con cierta destreza y habilidad. || Persona que trabaja estirando materiales, generalmente metales para reducirlos a hilos. || m. Agarradero con que se tira para cerrar o abrir algo. || Cordón o cadenilla de la que se tira para hacer sonar una campanilla o un timbre. || Tirachinas. || *amer.* Cinturón ancho que usan los gauchos. || *amer.* Tirante para sujetar el pantalón. Más en pl.

tirafondo m. Tornillo para asegurar, especialmente en la madera, algunas piezas de hierro. || Instrumento que sirve para extraer del fondo de las heridas los cuerpos extraños.

tiragomas m. Tirachinas. ◆ No varía en pl.

tiraje m. Reproducción de un texto o una ilustración con una imprenta o un medio semejante. || Número de ejemplares de que consta una edición. || *amer.* Tiro de la chimenea.

tiralevitas com. *col.* Pelota, adulador. ◆ No varía en pl.

tiralíneas m. Instrumento que sirve para trazar líneas de tinta, formado por dos piezas unidas en forma de pinzas que gradúan su apertura mediante un tornillo. ◆ No varía en pl.

tiramisú m. Postre que se prepara con bizcochos empapados en café y licor, un queso suave y claras a punto de nieve. ◆ pl. *tiramisúes* o *tiramisús.*

tiranía f. Gobierno ejercido por un tirano. || Abuso o imposición excesiva de cualquier poder, fuerza o superioridad. || Dominio excesivo que un sentimiento o un hábito ejercen sobre la voluntad.

tiranicidio m. Muerte dada a un tirano. || FAM. tiranicida.

tiránico, ca adj. De la tiranía o relativo a ella. || Que abusa de su fuerza o su poder. || FAM. tiránicamente.

tiranizar tr. Gobernar un tirano algún Estado. || Dominar con tiranía. || FAM. tiranización.

tirano, na adj. Que posee el gobierno de un Estado de forma ilegítima, y generalmente lo rige sin atender a la justicia, únicamente conforme a su voluntad. También s. || Que abusa de su poder, superioridad o fuerza. || Se apl. al sentimiento o hábito que domina a una persona. || FAM. tiranamente, tiranía, tiranicidio, tiránico, tiranizar.

tiranosaurio m. Dinosaurio carnívoro de la era secundaria, de fuerte mandíbula, que caminaba apoyado sobre las extremidades posteriores, más desarrolladas.

tiranta f. *amer.* Tirante.

tirante adj. Tenso, estirado por la acción de fuerzas opuestas. || Se apl. a la relación violenta o embarazosa, generalmente próxima a romperse. || Comprometido o embarazoso. || m. Cada una de las dos tiras de piel o tela, generalmente elásticas, que sirven para sujetar de los hombros el pantalón u otras prendas de vestir. || Pieza de madera o barra de hierro que impide la separación de los maderos paralelos de un tejado. || Pieza, generalmente de hierro o acero, destinada a soportar un esfuerzo de tensión. || FAM. tirantez, tirantillo.

tirar tr. Arrojar, lanzar en dirección determinada. || Derribar algo o a alguien, echar abajo. || Desechar algo, deshacerse de ello, darlo por inservible. || Disparar un mecanismo. || Disparar con un arma de fuego. || Arrojar o hacer explotar un artificio explosivo. || Reducir a hilo un

metal. || Trazar líneas o rayas. || Malgastar o despilfarrar dinero o bienes, o desperdiciar cualquier otra cosa. || *col.* Eliminar o suspender a una persona en una prueba o un ejercicio. || En algunos juegos, echar una carta o un dado en una jugada. || En impr., dejar impresos en el papel los caracteres o letras de imprenta. || intr. Hacer fuerza para traer algo hacia sí o para arrastrarlo. || Ejercer atracción. || Agradar, sentirse atraído por algo. || Quedar justa una prenda de vestir o una parte de ella. || Seguido de la preposición *de* y un nombre de arma o instrumento, sacarlo o tomarlo en la mano para emplearlo: *tirar de navaja.* || Tomar una determinada dirección. || Durar o mantenerse trabajosamente una persona o cosa. ◆ Suele utilizarse en gerundio: *el enfermo va tirando.* || Actuar como impulsor. || Tender, tener semejanza o parecido, especialmente referido a colores. || Asemejarse o parecerse una persona o cosa a otra. || Funcionar, rendir, prestar servicio un mecanismo. || Prender bien. || prnl. Abalanzarse, precipitarse sobre alguien o algo para atacar. || Arrojarse, dejarse caer. || Echarse, tenderse en el suelo o encima de algo. || Pasar el tiempo haciendo lo que se expresa: *me tiré horas esperándole.* || *vulg.* Tener una relación sexual con una persona. || **tirarse el moco** loc. *vulg.* Presumir, fanfarronear. || **tira y afloja** loc. *col.* Expresión que se emplea para mostrar la alternancia entre dureza y suavidad en una confrontación. || FAM. tira, tirachinas, tirada, tirado, tirador, tiragomas, tiraje, tiralevitas, tiralíneas, tiramiento, tiranta, tirante, tirón.

tirilla f. Lista o tira de tela que forma el cuello de una camisa o lo une con el escote.

tirillas com. Persona con poca fortaleza física. ◆ No varía en pl.

tirio, ria adj. y s. De Tiro o relativo a esta antigua ciudad fenicia, en el actual territorio de Líbano. || **tirios y troyanos** Partidarios de opiniones o intereses opuestos.

tirita f. Pequeña tira de esparadrapo u otro material adhesivo, de tamaños diversos, con un preparado especial en su centro, para desinfectar y proteger heridas pequeñas.

tiritar intr. Temblar o estremecerse de frío o fiebre. || FAM. tiritera, tiritón, tiritona, titiritar.

tiritona f. Temblor producido por el frío del ambiente o al iniciarse la fiebre.

tiro m. Lanzamiento de algo en una determinada dirección: *tiro a puerta.* || Disparo de un arma de fuego. || Estampido que este produce. || Señal o herida causada por dicho disparo. || Cantidad de munición proporcionada para cargar una vez un arma de fuego. || Deporte que consiste en acertar en un blanco con un arma arrojadiza o un arma de fuego. || Alcance de cualquier arma arrojadiza o de fuego. || Lugar donde se tira al blanco. || Conjunto de caballerías que tiran de un carruaje. || Cuerda o correa sujeta a las guarniciones de las caballerías, que sirve para tirar de un carruaje o de otras cosas. || Corriente de aire que se produce en un horno o chimenea para avivar el fuego. || Distancia entre la parte donde se unen las perneras de un pantalón y la cinturilla. || **tiro al plato** Deporte que consiste en disparar con una escopeta y hacer puntería sobre un plato que se lanza al vuelo. || **tiro de gracia** El que se dispara sobre una persona gravemente herida para asegurarse de su muerte. || **tiro libre** En baloncesto, el que se lanza a canasta con el balón parado desde un punto concreto, como sanción a ciertas faltas. || **a tiro** loc. adv. Al alcance de un arma de fuego. || Al alcance de los deseos o intenciones de una persona. || **a tiro de piedra** loc. adv. Cerca, a corta distancia. || **a tiro hecho** loc. adv. Con un propósito bien definido. || **como un tiro** loc. adv. *col.* Muy mal: *me sienta/cae como un tiro tener que salir ahora.* || **de tiros largos** loc. adv. *col.* Con mucho lujo y esmero, especialmente referido a la forma de vestir. || **ni a tiros** loc. adv. *col.* De ninguna manera, en absoluto. || **no ir por ahí los tiros** loc. *col.* Se usa para dar a entender lo descaminado de una conjetura. || **por ahí van los tiros** loc. *col.* Se usa para indicar lo acertado de una conjetura. || **salirle** a alguien **el tiro por la culata** loc. *col.* Darse un resultado contrario del que esperaba o deseaba. || FAM. tirotear.

tiroides adj. y s. Se apl. a la glándula endocrina de los animales vertebrados, situada por debajo y a los lados de la tráquea y de la parte posterior de la laringe. ◆ No varía en pl. || FAM. tiroideo, tirotomía, tiroxina.

tirón m. Movimiento brusco y violento que se produce al tirar de golpe. || Acelerón brusco que incrementa la ventaja frente a otros. || Capacidad para atraer seguidores. || *col.* Robo que se produce tirando del objeto robado de manera rápida y violenta. || Contracción que agarrota un músculo. || Fuerte movimiento de las cotizaciones de Bolsa: *tirón a la baja.* || **de un tirón** loc. adv. De una vez, de un golpe. || FAM. tironear, tironero.

tironear tr. e intr. *amer.* Dar tirones.

tiroriro m. *col.* Sonido de los instrumentos musicales que se tocan con la boca. || pl. *col.* Estos mismos instrumentos.

tirotear tr. y prnl. Disparar repetidamente armas de fuego portátiles. || FAM. tiroteo.

tiroteo m. Serie de disparos que se efectúa con armas de fuego.

tiroxina f. Hormona elaborada por la glándula tiroides que regula en el organismo animal, el metabolismo basal y el desarrollo.

tirria f. *col.* Odio o manía que se tiene a alguien o algo. || FAM. tirrioso.

tisana f. Bebida medicinal que resulta del cocimiento ligero de una o varias hierbas.

tísico, ca adj. De la tisis o relativo a esta enfermedad. || adj. y s. Que padece tisis.

tisis f. Tuberculosis pulmonar. || Cualquier enfermedad en la que el enfermo se consume lentamente, tiene fiebre y presenta ulceración en algún órgano. ◆ No varía en pl. || FAM. tísico, tisiología.

tisú m. Tela de seda entretejida con hilos de oro o plata. ◆ pl. *tisúes* o *tisús.*

tisular adj. De los tejidos de los organismos o relativo a ellos.

titán m. En mit., nombre aplicado a cada uno de los seis hijos de Gea y Urano. || Sujeto de excepcional poder. || Persona de gran fortaleza física o sobresaliente en cualquier aspecto. || FAM. titánico, titanio.

titánico, ca adj. Muy grande, excesivo: *esfuerzo titánico.*

titanio m. Elemento químico metálico de color gris, casi tan pesado como el hierro y fácil de combinar con el nitrógeno. Su símbolo es *Ti*, y su número atómico, 22.

titear intr. Cantar la perdiz llamando a los pollos. || FAM. titeo.

títere m. Figurilla que se mueve con alguna cuerda o introduciendo una mano en su interior. || Persona que actúa manejada por otra o que carece de iniciativa. || pl. Espectáculo público con muñecos o en el que participan titiriteros. || **no dejar** o **quedar títere con cabeza** loc. *col.* Destrozar o quedar destrozado algo por completo. || *col.* Criticar a una o varias personas relacionadas con un determinado asunto. || FAM. titiritero.

titi f. *vulg.* Mujer. || **el** o **la titi** *vulg.* Expresión que se usa para referirse a uno mismo con chulería y en tercera persona del sing.: *el titi no se cae, se tira.*

tití m. Nombre que se apl. a diferentes especies de monos de tamaño pequeño, propios de América Meridional. ◆ pl. *titíes* o *titís.*

titil m. *amer.* Molleja, estómago de las aves.

titilar intr. Agitarse con ligero temblor alguna parte del cuerpo. || Centellear con ligero temblor un cuerpo luminoso. || FAM. titilación, titilante, titileo.

titipuchal m. *amer.* Multitud. || *amer. col.* Abundancia de objetos.

titiritero, ra m. y f. Persona que maneja los títeres o realiza espectáculos de títeres o marionetas. || Persona que realiza ejercicios de equilibrio y agilidad, piruetas y acrobacias.

tito¹ m. Pepita o hueso de la fruta.

tito², **ta** m. y f. *col.* Tío.

titubear intr. Vacilar al hablar o al hacer una elección. || Quedarse perplejo en algún punto o materia, mostrando duda sobre lo que se debe hacer. || Oscilar, perdiendo la estabilidad. || FAM. titubeante, titubeo.

titubeo m. Vacilación al hablar o al hacer una elección.

titulación f. Colocación de los títulos a algo. || Título académico. || Conjunto de títulos de propiedad que afectan a una finca rústica o urbana.

titulado, da m. y f. Persona que posee un título académico. También adj. || Persona que tiene una dignidad nobiliaria.

titular¹ adj. y com. Que ejerce un cargo, oficio o profesión con el título necesario para ello: *profesor titular.* || Que consta en algún documento como propietario o beneficiario de algo. || m. Título de las noticias y artículos que, en periódicos y revistas, aparece en letras de cuerpo mayor. || FAM. titularidad.

titular² tr. Poner título o nombre a una cosa. || prnl. Obtener un título académico. || FAM. titulación, titulado, titulador.

titularidad f. Condición adquirida por un título o nombramiento para ejercer un cargo o un empleo. || Condición que se da para que una persona o entidad figure en la propiedad de alguna cosa.

titulillo m. Renglón que se pone en la parte superior de la página impresa para indicar la materia de la que se trata.

título m. Palabra o frase con que se enuncia una obra o una parte de ella, en relación con su contenido. ‖ Dignidad nobiliaria. ‖ Persona que posee esta dignidad nobiliaria. ‖ Documento que acredita la obtención de un grado académico tras realizar los estudios, exámenes y pruebas pertinentes. ‖ Distinción u honor que consigue una persona, particularmente en un campeonato, concurso o competición. ‖ Cada una de las partes principales en que suelen dividirse las leyes, reglamentos u otros textos jurídicos. ‖ Demostración jurídica de un derecho u obligación, de unos bienes, o de una dignidad o profesión: *título de propiedad.* ‖ Origen o fundamento jurídico de un derecho u obligación. ‖ Cierto documento que representa deuda pública o valor comercial. ‖ **a título de** loc. adv. En calidad de. ‖ FAM. titular, titulatura, titulillo, titulitis.

tiza f. Arcilla terrosa blanca que se usa para escribir en los encerados. ‖ Compuesto de yeso y greda que se usa en el juego de billar para frotar la suela de los tacos.

tiznajo m. *col.* Mancha de tizne o de algo semejante.

tiznar tr. Manchar con tizne, hollín u otra materia. También prnl. ‖ Deslustrar o manchar la fama o el prestigio de alguien. ‖ prnl. *amer.* Emborracharse.

tizne amb. Humo u hollín que se pega a los objetos que han estado puestos al fuego. Más como m. ‖ FAM. tiznajo, tiznar, tiznón.

tizón m. Palo a medio quemar que arde produciendo mucho humo. ‖ Parte de un sillar o ladrillo que se acopla con otros en una construcción. ‖ Hongo parásito del trigo y otros cereales que invade las espigas con un color negruzco. ‖ FAM. tizo, tizonada, tizonazo.

tizona f. Espada.

tlaconete m. *amer. col.* Molusco gasterópodo parecido a la babosa.

tlapalería f. *amer.* Comercio en el que se venden pequeñas herramientas para la construcción y productos de droguería, electricidad y ferretería.

tlascal m. *amer.* Tortilla preparada con harina de maíz.

TNT m. Trinitrotolueno.

toalla f. Pieza de tejido de felpa, de rizo de algodón o de otra tela esponjosa y absorbente que se utiliza para secarse después de lavarse. ‖ Tejido de rizo con el que habitualmente se hacen estas piezas. ‖ **toalla higiénica** *amer.* Compresa. ‖ **tirar** o **arrojar la toalla** loc. En boxeo, gesto que significa abandonar el combate. ‖ P. ext., abandonar cualquier actividad o asunto. ‖ FAM. toallero.

toallero m. Utensilio para poner o colgar las toallas.

toar tr. Llevar a remolque una embarcación.

toba f. Piedra caliza, muy porosa y ligera, formada por la cal que llevan en disolución las aguas de ciertos manantiales. ‖ Colilla del cigarro. ‖ *col.* Golpe que se da con el dedo índice o el corazón, haciéndolos resbalar en el pulgar.

tobera f. Abertura tubular por donde entra el aire en un horno o en algunas estufas para alimentar la combustión. ‖ En algunos motores o mecanismos, tubo que regula la salida de los gases.

tobillera f. Venda, generalmente elástica, con la que se sujeta y protege el tobillo.

tobillo m. Parte del cuerpo humano correspondiente a la unión del pie y la pierna en la que existe una protuberancia de cada uno de los dos huesos llamados tibia y peroné. ‖ FAM. tobillera, tobillero.

tobogán m. Rampa inclinada por la que las personas, sentadas o tumbadas, se dejan resbalar por diversión. ‖ Especie de trineo bajo formado por una armadura a acero montada sobre dos patines largos y cubierta por una tabla o plancha acolchada. ‖ Pista hecha en la nieve por la que se deslizan a gran velocidad estos trineos especiales.

toca f. Prenda de tela, de diferentes hechuras, con la que se cubría antiguamente la cabeza por abrigo, comodidad o adorno. ‖ Prenda de tela blanca que usan las monjas para cubrir la cabeza. ‖ FAM. tocado, tocador, tocarse, toquilla.

tocacintas f. *amer.* Grabadora o casete. ◆ No varía en pl.

tocadiscos m. Aparato que, con un plato giratorio, puede reproducir el sonido grabado en un disco de vinilo. ◆ No varía en pl.

tocado[1] m. Prenda o adorno que se pone sobre la cabeza. ‖ Peinado y adorno de la cabeza.

tocado[2]**, da** adj. Algo loco o perturbado. ‖ Afectado por una lesión leve o por alguna enfermedad. ‖ Se apl. a la fruta que ha empezado a estropearse. ‖ Afectado por algún asunto de forma negativa.

tocador m. Mueble en forma de mesa con un espejo, que se utiliza para peinarse y arreglarse. ‖ Habitación destinada a este fin, donde suele haber uno de estos muebles.

tocamiento m. Acercamiento de dos cosas hasta ponerse en contacto.

tocante adj. Que hace referencia a algo o tiene relación con algo: *en lo tocante a aquel asunto, más vale que lo olvidemos.*

tocar tr. Entrar en contacto las manos u otra parte del cuerpo con un objeto o una superficie. ‖ Llegar a una cosa con la mano, sin asirla. ‖ Tropezar ligeramente una cosa con otra. ‖ Estar una cosa junto a otra o en contacto con ella. También intr. y prnl. ‖ Hacer sonar un instrumento, interpretar música con él. ‖ Interpretar una pieza musical con un instrumento o varios. ‖ Avisar haciendo sonar una campana u otro instrumento. ‖ Revolver o curiosear en algo. ‖ Alterar o modificar algo. ‖ Emocionar, impresionar. ‖ Tratar o hablar leve o superficialmente sobre algo. ‖ intr. Haber llegado el momento oportuno de hacer algo: *toca pagar.* ‖ Ser de la obligación de uno, corresponderle hacer algo: *te toca fregar los platos.* ‖ Importar, afectar, ser de interés. ‖ Pertenecer a uno parte de una cosa que se reparte entre varios. ‖ Caer en suerte una cosa. ‖ **tocar de cerca** loc. Experimentar una cosa, tener conocimiento cercano de ella. ‖ **tocar** alguien o algo **fondo** loc. Alcanzar una situación crítica, difícilmente empeorable. ‖ FAM. tocable, tocacintas, tocadiscos, tocamiento, tocante, tocata, tocón, toque, toquetear.

tocarse prnl. Cubrirse la cabeza con un gorro, sombrero o tocado.

tocata f. Pieza de música instrumental de estilo libre destinada por lo común a instrumentos de teclado, compuesta en un solo movimiento. || m. *col.* Tocadiscos.

tocateja (a) loc. adv. *col.* Pago de algo dando todo el dinero al contado e inmediatamente.

tocayo, ya m. y f. Persona que tiene el mismo nombre que otra.

tocho, cha adj. Que es un poco torpe o necio. || m. *col.* Libro muy grueso o largo y pesado. || *col.* De gran tamaño.

tocineta f. *amer.* Beicon.

tocino m. Gruesa capa de grasa que tienen ciertos mamíferos, especialmente el cerdo, que sirve de alimento. || *col.* Persona bruta o ignorante. También adj. || **tocino de cielo** Dulce compuesto de yema de huevo y almíbar cocidos y cuajados, generalmente con forma de cono truncado. || FAM. tocinería, tocinero, tocineta.

toco m. *amer.* Tocón de árbol. || *amer.* Cantidad grande de alguna cosa. || *col.* Abolladura.

tocología f. Parte de la medicina que trata de la gestación, del parto y del puerperio. || FAM. tocólogo.

tocólogo, ga m. y f. Médico que es especialista en tocología.

tocomocho m. Denominación vulgar del timo en el que uno hace ver que tiene un décimo de lotería premiado, pero que no puede cobrarlo por ciertas razones, cediéndolo por menos dinero.

tocón, ona adj. y s. Se apl. a la persona que tiene la costumbre de tocar o sobar a las personas o cosas que tiene a su alcance. || m. Parte del tronco de un árbol que queda unida a la raíz cuando lo talan.

tocuyo m. *amer.* Tela de algodón ordinaria.

todavía adv. t. Expresa continuación de algo comenzado en un tiempo anterior: *¿todavía estás comiendo?* || Ahora o en un futuro inmediato: *no empieces todavía.* || adv. m. Con todo eso, no obstante: *es muy ingrato, pero todavía le quiere.* || Tiene sentido concesivo corrigiendo una frase anterior: *¿para qué quieres una casa tan grande?, todavía si tuvieras hijos...* || adv. c. Denota encarecimiento o ponderación: *es todavía más aplicado que su hermano.*

todo, da adj. y pron. Que se toma o se considera por entero o en conjunto: *todo el mundo está de acuerdo.* || Se usa para ponderar el exceso de algo o intensificar una cualidad: *es toda una mujer.* || Seguido de un sustantivo en singular y sin artículo, equivale a *cualquiera*: *toda persona.* || pl. Puede equivaler a *cada*: *cobra todos los meses.* || m. Cosa íntegra, o que consta de la suma y conjunto de sus partes integrantes, sin que falte ninguna. || adv. m. Por completo, enteramente. || **a todo** loc. adv. *col.* Con el máximo esfuerzo o rendimiento: *a toda máquina.* || **a todo esto** loc. adv. Entre tanto, mientras. || **ante todo** loc. adv. Primera o principalmente, antes que otra cosa. || **así y todo** loc. conjunt. A pesar de eso, no obstante. || **con todo** loc. conjunt. Sin embargo, no obstante. || **de todas todas** loc. adv. Con seguridad, irremediablemente. || **del todo** loc. adv. Sin excepción, completamente. || **jugar(se) el todo por el todo** loc. Arriesgarse mucho para conseguir algo que se desea mucho. || **ser todo uno** loc. *col.* Ser consecuencia lógica e inevi-

table. || Acabar siendo iguales cosas que parecen muy diferentes. || **sobre todo** loc. adv. Con especialidad, mayormente. || **y todo** loc. adv. Hasta, también, incluso. || FAM. todavía, todopoderoso, todoterreno, total.

todopoderoso, sa adj. Que todo lo puede. || adj. y m. Dios. ◆ Se escribe con mayúscula.

todoterreno adj. y m. Se apl. al vehículo preparado para circular por terrenos accidentados. || com. Persona que sirve para todo. ◆ Es invariable como adj.

toffee (voz i.) m. Caramelo blando de café con leche.

toga f. Manto de mucho vuelo que constituía la prenda principal exterior del traje de los antiguos romanos, y se ponía sobre la túnica. || Traje exterior que usan los magistrados, letrados, catedráticos u otras personas para actos específicos. || FAM. togado, togarse.

togado, da adj. y s. Que viste toga, referido principalmente a los magistrados superiores.

togarse prnl. *amer.* Endomingarse.

toilet (voz i.) m. *amer.* Aseo o servicios públicos.

toilette (voz fr.) f. Tocador, mueble para arreglarse. || Peinado o aseo personal. || Lavabos, servicios, cuarto de aseo.

toisón m. Orden de caballería constituida en 1430 por Felipe el Bueno. || Insignia de los caballeros de esta orden. || Persona condecorada con esta insignia.

tojo m. Nombre común de diversas especies de plantas perennes leguminosas, variedades de aulaga, que crecen hasta los 2 m de altura, con muchas ramillas enmarañadas, hojas reducidas a puntas espinosas y flores amarillas.

tolda f. *col.* Toldo. || *amer. col.* Partido político o línea ideológica dentro de un partido.

toldería f. *amer.* Conjunto formado por los toldos de un asentamiento indígena.

toldilla f. Cubierta parcial que tienen algunos buques a la altura de la borda, en la parte trasera.

toldillo m. *amer.* Mosquitero.

toldo m. Pabellón o cubierta de tela que se tiende para hacer sombra en algún paraje. || Cubierta de lona o de cañas abovedada sostenida por arcos que tapa un carro. || *amer.* Tienda de indios, hecha de ramas y cueros. || FAM. tolda, toldería, toldilla, toldillo.

tole m. Confusión y griterío popular. || Rumor de desaprobación. ◆ En ambos casos, suele usarse repetido: *¡vaya tole tole se montó!*

tolerable adj. Que se puede aceptar sin llegar a permitirlo o consentirlo explícitamente. || Que se puede soportar. || FAM. tolerablemente.

tolerado, da adj. Se apl. a la película o espectáculo apropiado para los menores de edad.

tolerancia f. Respeto hacia las opiniones o prácticas de los demás. || Margen o diferencia que se consiente en la calidad o cantidad de las cosas o las obras contratadas o convenidas. || Máxima diferencia que se tolera entre el valor nominal y el valor real o efectivo en las características físicas y químicas del material, una pieza o un producto. || Capacidad de un organismo para soportar ciertos fármacos o drogas. || Condición que permite que un organismo conviva con parásitos sin sufrir daños graves.

tolerante adj. Que tiene tolerancia o tiende hacia ella.

tolerar tr. Sufrir, soportar. ‖ Permitir o consentir algo sin aprobarlo expresamente. ‖ Respetar las opiniones y prácticas de los demás. ‖ Soportar una persona u organismo ciertos alimentos, medicinas u otras sustancias. ‖ FAM. tolerabilidad, tolerable, tolerado, tolerancia, tolerante, tolerantismo.

toletazo m. *amer.* Garrotazo.

tolete m. Estaca a la que se ata el remo de una embarcación. ‖ adj. y com. *amer.* Torpe, lerdo, tardo de entendimiento. ‖ FAM. toletazo.

toletole m. *amer.* Tole.

tolla f. Terreno húmedo que se mueve al pisarlo, tremedal. ‖ *amer.* Recipiente para que beban los animales.

tolmo m. Peñasco elevado que tiene semejanza con un gran hito o mojón.

tolondrón, ona adj. Aturdido, desatinado, tonto. ‖ m. Chichón, bulto producido en alguna parte del cuerpo, generalmente en la cabeza, como resultado de un golpe.

tolteca adj. y com. De las tribus precolombinas que habitaron el altiplano central mexicano o relativo a ellas. ‖ m. Idioma hablado por los toltecas.

tolueno m. Hidrocarburo parecido al benceno, usado en la fabricación de la trilita y de ciertas materias colorantes. ‖ FAM. trinitotolueno.

tolva f. Caja en forma de tronco de pirámide o de cono invertido y abierta por debajo, dentro de la cual se echan granos u otros cuerpos para que caigan poco a poco. ‖ Parte superior en los cepillos o urnas, en forma de tronco de pirámide invertido y con una abertura para introducir las monedas, papeletas o bolas.

tolvanera f. Remolino de polvo, típico de las zonas desérticas o esteparias.

toma f. Conquista, asalto u ocupación por armas de una plaza o ciudad. ‖ Porción de una cosa, que se toma o recibe de una vez. ‖ Acción de filmar o fotografiar imágenes obtenidas. ‖ Lugar por donde se deriva una corriente de fluido o electricidad. ‖ Cauce, acequia o lugar por donde se desvía una salida de agua. ‖ **toma de tierra** Conductor o dispositivo que conecta parte de una instalación eléctrica a tierra como medida de seguridad.

tomacorriente m. *amer.* Toma de corriente eléctrica. ‖ *amer.* Enchufe, toma de electricidad.

tomado, da adj. Se apl. a la voz baja y sin sonoridad debido a alguna infección en la garganta. ‖ adj. y s. *amer.* Borracho.

tomador, ra m. y f. En der., persona a favor de la cual se gira una letra de cambio, un contrato, una póliza de seguro o un documento semejante. ‖ *amer.* Que bebe mucho.

tomadura f. Acción y resultado de tomar. ‖ **tomadura de pelo** *col.* Burla o engaño.

tomahawk m. Hacha de guerra de los indios de América del Norte. ◆ pl. *tomahawks.*

tomar tr. Coger o asir con la mano una cosa. ‖ Coger algo por otros medios. ‖ Recibir o aceptar. ‖ Ocupar o adquirir por la fuerza. ‖ Comer o beber. ‖ Adoptar una actitud o poner por obra. ‖ Contraer, adquirir. ‖ Recibir los efectos de algo. ‖ Contratar a una persona para que preste un servicio. ‖ Hacerse cargo de algo. ‖ Montar en un medio de transporte. ‖ Adquirir o alquilar una cosa. ‖ Adoptar un nombre. ‖ Entender, juzgar e interpretar una cosa en determinado sentido: *tomar a broma.* ‖ Apuntar algo por escrito o grabar una información: *tomar notas.* ‖ Filmar o fotografiar. ‖ Elegir una cosa de entre varias. ‖ Medir una magnitud: *el médico le tomó la temperatura.* ‖ Recibir lo que expresan ciertos sustantivos: *tomar aliento.* ‖ Construido con ciertos nombres verbales, significa lo mismo que los verbos de donde tales nombres derivan: «*tomar resolución*» equivale a «*resolver*». ‖ Construido con un nombre de instrumento, ponerse a ejecutar la acción para la que sirve el instrumento: «*tomar la pluma*» equivale a «*ponerse a escribir*». ‖ Empezar a seguir una dirección, entrar en una calle, camino o tramo, encaminarse por ellos. También intr. ‖ Poseer sexualmente. ‖ intr. *amer.* Beber alcohol. ‖ **toma y daca** loc. *col.* Se usa cuando hay intercambio simultáneo de cosas o servicios o cuando se hace un favor, esperando la reciprocidad inmediata. También se usa como loc. sustantiva. ‖ **tomar** algo **a bien** o **a mal** loc. Considerar o interpretar algo de forma positiva o negativa. ‖ **tomar** algo **por** loc. Considerar o enjuiciar algo de forma equivocada: *tomarle a uno por ladrón.* ‖ **tomarla con** alguien o algo loc. Contradecirle o atacarle en cuanto dice o hace. ‖ FAM. toma, tomado, tomador, tomadura, tomavistas.

tomate m. Fruto de la tomatera, rojo, blando y brillante, compuesto en su interior de varias celdillas llenas de simientes. ‖ Tomatera. ‖ Salsa hecha con este fruto. ‖ *col.* Agujero hecho en una prenda de punto. ‖ *col.* Lío, enredo o asunto poco claro, muchas veces acompañado de gran alboroto y tumulto. ‖ **como un tomate** loc. adj. *col.* Muy colorado a causa de la vergüenza o al estar quemado por el sol. ‖ FAM. tomatada, tomatal, tomatazo, tomatera, tomatero.

tomatera f. Planta herbácea de la familia de las solanáceas, originaria de América, de 1 a 2 m de altura, con los tallos vellosos y endebles, flores amarillas y fruto carnoso, redondeada, rojizo y jugoso.

tomavistas m. Máquina fotográfica que se utiliza para filmar películas cinematográficas. ◆ No varía en pl.

tómbola f. Rifa pública de objetos diversos, cuyo producto se destina generalmente a fines benéficos. ‖ Local en que se efectúa esta rifa.

tomillo m. Planta labiada de hoja perenne muy olorosa que se usa en perfumería y como condimento. ‖ FAM. tomillar.

tomismo m. Sistema escolástico contenido en las obras de santo Tomás de Aquino, en el que se intenta combinar la filosofía aristotélica con la teología cristiana. ‖ FAM. tomista.

tomo m. Cada uno de los volúmenes en que, debido a su extensión, está dividida una obra escrita y que se suelen encuadernar por separado. ‖ **de tomo y lomo** loc. adj. De consideración e importancia.

tomografía f. Técnica que permite el registro de imágenes del cuerpo humano correspondientes a un plano o a una sección determinados.

tompeate o **tompiate** m. *amer.* Canasta pequeña tejida de palma.

ton ni son (sin) loc. *col.* Sin motivo, ocasión, o causa, o fuera de orden y medida.

tonada f. Composición poética concebida para ser cantada. || Música de esta canción. || *amer.* Dejo, modo de acentuar las palabras al final. || FAM. toná, tonadilla.

tonadilla f. Tonada alegre y ligera, de temática burlesca, amorosa o satírica, de principios del siglo XVIII. || Canción popular española. || FAM. tonadillero.

tonadillero, ra m. y f. Persona que canta o compone tonadillas.

tonal adj. Del tono o de la tonalidad o relativo a ellos: *escala tonal.*

tonalidad f. Gradación de tonos. || En mús., tono. || Gradación de tonos y colores. || En ling., entonación.

tonante adj. Que truena: *Júpiter tonante.*

tondero m. *amer.* Baile típico del norte de Perú.

tonel m. Cuba grande. || *col.* Persona muy gruesa. || FAM. tonelada, tonelería, tonelero, tonelete.

tonelada f. Unidad de peso o capacidad que se usa para calcular el desplazamiento de los buques. || **tonelada métrica** Unidad de peso que en el sistema internacional equivale a 1000 kg o a 20 quintales. || FAM. tonelaje.

tonelaje m. Capacidad de carga de un vehículo, especialmente de un barco.

tonelete m. Brial de los hombres de armas. || Falda corta que solo cubría hasta las rodillas. || Parte de las antiguas armaduras que tenía esta forma.

tóner m. Cartucho que contiene un polvo empleado como pigmentante en ciertos aparatos de impresión. || Este polvo. ◆ pl. *tóneres,* aunque también se usa como invariable.

tonga f. Tongada. || *amer.* Pila o porción de cosas apiladas en orden. || *amer.* Tanda, tarea. || FAM. tongada.

tongada f. Capa con que se cubre o baña una cosa. || Cosa extendida encima de otra. || Pila de cosas unas sobre otras.

tongo m. En una competición, trampa por la que un participante se deja ganar, generalmente por dinero.

tónica f. Bebida refrescante, gaseosa, preparada a base de quinina y ácido cítrico, agua tónica. || **tónica general** Situación u opinión general.

tónico, ca adj. Que entona o vigoriza. También m. || En ling., se apl. a la vocal o a la sílaba que recibe el acento prosódico. || Se dice de la nota primera de una escala musical. También f. || m. Medicamento o preparado para dar fuerzas y abrir el apetito. || Loción astringente que se apl. sobre la piel o sobre el cuero cabelludo. || FAM. tónica, tonicidad.

tonificar tr. y prnl. Dar vigor o tensión al organismo, entonar. || FAM. tonificación, tonificador, tonificante.

tonillo m. dim. de *tono.* || Tono de voz monótono y desagradable. || Acento particular propio de un lugar. || Entonación reticente o burlona con que se dice algo.

tono m. Cualidad de los sonidos que depende de su frecuencia y permite clasificarlos como graves o agudos. || Inflexión de la voz y modo particular de decir algo. || Carácter de la expresión y del estilo de una obra literaria. || Energía, vigor: *tono vital.* || En mús., distancia entre las notas de una escala. || Cada una de las escalas que, para las composiciones musicales, se forman partiendo de una nota fundamental que le da nombre. || Señal sonora. || Cada una de las distintas gradaciones de una gama de color. || **a tono** loc. adv. En combinación o armonía. || **de buen** o **mal tono** loc. adj. Propio de gente distinguida o al contrario. || **fuera de tono** adv. m. Inoportuno, fuera de lugar. || **subido de tono** loc. adj. Grosero, obsceno. || **subir de tono** loc. Acalorarse o enardecerse. || FAM. ton, tonada, tonal, tonalidad, tonema, tonicidad, tónico, tonificar, tonillo.

tonsura f. Acción y resultado de tonsurar. || Grado preparatorio para recibir las antiguas órdenes menores. || Coronilla afeitada de quienes recibían este grado.

tonsurar tr. Cortar el pelo a las personas, o el pelo o la lana a los animales. || Dar a uno el grado de la tonsura. || Cortar el pelo de la coronilla a quienes recibían este grado. || FAM. tonsura, tonsurado.

tontada f. Tontería, simpleza.

tontaina adj. y com. *col.* Tonto, simple.

tontear intr. Hacer o decir tonterías. || *col.* Coquetear, flirtear. || FAM. tonteo.

tontería f. Calidad de tonto. || Dicho o hecho tonto. || Dicho o hecho sin importancia.

tonto, ta adj. Se apl. al acto o al dicho carente de lógica o de sentido común. || Absurdo, sin sentido, inútil. || Pesado o molesto. || Pasmado, totalmente asombrado. || adj. y s. Se apl. a la persona de poco entendimiento o inteligencia. || Falto de picardía o malicia. || Presumido o engreído. || m. El que en ciertas representaciones hace el papel de simple o gracioso. || **a lo tonto** loc. adv. Como quien no quiere la cosa. || **a tontas y a locas** loc. adv. Sin orden ni concierto. || **hacer el tonto** loc. Perder el tiempo o hacer algo por puro entretenimiento. || **hacerse** alguien **el tonto** loc. Aparentar que no se da cuenta de nada. || FAM. tontada, tontaina, tontamente, tontarrón, tontear, tontera, tontería, tontez, tontiloco, tontorrón, tontuna.

tontorrón, ona adj. y s. Muy tonto, tontísimo. ◆ Suele emplearse con un matiz cariñoso.

tontuna f. Dicho o hecho carente de lógica o de sentido común, tontería.

toña f. Juego en que se hace saltar del suelo un palito de doble punta sacudiéndolo con otro palo. || Patada o golpe. || *col.* Borrachera. || *col.* Nariz, especialmente si es grande.

top m. Prenda femenina, generalmente corta, que se ajusta a la parte superior del cuerpo. ◆ pl. *tops.*

topacio m. Mineral silicato de aluminio que forma una piedra fina, amarilla y muy dura, usada en joyería.

topadora f. *amer.* Pala mecánica, acoplada a la parte delantera de una excavadora, que se emplea en el desmonte y nivelación de terrenos. || *amer.* P. ext., excavadora.

topar tr. Chocar una cosa con otra. También intr. || Encontrar casualmente. También intr. y prnl. || Topetear. || FAM. topada, topador, topadora, tope, topetar.

tope m. Parte por donde una cosa puede topar con otra. || Pieza que en algunas armas e instrumentos sirve para impedir que se pase de un punto determinado. || Pieza que se pone a algo para amortiguar los golpes. ||

Extremo hasta lo que algo puede llegar. ‖ **a tope** loc. adv. *col.* Al máximo, a rebosar. ‖ **hasta el tope** o **hasta los topes** loc. adv. *col.* Hasta el límite o completamente lleno.

topetar tr. Dar golpes con la cabeza algunos animales, especialmente los que tienen cuernos. También intr. ‖ Chocar una cosa con otra, topar. ‖ FAM. topetada, topetazo, topetear, topetón.

topetazo m. Golpe que dan con la cabeza los animales cornudos. ‖ Golpe al chocar dos cuerpos. ‖ *col.* Golpe que da una persona con la cabeza contra algo.

tópico, ca adj. y m. Se apl. al lugar común, y a la expresión o frase manida. ‖ Se dice del medicamento de aplicación externa. ‖ FAM. topicazo, topiquero.

topillo m. Nombre común de diversas especies de mamíferos roedores de la familia de los ratones y ratas, de pelaje grisáceo, que se alimentan fundamentalmente de raíces, cortezas y semillas.

toples m. Desnudez de cintura para arriba en una mujer. ‖ Local de copas donde trabajan mujeres desnudas de cintura para arriba. ◆ No varía en pl.

top-model (voz i.) com. Modelo muy cotizada, supermodelo. ◆ pl. *top-models*.

topo m. Nombre común de diversas especies de mamíferos insectívoros de unos 15 cm de longitud, que viven en galerías subterráneas que excavan con sus fuertes uñas. ‖ *col.* Persona corta de vista. ‖ *col.* Persona infiltrada en una organización como espía. ‖ Estampado de algunas telas que tiene forma redondeada semejante a un lunar. ‖ FAM. topera, topillo.

topografía f. Conjunto de técnicas y conocimientos para describir y delinear la superficie de un terreno. ‖ Conjunto de particularidades que presenta un terreno en su configuración superficial. ‖ FAM. topográfico, topógrafo.

topógrafo, fa m. y f. Profesional de la topografía.

topología f. Rama de las matemáticas que estudia las propiedades de las figuras con independencia de su tamaño o forma. ‖ FAM. topológico.

topometría f. Parte de la topografía relativa a las mediciones llevadas a cabo sobre el terreno.

toponimia f. Estudio del origen y significación de los nombres propios de lugar. ‖ FAM. toponímico, topónimo.

topónimo m. Nombre propio de lugar.

toque m. Acción de tocar una cosa. ‖ Sonido de un instrumento. ‖ Llamamiento, advertencia que se hace a uno. ‖ Aplicación ligera y muy localizada de alguna cosa. ‖ Nota, rasgo, característica. ‖ Pincelada ligera. ‖ Estilo de juego futbolístico que consiste en pases frecuentes de balón. ‖ **toque de queda** Medida gubernativa que, en circunstancias excepcionales, prohíbe el tránsito o permanencia en las calles durante determinadas horas, generalmente nocturnas. ‖ FAM. toquetear, toquetón.

toquetear tr. Tocar reiterada e insistentemente. ‖ FAM. toqueteo.

toqueteo m. Toque reiterado.

toquetón, ona adj. y s. *amer.* Se apl. a la persona que lo toquetea y manosea todo.

toquilla f. Pañuelo de punto generalmente de lana que, poniéndolo sobre los hombros, usan para abrigo las mujeres. ‖ *amer.* Especie de palmera que suministra la paja con que se tejen los sombreros de jipijapa.

tora f. Libro que recoge la ley judía. ‖ Tributo que pagaban las familias judías.

torácico, ca adj. Del tórax o relativo a él.

toral adj. Principal o que tiene más fuerza y vigor en cualquier concepto: *fundamento toral*. ‖ En arquit., se apl. a cada uno de los cuatro arcos en los que se estriba la media naranja de un edificio.

tórax m. Pecho del hombre y de los animales. ‖ Cavidad del pecho. ‖ Región media de las tres en que está dividido el cuerpo de los insectos, arácnidos y crustáceos. ◆ No varía en pl. ‖ FAM. torácico.

torbellino m. Remolino de viento. ‖ Abundancia de cosas que ocurren en un mismo tiempo. ‖ Persona demasiado viva e inquieta.

torca f. Depresión circular en un terreno con bordes escarpados. ‖ FAM. torcal.

torcaz adj. Se apl. a la paloma silvestre del orden de las columbiformes, de tamaño grande, con manchas blancas en el cuello y las alas.

torcecuello m. Ave piciforme multicolor que anida en las oquedades de los árboles y se alimenta de insectos.

torcedura f. Acción y resultado de torcer o torcerse, especialmente una parte del cuerpo.

torcer tr. Dar vueltas a una cosa sobre sí misma. También prnl. ‖ Encorvar o doblar una cosa. También prnl. ‖ Desviar una cosa de su dirección. ‖ Adoptar una expresión de desagrado o enojo. ‖ Dar bruscamente a un miembro del cuerpo una dirección contraria a la que sería normal, generalmente produciendo una distensión. También prnl. ‖ Desviar una cosa de la dirección que llevaba, para tomar otra. También prnl. e intr. ‖ Interpretar mal, equivocar el sentido de algo. ‖ prnl. Dificultarse y frustrarse un negocio o pretensión que iba por buen camino. ‖ Apartarse del camino y conducta adecuados para el logro de un fin. También tr. ◆ Irreg. Se conj. como *mover*. Tiene doble p. p.: uno reg., *torcido*, y otro irreg., *tuerto*. ‖ FAM. torcecuello, torcedor, torcedura, torcida, torcido, torcimiento, torsión, torzal, tuercebotas.

torcido, da adj. Que no es recto. ‖ Se apl. a la persona que no obra con rectitud, y a su conducta. ‖ FAM. torcidamente.

tórculo m. Prensa, y en especial la que se usa para estampar grabados en cobre, acero y otros metales.

tordo, da adj. y s. Se apl. a la caballería que tiene el pelo mezclado de negro y blanco. ‖ Zorzal. ‖ Estornino.

torear intr. y tr. Lidiar los toros en la plaza. ‖ tr. Engañar a alguien. ‖ Evitar a alguien. ‖ Burlarse de alguien. ‖ FAM. toreado, toreo, torera, torero.

toreo m. Acción de torear. ‖ Arte de torear.

torera f. Chaquetilla ceñida al cuerpo y que no pasa de la cintura.

torería f. Gremio o conjunto de toreros. ‖ *amer.* Travesura, calaverada.

torero, ra adj. Del toreo o los toreros o relativo a ellos. ‖ m. y f. Persona que se dedica a torear en las plazas. || **saltarse** algo **a la torera** loc. *col.* No acatarlo o no respetarlo de manera audaz. || FAM. torería.

toril m. Sitio donde se tienen encerrados los toros que han de lidiarse.

torio m. Elemento químico metálico radiactivo que, en estado puro, es de aspecto plateado y al desintegrarse produce radón. Su símbolo es *Th*, y su número atómico, *90*.

torito m. *amer.* Insecto coleóptero de color negro; el macho tiene un cuerno encorvado en la frente. || *amer.* Variedad de orquídea. || *amer.* Pez osteíctio siluriforme con dos espinas a modo de cuernos.

tormenta f. Tempestad de la atmósfera. || Tempestad del mar. || Adversidad, desgracia. || Manifestación violenta de una pasión o un estado de ánimo. || FAM. tormentoso.

tormento m. Acción y resultado de atormentar. || Angustia o dolor muy intensos. || Lo que los provoca. || Dolor corporal que se causaba al reo para obligarle a confesar o declarar. || FAM. tormentoso.

tormentoso, sa adj. Se apl. al tiempo atmosférico en el que hay tormenta o amenaza tormenta. || Se dice de la situación tensa y problemática.

tormo m. Peñasco, tolmo. || Terrón, pequeña masa suelta de tierra compacta. || Pequeña masa suelta de otras sustancias.

torna f. Acción de tornar o volver. || **volver las tornas** loc. Cambiar en sentido opuesto la marcha de un asunto o la suerte de alguien.

tornaboda f. Día después de la boda. || Celebración de este día.

tornachile m. *amer.* Especie de chile de color verde claro, con forma de trompo, que se cultiva en tierras de regadío.

tornadizo, za adj. y s. Que varía con facilidad, especialmente referido a quien cambia de creencia, partido u opinión.

tornado m. Viento impetuoso giratorio, huracán.

tornaguía f. Recibo que acredita que una mercancía enviada ha llegado a su destino.

tornar tr. Cambiar en una persona o cosa su naturaleza o su estado. También prnl. || intr. Regresar al lugar de donde se partió, retornar. || Seguido de la prep. *a* y un infinitivo, volver a hacer lo que este expresa: *tornó a caer.* || FAM. torna, tornaboda, tornadizo, tornado, tornaguía, tornasol, tornavoz, torneo, turnar.

tornasol m. Girasol. || Cambiante, reflejo o viso que hace la luz en algunas telas o en una superficie tersa y brillante. || Materia colorante azul violácea cuya tintura sirve de reactivo para reconocer los ácidos, que la vuelven roja. || FAM. tornasolado, tornasolar.

tornasolado, da adj. Que tiene o hace tornasoles.

tornavoz m. Dispositivo o estructura dispuestos para que el sonido repercuta y se oiga mejor.

torneado, da adj. Bien formado, estilizado. || Labrado con un torno.

tornear tr. Labrar, dar forma o redondear algo con un torno. || intr. Dar vueltas alrededor o en torno. || FAM. torneado, torneador, torneadura, tornillo.

torneo m. Combate a caballo entre adversarios, practicado en la Edad Media. || Competición deportiva entre varios participantes, campeonato.

tornillo m. Cilindro de metal, madera, etc., con resalto en hélice, que entra y se enrosca en la tuerca. || Clavo con resalto en hélice. || **apretarle** a uno **los tornillos** loc. *col.* Meterle prisa u obligarle a actuar en determinado sentido. || **faltarle** a alguien **un tornillo** loc. *col.* Tener poco seso o estar algo loco. || FAM. tornillería.

torniquete m. Instrumento quirúrgico para evitar o contener las hemorragias que afectan a las extremidades. || Torno en forma de aspa, por el que solo pueden pasar las personas de una en una.

torno m. Cilindro horizontal móvil, alrededor del cual va enrollada una soga o cable y sirve para elevar pesos. || Máquina que, por medio de una rueda, hace que algo dé vueltas sobre sí mismo. || Armazón giratorio que se ajusta al hueco de una pared y sirve para pasar objetos de una parte a otra. || Instrumento eléctrico que emplean los dentistas en la limpieza y acondicionamiento de los dientes. || **en torno** loc. adv. Alrededor. || **en torno a** loc. prepos. Aproximadamente. || FAM. tornar, tornear, tornero, tornería.

toro[1] m. Mamífero artiodáctilo bóvido de cabeza gruesa armada de dos cuernos, piel dura con pelo corto y cola larga, cerdosa hacia el extremo. || Hombre muy robusto y fuerte. || m. pl. Fiesta o corrida de toros. || **coger el toro por los cuernos** loc. *col.* Afrontar una situación difícil. || **pillar el toro** a alguien loc. *col.* Encontrarse desprevenido en una determinada situación. || **ver los toros desde la barrera** loc. *col.* Presenciar algo o tratar de ello sin correr el peligro a que se exponen quienes en ello intervienen. || FAM. toraco, torada, torear, toril, torista, toruno.

toro[2] m. En arquit., moldura convexa de sección semicilíndrica. || En geom., superficie de revolución engendrada por una circunferencia que gira alrededor de una recta de su plano, que no pasa por el centro.

toroide m. En geom., superficie de revolución engendrada por una curva cerrada y plana, pero no circunferencia, a semejanza del toro. || FAM. toroidal.

toronja f. Cítrico parecido a la naranja, pomelo. || FAM. toronjil, toronjina, toronjo.

toronjil m. Planta herbácea labiada cuyas flores y hojas se usan en medicina por sus efectos tónicos y antiespasmódicos.

toronjo m. Árbol rutáceo frutal de copa redondeada y flores blancas, cuyo fruto es la toronja.

torpe adj. Que es de movimiento lento, tardo y pesado. || Desmañado, falto de habilidad y destreza. || Poco acertado o inoportuno. || FAM. torpemente, torpeza, torpón, torpor.

torpedear tr. Atacar con torpedos. || Hacer fracasar un asunto o proyecto, sabotear. || FAM. torpedeamiento, torpedeo, torpedero.

torpedero, ra adj. y m. Se apl. al barco de guerra destinado a disparar torpedos o al avión adaptado para lanzarlos.

torpedo m. Proyectil submarino autopropulsado. || Nombre común de diversas especies de peces condrictios marinos de cuerpo aplanado y que producen una descarga eléctrica como defensa o al capturar a sus presas. || FAM. torpedear, torpedista.

torpeza f. Calidad de torpe. || Acción o dicho torpe.

torpón, ona adj. aum. de *torpe*, desmañado, rudo.

torrado m. Garbanzo tostado, tostón.

torrar tr. Tostar al fuego. || FAM. torrado, torrefacto, torrezno, tórrido, torrija.

torre f. Edificio fuerte, más alto que ancho. || Pieza del juego de ajedrez que imita esta construcción. || Cualquier construcción con más altura que base. || Estructura metálica, especialmente la que soporta los cables conductores de energía eléctrica. || En los buques de guerra, reducto acorazado en el que se colocan las piezas de artillería. || Conjunto de cosas, apiladas unas encima de otras, pila. || **torre de control** Edificación de altura desde la que se dirige el tráfico y las telecomunicaciones en los aeropuertos. || FAM. torreón, torrero, torreta.

torrefacto, ta adj. Tostado al fuego. || Se apl. al café tostado con azúcar. || FAM. torrefacción.

torrencial adj. Parecido al torrente. || Se apl. a la lluvia muy intensa y abundante. || FAM. torrencialmente.

torrente m. Corriente impetuosa de aguas que sobreviene en tiempos de muchas lluvias o deshielos rápidos. || Curso de la sangre en el aparato circulatorio. || Muchedumbre de personas que afluyen a un lugar. || FAM. torrencial, torrentera, torrentoso.

torrentera f. Cauce de un torrente. || P. ext., el mismo torrente.

torrentoso, sa adj. *amer.* Se apl. a la corriente de curso rápido e impetuoso.

torreón m. Torre grande para defensa de una plaza o castillo.

torreta f. En los buques de guerra, tanques y aviones, torre o estructura acorazada donde se colocan ametralladoras y cañones. || Estructura situada en una parte elevada, y en la que se concentran los hilos de una red aérea.

torrezno m. Pedazo de tocino frito o para freír.

tórrido, da adj. Muy ardiente o caluroso. || Se apl. al clima en que las temperaturas son muy altas, y a la zona geográfica en que se da este clima.

torrija f. Rebanada de pan rebozada en huevo, empapada en vino o leche, frita y endulzada con azúcar y canela o almíbar. || *col.* Borrachera.

torsión f. Acción y resultado de torcer o torcerse una cosa.

torso m. Tronco del cuerpo humano. || Estatua sin cabeza, brazos ni piernas.

torta f. Masa de harina y otros ingredientes, de figura redonda y aplanada, que se cuece a fuego lento o se fríe. || *col.* Golpe dado con la palma de la mano, generalmente en la cara, tortazo. || *col.* Cualquier golpe o caída. || *amer.* Tarta. || **ni torta** loc. *col.* Nada en absoluto. || FAM. tortada, tortazo, tortel, tortera, tortilla, tortita.

tortazo m. *col.* Bofetada en la cara, torta. || *col.* Golpe muy aparatoso, porrazo.

tortel m. Bollo con forma de rosca, generalmente de hojaldre y relleno.

torticero, ra adj. Injusto, no conforme con la razón o las leyes.

tortícolis f. Dolor en el cuello producido por una contracción de los músculos que obliga a tenerlo torcido o inmovilizado. ◆ No varía en pl.

tortilla f. Fritura de huevo batido, en la cual se incluye a veces algún otro alimento. || *amer.* Torta de harina, generalmente de maíz, hecha sin levadura y cocida en el horno. || Pan de trigo cocido en las brasas. || **dar la vuelta a la tortilla** loc. *col.* Presentar una situación de forma contraria a la realidad. || **volverse la tortilla** loc. *col.* Suceder algo de forma distinta a lo previsto o esperado. ◆ FAM. tortillería, tortillera, tortillero.

tortillera f. *desp.* Lesbiana.

tortita f. Torta de harina y agua que se suele rellenar o poner como acompañamiento. || pl. Juego que se les hace a los niños muy pequeños y que consiste en dar palmadas.

tórtola f. Nombre común de diversas especies de aves columbiformes parecidas a la paloma, de unos 30 cm de longitud, de pico agudo y negruzco y pies rojizos. || FAM. tortolito, tórtolo.

tortolito, ta adj. Sin experiencia. || m. pl. *col.* Pareja de enamorados.

tórtolo m. Macho de la tórtola. || *col.* Hombre amartelado. || pl. *col.* Pareja de enamorados.

tortuga f. Nombre común de diversas especies de reptiles quelonios que se caracterizan por poseer un caparazón de placas óseas recubiertas por placas córneas al cual están soldadas las costillas. Existen especies marinas y terrestres. || *col.* Lo que se desplaza lentamente.

tortuoso, sa adj. Que tiene vueltas y rodeos. || Solapado, cauteloso, sibilino. || FAM. tortuosamente, tortuosidad.

tortura f. Acción de torturar. || Sufrimiento, dolor o aflicción muy grandes. || FAM. torturar.

torturar tr. Producir a alguien un intenso dolor físico, como castigo o como método para que hable o confiese. || Atormentar. También prnl. || FAM. torturador.

torunda f. Bola de algodón envuelta en gasa esterilizada, con diversos usos en curas y operaciones quirúrgicas.

toruno m. *amer.* Toro que ha sido castrado después de tres o más años.

torva f. Remolino de lluvia o nieve.

torvisco m. Arbusto de la familia de las timeleáceas, con hojas lanceoladas, flores blanquecinas en racimillos terminales y fruto en drupa de color rojo.

torvo, va adj. Fiero, espantoso, airado.

tory (voz i.) adj. Se apl. al partido conservador en el Reino Unido. Más como m. pl. || De este partido. ◆ pl. *tories.*

torzal m. Unión de varios hilos trenzados y torcidos. || *amer.* Lazo de cuero retorcido.

tos f. Movimiento convulsivo y ruidoso del aparato respiratorio. || **tos ferina** Enfermedad infectocontagiosa que afecta especialmente a los niños y se manifiesta con ataques de tos muy intensos y sofocantes. || FAM. tosedera, toser.

tosco, ca adj. Grosero. || Inculto. También s. || Hecho con poco cuidado o con materiales poco valiosos. || FAM. toscamente, tosquedad.

tosedera f. *amer*. Tos continuada.

toser intr. Tener y padecer tos. || **toser** una persona **a** otra loc. *col*. Enfrentarse o discutir con ella.

tósigo m. Veneno, ponzoña. || Angustia o pena grande.

tosquedad f. Calidad de tosco.

tostada f. Rebanada de pan dorada al fuego hasta hacerla crujiente. || *amer*. Tortilla frita. || **olerse** alguien **la tostada** loc. *col*. Adivinar algo oculto o engañoso.

tostadero m. Lugar o instalación en que se tuesta algo. || Lugar donde hace excesivo calor.

tostado, da adj. De color subido y oscuro.

tostador, ra adj. y s. Que tuesta. || m. y f. Instrumento para tostar pan.

tostar tr. y prnl. Poner una cosa al fuego, para que se vaya tomando color, sin quemarse. || Poner morena o curtir el sol o el viento la piel del cuerpo. || Calentar demasiado. || *amer*. Zurrar, vapulear. ◆ Irreg. Se conj. como *contar*. || FAM. tostación, tostada, tostadero, tostado, tostador, tostadura, tostón, tueste.

tostón m. Trozo de pan frito que se añade a ciertos alimentos. || Cochinillo asado. || Garbanzo tostado. || *col*. Lo que resulta pesado, molesto o aburrido.

total adj. Completo, general, que lo comprende todo en su especie. || Excelente, muy bueno. || m. Totalidad. || En mat., resultado de una suma. || adv. En suma, en conclusión: *total, que no ocurrió nada.* || FAM. totalidad, totalitarismo, totalizar, totalmente.

totalidad f. Calidad de total. || Conjunto de todas las cosas o personas que forman una clase o especie, total.

totalitario, ra adj. Que incluye la totalidad de las partes. || Del totalitarismo o relativo a él.

totalitarismo m. Régimen político que concentra la totalidad de los poderes estatales en manos de un grupo o partido que no permite la actuación de otros. || FAM. totalitario, totalitarista.

totalizar tr. Obtener el total que forman varias cantidades. || FAM. totalización, totalizador.

tótem m. Ser u objeto de la naturaleza, generalmente un animal, que en la mitología de algunas sociedades se toma como emblema protector. || Emblema tallado o pintado que representa estos seres u objetos. || Columna o poste con las figuras de dichos seres u objetos que labran los indios de tierras americanas cercanas a Alaska. ◆ pl. *tótems*. || FAM. totémico, totemismo.

totemismo m. Sistema de creencias y organización de algunas sociedades basado en el tótem.

totora f. *amer*. Especie de anea o espadaña con la que se fabrican embarcaciones, cestos, etc. || FAM. totoral.

totuma f. *amer*. Fruto del totumo, calabaza de corteza dura. || Vasija hecha con este fruto.

totumo m. Árbol tropical americano, güira. || FAM. totuma, tutuma.

totumpote com. *amer*. Persona influyente, poderosa y rica.

totum revolutum expr. lat. m. Conjunto de muchas cosas sin orden, revoltijo. No varía en pl.

tour (voz fr.) m. Excursión, viaje por distracción o de carácter deportivo. || Gira, serie de actuaciones sucesivas de un cantante, grupo musical, etc., por diferentes localidades. || **tour de force** Esfuerzo grande, físico o anímico. ◆ pl. *tours*. || FAM. turismo.

tournedos (voz fr.) m. Filete de solomillo de buey.

tournée (voz fr.) f. Gira.

toxicidad f. Calidad de tóxico.

tóxico, ca adj. y m. Se apl. a la sustancia venenosa o que produce efectos nocivos sobre el organismo. || FAM. tósigo, toxicidad, toxicodependencia, toxicología, toxicomanía, toxina.

toxicología f. Parte de la medicina que trata de las sustancias tóxicas y sus efectos sobre el organismo. || FAM. toxicológico, toxicólogo.

toxicomanía f. Consumo habitual de drogas y dependencia patológica de las mismas. || FAM. toxicómano.

toxicómano, na adj. y s. Que padece toxicomanía.

toxina f. Sustancia elaborada por los seres vivos y que actúa como veneno, produciendo trastornos fisiológicos. || FAM. toxemia.

tozudez f. Calidad de tozudo, testarudez.

tozudo, da adj. y s. Obstinado, testarudo. || FAM. tozudez.

traba f. Acción y resultado de trabar. || Instrumento con que se junta y sujeta una cosa con otra. || Impedimento o estorbo. || *amer*. Alfiler de corbata.

trabado, da adj. Se apl. al caballo o yegua que tiene blancos la mano derecha y el pie izquierdo, o viceversa. || Robusto.

trabajado, da adj. Elaborado con minuciosidad y cuidado. || Agotado o demacrado por el exceso de trabajo.

trabajador, ra adj. Que trabaja. || m. y f. Jornalero, obrero.

trabajar intr. Realizar cualquier actividad, física o intelectual. || Tener una ocupación estable, ejercer una profesión, arte u oficio. || Estar cumpliendo esta profesión u ocupación. || Utilizar un determinado material o comercializar cierto producto. También tr. || Poner fuerza y afán para servir alguna cosa. || Mantener relaciones comerciales con otra persona o empresa. || tr. Ejercitar alguna cosa o insistir sobre ella para perfeccionarla o desarrollarla. || Dar forma a un material. || prnl. Ablandar a alguien o saberle tratar para conseguir algo de él. || FAM. trabajado, trabajador, trabajo.

trabajo m. Acción y resultado de trabajar. || Ocupación que ejerce habitualmente una persona a cambio de un salario. || Lugar donde se ejerce esa ocupación. || Producto de una actividad intelectual, artística, etc. || Esfuerzo humano aplicado a la producción de riqueza. || En fís., producto escalar de la fuerza por la distancia que recorre su punto de aplicación. || Dificultad o impedimento. || pl. Estrechez, miseria. || **trabajos forzados** o **forzosos** Aquellos en que se ocupa por obligación el presidiario como parte de su condena. || FAM. trabajólico, trabajoso, trabajosamente.

trabajólico, ca adj. y s. *amer*. Que trabaja afanosa y compulsivamente.

trabajoso, sa adj. Que requiere mucho trabajo o esfuerzo.

trabalenguas m. Palabra o locución difícil de pronunciar. ◆ No varía en pl.

trabar tr. Juntar una cosa con otra. ‖ Sujetar una cosa con otra de forma que no pueda moverse. ‖ Enlazar, concordar. ‖ Comenzar, establecer. También prnl. ‖ Espesar un caldo o una masa, ligar. También prnl. ‖ prnl. Enredarse, atascarse. ‖ Entorpecérsele a uno la lengua al hablar. ‖ FAM. traba, trabacuenta, trabado, trabadura, trabalenguas, trabamiento, trabazón, trabe, trabilla.

trabazón f. Enlace de dos o más elementos. ‖ Conexión, relación.

trabilla f. Tira de cualquier material, sujeta por sus extremos, que sirve para ajustar algo haciéndolo pasar a través de ella. ‖ Tira que llevan atrás algunas prendas de vestir para ajustarlas a la espalda. ‖ Tira de tela o de cuero que pasa por debajo del pie para sujetar los bordes inferiores del pantalón o prendas semejantes.

trabucar tr. y prnl. Trastornar el buen orden de alguna cosa. ‖ Ofuscar, confundir. ‖ Pronunciar o escribir equivocadamente palabras o sílabas. ‖ FAM. trabucación, trabuco.

trabuco m. Arma de fuego más corta y de mayor calibre que la escopeta ordinaria y con la boca ensanchada. ‖ FAM. trabucaire, trabucazo.

traca f. Serie de petardos dispuestos a lo largo de una cuerda, que estallan sucesivamente. ‖ **ser de traca** loc. col. Resultar muy llamativo o escandaloso.

trácala adj. y f. amer. Trampa, ardid, engaño. ‖ FAM. tracalada.

tracalada f. amer. Multitud ruidosa.

tracción f. Acción y resultado de mover o arrastrar una cosa, especialmente vehículos o carruajes: tracción animal, mecánica.

tracería f. Decoración arquitectónica formada por combinaciones de figuras geométricas.

tracto m. Formación anatómica que media entre dos lugares del organismo y realiza una función de conducción: tracto intestinal. ‖ Haz de fibras nerviosas que tienen el mismo origen y la misma terminación y cumplen la misma función fisiológica.

tractomula f. amer. Tráiler.

tractor, ra adj. Que produce tracción. ‖ m. Vehículo de motor cuyas ruedas se adhieren fuertemente al terreno, y se emplea para el arrastre de maquinaria y en las labores agrícolas. ‖ FAM. tractorear, tractoreo, tractorista.

tradición f. Comunicación de hechos históricos y elementos socioculturales de generación en generación. ‖ Conjunto de lo que se transmite de este modo. ‖ FAM. tradicional.

tradicional adj. De la tradición o relativo a ella. ‖ Habitual, acostumbrado. ‖ Conservador. ‖ FAM. tradicionalismo, tradicionalmente.

tradicionalismo m. Apego a las tradiciones. ‖ Sistema político que consiste en mantener o restablecer las instituciones antiguas en el régimen de la nación y en la organización social. ‖ Doctrina filosófica que pone el origen de las ideas en la revelación divina. ‖ FAM. tradicionalista.

tradicionalista adj. Del tradicionalismo o relativo a él. ‖ adj. y com. Partidario o seguidor del tradicionalismo.

traducción f. Acción y resultado de traducir. ‖ Obra del traductor. ‖ Sentido o interpretación que se da a un texto. ‖ **traducción directa** La que el traductor hace desde cualquier idioma a su propia lengua. ‖ **traducción inversa** La que el traductor hace desde su propio idioma a otro. ‖ **traducción literal** La que traduce el original palabra por palabra. ‖ **traducción simultánea** La que se hace oralmente al mismo tiempo que se está pronunciando un discurso, conferencia, etc.

traducir tr. Expresar en una lengua lo que está expresado en otra. ‖ Explicar, interpretar. ‖ Convertir, transformar. ◆ Irreg. Se conj. como conducir. ‖ FAM. traducción, traducibilidad, traducible, traductibilidad, traductor, traductora.

traductor, ra adj. Que traduce. ‖ m. y f. Que se dedica a la traducción, especialmente el profesional.

traer tr. Conducir o trasladar al lugar en el que se encuentra el hablante o al que se refiere el discurso. ‖ Atraer, tirar hacia sí. ‖ Causar, ocasionar, acarrear. ‖ Llevar puesto o consigo. ‖ Tener o poner a alguien en cierto estado o situación. ‖ Tener o experimentar lo que se expresa. ‖ Contener una publicación lo que se expresa. ‖ Tratar, andar haciendo algo. También prnl. ‖ **traer a alguien a mal traer** loc. col. Maltratarlo o tenerlo muy ocupado con encargos o peticiones. ‖ **traérselas** alguien o algo loc. col. Ser de cuidado. ‖ FAM. tracto, tractor, traído, traína. ◆ Irreg. Conjugación modelo:

Indicativo
Pres.: traigo, traes, trae, traemos, traéis, traen.
Imperf.: traía, traías, traía, etc.
Pret. perf. simple: traje, trajiste, trajo, trajimos, trajisteis, trajeron.
Fut. simple: traeré, traerás, traerá, etc.
Condicional simple: traería, traerías, traería, etc.
Subjuntivo
Pres.: traiga, traigas, traiga, traigamos, traigáis, traigan.
Imperf.: trajera o trajese, trajeras o trajeses, etc.
Fut. simple: trajere, trajeres, trajere, etc.
Imperativo: trae, traed.
Participio: traído.
Gerundio: trayendo.

tráfago m. Tráfico. ‖ Conjunto de negocios y ocupaciones que ocasionan mucha fatiga o molestia. ‖ FAM. trafagar, trafagoso.

traficante adj. y com. Que trafica o comercia, especialmente si es de forma ilícita.

traficar intr. Comerciar, negociar, particularmente con algo ilegal o de forma irregular. ‖ Andar de un sitio para otro. ‖ FAM. traficante, tráfico.

tráfico m. Acción y resultado de traficar. ‖ Tránsito de vehículos. ‖ **tráfico de influencias** Utilización ilícita o poco ética de las relaciones o del poder para obtener provecho.

traga f. amer. col. Fuerte atracción amorosa.

tragacanto m. Arbusto leguminoso de flores blancas, de cuyo tronco y ramas fluye una goma blanquecina muy usada en farmacia y en la industria. ‖ Esta misma goma.

tragaderas f. pl. Faringe. ‖ *col.* Credulidad. ‖ *col.* Excesiva tolerancia, especialmente en temas relacionados con la moral. ‖ *col.* Capacidad para comer y beber mucho.

tragadero m. Orificio o boca por donde pasa algo, especialmente líquido.

tragaldabas adj. y com. *col.* Se apl. a la persona muy tragona o comilona. ◆ No varía en pl.

tragaluz m. Ventana abierta en un techo o en la parte superior de una pared.

tragaperras f. Aparato que funciona automáticamente, mediante la introducción de una moneda, especialmente la que da premios en juegos de azar. ◆ No varía en pl.

tragar tr. y prnl. Hacer que algo pase de la boca al estómago. ‖ Comer vorazmente. ‖ Absorber. ‖ Dar fácilmente crédito a las cosas. ‖ Soportar o tolerar algo humillante o que disgusta. ‖ Consumir, gastar. ‖ Chocar con algo por descuido. ‖ intr. No tener más remedio que admitir o aceptar algo. ‖ **no tragar** algo o a alguien loc. *col.* Sentir antipatía hacia ello. ‖ FAM. tragable, tragabolas, tragaderas, tragadero, tragafuegos, tragaldabas, tragaleguas, tragaluz, tragamillas, tragantona, tragaperras, tragasables, trago, tragón, tragonear.

tragedia f. Obra dramática cuyo desenlace es desgraciado. ‖ Género que constituyen estas obras. ‖ Composición lírica destinada a lamentar sucesos desgraciados. ‖ Suceso fatal o desgraciado. ‖ FAM. trágico, tragicomedia.

trágico, ca adj. De la tragedia o relativo a ella. ‖ Se apl. al autor de tragedias. También s. ‖ Infausto, muy desgraciado. ‖ FAM. trágicamente, tragicomedia.

tragicomedia f. Poema dramático que tiene condiciones propias de los géneros trágico y cómico. ‖ *col.* Suceso de la vida real que conjuga ambos aspectos. ‖ FAM. tragicómico.

trago m. Porción de líquido que se bebe o se puede beber de una vez. ‖ Bebida alcohólica. ‖ Situación desafortunada, difícil o apurada.

tragón, ona adj. y s. *col.* Que traga o come mucho. ‖ FAM. tragonear, tragonería.

traición f. Violación de la fidelidad o lealtad que se debe. ‖ Delito que se comete contra la patria o contra el Estado, en servicio del enemigo. ‖ **a traición** loc. adv. Alevosamente, faltando a la lealtad. ‖ **alta traición** La cometida contra la soberanía, la seguridad o la independencia del Estado. ‖ FAM. traicionar, traicionero, traidor.

traicionar tr. Cometer traición. ‖ Ser la causa de que algo fracase. ‖ Ser infiel una persona a su pareja.

traicionero, ra adj. y s. Traidor. ‖ FAM. traicioneramente.

traído, da adj. Usado, gastado.

traidor, ra adj. Que comete traición. También s. ‖ Que implica o denota traición o falsedad. ‖ *col.* Dañino o perjudicial con apariencia de inofensivo. ‖ FAM. traidoramente.

trail (voz i.) m. Modalidad de motociclismo deportivo que se practica en terreno agreste.

tráiler m. Remolque de un camión. ‖ Resumen o avance en imágenes de una película. ◆ pl. *tráileres.*

trailla f. Cuerda o correa con que se lleva al perro atado a las cacerías. ‖ Par o conjunto de perros unidos con estas cuerdas o correas. ‖ Aparato de uso agrícola, arrastrado por caballerías o impulsado por motor, para igualar terrenos. ‖ FAM. traillar.

traína f. Red de fondo. ‖ FAM. trainera, traíña.

trainera adj. y f. Se apl. a la barca alargada y de poco fondo para pescar con traína y que se usa también en competiciones deportivas.

traje m. Vestido completo de una persona. ‖ Conjunto masculino de chaqueta, pantalón y a veces chaleco. ‖ Vestido peculiar de una clase de personas, de una época o de los naturales de un país. ‖ **traje de baño** Bañador. ‖ **traje de chaqueta** o **sastre** Conjunto de vestir femenino semejante al del hombre. ‖ **traje de luces** El de seda, bordado de oro o plata, con lentejuelas, que usan los toreros. ‖ FAM. trajear.

trajeado, da adj. Vestido de traje. ‖ *col.* Arreglado, emperejilado.

trajear tr. y prnl. Vestir de traje. ‖ prnl. *col.* Vestirse elegantemente. ‖ FAM. trajeado.

trajín m. Acción de trajinar. ‖ Actividad o movimiento intensos.

trajinar tr. Llevar mercancías de un lugar a otro. ‖ intr. Andar de un lado para otro, trabajando o realizando alguna tarea. ‖ *vulg.* Mantener relaciones sexuales con alguien. Más como prnl. ‖ FAM. trajín.

tralla f. Trencilla de cordel o de seda que se pone al extremo del látigo para que restalle. ‖ Látigo provisto de este cordel. ‖ FAM. trallazo.

trallazo m. Golpe dado con la tralla. ‖ Chasquido de la tralla. ‖ En dep., lanzamiento muy potente del balón.

trama f. Conjunto de hilos que, cruzados y enlazados con los de la urdimbre, forman una tela. ‖ Argumento o enredo de una obra literaria. ‖ Confabulación, intriga. ‖ Conjunto de células y fibras que forman la estructura de un tejido. ‖ En televisión, conjunto de líneas que integran la imagen. ‖ En fotograbado, retícula que se emplea para descomponer una imagen en puntos. ‖ FAM. tramado, tramar, tramilla.

tramar tr. Preparar con astucia un engaño o trampa, intrigar. ‖ Disponer con habilidad la ejecución de una cosa complicada o difícil. ‖ Atravesar los hilos de la trama por entre los de la urdimbre, para tejer la tela. ‖ En fotograbado, descomponer una imagen en puntos mediante la trama. ‖ FAM. tramador.

trambucar intr. *amer.* Naufragar. ‖ Perder el juicio, trastornarse.

tramitación f. Acción y resultado de tramar. ‖ Conjunto de trámites necesarios para llevar a delante un asunto o negocio.

tramitar tr. Hacer pasar un asunto o negocio por los trámites debidos. ‖ FAM. tramitación, tramitador.

trámite m. Cada uno de los estados o diligencias necesarios para resolver un asunto. ‖ Acción y resultado de tramitar. ‖ FAM. tramitar.

tramo m. Cada uno de los trechos o partes en que está dividida una superficie, camino, andamio, etc. ‖ Parte de una escalera comprendida entre dos descansillos.

tramontana f. Norte o septentrión. || Viento que sopla de esta parte. || FAM. tramontano.

tramontano, na adj. Del otro lado de los montes.

tramoya f. Máquina o artificio empleados en el teatro para efectuar los cambios de decoración y los efectos escénicos. || Enredo dispuesto con ingenio y disimulo. || FAM. tramoyero, tramoyista.

tramoyero, ra adj. *amer.* Enredador, tramposo.

tramoyista com. Persona que construye o dirige las tramoyas de teatro. || Operario que las coloca o las hace funcionar. || Persona amiga de intrigas y enredos. También adj.

trampa f. Cualquier sistema o dispositivo para cazar animales sirviéndose del engaño. || Puerta en el suelo que comunica con una dependencia inferior. || Tablero horizontal y movible de los mostradores de tiendas y bares. || Plan concebido para engañar a alguien. || Contravención de una ley, norma o regla. || Deuda cuyo pago se demora. || FAM. trampantojo, trampear, trampero, trampilla, tramposo.

trampantojo m. Ilusión, trampa con que se engaña la vista haciendo ver lo que no es.

trampear intr. *col.* Vivir sorteando apuros económicos y pidiendo dinero. || Vivir o mantenerse trabajosamente una persona.

trampero, ra m. y f. Persona que pone trampas para cazar.

trampilla f. Puerta o ventanilla, normalmente en el suelo o en el techo de una habitación, que se abre tirando o empujando hacia arriba.

trampolín m. Plano inclinado y elástico en el que toma impulso el gimnasta. || Plataforma elevada para saltar al agua. || Plataforma dispuesta en un plano inclinado sobre la que se lanza un esquiador. || Lo que se aprovecha para ascender o prosperar.

tramposo, sa adj. y s. Que hace trampas, especialmente en el juego.

tranca f. Palo grueso y fuerte. || Palo con que se aseguran las puertas y ventanas cerradas. || *col.* Borrachera. || **a trancas y barrancas** loc. adv. *col.* Con dificultad. || FAM. trancadera, trancar, trancazo, tranco, tranquera, tranquero, tranquillo.

trancadera f. *amer.* Embotellamiento, congestión de vehículos.

trancar tr. Cerrar una puerta con una tranca o un cerrojo. || Dar trancos o pasos largos. || FAM. trancada.

trancazo m. Golpe que se da con la tranca. || Cualquier golpe. || *col.* Gripe o constipado muy fuerte.

trance m. Momento crítico y decisivo. || Tiempo próximo a la muerte. || Estado en que un médium manifiesta fenómenos paranormales. || Estado de suspensión de los sentidos durante el éxtasis místico.

tranco m. Paso largo. || Umbral de la puerta.

tranquera f. Estacada o empalizada de trancas. || *amer.* Especie de puerta rústica en un alambrado, hecha generalmente con trancas.

tranquero m. Piedra labrada con que se forman las jambas y dinteles de puertas y ventanas.

tranquilidad f. Quietud, sosiego. || Estado de paz y armonía.

tranquilizante adj. y m. Se apl. al fármaco o a la sustancia de efecto sedante.

tranquilizar tr. y prnl. Poner tranquilo. || FAM. tranquilización, tranquilizador, tranquilizante.

tranquillo m. Hábito especial que se logra a fuerza de repetición y con el que se consigue realizar más fácilmente un trabajo.

tranquilo, la adj. Quieto, sosegado. || De carácter pacífico. || Despreocupado y algo irresponsable. También s. || Se apl. a la conciencia libre de remordimientos. || FAM. tranquilamente, tranquilidad, tranquilizar.

trans- pref. que significa 'al otro lado', 'a través de': transmediterráneo. ◆ También se escribe *tras-*: traspasar.

transacción f. Acuerdo comercial entre personas o empresas. || Acción y resultado de transigir. || FAM. transaccional, transaccionar.

transalpino, na adj. De la región que desde Italia aparece situada al otro lado de los Alpes o relativo a ella.

transaminasa f. Enzima que transporta un grupo amino de una molécula a otra.

transandino, na adj. De las regiones situadas al otro lado de la cordillera de los Andes o relativo a ellas. || Se apl. al tráfico y a los medios de locomoción que atraviesan los Andes.

transar intr. y prnl. *amer.* Transigir, ceder, llegar a una transacción o acuerdo.

transatlántico, ca adj. De las regiones situadas al otro lado del Atlántico o relativo a ellas. || Se apl. al tráfico y a los medios de locomoción que atraviesan el Atlántico. || m. Buque de grandes dimensiones destinado a hacer travesías por mares y océanos.

transbordador, ra adj. Que transborda. || m. Barco para el transporte de mercancías, viajeros o vehículos que circula regularmente entre dos puntos. || **transbordador espacial** Nave espacial que despega en vertical y aterriza como un avión convencional.

transbordar tr. y prnl. Trasladar efectos o personas de una embarcación a otra, de un tren a otro, o de la orilla de un río a la otra. || FAM. transbordador, transbordo.

transbordo m. Acción y resultado de transbordar, en especial de un tren a otro.

transcontinental adj. Que atraviesa un continente.

transcribir tr. Escribir con un sistema de caracteres lo que está escrito en otro. || Representar elementos fonéticos, fonológicos, léxicos o morfológicos de una lengua o dialecto mediante un sistema de escritura. || Escribir o anotar lo que se oye. || Arreglar para un instrumento la música escrita para otro. ◆ p. p. irreg.: *transcrito*. || FAM. transcripción, transcriptor, transcrito.

transcripción f. Acción y resultado de transcribir. || **transcripción fonética** La que se realiza teniendo en cuenta las realizaciones de los hablantes. || **transcripción fonológica** La que reproduce los elementos fonológicamente pertinentes, prescindiendo de las realizaciones individuales.

transcurrir intr. Pasar, correr el tiempo. || FAM. transcurso.

transcurso m. Acción de transcurrir. || Periodo de tiempo.

transducción f. Transformación de una vivencia psíquica en otra psicosomática. ‖ FAM. transductor.

transductor m. Dispositivo que recibe la potencia de un sistema mecánico, electromagnético o acústico y la transmite a otro, generalmente en forma distinta. ‖ Entidad biológica que transforma una acción hormonal en una actividad enzimática.

transepto m. En arquit., nave perpendicular a la principal que, en una iglesia, forma los brazos de una cruz latina.

transeúnte adj. y com. Que transita o camina por un lugar. ‖ Que está de paso, que reside transitoriamente en un sitio.

transexual adj. y com. Se apl. a la persona que adopta los caracteres sexuales del sexo opuesto mediante procesos hormonales y quirúrgicos. ‖ FAM. transexualidad, transexualismo.

transexualidad f. Cualidad o condición de transexual.

transferencia f. Acción y resultado de transferir. ‖ Operación por la que se transfiere una cantidad de una cuenta bancaria a otra.

transferir tr. Pasar o llevar una cosa de un lugar a otro. ‖ Ceder a otro el derecho o dominio que se tiene sobre una cosa. ‖ Remitir fondos bancarios de una cuenta a otra. ‖ Extender o trasladar el sentido de una voz para que algo figuradamente una cosa distinta. ◆ **Irreg.** Se conj. como *sentir*. ‖ FAM. transferencia, transferible, transferidor.

transfiguración f. Acción y resultado de transfigurar o transfigurarse. ‖ n. p. f. Estado en el que Jesucristo se apareció a tres de sus discípulos en el monte Tabor.

transfigurar tr. y prnl. Hacer cambiar de forma o aspecto a una persona o cosa. ‖ FAM. transfiguración.

transformación f. Acción y resultado de transformar o transformarse. ‖ Fenómeno por el que ciertas células adquieren material génico de otras. ‖ En ling., operación que establece formalmente una relación sintáctica entre dos oraciones. ‖ En *rugby*, introducción del balón por encima de la barra horizontal de la portería, mediante una patada, después de un ensayo.

transformacional adj. En ling., de la transformación formal de unos esquemas oracionales en otros mediante la aplicación de ciertas reglas.

transformador, ra adj. y s. Que transforma. ‖ m. Aparato eléctrico para convertir la corriente de alta tensión y débil intensidad en otra de baja tensión y gran intensidad, o viceversa.

transformar tr. y prnl. Hacer cambiar de forma o aspecto. ‖ Cambiar una cosa en otra. ‖ Hacer cambiar el carácter, las costumbres, etc., de una persona. ‖ FAM. transformable, transformación, transformacional, transformador, transformante, transformativo, transformismo.

transformismo m. Doctrina según la cual los caracteres típicos de las especies animales y vegetales no son por naturaleza fijos e inmutables, sino que pueden variar por la acción de diversos factores intrínsecos y extrínsecos. ‖ Actividad y espectáculo del transformista. ‖ FAM. transformista.

transformista com. adj. Del transformismo o relativo a esta doctrina. ‖ adj. y com. Partidario de esta doctrina. ‖ Artista que cambia rapidísimamente sus trajes y aspectos para imitar a muchos personajes.

tránsfuga com. Persona que pasa huyendo de una parte a otra. ‖ Persona que pasa de un partido político a otro. ‖ FAM. tránsfugo, transfuguismo, transfuguista.

transfundir tr. Echar un líquido poco a poco de un recipiente a otro. ‖ Comunicar algo a diversas personas sucesivamente. También prnl. ‖ Realizar una transfusión de sangre. ‖ FAM. transfusión, transfusor.

transfusión f. Operación que consiste en hacer pasar cierta cantidad de sangre de un individuo a otro.

transgénico, ca adj. Que ha sido alterado genéticamente.

transgredir tr. Quebrantar, violar un precepto, una ley o un estatuto. ◆ **Defect.** Se conj. como *abolir*. ‖ FAM. transgresión, transgresivo, transgresor.

transgresión f. Violación de un precepto, de una ley o de un estatuto.

transgresor, ra adj. y s. Que transgrede.

transiberiano, na adj. y m. Se apl. al tráfico y a los medios de locomoción que atraviesan Siberia, particularmente el tren.

transición f. Acción y resultado de pasar de un estado o modo de ser a otro distinto. ‖ Paso de una idea o materia a otra. ‖ Cambio de tono y expresión. ‖ En España, periodo que comprende desde 1975, año en que finaliza la dictadura de Francisco Franco, hasta 1978, fecha de la aprobación de una constitución democrática. ‖ FAM. transicional.

transido, da adj. Muy angustiado o abatido por un sufrimiento o dificultad.

transigencia f. Cualidad de la persona que transige. ‖ Lo que se hace o consiente transigiendo.

transigente adj. Que transige.

transigir intr. y tr. Consentir en parte con lo que no se cree justo, razonable o verdadero. ‖ Tolerar, aceptar. ‖ FAM. transigencia, transigente.

transistor m. Dispositivo electrónico constituido por un pequeño bloque de materia semiconductora, que cuenta con tres electrodos, emisor, colector y base, y sirve para rectificar y amplificar los impulsos eléctricos. ‖ P. ext., aparato de radio. ‖ FAM. transistorizado.

transitable adj. Se apl. al lugar por el que se puede transitar.

transitar intr. Ir o pasar de un lugar a otro por vías o parajes públicos. ‖ FAM. transición, transistor, transitable, transitivo, tránsito, transitorio.

transitivo, va adj. En gram., se apl. al verbo que admite un complemento directo. ‖ En gram., se dice de la oración construida con este tipo de verbo. ‖ FAM. transitividad.

tránsito m. Acción de transitar. ‖ Movimiento de personas o vehículos de un lugar a otro. ‖ Pasillo o corredor. ‖ Paso. ‖ *amer.* Tráfico.

transitoriedad f. Calidad de transitorio.

transitorio, ria adj. Pasajero, temporal. ‖ Caduco, perecedero, fugaz. ‖ FAM. transitoriamente, transitoriedad.

transliteración f. Acción y resultado de transliterar.

transliterar tr. Representar los signos de un sistema de escritura, mediante los signos de otro, transcribir. || FAM. transliteración.

translúcido, da adj. Cuerpo a través del cual pasa la luz, pero que no deja ver sino confusamente lo que hay detrás de él. || FAM. transluciente, translucir.

transmediterráneo, a adj. Se apl. al comercio y a los medios de locomoción que atraviesan el Mediterráneo.

transmigrar intr. Pasar de un país a otro para establecerse en él. || Pasar un alma de un cuerpo a otro, según la teoría de la metempsicosis. || FAM. transmigración, transmigratorio.

transmisión f. Acción y resultado de transmitir. || Conjunto de mecanismos que comunican el movimiento de un cuerpo a otro, alterando generalmente su velocidad, su sentido o su forma. || pl. Servicio de un ejército encargado de los enlaces.

transmisor, ra adj. y s. Que transmite o puede transmitir. || m. Aparato telegráfico o telefónico que sirve para producir las ondas hercianas que han de actuar en el receptor. || Aparato que sirve para transmitir órdenes relativas al movimiento de las máquinas, en maniobras de barcos o ferroviarias. || Aparato que transforma una onda acústica en onda eléctrica, o produce señales para ser transmitidas por cable, mediante onda electromagnética.

transmitir tr. Hacer llegar a alguien algún mensaje. || Difundir programas una estación de radio o televisión. || Trasladar, transferir. || Comunicar estados de ánimo o enfermedades. || Comunicar el movimiento de una pieza a otra en una máquina. También prnl. || Ceder o traspasar algo a otro. || FAM. transmisible, transmisión, transmisor, transmitible.

transmutar tr. y prnl. Cambiar o convertir una cosa en otra. || FAM. transmutable, transmutación, transmutativo, transmutatorio.

transoceánico, ca adj. Que está situado al otro lado del océano. || Que atraviesa un océano.

transparencia f. Cualidad de transparente. || Técnica pictórica que emplea pinceladas muy suaves, que dejan ver lo cubierto por ellas. || Técnica que permite representar en un estudio escenas de exteriores, mediante una imagen fija que sustituye el fondo. || Diapositiva.

transparentar tr. Permitir un cuerpo que la luz u otra cosa se perciba a su través. || intr. y prnl. Ser transparente un cuerpo. || prnl. Dejarse descubrir o adivinar algo no declarado. También intr. || Estar una prenda de vestir demasiado gastada. || *col.* Estar una persona muy delgada.

transparente adj. Se apl. al cuerpo a través del cual pueden verse los objetos con claridad. || Traslúcido. || Que se deja adivinar o vislumbrar sin declararse o manifestarse. || m. Tela o papel que se coloca delante de ventanas, o ante una lámpara para suavizar o mitigar la luz. || Ventana de cristales que ilumina y adorna el fondo de un altar. || FAM. transparencia, transparentar.

transpiración f. Acción y resultado de transpirar o transpirarse. || Salida de vapor de agua a través de las membranas de las células superficiales de las plantas.

transpirar intr. Expulsar un cuerpo líquido a través del tegumento o de la piel. También prnl. || Destilar una cosa agua a través de sus poros, sudar. || Dejar pasar el sudor un determinado tejido. También tr. || FAM. transpiración.

transpirenaico, ca adj. De las regiones situadas al otro lado de los Pirineos o relativo a ellas. || Se apl. al comercio y a los medios de locomoción que atraviesan los Pirineos.

transponer tr. Colocar algo en un lugar diferente, más allá del que ocupaba. También prnl. || Transplantar una planta. || prnl. Ocultarse a la vista. También tr. || Ocultarse de nuestro horizonte un astro. || Adormilarse. ♦ Irreg. Se conj. como *poner*. p. p. irreg.: *transpuesto*. || FAM. transponedor.

transportador, ra adj. y s. Que transporta. || m. Círculo o semicírculo graduado que sirve para medir o trazar los ángulos de un dibujo geométrico.

transportar tr. Llevar a alguien o algo de un lugar a otro. || Trasladar una composición de un tono a otro. || Entusiasmar, extasiar. || FAM. transportador, transporte, transportista.

transporte m. Acción y resultado de transportar. || Medio de locomoción utilizado para trasladar personas o cosas.

transportista com. Persona que se dedica a hacer transportes.

transposición f. Acción y resultado de transponer. || Figura retórica que consiste en alterar el orden normal de las voces en la oración. || FAM. transpositivo, transpositor.

transuránico, ca adj. Se apl. al elemento situado en la tabla periódica después del uranio.

transustanciación f. Transformación del pan y del vino en el cuerpo y la sangre de Jesucristo durante la eucaristía.

transustanciar tr. y prnl. Convertir totalmente una sustancia en otra. Se usa especialmente hablando del cuerpo y la sangre de Cristo en la eucaristía. || FAM. transustanciación, transustancia.

transvasar tr. Pasar un líquido de un recipiente, o de un lugar, a otro. || FAM. transvase.

transvase m. Acción y resultado de transvasar.

transversal adj. Que se encuentra o se extiende atravesado de un lado a otro. || Que se aparta o desvía de la dirección principal o recta. || Perpendicular. || En una carrera universitaria, asignatura complementaria, no troncal. || FAM. transversalidad, transversalmente, transverso.

transverso, sa adj. Colocado o dirigido al través.

tranvía m. Vehículo de tracción eléctrica, para el transporte de viajeros, que circula sobre raíles en el interior de una ciudad. || FAM. tranviario.

trapacería f. Artificio engañoso e ilícito con que se perjudica y defrauda a una persona en alguna compra, venta o cambio. || Fraude, engaño. || FAM. trapacear, trapacero, trapacista, trapaza.

trápala f. Ruido, confusión de gente. || Ruido acompasado del trote o galope del caballo. || Embuste, engaño. || m. Necesidad de hablar mucho sin sustancia. || adj.

y com. Persona que habla mucho y sin sustancia. ‖ Persona falsa y embustera. ‖ FAM. trapalear, trapalón.

trapeador m. *amer.* Fregona.

trapear tr. *amer.* Fregar el suelo.

trapecio m. Barra horizontal suspendida de dos cuerdas por sus extremos y que sirve para realizar ejercicios gimnásticos. ‖ Cuadrilátero irregular que tiene paralelos solamente dos de sus lados, los cuales se llaman bases. ‖ Hueso del carpo. ‖ Cada uno de los dos músculos que se extienden desde el occipucio hasta los respectivos omóplatos y las vértebras dorsales. ‖ FAM. trapecista, trapezoedro, trapezoide.

trapecista com. Gimnasta o artista de circo que realiza ejercicios en el trapecio.

trapense adj. y com. Del religioso o religiosa de la Orden de la Trapa o relativo a ellos.

trapería f. Conjunto de muchos trapos. ‖ Sitio donde se venden trapos y otros objetos usados.

trapero, ra m. y f. Persona que se dedica profesionalmente a recoger o comprar y vender trapos, ropas y otros objetos usados. ‖ Persona sucia o mal vestida. También adj.

trapezoide m. Cuadrilátero irregular que no tiene ningún lado paralelo a otro, ni lados ni ángulos iguales. ‖ Hueso del carpo. ‖ FAM. trapezoidal.

trapicarse prnl. *amer.* Atragantarse con un líquido o con trozos de alimento.

trapiche m. Molino para extraer el jugo de algunos frutos de la tierra. ‖ *amer.* Molino para pulverizar minerales. ‖ FAM. trapichear.

trapichear intr. *col.* Ingeniarse, buscar medios, no siempre lícitos, para lograr algún fin. ‖ Comerciar al pormenor, especialmente si se hace de forma ilegal. ‖ FAM. trapicheo, trapichero.

trapicheo m. *col.* Acción y resultado de trapichear.

trapillo (de) loc. adv. *col.* Con ropa de diario o poco elegante.

trapío m. *col.* Buena planta y gallardía del toro de lidia. ‖ *col.* Aire garboso de algunas personas.

trapisonda f. *col.* Bulla, riña, alboroto. ‖ *col.* Embrollo, enredo. ‖ com. *col.* Persona amiga de enredos y alborotos. ‖ FAM. trapisondear, trapisondista.

trapo m. Pedazo de tela desechado por viejo, por roto o por inútil. ‖ Paño utilizado en las tareas domésticas. ‖ Vela de una embarcación. ‖ Capote que usa el torero en la lidia. ‖ pl. *col.* Prendas de vestir. ‖ **trapos sucios** Defectos o asuntos poco claros. ‖ **a todo trapo** loc. adv. *col.* Con rapidez y eficacia. ‖ **como un trapo** loc. adv. *col.* Avergonzado, humillado. ‖ *col.* Agotado, rendido. ‖ **entrar** alguien **al trapo** loc. *col.* Responder a las provocaciones. ‖ FAM. trapajoso, trapeador, trapear, trapería, trapero, trapillo.

tráquea f. En los vertebrados de respiración pulmonar, conducto que va de la laringe a los bronquios. ‖ Vaso conductor de la savia de las plantas. ‖ En los insectos y miriápodos, órgano respiratorio. ‖ FAM. traqueal, traqueítis, traqueotomía.

traqueado, da adj. *amer.* Camino o lugar muy transitado.

traqueal adj. De la tráquea o relativo a ella. ‖ Se apl. al artrópodo que respira por medio de tráqueas.

traquear tr. *amer.* Recorrer o frecuentar alguien un sitio o camino. ‖ FAM. traqueado.

traqueotomía f. Abertura que se hace artificialmente en la tráquea para facilitar la respiración a ciertos enfermos.

traquetear intr. Moverse algunas cosas agitándose y haciendo un ruido. ‖ FAM. traqueteante, traqueteo.

traqueteo m. Movimiento de personas o cosas que se golpean al transportarlas.

trarilongo m. Cinta con la que se ciñen el pelo los indios mapuches.

tras prep. Aplicada al espacio o al tiempo, después de, a continuación de: *llegó tras de ti; tras la tormenta vino la calma.* ‖ En busca o seguimiento de: *partió tras la fortuna.* ‖ Detrás de, en situación posterior: *se oculta tras los matojos.* ‖ FAM. trasero.

tras- pref. Trans-.

trasbocar tr. *amer.* Vomitar, expulsar lo que se tiene en el estómago.

trascacho m. Paraje resguardado del viento.

trascendencia f. Perspicacia. ‖ Consecuencia grave o muy importante de algo.

trascendental adj. De mucha importancia o gravedad por sus posibles consecuencias. ‖ Que se comunica o extiende a otras cosas. ‖ Que traspasa los límites de la ciencia experimental. ‖ FAM. trascendentalismo.

trascendentalismo m. Doctrina filosófica basada en el idealismo trascendental de E. Kant. ‖ FAM. trascendentalista.

trascendente adj. Muy importante por sus posibles consecuencias, trascendental.

trascender intr. Empezar a ser conocido o sabido algo que estaba oculto. ‖ Extender o comunicarse los efectos de unas cosas a otras, produciendo consecuencias. ‖ Ir más allá, sobrepasar cierto límite. También tr. ‖ tr. Comprender, averiguar alguna cosa. ◆ Irreg. Se conj. como *entender.* ‖ FAM. trascendencia, trascendental, trascendente, trascendido.

trascendido m. *amer.* Noticia que adquiere carácter público por vía no oficial.

trascoro m. Lugar situado detrás del coro en las iglesias.

trasdós m. Superficie exterior convexa de un arco o bóveda. ‖ Pilastra que está inmediatamente detrás de una columna.

trasegar tr. Trastornar, revolver. ‖ Cambiar un líquido de una vasija a otra. ‖ *col.* Tomar bebidas alcohólicas. ◆ Irreg. Se conj. como *acertar.* ‖ FAM. trasiego.

trasera f. Parte posterior de algo.

trasero, ra adj. Que está, se queda o viene detrás. ‖ m. *col.* Culo, posaderas. ‖ FAM. trasera.

trasfondo m. Lo que está o parece estar más allá del fondo visible de una cosa o detrás de la apariencia o intención de una acción.

trasgo m. Duende, espíritu enredador que suele representarse con figura de niño o de anciano. ‖ Niño revoltoso.

trashumancia f. Pastoreo estacional que consiste en pasar el ganado desde las dehesas de invierno a las de verano y viceversa. ‖ FAM. trashumante, trashumar.

trasiego m. Acción y resultado de trasegar. || Ajetreo.

traslación f. Acción y resultado de trasladar o trasladarse. || Movimiento de la Tierra alrededor del Sol. || Metáfora.

trasladar tr. Llevar o cambiar una persona o cosa de un lugar a otro. También prnl. || Hacer pasar a una persona de un puesto o cargo a otro de la misma categoría. || Cambiar la fecha de celebración de un acto. || Traducir de una lengua a otra. || Copiar o reproducir un escrito. || FAM. traslación, trasladable, traslado, traslaticio, traslativo.

traslado m. Acción y resultado de trasladar. || En der., comunicación que se da a alguna de las partes que litigan de las pretensiones o alegatos de la otra. || *amer.* Transferencia bancaria.

traslaticio, cia adj. Se apl. al sentido que toma un vocablo, distinto del suyo recto o más corriente. || FAM. traslaticiamente.

traslúcido, da adj. Translúcido. || FAM. traslucidez.

traslucirse prnl. Ser traslúcido un cuerpo. || Deducirse o inferirse una cosa por algún antecedente o indicio. También tr. ◆ **Irreg.** Se conj. como *lucir*. || FAM. traslúcido, trasluciente, trasluz.

trasluz m. Luz que pasa a través de un cuerpo traslúcido. || **al trasluz** loc. adv. Puesto el objeto entre la luz y el ojo, para que se trasluzca.

trasmallo m. Arte de pesca formado por tres redes, más tupida la central que las exteriores superpuestas.

trasmano com. Segundo en orden, en ciertos juegos. || **a trasmano** loc. adv. Fuera del alcance de la mano. || Apartado o fuera de ruta.

trasnochado, da adj. Anticuado o pasado de moda.

trasnochar intr. Pasar uno la noche, o gran parte de ella, sin dormir. || FAM. trasnochado, trasnochador, trasnoche, trasnocho.

traspapelar tr. y prnl. Perder un papel o documento por estar mal colocado entre otros.

traspasar tr. Atravesar de parte a parte, especialmente con un arma o instrumento. También prnl. || Pasar adelante, hacia otra parte o a otro lado. También prnl. || Pasar más allá, rebasar. || Renunciar o ceder a favor de otro el derecho o dominio de una cosa: *traspasar un negocio*. || Transgredir o quebrantar un precepto o norma: *traspasar el límite de velocidad*. || Exceder en lo debido o razonable. || Hacerse sentir intensamente un dolor físico o moral. || FAM. traspasable, traspaso.

traspaso m. Acción y resultado de traspasar. || Cesión a favor de otro del dominio de una cosa, en especial de un local o negocio.

traspatio m. *amer.* Patio de las casas de vecindad que suele estar detrás del principal.

traspié m. Resbalón, tropezón. || Error, equivocación.

trasplantar tr. Trasladar plantas del sitio en que están arraigadas y plantarlas en otro. || Implantar en un cuerpo enfermo un órgano sano o parte de él, generalmente procedente de otro individuo. || Introducir en un grupo ideas o costumbres procedentes de otro. También prnl. || FAM. trasplantable, trasplantación, trasplante.

trasplante m. Acción y resultado de trasplantar. || Intervención que consiste en implantar en un ser vivo enfermo un órgano sano, generalmente procedente de otro individuo.

trasponer tr. Transponer. ◆ **Irreg.** Se conj. como *poner*. p. p. irreg.: *traspuesto*. || FAM. trasponedor, trasposición, traspositor, traspuesta, traspuesto.

trasportín m. Soporte de una bicicleta o motocicleta para llevar cargas pequeñas. || Traspuntín.

traspunte com. Persona encargada en el teatro de avisar a los actores de cuándo han de salir a escena, apuntándoles además las primeras palabras que deben decir.

traspuntín m. Asiento suplementario y plegadizo en algunos coches.

trasquilar tr. Cortar el pelo o la lana a algunos animales. || *col.* Cortar el pelo de forma desigual. También prnl. || FAM. trasquilador, trasquiladura, trasquilón.

trasquilón m. Corte desigual de pelo.

trastabillar intr. Dar traspiés o tropezones. || Tambalear, vacilar, titubear. || Tartamudear. || FAM. trastabillante.

trastada f. Travesura o jugarreta.

trastazo m. *col.* Golpe, porrazo.

traste m. Cada uno de los resaltos de metal o hueso que se colocan en el mástil de la guitarra u otros instrumentos semejantes. || *amer.* Trasto. Más en pl. || **dar al traste con** algo loc. Destruirlo, echarlo a perder. || **irse** algo **al traste** loc. Fracasar, arruinarse. || FAM. trasteado, trastear.

trastear intr. Revolver, cambiar trastos de una parte a otra. || Hacer travesuras, enredar. || tr. Dar el torero al toro pases de muleta. || Manejar con habilidad un asunto. || FAM. trasteo.

trastero, ra adj. y s. Se apl. a la habitación o desván destinado para guardar trastos u objetos inútiles o de poco uso. || m. *amer.* Escurridor. || *amer.* Alacena.

trastienda f. Cuarto o pieza situados detrás de la tienda. || Cautela o reserva en el modo de proceder.

trasto m. Cualquiera de los muebles o utensilios de una casa. || Objeto o mueble viejo, inútil o poco usado. || Bastidor o artificio que forma parte de la decoración del teatro. || *col.* Persona muy inquieta o enredadora, referido especialmente a los niños. || pl. Utensilios o herramientas de algún arte o ejercicio. || **tirarse los trastos a la cabeza** loc. *col.* Discutir violentamente dos o más personas. || FAM. trastada, trastazo, traste, trastear, trastero.

trastocar tr. Trastornar, alterar, revolver. ◆ **Irreg.** Se conj. como *contar*. || FAM. trastocado, trastocamiento.

trastornar tr. Inquietar, alterar o perturbar a alguien. También prnl. || Desordenar o trastocar. También prnl. || Causar molestia. || FAM. trastornable, trastornador, trastorno.

trastorno m. Acción y resultado de trastornar. || Enfermedad o alteración de la salud: *trastorno mental*.

trastrocar tr. y prnl. Cambiar unas cosas por otras, o confundirlas con ellas. ◆ **Irreg.** Se conj. como *contar*. || FAM. trastocamiento, trastrueque.

trasudar tr. Sudar ligeramente, por lo general por el nerviosismo o cansancio. || FAM. trasudación, trasudado, trasudor.

trasunto m. Copia o traslado que se obtiene del original. || Figura o representación que imita fielmente una cosa.

trasvasar tr. Transvasar. || FAM. trasvase.

trasvase m. Transvase.

trata f. Tráfico o comercio con personas. || **trata de blancas** Tráfico con mujeres jóvenes, para dedicarlas a la prostitución.

tratable adj. Que se puede o deja tratar fácilmente. || Cortés, razonable y amable.

tratado m. Convenio, conclusión de un negocio. || Escrito o discurso sobre una materia determinada, generalmente extenso y profundo. || FAM. tratadista.

tratamiento m. Acción y resultado de tratar. || Título de cortesía. || Sistema o método para curar enfermedades. || Procedimiento empleado en una experiencia o en la elaboración de un producto.

tratante com. Persona que se dedica a comprar géneros para revenderlos.

tratar tr. Portarse con alguien de una determinada manera. También prnl. || Cuidar bien o mal una cosa. || Tener relación con alguien. También intr. y prnl. || Administrar un tratamiento curativo. || Dar un tratamiento de cortesía. || Tildar o motejar. || Someter a una persona o cosa a cierto tratamiento o proceso. || Discutir un asunto. || En inform., procesar datos. || intr. Procurar el logro de algún fin: *trata de portarte bien*. || Comerciar: *tratar en joyas*. || Referirse a cierto asunto u ocuparse de él. También prnl. || FAM. trata, tratable, tratado, tratamiento, tratante, trato.

tratativa f. *amer*. Etapa preliminar de una negociación en la que comúnmente se discuten problemas laborales, políticos o económicos. Más en pl.

trato m. Acción y resultado de tratar o tratarse. || Ajuste o convenio. || Tratamiento de cortesía. || **malos tratos** Daños o agresiones físicas o psíquicas. || **trato carnal** Relaciones sexuales. || **trato hecho** loc. Fórmula con que se da por definitivo un acuerdo o convenio. || FAM. tratativa.

trauma m. Traumatismo. || *col*. Choque o sentimiento emocional que deja una impresión duradera en el subconsciente, generalmente a causa de una experiencia negativa. || FAM. traumático, traumatismo, traumatizar, traumatología.

traumático, ca adj. Del trauma o del traumatismo o relativo a ellos. || Que provoca un trauma: *experiencia traumática*.

traumatismo m. Lesión interna o externa provocada en los tejidos. || Estado del organismo afectado por una herida grave.

traumatizar tr. y prnl. Causar un trauma emocional.

traumatología f. Parte de la medicina referente a los traumatismos y sus efectos. || FAM. traumatológico, traumatólogo.

traumatólogo, ga m. y f. Médico especialista en traumatología.

trávelin m. Técnica cinematográfica que consiste en seguir el objeto con una cámara móvil, acercándola o alejándola de él. || Plano así rodado. || Plataforma móvil sobre la cual va montada dicha cámara. ◆ No varía en pl.

travelling (voz i.) m. Trávelin. ◆ pl. *travellings*.

travelo m. *col*. Travestido.

través m. Inclinación o torcimiento. || Desgracia, fatalidad. || **a través de** loc. prepos. Por medio de, por conducto de. || Por entre. || FAM. travesaño, travesero, travesía, traviesa, travieso.

travesaño m. Pieza que atraviesa de una parte a otra. || Pieza que forma cada uno de los peldaños de las escaleras portátiles.

travesero, ra adj. Que se pone de través: *flauta travesera*.

travesía f. Callejuela que atraviesa entre calles principales. || Parte de una carretera comprendida dentro del casco de una población. || Viaje, particularmente el que se realiza en un barco o en un avión.

travesti o **travestí** com. Travestido. || *col*. Transexual. ◆ pl. de la segunda forma: *travestís*.

travestido, da adj. y s. Que se viste con ropa del sexo contrario. || FAM. travelo.

travestir tr. y prnl. Vestir a una persona con la ropa del sexo contrario. ◆ Irreg. Se conj. como *pedir*. || FAM. travestí, travestido, travestismo.

travestismo m. Acción de vestirse con ropas del sexo opuesto.

travesura f. Acción con la que se causa algún daño o perjuicio de poca importancia y que realiza alguien, generalmente un niño, por diversión o juego. || FAM. travesear.

traviesa f. Madero o pieza que se atraviesa en una vía férrea para asentar sobre ella los rieles.

travieso, sa adj. Inquieto, revoltoso, referido comúnmente a los niños. || Pícaro o malicioso. || FAM. travesura.

trayecto m. Espacio que se recorre. || Acción de recorrerlo. || FAM. trayectoria.

trayectoria f. Línea descrita en el espacio por un punto en movimiento. || Curso o dirección que sigue alguien o algo al desplazarse. || Curva que traza un proyectil al ser lanzado o en su movimiento. || Evolución, desarrollo.

traza f. Planta o diseño para la construcción de un edificio u otra obra. || Aspecto o apariencia de una persona o cosa.

trazado m. Acción y resultado de trazar. || Traza, diseño. || Recorrido o dirección de un camino, canal, línea ferroviaria, carretera, etc.

trazar tr. Hacer trazos o líneas. || Diseñar el plano o la traza de un edificio u otra obra. || Discurrir los medios necesarios para el logro de un objetivo. || Describir, dibujar los rasgos característicos de una persona o cosa. || FAM. trazabilidad, trazable, trazado, trazador.

trazo m. Línea, raya. || Forma de la letra manuscrita. || Línea que constituye la forma o el contorno de algo. || FAM. tracería, traza, trazar.

trébedes f. pl. Triángulo de hierro con tres pies que sirve para poner recipientes al fuego.

trebejo m. Utensilio, instrumento. Más en pl. || Juguete. || Cada una de las piezas del juego de ajedrez.

trébol m. Planta herbácea leguminosa de flores blancas o moradas y hojas casi redondas, pecioladas de tres en tres, que se cultiva como planta forrajera. ‖ Uno de los palos de la baraja francesa. Más en pl. ‖ *amer.* Conjunto de cruces y puentes de una autopista. ‖ FAM. trebolar.

trece adj. y pron. num. card. Diez más tres. ‖ adj. num. ord. Que ocupa el lugar número trece en una serie ordenada de elementos, decimotercero. También m., aplicado a los días del mes. ‖ m. Conjunto de signos con que se representa este número: *13*. ‖ **mantenerse** o **seguir** uno **en sus trece** loc. Obstinarse en una cosa o mantener a todo trance su opinión. ‖ FAM. treceavo.

trecho m. Espacio, distancia.

trefilar tr. Pasar un metal por la hilera para hacer alambre. ‖ FAM. trefilado, trefilador, trefilería.

tregua f. Suspensión de hostilidades entre beligerantes, por tiempo determinado. ‖ Intermisión, descanso.

treinta adj. y pron. num. card. Tres veces diez. ‖ adj. num. ord. Que ocupa el lugar número treinta en una serie ordenada de elementos, trigésimo. También m., aplicado a los días del mes. ‖ m. Conjunto de signos con que se representa este número: *30*. ‖ m. pl. Década de los años entre 1930 y 1939. ‖ Edad de treinta años. ‖ FAM. treintañero, treintavo, treintena, trigésimo.

treintañero, ra adj. y s. Se apl. a la persona que tiene más de veintinueve años y menos de cuarenta.

treintena f. Conjunto de treinta unidades.

trejo, ja adj. *amer.* Pertinaz.

trematodo adj. y m. De los trematodos o relativo a esta clase de gusanos. ‖ m. pl. Clase de gusanos platelmintos que viven parásitos en otros animales, como la duela del hígado.

tremebundo, da adj. Horrendo, que hace temblar. ‖ Muy grande, desmesurado.

tremedal m. Terreno pantanoso que tiembla cuando se anda sobre él.

tremendismo m. Sensacionalismo. ‖ Corriente estética desarrollada en España en el siglo XX que se caracteriza por la exagerada expresión de los aspectos más crudos de la vida real. ‖ FAM. tremendista.

tremendo, da adj. Digno de ser temido. ‖ Muy grande o intenso. ‖ Se apl. a la persona peculiar y sorprendente. ‖ **por la tremenda** loc. adv. Denota el modo violento o drástico de resolver un asunto. ‖ FAM. tremebundo, tremendismo.

trementina f. Resina de los pinos, abetos, alerces y terebintos. Es muy aromática y se usa en industria y en medicina.

tremolar tr. e intr. Enarbolar los pendones, banderas o estandartes, moviéndolos en el aire. ‖ FAM. tremolante, tremolina.

tremolina f. Movimiento ruidoso del aire. ‖ Bulla, confusión de voces y personas que gritan y enredan o riñen.

trémolo m. En mús., sucesión rápida de muchas notas iguales de la misma duración.

trempar intr. y prnl. *vulg.* Excitarse sexualmente, en especial el hombre. ‖ FAM. trempera.

trémulo, la adj. Que tiembla. ‖ Se apl. a la cosa cuyo movimiento semeja el temblor. ‖ FAM. tremolar, trémolo, trémulamente, tremulento.

tren m. Transporte formado por una serie de vagones enlazados o articulados unos tras otros y arrastrados por una locomotora. ‖ Conjunto de instrumentos o dispositivos para una misma operación o servicio. ‖ Modo de vida de una persona, especialmente si está rodeada de lujos y comodidades. ‖ Marcha, ritmo. ‖ **tren de aterrizaje** Dispositivo de aterrizaje de una aeronave. ‖ **a todo tren** loc. adv. *col.* Con gran lujo y comodidad. ‖ *col.* Con la máxima velocidad. ‖ **estar como un tren** loc. *col.* Ser muy atractiva una persona. ‖ **para parar un tren** loc. *col.* En abundancia.

trena f. *col.* Cárcel, prisión.

trenca f. Abrigo corto, cruzado, con capucha y unos botones cilíndricos que se abrochan haciéndolos pasar por unas presillas.

trencilla f. Adorno de seda, algodón o lana trenzados: *la chaqueta llevaba unas trencillas en los puños.* ‖ m. *col.* Árbitro de fútbol.

treno m. Canto fúnebre o lamentación por alguna calamidad o desgracia.

trenza f. Entrecruzamiento de tres o más hebras o cordones. ‖ Peinado que se realiza entretejiendo mechones de cabello. ‖ Bollo cuya forma semeja ese entrecruzamiento. ‖ FAM. trencilla, trenzar.

trenzar tr. Entretejer tres o más ramales, cruzándolos alternativamente para formar un solo cuerpo alargado. ‖ FAM. trenzado.

trepa f. Acción y resultado de trepar. ‖ com. *col.* Persona con pocos escrúpulos, que se vale de cualquier medio para prosperar. También adj.

trepador, ra adj. Que trepa. ‖ Se apl. a la planta que trepa agarrándose a los árboles o a algunas superficies. ‖ Se dice del ave que tiene el dedo externo unido al central o dirigido hacia atrás para trepar con facilidad. ‖ m. Sitio por donde se trepa. ‖ adj. y f. Nombre común de diversas aves paseriformes de unos 15 cm de longitud que trepan por los árboles. La especie más común tiene color gris azulado en el dorso, pardo en los flancos y blanco en el pecho.

trepanación f. Acción y resultado de trepanar.

trepanar tr. Perforar el cráneo u otro hueso con fin curativo o diagnóstico. ‖ FAM. trepanación, trépano.

trépano m. Instrumento quirúrgico para trepanar.

trepar intr. Subir a un lugar alto o dificultoso ayudándose con manos y pies. También tr. ‖ Crecer las plantas agarrándose a los árboles o a ciertas superficies. ‖ Prosperar social o laboralmente sirviéndose de medios poco escrupulosos. ‖ FAM. trepa, trepado, trepador, treparriscos, trepatroncos.

treparriscos m. Ave paseriforme trepadora de cabeza pequeña, pico fino y arqueado y plumaje ceniciento, encarnado en los bordes de las alas, que se alimenta de los insectos que caza en las rocas. ◆ No varía en pl.

trepatroncos m. Herrerillo, pájaro. ◆ No varía en pl.

trepidante adj. Rápido, vivo: *ritmo trepidante*.

trepidar intr. Temblar fuertemente. ‖ *amer.* Vacilar, dudar. ‖ FAM. trepidación, trepidante.

treponema f. Bacteria espiroqueta, por lo general parásita, que puede generar enfermedades en el ser humano.

tres adj. y pron. num. card. Dos más uno. ‖ adj. num. ord. Que ocupa el lugar número tres en una serie ordenada de elementos, tercero. También m., aplicado a los días del mes. ‖ Conjunto de signos con que se representa este número: *3.* ‖ Naipe con tres señales. ‖ **tres cuartos** Abrigo corto, hasta la rodilla. ‖ **de tres al cuarto** loc. adj. *col.* De escaso valor. ‖ **ni a la de tres** loc. adv. *col.* De ninguna forma. ‖ FAM. tercero, terciar, tercio, trece, treinta, trescientos, tresillo, triates, triudo, trienio.

tresbolillo (a, o al) loc. adv. Manera de colocar las plantas, poniéndolas en filas paralelas, de modo que las de cada fila correspondan a la mitad de los huecos de la fila inmediata, formando triángulos equiláteros.

trescientos, tas adj. y pron. num. card. Tres veces ciento. ‖ adj. num. ord. Que ocupa el lugar número trescientos en una serie ordenada de elementos, tricentésimo. ‖ m. Conjunto de signos con que se representa este número: *300.* ◆ No varía en pl. ‖ FAM. tricentenario, tricentésimo.

tresillo m. Sofá de tres plazas. ‖ Conjunto de sofá y dos butacas o sillones a juego. ‖ Juego de naipes entre tres personas en el que gana el que hace mayor número de bazas. ‖ Sortija con tres piedras que hacen juego. ‖ En mús., conjunto de tres notas iguales interpretadas en el tiempo correspondiente a dos de ellas.

treta f. Artificio, artimaña.

tri- pref. que significa 'tres': *tricornio, tripartita.*

tríada f. Conjunto de tres seres o unidades estrechamente vinculados entre sí. ‖ Conjunto de tres síntomas característicos de una enfermedad. ‖ Grupo de tres elementos químicos situados en cada columna del sistema periódico. ‖ FAM. tríade, triádico.

trial m. Modalidad de motociclismo que se practica en el campo, consistente en una prueba de habilidad, por terrenos accidentados.

triangular¹ adj. De forma de triángulo o semejante a él.

triangular² tr. En arquit., disponer las piezas de una armazón en forma de triángulo. ‖ Ligar por medio de triángulos ciertos puntos determinados de una comarca para levantar el plano de la misma. ‖ FAM. triangulación, triangulado, triangulador.

triángulo, la m. Figura geométrica formada por tres rectas que se cortan mutuamente, formando tres ángulos. ‖ Instrumento musical de percusión en forma de triángulo al que se hace sonar golpeándolo con una varilla. ‖ **triángulo amoroso** Relación amorosa entre tres personas. ‖ **triángulo equilátero** Aquel cuyos lados son iguales. ‖ **triángulo escaleno** El que tiene los tres lados desiguales. ‖ **triángulo isósceles** El que tiene dos lados iguales y uno desigual. ‖ **triángulo obtusángulo** El que tiene obtuso uno de sus ángulos. ‖ **triángulo rectángulo** Aquel que tiene un ángulo de 90°. ‖ FAM. triangular, triangularmente.

triásico, ca adj. y m. Del terreno sedimentario correspondiente al primer periodo de la era secundaria o relativo a él.

triates adj. y com. pl. *amer.* Trillizos.

triatlón m. Competición de atletismo en la que se practica la carrera, la natación y el ciclismo. ‖ FAM. triatleta.

tribal adj. De la tribu o relativo a ella. ‖ FAM. tribalismo.

tribalismo m. Organización social tribal.

tribu f. Grupo homogéneo, social y políticamente autónomo, que ocupa un territorio propio. ‖ Agrupación de pueblos antiguos. ‖ Cada uno de los grupos taxonómicos en que se dividen muchas familias, los cuales se subdividen, a su vez, en géneros. ‖ **tribu urbana** *col.* Grupo de jóvenes con indumentaria y aficiones comunes que habitan en las ciudades. ‖ FAM. tribal, tribeño, tribual.

tribulación f. Congoja, pena. ‖ Adversidad.

tríbulo m. Nombre que reciben muchas plantas espinosas.

tribuna f. Plataforma elevada desde donde alguien habla o se dirige al público. ‖ Localidad preferente en un campo de deporte. ‖ Plataforma elevada en ciertos espectáculos públicos. ‖ Actividad del orador. ‖ Conjunto de oradores. ‖ Medio de comunicación. ‖ Balcón en el interior de algunas iglesias. ‖ FAM. tribunal, tribuno.

tribunal m. Magistrado o magistrados encargados de administrar justicia y pronunciar sentencias. ‖ Lugar donde jueces y magistrados administran justicia. ‖ Conjunto de jueces ante el cual se efectúan ciertas pruebas que han de controlar y evaluar. ‖ pl. Vía judicial. ‖ **Tribunal Constitucional** El establecido en un Estado para vigilar la correcta interpretación y aplicación de la Constitución. ‖ **Tribunal Supremo** El más alto de la justicia ordinaria.

tribuno m. Magistrado romano que tenía la facultad de poner el veto a las resoluciones del Senado y de proponer plebiscitos. ‖ Orador popular. ‖ FAM. tribunado, tribunicio.

tributar tr. Pagar tributos. También intr. ‖ Manifestar admiración, respeto, afecto. ‖ FAM. tributación, tributante.

tributario, ria adj. Del tributo o relativo a él. ‖ Que paga tributo. También s. ‖ Se apl. al curso de agua con relación al río o mar donde desemboca. ‖ Que es consecuencia o está ligado a aquello que se expresa.

tributo m. Cantidad de dinero que debe pagar un ciudadano al Estado para que haga frente a las cargas y servicios públicos. ‖ Cantidad de dinero o especie que entregaba el vasallo a su señor, a la Iglesia o a un soberano. ‖ Cualquier carga o inconveniente que se deriva del uso o disfrute de algo. ‖ Sentimiento de admiración, respeto o afecto hacia alguien. ‖ FAM. tributar, tributario.

tricentenario m. Espacio de tiempo de trescientos años. ‖ Fecha en que se cumplen trescientos años de algún suceso famoso. ‖ Fiestas que se celebran por este motivo.

tricentésimo, ma adj. num. ord. Que ocupa el lugar número trescientos en una serie ordenada de elementos. ‖ adj. num. frac. Se apl. a cada una de las trescientas partes iguales en que se divide un todo. También m.

tríceps adj. y m. Se apl. al músculo formado por tres partes unidas en un tendón común, particularmente referido al tríceps braquial, que permite extender el antebrazo. ◆ No varía en pl.

triceratops m. Nombre de varias especies de dinosaurios herbívoros que vivieron en la era secundaria y se caracterizaban por tener dos cuernos sobre los ojos y un tercero sobre el morro. ◆ No varía en pl.

triciclo m. Vehículo de tres ruedas, provisto de pedales, que utilizan generalmente los niños.

triclinio m. Diván en el que los antiguos griegos y romanos se reclinaban para comer. ‖ Comedor de los antiguos griegos y romanos.

tricolor adj. De tres colores.

tricornio adj. y m. Se apl. al sombrero de ala doblada que forma tres picos.

tricota f. *amer.* Suéter, prenda de punto.

tricotadora f. Tricotosa.

tricotar tr. Tejer, hacer punto a mano o con máquina. ‖ FAM. tricot, tricota, tricotadora, tricotosa.

tricotosa f. Máquina para tricotar, especialmente la de uso doméstico.

tricromía f. Procedimiento fotográfico y fotomecánico de reproducción de todos los colores mediante la estampación sucesiva del amarillo, rojo y azul. ‖ Impresión obtenida con esta técnica.

tricúspide adj. Que tiene tres puntas. ‖ Se apl. a la válvula del corazón que está entre la aurícula y el ventrículo izquierdos. También f.

tridente adj. De tres dientes o puntas. ‖ m. Cetro en forma de arpón, con tres puntas.

tridentino, na adj. y s. De Trento o relativo a esta ciudad europea. ‖ Relacionado con el concilio ecuménico que se reunió en esta ciudad a partir de 1545.

tridimensional adj. Que se desarrolla en las tres dimensiones espaciales de altura, anchura y largura. ‖ FAM. tridimensionalidad.

triduo m. Celebraciones religiosas que se practican durante tres días.

triedro adj. y m. En geom., se apl. al ángulo poliedro de tres caras.

trienio m. Periodo de tiempo de tres años. ‖ Incremento económico en un salario, cada tres años de servicio activo en una empresa u organismo. ‖ FAM. trienal.

trifásico, ca adj. y m. Se apl. al sistema de tres corrientes eléctricas alternas iguales, procedentes del mismo generador, y desplazadas en el tiempo, cada una respecto de las otras dos, en un tercio de periodo.

trifoliado, da adj. Que tiene hojas compuestas de tres foliolos.

trifolio m. Trébol. ‖ FAM. trifoliado.

triforio m. En arquit., galería que rodea el interior de una iglesia sobre los arcos de las naves y que suele tener ventanas de tres huecos.

trifulca f. Alboroto, riña.

trifurcarse prnl. Dividirse una cosa en tres ramales, brazos, o puntas. ‖ FAM. trifurcado, trifurcación.

trigal adj. Terreno sembrado de trigo.

trigémino, na adj. Formado por tres elementos. ‖ m. Quinto par de nervios craneales formado por tres ramificaciones principales.

trigésimo, ma adj. num. ord. Que ocupa el lugar número treinta en una serie ordenada de elementos. ‖ adj. num. frac. Se apl. a cada una de las treinta partes iguales en que se divide un todo. También m.

triglicérido m. Compuesto químico, éster de la glicerina o de los ácidos grasos, que se halla en la naturaleza.

triglifo o **tríglifo** m. En arquit., adorno del friso del orden dórico en forma de rectángulo saliente y surcado por tres canales.

trigo m. Planta gramínea con espigas terminales compuestas de tres o más carreras de granos, de los cuales, triturados, se obtiene la harina. ‖ Grano de esta planta. ‖ Trigal. Más en pl. ‖ **trigo candeal** Variedad de trigo más blanco y de mayor calidad. ‖ **no ser trigo limpio** loc. *col.* Indica que una persona o asunto no son tan claros y honrados como a primera vista parecen. ‖ FAM. trigal, trigueño, triguero.

trigonometría f. Parte de las matemáticas que trata del cálculo de los elementos de los triángulos. ‖ FAM. trigonométrico.

trigueño, ña adj. Del color del trigo, entre moreno y rubio.

triguero, ra adj. Relacionado con el trigo. ‖ Que se cría entre el trigo: *espárrago triguero.* ‖ Se apl. al terreno en que se da bien el trigo.‖ m. Ave paseriforme del tamaño de un gorrión, color pardo y canto característico que frecuenta los campos de cultivo.

trilero, ra adj. y f. Persona que maneja los triles.

triles m. pl. *col.* Juego de apuestas, generalmente fraudulento, que consiste en averiguar, siguiéndolo con la vista, en cuál de los tres escondites que se presentan sobre una mesa se oculta un objeto, previamente mostrado y rápidamente manipulado por el trilero. ‖ FAM. trilero.

trilingüe adj. Que habla tres lenguas. ‖ Se apl. al territorio en que se hablan tres lenguas. ‖ Escrito, traducido o elaborado en tres lenguas.

trilita f. Trinitrotolueno.

trilítero, ra adj. De tres letras.

trilito m. Dolmen compuesto de tres grandes piedras, dos en posición vertical sobre las que se apoya horizontalmente la tercera.

trilla f. Acción de trillar. ‖ Tiempo en que se trilla. ‖ *amer.* Zurra, paliza.

trillado, da adj. Común y sabido: *argumento trillado.*

trilladora f. Máquina empleada para trillar.

trillar tr. Separar el grano de la paja triturando la mies esparcida en la era. ‖ Utilizar algo con exceso, particularmente tratar muchas veces un tema, de forma que pierda originalidad. ‖ FAM. trilla, trillado, trillador, trilladora, trillo.

trillizo, za adj. y s. Se apl. al hermano nacido de un parto triple.

trillo m. Instrumento para trillar que consiste en un tablón con pedazos de pedernal o cuchillas de acero encajadas en una de sus caras. ‖ *amer.* Senda, camino muy estrecho.

trillón m. Un millón de billones, expresado con la unidad seguida de dieciocho ceros.

trilobites m. Artrópodo marino fósil del Paleozoico. ◆ No varía en pl.

trilobulado, da adj. Que tiene tres lóbulos.

trilogía f. Conjunto de tres obras de un mismo autor, que mantienen entre sí una unidad argumental.

trimestral adj. Que sucede o se repite cada tres meses. || Que dura tres meses. || FAM. trimestralmente.

trimestre m. Espacio de tres meses. || Renta o sueldo que se cobra o paga al fin de cada trimestre. || Conjunto de los números de un periódico o revista, publicados durante un trimestre. || FAM. trimestral.

trimotor adj. y m. Se apl. al avión de tres motores.

trimurti f. En el hinduismo, tríada compuesta por los dioses Brahma, Siva y Visnú.

trinar intr. Gorjear los pájaros. || Hacer trinos. || Rabiar, impacientarse. || FAM. trino.

trinca f. Conjunto de tres cosas de una misma clase. || *col.* Pandilla reducida de amigos. || Conjunto de personas designadas para discutir y argumentar en exámenes y oposiciones. || FAM. trincar.

trincar tr. Coger o agarrar fuertemente. || *col.* Apresar, encarcelar. || *col.* Robar, hurtar. || *amer.* Apretar, oprimir. || FAM. trincón, trinquete.

trincar tr. e intr. Beber alcohol.

trinchar tr. Partir en trozos la comida, especialmente carnes asadas, para servirla. || FAM. trinchante, trinche, trinchero, trinchete.

trinche m. *amer.* Tenedor de mesa. || *amer.* Trinchero, mueble donde se trincha.

trinchera f. Defensa excavada en la tierra para protegerse los soldados. || Corte hecho en un terreno para camino, con taludes a ambos lados. || Gabardina impermeable que recibe este nombre por haberla usado algunas tropas durante la Primera Guerra Mundial.

trinchero m. Mueble de comedor, que sirve principalmente para trinchar sobre él los alimentos.

trincón m. *amer.* Corrupto, prevaricador.

trineo m. Vehículo montado sobre patines o esquís para deslizarse sobre el hielo y la nieve.

trinidad f. Unión de tres personas distintas que forman un solo dios. || Asociación de tres personas en un asunto o negocio. || FAM. trinitaria, trinitario.

trinitaria f. Planta herbácea de jardín, de la familia de las violáceas, con flores de hojas redondeadas y de tres colores. || Flor de esta planta.

trinitario, ria adj. De la orden de la Santísima Trinidad o relativo a ella. También s. || De Trinidad, en Cuba, o relacionado con esta población. También s.

trinitrotolueno m. Producto derivado del tolueno en forma de sólido cristalino de color amarillento que se emplea como explosivo muy potente, trilita. Se conoce por las siglas *TNT.*

trino[1] m. Gorjeo de los pájaros. || En mús., sucesión rápida y alternada de dos notas de igual duración, entre las cuales media la distancia de un tono o de un semitono.

trino[2]**, na** adj. Que contiene en sí tres cosas distintas. || Que consta de tres elementos o unidades, ternario. || FAM. trino.

trinomio m. En mat., expresión de tres términos algebraicos unidos por los signos más o menos.

trinque m. *col.* Bebida alcohólica. || *col.* Acción de tomar alcohol.

trinquete[1] m. Verga mayor que se cruza sobre el palo de proa. || Vela que se sujeta en ella. || Palo que se arbola inmediato a la proa.

trinquete[2] m. Frontón cerrado.

trío m. Grupo de tres unidades. || Composición musical para tres voces o instrumentos. || Conjunto que las interpreta.

triodo m. Válvula electrónica compuesta de tres electrodos.

tripa f. Intestino. || Trozo de intestino de un animal, utilizado como material o en alimentación. || Vientre, especialmente el grueso o abultado. || pl. Vísceras. || Relleno de algunos objetos o parte interior de algo. || **hacer** alguien **de tripas corazón** loc. Esforzarse para vencer el miedo, asco o disgusto que produce una cosa. || **revolverle** a alguien **las tripas** una persona o cosa loc. *col.* Provocarle disgusto o repugnancia. || FAM. tripada, tripazo, tripear, tripería, tripero, tripón, tripudo.

tripada f. *col.* Panzada, hartazgo. || Golpe dado en la tripa.

tripanosoma m. Género de protozoos que viven en la sangre de los humanos y de algunos vertebrados superiores, causándoles la enfermedad del sueño.

tripartito, ta adj. Dividido en tres partes, órdenes o clases. || Constituido por tres partidos políticos. || Realizado entre tres. || FAM. tripartición, tripartir.

tripear tr. *col.* Comer con gula.

tripi o **tripis** m. *col.* Dosis de alucinógeno LSD.
♦ La segunda forma no varía en pl.

tripié m. *amer.* Trípode.

triple adj. num. mult. Que consta de tres elementos. || adj. Tres veces mayor. También m. || m. Enchufe con tres salidas. || En baloncesto, canasta de tres puntos. || FAM. triplete, triplicar, triplista, triplo.

triplicar tr. Multiplicar por tres. También prnl. || Hacer tres veces una misma cosa. || FAM. triplicación, triplicado, triplicador.

trípode m. Armazón de tres pies para sostener ciertos instrumentos. || Mesa o banquillo con tres patas.

tripón, ona adj. y s. *col.* Que tiene mucha tripa.

tríptico m. Pintura, grabado o relieve en tres hojas, unidas de tal modo que las laterales pueden doblarse sobre la del centro. || Libro o tratado que consta de tres partes.

triptongo m. Grupo de tres vocales (débil, fuerte y débil) que forma una sola sílaba, como en *buey.* || FAM. triptongación, triptongar.

tripudo, da adj. y s. Tripón.

tripulación f. Conjunto de personas que se encargan del manejo de una embarcación o vehículo aéreo o espacial o de atender a los pasajeros.

tripulante com. Persona que forma parte de una tripulación.

tripular tr. Conducir, especialmente, un barco, avión o vehículo espacial. || Dotar de tripulación una nave. || FAM. tripulación, tripulante.

tripulina f. *amer.* Tremolina, algarabía.

trique m. Planta americana de la familia de las iridáceas cuyo rizoma se emplea como purgante.

triquina f. Nombre común de diversos gusanos nematodos parásitos de unos 3 mm de largo, cuya larva se enquista en forma de espiral en los músculos del cerdo y del hombre. || FAM. triquinosis, triquinoso.

triquinosis f. Enfermedad parasitaria provocada por la invasión de larvas de triquina que penetran en las fibras musculares. ◆ No varía en pl.

triquiñuela f. Treta o artimaña para conseguir algo.

triquitraque m. Golpes repetidos y desordenados. || Ruido que producen. || Rollo delgado de papel con pólvora y atado en varios dobleces, de cada uno de los cuales resulta una pequeña detonación cuando se pega fuego a la mecha que tiene en uno de sus extremos.

trirreme m. Embarcación antigua de tres órdenes superpuestos de remos.

tris m. Onomatopeya que imita un sonido leve. || Tiempo muy corto u ocasión muy cercana: *estuvo en un tris de conseguirlo.*

triscar intr. Retozar o juguetear. || Hacer ruido con los pies. || tr. Torcer alternativamente a uno y otro lado los dientes de la sierra para que la hoja corra sin dificultad por la hendidura. || FAM. triscador.

trisílabo, ba adj. y s. De tres sílabas. || FAM. trisilábico.

triste adj. Afligido, apenado. || De carácter melancólico. || Que denota pesadumbre o melancolía o la produce. || Oscuro, apagado. || Funesto, aciago. || Doloroso o injusto. || Insignificante, insuficiente, escaso. A veces, se usa simplemente como intensificador: *no había ni una triste silla para sentarse.* || m. *amer.* Canción popular de algunos países sudamericanos de tono melancólico y acompañada con la guitarra. || FAM. tristemente, tristeza, tristón, tristura.

tristeza f. Cualidad de triste.

tristón, ona adj. Un poco triste.

tritón m. Nombre común de diversos anfibios urodelos de 10 a 20 cm de longitud, de cola larga comprimida y con una especie de cresta que se prolonga en los machos por encima del lomo. || Deidad marina a la que se atribuía figura de hombre desde la cabeza hasta la cintura, y el resto, de pez.

triturador, ra adj. y s. Que tritura: *triturador de basura.*

trituradora f. Máquina que sirve para triturar.

triturar tr. Moler, desmenuzar. || Maltratar, molestar. || Rebatir, censurar. || FAM. triturable, trituración, triturado, triturador, trituradora.

triunfador, ra adj. y s. Que triunfa.

triunfal adj. Del triunfo o relativo a él: *marcha, gira triunfal.*

triunfalismo m. Actitud de seguridad en uno mismo y superioridad sobre los demás, fundada en la propia sobrestimación. || FAM. triunfalista.

triunfalista adj. Del triunfalismo o relativo a él. || adj. y com. Partidario del triunfalismo o que lo pone en práctica.

triunfante adj. Que implica un triunfo.

triunfar intr. Quedar victorioso, resultar vencedor. || Tener alguien éxito en sus aspiraciones. || FAM. triunfador, triunfante.

triunfo m. Acción y resultado de triunfar. || Trofeo que acredita haber triunfado. || Carta del mismo palo de la que pinta en ciertos juegos de naipes, por lo cual tiene más valor. || *amer.* Cierta danza popular. || **costar** algo **un triunfo** loc. Costar gran esfuerzo o sacrificio. || FAM. triunfal, triunfalismo, triunfalmente, triunfar.

triunvirato m. Magistratura de la república romana en que intervenían tres personas. || Conjunto de tres personas que dirigen cualquier empresa o asunto.

triunviro m. Cada uno de los tres magistrados romanos que tuvieron a su cuidado en ciertas ocasiones el gobierno y la administración de la república. || FAM. triunviral, triunvirato.

trivalente adj. Que tiene tres valores o triple valor. || En quím., que funciona con tres valencias.

trivial adj. Que carece de importancia, interés o novedad. || Del trivio o relativo a él. || FAM. trivialidad, trivializar, trivialmente.

trivialidad f. Cualidad de trivial, común. || Lo sabido por todos o carente de importancia.

trivializar tr. Restar o no conceder importancia a algo. || FAM. trivialización.

trivio m. Entre los romanos, y durante toda la Edad Media, conjunto de las tres artes liberales relativas a la elocuencia: gramática, retórica y dialéctica. || FAM. trivial.

trívium m. Trivio.

triza f. Pedazo pequeño o partícula dividida de un cuerpo. || **hacer(se) trizas** loc. Romper o deshacer en trozos muy menudos. || loc. Herir o lastimar gravemente. También prnl.

trocaico, ca adj. Del troqueo o relativo a él. || Se apl. al verso latino de siete pies, de los que unos son troqueos y los demás espondeos o yambos.

trocánter m. Prominencia que algunos huesos largos tienen en su extremidad, en especial la de la parte superior del fémur. || Segunda de las cinco piezas de que constan las patas de los insectos, que está articulada con la cadera y el fémur.

trocar tr. Cambiar una cosa por otra. || Alterar, producir cambios. También prnl. || Equivocar, decir una cosa por otra. ◆ **Irreg.** Se conj. como *contar.* || FAM. trastocar, trocable, trocamiento, trucar, trueque.

trocear tr. Dividir en trozos. || Inutilizar un proyectil abandonado haciéndolo explotar. || FAM. troceado, troceo.

trocha f. Vereda estrecha que sirve de atajo. || Camino abierto en la maleza. || *amer.* Ancho de las vías férreas.

trochemoche (a) o **a troche y moche** loc. adv. *col.* En abundancia y con gran desorden.

tróclea f. Polea. || Articulación en forma de polea que permite que un hueso adyacente pueda girar en el mismo plano. || FAM. troclear.

trofeo m. Objeto que reciben los ganadores en señal de victoria. || Victoria o triunfo conseguido. || Objeto o despojo del enemigo, del que se apodera el vencedor en una guerra o batalla. || Conjunto de armas e insignias militares agrupadas con cierta simetría.

trófico, ca adj. Relativo a la nutrición. || **cadena trófica** La formada por el conjunto de seres que van alimentándose sucesivamente unos de otros. || FAM. trofología, trofólogo.

troglodita adj. y com. Habitante de las cavernas. || Se apl. a la persona bruta, cruel o muy tosca. || FAM. troglodítico.

trogoniforme adj. y f. De las trogoniformes o relacionado con este orden de aves. || f. pl. Orden de aves arborícolas, con dos dedos dirigidos hacia atrás, de vivos colores, especialmente los machos, como el quetzal.

troika o **troica** f. Vehículo ruso a modo de trineo, arrastrado por tres caballos. || P. ext., carruaje tirado por tres caballos. || Grupo de tres gobernantes, particularmente el formado en la antigua Unión Soviética por el presidente de la República, el jefe del Gobierno y el secretario general del Partido Comunista.

troj f. Espacio limitado por tabiques para guardar frutos y especialmente cereales. || P. ext., sitio donde se almacenan las aceitunas. ◆ pl. *trojes.* || FAM. troja, troje.

trola f. *col.* Mentira, embuste, engaño. || FAM. trolero, troludo.

trole m. Pértiga de hierro que sirve para transmitir a un receptor móvil la corriente del cable conductor por medio de una polea o un arco que lleva en su extremidad. || Trolebús.

trolebús m. Vehículo eléctrico, sin carriles, que toma la corriente de un cable aéreo por medio de un trole doble.

trolero, ra adj. y s. *col.* Mentiroso, embustero.

troludo adj. y m. *amer.* Calzonazos.

tromba f. Columna de agua que se levanta en el mar por efecto de un torbellino. || Gran cantidad de agua de lluvia caída en poco tiempo. || **en tromba** loc. adv. Bruscamente y todos a la vez.

trombo m. Coágulo de sangre en el interior de un vaso. || FAM. trombocito, tromboflebitis, trombosis.

trombocito m. Plaqueta de la sangre.

tromboflebitis f. Trombosis por inflamación de una vena, frecuentemente en las piernas. ◆ No varía en pl.

trombón m. Instrumento musical metálico, parecido a una trompeta grande y cuyos sonidos se obtienen alargando las varas que lleva. || com. Persona que toca este instrumento.

trombosis f. Proceso de formación de un trombo en el interior de un vaso. ◆ No varía en pl.

trompa f. Prolongación muscular, hueca y elástica de la nariz de algunos animales. || Aparato chupador, dilatable y contráctil que tienen algunos insectos. || Prolongación, generalmente retráctil del extremo anterior del cuerno de muchos gusanos. || Instrumento musical de viento que consiste en un tubo de metal enroscado circularmente y que va ensanchándose desde la boquilla al pabellón. || Bóveda que permite superponer dos estructuras de diferente trazado geométrico, como la de una cúpula sobre una base cuadrada. || *col.* Embriaguez, borrachera. || com. Persona que toca la trompa. || adj. *col.* Borracho. || **trompa de Eustaquio** Conducto que comunica el oído medio con la faringe. || **trompa de Falopio** Cada uno de los conductos que unen la matriz con los ovarios. || FAM. tromba, trombón, trompada,

trompazo, trompear, trompeta, trompillón, trompiza, trompo, trompudo.

trompada f. *col.* Trompazo.

trompazo m. *col.* Golpe fuerte.

trompear tr. *amer.* Dar trompazos, pegar. || prnl. *amer.* Emborracharse.

trompeta f. Instrumento musical de viento que consiste en un tubo largo de metal que va ensanchándose desde su boquilla al pabellón. || Clarín. || com. Trompetista. || FAM. trompetazo, trompetear, trompetería, trompetero, trompetilla, trompetista.

trompetilla f. Instrumento en forma de trompeta que servía para que los sordos recibieran los sonidos, aplicándoselo al oído. || *col.* Pedorreta.

trompetista com. Persona que toca la trompeta.

trompicón m. Cada tropezón o paso tambaleante de una persona. || Tumbo o vaivén de un vehículo. || Porrazo, golpe fuerte. || **a trompicones** loc. adv. *col.* A tropezones, a golpes. || *col.* Con dificultad, con discontinuidad. || FAM. trompicar.

trompiza f. *amer.* Riña a trompadas.

trompo m. Peón o peonza. || Giro o giros que hace un vehículo sobre sí mismo al derrapar. || Molusco gasterópodo marino, abundante en las costas españolas, de concha gruesa, cónica y angulosa en la base. || FAM. trompón.

trompudo, da adj. *amer.* De labios muy abultados y boca saliente.

trona f. Silla de patas largas en la que se sienta a los bebés para comer.

tronado, da adj. *col.* Loco.

tronar intr. impers. Sonar truenos. || intr. Despedir o causar ruido o estampido. || *col.* Despotricar contra alguien o algo. ◆ **Irreg.** Se conj. como *contar.* || FAM. tronada, tronado, tronador, tronío.

troncal adj. Del tronco o procedente de él. || adj. y f. Se apl. a la asignatura común u obligatoria en un plan de estudios. || FAM. troncalidad.

troncha f. *amer.* Trozo de pescado en conserva.

tronchante adj. *col.* Cómico, gracioso, que hace troncharse de risa.

tronchar tr. y prnl. Partir o romper con violencia un vegetal por su tronco, tallo o ramas principales. || Partir con violencia cualquier cosa de forma parecida a un tronco. || Agotar, cansar muchísimo. || prnl. *col.* Partirse de risa, reírse mucho. || FAM. troncha, tronchado, tronchante, troncho.

troncho m. Tallo de las hortalizas.

tronco, ca m. y f. *col.* Compañero, amigo, colega. || m. Tallo fuerte y macizo de árboles y arbustos. || Cuerpo humano o de cualquier animal, prescindiendo de la cabeza y de las extremidades. || Cuerpo truncado. || Conducto o canal principal del que salen o al que conducen otros menores. || Ascendiente común de dos o más ramas, líneas o familias. || **como un tronco** loc. adv. Profundamente dormido. || FAM. troncal, troncocónico, tronqueo.

tronera f. Abertura en el costado de un buque o de una muralla para disparar los cañones y otras armas de artillería. || Ventana pequeña y estrecha por donde entra poca luz. || Cada uno de los agujeros o aberturas que hay en las mesas de billar u otros juegos, para que por ellos entren las bolas. ‖ Juguete de papel plegado que, al sacudirlo con fuerza, produce un sonido violento. ‖ com. Persona de vida desordenada.

tronío m. Ostentación en el gasto de dinero. ‖ Señorío, clase.

trono m. Asiento con gradas y dosel que usan los reyes, emperadores, papas y personas de alta dignidad, especialmente en los actos de ceremonia. ‖ Dignidad de rey o soberano. ‖ Tabernáculo colocado encima de la mesa del altar, en el que se expone el Santísimo Sacramento. ‖ Lugar en que se coloca la imagen de un santo cuando se le quiere honrar con culto más solemne. ‖ *vulg.* Retrete, váter. ‖ pl. Tercer coro de los ángeles. ‖ FAM. trona.

tronzadera f. Sierra con un mango en cada uno de sus extremos.

tronzar tr. Dividir o hacer trozos. ‖ Cansar excesivamente, fatigar. También prnl. ‖ FAM. tronzadera, tronzado, tronzador.

tropa f. Conjunto de soldados y cabos. ‖ Muchedumbre de personas, generalmente las reunidas con un fin determinado. ‖ Conjunto de militares, en distinción a los civiles. ‖ *amer.* Recua de ganado. ‖ Manada de ganado que se conduce de un punto a otro. ‖ pl. Conjunto de cuerpos que componen un ejército, división, guarnición, etc. ‖ FAM. tropel, tropero.

tropar tr. *amer.* Recibir y atender a alguien cuando llega de viaje.

tropel m. Movimiento acelerado y ruidoso de varias personas o cosas que se mueven sin desorden. ‖ Conjunto de cosas mal ordenadas o amontonadas sin concierto. ‖ **en tropel** loc. adv. De forma atropellada y confusa. ‖ FAM. tropelía.

tropelía f. Abuso, arbitrariedad, hecho violento y contrario a las leyes.

tropero m. *amer.* Conductor de tropas o de ganado.

tropezar intr. Dar con los pies en algún obstáculo, perdiendo el equilibrio. ‖ Detenerse o ser impedida una cosa por encontrar un estorbo. ‖ Cometer un error o una falta. ‖ *col.* Reñir o enfrentarse con alguien. ‖ *col.* Encontrar casualmente a una persona. También prnl. ◆ **Irreg.** Se conj. como *acertar.* ‖ FAM. tropezón, tropiezo.

tropezón, ona adj. Que tropieza con frecuencia. ‖ m. Acción y resultado de tropezar. ‖ Falta, error, desliz. ‖ Pedazo pequeño de un alimento que se añade a las sopas, legumbres, etc. Más en pl.

tropical adj. Del trópico o relativo a él.

trópico, ca adj. Del tropo o relativo a él. ‖ m. Cada uno de los dos círculos menores que se consideran en el globo terrestre en correspondencia con los dos de la esfera celeste. ‖ Región comprendida entre estos círculos. ‖ **trópico de Cáncer** El del hemisferio boreal. ‖ **trópico de Capricornio** El del hemisferio austral. ‖ FAM. tropical.

tropiezo m. Traspié. ‖ Aquello en que se tropieza. ‖ Falta, culpa o equivocación. ‖ Dificultad o impedimento en un trabajo, negocio o pretensión. ‖ Riña o discusión.

tropismo m. Movimiento total o parcial de los organismos como respuesta a un estímulo.

tropo m. Figura que consiste en emplear las palabras en sentido distinto del que propiamente les corresponde. ‖ FAM. tropología, tropológico.

tropopausa f. Zona de la atmósfera que separa la troposfera de la estratosfera, cuyo espesor varía entre 5 y 10 km.

troposfera f. Región inferior de la atmósfera, hasta una altura de unos 12 km, donde tienen lugar la mayoría de los fenómenos que afectan a la meteorología o al clima.

troquel m. Molde empleado en la acuñación de monedas, medallas y objetos semejantes. ‖ Instrumento análogo de mayores dimensiones, que se emplea para el estampado de piezas metálicas. ‖ Instrumento para cortar cartón, cuero o planchas metálicas, por medio de presión. ‖ FAM. troquelado, troquelar.

troquelar tr. Imprimir y sellar una pieza de metal por medio del troquel. ‖ Hacer monedas de este modo. ‖ Cortar con el troquel.

troqueo m. Pie de la poesía griega y latina, compuesto por dos sílabas, la primera larga y la otra breve. ‖ En la poesía española, pie compuesto por una sílaba acentuada y otra átona. ‖ FAM. trocaico.

trotacalles com. *col.* Persona a la que le gusta callejear. ◆ No varía en pl.

trotaconventos f. Alcahueta, celestina. ◆ No varía en pl.

trotamundos com. Persona aficionada a viajar y a recorrer distintos países. ◆ No varía en pl.

trotar intr. Ir el caballo al trote. ‖ Cabalgar una persona en un caballo que va al trote. ‖ *col.* Andar mucho o con prisa una persona. ‖ FAM. trotacalles, trotaconventos, trotador, trotamundos, trotón.

trote m. Modo de andar las caballerías y otros animales semejantes, que consiste en avanzar saltando, con apoyo alterno del pie y la mano contrapuestos. ‖ Trabajo o faena apresurada y fatigosa. ‖ Mucho uso que se le da a algo. ‖ **al trote** loc. adv. Trotando. ‖ *col.* Aceleradamente. ‖ **no estar** alguien o algo **para muchos trotes** loc. *col.* No estar en buenas condiciones para algo. ‖ FAM. trotar.

trotón, ona adj. Se apl. a la caballería cuyo paso ordinario es el trote. ‖ m. Caballo, animal.

troupe (voz f.) f. Compañía.

trova f. Canción amorosa compuesta o cantada por los trovadores. ‖ Composición métrica escrita generalmente para ser cantada. ‖ Conjunto de palabras sujetas a medida y cadencia, verso. ‖ Composición métrica formada a imitación de otra.

trovador, ra adj. y s. Que trova o compone versos, poeta. ‖ m. Poeta de la Edad Media, especialmente el que escribía y trovaba en lengua de oc. ‖ FAM. trovadoresco.

trovar intr. Hacer versos. ‖ Componer trovas. ‖ tr. Imitar una composición métrica, aplicándola a otro asunto. ‖ FAM. trova, trovador, trovo.

trovo m. Composición métrica popular de asunto amoroso. ‖ FAM. trovero.

trozo m. Pedazo de algo que se considera aparte del resto. ‖ FAM. trocear, trozar.

trucaje m. Acción y resultado de trucar. ‖ Conjunto de técnicas para simular ciertos sonidos, imágenes o producir ciertos efectos, especialmente en cine. ‖ FAM. truca.

trucar tr. Preparar algo con trucos y efectos para conseguir un determinado fin o impresión. ‖ Realizar cambios en el motor de un vehículo para darle mayor potencia. ‖ FAM. trucaje, truco.

trucha¹ f. Nombre común de diversos peces osteíctios salmoniformes de agua dulce, que miden hasta 80 cm de longitud, de carne fina y sabrosa. ‖ FAM. truchero.

trucha² f. *amer.* Tienda de mercería.

trucho, cha adj. y s. *amer.* Persona astuta.

truco m. Cada una de las mañas o habilidades que se adquieren en el ejercicio de un arte, oficio o profesión. ‖ Ardid o trampa que se utiliza para el logro de un fin. ‖ Artificio para producir determinados efectos realistas.

truculento, ta adj. Excesivamente cruel o atroz. ‖ FAM. truculencia.

trueno m. Estampido o estruendo producido en las nubes por una descarga eléctrica. ‖ Ruido o estampido que causa el tiro de cualquier arma o artificio de fuego. ‖ FAM. tronar, tronera.

trueque m. Acción y resultado de trocar. ‖ Intercambio directo de bienes y servicios, sin mediar la intervención de dinero.

trufa f. Variedad muy aromática de cierto hongo que crece bajo la tierra, muy apreciada en gastronomía. ‖ Dulce de chocolate mezclado generalmente con algún licor y en forma de bombón. ‖ Crema de chocolate y nata. ‖ Nariz de los perros. ‖ FAM. trufado, trufar.

trufar tr. Rellenar de trufas las aves, embutidos y otros alimentos.

truhan, ana adj. y s. Se apl. a la persona que vive de engaños y estafas. ‖ Se dice de la persona que pretende hacer reír o divertir a las demás con bufonadas, chistes y muecas. ‖ FAM. truhanada, truhanear, truhanería, truhanesco.

trujal m. Prensa donde se estrujan las uvas o se exprimen las aceitunas. ‖ Molino de aceite. ‖ FAM. trullo.

trullo m. Lagar con depósito inferior donde cae directamente el mosto cuando se pisa la uva. ‖ *col.* Cárcel o calabozo.

truncar tr. Cortar una parte a alguna cosa. ‖ Cortar la cabeza al cuerpo del hombre o de un animal. ‖ Interrumpir una acción u obra dejándola incompleta o impidiendo que se lleve a cabo. ‖ Omitir palabras en frases o pasajes de un escrito, especialmente cuando se hace intencionadamente. ‖ FAM. truncadamente, truncado, truncamiento.

trusa f. *amer.* Faja de mujer.

trust m. Grupo de empresas bajo una misma dirección cuyo propósito es controlar el mercado de un producto determinado o de un sector. Cartel. ◆ pl. *trusts.*

tseé-tsé f. Mosca africana que inocula el tripanosoma que produce la enfermedad del sueño.

tu, tus adj. pos. com. sing. y pl. Apócope de *tuyo, a/tuyos, as,* que siempre antecede a sustantivos: *tu canario, tus arrebatos.*

tú pron. Forma del pron. pers. com. de segunda persona singular, que en la oración desempeña la función de sujeto y vocativo: *¿has sido tú?; tú, ven aquí.* ◆ No es normal que vaya expreso en la oración si el verbo va explícito, salvo si se quiere resaltar. ‖ **de tú a tú** loc. Sin tratamientos formales, de igual a igual. ‖ FAM. tutear, tuyo.

tuareg adj. y com. De un pueblo nómada norteafricano que habita en el desierto de Sáhara o relativo a él. Más en pl.

tuátara o **tuatara** f. Reptil rincocéfalo, única especie viviente de su orden, de unos 60 cm de longitud, con aspecto de un lagarto pero con tres ojos.

tuba f. Instrumento musical parecido al bugle, cuya tesitura corresponde a la del contrabajo.

tuberculina f. Preparación hecha con proteínas de la bacteria de la tuberculosis, utilizada para diagnosticar esta enfermedad.

tubérculo m. Parte de un tallo subterráneo o de una raíz que se desarrolla considerablemente al acumularse en sus células una gran cantidad de sustancias de reserva. ‖ Tumor generalmente de color blanco amarillento, redondeado y duro al principio, que más tarde se reblandece y adquiere el aspecto y la consistencia del pus. ‖ Protuberancia que presenta el dermatoesqueleto o la superficie de varios animales. ‖ FAM. tuberculado, tuberculina, tuberculosis, tuberoso.

tuberculosis f. Enfermedad infecciosa producida por el bacilo de Koch. ◆ No varía en pl. ‖ FAM. tuberculoso.

tuberculoso, sa adj. Del tubérculo o relativo a él. ‖ Que padece tuberculosis. También s.

tubería f. Conducto formado por tubos, generalmente para el paso de un fluido, cañería. ‖ Conjunto de tubos.

tuberosidad f. Tumor, tubérculo. ‖ Abultamiento en el extremo de algunos huesos. ‖ Abultamiento en la raíz o en el tallo subterráneo de una planta.

tuberoso, sa adj. Que tiene forma de tubérculo. ‖ Que tiene tubérculos o tumores. ‖ FAM. tuberosidad.

tubo m. Pieza hueca, generalmente de forma cilíndrica y, por lo común, abierta por ambos extremos, que se hace de distintas materias y se destina a varios usos. ‖ Recipiente de forma cilíndrica. ‖ Recipiente flexible con un tapón en un extremo y un pliegue en el otro, destinado a contener sustancias blandas. ‖ Nombre que reciben algunos conductos de organismos animales y vegetales: *tubo digestivo.* ‖ *col.* Metro, medio de transporte. ‖ *amer.* Auricular del teléfono. ‖ Rulo para rizar el pelo. ‖ **tubo de ensayo** El de cristal, cerrado por uno de sus extremos, usado para los análisis químicos y en los laboratorios. ‖ FAM. tuba, tubería, tubulado, tubular, tubuliforme, túbulo.

tubular adj. Del tubo o relativo a él. ‖ Que tiene su forma o está formado por tubos.

tucán m. Nombre común de diversas aves piciformes trepadoras de pico arqueado, muy grueso y casi tan largo como el cuerpo, con plumaje negro y de colores vivos. ‖ FAM. tucano.

tucano, na m. y f. *amer.* Tucán.

tuco m. *amer.* Salsa de tomate frito con cebolla, orégano, perejil, ají y otros condimentos. || *amer.* Especie de búho.

tucúquere m. *amer.* Búho de gran tamaño.

tucura f. *amer.* Langosta, insecto.

tudesco, ca adj. y s. De cierto país de Alemania en la Sajonia inferior o relativo a él. || P. ext., alemán.

tuerca f. Pieza con un hueco labrado en espiral que ajusta exactamente en el filete de un tornillo. || **apretar las tuercas** a alguien loc. Forzarlo a algo.

tuercebotas com. *amer.* Persona sin importancia, pelanas. ◆ No varía en pl.

tuerto, ta adj. Que le falta un ojo o carece de vista en él. También s. || Torcido, que no está recto.

tueste m. Acción y resultado de tostar.

tuétano m. Sustancia blanca contenida dentro de los huesos. || Parte interior de una raíz o tallo de una planta. || **hasta el/los tuétano/s** loc. adv. *col.* Hasta lo más íntimo o profundo, física o moralmente.

tufarada f. Olor vivo o fuerte y desagradable que se percibe de pronto.

tufo m. Emanación gaseosa que se desprende de las fermentaciones y de las combustiones imperfectas. || *col.* Olor fuerte y muy desagradable. || *col.* Soberbia, vanidad. Más en pl. || *col.* Sospecha, impresión, corazonada. || FAM. tufarada, tufillas.

tugurio m. Habitación pequeña y mezquina. || *col.* Local sucio y descuidado o de mala reputación. || Choza de pastores.

tul m. Tejido transparente de seda, algodón o hilo, que forma una pequeña malla.

tulio m. Elemento químico del grupo de los lantánidos. Es un metal denso, fácilmente inflamable, cuyas sales son de color verde grisáceo. Su símbolo es *Tm*, y su número atómico, *69*.

tulipa f. Tulipán pequeño. || Pantalla de vidrio con forma parecida a la del tulipán.

tulipán m. Planta herbácea liliácea, vivaz, con raíz bulbosa, tallo liso, hojas grandes y lanceoladas y flor única, de hermosos colores e inodora. || Flor de esta planta. || FAM. tulipa.

tullido, da adj. y s. Que ha perdido el movimiento del cuerpo o de alguno de sus miembros.

tullir tr. Hacer que alguien quede tullido. || prnl. Quedarse tullido. ◆ **Irreg.** Se conj. como *mullir*. || FAM. tullido.

tumba f. Obra levantada de piedra o excavada en la tierra en que está sepultado un cadáver. || Armazón en forma de ataúd, que se coloca sobre el túmulo o en el suelo, para la celebración de las honras de un difunto.

tumbaga f. Aleación metálica muy quebradiza, compuesta de oro y de igual o menor cantidad de cobre, que se emplea en joyería. || Sortija hecha de esta liga.

tumbar tr. Hacer caer o derribar a una persona o cosa. || Tender, acostar. También prnl. || *col.* Aturdir o quitar a uno el sentido una cosa fuerte. || *col.* Suspender a alguien. || FAM. tumbo, tumbón, tumbona.

tumbo m. Vaivén violento. || Caída violenta. || **dar tumbos** loc. Tambalearse. || loc. Desenvolverse con tropiezos y dificultades.

tumbona f. Silla con largo respaldo, reclinable o no, sobre la que se puede estar tumbado.

tumefacción f. Hinchazón de una parte del cuerpo.

tumefacto, ta adj. Hinchado, inflamado. || FAM. tumefacción, tumefacer.

tumescencia f. Tumor, tumoración.

túmido, da adj. Ampuloso, hinchado, afectado. || En arquit., se apl. al arco o a la bóveda más ancho hacia la mitad de la altura que en los arranques.

tumor m. Hinchazón y bulto que se forma anormalmente en alguna parte del cuerpo. || Alteración patológica de un órgano o de una parte de él, producida por la proliferación creciente de las células que lo componen. || FAM. tumescencia, tumescente, tumoración, tumoral.

tumoración f. Tumor, tumescencia.

tumoral adj. De los tumores o relativo a ellos.

túmulo m. Sepulcro levantado de la tierra. || Montículo artificial con que en algunos pueblos antiguos era costumbre cubrir una sepultura. || Armazón de madera, sobre la que se coloca el féretro, para la celebración de las honras de un difunto. || FAM. tumulario.

tumulto m. Motín, alboroto producido por una multitud. || Confusión agitada o desorden ruidoso. || FAM. tumultuario, tumultuoso.

tumultuario, ria adj. Tumultuoso. || FAM. tumultuariamente.

tumultuoso, sa adj. Que causa o levanta tumultos. || Que está o se efectúa sin orden ni concierto. || FAM. tumultuosamente.

tuna f. Grupo de estudiantes, generalmente universitarios, que forman un conjunto musical y van vestidos con mallas y capas, estudiantina. || Vida holgazana, libre y vagabunda. || FAM. tunante, tuno.

tunante adj. y com. Pícaro, bribón, taimado. || FAM. tunantería.

tunda[1] f. Acción y resultado de tundir los paños.

tunda[2] f. Paliza, zurra.

tundidor, ra m. y f. Persona que tunde paños y pieles.

tundidora f. Máquina para tundir.

tundir[1] tr. Cortar o igualar con tijera el pelo de los paños o de las pieles. || FAM. tunda, tundidor, tundidora, tundidura.

tundir[2] tr. Dar golpes, palos o azotes. || FAM. tunda.

tundra f. Terreno abierto y llano de clima subglacial y subsuelo helado, falto de vegetación arbórea, con el suelo cubierto de musgos y líquenes y pantanoso en muchos sitios.

tunecino, na adj. y s. De Túnez o relativo a esta ciudad y país de África. || FAM. tunecí.

túnel m. Paso subterráneo abierto artificialmente para establecer una comunicación a través de un monte, por debajo de un río u otro obstáculo. || Situación difícil y agobiante. || FAM. tunelador, tuneladora, tunelero.

tungsteno m. Wolframio.

túnica f. Vestidura sin mangas, que se usaba antiguamente debajo de la ropa. || Vestidura exterior amplia y larga. || Telilla o película que en algunas frutas o bulbos está pegada a la cáscara y cubre más inmediatamente la carne. || Membrana muy delgada que cubre algunas partes del cuerpo. || Membrana que envuelve por completo el cuerpo de los tunicados. || **túnica de Cristo** Planta anual de 60 a 80 cm de altura, con hojas aovadas y sinuosas, cáliz tubular y corola violada por fuera y blanca por dentro. Procede de India y se usa mucho como planta ornamental. || FAM. tunicado.

tunicado, da adj. y m. De los tunicados o relativo a esta clase de animales. || m. pl. Clase de animales procordados con cuerpo blando, de aspecto gelatinoso y rodeados de una membrana o túnica constituida principalmente por una sustancia del tipo de la celulosa.

tuno, na adj. Pícaro, tunante. || m. Estudiante que forma parte de una tuna.

tuntún (al o al buen) loc. adv. *col.* Sin reflexión, al azar.

tupé m. Cabello que cae sobre la frente o se lleva levantado sobre ella. || Penacho o copete de algunas aves.

tupi adj. y com. De los indios que dominaban en la costa de Brasil al llegar allí los portugueses o relacionado con ellos. || m. Lengua de estos indios, perteneciente a la gran familia lingüística guaraní. ◆ pl. *tupís* o *tupíes.*

tupí-guaraní m. Tupí. ◆ pl. *tupí-guaranís* o *tupí-guaraníes.*

tupido, da adj. Que tiene sus elementos o componentes muy juntos o apretados: *barba tupida.*

tupir tr. y prnl. Apretar mucho una cosa, hacerla tupida, compacta. || FAM. tupido.

turba[1] f. Combustible fósil formado de residuos vegetales acumulados en sitios pantanosos, y que al arder produce humo denso. || Estiércol mezclado con carbón mineral, empleado también como combustible. || FAM. turbera.

turba[2] f. Muchedumbre de gente confusa y desordenada. || FAM. turbamulta.

turbación f. Acción y resultado de turbar o turbarse. || Confusión, desconcierto.

turbamulta f. Multitud confusa y desordenada.

turbante m. Tocado propio de las naciones orientales, que consiste en una faja larga de tela rodeada a la cabeza. || Tocado femenino inspirado en el anterior.

turbar tr. y prnl. Alterar o conmover el estado o curso natural de una cosa. || Sorprender o aturdir a uno, de modo que no acierte a hablar o a proseguir lo que estaba haciendo. || Interrumpir o alterar un estado o situación. || FAM. turba, turbación, turbadamente, turbado, turbador, turbamiento, túrbido, turbina, turbio, turbión, turbo, turbonada, turbulento.

turbelario, ria adj. y m. De los turbelarios o relativo a esta clase de gusanos. || m. pl. Clase de gusanos platelmintos de cuerpo no laminar y no segmentado, con la superficie frecuentemente revestida de cilios y provista de glándulas mucosas.

turbera f. Yacimiento de turba.

turbina f. Máquina destinada a transformar en movimiento giratorio, mediante una rueda de paletas, la energía cinética de un fluido.

turbinto m. Árbol de la familia de las anacardiáceas originario de América Meridional, con tronco alto, flores

pequeñas blancas y fruto en baya, de olor fuerte y picante, con el que se prepara una bebida.

turbio, bia adj. Mezclado o alterado con algo que oscurece o quita la claridad y transparencia que le son propias. || Revuelto, dudoso, turbulento, azaroso: *turbio pasado.* || Confuso, poco claro. || FAM. turbiamente, turbiedad, turbieza.

turbión m. Aguacero con viento fuerte, que viene repentinamente y dura poco. || Multitud de cosas que vienen o suceden juntas y violentamente.

turbo m. Turbocompresor. || Se apl. al motor que tiene turbocompresor, y al vehículo que lo lleva.

turbo- pref. que, en nombres de máquinas, indica que funcionan con un motor de turbina para aumentar su potencia: *turboalternador.*

turboalternador m. Conjunto de un alternador eléctrico y de la turbina que lo mueve.

turbocompresor m. Compresor de alta presión movido por una turbina.

turbogenerador m. Generador eléctrico movido por una turbina de gas, de vapor o hidráulica.

turbohélice m. Motor de aviación en que una turbina mueve la hélice.

turbonada f. Fuerte chubasco de viento y agua, acompañado de truenos, relámpagos y rayos.

turbopropulsor m. Turbohélice.

turborreactor m. Motor de reacción en el que la propulsión se produce por una turbina de gas.

turbulencia f. Cualidad de turbio o turbulento. || Confusión, alboroto o perturbación. || En fís., extensión en la cual un fluido tiene un movimiento turbulento.

turbulento, ta adj. Confuso, alborotado y desordenado. || Se apl. a la persona agitadora, que promueve disturbios o discusiones, y al carácter de esta persona. También s. || Se dice del régimen de una corriente fluida cuya velocidad en cada punto varía rápidamente en dirección y magnitud, formando remolinos. || FAM. turbulencia, turbulentamente.

turco, ca adj. y s. De un numeroso pueblo que, procedente del Turquestán, se estableció en Asia Menor y en la parte oriental de Europa, a las que dio nombre, o relacionado con él. || De Turquía o relativo a este país de Oriente Próximo, otomano. || m. Lengua árabe hablada en Turquía y otras regiones. || FAM. turcomano, turcotártaro, turquesa.

túrdiga f. Tira de pellejo.

ture m. *amer.* Silla rústica baja de cuero que se apoya en una tijera de madera plegable.

turgente adj. Abultado, elevado. || Se apl. al humor que hincha una parte del cuerpo. || FAM. turgencia, túrgido.

turíbulo m. Incensario. || FAM. turiferario.

turismo m. Acción de viajar por placer. || Organización de los medios conducentes a facilitar estos viajes. || Automóvil de uso privado. || FAM. turista, turisteo, turístico.

turista com. Persona que hace turismo. || adj. Se apl. a la categoría de algunos establecimientos de hostelería y de ciertos medios de transporte de pasajeros: *clase turista.*

turístico, ca adj. Del turismo o relativo a él.

turmalina f. Mineral formado por un silicato de aluminio con ácido bórico, magnesio, cal, óxido de hierro y otras sustancias en proporciones pequeñas, de color generalmente negro o pardo.

túrmix f. Batidora eléctrica. ◆ No varía en pl. Es la extensión del nombre de una marca registrada.

turnar intr. Alternar o hacer turnos para la realización de una tarea. Más como prnl. ‖ tr. *amer.* En uso jurídico y administrativo, remitir una comunicación, expediente o actuación a otro departamento, juzgado, sala de tribunales, o funcionario. ‖ FAM. turnicidad, turno.

turno m. Orden en que van sucediéndose o alternándose las personas para realizar una tarea. ‖ Ocasión en que a alguien le corresponde realizar una tarea que alterna con otro u otros. ‖ Cada una de las intervenciones que, en pro o en contra de una propuesta, permiten los reglamentos de las Cámaras legislativas o corporaciones. ‖ **de turno** loc. adj. Según el orden o la alternancia establecidos. ‖ *col.* De siempre, habitual.

turón m. Mamífero carnívoro de unos 60 cm de longitud que despide un olor fétido y habita en sitios donde abunda la caza, de la cual se alimenta.

turquesa f. Mineral amorfo formado por un fosfato hidratado de aluminio con algo de cobre y hierro, de color azul verdoso, que se emplea en joyería. ‖ adj. y s. De color azul verdoso. ◆ Se suele usar solo en sing., como nombre en aposición: *ojos, pantalones turquesa.*

turra f. Especie de tomillo muy dañino para el ganado. ‖ *amer.* Prostituta.

turro, rra adj. y s. *amer.* Se apl. a la persona deshonesta, de malas intenciones. ‖ FAM. turra.

turrón m. Dulce típico de Navidad consistente en una pasta hecha de almendras, piñones, avellanas u otros frutos secos, tostada y mezclada con miel y azúcar, que se toma en forma de tabletas o porciones. ‖ FAM. turronería, turronero.

turulato, ta adj. *col.* Alelado, estupefacto, pasmado.

turullo m. Cuerno que usan los pastores para llamar y reunir el ganado.

turulo, la m. y f. *amer.* Persona torpe. ‖ *amer.* Persona con las facultades mentales mermadas. ‖ m. *amer.* Chichón.

tururú interj. Indica negación o burla.

turuta adj. *col.* Loco, pirado. ‖ com. *col.* Soldado que toca la corneta en una unidad militar. ‖ f. *col.* Corneta.

tusa f. *amer.* Corazón de la panoja o mazorca. ‖ *amer.* Cigarro hecho con una hoja de maíz. ‖ *amer.* Barbas de la mazorca de maíz. ‖ *amer.* Crines del caballo. ‖ *amer.* Persona despreciable. ‖ *amer.* **dar tusa** Salir corriendo.

tusón m. Vellón de la oveja o del carnero.

tute m. Juego de naipes en que gana la partida el que reúne los cuatro reyes o los cuatro caballos. ‖ Reunión en este juego, de los cuatro reyes o los cuatro caballos. ‖ *col.* Esfuerzo o trabajo excesivo. ‖ *col.* Uso continuado que se da a algo.

tutear tr. y prnl. Hablar de «tú» a alguien, en lugar de «usted». ‖ FAM. tuteamiento, tuteo.

tutela f. Autoridad que, en defecto de la paterna o materna, se confiere para cuidar de la persona y bienes de quien no tiene completa capacidad civil. ‖ Cargo de tutor. ‖ Dirección, amparo. ‖ FAM. tutelar.

tutelar[1] tr. Ejercer la tutela de una persona. ‖ Dirigir, amparar o favorecer.

tutelar[2] adj. Que dirige, ampara, protege o defiende. ‖ Perteneciente a la tutela legal: *juez tutelar.*

tuteo m. Acción de tutear o tutearse.

tutía (no hay) loc. *col.* Se usa para dar a entender a alguien que no debe tener esperanza de conseguir lo que desea o de evitar lo que teme.

tutiplén (a) loc. adv. *col.* En abundancia, a porrillo.

tutor, ra m. y f. Persona que ejerce la tutela. ‖ Defensor, protector. ‖ Profesor que orienta y aconseja a los alumnos de un curso o asignatura. ‖ FAM. tutela, tutoría.

tutoría f. Autoridad del tutor. ‖ Tutela, autoridad sobre una persona que no tiene completa capacidad civil. ‖ FAM. tutorial.

tutsi adj. y com. De un grupo étnico africano o relativo a él.

tutti-frutti (voz it.) m. Frutas variadas.

tutú m. Falda de tejido vaporoso y transparente de las bailarinas de ballet. ◆ pl. *tutús.*

tutuma f. Calabaza americana, fruto del totumo. ‖ Vasija hecha con la corteza de esta calabaza.

tuturuto, ta adj. *amer. col.* Turulato, lelo.

tuya f. Árbol americano de la familia de las cupresáceas, de madera muy resistente, hojas siempre verdes y con forma de escamas y fruto en piñas.

tuyo, a, os, as adj. y pron. pos. Indica la relación de pertenencia entre lo poseído y un poseedor de segunda persona del singular: *aquel libro es tuyo.* ◆ Cuando acompaña a un sustantivo, se usa pospuesto a este: *no ha sido culpa tuya.* ‖ **la tuya** Intención o voluntad determinada del sujeto a quien se habla: *te saliste con la tuya.* ‖ Ocasión favorable para la persona a quien se habla: *esta es la tuya.* ‖ **lo tuyo** Característica o habilidad especial de la persona a quien se habla: *la informática no es lo tuyo.* ‖ **los tuyos** Los allegados o personas más cercanas por parentesco o amistad a la persona a quien nos dirigimos. ‖ **hacer de las tuyas** loc. Obrar o proceder según le es propio a la persona a la que se habla, particularmente cuando tiene connotaciones negativas. ‖ FAM. tu.

tuza f. *amer.* Mamífero roedor de pequeño tamaño.

tweed (voz i.) m. Paño escocés de lana, rayón o algodón, cálido, fuerte y resistente, que rechaza el agua por la pelusa que tiene en su superficie.

twist (voz i.) m. Baile de origen estadounidense, que surgió en 1961, caracterizado por un rítmico balanceo de derecha a izquierda.

txistulari (voz euskera) m. Chistulari.

U

u¹ f. Vigesimosegunda letra del alfabeto español y última de sus vocales, cerrada y velar. Es muda en las sílabas *que, qui: queja, quicio;* y en *gue, gui: guerra, guion.* Cuando en una de estas dos últimas tiene sonido, debe llevar diéresis: *vergüenza, argüir.* ◆ pl. *úes.*

u² conj. disy. que se emplea en lugar de *o* ante palabras que empiezan por *o, ho.*

ubérrimo, ma adj. sup. Muy abundante y fértil.

ubicación f. Acción y resultado de ubicar o ubicarse. || Lugar en que se ubica algo.

ubicar intr. y prnl. Estar situado en un espacio determinado. || tr. Localizar, situar. || *amer.* Orientar. || FAM. ubicable, ubicación, ubicuo.

ubicuidad f. Calidad de ubicuo, omnipresencia.

ubicuo, cua adj. Que está presente a un mismo tiempo en todas partes, omnipresente. || *col.* Que vive en continuo movimiento para no perderse nada. || FAM. ubicuidad.

ubre f. En los mamíferos, cada una de las mamas de la hembra. || FAM. ubrera.

uchú m. *amer.* Guindilla americana.

UCI f. UVI. ◆ El nombre proviene de las siglas de *U*nidad de *C*uidados *I*ntensivos.

ucraniano, na adj. y s. De Ucrania o relativo a este país de la antigua Unión Soviética. || m. Lengua eslava hablada en este país.

¡uf! interj. Denota cansancio, fastidio, sofoco o repugnancia.

ufanarse prnl. Engreírse, jactarse, gloriarse.

ufano, na adj. Engreído, arrogante. || Satisfecho, alegre. || Resuelto, decidido. || FAM. ufanamente, ufanarse, ufanía.

ufo m. Ovni. ◆ El nombre proviene de las siglas de *U*nidentified *F*lying *O*bject. || FAM. ufología, ufológico, ufólogo.

ufología f. Disciplina que estudia los fenómenos relacionados con objetos voladores no identificados u ovnis.

ugandés, esa adj. y s. De Uganda o relativo a este país africano.

ugrofinés, esa adj. De los fineses y otros pueblos uralaltaicos o relacionado con ellos. || adj. y m. De un grupo de lenguas uralaltaicas que comprende principalmente el húngaro, el finlandés y el estoniano.

¡uh! interj. Expresa desilusión, contrariedad o desprecio.

ujier com. Portero de un palacio o tribunal. || Empleado subalterno de algunos tribunales y cuerpos del Estado.

ukelele m. Instrumento musical de cuatro cuerdas originario de Indonesia.

úlcera f. Lesión que destruye tejidos de la piel o de la mucosa de un órgano. || Daño en la parte leñosa de las plantas, que se manifiesta por exudación de savia corrompida. || FAM. ulceración, ulcerante, ulcerar, ulcerativo, ulcerogénico, ulceroso.

ulcerar tr. y prnl. Provocar úlceras.

ulema m. Doctor o maestro de la ley musulmana.

ulmáceo, a adj. y f. De las ulmáceas o relativo a esta familia de plantas. || f. pl. Familia de árboles o arbustos dicotiledóneos con ramas alternas, lisas o corchosas, hojas aserradas, flores hermafroditas o unisexuales y fruto seco con una sola semilla aplastada, como el olmo y el almez.

ulmo m. *amer.* Árbol de la familia de las eucrifiáceas, corpulento, de hoja perenne y flores blancas, cuya corteza sirve para curtir.

ulterior adj. Que está a continuación o más allá de algo. || Que se dice o sucede después de algo, posterior. || FAM. ulteriormente.

ultimar tr. Acabar, terminar. || *amer.* Matar. || FAM. ultimación, ultimador.

ultimátum m. En el ámbito diplomático, resolución terminante y definitiva, comunicada por escrito. || *col.* Decisión definitiva. ◆ pl. *ultimátums.*

último, ma adj. Que dentro de una serie no tiene nada detrás. También s. || Lo más remoto. || Definitivo: *es mi última palabra.* || Extremado, sin alternativa: *en última instancia, presentarían su renuncia.* || **a la última** loc. adv. *col.* En plena moda. || **a últimos** loc. adv. En el último tramo de un periodo de tiempo. || **estar en las últimas** loc. Estar a punto de morir. || Estar muy apurado de algo, especialmente de dinero, escasear. || **por último** loc. adv. Después o detrás de todo, finalmente. || **ser algo lo último** loc. Ser el colmo de lo inconveniente o insoportable. || FAM. últimamente, ultimar, ultimátum.

ultra adj. y com. Extremista, radical, especialmente referido a las ideologías. || FAM. ultraísmo.

ultra- pref. que significa 'más allá de', 'al otro lado de': *ultraterrenal.* || Partícula inseparable de algunos adjetivos que expresa exceso: *ultracaro.*

ultrabásico, ca adj. Se apl. a la roca eruptiva que contiene menos del 45% de sílice y está constituida por silicatos ferromagnésicos que le otorgan una coloración oscura.

ultraconservador, ra adj. y s. Relativo a la tendencia política conservadora más radical.

ultracorrección f. Deformación de una palabra por equivocado sentido de corrección, según el modelo de otras.

ultraderecha f. Ideología reaccionaria o conservadora radical. ‖ Grupo de seguidores y partidarios de esta ideología. ‖ FAM. ultraderechista.

ultraísmo m. Movimiento poético que a partir de 1918 agrupó a los poetas españoles e hispanoamericanos que defendían una renovación radical del espíritu y de la técnica a través del empleo de las imágenes y la metáfora. ‖ FAM. ultraísta.

ultraísta adj. Relativo al ultraísmo. ‖ adj. y com. Partidario o seguidor del ultraísmo poético.

ultraizquierda f. Ideología de la izquierda política más radical. ‖ Grupo de seguidores y partidarios de esta ideología. ‖ FAM. ultraizquierdista.

ultrajante adj. Que ultraja: *trato ultrajante*.

ultrajar tr. Injuriar gravemente a alguien. ‖ Despreciar. ‖ FAM. ultrajador, ultrajante, ultraje.

ultraje m. Injuria. ‖ Ofensa, insulto.

ultraliberal adj. Se apl. a la teoría económica liberal más radical.

ultraligero, ra adj. Sumamente ligero o liviano. ‖ adj. y m. Se apl. a la aeronave de poco peso y escaso consumo.

ultramar m. Conjunto de territorios del otro lado de un mar o de un océano. ‖ FAM. ultramarino.

ultramarino, na adj. De ultramar. ‖ adj. y s. Se apl. al comestible que se conserva durante largo tiempo. Más como m. pl. ‖ m. pl. Tienda de comestibles.

ultramontano, na adj. Que está más allá o de la otra parte de los montes. ‖ Que defendía la autoridad de la Santa Sede sobre la Corona. También s. ‖ Del seguidor del ultramontanismo, de su doctrina, o relativo a ellos. ‖ FAM. ultramontanismo.

ultranacionalismo m. Ideología que propugna un nacionalismo radical. ‖ FAM. ultranacionalista.

ultranza (a) loc. adv. Sin vacilar, resueltamente: *sostuvo su postura a ultranza*.

ultrarrápido, da adj. Rápido en grado extremo.

ultrarrojo adj. Que en el espectro luminoso se encuentra después del color rojo.

ultrasónico, ca adj. Del ultrasonido o relativo a él.

ultrasonido m. Sonido cuya frecuencia de vibraciones es superior al límite perceptible por el oído humano. ‖ FAM. ultrasónico.

ultrasur com. Miembro de un grupo radical de hinchas del Real Madrid Club de Fútbol. ◆ No varía en pl.

ultratumba f. Ámbito más allá de la muerte. ‖ adv. Más allá de la muerte.

ultravioleta adj. y m. Se apl. a la parte invisible del espectro luminoso a continuación del color violeta, cuya existencia se detecta por acciones químicas.

ulular intr. Dar aullidos o alaridos. ‖ Producir un sonido parecido al viento.

uma m. Unidad de masa atómica en el sistema internacional.

umbanda f. Culto religioso que tiene su origen en el animismo africano llegado a América a través del comercio de esclavos, y que se caracteriza por bautizar a sus dioses con nombres de santos católicos.

umbela f. Grupo de flores o frutos que nacen en un mismo punto del tallo y se elevan a igual altura. ‖ Tejadillo voladizo sobre un balcón o ventana. ‖ FAM. umbelífero.

umbelífero, ra adj. y f. De las umbelíferas o relativo a esta familia de plantas. ‖ f. pl. Familia de plantas angiospermas dicotiledóneas de hojas simples y alternas, flores blancas o amarillas en umbela y fruto de una sola semilla, como la zanahoria y el perejil.

umbilical adj. Del ombligo o relativo a él: *cordón umbilical*. ‖ FAM. umbilicación, umbilicado.

umbral m. Parte inferior, contrapuesta al dintel, del vano de una puerta. ‖ Entrada, principio de cualquier cosa. ‖ Valor a partir del cual empiezan a ser perceptibles los efectos de un agente físico: *umbral luminoso*. ‖ En arquit., madero que se atraviesa en lo alto de un vano para sostener el muro que hay encima. ‖ FAM. umbralado.

umbralado m. *amer.* Umbral.

umbrela f. Parte superior de las medusas, gelatinosa y transparente, en forma de sombrilla.

umbría f. Terreno orientado al norte que está casi permanentemente en sombra.

umbrío, a adj. Se apl. al lugar poco soleado. ‖ FAM. umbrátil, umbría, umbroso.

umbroso, sa adj. Que tiene sombra o la causa.

un, una art. indet. Presenta o introduce sustantivos que designan personas o cosas desconocidas o no mencionadas anteriormente: *la acompañaba un hombre muy alto*. ‖ adj. indef. Uno cualquiera: *se lo oí decir a una chica*. ‖ adj. y pron. num. card. Uno.

unánime adj. Se dice del conjunto de personas de común parecer. ‖ Se apl. a la cosa propia de personas unánimes: *rechazo unánime*. ‖ FAM. unánimemente, unanimidad, unanimismo.

unanimidad f. Cualidad de unánime. ‖ **por unanimidad** loc. adv. Sin discrepancias, de forma unánime.

uncial adj. Se apl. al tipo de letra mayúscula y del tamaño de una pulgada que se usó hasta el siglo VII. También f. ‖ Se dice del sistema de escritura que utiliza este tipo de letra.

unción f. Acción de ungir o untar. ‖ Extremaunción. ‖ Devoción, recogimiento y perfección con que uno se dedica a algo.

uncir tr. Atar o sujetar al yugo bueyes, mulas u otras bestias.

uncu m. *amer.* Camiseta larga o sotanilla.

undécimo, ma adj. num. ord. Que ocupa el lugar número once en una serie ordenada de elementos. ‖ adj. num. frac. Se dice de cada una de las once partes iguales en que se divide un todo. También m.

undécuplo, pla adj. num. mult. Que contiene un número once veces exactamente. También m.

underground (voz i.) adj. y m. Que se aparta de la tradición o de las corrientes contemporáneas habituales

universal

e ignora voluntariamente las estructuras establecidas, especialmente referido a las manifestaciones culturales.
◆ No varía en pl.

ungir tr. Aplicar aceite u otra materia grasa, extendiéndola superficialmente. || Signar con óleo sagrado a una persona, para denotar el carácter de su dignidad, o para la recepción de un sacramento. || FAM. unción, ungido, ungimiento, ungüento.

ungüento m. Cualquier materia pastosa, medicinal o cosmética, con que se unta el cuerpo.

unguiculado, da adj. y s. Que tiene los dedos terminados en uñas.

unguis m. Hueso muy pequeño y delgado de la parte anterior e interna de cada una de las órbitas, que contribuye a formar los conductos lagrimal y nasal. ◆ No varía en pl.

ungulado, da adj. y m. De los ungulados o relativo a este grupo de animales. || m. pl. Grupo de animales mamíferos artiodáctilos y perisodáctilos con cascos o pezuñas, como el cerdo y la mula. || FAM. unguiculado, unguis, ungular.

unicameral adj. Se apl. al poder legislativo formado por una sola cámara de representantes. || FAM. unicameralismo.

unicaule adj. Se apl. a la planta que tiene un solo tallo.

unicelular adj. Que consta de una sola célula.

unicidad f. Cualidad de único.

único, ca adj. Solo en su especie. || Extraordinario, fuera de lo normal. || FAM. únicamente, unicidad.

unicornio m. Animal mitológico de figura de caballo y con un cuerno recto en mitad de la frente. || Rinoceronte.

unidad f. Propiedad de lo que es uno e indivisible. || Cada uno de los elementos diferenciables de un conjunto. || Unanimidad. || Cantidad o magnitud que sirven como término de comparación de las demás de su especie: *unidad monetaria, de medida.* || Cada una de las secciones de un organismo que tienen cierta independencia: *unidad militar.* || Cualidad de la producción literaria o artística en la que solo hay un asunto o pensamiento principal. || En mat., el primer número natural, el número 1. || **unidad astronómica** Distancia entre la Tierra y el Sol, equivalente a 149 millones y medio de kilómetros. || **Unidad de Cuidados Intensivos (UCI)** Departamento hospitalario donde se trata a los enfermos muy graves que requieren atención inmediata y mantenida. || **Unidad de Vigilancia Intensiva (UVI)** Unidad de Cuidados Intensivos. || FAM. unitario.

unidireccional adj. De una sola dirección.

unifamiliar adj. Que corresponde a una sola familia: *vivienda unifamiliar.*

unificación f. Acción y resultado de unificar o unificarse.

unificar tr. y prnl. Hacer de muchas cosas una o un todo, uniéndolas, mezclándolas o reduciéndolas a una misma especie. || Igualar. || FAM. unificación, unificador.

unifoliado, da adj. De una sola hoja.

uniformado m. *amer.* Agente de policía.

uniformar tr. Hacer uniformes dos o más cosas. También prnl. || Hacer que alguien vista un uniforme. || FAM. uniformado, uniformador, uniforme.

uniforme adj. Con la misma forma. || Igual, conforme, semejante, sin alteraciones ni cambios bruscos. || m. Traje igual y reglamentario de las personas de un cuerpo o comunidad: *uniforme militar, de azafata.* || FAM. uniformemente, uniformidad, uniformizar.

uniformidad f. Cualidad de uniforme.

unigénico, ca adj. De un solo gen.

unigénito, ta adj. y s. Se apl. al hijo único.

unilateral adj. Que atañe o se circunscribe solamente a una parte o a un aspecto de algo: *decisión unilateral.* || Que está colocado solamente a un lado. || FAM. unilateralismo, unilateralmente.

unión f. Acción y resultado de unir o unirse. || Punto en el que se unen varias cosas. || Unanimidad. || Matrimonio, enlace. || Asociación de personas o entidades para un fin común: *Unión Europea.* || FAM. unionismo.

unionismo m. Doctrina que favorece y defiende la unión de partidos o naciones. || FAM. unionista.

unionista adj. Del unionismo o relativo a él. || adj. y com. Partidario o seguidor del unionismo.

uníparo, ra adj. Se apl. al animal o a la especie que genera una sola cría en cada parto.

unípede adj. De un solo pie.

unipersonal adj. Que consta de una sola persona. || Que corresponde o pertenece a una sola persona. || En gram., se apl. al verbo que solo se conjuga en la tercera persona sing. de todos los tiempos.

unir tr. Juntar dos o más cosas entre sí, haciendo de ellas un todo. || Mezclar o ligar varias cosas entre sí. || Casar. || prnl. Poner de acuerdo voluntades, ánimos u opiniones. || Juntarse o buscar una persona la compañía de otra. || FAM. unible, unidamente, unido, unidor, unión, unitivo.

unisex adj. Que se considera adecuado tanto para hombres como para mujeres: *peluquería, moda unisex.*
◆ No varía en pl.

unisexual adj. Se apl. al vegetal o al animal que tiene un solo sexo. || FAM. unisex, unisexuado.

unísono, na adj. Con el mismo tono o sonido. || m. Fragmento musical en el que las voces o instrumentos suenan con tonos idénticos. || **al unísono** loc. adv. Sin discrepancia, con unanimidad. || FAM. unisonancia.

unitario, ria adj. De la unidad o relativo a ella. || Que tiene unidad o que tiende a ella. || Partidario del unitarismo. || FAM. unitarismo.

unitarismo m. Doctrina de los que defienden la unidad y centralización políticas. || Doctrina religiosa que no reconoce en Dios más que una persona. || FAM. unitarista.

unitivo, va adj. Que une.

univalvo, va adj. Se apl. a la concha de una sola pieza. || Se dice del molusco que la tiene. También s. || Se apl. al fruto cuya cáscara o envoltura no tiene más que una sutura.

universal adj. Del universo o relativo a él. || Que comprende o es común a todos en su especie, sin excepción. || Que pertenece o se extiende a todo el mundo, a todos los países, a todos los tiempos. || FAM. universalidad, universalismo, universalista, universalizar, universalmente.

universalizar tr. Hacer universal una cosa, generalizarla mucho. || FAM. universalización.

universidad f. Institución de enseñanza superior e investigación con diversas facultades y escuelas, que concede los correspondientes títulos académicos. ♦ Se escribe con mayúscula. || Conjunto de edificios destinados a albergar esta institución. || Conjunto de personas que la integran. || FAM. universiada, universitario.

universitario, ria adj. De la universidad o relativo a ella. || m. y f. Profesor, titulado o estudiante de universidad.

universo m. Conjunto de las cosas creadas, mundo. || Conjunto de elementos que configuran la realidad de un individuo. || Ámbito sobre el que se realiza un estudio estadístico. || FAM. universal, universidad.

univitelino, na adj. Se apl. a los gemelos nacidos de un mismo óvulo.

unívoco, ca adj. y s. De un solo significado. || Que tiene igual naturaleza o valor que otra cosa. || FAM. unívocamente, univocidad.

uno, na adj. Que no se puede dividir. || Se apl. a la persona o cosa identificada o unida, física o moralmente, con otra persona o cosa. || Idéntico, lo mismo: *eso y nada es todo uno*. || Único, solo, sin otro de su especie. || Con sentido distributivo se usa contrapuesto a *otro*: *uno tocaba la guitarra, el otro cantaba*. || pron. indef. Referente de alguien o algo cuya identidad no se precisa: *toma una decisión*. || adj. y pron. num. card. Unidad, el primero de los números naturales. || adj. num. ord. Que ocupa el lugar número uno en una serie ordenada de elementos, primero. También m., aplicado a los días del mes. || m. Signo con que se representa este número: *1*. || **una de** algo *col.* Una gran cantidad: *¡se llevó una de premios!* || **unos cuantos** Cantidad indefinida. || **a una** loc. adv. A un tiempo, juntamente. || **una de dos** loc. Se emplea para contraponer en disyuntiva dos cosas o ideas. || **no dar una** loc. *col.* Estar desacertado. || **ser todo uno** loc. Parecer varias cosas la misma. || Suceder varias cosas simultánea o seguidamente. || FAM. un, único, unidad, unificar, unigénito, unir.

untar tr. Extender una materia, generalmente grasa, sobre una superficie. || *col.* Sobornar. || *col.* Golpear. || prnl. Mancharse, pringarse. || FAM. untada, untador, untadura, untamiento, unte, unto, untura.

unto m. Materia a propósito para untar. || Gordura interior del cuerpo del animal. || *col.* Lo que se emplea como soborno. || *amer.* Betún para el calzado. || FAM. untoso, untuoso.

untuoso, sa adj. Graso y pegajoso. || *col.* Persona excesivamente cariñosa y zalamera. || FAM. untuosidad.

uña f. Revestimiento córneo del extremo de los dedos. || Casco o pezuña. || Punta corva en que acaba la cola del alacrán. || Espina corva de algunas plantas. || Pedazo de rama que queda unido al tronco al podarla. || **con uñas y dientes** loc. adv. *col.* Con todas las fuerzas, intensamente. || **de uñas** loc. adv. *col.* Con enfado y agresividad, enemistado: *eran muy amigos, pero últimamente están de uñas*. || **enseñar las uñas** a alguien loc. *col.* Mostrarse agresivo, amenazarlo. || **ser uña y carne** dos o más personas loc. Ser amigas inseparables, estar muy unidas. || FAM. uñada, uñero, uñeta, uñetas, uñudo.

uñero m. Inflamación en la raíz de la uña. || Herida que produce la uña cuando crece mal y se introduce en la carne.

uñeta f. Cincel de boca ancha, recta o encorvada, que usan los canteros. || *amer.* Especie de dedal de carey que usan los tocadores de instrumentos de cuerda.

uñetas m. *amer.* Ladrón, ratero. ♦ No varía en pl.

uñudo m. *amer.* Diablo, espíritu del mal.

upa interj. Voz que se dice al esforzarse para levantarse o elevar algún peso, especialmente cuando se habla con niños. || **a upa** loc. adv. *col.* En brazos. || FAM. upar.

upar tr. Aupar.

uperisar tr. Uperizar. || FAM. uperisación.

uperizar tr. Esterilizar un líquido inyectándole vapor a presión hasta que alcanza la temperatura de 150 °C, durante menos de un segundo. || FAM. uperización.

upite m. *amer.* Ano de pájaro.

uralaltaico, ca adj. De los Urales y del Altai o relativo a ellos. || adj. y m. De una gran familia de lenguas aglutinantes y de los pueblos que hablan estas lenguas.

uralita f. Material de construcción de color grisáceo, formado por cemento y amianto. ♦ Es la extensión del nombre de una marca registrada.

uranio m. Elemento químico metálico radiactivo, dúctil y maleable. Tiene un isótopo capaz de una fisión continuada y se ha empleado en la fabricación de la bomba atómica. Su símbolo es U, y su número atómico, *92*.

urbanidad f. Corrección y cortesía en el trato con los demás.

urbanismo m. Conjunto de conocimientos y prácticas aplicados a la planificación, desarrollo y remodelación de núcleos urbanos, con que se pretende mejorar la calidad de vida de sus habitantes. || FAM. urbanista, urbanístico.

urbanita adj. y com. *col.* Se apl. a la persona que vive en una ciudad, especialmente si prefiere esta al medio rural.

urbanizable adj. Que puede urbanizarse: *terreno urbanizable*.

urbanización f. Acción y resultado de urbanizar. || Núcleo residencial formado por viviendas de características semejantes y dotado de instalaciones y servicios propios, que suele encontrarse en las afueras de una ciudad.

urbanizar tr. Construir viviendas en un terreno previamente delimitado y dotarlo de todos los servicios urbanos necesarios para ser habitado. || Hacer sociable a alguien. También prnl. || FAM. urbanizable, urbanización, urbanizador.

urbano, na adj. De la ciudad o relativo a ella. || *col.* Cortés, sociable. || adj. y s. Se apl. al miembro de la policía municipal. || FAM. urbanícola, urbanidad, urbanismo, urbanista, urbanizar, urbe.

urbe f. Ciudad, especialmente la grande y populosa.

urbi et orbi loc. lat. A todo el mundo, para que todos se enteren. || Bendición que el papa de la Iglesia católica dirige a la ciudad de Roma y al resto del mundo.

urca f. Embarcación grande, muy ancha por el centro, que sirve para el transporte de granos y otros géneros.

urchilla f. Cierto liquen que vive en las rocas bañadas por el agua del mar. ‖ Tinte de color violeta que se obtiene de este liquen.

urdimbre f. Conjunto de hilos que se colocan en el telar longitudinal y paralelamente para formar un tejido. ‖ Estambre o tela ya urdida. ‖ Acción de urdir o maquinar algo.

urdir tr. Preparar los hilos para tejer. ‖ Preparar algo en secreto, tramar: *urdir una intriga*. ‖ FAM. urdidera, urdidor, urdimbre.

urdu m. Lengua indoeuropea hablada en Pakistán.

urea f. Principio que contiene gran cantidad de nitrógeno y constituye la mayor parte de la materia orgánica contenida en la orina en su estado normal. Es muy soluble en agua, cristalizable, inodoro e incoloro. ‖ FAM. uremia, uréter, uretra, úrico.

uremia f. Acumulación en la sangre y en los tejidos de sustancias venenosas procedentes de la orina que, en condiciones normales, son eliminadas por el riñón. ‖ FAM. urémico.

uréter m. Cada uno de los conductos excretores para la orina desde los riñones a la vejiga.

uretra f. Conducto a través del cual los mamíferos expulsan la orina de la vejiga. ‖ FAM. urético, uretral, uretritis, uretroscopia.

urgencia f. Cualidad de urgente. ‖ Necesidad o falta apremiante de algo. ‖ f. pl. Departamento de los hospitales en el que se atiende a enfermos y heridos que necesitan cuidados médicos inmediatos.

urgente adj. Que urge o corre prisa. ‖ Se apl. especialmente al envío postal que recibe un tratamiento especial por el que llega antes a su destino. ‖ FAM. urgentemente, urgencia.

urgir intr. Correr prisa algo. ‖ Ser muy necesario. ‖ Obligar a algo una ley o precepto. ‖ FAM. urgente.

úrico, ca adj. Del ácido úrico o relativo a él. ‖ De la orina o relativo a ella, urinario. ‖ Se apl. al ácido sólido compuesto de carbono, nitrógeno, hidrógeno y oxígeno, y ligeramente soluble en agua.

urinario, ria adj. De la orina o relativo a ella. ‖ m. Lugar habilitado para orinar, especialmente si es de acceso público, mingitorio. ‖ FAM. urinal, urinífero.

urna f. Arca, caja cerrada, con una ranura, donde se depositan las papeletas en sorteos o votaciones. ‖ Caja de cristales planos destinada a contener visibles y resguardados objetos preciosos o delicados. ‖ Cofre o arca pequeña para guardar ciertos objetos. ‖ amer. Caja giratoria y transparente que se emplea para recoger los cupones o papeletas de un sorteo. ‖ FAM. urnolatra.

uro m. Bóvido salvaje muy parecido al toro, pero de mayor tamaño, que habitó Europa central y cuya especie se extinguió en 1627.

urocordado, a adj. Tunicado.

urodelo, la adj. y m. De los urodelos o relativo a este orden de anfibios. ‖ m. pl. Orden de animales anfibios que mantienen durante toda su vida una cola que emplean para nadar, tienen generalmente cuatro extremi-

dades y algunos conservan las branquias en estado adulto, como la salamandra.

urogallo m. Ave galliforme de unos 60 cm de altura, de plumaje pardo negruzco, patas y pico negros, tarsos emplumados y cola redonda.

urología f. Parte de la medicina que estudia el aparato urinario y sus trastornos. ‖ FAM. urólogo.

urólogo, ga m. y f. Especialista en urología.

urpila f. Paloma pequeña.

urraca f. Ave paseriforme con pico y pies negruzcos y plumaje blanco en el vientre y arranque de las alas, y negro con reflejos metálicos en el resto del cuerpo; se domestica con facilidad. ‖ col. Persona habladora. ‖ col. Persona que recoge y guarda todo tipo de objetos.

úrsido, da adj. y m. De los úrsidos o relativo a esta familia de mamíferos. ‖ m. pl. Familia del orden carnívoros que agrupa a animales de gran tamaño, con pelaje espeso, cola corta, patas potentes terminadas en garras y capaces de andar apoyándose solo en las traseras, como el oso polar.

ursulina adj. y f. Se apl. a la religiosa que tiene como patrona a santa Úrsula, y pertenece a la congregación agustiniana fundada por santa Ángela de Brescia, en el siglo XVI, para la educación de niñas y el cuidado de enfermos.

urticáceo, a adj. y f. De las urticáceas o relativo a este orden de plantas. ‖ f. pl. Orden de plantas angiospermas dicotiledóneas, de hojas sencillas y casi siempre provistas de pelos que segregan un jugo urticante, flores pequeñas, fruto desnudo y semilla de albumen carnoso, como la ortiga.

urticante adj. Que produce picor o escozor, como el de las picaduras de ortiga.

urticaria f. Erupción alérgica de la piel, con manchas y granos rojos y mucho picor. ‖ FAM. urticáceo, urticante.

urú m. amer. Ave galliforme de unos 20 cm de largo que habita en América el Sur, de plumaje pardo y gris y que se asemeja a la perdiz. ◆ pl. *urús* o *urúes*.

urubú m. amer. Especie de ave falconiforme americana parecida al buitre, de 60 cm de largo y más de 1 m de envergadura. ◆ pl. *urubúes* o *urubús*.

uruguayo, ya adj. y s. De Uruguay o relativo a este país de América del Sur. ‖ FAM. uruguayismo.

urunday o **urundey** m. amer. Árbol de la familia de las anacardiáceas que alcanza 20 m de altura, con excelente madera de color rojo oscuro que se emplea en la construcción de casas y buques y para fabricar muebles.

urutaú m. amer. Ave caprimulgiforme de unos 40 cm de longitud, nocturna, con el plumaje oscuro y cola larga, que lanza un grito característico agudo y prolongado que al final se asemeja a una carcajada. ◆ pl. *urutaúes* o *urutaús*.

usado, da adj. Gastado y deslucido por el uso.

usamericano, na adj. amer. Estadounidense. Apl. a personas, también s.

usanza f. Uso, moda.

usar tr. Hacer que un objeto sirva para algo. También intr. ‖ Servirse de algo. ‖ Llevar habitualmente cierta prenda o adorno personal. ‖ intr. Hacer o practicar algo habitualmente o por costumbre. || prnl. Estar de moda. || FAM. usado, uso, usuario.

usía com. Síncopa de 'vuestra señoría', que se utiliza como tratamiento de respeto.

usina f. *amer.* Instalación industrial importante, en especial la destinada a producción de gas, electricidad u otras fuentes de energía.

uso m. Acción y resultado de usar. || Ejercicio o práctica general de una cosa. || Costumbre o práctica que está de moda o es característica de alguien o de una época. || **uso de razón** Capacidad de raciocinio que se adquiere pasada la primera niñez. || **al uso** loc. adv. Según la moda o la costumbre. || FAM. usanza, usual, usucapión, usufructo.

usted, des pron. Forma del pron. pers. com. de segunda persona, que en la oración desempeña la función de sujeto y de complemento con preposición: *ha llegado usted muy pronto; con ustedes quería consultarlo.* ◆ Se emplea como tratamiento de respeto, seguido del verbo en tercera persona: *puede usted sentarse.* || pl. En algunas zonas de América y Andalucía puede emplearse con el verbo en segunda persona en lugar de *vosotros: ¿cuándo llegasteis ustedes?*

usual adj. Que se usa o se realiza habitual o frecuentemente. || FAM. usualmente.

usuario, ria adj. y s. Que habitualmente utiliza algo. || Que usa algo ajeno por derecho o concesión.

usucapión f. En der., adquisición de un derecho mediante su ejercicio en las condiciones y durante el tiempo previsto por la ley. || FAM. usucapir.

usucapir tr. En der., adquirir una cosa por usucapión. ◆ **Defect.** Solo se emplean las tres formas no personales: *usucapir, usucapiendo* y *usucapido.*

usufructo m. Derecho a disfrutar bienes ajenos con la obligación de conservarlos. || Utilidades, frutos o provechos que se obtienen de algo. || FAM. usufructuar, usufructuario.

usura f. Interés, ganancia excesiva por un préstamo. || El mismo préstamo. || Cualquier ganancia excesiva que se obtiene de algo. || FAM. usurariamente, usurario, usurero.

usurero, ra m. y f. Persona que presta algo con usura. || P. ext., persona que en cualquier negocio obtiene un beneficio desmedido.

usurpar tr. Apoderarse de un bien o derecho ajeno, generalmente por medios violentos. || Apoderarse de la dignidad, empleo u oficio de otro, y usarlos como si fueran propios. || FAM. usurpación, usurpador.

usuta f. *amer.* Especie de sandalia.

ut supra loc. adv. lat. Se emplea en documentos para referirse a una fecha, cláusula o frase escrita más arriba y evitar su repetición.

utensilio m. Objeto de uso manual y frecuente, útil. Más en pl.: *utensilios de cocina.* || Herramienta o instrumento de un oficio o arte. Más en pl.

útero m. Matriz, órgano en el que se aloja y desarrolla el feto durante la gestación. || FAM. uterino.

útil¹ adj. Provechoso, beneficioso. || Que puede utilizarse para algo. || Se apl. al día hábil para la realización

de algo, normalmente fijado por la ley o la costumbre. || FAM. utensilio, utilidad, utilizar, útilmente.

útil²m. Utensilio, herramienta. Más en pl.: *útiles de trabajo.* || FAM. utilería.

utilería f. Conjunto de útiles o herramientas. || Conjunto de objetos empleados en escenografía. || FAM. utilero.

utilidad f. Cualidad de útil. || Provecho, conveniencia, interés o fruto que se saca de una cosa. || FAM. utilitario, utilitarismo.

utilitario, ria adj. Que antepone la utilidad de algo a cualquiera de sus restantes cualidades. || adj. y m. Se apl. al automóvil pequeño, de bajo consumo y precio reducido. || FAM. utilitariso, utilitarista.

utilitarismo m. Tendencia a colocar la utilidad de algo por encima de cualquier otra consideración.

utilización f. Uso, empleo que se hace de algo.

utilizar tr. Aprovecharse o servirse de algo o alguien. || FAM. utilizable, utilización.

utillaje m. Conjunto de herramientas o instrumentos utilizados en una actividad u oficio.

utopía f. Proyecto, idea o sistema irrealizable en el momento en que se concibe o se plantea. || FAM. utópico, utopista, utopizante.

utópico, ca adj. y s. De la utopía o relativo a ella.

uva f. Fruto de la vid; es una baya jugosa, de forma esférica, que forma racimos. || **mala uva** *col.* Mala intención o mal humor. || **uva espina** Variedad de grosellero de hojas vellosas y frutos menos dulces; crece espontáneamente en Europa y América. || FAM. uvada, uvero, úvula.

uve f. Nombre de la letra *v.* || **uve doble** Nombre de la letra *w.*

uvero, ra adj. De la uva o relativo a ella. || m. y f. Persona que vende uvas. || m. Árbol poligonáceo de las Antillas y América Central, muy frondoso, de poca altura y con hojas casi redondas de color verde rojizo. Su fruto es la uva de playa.

UVI f. Sección hospitalaria con aparatos y personal especializado para atender casos de enfermedad muy graves y que requieren atención continuada. ◆ El nombre proviene de las siglas de *U*nidad de *V*igilancia *I*ntensiva.

úvula f. Pequeña masa membranosa y muscular, de forma cónica, que ocupa la parte media posterior del velo del paladar, campanilla. || FAM. uvular.

uvular adj. De la úvula o relativo a ella. || En fon., se apl. al sonido en cuya articulación interviene la úvula, como el /g/ ante /i/ en castellano.

uxoricida adj. y m. Se apl. al hombre que mata a su esposa.

uxoricidio m. Muerte dada a una mujer por su marido. || FAM. uxoricida.

¡uy! interj. ¡Huy!

uzbeko, ka o **uzbeco, ca** adj. De un pueblo mongol de idioma turco que habita la región de Asia central que se extiende desde el mar Caspio hasta China, o relacionado con él. || adj. y s. De Uzbekistán o relativo a este país.

V

v f. Vigesimotercera letra del alfabeto español y decimoctava de sus consonantes. Su nombre es *ve* o *uve*. Fonéticamente representa un sonido bilabial y sonoro, oclusivo en posición inicial absoluta o después de nasal: *veinte, envite,* y fricativa en los demás casos: *leve, corvejón.* || En la numeración romana, cinco. ◆ Suele escribirse con mayúscula.

vaca f. Hembra del toro. || Carne o piel de este animal. || *col.* Persona muy gorda. || Depósito de agua potable de una embarcación. || *amer.* Contrato que estipula que los beneficios se repartan proporcionalmente a lo invertido por cada socio. || **vaca de san Antón** *amer.* Mariquita, insecto rojo con lunares negros. || **vaca marina** Manatí. || **vaca sagrada** *col.* Persona que ha adquirido en su profesión una autoridad y un prestigio que la hacen socialmente intocable. || **vacas flacas** *col.* Se usa para aludir a épocas duras o de escasez económica. || FAM. vacaburra, vacada, vacaje, vacuna, vacuno, vaquería, vaqueriza, vaquerizo, vaquero, vaqueta, vaquilla, vaquillona.

vacaburra adj. y f. *col.* Basto, grosero. ◆ Se usa como insulto.

vacación f. Periodo de descanso durante el que se interrumpe una tarea o actividad habitual. Más en pl. || FAM. vacacional.

vacada f. Conjunto o manada de ganado vacuno. || Conjunto de ganado vacuno con que negocia un ganadero.

vacaje m. *amer.* Vacada. || *amer.* Conjunto de vacas que se separan de los toros para su engorde.

vacante adj. y f. Se apl. al empleo o cargo que permanece libre, sin que nadie lo ocupe.

vacar intr. Cesar por algún tiempo en sus tareas y actividades habituales. || Quedar un empleo o cargo sin persona que lo desempeñe o posea. || FAM. vacación, vacante, vacuo.

vaciado m. Formación y solidificación de un objeto en un molde. || Figura de yeso o estuco formada de este modo. || En arquit., fondo que queda en el neto del pedestal bajo la moldura que lo guarnece. || Excavación arqueológica.

vaciar tr. y prnl. Dejar vacío algo. || Sacar, verter el contenido de un recipiente. || tr. Formar un hueco en un sólido, en especial usado en arquitectura. || Formar un objeto vertiendo en un molde una materia para que solidifique. || Afilar los instrumentos cortantes con la piedra.

|| Exponer amplia y detalladamente una doctrina. || Trasladar el contenido de un escrito a otro escrito. || intr. Desaguar los ríos y corrientes. || Menguar el agua en los ríos o el mar. || prnl. *col.* Descubrir o hablar sin reparo de lo que debía ser privado. || *amer.* Perder una tela su consistencia al lavarla. || FAM. vaciado, vaciador, vaciamiento.

vaciedad f. Necedad, simpleza. || Calidad de vacío.

vacilación f. Oscilación, movimiento sin firmeza. || Indecisión, duda, perplejidad.

vacilada f. Broma, tomadura de pelo. || *amer.* Juerga, jolgorio.

vacilante adj. Que vacila.

vacilar intr. Moverse sin firmeza, tambalearse. || Estar poco firme, oscilar. || Dudar, titubear o estar indeciso. || *amer.* Emborracharse. || *amer.* Andar de parranda, divertirse en una juerga. || tr. e intr. *col.* Tomar el pelo, burlarse de alguien hablándole con ironía. || FAM. vacilación, vacilada, vacilante, vacile, vacilón.

vacile m. *col.* Guasa, broma, hecho o dicho propios de un vacilón.

vacilón, ona adj. y s. *col.* Burlón, guasón, bromista. || *amer.* Juerguista, jaranero. || *amer.* Algo bebido. || m. *amer.* Fiesta, jolgorio.

vacío, a adj. Falto de contenido. || Ocioso, desocupado. || Vano, hueco, insustancial: *conversación vacía.* || m. Abismo, espacio sin materia: *se lanzó al vacío desde el octavo piso.* || Cavidad entre las costillas falsas y los huecos de las caderas. || Falta, carencia o ausencia de alguna cosa o persona que se echa de menos. || Espacio que no contiene aire ni otra materia perceptible por medios físicos ni químicos: *experimentos en el vacío.* || **al vacío** loc. adv. Modo de conservar los alimentos envasándolos sin aire. || **de vacío** loc. adv. Sin carga. || Sin haber conseguido uno lo que pretendía: *volver, irse de vacío.* || **hacer el vacío** loc. Excluir, negar el trato o aislar a una persona. || FAM. vaciar, vaciedad.

vacuidad f. Falta de contenido o profundidad. || Vaciedad.

vacuna f. Sustancia orgánica o virus convenientemente preparado que, aplicado al organismo, hace que este reaccione contra él preservándolo de sucesivos contagios. || Viruela o grano que aparece en las ubres de las vacas, y que se inocula al hombre para preservarlo de las viruelas naturales. || Pus de estos granos. || FAM. vacunar, vacunoterapia.

vacunación f. Administración de una vacuna a una persona o animal.

vacunar tr. y prnl. Administrar una vacuna a una persona o animal. || Pasar por una experiencia que prepara contra las adversidades. || FAM. vacunación, vacunador.

vacuno, na adj. y m. Del ganado bovino o relativo a él.

vacuo, cua adj. Vacío, insustancial, falto de contenido. || FAM. vacuidad, vacuola.

vacuola f. Pequeña cavidad del citoplasma celular, separada de él por una membrana, que contiene elementos nutritivos, de desecho o necesarios para su movimiento.

vadear tr. Atravesar un río por un vado o por una zona que se puede cruzar a pie. || Sortear una dificultad. || FAM. vadeable.

vademécum m. Libro de consulta inmediata de datos o nociones fundamentales de uso frecuente en determinada materia. || Carpeta o cartapacio en que los niños llevaban sus libros y papeles a la escuela. ◆ pl. *vademécums*, aunque también se usa como invariable. || FAM. vade.

vado m. Zona de un río o corriente por la que se puede pasar a pie, a caballo o en un vehículo por ser firme y poco profunda. || Parte rebajada del bordillo y la acera de la vía pública que facilita el acceso de vehículos a garajes o locales situados en ella: *la grúa se llevó un coche del vado*. || FAM. vadear.

vagabundear intr. Errar, andar sin paradero ni rumbo fijo. || FAM. vagabundeo.

vagabundo, da adj. Errante. || adj. y s. Se apl. a la persona que no tiene residencia ni trabajo fijos. || FAM. vagabundear.

vagancia f. Pereza, holgazanería, falta de ganas de hacer algo.

vagar intr. Andar errante y sin rumbo fijo. || Andar algo libre, suelto o sin el orden esperado. || FAM. vagabundo.

vagido m. Gemido o llanto propio del recién nacido.

vagina f. Conducto musculoso que conecta la matriz de las hembras de los mamíferos con el exterior y que interviene en la cópula. || FAM. vaginal, vaginitis.

vago¹, ga adj. y s. Perezoso, holgazán. || Desocupado, sin oficio. || *amer.* Callejero, que pasa mucho tiempo en la calle. || FAM. vagancia, vagar, vaguear, vaguería.

vago², ga adj. Impreciso, confuso, indeterminado. || Vagabundo, errante. || En pint., vaporoso, indefinido. || **nervio vago** Neumogástrico. || FAM. vagamente, vagar, vagoroso, vaguedad.

vagón m. En los ferrocarriles, cada uno de los vehículos destinado al transporte de viajeros o de mercancías. || **vagón de cola** El último vagón de un tren. || FAM. vagoneta.

vagoneta f. Vagón pequeño y descubierto para transporte de mercancías.

vaguada f. Parte más honda de un valle, por donde discurren las corrientes naturales.

vaguear intr. Holgazanear, estar ocioso.

vaguedad f. Imprecisión, falta de exactitud.

vaguería f. *col.* Vagancia, holgazanería, pereza.

vaharada f. Exhalación de vaho o respiración. || Golpe de vaho, olor o calor.

vahído m. Desvanecimiento o mareo momentáneo debido a una indisposición pasajera.

vaho m. Vapor que despide un cuerpo en ciertas condiciones. || Aliento. || pl. Inhalación terapéutica de vahos con alguna sustancia balsámica: *vahos de eucalipto*. || FAM. vaharada.

vaina f. Funda de las armas blancas o instrumentos de hoja afilada. || Cáscara tierna y larga en que están encerradas las semillas de algunas plantas. || Ensanchamiento del peciolo o de la hoja que envuelve el tallo. || Judía verde. || *col.* Contrariedad, molestia. || *col.* Cosa que carece de importancia. || *amer. col.* Cosa cualquiera. || FAM. vainica, vainilla.

vainica f. Bordado que se hace sacando los hilos horizontales de la tela y agrupando los verticales con las puntadas para formar un calado.

vainilla f. Planta orquidácea americana de tallos muy largos y sarmentosos, hojas enteras ovales, flores grandes y verdosas y fruto capsular en forma de judía, que contiene numerosas semillas. || Fruto aromático de esta planta, empleado en pastelería y perfumería. || Heliotropo americano. || En diversas regiones, judía verde.

vaivén m. Balanceo, movimiento alternativo y sucesivo de un lado a otro. || Inconstancia, cambio imprevisto en el desarrollo o duración de algo.

vaivoda m. Título medieval que se daba a los gobernadores y soberanos de Moldavia, Valaquia, Transilvania y Polonia. || FAM. vaivodato.

vajilla f. Conjunto de los platos, fuentes y demás utensilios para el servicio de la mesa.

valdepeñas m. Vino originario de Valdepeñas, pueblo de Ciudad Real. ◆ No varía en pl.

vale¹ m. Papel o documento que acredita una deuda, una compra, un pago o un servicio. || Nota de entrega que acredita que el destinatario la ha recibido. || En algunos juegos de naipes, envite que se hace con las primeras cartas.

vale² (voz lat.) interj. Expresa asentimiento o conformidad. || Se usaba antiguamente en español para despedirse en estilo cortesano y familiar.

vale³ com. *amer.* Persona rústica o de procedencia rural.

valedero, ra adj. Que debe valer o ser firme o válido: *victoria valedera para el mundial.*

valedor, ra m. y f. Persona que ampara o protege a otra. || m. *amer. vulg.* Compañero, amigote.

valencia f. En quím., valor combinatorio de un elemento en función del número de enlaces que puede establecer con un átomo o radical. || Poder de un anticuerpo para combinarse con uno o más antígenos.

valentía f. Esfuerzo, vigor, decisión. || Hecho heroico realizado con valor. || Arrogancia, jactancia de las acciones de valor y esfuerzo.

valer¹ tr. Tener algo determinado precio, costar. || Equivaler: *vale su peso en oro*. || Producir, proporcionar: *esa respuesta le valió una reprimenda*. || Amparar, ayudar: *nos valió en la necesidad*. || Tener cierto valor o cualidades: *siempre dije que este chico valía.* || intr. Ser valioso o útil para algo, debido a sus características. || Tener vigencia una cosa. || Servir de defensa: *no hay llantinas que valgan.* || prnl. Servirse de algo. || FAM. vale, valedero, valedor, valencia, valer, valetudinario, valía, valido, válido, valiente, valimiento, valioso, valor. ◆ **Irreg.** Conjugación modelo:

Indicativo
Pres.: valgo, vales, vale, valemos, valéis, valen.
Imperf.: valía, valías, valía, *etc.*
Pret. perf. simple: valí, valiste, valió, valimos, valisteis, valieron.
Fut. simple: valdré, valdrás, valdrá, *etc.*
Condicional simple: valdría, valdrías, valdría, *etc.*
Subjuntivo
Pres.: valga, valgas, valga, valgamos, valgáis, valgan.
Imperf.: valiera o valiese, valieras o valieses, *etc.*
Fut. simple: valiere, valieres, valiere, *etc.*
Imperativo: val o vale, valed.
Participio: valido.
Gerundio: valiendo.

valer² m. Valía, valor.

valeriana f. Planta herbácea valerianácea, vivaz, de tallo velloso, recto y hueco, hojas partidas en hojuelas puntiagudas y dentadas, flores blancas o rojizas, de fruto seco con una sola semilla, y raíz usada en medicina como sedante. || FAM. valerianáceo.

valerianáceo, a adj. y f. De las valerianáceas o relativo a esta familia de plantas. || f. pl. Familia de plantas herbáceas angiospermas dicotiledóneas, con hojas opuestas y sin estípulas, flores en corimbos terminales, blancas, rojas, amarillas o azules, de corola tubular y fruto indehiscente, como la valeriana.

valeroso, sa adj. Que tiene valentía y arrojo. || FAM. valerosidad, valerosamente.

valí m. Gobernador con mando político y militar sobre una provincia o parte de la misma en algunos estados musulmanes. ◆ pl. *valíes* o *valís.* || FAM. valiato.

valía f. Valor, precio. || Estimación o aprecio que merece una persona por sus cualidades: *estudiante de valía.*

validación f. Validez, fuerza o firmeza de algo.

validar tr. Hacer válido, dar fuerza o firmeza a algo. || FAM. validación.

validez f. Firmeza, exactitud o legalidad: *validez de un testamento.*

valido, da adj. Apreciado o estimado especialmente. || m. Privado, persona que goza de la absoluta confianza del rey o personaje principal e influye en sus decisiones.

válido, da adj. Firme, exacto o con validez legal. || Se apl. a la persona que puede valerse por sí misma. || FAM. válidamente, validar, validez.

valiente adj. y com. Esforzado, decidido, vigoroso. || irón. Grande y excesivo: *¡valientes armas has buscado!* ◆ sup. irreg.: *valentísimo.* || FAM. valentía, valentón, valentonada, valientemente.

valija f. Saco de cuero, cerrado con llave, usado por el servicio de correos para llevar la correspondencia. || La correspondencia en él contenida. || *amer.* Maleta. || *amer.* Maletero de un automóvil. || **valija diplomática** Cartera cerrada y precintada que contiene la correspondencia oficial entre un gobierno y sus agentes diplomáticos en el extranjero. || La correspondencia en ella contenida. || FAM. valijería, valijero.

valijería f. *amer.* Establecimiento donde se fabrican o venden valijas. || *amer.* Departamento de un centro comercial donde se venden maletas y accesorios de viaje.

valijero, ra m. y f. Funcionario que distribuye las cartas de una administración de correos a los pueblos que dependen de ella. || Funcionario encargado de conducir la correspondencia entre un Estado y sus representantes diplomáticos. || *amer.* Maletero del automóvil.

valimiento m. Ayuda, protección. || Privanza, amparo especial de un superior.

valioso, sa adj. De mucho valor. || Muy apreciado o de gran estima.

valkiria f. Valquiria.

valla f. Vallado hecho de estacas, tablas o materiales metálicos, que cierra y delimita un lugar. || Armazón o cartelera situada en la vía pública con fines publicitarios. || Obstáculo en forma de valla que deben saltar los participantes en ciertas competiciones hípicas o atléticas. || FAM. valladar, vallado, vallar.

vallado m. Cerco formado por tierra apisonada, estacas o tablas, usado para delimitar un lugar e impedir el paso a él.

vallar tr. Cercar o cerrar un lugar con una valla.

valle m. Llanura situada entre montes. || Cuenca de un río. || Conjunto de lugares, caseríos o aldeas de un valle. || Parte más baja o de menor intensidad de un fenómeno o actividad. || **valle de lágrimas** El mundo, en oposición al paraíso. || FAM. val, valar.

vallenato m. Música y baile populares colombianos acompañados de acordeón.

valona f. Cuello grande y vuelto que caía sobre la espalda, hombros y pecho, que se usó especialmente en los siglos XVI y XVII. || *amer.* Crines cuidadas y recortadas que cubren el cuello de las caballerías. || FAM. valonar.

valor m. Precio, suma de dinero en que se valora o aprecia algo. || Cualidad, virtud o utilidad que hacen que algo o alguien sean apreciados. || Importancia de una cosa, acción, palabra o frase. || Cualidad del valiente. || Osadía, desvergüenza. || Equivalencia de una cosa a otra, especialmente hablando de las monedas. || Duración del sonido de cada figura musical. || En mat., cantidad que establece la determinación de una variable. || pl. Principios ideológicos o morales por los que se guía una sociedad: *escala de valores.* || Títulos representativos de participación en haberes de sociedades. || FAM. valeroso, valorar, valuar.

valoración f. Fijación y determinación del precio de algo. || Reconocimiento o aprecio del valor o mérito. || Revalorización, aumento del valor de algo.

valorar tr. Señalar el precio de algo. || Reconocer, estimar el valor o mérito. || Revalorizar, aumentar el valor de algo. || En quím., determinar la composición exacta de una disolución, para usarla en el análisis volumétrico o en la preparación de medicamentos. || FAM. valorable, valoración, valorativo, valorizar.

valorativo, va adj. Que valora.

valorizar tr. Valorar. || FAM. valorización.

valquiria f. Cada una de las divinidades de la mitología escandinava que en los combates designaban los héroes que debían morir.

vals m. Música y baile de origen alemán, en compás de tres por cuatro y de ritmo vivo, ejecutado por parejas con rápidos giros. ◆ pl. *valses*. || FAM. valsar, valse.

valse m. *amer.* Vals.

valuar tr. Valorar, establecer el valor o precio de algo. || FAM. valuación.

valva f. Cada una de las piezas sólidas y duras que constituyen la concha de los moluscos bivalvos y algunos invertebrados. || Cada una de las partes de la cáscara de un fruto que, unidas, encierran las semillas. || FAM. valvar.

válvula f. En una máquina, pieza que, colocada en una abertura, sirve para dejar libre o cerrar un conducto. || Pliegue membranoso de la cara interna del corazón o de un conducto, que impide el retroceso de la sangre o la linfa. || Lámpara de radio. || **válvula mitral** o **bicúspide** La situada entre la aurícula y el ventrículo izquierdos del corazón de los mamíferos. || **válvula de escape** La que se coloca en las calderas de las máquinas de vapor para que este se escape automáticamente cuando su presión sea excesiva. || Todo aquello a lo que se recurre para desahogar una tensión o cualquiera de las preocupaciones. || **válvula tricúspide** La que está situada entre la aurícula y el ventrículo derechos del corazón de los mamíferos. || FAM. valvular, valvulina.

vampiresa f. Mujer que aprovecha su atractivo y seducción para beneficiarse a costa de sus conquistas. || Mujer fatal.

vampiro m. Espectro imaginario de vida nocturna que se sustenta de sangre humana chupada a sus víctimas. || Persona codiciosa y sin escrúpulos que se enriquece a costa de los demás. || Murciélago americano del tamaño de un ratón que se alimenta de insectos y lame la sangre de las heridas que produce a animales de sangre caliente. || FAM. vampiresa, vampírico, vampirismo, vampirización, vampirizar.

vanadio m. Elemento metálico de color gris o blanco plateado, sólido, de gran dureza y resistencia por lo que se usa para aumentar la resistencia del acero. Su símbolo es *V*, y su número atómico, *23*.

vanagloria f. Jactancia y presunción de los propios méritos o cualidades. || FAM. vanagloriarse, vanaglorioso.

vanagloriarse prnl. Presumir o jactarse de los propios méritos o cualidades.

vanarse prnl. *amer.* Malograrse un fruto o asunto sin llegar a prosperar.

vandalaje m. *amer.* Vandalismo, bandidaje.

vandálico, ca adj. De los vándalos o relativo a este pueblo. || Del vandalismo o relativo a él: *actos vandálicos*.

vandalismo m. Destrucción y devastación que no se atiene a ninguna consideración ni respeto.

vándalo, la adj. y s. De un antiguo pueblo germano que invadió España y el norte de África en los siglos V y VI, o relativo a él. || m. y f. Persona que actúa con brutalidad, violencia y espíritu destructor. || FAM. vandalaje, vandálico, vandalismo.

vanguardia f. Parte de ejército o fuerza armada que va delante del cuerpo principal. || Movimiento artístico, intelectual o conjunto de personas precursoras o renovadoras en relación con la sociedad y tiempo en que se desarrollan. || **a, a la** o **en vanguardia** loc. adv. Con los verbos de movimiento, ir el primero, estar en el punto más avanzado. || FAM. vanguardismo.

vanguardismo m. Nombre genérico del movimiento de renovación y exploración artística surgido en el siglo XX, y que se plasmó en distintas escuelas o tendencias en todas las ramas del arte. || FAM. vanguardista.

vanguardista adj. Del vanguardismo o relativo a él. || adj. y com. Partidario o seguidor del vanguardismo.

vanidad f. Arrogancia, envanecimiento y deseo de ser admirado por el alto concepto de los propios méritos. || Ilusión, vana fantasía: *las vanidades del mundo*. || Palabra inútil o vana. || FAM. vanidoso.

vanidoso, sa adj. y s. Que tiene y muestra vanidad.

vano, na adj. Falto de realidad, sustancia o entidad: *vanas ilusiones*. || Hueco, vacío y falto de solidez: *vanas promesas*. || Inútil, infructuoso: *esfuerzo vano*. || Se apl. al fruto de cáscara cuando su semilla o sustancia interior está seca o podrida. || m. En arquit., hueco de un muro que sirve de puerta o ventana. || **en vano** loc. adv. Inútilmente, sin efecto. || Sin necesidad, sin razón. || FAM. vanagloria, vanamente, vanarse, vanidad.

vapor m. Estado gaseoso que adoptan los fluidos por la acción del calor. || Buque de vapor. || **al vapor** loc. adv. Modo de cocinar los alimentos por la acción del vapor, sin contacto con el agua o el fuego. || FAM. vapora, vaporar, vaporeta, vaporetto, vaporium, vaporizar, vaporoso.

vaporar tr. y prnl. Evaporar. || FAM. vaporación.

vaporeta f. Electrodoméstico de limpieza mediante vapor a gran presión. ◆ Es la extensión del nombre de una marca registrada.

vaporizador m. Pulverizador. || Aparato o instrumento usado para convertir en vapor un líquido.

vaporizar tr. Convertir un líquido en vapor, por la acción del calor. También prnl. || Dispersar o esparcir un líquido en pequeñas gotas: *vaporizar perfume*. || FAM. vaporización, vaporizador.

vaporoso, a adj. Ligero, tenue, muy fino o transparente. || Que causa o emana vapores.

vapulear tr. Golpear repetidamente. También prnl. || Zarandear de un lado a otro. || Reprender, criticar o hacer reproches duramente a una persona. || FAM. vapuleador, vapuleamiento, vapuleo.

vapuleo m. Paliza, serie de golpes repetidos y continuados. || Zarandeo de un lado a otro.

vaquería f. Lugar donde se tienen y crían vacas o se explota su leche. || *amer.* Número de vacas cuya leche se destina a la venta. || *amer.* Fiesta casera.

vaqueriza f. Cobertizo o estancia donde se recoge el ganado vacuno en invierno.

vaquerizo, za adj. Del ganado bovino o relativo a él. || m. y f. Vaquero.

vaquero, ra adj. Propio de los pastores de ganado vacuno. ‖ Se apl. a la tela de tejido de algodón muy resistente, generalmente de color azul. ‖ Se apl. a la prenda hecha de esta tela. ‖ m. y f. Pastor o pastora de reses vacunas. ‖ *amer.* Estudiante que falta a clase. ‖ m. Pantalón de tela vaquera. Más en pl. ‖ *amer.* Látigo.

vaqueta f. Cuero de ternera, curtido y adobado.

vaquilla f. Ternera o becerro que tiene de un año y medio a dos años.

vaquillona f. *amer.* Vaca de dos a tres años.

vara f. Rama delgada, limpia y sin hojas. ‖ Palo largo y delgado, en especial la garrocha del picador: *suerte de varas.* ‖ Bastón de mando que ostenta una autoridad: *vara de alcalde.* ‖ Medida de longitud equivalente a 835 mm y 9 décimas. ‖ Cada una de las dos piezas de madera del carro entre las que se engancha la caballería. ‖ Garrochazo que recibe el toro del picador. ‖ Bohordo con flores de algunas plantas: *vara de alhelíes.* ‖ FAM. varal, varapalo, varazo, varear, varetazo, varetón, varilarguero, varilla, varita.

varadero m. Lugar donde varan las embarcaciones para su resguardo, limpieza o arreglo. ‖ Plancha de hierro que sirve de protección a la zona del costado del buque donde descansa el ancla.

varado, da adj. y s. *amer.* Persona que carece de recursos económicos o empleo fijo.

varal m. Vara muy larga y gruesa. ‖ Cada uno de los dos palos redondos donde encajan las estacas que forman los costados de los carros. ‖ Cada uno de los dos largueros que llevan en los costados las andas de los pasos de las procesiones. ‖ Madero que sostiene las luces para iluminar la escena y que se coloca entre los bastidores. ‖ *amer.* Armazón de varales en que se coloca al aire y al sol la carne de la que se obtiene el tasajo en los saladeros. ‖ Persona muy alta.

varano m. Nombre común de diversos reptiles escamosos del grupo de los lagartos que miden entre 2 y 4 m de longitud, de patas cortas, cuello largo y lengua bífida.

varapalo m. Palo largo similar a una vara. ‖ Golpe dado con palo o vara. ‖ Castigo, reprimenda. ‖ Daño o perjuicio en los intereses.

varar tr. Sacar a la playa o poner en seco una embarcación para protegerla o repararla. ‖ intr. Encallar y quedar detenidos una embarcación o algún animal marino en aguas poco profundas o en un obstáculo. ‖ prnl. *amer.* Quedar detenido un vehículo por una avería. ‖ FAM. varada, varadero, varado, varadura, varamiento.

varear tr. Derribar con los golpes y movimientos de la vara los frutos de algunos árboles. ‖ Dar golpes con una vara o palo. ‖ Medir o vender algo por varas. ‖ *amer.* Ejercitar a los caballos de competición para mantener su forma. ‖ FAM. varea, vareador, vareo.

variable adj. Que varía o puede variar. ‖ Inestable, inconstante: *humor variable.* ‖ f. En mat., magnitud que puede tener un valor cualquiera de los comprendidos en un conjunto. ‖ FAM. variabilidad, variablemente.

variación f. Modificación, cambio o transformación. ‖ Variedad, diversidad. ‖ Imitación o recreación melódica de un mismo tema o estructura musical.

variado, da adj. Que tiene variedad, diverso. ‖ De diversos colores.

variante f. Cada una de las diversas formas con que se presenta algo. ‖ Variedad o diferencia entre diversas clases o formas de una misma cosa. ‖ Desviación de un trecho de una carretera o camino. ‖ Cada uno de los resultados con que en las quinielas de fútbol se indica que el equipo local empata o pierde. ‖ En ling., cada una de las formas bajo las que se presenta una voz. ‖ En ling., diferencia de lecturas entre varios manuscritos o ejemplares de un mismo texto. ‖ m. Fruto o verdura que se encurte en vinagre. Más en pl.

variar tr. Modificar, hacer que algo sea diferente de lo que era antes. ‖ Dar variedad. ‖ intr. Cambiar, ser diferente. ‖ FAM. variable, variación, variado, variante.

varicela f. Enfermedad contagiosa benigna, producida por un virus y habitual en los niños, que se manifiesta con fiebre y una erupción cutánea similar a la de la viruela.

varicoso, sa adj. De las varices o relativo a ellas: *venas varicosas.* ‖ adj. y s. Que padece o presenta varices.

variedad f. Diferencia, diversidad. ‖ Conjunto de cosas diversas. ‖ Cada uno de los grupos en que se dividen algunas especies, con características comunes y rasgos de diferenciación secundarios. ‖ f. pl. Espectáculo teatral ligero, formado por varios números de índole diversa. ‖ FAM. varietés.

varietés f. pl. Variedades: *espectáculo de varietés.*

varilla f. Barra larga y delgada. ‖ Cada una de las piezas largas y delgadas que, unidas por un extremo, forman el armazón de un abanico, paraguas o de otro objeto similar. ‖ En un corsé, cada una de las láminas o ballenas que forman su estructura. ‖ *amer.* Molestia, contrariedad. ‖ FAM. varillaje.

varillaje m. Conjunto de las varillas que forman la armazón de un objeto.

vario, a adj. Diverso, distinto, diferente. ‖ Que tiene variedad. ‖ adj. y pron. indef. pl. Algunos, unos cuantos. ‖ m. pl. Apartado de cualquier conjunto que reúne elementos de diversos tipos, sin clasificar. ‖ Conjunto de libros, folletos, hojas sueltas o documentos, de diferentes autores, materias o tamaños, reunidos en tomos, legajos o cajas. ‖ FAM. variamente, variar, variedad, variopinto.

varioloso, sa adj. De la viruela o relativo a ella. ‖ adj. y s. Que padece o tiene viruelas.

variopinto, ta adj. Que ofrece diversidad de colores o de aspecto. ‖ Multiforme, mezclado o diverso.

varita f. Vara pequeña. ‖ **varita mágica** Aquella a la que se atribuyen poderes mágicos, usada por hadas, magos y prestidigitadores para sus encantos.

variz f. Dilatación permanente y anormal de una vena por la acumulación de sangre en ella. ‖ FAM. varice, várice, varicoso.

varón m. Hombre, persona del sexo masculino. ‖ **santo varón** Hombre sencillo, poco avispado. ‖ FAM. varonil.

varonil adj. Del varón o relativo a él. ‖ Con características que se suponen propias de los varones. ‖ FAM. varonilmente.

vasado m. *amer.* Contenido de un vaso.

vasallaje m. En la sociedad medieval, vínculo de dependencia y fidelidad que una persona establece con su señor. || Tributo pagado por el vasallo a su señor. || Dependencia, subordinación a una persona o cosa.

vasallo, lla adj. Sujeto a un señor por el vínculo del vasallaje. || Durante el feudalismo, feudatario, todo aquel obligado a pagar feudo. || m. y f. Súbdito de un soberano o de cualquier otro gobierno supremo e independiente. || Cualquiera que reconoce a otro por superior o tiene dependencia de él. || FAM. vasallaje.

vasar m. Estante o repisa de obra situado en las cocinas, usado para colocar la vajilla y otros utensilios.

vasco, ca adj. y s. Del País Vasco, tanto francés como español, o relativo a él. || m. Euskera, lengua hablada en el País Vasco. || FAM. vascofrancés, vascohablante, vascón, vascongado, vascuence.

vascuence m. Euskera, lengua hablada en el País Vasco, tanto francés como español.

vascular adj. De los vasos de animales y plantas o relativo a ellos. || FAM. vascularización.

vasectomía f. Operación quirúrgica para la esterilización de los varones, consistente en la sección y ligadura de los conductos deferentes por los que salen los espermatozoides del testículo. || FAM. vasectomizar.

vaselina f. Sustancia grasa con aspecto de cera, obtenida de la parafina y aceites densos del petróleo, que se utiliza en farmacia y en perfumería. || En dep., lanzamiento del balón en suave parábola por encima de un jugador contrario, en especial el portero.

vasija f. Recipiente de diversos tamaños y materiales destinado a contener líquidos o alimentos.

vaso m. Recipiente pequeño de forma cilíndrica, generalmente de vidrio, usado para beber. || Cantidad de líquido que cabe en él. || En los vegetales, conducto por el que circula la savia o el látex. || En un animal, conducto por el que circula la sangre o la linfa. || Escultura en forma de jarrón sobre un pedestal usada como decoración de edificios o jardines. || **ahogarse** alguien **en un vaso de agua** loc. col. Angustiarse y afligirse por una nimiedad. || FAM. vasado, vasar, vasectomía, vasija, vasoconstricción, vasodilatación, vasomotor.

vasoconstricción f. Reducción del calibre de los vasos sanguíneos por contracción de sus fibras musculares. || FAM. vasoconstrictor.

vasodilatación f. Aumento del calibre de los vasos sanguíneos por relajación de sus fibras musculares. || FAM. vasodilatador.

vasomotor, ra adj. Se apl. al movimiento regulador de los vasos sanguíneos. || Se dice del agente o el nervio que actúa sobre ese movimiento.

vástago m. Renuevo, rama tierna de un árbol o planta. || Conjunto del tallo y las hojas. || Hijo, descendiente. || Varilla, barra que transmite el movimiento a algún mecanismo. || *amer.* Tallo del plátano.

vastedad f. Amplitud, dilatación o gran extensión de algo.

vasto, ta adj. Amplio, extenso o muy grande. || FAM. vastedad.

vate m. Poeta. || Adivino. || FAM. vaticinar.

váter m. Inodoro, retrete. || Habitación con instalaciones sanitarias, cuarto de baño.

vaticano, na adj. y s. Del Vaticano o relativo a esta ciudad-Estado italiana. || adj. Del papa, de la corte pontificia, o relativo a ellos. || m. Corte pontificia. || FAM. vaticanista.

vaticinar tr. Pronosticar, adivinar, profetizar. || FAM. vaticinador, vaticinio.

vaticinio m. Pronóstico, predicción.

vatio m. Unidad de potencia eléctrica del sistema internacional, equivalente al trabajo de un julio en un segundo. || FAM. vatímetro.

vaudeville (voz fr.) m. Vodevil.

¡vaya! interj. Expresa sorpresa, satisfacción, decepción o disgusto. || Antepuesta a un sustantivo, intensifica su significado o cualidades: *¡vaya reloj te has comprado!*

ve f. Uve. || **doble ve** *amer.* Uve doble.

vecinal adj. Del vecindario, los vecinos o relativo a ellos.

vecindad f. Vecindario, conjunto de los vecinos de una población, barrio, calle o casa. || Contorno, cercanías de un lugar. || Cercanía, proximidad.

vecindario m. Conjunto de los vecinos de una población, barrio, calle o casa. || Padrón, lista de los vecinos de una población.

vecino, na adj. Cercano, próximo. || Semejante, parecido: *pensamientos vecinos.* || adj. y s. Se apl. a las personas que habitan independientemente en una misma población, calle o casa. || Se dice de la persona que tiene casa y hogar en un pueblo y contribuye a las cargas de este. || FAM. vecinal, vecindad, vecindario.

vector m. En fís., representación geométrica de una magnitud (velocidad, aceleración, fuerza) que necesita orientación espacial, punto de aplicación, dirección y sentido para quedar definida. || Portador o huésped intermedio de un parásito o virus que transmite el germen de una enfermedad a otro huésped. || FAM. vectorial.

vectorial adj. De los vectores o relativo a ellos: *gráfico vectorial.*

veda f. Prohibición por ley o mandato. || Periodo de tiempo durante el que está legalmente prohibido cazar o pescar.

vedado m. Terreno acotado en que está prohibido entrar por ley u ordenanza.

vedar tr. Prohibir por ley o mandato. || Impedir, estorbar o dificultar. || FAM. veda, vedado.

vedeja f. Cabellera larga. || Melena del león.

vedette (voz fr.) f. Artista principal de un espectáculo de variedades. || FAM. vedettismo.

védico, ca adj. De los Vedas o relativo a estos libros sagrados hindúes. || adj. y m. Se apl. al sánscrito antiguo en que están escritos estos libros.

vedija f. Mechón de lana. || Pelo enredado en cualquier parte del cuerpo de una persona o animal. || Mata de pelo enredada y ensortijada. || FAM. vedeja.

vedismo m. Expresión más antigua de la religión hindú cuyos preceptos, himnos y dogmas se recogen en los libros llamados Vedas. || FAM. védico.

veedor m. Antiguo funcionario público encargado de la inspección y control de las actividades de los gremios y sus establecimientos. || *amer.* Inspector.

vega f. Extensión de tierra baja, llana y fértil generalmente regada por un río. || *amer.* Tabacal. || *amer.* Terreno húmedo. || FAM. veguero.

vegetación f. Conjunto de los vegetales propios de un terreno, región o país. || pl. Hipertrofia de las amígdalas faríngea y nasal, sobre todo en la zona posterior de las fosas nasales.

vegetal adj. Perteneciente o relativo a las plantas, o que procede de ellas. || Que vegeta. || m. Ser orgánico que vive y se desarrolla, pero no tiene capacidad de movimiento o desplazamiento voluntario. || FAM. vegetación, vegetar, vegetarianismo.

vegetar intr. Germinar, crecer, nutrirse y desarrollarse las plantas. || Vivir una persona con una vida orgánica o vegetativa. || Disfrutar voluntariamente de una vida tranquila, sin trabajos ni preocupaciones. || FAM. vegetativo.

vegetarianismo m. Régimen alimenticio basado en el consumo de productos vegetales, con exclusión del consumo de carne y supresión opcional de los alimentos de origen animal. || FAM. vegetariano.

vegetariano, na adj. Del vegetarianismo o relativo a este régimen alimenticio. || adj. y s. Partidario o practicante del vegetarianismo.

vegetativo, va adj. Que vegeta o tiene vigor para desarrollarse. || De las funciones básicas de nutrición y reproducción o relativo a ellas.

veguero, ra adj. De la vega o relativo a ella. || m. y f. Persona que cultiva una vega, en especial para tabaco. || m. Cigarro puro hecho artesanalmente de una sola hoja enrollada.

vehemencia f. Apasionamiento, ímpetu. || Irreflexión, impulsividad en el comportamiento o actuación.

vehemente adj. Apasionado, impetuoso, violento. || Se apl. a la persona que actúa impulsiva e irreflexivamente. || FAM. vehemencia, vehementemente.

vehicular tr. Transmitir, difundir o comunicar.

vehículo m. Medio de locomoción o transporte, en especial el automóvil. || Lo que sirve para transmitir fácilmente algo. || FAM. vehicular, vehiculizar.

veinte adj. y pron. num. card. Dos veces diez. || adj. num. ord. Que ocupa el lugar número veinte en una serie ordenada de elementos, vigésimo. También m., aplicado a los días del mes. || m. Conjunto de signos con que se representa este número: 20. || m. pl. Década de los años entre 1920 y 1929. || Edad de veinte años. || FAM. veintavo, veinteañero, veinteavo, veintena, veinteno, veinticinco, veinticuatro, veintidós, veintinueve, veintiocho, veintiséis, veintisiete, veintitantos, veintitrés, veintiún, veintiuna, veintiuno, vigésimo.

veinteañero, ra adj. y s. Se apl. a la persona de más de diecinueve años y menos de treinta.

veintena f. Conjunto formado por veinte unidades.

veinteno, na adj. num. ord. Que ocupa el número veinte en una serie ordenada de elementos, vigésimo. También pron.

veinticinco adj. y pron. num. card. Veinte más cinco. || adj. num. ord. Que ocupa el lugar número veinticinco en una serie ordenada de elementos, vigesimoquinto. También m., aplicado a los días del mes. || m. Conjunto de signos con que se representa este número: 25.

veinticuatro adj. y pron. num. card. Veinte más cuatro. || adj. num. ord. Que ocupa el lugar número veinticuatro en una serie ordenada de elementos, vigesimocuarto. También m., aplicado a los días del mes. || m. Conjunto de signos con que se representa este número: 24.

veintidós adj. y pron. num. card. Veinte más dos. || adj. num. ord. Que ocupa el lugar número veintidós en una serie ordenada de elementos, vigesimosegundo. También m., aplicado a los días del mes. || m. Conjunto de signos con que se representa este número: 22.

veintinueve adj. y pron. num. card. Veinte más nueve. || adj. num. ord. Que ocupa el lugar número veintinueve en una serie ordenada de elementos, vigesimonoveno. También m., aplicado a los días del mes. || m. Conjunto de signos con que se representa este número: 29.

veintiocho adj. y pron. num. card. Veinte más ocho. || adj. num. ord. Que ocupa el lugar número veintiocho en una serie ordenada de elementos, vigesimoctavo. También m., aplicado a los días del mes. || m. Conjunto de signos con que se representa este número: 28.

veintiséis adj. y pron. num. card. Veinte más seis. || adj. num. ord. Que ocupa el lugar número veintiséis en una serie ordenada de elementos, vigesimosexto. También m., aplicado a los días del mes. || m. Conjunto de signos con que se representa este número: 26.

veintisiete adj. y pron. num. card. Veinte más siete. || adj. num. ord. Que ocupa el lugar número veintisiete en una serie ordenada de elementos, vigesimoséptimo. También m., aplicado a los días del mes. || m. Conjunto de signos con que se representa este número: 27.

veintitantos, tas adj. y pron. num. card. y ord. De número indeterminado entre veinte y veintinueve.

veintitrés adj. y pron. num. card. Veinte más tres. || adj. num. ord. Que ocupa el lugar número veintitrés en una serie ordenada de elementos, vigesimotercero. También m., aplicado a los días del mes. || m. Conjunto de signos con que se representa este número: 23.

veintiún adj. num. card. y ord. apóc. de *veintiuno.* ◆ Se usa siempre delante de sustantivos m. en sing.

veintiuna f. Juego de naipes, o de dados, en que gana el que hace 21 puntos o se acerca más a ellos sin pasar de esta cifra.

veintiuno, na adj. y pron. num. card. Veinte más uno. || adj. num. ord. Que ocupa el lugar número veintiuno en una serie ordenada de elementos, vigesimoprimero. También m., aplicado a los días del mes. || m. Conjunto de signos con que se representa este número: 21.

vejación f. Maltrato, humillación causada a otra persona.

vejamen m. Vejación. || Represión satírica con que se manifiestan los defectos de una persona. || Discurso o composición poética burlesca que se pronunciaba en las universidades y academias contra los participantes.

vejar tr. Maltratar, molestar a alguien, menospreciándolo y humillándolo. || FAM. vejación, vejador, vejamen, vejatorio.

vejatorio, ria adj. Humillante, que veja.

vejestorio m. *desp.* Persona muy vieja.

vejez f. Calidad de viejo. || Último periodo de la vida, edad senil. || **a la vejez, viruelas** loc. *col.* Expresión con que se indica a los viejos que hacen cosas que no corresponden a su edad. || *col.* Que llega a deshora.

vejiga f. Depósito muscular y membranoso en forma de bolsa que recoge y almacena la orina que secretan los riñones. || Ampolla, elevación de la piel. || Bolsita formada en cualquier superficie y llena de algún fluido. || **vejiga natatoria** Saco membranoso de los peces lleno de líquido o gas, que permite aumentar o disminuir el volumen y con ello el peso y flotación del animal.

vela[1] f. Cilindro de cera o sebo, atravesado por una mecha que se prende para alumbrar. || Permanencia despierto durante la noche. || Velatorio. || *amer.* Velorio. || pl. *col.* Mocos que cuelgan de la nariz. || **a dos velas** loc. adv. *col.* Sin dinero o recursos. || **no dar** o **tener** alguien **vela en un entierro** loc. *col.* No tener intervención ni parte en un asunto. || FAM. velón.

vela[2] f. Pieza de lona o lienzo fuerte que, atada a las vergas, recibe el viento que impulsa la nave. || Deporte en que se compite con embarcaciones de vela. || FAM. velamen, velero.

velada f. Reunión nocturna de varias personas para divertirse. || Fiesta musical, literaria o deportiva que se hace por la noche. || Vela, acción de velar.

velador, ra adj. y s. Se apl. a la persona que vela o cuida de algo. || m. Mesa pequeña, redonda y de un solo pie. || *amer.* Mesilla de noche. || *amer.* Luz que suele ponerse sobre la mesilla de noche. || *amer.* Sereno.

veladura f. Tinta transparente que se aplica para suavizar el tono de lo pintado.

velamen m. Conjunto de velas de una embarcación.

velar[1] intr. Permanecer despierto durante el tiempo que se destina a dormir. || Cuidar a un enfermo o acompañar el cadáver de un difunto. También tr. || Custodiar, cuidar con esmero. || Hacer guardia durante la noche. || FAM. vela, velación, velada, velador, velatorio, velorio.

velar[2] tr. Cubrir con un velo. También prnl. || Cubrir, ocultar. || Borrarse la imagen del negativo de una fotografía por exceso de luz. También prnl. || Dar veladuras a una pintura. || FAM. veladura.

velar[3] adj. Del velo del paladar o relativo a él. || adj. y f. En fon., se apl. al sonido que se articula acercando el dorso de la lengua al paladar, como el de la *g*. || FAM. velarizar, velarización.

velatorio m. Acto de velar a un difunto durante la noche. || Lugar donde se vela al difunto. || *col.* Reunión o lugar muy aburrido.

velcro m. Sistema de cierre basado en dos tejidos de distinta textura que permiten su unión y desunión con facilidad. ◆ Es la extensión del nombre de una marca registrada.

veleidad f. Carácter o comportamiento caprichoso y voluble. || Inconstancia, ligereza: *las veleidades de la fortuna.* || FAM. veleidoso.

veleidoso, sa adj. Inconstante, mudable o caprichoso.

velero, ra adj. Se apl. a la embarcación con muy buenas condiciones para la navegación o que navega mucho. || m. Barco de vela.

veleta f. Pieza metálica generalmente de forma de flecha que, colocada en lo alto de un edificio, gira señalando la dirección del viento. || adj. y com. Se apl. a la persona inconstante y mudable.

vello m. Pelo corto y suave que recubre algunas zonas del cuerpo humano. || Pelusilla de algunas frutas y plantas. || FAM. vellocino, vellón, vellosidad, velloso, velludo.

vellocino m. Vellón, conjunto de la lana esquilada. || Cuero curtido de modo que conserve la lana de la oveja o el carnero.

vellón[1] m. Conjunto de la lana esquilada de un carnero u oveja. || Vedija.

vellón[2] m. Aleación de plata y cobre con que se labraba moneda. || Antigua moneda española de cobre.

vellosidad f. Abundancia de vello. || Pequeñas protuberancias o eminencias que a modo de vello recubren ciertas superficies mucosas o serosas: *vellosidad intestinal.*

velloso, sa adj. Que tiene vello.

velludo, da adj. Que tiene abundante vello.

velo m. Tela fina de gasa, tul o tejido similar con que se cubre algo. || Manto con que se cubren la cabeza y la parte superior del cuerpo las religiosas. || Lo que impide ver o pensar con claridad. || Falta de claridad de la imagen en un negativo fotográfico. || **velo del paladar** Pliegue muscular y membranoso situado en el margen posterior del paladar, que separa la boca de la faringe. || **correr** o **echar un tupido velo** loc. Acallar, ocultar algo. || **tomar el velo** loc. Profesar una monja. || FAM. vela, velación, velar, velorio.

velocidad f. Rapidez y ligereza en el movimiento. || Relación entre el espacio recorrido y el tiempo empleado en recorrerlo. || Cada una de las posiciones de un dispositivo de cambio de velocidades de un automóvil. || FAM. velocímetro, velocípedo, velocista, velocístico, velódromo, velomotor, veloz.

velocímetro m. Aparato o dispositivo que indica la velocidad de desplazamiento de un vehículo.

velocípedo m. Vehículo formado por un caballete de hierro con sillín y dos o tres ruedas, que se movía por medio de pedales. || Bicicleta.

velocista adj. y com. Se apl. al deportista que participa en carreras de velocidad.

velódromo m. Estadio o lugar destinado para carreras en bicicleta.

velomotor m. Ciclomotor.

velón m. Lámpara metálica de aceite compuesta de un vaso con uno o varios mecheros que se sostienen sobre un pie en forma de platillo.

velorio[1] m. Reunión nocturna que se celebra en las casas rurales con ocasión de alguna faena doméstica. || Velatorio, en especial el de un niño pequeño. || *amer.* Fiesta aburrida y poco concurrida.

velorio[2] m. Ceremonia en que las religiosas toman el velo.

veloz adj. Ligero, ágil y rápido en el movimiento o el discurrir. || FAM. velozmente.

vena f. Cada uno de los vasos o conductos por los que la sangre vuelve al corazón. || Filón o yacimiento de metal. || Cada una de las fibras que sobresalen en el envés de las hojas de las plantas. || Veta de tierra o piedra que se distingue de su medio por su color o calidad. || Conducto natural por donde circula el agua en las entrañas de la tierra. || Inspiración. || Humor, disposición variable del ánimo. || **vena cava** La mayor del cuerpo, una superior que recoge la sangre de la mitad superior del cuerpo, y otra inferior que la recoge de los órganos situados debajo del diafragma. || **vena porta** La que recoge las que proceden del bazo, el estómago y el intestino y se extiende en capilares hasta el hígado. || **vena yugular** La que recorre a lo largo uno y otro lado del cuello. || FAM. venada, venado, venático, venero, venosidad, venoso, vénula.

venablo m. Dardo o lanza corta y arrojadiza.

venada f. col. Ataque transitorio de locura.

venado m. Ciervo. || FAM. venablo, venatorio.

venal adj. Que se puede vender. || Que se deja sobornar. || FAM. venalidad.

vencedero, ra adj. Sujeto a vencimiento en una fecha determinada.

vencedor, ra adj. y s. Que vence.

vencejo m. Nombre común de diversas aves apodiformes insectívoras de color negro, excepto por el plumaje blanco de su garganta, de patas muy cortas, alas muy largas y cola ahorquillada.

vencer tr. Derrotar, rendir al enemigo, competidor o adversario. || Rendir a uno fuerzas físicas o morales difíciles de resistir. || Aventajar o superar en algún aspecto a los demás. || Dominar las pasiones, impulsos o sentimientos. También prnl. || Ladear, torcer o inclinar una cosa. También prnl. || intr. Cumplirse un término o plazo. || Expirar un contrato por cumplirse la condición o el plazo fijado en él. || Conseguir uno lo que desea en una disputa física o moral. || FAM. vencedero, vencedor, vencible, vencido, vencimiento.

vencido, da adj. Cansado, agotado físicamente. || adj. y s. Que ha sido derrotado. || **a la tercera va la vencida** loc. Denota el deseo de que algo suceda finalmente. || Denota que con perseverancia se consigue cualquier fin.

vencimiento m. Cumplimiento del plazo de una deuda u obligación. || Derrota, rendición.

venda f. Banda, tira de gasa o tela usada para sujetar una zona del cuerpo o cubrir una herida o apósito. || **tener alguien una venda en los ojos** loc. Desconocer la verdad o la realidad por ofuscamiento. || FAM. vendar.

vendaje m. Conjunto de vendas que se colocan en determinada parte del cuerpo para sujetarlo o cubrir un apósito.

vendar tr. Cubrir o sujetar alguna parte del cuerpo con una venda. || FAM. vendaje.

vendaval m. Viento fuerte que no llega a ser temporal declarado, en especial el que sopla del sur, con tendencia al oeste. || col. Fuerte corriente de opinión.

vendedor, ra adj. y s. Que vende.

vender tr. Ceder la propiedad de algo por un precio convenido. || Delatar, traicionar la confianza de alguien.

|| prnl. Dejarse sobornar. || Decir o hacer uno, por descuido, algo que descubre lo que quería ocultar. || Ponerse en peligro o riesgo. || FAM. vendedor, vendible, vendido, venta.

vendetta (voz it.) f. Venganza entre familias rivales o clanes mafiosos.

vendimia f. Recolección y cosecha de la uva. || Época en que se recoge. || FAM. vendimiador, vendimiar.

vendimiar tr. e intr. Recoger el fruto de las viñas.

venencia f. Recipiente cilíndrico sujeto a un mango largo con el que se sacan muestras de vino o mosto de las cubas.

veneno m. Sustancia que produce en el organismo graves trastornos o la muerte. || Lo que es nocivo para la salud. || Lo que produce daño moral. || FAM. venenosidad, venenoso.

venenoso, sa adj. Que contiene veneno. || col. Malintencionado.

venera f. Cada una de las valvas de la concha semicircular de la vieira, una plana y otra convexa y estriada, rojizas por fuera y blancas por dentro. || Insignia distintiva que traen pendiente al pecho los caballeros de cada una de las órdenes militares.

venerable adj. Digno de veneración y respeto por su virtud y cualidades. || Se usa como tratamiento a prelados y otras dignidades eclesiásticas. || adj. y com. Se apl. al primer título que se concede en Roma a los que mueren con fama de santidad.

veneración f. Respeto, devoción por alguien debida a sus cualidades. || Culto que se rinde a lo sagrado.

venerar tr. Tener gran respeto a alguien por sus virtudes y cualidades. || Honrar, dar culto a lo sagrado. || FAM. venerable, veneración, venerador, venerando.

venéreo, a adj. Se apl. a la enfermedad de transmisión sexual. || Del goce sexual o relativo a él. || FAM. venereología, venereológico, venereólogo.

venero m. Manantial de agua. || Raya o línea horaria en los relojes de sol. || Origen, principio de donde procede una cosa. || Yacimiento de sustancias inorgánicas útiles.

venezolano, na adj. y s. De Venezuela o relativo a este país suramericano. || FAM. venezolanismo.

vengador, ra adj. y s. Que venga o se venga.

venganza f. Respuesta con una ofensa o daño a otro recibido.

vengar tr. y prnl. Ocasionar una ofensa o daño a alguien como respuesta a otro recibido de él. || FAM. vengable, vengador, venganza, vengativo.

vengativo, va adj. Inclinado a la venganza de cualquier ofensa.

venia f. Consentimiento, permiso otorgado por una autoridad. || Perdón o remisión de la ofensa o culpa. || amer. Saludo militar. || FAM. venial.

venial adj. Que se opone levemente a la ley o a un precepto religioso, y por eso es de fácil remisión: pecados veniales. || FAM. venialidad, venialmente.

venida f. Llegada. || Regreso, retorno. || Avenida, crecida de un río o arroyo.

venidero, ra adj. Futuro, que está por llegar o suceder.

venir intr. Trasladarse o llegar hasta donde está el que habla. También prnl. ‖ Llegar el tiempo en que algo va a suceder. ‖ Ajustarse, acomodarse. ‖ Inferirse, deducirse o ser una cosa consecuencia de otra. ‖ Excitarse o empezar a sentir un deseo o sentimiento. ‖ Figurar, estar incluido o mencionado algo en un libro, periódico, etc. ‖ Recordar, imaginar. ‖ Seguido de la prep. *a* más infinitivo, suceder finalmente una cosa que se esperaba o se temía: *vino a aprobar a la tercera*. ‖ Seguido de la prep. *a* más los infinitivos *ser, tener, decir*, denota aproximación: *esto viene a costar unos veinte euros*. ‖ Seguido de la prep. *en* más sustantivo, toma el significado del verbo correspondiente a dicho sust.: *vino en deseo de conocerlo*. ‖ **venir ante** Comparecer. ‖ **venir con** Aducir, traer a colación una cosa. ‖ **venir a menos** loc. Deteriorarse o disminuir el estado del que se disfrutaba. ‖ **venir mal dadas** loc. col. Acaecer o presentarse unas circunstancias adversas. ‖ **venir algo muy ancho** a alguien loc. col. Excederle en sus capacidades. ‖ FAM. venencia, venida, venidero. ◆ Irreg. Conjugación modelo:

Indicativo

Pres.: vengo, vienes, viene, venimos, venís, vienen.
Imperf.: venía, venías, venía, *etc.*
Pret. perf. simple: vine, viniste, vino, vinimos, vinisteis, vinieron.
Fut. simple: vendré, vendrás, vendrá, *etc.*
Condicional simple: vendría, vendrías, vendría, *etc.*

Subjuntivo

Pres.: venga, vengas, venga, vengamos, vengáis, vengan.
Imperf.: viniera o viniese, vinieras o vinieses, *etc.*
Fut. simple: viniere, vinieres, viniere, *etc.*

Imperativo: ven, venid.
Participio: venido.
Gerundio: viniendo.

venosidad f. Pequeña vena fina que se ve a través de la piel.

venoso, sa adj. De las venas o relativo a ellas. ‖ Que tiene o presenta venas.

venta f. Cesión de la propiedad de algo a cambio de un precio establecido. ‖ Cantidad de cosas que se venden. ‖ Posada establecida en un camino para hospedaje de los pasajeros. ‖ **venta ambulante** La que se realiza en la vía pública y no en un establecimiento. ‖ FAM. venteril, ventero, ventorrillo, ventorro.

ventaja f. Superioridad. ‖ Utilidad, conveniencia. ‖ En dep., margen que un jugador concede a otro presuntamente inferior. ‖ En dep., beneficio que se obtiene de una falta cometida por el contrario. ‖ FAM. ventajear, ventajero, ventajista, ventajoso.

ventajear tr. *amer.* Aventajar, obtener ventaja. ‖ *amer. desp.* Obtener ventaja por medios reprobables o ilícitos.

ventajero, ra adj. y s. *amer.* Ventajista.

ventajista adj. y com. Aprovechado, se apl. a la persona sin escrúpulos que intenta obtener ventaja ilícita en cualquier situación. ‖ FAM. ventajismo.

ventajoso, sa adj. Que tiene o produce ventaja, beneficio o provecho. ‖ *amer.* Ventajista. ‖ FAM. ventajosamente.

ventana f. Abertura hecha por lo general de la parte media a la parte superior de una pared para dar luz y ventilación. ‖ Armazón y cristales con que se cierra esa abertura. ‖ Cada uno de los orificios de la nariz. ‖ En inform., entorno gráfico de cada una de las aplicaciones de un ordenador. ‖ **tirar la casa por la ventana** loc. col. Derrochar, dilapidar los bienes. ‖ FAM. ventanaje, ventanal, ventanazo, ventanear, ventanilla, ventano, ventanuco.

ventanal m. Ventana de gran tamaño.

ventanilla f. Ventana pequeña de despachos y oficinas para comunicar con el público y, p. ext., zona destinada a ello. ‖ Pequeña ventana lateral de un vehículo o transporte. ‖ Orificio de la nariz. ‖ Abertura rectangular cubierta con un material transparente que llevan algunos sobres y permite ver la dirección del destinatario escrita en la misma carta.

ventanillo m. Postigo pequeño de una puerta o ventana. ‖ Pequeña ventana o abertura en la puerta exterior de las casas que permite ver quién llama a la puerta o hablar con él sin darle paso. ‖ Trampilla en el suelo que permite ver el piso inferior.

ventano m. Ventana pequeña. ‖ FAM. ventanillo.

ventarrón m. Viento que sopla con mucha fuerza.

ventear intr. impers. Soplar el viento o hacer aire fuerte. ‖ tr. Olfatear los animales el viento para orientarse. También intr. ‖ Poner, sacar algo al viento para sacudirlo o airearlo. ‖ prnl. Salir alguien a tomar el aire o relajarse.

ventero, ra m. y f. Persona que tiene a su cuidado y cargo una venta o posada.

ventilación f. Abertura o instalación que sirve para ventilar un lugar. ‖ Corriente de aire que se establece en un lugar cerrado al ventilarlo. ‖ Proceso que se lleva a cabo para ventilar un lugar cerrado.

ventilador m. Aparato que remueve el aire de una habitación por medio de un aspa giratoria. ‖ Abertura que se deja hacia el exterior para renovar el aire de una habitación sin abrir las puertas o ventanas.

ventilar tr. Hacer circular el aire en un lugar cerrado. También prnl. ‖ Agitar en el aire. ‖ Exponer al viento algo para que se vaya el olor o se quite la humedad o el polvo. ‖ col. Resolver con rapidez una cuestión. También prnl. ‖ col. Dar a conocer algo públicamente. ‖ col. Matar a una persona o animal. También prnl. ‖ FAM. ventilación, ventilado, ventilador.

ventisca f. Tempestad de viento y nieve. ‖ Viento fuerte, ventarrón. ‖ FAM. ventiscar, ventisquear, ventisquero.

ventisquero m. Altura de los montes más expuesta a las ventiscas. ‖ Sitio, en las alturas de los montes, donde se conserva la nieve y el hielo. ‖ Masa de nieve o hielo que se acumula en estos sitios.

vento m. *amer.* Dinero.

ventolada f. *amer.* Viento fuerte.

ventolera f. Golpe de viento recio y poco durable. ‖ col. Pensamiento o determinación inesperada y extravagante.

ventosa f. Pieza cóncava de material elástico en la que, al ser oprimida contra una superficie lisa, se produce el vacío, con lo cual queda adherida a dicha superficie. ‖ Órgano que tienen ciertos animales en los pies, la boca u otras partes del cuerpo, para adherirse o agarrarse mediante el vacío al andar o hacer presa.

ventosear intr. Expulsar ventosidades.

ventosidad f. Gases intestinales encerrados o comprimidos en el cuerpo, especialmente cuando se expelen.

ventoso, sa adj. Con viento o aire. ‖ FAM. ventosa, ventosear, ventosidad.

ventral adj. Del vientre o relativo a él.

ventresca o **ventrecha** f. Vientre de los pescados: *ventresca de bonito.*

ventricular adj. Del ventrículo o relativo a él.

ventrículo m. Cada una de las dos cavidades del corazón que reciben la sangre de las aurículas y la envían a las arterias. ‖ Cada una de las cuatro cavidades del encéfalo de los vertebrados. ‖ FAM. ventricular.

ventrílocuo, cua adj. y s. Se apl. a la persona capaz de hablar sin mover la boca ni los labios, como si la voz saliera del vientre. ‖ FAM. ventriloquia.

ventrudo, da adj. Que tiene abultado el vientre.

ventura f. Felicidad o dicha. ‖ Suerte o fortuna. ‖ Casualidad. ‖ **buena ventura** Buenaventura. ‖ **a la buena ventura** loc. adv. Sin determinado objeto ni designio, a lo que la suerte depare. ‖ **por ventura** loc. adv. Quizá. ‖ FAM. venturosamente, venturoso.

venturoso, sa adj. Que tiene o implica felicidad.

venus m. Segundo planeta del sistema solar que presenta un resplandor intenso y tiene fases similares a las de la Luna. ◆ Se escribe con mayúscula. ‖ f. Diosa del amor y de la belleza en la mitología romana. ◆ Se escribe con mayúscula. ‖ Representación escultórica de la diosa Venus. ‖ Nombre de ciertas estatuillas prehistóricas femeninas elaboradas en piedra, marfil o hueso. ‖ Mujer muy hermosa. ◆ No varía en pl. ‖ FAM. venusiano, venusino.

ver tr. Percibir por los ojos los objetos mediante la acción de la luz. ‖ Percibir algo con cualquier sentido o con la inteligencia. ‖ Reconocer con cuidado y atención una cosa. ‖ Reconocer alguien el estado físico de otra persona o de un animal. ‖ Visitar a una persona o estar con ella para tratar de algún asunto. También prnl. ‖ Asistir a un espectáculo y seguir su desarrollo. ‖ Considerar, advertir o reflexionar. ‖ Considerar la forma de hacer algo. ‖ Imaginar o representar una imagen de forma material o inmaterial. ‖ Prevenir las cosas del futuro, preverlas o deducirlas de lo que sucede en el presente. ‖ Ser un lugar escenario de un acontecimiento. ‖ Asistir los jueces a la discusión oral de un pleito o causa que han de sentenciar. ‖ Hacer la misma apuesta que otro jugador. ‖ Tratar un tema o un asunto en una conferencia o clase. ‖ prnl. Hallarse en algún estado o situación. ‖ Estar o hallarse en un sitio o situación. ‖ **a ver** loc. Expresión que se usa para pedir una cosa que se quiere reconocer o ver, o para indicar expectación o curiosidad. ‖ **a ver si** loc. Expresión que denota curiosidad, expectación o interés. ‖ Con tono exclamativo, indica temor o sospecha. ‖ También expresa mandato: *a ver si te estás quieto.* ‖ **habrase visto** loc. col. Expresión que se emplea para

mostrar reproche. ‖ **hasta más ver** loc. col. Expresión que se usa para despedir a alguien que se espera volver a ver. ‖ **hay que ver** loc. col. Expresión que se utiliza para intensificar algo o para mostrar indignación, incredulidad o sorpresa. ‖ **no veas** loc. col. Expresión que se emplea para indicar ponderación. ‖ **ver de** loc. Tratar de realizar algo. ‖ FAM. veedor, ver, vidente, visar, visera, visible, visillo, visión, visitar, visivo, viso, visor, vista, visto, visual. ◆ **Irreg.** Conjugación modelo:

Indicativo
    Pres.: veo, ves, ve, vemos, veis, ven.
    Imperf.: veía, veías, veía, *etc.*
    Pret. perf. simple: vi, viste, vio, vimos, visteis, vieron.
    Fut. simple: veré, verás, verá, *etc.*
    Condicional simple: vería, verías, vería, *etc.*
Subjuntivo
    Pres.: vea, veas, vea, veamos, veáis, vean.
    Imperf.: viera o viese, vieras o vieses, *etc.*
    Fut. simple: viere, vieres, viere, *etc.*
Imperativo: ve, ved.
Participio: visto.
Gerundio: viendo.

---

vera f. Margen, orilla. ‖ **a la vera de** loc. prepos. Al lado de.

veracidad f. Conformidad con la verdad.

veranda f. Espacio cubierto situado en la salida de un edificio, porche.

veraneante adj. y s. Que veranea.

veranear intr. Pasar el verano en lugar distinto del que se reside. ‖ FAM. veraneadero, veraneante, veraneo.

veraneo m. Vacaciones de verano que tienen lugar en un sitio diferente al de residencia.

veraniego, ga adj. Del verano o relativo a él.

veranillo m. Tiempo breve durante el otoño en que suele hacer calor. ‖ amer. Días en que no llueve durante la temporada de lluvias.

verano m. Una de las cuatro estaciones del año que transcurre entre la primavera y el otoño; en el hemisferio norte comienza el 21 de junio y termina el 21 de septiembre, y en el hemisferio sur comienza el 21 de diciembre y termina el 21 de marzo. ‖ amer. Temporada de sequía. ‖ FAM. veranear, veraniego, veranillo.

veras f. pl. Lo que es verdadero y cierto. ‖ **de veras** loc. adv. Con verdad: *te lo digo de veras, créeme.*

veraz adj. Verdadero. ‖ Que habla o actúa de acuerdo con la verdad: *confidente veraz.* ‖ FAM. veracidad.

verbal adj. Que se refiere a la palabra o se sirve de ella. ‖ Que se hace o estipula solo de palabra, y no por escrito: *contrato verbal.* ‖ En gram., del verbo o relativo a él: *accidente verbal.* ‖ En gram., se apl. a la palabra que nace o se deriva de un verbo, como *andar, andador* y *andadura.* ‖ FAM. verbalismo, verbalizar, verbalmente.

verbalismo m. Propensión a fundar el razonamiento más en las palabras que en los conceptos. ‖ Procedimiento de enseñanza que cultiva con preferencia la memoria verbal. ‖ FAM. verbalista.

verbalizar tr. Expresar con palabras, pronunciar.

verbena f. Fiesta y feria popular al aire libre que se suele celebrar la noche anterior a ciertas festividades. || Planta herbácea anual de la familia de las verbenáceas, con tallo erguido y ramoso por arriba, hojas ásperas y hendidas y flores de varios colores, en espigas largas y delgadas. || FAM. verbenáceo, verbenero.

verbenáceo, a adj. y f. De las verbenáceas o relativo a esta familia de plantas. || f. pl. Familia de hierbas, arbustos y árboles angiospermos dicotiledóneos, de tallos y ramas casi siempre cuadrangulares, hojas opuestas sin estípulas, flores en racimo, espiga, cabezuela o cima y fruto en cápsula o drupa, como la verbena y la hierba luisa.

verbigracia adv. Por ejemplo.

verbo m. En gram., parte conjugable de la oración que expresa la acción y el estado del sujeto y ejerce la función sintáctica de núcleo del predicado. || Palabra. || Segunda persona de la Santísima Trinidad. ◆ Suele escribirse con mayúscula. || **verbo auxiliar** Verbo que se emplea en la formación de los tiempos compuestos, perífrasis verbales y en la voz pasiva, y que contiene los morfemas de persona, número, tiempo y modo. || **verbo deponente** Verbo latino que, con significado activo, se conjuga por la voz pasiva. || FAM. verba, verbal, verbigracia, verborrea, verbosidad, verboso.

verborrea f. Palabrería excesiva.

verdad f. Conformidad de las cosas con el concepto que de ellas forma la mente. || Conformidad de lo que se dice con lo que se siente o se piensa. || Juicio o proposición que no se puede negar racionalmente y que es aceptado de forma general por una colectividad: *verdad de fe*. || Expresión clara y directa con que se corrige o reprende a alguien. Más en pl.: *le dijo dos verdades*. || Realidad, existencia real de una cosa. || **¿verdad?** loc. Expresión que se usa para obtener la conformidad o asentimiento del que escucha. || **verdades como puños** *col.* Las que son muy claras y evidentes. || **a decir verdad** loc. adv. Expresión que denota certeza y seguridad. || **de verdad** loc. adv. Expresión que se usa para asegurar la certeza de algo. || **en verdad** loc. adv. De verdad. || FAM. veraz, verdadero, verídico, verificar, verismo, verosímil.

verdadero, ra adj. Que contiene o es verdad. || Real, auténtico. || Sincero, veraz. || FAM. verdaderamente.

verde adj. De color semejante al de la hierba fresca o a la esmeralda. También m. || Se apl. al árbol o a la planta que no está seco. || Se dice de la leña o forraje que está húmedo y recién cortado de un árbol vivo. || Se apl. a la legumbre que se consume fresca, sin ningún tipo de tratamiento de conservación: *judías verdes*. || Se dice de la cosa que está en el principio y a la cual le falta mucho para perfeccionarse. || Se apl. a la persona inexperta y poco preparada. || Indecente, obsceno, que ofende al pudor: *chiste verde*. || Se dice de la persona que siente una inclinación al sexo impropia de su edad: *viejo verde*. || Se apl. al lugar, espacio o zona destinado a ser utilizado como parque o jardín y en el que no se puede edificar. || Se dice de ciertos partidos ecologistas y de los miembros de estos partidos. También m. pl. || m. Hierba, césped. || Conjunto de ramas y hojas de los árboles, so-

bre todo si es abundante. || *col.* Antiguo billete de mil pesetas. || **poner verde** a alguien loc. *col.* Criticar, hablar mal de alguien. || FAM. verdal, verdear, verdeante, verdecer, verdecillo, verdegal, verdegay, verdemar, verderol, verderón, verdial, verdinblanco, verdín, verdinegro, verdolaga, verdor, verdoso, verdura, verdusco.

verdecillo m. Ave paseriforme de unos 13 cm de longitud, con el cuerpo rechoncho, el pico corto y ancho y el plumaje verdoso y pardo.

verderón m. Nombre común de diversas especies de aves canoras del orden de las paseriformes, de unos 15 cm de longitud, con plumaje verde y manchas amarillentas en las remeras principales y en la base de la cola.

verdial adj. Se apl. a una variedad de aceituna alargada que se conserva verde aun madura. También f. || m. Cierta clase de canto flamenco. Más en pl.

verdín m. Capa verde de algas y otras plantas que se forma en la superficie del agua y en otros lugares húmedos. || Capa verde que se forma en la superficie de algunos frutos cuando se pudren. || Mancha que queda al frotarse algo con una planta.

verdolaga f. Planta herbácea anual de la familia portulacáceas, con tallos gruesos y jugosos, hojas carnosas y comestibles, verdes por el haz y blanquecinas por el envés, flores amarillas y fruto capsular con semillas menudas y negras.

verdor m. Color verde, en especial el vivo de las plantas. || Vigor, lozanía, fortaleza.

verdoso, sa adj. Que se parece al color verde.

verdugo m. Persona que ejecuta las penas de muerte u otros castigos corporales. || Gorro de lana que cubre la cabeza y el cuello, dejando descubiertos los ojos, la nariz y la boca. || Moldura convexa de perfil semicircular. || Persona muy cruel. || Vástago del árbol, renuevo. || FAM. verdugada, verdugón, verduguillo.

verdugón m. Señal hinchada y enrojecida que queda en la piel después del azote con un látigo u otro instrumento parecido.

verduguillo m. Estoque muy delgado como el utilizado para descabellar al toro. || Especie de roncha que suele levantarse en las hojas de algunas plantas.

verdulería f. Establecimiento en el que se venden verduras. || *col.* Obscenidad.

verdulero, ra m. y f. Persona que vende verduras. || *col.* Persona descarada y ordinaria.

verdura f. Hortalizas en general, y especialmente las de hojas verdes. || Follaje que se pinta en lienzos y tapicerías. || Verdor. || FAM. verdulería, verdulero.

verdusco, ca adj. Que tira a verde oscuro.

verecundia f. *poét.* Vergüenza, timidez. || FAM. verecundo.

verecundo, da adj. *poét.* Que se avergüenza.

vereda f. Camino estrecho, generalmente formado por el paso de animales y personas. || Camino reservado al ganado trashumante. || *amer.* Acera de una calle o plaza. || **entrar** o **meter en vereda** loc. *col.* Obligar a alguien a cumplir algo o a llevar un modo de vida ordenado y regular.

veredicto m. Decisión, dictamen sobre un hecho de un jurado o tribunal. || Juicio, parecer emitido por alguien conocedor de la materia.

991 versatilidad

verga f. Percha de los barcos en que se sujeta la vela. || Pene de los mamíferos. || Palo delgado. || FAM. vergajo.

vergajo m. Verga del toro que después de cortada, seca y retorcida, se usa como látigo. || Látigo corto hecho de cualquier material flexible. || FAM. vergajazo.

vergel m. Huerto o jardín con gran variedad de flores y árboles frutales.

vergonzante adj. Que tiene vergüenza, especialmente referido al que pide limosna con cierto disimulo o encubriéndose.

vergonzoso, sa adj. Que causa vergüenza. || Que se avergüenza con facilidad. También s. || m. Especie de armadillo, con el cuerpo y la cola cubiertos de escamas y las orejas desnudas y redondas. || FAM. vergonzosamente.

vergüenza f. Sentimiento ocasionado por alguna falta cometida, o por alguna acción deshonrosa y humillante. || Pundonor, amor propio. || Timidez que una persona siente ante determinadas situaciones y que le impide hacer o decir una cosa. || Sonrojo. || Acto o suceso escandaloso e indignante. || Pena o castigo que consistía en exponer al reo ante la afrenta pública con algún signo que señalara su delito. || pl. *col.* Partes externas de los órganos sexuales humanos. || **vergüenza ajena** Vergüenza que siente una persona como si fuera suya, por algo que hace o dice otra. || FAM. verecundia, vergonzante, vergonzoso.

vericueto m. Sitio alto y accidentado por el que es difícil andar. || pl. Partes o aspectos más difíciles o escondidos de algo.

verídico, ca adj. Verdadero, o que tiene grandes posibilidades de serlo.

verificación f. Comprobación de la verdad o autenticidad de algo. || Realización de algo que se dijo o se había pronosticado.

verificar tr. Comprobar la verdad o autenticidad de algo. || Realizar, efectuar. También prnl. || prnl. Resultar cierto y verdadero lo que se dijo o pronosticó. || FAM. verificabilidad, verificable, verificación, verificador, verificativo.

verigüeto m. Molusco bivalvo comestible con una concha con estrías de color amarillo grisáceo.

verismo m. Realismo llevado al extremo en las obras de arte. || Corriente literaria y artística de carácter realista surgida en Italia en la segunda mitad del siglo XIX, influida por el naturalismo francés. || FAM. verista.

verista adj. y com. Que manifiesta un realismo llevado al extremo.

verja f. Enrejado que sirve de puerta, ventana o cerca. || FAM. verjurado.

verme m. Gusano, especialmente el que vive como parásito en el intestino de algunos animales vertebrados. || FAM. vermicida, vermicular, vermiforme, vermífugo, vermis, vermívoro.

vermicida adj. y m. Vermífugo.

vermicular adj. Que se parece a los gusanos o tiene alguna característica propia de ellos. || Que tiene gusanos o los produce.

vermiforme adj. De forma de gusano: *apéndice vermiforme.*

vermífugo, ga adj. y m. Se apl. al preparado que tiene la propiedad de matar o expulsar las lombrices intestinales.

vermis m. Lóbulo medio del cerebelo que se encuentra entre ambos lóbulos o hemisferios. ◆ No varía en pl.

vermú o **vermut** m. Aperitivo compuesto de vino blanco, ajenjo y otras sustancias amargas y tónicas. || Aperitivo, bebidas y tapas que se toman antes de las comidas. ◆ pl. *vermús* o *vermuts.*

vernáculo, la adj. Nativo, de nuestra casa o país, especialmente referido a la lengua: *lengua vernácula.*

veronal m. Sustancia química derivada del ácido barbitúrico que se utiliza como tranquilizante y somnífero.

verónica f. Nombre común de diversas plantas herbáceas de la familia de las escrofulariáceas, de hojas dentadas, flores azules o púrpura, agrupadas en espigas axilares, cimas o racimos. || Pase del toreo que se ejecuta con la capa extendida o abierta con ambas manos enfrente de la res, en la que el torero se encuentra casi de perfil.

verosímil adj. Con apariencia de verdadero. || FAM. verosimilitud, verosímilmente.

verosimilitud f. Apariencia de verdadero o con posibilidad de ser creído.

verraco m. Cerdo semental. || Escultura del arte prerrománico celta hispánico que representa un toro o un cerdo y que probablemente fuera adorada como divinidad protectora del ganado. || FAM. verraquear, verraquera.

verraquera f. *amer.* Situación complicada, de difícil solución. || *amer. col.* Valor, energía. || *amer. vulg.* Excitación sexual.

verriondera f. *amer. col.* Enfado fuerte.

verriondo, da adj. Se apl. al cerdo que está en celo. || FAM. verriondera.

verruga f. Excrecencia cutánea, por lo general redonda y rugosa. || FAM. verrugosidad, verrugoso.

versación f. *amer.* Conocimiento amplio y profundo que se tiene de una materia.

versado, da adj. Instruido, experto.

versal adj. y f. En impr., se apl. a la letra mayúscula. || FAM. versalita.

versalita adj. y f. En impr., se apl. a la letra mayúscula igual en tamaño a la minúscula.

versallesco, ca adj. De Versalles o relativo a este palacio y sitio real cercano a París. || Especialmente, se apl. a las costumbres de la corte francesa establecida en dicho lugar, que tuvo su apogeo en el siglo XVIII. || Se dice del lenguaje y de los modales afectadamente corteses.

versar intr. Tratar de una determinada materia un libro, discurso o conversación. ◆ Se usa con la prep. *sobre* o con la loc. adv. *acerca de.* || FAM. versación, versado.

versátil adj. De genio o carácter voluble e inconstante. || Adaptable a muchas cosas o que tiene varias aplicaciones. || Se apl. a los dedos de las aves que pueden volverse hacia atrás o hacia delante. || FAM. versatilidad.

versatilidad f. Facilidad grande para el cambio, sobre todo de genio o carácter.

versear tr. *amer*. Engañar a alguien para conseguir una cosa.

versículo m. Cada división breve de los capítulos de ciertos libros, especialmente los religiosos. ‖ Verso de extensión variable que se da en la poesía moderna y que no sigue ninguna rima.

versificar intr. Componer versos. ‖ tr. Poner en verso. ‖ FAM. versificación, versificador.

versión f. Traducción. ‖ Modo que tiene cada uno de referir un mismo suceso. ‖ Cada narración o descripción distinta de un mismo hecho, del texto de una obra o de la interpretación de un tema. ‖ FAM. versionar.

versionar tr. Realizar una nueva versión de algo, especialmente si es una obra artística o musical.

verso m. Palabra o conjunto de palabras sujetas a medida y ritmo o solo a ritmo. ‖ Obra literaria que sigue estas reglas. ‖ En contraposición a prosa, género literario al que pertenecen este tipo de obras. ‖ **verso alejandrino** Verso que tiene catorce sílabas y está formado por dos hemistiquios. ‖ **verso anapéstico** Verso de la poesía griega y latina compuesto por anapestos. ‖ **verso blanco** Verso que no está sujeto a rima. ‖ **verso coriámbico** Verso de la poesía griega y latina compuesto por coriambos. ‖ **verso dactílico** Verso de la poesía griega y latina compuesto por dáctilos. ‖ **verso de arte mayor** Verso que tiene más de ocho sílabas. ‖ **verso de arte menor** Verso que no supera las ocho sílabas. ‖ **verso libre** Verso que no está sujeto ni a rima ni a medida. ‖ **verso suelto** El que no rima con ningún otro. ‖ **verso trocaico** Verso latino de siete pies, de los que unos son troqueos y los demás espondeos y yambos. ‖ **verso yámbico** Verso de la poesía griega y latina formado, exclusivamente o no, por yambos. ‖ FAM. versículo, versificar, versolari.

versolari m. Coplero, improvisador de versos del País Vasco y Aragón.

versus (voz lat.) prep. Frente a, contra. ◆ Es una voz de uso culto.

vértebra f. Cada uno de los huesos que, articulados entre sí, forman la columna vertebral. ‖ FAM. vertebrado, vertebral, vertebrar.

vertebrado, da adj. Estructurado, dividido. ‖ adj. y m. De los vertebrados o este subfilo de cordados. ‖ m. pl. Subfilo de cordados que tienen esqueleto con columna vertebral y cráneo y sistema nervioso central constituido por médula espinal y encéfalo.

vertebral adj. De las vértebras o relativo a ellas.

vertebrar tr. Dar consistencia o estructura internas, dar organización y cohesión. ‖ FAM. vertebración.

vertedero m. Sitio donde o por donde se vierten basuras, escombros, desperdicios o aguas residuales. ‖ Escape para dar salida a los excesos de agua en presas, alcantarillado o cisternas.

vertedor m. Canal o conducto por el que se da salida a las aguas o a las inmundicias.

verter tr. Derramar o vaciar líquidos, y también cosas menudas, como sal o harina. También prnl. ‖ Inclinar una vasija o volverla boca abajo para vaciar su contenido. También prnl. ‖ Traducir de una lengua a otra. ‖ Expresar un concepto, una idea o un sentimiento. ‖ intr.

Desembocar una corriente de agua. También tr. ◆ **Irreg.** Se conj. como *entender*. ‖ FAM. versar, versión, verso, vertedera, vertedero, vertedor, vertible, vertido, vertiente, vertimiento, vierteaguas.

vertical adj. Que es perpendicular a una línea o plano horizontal. ‖ Se apl. a la organización fuertemente jerarquizada en la que cada parte inferior depende estrechamente del máximo nivel: *sindicato vertical*. ‖ adj. y f. En geom., se dice de la recta o del plano perpendiculares al del horizonte. ‖ En figuras, dibujos, escritos o impresos, se dice de la línea, disposición o dirección que va de la cabeza al pie. ‖ FAM. verticalidad, verticalismo, verticalización, verticalmente.

verticalidad f. Posición perpendicular a la línea del horizonte.

vértice m. En geom., punto en que se unen los lados de un ángulo o las caras de un poliedro. ‖ En geom., punto de una curva en el que la curvatura es máxima o mínima. ‖ Extremo o punto más alto de una cosa. ‖ FAM. vertical, verticilo.

verticilo m. Conjunto de tres o más ramos, hojas, flores, pétalos u otros órganos que están en un mismo plano alrededor de un tallo. ‖ FAM. verticilado.

vertido m. Cosa que se vierte. ‖ Derramamiento de un líquido o algo semejante. ‖ pl. Materiales de desecho que las instalaciones industriales o energéticas arrojan a vertederos o al agua.

vertiente f. Declive por donde corre el agua. ‖ Cada falda de una montaña, o conjunto de las de una cordillera con la misma orientación. ‖ Cada plano inclinado de un tejado. ‖ Cada aspecto o punto de vista desde los que se puede analizar algo.

vertiginoso, sa adj. Que causa vértigo o lo produce. ‖ Que se mueve muy rápido. ‖ FAM. vertiginosamente, vertiginosidad.

vértigo m. Trastorno del sentido del equilibrio caracterizado por una sensación de movimiento rotatorio del cuerpo o de los objetos que lo rodean. ‖ Sensación semejante al mareo, producida por una impresión muy fuerte. ‖ Apresuramiento anormal de la actividad de una persona o colectividad. ‖ FAM. vertiginoso.

vesania f. Locura, demencia, furia. ‖ FAM. vesánico.

vesícula f. Órgano en forma de cavidad o saco, lleno de un líquido o de aire: *vesícula biliar*. ‖ Vejiga pequeña en la epidermis. ‖ FAM. vesical, vesicante, vesicatorio, vesicular.

vesicular adj. Que tiene forma de vesícula. ‖ De la vesícula o relativo a ella.

véspero m. *poét*. El planeta Venus como lucero de la tarde. ‖ *poét*. Anochecer, últimas horas de la tarde. ‖ FAM. vespertino.

vespertino, na adj. De la tarde o relativo a ella. ‖ m. Diario que sale por la tarde.

vestal adj. De la diosa romana Vesta o relativo a ella. ‖ Se apl. a la doncella romana que estaba consagrada a esta diosa. También f.

vestíbulo m. Atrio o portal que está a la entrada de un edificio. ‖ En los hoteles y otros grandes edificios, sala de amplias dimensiones próxima a la entrada. ‖ Recibidor, pieza que da entrada a las diferentes habitaciones de una vivienda. || Una de las cavidades comprendidas en el laberinto del oído de los vertebrados. || FAM. vestibular.

vestido m. Prenda o conjunto de prendas exteriores con las que se cubre el cuerpo. || Prenda de vestir exterior femenina de una sola pieza, desde los hombros hasta más arriba o abajo de las rodillas. || FAM. vestidor, vestidura, vestimenta, vestir, vestuario.

vestidor m. Habitación para vestirse y arreglarse. || *amer.* Vestuario.

vestidura f. Vestido. || Vestido que, sobrepuesto al ordinario, usan los sacerdotes para el culto divino. Más en pl. || **rasgarse** uno **las vestiduras** loc. Entre los hebreos, manifestación de duelo. || Escandalizarse, mostrar indignación, generalmente de forma hipócrita.

vestigio m. Recuerdo, señal o noticia que queda de algo pasado. || Monumento o ruina que se conserva de pueblos antiguos. || Indicio por el que se infiere la verdad de algo. || FAM. vestigial.

vestimenta f. Vestidura.

vestir tr. Cubrir o adornar el cuerpo con el vestido. También prnl. || Llevar un determinado vestido, color, o hacerlo de una determinada forma. También intr. || Proporcionar el dinero necesario para el vestido. || Hacer los vestidos para otro. También prnl. || Guarnecer o cubrir una cosa con otra para defensa o adorno. || intr. Ser una prenda, material, o color, especialmente elegante o apropiada para lucirse. || Llevar vestido con o sin gusto. || prnl. Sobreponerse una cosa a otra, cubriéndola. || **de vestir** loc. adj. Se apl. a la ropa elegante o más elegante de lo normal. ◆ **Irreg.** Se conj. como *pedir.* || FAM. vestición.

vestón m. *amer. col.* Chaqueta.

vestuario m. Conjunto de vestidos. || Conjunto de trajes necesarios para una representación escénica. || En instalaciones deportivas, fábricas, u otros lugares públicos, local destinado a cambiarse de ropa. Más en pl.

veta f. Faja o lista de una materia que se distingue de la masa en que se halla interpuesta. || Filón de un mineral. || FAM. vetear.

vetar tr. Poner el veto a una proposición, acuerdo o medida. || FAM. vedar.

veteado, da adj. Que tiene vetas.

vetear tr. Señalar o pintar vetas imitando las de la madera, el mármol u otro material similar. || FAM. veteado.

veteranía f. Experiencia o antigüedad en una profesión o actividad.

veterano, na adj. y s. Se apl. al militar experto por haber servido mucho tiempo o haber participado en la guerra. || Experimentado en cualquier profesión o ejercicio. || FAM. veteranía.

veterinaria f. Ciencia que estudia, previene y cura las enfermedades de los animales. || FAM. veterinario.

veterinario, ria adj. De la veterinaria o relativo a esta ciencia. || m. y f. Persona que se halla legalmente autorizada para profesar y ejercer la veterinaria.

veto m. En algunas organizaciones internacionales, derecho que tienen las grandes potencias de oponerse a una resolución mayoritaria. || Denegación, prohibición. || FAM. vetar.

vetusto, ta adj. Muy antiguo o de mucha edad. || FAM. vetustez.

vez f. Cada realización de un suceso o de una acción en momento y circunstancias distintos. || Tiempo u ocasión determinada en que se ejecuta una acción, aunque no incluya orden sucesivo. || Alternación de las cosas por turno. || Tiempo u ocasión de hacer una cosa por turno. || Lugar que a uno le corresponde cuando varias personas han de actuar por turno: *¿quién da la vez?* || pl. Función de una persona o cosa: *hizo las veces de jefe.* || **a la vez** loc. adv. A un tiempo, simultáneamente. || **a su vez** loc. adv. Por orden sucesivo y alternado; también, por su parte: *él, a su vez, le hizo otro regalo.* || **a veces** loc. adv. En ocasiones. || **de una vez** loc. adv. Con una sola acción; también de una forma definitiva: *a ver si acabamos de una vez.* || **en vez de** loc. prepos. En sustitución de una persona o cosa; también, al contrario, lejos de: *compró una moto en vez de un coche.* || **tal vez** loc. adv. Quizá.

vía f. Camino por donde se transita. || Raíl del ferrocarril o del tranvía. || Cualquiera de los conductos por donde pasan el organismo algunos líquidos, el aire, los alimentos y los residuos de digestión: *vías respiratorias.* || Sistema de transporte o comunicación: *vía satélite, aérea.* || Sistema, método o procedimiento: *vía judicial.* || En der., ordenamiento procesal: *vía ejecutiva, sumarísima.* || Modo de administración de un medicamento: *vía oral.* || Entre los ascéticos, modo de vida espiritual encaminada a la perfección de la virtud: *vía purgativa, iluminativa y unitiva.* || **Vía Láctea** Franja ancha de luz blanca y difusa que atraviesa oblicuamente casi toda la esfera celeste; si se mira con el telescopio, se ve que está compuesta por muchísimas estrellas. || **vía de agua** Rotura por donde entra agua en una embarcación. || **vía férrea** Conjunto formado por los carriles por los que circula un tren o tranvía junto con otros elementos. || **vía muerta** Vía sin salida que sirve para apartar los vagones y las máquinas de la circulación. || **vía pública** Calle, plaza, camino u otro sitio por donde transita o circula el público. || **de vía estrecha** loc. adj. *col.* Se apl. a la persona o cosa de poca importancia o valía. || **en vía muerta** loc. adv. En una situación de bloqueo y estancamiento. || **en vías de** loc. prepos. En curso, en camino de. || **por vía** loc. adv. De forma, a través de. || FAM. viabilidad, viable, vía crucis, viaducto, viajar, vial, viandante, viario, viático.

viabilidad f. Posibilidad de llevar a cabo algo. || Posibilidad de vivir o de existir: *viabilidad de un feto.*

viable adj. Que puede vivir o existir, aplicado principalmente a los recién nacidos que tienen las condiciones necesarias para seguir viviendo. || Que puede llevarse a cabo: *proyecto viable.* || Que se puede transitar. || FAM. viabilidad.

viacrucis m. Camino señalado con diversas estaciones de cruces o altares, y que se recorre rezando en cada una de ellas, en memoria de los pasos que dio Jesucristo caminando al Calvario. || Conjunto de 14 cruces o de 14 cuadros que representan los pasos del Calvario. || Rezos para conmemorar los pasos del Calvario. || Sufrimiento continuado de una persona. ◆ No varía en pl.

viaducto m. Puente para el paso de un camino o una vía férrea sobre una hondonada.

viajante adj. y com. Que viaja. || com. Representante comercial que hace viajes para negociar ventas o compras.

viajar intr. Trasladarse de un lugar a otro, generalmente distante, por cualquier medio de locomoción. || Recorrer un medio de transporte una distancia. || Ser transportada una mercancía. || col. Estar bajo los efectos de un alucinógeno. || FAM. viajante, viaje.

viaje¹ m. Recorrido o itinerario que se realiza para ir de un lugar a otro. || Carga que se lleva de una vez. || col. Estado de alucinación producido por un narcótico. || **viaje relámpago** Viaje que se hace para estar en un sitio durante muy poco tiempo y resolver algún asunto urgente. || FAM. viajero.

viaje² m. Corte sesgado que se da a alguna cosa. || col. Acometida inesperada, y por lo común a traición, con arma blanca y corta. || Golpe, empujón o embestida. || Corte profundo y grande.

viajero, ra adj. y s. Que viaja.

vial¹ adj. De la vía o relativo a ella: seguridad vial. || FAM. viario.

vial² m. Frasquito destinado a contener un medicamento inyectable, del cual se van extrayendo las dosis convenientes.

vianda f. Comida, especialmente carne y pescado. || amer. Frutos y tubérculos comestibles que se sirven guisados. || amer. Fiambrera, recipiente para guardar y transportar la comida.

viandante com. Persona que camina o transita un lugar.

viaraza f. Diarrea. || amer. Acción inconsiderada y repentina.

viario, ria adj. De los caminos y carreteras, o relativo a ellos.

viático m. En la Iglesia católica, sacramento de la eucaristía que se administra al enfermo que está en peligro de muerte. || FAM. viaticar.

víbora f. Nombre común de diversas especies de reptiles escamosos ofidios de cuerpo cilíndrico y alargado, cabeza triangular y con dos dientes retráctiles y huecos en forma de gancho con los que al morder inoculan el veneno que producen en una glándula con la que están conectados. || col. Persona con malas intenciones. || FAM. viborear, viperino.

viborear intr. amer. Serpentear. || amer. Criticar a una persona.

vibración f. Cada uno de los movimientos vibratorios o doble oscilación de las moléculas o partículas de un cuerpo elástico, que pasa por una posición central de equilibrio. || Movimiento repetido de los órganos de las cavidades productoras del sonido que crea una onda sonora al salir el aire. || pl. col. Corriente de simpatía o antipatía que se supone emana una persona.

vibrador, ra adj. Que vibra. || m. Aparato que transmite las vibraciones eléctricas. || Aparato electrónico con forma cilíndrica cuyas vibraciones se pueden utilizar para la estimulación sexual.

vibráfono m. Instrumento musical formado por una serie de láminas metálicas de tamaños graduados que vibran al ser golpeadas con unas pequeñas mazas.

vibrante adj. Que vibra. || adj. y f. En fon., se apl. al sonido cuya pronunciación se caracteriza por un rápido contacto oclusivo, simple o múltiple, entre los órganos de la articulación, como el de la r.

vibrar intr. Hacer un cuerpo pequeños y rápidos movimientos más o menos intensos. || Sonar la voz de forma entrecortada. || Emocionarse, conmoverse. || Experimentar un cuerpo elástico cambios alternativos de forma, haciendo que sus puntos oscilen de modo sincrónico en torno a sus posiciones de equilibrio, sin que el campo cambie de lugar. || FAM. vibración, vibrado, vibrador, vibráfono, vibrante, vibrátil, vibratorio, vibrio, vibrión.

vibrátil adj. Que puede vibrar. || Se apl. al movimiento que realizan ciertas células por medio de sus cilios.

vibratorio, ria adj. Que vibra o puede vibrar.

vibrio m. Nombre común de diversas bacterias que tienen forma de coma y generalmente flagelada.

vibrión m. Cualquiera de las bacterias de forma encorvada, como la productora del cólera.

vibrisas f. pl. Pelos rígidos más o menos largos que actúan como receptores táctiles y que presentan gran número de mamíferos en distintas partes de la cabeza y de los miembros, especialmente sobre los labios. || Plumas con función táctil que algunas aves tienen junto al pico. || Pelos sensoriales de las plantas insectívoras, como los de la dionea o atrapamoscas.

vicaría f. Oficio o dignidad de vicario. || Oficina o tribunal en que despacha el vicario. || Territorio de la jurisdicción del vicario. || **pasar por la vicaría** loc. Tramitar el expediente eclesiástico de matrimonio. || Casarse por la Iglesia.

vicario, ria adj. y s. Se apl. a la persona que sustituye a otra en determinados asuntos o funciones. || m. Juez eclesiástico nombrado y elegido por los prelados para que ejerza sobre sus súbditos la jurisdicción ordinaria. || Sacerdote que ayuda al párroco y está bajo la autoridad de este. || **vicario apostólico** Prelado que rige cierta circunscripción eclesiástica en territorios de misión o en aquellos donde aún no está introducida la jerarquía de la Iglesia. || **vicario de Cristo** Uno de los títulos dados al papa. || FAM. vicaría, vicarial, vicariato.

vice- pref. que significa 'en vez de' o 'inmediatamente inferior a': vicesecretario. ◆ Puede tomar las formas vi- o viz-: virreina, vizcondesa.

vicealmirante m. Oficial general de la armada, inmediatamente inferior al almirante. || FAM. vicealmirantazgo.

vicecanciller m. Cardenal presidente de la curia romana para el despacho de las bulas y breves apostólicos. || com. Persona que hace el oficio de canciller, a falta de este. || FAM. vicecancillería.

vicecónsul com. Persona de categoría inmediatamente inferior al cónsul, funcionario que ejerce protección de personas e intereses de un Estado en otro. || FAM. viceconsulado.

vicepresidente, ta m. y f. En un Gobierno, una colectividad o un organismo, persona de categoría inmediatamente inferior a la de presidente y que puede sustituirlo en determinadas ocasiones. ‖ FAM. vicepresidencia.

vicerrector, ra m. y f. Persona de categoría inmediatamente inferior a la de rector y que puede sustituirlo en determinadas ocasiones.

vicesecretario, ria m. y f. En una oficina, organización o reunión, persona de categoría inmediatamente inferior a la de secretario y que puede sustituirlo en determinadas ocasiones. ‖ FAM. vicesecretaría.

vicetiple f. Cantante de voz más grave que la de la tiple o soprano. ‖ En las operetas y revistas, cada una de las cantantes que intervienen en los números de conjunto.

viceversa adv. m. Al contrario, al revés.

vichear tr. *amer.* Espiar u observar a escondidas a algo o alguien.

vichy (voz fr.) m. Tela fuerte de algodón de rayas o cuadros.

vichyssoise (voz fr.) f. Sopa fría o caliente hecha con puerros, cebolla, patata, mantequilla y crema de leche.

viciado, da adj. Se apl. al aire cargado o no renovado de un lugar cerrado. ‖ Se dice del ambiente en el que hay tensiones y problemas.

viciar tr. Dañar o corromper física o moralmente. También prnl. ‖ Alterar un escrito o noticia, cambiando su sentido. ‖ En der., anular la validez de un acto. ‖ Deformar. También prnl. ‖ FAM. viciado.

vicio m. Excesiva afición a algo, especialmente si es perjudicial. ‖ Mala costumbre, hábito de obrar mal. ‖ Cosa a la que es fácil aficionarse. ‖ Deformación, desviación o alabeo que presenta una superficie. ‖ En der., falta o defecto de las cosas, especialmente en un documento o un acto público: *vicio de forma*. ‖ Lozanía y frondosidad excesivas, perjudiciales para el desarrollo de la planta. ‖ **de vicio** loc. adv. Sin necesidad o motivo, como por costumbre: *quejarse de vicio*. ‖ loc. adv. y adj. *col.* Muy bien o muy bueno: *comimos de vicio*. ‖ FAM. viciar, viciosamente, vicioso.

vicioso, sa adj. Que tiene algún vicio, error o defecto. ‖ Que tiene algún vicio o mala costumbre.

vicisitud f. Circunstancia cambiante. ‖ Sucesión de acontecimientos favorables y adversos.

víctima f. Persona que padece daño por culpa ajena o por causa fortuita. ‖ Persona que muere en dichas condiciones. ‖ Persona que sufre las consecuencias de sus propias acciones o de las de otros. ‖ Persona o animal sacrificado o destinado al sacrificio. ‖ **hacerse la víctima** loc. Quejarse sin motivo. ‖ FAM. victimar, victimario, victimismo.

victimar tr. *amer.* Matar, asesinar.

victimario, ria m. y f. Asesino. ‖ m. Sirviente de los antiguos sacerdotes encargado de preparar el altar y la víctima para el sacrificio.

victimismo m. Actitud de una persona que se considera más perjudicada que el resto sin motivos suficientes. ‖ FAM. victimista.

victoria f. Superioridad demostrada en una lucha al vencer a un rival. ‖ Coche de dos asientos, abierto y con capota. ‖ **cantar victoria** loc. Celebrar y festejar una victoria. ‖ FAM. victorioso.

victoriano, na adj. y s. De la reina Victoria I de Inglaterra, de su época o relativo a ellas: *mobiliario victoriano*.

victorioso, sa adj. Que ha conseguido una victoria. También s. ‖ Se apl. a la acción en la que se consigue. ‖ FAM. victoriosamente.

vicuña f. Mamífero artiodáctilo de cuello y orejas largas, sin cuernos y con las patas muy esbeltas, de pelo largo y sedoso de color amarillento y rojo oscuro en el dorso. ‖ Lana de este animal. ‖ Tejido que se hace de esta lana.

vid f. Nombre común de diversas plantas de la familia vitáceas, vivaces y trepadoras, con hojas palmeadas, flores de color verde y cuyo fruto es la uva. ‖ FAM. viticultura, vidvinicultura.

vida f. Capacidad de los seres vivos para desarrollarse, reproducirse y mantenerse en un ambiente. ‖ Existencia de seres vivos. ‖ Espacio de tiempo que transcurre desde el nacimiento de un ser vivo hasta su muerte. ‖ Duración de las cosas. ‖ Conjunto de medios para vivir. ‖ Modo de vivir. ‖ Ser humano. ‖ Relato de la existencia de una persona. ‖ Prostitución: *echarse a la vida*. ‖ Cualquier cosa que produce una gran satisfacción o da valor a la existencia de alguien. ‖ Animación, diversión. ‖ Expresión, viveza, especialmente referido a los ojos. ‖ Estado del alma después de la muerte, según algunas religiones. ‖ Unión del alma con el cuerpo en algunas religiones. ‖ Actividad o conjunto de actividades de un grupo social. ‖ **buena vida** Vida cómoda y regalada. ‖ **vida y milagros** *col.* Toda la vida de alguien, hasta los más pequeños detalles. ‖ **amargar la vida** loc. Hacer desagradable la vida a alguien. ‖ **a vida o muerte** loc. adv. Que se realiza con gran riesgo de la vida. ‖ **buscar**, o **buscarse** uno **la vida** loc. *col.* Conseguir lo necesario para vivir, o bastarse uno solo para solucionar un asunto. ‖ **dar la vida** loc. Sacrificarse por alguien. ‖ **dar vida** loc. Representar un personaje en una obra. ‖ **de por vida** loc. adv. Por todo el tiempo de la vida. ‖ **de toda la vida** loc. adv. Desde hace mucho tiempo, desde que se tiene memoria. ‖ **esto es vida** loc. *col.* Expresión que se utiliza para mostrar que se está disfrutando de algo muy agradable. ‖ **en la vida** loc. adv. Nunca. ‖ **hacer la vida imposible** loc. Molestar, hacer sufrir a una persona de forma continuada. ‖ **ir la vida en** algo loc. Ser algo muy importante para alguien. ‖ **pasar a mejor vida** loc. *col.* Morir. ‖ **perder la vida** loc. Morir, especialmente si es de modo violento. ‖ FAM. vidajenear, vidalita, vidorra, vital, vitamina, vivir.

vidajenear tr. *amer. col.* Fisgonear.

vidala o **vidalita** f. *amer.* Canción popular argentina, de tono melancólico, y de tema amoroso.

vidente adj. Que tiene capacidad para ver. ‖ com. Persona capaz de adivinar el futuro y esclarecer lo pasado.

video m. *amer.* Vídeo.

vídeo m. Técnica para grabar cintas de imagen y sonido (videocasetes) por métodos electromagnéticos, que se sirve de una cámara, un magnetoscopio y un televisor. ‖ Aparato para grabar y reproducir videocasetes. Es sinónimo de *magnetoscopio*. ‖ Filmación obtenida mediante este sistema. ‖ *col.* Videocasete. ‖ FAM. videoaficionado, videoarte, videocámara, videocasete, videocasetera, videocinta, videoclip, videoclub, videocomunicación, videoconferencia, videoconsola, videocontrol, videodisco, videófono, videofrecuencia, videograbadora, videograbar, videográfico, videoimpresora, videoinformador, videojuego, videolibro, videomarcador, videomensaje, videotape, videoteca, videoteléfono, videotexto.

video- pref. que significa 'vídeo' o 'televisión': *videojuego, videocasete.*

videoaficionado, da m. y f. Persona a la que le gusta grabar películas en vídeo.

videoarte m. Técnica de vídeo utilizada para la expresión artística.

videocámara f. Cámara de vídeo.

videocasete f. Cinta magnética en que se registran imágenes y sonidos.

videocasetera f. *amer.* Aparato reproductor de vídeo.

videocinta f. Videocasete.

videoclip m. Filmación en vídeo en que se acompaña o se promociona una canción. ◆ pl. *videoclips.*

videoclub m. Establecimiento donde se alquilan y venden cintas de vídeo y DVD grabadas. ◆ pl. *videoclub* o *videoclubes.*

videocomunicación f. Comunicación realizada a través de un videoteléfono o mediante una videoconferencia.

videoconferencia f. Servicio que permite celebrar una reunión entre personas que están en diferentes lugares, mediante la transmisión y recepción instantánea de imágenes de vídeo.

videoconsola f. Consola de videojuegos.

videocontrol m. Vigilancia de un lugar mediante un circuito cerrado de televisión.

videodisco m. Disco en que se registran imágenes y sonido que, mediante un rayo láser, pueden ser reproducidos en un televisor.

videófono m. Teléfono combinado con un sistema de televisión que permite que los interlocutores puedan verse y hablar a un tiempo. || FAM. videofonía.

videofrecuencia f. Frecuencia empleada en la transmisión de imágenes de televisión.

videograbar tr. *amer.* Grabar en vídeo. || FAM. videograbadora.

videojuego m. Juego electrónico para ordenador o videoconsola.

videolibro m. Libro cuyo contenido se halla total o principalmente en imágenes.

videomarcador m. Pantalla capaz de reproducir imágenes de vídeo, que en los estadios deportivos se emplea como marcador.

videotape m. *amer.* Videocasete.

videoteca f. Colección de cintas de vídeo grabadas. || Lugar donde se guardan. || Videoclub.

videoteléfono m. Sistema telefónico que permite ver la imagen del interlocutor en una pantalla, videófono. || FAM. videotelefonía.

videotex (voz i.) m. Videotexto.

videotexto m. Sistema de comunicación que transmite a una pantalla textos informatizados a través de una señal telefónica o televisiva.

vidorra f. *col.* Vida cómoda y regalada.

vidriar tr. Dar a las piezas de barro o loza un barniz que, fundido al horno, toma la transparencia y brillo del vidrio. || prnl. Ponerse vidriosa alguna cosa: *vidriarse los ojos.* || FAM. vidriado.

vidriera f. Bastidor con vidrios, generalmente de distintos colores, en que se cierran puertas y ventanas. || Ventanales artísticos con figuras de las catedrales góticas. || Escaparate.

vidrierista com. *amer.* Escaparatista.

vidrio m. Sustancia dura, frágil, transparente, formada de sílice, potasa o sosa y pequeñas cantidades de otras bases. || Cualquier lámina u objeto hecho de esta sustancia. || FAM. vidriar, vidriera, vidriería, vidrierista, vidriero, vidrioso.

vidrioso, sa adj. Que fácilmente se quiebra como el vidrio. || Se apl. al asunto comprometido o embarazoso, que debe tratarse con cuidado. || Se dice de los ojos cuando parecen estar cubiertos de una capa transparente y líquida. || FAM. vidriosidad.

vieira f. Nombre común de diversos moluscos bivalvos cuya concha, llamada venera, tiene la valva izquierda convexa y la izquierda plana, con un número de acanaladuras que oscila entre 14 y 17. Es comestible y muy común en los mares de Galicia. || Esta concha.

viejales m. *col.* Persona vieja. ◆ No varía en pl.

viejo, ja adj. Que tiene muchos años. También s. || De aspecto poco joven. || Antiguo o del tiempo pasado. || Deslucido, estropeado por el uso. || m. y f. *argot* Padre o madre. || FAM. vejestorio, vejete, vejez, viejales, viejarrón.

viento m. Corriente de aire producida en la atmósfera por el encuentro de diferentes presiones en áreas distintas. || Conjunto de instrumentos de viento de una orquesta o banda de música. || Cuerda larga o alambre que se ata a una cosa para mantenerla derecha en alto o moverla con seguridad hacia un lado. || Rumbo, dirección trazada en el plano del horizonte. || Corriente, moda, movimiento: *vientos de la revolución, en el vestir.* || **vientos alisios** Los que soplan desde los trópicos hacia la zona ecuatorial, con intensidad constante durante todo el año. || **vientos contralisios** Los que soplan desde la zona ecuatorial hacia los trópicos, con intensidad constante a lo largo del año. || **a los cuatro vientos** loc. adv. Por todas partes, en todas direcciones. || **beber los vientos por alguien** loc. *col.* Estar muy enamorado de una persona. || **con viento fresco** loc. adv. *col.* Expresión que denota enojo o desprecio. || **irse** algo **a tomar viento(s)** loc. *col.* Malograrse, fracasar. || **llevarse** algo **el viento** loc. Perderse por falta de estabilidad. || **viento en popa** loc. adv. *col.* Sin dificultades, con prosperidad. || FAM. ventarrón, ventear, ventilar, ventisca, ventolera, ventoso.

vientre m. Cavidad del cuerpo de los animales vertebrados que contiene los órganos principales del aparato digestivo, genital y urinario. || Conjunto de las vísceras contenidas en esta cavidad. || Región exterior del cuerpo correspondiente al abdomen. || Panza de las vasijas y recipientes. || **hacer de vientre** loc. Defecar, expulsar los excrementos por el ano. || FAM. ventral, ventrecha, ventresca, ventrílocuo, ventrudo.

viernes m. Día de la semana, entre el jueves y el sábado. ◆ No varía en pl.

vierteaguas m. Resguardo colocado con cierta inclinación sobre algo para que escurra el agua de lluvia. ◆ No varía en pl.

vietnamita adj. y com. De Vietnam o relativo a este país asiático.

viga f. Madero largo y grueso que sirve para formar los techos en los edificios y asegurar las construcciones. ‖ Hierro de doble T para los mismos usos que la viga de madera. ‖ **viga maestra** La que sostiene otras vigas o cuerpos superiores de una construcción. ‖ FAM. viguería, vigueta.

vigencia f. Cualidad de vigente: *vigencia de una ley*.

vigente adj. Referido especialmente a las leyes y costumbres, en vigor, en uso: *acuerdo, estética vigente*. ‖ FAM. vigencia.

vigésimo, ma adj. num. ord. Que ocupa el lugar número veinte en una serie ordenada de elementos. ‖ adj. num. frac. Se apl. a cada una de las veinte partes iguales en que se divide un todo. También m. ‖ FAM. vigesimal.

vigía com. Persona que vigila, generalmente desde un lugar elevado. ‖ f. Torre elevada desde la que se vigila.

vigilancia f. Acción y resultado de vigilar. ‖ Servicio organizado y preparado para vigilar.

vigilante adj. Que vigila. ‖ com. Persona encargada de la vigilancia y el control de algo.

vigilar intr. y tr. Observar a una persona o cosa, atenderla cuidadosamente. ‖ FAM. vigía, vigilancia, vigilante, vigilia.

vigilia f. Acción de estar despierto o en vela. ‖ Falta de sueño o dificultad de dormirse. ‖ Víspera de una festividad religiosa. ‖ Abstinencia de comer carne ciertos días de la semana por motivos religiosos.

vigor m. Fuerza o actividad notable de las cosas animadas o inanimadas. ‖ Viveza o eficacia de las acciones en la ejecución de las cosas. ‖ Hecho de tener validez leyes o normas, o de seguir practicándose modas y estilos. ‖ Entonación o expresión enérgica en las obras artísticas o literarias. ‖ FAM. vigorizar, vigoroso.

vigorizar tr. y prnl. Dar vigor. ‖ Animar, esforzar. ‖ FAM. vigorizador, vigorizante.

vigoroso, sa adj. Que tiene vigor, fuerza. ‖ FAM. vigorosamente.

vigueta f. Barra de hierro laminado destinada a la edificación.

vihuela f. Instrumento de cuerda pulsado con arco o plectro. ‖ FAM. vihuelista.

vihuelista com. Intérprete de vihuela.

vikingo, ga adj. y s. De un grupo de pueblos de navegantes y guerreros escandinavos que entre los siglos VIII y XI realizaron numerosas expediciones por las costas de Europa occidental, o relativo a él.

vil adj. Bajo, despreciable. ‖ adj. y com. Se apl. a la persona malvada que no corresponde mal a la confianza que se deposita en ella. ‖ FAM. vileza, vilipendiar, vilmente.

vilano m. Apéndice de filamentos que corona el fruto de muchas plantas compuestas y le sirve para ser transportado por el aire. ‖ Flor del cardo.

vileza f. Cualidad de vil, bajeza. ‖ Acción vil.

vilipendiar tr. Despreciar a alguien, ofenderlo o humillarlo. ‖ FAM. vilipendiador, vilipendio.

vilipendio m. Desprecio, denigración.

villa f. Casa de recreo en el campo. ‖ Población con privilegios e importancia histórica. ‖ **la Casa de la Villa** El Ayuntamiento. ‖ **villa miseria** *amer.* Barrio de chabolas. ‖ FAM. villancico, villano, villero, villorrio.

Villadiego (coger o **tomar las de)** loc. *col.* Ausentarse inesperadamente, por lo general para huir de un riesgo o compromiso.

villancico m. Canción popular alegre que celebra el nacimiento de Jesucristo. ‖ Cancioncilla popular breve que frecuentemente servía de estribillo. ‖ Cierto género de composición poética de arte menor, con estribillo.

villanía f. Baja condición de nacimiento o estado. ‖ Acción ruin. ‖ Expresión indecente o grosera.

villano, na adj. Antiguamente, vecino de una villa o aldea, frente al noble o hidalgo. También s. ‖ Ruin, indigno. ‖ m. Baile español de los siglos XVI y XVII. ‖ FAM. villanaje, villanamente, villanería, villanesco, villanía.

villorrio m. *desp.* Población pequeña, aldea.

vilo (en) loc. adv. Suspendido, sin el fundamento o apoyo necesario. ‖ Con indecisión, inquietud e intranquilidad.

vilorta f. Vara de madera flexible que sirve para hacer aros. ‖ Cada una de las abrazaderas de hierro que sujetan al timón la cama del arado. ‖ Arandela metálica que sirve para evitar el roce entre dos piezas. ‖ FAM. vilorto.

vina f. Instrumento musical de cuatro cuerdas y dos calabazas como caja de resonancia.

vinacha f. *col. desp.* Vino de pésima calidad.

vinagre m. Líquido agrio producido por la fermentación ácida del vino y compuesto principalmente de ácido acético y agua. ‖ *col.* Persona de carácter áspero y desapacible. ‖ FAM. vinagrera, vinagrería, vinagrero, vinagreta, vinagrillo.

vinagrera f. Vasija para el vinagre. ‖ pl. Soporte con dos recipientes o frascos para el aceite y el vinagre, respectivamente, y a veces la sal y la pimienta, que se coloca como parte del servicio de mesa.

vinagreta f. Salsa de aceite, cebolla y vinagre a la que a veces se añaden otros ingredientes, como perejil o pimiento.

vinagrillo m. *amer.* Planta de la familia de las oxalidáceas, cuyo tallo contiene un jugo blanquecino bastante ácido.

vinajera f. Cada uno de los jarrillos con que se sirven en la misa el vino y el agua. ‖ pl. Conjunto de los dos y bandeja donde se colocan.

vinatero, ra adj. Del vino o relativo a él. ‖ m. y f. Persona que comercia con vinos. ‖ FAM. vinatería.

vinaza f. Especie de vino que se saca de los posos y las heces.

vinca o **vincapervinca** f. Planta herbácea de la familia de las apocináceas, de hojas enteras, brillantes y flores azules o malvas, que crece en los bosques y se cultiva en los jardines.

vincha f. *amer.* Cinta, elástico grueso o accesorio con que se sujeta el pelo sobre la frente.

vinchuca f. *amer*. Insecto hemíptero alado, parecido a la chinche, de unos 2 cm de largo: *la vinchuca chupa la sangre de las personas mientras duermen*. || *amer*. Flechilla, rehilete.

vinculación f. Acción y resultado de vincular o vincularse.

vinculante adj. Que vincula.

vincular tr. Unir o relacionar una persona o cosa con otra. También prnl. || Perpetuar o continuar una cosa. Más como prnl. || Hacer que la suerte o el comportamiento de alguien o algo dependan de los de otra persona o cosa. || Sujetar a una obligación. || FAM. vinculable, vinculación, vinculante, vincular.

vínculo m. Lo que ata, une o relaciona a las personas o las cosas. || En der., sujeción de los bienes al perpetuo dominio de una familia, sin poder partirlos o enajenarlos. || FAM. vincular.

vindicar tr. y prnl. Vengar. || Defender, generalmente por escrito, a una persona que ha sido injuriada o calumniada. || Reivindicar. || FAM. vindicación, vindicador, vindicativo, vindicatorio.

vindicativo, va adj. Se apl. al escrito en que se defiende la fama u opinión de alguien que ha sido injuriado o calumniado. || Que sirve para reivindicar. || Vengativo, inclinado a la venganza.

vinería f. *amer*. Tienda o comercio de vinos.

vinícola adj. De la fabricación del vino o relativo a ella. || FAM. vinicultura, vinicultor.

vinicultor, ra m. y f. Persona que se dedica a la vinicultura.

vinicultura f. Técnica que se ocupa de la elaboración y crianza de los vinos.

vinilo m. Radical químico no saturado derivado del etileno que posee una gran reactividad y tiene tendencia a formar compuestos polimerizados. || *col*. Disco compuesto con este radical.

vino m. Bebida alcohólica que se obtiene del zumo de las uvas exprimidas, y cocido naturalmente por fermentación. || P. ext., zumo de otras plantas o frutos. || **vino blanco** El de color dorado. || **vino clarete** El tinto claro. || **vino generoso** El que resulta más recio y es más añejo que el común. || **vino moscatel** El que se obtiene de la uva moscatel, de sabor muy dulce. || **vino peleón** El de mala calidad. || **vino rosado** El que presenta este color. || **vino tinto** El de color muy oscuro. || FAM. vinacha, vinagre, vinajera, vinatería, vinatero, vinaza, vinazo, vínico, vinícola, vinífero, vinificación, vinillo, vinoso, viña.

viña f. Terreno plantado de vides. || FAM. viñador, viñal, viñatero, viñedo.

viñador, ra m. y f. Persona que cultiva las viñas.

viñal m. *amer*. Viñedo.

viñatero, ra m. y f. *amer*. Persona que cultiva las vides o trabaja en la elaboración de los vinos.

viñedo m. Terreno plantado de vides, viña.

viñeta f. Dibujo que se pone como adorno al principio o fin de los libros y capítulos o en los márgenes de las páginas. || Cada uno de los recuadros, generalmente compuestos de imagen y texto, que forman una historieta gráfica. || Dibujo que aparece aislado en una publicación, acompañado a veces de un breve texto, y de carácter generalmente humorístico.

viola f. Instrumento musical semejante al violín, algo mayor y de sonido más grave. || com. Persona que lo toca. || FAM. violín, violón, violonchelo.

violáceo, a adj. Se apl. al color violeta. También m. || adj. y f. De las violáceas o relativo a esta familia de plantas. || f. pl. Familia de plantas angiospermas dicotiledóneas con hojas alternas, pequeñas estípulas, flores en racimos axilares y fruto en cápsula, como la violeta, el pensamiento y la trinitaria.

violación f. Acción y resultado de violar.

violado, da adj. y s. De color violeta.

violador, ra adj. y s. Que viola.

violar tr. Infringir una ley o un precepto. || Abusar sexualmente de una persona contra su voluntad, cuando se encuentra sin sentido, es menor de doce años o tiene algún trastorno mental. || Revelar secretos una persona que los tiene por razón de su cargo. || P. ext., revelar cualquier secreto. || Profanar un lugar sagrado o cualquier otra cosa que, muy respetada. || FAM. violación, violado, violador.

violencia f. Cualidad de violento. || Acción de utilizar la fuerza y la intimidación para conseguir algo. || Acción y resultado de violentarse. || En der., coacción.

violentar tr. Aplicar a cosas o personas medios violentos. También prnl. || Violar a una persona. || Poner a alguien en una situación violenta, comprometida o apurada. También prnl. || Dar a algo una interpretación falsa o errónea.

violento, ta adj. Brusco, muy fuerte o intenso. || Que se sirve de la fuerza en lugar de la razón. || Se apl. al periodo en que suceden guerras y otros acontecimientos sangrientos. || Que se irrita con facilidad y tiende a insultar o atacar a otros. || Que está fuera de su estado o postura natural. || Comprometido, difícil, apurado. || FAM. violar, violencia, violentamente, violentar.

violeta f. Planta herbácea violácea con flores moradas de olor muy suave y fruto en cápsula. Crece en el hemisferio norte. || Flor de esta planta. || adj. y m. Se apl. al color de las flores de esta planta. || FAM. violáceo, violado, violeta, violetera.

violía f. *amer*. Tabla plegable para planchar.

violín m. Instrumento musical de cuatro cuerdas, de sonido agudo, que se toca con arco. || Conjunto de instrumentos musicales de cuerda. || com. Persona que toca este instrumento. || FAM. violinista.

violinista com. Persona que toca el violín.

violón m. Contrabajo. || com. Persona que toca este instrumento.

violoncelo m. Violonchelo. || FAM. violoncelista.

violonchelista com. Persona que toca el violonchelo.

violonchelo m. Instrumento musical de la familia del violín, mayor que la viola y menor que el contrabajo, de cuatro cuerdas y registro grave, que se toca con arco. || com. Persona que toca este instrumento. || FAM. violonchelista.

vip com. Persona socialmente importante por su fama, poder o influencia. ◆ pl. *vips*. El nombre proviene de las siglas de *Very Important Person*.

visado

viperino, na adj. De la víbora o relativo a ella. || Que tiene sus características. || Malintencionado, que busca dañar o desprestigiar. || **lengua viperina** Persona malintencionada a la que le gusta criticar a las demás.

viracocha m. Nombre que los súbditos de los incas dieron a los conquistadores españoles por creerlos hijos de los dioses.

virago f. Mujer con características que se consideran propias de un hombre.

viraje m. Acción y resultado de cambiar de dirección un vehículo. || Cambio de orientación, conducta.

viral adj. De los virus o relativo a ellos, vírico.

virar tr. Girar cambiando de dirección, especialmente hablando de un buque. También intr. || Evolucionar, cambiar de ideas o de maneras de actuar. || Sustituir la sal de plata del papel fotográfico impresionado por otra más estable que produzca un color determinado. || FAM. virada, virador, viraje, virazón, virola.

virgen adj. Se apl. a la persona que no ha mantenido relaciones sexuales. También com. || Se dice del terreno que no ha sido cultivado o está aún sin explorar. || Que está en su estado original, que no ha recibido ningún tratamiento artificial o que todavía no ha sido utilizado: *cinta, pura lana virgen.* || f. La Virgen María. ◆ Se escribe con mayúscula. || Imagen que la representa. || FAM. virginal, virginidad, virgo.

virginal adj. Relativo a las personas vírgenes o a la Virgen María. || Puro, limpio, inmaculado. || m. Instrumento musical de teclado y cuerda, de la familia del clave, difundido en los siglos XVI y XVII.

virginidad f. Estado de la persona virgen. || Pureza.

virgo m. Himen. || Uno de los signos del Zodiaco, al que pertenecen las personas que han nacido entre el 23 de agosto y el 23 de septiembre. ◆ Se escribe con mayúscula. || adj. y com. Se apl. a la persona nacida bajo este signo. ◆ Con los dos últimos significados no varía en pl.

virguería f. Cosa delicada, exquisita y bien hecha. || **hacer virguerías** loc. *col.* Tener gran habilidad para hacer algo. || FAM. virguero.

vírgula f. Vara pequeña. || Línea o trazo corto y fino. || Vibrión causante del cólera. || FAM. virgulilla.

virgulilla f. Cualquier signo ortográfico con forma de coma o trazo.

vírico, ca adj. De los virus o relativo a ellos, viral.

viril adj. Del varón o relativo a él, varonil. || Que posee características consideradas propias del varón. || FAM. virago, virilidad, virilismo, virilización, virilizarse, virilmente, viripausia.

virilidad f. Calidad de viril.

viringo, ga adj. *amer.* Desnudo. || *amer.* Pelado, sin pelo.

virola f. Abrazadera de metal que se pone por remate o por adorno en algunos instrumentos. || Contera de bastón, paraguas u otros objetos semejantes.

virología f. Parte de la microbiología que estudia los virus. || FAM. virólogo.

virólogo, ga m. y f. Especialista en virología.

virósico, ca adj. *amer.* Vírico, viral.

virreinato m. Dignidad o cargo de virrey o virreina. || Tiempo que dura. || Territorio gobernado por un virrey o una virreina.

virrey, virreina m. y f. Persona que gobernaba un territorio en nombre y autoridad del rey. || f. Esposa del virrey. || FAM. virreinal, virreinato, virreino.

virtual adj. Con propiedad para producir un efecto aunque no lo produzca. || Implícito, tácito. || Que tiene existencia aparente y no real. || FAM. virtualidad, virtualmente.

virtud f. Cualidad personal que se considera buena y correcta. || Buena conducta, comportamiento que se ajusta a las normas o leyes morales. || Capacidad para obrar o surtir efecto. || **virtudes cardinales** En la religión católica, cada una de las cuatro siguientes: prudencia, justicia, fortaleza y templanza. || **virtudes teologales** En la religión católica, cada una de las tres siguientes: fe, esperanza y caridad. || **en virtud de** loc. adv. A consecuencia o como resultado de. || FAM. virtual, virtuoso.

virtuosismo m. Gran dominio de la técnica de un arte, particularmente en música.

virtuoso, sa adj. y s. Que tiene virtudes, y obra o se desarrolla según la virtud. || Se apl. al artista, particularmente al músico que domina extraordinariamente una técnica o arte. || FAM. virtuosamente, virtuosismo.

viruela f. Enfermedad infecciosa, contagiosa y epidémica producida por un virus y caracterizada por la erupción de pústulas que, al desaparecer, dejan huellas en la piel. || Cada una de las pústulas o ampollas producidas por esta enfermedad. || Granillo que sobresale en la superficie de ciertas cosas. || **viruelas locas** Las que no son malignas. || FAM. variólico, varioloso.

virulé (a la) loc. adj. y adv. *col.* Estropeado, torcido o en mal estado.

virulencia f. Fuerza o violencia con que se produce un ataque, especialmente de una enfermedad. || Mordacidad, ensañamiento o crueldad, especialmente en las palabras.

virulento, ta adj. Ocasionado por un virus o que participa de su naturaleza. || Se apl. a la manifestación de una enfermedad muy fuerte o violenta. || Se dice del estilo o lenguaje mordaz, hiriente. || FAM. virulencia.

virus m. Microorganismo de estructura simple, constituido por ácido nucleico y proteína, que necesita multiplicarse dentro de las células vivas y es causa de numerosas enfermedades. || En inform., programa que se incorpora a un ordenador a través de disquetes u otros sistemas de comunicación, y se ejecuta automáticamente en determinados momentos modificando o destruyendo los datos contenidos en el ordenador. ◆ No varía en pl. || FAM. viral, vírico, virología, virósico, virosis, virulento.

viruta f. Laminilla delgada de madera o metal que salta con el cepillo, la lija y otras herramientas.

vis f. Capacidad, fuerza: *vis cómica.*

visa f. *amer.* Visado.

visado m. Acción y resultado de visar la autoridad un documento. || Certificación o sello que se pone en un documento al visarlo, particularmente en un pasaporte.

visaje m. Mueca, gesto.

visar tr. Reconocer, examinar la autoridad competente un instrumento, una certificación, un pasaporte, etc., poniéndoles el visto bueno, por lo general para un uso determinado. ‖ Dirigir la puntería o la visual de un arma de fuego. ‖ FAM. visa, visado, visaje.

vis a vis loc. adv. Cara a cara o frente a frente. ‖ m. Encuentro privado de un preso con otra persona, sin la presencia de vigilantes.

víscera f. Cualquiera de los órganos contenidos en las principales cavidades del cuerpo (corazón, estómago, hígado). ‖ FAM. visceral.

visceral adj. De las vísceras o relativo a ellas. ‖ Se apl. al sentimiento muy profundo y arraigado.

viscosa f. Cierto tipo de tejido textil artificial obtenido a partir de la celulosa.

viscosidad f. Cualidad de viscoso. ‖ Materia viscosa. ‖ En fís., propiedad de los fluidos que se gradúa por la velocidad de salida de aquellos a través de tubos capilares.

viscoso, sa adj. Denso y pegajoso. ‖ FAM. viscosa, viscosidad, viscosilla, viscosímetro.

visera f. Parte delantera de la gorra y otras prendas semejantes para proteger la vista del sol. ‖ Pieza independiente con la misma función que se sujeta a la cabeza por una cinta. ‖ Pieza movible en el interior de un automóvil, sobre el parabrisas, para proteger del sol al conductor y a la persona que lo acompaña. ‖ Pieza móvil del casco que cubre el rostro. ‖ Parte del yelmo que cubría el rostro. ‖ Parte del yelmo que cubría el rostro.

visibilidad f. Calidad de visible. ‖ Posibilidad de ver a mayor o menor distancia según las condiciones atmosféricas.

visible adj. Que se puede ver. ‖ Cierto, evidente: *fallo visible*. ‖ Presentable: *¿estás visible?* ‖ FAM. visibilidad, visibilizar, visiblemente.

visigodo, da adj. y s. De una de las dos ramas del pueblo germánico de los godos que entre los siglos VI y VIII fundó un reino en Hispania, con capital en Toledo, o relacionado con ellos. ‖ FAM. visigótico.

visigótico, ca adj. De los visigodos o relativo a ellos: *arte visigótico*.

visillo m. Cortinilla fina y casi transparente que se coloca en la parte interior de las ventanas.

visión f. Acción y resultado de ver. ‖ Capacidad de ver. ‖ Comprensión inmediata y directa de las cosas, de manera sobrenatural. ‖ Capacidad o habilidad para algo. ‖ Punto de vista particular sobre un asunto. ‖ Imagen irreal, sobrenatural o fantástica. ‖ **ver** uno **visiones** loc. Dejarse llevar excesivamente por la propia imaginación. ‖ FAM. visionar, visionario.

visionar tr. Ver imágenes de vídeo, televisión o cine en una sesión de trabajo. ‖ Ver una película cinematográfica o de vídeo antes de su distribución o proyección públicas. ‖ FAM. visionado.

visionario, ria adj. y s. Que por su exaltada fantasía se figura que ve cosas fantásticas.

visir m. Ministro de un soberano musulmán. ‖ **gran visir** Primer ministro del sultán de Turquía. ‖ FAM. visirato.

visita f. Acción de visitar. ‖ Persona o personas que visitan un lugar o a alguien. ‖ Acto durante el cual el médico reconoce al enfermo. ‖ Inspección, reconocimiento.

visitación f. Visita. ‖ En la religión católica, visita que hizo la Virgen María a su prima santa Isabel.

visitador, ra adj. y s. Que visita frecuentemente. ‖ m. y f. Religioso o religiosa encargado de inspeccionar los diversos monasterios o establecimientos religiosos de su provincia. ‖ Persona que presenta a los médicos los productos de un laboratorio. ‖ Persona que se dedica a hacer visitas de inspección y reconocimiento.

visitante adj. y com. Que visita.

visitar tr. Ir a ver a uno a su casa o al lugar donde se encuentre, por cortesía, amistad, etc. ‖ Recorrer un lugar para conocerlo. ‖ Acudir con frecuencia a un lugar. ‖ Ir a un templo o santuario por devoción, o para ganar indulgencias. ‖ Ir el médico a casa del enfermo. ‖ Acudir a un lugar para examinarlo, reconocerlo, etc. ‖ FAM. visita, visitación, visitador, visitante, visiteo.

vislumbrar tr. y prnl. Ver un objeto confusamente por la distancia o falta de luz. ‖ Conjeturar por leves indicios. ‖ FAM. vislumbramiento, vislumbre.

vislumbre f. Reflejo de la luz, o tenue resplandor, por la distancia de ella. ‖ Conjetura o sospecha basada en leves indicios. Más en pl. ‖ Apariencia o leve semejanza de una cosa con otra.

viso m. Brillo o tonalidad diferente de color que produce la luz en una superficie. ‖ Apariencia de las cosas: *visos de verdad*. ‖ Forro que se coloca debajo de una tela clara para que se transparente a través de ella.

visón m. Nombre común de diversas especies de mamíferos carnívoros de unos 55 cm de longitud, cuerpo estilizado, patas con membrana interdigital y un pelaje suave muy apreciado. ‖ Piel de este animal. ‖ Prenda hecha de su piel.

visor m. Lente o sistema óptico para enfocar una imagen. ‖ Dispositivo empleado en ciertas armas de fuego para una mayor precisión en el disparo.

víspera f. Día anterior. ‖ Cualquier cosa que antecede a otra. ‖ pl. Una de las horas del oficio canónico. ‖ FAM. véspero, vespertino.

vista f. Sentido corporal con que se perciben los objetos y sus colores, a través de los ojos. ‖ Acción y resultado de ver. ‖ Mirada. ‖ Ojo humano o conjunto de ambos ojos. ‖ Aspecto o apariencia externa. ‖ Conocimiento claro que se tiene de las cosas: *tiene vista para los negocios*. ‖ Extensión de terreno o paisaje que se descubre desde un punto. También en pl. ‖ Cuadro, estampa, etc., que representa un lugar tomado del natural. ‖ Encuentro en que uno se ve con otro: *hasta la vista*. ‖ Actuación en que se relaciona ante el tribunal un juicio o incidente para dictar el fallo, oyendo a los defensores e interesados que concurren a ella. ‖ pl. Ventanas, puertas, galerías, etc., de un edificio por donde entra la luz o a través de las que se ve el exterior. ‖ **vista cansada** Defecto de la vista consistente en que por debilidad de la acomodación del ojo, se proyecta la imagen detrás de la retina por lo que se perciben confusos los objetos próximos y con mayor facilidad los lejanos. ‖ **a la vista** loc. adv. De manera que pueda verse. ‖ **a primera** o **simple vista**

loc. adv. Ligeramente, sin fijarse mucho. || **comerse con la vista** loc. Mirar con ansia, con deseo o con ira. || **con vistas a** loc. prepos. Con la intención de, con el fin de. || **conocer de vista** loc. Conocer a una persona por haberla visto, pero sin haberla tratado. || **corto de vista** loc. adj. Miope. || **en vista de** loc. adv. En consideración o a causa de alguien o algo. || **estar** o **saltar a la vista** loc. Ser evidente una cosa. || **hacer la vista gorda** loc. Fingir con disimulo que no se ha visto una cosa o a una persona. || **hasta la vista** Expresión de despedida. || **perder de vista** loc. Dejar de ver. || FAM. vistazo, vistillas, vistoso.

vistazo m. Mirada superficial y ligera: *echar un vistazo.*

vistillas f. pl. Lugar alto desde el cual se ve y descubre mucho terreno.

visto, ta adj. Muy conocido, por lo que resulta poco original. || m. Empleado de aduanas a cuyo cargo está el registro de los géneros. || **visto bueno** m. Fórmula que se pone al pie de algunas certificaciones y documentos para indicar que se hallan autorizados. ◆ Se abrevia como V.º B.º || Conformidad o autorización de alguien. || **bien** o **mal visto** loc. Bien o mal considerado. || **está visto** loc. Expresa que algo es seguro. || **por lo visto** loc. adv. Según parece.

vistoso, sa adj. Que atrae mucho la atención por su colorido, forma, etc. || FAM. vistosamente, vistosidad.

visual adj. Relativo a la vista, a la visión: *error, agudeza visual.* || f. Línea recta desde el ojo del espectador hasta el objeto. || FAM. visualidad, visualizar, visualmente.

visualizar tr. Hacer visible lo que no puede verse a simple vista. || Representar mediante imágenes ópticas fenómenos de otro carácter. || Formar en la mente la imagen visual de un concepto abstracto. || Imaginar con rasgos visibles algo que no resulta a la vista. || FAM. visualización.

vitáceo, a adj. y f. De las vitáceas o relativo a esta familia de plantas. || f. pl. Familia de plantas angiospermas dicotiledóneas, por lo común trepadoras, con tallos nudosos, hojas alternas, pecioladas y sencillas, flores regulares dispuestas en racimos, y fruto en baya, como la vid.

vital adj. De la vida o relativo a ella. || De suma importancia. || Se apl. a la persona activa, de mucho ánimo y optimismo. || FAM. vitalicio, vitalidad, vitalismo, vitalizar.

vitalicio, cia adj. Que dura desde que se obtiene hasta la muerte: *cargo vitalicio.* || m. Póliza de seguro sobre la vida. || Pensión de por vida.

vitalidad f. Actividad o eficacia de las funciones vitales, energía, vigor.

vitalismo m. Doctrina que explica los fenómenos que se verifican en el organismo por la acción de las fuerzas vitales, propias de los seres vivos, y no exclusivamente por la acción de las fuerzas generales de la materia. || FAM. vitalista.

vitalista adj. Del vitalismo o relativo a él. || adj. y com. Partidario de esta doctrina.

vitalizar tr. Dar fuerza, vigor o energía. || FAM. vitalización.

vitamina f. Nombre genérico de ciertas sustancias orgánicas indispensables para la vida que los animales no

pueden sintetizar y que, por ello, han de recibir ya formadas con los alimentos. || FAM. vitaminado, vitamínico.

vitaminado, da adj. Que contiene ciertas vitaminas.

vitamínico, ca adj. De las vitaminas, relacionado con ellas o que las contiene: *complejo vitamínico.*

vitela f. Piel de vaca o ternera, adobada y muy pulida, y especialmente la que sirve para pintar o escribir en ella.

vitelino, na adj. Del vitelo o relativo a él. || Se apl. a la membrana que envuelve el óvulo de los animales. También f.

vitelo m. Citoplasma del óvulo de los animales. || FAM. vitelino.

viticultura f. Cultivo de la vid. || Técnica para cultivar las vides. || FAM. vitícola, viticultor.

vitivinicultura f. Técnica para cultivar las vides y elaborar el vino. || FAM. vitivinícola, vitivinicultor.

vito m. Baile andaluz muy animado y vivo. || Música en compás de tres por ocho con que se acompaña este baile. || Letra que se canta con esta música.

vitola f. Banda o anilla de los cigarros puros. || Cada uno de los diferentes modelos de cigarro puro según su grosor, longitud, etc. || Aspecto de una persona y, a veces, de una cosa.

vítor interj. Manifiesta la alegría con que se aplaude a una persona o una acción. || FAM. vitorear.

vitorear tr. Aplaudir, aclamar con vítores.

vitral m. Vidriera de colores.

vítreo, a adj. Hecho de vidrio o que tiene sus propiedades. || Parecido al vidrio. || FAM. vitral, vitrificar, vitrina, vitriolo, vitrocerámica.

vitrificar tr. y prnl. Convertir en vidrio. || Hacer que una cosa adquiera la apariencia del vidrio. || FAM. vitrificable, vitrificación.

vitrina f. Escaparate, armario o caja con puertas o tapas de cristal para exponer cualquier objeto.

vitriolo m. Nombre genérico y comercial de diversos sulfatos hidratados.

vitrocerámica f. Cerámica que tiene las propiedades del vidrio y que es muy resistente a las altas temperaturas y a los cambios bruscos. || Cocina que tiene una placa de vitrocerámica.

vitualla f. Víveres, especialmente los necesarios para una tropa, expedición, etc. Más en pl.

vituperar tr. Censurar, hablar mal de una persona o cosa. || FAM. vituperable, vituperante, vituperación, vituperio.

vituperio m. Acción de vituperar a alguien. || Deshonra, humillación.

viudedad f. Pensión que le queda al viudo o a la viuda. || Viudez.

viudez f. Estado de viudo o viuda.

viudo, da adj. Persona a quien se le ha muerto su cónyuge y no ha vuelto a casarse. También s. || Se apl. a algunas aves que, estando apareadas para criar, se quedan sin la compañera, como la tórtola. || col. Se dice del alimento como las patatas, los garbanzos o las judías, que se cocinan solos o sin acompañamiento de carne. || FAM. viudedad, viudez.

vivac m. Campamento que se instala provisionalmente en un lugar para pasar la noche. ‖ **hacer vivac** loc. Dormir al raso en el campo. ◆ pl. *vivacs*. ‖ FAM. vivaque.

vivace (voz it.) adj. Se apl. al movimiento musical más rápido que el alegro y menos que el presto. ‖ adv. m. Con este movimiento.

vivacidad f. Calidad de vivaz.

vivalavirgen com. Persona irresponsable y despreocupada. ◆ No varía en pl.

vivales m. *col.* Persona vividora y fresca, que sabe sacarle provecho a todo. ◆ No varía en pl.

vivaque m. Vivac. ‖ FAM. vivaquear.

vivaquear intr. Pasar la noche al raso en el campo.

vivar[1] m. Madriguera donde crían algunos animales. ‖ Vivero de peces.

vivar[2] tr. *amer.* Vitorear, dar vivas.

vivaracho, cha adj. y s. Muy vivo de carácter, avispado y alegre.

vivaz adj. Agudo, vigoroso, sagaz. ‖ Se apl. a la planta que vive más de dos años. ‖ FAM. vivacidad.

vivencia f. Experiencia que alguien vive y que de alguna manera entra a formar parte de su carácter. ‖ FAM. vivencial.

víveres m. pl. Alimentos, especialmente como provisión o despensa.

vivero m. Criadero de árboles y plantas. ‖ Lugar donde se mantienen o se crían peces, moluscos y otros animales. ‖ Origen de algunas cosas.

vivérrido, da adj. y m. De los vivérridos o relativo a esta familia de animales. ‖ m. pl. Familia de mamíferos carnívoros de pequeño tamaño, cuerpo esbelto, patas cortas y cola peluda, como la civeta y la mangosta.

viveza f. Prontitud o rapidez en las acciones. ‖ Energía, pasión en las palabras. ‖ Agudeza de ingenio. ‖ Dicho agudo, ingenioso. ‖ Esplendor o intensidad de los colores. ‖ Gracia y expresión en la mirada.

vívido, da adj. Se apl. a la descripción, relato, etc., muy fiel, por lo que es muy fácil imaginarlo.

vividor, ra adj. Se apl. a la persona que sabe sacarle provecho a todo. ‖ Se dice de la persona que vive a costa de los demás, sin trabajar, solo disfrutando de la vida. También s.

vivienda f. Edificio, construcción o habitación adecuado para que vivan las personas.

viviente adj. Que vive.

vivificar tr. Dar vida al o a lo que no la tenía. ‖ Confortar, vigorizar al decaído o débil. ‖ FAM. vivificación, vivificador, vivificante.

vivíparo, ra adj. y s. Se apl. al animal cuyas crías efectúan su desarrollo embrionario dentro del cuerpo de la madre y salen al exterior en el acto del parto.

vivir intr. Tener vida. ‖ Durar con vida. ‖ Pasar y mantener la vida con lo necesario para una persona, una familia, un grupo, etc. ‖ Habitar en un lugar. También tr. ‖ Llevar un determinado tipo de vida. ‖ Acomodarse uno a las circunstancias o aprovecharlas. ‖ Mantenerse en la memoria una persona que ya ha muerto o una cosa pasada. ‖ Compartir la vida con otra persona sin estar casados. ‖ tr. Experimentar. ‖ Sentir profundamente lo que se hace o disfrutar con ello. ‖ **no dejar vivir** loc. Mo-

lestar o fastidiar mucho a una persona. ‖ **vivir al día** loc. Vivir con lo que se va ganando sin preocuparse por el futuro. ‖ **vivir para ver** loc. Expresa la extrañeza que causa algo que no se esperaba en absoluto. ‖ FAM. vivalavirgen, vivar, vivencia, víveres, vivero, vívido, vividor, vivienda, viviente, vivificar, vivo.

vivisección f. Disección de un animal vivo para hacer estudios fisiológicos.

vivo, va adj. Que tiene vida. También s. ‖ Que dura, subsiste, físicamente o en la memoria. ‖ Se apl. al fuego, llama, etc., encendido. ‖ Intenso, fuerte. ‖ Apasionado, enérgico. ‖ Agudo, sutil, ingenioso. ‖ Listo, que aprovecha las circunstancias en beneficio propio. También s. ‖ Rápido, ágil. ‖ Muy expresivo o persuasivo. ‖ Se apl. a la arista o al ángulo agudo. ‖ m. Borde, canto, orilla. ‖ Cinta, cordoncillo o trencilla en los bordes o costuras de los vestidos. ‖ **en vivo** loc. adv. En persona o en directo; también, que se retransmite a la vez que se está grabando. ‖ **vivito y coleando** loc. adj. *col.* Sano y salvo. ‖ FAM. vivales, vivamente, vivar, vivaracho, vivaz, viveza, vivisección.

vizcacha f. *amer.* Mamífero roedor de tamaño y pelaje similares al de una liebre y cola tan larga como la del gato. ‖ FAM. vizcachera.

vizcachera f. *amer.* Madriguera de la vizcacha. ‖ *amer.* Habitación pequeña, desastrada y desordenada.

vizcondado m. Título nobiliario de vizconde. ‖ Territorio sobre el que radicaba este título.

vizconde, esa m. y f. Persona que posee el título de nobleza inmediatamente inferior al de conde. ‖ Antiguo sustituto del conde. ‖ f. Esposa del vizconde. ‖ FAM. vizcondado.

vocablo m. Cada palabra de una lengua. ‖ FAM. vocabulario.

vocabulario m. Conjunto de palabras de un idioma. ‖ Libro en que se contiene. ‖ Conjunto de palabras de un idioma pertenecientes al uso de una región, a una actividad determinada, a un campo semántico dado, etc.: *vocabulario andaluz, jurídico.* ‖ Libro en que se contienen. ‖ Catálogo o lista de palabras, ordenadas con arreglo a un sistema, y con definiciones o explicaciones sucintas. ‖ Conjunto de palabras que usa o conoce una persona.

vocación f. Inclinación a una profesión o carrera. ‖ Inspiración especial para adoptar el estado religioso o para llevar una forma de vida ejemplar. ‖ FAM. vocacionado, vocacional.

vocacional adj. De la vocación, relacionado con ella o que tiene vocación.

vocal adj. De la voz o relativo a ella. ‖ Que se expresa con la voz. ‖ Se apl. al signo que representa gráficamente un sonido y articulación vocálicos. ‖ f. En fon., sonido del lenguaje humano, producido al expulsar el aire, con vibración laríngea, y sin oclusión que impida su paso. ‖ com. Persona con voz en un consejo, junta, etc. ‖ FAM. vocálico, vocalismo, vocalista, vocalizar, vocalmente.

vocálico, ca adj. De la vocal o relativo a ella.

vocalista com. Cantante de un grupo musical.

vocalización f. Acción y resultado de vocalizar. ‖ En fon., transformación de una consonante en vocal. ‖

En mús., ejercicio que consiste en ejecutar, con cualquier vocal, una serie de escalas, arpegios, trinos, etc. || En mús., pieza compuesta para vocalizar.

vocalizar intr. Articular claramente las vocales, consonantes y sílabas de las palabras para hacerlas inteligibles. || En fon., transformar en vocal una consonante. También tr. y prnl. || Añadir vocales en textos escritos en lenguas, como la árabe o la hebrea, en las que suelen escribirse solo las consonantes. || En mús., hacer ejercicios de vocalización. || FAM. vocalización.

vocativo m. En gram., caso de la declinación para invocar, llamar o nombrar a una persona o cosa personificada.

vocear intr. Dar voces, gritar. || tr. Publicar a voces una cosa. || Llamar a uno en voz alta o dándole voces. || Manifestar con claridad una cosa. || Decir una cosa que se debería callar. || FAM. voceador.

voceras com. Boceras. ◆ No varía en pl.

vocería f. Vocerío.

vocerío m. Confusión de voces altas y desentonadas.

vocero, ra m. y f. Persona que habla en nombre de alguien.

vociferar tr. Vocear, hablar a voces. || FAM. vociferación, vociferador, vociferante.

vocinglero, ra adj. y s. Que da muchas voces. || Que habla mucho e inútilmente. || FAM. vinglería.

vodca amb. Vodka.

vodevil m. Comedia ligera y desenfadada, con situaciones equívocas para provocar la hilaridad del espectador. || FAM. vodevilesco.

vodka amb. Aguardiente de cereales (centeno, maíz, cebada) incoloro y de fuerte graduación alcohólica que se consume mucho en los países de Europa Oriental. Más como m.

voivoda m. Vaivoda. || FAM. voivodato.

volada f. Vuelo a corta distancia. || Cada una de las veces que se ejecuta. || *amer.* Rumor, falsa noticia. || *amer.* Ocasión favorable.

voladito, ta adj. En impr., se apl. al número o letra pequeño que se coloca en la parte superior del cuerpo del tipo y se utiliza para indicar referencias o abreviaturas.

voladizo, za adj. y m. En arquit., se apl. a la parte que sobresale de la pared maestra.

volado, da adj. En arquit., voladizo. || En impr., voladito. || *col.* Rápido, con mucha prisa. || *amer.* Enfadado. || m. *amer.* Rumor, noticia falsa.

volador, ra adj. Que vuela o puede volar. || m. Cohete de fuegos artificiales que se lanza al aire. || Pez osteíctio beloniforme marino con largas aletas pectorales que le permiten elevarse sobre el agua y volar a alguna distancia. Habita en regiones tropicales del Atlántico y en el Mediterráneo. || Molusco cefalópodo comestible parecido al calamar, pero de mayor tamaño.

voladura f. Acción y resultado de volar una cosa, generalmente por medio de una explosión.

volandas (en) loc. adv. Por el aire o levantado del suelo. || Rápidamente.

volanta f. *amer.* Coche de caballos antiguo de cuatro ruedas.

volantazo m. Giro rápido y violento del volante de un vehículo.

volante adj. Que vuela. || Que va de una parte a otra sin quedarse fijo en ninguna. || m. Tira de tela fruncida que se pone como adorno de algunas prendas, cortinajes, etc. || Pieza en forma de aro con varios radios que forma parte de la dirección de ciertos vehículos automóviles. || Rueda grande y pesada de una máquina que sirve para regular su movimiento y transmitirlo al resto del mecanismo. || Anillo provisto de dos topes que regula el movimiento de un reloj. || Hoja de papel en la que se escribe alguna comunicación: *volante de un médico.* || Objeto de madera o corcho con plumas que se lanza al aire con una raqueta. || FAM. volantazo.

volantín m. Especie de cordel con uno o más anzuelos que sirve para pescar. || *amer.* Cometa pequeña.

volapié m. En la fiesta de los toros, suerte de matar en la que el torero avanza hacia el toro dándole salida con la muleta hacia la derecha y clavando al mismo tiempo el estoque.

volar intr. Moverse un animal por el aire sosteniéndose con las alas o un aparato por medio de otro sistema. || Viajar en un medio de transporte aéreo. || Elevarse una cosa en el aire y moverse generalmente a causa del viento. También prnl. || Ir por el aire una cosa arrojada con violencia. || Desaparecer rápida e inesperadamente una persona o cosa. || Ir a un lugar con gran prisa. || Hacer las cosas con gran rapidez. || Propagarse las noticias rápidamente. || tr. Hacer saltar en el aire por medio de una explosión. || En impr., levantar una letra o signo por encima de la línea de escritura. || Hacer que el ave se levante y vuele para tirar sobre ella. || *amer.* Irritar, enfadar. Más como prnl. ◆ **Irreg.** Se conj. como *contar.* || FAM. volada, voladito, voladizo, volado, volador, voladura, volandera, volandero, volante, volantín, volapié, volatería, volátil, volatín, volear, vuelapluma, vuelo.

volate m. *amer.* Jaleo, alboroto.

volatería f. Caza de aves con halcones amaestrados. || Conjunto de aves.

volátil adj. En fís., se apl. al líquido que se volatiliza rápidamente al estar destapado. || Que vuela o puede volar. También com. || Que se mueve ligeramente y se desplaza por el aire. || Mudable, inconstante: *carácter volátil.* || FAM. volatilidad, volatilizar.

volatilizar tr. Transformar en vapor. También prnl. || prnl. Desaparecer o disiparse. || FAM. volatilizable, volatilización.

volatín m. Acrobacia, pirueta. || Persona que hace estos ejercicios. || FAM. volatinero.

volatinero, ra m. y f. Persona que hace acrobacias con habilidad y arte.

vol-au-vent (voz fr.) m. Volován. ◆ pl. *vol-au-vents.*

volcán m. Abertura o grieta de la corteza terrestre, generalmente en una montaña, por la que ascienden o han salido en algún momento humo, cenizas y materias encendidas o derretidas del interior de la tierra. || Sentimiento muy fuerte, pasión ardiente. || Persona ardorosa, apasionada. || *amer.* Precipicio. || *amer.* Montón. || FAM. volcanada, volcánico, volcanología, volcanólogo, vulcaniano, vulcanismo, vulcanita, vulcanizar, vulcanología, vulcanólogo.

volcanada f. *amer.* Bocanada de aire. || Ráfaga de mal olor.

volcánico, ca adj. Del volcán o relativo a él. || Ardiente, fogoso, impetuoso.

volcar tr. Volver una cosa hacia un lado o totalmente, o de esta forma hacer que se caiga lo contenido en ella. También intr. y prnl.: *el coche volcó en la curva.* || prnl. Favorecer a una persona o propósito todo cuanto se pueda o atenderla con gran cuidado: *se volcó en su ayuda.* ♦ Irreg. Se conj. como *contar.* || FAM. volqueta, volquete, vuelco.

volea f. Golpe dado en el aire a una cosa antes de que caiga al suelo, especialmente el que se da a una pelota antes de que bote en el suelo.

volear tr. e intr. Golpear en el aire una cosa para impulsarla. || Sembrar arrojando la semilla con la mano. || FAM. volea.

volei m. *col.* apóc. de *voleibol.*

voleibol m. Juego entre dos equipos de seis jugadores, que consiste en lanzar con las manos el balón por encima de una red al campo contrario.

voleo (a, o al, voleo) loc. adv. Modo de sembrar arrojando la semilla esparcida en el aire. También se usa coloquialmente para indicar que algo se hace sin pensarlo, arbitrariamente: *eligió el traje a voleo.*

volframio m. Wolframio. || FAM. volframita.

volframita f. Wolframita.

volición f. Acto de la voluntad. || Deseo, intención.

volitivo, va adj. Se apl. al acto o al fenómeno de la voluntad. || FAM. volición.

volón m. *amer.* Empujón, impulso que se da con fuerza.

volován m. Especie de pastel de hojaldre, en forma de cestilla, que se rellena de carne, pescado u otros ingredientes.

volqueta f. *amer.* Volquete.

volquete m. Carro o vehículo automóvil que puede volcar su carga girando el cajón sobre su eje.

voltaico, ca adj. Se apl. a la electricidad que proviene de las pilas o baterías. || **arco voltaico** Descarga eléctrica, luminosa y calorífica entre dos electrones separados en un medio gaseoso.

voltaje m. Diferencia de potencial eléctrico entre los extremos de un conductor, expresada en voltios.

voltámetro m. Aparato que mide la cantidad de electricidad por medio de la electrólisis.

voltamperio m. Unidad de medida de la potencia eléctrica aparente de una corriente alterna.

voltario, ria adj. *amer.* Voluntarioso, caprichoso, obstinado.

volteada f. *amer.* Acción y resultado de voltear. || *amer.* En faenas rurales, operación que consiste en derribar a un animal para atarle las manos. || **caer en la volteada** loc. *amer.* Verse alguien involucrado en una situación más o menos ajena.

volteado m. *amer. desp.* Hombre homosexual.

voltear tr. Dar vueltas a una persona o cosa. También prnl. e intr. || Volver una cosa hasta ponerla al revés

de como estaba. || *amer.* Derribar. || intr. *amer.* Volver. También prnl. || prnl. *amer.* Cambiar de partido político. || FAM. voltario, volteada, volteado, volteo.

voltereta f. Vuelta que se da en el suelo o en el aire enroscando el cuerpo hacia las rodillas.

voltímetro m. Aparato que se emplea para medir potenciales eléctricos.

voltio¹ m. Unidad de potencial eléctrico y de fuerza electromotriz en el sistema internacional que equivale a la diferencia de potencial que hay entre dos puntos de un campo eléctrico cuando al transportar entre ellos un culombio de carga se realiza un trabajo equivalente a un julio. Su símbolo es *V.* || FAM. voltaico, voltaje, voltámetro, voltamperio, voltímetro.

voltio² m. *col.* Vuelta; paseo, garbeo.

volubilidad f. Inconstancia, tendencia a cambiar.

voluble adj. De carácter inconstante, que cambia con facilidad de gustos, opiniones, etc. || Se apl. al tallo que crece formando espiras alrededor de los objetos. || FAM. volubilidad.

volumen m. Espacio que ocupa una cosa, bulto, corpulencia. || Cuerpo material de un libro encuadernado, ya contenga la obra completa o una parte de ella. || Cuerpo geométrico de tres dimensiones. || Intensidad de la voz o de otros sonidos. || Cantidad o importancia. || FAM. volumetría, voluminoso.

volumetría f. Ciencia que estudia la determinación y medida de los volúmenes. || FAM. volumétrico.

volumétrico, ca adj. De la medición de volúmenes o relativo a ella.

voluminoso, sa adj. Que tiene mucho volumen.

voluntad f. Facultad de hacer o no hacer una cosa. || Ejercicio de dicha facultad. || Libre albedrío o determinación. || Intención o deseo de hacer una cosa. || Esfuerzo, coraje. || Amor, cariño. || **buena** o **mala voluntad** Buen o mal propósito o disposición. || **voluntad de hierro** La muy enérgica e inflexible. || FAM. voluntario, voluntarioso, voluntarismo, voluntarista.

voluntariado m. Alistamiento voluntario para el servicio militar. || Conjunto de los soldados voluntarios. || Obra social que se realiza voluntariamente. || Conjunto de personas que se ofrecen voluntarias para realizar algo.

voluntariedad f. Cualidad de voluntario. || Deseo o propósito que tiene alguien por mero antojo o capricho.

voluntario, ria adj. Que se hace por espontánea voluntad y no por obligación o deber. || m. y f. Persona que se ofrece a hacer un trabajo u otra cosa, no estando obligada a ello. || Soldado que hace el servicio militar antes de que le corresponda hacerlo por su edad o por cualquier otro motivo. || FAM. voluntariado, voluntariamente, voluntariedad.

voluntarioso, sa adj. Deseoso de hacer alguna cosa o que pone en ella gran esfuerzo y empeño. || Caprichoso y terco. || FAM. voluntariosamente.

voluptuosidad f. Incitación o satisfacción de los placeres de los sentidos, especialmente el sexual.

voluptuoso, sa adj. Que incita o satisface los placeres de los sentidos, especialmente el sexual. || Dado a este tipo de placeres sensuales. También s. || FAM. voluptuosamente, voluptuosidad.

voluta f. En arquit., adorno en forma de espiral o caracol que se coloca en los capiteles de los órdenes jónico y corintio.

volver tr. Dar la vuelta a algo. ‖ Cambiar de sentido o dirección. También intr. y prnl. ‖ Cambiar a una persona o cosa de aspecto, estado, opinión, etc. Más como prnl.: *volverse loco*. ‖ Rehacer una prenda de vestir de modo que el revés de la tela quede al exterior, como derecho. ‖ intr. Regresar al punto de partida. También prnl. ‖ Producirse de nuevo una cosa. ‖ Hacer de nuevo o repetirse lo que ya se había hecho. ◆ Se construye con la prep. *a: ha vuelto a engañarnos*. ‖ Reanudar una conversación, discurso, etc., en el punto en que se había interrumpido. ‖ prnl. Girar la cabeza, el torso o todo el cuerpo, para mirar lo que estaba a la espalda. ◆ Irreg. Se conj. como *mover*, excepto su p. p. que es irreg.: *vuelto*. ‖ FAM. voltio², voluble, voluta, vuelta, vuelto, vuelvepiedras.

vómer m. Huesecillo impar que forma la parte posterior del tabique de las fosas nasales del cráneo de los animales vertebrados.

vomitar tr. Arrojar violentamente por la boca lo contenido en el estómago. También intr. ‖ Manchar algo con el vómito. ‖ Arrojar de sí violentamente una cosa algo que tiene dentro. ‖ Decir violentamente maldiciones o insultos. ‖ FAM. vomitado, vomitivo, vómito, vomitorio.

vomitivo, va adj. y m. Se apl. a la sustancia que provoca el vómito. ‖ Repugnante, asqueroso.

vómito m. Acción de vomitar. ‖ Sustancia que se vomita. ‖ FAM. vomitona.

vomitona f. *col.* Vómito grande.

vomitorio, ria adj. y s. Vomitivo, sustancia que provoca el vómito. ‖ m. Puerta o abertura de los circos o teatros antiguos, o en locales análogos modernos, para entrar y salir en las gradas.

voracidad f. Ansia o exceso en el comer. ‖ Ansia o deseo exagerado de consumir, poseer o dominar.

vorágine f. Remolino impetuoso que hacen en algunos parajes las aguas del mar, de los ríos o de los lagos. ‖ Confusión, desorden y precipitación en los sentimientos, forma de vida, etc. ‖ FAM. voraginoso.

voraz adj. Que come mucho y con ansia. ‖ Que destruye o consume algo rápidamente: *celos voraces*. ‖ FAM. voracidad, vorazmente.

vórtice m. Torbellino, remolino. ‖ Centro de un ciclón. ‖ FAM. vorticismo.

vorticela f. Protozoo ciliado que vive en aguas dulces y se sujeta mediante un pedúnculo de fijación.

vorticismo m. Movimiento artístico británico, fundado en 1912, que buscaba la abstracción de las formas a base de ángulos y curvas, en torno a un punto llamado vórtice.

vos pron. Forma átona del pron. pers. com. de segunda pers. sing., que en gran parte de Hispanoamérica se emplea como sustituto de *tú* en concordancia con una forma verbal característica en segunda pers. pl.: *vos tenés, vos comprás*, por *tú tienes, tú compras*. ‖ Fórmula de tratamiento antiguo que exige el verbo en pl., aunque concierta en sing. con el adjetivo aplicado a la persona a quien se dirige. ‖ FAM. voseo, vosotros, vuestro.

voseo m. Uso del pron. *vos* en lugar de *tú*, como tratamiento de confianza, que se da en gran parte de Hispanoamérica. ‖ Uso del antiguo tratamiento de *vos*. ‖ FAM. vosear.

vosotros, tras pron. Forma del pron. pers. m. y f. de segunda persona pl., que en la oración desempeña la función de sujeto o de complemento con preposición: *vosotros vendréis conmigo*.

votación f. Acción y resultado de votar. ‖ Conjunto de votos emitidos.

votante adj. y com. Que vota, que emite un voto.

votar intr. y tr. Dar uno su voto o manifestar su opinión en una reunión o cuerpo deliberante, o en una elección de personas. ‖ FAM. votación, votante.

votivo, va adj. Ofrecido por voto o promesa, o relativo a él: *imagen votiva*.

voto m. Parecer o dictamen con que se elige entre las opciones presentadas. ‖ Derecho que se tiene a emitir dicho parecer o dictamen. ‖ Papeleta en la que se da a conocer un parecer o dictamen en una elección. ‖ Promesa hecha a Dios, a la Virgen o a un santo. ‖ Cualquiera de las promesas que constituyen el estado religioso y admite la Iglesia, como la de pobreza, castidad y obediencia. ‖ Ruego con que se pide a Dios una gracia. ‖ Juramento, maldición u otra expresión de ira. ‖ Deseo. ‖ **voto de censura** El que emiten las Cámaras o corporaciones negando su confianza al Gobierno o junta directiva. ‖ **voto de confianza** Aprobación que las Cámaras dan a la actuación de un gobierno en determinado asunto. ‖ P. ext., aprobación y autorización que se da a alguien para que realice libremente una gestión. ‖ FAM. votar, votivo.

vox pópuli loc. lat. f. Se emplea para afirmar la veracidad de un juicio, opinión, etc., comúnmente difundido. También loc. adj.

voyerista com. Persona que busca la excitación sexual mirando a otras personas en situaciones eróticas. ‖ FAM. voyeurismo.

voyeur (voz fr.) com. Voyerista. ◆ pl. *voyeurs*. ‖ FAM. voyeurismo.

voz f. Sonido que el aire expelido de los pulmones produce al salir de la laringe, haciendo que vibren las cuerdas vocales. ‖ Cualidad, timbre o intensidad de este sonido. ‖ Sonido que forman algunas cosas inanimadas. ‖ Grito, voz fuerte y alta. Más en pl. ‖ Palabra o vocablo. ‖ Cantante. ‖ Facultad de hablar, aunque no de votar, en una asamblea. ‖ Medio a través del cual se expresan los sentimientos, opiniones, etc., de una persona o colectividad. ‖ En gram., accidente gramatical que expresa si el sujeto del verbo es agente (voz activa) o paciente (voz pasiva). ‖ En mús., cada una de las líneas melódicas que forman una composición polifónica. ‖ **voz activa** Forma de conjugación que sirve para significar que el sujeto del verbo es agente y realiza la acción desempeñada por este: *escribe a sus amigos; compra el periódico*. ‖ **voz cantante** Parte principal de una composición que, por lo común, contiene y expresa la melodía. ‖ Con el verbo *llevar*, ser alguien el que decide o manda en algún asunto. ‖ **voz de mando** La que da a sus subordinados el que los manda. ‖ **voz media** La que indica que el verbo se usa como reflexivo, y el sujeto y el objeto son la misma persona, como en la frase «*él se cayó*». || **voz pasiva** Forma de conjugación que sirve para significar que el sujeto del verbo no es el que realiza la acción, sino el que la recibe o experimenta (sujeto paciente), como en la frase «*los cuadros fueron encontrados*». || **segunda voz** La que acompaña a una melodía entonándola, generalmente una tercera más baja. || **viva voz** Expresión oral, en contraposición a la escrita. || **a media voz** loc. adv. En voz baja. || **a voz en cuello** o **en grito** loc. adv. *col.* En voz muy alta o gritando. || **estar pidiendo** algo **a voces** loc. *col.* Necesitarlo mucho. || FAM. vocal, vocativo, vocear, voceras, vocerío, vocero, vociferar, vocinglero, vozarrón, voznar, vozarrona.

vozarrón m. Voz muy fuerte y grave.

voznar intr. Dar una voz bronca algunas aves, como el cisne.

vudú m. Conjunto de creencias y prácticas religiosas procedente de África y practicado entre los negros de las Indias occidentales y sur de Estados Unidos, que incluye fetichismo, culto a las serpientes, sacrificios rituales y empleo del trance como medio de comunicación con sus deidades. También adj. || Práctica supersticiosa que consiste en clavar alfileres en un muñeco que representa a una persona con la intención de que el mal que recibe el muñeco se traslade a esa persona. ◆ pl. *vudús* o *vudúes*. || FAM. vuduismo, vuduista.

vuecencia com. Síncopa de *vuestra excelencia*, empleada como tratamiento de respeto.

vuelapluma (a) loc. adv. Con los verbos *escribir, componer* y otros semejantes, muy deprisa, según la inspiración, sin detenerse a meditar.

vuelco m. Acción y resultado de volcar o volcarse. || Cambio brusco y total. || **darle** a alguien **un vuelco el corazón** loc. Sentir de pronto un sobresalto, alegría u otra sensación semejante. || Tener el presentimiento de que algo va a suceder.

vuelo m. Acción y resultado de volar. || Trayecto que recorre un avión, helicóptero, etc., haciendo o no escalas, entre el punto de origen y el de destino. || Amplitud o extensión de una vestidura en la parte que no se ajusta al cuerpo, y p. ext., de otras prendas como cortinas, manteles, etc. || En arquit., parte de una construcción que sale fuera del paramento de la pared que la sostiene. || **vuelo rasante** Vuelo en el que la trayectoria se mantiene casi a ras de suelo. || **al vuelo** loc. adv. Con mucha rapidez y sagacidad. || **de altos vuelos** loc. adj. De mucha importancia o categoría. || **tomar vuelo** una cosa. loc. Ir adelantando o aumentando mucho. || FAM. vuelillo, vueludo.

vuelta f. Acción de volver. || Movimiento de una cosa alrededor de un punto, o girando sobre sí misma, hasta invertir su posición inicial. || Curvatura en una línea, camino, etc. || Cada uno de los giros que da una cosa alrededor de otra, p. ej., de un cable al enrollarse. || Paseo, generalmente breve. || En ciclismo y otros deportes, carrera en etapas en torno a un país, región, comarca, etc. || Cada una de las partes o etapas en que se dividen ciertas actividades. || Devolución de una cosa a quien la tenía. || Paso o repaso que se da a una materia

leyéndola. || Dinero que se devuelve a alguien, porque le sobra después de hacer algún pago. || Tira de tela que se pone en el borde de las mangas u otras partes de las prendas de vestir, o parte de ellas que queda doblada. || **vuelta de campana** La completa que da una persona o una cosa en el aire. || **a la vuelta** loc. adv. Al volver. || **a la vuelta de** loc. prepos. Dentro o al cabo de. || **a la vuelta de la esquina** loc. adv. Muy próximo o cercano. || **a vuelta de correo** loc. adv. Nada más recibir algo por correo. || **dar cien vueltas** loc. Ser muy superior en algún conocimiento o habilidad. || **poner de vuelta y media** loc. *col.* Hablar mal de una persona, criticarla o insultarla.

vuelto, ta adj. Se apl. a la parte de atrás de una hoja o folio que solo está numerado por delante. || m. *amer.* Dinero que se devuelve porque sobra después de hacer algún pago. || FAM. voltear, voltereta.

vuelvepiedras m. Ave caradriforme de unos 23 cm de longitud, con pico corto y recio, patas cortas, plumaje pardo rojizo en el dorso y una banda negra en el pecho. ◆ No varía en pl.

vuestro, tra, tros, tras adj. y pron. pos. Indica la relación de pertenencia entre lo poseído y dos o más poseedores, entre los que no se incluye el hablante: *vuestros amigos*. || A veces se refiere, en sus cuatro formas, a un solo poseedor como fórmula de respeto: *vuestra majestad*. || **la vuestra** La ocasión más favorable a las personas a quienes se habla: *esta es la vuestra*. || **los vuestros** Los allegados o personas más cercanas, por parentesco o amistad, a quienes se dirige el hablante.

vulcanismo m. Conjunto de fenómenos geológicos relacionados con los volcanes, su origen y su actividad.

vulcanita f. Grupo de rocas eruptivas arrojadas por un volcán. || Caucho vulcanizado negro y muy duro, que puede ser tallado y pulido.

vulcanizar tr. Combinar azufre con caucho para que este último conserve su elasticidad en frío y en caliente y sea más resistente. || FAM. vulcanización.

vulcanología f. Parte de la geología que estudia los fenómenos volcánicos. || FAM. vulcanólogo.

vulgar adj. Común o general, por contraposición a especial o técnico. || Falto de originalidad. || Grosero, ordinario, de mal gusto. || Relativo al vulgo. || Se apl. a la lengua derivada del latín por oposición a este. || FAM. vulgaridad, vulgarismo, vulgarizar, vulgarmente.

vulgaridad f. Cualidad de vulgar. || Dicho, hecho o cosa vulgar.

vulgarismo m. Palabra, expresión o frase vulgar.

vulgarizar tr. y prnl. Hacer vulgar o común una cosa. || Exponer una ciencia o una materia técnica cualquiera de forma fácilmente asequible a gente no especializada. || FAM. vulgarización, vulgarizador.

vulgo m. Conjunto de la gente popular, sin una cultura ni una posición económica elevada. || FAM. vulgar.

vulnerable adj. Que puede ser herido o dañado física o moralmente. || FAM. vulnerabilidad.

vulneración f. Transgresión, quebranto, violación de una ley o precepto. || Daño, perjuicio.

vulnerar tr. Transgredir una ley, un precepto, un mandato, etc. || Dañar, perjudicar. || FAM. vulnerable, vulneración, vulneraria, vulnerario.

vulneraria f. Planta herbácea leguminosa de tallo sencillo, hojas compuestas, blancas en el envés y verdes en el haz, flores amarillas y fruto en legumbre.

vulnerario, ria adj. y m. Se apl. al medicamento que se utiliza para curar las heridas y llagas.

vulpeja f. Zorra, animal. || FAM. vulpino.

vulpino, na adj. De la zorra o relativo a ella.

vulva f. Parte del aparato genital externo femenino de los mamíferos que forma la abertura de la vagina. || FAM. vulvitis, vulvovaginal.

W

w f. Vigesimocuarta letra del alfabeto español y decimonovena de sus consonantes. Su nombre es *uve doble*. Solo se emplea en voces de procedencia extranjera. Se pronuncia como una /b/ o como una /u/ semiconsonante en palabras de procedencia inglesa.

wadi m. Barranco o valle, generalmente seco excepto durante la estación de lluvias. ‖ Curso de agua intermitente que se desliza por esta clase de valle.

waffle (voz i.) m. *amer.* Galleta cuadrada o rectangular hecha de capas de oblea rellenas de crema o dulce.

wagon-lit (voz fr.) m. Coche-cama.

walhalla (voz al.) m. En la mitología nórdica, paraíso al que son llevadas las almas de los guerreros muertos en combate.

walkie-talkie (voz i.) m. Aparato portátil de radiodifusión que actúa tanto de receptor como de transmisor a corta distancia.

walkiria (voz al.) f. Valquiria.

walkman (voz i.) m. Aparato musical portátil con auriculares. ◆ pl. *walkmans.* Es la extensión del nombre de una marca registrada.

wash and wear (expr. i.) adj. *amer.* Se apl. a la tela o a la prenda de vestir que no necesita plancha.

wáter m. Váter.

water-closet (voz i.) m. Váter.

waterpolista com. Jugador de waterpolo.

waterpolo m. Deporte de pelota entre dos equipos que se juega en una piscina. ‖ FAM. waterpolista.

watt m. Nombre del vatio en la nomenclatura internacional. ◆ pl. *watts.*

web f. En inform., nombre abreviado con el que se conoce a la *World Wide Web* (literalmente, 'Extensa Telaraña Mundial'), también conocida como *WWW* o *W3*. Es una agrupación de páginas electrónicas basadas en textos e información multimedia, conectadas entre sí por hiperenlaces. ‖ En inform., cada uno de los nodos depositarios de estas páginas. ◆ pl. *webs.*

weber m. Unidad de flujo de inducción magnética. Su símbolo es *Wb.*

weekend o **week-end** (voz i.) m. Fin de semana. ◆ pl. *weekends* o *week-ends.*

wélter com. Se apl. al boxeador profesional que pesa de 66,678 kg hasta menos de 69,853 kg, y al no profesional que pesa entre 67 y 71 kg. ◆ pl. *welters,* aunque también se usa como invariable.

welwitschia f. Planta gimnosperma de tallo hundido en el suelo, con una raíz muy larga con la que absorbe agua a gran profundidad y dos grandes hojas opuestas.

wéstern m. Película cuyo escenario es el oeste de EE. UU. ‖ Género cinematográfico al que pertenecen estas películas. ‖ *spaghetti-western* El realizado en Europa, especialmente en Italia. ◆ pl. *wésterns.*

whiskería f. Bar de alterne en el que las camareras suelen estar a disposición de los clientes para prostituirse.

whisky (voz i.) m. Licor que se obtiene del grano de algunas plantas a través de un proceso de fermentación. ‖ FAM. whiskería, wiscacho.

whist (voz i.) m. Juego de cartas de origen inglés, precursor del *bridge.*

winchester m. Rifle americano muy utilizado en el Oeste de EE. UU. en el siglo XIX.

windsurf, wind surf, windsurfing o **wind surfing** (voz i.) m. Deporte acuático que se practica sobre una tabla impulsada por una vela. ‖ FAM. windsurfista.

windsurfista com. Persona que practica el windsurf.

wing (voz i.) m. *amer.* Extremo de la delantera en un equipo de *rugby* o de fútbol.

wiscacho m. *amer. col.* Vaso de güisqui.

wolframio m. Elemento simple, metálico de color gris, muy duro, denso y de difícil fusión. Su símbolo es *W,* y su número atómico, *74.*

wolframita f. Minerales de color negro compuesto por wolframio, hierro y manganeso.

wonderbra (voz i.) m. Sujetador de tejido fuerte que moldea el busto. ◆ Es la extensión del nombre de una marca registrada.

X

x f. Vigesimoquinta letra del alfabeto español y vigésima de sus consonantes. Fonéticamente representa un sonido doble, compuesto de *k*, o de *g* sonora, y de *s*: *examen, anexo*. Este sonido, ante consonante, suele reducirse a *s*: *exterminio, expulsión*. Su nombre es *equis*. ‖ En la numeración romana, diez. ◆ Suele escribirse con mayúscula. ‖ En mat., signo con que se representa la incógnita, o la primera de las incógnitas si son dos o más.

xantofila f. Pigmento que da el color amarillo a las plantas.

xeca f. *amer.* Pan poco refinado. ‖ *amer.* Cabeza de una persona. ‖ **tener** alguien **xeca** loc. *amer.* Tener inteligencia.

xenofobia f. Odio u hostilidad hacia los extranjeros. ‖ FAM. xenófobo, xenón.

xenófobo, ba adj. y s. Que siente odio u hostilidad hacia los extranjeros.

xenón m. Gas noble que se encuentra en pequeñas cantidades en el aire. Su símbolo es *Xe*, y su número atómico, *54*.

xero- pref. que significa 'seco': *xerógrafo*.

xerocopia f. Reproducción obtenida por medio de la xerografía. ‖ FAM. xerocopiar.

xerófilo, la o **xerófito, ta** adj. Se apl. a las plantas y asociaciones vegetales adaptadas a la vida en un medio seco.

xeroftalmia o **xeroftalmía** f. Enfermedad de los ojos caracterizada por la sequedad de la conjuntiva y opacidad de la córnea.

xerografía f. Procedimiento electrostático que se utiliza para imprimir en seco. ‖ Fotocopia obtenida por este procedimiento. ‖ FAM. xerografiar, xerográfico, xerógrafo, xerox.

xi f. Decimocuarta letra del alfabeto griego, que se corresponde con nuestra *x*. Su grafía mayúscula es Ξ y, la minúscula, ξ.

xifoides adj. y m. Se apl. al cartílago en que termina el esternón. ◆ No varía en pl. ‖ FAM. xifoideo.

xilo- pref. que significa 'madera': *xilografía*.

xilófago, ga adj. y s. Se apl. a los insectos que roen la madera.

xilófon m. Xilófono.

xilofonista com. Músico que toca el xilófono.

xilófono m. Instrumento de percusión formado por una serie de listones de madera o metal. ‖ FAM. xilofón, xilofonista.

xilografía f. Arte de grabar en madera. ‖ Impresión tipográfica hecha con planchas de madera grabadas. ‖ FAM. xilográfico, xilógrafo.

xilórgano m. Instrumento musical antiguo, compuesto de unos cilindros o varillas de madera compacta y sonora.

xirgo, ga adj. *amer.* Erizado, encrespado.

xocoatole m. *amer.* Atole amargo.

xoconochtle m. *amer.* Higo chumbo de sabor amargo preparado con alguna mezcla dulce.

xocota m. *amer.* Fruta que no está madura y tiene sabor agrio.

y

y¹ f. Vigesimosexta letra del alfabeto español y vigesimoprimera de sus consonantes. Su nombre es *i griega* o *ye*. Fonéticamente representa un sonido palatal sonoro y generalmente fricativo. Precedida de nasal se hace africada *(cónyuge)*, y cuando va al final de una palabra se pronuncia como semivocal *(voy, rey)*.

y² conj. cop. Une palabras o cláusulas en concepto afirmativo: *perros y gatos; estuvo allí y lo vio todo.*

ya adv. t. Denota el tiempo pasado: *ya he terminado el trabajo.* || En el tiempo presente con relación al pasado: *cuando llegó Juan, ya se había ido Marisa.* || En tiempo u ocasión futura: *ya veremos lo que decide.* || Finalmente o últimamente: *¿ya estáis de acuerdo?* || Luego, inmediatamente: *ya voy.* || Sirve para conceder o apoyar lo que nos dicen: *ya entiendo; ya se ve.* || conj. distributiva: *ya con placer, ya con dolor.*

yaba f. *amer.* Árbol silvestre del orden de los rosales, con hojas ovales, flores pequeñas de color violáceo y fruto amarillo.

yac m. Yak. ◆ pl. *yacs*.

yacaré m. Reptil crocodiliano de unos 2 m de longitud y color negruzco.

yacente adj. Que yace.

yacer intr. Estar echada o tendida una persona. || Estar un cadáver en la sepultura. || Tener relaciones sexuales. || FAM. yacente, yacija, yacimiento. ◆ **Irreg.** Conjugación modelo:

Indicativo
Pres.: yazco (yazgo o yago), yaces, yace, yacemos, yacéis, yacen.
Imperf.: yacía, yacías, yacía, *etc.*
Pret. perf. simple: yací, yaciste, yació, yacimos, yacisteis, yacieron.
Fut. simple: yaceré, yacerás, yacerá, *etc.*
Condicional simple: yacería, yacerías, yacería, *etc.*

Subjuntivo
Pres.: yazca (yazga o yaga), yazcas (yazgas o yagas), yazca (yazga o yaga), yazcamos (yazgamos o yagamos), yazcáis (yazgáis o yagáis), yazcan (yazgan o yagan).
Imperf.: yaciera o yaciese, yacieras o yacieses, *etc.*
Fut. simple: yaciere, yacieres, yaciere, *etc.*

Imperativo: yace o yaz, yaced.

Participio: yacido.
Gerundio: yaciendo.

yachting (voz i.) m. Deporte de competición que se practica con embarcaciones de vela.

yacija f. Cama, o cosa en que se está acostado. || Sepultura.

yacimiento m. Sitio donde se halla naturalmente una roca, un mineral, un fósil, o restos arqueológicos.

yaco m. Mamífero carnívoro parecido a la nutria que habita en América del Sur.

yacuzzi m. *Jacuzzi*.

yagua f. *amer.* Tejido fibroso que rodea la parte superior del tronco de la palma real.

yagual m. *amer.* Rodete para llevar objetos pesados sobre la cabeza.

yaguar m. *amer.* Jaguar.

yaguaraté o **yaguareté** m. *amer.* Jaguar.

yaguré m. *amer.* Mofeta, mamífero carnívoro.

yak m. Mamífero artiodáctilo bóvido que habita en las montañas del Tíbet, mayormente de color oscuro, notable por las largas lanas que le cubren las patas y la parte inferior del cuerpo. ◆ pl. *yaks*.

yambo¹ m. Pie de la poesía griega y latina, formado por dos sílabas, la primera breve y la segunda larga. || P. ext., pie de la poesía española que tiene una sílaba átona seguida de otra tónica. || FAM. yámbico.

yambo² m. Árbol de la familia de las mirtáceas, procedente de la India Oriental y muy cultivado en las Antillas, que tiene las hojas opuestas y lanceoladas, la inflorescencia en cima, y cuyo fruto es la pomarrosa.

yanacona adj. y com. Del indio que estaba al servicio personal de los españoles en algunos países de América del Sur o relativo a él. || com. Indio arrendatario de la tierra que cultiva.

yang m. En el taoísmo, fuerza activa o masculina que se complementa con su opuesto, el yin, para constituir el Gran Principio del orden universal llamado Tao.

yanomami com. Indio de una tribu seminómada indígena de la selva amazónica.

yanqui adj. y com. *col.* De EE. UU. o relativo a este país de América del Norte. || De Nueva Inglaterra o relativo a este estado al norte de EE. UU.

yantar tr. Comer. ◆ Se usa más en lenguaje literario. || m. Comida o alimento.

yapa f. *amer.* Añadidura, regalo que hace el vendedor al comprador. || **de yapa** loc. adv. *amer.* Por añadidura. || *amer.* Gratuitamente, sin motivo.

yaqui adj. y com. De un pueblo amerindio que habita en México, en la región del río Yaqui, o relacionado con él.

yáquil m. *amer.* Arbusto espinoso cuyas raíces se usan para lavar tejidos de lana.

yarará f. *amer.* Reptil escamoso ofidio muy venenoso, de color pardo, que puede llegar a medir hasta 1,5 m.
◆ pl. *yararás.*

yaravi m. Cantar melancólico de origen quechua.
◆ pl. *yaravíes* o *yaravís.*

yarda f. Medida inglesa de longitud, equivalente a 0,914 m.

yataí o **yatay** m. *amer.* Árbol de la familia de las palmáceas que alcanza de 8 a 10 m de altura, de hojas pintadas, curvas y rígidas; su fruto se emplea para elaborar aguardiente, y con las fibras de las hojas se tejen sombreros.

yate m. Barco de recreo, de velas o de motor.

yautía f. *amer.* Planta arácea cuyos tubérculos son comestibles.

yaya f. *amer.* Mujer que se dedica a cuidar niños.

yayo, ya m. y f. *col.* Abuelo, en el lenguaje infantil.

ye f. Nombre de la letra *y.* || FAM. yeísmo.

yedra f. Hiedra.

yegua f. Hembra del caballo. || adj. *amer.* Tonto. || FAM. yeguada, yeguar, yeguarizo, yeguato, yegüerizo, yegüero.

yeguarizo, za adj. Yegüerizo. || *amer.* Del caballo o relativo a él. || m. *amer.* Animal equino.

yeguato, ta adj. y s. Se apl. al animal que es hijo de asno y yegua.

yegüerizo, za adj. De la yegua o relativo a ella. || m. y f. Persona que guarda o cuida las yeguas.

yeísmo m. Pronunciación de la *ll* como *y.* || FAM. yeísta.

yeísta adj. Del yeísmo o relativo a él. || com. Persona que pronuncia la *ll* como *y.*

yelmo m. Parte de la armadura antigua que resguardaba la cabeza.

yema f. Porción central del huevo de las aves. || En las plantas, renuevo vegetal en forma de botón que da origen a que se desarrollen ramas, hojas o flores. || Lado de la punta del dedo, opuesta a la uña. || Dulce seco compuesto de azúcar y yema de huevo.

yemení adj. y com. Del Yemen o relativo a este país de Arabia. ◆ pl. *yemeníes* o *yemenís.*

yen m. Unidad monetaria de Japón.

yerba f. Hierba. || *amer.* Mate. || FAM. yerbabuena, yerbajo, yerbal, yerbatero, yerbear, yerbera.

yerbal m. *amer.* Plantación de mate.

yerbatero, ra adj. *amer.* Se apl. al médico o curandero que cura con hierbas. También s. || m. y f. *amer.* Vendedor de yerbas o de forraje.

yerbear intr. *amer.* Tomar mate.

yerbera f. *amer.* Vasija usada para contener las hojas de mate, y que generalmente se halla unida a otra destinada al azúcar.

yermo, ma adj. y m. Inhabitado. || Incultivado. || FAM. yermar.

yerna f. *amer.* Nuera.

yerno m. Respecto de una persona, marido de su hija. || FAM. yerna.

yero m. Planta herbácea leguminosa de tallo erguido, hojas compuestas, flores rosáceas y fruto en vainas infladas. || Semilla de esta planta, que se utiliza como alimento del ganado. Más en pl. || FAM. yeral.

yerra f. *amer.* Hierra, acción de marcar con el hierro los ganados.

yerro m. Equivocación por descuido o inadvertencia. || Falta contra los preceptos morales o religiosos.

yérsey o **yersi** m. *amer.* Jersey.

yerto, ta adj. Tieso, rígido, especialmente a causa del frío.

yesca f. Materia muy seca y fácilmente inflamable. || P. ext., lo que está muy seco y, por consiguiente, dispuesto a encenderse. || Lo que intensifica cualquier pasión o sentimiento. || FAM. yesquero.

yesería f. Fábrica de yeso. || Tienda o sitio en que se vende yeso. || Decoración que se obtiene grabando figuras o formas sobre una superficie de yeso.

yeso m. Sulfato de calcio hidratado, compacto o terroso, generalmente blanco, que tiene la propiedad de endurecerse rápidamente cuando se amasa con agua, y se emplea en la construcción y en la escultura. || Obra de escultura vaciada en este material. || FAM. yesal, yesar, yesera, yesería, yesero, yesón, yesoso.

yesquero m. Encendedor que utiliza la yesca como materia combustible. || *amer.* Encendedor, mechero.

yeta f. *amer.* Mala suerte. || FAM. yetatore.

yeti m. Ser fantástico parecido al hombre que, según ciertas leyendas, habita en la vertiente sur del Himalaya. También se le conoce como *el abominable hombre de las nieves.*

yeyé adj. y com. De la música pop de la década de 1960, así como de la moda y costumbres relacionadas con esta música.

yeyuno m. Segunda porción del intestino delgado de los mamíferos, situada entre el duodeno y el íleon.

yidis m. Lengua germánica hablada por los judíos.

yihad f. Guerra santa de los musulmanes.

yin m. En el taoísmo, fuerza pasiva o femenina que se complementa con su opuesto, el yang, para constituir el Gran Principio del orden universal llamado Tao.

yina f. *amer.* Chancleta o pantufla.

yiu-yitsu m. *Jiu-jitsu.*

yo pron. Forma del pron. pers. com. de primera persona singular, que en la oración desempeña la función de sujeto: *yo lo sé.* ◆ No es normal que vaya expreso en la oración si el verbo va explícito, salvo si se quiere resaltar o eliminar posibles ambigüedades. || m. Sujeto humano en cuanto persona.

yodo m. Elemento químico halógeno de color gris negruzco, que se volatiliza a una temperatura poco elevada y se emplea como desinfectante. Su símbolo es I, y su número atómico, 53. || FAM. yodado, yódico, yodoformo, yoduro.

yoduro m. Compuesto resultante de la combinación del yodo con otro elemento.

yoga m. Conjunto de disciplinas físico-mentales de la India, destinadas a conseguir la perfección espiritual y la unión con lo absoluto. || P. ext., conjunto de prácticas derivadas de estas disciplinas y dirigidas a obtener mayor dominio del cuerpo y de la concentración mental. || FAM. yogui.

yoghourt m. Yogur.

yogui com. Practicante del yoga.

yogo m. *amer.* Recipiente grande para transportar líquidos.

yogur m. Producto de consistencia cremosa que se obtiene por fermentación de la leche. || FAM. *yoghourt*, yogurtera.

yogurtera f. Electrodoméstico para fabricar yogur.

yola f. Embarcación muy ligera movida a remo y con vela.

yonqui com. *argot* En el lenguaje de la droga, persona adicta a las drogas duras.

yóquey o **yoqui** com. Jinete profesional de carreras de caballos. ◆ pl. *yoqueis* o *yoquis.*

yorkshire (voz i.) adj. y com. Se apl. al perro pequeño, de pelo largo y oscuro en el lomo y marrón en la cabeza y las patas.

yoyó m. Juguete de origen chino formado por dos discos unidos por un eje, que sube y baja a lo largo de una cuerda atada a ese mismo eje.

yoyoba f. Jojoba.

yuan m. Unidad monetaria de China.

yuca f. Planta americana de la familia de las liliáceas, con tallo arborescente, cilíndrico, de 15 a 20 cm, coronado por un penacho de hojas largas y rígidas, flores blancas y raíz gruesa. || Nombre vulgar de algunas especies de mandioca. || FAM. yucal.

yudo m. Arte marcial de origen japonés que consiste en lograr la inmovilización del contrario, defendiéndose y atacando sin armas mediante rápidos y diestros movimientos y llaves. || FAM. yudoca, yudoka.

yudoca o **yudoka** com. Persona que practica el yudo.

yugo m. Instrumento de madera al cual se uncen por el cuello las mulas, los bueyes, etc., y en el que va sujeta la lanza del carro o el timón del arado. || Especie de horca, por debajo de la cual, en tiempos de la antigua Roma, hacían pasar sin armas a los enemigos vencidos. || **sacudirse** uno **el yugo** loc. Librarse de opresión o dominio molesto o afrentoso. || FAM. yugada, yugular.

yugoslavo, va o **yugoeslavo, va** adj. y s. De Yugoslavia o relativo a este antiguo país europeo.

yugular adj. Se apl. a cada una de las dos venas que hay a uno y otro lado del cuello, y que recogen la mayor parte de la sangre del cerebro. También f. || Del cuello o relativo a él.

yunga adj. Natural de los valles cálidos que hay a ambos lados de los Andes. También com. || m. Antigua lengua del norte y centro de la costa peruana. || pl. *amer.* Valles cálidos que se encuentran a ambos lados de los Andes.

yunque m. Prisma de hierro acerado, a veces con punta en uno de los lados, que se emplea para forjar metales. || Persona firme y paciente en las adversidades. || Uno de los tres huesecillos de la parte media del oído de los mamíferos, situado entre el martillo y el estribo.

yunta f. Par de bueyes, mulas u otros animales que sirven en las labores del campo. || *amer.* Gemelos para poner en los puños de las camisas. || FAM. yuntería, yuntero.

yuppie (voz i.) com. Joven profesional de posición social y económica elevadas. ◆ El nombre proviene de las siglas de *Young Urban Professional.* || FAM. yuppismo.

yuquerí m. *amer.* Arbusto espinoso con fruto semejante a la zarzamora. ◆ pl. *yuqueríes* o *yuquerís.*

yurta f. Tienda de campaña circular con techo en forma de cúpula.

yusivo, va adj. En ling., se apl. al término que se emplea para designar el modo subjuntivo, cuando expresa un mandato o una orden.

yute m. Material textil que se saca de la corteza interior de varios árboles oriundos de Asia y África. || Tejido de esta fibra.

yuxtalineal adj. Se apl. a la traducción que acompaña a su original, o a la disposición de textos a dos columnas de modo que se correspondan línea por línea para hacer más cómoda su comparación.

yuxtaponer tr. y prn. Poner una cosa junto a otra o inmediata a ella. ◆ **Irreg.** Se conj. como *poner.* p. p. irreg.: *yuxtapuesto.* || FAM. yuxtaposición.

yuxtaposición f. Acción y resultado de yuxtaponer. || En gram., unión de dos o más elementos lingüísticos sin utilizar ninguna conjunción para ello.

yuyal m. *amer.* Terreno poblado de yuyos.

yuyería f. *amer.* Tienda donde se venden hierbas medicinales.

yuyero, ra m. y f. *amer.* Persona que se dedica a administrar o a vender hierbas medicinales.

yuyo m. *amer.* Mala hierba, hierbajo, hierba silvestre. || Planta medicinal. || FAM. yuyal, yuyería, yuyero.

yuyu m. Brujería. || **dar** algo **yuyu** loc. *col.* Producir rechazo, coraje, miedo, etc.

z

z f. Vigesimoséptima y última letra del alfabeto español, y vigesimosegunda de sus consonantes. Su nombre es *zeta*. Fonéticamente representa un sonido de articulación interdental, fricativa y sorda, pero en muchas zonas hispanoparlantes se articula como una /s/ en la que la lengua adopta una posición convexa, generalmente predorsal.

zabordar intr. Varar o encallar el barco en tierra.

zacatal m. *amer.* Terreno de abundante pasto, pastizal.

zacate m. *amer.* Hierba, pasto, forraje. || *amer.* Estropajo. || FAM. zacatal.

zacateca m. *amer.* Empleado de pompas fúnebres que asistía vestido de librea a los entierros.

zafacoca f. *amer.* Riña, pelea.

zafacón m. *amer.* Cubo para recoger la basura.

zafado, da adj. y s. *amer.* Descarado, atrevido en su conducta o lenguaje.

zafaduría f. *amer.* Conducta o lenguaje descarado o atrevido.

zafar tr. Soltar lo que estaba amarrado o sujeto, desembarazar, libertar, especialmente en el lenguaje marinero. También prnl. || prnl. Escaparse o esconderse para evitar un encuentro o riesgo. || Irse de un lugar. || Excusarse de hacer una cosa. || FAM. zafada, zafadura, zafarrancho.

zafarrancho m. Acción y resultado de desocupar y preparar una parte de la embarcación para que pueda realizarse determinada actividad. || Riña, destrozo. || *col.* Limpieza general.

zafio, fia adj. Tosco, grosero. || FAM. zafiamente, zafiedad.

zafiro m. Corindón cristalizado de color azul que se utiliza en joyería.

zafra f. Vasija de metal ancha y poco profunda, con agujeros en el fondo, en que los vendedores de aceite colocan las medidas para que escurran. || Vasija grande de metal en que se guarda aceite. || Cosecha de la caña de azúcar. || Fabricación del azúcar de caña, y p. ext., del de remolacha. || Tiempo que dura esta fabricación. || Escombro de una mina o cantera.

zaga f. Parte posterior, trasera de una cosa. || En ciertos deportes, defensa de un equipo. || **a la zaga** loc. adv. Atrás o detrás. || **no ir o irle a la zaga** loc. No ser inferior a otro en el asunto del que se trata. || FAM. zaguero.

zagal, la m. y f. Persona joven, muchacho. || Pastor o pastora joven, subordinados a otro pastor. || FAM. zagalón.

zaguán m. Espacio cubierto, situado dentro de una casa e inmediato a la puerta de la calle.

zaguero, ra adj. Que va, se queda o está detrás. || m. En los partidos de pelota por parejas, el jugador que ocupa la parte de atrás de la cancha. || En el fútbol, defensa.

zaherir tr. Reprender, mortificar. || Humillar. ◆ **Irreg.** Se conj. como *sentir.* || FAM. zaheridor, zaherimiento, zahiriente.

zahiriente adj. Que zahiere, humilla o mortifica.

zahón m. Especie de calzón de cuero o tela con perneras abiertas que llegan a media pierna, y que se pone sobre los pantalones para protegerlos. Más en pl. || FAM. zahonado.

zahorí com. Persona a quien se atribuye la facultad de ver lo que está oculto, incluso debajo de la tierra. || Persona perspicaz y escudriñadora. ◆ pl. *zahoríes* o *zahorís.*

zahúrda f. Pocilga para los cerdos.

zaino¹, na o **zaíno, na** adj. Traidor, falso.

zaino², na o **zaíno, na** adj. Se apl. al caballo o a la yegua de color castaño oscuro. || Se dice del ganado vacuno de color negro que no tiene ningún pelo blanco.

zaireño, ña adj. y s. De la República Democrática del Congo o relativo a este país africano.

zalamería f. Demostración de cariño exagerada o empalagosa. || FAM. zalamero.

zalamero, ra adj. Que hace zalamerías, mimoso.

zalea f. Cuero de oveja o carnero curtido de modo que conserve la lana; sirve para preservar de la humedad y del frío.

zalema f. Reverencia en muestra de sumisión. || Zalamería. || FAM. zalamería.

zamaquear tr. *amer.* Zarandear, sacudir.

zamarra f. Prenda de abrigo hecha de piel con su lana o pelo. || Chaqueta de abrigo, pelliza. || Piel de carnero. || FAM. zamarrear, zamarrilla, zamarro.

zamarrear tr. Sacudir un animal a su presa a un lado y a otro sujetándola con los dientes, para destrozarla o acabarla de matar. || *col.* Tratar mal a uno moviéndolo con violencia o golpes de una parte a otra.

zamarro m. Zamarra, prenda de abrigo.

zamba f. Danza popular del noroeste de Argentina. || Música y canto de esta danza.

zambaigo, ga adj. y s. *amer.* Zambo, hijo de negro e india, o al contrario.

zambo, ba adj. y s. Persona que tiene juntas las rodillas y separadas las piernas hacia fuera. || *amer.* Se apl. al hijo de negro e india, o al contrario. || FAM. zambaigo.

zambomba f. Instrumento musical de tradición popular, formado por un cilindro hueco y cerrado por un extremo con una piel tensa y una varilla central, que produce un sonido ronco y monótono. || **¡zambomba!** interj. Manifiesta sorpresa. || FAM. zambombazo.

zambombazo m. Porrazo, golpazo. || Estampido, ruido fuerte y seco.

zambra f. Fiesta que celebraban los moriscos. || Fiesta con baile que celebran los gitanos en Andalucía. || Alboroto.

zambullida f. Acción y resultado de zambullir.

zambullir tr. Meter debajo del agua con ímpetu o de golpe. También prnl. || prnl. Esconderse o meterse en alguna parte, o cubrirse con algo. ◆ **Irreg.** Se conj. como *mullir.* || FAM. zambullida.

zamburiña f. Molusco bivalvo marino comestible de concha formada por dos valvas abombadas, parecido a la vieira pero más pequeño.

zampabollos com. Persona que gusta de comer mucho. ◆ No varía en pl.

zampado, da adj. *amer. col.* Borracho.

zampar tr. *col.* Comer o beber apresurada y excesivamente. También prnl. || Esconder rápidamente una cosa entre otras. || Arrojar, impeler con violencia una cosa. También prnl. || prnl. Meterse de golpe en una parte. || Presentarse en un sitio. || FAM. zampabollos, zampatortas, zampón.

zampatortas com. Persona que come con exceso. ◆ No varía en pl.

zampón, ona adj. y s. Se apl. a la persona a la que le gusta comer mucho.

zampoña f. Instrumento rústico, a modo de flauta, o compuesto de varias flautas. || Dicho trivial o insustancial.

zanahoria f. Planta herbácea umbelífera con flores blancas y púrpuras en el centro, de fruto seco y comprimido y raíz gruesa de color naranja que se utiliza como alimento. || Raíz de esta planta. || FAM. zanahorio.

zanahorio, ria adj. *amer. col.* Ingenuo, simple.

zanca f. Parte más larga de las patas de las aves, desde los dedos hasta la primera articulación por encima de ellos. || Pierna de persona o de animal, sobre todo cuando es larga y delgada. || Madero inclinado que sirve de apoyo a los peldaños de una escalera. || FAM. zancada, zancadilla, zancajo, zancajón, zancarrón, zanco, zanquear, zanquilargo.

zancada f. Paso largo. || **en dos** o **tres zancadas** loc. adv. Se usa para expresar la cercanía de un sitio y la brevedad del camino.

zancadilla f. Acción de cruzar uno la pierna delante de la de otra persona para hacerla caer. || Engaño con el que se pretende perjudicar a alguien. || FAM. zancadillear.

zancadillear tr. Poner la zancadilla.

zancajo m. Hueso del pie que forma el talón. || Parte del pie donde sobresale el talón. || Hueso grande de la pierna. || Parte del zapato o media que cubre el talón.

zancarrón m. Cualquiera de los huesos de la pierna, especialmente el de las reses, cuando está o ha sido despojado de carne.

zanco m. Cada uno de los palos altos, con salientes sobre los que se ponen los pies, para andar en alto. || FAM. zancón, zancudo.

zancudo, da adj. Que tiene las zancas largas. || Se apl. al ave que tiene los tarsos muy largos y la parte inferior de la pata desprovista de plumas, como la cigüeña. También f. || m. *amer.* Mosquito.

zanfonía, zanfona o **zanfoña** f. Instrumento musical de cuerda, que se toca haciendo dar vueltas con un manubrio a un cilindro con púas.

zanganear intr. Hacer el vago. || Decir o hacer cosas inoportunas o insustanciales.

zángano, na m. y f. Persona perezosa, vaga. || Persona torpe o tonta. || m. Macho de la abeja reina. || FAM. zángana, zanganada, zanganear.

zangolotear tr. *col.* Mover o sacudir continua y violentamente una cosa. También prnl. || intr. *col.* Moverse de un lado para otro sin ningún fin. || FAM. zangolotino.

zangolotino, na adj. y s. Se apl. al muchacho que se comporta como un niño o al que se trata como a un niño.

zanguango, ga adj. y s. Indolente, flojo, perezoso.

zanja f. Excavación larga y estrecha que se hace en la tierra. || *amer.* Surco producido por una corriente de agua. || FAM. zanjar.

zanjar tr. Resolver un asunto, o concluirlo. || Abrir zanjas.

zapa¹ f. Pala con un corte acerado que usan los zapadores o gastadores. || Excavación de galería subterránea o de zanja al descubierto. || FAM. zapador, zapapico, zapar.

zapa² f. Piel áspera de algunos peces selácios, como la lija. || Piel o metal que al labrarse imita la piel granulosa de esos peces.

zapador, ora m. y f. Soldado que trabaja en obras de excavación.

zapallada f. *amer. col.* Tontería, bobada. || *amer. col.* Acierto casual.

zapallito m. *amer.* Variedad de calabacita redondeada de unos 10 cm de diámetro y corteza verde. || **zapallito largo** *amer.* Calabacín.

zapallo m. *amer.* Calabaza. || *amer. col.* Cabeza de una persona. || FAM. zapallito.

zapapico m. Herramienta semejante al pico, con mango de madera y dos bocas opuestas, terminada una en punta y la otra en corte angosto.

zapar intr. Trabajar con la zapa o pala.

zapata f. Pieza del freno de algunos vehículos que actúa por fricción contra el eje o contra las ruedas. || Pedazo de cuero o suela que a veces se pone debajo del quicio de la puerta para que no rechine. || Tablón que se clava en la parte inferior de la quilla para defenderla de las varadas. ‖ Pieza horizontal que se pone sobre una columna y sobre la que se apoya una viga u otra estructura.

zapatazo m. Golpe dado con un zapato y ruido que resulta de ello. ‖ Golpe fuerte que se da contra cualquier cosa que suena.

zapateado m. Baile español que se ejecuta con zapateo. ‖ Música de este baile.

zapatear intr. Golpear con el zapato. También tr. ‖ En algunos bailes, dar golpes en el suelo con los pies calzados siguiendo un determinado ritmo. ‖ FAM. zapateado, zapateo.

zapatería f. Tienda donde se venden zapatos. ‖ Taller donde se fabrican o reparan zapatos. ‖ Oficio de hacer o reparar zapatos.

zapatero, ra m. y f. Persona que por oficio hace zapatos, los arregla o los vende. ‖ m. Pez osteíctio perciforme de unos 25 cm de largo, plateado, con cabeza puntiaguda y cola ahorquillada y muy abierta, que vive en los mares de la América tropical. ‖ Nombre común de diversos insectos hemípteros de cuerpo alargado, con las dos patas delanteras cortas y las cuatro traseras más largas, que corren sobre la superficie del agua y se alimentan de otros insectos que atrapan con las patas delanteras. ‖ Mueble para guardar zapatos. ‖ adj. Del zapato o relativo a él. ‖ col. Se apl. a la legumbre o a otro alimento duro o correoso, especialmente después de cocido.

zapateta f. Golpe que se da con el pie o zapato. ‖ Brinco que se da chocando los zapatos entre sí. ‖ pl. Golpes que se dan con el zapato en el suelo en ciertos bailes.

zapatiesta f. col. Escándalo, alboroto.

zapatilla f. Zapato ligero y de suela muy delgada. ‖ Zapato cómodo o de abrigo para estar en casa. ‖ Zapato deportivo ligero, generalmente con cordones y suela de goma. ‖ Pieza de cuero, goma, etc., que sirve para mantener herméticamente adheridas dos partes diferentes. ‖ FAM. zapatillazo, zapatillero.

zapatillazo m. Golpe dado con una zapatilla.

zapatista adj. y com. Del movimiento revolucionario mexicano dirigido por Emiliano Zapata a principios del siglo XX, o relativo a él.

zapato m. Calzado que no pasa del tobillo, con la parte inferior de suela y lo demás de piel, tela u otro material. ‖ FAM. zapata, zapatazo, zapatear, zapatería, zapatero, zapateta, zapatilla, zapatón.

¡zape! interj. Voz que se emplea para ahuyentar a los gatos o para manifestar extrañeza, miedo o precaución.

zapear intr. Cambiar repetidamente de canal de televisión utilizando el mando a distancia.

zapeo m. Cambio repetido de canal de televisión utilizando el mando a distancia. ◆ Se usa más el término inglés *zapping*.

zaperoco m. amer. col. Desorden, alboroto.

zapote m. Árbol americano de la familia de las sapotáceas, que alcanza unos 10 m de altura, con tronco recto, liso, de corteza oscura y madera blanca poco resistente, copa redonda y espesa, hojas alternas y rojizas y fruto comestible. ‖ Fruto de este árbol. ‖ FAM. zapotal.

zapoteca adj. y com. Zapoteco.

zapoteco, ca adj. y s. De un pueblo amerindio que habita en México o relativo a él. ‖ m. Lengua indígena hablada por este pueblo.

zapping (voz i.) m. Zapeo. ‖ FAM. zapear, zapeo.

zaque m. Odre pequeño. ‖ FAM. zaquear.

zaquizamí m. Desván. ‖ Cuarto pequeño, sucio e incómodo. ◆ pl. *zaquizamíes* o *zaquizamís.*

zar, zarina m. y f. Título que se daba al emperador de Rusia y al soberano de Bulgaria. ‖ f. Mujer del zar. ‖ FAM. zarevich, zarismo, zarista.

zarabanda f. Danza lenta de ritmo ternario que forma parte de las sonatas. ‖ Alboroto, ruido. ‖ FAM. zarabandista.

zaragata f. Alboroto, bullicio. ‖ FAM. zaragatear, zaragateo.

zaragatona f. Planta herbácea de la familia de las plantagináceas, con tallo velludo, ramoso, de 20 a 30 cm de altura, hojas opuestas, lanceoladas y estrechas, flores pequeñas, verdosas, en espigas ovales y fruto capsular. ‖ Semilla de esta planta, de la que se extrae una sustancia medicinal.

zaragüelles m. pl. Especie de calzones anchos que se usaban antiguamente y ahora aún llevan algunos campesinos de Valencia y Murcia. ‖ Calzones muy anchos, largos y mal hechos.

zarajo m. Tripa de cordero trenzada, asada al horno y que se conserva ahumada.

zaranda f. Criba, colador. ‖ FAM. zarandear, zarandillo.

zarandaja f. Cosa menuda, sin valor. Más en pl.

zarandear tr. Mover una persona o cosa de un lado para otro, agitar. ‖ Cribar, colar. También prnl. ‖ prnl. amer. Contonearse. ‖ FAM. zarandeo.

zarapito m. Nombre común de diversas especies de aves caradriformes que miden entre 40 y 60 cm de longitud, con el cuello largo, el pico delgado y las patas largas, que viven en las riberas, anidan entre juncos y se alimentan de insectos, moluscos y gusanos.

zarcillo m. Pendiente, arete. ‖ Órgano largo, delgado y voluble que tienen ciertas plantas para asirse a tallos u otros objetos.

zarco, ca adj. De color azul claro.

zarévich m. Hijo del zar. ‖ En particular, príncipe primogénito del zar reinante.

zarigüeya f. Nombre común de diversas especies de mamíferos marsupiales americanos de unos 50 cm de longitud y 30 cm de cola prensil y lisa, con las extremidades posteriores con pulgar oponible, de costumbres nocturnas y omnívoros.

zarpa f. Mano o garra de ciertos animales, como el león y el tigre. ‖ col. P. ext., mano de una persona. ‖ **echar la zarpa** loc. col. Agarrar con las manos o con las uñas. ‖ col. Conseguir, alcanzar. ‖ FAM. zarpazo.

zarpar intr. Levar anclas, hacerse a la mar un barco desde el lugar en que estaba fondeado o atracado.

zarpazo m. Golpe dado con la zarpa.

zarpear tr. amer. Salpicar de barro o lodo.

zarracina f. Ventisca con lluvia.

zarrapastroso, sa adj. y s. col. Sucio, andrajoso, desaliñado. ‖ FAM. zarrapastrosamente.

zarza f. Nombre común de diversas especies de arbustos de la familia de las rosáceas, con tallos sarmentosos, arqueados en las puntas, de 4 a 5 m de largo, ramas con espinas, hojas divididas en cinco hojuelas elípticas, aserradas, flores blancas o rosas en racimos terminales, y cuyo fruto es la zarzamora. || FAM. zarceño, zarzal, zarzamora, zarzaparrilla, zarzo, zarzoso, zarzuela.

zarzal m. Sitio poblado de zarzas.

zarzamora f. Fruto de la zarza, de color morado oscuro y sabor dulce. || Zarza, arbusto rosáceo.

zarzaparrilla f. Arbusto de la familia de las liliáceas con tallos delgados, volubles, de 2 m de largo y espinosos, hojas pecioladas y acorazonadas, flores verdosas en racimos axilares, fruto en bayas globosas y raíces fibrosas. || Bebida refrescante preparada con esta planta.

zarzuela f. Obra dramática y musical en la que se alternan el habla y el canto. || Letra y música de esta obra. || Plato consistente en varias clases de pescados y mariscos condimentados con una salsa. || FAM. zarzuelero, zarzuelista.

¡zas! Voz expresiva del ruido que hace un golpe o del golpe mismo.

zascandil m. *col.* Hombre informal, enredador, que no para quieto en ningún sitio. || FAM. zascandilear.

zascandilear intr. Vagar de un lado a otro sin hacer nada de provecho. || FAM. zascandileo.

zegrí com. Miembro de una familia del antiguo reino musulmán de Granada. ◆ pl. *zegríes* o *zegrís*.

zéjel m. Composición estrófica de origen árabe, que consta de una estrofilla inicial o estribillo y de un número variable de estrofas de tres versos monorrimos seguidos de otro verso de rima constante igual a la del estribillo.

zen adj. y m. Se apl. a la forma del budismo que recurre a la meditación, al control del espíritu y a técnicas dialécticas para alcanzar la iluminación.

zenit o **zénit** m. Cenit.

zeolita f. Mineral del grupo de los silicatos alumínicos hidratados, que se presenta en forma de agregados cristalinos de forma estrellada y color claro.

zepelín m. Globo dirigible.

zeta f. Nombre de la letra z. || Sexta letra del alfabeto griego, que se corresponde con nuestra z. Su grafía mayúscula es Z y la minúscula ζ.

zeugma m. Figura de construcción por la que, cuando una palabra que tiene conexión con dos o más miembros del periodo está expresa en uno de ellos, ha de sobreentenderse en los demás.

zigomorfo, fa adj. Se apl. al verticilo cuyas partes se disponen simétricamente a un lado y a otro de un plano que divide la flor en dos mitades.

zigoto m. Cigoto.

zigurat m. Torre en forma de pirámide escalonada, que formaba parte de los templos caldeos, asirios y babilónicos. ◆ pl. *zigurats*.

zigzag m. Serie de líneas que forman alternativamente ángulos entrantes y salientes. || **en zigzag** loc. adv. Que denota movimiento o colocación en esta forma. ◆ pl. *zigzags*. || FAM. zigzaguear, zigzagueo.

zigzaguear intr. Serpentear, andar en zigzag.

zinc m. Cinc. ◆ pl. *zincs*.

zíngaro, ra adj. y s. Cíngaro.

zinnia f. Planta ornamental de la familia de las compuestas, de tallos ramosos, hojas opuestas y flores grandes y dobles de diverso color o de colores mezclados, según las variedades.

zíper m. *amer.* Cremallera o cualquier otro cierre de una prenda.

zipizape m. *col.* Riña ruidosa o con golpes.

zircón m. Circón.

zirconio m. Circonio.

zócalo m. Cuerpo inferior de un edificio u obra, para elevar los basamentos a un mismo nivel. || Friso o franja que se pinta o coloca en la parte inferior de una pared. || Miembro inferior del pedestal. || Especie de pedestal. || *amer.* En México, plaza principal de una ciudad.

zocas adj. y s. *amer.* Alcoholizado.

zoco m. En Marruecos y otras ciudades del norte de África, lugar en que se celebra un mercado.

zódiac f. Embarcación pequeña de caucho con motor fuera borda. ◆ pl. *zódiacs*.

zodiacal adj. Del Zodiaco o relativo a él.

zodiaco o **zodíaco** m. Faja celeste por el centro de la cual pasa la Eclíptica; comprende las 12 constelaciones que recorre el Sol en su curso anual aparente: Aries, Tauro, Géminis, Cáncer, Leo, Virgo, Libra, Escorpión, Sagitario, Capricornio, Acuario y Piscis. ◆ Se escribe con mayúscula. || FAM. zodiacal.

zombi m. En el culto del vudú, persona resucitada que carece de voluntad y se comporta como un autómata. || com. Atontado. También adj.

zona f. Extensión de terreno cuyos límites están determinados por razones administrativas, políticas, etc. || Cualquier parte de un terreno o superficie encuadrada entre ciertos límites. || Cada una de las cinco partes en que se considera dividida la superficie de la Tierra por los trópicos y los círculos polares: *zona templada, glacial*. || En geom., parte de la superficie de la esfera comprendida entre dos planos paralelos. || Parte delimitada de un campo de baloncesto que está más cerca de la canasta. || **zona verde** Terreno situado dentro de una ciudad que se destina a parque o a arbolado. || FAM. zonal.

zonda m. *amer.* Viento fuerte, cálido y muy seco, que afecta desfavorablemente a los seres vivos produciendo cierta inquietud y excitación.

zonzo, za adj. *amer.* Tonto, simple. || Se apl. a la persona sosa o insípida. También s. || FAM. zoncear, zoncera.

zoo m. Expresión abreviada, con el significado de 'parque zoológico'.

zoo- o **-zoo** pref. y suf. que significan 'animal': *zoolatría, protozoo*.

zoófago, ga adj. y s. Que se alimenta de materias animales.

zoofilia f. Comportamiento de las personas consistente en tener contactos sexuales con animales.

zoología f. Ciencia que estudia los animales. || FAM. zoológico, zoólogo.

zoológico, ca adj. Relativo a la zoología. || m. Lugar donde se muestran al público animales salvajes o poco comunes. || FAM. zoo.

zoom (voz i.) m. Zum. ◆ pl. *zooms*.

zoomorfo, fa adj. Que tiene forma o apariencia de animal.

zoonosis f. Enfermedad o infección que se da en los animales y que es transmisible a las personas. ◆ No varía en pl.

zooplancton m. Plancton marino, caracterizado por el predominio de organismos animales, como los crustáceos.

zoospermo m. Espermatozoide.

zoospora f. Espora provista de cilios o flagelos motores.

zootecnia f. Técnica de la cría de animales domésticos. ‖ FAM. zootécnico.

zopenco, ca adj. y s. *col.* Tonto y bruto.

zopilote m. *amer.* Ave falconiforme americana semejante al buitre común, de unos 60 cm de longitud, de plumaje negro y cabeza desprovista de plumas. ‖ FAM. zopilotada.

zoquete m. Pedazo de madera corto y grueso. ‖ Pedazo de pan grueso e irregular. ‖ *col.* Persona torpe e ignorante. También adj.

zoqueterismo m. *amer.* Reparto de cargos públicos con el fin de ganar apoyo y favores.

zorcico m. Composición musical del País Vasco, en compás de cinco por ocho. ‖ Letra de esa composición musical. ‖ Baile que se ejecuta con esta música.

zorito, ta adj. Zurito.

zoroastrismo m. Religión de origen persa elaborada por Zoroastro (filósofo iraní que vivió entre los siglos VI y VII a. C., también llamado Zaratustra).

zorongo m. Pañuelo doblado en forma de venda, que los aragoneses y navarros llevan alrededor de la cabeza. ‖ Moño ancho y aplastado. ‖ Baile popular andaluz. ‖ Música y canto de este baile.

zorra f. *vulg.* y *desp.* Prostituta. ‖ *vulg. desp.* Mujer que acostumbra a mantener relaciones sexuales con hombres diferentes. ‖ *col.* Embriaguez, borrachera. ‖ **no tener ni zorra (idea)** loc. *vulg.* No saber nada del tema que se trata. ‖ FAM. zorrear.

zorrear intr. *vulg.* Dedicarse una mujer a la prostitución. ‖ *vulg.* Frecuentar un hombre las prostitutas.

zorrera f. Cueva de zorros.

zorrería f. Astucia, cautela de la zorra para buscar su alimento. ‖ *col.* Astucia, ardid, habilidad para engañar.

zorrillo o **zorrino** m. *amer.* Mofeta, mamífero.

zorro, rra m. y f. Nombre común de diversas especies de mamíferos carnívoros de menos de 1 m de longitud incluida la cola, hocico alargado y pelaje color pardo rojizo y muy espeso, especialmente en la cola, de punta blanca. ◆ También se usa el f. para referirse al animal genérico. ‖ *col.* Persona astuta. ‖ m. Piel de este animal, empleada en peletería. ‖ pl. Tiras de piel, tela, etc., que, unidas y puestas en un mango, sirven para sacudir el polvo. ‖ **hecho unos zorros** loc. adv. *col.* En muy malas condiciones. ‖ FAM. zorra, zorrera, zorrería, zorrillo, zorrino, zorruno.

zorzal m. Nombre común de diversas aves paseriformes de 20 a 25 cm de longitud, con el dorso de color pardo y el pecho claro con pequeñas motas. Son aves migratorias que invernan en la península ibérica.

zóster o **zoster** adj. y m. Se apl. a una enfermedad vírica que se desarrolla en las vías nerviosas y provoca la aparición de vesículas en la piel situada sobre dichas vías.

zotal m. Desinfectante o insecticida que se usa generalmente en establos o para el ganado.

zote adj. y com. Ignorante, torpe.

zotehuela f. *amer.* Patio trasero de una casa, destinado generalmente a lavar y tender la ropa.

zozobra f. Acción y resultado de zozobrar. ‖ Intranquilidad, inquietud, aflicción. ‖ Oposición y contraste de los vientos, que impiden la navegación. ‖ FAM. zozobroso.

zozobrar intr. Peligrar la embarcación por la fuerza y contraste de los vientos. ‖ Perderse o irse a pique. También prnl. ‖ Estar en gran riesgo y muy cerca de no lograr una cosa. ‖ FAM. zozobra.

zueco m. Zapato de madera de una pieza que usan en varios países los campesinos. ‖ Zapato de cuero con suela de corcho o de madera, sin talón.

zulaque m. Pasta usada para tapar las juntas de las cañerías.

zulo m. Agujero. ‖ Escondite subterráneo.

zulú adj. y com. Pueblo de raza negra que habita en el sudoeste de África. Más en m. pl. ‖ m. Lengua hablada por este pueblo. ◆ pl. zulúes o zulús.

zum m. Objetivo de foco variable en una cámara fotográfica o cinematográfica. ◆ pl. zums.

zumaque m. Arbusto anacardiáceo de unos 3 m de altura, con tallos leñosos, hojas compuestas, flores en panoja y fruto drupáceo.

zumba f. Broma o burla sin mala intención. ‖ Cencerro grande que lleva el animal que guía un rebaño o una manada. ‖ *amer.* Tunda, zurra, paliza.

zumbado, da adj. y s. *col.* Loco, chiflado.

zumbar intr. Producir una cosa ruido o sonido continuado y sordo. ‖ tr. Tratándose de golpes, dar, propinar. ‖ Burlarse. ‖ **ir zumbando** loc. *col.* Ir deprisa. ‖ FAM. zumba, zumbado, zumbador, zumbel, zumbido, zumbón.

zumbido m. Acción y resultado de zumbar. ‖ Sonido sordo y continuo.

zumbón, ona adj. Que zumba. ‖ Que se burla con frecuencia. También s.

zumo m. Líquido que se extrae de las frutas, vegetales, etc. ‖ Utilidad o provecho que se saca de una cosa. ‖ FAM. zumoso.

zuncho m. Abrazadera, anillo metálico usado como refuerzo. ‖ Refuerzo metálico, generalmente de acero, para juntar y atar elementos constructivos de un edificio en ruinas. ‖ FAM. zunchar.

zurcido m. Remiendo o costura sobre una tela rota.

zurcir tr. Coser la rotura de una tela, juntando los pedazos. ‖ Remendar con puntadas muy juntas y entrecruzadas un tejido roto. ‖ **que te, lo, os, los,** *etc.*, **zurzan** loc. *col.* Indica desprecio o desinterés hacia alguien. ‖ FAM. zurcido, zurcidor.

zurdazo m. Golpe dado con la mano o el pie izquierdos.

zurdear intr. *amer.* Hacer con la mano izquierda lo que generalmente se hace con la derecha.

zurdo, da adj. Que usa la mano izquierda del mismo modo que la mayoría de las demás personas usan la derecha. También s. ‖ Relativo a la mano o pierna izquierda. También f. ‖ FAM. zurdazo, zurdear.

zurear intr. Hacer arrullos la paloma. ‖ FAM. zureo.

zureo m. Arrullo de la paloma.

zurito, ta adj. Se apl. a la paloma silvestre. ‖ m. En el País Vasco, vaso pequeño de cerveza. ‖ FAM. zurear, zuro.

zuro m. Corazón de la mazorca del maíz después de desgranada.

zurra f. *col.* Castigo, especialmente de azotes o golpes. ‖ Acción de zurrar las pieles.

zurrapa f. Brizna, pelillo o sedimento que se halla en los líquidos y poco a poco se va sentando. Más en pl. ‖ *col.* Mancha en la ropa interior. ‖ FAM. zurrapiento, zurraposo, zurraspa.

zurrar tr. *col.* Castigar a uno, especialmente con azotes o golpes. ‖ Curtir y suavizar las pieles quitándoles el pelo. ‖ FAM. zurra, zurrador.

zurraspa f. *col.* Mancha en la ropa interior.

zurriagazo m. Golpe dado con el zurriago. ‖ Golpe dado con una cosa flexible.

zurriago m. Látigo con que se castiga o zurra. ‖ Correa larga y flexible con que se hace bailar el trompo. ‖ *vulg.* Pene. ‖ FAM. zurriagar, zurriagazo.

zurrón m. Bolsa grande de cuero que usan los pastores. ‖ Cualquier bolsa de cuero. ‖ Cáscara primera y más tierna de algunos frutos.

zurullo m. *col.* Pedazo de materia blanda más grueso que el resto. ‖ *col.* Mojón, excremento sólido.

zutano, na m. y f. Vocablo usado como complemento, y a veces en contraposición de *fulano* y *mengano*, para aludir a una tercera persona indeterminada: *fulano, mengano y zutano.*

Apéndices

apéndice gramatical

LOS FONEMAS

Los **fonemas** son los elementos sonoros del lenguaje que poseen valor distintivo. En español existen 24 fonemas, 5 **vocálicos** (/a/, /e/, /i/, /o/, /u/) y 19 **consonánticos** (/b/, /ĉ/, /d/, /f/, /g/, /x/, /k/, /ļ/, /l/, /m/, /n̮/, /o/, /p/, /r/, /r̄/, /s/, /t/, /y/, /θ/).

CLASIFICACIÓN Y CARACTERIZACIÓN

Los fonemas se clasifican atendiendo a la posición y a la tensión de los diferentes órganos que intervienen en su producción (las cuerdas vocales, los labios y la lengua, aplicada al paladar o a los dientes). Para caracterizar los distintos fonemas, tanto vocálicos como consonánticos, se consideran cuatro factores articulatorios fundamentales:

1.° El *punto de articulación*, que es la zona de la cavidad bucofaríngea donde se articulan los sonidos según la posición adoptada por los labios o la lengua.
2.° El *modo de articulación*, es decir, el grado de apertura o cierre del canal bucofaríngeo para dar salida al flujo de aire.
3.° La *vibración de las cuerdas vocales:* cuando se produce vibración los fonemas son sonoros; en el caso contrario se denominan *sordos*.
4.° La *resonancia de los sonidos:* cuando es la cavidad bucal la que sirve de caja de resonancia se denominan *orales;* si, en cambio, estos resuenan en la cavidad nasal, se llaman *nasales*.

Fonemas vocálicos

Los cinco fonemas vocálicos del español son *sonoros* y *orales*. Atendiendo a su *punto de articulación* se clasifican en **anteriores** o **palatales** (/e/, /i/), **posteriores** o **velares** (/o/, /u/) y **centrales** (/a/), mientras que por *su modo de articulación* pueden ser **abiertos** (/a/), **semiabiertos** o **semicerrados**(/e/, /o/) y **cerrados** (/i/, /u/), como se resume en el siguiente cuadro:

Fonemas vocálicos

PUNTO DE ARTICULACIÓN	MODO DE ARTICULACIÓN		
	Abiertas	Semiabiertas	Cerradas
Palatales		/e/	/i/
Velares		/o/	/u/
Centrales	/a/		

Fonemas consonánticos

Según su punto de articulación, los fonemas consonánticos pueden ser **bilabiales** (intervienen los dos labios: /b/, /p/, /m/); **labiodentales** (intervienen el labio inferior y los incisivos superiores: /f/); **interdentales** (la punta de la lengua se sitúa entre los dientes: /θ/); **dentales** (la punta de la lengua se apoya en los incisivos superiores: /t/, /d/); **alveolares** (la punta de la lengua se apoya en los alveolos superiores: /s/, /l/, /r/, /r̄/, /n/), **palatales** (la lengua se apoya en el paladar duro: /ĉ/, /y/, /ļ/ /ņ/ y **velares** (la lengua se apoya en el paladar blando: /k/, /x/, /g/).

Por su *modo de articulación* pueden ser **oclusivos** (cierre completo del canal bucal, que luego se abre para dejar salir el aire: /p/, /t/, /k/); **fricativos** (se produce un estrechamiento del canal bucal: /f/, /θ/, /s/, /x/, /b/, /d/, /y/, /g/); **africados** (cierre total, seguido de un estrechamiento: /ĉ/), **vibrantes** (el canal bucal se estrecha a intervalos por la vibración de la lengua: /r/, /r̄/) y **laterales** (el aire sale por los costados de la cavidad bucal: /l/, /ļ/).

Por su *vibración,* son **sonoros** /b/, /d/, /y/, /g/, /r/, /r̄/, /l/, /ļ/, /m/, /n/ y /ņ/ y **sordos** los restantes (/p/, /t/, /k/, /ĉ/, /f/, /θ/, /s/ y /x/). En cuanto a su *resonancia,* la mayoría son **orales,** excepto los fonemas /m/, /n/ y /ņ/, que son **nasales.**

En el cuadro siguiente se resume la caracterización de los distintos fonemas consonánticos del español:

Fonemas consonánticos

PUNTO DE ARTICULA-CIÓN	MODO DE ARTICULACIÓN						
	Sordos			Sonoros			
	Oclusivos	Africados	Fricativos	Fricativos	Vibrantes	Laterales	Nasales
Bilabiales	/p/			/b/			/m/
Labiodentales			/f/				
Interdentales			/θ/				
Dentales	/t/			/d/			
Alveolares			/s/		/r/,/r̄/	/l/	/n/
Palatales		/ĉ/		/y/		/ļ/	/ņ/
Velares	/k/		/x/	/g/			

REPRESENTACIÓN GRÁFICA DE LOS FONEMAS. EL ALFABETO

El alfabeto es una representación gráfica de los sonidos de una lengua, y cada una de sus letras pretende ser la transcripción de un fonema. El alfabeto castellano consta de 27 letras: *a, b, c, d, e, f, g, h, i, j, k, l, m, n, ñ, o, p, q, r, s, t, u, v, w, x, y, z.* Todas ellas se pronuncian (es decir, tienen correspondencia fonética), excepto la *u* cuando va detrás de *q* o *g (querer, guiso),* y la *h,* que es fonéticamente muda aunque en algunas zonas hispanohablantes puede corresponder a la realización aspirada de un fonema vocálico. La *w* transcribe los grupos fonéticos /ua/ (Washington), /ue/ (Wellington), /ui/ (whisky) o /uo/ (Worcester) en palabras de origen extranjero.

Frente a estas 27 letras, el sistema fonético español está constituido, como ya se ha dicho, por 24 fonemas. No existe, pues, una correspondencia exacta entre letras y fonemas. Este desajuste es lo que genera los problemas ortográficos (ver **Apéndice Ortográfico: Normas Ortográficas).**

LA SÍLABA Y EL ACENTO

LA SÍLABA

La sílaba es la unidad fonética fundamental del habla, y consiste en un fonema o grupo de fonemas que se pronuncian en una sola emisión de voz. Estos fonemas pueden ser vocálicos y consonánticos, pero el núcleo silábico es siempre un fonema vocálico: *a-lam-bre, e-lec-tri-ci-dad*.

Por su estructura, es decir, según la disposición que adopten los fonemas que las constituyen, las sílabas se clasifican en:

1. **Libres** o **abiertas,** las terminadas en una vocal: *a-la, te-ma.*
2. **Trabadas** o **cerradas,** las terminadas en consonante: *ven-cer, már-tir.*

La agrupación de fonemas vocálicos puede dar lugar a los siguientes fenómenos silábicos:

a) **diptongo,** cuando dos vocales contiguas se pronuncian en una sola sílaba. Puede ser de dos tipos:

— *ascendente* o *creciente,* cuando termina en una vocal abierta o semiabierta: *tie-ne, cua-tro;*
— *descendente* o *decreciente,* cuando termina en vocal cerrada: *pei-ne, cau-sa;*

b) **triptongo,** cuando tres vocales contiguas se pronuncian en una misma sílaba: *calum-niéis, Para-guay;*
c) **hiato,** cuando dos vocales seguidas se articulan en sílabas separadas: *ca-er, ac-tú-a, di-ur-no.*

EL ACENTO

Debe distinguirse entre el **acento de intensidad** o **acento tónico** y el **acento ortográfico** o **tilde.**

El **acento tónico** es un elemento fonético que supone un aumento en la intensidad de la voz con que se pronuncia una sílaba respecto a las otras que la acompañan en la misma palabra. En este sentido, se habla de *sílabas tónicas,* las que se pronuncian con mayor intensidad, y de *sílabas átonas,* las que carecen de este rasgo fónico: p. ej., en *can-ta-ba,* son átonas las sílabas *can-* y *-ba* y es tónica la sílaba central *-ta-.*

El **acento ortográfico** es un signo gráfico (´) sujeto a determinadas reglas que se utiliza para indicar que una sílaba posee acento tónico (p. ej., *cantará),* o para distinguirla de otra palabra homógrafa pero de distinta categoría gramatical: p. ej., *aun* (incluso) / *aún* (todavía), el (artículo) / él (pronombre).

(Ver en **Apéndice Ortográfico: Normas de Acentuación. El Acento Ortográfico**).

En función del acento tónico, las palabras se clasifican en dos categorías:

1. **Palabras átonas:** no tienen sílaba tónica y por lo general son monosilábicas. Son los artículos, los adjetivos posesivos antepuestos *(mi, tu, su,* etc.), los pronombres personales complementos sin preposición *(me, te, se,* etc.), las preposiciones *(a, ante, bajo,* etc., excepto *según),* las conjunciones *(y, ni,* etc.), los adverbios relativos *(pues, porque, donde,* etc.) y los adjetivos y pronombres relativos *(que, quien,* etc.).
2. **Palabras tónicas:** poseen sílaba tónica, que puede situarse en distintas posiciones dentro de la palabra. Según esta posición se clasifican a su vez en:

2.1. *agudas,* el acento recae sobre la última sílaba: *compró, feliz, armador, revolución;*
2.2. *llanas* o *graves,* el acento recae sobre la penúltima sílaba; es el tipo de acentuación predominante en el español: *andamio, ángel, escarabajo, difícil;*

2.3. **esdrújulas,** el acento recae sobre la antepenúltima sílaba: *ámbito, amígdalas, réplica;*

2.4. **sobreesdrújulas,** el acento recae sobre la sílaba anterior a la antepenúltima: *cómpratelo, alcánzamelo.*

LAS PALABRAS

Las palabras son sonidos o grupos de sonidos articulados que contienen un significado pleno. Esta autonomía significativa queda reflejada gráficamente en la escritura al representarse aislada entre dos espacios en blanco.

CONSTITUYENTES DE LAS PALABRAS. LOS MONEMAS

Las palabras están constituidas por uno o más **monemas,** nombre con que se designa a la unidad lingüística mínima que posee significado.

Los monemas pueden clasificarse en:

1. **Semantemas** o **lexemas:** poseen significado pleno y son portadores del contenido léxico de la palabra: *montañ-ero, com-er, tren.*

2. **Morfemas:** no poseen significado léxico autónomo pero son portadores de otros significados, gramaticales o léxicos: *montañ-ero, com-er, por.*

A su vez, los morfemas pueden ser de dos clases:

2.1. **Morfemas independientes:** cuando por sí mismos constituyen una palabra. Es el caso de los *nexos* (preposiciones y conjunciones) y de los *determinantes* (artículos y adjetivos determinativos).

2.2. **Morfemas dependientes:** cuando necesitan asociarse a uno o más monemas para formar una palabra. Dentro de los morfemas dependientes existen dos clases:

a) **gramaticales** o **desinencias:** indican aspectos gramaticales como el género, el número, aspecto, tiempo, etc.: *leon-a, paso-s, cant-áb-amos;*

b) **derivativos:** intervienen en la formación de palabras, y pueden ser de tres tipos:

*b.*1) prefijos: van delante del lexema: *a-simétrico, en-cestar;*

*b.*2) infijos: van situados en el interior de la palabra: *man-oj-illo;*

*b.*3) sufijos: se encuentran detrás del lexema: *cabez-ota, nacional-ista, entorp-ecer.*

El siguiente cuadro recoge gráficamente la clasificación que acaba de exponerse:

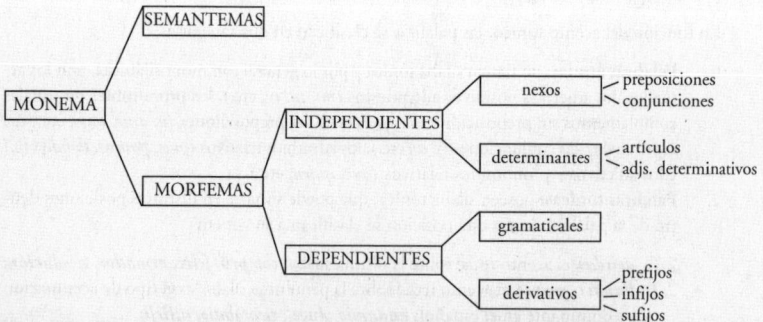

FORMACIÓN DE LAS PALABRAS

En la formación de las palabras intervienen tres fenómenos fundamentales, todos ellos basados en la combinación y disposición de diferentes tipos de monemas:

1. **Composición.** Consiste en la adición de dos o más *lexemas* preexistentes, cuyos significados se suman para formar una nueva palabra. Según el número de lexemas que contengan, las palabras se clasifican en:

   — **simples,** formadas solo por un lexema *(carro, mano)* o por un morfema independiente *(con, la);*
   — **compuestas,** formadas por más de un lexema *(mal/estar, paso/doble, corre/ve/i/dile).*

2. **Derivación.** Consiste en la adición de *morfemas derivativos* o *afijos* a un lexema preexistente. En función de la presencia o ausencia de este tipo de morfemas las palabras se clasifican en:

   — **primitivas:** no poseen morfemas derivativos *(cabeza);*
   — **derivadas:** contienen morfemas derivativos *(cabez-ón, cabez-udo, cabez-ota, cabecilla, descabez-ar, en-cabez-on-arse).*

3. **Parasíntesis.** Este fenómeno combina los procedimientos de la composición y de la derivación. Consiste en la adición de *lexemas* y de *morfemas derivativos* para formar una nueva palabra: *tele/vis-ivo, audio/metr-ía.*

CLASIFICACIÓN DE LAS PALABRAS

Atendiendo a la función que desempeñan en el lenguaje, las palabras se dividen en 8 categorías gramaticales:

1. Sustantivos
2. Adjetivos calificativos
3. Determinantes { artículos / adjetivos determinativos
4. Pronombres
5. Verbos
6. Adverbios
7. Preposiciones
8. Conjunciones

EL SUSTANTIVO

El sustantivo es la palabra que sirve para designar seres animados o inanimados, ideas, etc. *(mujer, geranio, camino, pena).*

Forma del sustantivo: género y número

El género

El género es el accidente gramatical que sirve para indicar el sexo, en personas y animales *(el niño, la leona),* o el que se atribuye convencionalmente a ciertos seres animados *(el búho, la lechuza, la rosa, el clavel),* a los inanimados *(la botella, el vaso)* y a conceptos o ideas *(la alegría, el odio).*

El género en español, en lo que al sustantivo se refiere, presenta dos posibilidades; **masculino** y **femenino**. El llamado *género **neutro*** solo afecta a adjetivos y pronombres.

Entre el masculino y el femenino existe una oposición morfológica o formal que se manifiesta por la presencia o ausencia de una serie de morfemas, llamados *morfemas de género*. En los sustantivos animados esta oposición formal expresa una característica del ente designado, su sexo *(perr-o / perr-a; abad / abad-**esa**),* aunque en algunos casos la oposición de sexo no se expresa por medios gramaticales, sino léxicos *(hombre / mujer, caballo / yegua).* En el caso de los sustantivos inanimados, esta oposición no existe en sentido estricto (no puede hablarse de *meso / mesa), pero sí existe un morfema gramatical *(-a)* que indica que *mesa* es un sustantivo femenino desde el punto de vista gramatical.

El femenino de los nombres se forma añadiendo al lexema un morfema de género, el más frecuente de los cuales es la terminación *-a,* aunque existen otros *(-esa, -isa, -ina, -triz).* Sin embargo, ciertos sustantivos presentan un comportamiento irregular con respecto al género. En este sentido se habla de:

— **género común,** el de algunos sustantivos que son variables en género pero que no presentan marcas formales de esta variación: *(el/la) futbolista, (el/la) testigo, (el/la) mártir;*
— **género epiceno,** el de algunos sustantivos animados invariables: *araña, gorila, perdiz, pantera;*
— **género ambiguo,** el de algunos sustantivos inanimados que pueden ser indistintamente masculinos o femeninos sin que varíe su significado: *el mar - la mar; el calor - la calor;*
— **género dimensional,** el de algunos sustantivos inanimados en los que la variación de género indica generalmente una variación de tamaño: *el cesto / la cesta.*

La formación del femenino en español se realiza según las siguientes reglas:

Formación del femenino

SUSTANTIVOS TERMINADOS EN:		FEMENINO EN:	
-o	*primo, diputado, gato, suizo*	**-a**	*prima, diputada, gata, suiza*
Consonante	*doctor, ladrón, inglés, español*		*doctora, ladrona, inglesa, española*
-e	*presidente, dependiente, jefe*	**-a**	*presidenta, dependienta, jefa*
	el cantante, el votante	**Invariables**	*la cantante, la votante*
-a	*el artista, el bañista, la araña (macho)*	**Invariables**	*la artista, la bañista, la araña (hembra)*
CASOS ESPECIALES			
abad, barón, conde, duque		**-esa**	*abadesa, baronesa, condesa, duquesa*
héroe, rey, gallo		**-ina**	*heroína, reina, gallina*
poeta, papa, sacerdote, profeta		**-isa**	*poetisa, papisa, sacerdotisa, profetisa*
actor, emperador, instructor		**-triz**	*actriz, emperatriz, institutriz*
hombre, padre, yerno, caballo, toro		**Diferente raíz**	*mujer, madre, nuera, yegua, vaca*
el mar, el calor		**Ambiguo**	*la mar, la calor*

El número

El número es el accidente gramatical que indica si una palabra se refiere a una sola realidad o a más de una, ya sea esta animada, inanimada o abstracta *(hombres, tenderetes, amores).*

El español distingue dos géneros: **singular,** que indica unidad o individualidad, y **plural,** que indica multiplicidad. Esta oposición unidad / multiplicidad se manifiesta gramaticalmente mediante la presencia o ausencia de una serie de morfemas, llamados morfemas de número, que se añaden a la forma singular para formar su plural. Existen dos morfemas de número: *-s* y *-es (hombre / hombre-s, amor / amor-es).*

Las normas que rigen la formación del plural son las siguientes:

Formación del plural

SUSTANTIVOS TERMINADOS EN:			PLURAL EN:	
Vocal átona		pato, armario, beso	**-s**	patos, armarios, besos
-e **-o**	**Tónicas**	café, pie, dominó		cafés, pies, dominós
Consonante		vendedor; farol, virtud	**-es**	vendedores, faroles, virtudes
cuando es -z		institutriz, avestruz, luz	**-ces**	institutrices, avestruces, luces
-a **-i** **-u**	**Tónicas**	mamá, sofá, bajá alhelí, rubí, pirulí menú, champú, tabú	**-s o -es**	mamás, sofás, bajás alhelís/alhelíes, rubíes/rubís, pirulís menús, champús, tabús / tabúes
CASOS ESPECIALES				
-s **-x**	**No agudas**	crisis, martes, éxtasis, tórax	**Invariables**	las crisis, los martes, los éxtasis, los tórax
Extranjerismos		chófer, gol coñac, club frac, lord lunch, déficit	**No hay regla fija**	chóferes, goles coñacs, clubs/clubes fracs, lores lunch, déficits

Clasificación de los sustantivos

Los sustantivos se dividen semánticamemte en dos grandes grupos:

I. Según el carácter sensible o no sensible de la realidad representada: nombres concretos y nombres abstractos

1. **Nombres concretos.** Designan seres animados o inanimados que tienen una existencia material y pueden ser percibidos por los sentidos: *hombre, albatros, mesa.*
2. **Nombres abstractos.** Designan realidades no materiales, como conceptos, cualidades, etc.: *amor, soledad, alivio.*

II. Según el carácter genérico o específico de la realidad representada: nombres comunes y nombres propios.

1. **Nombres comunes.** Designan a todos los seres animados o inanimados de una misma especie. A su vez se dividen en:

    1.1.   *individuales,* designan a un solo ser: *hombre, oveja, álamo;*
    1.2.   *colectivos,* designan a un conjunto de seres de una misma especie: *humanidad, rebaño, alameda;*
    1.3.   *contables,* designan realidades susceptibles de ser numeradas o contabilizadas: *sobrino, pastel, perro;*
    1.4.   **no contables,** nombran realidades que no pueden numerarse o contarse: *agua, sal, alcohol.*

2. **Nombres propios.** Se asignan a personas, animales o cosas para diferenciarlos de los de su misma especie. Se dividen en:

    2.1.   *antropónimos,* se aplican a las personas: *Luis, Marta;*
    2.2.   *patronímicos,* se aplican también a las personas, como apellido, y suelen derivarse del nombre de un antepasado: *López* (de Lope), *Sánchez* (de Sancho);
    2.3.   *topónimos,* se aplican a entes geográficos: *Madrid, Sena, Urales.*

EL ADJETIVO CALIFICATIVO

El adjetivo calificativo es la palabra que expresa una cualidad del sustantivo y concuerda con él en género y número: *un camino **largo**, una persona **osada**, una vida **plena**.*

Forma del adjetivo: género y número

Género

La formación del femenino de los adjetivos responde a las siguientes reglas:

Formación del femenino

ADJETIVOS TERMINADOS EN:		FEMENINO EN:	
-o	*feo, bello. flojo*		*fea, bella, floja*
Consonante (en gentilicios)	*burgalés, andaluz*		*burgalesa, andaluza*
-án	*haragán*	-a	*haragana*
-ín	*pillín*		*pillina*
-ón	*grandullón*		*grandullona*
-or	*perdedor*		*perdedora*
-ete	*regordete*		*regordeta*
-ote	*brutote*		*brutota*
Resto terminaciones	*feliz, cortés, genial amable, belga, azul*, etc.	**Invariable**	*feliz, cortés, genial, amable, belga, azul*, etc.

Número

La formación de plural de los adjetivos se realiza conforme a las mismas reglas que rigen al sustantivo (ver *Forma del sustantivo. El número*).

Grados de significación del adjetivo

El grado es la intensidad con la que el adjetivo expresa la cualidad del sustantivo al que acompaña. Se distinguen tres grados de intensidad:

1. **Grado positivo.** Indica simplemente la cualidad: *las manzanas están **verdes**, el pescado es **nutritivo**.*

2. **Grado comparativo.** Expresa la cualidad, pero estableciendo una comparación que matiza su intensidad. Según como se establezca esta comparación se distinguen tres niveles:

   2.1. ***comparativo de superioridad,*** formado por **más** + adj. + **que**: *las manzanas están más maduras que las peras;*

   2.2. ***comparativo de igualdad,*** formado por **tan** + adj. + **como**: *el pescado es tan nutritivo como la carne;*

   2.3. ***comparativo de inferioridad,*** formado por **menos** + adj. + **que**: *el almendro es menos frondoso que el haya.*

3. **Grado superlativo.** Indica la cualidad en su más alto grado de intensidad. Puede ser de dos clases:

3.1. **superlativo absoluto,** cuando la intensidad de la cualidad se define por sí misma, sin compararla con otros términos. Se forma:

a) con el adverbio **muy:** *ese cuadro es muy realista;*
b) con el sufijo **-ísimo:** *es un cirujano reputadísimo;*

Los adjetivos *acre, célebre, libre, íntegro, pulcro* y *pobre* forman el superlativo absoluto con el sufijo **-érrimo** *(acérrimo, celebérrimo, libérrimo, integérrimo, pulquérrimo, paupérrimo).* Son formas cultas que conviven de hecho con las formas *(muy acre, muy célebre-celebrísimo, muy libre, muy íntegro-integrísimo, muy pulcro-pulcrísimo, muy pobre-pobrísimo* y que en el habla corriente tienden a ser desplazadas por estas.

c) con prefijos como **extra-, super-, ultra-,** etc.: *un reloj extraplano, una película superbuena, un modelo ultraligero.*

3.2. **superlativo relativo,** cuando el grado de intensidad se define con relación a un conjunto. Se forma:

a) con **el menos** + adj. + **de:** *es el cuadro menos realista de los que se exponen;*
b) con **el más** + adj. + **de:** *es el estudiante más aplicado de la clase.*

Los adjetivos *alto, bajo, bueno, malo, grande* y *pequeño* presentan, además de las formas comunes de comparativo y superlativo, unas formas especiales irregulares:

Positivo	Comparativo	Superlativo
alto	superior	supremo
bajo	inferior	ínfimo
bueno	mejor	óptimo
malo	peor	pésimo
grande	mayor	máximo
pequeño	menor	mínimo

Clasificación de los adjetivos calificativos

Se distinguen dos tipos de adjetivos calificativos:

1. **Adjetivos especificativos.** Precisan una cualidad del sustantivo al que acompañan para diferenciarlo de otros de la misma clase. Van siempre detrás del sustantivo:

   *No te lleves el jersey **verde.***
   *Prefiero el vaso **pequeño.***

2. **Adjetivos explicativos** o **epítetos.** Destacan una de las cualidades del sustantivo al que acompañan pero sin intención seleccionadora o delimitadora. Pueden ir delante o detrás del sustantivo:

   *Miraba el **verde** valle.*
   *Juan se compró unos pantalones **pequeños.***

LOS DETERMINANTES

Los determinantes son palabras que preceden generalmente al sustantivo, limitando y concretando su significado: *el árbol, mi casa, algún hombre.*

Se dividen en dos categorías:

> *1. Artículos*
> *2. Adjetivos determinativos*

Artículos

Presentan al sustantivo, actualizando su significado, y concuerdan con él en género y número. Van siempre antepuestos. Se clasifican en:

1. **Artículos determinados,** cuando el sustantivo que señala ya es conocido por el oyente: *la mujer.*
   Tienen las siguientes formas:

Artículos determinados

	sing.	*pl.*
Masculino	el	los
Femenino	la	las
Neutro	lo	—

Observaciones:

— El artículo masculino *el* se contrae con las preposiciones *a* y *de,* tomando las formas **al** y **del:** volver **al** trabajo; vivir **del** cuento.

— El artículo femenino *la* se sustituye por *el* delante de las palabras femeninas que empiezan por *a-* o **ha-** tónicas: **el** *águila;* **el** *hambre.*

2. **Artículos indeterminados**, cuando el sustantivo presentado es desconocido para el oyente: *una mujer.*

   Son los siguientes:

Artículos indeterminados

	sing.	*pl.*
Masculino	un	unos
Femenino	una	unas
Neutro	—	

Adjetivos determinativos

Los adjetivos determinativos delimitan el significado del sustantivo al que acompañan, aportando indicaciones diversas.

Según el carácter de estas indicaciones se clasifican en:

1. Adjetivos demostrativos .... ⎫
2. Adjetivos posesivos.................. ⎬ actualizadores
3. Adjetivos numerales .... ⎫
4. Adjetivos indefinidos .... ⎬ cuantificadores
5. Adjetivos relativos
6. Adjetivos interrogativos
7. Adjetivos exclamativos

Los adjetivos determinativos suelen ir generalmente delante del sustantivo al que determinan, aunque algunos pueden también ir detrás de él. Su uso pospuesto aporta matices expresivos a la determinación:

Ese niño es muy travieso.	El niño **ese** me tiene harto.
Vino con **vuestro** hermano.	Vino con un hermano **vuestro.**

Frente a los artículos, que solo desempeñan la función determinante o actualizadora, los adjetivos determinativos pueden actuar también con función pronominal, es decir, como sustitutos de un nombre. Muchos adjetivos determinativos pueden presentar algunas modificaciones en sus formas, o incluso formas específicas, cuando actúan como pronombres:

Este es mi coche.	Este es más rápido que aquel.

De los determinativos antes señalados, los llamados **actualizadores** (*demostrativos* y *posesivos*) y los **cuantificadores** (*numerales* e *indefinidos*), apenas varían formalmente en sus usos como determinantes o como pronombres. En cambio los **relativos, interrogativos** y **exclamativos** presentan formas específicas para usos determinativos o pronominales. Por esta razón el cuadro completo de sus formas se examinará en el apartado dedicado a los pronombres.

Adjetivos demostrativos

Precisan la distancia a la que se encuentra el sustantivo al que designan respecto del hablante: *este libro, esa campana, aquellos aviones.*

Sus formas son las siguientes:

Adjetivos demostrativos

	PROXIMIDAD		DISTANCIA MEDIA		LEJANÍA	
	sing.	*pl.*	*sing.*	*pl.*	*sing.*	*pl.*
Masculino	este	estos	ese	esos	aquel	aquellos
Femenino	esta	estas	esa	esas	aquella	aquellas

Adjetivos posesivos

Establecen relaciones de posesión o pertenencia entre el sustantivo al que acompañan y otros elementos de la oración o del discurso: *su coche, tu hermana, vuestro país.*

Las formas del adjetivo posesivo indican el género (masculino/femenino) y el número (singular/plural) de los *objetos poseídos,* así como la persona gramatical del *poseedor:* 1.ª (yo, nosotros/nosotras), 2.ª (tú, vosotros/vosotras) y 3.ª (él/ella/usted, ellos/ellas/ustedes). Son las siguientes:

Adjetivos posesivos

POSEEDORES	OBJETOS POSEÍDOS			
	UNO		VARIOS	
UNO				
1.ª pers.	mío, mía	*mi*	míos, mías	*mis*
2.ª pers.	tuyo, tuya	*tu*	tuyos, tuyas	*tus*
3.ª pers.	suyo, suya	*su*	suyos, suyas	*sus*
VARIOS				
1.ª pers.	nuestro, nuestra		nuestros, nuestras	
2.ª pers.	vuestro, vuestra		vuestros, vuestras	
3.ª pers.	suyo, suya	*su*	suyos, suyas	*sus*

Algunos adjetivos posesivos presentan dos formas, una tónica (**mío -a, míos -as, tuyo -a, tuyos -as, suyo -a, suyos -as**) y una átona *(mi, mis, tu, tus, su, sus)*. La forma átona va siempre delante del sustantivo, mientras que la forma tónica se utiliza pospuesta:

> *El otro día estuve con Carlos y* **su** *amigo.*
> *El otro día estuve con Carlos y un amigo* **suyo.**

Adjetivos numerales

Presentan al sustantivo aportando indicaciones precisas de carácter numérico:

> *Había* **nueve** *personas*   *Tiene un* **doble** *interés*
> *Solo me estudié el* **segundo** *tema*   *Deme* **medio** *kilo de tomates.*

Según el tipo de información cuantitativa que aporten se dividen en cuatro clases:

1. **cardinales,** expresan número o cantidad: *uno, dos, tres, cuatro,* etc.;
2. **ordinales,** indican ordenación o sucesión: *primero, segundo, tercero, cuarto,* etc.;
3. **múltiplos,** señalan multiplicación de la unidad: *doble, triple, cuádruple,* etc.;
4. **partitivos,** señalan división de la unidad: *medio, tercio, cuarto,* etc.

Adjetivos indefinidos

Presentan al sustantivo indicando de forma general o imprecisa su cantidad o su naturaleza:

> *Había* **varias** *personas*   *Tiene* **mucho** *interés.*
> *Estudié* **poco.**   *Deme* **algunos** *tomates.*

Sus formas son, entre otras:

abundante (-s)	igual (-es)
algún (-a, -as, -os)	mucho (-a, -os, -as)
bastante (-s)	mismo (-a, -os, -as)
cierto (-a, -os, -as)	ningún (-a, -os, -as)
cualquier (cualquiera, cualesquiera)	parecido (-a, -os, -as)
demasiado (-a, -os, -as)	poco (-a, -os, -as)
diverso (-a, -os, as)	otro (-a, -os, -as)
distinto (-a, -os, -as)	tanto (-a, -os, -as)
escaso (-a, -os, -as)	todo (-a, -os, -as)
idéntico (-a, -os, -as)	varios (-as)

Adjetivos relativos (Ver Pronombres relativos)

Establecen un vínculo entre el sustantivo al que determinan y su antecedente.

Dentro de la clase de los relativos, solo las formas de **cuyo (-a, -os, -as)** son verdaderos adjetivos, ya que **cuanto (-a, -os, -as)** puede funcionar también como pronombres:

> *Ayer vino el hombre cuya hija trabaja en tu empresa.*
> *Te lo repetirá cuantas veces crea necesario.*

Adjetivos interrogativos (Ver Pronombres interrogativos)

Determinan al sustantivo al que acompañan pidiendo información sobre su naturaleza o cantidad.

Funcionan como determinantes los siguientes interrogativos:

> — **¿qué?** (invariable): *¿qué día es hoy?*
> — **¿cuál?** (-es): *¿cuál película prefieres?*
> — **¿cuánto?** (-a, -os, -as): *¿cuántas personas había?*

Adjetivos exclamativos (Ver Pronombres exclamativos)

Determinan al sustantivo destacando o ponderando su naturaleza o cantidad.

Funcionan como determinantes los exclamativos **¡qué!** (invariable), **¡cuál!** (-es) y **¡cuánto!** (-a, -os, -as):

> *¡Qué pena tan grande!*
> *¡Cuánto tráfico!*

LOS PRONOMBRES

Los pronombres son palabras que sustituyen a un sustantivo en la comunicación y que gramaticalmente desempeñan sus mismas funciones.

Se clasifican en:

1. Pronombres personales
2. Pronombres relativos
3. Pronombres demostrativos
4. Pronombres posesivos
5. Pronombres numerales
6. Pronombres indefinidos
7. Pronombres interrogativos
8. Pronombres exclamativos

Pronombres personales

Los pronombres personales designan a las tres personas gramaticales (1.ª: *la que habla*; 2.ª: *a la que se habla*; 3.ª: *de la que se habla*) e indican la función que estas desempeñan en el discurso.

Presentan las siguientes formas:

Pronombres personales

PERSONAS	Sujeto	COMPLEMENTO Sin preposición Directo	COMPLEMENTO Sin preposición Indirecto	Con preposición		Reflexivos
SINGULAR						
1.ª	yo	me	me	mí	conmigo	me
2.ª	tú	te	te	ti	contigo	te
	usted	le, lo, la	le	usted	con usted	se
3.ª	él	le, lo	le	él	con él	se
	ella	la	le	ella	con ella	
	ello	lo	le	ello	consigo	
				sí		
PLURAL						
1.ª	nosotros -as	nos	nos	nosotros -as	con nosotros -as	nos
2.ª	vosotros -as	os	os	vosotros -as	con vosotros -as	os
	ustedes	los, las	les	ustedes	con ustedes	se
3.ª	ellos	los	les	ellos	con ellos	se
	ellas	las	les	ellas	con ellas	

Las formas de cortesía de la 2.ª persona (**usted** y **ustedes**) se utilizan con el verbo en 3.ª persona:

> **Dígame** usted en qué puedo servirle.
> **Pueden** ustedes sentarse.

Las formas que cumplen la función de *sujeto* y de *complemento con preposición* son tónicas. En cambio, las que funcionan como complemento sin preposición, directo o indirecto, son átonas:

> Finalmente **él** se dignó a hablar, cuando ya **le** daban por mudo.

Cuando en una oración existen dos pronombres personales que acompañan al verbo, el indirecto siempre va delante del directo: bús*ca**melo***; **me** lo encontró.

Pronombres relativos

Sustituyen a un sustantivo, denominado *antecedente,* que les precede en la oración o en el discurso y funcionan a la vez como nexo de subordinación y como sustantivo, desempeñando las mismas funciones que este:

> La casa **que** acabamos de pasar está en venta.
> El libro por **el cual** pregunta está agotado.

Como ya se ha dicho, la clase de los relativos presenta formas que pueden actuar solo como pronombres, otras que solo lo hacen como adjetivos determinativos *(cuyo)* y, por último, otras que pueden funcionar indistintamente como pronombres o como determinativos *(cuanto)*. A continuación se exponen las distintas formas de los relativos y sus funciones correspondientes:

Pronombres relativos

FUNCIONES	FORMAS				
	SINGULAR			PLURAL	
	Masculino	Femenino	Neutro	Masculino	Femenino
Sustantiva	(el) que (el) cual quien	(la) que (la) cual quien	(lo) que (lo) cual —	(los) que (los) cuales quienes	(las) que (las) cuales quienes
Adjetiva	cuyo	cuya	—	cuyos	cuyas
Adjetiva o sustantiva	cuanto	cuanta	cuanto	cuantos	cuantas

Pronombres demostrativos (Ver Adjetivos demostrativos)

Sus formas son las mismas que las de los adjetivos demostrativos, contando además con tres formas neutras: **esto, eso, aquello.**

> No se lo digas a **este.**
> Prefiero **esas** (o aquellas).
> Todo **aquello** fue muy penoso.

Pronombres posesivos (Ver Adjetivos posesivos)

Presentan las mismas formas que los adjetivos posesivos, excepto las formas átonas apocopadas (**mi, mis, tu, tus, su, sus**) y se utilizan precedidos de artículo:

> *Esta es **la mía.***   *Paco es de **los nuestros.***
> *Ya ha hecho de **las suyas.***   *Prefiero **la tuya.***

Aunque no tienen formas neutras, adquieren significado neutro precedidos del artículo **lo:** *siempre va a **lo suyo.***

Pronombres numerales (Ver Adjetivos numerales)

Los adjetivos numerales pueden funcionar también como pronombres, aportando indicaciones precisas de carácter cuantificador:

> *Sólo quiero **uno.***   *Ha aumentado **el triple.***
> *Llegó el **segundo.***   *Dame **la mitad.***

Pronombres indefinidos (Ver Adjetivos indefinidos)

Como los adjetivos indefinidos, indican cantidad o identidad de forma imprecisa o general.

Sus formas son las mismas que las de estos, excepto **alguien, nadie** y **quienquiera,** que son específicamente pronominales:

> ***Alguien** está llamando a la puerta.*
> *No he visto a **nadie.***
> *Que espere **quienquiera** que sea.*

Pronombres interrogativos

Sustituyen a un sustantivo por el cual se pregunta o que no se conoce:

> ***¿Quién** es?*   ***¿Qué** quieres?*
> ***¿Cuánto** hace que no nos veíamos?*   ***¿Cuál** me prestas?*

La clase de los interrogativos tiene, como ya se ha indicado, formas exclusivamente pronominales, otras solo adjetivas, y otras que pueden desempeñar indistintamente una u otra función. A continuación se exponen estas formas, señalándose su función correspondiente:

Pronombres interrogativos

FUNCIONES	FORMAS				
	SINGULAR			PLURAL	
	Masculino	Femenino	Neutro	Masculino	Femenino
Sustantiva	¿quién?	¿quién?	—	¿quiénes?	¿quiénes?
	—	—	¿qué?	—	—
	—	—	¿cuánto?	—	—
Adjetiva	¿qué?	¿qué?	—	¿qué?	¿qué?
Adjetiva o sustantiva	¿cuánto?	¿cuánta?	—	¿cuántos?	¿cuántas?
	¿cuál?	¿cuál?	—	¿cuáles?	¿cuáles?

Pronombres exclamativos

Reemplazan a un sustantivo sobre el que el hablante manifiesta algún tipo de emoción. Sus formas son las mismas que las de los pronombres interrogativos y desempeñan las mismas funciones:

> *¡Quién te ha visto y quién te ve!*
> *¡Cuántos había!*
> *¡Qué van a pensar los vecinos!*

EL VERBO

El verbo es la palabra que expresa acción, estado o proceso:

> *El caballo saltó la cerca.*
> *Estoy demasiado cansado.*
> *Amanecía en el mar.*

Forma del verbo. Accidentes gramaticales

Desde un punto de vista formal, el verbo es la palabra gramatical más compleja. Consta de una parte invariable que indica el significado léxico del verbo, llamada *radical* o *lexema,* y de una parte variable compuesta por un conjunto de morfemas que expresan informaciones gramaticales relativas a la acción verbal. Estas variaciones formales se denominan *accidentes* o *desinencias* verbales y son las siguientes:

1. **persona** (1.ª, 2.ª y 3.ª);
2. **número** (singular y plural);
3. **tiempo** (presente, pasado o futuro);
4. **modo** (indicativo, subjuntivo e imperativo);
5. **aspecto** (perfecto e imperfecto);
6. **voz** (activa y pasiva).

Por lo general no se manifiestan de forma aislada, sino agrupados en un solo morfema. Es el caso de la **persona** y el **número** o del **modo** y el **tiempo:**

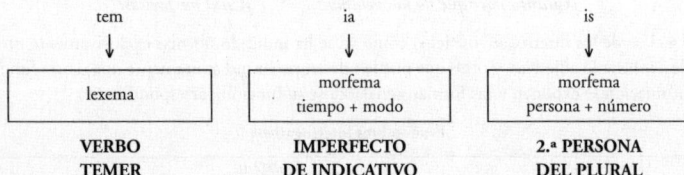

tem	ia	is
↓	↓	↓
lexema	morfema tiempo + modo	morfema persona + número
VERBO TEMER	**IMPERFECTO DE INDICATIVO**	**2.ª PERSONA DEL PLURAL**

Persona y número

Mediante estos dos accidentes, el verbo identifica al sujeto de la acción que expresa, indicando su persona gramatical (**primera,** la que habla; **segunda,** a la que se habla; **tercera,** de la que se habla o de lo que se habla) y si es una o varias (**singular** o **plural**):

> *No quiero ir contigo* → 1.ª pers., sing.
> *Os esperaremos en el cine* → 1.ª pers., pl.

Tiempo

Es el accidente verbal que señala cuándo tiene lugar lo que el verbo expresa, tomando como referencia temporal el momento en que se habla.

Se distinguen tres tiempos verbales:

1. **presente,** indica que el desarrollo de la acción coincide con el momento en que se habla: *el viento* **sopla** *muy fuerte,*
2. **pasado,** indica que la acción es anterior al momento de la enunciación: *el viento* **derribó** *cuatro árboles;*
3. **futuro,** indica que la acción es posterior al momento en que se enuncia: *de seguir así, el viento lo* **derribará** *todo.*

Modo

Es el accidente verbal que indica qué actitud manifiesta el hablante ante la acción expresada por el verbo.

Se distinguen tres modos básicos:

1. **indicativo,** expone de forma objetiva una acción desarrollada en el presente, el pasado o el futuro: *ayer me compré unos zapatos;*
2. **subjuntivo,** presenta una acción hipotética cuya eventual realización es considerada subjetivamente por el hablante: *me hubiera gustado comprarme aquellos zapatos;*
3. **imperativo,** expresa mandato o ruego: *cómprate de una vez los zapatos; ¡anda, cómpramelos!*

Observación:

El modo verbal puede expresarse también mediante las llamadas **perífrasis modales,** formadas por un verbo en forma personal que funciona como auxiliar, seguido de un infinitivo, un gerundio o un participio. Las más usuales son las siguientes:

a) De obligación:
— ***deber + infinitivo:***   *Debes contárselo todo.*
— ***haber de + infinitivo:***   *Has de decírmelo con tiempo.*
— ***haber que + infinitivo:***   *Hay que ir a la compra.*
— ***tener que + infinitivo:***   *Tengo que verlo sin falta.*

b) De duda o probabilidad:
— ***deber de + infinitivo:***   *Debe de ser su novia.*
— ***venir a + infinitivo:***   *Viene a costarme lo que uno nuevo.*

Aspecto

Es el accidente verbal que informa sobre el desarrollo interno de la acción del verbo, independientemente del tiempo en que se desarrolle, indicando si esta ha llegado o no a su término.

El sistema verbal español cuenta con dos aspectos:

1. **perfectivo** o **perfecto,** indica que la acción verbal está terminada. Presentan aspecto perfecto todas las *formas compuestas* de los verbos, tanto de indicativo como de subjuntivo, así como el *pretérito perfecto simple.*

> *Ya he terminado el trabajo.*
> *Ayer cené con Juan.*
> *Cuando llamaste ya me había ido.*

2. **Imperfectivo** o **imperfecto,** revela que la acción verbal aún no ha concluido. Tienen aspecto imperfecto todas las *formas verbales simples,* excepto el *pretérito perfecto simple.*

> *Escribía una carta.*
> *¿Vendrás conmigo al concierto?*
> *Hablas demasiado.*

Observación:

Como sucede con el modo, el aspecto verbal puede expresarse también mediante fórmulas perifrásticas. Las **perífrasis aspectuales** más frecuentes son las siguientes:

a) Aspecto ingresivo (acción a punto de comenzar):
 — **ir a + infinitivo:** *Voy a llamarlo ahora mismo.*
 — **pasar a + infinitivo:** *Ahora pasaremos a saludarlo.*
 — **estar a punto de + infinitivo:** *Estoy a punto de terminar.*

b) Aspecto incoativo (acción en el momento de empezar):
 — **echarse a + infinitivo:** *Se echó a correr.*
 — **ponerse a + infinitivo:** *De pronto se puso a llover.*
 — **romper a + infinitivo:** *Al decírselo rompió a llorar.*

c) Aspecto durativo (acción en curso):
 — **andar + gerundio:** *Creo que andabas buscándome.*
 — **estar + gerundio:** *Está estudiando medicina.*
 — **seguir + gerundio:** *Todavía sigue durmiendo.*

d) Aspecto resultativo (acción acabada):
 — **dejar + participio:** *Lo dejé hecho antes de venir.*
 — **estar + participio:** *¿Está puesta la mesa?*
 — **llevar + participio:** *Llevo contados más de cuatro.*
 — **tener + participio:** *Tienes ganada la partida.*

Voz

Es el accidente verbal que indica si la acción expresada por el verbo es realizada o recibida por el sujeto.

Existen dos modalidades:

1. **Voz activa,** cuando es el sujeto quien realiza la acción verbal:

> *El cólera diezmó a la población.*

2. **Voz pasiva,** cuando el sujeto *(sujeto paciente)* no realiza la acción verbal, sino que la recibe. El ejecutor de la acción es un complemento *(complemento agente):*

> *La población fue diezmada por el cólera.*

La voz pasiva se construye con el verbo *ser,* que funciona como auxiliar, y el participio pasado del verbo que se conjuga, el cual concuerda en género y número con el sujeto:

El Pelele			
La Tauromaquia	fue	pintado / pintada	
Los Caprichos	fueron	pintados	por Goya
Las dos Majas		pintadas	

Otra forma posible de expresar la voz pasiva es mediante la construcción conocida como **pasiva refleja,** que se forma con el pronombre *se* y el *verbo en voz activa:*

Hoy se conmemora el tercer centenario de su nacimiento.

Las formas verbales

La combinación de los diferentes accidentes para expresar aspectos distintos de la acción es lo que da lugar a las **formas verbales,** que en función de sus características formales se clasifican en:

1. **Formas simples.** Se forman añadiendo al lexema del verbo que se conjuga las distintas desinencias verbales: *corr-o, cant-ába-mos, com-i-mos, lleg-ar-á.*
2. **Formas compuestas.** Todas las formas simples disponen de su correspondiente forma compuesta, que expresa anterioridad inmediata de la acción. Se forman con el auxiliar **haber,** que es quien porta las desinencias verbales, y el **participio pasado** del verbo que se conjuga, que permanece invariable y es el portador del significado léxico: *h-e corrido, hab-ía-mos cantado, hub-i-mos comido, hab-r-á llegado.*

Por otra parte, atendiendo a su comportamiento funcional en la oración o en el discurso, las formas verbales se clasifican en:

1. **Formas personales.** Funcionan como verbos, indicando acción, estado o proceso y aparecen marcadas gramaticalmente con las desinencias verbales: *canto, había cantado, cantaré, hubiera cantado.*
2. **Formas no personales.** Son formas verbales que desde un punto de vista formal carecen de desinencias de persona, número, tiempo y modo, aunque sí indican aspecto y algunas admiten voz pasiva. Pueden actuar como verbos, pero también desempeñan funciones propias de otras palabras gramaticales. Son las siguientes:

    2.1. el **infinitivo,** que puede funcionar como un sustantivo. Es invariable: *al buen comer le llaman Sancho;*
    2.2. el **participio,** que puede funcionar como un adjetivo, y en estos casos admite variaciones de género y número: *es un hombre casado; ¿están casadas tus hermanas?;*
    2.3. el **gerundio,** que funciona también como un adverbio y es invariable: *no me lo digas llorando.*

La conjugación

Se denomina **conjugación** a la relación completa y ordenada de las distintas variaciones formales que puede adoptar un verbo para expresar la acción. En ella se recogen tanto las formas *simples* como las *compuestas,* y tanto las *personales* como las *impersonales.*

La conjugación de un verbo se estructura en *modos* (indicativo, subjuntivo e imperativo) y en *tiempos verbales* (de presente, de pasado o de futuro), cada uno de los cuales tiene su forma compuesta correspondiente. A su vez, cada tiempo verbal consta de seis formas de *persona,* tres de *singular* y tres de *plural.* El modo imperativo solo tiene tiempo presente, carece de formas compuestas y no se conjuga en 1.ª persona del singular. Esta sería la estructura de conjugación tipo:

Formas personales

MODOS	TIEMPOS	
	Simples	*Compuestos*
Indicativo	Presente	Pret. perfecto compuesto
	Pret. imperfecto	Pret. pluscuamperfecto
	Pret. perfecto simple	Pret. anterior
	Futuro simple	Futuro compuesto
	Condicional simple	Condicional compuesto
Subjuntivo	Presente	Pret. perfecto compuesto
	Pret. imperfecto	Pret. pluscuamperfecto
	Futuro simple	Futuro compuesto
Imperativo	Presente	—

Formas no personales

TIEMPOS	
Simples	*Compuestos*
Infinitivo simple	Infinitivo compuesto
Participio	—
Gerundio simple	Gerundio compuesto

El español presenta dos estructuras posibles de conjugación verbal:

1. **Conjugación completa,** cuando existe una forma verbal para todas las personas y tiempos. A su vez puede responder a dos tipos:

    1.1. *Regular,* cuando su radical o lexema no sufre modificaciones y sus desinencias siguen un determinado modelo. En este sentido se habla de tres modelos de conjugación regular:

    — *1.ª conjugación:* verbos terminados en -**ar,** como *cantar.*
    — *2.ª conjugación:* verbos terminados en -**er,** como *correr.*
    — *3.ª conjugación:* verbos terminados en -**ir,** como *vivir.*

    (Ver en **Addenda: Modelos de la Conjugación Regular**).

    1.2. *Irregular,* si modifica su lexema o se aparta del modelo correspondiente a la terminación de su infinitivo. Estas dos irregularidades pueden aparecer simultánea o separadamente: *andar, caber, ir.*

    En el cuerpo del diccionario se indica la conjugación de los verbos con irregularidad propia en sus entradas correspondientes, o bien se remite a otros que presentan el mismo tipo de irregularidad y pueden servir como modelo de conjugación.

2. **Conjugación defectiva,** cuando solo existe forma para algunas personas en algunos tiempos: *abolir, humedecer, llover,* etc.

    También aparecen conjugados en el cuerpo del diccionario, dentro de su entrada correspondiente, o se remite a otros que pueden servir como modelo de su conjugación.

Clasificación de los verbos

Existen diversas categorías de verbos, dependiendo del tipo de relaciones sintácticas y semánticas que cada uno de ellos establezca con los restantes elementos de la oración. Los principales grupos o clases son los siguientes:

1. **Verbos auxiliares.** Acompañan a otros verbos en ciertos usos y construcciones. Los principales son *haber,* utilizado para la formación de las formas compuestas de la conjugación *(había rogado),* y *ser,* que sirve para formar la voz pasiva *(fueron construidos).* Cuando actúan como auxiliares, estos verbos pierden parte de su significado léxico.

    También se utilizan como auxiliares los verbos *estar, deber, dejar, llevar, quedar, tener, traer,* etc., que intervienen en la formación de diversas perífrasis:

    > *Estuvo bailando toda la noche.*   *Lleva durmiendo toda la tarde.*
    > *Deben llegar de un momento a otro.*   *Tenemos que vernos más a menudo.*

2. **Verbos copulativos.** Funcionan como enlace entre el sujeto y el atributo. Los principales verbos copulativos son *ser, estar* y *parecer.*

3. **Verbos pronominales** o **reflexivos.** Se construyen con las formas átonas del pronombre personal *(me, te, se, nos, os)* e indican que la acción que expresa el verbo recae sobre el sujeto, representado por dichos pronombres personales: *se cayó; te asustaste.*

4. **Verbos transitivos.** Necesitan llevar un complemento directo para concretar su significado: *comer (una manzana, una pera,* etc.).

5. **Verbos intransitivos.** No requieren un complemento directo: *nacer, ir, salir,* etc.

EL ADVERBIO

El adverbio es una palabra invariable que completa o modifica la significación de un verbo *(vivo* **cerca**), de un adjetivo *(el cielo estaba* **intensamente** *azul)* o de otro adverbio *(llegué* **demasiado** *tarde).*

Se ha dicho del adverbio que es el adjetivo verbal. Aunque no tiene variaciones de género y número, en algunos casos admite **diminutivos** *(**ahorita** mismo vengo, vivo muy **cerquita**)* e incluso **grados de significación:**

pronto	*muy pronto*	*prontísimo*
cerca	*muy cerca*	*cerquísima*
tarde	*muy tarde*	*tardísimo*

Clasificación de los adverbios

Se puede establecer una doble clasificación de los adverbios, desde un punto de vista formal y desde el punto de vista del significado:

I. **Desde el punto de vista de la forma:**
    1. **Adverbios simples.** Constan de una sola palabra: *sí, ahora, bastante, dentro,* etc.
    2. **Adverbios compuestos.** Se dividen en dos grupos:
        2.1. los formados por ***adjetivo*** + la terminación *-**mente**: claramente, astutamente, rápidamente,* etc.;
        2.2. las ***locuciones adverbiales,*** que son grupos de dos o más palabras que funcionan como un adverbio: *a escondidas, a la chita callando, de improviso, sobre todo, ante todo, en primer lugar, a ciegas, de narices, de bruces, a pies juntillas, al alimón, a manos llenas, en un decir amén,* etc.

II. **Desde el punto de vista del significado:**
    1. **Adverbios de lugar.** Expresan el lugar de la acción: *aquí, ahí, allá, allí, cerca, lejos, dentro, fuera, arriba, abajo, encima, debajo, enfrente, delante, detrás,* etc.

        Dentro de los adverbios de lugar, se distinguen los ***adverbios pronominales*** *(aquí, acá, ahí, allí* y *allá),* llamados así porque sus indicaciones de lugar son relativas al estar en relación con las personas gramaticales:

cercanía respecto a la 1.ª persona → *aquí, acá*

cercanía respecto a la 2.ª persona → *ahí*

lejanía respecto a la 1.ª y 2.ª personas → *allí, allá*

2. **Adverbios de tiempo.** Expresan cuándo se realiza la acción: *antes, ahora, después, ayer, hoy, mañana, anoche, enseguida, tarde, pronto, nunca,* etc.

3. **Adverbios de modo.** Explican cómo se realiza la acción: *bien, mal, así, despacio, deprisa,* etc.

4. **Adverbios de cantidad.** Expresan cuánto alcanza la acción: *poco, mucho, muy, casi, bastante, tan, tanto, nada, demasiado,* etc.

5. **Adverbios de afirmación.** Aseguran que la acción se realiza: *sí, cierto, ciertamente, en verdad, verdaderamente, también, claro,* etc.

6. **Adverbios de negación.** Expresan que la acción no se realiza: *no, tampoco, nunca, jamás, nada,* etc.

7. **Adverbios de duda.** Manifiestan incertidumbre ante la acción: *acaso, quizá, tal vez, probablemente, posiblemente,* etc.

8. **Adverbios relativos.** Son una clase especial de adverbios. Modifican al verbo e introducen una proposición subordinada, dentro de la cual desempeñan una función: *donde, cuando* y *como.*

LA PREPOSICIÓN

La preposición es una palabra invariable que une una palabra gramatical (sustantivo, adjetivo, pronombre, verbo o adverbio) con su complemento: *café* **con** *leche, fácil* **de** *entender, voy* **a** *Valladolid, espérame* **en** *el bar, estuvimos* **con** *él* **por** *ahí.*

La preposición sirve para expresar muy distintos tipos de relaciones (materia, compañía, instrumento, dirección, lugar, tiempo, procedencia, etc.) y su significado varía según el contexto:

*Una mesa **de** madera.*	*Vino **de** París.*	*Es **de** Antonio.*
*Llegaron **a** Huelva.*	*Dámelo **a** mí.*	*Montar **a** caballo.*

Clasificación de las preposiciones

Desde un punto de vista formal, las preposiciones se dividen en:

1. **preposiciones simples,** formadas por una sola palabra. Son las siguientes: *a, ante, bajo, cabe, con, contra, de, desde, durante, en, entre, hacia, hasta, mediante, para, por, según, sin, so, sobre, tras, versus* y *vía;*

2. **locuciones prepositivas,** que son agrupaciones de dos o más palabras que funcionan como una preposición: *a fuerza de, en medio de, en pos de, con destino a, con rumbo a, por debajo de, a través de, en vez de, en lugar de, junto a,* etc.

LA CONJUNCIÓN

La conjunción es una palabra invariable que relaciona entre sí palabras o proposiciones:

*Tiene dos hijos **y** tres hijas **y** la mayor está casada.*

Clasificación de las conjunciones

Según el tipo de elementos que relacionen, las conjunciones se dividen en:

1. **Conjunciones coordinantes.** Unen palabras o proposiciones de la misma jerarquía sintáctica. Se dividen a su vez en:

    1.1. *copulativas,* son *y, e, ni:*
    > *Escucha y calla.*
    > *Pregunta e infórmate.*
    > *No le hagas caso ni le tomes a mal.*

    1.2. *disyuntivas,* son *o, u, o bien:*
    > *Vienes o me enfado.*
    > *Me da igual una u otra cosa.*
    > *Podemos llamarle ahora o bien dejarlo para mañana.*

    1.3. *distributivas,* son *bien...bien, ya...ya, unas veces...otras,* etc.:
    > *Puedes pedírselo bien ahora, bien más tarde.*
    > *Unas veces está contento, otras melancólico.*

    1.4. *adversativas:* pero, mas, aunque, sino:
    > *Me gustaría pero no puedo.*
    > *No quiero pan, sino galletas.*

2. **Conjunciones subordinantes.** Unen proposiciones de distinta jerarquía gramatical, relacionadas por subordinación:
    > *Llegué empapado aunque me había llevado el paraguas.*

    (Ver en **La oración. Oraciones subordinadas**).

La oración

La oración es una unidad lingüística que comunica un sentido completo. Forma una unidad estructural y no pertenece a otra unidad lingüística superior:

> *Mi primo el mayor nos llevó ayer noche a un restaurante muy caro.*
> *El tabaco es peligroso para la salud.*

Constituyentes y estructura de la oración. Los sintagmas

Toda oración está constituida por una serie de unidades menores llamadas **sintagmas,** agrupaciones de monemas que desempeñan una función concreta dentro de la oración (sujeto, predicado, complemento o atributo). Los sintagmas pueden constar de una o más palabras, una de las cuales funciona como centro o núcleo del mismo. Según la clase de palabra que desempeñe esta función los sintagmas se clasifican en **sintagmas nominales** (un sustantivo), **sintagmas adjetivos** (un adjetivo), **sintagmas verbales** (un verbo), **sintagmas adverbiales** (un adverbio) y **sintagmas preposicionales** (formados por preposición + sintagma nominal).

Para que exista una oración **(O)** son imprescindibles dos sintagmas fundamentales: un **sintagma nominal (SN),** que desempeñe la función de sujeto, y un **sintagma verbal (SV),** que desempeñe la función de predicado. Es decir:

$$O = SN \text{ (sujeto)} + SV \text{ (predicado)}$$

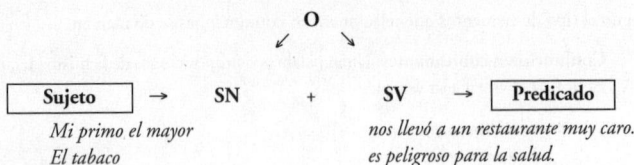

O

| Sujeto | → | SN | + | SV | → | Predicado |

Mi primo el mayor   *nos llevó a un restaurante muy caro.*
El tabaco   *es peligroso para la salud.*

El sintagma nominal

Su núcleo es un sustantivo o una palabra que funcione como tal (adjetivos sustantivados, pronombres, infinitivos):

> mi **primo** el mayor
> el **tabaco.**

Además del núcleo, el sintagma nominal puede constar de los siguientes elementos opcionales:

1. ***Determinantes*** (artículos y adjetivos determinativos), que actualizan su significado: ***mi** primo, **el** tabaco.*
2. ***Términos adyacentes*** (adjetivos calificativos, complementos), que dependen del núcleo nominal y modifican o completan su significado: *mi primo **el mayor.***

El sintagma verbal

Su núcleo es un verbo:

> *Nos **llevó** ayer noche a un restaurante muy caro.*
> ***Es** peligroso para la salud.*

En función del tipo de verbo que tenga por núcleo, se distinguen dos modalidades de sintagma verbal:

1. ***Predicado nominal.*** Está formado por un **verbo copulativo** (verbos *ser* o *estar)* y un **atributo,** que puede ir acompañado o no de complementos:

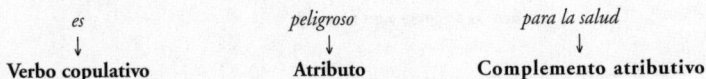

es	*peligroso*	*para la salud*
↓	↓	↓
Verbo copulativo	**Atributo**	**Complemento atributivo**

La función de atributo puede estar desempeñada por un sintagma nominal *(mi primo es **dentista)*,* por un sintagma adjetivo *(mi primo es **toledano)*,* o por un sintagma preposicional *(mi primo es **de Toledo).***

2. ***Predicado verbal.*** Está formado por un **verbo predicativo** (restantes verbos) y uno o varios **complementos,** función que puede estar desempeñada por sintagmas nominales, preposicionales o adverbiales:

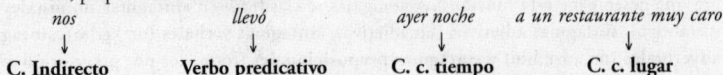

nos	*llevó*	*ayer noche*	*a un restaurante muy caro*
↓	↓	↓	↓
C. Indirecto	**Verbo predicativo**	**C. c. tiempo**	**C. c. lugar**

Un verbo predicativo puede llevar los siguientes tipos de complementos:

a) **Complemento directo,** que indica el ser u objeto sobre el que recae la acción del verbo y puede ser sustituido por los pronombres **lo, la, los** o **las.** Generalmente esta función está desempeñada por un sintagma nominal: *mi primo traía **muchas noticias.***

  b) **Complemento indirecto,** que designa al ser u objeto a los que va destinada la acción del verbo y puede ser sustituido en la frase por los pronombres **le** o **les.** Es una función desempeñada por un sintagma nominal, y suele ir introducido por la preposición *a: mi primo trajo un regalo **a Lucía.***

  c) **Complemento circunstancial,** que expresa diversas circunstancias de la acción verbal (lugar, tiempo, modo, causa, etc.): *ayer mi primo llegó **tarde al aeropuerto.***

  d) **Complemento predicativo,** que es un adjetivo que complementa a la vez a un sustantivo, con quien concierta en género y número, y a un predicado: *mi primo llegó **muy nervioso.***

  e) **Complemento preposicional,** es un complemento que se construye con preposición y es necesario para la construcción del verbo: *mi primo llegó **con retraso.***

La estructura oracional básica respondería, por lo tanto, al siguiente esquema:

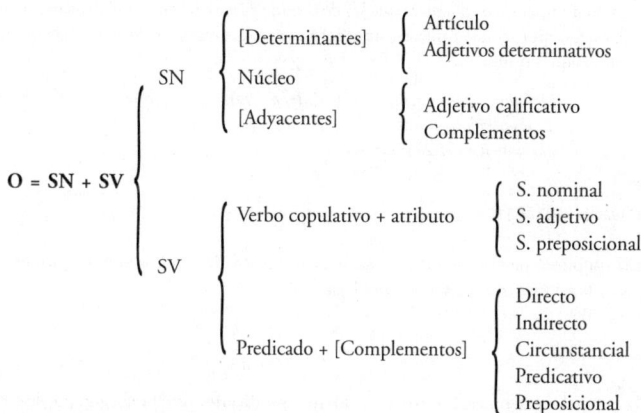

$$O = SN + SV \begin{cases} SN \begin{cases} \text{[Determinantes]} \begin{cases} \text{Artículo} \\ \text{Adjetivos determinativos} \end{cases} \\ \text{Núcleo} \\ \text{[Adyacentes]} \begin{cases} \text{Adjetivo calificativo} \\ \text{Complementos} \end{cases} \end{cases} \\ SV \begin{cases} \text{Verbo copulativo + atributo} \begin{cases} \text{S. nominal} \\ \text{S. adjetivo} \\ \text{S. preposicional} \end{cases} \\ \text{Predicado + [Complementos]} \begin{cases} \text{Directo} \\ \text{Indirecto} \\ \text{Circunstancial} \\ \text{Predicativo} \\ \text{Preposicional} \end{cases} \end{cases} \end{cases}$$

Clasificación de las oraciones

Las oraciones pueden clasificarse desde un punto de vista semántico, si se considera el significado que imprime el hablante al enunciarlas, y desde un punto de vista sintáctico, es decir, atendiendo a su estructura gramatical.

CLASIFICACIÓN SEMÁNTICA

Desde un punto de vista semántico, las oraciones pueden clasificarse en seis categorías: enunciativas, interrogativas, exclamativas, dubitativas, optativas o desiderativas e imperativas o exhortativas.

  1. **Oraciones enunciativas:** comunican que algo sucede, ha sucedido o sucederá, y su verbo va en indicativo. Pueden ser:
  a) **afirmativas:** *el tren de París acaba de llegar;*
  b) **negativas:** *no quiero verte más.*

  2. **Oraciones interrogativas:** Expresan una pregunta y se construyen en indicativo. Pueden ser.
  a) **directas:** *¿aprobaste el examen?;*
  b) **indirectas:** *me preguntó por el resultado del examen.*

3. **Oraciones exclamativas:** expresan diversas emociones del hablante (admiración, asombro, dolor, alegría, etc.) y se construyen también con un verbo en indicativo:

> *¡Por fin regresaste!*
> *¡Qué mala suerte has tenido!*

4. **Oraciones dubitativas:** expresan una duda y su verbo está en modo subjuntivo:

> *Quizá nos lo encontremos en el concierto.*
> *Tal vez la llame.*

5. **Oraciones optativas** o **desiderativas:** expresan un deseo y se construyen en subjuntivo:

> *Espero que lleguemos a tiempo.*
> *¡Ojalá llueva pronto!*

6. **Oraciones imperativas** o **exhortativas:** pueden expresar mandato, prohibición, ruego o consejo. Por lo general, las oraciones exhortativas de carácter afirmativo se construyen en imperativo, mientras que las de sentido negativo utilizan el presente de subjuntivo, aunque pueden utilizarse otras formas verbales que contextualmente comuniquen el mismo sentido:

> *Ven aquí ahora mismo.* *Antes de entrar, dejen salir.*
> *Te prohíbo que salgas.* *A comer y a callar.*
> *No fumen en el ascensor.*

CLASIFICACIÓN SINTÁCTICA

Desde un punto de vista sintáctico, las oraciones se dividen en dos grandes grupos: oraciones simples y oraciones compuestas o complejas.

La oración simple

Es la que consta de una sola estructura **sujeto + predicado.** Este predicado puede ser *nominal* (verbo copulativo) o *verbal* (verbo predicativo):

> *El tren de Valladolid es aquel.*
> *El tren de Valladolid llegó con retraso.*

Según su tipo de predicado (nominal o verbal), las oraciones simples se dividen en dos grupos:

1. **Oraciones copulativas,** formadas por un predicado nominal de núcleo copulativo (verbos *ser* y *estar*). Hay otros verbos que pueden formar predicados nominales, desempeñando una función copulativa (*parecer, ponerse, quedarse, mantenerse*).

2. **Oraciones predicativas,** formadas por un predicado verbal de núcleo predicativo. A su vez se dividen en:

    2.1. *Oraciones transitivas,* son aquellas cuyo verbo necesita un complemento directo que complete su significado:

    > *Juan trajo el periódico.*

    Cuando el complemento directo es de persona, se construye con la preposición *a:*

    > *El médico visitó a los enfermos.*

2.2. **Oraciones intransitivas,** son aquellas cuyo verbo se construye sin necesidad de complemento directo:

> El caballo relinchaba en el prado.
> Mañana iremos al cine.

2.3. **Oraciones activas,** aquellas cuyo verbo está en voz activa. Constan de un *sujeto agente* que realiza la acción del verbo:

> Los jornaleros recogerán las aceitunas.

2.4. **Oraciones pasivas,** aquellas cuyo verbo está en voz pasiva. La acción verbal es realizada por un *complemento agente,* y recae sobre un *sujeto paciente:*

> Las aceitunas serán recogidas por los jornaleros.

2.5. **Oraciones reflexivas,** en las que el sujeto realiza y a la vez recibe la acción expresada por el verbo. Los complementos directo o indirecto que lleve el verbo estarán en la misma persona gramatical que el sujeto:

> Luis se sirvió un vaso. → Luis sirvió un vaso a Luis.

2.6. **Oraciones recíprocas,** aquellas que constan de dos o más sujetos que ejecutan y reciben la acción expresada por el verbo:

> Natalia y Verónica se miraron con complicidad.

2.7. **Oraciones impersonales,** son aquellas que carecen de sujeto y tienen por predicado a un verbo terciopersonal *(llover, nevar, granizar, amanecer, anochecer, atardecer,* etc.):

> Mañana lloverá en la cornisa cantábrica.

Aparte de estos verbos, que describen fenómenos de la naturaleza, hay una serie de verbos que pueden funcionar como terciopersonales y formar este tipo de oraciones *(haber, hacer, bastar, sobrar):*

> Hace mucho frío.   Basta con un poquito de sal.
> Hay niebla en la carretera.   Me sobra con la mitad.

La oración compuesta

Es la que consta de varias estructuras **sujeto + predicado** interrelacionadas, cada una de las cuales recibe el nombre de *proposición.* Atendiendo al tipo de relación que las vincule se distinguen dos grandes grupos: oraciones coordinadas y oraciones subordinadas.

1. **Oraciones coordinadas.** Las proposiciones que las componen están en relación de igualdad, ya que poseen el mismo nivel sintáctico. Cada una de ellas considerada aisladamente posee sentido completo, e independiente.

   La coordinación entre oraciones puede establecerse de dos maneras distintas: por medio de nexos coordinantes (conjunciones coordinantes) o bien por simple yuxtaposición, sin nexo explícito:

   > Mañana saldré hacia las ocho, llegaré sobre las ocho y media: podemos quedar a las nueve.

   Según el tipo de conjunción que las relacione, las oraciones coordinadas se clasifican en:

1.1. ***Coordinadas copulativas,*** son proposiciones que se suceden sumando o combinando sus significados. Se enlazan entre sí mediante las conjunciones copulativas *y, e* o *ni:*

> *Se esforzó y lo consiguió.*
> *Ni escribiste ni llamaste.*

1.2. ***Coordinadas disyuntivas,*** presentan opciones que se excluyen. Tienen por nexo a las conjunciones disyuntivas *u, o, o bien:*

> *Nos vamos ya o llegaremos tarde.*
> *¿Prefieres el jersey o bien te gusta más la chaqueta?*

1.3. ***Coordinadas distributivas,*** presentan acciones alternativas que no se excluyen. Tienen por nexo a las conjunciones distributivas *ora...ora, ya...ya, tan pronto...como, (el) uno...(el) otro, bien...bien,* etc.:

> *Uno habla, el otro escucha.*   *Tan pronto llueve como luce el sol.*
> *Ya ríe, ya llora.*   *Bien me telefoneas, bien me escribes.*

1.4. ***Coordinadas adversativas,*** una de las proposiciones corrige el significado de otra. Se interrelacionan mediante las conjunciones adversativas *pero, no obstante, sin embargo, mas, con todo, aunque,* etc.:

> *Me gustaría mucho ir con vosotros pero no tengo dinero.*
> *Tuvo que hacerlo aunque no quería.*
> *Había mucho trabajo, sin embargo terminamos a tiempo*

2. **Oraciones subordinadas.** Las proposiciones que las componen están en relación de dependencia y no poseen la misma jerarquía gramatical, ya que una de ellas está *subordinada* a otra, llamada *proposición principal,* respecto de la cual desempeña una función gramatical. Dentro de la oración compuesta, la proposición subordinada puede funcionar como si fuera un **sustantivo,** un **adjetivo** o un **adverbio:**

Nos hizo muy felices	*tu triunfo (sustantivo)*
	que triunfaras (subordinada)
Hoy hace un sol	*abrasador (adjetivo)*
	que abrasa (subordinada)
Nos iremos	*al anochecer (adverbio)*
	en cuanto anochezca (subordinada)

Dependiendo de las funciones sintácticas que asuman, las proposiciones subordinadas se clasifican en tres categorías: subordinadas sustantivas, subordinadas adjetivas o de relativo y subordinadas adverbiales.

2.1. ***Subordinadas sustantivas,*** desempeñan dentro de la oración las mismas funciones sintácticas que un sustantivo:

a) Sujeto: *Me molesta que llegue siempre tarde.*
b) Atributo: *La cosa está que arde.*
c) Complemento directo: *No quiere que le esperemos.*
d) Complemento indirecto: *Entregaron el diploma a los que habían superado las pruebas.*
e) Término de una preposición: *Circula el rumor de que van a divorciarse.*
   El nexo que une una proposición sustantiva a la principal es *que.*

2.2. **Subordinadas adjetivas** o **de relativo,** desempeñan dentro de la oración las mismas funciones sintácticas que un adjetivo, modificando a un sustantivo llamado *antecedente.* En la proposición subordinada, este sustantivo reaparece reemplazado por un pronombre relativo *(que, cual, quien, cuanto,* y sus variaciones de género y número) que funciona como nexo de subordinación:

> *El coche* **que** *compraron es de importación.*
> ↓
> **antecedente**

En algunos casos, las proposiciones adjetivas pueden ir introducidas por los llamados **adverbios relativos** *(donde, como* y *cuando):*

> *Esta es la casa donde sucedieron los famosos crímenes.*
> *No me gusta la forma como me lo dijo.*
> *Fue el otro día cuando lo supo.*

Al igual que los adjetivos, las subordinadas adjetivas o de relativo pueden ser de dos tipos:

a) **especificativas,** seleccionan al nombre antecedente dentro del grupo al que pertenece, haciendo una precisión necesaria:

> *Vamos a tomar el autobús que sale a las cuatro* (de todos los autobuses, tomaremos el que sale a las cuatro);

b) **explicativas,** no seleccionan, sino que se limitan a informar sobre alguna cualidad del antecedente. Van entre pausas (comas, en la escritura):

> *Vamos a tomar el autobús, que sale a las cuatro* (informa que el autobús sale a las cuatro).

2.3. **Subordinadas adverbiales,** desempeñan dentro de la oración compuesta las mismas funciones sintácticas que un adverbio, expresando diversas circunstancias de la acción del verbo principal.

Dependiendo de la circunstancia que expresen, se distinguen las siguientes modalidades:

a) **adverbiales de lugar,** indican un lugar relacionado con la acción principal. Su nexo principal es el adverbio *donde,* combinado o no con diversas preposiciones *(a donde, por donde, en donde,* etc.):

> *No nos dijeron de dónde venía.*

b) **adverbiales de tiempo,** informan sobre una acción realizada con anterioridad, posterioridad o simultaneidad respecto a la acción principal y que sirve para situar temporalmente la acción de esta última. Son muchos los adverbios de tiempo que pueden servir de nexo a subordinadas temporales *(antes, después, mientras tanto, entre tanto, cuando, a la vez que,* etc.):

> *Llegó justo cuando nos íbamos.*
> *Quiero acabarlo antes de que regrese.*
> *Seguiremos después de la película.*

c) **adverbiales de modo,** informan sobre la forma en que se realiza la acción principal. Los principales nexos subordinantes de modo son *como* y *según:*

> *He preparado el asado como indicaba la receta.*
> *Lo hicimos todo según nos dijiste.*

d) **adverbiales condicionales,** expresan una condición necesaria para que se cumpla la acción principal. En las oraciones que poseen una subordinada concesiva, esta recibe el nombre de *prótasis,* y la principal se denomina *apódosis.* El nexo condicional por excelencia es la conjunción *si,* aunque son también frecuentes *como, cuando, a condición que, a menos que,* etc.:

<u>Como sigas a ese ritmo</u> <u>terminarás agotado.</u>
<u>Si no he vuelto a las nueve,</u> <u>puedes irte.</u>
   ↓   ↓
  prótasis   **apódosis**

e) **adverbiales concesivas,** presentan un obstáculo que dificulta la realización de la acción de la proposición principal, aunque sin llegar a impedirlo. El principal nexo concesivo es la conjunción *aunque,* pero también pueden funcionar como tales *a pesar que, cuando, aun cuando, si bien, así, por más que,* etc.:

Puedes hacerlo, aunque te cueste trabajo.
Estaba tranquilo a pesar de la tensión que soportaba.

f) **adverbiales causales,** indican el motivo por el que se realiza la acción principal. Las conjunciones y locuciones conjuntivas causales más frecuentes son: *que, porque, pues, puesto que, ya que, como, en vista de que, a fuerza de, por razón de que, a causa de que,* etc.:

Llegó tarde porque se quedó dormido.
Le espero, que quiero que me deje los apuntes.
Ya que estamos todos de acuerdo, empecemos la reunión.

g) **adverbiales consecutivas,** la proposición subordinada se presenta como una consecuencia de la principal. Sus nexos principales son los determinantes *tanto/tanta/tantos/tantas* (o su forma apocopada *tan*), así como *tal/tales* en la oración principal como correlativos de una subordinada encabezada por *que:*

Salió con tanto sigilo que nadie la oyó.
Pienso, luego existo.
Tenemos que estar a las siete, así es que date prisa.
Comes de tal modo que te vas a atragantar.

h) **adverbiales comparativas,** sirven de término de comparación a la principal. Según el tipo de comparación que se establezca entre ambas, se distinguen tres tipos:

 h.1) **de superioridad,** se construyen con los nexos *más…que* o *más…de:*

 Nos cobraron más caro de lo que esperábamos.

 h.2) **de igualdad,** se forman con nexos como *tal…como, tal…cual, tanto…como, tanto…cuanto, tan…como,* etc., o con términos como *igual que* o *como si* encabezando la proposición:

 El espectáculo resultó tan decepcionante como decían.
 Corre como si le fuera la vida en ello.

 h.3) **de inferioridad,** se unen a la principal con el nexo *menos…que:*

 Estoy menos cansado de lo que esperaba.

i) ***adverbiales finales:*** explican la finalidad de la acción principal. Los nexos finales más frecuentes son *para que, a que, a fin de que, con el fin de que, con el objeto de que*, etc.:

> *He venido a que me aclares esta duda.*
> *Se hizo el encontradizo para que le invitáramos.*

A continuación se resume gráficamente la clasificación sintáctica de las oraciones expuestas en este apartado:

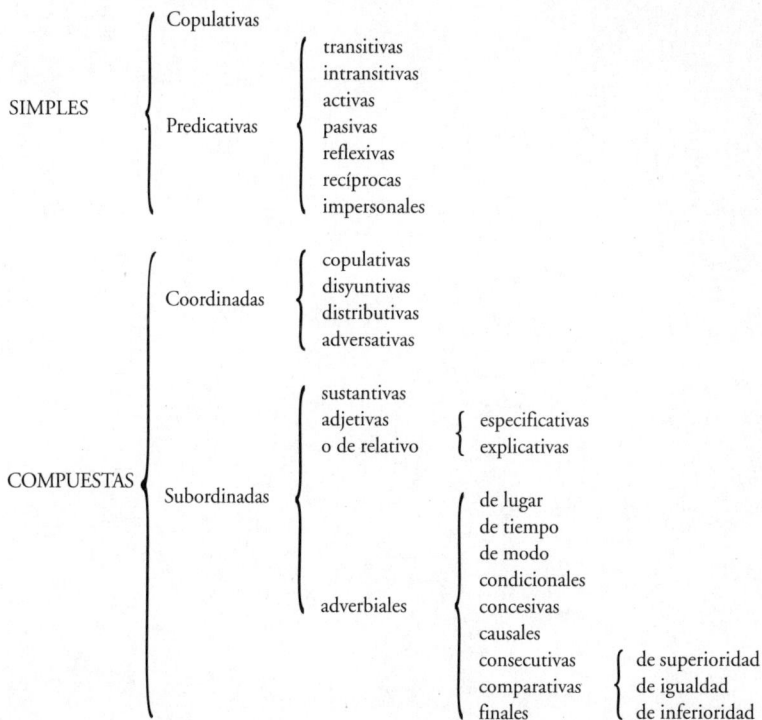

SIMPLES
- Copulativas
- Predicativas
  - transitivas
  - intransitivas
  - activas
  - pasivas
  - reflexivas
  - recíprocas
  - impersonales

COMPUESTAS
- Coordinadas
  - copulativas
  - disyuntivas
  - distributivas
  - adversativas
- Subordinadas
  - sustantivas
  - adjetivas o de relativo
    - especificativas
    - explicativas
  - adverbiales
    - de lugar
    - de tiempo
    - de modo
    - condicionales
    - concesivas
    - causales
    - consecutivas
    - comparativas
      - de superioridad
      - de igualdad
      - de inferioridad
    - finales

apéndice ortográfico

La ortografía es la parte de la gramática que indica el uso correcto de los signos gráficos utilizados en la escritura. Estos signos pueden dividirse en dos grandes grupos: los **grafemas** o letras, que son unidades gráficas mínimas de carácter secuencial y valor distintivo que se emplean en la escritura de una lengua, y los **signos ortográficos auxiliares** (el acento, la diéresis y los signos de puntuación), que transcriben elementos fónicos como la intensidad o la entonación. Grafías y signos auxiliares pretenden reproducir lo más fielmente posible los rasgos orales del lenguaje y a la vez fijarlos, creando una cierta uniformidad que facilite la comunicación.

Sin embargo, no existe una correspondencia exacta entre la realización hablada del lenguaje y su transcripción por escrito. Estos desajustes se deben al carácter dinámico del lenguaje, cuyas realizaciones varían temporal y geográficamente. Los principales problemas ortográficos se darán en el uso de los signos más afectados por los cambios lingüísticos, como es el caso de las letras que «representan» fonemas que han experimentado variaciones, pero también pueden aparecer a la hora de aplicar ciertas reglas creadas por convención para fijar el lenguaje. Estas normas han sido determinadas mediante la aplicación de dos criterios: la etimología y el uso lingüístico de los grandes escritores, considerado representativo del estado de una lengua y a la vez ejemplo de su uso.

La ortografía se funda, por tanto, en estos tres aspectos: la correspondencia convencional entre la lengua oral y los signos que la transcriben, la etimología y el modelo de ciertos usos.

NORMAS ORTOGRÁFICAS

USO DE GRAFÍAS CONSONÁNTICAS

Los principales problemas ortográficos que plantea el castellano vienen dados por el ligero desajuste existente entre nuestro sistema fonético, constituido por 24 fonemas, y el alfabeto, formado por 27 letras (o 29 cuando se incluían la *ch* y la *ll*). Como ya se ha indicado, este desajuste es fruto de la propia evolución del idioma, que ha reducido por asimilación ciertos fonemas cuya grafía se ha conservado. No hay, por tanto, una correspondencia perfecta entre fonemas y letras: ciertas letras se utilizan para representar más de un fonema y, viceversa, ciertos fonemas son representados por más de una letra. Por otra parte, existe una grafía, la *h,* que actualmente no corresponde a ningún fonema pero que se mantiene en la escritura por razones etimológicas. Este sería el sistema actual de correspondencias entre fonemas y letras del castellano:

Fonema	Letra		Fonema	Letra		Fonema	Letra
/a/	a		/x/	j: *cojo*		/p/	p
/b/	b: *baca*			g: *coge*		/r/	r
	v: *vaca*		/k/	c: *cosa*		/r̄/	r: *raso*
/c̄/	ch			qu: *quiso*			rr: *arrasó*
/d/	d			k: *kilo*		/s/	s
/e/	e		/l/	l		/t/	t
/f/	f		/ʎ/	ll		/u/	u
/g/	g: *gato*		/m/	m		/y/	y
	gu: *guerra*		/n/	n		/θ/	c: *cita*
/i/	i: *oí*		/ɲ/	ñ			z: *zote*
	y: *hoy*		/o/	o			

Los principales problemas ortográficos se presentan en el uso de las parejas **b/v, c/z, g/j, ll/y, r/rr** y el de grafías como la **h**, la **k**, la **m** o la **x**.

b / v

Se escribe **b**:

1. En los verbos *deber, beber, caber, saber* y *haber*.
2. En todos los verbos cuyos infinitivos terminan en **-bir** *(escribir)*, **-buir** *(distribuir)* y en sus compuestos.

   excepciones: *hervir, servir, vivir* y sus compuestos.

3. En todas las formas verbales del pretérito imperfecto de indicativo de los verbos de la primera conjugación *(amaba, ganabas, volaba, gastábamos, jugabais, terminaban)*, y también en las del verbo **ir** *(iba, ibas, iba, etc.)*.
4. En las palabras que comienzan por las sílabas **ban-** *(bandeja)*, **bar-** *(barcaza)*, **bas-** *(bastante)*, **bat-** *(batista)*, **bor-** *(bordar)* y **bot-** *(botijo)*.

   excepciones: *vándalo, vanguardia, vanidad;*
   vara, varear, variar, varilla, varón;
   vasallo, vasco, vasija, vástago, vasto;
   vate, Vaticano, vaticinar;
   voracidad, vorágine;
   volar.

5. En las palabras que comienzan por las sílabas **biblio-** *(biblioteca)*, **bu-** *(burro)*, **bur-** *(burla)* y **bus-** *(buscar)*.

   excepción: *vudú, vuestro* y sus derivados.

6. En las palabras que comienzan por las sílabas **bene-** *(beneficencia)* o **bien-** *(bienhechor)*.
7. En las palabras que comienzan por las sílabas **ab-** *(absurdo)*, **abs-** *(abstención)*, **ob-** *(objeto)*, **obs-** *(obstrucción)* y **sub-** *(suburbio)*.

   excepción: *ovni.*

8. En las sílabas en las que el fonema **/b/** va seguido de otro fonema consonántico: *ablativo, bramar, amable, brécol, hablilla, abrigo, bloque, abrojo, blusón, bruja.*

9. En las palabras terminadas en los sufijos **-bilidad** *(afabilidad),* **-bundo** *(errabundo),* **-bunda** *(meditabunda),* **-ílabo** *(polisílabo),* **-ílaba** *(monosílaba).*

   excepción: *movilidad, civilidad* y sus compuestos.

10 En las palabras que terminan por el fonema **/b/: *Jacob, Job.***

11. En las palabras que empiezan por el elemento compositivo **bi-, bis-, biz-:** *bipolar, bisnieto, bizcocho.*

12. En las palabras que contienen el elemento compositivo **bio-, -bio:** *biografía, microbio.*

Se escribe **v:**

1. En todas las formas verbales del pretérito perfecto simple y en las del pretérito imperfecto y el futuro del subjuntivo de los verbos **andar, estar** y **tener,** y de compuestos: *anduve, anduviera, anduviese, anduviere, estuve, estuviera, estuviese, tuve, tuviera, tuviese, tuviere.*

2.. En todas las formas del presente de indicativo, imperativo y subjuntivo del verbo **ir.**

3. En los verbos cuyo infinitivo termina en **-servar** *(conservar, preservar,* etc.).

   excepción: *desherbar.*

4. En las palabras que empiezan por las sílabas **vice-** *(viceministro),* **viz-** *(vizconde),* **vi-** *(virrey),* y en los topónimos que comienzan por **Villa-** *(Villalba)* y **Villar-** *(Villarejo).*

5. Después de las sílabas **ad-** *(advenedizo),* **cla-** *(clavel)* **con-** *(convidar),* **di-** *(diverger),* **in-** *(invernar),* **jo-** *(jovialidad),* **pri-** *(privado)* **sub-** *(subvención),* **ob-** *(observar).*

   excepción: *dibujo.*

6. En los adjetivos terminados por los sufijos **-ava** *(onceava),* **-ave** *(suave),* **-avo** *(octavo),* **-eva** *(nueva),* **-eve** *(leve),* **-evo** *(longevo),* **-iva** *(cautiva)* e **-ivo** *(pasivo).*

   excepciones: *suabo, mancebo;*
   el gentilicio árabe y sus compuestos;
   los adjetivos compuestos de *sílaba: bisílabo,* etc.

7. En las palabras terminadas en **-ívoro** *(herbívoro),* **-ívora** *(carnívora),* **-viro** *(triunviro)* y **-vira** *(Elvira)*

   excepción: *víbora.*

8. En las palabras que empiezan por **eva-** *(evasión),* **eve-** *(eventual),* **evi-** *(evitar),* **evo-** *(evolución).*

   excepción: *ébano*

9. En los verbos acabados en **-olver:** *absolver, disolver, volver.*

c / z

Se escribe **c:**

1. Delante de **-e-** *(cepillo, aceite)* o **-i-** *(cine, cocina).*

   excepciones: palabras no castellanas: *zéjel, zepelín, eczema, zebedeo,* etc.
   voces onomatopéyicas: *zis-zas, zigzag, zigzaguear, zipizape,* etc.

2. Delante de **-c-** *(acción, acceso)* y **-t-** *(directo, actuación).*

Se escribe **z:**

Delante de **-a-** *(azalea),* **-o-** *(zócalo)* y **-u-** *(zumbar).*

g / j

Se escribe **g:**

1. En los verbos terminados en **-igerar** *(aligerar),* **-ger** *(coger),* **-gir** *(rugir).*

    excepciones: *tejer, crujir* y sus derivados

2. En las palabras que empiezan por los prefijos **geo-** *(geodesia),* **gem-** *(gema),* **gen-** *(genética)* y **gest-** *(gestual).*

3. En las palabras terminadas en **-algia** *(neuralgia)* **-gélico** *(angélico),* **-gen** *(aborigen),* **-genario** *(octogenario),* **-géneo** *(homogéneo),* **-génico** *(fotogénico),* **-genio** *(ingenio),* **-génito** *(unigénito)* **-gente** *(vigente),* **-gencia** *(vigencia),* **-gesimal** *(cegesimal),* **-gésimo** *(vigésimo)* **gético** *(apologético)* **-giénico** (higiénico), **-ginal** *(virginal),* **-gíneo** *(virgíneo),* **-ginoso** *(cartilaginoso),* **-gismo** *(neologismo),* **-gia** *(magia),* **-gio** *(prodigio),* **-gión** *(religión),* **-gional** *(regional),* **-gionario** *(legionario),* **-gioso** *(prodigioso),* **-gírico** *(panegírico),* **-ígena** *(indígena),* **-ígeno** *(cancerígeno),* **-ígero** *(belígero),* **-ígera** *(alígera),* **-ogía** *(filología),* **-ógico** *(teológico),* y sus correspondientes variaciones de género y número.

    excepciones: *comején, ojén, aguajinoso, espejismo* y *salvajismo.*

Se escribe **j:**

1. En las formas verbales de aquellos verbos cuyo infinitivo no tenga **g** ni **j:** *atraje* (de *atraer*), *dijera* (de *decir*), *condujeron* (de *conducir*).
2. En las palabras que empiezan por las sílabas **aje-** *(ajedrez)* y **eje-** *(ejecutor).*

    excepciones: *agente, agencia* y *agenda,* así como sus derivados y compuestos.

3. En las palabras terminadas en las sílabas **–je** *(viaje),* **-jero** *(pasajero),* **-jería** *(mensajería)* y **–jín** *(cojín).*

    excepciones: *ambages, auge, cónyuge, esfinge, falange, faringe, laringe;*
    ligero, flamígero, belígero;
    magín.

ll / y

Se escribe **ll:**

1. En todas las palabras terminadas en **-illa** *(patilla, orilla),* **-illo** *(pasillo, tomillo)* y **-ullo** *(arrullo, capullo).*
2. En los verbos terminados en **-illar** *(trillar),* **-ullar** *(aullar)* y **-ullir** *(mullir).*

Se escribe **y:**

1. En las formas plurales de los sustantivos terminados por el fonema /i/: *reyes, leyes,* etc.
2. En las formas verbales de los verbos cuyo infinitivo no tiene **ll** ni **y:** *cayó* (de *caer*), *huyamos* (de *huir*), *oyendo* (de *oír*).

r

Se escribe **r** en lugar de **rr**:

1. Al principio de palabra: *rojo, raíl, rueda.*
2. Detrás de **l** *(alrededor),* **n** *(enrevesado)* y **s** *(israelita).*

h

Se escriben con **h**:

1. Todas las formas de los verbos **haber, hablar, habitar, hacer, hallar.**
2. Las palabras que en su origen tenían una **f:** *harina, hierro,* etc.
3. Las palabras que empiezan por las sílabas **hia-** *(hiato),* **hie-** *(hierático),* **hue-** *(hueso),* **hui-** *(huida),* **hog-** *(hogaza),* **holg-** *(holgazanear),* **hosp-** *(hospedaje)* **histo-** *(histología),* **horm-** *(hormiga),* **herm-** *(hermano),* **hern-** *(hernia),* **hum-** *(humano).*
4. Las palabras formadas con los prefijos de origen griego **helio-** *(heliotropo),* **hema-** *(hematites),* **hemi-** *(hemiciclo),* **hemo-** *(hemoglobina),* **hepta-** *(heptaedro),* **hetero-** *(heterosexual),* **homeo-** *(homeopatía),* **homo-** *(homólogo),* **hidr-** *(hidráulico),* **higr-** *(higrómetro),* **hiper-** *(hipérbole)* e **hipo-** *(hipódromo).*
5. Los compuestos y derivados de las palabras que se escriben con **h:** *hablador, habitación, harinero, humanidad, deshonestidad,* etc.

> **excepciones:** *oquedad* (de hueco);
> *orfandad* y *orfanato* (de *huérfano);*
> *osario, osamenta* y *óseo* (de *hueso),*
> *oval, ovalado, óvalo, ovario, óvulo, ovíparo, ovo* y *ovoide* (de *huevo);*
> *oscense* (de *Huesca).*

k

La letra **k** es una de las tres formas con las que el castellano representa el fonema /k/. Se utiliza solo en la transcripción de ciertos extranjerismos incorporados al castellano: *káiser, kantiano, kéfir, kilo, kiosco, kirsch, kummel,* etc.

Este mismo fonema tiene otras dos formas de representación:

a) mediante la letra **c**, delante de **-a-** *(casa),* **-o-** *(cosa)* y **-u-** *(cuna).*
b) mediante la grafía **qu** (la **u** es muda), delante de **-e-** *(queso)* o **-i-** *(quiso).*

m

En lugar de **n,** se escribe m en los siguientes casos:

1. Delante de **-b-** *(embalsamar, imbuir, embrutecer)* y de **-p-** *(empate, amparo, ímpetu).*
2. Delante de **-n-:** *amnesia, amniótico,* etc.

> **excepciones:** en todos los compuestos formados por **con-** *(connatural),* **en-** *(ennoblecer)* y **sin-** *(sinnúmero).*

x

Se escribe **x** en lugar de **s:**

1. Al comienzo de palabra y antes de vocal o de **h:** *exaltación, exhalar.*
2. En las palabras formadas por los prefijos **ex-** *(extender, extraer)* y **extra-** *(extravertido, extraordinario).*
3. Generalmente, delante de **-cr-** *(excremento)*, **-pla-** *(explanada)*, **-pli-** *(explicar)*, **-plo-** *(explorar)*, **-pre-** *(expresión)*, **-pri-** *(exprimir)* y **-pro-** *(expropiación).*
4. En las palabras que empiezan por los elementos compositivos **xeno-** *(xenofobia)*, **xero-** *(xerocopia)* y **xilo-** *(xilografía).*

Por otra parte, se escribe **x** en lugar de **j** en ciertas palabras de origen mexicano *(México, Texas)*, que han conservado la grafía antigua.

observación: La pronunciación es Méjico y Tejas (y no Mé*ks*ico o Te*ks*as).

USO DE LAS MAYÚSCULAS

Las mayúsculas son letras de mayor tamaño que tienen por función destacar en el lenguaje escrito ciertos aspectos del mensaje, y su utilización está regulada por una serie de normas fijadas por convención.

La letra inicial de cualquier palabra se escribe con mayúscula en los siguientes casos:

1. Al comienzo de un escrito *(Érase una vez...)*, o detrás de un punto, de una interrogación *(¿Vienes a cenar?)* o de una exclamación *(¡Vivan los novios!).*
2. Detrás de los dos puntos que siguen al encabezamiento de una carta *(Estimado cliente: Le notificamos...)*, o a una cita *(Me dijo: «No fui yo»).*
3. Cuando se trata de un nombre propio: *Pedro Antonio de Alarcón, Jamaica.* Cuando el nombre propio consta de artículo, como sucede con algunos topónimos, este se escribe también con mayúscula: *La Habana, El Cairo.*
4. Los apodos y sobrenombres que acompañan o sustituyen a ciertos nombres propios de persona: *Carlos II el Hechizado, el Rey Sol. Lagartijo.*
5. Los nombres de los periodos en que se dividen la historia y la prehistoria: *el Paleolítico, la Edad de Piedra, la Antigüedad, el Medievo, el Renacimiento, el Siglo de las Luces, el Tercer Reich, la Guerra Fría.*
6. Los nombres propios de instituciones, corporaciones o de ciertos acontecimientos históricos: *Museo del Prado, Biblioteca Nacional.*
7. Los títulos de obras literarias, teatrales, cinematográficas, artísticas *(Romancero Gitano, El Alcalde de Zalamea, La Diligencia, Las Meninas)* y los nombres de periódicos, revistas, etc. *(El País, La Codorniz, Fotogramas).*
8. Ciertos colectivos como *Estado* o *Iglesia*, cuando se utilizan en sentido institucional.
9. Las abreviaturas de las fórmulas de tratamiento: *Sr. D. (Señor Don...).*
10. Las abreviaturas de los puntos cardinales *N* (norte), *S* (sur), *E* (este) y *O* (oeste), y todas sus combinaciones *(NO, SE*, etc.).

observaciones: En las letras dobles, como la **ch** o la **ll,** solo se escribe con mayúscula la primera de ellas: *Chile, Llorente.*
En castellano es obligatorio acentuar las vocales mayúsculas cuando lleven tilde: *Ágata; las Églogas de Garcilaso*, etc.

NORMAS DE ACENTUACIÓN. EL ACENTO ORTOGRÁFICO

El **acento ortográfico** o **tilde** es un signo (´) que, siguiendo ciertas reglas, se escribe sobre una vocal para indicar que la sílaba de la que forma parte es tónica. Viene a ser la represenación gráfica del *acento tónico* o *fonético* (ver en el **Apéndice gramatical. La sílaba y el acento**).

Las normas de acentuación del castellano son las siguientes:

NORMAS GENERALES

Se acentúan las siguientes palabras:

1. Las **agudas** terminadas en **vocal,** en -**n** o en -**s:** *habló, camión, compás.*
2. Las **graves** que no terminen en **vocal,** en -**n** o en -**s:** *lápiz, mármol, débil.*
3. Todas las **esdrújulas,** y las **sobreesdrújulas:** *artístico, árboles, ético, dijéronles, tomémoslo.*

NORMAS ESPECIALES

1. No se acentúan las **palabras agudas** terminadas en -**n** o en -**s,** cuando dichas consonantes van precedidas de otra consonante: *Milans, Canals.* Por el contrario, las **palabras graves** de igual terminación *(consonante + -n /-s)* sí van acentuadas: *bíceps, fórceps.*
2. No se acentúan las **palabras monosílabas** *(vas, soy, ley, pan, pie, fe,* etc.) y las formas verbales monosilábicas *fue, fui, dio* y *vio.*
3. Se acentúan ciertas palabras (principalmente monosílabas) para diferenciarlas de otras de la misma grafía pero que son átonas o poseen distinta categoría gramatical. Esta tilde con función diferenciadora se denomina **tilde diacrítica.** Es obligatoria en los siguientes casos:

Categoría gramatical	Forma	Forma	Categoría gramatical
pronombre personal	mí	mi	adjetivo posesivo
	tú	tu	
	él	el	artículo
pronombre reflexivo o adverbio de afirmación	sí	si	conjunción condicional
pronombres interrogativos o exclamativos	qué	que	pronombres relativos
	quién	quien	
	cuál	cual	
	cuánto	cuanto	
	dónde	donde	
	cuándo	cuando	
	cómo	como	
verbo *saber* o verbo *ser*	sé	se	pronombre reflexivo
sustantivo	té	te	pronombre personal
verbo *dar*	dé	de	preposición
adverbio de cantidad	más	mas	conjunción adversativa
adverbio de tiempo (= *todavía*)	aún	aun	preposición (= *incluso*)

Según las nuevas normas de acentuación, deja de utilizarse la tilde diacrítica en la palabra *solo*, así como en los demostrativos *este, ese, aquel*, con sus femeninos y plurales, funcionen como pronombres o como determinantes.

4. Cuando la sílaba tónica forma un **diptongo** o un **triptongo**, el acento se escribe sobre la vocal abierta *(a, e, o): cantáis, temiéramos, volvió, averiguáis*. Si el diptongo está formado por dos vocales cerradas *(i, u)*, se acentúa la segunda: *rehuí, casuística*.

   Palabras como *guion, ion, prion, sien, lie* [lié], *fio* [fió], *piais* [piáis] resultan ser monosílabas a efectos de acentuación gráfica y, por ello, deben escribirse sin tilde.

5. En las palabras que contienen **hiato** (vocales contiguas que se pronuncian en sílabas separadas), se acentúa la vocal cerrada: *tenía, hacía, oíd*.

   excepciones: no se acentúan los infinitivos y los participios de los verbos terminados en **-uir** *(destruir, destruido; huir, huido; construir, construido*, etc.), por considerarse que no se produce hiato.

6. En las **palabras compuestas** se siguen los siguientes criterios de acentuación:

   a) cuando los elementos que la forman se escriben **sin guion,** solo se acentúa el último componente: *sinfín, socioeconómico, decimoséptimo*.

   excepción: los adverbios terminados en **-mente** se acentúan si el adjetivo original llevaba tilde: *fácilmente, dócilmente*.

   b) cuando los elementos que la forman se escriben **con guion,** cada componente lleva la tilde que le correspondería como palabra simple: *histórico-artístico, gallego-portugués*.

7. Para los **extranjerismos** se aplican las siguientes normas:

   a) cuando son de **origen latino** y se han adaptado con naturalidad a nuestras convenciones ortográficas se siguen las reglas de acentuación castellanas: *accésit, currículum, déficit*. Los latinismos crudos o no adaptados se escribirán en cursiva (o entre comillas) y sin tilde: *vox populi, a priori, ipso facto, alter ego*.

   b) en los **nombres propios** solo se pondrá acento cuando lo tengan en su lengua original: *Valéry, Washington* (y no *Washingtón*).

NORMAS DE PUNTUACIÓN. LOS SIGNOS

Los signos de puntuación son una representación gráfica de ciertos elementos prosódicos del lenguaje, como las pausas o la entonación, y en este sentido precisan la actitud del hablante. Por otra parte, desempeñan en la lengua escrita una serie de funciones estructurales, delimitando y matizando las distintas unidades de sentido que configuran el discurso.

Al tratarse también de signos fijados por convención, su uso está regulado por una serie de normas que son las siguientes:

Punto (.)

Desde un punto de vista prosódico, señala pausa completa y entonación descendente. Desde el punto de vista del contenido, indica que lo que precede posee sentido completo. Estructuralmente sirve para delimitar las oraciones del discurso. Después de un punto se escribe siempre mayúscula.

El punto se utiliza también para indicar abreviatura: *avda.* = avenida.

El llamado *punto y aparte* indica una pausa más larga, que temáticamente marca el fin de exposición de una idea o de un aspecto del contenido global del mensaje. Cada uno de los bloques de texto comprendido entre dos puntos y aparte se denomina *párrafo* y el contenido de cada párrafo se corresponde con un estadio distinto del desarrollo del mensaje. Después de un punto y aparte se continúa en otra línea, generalmente dejando un margen mayor que en los restantes renglones *(sangrado)* para contribuir a representar gráficamente la separación temática existente entre los distintos párrafos.

Cuando el punto coincide en la misma frase con otros signos de puntuación, su colocación viene regulada por las siguientes normas:

1. Después de paréntesis o comillas el punto se escribe detrás de los paréntesis o comillas.
2. No se escribe punto para separar los grupos de tres dígitos en los números de más de cuatro cifras, sino un espacio en blanco: 3 957 371.

    Tampoco debe escribirse punto para separar cifras en los años *(1927)*, los números de páginas *(pág. 1332)*, códigos postales (28045) ni en los números de teléfono *(4325471)*.
3. En español, según la zona, se emplea el punto o la coma como marcador decimal en la escritura de los números, así pues, podrá escribirse $\pi = 3,1416$ o $\pi = 3.1416$.

Coma (,)

Desde un punto de vista prosódico indica una pausa breve y de entonación variable dentro de la oración. Estructuralmente sirve para matizar la división de la oración en miembros más cortos, y puede tener una función coordinante o subordinante. Tiene los siguientes usos:

1. Para separar los distintos elementos de una enumeración, tanto palabras como proposiciones: *este bizcocho lleva leche, huevos, azúcar, harina, ralladura de limón y un chorrito de licor; llegué, vi y vencí.*
2. Para aislar y destacar un nombre en vocativo dentro de la frase: *escucha, Carlitos, no quiero repetírtelo dos veces.* Si el vocativo va al final de la oración aparecerá precedido de coma: *no quiero repetírtelo dos veces, Carlitos.*
3. Para separar incisos explicativos dentro de la oración: *los turistas, agotados por el guía, se quedaron en el hotel; los turistas, a los que el guía había agotado a conciencia, se quedaron en el hotel.*
4. Cuando en una oración compuesta la proposición subordinada va delante de la principal, se separa de esta por medio de una coma: *cuando por fin decidió aparecer en escena, el público le recibió con abucheos.*
5. Se separan del resto de la oración mediante una coma los adverbios y locuciones adverbiales: *pues, por tanto, por consiguiente, así pues, pues bien, ahora bien, antes bien, sin embargo, no obstante, con todo, por el contrario.*

Punto y coma (;)

Marca una pausa de mayor duración que la de la coma y menor que la del punto y, a diferencia de este, no indica final de oración. Desde un punto de vista prosódico corresponde a una entonación descendente. Se utiliza en los siguientes casos:

1. Dentro de un periodo que ya lleva comas, para separar dos de sus miembros: *a su derecha se extendía una llanura inmensa, infinita, eterna; a su izquierda corría un río apagado.*
2. Para separar oraciones coordinadas adversativas: *comenzó quejándose de todo lo divino y humano; sin embargo, al final de la velada acabó riéndose de sí mismo.*
3. Para separar en el hecho de su consecuencia: *no se encontraba muy bien; por eso no vino.*

Dos puntos (:)

Desde un punto de vista prosódico señalan una pausa, algo mayor que la del punto y coma, seguida de entonación descendente. Desde un punto de vista lógico, indican que la exposición del mensaje todavía no ha concluido. Tienen los siguientes usos:

1. Delante de una cita textual: *sacó la pistola y dijo nervioso: «Arriba las manos».*
2. Delante de una enumeración de carácter explicativo: *aquella no fue precisamente una boda «íntima»: toda la prensa, las correspondientes parentelas, y un sinfín de invitados más o menos allegados entre los que se camuflaba sin demasiado empeño algún que otro gorrón.*
3. Detrás de la fórmula de encabezamiento de una carta: *Estimado señor: ...*

Puntos suspensivos (...)

Indican una pausa o interrupción, o bien la conclusión imperfecta de una frase. Prosódicamente corresponden a una entonación sostenida. Se utilizan en los siguientes casos:

1. Cuando se considera que el destinatario del mensaje ya conoce el resto de la frase: *ya sabes que más vale pájaro en mano...*
2. Para indicar una interrupción del discurso debida a duda, temor, etc.: *no sé si será mejor que vayamos o.... bueno, ya veremos.*
3. Para indicar la supresión de parte de una cita. En este caso se escriben entre corchetes [...]: *para Marco Polo, el unicornio, que tiene «piel de búfalo, pies como los del elefante, [...] y un cuerno en medio de la frente» es un vulgar rinoceronte [...].*

Guion (-)

Es un signo meramente gráfico, sin correspondencia prosódica. Se utiliza con las siguientes funciones:

1. Para separar una palabra que no cabe entera en el renglón: *cantan-te.* (Ver el apartado siguiente de este apéndice, **Normas de partición de palabras).**
2. Para unir los elementos de algunas palabras compuestas: *castellano-aragonés.*
3. Para separar las cifras que indican un periodo de tiempo comprendido entre dos años: *la guerra civil española (1936-1939) ha sido interpretada por varios historiadores como el enfrentamiento de las dos Españas.*

Raya (—)

Tampoco tiene correspondencia prosódica. Se utiliza en estos casos:

1. Como sustituto del paréntesis: *la luna —apenas una curva línea de luz en la negrura— contribuía a hacer más honda la oscuridad.*
2. Para indicar las intervenciones de los distintos personajes que participan en un diálogo:
    «—¿Cómo llegas tan tarde?
    —Lo siento, chico, el tráfico estaba terrible.
    —Ya, ya: si no es el tráfico es el despertador, y si no es el destino que aviesamente te persigue».

Interrogación (¿ ?)

Indican que la oración contenida entre estos signos es la formulación de una pregunta y representan prosódicamente la entonación interrogativa, de carácter ascendente.

En castellano es un signo doble, que tiene una forma para señalar el inicio de la interrogación (¿) y otra para indicar su final (?). A veces se utiliza solo el signo interrogativo de cierre, aislado entre paréntesis (?), para indicar duda: *lo más divertido (?) de todo este asunto fue su final*.

El uso de los signos de interrogación está sujeto a las siguientes reglas:

1. La frase interrogativa se escribe con mayúscula inicial cuando se trata de una oración completa: *¿Estás seguro? No vayas luego a arrepentirte.*
2. Cuando la interrogación no es una oración completa se escribe con minúscula cuando va en segundo lugar: *Pero, ¿estás seguro?, ¿no te arrepentirás más tarde?*
3. Después de cerrar el signo de interrogación *nunca* se escribe punto.

Exclamación (¡ !)

Indican que la frase que encierran está marcada por la subjetividad del hablante, y puede expresar diversas emociones *(temor, ira, dolor, alegría,* etc.). Desde un punto de vista prosódico, representan los diversos grados de la entonación exclamativa, de acuerdo con el significado de la frase.

Como la interrogación, en castellano se representa por un signo doble, que consta de apertura (¡) y cierre (!). Cuando el signo de cierre se utiliza solo y aislado entre paréntesis expresa asombro: *no paró de repetir lo encantador (!) que había sido tu primo*.

Las reglas que rigen su uso son las mismas que para la interrogación:

1. Cuando la exclamación es una oración completa, se escribe con mayúscula inicial: *¡Mira qué calladito se lo tenía!*
2. Cuando no es una oración completa, se escribe con minúscula si aparece en segundo lugar: *Nunca lo hubiera creído, ¡qué calladito te lo tenías!*
3. Detrás de exclamación *nunca* se escribe punto.

Paréntesis ( )

Se trata también de un signo doble que sirve para separar algún tipo de observación (aclaraciones, incisos, etc.) del resto del discurso. Se suelen utilizar con las siguientes funciones:

1. Para indicar los apartes de los personajes en los textos teatrales.
2. Para intercalar datos o ciertas precisiones necesarias: *en París (Texas) tendrá lugar el próximo encuentro de ganaderos; se trata de una lujosa edición (13 000 ilustraciones a todo color, mapas,* etc.).
3. Para enmarcar oraciones incidentales que se desarrollan al margen del discurso: *los del gas han llamado para avisar que vendrían a las tres y media (yo no confiaría demasiado en ello) para revisar la instalación.*

Corchetes [ ]

Tienen una función parecida a la de los paréntesis, pero solo se utilizan en los siguientes casos:

1. En las transcripciones de algún texto (copia, citas, etc.), bien para introducir alguna observación personal del transcriptor, o bien para sustituir conjetural o aclaratoriamente algo no transcrito: *las cualidades que* El Crotalón *atribuye [a los clérigos] son desde luego las propias de los «falsos filósofos» [criticados por Luciano], nadi[e] puede ser dichoso, / señora, ni desdichado, / sino que os haya mirado* (Garcilaso de la Vega).
2. Para introducir una nueva aclaración dentro de un texto que ya va entre paréntesis: *evoluciona luego hacia un estilo más realista (tras una etapa de transición que viene a coincidir con el desarrollo de la Primera Guerra Mundial [1914-1918]).*

Comillas « »

Es otro signo ortográfico doble que tiene las siguientes funciones:

1. Para enmarcar una frase que se reproduce textualmente: *como dice el abuelo: «que me quiten lo bailado»*.

    Cuando dentro de un texto ya entrecomillado se desea introducir otra frase textual se suelen utilizar las comillas simples (' '): *Llegó como una furia diciendo: «Ya sabía yo que otra vez me tocaría escuchar el inevitable 'vuelva usted mañana'»*.
2. Para indicar que una palabra, expresión o frase tiene un segundo sentido, generalmente irónico: *ya he notado «cuánto» te alegras de verle*.
3. Para destacar un nombre propio o un sobrenombre: *salía ya la aurora, «la de los rosados dedos»; todavía se desconoce quién fue «Jack el Destripador»*.

NORMAS DE PARTICIÓN DE PALABRAS

Cuando una palabra no cabe entera al final de una línea puede dividirse en dos partes mediante un guion (-), pero respetando los límites silábicos y siguiendo las siguientes normas:

1. Cuando una consonante va entre dos vocales se agrupa con la segunda: *du-ro, co-la-da, to-mi-llo*.
2. En los grupos formados por dos consonantes entre dos vocales, la primera consonante se agrupa con la vocal primera y la segunda consonante con la última vocal: *ac-tuar, con-nota-ción*.

    excepción: los grupos consonánticos **pr, pl, br, bl, fr, fl, tr, dr, cr, cl, gr** y **gl** se unen a la última vocal: *ca-pri-no, so-plar, re-bro-te, su-bli-mar, re-fres-co, re-flu-jo, de-trás, pe-dra-da, de-cli-nar, de-gra-dar, de-glu-ción*.
3. En los grupos formados por tres consonantes, las dos primeras se agrupan con la vocal primera y la tercera consonante con la última vocal: *cons-ti-tu-ción, cons-tar*.

    excepción: cuando la segunda y la tercera consonante forman parte de alguno de los grupos consonánticos mencionados en el punto 2, la primera consonante del grupo se une a la vocal primera y las otras dos consonantes se agrupan con la última vocal: *con-tra-riar, des-bro-zar*. Lo mismo sucede en las agrupaciones de cuatro consonantes, cuando las dos últimas pertenecen a alguno de los grupos exceptuados: *cons-tru-yó*.
4. Las palabras que contengan una **h** precedida de otra consonante, se dividen considerando a la **h** como principio de sílaba: *des-hie-lo, in-hi-bi-ción*.
5. Dos vocales juntas nunca se separan, aunque formen sílabas distintas: *rau-do* (no *ra-udo*), *en-deu-da-do* (no *en-de-udado*), *pe-rio-do* (no *pe-ri-odo*).
6. Nunca debe partirse una palabra de modo que quede una vocal aislada a final o a principio de renglón: *ama-bi-li-dad* (no *a-mabilidad*), *pas-toreo* (no *pastore-o*).
7. En las palabras compuestas, tanto las formadas por palabras con sentido independiente *(franco-español)* como las formadas por prefijación *(proandalucista)*, puede optarse entre separar cada uno de sus componentes *(franco-español; pro-andalucista)* o seguir las normas de partición generales *(fran-coes-pa-ñol; proan-da-lu-cis-ta)*.
8. Los extranjerismos se separarán conforme a su lengua de origen: *Mül-ler, Mus-set*.
9. En español no se admite la partición de las letras dobles (la **ch**, la **ll** y la **rr**): *ca-chear* (no *cac-hear*), *re-so-llar* (no *resol-lar*), *co-rre-gir* (no *cor-regir*).
10. No admiten partición los acrónimos ni las siglas.

ADDENDA

MODELOS DE LA CONJUGACIÓN REGULAR

PRIMERA CONJUGACIÓN: CANTAR

FORMAS PERSONALES				
INDICATIVO				
Presente	*Pretérito imperfecto*	*Pretérito perfecto simple*	*Futuro simple*	*Condicional simple*
canto	cantaba	canté	cantaré	cantaría
cantas	cantabas	cantaste	cantarás	cantarías
canta	cantaba	cantó	cantará	cantaría
cantamos	cantábamos	cantamos	cantaremos	cantaríamos
cantáis	cantabais	cantasteis	cantaréis	cantaríais
cantan	cantaban	cantaron	cantarán	cantarían
Pretérito perfecto compuesto	*Pretérito pluscuamperfecto*	*Pretérito anterior*	*Futuro compuesto*	*Condicional compuesto*
he cantado	había cantado	hube cantado	habré cantado	habría cantado
has cantado	habías cantado	hubiste cantado	habrás cantado	habrías cantado
ha cantado	había cantado	hubo cantado	habrá cantado	habría cantado
hemos cantado	habíamos cantado	hubimos cantado	habremos cantado	habríamos cantado
habéis cantado	habíais cantado	hubisteis cantado	habréis cantado	habríais cantado
han cantado	habían cantado	hubieron cantado	habrán cantado	habrían cantado

SUBJUNTIVO		
Presente	*Pretérito imperfecto*	*Futuro simple*
cante	cantara o cantase	cantare
cantes	cantaras o cantases	cantares
cante	cantara o cantase	cantare
cantemos	cantáramos o cantásemos	cantáremos
cantéis	cantarais o cantaseis	cantareis
canten	cantaran o cantasen	cantaren
Pretérito perfecto compuesto	*Pretérito pluscuamperfecto*	*Futuro compuesto*
haya cantado	hubiera o hubiese cantado	hubiere cantado
hayas cantado	hubieras o hubieses cantado	hubieres cantado
haya cantado	hubiera o hubiese cantado	hubiere cantado
hayamos cantado	hubiéramos o hubiésemos cantado	hubiéremos cantado
hayáis cantado	hubierais o hubieseis cantado	hubiereis cantado
hayan cantado	hubieran o hubiesen cantado	hubieren cantado

IMPERATIVO
Presente
canta tú / cante él / cantemos nosotros / cantad vosotros / canten ellos

FORMAS NO PERSONALES		
INFINITIVO	GERUNDIO	PARTICIPIO
Simple cantar	**Simple** cantando	cantado
Compuesto haber cantado	**Compuesto** habiendo cantado	

SEGUNDA CONJUGACIÓN: CORRER

FORMAS PERSONALES				
INDICATIVO				
Presente	*Pretérito imperfecto*	*Pretérito perfecto simple*	*Futuro simple*	*Condicional simple*
corro	corría	corrí	correré	correría
corres	corrías	corriste	correrás	correrías
corre	corría	corrió	correrá	correría
corremos	corríamos	corrimos	correremos	correríamos
corréis	corríais	corristeis	correréis	correríais
corren	corrían	corrieron	correrán	correrían
Pretérito perfecto compuesto	*Pretérito pluscuamperfecto*	*Pretérito anterior*	*Futuro compuesto*	*Condicional compuesto*
he corrido	había corrido	hube corrido	habré corrido	habría corrido
has corrido	habías corrido	hubiste corrido	habrás corrido	habrías corrido
ha corrido	había corrido	hubo corrido	habrá corrido	habría corrido
hemos corrido	habíamos corrido	hubimos corrido	habremos corrido	habríamos corrido
habéis corrido	habíais corrido	hubisteis corrido	habréis corrido	habríais corrido
han corrido	habían corrido	hubieron corrido	habrán corrido	habrían corrido

SUBJUNTIVO		
Presente	*Pretérito imperfecto*	*Futuro simple*
corra	corriera o corriese	corriere
corras	corrieras o corrieses	corrieres
corra	corriera o corriese	corriere
corramos	corriéramos o corriésemos	corriéremos
corráis	corrierais o corrieseis	corriereis
corran	corrieran o corriesen	corrieren
Pretérito perfecto compuesto	*Pretérito pluscuamperfecto*	*Futuro compuesto*
hayas corrido	hubiera o hubiese corrido	hubiere corrido
hayas corrido	hubieras o hubieses corrido	hubieres corrido
haya corrido	hubiera o hubiese corrido	hubiere corrido
hayamos corrido	hubiéramos o hubiésemos corrido	hubiéremos corrido
hayáis corrido	hubierais o hubieseis corrido	hubiereis corrido
hayan corrido	hubieran o hubiesen corrido	hubieren corrido

IMPERATIVO	
Presente	
corre tú corra él	corramos nosotros corred vosotros corran ellos

FORMAS NO PERSONALES		
INFINITIVO	GERUNDIO	PARTICIPIO
Simple correr	**Simple** corriendo	corrido
Compuesto haber corrido	**Compuesto** habiendo corrido	

TERCERA CONJUGACIÓN: VIVIR

FORMAS PERSONALES				
INDICATIVO				
Presente	*Pretérito imperfecto*	*Pretérito perfecto simple*	*Futuro simple*	*Condicional simple*
vivo	vivía	viví	viviré	viviría
vives	vivías	viviste	vivirás	vivirías
vive	vivía	vivió	vivirá	viviría
vivimos	vivíamos	vivimos	viviremos	viviríamos
vivís	vivíais	vivisteis	viviréis	viviríais
viven	vivían	vivieron	vivirán	vivirían
Pretérito perfecto compuesto	*Pretérito pluscuamperfecto*	*Pretérito anterior*	*Futuro compuesto*	*Condicional compuesto*
he vivido	había vivido	hube vivido	habré vivido	habría vivido
has vivido	habías vivido	hubiste vivido	habrás vivido	habrías vivido
ha vivido	había vivido	hubo vivido	habrá vivido	habría vivido
hemos vivido	habíamos vivido	hubimos vivido	habremos vivido	habríamos vivido
habéis vivido	habíais vivido	hubisteis vivido	habréis vivido	habríais vivido
han vivido	habían vivido	hubieron vivido	habrán vivido	habrían vivido

SUBJUNTIVO

Presente	*Pretérito imperfecto*	*Futuro simple*
viva	viviera o viviese	viviere
vivas	vivieras o vivieses	vivieres
viva	viviera o viviese	viviere
vivamos	viviéramos o viviésemos	viviéremos
viváis	vivierais o vivieseis	viviereis
vivan	vivieran o viviesen	vivieren
Pretérito perfecto compuesto	*Pretérito pluscuamperfecto*	*Futuro compuesto*
haya vivido	hubiera o hubiese vivido	hubiere vivido
hayas vivido	hubieras o hubieses vivido	hubieres vivido
haya vivido	hubiera o hubiese vivido	hubiere vivido
hayamos vivido	hubiéramos o hubiésemos vivido	hubiéremos vivido
hayáis vivido	hubierais o hubieseis vivido	hubiereis vivido
hayan vivido	hubieran o hubiesen vivido	hubieren vivido

IMPERATIVO

Presente

vive tú
viva él

vivamos nosotros
vivid vosotros
vivan ellos

FORMAS NO PERSONALES

INFINITIVO	GERUNDIO	PARTICIPIO
Simple vivir	**Simple** viviendo	vivido
Compuesto haber vivido	**Compuesto** habiendo vivido	

CASOS ESPECIALES

Ciertos verbos de conjugación perfectamente regular presentan algunas anomalías ortográficas (variaciones de acentuación o de grafía) que aparentemente los apartan de las conjugaciones modelo antes expuestas. Sin embargo no se consideran verbos irregulares, ya que su radical no varía fonéticamente y sus desinencias se adecuan a alguno de los tres modelos posibles.

Los verbos regulares afectados por este tipo de anomalías meramente ortográficas son los siguientes:

I. Verbos con alteraciones de acentuación:

1. Ciertos verbos terminados en **-iar** *(aliar, ampliar, averiar, contar, desafiar, desviar, liar, resfriar, rociar, variar,* etc.), en los que la **-i-** final del radical es tónica y va acentuada en las tres personas del singular y en la tercera del plural de los presentes de indicativo, subjuntivo e imperativo.

2. Algunos verbos terminados en **-uar** *(acentuar, actuar, continuar, desvirtuar, efectuar, evaluar, graduar, habituar, perpetuar, situar,* etc.), en los que la **-u-** final del radical es tónica y lleva tilde en las tres personas del singular y en la tercera del plural de los presentes de indicativo, subjuntivo e imperativo.

II. Verbos con alteraciones de grafía:

1. Los verbos terminados en **-car, -gar, -guar** y **-zar** modifican la *-c-,* la *-g-* o la *-z-* final de su radical en aquellas formas verbales cuya desinencia comienza por *-e-* (1.ª persona del singular del pretérito indefinido de indicativo y todas las personas del presente de subjuntivo):

Terminación	Modificación ortográfica	Ejemplos		
		Infinitivo	Indicativo (pretérito)	Subjuntivo (presente)
-car	c → **qu**	sacar	saqué	saque, etc.
-gar	g → **gu**	llegar	llegué	llegue, etc.
-guar	gu → **gü**	averiguar	averigüé	averigüe, etc.
-zar	z → **c**	alcanzar	alcancé	alcance, etc.

2. Los verbos terminados en **-cer, -cir, -ger, -gir, -guir** y **-quir** modifican la *-c-,* la *-g-* o la *-qu-* final de su radical en aquellas formas verbales cuya desinencia comience por *-a-* o por *-o-* (1.ª persona del singular del presente de indicativo y todas las formas del presente de subjuntivo):

Terminación	Modificación ortográfica	Ejemplos		
		Infinitivo	Indicativo (pretérito)	Subjuntivo (presente)
-cer	c → **z**	mecer	mezo	meza, etc.
-cir		zurcir	zurzo	zurza, etc.
-ger	g → **j**	proteger	protejo	proteja, etc.
-gir		rugir	rujo	ruja, etc.
-guir	gu → **g**	distinguir	distingo	distinga, etc.
-quir	qu → **c**	delinquir	delinco	delinca, etc.

3. En los verbos terminados en **-llir, -ñer** y **-ñir** desaparece la *-i-* desinencial átona en aquellas formas verbales que la tenían (la 3.ª persona del singular y del plural del pretérito perfecto simple de indicativo, todas las personas del imperfecto y del futuro de subjuntivo y el gerundio):

Terminación	Ejemplos				
	Infinitivo	Indicativo *(pretérito)*	Subjuntivo *(imperfecto)*	*(futuro)*	Gerundio
-llir	bullir	bulló bulleron	bullera, etc. bullese, etc.	bullere, etc.	bullendo
-ñer	tañer	tañó tañeron	tañera, etc. tañese, etc.	tañere, etc.	tañendo
-ñir	astreñir	astriñó astriñeron	astriñera, etc. astriñese, etc.	astriñere, etc.	astriñendo